2亿多年前的海洋——海生脊椎动物

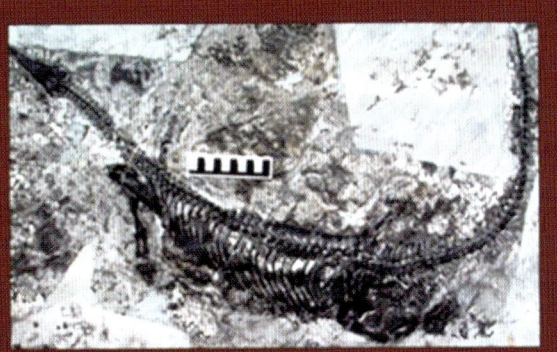

原始鳍龙——纤颌乌蒙龙
Wumengosaurus delicatomandibularis
Jiang et al., 2008c

盘县混鱼龙
Mixosaurus panxianensis

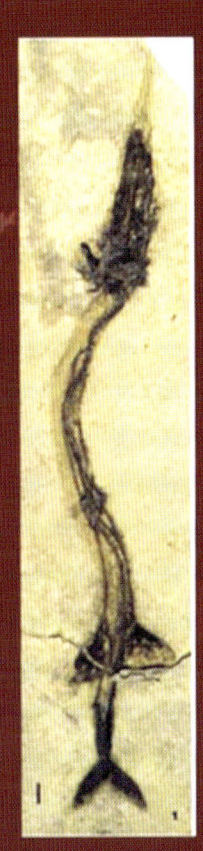

大凹子龙鱼
Saurichthys dawaziensis
Wu et al., 2009

意外楯齿龙 *Placodus inexpectatus* Jiang et al., 2008b

古生物册页2

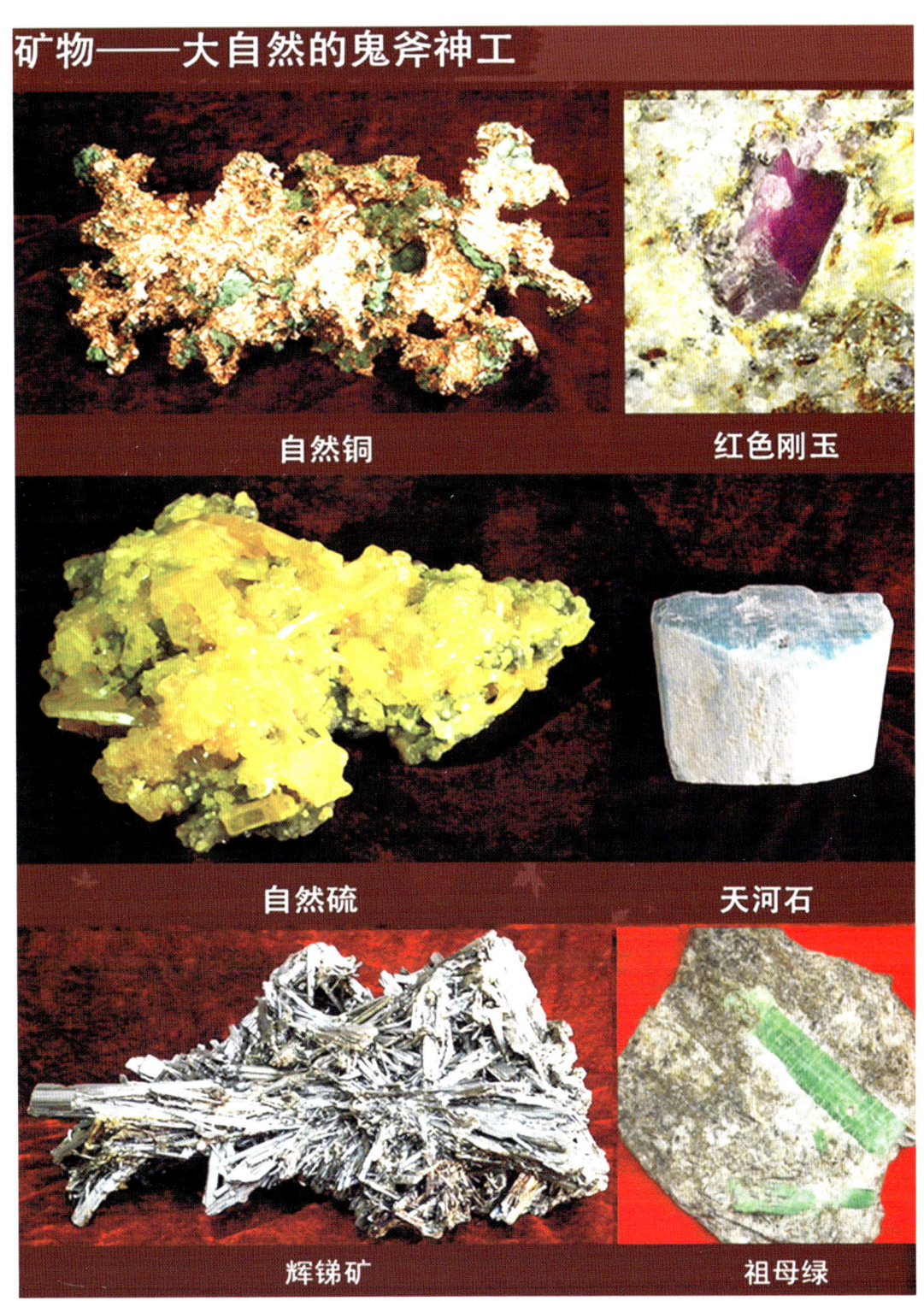

矿物册页

祁连山志留纪复理石/宋述光 摄　　　　　　　　　　　吉林集安群中石榴石花岗岩/魏春景 摄

西藏含钾长石眼球的混合岩/魏春景 摄　　　　　　　　山西代县巨斑状石榴石直闪石岩/魏春景 摄

山西滹沱群四集庄组砂岩砾岩互层/魏春景 摄　　　　　祁连山蓝片岩的褶皱/宋述光 摄

（图片除署名外均由作者提供）

"十二五"国家重点图书出版规划项目
陕西出版资金资助项目

中国地学通鉴
地质卷（上）

主　编　杨守仁　李凤棠　张　臣

陕西师范大学出版总社

图书代号:ZZ18N1623

图书在版编目(CIP)数据

中国地学通鉴. 地质卷 / 徐冠华等主编;杨守仁,李凤棠,张臣分册主编. —西安:陕西师范大学出版总社有限公司,2018.6
ISBN 978-7-5613-8349-0

Ⅰ.①中… Ⅱ.①徐… ②杨… ③李… ④张… Ⅲ.①地理学—研究—中国 ②地质学—研究—中国 Ⅳ.①K90 ②P5

中国版本图书馆 CIP 数据核字(2016)第 029881 号

中国地学通鉴·地质卷
ZHONGGUO DIXUE TONGJIAN DIZHI JUAN

主编:杨守仁 李凤棠 张 臣

出版统筹	刘东风
项目策划	郎根栋 卢文石
责任编辑	郎根栋
责任校对	卢文石 郎根栋
封面设计	龚心宇
出版发行	陕西师范大学出版总社 (西安市长安南路199号 邮编:710062)
网 址	http://www.snupg.com
印 刷	陕西金德佳印务有限公司
开 本	850mm×1194mm 1/16
印 张	63.5
插 页	12
字 数	1500 千
版 次	2018 年 6 月第 1 版
印 次	2018 年 6 月第 1 次印刷
书 号	ISBN 978-7-5613-8349-0
定 价	480.00 元(全二册)

《中国地学通鉴》编委会

主　　任　刘昌明
副 主 任　高经纬　刘东风
总 主 编　徐冠华　郑　度　陆大道　管华诗
编　　委　（以姓氏笔画为序）

马林兵	王劲峰	王恩涌	方修琦	石　朋
卢文石	卢新卫	刘　康	刘东风	刘安国
刘昌明	齐清文	芮孝芳	李天杰	李凤棠
李家清	杨永春	杨守仁	杨胜天	杨景胜
吴启焰	吴晋峰	吴殿廷	吴德星	汪新庄
宋长青	张　臣	张　量	张安定	张远广
张治勋	张科利	陆大道	陈忠暖	罗　宏
岳冬菊	周尚意	郑　度	郑景云	郎根栋
孟　伟	封志明	赵　烨	赵　媛	郝志新
胡方荣	胡兆量	宫作民	姚　成	高经纬
索文清	党安荣	徐冠华	曹小曙	揭　毅
葛全胜	董玉祥	景才瑞	景高了	程顺有
傅伯杰	甄　峰	雷明德	蔡运龙	管华诗
樊　杰	颜廷真	薛东前		

《中国地学通鉴·地质卷》编委会

主　　编	杨守仁　李凤棠　张　臣
编　　委	马学平　王仁民　王关玉　王仰之　叶发广
	白志强　李凤棠　李廷栋　刘本立　刘楚雄
	刘锡大　陈毓川　朱亮璞　张　臣　张秀莲
	张英军　杨守仁　郅　惇　夏正楷　徐振邦
	崔之久　梁海华　廖志杰

总 序

地球科学是以地球系统(包括大气圈、水圈、岩石圈、生物圈和日地空间)的过程与变化及其相互作用为研究对象的基础学科,是研究地球内部和表面、地球与周围流体,以及与人类的相互关系等一类学科的总称。地球科学涵盖范围极其广泛,主要包括地质学、地理学、地球物理学、地球化学、大气科学、遥感科学、海洋科学和空间物理学以及新的交叉学科(地球系统科学、地球信息科学)等分支学科。地球科学的根本任务在于认识地球,合理开发利用自然资源,预防或减轻自然灾害,保护与改善人类生存环境,协调人与自然的关系,为经济、社会发展服务。

中国古代地学知识萌芽很早,至春秋战国时代已在许多方面取得了杰出的成就。战国以后逐渐形成传统的"方舆之学"。明中叶以后,徐霞客等注重实地考察、探讨自然规律,开辟了中国地学研究的新方向。但是,中国近代地学是在西方近代地学传入后开始的,张相文、竺可桢、翁文灏等为中国传统地学向近代地学的转变和发展作出了贡献。

20世纪以来,地球科学发展突飞猛进,其研究成果和科学认识对人类生存、生活质量的提高和社会可持续发展至关重要,地球科学已成为人类社会发展的支柱科学之一。中国地球科学也得到长足发展,取得许多重大成就。从地域背景来看,中国具有的许多世界上独特的自然环境和资源有利于地球科学研究的发展,例如,有"世界屋脊"之称的青藏高原对全球自然环境及其变化产生了显著影响;独具特色的东部滨太平洋成矿带和绵亘东西的中亚成矿带的地质演化和成矿条件;黄土高原是世界上黄土分布最集中、覆盖厚度最大的区域,河流泥沙含量之高,举世闻名;覆盖面积约100万平方千米之广的喀斯特(或岩溶)区,其发育程度和类型堪称世界之最;中国还是地震断裂带十分活跃的国家,有丰富的历史地震资料;中国诸多时代的地层比较完整,埋藏着独特的古生物群,是进行古生物、古人类与古环境研究的优越场所;中国海岸线漫长、海域和陆架区辽阔,生态环境独特,矿产资源丰富,物理、化学、生物和地质过程复杂,为研究陆海相互作用和边缘海形成、演化及其动力学提供了理想场所;中国地域辽阔,气候、生物与生态环境的多样性,举世瞩目。所有这些,形成了具有显著特色和优势的中国地球科学研究事业,产生了众多在国际上具有重大影响的研究成果。中国老一辈地质学家创立并发展的"陆相生油"理论,打破了西方的"中国贫油论",甩掉了中国贫油帽子;"黄土风成说"的确立,使中国黄土与海洋沉积、冰芯一起,成为全球环境变化国际对比的三大标准;叶笃正创立的大气长波能量频散理论,对动力气象学发展作出了重要贡献,"夏季高原为热源"和"大气环流有季节性变化"的理论已成为大气科学方面的经典;中国科学家对珠穆朗玛峰地区和青藏高原的综合科学考察,成为人类科学了解"地球第三极"自然环境的基础;云南澄江大批动物群化石的发现,揭示了生物进化的突发性,并将动物起源时间向前推进

5000万年。经过长期不懈的努力，中国地球科学不仅在地理学、地质学、气象学等传统地球科学分支学科研究中不断深入，在一些交叉学科如地球物理、地球化学、海洋学等领域也都取得重要突破。并为国家宏观决策提供依据，对各类自然资源能源的普查勘探与开发、天气预报与气候预测、海洋开发、国土整治与规划、农业的可持续发展、环境保护与改善、自然灾害防治、重大工程建设、空间计划实施、国防建设以及人类对自然认识的提高等起到不可替代的重要作用。因此，系统全面地分析、研究、总结中国地学各领域科学研究工作取得的一系列成就和实践状况，对进一步推动中国的社会经济建设、地球科学及其他各项事业的发展具有重大的现实意义和深远的历史意义。

在全国数十所大学和科研单位的大力支持下，我们集多方之力编纂成《中国地学通鉴》这套大型地球科学研究志书。全书由地理卷、测绘与地理信息卷、地质卷、地球物理卷、地球化学卷、地貌卷、气候卷、水文卷、土壤卷、生物卷、海洋卷、灾害卷、资源卷、人口卷、民族卷、城市卷、文化地理卷、旅游卷、国土经济卷、环境卷、地理教育卷共21卷组成。各卷内容包括中国各地学要素的综合研究概况、各学科科学研究工作的进展及取得的成就、各地学要素的区域特征、科学研究的主要信息等4部分。翔实记载了中国地球科学领域发生的重大变化和在科学研究与实践等方面取得的巨大成就，系统介绍了中国各地学要素的形成、发展、分布规律与特征等方面的研究进展，全面反映了中国地球科学各领域的研究成果、现状和发展趋势。然而，地球科学范围非常广泛，分支学科纷繁复杂，取得的研究成果和成就更是数不胜数，不是21卷书所能穷尽的。我们这里仅选择了部分重点的学科加以总结，以期能够为推动中国地球科学发展和社会经济建设提供参考与借鉴。

《中国地学通鉴》是由全国40多所大学和科研院所300多位地学领域的专家和学者先后历时5年编纂而成，涵盖了地球科学的主要领域，以经济建设为轴线的指导思想明确，因此，可广泛服务于生产建设各个部门，是制定发展战略、规划、生产布局等方面必不可少的科学参考文献，并有助于提高其科学性、求实性和效益性。全书以其全面、权威的古今发展变化资料记载，为国家的国土资源及能源开发利用、经济社会与文化事业的发展、生态环境的综合治理、科学研究工作等提供详细、可靠的信息资料并发挥积极的推动作用和强有力的支持。

在《中国地学通鉴》付梓之际，仅对参加和支持本书编纂工作的各位专家、学者以及有关部门、科研院所、大专院校表示衷心感谢！对书中所引用的书籍、文献的作者表示由衷的谢意！

由于水平能力所限，书中难免存在一些疏漏和差谬，恳请广大地学工作者和读者不吝批评。

中国科学院院士

2015年10月

目 录

第一篇 中国地质概况

第一章 中国的地层 …… 002
 第一节 地质年代表与地质构造发展阶段 …… 002
 第二节 中国地层区划 …… 007
 第三节 中国地层发育概述 …… 009

第二章 中国岩浆岩和岩浆活动 …… 019
 第一节 概述 …… 019
 第二节 中国岩浆岩分类 …… 019
 第三节 中国岩浆岩共生组合和岩石化学特征 …… 027
 第四节 中国岩浆岩与矿床 …… 040

第三章 中国的变质岩系和变质带 …… 051
 第一节 中国各主要变质期的变质岩系及变质作用 …… 051
 第二节 中国变质岩系、变质带及变质作用问题 …… 063

第四章 中国的构造运动及主要构造体系 …… 073
 第一节 中国构造运动时期鉴定与划分 …… 073
 第二节 中国构造运动序列 …… 080
 第三节 中国构造体系与构造体系域 …… 096
 第四节 构造型式力学分析 …… 132
 第五节 中国构造运动起源 …… 142

第五章 中国的构造体系控矿与动力成岩成矿 …… 145
 第一节 中国构造体系控岩控矿 …… 145
 第二节 中国构造动力成岩成矿 …… 147
 第三节 中国地质构造与固体矿产预测 …… 152
 第四节 地下水网络理论及基岩地下水的构造控制规律 …… 155
 第五节 含油(气)区及油(气)田预测 …… 157

第六章 中国的第四纪冰川与古气候 …… 161
 第一节 第四纪冰川的争论与存在依据 …… 161
 第二节 中国第四纪冰川遗迹述要 …… 166
 第三节 中国第四纪冰期、间冰期的划分与对比 …… 196
 第四节 第四纪气候演化过程 …… 207

第七章 中国的地质资源与开发 …… 218
 第一节 中国的矿产资源 …… 218
 第二节 中国旅游地质资源 …… 230
 第三节 中国地质资源开发 …… 231
 第四节 中国地质公园与矿山公园 …… 236

第八章 中国的地质环境与地质灾害 …… 268
 第一节 中国地质环境特征 …… 268
 第二节 地质灾害分类与分布 …… 274
 第三节 中国地质灾害防治状况及应急响应 …… 285

第二篇 中国地质科学研究综述（上）

第一章 中国地质科学的发展历程 …… 293
 第一节 中国地质科学发展简史 …………… 293
 第二节 中国地质科学发展特点及主要成就 …………… 305

第二章 中国地质科学体系研究 …………… 313
 第一节 中国地质学学科概述 …… 313
 第二节 中国地质科学体系的建立 …………… 316

第三章 中国地质科学调查与矿产勘查 …………… 324
 第一节 中国区域地质科学调查 …………… 324
 第二节 中国地球物理、地球化学及遥感调查与勘查 …………… 335
 第三节 中国水文地质、工程地质和环境地质科学调查 …………… 344
 第四节 中国海洋地质调查 ……… 358
 第五节 中国矿产资源勘查 ……… 363

第四章 中国地质科学基础研究 ……… 376
 第一节 中国结晶矿物学研究 …… 376
 第二节 中国岩石学研究 ………… 412
 第三节 中国地球化学研究 ……… 438
 第四节 中国构造地质学研究 …… 459
 第五节 中国古生物学研究 ……… 479
 第六节 中国地层学研究 ………… 504
 第七节 中国历史地质学研究 …… 524
 第八节 中国第四纪地质学研究 …………… 536

第一篇

中国地质概况

- 中国的地层
- 中国岩浆岩和岩浆活动
- 中国的变质岩系和变质带
- 中国的构造运动及主要构造体系
- 中国的构造体系控矿与动力成岩成矿
- 中国的第四纪冰川与古气候
- 中国的地质资源与开发
- 中国的地质环境与地质灾害

中国处于欧亚板块的东南缘,与太平洋板块和印度板块相接,各地区地质环境差异较大,发展历史很不相同,因而区域地质各具特色。从整体来说,中国地层发育齐全,沉积类型多样;地质构造复杂,活动带与稳定区并存;岩浆活动频繁,演化历史漫长;变质作用类型齐全,变质程度各异;成矿条件优越,矿产资源丰富;是全球具有重要地质特征的地区之一,也是全面研究地壳构造演化,特别是中新生代地壳构造演化的重要地区之一。

第一章 中国的地层

第一节 地质年代表与地质构造发展阶段

一、地质年代表

地质年代(geologic time)是指地球上各种地质事件发生的时代。它包括两方面的含义:一是指各地质事件发生的先后顺序,称为相对地质年代;二是指各地质事件发生的距今年龄,由于主要是运用同位素技术,称为同位素地质年龄。这两方面结合就构成对地质事件及地球、地壳演变时代的完整认识。地质年代表正是在此基础上建立起来的。地质年代表是按时代早晚顺序表示地史时期的相对地质年代和同位素年龄值的表格。计算地质年龄的方法有2种:①根据生物的发展和岩石形成顺序,将地壳历史划分为对应生物发展的一些自然阶段,即相对地质年代。它可以表示地质事件发生的顺序、地质历史的自然分期和地壳发展的阶段;②根据岩层中放射性同位素蜕变产物的含量,测定出地层形成和地质事件发生的年代,即绝对地质年代。据此可以编制出地质年代表。

地球在整个发展进程中,无机界和有机界的演化都表现出明显的阶段性。19世纪以来,地质学家和古生物学家通过对岩石地层及生物化石的对比研究,逐渐认识到:地球上生物界的演化是由简单到复杂、由低级到高级的不可逆过程,因而生物界能灵敏地反映不同时期地球表层自然地理环境及其演变特征;同时,这与地球圈层的运动机制以及相互间的联系、制约密切相关。因此,依据生物演化的进程可以得知地球的相对年龄和时间的相对早晚(被称为相对年龄法),并藉此建立地球演化的各个自然阶段。在19世纪末,早期的地质年代表就被拟定了。20世纪六七十年代,由于同位素年代学和天文地质学的巨大进展,同位素地质年龄的测定,对漫长的地质历史进行了系统性的编年与划分(被称为同位素地质年龄法或绝对年龄法),在全球范围内编制出能普遍参照对比的地质年代表就成为可能。地质年代表的建立是地质学研究的重要成果,它极大地推进了地质学、地层学的进步和发展;它使地质历史演化过程的时间概念更准确,对总结地质历史规律、指导找矿、防治地质灾害等方面都起到了重要作用。

地质年代单位的划分是以生物界及无机界的演化阶段为依据的。其阶段的延续时间通常在百万年、千万年甚至数亿年以上,并且常常是在大的时间区段中又包含着小的区段。根据时间区段的阶段级次关系,在地质年代表中划分出了相应的不同级别的地质年代单位:宙、代、纪、世(与之相对应的在各级地质年代单位的时间间隔内所形成的所有岩石,即年代地层单位为:宇、界、系、统)。"宙"是最大一级的地质年代单位(演化时间约在5亿年以上),次一级单位为"代"(演化时间约在5000万年以上),第三级单位为纪(演化时间在200万年以上),第四级单位为"世"。各个代、纪的延续时间不一,总趋势是年代越老者延续时间越长,年代越新者延续时间越短。造成这种情况的一个重要原因是由于年代越新则保留下来的地质记录越全,因此划分就越细致。此外,地质年代单位的划分也同生物进化的阶段性有关,各年代单位时间跨度变短的现象说明生物的进化速度逐步加快,这也是地质环境演进速度逐步加快的反映。

显生宙 Phanerozoic(PH)中各级单位的划分及其名称都是国际统一的。纪以下一般分为早、中、晚3个世,或早、晚2个世,或早、中、晚、顶4个世。而隐生宙由于时代老,缺乏化石,研究工作难度较大,故划分相对比较粗略,以致长期未能取得统一。1982年在埃及坦塔大学召开的国际会议以后不再使用"隐生宙"一词,并以冥古宙 Hadean(HD)(非正式)、太古宙 Archean(AR)、元古宙 Proterozoic(PT)三者代之。2009年8月在国际地层委员会制定的新表中,统称三者为"前寒武纪(Precambrian)",而对冥古宙标出"非正式"。

1. 岩石地层单位

岩石地层单位是以岩性特征作为主要依据所划分的地质单位,它强调的是这些单位宏观上的统一和区域上的稳定。岩石地层单位的界线,一般都是明显的岩性界面或不整合面,且常与等时面斜交呈"穿时"现象。

岩石地层单位也有自己形成的时间范围。生物化石是确定岩石地层单位时间范围的重要资料,但不是划分岩石地层单位的依据。《中国地层指南》(全国地层委员会,2001)定义岩石地层单位为:"由岩性、岩相或变质程度均一的岩石构成的三度空间岩层体。岩石地层单位是客观的物质单位。这些单位必须建立在岩石特征在纵横2个方向具体延展的基础之上,而不考虑其年龄。"岩石地层单位包括群、组、段、层4个级别(表1-1-1)。

2. 年代地层单位

年代地层单位是以岩层形成时代为依据划分的地层单位。年代地层单位划分的主要依据是生物演化的阶段性特征。年代地层单位的顶、底界线具严格的等时性。划分这类单位的目的在于确定各地区地层的时间关系及建立一个世界性的标准年代地层表。也就是建立一个既能用于地区,又能适用于全球;既无间断,又不重叠的完整年代地层表。《中国地层指南》的对其定义是:"年代地层单位是特定的地质时间间隔内形成的岩石体。这种单位代表地史中一定时间范围内形成的全部岩石,而且只代表这段时间内所形成的岩石"。年代地层单位与地质年代单位(特定的地质时间间隔)是紧密对应的。按地史中生物演化的阶段可建立6个级别的年代地层单位,它们是宇、界、系、统、阶、时带。与之对应的地质年代单位是宙、代、纪、世、期、时(表1-1-1)。

表1-1-1 主要地层单位分类表

地质年代单位	年代地层单位	岩性地层单位			
宙(Eon)	宇(Eonothem)	群(Group)	组(Formation)	段(Member)	层(Bed)
代(Era)	界(Erathem)				
纪(Period)	系(System)				
世(Epoch)	统(Series)				
期(Age)	阶(Stare)				
时(chron)	时带(chronzone)				

3. 生物地层单位

生物地层单位是根据地层中所含有的生物化石内容和特征所划分出来的地层单位,是以含有相同的化石内容和分布特征、并与邻层化石有别的三度空间岩层体。在地层层序中,有许多不含化石的部分,它们不具有生物层的特征,就不是生物地层划分的对象。生物地层单位的术语包括各种生物带。生物带与时间带是常常被混淆的2个单位。区别在于生物带只是指含有该类生物化石的地层实体,而时间带是指在该时代范围内形成的所有地层,不论其是否含有化石。

地质年代表(表1-1-2)就是根据生物演化的巨型阶段,将46亿年地球演化史划分为4个最高级别的地质年代单位:冥古宙(HD)(非正式)、太古宙(AR)、元古宙(PT)和显生宙(PH)。在显生宙中,根据生物界的总体面貌划分出3个二级地质年代单位:古生代、中生代和新生代。最常用的三级地质年代单位是纪,每个纪的生物界面貌(亦称生物事件)各有特色,例如震旦纪的伊迪卡拉动物群爆发演化和集群绝灭,泥盆纪的生物登陆,侏罗纪的恐龙、裸子植物高度繁荣和第四纪的灵长类演化等。图中注出了各个宙、代和纪的最新年龄值,其中有的数值在今后一段时间间隔内还可能有所调整。

表1-1-2 地质年代、构造阶段、全球事件与海平面变化(据王鸿祯,1999)

百万年	地质年代 宙	代	纪	构造阶段 大阶段	阶段	造山期	岩事件	气候事件 △△△	生物事件	海平面变化
0	显生宙 PH	新生代 Kz	Q 第四纪 / N 新近纪 21 / 古近纪 65	泛大陆解体	Hm 喜马拉雅阶段	喜马拉雅造山期 (25)	∨∨∨		※灵长类 ※哺乳类 ▽	
100		中生代 Mz	K 白垩纪 135 / J 侏罗纪		Ys 燕山阶段	燕山造山期 (90)	∨∨∨		※被子植物 ※恐龙类 ※裸子植物 ▽	
200			三叠纪 251			印支造山期 (210)	∨∨∨		※坚头类 ▽	
300		古生代 Pz	P 二叠纪 295 / C 石炭纪 355 / D 泥盆纪	泛大陆形成	H-I 海西—印支阶段	天山造山期 (295)		△△△	※真蕨类 ※无颌类	
400			S 志留纪 435 / O 奥陶纪 445 / Cm 寒武纪 540		X-C 兴凯-加里东阶段	广西造山期 (415) 兴凯造山期 (520)	×××	△△△ △△△	※裸蕨植物 ※澄江动物群 ※小壳动物群 ※伊迪卡拉动物群 ▽	
600	元古宙 PT	新元古代	Z₂ 晚震旦世 650 / Z₁ 早震旦世 680 800 / Qb 青白口纪 900	地台形成		晋宁造山期 (800)		△△△ △△△	※大藻类	
1000		中元古代 Pm	Jx 蓟县纪 1400 / Ch 长城纪 1800		Jn 晋宁阶段	四堡造山期 (1000)	×××			
2000		古元古代 Pp	2500	原地台形成	Ll 吕梁阶段	吕梁造山期 (1800)		△△△	※真核生物	
2500	太古宙 AR	新太古代 Aa	2800	陆核形成	Wt 五台阶段	五台造山期 (2500)	×××			
3000		中太古代 Am	3200		Fp 阜平阶段	阜平造山期 (2800)			※原核生物 (蓝藻)	
3500		古太古代 Ap	3600		Qx 迁西阶段					
3900		始太古代 Ae								
4000	冥古宙 HD									

∨∨ 溢流玄武岩　▽▽ 集群绝灭　×× 基性岩　※※ 辐射域爆发　△△ 冰期

地质年代表研究除了依靠传统的古生物和放射性同位素测定年龄等方法外,20世纪中叶及后期又发展了磁极性年代学和天文地质年代学。磁极性年代学是通过研究岩石中的剩余磁极性特征及地磁极的变化事件确定岩石的地质年代,建立磁性地质年代表的。20世纪90年代以后发展起来的天文地质年代学是通过地球围绕太阳轨道偏心率、地轴倾斜角度和岁差等三要素的变化周期以地球沉积层的米兰柯维奇旋回理论为基础建立起来的。

二、中国地质构造发展阶段

中国地壳构造发展阶段主要依据构造格局和古地理轮廓的重要变化,并以构造运动期为划分标准。现代地质研究虽然把地壳和上地幔顶层共同组成的岩石圈看作一个整体,但据以划分构造阶段的主要事实和现象,实际上限于地壳的范围。所以构造阶段主要是指地壳构造发展的阶段。

关于构造发展阶段及造山运动的划分和命名,各家理解和使用不尽一致。依王鸿祯(1985)意见,根据运动强化期把构造史分为大阶段(Megastage)和阶段(Stage)。阶段之间的构造运动称为造山期(表1-1-2)。大阶段的划分标志是岩石圈稳定块体的形成和地表构造格局的改变。阶段的分界代表岩石圈构造发展的质变期。如阜平造山期大致与中太古代末陆核的形成相当;吕梁造山期大致与原地台的最后形成相对应;晋宁造山期可以分为早、晚2期,晚期与地台区的最终形成时期相当。据此,可以相应分出几个构造阶段或过程,并用阶段结束的造山期予以命名,如吕梁阶段与晋宁阶段等。把阶段和造山期同时使用有利于把长期演变过程的阶段概念与短期突发的造山变革概念区分开来(王鸿祯,1999)。

1. 陆核形成大阶段

经历迁西阶段和阜平阶段。在此大阶段,中国发生迁西运动、阜平运动,即阜平造山期(28亿年)。迁西运动是中太古代前的构造运动,主要发生于距今30亿年左右。迁西阶段末的构造运动在河北称为迁西运动,在内蒙古称为兴和运动。阜平运动是新太古代前的构造运动,主要发生于距今28亿年左右,阜平阶段末的构造运动称为阜平运动。阜平运动使太古宇褶皱变质,扩大了古太古代结晶基底的范围,加大了稳定程度,形成了太古宙陆核。

2. 原地台形成大阶段

经历五台阶段和吕梁阶段。此大阶段,中国发生五台运动、吕梁运动,分别为五台造山期(25亿年)和吕梁造山期(18亿年)。五台运动是古元古代前五台"纪"至滹沱纪的构造运动,主要发生于距今25亿年左右,它是根据五台山区五台绿色片岩与滹沱系底部砾岩之间的角度不整合确定的。五台运动使五台群褶皱,形成了华北大陆板块的雏形。吕梁运动是滹沱纪至早长城世的构造运动(18亿年左右),分二幕:Ⅰ幕(主幕)发生于距今18.5亿年左右,Ⅱ幕(次幕)则发生于距今17.5亿年左右,吕梁运动是强烈的地壳运动。Ⅰ幕使古元古代后期的主体地层——滹沱系下、中部遭受褶皱、区域变质和广泛的岩浆侵入。Ⅰ幕后的滹沱系上部已是磨拉石堆积。Ⅱ幕使磨拉石堆积也发生褶皱隆起和变质。吕梁运动是一次极重要的地质事件,它形成了华北板块的原型——原地台。华北地区从此进入了一个相对稳定发展的新阶段,华北稳定的大陆板块基本定型。

3. 地台形成大阶段

经历晋宁阶段。在此大阶段,从老到新有中岳运动和四堡运动(属四堡造山期,10亿年)以及晋宁运动(属晋宁造山期,8亿年)。中岳运动是晚长城世至早蓟县世的构造运动,主要发生于距今14亿年左右。四堡运动是晚蓟县世至早青白口世之间的构造运动,主要发生于距今10亿年左右。四堡运动是根据广西罗城四堡板溪群拉缆组与下伏的㧕榜组之间的角度不整合确定的一次褶皱运动。四堡运动在湖南称武陵运动,在贵州称梵净山运动,在安徽称皖南运动,在黑龙江称黑龙江运动。晋宁运动是晚青白口世与早南华世之间的构造运动,主要发生于距今8亿年左右。该运动是根据云南中东部晋宁、玉溪等地震旦系澄江砂岩与下伏的昆阳群之间的显著角度不整合确定的。该运动使昆阳群形成剧烈褶皱,澄江砂岩是造山后的磨拉石建造,这是一期普遍而显著的不整合。该运动在云南称晋宁运动,或称扬子运动,在新疆称塔里木运动。晋宁运动后,扬子古板块两侧、东南缘及下扬子地区与扬子古板块一起构成了稳定区,从而形成了扬子大陆板块。

4. 泛大陆形成大阶段

经历兴凯—加里东阶段和海西—印支阶段,包含兴凯造山期(5.2亿年)、广西造山期(4.15亿年)、天山造山期(2.95亿年)和印支造山期(2.1亿年)。兴凯—加里东阶段从老到新有早加里东运动、中加里东运动、晚加里东运动;海西—印支阶段从老到新有早海西运动、中海西运动、晚海西运动、早印支运动、晚印支运动。

(1) 兴凯—加里东阶段　早加里东运动属兴凯造山期(5.2亿年),是早、中寒武世之间的构造运动,主要发生于距今5.2亿年左右。早加里东运动又称兴凯运动。兴凯运动主褶皱幕发生在早、中寒武世之间,以兴凯湖东南为典型地区,佳木斯隆起和额尔古纳褶皱系都是这一构造运动的产物。该运动是中亚—蒙古地槽中一次十分重要的构造运动。中加里东运动是奥陶纪至志留纪之间的构造运动,主要发生于距今4.58亿年左右。中加里东运动又称古浪运动。晚加里东运动属广西造山期(4.15亿年),是志留纪和泥盆纪之间的构造运动。在世界上,加里东运动引起了海陆形式的调整和变化,是具有世界影响的构造运动。

(2) 海西—印支阶段　晚古生代,特别是石炭—二叠纪的地壳运动称海西(或华力西)运动,又统称天山运动,属天山造山期(2.95亿年)。此运动揭开了大陆块向陆地转化的序幕,海陆形式发生着巨大变化,从而也促进了生物界的演化。在中国,天山运动可分4幕:①早海西运动是晚泥盆世—早石炭世之间的构造运动,主要发生于早、晚石炭世之间距今3.25亿年左右;②中海西运动是晚石炭世与早二叠世之间的构造运动,主要发生于距今2.95亿年左右,又称云南运动;③晚海西运动(P_2/P_1)是早二叠世与晚二叠世之间的构造运动,主要发生于距今2.55亿年左右,又称东吴运动;④在晚二叠世末是海西运动的最后一幕。三叠纪印支运动属印支造山期(2.1亿年),可分2幕:早印支运动是中三叠世与晚三叠世之间的构造运动,主要发生于距今2.10亿年左右;晚印支运动是晚三叠世与早侏罗世之间的构造运动,主要发生于距今2.05亿年左右。印支运动在中国扬子板块西缘、西北缘的三江、巴颜喀拉—松潘、秦岭地区表现得最为强烈,形成规模巨大的印支褶皱带,使华南板块、羌塘微板块以及三江地区的一些微板块与劳亚大陆拼合。

5. 泛大陆解体大阶段

包括燕山阶段和喜马拉雅阶段。分别有燕山运动和喜马拉雅运动。分别属燕山造山期(9000万年)和喜马拉雅造山期(2500万年)。

(1) 燕山阶段　燕山运动是侏罗纪、白垩纪期间广泛发育于中国全境的重要构造运动,以燕山为标准地区。主要表现为褶皱断裂变动、岩浆喷发和侵入活动及部分地带的变质作用。燕山运动具有多期次,主要有3幕:燕山运动Ⅰ是中侏罗世与晚侏罗世之间的构造运动,主要发生于距今1.52亿年左右;燕山运动Ⅱ是早白垩世期间的构造运动,主要发生于距今1.21亿年左右;燕山运动Ⅲ是晚白垩世期间的构造运动,主要发生于距今0.9亿年左右。

(2) 喜马拉雅阶段　喜马拉雅运动使中生代的特提斯海变成巨大山脉,由老到新依次分为6幕:①喜马拉雅运动Ⅰ是始新世的构造运动,主要发生于距今6500万年左右。此幕运动使海水从青藏高原全部退出并伴随有强烈的褶皱、断裂以及中酸性岩浆侵入。②喜马拉雅运动Ⅱ是中新世的构造运动(2500万年),主要发生于山旺期。此幕运动发生强烈的褶皱、断裂、岩浆侵入和变质作用等,形成大规模逆冲断裂和推覆构造,导致地壳大幅度隆起和岩浆侵入。③喜马拉雅运动Ⅲ(即新构造运动Ⅰ)是上新世与早更新世之间的构造运动,主要发生于距今248万年左右。④新构造运动Ⅱ是早更新世的构造运动。⑤新构造运动Ⅲ是中更新世的构造运动。⑥新构造运动Ⅳ是晚更新世的构造运动,主要发生于距今1万年左右。

第二节　中国地层区划

一、中国地层区划概述

地球表层形成的地层在沉积组合、构造类型及其所反映的地质演化过程、古地理—古构造背景等特征方面所显示出的空间分异性,它反映了各区地层发育的总体特征,据此划分出不同的地层区域即是地层区划。地层区划主要受构造格局及其演化所控制,因此地层区域的划分往往是以构造格局及其演化特征为主要根据。地层的构造类型、沉积模式和沉积组合特征及其地质演化过程是进行地层分区工作时要重点考虑的内容,生物地理区系、古地理轮廓以及构造格局也是地层分区划分过程中需要参考的重要方面。地层区划的作用在于正确反映各区地层发育的总体特征,便于概括各地质时期地层沉积类型的空间分布及其在时间上的发展变化,对区域地质和矿产调查、进行区域地层对比等具有实际意义。

地层区划可分为3级:①地层大区(地层区)。为一级地层区划单位。以古大陆在一个构造阶段中的主要性质为准,大致相当于大地构造分区上的一级构造单元(或构造域);在同一地层区内,"系"级以上地层单位在岩相和生物区系上应可对比,"统"级地层单位可基本对比。②地层分区。为二级地层区划单位。相当于大地构造分区的二级构造单元(地块、褶皱带);在同一地层分区内,要求同"统"级地层单位在岩相和生物组合上完全可以对比,"组"级地层单位基本可以对比。实际上,地层分区是一个较常用的级别,它对区域地质工作具有重要的实用价值。可以包括一个单一的古大陆,也可以是大陆边缘区,具有相似的生物区系和相似的地层类型序列。③地层小区(地层亚区)。为三级地层区划单位。地层小区主要反映中生代以后的陆相盆地及岩浆、火山活动带;在同一地层小区内,要求"组"级乃至"段"级地层单位在岩相和生物组合上可以对比。地层小区由于其反映的古地理和构造环境变化时间过程较短,或也可能由于某些局部地质因素变化而引起。因此,一般不一定划分到小区一级(刘宝珺,2008)。

对一个时代的地层所作的地层分区,主要根据地层沉积特征的分布情况,类似沉积分区。对整个地质时期或大阶段所作的地层分区,主要根据各区地层发育总的面貌,称为综合分区。一般的地层分区都是指综合分区。

二、中国地层区划简介

中国进行地层区划始于李四光、俞建章(1939)。1962年黄汲清系统地提出了中国地层区划的原则和具体划分方案,后被广泛使用。1978年王鸿祯强调了地层的构造类型、沉积模式与沉积组合特征,同时也考虑了生物区系、古地理轮廓和构造格局,将中国地层划分为15个一级地层区、80个二级地层区,归属5个大区。1999年王鸿祯根据中国构造格局的演变史提出的地层区划,以震旦纪至三叠纪中期,即晋宁造山期(距今9亿年~8亿年)与印支造山期(距今2.3亿年~2亿年)的地层特征为主要依据,将中国划分为与构造域相当的10个地层大区(super-region)(刘宝珺,2008)(图1-1-1):北方地区:I.阿尔泰—兴安地层大区、II.天山—准噶尔地层大区、III.内蒙—松佳地层大区,中部地区:IV.塔里木—北山地层大区、V.阿拉善—华北地层大区、VI.昆仑—秦祁地层大区,南部地区:VII.羌唐—三江地层大区、VIII.扬子地层大区、IX.藏中南—滇西地层大区、X.华夏地层大区。还可划分为若干地层区(region),必要时可再分为分区(subregion),而可以不列小区。

中国地质科学院地质研究所马丽芳主编的《中国地质图集》(2002)对中国地层区划分为13个地层区、75个地层分区:I.阿尔泰—额尔古纳地层区(含2个地层分区)、II.天山—内蒙古—兴安岭地层区(含11个地层分区)、III.兴凯湖地层区(含2个地层分区)、IV.塔里木地层区(含4个地层分区)、V.祁连山地层区(含3个地层分区)、VI.昆仑—秦岭地层区(含5个地层分区)、VII.华北地层区(含13个地层分区)、Ⅷ.可可西里—巴颜喀拉(特提斯)地层区(含3个地层分区)、Ⅸ.藏滇地层区(含5个地层分区)、Ⅹ.喜马拉雅地层区(含1个地层分区)、Ⅺ.扬子地层区(含15个地层分区)、Ⅻ.华南地层区(含9个地层分区)、ⅩⅢ.台湾地层区(含2个地层分区)。

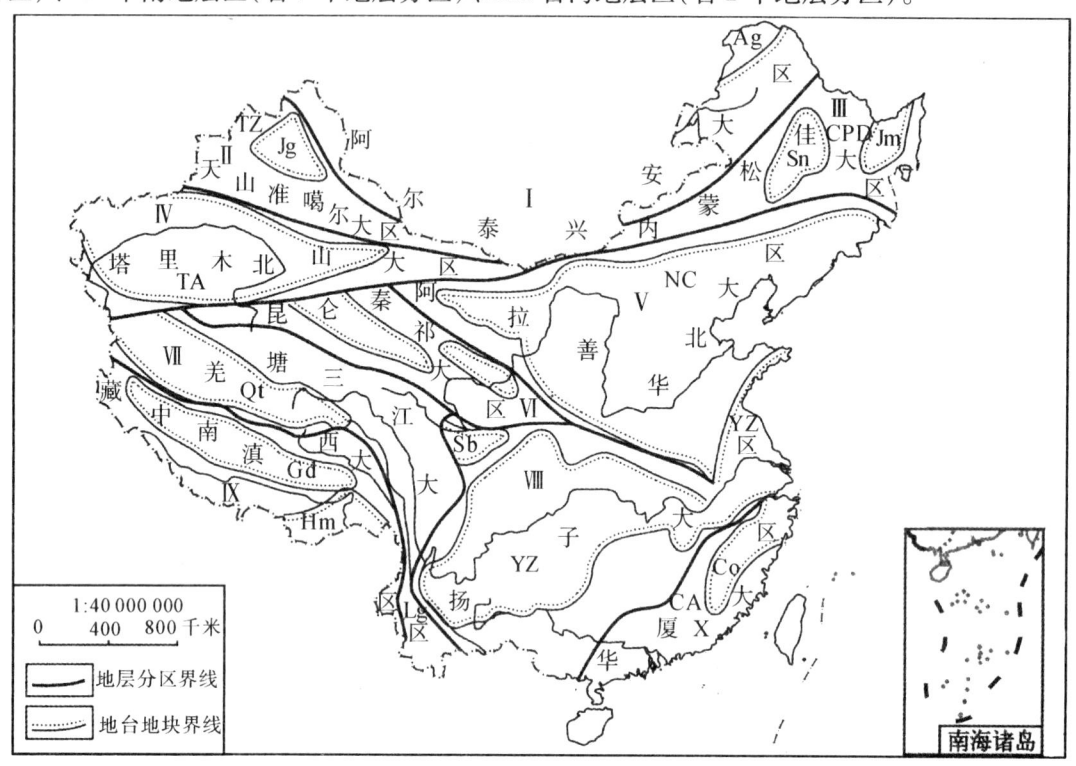

图1-1-1 中国地层分区示意图(据刘宝珺,2008)

有人综合各家的意见,主要参考王鸿祯的意见,根据地层区划的原则和方法分析中国地层发育和构造发展特征,特别是自古生代到三叠纪这一主要阶段的古构造和古地理,可以将中国地层区划为5个地层大区、19个地层分区。这些大区的命名和归属应该同古生代和三叠纪古大陆的全球性位置拼合联系起来考虑。各个大区之间的界线大都是古大陆边缘之间的对接消减界线。现对地层大区简介如下:

(1)准噶尔—兴安大区 其南界在中国新疆与哈萨克斯坦交界地带,位于南天山和伊宁地块之间。向东至新疆与甘肃交界地带,位于北天山南界,再东穿越北山,沿内蒙古南部,经西拉木伦河之北,再经长春和镜泊湖之南出国境。这是一条分隔北亚古大陆及其大陆边缘区和亚洲中部古大陆的、在二叠纪后期对接碰撞的重要地壳消减带。在中国境内,这个大区包括:①阿尔泰地层分区;②准噶尔地层分区;③北兴安—乌珠穆沁地层分区;④伊宁—中天山地层分区;⑤内蒙古—松花江地层分区。

(2)塔里木—华北大区 它是亚洲中轴大陆区的主体部分,其北界即上述对接消减带。包括塔里木和华北2个古大陆及其大陆边缘区的复杂地区。这个大区包括:①塔里木—南天山地层分区,是塔里木大陆及其北侧陆缘区;②北山—阴山地层分区,代表华北古大陆的北部大陆边缘;③华北地层分区,是华北古大陆的主体;④昆仑—祁连地层分区,包括昆仑山、祁连山及两者之间的柴达木地块区,还包括华北古大陆南缘的北秦岭带。大区的南界在两端大致位于昆仑山和喀喇昆仑山之间,向东在阿尔格山以南入青海境,经修沟、玛沁、凤县进入陕西,过山阳、西峡,直到皖南桐城之北,然后北移,可能在鲁南诸城以东入海。这是介于塔里木—华北大区和唐古拉—华南大区之间的、在三叠纪末对接闭合的地壳消减带。

(3)唐古拉—华南大区 它在西段西藏境内和东段这个大区是典型的特提斯区,可能代表古生代时期特提斯洋区的北部。西部的南界暂定在羌塘地块的西南缘,向西北,在龙木错一带与喀喇昆仑山相接。自羌塘地块南缘向东,经昌都之西,大致沿澜沧江、怒江之间,在昌宁、孟连一带出国境。在东段,大区南界大致以武夷山脉为界,与其以东的华夏地层区相隔,向北,分界线位于绍兴至玉山一线。据此,属于大区的有:①巴颜喀拉—南秦岭地层分区,向东至武当山之北,向南插入川西木里一带;②唐古拉—三江地层分区,包含羌塘、唐古拉山、川西和滇西的三江地区;③扬子地层分区,其范围即构造上的扬子地台;④华南地层分区,即位于扬子地台以南的华南地区,但不包括闽浙地区和海南岛;⑤海南地层分区,单独分出是由于它与华南有相当大的区别,而与印支半岛的印支地块有相似之处。

(4)藏南—滇西大区 它的北界和东界已如前述。这个大区代表东冈瓦纳大陆的北部边缘,在古生代的一些时期,生物区系和地层沉积类型都属于冈瓦纳型。以雅鲁藏布地壳消减带为界分为:①冈底斯—保山地层分区,包括喀喇昆仑山区、冈底斯山区以及藏东察隅地区和滇西腾冲、保山地区,滇西部分的地层发育与缅甸、泰国相似;②喜马拉雅地层分区,代表印度地块的北部大陆边缘。

(5)滨太平洋大区 它的中国部分,从构造上看,很可能代表太平洋西部或亚洲大陆东缘的地块和地体,在古生代和中生代的不同时期,达到现在的位置。自北而南可以分出:①兴凯地层分区,实际上是兴凯—锡霍特阿林地区的一部分;②华夏地层分区,或称闽浙地层区,基底是元古界陈蔡群和建瓯群等,范围延伸到东海;③台湾地层分区,代表华夏地层区的东侧边缘带,由于地层不全,发育特殊,暂划为独立的地层区。

关于地层亚区的划分,在广大的古陆,如塔里木、华北和扬子等区,主要根据是大陆内部各类盆地、大陆近边缘不同性质的陆棚以及裂陷槽等;在大陆边缘区造山活动带,主要依据是各类小型地块和构造岩相带的展布。

第三节 中国地层发育概述

构造发展阶段对地层沉积发育和古地理发展有着明显的控制作用。中国的构造发展大致可分为3个阶段:晋宁造山期(8亿年)前的大陆地台形成阶段、印支造山期(2.1亿年)前的泛大陆发展阶段、印支造山期后的大陆内部发展阶段(王鸿祯,1999)(表1-1-2)。

一、中国各地层区地层发育和古地理发展概况

1. 大陆地台形成前阶段——太古宙至震旦纪前

震旦纪前的太古宙、元古宙地层主要发育在三大地台区,在阿拉善—华北地层大区出露最广,研究也较详。中国前寒武系是以吕梁造山期(18亿年)为界线的两分性质;界线以下是太古宙和古元古代,一般属变质基底岩系;界线以上是中、新元古代,形成基底上的似盖层或盖层岩系,习称早前寒武纪和晚前寒武纪。

(1)太古宇和古元古界(18亿年)

现能确认的早于32亿年的古太古界见于中朝地台北缘的燕山地带和地台东部的鞍本地带,可称之为蓟辽古陆核。中太古界在阿拉善—华北地层大区和塔里木—北山地层大区均有发育。由于28亿年是地球上,特别是壳幔分异关系和陆壳生长的重要界限,因而将含有中太古界和更老地层的构造单元称为陆核(王鸿祯,1999)(表1-1-2)。在中朝地台范围内有蓟辽、河淮以及太华和阿拉善等陆核,塔里木地台上有塔中陆核,扬子地台上有川中陆核。它们主要由两部分组成:一是麻粒岩、角闪岩类,变质达到角闪岩相和麻粒岩相,有时代表古绿岩带;二是侵入的变质花岗岩类。新太古界在三大地台都有分布。在中朝地台五台群和登封岩群属于绿岩带型,泰山岩群和太华岩群则属于变质花岗岩型。登封岩群与太华岩群的类型和地区分布更为清晰。太古宇迁西群($^{38}Ar/^{40}Ar$法测年值为距今36亿年)主要由各种麻粒岩、辉石斜长片麻岩、斜长角闪岩组成,属高

级变质麻粒岩相。山西太行山、五台山地区的阜平群和龙泉关群(年龄值为距今28亿年～25亿年)的岩性以各种片麻岩为主,普遍混合岩化,变质程度高,为角闪岩相。在太古宙时期深成侵入体广泛出露(全国地层委员会,2002)。

在扬子地台范围内,黄陵地区的原崆岭群中含有中太古界变质杂岩,处于川中陆核的东端。但中、新太古界难于区分。西缘沿南北分布的康定岩群原岩以基性火山岩为主,属新太古界。此外,在塔里木地台和一些大型地块如东北的佳木斯地块和东南的建瓯地块,也都发现新太古界,但岩群的上下界线和性质尚待研究。

(2)中、新元古界南华系(6.8亿年)

中、新元古代包括震旦纪,时限为18亿年～5.4亿年。晋宁造山期(8亿年)是中国地质史上的一次重大事件,导致三大地台区以及东南的华夏古陆区的全部形成,基本构成了与现代构造相似的总体格局。在中国境内,中朝、扬子和塔里木3个地台,包括华夏地块、柴达木地块和可能的羌塘地块,相距不远,可称大华夏古大陆(Cathaysiana)或古陆片。中、上元古界在地台和大型地块上都形成盖层,可以进行各区之间的对比。长城系和蓟县系代表裂陷槽沉积;青白口系和南华系才是盖层沉积。地台南部熊耳群、西洋河群形成于裂陷槽,其上的汝阳群和洛峪群是盖层。中朝地台在晋宁造山期大部抬升,震旦系只在其边缘发育。在扬子地台,中、新元古界只在陆核之上形成盖层或裂陷槽沉积,神农架群可为例证。围绕古陆核的地区大部仍处于过渡地壳发育阶段,中、新元古界以岛弧环境沉积为主,地台东南边缘江南古陆及其两侧发育类似沟、湖、盆地体系。当时的东南沿海地区中、新元古界包括了部分稳定沉积处于地块群与海域交织分布的环境,与其西部的扬子地台之间还有洋盆相隔。中国西部的塔里木地台的中、新元古界包括似盖层、裂陷槽和盖层等不同类型的沉积,与中朝地台相似。柴达木与中祁连地块上发育的中、新元古界在一定程度上都可以对比,说明当时的原地台规模比现在大,柴达木地块和中祁连地块可能都是原地台的组成部分。到了晋宁造山期,中朝、扬子和华夏地区在东部沿大别、苏鲁一带和皖南、浙西一带碰撞对接,连为一体,并有碰撞型花岗岩形成(王鸿祯,1999)。

南华系是新元古界中部的地层,相当于中国南方原"震旦系"的下统部分。其底界即为与青白口系的分界,年龄值推定为距今8亿年。南华系分为上、下2统,下统自下而上分为莲沱组、古城组、大塘坡组;上统为南沱组。下统莲沱组主要为一套陆源碎屑沉积,常含火山碎屑岩及火山熔岩,局部地区含冰成岩;下统上部常由一个冰碛层(古城组)及一个间冰期海相沉积(大塘坡组)组成,大塘坡组主要为灰黑色含锰页岩及粉砂岩,在华南地区普遍形成含锰或含铁层位,成为下统上部的一个标志层。上统南沱组冰碛层主要为灰绿色、灰色及少量紫红色块状冰碛砾岩和冰碛纹泥岩。南华系时期由于主要受冰期寒冷气候条件的控制,生物演化发育处于低潮时期,呈现类型单调的特点,主要由微体藻类和宏观藻类组成,未见可信的后生动物化石(全国地层委员会,2002)。

2. 劳亚超级大陆形成阶段——震旦纪至侏罗纪前

这一阶段是以中国古生代海相地层发育为主的时期,处于晋宁造山期和印支造山期之间。从构造格局的变化说,中国东部中朝、扬子和华夏3个地台之间的海域都由于广西(加里东)造山期、天山(海西)造山期和印支造山期的影响而逐渐消失。中朝、塔里木之北,西伯利亚—蒙古之南的广大古亚洲洋壳海域也因同样的影响使海域消失。特别是印支造山期形成的广大造山区使中国范围内,除青藏、滇西以及塔里木盆地西端、广东沿海和东北佳木斯地区的个别地点以外,几乎完全不见海相地层。中国东部海域的消失使亚洲东部和北部连成一体。这就是劳亚超级大陆的形成,也是泛大陆的最终形成。所以,印支运动期在地质史上特别是东亚地质史上十分重要。我们的全球构造单元的划分主要是根据晋宁造山期奠定的基础和印支造山期完成的构造格局(王鸿祯,1999)。

震旦系是新元古界最上部的地层单位,仅相当于中国南方原"震旦系"的上统部分。即只包括陡山沱组和灯影峡组及其在此二组基础上所建的陡山沱阶和灯影峡阶。综合各项测试数据,震旦系底界即为陡山沱阶的底界(暂定为距今6.8亿年)。其底界层位拟置于南沱冰碛层之上的"盖帽白云岩",与下伏南沱冰碛层呈假整合接触。本阶岩石组合主要为灰色至灰黑色薄至中厚层泥质灰岩和泥质白云岩,夹多层黑色页岩。中国震旦系广泛分布于华南、西南各地,东北、西北一些省区也存在,但华北地区仅零星分布,在华北地台的东缘有大面积出露(全国地层委员会,2002)。震旦纪时期是全球构造、环境和生物发生重大变化的历史阶段。在生物演化史上,此时期最显著的特征是多细胞生物(包括后生动物和红藻、绿藻及褐藻等高级藻类)的早期演化,著名的伊迪卡拉生物群(图1-1-2)和陡山沱期生物群(庙河生物群、瓮安生物群、蓝田生物群的统称)(图1-1-3)、西陵生物群、高家山生物群等集中反映出这一时期生物圈的基本构造和特点。湖北峡东地区震旦系剖面是新元古III系全球层型最佳候选剖面之一。其底界层位拟置于南沱冰碛层之上的"盖帽白云岩",与下伏南沱冰碛层呈假整合接触。本阶岩石组合主要为灰色至灰黑色薄至中厚层泥质灰岩和泥质白云岩,夹多层黑色页岩。

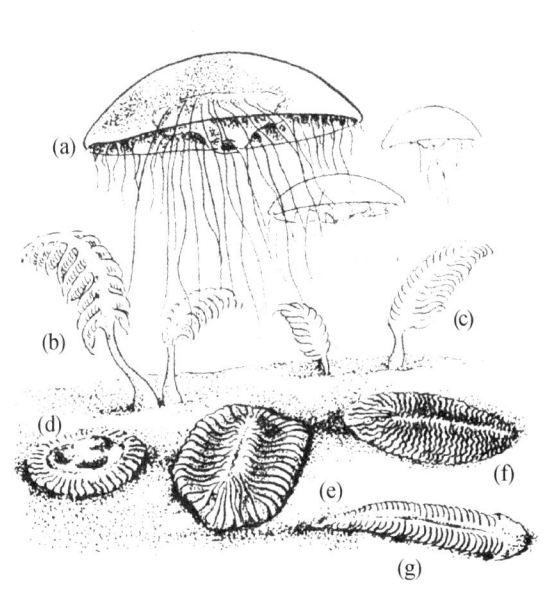

图1-1-2 伊迪卡拉生物群(据张昀,1998)
(a) *Cyclomedusa radiate*(似水母类);
(b) *Charniodiscus opposites*(似海鳃类);
(c) *Rangea longa*(似海鳃类);
(d) *Tribrachiodium heraldicum*(分类位置不明);
(e) *Dickinsonia minima*(分类位置不明);
(f) *Spinther alaskensis*(分类位置不明);
(g) *Spriggina floundersi*(分类位置不明)

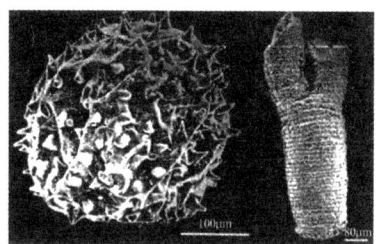

图1-1-3 陡山沱期生物类型(据杨守仁,2008)
上行—左:帚状陡山沱藻;
上行—中:中华拟浒苔;
上行—右:双叉庙河藻;
中行—左:茶店大刺球藻;
中行—右:微管状刺细胞动物化石;
下行—动物胚胎化石

下古生界在三大地台上的发育各有不同。在寒武—奥陶纪,中朝地台从以滨、浅海为主的陆表海逐步演变为广海碳酸盐岩台地,局部发育蒸发岩,中奥陶世(4.7亿年左右)后整体隆起,只有西部陆缘区仍有海侵。扬子地台寒武纪海侵最早,寒武—奥陶系自西而东、自下而上逐步由滨海碎屑岩相变为碳酸盐岩台地相和较深海泥质岩相,生物群、生物相也随之发生区域性的差异。志留系分布不广。华夏地区的西北缘下古生界多见较深海相,与扬子地台东南缘之间当时还有海盆相隔。志留纪时,华夏地区隆升,并逐步向西扩大,使海域消失,在湘中和湘、黔、鄂边缘形成前陆盆地,最终使华南地区全部升起,志留系仅残存于钦防海槽及其向东延伸的部分。华夏地区西缘与扬子地台之间,隆起变形的地带即广西运动形成的早古生代(加里东)造山区。中朝地台西缘与柴达木地块之间也在志留纪末皱起成山。形成典型的早古生代祁连造山带。在塔里木地台,寒武—奥陶系在西北部是正常浅海沉积,东北部为满加尔坳陷,与库鲁克塔格海槽相连,奥陶纪晚期隆升,志留系局部发育(王鸿祯,1999)。

上古生界和三叠系在华南几乎全为海相。但泥盆纪和早石炭世,扬子地台内部和华夏地区以陆相为主或缺失沉积。只在上扬子地台南缘形成碳酸盐岩台地。二叠纪时普遍形成碳酸盐岩台地,但沿钦防海槽及其向东北的延伸带仍为较深海域,直到印支造山期才整体隆升。中朝地台到晚石炭世才有自东而西,自南而北的浅海侵漫,从晚二叠世到三叠纪形成陆相盆地。塔里木地台西南出现的石炭纪深坳陷海相盆地,可能属弧后盆地。二叠纪时出现北部的天山造山期的前陆陆相盆地,上延到三叠纪。印支造山期不仅使秦岭和东昆仑成为造山带,也使扬子地台西缘、南缘和塔里木地台出现北部的南缘成为造山带,欧亚古大陆最终形成。

3. 大陆内部发展阶段——中生代晚期以来陆相盆地的发展

印支造山期后,大陆内部地层发育以陆相盆地为主体,仅在青藏和滇西由东冈瓦纳古大陆北缘的裂离地体陆续北移就位,仍有海相沉积。中国大陆内部由于构造位置受到周边板块的影响,出现了不同的应力场条件,发育了不同类型的陆相盆地。在中国东部,侏罗纪燕山造山期主要是各大小地块的进一步焊合,发育挤压型盆地和火山盆地。从早白垩世以后,区域应力场以拉伸为主,出现拉张裂谷盆地,包括白垩纪的松辽盆地、新生代的渤海、华北、江汉等盆地,以及海相的大陆边缘海裂陷盆地。中部的代表是鄂尔多斯盆地和四川盆地。这些地区内部大盆地在晚三叠世和侏罗纪规模很大。鄂尔多斯盆地因受到来自其南和其西的印支造山期挤压,局部发育前陆式沉积,规模逐渐变小,至白垩纪末隆升。四川盆地受到来自西和北的印支期后不止一次的构造挤压,发育前陆式沉积,也于白垩纪末全部隆起。

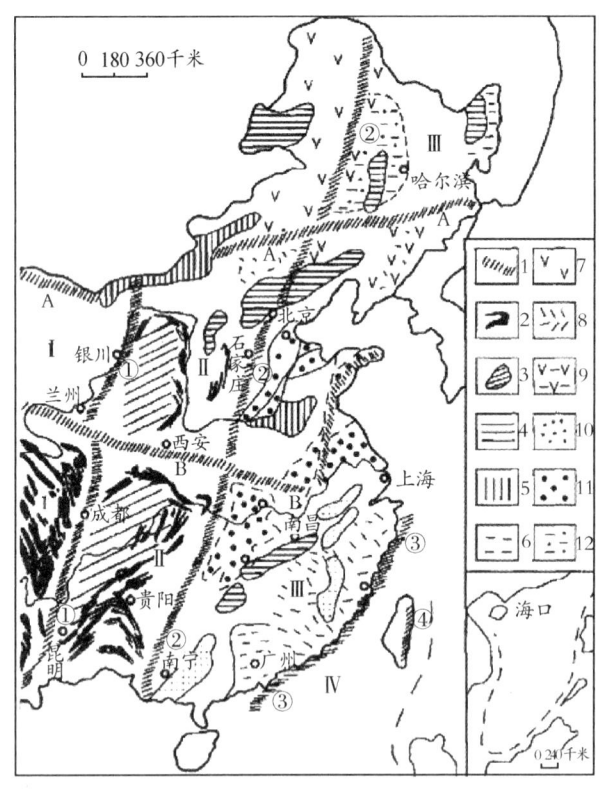

图 1-1-4 中国东部深层构造与中生代地层分布图(据汤加富等,2004)

1. 陡变带;2. 三叠系;3. 侏罗—白垩纪继承盆地沉积;4. 侏罗纪含煤沉积;5. 侏罗系内陆河湖盆地沉积;6. 早中侏罗世海侵区沉积;7. 侏罗纪(含早白垩世)中基性火山岩;8. 晚侏罗世—白垩纪中基性—中酸性火山岩;9. 白垩纪中酸性火山岩;10. 侏罗纪(含早白垩世)山间盆地沉积;11. 白垩纪内陆短线盆地沉积;12. 白垩纪近海湖盆地沉积。Ⅰ. 西部幔凹区;Ⅱ. 中部深层构造过渡带;Ⅲ. 东部薄壳带;Ⅳ. 陆缘海域幔隆带;①贺兰山—龙门山陡变带;②大兴安岭—武夷山陡变带;③中国东部陆缘陡变带;④菲律宾海板块西缘陡变带在西部,发育于天山造山带南北和祁连造山带南北的诸盆地,都可看做印支期后青藏新特提斯区各地块逐个北移碰撞形成的产物。新特提斯海域自侏罗纪晚期开始消减,到晚始新世完全闭合。其后印支地块进一步向北楔入,造成大规模的挤压和陆内俯冲,同时也就形成了多阶段连续型的陆相盆地发育。在准噶尔南缘、塔里木的南缘和北缘、柴达木全盆地,以及河西走廊各盆地,都形成及厚的堆积。从盆地周边沉积相和厚度分析,挤压力不独来自南方,而常常是双向挤压的结果。这些陆相盆地有的是重要的油、气成藏盆地,有是含盐湖盆地,都具有重要的实际意义和经济价值。

(杨守仁)

二、中国"金钉子"

地质学上的"金钉子"实际上是全球标准层型年代地层单位界线层型剖面和点位(GSSP)的俗称。是为了在全球范围内有效探索地球历史上同步发生的各种地质事件而寻找的一些特别的地层剖面和地质点,以此作为划分全球各时代地层的统一标准。在代表不同时期不同地层上"金钉子"是国际地质古生物学界竞争激烈的课题。

地球地层年表依次分为宇、界、系、统、阶,其中,阶是基本单位,可以由"金钉子"来确定其底界。全球地层年表中一共有"金钉子"110颗左右,从1972年在捷克建立全球首枚"金钉子",到2013年4月,世界上共有20个国家建立了65枚"金钉子"。中国在20世纪70年代末开始参与全球年代地层的研究,1997年中国科学院南京地质古生物研究所陈旭所领导的团队率先取得突破,建立了中国的第一个"金钉子"奥陶系达瑞威尔阶"金钉子"。从此,在中国科学院南京地质古生物研究所、中国地质大学、中国地质科学院地质研究所、宜昌地质矿产研究所的共同努力下,在中国相继建立了10枚"金钉子"(表1-1-3),显示了中国在年代地层研究领域的领先水平。

表1-1-3 在中国建立的"全球界线层型剖面和点位"

阶	产地	定义	批准时间
奥陶系达瑞威尔阶	浙江常山黄泥塘	宁国组顶界之下22米,184层之底,笔石 *Undulograptus austrodentatus* 首现	1997
二叠系—三叠系界线	浙江长兴煤山D剖面	殷坑组底部27c层之底,牙形石 *Hindeodus parvus* 首现	2001
寒武系排碧阶底阶	湖南花垣排碧剖面	花桥组底界之上369.06米,三叶虫 *Glyptagnostus reticulatus* 首现	2003
二叠系吴家坪阶底界	广西来宾蓬莱滩铁桥剖面	茅口组顶部6k层之底,牙形石 *Clarkina postbitteri postbitteri* 首现	2004
二叠系长兴阶底界	浙江长兴煤山D剖面	长兴组底界之上88米,4a-2层之底,牙形石 *Clarkina wangi* 首现	2006
奥陶系赫南特阶底界	湖北宜昌北王家湾	五峰组观音桥底界之下0.39米,笔石 *Normalograptus extraordinarius* 首现	2006
奥陶系大坪阶底界	湖北宜昌黄花场	大湾组底界之上10.57米的16层之底,牙形石 *Baltoniodus-triangularis* 首现	2008
寒武系古丈阶底界	湖南古丈罗依溪北西4千米	花桥组底界之上121.3米灰岩之底,三叶虫 *Lejopyge laevigata* 首现	2008
石炭系维宪阶底界	广西柳州北岸乡碰冲村南小溪	鹿寨组碰冲段83层之底,有孔虫 *Eoparastaffella simplex* 首现	2009
寒武系江山阶底界	浙江江山碓边村B剖面	华严寺组底界之上108.12米,三叶虫 *Agnostotes orientalis* 首现	2011

(1)浙江常山奥陶系达瑞威尔阶的"金钉子" 1995年在第5届国际奥陶系讨论会上,大多数选举委员同意将全球奥陶系划分为上、中、下3个系和6个阶,并组成5个工作组,分别对全球有可能成为相当系和阶的界线层型剖面进行调查。中国科学院南京地质古生物研究所陈旭等经2年艰苦努力,找到浙江距常山县城南5千米处的二都桥黄泥塘的剖面,奥陶系发育最完美的地区,其达瑞威尔阶地层剖面和化石组合的典型性、稀有性为全球罕见。作为奥陶纪地层的主要化石——笔石和牙形石,在常山黄泥塘剖面得到最好的发育和保存。他们选择了黄泥塘剖面183～184编号有重大变异的笔石层位为点位,经申报,1997年1月国际地科联一致通过该剖面点位为"金钉子",即奥陶系达瑞威尔阶"金钉子",这是中国第1枚地质"金钉子"。黄泥塘"金钉子"剖面4.7亿年以前是一片海洋,随着地球的运动、地壳的演变、河床的抬高,这里形成陆地,海洋里的许多生物慢慢形成了化石,其中笔石化石、牙形石生物化石、腕足类生物化石、三叶虫生物化石为最主要的4种化石,还有少量的腹足类生物化石。

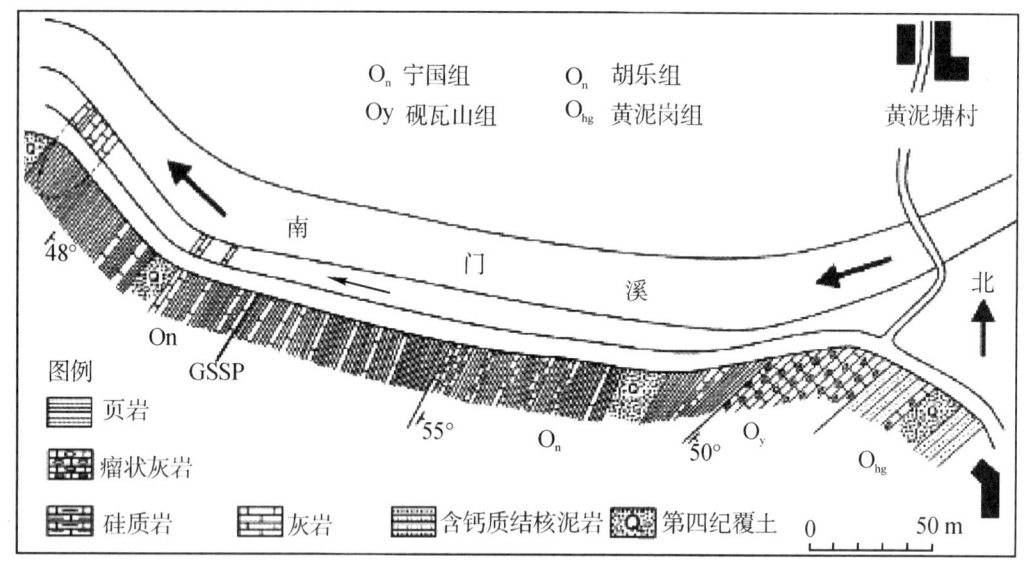

图 1-1-5　浙江常山黄泥塘剖面平面地质图(据陈旭等,1998)

(2)浙江长兴二叠纪与三叠纪的"金钉子" 全球二叠系/三叠系界线层型是一条极为重要的界线,它既是中国下三叠统殷坑阶(国际上的印度阶)与上二叠统长兴阶间的界线(代表2个系间的界线),也是古生界与中生界间的分界线,长期受到国内外同行专家的重视与关注。国际二叠系分会专门成立了以中国地质大学(武汉)殷鸿福为首的国际界线工作组,在世界各地寻找该界线的最佳层型剖面。经多年深入考察、研究、对比,20世纪90年代末,殷鸿福等正式向国际二叠系分会提交提案,推荐浙江长兴县煤山D剖面为二叠系/三叠系界线的全球层型剖面和点位。2001年3月国际地科联执委会最后表决通过批准了该提案。这是中国获得的第2枚"金钉子"。位于浙江省长兴县煤山D剖面,具体位置在煤山镇至新槐乡公路北侧的山坡上。该界线以牙形石 *Hindeodus parvus* 首次出现为标志,其首现点位于剖面中27c层的底部处。经同位素测年,该界线年龄为2.51亿年。是中国"金钉子"中级别最高的、划分古生界和中生界的标准"金钉子"。长兴"金钉子"是全球最完整的二叠/三叠系界线层型剖面和点位,是地球史上3个最重要的断代界线之一,也是地球历史上6次生物大绝灭中最大一次绝灭事件和全球变化相联系的点位。全球二叠/三叠系界线层型完整地保存了2.5亿年前地球史上最大的一次生物灭绝事件信息,它对于了解地球历史、探求地球生物演化奥秘具有重要的意义。被国际地质科学联合会主席誉之为"世界上最完美的保护区"。2005年8月5日长兴地质遗迹保护区被正式批准成为"金钉子"地质遗迹国家级自然保护区。

（3）湖南花垣寒武系排碧阶"金钉子" 寒武系在1835年由英国学者A. Sedgwick建立，以往没有全球统一的正式划分。为了解决寒武系年代地层再划分问题，国际地层委员会寒武系分会从1995年起，先后举行了8次现场会议，旨在寻找适合的剖面和点位。排碧阶是全球寒武系的第8个阶，是《国际地层表》中寒武系所建的第1个阶。该阶经中国科学院南京地质古生物研究所彭善池研究团队的多年研究，选定排碧阶的底界界线层型（亦即芙蓉统的底界界线层型）剖面，位于中国湖南省花垣县排碧乡四新村附近。确定其底界以球接子类三叶虫 *Glyptagnostus reticulatus* 的首现点为识别标志，该首现点位于距花

图1-1-6 浙江长兴煤山二叠纪与三叠纪的"金钉子"

桥组底界369.06米处。彭善池研究团队2001年末向国际地层委员会寒武系分会提交推荐将中国湖南省花垣县排碧乡四新村排碧阶底界界线层型剖面作为该阶全球层型剖面和点位的提案，2002年7月国际地质科学联合会表决通过了该提案。这是中国获得的第3枚"金钉子"，也是寒武系确定的第一颗"金钉子"。

图1-1-7 湖南花垣排碧寒武系剖面   图1-1-8 广西来宾蓬莱滩剖面

（4）广西来宾蓬莱滩二叠系乐平统暨吴家坪底界"金钉子" 吴家坪阶是全球上二叠统下部的一个阶，其底界亦是上、中二叠统的界线。经中国科学院南京地质古生物研究所金玉玕研究团队多年努力，1997年国际地层委员会二叠系分会正式将中国的"乐平统（上二叠统）"及其下部的吴家坪阶和上部的长兴阶纳入《国际地层表》，这是中国年代地层单位首次被确认为全球的年代地层单位。经金玉玕研究团队多年研究，2002年正式向国际二叠系分会提出，将中国广西来宾蓬莱滩剖面作为全球吴家坪阶底界的全球层型剖面和点位的提案；2003年和2004年分别被国际二叠系分会、国际地层委员会和国际地质科学联合会执委会表决通过。这是中国获得的第四枚"金钉子"。位于广西来宾市蓬莱滩南岸剖面，吴家坪阶底界以牙形石 *Clarkina postbitteri postbitteri* 的首次出现为标志。该剖面地层出露连续，含化石丰富。在吴家坪阶内自下而上包含6个牙形石带、4个

菊石带。

（5）浙江长兴二叠系长兴阶底界的"金钉子" 长兴阶是全球上二叠统上部的一个阶,位于吴家坪阶之上。其顶界是三叠系—二叠系间的界线,亦是中生界与古生界间的界线。经中国科学院南京地质古生物研究所金玉玕院士研究团队多年研究,2004年正式向国际地层委员会二叠系分会提交提案,推荐中国浙江省长兴县煤山D剖面作为全球长兴阶底界的界线层型候选剖面。2004年11月～2005年年底,该提案分别被国际二叠系分会、国际地层委员会和国际地质科学联合会执委会表决通过。这是中国获得的第五枚"金钉子"。位于中国浙江省长兴县城以北20千米煤山的D剖面,出露的地层包括龙潭组顶部至下三叠统殷坑组下部的连续地层。长兴阶底界以牙形石 *Clarkina longicuspidata-C. wangi* 演化谱系中 *C. wangi* 的首次出现为标志,其首现点位于剖面中4a－2层的底部,距长兴组的底界0.88米处。该层型剖面含化石丰富,长兴阶内自下而上包含4个牙形石带、3个菊石带。

（6）湖北宜昌王家湾奥陶系赫南特阶"金钉子" 赫南特阶是上奥陶统最顶部的一个阶,原是用于英国奥陶系 Ashgill "统"最顶部的一个地区性阶,以产腕足类和三叶虫 *Hirnantia-Dalmanitina* 动物群为特征。赫南特阶所代表的这一段地层厚度不大,时限很短,但却清楚地记录了地质历史上第二大规模的生物灭绝事件,这一事件是全球性的,因此确立了该阶的特定地位和重要价值。2004年中国科学院南京地质古生物研究所陈旭和戎嘉余等正式向国际地层委员会奥陶系分会提交提案,建议将湖北省宜昌市夷陵区分乡镇王家湾村北剖面作为赫南特阶底界的全球层型剖面和点位,并以笔石 *Normalograptus extraordinarius* 的首次出现作为其底界的识别标志。2004年10月和2006年2月,国际奥陶系分会和国际地层委员会分别通过了该提案;2006年5月国际地质科学联合会执委会表决通过,最后批准了这一提案。

图1-1-9　宜昌王家湾北剖面　　　　图1-1-10　宜昌黄花场剖面

（7）湖北宜昌黄花场奥陶系中奥陶统及奥陶系大坪阶"金钉子" 大坪阶是中奥陶统下部的一个阶,其底界即是中/下奥陶统之间的界线。经中国地质调查局宜昌(现武汉)地质调查中心汪啸风研究团队多年精心研究,将大坪阶的底界界线层型剖面选定在湖北省宜昌市北北东方向22千米的宜昌至兴山县公路旁(距黄花场乡政府所在地1千米处),确定该阶的底界以牙形石 *Baltoniodus-triangularis* 的首次出现为识别标志,其首现点位于界线层型剖面中奥陶系大湾组下段的SHod-16层底部,距大湾组底部之上10.57米处。汪啸风等2006年正式向国际地层委员会奥陶系分会提交推荐将中国湖北宜昌黄花场剖面作为全球中/下奥陶统界线的界线层型的提案。2007年4月和5月国际地层委员会和国际地质科学联合会分别表决通过了该提案。至此,大坪阶正式进入

《国际地层表》,其底界的全球层型剖面和点位正式被确立在中国湖北省宜昌黄花场。这颗金钉子是奥陶系最后一颗,标志着全球奥陶系年代系统的最终建立。

(8)湖南古丈寒武系古丈阶"金钉子" 古丈阶是全球寒武系的第7阶,距今约5.03亿年。该阶底界的"金钉子"位于湖南省湘西土家族苗族自治州古丈县罗依溪镇附近的张家界—吉首的公路旁,"古丈阶"的底界以广布于全球的球接子三叶虫 *Lejopyge laevigata* 的首次出现为识别标志,其首现点位于寒武系花桥组底界之上121.3米处。经过中国科学院南京地质古生物研究所彭善池研究团队的不懈努力,古丈阶"金钉子"于

图1-1-11 湖南古丈寒武系古丈阶"金钉子"

2008年由国际地质科学联合会表决通过,3月30日国际地科联秘书长签署了批准书。寒武系距今5.42亿年~4.88亿年,是地球生命演化史上最重要的地质时期,这一时期首次出现了以三叶虫为代表的带壳(硬骨骼)生物,呈现生物多样性的爆发式发展。专家组在一套完整的灰岩地层中,发现了只有8毫米大、宛如一颗花生米的"球接子三叶虫"化石,这是球接子三叶虫化石首次在这个层位出现,标志着一个新阶段的开始。

(9)广西柳州碰冲石炭纪维宪阶"金钉子" 维宪阶是全球下石炭统的第2个阶,位于杜内阶之上。其底界即是维宪阶/杜内阶间的界线。2002年国际地层委员会石炭系分会通过了关于维宪阶—杜内阶界线定义的决定。以中国地质科学院地质研究所侯鸿飞为首的中外合作研究团队经过多年的深入研究和考察,2003年共同提出以广西柳州市碰冲剖面作为全球维宪阶底界界线层型候选剖面的建议,并于2007年向国际石炭系分会正式提交了推荐碰冲剖面的提案。2008年2月和3月国际地层委员会和国际地质科学联合会执委会分别表决通过了该项提案。至此,维宪阶底界的GSSP正式被确立在广西柳州碰冲剖面。这是全球石炭纪首个(阶)一级的"金钉子",也是中国获得的第9枚"金钉子"。剖面位于广西柳州市北东方向15千米的北投乡碰冲村南小溪内,定义维宪阶底界的有孔虫 *Eoparastaffella simplex* 的首现点位于该剖面中石炭系鹿寨组碰冲段内第83层的底部。

(10)浙江江山寒武系江山阶"金钉子" 江山阶底界的全球界线层型剖面,位于中国浙江省江山县碓边村附近B剖面,其底界以球接子三叶虫 *Agnostotes orientalis* 在该剖面的首次出现为识别标志,化石首现点位于该剖面中华严寺组上部,距该组底界之上108.12米处。江山阶是全球寒武系的第九阶,是芙蓉统(上寒武统)内的第2个阶,位于排碧阶之上。从2003年起中国科学院南京地质古生物研究所彭善池及其研究团队在江山县研究寒武系第9阶底界的界线层型剖面,经过对碓边B剖面近2年生物地层研究,认为该剖面所产的东方拟球接子三叶虫最适合定义寒武系第9阶的底界,是很好的全球地层对比的媒介,符合"金钉子"剖面对关键化石的要求。2004年在韩国举行的国际寒武系再划分现场会议的大会报告中,彭善池提出以该种三叶虫做定义寒武系第9阶的首选物种,被国际地层委员会寒武系分会接受并获得通过,成为世界各国寻找和研究第9阶界线剖面的参照标准。按照这一标准,彭善池团队对碓边B剖面开展了多学科研究,并在2009年底全

面完成研究,向寒武系第9阶国际工作组提交了以碓边B剖面建立全球第9阶"金钉子"的申请报告,报告中将第9阶命名为"江山阶"。国际地科联执委会2011年8月批准了由中(中国科学院南京地质古生物研究所彭善池团队)、美、意科学家组成的研究团队提出的提案,以中国浙江江山县命名的全球寒武系年代地层单位江山阶及其底界的"金钉子"正式在中国确立。

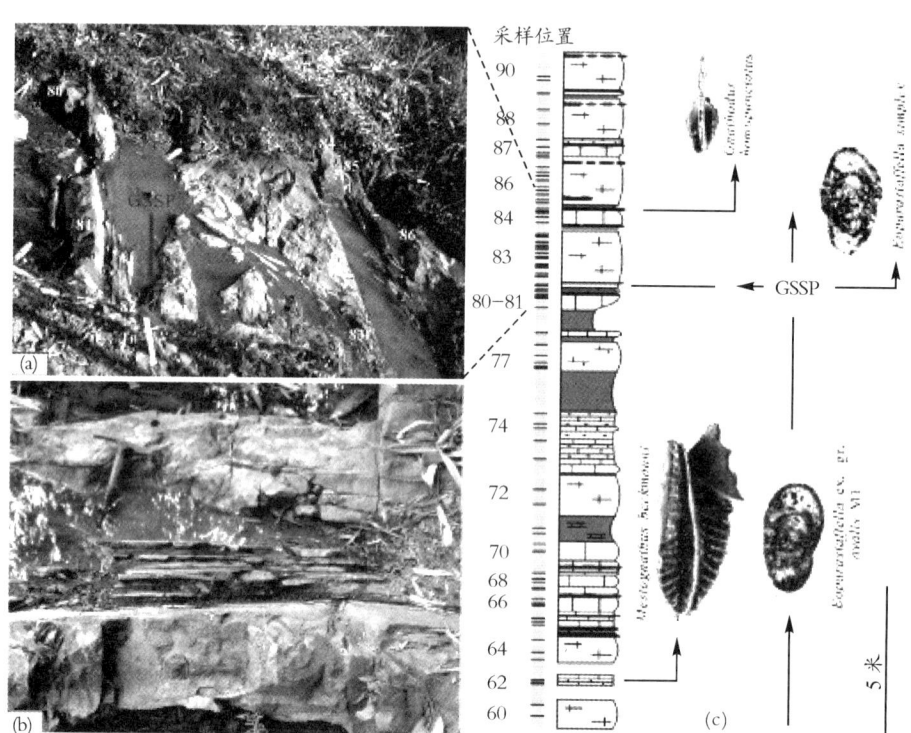

图 1-1-12　碰冲段中部岩性柱状图及主要化石(据侯鸿飞等,2008)
(a)80~86层露头照片;(b)81层顶至83层底部(83a-b)露头近影;(c)岩性柱状图

图 1-1-13　浙江江山寒武系江山阶"金钉子"标准剖面(据彭善池,2011)
上:碓边附近的大豆山及碓边A、碓边B剖面位置;下:碓边B剖面近影

第二章 中国岩浆岩和岩浆活动

第一节 概述

火山喷发、岩浆涌动,大自然的这一奇观乃是当今地球表面唯一可直接观测到的岩浆活动。我们说地球是"活"的,不但是指有机生命体的诞生和繁衍,而且也是由于人类赖以生存的这个星球上至今仍活跃着岩浆活动。岩浆岩(火成岩)是由岩浆侵位在地下或喷出地表后冷却凝结形成的岩石。岩浆在地表以下冷凝结晶而成的岩石称侵入岩,岩浆物质喷出地表冷却凝固而成的岩石称火山岩(喷出岩)。

18世纪末,岩石学开始以独立的学科出现于欧洲,岩浆岩岩石学作为岩石学最早的分支之一已经历了200多年的发展历史。20世纪20年代开始,随着西方科学的引入,中国的地质学家也开启了岩浆岩和岩浆活动的研究历史。1920年翁文灏在《中国矿产区域论》一文中,讨论了钨、锡等矿产与花岗岩的成因联系。1924年李四光在《地质会志》上发表了《研究火成岩侵入岩的新方法建议》一文。1927年翁文灏提交了《中国东部中生代以来地壳运动及火山活动》的论文。1929年赵亚曾和黄汲清在对秦岭和云贵川地质研究空白区进行考察和调查时,较详细研究了岩浆岩及其金属矿床。20世纪30年代~40年代,一些地质学家对中国东部诸如长江中下游等地的岩浆岩和有关矿床进行了较为零星的研究工作。

中华人民共和国成立后,随着对找矿工作的重视和展开,加强了矿区范围岩浆岩的研究。20世纪50年代中期开始,大面积的区域地质调查和找矿普查工作的进行、地质科学研究机构的设立以及地质院校的调整和新建,大大促进了岩浆岩岩石学研究的发展以及岩浆岩专门人才的培养和建设。这一时期的主要成果有:赵宗溥(1956)首次对中国东部新生代玄武岩的系统研究;王德滋等(1963)对宁芜地区中生代火山岩系的研究;众多学者对岩浆岩成矿专属性的研究;50年代后期到60年代前期,南京大学地质系对华南花岗岩岩类的系统研究;1965年在贵州和山东首次发现了含金刚石的金伯利岩。教材编写有:北京大学地质学系王嘉荫的《火成岩》(1955),北京地质学院池际尚主持的《岩浆岩岩石学》(1960)。70年代重点开展了对基性、超基性岩的普查和系统研究。

20世纪80年代~90年代是中国岩浆岩研究取得丰硕成果的时期。一方面是随着全国1/20万区域地质调查的基本结束和1/5万区域地质调查的普遍展开,以及各省区区域地质志的完成和出版,积累了岩浆岩的海量原始资料和数据;另一方面是大量专著出版,几乎涉及全国所有地区或地质构造分区、遍及各个时代各种类型的岩浆岩,学术思想活跃,研究水平大大提高。

21世纪是一个新时期,需要针对目前岩浆岩研究中存在的一些问题进行突破性研究,迄今已取得重要成果。

第二节 中国岩浆岩分类

一、岩浆岩初步分类或野外分类

岩浆岩通常可以分成火山岩和侵入岩2大类。火山岩,也称喷出岩,是岩浆喷出地表冷凝而成的岩石,具有结构(即颗粒细小、一般1毫米,肉眼不能分辨单个晶体),往往含有玻璃质,为火山喷发活动的产物。侵入岩是岩浆侵位于地下冷凝而成的岩石,典型的侵入岩形成于较深处,称为深成岩,具有显晶结构(即颗粒粗细、肉眼可以分辨单个晶体),系地壳内岩浆活动的产物。

火山岩包括熔岩和火山碎屑岩。熔岩是熔岩流的冷凝固结物,熔岩流是喷出地表的炽热熔浆(失去挥发份的岩浆),为火山活动的直接产物。火山碎屑岩是由火山活动直接产物的碎裂作用所产生的碎屑(晶屑、玻屑和岩屑)组成的岩石,其中的火山碎屑岩是由火山碎屑物含量大于75%(体积)。

侵入岩广义上包括深成岩和浅成岩。深成岩是侵位在地下较深部位(通常大于3千米)的侵入岩,一般具有中、粗粒显晶质结构。浅成岩是岩浆侵位于相对靠近代表的地下较浅处形成的,介于火山岩与深成岩之间的过渡岩石;它们往往以岩脉、岩墙、岩颈和岩床等形态的小侵入体产出,岩石常为细粒隐晶结构和斑状结构。有些浅成岩,与火山作用有关并与同源或同生火山岩相伴生,也被称之为次火山岩或潜火山岩。

矿物组成、化学成分和岩石结构是岩浆岩鉴定和分类的主要标志。表1-2-1所示的分类表,是以岩浆岩的颜色指数、酸度、碱度、岩石结构和产状为依据进行划分的。

表1-2-1 岩浆岩主要类型分类表

颜色指数 M		暗色岩		中色岩		浅色岩
		超镁铁质岩 >90%	镁铁质岩 65~90%	35~65%		长英质岩 <35%
酸度 SiO$_2$%		超基性岩 <45%	基性岩 45~52%	中性岩 52~63%		酸性岩 >63%
碱度	钙碱性	橄榄岩—苦橄岩类,金伯利岩	辉长岩—玄武岩类,辉绿岩	闪长岩—安山岩类,闪长玢岩	正长岩—粗面岩类,正长斑岩	花岗闪长岩—英安岩类,花岗闪长斑岩 花岗岩—流纹岩类,花岗斑岩
	碱性	霓辉岩类	碱性辉长岩—碱性玄武岩,碱性辉绿岩		碱性正长岩—碱性粗面岩,碱性正长斑岩	碱性花岗岩—碱性流纹岩类,碱性花岗斑岩
	碱性岩(过碱性)	*霓霞岩—霞石岩类,霓霞玢岩	副长石辉长岩—碱玄岩类,方沸辉绿岩		霞石正长岩—响岩类,霞石正长斑岩	

*霓霞岩—霞石岩类大多为非超镁质岩。

岩浆岩的造岩矿物按颜色深浅可分成暗色矿物和淡色矿物。暗色矿物主要有橄榄石类、辉石类、角闪石类和黑云母类,为镁铁质矿物;淡色矿物主要有石英、长石类和副长石类,为长英质矿物。岩浆岩中暗色矿物的百分含量通常称为颜色指数(M)或色率。根据颜色指数范围可分为暗色岩、中色岩和淡色岩,暗色岩包括超镁铁质岩和镁铁质岩,淡色岩也称长英质岩(表1-2-1)。

划分岩浆岩类型时,依据的化学成分主要是SiO_2含量(酸度)和碱含量(碱度)。首先根据SiO_2含量将岩石分为超基性岩、基性岩、中性岩和酸性岩4大类(表1-2-1),它们大体上与按颜色指数划分的超镁铁质岩、镁铁质岩、中色岩和长英质岩一一对应,岩浆岩酸度与颜色指数成反比。然后根据($Na_2O + K_2O$)含量,再将每大类岩石划分出钙碱性、碱性和(或)过碱性2~3个系列。这样,共分成11类岩浆岩(表1-2-1),其中钙碱性酸性岩包含2个亚类。过碱性系列岩石通常称作碱性岩,其特征是SiO_2不饱和、($Na_2O + K_2O$)过饱和。

每一类岩石都包含深成岩、火山岩和浅成岩。同一类岩石的化学成分相近,但三者的产状和结构存在差异。表1-2-1列出各类岩石的基本种属名称,这个方案适用于野外分类和命名。

地球表面分布面积最广的岩浆岩是花岗岩类和玄武岩类。花岗岩类是酸性深成岩，玄武岩类是基性火山岩。这些岩石的独特地质景观，成了著名的国家公园和世界自然遗产。例如，安徽黄山的奇峰怪石，是经大自然雕琢的花岗岩；黑龙江五大连池，千姿百态的奇异熔岩流，则已凝固成了玄武岩。

二、岩浆岩的 QAPF 分类和命名

QAPF 分类是国际地质科学联合会（IUGS）火成岩分类学分委会推荐的岩浆岩分类和命名方案，现已被世界各国普遍采用。

1. 分类和命名原则

QAPF 分类是以岩浆岩的实际矿物含量为基础进行分类和命名的方案。造岩矿物分成 5 组：Q = 石英，包含鳞石英和方石英；A = 碱性长石，包括正长石、微斜长石、条纹长石、钠长石（$An_0 \sim An_5$）、透长石和歪长石；P = 斜长石（$An_5 \sim An_{100}$），偶有方柱石；F = 副长石类，包括霞石、白榴石、钾霞石、方钠石、黝方石、蓝方石、钙霞石和方沸石等；M = 镁铁质矿物和副矿物，主要是橄榄石类、辉石类、角闪石类和黑云母等暗色矿物，副矿物如磷灰石、锆石、榍石、绿帘石、石榴石、黄长石、磁铁矿、钛铁矿和金红石等。前 4 组都包含长英质矿物，后一组统称为镁铁质矿物；分别统计每一组矿物的实际体积含量，它们的总量是 100%。事实上，Q 组矿物与 F 组矿物是互相排斥的，即石英与副长石类不能共生，或者有 Q（F = 0），或者有 F（Q = 0）。这样，对于任何一种岩石来说，最多能有 A、P、M 和 Q 或 F 4 项存在。

对于 M < 90% 的岩石，可按照长英质矿物石英（或副长石）、碱性长石和斜长石类的实际矿物含量，采用 QAPF 双三角图解来分类。图解使用前，必须重新计算原先测定的矿物含量，得到新的换算值，使之 Q + A + P 或 F + A + P 的总量为 100%；再计算斜长石比率（%）= 100 × P/(A + P)。这样，通过确定 Q（或 F）和斜长石比率 2 个参数落在 QAPF 分类图解中的投影点位置，就能对岩石进行命名。

QAPF 双三角（包含 QAP 三角和 APF 倒三角）图解给出了 15 个分区编号和相应的岩石基本名称。更进一步的详细分类和命名，是在基本名称之前使用附加修饰词，修饰词可以是矿物名称（如黑云母花岗岩）、结构术语（如细粒闪长岩）和化学术语（如高铝玄武岩）等。对于含玻璃质的火山岩，可以用前缀"玻基"加基本名称的命名方法，如玻基流纹岩。

如果 P = 或 > 90%，岩石是超镁铁质岩的，则按照它的暗色矿物橄榄石类、辉石类和角闪石类的实际矿物含量进行分类和命名。

2. 深成岩的分类和命名

(1) QAP 三角图解

QAP 图解主要用于中性岩和酸性岩的分类和命名。表 1-2-1 列入的花岗岩类、正长岩类和闪长岩类是总的基本名称，QAP 分类则根据 Q 和斜长石比率的变化将它们扩充为 10 个种类。

花岗岩类（Q = 20 ~ 60）：包括碱长花岗岩（斜长石比率 0 ~ 10）、正长花岗岩（10 ~ 35）、二长花岗岩（35 ~ 65）、花岗闪长岩（65 ~ 90）和英云闪长岩（斜长石比率 90 ~ 100），正长花岗岩和二长花岗岩统称为花岗岩。如果 Q > 60（%），岩石被称为石英花岗岩。花岗岩类的进一步命名，往往是在上述基本名称之前附加暗色矿物名称，主要种属有黑云母花岗岩、白云母花岗岩、二云母花岗岩、角闪石花岗岩、辉石花岗岩、黑云母花岗闪长岩和辉石花岗闪长岩等，几乎不含暗色矿物的花岗岩称为白岗岩。附加结构术语的花岗岩种属如斑状花岗岩和文象花岗岩等。花岗岩类的特殊种属有斜长花岗岩、更长环斑花岗岩、天河石花岗岩和紫苏花岗岩类等。

正长岩类（Q = 0 ~ 20）：如果 Q = 0 ~ 5，包括碱长正长岩（斜长石比率 0 ~ 10）、正长岩（10 ~ 35）、和二长岩（35 ~ 65）；如果 Q = 5 ~ 20，包括石英碱长正长岩（斜长石比率 0 ~ 10）、石英正长岩（10 ~ 35）、和石英二长岩（35 ~ 65）。正长岩类可根据暗色矿物进一步命名，如黑云母正长岩、角闪

正长岩、辉石正长岩、黑云母石英正长岩和角闪二长岩等。

闪长岩类（Q = 0 ~ 20）：如果 Q = 0 ~ 5，包括二长闪长岩（斜长石比率 65 ~ 90）和闪长岩（90 ~ 100）；如果 Q = 5 ~ 20，包括石英二长闪长岩（斜长石比率 65 ~ 90）和石英闪长岩（90 ~ 100）。闪长岩类的暗色矿物主要是角闪石，可以含单斜辉石和黑云母，若暗色矿物含量大于 40% 时可称为暗色闪长岩或暗色二长闪长岩，若暗色矿物含量小于 20% 时则可称为浅色闪长岩或浅色二长闪长岩。闪长岩类向辉长岩类过度的种属称为辉长闪长岩。

碱性花岗岩类（Q = 20 ~ 60）和碱性正长岩类（Q = 0 ~ 20），斜长石比率 0 ~ 10；按照它们所含的碱性暗色矿物（霓辉石、霓石、钠闪石和棕闪石等）作进一步命名。碱性花岗岩类主要种属有霓辉花岗岩、霓石花岗岩、钠闪石花岗岩和铁云母花岗岩等。碱性正长岩类主要种属有霓辉正长岩、霓石正长岩、碱闪正长岩、霓辉碱闪正长岩、霓辉石英正长岩、硬玉石英正长岩、霓辉碱闪石英正长岩和碱闪石英正长岩等。

（2）基性岩类

辉长岩类与闪长岩类在 QAP 三角图解中位于同一分区内，两者的区分在于前者暗色矿物主要是辉石类，而后者主要是角闪石类。

辉长岩类（Q = 0 ~ 20，斜长石比率 65 ~ 100），包括辉长岩（Q = 0 ~ 5，斜长石比率 90 ~ 100）、石英辉长岩（Q = 5 ~ 20，斜长石比率 90 ~ 100）、二长辉长岩（Q = 0 ~ 5，斜长石比率 65 ~ 90）和石英二长辉长岩（Q = 5 ~ 20，斜长石比率 65 ~ 90）。

对于典型（狭义）的辉长岩类（Q = <5，斜长石比率 >90），可以根据暗色矿物（橄榄石类、辉石类和角闪石类）的实际含量作进一步分类和命名。主要种属有辉长岩、苏长岩、辉长苏长岩和橄长岩，暗色矿物小于 10% 时称为斜长岩。橄榄石和角闪石可以作为附加修饰词参与辉长岩类的命名，如橄榄辉长岩、橄榄苏长岩、橄榄辉长苏长岩和角闪辉长岩等。

碱性辉长岩类（Q = 0 ~ 5）是以出现碱性暗色矿物为特征的辉长岩类。常见的种属有：碱性辉长岩（斜长石比率 65 ~ 100），包含碱辉辉长岩和钠闪辉长岩等；正长辉长岩（斜长石比率 0 ~ 65），是碱性辉长岩与碱性正长岩的过渡种属，包含正长碱辉长岩和正长碱辉橄长岩等；正长辉石岩，主要由碱性暗色矿物（>50%）和碱性长石组成的岩石，如正长霓石岩。

（3）APF 倒三角图解

APF 图解用于碱性岩类的分类和命名，此类岩石的特征是出现副长石类矿物（霞石、白榴石、方沸石、方钠石、黝方石和蓝方石等）。岩石命名时以副长石实际矿物名称替代术语"副长石"，副长石矿物前面可附加碱性暗色矿物（霓石、霓辉石、钛辉石、硬玉、钠闪石和铁锂云母等）和特殊副矿物名称（黑榴石、异性石和磷灰石等）作为修饰词。

副长石正长岩类（F = 0 ~ 60）：如果 F = 0 ~ 10，包括含副长石碱长正长岩（斜长石比率 0 ~ 10）、含副长石正长岩（10 ~ 35）和含副长石二长岩（35 ~ 65）；如果 F = 10 ~ 60，包含副长石正长岩（斜长石比率 0 ~ 10）和副长石二长正长岩（10 ~ 50）。最常见的种属是霞石正长岩类，可进一步细分为正斜正长岩、流霞正长岩、云霞正长岩、角闪云霞正长岩、霓霞正长岩、黑云霓霞正长岩、富霞正长岩、暗霓霞正长岩、富辉霞石正长岩、方钠霞石正长岩、霓辉方钠霞石正长岩、异性霞石正长岩、钠闪异性霞石正长岩和假白榴石正长岩等。其他种属有钙霞正长岩、黑云钙霞正长岩、黑云霓辉钙霞正长岩、硬玉钙霞正长岩、霓辉钙霞正长岩、钠霞正长岩、歪霞正长岩、方沸正长岩、方钠正长岩、黑云方钠正长岩、富椒霓霞歪长岩、霞石二长正长岩和方钠二长正长岩等。

副长石辉长岩类（F = 0 ~ 60）：如果 F = 0 ~ 10，包括含副长石二长辉长岩（斜长石比率 65 ~ 90）和含副长石辉长岩（90 ~ 100）；如果 F = 10 ~ 60，包含副长石二长辉长岩（斜长石比率 50 ~ 90）和副长石辉长岩（90 ~ 100）。主要种属有霞石辉长岩（霞斜岩）、霞石二长辉长岩、方沸石辉长岩（沸绿岩）、方沸石二长辉长岩、方钠石辉长岩、方钠石二长辉长岩和蓝方辉长岩等。

副长石岩类（F > 60）：岩石的浅色矿物几乎全是副长石，且往往含有碱性暗色矿物。主要种属霞石岩类*，可进一步分为磷霞岩、霓霞岩和暗霓霞岩，最常见的霓霞岩类包含白榴霓霞岩、方解霓霞岩、钛辉霓霞岩、黝云霓霞岩、黝白霞霓岩、钛辉霞石岩和棕闪霞石岩等。其他种属有：方钠霓石岩，方钠霓辉岩，方沸霓辉岩，粗白榴石岩，橄榄白榴石岩和白榴橄辉岩等。

(4) 超镁铁质岩（M > 90%）

超镁铁质岩是按照橄榄石、斜方辉石、单斜辉石和角闪石等镁铁质矿物的含量进行分类和命名的。$Ol-O_{px}-C_{px}$三角图解用于基本上由橄榄石、斜方辉石和单斜辉石组成的岩石，$Ol-P_x-Hbl$三角图解用于主要由橄榄石、辉石和角闪石组成的岩石。主要岩石类型如下：

橄榄岩类（Ol > 40%）：如果 Ol = 90~100%，为纯橄榄岩（包括铬铁矿纯橄榄岩和石榴石纯橄榄岩等）；如果 Ol = 40~90%，则为橄榄岩类（狭义）包括辉石橄榄岩[$Hbl/(Hbl + P_x)$ = 0~10%]、闪辉橄榄岩[$Hbl/(Hbl + P_x)$ = 10~50%]、辉闪橄榄岩[$Hbl/(Hbl + P_x)$ = 50~90%]和角闪橄榄岩[$Hbl/(Hbl + P_x)$ = 90~100%]。辉石橄榄岩类可进一步分为斜辉（包括顽火、古铜和紫苏）橄榄岩（C_{px}/P_x = 0~10%）、二辉橄榄岩（C_{px}/P_x = 10~90%）和单辉（异剥和透辉）橄榄岩（C_{px}/P_x = 90~100%）。

辉石岩类（Ol = 0~40%）：如果 Ol = 10~40%，包括橄辉岩[$Hbl/(Hbl + P_x)$ = 0~10%]和橄榄角闪辉岩[$Hbl/(Hbl + P_x)$ = 10~50%]；如果 Ol = 0~10%，包括辉岩[$Hbl/(Hbl + P_x)$ = 0~10%]和角闪辉岩[$Hbl/(Hbl + P_x)$ = 10~50%]。橄辉岩类可进一步分为橄榄斜辉岩（C_{px}/P_x = 0~10%）、橄榄二辉岩（C_{px}/P_x = 10~90%）和橄榄单辉岩（C_{px}/P_x = 90~100%）。辉岩类可进一步分为斜辉岩（O_{px} = 90~100%，例如顽火岩、古铜岩和紫苏岩）、二辉岩（C_{px}/P_x = 10~90%）和单辉岩（C_{px}/P_x = 90~100%，例如异剥岩和透辉岩）。

角闪石岩类（Ol = 0~40%）：如果 Ol = 10~40%，包括橄辉角闪岩[$Hbl/(Hbl + P_x)$ = 50~90%]和橄榄角闪岩[$Hbl/(Hbl + P_x)$ = 90~100%]；如果 Ol = 10~10%，包括辉石角闪岩[$Hbl/(Hbl + P_x)$ = 50~90%]和角闪岩[Hbl = 90~100%]。

碱性超镁铁岩类主要有霓石岩和霓辉岩。过碱性超镁铁岩类种属有霞霓钛辉岩和钛铁霞辉岩，这两种岩石的暗色矿物含量小于90%时为非超镁铁质副长石岩。

3. 火山岩的分类和命名

火山岩分类，可用 QAPF 分类和 TAS 分类图解。火山岩命名，主要根据岩石结构构造和斑晶矿物成分，有些火山岩采用古老术语和专门名称。

(1) QAPF 分类（M < 90%）

火山岩具有细粒结构或含有玻璃质，大多不测定其实际矿物含量，通常采用依据岩石化学分析结果计算出的标准矿物（A、P、Q 或 F）来进行分类。QAPF 图解中的分区及编号与深成岩分类中的一致，有关岩类和岩石基本名称如下：

流纹岩类：包括流纹英安岩和英安岩。

粗面岩类：进一步分为石英碱长粗面岩、石英粗面岩、石英安粗岩、碱长粗面岩、粗面岩、碱性粗面岩、安粗岩，含副长石碱长粗面岩、含副长石粗面岩和含副长石安粗岩。

安山岩类：包括安山岩和暗色安山岩。

玄武岩类：包括浅色玄武岩、玄武岩和碱性玄武岩。

响岩类：包括响岩和碱玄质响岩。

碱玄岩类：可分为响岩质碱玄岩、响岩质碧玄岩、碱玄岩（标准矿物 Ol < 10%）和碧玄岩（Ol > 10%）。

副长石岩类：分为响岩质副长石（如霞石）岩、碱玄质副长石（如白榴）岩、碧玄质副长石（如霞石）岩和副长石岩（如霞石和白榴岩）。

苦橄岩类：包括苦橄岩、麦美奇岩（玻基纯橄岩）和科马提岩。此类岩石为超镁铁岩（M > 90%）或超基性岩。

流纹岩、英安岩、粗面岩(含安粗岩)、安山岩、玄武岩和苦橄岩类的化学成分,分别相当于深成岩花岗岩、花岗闪长岩、正长岩(含二长岩)、闪长岩、辉长岩和橄榄岩类。响岩、霞石碱玄岩和霞岩类成分,分别与霞石正长岩和霞斜岩(霞石辉长岩)和霓霞岩类相当。碱玄岩类化学成分与副长石辉长岩类相当。

(2) TAS 分类

TAS 分类法使用方便,主要是以新鲜岩石的全碱(TA)和二氧化硅(S)含量为基础,在 SiO_2-(Na_2O+K_2O)图解中确定出火山岩的基本名称。进行 TAS 分类之前,需要去掉 H_2O 和 CO_2 含量,将其余所有分析数据重新换算成 100wt%;先检查岩石是否为高镁火山岩,若是,可进一步分类。假若岩石不属于高镁火山岩,则再采用 TAS 图解进行分类。

高镁火山岩,包括苦橄岩类[$SiO_2 \leqslant 45\%$、$MgO>18\%$、$(Na_2O+K_2O)<2.0\%$]和玻古安山岩类[$SiO_2>53\%$、$MgO>8\%$、$TiO_2<0.5\%$]。

苦橄岩类:可分为苦橄岩[$(Na_2O+K_2O)=2.0\%$]、科马提岩[$(Na_2O+K_2O)<1\%$,$TiO_2<1\%$]和麦美奇岩[$(Na_2O+K_2O)<1\%$,$TiO_2>1\%$]。

TAS 图解分类的岩石名称(归并为 3 组)如下:

苦橄玄武岩,玄武岩(含碱性玄武岩)—玄武安山岩—安山岩—英安岩—流纹岩(粗安岩—含碱性流纹岩)。

粗面玄武岩—玄武粗安岩—粗安岩—粗面岩(含碱性粗面岩)和粗面英安岩($Q>20\%$)—(流纹岩)。

副长石岩(如霞岩和白榴岩),碱玄岩($Ol<10\%$)和碧玄岩($Ol>10\%$)—响岩质碱玄岩—碱玄质响岩—响岩。

玄武岩($SiO_2>48\%$)、玄武安山岩、安山岩、英安岩和流纹岩类岩石可用低钾、中钾或高钾修饰上述各基本名称。

粗面玄武岩(包括夏威夷岩和钾质粗面玄武岩)、玄武粗安岩(包括橄榄粗安岩和橄榄玄武粗安岩)、粗安岩(包括歪长粗安岩和安粗岩),可再分成钠质($Na_2O-2 \geqslant K_2O$)和钾质($Na_2O-2 \leqslant K_2O$)岩石(相应的名称见上述括号中)。

碱性流纹岩和碱性粗面岩可进一步划分为碱流岩和碱流质粗面岩[$Al_2O_3<1.33FeO$(全铁)$+4.4$]以及钠闪碱流岩和钠闪流质粗面岩[$Al_2O_3>1.33FeO$(全铁)$+4.4$]。

(3) 常见火山岩种属和变种

流纹岩类:典型的流纹岩具有流纹构造,主要变种有流纹岩、斜长流纹岩、粗面流纹岩、霏细岩(具霏细结构)、石英角斑岩和玻璃质流纹岩(分为松脂岩、黑曜岩和珍珠岩)。碱性流纹岩类包括碱性流纹岩(碱性长石斑晶为透长石)、碱流岩(斑晶为歪长石)和钠闪碱流岩。

英安岩类:按照暗色矿物斑晶成分可分为辉石英安岩、角闪英安岩、黑云母英安岩等变种。过渡种属有流纹英安岩和粗面英安岩。

粗面岩类:基质以粗面结构为特征,主要种属有粗面岩、石英粗面岩、安粗岩、石英安粗岩和角斑岩(全碱含量高,且 $Na_2O>K_2O$)。碱性粗面岩可分钾质(斑晶为透长石和正长石)及钠质(斑晶为歪长石和钠长石)碱性粗面岩;也可以根据暗色矿物斑晶种类进一步命名,如霓辉石粗面岩、橄榄霓辉粗面岩、霓石粗面岩和钠闪粗面岩等。含副长石粗面岩类,如含霞粗面岩。

安山岩类:地表分布广泛,其量仅次于玄武岩类,约占岩浆岩总面积 23%;因大规模出露于南美西海岸安第斯山而得名。根据暗色矿物斑晶的种类或岩石结构构造的特征可进一步命名,主要种属有辉石安山岩、角闪安山岩、黑云母安山岩、玻基安山岩和安山岩、枕状安山岩等。过渡种属有玄武安山岩、粗(面)安(山)岩和玄武粗安岩。高镁种属为玻古安山岩。

玄武岩类:是分布最广的岩浆岩,basalt 这一古代术语源自古埃及。主要种属有拉斑玄武岩类

(拉斑玄武结构,分为拉斑玄武岩和橄榄拉斑玄武岩)、高铝玄武岩($Al_2O_3 > 16\%$)、粗玄岩(徨绿岩,粗玄结构)、玻基玄武岩、杏仁状玄武岩、细碧岩($Na_2O > 4\%$,常具枕状构造)和浮岩。过渡种属有苦橄玄武岩(大洋岩)和粗面玄武岩。碱性玄武岩类可分为碱性橄榄玄武岩、玻基辉橄玄武岩和碱性粗面玄武岩。

苦橄岩类($MgO > 18\%$,超镁铁质岩):包括苦橄岩、科马提岩(具鬣刺结构)和麦美奇岩(玻基纯橄岩)。碱性超镁铁岩或超基性岩有玻基辉橄岩和玻基辉岩。

响岩类:包括响岩和碱玄质响岩。根据斑晶种类可分为响岩(霞石响岩)、白榴石(或假白榴石)响岩、黝方石响岩、方钠石响岩、蓝方石响岩和方沸石响岩等。

碱玄岩类:包括碱玄岩($Ol < 10\%$)、碧玄岩($Ol > 10\%$)、响岩质碱玄岩和响岩质碧玄岩。根据副长石的种类作进一步命名,如霞石碧玄岩、白榴碱玄岩等。

副长石类:基本名称包括响岩质副长石岩、碱玄质或碧玄质副长石岩和副长石岩。专门术语如响岩质霞岩、碱玄质白榴岩、碧玄质霞岩、霞岩、白榴岩和方沸岩等。

4. 浅成岩的分类和命名

浅成岩的分类和命名,通常是在对应的深成岩基本名称之前或之中使用反映岩石结构特征的附加修饰词,也可采用特殊结构进行命名。

具斑状结构的岩类:包括玢岩(斑晶为暗色矿物)和斑岩(斑晶为浅色矿物);主要种属有苦橄玢岩、辉长玢岩、辉长闪长玢岩、闪长斑岩、石英闪长玢岩、正长斑岩、钠长斑岩、石英二长斑岩、花岗闪长斑岩、花岗斑岩、石英斑岩、花斑岩(基质具有微文象结构)、碱霓花岗斑岩、霞石正长斑岩、霞霓斑岩和白榴斑岩等。

具细(微)粒结构的岩类:常见种属有显微(或细粒)辉长岩、微晶(细粒)闪长岩、微晶(细粒)正长岩和细粒花岗岩等。细晶岩这一术语,可用于浅色的细粒脉岩,可分为辉长细晶岩、闪长细晶岩、斜长细晶岩、花岗细晶岩、歪正细晶岩和霓霞脉岩等。

具特殊结构的岩类:辉绿岩类(辉绿结构),相当于辉长岩类的浅成侵入岩;包括辉长辉绿岩、橄榄辉绿岩、石英辉绿岩、辉绿玢岩(斑状结构)、碱性辉绿岩和方沸辉绿岩等。

5. 特殊岩石类型

(1)金伯利岩(角砾云母橄榄岩)类

一种超镁铁质浅成岩,含金岗石的母岩,因最初见于南非金伯利地区而得名。金伯利岩多呈岩脉、岩管和岩筒产出;按结构可分为细粒金伯利岩、斑状金伯利岩和金伯利角砾岩,进一步命名可将矿物名称冠于岩石名称之前,如(金)云母金伯利岩、斑状镁铝榴石金伯利岩等。

(2)煌斑岩类

一种深色脉岩类岩石,其特征是斑晶为暗色矿物。岩石名称源自希腊语 lampros,意为辉煌、闪耀。根据主要暗色矿物的种类和长石类相对含量进行分类和命名,主要种属和变种如下:

黑云母煌斑岩:包括云煌岩(碱性长石>斜长石)和云斜煌岩(斜云煌岩,斜长石>碱性长石)。

角闪石和辉石煌斑岩,包括闪(辉)正煌岩(碱性长石>斜长石)、闪斜煌岩(斜闪煌斑岩)和拉辉煌斑岩(斜长石>碱性长石)。

含碱性暗色矿物煌斑岩:包括钠云煌岩(含霓石或霓辉石,碱性长石>斜长石)和棕闪煌斑岩(斜长石>碱性长石),后者可过渡为含棕闪云斜煌岩。

含橄榄石和(或)黄长石煌斑岩:超镁铁质煌斑岩。含橄榄石煌斑岩变种有橄榄云煌岩、辉橄云煌岩和橄辉云煌岩等。含黄长石煌斑岩类可含一些霞石或其他副长石,分为橄黄煌岩(包括云橄黄煌岩和钙镁橄黄煌岩两个变种)及黄长煌斑岩(包括黄长煌斑岩、黄玄岩和白榴黄长煌斑岩、蓝方黄长煌斑岩或蓝黄煌岩、蓝方黄长霞煌岩等)。

含副长石煌斑岩:分为霞闪正煌岩(碱性长石>斜长石)、闪煌岩(斜闪煌斑岩,斜长石>碱性长石)和沸煌岩(包括角闪沸煌岩、黑云沸煌岩、白榴沸煌岩和蓝方沸煌岩等变种)。黑云沸煌岩为超镁铁质煌斑岩。

钾镁煌斑岩,一种含有特殊矿物的富钾富镁煌斑岩。

煌斑岩经常遭受蚀变,且易风化,在岩浆岩研究中往往被忽视。此类岩石分布广泛,野外极为常见。如河北涞源的云煌岩,北京密云沙厂及湘西安江、常德等地的云斜煌岩,江苏镇宁山脉和江西大吉山等地的闪辉正煌岩,青海茶卡的闪斜煌斑岩和拉辉煌斑岩,湘西洞口至通道下洞一带的棕闪煌斑岩,江苏南京、镇江之间下蜀的沸煌岩。超镁铁质(含橄榄石)煌斑岩在外貌上与金伯利岩相似,在寻找原生金刚石过程中,常能发现这类煌斑脉岩,如贵州镇远向阳山的橄辉云煌岩、云南大理海东的暗橄云煌岩、江西合子地区的黄长煌斑岩和白榴黄长煌斑岩。

(3)伟晶岩类

一种具有粗粒甚至巨粒结构的脉岩,常成群出现,与相应的深成岩体有时间、空间上的紧密联系。按照矿物成分,可以分为花岗伟晶岩、正长伟晶岩、霞石正长伟晶岩、辉长伟晶岩和伟晶辉岩等。

花岗伟晶岩:产于花岗岩或其附近的围岩中,往往具有特殊的文象结构。通常以矿物共生组合为依据作为进一步命名,如黑云母—微斜长石—钠奥长石伟晶岩、白云母—微斜长石伟晶岩、锂云母—钠长石伟晶岩等。花岗伟晶岩分布极为广泛,是稀有元素矿床的重要母岩。

正长伟晶岩、霞石正长伟晶岩,在成因上与正长岩、霞石正长岩有密切联系。如山西临县紫金山碱性杂岩体内存在正长伟晶岩和霞石正长伟晶岩脉。

辉长伟晶岩,是伴随辉长岩体产出的伟晶岩脉,也可能出现在发育有辉石岩的超基性岩体内。如山东济南辉长岩体内的辉长伟晶岩可分为钠质(含霓辉石)伟晶岩和钾质(含微斜长石)伟晶岩两类。

伟晶辉岩,常见于超基性杂岩体内。如宁夏小松山超基性岩体中有伟晶辉岩。

(4)紫苏花岗岩类(紫苏花岗岩系列)

这是以含有紫苏辉石为特征、并且多数还存在条纹长石或反条纹长石的一系列深成侵入岩石,包括紫苏花岗岩、紫苏花岗闪长岩、紫苏正长岩、纹长二长岩(紫苏二长岩)和纹长苏长岩。这些岩石在 QAPF 分类的 QAP 三角图中分别对应于花岗岩、花岗闪长岩、正长岩、二长岩和二长苏长岩。

紫苏花岗岩分布在前寒武纪岩区,常与斜长石和苏长岩伴生,如河北承德大庙的中元古代斜长岩—苏长岩—纹长二长岩杂岩体。在深变质麻粒岩地区,如河北迁西太平寨和迁安水厂等地,出露有太古宙紫苏花岗岩。

(5)碳酸岩类

是指岩浆成因的主要由碳酸盐矿物($>50\%$)组成的岩石,可以是深成侵入的,也可以是火山喷出形成的。

侵入产状的碳酸盐岩,常呈岩株、岩脉、环状或锥状岩墙,具围岩捕虏体或深源包体(石榴二辉橄榄岩)。碳酸岩类的命名,可将主要矿物或特征元素冠以名称之前,如方解碳酸岩、白云碳酸岩、铁白云碳酸岩、黑云母碳酸岩、黑云辉石白云碳酸岩、黑云霓石方解碳酸岩、黑云石墨方解碳酸岩、磷灰石方解碳酸岩和稀土碳酸岩等。

含碳酸盐矿物 $10\sim50\%$ 的侵入岩称作方解霓霞岩或方解闪辉岩等等。含碳酸盐矿物小于 10% 的侵入岩可称为含方解石霓霞岩或含白云石橄榄岩等等。

喷出产状的碳酸岩(碳酸熔岩),多呈熔岩流出现,有些呈火山颈状分布于碱性岩体中。根据化学成分特点,可将碳酸熔岩分为钙、镁、铁质碳酸熔岩和钠、钾质碳酸熔岩两类。钙质碳酸熔岩如方解碳酸熔岩、黑云母碳酸熔岩,镁质碳酸熔岩如白云石或铁白云石碳酸熔岩,铁质碳酸熔岩如菱铁矿碳酸熔岩。钠、钾质碳酸熔岩(钠碳酸熔岩),主要有 Na-Ca-K 碳酸盐矿物组成,且钠钙碳酸盐多于钾钙碳酸盐。

碳酸岩多数与超基性岩—碱性岩和(或)正长岩—霞石正长岩共生,形成环状杂岩体。例如,四川南江的坪河复式环状碱性杂岩体,从早到晚形成的岩石主要为钛铁霞辉岩、霓霞岩、磷霞岩、霞石正长岩、碱长正长岩和碳酸岩;碳酸岩呈脉状或透镜状产于杂岩体北部接触带附近的钛铁霞辉岩、霓霞岩、碱闪正长岩中,岩石类型有方解碳酸岩、石墨方解碳酸岩和辉石碳酸岩等。又如,湖北竹山的庙垭碳酸岩,正长岩岩体中,碳酸岩与正长岩和钠质正长岩共生,岩石类型包括方解碳酸岩、黑云母碳酸岩和铁白云石方解碳酸岩等。碳酸岩也可单独出现,如在陕西华县、华阴县和洛南县一带,或者成单一岩墙,或者呈密集分布的大脉、网脉群产于太古宇太华群的变质地层中,岩石类型主要有方解碳酸岩、白云碳酸岩、金云母方解白云碳酸岩、石英方解碳酸岩、钡天青石(或重晶石)方解碳酸岩、磷灰石方解碳酸岩、石榴石方解碳酸岩和黑云霓辉方解碳酸岩等;此地区的方解碳酸岩常为伟晶结构,可称之为方解碳酸伟晶岩。

第三节　中国岩浆岩共生组合和岩石化学特征

一、岩浆岩共生组合

按照板块学说的观点,岩浆活动与岩石圈板块的活动有密切关系。无论是大洋中脊的拉张、板块俯冲,还是板块之间的碰撞和大陆裂谷的发育,都伴随有岩浆活动的发生;岩浆岩的分布受地质构造环境所制约。发育于特定的地质构造背景,与构造运动的发展阶段相伴随,在化学成分和矿物组合上具有独特特征的一套岩浆岩,称为岩浆岩共生组合。

1. 大洋盆地的岩浆岩
(1) 大洋中脊玄武岩组合

大洋中脊的岩石,除表层沉积物外,自上而下有:枕状构造的拉斑玄武岩、粗玄岩、辉长岩、绿片岩相—角闪岩相基性变质岩和蛇纹岩化橄榄岩类。大洋中脊是产生新洋壳的地方,不断增长的拉斑玄武岩随着洋脊的向西侧扩张而运动;整个大洋壳主要由这种大洋拉斑玄武岩组成。

大洋中脊和洋底的岩石类型,主要是大洋拉斑玄武岩,大多属橄榄拉斑玄武岩,有时伴随少量高铝玄武岩、碱性橄榄玄武岩等(如大西洋中脊和印度洋中央海岭的局部地段)。大洋拉斑玄武岩出现在大陆地区,是古洋壳残片存在的重要标志。

(2) 大洋岛屿火山岩组

在大洋深海平原上形成的火山岛屿(岛链和洋岛)以及无数海山,是大洋盆地内部(大洋板内)岩浆活动的产物。与大洋中脊相比,洋盆内的岩浆活动规模要小得多,但岩石类型繁多,不同岛屿形成不同的火山岩组合。

大洋岛屿和海山多由碱性系列火山岩组成,以碱性橄榄玄武岩占主导地位,伴生粗面岩和响岩,如大西洋圣赫纳岛、亚速尔群岛和太平洋拉帕岛的碱性橄榄玄武岩—粗面岩(响岩)组合,大西洋特里斯坦—达库尼亚岛的钾质碱性玄武岩—粗面岩(响岩)组合。有些岛屿出现碧玄岩、霞石岩等碱性碱性火山岩,如太平洋特希提岛的碧玄岩—碱性玄武岩—响岩组合,大西洋特里尼达德岛的霞石岩—响岩组合。少数岛屿以拉斑玄武岩为主,伴有少量苦橄玄武岩、夏威夷岩和粗面岩,如太平洋夏威夷群岛;或者还有低铝安山岩(冰岛岩)、石英粗面岩和流纹岩共生,如北大西洋冰岛和太平洋西加拉帕科斯群岛的拉斑玄武岩—低铝安山岩—石英粗面岩(流纹岩)组合,大西洋阿森岛的橄榄拉斑玄武岩—石英粗面岩(流纹岩)组合。洋岛拉斑玄武岩在化学成分上不同于大洋拉斑玄武岩。

2. 岛弧和大陆边缘带的岩浆岩

岛弧—活动大陆边缘带是地球上发生大规模岩浆活动的地带,广泛生成不同类型的火山岩组合和侵入岩组合,岩浆岩的性质和分布受地质构造发展阶段(造山阶段)的制约。

(1)早(期)造山阶段

细碧岩—角斑岩组合 主要产于岛弧—大陆边缘优地槽中,是地槽发展早期海底火山作用的产物。该组合由高钠质海底喷发熔岩、凝灰岩和火山沉积岩等组成。一般情况下,钠质熔岩主要为细碧岩,常发育有枕状构造,次为角斑岩和石英角斑岩,有时见少量钠长辉绿岩和钠长斑岩。细碧岩—角斑岩组合在中国许多地槽系广泛分布,如甘肃祁连山(早古生代)、贵州梵净山地区(元古代)。

橄榄岩—蛇纹岩组合(阿尔卑斯型超镁铁质岩体) 阿尔卑斯超镁铁质岩体是岛弧—大陆边缘造山带岩浆侵入活动的产物,岩体成群分布、构成延伸上百千米的超镁铁质岩带。岩石类型以各种橄榄岩为主,其次是辉岩;岩体全部或大部蛇纹石化。阿尔卑斯超镁铁质岩体在中国的一些造山带中广泛分布,如甘肃祁连山岩带(加里东期)、新疆准噶尔界山岩带(华力西期)、西藏丁青—墨江岩带(燕山期)和台湾海岸山脉岩带(喜山期)。

蛇绿岩套 是由阿尔卑斯型超镁铁质岩与玄武岩、细碧岩、辉绿岩和深海沉积物紧密伴生所组成的一套造山带的岩石组合。完整发育的蛇绿岩套从底部到顶部的岩石类型顺序是超镁铁质岩、辉长质深成岩、镁铁质席状岩墙群、玄武质(枕状)熔岩和深海沉积物。蛇绿岩除少数可见于大洋中脊等环境外,绝大多数形成于岛弧—活动大陆边缘带,主要代表板块消减带上的拉张岛弧、弧后盆地和大陆边缘海等小洋盆消减的构造环境,通过弧—陆碰撞或陆—陆碰撞作用在大陆上定位,常以蛇绿混杂岩的形式出现,标志着板块的缝合带或拼接带。蛇绿岩套包括洋壳和上地幔的一系列岩石,见于造山带,是已消失古大洋的岩石圈碎片。中国的蛇绿岩在新疆、甘肃、青海、西藏、四川、陕西、内蒙古、黑龙江、安徽、江西、云南和台湾等省区都有出露,以新疆、甘肃、青海、西藏4省区为最。蛇绿岩分布在不同时期的造山带之中,中国北方为新元古代—石炭纪的蛇绿岩,西南为古生代—中生代的蛇绿岩,华南仅有零星出露的中、新元古代蛇绿岩,台湾东部为最年轻古近纪—新近纪蛇绿岩。

(2)同造山阶段

Ⅰ.火山岩组合

近代岛弧和活动大陆边缘带中分布着拉斑玄武岩系列(TH)、钙碱性系列(CA)和碱性玄武岩系列(AL)的火山岩。

拉斑玄武岩系列包括拉斑苦橄玄武岩—橄榄拉斑玄武岩—(石英)拉斑玄武岩—拉斑玄武安山岩(冰岛岩),这一组合的顺序向富铁方向演化。钙碱性系列为高铝玄武岩—(高铝)安山岩—英安岩—流纹岩组合,该顺序向富硅方向演化。碱性玄武岩系列除了包括碱性苦橄玄武岩、富辉橄玄武岩、碱性橄榄玄武岩、碧玄岩外,划分为2个类型:钠质类型为夏威夷岩—橄榄粗安岩—钠质(歪长)粗面岩—响岩组合,钾质类型为钾质粗面玄武岩—橄榄玄武粗安岩—安粗岩—钾质粗面岩—白榴响岩组合。

拉斑玄武岩系列和钙碱性系列统称亚碱性系列,在岛弧和活动大陆边缘带中分布最广泛,中、新生代环太平洋火山活动带就是主要由这个系列的岩石所组成。岛弧和大陆边缘火山岩组合大体可分为2类:一类是以拉斑玄武岩系列的岛弧拉斑玄武岩、安山岩(低铝安山岩或辉石安山岩)为主,伴生钙碱性系列的高铝玄武岩、安山岩(高铝安山岩和角闪石—黑云母安山岩)、英安岩和流纹岩组合,许多情况下出现大量火山碎屑岩,有些地区有熔结凝灰岩;另一类是以钙碱性系列的玄武岩(高铝玄武岩)、安山岩、流纹岩为主,伴生拉斑玄武岩系列的拉斑玄武岩和安山岩,这类组合中以火山碎屑岩占主导,出现大量熔结凝灰岩。实际上,上述2类组合是2个系列岩石以不同比例混合的结果。在近海沟一侧以拉斑玄武岩系列岩石为主,随着离海沟距离的增大、大陆型地壳的增厚,钙碱性系列岩石的比例增加,在大陆一侧以钙碱性系列岩石为主。

碱性玄武岩系列岩石的典型组合是碱性橄榄玄武岩、碧玄岩、碱性粗面岩、响岩和碱性流纹岩,主要出现在远离海沟(200千米~300千米)、邻近大陆一侧,很可能延伸到大陆内部。钾质类型的岩石组合橄榄玄武粗安岩、粗面玄武岩和安粗岩常与亚碱性系列火山岩紧密共生。

横穿岛弧,从大洋一侧向大陆方向,由拉斑玄武岩经高铝玄武岩再过渡为碱性橄榄玄武岩,反映了随着俯冲带深度由浅(<100千米~150千米)变深(>200千米)、大陆地壳厚度由薄(<20千米)增厚(>25千米~30千米),岩浆产生的动态发展过程。

拉斑玄武岩可见于大洋中脊、洋岛、岛弧—大陆边缘带(造山带)和稳定大陆各种构造环境,岛弧拉斑玄武岩在化学成分上与洋脊、洋岛和大陆拉斑玄武岩有一定差别。钙碱性系列火山岩,主要产于岛弧—活动大陆边缘和安第斯大陆边缘,通常以安山岩占优势,岩石具高铝特征,可以作为造山带环境的标志性火山岩。碱性橄榄玄武岩出现在各种构造环境中,大陆和洋岛分布量大,岛弧和洋脊较为次要。

中国境内,台湾海岸山脉分布有新生代亚碱性系列火山岩,是与太平洋板块俯冲相联系的。中国西部、中西部和西南部,随着古蒙古洋、古西域洋和特提斯洋的闭合,在天山—兴蒙褶皱带、秦祁昆仑褶皱带和滇藏褶皱带分别形成了加里东期、华力西期、印支期和燕山期的类似于现代岛弧—大陆边缘的火山岩组合,多以亚碱性系列岩石为主,如西藏冈底斯—念青唐古拉的侏罗纪—白垩纪玄武岩、安山岩、英安岩、流纹岩组合。中国东部大陆广泛分布有中生代高钾碱性系列的火山岩,岩石类型主要是中、酸性火山岩,如大兴安岭中、南部,华北、东南大陆的安山岩、英安岩、流纹岩组合,有少量玄武安山岩、玄武岩、粗安岩和粗面岩;有些地段发育钾质类型的橄榄玄武粗安岩—安粗岩—粗面英安岩—碱性粗面岩组合,如松辽地区和辽西及邻区的中生代火山岩以高钾钙碱性系列岩石为主、钾质橄榄玄武粗安岩系为主,郯庐断裂带两侧中生代火山岩则是以橄榄玄武粗安岩系岩石组合为主、高钾钙碱性系列岩石组合为次。中国东部大陆中生代高钾火山岩组合,明显有别于分布在系太平洋阿留申群岛—千岛群岛—日本列岛—印度尼西亚诸岛—新西兰北岛等一系列岛弧及美洲大陆西部沿阿拉斯加—卡斯卡德斯山脉—安第斯山脉的大陆边缘造山带中的那些钙碱性系列火山岩组合。高钾钙碱性系列火山岩的形成和岩浆起源与太平洋板块向东亚板块俯冲时在中国东部大陆内侧诱发或产生的大体平行海沟的NE向深断裂有关。

Ⅱ. 花岗质岩基(石英闪长岩—花岗闪长岩—石英二长岩组合)

花岗质岩体在现代岛弧和大陆边缘造山带中广泛出现,主要分布在汇聚带边缘和大陆地壳增厚的地方。美洲大陆西部科迪勒拉中生代造山带形成一系列巨大的复式岩基:从北美的海岸山脉岩基、博尔德岩基、内华达山脉岩基、下加利福尼亚岩基、一直到南美秘鲁的海岸岩基,以及许多较小的散布岩体和岩基。褶皱山系的这些花岗岩岩基是同造山阶段的产物。北美岩基的岩石类型可分为两种组合:西部以石英闪长岩和英云闪长岩为主,花岗闪长岩和二长花岗岩次之,与辉长岩共生,伴随有大量安山岩和英安岩;东部为花岗闪长岩、石英二长岩和(黑云母)花岗岩,伴生的火山岩较少。

Ⅲ. M型、I型和S型花岗岩

M型花岗岩产于陆壳较薄的岛弧和大陆边缘地带,主要岩石类型为石英闪长岩和斜长花岗岩(英云闪长岩),与辉长岩组成复合小岩体,伴生有同构造火山岩。M型花岗岩是由来源于地幔的高铝玄武质母岩浆分离结晶而形成的,或者是由于俯冲洋壳的部分熔融形成的。如北美下加利福尼亚岩基的西翼出现于辉长岩共生的M型花岗岩,并伴生有亚碱性系列火山岩。

I型花岗岩和S型花岗岩最早是根据澳大利亚东南部古生代造山带研究而命名的。I型(科迪勒拉)花岗岩产于大陆边缘弧和岛弧,岩石组合为石英闪长岩—英云闪长岩—花岗闪长岩—二长花岗岩,以云闪长岩为主,主要与辉长岩共生,通常伴生有大量安山岩和英安岩;岩浆来源于汇聚板块边缘下部陆壳的部分熔融,源岩为火成岩或变火山岩。S型花岗岩见于碰撞带和陆内韧性剪切带,是同造山和晚造山阶段的产物;岩石组合为二长花岗岩和(黑云母)花岗岩,与I型花岗岩一起组成复式岩基或以较小规模的深成岩体产出;岩浆来源于大路地壳物质的部分熔融,源岩具富铝的沉积岩组合。北美西部大陆分布的花岗岩岩基带，西侧主要为Ⅰ型花岗岩（如内华达岩基），与火山岩紧密伴生，东侧主要为S型花岗岩（如博尔德岩基）。日本列岛出露的磁铁矿系列花岗岩和钛铁矿系列花岗岩大体上分别对应于Ⅰ型（科迪勒拉）花岗岩和S型花岗岩。

中国东南沿海和台湾岛，在太平洋板块俯冲背景下，发育有中生代Ⅰ型和S型花岗岩。中国西部、中西部和西南部，不同时代（加里东期至喜山期）的褶皱带则各自产出相应的Ⅰ型和S型花岗岩。

燕山期，中国东部大陆在太平洋板块俯冲及印度板块俯冲—碰撞的联合影响下，进入活化期。活化大陆内部，发育有不同规模的陆内造山带，花岗岩质岩类产于陆内俯冲带和韧性剪切带；岩石组合主要为石英闪长岩—英云闪长岩—花岗闪长岩和碱长花岗岩—正长花岗岩—二长花岗岩，少数为石英闪长岩—闪长岩—辉长闪长岩—（辉长岩）和闪长岩—角闪二长岩—辉石正长岩；岩浆主要来源于不同基底陆壳的部分熔融，少数源自地幔物质。中国东部活化大陆的燕山期花岗岩类是独特地质构造背景下的产物，它们的成因分类大多不宜套用典型的M、Ⅰ和S型花岗岩概念。

Ⅳ．斑岩

斑岩和玢岩是浅成岩，产于不同时代的褶皱带，通常是在Ⅰ型花岗岩主侵入期岩石（花岗闪长岩、石英二长岩和石英闪长岩）形成后，在末期形成的小侵入体；这些小侵入体多呈岩株状，也有呈岩筒状、岩墙状和岩床状的。岩体出露面积一般＜1平方千米至3平方千米，少数可＞10平方千米。岩石类型以花岗闪长斑岩和二长花岗斑岩为主，花岗斑岩、闪长玢岩和石英闪长玢岩较为次要。另有一些斑岩和玢岩是与火山喷发作用有关的浅成侵入相，产于岛弧—大陆边缘的钙碱性火山岩带中，呈岩柱、岩颈、岩脉和岩株状，岩石类型为安山玢岩、英安斑岩和流纹斑岩。

斑岩（玢岩）因其含矿性而具有重要意义。中、新生代含矿斑岩主要分布在环太平洋带和特提斯—喜马拉雅带，古生代（主要是海西期）褶皱带中的含矿斑岩大多见于中亚—蒙古带。太平洋东岸大陆山脉带从北美西部山脉到南美安第斯山脉，在这一陆壳厚的地带以石英二长斑岩为主、花岗岩闪长斑岩次要，成岩时代多为中生代。太平洋西部岛弧带北起千岛群岛，经日本列岛、中国台湾、菲律宾，折向巴布亚—新几内亚和所罗门群岛；含矿斑岩主要为花岗闪长斑岩，次为闪长玢岩，少数为安山玢岩、英安斑岩和流纹斑岩，成岩时代为第三纪；如中国台湾花莲县奇美的闪长玢岩。特提斯—喜马拉雅带西起西班牙，经南斯拉夫、土耳其、伊朗、巴基斯坦，延至中国西藏，再向南伸入缅甸；中国西藏东部是第三纪含矿斑岩的重要分布区，主要为二长花岗斑岩。中亚—蒙古带西起乌兹别克，经哈萨克、中国新疆北部、蒙古、中国内蒙古和黑龙江，再至罗斯远东地区；中国内蒙古白乃庙地区和黑龙江多宝山地区出露的海西期花岗闪长斑岩是重要的含矿斑岩。中国东部活化大陆的燕山期斑岩出露广泛，其中重要的含矿斑岩（玢岩）有江西德兴地区的花岗闪长斑岩及江苏宁芜地区的辉石闪长玢岩。

（3）晚（期）造山和造山后阶段

阿拉斯加型环状超镁铁质岩体 是造山运动后期，主要在褶皱上升时期侵位的。通常认为是玄武质岩浆经流动结晶分异形成的典型环状岩体。大型杂岩体大体上呈同心环状，中心部位是纯橄榄岩，向外依次出现单斜辉石橄榄岩（异剥橄榄岩）带、橄榄岩辉石岩带、磁铁矿辉石岩带、角闪辉石岩带；较小的岩体常由单一的角闪辉石岩组成。阿拉斯加型环状超镁铁质岩体主要产于北美阿拉斯加东南部、不列颠哥伦比亚、南美委内瑞拉、东欧乌拉尔山脉等造山带。中国黑龙江那丹哈达造山带有此类岩体。

Ⅰ型和S型花岗岩 晚造山花岗岩形成于造山运动的晚期阶段，造山后花岗岩是在整个造山运动停止后（不久）侵入的，它们都是地壳深熔作用的产物。与同造山Ⅰ型（科迪勒拉）花岗岩不同，Ⅰ型（加里东）花岗岩是造山作用晚期（加里东）洋盆闭合后隆起阶段的典型产物，通常呈分立的多期深成岩体、规模较小，岩石类型主要是花岗闪长岩和花岗岩、伴有闪长岩。晚造山和造山后S型花岗岩是大陆碰撞后或陆内造山后隆起阶段的产物，岩体规模小，岩石类型以正长花岗岩为主。

3. 稳定大陆的岩浆岩共生组合

在稳定大陆,沿着大陆裂谷或断裂带分布有各种类型的火山岩和侵入体。玄武岩浆沿裂隙群或成群排列的中心式火山喷溢,在地表形成大面积缓倾斜的熔岩流,构成高原台地,故称高原玄武岩(或溢流玄武岩)。伴随着高原玄武岩的喷溢,形成不同类型的侵入体;通常构成大规模的辉绿岩岩墙群或岩床群,有的则成为环状碱性侵入杂岩体,有时形成分异良好的层状侵入体。高原玄武岩经过长期的侵蚀,各种形态的侵入体露出地表。中国攀枝花—西昌古裂谷(华力西晚期至印支期)完整地出露了各种类型的火山岩和侵入岩体。

(1) 大陆拉斑玄武岩系列、碱性玄武岩系列和碱性(副长石)岩系列火山岩

高原玄武岩广泛分布于世界各大陆的稳定地块上,面积通常很大:世界著名的印度德干高原玄武岩(白垩纪至始新世)达52万平方千米,美国哥伦比亚河玄武岩(中新世)22万平方千米,中国西南地区峨眉山玄武岩(晚二叠世至早三叠世)30多万平方千米、河北张家口汉诺坝玄武岩(新近纪)2800平方千米。高原玄武岩岩石组合主要是拉斑玄武岩(包括橄榄拉斑玄武岩与石英拉斑玄武岩)和碱性橄榄玄武岩(包括碧玄岩),有时以拉斑玄武岩为主(如德干高原玄武岩和哥伦比亚河玄武岩),有时以碱性橄榄玄武岩为主(如中国东北地区新近纪玄武岩)。拉斑玄武岩浆的分异产物中可出现少量安山岩、英安岩和流纹岩,碱性橄榄玄武岩浆的分异物有少量橄榄粗安岩和粗面岩等。高原玄武岩的形成与大陆断裂尤其与古大陆的解体有关。

碱性(副长石)岩系列火山岩的形成主要与大陆裂谷或深断裂密切相关,有的与地幔柱有关。碱性玄武岩浆和副长石岩浆直接来源于40千米~100千米深度,比拉斑玄武质岩浆源区的深度要大。

沿大陆裂谷或深断裂带分布着不同规模的碱性火山岩,如新生代时期的东非裂谷、德国莱茵裂谷、美国西部裂谷带、俄罗斯贝加尔裂谷带以及中国东部大陆地区裂谷或深断裂。岩石组合通常以含副长石碱性火山岩为主、碱性玄武岩次之,有些地区则以碱性橄榄玄武岩为主、伴生有副长石火山岩和少量拉斑玄武岩或粗面岩等。出现过(强)碱性和SiO_2不饱和岩石是这一组合的基本特征。裂谷系碱性火山岩可分为钾质和钠质2种类型。钾质类型虽不常见且规模小,但在各大陆都有分布;岩石种类繁多,比含白榴石熔岩为典型;例如,东非裂谷系西支以钾质火山岩的发育为特点,有暗橄白榴岩、钾霞石白榴岩、白榴霞石岩、白橄黄长岩、白榴碧玄岩、(白榴)粗面玄武岩、(白榴)安粗岩和粗面岩等,在钾质火山岩之上出现碱性橄榄玄武岩和拉斑玄武岩。钠质类型常见、规模不等,响岩是典型岩石;例如,东非裂谷系东支,北端主要由碱性橄榄玄武岩、橄榄粗安岩和拉斑玄武岩组成,伴有响岩和碱性流纹岩,往南以钠质粗面岩和响岩为主,伴有霞石岩和碱性橄榄玄武岩。德国莱茵裂谷钠质火山岩主要为碧玄岩、响岩和霞石岩,伴有拉斑玄武岩。

一般认为,裂谷的发展及碱性火山活动与裂谷之下的上地幔底辟有关。最初阶段,大陆开始分裂,上地幔部分熔融产生过碱性岩浆,形成含副长石的碱性火山岩;钾质和钠质火山岩各自有独立的母岩浆,而母岩浆的性质主要取决于裂谷区地幔岩石的性质。随着裂谷进一步发展,大陆地壳变薄,地幔底辟上升,在上地幔较高部位生成碱性玄武岩浆和拉斑玄武岩浆。当大陆破裂并拉开时,主要发生拉斑玄武岩浆的火山活动。中国攀枝花—西昌古裂谷的火山活动,以过碱性的碧玄岩和霞石碱玄岩形成为先导,继之以是由碱性橄榄玄武岩、钠质粗面玄武岩和橄榄粗安岩所组成的峨眉山玄武岩喷溢,晚期出现歪长粗面岩和碱流岩,属于钠质类型的组合。

中国西南藏北地区新生代板内火山活动有2种环境。北羌塘板内裂谷带的火山岩(渐新世至早中新世),为钾质类型,主要有碧玄岩、(响岩质)白榴碱玄岩、(碱玄质)白榴响岩、钾质粗面玄武岩,少量安粗岩、粗面岩和高钾安山岩。西羌塘与板内地幔柱有关的火山岩(古新世至始新世),为钠质类型,主要有夏威夷岩、橄榄粗安岩和歪长粗面岩,有些地段出现少量碱性橄榄玄武岩和碧玄岩。北羌塘和西羌塘均不见拉斑玄武岩系列火山岩。

中国东部大陆沿海诸省（包括安徽和海南），新生代火山活动活跃。古近纪—新近纪主要是与大陆裂谷有关的裂隙式喷发，尤以新近纪最为强烈；火山岩多以碱性橄榄玄武岩和碧玄岩为主，拉斑玄武岩次之；有些地区出现较多的（石英）拉斑玄武岩，如北东拗陷和福建。晚新近纪—第四纪主要是与大陆深断裂地幔柱有关的中心式喷发，除了碱性橄榄玄武岩以外，还出现霞石碧玄岩、玻基辉橄岩（玻璃质碧玄岩）和橄榄霞石岩等过碱性火山岩；例如，河北平泉，山东无棣、蓬莱和栖霞，安徽嘉山县女山和当涂县斧山等地的霞石碧玄岩和橄榄霞石岩。东北地区第四纪火山岩出现钠质类型的钠质碱性粗面岩和碱流岩（吉林长白山的白头山）及钾质类型的白榴碧玄岩（黑龙江五大连池）。广东雷州半岛好海南岛北部第四纪火山岩主要是碱性橄榄玄武岩和玻璃质碧玄岩（玻基辉橄岩）。

（2）辉绿岩岩墙和岩系

在高原玄武岩分布区，通常发育有相应成分的浅成侵入体，构成大规模的辉绿岩岩墙群和岩床群。这些浅成侵入体是未喷溢至地表的岩浆的地下固结物，因高原玄武岩被侵蚀而露出地表。例如，南半球大陆地区（非洲南部、南美洲、澳大利亚和南极洲）广泛分布着与三叠纪中期至白垩纪高原玄武岩相伴生的辉绿岩岩墙群和岩床群，这是与冈瓦纳大陆分裂有关的岩浆活动的产物。中国华东和华北等地的新生代溢流火山岩分布区，出露有拉斑质辉绿岩和碱性橄榄辉绿岩。中国山西和晋冀蒙邻接地区，在约5万平方千米的范围内，出露有大规模的元古宙辉绿岩岩墙群，成分主要属大陆拉斑玄武质，是晚四堡期—晋宁期古裂谷系火山—岩浆活动的产物。

（3）碱性岩:深成岩组合

在稳定大陆地区，碱性侵入岩与同一时期的碱性火山岩一样，是与大陆裂谷或深断裂有关的岩浆活动的产物。侵入体常呈规模不等的环状杂岩体、中心侵入复合岩体、层状深成岩体、小岩基和岩株等形态。岩石类型有2种组合：以霞石正长岩为主的钠质碱性岩组合及以霓霞岩类为主的超基性（镁铁质）碱性岩组合。碳酸盐岩常见于大陆裂谷带，可以呈熔岩流或单独的岩脉、岩颈和小岩株产出，更多的是与碱性岩一起组成复合岩体。碱性岩—碳酸盐岩复合岩体中，一般以碱性岩为主，碳酸盐岩仅占较小比例。

钠质碱性岩组合常见，如挪威奥斯陆碱性侵入杂岩体沿断裂带分布，出露岩石（二叠纪）有霞石正长岩、歪霞正长岩和歪碱正长岩等。中国辽宁、山西、四川和云南等地零星出露有印支期碱性岩，大多以霞石正长岩为主要岩石类型；湖北竹山县庙垭钠质正长岩—碳酸盐岩岩体是华力西晚期的产物。

镁铁质碱性岩，岩石类型主要为霓霞岩和霞霓钛辉岩（超基性岩），其次为碱性辉长岩（包括正长辉长岩和霞斜岩等）。超基性碱性岩在地表分布较少，常以小岩体产出，更多的是与霞石正长岩和碳酸盐岩密切共生、呈环状中心侵入体或环状杂岩体产出。中国四川南江县坪河碱性杂岩体，是由钛铁霞辉岩、霓霞岩、磷霞岩、和霞石正长岩、碱性正长岩和碳酸盐岩等组成的一个多期次侵入的环状杂岩体（四堡期—晋宁期）。攀西裂谷带出露有多个环状碱性小岩体或小岩体群，属于华力西晚期—印支期的产物；其中鸡街碱性岩体为一中心式环状复合杂岩体，由（钛铁）霞辉岩、霞霓钠辉岩（霞霓钛辉岩）和碳酸盐岩组成；流沙乡环状碱性杂岩体由霓霞岩、暗霞正长岩、霓霞正长岩和流霞正长岩组成，猫猫沟环状碱性杂岩体由霓霞正长岩、方钠霓霞正长岩、角霞正长岩和富霞正长岩组成。

（4）辉长岩层状侵入体

辉长岩层状侵入体由镁铁质至超镁铁质岩组成，其整体成分相当于拉斑玄武岩。通常认为，层状侵入体是玄武岩浆结晶分异作用的产物。岩体形态多呈岩盆和岩漏斗。

层状侵入体规模变化很大，小的仅如岩株，大者可达岩基。世界上最大的是南非布什维尔德侵入体（前寒武纪），岩盆面积11.52万平方千米，厚约10千米。其他著名的实例有：美国蒙大拿州的斯蒂尔沃特岩体（前寒武纪），为不完整出露的倾斜状残留提，厚约6千米；加拿大西北地方的马斯科克岩体（前寒武纪），呈岩盆，厚约3千米；非洲津巴布韦大岩墙（前寒武纪），实为裂谷内大型岩盆的一部分；格陵兰的斯凯尔加德岩体（始新世），漏斗状，已出露厚度3.5千米。寒武纪以后的岩体往往侵入于正在发生裂谷作用的大陆边缘带中。

层状侵入体的共同特征是具有明显可见的近水平的岩性分层，一般称之为韵律层理或隐层理，这是岩浆在长期冷凝过程中发生的沉积作用所造成的。每个层状深成岩体的主体部分，是通过矿物晶体的沉淀和堆积，由底部向上依次固结而成的，这样形成的岩石称为"堆晶岩"。整个侵入体从底部到顶部，在化学成分和矿物成分上是连续而逐渐变化的。层状侵入体的岩石类型组合，底部为橄榄岩类和辉石岩，向上是各种类型的辉长岩，顶部出现低镁铁质闪长岩和花斑岩。

中国四川攀枝花辉长岩层状侵入体分布于攀西裂谷轴部的岩浆杂岩带，在其南北长约200千米范围内可见众多层状岩体。主要岩体出露长约数千米至20千米，宽度一般为2千米~4千米。层状侵入体为华力西早期岩浆活动的产物。按照岩石类型及其组合特征，有2种主要类型：一类是基性（或辉长岩质）层状侵入体，以辉长岩为主，可过渡为橄榄辉长岩、橄长岩和斜长岩等，超基性岩类少见，如攀枝花、白马和太和等岩体；另一类是基性超基性层状侵入体，岩石组合自下而上为橄榄岩、辉石岩和辉长岩，如红格和新街等岩体。

（5）A型花岗岩

A型花岗岩以非造山和碱性为特征，典型岩石是含碱性暗色矿物（钠闪石、钠铁闪石和霓石）和富含碱性长石的碱性花岗岩；通常产于稳定大陆地区的裂谷和断裂带，也出现于造山带构造岩浆演化末期和造山期后的非造山环境中。碱性花岗岩常具有晶洞构造，称为晶洞花岗岩。

A型花岗岩的岩石类型组合是碱性花岗岩（如钠闪花岗岩和霓石花岗岩）、碱长花岗岩、英碱正长岩和黑云母（正长）花岗岩。它们在空间上往往与碱性环状杂岩体密切有关，或者与钙碱性花岗岩共生构成大型复式岩体，也可呈零星分布的岩株或岩枝产出。例如，挪威奥斯陆地区，钠闪花岗岩、黑云母碱长花岗岩和英碱正长岩与霞石正长岩类相伴生，共同组成大规模的碱性侵入杂岩体（华力西晚期）。

中国西北、东北、华北、东南和西南地区都发现有A型花岗岩，形成时代以华力西晚期—印支期和燕山晚期为主。

中国北部边疆及其境外相邻地区：包括从新疆阿尔泰、经内蒙古到黑龙江，以及从哈萨克斯坦、经蒙古到俄罗斯外贝加尔和远东地区，出露的碱性花岗岩连成一片，总长逾5000千米，宽约600千米，构成世界上最大的碱性花岗岩带[①]，其中蒙古南部的汗博格多碱性花岗岩体面积超过1000平方千米，居世界首位。这个境内至少有百余个大小不等的碱性花岗岩体（华力西晚期—印支期），大者可达三四百平方千米，如黑龙江通河县的东方屯、猴石等岩体；较大的岩体还有东蒙古东乌珠穆沁旗的沙尔哈达岩体（>200平方千米）、黑龙江黑河市的松木山钠闪花岗岩体（198平方千米）等。此外，新疆哈密地区8大石岩体，总面积达1500平方千米，是由碱性花岗岩（约占4%）、钾长花岗岩和二长花岗岩（占68%）与花岗闪长岩和闪长岩（占27%）组成的复式岩体；东准噶尔的老鸦泉岩体，总面积约1000平方千米，是由钠铁闪石花岗岩、钾长花岗岩与钙碱性花岗岩组成的复式岩体。

四川西南部，印支期A型花岗岩沿攀西裂谷轴部分布，由南而北有攀枝花（20平方千米）、茨达（3平方千米）、太和（45平方千米）和里庄（6平方千米）等岩体。前3个岩体呈岩株产出，空间上与层状侵入体紧密相伴，岩石类型为钠闪花岗岩、（钠闪）霓石花岗岩和（钠闪、霓石）英碱正长岩。里庄岩体由霓石英碱正长岩和碱长花岗岩组成，属冕宁岩体南段的一部分；冕宁复式岩体面积约800平方千米，岩石类型为碱长花岗岩和正长花岗岩，部分岩石含少量钠闪石。

燕山晚期A型花岗岩的实例有：黑龙江龙江县碾子山岩体（16平方千米）的钠闪花岗岩，河北秦皇岛地区响山岩体（80平方千米）、后石湖山岩体（45平方千米）的钠铁闪石花岗岩，河北兴隆县雾灵山岩体（15平方千米）的霓石花岗岩和英碱正长岩，北京昌平四桥子岩体（8平方千米）的钠闪花岗岩,福建福州市魁岐岩体(300平方千米)和乌岭岩体(36平方千米)的钠铁闪石花岗岩等。魁岐岩体是鼓山复式岩体的一部分,鼓山岩体出露面积约1060平方千米,主要岩性为黑云母二长花岗岩和钾长花岗岩。

A型花岗岩浆来自地幔底辟体上方的长英质麻粒岩,这种麻粒岩是移去低熔组分(生成Ⅰ型花岗岩浆)之后的下地壳残余物质。A型花岗岩也可能是断裂带碱性玄武岩浆的分异作用产物。

(6) 煌斑岩

煌斑岩是大陆地区广泛分布的暗色细粒至隐晶质的镁铁质岩石,通常呈岩墙或岩脉成群产出。煌斑岩在化学成分上与碱性橄榄玄武岩相似,但富含水分和其他挥发份。某些较厚的煌斑岩墙的中央部位渐变为碱性橄榄玄武岩的事实,表明它们的母岩浆是碱性橄榄玄武岩浆。

煌斑岩可与各类岩石共生,也能单独出现。在花岗质深成岩体中,常见有煌斑岩脉群或放射状岩墙群穿插。在碱性玄武岩和霞石岩分布区,煌斑岩墙作为火山活动的次火山岩组成部分产出。煌斑岩也可以与超基性岩、辉绿岩、碱性深成岩和碳酸岩共生,尤其是常常与金伯利岩一起出现。例如,北美东部和中部的许多地区,黄长煌斑岩与金伯利岩密切共生;在美国纽约州,可见到金伯利岩墙渐变为黄长煌斑岩的现象。瑞典阿尔诺地区,黄长煌斑岩和金伯利岩出现在碳酸岩侵入体的周围。黄长煌斑岩在化学成分上和空间上与金伯利岩的亲缘关系,表明此类煌斑岩母岩浆的发生与金伯利岩浆的形成有关。在西澳大利亚金伯利地区,有呈岩筒、岩塞和岩床产出的含金刚石钾镁煌斑岩,钾镁煌斑岩在成因上有别于金伯利岩。

煌斑岩在中国各省区均易见到。在花岗岩体分布区,煌斑岩脉极为常见,如北京西山。在金伯利岩出露区,煌斑岩分布在区内及周围,如山东蒙阴、辽宁复县和贵州马坪等地。山西采凉山地区见有黄长煌斑岩和钾镁煌斑岩。(黄长)煌斑岩和碳酸岩的出现,往往是寻找金伯利岩的重要线索。

(7) 金伯利岩

金伯利岩产于稳定地台、地盾或地盾边缘沉积岩分布区,受非造山环境下的深断裂(裂谷作用)控制,多呈岩颈、岩管、岩筒、岩墙和岩脉产出。单个岩体面积虽小(一般<0.5平方千米),但分布区(成群分带出现)范围往往很大。例如,南非自南纬33°一直到赤道以北,整个大陆都有金伯利岩分布;西伯利亚地台,在北纬60°~70°、东经100°~136°范围内有数百个金伯利岩体;北美地区从加拿大东部魁北克省起,经过美国纽约州、宾夕法尼亚州西部和阿巴拉契亚山脉西缘,转向西南和西、到达阿肯色州和堪萨斯州,金伯利岩分布在一条2000多千米的弧形带上。已发现的金伯利岩分属不同地质时期,但主要形成于中生代(尤其是白垩纪)。

金伯利岩通常与碱性基性—超基性岩、煌斑岩和碳酸岩伴生。例如,南非的金伯利岩与霞石岩和碳酸岩伴生;西伯利亚阿纳巴尔的金伯利岩与碱性—超基性杂岩体(由橄榄岩、辉石岩、霓辉岩、霞石正长岩和碳酸岩组成)有密切关系;北美东部地区的金伯利岩与黄长煌斑岩共生,两者通过黄长石含量低的岩石相互过渡;瑞典阿尔诺地区的金伯利岩和黄长煌斑岩出现在碳酸岩侵入体周围。金伯利岩与碳酸岩和碱性岩(尤其是钾质超基性岩)在空间和时间上的伴生关系,说明岩浆于大陆稳定地块的上地幔,3种岩浆是在相似条件下由不同物质独立生成的。金伯利岩与碳酸岩的伴生一般有2种类型:典型的中心型碳酸岩杂岩体,外缘为金伯利岩墙或岩脉;典型的金伯利岩筒或岩管,外缘为碳酸岩岩墙或岩脉。

中国的金伯利岩在山东、辽宁、贵州、河北、山西和新疆等地都有发现,多分布在地台区与深断裂有关的地带。在华北地台上,山东蒙阴和辽宁复县的金伯利岩体沿郯庐断裂两侧分布,辽宁铁岭的金伯利岩与铁岭—赤峰—白云鄂博断裂带有关,山西水沟门的金伯利岩与五台断裂有关,河北张家口和河南化象的金伯利岩分布于紫荆关断裂带(石家庄—邯郸—安阳深断裂)。扬子地台上,贵州镇远和施秉的金伯利岩体位于紫荆关—独山断裂带(NNE向独山断裂是紫荆关断裂的南延部分)。塔里木地台上,新疆巴楚县的金伯利岩分布受NWW和NW向断裂带控制。

中国已发现的金伯利岩以岩脉为主,岩管(岩筒)次之。岩脉和岩管在地表常成串珠状排列,深部相互之间可以连接或合并。如山东蒙阴常马庄岩带的红旗 1 号岩脉(断开为北脉和南脉),由 52 条断续相连的小脉(平均长约 27 米)组成,总长度 1450 米,厚度约 0.3 米~0.5 米。岩管多呈椭圆状、舌状和不规则状,长宽之比为 2∶1 至 4∶1;地表出露面积小者仅 200 平方米,如辽宁复县的 32 号岩管,目前已知最大的一个岩管是辽宁复县二道沟的 42 号岩管,面积 41 200 平方米。金伯利岩的伴生岩石主要有碳酸岩、煌斑岩和碱性岩。例如,山东蒙阴地区,金伯利岩外围可见碳酸岩和煌斑岩;新疆巴楚县瓦吉里塔格,与金伯利岩伴生的同期侵入岩有霓霞岩和碳酸岩。华北地台和扬子地台金伯利岩的形成时代,可能属晚加里东期—早华力西期。

4. 前寒武纪

(1)花岗岩—绿岩

太古宙花岗岩—绿岩地体产于世界各地的前寒武纪地盾,构成地球上最古老的稳定陆核,它们的最显著特征是全球范围内的相似性。花岗岩—绿岩地体是由残存的绿岩带和占大部分的花岗岩类组成,绿岩带被花岗岩类所包围、分隔和部分侵入。通常,绿岩带面积(只占 20% 以下)远远小于花岗岩类。例如,澳大利亚太古宙地盾总面积约 59.1 万平方千米,花岗岩类占 80.4%,绿岩带仅占 19.6%;津巴布韦太古宙陆核总面积 199 562 平方千米,花岗岩类占 81.2%,绿岩带和大岩墙各占 16.9% 和 1.9%。加拿大地盾上例外,绿岩带面积往往很大甚至超过花岗岩类;比如,西北部斯莱夫(Slave)地区总面积约 25 万平方千米,绿岩带约占 40%,花岗岩类占 60%;东南部苏必利尔地区的阿比提比岩区总面积 95 573 平方千米,绿岩带栈 67.7%,花岗岩类只占 32.3%。花岗岩—绿岩是太古宙低级变质岩区的典型地体,一般遭受绿片岩相至低级角闪岩相和更低的区域变质作用,绿岩靠近花岗岩体的侵入接触带可达到中、高级角闪岩相。少数地区,花岗岩—绿岩地体的区域变质作用级别达到麻粒岩相。

绿岩带在平面上呈长条带状、蠕虫状、树枝状和不规则状散布在古老陆核上,剖面形态一般为向形或不规则的似凹透镜状。规模大小不等,大者如加拿大苏必利尔地区的绿岩带,平均宽度 50 千米~200 千米,长可达 1300 千米;小者直径几百米以下,被包裹在花岗岩类中。大多数绿岩带宽 10 千米~50 千米,长 100 千米~300 千米。已知最古老的绿岩带年龄为 35 亿年~38 亿年,如格陵兰的伊苏阿、南非的巴伯顿和津巴布韦的塞卢奎绿岩带等,但大部分绿岩带主要是在 26 亿年~27 亿年前形成的。

绿岩带主要是由枕状镁铁质火山岩所组成的表壳岩层序,层厚 10 千米~22 千米,个别 5 千米。整个层序自下而上大体包括 3 部分。

下部,超镁铁质—镁铁质岩,以熔岩流为主,部分出现岩床或岩墙和层状侵入体,约占 10%~23%,少者<5%。岩石类型主要是超镁铁质熔岩和科马提岩,密切共生的镁铁质岩为拉斑玄武岩和玄武质科马提岩。科马提岩系列包括橄榄岩质科马提岩和玄武岩质科马提岩,是太古宙绿岩带特有的高镁超镁铁质—镁铁质熔岩,以发育良好的鬣刺(淬冷)结构为典型特征。

中部(主题部分),镁铁质至长英质火山岩,约占 48%~81%。岩石类型以拉斑玄武岩为主,向上火山碎屑岩相对于岩流的比例增加以及长英质火山岩增加;有些层序中,向上钙碱性(安山质)火山岩明显增加。

上部,沉积岩,一般约占 15%~33%。主要是硬砂岩和泥质岩,有少量燧石和其他碎屑沉积岩,燧石层中已发现地球上最早的生命证据。

根据火山岩岩石类型的相对丰度,可以分出两种类型的绿岩层序:双峰式类型,主要由超镁铁质火山岩(10%~23%)和镁铁质火山岩(4%~65%)组成,具有少量长英质火山岩(<10%)和燧石,安山岩很少或无(大多<5%);钙碱性类型,主要由镁铁质(38%~50%)、安山质(15%~28%)和长英质(6%~10%)火山岩以及由它们生成的碎屑沉积岩组成,超镁铁质岩很少(<5%)。双峰式层序可以不整合地伏于钙碱性层序之下,或者向上可演变为钙碱性层序。南部

非洲和澳大利亚的绿岩带是典型的双峰式层序,如南非巴伯顿绿岩带,超镁铁—镁铁质火山岩约占16%,镁铁质和长英质火山岩各占48%和3%,未见安山岩,沉积岩约33%。北美的许多绿岩带是典型的钙碱性层序,如加拿大阿比提比绿岩带,超镁铁—镁铁质岩约占4%,镁铁质火山岩、安山岩和长英质火山岩分别占38%、28%和6%,沉积岩约24%。

绿岩带周围的花岗岩地体包括片麻状杂岩、底辟侵入体、岩基和晚期不整合深成岩体。片麻状杂岩构成花岗岩类的主体部分,约占50%~70%,主要是高度变形的英云闪长质和奥长花岗质成分的岩石。底辟岩体为英云闪长岩—奥长花岗岩成分,是片麻状杂岩再活化产物。岩基的岩石类型主要是英云闪长岩、花岗闪长岩和花岗岩,有些岩基以石英二长岩为主。晚期深成岩富钾,总体以石英二长岩和(黑云母)花岗岩为主,往往侵入绿岩带和片麻状杂岩内。

绿岩带的形成模式和构造环境与现代岛弧有点相似,但其岩石组合的独特性,是地球历史早期阶段的产物。经受低级变质作用的太古宙绿岩带岩石,主要是各种类型的片岩、千枚岩、含铁硅质岩和蛇纹岩等。有些地区,花岗岩—绿岩地体与高级变质岩地体一起出现,如加拿大地盾苏必利尔地区、波罗的地盾科拉地区(芬兰和俄罗斯)、黑海之北的乌克兰地区、南美巴西东部圣弗朗西斯科地区、西部非洲的利比里亚地区(利比里亚和塞拉利昂)、中部非洲地区(刚果、乌干达、肯尼亚和坦桑尼亚)、西澳大利亚伊尔岗地区以及印度地盾,绿岩带变质程度达到角闪岩相甚至麻粒岩相。例如印度南部帕拉瓦纳姆深变质绿岩带,主要由一套包含孔兹岩和紫苏花岗岩在内的麻粒岩相岩石所组成。

中国太古宙花岗岩—绿岩地体总是与高级变质地体一起,主要出露在华北古陆块上。绿岩带的显著特征是变质程度普遍较高,大多为角闪岩相,有些达到麻粒岩相,少数绿片岩相。比如:内蒙古西部阴山地区的东五分子绿岩带,变质程度属绿片岩相到低角闪岩相;晋北五台绿岩带,下部层序为角闪岩相,中、上部绿片岩相;豫中登封绿岩带、鲁西绿岩带、吉南桦甸绿岩带和辽北清原绿岩带,为程度不同的角闪岩相;胶东绿岩带、冀东遵化绿岩带以及内蒙西部的阿拉善绿岩带,变质作用达到角闪岩相—麻粒岩相。此外,扬子古陆块西南缘川南—滇中地区的康滇绿岩带,变质作用以角闪岩相为主,局部出现麻粒岩相岩石,南、北两端为高绿片岩相。

中国太古宙绿岩带的岩石类型主要为斜长角闪岩类、斜长片麻岩类和变粒岩类,少量角闪石岩、片岩和不等的磁铁石英岩。绿片岩相绿岩带出现较多的片岩类、石英岩和大理岩等岩石。深变质绿岩带可见麻粒岩相岩石。火山岩原岩以拉斑玄武质和长英质岩石为主,少量相当于玄武质科马提岩的镁铁质岩,东北、山东和山西等地绿岩带出现少量安山岩。总体看来,绿岩带一般都有镁铁质火山岩—长英质火山岩—沉积岩层序,但底部超镁铁质火山岩普遍较少、多呈薄层或断续透镜体产出,尤其是缺乏具有典型鬣刺结构的科马提岩,成为中国绿岩带显著特征之一。绿岩带周围的花岗岩类,遭受不同程度的变形,常构成片麻状花岗岩—混合花岗岩杂岩,主要包括早期英云闪长岩—奥长花岗岩成分的钠质(灰色)花岗岩和晚期钾质(红色)花岗岩。中国的花岗岩—绿岩地体形成于25亿年~28亿年前。

(2)英云闪长岩—奥长花岗岩(灰色片麻岩)

太古宙灰色片麻岩是指高级变质岩区内广泛分布的石英长石质片麻岩,岩石类型主要为英云闪长岩—奥长花岗岩成分的侵入岩。

太古宙高级变质岩区构成了地球上另一种古陆核,岩石组合主要由石英长石质片麻岩和混合岩组成(≥80%),具有数量不等的麻粒岩,少量层状侵入体、镁铁质岩墙和深变质的表壳岩残留体。变质级别从中角闪岩相至麻粒岩相。高级变质岩区主要出露在中、北部非洲(喀麦隆、刚果开赛地区、赞比亚、埃塞俄比亚、毛里塔尼亚和马里乌扎利亚地区),北大西洋克拉通(格陵兰西南部),俄罗斯西伯利亚(阿纳巴尔地区和阿尔丹地盾),以及南美洲北部(圭亚那和巴西瓜波雷地区)。有些地区,如前所述,高级变质岩地体与花岗岩—绿岩地体一起产出。

奥长花岗岩是一种浅色英云闪长岩,在太古宙高级变质岩地体中大量出现。包含英云闪长质—奥长花岗质和相对较少花岗闪长质成分的灰色片麻岩,构成了大量地球上已知最古老的岩石,年龄为28亿年~38亿年。例如,西南格陵兰戈德霍普地区是典型的太古宙高级变质岩区,其内灰色片麻岩为主体岩石(占80%以上),先后分别形成了阿米特索克片麻岩(36亿年~38亿年前)和努克片麻岩(28亿年~30亿年前)。高级变质岩地体,或者明显比大多数花岗岩—绿岩地体要老,或者与后者的形成时代相同。高级变质岩地体有可以是花岗岩—绿岩地体的基底,也可能是花岗岩—绿岩区的上隆根部带,或者是花岗岩—绿岩地体的深变质等同物。

中国高级变质岩地体主要分布于华北古陆块上的辽吉地区、燕山地区(包括冀东)、阴山—大青山地区、阿拉善地区、晋冀蒙交界地区、太行山地区、恒山—五台山地区、鲁西和胶东地区、陕豫地区、桐柏—大别山地区等。此外,在塔里木古陆块北缘的库鲁克塔格地区和南缘的阿尔金山地区、扬子古陆块西缘的川南康定地区和北缘的鄂西北地区也有高级变质岩地体出露。华北古陆上一些典型地区的太古宙灰色片麻岩(英云闪长岩—奥长花岗岩—花岗闪长岩岩套,简称TTG)及其年龄如下:

辽吉地区:辽宁鞍山白家坟奥长花岗岩(38亿年),铁架山奥长花岗岩(约30亿年);吉南—辽东北龙岗山岩区,区内英云闪长岩(30亿年)、桦甸白山镇灰色片麻岩(31亿年)。铁架山灰色片麻岩和龙岗岩群灰色片麻岩(TTG)的形成年代均早于清原和桦甸花岗岩—绿岩。

冀东地区:迁安曹庄岩组,黄柏峪灰色片麻岩(32亿年~35亿年);迁西岩群,迁安—迁西灰色片麻岩(变质年龄为25亿年~26亿年),麻粒岩(变火山岩原岩年龄约32.5亿年),侵入麻粒岩的花岗岩(约30亿年)。迁西岩群灰色片麻岩—麻粒岩原岩的形成年代早于遵化花岗岩—绿岩。

山东地区:鲁西沂水岩群,斜长角闪岩(变质镁铁质火山岩)年龄30亿年,可推断灰色片麻岩—麻粒岩原岩的形成年代比鲁西花岗岩—绿岩更早;鲁东栖霞地区,响东夼英云闪长质片麻岩(28.6亿年)、老灵山奥长花岗岩(28.3亿年),这一地区的灰色片麻岩(TTG)形成年代早于胶东花岗岩—绿岩。

晋冀蒙地区:集宁岩群,怀安灰色片麻岩(变质年龄27.6亿年),二辉麻粒岩(原岩层状基性侵入体年龄30.7亿年);阜平岩群,基性麻粒岩(变质年龄28亿年~29亿年);恒山高级变质岩区,恒山灰色片麻岩(变质年龄25亿年),斜长角闪岩(变质基性火山岩年龄28亿年)。集宁岩群灰色片麻岩、阜平岩群灰色片麻岩和恒山灰色片麻岩—麻粒岩原岩形成年代均早于五台花岗岩—绿岩。

阴山地区:乌拉山群,英云闪长岩(变质年龄24.7亿年),麻粒岩—片麻岩(变质年龄28.4亿年)。乌拉山群灰色片麻岩—麻粒岩原岩形成年代比东五分子花岗岩—绿岩更早。

陕豫地区:太华—鲁山高级变质岩区,太华群鲁山英云闪长质片麻岩(变质年龄28.4亿年),熊耳山地区斜长角闪岩(变基性火山岩年龄29.1亿年)。太华群灰色片麻岩(TTG)原岩形成年代早于登封花岗岩—绿岩。

辽宁鞍山白家坟奥长花岗岩是中国最古老的硅铝质地壳岩石,这是始太古代(>36亿年前)华北古陆块上一次重要TTG岩浆活动的标志。冀东迁安黄柏峪铬云母石英岩中碎屑锆石年龄37亿年~8亿年,也是中国北方存在38亿年前古老硅铝壳的有力佐证。

古太古代(36亿年~32亿年前)花岗岩浆活动的代表性事件有,冀东迁安黄柏峪TTG岩套(灰色片麻岩)和辽宁鞍山陈台沟花岗岩(年龄33亿年~34亿年)的侵入。

中太古代(32亿年~28亿年前)TTG岩套在华北古陆块上分布广泛,如前所述的辽宁鞍山铁架山、吉南桦甸白山镇、冀东迁安—迁西、鲁西沂水、鲁东栖霞、冀西北怀安、晋北恒山、内蒙古阴山—大青山、河南鲁山等地,这些变质岩区的灰色片麻岩(TTG)—麻粒岩地体是毗邻地区新太古代(28亿年~25亿年前)花岗岩—绿岩地体的基底。

(3)紫苏花岗岩

紫苏花岗岩类岩石(主要为紫苏英云闪长岩和紫苏花岗闪长岩)常与麻粒岩相变质岩紧密伴生,主要分布于太古宙陆核,其次出现在早元古代造山带的根部。世界各地太古宙高级变质岩区和深变质花岗岩—绿岩区广泛发育有紫苏花岗岩。例如,北美苏必利尔地区翁加瓦亚区,魁北克北部的明托地体;格陵兰西南部,比约尔纳松德地区;波罗的海地盾,芬兰南部的西乌西马地区;中部非洲,苏丹东北部的莫亚山;非洲南部,津巴布韦克拉通和卡普瓦尔克拉通两个绿岩带之间的林波波带;印度卡纳塔克南部等地。

中国的太古宙紫苏花岗岩主要分布在华北古陆块,在高级变质岩区和深变质花岗岩—绿岩区内,与麻粒岩相变质岩密切伴生。紫苏花岗岩通常呈穹窿状、似层状和不规则岩枝状产出。

穹窿状岩体在平面上呈椭圆形或卵圆形,如吉林桦甸老金厂(45×10 平方千米)、辽宁清原线金厂(10×3.5 平方千米)、冀东迁西太平寨渔户村(40×20 平方千米)、内蒙古武川朱拉沟(45×20 平方千米)等。似层状产出者,或者总体呈层带状断续出露,如冀东迁安水厂—桑园一带(4×12 平方千米);或者与麻粒岩—片麻岩互层,如内蒙古兴和到山西阳高一带(几十米到几百米相间出露)。呈不规则岩枝状产出者较为普遍,如冀东迁安松汀(0.5×1 平方千米)和遵化石人沟(2×4 平方千米),山东沂水马山(4×5 平方千米)和雪山(2.3×13 平方千米),以及辽西等地。

中国华北克拉通紫苏花岗岩形成时代为晚太古代,按照年代学数据,可分 2 个阶段。晚太古代早期(27.7 亿年~26.5 亿年前),紫苏花岗岩侵位年龄:如山东沂水羊圈为 27.7 亿年、冀东迁安崖山为 27.3 亿年、迁安松汀为 26.5 亿年、辽宁清原线金厂为 26.5 亿年;紫苏花岗质岩浆来自地幔源区或玄武岩板底垫托的地壳熔融。晚太古代晚期(25.7 亿年~25 亿年前),紫苏花岗岩侵位和(或)变质年龄:如吉林桦甸老金厂为 25 亿年~25.6 亿年、辽宁清原构乃甸子为 25 亿年、辽西地区 25 亿年、冀东迁安水厂一带 25 亿年~25.7 亿年、冀东遵化石人沟一带 25 亿年、内蒙古兴和—山西阳高—河北怀安一带约 25 亿年、内蒙古武川朱拉沟 24.6 亿年、山东沂水雪山 24.8 亿年;晚期形成的紫苏花岗岩分布广泛,它们大多是在麻粒岩相变质作用高峰阶段直接从长英质岩浆中结晶出的,岩浆源自构造上增厚地壳的熔融;少数紫苏花岗岩是由英云闪长质—花岗闪长质系列岩石变质而成的。

(4)斜长岩

斜长岩岩体是元古宙稳定陆块中特有的岩浆岩组合,它们是在大约 16 亿年~17 亿年前的一个较短时间范围内发生的全球性的前寒武纪斜长岩事件中侵入的。这种块状斜长岩体称做阿迪朗达克型斜长岩,只产出在古老的稳定陆壳中,露头面积很大(可超过 1 万平方千米),多次侵入,并与紫苏花岗岩序列岩石紧密伴生。块状斜长岩与辉长岩层侵入体中的斜长岩不同,前者底部没有镁铁质或超镁铁质堆晶岩,后者的层状堆晶岩体中出现斜长岩层;这表明块状斜长岩在其侵位过程中已是具有斜长石成分的熔浆,而不是在镁铁质岩浆中悬浮的斜长石晶体。现已知在所有大陆地盾都有块状斜长石侵入体分布,其中以北美、挪威等地的岩体规模较大。在北美格伦维尔构造区(加拿大拉布拉多、魁北克和美国纽约州),斜长岩岩体面积约占全区总面积(几百万平方千米)的 1/5,最大的岩块露头面积为 2 万平方千米;阿迪朗达克斜长岩岩块位于该区的西南端(美国纽约州东北部),面积超过 2000 平方千米。挪威西南部斜长岩岩体面积达 2000 平方千米。

典型的斜长岩岩块是呈带有穹顶的厚层岩席或透镜体。岩块主体由只含少量(约 5%)镁铁矿物的斜长岩组成,边缘带岩石为含 10%~30%辉石的辉长岩质斜长岩或苏长岩;伴生的紫苏花岗岩系列岩石为中—基性的纹长二长岩(紫苏二长岩)和纹长苏长岩(二长苏长岩),它们不同于太古宙高级变质岩区中与麻粒岩伴生的中—酸性紫苏花岗岩系列岩石。

中国的块状斜长岩侵入体仅见于华北陆块上的河北承德大庙,该岩块包括西段的大庙杂岩体和东段的头沟岩体,出露面积共约 150 平方千米,与世界各地的阿迪朗达克型斜长岩块相比,规模较小。大庙杂岩体主体岩石类型为斜长岩(包括绿泥石化斜长岩),苏长岩分布在岩体的周边及其内部的断裂交汇部位;纹长二长岩、石英纹长二长岩和纹长苏长岩出现在岩体的北端。野外能清楚看到苏长岩侵入斜长岩、石英纹长二长岩贯入苏长岩和斜长岩中,也可见到苏长岩中含有斜长岩捕虏体和顶垂体、纹长二长岩中有苏长岩包体或捕虏体。头沟岩体为重结晶斜长岩,呈片麻状或条带状,部分地段出现角闪石和黑云母,是变质作用的影响所致。

大庙斜长岩岩体侵位年龄17±0.4亿年,与其他阿迪朗达克型斜长岩块一样,是同期多次侵入活动的产物,斜长岩最早形成、苏长岩次之、紫苏花岗岩系列岩石稍晚于苏长岩。

(5)环斑花岗岩

环斑花岗岩出现在前寒武纪地盾区内,如北美地盾、波罗的地盾和乌克兰地盾等;它们是与块状斜长岩岩体同时代(中元古代)的非造山岩浆活动产物,可以单独产出,也可与斜长岩岩块伴生。北欧地区,芬兰和瑞典的环斑花岗岩大岩席规模厚大,单个露头面积可超过15 000平方千米;这一地区的环斑花岗岩(而不是紫苏花岗岩),如芬兰西南部的阿维尼斯托岩块,与稍早形成的斜长岩岩体伴生。北欧环斑花岗岩和斜长岩的侵位年龄约为17亿年。

环斑花岗岩,也称奥长环斑花岗岩或斜长环斑花岗岩,这种钾质花岗岩是斑状花岗岩的一个变种。环斑花岗岩具有特征性的斑球,斑球有卵斑和环斑组成,卵斑为卵形钾长石(正长石—微斜长石)斑晶,环斑是环绕钾长石斑晶的斜长石(奥长石或正长石)外环。

中国的环斑花岗岩岩体见于华北陆块,如北京和辽宁等地。北京密云沙厂一带的环斑花岗岩岩体,出露面积约20平方千米,岩石具有特征的卵斑和环斑结构;卵斑由单个或几个钾长石(正长条纹长石—微斜条纹长石)斑晶组成,含有石英、斜长石嵌晶以及少量角闪石和黑云母等矿物;大约有1/3卵斑的四周带有由多个颗粒组成的斜长石(中长石,An32~36)外壳而成为特征的球斑,球斑最大直径可达20厘米左右;基质为钾长石、斜长石、角闪石、黑云母和石英等矿物。密云沙厂岩体为多次侵入体,侵入顺序:环斑花岗岩—斑状花岗岩—花岗岩;斑状花岗岩主要含板状和不规则状钾长石斑晶,钾长石卵斑和斜长石环斑少见,出现斜长石斑晶,无角闪石。辽宁宽甸八河川地区出露的环斑花岗岩,或称富卵斑花岗岩,岩石主要有钾长石(正长条纹长石—微斜条纹长石)卵斑组成,一般占50%~55%,局部可达70%~80%,卵斑最大直径5千米~6千米;斜长石(奥长石)不形成环斑,而呈板状、卵形斑晶甚至巨斑出现。

二、岩浆岩岩石化学特征

岩石的分类,主要依据造岩矿物的组合异同,而矿物的差别,除其光学性质及结构等不同外,更主要的是表现在其化学成分上,而化学成分则是分别用元素的氧化物表示。中国研究南岭花岗岩者(南岭专题组,1988),不仅求出了燕山早期和晚期花岗岩的平均稀土含量,而且还与世界酸性岩的稀土平均数值进行了对比,并制出了稀土元素球粒陨石标准化图等,但主要是探讨了南岭区域岩石化学特征。将其与世界同类的花岗岩类作对比,认为南岭花岗岩类具有富K、贫Fe、Mg、而低Ca、Na的特点。秦岭区的花岗岩类,据研究(尚瑞钧等,1988)如与南岭相比,研究者提出SiO_2、K_2O较低、Na_2O、CaO、MgO较高的看法。类似的对比研究还很多。因此论述和探讨岩浆岩各大类的主要元素氧化物成分,特别是全面研究火成岩的SiO_2、TiO_2、Al_2O_3、Fe_2O_3、FeO、MnO、MgO、CaO、Na_2O、K_2O、P_2O_5和CO_2、H_2O^+、H_2O^-的重量百分比含量的变化极有意义。

1933年Daly根据北美一些新鲜火成岩标本的分析数据,曾计算出一些火成岩的所谓平均化学成分。嗣后于1954年Nockolds依据更多的火成岩分析数据计算了火成岩的化学成分平均值。他们的计算结果公之于世后,曾为我国地质界有关研究者引用。如黎彤、宋叔和(1963)等,亦曾对我国岩浆岩或某一类岩浆岩进行过类似的计算和统计,并作为探讨某一区域的岩石化学时的对比之用。但是自Le Maitre(1976)据北美更多数量的火成岩分析数据进行平均统计后,已证实上述各家的统计,除Al_2O_3外,平均数值变化较大,尤以玄武岩和安山岩,在CaO和K_2O的含量方面有明显差别。因此,在研究区域岩浆岩平均化学值时,就引出了下列问题。

1.岩浆岩SiO_2含量的变化

因为岩石化学成分有较大的变化,无论选择多少个岩石分析数值进行统计,均不能确定成所谓"标准岩石",所以现在采用某些氧化物含量百分数的范围来确定岩石种类。如现在多将超镁铁岩、基性岩、中性岩和酸性岩类依次限定在 $\omega(SiO_2) < 45\%$、$45\% \sim 52\%$、$52\% \sim 63\%$ 和 $>63\%$ 范围内。细分时则可将玄武岩、玄武安山岩、安山岩、石英安山岩、英安岩、流纹英安岩、和流纹岩的 SiO_2 含量依次定在 $45\% \sim 52\%$、$52\% \sim 57\%$、$57\% \sim 62\%$、$62\% \sim 65\%$、$65\% \sim 69\%$、$69\% \sim 73\%$,和 $>73\%$ 才能作为岩石化学区域对比。但据 Le Maitre(1976)的统计,其流纹岩的 SiO_2 含量小于 73%,而所指安山岩的 SiO_2 含量则大于 57%。偏碱性的细碧—角斑岩套的岩石化学成分变化比上述钙碱性的变化更大。宋叔和(1999)认为,若将细碧岩、细角岩、角斑岩和石英角斑岩的化学成分平均值,依次放在 SiO_2 含量约为 $45\% \sim 52\%$、$52\% \sim 62\%$、$62\% \sim 69\%$ 和 $>69\%$ 范围,可能更符合区域地质实际。

2. 岩浆岩其他主元素氧化物含量百分数值的变化特点

碱质元素的氧化物含量百分数值,如 Na_2O 和 K_2O 数值尤能反映某一区域岩石的化学成分特征,并可反映某一区域从早期到后期岩浆演化的化学成分之变化趋势。如北祁连海相火山岩,从中元古代到早古生代就显示了钙碱性向偏碱性发展的区域地球化学特点。

北秦岭熊耳群海相火山岩,总体所含钾钠均较高,可将其归属于偏碱性大类中,但不属于细碧岩—石英角斑岩套,因前已述及它们含钠、钾均高,但钾长石不是由于交代钠长石而使岩石富钾。中秦岭地带的碧口群及其以东的武当山群,虽与熊耳群均属于中元古代同期,但后者则为富钠、相对低钾的细碧—石英角斑岩类岩石,区域上岩石化学特征明显不同。再南部的北大巴山(夏林圻等,1991)则是时代尚待研究确定的碱性岩质岩浆活动区,系以粗面岩类分布较多,加以正长斑岩及石英正长斑岩、次火山岩等,自然形成本区富钾之特点。

大范围花岗岩类的岩石化学研究,至今仍以秦岭、大巴山作为较详细的地带之一。研究者们(张本仁等,1994)曾用 1230 样品数值,统计出秦巴地区花岗岩类岩石化学平均值:SiO_2、CaO、Na_2O、K_2O 依次为 70.29%、2.11%、3.95%、3.30%。后一数值与 Le Maitre 1976 年利用 26373 个公布的分析数值 66.09%、3.83%、3.75%、2.73% 相比,显而易见具有差异,但岩体命名是否一致可能亦为原因之一。

第四节 中国岩浆岩与矿床

一、与超基性—基性岩浆侵入活动有关的矿床

1. 岩浆矿床

与超基性—基性侵入岩有关的矿床通常称作岩浆矿床,是在岩浆结晶和分异作用过程中形成的,其特征是矿体直接赋存于岩浆岩(母岩)中。岩浆矿床可进一步分为早期岩浆矿床、晚期岩浆矿床和岩浆熔离矿床。岩浆矿床所形成的矿种主要有铬、铜、镍、铂族元素、钒、钛、铁、磷、金刚石和石棉等。

岩浆矿床具有明显的成矿专属性,即每一类岩浆矿床总是与特定的岩浆岩有关。比如,铬、铜—镍、金刚石与镁质超基性岩关系密切,钒—钛—铁则与铁质基性—超基性岩浆侵入活动相关。铬和铂族金属是中国紧缺的矿种,这与未发现巨大规模的层状基性—超基性侵入体以及太古宙绿岩带下部缺乏厚层超基性深成岩体不无关系。

2. 中国的岩浆矿床类型

(1) 铬铁矿矿床

铬铁矿矿床可分为层状型、蛇绿岩(豆荚状)型和同心型 3 类。层状铬铁矿矿床赋存于层状镁

铁质—超镁铁质杂岩体中，矿石储量约占世界铬铁矿总储量的80%；除了格陵兰的斯凯尔加德侵入体中的铬铁矿矿床形成于第三纪之外，这类矿床位于前寒武纪古老变质岩地区，在成因和空间上与太古宙绿岩带有关，例如，世界上最大的布什维尔德铬铁矿矿床产于南非卡普瓦尔克拉通的绿岩带内，津巴布韦克拉通的绿岩带中产有世界上最高品位的塞卢奎铬铁矿矿床和规模巨大的含铬铁矿矿床的大岩墙、美国蒙大拿州斯蒂尔沃特和加拿大马斯科克斯等层状杂岩体内的铬铁矿矿床也都与绿岩带有关。与蛇绿岩有关的豆荚状（阿尔卑斯型）铬铁矿矿床，如菲律宾、古巴、阿曼和塞浦路斯等国的晚中生代和新生代矿床，俄罗斯乌拉尔地区晚加里东期和华力西期形成的矿床。同心型仅为小型矿床，工业价值不大。

中国铬铁矿矿床绝大多数属于蛇绿岩型，未发现层状型大矿床。主要分布在藏南雅鲁藏布江蛇绿岩带（燕山晚期）、藏北怒江蛇绿岩带（燕山早期）、内蒙古贺根山蛇绿岩带（华力西早期）、甘青祁连山蛇绿岩带（加里东晚期）和北疆西准噶尔达拉布特蛇绿岩带（加里东中期）的镁质超基性岩中。代表性的矿床有藏南罗布莎、藏北东巧、内蒙古贺根山、甘肃祁连山大道尔吉、青海祁连县玉石沟和北疆西部萨尔托海等铬铁矿矿床。矿体赋存于含有大量纯橄岩透镜体和脉状体的斜辉辉橄岩相以及纯橄岩相中，赋矿母岩镁铁比值高（M/F > 7），矿体形态以豆荚状（非层状）为特征。罗布莎岩体的纯橄岩和斜辉辉橄岩主体部位是新鲜岩石，其他岩体的橄榄岩类岩石几乎全部蛇纹石化。

蛇绿岩型（豆荚状）铬铁矿矿床的造矿铬尖晶石是从矿浆或含矿岩浆中结晶出来的，矿床成因类型属于岩浆熔离矿床和晚期残余岩浆矿床，如罗布莎、东巧、贺根山和萨尔托海铬铁矿矿床，主要工业矿体为岩浆熔离矿床。大道尔吉和玉石沟矿床为晚期残余岩浆成因。罗布莎矿床的铬铁矿矿石属冶金级，其他矿床均为耐火级矿石。

中国同心型铬铁矿矿床，如河北承德高寺台和北京密云平顶山，产于太古宙变质岩系构成的克拉通区。纯橄岩—辉橄岩—透辉岩杂岩体具有同心式或对称式岩相分带，铬铁矿化集中于岩体中央部位的超镁铁岩相（主要由强烈蛇纹石化的纯橄岩组成）内；平顶山岩体的纯橄岩属铁质镁铁质岩，镁铁比值仅为2~3。铬铁矿矿床为典型的晚期残余岩浆矿床，造矿铬尖晶石以高铁为特征，矿石品质较差，尚未开采。

(2) 铜—镍硫化物矿床

世界上与基性—超基性岩有关的铜—镍硫化物矿床较集中地分布在加拿大安大略省萨德伯里、提敏斯地区、马尼托巴省汤普森地区，俄罗斯西伯利亚诺里尔斯克和西澳大利亚铜—镍矿带。含矿岩体主要是基性岩，如萨德伯里岩体为苏长岩，诺里尔斯克岩体的赋矿岩相主要是辉长辉绿岩，世界上约50%以上的硫化镍储量与基性岩体有关。世界铜—镍硫化物矿床除诺里尔斯克（印支期）外，主要形成于17亿年之前，绝大部分矿床产于稳定克拉通的太古宙绿岩带中。例如，加拿大安大略省阿比提比绿岩带（如邓唐纳德矿床）、西澳大利亚伊尔岗地块卡尔古利地区的绿岩带（如卡姆巴尔达矿床）和津巴布韦克拉通绿岩带（如香加尼矿床）中的众多铜—镍硫化物矿床。中国的铜—镍硫化物矿床在时空分布上与世界铜—镍矿床有所不同。

中国铜—镍硫化物矿床主要分布于稳定古陆与褶皱带的过渡区，古陆内核褶皱带内部区的矿床较为次要。含矿岩体大多受深断裂控制，成矿通常与分异良好的基性—超基性侵入杂岩体有关；成矿岩体规模较小，如白家咀子、赤柏松和大坡岭岩体达到1平方千米左右，其余岩体出露面积仅0.1平方千米以下。成矿岩体多呈陡倾斜岩墙状、脉状和透镜状，较少呈缓倾的岩床、岩盆或扁柱状。矿体主要赋存于铁质超基性岩中（镁铁比值M/F = 3~5）。中国铜—镍硫化物矿床在成因上属于岩浆熔离矿床，成矿时代主要是元古宙和华力西期。代表性矿床如下：

甘肃白家咀子矿床 矿床位于阿拉善地块南缘，1958年发现，矿石储量巨大，铜金属量占中国同类矿床总储量的90%以上，伴生有铂、钯、金和银；这一矿床的发现，结束了中国缺少镍和铂的历史。白家咀子岩体侵入于下元古界地层，为一复式超基性岩体，呈岩墙状产出，出露面积1.34平方千米。岩体由二辉岩(1%)、橄榄二辉岩(8.3%)、二辉橄榄岩(83.6%)和纯橄岩(7.1%)组成。矿床主矿体为岩浆深部熔离—贯入矿体,似层状富矿体,铜、镍储量约占全矿床的85%;矿体主要赋存于岩体底部二辉橄榄岩或纯橄岩中,矿石为特征的海绵晶铁构造。工业意义上居次的是岩浆就地熔离矿体,规模大小不等,较大的多产于二辉橄榄岩内,位于含矿岩体的中下部,矿石类型主要为浸染状、局部为海绵晶铁状。较次要的还有受岩体构造裂隙控制的晚期贯入矿体以及主要产于含矿岩体下盘围岩中的接触交代矿体。矿床主要硫化物为磁黄铁矿、镍黄铁矿、黄铜矿、紫硫镍铁矿、针镍矿和方黄铜矿等,矿石 Ni/Cu = 1.5,晚期矿体中铜含量增高。白家咀子铜镍矿床受稳定地块边缘隆起内侧的深断裂所控制,系吕梁期产物。

吉林赤柏松矿床 矿床位于华北陆块东北部边缘隆起的本溪—浑江深断裂北侧,含矿岩体侵入太古宙鞍山群变质岩系中,形成时代为吕梁期。赤柏松岩体为一多期次侵入形成的复合侵入体,呈岩墙状产出。第1期岩石占整个岩体的97.62%,由辉绿辉长岩(89.52%)、橄榄苏长辉长岩(5.66%)和斜长二辉橄榄岩(2.44%)组成;第2期细粒苏长辉长岩(0.92%),第3期辉长玢岩(1.46%)。矿床的主矿体位于岩体下(深)部,产于斜长二辉橄榄岩、细粒苏长辉长岩和辉长玢岩。第1期岩浆含矿性较差,形成熔离作用明显的底部矿体;第二三期岩浆含矿性较好,形成的岩石基本都构成矿体。矿石以浸染状为特征,镍为主、铜次之,晚期有规模较小的致密块状矿脉贯入辉长玢岩中。赤柏松镍—铜矿床属于岩浆深部熔离—复式贯入矿床。

吉林红旗岭矿床 矿床位于华北陆块与天山—兴安地槽接壤的槽区褶皱带一侧,基性—超基性岩侵入体分布受辉发河深断裂控制。成矿岩体侵入下古生界呼兰群片麻岩类中,属华力西期岩浆活动的产物。品味较富的镍—铜矿体主要集中在1号和7号岩体。1号岩体,出露面积约0.2平方千米,平面上呈纺锤形,剖面上呈歪盆状;岩体由辉长岩相(1%)、辉石岩相(6%)、辉石橄榄岩相(89%)和橄榄辉石岩相带(4%)组成,似层状矿体赋存于底部和边部的橄榄辉石岩相中,辉石橄榄岩相带的中上部(部分靠近底部)分布有规模较小的透镜状上悬矿体。7号岩体,呈陡倾斜的岩墙状产出,地表面积小于0.1平方千米,主要由顽火辉石岩(约占96%)组成,内有辉石橄榄岩脉状体,边部出现少量苏长岩;岩体绝大部分形成似板状矿体。镍—铜矿床主要为海绵晶铁状矿石,其次为浸染状和块状矿石;矿体 Ni/Cu = 3.3,其中7号岩体中的块状矿石和橄榄岩形成的海绵晶铁矿石分别为4.3和5.2。矿床属于岩浆深部熔离—贯入矿床。

四川力马河矿床 中国最早发现并进行勘探(1956年)的镍矿床。矿床位于扬子地块康滇地轴中段,岩体受绿汁江深断裂控制,侵入于下元古界会理群浅变质沉积岩系中,形成时代为华力西期。成矿岩体由闪长岩、辉长岩和单辉橄榄岩组成,三者厚度比约为6:3:1;镍—铜矿体主要赋存于岩体底部的橄榄岩中,呈似层状、透镜状产出;矿体由浸染状、海绵晶铁状和少量致密块状矿石组成。岩浆深部熔离—复式贯入矿床。

云南白马寨矿床 矿床位于扬子地块西南、哀牢山褶皱带的东缘,含矿岩体受藤条河深断裂控制、侵入于下奥陶统地层中,形成于华力西晚期。白马寨岩体由辉长岩、辉石岩和橄榄岩组成,并依次由外向内呈环带状分布。矿床呈扁柱体产于岩体中部,其体积约占整个岩体的1/3。块状矿石和海绵晶铁状矿石赋存于橄榄岩中,块状矿石位于岩体中心,稀疏浸染状矿石分布于矿体的最外缘、产于辉石岩和辉长岩中。岩浆深部熔离—脉冲式贯入矿床。

广西大坡岭矿床 矿床位于扬子地块江南地轴南缘,含矿岩体整合(顺层)侵入于中元古界四堡群浅变质海相沉积—火山岩地层中,在空间分布上与海底基性喷发岩关系密切,为四堡期岩浆活动的产物。岩体呈似层状岩床产出,自上而下由闪长岩、辉长辉绿岩和辉石岩(其中出现橄榄辉石岩透镜体)组成。矿体呈似层状、透镜状,大多产于岩体底部细粒辉石岩中,主要由浸染状矿石组成,含镍0.3%~0.8%,Ni/Cu≈1.9。岩浆就地熔离矿床。

青海拉水峡矿床 矿床位于祁连褶皱系内、祁连中间隆起带南缘,与中祁连南缘深断裂有密切关系。矿床主矿体直接贯入于前震旦系拉木组片麻岩、石英岩地层的断裂构造之中,周围未发现成矿母岩体,推断其形成时代为加里东期。矿床规模较小,但品位高,可直接冶炼。矿体主要由块状矿石和部分角砾矿石组成,块状矿石含镍4.20%、铜0.57%,Ni/Cu=7.4;角砾状矿石仅分布于矿体边缘,镍减少、铜增多。主矿体底盘有浸染状硫化物,含量约5%,角闪岩型矿石Ni/Cu=7、片麻岩型矿石Ni/Cu=9。矿床主体属岩浆深部熔离—晚期岩体外贯入矿床。

河北铜硐子矿床　矿床位于华北地块内、燕山沉降带南部边缘,含矿岩体受燕山台褶带南缘深断裂控制、侵入于太古宙迁西群变质岩系,可能形成于燕山期。含矿岩体呈不规则脉状体产出,为一辉长—辉绿岩体。镍—铜矿体赋存于岩体中段,呈脉状、筒状、囊状贯入岩体中,部分伸入到围岩内。矿体主要由致密块状矿石组成,次为浸染状矿石,矿体边缘和浸染状矿石中黄铜矿增多。岩浆深部熔离—晚期贯入矿床。铜硐子矿床为一曾经开采铜的老矿,矿石已残存无几。

世界镍矿总储量超过1.3亿吨,主要为风化壳红土型镍矿,其次为硫化镍矿。在中国,镍矿以硫化镍为主,超基性风化壳镍矿床甚少,其储量仅占镍矿总量的8.9%。

风化壳红土型镍矿,也称镍红土,是超基性岩,特别是蛇绿岩套的超镁铁质岩在热带强风化作用条件下形成的含镍红土,如印度尼西亚、菲律宾、新喀里多尼亚、澳大利亚、古巴、多米尼加和希腊等地。完整的风化壳镍矿床,一般由上部的红土矿石和下部的硅酸镍矿石组成。风化程度较低时,仅形成硅酸镍风化壳,属于风化前期阶段的产物。中国所发现的风化壳硅酸镍矿床,主要分布云南、四川等省。

云南墨江镍矿床,位于三江褶皱系哀牢山褶皱带,成矿超基性侵入体为蛇纹岩化纯橄岩和辉石橄榄岩。硅酸镍矿体赋存于风化壳的中间部位,约占风化壳面积的1/4,镍含量0.5%~2.3%。硅酸镍矿石,至今尚未利用。

(3) 铂矿床

铂矿床是铂、钯、钌、铑、锇、铱6种铂族金属矿床的统称。世界铂矿床大多是与铜—镍硫化物矿床和铬铁矿矿床共生或伴生的,特别是层状岩体中的矿床规模巨大。例如,南非布什维尔德岩体的铂矿床,铂和钯储量超过6万吨,伴生有金、镍和铜;美国斯蒂尔沃特岩体拥有万吨级铂族远景储量,俄罗斯诺里尔斯克铜镍铂钯共生矿床具有千吨级铂族储量,津巴布韦大岩墙的铬铁矿矿床和加拿大萨德伯里铜—镍硫化物矿床都伴生有可观储量的铂族资源。阿尔卑斯型(豆荚状)和同心型铬铁矿矿床伴生的铂矿体规模较小,且以锇、钌、铱、铂含量较高和钯含量较低为特征。

中国已发现的铂矿床,主要是与铜—镍硫化物矿床伴生或共生的,其他类型的矿床仅占极次要低位。提取铂族金属的主要对象是含铂钯硫化铜镍矿床,其次是从斑岩铜矿床和长江中下游多金属矿床的硫化物冶炼过程中作为副产品加以回收。中国目前的铂矿资源次于南非、美国、俄罗斯、加拿大、哥伦比亚等国。代表性铂矿床如下:

甘肃白家咀子含铂铜—镍矿床　铂、钯矿物与硫化物相伴生,铜—镍矿体主要产于岩体下部和近底部的二辉橄榄岩相带中,岩体近底部由海绵晶铁状矿石所构成的富矿体是矿床的主矿体,铜和镍储量约占全矿床的85%;铜—镍富矿体内含有铂族富集体,岩体中部和富矿体边部的星点浸染状矿石构成铜—镍贫矿体。星点浸染状贫矿石,铂和钯含量一般为0.1克/吨~0.35克/吨;其中硫化物含铜3.0%~6.4%、镍9.2%~15.0%、铂族1.7克/吨,Ni/Cu=1.63,Pt/Pd=1.50。海绵晶铁状富矿石,硫化物含铜5.1%~8.1%、镍10.4%~10.9%、铂族5克/吨,Ni/Cu=1.22,Pt/Pd=2.09。铂族富集体中,硫化物含铜9.7%~13.9%、镍9.0%~11.2%、铂族19克/吨,Ni/Cu≈0.72~1.0,Pt/Pd=4.42。铜—镍矿体中,铂与铜、镍的相关系数分别为0.85和0.64,钯与铜、镍的相关系数分别为0.92和0.72;铂、钯的富集程度与铜—镍硫化物、特别是铜矿物(方黄铜矿)的增加成正比。铂族矿物主要有砷铂矿、铋碲钯矿和铋碲铂矿等。

云南金宝山铜镍铂矿床　矿床位于扬子地块西南缘红河大断裂的东北侧、其西南侧为哀牢山褶皱带。海西区超镁铁岩体侵入于下泥盆统板岩和砂岩之中,成矿岩体为蛇纹石化橄榄岩、边缘有少量橄辉岩和辉石岩。铂钯矿体赋存于橄榄岩中,呈似层状透镜体。矿体内硫化物星点浸染状分布,铜0.08%、镍0.17%、Ni/Cu=2.12;硫化物密集浸染部位,铜、镍含量最高分别达0.9%和0.45%。岩体内铂和钯丰度高于0.3克/吨者约占43%。矿体内铂、钯含量大于1克/吨,Pt/Pd=0.38~1.0。硫化物含铜7.2%、镍10.7%,铂族100克/吨,Ni/Cu=1.49,Pt/Pd=0.63。铂、钯与铜、镍均呈明显的正相关关系,相关系数0.8~0.9。铂族矿物主要有砷铂矿、碲铂矿、碲钯矿、铋碲钯矿和砷锡钯矿等。矿床属于岩浆熔离的铜镍铂钯共生矿床。

黑龙江五星铜镍铂矿床　矿床位于吉黑华力西褶皱系老爷岭中间隆起的东缘;岩体侵位于二叠系沉积岩层之中,自下而上由单辉橄榄岩、透辉岩和角闪单辉岩组成。矿化见于岩体中部的透辉岩相内,硫化物浸染状分布,镍矿体、钴矿体、铜矿体由下而上呈相互平行的似层状产出;铂钯富集体与硫化物矿体在空间上不完全重合,铂、钯与铜和镍的相关性弱。铂钯富集体主要由贫硫化物的星点浸染状矿石组成,明显富含黄铜矿;硫化物含铜12.0%、镍0.5%,铂族120克/吨,Ni/Cu=0.04,Pt/Pd=0.62。铂族矿物主要为砷铂矿、六方锑钯矿和等轴碲锑钯矿。矿床为岩浆熔离的铂钯与铜、镍分离的矿床,矿石品位低。

河北红石砬铂矿床　矿床位于内蒙古地轴,震旦期含矿岩体侵位于前震旦系片麻岩之中。岩体最宽地段,中心为透辉岩岩相,边部和两侧为角闪透辉岩和角闪岩岩相,铂矿体呈透镜体群产于透辉岩岩相内。矿体内铂钯丰度1~n·10克/吨,Pt/Pd=5,有些地段达20~70。铂族矿物主要为硫铂矿、砷铂矿和等轴砷钯矿等。此矿床为热液再造型铂矿床。岩体西侧角闪透辉岩岩相中,产有硫化铜—铁细脉和铂钯矿化,但未构成铂族富集体。

河北高寺台砂铂矿床　砂铂矿床与高寺台含铬铁矿的超镁铁岩体有关。岩体中粒径较粗的铂族矿物,在风化剥蚀、迁移过程中富集而成砂铂矿。高寺台岩体附近有阶地砂矿和河床砂矿,但铂族品位极不稳定。砂矿中铂族金属主要为锇、钌、铱、铂,并常伴有金。铂族矿物80%为合金类,如等轴锇铱矿、铱锇矿、钌铱锇矿、铂钌铱矿和铱铁自然铂等;20%是硫化物和硫砷化物,如硫锇矿、硫铱锇钌矿、铂硫铱矿、砷铂矿、硫砷铱矿、硫砷钌矿和锇硫砷铱矿等。金有自然金和银金矿。

(4)钒钛磁铁矿矿床

属于晚期岩浆分凝矿床,主要与斜长岩或斜长岩—辉长岩杂岩体有关,矿体呈不规则脉状、似层状和透镜状产于岩体内;矿石矿物主要为含钒磁铁矿、钛铁晶石、钛铁矿和赤铁矿等。南非、挪威、加拿大、美国、俄罗斯和坦桑尼亚等国都有此类矿床。例如,挪威南部斯塔万格以南斜长岩岩带的特尔内斯矿床,探明矿石储量3亿吨,含$TiO_2$18%、赤铁矿23%、赤铁矿2%、硫化物0.25%。南非布什维尔德层状侵入体,上部月1400米的斜长岩—辉长岩内有26层含钒钛磁铁矿;主矿层为厚1.4米~2.6米、长120千米的块状赤铁矿堆晶,含V_2O_5平均1.6%、$TiO_2$14%~19%,其中露采矿段厚1.8米,估算矿石储量约20亿吨。

中国钒钛磁铁矿矿床主要分布在西南、华北和西北地区的3个成矿带:西昌—攀枝花古生代成矿带,承德—张家口中元古代成矿带和陕南—鄂西北早古生代成矿带,矿带延展方向与区域性深断裂的走向一致。成因上与铁质、富铁质基性岩和基性—超基性侵入岩体(镁铁比值M/F=0.3~3)有关,矿体赋存于辉长岩、斜长岩和橄辉岩类中。矿石全铁含量一般为25%~45%、$TiO_2$5%~15%、$V_2O_5$0.2~0.5。此类矿床的铁矿储量约占全国铁矿床总储量的1/7,钒铁是冶炼特种钢的原料。

四川攀枝花钒钛磁铁矿矿床　矿床所在地区,基性—超基性层状岩体分布于北自冕宁,向南京西昌、米易、攀枝花到云南牟定的南北长300千米、东西宽10千米~30千米的狭长地带内;含矿岩体25个,绝大多数位于安宁河断裂带西侧,其中攀枝花、红格、白马和太和4个岩体赋存有大型钒钛磁铁矿矿床。含矿岩体有2种类型:辉长岩型,如攀枝花、白马和太和等岩体;单辉橄榄岩—橄辉岩—辉石岩—辉长岩型,如红格、新街等岩体。层状含矿岩体普遍含钛、铁等矿物,上部为浸染状含矿层,中下部辉长岩或橄辉岩中形成多层厚大的钒钛磁铁矿体。例如,攀枝花辉长岩岩体出露面积约30平方千米,层状构造明显,岩体内由上而下有9个含矿带,主要矿层和矿体位于中部岩相带底部和下部岩相带中,呈层状或似层状。主矿体由致密块状矿石和(或)稠密浸染状矿石组成。块状富矿石含全铁(TFe)47.44%、$TiO_2$14.88%、$V_2O_5$0.42%,浸染状贫矿石含 TFe25.14%、$TiO_2$9.65%、$V_2O_5$0.20%。攀枝花矿床为规模巨大的岩浆结晶分异型钒钛磁铁矿矿床。大庙—头沟斜长岩杂岩体北临内蒙古地轴东南缘,受东西向深大断裂控制。西段大庙岩块,内有大庙、黑山、马营和罗锅子沟矿床;东段头沟岩体,有头沟矿床。大庙斜长岩块由斜长岩和苏长岩组成,斜长岩包含绿泥斜长岩和纤闪斜长岩约占出露面积的70%。钒钛磁铁矿矿体以贯入型为主,呈透镜状或脉状产出;大庙矿区,矿体主要产于斜长岩内以及苏长岩与斜长岩的接触带中;黑山矿区,矿体主要产于苏长岩内以及苏长岩与苏长岩与斜长岩接触带中;矿体及其附近普遍绿泥石化,矿石主要为致密块状构造,全铁含量 TFe32%～34%、$TiO_2$10%～15%、$V_2O_5$0.1%～0.3%。浸染状矿体产于苏长岩和绿泥斜长岩中,与围岩呈渐变关系。黑山矿区的部分矿体、马营矿体和罗锅子沟矿床,苏长岩内浸染状矿石富含磷灰石,构成磷—铁矿床,矿石 TFe16%～26%、$TiO_2$5%～9%、$P_2O_5$5%～0%。头沟磷—铁矿床产与斜长岩内。大庙矿床属于岩浆晚期贯入型钒钛磁铁矿矿床。

(5)磷矿床

世界磷酸盐资源大约82%来自浅海沉积磷块岩矿床、16%来自碱性岩体中的磷灰石矿床和2%来自热带海岛的鸟粪的鸟粪堆积矿床。中国已探明的磷矿储量仅次于摩洛哥、俄罗斯和美国,矿床类型有浅海沉积型、风化—再沉积型、变质型、岩浆岩型和鸟粪型。中国最主要的磷矿是晚震旦世—早寒武世浅海沉积磷块岩,占全国磷矿石储量的78%以上,集中分布在扬子地块的湖北、湖南、贵州、四川、云南、江西和陕西诸省。变质型磷灰石矿床见于华北、东北和华东等地的变质岩系内,分为绿岩带型(太古宙磷矿床)和沉积变质型(古元古代磷矿床)。鸟粪磷矿床分布于南海诸岛,如西沙群岛的永兴岛、南沙群岛的太平岛等。

世界岩浆型磷灰石矿床主要产于碱性杂岩体中,如俄罗斯科拉半岛希比纳、巴西亚库皮兰加和南非帕拉博腊等岩体。中国岩浆型磷灰石矿床分布在华北地块,有其独特性,如矾山磷矿床与偏碱性铁质超基性杂岩体有关,罗锅子沟和马营磷矿床与苏长岩有关(见前文所述)。

河北涿鹿矾山磷灰石矿床 矾山辉石岩—辉石正长岩杂岩体位于燕辽沉降带北缘隆起西段,为东西向大断裂与北北东向隐伏断裂带的交汇部,印支期侵位于蓟县系雾迷山组地层中。矾山杂岩体基本上为一隐伏岩体,仅在岩体南部边缘有零星露头,是通过验证磁异常而发现的。杂岩体基岩,在平面上大致呈圆形,5×6平方千米,由多期侵入的环形岩带组成,从外向中心一次为第2期、第1期和第3期侵入岩;剖面上形如岩盆(未见底),各岩带均向岩体中心倾斜。气—气层状超基性岩带(占岩体总面积的28.6%),主要由磁铁辉石岩和磷灰石黑云辉石岩组成;第2期似层状辉石正长岩带(占37.5%),由钛榴石辉石正长岩、辉石正长岩和正长辉石岩组成;第3期非层状辉石正长岩带(占33.8%),主要是似粗面状和似斑状辉石正长岩,边缘部位出现细粒辉石正长岩和正长辉石岩。晚期脉岩(占0.1%)有正长岩和角闪正长岩。

矾山磷—铁矿床赋存于第1期侵入体中。层状岩系总体上构成以辉石岩—黑云母辉石岩为单元、重复出现的韵律构造。辉石岩,单斜辉石含量60%～80%、磁铁矿11%～24%、磷灰石3%～10%、黑云母2%～6%,构成磁铁单辉岩层;黑云母辉石岩,单斜辉石含量62%～68%、黑云母15%～20%、磷灰石10%～20%、磁铁矿<6%,构成磷灰石黑云母单辉岩和黑云磷灰石单辉岩层。磷灰石与黑云母关系密切,磁铁矿则富集在缺少黑云母的辉石岩中。矿体成层出现,形态受层状岩系岩带严格控制,呈盆状。磷灰层类型磷灰石黑云单辉岩、黑云磷灰石单辉岩、黑云磷灰石岩、磁铁磷灰石岩和磷灰石岩,矿体由同类型矿层或几种类型矿层合并而成。层状岩系的上部和中下部,磷灰石黑云单辉岩内,矿体主要由浸染状贫矿石($P_2O_5$3.5%～7%)组成。主要矿体和矿层位于层状岩系中上部为,其中粗粒黑云磷灰石单辉岩常构成中等品位($P_2O_5$7%～15%)的磷矿床,矿石除浸染状外,也常呈团块状、斑杂状产出;黑云磷灰石单辉岩还夹有黑云母磷灰石岩层和磷灰石岩层,黑云母磷灰石岩(磷灰石40%～70%)构成条带状矿石,磷灰石岩(磷灰石占85%以上)为块

状矿石。主要矿体的顶部为7米厚的磁铁磷灰石岩(磁铁矿40.1%、磷灰石43.9%)和2.7米厚的第1层磷灰石岩(磷灰石95%),块状矿石构成了磷矿体的富矿层。矾山岩浆磷矿床中 $P_2O_5 > 20\%$ 的矿石量已构成特大型矿床。

(6) 金刚石矿床

据中国史籍《晋书》中"咸宁三年(277)敦煌上送金刚石产自天竺"的记载,古印度是世界上最早发现宝石金刚石的国家。1867年在非洲首先发现了含金刚石的金伯利岩。现今已知含金刚石的演示类型有金伯利岩、钾镁煌斑岩、橄榄岩、榴辉岩和陨石等,但只有金伯利岩和钾镁煌斑岩含矿类型具有经济价值。世界上金伯利岩型矿床主要分布在南非、纳米比亚、坦桑尼亚、俄罗斯、美国、巴西、印度和澳大利亚等国,其中南非金伯利地区和俄罗斯西伯利亚雅库特地区是最重要的金刚石产地,尤其是南非以生产钻石而闻名。钾镁煌斑岩型金刚石矿床仅发现与澳大利亚。

中国,约19世纪中叶,在湖南沅水流域和山东沂河、沭水中下游临沂、郯城等县境内均发现有金刚石。1965年7月和8月先后在贵州马坪和山东蒙阴首次发现了含金刚石的金伯利岩。1971年辽宁复县也找到了金伯利岩型金刚石原生矿。此后,在河北张家、山西水沟门、河南化象、江苏徐州和新疆巴楚等地都发现有含金刚石的金伯利岩。

金伯利岩(角砾云母橄榄岩)为钾质超基性浅成岩,是一种高度浑然的火成岩,其内既含有直接由岩浆结晶出的斑晶和基质矿物,又包含 多种深源、同源捕房体和捕掳晶以及围岩碎屑,斑晶与捕掳晶之间难以区分。金伯利岩常与侵入—爆发方式成岩筒、岩管、岩脉和岩床产出,具有块状、角砾状和碎屑状构造,斑状和显微斑状结构。主要岩石类型有斑状金伯利岩、细粒金伯利岩、角砾状金伯利岩和凝灰状金伯利岩。金伯利岩主要由镁橄榄石和金云母组成,热液蚀变强烈,通常是蛇纹石化和碳酸盐化。地表风化作用致使岩石呈黄绿和黄褐色,疏松易碎,触之染手。多数金伯利岩不含或含极少量金刚石。利用与金刚石紧密工商的副矿物,如含铬镁铝榴石、美钛铁矿和镁铬铁矿等作为指示矿物,可以有效地识别含金刚石金伯利岩和寻找金刚石原生矿。

金刚石(钻石)是自然金硬度最大的矿物晶体。世界上砂矿和原生矿金刚石总产量的约80%为工业用钻石,20%为用于首饰和收藏的宝石级钻石。金刚石最大生产国是澳大利亚、刚果(金)、博茨瓦纳、俄罗斯和南非,年产量均大于1000万克拉;年产量18万克拉~100万克拉的国家有纳米比亚、加纳、塞拉利昂、利比里亚、坦桑尼亚和安哥拉等。据1988年资料,宝石级金刚石占该国金刚石年总产量的比例:澳大利亚和刚果(金)各为5%,博茨瓦纳为19%,俄罗斯和南非为25%~26%,加纳、坦桑尼亚、科特迪瓦、塞拉利昂、中非和巴西均超过50%,纳米比亚则达95%。

金刚石可以分为2个类型:Ⅰ型金刚石,含氮量高(0.1%~0.3%),氮聚集成小片状体平行分布,98%的天然金刚石属于此类型;Ⅱ型金刚石,几乎不含或含极少量氮,氮呈游离状态存在,这类金刚石具有良好的热导性,天然金刚石中少见(不超过2%),但一些世界著名的巨大钻石如"库利南"(3106克拉)、"高贵无比"(995.2克拉)等均为Ⅱ型。Ⅰ型金刚石大多应用于一般工业,Ⅱ型金刚石更适用于国防尖端工业。

中国已发现金伯利岩体的主要地区,计有岩脉近500条(辽宁100余条、山东43条、贵州330余条),岩管金30个(辽宁18个,山东10个)。这些岩体大多数含有金刚石,含量最高的约6克拉/立方米,但可供开采的矿床只占少数。中国的金伯利岩型金刚石矿床为岩脉型和岩管(岩筒)型,极少见岩床型。含矿金伯利岩主要是斑状金伯利岩,尤其是镁铝榴石较多的斑状金伯利岩含金刚石最富。

山东蒙阴金刚石矿床 蒙阴金伯利岩岩体58个,自西向东组成常马庄、西峪和坡里3个岩带。岩带走向与岩脉走向大题一致,为北北东向。大部分岩体含有金刚石,但含量高低相差悬殊,富者5克拉/立方米以上,贫者金 $6×10^{-6}$ 克拉/立方米。坡里岩带的岩体,含矿均不达工业品位。西峪岩带的岩体,含矿中等,平均品位0.344克拉/立方米,高于坡里的月百倍。常马庄岩带的岩体含矿最富,比西峪的高出约10倍。含矿岩石主要是斑状金伯利岩,尤以斑状镁铝榴石金伯利岩含矿较富,其次是细粒金伯利岩,角砾状金伯利岩含矿较贫。

常马庄岩带的金刚石矿体最主要的有红旗1号岩脉和胜利1号岩管。红旗1号岩脉于1965年8月24日发现,是中国第一个具有工业价值的金刚石矿体;矿石主要为斑状镁铝榴石金伯利岩,含矿较富,细粒金伯利岩含矿较低。胜利1号岩管是含矿最富的岩体,其金刚石含量比含矿嘴贫的岩体要高323倍;主要矿石为斑状(镁铝榴石)金伯利岩,角砾状金伯利岩含矿较少但仍在工业品位以上。

西峪岩带的含矿岩管群在地表由8个岩管组成,深部相连,在垂深450米以下,6个岩管集中形成了一完整的十字形岩体。这些岩管中,红旗7号岩管含金刚石较富,红旗6号是蒙阴矿区最大的一个岩管。主要矿石为斑状金伯利岩和角砾状金伯利岩。

原生金刚石力度相差悬殊,小者粒径仅0.1毫米,一般2毫米~8毫米,8毫米以上者少见,最大一颗金刚石重119克拉。蒙阴矿区金刚石中,无色占51.61%、淡黄色33.29%、灰色6.85%、棕黄色6.30%;常马庄矿带金刚石以淡黄色(58.6%)和无色(36.4%)为主。金刚石的红外和紫外—可见光吸收光谱测定结果表明,红旗1号岩脉,6号和28号岩管各1个样品,均属于Ⅱ型金刚石;胜利1号岩管5个样品,3个属Ⅰ型金刚石,2个属于Ⅱ型金刚石。

郯城金刚石砂矿产于沂河中下游的冲积平原上,有工业价值的砂矿主要分布在Ⅱ级阶地残丘及连接残丘的地区内。已发现15个砂矿体,砂矿体呈不规则椭圆形与现代河床平行。矿层中金刚石含量极不均匀,颗粒重量一般在0.25克拉以上。陈家埠地区先后发现4颗重量大于90克拉的金刚石,其中1977年捡拾的"常林钻石"重达158.79克拉,是中国金刚石最大的一颗,现由中国地质博物馆珍藏。另据报道,1937年在郯城地区曾发现一颗218.75克拉的大金刚石。

辽宁瓦房店金刚石矿床 辽宁瓦房店市(复县)、铁岭市和恒仁县共发现99个金伯利岩岩体,其中瓦房店地区有岩脉58条和岩管(筒)18个。瓦房店金伯利岩,大体上自北而南分3个岩带:第Ⅰ岩带由53条岩脉和11个岩管组成,第Ⅱ岩带包括4条岩脉和5个岩管,第Ⅲ岩带仅发现1条岩脉和2个岩管。岩带和大部分岩脉呈北东走向,几个大的岩管主轴方向为近东西向。

含金刚石的岩体或者金伯利岩型金刚石矿体,在瓦房店第Ⅰ岩带内较多,规模较大的有9号、10号、11号岩脉,30号和42号岩管。第Ⅱ岩带岩体含金刚石较富,具有工业价值矿体的有50号、51号、68号和74号岩管。第Ⅲ岩带岩体含矿性差。含矿岩脉主要是强烈碳酸盐化的斑状金伯利岩,脉长一般100米~500米,最长的9号脉长达1040米,含矿最富的69号脉金刚石平均品位为1.637克拉/立方米。岩管地表出露面积大小悬殊,42号岩管达41 200平方米,是中国已发现金伯利岩岩管中最大的一个。32号岩管面积仅为约200平方米,含金刚石岩管主要由斑状金伯利岩和含围岩角砾金伯利岩组成。岩管中含深源捕房体较多者,如50号和51号岩管,含金刚石较富;含深源捕房体较少的岩管,如42号岩管,含金刚石较贫;不含深源捕房体的有1号和2号等岩管,含金刚石极少。瓦房店金刚石的重要伴生矿物有铬镁铝榴石,其在岩体中含量最低这仅0.015克/吨,最高含量在50号岩管的含围岩角砾斑状金伯利岩中可达13.45克/吨。比较42号和50号岩管(矿体),42号岩管含镁铝榴石和深源捕房体和镁铝榴石,并见有高铬镁钛铁矿,金刚石品位较富,平均为1.54克拉/立方米。

瓦房店原生金刚石绝大部分为透明晶体,颜色以无色(占56.66%)和黄色(35.37%)为主,少量灰色(6.41%)和褐色(0.48%)等。50号岩管中有白色金刚石(2.79%)。岩管中大于1毫米粒级的金刚石越多,则金刚石的工业品级越好,砂轮刀级以上的金刚石含量也越高。例如50号岩管,1毫米以上的金刚石占62.27%,优于砂轮刀级的金刚石达到19.92%。瓦房店原生金刚石为Ⅰ型金刚石,Ⅱ型金刚石仅占检查样的4.5%。

瓦房店金刚石砂矿具开采规模的有头道沟河谷砂矿和冲积锥砂矿。头道沟河谷金刚石金刚石砂矿,连续分布于河谷底部,矿体分为2层:下部矿层,金刚石品位约为0.1克拉/立方米~0.15克拉/立方米,最高地段达0.35克拉/立方米;上部矿层平均品位0.068克拉/立方米,最高位0.23

克拉/立方米。河谷砂矿中的金刚石源自50、51和68号等岩管。金刚石颜色以无色（44.84%）和浅黄色（36.76%）为主，其次为浅棕黄（11.48%）、浅灰（4.95%）和褐色（1.40%）等。头道沟冲积锥金刚石砂矿，仅见于核部砂矿的上方与50号岩管之间的沟口冲积锥中，距岩管约200米的砂矿层具有工业价值，金刚石平均品位为0.215克拉/立方米，最高达0.5克拉/立方米。

贵州镇远金刚石矿床　贵州镇远县和施秉县金伯利岩岩体呈岩脉和岩墙产出，由斑状镁铝榴石云母金伯利岩和细粒云母金伯利岩组成。岩体受近东西向断裂控制，成群出现，已发现金伯利岩岩带7个。镇远有深冲、水花、朱老屯和冲牛4个岩带，施秉有曹马龙、黄泥庆和欧家院3个岩带。

各岩带中，含矿较富的岩体集中于镇远深冲岩带，如马坪D-1、D11-1和D-15岩体等。施秉曹马龙岩带和黄泥庆岩带含矿性差，不成矿。含矿岩体为斑状镁铝榴石云母金伯利岩，含铬镁铝榴石斑晶占1%～5%（Cr_2O_3含量超过4%）。细粒云母金伯利岩少含或不含镁铝榴石和金刚石。

镇远马坪D-1岩（矿）体，成岩床式脉体产出。金刚石平均品位0.172克拉/立方米，地表较高、平均为0.222克拉/立方米，深部较低，为0.124克拉/立方米。金刚石储量1960.01克拉。金刚石质量级别：碎粒级47.4%，砂轮机49.0%，拉丝模级2.1%，地质钻头级1.3%，玻璃刀级0.3%。

镇远马坪D11-1岩（矿）体，脉体呈岩墙状产出。金刚石分布极不均匀，单个样最低位0.03克拉/立方米，最高位1.50克拉/立方米，平均品位0.297克拉/立方米。金刚石储量176.45克拉。金刚石质量较差，碎粒级占98.40%，地质钻头级占1.60%。

贵州镇远马坪金伯利岩型矿床中，金刚石为Ⅱ型，约占96.40%，其中D-15岩（矿）体中则占98.58%。Ⅱ型金刚石所占百分比超过南非普列米尔岩管的86.50%。

二、与中、酸性岩浆侵入活动有关的矿床

1. 伟晶岩矿床

伟晶岩矿床主要与酸性岩浆侵入有成因关系，它形成于岩浆作用的末期，矿物或者从富含挥发份的残浆中直接结晶而成、或者在高温高压气化—热液作用下发生重结晶和交代作用而成。伟晶岩矿床在所有矿床的成因大类中仅占次要地位，但对于一些稀有金属元素如铍、锂、铯、铷、钽、铌、稀土和铀等，伟晶岩矿床的重要性显然不可替代。世界大部分的铯、铍、锂和钽都来自花岗伟晶岩矿床。

花岗伟晶岩稀有金属矿床可以分为白云母微斜长石型、白云母钠长石型、白云母锂辉石—钠长石型、白云母锂辉石—钠长石—微斜长石型、锂云母钠长石型和黑云母奥长石—微斜长石型等，其中以白云母类型伟晶岩最重要，常构成锂、钽、铯等工业矿床。

中国的花岗伟晶岩稀有金属矿床在18个省区内均有分布，其中较重要的如新疆可可托海和附件西坑等伟晶岩矿床。

碱性伟晶岩矿床较为少见，分为霓石正长伟晶岩型、你是花岗伟晶岩型、霞石正长伟晶岩型等，有工业价值的主要是铌、钽矿床。例如，中国四川路枯碱性伟晶岩矿床。

伟晶岩矿床开采稀有金属时，也可开采云母和陶瓷原料（长石）。此外，花岗伟晶岩是粗多宝石和半宝石矿床的母岩。中国新疆、云南等地伟晶岩产有祖母绿（绿柱石）、金绿宝石、海蓝宝石（绿柱石）、碧玺（电气石）、托帕石（黄玉）、天河石（含铷微斜长石）、紫锂辉石（锂辉石）、天蓝石、磷灰石、芙蓉石（粉石英）和水晶（石英）等宝石或半宝石矿物。

2. 岩浆期后矿床（气化—热液矿床）

（1）岩浆期后矿床分类

岩浆期后矿床（气化—热液矿床），是指岩浆侵入作用固结之后，演变所产生的含矿气化—热液在迁移的过程中，在适宜的条件下，通过对周围岩石的交代作用或者充填在演示的裂隙中发生

沉淀作用而形成的矿床。气化—热液对岩浆岩(母岩)和围岩发生交代作用,形成新的矿物组合,成为蚀变。围岩蚀变是很好的找矿标志。蚀变岩或交代岩的种类和蚀变强度,可以指示矿床类型、矿化种类以及寻找盲矿体。

岩浆期后矿化(气化—热液矿床)分类,最简便的原则是按成矿作用时的温度来划分:

A. 气化—高温热液矿床

a. 矽卡岩矿床(接触交代矿床)。形成温度350℃~800℃,形成深度一至几千米(中深成—浅成)。矽卡岩是高温蚀变形成的交代岩,金属矿物主要是在高、中温温度范围内形成的。与矽卡岩矿床有关的矿种有铁、铜、铅、锌、锡、钨、钼、铍和硼等。

b. 高温热液矿床。形成温度300℃~600℃,形成深度3千米~4.5千米(深成,少数中深成)。高温蚀变有云英岩化、电气石化、黄玉化、方柱石化、角闪石化、绿帘石化、黑云母化、钠长石化、钾长石化和萤石化等。有关的矿产有钨、锡、钼、铋、铍、锂、铁、钴、金、铌、钽、稀土、铀、铜、硫、砷、萤石和水晶等。

B. 中温热液矿床。形成温度200℃~300℃,形成深度1千米~3千米(中深成)。典型的围岩蚀变有绿泥石化、绢云母化、黄铁矿化、黄铁绢云岩化、萤石化、硅化和碳酸盐化等。有关的矿产为铜、铅、锌、钼、锡、钨、钴、铁、银、金、铀、黄铁矿(硫)、萤石和水晶等。

C. 低温热液矿床。形成温度50℃~200℃,形成深度近地表至1.5千米(浅成)。除了中温热液矿床中常见的围岩蚀变仍然可以出现外,低温热液矿床的特征蚀变有蛋白石化、粘土化(高岭土化)、明矾石化、重晶石化、黝帘石化、石膏化和赤铁矿化等。重要的矿产有锑、汞、金盒银,次要的有铅、锌、铜、铀、钨、重晶石、天青石、明矾石和高岭土等。

岩浆期后矿床的成矿方式可分为交代作用和充填作用。交代作用形成的矿体有浸染状、块状、似层状和交代脉状。交代矿床的围岩蚀变强烈,矿体可以产在侵入岩体之中,如斑岩型矿床和花岗岩型矿床;有的矿体则直接形成于蚀变岩或交代岩内,如矽卡岩矿床和云英岩矿床。充填作用形成的矿床,通常呈脉状贯入于围岩或岩体裂隙中,如石英脉矿床,充填矿床中的交代作用和围岩蚀变表现较弱。

(2)常见的矿床类型

斑岩型矿床　以斑岩铜矿和斑岩钼矿最为重要,相对次要的有斑岩铅锌矿、斑岩钨矿、斑岩锡矿和斑岩金矿等。斑岩型矿床主要与浅成的中酸性侵入体有关,岩体大多呈岩株状。成矿岩体主要有花岗闪长斑岩、石英二长斑岩、石英闪长斑岩和花岗斑岩等。含矿斑岩岩体顶部及其附近围岩中常具有爆破角砾岩。斑岩型矿床具有明显的围岩蚀变,蚀变岩通常发育在岩体顶部及其接触带,也可产生在围岩中。蚀变岩石分带出,其中特征的标型蚀变有黑云母钾长石化(钾硅酸盐)蚀变岩(带)和石英绢云母化(绢英岩)蚀变岩(带)。斑岩型矿床是一种细脉浸染状或网脉状矿床,矿体分布于斑岩顶部的内、外接触带蚀变岩中。属于高—中温热液矿床,主要金属硫化物沉淀发生在中温热液阶段。

花岗岩型矿床　是产在花岗岩岩体顶部的浸染状或细脉浸染状矿床,属于中偏高温矿床。含矿岩体的蚀变主要为钠长石化、钾长石化、云母化和石英岩化。有关矿床如花岗岩型钨(钼)矿床、花岗岩型钨(铍、钽、铌)矿床、花岗岩型锡(钽、铌)矿床、花岗岩型钽矿床、碱性花岗岩型(稀土)矿床和花岗岩型铀矿床等。

矽卡岩矿床　矽卡岩是产生在侵入岩体与碳酸盐岩石的接触带中经气化—高温热液作用形成的交代岩。矽卡岩矿床的矿体产于矽卡岩及其附近岩石中,或者是交代矽卡岩而成的,也称接触交代矿床,属于气化—热液矿床。矽卡岩通常分为钙矽卡岩和镁矽卡岩。钙矽卡岩由钙、铁、铝硅酸盐矿物组成,如钙铁钙铝榴石、透辉石—钙铁辉石、硅灰石、绿帘石和符山石等,最简单的矽卡岩由石榴石和透辉石组成。镁矽卡岩由富镁富铝硅酸盐矿物组成,如尖晶石、铝透辉石、钙镁橄榄石和金云母等。矽卡岩矿床主要与中酸性和酸性侵入岩有成因关系,少数与中、基性侵入岩、碱性侵入岩和混合花岗岩有关。矽卡岩矿床是一种具有重要工业意义的矿床类型。

世界矽卡岩矿床中占有大约25%的全球富铁矿储量、50%的钨矿、30%左右的铅锌矿,以及全部青金石。中国式世界上最发育、分布最广和采冶历史最悠久的国家之一。据先前的统计,中国主要矽卡岩矿床在全国矿产储量总数中所占比率大体为:矽卡岩铜矿床31%、矽卡岩钼矿床22.7%、矽卡岩迁安型矿床18.3%、矽卡岩铁矿床11.2%、矽卡岩钨矿床60.6%、矽卡岩锡矿床69.6%、矽卡岩铋矿床87.6%、矽卡岩金矿床(包括其他矽卡岩矿床的伴生金)20%。中国矽卡岩矿床分布十分广泛,大陆地区除贵州外,其余各省市自治区范围内均有矽卡岩矿床,其中大致有90%的矿床分布于中国东部。重要的成矿带(区)和成矿时代如下:燕山期,燕辽地区钼铁多金属成矿带、内蒙古—大兴安岭铁锡多金属成矿带、冀鲁晋豫皖苏铁矿成矿区、东秦岭铁钼钨多金属成矿带、长江中下游铁铜(钼、钴、金)成矿带、浙闽粤铁多金属(锡、钼)成矿带、南岭钨锡多金属成矿带、个旧—文山—德保锡钨多金属成矿带、三江锡(铁、钨)多金属成矿带;印制—燕山期,东昆仑—西秦岭铁(钨、锡)多金属成矿带;华力西—印支期、部分燕山期,小兴安岭—张广才岭锡钨钼铁多金属成矿带;华力西期,东疆—肃北铁(多金属)成矿带;震旦期、晋宁期,康滇铁锡钨成矿带;吕梁期,辽东—吉南硼铁(铀、磷、稀土)成矿区。

云英岩矿床　云英岩是气化—高温热液蚀变形成的重要蚀变岩类型,为一种中到粗粒的糖粒状岩石。云英岩主要由花岗岩类岩石蚀变而成,产于侵入体顶部,称为内云英岩。长英质围岩中生成的则称外云英岩。云英岩主要由石英和白云母组成,可含有锂云母、黄玉、电气石、萤石、绿柱石以及黑钨矿、辉钼矿、锡石等金属矿物。云英岩中金属矿物呈星散状分布,当其含量显著增多以致达到工业品位时,则可称为含矿云英岩,如锡石云英岩、黑钨矿云英岩、辉钼矿云英岩和绿柱石云英岩等。云英岩矿床的相关矿种有锡、钨、钼、铋、铍、锂和祖母绿(绿柱石)等。主要矿床有云英岩型锡矿床、云英岩型钨矿床、云英岩型钨(锡铋钼)矿床和云英岩型铍矿床等。

脉状矿床或大脉型矿床　脉状矿床是产在围岩或侵入岩体裂隙中的充填矿床,形成温度从高温到低温。最常见的脉状矿床是石英脉型矿床,如石英脉型黑钨矿矿床、石英脉型锡石矿床、石英脉型金矿床、石英脉型铜(多金属)矿床等。

上述类型矿床可以单独产出,也可以共生出现。例如,斑岩型和矽卡岩型共生矿床、云英岩—矽卡岩复合矿床、花岗岩型和石英脉型共生矿床、石英脉型和矽卡岩型共生矿床等。

中国的岩浆期后矿床,成矿时代以燕山期居多,少数为华力西期、喜山期和元古代。

第三章 中国的变质岩系和变质带

第一节 各主要变质期的变质岩系及变质作用

程裕祺等(1999)研究后指出,中国变质岩系分布广泛,北自阿尔泰山和大、小兴安岭,南至海南岛;西起喀喇昆仑,东到台湾岛均有出露(图1-3-1)。据粗略统计,中国变质岩系出露面积约占国土的1/5。变质作用共划分10个主要变质期(表1-3-1)。

表1-3-1 中国主要变质期的年龄范围(据程裕祺等,1999)

变质期	变质年龄范围/百万年	变质年龄峰值/百万年
喜马拉雅期	80~10	33
燕山期	190~80	150
印支期	250~190	190
海西期	400~250	250~350
加里东期	450~400	400~430
新元古期	1000~600	700~900
中元古期	1800~1000	1000~1400
古元古期(吕梁期)	2500~1800	1800~2000
晚太古期(阜平期)	2800~2500	2400~2500
早、中太古期	>2800	资料极少,难以确定

一、太古宙变质岩系及变质作用

主要见于华北及东北南部地区,其他地区也有局部或零星出露(程裕祺等,1999)。

1. 华北地区

本区在地理上包括中国东北南部,在大地构造上属华北地块。据其变质岩系的原岩构造、时代、变质特征及变质演化情况的差别,可大致分为2种类型:第1类的原岩形成于早、中太古代(主要是中太古代),其主要变质时期大多属中(早)太古代(泛称迁西期),并有晚太古代变质作用叠加;第2类的原岩形成于晚太古代,主要变质时期亦属晚太古代(阜平期)。

第1类型出露于华北地块北缘的西、东2个区域。西区为其主体,包括冀东的迁西岩群、内蒙古的集宁岩群、晋北的恒山岩群、京北的密云岩群以及相当的变质岩系,它们自西而东断续相连。东区出露较少,包括辽吉地区的龙岗岩群和辽北鞍山岩群的下亚岩群等。它们构成了中国最主要的区域高温变质带。

西区的迁西岩群和集宁岩群等,主要为角闪质、辉石质乃至黑云质的片麻岩,亦有麻粒岩、变粒岩和斜长角闪岩等,其原岩大都相当于基性和中酸性火山岩类,有一定数量的凝灰质沉积岩(包括泥质、砂质、杂砂质等)及铁硅质建造。与它们相伴出露的有不同比例和不同成因的花岗质岩石(包括英云闪长岩、奥长花岗岩、花岗闪长岩及紫苏花岗岩等)和混合岩类。已有研究表明,它们大多经历了麻粒岩相(局部为高角闪岩相)的变质作用,其变质条件大致为:$t = 800℃ \sim 900℃$,$p = $

0.9×10^9 帕~1.2×10^9 帕区间（程裕祺等，1994），如北京的密云岩群为：$t=782℃~849℃$，$p=1.0\times10^9$ 帕（卢良兆等，1984），冀东的迁西岩群为：$t=800℃$，$p=1.1\times10^9$ 帕~1.3×10^9 帕（张儒媛等，1981）。主要属于区域热流中压高温相系。

东区的鞍山岩群下亚岩群同西区的岩群比较，含有更多不同性质的花岗质岩石（包括混合岩类）。仅局部含片麻岩类和麻粒岩类，以西区所见的其他岩类为多。其原岩亦大体与西区相似，但泥质和硅铁质岩类居极次要地位。其变质条件大致为：$t=700℃~830℃$，$p=0.6\times10^9$ 帕~1.1×10^9 帕，主要属区域热流中压中高温相系的角闪岩相（部分为麻粒岩相）。

上述各岩群的岩石中，测得许多属晚太古代变质期的同位素年龄数据，如集宁岩群下亚岩群片麻岩中锆石的 U-Pb 一致曲线年龄（2467^{+76}_{-22}）百万年；迁西岩群的锆石 U-Pb 等时年龄（257 ± 94）百万年（Liu Dunyi 等，1985）、（2470^{+18}_{-16}）百万年（R. Pidgeon 等，1980），全岩 Rb-Sr 等时年龄（2517 ± 94）百万年（钟富道，1979），全岩 Sm-Nd 等时年龄（2480 ± 125）百万年（江博明等，1984）；龙岗岩群杨家店组黑云（角闪）斜长片麻岩的锆石 U-Pb 一致年龄为（2519^{+99}_{-133}）百万年（吉林省区域地质志，1988）。在有些地区，还获得中太古代的同位素年龄值，如河北西北部与集宁岩群相当岩层中基性麻粒岩的（2868 ± 110）百万年，Sm-Na 等时年龄（耿元生等，1997），河北迁西水厂紫苏花岗岩中迁西岩群黑云变粒岩包体的 U-Pb 一致年龄为（3047^{+104}_{-92}）百万年（沈其韩等，1996），龙岗岩群黑云（角闪）斜长片麻岩 Rb-Sr 全岩等时年龄为（2972 ± 190）百万年（吉林省区域地质志，1988）等，说明这些岩石不仅形成于中太古代，而且大多经历了同一时期变质作用。又如侵入辽北清原下鞍山岩群的云英闪长岩，获得了 2880 百万年 U-Pb 等时年龄和 2900 百万年 K-Ar 年龄（Zhai Minggao 等，1985），因而可以认为这套地层形成于中太古代或早中太古代，并遭受了同一时代的变质作用。上述数据说明，华北地块北缘呈 EW 向带状分布的太古宙变质岩系，至少经历了中（早）、晚太古代 2 期变质作用。

此外，在华北地块北缘东部的少数地区，还发现具有更古老年龄值的岩石。包括鞍山附近白家坟糜棱岩化奥长花岗质岩中锆石的早太古代离子探针（3804 ± 5）百万年数据（属太古宙四分方案的始太古代；刘敦一等，1994），因而可能说明附近曾有年代大致相当或更古老的表壳岩存在；还有白家坟南陈台沟的表壳岩系（以石英岩、片岩和斜长角闪岩为主），为具有锆石 $^{207}Pb/^{206}Pb$ 年龄值（3337 ± 12）百万年的花岗岩脉所侵入，其形成和变质年龄可能属中太古代（相当太古宙四分方案的古太古代；宋彪等，1994）。也包括河北迁安曹庄的曹庄岩组斜长角闪岩，其 Sm-Nd 等时年龄值为（3500 ± 80）百万年、（3495 ± 19）百万年、（3470 ± 107）百万年（沈其韩等，1996），大致属早太古代（太古宙四分方案的古太古代）。这些古老岩石可能是分别残存于鞍山岩群和迁西岩群分布区的零碎岩块。

第 2 类型主要变质期为晚太古代，在华北地块范围内分布甚广。这些变质岩系和相伴的花岗质岩石及混合岩类，均受到 2600 百万年~2500 百万年的强烈变质变形改造；在有些地区，如太行山、鲁西和鞍山附近的研究表明，它们还曾受到较早的 2650 百万年或 2770 百万年~2700 百万年变质作用的影响（程裕祺等，1994），说明这些地区的晚古生代变质期还可分为 2 阶段。据其变质和其他特征及分布地区的不同，大体亦可进一步分为 2 个亚类。

其中，第 1 亚类包括泰山岩群、鞍山岩群上亚岩群、夹皮沟岩群及登封岩群等，基本上分布于本区之东侧。主要由片岩、变粒岩和角闪质岩石组成，也常含条带状硅铁建造岩类，原岩大多为基性（甚至超镁铁质）和中基性火山岩系及条带状硅铁质建造。其变质基本属于中低压相系角闪岩相绿片岩相，变质条件大致为：$t=750℃$（或稍低），$p=0.4\times10^9$ 帕~0.7×10^9 帕，有的地方还受到后期绿片岩相的叠加。它们往往构成组分复杂的花岗质岩石和混合岩地区中的变质岩带，在有些地区（如登封、鲁西新泰一带），共同组成晚太古代的花岗—绿岩带，但变质程度较国外许多同类岩带为高。

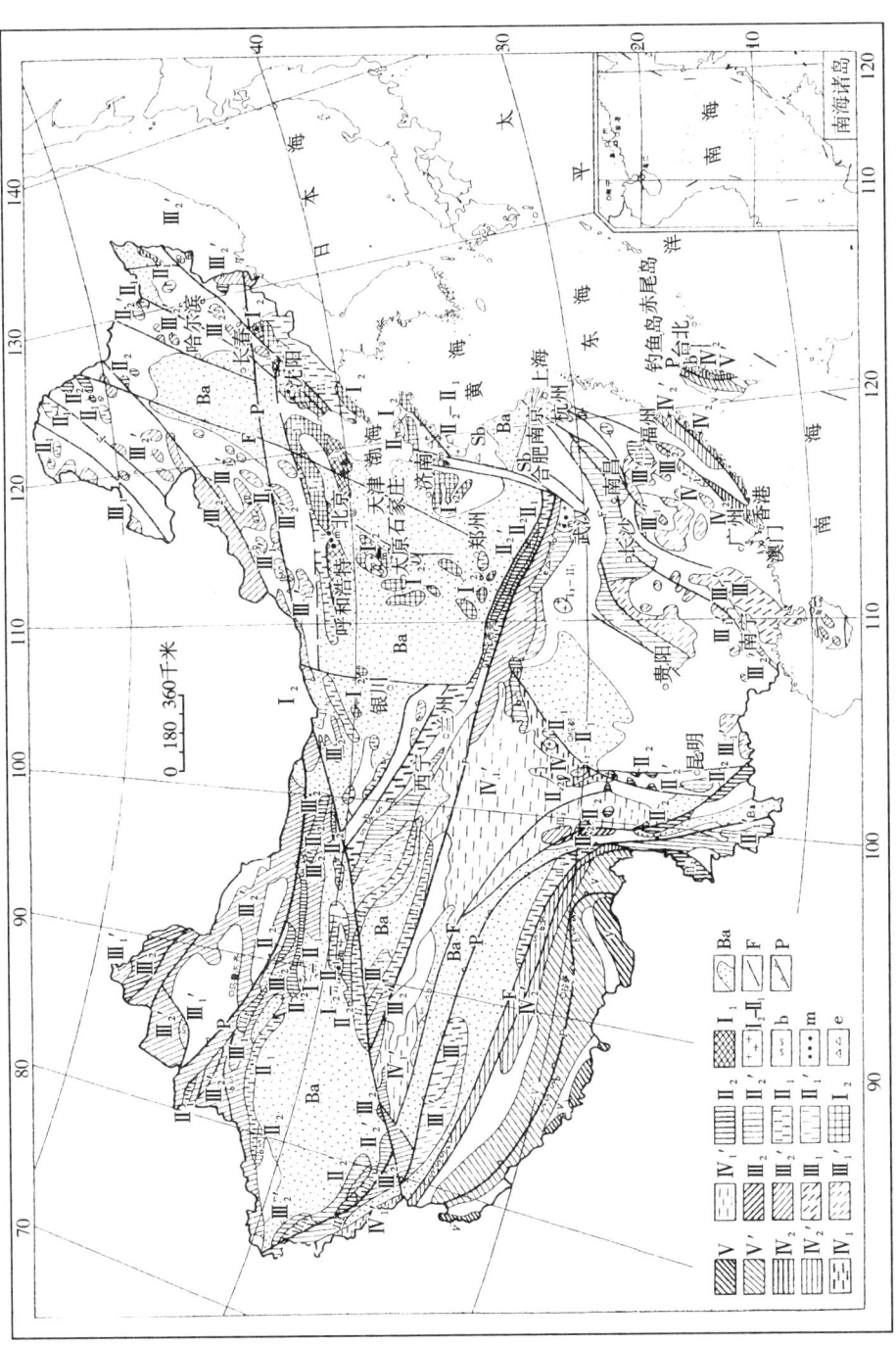

图1-3-1 中国主要不同变质时期变质岩系和变质带分布略图（据程裕祺等，1999）

新生代（喜马拉雅期）：V．绿片岩相到角闪岩相；V'．一般低于或相当于绿片岩相；早中生代（印支期）：IV．绿片岩相到角闪岩相；IV'．一般低于或相当于绿片岩相；晚古生代（海西期）：III．一般低于或相当于绿片岩相；早古生代（加里东期）：III．绿片岩相到角闪岩相；中新元古代：II．绿片岩相到角闪岩相；II'．一般低于或相当于绿片岩相；古元古代（吕梁期）：II．~II．一般低于绿片岩相或绿片岩相。晚太古代到早元古代（阜平期）：I．大部分为麻粒岩相及或角闪岩相，局部为麻粒岩相；早中太古代（迁西期）：I．麻粒岩相及或角闪岩相，局部有绿片岩相。主要变质时期均为晚太古代类产地；m．麻粒岩相石产地；e．榴辉岩产地；Ba．中新生代盆地；F．断层或断裂带；P．板块结合带

第一篇 中国地质概况

第2亚类分布较广,包括阜平岩群、乌拉山岩群、滦县岩群及太华岩群等,见于西侧和西北部,主要由片岩、变粒岩、片麻岩、大理岩类,少量麻粒岩及部分孔兹岩系组成。其原岩主要为粉砂岩、硬砂岩、泥质岩及碳酸盐岩,可与不同数量的花岗质深成岩相伴,但迄今未发现典型的花岗绿岩带。它们的变质大多为中压高角闪岩相,其底部有时可有部分麻粒岩相。其变质条件为:$t = 730℃ \sim 850℃$,局部 $550℃ \sim 730℃$,$p = 0.5 \times 10^9$ 帕 $\sim 0.8 \times 10^9$ 帕。绝大部分属中压相系。近年在东秦岭及胶东等地也有高压麻粒岩相存在的报道。

在华北的广大地区,已获得晚太古变质期的大量证据,如冀东滦县岩群全岩 Rb-Sr 等时年龄为 (2523 ± 139) 百万年、$(2497 + 87)$ 百万年(沈其韩等,1981),山西五台山侵入于阜平岩群的花岗岩中的锆石 U-Pb 等时年龄为 (2560 ± 6) 百万年(刘敦一等,1984),山东泰安地区虎山和雌山花岗岩锆石 U-Pb 等时年龄分别为 (2568^{+24}_{-26}) 百万年(朱振华,1987)和 2396 百万年(万渝生,1990),河南登封岩群郭家窑组合全岩 Rb-Sr 等时年龄为 (2570 ± 210) 百万年(宜昌地矿所,1979),河南太华岩群片麻岩中锆石、磷灰石的 U-Pb、Pb-Pb 等时年龄为 2620 百万年 $\sim$ 2530 百万年(余良济等,1986)。上述大量数据说明,年龄为 (2500 ± 100) 百万年的晚太古期变质作用和广泛发育的侵入于华北地块晚太古界的钾质花岗岩和伟晶岩标志着华北地块的基础已经奠定,此后再未出现影响全区的大规模区域变质作用。

总之,华北地块太古宙变质岩系和变质作用有以下特点:①太古宙至少经历了 2 期变质作用,第 1 期以中太古期为主,第 2 期为晚太古期,约终止于 2500 百万年。②中(早)太古期变质作用范围较小,已有资料说明,它们局限于地块北侧,表现为以麻粒岩相为主。晚太古期变质作用是属于全区性的,除北侧出现麻粒岩相和高角闪岩相外,其他地区主要为角闪岩相,该期变质作用及随后的大规模钾质花岗岩侵入作用标志着华北地块第 1 次克拉通化,从此奠定了地块的基础。③地块北侧有一 EW 向高温热轴,它们构成中国唯一的有一点规模的麻粒岩相变质地区。④根据华北地块东、西 2 区太古宙变质岩系在原岩建造、变质作用等方面的地区差异,大致说明它们在当时并不相连,可能分属不同的块体,至于它们相互拼接的时间、方式及其构造机制,以及在多大程度上可与以后的构造活动机制相比拟,都还有待进一步研究。

2. 其他地区

通过近年的工作,在中国西北塔里木地块的库鲁克塔格地区和阿尔金山地区均已发现太古宙变质岩群,前者为达格拉格布拉克岩群的下部。刘敦一等测定深成片麻岩中的 3 粒锆石蒸发法 Pb-Pb 年龄为 (2487.7 ± 5.1) 百万年,后经李惠民在澳大利亚国立大学地球科学系同位素实验室验证,获得单颗粒锆石 U-Pb 年龄 (2582 ± 11) 百万年(高振家等,1993)。该岩群中钠长片麻岩的 Rb-Sr 全岩等时年龄为 (1778 ± 145) 百万年,可能反映其经受变质作用使锶均一化的时代。胡霭琴等(1991)曾在库鲁塔格南侧的斜长角闪岩中获得了全岩的 Sm-Nd 等时年龄 3263 百万年的信息。阿尔金地区麻粒岩中有锆石 U-Pb 年龄 2462 百万年的信息(新疆地矿局第一区调大队,1987)。

扬子地块具有双层基底,在地块西北缘,湖北西部的黄陵地区下部基底称冲河岩群(或杂岩),李福喜等(1987)在其中黑云斜长片麻岩(变粒岩)中获得锆石不一致线上交点年龄 2891 百万年。在川西冕宁、米易等地的康定杂岩以往曾有全岩 Pb-Pb 等时年龄 2957 百万年和 2404 百万年的报道(袁海华等,1985)。但从柏林和孙贤林在川西冕宁沙坝麻粒岩中获得的 Sm-Nd 模式年龄仅为 1462.85 百万年,因而推定其形成年龄还应新些。显然关于康定杂岩的时代,尚需进一步研究。

秦岭—大别山地区也有晚太古变质岩群被厘定出来,其中时代较肯定的是位于陕、甘、川交界处呈小断块产出的鱼洞子岩群,原岩为一套海底火山喷发—沉积岩系,其中还夹有磁铁贫矿层。在该岩群上部混合岩化碎裂斜长角闪岩中获得锆石 U-Pb 不一致线上交点年龄为 (2657 ± 9) 百万年(秦克令等,1990)。该岩群经历了高绿片岩相至低角闪岩相的变质作用。大别山地区大别山杂岩的表壳层中亦有部分大于 2500 百万年的数据,说明其中有一部分原岩属于晚太古代形成。

二、古元古代变质岩系及变质作用

古元古代变质岩系的变质作用影响范围,比太古宙变质期的广泛得多。变质岩系在西北地区分布甚广,在华北和华南地区也有相当程度的发育(程裕淇等,1999)。

1. 西北地区

据青海、甘肃、新疆3省(区)变质地质图编图组研究,塔里木盆地、柴达木盆地周边的兴地塔格岩群、敦煌岩群、达肯大坂岩群、金水口岩群及相当地层,阿拉善地区的阿拉善群(吉兰泰断裂以西部分)、龙首山岩群,祁连山区的北大河群、野马南山岩群、湟源群、化隆群和马衔山岩群等均为古元古界,主变质期为古元古代。据物探资料推测,塔里木盆地南部和柴达木盆地的结晶基底,也主要为这一时期之产物。以上各地区古元古界的岩性一般差别不大,下部有黑云(角闪)变粒岩、黑云斜长片麻岩、二云石英片岩夹斜长角闪岩,有的地方夹少量大理岩;上部为云母石英片岩、云母片岩及白云质大理岩。其原岩,下部主要为火山质硬砂岩和火山岩;上部为陆屑砂岩—碳酸盐岩组成的复理石建造。变质程度一般从低绿片岩相到低角闪岩相,以角闪岩相分布范围最广,属区域动力热流变质作用类型。主要矿物组合有十字石+蓝晶石+黑云母+斜长石+石英(±铁铝榴石);十字石+铁铝榴石+黑云母+斜长石+石英,蓝晶石+铁铝榴石+白云母+斜长石+石英(±黑云母);铁铝榴石+黑云母+白云母+斜长石+石英;普通角闪石+斜长石+黑云母(±石英,±铁铝榴石);透辉石+普通角闪石+黑云母+斜长石;方解石+白云石+透辉石+镁橄榄石(±石英)。柴达木盆地南缘格尔木以西出现堇青石+红柱石+铁铝榴石+斜长石+石英。在中祁连达坂山和柴达木南缘有高角闪岩相。在柴达木周边和祁连山的某些地方应用石榴子石—黑云母地质温度计法,得出十字石—蓝晶石带的形成温度为570℃~660℃,铁铝榴石带为440℃~510℃,压力为$0.5×10^9$帕~$0.6×10^9$帕(黄德征等,1988)。另据白云母中钠云母分子含量,求得北祁连吊大坂等的形成温度为490℃~510℃(卢良兆等,1984)。

根据矿物组合,上述各地绝大多数属于中压相系型,仅在柴达木南缘格尔木以西有一定范围的低压相系。关于西北地区古元古代的地层及变质时代,已获得一部分地质的及年代学的证据或信息。柴达木北缘欧龙布鲁克地区,相当于震旦系的全吉群不整合覆于达肯大坂群之上。前者基本未变质,后者为低角闪岩相,其中的角闪斜长片麻岩中有锆石U-Pb法单样2205百万年的信息(青海地质科研所,1980)。甘肃龙首山地区,相当于中元古界的墩子沟群不整合于龙首山岩群之上,两者变质作用类型明显不同。前者为区域低温动力变质;后者为区域动力热流变质,其中并获得全岩Rb-Sr等时年龄1949百万年,侵入该群的片麻状花岗岩年龄为1665百万年(白云母,K-Ar法)(黄德征等,1988)。由于西北地区地质研究程度较低,同位素年代学工作亦甚薄弱,上述有些地层的时代及变质时期尚待进一步研究。

现有资料表明,古元古变质期是西北地区范围最广、对该区地壳发展影响最大的一次变质作用。

2. 华北及东北南部地区

晚太古代末克拉通化以后,在华北克拉通的周边出现增生带,而克拉通内部沿某些薄弱地带出现裂陷槽。本区的古元古代变质作用即在此背景上发生。

北部增生带的变质岩系有内蒙古大青山、乌拉山以北的东五分子群、三合明群、色尔腾山岩群;西部增生带包括吉兰泰断裂以西的阿拉善群、龙首山岩群(已在西北地区述及);南部增生带由于受到秦岭复合造山带形成与演化的干扰,带内变质岩层的本来面貌已不清楚,但秦岭岩带可能归属于原来的南部增生带;东部在郯庐断裂以东的胶辽地区也有古元古代变质地层,如辽东的辽河群、胶东的荆山群及粉子山群等。

各增生带的岩石类型大多有一定相似性,通常下部为一套黑云(角闪)斜长片麻岩、斜长角闪岩及变粒岩,上部为绿泥片岩、阳起钠长片岩和绢云母石英片岩、绢云母片岩等,有些地区上部有镁质大理岩。原岩相当于中基性火山岩—硬砂岩建造、碳酸盐岩建造或陆源碎屑岩建造、碳酸盐岩建造。辽河群及其相当地层中有含硼岩系及厚层菱镁矿层。这些地层形成绿片岩相到角闪岩相的不同变质相带。其中角闪岩相的分布范围最广,属于区域动力热流变质作用,根据许多地方出现十字石—蓝晶石组合判断,应属中压相类型。

形成增生带的机制较复杂,既可以是克拉通边缘裂谷带的闭合,也可以是类似板块的俯冲碰撞或推覆构造造成的构造堆叠以及外来地体的拼合等。华北地块周边的古元古增生带与西北地区的古元古界,在原岩建造和变质作用类型方面均较类似。这是否说明当时它们有比较相似的构造环境?

已在东五分子群的角闪斜长片麻岩中获得锆石 U-Pb 等时年龄为 2025 百万年(李树勋,1985)。河南内乡县板厂秦岭岩群黑云斜长片麻岩 9 个全岩样品 Pb-Pb 法和 Th-Pb 法计算出的等时线平均年龄 2210.89 百万年(游振东等,1988),西峡蛇尾斜长角闪岩 Sm-Nd 等时年龄(1987 ± 49)百万年(张宗清等,1994)。

属于华北克拉通内部裂陷带产物有:山西五台群、滹沱群、绛县群、中条群、吕梁群及岚河群,河北太行山区的甘陶河群、上赞皇群,冀东的双山子群、青龙河群,河南的嵩山群,山东的济宁群,安徽的凤阳群和五河群等。它们成为小型裂陷槽,在空间展布上有一定规律,在克拉通南、北两侧多成近 EW 向,克拉通核部则大致近 SN 向。它们之中有许多由陆源碎屑岩和碳酸盐岩组成的复理石建造,有的早期还含火山和火山沉积建造,代表在克拉通基础上发展起来的裂谷活动带形成之产物。一般经受了区域低温动力变质作用,主要表现为变质程度有所不同的绿片岩相,局部可达低角闪岩相。其中五台地区的五台群和不整合于其上的滹沱群与吕梁地区的吕梁群及其上的岚河群,中条地区的绛县群及其上的中条群,冀东的双山子群及其上的青龙河群,形成可大致对比的双层结构。五台群下部地层中锆石 U-Pb 等时年龄值为 2557 百万年(白瑾,1985),表明其下部地层的生成年龄大致等于或稍大于 2550 百万年,但迄今尚未获得确属晚太古代的变质年龄值,而滹沱群下部变玄武岩中锆石 U-Pb 年龄为 (2366^{+103}_{-94}) 百万年(伍家善等,1985);绛县群有可解释为 2400 百万年~2200 百万年的变质年龄数据,而中条群中部变中酸性岩石中单颗粒锆石 U-Pb 年龄为 2060 百万年(孙大中等,1991);双山子群变中酸性火山岩的 U-Pb 年龄为 2460 百万年、2442 百万年(成岩年龄,杨春亮等,1992),其中下部 Rb-Sr 全岩等时年龄为 (2193 ± 314) 百万年(变质年龄,孙大中等,1984)。由此可见,五台群及其相当地层有可能属于晚太古代与古元古代之间的过渡地层单元,但其变质时期可能主要为古元古代。值得注意的是,这些地层的分布仅局限于冀东至山西的较小范围内。

3. 华南地区

已知的古元古界(其中可能还包括部分晚太古界)有:四川西部的康定岩群、云南西部的元谋岩群、哀牢山岩群和大红山群、宜昌西部的原崆岭岩群的大部和川陕交界处出露的原火地垭群的一部分及相当地层,它们是扬子地块已知最古老的结晶基底之一。

上述地层中,许多下部以斜长角闪岩、变粒岩及片麻岩为主,上部以云母石英片岩及大理岩为主。其下部原岩主要为中基性火山岩—硬砂岩,上部主要为复理石型的沉积岩系。原崆岭岩群中有相当于孔兹岩系的富铝岩系。这些地层一般都经历了区域动力热流变质作用,形成由绿片岩相到角闪岩相的不同变质带,其中角闪岩相的分布范围最广,在四川攀枝花至泸定的康定岩群中及宜昌以西原崆岭岩群中有零星的麻粒岩相岩石出露。据矿物组合分析,康定岩群和原崆岭岩群为低压相带,元谋岩群和哀牢山岩群为中压相系型。

大红山群底部获得的锆石 U-Pb 年龄为 1900 百万年;哀牢山岩群南延至越南境内,在安沛混合岩中测得 2300 百万年~2070 百万年的全岩 Rb-Sr 年龄(卢良兆,1986);宜昌地区的水月寺岩群中得到锆石 U-Pb 等时年龄 2332 百万年,同时利用 K-Ar 稀释法和 Rb-Sr 全岩等时线法获得的年龄值分别为 1891 百万年和 2010 百万年(姜继圣,1986)。上述地层的主要部分应划归古元古界,它们主要经历了古元古期的变质作用。但华南地区的古元古期变质作用究竟影响多大范围？换言之，华南地区古元古界基底分布范围有多大？都是需要研究解决的问题。现已在扬子地块北缘的不少地方发现在中新元古代浅变质岩系之下还有一套类似上述古元古界的中深变质岩系。近年在四川盆地的物探和南充附近的深钻资料均表明，川中盆地的基底为刚性变质岩石及花岗岩。下扬子地区的地震测深剖面亦显示出，在浅变质基底之下还有深变质的基底。现有资料表明，古元古期变质作用至少在扬子地块的西部和北缘有相当范围的分布。

中国东南沿海的浙江西南部八都岩群及闽北麻源岩群等变质岩层近年获得 Sm-Nd 等时年龄为（2199±95）百万年（王银喜等，1989）。此外还有个别太古宙年龄信息。它们的原岩建造主要为火山质硬砂质—复理石建造，经历了区域动力热流变质作用，一般为中压角闪岩相。原岩建造和变质作用类型与该地区新元古期和加里东期变质岩系迥然不同，因此将其处理为古元古变质期之产物。它们可能属于华夏古陆古老基底的一部分。

此外，黑龙江省也可能有一些古元古代变质岩系的残块，包括麻山岩群和东风山群等，它们经受了低压相系型的区域动力热流变质作用，但对两者之间的关系还有不同认识。麻山岩群主要经受角闪岩相变质作用，底部有少量麻粒岩相岩石；东风山群以绿片岩相岩石为主。黑龙江第一地质调查所在鸡西市石场磷矿附近的麻山岩群中获得全岩 U-Pb 等时年龄 2251 百万年（党增欣等，1988）。姜继圣（1992）认为麻山群至少经历了 4 期构造热事件，即主期变质作用为 2500 百万年～2200 百万年及其后的 1860 百万年～1840 百万年、1100 百万年～900 百万年和 610 百万年～520 百万年。S. Wilde 和刘静兰等（1997）对柳毛麻山群中锆石测定的离子探针 U-Pb 年龄值（502±10）百万年、（498±11）百万年大致位于上述第四期的时间区间内，但他们认为这代表了麻粒岩相的峰期年龄。这是值得进一步研究的一个重要地质问题。

总之，古元古期变质作用在中国不同地区具有比较明显的差异。中国西北和华南扬子地块的西部及北缘，出现广泛的以角闪岩相为主的区域动力热流变质作用。中国华北在晚太古代克拉通化的基础上，一方面表现为沿克拉通边缘有区域动力热流变质与陆壳增生，另一方面表现在克拉通内部的裂陷带有区域低温动力变质作用。

三、中新元古代变质岩系及变质作用

该期变质岩系，在华南相当于扬子地块的范围内分布广泛。在北方，主要沿古元古末形成的华北—塔里木克拉通的南、北两侧呈带状展布；在华南地区，中新元古界在黔东、桂北、湘中、赣北、皖南、浙西地区和滇东、川西地区分布甚广（程裕祺等，1999）。

在黔、桂、湘等省中、新元古界之间为明显的不整合接触，不整合面以下地层有贵州的梵净山群、广西的四堡群、湖南的冷家溪群、江西的双娇山群及浙江的双溪坞群等，以上为板溪群及相当地层。川滇地区的中新元古界称昆阳群和会理群。对于上述不整合面代表的时代含义存在不同看法：大多数人认为它代表了中、新元古界的界限；刘鸿允等则认为它代表震旦系和下伏地层的界限。不整合面上、下的中、新元古界均为一套变质很浅的砂岩、粉砂岩、板岩及千枚岩等组成的复理石建造，有的地方夹有基性火山岩（滇西）和硅质大理岩，四堡群中有少量科马提岩。它们都经受了千枚岩型的区域低温动力变质作用，变质程度仅达绢云母—绿泥石级。程裕祺等（1999）认为上述宽广的范围内，各地的主变质期不完全相同，如黔东和桂北的梵净山群、四堡群等中元古变质期是主要的，而川西、滇东地区和扬子地块的神农架地区可能晋宁期的变质作用更为重要。现已获得一批同位素年龄资料，会理群顶部天宝山组英安岩的 Rb-Sr 年龄为（906.7±18.5）百万年（刘鸿允等，1981），侵入于昆阳群并被震旦系澄江组所不整合覆盖的峨山花岗岩的 Rb-Sr 等时年龄为 860 百万年，桂北侵入于四堡群的木洞花岗闪长岩体的 Rb-Sr 等时年龄为（1063±95）百万年，在江西双娇山群中获得 Rb-Sr 等时年龄为 1041 百万年。这些年龄既有中元古期，又有新元古期，于是暂将它们笼统地称为中新元古变质期。

浙闽交界的部分地区、粤西云开个别地段、海南岛中部的变质地层及西沙群岛钻孔中的混合岩也是新元古期变质作用的产物,它们经历了中压相系型的区域动力热流变质作用。根据曾在石碌地区的云母石英片岩中得到 788 百万年的年龄值,西沙永兴岛钻孔岩心中混合岩得到全岩 Rb-Sr 等时年龄 627 百万年和 676 百万年。暂将上述变质岩系定为新元古代变质期的产物,同时也说明东南沿海及周围海域应有中新元古代的结晶基底。

中国北方的中新元古界主要出露在 2 个带中:北带东起内蒙古化德,经白云鄂博、甘肃北山到新疆的中、南天山及塔里木北缘;南带东自苏北、皖中经东秦岭、柴达木南缘到西昆仑。北带东段的原岩为陆源碎屑岩—碳酸盐岩建造变质后为千枚岩型的砂板岩;西段新疆阿克苏地区原岩为火山质硬砂岩建造,经历了蓝闪绿片岩相变质,含铁蓝闪石—青铝闪石—透蓝闪石绿泥片岩(董申保,1989),其变质时代为 944 百万年(高振家等,1993)。据现有资料,北带的西段似乎比东段裂开的宽度大,且活动性亦大;南带的西段西昆仑和柴达木南缘中新元古界为浅海稳定型的碎屑岩—碳酸盐岩,往东到东秦岭地区则变得十分复杂,如北秦岭的宽坪群、陶湾群、熊耳群及栾川群等在原岩类型和变质作用方面差异明显,但总体代表华北地块南缘大陆边缘环境,经历了多期变质作用的叠加。中新元古代主期变质以区域低温动力变质作用为主,表现为绿片岩相变质,但宽坪群则为中压相系型的区域动力热流变质作用,有绿片岩相和低角闪岩相,而以前者为主。

南秦岭(扬子地块北缘)西起四川青川、平武及陕西勉县、山阳、商南,经湖北两郧、随县、红安、大悟,转而向东北零星出露在宿松、嘉山直至江苏灌云,存在一套浅变质岩系。它们包括原碧口群的一部分,武当群、随县群、红安群、郧西群、耀岭河群、宿松群、张八岭群和海州群等。原岩为一套富钠的基性火山岩、酸性火山沉积岩和泥砂质—碳酸盐岩,部分有含磷层位。一般变质达低绿片岩相,部分达高绿片岩相,已在上述地层中发现高 p/t 变质岩(详见本章第二节)。

已有较多同位素年代学证据,如黄陂县木兰山红安群地层全岩 Rb-Sr 等时年龄为 725 百万年(张树业等,1989)。安徽张八岭西冷组中获得 U-Th-Pb 法年龄值 1026 百万年、细碧岩全岩 Pb-Pb 法年龄值 1031 百万年和蓝片岩全岩 K-Ar 法年龄值 1175 百万年(张良田等,1989)。说明这些地层属于中新元古代的变质岩系,但对蓝片岩带的变质时代仍有不同看法。

除上述南、北 2 带外,中新元古界在祁连山地区以及辽东、吉南地区亦有出露,原岩与华北地块上的稳定型沉积类似,为碎屑岩和碳酸盐岩,代表克拉通基础上裂陷带之产物,其变质程度极低,为千枚岩型的区域低温动力变质作用。

此外,沿西藏南部边界的高喜马拉雅山到高黎贡山有一些中、低级变质的聂拉木岩群分布。其下部原岩为中基性火山质硬砂岩,往上为含碳酸盐的泥砂质复理石,经历了中压相系型(高喜马拉雅山地区)和低压相系型(高黎贡山地区)的区域动力热流变质作用,形成包括绿片岩相和角闪岩相的变质相带,其中以高绿片岩相和低角闪岩相分布范围最广。关于此套变质岩系的主变质期仍有不同看法:一种认为主变质期为喜马拉雅期;另一种认为主变质期应为新元古期,而喜马拉雅期为退变质。看来该地区可能经历了 2 期变质作用的叠加,至于以哪一期为主,还需通过细致的地质学、岩石学及同位素年代学工作才能确定。

在高喜马拉雅以北的钠木错以南、波密以西的断块中也有一些中等变质程度的岩系,变质作用特点与高喜马拉雅地区类似,由于研究程度甚低,暂将其归于中新元古代变质期之产物。故而推测,中新元古界构成了冈瓦纳古大陆北缘的基底之一。

四、加里东期变质岩系及变质作用

加里东期的变质岩系主要分布在中国东南部的赣南、粤北、武夷山—云开大山地区,中部的祁连—秦岭地区,北部的内蒙古温都尔庙—赤峰地带,以及东北的额尔古纳河流域和老爷岭地区。西北的阿尔泰地区、北山及天山地区也有少量分布(程裕祺等,1999)。

东南地区的加里东变质带大致分布于镇海—深圳断裂带以西,绍兴—江山—萍乡断裂带以南,溆浦—四堡断裂带以东,直至湘、黔、桂、赣北、皖南到浙西一带。受变质地层不仅有下古生界,还有震旦系、板溪群及相当地层;一定地区的中元古期变质的四堡群、梵净山群、冷家溪群、双娇山群及双溪坞群亦受到加里东期变质作用的叠加。该区的加里东变质带大致以余江—吴川断裂为界分为2种类型:以西的赣南—粤北地带,由变质砂岩、粉砂岩、板岩及千枚岩组成,其原岩为砂泥质复理石建造,仅在广西东北部的震旦系中有少量基性火山岩,变质极轻微,属千枚岩型区域低温动力变质作用;以东的武夷—云开地带,主要岩石类型有云母片岩、云母石英片岩、变粒岩及角闪质岩石,局部夹大理岩和石英岩,变质浅处为千枚岩和变质砂岩,其原岩为砂泥质复理石建造及火山岩—火山质硬砂岩建造。变质作用表现为在大范围内以绿片岩相为主,但有的地方围绕某些可能属后期的热穹窿、热轴及热点,有从低绿片岩相到角闪岩相的递增变质带,变质带很窄,热点中心有时有花岗质岩石,变质泥质岩石中出现红柱石、堇青石和十字石组合,属低压相系型的区域动力热流变质作用。东南地区加里东变质地层之上为未变质的泥盆系所不整合覆盖,一般均认为它们属于加里东期变质。但赣南—粤北变质带中有些地带之变质程度似与后期叠加的剪切带关系密切,而武夷—云开地带的有些递增变质带与燕山期花岗岩密切相关。因而这一地区的多期变质叠加问题尚需进一步研究。

祁连—北秦岭地区属于重要的加里东变质带。祁连山变质带的变质地层在北祁连和南祁连为下古生界,中祁连为震旦系及部分中新元古界。北祁连的主要岩石类型有千枚岩、云母石英片岩、绿片岩和变质英安岩及变质玄武岩,祁连县的百经寺到野牛台一带存在一条早古生代的蛇绿岩带。变质达绿片岩相,其中有蓝闪石硬柱石片岩,并伴有阿尔卑斯型的榴辉岩(吴汉泉,1980,1990)。南祁连主要岩石类型为千枚岩和大理岩,变质仅达低绿片岩相。总之,祁连地区的变质作用属于绿片岩型的区域低温动力变质作用,北祁连部分地段为蓝闪石硬柱石片岩相。北秦岭地区属的加里东变质作用亦甚发育,在秦岭岩群南、北侧有2个早古生代的裂陷槽:北侧发育了豫西的二郎坪岩群、陕西商洛地区的云架山岩群、眉(县)户(县)地区的斜峪关岩群和凤县附近的草滩沟岩群,断续构成一个带;南侧发育丹凤岩群。二郎坪群主要岩性为变质的拉斑玄武岩、石英角斑岩、放射虫硅质岩及凝灰岩、变质砂岩、粉砂岩、泥质岩和碳酸盐岩组成的复理石及少量变质超镁铁质—镁铁质堆晶岩等。各地段资料说明,北秦岭北侧的下古生界基本是由浅变质的火山岩、碎屑岩和碳酸盐岩组成。但各地火山岩性质和上述几类岩石的组合序列却不相同。目前研究程度较高的草滩沟群,碎屑岩和碳酸盐岩在下(O_{1-2}),中酸性火山岩系在上(O_3)。而云架山群、二郎坪群等的现有层序为火山岩系在下,碎屑岩和碳酸盐岩在上。对于这些赋存于同一带中而岩石类型和岩石序列明显不同的原因,有人认为是当时裂陷槽之裂开程度不同所致;有人则认为是不同构造环境之产物。南侧的丹凤群主要由超镁铁岩、基性熔岩和成熟度低的碎屑岩组成。张铁生等(1984)指出东秦岭存在古生代蛇绿岩套,张国伟等(1986)认为南带的丹凤群及相当岩群为蛇绿岩套,刘文荣及符光宏等则认为二郎坪群为蛇绿岩套,但秦岭岩群北侧与二郎坪群之时代大体相当的其他变质地层则明显不属于蛇绿岩套。无论如何,秦岭岩群两侧存在2个加里东期变质带可基本肯定。它们的变质程度一般甚低,仅达低绿片岩相,但在豫西的部分地段可达低角闪岩相,出现巨大的十字石、红柱石、堇青石变斑晶,这种变质程度局部增高的原因很可能与后期大规模花岗岩侵入带来的热流有关。林德超、李采一等(1987)在河南南召县白土岗乡青山北坡二郎坪岩群石英大理岩中采得大量腹足类和珊瑚化石,确定其时代为中、晚奥陶世;在二郎坪岩群的细碧角斑岩中获得全岩Rb-Sr等时年龄(356±31)百万年。证实了东秦岭地区加里东—早海西期变质作用之存在。

另一方面,加里东变质期在东秦岭地区还表现为使新元古期已变质的秦岭岩群、宽坪群等发生叠加变质。在秦岭岩群中为伴随花岗岩的中低压过渡型的热流质(游振东等,1987),在宽坪群中有与韧性剪切带有关的区域低温动力变质作用(张寿广等,1991)。

温都尔庙加里东变质带位于内蒙古南部、华北地块北缘,包括北带温都尔庙群为代表的高压变质带和南带白乃庙群、包尔汗图群为代表的低压(局部有中压)变质带。"温都尔庙群的岩层组成一个洋壳层,与完整的顺序型蛇绿岩套相比,仅缺少最下部的超镁铁质层,以及辉长岩层不完全"(唐克东等,1983)。其下部原岩为辉长岩,中部为拉斑玄武岩,上部为复理石夹放射虫硅质岩。变质程度甚低,一般仅达低绿片岩相,部分为蓝闪石—硬柱石片岩相,矿物组合以蓝闪石、硬柱石及黑硬绿泥石为特征,有时可见文石。南带的原岩为碎屑岩和火山岩,一般变质程度亦很低,但在花岗岩体周围出现区域性的热变质,常见红柱石和黑云母等矿物。温都尔庙群的时代应早于晚志留世。该处上志留统基本未变质,在孙德拉图附近之绿片岩及绢云石英片岩的 Rb-Sr 全岩等时年龄为 435.8 百万年和 626 百万年(唐克东等,1983)。南带的白乃庙群和包尔汗图群为早古生代中期或中晚期形成。2 个带均为加里东期变质产物,为板块俯冲期间出现的双变质带。

中国东北的最北部有额尔古纳加里东变质带,它与西伯利亚地块南侧俄、蒙境内的加里东变质带连成一个带,变质地层为新元古界和寒武系,下部为云母片岩、云母石英片岩,往上为变质粉砂岩、千枚岩和白云质大理岩,原岩属于浅海碎屑岩—碳酸盐岩建造,变质属低绿片岩相,为区域低温动力变质作用。

中国西北地区,因海西变质期很明显,加里东变质期与它之间又缺少变质作用上的清楚间断,因而现在已知的加里东变质带较少。库木加里东变质带位于中国阿尔泰山脉北部布尔津河上游地区,变质地层为震旦系、寒武系和上奥陶统,其上被下泥盆统不整合覆盖,属加里东变质期。岩石变质程度普遍很低,为绢云母—绿泥石级,属区域低温动力变质作用。准噶尔西侧的唐巴勒有蓝闪绿片岩相变质岩存在,其变质期亦为加里东期。程裕祺等(1999)认为在北山南部、北天山也应有加里东期变质作用存在。

五、海西期变质岩系及变质作用

海西期变质岩系广泛出露于中国西北阿尔泰—准噶尔—天山地区、内蒙古—兴安地区、昆仑山、南秦岭、川西、羌塘和滇南等地。东南及海南岛亦有零星分布(程裕祺等,1999)。

阿尔泰—准噶尔—天山变质地区的海西期变质作用,表现为多种变质作用类型同时并存。

阿尔泰变带的变质地层为奥陶系—石炭系。在阿勒泰附近构成一个大型复式背斜。据庄育勋(1987)研究,该区发育有5幕变形作用和4幕变质作用。可划分出绿泥石—绢云母带、黑云母带、石榴子石带、十字石带、蓝晶石带、红柱石带、夕线石带、堇青石—夕线石带,并表现为蓝晶石型和红柱石型2个变质带系列。根据变质反应的实验资料和变质矿物地质温压计研究,该区变质作用有由低级变质带向高级变质带演化的证据,温度由 400℃ 逐渐上升至 700℃,而压力则由 0.75×10^9 帕下降到 0.17×10^9 帕。不同变质带在空间上的展布,不仅反映了变质作用强度在空间上的变化,而且也是变质作用随时间推移温度由低到高、压力由高向低演化之结果。总体属于区域动力热流变质作用。在富蕴附近未变质的二叠系不整合覆于石炭系之上,变质时期为海西中期。在可可托海斜长角闪岩中角闪石 K-Ar 年龄为 339 百万年,代表了变质高峰稍后降温的年龄(庄育勋,1994)。

准噶尔—北天山变质地带的变质地层为奥陶系至石炭系,出露的岩石类型极为复杂。由于研究程度低,现在还缺乏全面了解。在卡拉麦里和哈拉通沟等地有蛇绿岩出现,其他大部分地区的原岩为复理石建造和火山质硬砂岩建造等,变质轻微,盆地内大范围出露葡萄石—绿纤石相,常见矿物组合有:葡萄石 + 绿纤石 + 绿泥石 + 钠长石 + 石英(± 绿帘石);葡萄石 + 绿泥石 + 钠长石 + 石英;绿纤石 + 绿泥石 + 钠长石 + 绿帘石 + 石英等。为中国已知埋深变质的主要发育地区,区内一些地带有绿片岩相出现。在东准噶尔局部地方的石炭系中有浊沸石相出露,出现的矿物组合有:浊沸石 + 绿泥石 + 绿帘石 + 钠长石 + 石英;浊沸石 + 绿泥石 + 方解石 + 钠长石等。

中南天山变质地带(包括北山南部)的变质地层主要为志留系至泥盆系,未变质的下石炭统覆于变质岩系之上,表现本区最主要的变质作用发生在海西早期。广泛分布的岩石类型为千枚岩、云母石英片岩、大理岩和绿片岩,少量变质较高地区出现变粒岩、斜长片麻岩、大理岩并夹斜长角闪岩和浅粒岩。在大范围内为绿片岩相变质,仅在冰达板及库米什等地可见少量低角闪岩相岩石,为中压相系型的区域动力热流变质作用。在南天山西部的特克斯以南见蓝闪绿片岩相岩石出露,并有蛇绿岩。在南天山南部乌恰—拜城一带,中、上石炭统变质成为变质砂岩及粉砂岩、板岩和结晶灰岩,属于千枚岩型的区域低温动力变质作用。

内蒙古—兴安岭地区的海西期变质作用范围广泛,包括吉林和黑龙江2省的大部分和内蒙古东北部,变质地层主要为上古生界,少量已受加里东期变质期的下古生界又受到海西期变质的叠加。主要岩性为板岩、千枚岩、变质砂岩和结晶灰岩夹变质火山岩及火山碎屑岩。在林西县西北有2条相邻产出的蛇绿岩带侵入于早二叠世复理石建造之中。海西期变质甚轻微,属千枚岩型区域低温动力变质作用,出现的变质矿物组合仅达绢云母—绿泥石级。在内蒙古东北部二连—贺根山一带有蓝闪绿片岩相岩石出露,在基性火山岩的石灰岩夹层中产珊瑚化石,时代大致为早泥盆世晚期到中泥盆世早期,在其西北的东乌珠旗山地中有高温低压变质带,二者可能构成双变质带。

昆仑、南秦岭、川西和滇南地区的海西期变质岩主要出露在昆仑山、南秦岭、龙门山、金沙江、羌塘和滇南的变质带中。变质地层为古生界,主要变质岩类型有千枚岩、云母片岩、云母石英片岩、大理岩和少量变粒岩及斜长角闪岩。大范围内出露低绿片岩相,但沿某些热点和热穹窿具有清楚的递增变质带,出现高绿片岩相到角闪岩相,大多属中压相系;而南秦岭变质带中不同地段有的则为中压相系,有的为低压相系。该区海西期变质作用的特点与东南地区的武夷山—云开大山加里东期变质带类似,形成的大面积低绿片岩相有少量热点型递增变质带,其原因很可能是在早期区域低温动力变质作用之上叠加了热变质之结果。滇南海西变质带常表现为狭窄的带状展布,变质程度极低,属千枚岩型区域低压动力变质作用,可能与断裂带活动有关。

中国东南地区,桂东南的钦州附近和海南岛有2个规模不大的海西期变质带,变质地层为上古生界,变质岩石主要为板岩、变质粉砂岩、千枚岩、石英岩、结晶灰岩及大理岩等,变质程度仅达绢云母—绿泥石级,属千枚岩型区域低温动力变质作用。

六、印支期变质岩系及变质作用

据程裕祺等(1999)研究,印支期变质岩系主要出露在中西部甘肃成县和四川若尔盖以西的喀喇昆仑—巴颜喀拉地区,构成一个巨大的倒三角形分布区,占据了青海湖以南青、甘、川、新等省(区)的广大地区。变质地层绝大部分为三叠系(在青海称巴颜喀拉群、川北称草地群、川西称西康群),少数地段还包括部分二叠系(如甘孜—理塘断裂以西及陕西凤县一带)。岩石类型较简单,由变质砂岩、板岩和千枚岩组成,沿一些断裂带有不太宽的片岩带。原岩主要为砂泥质复理石建造,在四川的甘孜—理塘断裂带中还有蛇绿岩和放射虫硅质岩。部分地区有碳酸盐岩,或夹有基性和酸性火山岩及火山碎屑岩。印支期的变质程度甚低,广大范围内均为绢云母—绿泥石级低绿片岩相。典型矿物组合有:绿泥石 + 绢云母 + 石英;黑云母(雏晶) + 绢云母 + 石英(± 钠长石);绿泥石 + 绿帘石 + 阳起石 + 钠长石 ± 石英,属千枚岩型区域低温动力变质作用。在甘孜—理塘断裂带的变质基性岩中局部有蓝闪绿片岩相出现。另在甘肃迭部到康县一带、四川龙门山后山及丹巴附近见一些小热穹窿,其中心部分往往有出露的或隐伏的花岗质岩体,热穹窿边部有巴罗式的递增变质带。滇西澜沧江变质带中印支期变质叠加在海西期变质之上。岩石中含蓝闪石类高压变质矿物,其中获得 Rb-Sr 年龄 260 百万年 ~ 240 百万年。在理塘三叠系图姆沟组变质玄武岩和木里麦日大山岗嘎变质玄武岩中分别测得 K-Ar 年龄为 215 百万年和 208 百万年,代表印支期变质年龄。

中国东南地区,福建三明、明溪和粤东北兴宁、梅县一带也有一规模不大的印支期变质带。变质地层包括上古生界和下三叠统,变质岩石为变质砾岩、砂岩、粉砂岩、板岩、千枚岩、结晶灰岩及少量变质火山岩和火山碎屑岩,变质程度甚低,属千枚岩型的区域低温动力变质作用。中国台湾太鲁阁带北部可能有这一时期的变质,形成角闪岩相(陈肇夏等,1983)。

近年研究表明,印支期变质作用在南秦岭—大别山、滇西等地区有广泛分布,它们通常与相应板块的俯冲、碰撞有关,出现中压、高压变质作用。

七、燕山期变质岩系及变质作用

燕山期变质岩系主要分布在西藏中部和东南沿海及台湾省(程裕祺等,1999)。

在西藏,北以班公错—丁青断裂为界,南以革吉错勤—嘉黎断裂为界。据其变质特点,可分南、北2个变质带:北为改则—丁青燕山期高压变质带,变质地层为三叠系、侏罗系和新元古界。主要岩性为千枚岩、板岩、白云母片岩、变质砂岩及结晶灰岩等,沿改则—丁青带有变质的蛇绿岩和混杂岩带。变质程度很低,达葡萄石—绿纤石相和低绿片岩相。主要矿物组合有:葡萄石+绿纤石+阳起石+绢云母+钠长石+石英;黑硬绿泥石+绿泥石+绢云母+石英;黑硬绿泥石+绿泥石+阳起石+钠长石;锰铝榴石+绿泥石+白云母+黑云母+石英;多硅白云母+绿泥石+石英。在嘉玉桥一带20多个白云母样品的平均 b_0 值为 9.032×10^{-10} 米(张旗等,1981),接近高压范畴。白云母的 RM=0.09,在 Mg-Si 和 Mg-RM 图上,落入高压 II 区。南为班戈—洛隆燕山期低压变质带,变质地层包括零星的古生界和大面积分布的三叠系至侏罗系,上覆白垩系未变质。以绿片岩相分布最广,角闪岩相则分布范围甚小,且常与花岗质岩石密切相关,特征变质矿物有红柱石和堇青石,主要矿物组合有:夕线石+黑云母+白云母+钾长石+斜长石+石英;红柱石+黑云母+白云母+斜长石;堇青石+黑云母+白云母+石英+斜长石;黑云母+普通角闪石+斜长石+石英;普通角闪石+斜长石±石英;普通角闪石+斜长石+石英+绿帘石。14个样品白云母的平均 b_0 值为 8.989×10^{-10} 米,属于低压相系型区域动力热流变质作用。丁青—改则高压带与班戈—洛隆低压带平行排列,变质时期相同而变质作用类型不同,同时沿丁青—改则带还有蛇绿岩和构造混杂岩分布,它们构成了燕山期的双变质带。从变质作用反映出,日土—丁青—改则为一条燕山期的缝合带。

广东、福建沿海也有燕山期变质带,系由2条很窄的岩带组成:东部带分布于长乐—南澳断裂带及其两侧,西部带分布于莲花山断裂带及其两侧,2带之间为花岗质岩石,每个带宽仅几十千米。变质带内的变质地层为上三叠统—侏罗系,主要岩石类型有变质的英安岩及流纹岩、晶屑凝灰岩、凝灰岩、变质砂岩及粉砂岩、千枚岩、黑云变粒岩、石榴红柱云母片岩。具有从低绿片岩相到低角闪岩相的递增变质带,低角闪岩相带与花岗岩密切相关,花岗岩的 Rb-Sr 年龄为165百万年,可见红柱石+黑云母+白云母+石英+斜长石组合,属低压相系型的区域动力热流变质作用。

中国台湾省亦受燕山期变质作用影响。台湾中央山脉太鲁阁变质带北端的南澳苏澳地区,在印支期角闪岩相变质的基础上,燕山期又出现伴随钙碱性岩浆岩侵入而产生的高角闪岩相变质,而太鲁阁变质带的其他地区则为绿片岩相。太鲁阁带以东的玉里带主要由变质泥质岩及一些基性绿片岩和蛇绿岩组成,燕山期变质达高绿片岩相,$t=500℃$,$p=0.7\times10^9$ 帕 ~ 0.8×10^9 帕(陈肇夏等,1983)。

黑龙江的那丹哈达岭也有燕山期的变质带,它们向东、向北均延入俄罗斯境内,为锡霍特—阿林中生代变质带的一部分。变质地层为上三叠统和中、下侏罗统,主要岩性为变质的硅质岩、凝灰岩、凝灰质砂岩及板岩等,变质甚轻微,岩石大都保留原岩面貌,属千枚岩型区域低温动力变质作用。

此外,在北京西山发现中生代坳陷中先后经历了燕山期的2期变质作用:第1期为伴随燕山早期构造运动形成的具有一定规模之低绿片岩相区域变质;第2期为伴随花岗岩类侵入活动的热变质作用,在岩体周围形成多阶段的递进变质带(刘国惠、伍家善,1977;程裕祺,1989)。

八、喜马拉雅期变质岩系及变质作用

程裕祺等(1999)指出,喜马拉雅期的变质岩系主要分布于西藏革吉—措勤—嘉黎断裂以南、高喜马拉雅变质带以北。根据该区出现的不同变质作用类型,刘国惠等(1986)将本区进一步分为3个变质带。

北区冈底斯喜马拉雅期低压变质带,变质地层为古生界、中生界及古近系,主要岩性为板岩、千枚岩、片岩、黑云变粒岩、片麻岩、阳起钠长片岩、斜长角闪岩和大理岩等。变质作用的特点是大范围绿片岩相的背景上局部出现低角闪岩相,其中心部位常有花岗岩。据本带 11 个低级变质岩中白云母平均 b_0 值为 8.997×10^{-10} 米和矿物组合中有红柱石和堇青石等特征变质矿物,应属低温类型的区域动力热流变质作用。中法合作研究队在本带所采的 2 个花岗闪长岩样品,其锆石其 U-Pb 等时年龄分别为 41 百万年和 44 百万年(许荣华,1982);花岗岩的 Rb-Sr 全岩等时年龄为 46 百万年,它们可能代表了该带岩浆活动和变质作用主期的时代。

雅鲁藏布江喜马拉雅期高压变质带,主要发育于雅鲁藏布江之南侧,东西延长约 1600 千米。变质地层为中生界,常见的变质岩类型有变质凝灰砂岩、千枚岩、变质硅质岩、硅质板岩、结晶灰岩、变质基性火山岩和超镁铁岩等。沿雅鲁藏布江有典型的蛇绿岩、深海复理石、放射虫硅质岩和混杂堆积。该带中发育蓝闪石—硬柱石片岩相、蓝闪绿片岩相和葡萄石—绿纤石相,在蓝片岩带的南侧有一属于千枚岩型的硬绿泥石千枚岩带。该高压带与冈底斯低压带构成较为典型的双变质带,伴生的花岗质岩石有 110 百万年~40 百万年,甚至 10 百万年的年龄值。拉轨岗日喜马拉雅期变质带位于雅鲁藏布江变质带以南,变质地层为中生界到第三系,岩性以变砂岩、板岩及千枚岩为主,原岩为砂泥质复理石建造,变质很浅,仅达绢云母—绿泥石级,属千枚岩型的区域低温动力变质作用。据钟大赉等(1996)报道,在南迦巴瓦峰的西侧和沿雅鲁藏布江右岸,首次找到大量高压基性麻粒岩包体,并在其中识别出 3 期(或阶段)变质矿物组合:①以石榴子石、单斜辉石和少量石英为代表的高压变质;②石榴子石周围的斜方辉石、单斜辉石及长石的合成晶;③形成角闪石、斜长石和黑云母组合。对于该地变质作用的时间尚有不同认识,但它们的抬升却可定在 45 百万年以来。

台湾的喜马拉雅期变质岩系分布甚广,台东海岸山脉变质带呈 NE 向展布,由中新世到更新世早期的变质地层组成,原岩为蛇绿岩套和复理石以及混杂堆积。它们普遍遭受轻微变质作用,常见的变质矿物有浊沸石、斜钙沸石、葡萄石、钠长石及阳起石等,属埋深变质作用类型的浊沸石相和葡萄石—绿纤石相。台西变质带分布于脊梁山岭、雪山山脉及其西侧山地,呈 NE 向带状展布,变质地层为古新统到下中新统,其上覆地层均未变质。岩性为板岩、千枚岩夹变质砂岩,偶夹基性火山岩。变质很轻微,仅达浊沸石相和低绿片岩相,基本属于千枚岩型区域低温动力变质作用。台湾大南澳带和中央山脉亦受喜马拉雅期变质作用影响。前者包括太鲁阁带和玉里带。太鲁阁带主要表现为绿片岩相,而其东侧的玉里带在凝灰岩内有蓝闪石,在变质基性岩内有铝阳起石,$t = 350℃ \sim 450℃$,$p = 0.5 \times 10^9$ 帕 $\sim 0.6 \times 10^9$ 帕,变质时代约在 7 百万年 $\sim$ 14 百万年以前(陈肇夏等,1983)。关于台湾玉里带蓝闪片岩的形成时代和构造背景还有不同看法。颜沧波(1966)认为玉里带(高压)与太鲁阁带(低压)构成双变质带,变质期为早白垩世—始新世,冻蓝闪石的形成时期为 (79 ± 7) 百万年。刘忠光(1981)则认为蓝闪石片岩可能是玉里混杂带中的构造岩块。

第二节 变质岩系、变质带及变质作用问题

一、不同变质时期变质岩系演化和分布特点

程裕祺等(1999)指出,地壳上的沉积作用、岩浆作用、构造作用、变质作用和成矿作用之间,是互相联系、互相渗透、互相影响和互相制约的。它们统一受地壳运动的控制,它们在各个时期的综合特征,又反映了各时期地壳运动的总特征。他们按阶段分别探讨了中国不同变质时期变质岩系

的某些演化特点。

中国太古宇主要出露在华北及东北南部地区,即所谓华北地块的范围内。它主要由黑云斜长片麻岩、角闪斜长片麻岩、黑云变粒岩和斜长角闪岩等组成。在某些地区的下部层位,可见到不同成分的麻粒岩。其原岩可能相当于成熟度低的沉积岩、火山沉积岩和基性—中酸性火山岩。

前面已述及,中国太古宙变质岩系从其原岩的形成时代和变质时期,大致可分为2种类型:第1类,其原岩形成时代和变质时期主要为中太古代,少数地区亦有早太古代者;第2类,变质时期主要为晚太古代。前者分布范围较小,而后者在华北地块中则分布广泛。从变质岩系的原岩建造来看,可以分出2个火山—沉积巨旋回,以冀东地区发育最为完整。其下部是由基性火山岩向中—酸性火山岩及其火山碎屑岩过渡的第1巨旋回;上部为由基性火山岩向中—酸性凝灰质碎屑沉积岩过渡的第2巨旋回。其他地区一般只有第2巨旋回,或者有时还有第1巨旋回的上部。值得注意的是,第1巨旋回的上部、第2巨旋的中下部和上部,有时常有硅铁质建造(或铁矿的层位)出现。现有资料还说明,在现今华北地块范围内广泛分布的第2类太古宙变质岩系的变质和其他特征,又可进一步分为2种亚类。

第1亚类,如泰山岩群、鞍山岩群上部、夹皮沟岩群及登封岩群等,大致分布于华北地块的东侧,主要由片岩、变粒岩和角闪质岩石组成,常含条带状建造岩类,其变质基本属中低压相系角闪岩相,变质条件大致为 $t=750℃$,$p=0.1×10^9$ 帕 $\sim 0.7×10^9$ 帕,在有的地方还受到太古宙末期绿片岩相变质的叠加。其原岩大多为基性和中基性火山岩、凝灰岩及条带状铁硅质建造。这些地区还往往组成复杂的混合岩及花岗质岩石,在有的地区(如登封、鲁西泰安、新泰等地)构成晚太古代的花岗岩—绿岩带。第2亚类分布较广,分布于华北地块的西侧和西北部,包括阜平岩群、乌拉山岩群、单塔子岩群及太华岩群等。它们的主要特点是其中含有孔兹岩系,普通含夕线石和石榴子石等富铝矿物的变质表壳岩(包括大理岩、石英岩等)和花岗质岩石,并常与各种麻粒岩伴生。其变质条件大致为 $t=800℃\sim900℃$,$p=0.9×10^9$ 帕 $\sim 1.2×10^9$ 帕。上述2区变质岩系的变质特征及其所反映的原岩建造和形成演化方面所存在的差别说明,在太古宙时期它们可能并非属于一个统一块体(地体),至于它们以后相互结合形成统一华北地块的时间及机制,尚需进一步研究。

太古宙晚期岩层经历了以角闪岩相为主(部分地区下部为麻粒岩相)的大面积区域变质作用,其变质作用的终止时间大约在25亿年,在一些地区有退变质现象(主要在19亿年~18亿年),并有多次复杂褶皱作用叠加。由于当时有来自上地幔的强大热流和大量流体,使岩石具有高度塑性,并发生相当广泛、多期花岗质岩浆活动(大多早期以钠质为主,晚期以钾质为主)以及混合岩化、花岗岩化作用,也还有其他性质的岩浆活动。中国太古宙变质作用的一个特点,是区域变质的温度一般随埋藏深度的增大而升高,在一些地区,地层时代愈老,变质程度愈深。此阶段的变形特点是多次变形,其形态常为花岗岩—片麻岩穹窿与紧密褶皱带并存。

此外,在华北地块北侧的中、西段出露有范围较局限的五台群和相当的变质岩系(吕梁群、绛县群、双山子群及色尔腾山群等),其中虽已获得锆石 U-Pb 年龄 25.5 亿年或接近 26 亿年(全岩 Sm-Nd 等时年龄)的形成年龄,但其变质年龄却可能只有 24 亿年~22 亿年(如绛县群;据孙大中,1991)。看来它们所经历的变质作用可能开始于 25 亿年,而终止于 23 亿年~22 亿年,代表太古宙—元古宙过渡阶段变质的产物。其原岩为一套火山—沉积建造,并以"半粘土质"或粘土质岩类为主,以较普遍出现基性、中基性至酸性火山岩(部分地区富钠)及陆源碎屑沉积为特征。一般槽缘地带常在下部出现陆源碎屑砂质岩石,有的地方甚至出现含有细砾石的岩石。在槽内地带常以火山岩建造为主。在中下部或其他层位出现硅铁建造,有时具有较重要的铁矿层位。不同地区或地段经历了不同程度的区域变质作用,以绿片岩相为主,局部达到角闪岩相。其变质作用的终止时间约为 25 亿年~23 亿年。一般仅在边缘遭受轻微的混合岩化,变形强烈,形成紧闭同斜褶皱。

经五台运动,相对缩小了的海槽范围,又沉积了滹沱群及其相当地层,它们的原岩是由砾岩、砂岩、泥质岩和碳酸盐岩组成的巨型韵律沉积。显著的岩性分异和多级次的沉积韵律,以及这套地层内部的不整合接触,说明了沉积海槽具有更强烈的活动性。岩层一般经受了绿片岩相的轻度变质,但局部也有角闪岩相或混合岩化的特征。其变质作用的终止时间约为 19 亿年～18 亿年。岩层遭受强烈变形,形成线型紧闭褶皱。

中、新元古代,在中国华南的扬子地区,西北的塔里木、柴达木等地区,主要沉积了类复理石建造,但在祁连山、昆仑山及华南部分地区发育了细碧角斑岩建造。近年来,一些研究者在华南划分出了代表晚前寒武纪古洋壳碎片的古蛇绿岩带。该阶段变质作用总体较弱,以低级绿片岩相为主,仅在个别地点有较深的区域变质。火山喷发及岩浆侵入的规模较其他阶段小。

古生代阶段,变质带的分布受活动带的控制。变质作用从绿片岩相到角闪岩相均有,在典型地区,如阿尔泰山,褶皱带中心出现角闪岩相夕线石带(部分含蓝晶石),向外依次出现十字石带(部分含堇青石、红柱石及铁铝榴石)、黑云母带和绿泥石带,各带大致围绕褶皱带中心分布。在有的地区,如祁连山,则以单相低绿片岩相变质为主。此阶段岩浆活动甚强烈,在一些变质带中,早期出现基性、超镁铁质侵入岩—大规模海相喷出岩(由中、基性到中、酸性)—大规模花岗岩(褶皱带中心常有花岗岩化产物)。变质岩系组成紧密的线型褶皱。

中、新生代阶段,保存下来的变质作用类型繁多:第 1 类以喜马拉雅山和台湾为代表,出现双变质带;第 2 类以青海南部、四川西部、西藏一些地区为代表,其特点是广泛分布变质极浅的以绿片岩相为主的变质区;第 3 类以滇西和闽东为代表,由于受青藏滇缅"歹"字型构造体系和属于新华夏系的福建沿海断裂带的控制,也可能和冈瓦纳地块向北漂移,并与欧亚地块之间的消减仰冲,以及太平洋底与欧亚地块发生相对水平运动有关。在上述 2 地的一些地带形成了动力变质明显,而在演化过程中又曾经历混合岩化作用的线状褶皱带;第 4 类是在中国东部广大地区由于燕山期花岗岩类侵入引起的热变质作用。该阶段变质岩系中的变形特点,是发育线状褶皱和大型推覆体。

总之,随着时间的推移,变质作用有如下特点:

总体而言,变质作用温度由高到低。太古宙变质作用主要是在大面积高温条件下,形成角闪岩相及麻粒岩相区域变质作用和广泛的主要由深熔作用导致的区域混合岩化作用。元古宙以后,有些地区,由不同变质相带所构成的递进变质作用较为常见;在另一些地区,则绿片岩相又较为常见。中、新生代甚至出现浊沸石—葡萄石—绿纤石相,并以边缘混合岩及与断裂带有关的带状混合岩为特征。

区域变质作用范围由大到小,变质带由宽到窄,线性特点越来越占优势。

变质作用中应力所起的作用由小到大,太古宙变质作用的应力条件与温度相比,作用要小得多;到中新生代,在许多地方,动力变质的特点却越来越明显。

中国不同时期变质岩系在空间上的分布亦有一定规律。华北地块主要出露太古宙(少量古元古代)的变质岩系。西北地区的塔里木和柴达木地块边缘以及中祁连山、阿拉善地区出露的变质岩系主要是古元古代末形成的。在中天山、昆仑山和阿尔金山北坡也都有古元古期变质岩系零星出露(阿尔金山北坡还可能有晚太古代的变质岩系),库鲁克塔克南缘还有中晚太古代变质岩系出露。并且西北各地古元古代的原岩建造和变质作用特征大致相似,因此推测,在古元古代末中国北方的华北地块和塔里木地块已经初步形成较统一的结晶基底。至于当时南方扬子地块的结晶基底是否已经形成,其范围有多大等问题,目前尚不清楚,但至少已在扬子地块的西缘和中部分别发现晚太古代至古元古变质岩系(如康定岩群、东冲河岩群等)。中、新元古期的变质岩系在西北亦有不少出露,恢复其古构造环境,多在一定规模的裂陷带中,在扬子地块的东部广泛出露,它们分别被未变质的震旦系南沱冰碛层或澄江砂岩层所不整合覆盖。浙江(八都岩群)、福建(麻源岩群)有属于华夏古陆的晚太古代至古元古代变质岩层(程裕淇等,1994),亦即元古宙末中国境内形成了统一的中国地块的基底。在以后的发展阶段,总体而言,变质带的分布有自地块逐渐向外迁移的规律。如华北地块、塔里木地块向西南或向南方向,依次出现祁连山加里东变质带(变质的下古生界被未变质或基本未变质的中、上泥盆统不整合覆盖,与变质作用相伴,有大量中酸性和基性—超镁铁岩,中酸性岩年龄多在5.37亿年~4.08亿年)、昆仑山海西变质带[伴有大规模中、酸性岩浆侵入,柴达木南缘早期花岗岩类年龄为3.86亿年~3.76亿年,中期为3.20亿年~2.93亿年,晚期为2.79亿年~2.68亿年(程裕祺等,1994)]、巴颜喀拉印支变质带(伴有强烈的中、酸性及基性—超镁铁岩侵入活动,花岗岩类年龄在2亿年左右)、冈底斯燕山晚期至喜马拉雅早期变质带(伴有强烈的岩浆喷发和侵入,花岗岩类同位素年龄为1.4亿年~0.4亿年)、雅鲁藏布江喜马拉雅变质带(伴随的岩浆侵入岩年龄在0.4亿年~0.1亿年);扬子地块向东南方向依次出现华南加里东变质带(华南许多地区可见变质的下古生界被未变质的泥盆系不整合覆盖)、福建沿海燕山变质带(已知变质年龄约1.78亿年~1.65亿年)、台湾中部太鲁阁喜马拉雅变质带(太鲁阁溪畔副片麻岩中黑云母的K-Ar法年龄值0.97亿年,相伴的中、酸性侵入岩年龄大致为0.33亿年);华北地块和塔里木地块向北,以往认为仅存在天山—兴安岭海西变质带,后据刘长安等研究在温都尔庙—长春一带存在一条早古生代褶皱带,发育有不宽的加里东变质带,变质带总体向北迁移。

变质带这种有规律迁移的原因有多种:一种是由于大洋板块向大陆板块俯冲、消亡,大陆壳板块增长,向洋迁移所致,如从华北和塔里木地块向北依次为加里东变质带、海西变质带,可能即属此种情况;再一种可能是,地块形成以后又出现张开和聚合,当聚合时常出现构造变动和变质作用,随着地质时代的推移,地壳拉张和聚合沿一定方向有规律地迁移,也就导致了不同时期变质带的有规律迁移,华北和塔里木地块向西南方向变质带的迁移,可能即与此种原因有关。

二、影响变质程度深浅的控制因素

程裕祺等(1999)指出,大量区域地质调查工作和同位素年龄测定说明,中国中元古代以前变质岩系的变质程度在同一地区主要受变质时地层产出深度的控制,即地层层位越下,其变质程度往往越高,这种例子很多:①中国麻粒岩相岩石,主要分布在北纬40℃~42℃范围内,呈EW向断续分布达1000余千米,变质地层为太古宇,在遵化、迁西根据许多同位素年龄资料及地质构造特征分析,已推定为偏下层位。这个中国变质最深的EW向变质岩带,很可能也是中国最古老的地层分布地带之一;②太行山、五台山地区3套变质岩层原来的顺序,自上而下为滹沱群、五台群、阜平群。总的来看,其变质程度从上往下越来越深,即滹沱群为绿片岩相;五台群上部为绿片岩相,下部为角闪岩相;阜平群主要为角闪岩相,底部为麻粒岩相。看来中元古代以前和以后变质程度的控制因素与各时期的大地构造环境及热动力条件的不同有关。

前中元古阶段,尤其是太古宙时期,地壳厚度较薄,主要来自上地幔的热流是变质作用的主要控制因素,应力在变质过程中的作用相对次要,因而总体埋深就成了变质作用的重要控制因素。

古生代以来,变质岩系的分布与活动带联系在一起,其变质程度(有的地区包括混合岩化程度),主要受构造—热流的控制,如新疆阿尔泰、四川丹巴、粤桂云开大山等地的变质及混合岩化程度,主要受背斜及断裂带控制,越往背斜核部或断裂带中心,变质及混合岩化程度越高,反之亦然。

由于变质作用是一个十分复杂的作用和过程,因此它的影响和控制因素,显然也是复杂的,我们说中元古代以前变质岩系的变质程度往往有受深度控制的特点,是指一般情况,并不排斥有例外。还应指出,由于有的地方中元古代以前变质岩系经历了后期变质作用的叠加,结果会导致变质程度的递增或递减,情况就会更加复杂。因此,必须根据具体情况作具体分析。

三、关于变质期次的概念及划分标志

变质期系指一定地区在某一变质旋回内变质作用发生、发展和消亡的过程,有时还包括与变质作用有成因联系的混合岩化作用和同构造期的花岗岩浆作用。所谓变质旋回,是指地壳发展过程中变质作用的旋回性,一个变质旋回包括在地壳的一定发展时期内(大体上与相应的构造旋回,如加里东、海西旋回相当)变质作用的完整演化过程,通常早期以升温、升压为主,晚期以降温、降压为主。变质期主要反映某一变质旋回的热流及其变化特点，它往往与造山运动时期一致，但并非总是一致。如某些埋深变质作用就无明显的构造变动与之对应，而地台区的某些造山运动往往并无变质作用相伴（程裕淇等，1999）。

就一个地点而言，一期变质作用往往可以延续一定的时间，而记录下的主要是它的结束时期。就一个大的地区而言，某一期变质作用常有一个时间区间，而在地区内部变质作用的结束时间有时是迁移的。如新疆北部阿尔泰、准噶尔及天山的变质岩系都是海西期变质期的产物，但各处结束的时间早晚不一。阿尔泰山的未变质二叠系不整合覆于石炭纪变质岩系之上，准噶尔—北天山则是未变质的三叠系不整合于二叠纪的变质岩系之上，这就反映了此种横向上的迁移。而在南秦岭，变质作用则有沿走向迁移的现象。

划分变质期的主要标志有：①2套地层之间为不整合接触或有地层间断，同时二者的变质特点明显不同。如陕西凤县附近的泥盆系—石炭系与二叠系—三叠系之间有沉积间断，前者经受了区域动力—热流变质作用，具有从低绿片岩相到角闪岩相的递增变质带；而后者仅为区域动力变质的板岩及千枚岩，二者显然分属2次变质作用的结果。再如祁连山地区，基本未变质的泥盆系不整合覆盖在遭受了低绿片岩相区域变质的下古生界之上，说明下伏地层受到了加里东期的变质。②2套地层不仅呈不整合或沉积间断，同时在上覆地层的底砾岩中有下伏变质地层的砾石（若2套地层均为变质岩系时，砾石和胶结物的变质特点亦不同）。如五台山地区的滹沱群和阜平群即为一例。③2套变质地层有两组可靠的变质年龄，且与地质观察基本一致。

根据我们的体会，在划分变质期时应注意以下问题：第一，在一个地区，并不是经历了多少期构造运动就一定存在多少期相应的变质作用。有时构造运动（如华北燕山运动）很强烈，但不伴随相应的区域变质作用。第二，同一期变质作用在空间上的迁移，不能理解为有多期变质。第三，由于一个变质期代表一个较长的地壳演化过程，它可以进一步划分为一至几个变质阶段（幕）（详后），相应的也可以出现矿物之间的转化，因此，在薄片中见到矿物之间转变时，不一定代表2期或多期变质的产物，有时可能是同期变质的不同阶段之产物，要结合整个变质背景研究才能确定。第四，当一个地区存在多期变质作用时，应特别注意对该区地壳发展影响较大而分布范围又较广的主要变质期。

四、多期变质作用和同期变质作用的多阶段性

这是属于2个不同范畴的问题。董申保曾对多期变质问题作了这样的阐述：多次变质作用不是指某一变质作用中出现的不同变质事件，而是那些属于不同旋回、在变质作用类型中具有明显不同特点的代表地壳变化较大间断的多次变质作用。

程裕淇等（1999）认为，多期变质作用是指不同变质旋回变质作用的叠加；而一个变质旋回中不同的变质事件（幕）则是属于同期变质作用的多变质阶段问题。由于一个变质旋回从发生、演化到消失往往经历了一定的复杂变化，其间还有温度、压力的升降等，因而可以出现2个或2个以上有成因联系的变质作用阶段。应该指出，并非每一个阶段都能在矿物组合上留下清晰的痕迹，这是因为有时较晚期阶段的物化条件有可能对早期的矿物组合进行根本"改造"；更多的情况是不同阶段的矿物组合会有某些保留；有时则因晚期降温迅速等原因，早期的矿物组合几乎都保留下来。总之情况是多种多样的、复杂的。

以北京房山花岗闪长岩围岩的动力—热变质作用为例，据刘国惠、伍家善研究，又可分为4个演化阶段：第1阶段形成黑云母带；第2阶段形成红柱石带；第3阶段形成铁铝榴石—十字石带；第4阶段形成夕线石带。这4个阶段构成一个应力较强、温度逐渐升高的过程，而分布范围却逐渐缩小，因此最后出现在空间上以岩体为中心，由内向外、由夕线石到黑云母的4个矿物带。虽然这几个阶段间，也显示了由于变质因素变更而形成变质矿物的转变，但它们不能称为多期变质作用，只是与燕山运动有密切关系的同一期变质作用多变质阶段的产物。在一个变质旋回的不同阶段，变质作用类型亦可有较大差别。如新疆阿尔泰山地区主要经历了海西早期的中（低）压中温区域变质，其中心部分有很强的混合岩化、花岗岩化作用，形成一定规模的混合花岗岩，其中一部分成为花岗质"岩浆"。海西晚期，这些"岩浆"运移、侵入到复式背斜的翼部和倾伏端，在其周围形成热变质。这2种变质作用类型差别甚大，但其成因却联系紧密，尽管它们之间存在变质作用叠加，但仍属同一期变质作用的多阶段变质。

程裕淇等（1999）认为，变质旋回的演化与构造旋回可基本同步，但其起止时间却不一定完全一致。与构造旋回一样，同一变质旋回在不同地区所表现的特点常有差别，而其起止也有早晚。多期变质作用还可表现为同一地区的地质演化中两期（或多期）无成因联系的变质作用叠加，如冀东地区至少可追溯出经历了2期变质；第1期变质作用大致发生在30亿年～28亿年，主要经历了中压麻粒岩相的区域变质作用，并出现大规模以深熔作用为主的紫苏花岗岩化作用；第2期变质作用大约终止于25亿年前后，基本为中压角闪岩相区域变质，并伴有渗透、交代为主的混合岩化作用。与此相应，该区存在多次构造变形的叠加。

多期变质作用和多变质阶段问题的研究，对于阐述一定地区的变质作用特点以及地壳演化有重要意义。应该指出，关于多期变质作用的确切含义及实践中的判断标准方面，还有许多问题，有待今后继续研讨。

五、高温高压、超高温高压变质带

据程裕淇等（1999）研究，中国高 p/t 变质岩通常由蓝片岩组成。在陕西北秦岭、豫东南、鄂北、苏北、皖中、胶东、北祁连及南天山等地带还有榴辉岩出露。近些年在豫皖交界地区和苏鲁等地区的榴辉岩中发现柯石英和柯石英假象，甚至某些局部地区还发现金刚石，因而表明上述变质带中有超高压变质带存在。

中国已发现的高 p/t 变质岩产地有40余处，它们的成因复杂，但其空间展布总体上与制约中国地壳发展的几个大板块间的消减带有关。古生代的高 p/t 变质带主要分布于西伯利亚板块和华北—塔里木板块之间的天山—蒙古造山带，华北板块和华南板块之间的祁连—昆仑造山带中。中生代以来的高 p/t 变质带主要分布于秦岭—大别—苏鲁、雅鲁藏布江、滇西和环太平洋造山带（如台湾）中。某些可能属于新元古代时期形成的高 p/t 变质带（如新疆阿克苏、扬子地块北缘）分布于克拉通边缘。

中国高 p/t 变质岩的形成时间，几乎包括新元古期以来的所有的变质时期（表1-3-2）。

从矿物组合反映出的 p/t 条件看，中国的蓝片岩大致可以分为2大类：第1类蓝片岩中含蓝片岩、硬柱石、硬玉+石英、文石，并含有绿纤石、黑硬绿泥石、绿泥石、多硅白云母及红帘石等，属蓝闪石—硬柱石片岩相。形成温度在250～350之间，压力一般大于 0.5×10^9 帕～0.8×10^9 帕，高者可达 1.2×10^9 帕以上；第2类不含典型的高压变质矿物组合，通常矿物组合为青铝闪石（或镁钠闪石、蓝闪石）+帘石+白云母，青铝闪石+阳起石等。形成温度为350℃～450℃，最高可达500℃，压力为 0.5×10^9 帕～0.8×10^9 帕，属于蓝闪—绿片岩相。它们常与绿片岩相岩石共生，处于绿片岩相和蓝闪石—硬柱石片岩相的过渡地位。现将扬子地块北缘、北祁连和雅鲁藏布江的高 p/t 变质岩简述于后。

扬子地块北缘高 p/t 变质带呈不连续的带状延伸2000余千米，西自川、陕、甘交界的碧口岩群，向东经陕南的西乡岩群、耀岭河群及震旦系陡山沱组，鄂北的武当岩群、随县岩群、红安群、耀岭河群、陡山沱组，皖中的张八岭群、宿松群，转向东北到苏北的云台岩群、锦屏岩群及东海岩群等，它们上覆震旦系灯影组。主要高 p/t 变质岩为蓝片岩，其矿物组合见表1-3-2。属蓝闪—绿片岩相。

表 1-3-2 中国蓝闪片岩带的主要特征（据程裕祺等，1999）

变质单元	产地		主变质期	地层时代	原岩类型	变质岩石组合	特征矿物组合	变质相
扬子北缘变质地带	江苏	灌云地区	新元古代	海州群 Pt_2		钠长白云片岩、蓝闪钠长黑云片岩、蓝闪钠长云母片岩、绿泥绿帘片岩	蓝闪石（青铝闪石）—绿帘石—钠长石—绿泥石—英—硬玉—黑云母	蓝闪绿片岩相
	安徽	嘉山地区		张八岭群 (Pt_{2-3})	细碧岩、凝灰岩、石英角斑岩、泥质岩、砂质岩	蓝闪钠长绿泥片岩、含硬玉蓝闪钠长片岩、绢云石英片岩、红帘绢云石英片岩、绿片岩	蓝闪石（青铝闪石）—绿帘石—绿泥石—石—白云母—硬玉—石英—红帘石—黑硬绿泥石—石榴子石—锥辉石	
	湖北	武当地区		跃岭河群 (Z)	基性—酸性火山沉积岩为主、细碧-石英角斑质火山岩、碳酸盐岩、泥砂质碎屑岩、榴辉岩	钠长绿泥绢云片岩、蓝闪绿泥绢云片岩、含蓝闪变辉长岩、黑硬绿泥片岩、蓝闪钠长石英大理岩	蓝闪石（镁钠闪石、青铝闪石）—绿泥石—绿帘石—钠长石—绢云母—黑硬绿泥石—阳起石—石榴子石—方解石—红帘石	
		随县地区		随县群 (Pt_{2-3})		蓝闪绢云片岩、绿帘黑硬绿泥钠长片岩、蓝闪片岩、变辉长岩、绿泥阳起石英片岩	青铝闪石（镁钠闪石）—绿泥石—绿帘石—白云母—钠长石—黑硬绿泥石—黑云母—黝帘石—石英	
		红安地区		红安群 (Pt_{2-3})		黑硬绿泥片岩、蓝闪片岩、绿帘钠长石阳起片岩、含硬绿泥钠长阳起片岩	蓝闪石（镁钠闪石）—绿泥石—绿帘石—钠长石—阳起石—黑硬绿泥石—红帘石—白云母—黑云母	
	陕西	周家院		跃岭河群 (Z)	中基性火山岩、碎屑岩、长英质火山岩、含铁质碳酸盐岩	蓝闪绿泥片岩、黑云蓝闪绿泥片岩、蓝闪钠长石英片岩、绿帘阳起片岩	青铝闪石（镁钠闪石）—绿泥石—绿帘石—钠长石—白云母—阳起石—黑云母—方解石—霓石硬绿泥石	
	四川	青川		碧口群 Pt_{2-3}	玄武质凝灰岩、熔岩夹紫色碧玉岩	蓝闪片岩、石英岩、蓝闪绿帘阳起片岩	镁钠闪石—绿泥石—绿帘石—钠长石—白云母—石榴子—阳起石—更钠长石	
老爷岭变质地带	黑龙江	牡丹江 依兰 萝北		黑龙江群 Pt_{2-3}	基性火山岩、细碧岩、粗玄岩、杂砂岩、碳酸盐岩	白云钠长片岩、含黑硬绿泥绿帘蓝闪片岩、蓝闪钠长片岩、阳起片岩、红帘云母石英片岩、大理岩	青铝闪石（镁钠闪石）—绿泥石—绿帘石—钠长石—白云母—黑硬绿泥石—黑云母—石英—红帘石	
塔里木变质地带	新疆	阿克苏		阿克苏群 (Pt_{2-3})	基性火山岩、火山碎屑岩夹硅质岩	钠长绿帘蓝闪片岩、黑硬绿泥蓝绿片岩、白云石英片岩、绿泥绿帘片岩、磁铁石英片岩	蓝闪石（青铝闪石）—绿帘石—钠长石—绿泥石—石英—白云母—黑硬绿泥石—阳起石	
澜沧变质地带	云南	澜沧县地区	新元古代	澜沧群 (Pt_3)	基性熔岩、基性凝灰岩、砂质岩、含铁硅质岩	绿帘绿泥钠长片岩、绿帘绿泥阳起片岩、冻蓝闪更长绿泥片岩、磁铁钠长片岩、蓝闪变辉长绿岩	蓝闪石（青铝闪石、镁钠闪石）—绿帘石—绿泥石—多硅白云母—黑硬绿泥石—冻蓝闪石—迪尔石—石英	

续表

变质单元	产地		主变质期	地层时代	原岩类型	变质岩石组合	特征矿物组合	变质相
温都尔庙变质地带	内蒙古	温都尔庙哈尔哈达	加里东期	温都尔庙群(Pz_1)	基性熔岩、枕状熔岩、细碧凝灰岩、细碧角斑岩	绿片岩、大理岩、蓝闪片岩、蓝闪石英片岩、含硬柱石黑硬绿泥石英片岩、方解硬柱石绿泥石岩、磁铁石英岩	蓝闪石（青铝闪石、镁钠闪石）—绿帘石—绿泥石—石英—钠长石—多硅白云母—硬柱石—文石黑硬绿泥石—绿纤石	蓝闪—硬柱石相
		二道井			碳酸盐岩、硅铁质岩、榴辉岩、超镁铁岩	钠长绿帘蓝闪片岩、石英大理岩、绿泥阳起片岩、绢云石英千枚岩、细碧质凝灰岩、绢云绿泥岩	蓝闪石（青铝闪石、镁钠闪石）—绿帘石—阳起石—多硅白云母—钠长石—黑硬绿泥石—迪尔石—铁滑石—斜黝帘石	
		潮格旗		(Pz_1)	基性火山岩夹硅铁质岩，伴有超镁铁岩	蓝闪绿帘钠长片岩、绿泥绿帘角闪片岩、二云石英片岩、石榴二云片岩	蓝闪石（青铝闪石）—绿帘石—绿泥石—钠长石—阳起石（冻蓝闪石）	蓝闪绿片片岩相
兴安-吉黑变质地带		伊敏河头道桥		苏呼河组(O)	钠质火山岩	蓝闪绿泥片、蓝闪绿帘钠长片岩、绿泥石英片岩、变凝灰岩	蓝闪石—负叶绿泥石—绿帘石—绿纤石—钠长石—白云母—石英	
北祁连变质地带	青海甘肃	清水沟		(∈)	硅质岩、中基性火山岩、白云质灰岩、榴辉岩	蓝闪白云石英片岩、蓝闪绿帘绿泥片岩、黑硬绿泥蓝闪片岩、含石榴白云蓝闪片岩、蓝闪榴辉岩、各种绿岩	蓝闪石（青铝闪石、镁钠闪石）—绿帘石—绿泥石—多硅白云母—石英—钠长石—石榴子石—黑硬绿泥石—霓石—绿辉石—绿闪石	
		白经寺						
		卧龙沟						
		肃南九个泉饮区		(O_1)	安山质熔岩为主，少量拉斑玄武岩	硬柱石蓝闪片岩、绿纤石蓝闪片岩、黑硬绿泥石蓝闪片岩、钠钙闪石绿泥钠长片岩	硬柱石—蓝闪石—阳起石—镁角闪石—钠长石—绿纤石—绿泥石	蓝闪石—硬柱石相
准噶尔变质地带	新疆	唐巴勒—艾比湖	海南期	科克沙依组(O_2)	中基性火山岩、枕状熔岩碎屑岩、含放射虫硅质岩伴超镁铁岩	蓝闪绿帘片岩、蓝闪绿泥片岩、绿纤石绿泥片岩、各种绿片岩、千枚岩	蓝闪石（青铝闪石）—绿帘石—绿泥石—白云母—钠长石—石英—绿纤石	蓝闪绿片岩相（葡萄石绿纤石相型）
南天山变质地带		特克斯以南		(S_3)	中基性火山岩、泥长石砂岩、硬砂岩，伴有超镁铁岩	绿泥白云钠长片岩、绿泥白云石英片岩、绿帘蓝闪碧、大理岩、石英片岩、铁铝榴石绿帘蓝闪片岩	蓝闪石（青铝闪石）—绿帘石—白云母—石榴子石—石英—钠长石—方解石	蓝闪绿片岩相（绿片岩相）
内蒙古吉、黑海西变质地带	内蒙古	二连—贺根山						
		呼伦贝尔盟红山梁		核桃山组(C_1)	酸性火山岩、晶质凝灰岩	变英安岩、交流绞岩、变余岩屑晶悄熔结凝灰岩、糜棱岩	蓝闪石（钠质闪石）—绿帘石—黑云母—绿泥石—石榴子石—阳起石—黝帘石	蓝闪绿片岩相

续表

变质单元	产地	主变质期	地层时代	原岩类型	变质岩石组合	特征矿物组合	变质相
昆仑—阿尼玛卿变质地带	青海	积石山	印支期	(T)		蓝闪钠长绿泥片岩	蓝闪石—绿泥石—绿帘石—白云母—钠长石—石英—方解石	
滇南变质地带	云南	哀牢山		墨江群(S)	玄武质熔岩、火山碎屑岩、硅质岩伴超镁铁岩	蓝闪钠长绿泥片岩、蓝闪阳起绿泥片岩、千枚岩、各种绿片岩	蓝闪石(青铝闪石)—黑硬绿泥石—阳起石—绿泥石—多硅白云母—绿帘石—钠长石	
大南澳变质地带	台湾	瑞穗玉里	燕山期	玉里组(P-T₁)	中基性火山岩、碎屑岩、伴超镁铁岩	绿帘蓝闪片岩、云母蓝闪片岩、绿泥云母片岩、绿泥角闪片岩、石墨片岩、变质凝灰岩	蓝闪石(青铝闪石)—绿泥石—绿帘石—黑硬绿泥石—石英—多硅白云母—钠长石—石榴子石—角闪石—阳起石	
改则—丁青变质地带		改则的双湖	燕山期	(T-J)		蓝闪冻蓝闪角岩	蓝闪石—冻蓝闪石—绿泥石—石英,含少量金红石	蓝闪—硬柱石相(葡萄石绿纤石相型)
雅鲁藏布江变质地带	西藏	日喀则 昂仁的桑桑 昂仁的多白日乌其	喜马拉雅期	(J₃-K)	中基性火山岩、枕状熔岩、硬砂岩、泥质岩、硅质岩、伴有基性—超镁铁岩	蓝闪片岩、含蓝闪绿泥绢云片岩、蓝闪钠长阳起片岩、绢云石英片岩、黑硬绿泥片岩、千枚岩	蓝闪石—黑硬绿泥石—绢云母—钠长石—石英—硬柱石—绿纤石	

与蓝闪片岩相伴,在华中东部地区即山东荣成、莒南一带、江苏东海、安徽大别山地区、河南新县及信阳以及湖北大悟和红安等地广泛出露榴辉岩。近年在陕西丹凤、商南及河南卢氏的秦岭岩群中及北祁连、西天山等地也发现了少量榴辉岩。它们是迄今为止世界上分布范围最广泛的榴辉岩带。榴辉岩呈厚薄不等的层状、透镜状、团块状分布于4种类型岩石中:①以斜长角闪岩为代表的变基性岩;②不同成分的超镁铁岩;③大理岩;④片麻岩类。不同共生岩石中产出的榴辉岩之原岩成分及形态往往有差别,如大理岩和一部分片麻岩中呈相间层纹状至薄条带状产出的榴辉岩往往由富铁泥灰岩变质而成;产于变基性岩和变超镁铁岩中的榴辉岩,其原岩大致由幔源岩浆分异生成;团块状榴辉岩有的原岩为不同形态的侵入体或基性凝灰质岩石,有的属构造就位之产物,有的则是形成后经受后期构造变形所致。典型的矿物组合为:石榴子石+绿辉石+蓝晶石±柯石英±黝帘石±蓝闪石±斜硅镁石±镁十字石;石榴子石+绿辉石+蓝闪石+黝帘石+多硅白云母+石英。现已在大别山、江苏东海、山东诸城、荣城、莒南、威海及河南新县等地陆续发现柯石英及其假象。徐树桐等(1991,1992)、张树业等(1991)在大别山区的榴辉岩中发现微粒金刚石。近年来,岩石学研究的重要成果是对榴辉岩形成阶段的详细划分,诸多学者的共同意见是榴辉岩的形成和演化至少经历了3个阶段:①榴辉岩前阶段,通常形成蓝闪片岩;②榴辉岩阶段;③榴辉岩后退变阶段。推测不含柯石英的榴辉岩的峰期变质条件大致是:$t = 530℃ \sim 600℃$,$p = 1.0 \times 10^9$ 帕 $\sim 1.4 \times 10^9$ 帕,含柯石英的榴辉岩之峰期变质条件可能为:$t = 650℃ \sim 850℃$或更高一些,$p > 2.5 \times 10^9$ 帕。

对该高p/t变质带的形成时代,目前有3种明显的不同意见,一种认为高p/t变质岩形成于新元古代(董申保等,1986,1988;叶慧文,1987;张树业等,1989),其主要根据有:①蓝片岩都产于下震旦统及以下地层中,上覆地层中均未发现它;②在该套地层中用 U-Pb 法、Rb-Sr 法获得大量 6 亿年~9 亿年的年龄数据。另一种意见认为,该高 p/t 变质带的母岩为新元古界,但高 p/t 变质岩形成于印支期,李曙光等(1989)在大别山北翼大别群中获得 Sm-Nd 等时年龄为 (224 ± 20) 百万年,他认为这一年龄直接代表了大别微古陆与华北陆块的对接时代,亦可代表扬子和华北两大陆块的对接时代。杨巍然等(1993)对大别山地区的榴辉岩进行了较详细的地质和年代学研究,得出 5 组相关的年龄值,他们认为 550 百万年~450 百万年是超高压变质主期,亦为东秦岭大别碰撞造山作用的主期。程裕祺等(1999)认为,产于中国华中东部巨大的高 p/t 和超高压变质带是极其复杂的多期变质带,它不会是一个时期形成的,而且不同地段的形成时间也可能不同。要完全解决此问题,必须加强区域地质和同位素年代学的综合研究,搞清每组年龄的地质含义。

北祁连的高 p/t 变质岩带产于祁连山加里东褶皱带,主要分布在青海省祁连县及相邻的甘肃省部分地区。分南、北 2 带,延伸达 200 千米,蓝片岩赋存于一套具韵律特点的变质基性、中基性、中酸性火山岩和硅质岩及沉积岩中,它们与蛇绿岩一起组成蛇绿混杂岩。原岩为硅质岩的变质矿物组合是:蓝闪石 + 石英;原岩为基性、中基性火山岩的矿物组合为:蓝闪石 + 绿帘石 + 绿泥石 + 白云母 + 石英;蓝闪石 + 绿泥石 + 白云母 + 石英 + 石榴子石;原岩属碳酸盐岩的矿物组合为:白云母 + 青铝闪石,白云母 + 青铝闪石 + 石英 + 绿帘石。靠近蛇绿混杂岩有蓝闪榴辉岩透镜体,它们与围岩为构造接触。蓝闪石族矿物主要是钠质角闪石,包括铁蓝闪石和青铝闪石,钠钙闪石主要为蓝透闪石。榴辉岩主要由含 35%~46% 硬玉的绿辉石和富镁铝榴石成分的石榴子石组成,另外还有少量蓝闪石、黑硬绿泥石、绿帘石、多硅白云母、石英和钠长石。将石榴子石端元组分投到柯尔曼的铁铝榴石—锰铝榴石—钙铝榴石—镁铝榴石图上,北祁连榴辉石属于 C 类(吴汉泉,1982)。

运用多硅白云母中 Si 的含量,钙—角闪石中青铝闪石含量和单斜辉石中硬玉分子含量分别计算出北祁连 C 型榴辉岩的形成压力各为 1.07×10^9 帕~1.17×10^9 帕、0.68×10^9 帕~0.71×10^9 帕和 0.98×10^9 帕~1.02×10^9 帕(Zhang 等,1984)。

近年来,吴汉泉(1990)在原北祁连山蓝闪片岩带的北侧甘肃省肃南县九个泉地区的奥陶系变质火山岩中采到硬柱石蓝闪片岩,表明该地区具有典型的高压变质矿物组合。北祁连变质岩系为寒武系和奥陶系,其上被泥盆系不整合覆盖,该区主变质应为加里东期。蓝片岩中多硅白云母的 $^{40}Ar/^{39}Ar$ 年龄为 448.6 ± 1.1 百万年(Zhang 等,1989),与区域地质成果一致。

雅鲁藏布江高 p/t 变质带主要发育于雅鲁藏布江南侧,东西延长约 1600 千米。该区主要由中生代地层构成,此外还有少量第三系,发育有较完整的蛇绿岩套。蓝片岩及少量榴辉岩呈狭长条带状断续展布,宽度不超过 5 千米,有的仅 1 千米。它们常作为构造岩片存在于蛇绿混杂岩带之中。主要变质岩有蓝闪绿泥阳起片岩、黑硬绿泥石蓝闪绿泥片岩、蓝闪绿泥绢云片岩、蓝闪钠长阳起片岩、含硬柱石变辉长岩及绿纤石板岩。主要变质矿物组合有:绿纤石 + 绿泥石 + 绿帘石 + 钠长石,绿纤石 + 绿泥石 + 绢云母 + 石英,硬柱石 + 绿帘石 + 阳起石 + 钠长石,蓝闪石 + 绿泥石 + 阳起石 + 钠长石 + 石英,蓝闪石 + 黑硬绿泥石 + 绿泥石 + 钠长石 + 石英,黑硬绿泥石 + 绿泥石 + 阳起石 + 钠长石 + 石英,白云母 + 钠长石 + 石英,属蓝闪石 + 硬柱石片岩相。其温度梯度约为 10℃/千米~14℃/千米(Zhang 等,1984)。在其南侧为低绿片岩相,其中所含硬绿泥石为三斜晶系,形成的压力可能较高,仍属高压相系。雅鲁藏布江高压变质带与其北侧的冈底斯低压变质带构成双变质带,代表印度板块北缘于中生代晚期再次裂开后于喜马拉雅期发生洋壳俯冲和大陆碰撞的产物。

第四章　中国的构造运动及主要构造体系

第一节　中国构造运动时期鉴定与划分

构造运动是由地球内力作用所引起地壳乃至岩石圈的变位、变形以及洋底的增生、消亡的机械作用和相伴随的地震活动、岩浆活动和变质作用。构造运动产生褶皱、断裂等各种地质构造，引起海陆轮廓的变化、地壳的隆起和拗陷以及山脉、海沟的形成等。

一、构造运动时期与性质的鉴定途径

准确地鉴定构造运动的时期与性质是研究地壳构造与地壳运动规律的一项重要的基础工作。崔盛芹(1999)认为将下述几方面从不同角度进行的剖析研究有机结合起来，对鉴定构造运动的时期与性质是条较为有效的途径。

1. 地层接触关系剖析

基于分析地层或岩系之间不同的接触关系类型，来鉴定构造运动的时期与性质，是长期以来经常采用的一种基本方法。但是这种方法有其局限性：在构造运动时期鉴定方面，对缺失有关地层记录或时代不清的变质岩区，一般多采用类比法推定，难以符合实际；在构造运动性质确定方面，常是根据对某个和某些地点地层接触关系类型的观测予以定性，而对区别同一构造运动界面，在不同构造部位与不同地质条件下的不同表现形式往往注意不够；在构造运动方式方面，一般较少涉及。如多年来忽视印支运动在华北及华东等地区的存在，而将其在中国东部的影响范围仅限于东南一隅。造成这种局限性的主要原因是：华北北部、东北地区广泛发育有侏罗、白垩纪的火山—沉积岩系，而有化石证据的三叠系很少发现，因而误将印支运动的影响视为燕山运动的反映。

2. 形变特征与变形序列剖析

一定的构造形态和变形特征产生于一定的地质时期与地质环境，起源于某些范围内一定方式的构造运动。由不同构造运动界面所分割开的不同阶段的构造层，由于其形成时期、所处深度与温压条件、物质组分与岩石力学性质以及所经受的构造运动方式和次数等方面的差异，从而必然具有不同构造形变特征与构造变形序列。如在华北陆块范围内，由迁西运动、阜平运动、五台运动及吕梁运动界面所分割开的下中太古界、上太古界下部和上部、古元古界及中新元古界，各自在形变特征、变形序列以至变质相类型、岩浆作用及混合岩化特点等方面有着明显的差异。其下部以迁西群、阜平群为代表的构造层，含幔源物质及岩浆成分较多，区域变质程度深，成层特点较差，在所处中、下地壳的温压条件下，塑性流动明显，可形成大型穿状构造、旋扭构造或较开阔的褶皱构造，在有些地带内也可出现线状褶皱；其上部以五台群、滹沱群为代表的构造层成层特点较为明显，产生角闪岩相—绿片岩相的区域变质作用，可形成复杂的线状褶皱，或出现扇形、倒扇形等复杂构造形态。

3. 沉积建造与岩浆建造剖析

在地壳运动过程中，建造与改造两方面的地质作用总是相伴而生的，从而在一定的构造阶段和构造部位，形成特定的组分、结构的沉积建造、岩浆建造产物。

在沉积建造方面,仅以磨拉石建造为例,可分为同造山期、后造山期及造山期后的不同类型,也有研究者将其主要划分为海相、下磨拉石建造与陆相、上磨拉石建造2种类型。如五台、太行地区古元古代晚期具有反旋回沉积结构特征的郭家寨亚群及东焦群,应属吕梁运动(18亿年~19亿年)同造山期范围内地壳演化磨拉石建造;滇东地区震旦系底部的澄江组砂砾岩层则属后造山期磨拉石建造,代表晋宁运动(8亿年~9亿年)的产物;兴蒙造山带成角度不整合出露于早、中奥陶世鲍尔汗图群火山沉积岩系之上的晚志留世西别河组则为海相磨拉石建造,代表早古生代晚期造山运动的产物;在内蒙林西、乌兰浩特一带晚二叠世—早三叠世的陶海营子组上部,发育有很厚的陆相上磨拉石建造,说明该区海西晚期—印支早期的造山运动具有一定的继承性;吉林浑江地区晚三叠世小河口组则可视为印支运动的后造山期含煤磨拉石建造;中国东部及邻区滨太平洋带范围内,在燕山期陆内造山阶段的小型山间盆地中,可发育有多期次的类磨拉石建造等。

在岩浆作用与岩浆建造方面,构造运动与岩浆活动在时间、空间、组分及喷发、侵位形式等方面有着密切联系,以往对显生宙以来造山作用过程与岩浆事件、岩浆建造的关系已多有论述。前寒武纪早、中期若干特定类型的岩浆事件,对阐明有关时期的地壳演化及构造运动特点有着重要意义。如在全球范围内地壳演化早期阶段英云闪长岩—奥长花岗岩—花岗闪长岩组合(TTG岩套)等侵入岩类型的大量存在,有助于阐明太古宙阶段的地壳组成与构造特征;广泛发育于前寒武纪古老地壳中的绿岩带是一种特定类型的变质火山—沉积建造,并常以花岗岩—绿岩带形式出现,对阐明相应时期的地质环境和构造运动具有特定意义。又如,世界各地前寒武纪变质岩系所出现的多期基性岩墙群的时期与产状特征,对查明不同阶段的构造运动方式与构造应力场状态有着重要意义:这类基性岩墙群在侵入时期上,主要为太古宙晚期—元古宙,而以元古宙为主;在构造环境上,反映脆性或半脆性陆壳的形成;在裂隙性质上,多沿扭性、张扭性或追踪张性裂隙成群、成带出现,方向性明显;在与地壳运动、造山作用关系上,部分的早期岩墙群可为同造山期的,多数则出现在后造山期脆性条件下。其中,五台山及太行山区在阜平群及五台群中侵入有大量的基性岩脉群,部分可见为中、新元古界所不整合覆盖,大部应属吕梁期,少数则为后期产物。而在内蒙古阴山、大青山区的集宁群及乌拉山群等古老岩系中,伟晶岩脉群发育较为广泛,其同位素年龄峰值主要集中在19亿年~17亿年,在20亿年~19亿年也有少量出现,大部分应属吕梁期,部分则为前吕梁期产物。此外,不同地区在前寒武纪晚期可发生斜长岩及奥长环斑花岗岩侵入事件,如冀北大庙斜长岩体与密云沙厂的环斑花岗岩体,在侵入时期与岩石类型等方面具有一定的全球对比意义,而一般认为应属非典型造山期的岩浆事件。

4. 构造筛分与成生联系剖析

地壳上多数的构造区、带都经过不止一次的地壳运动影响。因而不同时期的多次构造运动以及其有关的各种地质作用和地质事件,包括构造变动、岩浆活动、变质作用及成矿作用等就会相互叠加、复合在一起,特别是在相应构造层发育或保存不全的情况下,必然构成颇为错综复杂的地质构造格局。为此,有必要强调从生成联系及构造筛分的角度出发,把形成—形变的相互联系、沉积期—造山期的发展过程密切结合起来,把同一构造带、构造体系的不同联系成分视为统一整体,通过逐一筛分与鉴别不同构造运动所产生的结构要素、构造带及其叠加、复合关系,逐一追溯与剖析不同构造运动以及与其密切相关的各种地质事件,查明不同构造运动的时期、性质、期幕划分与演化过程。

在多次构造运动影响下,可构成不同的形变图像:有些地区在地层发育较全的条件下,在不同构造层中由不同时期地壳运动所形成的又主要压性结构面所代表的几期构造线方向近于协调一致,而这种在平面上近似整合的叠加、复合关系可出现三四次之多,如阴山带、秦岭带中西段及闽西一些地区可见到这种现象；而在另些地区，在不同构造层中，反映不同时期、不同方向和方式的地壳运动所造成的构造线之间呈现斜跨、直跨和斜接、反接的不整合复合关系，如在燕山、辽吉、五台—太行、嵩山—箕山、秦岭东段以及南岭等一些地区，其中新、老构造线明显不一致的现象可多达三四次。此外，在缺失后期地层的古老变质岩区，多次地壳运动的影响迭相叠加一起。至于在同次构造运动影响下，因所处构造部位和介质条件的不同而产生形变特征殊异的现象，也是屡见不鲜的。

在构造运动与岩浆活动关系方面，除依据有关岩石类型、产出特点、围岩条件以及同位素记年数据等判断岩浆活动期次及其与构造运动时期的联系之外，分析岩体与围岩的产状关系也在一定程度上有助于判断地壳运动及褶皱变动的发生时期：一般同造山期或同褶皱期的岩浆侵入，常造成岩体与褶皱构造的产状近乎协调一致；褶皱期后的岩浆侵入则多与褶皱构造产状不相一致。前者如江南隆起以东、湘桂交界的加里东期花岗岩类，多与受到后期改造的加里东期褶皱产状近于一致，形成花岗岩穹窿构造；后者如这一带的印支、燕山期的侵入岩类则与加里东期褶皱构造产状不相协调。

在构造运动与变质作用方面，一般强烈的造山性质的构造运动常伴生有不同程度的区域变质作用。就造山作用与变质作用的时期关系来说，常可区分开2种不同类型：一种是未曾经过变质作用的原岩在一场造山运动的影响下，产生同造山期的初始变质作用，这类变质作用的同位素记年数据可基本反映相关造山作用的激化期；另一种类型是原已经受一次或数次变质作用的变质岩类，又在另次较为强烈的造山地壳运动影响下，产生区域性的或局部性叠加变质作用。以上2种类型的变质作用的实例很多，如胶辽地区的印支期变质作用，可在辽南中新元古代的浅印支期变质岩系中取得约为2.3亿年的印支期初始变质年龄；而在太古宙—古元古代的变质杂岩中则可出现有2亿年~2.3亿年同期的叠加变质年龄。又如在中朝克拉通的不同地区前吕梁期的变质基底中，多出现有约为18亿年~19亿年的吕梁期叠加变质年龄。通过认真筛分、查明初始或叠加变质作用时期，有助推断相关地壳运动时期。

在构造运动与成矿作用关系方面，不同地壳运动时期所出现的不同地质构造环境和成矿条件，与成矿作用强度和类型有着密切联系。如中国东部不同地区，在整个燕山期以至燕山期不同阶段的构造运动与成岩—成矿作用，在时期、矿种及空间分布等方面皆有着一定的相关性。大量事实说明，叠加成矿作用具有相当的普遍性和重要性，具体剖析不同期次成矿作用叠加与不同阶段构造格局复合之间的相互联系，具有一定的理论和实际意义。

5. 有关构造运动的同位素记年数据剖析

主要的构造运动即一般所称的造山运动，往往不只是产生变形作用的孤立事件，而是与多项地质作用、地质事件密切关联的。因而，对一定构造区带、特别是在缺乏生物地层学资料的情况下，通过系统地统计分析与构造作用有关的沉积作用、岩浆作用、变质作用、混合岩化作用、成矿作用等方面的同位素记年数据，有助于查明有关构造运动及构造—热事件的时、空影响与发展过程。如20世纪70年代中后期，我们曾对当时全国已涌现的3000个~4000个同位素年龄数据，在对各个数据的地理位置、地质条件、样品种类、测定方法、精确程度进行认真分析的基础上，通过系统编制中国东部前寒武纪阶段、中国东部与中国西部寒武纪以来与构造运动有关各种地质作用的同位素年龄统计图3种（详后），较为清晰地反映出中国不同时期不同构造区带构造运动的概略特征与发展历程。又如通过对冀北燕山地区中生代侵入、喷发岩类的同位素年龄数据的统计分析，可简要反映出该区与印支、燕山运动相关的岩浆侵入与喷发事件及其强度变化过程（图1-4-1）。

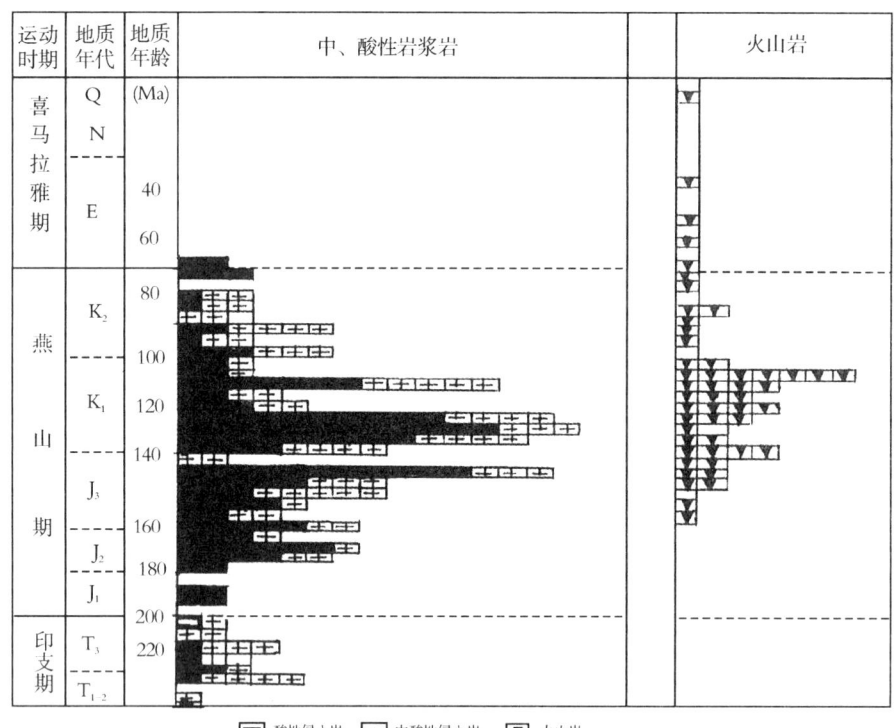

图 1-4-1　冀北燕山地区印支、燕山期岩浆活动年龄统计分布图（据崔盛芹,1999）

6. 构造运动迹象的定量剖析

在对构造运动时期、影响进行综合研究的过程中,应尽可能配合开展必要的定量研究,藉以把定性与定量研究密切结合起来。如运用多种古应力测量计算方法包括声发射(AE)法、晶格位错密度法及动态重结晶颗粒粒度法等,定量地查明古应力的量值和有关构造运动的强度;通过电子自旋共振(ESR)法、热释光法、Ar-Ar 法等不同测年方法,定量地搞清构造变动与断裂活动的年龄;采用裂变径迹法等热年代学方法,定量地确定有关山脉的隆升时期、隆升速率、成山过程以及相关盆—岭构造的发展历史等。

7. 现今构造运动的动态剖析

前述几方面的分析途径多数属于古构造与古构造运动研究领域的。此外,通过对尚未形成构造不整合界面的现今构造运动以及尚未产生构造形迹的现今地应力活动状态进行定量动态观测,以查明现今构造运动的状况与发展趋势。这一领域的研究方法很多,如构造—地貌分析、阶地及夷平面观测、活断层与活褶曲的研究和监测;古地震、现代地震以及有关地震序列、地震活动计频度等方面分析研究;各种方法现今地应力测量,包括震源机制法、水压致裂法以及压磁法等地应力测量系统;利用多种精密测距方法进行地形测量,包括高精度测距技术中的全球定位系统(GPS)、卫星激光测距(SLR)与甚长基线干涉测量(VLBI)等不同方法在内;还可通过对多种地球物理方法,包括人工地震测深、地震层析成像、重磁资料反演及大地热流测量等方面探测成果的综合剖析,了解深部物质组成、密度结构及温度结构的不均匀性及其与现今构造运动的联系。对活动构造及现今构造运动的进行动态观测分析,有着重要的实际意义。

二、构造运动节律、序列与划分、命名

1. 构造运动节律的普遍性与级别性

构造运动是地球运动重要的一种形式,并经常具有节律特点。构造运动节律表现为构造运动

及其相关的形变作用、沉积作用、岩浆作用、变质作用、成矿作用以及地震活动等所具有的韵律性、周期性及旋回性特点。综合对比分析不同地区通过不同途径所取得的构造运动时期资料可以看出，构造运动节律具有普遍性、级别性特点。

大量有关资料表明，全球不同性质的构造区带在不同地质历史时期与不同时间尺度内，构造运动都呈现出平静与激烈、缓变与突变、连续与断续交替出现的特点，反映出构造运动节律存在的普遍性。如东亚不同构造区带，自太古宙以来，构造—热事件都表现出明显的节律性特点。

在不同的时间尺度上，构造运动显示出不同的周期，反映出构造运动节律具有不同的级别性。这包括在短时间尺度内，通过空间测量及地面测量成果所揭示出全球不同地块地形变化都有1年~10年尺度上的周期性变化特点。据马宗晋等(1995)的研究，全球大陆地震活动具有10年~100年尺度上的多种活动周期，中国大陆地震活动也表现出周期性变化的特点。长时间尺度内，全球不同类型造山带构造—热事件所具有的0.1亿年~1亿年尺度上的不同周期；还包括大于20亿年大致与银河年相对应的更长时间尺度的周期，以及与全球演化巨旋回、联合古陆周期以及J.萨顿(Sutton, 1971)提出的"造盾旋回"或"固化旋回"(chelogenic cycle)相当的超时间尺度的周期性特点。

2. 构造运动序列的概念与划分准则

综上所述，构造运动在时间上经常表现为渐进性与激进性的更迭、连续性与阶段性的统一，反映出构造运动的期、幕及不同级别的旋回性特点；在方式上，垂向上的升降、侧向上的开合与斜向上的剪切或扭动，在三维空间及时间上造成纷繁而规律的构造图像；在类型上，稳定区与活动带的构造运动性质与特点，常具有一定的差异性与相关性。

在认识到构造运动具有旋回性或周期性特点的基础上，开始形成了构造旋回(包括巨旋回、旋回、亚旋回)的概念，进而出现了全球性统一构造旋回的划分。但就全球尺度而言，不同构造环境与不同发展过程的构造区带，在构造运动性质、时期以及构造演化阶段方面常具有较大的差别，难以完全纳入全球统一的构造旋回和构造期、幕划分方案中去。

事实上，在构造运动发生、发展过程中，建造与改造、形成与形变总是密切联系、相辅相成的，对不同级别的构造区带来说，某一时期的构造运动性质制约着同一时期的构造环境，并产生与这种构造运动—构造环境相适应的建造类型与形变类型；而一个较长时期在运动性质、方式和方向上相互联系的一系列的构造运动，对应于一个大的构造发展阶段，产生相关的建造序列和形变序列。亦即在一定性质的构造运动—构造环境与一定特点的建造类型—形变类型之间存在着成生联系，从而可把建造类型与建造序列、形变类型与形变序列视为相应的构造运动与构造运动序列的一种对应形式。综上所述，这里拟将发生在一定构造区带内，与一定构造阶段及构造环境相关联的、由一定方式、方向构造运动所制约的、并由相应建造序列与形变序列所反映出来的、有内在联系的各次构造运动在时间上的更迭总和，称之为构造运动序列。

构造运动序列无疑是有级别之分的，对不同规模的构造区带而言，不同级别的构造运动序列是与其相关级别的构造发展阶段一致的。构造运动序列的概念与构造旋回、洋壳—陆壳不同类型地壳转变时期、以至威尔逊(Wilson)旋回的概念是相通的和基本一致的。只是强调了不同演化特点的构造区带，可有着不同的构造运动序列与构造发展阶段。如中国一些构造区带的构造运动序列与相应构造阶段的划分(详后)，与国外某些关于全球构造发展过程的巨旋回或大阶段的阶段界限，并非完全相符的；在漫长的地史历程中，统一应用地壳类型转变以及威尔逊旋回的概念，对早前寒武纪阶段、克拉通盖层阶段以及陆内(板内)造山阶段来说，也是较困难的。因而，在构造运动序列的划分中,有必要结合不同构造区带的构造运动与有关形成—形变、建造与改造、发展的不同特点进行具体分析。

3. 构造运动的期、幕划分

自20世纪初期以来,很多地质学者对中国不同时期的地壳运动进行过专门研究,并对其划分与命名问题发表过若干见解。由于思路和认识不同,对构造运动的期、幕关系以及构造幕或造山幕的次数划分意见很不一致。如有的研究者只把某一地区的构造运动划分出若干次造山运动或造山幕,不再进行构造期的划分;与此相反,少数研究者只划分出几个构造阶段或构造期,而不再划分造山幕或构造幕;有的研究者则将构造期与构造幕等同起来,其所称的构造期实际指的是构造幕。至于对某一构造阶段或构造旋回内部构造幕或褶皱幕、造山幕的次数划分意见也颇为分歧。如对燕山运动、印支运动,不同的研究者分别出1个~6个、2个~5个为数不一的构造幕;对海西(华力西)旋回则分别划分为2期~4期,而构造幕可达3个~8个之多。

根据前述构造运动及其有关地质事件的发展特点,看来有必要对构造期、构造幕的划分紧密联系起来,①构造期是构造运动发展的自然段落,它在时间尺度上是有级别性的,较高级别的构造期有着较大区域的对比意义。②构造幕(造山幕、褶皱幕)是构造期中由于构造运动的激化所表现出的幕式事件,可划分出区域性构造幕(或主要幕)及局部性构造幕(或主要幕)——前者在一定范围的构造演化方面起过重要作用,并可进行大致的区域相对比;后者只发育在某一局部范围或某一构造部位,缺乏区域对比意义。还应看到,在不同的构造区、带及不同的构造部位,同一构造运动在发育强度及表现形式方面可有一定差异性,因而在进行构造运动期幕划分与对比方面应与当时当地的构造环境和构造部位密切联系起来。

4. 构造运动的命名方式

关于构造运动的命名及名称使用问题,涉及构造运动旋回、构造期及构造幕(或造山幕、褶皱幕)不同级别构造运动方面,都还存在着一些不同看法。

这里在对不同级别构造运动划分及名称使用方面,力求符合中国目前的研究程度和习用状况,并根据前述构造运动时期、性质的鉴定标志以及构造运动序列的划分准则,尽可能使之准确化。其中对前寒武纪(太古宙、元古宙)构造运动期、幕的划分及名称,皆以中国的构造运动及构造演化特点为准,采用吕梁期与吕梁运动、晋宁期与晋宁运动等一类的名称;对显生宙以来的构造运动仍沿用了目前多将加里东期、海西(华力西)期分别作为早、晚古生代构造旋回或构造阶段总称,以及将中、新生代阶段划分为印支期、燕山期及喜马拉雅期的作法。进而还可根据每一构造旋回或构造阶段具体的构造演化过程,分别将其再分为数个时间段落,笼统以早、晚2期或早、中、晚3期称之。

对于构造幕(或造山幕、褶皱幕)的名称,考虑到一般局部性构造幕或次要构造幕因地而异,缺乏对比意义,因而尽可能不用专名;对一些影响面广,在较大范围的构造格局演化或构造体系发展中起关键作用的区域性构造幕或主要构造幕,仍沿用以中国某地为准的专名,而不用全球性构造幕名称,最多指出大致的对比关系;对于一些尚无通用专名的构造幕则以其发生时代或层位关系标明,如中侏罗世末构造幕、古近—新近系间构造幕等;而对牵涉地质时代争议较大者,则用前某地层组构造幕称之,如燕山期的前东岭台组构造幕等。

综前所述,根据构造运动节律与构造运动序列及其有关多种地质条件,在发展上所反映的连续与断续相交替、渐进与激化相统一的特点,以及与此密切相关的构造运动在时间上所反映出的周期性、阶段性、前进性与不可逆性规律,结合对构造运动阶段已有的划分方案这里将构造运动与构造阶段的不同级别划分为:构造大阶段(巨旋回)、构造阶段、构造期、构造运动及构造幕。同时将中国全境的构造运动序列及发展过程划分为五大发展阶段:①迁西期—阜平期第一固化大阶段——陆核形成过程;②五台期—吕梁期第二固化大阶段——原陆块形成过程;③四堡期(燕辽期)—晋宁期第三固化大阶段——古中国陆核形成过程;④震旦纪—古生代古欧亚大陆及联合古陆形成大阶段——陆缘、陆间及陆内构造发展过程;⑤中新生代陆内为主发展大阶段——滨太平洋纪特提斯构造域强烈活动过程(表1-4-1)。

表1-4-1 中国构造运动序列及构造发展过程简表(据崔盛芹,1999)

时代	划分		构造运动 构造幕 (Ma)	构造阶段 构造期		构造大阶段(巨旋回)			
						序列	时间	主要事件	名称
新生代	第四系	Q	2.48 ∼∼∼ (3)	晚期	喜马拉雅期	V	>0.23 Ga	构造域强烈活动过程滨太平洋及特提斯	陆内为主发展大阶段
	新近系	N	25 ∼∼∼ (2) 喜马拉雅运动						
	古近系	E	67 ∼∼∼ (1)	早期					
中生代	白垩系	K₂ K₁	(4) (3) 燕山运动 137 ∼∼∼ (2)	晚期	燕山期				
	侏罗系	J₃ J₂ J₁	(1)	早期					
	三叠系	T₃ T₂ T₁	208 ∼∼∼ (2) 印支运动 235 ∼∼∼ (1)	晚期 早期	印支期				
晚古生代	二叠系	P₂ P₁	250 (4) 285 ∼∼∼ (3) 海西运动	晚期 中期	海西期	IV	0.55 Ga	陆缘、陆间及陆内构造发展过程	古欧亚大陆及联合古陆形成大阶段
	石炭系	C₃ C₂ C₁	∼∼∼ (2) 360 ∼∼∼ (1)						
	泥盆系			早期					
早古生代	志留系	S₃ S₂ S₁	406 ∼∼∼ (2) 广西运动(祁连运动) 415 ∼∼∼ 古浪运动 445 ∼∼∼ (1)	晚期	加里东期				
	奥陶系		600	早期					
	寒武系		625 ∼∼∼ (2) 兴凯运动 670						
新元古代	震旦系	Z₂ Z₁	680 ∼∼∼ (1) 700 澄江运动 晋宁运动 800	晚期 早期	兴凯期				
	青白口系		900 ∼∼∼ 燕辽运动 1000 (四堡运动)	晚期	晋宁期	III	1.0 Ga	古中国陆块形成过程	第三固化大阶段
中元古代	蓟县系		1400 ∼∼∼ 渣尔泰运动	早期	燕辽四堡期				
	长城系		1800 ∼∼∼ (2) 吕梁运动						
古元古代	滹沱系		∼∼∼ (1)		吕梁期	II	0.8 Ga	原陆块形成过程	第二固化大阶段
晚太古代	五台系		2500 ∼∼∼ (3) 五台运动 ∼∼∼ (2) ∼∼∼ (1) 2600 ∼∼∼ (2) 阜平运动		五台期				
	阜平系		∼∼∼ (1) 2900 ∼∼∼ 迁西运动(铁架山运动)		阜平期	I	0.9 Ga	陆核形成过程	第一固化大阶段
早中太古代	迁西系		3600 3800		迁西期				

第二节 中国构造运动序列

一、前震旦纪构造运动序列

就中国全境的地质构造历史、特别是对各大陆的形成过程而言,前震旦纪阶段具有划时代的特殊意义。中国震旦纪的下限约为8亿年,而有确切同位素记年证据的古老陆壳为38亿年左右,因此前震旦纪的时限已达30亿年,约占整个地质年代表的3/4,囊括前寒武纪的绝大部分时期。

中国境内在前震旦纪阶段无疑地曾发生过多次地壳运动。历经多次复杂的构造变动、广泛的岩浆作用和区域变质作用。

中国前震旦纪的地层系统及构造运动,主要发生在华北、扬子及塔里木3个古大陆区,其中尤以华北古大陆出露最广,研究程度也最高。从前震旦纪阶段中可划分出6次主要的地壳运动,包括迁西运动、阜平运动、五台运动、吕梁运动、燕辽运动(或四堡运动)及晋宁运动,并相应构成6个构造阶段(构造期)及3次固化大阶段(表1-4-2)。

表1-4-2 中国前震旦纪构造运动序列与构造发展过程划分表(崔盛芹,1999)

时代	地区	塔里木古大陆:库鲁克塔格	塔里木古大陆:阿尔金山	华北古大陆:中条山、豫西	华北古大陆:	华北古大陆:五台、太行	华北古大陆:燕山	华北古大陆:泛河、辽南	扬子古大陆:滇中	扬子古大陆:鄂西	扬子古大陆:桂北、湘西	扬子古大陆:皖南	华夏古大陆:闽北、浙南	构造阶段划分:构造运动构造幕	构造阶段划分:构造阶段(Ma)	构造阶段划分:构造大阶段
新元古代	震旦系上统	库鲁克塔格群▲▲		东坡组 罗圈组▲▲				金县群	灯影组 陡山沱组	灯影组 陡山沱组	老堡组 陡山沱组	皮园村组 蓝田组	黄连组			
新元古代	震旦系下统	库鲁克塔格群▲▲		董家组 黄连垛组				五行山群	南沱组▲▲ 牛头山组 澄江组	南沱组▲▲ 大塘坡组 古城组 莲沱组	南沱组▲▲ 富禄组 长安组	雷公坞组▲▲ 休宁组	南岩组 丁屋岭组	澄江运动 晋宁运动	800	
新元古代	青白口系	帕尔岗塔格群	索尔库里群	洛峪群			青白口群:井儿峪组、下马岭组	井儿峪组 殷屯组 细河群 永宁组	柳坝塘组	马槽园群	丹洲群(板溪群)	沥口群	楼子坝群	燕辽运动(四堡运动)	晋宁期 1000	第三国化大阶段(中国陆块形成过程)
中元古代	蓟县系	爱尔基干群	塔昔达坂群	汝阳群	什那干群		蓟县群	树芽屯群	昆阳群	神农架群	四堡群(冷家溪群)	上溪群	龙北溪群(龙泉群)		燕辽期 四堡期	
中元古代	长城群	杨吉布拉克群	巴什库尔干群	西洋河群(熊耳群)	渣尔泰群	长城群	长城群	三分子群					建瓯群(麻源群) 陈蔡群	渣尔泰运动		
古元古代	滹沱群	兴地塔格群	阿尔金群	担山石群 中条群	二道凹群	滹沱群	朱杖子群(青龙河群)	榆树砬子群 辽河群	大红山群	水月寺群				吕梁运动	1800 吕梁期	第二国化大阶段(原陆块形成过程)
晚太古代	五台群	托格拉克布拉克群	? 米兰群	绛县群	色尔腾山群	五台群	双山子群		康定群	东冲河群				五台运动	2500 五台期	
晚太古代	阜平群			涑水杂岩	? 乌拉山群	阜平群	单塔子群	鞍山群:上亚群						阜平运动	2600 阜平期	第一国化大阶段(陆核形成过程)
早中太古代	迁西群				? 集宁群		? 迁西群	鞍山群:下亚群						迁西运动(铁架山运动)	2900 迁西期	

▲▲震旦纪冰碛岩

1. 迁西期—阜平期的构造运动序列

(1)迁西运动 迁西运动一名取自冀东迁西县,用以代表发生于早、中太古代迁西群末期所发生的一次主要的地壳运动和构造—热事件。1959年长春地质学院在冀东燕山地区进行1∶20万区测时,曾将该区前长城纪结晶基底岩系自下而上分为单塔子群、双山子群及朱杖子群。1975年河北区测二队编表组将原单塔子群下部的麻粒岩相岩层归属桑干群,后即改称迁西群。崔盛芹(1999)研究认为,将迁西运动及其相当的辽宁铁架山运动、阴山地区的集宁群晚期的兴和运动的不整合界面的同位素年龄时限定在29亿年较为适宜。有的地质学者则认为迁西运动界面的时限应定在31亿年或32亿年(王鸿祯等,1996,1997)。

(2)阜平运动 阜平运动以五台—太行地区五台群与下伏阜平群上亚群(龙泉关群)之间的角度不整合关系为代表。阜平群可分为下、中、上3个亚群,主要由一套经受角闪岩相变质作用的沉积、火山岩系组成,其下部夹有较多的火山岩,上部主要为碎屑岩及碳酸盐岩,其中较广出露有花岗片麻岩及花岗岩类。阜平群的下、中亚群之间为局部角度不整合;上亚群(龙泉关群)与下伏的中亚群之间则为角度不整合,可视为阜平运动的第一幕;龙泉关群与上覆五台群之间明显的角度不整合关系(铁堡运动),则属阜平运动的第二幕或主幕(表1-4-2)。崔盛芹(1999)研究认为,将阜平运动的不整合界面的时限暂置于26亿年前后。对此也有不同的认识,如王鸿祯等(1996)、白瑾等(1993)分别主张将其置于28亿年、29±1亿年。

2. 五台期—吕梁期的构造运动序列

(1)五台运动 五台运动的命名地为山西省东北部的五台山区,代表五台群与上覆滹沱群之间的构造运动及角度不整合关系。五台群为一套以基性火山岩为主的火山、沉积建造及绿岩建造,经受多期变质作用和多期构造变形。它以阜平运动主幕的不整合界面为底界,可划分成3个亚群(白瑾、徐朝雷,1980),自下而上为石嘴亚群、台怀亚群及高凡亚群,三者分别经受角闪岩相、绿片岩相、次绿片岩相的3期区域变质作用。3个亚群之间及其上与滹沱群之间被3个角度不整合界面隔开,自老至新分别称为甘泉不整合、探马石不整合及金洞梁不整合,可视为广义五台运动的3个褶皱幕或构造幕(表1-4-3)。崔盛芹(1999)研究认为,五台群的上限,即五台运动界面及其有关构造—热事件的年龄值置于25亿年左右。五台群的下限,即五台期的起始年龄,应与阜平运动主幕26亿年的年龄值相一致;将五台群的全部置于上太古界,而高凡亚群的时代归属仍值得今后今后进一步查明。

表1-4-3 华北太古宙—古元古代构造运动期、幕划分简表(据崔盛芹,1999)

地层时代	燕山	阴山	辽东	吉南	胶东	嵩山	中条山	吕梁山	太行山	五台山	构造运动、构造幕	构造阶段(Ma)
中新元古界	长城系	渣尔泰群	细河群	细河群	蓬莱群	五佛山群	西阳河群	汉高山群	长城系	长城系	(2)吕梁运动(第2幕) 红石头幕	1800
古元古界	朱杖子群(青龙河群)	二道凹群	榆树砬子群●●● 老岭群	老岭群	芝罘群	嵩山群	担山石群●●● 中条群	黑茶山群●●● 野鸡山群 岚河群	东焦群●●● 甘陶河群	郭家寨亚群●●● (小营河幕) 东治亚群 (青石村上升) 豆村亚群	(1)(第1幕)	吕梁期
				集安群	粉子山群						(金洞梁幕)(3)五台运动(第3幕)	2500
上太古界	双山子群	色尔腾山群	?	?	?		绛县群	吕梁群	五台群	高凡亚群 (探马石幕)(2)(第2幕) 台怀亚群 (甘泉幕)(1)(第1幕) 石咀亚群		五台期
	?	?			胶东群	登封群	涑水杂岩	界河口群	阜平群	上亚群(龙泉关群) 中亚群 下亚群	阜平运动(铁堡运动)(2)(第2幕) (1)(第1幕)	2600 阜平期
中下太古界	? 迁西群	? 集宁群	? 下亚群	? 龙岗群							迁西运动(铁架山运动)	2900 迁西期

●●● 同造山磨拉石建造 ○○○ 后造山磨拉石或粗碎屑岩

(2) 吕梁运动 吕梁运动原称吕梁变革，系由李四光于1939年命名的。他是指中国各地"震旦纪"（即目前所称的中、新元古代）沉积岩系，常呈角度不整合覆于原称"五台系"的古老变质岩系之上，因而推断两者之间曾发生一次强烈的造山运动，并以山西吕梁山为标准地点，称之为吕梁变革。经后来学者研究表明，以吕梁山区为标准地点命名的吕梁造山运动是发生在古元古代滹沱群与中元古代长城群之间。崔盛芹（1999）根据山西地区前寒武纪阶段地层系统与地壳运动的发育状况、燕山地区中新元古界的下限年龄，结合对华北各地与前寒武纪地壳运动有关的各种地质事件的同位素纪年数据累计曲线的综合分析，认为可将各地近乎同时出现的19亿年~18亿年的最高峰值以及在17亿年前后表现出的一个较低峰值，分别视为吕梁运动主幕、末幕（或第一幕、第二幕）；并认为这2个造山幕在燕山地区大致与前常州沟组、前大红峪组界面（兴城运动）相当，在山西地区则可能分别与五台山区的郭家寨亚群及中条、吕梁、太行山区的担山石群、黑茶山群、东焦群的下、上界面相当。

3. 四堡期—晋宁期的构造运动序列

(1) 内蒙古的渣尔泰运动（14亿年前后） 华北陆块北部经古元古代末期的吕梁运动形成克拉通基底之后不久，又在中元古代之初，产生伸展作用，发育有奥拉槽或裂陷槽构造。位于华北陆块北缘西段的渣尔泰裂陷槽，其中所形成的渣尔泰群自下而上包括4个组（书记沟组、增隆昌组、阿古鲁沟组、刘洪湾组），自断陷阶段的碎屑岩夹基、中性火山岩—坳陷阶段的碳酸盐岩，构成一个完整的沉积序列，其后发生造山性质的地壳运动，使裂陷槽发生褶皱上隆，形成古渣尔泰山，又在经过剥蚀夷平的不整合界面之上，覆以克拉通稳定盖层性质的什那干群碳酸盐岩。崔盛芹等（1994）称之为渣尔泰山运动或渣尔泰运动，并将其发生的时限置于14亿年前后，即介于长城系与蓟县系之间。

(2) 华南的四堡运动与华北的燕辽运动 ①华南的四堡运动。四堡运动为黎盛斯（1962）依据广西石油普查大队资料所创名。原指桂北罗城四堡的板溪群上、下2部之间的角度不整合，到1974年改称上部为板溪群（丹洲群）、下部为四堡群，从而四堡运动成为板溪群与下伏四堡群之间的不整合关系（表1-4-2）。桂北的四堡群为一套浅海—半深海活动型的火山沉积建造，经受浅变质作用，其特点与黔东、湘西一带的梵净山群、冷家溪群相近。据Rb-Sr等时线年龄和U-Pb法年龄测定，四堡群应大致相当长城系及蓟县系，板溪群则可与青白口系对比；四堡运动可代表华南发生在蓟县系与青白口系之间的地壳运动与角度不整合关系，其发生的时限约在10亿年前后。四堡运动在扬子陆块及其周缘有着广泛的影响，在贵州称梵净（山）运动，在湘西称武陵运动、东安运动。此外，四堡运动在滇中、鄂西分别表现为昆阳群与柳坝塘组之间、神农架群与马槽园群之间的角度不整合关系。在华夏古大陆角度不整合楼子坝群与蓟县系龙北溪群（龙泉群）之间的不整合界面可能也为四堡运动产物（表1-4-2）。②华北的燕辽运动（10亿年前后）。在1934年，高振西等所建立的燕山蓟县中、新元古界层型剖面中在蓟县系与青白口系之间，发育有一个由上升作用所造成的重要沉积间断面——这就是乔秀夫（1976）命名的芹峪上升。在1989年出版的辽宁省区域地质志中，将吕梁运动界面以上、以蓟县剖面所代表的中新元古代阶段称之为燕辽旋回或燕辽期（19亿年~6亿年）。其中只包括数次上升作用。这与一般根据主要造山运动分隔开的构造—岩浆活动阶段来划分的构造旋回或构造期，并以其结束期的造山运动取名的常规作法是不相一致的。"八五"初期，崔盛芹等（1994）在燕山裂陷槽东端辽东铁岭以东的泛河坳陷的北侧，见到类似永宁群及白房子组的殷屯组磨拉石，呈星散的"漂浮状"、明显不整合于相当蓟县系不同层位的硅质白云岩之上，反映出这一明显的造山运动是发生在蓟县系与青白口系之间（表1-4-2）。很有意义的是，王东方等在泛河坳陷的顾官屯以西不但发现殷屯组其下与蓟县系不整合，而且其上直接与井儿峪组组成平行一致关系,表明殷屯组确切与下马岭组相当。发生在殷屯组之前、时代上相当芹峪上升的这次明显的造山运动,使泛河坳陷发生褶皱反转,并在泛河以及辽东、吉南、胶东等地不同时期的基底上,产生一批山间盆地并形成后造山磨拉石建造,从而使得这一地壳运动界面成为结束裂陷槽的断陷—坳陷阶段和开始发育稳定克拉通盖层的转折点。崔盛芹等(1994)考虑到在构造阶段方面辽宁省区域地质志中已正式使用了燕辽旋回或燕辽期得名称,将这一造山运动称之为燕辽运动,并认为应将燕辽期限定在吕梁运动—燕辽运动界面之间(18亿年~10亿年)的中元古阶段。但由于华北与华南陆块在中元古时期构造环境廻异,而且四堡运动及与其相当的武陵运动等的时限尚有待于进一步准确核定,因只将华北的燕辽运动与华南的四堡运动的期、幕进行对比,未统一使用后者名称。

(3)华南的晋宁运动(8.50±0.5亿年) 晋宁运动一名系由 P. 米士(Misch)于1942年创名,是根据云南中东部晋宁、玉溪等地震旦系底部澄江组砂砾岩与下伏昆阳群之间的显著角度不整合确定的。该地的昆阳群经过晋宁运动发生强烈褶皱变形,而澄江组则为后造山磨拉石建造。晋宁运动在华南等地有着广泛分布和影响,如云南的"前澄江运动",皖南的皖南运动或称休宁运动,皆与晋宁运动相当。田畸隽(1948)根据湘西震旦系南沱组与下伏板溪群之间的角度不整合,提出雪峰运动一名,得到广泛使用。一般多视雪峰运动与晋宁运动相当。晋宁运动的时限,崔盛芹(1999)将其置于9亿年~8亿年(或8.5±0.5亿年)。

二、震旦纪—古生代构造运动序列

自晋宁期以后,中国的地壳运动与古构造演化进入一个新阶段。这个大阶段自震旦纪开始,直到古生代末或早、中三叠世,即自四堡—晋宁期所产生超级大陆的解体,到古生代末超级大陆和联合古陆的形成,包括3个构造运动阶段或构造期(震旦纪—寒武纪早中期、早古生代的加里东期和晚古生代的海西期),经历了约5.5亿年(自8亿年~2.5亿年)的发展过程。在这个一级构造运动序列或构造大阶段中,稳定陆块区与海槽活动带的构造格局和构造分异更趋明显,陆缘、陆间、陆内不同类型的地壳运动与古构造演化更加多样化。

在震旦纪—古生代这一构造大阶段中,有3个主要构造阶段或构造期皆形成有独立的褶皱带或造山带,而且其展布规模具有越来越广的特点。另一方面,3次主要构造运动之间在时、空演化方面又有着密切联系,从新元古代晚期以来超级大陆的解体到古生代末期联合古陆的形成,其中洋壳的消减与陆壳的增生过程反映出阶段性和规律性的演变特点。因此,可将这3次主要构造运动阶段视为震旦纪—古生代这一个一级构造运动序列或构造大阶段统一发展过程中的早、中、晚3个有密切联系的二级构造运动序列或构造期。

1. 震旦纪—寒武纪中期的构造运动

前寒武纪晚期—寒武纪的地壳运动具有全球性的广泛分布,在构造格局的形成、演化方面占有较为重要的位置,并且越来越引起国内外地质学者的重视。近年来,随着生物地层及年代地层学特别是同位素年代学的发展,提高了不同构造区带有关地层系统及构造运动时期鉴定和对比的精确性。从图 1-4-2 可看出,全球新元古代—寒武纪时期在全球范围内与构造运动与构造运动有关的构造—热事件可清楚地显现出 10 亿年、8.5 亿年这 2 个明显的峰值年龄,分别应与中国的四堡(燕辽)、晋宁运动的高潮时期相当;另在 8 亿年~5 亿年之间出现 5 个~6 个越来越高的峰值,反映出震旦纪—寒武纪阶段构造运动的广泛性和重要性,也表现将其独立划分出来的必要性,但是迄今尚无统一划分意见。

中国兴凯(萨拉伊尔)期的构造运动序列 兴凯运动与兴凯旋回系由黄汲清、任纪舜等(1976,

1980)提出。兴凯旋回的原定时限为"从冰碛层开始的震旦纪至中寒武世初"(任纪舜等,1980)。崔盛芹(1999)将其下限自南沱组冰碛层延到澄江组磨拉石建造的底面,即震旦系的底面或晋宁运动所形成的不整合界面(约8亿年);其上限可延至早、中寒武世末(约5.25亿年),因为其主褶皱幕既可发生在早、中寒武世之间,也可发生在中、晚寒武世之间,进而可将时限年龄约为8亿年～5.25亿年的兴凯(萨拉伊尔)构造阶段再分为早、晚2期:早期自震旦系的底界——上、下震旦统之间(约8亿年～6.8亿年),其后期发生过2次构造运动,包括南沱组冰碛层之下的澄江运动,冰碛层之上的沉积间断——相当华北辽东、吉南等地发生在上、下震旦统之间的复州上升;晚期自上震旦统的底界——上寒武统的底界(约6.8亿年～5.25亿年),其后期发生了兴凯运动或张广才岭运动(表1-4-1,1-4-2)。关于兴凯(萨拉伊尔)期的界限及其与晋宁期、加里东期的关系问题:其下限为晋宁运动的界面,因而与晋宁期的界面一般是清楚的;其上限涉及发生在寒武系内部的构造运动,究竟将其划成兴凯(萨拉伊尔)期的结束还是视为加里东期的开始,需要结合有关时期的构造—建造的演化特点进行具体分析。同时,在若干构造区、带,还必然存在着自兴凯(萨拉伊尔)期—加里东期之间以继承性为主的过渡关系。

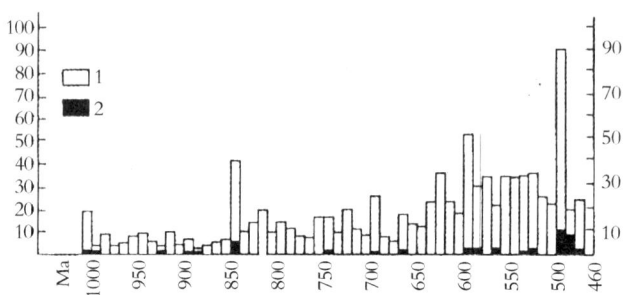

图1-4-2　全球10亿年～5亿年期间内生作用活动年龄统计分布图(据哈因等,1995)
1.花岗岩、钙碱性火山岩及变质岩年龄;2.蛇绿岩年龄

(1)早兴凯(萨拉伊尔)期的构造运动　早兴凯(萨拉伊尔)期的地壳运动,在扬子古大陆及其西缘包括于晋宁运动后造山磨拉石建造(澄江组)形成之后,发生的澄江运动以及上、下震旦统之间的上升变动。澄江运动系由P.米士(Misch)1942年创名,用以代表滇东澄江地区下震旦统南沱组冰碛层与下伏澄江组砂岩之间的微角不整合关系。现知澄江运动主要分布于滇东地区,以上升、断裂及挠曲变动为主,但在岩浆活动方面有明显反映。澄江运动的时限约为7亿年,一般多将澄江运动视为晋宁运动的延续或末幕。目前看来,晋宁运动为扬子古大陆由活动环境转为稳定陆块的转折点,而澄江运动发生在晋宁运动的后造山磨拉石建造出现之后,其发生背景似与当时陆缘及陆内的重新活动有关,将其作为一个新的构造阶段的起始,可能比视为晋宁期的终结更合理。

(2)晚兴凯(萨拉伊尔)期的构造运动　兴凯(萨拉伊尔)晚期的构造运动较早期广泛,可以兴蒙、吉黑褶皱带的兴凯运动或张广才岭运动、祁连山褶皱带的桐湾运动为代表。另据任纪舜等(1980)意见,本期构造运动在滇西吉中南半岛也很重要,藏北的羌塘地块也可能是这一构造阶段造成的。

2. 早古生代加里东期的构造运动序列

(1)加里东期的主要构造运动

中国早古生代加里东期的地壳运动分布较为广泛,在活动带主要表现为造山运动性质,在克拉通地区主要表现为造陆性质的大规模隆起剥蚀。现以祁连山区、湘桂地区以及天山—兴蒙地区为代表,概述这一构造阶段所发生的主要地壳运动。

祁连山褶皱带的古浪运动与祁连运动 ①古浪运动。指造成祁连山区中、上奥陶统之间不整合的地壳运动,由魏春海等(1978)命名。在北祁连山中奥陶统兰德洛阶中堡群沉积、火山岩系与上奥陶统卡拉道克阶的妖魔山组之间成角度不整合关系;中祁连山中、上奥陶统之间也为不整合接触。魏春海等(1978)对北祁连山区划出一期4.88亿年~4.33亿年(大致相当中、晚奥陶世)的中酸性侵入岩时期,应与这期地壳运动有关。②祁连运动。代表祁连山区早古生代末期的一次造山运动,由李康等(1962)提出。原指"晚泥盆世老君山砾岩"与下伏古生代变质岩之间的不整合,前者因发现化石已解体。现知北祁连山及河西走廊等地,中泥盆统雪山群及上泥盆统的河流水群皆属后造山磨拉石建造,与下伏上志留统旱峡群及更老地层成明显角度不整合关系。此外,柴达木盆地北缘及祁漫塔格等地,上泥盆统与下伏上奥陶统之间也为不整合接触。魏春海等(1978)对北祁连地区划出一期4.17亿年~3.79亿年(大致相当晚志留世—早、中泥盆世期间)的中酸性岩浆侵入活动,应与这次祁连运动有关。

湘桂地区的广西运动 位于江南古陆与华夏古陆之间南华的湘桂闽粤地区为一早古生代活动带,也是晚加里东运动的主要影响区之一。广西运动由丁文江(1929)创名。指广西下泥盆统莲花山组与下伏古生代变质岩系(龙山群)之间的角度不整合所代表志留纪末与泥盆纪之间的地壳运动。张文佑、孙殿卿(1941)曾详述广西地区这一运动的不整合现象及影响范围。广西运动之后,早泥盆世海侵方向自南向北及东北,自桂北—湘中南—赣中南等地,后造山磨拉石建造的层位渐次变新,在赣中南可见到中泥盆统上部云山组以陆相为主的砂砾岩不整合于前泥盆系之上。尹赞勋等(1978)认为广西运动不整合面之上、下,下盘地层在各地时代差别很大,上盘最老地层呈现穿时现象,应非一次褶皱变动而成的。此外,在南华地区广泛发育有加里东期中酸性岩浆侵入,包括混合花岗岩、陆壳重熔及壳幔同熔等不同类型,其同位素年龄值为4.97亿年~3.71亿年(即约为奥陶纪—中泥盆世之间),一般侵入前泥盆系,并可为泥盆系或石炭系所不整合覆盖。

天山—兴安褶皱区的加里东运动 位于中朝—塔里木陆块之北的天山—兴安褶皱区范围内,加里东阶段构造运动具有较广影响,并形成北阿尔泰及兴蒙褶皱系南侧的温都尔庙—翁牛特旗加里东褶皱带。①北阿尔泰构造带。震旦纪—中奥陶世处于拉张阶段,形成巨厚的具复理石建造特征的陆缘碎屑岩系(哈巴河群)。在白哈巴地区,这套陆屑建造被含化石的上奥陶统火山、沉积岩所不整合,志留纪发生汇聚作用,到志留纪末在加里东晚期地壳运动影响下初步固结,并造成志留系陆缘碎屑岩及少量中酸性火山岩的强烈变形与变质。北阿尔泰汇聚期花岗岩类锆石U-Pb法年龄约为437.5百万年~385.17百万年,即志留纪—泥盆纪早、中期,而南阿尔泰带的汇聚与固结过程则延续到早石炭世末。此外,志留纪末的加里东运动,在西准噶尔、东准噶尔等地也发生过局部的汇聚作用。②兴蒙褶皱系。其南部位于温都尔庙—西拉木伦河之南的温都尔庙—翁牛特旗加里东褶皱带,在前寒武纪晚期—早古生代处于活动大陆边缘环境。在内蒙古中部的温都尔庙地区,北侧为高压蓝闪片岩组变质带,其变质年龄为489百万年、435±6百万年,其南有含矽线石等片麻岩、片岩(458百万年、434百万年)、混合岩、花岗岩的中高温中低压变质带,大致是与奥陶—志留纪洋壳向南侧大陆俯冲有成因联系的双变质带(程裕淇等,1994)。温都尔庙群底部含有蛇绿岩套,上部以绿片岩为主。该群含有放射虫和小壳动物化石,其时代约为前寒武纪—早寒武纪世。早、中奥陶世鲍尔汉图群为岛弧型钙碱系列火山岩或火山—沉积岩系,其变形特点及变质程度与温都尔庙群明显不同,推测二者之间可能发生过晚兴凯期或早加里东期的地壳运动。本区加里东期主要构造运动发生在奥陶纪及早、中志留世之后,晚志留世西别河组为海相磨拉石建造,明显不整合于鲍尔汉图群之上。在大兴安岭东坡,则可见到晚志留世的巴润德勒组与上覆的早泥盆世的乌奴尔组之间为不整合关系。

(2) 加里东期构造运动的期、幕划分

加里东构造阶段包括全部早古生代,即自寒武纪初—志留纪末,如前述在将兴凯(萨拉伊尔)期独立划出的情况下,可将加里东期的时限大致限定在晚寒武世—志留纪末。进而可依据中、晚奥陶世之间的构造运动(古浪运动)界面将其再分为早、晚2期(或亚旋回):早加里东期自晚寒武世—中奥陶世(约自5.5亿年~4.45亿年),其间发生过的2个构造幕,包括祁连山区寒武系—奥陶系之间的不整合、中、上奥陶统之间的古浪运动不整合界面或北山地区中奥陶世咸水湖组与上覆早志留世园宝山组之间的不整合关系,此外,温都尔庙双变质带主要为早加里东阶段的产物;晚加里东期自晚奥陶世—晚志留世(约自4.45亿年~4.05亿年),其间最主要的构造幕发生在志留纪末—泥盆纪初,包括祁连山区的祁连运动、湘桂地区的广西运动、甘肃北山地区晚志留世碎石山组与早泥盆世清河沟组之间的不整合以及近于同一时期发生在大兴安岭东坡及北阿尔泰山区的不整合界面等,为时稍早的尚有晚志留世西别河组与早中奥陶世鲍尔汉图群之间的不整合关系,此外,在晚加里东期使原已形成的温都尔庙双变质带又卷入形变过程。

3. 晚古生代海西期的构造运动序列

晚古生代的构造运动,在欧洲被称为海西运动或华力西运动。对于这2个涵义相近的名称一般有2种不同理解,其一是从特定的造山幕或褶皱幕的角度,另一是从泛指晚古生代发生的地壳运动,即从构造阶段、构造旋回或构造期的角度。由于中国与欧洲的不同构造区带相距甚远,海西期的构造幕难以逐一对比和使用统一名称,因而本章是从晚古生代这一构造阶段或构造期的角度来使用海西期这一名称的。另外,由于中国晚古生代地壳运动以天山地区最为典型,故也被称之为天山旋回(尹赞勋等,1979)或天山运动(孙殿卿、崔盛芹,1980;李廷栋,1982)。目前中国地学界对海西期总的时限为包括泥盆纪初(即自祁连或广西运动界面以上),到古生代末这一构造阶段的认识基本上是一致的,但对海西期内部构造运动的期、幕划分意见则是不同的。崔盛芹等(1999)根据中国海西期地壳运动及古构造演化特点,将海西期再分为早、中、晚3期,其间共发生过4次主要构造幕。

(1) 早海西期的主要构造运动　早海西期的时限自早泥盆世初—晚泥盆世末(约自4.05亿年~3.6亿年)。主构造幕发生在晚泥盆世—早石炭世之间或晚泥盆世内部。如朱森1932年所创名的柳江运动,指的是下石炭统杜内阶与上泥盆统之间的不整合,有些地区则为侵蚀不整合或假整合。

(2) 中海西期的主要构造运动　中海西期的时限自早石炭世初—晚石炭世末(约自3.6亿年~2.85亿年)。中期存在2个主要构造幕,其一是发生在早石炭世晚期—中石炭世之前;另一是发生在晚石炭世末,有些地区则发生在中、晚石炭世之间。如由李四光1932年所创名的淮南运动及昆明运动,其中淮南运动指中石炭世黄龙组与早石炭世晚期和州组之间的侵蚀不整合;昆明运动则指云南及中南半岛中石炭世黄龙组与晚石炭世船山组之间所发生的造山运动,产生较强褶皱与断裂变动,有些地区则属造陆运动性质。

(3) 晚海西期的主要构造运动　晚海西期的时限自早二叠世初—晚二叠世末(约自2.85亿年~2.5亿年)。其主构造幕发生在早、晚二叠世之间,局部性较微弱的构造幕还可出现在晚二叠世之末。20世纪30年代初,李四光曾将这2次地壳运动分别称为东吴运动与苏皖运动。①东吴运动。李四光(1931)创名,亦称东吴变革(1939),指上、下二叠统之间发生的褶皱变动,认为是远东地区海西运动中最强烈的一幕。并指出在这一地壳运动时期,下扬子地区早二叠世栖霞组、孤峰组及其以下地层发生褶皱作用,其上与晚二叠世龙潭组成角度不整合关系;在云贵地区,发生基性岩流披盖;在华北地区则相对平静。尹赞勋等(1978)认为中国东南地区的东吴运动应系造陆运动。尽管对东吴运动性质上有不同认识,但这一构造幕的地壳运动在中国若干活动带及克拉通地区的构造演化中占有颇为重要的位置。②苏皖运动。李四光于1931年取名,指下扬子地区早、中三叠世青龙群与晚二叠世龙潭组之间的假整合关系。张文佑、孙殿卿(1941)曾指出,在广西地区上述2个时期地层之间可为不整合或为整合关系。早、晚二叠世之间以东吴运动为代表的构造运动,对若干晚古生代的活动带有着较为广泛和重要的影响。如在兴蒙褶皱带,大兴安岭地区上二叠统孙家坟组陆相碎屑岩不整合于下二叠统柳条沟组海相沉积物之上;在内蒙古苏尼特左旗一带则表现为早二叠世哲斯组与晚二叠世(或晚二叠世—三叠纪早期)林西组之间的不整合关系;在北山地区,可见到上二叠统方山口组砾岩、火山角砾岩所组成的类磨拉石建造,不整合于下二叠统海相地层之上。此外,在华南的钦州—云开地区及武夷山南段,东吴运动属造山运动性质,被称为钦廉运动。在桂南钦州地区,造成上二叠统下部陆相碎屑岩与下二叠统海相沉积层之间不整合关系,使得钦州湾一带的残留海槽在晚二叠世发生闭合(杨明桂等,1994)。华北陆块自早加里东期末的中奥陶世起发生抬升,直到早海西期处于平静剥蚀状态。自中石炭世起又重接受海陆交互相沉积,在晚海西期地壳运动影响下,陆相地层渐居主导位置。

三、中、新生代构造运动序列

中国境内自三叠纪以来,发生了3期具有全国影响的重要地壳运动——印支、燕山、喜马拉雅运动。三者在表现上既各具特色,在演化上又密切关联,共同组成一个以陆内(板内)发展为主的一级构造运动序列(表1-4-1)。印支期是中国东部及西部若干地区的重要形变期、岩浆期,是其中若干地段的变质期、成矿期,也是中国构造轮廓的开始转折时期。燕山运动是在印支基础上发展起来的,燕山期则是中国最主要的形变期与成岩、成矿期,也是基本构造格架的形成期、加强期、改造期,也是区域构造演化的重要阶段。喜马拉雅期既是中国长期地质构造演化的最新阶段,也是现今各种构造—地貌景观的形成时期。

1. 印支期构造运动序列

印支运动是宏伟的燕山期构造运动的前奏。它是发生在中生代早期的地壳运动,在中国东部尤其是江南隆起带以东及下扬子地区颇为明显。对此期地壳运动,早已引起中国地质学者的重视。丁文江(1935)将前里阿斯的地壳运动命名为"东京运动";李毓尧、李捷、朱森(1935)以金子运动、南象运动分别命名下扬子宁镇山脉地区晚三叠世前及早侏罗世前的地壳运动;黄汲清、徐克勤(1937)以安源运动命名三叠纪末瑞替克期前的地壳运动;李四光(1939)将淮阳山脉及南京山区等地发生在三叠纪晚期青龙组之间的地壳运动命名为淮阳运动,认为其在东南亚地区可能有着强烈影响;张文佑、孙殿卿、吴磊伯及徐煜坚(1941~1943)也曾对广西发生在三叠系内的地壳运动给予专名。黄汲清于1945年提出印支造山旋回,在时间上将其厘定为包括三叠纪中期至侏罗纪前的地壳运动,并强调其重要意义。印支运动的提出以及印支期构造在中国的研究已有半个多世纪的历史,但迄今仍存在着一些值得深入研究的问题。诸如印支运动的影响范围及其与有关地质作用的关系、印支运动的划分与隶属、印支期的构造演化及其区域背景等。崔盛芹等经过研究后,对中国有关印支运动的几个问题提出了看法。

(1)印支运动的分布与影响

中国东部、西部印支运动的分布区,分别主要属于滨太平洋带、特提斯带及其影响范围。

中国东部及邻区滨太平洋带的印支运动 根据印支期的活动程度,在纵向上(平行构造带)可将本区分为东、中、西3带——西滨太平洋海西—印支褶皱带、中国东部大陆外侧活动带、中国东部大陆内侧稳定带;在横向上(垂直构造带)以秦岭—大别北侧断裂带、阴山北侧断裂带为界,可将其分为南、中、北3带,分别主要包括中国南部、华北及东北南部、东北北部及内蒙古部分地区(图1-4-3)。

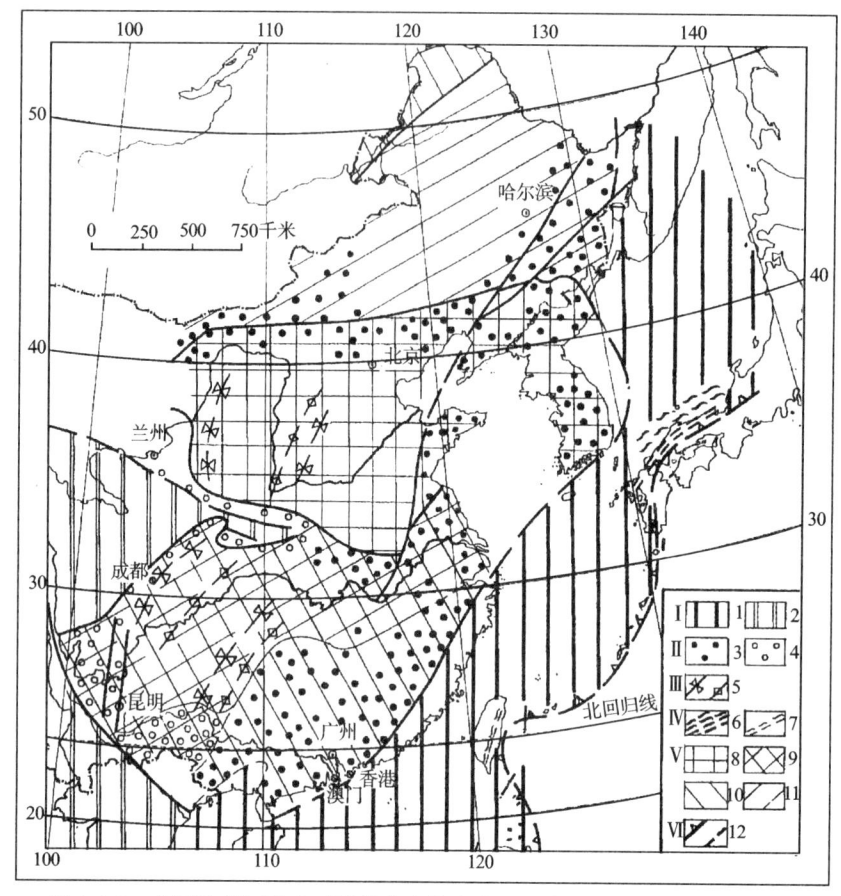

图 1-4-3 中国及邻区滨太平洋带印支期古构造轮廓示意图（崔盛芹，1999）

Ⅰ. 海西—印支期、印支期褶皱带（可能为过渡型地壳）：1. 西滨太平洋海西—印支期褶皱带；2. 特提斯印支期褶皱带. Ⅱ. 印支期大陆外侧活动带（陆壳）：3. 中国东部大陆外侧活动带；4. 主要受特提斯影响的大陆外侧活动带. Ⅲ. 印支期中国东部大陆内侧稳定带中的大型波状隆拗（陆壳）：5. 拗陷带轴线、隆起带轴线. Ⅳ. 印支期、印支期后双变质带：6. 西南日本印支期双变质带（东南侧为三郡高压低温带、西北侧为飞禅低压高温带）；7. 台湾东部主要为燕山期的双变质带. Ⅴ. 前印支期陆块或褶皱基底：8. 吕梁期及更老；9. 晋宁期；10. 早古生代加里东期；11. 晚古生代海西期. Ⅵ. 12. 印支期或多期活动的主要断裂带

东带（西滨太平洋海西—印支褶皱带）。浙江区测队在闽浙交界的福鼎县发现中石炭世的海相沉积，经施央申（1980）研究，认为应属复理石建造，同时还肯定了在象山石浦存在着晚古生代海槽型的火山碎屑岩—硅质岩建造。不整合覆于上述晚古生代褶皱岩系之上的中生代最老地层为上三叠统、下侏罗统的陆相沉积。因而推断在闽粤沿海中生代火山岩带的东部应为海西—印支期褶皱带。这一褶皱带向西南延伸，应包括海南岛五指山复背斜—花岗岩带在内。其北界可能弯向钦州湾一带，再向西通过右江印支期线状褶皱带，而与以 NW 向红河断裂带为界的中国西部特提斯印支期褶皱带相连接。上述海西—印支褶皱带的东界，推测可能是以台湾东侧的纵谷断裂带或缝合带为限。此断裂带之西出现有大南澳隆起带；其东侧为燕山晚期的玉里高压低温变质带；西侧太鲁阁带为由上古生界—白垩系组成的混杂岩带（俞震甫等，1988），系燕山晚期的高温低压变质带。尽管这一双变质带明显叠加有喜马拉雅期的变质作用，但仍反映出古太平洋库拉板块在燕山期的俯冲活动，但目前尚未发现印支期的活动证据。此带向南、北，应与菲律宾、琉球群岛、日本等地出露的海西期或海西—印支期残块联成一体，构成中国东侧统一的西滨太平洋海西—印支期褶皱带。不但西南日本及锡霍特山脉受到印支运动的影响，而且对日本海大和隆起的深钻结果表明其基底为老于 2.2 亿年的变质岩及 1.97 亿年、2.2 亿年的印支期角闪花岗岩。因而日本海在扩

张以前可能也应属海西—印支期褶皱带的组成部分,或为这一时期构造运动的影响区,其西界约到乌苏里江附近。

中带(中国东部大陆外侧活动带)。分南、中、北3段进行阐述。南段(湘赣粤桂及下扬子地区):江南隆起带以东的湘赣粤桂地区,在加里东褶皱基础之上,明显受到不同期、幕的印支运动影响,其中以湘赣地区晚三叠世安源群(艮口群)煤系前的安源运动,以及闽浙地区早侏罗世煤系前的南象运动2个构造幕影响较广。产生明显的褶皱、断裂变动、花岗岩类侵入活动及沿某些断裂带的热动变质作用。在下扬子地区,早侏罗世前南象运动的存在分歧不大,但对宁镇山脉是否存在金子运动或淮阳运动及其性质如何,长期存在争论。中段(华北及东北南部地区):过去对印支运动在本区的存在及其重要性注意不够,而将其各种影响误归燕山运动、甚至吕梁运动的结果。中国东部大陆外侧活动带在本段区间内,涉及整个朝鲜半岛,估计还应包括大部黄海海域在内,并往西延至中国大陆的东侧,不但发生印支期的形变作用,而且还愈来愈认识到印支期在花岗岩类、碱性岩类侵入活动的重要性。其中郯庐断裂带以东的辽东、吉南地区影响较强,断裂带以西的辽西、燕山以及阴山地区也有一定的反映。北段(东北北部吉黑地区):因受相邻的海西—印支褶皱带的影响,东北北部越向东侧,印支期的活动越强。那丹哈达岭的饶河地区位于印支期海槽的边缘。郯庐断裂带北延的伊通、依兰断裂带之东,自黑龙江的双鸭山、东宁到吉林东部的延边、汪清与吉中双阳一带,上三叠统内发现有厚度较大的陆相火山岩系或火山—沉积岩系。其上、下界面多属角度不整合,并多处发现印支期花岗岩。此外,部分地段还存在着上三叠统的浅变质岩,限于目前的研究程度,东北北部印支期大陆外侧活动带的西界尚不够清楚,看来伊通、依兰断裂带以西或现今的松辽盆地东缘以西,印支期的活动性仍不可低估。如据胡国瑾、顾国寅(1981)的研究,在大兴安岭西南端、西拉木伦河南北,已证实有印支期花岗岩侵入,并有向北增强的趋势。

西带(中国东部大陆内侧稳定带)。分南、中、北3段进行阐述。南段(上扬子地区):江南隆起带以西上扬子的鄂黔、川东、滇东地区,印支运动较为微弱,大部应属"造陆"或"同造山"运动的性质。印支早期的前晚三叠世运动初步形成一组略呈斜列的北东向宽缓拗褶的古构造格局。印支晚期的前瑞替克期与前早侏罗世运动主要影响到本区西缘的龙门山隆起带与康滇隆起带,该处已接近中国西部特提斯带的松潘、甘孜印支期褶皱带的影响范围。其中龙门山隆起带的晚印支期运动属造山运动性质,形成复杂的褶皱带,并波及位于龙门山前的川西拗陷的西侧。中段(鄂尔多斯及其以东地区):自胶辽地区向西,与自阴山、燕山向南,印支期的构造变动与岩浆活动,从强到弱,从有到无,而代之以升降运动为主,造成同沉积期缓波状的隆拗带(鄂尔多斯、沁水拗陷带与其间的五台—吕梁—中条隆起带)。北段(兴蒙地区):由于兴蒙地区海西晚期的构造变动可延续到印支早期,海西期—印支期地壳运动与活动特点具有一定的继承性,因而在本区目前尚难划出明显的大陆内部稳定带。只有东侧后期的松辽盆地附近印支期可能较为稳定,但其具体轮廓欠清。

中国西部特提斯带的印支运动 中国西部在晚古生代海西运动之后,塔里木地块以北的天山等地褶皱封闭,活动性减弱,到三叠纪只在一些盆地中形成陆相碎屑建造,印支期地壳运动较为微弱。相反,西昆仑—祁连山褶皱带以南,川滇隆起带以西,在特提斯构造域的南秦岭—西秦岭、巴颜喀拉—松潘、甘孜地区以及滇西、三江地区,在印支期广泛产生活动型沉积或火山—沉积建造,而且在印支早期、晚期地壳运动影响下,自北而南形成了宏大的印支期褶皱系:①南秦岭—西秦岭早印支期褶皱系。印支期海槽自南秦岭—西秦岭,连向青海湖附近。南秦岭一带下、中三叠统为砂泥质复理石建造,经中三叠世之后的早期运动发生封闭。在西秦岭可见到上三叠统鄂拉山群的陆相火山、含煤磨拉石建造不整合于下、中三叠统的复理石建造之上。在南秦岭地区的山间盆地中可发育有早、中侏罗世的陆相含煤建造。本期尚有花岗岩类侵入(其同位素年龄峰值约在2.20亿年~2.05亿年之间),以及基性、超镁铁岩侵位。②巴颜喀拉—松潘、甘孜晚印支期褶皱系。中三叠世后,随着南秦岭早印支期褶皱带的形成,晚三叠世海槽的沉积中心移向巴颜喀拉—松潘、甘孜三角地带。本区包括中、上三叠统在内的巴颜喀拉群为厚逾万米、岩性单一的砂泥质复理石建造。三叠纪后期的印支运动使本区发生褶皱变质作用和花岗岩类侵入,造成上巴颜喀拉群与侏罗系之间的不整合关系,形成晚印支期褶皱带。③三江印支期褶皱系。位于金沙江—红河断裂带以南的三江海槽,活动性强,其特点是继石炭二叠纪海底火山喷发之后,在印支期又沿各主要断裂带有大量海底火山喷发,包括细碧岩在内,形成活动型火山、沉积建造。晚三叠世的印支运动使三江海槽褶皱封闭,并伴随有大规模的花岗岩类侵入,还形成有哀牢山超镁铁质岩带。

(2)印支期构造运动的划分与隶属

印支运动的划分问题 综上所述,中国印支期的地壳运动,在空间上,明显反映出较长的渐进阶段与较短的激化阶段相互交替与相互统一的特点;在时间上,明显表现在不同构造带与构造部位、强度与表现形式,既有某些规律性,又有一定的差异性。如就中国及邻区滨太平洋带来说,印支运动的影响不仅在东、中、西各带有着显著差别,而且在南、中、北各段,其具体发育状况也有一些不同。因此,对印支运动的划分,既应把构造期与构造幕统一处理,又应将区域性的主褶皱幕与局部性的次要幕区别对待。根据中国东部、西部印支运动的发育特点,并参考邻区朝鲜半岛、日本列岛、中南半岛等地的有关资料,可将印支阶段的地壳运动进一步细分为早期($T_{1\sim2}$)、晚期(T_3)2个阶段;早、晚2期之末皆可划出一个区域性构造幕或主褶皱幕(淮阳运动、南象运动)。此外,各地还可分出时期不同、为数不等的局部性构造幕或次要幕,如前安尼锡克幕、前拉丁尼克幕、前诺利克幕等。关于印支期的下限问题,任纪舜(1984)认为,由于中国上二叠统与三叠系之间常为连续沉积,因而印支期应从晚二叠世开始。早印支期的古地理与古构造环境多属在海西晚期基础的渐进发展。尽管早、中三叠世之间南方的桂西等地曾发生过局部性的构造幕,但中国东部晚古生代以来古地理、古构造格局南北分异为主的总貌尚未根本改观。中三叠世晚期到中、晚三叠世之间的早期印支运动主幕(淮阳运动或安源运动)产生了明显的影响;在构造变动方面,中国东部大陆外侧活动带较普遍地发生褶皱上隆,而西部南秦岭—青海湖一带的海槽褶皱隆起形成早印支期褶皱带;在古地理景观方面,中国东部继续以陆相环境为主,南方则自早、中三叠世江南隆起带东、西,以北极—太平洋生物群与特提斯生物群混生所反映的2大海域沟通,演变为2种生物群与2大海域的隔绝;在盆地形成方面,早期主幕之后在中国东部总体发生"东隆西拗"的背景上,在大陆外侧活动带内产生一批晚三叠世的陆相或陆相为主夹滨海、海湾相的含煤盆地;在岩浆活动方面,早印支期及其主幕的岩浆侵入在中国东部的江南隆起带、闽粤、胶辽、吉黑及西部的秦岭、昆仑、巴颜喀拉及三江等地皆有反映。晚印支期包括整个晚三叠世期间活动性进一步加剧而中国东部古地理、古构造格局东西分异的新生特点逐步增强。大陆外侧活动带的断裂活动较为强烈。在一些盆地、凹陷中,形成陆源碎屑建造或火山、沉积建造。在晚三叠世期间发生过几次局部性构造幕的基础上,到晚三叠世晚期至早侏罗世之间发生晚期印支运动的主幕(南象运动),其主要的影响包括:在构造变动方面,中国西部巴颜喀拉—松潘、甘孜海槽封闭,形成晚印支期褶皱带,中国东部发生更为广泛的褶皱隆起,有些地区以NE向为主的构造线开始占有重要位置;在古地理景观方面,中国东部总体海退,除粤东、台湾及东北一隅在晚海西期褶皱基础上新生的饶河一带海槽外,从此进入陆相环境;在盆地形成方面,晚期主幕之后东部大陆内侧稳定带的西部拗陷明显,四川及鄂尔多斯2个大型陆相盆地出现雏形,而以东大陆外侧活动带内早侏罗世(或瑞替克—里亚斯期)的含煤山间盆地星罗棋布,有些则是在前印支期不同时代基础上新生的;在岩浆活动方面,晚印支期除青藏、滇西等地有不同种类的岩浆侵入与喷发活动外,中国东部首次出现以陆上喷发为主、略呈斜列、颇具规模的大陆外侧火山岩带,而且还有不同性质的岩浆侵入,可将其视为更为强烈的燕山期岩浆活动高潮的前奏。

印支运动的隶属问题 关于印支运动与其前、后地壳运动关系问题,无疑地,在时间上,早印支期对海西期继承因素明显,但晚印支期活动性加强,新生因素剧增;在空间上,在海西期褶皱带范围内及其附近,印支运动与海西运动常具继承性特点,而在前海西期古老基底上发生印支运动时,则新生性特点较为显著。然而,从中国及邻区各种地质事件和总体构造演化来看,印支期为重要的形变期与岩浆期,也是若干构造部位的变质期与成矿期。在中国西部的青藏、滇西地区形成规模宏大的印支期褶皱系,而且它与燕山期、喜马拉雅期的构造演化关系较为密切。在中国及邻区的西滨太平洋带,印支期是在亚洲大陆与古太平洋之间相互关系的陆洋构造体制中,在滨太平洋陆缘褶皱带之西,首次出现大陆外侧活动带和在新形成的古亚洲大陆东部开始发生陆内(板内)造山作用的新起点,也是中国东部古地理、古构造格局自以 EW 方向为主导逐步演变为以 NE 方向为主导的转折点。总之,作为中国构造—岩浆演化的新阶段,而将印支期视为中、新生代一级构造运动序列的开始,看来还是较为适宜的。

2. 燕山期构造运动序列

宏伟的燕山运动发生在中生代中、晚期,是中生代地壳运动的高潮。在中国东部以至整个西滨太平洋颇为明显。燕山运动是翁文灏(1926)以燕山为标准地区命名的地壳运动。多年以来,许多地质学者,如李四光、黄汲清等已从不同角度对燕山运动与燕山期的地质构造特征进行过大量研究和分析总结。李四光(1939)还曾将发生在侏罗纪晚期、白垩纪晚期的地壳运动分别命名为宁镇运动及闽浙运动。现知燕山运动不仅为中国重要的构造运动,而且属洲际性的重要构造运动。迄今燕山运动这一名称,不仅广为国内通用,而且也为国际所知。

(1)燕山期的构造和建造轮廓

中国东部及邻区滨太平洋带 根据西滨太平洋带中段的燕山期构造、建造发育特点与活动,可划分出 NNE 向的东、中、西 3 条构造—建造带,其间穿插近 EW 的阴山带与秦岭带,将 NNE 向的中、西 2 带分割成具有不同时代褶皱基底的北、中、南 3 段(图1-4-4)。在阴山带与秦岭带燕山期的活动性主要以不同强度的构造—岩浆作用的形式表现出来。燕山期 NNE 向的 3 条构造带,则是在印支运动的基础上强化、发展起来的。①东带为海槽活动带。北自锡霍特山脉—库页岛—北海道—东北日本及西南日本—琉球群岛—台湾—菲律宾一线,侏罗—白垩系主要为活动型的巨厚沉积。在北海道、锡霍特山脉及那丹哈达岭一带,皆发现有复理石建造、细碧岩建造以及含放射虫的硅质岩建造等。西南日本燕山期以海相碎屑岩为主,早期尚发现有含放射虫的硅质岩建造,其近陆的一侧在晚期转变为陆相的沉积—火山建造。②中带为大陆外侧活动带。处于东带之西,包括目前部分海域在内皆位于本带之内,其西界约抵太行—雪峰隆起一线附近,而其北段可向西延到蒙古东部。中带系在基盘总体上隆的背景上发育起很多陆相的火山—沉积盆地,除白垩纪的松辽—不列因大型陆相盆地外多属中、小型。其构造类型多为单断式的箕状盆地(半地堑盆地)或双断式的地堑盆地,只有少数为拗陷盆地。有些盆地在发育过程中可自断陷盆地转变为拗陷盆地,或断陷—拗陷盆地多次交替。根据火山、沉积盆地的发育状况与构造部位,可将本带划出 3 个略呈 NNE 向斜列的大规模火山岩带,自北而南为兴安—燕山火山岩带、吉黑东部—朝鲜北部—胶辽火山岩带、朝鲜半岛南部—闽浙火山岩带。在火山岩的岩石组合方面,前 2 个带主要为玄武岩—安山岩—流纹岩组合,属钙碱性岩石系列;朝鲜半岛南部—闽浙火山岩带主要为安山岩—流纹岩组合,以酸性火山岩为主体。以上 3 个火山岩带自西北向东南,在总体上,有时代变新、强度增加、酸度增高的演变趋势。③西带为大陆内侧稳定带。在本带中、南段隔以东西向的秦岭带,由 NNE 向的晋冀—鄂黔隆起带及鄂尔多斯—四川沉降带组成。燕山期火山前锋的西界参差不齐,除沿阴山带、秦岭带明显向西延展外,尚可波及隆起带。晋冀隆起的边缘甚至隆起之上有以中性、碱性富钾质岩浆为主的小型喷发或侵入。鄂黔隆起的边缘则以少量酸性岩浆活动为主,包括一些尚未出露地表的"盲岩体"在内。鄂尔多斯—四川沉降带是在印支期的基础上继承发展起来的。在南、北 2 个大型内陆盆地内部不存在燕山期的岩浆活动,其中皆含湖泊、沼泽相的沉积物,有含煤建造形成,也可含有油页岩与生油岩系。鄂尔多斯盆地在早白垩世的志丹群沉积之后萎缩上隆,而鄂尔多斯盆地到燕山晚期向川西北退缩,或为龙门山的山前凹陷带。上述隆起带和沉降带越过阴山带之北,受蒙古弧形构造影响轮廓不清,蒙古东南部侏罗纪的火山—沉积及白垩纪的内陆沉积盆地群、内蒙古东部隆起区,在构造部位上与上述隆起带、沉降带略相对应,但北段的构造、岩浆活动程度已有明显增强。在西滨太平洋带中段大陆外侧活动带与大陆内侧稳定带范围内,燕山期几乎全为大小不一、分散孤立的陆相的火山—沉积盆地或内陆沉积盆地,各个盆地之间的差别较为明显。

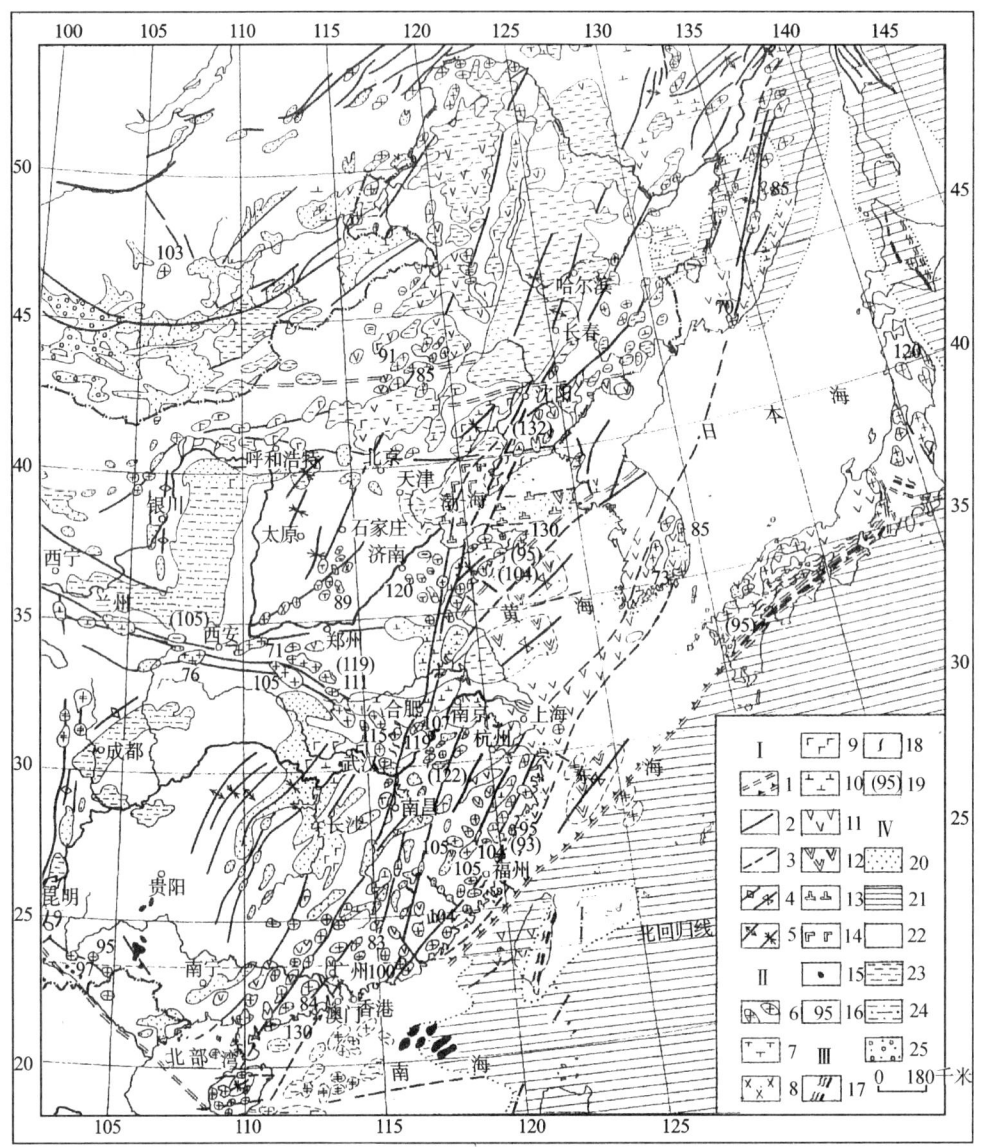

图 1-4-4　中国及邻区濒太平洋晚燕山期古构造图(崔盛芹,1999)

I.构造形变:1.多期活动或不同时期巨型断裂带、陆洋结合带;2.同构造期活动断裂;3.推测的同构造期活动断裂;4.同沉积期背、向斜;5.同构造期背、向斜.II.岩浆活动:6.花岗岩、花岗闪长岩.7.闪长岩、闪长玢岩;8.正长岩、碱性杂岩;9.基性喷发岩;10.中性、中基性喷发岩;11.酸性、中酸性喷发岩;12.燕山期酸性喷发岩;13.燕山期中性喷发岩;14.燕山期基性喷发岩;15.燕山期基性、超基性侵入岩;16.侵入年龄(Ma).III.变质作用:17.双变质带(高温带、高压带);18.片理、片麻理;19.变质年龄(Ma).IV.沉积建造:20.海陆界线;21.海湾、近海含煤盆地砂泥质建造或海槽活动型沉积建造;22.陆地隆起或隆起;23.湖沼相含油页岩、煤建造;24.河湖相红色碎屑建造;25.山麓相红色类磨拉石建造

中国西部特提斯带　中国境内经过印支运动之后,海水向西南退缩到特提斯带范围的青藏、滇西地区。本区形成于燕山期的褶皱带,可分为北、南2带。北带为唐古拉褶皱带,印支运动后侏罗纪海槽南移到唐古拉山脉一带,形成以海相为主的活动型碎屑岩及碳酸盐岩建造,可含复理石,厚数千米。侏罗纪末的早燕山期活动使上述地层发生复杂褶皱,其后有白垩纪陆相为主的红色岩系不整合覆于其上。南带为冈底斯—念青唐古拉褶皱带,本带为白垩纪的海槽中心,白垩系以海

陆交互相沉积为主,不同构造部位包括有碎屑岩、中酸性火山岩及复理石、磨拉石建造等,厚度变化很大,一般为3000米～6000米。晚白垩世末的晚燕山期运动使本带褶皱上升,仅在其南的喜马拉雅海槽内,存在有古近系初期的短暂海侵。

(2)燕山期构造运动的期、幕划分

20世纪以来,许多地质学者曾先后对燕山阶段地壳运动的划分与命名发表过很多有益见解。考虑到包括燕山运动在内的构造运动经常具有连续性与阶段性相统一的性质,而不同构造带与构造部位的地壳运动在时期、性质方面常具有一致性与差异性相共存的特点,崔盛芹等(1965,1976,1980)曾强调对燕山阶段地壳运动的划分应把构造期与构造幕的划分结合起来,要把区域性构造幕(主要幕)与局部性构造幕(次要幕)区分开来,并将燕山及邻区的燕山期构造运动序列划分为3期、5幕。1985年对全国性燕山期的划分则采用了二分方案,其原因是:就现有的研究程度,在全国范围内进行三分较为困难。

中国东部地区 从燕山期构造演化角度,以东岭台组为早燕山期、晚燕山期2期的界限较为合理和可行:因为就分期界面说,义县组、东岭台组及时代与其相当岩组的底界多为一较为清晰广泛的构造运动界面;就构造形变说,发生于侏罗纪晚期以及白垩纪末期的2个构造幕多造成沉积间断或构造形变;就沉积特征说,在燕山及其外围的冀鲁辽吉地区,燕山早期以门头沟群的含煤建造开始,以后城组的类磨拉石建造结尾,而燕山晚期则以热河群的含煤建造及含油页岩沉积开始,以王氏组的红色类磨拉石建造结束,这种沉积在更大范围内仍有一定反映;就岩浆活动说,在本区以至整个中国东部岩浆侵入和喷发活动的强度,燕山早期由弱变强,而到燕山晚期又由强变弱,同时在很多地区,燕山早期、晚期可分为别形成一些喷发—沉积旋回(图1-4-5,表1-4-4)。上述2个构造期可视为把燕山期构造运动序列细分而成的自然发展段落,有着较为广泛的区域对比意义。作为反映构造期中突变事件的构造幕(造山幕、褶皱幕)可分为主要幕(或区域幕)与次要幕(局部幕)2种,前者在构造演化方面起过重要作用,在一定范围内可进行大致对比;后者只存在于某些范围内,缺乏区域对比意义。基于上述认识,在早燕山期、晚燕山期各自的中期与末期,可分别划出2个区域性的构造幕(表1-4-4)。发生于早燕山期内部的前九龙山组或前"调"髻山组构造幕应属燕山运动第1幕,有着较广泛影响,发生于早燕山期晚期的前东岭台组构造幕应属燕山运动第2幕,对中国东部影响较广;发生于晚燕山期的前孙家湾组构造幕或前王氏组构造幕应属燕山运动第3幕,对中国东部若干地区产生较为轻缓的褶皱变动或基盘上隆,使得沉积盆地发生萎缩;发生于晚燕山期晚期的前五图组(前长辛店组)构造幕应属燕山运动第4幕,中国东部发生颇为广泛的构造变动或上隆作用,因而除有些盆地古近系与上白垩统为连续沉积外,多造成两者之间为不整合或假整合关系。与此同时,在扬子和华南的一些盆地中,在燕山期沉积之末,曾发生过逆冲或推覆式的薄皮构造。

中国西部地区 位于西秦岭—昆仑山脉以南的青藏地区,为广阔的中、新生代活动带。自北而南,由巴颜喀拉、唐古拉、冈底斯—念青唐古拉及喜马拉雅几条不同时期的褶皱带组成。这一地区各主要构造带的成生期,与主要沉积建造、火山岩系、侵入岩体的形成期以及产生主要褶皱、断裂的形变期,三者基本上是一致的,而且是在空间上逐步南移,在时期上依次变新。值得注意的是在上述范围内,存在着中国境内发育良好的、独立的燕山期褶皱带,包括早燕山期唐古拉褶皱带与晚燕山期冈底斯—念青唐古拉褶皱带。这一地区燕山阶段的地壳运动,不但明显存在着二分的特点,即可划分出相当侏罗纪阶段的早燕山期与相当白垩纪阶段的晚燕山期,而且还可划分出先后4个褶皱带与构造带。可以看出,以上青藏地区燕山阶段地壳运动的发展过程与期、幕划分,与前述对中国东部燕山运动2期、4幕的划分方案颇为近似。这2个地区可以分别代表中国西部海槽活动型构造带与东部陆内(板内)造山作用影响区燕山运动的2种不同表现形式及其演化历程。

表 1-4-4　燕山及邻区中新生代构造运动序列及有关地质事件简表(据崔盛芹,1999)

年代			地层系统:北京西山	地层系统:辽西-下辽河	沉积作用:同沉积-同造山期	沉积作用:后造山期	岩浆作用:喷发	岩浆作用:侵入	形变作用:同沉积期	形变作用:造山幕	构造环境:伸展	构造环境:挤压	构造运动序列	陆内造山阶段		(Ma)
新生代	Q			平原组					(断裂褶皱)				(构造反转事件) Ⅵ$_{1\sim2}$	晚拉喜雅马期	重造山期	
	N			明化镇组 馆陶组												25
	E			东营组 沙河街组 房身泡组						下辽河盆地逆冲断裂			Ⅴ$_{1\sim2}$	早拉喜雅马期		65
中生代	K_2		夏庄组	孙家湾组						南大门逆冲断裂				晚燕山期	主造山期	
	K_1	K_3	坨里组 大灰厂组 东狼沟组	阜新组 九佛堂组									Ⅳ$_{1\sim2}$			
	J_3		东岭台组							逆冲推覆						145
		J_1	后城组	土城子组												
			髫髻山组	兰旗组				杨杖子Gr					Ⅲ$_{1\sim2}$			
	J_2	J_1	九龙山组	海房沟组				常家庄Gr 大石桂Gr		兴隆煤田逆冲断裂带				早燕山期		
	J_1		龙门组 窑坡组	北票组									Ⅱ$_{1\sim2}$			
			南大岭组	兴隆沟组												
	T_3		杏石口组	绅头波罗组										印支期	始造山期	215
	T_2 T_1		双泉组	后富隆山组 红砬组				光岭山Gr		内蒙隆起带			Ⅰ$_{1\sim2}$			248
晚古生界														前造山期		

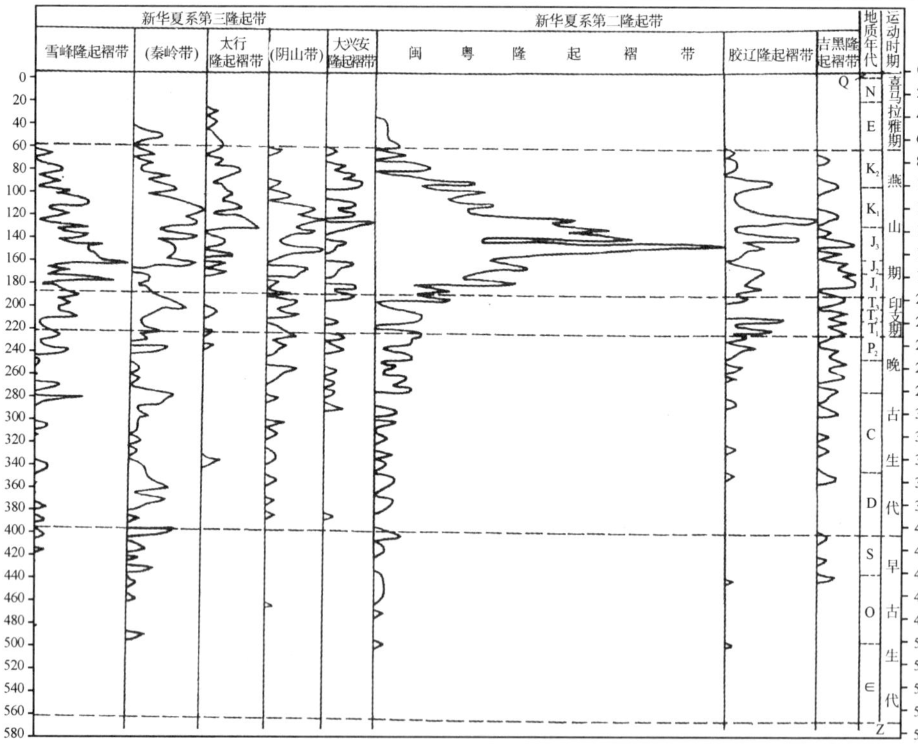

图 1-4-5　中国东部寒武纪以来与构造运动有关的热事件年龄统计分布图(据崔盛芹,1999)

3. 喜马拉雅期构造运动序列

喜马拉雅期构造运动既表现为燕山运动的继续发展,又反映出构造—地貌演化的崭新特点,是中国现今构造—地貌景观的形成时期。它正在发生的地壳运动与地质作用,对自然环境演变、地质灾害发生和区域地壳稳定程度有着重要影响。

(1)喜马拉雅期构造—建造带的布局

喜马拉雅期以来,中国及邻区滨太平洋带伴随着陆洋之间强烈挤压扭动作用,自东至西,从陆洋间—陆缘—陆内,逐渐出现了在成因与演化上、在浅部—深部以及地质—地球物理特征上具有明显特点的5条NNE向的巨型构造—建造带。

西太平洋海沟—岛弧带 位于亚洲大陆东缘的大陆型、大洋型地壳的交界附近。岛弧带由一系列大弧向东突出的弧形岛屿(包括勘察加—千岛群岛弧、日本群岛弧、琉球群岛弧、菲律宾群岛弧及加里曼丹群岛弧等)组成。沿现今岛弧带的东侧大部地带发育有海沟带。沿海沟带轴部或近陆一侧,存在有显著的、西太平洋的负重力异常带。呈正地形为主的岛弧带之下的莫霍面明显下凹,形成双凸型的地壳结构。岛弧带迄今仍是新构造运动与现今构造运动最强烈、地震及火山作用最活跃的活动构造带。西太平洋海沟—岛弧带在喜马拉雅期经历了从海槽、岛海向成型海沟的演化过程。

西太平洋边缘海盆地带 为与岛弧带相辅而生,发育于近陆一侧,如鄂霍次克海—日本海—冲绳海槽—南海的陆缘海盆、海槽带。本带的现今地貌景观主要为深水盆地或槽地,其陆壳减薄,洋壳增生,一般构成过渡型地壳区,而在鄂霍次克海南端深水盆地、日本海北部拗陷的大部、南部拗陷的部分地区以及南海的中央海盆等地,形成新生的大洋型地壳区。

黄海—东海—南海北部陆架裂谷带 自闽浙沿海的重力梯度带向东,北起黄海、东海陆架,向南延过台湾海峡,到南海北部陆架,构成向东南突出的弧形陆架裂谷带。东海陆架以其东缘隆起带以东的断裂带与冲绳海槽为界,南海北部陆架的东南缘则隔以阶梯状断裂,经过东沙、西沙群岛一带的陆坡联向南海中央海盆。本带的地壳厚度一般在24千米~28千米之间。

中国东部大陆外侧裂谷带 约自松辽—下辽河—渤海—华北—苏北—江汉,由一系列裂谷盆地所构成一条NNE向的大陆外侧裂谷带。本带西缘约以大兴安岭—太行山—武陵山的重力梯度带为限。东缘的北段整体上以郯庐断裂系为界,南段在我国东南地区受控于一系列NE、NNE向斜切断裂带,发育有喜马拉雅期以断陷为主的盆地系统。这一裂谷带的各裂谷系在发育过程中,伴随同沉积断裂活动,发生断陷与差异升降作用,造成幔源玄武岩浆多处、多期喷溢。同时,根据现今若干主要裂谷系盆地之下,莫霍面上穹,热流值增高,地壳有所减薄等方面现象,说明这一裂谷带的发育有其深部的地质—地球物理背景,并从总体上反映出在喜马拉雅期处于以拉伸作用为主的应力场状态。

中国东部大陆内侧裂谷带 东亚大陆内部自东西伯利亚至中国北方一带,在高山、高地或高原的总体背景上,间互发育有一系列喜马拉雅期的河谷盆地、山间洼地或湖泊,构成升降相间、起伏交替的地貌景观,形成一条大陆内侧裂谷带。本带以中国北方的汾渭裂谷系、鄂尔多斯地块北缘—西缘裂谷系及二连—海拉尔裂谷系为代表,东西伯利亚的贝加尔裂谷系也应属本带范围之内。这些不同的裂谷系皆具有一定的深部地质—地球物理背景。

(2)喜马拉雅期构造运动的期、幕划分

根据中国及邻区的构造发展与地壳演化过程,可将喜马拉雅期构造运动序列划分为2期:早喜马拉雅期(古近纪阶段)、晚喜马拉雅期(新近纪—第四纪阶段)。进而还可在早期内部的始新世末、早期与晚期之间(古近纪与新近纪之间),以及晚期内部(新近纪—第四纪之间),划分出3个区域性的构造幕。中新世中后期的构造幕对特提斯带及岛弧带具有较明显影响。

关于喜马拉雅期与燕山期的分界,过去习惯上是以白垩系与古近系之间的不整合面为界,而且认为中国普遍缺失古新统。近年来已不断发现古新统的存在,而且证实有的地区古新统与上白垩统上部地层间常为连续沉积或有短暂的沉积间断,而上述的不整合界面实际上是发育在上白垩统内部。因此,中国一些地区喜马拉雅期的下限,应包括晚白垩世晚期在内。

位于中国东部滨太平洋活动带的台湾海槽,在喜马拉雅期经历过与上述第二三幕大致相当的造山运动:古近纪末发生过一次强烈的构造运动(埔里运动),使中央山脉以西的古近纪复理石建造发生褶皱变质;新近纪末的构造运动(台湾运动),使中央隆起带东西两侧海槽发生褶皱封闭,总体形成台湾褶皱带。

中国东部滨太平洋地区、主要在新华夏系沉积带范围内,发育有一些不同规模的裂陷盆地,古近纪以湖相沉积为主,新近纪及第四纪以河湖相沉积为主。其中古近—新近系之间以及新近系与第四系之间多为不整合接触。

喜马拉雅阶段地壳运动在青藏地区的表现形式与东部地区明显不同,属于典型的造山运动性质。据李廷栋等(1980)研究,可将青藏地区的喜马拉雅运动划分为3幕:第一幕发生于始新世末期,表现为特提斯海的关闭,并产生构造变动与岩浆活动;第二幕发生在中新世中后期,表现为强烈的褶皱断裂变动、岩浆活动与变质作用,同位素年龄值约在20百万年~10百万年间;第三幕始新世末、早期发生在上新世—早更新世,主要反映为青藏高原的抬升与断裂活动。

第三节 中国构造体系与构造体系域

一、中国大地构造学主要学说

大地构造是地球科学的一个分支学科。它主要研究地球的构造、演化及其运动变形和发展规律等问题的学科,是研究地球科学的基础理论之一,不仅对深入认识地球发展史和地壳、岩石圈运动史有重要的理论意义,而且对研究成矿条件、地表成因及预测矿产资源等都具有重要的实际意义。

中国大地构造学研究在"百花齐放、百家争鸣"方针指引下,随着研究手段的现代化和跨学科的大协作,改变了过去传统的研究方法和观念,在20世纪60年代~70年代全面开展1:20万综合地质调查,积累了丰富的实际资料基础上,应用大地构造学理论,采用建造分析和构造层划分的方法,编制了各种中国大地构造图。同时,在探索中国大地构造发展规律中,大地构造学理论研究取得了长足进展,相继提出了一些不同风格的大地构造学说,逐步形成了中国不同风格和不同学术思想的大地构造学派,使中国大地构造学研究进入了新的发展阶段。

(1)地质力学 李四光倡导和创建的地质力学,是运用力学原理研究地壳构造和地壳运动规律及其起因的新兴边缘学科。地质力学研究地质构造时注重构造形迹力学性质的鉴定和构造体系的确定。地质力学研究所在孙殿卿等领导下于1976年及1978年分别编制出版了1:400万《中国构造体系图》及其说明书《中国主要构造体系》,把构造体系划分为3类。①纬向构造体系:中国境内发育3条,其中的阴山—天山构造带在元古代已经形成,最近一次的显著构造运动发生在侏罗纪以后,秦岭昆仑构造带在志留纪以前已经出现,在侏罗纪以后形成现在的构造面貌;南岭构造带的历史可追溯到泥盆纪以前,主要由古生代和中生代褶皱和大量花岗岩体组成。②经向构造体系:在中国境内最明显的是川滇南北向构造带,南北向的隆起和拗陷在震旦纪之前已经存在,经向构造体系在中国境内属挤压性。③扭动构造体系:根据受力方式不同分为直线扭动和曲线扭动2种型式,把直线扭动形成的构造体系称扭动构造体系,把曲线扭动形成的构造体系称旋扭构造体系。扭动构造体系中以中国东部北北东向新华夏系最为明显,由3个隆起带和3个拗陷带组成;北北西向的河西系发育在中国西部,山字型构造在中国境内主要有祁台贺山字型、淮阳山字型、广西山字型。旋扭构造体系中的青藏歹字型构造是一个巨大反S型构造,帕米尔—喜马拉雅歹字型构造是一个巨大的S型构造。地质力学认为,地球自转速度的变化是发动地壳运动的主因。

(2)多旋回构造说 多旋回构造运动学说即地壳运动的多旋回理论,是黄汲清于1945年提出来的。该学说是在地槽发展单旋回观点上的进一步发展。早期采纳地槽地台学说,并运用历史分析和建造分析方法,结合当时的地质资料把亚洲东部划分成几个地台——中朝地台、扬子地台、塔里木地台和几个地槽褶皱带——中亚蒙古褶皱带、特提斯喜马拉雅褶皱带、华南加里东褶皱带。在20世纪70年代,黄汲清进一步把多旋回构造运动说与板块构造学说结合起来,认为板块运动也是长期的、多旋回发展的,提出三大构造域的概念,即古亚洲构造域是比较稳定的地区;滨太平洋构造域在中生代构造运动强烈，出现大量火山岩喷发和花岗岩侵入体，认为是太平洋板块向欧亚板块俯冲的结果；特提斯喜马拉雅构造域在新生代构造运动强烈，使喜马拉雅山和青藏高原隆起，是印度板块向北漂移，继而碰撞亚洲大陆的结果。1980年在黄汲清指导下，由任纪舜、姜春发、张正坤等编制出版了1:400万《中国大地构造图》及其说明书《中国大地构造及其演化》，论述了中朝准地台、扬子准地台和塔里木准地台的形成过程以及古亚洲构造域、滨太平洋构造域和特提斯喜马拉雅构造域的发展特点。

(3) 板块构造学说 李春昱最早把板块构造学说运用于中国，并于1982年主编了1:800万《亚洲大地构造图》及其说明书，把中国及其邻近地区划分为4个古板块，即中间为中国古板块（包括其南北边缘地槽），北为西伯利亚板块（包括其南部边缘的安加拉—蒙古地槽，以东准噶尔—贺根山缝合线为界），西南为印度板块（包括其北部边缘的南特提斯地槽，以印度河—雅鲁藏布江地缝合线为界），东南为太平洋板块（以台湾大纵谷为界）。中国板块以塔里木—中朝板块为核心，其北缘为天山—兴蒙褶皱带，沿该带发生一系列古生代俯冲带和缝合线。其南缘为秦祁昆褶皱带，沿该带古生代和早中生代也发生了一系列俯冲带。雅鲁藏布江以北属中国板块的北特提斯地槽，以南属印度板块的南特提斯地槽，扬子板块东南为华南加里东地槽。

(4) 断块构造学说 张文佑运用历史分析法与地质力学分析法相结合的方法，在对中国深断裂进行研究的基础上提出断块构造学说，认为地球岩石圈被深度不同的断裂带切割成大小不等厚薄不一的断块。由于受力方式、边界条件及介质物理力学性质不同，断裂带以不同的型式组成X型剪切体系、Y型剪切拉张体系和I型张性体系，并认为地球内部各圈层都可发生层间滑动。于1983年编制出版了《中国及邻区海陆大地构造图》(1:500万)和1984年出版了《中国及邻区海陆大地构造》一书，把中国及邻区大地构造演化划分为5个阶段：太古代大陆型地壳初始发育阶段；元古代大陆型地壳成熟阶段；始生代大陆型地壳扩展阶段；古生代大陆型地壳解体与拼合阶段；中、新生代海陆地壳相互转化和现今构造格局形成阶段。由于断块学说吸取了有关大地构造学说的优点，使许多疑难问题从理论上得到科学的解释，因此受到国内外地质界的普遍重视，并已在石油、铁矿、地震地质、水文工程等项生产实践中收到一些实际效果。

(5) 地洼学说 地洼学说是陈国达首创的一种地壳演化理论。1956年，陈国达在总结中外地质资料的基础上提出，中生代中期以来地壳演化进入了新阶段，经受断裂作用和拱曲作用后所形成的狭长形或长圆形的凹地或凸起，其大地构造性质既非地台区，也与地槽区有别，而是一种新型活动区，是大陆地壳的第三构造单元。因它是地台区向活动区转化的产物，故取名为活化区；又因其最主要的特征是区内出现地洼盆地，故称地洼区。地洼学说认为，地洼区（活化区）是一种新型活动区，是由地台转化而来的一种新的构造单元，表现在地洼型沉积以及岩浆活动、构造型相、地球化学、地球物理等特征方面，把地壳的发展概括为"地槽→地台→地洼"几个阶段，提出地壳发展的"动定递进论"，即活动区与稳定区互相转化，其发展过程是螺旋式的。提出中国东部为华夏型地洼区，西部为中亚型地洼区。1977年运用地洼观点编制出版了1:400万《中国大地构造图》。该学说认为，地洼阶段是一个重要成矿期，其特点是形成丰富的有色金属、稀有金属、分散元素及放射性元素等矿床；汞、氟、金刚石等也很重要。世界上80%的钨、85%以上的钼、50%的锡、40%的铜产于中、新生代；金刚石以中生代为产出的高峰期。地洼盆地中也产生石油、天然气、煤、油页岩、石膏、盐，以及沉积铜、铀、铁等矿。其矿床特点常以小面积内可以集中大储量著称。地洼区常可继承先成的构造单元的矿产，形成矿床叠加，其成矿作用又可将先成矿床改造富化，形成新的矿床或使先成地层中分散的成矿物质富集形成工业矿床。因此，在地洼区内矿产综合多样，且常见大而富的多因复成矿床。由于地壳演化新阶段具有如此的成矿作用，引起国内外成矿学者的高度重视。

(6) 波浪状镶嵌构造说 波浪状镶嵌构造说是张伯声在20世纪60年代创建的，提出镶嵌地壳波浪运动的规律。认为地壳是由许多条条块块拼凑而成，前者代表地槽褶皱带，后者代表刚性地块,从而形成地壳的镶嵌构造。提出中国构造格局是由若干北东向构造带,即环太平洋带和若干北西向构造带,即古地中海带相互穿插、交织而成,两构造带中的等距离的隆起带称波峰,等距离的拗陷带称波谷,交替出现形成波浪状构造和网状格局。提出从兰州—滇南存在一镜像反映的中轴带。并于1980年出版了《中国地壳的波浪状镶嵌构造》一书。波浪状镶嵌构造说在理论兼收并蓄了"脉动说"的合理部分,从地球自身的运动探讨了波浪镶嵌构造的形成机制,赋予"地球四面体理论"以新的含义。它指出,由于地球以收缩为主的脉动,使地表产生4个地壳波浪系统。它们各自不停的传播及相互交织,形成地壳的波浪状镶嵌构造网。地球由于脉动所派生的自转速度的变化,又加剧或减弱了一些方向的地壳波浪,并可在上述波浪镶嵌构造网上叠加一些其他构造形象。地壳的波浪状镶嵌构造,就是地球以收缩为主要趋势的脉动以及由此而导致的自转速度的变化所造成的综合效应。该学说以地壳波浪运动的3种基本形式(蚕行式、蛇行式和蠕行式)来形象地说明地壳各大小块体的运动是以水平方向传递为主,但"漂而不远,移而不乱"。有别于"板块构造说"所认为的地壳几大板块在地幔上作远距离漂移的看法。而且波浪状镶嵌构造是由于不同系统的级级相套的地壳波浪交织而成的宏观与微观统一的级级相套的地壳块体的镶嵌构造。

(7)王鸿祯、马杏垣等的活动论观点 王鸿祯运用活动论观点编制了中国大地构造分区图,把中国地壳划分为大陆区、陆间区和陆缘区,把中国地壳发展划分成5个阶段:陆核形成阶段(26亿年前);原地台阶段(19亿年前);地台阶段(8亿年前);联合大陆阶段(志留纪末);联合大陆开始解体阶段(三叠纪)。马杏垣注重地壳早期演化特征的研究,在河南嵩山地区晚前寒武纪中发现大规模重力滑动构造。

二、中国主要构造体系

李四光从20世纪20年代初在研究中国和东亚构造的基础上,总结广大地质工作者的长期实践经验,将地质学与力学结合而创建了地质科学中的一门边缘学科——地质力学。

地壳的岩层、岩块中的褶皱、节理、断层等各种地质现象称为构造形迹。构造行迹的规模大小不一,可以大到展布于地壳上的山脉,也可以小到矿物的晶格位移和矿物定向排列所形成的片理等等。它们是地壳、岩体在应力作用下永久变形形成的踪迹。为了描述构造形迹的特征和它在空间上的方位,往往采取这些构造形迹上的一个面(平面或曲面)来表示该构造的形迹,这种面称为结构面。在构造带与构造带之间,又常夹有构造形迹相对微弱的地块或岩块。如果它们是同时期经过一次构造运动或按同一方式经过几次运动产生的,就可以把它们看作是一个统一的整体,称为构造体系。构造体系的类型繁多,按它们形成的地应力分析,可概括为3类,即巨型纬向构造体系、经向构造体系和各种扭动构造体系(孙殿卿等,1999)。

表1-4-5 中国大地主要构造类型及特征

构造类型	构造特征
纬向构造体系	包括若干巨型复杂的东西向构造带,每个复杂构造带自成一个体系 主体是与走向东西的褶皱带和挤压型断裂带构成,有扭断裂与之斜交,张断裂与之垂直走向基本与纬线平行,自动向西延伸
经向构造体系	构造体系的主体是由走向南北的挤压带即单式和复式的剧烈褶皱带构成 走向大致与经线平行,向着南北方向延伸
扭动构造体系	由于地壳组成的不均一性,导致局部地区发生扭动而形成 把直线扭动形成的构造称为扭动构造体系,如多字型、山字型、棋盘式、入字型等构造 把曲线扭动形成的构造称为旋钮构造体系,如歹字(之字)型、帚状、莲花状等构造

1. 巨型纬向构造体系

巨型纬向构造体系又称东西向构造体系,或称东西复杂构造带。在大陆壳上突出的表现为横亘东西的隆起山岭,往往出现在一定纬度上,它的规模很大,具有全球意义。主要是受南北向挤压力而产生的,主体是由东西走向的褶皱或压性断裂构成的,同时还有与其垂直的张性断裂和与其他斜交的2组扭性断裂。这一系列东西复杂构造体系,不一定具有同样的发展过程,也不一定具有同样的综合形态,但却具有主要的共同特征,作为一个整体的复杂构造体系以及组成它的主要褶皱和断裂,大致都是东西走向的。在中纬度地区比较集中,在大陆上断续延伸长达几千千米,在大洋底也有存在的踪迹。其发展历史很长,经历了反复多次的地壳运动,一般常伴随有东西走向的岩浆岩带分布。所以对各种矿产的分布有着重要的控制作用。

从中国大地构造轮廓来看,有3条明显呈东西向的山脉,形成3条横亘东西的巨型纬向构造体系。由北往南是:阴山—天山构造带、秦岭—昆仑构造带和南岭构造带。可能还有第4条巨型纬向构造带,位于海南岛以南的海域。

(1) 阴山—天山构造带(简称阴山带)

在元古代已经形成,最近一次的显著构造运动发生在侏罗纪以后。阴山—天山构造带的主体大致位于北纬40°~43°,局部地段略有变化;主要由太古宙及古元古代变质岩系、中新元古界、古生界及部分中生界的紧密褶皱和压性断裂等构成;其间,不同时期的侵入岩及喷出岩均较为发育,全长4000余千米。其走向由阴山地区往东有微向东北方向延伸之势,往西则略向西北方向延伸。阴山带可沿走向分为3段:张家口地区以东为东段,此段以受到新华夏构造体系的强烈干扰为特点。张家口地区往西,经阴山山脉到阿拉善地区北部高地,为阴山带中段,大致介于东经100°~115°之间,此段之平均位置处于全带最低的纬度上。甘肃北山和新疆天山山脉则是阴山带西段。这3段经海西至印支运动形成统一的东西构造带;而印支晚期至燕山运动形成内陆含煤及含油气盆地,其褶皱宽缓,冲断—推覆构造相伴而生。带内韧—脆性变形发育,低温中压及高压动力变质带规模甚大、分布广泛,如内蒙古东西长达200千米的温都尔庙图林凯—德言其庙推覆构造、苏尼特旗中部延展60千米的推覆构造以及吉南、辽东等多处巨大的EW向推覆构造,并发育韧性剪切带、蓝片岩带等,反映强烈的多期变形、变质作用叠加;有数条由超镁铁岩、基性熔岩及硅质岩组成的蛇绿岩、蛇绿混杂带呈EW向展布,显示此纬向构造切割地壳深度甚大;阴山东段莫霍面等深线图反映渤海存在EW向地幔隆起,亦表明其影响深度可达地壳下部至上地幔。

整个阴山带,至少从古生代以来反复经历了多次强烈的构造运动,其中最晚的一次大约在以侏罗纪以后,可能属于燕山运动末期。在其南部边缘的某些段落,曾发现较为强烈的横移断裂之痕迹。在阴山带中主要矿产有钒、钛、铜、铅及锌等金属矿产,晚古生代和中生代的煤,以及稀有、分散元素等。此外,还有规模巨大的鞍山式和白云鄂博式铁矿。前者是前长城纪沉积变质岩系中的条带磁铁矿和赤铁矿,与俄罗斯的"含铁石英岩"和美国的"铁燧石"大致属同一类型,但中国这种沉积类型的矿床一般变质程度较深,局部遭不同程度的混合岩化作用,其中含有热液迁移作用所形成的富矿;后者为含有多种元素的高温热液及气成交代磁铁矿和赤铁矿床,系产于中、新元古界的白云岩中,与邻近的偏碱性花岗岩有成因联系,在铁矿围岩中有明显而宽广的碱金属交代蚀变带。上述各种矿产的分布,显然主要受这一纬向构造体系的控制。

(2) 秦岭—昆仑构造带(简称秦岭带)

在志留纪以前已经出现,在侏罗纪以后形成现在的构造面貌。其主体大致在北纬33°~36°之间。秦岭居于其中段,地貌上极为显著;秦岭以东为东段,受其他构造体系的干扰极为明显;昆仑褶带则为西段。此带岩层、岩体变质、变形强烈,EW向逆冲—推覆构造发育,构造动力变质带规模甚大。东秦岭地区,由海西—印支运动生成的EW向构造为此纬向带之主体。西秦岭地区,北亚带因西域系、祁吕系西翼复合，并受陇西系乃至新华夏系西缘干扰，致使表现较弱；南亚带为纬向构造带主体，虽有上述构造体系影响，但总体仍呈EW向展布，局部为向南凸出的弧形。西昆仑以断裂深切，有蛇绿岩、蛇绿混杂岩沿断裂分布为其特点之一；东昆仑局部遭受强烈挤压、形成紧密线状褶皱并倒转，印支运动产生的动力变质带规模巨大。东昆仑与西秦岭之间的西倾山地区，处于川滇南北带雅砻江—绿汁江断裂带之北延位置，表明经向带在此与纬向带反接复合。

沿秦岭带，新太古代及古元古代变质岩系在东段出露面积最大，古生代地层在中段最为发育，变质的中生代地层则在西段分布甚广。中生代、古生代花岗岩和一些更老的岩体，以及基性—超镁铁岩带多掺杂在构造变动剧烈的地带。在这个全长4000多千米的纬向构造体带中，走向EW的秦岭是最显著地一段，可大致将其分为南、北2个亚带：北亚带主要由新太古代及古元古代变质岩、部分中、新元古界及寒武系等组成；南亚带主要由古生代海相地层组成，挤压现象均相当强烈。秦岭带中段之东秦岭部分，往西延入甘肃境内后，主要受中国西部的巨型构造体系——青藏歹字型构造及祁吕贺兰山字型构造西翼的干扰，走向往北偏转，形成了西秦岭地区的NWW向强烈褶带。此段是秦岭带走向偏转较为显著的段落之一。这一段主要由志留系—三叠系构成的一系列复式褶皱等组成，海相三叠系极发育，最厚者可达2000余米。区内发现二叠系被推覆到三叠系之上而形成飞来峰，在绿曲—洞昌一带，三叠系构成的褶皱多向北倒转。据此可以断定，自古生代以来发生的多次构造运动中，挤压最剧烈的一次大约在三叠纪末期或三叠纪以后。

秦岭—昆仑带的西段由昆仑褶带构成，沿昆仑山脉展布。EW方向绵延可达2700千米。此带由于受西藏地块和另一个巨大构造体系的干扰，致使其所在的位置，比它应该出现的地位稍稍往北挪动了一些。昆仑褶带主要由中新元古界、古生界和中生界组成，影响到一部分新生界，在西昆仑的铁克力克山及其以西有晚太古界等古老变质岩系出露。被卷入的昆仑褶带的地层，下古生界及其下伏中新元古界变质程度一般较深，北部一部分岩层已变质成为结晶片岩及片麻岩等；而南部上古生界及部分中生界仅轻微变质，这些特征均与秦岭地区相似。花岗岩体大规模地侵入于下古生界及中新元古界等变质较深的地层中，在晚古生代和中生代地层中有超镁铁岩及时代较新的小岩体零星分布。这一段的显著特点是褶皱带延伸甚远而宽度一般不大，带内褶皱多呈线状平行排列，主要压性断裂皆向北倾斜，而地块或岩块则向南推覆、逆掩。在西倾山地区主要由三叠系组成复式背斜，轴部有石炭、二叠系出露，轴向EW，褶皱波及带较宽。在布尔汗布达山及阿尔格山地区以中新元古界为核心，组成走向略向NWW方向偏斜的一条褶带，古生界和中生界均被卷入，带内花岗岩体多呈长条状分布。再往西，在西昆仑地区EW褶带遂变开阔，出现以晚古生代和中生代等地层组成的以复式向斜为主之褶皱地带。在东经85°以西，又受到另一个向南凸出的弧形构造干扰，在弧形构造带内侧出现由古生界及更古老岩系所组成的复式背斜。昆仑褶带一直延伸到喀喇昆仑山脉东麓，被另一个巨型歹字型构造体系所切断，在帕米尔地区消失。

秦岭—昆仑带具有悠长的发育历史，为东亚地区经过长期活动的构造带之一。由地层证据得知，至少这一纬向构造带中的一部分经历了海西、印支和燕山等强烈构造运动，其中最晚的一次剧烈变动大约在燕山运动末期，及至以后的喜马拉雅运动时期仍有活动。至于与现存的秦岭山脉等大致相当的山脉，看来在早古生代即已存在，因为分布在其南、北两侧的古生物群，于中奥陶世就已经开始出现差异：北方以北美型的珠角石动物群为特征，而南方的动物群则与波罗的海区的直角石生物群密切相关。

在秦岭带中，主要矿产除夕卡岩型铁矿及铜铅锌等有色金属矿床外，在其中部北侧陕西境内还找到了巨大的细脉侵染型钼矿，矿体主要产于中新元古界变质的安山岩及与成矿有密切关系的斑状花岗岩中，并在几个不同时代的地层中均已找到具有工业价值的铁矿。在秦岭东部向海滨延长的海州地区已发现产于结晶片岩和变质杂岩中的磷灰岩矿床。其他与基性—超镁铁岩有关的矿床及稀有、分散元素矿床等也有发现。

(3) 南岭构造带(简称南岭带)

南岭构造带的历史可追溯到泥盆纪以前,主要由古生代和中生代褶皱和大量花岗岩体组成。南岭带的主体位于北纬24°~25°30′,在个别地区可散布到26°左右。其东段展布于闽南、赣南及粤北等地区,往东延伸,直达台湾省北部。由EW向复式褶皱、冲断层、花岗岩带、动力变质带及火山岩盆地组成,航磁异常、地震震中、温泉以及部分山脉和水系亦呈EW向展布;而中段虽受到发育的广西山字型构造的强烈干扰,但以复式褶皱和冲断带为主的EW向构造形迹仍甚显著,且连续性好,并伴随呈EW向分布的花岗岩带、走向EW的构造动力变质带、乃至挽近以来的隆起凹陷带,从而构成此纬向带之主体;西段则因其他构造体系严重干扰,使EW向构造形迹零星散布,但有重力异常显示,对应EW向莫霍面梯度带于北纬23°以北地壳变厚,表明深部有EW向构造存在。

在南岭带中,包括赣南、湘南、粤北和桂东北等地区,各种金属矿产星罗棋布,特别是钨、锡矿床和有色金属以及某些稀有、稀土元素矿床等,蕴藏量极为丰富,多分布在与新华夏系等构造体系的复合部位。在滇中地区,与基性—超镁铁岩有关的铁、镍和铜等矿床则常分布在南岭带和经向构造的复合部位。

(4) 其他巨型纬向构造带　横亘中国海南岛以南海域纬向构造带的主要位置大约在北纬18°以南。

2. 经向构造体系

经向构造体系形成起因于地球自转而产生的纬向惯性力的作用,使之沿一定经度展布,故名。是一些走向南北的强烈构造带,又称南北向构造体系。其规模不等,性质也不尽相同。在中国,表现为由走向SN的强烈挤压构造带,由轴向SN的隆起和拗陷带、单式复式褶皱带及压性断裂带(并有扭性断裂与之斜交、张性断裂与之垂直)等组成。在中国境内广泛发育于秦岭以南,亦散布到华北、东北及西北等地区。其中最为显著的SN向构造带出现在四川西部和云南中部,SN向的隆起和拗陷在震旦纪之前已经存在,其中以大雪山—贡嘎山为主体,称为川滇南北向构造带。该带在地理上称为横断山脉。自西向东并列有高黎贡山、怒山和大雪山,由一系列强烈褶皱和规模巨大的冲断层组成。在中国其他地方还有一些不太强烈的经向构造体系。在北方如贺兰山区南北走向的构造带与祁吕贺山字形脊柱相复合;在南方,四川东南至贵州中部有川黔南北向褶皱群出现。此外,还有一些经向构造体系,有的是呈零星分布,有的与"山字型"构造的脊柱相复合。

(1) 川滇南北构造带

由川西经滇西、滇北向南伸展之强大的SN向褶带,统称川滇南北构造带或川滇南北带。其范围大致在东经98°~103°之间,带宽400余千米。往北沿大雪山为一级重磁异常重叠的特征线穿越松潘—若尔盖地区东部,沿岷山山脉则有二级特征线与前者对应,表明川滇南北带过康定后仍有继续北延之势;与青海湖东侧有一系列SN向重磁异常特征线,在前述西倾山左近切穿秦岭—昆仑纬向构造带;再北为延长超过300千米的向深大磁异常特征线位于腾格里—巴丹吉林沙漠东界。川滇南北带南段为一级重磁特征线密集带,与西侧SN向均衡重力异常或付异常中相对高值带,东侧为强度较大的SN向均衡重力异常(局部有EW向异常叠加),由此与北延特征线相呼应。往南越过中缅边境沿伊洛瓦底江流域和萨尔温流域延伸,直至马来半岛东岸山系,全长达数千千米。

在川滇地区,此带可分为2个平行的主要褶带:西为滇西褶带,东为川西—滇东褶带。

滇西褶带　展布于云南西部的三江(怒江、澜沧江、金沙江)地带,往北延展到四川甘孜—理塘以西及西藏江达—芒康以东地区。它与青藏歹字型构造的反S形褶带中段斜接复合,二者在该区的走向总体不同,属于歹字型构造的褶带及一部分主干断裂常穿插南北带,但在局部地区,它们互相迁就,往往无明显的穿插现象。滇西褶带主要由复式褶皱、冲断层群、构造动力变质带及侵入岩带等构成。组成滇西褶带的复式褶皱,展布在川藏边境的江达至甘孜一线以南。与复式褶皱平行排列并与之具有同等级别的压性断裂甚多。在滇西褶带的主要构造成分中有 2 条动力变质带极为突出,它们不仅延伸方向和片理走向与滇西褶带总体走向一致,而且混合岩中的残留体等一般产状亦呈 SN 走向。掺杂在滇西褶带中的侵入岩以呈带状分布之花岗岩类为主,其中印支期的岩体较多,而燕山期及古生代等岩体较少。此外,沿部分主干断裂带有燕山期的基性—超镁铁岩带分布。滇西褶带经历了中生代以来的印支、燕山等强烈构造运动,新生代构造运动的遗迹亦较明显,而且现今地震活动仍甚剧烈。其发育历史至少可以追溯到古生代。在早古生代初期,局部强烈拗褶或隆起等构造变形已达一定规模,嗣后,逐渐扩展而成巨型槽地。在槽地中,中生代以来以碎屑岩为主的海相沉积,总厚平均在 20 000 米以上。在晚古生代槽地急剧活动阶段,曾伴随剧烈的海底火山活动,火山喷出的细碧角斑岩、玄武岩及少量安山岩等基性或中、基性物质,最大厚度可达 3000 米~10 000 米,分布也相当广泛。中生代初,西南地区海侵范围很大,滇西的广大地区均被海水淹没;印支运动以后海域才显著缩小,直到侏罗纪海水仍未完全退却;侏罗纪以后全区最终结束海侵历史,并随地壳的逐渐隆起而全部成为陆地。

川西—滇东褶带　大致在东经 101°~103°30′之间,其北段以大雪山为主体,走向 SN 的岷山位于向北延伸的部位上,往南与大别山、锦屏山、鲁南山及滇东地区走向 SN 之诸褶皱山脉相连。此 SN 带也受到其他构造体系的种种干扰,尤其在滇中地区,与一个山字型构造的脊柱重接,由于它们的走向一致,以致难以将各自的成分严格地区分开来。再往南,延至元江北岸遂被哀牢山变质—构造带所截。这个 SN 向构造带具有复式背斜的形态特征。在其中央地带,即从丹巴往南,经康定、西昌、会理到云南的玉溪、宝秀一带,有古元古及中新元古界、部分古生界等较古老的岩层出露,形成一条古老基岩的窄长隆起,不同时代的侵入岩体亦集中分布于这一地带。两侧为中生代拗陷,尤其在相当于复式背斜两翼的地带,侏罗—白垩纪盆地甚为发育,而盆地又多遭 SN 向及其他方向断裂的穿切。就此 SN 向褶带之整体而言,地质构造相当复杂,其东侧走向 NE 或 NNE 的构造带和西侧走向 EW 的构造带均延伸到这一地区,往往与南北带的构造成分交织在一起,其中还包容有东西带的片段等其他构造体系的成分。在居于中央地带的古老基岩隆起褶带上,SN 向压性断裂及韧性剪切带极为发育,安宁河断裂带即其中规模较大的一条。它沿自北而南流经西昌之安宁河伸展,全长 700 余千米。在安宁河谷,主干断裂两旁的岩石挤压破碎极为强烈,SN 走向的动力变质带甚为发育,低等级的叠瓦式冲断层群也很常见。此外,主干断裂的水平错动迹象亦甚明显。沿安宁河断裂带为复杂的侵入杂岩带,由中生代、古生代及新元古代不同规模的侵入岩体所组成,其中以酸性侵入岩为主,夹有中酸性、中性、基性—超镁铁岩及碱性岩体等。这些不同时代的岩体皆分布于安宁河断裂带及其两侧之窄长地带,形成一条长约千里的复杂岩带,从丹巴、康定一带一直往南延伸到元谋附近。在安宁河—绿汁江断裂带以西,有大雪山盘踞在雅砻江和大渡河之间,山体主要由三叠系构成。安宁河—绿汁江断裂带以东,SN 向的大凉山褶带亦颇具规模,SN 向断裂及其他走向 SN 的压性构造形迹也极为发育。其中,自峨眉山以西地区往南直至曲江和南盘江上游的汇合处以东,这一走向 SN 的断裂带最引人注目。这一南北带之存在,具有悠久的历史。早在震旦纪,滇东广大地区(大致在东经 102°以东)即为 SN 延长的山麓或山前拗陷地带,其间有厚达数十米至 2000 米的砂岩、砾岩以及冰川堆积物广泛分布,以东则为地势低平的上扬子沉积盆地,唯独在其西侧才有可能存在 SN 方向的山岳地带,以往习称"康滇古陆"。在整个古生代及中生代初期,总有一个或大或小的隆起地带存在。此外,可以肯定,这一 SN 向构造带自燕山运动以来还断断续续地发生过褶皱和隆起。

(2) 华南地区的南北构造带

在川滇南北带以东、秦岭以南的华南地区属于经向构造体系类型的 SN 向构造带亦较发育。

其中以川黔、湘桂等走向SN的褶皱带较为显著，在湘、赣、闽浙一带也有一些走向SN的构造带出现，但均较分散。

川黔褶带　走向SN的川黔褶带位于东经107°附近，大致从重庆附近伸展到百色以北地区，延长600千米，由一系列走向SN的单式和复式褶皱及平行褶皱的断裂带等构成。这一SN向褶带一般向斜较狭窄，背斜较宽阔，在向斜轴部常保存有中生代地层，背斜核部岩层产状平缓，多出露古生代地层。走向与褶轴平行的断裂，除仰冲断裂外，另一部分属于纵张断裂，多发育于岩层膝状弯曲地带。此外，在背斜核部岩层平缓地带，走向NE、NW两组扭断裂常呈棋盘格式构造出现；走向EW的张性断裂亦甚发育，但其规模均较小。由于此南北带的褶皱群与新华夏系褶皱群以斜接的方式复合，它们相互干扰的现象非常明显，使这一地带的褶皱形态常呈现菱形，或者发生褶皱轴突然转折或交叉等现象。川黔褶带的南段还严重地干扰了广西山字型构造的西翼。川黔褶带剧烈褶皱的时期较晚，大约发生在白垩纪至白垩纪末期。

湘桂褶带　湘桂SN向褶皱带大致展布在东经110°~113°之间，延长400余千米，宽度较大，但带内构造形迹较分散。其东部地区是遭受EW方向剧烈挤压的地带之一，其间晚古生代地层广泛出露，所构成的SN向紧密褶皱多平行排列，总体为一走向SN的复式向斜。带内平行褶皱轴向之压性断裂及走向NE、NW两组扭断裂均较发育。这些断裂一般伴随褶皱发生，但也有若干走向SN的断裂影响了白垩纪地层。湘桂褶带中部（大致在东经111°~112°之间）北至涟源、邵阳地区，南至平乐一带，上古生界和一部分更老地层连同三叠系的褶皱以及伴随褶皱的压性断裂，走向多弯曲呈现向西凸出或呈正弦状的弧形，但总体作SN向延展。湘桂褶带西部（从黔阳到桂林以西一线）走向SN的褶皱及压性断裂又成束出现。总的来看，湘桂褶带大约起始于中生代初期。从湖南晚二叠世早期岩相古地理图上还未显示出EW向挤压的任何构造迹象，到晚三叠世湘东地区才出现SN向的隆起和拗陷。SN向的紧密褶皱大约发生于三叠纪末期。白垩纪末期和白垩纪以后，在川滇南北带剧烈活动时期，本区亦曾受到影响，至少发生过SN向之宽缓隆起。

江西及其以东地区的南北构造带　江西中部以及更东的华南地区，走向SN的构造形迹既分散又不太明显。这些走向SN的压性构造形迹或挤压构造带，其中有极少部分属于某些小型山字型（如梅县山字型）构造的脊柱等其他构造体系的成分，一般规模较小，仅在局部地区具有重要意义；其余部分均分散在广大区域，隶属经向构造体系。如江西中部吉安、赣州一线及其以东地区有不少走向SN的褶皱及冲断层等压性构造形迹断续出现，隐约地显示出有一条经向构造带存在。在福建西部从绍武往南，经将乐、永安、漳平到华安一线有一条比较明显的经向构造带，由走向正SN的冲断层、挤压破碎带及褶皱等组成。此外，在泰宁以西及连城、上杭、武平一带走向SN的压性构造形迹亦较发育，有古生界组成的褶皱发育于侏罗纪—古、新近纪岩层中的冲断层以及燕山期花岗岩体中的挤压破碎带等。在福建东部，在铺城至仙游一带，一些走向SN的冲断层以及SN方向延长的花岗岩体等，亦多属SN带的构造成分。台湾南部由于受到其东南侧之经向构造带的影响，NNE向的构造带也明显地向南弯折。

（3）华北及西北地区的南北构造带

在秦岭东西带以北及阴山东西带以南的华北及西北地区，SN向构造带虽不及秦岭带以南（包括川滇地区）强大，但其存在可以肯定。主要分布在以下2个地带：

山西陆台及其两侧边缘的南北构造带　在华北平原和陕西盆地之间，包括山西全省及河北的部分地区，为一辽阔的隆起地块，以往称山西陆台。它的各部分虽有不同的发育历史，经历了不同方式的运动，与邻近地块也有不同的联系，但总体为一大致走向SN的穹窿地块，由西而东逐渐昂起，附带有局部陷落。山西陆台走向南北的全面翘起和局部陷落的形势，在黄河东岸吕梁山西坡表现尤为显著。黄河沿阴山山脉南麓东流，在托克托左边骤然改向南流，即与这一翘起有关。在托克托地区以南,从河曲到离石附近,寒武、奥陶纪灰岩和石炭、二叠纪煤系及其以上岩层一般均沿走向自北而南伸展,向西缓缓倾斜,延入陕西盆地之下。由离石往南至浦县附近,虽局部构造有时稍显复杂,但寒武、奥陶系及其以上岩层向西或西偏北倾斜,仍然具有一定规律。在黄河以西,陕西盆地东部,愈往盆地中央出露地层愈新,由三叠纪、侏罗纪及白垩纪地层依次排布显著地表现出来。在横山至宜君一线,岩层向西或稍偏北缓倾之势,仍十分明显,它们总体走向SN,与东面下伏岩层向东昂起的现象亦大体一致。这种广泛出现的构造现象,显然系本区大规模隆起所致。在山西陆台东南边缘,由石家庄往南,经临城、邯郸一线及其以西地带,存在不少多发育于古生代及更古老地层中之SN向的褶皱和压性断裂等。显然,这是山西陆台东部边缘收过侧向积压的标志。在山西陆台中部,由静乐往南,经灵石、霍县一带,到沁水以西(沿东经112°线附近),同样也是受到EW方向剧烈挤压的地带,连同霍山本身,亦系走向SN的复式背斜所构成。即使在陕西盆地东部的平缓地层中,上三叠统延长组砂岩中的一大片发育极好的2组近于直立的扭节理,证明当地岩层亦曾受到近于EW方向的挤压。

贺兰山南北构造带　贺兰山SN向构造带出现于东经105°~107°之间,在秦岭以北的陕、甘、宁交界地带较为显著。它以广义的贺兰山褶皱带为主体,由一系列走向SN的复式或单式褶皱和压性断裂带构成。该带也具一定规模和较长的发育历程,并与的祁吕贺兰山字型构造的脊柱广泛重接复合。就形成和形变来看,这一构造带可分东、西2个亚带:西亚带大致在东经105°左右,以压性断裂为主,并有古生代花岗岩体分布,主体位于祁吕贺兰山字型构造脊柱西侧马蹄形盾地——阿宁盾地内,南段已伸入前弧西翼构造带之中。其主体多被新生代地层覆盖,地表出露极为零星。断裂挤压破碎带有时宽达数十米至百余米,在华家岭一带可能与武都山字型构造脊柱重接复合,中卫一带则可能仍被祁吕贺兰山字型脊柱重接。北段接近阴山—天山纬向构造带逐渐消失。另在吉兰泰以西、赛里以东至巴音毛道一带成带出现的SN向压性断裂,亦属此南北带之构造成分。东亚带以走向SN呈波状弯曲的平凉—固原—海勃湾复式背斜为主体,约略向西凸出,由震旦系、寒武系和奥陶系组成,带内岩浆活动微弱。自奥陶纪之后这一复式背斜可能逐渐形成,并对上部古生界和沉积矿产起着一定的控制作用。如在阿宁盾地东南部静宁、泰安地区,见志留纪海相火山岩及火山碎屑岩、泥盆纪海相碎屑岩及石炭纪海陆交互相碎屑岩夹碳酸盐岩和煤等均与下伏奥陶系呈明显的角度不整合接触,总厚达数千米。复式背斜两侧二叠系陆相含煤岩系,分别不整合于寒武系、奥陶系之上。在古老风化面上,下二叠统山西组内有铝土矿、铁和煤等沉积矿产分布。由此不难看出,整个贺兰山地带在奥陶纪前为一海侵区,奥陶纪以后则开始褶皱隆起,形成一走向SN的复式隆起带,它控制了志留纪以来的地层沉积和分布,尤以晚古生代这种控制作用更为明显,即由所谓鄂尔多斯西缘"古脊梁"反映出来。这一复式背斜带之边缘或次级凹陷地区为石炭、二叠纪含煤岩系形成之有利地带。它向北可能伸入阴山—天山纬向构造带之中,在二者复合的范围内,石炭、二叠系的沉积和分布似乎受到双重控制作用。属于经向构造带的压性构造形迹,可能已伸至本巴庙一带。

自晚古生代以来,特别是中生代时期,贺兰山南北带与祁吕贺兰山字型构造脊柱广泛重接复合,至平凉以北,已被新沉积物所覆盖。

(4)牡丹江南北带

在阴山—天山纬向构造带以北地区,SN向构造带远不如秦岭以南发育,除前述华北及西北地区外,在东北地区东部,自小兴安岭东端,黑龙江省嘉阴、鹤岗一线以南,沿牡丹江到吉林省延吉、图们一带,有一条规模较大的牡丹江南北带展布。

牡丹江南北带总体展布范围大致在东经128°~130°30′之间,带内的主要构造成分除花岗岩带之外,包括SN向的压性断裂和片段的SN向褶皱带,多集中于东经130°线附近。其中以牡丹江断裂带的规模最大,长约600千米,大致沿牡丹江河谷伸展。这条断裂带发育在新元古代和古生代花岗岩带接触界线附近,其东侧成带出露之侵入岩体主要为新元古代花岗岩(同位素年龄值为6亿年~9亿年),岩体具片麻状和条带状构造,岩石破碎,素有"压碎花岗岩"之称;西侧是晚古生代末期侵入的花岗岩带,宽达150千米~200千米。两岩带均为SN走向,其接触界线亦为SN向,牡丹江断裂带大体沿接触界线长距离持续延伸,具明显挤压特征。

在牡丹江南北带内岩层褶皱亦较明显。沿牡丹江断裂带两侧零散分布的中新元古界和古生界均已变质,伴随变质作用产生的片理及由片理构成的褶皱,常与岩层分布方向一致,走向SN。尤其在北段(松花江以北地带),多处出现轴向SN的单式或复式褶皱。在吉林省和龙图们至珲春一带也有SN向褶皱和压性断裂展布。

这一经向构造带从中国境内往北延伸到俄罗斯布列亚盆地东缘,往南有沿朝鲜半岛东海东海岸继续向南伸展之势。

牡丹江南北带也是一条成生发展历史悠久的构造带,至少在晚古生代就已存在,中生代初期继续发展。大约在晚侏罗世以前即已成型。在鹤岗煤田晚侏罗世聚煤拗陷为NNE向,受新华夏系构造控制,含煤盆地基底之构造方向则为SN走向。晚侏罗世以后南北带还有活动。

3. 扭动构造体系

上述的巨型纬向构造体系和经向构造体系反应了经向或纬向的水平挤压或引张作用,都是具有全球性的构造体系,也是地壳构造运动的2个基本方向。但是,由于地壳组成的物质的不均一性,而使沿着纬向或经向的作用力发生变化,导致局部地壳发生扭动,便形成各种扭动形式的构造体系。它们反映区域性构造运动的构造体系。扭动构造体系的形式很多,根据作用力方式不同可分为直线扭动和曲线扭动。直线扭动一般称为扭动构造,例如"多字型""山字型""入字型"和"棋盘格式"构造,其以中国东部NNE向新华夏系最为明显,由3个隆起带和3个拗陷带组成;北北西向的河西系发育在中国西部,"山字型"构造在中国境内主要有祁吕贺"山字型"、淮阳"山字型"、广西"山字型"。曲线扭动一般称为旋扭构造或旋卷构造,其中的青藏"歹字型"构造是一个巨大反S型构造,帕米尔—喜马拉雅多字型构造是一个巨大的S型构造。

根据地质力学的观点,前面所说的东西向或南北向水平应力是由于在重力的作用下,地球自转速度改变时所引起的离心力(一种是南北向的,一种是东西向的)产生的结果。

在漫长的地质年代里,地球自转速度是有变化的,就是由于地球自转速度的变化而产生的切应力使地壳产生运动。切应力在赤道最大(因为地球转速最大),两极最小(地球转速等于零),因此在赤道附近出现巨型张裂、扭裂以及大的旋卷构造。地球不是一个理想的刚体,当自转角速度变快时,它的扁度就要变大,地球表层—地壳物质就向赤道拥挤,中纬度地带受挤压最强,于是就出现大规模的纬向(横向)构造带。同时,在纬向切应力方面,当自转加速度变快时,就使地壳中的结合不牢固的部分物质,因跟不上转速加快的步伐而掉队,犹如车速急增时,乘客后仰一样。这就使部分地壳相对地向西滑动,如美洲大陆相对于欧非大陆落后,便在它们之间出现了大西洋;美洲大陆西缘遇到太平洋底硅镁层的阻挡,形成南北向的巨大挤压带——纵向大山脉,伴生的山字型弧顶也向西凸出。

(1)多字型构造

多字型构造是直线扭动之一,其主要特点是由走向大致互相平行的挤压带包括褶皱、压性兼扭性的断裂等和与那些挤压带大致成直角的互相平行的张性兼扭性的断裂组成。在特殊情况下,上述互相平行的挤压带或张裂带呈雁行排列。在很多地区,雁行排列的褶皱带(包括低凹带和长形盆地或槽地)是第一级多字型构造最显著的形式,但多字型构造并不限于雁行排列。另外和这些构造形迹连带发生的,还有与它们的走向大致近于45°角斜交的2组扭性断裂面等。就规模来说,(多字型构造)大小很不相同,有时限于一块手标本,有时延展的范围纵横达几十至几百千米甚至更长;就其排列方位而言,小型的和中型的多字型构造在垂直方向和水平方向都经常见到。例如,有些瓦叠从它的横剖面来看,就是在方向排列的多字型构造。但大型的多字型构造多在地表见到,它的深度一般随其占面积大小而有所不同,往往需经实际测量才能确定。小型的多字型构造,有的和一对扭节理类似,其不同之点在于前者是一组平行的挤压面和另一组张性或张扭性断裂面交叉组成,后者则由2组扭裂面交叉组成。

起源于地震的裂隙群往往呈雁行排列,在多数场合它们也属于多字型构造。但这种由地震裂隙组成的多字型构造与在岩块中被小岩脉或矿脉充填的小型多字型构造一样,大都是张扭性或张性的,很少见到挤压的痕迹。多字型构造在中国发现的有:

华夏系构造体系 一种巨型多字型构造体系,简称华夏系。它主要由走向北东的褶皱带和挤压性、扭压性断裂带或挤压破碎带构成。这种类型的构造体系在中国东部相当发育,例如浙江的天目山。另外,江西的九岭山、湖南的雪峰山一带和东北东部地区以及四川龙门山一带等也有这类构造体系存在。华夏系构造体系的岩层一般是古生代地层以及更老的岩层,因此认为它主要是在古生代晚期至三叠纪中期形成的。华夏系构造体系中酸性侵入岩相当发育。这些侵入岩分属于加里东期、海西期和印支期。

新华夏构造体系 中国东部濒太平洋地区的一种巨型多字型构造体系,简称新华夏系。新华夏系是较新的构造体系,是燕山运动以来形成的巨型扭动构造体系。主要由各种规模的北北东、北东走向的褶皱带、挤压带、压扭性断裂带构成,伴有北东东向的扭压性断裂带(泰山式构造)、北北西向的扭张性断裂带(大义山式构造)与其斜交。它的主体是由总体走向北北东的3条巨大隆起带和3条巨大沉降带构成。位于最东边的一条隆起带是濒太平洋的一条岛弧褶带,自北而南包括千岛群岛、日本群岛、琉球群岛、台湾、吕宋、巴拉望和由东北到西南穿过加里曼丹的诸山脉。这条隆起带以西的鄂霍茨克海、日本海、黄海、东海、南海等是与最东隆起带相辅而行的沉降带。在这一沉降带以西是第2条隆起带,由朱格尔山脉、锡霍特山脉、张广才岭、老爷岭、长白山脉、狼林山脉和由辽东半岛穿过山东半岛直到江淮丘陵地带以及闽、赣2省的戴云山脉和武夷山脉所组成。紧接第2隆起带以西的松辽平原、华北平原、江汉平原,再往西南,越过南岭,经过广东西南部,直延伸到北部湾,构成了第2条沉降带。紧连第2沉降带以西,自北而南是由大兴安岭、太行山脉和湘鄂以西以及川东、滇东黔东境内北北东走向的诸山脉组成的第3条隆起带。此带以西,自北而南为呼伦贝尔—巴音和硕盆地,越过阴山,为陕甘宁盆地,越过秦岭和大巴山,为四川盆地,它们构成了第3条沉降带。第3条隆起带和沉降带都不是严格成一直线的,它们被阴山构造带和秦岭构造带阻隔,自北而南一段一段地向西约略错开,夹持在2个纬向构造体系之间的新华夏系段落常常表现为向东南凸出的弧形弯曲。另外,隆起带还呈现西缓东陡、沉降带呈现西陡东缓的特点。新华夏构造体系内岩浆活动强烈,尤以花岗岩浆的侵入为盛。酸性、中酸性火山熔岩的喷溢也很强烈。新华夏构造体系主要是在中生代中晚期发育起来的。成生时期可分为早、晚和晚近3期。早期从三叠纪晚期至侏罗纪中晚期,晚期从晚侏罗世至早第三纪初期,晚近期是第三纪以来。早期构造走向以北东向为主,褶皱和断裂均较发育,控制了上三叠统至下中侏罗统的沉积和燕山早期花岗岩的分布,在闽东南伴有动力变质岩带。晚期构造走向以北北东为主,主要为断裂构造,控制了晚侏罗世至白垩纪—早第三纪断陷盆地的形成及其分布和燕山晚期花岗岩带。晚近期形成的前述构造,在地貌上呈明显的隆起与沉降形迹。新华夏构造应力场至今尚持续作用。因此,新华夏系的某些断裂带晚近乃至现今还有活动的迹象。这可以从这些地方在近代屡有地震发生得到佐证。

表 1-4-6　新华夏系构造体分布及特征

构造带	分布	构造特征
岛弧隆起带（第1隆起带）	千岛群岛—日本群岛—台湾岛—菲律宾群岛等东亚岛弧带组成	是东亚大陆边缘濒临太平洋的强烈隆起带 隆起带是由一串弧形岛屿构造组成 隆起带东侧有一条深海沟
海盆沉降带（第1沉降带）	鄂霍次克海—日本海—黄海—东海—南海	是一条巨大的沉降褶皱带，发育以大陆型地壳为基底的浅海盆地 轮廓多呈菱形，地势向东南倾斜
海岸隆起带（第2隆起带）	锡霍特山—朝鲜半岛—中国东南武夷山等	隆起带断断续续，断裂发育 陆相火山岩和侵入岩广泛分布
平原沉降带（第2沉降带）	松辽盆地—华北平原—长江中下游平原—珠江三角洲平原	是一条中新带的沉降带，以陆相沉积为主，沉降分成几个不连续单元 沉降幅度西侧大于东侧，北部大于南部
西列隆起带（第3隆起带）	大兴安岭—太行山—巫山—雪峰山	隆起带东陡西缓，隆起带东侧有深断裂存在 隆起带有由北向南挨次相对向西错动形势
盆地沉降带（第3沉降带）	呼伦贝尔盆地—陕甘宁盆地—四川盆地—滇中盆地	属沉降构造盆地，长轴为北北东向 沉降带受东西构造干扰，分隔成几个单独的构造盆地

华夏式构造体系　在中国东部某些地区，白垩纪或古、新近纪地层中有时也出现和华夏系的某些组成部分性质相同、展布方向相似的构造，但形成时代较晚，大致和新华夏系形成的晚期相当。伴随有大量的玄武岩喷溢。这种既不属于华夏构造体系，也不属于新华夏构造体系，或者不能肯定属于华夏系或新华夏系的构造成分，暂称华夏式构造，以便与华夏系及新华夏系分开。值得注意的是，属于新华夏系的某些再次构造，其性质、排列方位和形成时代等常与华夏式构造相似，但前者受高一序次的新华夏系构造控制，后者则与新华夏系的各级构造无关。

河西系构造体系　出现在中国西北地区的一种大型反多字型构造体系，简称河西系。出现在祁连山及其以东和以西地区，为走向北15°~30°西的褶皱、冲断面和其他挤压性的构造形迹，并有许多张断裂与其直交，扭断裂与其斜交。影响到白垩系以及可能属于第三系的岩层，有的在第三纪以后甚至晚近仍有活动。另外在祁连山区、柴达木盆地南缘及南天山地区还发现一套总体走向北55°~65°西相互平行的挤压构造带及其间所夹的岩块，成生于早古生代至志留纪末期，在中、新生代亦有活动的构造形迹，称为古河西系（或西域系）构造体系。河西系、古河西系展布的方位及其所显示的顺时针扭动方向，与中国东部新华夏系、华夏系展布的方位及其所显示的逆时针扭动方向恰好遥相呼应。

(2)"山字型"构造

"山字型"构造是又一直线扭动，它主要由前弧、反射弧、脊柱和马蹄形盾地组成。①前弧经常是由若干相互平行的压性构造形迹（以褶皱、挤压带、高角度冲断层、逆断层、逆掩断层以及平行片理和叶理等）为主干而形成的弧形构造。弧形一般向赤道凸出，有时向西凸出。前弧的中部或前部被称为弧顶，前弧的两端继续往后伸展的部分被称为两翼。在弧形挤压带的各部分往往有和那一部分大致成直角的张性或张扭性断裂（这些断裂有时被称为横断裂）。②反射弧在前弧两翼中部的一定位置，弧形开始呈现反转它弯曲方向的趋势，也即从那里开始，两翼趋向于向外张开，并且朝着和前弧弯曲方向相反的方向逐渐弯曲，继续伸展到弧形的2个终段，形成2个反射弧。前弧向南凸出时，反射弧则向北凸出；前弧向西凸出时，反射弧则向东凸出。一般反射弧规模较小且弯曲度也较小，甚至仅仅略呈向外弯曲的趋势。有时也出现完全相反的情况，在反射弧的部位成为狭窄褶带,而且它的规模和弯曲度也不亚于前弧。③脊柱在前弧凹的方面,也就是被前弧所半包围地区的中间地带,经常有强烈的直线状的隆起挤压带存在。这种隆起挤压带,在它隆起以前可能经过沉降的过程。在特殊的场合,这种隆起挤压带隆起以后是否经过陷落而成为槽形地带,还是未决的问题。这种隆起挤压带的位置大致和前弧的双边对称轴一致,这就是"山字型"构造的脊柱。这一由若干挤压带形成的复杂压性构造带一般都局限于一定范围,但有时也比较散漫。其中挤压现象最剧烈的一带,大都是对着前弧的顶点,并且它的走向大致与前弧的顶部成直角。在这个强烈挤压带的两旁往往有较弱的挤压带,这些挤压带离中央挤压带越远,它们就越显得微弱乃至消失。构成整个脊柱的挤压带越近弧顶越见消弱,最后在离弧顶还有一定距离的地方完全消失。上述挤压带是由褶皱、冲断层、挤压破碎带、劈面、片理和叶理等构成的。与挤压带成直角的方向往往有张性断裂发生,有时也有与之斜交的扭断裂发育。④马蹄形盾地在脊柱和前弧(包括弧顶与两翼)之间一般存在着马蹄形的地层平缓或褶皱极为微弱的地带。在"山字型"构造前弧曲度不大的场合,往往形成辽阔而又平坦的盾地,可能有保存下来的古老褶皱、断裂或其他构造形迹,也可能有新的褶皱、断裂或其他构造形迹穿过这块盾地。所有这些老的和新的构造形迹,当然都不属于"山字型"构造体系,因此必须明确地指出,它们的存在并不影响马蹄形盾地形成时的稳定性。但在前弧曲度甚大的场合,这个马蹄形地带就不免遭受一些比较微弱的短轴褶皱的影响。这些构造形迹相对于前弧或盾地,无论是构造方位或显示的应力强度都呈现逐步过渡的形式。另外,也有一些马蹄形盾地全部或部分地在古老褶皱、断裂的基底上覆盖着一定厚度的平伏岩层。前一类型的盾地有时被称为台地;后一类型的盾地有时被称为盆地。

中国主要的"山字型"构造将近20余个。中国境内的最大的山字型构造是包括祁连山、吕梁山、恒山、贺兰山等褶皱山系在内的祁吕贺兰"山字型"。其次是在秦岭东段以南长江中下游流域的淮阳"山字型"。广西"山字型"、粤北"山字型"、云南"山字型"、武都"山字型"、赣南"山字型"等也都是较大型的"山字型"。福建龙岩"山字型"、京东马兰峪"山字型"、迁西"山字型"等则是较小规模的"山字型"构造。这些"山字型"大都是在中生代以来成生起来的,有的晚近时期还有活动。

祁吕贺兰"山字型"构造 简称祁吕系,展布于北纬34°~42°,即在阴山—天山和秦岭—昆仑2条构造带之间,前弧跨越东经95°~120°范围的中国北部广大地域,弧顶在秦岭以北的陕西宝鸡左近,脊柱位于东经106°左右的贺兰山一带(图1-4-6)。在宝鸡以东组成前弧最醒目的构造现象,是古生代地层由于遭受侧面挤压以致陷落所形成的新月形汾渭地堑,以及沿陕西盆地东南边缘与之伴随的倾斜陡急和反复冲挤的断褶带。这一巨型"山字型"构造的前弧东翼主体由吕梁山—恒山褶带构成。前弧西翼及其反射弧的组成部分与东翼的吕梁山—恒山褶带北段相仿,亦由一系列平行斜的次级列褶带组成。但其主轴方向均为NW-SN,适于东翼遥相呼应。脊柱出现在祁吕弧形褶带的正北,从平凉往北至河套地区SN向的褶皱和冲断带组成一条狭长的复式褶带,统称贺兰褶带。由于陇西系的影响,这一"山字型"构造脊柱两侧的盾地并未连成马蹄形,而是2个稳定性略有差异的盾地:脊柱东侧的伊陕盾地,是一个在侏罗纪以前(大约在三叠纪)即已形成的相对下降的盆地,而且一直延续到古、新近纪以后,盆地内岩层一般较为平缓;脊柱西侧的阿宁盾地,在中生代时表现为一微微太高的盾地,仅局部地段有中生代沉积,直到新生代才成为一个具有较大幅度的相对下降的地区。祁吕贺兰"山字型"构造主要是在侏罗纪时期发展起来的,但它的脊柱早在三叠纪即已开始出现,大约在白垩纪时期整个构造体系才发展到成熟阶段。地震资料证明它至今还有明显的活动性。

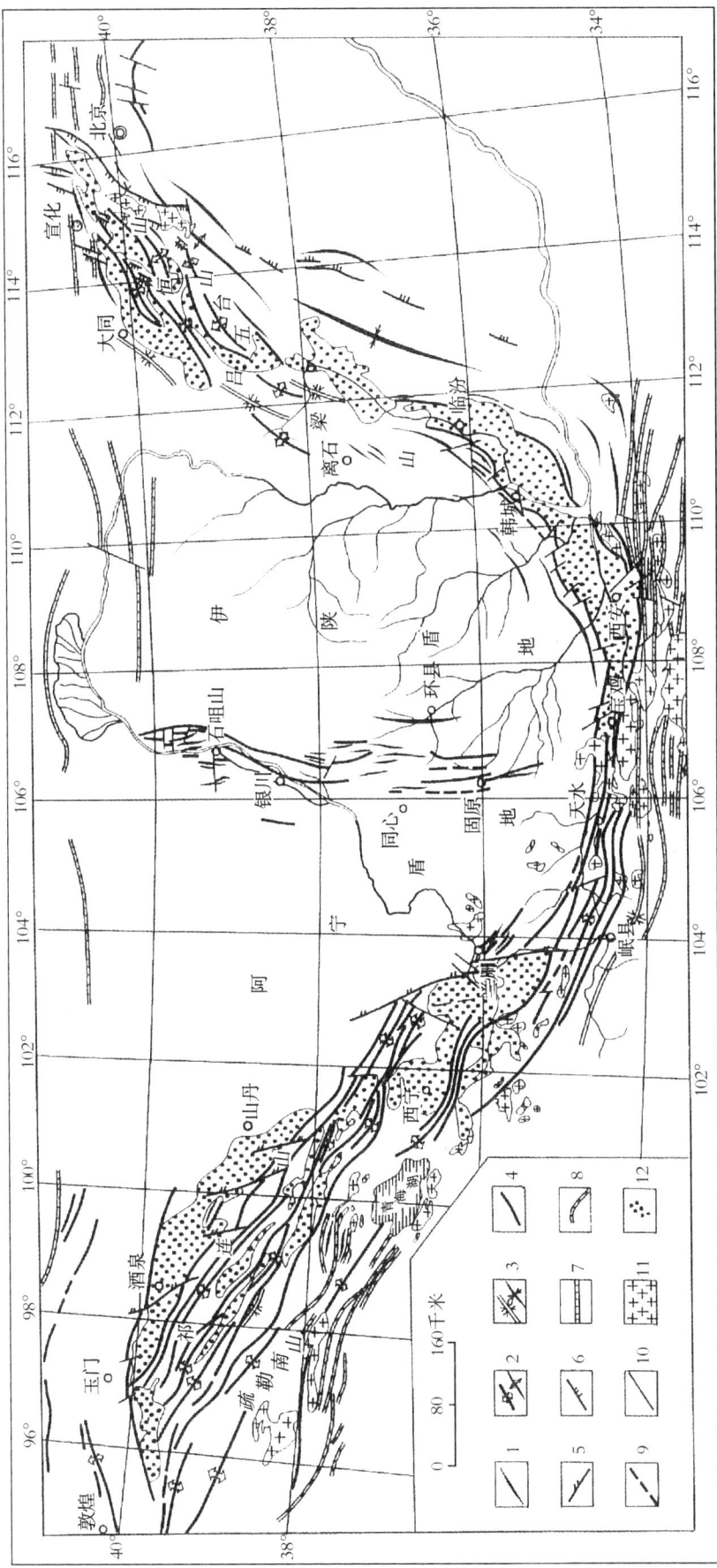

图 1-4-6 祁吕贺兰 "山字型" 构造图（据孙殿卿等，1999）

1.褶皱群；2.复式背斜或陆梁；3.复式向斜或陆槽；4.冲断带；5.河西系冲断层；6.新华夏系冲断层；7.EW向褶带；8.青藏系褶带(?)；9.推测断裂；10.伴生及派生断

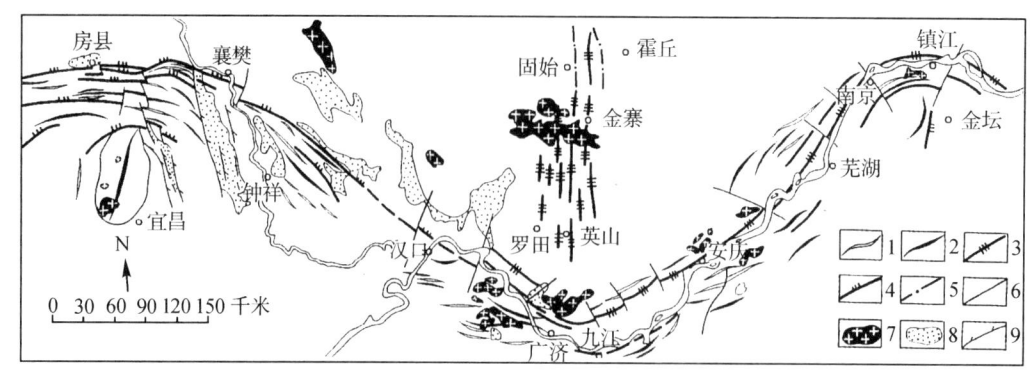

图 1-4-7 淮阳"山字型"构造图（据孙殿卿等，1999）
1. 向斜；2. 背斜；3. 挤压带；4. 压性断裂；5. 隐伏断裂；6. 横张断裂；7. 花岗岩；
8. 中、新生代盆地沉积；9. 扭性断层

淮阳"山字型"构造　这一较大的"山字型"构造展布在长江中、下游地区（图 1-4-7），其前弧的弧顶位于湖北东南的广济附近。自弧顶向东黄梅至独山一段，古生代岩层构成的褶皱呈 NE 向伸展；从弧顶向西在广济与圻州之间，震旦系至三叠系所构成的复式向斜以及与之伴生的冲断层皆作 NW 走向。两翼构造成分越近弧顶越近于 EW 走向，彼此断续相循，构成一个向南凸出的弧形。弧形褶带中之中生代侵入岩的长轴方向，以及弧形褶带以北大别山杂岩和佛子岭片岩群的片理及其中大理岩夹层的延伸方向，均大体平行于弧形构造的走向。在垂直于弧形褶皱束的方向有一系列横断层发育。梅川附近有燕山期火成岩出露，就其所占空间位置而言，显然与弧顶构造有关。前弧东翼大体沿长江伸展于安庆、铜陵、无为及和县等地。长江两岸古生代及中生代地层构成一系列线状褶皱，有时向东南倒转发生冲断层。褶轴大体依 NE 走向，直达南京附近，遂在南京与镇江之间渐转为 EW 走向，从而构成东翼反射弧（即"宁镇弧"）。奥陶系至白垩系都被卷入其中，并常伴有向南倾斜的冲断层。"宁镇弧"长约 90 千米，其内侧（反射弧弧顶以南）有茅山山脉突起于平原之上，山体走向近 SN，其间的 NNE 向构造之上有 SN 向褶皱及冲断层穿过，并伴有 EW 向的横张断裂。如茅山西侧，直立的 SN 走向之古近纪砾岩层不整合于 NNE 向构造之上，说明 NNE 向构造形成之后曾经受 EW 方向的挤压作用，其所处构造位置正是东翼反射弧的脊柱部位。

航空磁测揭示，有一巨型挤压断裂带存在于长江中、下游一带，自湖北黄冈起呈 NW 方向伸展，至广济附近转为 NWW，继而转为 EW 方向。从黄梅开始经安庆、铜陵至南京呈 NE 方向延伸，南京至镇江一段复转为 EW 方向，镇江以东又呈 NWW 走向没入沿海平原之下。这一巨型挤压带构成了弧顶、东翼乃至东翼反射弧的骨干成分，几乎无间断地形成一个完美的 S 形；在黄冈以西仍然断续相循，伴随由古生代、中生代地层形成的一系列紧密褶皱以及变质岩中的片理、大理岩及含铁石英岩夹层，均呈 NW 方向延伸。这些都是淮阳"山字型"构造西翼的重要组成部分。它们在襄樊至房县等地渐转为 EW-NEE 方向，形成西翼反射弧。反射弧以南屹立着以古老变质岩系为核心、近 SN 向的黄陵背斜，就其控制泥盆纪沉积来看，黄陵背斜的雏形至少在古生代即已形成，无疑对于淮阳"山字型"构造体系的形成起到了砥柱的作用。从侏罗系卷入褶皱分析，燕山运动时期黄陵背斜仍然是很活跃的构造成分，它与淮阳"山字型"构造西翼反射弧的配置呈弓矢状，且反射弧愈近黄陵背斜北部，褶皱强度愈趋微弱，因此将其作为反射弧的脊柱看待。前弧及反射弧均由紧密褶皱及冲断层组成，呈现重重叠叠之状，直交弧形褶皱带各部分的横张断裂使得这个弧形褶皱

带更加完美。其展布区域不仅侏罗纪之前的岩层一并卷入褶皱,而且对白垩—古近纪红层乃至现代河流、湖泊的分布都有明显的控制作用。在淮阳地盾内大别山区的商城、金寨、罗田与英山县境查出了七八条走向SN的强烈挤压带,表现为褶皱或冲断层及其他挤压构造形迹,并有一系列热异常露头区相伴随。而且并不限于古老岩系中,石炭—二叠纪煤系、中生代火山岩及一部分中生代晚期花岗岩均已受到影响。这一南北向挤压带至英山以南渐趋消失,显然是由于接近前弧内侧所致。在四十里长山的东、西两侧,在固始、霍邱之间,经航磁异常揭示,存在2条巨大的SN向隐伏断裂带,位处东经116°左右,正对淮阳弧顶,而且无论规模和强度均远远超过它南段的构造。果然,整个"山字型"构造的脊柱呈现北宽南窄、北强南弱的形势。

南岭纬向构造带上的"山字型"构造　在北纬23°~25°30′的中国南部即南岭构造带上,极其醒目地并排着一列"山字型"构造(图1-4-8),即云南"山字型"构造、广西"山字型"构造、粤北"山字型"构造、梅县"山字型"构造。

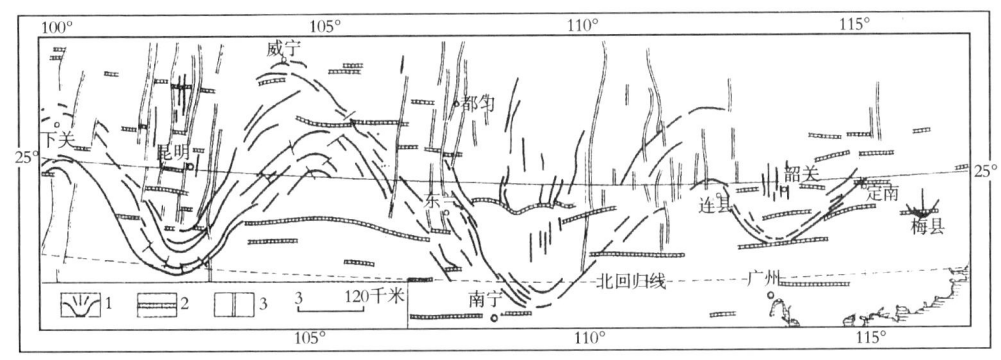

图1-4-8　南岭地区"山字型"构造示意图(据孙殿卿等,1999)

1."山字型"构造体系压性构造带;2.纬向构造体系压性构造带;3.经向构造体系压性构造带

云南"山字型"构造位于南岭带西端,最初发现于云南通海地区。在通海县城以南至曲溪(西起峨山东达华宁)一带,由一系列弧形山脉和数条弧形冲断带组成一向南凸出的弧形褶断带,弧顶位于通海县城以西6千米~7千米处。直交弧形褶带有一系列张扭性断裂呈放射状展布,愈近弧顶愈为密集。在江川以南的脊柱部位有一群密集的SN向弧形褶断带,与弧形褶带之间有略具马蹄形的杞麓湖分布。脊柱范围还包括滇池、呈贡及昆明以北的禄劝一带,SN向的挤压带、倒转褶皱及破碎带等极为发育;再往北很可能沿普渡河西侧伸延而达金沙江畔。以后查明,前者是包容在云南"山字型"构造之中的通海"山字型"构造。云南"山字型"构造的前弧内带是下关—通海—宣威弧形构造带,其西翼在峨山、易门及广通地区,被滇西地区SN向构造带所截。自峨山、双柏而达楚雄等地,在中生代红层中又有一系列走向EW的褶皱群和压性断裂,断续相循,成带伸展,并逐渐与楚雄以北的NW-NNW向褶皱群分离,至下关大理一带构成向北凸出的弧形。东翼在宜良附近受到强大的川滇南北构造带的干扰,而往东走向NE的褶皱及挤压带则继续向东北伸驰,经泸西、师宗,直至宣威等地可能与贵州的"威宁弧"相接。前弧的中带是双柏—石屏—泸西构造带,弧顶位于通海以南。再往南,在石屏、建水、开远等地又有一列弧形挤压带出现,为前弧的外带。这3带一律是自北向南冲覆的冲断层,发生在石炭、二叠及三叠系中,有时直接影响古近纪红色岩系。前弧的中带与外带的规模较大,弧顶与内弧弧顶重叠而略偏西。弧顶西翼,从石屏向西达到新平及其西北;东翼越过SN走向的小江断裂带直达富源以东,为一组压性、压扭性构造形迹,至盘县以南构成一向北突出的弧形构造带。外带弧顶在红河县以东约20千米,由若干弧形褶皱、断裂及挤压破碎带组成。其东翼经开远大致沿南盘江展布,延至贵州兴义附近形成一向北凸出的弧形褶带,构成东翼反射弧的内弧;西翼沿元江及礼社江一线以北伸驰,经新平至南涧附近,构成一向北凸出的弧形构造带。在南涧以南无量山北端,二叠系至侏罗系中的褶皱、断裂片理带及布格重力异常,皆呈弧形展布,标明西翼反射弧之内弧所在。川滇经向构造带的2个强带中间,构造形变相对微弱的地区,北起金沙江,南至玉溪附近,出现一系列SN向褶皱、断裂等压性构造形迹,如元谋东面的大黑山向斜、禄丰向斜、撒营盘向斜、马鹿塘断裂、杨林至嵩明断裂和普渡河两岸密集出现的SN向断裂等,均属云南"山字型"构造的脊柱成分。

广西"山字型"构造位于云南"山字型"构造以东,跨越广西全境。前弧弧顶位于宾阳县城之南,由一系列紧密的褶皱和自北而南上冲的断裂构成。此类压性弧形构造被一系列横断裂所切断,并适应该段弧形构造所要求的走向而步步错开。褶皱带以南是昆仑关花岗岩体之所在,这一椭圆形侵入体恰位于弧形顶端引张最为剧烈的部位。前弧东翼以镇龙山、瑶山大背斜为主体,并伴有走向断层。背斜轴部为前泥盆系,向外是下中泥盆系莲花山砂岩及四排页岩。在镇龙山背斜之东北端,横断层极为清楚,将背斜及冲断层同时截断。至桂平附近受到强大的SN向构造带干扰,大瑶山背斜突然呈SN走向。在荔浦、平乐一带的EW向构造带及NNE向构造带亦甚发育,并将东翼割切得十分零碎。向东北方向东翼褶皱带可延至湘桂边境的灌阳、全县及东安地区。再向东北,零陵与道县之间的紫荆山复式背斜轴向由NE、NNE至EW向弯曲,沿轴部有一系列花岗岩侵入。从地理位置及构造特征推测,紫荆山地块应为东翼反射弧的砥柱。前弧西翼以NW向的大明山背斜为主体,亦由前泥盆系组成。其东北侧下中泥盆统至二叠系中,发育一系列多为NW向的褶皱和冲断层,与山脉平行展布。大明山背斜在隆山一带倾没,但构造主轴仍继续往西北伸驰。过都安之后,西翼所属的泥盆至二叠系中的紧密线状褶皱和冲断层与都阳山脉的走向趋于一致,皆循NW向伸展于河池与东兰之间。至天峨一带,一系列紧密褶皱遂转为NNW至SN向,显然是受都匀、罗甸的区域性SN向构造带影响所致。向西直至法郎附近,NW向构造受SN向构造带的牵引仍极显著,致使一部分NW向褶轴向普安逐渐转为NWW至EW走向,但西翼的主要部分仍由法郎一直向NW延展,并直达"威宁弧"。"威宁弧"南侧,宣威至富源的SN向冲断层,是为西翼反射弧的脊柱。这样,云南与广西2个"山字型"构造便以"威宁弧"连接起来;另在普安一带亦有连接之势。广西2个"山字型"构造的脊柱,展布于广西北部的宽阔地带,主干构造是以中新元古代变质岩系为主体的SN向大背斜,如吉羊复式背斜与元宝山复式背斜,核部均有早古生代花岗岩类出现。与之平行的SN向挤压断裂带成群出现,最西边是榕江断裂带,东边有龙胜—柳州断裂带,其间还有一系列SN向挤压断裂带与NNE向褶皱带和冲断带复合。必需指出的是,唯近正SN向的褶皱和冲断层以及与之直交的张扭性断层和节理属于"山字型"构造的脊柱的组成部分;而发育于其中的NNE向褶皱和冲断层等乃是新华夏系的构造成分;至于其中较早成生的NE向构造则属于华夏系构造。在宜山东南及柳州西南一带,构成脊柱的SN向构造虽甚微弱,却仍有踪迹可寻。广西"山字型"构造的脊柱大约晚泥盆世以前已具雏形,但尚无显著的弧形构造出现。经江南运动,组成脊柱的褶皱和隆起更加紧密,其走向和位置亦与以前大致相若,并在两旁生成2个主要的聚煤盆地:西侧者在天河、罗城一带;东面一个在兴安、金州附近,轴向约为NE。早二叠世末强烈的东吴运动使前弧得以形成,这可从煤盆地的分布反映出来。由晚二叠世煤盆地排列所构成的弧形较早石炭世时显著南移,弧顶大致在潜江左近。此时大明山和瑶山可能已具规模,"山字型"构造的雏形即已形成。自三叠纪末的印支运动之后大明山和瑶山显著隆起,构成脊柱的大型冲断层,大致亦于此时成生,至此,"山字型"构造成熟定型。

粤北"山字型"构造位于广西"山字型"构造以东,展布于广东北部,前弧弧顶位于英德西南之连江口。在连江口以东至翁沅官渡圩之间,前弧遭 NNE 向构造剧烈破坏,仅存零散的 NE 向褶皱,即为弧顶及前弧东翼的一部分。从官渡往东北经翁沅、新丰、连平至粤赣交界,东翼发育良好,主要由反复的褶皱及压性断裂构成,主干构造为斜列的翁江复式向斜及鸡公嘴背斜等。鸡公嘴背斜进入九连山区后逐渐由 NE 转为 EW 向,形成略向北凸出的九连山复式背斜;以北为龙虔复式向斜,从而构成东翼反射弧,其弧顶大致在龙南附近。以南,在连平左近有一旋卷构造存在,与反射弧得应力作用方式协调一致。前弧西翼亦甚显著,沿连江两岸由连江口至阳山 NW 向褶皱及冲断层甚为发育,山脉亦大体循 NW-SE 方向延伸。以樟北岭向斜、五点梅花背斜与七拱—白石潭向斜为代表的 NW 向褶皱组成多字型构造。延至阳山附近,被 NNE 向的新华夏系构造所截。至连县东北复出现 NW 向褶皱及冲断层,于是西翼构造又跃居主导地位,并以东陂为弧顶形成向北凸出的弧形构造,即为西翼反射弧,所以纬度位置与东翼反射弧相当。在反射弧外围的东陂之北有一系列白垩纪—古近纪红色盆地,呈半环状分布,除个别有时尚被其他构造体系控制外,总体皆属向北凸出的向斜地带。反射弧以南,泥盆系—三叠系一并卷入 SN 向褶皱和冲断带之中,甚至白垩纪—古近纪红层亦受到影响,此即复合在区域性 SN 向构造带之中的西又控制了翼反射弧脊柱。粤北"山字型"构造的脊柱位于乐昌、韶关及乳源一线以西,由前泥盆系及中泥盆统构成的 SN 向瑶山复式背斜,此一粤北突出的构造形象即其主体。往南,越过大东山花岗岩体与黄思脑穹窿相边,其间有巨大走向断层伴生。其整体形态往北宽阔而往南紧缩,延长近 100 千米。据古生代沉积建造及岩相古地理特征分析,粤北"山字型"构造的脊柱在广西运动以后就已出现;前弧与脊柱部分的侏罗系一并卷入褶带之中;而东、西两翼反射弧又控制了白垩纪—古近纪沉积。说明中生代的燕山运动对粤北"山字型"构造的形成起了重要作用。此外,20 世纪 70 年代通过古地磁数据研究表明,这一"山字型"构造主要形成于中三叠世以后至白垩纪之前。

梅县"山字型"构造为广东境内的另一山字型构造,弧顶在今梅州附近,东起大浦,西至平远,组成一个弧形褶皱带。前弧北面以石炭、二叠纪煤盆地为轴,组成走向 SN 的焦岭向斜,是山字型构造的脊柱。这一山字型构造同样控制了白垩纪—古近纪沉积,亦为燕山运动产物。

南岭地区这些山字型构造对有用矿产具有重要的控制作用,尤以它们与经向构造带、纬向构造带及新华夏系构造等多种构造体系的复合部位,往往是内生金属矿床集聚的有利地带。

中国南部经向构造带上的"山字型"构造　中国南部较具规模的经向构造带上,常见有弧顶向西凸出的"山字型"构造或弧形构造。如包容在川滇经向构造带上的易门"山字型"构造、龚嘴"山字型"构造、闽赣经向构造带上的吉水"山字型"构造、湘桂经向构造带上的祁阳"山字型"构造与桂林弧形构造等。它们一般不及纬向构造带的"山字型"构造发育完好,往往只有向西凸出的弧形构造较为显著,脊柱构造不太明显或极微弱。由此可见,纬向构造带、经向构造带上常有"山字型"构造出现绝非偶然,就其反映的地壳运动方式和方向而言,可以认为是纬向或经向构造带的变种。

除此,中国境内还展布有若干大大小小的"山字型"构造。中国南部有大余"山字型"构造、盐源"山字型"构造、木里"山字型"构造及临安"山字型"构造等。中国北部,如阴山东西带东部,位于中朝边境的延边有"山字型"构造、黑龙江东部地区的龙江"山字型"构造、山西陆台南布的晋东南"山字型"构造及五都"山字型"构造之南的文县"山字型"构造等。

在中国已经发现的"山字型"构造，主要是从三叠纪以后成长起来的。有的到古、新近纪乃至现代，还有活动的迹象。从已经肯定的一批"山字型"构造的形态规律，发现了几项极为重要的事实：第一，中国境内发育较完全的"山字型"构造的前弧一般向南凸出，少数向西凸出。从在北半球其他地区已经确定的若干"山字型"构造判断，它们也具有同样的规律性。"山字型"构造在展布方向上的这种规律性，它与现今地球旋转轴的方位具有一定的联系，这是由地球运动方式和动力来源所决定的。第二，已经确定了的"山字型"构造体系显示，一般在比较稳定的区域这一构造型式发育较好，中国北部活动性较弱，"山字型"构造体系个体大而少；东南沿海是中国大陆最活动的地区，被多种构造体系割切成若干小的块体，南岭也无法持续 EW 延展，因此与北部相反，那里的"山字型"构造个体小而多，而南部和北部之间则呈过渡状态。第三，就南岭带的一系列正弦状"山字型"构造来看，它们沿纬向似乎呈现一定规律性变化，即由东而西，个体越来越大，脊柱沿长轴伸展的范围亦越来越大，到最西边的云南"山字型"构造已呈狭缩之状，这可能有两方面的原因：其一，它和祁吕系相似大致处于东亚大陆相对向南滑动最显著的地区；其二，中国大陆壳在秦岭以南有较大规模的向西滑移，在此遭到印度地块的阻挡。因此，云南"山字型"构造除由北而南的不均匀滑动之外，还遭受了 EW 向的挤压作用，成为一个前弧曲度极大，而且呈重重叠叠之状的弧形。

（3）旋扭构造体系

旋扭构造是地壳局部构造中最普遍的一种型式。它们小到手标本上可以看到，大到几百千米，甚至更大。虽然它们的总体形态和大小很不相同，但基本形式是共同的：第一，中心部分由圆筒形和半圆筒形的岩块或地块构成；第二，有许多弧形扭性断裂或弧形褶皱把这个中心部分周围的岩石划分成弧形，层层叠叠，形似葱头那样一瓣一瓣地围绕着中心部分；第三，那些弧形裂面不管是张扭性的或是压扭性的，在它们弧形围绕的形态中，某一方面趋向于撒开，而在相反的那一方面形态收敛。如果弧形扭裂面是张性的，标志着围绕中心部分岩石的外旋，是由撒开向收敛扭转；如果弧形扭裂面是扭性的，标志着中心部分的岩石是由撒开向收敛扭转。此类弧形褶皱群或断裂群大都呈弯曲的雁行排列，并且每一褶皱或断裂往往显示它两旁发生过扭动的踪迹。

旋扭轴有时水平，有时斜立，但规模较大的旋扭构造的旋扭轴，大都是垂直或近于垂直的，就是说，大规模的旋扭构造大都是水平扭动的结果。核心部分可能是一个圆形或椭圆形的穹窿，也可能是一个圆形或椭圆形凹地，前者称砥柱，后者称旋涡。砥柱和旋涡所占的面积可能很小，也可能相当大。它们的界线有时模糊，有时较为明显。只是在很少的场合难于确定它们的存在。显示旋扭的构造形迹，有时发育极为良好，有时很不完备，因而形成了各式各样的构造体系。常见的有 3 种型式：发育较差的称帚状构造；发育较好的统称旋卷构造；发育极好的称涡轮状或旋涡状构造。

帚状构造　帚状构造是最普通类型的旋扭构造。帚状构造的旋扭面有的是由褶皱或其他压性兼扭性挤压面构成，有的是由张性兼扭性的破裂面构成。砥柱或旋涡位于帚状构造凹的方面，亦即内旋方面，对它们凸的方面来说，都是向帚状构造撒开的方面相对扭动；各个旋扭凸的方面和整个帚状构造凸的方面，亦即外旋方面，对它们的凸的方面而言，则向帚状构造收敛的方向相对扭动。在帚状构造由压性兼扭性旋扭面或褶皱构成的场合，它的内旋方面与外旋方面相对扭动的方向，与上述情况恰好相反。扭动发生时，与最大扭应力作用面相应的主张应力作用面和主压应力作用面是同时存在的。这2组主应力作用面在扭动平面上的踪迹必然组合起来形成主应力轨迹网,其交点附近应该互成直角;但由于塑性应变和扭动位移的影响,实际上它们很少互成直角。由于岩性和其他反映应力作用的条件不同,2组应力作用面(亦即与它们相当的主应变面)往往只有其中的一组比较容易出现。一旦有一组开始出现,在应力作用方式继续不变的条件下,那一组应变就会继续加强,另一组因之根本不出现,或出现得很微弱。这就是为什么一个旋扭构造的旋扭面群很少见到压扭性旋扭面和张扭性旋扭面2组同等发育交叉出现的现象。属于帚状这一类型的旋扭构造的大、中、小型实例很多。中、小型者多发于在主干断裂带的旁侧,经常对某些矿产的形成和富集具有重要的控制意义。例如,展布在江西大余县樟东坑的帚状构造由成群出现、近于直立的弧形扭裂面组成,每条裂隙均填充有含钨矿的石英脉。这一帚状构造向SE收敛,向NW方向撒开,它的外旋相对内旋作反时针方向旋扭。大型帚状构造,例如"陇西系"和"鲁西系"。"陇西系"(图1-4-9)在六盘山和贺兰山南段以西的广大地区,从前泥盆纪变质岩系到古、新近系,全部卷入这一构造体系之中。"鲁西系"出现于山东西部,即潍县—沂河一线以西地区。这一旋扭构造体系的主要组成是呈弧形展布的大型拗褶及莱芜断裂带新泰—垛庄断裂带、蒙山断裂带与汶泗断裂带等大型弧形断裂带。

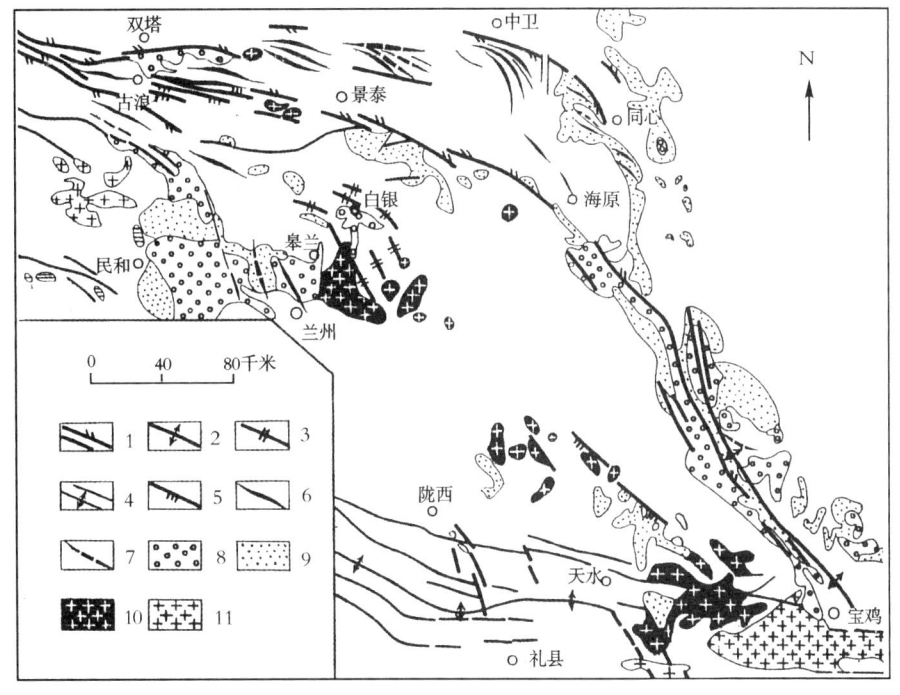

图1-4-9 陇西系帚状构造示意图(据李东令)

1.弧形压扭性断裂带及扭动方向;2.复式背斜轴;3.压性构造线方向;4.其他体系构造线;
5.冲断层;6.背斜轴;7.向斜轴;8.白垩系;9.古、新近系;10.超镁铁岩;11.花岗岩

S状和反S状构造 由单式或复式褶皱组成的褶皱带以及由张扭性断裂或压扭性断裂组成的断裂带,有时展转弯曲,约略呈S状或反S状。呈这种形状的褶皱带或断裂带至少有一部分起源于旋扭运动,但也不能排除其中另一部分可能是2种构造运动联合作用的结果。在它们呈雁行排列的场合,中间一段褶皱或压性断裂群一个一个错开的步调,往往和两头的雁行褶皱或压性断裂群错开的步调相反。两头褶皱或断裂的成生也往往较晚。柴达木盆地中某些展转弯曲呈雁行排

列的背斜群,可能也属此类旋扭构造。在浙江夏色岭地区有一个被钨矿充填的张扭性裂隙所组成的反 S 状构造(图 1-4-10),在地表很像 2 个帚状构造:北边的一个向 NW 撒开,向 SE 收敛;南边的一个向 SE 撒开,向 NW 收敛。二者在收敛部位呈现似接非接的状态。经勘探工程揭露,2 个帚状构造的下部是连在一起的,因此它们并非 2 个孤立的帚状构造,而是组成了一个形象完美的反 S 型构造。它们的扭裂面,往往由次一级或再次一级呈雁行排列的张扭性裂隙组成,反映出这一反 S 状构造向顺时针方向旋扭的特点。该区的钨矿富集于组成反 S 型旋扭构造各序次的扭张性旋扭中,钨矿脉的生成与花岗岩的侵入有密切关系。区内有一个较大的隐伏花岗岩体,岩体距地面标高最低处,在反 S 型构造的中间枢纽部位,近似圆柱状,与反 S 型构造在成生联系上似具互为因果之关系。本区西侧,NNE 向的扭压性大断裂控制了该花岗岩体的分布,看来,反 S 型旋扭构造的成生和钨矿的灌入,与 NNE 向的扭压性断裂活动密切相关。桂西北的乐业 S 型构造(图 1-4-11),展布于广西乐业西部,SN 长 70 千米以上,EW 宽 40 余千米,主干构造为一单式背斜褶皱,其南、北两端转弯处的内侧,分别有 2~3 条倾伏褶皱呈帚状与主干背斜轴相交。此外,在主干背斜轴两侧,还有与帚状褶皱轴大致平行的压扭性断裂伴生,致使该 S 型构造如同 2 个对称的帚状构造。

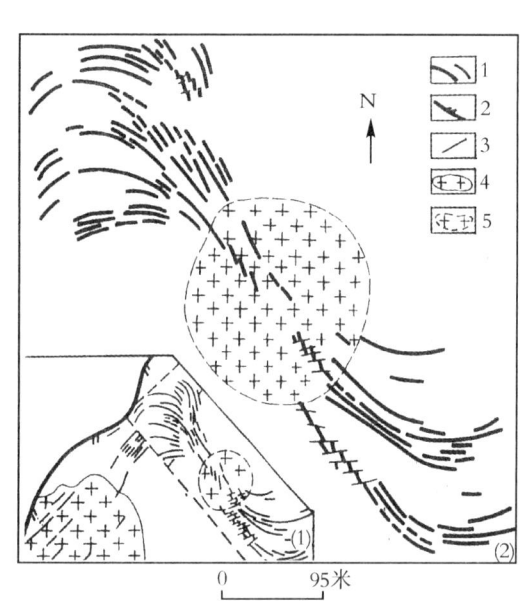

图 1-4-10　浙江夏色岭地区反 S 型构造(据崔盛芹,1999)
1. 含钨石英脉;2. 压扭性断裂;3. 横断层;
4. 花岗岩;5. 隐伏花岗岩

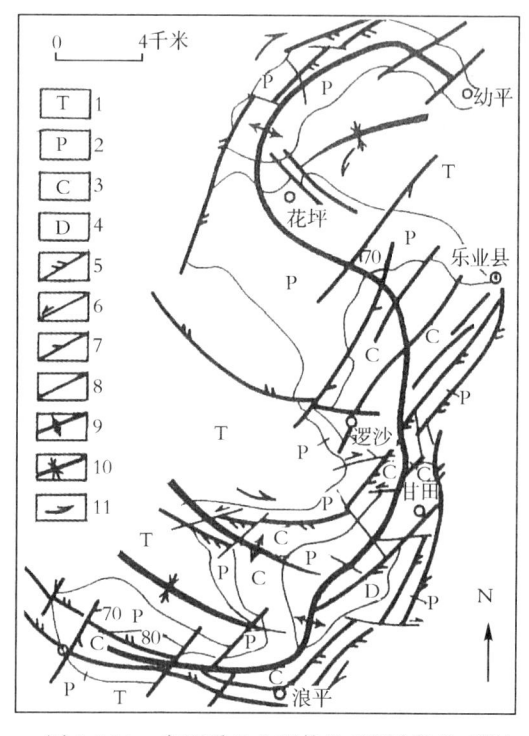

图 1-4-11　广西乐业 S 型构造略图(据李玉宽)
1. 三叠系;2. 二叠系;3. 石炭系;4. 泥盆系;
5. 压扭性旋扭断层;6. 扭性断层及运动方向;
7. 张扭性断层;8. 性质不明断层;9. 背斜轴;
10. 向斜轴;11. 旋扭方向

歹字型构造　歹字型构造又称"之"字型构造,或近似反 S 型构造。由北而南分 3 段,最北一部分也即它的头部是由一套一套曲度极为显著的弧形乃至成钩状的强烈褶带、大规模横冲断层和逆掩断层组成的;中部由若干平行褶皱和巨型横冲断层和逆掩断裂组成,大致沿 SN 向伸展,局部呈 NW-SE 走向或呈略向西凸出的弧形;尾部即最南部分是由强烈平行褶带和逆掩断裂组成,一般都呈现弯曲形状,但这段弯曲的方向恰好与头部相反。这样,头部、中部和尾部联合起来,就成为一个巨大的近似反 S 型的构造体系。主要成分是由一系列不同级、序的构造组成,总体呈反 S 型,局部由呈反多字型排列的褶皱、压扭性断裂或岩体群所构成。这一类型的构造体系与普通反 S 型构造的不同之处在于:①头部一般都显示强烈的旋扭现象,组成头部的一部分褶带,往往曲度极大;②头部的外围褶带可能是散漫而不连接的,因此,头部的外围褶带可能出现几个不相连接的、曲度不等的半球状旋扭褶带;③中部常与 SN 向褶皱、断裂带大致复合;④中部有时分为 2 支近 SN 向的褶带,其间夹一褶皱甚至微弱的地块;⑤尾部往往由若干大致向东伸展的弧形褶带构成,而它的曲度却较头部舒缓得多。这一类型构造的头部褶带,往往环绕着由于水平扭动而隆起或沉降的地块。它的西南面一般都有沉降地带为海水所淹没,或者两面均为大海。例如,青藏滇及邻区歹字型构造体系(简称青藏歹字型构造,或青藏系)是一个超巨型的歹字型构造(图 1-4-12)。它出现于中国西部及西南部地区,向南和东南经东南亚至印尼,地处太平洋与印度洋分界地带。头部及其外围褶带散布在甘肃、青海和西藏东北、川西北地区;中部通过藏东和川滇西部及缅甸、泰国、越南的部分地区;尾部主要在东南亚至印尼等地区。头部外围褶带散布在昆仑山以北,包括阿尔金山脉、祁连山西南接近柴达木盆地的部分,库库诺尔岭以及昆仑山脉往东南转折的部分。在青海境内由 NEE 走向的阿尔金山与 NWW-NW 走向的南祁连山在当金山口相衔接组成一个向北凸出的弧形。在这里,歹字型构造的成分与祁吕贺兰山字型构造的西翼反射弧复合在一起。柴达木盆地的东北缘从鱼卡开始经大柴旦、奥龙布鲁克、德令哈北部、乌兰以北,断裂断续相循由 NW 转至 NNW 向,切割了古生界、侏罗系、古近系、新近系及中生代侵入体。柴达木盆地内古、新近系中相当发育的反多字型及反 S 型等多种旋扭构造体系的产生,亦与盆地外围之古、新近系运动相关。这一巨型构造体系遭受强烈挤压,且有多种构造体系复合,贮藏有极丰富的矿产资源。在西藏雅鲁藏布江以南和藏东—滇西地区有 2 条巨大超镁铁岩带,每条长达 1000 千米 ~ 2000 千米,带内有铬、镍、铜等矿床分布。云南哀牢山断裂带挤压变动剧烈,出露的超镁铁岩组成不同级、序的岩带群,含有铬、铂、镍、铜等金属矿产。澜沧江西岸铁矿带呈 NW 向伸展,往南逐渐转为 NNW,总体展布方向亦与这一巨型构造体系一致。歹字型构造头部所在的雅鲁藏布江河谷区,近 EW 向的褶带为多金属矿床富集地带。其内褶带之间的复式向斜中,往往出现一些较为稳定的盆地,则是石油与煤田形成和赋存的有利处所。此巨型构造体系不仅将古生代乃至一部分前古生代地层卷入其中,而且较明显地控制了中、新生代地层的分布。如缅甸境内由白垩系与古、新近系组成的巨大阿拉干约马隆起带,以及东侧与之相辅而行的第四纪巨大陆槽,显然是新生代构造运动的产物。这个构造体系具有显著的近代活动性。若干主要活动性断裂带导致了川滇西部、藏东和甘肃中南部地区一系列强震的发生,尤其与其他构造体系的复合部位,具有强度大、频度高等特点。1970 年 1 月 5 日云南通海强震即属这一巨大歹字型构造成分的曲江断裂带继承性活动的表现,其运动方式与曲江断裂带得运动方式一致,即 NE 盘相对向 SE 扭动。总体来看,由青海、西藏毗连地区、滇西、缅甸,直到苏门答腊、爪哇群岛这一反 S 形构造的巨大褶带,从晚古生代后期开始发育,三叠纪末期的构造运动形成了基本格架,燕山运动及喜马拉雅运动时期,其活动达到了最高峰。至古、新近纪中叶以后,这一造山运动并未进入完全休止的状态,而且至今活动十分强烈,显然属于活动性构造体系。还应强调指出,这一构造体系中部的主体走向 SN,但某些构造成分并不完全与 SN 向构造带相符合。无量山、哀牢山冲断带,从元江上游斜插入滇、越、老 SN 向构造带,但在越南、老挝境内,前者又被越、老 SN 向构造带所切断,二者表现为截接、反接的复杂复合关系。

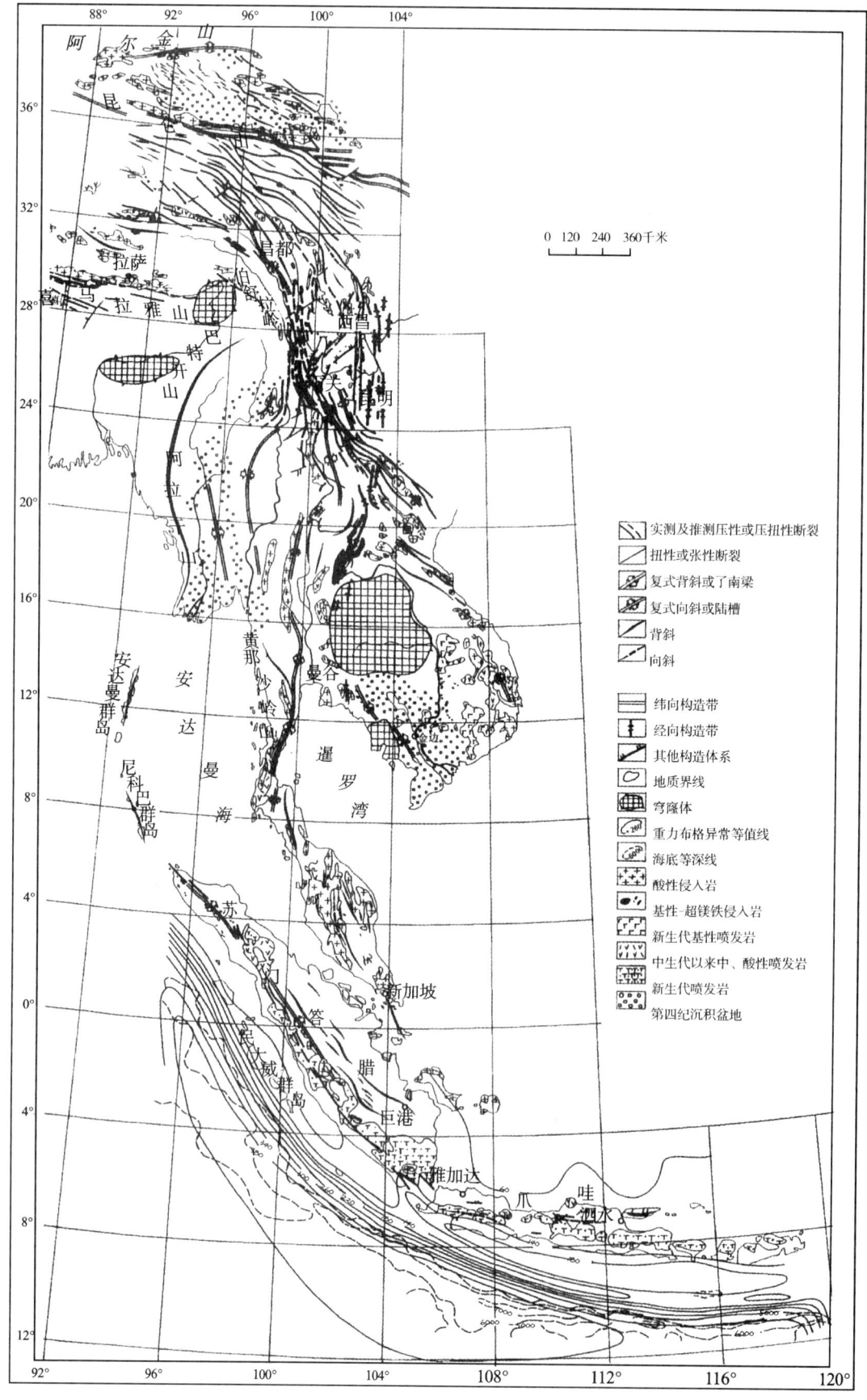

图1-4-12 青藏滇及邻区歹字型构造体系图(据崔盛芹,1999)

莲花状或环状构造 这一类型旋扭构造大都是由直立的或近乎智力的几套弧形横冲断面群组成。这些断裂面亦即旋扭面一圈一圈参差不齐地围绕着一个很少经过局部褶皱或破裂的核心地块——砥柱，大致成圆形或椭圆形。其砥柱多半不在旋扭面群的正中心，但也不像帚状旋扭构造那样站在弧形旋扭面群的一旁。旋扭面群大致是同心的，把被它们所卷入的地区切成破碎了的环形地带或环列的新月形地带。各环形地带，在靠近某一半径的方向往往出现一段未经弧形断裂面切断的部分。这一部分有时颇宽，有时很窄，成一条埂子，横贯各环，直达砥柱。弧形旋扭面上往往出现大批水平或倾斜甚缓的擦痕，两旁往往有由节理、劈面或叶理组成的帚状构造和拖曳现象，有时出现入字型断裂体系。在岩性较软、地层一般平伏的地区中，有时出现成群的新月形平缓背斜，呈环形或半环状排列，总起来看，它们向一方面收敛，向另一方面撒开。这一类型的构造体系，也应该是属于初期发展的莲花状构造，是否需要把它划分为另一类型，尚需继续考察和探索。

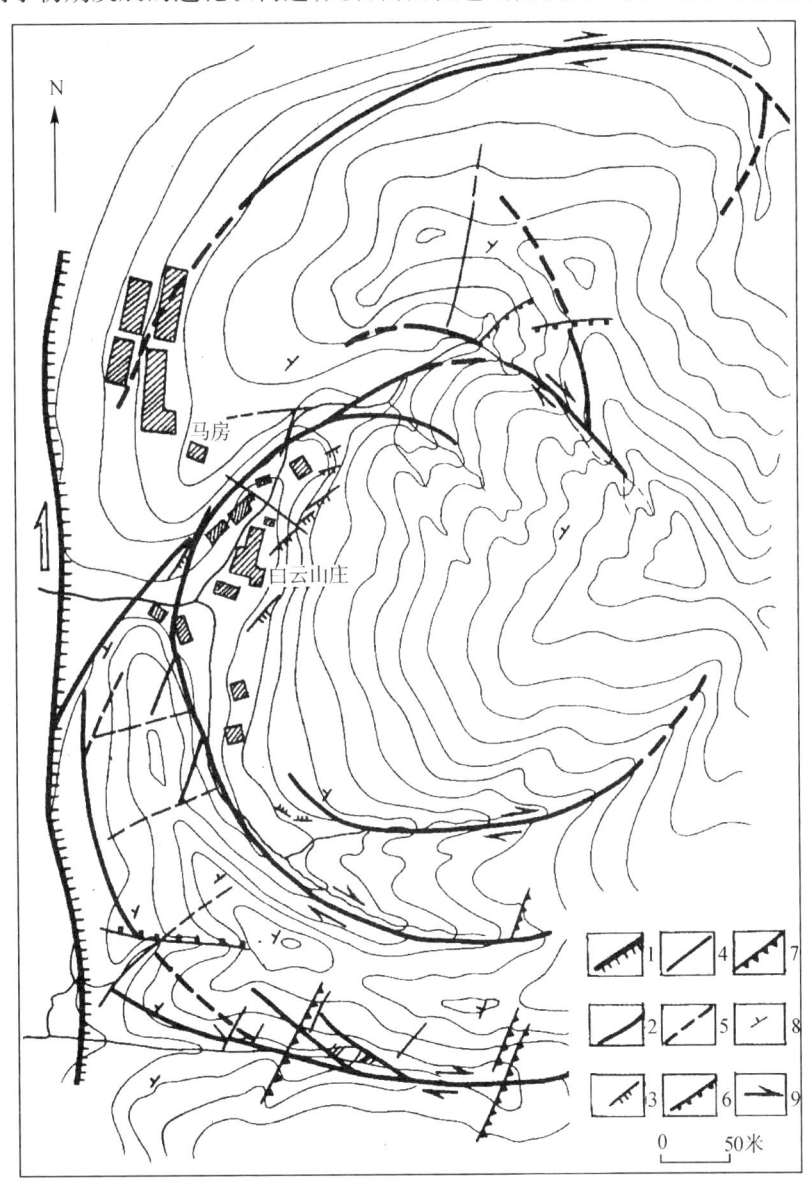

图 1-4-13 大连白云山庄莲花状构造（崔盛芹，1999）

1. 正断层兼平移断层；2. 弧形扭断层及入字型断裂面；3. 轴近水平的旋扭断面；4. 正断层；5. 推测断层；6. 仰冲断层；7. 新华夏系冲断层；8. 岩层走向及倾向；9. 岩层相对扭动的方向

属于大、中、小型的莲花状构造,现已发现不少例子,属于中、小型的莲花状构造则更多。最早发现的莲花状构造是在大连市西郊马兰桥东南约 1.5 千米的白云山庄一带(图 1-4-13)。围绕着这个山庄的东南山地,有几道新月形和环形的深沟,把它周围的山地切成重重叠叠的环形山岭,每一条环形山沟都是由垂直的环形横冲断面造成的。环形断裂面的两旁往往有分支断裂和作为主干断裂的环形断裂结合起来构成入字型构造。深沟的两旁也经常出现拖曳现象或帚状构造。这一构造体系直径约 1 千米以上,全部都发育在中新元古代石英岩中。环形构造的中间和附近地区绝无火成岩活动的痕迹,因此这个构造体系与所谓火山口陷落毫无共同之处。湖南株洲、醴陵地区有 2 个东、西并列展布的莲花状构造(图 1-4-14);内蒙古巴彦淖尔盟与乌兰察布盟交界处的黑泥河地区有 2 个莲花状构造出现(图 1-4-15);在四川北部平昌、巴中、仪陇侏罗纪和白垩纪红层中出现一个大型的莲花状构造(图 1-4-16)。

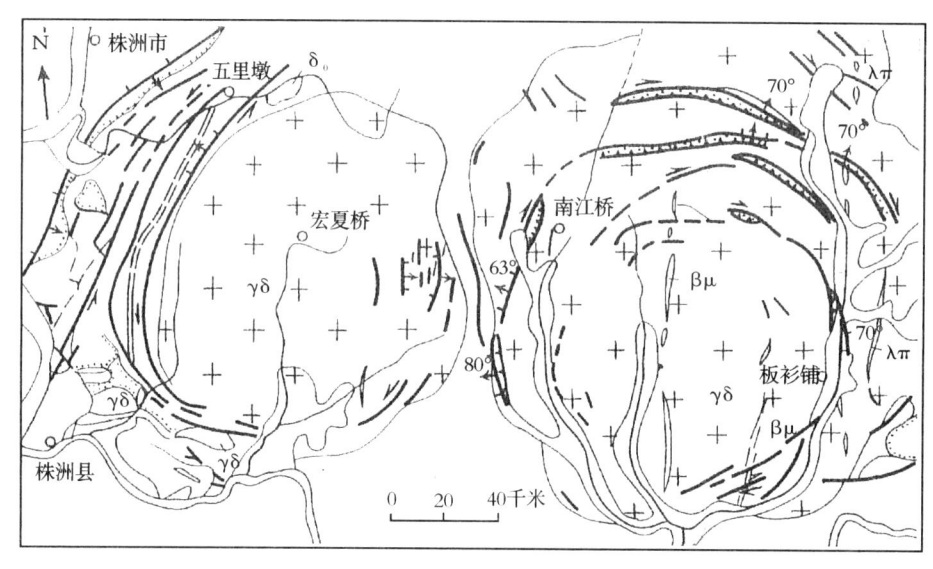

图 1-4-14　湖南株洲地区并列的莲花状旋卷构造(据季中年)

1.燕山晚期辉绿岩;2.印支期石英斑岩;3.印支期石英闪长岩;4.印支期花岗闪长岩;5.弧形张扭性断裂带及运动方向;6.实测及推测弧形扭断裂及运动方向;7.破碎硅化带;8.花岗岩

涡轮状或旋涡状(或辐射状)构造　是旋扭构造体系中发育极好的一种构造型式。其主要特征是一系列弧形断裂或褶皱以砥柱或旋涡为核心,大致呈放射状或涡轮状展布。组成涡轮状构造的各旋扭面总是有规律地向一方一致地弯曲,其力学性质可以是压扭性,亦可为张扭性。一个较完美的涡轮状构造出现在内蒙古大青山的那林沟(图 1-4-17)。在侏罗纪煤系与太古宙片麻岩接触处,有 5 条呈弧形弯曲且断面近于直立的压扭性断裂展布,其中 4 条明显地向中心聚集。其影响最甚的范围内,被卷入的下侏罗统五当沟煤层及其他岩层,沿走向及倾向均遭受剧烈扭转而发生变化,中心部位尤为显著。自中心向外环视,每条弧形断裂皆向左侧凸出,且曲度甚大,而右侧则向内错移。断裂近旁的次级挤压片理及张裂隙与之所夹的锐角尖指向,以及断面上的近水平擦痕,一致指示内旋层相对外旋层曾发生反时针方向的旋扭,而整个涡轮状构造的外旋则相对作顺时针方向扭动。这种情况与帚状构造的相对扭动规律相符,其实在这一构造体系发育初期,其形态与帚状构造亦颇为近似。规模巨大的涡轮状构造在南、北极圈及两亚极地区发育甚为良好。

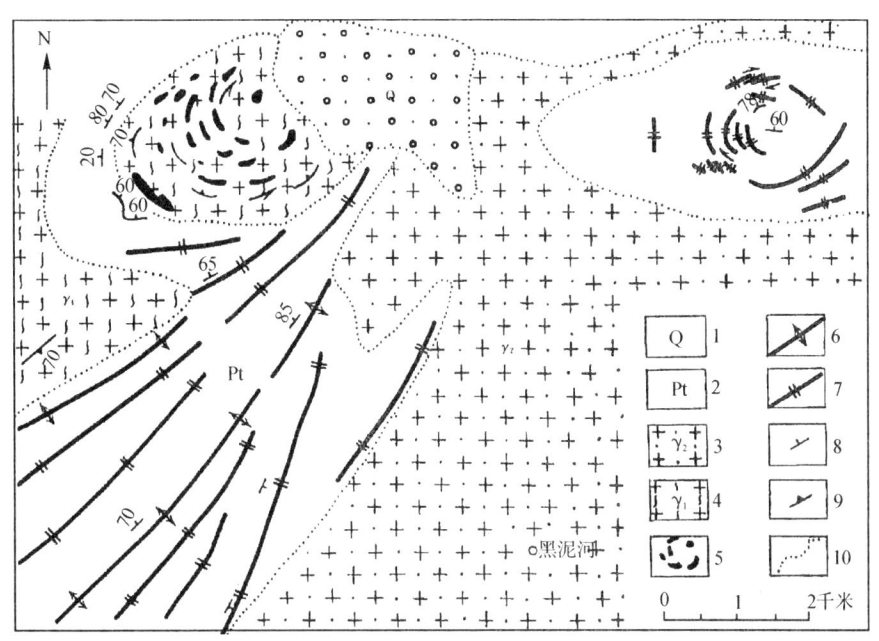

图 1-4-15　内蒙古黑泥河地区的帚状构造及莲花状构造（据崔盛芹，1999）

1.第四系；2.元古宙石英岩；3.粗粒花岗岩；4.片麻状花岗岩；5.基性岩墙；6.背斜轴；7.挤压带；8.岩层产状；9.片理产状；10.地质界线

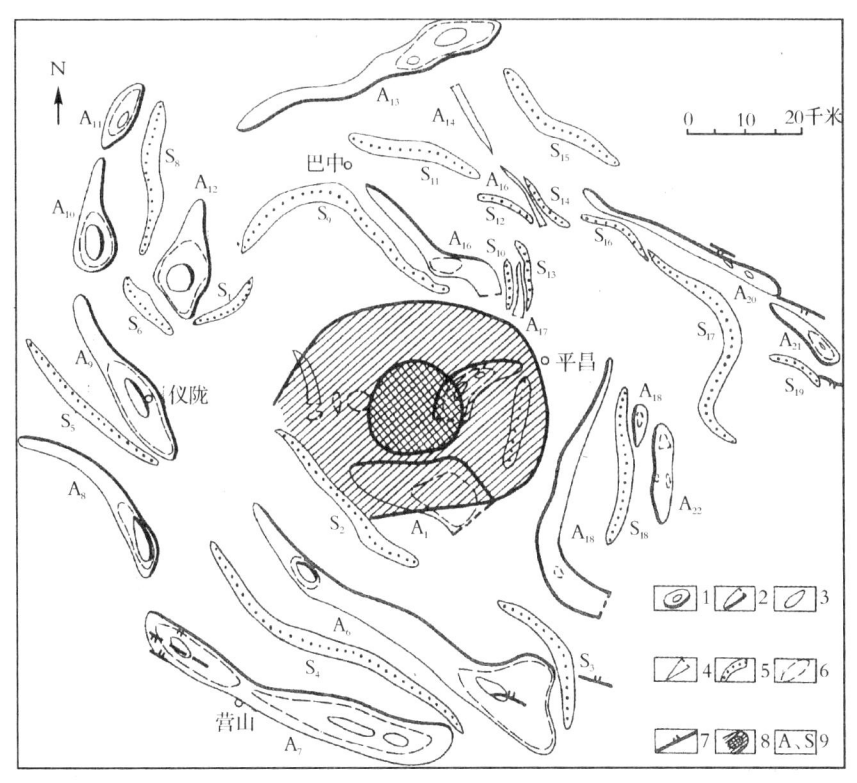

图 1-4-16　四川巴中、仪陇、平昌地区的莲花状构造（据崔盛芹，1999）

1.两端倾伏的不对称背斜（粗边表示高点位置）；2.一端倾伏的不对称背斜（粗边表示陡的一翼，小圈表示高点位置）；3.两端倾伏的对称背斜；4.一端倾伏的对称背斜；5.向斜；6.局部构造最大闭合线；7.逆断层；8.磁力高范围及侏罗纪时隆起的中心位置；9.褶皱编号

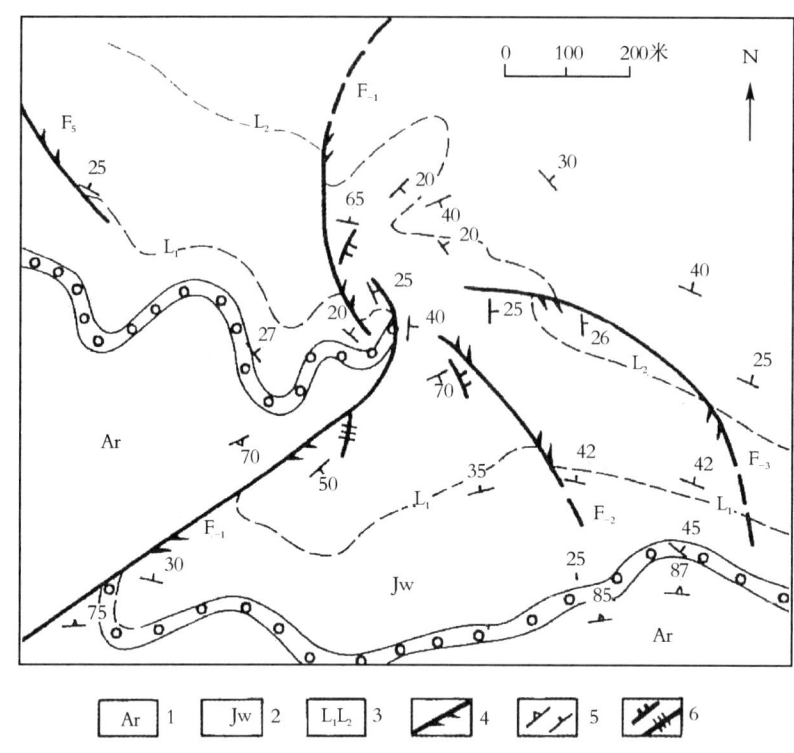

图 1-4-17 内蒙古大青山那林沟涡轮状构造(据郑峻庆、幸石川)

1.太古宙片麻岩;2.侏罗系五当沟组;3.煤线;4.压扭性弧形断裂(锐角所指方向为扭动方向);5.岩层、片麻理产状;6.旋回面两侧出现之张性分支断裂及挤压片理

(4)棋盘格式构造

棋盘格式构造就是网状构造(有时被称为线状构造),和通常所说的 X 型构造相当。大都是由 2 组相互交叉的裂面组成,2 组裂面之间的夹角有时近于直角,但多数是一对为锐角,另一对为钝角。在 2 组裂面近于直交的场合,被它们所切割的岩层就像豆腐块那样成为整齐的方块状;在 2 组裂面相互斜交的场合,被它们所切割的岩层或岩块便具有菱形的外貌。

棋盘格式构造无论属于小型、中型或大型的实例都极为普遍。小型的包括网状节理、菱形节理和面积达几平方千米的纵横交错的断层网;巨型棋盘格式构造的规模则异常宏伟,有时决定大陆的构造轮廓。这些普遍发育的棋盘格式构造虽各有特点,但亦存在显著的共同特征:①所有组成棋盘格式构造的裂面,均由 2 组扭性结构面组成,是同时形成的一对共轭剪切裂隙,实质上和侣对尔线属同一力学性质,因此,其起源也应该和侣对尔线相同;②根据野外实际调查,在许多场合组成棋盘格式构造的 2 组扭裂面所夹锐角等分线的方向与主压应力作用的方向一致,不过也常见到所夹锐角对着挤压方向的情况;③根据野外观测的实践经验,这一类的构造体系特别是大型棋盘格式构造大都分布在地层比较平缓的区域,在古老地块中或者古老地块上覆盖着较薄岩层、褶皱轻微的地区发育尤为良好;④在广泛发育的大型棋盘格式构造中,组成它们的 2 组裂面大都与地面垂直或近于垂直,在小型棋盘格式构造特别是棋盘格式节理或交叉节理中,组成它们的 2 组裂面往往与地层面相垂直,在那些地层比较平缓的地区或者在地层形成褶曲以前,这些小型棋盘格式构造的裂面也大都是近于垂直地表的;⑤棋盘格式构造,作为一对共轭剪切面,其发育程度往往不对称,甚至其中一组有时很难见到踪迹。

棋盘格式构造不仅出现于经向和纬向构造体系中,也常见于各种扭动构造体系展布的地域。按照它们的力学成因可以分为2个基本类型:①由挤压(或引张)作用形成的棋盘格式构造;②由扭动作用形成的棋盘格式构造。野外观测的实践经验告诉我们,这2类棋盘格式构造具有不同的特征,通过仔细鉴别,可将它们区分开来。

中国东部和南部,尤其在沿海地区,经常有规模不等的棋盘格式构造出现。如在辽东半岛、渤海西岸、山西河北交界地区、山东半岛东部、浙江东部及金门岛等地区,都曾作过较为纤细的观测。这些地区的棋盘格式构造主要是由2组断裂组成:一组走向NNW(N18°~30°W);一组走向NEE(N65°~75°E)。前者被称为大义山式断裂,湖南大义山岩体不独标明这种断裂的方向,而且在这一方向的裂隙中,灌注了含热液矿床的花岗岩类;后者被称为泰山式断裂。如浙江杭州地区一类的棋盘格式构造,一组走向NNW(N10°~20°W),另一组走向NEE(N70°~80°E),2组断裂经常伴生(图1-4-18)。前者一般延续较短,常表现为西盘相对向南推移;后者则延展较长。中国东南沿海地区,这2组断裂广泛发育,沿海地形常受此2组断裂控制形成复杂的海岸地貌。

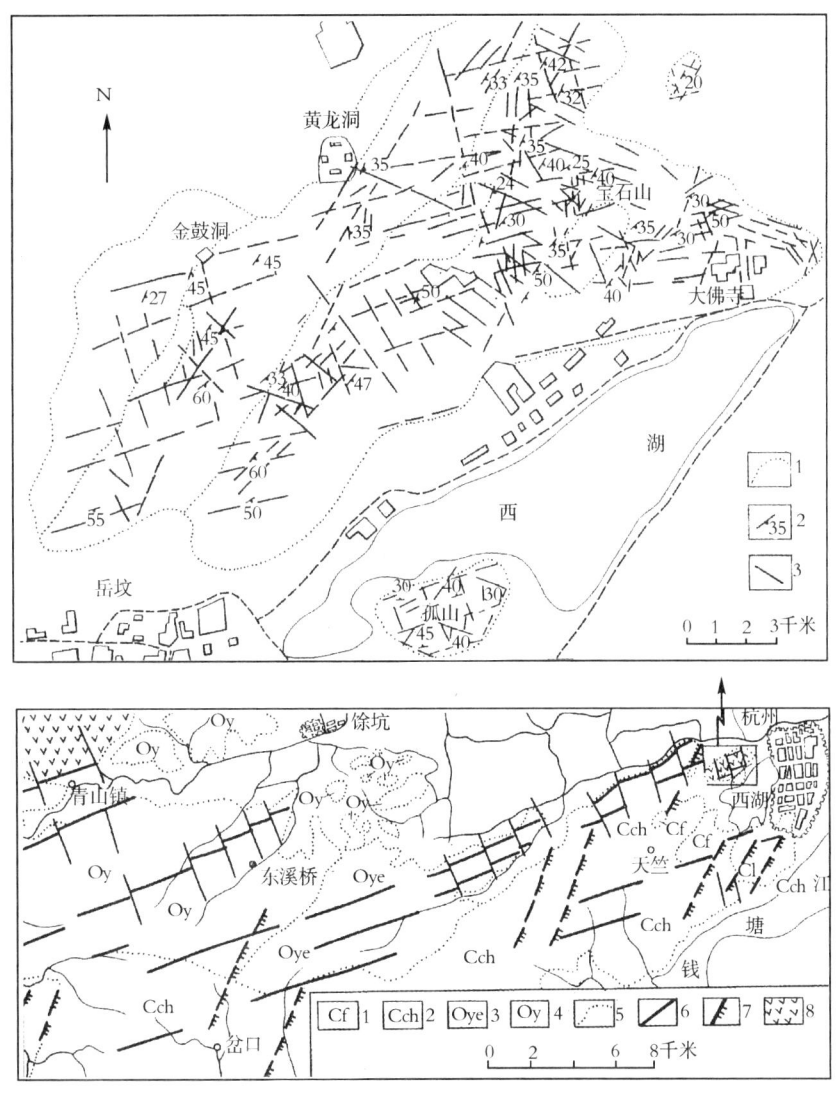

图1-4-18　杭州地区的棋盘格式构造(据吴磊伯、李铭德,1947)

上图(是下图的部分放大):1.火山岩的岩性界线;2.火山岩的流层;3.火山岩中的构造裂隙。下图:1.飞来峰灰岩;2.千里岗砂岩;3.砚瓦山系 4.印渚埠;5.岩层界线;6.扭断层;7.冲断层;8.火山岩系与河西系之挤压带相伴而生的2组扭裂面,在中国西北部的黄土地区亦往往构成棋盘格式构造。它们通常由两组近于直交的扭裂隙组成,其中一组走向NNE,另一组走向NWW(图1-4-19),冲沟主要沿NNE向的一组扭裂隙笔直而有规律地平行延展,而走向NWW者发育较差,除横贯图幅之主干冲沟外,其余皆仅隐约可见。

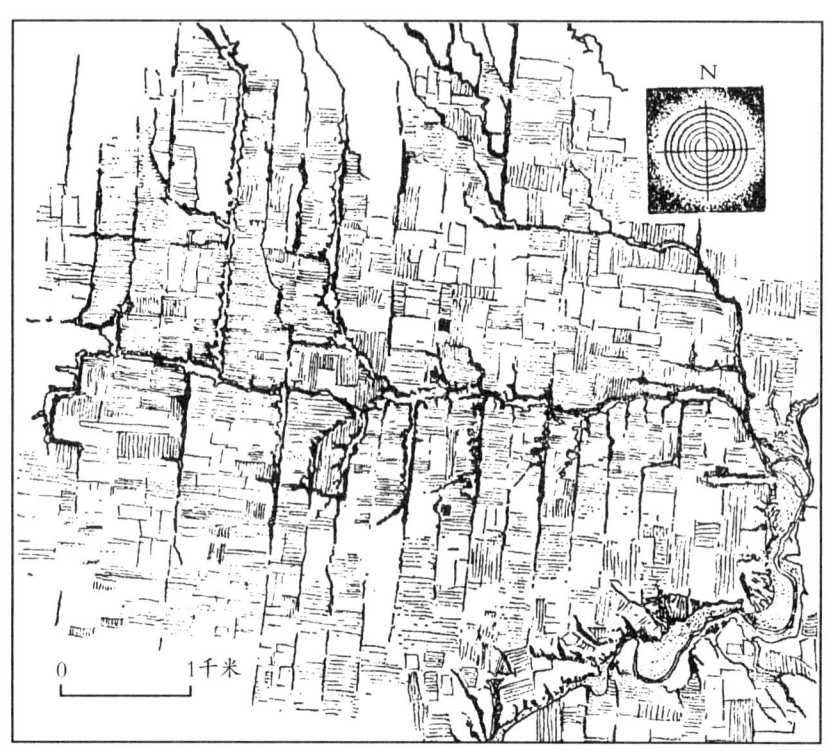

图1-4-19 中国西北黄土地区的棋盘格式构造(兰淇锋、胡长霄据航空照片描绘)

(5)入字型构造

这一类型的构造体系一般由2部分构造成分组成:①主干断裂,无论作直线形或弧形展布,其性质都具扭性;②分支断裂或拖曳褶皱,系由主干断裂所派生。由于后一部分可能属于性质绝不相同的构造行迹,同时对主干断裂而言,其排列方式亦完全不同,因而,入字型构造可分为2类:第一类,由主干断裂和分支断裂组成,分支构造属张性或以张性为主兼具扭性,其特征是:分支构造与主干断裂斜接,而绝不越过主干断裂,两者之间所夹的锐角尖指向分支断裂所在的一边对主干断裂另一边相对错动的方向。这类入字型构造不仅在一般形式上而且在地质力学的意义上与羽状节理相似。第二类,由主干断裂和拖曳褶皱或褶皱相当的其他压性、压扭性构造行迹(如冲断层、叶理或片理等)组成,其特征为:分支构造在主干断裂近旁展布,也绝不穿越主干断裂,而与之斜接。这些挤压带的走向与主干断裂所夹的锐角尖指向与这些挤压带所在的一边对主干断裂的另一边相对错动相反的方向。分支构造常发育于主干断裂一侧,亦可同时在主干断裂两侧出现。在后一种情况下,审慎区别那种由较老断裂被切错而形成的构造形象,确定构造体系各组成部分之间的成生联系,对鉴定入字型构造极为重要。这对构造形迹序次的辨别和构造复合现象的研究,均能提供有力的论据。

入字型构造是一种常见的构造体系类型,其规模悬殊,大小不等。从小型、中型到大型、乃至巨型者均有出现,小型可以小到不超过手标本的范围,巨型的可达上千千米。在陕西蓝田猿人产地附近有一典型的中型控矿入字型构造出现,其概貌在1:20万区测图上反映相当清楚。作为主干断裂的汤峪口—腰市镇断层(即铁炉子断裂)是一条走向近EW、规模大、延伸远的压扭性断层,沿断层有宽达数十米至200米不等的糜棱岩带。主干断裂附近有一系列分支构造,多由规模较小的断层或岩脉群构成。这些分支断裂绝不穿越主干断裂,而与之斜交(图1-4-20)。这一入字型构造有2个重要特征:第一,它系不同时期多次构造运动所形成。若干迹象表明,主干断裂形成时期很早,此后,长期强烈的继承性活动可由控制中生代矿化、中生代花岗岩被切错、古近系和新近系被切割以及现代河流水系的变位等得到确切证实。分支构造亦具显著的继承性活动,充填其中的脉岩是中生代产物,表明分支断裂在中生代即已存在,从有的切割了古、新近系来看,它们后期还有强烈活动。第二,这一入字型构造控矿作用显著,不仅沿主干断裂带有热液型金属矿床生成,而且在分支断裂中也有矿化现象。因此,主干断裂既是矿液上升的通道,主干断裂及其派生构造又是储藏矿体的空间。在台湾省东部海岸山脉地区,有一发育良好的入字型构造(图1-4-21),它以NNE走向的花莲—台东断褶带为主干构造,以NE向褶皱和压性断裂,或以NNW向的张性断裂为分支构造组成。其展布范围南起台东西南,北至花莲以北,长约150千米,宽约15千米,沿台东海岸山脉出露的中新世以后的岩层包括广泛发育的安山质集块岩、安山质凝灰岩等,均被卷入这一入字型构造之中。它影响了更新世岩层,是新华夏系晚期构造运动的产物。主干构造由2条相互平行的扭压性断裂组成:西边的一条南起大南以南,经玉理、瑞穗、花莲以西,向NNE伸展可达乌石鼻,全长约210千米;东边一条规模较大,在其东面有一系列呈雁行排列的次级褶皱和压性断层(逆冲断层),与主干断裂相交的锐角尖指向南方,还有数条N10°~30°W的扭张性断裂,与主干断裂相交的锐角尖则指向北方,表明主干断裂两侧曾发生逆时针水平扭动。同时,扭张性分支断裂在新港山一带可能又导生了第三序次的分支构造——背斜与向斜,构成次一级的入字型构造。

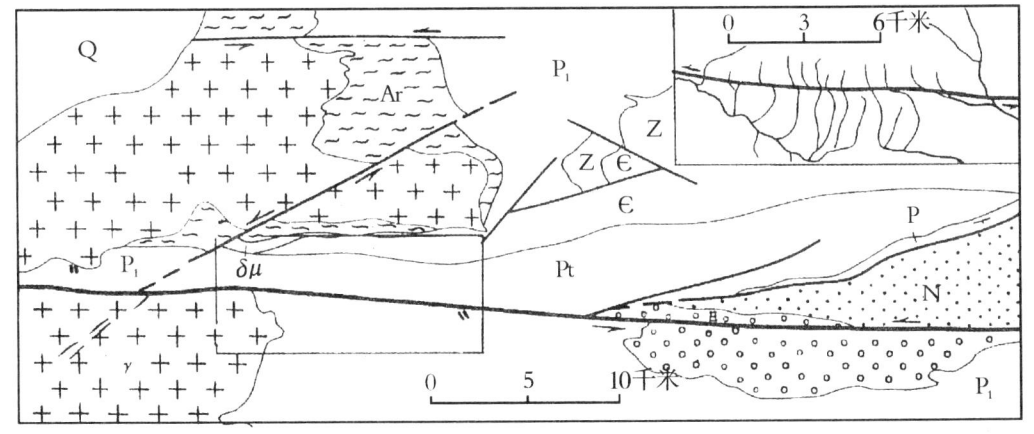

图1-4-20 陕西蓝田东南的入字型构造(据邓乃恭)

1.第四系;2.新近系;3.古近系;4.二叠系;5.寒武系;6.中新元古界;7.元古宇;8.太古宇;9.花岗岩;10.闪长斑岩;11.脉岩;12.地质界线;13.入字型主干断裂(箭头示平移方向);14.入字型分支断裂(箭头示平移方向);15.断裂(虚线均为推断断层);图中Z现为P_{t2-3}

入字型构造常对岩浆岩及其伴生矿产具有多级控制作用。主干断裂一般为岩浆与矿液上升的通道,有时亦储集矿体,分支构造及其与主干断裂交汇处常是岩浆与矿体富集的有利部位。由于主干断裂与分支构造交汇处也常是岩石较为破碎的地方,往往对工程基础稳定性和水文地质条件有一定影响。活动性入字型构造体系往往控制地震发生,是发震构造的类型之一。

4. 中国海域及其邻域的主要构造体系

中国海域辽阔,海域地质构造错综复杂,海底油气资源和其他矿产十分丰富。中国海域及其邻近的日本海、鄂霍茨克海等东亚边缘海,总体呈 NNE 和 NE 方向展布,隶属新华夏构造体系的巨型沉降带。李四光曾名为"新华夏海"。其中,鄂霍茨克海—日本海—南海构成新华夏系第一沉降褶带,黄海则为新华夏系第二隆起褶带内的大型拗陷区,而将渤海和北部湾归属于新华夏系第二沉降褶带之中。早在 20 世纪 30 年代,李四光就在《中国地质学》书中明确指出,在新华夏系的几个巨型沉降褶带中,包括海域,"具有经济价值的沉积物"(即指石油)。从 20 世纪 50 年代末期以来,在中国海域进行的地质、地球物理综合调查已证实李四光对海区某些构造轮廓和含油气远景的推测。

一般而言,中国海的地质构造基本上是中国东部大陆地质构造的自然延续,海陆构造体系是密切相联的。其中,渤海与黄海属内陆海,具有陆壳结构;东海与南海为大陆边缘海,除南海中央深海盆具洋壳结构、东海冲

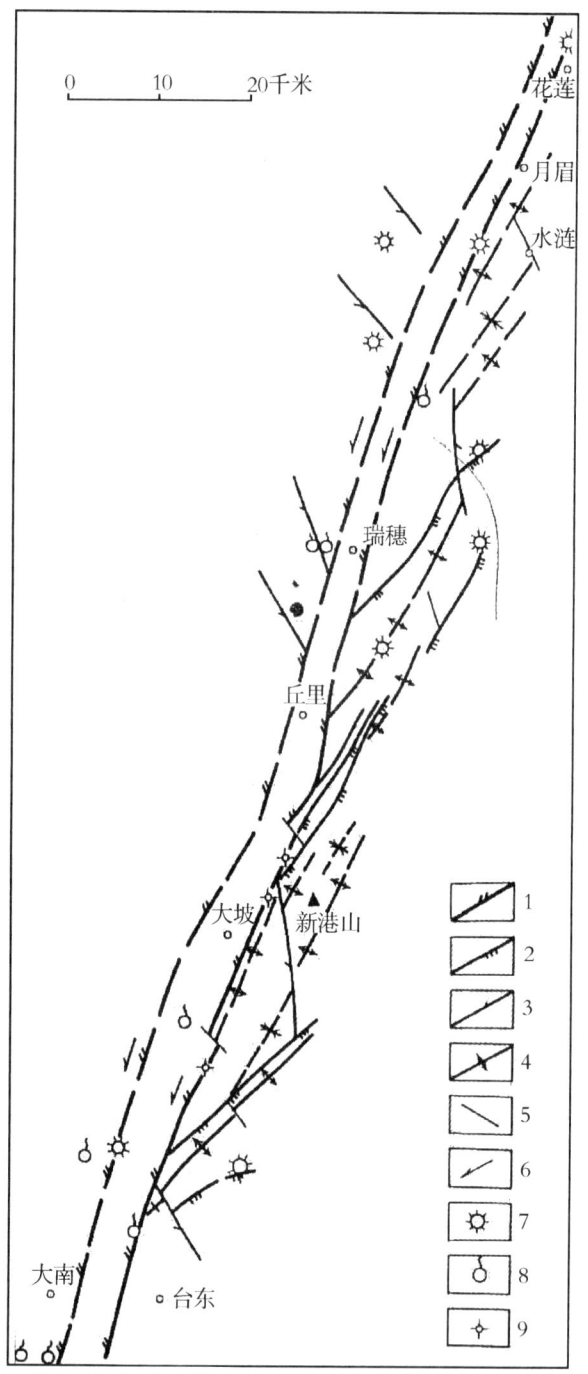

图 1-4-21　台湾省花莲—台东入字型构造(据崔盛芹,1999)

1. 压扭性主干断裂;2. 压性断裂;3. 扭张性断裂;4. 背斜与向斜轴;5. 横断层;6. 扭动方向;7. 地震点 Ms≥6;8. 温泉;9. 活火山

绳海槽具过渡壳性质外,所有陆架、陆坡区均属陆壳性质(图 1-4-22)。因此,中国海域东南大陆具有相似的地壳构造形变特征,总体受巨型新华夏构造体系的控制,而且其他各类构造体系亦有发育,它们纵横交织,铸成了一幅错综复杂、井然有序的构造图案。

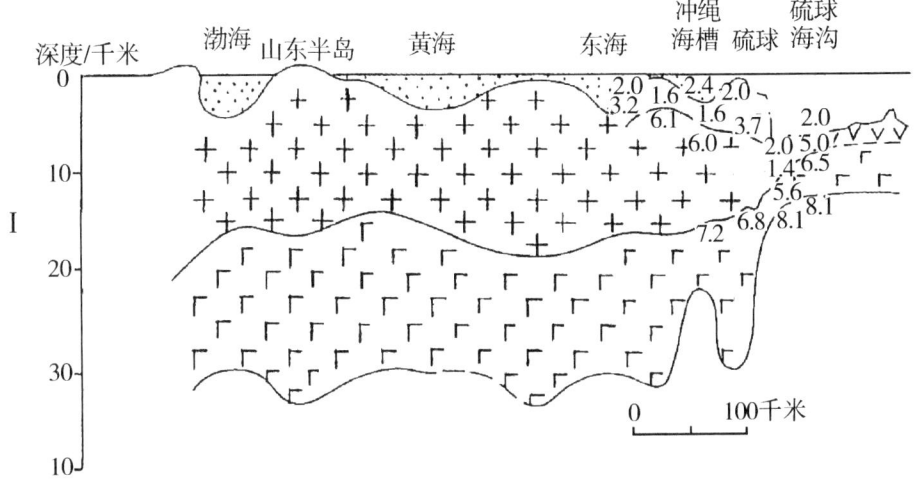

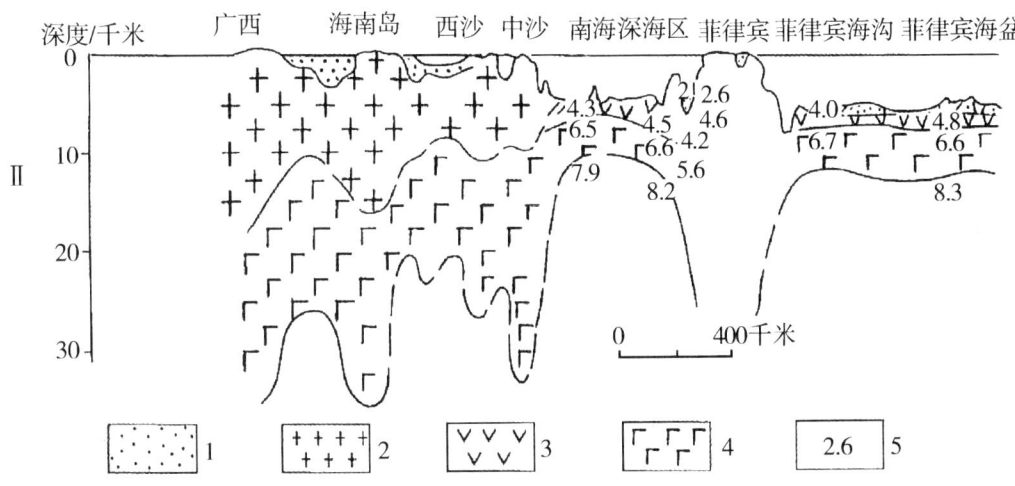

图1-4-22 中国海及其邻域地壳结构构造剖面略图(据崔盛芹,1999)

1.沉积岩或火山碎屑岩地壳层;2.花岗岩地壳层;3.火山岩地壳层;4.辉长岩地壳层;5.地震波速度(km/s)

由孙殿卿等(1999)据中国及其邻域的地质构造、地球物理、地貌、水深等各项综合调查资料,特别是利用中国海洋地质与地球物理调查成果编制出的《中国海及其邻域构造体系简图》(图1-4-23),可以看出中国海及其邻域的主要构造体系。

三、中国主要构造体系域

借鉴李四光(1939,1973)、黄汲清等(1977)、任纪舜(1990,1997)、程裕淇等(1994)的成果,分别从构造体系和构造域2个方面进行过概括和客观描述,可以认为中国的地质构造格局主要是板块间相互作用与陆内构造活动的综合反映,而板块活动与陆内块体再活动总是有一定的方向、方式和涉及一定地域,从而形成一定的构造体系域。这与构造体系和构造域的原义和范畴已不尽相同。强调板块相互作用与板内构造活动都具有重要意义。现从构造形变的综合形态、主体构造带展向、复合关系及其动力体系角度,将全国划分为古亚洲、特提斯、华夏—滨西太平洋、贺兰—康滇等4个主要的构造体系域,它们东西横亘、南北纵贯,东西约略对称,并以上扬子地块为中心构造结,构成了一幅大中华构造格架。

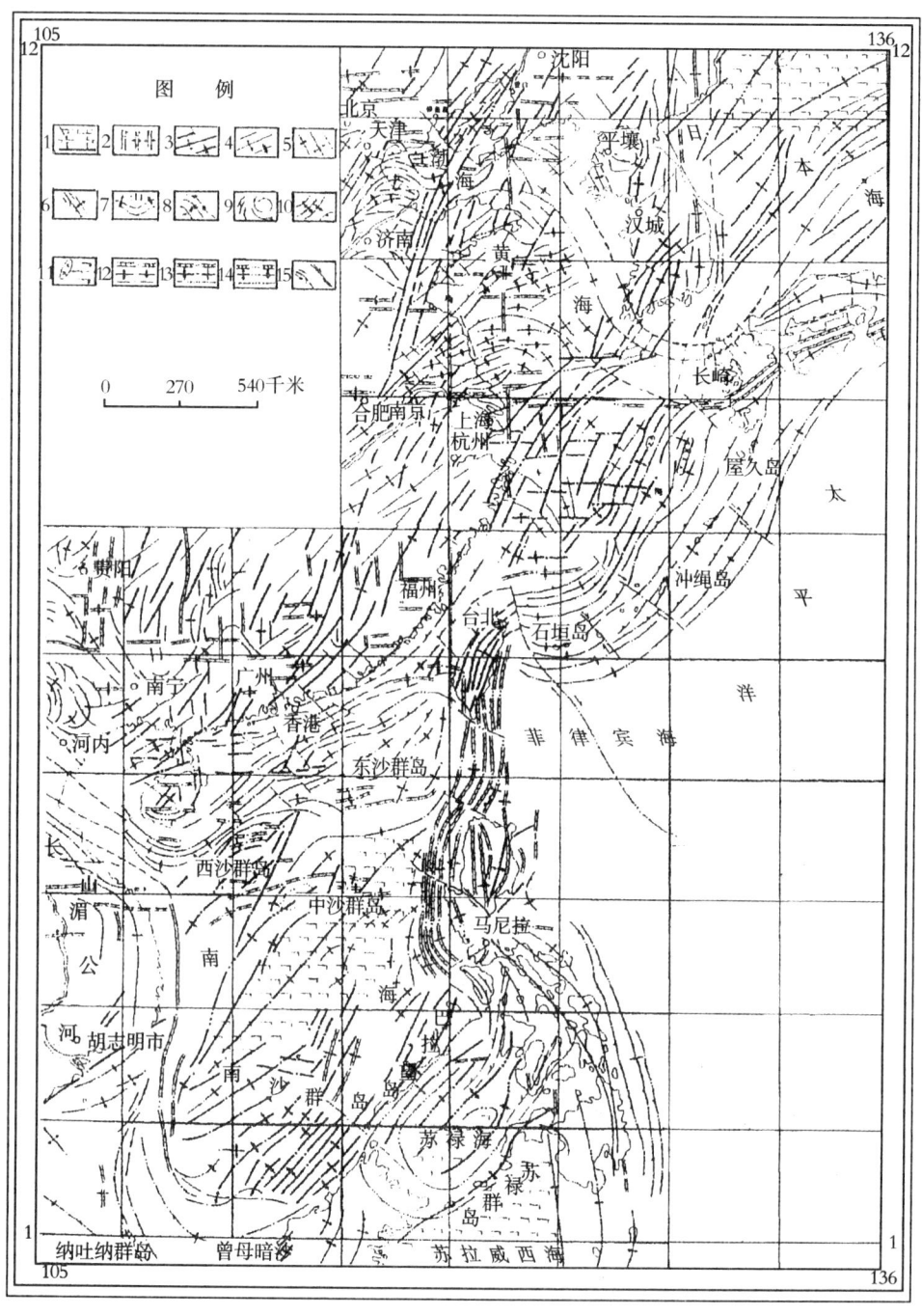

图 1-4-23 中国海及其邻域构造体系简图(据崔盛芹,1999)

1.纬向构造体系复式褶皱(隆拗、凸凹及背向斜)轴线、压性断裂与伴生扭断层(单粗线示区域性 EW 构造带);2.经向构造体系复式褶皱(隆拗、背向斜)轴线、压性断裂与伴生扭断层;3.新华夏系复式褶皱(隆拗、凸凹及背向斜)轴线、压扭性断裂与张性扭断层(细线示次级构造带);4.华夏系、华夏式复式褶皱轴线及压扭性断裂带;5.NW 向构造褶皱(隆拗及背向斜)轴线、压扭性断裂带;6.入字型构造主干断裂、褶皱及分支断裂(半剪头示扭动方向);7.山字型构造脊柱与弧形褶带;8.歹字型构造带;9.各种旋扭构造的旋回带;10.其他弧形构造的压扭性构造线(三角尖指向凹面);11.海底火山岩与洋壳玄武岩;12.主要由地震资料确定的断裂与褶皱(隆拗、背向斜)轴线;13.主要由重力、磁法资料确定的断裂与褶皱(隆拗、背向斜)轴线;14.主要由地貌资料显示的海沟、海槽与海脊、海丘的构造轴线;15.虚线均系推测的构造线,半剪头示断裂两侧地块的相对扭动方向中国地质构造的一个显著特点是断裂构造十分发育,所编1:250万地质图上最主要的区域断裂计89条,有45条属发生过6级以上地震的活动性断裂,分属于不同的构造体系域,其中包括6条板块结合带和6条重要的微板块结合带和10条地壳拼接带,多数有蛇绿岩带、构造混杂岩带发育。不少伴有规模较大的韧性剪切带,其中有16条已发现有蓝片岩带。而含柯石英榴辉岩的超高压变质带主要在中央造山系发现。由于绝大部分具有较长的发育历史和复杂的力学转变过程,地质图未能区分其属性。

1. 古亚洲构造体系域

该域包括任纪舜(1997)所划分的古亚洲构造域,但范围、时限更为广泛,主要是还考虑了板块拼合后的陆内造山作用。以李四光(1973)所划分的3条巨型纬向带为主体,还包括其间所镶嵌的东西向排列的陆块或地块。这些构造形体总体循近东西向展布,中部约略向南弯曲或形成规模不等向南凸出的弧形弯滑构造,如淮阳弧、广西弧等,并相伴有NEE、NWW向一对X型剪切构造。

该体系域主要发育于中国中北部,包括发育于晚元古代以来,定型于华力西期的天山—兴蒙造山系和定型于印支期的中央造山带以及其间的塔里木、华北陆块。形成于燕山期发育于特提斯与华夏构造域之上的南岭构造带也是该域的新成员,以隆起—花岗岩带为特征,是陆内造山的产物。除此尚有一些规模较小的构造带。

2. 特提斯构造体系域

特提斯构造体系域为华力西、印支、燕山、喜马拉雅期,特提斯洋迭次关闭,冈底斯—印度板块多次相对向N或NNE方向聚合、碰撞造山形成的一个主体为NW向、中段为近EW向、东南段约略向SE撒开的反S状弧形挤压地带,是总体为EW向的特提斯造山系在特定边界条件下发生的构造畸变。主要在中央造山带之南、扬子陆块以西的青藏高原地区,NW向的右江造山带也属该域组成部分。主体由一系列造山带间夹羌北—昌都、羌南、冈底斯等长条状弧形微陆块组成,其中有一系列巨大的断裂带,亦呈反S状,长达1000千米~3000千米,多数伴有蛇绿岩带、外来混杂岩块或蓝片岩带,一般具有拉张、逆冲挤压等复性特征。东段兼有左行走滑和旋转,南段显示右行,其间的块体有向SE挤出的趋势。多数断裂活动性较大,为地震多发带。

金沙江—红河断裂带全长3000千米以上,北西段呈NWW向分为2支:一支为羌湖—金沙江断裂,发育西金乌金蛇绿岩带,并有榴辉岩分布,在蛇形沟新发现有早二叠世深海放射虫硅质岩;另一支为郭扎错—若拉岗日断裂,在藏北青南沿带发育二叠—三叠系复理石、硅质岩、基性火山岩及二叠系灰岩外来岩块,且有蛇绿岩残块及蓝片岩。中段折向NNW至SN向,由金沙江蛇绿岩及含志留系—二叠系灰岩外来岩块的泥砾混杂岩组成宽达30千米~40千米的强变形带,以逆冲兼有右行剪切为特征。南段经哀牢山延出国境,与越南黑水河消减带相连,以逆冲兼有左行剪切为主,是一条对接于印支期的微板块结合带。甘孜—理塘断裂带为金沙江—红河断裂带的NNW向分支,北段为逆冲左行剪切,南段以右行剪切为主,带内有理塘蛇绿混杂岩和蓝片岩、志留系二叠系灰岩的外来岩块。

龙木错—澜沧江断裂带西起龙木错,过青海后转沿澜沧江南下,出境后与泰国清莱—马来西亚结合带连接。中国境内长2800千米。西段于藏北加错见蛇绿岩,双湖地区也有蓝片岩带发育;南段有昌宁—孟连二叠纪蛇绿岩带。可能是一条二叠纪晚世微板块结合带。

班公错—怒江断裂带西起班公错,经改则、丁青转怒江南下出境,中国境内长2500千米。北西段分布有班公错、改则、丁青、碧土、滇西三台山等三叠纪—白垩纪蛇绿岩带和改则蓝片岩带;南段与澜沧江之间的昌宁—孟连二叠纪蛇绿混杂岩带,现归于澜沧江带,但与怒江带有何联系,还值得研究。除此,伴有木嘎岗日群(J)含放射虫硅质岩—复理石,显示洋壳自北而南俯冲,冈底斯向北仰冲。结合带最终对接于侏罗纪至早白垩世初。断裂带南侧是新厘定的噶尔—纳木错断裂带,沿带有6处蛇绿混杂岩和放射虫硅质岩—复理石分布(K_1),还可能与波密地区迫龙藏布蛇绿岩带相连。小洋盆闭合于早白垩世末,断裂带显示自南向北俯冲。

雅鲁藏布江断裂带沿印度河—雅鲁藏布江河谷展布,自萨嘎以西分为南北2支。东端在墨脱形成大拐弯出境,中国境内长1700千米,宽几至几十千米。其北为冈底斯白垩纪—始新世火山弧,以南发育弧前盆地复理石楔。有雅鲁藏布江蛇绿岩带、放射虫硅质岩、泥砾混杂岩和蓝片岩分布。最近在林芝玉门有三叠纪蛇绿岩带发现,说明洋盆在三叠纪已经出现,对接于白垩纪末。断裂带为自南向北俯冲。

道孚—康定、紫云—南丹、右江等NW向断裂以挤压兼有左行走滑为特征。道孚—康定断裂带也称鲜水河断裂带,自二叠纪以来长期活动,中新世后左行走滑总距达80千米~100千米(许志琴,1997),南延有可能与小江断裂带相接,是一条地震活动频发带。

在喜马拉雅造山带有定日—洛扎断裂、喜马拉雅主中央断裂和主边界断裂,为一组向南凸出的逆冲推覆断裂系。喜马拉雅主中央断裂向北缓倾,倾角30°左右。主边界断裂带北侧的古老地层向南逆冲于山前的西瓦里克群(N+Q)之上,显然是印度陆块向北俯冲的产物,其形成时代为10百万年~22百万年(潘桂棠面告)。同时伴有强烈的伸展作用:高低喜马拉雅之间的藏南拆离带,大规模向NE滑脱,向东至墨脱与雅鲁藏布江断裂带叠接,形成时代为12百万年~21百万年(潘桂棠面告)。沿北喜马拉雅构造带由拉轨岗日群组成一条穹隆群,最近区调证实是伸展环境下发展起来的一串变质核杂岩构造。在冈底斯地区垂直造山带有多条近于等距的SN向地堑或张裂带,最近区调发现,其中当穷错—许如错地堑有中新世碱性火山岩、侵入岩(26.1百万年),申扎打个隆弄巴沟口SN向断裂,为一强地震活动带,它们也与印度陆块的嵌入、高原隆升背景下的陆内伸展有关。

3. 华夏—滨西太平洋构造体系域

任纪舜等将中国东部划归由在太平洋—太平洋动力体系形成的环太平洋构造域。程裕淇等则分为由扬子、华夏2个古板块相互作用形成的古华夏构造域和燕山期以来由欧亚板块和太平洋板块相互作用形成的滨西太平洋构造域。根据1:250万地质图编图资料,对古太平洋构造所知尚少,故在前人划分基础上称为华夏—滨西太平洋构造体系域。华夏构造域地域限于中国东南部地区,滨西太平洋构造域则扩及整个东亚地区。华夏古板块与扬子古板块的相互作用主要由南向北和由东向西以及由南东向北西的挤压碰撞,自四堡运动至加里东运动完成拼合。印支、燕山运动时期2个古板块又发生强烈的陆内挤压嵌合作用。加里东造山运动时期华南造山带先自南向北不均一仰冲推覆,后自东向西仰冲拼贴,奠定了该区构造轮廓。形成了总体为NE向、中段为EW向的反S状的江南地块和反S状钦—杭结合带以及反S状罗霄—北武夷—会稽山加里东期前缘褶冲带,也可能是EW向构造带在特定条件下的一个变种。除此,还发育有稍晚的近南北向叠加褶皱和一些更晚的NE向的褶皱带、断裂带。该构造体系域的NE向反S构造带与特提斯构造域的NW向反S构造带在中国南部围绕四川盆地,约略呈犄角之势,只是前者规模略小,不完全对称。

燕山运动以来,由于陆内收缩和欧亚板块与古太平洋板块相互作用,形成了东亚滨西太平洋构造体系域,主要包括辽阔的中国东部陆缘活化带、完达山造山带和台湾造山带以及东南海域,在东部陆区叠加改造中国东部的华夏构造体系域与古亚洲构造体系域,形成了一系列NNE向的隆起—岩浆带和松辽、华北等大型盆地,其间发育一系列的NNE向巨大的断裂带,包括大兴安岭—太行山、嫩江—青龙河、济宁—团风、镇江—广州、丽水—海丰、长乐—南澳、台东纵谷、台湾中央山脉、台西山麓等断裂带,也卷入了狼山、弥勒—师宗、抚州—遂川等 NE 向断裂,重要的有 30 条,不少断裂的一些段落并不连续,呈左行侧列排列,其性质以逆冲兼有左行走滑为主,且以自 SE 向 NW 仰冲居多。在晚白垩世时大部分转化为正断层,局部发生位移不大的右行走滑,其中以汾渭断裂带控制的"之"字状地堑系最为特征。台湾的一束 NNE 向断裂在新近纪以来作叠瓦式向西逆冲,至今仍有活动。

该域著名的郯庐断裂系纵贯中国东部,它是中生代以来在一些古断裂的基础上发展起来的,以郯庐断裂带为主干,南北均有一些分支,形成一个具有成生联系的断裂系统。居于中段的郯庐断裂带由一束平直的走滑断裂组成,断面向 E 陡倾,在其两侧变形特点有明显不同。东盘以长距离牵引拖曳为主,断续出露的青白口纪张八岭群、南华—震旦系及古生代地层,在庐江、张八岭一带呈 NNE 走向,向北逐渐向东偏转,至苏北宿迁—泗洪、响水—淮阴一带转为 NE、NNE 向。总体呈 NE-NNE 向大型弧形构造,其间可能有一些规模较小的拉断现象,显然具牵引弧特点。至于肥东地区出露于郯庐带中的阚集岩群、肥东岩群等中深变质构造岩片,这些古老硬脆的块体很可能是走滑错断的碎片。还需要说明的是,在郯庐断裂带的南部广济、宿松等地断裂两侧的震旦纪及早古生代地层大致呈由 NWW 向转为 NE 向的弧形,平移错动不显著,说明郯庐断裂带南部是在一个向南凸出的弧形构造基础上发展起来的,最大走滑拖曳部位在郯城、庐江一带,向南逐渐减弱消失。郯庐断裂带的西盘构造带与构造线主要为 NWW 至 EW 向,与走滑断裂带直交,不具拖曳特点,出现巨大断距。郯庐断裂带南端达长江北岸,与扬子陆块北缘逆冲断裂带以及大别推覆体前缘断裂带同时终止广济附近,即他们具有共同终点。由此不难设想郯庐断裂带西侧的深层俯冲和大推覆与郯庐断裂带的大平移有密切的成生联系。平移作用导致和加强了西侧华北陆块的深层俯冲和大别块体向南挤出与推覆效应。而推覆与俯冲是以郯庐断裂带为边界条件,并使走滑断裂带随推覆同步发展延伸。这种走滑与推覆的联动现象在中国东南部已有多处见到。郯庐断裂系南延部分的庐江—怀宁断裂,平移距离很小,该断裂在湖口与赣江断裂带相接后,因九岭叠瓦式逆冲推覆带沿其西侧向 SSW 方向推移,使其平移特征得到显著加强,以后形迹断续零星,至粤西地区主要是利用了较古老的四会—吴川断裂带,又有所加强。郯庐断裂系北段为舒兰—依兰断裂带和敦化—密山断裂带,断裂走向也向 NE 偏转,左行走滑作用明显减弱,敦化—密山断裂后期右行走滑则比较明显。根据地质依据和大量定年数据,郯庐断裂带启动于三叠纪末(20.88 亿年~2.45 亿年)(王小凤等,2000),强烈走滑于侏罗纪—早白垩世(1 亿年~2.08 亿年),晚白垩世至古近世为伸展期,新近纪又有一些挤压或右行走滑。断裂带西侧大约也在印支期发生了华北陆块向南俯冲,处于中下地壳的大别山"山根"受到挤压深层发生超高压变质,开始挤出,在中部层次形成低温高压蓝片岩带。于侏罗纪时岩块大规模向南逆冲推覆,在白垩纪时大别山体开始隆升,周边断陷。东南沿海的长乐—南澳断裂带走滑剪切的时限集中于 1 亿年~1.2 亿年(舒良树,2000)。所以,中国大陆东部的 NNE 向走滑作用启动时间有所不同,但均结束于 1 亿年前后。

此外,在东南陆缘还发育一组 NW 向张裂带,断裂形迹断断续续,向陆内逐渐闭合,沿带发育中新生代火山、断陷盆地和成串的火山机构及小型侵入体,沿九江—宁德、会昌—云霄断裂带有中酸性同熔型斑岩、次火山岩或晶洞花岗岩分布,具深张断裂特点。沿海的晶洞花岗岩沿九江—宁德断裂带达赣东北的灵山。

4. 贺兰—康滇构造体系域

该域主体纵贯中国中部,包括贺兰山、康滇、黔中一带的褶皱带和断裂带,以及近 SN 向的鄂尔多斯盆地、松潘—甘孜造山带东部以及四川盆地。居中国地质构造的中轴,而上扬子古陆块(现四川盆地)则是多体系聚合施压的稳定核心,构成中国的中心构造结。西面是"北、西双向"挤压而成倒三角形的松潘—甘孜褶皱区(许志琴,1997),北、东、南三面为大巴山、江南、川南等弧形褶皱带所围绕。从深部构造看中国地壳西厚东薄,西南特厚、东南特薄,而该域地壳厚度为38千米~45千米,大致代表中国地壳的平均厚度,恰为"中性"的过渡带(程裕淇,1994)。

该域有7条重要的断裂带,均为地震活动的敏感地带。北端的鄂尔多斯断裂带,走向SN,向西陡倾,晚侏罗世—早白垩世时向E逆冲,东部相对下降,最大降幅可达800米。中南段有著名的龙门山、箐河和小金河逆冲推覆断裂带,属松潘—甘孜造山带的前陆逆冲推覆系统。南段于康滇地块发育3条近SN向断裂带,长度均为500千米~600千米,自西向东依次为绿汁江、安宁河以及小江断裂带,同为左行逆冲推覆断裂带,都是二叠纪玄武岩的喷溢通道,地震活动由西而东依次减弱。

上述格局说明该构造体系域主要是陆内近东西向挤压和特提斯构造动力体系与华夏—滨西太平洋构造动力体系联合作用的结果,同时还受到古亚洲构造动力体系的复合影响。

以上四大构造体系域各具特点,同时又互相迁就、互相改造、互相干涉、互相叠加,形成中国复杂而有规律的构造面貌。

第四节 构造型式力学分析

从力学方面业已证明,构造体系各个组成部分具有应力作用方式的统一性,应先确定产生构造行迹的应力作用方式,再证明对各结构要素的应力作用都属于形成某一构造体系的统一应力场。至于形成构造体系的统一应力场特征,则需进行具体的力学分析。

在一场构造运动中所形成的构造体系,是在特定的外力作用方式和构造应力场统一作用下产生、发展的。因为区域岩层、岩体力学性质的不同,即使是在同一构造应力场统一作用下,结构要素表现的构造类型和形象也不同。从发生的观点,按构造体系结构要素的类型、形象,分析各种典型构造形式初始形成的力学成因条件、构造应力作用方式和结构要素展布规律如下:

一、典型断裂构造型式

1. 棋盘格式构造

棋盘格式构造即网状构造,亦称线状构造、X型断裂、共轭断裂,系由两组互相交叉的断裂面组成。它以各种规模发育于地壳岩层中。图1-4-24是展布于地球表面,具全球规模的巨型棋盘格式构造。

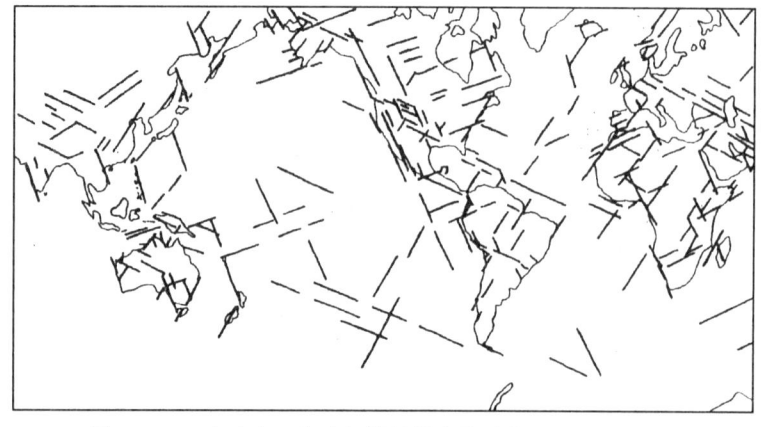

图1-4-24 地球表面全球规模的棋盘格式构造(据张文佑)

棋盘格式构造的形成,反映构造发育地区各点或统观应力状态满足地壳岩石的断裂准则。所以,断裂准则也是一个地区形成棋盘格式构造的力学条件。采用非线性断裂准则,则式(4.1)(王维襄,1999)即为棋盘格式构造形成的条件:

$$(\sigma_1-\sigma_3)^2+2\kappa^2/\sigma_1(\sigma_1+\sigma_3)=\kappa^2[4-(\kappa^2/\sigma_1^2)] \tag{4.1}$$

若将条件中的物性参数 σ_1 换成更易测定的物性参数——抗压强度 σ_c——表示,则棋盘格式构造形成的条件又可写为(王维襄等,1977):

$$(\sigma_1-\sigma_3)^2+2(\sigma_c-2\kappa)(\sigma_1+\sigma_3)=\sigma_c(4\kappa-\sigma_c) \tag{4.2}$$

在满足(4.1)或(4.2)式的极限应力状态作用下形成的共轭断裂交角,可由(4.3)式算出。

$$\theta = \text{arc tg}(2\sigma_1/\kappa)[1-(\kappa^2/2\sigma_2^1)-(\sigma_1+\sigma_3)/2\sigma_1]^{1/2} \tag{4.3}$$

(4.3)式还可写成另一种形式(王维襄等,1977):

$$\theta = \text{arc tg}[2^{1/2}/(\sigma_c-2\kappa)][2\kappa^2-(\sigma_c-2\kappa)^2-(\sigma_c-2\kappa)(\sigma_1+\sigma_3)]^{1/2} \tag{4.4}$$

形成棋盘格式构造的应力分量,可以根据构造发育地区岩石的物性参数和对构造实地测得的共轭角进行推算。推算公式导出如下:

$$\sigma_1/\sigma_3 = \sigma_1-(\kappa^2/4\sigma_1)\pm(\kappa^2/2\sigma_1)[(1/\cos\theta)\mp(1/2\cos^2\theta)] \tag{4.5}$$

最小主应力 σ_3 方向与共轭角等分线一致。

共轭断裂面的力学性质可以根据下述法则进行定性判别:先根据构造发育地区岩石的物性参数 σ_1 与 κ 算出基参数:

$$\theta_0 = \text{arc tg}(2\sigma_1/\kappa) \tag{4.6}$$

当实地测得共轭角 $\theta=\theta_0$ 时,该共轭断裂面为纯剪性;当 $\theta>\theta_0$ 时,为压剪性;当 $\theta<\theta_0$ 时,为张剪性。

根据构造发育地区岩石物性参数和测得的共轭角,可以定量地推算出断裂面内正压力分量 σ 与剪压力分量 τ,分别为:

$$\sigma = \sigma_1-(\kappa\text{tg}\theta)^2/(4\sigma_1), \quad \tau=\pm(\kappa^2/2\sigma_1)\text{tg}\theta \tag{4.7}$$

上面公式中的物性参数是构造形成时期的值。一般通过实验方法进行测定,或根据实测进行插值或外推,以便考虑构造形成时期一些影响岩石物性参数的控制因素,诸如温度、湿度、围压、空隙介质压力、应力状态和应变力等。τ 的正负号由旋向决定,顺旋为正,反之为负。此外,公式中的共轭角亦指构造形成时期的大小。事实上,有的可能保持至今,可用该公式推算古构造应力场;有的可能经过后期恒定的货变化的区域应力场持续作用,由于岩石流变而使共轭角发生变化,甚至由锐角转变为钝角。共轭断裂形成后,考虑地壳岩石的粘弹性,可以算出区域应力场,无论是定常的还是变化的作用下,共轭角随时间的变化规律。

2. 雁行状断裂

雁行状断裂由一系列断裂组成,各断裂走向一般大致相互平行,彼此错开,与断裂排列走向斜交,形成雁行状,又常称斜列断裂。雁行状断裂也是以不同规模、尺度广泛发育于地壳岩体和岩层中的构造。雁行状断裂发育于剪切带内,经常表现为1族,有的也出现2族。2族断裂为剪断裂,相互共轭。

基于王维襄(1999)建立的非线性断裂准则,推演出雁行状断裂形成的力学条件为:

$$(\sigma_n-\sigma_t)^2+[2(\kappa^2/\sigma_1)(\sigma_n+\sigma_t)]+4\tau_{nt}^2-\kappa^2[4-(\kappa^2/\sigma_1^2)]=0 \tag{4.8}$$

式中 σ_n 为剪切带法向正应力,σ_t 为剪切带走向正应力,τ_{nt} 为剪切带走向剪应力。

2族雁行状断裂与排列走向线所交角度,为斜列角或雁列角。斜列角较小的一族用β表示,较大的一族用β'表示。经推算,2族雁行状断裂的斜列角分别为:

$$\beta = 1/2\{\arctan[(\sigma_n - \sigma_t)/(2\tau_{nt})] \pm \arctan\kappa/\{2[2\sigma_1^2 - (\sigma_n + \sigma_t)\sigma_1 - \kappa^2]\}^{1/2}\},$$
$$\beta' = \beta \pm (\arctan 2\sigma_1/\kappa)[1 - (\kappa^2/2\sigma_1^2) - (\sigma_n + \sigma_t)/2\sigma_1]^{1/2} \quad (4.9)$$

式中+号取法:σ_n、τ_{nt}为负,或σ_n为正,τ_{nt}为负,取"+"号;σ_n、τ_{nt}为正,或σ_n为负,τ_{nt}为正,取"-"号。

形成雁行状断裂的应力场,可根据构造发育地区岩石的物性参数和对构造实地测得的斜列角大小进行推算。推算公式以主应力表示为:

$$\sigma_1/\sigma_3 = \sigma_1 - (\kappa^2/4\sigma_1) \pm (\kappa^2/2\sigma_1)\{[1/\cos(\beta' - \beta)] \mp [1/2\cos^2(\beta' - \beta)]\} \quad (4.10)$$

以参考剪切带走向的应力分量表示为:

$$\sigma_n/\sigma_t = \sigma_1 - (\kappa^2/4\sigma_1)\{[1 + 1/\cos^2(\beta' - \beta)] \pm [\kappa^2\cos(\beta' - \beta)/2\sigma_1\cos(\beta' - \beta)]\}$$
$$\tau_{nt} = -[\kappa^2\sin(\beta' + \beta)]/[2\sigma_1\cos(\beta' - \beta)] \quad (4.11)$$

根据构造发育地区岩石物性参数和测得的2族雁行排列斜列角,可以定量地推算出2族雁行排列断裂面内极限正应力分量和剪应力分量,其计算公式为:

$$\sigma = \sigma_1 - [\kappa\tan(\beta' - \beta)]^2/4\sigma_1, \quad \tau = \pm[(\kappa^2/2\sigma_1)]\tan(\beta' - \beta) \quad (4.12)$$

当2族断裂重合时,$\beta' = \beta$,从上式得出:

$$\sigma = \sigma_1, \quad \tau = 0 \quad (4.13)$$

表示断裂面为纯张性。从(4.9)式,可算出:

$$\beta = 1/2\{\arctan[(\sigma_n - \sigma_t)/2\tau_{nt}] \pm \pi/2\} \quad (4.14)$$

一般情况下,$\beta \neq \pi/4$,只有当$\sigma_n = \sigma_t = 0$,$\tau_{nt} \neq 0$时,β才为$\pi/4$。这是指剪切带为纯剪切作用。换言之,断裂为纯张性雁行断裂,各裂隙斜列角不一定是45°,只有当剪切带受纯剪切作用时,纯张裂隙的斜列角才为45°。

剪切带在纯剪切或以剪切为主的外力作用下,从应力理论得知,各点均有2个主应力作用面,一为张性主应力作用面,一为压性主应力作用面,二者相互正交。最大主应力作用面与主应力作用面成45°。剪切带在张性主应力作用下,发生张断裂,构成雁行状断裂后,若继续受外力作用,随地壳岩石流变,各裂隙逐渐张开或为岩脉填充,同时也在正交方向受压性主应力作用,逐渐发育皱纹或褶皱与裂隙相正交,形成多字型构造。此外,在最大剪应力作用下,还可能产生剪断裂,与张断裂或皱纹成45°斜交。这些构造形迹,是在同一应力张量场作用下的产物,具有成生联系,属于同一构造体系。

3. 入字型构造

入字型构造主要由主干断裂和若干与之斜交但不越过主干断裂的分支构造所组成(李四光,1973)。主干断裂一般为平移断层,分支构造则表现为断裂、褶皱及冲断面等。按分支构造的力学成因,入字型构造可分为3类:分支为张性断裂的为第1类;分支为压性构造形迹,如褶皱、冲断面及片理等为第2类;分支为剪性断裂的,如剪节理和平移断层等为第3类。其中以第3类最为常见。第3类入字型构造的分支剪断裂,可分为2族,相互共轭,断面与主干断裂类似,多为直立或近于直立。如在大连白云山庄北岗北坡发育的入字型构造(李四光,1974)就是一例。通常这类构造只有一族分支发育,另一族不明显,如陕西蓝田就属于这种情况。

入字型构造的分支是由主干断裂平移错动面派生的次一级构造。对第3类入字型构造进行力学成因、空间展布和内在规律等探讨时,可将主干断裂面作为邻域的边界,按极限平衡理论半平面问题进行处理。基于库仑断裂准则的极限平衡理论基本方程为:

$$(1+\sin\rho\cos2\varphi)(\delta\sigma/\delta x)+(\sin\rho\sin2\varphi)(\delta\sigma/\delta y)-2\sigma\sin\rho[\sin2\varphi(\delta\varphi/\delta x)-\cos2\varphi(\delta\varphi/\delta y)]=0,$$
$$\sin\rho\sin2\varphi(\delta\sigma/\delta x)+(1-\sin\rho\cos2\varphi)(\delta\sigma/\delta y)+2\sigma\sin\rho[\cos2\varphi(\delta\varphi/\delta x)+\sin2\varphi(\delta\varphi/\delta y)]=0 \quad (4.15)$$

式中 σ、φ 为中间变量,它们与应力分量间的关系为:

$$\sigma_x/\sigma_y=\sigma(1\pm\sin\rho\cos2\varphi)-\kappa\cot\rho,\tau_{xy}=\sigma\sin\rho\sin2\varphi \quad (4.16)$$

分支断裂构造线的微分方程为:

$$(dy/dx)1=\text{tg}(\varphi+\pi/4-\rho/2),(dy/dx)2=\text{tg}(\varphi-\pi/4+\rho/2) \quad (4.17)$$

方程组中的 κ 为地壳岩石的抗剪强度,ρ 为内摩擦角。若主干断裂两盘在平移错动过程中相互作用力的分布已知,作为一盘的边界条件,从(4.15)式解出中间变量 σ、φ,从(4.16)和(4.17)可得出构造应力场和分支断裂的展布几何形态。反之,若分支断裂几何形态已知,可用逆解法反演主干断裂两盘相互作用力分布情况。数值方法和计算机为解决这类问题提供了快捷有效的途径。

4. 涡轮状与帚状断裂

涡轮状与帚状断裂均系旋扭构造,主要由 2 部分组成,即核部和环绕核部发育的弧形断裂。这类弧形断裂环绕核部均匀发育者为涡轮状断裂,仅集中局部发育的为帚状断裂。这类构造典型的实例,如河北平泉县北发育的一个小型构造(图 1-4-25)。

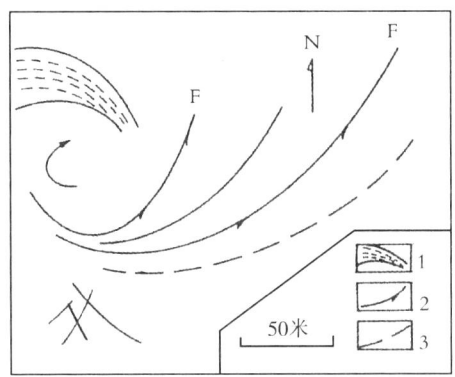

图 1-4-25　河北平泉县北 30 千米庙前附近的小型旋卷构造(据李四光)

经构造力学分析与推算得知,这种构造型式应是在该地区岩层受到环绕核部旋扭,同时还有径向的引张或挤压联合作用而形成的断裂体系。从基于特瑞斯卡断裂准则而建立的极限平衡理论,可以计算出形成这种断裂构造型式的应力场为:

$$\sigma_r/\sigma_\theta=-p+\kappa\{[1-(A/\alpha^2)^2]^{1/2}+2\ln(r/\alpha)\mp[1-(A/r^2)^2]^{1/2}\}-\ln\{1+[1-(A/\alpha^2)^2]^{1/2}\}$$
$$+\ln\{1+[1-(A/r^2)^2]^{1/2}\},\tau r\theta=-A(\kappa/r^2) \quad (4.18)$$

式中 σ_r、σ_θ、$\tau r\theta$ 为极坐标的正应力和剪应力分量,p 为核部径向压强,α 为核部半径,r 为矢径,$A=M/2\pi h\kappa$,M 为扭矩,h 为岩层厚度。

断裂构造线方程为:

$$\theta+1/2[\arcsin(A/r^2)]\pm\{\ln(r/\alpha)+1/2\ln[1+((1-(A/r^2)^2)^{1/2}]\}=\text{常数} \quad (4.19)$$

式中 r、θ 为点的极坐标。断裂线为 2 族螺旋线,均为平移型断裂,2 族相互共轭。考察平泉构造就是这种情况。在它的南部有局部地区露出 2 族交叉的螺旋线型断裂,其他大部分只有一族发育,另一族不发育。

5. 辐射—同心弧形断裂

辐射—同心弧形构造典型实例是南、北极圈发育的巨型构造（图1-4-26）。结构面均属巨型平移断裂。这种断裂构造型式主要是地壳环绕南、北极的旋扭作用而形成的。此类构造型式的统观剪应力场为：

$$\tau_{r\theta} = \tau_{\theta r} = \kappa \tag{4.20}$$

式中 $\tau r\theta$ 是同心弧形面内统观剪应力，$\tau\theta r$ 是辐射面内统观剪应力。

辐射—同心弧形构造发育范围为：

$$\alpha \leq r \leq A^{1/2} \tag{4.21}$$

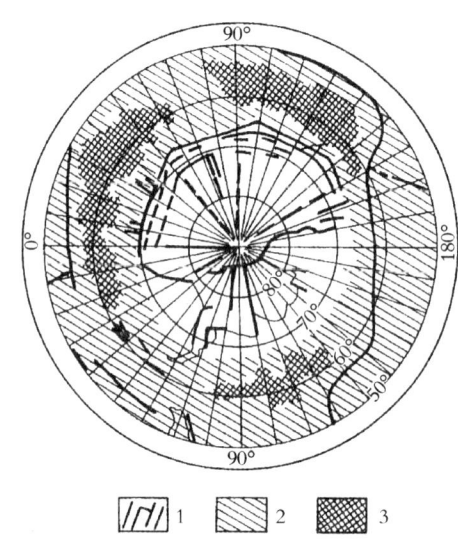

图1-4-26　南极圈和亚南极圈的辐射状和同心圆弧形大断裂体系（据李四光）

这种构造体系的构造线方程为：

$$r = \alpha, \theta = b \tag{4.22}$$

式中 r 为矢径，θ 为极角，α、b 为参数。上式为一族辐射綫系和一族同心圆系。

6. 环形与莲花状断裂

环形与莲花状构造大都是由自立的或近于自立的几套弧形横冲断裂面群组成（1973）。其中，环形断裂是上述辐射—同心弧形断裂体系的一种特例。二者形成机理相同，只是在后者中辐射状断裂不发育，同心弧形断裂集中发育数条而成。

二、典型褶皱构造型式

1. 雁行状褶皱

雁行状褶皱是由一系列褶皱组成，各褶皱轴大致平行，彼此错开，与褶皱排列走向斜交，形成雁行状。雁行褶皱发育于剪切带内，是韧性较强岩层发生失稳屈曲变形的结果。雁行状褶皱排列的走向，反映剪切带的展布方向。

在雁行褶皱形成后，剪切带若继续受力作用，将进一步产生与褶皱枢纽正交的张断裂，与褶皱共同组成多字型构造。常有与多字型构造伴生的，与剪切方向近于一致的和直交的箭（扭）性断裂产生。例如河北井陉多字型构造（图1-4-27）就是这种构造体系的良好例证。

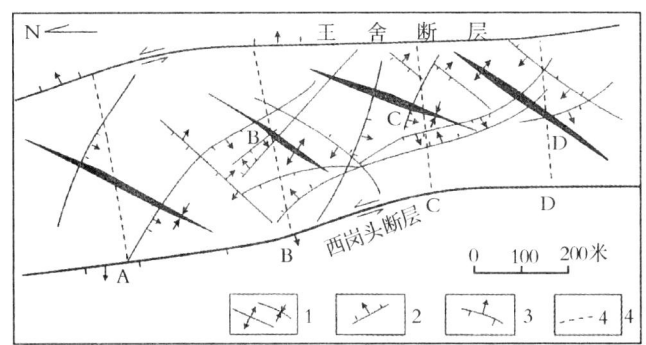

图 1-4-27　河北井陉雁行状褶皱与伴生构造形成多字型（据谢新生）

岩层因具有粘弹性,在力的作用下,从开始剪切褶皱变形、失稳、屈曲到形成显著褶皱变形,需经相当长时间逐渐发育而成。前已述及,岩石在外力作用下的粘弹性变形,开始多先产生弹性变形,而后随时间持续发生粘性流动或粘弹性流变。因此,岩层剪切、失稳、屈曲,发育成雁行褶皱,在开始失稳时,屈曲是弹性的,而后随时间持续发生流变,形成显著雁行状褶皱。剪切带开始失稳的弹性屈曲变形,奠定了粘弹性褶皱发育和排列格局的基础。

剪切带开始失稳形成的雁行状褶皱形态,与剪切带的应力状态之间,具有何种关系,特别是定量关系,通过野外观察和实测,是难以找出的,需要进行构造力学理论分析与推算:

考虑一板条表示剪切带（图1-4-28）,宽度为 b,厚度为 h,长度相当长。顺板条长度中线取坐标轴 x,垂直方向取 y。周边作用力为板条失稳屈曲时的临界力,用 Nx, Ny 和 Nxy 分别表示单位边长上分布临界力;从平板弹性失稳屈曲力学理论知道,在临界力 Nx, Ny, Nxy 作用下,板条屈曲挠度 $\omega(x,y)$ 满足以下方程:

$$D\Delta^2\Delta^2\omega - N_x(\delta^2\omega/\delta x^2) - N_y(\delta^2\omega/\delta y^2) - 2N_{xy}(\delta^2\omega/\delta x\theta_y) + k_b\omega = 0 \qquad (4.23)$$

式中 $D = Eh^3/12(1-\nu^2)$ 为抗弯刚度,$\Delta^2 = (\delta^2/\delta x^2) + (\delta^2/\delta y^2)$ 为拉氏算子,kb 为岩层与基底粘结的基底系数。解的一般表达式为:

$$\omega = \omega_0 e^{i\mu(x/b)}[A_1 e^{i\lambda 1(y/b)} + A_2 e^{i\lambda 2(y/b)} + A_3 e^{i\lambda 3(y/b)} + A_4 e^{i\lambda 4(y/b)}] \qquad (4.24)$$

根据剪切带变形的边界条件,通过解析和数值方法（黄庆华,1974;潘立宙,1993;谢新生,1994）,计算出,在不同边界力作用下,剪切带失稳屈曲形成雁行状褶皱的几何形态特征如图1-4-28。例如,最常见的情况:介于2条平行平移断层之间的岩层,因断层平移错动,发生剪切失稳屈曲,形成雁行褶皱。当 $N_x \ll N_y$,忽略 N_x 和 k_b,根据边界和节线处挠度为零的变形条件,可以计算出:不同的临界边界力比 N_y/N_{xy},相应的节距宽度比 l/b,节线斜列角 α 和褶皱轴斜列角 θ,各无量纲量如表1-4-5。

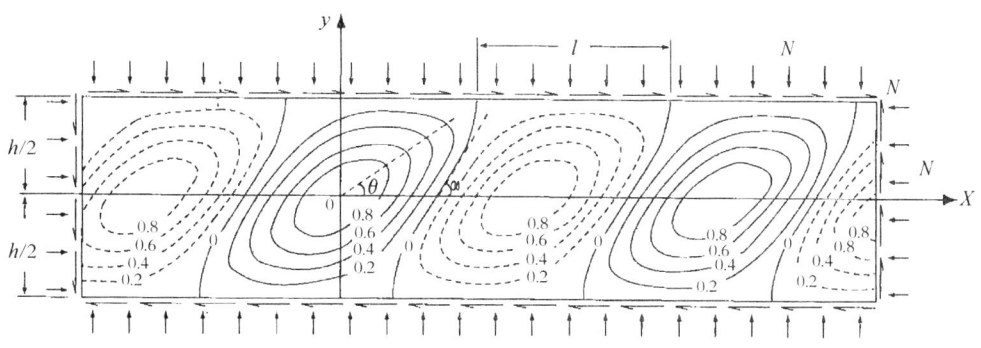

图 1-4-28　剪切带临界力和屈曲褶皱挠度分布图（王维襄,1999）

实回线为正等高线,虚回线为负等高线

以表 1-4-7 中序号 9 的情况为例，$N_y/N_{xy}=0$，是指剪切带的边界 $N_y=0$，$N_{xy}\neq 0$，即纯剪切作用；失稳屈曲时，$l/b=1.2247$，即雁行褶皱的节距是剪切带宽度的 1.2247 倍，节线斜列角为 54°44′，褶皱轴斜列角为 27°22′。

表 1-4-7 雁行褶皱临界无量纲量（据谢新生，1994）

序号	N_r/N_{xy}	t/b	a	θ
1	−5.0000000	0.1204	84°26′	77°43′
2	−2.0000000	0.2789	77°49′	63°40′
3	−1.0000000	0.4675	71°18′	51°08′
4	−0.5000000	0.6765	65°31′	41°28′
5	−0.4000000	0.7405	63°59′	39°08′
6	−0.3000000	0.8180	62°14′	36°38′
7	−0.2000000	0.9147	60°13′	33°55′
8	−0.1000000	1.0420	57°48′	30°53′
9	0.0000000	1.0420	54°44′	27°22′
10	0.0150000	1.2657	53°50′	26°36′
11	0.0500000	1.3819	51°24′	24°38′
12	0.1000000	1.6512	46°18′	20°59′
13	0.1150000	1.7967	43°50′	19°24′
14	0.1250000	1.9494	41°29′	17°59′
15	0.1310000	2.1068	39°15′	16°42′
16	0.1330000	2.1968	38°04′	16°03′
17	0.1343000	2.2963	36°49′	15°23′
18	0.1347000	2.3557	36°07′	15°01′
19	0.1348700	2.4211	35°22′	14°38′
20	0.1348735	2.4499	35°02′	14°28′

其余序号情况，边界上 $Ny\neq 0$，$N_{xy}\neq 0$。剪切带失稳屈曲时，长边界为压剪作用或张剪作用。

实地测知雁行褶皱斜列角和剪切带宽度后，参考表 1-4-7，可以确定剪切带边界平移断层的力学性质和褶皱节距。从井陉构造带的宽度、褶皱节距和斜列角的统计平均值，可以证明，理论计算值（表 1-4-7），与实测值一致（谢新生，1994），这对隐伏构造预测是有意义的。

剪切带屈曲变形后，岩层内的应力状态一旦满足断裂条件，岩层发生断裂亦呈雁行排列（王连捷，1982）。这是以雁行状褶皱为背景的次生雁行状断裂，它所反映的应力场与前述平移剪切作用产生雁行状断裂的应力场不同。

2. 旋卷褶皱

旋卷褶皱构造是岩层围绕核部发生旋扭变形、失稳、屈曲、粘弹性流变而成。与前述雁行状褶皱分析类似，首先考虑弹性变形失稳屈曲。

设一环形平板，表示旋卷褶皱发育地区岩层，内圈代表核部半径为 a，取极坐标系（$Or\theta$），令原点位于核部中心。褶皱发育区内的屈曲挠度 $\omega=\omega(r,\theta)$，满足弹性屈曲基本方程：

$$[(\delta^2/\delta r^2)+1/r(\delta/\delta r)+1/r^2(\delta^2/\delta\theta^2)][(\delta^2\omega/\delta r^2)+1/r(\delta\omega/\delta r)+1/r^2(\delta^2\omega/\delta\theta^2)]+S[1/r^3$$

$$(\delta^2\omega/\delta r\delta\theta) - 1/r^4(\delta\omega/\delta\theta)] = 0 \tag{4.25}$$

式中 $S = M/\pi D = 12M(1-\nu^2)/\pi E h^3$，$M = 2\pi h r^2 \tau$，$M$ 为扭矩，$D = Eh^3/12(1-\nu^2)$ 为板的抗弯刚度，E 为弹性模量，ν 为泊桑比，h 为板的厚度。根据旋扭褶皱变形的特点，边界条件为：

$$(\omega)_{r=a} = (\delta\omega/\delta r)_{r=a} = 0, (\omega)_{r=b} = (\delta\omega/\delta r)_{r=b} = 0 \tag{4.26}$$

旋卷褶皱外围消失区的半径为 b。根据边界条件(4.26)式求解方程(4.25)。挠曲面方程为：

$$\omega(r,\theta) = \sum [u_n(r)\cos n\theta + v_n(r)\sin n\theta] \tag{4.27}$$

通过解析计算和数值方法(格瑞高留柯 Glygoliuk,1950)，得出内外半径之比 a/b，褶曲的周波(相当于相邻的一对背斜与向斜)数 m，临界扭矩 M_{cr} 与 πD 的比值 S，临界剪切力 τ_{cr} 与 $E(h/r)^2$ 的比值 k，当取泊桑比 $\nu = 1/3$ 时，各无量纲量的关系如表 1-4-8。

表 1-4-8　旋卷褶皱临界无量纲量(据格瑞高留柯,1950)

序号	a/b	m	s	$\bar{k}$
1	0.00	1	0.0	0.00
2	0.05	1	22.8	1.07
3	0.10	2	39.2	1.84
4	0.20	3	78.4	3.67
5	0.30	4	126.0	5.90
6	0.40	5	220.0	10.30
7	0.50	6	350.0	16.40

例如，表 1-4-6 序号 3 的情况，当内外半径之比 $a/b = 0.1$ 时，$m = 2$，即旋扭屈曲时，将出现两个周波的涡轮状褶皱(图 1-4-29a)，亦即两个弧形背斜和两个弧形向斜相间排列；此时，$S = 39.2$，即临界扭矩 M_{cr} 是板的抗弯刚度 D 的 $39.2\pi = 123$ 倍，$\kappa = 1.84$，表示临界剪切应力 τ_{cr} 是 $E(h/r)^2$ 的 1.84 倍，亦即内半径 $r = a$ 处的临界剪应力 $(\tau_{cr})_{r=a} = 1.84E(h/a)^2$；在外半径 $r = b$ 处的临界剪应力 $(\tau_{cr})_{r=b} = 1.84E(h/b)^2$。表 1-4-6 序号 4 的情况，当 $a/b = 0.2$ 时，$m = 3$，即出现 3 个周波的涡轮状褶皱，呈 3 个弧形背斜和 3 个弧形向斜相间排列(图 1-4-29b)。临界扭矩 M_{cr} 与 πD 之比 S 为 78.4，κ 为 3.67，含义与上同。

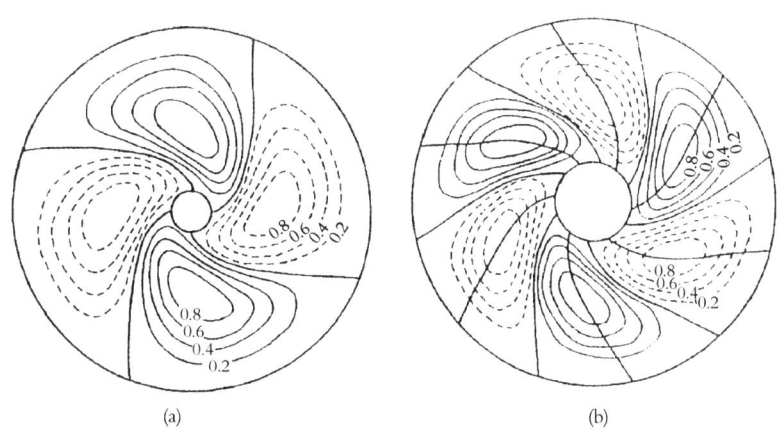

图 1-4-29　旋卷褶皱理论模式等高线(据黄庆华)
(a) $a/b = 0.1$；(b) $a/b = 0.2$

通过计算机数值处理,绘制出内外半径为不同比例时挠曲面的等高线,反映挠曲面空间几何形状,表示出涡轮状褶皱的排列规律如图1-4-29(a)与(b)。

从处理模型可以看出:呈涡轮状的褶皱轴线向核心部分收敛,向外撒开,撒开的方向与平板(岩层)相对核部扭动的方向一致。这与旋扭断裂的压性构造线展布情况相似。

3. 褶皱构造流变

前述雁行褶皱和旋卷褶皱,是岩层开始弹性失稳屈曲的挠曲面。弹性屈曲变形一旦形成,如边界条件保持不变,岩层因本身粘弹性不断发生流变,褶皱变形将随时间持续增长而形成显著的雁行状褶皱构造体系和旋卷褶皱构造体系。

将岩石的流变特性用于研究构造变形,可以得出不同力学性质结构面的排列、展布随时间演化的规律。如在旋卷构造研究中,考虑岩层为粘性(孙荀英,1985),在双核型旋卷构造中,考虑岩层为粘弹性(曾佐勋,1990),在旋扭作用下,按平面问题处理,进行数学力学分析,可以看出,两种构造型式随时间的流变演化规律。

三、典型挤压带构造型式——山字型构造

对于同期形成褶皱与断裂的挤压带构造型式,李四光(1945,1976)提出用构造应力场中最大挤压应力的分布规律进行说明。

设山字型构造发育地区为矩形地块,厚度为单位厚度,EW向长度为2l,SN向宽度为2b。取直角坐标系(oxy)(图1-4-30)。

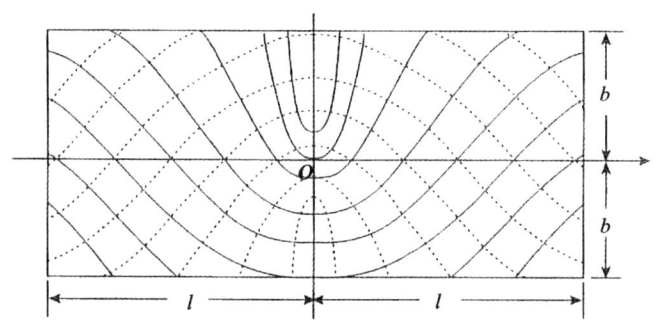

图1-4-30 山字型构造应力迹线图(据地质力学研究所)

实线——最大主应力迹线;虚线——最小主应力(最大压应力)迹线

如岩层体积力为f_y,朝南,边界力:

在$y = \pm b$边界上,$\sigma_y = -p/-q$,$\tau_{xy} = \alpha x$,α为常数 (4.28)

在$x = \pm l$边界上:

$\int_{-b}^{b} \sigma_x dy = -2C_p b$,$C_p$为常数,$\int_{-b}^{b} \sigma_x y dy = M$,

$\int_{-b}^{b} \tau_{xy} dy = \pm [(p-q) - 2bf_y] l$ (4.29)

在岩层内的应力分量(σ_x、σ_y、τ_{xy})满足方程组:

$(\delta\sigma_x/\delta x) + (\delta\tau_{xy}/\delta y) = 0$,

$(\delta\tau_{xy}/\delta x) + (\delta\sigma_y/\delta y) + f_y = 0$,

$\Delta^2(\sigma_x + \sigma_y) = 0$ (4.30)

在上述式(4.28)、(4.29)边界条件下,用应力函数方法计算,得出应力分量:

$$\sigma_x = -3/2 b^3(p-q)(x^2 y - 2/3 y^3) - C_p,$$
$$\sigma_y = -1/2 b^3(p-q) y^3 - 1/2(p+q),$$
$$\tau_{xy} = 3/2 b^3(p-q) xy^2 - f_y x \tag{4.31}$$

从各点应力的主方向定出主应力迹线。设主应力之一与 x 轴成 θ 角，则：
$$\theta = 1/2 arc\, tg[2(3 y^2 - 2f_y m)x]/[3y(y^2 - x^2) + (p+q-2C_p)m] \tag{4.32}$$

式中 $m = b^3/(p-q)$；另一主应力与此垂直。上式表明各点位置不同，主应力倾角 θ 不同。从式(4.32)算出主应力迹线(图1-4-30)。图中实线表示最大主应力迹线，虚线表示最小主应力（最大挤压应力）迹线。出现挤压带，走向应与最大压应力方向正交，亦即与最大主应力迹线一致。挤压带构造线表现出山字型构造要素排列展布的主要特征。

四、典型高应变构造型式——S型面状构造

地壳岩层、岩体在构造运动中，经强烈变形和变质作用，产生塑性变形。在低压剪应力作用为主的区域，岩层、岩体发生碎裂、辗磨而成角砾、碎屑；而在中、高压剪应力作用为主，又处适宜物理环境，经碎裂、辗磨、固结和变质作用成为构造角砾岩、碎屑岩或糜棱岩等变质岩类。动力变质岩的类型决定于构造应力作用的性质、大小和物理环境条件，不完全取决于地壳深度。而动力变质作用的区域、地带、范畴和展布形态由构造应力场分布规律和物性、环境所确定。

有些变质岩体，因强烈的塑性变形作用，由统计上呈球形矿物颗粒的拉长、压扁或滑动显现的组构，按某种形式排列展布，反映出构造应变场的分布方式。已被认识到的最简单的塑性变形带即韧性剪切带，是以剪切变形为主的塑性大变形构造带。带内各点主应变的大小和方向，随剪切带变形作不同程度的增长、收缩和转动。其中高应变组构的面理显示明显，呈不同程度发育、转动及排列，形成 S 型面状构造(图1-4-31)韧性剪切带内如此方式排列的高应变面理，最为常见，被确立为一种典型的面状构造型式。

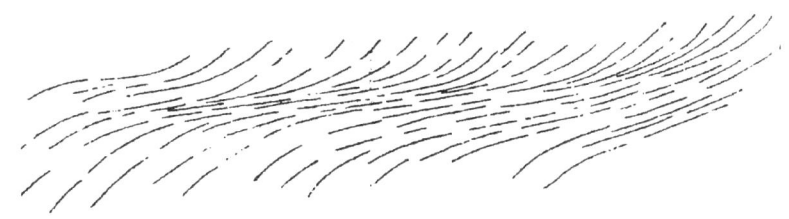

图1-4-31 剪切带变形高应变组构迹线(据兰姆赛)

在一个区域内，未经明显变质作用或经变质作用但组构面理不明显发育的岩层和岩体，在构造运动中所形成的应变场，在有条件的情况下可通过岩层内的鲕粒、砾石或古生物化石等标志物的变形进行有限应变测量，确定其所在地点的主应变方位。由若干点主应变方位形成的主应变迹线表达了变形区各点主应变方位的分布规律(Ramsay,1983;韩玉英,1986)。从主应变迹线的几何特征、变形谐调条件和力学主辅理论可计算出应变场各点主应变的大小(韩玉英,1990)。

通过对变形标志物有限应变的测量和计算，可以复原应变场，用以显示岩层变形规律。视岩层变形力学性质——是弹性的、塑性的，或是粘弹性的——通过相应的本构关系，从应变场诸分量，可计算出各点的应力分量，从而得出应力场。

第五节　中国构造运动起源

一、构造体系展布的主要规律和构造运动程式

1. 巨型纬向构造体系

巨型纬向构造体系，是在 SN 向接近均匀挤压作用下形成的褶皱和断裂构造带。从表 1-4-9 可以看出，在中国及其邻域的几条巨型纬向构造带大致呈等间距展布，其间距为 8°左右。

表 1-4-9　出现于中国境内及邻域的巨型纬向构造带

巨型纬向带名称	所处北纬位置	平均北纬位置
阿尔丹—安加拉	56°～59°	57°30′
唐努—肯特	48°30′～50°30′	49°30′
阴山—天山	40°30′～42°30′	41°30′
秦岭—昆仑	32°30′～34°30′	33°30′
南岭	24°～26°	25°30′
西沙—呵叻	17°～18°	17°30′

此外，在巨型纬向构造带南缘的一些段落多发育较为强烈的平移断裂，其错动方向总的是南侧相对向西，也有局部地区因受其他构造影响而呈反向错动，因此，在断裂附近造成大批由褶皱和断裂组成的多字型构造。构成这种多字型构造的褶轴一般呈弯曲现象，标志着受到整体地带相对往西水平移动的影响。秦岭纬向带以南地区这种向西的拖拉现象极为显著。

2. 经向构造体系

经向构造体系主要由走向 SN 的挤压带或张裂带构成，有的也显示有平移的迹象。从出现于中国境内及邻区的经向构造带（表 1-4-10）来看，在东经 90°以东，各经向带的间距亦几乎相等，其间距为 10°左右，有的还显示雁行排列特点。

表 1-4-10　出现于中国境内及邻域的经向构造系

经向带名称	所处东经位置	主要构造迹象
死海—约旦河谷	34°30′～37°	隆起带→地堑
乌拉尔	60°±	海槽→强烈挤压带
马尔代夫	73°～75°	地堑
东经 90°海岭	90°	—
川滇泰马	98°～103°30′	海槽→强烈挤压带
湘粤—南海西缘	110°±	海槽
台湾—吕宋	119°30′～122°	—
牡丹江—朝鲜东海岸	129°～130°	复式背斜，断裂
萨哈林(库页岛)—北海道	140°～143°	复式背斜，断裂
堪察加	155°30′～157°30′	复式背斜

除印度洋底的 2 条经向带外，在亚洲大陆上出现的经向带多为压性构造带。这一现象表明，至少亚洲大陆壳曾发生过 EW 向挤压变形。此外，与纬向带相类似，一些经向带也伴有平行于经向的平移错动。从乌拉尔经向带所显示的含有顺时针方向扭动的迹象以及亚洲东部一些近 SN 向

断裂所显示的反时针扭动现象,反映亚洲大陆壳东部比西部向南运动的量大。

3. 扭动构造体系

(1) 山字型构造　在中国境内已肯定的20余个山字型构造,大都变形形象显示清楚(详见本章第三节)。它们的前弧弧顶除少数向西外,均指向赤道。根据对山字型构造成因的力学分析不难看出,山字型构造展布的方向性标志着中国大陆地壳表层主要向赤道方向发生不均匀滑动。值得注意,以乌拉尔山脉为脊柱的欧亚山字型构造,它的脊柱位于东经60°;在其南面有伊朗—阿富汗山字型构造,脊柱也位于东经60°;在东经105°~110°上,北有伊尔库茨克山字型构造,南有蒙古弧形构造;再往南就是出现于中国境内如前所述的一批山字型构造。

(2) 多字型构造　在中国及邻域的规模巨大的多字型构造体系为:华夏系和新华夏系,主要展布在东经105°以东地区。华夏系的主体走向NE,从前面对雁行状褶皱的力学分析可以看出,这一构造体系主要反映出东经105°以东地区,相对其西侧发生了向北的水平扭动。新华夏系主体走向NNE的3条隆起褶皱带和沉降褶带,从其延展的长度来看,东部最长,往西变短。就其整体而言,西部发育较早,东部较晚,反映这一地区地壳的褶皱变形系从西往东逐渐发展。新华夏系的形成是由于这一地区的西部相对东部发生向南扭动和向东推挤的结果。西域系的主体由走向NW-NWW呈雁列的隆起带和拗陷带组成,主要展布在中国大陆东经105°以西地区。根据雁行褶皱的各褶皱轴排列方位与扭动方向之间的关系,可看出其东部相对西部发生了向南的水平扭动。河西系是由走向NNW的隆起带和拗陷带组成,展布于东经105°以西地区,与西域系相似,也主要反映它的东部相对西部向南的扭动,同时还受EW向挤压作用的特点。这4个多字型构造,无论展布方向或形成时期都明显地反映出大体上的对称性,西域系与华夏系相互对应,河西系与新华夏系互为映象。前二者形成时期大体相近,后二者则是大致同期形成,一致反映以东经105°为中轴,相对其东、西两侧向南发生了显著的水平扭动。

(3) 旋扭构造　中国境内发育的各种旋扭构造规模均属中小型,有些是发育于大型平移断裂带之间或其一侧。根据旋扭构造成因力学分析可以认为,它们均系平移断裂两侧发生相对扭动而派生的低序次构造。在中国邻域发育的巨型旋扭构造,如班达海旋扭构造、苏禄海旋扭构造和加里曼丹旋扭构造等。集中位于北纬14°和南纬10°之间的印尼、菲律宾境内,每个旁侧都有一条平移大断裂,与相关的旋扭构造扭动方向一致。共同反映出东南亚相对大洋洲往西运动,相对印度洋和太平洋往南运动。

(4) 歹字型或反S型构造　在中国境内及邻域从东向西依次为青藏滇缅印尼歹字型构造、帕米尔—喜马拉雅地区的歹字型构造、东托罗斯—扎格罗斯地区的歹字型构造,这3个歹字型构造如此有规律地排列,显示亚洲地壳上层物质主要往南推动,同时还往西运动,由于受印度地块和阿拉伯地块向北突出部分的阻挡而得以形成。

前述各种类型的构造体系,不仅出现于中国境内及其邻区,而且在地球上其他一些地区或地带也有它们的踪迹。

二、构造运动的动力起源

前述中国境内及邻域乃至全球范围的主要构造形象及其表现的运动方式和方向,表明地壳区域运动和地壳整体运动的大方向是统一的,即不是经向的均匀或非均匀的水平运动,就是纬向的均匀或非均匀的水平运动。经向均匀的水平运动将地壳表层物质从高纬度向低纬度推动,形成纬向构造体系和网状构造;非均匀运动形成弧顶朝南的山字型、多字型和歹字型构造等扭动构造体系。纬向均匀水平运动将大陆向东、西两方面分裂或挤压，形成经向构造带；非均匀运动形成南、北大陆相对错动、平移断裂和弧顶朝西的山字型等构造体系。由此归纳出地壳构造运动的基本特征，无论在大陆方面或大洋方面，主要是水平运动，垂直运动应是派生的。李四光（1926，1929，1935，1973）早已提出，形成地壳构造运动的动力起源于地球自转速率的变化。

地球自转速率不均恒，存在变化，早在17世纪末就被天文学家从观测月球运动中发现。到20世纪，对其他行星运动的观测中得到一致证实。地壳自转速率变化大致分为3种类型：长期减慢、周期性变化和不规则变化。据观测推算，地壳自转速率长期减慢，为平均日长每世纪增加1毫秒~2毫秒；它主要起因于潮汐摩擦。地壳自转速率周期性变化：主要是周年内季节性变化，它是因为地球固体潮和季风联合作用引起的。春季日长增幅最大，即地壳自转速率季节性变得最慢；夏末初秋，日长负增长最大，表示地壳自转速率季节性变得最快。季节性变化因受地壳自转钱德勒晃动等因素的影响，并非按同一模式重复进行，年与年之间也有某些差别，但大体相似，位相与变化幅度略有不同。从图1-4-32可见近百年以来地壳自转速率的变化。地壳自转速率不规则变化：主要因太阳黑子活动及冰盖消长，各种原因导致地球转动惯量变化等因素，对长期周期性减慢变化的干扰、复合的结果。

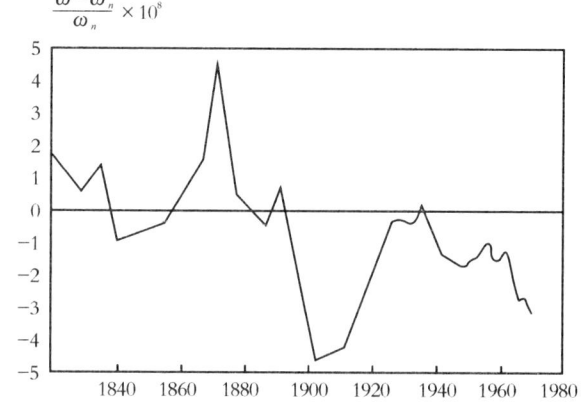

图1-4-32　近100年来地壳自转速率的变化（据李启斌）

地史时期地壳自转速率变化的情况，通过一些古生物生长线排列的韵律——周年内月数和周月内日数的变化规律反映出来。显生宙，不同地史时期，朔望月平均日数如图1-4-33所示。周月内日数多，反映地壳自转速率快；日数少，则地球自转速率慢。图中曲线大体反映出从晚寒武世到现代，地球自转速率总的趋势是在变慢。但是有规律地起伏变慢。转速变化有4次大的转折：第1次转折距今约4.4亿年，为奥陶纪末期；第2次距今3.75亿年，为泥盆纪中期；第3次距今2.35亿年，为二叠纪晚期；第4次距今0.65亿年，为白垩纪末期。发生第1次转折之前，地球自转速率基本变慢，转折之后变快；第2次转折是由加快变减慢；第3次则由减慢变加快；第4次从加快变减慢。第1次与第2次距离较近。加里东运动出现在第1次转折期间；华力西运动主要开始于第2次转折之前，完成于第3次转折稍偏后；印支运动发生于第3次转折之后，开始进入加快阶段；燕山运动主要完成于第4次转折稍偏后；喜马拉雅

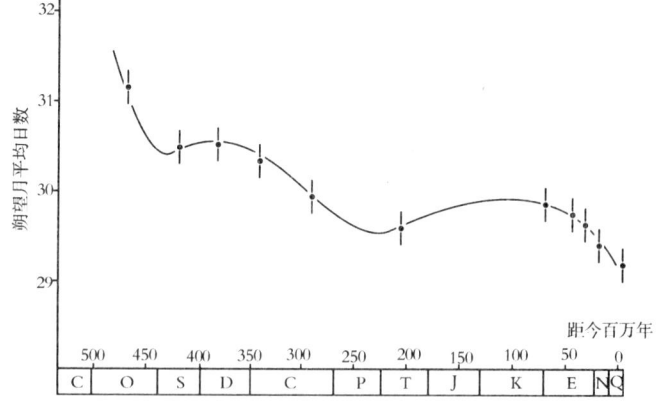

图1-4-33　显生宙朔望月日数变化（据王维襄，1999）

运动主要开始于第4次转折之后。这表明地质历史上大的构造运动时期与地球自转速率变化转折时期紧密相关。在第4次转折之前，是地球自转加速阶段，持续时间较长，也是燕山运动主要活动时期。这与中国及其邻区在燕山运动中形成与发展的构造体系，所需由加速产生的动力作用方式和方向一致。而喜马拉雅期主要处于减速阶段，反映构造运动的动力作用方向，应与燕山期相反，这可从较近构造运动方向及其动力作用方式予以说明。

第五章　中国的构造体系控矿与动力成岩成矿

李四光曾指出,地壳中储藏的矿产受到成矿条件和矿产分布规律的双重控制。成矿条件主要决定于岩性及有关岩体、岩层的成生环境及其相互关系;矿产分布规律则部分与成生的条件有关,但主要是受构造体系的控制。而且构造体系有时也影响岩层、岩体的成生条件。"大连的事实证明,构成若干种构造型式的第一级构造往往对某些矿种的矿田分布起着控制的作用。而那些第一级构造中的第二、第三级构造,又是决定矿田中矿产富集带的分布规律的重要因素。例如属于多字型构造的新华夏系隆起带和沉降带都是第一级构造,它们分别对若干不同种类矿产的分布起着决定性的控制作用。"(李四光,1973a,b)在研究构造体系与油气移聚的关系方面,又曾述及:纵观中外油田大都具有一个共同特点,即多属扭动或旋扭构造控制。在指出新华夏系沉降带对石油具重要控制作用的同时,进而作出中国东部新华夏系(中国西部西域系)与纬向构造复合控制油区,控制油区的一级构造体系所导生的各级扭动构造型式则控制油田的论断。而随着地质力学研究工作的不断深入,又逐渐形成了构造动力成岩成矿的观点等。在实践应用中,无论对于指导金属与非金属固体矿产勘查,还是在油(气)及地下水资源寻找方面,李四光的论断均已得到印证。这些均说明找矿的关键还在于对成矿控矿规律在认识上产生的重大突破(杨开庆等,1999)。

第一节　中国构造体系控岩控矿

地壳中矿产的形成受到多种因素制约。但无论是内生矿床还是外生矿床的形成和富集分布都与构造条件密切相关。研究构造控岩、控矿旨在为地质找矿指明方向,故更侧重于掌握矿产分布规律,而此种规律除与矿产形成和富集的各种条件有关外,主要受构造体系的控制。

一、中国主要成矿区(带)的分布

内生矿产的主要成矿带:一是与基性—超镁铁岩有关的矿产,受控于规模巨大、影响地壳深部乃至上地幔的构造体系,因为只有深切地壳的断裂和强烈的构造挤压才能将此类岩浆引导至浅部。物探资料证实,中国大陆深部有EW、SN、NE及NW等4组方向的断裂发育,当分属纬向、经向等构造体系。另一类为与中酸性岩有关的矿产,则受新华夏系隆起带及凡具一定规模的构造体系控制。按与成矿有关的岩浆活动和矿产的分布,可分为20余条第一级成矿带,依构造等级和序次又可进而分为二级、三级乃至更低级的成矿亚带。《中国成矿区带划分方案》(徐志刚、陈毓川等,2008)将全国划分为5个成矿域、16个成矿省、80个成矿区带。

沉积矿产受控于地层层位和岩相建造,而含矿建造则受构造条件制约。因之诸如含煤建造及聚煤盆地的分布严格受构造体系控制,故可划分中国6大聚煤区;生油层的形成及油(气)聚集过程及至最终决定油(气)区的分布,同样受到构造体系逐级控制,并明显表现出新华夏系、西域系与纬向构造复合的控制作用。至于变质矿产及其他成因类型的矿产的形成和分布,既与成矿物质来源有关,又无一不受成矿构造条件即成矿构造体系活动的控制。

二、构造体系控岩控矿规律

1. 不同力学性质结构面的控矿作用

(1)张性结构面控矿　张裂面是内生矿产的重要容矿构造,因其出现瞬时真空状态,在应力驱动下运移的矿液(或含矿岩浆)便在此低应力(压力低)部位停积充填;由于裂隙张开压力降低,易于挥发分逃逸及温度降低,促使矿质结晶沉淀;且在其中矿液流速减慢,易于发生接触交代作用而利于交代矿床形成;此引张空间之环境较宁静,利于岩浆分异作用进行而形成岩浆分异矿床。其中之矿物晶体长轴方向与张裂垂直。

(2)扭(张扭及压扭)性结构面控矿　此类破裂面为重要控矿构造,具一定规模者可起导矿作用。因其在扭动过程中,可将矿液挤入旁侧分支构造形成矿带;或导致略有弯曲的段落,分别转化为张扭性及压扭性,矿液便向张扭性破裂面中集中形成较大矿体;仅有1组扭裂发育的地区,则受其低序次裂隙控制形成雁列矿脉,剖面上亦然;而在2组扭裂同时发育地区,其交叉处最利成矿且呈等距分布;由扭动应力场形成的共轭扭裂,则分别兼具张性和压性而控矿作用各异。其中矿物晶体长轴与扭裂斜交。

(3)压性结构面控矿　包括连续结构面(褶皱)和冲断层等破裂面均具重要控矿意义,并控制矿带空间展布。岩浆岩沿挤压隆起带侵位而导致内生矿产与之平行分布,且向隆起两翼的矿带呈对称分布(如南岭、秦岭金属矿带);隆起带脊线呈波状起伏的产状变化处,则为矿产富集地段。拗陷带控制沉积矿产,且其底沿走向亦有波状起伏特点并使矿产分布不均(如新华夏系控油)。巨大的冲断层通常是内生矿产的导矿构造,矿液被挤入其分支构造而成矿,而已愈合的成矿前者则对矿液运移起到遮挡作用;对油(气)、水等岩内流(气)体压性断层亦起阻挡和封闭作用,在其切穿储油构造的一侧及阻挡地下径流上源方向,常为聚油或蓄水部位;冲断—推覆构造之下可使石油及煤层得以良好保存;微小挤压破裂带亦曾一度成为低压带,矿液可灌入其中形成密集含矿细脉。产于压性裂隙中的矿物晶体长轴平行矿脉。

2. 同成矿构造体系的控矿作用

以成矿时期为限,可划分为成矿前、成矿后及成矿期构造体系,后者又称同成矿或成矿构造体系。成矿前者控制提供成矿物质的岩体(层)分布,并作为边界条件而制约同成矿构造体系形成;成矿后者则可对矿体(层)起改造富集、保护或破坏等不同作用;更为重要的是研究同成矿构造体系的组合特征及其不同部位对成矿所起的不同控制作用,尤以应力状态及其大小对成矿的作用,即成矿物质的运动和变化与构造应力场之关系。因成矿过程即成矿元素的运动过程,而成矿元素的运动取决于自身的物理化学性质和适宜的环境条件。

(1)对内生矿产的控制　表现在成矿构造体系形成的同时亦产生一定的地球化学场,使有用元素在新的环境下重新聚集并形成矿体、矿床。地应力场作为一种能场,直接控制由于温度降低而呈现元素一定的晶出顺序和分布;元素亦随应力的减小出现大体相同的晶出顺序,即在强烈构造挤压带聚集能量较大的元素,远离挤压带则依次出现能量系数较小的元素。

(2)对外生矿产的控制　表现在控制沉积盆地的分布,从而控制沉积矿产的分布;其构造活动性影响沉积物堆积速度、厚度及其分异度;随构造迁移沉积中心亦发生迁移,遂使矿产在不同时期的富集部位发生转移。此由煤盆地的聚煤中心与盆地沉降中心之不同可得到充分说明。

(3)对内生矿产的控制　表现在构造体系的强烈挤压部位矿床变质程度较深,反之亦然。由于变质作用破坏了原有化学平衡,使能量系数较小的元素向变质浅处移动,从而形成深浅不同的变质带。显然变质带当受同变质构造体系控制,并以构造动力变质带作为构造体系的构成成分。

3. 构造体系复合控矿

(1)归并复合控矿 以断裂归并复合控矿最为常见,原因是嗣后形成的构造体系极易利用先存破裂释放应力;虽仍继承原有方位但其力学性质已发生转化,势必在其影响范围内导致岩石破碎程度和空隙度增大,加之裂隙反复启闭利于导入矿液和矿床形成。

(2)交接复合控矿 几乎对所有矿产均有重要控制作用,并具成行成带排列特点。对内生矿产而言,断裂交接(尤以斜接、反接及截接)造成岩石破碎、裂隙发育、应力集中,且不同方式和方向的动力交替作用易使裂隙启开,含矿岩浆或矿液乘虚而入,为成矿元素迁移聚集创造有利空间条件;对沉积矿产则以褶皱复合形成叠加褶皱最利矿层加厚或矿质再富集而成富矿,大型拗陷复合可造就含油(气)区及聚煤盆地的分布部位。

(3)包容复合控矿 应侧重研究被包容的较老构造对矿产的复杂控制关系并沿此较老构造展布方向追索,才可能为找矿提供依据。

(4)重叠复合控矿 在两构造体系槽地或凹陷重叠部位,对煤等沉积矿产的形成有利。

综上可见,复合控矿极为普遍,尤以交接复合对各类矿产的控制更为常见,但无论何种方式复合控矿,都必有一种是主导的控矿构造体系即同成矿构造体系,它决定矿带、矿床的展布方向,而另一构造体系则提供矿质聚集和矿体赋存的特殊条件。故确定主导控矿构造体系,是运用复合控矿规律指导找矿的关键。

4. 构造体系逐级(多级、分级、挨次)控矿

由不同序次构造体系的挨次控制关系,决定了不同级、序构造体系的逐级控矿的规律。在任一地区,若初次的高级构造控制成矿带分布,则第二序次的二级构造控制矿田,更低级、序的构造控制矿床及矿体。构造体系复合控矿亦具此种规律,且实际应用更为重要。据此挨次逐级控矿规律,可有效地指导找矿和预测矿产分布位置。

除上述4项外,还有扭动构造型式和旋扭构造控制矿液(质)移聚,以及构造控矿的方向性、等距性及对称性等构造体系控矿规律。

第二节 中国构造动力成岩成矿

在构造体系控岩控矿理论基础上,杨开庆等从1973年开始陆续提出了一系列构造动力成岩成矿的观点,并在1986年发表《动力成岩成矿理论的研究内容和方向》一文,指出这个理论的形成与发展过程,说明地质力学已开始从构造体系控岩控矿研究阶段逐步进入对构造成岩成矿研究阶段,已从研究矿产分布规律逐步深入到成矿规律的研究。

一、构造动力成岩成矿理论及其研究内容

构造动力成岩成矿主要是研究构造动力作用下地壳物质组分的调整,尤其是物质空间调整过程中的组分调整作用。认为地壳运动导致了物质的调整,地应力则是引起物质调整、变化的重要因素,而物质的组成和空间调整是对外力和应力的必然的适应性平衡过程,故始终致力于探索构造运动与地壳物质变化关系的研究。

地壳物质成分在构造动力引发和调整下,可以产生一种成岩成矿作用。这种作用可分2种方式:①岩石形变时引发的成岩成矿,是以构造应力为动力所引起或驱使岩石在形变过程中使原有

岩石、矿物成分重新组合、重新建造的调整结果;②岩浆结晶时构造动力调整作用控制的成岩成矿作用,即在应力梯度控制下按一定规律所形成的不同岩石、矿物组合的岩相和建造,将这些由构造作用引起的物质调整而产生新的岩石和矿物相及建造的过程称为构造动力成岩成矿。

构造动力引发的地壳物质调整作用是构造动力成岩成矿理论的核心概念和基本立足点。地壳物质的动力调整表现为:地壳变形的结构调整、地壳物质组成的调整。前者亦称物质的空间调整或物理调整,系构造动力调整的普遍方式,是通过物质的体积收缩或伸长、隆起和拗陷、重力均衡代偿的密度补偿以及不同圈层的滑脱、平移构造而共同实现的;后者又称物质的组分调整或化学调整,为成岩成矿研究的主攻方向,又可进而分为改造型调整(岩石、矿物形成后发生的重新调整)、建造型调整(岩石、矿物在形成过程中由动力引起的物质调整)2种调整作用。此二者密不可分,如变质作用和构造变形即系同步进行、同一地质作用过程中的不同表现形式。

构造动力成岩成矿无论从理论上抑或方法上皆有别于其他的成岩成矿理论,并具有独特的规律和特色,表现在:①提出除岩浆岩成岩成矿、沉积岩成岩成矿和变质岩成岩成矿之外的第4种成岩成矿理论,认为构造不仅控矿控岩,而且还能起到成岩成矿作用;②将物质和运动紧密结合,实现了构造动力与成岩成矿之间的联系;③在物质、温度、压力这3个主要成岩成矿条件中,给予压力(应力)作用亦应有的重视,并强调动力生热和动力调整物质的重要性;④将构造体系控矿及研究矿产分布规律,推进到构造成岩成矿和矿产成生规律的深度,是地质力学发展的新方向;⑤提出一种编图的新思想和新方法。总之,构造动力成岩成矿理论既是一种基础理论的研究,又是一种应用学科的实践。

其发展方向是,以构造动力成岩成矿理论为基础,研究不同层次、不同尺度的构造动力作用和构造变形对地壳物质调整作用的方式、过程、机制及其相关的成岩成矿作用机理,研究构造对不同类型矿床与成矿系列的控矿规律和控矿机制。继之应用数理模型与描述方法,建立成矿新理论和新模式,以大幅度提高矿床、矿体定位预测精度。具体学科内容为:构造动力(应力)驱动与地壳物质循环;构造动力作用下地壳物质调整的物理化学过程和机理;中国主要构造体系的构造物质调整与成岩成矿规律;构造应力与地质流体驱动;地壳物质调整—成岩成矿作用的构造动力实验与模拟;从构造动力作用、构造物质调整及其与成矿关系的角度出发,提出构造动力成岩成矿新理论和成矿作用模式,以及大陆成矿理论;矿体定位的新理论与新方法及中尺度成矿预测;危急矿山的诊断与拯救。

二、应力驱动下物质调整的实验研究

研究表明,岩石矿物在应力作用下不仅发生变形,而且出现组分的调整,此乃动力成岩成矿之核心所在。大量资料、数据证明,变形过程中岩石矿物化学组成发生明显的带入带出,并已被实验岩石学所证实(杨开庆等,1986;董法先等,1998)。

1. 石碌铁矿床富铁矿的富集过程及其实验

海南石碌铁矿是中国著名的平炉富矿产地,且伴有储量可观的钴、铜矿。因其成因较复杂,对成矿物质迁移富集和矿体加厚、矿石品位变富的原因等一直争论颇大。杨开庆等(1999)通过对石碌矿田构造研究认为,区内隶属昌江—琼海纬向构造带的NWW至近EW向构造为矿田之主体构造,其构成成分的石碌复式向斜为本区的一级构造,且其控制成矿地位亦居各种构造之首,与之平行的层间滑动带在成矿控矿中也具有一定作用;其次为斜跨复合于前者之上从而形成叠加褶皱的NE向构造,应属华夏系构造成分,此种复合不仅导致石碌复式向斜原有构造形象的扭曲,而且NE

向断裂的反接、斜接复合方式使部分 EW 向压性断裂发生张性转化,因此 NE 向构造亦甚重要;至于以断裂为主的 NNE 向构造,就其控制酸性岩脉的产出和以压扭性特征为主,表明为新华夏系构造,主要表现为切错(破坏)前述构造而无资料佐证其在成矿中发挥作用。据上述矿田构造特征,杨开庆等(1999)设计了一套高温—中温—高压实验用以模拟矿区形变—相变过程,成功地解释了石碌铁矿床富铁矿的富集过程及其基本规律。

石碌铁矿的去硅作用是富矿得以形成的关键所在。当岩石受到巨大剪切力作用时,石英首先发生溶解,而被溶解出的石英不断地从贫铁岩石中析出并向外围压力低的白云岩中扩散,同时产生塑性流动和化学反应,遂使白云岩变成透辉—透闪石岩。由白云岩变成透闪石需要 8 个硅原子,二透岩由此吸纳大量硅原子,从而成为富铁矿体的特征性围岩和找矿标志。

2. 含金岩石的动力成岩成矿实验

另一含金岩石的动力成岩成矿实验(董法先等,1998)再次证明,构造应力在引起岩石变形的同时亦使岩石矿物成分重新组合及重新建造。实验所用标本据采自北京怀来柔崎峰茶金矿,矿区发育 2 种矿化类型(石英脉型和蚀变岩型),均产于同一脆—韧性剪切带中。从边部到中心随构造应力增大,发育了递进形变相变系(碎裂变质岩→糜棱岩化变质岩→糜棱岩→千糜岩,中间出现含金石英脉),金的富集丰度与递进形变相变系呼应,亦自边部向中心逐渐增高,最终出现含金石英脉。对此进行的模拟实验所选择岩样实验温度为 350℃~450℃,围压 3 亿帕,轴向压力 1 亿帕~1.5 亿帕,单样持续压力为 3 小时~5 小时。高温高压实验结果表明,Au、Ag 2 种元素尤以 Au 在金属硫化物及石英中普遍升高,而在其他非金属矿物中则普遍下降;非金属矿物(黑云母、方解石及钠长石等),多属与 Au、Ag 矿化相关的蚀变矿物,经高温高压后其中所含的金普遍丢失,主体进入金属硫化物及石英脉中。此种方向性迁移与剪切带得应力梯度相对应,更进一步证实应力驱动下物质(元素)将发生调整(迁移)。

三、应力场与物质场关系的研究

通过沙溪帚状构造应力场与物质场关系的研究(董树文,1985)证实,在沙溪斑岩铜矿田的成岩成矿过程中,构造体系不仅控制矿物质的分布,而且对成矿物质的形成和组成亦具控制作用。

安徽庐江沙溪铜矿田明显受帚状构造控制。所称之沙溪帚状构造,为新华夏系的低级序构造型式:由 4 条向 NE 撒开、向 SW 收敛的弧形旋扭带和一旋涡组成(图 1-5-1);且表现为不同应力作用方式的 2 个旋扭运动阶段,即早期为压扭性旋扭,晚期为张扭性旋扭,其压旋扭运动阶段控制石英闪长斑岩系列成岩成矿作用,而张扭性活动阶段则控制改造铜矿床的次火山岩系。

研究表明:①同一应力场对岩浆和对矿液的影响不尽相同;外力在浅部未凝固岩浆体内传递是可能的,剪应力亦可传递。②在应力梯度下岩浆成岩按元素原子量、密度和半径大小进行调整;原子量大、密度大和半径小的元素集中于应力强区,相反的元素在应力弱区富集;矿液成矿的渗透效应则是,半径小的较半径大的元素渗透性强。③硫稳定同位素分馏作用及组分变化与应力作用具一定关系。④斑岩铜矿体赋存于中心钾化带,与其所处的构造环境和应力条件密切相关。由此证明:构造动力不仅控制物质的分布,而且对物质的形成和组成亦具控制作用。

四、构造附加静水压力与成矿深度预测

对大体相当于成岩成矿时所承受的总静水压力值,在消除构造附加静水压力之后开展压力数据的具体应用。根据计算成矿压力求得成矿深度,从而预测胶东玲珑—焦家式金矿床深部具有良好地质找矿远景,提出有深部富集带存在,已为近年来地质找矿的实际进展所证实。

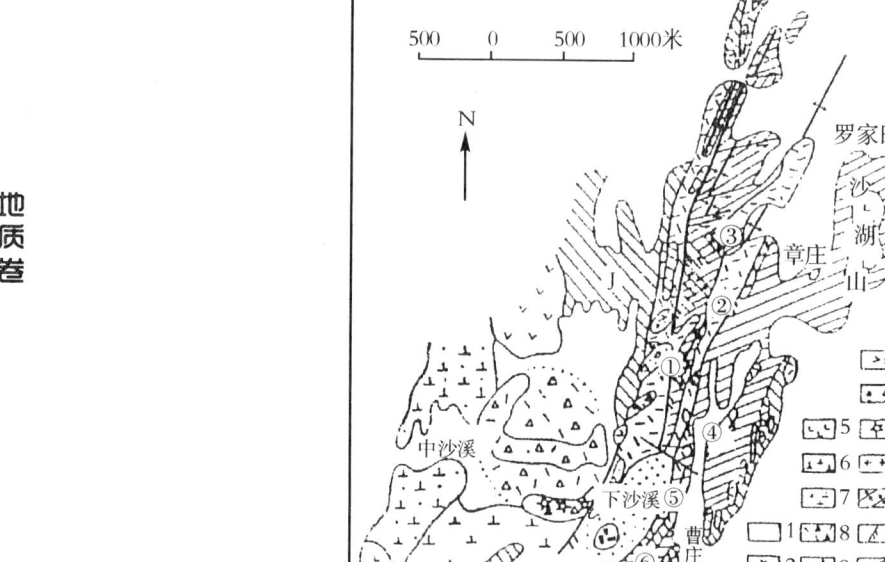

图 1-5-1　沙溪铜矿田地质构造图（据董树文，1985）

1. 第四系；2. 中生代火山岩；3. J₁～2 碎屑岩；4. S₁，S₂+3 碎屑岩；5. 辉石闪长岩；6. 角闪闪长斑岩；7. 安山斑岩；8～10. 帚状构造早期成矿岩体（石英闪长斑岩类）；11～14. 帚状构造晚期不含矿岩体（次火山杂岩）；15. 花岗斑岩；16. 向斜、背斜轴；17. 旋扭带主断裂面；18. 压扭性断裂；19. 张性断裂；20. 矿床编号

1. 玲珑—焦家式金矿床的成岩成矿构造控制作用

玲珑金矿田是国内外著名的"玲珑式"金矿类型建立的主要地区，包括以玲珑为中心约 70 平方千米范围的含金矿脉群（图 1-5-2），玲珑金矿为胶东开发最早、研究最深入的矿田之一。

焦家金矿田是中国储量最大的金矿床之一，并因其为"焦家破碎带热液蚀变岩型"金矿之命名地而引人注目。金矿田由多个大型绢英质蚀变岩型和过渡型金矿床，一些硫化物石英脉矿床或矿脉群及含金石英脉硫化物的细脉浸染状和浸染状矿床组成。在其北侧相距仅几千米的新城金矿床为黄铁绢英岩型，矿化特征完全相同，并处于同一压扭性断裂带，若将二者视为同一个矿床，则可达世界级金矿床标准。

研究认为，玲珑—焦家地区是在新华夏系与 EW 向构造控制的背景上，由于新华夏系及华夏式构造交替活动与复合叠加，从而对沉积、岩浆和变质建造起基本控制作用，所形成的构造—岩相形式是玲珑—焦家式金矿的成矿构造（吕古贤等，1993）。

玲珑金矿田不仅处于玲珑型花岗岩、滦家型花岗岩及零星分布的郭家岭型花岗闪长岩以及古老变质岩系错综交织的区段，而且在区域上正是平度、招远（NNE）、破头青（NE）、欧家夼（NEE）、凤仪店、东围（NNE）"N 字形"断裂构造—蚀变矿化岩带和胶东西北部的巨大"N 字形"构造—花岗岩带的重要转折部位。在此复杂构造和岩相转折地带，出现几组构造、多期活动的各种交接复合为其矿田构造特色。其 NEE、NE 和 NNE 向 3 组构造蚀变矿化岩带构成玲珑金矿田的基本格架，各自不同程度的成矿作用及其相互交接、叠加的复合作用是矿田内形成巨大金矿床的重要原因。

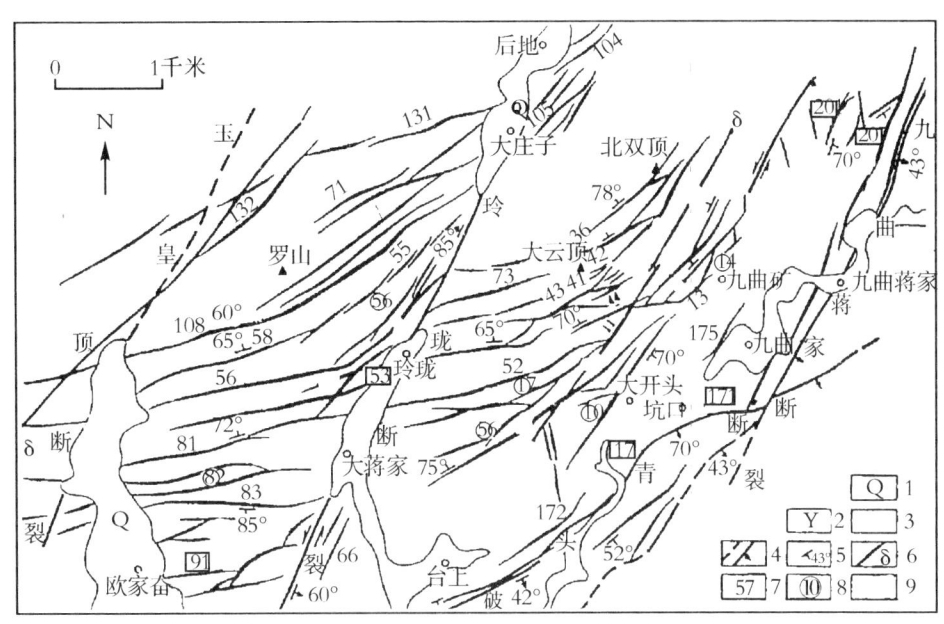

图 1-5-2 玲珑金矿田构造及矿脉、类型分布略图(据杨开庆等,1999)

1.第四系;2.中粗粒花岗岩;3.片麻状黑云母花岗岩;4.主压扭性断裂带;5.矿脉及产状;6.中基性岩脉;7.含金石英脉矿体编号;8.含金黄铁绢云岩矿体编号;9.绢化碎裂石英脉及碎裂花岗岩(过渡型)金矿体编号

焦家金矿田以 NE 及 NNE 向构造为主,NEE 向构造亦具重要成矿作用,显然矿田基本构造格架是由不同构造体系或不同级序构造在不同发展阶段活动而形成的复合构造型式,此种特点即导致矿田内矿床类型复杂、成矿期次及成矿作用多变的宏观因素。由于地质研究及矿山采勘的进展,更广泛更定量性地揭示出矿田内主要构造行迹组成、力学性质及其制约成矿成岩的特点,证实了矿田内 2 个矿床类型(即绢英岩型金矿、石英脉型矿床)的构造共生关系。

石英脉型金矿是在差应力不大的环境中产出,且以准静态的重结晶、结晶及韧性变形为主。而绢云岩型金矿则大多是早期韧性受到晚期多阶段脆性、韧性变形叠加的产物,以动态重结晶及碎裂作用均发育为其特色。

压扭性主构造与张扭带发育于同一含金剪切带中,在剖面上构成"入"字型构造,相应 2 种类型矿体亦组成"入"字型,并有同一矿体随倾向改变而出现矿床类别发生变化的剖面追踪矿脉;但在平面上大都平行产出,且密集发育的一组绢英质叶理可直接揭示二者之构造共生关系,2 类矿床分布带之间常出现过渡性矿床,主要受共轭扭裂控制。这些事实展示中间应力轴近水平的一对共轭剪裂隙,是 2 种金矿类型产生的基础构造背景。2 种金矿的矿石类型有明显区别,表现在岩石组构不同及变形特征的差别上。绢英岩金矿大多为脆性—韧性变形的碎糜岩、糜棱岩,反映压扭性变形,具"压溶"为主的形变相变特征。石英脉金矿则在张扭构造中由韧性的准静态结晶、重结晶的岩石矿物组成,有时反映差应力较小的"剪溶"状形变相变特征,其迁移较远似可从超塑性变形进行研究。

玲珑—焦家式金矿属中生代花岗岩剪切带中的岩浆期后热液金矿床。花岗岩以前寒武纪变质岩系为基体。由于成矿构造不同,矿床表现为黄铁矿石英脉(玲珑式)和黄铁绢云质蚀变岩(焦家式)2 种矿床或矿化形式。

2.消除构造附加静水压力计算成矿深度

在对"构造动力影响静水压力问题"进行理论论证、实验模拟研究的基础上,对相当于成岩成矿时所承受的总静水压力值进行分解,即在消除构造附加静水压力数据的具体应用。研究表明,玲珑—焦家式金矿床成矿压力值普遍偏低,如焦家金矿床Ⅰ号矿体与Ⅱ号矿体相比,"应变软化"的条件更为充分,虽Ⅰ号矿体更靠近主断裂而且变形程度更高,但后期变形对早期成岩成矿压力的改变降低得更多。其总静水压力值推测在120百万帕~150百万帕之间,据实测结果采用131.69百万帕代表Ⅰ号矿体的成矿压力。由于所测构造附加静水压力为96.36百万帕,则主要由上覆岩石重力所产生的静水压力仅35.33百万帕。按本区岩石平均容量求得成矿深度为2401.6米,将现代海平面对此深度进行校正,现今焦家金矿-70米处的1号矿体形成时应处于约-2331.6米。

此外,以往将总压力直接用于研究成矿深度,得出焦家式金矿床在深部成矿,玲珑式则在浅部形成的结论。而采用同样压力数据,但按张扭性构造和压扭性构造分别进行压力校正,证明二者并非上下关系,而是同一构造条件下处于不同构造部位且平行发育之产物。通过本区典型含金构造—岩相带古应力和古压力研究,不仅支持了同矿化期不同变形构造带的矿化有相近形成深度的认识,而且用实测数据证明构造挤压远大于扭张带中岩石承受的静水压力。而此种压力的波动与应力,即差应力的变化协调同步的数据客观显示,则是构造附加静水压力不同导致总静水压力的差别,因此在同一深度各自成岩成矿的物理化学条件不同。综合动力学研究分析可得出压扭性构造和引张性构造,焦家式蚀变岩型金矿和玲珑石英脉型金矿不能同时在同一岩脉空间形成的理论推断。

这一研究成果(吕古贤等,1993)为胶东大型金矿的深部延伸远景研究提供了新的资料和方法,指出玲珑—焦家式金矿床属浅成矿而与以往认识截然不同,故认为具良好的深部地质找矿远景,所以深部存在富集带的结论已为近年地质找矿实践所证实。诸如阜山东风矿段深部矿带的发现、焦家金矿近1000米处的钻探结果、破头青台上金矿斜深达1000多米提交巨大金矿储量、望儿山金矿深部第二富集带十数吨新增工业储量之获得,以及东山—大开山—九曲一带深部新富集带的勘探证实等一系列重大进展,即为对此研究成果的实际验证。

第三节 中国地质构造与固体矿产预测

数十年来,中国地质学者运用地质力学理论和方法,在指导地质找矿和预测黑色金属、有色金属、贵金属、放射性金属、稀有及分散元素矿产以及煤田等诸多方面,都已取得巨大成果,尤其是新疆萨尔托海铬铁矿、辽宁旅大及山东金刚石矿、赣南钨矿(木梓园、九龙脑)、川滇钒钛磁铁矿、鄂东南及豫西等内生矿产;吉林夹皮沟、胶东、冀东、阿尔泰及青海都兰金矿;江西斑岩铜矿及福建管查、黑龙江多宝山铜矿;云南平地锡矿;江西木兰铌钽矿及701稀土矿;南岭及秦岭铀矿以及四川李伍式铜矿(计30余处);内蒙古、东北及湘、赣等地19处煤田(杨开庆等,1999)。

一、金属矿产预测

这里举豫西夜长坪隐伏矿床的预测为例:

豫西卢氏—灵宝地区位于秦岭纬向构造带与新华夏系太行山隆起带的复合部位。据其控制燕山期中酸性含矿岩体及与之有关的金属矿产分布规律,从构造预测入手,进行隐伏岩体和隐伏矿床预测,最终发现一批含矿小岩体和夜长坪等大型隐伏矿床(图1-5-3,图1-5-4,图1-5-5)。

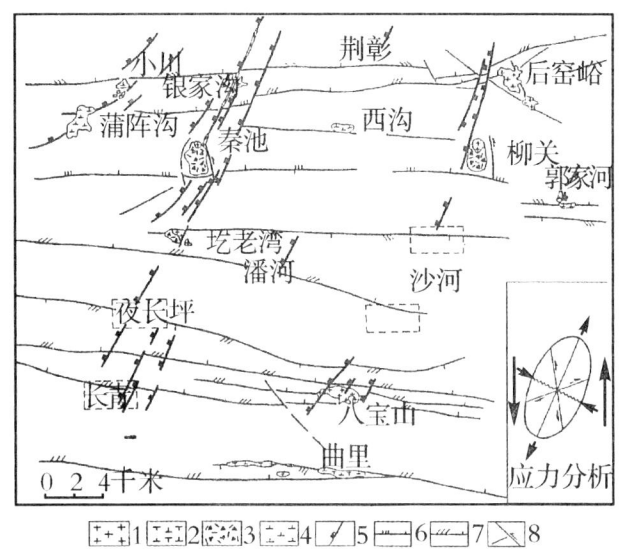

图 1-5-3　豫西地区北部燕山期小岩体分布略图（据杨开庆等，1999）

1.花岗斑岩；2.正长斑岩—闪长斑岩；3.爆发角砾岩；4.闪长岩；5.压扭性断裂；6.压性断裂部分经张性改造；7.压性断裂经张性改造后又叠加压扭性；8.伴生（扭性）断裂；虚线框为预测隐伏岩体位置

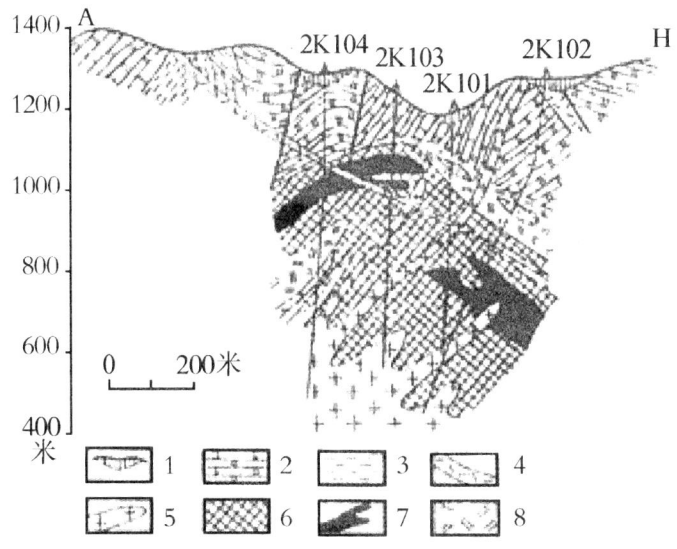

图 1-5-4　夜长坪 A-B 线地质剖面图（据杨开庆等，1999）

1.第四系残积—冲积层；2.白云岩；3.绢云母钙质片岩；4.正长岩脉；5.花岗斑岩；6.钼钨矿体；7.富矿体；8.夕卡岩

二、煤田预测

预测认为，巨型构造体系在中国煤田的成生发展及其演化过程中始终处于控制地位，在纬向构造带、新华夏系及川滇经向构造带复合控制下，造成了中国东北、华北、西北、华南、滇藏及台湾"六大聚煤区"。此六大聚煤区的提出从宏观战略高度上为中国煤田地质勘查及其资源规划和开发指明了方向（图 1-5-6）。而聚煤区内，运用地质力学理论和方法对控制煤盆地的古构造、沉积相展布及其发育特征以及后期改造等方面进行分析解释，进而预测煤田，已被证明实用有效。

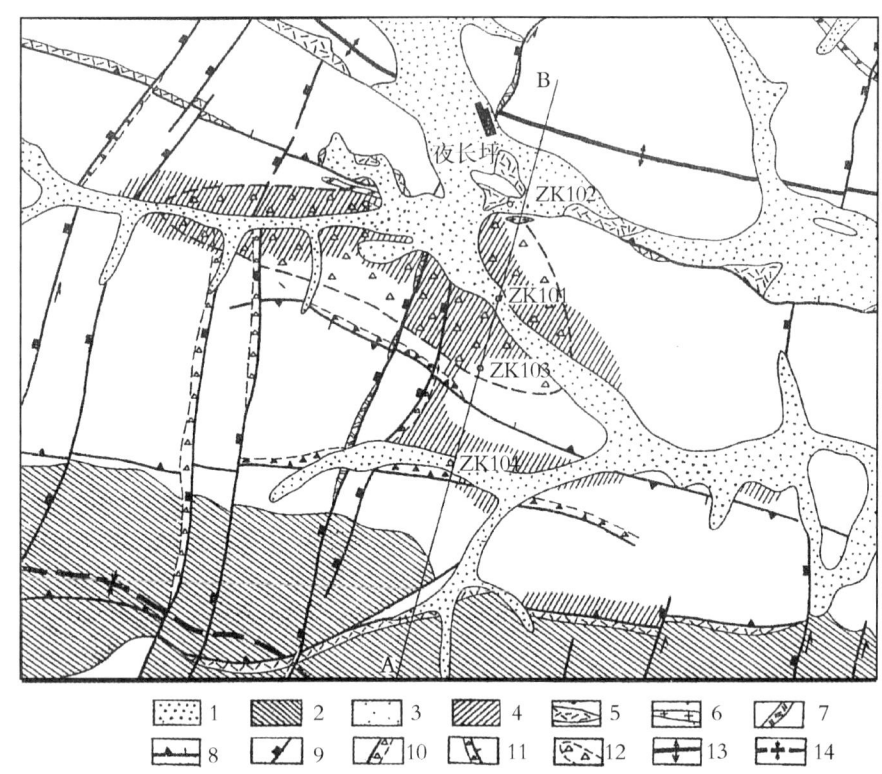

图 1-5-5 夜长坪地质构造略图（据杨开庆等，1999）

1. 第四系；2. 蓟县系巡检司组；3. 蓟县系龙家园组；4. 铁锰碳酸盐化；5. 正长岩脉；6. 花岗斑岩体；7. 煌斑岩脉；8. 压性断裂（后期叠加张性）；9. 压性断裂（带箭头者兼具扭性）；10. 挤压碎裂岩带；11. 张性断裂及角砾岩带；12. 震碎角砾岩带分布范围；13. 复式背斜轴；14. 复式向斜轴

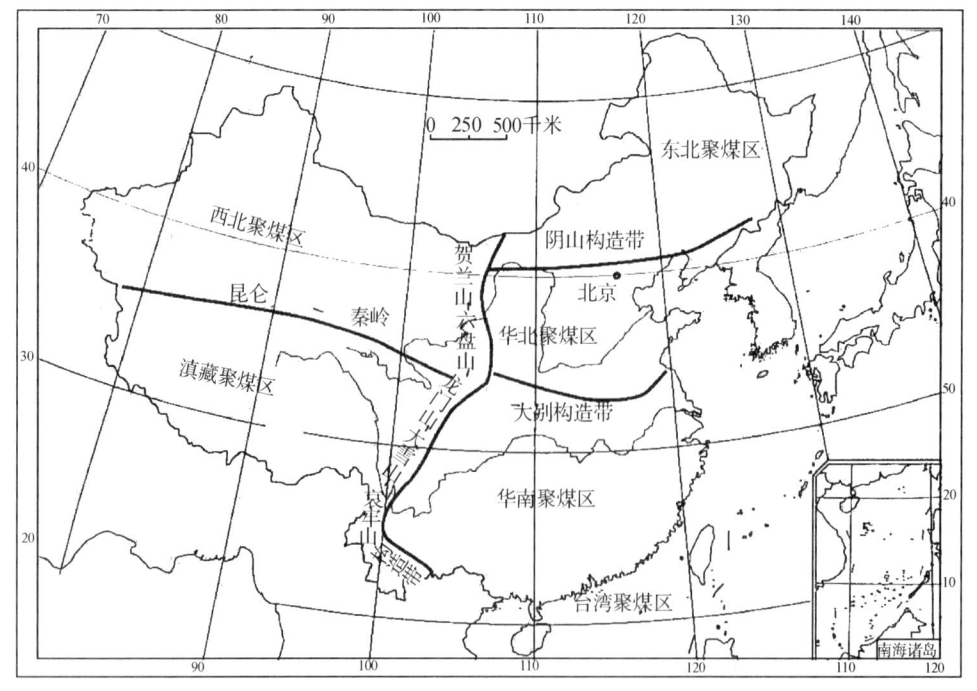

图 1-5-6 中国六大聚煤区与构造体系的关系示意图（据杨开庆等，1999）

这里仅举东北地区煤田预测为例：

东北聚煤区是中国煤炭开发强度最大的地区之一，亦为开展地质力学预测煤田最早、成果最大的地区之一。晚侏罗—早白垩世为最主要的聚煤期，并以煤盆地多、储量巨大而著称于世。区内有纬向系、新华夏系等多构造体系展布，新华夏系沉降带为晚侏罗—早白垩世聚煤盆地的形成提供了场所，而与纬向构造复合控制聚煤盆地的分布。通过分析发现如下规律。

1. 构造体系及其复合控煤规律

（1）方向性　煤盆地多受 NNE 向盆缘断裂控制，其长轴方向与新华夏系主干断裂一致；盆内岩相带、富集带的展布亦呈 NNE 向受盆缘断裂或低级序构造控制；煤盆地群受控于新华夏系一级构造，形成新华夏第二拗陷聚煤带和第三拗陷聚煤带，总体呈 NNE 向带状分布。

（2）分带性和分区性　阴山东西构造带的一级构造成为此期成煤的重要界线，即成煤作用主要发生于东西构造带以北地区，其低级构造及东北地区的区域性 EW 向构造与新华夏系复合控制含煤建造的形成和分布；区域性 EW 向构造与弧形构造复合导致聚煤带内的煤盆地群以一定间距分布，盆地群之间的 NNE 向次级隆起相隔，构成东北地区二连—巴音和硕等四大聚煤盆地群。

2. 含煤建造的构造控制规律

（1）滨海沼泽相沉积　主要指"三江"—穆棱河地区的含煤岩系，其盆地构造类型为波状拗陷型，发育于新华夏系第二隆起带上的次级拗陷中，由于勃利弧形拗陷带的复合叠加，致使聚煤盆地中部拗陷幅度增大，煤系形成广阔而稳定的滨海泥炭沼泽环境，后期隆起使盆缘相遭受剥蚀。其岩性、岩相及含煤性在大范围稳定的可对比等特点与华北古生代含煤建造类似，煤层厚度稳定，无明显富煤带或无煤区。

（2）内陆含煤建造　为本区含煤建造的重要类型，其盆地构造类型为单边或双边断陷盆地，盆缘断裂控制盆地方向及范围并控制盆地沉积。

（3）构造应力场控煤规律　区内数百个断陷煤盆地的岩相展布、含煤性、纵向充填序列、富集带分布主要受新华夏系构造应力场的总体控制，以此扭动引力场为主，拗陷聚煤带、聚煤盆地群、煤盆地、盆内沉积相带及聚煤带等，挨次受控于其不同级、序构造。

根据以上规律，即新华夏系与纬向构造及弧形构造复合对煤系的控制，尤以扭动构造型式（多字型构造）及其不同级序构造挨次控制的规律，成功地预测、勘探了一批新的煤盆地和老矿外围的含煤区及富集带。

第四节　地下水网络理论及基岩地下水的构造控制规律

据杨开庆等（1999）研究，中国水资源极为紧缺，北方干旱半干旱地区严重缺水，加之众多城市忽视对地下水开发的科学管理，导致地下水位逐年下降；沿海城市海水倒灌而使水质恶化；所以在开发地下水时，应分析岩层中地下水的补给、径流、储存和排泄条件，寻找和开发地下水。李四光指出，除构造体系控制地下水分布规律外，普查勘探时还应重视冰积物的重大现实意义。刘国昌进一步研究了构造体系控制地下水的分布规律。他认为在控制基岩地下水的埋藏、分布和赋存规律的各因素中，岩性是基础，构造体系为主导，气候、水文和地貌是条件，并应综合考虑各种因素的内在联系。胡海涛（1980）所提出的地下水网络理论认为，构造体系对地下水网络的形成，以及网络中地下水的埋藏、分布、运移和富集条件起主导控制作用。

一、构造体系控制岩溶地下水的规律

中国北方寒冷干旱半干旱地区,地下岩溶沿断裂发育,严格受控于构造体系。刘国昌(1979)研究太行山新华夏系隆起带西侧晋城—阳泉一带岩溶发育特征时,总结了以下构造体系控制岩溶地下水的规律。

1. 构造体系控制大泉泉域的形成

该区蓄水构造由断裂通过导水、阻水面而形成,或控制含水层和隔水层的分布或产状变化形成(图1-5-7)。沁水凹陷东北端的复式向斜控制中奥陶统灰岩含水层及下奥陶统白云岩相对隔水层的分布,白云岩构成泉域大部分边界。沿桃河下游及温河一带大致为复式向斜轴部,向斜沿其轴向NEE倾没,地下水由两翼向轴部汇集,尔后向NEE运动;在娘子关由于SN向背斜使前述相对隔水层隆起并被侵蚀出露地表,遂使地下水在此受阻出露成泉(图1-5-8),明显反映NEE和SN2个方向的褶皱构造对泉域形成的控制作用。

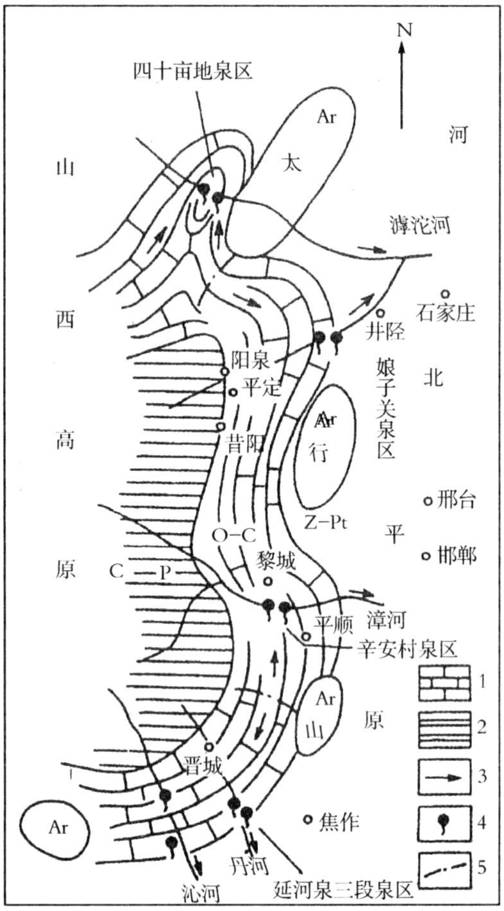

2. 不同力学性质结构面对岩溶地下水的不同控制作用

在不同构造部位和力学性质不同的结构面中,岩溶地下水的发育特点不同:①张性及扭性结构面岩溶较发育,其导水和赋水能力均较强;②背斜和向斜轴部以及岩层挠曲部位,低级序张性及扭性节理发育,岩溶亦较发育,易于导水和赋水。区内杜庄—昔阳—张庄NNE向褶断带和盂县近EW向褶断带,次级褶皱及纵、横张性断裂极为发育,两侧岩溶广布并形成地下水强径流带。在小河斜井通常涌水量仅2000立方米/天,当遇NE向张性断裂时,溶洞中的承压岩溶水将增至5000立方米/天;而压性结构面则使地下水受阻上升出露成泉,如西固壁间歇泉由于受EW向压性断层抬升的隔水底板控制,致使丰水年水位抬高溢出地表成泉,而水位不高时则排入河谷冲积层之中。

图1-5-7 太行山西侧晋城—阳泉一线构造与泉水分布示意图(据刘国昌,1979)

1.碳酸盐岩;2.非可溶岩区;3.地下水流向;4.泉;5.地下水分水岭

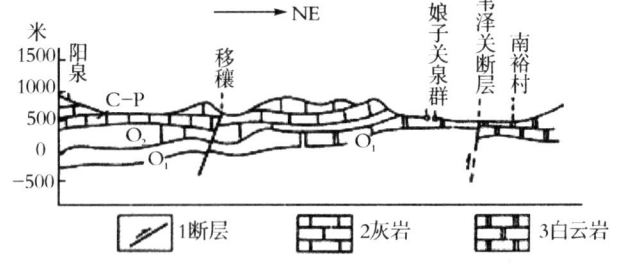

图1-5-8 娘子关构造阻水示意图(据韩行瑞等,1985)

3. 构造体系复合部位及低级序构造对岩溶地下水的控制规律

构造体系以交接方式复合对赋水性影响最大,本区泉域内SN向褶断带与NE向褶皱反接复合地带岩溶发育、水量丰富,单井出水量达1000立方米/天~1500立方米/天;构造复合部位多为主干断裂导水,而次级断裂则赋水,在SN向、NE向与EW向构造复合部位的泉口位置,并不与主干构造方向一致而多沿次级断裂排列,显示低级序构造对地下水赋存部位的具体控制。

二、构造体系对基岩地下水控制

在降水量极小、十年九旱水源奇缺的河南密县,沉积岩分布较广,仅其西北部及南部有前寒武纪变质岩系出露于背斜轴部,而以其两翼的中、上寒武统及奥陶系厚层灰岩含水性较好。

本区位处秦岭纬向构造带东段、新华夏系、华夏系及 NW 向构造与之呈反接、斜接等复合关系。2 个 EW 向复式背斜及一个 NW 向隆起形成区域上的补给区,轴向 EW 的向斜则构成汇水区,往东向郑州方向为排水区。在区内具一级构造意义的密县复式向斜汇水区内,次级断裂、裂隙极为发育,并明显控制不同地段的地下水活动,如沿以下剖面线按二级构造可划分出赋水地带,又按三级构造划出赋水地段。断裂复合部位低序次构造尤为发育,其裂隙导水性强,赋水性更加突出,如超化乡灰徐沟 EW 向压扭性断裂与其派生的 NE 向扭压性断裂组成的入字型构造,在断裂交汇部位地下水溢出形成泉群(图 1-5-9)。

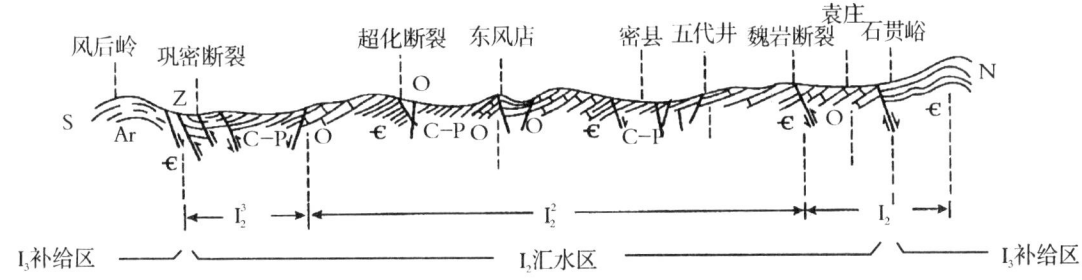

图 1-5-9 河南密县地区构造剖面图(据杨开庆等,1999)

(图中符号为地层时代)

通过这一基岩地区不同级序、不同力学性质结构面控水规律的研究,确定赋水区、段,在以下蓄水构造布井成效极为显著。①在 EW 向压性断裂面向高山方向形成的条带状蓄水构造,布置两口井均见水,每井涌水量达 36 吨/时;②向斜轴部地下径流汇集处由 EW 向压性断层形成的蓄水构造,机井井深 32 米,涌水量达 20 吨/时;③背斜轴部二次纵张发育地带形成的蓄水构造,井深 32 米,涌水量高达 100 吨/时;④两组扭性断裂交叉部位形成的蓄水构造,涌水量竟高达 463 吨/时。

在密县境内,运用地质力学理论和方法,从地质构造实际出发,掌握构造体系对地下水分布的控制规律,揭示了该区地下水分布的秘密,打破了"掘不及泉"的定论。从 1970 年~1980 年,共定井位 2041 口,打井 1072 口,成井率达 99% 以上。

第五节 含油(气)区及油(气)田预测

李四光曾指出,新华夏系沉降带对石油具有重要控制作用,中国东部新华夏系、中国西部西域系与纬向构造带复合控制油区,控制油区的一级构造体系导生的二三级扭动构造型式控制油区。又与 20 世纪 50 年代初期明确指出,新华夏系 3 条沉降带有生油和储油的条件,并预测松辽和华北平原以及海拉尔、陕甘宁及四川盆地等这些面积辽阔、覆盖甚厚且缺少油气显示的地区有含油远景,强调其主要凹陷对生油和储油是较好的条件,具体部署从松辽平原起,通过渤海湾到华北平原、江汉平原,往南直至北部湾,作为首先找油对象。大庆油田发现后,李四光又进而提出,新华夏的 3 个沉降带中华北平原是位于中间的沉降带,东边的沉降带大部已被海水淹没,认为"海上这个带并不亚于陆上,可能还要好"。这已为尔后辽河油田、江汉油田、长庆油田、四川多处气田以及东海、南海珠江口等海域油田的相继发现所证实,揭开了新华夏系沉降带石油勘探的广阔前景。

中国西部根据构造体系复合控制油区、低级序次扭动构造型式和旋扭构造控制油田的规律,在柴达木盆地通过野外地质调查划分构造体系并通过对"立体地质、三维应力、聚油模式"研究后进行油气预测,经钻探证实发现了一批侏罗纪中深层油气田,有的达亿吨级储量规模。在塔里木盆地则通过划分构造体系,确定含油气区→选择油气富集带→寻找和评价油气田的全过程实践,实现了中国古生代海相油气田的重大突破。

一、柴达木盆地侏罗纪油气田预测成功

柴达木为西域系负向构造控制的含油气盆地,包括西域系的3个一级构造的一部分(即祁连山隆起带南缘、柴达木盆地坳陷带及祁漫塔格隆起带),并有阿尔金构造带、河西系、东昆仑北缘纬向构造带等与西域系以截接与重叠、限制与联合等不同方式,形成复杂的构造体系复合关系(图1-5-10)。

李四光曾指出,柴达木盆地具有发现大规模油田的可能。孙殿卿等(1955~1957)通过盆地北缘的研究,提出"水鸭子墩反S型及雁行状构造型式和扭动构造控制油气聚集与分布"的见解。1955年地质部632队在鱼卡和冷湖发现中侏罗统油田。但鱼卡油田规模较小,而冷湖3号油田已采30余年。欲扩大盆地的含油远景,关键在于确定盆地内有无侏罗纪地层分布。由于盆地周边侏罗系仅局限于祁连山前和阿尔金山前地带,故长期以来对盆地覆盖区内有无侏罗纪油源一直未得到解决。

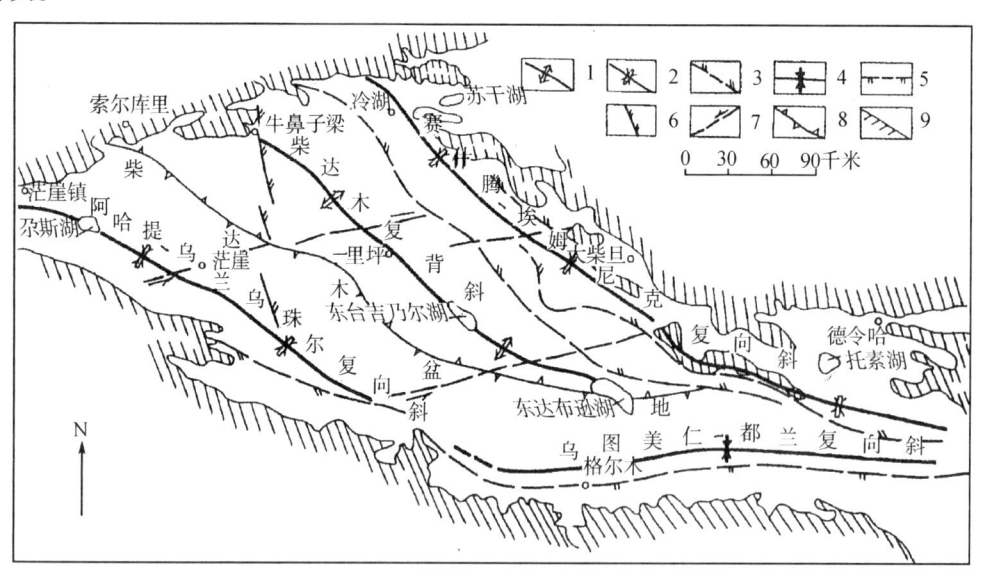

图1-5-10　柴达木基底古构造略图(据杨开庆等,1999)

1~3.西域系(1.复式背斜;2.复式向斜;3.压扭性断裂);4~5.东昆仑纬向构造带(4.复式向斜;5.压性断裂);
6.河西系;7.阿尔金韧性剪切带;8.构造单元分界线;9.周边老山

对此,黄汉纯等坚持运用地质力学理论和方法,历经数十年,在青海石油局的积极参与及大力支持下,研究盆地立体地质、建立立体地质模型,完成了古今湖盆发展演化研究和构造体系划分,提交了《柴达木盆地地质与油气预测》科研成果(黄汉纯等,1984,1996),预测出盆地西部和北部中深层有侏罗纪生油层分布,且占被中新生界覆盖盆地面积的2/5左右,达40 000平方千米。同时根据李四光"应力驱动"理论,并将地质力学与现代力学结合,运用高科技实验技术,重塑盆地生、

储油层三维应力及能量分布状态,提出应力和能量降低方向是油气运移方向,高应力、高能量圈闭的低值区则是油气聚集的有利场所,从而建立了盆地油气二次运移、聚集模式,盆地找油前景获重大突破。1998年青海石油局应用该成果终于在预测区深部打出罕见巨厚侏罗纪生油层。

二、塔里木盆地古生代海相油气田的突破

塔里木这一菱形盆地,居于天山和昆仑两大纬向构造带之间,属多个构造体系复合控制的大型沉降区,是中国西部重要的大型含油气盆地之一。

塔里木地块在漫长地质发展过程中,由于构造运动的多期性和应力作用的多样性,导致多构造体系广泛复合叠加(图1-5-11)。其中,纬向构造在前震旦纪即已出现,早古生代由于加里东运动强大的SN向挤压而强烈运动,中新生代仍有活动;西域系发端于加里东晚期的SN向顺时针扭动,海西运动活动强烈,中新生代持续活动;阿尔金构造带于海西晚期成生并进而发展;河西系及帕米尔歹字型构造的形成,皆为中新生代与印度地块向北推移导致的扭动有关。

根据地质力学的构造体系控油理论,即构造体系复合控制油区、低级序扭动构造型式和旋扭构造控制油田的规律,通过系统分析研究盆地发展演化历史,以及构造体系活动与油气移聚的关系认为(康玉柱等,1979):①盆地具有统一的前震旦纪变质结晶基底、广泛的古生界基础和巨厚的中新生界盖层;②为多构造体系控制的复合型大盆地,而盆内则以纬向构造和西域系为主导构造体系;③多构造体系的成生发展导致了多时代、多层系成油组合的形成。因而,这一复合型盆地,决定了各时代盆地的叠加并形成多层系、多类型油气田。

以上运用地质力学理论和方法系统研究塔里木盆地的成生发展及构造体系划分,经进而确定含油气区→选择油气富集带→寻找油气田→评价油气田这一全过程的实践,认为除多构造体系复合叠加盆地成油这一重要条件外,同时具有如下特征:①多时代生油系;②多时代储集层系;③多期生油多期成藏;④油气藏圈闭类型及油气运移;⑤成油(气)藏及成油(气)田模式,从而提出中国古生代海相成油理论。

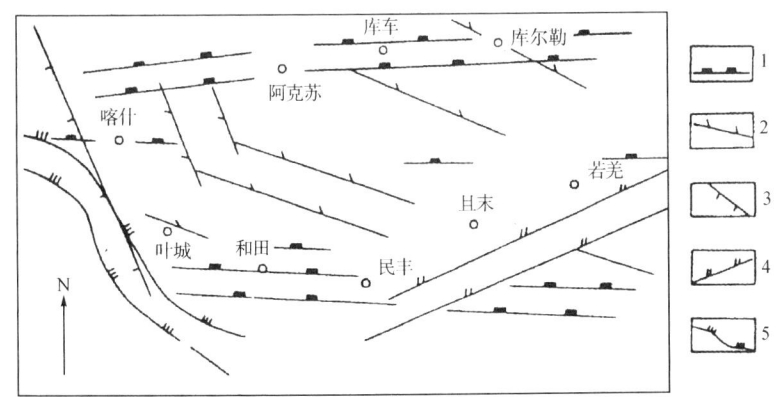

图1-5-11 塔里木盆地构造体系略图(据康玉柱等,1995)

1.纬向带;2.西域带;3.河西带;4.阿尔金构造带;5.帕米尔歹字型构造

(1)多时代生油系:盆内4套主要生油岩系,就其性质、分布及厚度等分析,当以寒武系、奥陶系及石炭系—下二叠统生油岩系最佳,为盆地之主要油源。

(2)多时代储集层系:盆内储集岩极为发育,碎屑岩和碳酸盐岩均有,并具多时代特点,形成了自生自储、下生上储、古生新储的特征。据储集岩性、累加厚度、孔隙度、渗透率及孔隙类型和结构

等参数综合考虑认为,将碎屑岩和碳酸盐岩储集层分出若干等级。

(3)多期生油、主要多期成藏:①寒武—奥陶系为盆地的主要生油岩,燕山晚期—喜马拉雅晚期则是奥陶系中上统的主要生油、生气期。②中石炭统生油岩的主要生油期为喜马拉雅晚期。多期生油导致多期成藏,主要成藏期为海西早期和晚期、印支—燕山期及喜马拉雅晚期。

(4)油气藏圈闭类型及油气运移:已发现的油气田以构造圈闭和地层圈闭为主。与中国陆相成油理论所总结的近距离油气运移特点有别,塔里木盆地古生代海相成油表明,油气是以区域不整合—断裂为输导,经长距离运移而最终储集到各类圈闭之中。

(5)成油(气)藏及成油(气)田模式:按生油岩、生油期及储集层的组合关系,可将塔里木盆地的成油(气)藏模式归纳为古生今储、后生古储、后生中储及后生新储等4种;油(气)田模式可分单一型、双层叠加型、多层叠加型等3种。

上述规律性结论(康玉柱,1995),源于据大型拗陷内隆起或2个构造体系复合部位是油气富集地带的认识(康玉柱,1979),首先从曾被否定的沙雅斜坡开始研究。终于实现了中国古生代海相碳酸盐岩油气田的重大突破。印证了1969年李四光的科学预见,并迎来了塔里木油田大会战。自1984年沙参2井首次突破之后的8年~9年间,已先后在塔北、塔中发现古生代海相油气藏(田)共12个。

上述从构造体系控油规律入手寻找油气田的成功实例以及由此建立的"中国古生代海相成油理论",在各地油气勘查中,当有重要借鉴意义。

第六章 中国的第四纪冰川与古气候

据孙殿卿等研究（1999），在地处中纬度地带的中国国土上，除在西部发育有规模较大的山岳冰川之外，东部（东经105°以东地区）很多山区也发生了山谷和山麓冰川。在它们的外围还发育了面积广大的冰水冲积平原，致使巨厚的冰水相砂砾石和粘土互层掺杂少量漂砾分布于华北平原、东北平原、四川盆地以及其他第四纪冰川作用过的外围地区。它们直接影响到工程建设、水源勘探、冰积砂矿及对原生矿追索等生产实践的开展。根据上述冰川遗迹的相对序列，可大致概括为5次冰期及4次间冰期，其中前2次冰期的冰川规模较大，以后3次的规模逐渐缩小。从钻探资料所确定的第四纪冰碛层的范围来看，其前后各期冰川规模大小之比相差殊悬，更新世早期的冰川发育情况，远非末期冰川所能比拟。

然而，一些古气候学的理论研究者却认为，中国东部的高山现今海拔高度多未超过3000米，因此推断在这一高程以下的山体既不可能存在地形雪线，也不可能产生冰川。他们对对于中国东部各地多年来所报道的各种大量冰川遗迹，都以冰缘融冻泥石流和暴雨泥石流加以解释。这些不同的意见对中国东部第四纪冰川遗迹提出质疑已逾半个世纪之久。中国第四纪冰川理论和第四纪古气候学的研究还处于伊始阶段，中国东部冰期的成因问题所涉及的学科较多、范围亦广，只有增强对有关事实和现象的鉴别与分析，加强有关学科之间的相互联系，促进国际间的学术交流，才能使中国东部冰期的各项问题逐步得到解决。

第一节 第四纪冰川的争论与存在依据

一、第四纪冰川问题的争论史概况

19世纪以来，不少来华考察地质地理的外国知名学者，他们足迹虽遍及很多地区，发表了不少著作，但是均未提及中国存在第四纪冰川遗迹。首先考虑到中国可能有第四纪冰川遗迹的是杰姆斯·哥奇（James Geikei，1877），而第一个认为中国东部有第四纪冰川存在的是李四光（孙殿卿等，1999）。

李四光于1921年首次在太行山东麓及大同盆地发现第四纪冰川遗迹，但并未引起国内外地质地理学界的重视。1922年，虽李氏在中国地质学会成立大会上出示了在太行山东麓及大同盆地发现的冰川条痕石等实物，却未触动当时在华北从事考古发掘的安特生（J. G. Andesson）博士。1931年，李四光又在江西庐山发现了较完整的第四纪冰川遗迹，复经他多年较详细的调查研究，终于将庐山的科研成果公诸于世，再次论证了中国第四纪冰川的存在（J. S. Lee，1933，1934）。

巴博尔（G. B. Barbour）和德日进（P. Teilhard de Chardin）等坚持反对中国第四纪冰川学说。他们根据中国第四纪哺乳动物化石的组合和地貌特征，认为中国的古气候是温暖或干湿交替的气候（德日进、杨钟健，1930），于是2种学术观点发生了尖锐对立。1934年李四光邀请巴尔博、德日进、那琳（Erik Norin）等赴庐山现场讨论冰川问题，巴、德仍不承认庐山的冰川地形和泥砾，认为庐山的冰碛泥砾系山崩和土泥石流作用所形成的堆积物。他们继而援引扬子江上游山区和豫鄂交界的鸡公山以及秦岭等地未见冰川遗迹为例证,借以否定中国东部第四纪冰川(G. B. Barbour,1934, 1935)。李四光当即给予了有力的辩驳(李四光,1937)。1936年,在安徽黄山U谷峭壁上发现冰磨条痕确据,从而为中国第四纪冰川学揭示了新的篇章(J. S. Lee,1936)。素持怀疑态度的威斯曼(Hermann von Wissmann)来华考察黄山等地的冰川遗迹之后,认为李四光的观察和论据是不容置疑的(H. v. Wissmann,1936,1937)。威氏从此一反旧观,成为中国第四纪冰川学说的支持者。1937年李四光完成了奠定中国第四纪冰川基础的巨著《冰期之庐山》一书,但并未因此而结束冰川有无之争的学术论战。

1940年,李四光、马振图、孙殿卿等肯定了鄂西、川东、湘西、桂北以及贵州高原等地的第四纪冰川遗迹(李四光,1940;J. S. Lee,1947)。1944年,孙殿卿、徐煜坚发表了广西第四纪冰川遗迹的论文,再次引起激烈的学术争论(丁骕,1945;孙殿卿、徐煜坚,1946)。丁骕引用Penck定律推算古雪线高度,认为广西绝不可能发生冰川现象,但他却赞同庐山存在冰期,并认为"庐山的冰川很小,范围不大,因而影响不到广西"(丁骕,1941)。

1963年~1964年,又有人提出庐山的冰川遗迹问题。黄培华(1963)认为,庐山下的终碛垄可能为洪积、泥流及基岩崩解所成。他以在长江以南未发现第四纪亲寒植物群为由,来说明在整个第四纪时期,庐山及其以南地区的气候未发生过巨大变动(黄培华,1963)。曹照恒、吴锡浩(1963,1964)等予以论证,认为上述几个反对冰川的论点,均为30年前即已提出过的论点(巴博尔,1934),并且在20多年前即基本解决(李四光,1937;威斯曼,1937)。同时又再度阐明了鉴定庐山第四纪冰川遗迹的关键所在。

1960年,李四光等发表了在北京西山隆恩寺、模式口、八大处与荷叶山等地发现的一系列第四纪冰川遗迹(中国第四纪冰川研究中心,1960;李四光,1964)。对此,纳里夫金曾撰文(1961)表示"对它们的冰川成因深信无疑"。

1964年,波兰柯萨尔斯基(S. Kozarski)声称北京西山模式口的冰溜活动遗迹是山崩(Landslide)造成的。他重复巴博尔(1931)的观点认为,在更新世,中国北部的干燥气候妨碍低山地带形成冰川。但是,他对庐山的冰川遗迹和早年的丁骕一样持有肯定的看法,并赞同将中国更新世四分为鄱阳、大姑、庐山和大理冰期。但大理冰期在庐山地区无冰川作用。关于庐山的古雪线问题,柯氏评论说:"最使李的反对者们吃惊的为长江下游位置偏南(平均北纬30°)同时又很低,顶部不到2000米"。H. V. 威氏(1937,1938)特别注意到中国东部更新世雪线异常大地下降,想从中国现代特殊气候情况中找原由,可能与那时西伯利亚强大的冰川作用有关。H. Flohn 1972年认为:"从气象学观点来看,东亚的更新世冰川完全是一个自然现象,中国更新世冰川作用也能用古气象理由解释。值得提出的是,中国东部更新世雪线巨大降低的现象在其他大陆上也能见到,最近H. Mortenson(1957)提到过。"可是,柯萨尔斯基对广西、浙江及福建的更新世冰川作用持保留看法(S. 柯萨尔斯基,1964)。很遗憾,他并未亲自去考察过这些地区。

近年来,有些学者又对中国东部古冰川问题提出异议。如施雅风(1981)以中国西部现代冰川为标准,对以庐山为代表的中国东部第四纪冰川遗迹进行否定,他认为大坳冰斗不典型,冰川谷均V形,山麓终碛垄中砾组测量结果与甘肃武都的高山现代泥石流砾组相似,故从地形、堆积及气候3个方面看,庐山冰川学说不能成立。对此周慕林著文(1982)予以反驳。施雅风(1982)又以新疆天山木扎尔特谷口的晚更新世末次冰期破城子终碛垄的完整形态来否定庐山中更新世的大姑冰期蚀余终碛垄残迹,认为后者形态上非终碛。又据在庐山山麓找到的少量榆、柳、栎等孢粉颗粒,断言庐山山麓为温暖气候条件下的泥石流堆积。张林源、牟昀智(Zhang,Mou,1982)也认为庐山泥砾含粘土量过半,系山麓泥石流扇。李吉均(1983)认为,在东亚除太白山及日本有真正冰川活动外,其他山地均未见冰川,并强调有无发育冰川的条件系最关键的问题。谢又予、崔之久(Xie,Cui,1982)亦以中国西部现代冰川为标准,用天山现代冰碛未遭风化的粘土矿物与庐山数十万年前曾遭受大间冰期湿热作用后的大姑冰碛粘土矿物相比较,发现两者不同,遂称庐山古冰碛为"伪冰碛";又据石英砂表面形态与微结构特征,发现庐山羊角岭的石英砂表面有强烈的化学溶蚀现象,与甘肃武都现代泥石流沉积物的微结构特征相似,遂断定庐山山麓为泥石流堆积。英国基尔大学地貌学者爱·德比希尔应施雅风邀请到庐山作短期视察后发表《庐山的困境》一文(1982),德氏采用现代冰川地貌形态测量方法否定庐山数十万年前曾发生的古冰斗、冰川谷、角峰、刃脊等一系列冰蚀地形残迹;在庐山未见到保存良好、有代表性的冰碛物,仅将表面曾遭大姑间冰期气候化学风化后的巨砾粘土当作泥石流,并与所闻中国西部现代结构型的泥石流特征相对比,断定庐山羊角岭终碛遗迹也是结构型泥石流。

《庐山第四纪冰川论争50年》由李鄂荣(1982)总结后载入《科学史集刊》(1982)。1982年中国地理学会在安徽黄山召开了对黄山冰川谷左壁上遗留的平行冰蚀刻痕讨论会,由于该粗大的刻痕尾端向上游微倾,对于无刻蚀能力的泥石流来说是绝不可能形成的。这个现场会讨论的结果,对此冰川刻痕无一人能说出除冰川成因以外的任何成因解释。在庐山四周的冰碛地层进行的大量水文地质钻探和抽水试验,均证明是缺水的贫水地层,而非具有孔隙泥石流扇沉积;至于远在鄱阳湖中由石灰岩组成的鞋山岛上残存有来自庐山上的石英砂岩漂砾堆积物,这个重要现象用泥石流作用更不能解释。近年来庐山鄱阳湖畔的白石嘴化纤厂,在挖掘船道时所揭露出未遭湿热风化的大姑冰期原貌冰碛剖面,出露厚度4米~5米,呈灰白色、黄白色及青白色,其上部的冰碛剖面遭风化后变成红色,两者为颜色渐变的同期产物,在下部白色冰碛物中的石英砂表面结构组合,完全反映了冰川信息,又经粘土矿物及X衍射分析,均表明此白色冰碛层为寒冷环境下的产物。又在庐山新桥终碛垄的前缘部位红色泥砾层之下的白色冰水相粘土层中的砂砾透镜体部位采集石英砂样品作电子显微镜扫描,于棱角尖锐的冰川石英砂表面上发现了平行的冰川擦痕(周慕林,1984)。地质力学研究所和江西地矿局水文地质大队对庐山地区第四纪的冰川遗迹进行了系统研究,何培元等于1992年出版了《庐山第四纪冰期与环境》专著,以大量资料证实了庐山存在第四纪冰川。

至于中国西部高山地区的第四纪冰川遗迹,早已为中外学者一致公认,只是各家对那里的冰川规模和冰期次数持不同看法而已(J. G. Andesson,1939;Ar. Heim,1936;L. V. Loczy,1893~1899;A. Tafel,1914)。

二、东部地区第四纪冰川存在的证据

据孙殿卿等研究(1999),中国东部第四纪冰川的主要特点大致可概括为4个方面:①以山谷和山麓冰川类型为主;②冰川发育的海拔较低,一般在2000米~1000米高程以下;③较老的冰川遗迹,在较低处有的埋藏在地下,冰蚀地貌遭受破坏已不明显;④露出地表的古冰川遗迹大都残缺不全,遭受风化的冰碛物多呈红褐色或杂色,完全不同于现代冰川的蓝灰色冰碛。

中国第四纪冰川有其自身的特点,因此,不能完全按照欧、美大陆冰川或现代冰川的模式来衡量中国东部的第四纪冰川遗迹。根据中国第四纪冰川遗迹的特点,李四光曾指出,鉴别冰川遗迹的方法必须提出3项必不可少的证据和1项应有的但不一定处处都可得到的证据来加以验证。3项必要的验证资料包括:①大片冰层在山区停积和它向低处移动的遗迹;②冰碛,即冰川下面的沉积和它侧面及前面遗留的堆积物;③其他冰川沉积和冰缘沉积。这3项中的各项证据单独地看,各自都具有不同确凿程度的验证意义。把它们联系起来看则显示出冰川在其滋长、活动和消失过程中所起的作用。至于应有的但不是经常可以得到的证据,是在寒冷气候中生存的动植物的遗体或遗迹。

第1项证据,就山区而言,无论在最近的地质时代遭受了如何强烈的侵蚀,如果冰川曾在那里流行,那么,冰川的铲刮、碾磨和刻划的痕迹就不会全部被扫除干净。山谷冰川一定要有它发源的处所,在那里一定有相当规模的屯冰场所,如冰窖等。由于不断滋长的冰层终年累月地往下挖掘,以致在山顶或半山的基岩上造成相当深的基岩凹地,凹地较高的部位又发生一些较小的圆椅状的基岩凹地,有的状如漏斗,称为冰斗。它们都是结积冰雪的场所,而中心冰窖则从那里得到不断的补给。冰窖中屯冰过多时就往低处流溢。这样,山谷冰川的流行就开始了。冰川在它经过的途中,特别是在坡度较大的地段,由于铲刮的力量较大,往往在坡下造成圆形或椭圆形的基岩凹地。这种基岩凹地的前面,冰流出口处往往有一道横坎。冰流爬过这个横坎后往前流注,达到适当的地点又会造成基岩凹地。这种在基岩中形成的一连串葫芦形的凹地,称为串珠状盆地。它们是由于山谷冰川的铲刮作用而形成的特点之一。但是,其中有一部分挖掘不深,大都属于中小型的基岩凹地,也很可能曾经屯积冰雪,却不一定是冰流发源的场所。总之,只要有冰川的山区,就一定会发生这样的地貌,一般可将其作为冰川流行的鲜明证据,当然还有与之伴生的其他证据可考。

这一类型的基岩凹地,有些被埋于平原之下。已经查明了的地下葫芦形凹地大都有相当直的流水沟穿过。这表明它们与河流发生蛇曲形所形成的准平原毫无共同之处。

属于第1项的各项冰流证据,可以说没有比冰溜面遗迹更为确凿的了,特别是在基岩面上的冰溜痕迹。当冰川中所夹的大小石块和冰层一道缓慢流动时,石块与石块之间和带有大量石块的冰层与基岩之间,由于相对滑动而发生碾磨和研磨作用,以致发生极其光滑的研磨面。有时发生研磨的石块之间,夹着脚印的岩石颗粒,它们随着岩块的滑动而在研磨面上滑动,刻划成深、细、长的条痕,一头粗如钉头,一头细如鼠尾。造成这种条痕不仅需要石块与石块在一定的时候朝着一定的方向发生相对移动,而且还要在相当大的压力下发生相对运动,否则就不能一直保持紧密的接触。显然,只有冰川活动才能提供这种条件。在河水激流中,经常也发生砾石与砾石之间互相摩擦和撞击的现象,但河流砾石面上不会发生那种深、细、长的定向条痕。混杂在泥石流中的石块彼此可能多少发生摩擦作用,但泥石流本身无固结在一起的性能,因此,石块与石块之间不能像冰流作用那样发生长距离的定向向对移动,也不可能像冰川那样提供巨大的压力,让它们长时期保持紧密的接触。当夹在冰层底部大量的较硬的石块和基岩接触时,基岩不可避免地要受到那些石块在相当大的压力下滑动而产生铲刮和研磨作用,以致在基岩面上发生带有大致互相平行的凸凹条带和深刻的条痕。但这样发生的条带和条痕只会影响基岩表面,不可能重复地在它下面出现。相反,在岩块与岩块之间,由于发生构造运动而产生的研磨面上所呈现的凸凹条带(断层擦痕),不独严格互相平行,而且往往是重复出现的。这种基岩面上的冰溜擦痕,是用以确定冰川流行无可争辩的证据。

肯定了山谷冰川存在之后,便可能在山麓或平原的边缘找到冰流输送的沉积物——冰碛。多年来,在有关地区的野外观察中,特别是通过钻探所取得的资料,已从若干地区获得了前述第2项的证据。随着工作的进展,将会在更广泛的范围内获得更多的这一类证据。在平原边缘露出的泥砾一般不止一层,在平原钻井中见到的最低一层泥砾,一般深入平原腹地,深度亦大。反之,较新的泥砾大都局限在山麓附近,往往露在地面,形成低丘或阶地。泥砾层中粘土与砾石的成分对比和它们胶结的程度不是一成不变的,换言之,现在还不能把所有的泥砾都当作冰川堆积物看待。

应当注意,当冻结了的大量石块和泥土开始融解时,在适当的坡度上,就很容易发生泥石流现象。这就说明,当冰川撤退时,冰川流行地区的环境往往具备发动泥石流的条件。事实上,有些冰碛层显示经过扰乱的迹象,即可能起源于冰川再一次前进时推动的作用,但也可能是冰碛本身发生泥石流结果。石流或泥流以及其他扇形堆积,就其形态而言,在某种程度上与冰川泥砾相似;但在沉积形态上却有所不同。扇形堆积均散布于山口前面,呈扇状分布,其中所夹石块离山口愈远愈小,而冰碛中大小石块的分布却不显示这种规律。由山谷冰川所形成的底碛也可能多少呈扇状分布,但在它的外部边缘往往有一道或几道由泥砾构成的弧形堤或弧形丘的片段环列。这种冰碛物的底部不是像扇形堆积那样铺在山坡或平原上,而是落在由冰川的铲刮作用形成的基岩凹地内。这种基岩凹地的前面常带有缺口的横坎梗塞,或由泥砾构成的弧形小丘环列,这种地貌特征与普通扇形堆的外表形态毫无共同之处。同样,石流或泥流的发生不独需要一定的坡度,而且它本身也可能提供足够的铲刮力量而在其底下的基岩中铲出凹地,它的前缘亦不可能像冰碛那样造成弧形列丘,以及远扬几千米甚至几十千米的大型漂砾。

在山麓地区,有的地段还保存着冰流向山麓平原活动的特殊地貌,如鼻山尾、基岩古丘以及羊背石等。这些形迹对山麓地区冰流活动提供了重要的证据。

既然肯定了冰川的存在,那么当冰川存在的时期由于它不断地熔化和补充,一旦冰期结束时,满山遍野的大量冰层和终年积雪便迅速融化,沿着冰川撤退的道路,急流奔泻;顺着山坡和山麓则一片潺湲,散漫溢注。这样就会造成"洪水横流"的景象。因此,我们在有冰碛层的地区特别是在冰碛前缘,必须找出属于前述第3项的证据,即冰水沉积和其他冰缘沉积,才能完全证实它是冰川的产物。在终碛的前面,亦即泥砾初经冰水冲洗的地带,组成泥砾的成分变化不大,其中保持粘土较多,砾石的磨圆度不甚显著,层理也很粗陋。但离终碛越远,经过流水冲击和分选的表征就越为显著,其中的砾石亦越加浑圆,颗粒越小,层序井然。这种沉积物与河流沉积物很难分辨,但河流沉积必然分布在古河床的故道,而冰川的沉积却是大片的砾石层或砂砾层展布在冰碛层的前面。

冰前还有一种和树木年轮相似的纹泥层理,多在冰川前面的低洼地区形成。这种由无数薄层组成的微细泥沙粒沉积物一般是棕红与灰白二色相间,很清楚地显示季节性,即棕红色代表夏季,灰白色代表冬季。现已公认纹泥是冰期的特殊产物,是一种典型的冰缘沉积。

在接近冰川的表面,常有冷空气随着冰川流动的方向移动。这层冷空气越过冰川前缘以后,由于温度增高而上升,又朝冰源所在的气温较低的高山地区移动。这样就形成了局部气旋,从而把冰碛物中较细的颗粒带到冰川的前缘沉积下来。因此,冰川前缘的冰水沉积物的上面,往往覆盖着一层类似黄土的泥质或泥砂质沉积物。这种沉积物亦为冰前沉积物。

在掌握了属于以上3项的确凿证据之后,即可判断一个地区是否确实存在山谷冰川的滋长、流动和消失的一整套遗迹。他可以据此推断,在这一地区发生的冰川流行的程度,就不可能是局部的现象,也必然在其他邻近的山区得到证实。根据冰碛和冰前沉积物分布的范围,便可确定冰川在第四纪时期发生了怎样的影响,亦可确定冰川在最盛行的时期所达到的范围。但需注意,各层泥砾分布的范围不一定等同。

在冰川流行地区,当它开始发展的时期,在它前面总不免有冰水流溢,输送泥、砂、砾石等类物质,一旦遇到低洼地点就会停积下来。而且,这种冰水沉积物在适当的条件下,不会全部被前进的冰流所铲除。因此,在冰碛层底下,有时发育有冰水沉积物。当冰川消融时,大量冰层比较迅速地融化,这样发生的流水或洪水带着大量的砂砾、泥土,往往广泛地散布在冰流曾经达到的地方,即在冰碛层上面往往覆盖着一层冰水沉积物。总体来说，在冰流曾经达到之处可能遗留下来2层冰水沉积和夹在它们之间的一层冰碛。那么，我们是否可以认为每一套这样的沉积都代表一次冰期呢？如果确属冰川产物，它们就会显示出冰川曾经一度在该区一进一退的过程。但是，冰川在某一地点一进一退并不代表一个冰期，因为在同一冰期中，气候条件并不会完全稳定，随着气候的小变化冰川也必然会发生伸缩的现象。但气候大变的时候，即由严寒而变到温暖或酷暑时，就是由冰期转入间冰期的时候。如果间冰期的时间很长，在冰期产生的沉积物如冰碛或覆盖在冰碛上的泥土，就不免像在今天的热带地方那样，受到"铝红土化"的影响，即颜色变红，氧化程度加深了。这样，我们便可把冰川沉积物的性质和它们的层位关系结合起来，作为划分冰期和间冰期的依据之一。

另一种划分冰期和间冰期的有力依据，是有关的沉积物中所含有的动植物化石，如披毛犀、猛犸象、云杉、冷杉、虎耳草及阴地蕨等，都是生长在寒冷气候中动植物群的典型代表；而梅氏犀、水牛、榆属及柳属等，则是生长在温暖或炎热气候中常见的动植物。孙殿卿等（1999）根据多年来在中国各地考察的结果，初步概括出5次乃至6次冰期。

第二节　中国第四纪冰川遗迹述要

中国地域广袤，各地气候和地质条件不同，致使冰蚀地形、冰川堆积、冰水沉积和冰川外围的其他沉积物以及与冰川活动有关的特殊地貌之发育和破坏程度亦不相同。因之，不可能也不应该对中国第四纪冰川作出笼统的论断。

孙殿卿等（1999）研究后认为，近60多年来的实际资料证明，在秦岭南北、长江及黄河上下、东北、西南的众多山区和山麓地带，均程度不同地保存有第四纪冰川遗迹。据不完全统计，具有代表性者约60余处（表1-6-1，图1-6-1），其中较为典型的冰川遗迹为以下地区：

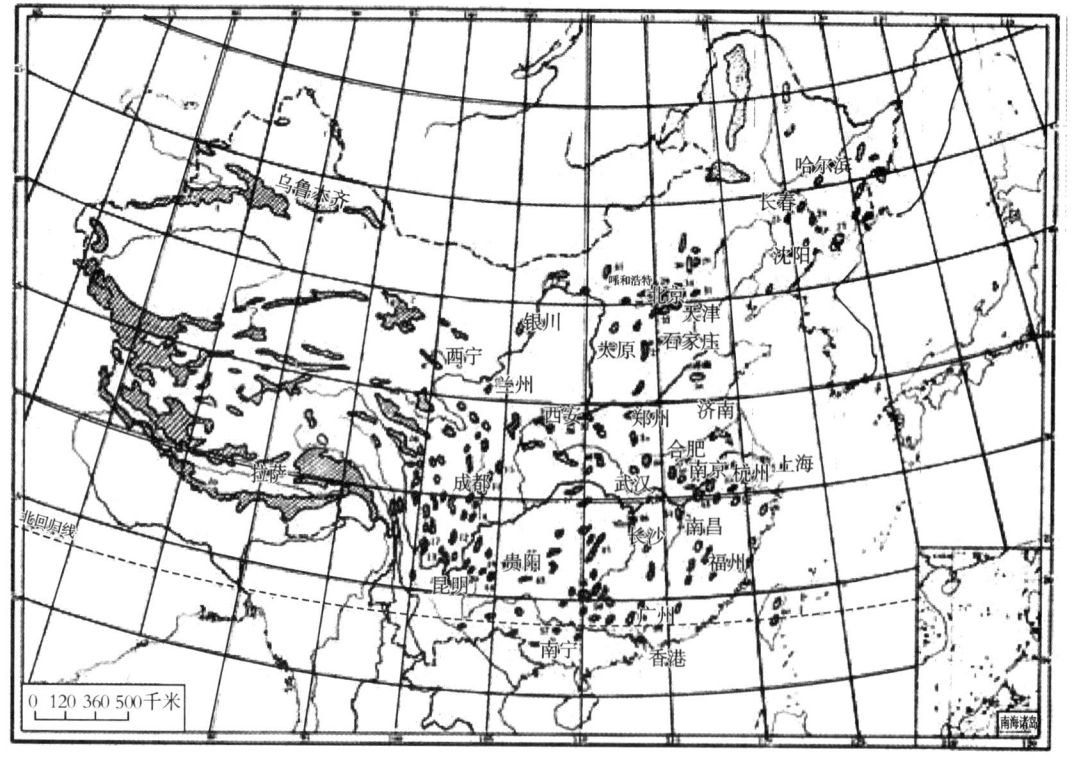

图1-6-1　中国第四纪冰川遗迹分布图（据孙殿卿等，1999）

表 1-6-1　中国第四纪冰川遗迹一览表（据孙殿卿等，1999）

图上编号	冰川遗迹地名	位置（北纬、东经）	图上编号	冰川遗迹地名	位置（北纬、东经）
1	阿尔泰山	N47°20′ E90°10′	17	玉龙山	N27°08′ E100°10′
2	西天山（托木尔峰）	N42°00′ E80°10′	18	元谋	N25°42′ E101°50′
3	南木扎特（太兰河）	N41°～42° E80°30′	19	宣武	N26°10′ E104°10′
4	博格达峰	N43°48′ E88°30′	20	东川、会泽	N26°00′～26°40′ E102°50′～103°40′
5	东天山	N43°23′ E93°40′	21	大兴安岭	N44°～52° E120°～124°
6	祁连山	N39°10′ E98°30′	22	爱辉呼玛	N50°10′ E126°10′
7	河西走廊	N39°40′ E98°30′～99°30′	23	长白山	N42° E128°06′
8	青海湖	N36°30′～37°10′ E99°30′	24	吉林丰满	N43°45′ E126°40′
9	昆仑山口	N35°05′ E94°00′	25	哈尔滨顾乡屯	N45°40′ E126°40′
10	珠穆朗玛峰	N28°00′ E87°00′	26	赤峰老磨	N42°10′ E118°46′
11	龙门山	N30°40′～31°30′ E102°40′～103°40′	27	太行山东麓	N36°38′ E113°30′～114°30′
12	螺髻山	N27°30′～50′ E102°30′	28	阳原泥河湾	N39°50′～40°18′ E114°～114°52′
13	攀枝花	N26°35′ E101°45′	29	延庆	N40°30′ E115°58′
14	峨眉山	N29°35′ E103°20′	30	围场	N42°00′ E117°51′
15	江油马角坝	N31°40′ E104°45′	31	兴隆	N40°20′ E117°35′
16	雀儿山	N31°50′ E98°30′	32	潭柘寺	N39°53′ E116°00′
33	周口店地区	N39°42′ E115°56′	47	黔西	N29°40′～30°50′ E109°30′～55′
34	北京地区	N39°45′～40°10′ E115°35′～116°40′	48	武当山	N32°20′ E111°00′
35	秦岭	N33°50′～34°30′ E107°10′～113°	49	京山	N31°02′～30°56′ E103°05′～116°14′
36	蓝田	N34°～34°10′ E109°10′～30′	50	大别山	N30°50′～31°30′ E115°35′～116°40′
37	三门峡	N34°40′ E110°45′	51	安庆	N30°35′ E116°55′
38	泰山	N36°15′ E117°05′	52	黄山	N30°10′ E118°08′
39	方城	N33°15′ E112°55′	53	九华山	N30°27′ E117°48′
40	鸡公山	N31°50′ E114°05′	54	庐山	N29°30′ E116°00′
41	武川	N40°30′ E110°55′	55	天目山	N30°23′ E119°25′
42	贵阳	N26°30′ E106°40′	56	桂林	N24°40′～25°20′ E110°10′～20′
43	惠水	N26°10′ E106°40′	57	贵县、桂平	N23°10′～23°30′ E109°40′～110°00′
44	黔西	N25°45′ E104°40′	58	富、贺、钟地区	N24°30′～50′ E110°20′～30′
45	雪峰山	N27°00′～50′ E110°30′～111°00′	59	封开、怀集	N23°15′ E111°50′
46	洞庭湖	N28°50′～29°20′ E112°10′～113°00′	60	台湾雪山	N24°24′ E121°16′

一、江西庐山地区

1. 庐山第四纪冰川遗迹

江西庐山第四纪冰川遗迹分布甚广,冰川地貌和冰碛物残迹清晰可见,冰川活动证据典型。

2. 冰川作用的地貌残迹

庐山地区有9种典型的冰川地貌:①冰川谷10余处(表1-6-2);②悬谷,保存完整者为汉口峡、莲谷、芦林及植物园福晋的悬谷;③冰川溢口,在屋脊岭、大校场及仙人洞以北均可见及;④冰斗,如大坳、鼓子寨及五乳寺等10余处;⑤冰窖及盘谷,如山上芦林盆地、黄龙寺及三逸乡等地均有冰窖,山下观音桥黄照岭及莲花洞等处则可见盘谷;⑥冰筬,芦林盆地以西牧马场一带和王家坡谷地南侧大寨脑均有此种地貌形态;⑦冰坎,在大坳冰斗出口处及石门涧形谷中可见;⑧冰坡,以金竹坪、牧马场等地保存较好;⑨刃脊,如汉阳峰—红石崖、太乙峰—大月山、含鄱口—五老峰、屋脊峰—小天池以及东西谷之间和女儿城等地皆可见。此外,还有终碛垄状地形、侧碛地形及冰水阶地等3种堆积地貌。

3. 冰碛物的残迹

有大排岭冰碛物、鄱阳冰期冰碛及冰水沉积、大姑冰期冰碛及冰水沉积以及庐山冰期冰碛物等。

4. 冰川活动的证据

冰川活动的动力作用之证据尤以下述4种在庐山地区最为典型:

(1)冰溜面 20世纪30年代李四光即已在庐山东侧鄱阳湖畔发现十分典型的冰溜面遗迹,如羊背石及著名的蛤蟆石,它昂首向湖,并与冰流前进方向一致。80年代又于白石嘴附近在大姑冰期冰碛物与下伏石炭纪黄龙灰岩接触面发现冰溜面,其磨光面上密布细长条痕,且与冰川流动方向一致。

表1-6-2 庐山地区U形谷一览表(据程裕祺等,1999)

特点 名称	位置	高程/米	地质特征	形态特征
东谷	牯岭西南	1050~1150	谷地为南沱组长石石英砂岩、凝灰岩夹砂砾岩所组成,有融冻岩屑组合	长约2000米,宽250米为槽形谷地
西谷	牯岭西南	900~1150	谷地由南沱组石英砂岩、长石石英砂岩组成	长3500米,宽250米呈槽形宽谷
七里冲	五老峰北西1.5千米青年寺	1000~1300	谷地由南沱组石英砂岩、长石石英砂岩、片麻状含砾石英岩组成	长2500米,宽200~300米,呈长形宽谷
石门涧	大天池以西	300~800	谷地由南沱组成石英砂岩、片麻岩含砾石英岩组成	长3000余米,宽200余米,呈槽状谷地
剪刀峡	牯岭北西1千米	300~1000	谷地由长石石英砂岩、石英砂岩、片麻状含砾石英岩所组成	长约2500米,宽250米,呈弯曲状槽谷
黄龙庵	牧马场南西2千米	250~750	由南沱组片麻状含砾石英砂岩、石英砂岩组成	长约2000米,宽200米,呈弯曲状槽谷

续表

特点 名称	位置	高程/米	地质特征	形态特征
莲花洞	小天池北东2千米	250~600	南沱组长石石英砂岩、石英砂岩组成，谷内有粘土砾石层堆积	长1700米，宽200米，呈长形槽状
白鹤洞	含鄱口东南方	380~1050	由南沱组长石石英砂岩、石英岩、片麻状含砾石英岩组成，有粘土砾石层	长2200米，宽200余米，呈曲状槽谷
龙门冲	赵家山以北约1千米	300~600	由南沱组石英砂岩、片麻状含砾石英砂岩及石英岩组成，前有粘土砾石层堆积	长约2000米，宽200米，呈长槽形
恩德岭	王家坡U谷东南	250~750	由南沱组石英砂岩、长石石英砂岩组成，其间有大的厚砾	长约2000米，宽250米，呈槽形
红石崖	观音桥北西约3千米	250~1000	由南沱组石英砂岩组成，有少量堆积物	长约2000米，宽约200米，呈长槽状
筲箕洼	汉阳峰北1千米	500~11000	由南沱组石英砂岩、石英岩、片麻状含砾砂岩、变质泥质岩、片麻岩等组成	长约2500米，宽200米，呈长槽形

（2）基岩表皮构造　庐山东侧下青山左近及西侧羊角岭一带的2处志留纪紫红色杂色砂页岩以及东南侧大排岭附近的瓷土矿等共3处，均见伏于冰碛层之下的基岩面上有褶曲、揉皱、小冲断及拖曳等表皮构造。

（3）漂砾　广泛散布于庐山东西两侧，漂砾多为长石石英砂岩，砾径1米~2米，最大8米，搬运距离4千米~5千米，最远达12千米。从堆积物特征、地形条件及搬运距离等方面判断，此类砾石不可能属泥石流或洪水成因，而以冰川之滋长及其搬运规律则可进行合理解释。

（4）冰碛和冰水沉积的相变关系　随气候冷暖变化，冰舌前缘水量随之变化，冰水沉积颗粒大小亦发生变化，遂于冰碛物与之接触处形成粗细颗粒互层的相变关系。在微观结构上，经电镜扫描可见其中的石英颗粒有由冰川作用形成的X变形纹、镶嵌结构、溶蚀结构及穿插结构等。如王家坡谷地冲积扇沉积物中石英砂表面有撞击痕及冲击V形坑；白石嘴大姑冰碛层中石英砂表面有深而直的条痕，砂粒外形呈棱角状；白石嘴大姑冰期下青山冰碛层中石英砂表面发育一系列解理、阶梯及薄片、挤压研磨之凹坑、深切的条痕及刻槽等，都显示冰川作用的特征。

5. 冰期划分

20世纪30年代后期，李四光进行了较为详细的研究，把山上、山下冰碛物划分为3类：其一，为绛色胶结较紧之泥砾，砾石成分复杂，大小不一，浑圆具半棱角者居多，混杂于绛色粘泥之中，无层理可寻，其中夹有较短较细之白色泥条，条径约1厘米左右，一经剥落，则呈蜂巢状。此层泥砾之上为粘泥，亦具白条。其二，色赭而质稍松的泥砾状态与前者相似，唯砾石大者径达1米~2米，泥砾中所夹白条较粗较长，往往呈圆柱形，柱中心有时有圆孔，孔径约2毫米~3毫米，其错综纷纭之状虽亦如其绛色泥中之物，但直列者似较多。此层泥砾之上为赭色粘泥。经化学分析，此2种泥者少经"湿热变化"，程度不一，绛色而胶结较紧者"湿热变化"较深，赭色而质稍松者"湿热变化"较浅。其三，为黄褐色泥砾，其堆积形象与前二者相似，上覆黄褐色泥土。此层泥土在庐山地区山上、山下盖于一切地层之上,与黄褐色泥砾均无白条可寻。李四光结合庐山其他冰川现象把这3种冰碛作为该地3个亚冰期划分的主要依据。最早者名鄱阳冰期,冰流下达于山麓较远,已进入鄱阳湖中鞋山之上。其次名大姑冰期,其终碛及冰水排泄物止于鄱阳湖畔大姑一带。李四光根据终碛垄排列及其相互切割把大姑冰期又分为2段,即谷山段和高垄段。其三名为庐山冰期,此期冰川前缘止于庐山山上海拔约800米地带。以下则无庐山冰期的冰碛可寻。

嗣后,地质力学研究所与江西省水文地质队合组的庐山考察队发现了比鄱阳冰期更老的冰碛物,其所在台地高程海拔约为280米,命名为大排岭冰期。并认为庐山冰期之后可能还有相当于大理冰期的芦林冰期(图1-6-2)。因此,庐山地区则可能发生过5次亚冰期。

时代	冰期	柱状剖面	厚度/米	古地磁测年/百万年	岩性简述
全新世	冰后期	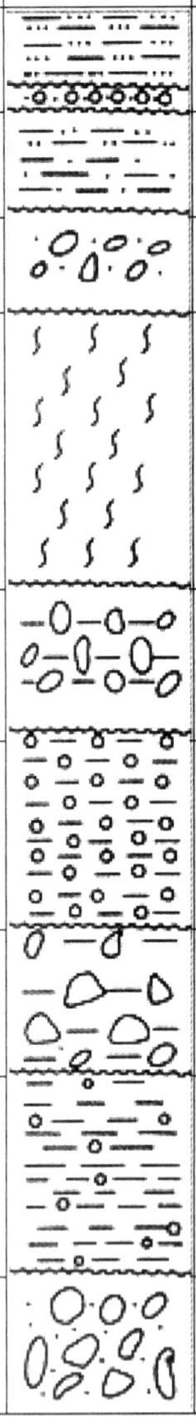	5~10		底部为浅黄色砂砾石层,砾石分选较好,有定向排列,上部为浅黄色亚砂土层,颗粒均一
晚更新世	芦林冰期(?)—庐山—庐林间冰期		2~8	0.20	上部为褐色亚粘土层,含砂量较下部增高,含铁、锰斑纹。下部为深褐色的亚粘土层,含有铁、锰结核,呈致细块状
晚更新世	庐山冰期		4~6	0.40	浅黄色亚砂土夹砾石,砾石无分选。多具棱角状,含有冰川作用的条痕,熨斗状砾石
中更新世	大姑—庐山间冰期		3~25		深棕红色、红黄色亚粘土瓦层,部分层位中含有铁、锰质结核。以此亚粘土层中均普遍发育成不规则的白色斑纹和条带。在下部层位的接触面上。有时可见富集的铁皮层。此层前人均称之为"网纹红土"
中更新世	大姑冰期		3~10	0.90 / 1.10	灰白色、浅黄色红亚粘土夹砾石,砾石无明显分选和排列,砾石中发现有典型的冰碛擦痕。该层有1米~2米厚的红色风化层,此层与下伏基岩接触面上发现有冰溜擦面及表皮构造
早更新世	鄱阳—大姑间冰期		3~20		棕红色亚粘土夹细小砾石,砾石大小均一,一般只几厘米大小,砾石磨圆度较高,一般均在3~4级之间,砾石成分多以石英岩、石英砂岩、脉石英和燧石为主
早更新世	鄱阳冰期		3~15	1.50 / 1.80	棕红色亚粘土夹砾石,砾石大小混杂,无分选和定向排列,砾石一般多在数十厘米大小。大者长轴在1米以上为数不少
早更新世	大排—鄱阳间冰期		20		深红色、褐色粘土层,其中夹有稀疏的小砾石,砾石比较均一,一般仅有1厘米~3厘米大小
早更新世	大排冰期		12.5	2.50 / 3.00	黄红色亚粘土夹砾石,砾石大小混杂,无层次、无分选。砾石一般长轴约20厘米~50厘米,大者可达6米~7米

图1-6-2 庐山第四纪地层综合柱状图(据孙殿卿等,1999)

6. 庐山地区更新世以来的孢粉带序列

庐山地区更新世以来从早到晚可划分为14个孢粉带(表1-6-3)。表中反映区内冷暖交替(4个冷期、3个暖期)、气候变化规律甚为明显。孢粉资料表明,庐山地区无疑存在冰期和间冰期气候(何培元等,1992)。

表 1-6-3　庐山地区 3 百万年以来的孢粉带序列（据孙殿卿等,1999）

地层时代		冰期划分	孢粉带	剖面名称	距今年龄/百万年
全新世	Q_4^3	冰后期	14. 以松为主的针阔叶混交林	芦林盆地	0.012
	Q_4^2		13. 常绿阔叶落叶阔叶混交林		
	Q_4^1		12. 以松为主的针阔叶混交林		
更新世	Q_3	芦林冰期（?）			
		芦林—庐山间冰期	11. 稀树—草原或森林—草原	裁缝岭、金氏山庄	0.2
		庐山冰期	10. 以松为主的针叶林或以松为主的针叶林—草原	大校场、裁缝岭	0.4
	Q_2	大姑—庐山间冰期	9. 以松为主的针阔叶混交林或以松为主的针阔叶混交林—草原	金氏山庄、浆粕厂	0.9
		大姑冰期	8. 以松为主的针阔叶林或孢粉贫乏带	羊角岭、金氏山庄	1.1
	Q_1	鄱阳—大姑间冰期	7. 针阔叶混交林	白石嘴	1.5
		鄱阳冰期	6. 森林—草原	金锭山、长岭头	1.8
			5. 以松为主的针阔叶林		
		大排岭—鄱阳间冰期	4. 孢粉贫乏带	ZK_{503}孔	2.5
		大排岭冰期	3. 以阔叶林为主的针阔叶混交林	大排岭	3.0
			2. 森林—草原		
			1. 以松为主的针阔叶混交林		

二、皖浙地区

1. 黄山第四纪冰川遗迹

皖南黄山第四纪冰川遗迹包括屯冰场所、冰川故道、冰川泥砾及冰水沉积等,尤以 1936 年李四光于慈光寺上方之 U 谷壁上发现的一组巨型擦痕,具有冰川刻痕的无可争辩的鲜明特征,已为众多中外地质地理学家所公认,当属黄山冰川流行典型确据。

在"五海"中的天海、狮子林及后海等开阔凹地中发育有冰溜面及局部基岩磨光面上的定向擦痕和条痕石等证据,而耸立于诸凹地周围的刀脊及角峰旁侧尚有类似冰斗的小型洼地。这就清楚表明,巨大冰层即源于此,并伸出冰舌向山下流溢。

纵观黄山冰川流徙遗迹,以位处南坡者尤为明显,如源出汤岭关逍遥溪,经汤口折向东北,流过三岔、石门、乌泥关、黄狮堂及至谭家桥,构成一残存古冰川 U 谷,不少支谷以明显的悬谷形式与主谷汇合,出现高达数十米的崖壁陡坎,以百丈潭和人字瀑为代表。

慈光寺 U 谷即人字瀑悬谷上游之一的支谷,为黄山南坡极其明显的小型 U 谷,两侧花岗岩谷壁的中下部具光滑平整的壁面,此非全由沿花岗岩节理成板状剥落所致,至少部分是冰川及冰碛物所遗留的磨蚀痕迹。而冰蚀证据最清楚者在立马桥东南侧海拔 960 米的谷壁下部,有清晰的冰蚀擦痕保存。在花岗岩磨蚀面上有六七条 5 米～10 米长、10 米～20 米宽而深的平行排列的冰川刻痕,且刻痕多向山谷下游微微倾斜,正好指明了冰层流动方向。另于谷壁两侧磨光面上部边缘岩石凸出部分构成的凸出石沿与凹进的磨光面形成鲜明对照,且石沿与刻槽相互平行。此现象不仅证实了冰层的厚度(即冰面抵达高度),而且表明谷壁横断面上下形态的变化并非起源于同一种营力作用之结果。在立马桥北侧尚有数米厚的黄褐色泥砾覆盖谷底,使谷底原始形态得以保护。自此以下,谷底泥砾虽被后期流水冲刷殆尽,但对其基岩几乎无重大影响,遂使此 U 谷完整如初地保存至今。

逍遥溪 U 谷汇集了两侧支谷冰川所输送的大量冰碛物,其不同部位却有所变化:白龙桥以上谷地布满残留巨砾;而黄山宾馆以下主要堆积了黄褐色泥砾,越上横亘于谷中逍遥亭附近的冰坎,似为此期泥砾终碛;以下则变为冰水堆积,至汤口一带始见纹泥沉积。

山上古冰川流入谭家桥盆地形成山麓冰泛,并停积巨厚红色泥砾。其砾石成分复杂、大小悬殊,无明显的空间变化规律;且冰流推挤下伏基岩,致使古生代灰黑色、黄色页岩表部发生强烈褶皱,其倾伏方向与冰流一致;并有部分基岩被冰流铲刮,将其岩块裹携于泥砾之中。

据黄山冰斗分布高程推测,相当于庐山冰期的雪线,海拔约1200米,相当于大姑冰期的雪线,海拔约800米。结合冰碛物之风化程度及其接触关系,可分为2次冰期。亦有据冰碛物特征主张划分为3期~4期者,但提出相当于鄱阳、大理2冰期的证据不充分,有待进一步研究。

2. 天目山第四纪冰川遗迹

浙江西北的天目山为华夏褶皱带中NE-SW向的挤压断块山地。李四光于1934年首先发现平溪型U谷及千亩田冰斗湖等(L. S. Lee,1934)第四纪冰川遗迹(图1-6-3)。

天目山第四纪冰川作用范围甚广,其南、北两坡冰川发育均衡,均有3条~4条冰川向两边流溢。南坡以东关溪U谷规模较大,北坡有深坞溪U谷与之对应。

东关溪U谷为一都谷地上游的主要谷段,源于山脊南侧檀对岗、泥岭及千亩田等海拔1200米左近的冰斗或冰蚀洼地,谷长7千米~8千米。全谷除源头一小段为深邃曲折的峡谷外,其余5千米~6千米则较宽缓,坡降甚小,谷壁削平,断面呈U形,其间形成5道20米~30米高的基岩横坎,坎上有红色砂土胶结且含巨砾堆积物。近代流水绕道横坎一端而过,并下切成短促的峡谷。而源于千亩田及泥岭的西溪支谷则明显地以高差甚大的悬谷型式倾注于东关溪主谷中。在平溪U谷口巨砾堆积体下普遍有一层红色砂质粘土夹砾石的泥砾堆积,其风化较深、时代较老。其中所夹灰色砂质粘土的孢粉组合反映气候先寒后暖:偏下者以冷杉为主,混有少量松、云杉及油杉花粉;向上被柏科及菊科花粉取代。虽其上的巨砾层未获孢粉,但夹于巨

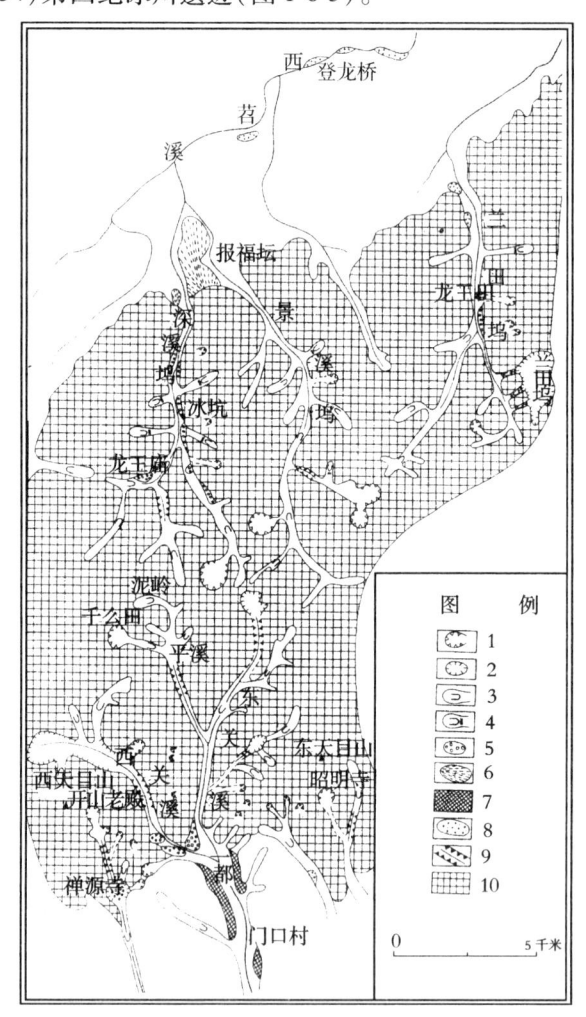

图1-6-3 天目山第四纪冰川遗迹分布图(据孙殿卿等,1999)

1.冰窖冰斗及雪蚀洼地;2.冰盆或粒雪盆;3.U谷;4.悬谷;5.冰碛;6.冰碛冰水扇;7.冰水冰碛阶地;8.冰水堆积;9.V谷;10.基岩

砾和泥砾间的砂砾夹砂质铁盘层中的孢粉组合,却表明具有与上述气候演变相似的规律。由此可见,在千亩田冰斗湖上部淤泥层中,水生植物及栎属等阔叶树种的花粉所反映的气候环境与现今相比,即使在波动的暖期亦较当今气温为低。总之,东关溪U谷2种冰碛物出露不同:较老的红色

泥砾多在高出谷地20米左右的基座阶地或冰坎上,并延至一都谷地的门口村一带,常见擦痕巨砾冰溜推压底床所形成表皮构造,反映冰流规模较大;而棕褐色巨砾堆积,则显示冰流活动不强,冰舌止于平溪口附近扇状堆积体,可能代表本区最后一次冰川活动的冰舌前缘。

北坡的深坞U谷自谷源冰蚀洼地至谷口全长10余千米,与前者的不同之处在于此U谷较深窄,但在冰坑以下亦有3处基岩石坎,其上老谷底明显拓宽,石坎附近有大量红色网纹泥砾堆积。泥砾中含典型擦痕砾石,在埋于其下的三步石基岩坎上可见冰溜擦面,呈波状起伏,向上游凹下,擦痕与老谷底一致,而与现代河床流向斜交。棕黄色亚粘土砾石层则分布于冰塘、塘村口及冰坑左近,组成2道扇形堆积体,出露高程亦与南坡平溪口堆积体相当。此2种冰碛物不仅在冰坑剖面中有出露,而且在两层冰碛上部均有泥炭沉积,称下泥炭层和上泥炭层。前者开始沉积的环境宜生长喜暖湿之蕨类,以里百科、紫箕科及水龙骨科为主,禾本科及菊科稀少,松和枫香亦少。形成以蕨类草丛为主的稀疏乔、灌木植被;至晚期气候变冷,终以云杉、冷杉暗针叶林取而代之,其时气温至少比现今低5℃~9℃,最多可达15℃~17℃。可见,整个下泥炭层反映了一次气候由暖变冷的波动。而上泥炭层则代表又一次波动。其下部孢粉组合中花粉、孢子约各占一半,即花粉占46.9%的含量中约有1/3为冷杉属,次为云杉和松属;而占50%的孢子中以水龙骨科为主,亦含大量菌藻孢子。此孢粉组合反映暗针叶林景观,因无阔叶树种,故应比前者反映的气候更趋寒湿,但至上部海金沙科孢子含量达89.3%,显然气候较炎热。若对比上下泥炭层气温变化幅度,前者明显更为剧烈,而以后者最低气温较现今冰坑气温低10℃~13℃推算,则前者最低气温可能更低,最高气温亦较前者更高。

天目山第四纪冰川的冰斗,集中分布在海拔1100米和1200米2个高程上,与庐山和黄山的庐山期、大姑期之古雪线大致相当。参照其他冰蚀地形及冰碛物特点,可划分为2次冰期。若考虑到孝丰城外志留纪基岩小山上流纹岩巨块经远程搬运(且其他介质无能为力)事实,将直接提供更老冰期存在的线索。

3. 大别山第四纪冰川遗迹

自1933年喻德渊在大别山北部发现若干冰川U谷以来,本区第四纪冰川的研究已有长足进展(李毓尧,1964;南京大学地理系,1974)。但因范围广阔,考察工作迄今多集中在其北坡史河及淠河上游和南坡的浠水与潜水一带。

大别山各主要河谷中上游普遍发育有2级冰斗:海拔700米一级者规模较大、数量颇多;而900米一级者个体虽小,但形态完整,出露高程有时可达1000米~1100米。二级冰斗于多处与古冰川谷或冰蚀洼地相互联系,冰斗往往分布于U谷源头及其两侧,或在冰蚀洼地边坡之上,鹰嘴岩北坡冰斗及其对岸相同高度的一列悬谷高居于U谷侧壁200米的陡崖之上,即为淠河上游典型实例。海波700米的黄洋店盆地,周围山岭900米~1300米,在山地边坡有多条U谷和冰斗汇入盆地,其底部堆积砾石具光滑凹面的砂砾层,上覆近代砂砾,共同堆积于10米左右基座阶地上。本区还发育有2种复式冰川地形,如岳西盆地的双峰寨附近,坡上2层冰斗与坡下2层U形套谷相对应;白果树冰蚀洼地则由600余米和400米~500米2级冰盆套叠而成,老盆地残存于新盆地外围,并与高处冰斗和U谷连通。此种镶嵌现象表明,2次冰溜规模不同,且后一次有所缩小。应该注意的是,往往冰斗、U谷与冰碛和冰水沉积呈连续系列,黄洋盆地即为一例;汪家河一带亦甚壮观,可见现代河床两侧分布3条~4条砂质泥砾的弧形堆积体,似属古冰斗终碛垄地形。在谷地东北端的一条悬谷状支谷上,有一遭研磨的类似羊背石的光滑石丘,当地称"猪羊石"。

大别山南北麓霍山及庐山附近的冰碛亦具重要意义。霍山南郊金家冲渠道剖面反映多次相变:底部为砂砾层,其上有1.7米缟状纹泥沉积,局部强烈揉皱;中部为3米厚之块砾及砂砾混杂堆积,砾面具擦痕或压坑;上部为网纹红土,顶部覆以黄土及粘土。庐江黄屯马鞍山冰川泥砾出露在东南麓海拔仅250米,泥砾构成之条形山岗高出谷地近50米,似为中碛。其左右两侧分别为三官桥、黄屯2个谷地,上源最高处海拔近400米,平均不足300米。若对此冰碛鉴定无误,在南距长江约30千米之低山地区,竟能发育宽1000米、厚达50米以上的冰碛层。

反映这次冰川活动时期在寒冷冰期气候环境下赖以生存的小哺乳动物群化石,在巢湖以东的和县猿人化石地点洞穴堆积层中得以保存。洞穴位于和县陶店乡大陈村龙潭旁,洞出口处海拔高程23米。发现的小哺乳动物群包括食虫目、翼手目、啮齿目及兔形目中的11个科,可鉴定到17属23种及亚种。构成该动物群的成分按其生态类型可分为喜寒冷型、喜湿热型及广温型3类。为南北动物群和东西动物群相混合之特征。但其中喜寒冷型包括高山喜寒型和北方喜寒型所占的比例相当大,占总数的43.5%。高山喜寒型的有:微尾鼩（Anourosorex）、短尾鼩（Blarinella quadraticauda）、依瓦绒鼠（Eothenomys eva alcinous）、丽江绒鼠（E. proditer）等,现生种分别分布于云南、四川、陕西及甘肃南部和缅甸、越南北部的山地一带。海拔高从1500米到3000米,有的高达4000米之高山地带。北方寒冷型的有分别生存于中、高纬度地带的耐寒动物:鼹鼠（Scaptochirus）、居氏大河狸（Trogontherium cuvieri）、变异仓鼠（Cricetulus varians）、拟布氏田鼠（Microtus brandtioides）、花鼠（Tamias）及华北绒鼠（E. inex）等。南方喜热型的只占总数的21.7%,有圆叶马蹄蝠（Hipposideros）、曲翼蝠（Miniopterus）、黑鼠（Rattus rattus）、艾氏鼠（Rattus edwardsi）及黑腹绒鼠（Eothenomys melanogaster）等。总之,该小哺乳动物群之基本面貌反映出以湿冷型占绝对优势,其时代属中更新世,可能相当于中国北方周口店动物群化石地点的第五层。其时,大别山等地发育的山谷冰川曾一度下达到山麓地带形成冰泛,中国西部高山地区及北方的耐严寒动物大幅度迁移至长江下游较低纬度、低海拔地带生存繁衍,无疑说明了当时整个中国东部冰期气候寒冷程度变化之剧烈和波及范围之广泛。

对于大别山冰期的划分,据2级冰斗、2层套谷及泥砾的分布,多倾向于分2期,与大姑和庐山冰期相当;亦有提出分3期者,其依据是将霍山剖面底部的砂砾和纹泥层作为鄱阳冰期之代表。

三、湘西鄂西地区

1. 鄂西建始、恩施地区第四纪冰川遗迹

根据冰川地貌、冰碛物、冰蚀阶地及其在同一地区的分布和相互联系,本区有多次亚冰期征兆。在建始县茅田山区发育显示U形的4级套谷（图1-6-4）。在Ⅲ、Ⅳ级谷底上均见有冰碛物,Ⅰ、Ⅱ级谷底上找到乌桐石英砂岩漂砾,远望极似三级阶地,近观每级阶地的形象与普通阶地大不相同,实际成槽形,其排列方位与现今河流谷向近乎一致。第Ⅲ槽底（Ⅲ级）距现今谷底大约高40米,第Ⅱ槽底高出第Ⅲ槽底也约40米,位置最高的Ⅰ槽约高第Ⅱ槽110米。该处最高之山海拔约1700米。

从槽谷西壁消失之程序可以推测有3次间冰期存在。其理由是当第一期冰流占据最高之槽谷时造成了U谷,此U谷之下部即与现今槽形大致相似。槽谷西壁以西则被当地岩层所填塞。设想山中冰川流行时,在冰川之两侧常有排水之道,一如公路两旁的排水沟渠。冰流不断融解,故其两旁常有急流奔腾,逐渐切成深沟。冰流完全消失后,则此深沟不在谷底,而沿半山或山坡伸展。2条平行的排水沟中必有较低者,于是水流全向低沟奔注,久之低者愈低,较高者逐渐干涸,不再遭流水之冲击,新谷沿低沟发展,使旧谷底部方得保存。如是者久之,新谷之旁遂发生类似阶地的槽谷,悬于谷旁。若复有冰流发生,则此期冰流即沿排水沟的新谷而行,遂造成一新期U谷。其地位较低于旧U谷,而位置在旧U谷之一旁。如此逐步推移,就造成若干槽地,高悬于U谷之一旁。此种地貌的发生必然在每期冰川融化之后,尚须继之以长期流水之侵蚀。每一次长期流水侵蚀即代表一个温暖的间冰期。

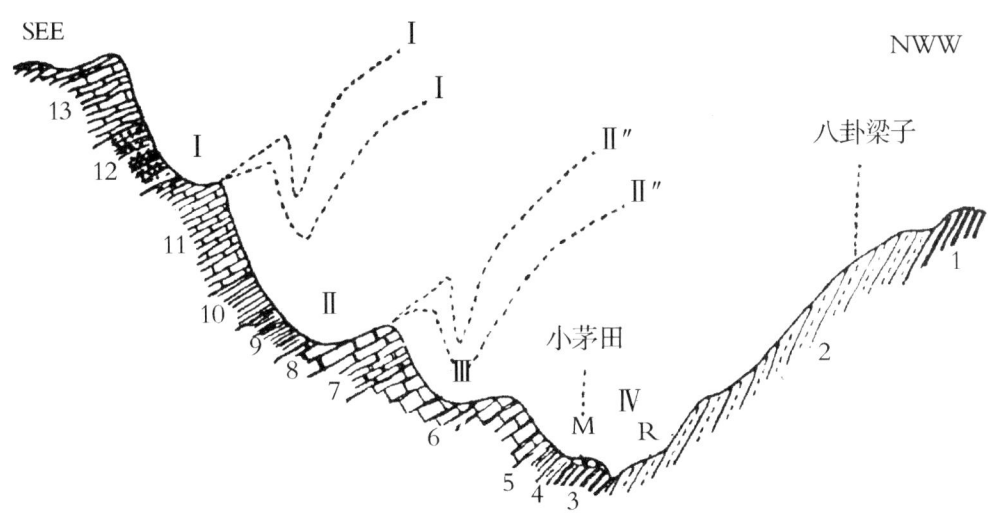

图1-6-4 湖北建始茅田附近地形地质剖面示意图(据孙殿卿等,1999)

1.志留纪页岩;2.乌桐砂岩;3、5.黄色页岩;4.铁矿层;6.含燧石臭石灰岩;7.薄层碳质石灰岩;8.厚层碳质石灰岩;9.含煤页岩;10.灰黄色砂质页岩;11.薄层硅质石灰岩,其中部夹有特殊灰岩一层;12.黄色薄层灰岩及页岩之混杂层;13.薄层波纹式灰岩;Ⅰ、Ⅱ、Ⅲ、Ⅳ.4次冰川铲刮之地形;Ⅰ′.表示第一次冰期排泄在冰川旁所切之深沟;Ⅱ″.表示第二次冰期排泄在冰川旁所切之深沟;M.第四次冰期小冰川之前碛残余部分;R.岩层上冰溜条痕甚多之处

在茅田村附近,第Ⅳ级U谷底西侧,出露的乌桐石英砂岩,其质甚坚,覆以薄层粘泥夹碎石,在基岩表面上,保存有由于冰流磨刻之条痕甚多,条痕宽者达0.5厘米以上,长达数十厘米,大抵与现今之谷向平行。

就上述茅田地区4级槽谷的发展,可以代表4次亚冰期和3次间冰期活动的结果。

在建始县城所在盆地有4次亚冰期遗迹,由4级冰蚀阶地表示,每级阶地均有泥砾(图1-6-5)。

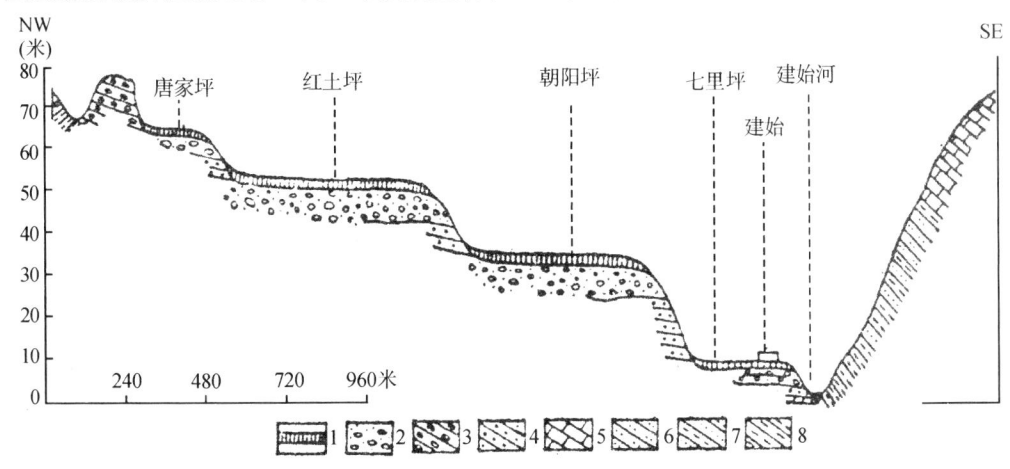

图1-6-5 鄂西建始盆地横剖面素描图(据孙殿卿等,1999)

1.棕色垆坶;2.泥砾;3.砾岩;4.红色砂岩;5.灰岩;6.石英砂岩;7.砂质页岩;8.页岩

恩施盆地海拔约五六百米，南北长，东西狭，呈椭圆形。清江自北而南，沿其西边直流而过。盆地底部小山甚多，由软质红色砂岩构成。就一般地貌显然分为东、西2个部分，极为醒目。这2个部分的界线北起金家坝往南直到五峰山北端，西部地貌圆滑，岗阜之排列都有一定的条理，无论岗阜之顶部或平地都有泥砾散布，砾块大小不等，条带痕者甚多，大半为坚硬砂岩来自数十千米以外的高山。金家坝至五峰山一线以东地形零乱异常，沟壑纵横，乱山丛错，为久受侵蚀所致，在小山小岭时见漂砾。根据盆地东、西地形及冰碛和冰水沉积物可知有2次冰流达于恩施盆地：第1次冰流遍于盆地全部，故在盆地东北部山顶仍可找到漂砾；第2次冰流则因仅限于盆地西部，故泥砾大部分尚存，而鼓丘之貌亦甚明显。东部之所以发生零乱地形，则因第2次冰流到达之前已长期受流水侵蚀。

清江流入盆地之西北角，经小龙潭镇附近折而南行。由该镇向南约2千米~3千米，清江河床两岸皆峭壁，平滑而直，均向河床底部倾斜，在此倾斜平直的崖面以上则有阶地，显然较古于现今河床。前者为近期小冰川铲刮遗迹，似无可疑。因至小龙潭以下2千米~3千米处，此种平直崖面地貌骤然终止。这可以说明此次小冰川并非盖覆盆地西部之冰川逐步撤退时最后残余部分。由此可见，先后有3期冰流达于恩施盆地：第1期冰流遍布全盆地，第2期冰流仅盖盆地西部，第3期冰流只沿现今河床流注，至小龙潭镇向南2千米~3千米处即行终止。

2. 湘西雪峰山第四纪冰川遗迹

湘西地区的第四纪冰川遗迹，早在1940年即为李四光、喻德渊、王晓青及孙殿卿等所发现，并指出湘西等地的砂金分布与冰川流行密切相关（李四光，1940）。多年来，由于陆续发现大量冰川遗迹，尤其是沅水谷地5级阶地上覆之不同风化程度的泥砾及雪峰山上的3级冰斗，为本区划分4次冰期提供了依据。

据冰碛和冰水沉积以及冰蚀地形等，从老到新划分为桐木、长迹、铁山及雪峰等4次冰期，其间均有间冰期存在。

（1）桐木冰期 以安江两路口海拔260米五级阶地上受风化较深的红色泥砾为代表，在托口、沙湾以及各支谷中此一级阶地之相对高程均有降低，且分布零星。推测可能与海拔200米之冰斗对应。

（2）长迹冰期 泥砾广布，无论主、支谷均有大片连续接地，尤以安江长迹李家冲海拔220米的四级阶地的棕红色泥砾和砂砾最为典型。此期冰流源远流长，贯穿黔东、湘西沅水谷地，属山谷冰川类型。若包括海拔180米的三级阶地之蠕虫状红土及砂砾在内，则表明气候变化幅度较大，曾有一次显著的冰川进退，可由植被更替提供佐证。四级阶地堆积时期，在海拔160米~170米的沅江谷地中，有冷杉及扇羽阴地蕨等寒温带植物区系分子，与该区现今生长的亚热带常绿阔叶植物区系相比，年平均气温有较大幅度下降，代表一次寒冷冰期，而海拔1000米左右的冰斗应为此期之残迹。至第三级阶地堆积时期气温则已回升，植被以松、栎为主的针阔叶混交林，代表气候演化又进入间冰期气候。此时在湘西一带有大量网纹红土堆积。

（3）铁山冰期 其冰川规模缩小，在湘西一带流徙范围仅限于山区或支谷上源。在海拔600米~700米的铁山地区堆积有棕黄色泥砾，冰流未及主谷即融为冰水，故在安江一带沿沅江主谷两侧堆积大片冰水砂砾及其上覆粘土层，共同构成海拔160余米的二级冰水阶地。尽管此阶地的沉积类型已发生变化，但仍可觅见其气温大幅度下降的痕迹，其时大量云杉、冷杉及铁杉再度迁入湘西，大致在沅水谷地两侧形成针叶林带，分布高度不致超过海拔500米，因此，当时安江一带的气温至少较今低10℃~12℃，年平均气温为6℃左右。若以此为基数，按通常山体增高的降温率估算，在雪峰山1200米以上地带,年平均气温当在0℃以下,应有条件终年积雪并发育冰川。事实证明,这一理论计算高程与实地地貌界线极为一致,表明植被带、气候带与地貌发育演化之间具有成因联系。而白水洞禾梨坪附近海拔1400米的冰斗也与此期对应。

这一寒冷的冰期过后,气温再度转暖,植被演变为以松、栎属为主的针阔叶混交林。此时,湘西气候又进入另一间冰期阶段。

(4)雪峰冰期 冰川遗迹未至沅水谷地,仅在海拔1300米以上可见。除苏宝顶北侧有一向西开口的较大箕形洼地外,尚有一天堂(1630米)、二天堂(1680米)洼地以及与之连接的U形槽地等。纵观雪峰山顶部地貌景观,流水切割极不明显,多为浑圆山头与宽敞开阔的槽地,其间发育沼泽或草地,有稀疏灌木生长,高大乔木则已绝迹。雪峰冰期的提出仅以其地貌作为依据,尚未取得生物佐证,故有争议。

湘西一带冰期划分一般倾向于分4期,亦有分5期的提法,但已取得全面资料者仅长迹和铁山2次冰期。至于主张划分5次者,理由系将洞庭湖区汨罗组下部之冰碛层厘定为更老冰期之产物,而置于桐木冰期之前,关键在于能否解决与桐木冰期对比问题。

还应指出,研究湘西冰川活动规律对于寻找砂金、金刚石以及追索其原生矿具有实际意义,尤以二三期冰川活动与砂矿形成至为密切。因而,可望借以查明砂矿时空分布概况,并进而探索原生矿赋存的有利地段。

四、桂粤地区

1.广西及广东第四纪冰川遗迹

广西第四纪冰川首先由李四光、孙殿卿、徐煜坚等调查研究并报道(李四光,1940;孙殿卿、徐煜坚,1944),指出广西山地在更新世时曾发育过许多中、小型山岳冰川,至少有2期冰流已下达180米~200米的低海拔地带,冰碛物分布越过了北回归线以南,到达南宁左江上游驮芦(北纬22°40′)一带。这一前所未有的论断发表之后,曾在20世纪40年代中期引起一场激烈的学术论战(丁骕,1945;柯萨尔斯基,1964)。现经生产实践证实,其冰川遗迹确实无疑。

(1)桂林地区的第四纪冰川遗迹 桂林良丰六塘圩(海拔180米~190米)保存有良好的冰碛垄及鼓丘地形,应是从驾桥岭(海拔1209米)而下的冰流经清平乡冰窖及浪村盘谷延伸至此。冰舌(图1-6-6)前端抵达东村口即行消融,其外围形成底碛富含粘泥及条痕石,在李家村北形成2个17米高的泥砾鼓丘,其长轴与两侧之侧碛大致平行。东田村及大中圩一带呈现2道向北突出的新月形前碛垄。

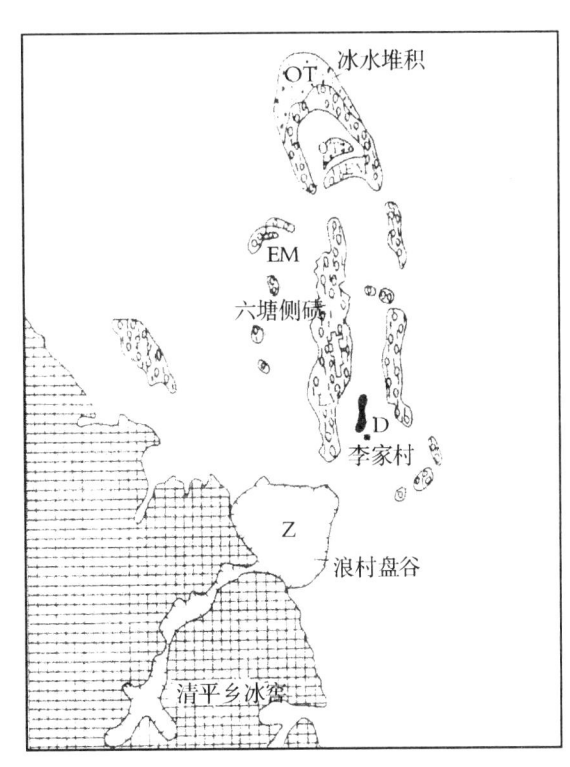

图1-6-6 桂林驾桥岭东北麓六塘冰舌遗迹(据孙殿卿等,1999)
Z 盘谷;D 鼓丘;LM 侧碛;EM 终碛;OT 冰水堆积

桂林市区亦已发现冰川遗迹。这一海拔150米的石灰岩盆地中有大小石英砂岩漂砾散布,当源于海洋山及驾桥岭一带。在海洋山麓大境乡有终碛垄遗迹,其冰水砂砾层延至盆地边缘并组成冰水阶地。从第二砖瓦厂剖面可见2期冰水沉积,中间为厚约2米之泥炭层分隔。

(2)桂东地区的第四纪冰川遗迹 桂东著名的富川、贺县、钟山砂矿区冰碛物源于萌渚岭以南之姑婆山(海拔1734米)。矿区残留的冰川遗迹见于矿务局新路大桥河谷左岸(海拔约200米),有一层厚3米~10米的灰白色泥砾,砾石为大小悬殊的花岗岩和石英岩,其结构特征与四川攀枝花河门口的强风化泥砾剖面相似,可能属鄱阳冰期的产物。在钟山县望高河边有较大面积的冰湖纹泥沉积,覆于冰水砂砾层之上,其上还有含樟木的淤泥、粘土及红土风化壳等一套堆积。据网纹红土推测,可能为大姑—庐山间冰期产物。

(3)桂平、贵县的第四纪冰川遗迹 桂平及贵县位处北回归线以南,在郁江与柳江之间的大天平山(海拔1158米)山麓丘陵地带(海拔200米)普遍发育2期冰碛:第一冰期泥砾分布于山前基岩洼地之中及高丘顶上,为棕红、黄色亚粘土与紫红色石英砂岩砾石混杂堆积,最厚达50米,大致相当于鄱阳冰期。泥砾中含1米以上巨砾,距母岩远扬达10余千米;第二冰期泥砾由石英岩及粘土等混杂构成,呈半胶结状,砾石多遭强烈风化,而坚硬砾石表面则见钉头鼠尾状冰川条痕。此层泥砾分布甚广、成层出露,最大厚度30米,并有组成冰碛丘者。在此2冰期之间亦有泥炭沉积。

2.粤西北粤东南的第四纪冰川遗迹

第四纪冰川遗迹分布于怀集县城、连麦、中洲、梁村、岗坪以及封开县的长安、金庄、南丰、鱼涝、民强及江口一带。在封开与怀集之间的忠党山(海拔1112米)西侧,有一SSW向的支谷,经长安、金庄至南丰附近汇入贺江,具明显的U形谷特征,其中一段长45千米、宽3千米之谷地尤为突出(亦称金庄盆地)。据金庄等地出露的含金泥砾,初步划为3次冰期。若此遗迹确实无疑,则不独广西桂平及贵县等地,而且东至粤西北之封开、怀集一带,亦即南岭山脉中段地区之第四纪冰川分布均已抵达北回归线附近。应予指出,上述地区的砂锡和砂金之搬运与富集,当与冰川活动直接相关,故研究南岭地区的第四纪冰川,对于指导找矿无疑具有实际意义。

近来先后在揭南、丰顺发现冰川遗迹,有学者认为属山谷冰川作用形成的冰臼群。揭西冰臼群发现于县城东南的石肚溪,位于东经115°52′,北纬23°23′,海拔70米~300米,自西南向东北全长20余千米有6处冰臼群分布于河谷中,但各处数量不一,最多者达50个以上,合计100多个,大小悬殊,一般为数米,小的几十厘米。冰臼内可见磨圆极好的砾石;丰顺汤坑镇西北的龙鲸河峡谷见冰臼总数超过1000个,其直径一般1米~2米,最大10米以上,深度超过6米,多呈口小肚大、内有磨圆极好的砾石,其特征与广东、海南的冰臼基本相似,是迄今国内发现数量最多、规模最大之冰臼群(韩同林,1999)。

五、台湾地区

台湾山地居于北回归线附近,为一褶皱断块山系,挽近构造活动极为强烈。全省3000米以上的高峰计40余座,遭第四纪冰川作用甚为明显。早年于此研究冰川的为一批日本学者,如早坂一郎(1929)、鹿野忠雄(1926~1934)及田中薰等(1934),对雪山、南湖大山及玉山等之冰川现象均有报道。

雪山主峰海拔3884米,顶部发现大小冰斗35个,多分布于山体东侧,斗口朝向北、东北或东南,冰斗底部高程多在3500米~3600米之间,最高者3730米,最低3300米。规模较大的冰斗保存较好,较小者则多为岩屑覆盖。有的冰斗壁上可见冰溜及细微擦痕,底部有时残存羊背石、块碛或冰碛,出口处常有小型终碛堤及冰川研磨的砾石;且冰斗通常与冰川谷相连。雪山顶部为由坚硬砂岩组成的平顶山,顶面有冰川研磨擦痕,即使在风化破碎的岩块表面亦有冰川擦痕显示。据此断定,雪山顶曾被冰帽覆盖,并有冰斗冰川和山谷冰川向边缘伸出。

雪山东侧的南湖大山,主峰海拔3740米。南湖山的中央低洼地带,保存有良好的小型冰斗冰川残迹。冰斗群分布于主峰、东峰及北峰左近,共12个,其底部海拔3400米～3500米,斗口外端均有终碛堤,属小型冰斗冰川类型。其中规模最大的冰川岩可下降至海拔3000米。

玉山最高峰海拔3952米,在东、西两侧共发现19个冰斗,底部海拔为3540米～3680米,亦属冰斗冰川。

上述事实表明,凡在海拔3000米以上的台湾山地,均发生第四纪的最末一次冰川,即相当于大理期冰川。亦有人认为,台湾海拔2000米以上山地都受过第四纪冰川作用,即认为有较老冰期存在。

六、东北地区

1. 大兴安岭地区第四纪冰川遗迹

大兴安岭一带的第四纪冰川遗迹是20世纪50年代末～60年代初发现并开始进行研究(严钦尚,1952;杨怀仁,1955;孙殿卿,1957)的。在诺敏河支流毕拉河U谷右岸海拔600米处发育有完好的冰斗;另在一些支流上游普遍分布有宽浅的冰蚀洼地。在此屯冰场所伸出若干小型冰川通向诺敏河、雅鲁河及毕拉河等3条较大冰川U谷中,均以悬谷型式与主谷相交,在其连接处有数米至十余米之明显崖坎,而在雅鲁河下游朱家坎附近的营房至龙哈之间则堆积有高出现代河面30米的尾碛垄。

据黑龙江地质局水文地质工程地质一队1980年～1984年研究结果(缪振棣等,1984),将大兴安岭地区第四纪划分为5次冰期,最早者称为合山冰期,为黄绿色及杂色冰碛物,厚约20米～25米,含藜、蒿孢粉组合位于磁性地层马莫斯事件附近,由钻孔揭露为本区最老冰碛层。其上为东华组间冰期沉积不整合覆盖,为湖相灰绿色及灰白色粘质砂土厚约38米,含蒿、藜、桦及胡桃等孢粉组合,其磁性地层位于高斯正向世及松山反向世界面附近。再上为灰白、浅黄色冰水相砂砾层,以大兴安岭龙江县白土山台地最为典型,出露剖面厚8米左右,含桦、蒿孢粉组合,为寒冷气候下桦木林草原景观。对白土山组成因问题曾展开过争论,认为据白土山样品进行分析结果,其粘土矿物呈现以高岭石及少量蒙脱石为主,于是否定其冰川及冰水成因。此论断的实质亦如庐山地区对大姑冰碛分析结果一样,缺少地质发展史中的"时间"概念,误为后期风化变质之物所致。白土山冰期的磁性地层位于松山倒转极性世的末期哈拉米洛事件以后,又沉积了平台组,为棕红色含砾石的亚粘土,厚约25米,含桦、鹅耳枥、榛、桤木孢粉组合,为温湿气候。此后进入绰尔河冰期,为棕黄、棕红色冰碛,厚5米～10米,含蒿、桦孢粉组合,呈稀树草原景观,气候冷干。冰期以后气候转向温湿,形成浅褐色风化壳,含桦、鹅耳枥、桤木孢粉组合。绰尔河组及浅褐色风化壳构成二级阶地。尔后的诺敏河冰碛层及埋藏的冲积层构成埋藏阶地;晚更新统的雅鲁河组构成一级阶地,为融冻泥流及含砾黄土堆积,厚3米～10米,以藜、蒿为主的典型干冷草原,产披毛犀、猛犸象及原始牛动物群。

大兴安岭东麓在松辽平原地下50米～150米的深度范围内,普遍分布有一层早更新世冰水砾石层,一般厚度不大,最厚可达80米。据其岩性及岩相特征大致可与白城子、平安镇、平台、克山、北安、伊通大孤山及哈尔滨方正一带露头对比。砾石层中的灰白色长石砂岩砾石已风化为高岭土,而其他硬质岩砾石则多具磨光面、凹面或多面体形态,表现冰川研磨特征。

西麓的海拉尔盆地中亦有4次冰期及1次寒冷期记录。最老的灰白色冰碛泥砾出露在阿尔善、辉河口及新索木都一带。由花岗岩、酸性火山岩等砾石及粘土组成,为钙质、铁质胶结,软质砾石已高度风化,但硬质砾石具有磨光面、压坑及压裂等冰川动力结构,此层厚6米～22米,被命名为阿尔善冰期。此期冰川规模较大,冰水残积广布于高平原各处,盆地西北部的冰碛台地及高平原面均属此期形成;其后为沙子山冰期,冰碛主要由红棕色泥砾组成,而下伏的侏罗纪煤系地层由于受冰川运动之推动而产生表皮构造,褶皱影响深度约1米～2米,此种现象为扎赉诺尔以北的露天煤矿剖面所揭示。沙子山冰期出露的部位相当于二级阶地的下部。再后为扎泥河冰期,其冰碛以绿黄色泥砾层为代表,组成海拉尔河一级埋没阶地,现已由钻孔揭露,厚约10米～25米。此层砾石多具压坑及削面,并被粘土及细纱紧密填充,为一良好的不透水层。最晚一期称灵泉冰期,由土黄色泥砾与块砾组成海拉尔河一级阶地,厚约3米～5米。以上各期冰碛层之顶面均发育有数米厚的风化壳,其中粘土化学成分多属硅铝铁质蒙托石类型。继灵泉冰期之后发生了海拉尔河寒冷期,主要沉积物为灰黄色粉细砂层及黄土状亚砂层,并伴随融冻泥石流堆积,其中含大量披毛犀、猛犸象动物群化石。这些沉积物超覆在不同时期及不同成因的地层之上,推测可能属大理冰期冰缘气候条件下的产物。

2. 长白山地区第四纪冰川遗迹

长白山主峰海拔2744米,历史上曾发生多次火山活动,火山口蓄水成湖,名曰天池。环天池诸峰高度均在2500米以上,刃脊、角峰明显。群峰朝向天池的一面有极清晰的古冰斗群,斗底高程2200米左右,可代表白头山冰期。长白镇二级阶地上较疏松的泥砾及条痕石有可能为本期冰碛物。在天池长白山外围乃至汪清、舒兰及辽源等地均发现有披毛犀、猛犸象动物群。

在长白山北坡的松花江上游明显存在2级冰斗:一级位于海拔1750米～2000米;另一级在海拔500米～800米高程上。松花江上游谷地亦具明显的冰川谷特征,谷中冰盆与冰坎相间,并有冰成阶地及冰碛物。冰川谷源头开阔,其中堆积冰碛物或形成沼泽草甸,局部亦见冰砾阜及冰川石流。据冰碛物风化程度和地貌部位可分4期:第1冰期为深风化冰碛物,分布在松花江、二道江及二道白河的第四级冰蚀阶地及冰川冰水阶地上;第2冰期为重风化的红色冰碛物,构成三级冰成阶地,此期冰碛物伸展至吉林山地形成山麓冰泛;第3冰期为褐色冰碛物,构成松花江、二道江、二道白河及古洞河谷中二级冰成阶地,其规模虽小,但冰川地形保存较好;第4冰期为黄褐色冰碛物,构成河谷中的一级冰成阶地,冰碛物可达长白山麓。

吉林市郊亦发现良好的冰川遗迹,其中以东山的二勃棱沟冰川U谷、灰色泥砾终碛垄以及棱沟村附近表皮构造较为典型。终碛垄主要由安山质砾岩及安山凝灰砾质片岩等砾石和粘土组成,垄长300余米,高10米～15米,呈舌状展布,其两侧各有排水之沟。冰碛石砾径1米～2米,大者7米～8米,无明显风化迹象,可能系最后一次冰期的终碛。丰满镇附近冰碛物可分3期:最老的褐黄、褐红色泥砾出露在丰满镇北3千米处的五家哨汽车站一带,构成高出江面40米的冰碛阶地。从其中玄武岩和安山岩类砾石遭受强烈风化来看,此期泥砾层的时代约与鄱阳冰期相当;另一种锈黄、锈红色泥砾层分布于丰满大坝至尖山一带,构成高出江面20米～30米的冰碛阶地,大致相当于大姑冰期。但此冰碛至阿什以下大兰旗一带则变为冰水砂砾层,其中尚见不少条痕石;二勃棱沟终碛仅停积在山口,大致相当于庐山冰期。

辽宁及相邻的内蒙古东部的第四纪冰川遗迹亦可分为4个冰期,即老府、三道沟门、大西营子和排头营等冰期。老府冰期的冰碛物以灰黄色泥砾为代表。在赤峰西老府铁路路堑剖面上可见在前长城纪花岗片麻岩表层 1 米许内,受到上覆灰黄色泥砾层之强烈挤压而发生一系列表层褶皱和冲断破裂。据古地磁测定,覆于泥砾层上的玄武岩层年龄参数约相当于吉尔萨极性事件之顶部(距今约≤1.61 百万年),于是推断老府冰期要早于鄱阳冰期。三道沟门冰期年龄经古地磁测定推算,大约相当于距今 0.90 百万年 ~ 0.97 百万年的哈拉米洛极性事件发生时期。与大姑冰期相当的大西营子冰期以棕黄、棕红色泥砾层为代表,风化不深,厚达 20 米,至朝阳、乃林一带,其中之泥质常被钙质所取代。与庐山冰期相当者为排头营冰期,冰碛物主要由石英砂砾石组成,其上部覆有一层稳定的玄武岩漂砾。

七、京冀晋地区

1. 北京地区第四纪冰川遗迹

北京地区尤以北京西山特殊的冰川地貌早在 20 世纪 30 年代初即为李四光所注意。1960 年前后又相继发现模式口、隆恩寺冰溜面,荷叶山鼻山尾和香界寺大漂砾等典型冰川遗迹(中国第四纪冰川研究中心,1960;李四光,1964),从而为华北地区的第四系气候分层奠定了基础。但各家对冰期次数认识尚不一致,而近年来趋向于划分为 4 次或 5 次冰期。

北京周口店第四纪冰川遗迹发现于 20 世纪 50 年代初,首先由王曰伦、贾兰坡(1952)在此进行研究,在周口河边的"下砾石层"、猿人洞内的"底砾石层"和"上砾石层"中都找到了冰期气候的痕迹。就底砾石层而言,泥砾层中含阴地蕨和大量苔藓与卷柏等孢子,而上砾石层中亦含苔藓和多数卷柏孢子与少数裸子植物花粉,这些植物群落均生长于寒冷气候环境之中。下砾石层的泥砾特征尤为明显,由大漂砾与红泥组成的混杂堆积体中含虎耳草属、卷柏属、菊科(包括蒿属)、苔藓和毛茛科等植物孢粉,说明亦属寒冷气候产物。在周口店附近还分布有较广的黄色疏松泥砾,有可能分别为 3 次冰期产物(孙殿卿、杨怀仁,1961)。迄今在划分对比上认识仍有分歧(汤英俊,1964;黄万波,1960;李普等,1976)。

在周口店以北的潭柘寺附近,据其冰川遗迹划分了 2 次冰期和 2 次冰缘期。较老的管坨岭冰期冰碛物由紫红色粘泥和石英砂岩漂砾组成,停积在海拔 420 米 ~ 450 米的奥陶纪灰岩山脊上,虽砾石多已深度风化,但其中亦含磨光面条痕石和压坑石。此期冰川开拓了鲁家河宽谷,冰流下达至大富庄一带,形成规模较大的山麓冰川,可与鄱阳冰期相比。较新的赵家台冰期为规模较小的冰斗山谷冰川,冰斗群汇聚于赵家台至阳坡园一带,由各冰斗中流出短小冰舌汇集于鲁家滩冰窖。此期冰流遗痕相当清楚,如赵家台村北基岩磨光面和村南 U 谷溢口以及残存冰坎等。当冰流前进至平原村、南辛房地段遂留下深红色泥砾,砾石风化较深,条痕石较多,其特征与周口店下砾石层相似。本期可与大姑冰期对比。

20 世纪 60 年代初,确定香山碧云寺为冰蚀凹地及其中的棕黄色泥砾,嗣后,在其东南数千米外发现荷叶山鼻山尾冰流地貌,后又通过钻探和物探工作证实香山山前地带埋藏有一系列基岩洼地,并被 3 期冰碛泥砾冲填(李四光,1964)。在香山公园至卧佛寺之间为一埋藏小型盘谷,谷底标高已降至海面以下 55 米,盘谷中充满强烈风化之杂色泥砾,泥砾堆积中心在植物园一带,厚达 100 米,而出盘谷不远遂递变为冰水相砂砾层,此堆积物形成时期称香山冰期,可与大姑冰期对比。由植物园向东,在万安公墓捨茶棚地下存在一个更大的埋藏盘谷,距地表 230 米,谷底标高为 - 170 米,在盘谷底部堆积有 40 米厚的绛红色泥砾,称万安冰期,可与鄱阳冰期对比。

规模更大的埋藏洼地在北京昌平一带,底部基岩标高为 - 500 米左右。不仅埋藏于地下,而且在昌平红泥沟村附近亦有此二冰期之含卵砾石的冰水红粘土出露和冰楔劈现象。

由昌平埋藏谷东延,与密云、怀柔埋藏谷汇合后形成一巨大深谷直向燕郊、夏垫方向伸展,其埋藏深度已超过 500 米。据朝阳区金台路钻孔揭露,在 -500 米的埋藏谷底堆积有 150 米互层的绛紫色泥砾、冰水砂砾与杂色粘土,称朝阳冰期。其时代距今 280 万年 ~330 万年,为本区更新统底层,相当于泥河湾红崖冰期或元谋龙川冰期。朝阳期冰水扇砾石层在地下 450 米 ~608 米之间广泛分布,为含小漂砾的冰水砂层,它随古地面的自然坡度可延至天津一带地下 630 米深度。

在碧云寺北沟出口处有桔黄色黄土质泥砾露头,大小砾石混杂堆积,砾表多冰川擦痕,以砂岩和辉绿岩砾石为主,风化轻微、胶结疏松,厚约 10 米。露头见于碧云寺、八大处及赵家坡一带,称碧云寺冰期,可与庐山冰期相比。

1973 年,对北京饭店地下 12 米深处淤泥层中的古榆树测得 ^{14}C 年龄距今 $(29\ 300 \pm 1350)$ 年。与其共生的云杉、冷杉组成的针阔叶混交林及草原植被,反映气候寒冷湿润,年平均气温在 4℃ 左右,较今约低 7℃,可与大理冰期对比,称北京冰缘期。

综上所述,北京地区的更新世可划分为朝阳冰期、万安冰期、香山冰期、碧云寺冰期及北京冰缘期。其中朝阳冰期与万安冰期是否同属一期,尚待继续研究。

2. 太行山东麓第四纪冰川遗迹

自 1921 年李四光首次在此发现第四纪冰川遗迹(J. S. Lee,1922)以来,迄今已有长足进展(曹照垣等,1964;汤英俊,1964;河北地质局一队水文组,1977),可划分为临城、赞皇、井陉、北冶 4 次冰期。

临城冰期露头并不多见,仅以临城冯村北盘石剖面为代表。其中下部杂色泥砾因受构造变动,具有一定产状。其砾石成分复杂,但以灰岩为主,分选性差,含直径达半米以上的漂砾和压裂砾石;上部为冰水沉积的杂色粘土层,厚 60 米 ~70 米。此期冰流曾挖掘临城盆地,并继续向东推进至河北平原边缘地带,堆积成泥砾岗坡。从其展布范围估计已构成山麓冰泛。

赞皇冰期冰碛物广泛分布于太行山东麓山前地带的黄壁庄、赞皇、元氏之间以及黑城、武安及磁县等地,习称红粘土砾石层,实为红色泥砾。砾石岩性复杂,但以石英砂岩砾石最多,分选不良,最大粒径 1.8 米,并含有压坑石、条痕石及压裂砾石等。此期冰流开拓了武安、黑城及赞皇等盘谷,并达于山麓平原地带,部分冰流越过京广铁路而潜伏地下,应属冰泛冰川类型。

井陉冰期堆积物散见于太行山东麓若干河谷和盆地中,以井陉微水桥头和赞皇城西王小玉剖面为代表,为红黄色粘土、亚粘土、亚砂土与砾石混杂堆积,砾石组构与成分均与红色泥砾类似,惟颜色较浅,粘结较差,但亦具冰川动力结构,如凹面、压磨坑及压碎等,且冰川条痕石甚多,一般层厚 2 米 ~3 米。

北冶冰期冰碛物出露在滹沱河支流南浑河上游平山北冶镇附近,由黄土泥砾组成,砾石多具棱角,以石灰岩砾石为主,砂岩及片麻岩砾石次之,砾面有冰溜条痕。此冰碛层最厚约 6 米。

总之,太行山东麓第四纪冰川发育特点与北京西山地区冰川有诸多类似。早期,第一二次冰川规模较大,在山前形成冰泛,其冰碛物分布前缘大体在京广线一带,此带以东形成延伸广阔的外冲平原。东麓滹沱河、槐沙河、沙河、洺河及漳河等各条冰川谷,在近山麓几千米至十几千米谷段内,均呈平直宽谷形态。其上游连接冰蚀洼地,涞源盆地即为一例;下游延至山麓则汇于充填冰碛泥砾的盘谷之中,如赞皇、临城、黑城、白错、迁城、涉县、阳邑及武安等盆地均为较大的盘谷。上述各冰期和间冰期的冰水平原和冲积平原与滨海相地层交互沉积,构成各种成因的巨厚疏松盖层,对于地下水的补给、径流和排泄均起重要控制作用。

太行山以东即广阔的华北沉降平原,第四系厚达 300 米 ~600 米。按冰期和间冰期的古气候原则,共划分出 5 个冰期和 4 个间冰期。现以任丘北陵城钻孔剖面为例:第 1 冰期堆积物埋藏于地表以下 499 米~457 米,为棕红、紫红色粘土,含暗针叶林草甸沼泽植被,属针叶雪林气候,年平均温度 2.5℃,较今低 9℃~10.5℃。据此推断,太行山及鲁西山地海拔在 400 米~500 米以上山区曾发育冰川,位于磁性地层马莫斯事件附近,距今约 3.06 百万年。第 1 间冰期堆积物埋藏深度为 457 米~311 米,为棕红、棕黄、灰绿色粘土及粉砂层,含软体动物化石,铁锰结核甚多。孢粉组合明显分为 2 段:下段为栎树阔叶林亚带;上段为针阔叶混交林、草原亚带。属栎树林气候,年平均气温 10℃~11℃。在此间冰期内曾发生较大规模的海侵。第 2 冰期堆积物埋深 311 米~288 米,为棕黄、灰绿色粘土夹棕褐色粉砂层,孢粉组合为暗针叶林、草原带,蒿属大量出现,气温低于第 1 冰期。第 2 间冰期堆积物埋深 262 米~174 米,为棕黄、灰黄、灰绿色粘土及砂层,孢粉组合为针阔叶混交林草原带,气候与今相似,年平均气温 12℃左右,但比第 1 间冰期干旱。在此期间东部沿海发生海进。第 3 冰期堆积物埋深 170 米~133 米,以灰黄、黄绿及锈黄色砂质粘土为主,孢粉组合属针叶林—草甸沼泽带,气候较前一冰期偏暖。第 3 间冰期堆积物埋深 109 米~96 米,为灰黄、棕黄色砂质粘土夹薄层淤泥,含有软体动物化石碎片,淋溶淀积层相当发育。第 4 冰期堆积物埋深 84 米~46 米,以灰黄色砂粘及粉砂为主,夹 2 层~3 层黄土状土层。孢粉组合为暗针叶林苔原带,推测较今气温低 11℃~13℃,年平均气温 2℃~0℃,系冰期气候。第 4 间冰期堆积物埋深 46 米~38 米,以灰黄色砂粘土夹淤泥层及古土壤层。孢粉组合为针阔叶混交林。第 5 冰期堆积物为黄色粘砂、粉砂层,孢粉组合为针叶林带,推测较今气温低 7℃左右。

八、川滇黔地区

1. 四川盆地西北边缘及山前地带第四纪冰川遗迹

区内绵阳、新繁县志曾记载成都平原散布的巨砾,并称其为"飞石"或"飞来石",1936 年,德国学者 Salfeld 始将 4 种漂砾解释为与冰川活动有关(E. Salfeld,1936)。嗣后,雅安砾石层被鉴定为冰水沉积(李春昱,1947),直到 1960 年李承三等对四川龙门山南段第四纪冰川遗迹进行系统研究,并确定 5 次冰期之后,才为川西冰期划分奠定了基础(李承三等,1964)。此后,在此基础上又有进展。

龙门山南段及其山前地带,大部在岷江流域。在更新世冰期,岷江中上游形成长达 280 余千米的巨大山谷冰川。此冰川脱离山体经都江堰附近挖掘形成屯冰盘谷,并漫溢成为浩瀚冰泛,遍布山前地带及成都平原。据冰蚀地形和相应冰碛物特征可厘定出 5 期冰川活动。

第 1 冰期称一把伞冰期,以杂谷脑西侧林岭附近遗留的高位 U 形谷为代表,谷底高程 2770 米,高出现代河面 920 米。类似的 U 谷肩坡亦见于岷江河谷。其冰碛物为棕黄色泥砾,分布于同期 U 谷肩上,并延至大邑、怀远一带,即所谓"大邑砾岩"。砾石成分复杂,但以花岗岩、硅质灰岩为主,夹少量石英岩、片岩、砂岩及页岩块砾,粒径悬殊,一般 4 厘米~60 厘米,有的砾表具擦痕或压坑。此层泥砾厚约 170 米,与下伏红层呈不整合接触,倾角 40°左右。在都江堰市玉堂场,发现与大邑砾岩同期冰碛层中有 2 种与第四纪冰川有关的现象:一为含直径大于 3 米的花岗岩巨砾,约距母岩 50 千米;二是孢粉贫乏,仅含极少拟落叶松属、柏科、禾本科、水龙骨科、水藓科及菌类等孢粉,几无阔叶树种存在,与上新世植物群落明显不同。自此冰期之后,在大邑砾岩上部代之以河流沼泽相沉积,于名山刘家坝沼泽层内,发现含大量栲属、栎属、栗属、胡桃属、黄花属、榆属、桤木属、桦属、榛属、水龙骨科及骨碎补属等喜暖植物孢粉和少量孑遗的雪松花粉,有可能代表一次间冰期气候。

第 2 冰期称山王庙冰期,在海拔2596米处的平坦U谷谷肩上有深风化泥砾及直径2米的花岗岩漂砾,U谷相对高度约660米;而在龙门—邛崃山麓冰碛物散布于比高30米～100米丘顶;更远至成都平原中部,则埋藏于地面以下120米左右。在广汉、大邑及邛崃等地钻孔中均曾揭穿此层杂色泥砾,并在其上普遍见有一层厚数十米的青灰、灰褐色泥砂砾层,其中含有植物碎屑和乌木,可能属于第 2 间冰期产物。

第 3 冰期称瓦达山冰期,海拔2240米,U谷肩坡上风化较深的灰色泥砾堆积,厚达50余米,其砾石以硅质板岩为主,花岗岩漂砾直径达1.4米,偶见擦痕。远离西部山区,泥砾则呈现红色,在成都平原东部广泛分布于龙泉山丘陵地带,牧马山即由其组成。漂砾远扬现象时有所见,如在成都北磨盘山顶,冰碛中有盈米之石英岩巨砾,远离龙门山约60千米。据钻探和物探资料证实,成都平原之下15米～120米深处亦有此层冰碛存在。此冰期之后进入另一次间冰期,气候转暖、生物繁衍,沉积物以涪江两岸三级阶地的褐黄砂砾层及上覆7米厚的网纹红土为代表,同期生物遗迹有德阳发掘出的 *Stegodon orentalis*、*S. parahypsilophus*、*Elephas* sp. 等几种象化石。另在江油马角坝陈家岩于同期溶洞中还找到 *Macacus L. Bubalus* sp.、*Rasa* sp. 等化石。显然由于气候湿热,致使粘土层中发育虫状白条,其特征颇似长江中下游的蠕虫状红土。

第 4 冰期称二道坪冰期,U谷肩坡高程为2040米,并保存有厚约70米的绿灰色泥砾,花岗岩及硅质板岩巨型漂砾直径达6米,其上有冰川擦痕。本期冰川规模较小,冰流多限于岷江中游山谷,离开山麓进入成都平原即过渡为冰水相沉积,称"成都粘土"。此后形成二级阶地的河流相沉积。

第 5 冰期称杂谷脑冰期,在杂谷脑平台上广泛分布灰绿色泥砾,巨大漂砾长达9米。此次冰川作用范围更小,仅限于川西北高山中。这层灰绿色泥砾构成都江堰岷江一级阶地及河床底垫层,冰碛物不显任何风化痕迹。中国5次冰期的划分即由川西岷江流域最早总结出来。

2. 金沙江安宁河流域第四纪冰川遗迹

安宁河途经西昌螺髻山及攀枝花市附近,在海拔1000米～4000米范围内发育多期冰川遗迹。安宁河谷的第四纪冰川遗迹由袁复礼(1958)最先报道,并指出西昌螺髻山、冕宁小相岭、会理龙舟山等高山应为冰川雪帽区,在安宁河冰川谷中堆积有一系列冰碛物和冰湖相纹泥。1965年～1966年,地质部西南第四纪冰川考察队围绕螺髻山以及安宁河中下游进行考察(第四纪冰川考察队,1977),获得下述认识。

螺髻山主峰海拔4350米,在其周围3000米以上地段发育有明显的角峰、刃脊、冰斗群、冰窖及U谷等各种典型冰蚀地形,从山体轴部向东、西两侧伸出数条较小U谷。在西麓安宁河U谷中堆积有冰水砂砾层及湖相沉积层,后者称昔格达组。从螺髻山、安宁河及攀枝花一带的冰碛物系列和冰蚀地形之出露高程可划分5次冰期:

第 1 冰期称金沙冰期,其冰碛物出露在雅砻江与金沙江汇合处之谷地中,海拔不高于1100米,与昔格达组底部纹泥层交互衔接、水平过渡(第四纪冰川考察队,1977)。绛红色冰碛层直接覆于基岩面上,相同层位亦见于仁和沟口、攀枝花市河门口一带,惟冰碛物成分及色调皆随地而异。昔格达组下段纹泥层厚约50米,由黄灰色细砂、粉砂层及青灰色、紫红色粘土互层组成。同期生长植物以松属、栎属为主之针阔叶混交林和以冷杉、云杉为主的寒温带针叶林植被,推算气温较今低6.5℃～9.5℃,环境湿冷。

第 1 间冰期沉积昔格达组中段,一般为黑灰色粘土,湖相沉积,上部砂层增厚。反映湿热气候的凤尾蕨属和膜蕨属等蕨类植物以及含笑花属、栎属、铁栎、匙叶栎、滇栲、枫杨、黄连木、合欢属及栾树属等常绿阔叶植物大量繁生,表明其湿热程度相当于亚热带气候。在盐源洼地昔格达组中段含褐煤多达79层,*Populus sp.* 等化石丰富,在干海子产三棱齿象化石。上述事实表明,昔格达组中段地层主要为间冰期河湖沼泽相沉积。

第2冰期称大向坪冰期,以螺髻山西麓麻栗沟源头大向坪深风化的红色泥砾层为代表。砾石成分以澄江砂岩和砾岩为主,含直径数米之巨大漂砾。泥砾层上覆1米厚红粘土风化壳,堆积在高出河床约80米的第三级阶地之上。大向坪冰期之初或冰期到来之前,在安宁河谷及其他山间低洼地区沉积了昔格达组上段黄色厚砂层,局部沉积薄层纹泥,其中粘土矿物属于伊利水云母型,Al_2O_3 与 SiO_2 比值为 1:3,轻、重矿物组合以角闪石、绿帘石或以斜长石为主,反映其时气候环境复又趋于寒冷。

第3冰期称石灰窑冰期,在西昌邛海南大箐梁北坡冰川谷出口处之石灰窑附近堆积了红色泥砾层,大面积延展至鹅掌河左岸。在螺髻山西侧这期红色泥砾出露于小高桥谷地的大龙口冰坎上,厚达70米~90米,砾石成分复杂,源于螺髻山顶,由灰色石英砂岩、紫红色泥岩和灰色细砂岩等组成。风化较深,砾间充填红褐色粘泥或粘沙,紧密胶结,在石英砂岩磨光面上可见擦痕。在黄水沟U谷口外,出现2座与U谷方向一致的基岩残丘,即团山及小团山。团山比高110米,长600米,朝向U谷方面陡峻,尾端缓坡倾入安宁河谷,山腰堆积红色泥砾,覆盖在尾端的昔格达组之上,看来此小丘应属水流塑造之鼻山尾地貌。小团山长130米,宽仅25米,比高约15米,顶面全为红色泥砾所掩覆,是为冰卜鼓丘。由于鼻山尾、鼓丘和红色泥砾于安宁河谷东侧出现,故可证明第3冰期冰流曾下达安宁河谷。此后,河流相沉积发育,在安宁河谷及德昌一带堆积有厚达30米之黄联关砂砾层,其顶面有红色风化壳发育。

第4冰期称西溪冰期,因在螺髻山西北麓的西溪沟U谷中首先发现其冰碛而得名。西溪沟源出摆摆顶冰窖,窖底标高2700米,冰流由其西北部溢入冰川谷,倾泻大量黄褐色冰碛,估计厚度近60米,其巨大漂砾磨光面上可见冰川擦痕。此期冰碛物沿U谷仅至石嘉乡海拔2100米高程,未抵山麓即行消失。

第5冰期称螺髻山冰期,冰川遗迹仅限于螺髻山上海拔3200米~3800米,无论冰蚀地形或冰碛物均极完美而清晰。其中,以围绕螺髻山角峰及其北面的日德林U谷至源头冰窖一带遗迹最为典型。主峰附近的冰斗群分布在海拔3600米~3800米,冰斗常聚水成湖,清澈透底。源头冰窖出现在海拔3900米,其底部覆盖一层深灰色未经风化之块砾碛。此源头冰窖与U谷相连,U谷甚短,下达至3600米高程为止。而最重要遗迹保存在坚硬的澄江砂岩构成的U谷壁上,为基岩冰溜面,出露面积约20平方米,面上遍布与谷向一致的密集擦痕,若干新月形断口横截擦痕显示其凸面追踪冰流去向之特点。另见若干短小冰斗冰川之尾端堆积一二道终碛垄,在垄内侧或垄间形成堰塞湖。此期冰川作用最低界线在3200米左右。

3. 云南元谋盆地第四纪冰川遗迹(表1-6-4)

元谋盆地以其巨厚的河湖相松散沉积层和丰富的化石而早已蜚声中外。元谋组旧称马街马化石层,已有50多年研究历史。1965年,由于元谋人(*Homo erectus Yuanmouensis Hu*)牙齿化石的发现引起地学界极大关注,随之各学科从不同角度对元谋地区自然环境演化进行了探索。1973年发现元谋组底下"龙川江砾石层"具有冰碛、冰水成因特点,因之命名龙川冰期。这套冰碛、冰水堆积总厚108米左右,分上、下2部分:上部沉积60米厚的杂色粘土层夹粉砂亚粘土层;下部堆积48米厚的灰黄色钙质胶结砂砾层,砾石与盆地周围基岩一致,外形多具棱角,砾面常有冰川作用痕迹。在龙川冰碛、冰水砾石层顶部覆有鲜红色含岩屑粘土风化壳,代表元谋组沉积前之间断时期,并反映此时显然曾有构造变动发生,致使龙川冰碛、冰水砾石层产生40°倾角。

第1间冰期以元谋组为代表,属河湖相沉积,总厚695米。据其沉积岩相组合与生物群落自下而上的变化可划分4段:第1段为色彩斑斓的杂色粘土层组合段,厚为110米,此段全为湖相沉积,有的含石膏晶体或有机质甚高,成为炭质粘土及褐煤层;第2段为杂色粘土与砂砾互层组合段,厚314米,此段仍以湖相占优势,沉积多层炭质粘土,但有砂砾互层出现,交错层理发育,水流作用加强,反映其沉积环境属河湖交替阶段;第3段为棕黄砂层及灰绿亚粘土互层组合段,厚149米,环境与第2段类似,但河流相沉积居主要地位;第4段为棕红、黄绿色粗砂细砾层与粘土互层组合段,厚122米,以砂砾石沉积为主,反映河流相特点,著名的元谋人牙化石即赋存于其下部。总之,这4个岩段为连续沉积,组成了元谋组的全部地层。关于元谋组自然环境及时代问题,曾获孢粉学、古脊椎动物学及古地磁学等诸多方面论证。孢粉组合所反映的植被面貌表明,在其沉积过程中虽种属组合曾发生阶段性演变,但始终处于热带、亚热带常绿阔叶林植被类型的控制之中,推测气候变化波动幅度不大,应代表间冰期环境。而从种属演化分析,孢粉组合中含相当数量的第三纪孑遗种属,如泪杉属占9%,雪杉属占23%,古老种属比例如此之高,表明其脱离古、新近纪,进入第四纪不会久远,于是估计沉积时代属第四纪最早期。再从动物化石的6目、18科、29属共30多种动物分析,其中剑齿虎、爪蹄兽、始柱角鹿及原始鏖等9种为第三纪残存种,桑氏鬣狗、泥河湾剑齿虎、元谋狼、大河狸、云南马、山西轴鹿、粗面轴鹿、斯氏鹿、昭通剑齿象、元谋剑齿象及类象剑齿象等11种为更新世早期种。综上所述,出现在古、新近纪和第四纪早期的种超过半数,已占相当高的比例,据此推断,元谋动物群之生存时代至少不致晚于更新世早期。

据古地磁测定(李普等,1976),元谋组地层磁性序列相当于马莫斯至吉尔萨事件阶段。参照同位素年龄可确定元谋组起止时间为(3.1±0.1)百万年~(150±0.1)百万年。若古地磁测定无误,则第四纪启始年代显然大于3百万年。元谋组沉积终止于元谋运动,这次构造运动改变了元谋盆地的建造环境,使之与龙川冰碛层一起褶皱和断裂,并宣告第1间冰期结束。

第2冰期称马头山冰期,其证据是元谋县城东南马头山的紫红色泥砾和块砾堆积。以砂岩为主之砾石风化甚深,可与以后各期泥砾区别,砾石一般10厘米~1米,最大直径2米~3米。马头山一带紫红色泥砾常呈舌状延伸至海拔1600米处,并覆于元谋组之上。

第2间冰期称牛王山间冰期,其沉积物出现于老鸦塘高岩子峡谷南岸的牛王山,海拔1260米~1310米,构成龙川江五级阶地,高出江面200米~250米。砾石层以石英砂岩为主,风化甚深,层厚1米~2米。上覆30厘米厚的紫红色砂土层。

第3冰期称中山冰期,冰碛物出露在元谋城北海拔1150米~1130米有元谋组构成的中山冰碛平台上,为深红色泥砾,厚30余米。上部发育铁质红土风化壳,厚0.5米~2米。

第3间冰期称月龙间冰期,此期砂砾层主要分布于元谋城南月龙村西公路旁海拔1206米的第四阶地,高出龙川江100米~120米,顶部有褐色铁质风化壳。

第4冰期称东山冰期,形成东山海拔1880米的卧坡冰窑、活佛寺冰窑及其窑底红棕色泥砾层。有砾径1米以上巨砾和条痕石,以砂岩为主。分布范围比中山冰期泥砾层为广,保存亦较完整。顶部发育厚40厘米~80厘米的黄色风化壳。

第4间冰期称四家村间冰期,沉积了河流砂砾层,分布于元谋城北龙川江右岸由东山冰碛层构成的二三级阶地上,厚2米~5米,其顶部有棕黄色风化壳,厚0.2米~1米。

第5冰期称大理冰期,元谋盆地及其周围地区尚未发现其冰川遗迹,仅在东山2300米~2500米台面上残留小湖盆地,推测可能为此期的雪蚀洼地(表1-6-4)。

表 1-6-4　云南元谋盆地第四纪冰期划分及地层简表（据孙殿卿等，1999）

地质时代(冰期和间冰期)	地层分层		地质地貌过程	人类及文化遗迹
冰后期	文化层、河漫滩及高漫滩、洪积泥石流、金沙江砾石层等堆积		河流侵蚀和堆积、洪积、泥流等	新石器　大墩子文化 细石器　大那乌文化
大理冰期	龙街粉砂、龙川江埋藏阶地、洪积等堆积		河流侵蚀和堆积、洪积	
四家村间冰期	棕黄色风化壳		风化和成土作用	旧石器　四家村文化
	龙川江南二三级阶地堆积、新冲沟堆积		河流侵蚀和堆积、沟谷侵蚀、坡面冲刷和堆积	
	侵蚀			
东山冰期	红棕色冰碛、冰水堆积		冰川侵蚀和冰川、冰水堆积	
月龙间冰期	红色铁质风化壳		风化和成土作用	
	月龙组(龙川江第四级阶地堆积)老冲沟堆积		河流侵蚀和堆积、坡面冲刷、沟谷侵蚀和堆积	
	侵蚀			
中山冰期	深红色冰川泥砾		冰川侵蚀和冰川堆积	
	侵蚀			
牛王山间冰期	牛王山砾石层（龙川江第五级阶地堆积）		河流侵蚀和堆积	
	侵蚀			
马头山冰期	紫红色冰川泥砾		冰川侵蚀和堆积	
	〜〜〜不整合〜〜〜		元谋运动	
元谋间冰期	元谋组	第4段	河流堆积	旧石器　元谋人文化
		第3段	河流堆积和湖泊堆积	
		第2段	湖沼沉积和河流堆积	
		第1段	湖沼沉积	
	鲜红色铁质风化壳		风化和成土作用	
龙川冰期	龙川组（冰碛、冰水堆积）		冰川侵蚀和冰川、冰水堆积	

4. 丽江玉龙山第四纪冰川遗迹

玉龙山在云南丽江盆地西北，终年积雪，冰川地貌十分清晰，除现代冰川外，尚可区分出大理和丽江 2 期冰川遗迹。现代冰川主要分布于海拔 4500 米～5000 米，以悬冰川和冰斗冰川型式出现，冰台下限在海拔 4500 米，现今气候雪线与地形雪线海拔分别与冰川分布的上、下界一致。大理冰期的冰斗聚集在戏台鼓角峰两侧以及玉龙山东坡海拔 4000 米上下，即"大理冰期"冰斗群（南京大学地理系，1974）。大理冰期 U 谷和终碛垄亦甚典型，并与冰斗直接连通，如源于扇子陡冰斗的干河坝 U 谷伸展至海拔 3200 米处，U 谷形态消失，而阻截谷口留下一列完整的弧形终碛垄，是为大理期终碛。在终碛垄内侧，局部形成沼泽泥炭沉积；另一终碛垄在雪嵩村日卡必 U 谷末端海拔 3040 米处的石坎附近。丽江冰期尚未见其冰斗群，仅在玉石坎冰碛扇外围海拔 2800 米处发现 7 个弧形排列的岗丘，均由玄武岩、灰岩石块夹红棕色粉砂组成。从其出露部位和风化破坏状况来看，均与大理冰期不同，暂称"丽江冰期"。时代应老于大理冰期，但是，它们究竟代表 2 次冰期抑或大理冰期的 2 个阶段，尚待证实。

5. 贵州高原第四纪冰川遗迹（图1-6-7）

贵州高原第四纪冰川遗迹分布广泛，以往屡有报道（J.S.Lee，1947；孙殿卿，1957；贵州108地质队，1977；等）。早年李四光提出关口、洛湾2次冰期并断定贵州高原曾广泛发生过局部的多次冰川作用，但未形成统一的冰盖。孙殿卿（1957）认为，除红色、黄色泥砾外，很可能还存在第3次冰期。嗣后，研究者各自根据所在地区资料划分出4次、5次乃至6次冰期。迄今，各地冰期的划分次数亦各不相同，老冰期的确定还存在问题。现以黔、滇交界和黔中惠水、贵阳第四纪冰川遗迹及冰碛划分为例，借以比较其异同。在黔西盘县和滇东宣威共划分5次冰期，即龙津村冰期、梨园村冰期、海子头冰期、大龙潭冰期及大海子冰期；在黔中惠水、贵阳地区划分4次冰期：青坡期、龙塘沟期、惠水期及赤土期。黔中地区的冰期及间冰期为：

第1冰期称龙津村冰期，其标准剖面系指宣威南龙津村一带浅紫红色岩系，前人称"第三系路南群"或"新红色岩组"。剖面底部砾岩与下部泥砾层间为不整合接触，泥砾层中砾石大小悬殊，砾表屡见清晰的冰川擦痕、刻痕、压裂及压弯等现象，未见孢粉痕迹。其上主要为砂砾、粘土夹褐煤，但各地略有不同：在宣威高桥出露的砂砾层及深灰色粘土夹薄层褐煤，含岭南栲叶、果实（*Guercus championii* Benth）、匙形栎（*Guercus spathudata* Seem）和钩儿茶（*Berchemia sp.*）叶化石等，均为亚热带常绿林植物，气候较今偏暖；在宣威剖面中则变为灰绿、灰黄粘土、砂砾及泥炭层，植被构成以松为主的针阔叶混交林，并生长少量孑遗雪松，反映其时气候与今相似。以上2地沉积及植被均属第1间冰期。

第2冰期称梨园村冰期，以宣威梨园村40米～60米高程的阶地冰碛层和贵州盘县坪地盆地底部的绛红色泥砾为代表。此外，河东营附近海拔2200米～2300米之古老U谷谷肩亦可能属于此期。

第2间冰期，直接在第2冰期泥砾层顶面上发育砖红色网纹粘土和灰黑色粘土以及石灰华等沉积。宣威东山寺的石灰华含高山栎叶痕（*Guercus semicarpifolia* Smith）；盘县坪地瓦厂之灰黑色湖相粘土层中含有完整的米心水青冈（*Fagus engleriana* Seem），以及云南松、铁杉、野胡桃、枫杨、桦、榛、鹅耳栎、桤木、榆、椴、栗、栎、栲、枫香、冬青、山矾及杨梅等属花粉，属落叶阔叶树和常绿阔叶树混交类型。反映常年温暖湿润。

第3冰期称海子头冰期，在盘县坪地海子头一带60米～80米高程的小丘顶部残留厚约1米的棕红色深风化泥砾层。砾石表面具明显的冰川擦痕。在瓦厂附近还见有0.5米厚的纹泥。

第3间冰期，沉积粘土，以盘县海子头棕红色泥砾剖面顶部浅棕红色粘土及宣威15米～20米台地顶部之砖红色粘土为代表。

第4冰期称大龙潭冰期，在宣威南大龙潭冰蚀基岩洼地中存在一个受挤压之弧形终碛垄，由灰白色、深红及黄褐色泥砾和冰水砂砾层混杂堆积而成。砾石具磨光面、冰川擦痕、压坑、压裂以及砾石嵌入等现象，受挤压后冰碛层产生较大倾角。在盘县坪地养路口西侧 海拔2050米处的沉积物中发现盘县云杉（*Picea Panhsienensis* Chen）的球果和占孢粉组合65%之云杉花粉，推测盘县一带气温较今低5℃～10℃，年平均8.5℃～3.5℃，处于冰期气候，较今湿冷（孔昭宸等，1977）。

第4间冰期，沉积桔黄、灰色亚粘土及亚砂土夹砾石透镜体，含大量骨碎补和水龙骨孢粉。宣威长坡此期含以松、栎为主的亚热带针阔叶混交林和以铁杉、栎及栲为主之亚热带针阔叶混交林孢粉组合。推测气温与今相似。

第5冰期称大海子冰期，以盘县坪地大海子、长海子一带海拔2300米～2500米山顶冰蚀湖、冰碛物和以宣威东山顶上2500米高程冰窖、冰蚀湖为代表。冰碛物以宣威长坡的黄褐色泥砾及其冰水砂砾石层出露最佳,厚约4米,石英砂岩砾石多具棱角,砾表常见刻痕。冰川局限于山顶,呈悬垂冰川。

龙津村冰期尚有争议。一种意见主张取消龙津村冰期,而代之以喜鹊沟冰期和新庄坪冰期作为更新世早期的2次冰期,若按此划分第四纪,就有6次冰期:在晴隆县城西南15千米碧痕营西的喜鹊沟中发现灰绿色风化甚深之泥砾层,厚4.2米,砾石大小混杂,排列无序,有大量条痕石,据此命名为喜鹊沟冰期;第2冰期的棕黄色泥砾出露于喜鹊沟西侧新庄坪附近,称新庄坪冰期。而喜鹊沟—新庄坪间冰期之沉积物为灰色粘土及砂砾互层,在粘土层中含蓝铁矿斑点及树干和阔叶植物的碳化木层。以上沉积均广布于碧痕营谷地之中,时代应属更新世早期。

贵州高原中部惠水、贵阳地区的第四纪冰川遗迹可划分为4个冰期和3个间冰期。贵阳附近遗迹保存较好的有洛湾盆地、乌当盆地及惠水盆地。惠水盆地为一巨大U谷(图1-6-7),谷宽底平。南北长35千米,东西宽2千米~3千米,U谷边缘分水岭海拔1300米~1350米,高出谷底300米~400米。此冰川谷两侧

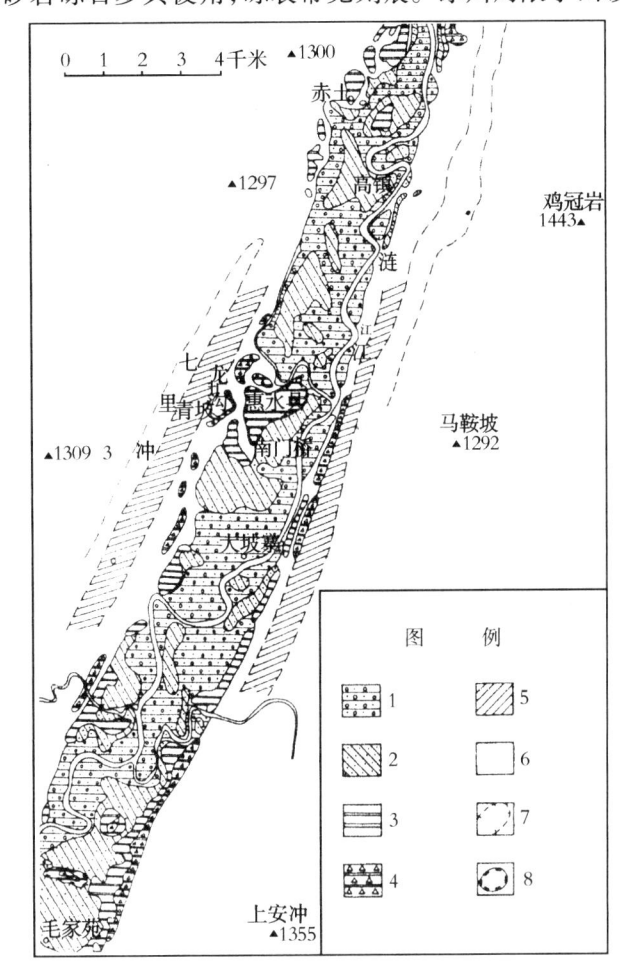

图1-6-7 贵州惠水盆地第四纪冰川遗迹略图(据孙殿卿等,1999)
1.高旺期冲积台阶(Ⅰ);2.赤水期冰碛—冰水台阶(Ⅱ);3.惠水期冰碛—冰水台阶(Ⅲ);4.龙塘沟期冰碛台阶(Ⅳ);5.青坡期冰水台阶(Ⅴ);6.基岩;7.U谷;8.冰坎残迹

排水沟现已成为形态完好的2条小型U谷。惠水县城坐落在此冰川谷中部,谷中发育有5级阶地,其上分别堆积有不同冰期的冰碛物。

第1冰期为与鄱阳冰期相当的青坡期,命名地点即惠水西海拔1164米之青坡五级冰水阶地。沉积物仅见于盆地北面格埌附近山顶,所残留者风化甚深、来源很远的石英砂岩和褐铁矿块砾。第1间冰期形成惠水东面三宝坡海拔1090米的平台面及相应高度的石灰岩溶洞层。

第2冰期称龙圹沟期,泥砾出露于惠水城西龙圹沟北1020米的缓丘,丘顶面构成U谷两侧的四级阶地。本期冰碛与洛湾盆地的"关口"小梁阶地顶部泥砾和漂砾以及与凯里高溪深棕红色泥砾层位相当。第2间冰期沉积于惠水城西梁子上砾石层,与贵阳洛湾小梁砾石层相当。

第3冰期称惠水期,冰碛物分布于惠水U谷中部,组成惠水县城所在宽广平坦的冰碛冰水平台,即三级阶地。台面海拔1030米,高出河面45米。阶地由3层厚薄不等的棕黄色泥砾和棕红、灰黄色粘土组成,显示此期冰川曾有2次以上的进退。第3间冰期在三级阶地顶部沉积黄褐、棕红色斑状或灰白色网纹状亚砂、亚粘土层。

第4冰期称赤土期,以惠水城北赤土二级冰碛阶地为代表。台面海拔990米,高出河面约13

米。阶地由第三纪紫红色砂泥岩构成基座，上覆棕红色泥砾层，厚度大于1.5米。砾石以石英砂岩为主，具磨光面，偶见擦痕。与邻近的马鬃山冰斗（斗底标高1200米）、青岩簸箕山冰斗（斗底标高1190米）和贵阳黔灵山宏福寺粒雪盆（盆底标高1190米～1200米），同为此期生成。其时代与洛湾盆地的洛湾期相当。

九、陕西秦岭地区

最老冰期的冰碛物出露于秦岭北麓三门组底部。冰碛层不整合与古近系平陆系砂页岩之上，由石英岩、石英砂岩、灰岩、片岩及喷出岩砾石组成，含冰川条痕石，砾径最大60厘米，钙质胶结，十分坚硬，厚20米～60米。其上连续沉积冰水砾石层及红色粘土层，厚220米，已具一定产状。后在渭河盆地的沈河下游建立沈河组（薛祥熙，1937）和井下的永乐店群Ⅰ～Ⅲ组的地层层序，可与泥河湾组和三门组对比，时代属早更新世。永乐店群Ⅰ～Ⅲ组厚达1392米。渭河谷地第四系底界位于沈河组或永乐店群Ⅰ～Ⅲ组底部，即为含阴地蕨之孢粉贫乏带，反映气候干冷。

蓝田公王岭冰碛层为一套红色泥砾广泛分布于坝河中上游，厚达35米，岩性复杂，以花岗岩砾石为主，黑云母角闪片麻岩、角闪片岩、石英岩及少量绿帘石火山岩、燧石等混杂堆积，可见磨光面及条痕石。公王岭冰碛层上覆几十米厚的老黄土，称泄湖组。著名蓝田人头盖骨、上颌骨即产于其中，并有三门马、大熊猫、东方剑齿象、华南巨貘、中国貘、毛冠鹿和秦岭苏门羚等哺乳动物化石。磁性地层位于哈拉米洛事件之初，距今约0.98百万年，相当于三门峡第2冰期。冰蚀地形可见于东部坝源附近及南部秦岭梁一带。这些冰碛与冰蚀遗迹称"公王岭冰期"。

在秦岭山地顶部的太白山一带保存有极为明显的冰川侵蚀地貌和冰碛物，其时间被称为"太白冰期"。秦岭主峰太白山绝顶拔仙台海拔3767米，台面遍布冰碛块砾。北部海拔3590米处发育有大爷海冰斗，斗口隔一冰坎，与U谷相连，U谷伸展约1千米，末端止于海拔3200米处，谷底覆满块砾。拔仙台以南海拔3650米的二爷海冰斗湖规模更大，伸出U形谷长约2600米，呈串珠状谷地，贯通三爷海（3488米）、四爷海（即玉皇池3350米），而止于终碛垄上的三清池（3100米）。这2条分别向南、北流注的冰川规模虽小，但其形迹却十分明显。U谷中发育有串珠状冰蚀湖、冰坎及终碛地形，属冰斗冰川或悬冰川类型。上述冰斗底部高程代表当时的雪线高度在3600米左右，冰川作用下限达3100米～3200米，而现今落叶松林线的上限已升高至3200米～3300米，并在林线以上发育有石河、石流及石海等冰缘地貌。

太白冰期气温明显下降，不仅山区发育冰川，而且还影响到山前地带的沉积岩相和植被面貌，在沈河上游的北庄村（中国科学院植物研究所、地质部地质研究所，1966），沉积有冰水砂砾层和灰褐色粘土层，厚约1.5米，底部砂砾层除含擦痕砾石外，孢粉组合系由大量耐湿冷的云杉、冷杉等针叶林构成，亦混杂少量松、桦、栎等针及阔叶树种。至上覆灰褐粘土层沉积阶段，下部云杉球果及青枫（*Picea wilsonii* Mast）等耐寒树种大量出现，表明仍受冰期气候控制；上部逐渐有从云杉青枫针叶林向针阔林混交林发展之势。到较新黄土沉积时期耐寒植物几已绝迹，代之以榛、榆、栎等和以菊科、蒿属占优势的干旱草原植被出现，表明此时植被已由针阔叶混交林向森林草原类型发展。现代秦岭青枫林仅限于2000米高度，显然当时在海拔490米出现了云杉、冷杉及青枫等耐寒植被，说明至少在渭南一带气温曾大幅度下降，推测其平均气温约为6℃。无疑，此云杉化石层应代表一次冰期即太白冰期的存在。从测定青杆^{14}C年龄为（23100±850）年来看，太白冰期发育时期正处于大理冰期的最盛阶段。

天津地质矿产所和陕西省地矿局对秦岭山地第四纪冰川遗迹开展了深入调查研究，划分出4个冰期，自老至新为：洛南冰期、咀头冰期、玉皇冰期及太白冰期。洛南期冰川遗迹主要分布在洛南盆地、秦王山和王顺山等地,遭受构造断块活动及后期侵蚀破坏的古冰斗残留于洛南盆地北部山岭地带,冰蚀槽谷从华山山脉向盆地展延。冰碛物以洛南盆地底部厚达百米以上的冰碛与冰水沉积为代表,系经湿热风化的紫红色具白、蓝、绿色斑点的致密粘土砾石层。其中所含火成岩、板岩及片岩等砾石遭严重风化。冰碛物分布最低位置已达海拔900米左右,古冰川长度可达50千米。古雪线高程在海拔1300米~1500米,冰流曾屯聚于洛南盆地,属半覆盖盆地冰川类型,并在此古老冰碛层中发现丰富的冰碛砂金。此冰期与鄱阳冰期相当,时代为早更新世。咀头冰期(命名于太白盆地咀头镇),从发育于秦岭梁及鳌山北坡的冰斗、冰窖及槽谷等冰蚀地形,至冰碛垄及外冲冰水沉积,均保存完整而清晰。太白盆地的七里川和北沟等地冰川槽谷可分为上、下2级套谷,二者高差约达百米。与冰蚀地貌配套的相关沉积残留于地表,大部已掩覆在盆地底部,已由钻孔资料印证。此期冰川槽谷源头多为冰窖或粒雪盆,支冰川谷源头则为小型冰斗群,在陇山及草链岭西沟等地较为典型。冰碛物为棕红色泥砾,主要分布于盆地底部,最低高程为海拔1300米。其类型属树枝状山谷冰川,古雪线高程在海拔1800米~1900米。此期又可分为2次副冰期,早期称上凉峪副冰期,晚期称七里川副冰期,可与大姑冰期的谷山段及高垄段对比,时代为中更新世。玉皇期冰川遗迹分布在海拔2000米以上的玉皇山、鳌山、首阳山及四方山等地,多系零星分布之小型古冰斗,在空间展布上具有多层性,航片反映尤为清楚。玉皇山地区古冰斗分布在海拔2400米~2600米并下接冰蚀槽谷。冰川长度1千米~5千米,冰碛物以轻度风化的桔黄、锈黄色块砾碛为主,主要分布在分水岭顶部或沟源地带。玉皇期冰川为冰斗冰川类型,时代属晚更新世早期,相当于庐山冰期。太白冰期为秦岭山地末次冰期,以太白山顶的拔仙顶附近海拔3000米以上地带冰川遗迹保存最佳。其类型以小型冰帽—冰斗冰川为特征,雪线高程在3300米~3600米。又据三清池槽谷、大爷海槽谷及三官殿槽谷中叠置的上、下2级套谷及其相关的冰碛物可将其分为2个副冰期;早期称为三清池副冰期,晚期称为二爷海副冰期。太白冰期的时代为晚更新世晚期,相当于大理冰期。

秦岭地区第四纪沉积物孢粉分析结果可归纳为10个孢粉组合及13个冷暖气候旋回。冰期堆积于间冰期沉积之孢粉组合,有其明显的差异而各具特征。温暖的间冰期孢粉组合特征为:阔叶树花粉增多,孢粉数量丰富且木本花粉多于草本花粉,亚热带成分相对增多,植被为针阔叶林,反映气温与现今相近或更暖。如太白拐里村剖面下部泥炭层中亚热带成分高达13%;太白盆地B1钻孔118米岩心中亚热带成分占11%,反映古气候比现今更为暖热。据太白县泥炭层中孢粉反映的间冰期气温,较今高出2℃~5℃。寒冷的冰期孢粉组合特征是:一般为孢粉贫乏带,草本花粉多于木本花粉,阔叶树花粉甚少,未见亚热带孢粉,成分以旱生蒿及藜草本为主。反映植被为梳林草原—半荒漠景观。钻孔中砂砾层的孢粉贫乏带反映寒冷气候,植被类型相当于现今祁连山及阿尔金山高山寒漠带,气温比现今7.5℃低2℃~8℃。

秦岭第四纪沉积物微观特征,在矿物组合上以非稳定矿物占优势,反映冰川、冰缘沉积的气候环境,为角闪石、绿帘石、透闪石、夕线石及辉石组合,一般含量超过50%,有时达92.25%。以稳定矿物占优势,磁铁矿和赤铁矿的高含量为河流沉积环境,包括钛铁矿、磁铁矿、褐铁矿、赤铁矿、榍石及石榴子石组合。运用扫描电镜对沉积物的石英颗粒进行表面结构特征分析,反映冰碛型的表面组合特征为:棱角尖锐的形貌、频繁出现冰川研磨痕迹、丁字形及平行擦痕,多角形构造、平行解理片和上翻解理片等;流水沉积与湖相沉积型为:圆或次圆状外形,明显的溶蚀现象、二氧化硅沉淀、V形水下撞击沟和撞击坑等;冰水沉积型特征大致介于冰碛与流水沉积之间。

秦岭地区历经多次冰川作用,无论在山体本身抑或山前地带,各处所展现的第四纪冰川遗迹均极为丰富。不少研究者(严阵等,1964)根据对不同地点调查结果进行了冰期命名及冰期次数划分。总的来看,可划分为4次冰期:太白冰期相当于大理冰期,为中国东部末次冰期之代表;相当于庐山冰期之玉皇冰期又称骊山冰期或斗母宫冰期;属于大姑冰期者分别称首阳期、大殿期、咀头冰期;相当于鄱阳冰期者为外方冰期、公王岭冰期或洛南冰期。就钻孔资料所知的三门组底部冰碛层来看,还可能有更老的冰期存在。

十、青新藏地区

1. 祁连山地区第四纪冰川遗迹

祁连山地区第四纪冰川遗迹及现代冰川考察由来已久(刘增乾,1946;夏开儒,1959;中国科学院高山队,1959;郭鹏飞,1978),冰期划分极不一致,名称繁多,综合前人资料,暂概括为5次冰期和4次间冰期:

第1冰期称玉门冰期,以玉门组底部之冰碛层为代表。玉门砾石层最初由杨钟健命名,并针对其沉积类型划分为2部分:下部为终碛泥砾;上部系冰水砂砾。玉门冰碛冰水砾石层横跨祁连山两侧,在东北侧河西走廊边缘,冰碛物多局限于若干山谷之谷口附近,而其冰水砂砾层则延至走廊北部低洼地区,这已由钻孔资料证实。在酒泉盆地南部文殊山玉门冰碛砾岩厚达60米~250米,其中可见冰川条痕石;而显现层理的冰水相"砾岩"厚度则为40米~400米。酒泉、武威以北冰水砂砾层全部消失,代之以砂层和缟状粘土等冰湖相沉积。在祁连山西南侧柴达木盆地北缘的巴龙马海群及共和盆地湖相层之下均埋藏有玉门期泥砾。共和盆地东部头塔拉一带在埋深109米之下揭穿一层15米厚黄色含砾粘泥;在盆地南侧出露一层具30°倾角的巨厚半胶结泥砾,内含直径达1米的漂砾。层位可能相当于玉门期沉积。

第1间冰期,以上共和组黄灰色河湖相沉积为代表,厚400米~600米。上部冲积砂层中富含鹿、牛等喜暖动物化石。共和组沉积之后,祁连山地区新构造运动较强烈,致使第1冰期和间冰期建造,均程度不同地产生变形。

第2冰期称酒泉冰期,以酒泉砾石层下部的酒泉冰碛层为代表。砾石层在酒泉附近发育,厚50米~400米。据河西走廊大量钻孔证实在大面积的戈壁砾石、沙漠下普遍埋藏有酒泉泥砾层,厚约100米,主要为漂砾与褐黄色粘土混杂堆积,其中夹有分选良好的砾石层或纹泥层。各钻孔口多在海拔1200米~1500米之间,如张掖南大满堡钻孔内泥砾厚116米,高台火车站南华钻孔内泥砾厚103米。从各地质剖面来看,酒泉泥砾层海拔最低为1000米左右,距祁连山远达80千米~100千米,成为覆于山前平原上的巨大山麓冰泛,亦为中国第四纪冰川作用范围最大的时期,相当于鄱阳冰期。在祁连山西南麓酒泉冰碛层亦有广泛分布,如柴达木西北冷湖地区、赛什腾山前平原地下浅部的灰黄色泥砾及纹泥。柴达木盆地中部达布逊湖附近、青海湖周围以及共和盆地等均埋藏有酒泉冰碛层。而上覆的酒泉砾石层主要为冰水相沉积,部分为间冰期产物。

第3冰期称冷龙冰期,冰碛物主要分布在冷龙岭南坡,海拔3300米~3700米,接近山麓丘陵台地上,高出山前冰水平原100米~150米。冰碛层为厚10米~70米的灰黄色半胶结状泥砾,其中所含巨大漂砾直径可达1米~2米,最大4米~6米,漂砾表面多磨光面和冰川擦痕。在门源盆地钻孔揭露此泥砾层厚度大于100米,下达至海拔2500米高程的山前盆地中,为规模较大的山麓冰川。冷龙冰期后的间冰期侵蚀下切,并堆积砂砾和黄土。

第4冰期称东沟冰期,或称大坂冰期的东沟阶段。冰斗群分布在大坂山、疏勒南山及陶赖山等地海拔3900米~4000米附近,而U谷可向下伸至3200米,白河口终碛垄海拔为3250米。看来此期冰川类型主要属冰斗冰川或冰斗山谷冰川,仅局部地段成为小型山麓冰川。

第5冰期称三岔口冰期,冰斗群分布在4100米~4200米地带,其终碛垄在三岔口附近的海拔

3600米～3800米地带。

全新世气候最宜期在黑河八宝河阶地上沉积有石灰华,厚4.5米。此后气温波动发生岗石尕小冰期,在现代冰川前缘1千米～3千米形成3排终碛垄(海拔3900米～4200米),由新鲜块砾碛组成,厚50米左右。祁连山现代冰舌前端可达海拔4200米,粒雪线则在4200米～4400米范围。

2. 新疆天山地区第四纪冰川遗迹

新疆天山山脉的现代冰川和古冰川均甚发育。现代冰川以托木尔峰(海拔7435.3米)和汗腾格里峰(海拔6995米)为中心,形成了较大的树枝状山谷冰川。而第四纪冰川遗迹则多保存于现代冰川外围较低部位的谷地两侧,尤以天山南坡最佳。

天山冰期最早由黄汲清、程裕祺(Huang,Cheng,1943)建立序列,后经众多学者考察研究(费道罗维奇等,1959;杨怀仁,1956;南京大学地理系,1974;施雅风等,1978),但对冰期划分的次数各不相同。综合分析前人研究成果,暂划分为5次冰期。

第1冰期称西域冰期,以西域砾石层为代表,分布于天山南、北麓山前地带,厚达3000米左右,为一套灰色"砾岩"及灰绿色砂泥岩互层堆积,在库车盆地不整合于库车层之上,显示冰水相沉积特征;在玛纳斯曾见冰碛砾石。在安集海可分上、下2部分:上部之深灰色砾岩,厚约350米;下部为土黄色砂泥岩与砂岩、砾岩互层,底部含三门马($Equus\ sanmeniensis$ Teihard & Piveteau)化石。在乌兰布拉克层厚2046米,覆于独山子层之上。各地岩相基本稳定,但厚度变化甚大。

第2冰期称阿合布龙冰期,阿合布龙居太兰河谷口破城子煤矿下游方向数十米处出露一厚约50米的剖面:上部堆积厚约15米的冰碛层,大小混杂的岩块直径大者可达2米以上;下部红棕色成层砾岩,相当于西域砾石层。整个地层剖面具有18°倾角。阿合布龙冰期与恭兹冰期相当,属于宽尾山谷冰川。

第3冰期暂称煤矿冰期,命名于破城子煤矿下方约50米处的太兰河南岸。由侏罗纪砾岩构成的高出河床57米之谷肩上,有一套厚约50米的堆积物,此期冰碛即指剖面底部厚12米的冰碛层而言,呈灰白色,由大小石块混杂堆积,最大漂砾直径2米,多为花岗岩块体。此期可能与民德冰期相当,冰川末端海拔1868米,冰碛层上部沉积有8米厚的河流相浅紫红色粗砂砾及粘土层,水平层理清楚。可能为其后间冰期沉积。

第4冰期称克兹尔布拉克冰期,在破城子太兰河下游克兹尔布拉克缓倾斜山麓地带散布有半埋藏的大漂砾,多为数米至十余米大的花岗岩块,与砂、粘土混杂堆积,即代表克兹尔布拉克冰期堆积。其时代可能相当于里士冰期,冰碛层分布范围低于海拔1750米。

第5冰期称破城子冰期,以太兰河口破城子多道弧形终碛垄为代表。终碛垄共10列,南北宽、东西长各7千米左右。按高度大致可分2组:其外侧5列海拔1860米～1940米,相对高差20米～50米;内侧5列海拔1960米～2110米,相对高差40米～90米。内、外2组终碛垄之间存在一个1千米～1.2千米的洼地,显示同一冰期的2个阶段。此冰期相当于武木冰期,最盛时冰川长达96千米,应为宽尾冰川。

土格别里齐小冰期终碛垄位于破城子终碛垄上游41千米,海拔2480米之U谷中。这道巨大的终碛堤横阻谷地,东西长1千米,南北宽700米,比高30米～50米。

3. 珠穆朗玛峰地区第四纪冰川遗迹

在喜马拉雅山脉中段的世界最高峰——珠穆朗玛峰(海拔8848.13米)和希夏邦马峰(海拔8027米)地区,经多次考察(施雅风、刘东生,1964),第四纪冰川作用一般划分为3次冰期及2次间冰期。自老而新为:

希夏邦马冰期,相当于恭兹冰期,冰川遗迹以希夏邦马峰北坡冰碛丘陵和冰碛平台(最高处

6190米,前缘降至5700米)为代表,冰碛平台高出那克多拉河河床800米~600米,由花岗岩、花岗片麻岩、角闪片岩和少量石英砂岩及灰岩等组成,冰碛物展示为一规模不大的山麓冰川,其时冰川远离主脊线仅十余千米,广大地区未被冰雪覆盖。

帕里间冰期,为湖相沉积,出露于帕里盆地两侧,仅残存灰蓝色砂质粘土和灰白色细砂互层沉积。该层下部含少量花粉,以蒿、禾本科及藜科草本植物为主,其次为莎草科、伞形科、菊科、麻黄、荸草和杜鹃花科以及桦、榆、鹅耳枥、栎、松及柏等木本花粉,属疏林冻原景观;中部花粉丰富、种类较多,以阔叶树种桤木、栎及桦等花粉占优势(55.5%),并含少量鹅耳枥;而针叶树种花粉则以松为主,其次为冷杉、铁杉及云杉等共占木本总量的31%,表明当地为茂盛的针阔叶混交林,反映气候温暖湿润。据此估计,此时年平均气温在7℃左右。聂聂雄拉宽广的冰碛平台及其数十米厚的冰碛层是该冰期的产物。冰期时,山体南、北坡的冰川作用均已达山麓冰川规模,在北坡高出绒布河床500米~700米的U谷谷肩上有冰碛物,其海拔为5200米~5400米;在南坡聂拉木地区发育了强大的树枝状山谷冰川,主冰川长达30千米~40千米。

加布拉间冰期,其湖相台地分布在海拔4900米~5100米的加布拉一带,由灰蓝色粘土及黄色中细砂互层组成,除发现云杉、曲枝柏化石及鱼化石外,所含孢粉亦甚丰富,其中云杉占木本花粉总和的76.3%,阔叶树花粉较少,形成较纯的云杉林带。在聂聂雄拉冰碛平台南侧的低洼处所也沉积了一套由蓝灰色和杂色粘土层组成的湖相层,其中孢粉以栎树为主之木本花粉占绝对优势,并含松和木兰花粉。这一湖积层有可能稍高于加布拉湖积层,因此则可推测此间冰期的植被景观早期为草原或森林草原,尔后逐渐转暖,出现以栎、松为主之针阔叶混交林,以及木兰、松混交林,后期山核桃、木兰等大量喜暖植物出现,更富有亚热带气候特征。

珠穆朗玛冰期,包括基龙寺和绒布寺2个阶段。在绒布河4750米以上之谷地两侧分布有此2个阶段的一系列侧碛和终碛垄;但其间隔期并不显著,因各条终碛垄向上游延伸组成同一高侧碛。然而只是前阶段的终碛遭受严重破坏,后阶段的终碛却保存完好,于是厘定为同一冰期的2个阶段:基龙寺阶段,系指珠峰下绒布冰川前面13千米,在海拔4780米的谷地中遗留下一片面貌全非的基龙寺残破终碛,仅见2米~3米大小的花岗岩和花岗片麻岩巨砾,与其上游高侧碛遥相呼应;绒布寺阶段,指绒布冰川前缘8千米许的绒布寺附近海拔5000米处终碛垄而言。2个阶段的终碛垄间隔5千米,而共有高侧碛的奇特现象,则只能归结为珠峰强烈上升所致。

全新世的高温期称亚里期,在聂拉木北海拔4300米亚里波曲上游的一阶地上沉积了大面积的石灰华。在石灰华台地上发现大量中石器,证明此处是距今约7000年或稍晚时期的古人类活动遗迹;并在石灰华上部发现有忍冬、荚蒾、鼠李、小檗、柳、勾兜茶、绣绒菊及蔷薇等植物化石,反映气候温和湿润。高温期过后气候转冷,绒布冰川再次较大幅度前进,至海拔5100米形成绒布德寺以南至现代绒布冰川末端之间的数条终碛垄,最前一列高出冰水扇顶60米。一般称这次冰川前进时期为绒布德小冰期。

关于希夏邦马冰期之前是否发生过更老的冰期,虽然迄今尚未获得确凿证据,但常引出贡巴砾岩问题。1964年在定日南贡达浦村附近发现一套巨厚砂砾岩层,曾称野博康加勒层,亦即现称之贡巴砾岩。由于在砾岩表面发现有冰川擦痕,将其定为希夏邦马冰期冰水相沉积。尔后发现,此冰川作用仅限于远离定日盆地山谷地区,而贡巴砾岩早已在定日盆地中剥蚀为残丘,两者分布高程相差1000米以上。从上述迹象判断不大可能是同一时期的沉积。贡巴砂砾层普遍见于藏南地区,厚度在1000米以上,下部为砂岩、砾岩互层,在黄色砂岩中有高山栎(*Quercus semecarpilolia*)等化石,上部为灰黄色粉砂岩。贡巴砾岩假整合或不整合覆于上新世的湖相层之上,呈顶盖砾岩状产出。所含草原类型孢粉,显示气候寒冷干燥,因而暂置于更新世底部,与西域砾岩及玉门砾岩相对比,看来有可能代表一次更老的冰期。据爱·德比希尔(1982)对贡巴砾岩进行古地磁测定结果,其中部位于磁性地层高斯正向世与松山倒转极性世的界面附近,距今约2.48百万年。

4. 青藏公路沿线第四纪冰川遗迹

1975年~1977年,地质力学研究所段万倜等对青藏高原昆仑—唐古拉沿线进行第四纪冰川考察,在前人划分4次冰期的基础上,进一步划分为5次冰期和1次冰缘期以及冰后期的唐古拉小冰期。

惊仙冰期,冰碛层和冰水沉积分布于昆仑山南坡青藏公路62道班附近,其上连续沉积羌塘组,底界与上新世昆仑砾石层为平行不整合接触。据羌塘组古地磁测定,推测惊仙冰期始于距今300万年左右,结束于高斯期极性世末期,距今约260万年。因此可与龙川冰期、红崖冰期对比。而在念青唐古拉山南坡高台地冰川冰水堆积则可能代表此期冰川已抵达山麓地区。此时,冰川区范围有限,仅流行于具有较大高差的山峰上下,属山谷、山麓冰川。

狮子山冰缘期,完好的古冰缘冻胀构造发育在羌塘组第4段亚粘土和亚砂土沉积中,所含孢粉以菊科等草本植物为主,有少量圆柏和苔藓等。羌塘组第5段以碎屑和砂砾层为主,夹砂和亚粘土层,偶含直径数十厘米漂砾,多层见有冻融挠褶现象,但均未见孢粉痕迹,故认为羌塘组第4和第5段沉积时期,属寒冷冰缘气候环境。据古地磁测定,惊仙—狮子山间冰期(第1至第3段)年代处于留泥旺极性事件至高斯正向世末期,距今195万年~260万年。在狮子山冰缘期(第4和第5段)则始于留泥旺极性事件并延续到吉尔萨极性事件之后,距今约150万年。在狮子山冰缘期,藏北那曲一带低洼湖盆为冰缘气候笼罩。那曲以南的四道梁和以北错鄂湖东的娘查,在同一层位之河湖相地层中发育了典型的冻融挠褶,并命名为那曲冰缘期,可与多脑冰期对比。狮子山冰缘期的昆仑山不仅存在地形雪线,而且已具发育冰斗冰川或山谷冰川的条件,其时高大山峰周围只有局部小股冰舌在山谷中流伸,而广大低山丘陵和山麓盆地则为冰缘区。

望昆冰期,其高冰碛平台分布于昆仑山主脊两侧,此冰期大致从距今110万年前后开始,可与鄱阳冰期对比。唐古拉山区望昆(拜多)冰期以布曲上游和拜多河谷地的高冰碛台地和冰碛物为代表,唐古拉山口107道班以西分水脊山梁顶部(海拔5400米左右)有大块中酸性火山岩漂砾散布,各相对高度在200米上下或更高的冰碛平台及其冰碛均属本期产物。望昆冰期乃是青藏高原最大的一次冰期。

纳赤台冰期,冰碛物源于纳赤台后沟并分布至纳赤台附近,称纳赤台冰期。其特点之一为冰川作用与冰缘作用在布尔汗布达山区呈犬牙交错式并存。西大滩右侧谷肩上冰碛、63道班冰碛岗地、唐古拉山低台地冰碛和当雄水电站剖面之下台地冰碛层等均属此冰期。下伏花岗岩缝隙中残留的鲜红色风化壳充填物为间冰期温暖气候证据。本期可与大姑冰期对比。

扎加藏布冰期,冰碛丘陵广布于扎加藏布谷地中,前缘达土门格拉公路四道班一带,砾石具明显的风化圈,冰碛地形迅速过渡为第三级冰水基座阶地,此为扎加藏布冰期之代表,可与庐山冰期对比。

巴斯错冰期,冰川到达范围较小,巴斯错湖北缘的四道冰碛尚较明显,湖盆本身即在冰川铲掘的盘谷中集水而成。从唐古拉山口(海拔5206米)北溢的水流与109道班东侧谷地流出的冰舌汇合后,终碛带位于109道班以南4千米~5千米处,并未到达扎加藏布主谷。扎加藏布—巴斯错间冰期的存在可由扎加藏布曲的水流切割冰碛丘陵和第三级冰川阶地反映出来。巴斯错冰期的砾石一般未遭风化。本期可与大理冰期对比。

综上所述,无论喜马拉雅山珠穆朗玛峰地区还是青藏高原上的昆仑—唐古拉地区的第四纪冰川遗迹均以山岳冰川类型为主,并未形成统一的冰盖。这些事实不仅与亨丁顿(E. Huntington,

1906)、特林克勒(E. Trinkler,1930)、西尼村(B. M. Xinicun,1958)等称青藏高原大冰盖的论点完全相反,甚至亦未达到奥德尔(N. E. Odell,1925)推测的冰川覆盖定日盆地的规模。而近年来地质科学院地质研究所韩桐林通过实地考察,认为西藏存在大陆冰盖的证据。

本节所列21个地区的第四纪冰川遗迹的资料,虽已基本反映中国第四纪冰川发育的轮廓,但各地建立冰期序列的依据不尽相同,而且大部缺乏年代学数据作为对比各次冰期的依据。

第三节 第四纪冰期、间冰期的划分与对比

孙殿卿等(1999)指出,中国第四纪冰期、间冰期的地层划分原则,是根据中国第四纪冰川发生、发展和消亡的现象、海水进退的情况、生物演化和迁移的规律、地层的岩性与岩相建造变化以及地壳改造关系等各方面的事实,进而分析它们彼此之间的成生联系,从实际情况出发而进行划分的。当然,亦考虑到历次国际地质会议所提出的各项合理建议。在这些原则的基础上,借助冰川遗迹,生物、气候及沉积地层,构造运动以及古地磁和同位素数据等多种方法、手段和资料,以 10^5 年为单位,将中国第四纪初步概括地划分为5次冰期和4次间冰期。即红崖冰期、泥河湾间冰期、鄱阳冰期、下泄湖间冰期、大姑冰期、周口店间冰期、庐山冰期、萨拉乌苏间冰期、大理冰期和冰后期。现按其发展演化程序分述如下:

一、第1冰期

第1冰期称红崖冰期,其划时代意义在于从此宣告脱离了古、新近纪地质时代,跨进以第四纪大冰期为其特点的崭新的地质纪年。红崖冰期命名在河北阳原县花梢营附近壶流河左岸的红崖村附近,在那里的侏罗纪紫灰色火山凝灰岩的侵蚀面上覆盖着一层1.5米～1.7米厚的泥砾,由棕红色泥与大小砾石混杂堆积而成,砾石多为辉绿岩、安山角砾岩和凝灰岩类,灰岩成分较少。有的巨大漂砾达1.2米×0.8米×0.8米,在安山岩砾石的磨光面上见有2组冰川擦痕。整个泥砾层深受风化,层位古老,据古地磁测定位于高斯正向世的马莫斯事件附近,大约形成在300万年以前。此泥砾层上部逐渐变为泥包砾和粗具层理的粘土层,即所谓"三趾马红土层"。显然,三趾马红土层与其下部的冰碛层已组成一个不可分割的整体,统称为红崖冰碛、冰水沉积层。冰碛和冰水沉积层中孢粉种属单调,充分反映出冰川带的植被特点:木本植物占50%,草本植物占46%。其中耐寒和耐干旱的植物占总数的2/3以上,如似矮桦(*Betulanana*?)占27%,白刺属占3%,藜科占25%,蒿属占16%,几乎全为冰川体附近生长的干寒稀疏植被群落。但是,在冰川前方的湖相沉积层或冰川后退在冰碛层上部沉积的湖相地层附近,都生长着边缘气候带的植被。泥河湾组下部,相当于产猞猁(*Lynx* sp. nov.)、轭齿象(*Zygolophodon* sp.)、披毛犀(*Coelodonta anlipuitatus*)、三趾马(*Hipparion* sp.)、拟骆驼(*Paracamelus* sp.)、转角羚羊(*Antilspira* sp.)及多刺鱼(*Pungitius nihowanensis*)的层位,亦即代表泥河湾组下部的虎头梁剖面。剖面从下而上可明显地分出3个孢粉带:I带以松、云杉和冷杉为主的针叶树种占优势,高达90%以上,阔叶和草本植物甚少;II带以蒿、藜、十字花科等草本植物为特征,其中夹杂少许阔叶树种,局部达10%以上;III带与I带特征近似,针叶树种又占优势地位。这一植被变化充分揭示出气候波动、冰川消长与植物迁徙三者之间的密切关系。据古地磁测定,泥河湾组虎头梁剖面的沉积时代约从290万年开始至243万年结束,包括红崖期的兴盛阶段在内。同样的孢粉变化图式在红崖剖面、城墙剖面、蔚县寇家庄142孔中均有明显的反映。目前所知,红崖冰期的堆积物广泛地分布在晋冀交界的桑干河、壶流河流域,直至北京东

郊一带。

在延庆盆地,由"震平1孔"所揭露的地下848米~1002米一段冰碛层,厚达154米,其中孢粉十分贫乏,仅见数粒草本植物十字花科和蒿属花粉。

北京东郊、顺义及通州等地的北法信、天竺、东田洋及六里屯等孔的地下深部,均揭露出绛紫色泥砾和冰水砂与冰水粘土互层沉积,厚度计150米左右。从钻孔中取出的砾石直径约5厘米,风化很深。在某些次生泥砾中发现云杉和冷杉为主的植被。北京地区称此次冰期为朝阳冰期。这期冰川似从北部山区泛溢,经由山前的昌平埋藏谷地向东南方向伸展,与密云、怀柔埋藏谷地在地下500米深处汇合,形成一个更加巨大的谷地向燕郊及夏垫方向延续,直到天津一带地下630米深度都有其冰水相沉积踪迹。

太行山东麓临城冰期的冰流从山区向河北平原方向流溢,临城冯村的杂色泥砾和棕色粘土层为其冰碛、冰水沉积,任丘地下489米~457米深度的棕红、紫红色粘土夹砂层为其外冲沉积,从该层的针叶林草甸孢粉组合所反映的气温表明,当时较现代低9℃~10.5℃,年平均气温为2.5℃,据此估计太行山及鲁西山地在海拔400米~500米以上的山区有条件发育冰川,其时代大约距今300多万年。

秦岭北坡三门峡一带的第1冰期冰碛层,即前人所称之"上新世大安组砾岩"为代表的红色岩系。近年发现,其中的孢粉贫乏,但为藜科、蒿属居优势的稀树草原植被,反映了冰川气候特征。这次冰期持续到290万年前结束。三门峡以西,渭南沈河张家坡组下部的河湖相沉积以云杉、冷杉、松、榆及朴占优势,组成针阔叶混交林植被,可能属于这次冰期的最后阶段。然而,张家坡以北的渭河谷地,由于第四纪以来强烈下陷,堆积了巨厚的第四纪沉积物,在地下2100米深度的地层中已开始出现指示冰期的耐寒植物阴地蕨和冷杉等分子,象征着第四纪大冰期气候已经到来。

中国西北地区,祁连山两侧的山麓与若干河谷地带有玉门冰期的冰碛层和冰水砂砾层分布。在河西走廊北段冰水砂砾层伸展到走廊的低洼地带;河西走廊中段酒泉盆地南部的文殊山砾岩,厚达数百米,具有冰碛、冰水沉积特征。在祁连山另一侧柴达木盆地北缘巴龙马海群之下以及共和盆地巨厚的湖相层之下,都埋藏有玉门冰期的冰碛。

新疆天山南、北麓的西域砾石层普遍分布在山前地带,岩性和岩相特点与玉门砾石层类似,但厚度超过玉门砾石层数倍。由此看来,西域冰期的冰水沉积可能从山前带向外延伸很远。

中国西南部地区,川西岷江上游的一把伞冰期冰碛物下达到四川盆地的大邑、怀远一带,即所谓"大邑砾岩",实为棕黄色泥砾,最大厚度约170米。此外,都江堰玉堂场的同层冰碛物中孢粉贫乏,仅含为数极少的松、拟落叶松属、柏科、禾本科、水龙骨科、水藓科及菌类等孢粉,几乎无落叶树种。

川西南金沙江、安宁河一带,安宁冰期或金沙冰期的冰碛物一般伏于湖相层昔格达组之下;但有些地点的冰碛层与昔格达组下部的纹泥层交互衔接,水平过渡,显示了冰碛与冰水沉积的相变关系。昔格达组下段以冷杉和云杉为主的针叶林植被分布在冰川外围的冰缘地带。

云贵高原上的黔西、滇北龙津村冰期的冰碛物,分布在宣威南龙津村一带,前人称为"第三系路南群"或"新红色岩组"。元谋盆地沿龙川江分布的冰碛、冰水砾石层厚约108米,潜伏在元谋组之下,称为龙川冰期,冰期开始时间不详,但约在310万年前结束。

青藏高原的惊仙冰期,冰碛和冰水沉积分布在昆仑山南麓的羌塘组湖相沉积层下,以及唐古拉山南坡的高阶地上,呈山麓冰川类型。惊仙冰期迄止在300万年~260万年前。

至于中国东北地区,各地第1冰期遗迹能否与上述第1冰期的遗迹相对比,目前尚无确切资料加以检验,很有可能那里的遗迹晚于第1冰期。但有人指出,在长白县马鞍山测得相当于四等房深红色冰碛层下的玄武岩的 K-Ar 值为 443 万年,因此也有可能其上的泥砾形成于第 1 冰期。

总之,中国各地第 1 冰期的冰川遗迹,或受构造运动抬升,长期露出地表,惨遭破坏;或沉陷地下,不断沉积掩埋。因此,难以窥视全貌。不过,从一些凋零的残迹显示,这期冰川下达山麓地带、冰水外冲沉积物可伸展到山前大平原或山间盆地的腹地。目前,各地的统计资料证明,第 1 冰期至少在 300 万年前就留有形迹,240 万年前气温转暖,开始向间冰期过渡。

二、第 1 间冰期

第 1 间冰期,称红崖—鄱阳间冰期或称泥河湾间冰期。此时中国各地雨量丰沛,河湖相沉积较为发育。现以研究最早的泥河湾组的中段地层为这一间冰期的代表。

泥河湾组最初命名于河北阳原县石匣里附近的泥河湾村,1924 年～1925 年桑志华(B. Licent)、巴尔博(G. B. Barbour)和德日进(Teilhard de Chardin)等在这组地层中采集了属于维拉方(Villafranchian)期的哺乳动物化石及厚壳蚌化石。据目前所知,以往发现的哺乳动物化石层位多在泥河湾组的中上部,如象(*Elephas*)、马(*Equus*)、骆驼(*Camelus*)、野牛(*Bison*)、羊(*Ovis*)、披毛犀(*Coelodonta antiguitatis*)、梅氏犀(*Dieerorhinos kirkbergensis*)、长鼻三趾马(*Proboscihipparion*)、三门马(*Equus sanmeniensis*)、纳玛象(*Elephas* cf. *namadicus*)、泥河湾剑齿虎(*Megeuterium nihowanensis*)、李氏野猪(*Sus Lvddkkeri*)、丁氏鼢鼠(*Mvospalax tingi*)、直隶狼(*Canis chihliensis*)、熊(*Ursus* cf. *etruscus*)、中国鬣狗(*Hvaena sinensis*)等种属,相当于欧洲中上维拉方期。1964 年,大约相当于在泥河湾组的中段地层中初次发现海相有孔虫化石;20 世纪 70 年代又相继在晋南运城盆地和渭河谷地地下千余米的深部发现相当层位的海相有孔虫化石;近年在河北平原东部以及延庆、蔚县及北京通州等地的钻孔中对比出这一海相层位,其中北京地下的海相层位比较稳定,化石丰富,含浮游、底栖类有孔虫化石达 19 属 33 种,与海相介形类共生。事实证明泥河湾间冰期的海进规模是中国第四系中最大的一次,称为北京海进,古地磁测定约位于高斯正向世与松山倒转极性世界面附近,距今 213 万年～243 万年。

与此同时,在太行山东麓的临城冰碛层上发育色调棕红色的杂色粘土,与河北平原任丘地面以下 399 米～352 米深度的沉积类似,当时任丘植被的生态环境属于温带阔叶林或针阔叶混交林—草原带,年平均温度约 10℃～11℃,说明已进入间冰期气候阶段。

山陕高原上的若干大山脉的边坡山麓地带分布的红色土层,如秦岭北坡的蓝田组和吕梁山东坡的静乐组,当为此期坡麓相堆积;而在山间谷地或盆地冰前湖相沉积层上继续接受间冰期湖相沉积,如渭南张家坡组二三段地层沉积时,湖岸已被含常绿成分的落叶阔叶林或针阔叶混交林所包围。

川西成都平原的大邑砾岩冰碛层上普遍为河流沼泽相沉积层掩覆,名山刘家坝沼泽层内栲、栎、栗属花粉大量出现,表明川西平原的气候相当温暖;川西南的金沙江、安宁河谷地,昔格达组河湖相沉积的中段地层,高寒植物成分减少,樟属、含笑花属和栎属增多,构成常绿阔叶、落叶混交林,属于亚热带气候。此地较川西平原的气候更为湿热。

云南高原上的龙川期冰川消融之后,元谋盆地沉积了巨厚的河湖相元谋组地层,当时气候虽有波动,但始终未改变植被的亚热带阔叶林性质。古地磁测定元谋组始于马莫斯事件,止于松山倒转极性世中段,约距今 310 万年～150 万年,而元谋人生存时代距今 170 万年左右。滇黔之交,海拔高于元谋数百米的宣威盆地,此时沉积了砂砾、粘土及泥炭层,气温偏暖或与现今相似,植被亦为亚热带阔叶林,乃至针阔林混交类型。

中国大西北和青藏高原上的湖泊占有相当大的面积,青海柴达木盆地、共和盆地都存在第 1

间冰期的湖相沉积,昆仑山垭口南侧的羌塘组河湖相沉积中的孢粉组合大多数属于北方第四纪常见的温带种属。

东南沿海地区的海岸带附近,岸线频繁变迁。第四纪以来,起源于构造运动的升降和冰期、间冰期气候的海水进退,原因错综复杂。但是,林观得认为,在诏安、云霄和漳浦等地形成古海湾,目前高出现代海面60米~70米的红土风化壳上的海积层有可能是这次间冰期海侵的遗迹。此外,南海沿岸60米~80米的海蚀和海积阶地可能亦为此期形成。

第1间冰期大约从距今240万年前后开始,至120万年左右结束。从150万年到鄱阳冰期开始以前的30万年当中,此起彼伏的地壳运动剧烈地改变中国的陆地地貌形态,导致了地质、地理环境的变迁。

三、第 2 冰期

第2冰期称鄱阳冰期。命名鄱阳期的冰碛泥砾,系指庐山东北麓鄱阳湖畔被大姑期棕红色泥砾所裹携的具有铁铝质白条白斑、表面剥落呈蜂巢状孔洞、胶结坚固的绛色泥砾而言。鄱阳冰碛、冰水残迹的漂砾,分布在庐山外围大姑冰碛及其冰水排泄物以远的星子县城附近及鄱阳湖中的鞋山岛上,在九江附近、盘塘湾以北及沙河镇旁形成山麓冰泛。冰期气候影响上海地区降温,在第10层湖相棕褐色、杂色粘土层中由含松、云杉、冷杉及栎林带组成冰缘植被。习称沪西寒冷期。

此外,在中国若干山区和平原中都发现有其残迹。长江中下游山区的大河谷地多为残存的高位冰川谷和风化极深的红色或杂色泥砾,如鄂西恩施建始一带的高谷地及其残存的冰碛砾石;湘西雪峰山西侧沅水五级阶地和深度风化的红色泥砾;川西龙门山的山王庙海拔2596米高谷肩上的泥砾;川西南螺髻山大向坪80米高的三级阶地红色泥砾;贵州高原中部惠水五级阶地及其冰碛;黔滇交界宣威40米~60米阶地冰碛和贵州盘县坪地盆地中的绛色泥砾以及云南元谋盆地的东山海拔1600米的冰蚀平台上的紫红色泥砾—块砾堆积等等。其中,川西龙门山岷江冰流规模浩大,当它离开山体之后,继续泛溢于成都平原西部的广汉、大邑和邛崃一带,湮没在成都平原下面的杂色泥砾代表此期冰泛的遗迹。此外,川西昔格达组上段,显现冰湖纹泥特征,孢粉极度贫乏,反映第1间冰期已成过去。

华南两广地区纬度较低,鄱阳冰期的遗迹惨遭破坏,十分凋零。广西桂平及贵县地区的大天平山前埋藏在基岩洼地中和残留在丘陵顶部者均为棕红色泥砾;粤西封开、怀集一带则分布含金杂色泥砾。

北京西部山区冰川发育在420米~450米的管坨岭一带的奥陶纪灰岩面上,遗留有紫红色粘土和石英砂岩漂砾,但在香山前的万安公墓地下170米深度的埋藏基岩洼地中填充40米厚的绛红色泥砾,称为万安冰期,可与鄱阳冰期对比。

河北平原中部,任丘地下311米~288米深度的杂色粘土夹砂层的沉积物中,含暗针叶林—草原植被,针叶树花粉多达77.8%,其中云杉和冷杉成分占47.5%,还有大量草本蒿属出现。估计当时河北平原的气温较第1冰期为低,但比第1冰期气候干旱。

秦岭北段,三门峡第2冰期的冰碛层和蓝田公主岭冰碛层均被认为相当于鄱阳冰期。据古地磁测定,三门峡第2冰碛层堆积从哈拉米洛事件之前,约距今120万年开始,而公主岭冰碛层在距今80万年~90万年前形成。陕县三门组和渭南淤河沿岸粘土淤泥层中部层位的云杉和冷杉林分布在2地的冰缘地带。显然此时山陕高原地区冰湖的面积进一步收缩,气候干旱,致使秦岭以北、吕梁以西、陇东及山陕地区的古老黄土开始堆积。

中国东北大兴安岭地区广泛分布鄱阳冰期的遗迹。大兴安岭东坡雅鲁河、诺敏河的二级冰碛阶地均由棕褐色泥砾构成,查哈阳、靠山屯、太平湖、甘南朱家坎等地的冰碛和冰水堆积物已达山麓地带。有可能松辽平原下深50米~150米的冰水砾石层的形成为山麓冰水的外延伸部分。哈尔滨方正、白城子、平安镇、平台、克山、北安及伊通大孤山等地的地表露头均可相互对比。大兴安岭西坡阿尔善、辉河口及新索木都一带广阔的高原面上遗留有相当于鄱阳冰期的灰白色泥砾。

长白山区的松花江、二道江和二道白河的四级冰川、冰水阶地的暗红色、紫红色泥砾和鸭绿江五级冰碛冰水阶地的堆积时期,均与鄱阳冰期相当。在长白镇灵光塔测得冰碛层下玄武岩K-Ar值为166万年。

西北祁连山河西走廊地区的酒泉砾石层展示了山麓冰川的宏伟规模,泛溢于酒泉及走廊各地。天山阿合布龙冰期,规模似乎略逊,但昆仑山、唐古拉山、喜马拉雅山以及青藏高原上分布的冰碛丘陵和高冰碛平台,表明亦属山麓冰川性质,也是最大的一次冰期。

中国东部沿海海水退却,黄海和东海此时的海岸位置尚不清楚,但东南沿海的诏安、云霄、漳浦古海湾消失,台湾海峡成为陆地,沿海地区沉积陆相地层。

鄱阳冰期大约开始于距今120万年前后,持续到80万年~90万年前。在这次冰期到来之前,中国各地相继发生了一场构造运动变革地貌形态和地理布局,西北部地区趋于干旱,形成大面积黄土地层。

四、第2间冰期

第2间冰期称鄱阳—大姑间冰期或称下泄湖间冰期。以陕西蓝田泄湖组下部含蓝田人(*sinanthropous lantianensis* Woo)化石的黄土层为代表,与其共生的哺乳动物有小黑熊(*Ursus thibetanus* Kokeni Matthew et Granger)、大熊猫(*Ailuropoda melanoleuca* cf. *fovealis* Matthew et Granger)、鬣狗(*Hvaena sinensis* Owen)、猎豹(*Cvnailurus pleistacaenicus* Zdansky)、三门马(*Equus sanmeniensis* Teilhard et Piveteau)、中国爪兽[*Nestoritherium* cf. *sinense* (Owen)]、丽牛(*Leptobos* sp.)等25种化石。山陕高原和陇东地区继续堆积黄土地层。但在山间盆地与河谷地区仍有湖泊分布,如渭南谷地,黄河中游三门峡地区,汾河流域的运城、临汾及太谷盆地,以及晋东南漳河上游的若干盆地,都相继沉积了河湖相地层。孢粉组合为草原植被或落叶阔叶林景观,反映气候温暖而略干。

河北平原中部任丘地面以下267米~174米深度的杂色粘土、淤泥和砂层,为针阔叶混交林草原植被,年平均气温12℃左右,较第1间冰期气候偏干。

此外,长江下游的庐山地区,在大姑冰碛层下发育灰红色含高岭石、伊利石成分的粘土;在山下较低洼的野猫颈一带则形成含松、杉、桦及栗的泥炭沉积。上海地区生长松栎林带,水蕨属繁生,沉积砂砾层夹海相层。长江上游的成都平原,在杂色泥砾层之上交替沉积了十几米厚的青灰、灰褐色泥砂砾石层,含有乌木碎屑,川西南螺髻山的大向坪冰碛层上则发育红粘土风化壳。云贵高原的黔西、滇北一带发育砖红色网纹红土和层位相当的石灰华沉积,以及含落叶、阔叶混交林和常绿阔叶混交林孢粉组合为特点的湖相粘土层。黔中惠水三宝坡1090米高程的平台与石灰岩溶洞亦为这一间冰期形成的岩溶。岭南广西桂林、桂平及贵县都有泥炭沉积,特别是富、贺、钟地区的黑色淤泥层中,曾发现樟木枝干。西北祁连山麓河西走廊地区沉积酒泉砾石层的上部岩段。西藏帕里湖泊发育,气候温暖湿润,生长针阔叶混交林,年平均气温7℃左右。与此同时,中国东部沿海地区发生小规模海侵,海水内泛到达河北海兴地区,东南沿海台湾海峡再度淹没,南海沿岸形成海蚀、海积阶地。

鄱阳—大姑间冰期大约结束于75万年以前。

五、第 3 冰期

第 3 冰期称大姑冰期，大姑期冰碛物出露在庐山周围，尤其在东北麓鄱阳湖畔的大姑山一带留下清晰的形迹。庐山山上的冰流经由王家坡 U 谷、高垄而终止于大姑山，在高垄与大姑山 2 地之间形成 5 道弧形终碛垄，显示冰川进退的 2 个阶段，前面 3 列形成较早，称为姑山段；后面 2 列形成稍晚，称高垄段。它们常呈蠕虫状红土泥砾或红土砾石层出露地表或埋藏于地下，其结构不及鄱阳泥砾坚固，湿热化程度也浅，但大姑冰期的遗迹在中国各地分布广泛。

庐山所在的长江下游丘陵地区，由于许多高耸的大山海拔较高，气温较低，降雨量丰沛，不但具备了发育冰川的条件，形成山谷冰川，而且往往冰川跨越山麓发展成为冰泛，皖南黄山东南侧的逍遥溪冰川就在谭家桥附近溢为冰泛，此冰泛系由红色泥砾构成的大型扇状堆积体。鄂、豫、皖交界的大别山区发育 2 级冰斗、冰川套谷和 2 种泥砾，其中，海拔 700 米的较老冰斗、高层 U 谷和相应的棕红色泥砾为大姑冰期遗迹；大别山北麓淠河流域的冰水沉积分布至山麓地带，在霍山南郊出露有冰湖纹泥沉积；而大别山东麓的冰川就其位置和规模而言，都十足惊人。庐山黄屯马鞍山红色中碛泥砾组成一个长 2.5 千米、宽 400 米～800 米的山岗，海拔仅 25 米，南距长江不过 30 千米。浙江天目山地区与大别山一样也存在 2 级冰斗和 2 种泥砾，海拔 700 米～900 米的冰斗与棕红色泥砾亦属大姑冰期，其冰川活动范围可能达于山麓，成为山谷、山麓冰川的过渡类型。

大姑冰期的寒冷气温明显影响到长江口一带，在上海地下黄褐色、杂色粘土层中生长着松、云杉、柏及栎林带，称为沪东寒冷期。

长江中游山地发育巨大的山谷冰川，雪峰山西坡沅水谷地两侧海拔 220 米的四级阶地上普遍分布有棕红色泥砾，气候湿冷，冷杉及扇羽阴地蕨等寒温带植物区系分子侵入谷地，700 米～1000 米高程的冰斗常与棕红色泥砾紧密联系。四川盆地西部龙门山的岷江瓦达山冰流长驱直入川西一带，不仅成都平原之下有其冰碛，而且出现在平原东部的龙泉山丘陵地区，牧马山即由褐红色泥砾构成。川西南螺髻山的冰川亦伸展至安宁河谷地。

云贵高原上的大河谷地和盆地中几乎分布有棕红色泥砾，黔中惠水三阶地冰碛平台、黔西盘县坪地海子头一带 60 米～80 米高的小丘顶上的棕红色泥砾，以及云南元谋中山 30 米厚的棕红色泥砾等，均属大姑冰期的堆积。

华南两广地区的冰川亦下达到山麓地带或宽谷盆地之中。广西桂林附近的架桥岭冰舌伸至六塘圩附近，由棕红色泥砾组成终碛。富、贺、钟地区广布棕红色泥砾组成冰碛丘陵。粤西北封开、怀集一带也有其踪迹。

华北地区太行山东麓至北京西山一带，广泛分布红色泥砾，充塞于太行山东坡大河宽谷、山麓盘谷和埋藏的基岩洼地之中，红色泥砾垅岗在邢台、邯郸之间的某些地段明显地越过京广铁路向河北平原伸展，估计其外冲平原远至冀中一带。河北平原任丘地下 170 米～133 米深处为一套黄绿、杂色相间的淤泥粘土及砂层沉积，生长暗针叶林草甸和针叶林草甸植被，针叶林花粉占 72%～63%，云杉和冷杉早期比例较高，晚期减少，阔叶树种较第 2 冰期略有增加，因此推测气温较第 2 冰期偏暖。此外，在北京周口店山前分布的习称"下砾石层"的泥砾中，亦曾发现虎耳草和卷柏等阴湿耐寒的植物成分。

东北大兴安岭东、西两坡分别形成雅鲁河、诺敏河与海拉尔河一级盆地埋藏冰碛、冰水阶地，可能属于山谷冰川类型。冰水外冲各自伸入松江平原与海拉尔盆地。长白山区冰流沿松花江、二道河与二道白河发育山谷冰川，组成三级冰成阶地，红色泥砾伸展至东满山麓，形成冰泛。

中国西部地区，祁连山两侧、天山南北、昆仑、唐古拉和喜马拉雅诸山脉广泛发育山谷冰川，冰川刨蚀山麓丘陵形成冰碛平台，并在山前形成冰水平原。但太行山以西、秦岭以北的山、陕、陇东高原地区，则继续沉积黄土地层。黄河中游、渭河、汾河以及晋北桑干河流域的湖盆进一步缩小，而晋东南漳河流域的大多数盆地水体消失，成为陆地，加积黄土，从而扩大了黄土地层的分布范围。同时，在东部沿海陆架地区海水后退，台湾及沿海岛屿与大陆相连，海面退至大陆架边缘 -160 米地带。

大姑冰期在中国东、西部山区均有强大的山谷冰川发育，但表现不同。东部山区由于山体或邻接山麓的平原沉降，有的冰川谷已被湮没，多数山麓冰碛遗迹潜伏于平原之下；西部山区由于抬升，冰川谷大多成为高位阶地，而山麓和山间盆地中的冰泛遗迹已构成冰碛平台和冰碛丘陵，冰水外冲沉积都深埋于平原和山间盆地的地下。大姑冰期的雪线从其冰斗群分布高程来看，似乎有由东向西逐渐升高的趋势，如长江下游山区的冰斗一般高度为海拔 700 米～800 米，至湘鄂西部山区冰斗上限可升至 1000 米甚至 1200 米～1400 米，更西到秦岭外方山冰斗高程则为 1500 米。大姑冰期的迄止年代目前尚无确切数据，一般估计大约在距今 75 万年～55 万年期间。

六、第3间冰期

第3间冰期称大姑—庐山间冰期或周口店间冰期，北方以周口店动物群、南方以重庆万州盐井沟动物群为代表。周口店动物群发现于北京西南郊房山县周口店"猿人洞"的洞穴堆积中，在这套 40 米厚的洞穴堆积中的中上部，即相当于北京人生存的层位，属间冰期堆积，其中所含的周口店动物群由大河狸、猛犸象、古棱象、原始牛、梅氏犀、黄鹿、中国鬣狗及剑齿虎等多种喜暖的动物种属组成。北京猿人化石遗迹发现于1层～6层、8层和第10层中，最近经采用各种方法测定北京人生存的地层年代，均得出近似的结果。古地磁测定在 Brunhes 正向期内距今小于 69 万年～73 万年；U-Th 法测定为 55 万年～21 万年；Evenden、Curtis、Kister 用 K-Ar 法测定为 36 万年；裂变径迹法测定第4层（深10米处）为 (40±7) 万年、(66±10) 万年、(32±6) 万年；测定第10层（深30米处）为 (81±12) 万年。看来北京人的繁盛时代大约距今 40 万年～60 万年。

大姑—庐山间冰期，中国各地的气温普遍升高，气候比较干热，在山区的基岩面上和大河谷地的高阶地上以及山麓地带发育红色风化壳或堆积网纹红土层，但在大河谷地、山间盆地和各平原中仍继续沉积河湖相地层生长温带植被。在西部山、陕高原和陇东大面积的黄土堆积过程中，频繁产生古土壤层，同时东部沿海地区发生海侵。

沿太行山东麓的山麓地带和丘陵地区气温较高，发育坡麓相堆积体。河北平原中部沉积冲积土层，在任丘地表以下 109 米～96 米深度的灰黄、棕黄色砂质及淤泥质粘土夹粉砂层即为此期的沉积。当地的植被类型反映属于松、栎林草原气候带，年平均气温 8℃～10℃，后期草原成分增加，气候日趋干旱。

长江下游丘陵山区气候湿热，堆积网纹红土和红色下蜀土，喜暖植物向山上迁移。天目山海拔 450 米的冰坑下泥炭层下部沉积时期，周围生长的植被多为喜暖的李白科、紫箕科和水龙骨科等蕨类植物以及少数松、枫香等稀疏乔灌木。接近海平面的上海地区在灰色砂砾石河流相沉积层中生长青冈栎、檞栎、榆、柏及禾本科植物。

长江中游雪峰山以西的沅水谷地气温与今相仿，在沅水三级阶地堆积时期形成松、栎为主的针阔叶混交林带，发育网纹红土。四川盆地气候湿热，涪江两岸三级阶地黄褐色砂砾层的上部堆积 7 米厚的网纹红土。德阳地区有象群活动，江油马角坝陈家崖溶洞形成，甚至在川西南山区的安宁河谷地中的黄联关砂砾石层的顶面上也发育有红土风化壳。

华南两广地区以及云贵高原上的适当部位,堆积红色粘土或发育红土风化层。在石灰岩区分布的溶洞和岩溶地貌有些在此期形成,有些则进一步得到加强。

中国西北的祁连山及天山等高大山脉地区,冰川消融,河流携带大量砂砾石堆积在河床中和山前地带。青藏高原上亦有红土风化壳存在,而喜马拉雅山区则处于加布拉间冰期的亚热带气候控制之中。

东部沿海地区发生海侵,渤海海岸线变迁,海积层进抵俙城、玉田及黄骅一带。黄海沿岸海侵现象不大明显,但东海沿岸发生局部海侵,海水侵入杭州湾两侧,包括上海地区和温州湾南、北的一些海湾地区。福建沿海海面回升,目前在100米~120米高处留有形迹,沿海大部分准平原相继沉溺为海域,南海沿岸海水内侵形成海蚀、海积阶地。

大姑—庐山间冰期气温较高,南方湿热,北方干热,海水回升幅度不大,内侵范围亦小,但间冰期持续时间较长,约30万年,估计距今55万年~25万年。

七、第4冰期

第4冰期称庐山冰期,以庐山牯岭东北侧王家坡U谷长岭头一带的三四道棕黄色泥砾前碛为代表。冰碛物分布下限止于海拔800米高程,冰斗分布高程亦相应上升到海拔1200米地带,著名的大坳冰斗即为一例。冰川规模较小,属于冰斗冰川或山谷冰川类型。由此看来,无论温度和湿度条件,都远不及大姑冰期。

长江下游黄山、大别山和天目山的庐山期冰川遗迹均与庐山情况类同。冰斗群分布在海拔1000米~1200米高度,棕黄色冰碛泥砾或砂砾多沿低层U谷伸展,一般下限不低于海拔700米~800米。冰缘沉积位置较低,黄山汤口的冰湖纹泥沉积和天目山冰坑的2层泥炭都分布在海拔400米以上地带。从冰坑上下泥炭层以云杉和冷杉为主体的冰缘暗针叶林带估计,当时天目山冰坑的年平均气温比现今低9℃~13℃。冰期气候影响上海地区降温,有耐寒喜冷植物成分出现,形成松、云杉、柏、栎林带,当地称"闸北冷期"。

长江中游湘西雪峰山西侧的棕黄色泥砾出露在海拔600米~700米的铁山一带,安江沅水主谷海拔160米~170米的二级阶地全系由棕黄色砂砾石和砂粘土等冰水沉积组成。云杉、冷杉及铁杉再度占据海拔600米以下的冰缘地带,估计沅水谷地的气温比现在低10℃~12℃,年平均气温为6℃左右。冰斗群分布在1400米高程。

四川盆地西部和西南部山区,庐山冰期泥砾出现的部位更高,龙门山岷江上游的二道坪冰期的灰绿色泥砾分布在2040米高程,而冰水相"成都粘土"遍布川西平原;螺髻山黄褐色冰碛的前缘伸至2100米高程。川西山区的冰斗上升到2100米~3000米地带。

云贵高原上的冰川遗迹与川西山区基本相同,均以黄褐色冰碛为其特点,云南玉龙山海拔2800米的玉石坎附近分布7个残破的弧形列丘。贵州惠水的三级阶地由棕黄色泥砾和灰黄色粘土组成。黔西盘县坪地养路口西侧海拔2050米的同期沉积物中发现盘县云杉球果和大量云杉花粉为代表的云杉、青冈林带,气温比现今低5℃~10℃,年平均温度为8.5℃~3.5℃,气候比较湿冷。

河北平原西部边缘的太行山中南段山区,红黄土泥砾堆积在山中谷地或山间盆地之中,山麓地区无其迹象,但北京西山碧云寺北沟的棕黄色泥砾已达山麓谷口地带。河北平原此时成为冰水外冲平原,在任丘地下83.7米深度的淤泥砂质粘土层中形成以云杉为主的暗针叶林—草原植被,在蠡县的同一层位中针叶树种高达95%左右,其中云杉占65%,同时苔藓植物大量繁殖,构成暗针叶林苔原植被,气温下降,比现今低11℃~13℃,年平均气温大约2℃~0℃。

横亘于中国中部的秦岭北坡气候愈趋干冷,冰斗位置较高,相当于庐山冰期的首阳期(玉皇期)冰斗,分布在海拔2200米~2600米地带。山、陕、陇东高原地区继续沉积黄土地层。

西北祁连山区此时的东沟期冰斗发育在海拔3900米~4000米,冰川伸展至3250米的终碛垄地带。而天山南坡太兰河谷的冰碛物已下降到海拔1750米以下的谷地中,北坡三工河的冰碛物最低可达1850米地带。

东北大兴安岭东、西两坡相当于庐山期冰川形成的谷地,均被湮没为一级沉陷阶地。长白山区的松花江、二道河、二道白河与古洞河谷的二级冰成阶地则为褐色泥砾构成。吉林二勃棱河的终碛停积在山谷口上。大兴安岭和辽东山区的庐山期冰斗分布,约在海拔600米~700米地带。

庐山冰期时,中国东部海域发生海退,海平面降至现在的大陆架边缘地区,并侵蚀形成海域中-140米水深处的峡谷。同时,中国近海的广阔海域成为陆地。

庐山期冰碛物以棕黄色泥砾为其主要特点,在中国中、低纬度的山区发育规模较小的冰斗冰川或山谷冰川,庐山、黄山及大别山冰川活动范围多在海拔800米以上地区,但至华北、东北的山区有些冰川达到谷口地带,但未酿成山麓冰泛。此期冰斗分布明显有从东向西升高的趋势,东部沿海地区大约出现在海拔1100米~1200米,秦岭中段为2200米~2600米,川西山区为2100米~3000米,而西部祁连山地区则上升至3900米~4000米地带。显然西部地区冰斗升高的部分原因应归因于挽近构造运动的抬升作用。同时在东部地区从南方到北方冰川活动有所加强,高度也逐渐降低。

庐山冰期的活动时间距今25万年~15万年。

八、第4间冰期

第四间冰期称庐山—大理间冰期,或称萨拉乌苏间冰期,大约相当于"河套人"(*Homo* sp.)与萨拉乌苏动物群,亦即"纳玛象"—晚期鬣狗(*Elaphas-Ultima*)动物群的生存时期。以内蒙古鄂尔多斯南部红柳河一带的萨拉乌苏河湖相地层为代表,其中含有纳玛象(*Elephas* cf. *namadicus* Falc. et Cautley)、河套大角鹿(*Megaceros ordosianus* Young)、披毛犀(*Caelodonta tichorhinus* Ouv)、野驴(*Equus himionus* Pallas)、野马(*Equus* cf. *Prejewalskvi* Poliahof)、野猪(*Sus scrofa* L.)、骆驼(*Camelus knoblochi* Brandt.)、王氏水牛(*Bubaius wansjacki* Boule etc.)、羚羊(*Gazella subgutturosa* Guldenst)及洞穴鬣狗(*Hvaena spelaea* Goldfuss)等化石。从种属组合来看,萨拉乌苏动物群比周口店动物群有较大的进展,以许多现代种属的出现为其主要特点。相反,周口店动物群中的许多重要成员如剑齿虎、中国鬣狗、梅氏犀、三门马及大河狸等均已灭绝。其中仅有洞穴鬣狗、披毛犀和象等残留种属加入了萨拉乌苏动物群的行列,致使庐山—大理间冰期北方哺乳动物群的组合面貌为之一新。河湖相沉积是庐山—大理间冰期的重要岩相之一,但其他类型的沉积亦相当发育,黄土高原地区仍以黄土堆积为主,太行山东麓的红黄土地层也占有一定比例,而河北平原由于继续沉降不断接受河湖相沉积,任丘地下46.6米深度的灰黄色砂质粘土层中生长以桦、栎、松为主和少量云杉、冷杉成分的针阔叶混交林—草甸沼泽植被,反映气候温而偏凉,可能属于庐山—大理间冰期的末期,已经出现了大理冰期的前兆。

长江下游丘陵山区广泛分布"下蜀土",有其所含伊利石、蒙脱石粘土矿物特征反映气候干热,但从古土壤夹层考虑似乎又显示为干湿交替的气候环境。天目山北坡海拔450米的冰坑上泥炭层上部出现大量海金沙科孢子,反映气候炎热;而南坡千亩田海拔1200米的淤泥层生长水生植物和栗属阔叶树种,气候与现今相似。由此看来,天目山的植被具有明显的气候分带性。上海滨海地区在庐山—大理间冰期时气温回升,海水内泛,沉积浅海相的灰色亚粘土夹砂层,含栗、青枫栎、水蕨和藜科孢子花粉,被称为闸北—苏州河温暖期。

长江中游雪峰山西侧的安江沅水谷地,在河谷二级阶地的上部分布棕黄色土状沉积,气候温暖,形成以松、栎为主的针阔叶混交林带。

云贵高原黔西、滇北地区沉积桔黄、灰色亚粘土、亚砂土夹砾石层,宣威长坡的沉积物中生长松、栎为主的针阔叶混交林和以铁杉、栎、栲为主的亚热带针阔叶混交林,与现今气温相似。

松辽平原的哈尔滨组一般认为是庐山—大理间冰期沉积,下辽河一带的气候温湿,形成以阔叶为主的针阔叶混交林—草原沼泽植被。

庐山—大理间冰期气候转暖,冰川消融,渤海湾西部发生较强的海侵,海水进抵青县一带,而南黄海沿岸仅出现海陆交互相沉积。台湾海峡、福建沿海海面回升现象达到目前海拔100米~130米地带,在连江官岭130米洞穴粘土中有牡蛎壳就证明了这次高海面的位置。此外,在海南岛和东方县境内,近年发现的海拔90米的古海湾沙丘地,以及110米~140米的低山丘陵上的海蚀地形,均可能形成于此期。冰川消融不可能达到如此高的海拔位置,显然应充分估计东南沿海近期地壳上升这个重要的构造原因。

庐山—大理间冰期大约从15万年开始,至7万年左右过渡到大理冰期。

九、第5冰期

第5冰期称大理冰期,1937年由威斯曼依据中国云南点苍山海拔3000米以上的冰川遗迹命名。点苍山大理冰期的冰斗群分布在海拔3900米。北面的玉龙山东坡冰斗群同样亦分布于3900米~4000米地带,其终碛伸至3200米高程;若以点苍山、玉龙山大理期冰川活动的分布高程为基准与其他地区进行比较,则可明显看出,从这里往东和往东北方向冰川分布的高度具有降低的趋势;相反,往西或西北方向则逐渐升高。例如,向东引一条剖面,经过川西南的螺髻山、滇黔高原交界的宣威和盘县、湘西雪峰山区至长江下游山区,各地均在北纬27°~30°范围,虽纬度差别不大,但冰川遗迹分布高度不同。螺髻山大理期的冰斗、冰窖、U谷、冰碛和终碛都出现在海拔3200米以上的云杉林分布地带;滇北宣威东山在海拔2500米左右地带分布冰窖、冰蚀湖和黄褐色冰碛与冰水砂砾,而在其东南的黔西盘县长海子的冰蚀湖和冰碛物则出现在海拔2300米~2500米;湘西雪峰山一天堂、二天堂以及苏宝顶附近的冰蚀洼地及槽谷均出现在海拔1600米以上地区;长江下游山区虽无确切的大理期冰川遗迹,但庐山牯岭的大校场和汉口峡等地在此期的黄褐色粘土中却生长着高山草原苔藓植被。上海地区的气温亦明显降低,称苏州河寒冷期,由栎、栗、柏、桦、冷杉、落叶松、禾本科等植物的繁生而提供见证。再南移10°至北回归线附近的台湾玉山,大理期冰斗群分布高程又高达3350米。有一种意见认为,黔西盘县2050米、湘西沅水160米~170米、天目山450米~950米等高程上分布的云杉、冷杉林带、并非庐山冰期而是大理冰期之产物。若真如此,那么,中国东部若干大山顶上存在大理期冰川遗迹就不足为奇,问题在于这些云杉、冷杉林是新是老,目前尚未取得^{14}C测年数据。但是,至少表明晚更新世冰期中国东部气温下降的幅度较大。

秦岭太白山相当于大理冰期的太白期冰斗分布高程为3500米,冰川下达到3100米~3200米地带,冰缘气候扩展至渭河谷地,在渭南北庄村海拔490米地带生长云杉、冷杉及青枫林,年平均温度6℃,^{14}C测年为(2.31 ± 0.085)万年,接近大理冰期的兴盛时期。

北纬35°~40°之间的太行山中段，在北冶附近遗留有大理冰期的黄土泥砾。太行山东侧的河北平原与北京地区此时处于冰缘气候地带，曾在许多地点发现冷杉和云杉优势孢粉组合。如北京斋堂附近的永定河低阶地砾石层中含云杉孢粉85%以上，另外还有桦、蒿和藜科孢粉，而且与披毛犀、猛犸象及原始牛动物群共生。北京地下类似的孢粉组合层位经^{14}C测定约为3万年。河北白洋淀东面的文安县地下41米~45米深的沉积物中含针叶花粉82%，其中云杉和冷杉成分占30%。黄河口地区地下30米~31米的层位也含以云杉属为主的暗针叶林花粉，据其下38.8米~39.2米处的^{14}C测定为(2.44±0.11)万年。

至北纬45°以北的大兴安岭东坡的雅鲁河、诺敏河与西坡的海拉尔河谷地，均由土黄色泥砾和砂砾组成一级冰碛、冰水阶地，有些底碛、尾碛尚可辨认。长白山区的冰斗群分布高程为2200米，冰碛泥砾构成长白镇二级阶地。松辽平原普遍生长以松、云杉及冷杉为主的暗针叶林，哈尔滨黄山云杉树干的^{14}C年龄为(3±0.07)万年，与目前潜伏在松辽平原地下20米~30米深度的泥炭层可能均为同一时期形成。

中国西北部黄土分布区再次向东部发展扩大，马兰黄土层向东北地区伸展，其前沿已达渤海中的庙岛群岛以及长江下游的太湖附近。马兰黄土的分布地区与披毛犀、猛犸象的栖息和活动扩散范围几乎一致，这恰好与中国东部云杉、冷杉和草原植被向南突出发展的地带相适应。由此充分揭示出地理、气候条件与生物生态环境之间的密切关系。

近年来，中国对大理冰期中晚期的海面升降研究较多。由于全球性的冰雪积累和消融引起海面迭次升降变化，东海海域距今3.6万年前海面下降至陆架水深70米的位置，气候寒冷，此时成为滨海平原的陆地生长草原植被。距今3.6万年~3.2万年前，海面复又上升至陆架上今水深40米地带。嗣后气候继续转冷，海面缓慢间断下降，直至大理冰期的兴盛时期最低海面位置降至陆架水深130米~160米位置，渤海、黄海、东海和南海大陆架基本成为一片陆地，古长江三角洲的前缘达到东经125°附近，居东海大陆架水深100米~130米带，原潮间带和浅水贝类化石的^{14}C测定距今2万年~1.5万年，与大理冰期的兴盛时期一致。在距今约1.1万年海面复又上升至水深56米一带。但渤海湾西部在大理冰期兴盛期到来之前发生过一次海侵，岸线大致在沧州、黄骅至恒台一带，海侵年代据^{14}C测定为(2.44±0.11)万年~(2.29±0.11)万年。大理冰期的气候波动不仅表现在海面升降方面，而且表现在天山木扎尔特冰川和喜马拉雅山绒布冰川的进退方向都有明显的反映。

十、冰后期

所谓冰后期是指大理冰期过后，大约1万年以来整个全新世气温回升时期而言。它包括早全新世的气候好转期、新高温气候以及中、晚全新世的小冰期。新高温期以珠穆朗玛峰亚里期为代表，在亚里海拔4300年处沉积的大面积石灰华中含忍冬、荚蒾、鼠李、小檗、柳、勾兜茶、绣线菊和蔷薇等温暖种属的植物化石。与此同时，在沿海地区发生海侵，大约距今6000年~7000年前海面最高，略超过现代海面位置。渤海海岸此时在天津、静海一线以西，^{14}C年龄为(7920±665)年，相当于西周时代以前的仰韶至殷墟文化时期，远距现代岸线50余千米，可与大西洋期海进相比拟。随后气温渐冷，进入中全新世小冰期，在祁连山地区称岗石尕小冰期；天山地区称土格别里齐小冰期；珠穆朗玛峰地区称绒布德小冰期。绒布德小冰期的冰川超出现代绒布冰川前缘2.2千米，到达海拔5100米，共遗留6列终碛垄，其最前一列高出冰水扇顶端60米。土格别里齐小冰期的冰川在太兰河U谷中的巨大终碛垄，低于现代冰川末端200米~500米。这个时期相当于公元前1000

年周朝时期。此后,气温屡有波动,曾数次降温,如公元400年(六朝)、1200年(南宋)和1700年(明末清初)。特别是晚全新世17世纪小冰期,在中国现代冰川末端发育新的终碛垄和侧碛堤。从近300年来气候发展的总趋势看,显然20世纪的气温比18世纪温暖,西部山岳冰川后退,从1910年~1960年的50年间,天山雪线上升了40米~50米,冰川后退了500米~1000米。最近30年来,冰川后退速度减慢,仅个别冰川出现新的前进迹象。

综上所述,可将中国第四纪初步划分为5次冰期、4次间冰期及冰后期。若考虑与第四纪早、中、晚更新世相对应,则第1冰期及第1间冰期相当于早更新世,时间距今大约350万年或370万年~150万年;第2冰期及第2间冰期、第3冰期及第3间冰期相当于中更新世,时间距今大约从150万年~20万年;第4冰期、第4间冰期及第5冰期相当于晚更新世,时间距今大约从20万年~1万年或1.2万年;而冰后期则相当于1万或1.2万年以来的全新世。显然,上述冰期、间冰期及其年代学划分系列,无疑应属于第四纪长周期的时间范畴。

至于中国的冰期和间冰期与世界各地冰期与间冰期的对比问题,因年代数据尚不充分,只能暂行试比。现将中国第四纪冰期、间冰期划分对比概括于表1-6-5。

表1-6-5 中国第四纪冰期划分对比表(孙殿卿等,1999)

地质时代	中国冰期与间冰期序列	与国外试比	湘西雪峰山	北京西山	华北平原	太行山	四川龙门山	金沙江安宁河	云南元谋	贵州高原	祁连山	中国天山	珠穆朗玛峰	青藏高原
全新世	冰后期:小冰期气候最宜期	Little glacial									岗石尔	土格别里齐	绒布德亚里期	
晚更新世	第5冰期:大理冰期	Wurm Weichselian	雪峰	北京冰缘期	第5冰期		杂谷	螺山	大理	大海子	三岔口	破城子	基龙寺阶段 绒布寺阶段 珠穆朗玛冰期	巴斯错
	第4间冰期:庐山—大理	Eemian R-W	铁山—雪峰	碧云寺—北京	第4间冰期		二道坪—杂谷	西溪—螺山	东山—大理	大龙潭—大海子	东沟—三岔口	克兹尔布拉克—破城子		扎加藏布—巴斯错
	第4冰期:庐山冰期	Riss Saalian	铁山	碧云寺	第4冰期	北冶	二道坪	西溪	东山	大龙潭	东沟	克兹尔布拉克		扎加藏布
中更新世	第3间冰期:大姑—庐山	M-R Holsteirian	长迹—铁山	香山—碧云寺	第3间冰期	井陉—北冶	瓦达山—二道坪	石灰窑—西溪	中山—东山	海子头—大龙潭	冷龙—东沟	煤矿—克兹尔布拉克	加布拉	纳赤台—扎加藏布
	第3冰期:大姑冰期	Mindel Elsterian	长迹	香山	第3冰期	井陉	瓦达山	石灰窑	中山	海子头	冷龙	煤矿	聂雄拉	纳赤台
	第2间冰期:鄱阳—大姑	G-M Cromerian	桐木—长迹	万安—香山	第2间冰期	赞皇—井陉	山王庙—瓦达山	大向坪—石灰窑	马头山—中山	梨园村—海子头	酒泉—阿合布龙—煤矿	阿合布龙—煤矿 砾石层	帕里	望昆—纳赤台
	第2冰期:鄱阳冰期	Gunz Weinburn	桐木	万安	第2冰期	赞皇	山王庙	大向坪	马头山	梨园村	酒泉	阿合布龙	希夏邦马	望昆
早更新世	第1间冰期:红崖—鄱阳	Tiglian D-G	上泪罗	朝阳—万安	第1间冰期	临城—赞皇	一把伞—山王庙	昔格达组	元谋组	龙津村—梨园村	上玉门砾石层(上共和组)			狮子山—望昆 狮子山冰期 惊仙—狮子山
	第1冰期:红崖冰期	Donau-Biber Pretiglian	下泪罗	朝阳	第1冰期	临城	一把伞	金沙	龙川	龙津村	玉门	西域	贡巴砾岩	惊仙

第四节　第四纪气候演化过程

孙殿卿等(1999)研究指出,大量事实足以说明,中国许多山体和若干山麓与平原毗邻地区广泛存在着第四纪冰川遗迹和多次冰期与间冰期。换言之,中国各地冰川发生、发展与消亡的一系列遗迹,以及由它们综合反映出来的冰期、间冰期气候冷暖更替的规律,显然可代表中国第四纪气候演化过程的主要方面,其他方面则受这一主要因素的影响或支配而与之谐和一致地发展。由于冰期与间冰期气候更替而促使全球范围的水体交换,引起海面升降变动,致使中国东部沿海平原地带和宽广的浅海大陆架,几经海水进退,沉积了海陆交互相地层。此外,在中国第四纪时期出现数次植物群落明显地迁移和兴衰与交替,也同样起源于气候冷暖变化的影响。诸如此类反映中国第四纪气候演化过程的多方面形迹,不仅深刻地揭示出中国气候演变过程中各个时期的共性与特性,而且更进一步为中国第四纪冰川发育的特点与冰期、间冰期的划分提供了有力的佐证。基于上述观点,现侧重从以下3个方面分析中国第四纪气候的演化过程。

一、第四纪冰期、间冰期与海面变化

在中国东部沿海地区,第四纪明显的海进期大都发生在间冰期,相反,海退期与冰期一致。若从中国第四纪300多万年的地史发展进程来看,大约经历过8次海侵。最早最大的一次海侵发生在第一间冰期的早期阶段,以后历次海侵范围逐次缩小,至冰后期的高海面海侵时期,则完全与北半球的弗兰得林世界性的海进期相当。近年中国沿海地区第四纪海相地层的资料对比表明,其海侵与海退的规模、次数、时间以及海面升降幅度等现象的同一性和相似性证明中,均与冰期、间冰期的韵律节奏密切相关。因此,海相、滨海相或河口相的地层往往有规律地夹在冰期或冰阶的陆相地层之中,而陆相地层恰好反映出气候寒冷或偏凉时期。

1. 早更新世时期

可能发生过2次海侵:第1次海侵称北京海进,发生在第1间冰期的早期阶段,海侵规模较大;第2次海侵称渤海海进,可能发生在第1间冰期的中晚期阶段。

(1) 北京海进 无论从海生生物组合、层位以及海侵年代方面,都已得到证实。近年在北京东郊、顺义、通州及三河等地下埋深400多米的地方发现这一海生生物岩相层位,可以顺5孔为代表。顺5孔位于北京凹陷的东北部,主要由陆相碎屑粘土层夹海相砂层组成的共800米厚的松散沉积。其中海相层厚约5米,顶板深度为425米,含有丰富的浮游类和底栖类有孔虫化石群。初步鉴定共28种,包括上千个有孔虫个体:浮游类3属7种,占个体总数的31%;底栖类17属21种,占个体总数的69%。它们构成以透明虫(*Hyalinea*)—抱球虫(*Globigerina*)为组合特征的标志正常盐度的广海性北京海侵。与其共生的海生生物还有介形虫美丽介(*Hermanitis*)、雅面介(*Xestoleberis*)和海胆刺、瓣鳃类及硅藻等化石。据古地磁测定,这一海侵层位于留尼汪事件与松山世下界(213万年~243万年)之间,从这一期间的沉积速率估算,北京海进大约发生在距今226万年前。但是,北京海进层的层位由于受后期升降运动的影响,其层位高低相差悬殊,在北京东郊太阳宫一带处于原凹陷中的后期抬升部位,以致海侵层埋深只有159米;而处于通州以东三河县的夏垫沉降部位其埋深则在地面以下650米。显然,这些层位的所在高程均不能代表海进时期的原始位置。此外,近年在华北和黄河中下游地区所发现的与此次早更新世海侵层位相当的还有:山西运城盆地埋深450米的含运城圆盘虫(*Discorbis yunchengensis*)的海相层,陕西渭河谷地埋深1000米~2000米的永乐店二三组合含暖水卷虫(*Ammonia tepida*)和渭河九字虫(*Nonion weihoense*)的海相层,以及山东惠民埋深1000米左右的希望虫(*Elphidium*)—卷转虫(*Ammonia*)的海相层等。由此表明,当时华北平原不仅存在广阔的海域,而且海水沿河谷内侵已达汾渭盆地。

(2) 渤海海进 虽目前尚有争议,但在渤海湾西部黄骅凹陷地区地面以下270米~290米的砂质粘土中,发现少量有孔虫四角块心虫(*Massilina quadrans*)和淡化海域的介形虫,以及怀来后郝窑和蔚县东窑子头发现的有孔虫和广盐性介形虫是肯定的。此外,延庆盆地含雅面介、湖花介和海

相软体动物、海胆刺及海绵骨针等正常海相化石群的层位,属于泥河湾组的上部,亦可基本确定。古地磁测定海侵层位处于 Olduvai 及 Reunion 事件之间,大约距今 179 万年~200 万年。

2. 中更新世时期

曾发生 2 次海侵:一次在第 2 间冰期,即鄱阳—大姑间冰期,称海兴海进;另一次在第 3 间冰期,即大姑—庐山间冰期,称黄骅海进。

(1)海兴海进　海侵层埋藏于渤海湾西边黄骅凹陷地下 215 米~185 米深度部位,由灰黄色砂质粘土组成的含有孔虫普通抱环虫(*Spiroloculina communis*)和介形虫土星介(*Ilyocypris*)等海生生物。其中,较为典型的喜暖种布氏土星介(*Ilyocypris bradyi*)1 属 1 种即占介形类个体总量的 57%,反映当时的水域气候温暖。在黄骅、海兴地区的同一层位中还发现其他有孔虫化石,如卷转虫未定种(*Ammonia* sp.)、同现卷转虫(*Ammonia annectens*)、五块虫未定种(*Quinqueloculina* sp.)与海相介形虫花形介(*Cytheromorpha*)、细花介(*Leptocythere*)、新正星介(*Neocyprideris*)等广海性种属。这次海水内侵范围较小,沿渤海海湾西进的海水止于海兴(林景星,1977)、天津一带,东海沿岸的上海地区、杭州湾南部、台州湾以及飞云江及鳌江的河口地区亦程度不同地受到海侵影响。

(2)黄骅海进　此次海进所形成的灰绿、黄绿色砂质粘土海相层存在于黄骅地区埕宁隆起地面以下 130 米~176 米的深度范围。含毕克卷转虫(*Ammonia beccaril*)、同现卷转虫、卷转虫未定种、五块虫未定种、先希望虫未定种(*Protelphidium* sp.)和九字虫未定种(*Nonion* sp.)以及海相介形虫化石等,反映为暖水广盐性海陆过渡型的生态环境,并可与渤海湾北部下辽河平原地面以下 161 米~98 米深度的含缝裂希望虫(*Elphidium magellanicum*)、丸桥卷转虫(*Ammonia maruhasii*)的砂粘土海相层相对比。据沧 13 孔古地磁数据推测,海侵年代大约为距今 30 万年。此外,在黄海与东海之滨大运河以东的苏北平原、长江下游三角洲包括太湖周围和杭州湾沿岸的沪、杭、甬地区以及台州湾、温州湾、飞云江和鳌江的河口附近均遭受此期海水的侵泛,并可以从有孔虫、介形虫组合的生态环境划分出不同深度的浅海区和海陆过渡区。不仅沿海地区如此,而且海水还沿河谷或低洼地带向内地推进。譬如渤海湾西岸沿黄河谷地内泛的海水明显地分为 2 支:一支海水沿鲁西东平湖、微山湖西侧南下至洪泽湖地区,与苏北内泛的海水相汇;另一支海水继续上溯黄河谷地西进,直至晋西南的运城盆地。这 2 支海水所经之处同样形成含单种有孔虫即山西九字虫(*Nonion shansiense*)化石群的海陆过渡相沉积。这可由与之共生的介形虫包含有广盐性海相的中华丽花介(*sinocytheridea*)和陆相的土星介(*Ilyoccypris*)、玻璃介(*Candona*)等生物组合特点得到证明。

3. 晚更新世时期

发生 3 次海侵:白洋淀海进,发生在庐山—大理间冰期;另外 2 次海侵即沧州海进和献县海进均发生于大理冰期之中,它们有可能代表大理冰期的 2 个间冰阶或气候回暖时期。

(1)白洋淀海进　亦称青县海进,在渤海湾海侵范围大致在文安以西接近白洋淀一带,岸线向东北方向迂回,经安次、天津北至唐山胥各庄一线,呈弧形展布。海相砂粘土层埋深在 70 米~107 米之间。从陆缘到海域的平面分布上大致可划分为 3 个相带。自海兴、黄骅、青县北上,沿津浦线向东,为浅海水域。黄骅以东生存暖水卷转虫(*Ammonia tepida*)、光滑抱环虫(*Spiroloculina laevigata*)、凹陷抱环虫(*S. depressa*)、半缺五块虫(*Quinquloculina seminula*)等 25 种浅海类型的有孔虫,并伴生有兰蛤(*Aloides* sp.)、海螂(*Mys* sp.)、蚶(*Arca* sp.)等海相软体动物以及大量海相介形类。在青县城关地面以下 95 米处还发现多疣九字虫(*Nonion tuberculatum*)和浮游的抱球虫未定种(*Globigerina* sp.)、拟抱球虫未定种(*Globigerinoides* sp.)以及海相介形类新正星介(*Neocyprideis*)。这些海生生物群一般生存在水温 18℃~20℃、水深 10 米~20 米的浅海相带中。即至津浦线以西,相变为滨海相带,而河口滨海相带则沿前述的古岸线展布。古地磁测定白洋淀海侵层位,在 Black 事件上限附近距今10万年以内。

（2）沧州海进 形成黄色砂、粘土和淤泥质海侵层，分布于渤海西部地面以下40米～76米的深度内，含丰富的有孔虫化石群。以黄骅、盐山以西为界，东部属浅海类型的有孔虫群有卷转虫、九字虫、小九字虫（Nonionella sp.）、易变筛九字虫（Cribrononion incertum）、小希望虫（Elphidiella sp.）、施罗德假轮虫（Pseudortalia schroeteriana）、希望虫、口室虫（Stomoloculina sp.）、五块虫、抱环虫及块心虫等。与其共生的还有海相介形虫和海相软体动物，如光滑兰蛤（Aloides laenis）、毛蚶（Arca subernala）、豆斧蛤（Danax faba）、囊螺（Retusa sp.）、厚缘螺（Hinia sp.）、蟹守螺（Certhium sp.）、玉螺（Natica sp.）、榧螺（Oliva ornata）等。沧县以西则为近岸浅海湾类型有孔虫群，有同现卷转虫、光滑瓣饰虫（Valvulineria laevigata）、九字虫及卷转虫等，缺少五块虫、抱环虫及块心虫等典型浅海有孔虫，而且仅存新正星介和神形介等有限的海相介形虫。在黄骅地区接近这层海相层的底部测得沧州海进的^{14}C年龄>3.2万年。沧州海进的海水从渤海进入黄骅凹陷以后向北、西、南3个方向侵进，海侵范围达于津浦线两侧。

（3）献县海进 此次海进形成的灰黄色细砂、粉砂、粘土夹淤泥层在河北平原东部一般埋深15米～40米。浅海相海侵层遍及大运河以东地区。其中含有丰富的有孔虫化石群，如九字虫、小九字虫、同现卷转虫、毕克卷转虫、光滑瓣饰虫、五块虫、块心虫、抱环虫、凹陷圆形虫（Gyroidina depress）、筛九字虫、凹坑筛九字虫（Cribrononion gnythosuturatum）、口实虫、箭头虫（Bolrinina sp.）、面颊虫（Buccella sp.）、希望虫、先希望虫、小希望虫、假轮虫（Pseudorotalia sp.）和玫瑰虫等。与其共生的海生生物除数量众多的介形虫外，还有大量的软体动物，如豆斧蛤、光滑兰蛤、蚶、镜蛤（Dosinia sp.）、厚缘螺、小笔螺（Mitrella sp.）、玉螺及笋螺（Terebra sp.）等。近岸浅海海湾型有孔虫群的西界达于献县、河间、任丘一带。而献县以西的海进边缘仅含九字虫、卷转虫、小希望虫和瓣饰虫4种以及一些海相介形虫。献县海进的同位素年龄为2.9万年～2.4万年。

4. 全新世冰后期

此期间仅发生一次海侵，称天津海进。天津海进是一次较大规模的海侵，比中更新世黄骅海进范围略有扩大，特别是黄海、东海沿岸形迹更为显著。海相层一般潜伏在地下3米～20米深度。据渤海海湾若干钻孔的^{14}C测年得知，海侵时间为距今约8000年前，而在5000年前达到高峰，2500年～3000年开始后退。这次海进侵没了华北平原东部、苏北平原及长江三角洲（包括太湖以西地区），并与杭州湾两岸连成一体，而台州湾、温州湾、飞云江和鳌江江口地区的海侵范围亦有所扩大。据莱州湾南部古牡蛎礁研究表明，当时的海面高度高于现代海面。辽南地区海相沉积物往往直接覆盖在基岩或红棕色古风化壳上，出露标高一般为5米～10米。连江琯头钻孔所揭示的全新世高海面时期的海面位置，表明海相层的顶部高程为2.7米。估计华北地区的海侵内界大致受10米等高线的控制，而一般高海面则在5米～10米范围之内。此期海生的软体动物群共有12个种属，以兰蛤属、蚶属、牡蛎（Ostrea sp.）、溢蛏（sinovovacula）等为代表，与今日渤海软体动物群基本相同，气候条件与现代近似。从共生的以嗜温的转轮虫为主的18种有孔虫和10属介形虫推算，当时的年平均水温为15℃左右。这次海侵周期大约从距今9000年前开始，延续至2500年结束。据若干地区的^{14}C测年资料鉴定：河北平原南排河的泥炭层年龄为9120年；山东垦利地区的海相层年龄为（5600±150）年；辽东半岛的海相层年龄为2500年～8000年；北京大兴县香营砂层中的木块年龄为（8120±177）年。值得注意的是，天津、冀中一带的全新世冰后期海侵，可以明显地看出向东部退缩，大约至3000年前在天津、黄骅与塘沽之间依次遗留3条与现代渤海岸线近乎平行的贝壳堤。最西的巨葛庄贝壳堤的^{14}C年龄为（3400±115）年；中间的白沙岭、歧口贝壳堤的^{14}C年龄为（1460±95）年；东部的蛏沽头贝壳堤据考古年龄判断距今约500年～600年。

此外，有关第四纪历次冰期中的海退问题，尤其是早、中期的海面降低范围，目前尚难以重建海域中的陆海变迁轮廓，仅能对晚大理冰期的黄海、东海海退过程作一概述。在晚更新世晚期的大理冰期极盛时期，距今1.6万~1.9万年前发生了全球性范围的洋面下降现象。据挨末里（K. O. Emry，1971）等在东海海底采集的纳玛象牙齿（*Elephas namadicus*）、原始牛（*Bison occidentalis*）等陆生哺乳动物化石和长牡蛎（*Ostrea gigas*）、日本兰蚬（*Corbicula japonica*）等半咸水瓣鳃类化石，以及在东海外缘朝鲜海峡至台湾之间的200米等深线范围内所作的32个^{14}C年龄资料综合推断，大理冰期的海水进退过程发生在距今3万~1万年期间，而其最低海面时期发生在1.5万年前，那时的海面至少低于现代海面130米左右。

中国海洋地质工作者在辽阔的中国沿海大陆架范围内，全面地展开了调查研究工作，并已取得初步成果。在北隍岛晚大理冰期的地层内，发现披毛犀化石；在渤海中部获得披毛犀牙齿（周明镇，1973；周本雄，1978）；在东海大陆架除发现原始牛及猛犸象化石外（周明镇，1973；周本雄，1978），还在50米、90米、110米水深处发现泥炭层。此外，在南、北黄海水深50米~70米的许多地点也发现有泥炭层沉积。^{14}C测定水深50米的泥炭年龄为（1.24±0.02）万年；70米的泥炭年龄>3.6万年。而在黄骅及连云港一带最浅层泥炭层的^{14}C测年只有0.6万年~0.7万年，显然已进入冰后期阶段。由此证明，大理冰期的海面升降经历了多次变动。另一项关于中国大陆架海域中的浅埋贝壳堤的研究亦已取得类似的结果，测定110米水深的古滨岸贝壳堤的^{14}C年龄为（1.444±0.075）万年；136米和156米水深的同类贝壳堤的各自年龄为（2.055±0.1）万年、（2.1~1.5）万年。其中156米水深的贝壳堤由藤壶、长牡蛎、文蛤、玉螺、笔螺和庐贝等组成，并堆积在圆砾层上，且与大陆架波折线重合。据此推断，当为晚大理冰期最盛时的滨岸相堆积，应代表大理冰期的低海面位置。

在大理冰期的极盛时期，古长江三角洲的前缘可能伸展到东经125°附近的海域。中国渤海、黄海、东海和南海大陆架基本连成一片陆地，成为一望无际的千里滨海平原，在这个茫茫的稀树草原上发育潟湖和淡水沼泽湿地，并栖息着披毛犀及猛犸象动物群。

二、第四纪植物群所反映的气候变化

古植物学研究表明，气候波动自新近纪中期即已开始，但对生物群影响并不显著。因此，植物群的成分在其波动前后并无明显变化。而真正强烈地影响植物群变化的时期大都认为标志着第四纪开始，大冰期来临。中国新近纪的气候演化亦不例外，大致在中新世以前，无论北方还是南方的植物群中都含有较多的亚热带分子。从中新世以后，植物群向现代化发展，在中国北方形成以榆属、栎属、胡桃科、桦科和少量草本植物为主体的植被景观；在南方形成以三沟和三孔类以及水龙骨科孢子为主的植被类型。到上新世，南方逐渐形成以草本植物为主体的组合特征，不过南方的植物群中的水龙骨科孢子仍占相当数量。第四纪开始，虽然冰川只是在局部山区发育，但冰期气候影响却相当广泛，生物群的变化和海水进退规程一样，相辅相成地反映出第四纪气候演化过程的另一个重要侧面，这种明显的变化首先由敏感的植物群表现出来。

（1）第四纪第1冰期（红崖冰期） 在冰川气候带内孢粉贫乏、单调，仅生长干寒稀树草原植被，而在冰缘气候带内则生长着耐寒耐旱的草本植物以及喜寒的云杉、冷杉针叶林。如河北蔚县泥河湾盆地的"红崖冰碛层"中孢粉属种单调，几乎木本和草本植物各占一半，其中以矮桦、藜科、蒿科和白刺属为主，反映气候干冷，代表冰川发育阶段冰川气候带内的植被景观；而在冰碛层之上的泥河湾组下部地层中则生长松属、云杉和冷杉属为主的针叶林优势组合树种，反映冰缘气候带内的植被景观。然而，盆地中的虎头梁剖面虽均为泥河湾组，其中却无冰碛层出现，在这里的泥河

湾组的下部地层中明显地可划分 3 个孢粉带,即在蒿属、藜属、十字花科等草本植物为特征的冰川气候带的上、下各存在 1 个以松属、冷杉属和云杉属等针叶树种为代表的冰缘气候带的孢粉组合。这种孢粉组合变化规律,在晋中太谷组的中、下部和晋东南榆社组的中、下部,以及渭河谷地井下的永乐店群 1 组～3 组乃至华北平原的下部均有其踪迹。若以现代云杉和冷杉林生长在小五台山阴坡 1600 米～2000 米高程,按气温递减率 0.5℃/100 米～0.6℃/100 米计算,则当时年平均气温比现今低 9℃～10℃,即 2.5℃ 以下的低温。若山区海拔达到 500 米～800 米高度,年平均气温即在 0℃ 以下。

(2) 第 1 间冰期(红崖—鄱阳间冰期)　其孢粉组合在秦岭北麓以渭南张家坡组中段为代表,开始阶段以云杉、冷杉、松、榆及朴占优势,组成针阔叶混交林繁盛阶段,反映气候温凉。中期阶段发展为阔叶林,掺杂有亚热带的罗汉松、雪松、金钱松、山核桃、枫杨及枫香等,估计当时气温可能比现今高 3℃ 左右。后期阶段云杉和冷杉又占优势,喜暖植物衰减,气候重趋寒冷阴湿(中国科学院植物研究所、地质部地质研究所,1966)。此外,在北京西北部的延庆盆地中由"震平 1 孔"揭露出一组 750 米厚的河湖相地层,大约比泥河湾组沉积延续时间更长,其中的孢粉演变图式可概括为 3 段:下段开始出现少量草本藜、蒿及麻黄等植物,随后发展成桦、云杉混交林,且桦属高达 52.8%,云杉占 25%,并掺杂少量冷杉、落叶松、泪杉、铁杉及罗汉松等树种,继之为松、榆、椴针阔叶混交林所取代;中段的植物群发展成榆、朴、椴为主的阔叶林,林中出现桑科,并残留少量山核桃树种;上段曾一度发育松桦林,后被柳、榆及胡桃为主的阔叶林所更替。北方第 1 间冰期植物群落的组合成分差别不大。但与南方比较却有不同,在川西南安宁河流域的昔格达组下段,冷杉和云杉属花粉占有一定数量,至中上段松属、栎属等花粉渐增,形成针阔叶混交林,同时有凤尾蕨属(*Pteris*)膜蕨属(*Hymenophyllum*)出现,显示进入湿热的间冰期气候(刘廷栋,1977)。然而,云南元谋盆地元谋组的植被群落及其演化情况与昔格达组大不相同,元谋组的孢粉可分为 5 个组合,每个组合中以或多或少含有热带、亚热带分子为其共同特征。第 1 组合中以山毛榉科(Fagaceae)的常绿阔叶树种占优势,并含有木兰属(*Maganolia*)、卫矛科(Celastraceae)、无患子科(Sapindaceae)、大风子科(Placourtiaceae)、桃金娘科(Mrrtaceae)、苦苣苔科(Gosnoriaceae)、睡莲科(Numphacaceae)、凤尾蕨科(*Pteris*)、瓶尔小草属(*Ophioglossum*)及蚌壳蕨科(Dicksoniaceae)等成分构成的亚热带常绿阔叶林。有趣的是,冷杉、云杉、油杉和铁杉虽然含量较少,然而与其共生。而从植被组合反映当时气候较今湿热。第 2 组合植被中的山毛榉科和桦属这 2 类主要树种都较第 1 组合增长将近 1 倍,而又同时出现一定含量的云杉属和冷杉属,但热带、亚热带分子仍有出现,并形成混杂的植物群落。估计气温略低于现今当地气温。第 3 组合以松属、山毛榉科、桦科和榆科为多,而檀香科(Santalaceae)、桑寄生科(Loranthaceae)、野木瓜科(Stauntonia)、木兰属(*Magnolia*)、含笑属(*Michelia*)、桫椤属(*Cyathoa*)及金毛狗属(*Cibotium*)等热带、亚热带雨林分子亦相应增多,反映气候较今湿热;第 4 组合以松树、榆树及桦属为主,亚热带成分有所减少,云杉属和冷杉属增加,气候趋于温凉。第 5 组合出现少量松属、栲属和桦科花粉,显示当时气候与现代相似。

(3) 第 2 冰期(鄱阳冰期)　植被面貌及其分布等方面的情况,由于所掌握的资料较少,尚不足以作出全面概括。目前仅知在河北平原地下 310 米深度的黄绿色粘土层中出现以云杉、冷杉、桦以及大量蒿属花粉组合,反映当时气温较第 1 冰期干冷。

(4) 第 2 间冰期(鄱阳—大姑间冰期)　其植被面貌目前所知也不全面,在贵州盘县坪地剖面中,发现水青冈(*Pagus engleriana* Seem)果实和大量的云南松(*Pinus yunnanensis*)、铁杉(*Tsuga* cf. *chinensis*)、野胡桃(*Juglans cathayensis*)、枫杨(*Pterocarya stenoptera*)、枫香、山矾(*Symplocos*)、冬青(*Liex*)、杨梅(*Myrica*)、里白(*Hicriopteris*)及凤尾蕨孢粉等(孔昭宸,1977)。在西藏珠穆朗玛峰地区

的帕里间冰期湖积层下部生长着含蒿、藜、禾本科及稀少的松、桦树种,呈干燥温凉的稀林冻原植被景观。中部花粉丰富,生长桤木、栎、桦为主的阔叶林,兼生少量的松、云杉、冷杉及铁杉等针叶树种。上部花粉稀少,但几乎重现了下部的植被面貌,从而构成一个明显的气候演变周期。推算当时帕里地区的气温较目前当地年平均气温0℃高7℃左右。此外,在北方河北平原地面以下260米深度的黄绿色淤泥质粘土类地层中,生长着以栎为主的针阔叶混交林草原植被和漆树科的 Pistacia 树种,计算当时年平均气温12℃左右。

(5) 第3冰期(大姑冰期) 孢粉资料目前所知亦少,在周口店猿人洞底砾石层和下砾石层中找到为数不多的橡科花粉及较多的藜科、蒿属、虎耳草和菊科花粉,但最有意义的是阴地蕨(Botrychium lunaria)和大量的卷柏、苔藓孢子出现。目前在小五台山区海拔2500米以上生长阴地蕨,在3000米以上才出现虎耳草,它们已是亚高山或高山草甸植物。依此推算,周口店地区相当于大姑冰期时的平均气温,较今低12℃～15℃。此外,在河北平原地面以下170米处的地层内生长以云杉、冷杉及落叶松为主的针叶林和草甸沼泽植被。在湖南西部沅水谷地与此同期的冰碛物中亦发现有扇羽阴地蕨和冷杉等耐寒植物孢粉,反映气温有大幅度下降。

(6) 第3间冰期(大姑—庐山间冰期) 此次间冰期持续时间较长,气温亦有较大幅度的波动。中国各地山区、平原以及洞穴中的植被面貌都存在不少差异。如周口店猿人洞穴堆积剖面中的9.4米～29.1米岩段所含孢粉组合,即为洞穴代表类型之一。其中19米～20米处的孢粉组合反映了最高气温时期,当时周口店一带几乎全为桦、桤、朴、榛为主的阔叶林所占据。高温过后,植被遂即更替并发展成针阔叶混交林。晚期阶段非乔木花粉大量出现,山上草地面积扩大(徐仁,1965;孙孟蓉,1965)。但在河北平原地面以下100米处的地层内此时生长松、栎、朴及椴等针阔叶混交林和草原植被,按此类型计算,当时年平均气温为8℃～10℃。在西藏乌雅峰北坡的加布拉间冰期湖积层中则发育较纯的云杉林植被,其中阔叶树较少,反映当时气候温凉湿润。在聂聂雄拉冰碛平台南侧的红土风化壳中含大量山核桃和木兰等亚热带植物,显然已形成另一种植被景观。

(7) 第4冰期(庐山冰期) 据北京附近平原钻孔中相当于庐山冰期的冰水黄土砂砾层的孢粉组合反映,为寒冷的荒漠苔原植被,年平均气温较现今低6℃～7℃,在河北平原地面以下84米深的灰色淤泥质粘土层中含以云杉和苔藓(Bryophyllum)为主的暗针叶林苔原孢粉带,若以小五台山暗针叶林分布的上限计算,则当时气温比现今低11℃～13℃,全年平均气温可达2℃～0℃。在浙西北天目山地区云杉、冷杉林下降至海拔450米地带;在湘西沅水谷地两侧海拔400米～500米地区形成云杉、冷杉、铁杉林带,据此推算,当时气温降低10℃～12℃,年平均气温在6℃左右。此外,在贵州盘县坪地出露的相当于庐山冰期的地层剖面中,含完整的盘县云杉(Picea panhsienensis Chen)球果,也形成以云杉、冷杉及铁杉为主的植被,计算当时气温比现今低5℃～10℃。由此看来,云杉、冷杉林在长江中下游地区的分布,已出现向南突出的形势。

(8) 第4间冰期(庐山—大理间冰期) 此次间冰期历时较短,气温不高。在河北平原地下47米深度相当于庐山—大理间冰期的地层中,含有针阔叶混交林和草甸沼泽型孢粉,混交林以桦、栎、松为主,伴生少量云杉和冷杉,反映属温带偏凉气候。在湖南雪峰山西侧沅水谷地,此时生长松属和栎属为主的针阔叶混交林。在贵州盘县坪地一带也生长着与湘西类似的植被,如铁杉、栎、栲为主的亚热带针阔叶混交林和以松、栎为主的亚热带针阔叶混交林,气候与今相似。

(9) 第5冰期(大理冰期) 此冰期气温有所波动,可划分出2个副冰期,目前研究成果多局限于大理冰期的中晚期阶段。在黑龙江省哈尔滨顾乡屯附近的淤泥层中,与猛犸象、披毛犀、原始牛等化石共生的有云杉和桦树枝干以及云杉为主的孢粉组合,树干的^{14}C年龄为$(3±0.07)$万年,按气温递降率计算至少比现今降低6℃。在北京地面以下12米深的淤泥层中与古榆树^{14}C年龄为

(2.93±0.135)万年,共生的孢粉组合主要为松、云杉及冷杉等针叶树种和少量桦、榆、椴等阔叶树种,同时还生长一些水龙骨、石松、卷柏、紫萁及苔藓等阴湿植被,反映气候寒冷湿润,按气温递减率计算当时气温比现今约低7℃(周昆叔等,1978)。陕西渭南北庄村的砂砾层和粘土层中的孢粉可分5个组合,其所反映植被变化的总趋势是云杉、冷杉林—云杉林及针阔叶混交林—针阔叶混交林及森林草原—草原—森林草原。在砂砾层之上的灰黑色粘土层中的树干和球果化石与西秦岭山地上所生长的青杄(Picea wilsonii Mast)完全相同,青杄是一种耐寒耐荫的植物,目前只能生长在秦岭海拔2000米左右的高山上,不可能出现在海拔490米的北庄村,依气温随海拔升高而降低推算,渭南当时生长青杄森林,其平均气温要比现在低8℃左右。另外,砂砾堆积时期的植被以云杉和冷杉为主,而秦岭现存的法氏冷杉和陕西冷杉都生长在海拔2300米~2700米的高山上,因此这个砂砾层肯定代表一个寒冷时期的堆积。根据青杄和球果的^{14}C测定其堆积时代距今约(2.31±0.085)万年。在黄海中部由10号钻(北纬38°56′,东经122°00′)及72号钻(北纬35°00′,东经122°50′)所采集沉积层中的孢粉分析,可将大理冰期划分为2个副冰期。深度为240厘米~375厘米的样品上段的泥炭测定为(1.24±0.02)万年,应属晚大理冰期的后期沉积。下段泥炭测定至少不小于3.6万年,代表早大理冰期的后期沉积。早大理冰期的黄海大陆架地区生长稀树草原,孢粉组合为Cypraceae-Glamineae-Cypressaceae以草本菊科、蒿属及藜科为主,禾本科也大量出现,木本有柏科、松属。这一植被类型持续一段时间之后,气候由干冷变为湿冷,即被沙草科、芦苇科所取代,同时出现沼泽湿地,并形成泥炭沉积层。此后气温回升进入副间冰期阶段,喜暖的木本花粉比下伏泥炭层增加了1倍以上,阔叶花粉增高,形成Typha-Glamineae-Quercus森林草原,气候温湿,随着时间的推移,喜暖的栎、柳花粉含量继续增加,木本植物高达30%左右,气候更趋温暖。至晚大理冰期的副冰期阶段,气温下降,木本植物又大量减少,仅残存少量松和柏乔木,草本植物再度繁生,竟高达90%左右,其中以禾本科和香蒲居优势。形成Artemisia-Typha-Pinus为主体松柏凋零的茫茫草原景观。

全新世的气候变化一般按孢粉组合的变化划分为3个气候阶段,有些地区划分为4个气候阶段。在河北平原东部将全新世沉积划分为早、中、晚3个组:早全新世沉积称吴桥组,即指德州东北吴桥杨家寺地下10米~12.8米的粉细砂层和泥炭层等滨海沼泽相沉积,其孢粉组合反映以松属占优势和云杉、冷杉等针阔叶混交的稀树草原植被,气候温凉潮湿。^{14}C年龄为(0.7920±650)年;此外,在黄骅南排河一带测得埋深14.72米的泥炭层的^{14}C年龄为(8950±170)年,而埋深15.85米~16.11米的泥炭层的^{14}C年龄为(0.965±0.019)万年。因此,早全新世吴桥期的年龄范围距今0.75万年~1万年。中全新世沉积称海兴组以海兴高湾地表以下19米~3米处的泥炭层为代表。孢粉组合为以栎属占优势的落叶阔叶林,气候温暖湿润,比现今年平均温度高2℃~3℃;泥炭层的^{14}C年龄为(0.503±0.015)万年。估计海兴期年代范围距今0.25万年~0.75万年。晚全新世沉积称河间组以河间龙王村一带的沼泽相淤泥层为代表,其孢粉组合反映以松为主并含少量云杉、冷杉及落叶松等成分的针阔叶稀树草原植被,气候干旱温凉,从而进入晚全新世0.25万年以来的气候期。

北京地区的全新世沉积共划分为4个组:最早的古全新世沉积以房山坟庄泥炭层为代表,称坟庄组,其下部的松属花粉含量高达80%以上,桦属占1.5%~14.1%,泥炭层顶部的^{14}C年龄为(10750±150)年;早全新世沉积为灰黑色粉细砂层和泥炭层,称高里掌组,其花粉组合以松属占优势,下泥炭层下部的^{14}C年龄为(9930±150)年;中全新世沉积以延庆王庄组的湖沼相砂粘层及泥炭层为代表,其上层泥炭底部的^{14}C年龄为(7110±230)年,花粉组合中的乔木与草本花粉含量相当,针阔叶乔木花粉比例接近,下部桦属花粉含量在10%以下。延庆大王庄以西距离地表5米~

5.30米、2.9米~3.0米、7.7米~7.8米等深度的下泥炭层中均以冷杉、云杉及落叶松花粉组合占优势,反映当时气温一度偏低,其^{14}C年龄为(5460±100)年,综合^{14}C测年数据,推算本组年代为距今7610年~2100年;晚全新世沉积称辛力屯组,由黄色砂粘土、细砂和泥炭沉积组成,针叶树花粉占90%以上,其上泥炭层底部的^{14}C年龄为(1750±150)年。

辽宁省南部全新世沉积划分为3个组:早全新世沉积以金县普兰店泡子的泥炭层及其底部的灰白色粉细砂层为代表,称普兰店组,其孢粉组合以桦属占优势,估计当时年平均气温可能比现今低2℃~4℃,测定泥炭层顶部的^{14}C年龄为(8070±190)年,底部的^{14}C年龄为(9950±300)年,因此,普兰店组地层年代约距今10 300年~8000年。中全新世沉积以大孤山附近的泥炭层及灰绿色淤泥层为代表,称大孤山组,其花粉组合以阔叶树花粉占优势,并含有赤杨(Alnus japonica)枝干。与大孤山期相当的沉积还分布在长兴岛和前阳等地,在长兴岛泥炭层的顶部测定^{14}C年龄为(2530±100)年,前阳灰绿色淤泥层底部的^{14}C年龄为(7770±150)年。由此得知大孤山期的年代范围约距今8000年~2500年,估计当时年平均温度比现今高2℃~5℃。晚全新世沉积以庄河县大南岛剖面为代表,称庄河组,沉积物由灰黄亚砂土层和下部的淤泥质泥炭层组成,其^{14}C年龄为(2435±100)年。此外,在普兰店的古莲子(Nelumbonucifera)淤泥层中的花粉组合反映为针阔叶混交林植被类型,气候凉爽湿润。古莲子的^{14}C年龄为(700±90)年,显然层位很新。晚全新世地层下限年龄距今2500年,据文字记载此一时期年平均温度的波动范围在1℃~2℃之间(中科院贵阳地化所,1977),1000年以来的气候有变冷之趋势。

在黄海大陆架中部全新世的灰色粉砂质泥中可分出3个孢粉带:在210厘米~240厘米深度为古全新世及早全新世沉积阶段,其孢粉组合开始由针叶松、柏为主的针阔叶混交林逐渐转变为以栎为主的针阔叶混交林,鹅尔枥、柳的出现,水生及喜湿植物减少,表明气候向温暖干旱方向发展。至60厘米~210厘米深度为中全新世沉积阶段,栎、栗、榆的优势组合以及少量青枫栎(Quercus glanca)、栲(Castanopsis sp.)的出现,反映气温与今日苏州地区的气温相似,年平均气温为15.5℃,与现在黄海年平均气温12.5℃比较,高3℃左右,气候湿热。0厘米~60厘米深度为晚全新世沉积阶段,形成松、栎为主的针阔叶混交林,其中阔叶树种增多,草本植物减低,显示与现今相似的温暖湿润气候。

三、东部更新世"冷槽"、雪线及冰川规模

研究中国东部第四纪冰川作用,不仅要注意分析现代的气候条件,而且应重视地质、地理环境的变迁,特别是大气环流的改变以及山体局部地形的影响等多方面情况和原因,杨怀仁等(1978)对此尤有研究。据目前资料资料证明,中国东部第四纪冰川既有其共同的发生发展规律,亦有其自身的特点。

1. 中国东部"冷槽"的形成

中国第四纪大冰期时代的气候与北半球其他地区一样,也受到冰期、间冰期变化的支配。而更重要的原因在于冰期中极峰南移。形成比现在冬季更加强大而频繁的寒潮势力。有若干迹象显示远远超过同纬度的西欧、北美地区,这很可能是由西伯利亚冰流直接策动的结果。冰期中强劲的西伯利亚寒潮大举南下,频频侵入华北平原直至长江中下游一带和两湖盆地,形成一个向南突出的舌状"冷槽",迫使中国东部地区大范围降温降雪,冰川、冰缘动植物群随之向低海拔、低纬度方向迁徙。一些中、低山区发生了小型山岳冰川,其分布的纬度及高度均低于世界其他大陆。另一个重要原因是在第四纪初期和中期,青藏高原隆起尚低,西风环流对中国东部影响较强,夏季风比较衰弱,降水以春、冬两季比重较大;冬季严寒,夏温较低,有利于雪线下降,扩大冰川活动范

围。这个推论不仅已由中国东部存在的大量第四纪冰川遗迹所证实,而且也得到了喜冷动植物的检验。东亚第四纪云杉、冷杉及落叶松植物群区域分布上的鲜明特点,是形成一个向低纬度突出的舌状轮廓,以致晚更新世披毛犀和猛犸象动物群的分布范围也具有类似的特点。诸如此类的现象都是有力的证据(Yang等,1978)。反之,东部"冷槽"存在的事实进而揭示出,中国第四纪以来地质、地理环境的变迁和大气环流形势的改变,既有很大变化和发展,同时在变化过程中又有所继承。

2. 中国东部雪线的降低

中国东部第四纪冰期雪线降低的状况与喜冷的动植物群向低海拔、低纬度方向发展相呼应。现列表(表1-6-6)说明如下:

表1-6-6　中国部分地区(及其近邻)更新世雪线一览表(据孙殿卿等,1999)

地区	天山(南山)(乌鲁木齐)	祁连山(甘肃)	玉龙山(云南)	太白山(秦岭)	螺髻山(四川)	雪峰山(湘西)	庐山(江西)	天目山(浙江)	黄山(安徽)	大别山(安徽)	玉山(台湾)	日本
主峰高度/米	4562	5564	5596	3767	4358	1934.3	1474	1479	4873	1774	3952	3000
现代雪线/米	3950	4400~4200	5000	4600~4300			3000*	3700*~3500			4900~4500	3500(富士)
现代云杉冷杉林高度/米	2800	3500~1800	3800~3100	3300			2800*~1800	2700*~2100			3600	
大理冰期雪线高度/米	3600~3500	4200~4100	4000	3600	3800~3600	1700~1400	2600*				3730~3300	2500 1600 1400
庐山冰期雪线高度/米	2900~2800			2500~2100	2700	1050~900	1200	1200~1100	1300~1100	1200~1100		1400
大姑冰期雪线高度/米	2400~2200			1500			900~800	900~700	800	800~700		
鄱阳冰期雪线高度/米	1600~1300											

从表1-6-6的统计数字可见,中国西部的现代雪线高程均在4000米~5000米以上,为高位山岳冰川。中国东部地形较低,均未发育现代冰川。大理冰期的雪线高度在丽江玉龙山为4000米,祁连山为4100米~4200米,乌鲁木齐南山为3500米~3600米,西昌螺髻山为3600米~3800米。中国东部仅秦岭主峰太白山上的大理冰期雪线为3600米,台湾玉山、雪山为3300米~3700米,一般为3500米,其他低于此高度的山区尚未发现确切的大理冰期冰川遗迹。而日本的现代雪线与中国同期雪线比较则有明显的降低,富士山的现代雪线高度为3500米,比中国西部低500米~1500米。日本的Wurm冰期的雪线比中国大理冰期雪线下降更低,如本州为2500米,飞单为1600米、北海道仅1400米。中国庐山冰期的雪线高程在乌鲁木齐南山为2800米~2900米,西昌螺髻山为2700米,秦岭太白山为2100米~2500米(首阳冰期),而东部的庐山按大坳冰斗底部高程计算为1200米,长江中下游一带海拔低于2000米的山区所发育的庐山期冰斗群的高程大都在1100米~1200米。日本日高山的Riss Ⅱ雪线高程为1400米,纬度偏北,反而升高,尚不清楚其原因。中国大姑冰期雪线高程在乌鲁木齐南山为2200米~2400米,至长江中下游地区为700米~900米。中国东部古雪线降低受2个方面因素控制:除"冷槽"的影响之外,较强的西风环流长驱东进也是一个重要原因。

3. 更新世冰川规模逐渐萎缩

中国更新世山岳冰川历次冰期的古雪线逐级上升,以及各期冰碛物的分布范围逐渐缩小的事实,显示出冰川规模有明显萎缩的趋势。更新世早期冰水相的"西域砾岩"广泛分布在新疆天山南、北麓的山前地带,和田地区的西域砾岩竟厚达3022米;与西域砾岩同期的"玉门砾岩"也广泛分布在祁连山两侧。此外,在其他地区,特别是东部地区的更新世早期冰川遗迹多为残留的零星露头,目前尚难恢复其轮廓和规模。更新世中期鄱阳冰期的冰川遗迹规模很大,如酒泉冰碛层几乎掩盖了整个河西走廊的底部。庐山鄱阳湖畔残留的鄱阳冰期遗迹亦远远超过大姑冰期作用的范围,应属山麓冰泛类型。大姑冰期遗迹在各地保存最多、分布亦广,从残迹来看,当时主要为山谷冰川及山麓冰泛,其规模略逊于鄱阳冰泛。更新世晚期庐山冰期的冰蚀地形及冰碛物保存良好,主要为冰斗—山谷冰川类型,其冰川作用多限于海拔800米以上的山体范围之内。大理期冰川在中国东部已退缩到海拔3000米以上的山巅,仅发育小型冰斗山谷冰川及悬冰川。

第四纪大冰期中,在北半球高纬度地带的北欧、北美和西伯利亚形成三大冰川中心的同时,在中低纬度地带的各洲偏南部分则发育山岳冰川。与中国第四纪冰川盛衰的发展过程至关密切的西伯利亚冰流的逐步萎退直接导致了中国第四纪冰川规模渐次变小,复以青藏高原的日趋抬升,西风减弱,又进一步强化了这种作用。近年来,气象、地质、古生物学的研究和实际材料成果表明,中国东部第四纪冰川的发生不是没有条件的。

中国冰期及间冰期的初步划分及有关重大地质事件的相互关系归纳如表1-6-7。

表1-6-7 中国第四纪冰期及其有关重大地质事件试比表(据孙殿卿等,1999)

古地磁年代表			冰期系列 (距今万年)	黄土堆积	哺乳动物群 (部分)	古人类	海水进退 (华北)		地质时代	
极性世	极性事件 年龄/万年	极性柱								
布容	拉尚 — 3 6 布拉克— 10 11 琵琶 C— 18 20 69		冰后期 (0~1)	次生黄土	冰后期动物群	现代人	海退 天津海进 海退 献县海进 海退 沧州海进 海退 白洋淀海进	Q₄	全新世	第四纪
			大理冰期 (1~7)	马兰黄土	猛犸象-披毛犀动物群 山顶洞动物群 顾乡屯动物群 丁村动物群 许家窑动物群	山顶洞人 河套人 丁村人 许家窑人 大荔人		Q₃³	晚更新世	
			庐山/大理	离石黄土上部			海退	Q₃²		
松山	贾拉米洛— 89 95		庐山冰期 (15~25)					Q₃¹		
			大姑/庐山	离石黄土下部	周口店动物群	北京人	黄骅海进	Q₂³	中更新世	
	吉尔萨— 161 163 奥都维— 164 179 留尼汪Ⅱ—195 留尼汪Ⅰ—198 211 213 243		大姑冰期 (55~75)		动物群不明		海退	Q₂²		
			鄱阳/大姑	午城黄土	公王岭动物群	蓝田人	海兴海进	Q₂¹		
			鄱阳冰期 (85~110)		动物群不明		海退			
					泥河湾动物群		渤海海进	Q₁³	早更新世	
高斯	凯纳— 280 290 马莫斯— 294 306 332		第1间冰期		西侯度动物群	元谋人		Q₁²		
							北京海进			
			惊仙、龙川、 红崖冰期 (270~350)		灵台 元谋 动物群 动物群		海退	Q₁¹		
吉尔伯特	柯奇提— 370 392				三趾马 动物群		大冰期前海面	N₂	上新世	新近纪

注:表中有关哺乳动物群及古人类方面的资料,摘自贾兰坡的有关论述。

第七章　中国的地质资源与开发

中国幅员辽阔,地质资源丰富。一部分矿种(矿组)的储量名列世界前茅或首位。但人均占有量却低于世界水平。矿产资源已发现的矿床和矿点就有20多万处,经地质勘查有探明储量的矿区多达16 000余处,截至2010年底,全国已发现矿产171种,其中有探明储量的159种,在这些矿产中,有30多种矿产探明储量居世界前列。旅游地质资源,名山峡谷、岩溶洞穴、珍稀化石、文化遗产更是星罗棋布。29个省(区、市)建立矿山环境治理恢复保证金制度;截止2011年底,批准建立28处国家矿山公园;建立27个世界地质公园、218个国家地质公园,中国成为世界地质公园最多的国家。另外,地质人才资源、地质设施资源一应俱全。

第一节　中国的矿产资源

一、中国矿产资源概况

中国是世界上为数不多的、矿产资源种类较齐全的、矿产自给程度较高的国家之一。矿产资源种类齐全,总量丰富。不少矿种相对集中,形成各种矿产集中区,为中国建立不同的资源配给类型、各具特色的经济区创造了条件。中国至少在50万年以前就开始利用矿产资源。在明代和更早的时期,对矿产资源的利用技术就居当时世界先进地位。19世纪后半叶,帝国主义以掠夺方式在中国开办矿山,因而自清朝末年开始,中国的矿产资源就处于这种半殖民地的地位被开发掠夺。但到1949年为止,中国探明一定储量的矿种仅有18种,矿山300座,矿产品极端匮乏。产量更是少得可怜,原油年产量只有12万吨。

中华人民共和国成立后,通过对矿产资源的大规模勘查,现已发现的矿产有171种,探明有一定数量的矿产有159种、矿产地2万多处。据国土资源部发布《中国矿产资源报告2011》显示,"十一五"期间新发现矿产地1839处,多数重要矿产查明资源储量有新的增长,石油、天然气、煤、铁、铜、铝、铅、锌和金等重要矿产勘查取得重大进展,铅锌、钨、锡、锑、稀土、菱镁矿、石膏、石墨、重晶石等储量居世界第1位。中国已探明矿产资源总量居世界前列,矿产资源开采总量居世界第2位,成为世界矿产资源大国之一。中国目前90%左右的一次能源、80%以上的工业原材料、70%以上的农业生产资料、30%以上的工业和居民用水来自于矿产资源。建成大中型矿山企业1万多个、小型矿山企业11万多个,从业人员800多万人。300多座城市因矿崛起,大庆、攀枝花、平顶山、金昌、白银、嘉峪关等矿业城市为地质工作者树碑。危机矿山专项的实施,使得230个矿山平均延长开采年限15年,稳定矿山职工60余万人,一大批老矿山重新焕发生机。中央地勘基金发挥政策调控和降低风险的作用,促进公益性地质工作与商业性矿产勘查的衔接。从2006年~2010年石油剩余技术可采储量增长14.9%,天然气增长25.9%;煤炭查明资源储量增长15.6%,铁矿增长19.7%,铜矿增长14.1%。

目前,中国矿产资源总量世界排名第4,仅次于俄罗斯、美国和加拿大,但是人均矿产资源储量远远低于世界平均水平。中国煤炭、铁矿、铝土矿、铅锌矿、金矿、钨、锑、钼矿、稀土、萤石、石墨等矿产资源相对丰富,石油、天然气、铀、硼、镍、钾盐等矿产资源相对匮乏。与其他国家相比,中国多数矿产资源虽然储量较大,但品质较差,品位低,开发利用成本较高。中国矿产资源分布不均衡,中国煤炭资源主要分布在山西、陕西、内蒙古、新疆、山东等北方地区,铁矿石主要分布在辽宁、四川、河南等地区,铜矿主要分布在云南、江西、西藏、新疆以及内蒙古等地区,铝主要分在山西、贵州、广西和河南等地区,铅锌主要分布在云南、内蒙古、甘肃等地区。中国2013年固体矿产产值约为1.7万亿,矿业大省主要为山西、内蒙古、山东、陕西、安徽、河南、河北、贵州、云南和辽宁,10个省份固体矿产产值占全国73%。中国2013年固体矿山企业总数量为99 536个,主要分布在云南、湖南、四川、贵州、江西、陕西、内蒙古、山西、新疆以及河北,10个省份固体矿山企业占全国58%。中国2013年固体矿山从业人员总数量为634万,主要分布在山西、山东、河南、云南、四川、安徽、河北、内蒙古、黑龙江、陕西,10个省份固体矿山从业人员占全国62%。

二、中国能源矿产资源

中国能源矿产资源种类齐全、资源丰富、分布广泛。已探明储量的有煤、石油、天然气、铀、钍、油页岩和地热等8种,以煤矿最富。

煤炭资源 中国煤炭资源相当丰富,据地质工作者对煤炭资源进行远景调查结果,在距地表以下2000米深以内的地壳表层范围内,预测煤炭资源远景总量达50 592亿吨。截至2002年年底,全国共有煤炭资源的矿区6019个,查明煤炭资源储量为10 201亿吨,其中煤炭基础储量3341亿吨(煤炭储量为1886亿吨),煤炭资源量为6872亿吨。按照中国探明可直接利用的煤炭储量1886亿吨计算,中国人均探明煤炭储量145吨,按人均年消费煤炭1.45吨即全国年产19亿吨煤炭匡算,可以保证开采上百年。中国保有储量总量中的精查储量2299亿吨,与世界探明可采储量相比,中国煤炭储量位于独联体、美国之后,居世界第3位。截至2010年底,全国煤炭保有查明资源储量13 412亿吨,比2005年增加约3000亿吨,其中西部地区占全国增量的90%以上。新一轮国土资源大调查发现新疆准东煤田奇台县大井—将军庙矿区等3个百亿吨级煤田。在淖毛湖、库木塔格—沙尔湖、大南湖—野马泉、伊拉湖—艾丁湖、三塘湖等5个预查区圈定15个可供进一步普查的煤炭赋存区,面积4650平方千米,探获煤炭资源量1927亿吨,其中,沙尔湖区钻孔见煤达210米之厚,单煤层最大厚度达151米,资源极为丰富。中国在地质历史上的成煤期共有14个,其中有4个最主要的成煤期,即广泛分布在华北一带的晚炭纪—早二叠纪,广泛分布在南方各省的晚二叠纪,分布在华北北部、东北南部和西北地区的早中侏罗纪以及分布在东北地区、内蒙东部的晚侏罗纪—早白垩纪等4个时期。它们所赋存的煤炭资源量分别占中国煤炭资源总量的26%、5%、60%和7%,合计占总资源量的98%。上述4个最主要的成煤期中,晚二叠纪主要在南方形成了有工业价值的煤炭资源,其他3个成煤期分别在华北、西北和东北地区形成极为丰富的煤炭资源。中国煤炭资源分布面广,除上海市外,全国30个省、市、自治区都有不同数量的煤炭资源。在全国2100多个县中,1200多个有预测储量,已有煤矿进行开采的县就有1100多个,占60%左右。从煤炭资源的分布区域看,集中在昆仑山—秦岭—大别山以北的北方地区,华北地区最多,占全国保有储量的49.25%;其次为西北地区,占全国的30.39%;其他依次为西南地区占8.64%、华东地区占5.7%、中南地区占3.06%、东北地区占2.97%。按省、市、自治区计算,山西、内蒙古、陕西、新疆、贵州和宁夏6省区最多,这6省的保有储量约占全国的81.6%。晋陕蒙(西)地区(简称"三西"地区)集中了中国煤炭资源的60%,另外还有近9%集中于川、云、贵、渝地区。山西省是资源储量最多的省份,占全国总储量的30%。与资源分布相对应的,是煤炭生产也集中于这些地区。在漫长的地质演变过程中,煤田受到多种地质因素的作用;由于成煤年代、成煤原始物质、还原程度及成因类型上的差异,再加上各种变质作用并存,致使中国煤炭品种多样化,从低变质程度的褐煤到高变质程度的无烟煤都有储存。按中国的煤种分类,其中炼焦煤类占27.65%,非炼焦煤类占

72.35%。中国虽然煤炭资源丰富,但适于露天开采的煤炭储量少,仅占总储量的7%左右,其中70%是褐煤,主要分布在内蒙古、新疆和云南。

石油资源 中国是石油资源较为丰富的国家之一,分布比较广泛,在32个油区探明地质储量有181.4亿吨。全国共有盆地319个,据对其中145个盆地估算,资源量达930亿吨。其中,已证实有油田存在的有24个盆地,拥有资源量758.9亿吨,占总资源量的84.48%;已发现有油气的盆地有42个,拥有资源量75.66亿吨,占总资源量的7.39%。新一轮全国油气资源评价表明,中国陆域和近海盆地石油资源地质储量881亿吨,可采储量233亿吨,探明率为26%。发现或评价塔河和华庆等7个亿吨级油田。松辽盆地外围的中生界和上古界、西北银额盆地、柴达木盆地的石炭—二叠系和雪峰山地区的下古生界等4大陆域油气新区已证实具有较大勘探远景,新圈定一批战略选区,提出了可供国家组织实施油气资源前期勘查的16个战略选区;海域新区油气资源评价圈定38个重要油气沉积盆地,新发现一批含油气构造。截至2010年底,全国石油累计探明地质储量为312.8亿吨,剩余技术可采储量31.4亿吨,同比增长6.5%。主要油田陆上有克拉玛依、大庆、大港、胜利、冀中、中原、苏北、江汉、塔里木、吐鲁番—哈密等油田,海上发现了渤海、南黄海、东海和南海的珠江口、琼东南、莺歌海和北部湾等重要含油盆地。从大区分布看,中国石油资源主要分布在东部、西部和近海,3个区域远景、地质和可开采资源量分别占全国的82%、79%、84%。在这些盆地中,累计探明原油地质储量超过亿吨的有15个。这15个盆地中的累计探明原油地质储量和经济可开采量均占全国的99%以上,其他8个盆地各类储量总量都不足全国的1%。累计探明原油储量超过10亿吨的有渤海湾、松辽、鄂尔多斯、准噶尔、塔里木等5个盆地,这5个盆地累计探明地质储量及经济可采储量均占全国总量的90%左右(表1-7-1)。

表1-7-1 中国主要盆地原油储量状况(截止2007年底,单位:万吨)

盆地	原油		凝析油	
	累计探明地质储量	累计经济可采储量	累计探明地质储量	累计经济开采储量
渤海湾盆地	1 208 213.01	266 987.56	4224.99	797.02
松辽盆地	7 333 776.07	264 337.31		
鄂尔多斯盆地	219 675.33	33 829.99		
准噶尔盆地	198 234	40 380.06	618.79	149.95
塔里木盆地	115 860.07	16 092.4	13 899.4	3351.56
珠江口盆地	57 249.24	20 62.87	666.92	278.07
柴达木盆地	33 485.5	6313.61	7.8	0
吐—哈盆地	31 554.01	5789.45	616.77	137.14
苏北盆地	25 536.33	5344.48	4	0.01
南襄盆地	25424.71	7940.86	12.3	0.24
二连盆地	24 494.53	3429.57		
酒泉盆地	16 730.1	4091.14		
北部湾盆地	15 538.54	3862.42	227.85	48.5
江汉盆地	13 586.61	3822.58		
海拉尔	10 568.41	1868.66		
以上小计	2 29 926.84	684 702.13	20 278.82	4762.49
其他8个盆地	21 778.39	3153.73	1636.56	589.87
全国总计	2 751 705.23	687 855.86	22 298.57	5555.25

天然气资源 中国天然气资源相当广泛,在石油盆地和煤盆地中均有不同程度的产出。资源量也比较丰富,专家预测中国天然气资源量约有70万亿立方米(煤层气约占一半)。截止2007年代,全国拥有气层气探明地质储量的盆地有23个,累计探明气层气地质储量58 599.54亿立方米,累计探明经济可采储量30 131亿立方米;另外,累计探明溶解气地质储量和累计探明经济可采储量分别为1148.81亿立方米和3699.42亿立方米。在这23个盆地中,累计探明气层气地质储量超过300亿立方米的有12个,其累计探明气层气地质储量和累计探明经济可采储量均占全国总量的99%以上,累计探明气层气地质储量超过1000亿立方米的盆地有8个,依次为鄂尔多斯、四川、塔里木、松辽、渤海湾、柴达木、莺歌海和琼东南盆地。其中鄂尔多斯和四川累计探明气层气地质储量分别超过万亿立方米,是目前气层气探明储量最多的2个盆地(表1-7-2)。近几年来,勘查获得重大进展,发现苏里格和塔中Ⅰ号等10个千亿立方米级气田,东海、南海海域也发现大型气田,证实中国天然气资源前景广阔。截止2010年底,中国天然气累计探明地质储量9.3万亿立方米,剩余技术可采储量3.9万亿立方米,同比增长3.7%。

表1-7-2 中国主要盆地天然气储量状况(截止2007年底,单位:亿立方米)

盆地	气层气		溶解气	
	累计探明地质储量	累计经济可采储量	累计探明地质储量	累计经济可采储量
鄂尔多斯盆地	18 624.51	9161.45	1175.49	18.39
四川盆地	15 563.78	8449.16	148.60	30.43
塔里木盆地	9218.27	5495.27	1111.62	208.51
松辽盆地	3822.08	1275.56	2813.87	1112.64
渤海湾盆地	3184.92	1320.68	6319.15	1670.85
柴达木盆地	1900.35	1459.25	156.04	41.05
莺歌海盆地	1564.06	772.83		
琼东南盆地	1037.91	689.09		
准噶尔盆地	787.46	463.63	1450.51	409.41
东海陆架盆地	725.53	464.27	30.76	9.78
珠江口盆地	602.8	347.96	83.81	13.85
吐—哈盆地	391.57	159.42	495.33	115.69
以上12个盆地小计	58 423.24	30 358.57	13 785.18	3630.60
其他11个盆地	176.3	72.53	363.63	68.82
全国合计	58 599.54	30 131.1	14 454.96	3721.83

中国是铀矿资源不甚丰富的一个国家。据近年中国向国际原子能机构陆续提供的一批铀矿田的储量推算,中国铀矿探明储量居世界第10位之后,不能适应发展核电的长远需要。新一轮国土资源大调查在北方浸砂岩型铀矿发现了新疆吐哈和内蒙古鄂尔多斯、二连盆地等3个万吨级地浸砂岩型铀资源基地,准噶尔、海拉尔、松辽等盆地新发现了一批有利的成矿地段,大大改变了中国铀矿资源的区域分布格局。地热资源是指能够为人类经济地开发利用的地球内部的热资源,也是一种清洁能源。中国地热资源颁分布较广,资源也较丰富。

三、中国金属矿产资源

中国有探明储量的金属矿产,包括黑色金属5种,有色金属13种,贵金属8种,稀有、稀土和分散元素矿产28种。探明储量居世界前列的有钨、钼、铋、钒、钛、铌、稀土金属、铅、锌、锡、锑、银、铁、铜、锰、镍、汞等。稀土金属资源最丰富,已探明储量比国外该资源总储量还多。

铁矿 中国是铁矿资源总量丰富、矿石含铁品位较低的国家。目前已探明储量的矿区有1834处,总保有储量矿石463亿吨,居世界第5位。除上海市、香港特别行政区外,铁矿在全国各地均有分布,以东北、华北地区资源为最丰富,西南、中南地区次之。就省(区)而言,探明储量辽宁位居榜首,河北、四川、山西、安徽、云南、内蒙古次之。中国铁矿以贫矿为主,富铁矿较少,富矿石保有储量在总储量中占2.53%,仅见于海南石碌和湖北大冶等地。从铁矿成因类型来看,根据程裕淇和赵一鸣等的意见,主要有与铁质基性、超基性岩浆侵入活动有关的岩浆型铁矿床,如四川攀枝花铁矿床,与中酸性(包括偏基性与偏碱性)岩浆侵入活动有关的接触交代—热液铁矿床,如湖北大冶、福建马坑、内蒙古黄岗等;与中性钠质或偏钠质火山—侵入活动有关的铁矿,如江苏、安徽2省的宁芜铁矿、云南大红山铁矿等;沉积型赤铁矿和菱铁矿床如鄂西、赣西、湘东地区的赤铁矿;变质沉积铁矿如鞍山铁矿、冀东铁矿等;风化淋滤残积型铁矿如广东大宝山、贵州观音山等。铁矿成因类型以分布于东北、华北地区的变质—沉积磁铁矿为最重要。该类型铁矿含铁量虽低(35%左右),但储量大,约占全国总储量的一半,且可选性能良好,经选矿后可以获得含铁65%以上的精矿。从成矿时代看,自元古宙至新生代均有铁矿形成,但以元古宙为自重要。近年来,中国铁矿调查评价取得重要进展,在华北陆块区、长江中下游地区开展深部找矿,发现并评价了安徽泥河、辽宁大台沟、河南练村、山东龙王庙、河北杜蒿坨等大型隐伏铁矿;西部冈底斯、西天山、西昆仑等成矿带新发现西藏尼雄、新疆阿吾拉勒、老井—赞坎等一批铁矿新区。新一轮国土资源大调查新发现铁矿床产地33处,新增资源量50亿吨。进一步摸清了铁矿资源现状,为制定中国铁矿战略提供了基础支撑,铁矿所在地区正逐步发展成为中国新的铁矿石资源基地。

锰矿 中国锰矿资源较多,分布广泛,在全国21个省(区)均有产出;有探明储量的矿区213处,总保有储量矿石5.66亿吨,居世界第3位。中国富锰矿较少,在保有储量中仅占6.4%。从地区分布看,以广西、湖南最为丰富,占全国总储量的55%;贵州、云南、辽宁、四川等地次之。从矿床成因类型来看,以沉积型锰矿为主,如广西下雷锰矿、贵州遵义锰矿、湖南湘潭锰矿、辽宁瓦房子锰矿、江西乐平锰矿等;其次为火山—沉积矿床,如新疆莫托沙拉铁锰矿床;受变质矿床,如四川虎牙锰矿等;热液改造锰矿床,如湖南玛璃山锰矿;表生锰矿床,如广西钦州锰矿。从成矿时代来看,自元古宙至第四纪均有锰矿形成,以震旦纪和泥盆组为最重要。新一轮国土资源大调查新发现锰矿床产地40处,新增资源量1.8亿吨。

铜矿 中国是世界上铜矿较多的国家之一。已探明储量的矿区有910处,总保有储量铜6243万吨,居世界第7位。探明储量中富铜矿占35%。铜矿分布广泛,除天津、香港外,包括上海、重庆、台湾在内的全国各省(市、区)皆有产出。江西铜储量位居全国榜首,占20.8%;西藏次之,占15%;再次为云南、甘肃、安徽、内蒙古、山西、湖北等省,各省铜储量均在300万吨以上。从矿床类型看,以斑岩型铜矿为最重要,如江西德兴特大型斑岩铜矿和西藏玉龙大型斑岩获铜矿;其次为铜镍硫化物矿床(如甘肃自家嘴子铜镍矿)、夕卡岩型铜矿(如湖北铜绿山铜矿、安徽铜官山铜矿)、火山岩型铜矿(如甘肃白银厂铜矿等);沉积岩中层状铜矿(如山西中条山铜矿、云南东川式铜矿)、陆相砂岩型铜矿(云南六直铜矿)以及少量热液脉状铜矿等。从铜矿形成时代来看,从太古宙至第三纪皆有铜矿形成,但从储量规模和矿床数量来看,则主要集中在中生代和元古宙。中生代铜矿多与侵位浅的中酸性岩浆活动有关,如德兴铜矿;元古宙铜矿多与海相火山岩浆活动有关,如甘肃白银厂铜矿;两者相比,又以中生代斑岩型铜矿力量重要。近年来,中国铜矿勘查成果丰硕,有望形成一批千万吨级铜矿基地。新发现西藏驱龙—甲玛、多龙,云南普朗、羊拉,新疆土屋—延东等大型—超大型铜矿床,新增铜资源量接近全国累计查明的一半。西藏冈底斯、滇西北、新疆东天山、班公湖—怒江等正在形成或有望形成国家级铜矿资源勘查开发基地,为近期形成规模产能奠定了资源基础。新一轮国土资源大调查新发现矿床产地121个,新增资源量3851亿吨。

铅锌矿　中国铅锌矿资源比较丰富,全国除上海、天津、香港外,均有铅锌矿产出。产地有700多处,保有铅总储量3572万吨,居世界第4位;锌储量9384万吨,居世界第四位。从省际比较来看,云南铅储量占全国总储量17%,位居全国榜首;广东、内蒙古、甘肃、江西、湖南、四川次之,探明储量均在200万吨以上。全国锌储量以云南为最,占全国21.8%;内蒙古次之,占13.5%;其他如甘肃、广东、广西、湖南等省(区)的锌矿资源也较丰富,均在600万吨以上。铅锌矿主要分布在滇西兰坪地区、滇川地区、南岭地区、秦岭—祁连山地区以及内蒙古狼山—渣尔泰地区。从矿床类型来看,有与花岗岩有关的花岗岩型(广东连平)、夕卡岩型(湖南水口山)、斑岩型(云南姚安)矿床,有与海相火山有关的矿床(青海锡铁山),有产于陆相火山岩中的矿床(江西冷水坑和浙江五部铅锌矿),有产于海相碳酸盐(广东凡口)、泥岩—碎屑岩系中的铅锌矿(甘肃西成铅锌矿),有产于海相或陆相砂岩和砾岩中的铅锌矿(云南金顶)等。铅锌矿成矿时代从太古宙到新生代皆有,以古生代铅锌矿资源最为丰富。新一轮国土资源大调查新发现铅锌矿床产地191个,新增资源量8355万吨。新发现并评价了新疆乌拉根、彩霞山,西藏亚贵拉、拉屋、昂张、尤卡郎,青海东莫扎抓,陕西马元、旬北,甘肃代家庄,河南赤土店、冷水北沟,福建峰岩、八外洋,湖北冰洞山,湖南狮子山等大型特大型铅锌矿。

镍矿　中国镍矿资源不能满足需要。总保有储量镍784万吨,居世界第6位。镍矿产地有近100处,分布于18个省(区)。其中以甘肃省为最,保有储量占全国的61.9%,新疆、吉林、四川等省(区)次之。甘肃金川镍矿规模仅次于加拿大的萨德伯里镍矿,为世界第2大镍矿。镍矿矿床类型主要为岩浆熔离矿床和风化壳硅酸盐镍矿床2个大类。后者以云南墨江镍矿为代表;前者又分岩浆就地熔离矿床与岩浆深部熔离贯入矿床2个亚类。甘肃白家嘴子镍矿即属深部熔离复式贯入矿床。从成矿时代分析,从前寒武纪到新生代皆有产出。岩浆型镍矿主要产于前寒武纪和晚古生代,早古生代、中生代也有镍矿产出。风化壳型镍矿则形成于新生代。

锡矿　中国是世界上锡矿资源丰富的国家之一。探明矿产地293处,总保有储量锡407万吨,居世界第1位。矿产地分布于15个省(区),以广西、云南两省(区)储量最多,分别占全国的32.9%和31.4%,湖南、广东、内蒙古、江西次之,以上6省(区)共占全国的93%。锡矿矿床类型主要有与花岗岩类有关的矿床、与中、酸性火山—潜火山岩有关的矿床、与沉积再造变质作用有关的矿床和沉积—热液再造型矿床,以第1类矿床为最重要,云南个旧和广西大厂等世界级超大型锡矿皆属此类。这2个锡矿储量占全国锡总储量的33%。从成矿时代来看,锡矿成矿时代比较广泛,以中生代锡矿为最重要,前寒武纪次之。

钨矿　中国是世界上钨矿资源最丰富的国家。已探明矿产地有252处,分布于23个省(区)。总保有储量WO_2 529万吨,居世界第1位。产量也居世界首位,是中国传统出口的矿产品。就省(区)来看,以湖南(白钨矿为主)、江西(黑钨矿为主)为多,储量分别占全国总储量的33.8%和20.7%;河南、广西、福建、广东等省(区)次之。主要钨矿区有湖南柿竹园钨矿、江西西华山、大吉山、盘古山、归美山、漂塘等钨矿及广东莲花山钨矿、福建行洛坑钨矿、甘肃塔儿沟钨矿、河南三道庄铝钨矿等。在钨矿床类型方面,以层控叠加矿床和壳源改造花岗岩型矿床为最重要;壳幔源同熔花岗(闪长)岩型矿床、层控再造型矿床和表生型钨矿床次之。从成矿时代来看,最早为早古生代,晚古生代较少,中生代形成钨矿最多,新生代钨矿则属罕见。新一轮国土资源大调查在南岭、祁连、东昆仑等地区新发现并评价了湖南白腊水、锡田，新疆白干湖，甘肃小柳沟等一批钨锡矿产地，新增钨矿资源量106万吨、锡矿资源量264万吨，进一步巩固了中国钨锡矿产资源在世界的优势地位。

锑矿 中国是世界上锑矿资源最为丰富的国家。总保有储量锑278万吨，居世界第1位。已探明储量的矿区有111处，分布于全国18个省（区），以广西锑储量为最多，约占全国的41.3%；其次为湖南、云南、贵州、甘肃、广东等省。锑矿矿床类型有碳酸盐岩型、碎屑岩型、浅变质岩型、海相火山岩型、陆相火山岩型、岩浆期后型和外生堆积型7类，以碳酸盐岩型锑矿为最重要。世界著名的湖南锡矿山锑矿和广西大厂锡、锑多金属矿皆属此类型。从成矿时代来看，除侏罗纪和白垩纪地层中尚未发现有工业矿产外，目前震旦纪到第四纪都有锑矿分布；但其改造成矿的时代主要集中在中生代的燕山期。

钼矿 中国钼矿资源丰富，总保有储量钼840万吨，居世界第2位。探明储量的矿区有222处，分布于28个省（区、市）。以河南省钼矿资源为最丰富，钼储量占全国总储量的30.1%，陕西、吉林次之，以上3省钼储量占全国56.5%以上。钼矿大型矿床多，是一个重要特点，如陕西金堆城、河南栾川、辽宁杨家仗子、吉林大黑山钼矿均属世界级规模的大矿。矿床类型以斑岩型钼矿和斑岩—夕卡岩型钼矿为最重要，前者如陕西金堆城、江西德兴，后者如河南南泥湖钼矿；夕卡岩型、碳酸盐脉、石英脉型次之；沉积型钼—铀—钒—矿床有较大的潜在价值，伟晶岩脉型钼矿无独立工业意义。从钼矿形成时代来看，除少数钼矿形成于晚古生代和新生代之外，绝大多数钼矿床均形成于中生代，为燕山期构造岩浆活动的产物。

金矿 中国金矿资源比较丰富。总保有储量金4265吨，居世界第7位。中国金矿分布广泛，除上海市、香港特别行政区外，在全国其他省（区、市）都有金矿产出。已探明储量的矿区有1265处。就省区论，以山东独立金矿床最多，金矿储量占总储量14.37%；江西伴生金矿最多，占总储量12.6%；黑龙江、河南、湖北、陕西、四川等省金矿资源也较丰富。金矿矿床分内生、外生2大类。内主矿床中以岩浆—液破碎带蚀变岩型和石英脉型为最重要，前者如山东焦家金矿，后者如小秦岭地区；沉积改造微细粒型金矿具有较大找矿潜力（如贵州黔西南金矿）；砂金矿亦占有重要地位。金矿成矿时代的跨度很大，从距今约28亿年左右的太古宙开始，一直到第四纪都有金矿形成。但56%的金矿储量集中在前寒武纪，其次为中生代和新生代金矿储量，占总储量的36%，古生代的金矿相对较少，只占5.7%。新一轮国土资源大调查新增金矿资源量1830吨。

银矿 中国是银矿资源中等丰度的国家。总保有储量银11.65万吨，居美国、加拿大、墨西哥、澳大利亚、秘鲁等国家之后，约处世界第6位。中国银矿分布较广，在全国绝大多数省区均有产出，探明储量的矿区有569处，以江西银储量为最多，占全国的15.5%；其次为云南、内蒙古、广西、湖北、甘肃等省（区）。银矿成矿的一个重要特点就是80%的银是与其他金属特别是与铜、铅、锌等有色金属矿产共生或伴生在一起。中国重要的银矿区有江西贵溪冷水坑、广东凡口、湖北竹山、辽宁凤城、吉林四平、陕西柞水、甘肃白银、河南桐柏银矿等。矿床类型有火山—积型、沉积型、变质型、侵入岩型、沉积改造型等几种，以火山—积型和变质型为最重要。从成矿时代分析，除太古宙和新生代没有发现具工业意义的银矿床外，自元古宙到中生代都有大中型银矿床产出，其中以中生代形成的银矿最多。新一轮国土资源大调查新增银矿资源量85 165吨。

锶矿 中国锶矿资源丰富。总保有储量$SrSO_4$ 3290万吨，居世界第2位。但锶矿分布不广，仅6个省（区）有锶矿产出。已探明储量的矿区13处，以青海为多，占全国锶储量48.3%；陕西、湖北、重庆次之。锶矿矿床类型主要有沉积型、沉积改造型和火山热液型。成矿时代以新生代为主，中生代次之。

铬矿 中国铬矿资源比较贫乏，按可满足需求的程度看，属短缺资源。总保有储量矿石1078万吨，其中富矿占53.6%。铬矿产地有56处，分布于西藏、新疆、内蒙古、甘肃等13个省（区），以西藏为最主要，保有储量约占全国的一半。中国铬矿床是典型的与超基性岩有关的岩浆型矿床，绝大多数属蛇绿岩型，矿床赋存于蛇绿岩带中。西藏罗布莎铬矿和新疆萨尔托海铬矿等皆属此类。从成矿时代来看，中国铬矿形成时代以中、新生代为主。

钒矿 中国钒矿资源较多，总保有储量V_2O_5 2596万吨，居世界第3位。钒矿主要产于岩浆岩型钒钛磁铁矿床之中，作为伴生矿产出。钒矿作为独立矿床主要为寒武纪的黑色页岩型钒矿。钒矿分布较广，在19个省（区）有探明储量，四川钒储量居全国之首，占总储量的49%；湖南、安徽、广西、湖北、甘肃等省（区）次之。钒钛磁铁矿主要分布于四川攀枝花—昌地区，黑色页岩型钒矿主要分布于湘、鄂、皖、赣一带。钒矿成矿时代主要为古生代，其他地质时代也有少量钒矿产出。

汞矿 中国是世界上汞矿资源比较丰富的国家之一。总保有储量汞8.14万吨，居世界第3位。现已探明储量的矿区103处，分布于13个省（区），以贵州省为最多，其储量为全国汞储量的40%，其次为陕西和四川，以上3省汞储量占全国的74%。著名汞矿有贵州万山汞矿、务川汞矿、丹寨汞矿、铜仁汞矿以及湖南的新晃汞矿等。汞矿矿床类型分为碳酸盐岩型、碎屑岩型和岩浆型3种。碳酸盐岩型占主要地位，拥有汞储量90%以上，贵州万山等特大型汞矿皆属此类型。其次为碎屑岩型。中国已知大多数汞矿床产于中、下寒武纪地层之中（占储量80%以上），在前寒武纪、中生代、新生代也有汞矿形成，但不占重要地位。

钴矿 中国钴矿资源不多，独立钴矿床尤少，主要作为伴生矿产与铁、镍、铜等其他矿产一道产出。已知钴矿产地150处，分布于24个省（区），以甘肃省储量最多，约占全国总储量的30%。全国总保有储量钴47万吨。矿床类型有岩浆型、热液型、沉积型、风化壳型4类。以岩浆型硫化铜镍钴矿和夕卡岩铁铜钴矿为主，占总量65%以上；其次为火山沉积与火山碎屑沉积型钴矿，约占总储量17%。钴矿成矿时代以元古宙和中生代为主，古生代和新生代次之。

铌、钽、锂、铍矿 中国是世界上铌、钽、锂、铍等稀有金属矿产资源丰富的国家。总保有储量Nb_2O_5 388万吨，仅次于巴西，居世界第2位。中国铌矿已探明储量的矿区有99处，分布于内蒙古、湖北等16个省（区），以内蒙古最多，占全国铌储量的72%；湖北次之，占24%。钽矿分布于13个省（区）的92个矿区，总保有储量Ta_2O_5 8.4万吨，居世界首位，江西钽矿最丰富，内蒙古、广东次之，3省合计占全国钽储量72.5%。锂矿在9个省（区）有分布，已探明储量的矿区43处，保有氯化锂储量1667万吨，氧化锂237万吨，储量居世界第3位，以青海资源为最丰富，湖北、四川等省次之。铍矿在15个省（区）有产出，已探明储量的矿区有77处，总保有储量BeO 23万吨，以新疆、内蒙古铍储量最多，分别占全国的29.4%和27.8%；四川、云南次之，各占16%左右。以江西宜春铌钽矿、内蒙古白云鄂博铌钽矿、新疆阿勒泰铍、锂—稀有矿、青海锂矿为最重要。铌、钽、锂、铍矿床类型有内主矿床、外生矿床、变质矿床和叠生矿床4类。内主矿床中主要与酸性岩类和碱性岩—碳酸岩有关，外生矿床中以第四纪盐湖沉积型为主。铌、钽、锂、铍矿床自元古宙至新生代均有形成，但以中生代和晚古生代为主。

稀土金属 稀土是门捷列夫化学元素周期表中镧系（镧、铈、镨、钕、钷、钐、铕、钆、铽、镝、钬、铒、铥、镱、镥）15个元素和39号元素钇的总称。中国是世界上稀土资源最丰富的国家，素有"稀土王国"之称，总保有储量TR_2O_3约9000万吨，居世界第1位。全国稀土矿探明储量的矿区有60多处，分布于16个省（区），以内蒙古为最，占全国的95%，湖北、贵州、江西、广东等省次之。中国稀土矿产不仅储量大,而且品种多、质量好,矿床类型独特,如内蒙古白云鄂博沉积变质—热液交代型铌—稀土矿床和南岭地区的风化壳型矿床,在世界上均居独特地位。中国稀土矿产多与其他矿产共生,南方以重稀土为主,北方以轻稀土为主。稀土矿自元古宙至新生代均有矿床形成,尤以中生代的燕山期为盛。

铂族元素矿物 中国铂族金属矿产资源比较贫乏,总保有储量铂族金属310吨。已探明铂族金属的矿区有35处,分布于全国10个省(区),其中以甘肃为最多,占全国总储量57%;其次为云南、四川、黑龙江等省。铂族金属矿产矿床类型主要为岩浆熔离铜镍铂钯矿床、热液再造铂矿床和砂铂矿床,以前者为最重要,如甘肃白家嘴子矿床即属此类。铂族金属成矿时代主要为古元古代和古生代。

四、中国非金属矿产资源

非金属矿以岩石或矿物的用途划分矿种。目前,中国有探明储量的非金属矿种88种,包括冶金辅助原料非金属矿产10种,化工原料非金属矿产23种,特种非金属矿产7种,建材及其他非金属矿产48种。冶金辅助原料非金属资源十分丰富,配套齐全,菱镁矿、萤石、耐火粘土等探明储量居世界前列,质量优越,为出口的优势矿产。化工非金属资源丰富,品种也齐全,硫、磷、重晶石、芒硝和钠盐的探明储量也居世界前列。建材和其他非金属矿产种类多、质量好、分布广,在国际市场上具有竞争优势。特种非金属矿产已探明储量的有压电水晶、冰洲石、金刚石、蓝石棉、熔炼水晶、光学萤石、光学水晶7种,它们在科学仪器、工业上都有广泛用途。

菱镁矿 中国是世界上菱镁矿资源最为丰富的国家。总保有储量矿石30亿吨,居世界第1位。中国菱镁矿的重要特点是地区分布不广、储量相对集中,大型矿床多。探明储量的矿区27处,分布于9个省(区),以辽宁菱镁矿储量最为丰富,占全国的85.6%;山东、西藏、新疆、甘肃次之。在20多处矿床中,10个大矿区拥有94%的储量。矿床类型以沉积变质—热液交代型为最重要,如辽宁海城、营口等地菱镁矿产地、山东掖县菱镁矿产地等;沉积型、热液脉型和基性—超基性岩型不具重要意义。中国菱镁矿主要形成于前震旦纪和震旦纪,少数矿床形成于古生代和中新生代。

萤石 中国是世界上萤石矿最丰富的国家之一。总保有储量CaF_2 1.08亿吨,居南非、墨西哥之后,处世界第3位。已探明储量的矿区有230处,分布于全国25个省(区)。以湖南萤石最多,占全国总储量38.9%;内蒙古、浙江次之,分别占16.7%和16.6%。中国主要萤石矿区有浙江武义、湖南柿竹园、河北江安、江西德安、内蒙古苏莫查干敖包、贵州大厂等。矿床类型比较齐全,以热液充填型、沉积改造型为主,伟晶岩型等类型不具重要意义。萤石矿主要形成于古生代和中生代,以中生代燕山期为最重要。

耐火粘土 中国耐火粘土资源丰富。总保有储量矿石21亿吨。探明储量的矿区有327处,分布于全国各地。以山西耐火粘土矿最多,占全国总储量的27.9%;其次为河南、河北、内蒙古、湖北、吉林等省(区)。按成因矿床可分沉积型(如山西太湖石、河北赵各庄、河南巩县、山东淄博耐火粘土矿等)和风化残余型(如广东飞天燕耐火粘土矿)两大类型,以沉积型为主,储量占95%以上。耐火粘土主要成矿期为古生代,中生代、新生代次之。

硫矿 中国硫矿资源相当丰富。主要为硫铁矿,其次为其他矿产中的伴生硫铁矿和自然硫。总保有储量折合硫14.93亿吨,居世界第2位。硫铁矿中含硫大于35%的富矿很少,仅占3.6%。除上海市和香港特别行政区外,皆有硫矿分布。已探明储量的矿区760多处。硫铁矿以四川省为最丰富,伴生硫储量江西(德兴铜矿和永平铜矿等)第1,自然硫主要产于山东(泰安地区),广东云浮硫铁矿、内蒙古炭窑口、安徽新桥、山西阳泉、甘肃白银厂等矿区均为重要的硫铁矿区。矿床类型有沉积型、沉积变质型、火山岩型、夕卡岩型和热液型几种。以沉积型(占全国总储量41%)和沉积变质型占全国总储量19%)为最重要。硫矿成矿时代主要为古生代,其次为前寒武纪和中生代,新生代也有大型自然硫矿床形成。

芒硝 中国芒硝矿资源极为丰富,总保有储量 Na_2SO_4 105亿吨,居世界首位。探明储量的矿区有100多处,分布于全国13个省(区),以青海省储量最多,约占40%;四川省次之,约占30%;云南、内蒙古也有较多的芒硝产出。中国芒硝矿的重要特点是质量好,矿床规模大。矿床类型分为现代内陆盐湖(如青海察尔汗盐湖、新疆七角井盐湖等)芒硝矿床和古代内陆湖(如云南禄劝硝井矿区)矿床2种。芒硝矿主要形成于中生代和新生代。

重晶石 中国重晶石资源相当丰富,分布于全国21个省(区)。探明储量的矿区有103处,总保有储量矿石3.6亿吨,居世界第1位。以贵州省重晶石矿最多,保有储量占全国的34%;湖南、广西、甘肃、陕西等省(区)次之,以上5省储量占全国的80%。矿床类型以沉积型为主(如贵州天柱、湖南贡溪、广西板必、湖北柳林重晶石矿等),占总储量的60%。此外还有火山—沉积型(如甘肃镜铁山伴生重晶石矿)、热液型(广西象州县潘村)和残积型(广东水岭矿)。成矿时代以古生代为主,震旦纪及中—新生代也有重晶石矿形成。

盐矿 中国盐矿资源相当丰富,除海水中盐资源外,矿盐资源在全国17个省(区)都有产出。探明储量的矿区有150处,总保有储量 NaCl 4075亿吨,以青海省为最多,占全国的80%;四川(成都盆地、南充盆地等)、云南、湖北(应城盐矿)、江西(樟树盐矿、周田盐矿)等省次之。盐矿可分岩盐、现代湖盐和地下卤水盐3种类型,以现代湖盐为主,如柴达木盆地的现代盐湖。盐矿形成时代主要为中、新生代。

钾盐 中国是钾盐矿产资源贫乏的国家。仅在6个省(区)有少量钾盐产出。探明储量的矿区有28处,总保有储量 KCl 4.56亿吨。中国钾盐主要产于青海察尔汗盐湖,其储量占全国的97%;云南勐野井也有产出。钾盐矿床类型以现代盐湖钾盐为主,中生代沉积型钾盐矿和含钾卤水不占重要地位。

硼矿 中国硼矿资源比较丰富。全国14个省(区)有硼矿产出。探明储量的矿区有63处,总保有储量 B_2O_3 4670万吨,居世界第5位。以辽宁硼矿最多,储量占全国的57%;其次为青海,占24.7%。硼矿类型以古元古代沉积变质型为主,如辽宁营口、宽甸等地的硼矿,是中国硼矿资源的主要来源;现代盐湖沉积型硼矿也很重要,如青海和西藏的一些盐湖硼矿。

磷矿 中国磷矿资源比较丰富。全国26个省(区)有磷矿产出。探明储量的矿区有412处,总保有储量矿石152亿吨,居世界第2位。以湖北、云南为多,分别占22%和21%;贵州、湖南次之,以上4省合计占全国储量的71%。中国重要磷矿床有云南昆阳磷矿、贵州开阳磷矿、湖北王集磷矿、湖南浏阳磷矿、四川金河磷矿、江苏锦屏磷矿等。磷矿矿床类型以沉积磷块岩型为主,储量约占80%;内主磷灰石矿床、沉积变质型磷矿床次之;鸟粪型磷矿探明储量极少。磷矿的成矿时代主要为震旦纪和早寒武世,前震旦纪、古生代也有磷矿产出。

金刚石 中国金刚石矿资源比较贫乏。全国只有4个省产有金刚石矿。探明储量的矿区有23处,总保有储量金刚石矿物4179千克。主要产于辽宁,其储量约占全国的52%;山东蒙阴金刚石矿田次之,占44.5%。中国金刚石矿以原生矿为主,砂矿(湖南沅江流域、山东沂沭河流域等地砂矿)次之。金刚石矿成矿时代以古生代和中生代燕山期为主,第四纪砂矿亦具一定的工业意义。

石墨 中国石墨矿资源相当丰富。全国20个省（区）有石墨矿产出。探明储量的矿区有91处，总保有储量矿物1.73亿吨，居世界第1位。以黑龙江省为最多，储量占全国的64.1%，四川和山东石墨矿也较丰富。石墨矿床类型有区域变质型（黑龙江柳毛、内蒙古黄土窑、山东南墅、四川攀枝花扎壁石墨矿等）、接触变质型（如湖南鲁塘、广东连平石墨矿等）和岩浆热液型（新疆奇台苏吉泉矿等）3种，以区域变质型为最重要，不仅矿床规模大、储量多，而且质量好。石墨矿成矿时代有太古宙、元古宙、古生代和中生代，以元古宙石墨矿为最重要。

硅灰石 中国硅灰石资源丰富。全国14个省（区）有硅灰石产出。探明储量的矿区有31处，总保有储量矿石1.32亿吨，居世界第1位。吉林省硅灰石矿最多，占全国的40%；云南、江西、青海、辽宁次之。硅灰石矿床类型有夕卡岩型（如吉林龙井、湖南常宁、江苏溧阳等）、接触热液变质型（如吉林梨树、江西上高）和区域变质型（如吉林浑江）3种，以前2种为主。成矿时代主要为石炭纪、二叠纪，其次为泥盆纪、志留纪和寒武纪。

滑石 中国滑石矿资源比较丰富。全国15个省（区）有滑石矿产出。探明储量的矿区有43处，总保有储量矿石2.47亿吨，居世界第3位。以江西滑石矿最多，占全国的30%；辽宁、山东、青海、广西等省（区）次之。滑石矿矿床类型主要有碳酸盐岩型，如辽宁海城、山东掖县等产地和岩浆热液交代型，如江西于都、山东海阳等产地，以碳酸盐岩型为最重要，占全国储量的55%。成矿时代主要为前寒武纪，古生代、中生代次之。

石棉 中国石棉矿资源比较丰富。全国15个省（区）有石棉矿产出。探明储量的矿区有45处，总保有储量矿物9061万吨，居世界第3位。青海石棉矿最多，储量占全国的64.3%；四川、陕西次之。主要石棉矿产地有四川石棉、青海茫崖和陕西宁强等石棉矿区。中国石棉矿床的成因类型主要有超基性岩型和碳酸盐岩型2类，前者规模大，储量占全国的93%。石棉矿成矿时代有前寒武纪、古生代和中生代，以古生代成矿为最重要。

云母 中国云母矿资源丰富。全国20个省（区）有块云母产出，探明储量的矿区有169处，总保有储量云母6.31万吨。以新疆块云母最多，储量占全国的64%；四川、内蒙古、青海、西藏等地也较多。主要云母矿区有新疆阿勒泰、四川丹巴、内蒙古土贯乌拉等。云母矿的矿床类型主要有花岗伟晶岩型、镁夕卡岩型和接触交代型3种，以花岗伟晶岩型力量重要，其储量占全国的95%以上。云母矿主要形成于太古宙、元古宙和古生代，中生代以后形成较少。

石膏 中国石膏矿资源丰富。全国23个省（区）有石膏矿产出。探明储量的矿区有169处，总保有储量矿石576亿吨。以山东石膏矿最多，占全国储量的65%；内蒙古、青海、湖南次之。主要石膏矿区有内蒙古鄂托克旗、湖北应城、吉林浑江、江苏南京、山东大汶口、广西钦州、山西太原、宁夏中卫等。石膏矿以沉积型矿床为主，储量占全国90%以上，后生型及热液交代型石膏矿不很重要。石膏矿在各地质时代均有产出，以早白垩纪和第三纪沉积型石膏矿为最重要。

宝玉石 中国宝玉石矿品种繁多。辽宁岫岩玉、新疆和田玉和海蓝宝石、广东的南方玉、河南南阳的独山玉、福建的寿山石、浙江的青田石和鸡血石、湖北的绿松石、抚顺的煤玉、琥珀和内蒙古的玛瑙等古代就已开采并驰名中外。在海南、江苏、山东等地还产有蓝宝石矿。中国宝玉石地质工作程度较差。对吉林、江苏、福建、山东、海南5省12个宝石矿区进行了地质工作，总保有储量矿物4.1万千克，以宝石级刚玉、绿柱石、石榴子石和锆石为主。对北京、内蒙古、辽宁、河南、广东、青海6省（区）10个玉石矿区进行了地质工作，总保有储量矿石28.9万吨，其中以辽宁的岫岩玉保有储量最多，占全国玉石储量的一半。中国宝玉石矿有多种矿床类型，以伟晶岩型、热液交代型和风化残积—冲积型矿为重要，岩浆型、变质型、夕卡岩型次之。宝玉石成矿时间跨度较大，自前寒武纪直至第四纪均有宝玉石矿形成。

水泥灰岩 中国水泥灰岩资源相当丰富,除上海市、香港特别行政区外其他各省(区、市)均有产出。探明储量的矿区1124处,总保有储量矿石489亿吨。储量以陕西最多,占10%;安徽次之,占6.7%;广西、四川、山东水泥灰岩资源也较丰富。水泥灰岩矿床成因类型分化学或生物化学沉积矿床(如河北邯郸峰峰矿、四川峨眉黄山等)、机械碎屑沉积矿床(如山西大同七峰山等)、生物沉积矿床(如江苏、浙江等地石炭系黄龙灰岩等)和重结晶型石灰岩矿床(如黑龙江省爱辉关鸟河)。石灰岩自太古宙到新生代各时代地层中几乎都有形成,但用于生产水泥的主要是古生代形成的石灰岩。

玻璃硅质原料 中国玻璃硅质原料资源非常丰富,主要包括玻璃用石英岩、石英砂岩、石英砂和脉石英等类矿产。全国26个省(区)有189个矿区,总保有储量38亿吨。玻璃用石英岩以青海为最,占全国总储量的42.4%;石英砂以海南为最多;玻璃用石英砂岩山东则居首位。主要矿区有青海大通、河北滦县雷庄、内蒙古甘族卡、辽宁本溪、河南渑池、福建东山、广西北海、海南文昌等地硅质原料矿。矿床成因类型以沉积变质石英岩、沉积石英砂岩和海相沉积石英砂为主,热液型石英脉不具重要意义。玻璃硅质原料自太古宙到新生代均有形成。

硅藻土 中国硅藻土资源丰富。全国10个省(区)有硅藻土矿产出。探明储量的矿区有354处,总保有储量矿石3.85亿吨。仅次于美国,居世界第2位。以吉林最多,占全国储量的54.8%,云南、福建、河北等地次之。矿床类型主要为火山物源沉积型矿床(吉林长白、山东临朐、浙江嵊州市硅藻土矿等)和陆源沉积型(云南寻甸、四川米易硅藻土矿等)矿床。成矿时代集中在第三纪和第四纪,以第三纪为主。

高岭土 中国高岭土矿资源丰富。在全国21个省(区)208个矿区探明有高岭土矿,总保有储量矿石14.3亿吨,居世界第7位。广东最多,陕西次之,分别占全国储量的30.8%和26.7%;福建、广西、江西探明储量也较多;香港特别行政区亦有高岭土矿产地。主要高岭土矿区有广东茂名、福建龙岩、江西贵溪、江苏吴县和湖南鸽醴陵等。矿床类型有风化壳型、热液蚀变型和沉积型3种,以风化壳型矿床为最重要,如广东、福建的高岭土矿区。成矿时代主要为新生代和中生代后期,晚古生代也有矿床形成。

膨润土 中国膨润土矿资源丰富,分布广泛,全国23个省(区)皆有膨润土矿产出。探明储量的矿区有86处,总保有储量矿石24.6亿吨,居世界第1位。以广西、新疆,内蒙古为多,分别占全国储量的26.1%、13.9%和8.5%。主要膨润土矿区有河北宣化、浙江余杭、河北隆化、辽宁黑山、辽宁建平、浙江临安、甘肃金昌、新疆布克塞尔,浙江临安平山的钠基膨润土矿是中国首次发现的第1个大型钠基膨润土矿床。矿床类型可分沉积型、热液型和残积型3种,以沉积(含火山沉积)型为最重要,储量占全国储量的70%以上。成矿时代主要为中、新生代,在晚古生代也有少量矿床形成。钠基膨润土和钙基膨润土在总储量中分别占约27%和31%。

花岗石 花岗石矿在商业中是泛指具有装饰功能、质地坚硬、抗酸碱,可加工成一定规格石料或工艺品的天然石材,并非地质学中的"花岗岩"概念。花岗石大体包括岩浆岩、火山岩类和部分变质岩类(如混合岩、片麻岩等)。中国花岗石矿资源丰富,在全国各地均有分布,探明储量的矿区180余处,总保有储量矿石17亿立方米,包括花岗岩、安山岩、闪长岩、辉绿岩、角闪岩、玄武岩、辉长岩、蛇纹岩、橄榄岩、辉石岩等。以山东、北京为多,分别占全国储量的23.8%和18.5%。花岗石矿产多为岩浆型或火山型成因,自太古宙到新生代均有产出;部分经后期蚀变或变质;另外一些原岩多为沉积岩类,经受深变质而形成混合岩或片麻岩。

大理石　大理石亦为商业名称,是泛指具有装饰功能、可加工成建筑石材或工艺品的天然碳酸盐类岩石,如大理岩、白云岩、石灰岩等。中国大理石品种繁多,资源丰富,全国26个省(区)皆有产出。探明储量的矿区有123处,总保有储量矿石10亿立方米,以广东、河北储量最多,各占16.6%。主要大理石矿区有河北曲阳、江苏宜兴和赣榆、湖北黄石、四川宝兴、陕西留坝及广东英德大理石矿等。大理石矿成因类型有区域变质型、沉积型和接触变质型3类,以区域变质型为主,储量占全国总储量的50%以上。大理石矿自太古宙至于生代均有形成,以太古宙和元古宙为主,古生代、中生代次之。

五、中国水汽矿产资源

地下水、矿泉水、二氧化碳气、地下热水(归能源矿产资源)是已探明储量的矿产。未探明的有硫化氢气、氦气和氡气。根据新一轮地下水资源评价成果,全国地下淡水天然资源多年平均为8837亿立方米,约占全国水资源总量的1/3,其中山区为6561亿立方米,平原为2276亿立方米;地下淡水可开采资源多年平均为3527亿立方米,其中山区为1966亿立方米,平原为1561亿立方米。另外,全国地下微咸水天然资源(矿化度1克/升~3克/升)多年平均为277亿立方米,半咸水天然资源(矿化度3克/升~5克/升)多年平均为121亿立方米。矿泉水产地达2000多处,可采资源量2.8亿立方米/年,通过国家级鉴定已达500多处。中国矿泉水类型齐全,国外各名牌饮用矿泉水的类型中国均已发现,同时,还发现高钾、高锌、含锗、含氡的特殊矿泉水。目前,中国矿泉水产量100多万吨。

第二节　中国旅游地质资源

一、中国旅游地质资源概述

中国旅游历史悠久,在浩瀚的典籍中就载有丰富的旅游自然资源、特别是旅游地质资源。从1979年起,以殷维翰主编的《中国名胜地质丛书》为先导,旅游地质出版物和研究文章逐渐增多,形成了一支具有一定学术水平的旅游地质研究队伍。1983年在乌鲁木齐召开了中国首次旅游地质学术讨论会,1985年在北京召开了中国首届旅游地学讨论会,同年,地矿部和国家环保局在长沙召开了全国首次地质自然保护区区划和考察工作会议。这些活动,推动了中国旅游地质资源的普查、发现、研究和保护工作。中国第1个国家级地质自然保护区——"蓟县中上元古界国家自然保护区",经国务院批准在天津建立。陕西柞水县发现了中国西北最大的溶洞群,其中的大型溶洞就有15个,具有旅游开发前景的为9个。福建周宁县深山峡谷中发现了一处13级大小不等的瀑布群,其中最大的"九龙漈"瀑布高达52.7米、宽80.5米。湖北利川县发现了中国最长的溶洞——腾龙洞,其主洞长20千米,支洞长7千米。随着全社会物质文化生活水平的不断提高,要求通过旅游活动学到更多的科学文化知识,尤其是青少年旅游者的要求更为迫切。根据成因、意义和用途,旅游地质资源可分为风景旅游地质资源、科学文化旅游地质资源两大类。

二、中国旅游地质资源类别

1. 风景旅游地质资源

具有旅游价值的各种地质现象统称旅游地质资源,其中具有秀丽的自然风光,可称为风景旅

游地质资源。按自然风光的特征、存在状态等,至少可分以下几类:

(1)名山:中国名山有东岳泰山、西岳华山、南岳衡山、北岳恒山、中岳嵩山、庐山、井冈山、武夷山、神农架、峨眉山—乐山等。

(2)关隘:有山海关、娘子关、嘉峪关、剑门关、娄山关等。

(3)峡谷:有长江三峡、三门峡、红石峡、青铜峡、刘家峡、龙羊峡、羚羊峡、虎跳峡等。

(4)瀑布:有黄果树瀑布、九龙漈瀑布、台湾瀑布等。

(5)岩洞:有北京云水洞、石花洞,桂林七星岩,芦笛岩,桑植龙王洞,利川腾龙洞等。

(6)石林及峰林:有路南石林、灵芝林、兴文石林、阳朔峰林、武鸣山水、天水石林等。

(7)江流:燕子矶、汨罗江、橘子洲等。

(8)湖景:青海湖、长白山天池、滇池、洱海、太湖、洞庭湖、微山湖、西子湖等。

(9)海滨:有北戴河、天涯海角、鼓浪屿等。

(10)冷泉:有北京玉泉、汾阳名泉、酒泉、崂山矿泉、峨眉神水、杭州虎跑泉等。

(11)温泉:有马兰峪温泉、五大连池、华清池、汤山温泉、福州温泉、腾冲热海等。

奇异地形:有棒槌山、火焰山、天下第一奇石、赤壁、张家界、丹霞山、天葬台等。

2.科学文化旅游地质资源

具有重要的科学文化价值的旅游地质资源。这类地质资源有周口店北京人遗址,蓟县中上元古界国家自然保护区、广西柳州白莲洞古人类遗址、四川自贡古人类遗址、山东临朐山旺"万卷书"(新近纪动植物群)、云南腾冲热海胜景、黑龙江五大连池火山奇观、云南"澄江动物群"、四川大山铺恐龙化石遗址、湖北黄石市铜绿山铜矿的古矿冶遗址、河南西峡恐龙蛋化石遗址和辽宁北票上园乡原始鸟化石群遗址等。

第三节 中国地质资源开发

一、1949 年以前的矿产资源开发

中国是世界上地质开发历史最悠久的国家之一。大量出土文物和丰富的史籍表明,中华民族的祖先在石器时代就开始利用大自然赋予的地质资源。且不说旧石器时代早期开始古人类的利用石器原料,就说新石器时代,北方牧民用玛瑙、玉髓制成三角形箭头射杀猎物,用花岗岩和变质石灰岩制造石犁;出土文物表明,在 7000 年前就有玉器,距今 3000 多年前的殷代就有精美的玉器工艺,而且分布广泛,数量较多。黄河流域的民族在距今 6000 年左右已能烧制彩陶,距今 4000 年～5000 年前已能制造黑陶、石刀、石镰等农具,在甘肃洮河、渭河上游和青海湟水流域陶器多为细泥红陶和粗砂灰陶,并出现红铜(自然铜)器。在青铜器时代初期,青铜可能是熔炼铜锡或铜铅共生矿石而产生的,是由中国矿产资源特点所造成的。春秋时代齐国《考工记》一书系统地载入冶铸不同用途的青铜的铜锡比例。江苏六合程桥春秋墓出土的铁丸(生铁)和铁条表明,中国是世界上生产生铁最早的国家之一,比欧洲应用生铁早 1900 多年。中国古代矿业在封建社会中曾几度大放异彩,推动着文化技术和社会的进步。秦、西汉矿业蓬勃发展,西汉铁器出土地点超过 60 处,冶铁遗址 20 多处,全国设有铁官 49 处。唐、宋矿业繁荣,金、银、铜、铁、锡、铅的开采和冶炼发展尤盛。北宋初期金属矿场有 271 处。中国对非金属矿产的开发利用也很久远,如沈阳新石器时代遗址出土的煤玉雕装饰品,原料是抚顺的煤。石油、天然气最迟在汉代已开始利用。瓷土和高岭土在殷

代以前被用作陶瓷原料,商代"青釉器"可称瓷器的始祖,中国的英文名"China"也因瓷器而得名。四川井盐传说是公元前254年秦蜀太守李冰所开发。西汉时用石灰和萤石做炼铁熔剂。宋代已发明用硫磺与木炭制火药。《明一统志》记有四川眉山县白垩纪地层中产芒硝的材料。大理石、花岗岩、板岩古代早已大量用作建筑材料,石墨、滑石等的开发利用也早载入史籍。中国历代都有置官管理矿产和矿业,制订有矿业法规。

二、1949年以来的矿产资源开发

矿产资源的丰度及其开发的程度反映着一个国家的实力。1949年以来国家对矿产资源勘查和开发工作十分重视,大大提高了国土及其毗邻海域的地质研究程度,在陆上和海底发现和探明了一大批矿产资源,证实了中国矿床类型齐全,矿产蕴藏丰富。例如煤矿开发,截至1991年底,已建成矿井(区)2299个,形成众多的煤炭基地,其中生产能力超过1000万吨/年的特大型基地有16处,生产能力500万吨/年~1000万吨/年的大型基地15处。1991年煤炭产量达到10.9亿吨,居世界第1位,出口量近2000万吨,居世界第7位。从资源条件看,煤矿是中国长期依赖的主要能源,也是长期出口的重要矿产品之一。由于改革开放,许多分散零星资源由地方、乡镇集体或个人开发结果,1983年中国黄金产量的20%,铁矿、煤矿产量的25%,铜、铅、锌、钨、锡、锑6种有色金属矿产量的33%,磷矿产量的50%,建筑材料的70%,都是小矿生产的。后来地勘部门把地勘业延伸到矿业开发领域,建立地勘—矿产—加工开发体系,收到了很好的效果。迄今县以上非金属矿企业有600多家,从业职工20多万人,采掘总产值64亿美元,产品出口创汇1991年8亿美元,1992年超过10亿美元。近年石材、板材开发业发展很快,1992年,花岗岩荒料出口创汇达4216万美元,年增长速度达到33%。宝玉石矿产开发随着人们生活水平的提高日益得到发展。如地矿部勘查和开发辽宁瓦房店金刚石矿床,20世纪70年代初期发现矿床,共有3条原生矿带,18个岩管,100余条矿脉,范围约500平方千米,总储量占全国已探明量的54%,宝石级占70%。1989年

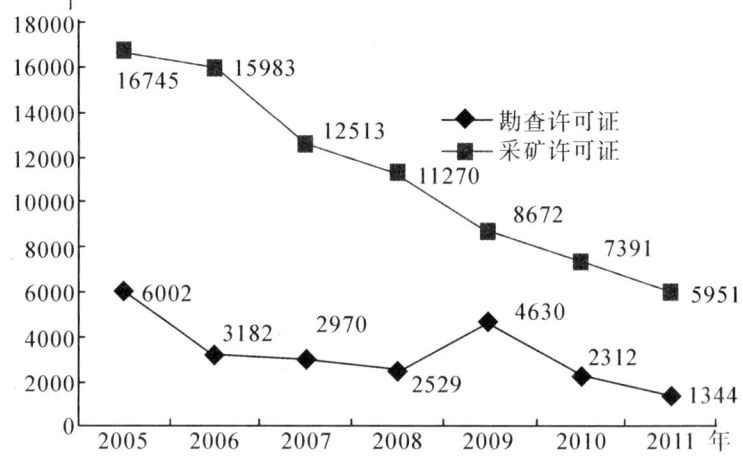

图1-7-1　近年中国新立勘查、采矿许可证数量(据国土资源部网)

投产,年采、选量27万吨,头两年就采出金刚石14万克拉,最大颗粒16.15克拉,长轴22.5毫米,平均年销售收入4800万元,出口创汇800万美元,收到了显著经济效益。截至1991年底,已建成国营矿山8800多个,乡镇集体小矿和个体采矿点24万多个,年采掘矿石量已超过50亿吨,居世界第3位,其中煤炭和水泥产量居世界第1位,钢铁居第4位,有色金属和石油居第5位,保证了中国经济发展的需要,部分优势矿产还有出口。

"十一五"期间,国内矿产品供应能力不断增强,重要矿产品价格高位运行。中国已成为矿产品生产和消费大国,矿产品产量持续快速增长。煤炭、钢、10种有色金属、水泥等产量和消费量均居世界第1位。自2006年~2010年中国煤炭产量增长28%,原油增长10%,天然气增长65%,铁矿石增长82%,粗钢增长50%,10种有色金属增长61%。

表1-7-3 中国主要盆地原油储量开发状况(截止2007年底,单位:万吨)

盆地	原油				凝析油			
	地质储量		经济可采储量		地质储量		经济开采储量	
	已开发	未开发	已开发	未开发	已开发	未开发	已开发	未开发
渤海湾盆地	870 563.28	337 649.73	225 164.86	41 822.7	2425.55	1799.44	677.93	119.09
松辽盆地	575 241.68	158 534.39	249 884.79	14 452.53				
鄂尔多斯盆地	138 939.13	80 736.2	23 068.93	10 752.06				
准噶尔盆地	139 422.6	58 811.78	35 715.32	4664.74	544.58	74.21	131.51	18.44
塔里木盆地	57 040.26	58 819.81	12 090.14	4002.42	6023.20	7876.20	1430.78	1920.78
珠江口盆地	43 638.31	13 610.93	17 330.88	3289.99	218.70	448.22	106.81	171.26
柴达木盆地	27 430.15	6055.35	5717.24	506.37	7.80	0	0	0
吐-哈盆地	22 874.45	8679.56	5205.95	583.5	601.77	15.00	137.14	0
苏北盆地	21 372.19	4164.14	4836.74	507.74	4.00	0	0.01	0
南襄盆地	21 868.36	3556.35	7616.42	324.44	12.30		0.24	
二连盆地	15 120.79	9373.74	2803.99	625.58				
酒泉盆地	13 725.84	3004.26	3763.54	327.6				
北部湾盆地	7824.19	7714.35	1429.43	1432.99	188.00	39.85	48.50	0
江汉盆地	10 530.75	3055.86	3582.45	240.13				
海拉尔盆地	2585	8983.41	264.78	1603.88				
以上小计	1967 176.98	762 749.86	559 475.46	85 226.67	10 025.90	10 252.92	2532.92	2229.57
其他8个盆地	12 561.27	9217.12	1700.3	1453.43	276.00	1360.56	92.63	497.24
全国总计	1979 738.25	771 966.98	601 175.76	86 680.1	10 652.30	11 646.27	2810.34	2744.91

表1-7-4 2010年和2011年中国主要矿产品产量

矿产产品	单位	2010年	2011年	增减变化/%
原煤	亿吨	32.4	35.2	8.6
原油	亿吨	2.01	2.03	1.0
天然气	亿立方米	942.19	1012.79	7.5
铁矿石	亿吨	10.72	13.27	23.8
粗钢	亿吨	6.37	6.84	7.4
黄金	吨	340.88	360.96	5.9
10种有色金属	万吨	3121.0	3424.3	9.7
磷矿石	万吨	6807	8122	19.3
原盐	万吨	7037.8	6429.4	-8.6
水泥	亿吨	18.29	20.63	9.6

资料来源:国家统计局。

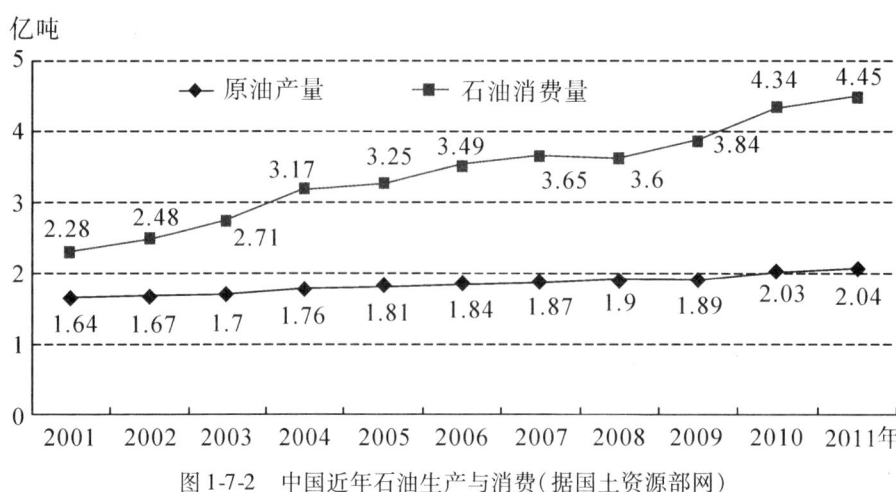

图1-7-2 中国近年石油生产与消费（据国土资源部网）

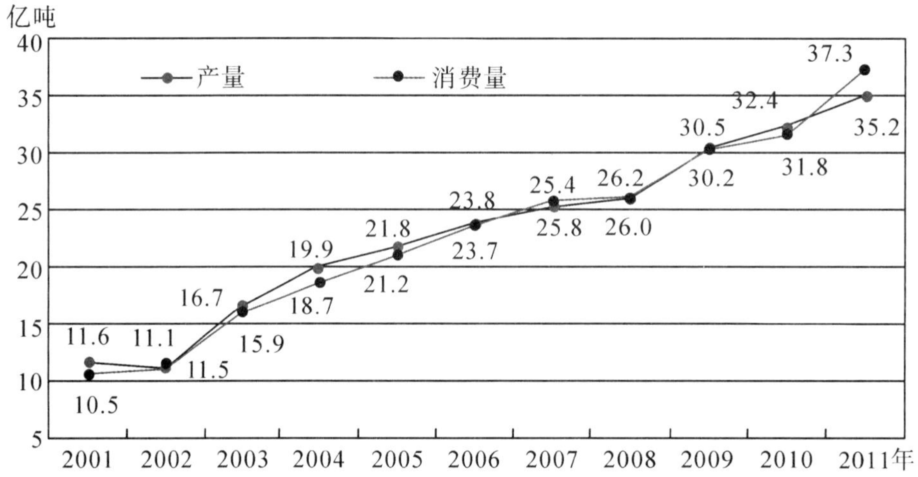

图1-7-3 中国近年煤炭生产与消费（据国土资源部网）

中国优势矿产资源的开发为世界经济的发展作出了巨大的贡献。2009年中国稀土以占世界36%的储量支撑了全球97%的产量，锑以占世界38%的储量支撑了全球88%的产量，钨以占世界60%的储量支撑了全球81%的产量。近年来，中国矿产品对外贸易活跃，2011年进出口总额9571亿美元，同比增长34.3%，其中，进口额同比增长34.5%，出口额同比增长33.9%。原油、煤炭、铁矿石、铝土矿、锰矿、铬铁矿、镍矿等矿产品进口量具有不同程度的增长。特别是煤炭，继2009年净进口之后，2011年进口量达22 228万吨，较2010年增长20.3%。

表1-7-5 2009年~2011年中国重要矿产品进口量

矿产品	进口量/万吨			矿产品	进口量/万吨		
	2009年	2010年	2011年		2009年	2010年	2011年
煤炭	12 583	18 471	22 228	铜矿砂及精矿	614	647	638
原油	20 379	23 931	25 378	铝矿砂及精矿	1980	3007	4484
铁矿砂及精矿	62 778	61 848	65 584	镍矿砂及精矿	1657	2501	4806
锰矿砂及精矿	961	1158	1297	硫磺	1217	1050	953
铬矿砂及精矿	676	866	944	氯化钾	207	526	654

资料来源：国土资源部网。

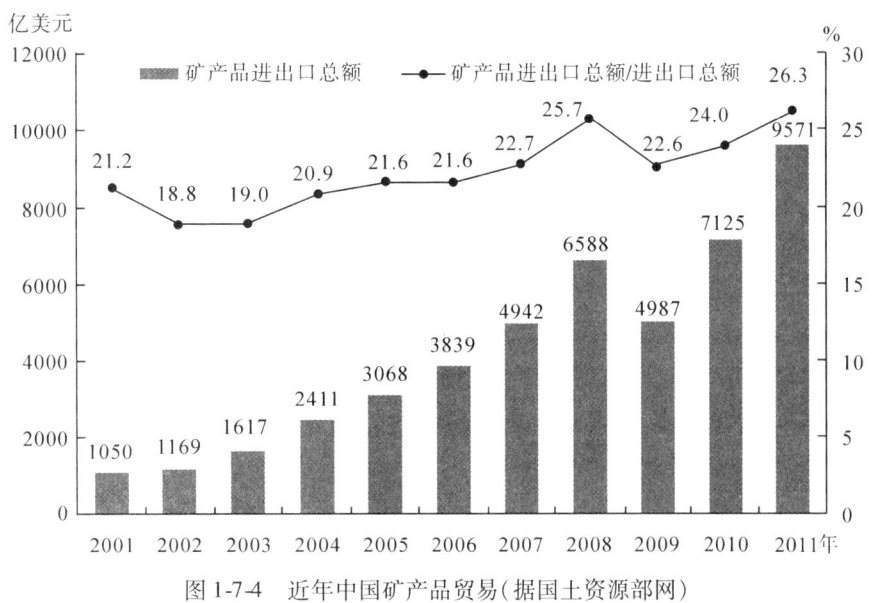

图 1-7-4 近年中国矿产品贸易（据国土资源部网）

大宗矿产品对外依存度居于高位，其中，石油对外依存度 56.7%，铁矿石对外依存的 56.4%。

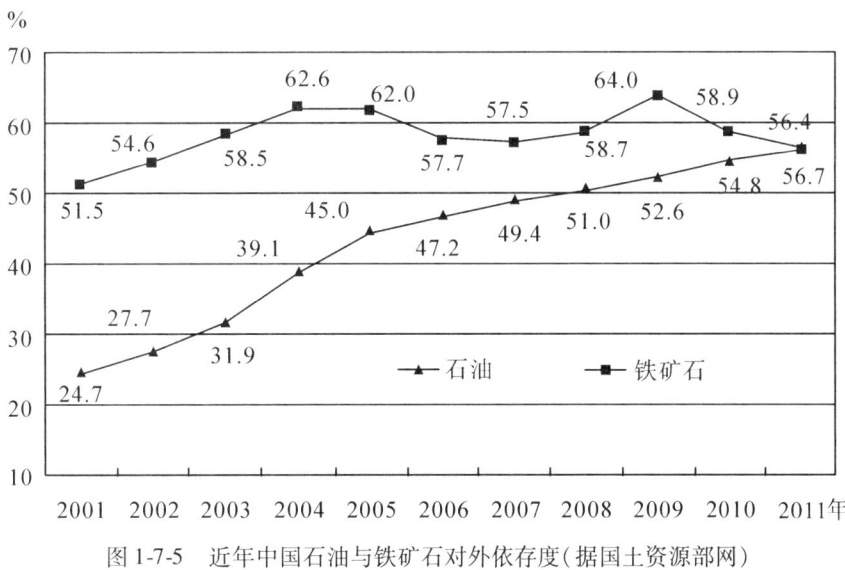

图 1-7-5 近年中国石油与铁矿石对外依存度（据国土资源部网）

三、中国改革开放以来的旅游地质资源开发

中国旅游地质资源丰富。开发利用这些资源可以直接为人类的物质文明和精神文明服务，美化着亿万人民群众的生活，所以得到社会各界的广泛重视。1983 年、1985 年先后在乌鲁木齐、北京召开的旅游地质、地学学术会议上，科学家们除提出加强旅游资源普查，为中国旅游事业的长远规划提供可靠基础以外，还提出在国家级和省级自然景观旅游区、点有计划地开辟和建立有地质内容的科学公园、博物馆，提高旅游的科学性；加强有关旅游资源保护的科学研究；重视和加强旅游地学人才的培养等建议。1985 年地矿部和国家环保局长沙会议上，与会专家强烈呼吁各有关部门要重视典型地质剖面、地质构造、珍贵化石产地和各类奇特地貌景观的保护工作，并在今后逐步建立不同类型、不同级别的地质自然保护区。20 世纪 80 年代中期以来，中国旅游地质资源开发得到了长足进展。山东临朐山旺新近纪古生物群早已闻名中外，被誉被"化石宝库"，1980 年国务院批准将其列为全国古生物化石的重点自然保护区，并在临朐县城建立了山旺化石博物馆，吸引了

许多旅游者。北京周口店北京人遗址早在1953年设立陈列馆对外开放,1972年新的周口店北京人遗址陈列馆建成并对外展出,接待了许多中外学者和旅游观光者。1987年12月联合国教科文组织《保护世界文化和自然遗产公约》世界遗产委员会正式批准周口店北京人遗址列入"世界遗产清单"。1986年4月至1988年10月,湖南省地矿局环境地质总站根据地矿部、城乡建设部的通知,组织10余个单位科技人员对"武陵源地质自然保护区"进行科考及区划工作,编写了报告,为在该区建立地质自然保护区或国家地质公园提供了科学依据。湖南武陵源、四川九寨沟、黄龙作为"世界自然遗产"在1992年12月被批准列入"世界遗产清单"。江西庐山、四川峨眉山—乐山大佛也同时继泰山、黄山之后,被批准列入"世界遗产清单"。1986年10月"蓟县中上元古界国家自然保护区"成为经国务院批准建立的第1个国家级地质自然保护区。1972年四川自贡大山铺恐龙动物群的发现震惊了国内外学者,随后的进一步发掘和研究表明,该恐龙动物群是中国已知化石埋葬最为丰富、完整的恐龙动物群,在世界上也是比较少见的。因此,1984年开始筹建,1987年正式对外开放的"自贡恐龙博物馆"应运建立,这是中国第1个古生物学专业博物馆,也是北美洲以外唯一的恐龙博物馆。除了上述的保护区、博物馆之外,对重大的地层剖面、界线层型、地质构造和名山以及瀑布、岩洞等都正在或已经建立了保护标志和保护设施、建立了旅游点的不计其数,如黄果树瀑布、桂林芦笛岩、南边村国际泥盆—石炭系界线副型剖面、云南晋宁梅树村前寒武系—寒武系界线层型剖面、浙江长兴煤山国际二叠系—三叠系界线层型剖面、湖北大冶铜绿山铜矿的古矿冶遗址博物馆、济南大明湖和趵突泉等。

第四节　中国地质公园与矿山公园

一、中国的世界地质公园

地质遗迹是在地球形成、演化的漫长地质历史时期,受各种内、外动力地质作用,形成、发展并遗留下来的自然产物,它不仅是自然资源的重要组成部分,更是珍贵的、不可再生的地质自然遗产。

1972年联合国在瑞典首都斯德哥尔摩召开了"人类环境会议",会后发布了"人类环境宣言",由此拉开了世界环境保护的序幕。同年在巴黎召开的联合国教科文组织(UNESCO)第17届大会通过了"世界文化和自然遗产保护公约",旨在各成员国将本领域内具有世界保护意义的地点纳入"世界遗产名录",通过国际合作,对其进行保护,并成立了"世界遗产委员会"。由此宣告全球性的自然和文化遗产保护工作启动。1989年联合国教科文组织(UNESCO)、国际地科联(IUGS)、国际地质对比计划(IGCP)及国际自然保护联盟(IUCN)在华盛顿成立了"全球地质及古生物遗址名录"计划,目的是选择适当的地质遗址作为纳入世界遗产的候选名录。1996年改名为"地质景点计划"。1997年联合国大会通过了教科文组织提出的"促使各地具有特殊地质现象的景点形成全球性网络"计划,即从各国(地区)推荐的地质遗产地中遴选出具有代表性、特殊性的地区纳入地质公园,其目的是使这些地区的社会、经济得到永续发展。1999年4月联合国教科文组织第156次常务委员会议中提出了建立地质公园计划(UNESCO Geoparks),此计划在2000年之后开始推行,目标是在全球建立500个世界地质公园,其中每年拟建20个;并确定中国为建立世界地质公园计划试点国之一。截止到2012年,联合国教科文组织支持的世界地质公园网络(GGN)共有90个成员,分布在全球27个国家。

2004年2月13日在法国巴黎召开的联合国教科文组织会议上,中国的8家国家地质公园被列入世界地质公园网络名录,成为首批世界地质公园;2005年2月11日联合国教科文组织世界地质公园专家评审会在巴黎宣布,中国浙江雁荡山、福建泰宁、内蒙古克什克腾、四川兴文4家国家地质公园被评为第2批世界地质公园;2006年9月中国泰山等6处国家地质公园被评为世界地质公园;2008年1月江西龙虎山和四川自贡地质公园被评为世界地质公园;2009年8月陕西秦岭地质公园和内蒙古阿拉善沙漠地质公园入选世界地质公园;2010年10月广西乐业—凤山地质公园和福建宁德地质公园入选世界地质公园;2011年9月安徽天柱山地质公园和香港地质公园入选世界地质公园;2012年9月三清山国家地质公园入选世界地质公园,2013年9月北京延庆地质公园、湖北神农架地质公园入选世界地质公园;2014年昆仑山地质公园、大理苍山地质公园入选世界地质公园。至此,中国的世界地质公园数量已达31处,是世界地质公园最多的国家。

(1)安徽黄山世界地质公园　黄山地质公园雄踞于风光秀丽的皖南山区,面积约1200平方千米,是以中生代花岗岩地貌为特征的地质公园。黄山以雄峻瑰奇而著称,千米以上的高峰有72座,峰高峭拔、怪石遍布。山体峰顶尖陡,峰脚直落谷底,形成群峰峭拔的中高山地形。黄山自中心部位向四周呈放射状地展布着众多的"U"形谷和"V"形谷。山顶、山腰和山谷等处广泛分布有花岗岩石林石柱,特别是巧石遍布群峰、山谷。主要类型有穹状峰、锥状峰、脊状峰、柱状峰、箱状峰等。区内奇峰耸立,巍峨雄奇;青松苍翠,挺拔多姿;巧石嶙峋,如雕如塑;云海浩瀚,气势磅礴;温泉水暖,喷涌不歇。在距今约1.4亿年前的晚侏罗世,地下炽热岩浆沿地壳薄弱的黄山地区上侵,大约在6500万年前后黄山地区的岩体发生较强烈的隆升。随着地壳的间歇抬升,地下岩体及其上的盖层遭受风化、剥蚀,同时也受到来自不同方向的各种地应力的作用,在岩体中又产生出不同方向的节理。自第四纪(距今175万年)以来,间歇性上升形成了三级古剥蚀面,终于形成了今天的黄山。在这些岩体中,由于在矿物组分、结晶程度、矿物颗粒大小、抗风化能力和节理的性质、疏密程度等多方差异,造成了宛如鬼斧天工般的黄山美景。黄山以奇松、怪石、云海"三奇"和丰富的水景以及它们的相互组合表现其特质,显示了黄山天然的完美和谐,在丰富多变中见其有机统一。在立马桥、天都峰、北海等地段被认为具有第四纪冰川而闻名。以古桥、古登道、摩崖石刻与黄山山水画为特征的黄山地质公园底蕴深厚的文化渗透在雄奇秀美的自然山水之中。总之,黄山地质公园具有花岗岩地貌、第四纪冰川遗迹、水文地质遗迹等地质遗迹和地质景观资源与黄山文化等人文景观资源以及丰富的动植物资源,构成了一座集山、水、人文、动植物为一体的大型花岗岩区天然博物馆。黄山风景区已成为全球为数不多的同时拥有世界文化、自然双遗产和世界地质公园三项桂冠的地方。

图1-7-6　黄山世界地质公园

图1-7-7　庐山千佛峰滑脱褶皱

(2) 江西庐山世界地质公园　位于长江中下游的长江南岸,鄱阳湖之西,山、江、湖融为一体,自然环境独特优美。公园总面积为500平方千米,主要地质遗迹类型为地质地貌、地质剖面。在这面积不大的区域内,有着在国内外地学界影响颇大的第四纪冰川地质遗迹、独特断块山、变质核杂岩伸展构造、多成因复合地貌景观,以及出露齐全的元古宙地层,为国内外地质科学者提供了一个非常好的科研与教学基地。庐山世界地质公园的地质构造,以第四纪冰川和罕见的变质核岩及伸展构造为特征。公园内冰斗、冰窖、U形谷、悬谷、漂砾、刃脊等冰川遗迹十分丰富,可以与中欧阿尔卑斯北麓、北欧、北美地区的第四纪冰期等对比,属海洋性山麓冰川类型,有很强的代表作和全球对比意义。庐山是一座不同一般的断块山,山体边界一侧由断层崖构成,另一侧由剪切解理而构成。变质核盖层中的固流褶皱十分发育且典型。庐山近江临湖,雨量充沛,云雾变幻莫测,又多嶂谷悬崖,水体景观壮美,生物多样纷繁。公园内人文景观和旅游资源十分丰厚,1996年就被联合国教科文组织世界遗产委员会以"世界文化景观"列入《世界遗产名录》,2001年3月被批准为中国首批"国家地质公园",2004年2月被联合国教科文组织列入首批"世界地质公园"。庐山世界地质公园以其重大的科学价值、崇高的美学价值和独特的世界遗产价值为世人瞩目。

(3) 河南云台山世界地质公园　位于太行山南麓,河南省焦作市北部,面积约556平方千米,因山势高峻,群峰似刀,常见白云缭绕而得名。园区内地貌复杂,地势起伏大,多具深沟峡谷、悬崖峭壁,连绵起伏,为典型的构造剥蚀地貌。已开发各类自然景观7种170余处,较为重要的有系统独特的地层、岩石、矿物旅游资源,典型特征的地质构造旅游资源、险峻秀丽的构造剥蚀地旅游资源、奇异多样的洞府旅游资源、得天独厚的生态旅游资源及历史悠久的人文旅游资源。是一处以裂谷构造、水动力作用和地质地貌景观为主,以自然生态和人文景观为辅,集科学价值与美学价值于一身的综合型地质公园。公园分为云台山、神农山、青龙峡、峰林峡和青天河五大园区,云台山悬泉飞瀑、青龙峡深谷幽涧、峰林峡石墙出缩、青天河碧水连天、神农山龙脊长城,共同构成一幅山清水秀、北国江南的锦绣画卷。公园由一系列具有特殊科学意义和美学价值,能够代表本地区地质历史和地质作用的地质遗迹组成。在裂谷作用大背景下形成的"云台地貌",是新构造运动的典型遗迹。在长期处于构造稳定状态的华北古陆核上,发育了一套相对完整且具代表性的地台型沉积,完整地保存了中元古代、古生代海洋环境,尤其是陆表海环境的沉积遗迹。云台山太古代林山群地层中还发现了碎屑锆石,经北京离子探针中心测定其年龄值为3399±8百万年(约34亿年),具有重大的科学研究价值。特殊的大地构造位置形成了独特的水动力条件,造就了公园特有的地理地貌特征,使其兼具北方之雄浑、江南之灵秀,并成为中国特殊植被的北界和最高纬度的猕猴保护区。

图1-7-8　云台山红石峡　　　　　　　　图1-7-9　丹霞山茶壶峰

(4) 广东丹霞山世界地质公园　位于广东省韶关市东北部仁化、曲江2县交界地带,总面积292平方千米,其中丹霞地貌集中分布范围180平方千米。世界上由红色陆相砂砾岩构成的以赤壁丹崖为特色的一类地貌均被称为丹霞地貌,丹霞山便是这类特殊地貌的命名地。丹霞山由红色砂砾岩构成,以赤壁丹崖为特色,看去似赤城层层,云霞片片,古人取"色如渥丹,灿若明霞"之意,称之为丹霞山。整体为红层峰林式结构,有大小石峰、石堡、石墙、石柱380多座,主峰巴寨海拔618米,大多山峰在300米~400米之间,高低参差、错落有致、形态各异、气象万千。构成丹霞地貌的物质基础是形成于距今约7千万年~9千万年前的晚白垩世的红色河湖相砂砾岩。在距今约6500万年前,地质公园所在地区受地球构造运动的影响,产生许多断层和节理,同时也使整个丹霞盆地变为剥蚀地区。在距今约2300万年开始的喜马拉雅运动使得本区迅速抬升。在漫长的岁月中,间歇性的抬升作用使得本区的地貌发生了翻天覆地的变化。地球内、外力共同作用,将丹霞山区塑造得秀丽多姿,680座山石错落有致,形象万千,宛如一方红宝石雕塑园。整个山区保存着较好的亚热带常绿林,四季郁郁葱葱,苍翠欲滴。丹霞山世界公园尚有保存完好的生态环境和片状分布的山顶、山谷原始生态群落及古树名木和野生动物,以及历史上人类利用丹霞地貌的各种古遗存等。

（5）云南石林世界地质公园　位于云南红土高原的石林世界地质公园,是著名的喀斯特地貌奇观集聚地,海拔在1600米~1900米之间,属亚热带低纬度高原山地气候。云南石林世界地质公园因高大的石灰岩溶柱呈密集林状分布而得名。在公园区域内,剑状、柱状、蘑菇状、塔状的石林成簇成片分布于山坡、沟谷和洼地之中,集中体现了世界上主要的石林形态。公园内除石林地貌外,还发育有石牙、溶丘、洼地、溶蚀湖、漏斗、溶洞、暗河、天生桥及瀑布等,它们与石林一起构成了一幅喀斯特地貌全景图,被誉为"石林喀斯特博物馆"。石林的形成是在有利的地质、气候和水文条件下,可溶性岩石——碳酸盐岩被两组以上垂直裂隙切割,又经水、生物等沿裂隙溶蚀,随着溶沟的加深加宽,石柱被分隔出来而成为形态万千的石林奇观。石林的形成经历了漫长而复杂的地质演化过程。在2.7亿年前的早二叠纪时代,石林地区为海洋环境,海底沉积形成了数百米厚的石灰岩,后经地壳抬升,石林地区处于湿热古海岸边缘,溶蚀形成了最早期的石林。紧随其后的火山熔岩喷溢,使石林被厚厚的玄武岩覆盖。中生代至新生代早期,石林地区一直处于剥蚀夷平状态。约6000万年前的早喜马拉雅运动使石林地区掀斜抬升,转为内陆山间湖泊环境（路南古湖）。晚第三世纪以来,石林地区继续抬升,向现代高原河谷环境演进。在持续的抬升过程和不同的地理、气候条件下,石林地貌也处在继承、更替和叠置的演变中,老的石林逐渐消失,新的石林不断形成。联合国教科文组织世界遗产委员会评价:中国云南石林是世界上喀斯特地质地貌的最好范例,具有最好的自然现象和非同寻常的美学价值、科学价值……由于极高的科学价值、美学价值,2004年被联合国教科文组织列为首批世界地质公园;2007年被联合国教科文组织(UNESCO)世界遗产委员会列入"世界自然遗产"名录。

图1-7-10　云南石林世界地质公园

（6）湖南张家界世界地质公园　张家界砂岩峰林地质公园位于湖南西北部,属中国西南地区云贵高原东北部与湘西北中低山区过渡地带,面积398平方千米,主要地质遗迹类型为砂岩峰林地貌、岩溶洞穴,包含了砂石山峰林、方山台寨、天桥石门、障谷沟壑、岩溶峡谷、岩溶洞穴、泉水瀑布、溪流湖泊和沉积、构造、地层剖面、古生物化石等丰富多彩的地质遗迹。地质公园内拔地而起的石崖达3000多座,其中高度超过200米的有1000多座,金鞭岩高达350米。石峰形态各异,优美壮观,是世界上极为罕见的砂岩峰林地貌,有重大科学价值。地质公园分布区内出露泥盆纪(距今3.5亿~4亿年)厚层石英砂岩,由于岩层产状平缓,垂直节理发育,受后期地壳运动抬升,重力崩塌及雨水冲刷等内外地质动力作用的影响,形成了奇特的砂岩峰林地貌景观。张家界的大地构造为稳定的陆地台块,以上下升降运动为主,褶皱运动不强烈。这样稳固的地壳基础,是武陵源景区内几千座石英砂岩峰林千百万年永不崩塌的真正奥秘。园内森林茂密,并有银杏、珙桐、红豆杉、鹅掌揪等珍稀植物,为研究生物演化提供了实物例证。

图1-7-11　张家界御笔峰　　　　　　图1-7-12　五大连池格拉球古火山天池

(7)黑龙江五大连池世界地质公园　地处小兴安岭山地向松嫩平原的过渡地带,总面积为1060平方千米。主要地质遗迹类型为火山地质地貌类,主要地质遗迹有:14座孤峰状火山、11座盾形火山和8座岩渣锥火山;800多平方千米的熔岩台地上,河流、湖泊星罗棋布;多处天然冷矿泉出露地表。公园里矗立着14座新老期火山,拥有世界上保存最完整、分布最集中、品类最齐全、状貌最典型的新老期火山地质地貌,如石龙、石海、熔岩瀑布、熔岩暗道、熔岩钟乳、象鼻熔岩、翻花熔岩、喷气锥碟、火山砾和火山弹等微地貌景观,被科学家称之为"天然火山博物馆"和"打开的火山教科书"。其中12座形成于1200万年~100万年的地质时期,2座火山喷发于1719年~1721年,是中国最新的火山之一。区内火山锥体拔地而起,锥体中的火山保存完整,从火山口流出的熔岩流长达10余千米,阻塞河流形成5个串珠状湖泊——五大连池,是最新期火山岩浆填塞了浩瀚的远古凹陷盆地湖乌德林池而形成。熔岩地貌类型多样,有世界稀有的火山喷气锥、喷气碟,有典型的绳状熔岩、翻花状熔岩及各种具有极高美学价值的象形熔岩、火山弹、浮石、熔岩隧道等。铁硅质重碳酸钙镁型的矿泉水是蜚声中外的世界世界名泉,享有"神泉""圣水"的美誉,和法国的维希矿泉、俄罗斯北高加索矿泉并称为"世界3大冷泉"。五大连池拥有举世罕见的6大自然环境:纯净的天然氧吧、优质的冷矿泉水、宏大的全磁环境、灵验的洗疗泥疗、天然的熔岩晒场、绿色的食品园区。

(8)河南嵩山世界地质公园　位于河南省登封市,总面积450平方千米,主要地质遗迹类型为地质(含构造)剖面。嵩山在大地构造上处于华北古陆南缘,在公园范围内连续完整地出露35亿年以来太古代、元古代、古生代、中生代和新生代5个地质历史时期的地层,地层层序清楚,构造形迹典型,被地质界称为"五代同堂",实际上是一部完整的地球历史石头书。嵩山主峰地区的玉寨山、峻极峰、五指岭、尖山等多为石英岩组成,加之构造运动所致,使诸峰在400米标高上拔地而起,立壁千仞,险峻清秀,奇峰异谷遍布全区,形成独特的地形、地貌。区内清晰地保存着发生在距今23亿年(命名为嵩阳运动)、18.5亿年(中岳运动)和5.7亿年(少林运动)3次前寒武纪全球性地壳运动形成的沉积间断和地层角度不整合界面遗迹,中岳运动塑造了嵩山构造地质体的雏形,为风化剥蚀作用提供了原始条件;燕山运动所产生的构造格局为现今嵩山面貌提供原形。喜马拉雅运动使嵩山在不断隆升中经受剥蚀,断层碎裂带成为隘口;破碎的节理、裂隙形成形状大小、深浅不同的峡谷;产状直立的石英岩被剥蚀为簇林地貌或壁立千仞的悬崖,形成隆、陷、褶、断等地壳表面构造类型与环、线、块相间排列的构造格局,是地壳构造演化的一个缩影,是研究前寒武系沉积建造受运动影响挤压变质、褶皱造山、剥蚀夷平等过程乃至地壳演化规律的天然实验场。嵩山是中国著名的"五岳"之一——"中岳",人文景观众多,计有十寺、五庙、五宫、三观、四庵、四洞、三坛及宝塔270余座,是历史上佛、儒、道3教荟萃之地,闻名于世的少林寺便深藏于嵩山的怀抱,这些丰富的人文景观和珍稀的地质遗迹相互辉映,构成了嵩山地质公园立体的、多层次的、多功能的迷人景观。

图1-7-13 嵩山世界地质公园中生代碎屑岩、泥岩与阶梯状断层

(9)浙江雁荡山世界地质公园 主要位于浙江省温州市乐清市境内,部分位于永嘉县及温岭市。地质公园总面积294.6平方千米,以奇峰、瀑布著称。包括3个园区,主园区包括灵峰、三折瀑、灵岩、大龙湫、雁湖西石梁洞、显胜门、仙桥—龙湖、羊角洞等景区,东园区包括方山、长屿硐天,西园区为楠溪江。雁荡山属大型滨海山岳风景名胜区,最高海拔1056.6米。北宋科学家沈括在《梦溪笔谈》中认为,雁荡山的奇峰叠嶂是由流水冲刷而成的,这比欧洲地质学界提出侵蚀学说早了600多年。研究结果显示,雁荡山先后经历了4期火山喷发,记录了火山爆发、塌陷、复活到隆起的全过程,也经历了酸性岩浆爆发、喷溢、侵出、侵入全过程,向人们展示了火山喷发各种产物岩相模式的典型性、完整性和各种近代火山喷发产物的可类比性,被科学界称作"了解地球的钻头"。雁荡山是亚洲大陆边缘巨型火山(岩)带中白垩纪火山的典型代表,是研究流纹质火山岩的天然博物馆。雁荡山山石记录了距今1.28亿年~1.08亿年间一座复活型破火山演化的历史。雁荡山地质遗迹堪称中生代晚期亚欧大陆边缘复活型破火山形成与演化模式的典型范例,记录了火山爆发、塌陷、复活隆起的完整地质演化过程,为人类留下了研究中生代破火山的一部永久性文献。雁荡山以锐峰、叠嶂、怪洞、石门、飞瀑称绝,奇特造型,意境深邃,无不令人惊叹,素有"寰中绝胜""天下奇秀"之赞誉。

图1-7-14 雁荡山火山喷发各期岩层图结

图1-7-15 雁荡山球泡流纹岩

（10）福建泰宁世界地质公园　位于福建省西北部的泰宁县，面积492.5平方千米，其中丹霞地貌面积252.7平方千米。由石网、大金湖、八仙崖、金铙山4个园区和泰宁古城游览区组成，以典型青年期丹霞地貌为主体，兼有火山岩、花岗岩、构造地貌等多种地质遗迹，是集科学考察、科普教育、观光览胜、休闲度假于一体的综合性地质公园。其中石网园区、大金湖园区及八仙崖园区的龙王岩、大牙顶景区为丹霞地貌，金铙山园区为花岗岩地貌，八仙崖园区的白牙山景区为火山岩地貌。复杂的自然作用雕塑了地质公园沟壑纵横的地貌景观。由80多处线谷（一线天）、150余处巷谷、240多条峡谷构成的峡谷群，以其峡谷深切、丹崖高耸、洞穴众多、生态天然为特色。它们有的纵横交错，有的齐头并进，有的九曲回肠。人们进入公园，就可见到或直或斜，或宽或窄的各类峡谷，感受峡谷形成的过程。地质公园内丹霞洞穴数量之多、洞穴群的规模之大、洞穴造型和组合之奇特、洞穴的可观赏性之罕见，堪称"丹霞洞穴博物馆"。

图1-7-16　泰宁世界地质公园上清溪

图1-7-17　克什克腾地质公园阿斯哈图花岗岩石林

（11）内蒙古克什克腾世界地质公园　位于内蒙古赤峰市克什克腾旗，是由第四纪冰川遗迹、花岗岩地貌、高原湖泊、河流、火山地貌、沙地、草原、温泉及高原湿地等景观组成的大型综合地质公园，总面积1750平方千米，由阿斯哈图、平顶山、西拉木伦、青山、黄岗梁、热水、达里诺尔、浑善达克和乌兰布统9个园区组成。园区内具有10种类型的地质地貌景观，即冰川地貌、花岗岩地貌、火山地貌、泉类地貌、峡谷地貌、湖泊景观、河流景观、湿地景观、典型矿床及采矿遗迹景观和沙地景观，具有典型的地学意义。公园内自然风光独特，生态类型多样，民族风情浓郁。世界上独一无二的"内蒙古石林"，中国东部规模最大、发育最全、保存最完整的第四纪冰川地貌，神奇罕见的大型岩臼群，逶迤千里的西拉木伦河，烟波浩渺的达里湖，珍奇稀有的沙地云杉，辽阔坦荡的贡格尔草原与闻名遐迩的史前文化遗存，底蕴深厚的蒙古族文化交相辉映，共同塑造了"塞北金三角"——美丽的克什克腾。

（12）四川兴文石海世界地质公园　位于四川省宜宾市兴文县，地处四川盆地南部与云贵高原过渡带，总面积约156平方千米，由小岩湾园区、僰王山园区、泰安石林园区和凌霄城园区4个园区组成。公园内石灰岩广泛分布，特殊的地理位置、地质构造环境和气候环境条件形成了兴文式喀斯特地貌，是国内最早对天坑进行研究和命名的地方，也是研究西南地区喀斯特地貌的典型地区之一。公园内有令人为之震撼的石海、石林、天坑、溶洞、峡谷、湖泊、竹海，"地表石林、地下溶洞、特大天坑"三绝共生，是研究喀斯特地貌形成、发展、演化的天然博物馆，也是一部普及岩溶地质学知识的百科全书。保存了距今约4.9亿年～2.5亿年各时代的碳酸盐或含碳酸盐地层，地层中含有极其丰富的海相古生物化石和沉积相标志。各类地质遗迹丰富，自然景观多样、优美，历史文化底蕴丰厚。洞穴纵横交错，天坑星罗棋布，石林形态多姿，峡谷雄伟壮观，瀑布灵秀飘逸，湖泊碧波荡漾。各类地质遗迹与独特的僰族历史文化和丰富多彩的苗族文化共同构成了一幅完美的自然山水画卷。

图 1-7-18　四川兴文石海世界地质公园

（13）山东泰山世界地质公园　面积 15 866 平方千米，地处中国东部大陆边缘构造活动带的西部，位于华北地台鲁西地块鲁中隆断区内，是华北地台的一个次级构造单元。泰山拥有丰富的地质遗迹资源，对于岩石学、地层学与古生物学、沉积学、构造学、地貌学以及地球历史等地质科学具有重要的科学研究价值。泰山岩群是华北地区最古老的地层，记录了自太古代以来近 30 亿年漫长而复杂的演化历史，是当前国际地学早前寒武纪、新构造运动地质研究前缘热点和焦点的经典地区和知名地区。泰山是华北地台基底与盖层双层结构出露比较好而典型的地区。基底为古老的"泰山杂岩"；沉积盖层为古生界寒武—奥陶系的石灰岩和页岩，两者呈角度不整合接触。由南向北地层依次从老到新分布，地貌上构成一个南陡北缓的单斜断块山系。太古宙—古元古代的多期次岩浆活动、多期次构造变形和变质作用十分明显，使结晶基底岩系遭受不同程度的改造。区内地质构造十分复杂，既有太古宙—古元古代的构造，又有中生代的构造，新构造运动普遍而强烈。中生代的脆性断裂和新构造运动控制了今日泰山的形成以及泰山地貌特征。地貌可分为侵蚀构造中山、侵蚀构造低山、侵蚀丘陵和山前冲洪积台地等 4 种类型，在空间形象上不仅造成层峦叠嶂、凌空高拔的势态，而且总体上的雄伟形象与群体组合上多种地形相结合，成为丰富多彩的景观形象。泰山是中国传统名山的典型代表，是一座历史悠久千古不衰具有特殊历史地位的名山。1982 年被列入国家重点风景名胜区，1987 年被联合国教科文组织世界遗产委员会正式列入世界自然文化遗产目录，成为全人类的珍贵遗产。

图 1-7-19　泰山世界地质公园

（14）河南王屋山—黛眉山世界地质公园　位于济源市西部和新安县北部,由王屋山、黛眉山和黄河谷地3个地貌单元组成,分为天坛山、封门口和黄河三峡3个园区,总面积986平方千米,核心区面积273平方千米,是一座以典型地质剖面、地质地貌景观为主,以古生物化石、水体景观和地质工程景观为辅,以生态和人文相互辉映为特色的综合型地质公园。公园由一系列具有特殊科学意义、稀有性和美学价值,能够代表本地区地质历史和地质事件的地质遗迹组成。主要表现在:①王屋山地、黄河谷地、黛眉山地3个地貌单元构成山河一体的壮丽景观;②太古宇、元古宇、古生界、中生界和新生界地层云集于此,有4个群级层型剖面和23个组级层型剖面在本区命名;③发生在前寒武纪的中条运动和王屋山运动等地质事件对追溯整个华北陆块乃至全球的地质演化历史具有重要意义;④中生代形成的济源盆地是鄂尔多斯盆地的组成部分,各类湖相沉积齐全,古生物化石丰富,尤其是遗迹化石的研究,具世界领先水平;⑤新生代发生在八里峡—三门峡的黄河贯通事件,对黄河的形成、人类的发展具有重要意义。这里是传说中愚公的故乡,阳台宫是王屋山著名道院。

图1-7-20　王屋山—黛眉山世界地质公园

左:龙潭大峡谷;右:巨型波纹式。龙潭大峡谷号称"古海洋天然博物馆",是一条由紫红色石英砂岩经流水追踪下切形成的U型峡谷,全长12千米,谷内嶂谷、隘谷呈串珠状分布,云蒸霞蔚,激流飞溅,红壁绿荫,悬崖绝壁,不同时期的流水切割、旋蚀,磨痕十分清晰,巨型崩塌岩块形成的波痕大绝壁国内外罕见。

（15）河南伏牛山世界地质公园　位于中国中央山系秦岭造山带东部的核心地段。主要由南阳境内的内乡宝天曼国家地质公园、西峡伏牛山国家地质公园、南阳恐龙蛋化石群国家级自然保护区、南阳独山玉国家矿山公园整合而成。伏牛山地质公园的地球历史和构造地质学特征优势,在于它揭示了太古宙原始陆壳基底的裂解分离,并在早元古代时期发生的沉积建造作用和变质变形作用,概括了中国中央造山带对全球性Rodinia超大陆事件的响应、区域性板块构造动力学系统控制下的大地构造演化和大陆动力学过程。在地质公园所属的白垩纪恐龙蛋化石群自然保护区内,发现白垩纪恐龙蛋化石8科12属36种,其中西峡长圆柱蛋化石为世界罕见,戈壁棱柱蛋化石为稀世珍品。地貌景观表现出与造山运动的亲缘关系,尤其是以主造山期花岗岩"锯齿岭"地貌、伸展拉张期花岗岩"岩盘山"地貌、板块机制下俯冲型花岗岩的"五行山"景观和碰撞性花岗岩的"卸荷裂解"景观、壳幔混合型花岗岩的"石柱峰丛"景观等,体现了造山带花岗岩地貌类型的多样性。以碳酸盐构造岩片和断裂带糜棱岩化大理岩为造景母体的构造岩溶"塑性流变"景观,体现了造山带的岩溶地貌和异质生特征。水文景观表现为先成河与后置河交织、河源湖与准平原伴生、瀑布群组叠挂、跌水与瓯穴毗邻,展示了新构造运动节律和河流地貌作用的继承性特征。

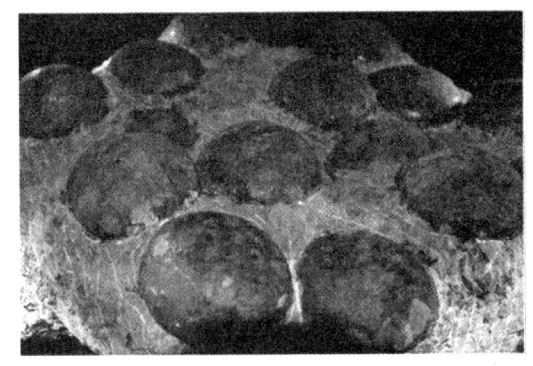

图 1-7-21　伏牛山世界地质公园恐龙蛋化石　　　　图 1-7-22　雷琼世界地质公园双池岭玛珥火山

（16）广东、海南雷琼世界地质公园　位于中国南端琼州海峡两翼，由海南省海口园区、广东省湛江园区组成，总面积为405.88平方千米。在地质学上属于雷琼陆谷火山带，是雷琼裂谷发生演化南海盆地扩张的火山学和岩石学记录。公园内火山密集，共有101座火山。火山类型几乎涵盖了玄武质岩浆爆发与蒸汽岩浆爆发的所有类型：熔岩锥、碎屑锥（溅落锥、岩渣锥）、混合锥、玛珥火山（低平火口、凝灰岩环），其数量之多、类型之多样、保存之完整，为中国第四纪火山带之首。两大园区均发育由炽热岩浆和冷的水相互作用的蒸汽岩浆爆发形成的玛珥火山（低平火口、凝灰岩环），湖光岩、田洋、青桐洋（湛江园区）、双池岭、杨花岭（海口园区）均为典型的玛珥火山。玛珥火山基底涌流堆积，其层理构造，低角度交错层、沙丘、长波状层、U型侵蚀槽、下陷凹坑、柔性弯曲、增生火山砾（火山灰球）等标志性构造十分典型。湖光岩玛珥湖是中国玛珥湖研究的起始地，是中德科学家合作研究的基地。与火山相伴熔岩构造，结壳熔岩、岩浆溅落抛射物、熔岩隧道等地质景观极为丰富，具有多样性、系统性、典型性，在国内外同类地质遗迹中是罕见的，被认为是名副其实的第四纪火山天然博览园。公园地处热带至南亚热带过渡区，是中国热带及向南亚热带过渡生物群落典型地。

（17）北京、河北房山世界地质公园　位于北京市西南约40千米，地跨北京市房山区和河北省保定市涞水县、涞源县，总面积953.95平方千米，共分为8大园区：周口店北京人遗址科普区、石花洞溶洞群观光区、十渡岩溶峡谷综合旅游区、上方山—云居寺宗教文化游览区、圣莲山观光体验区、百花山—白草畔生态旅游区、野三坡综合旅游区、白石山拒马源峰丛瀑布旅游区。拥有丰富的地质遗迹资源，展现了华北地区数十亿年以来地球演化发展的历史画卷，记录了自太古代—元古代—古生代—中生代—新生代各个地质年代的动荡变迁，是一座浩瀚的天然地质博物馆。公园集山、水、林、洞、寺、峰林、峡谷及古人类、古生物、北方岩溶地貌、地下岩溶洞穴、燕山内陆造山和丰厚的人文积淀于一体，是世界范围内一处具有重大科学意义的地质遗迹集中分布区。公园在中生代经历了剧烈的造山运动，形成了一系列大型断裂、褶皱和大规模的岩浆活动，七渡背斜、龙门天关大断臂、火山岩五指峰都是中生代燕山造山运动的产物，由此成为"燕山运动"这一规模宏大、影响深远、遍布广泛的重要构造运动的命名地区，在诠释燕山运动内涵、体现陆内造山运动这一当前国际地学前沿的研究，具有典型性和重大的地学意义。白石山园区发育大理岩峰丛、野三坡园区发育岩溶嶂谷、十渡园区发育错落峰丛、圣莲山园区发育"石米"等神奇秀美的岩溶地貌。房山溶洞群是中国北方温带半干旱半湿润气候岩溶洞穴的典型代表，主要有3个溶洞群：以石花洞为代表的岩溶洞穴群由30余座溶洞组成，分布在房山大石河沿岸的中奥陶统马家沟组灰岩中；以仙栖洞为代表的岩溶洞穴群由17座溶洞组成，沿拒马河分布在十渡园区；以云水洞为代表的岩溶洞穴群由9座溶洞组成,分布在山前上方山一带,仙栖洞和云水洞2个溶洞群都赋存在中元古界铁岭组灰质白云岩中。此外还有一些分布在中元古界蓟县系雾迷山组燧石条带白云岩中的小型溶洞。

图1-7-22　房山世界地质公园七渡背斜

图1-7-23　镜泊湖世界地质公园火山熔洞

（18）黑龙江镜泊湖世界地质公园　位于黑龙江省东南部宁安市境内,牡丹江中上游,总面积为1400平方千米,与自然保护区范围基本一致,面积略小。划分为7个地质遗迹景区和古渤海国景区、骑驭探险景区共9个景区。镜泊湖火山群在距今12 000年、8300年和5140年有过3次喷溢活动,喷发出的熔岩浆堵塞了牡丹江古江道,形成了世界第一大火山熔岩堰塞湖,留下了典型、稀有、系统、完整的火山地质遗迹景观和风光旖旎的水体景观以及峡谷湿地等自然地质景观,更蕴藏着海东盛国的千古之谜。公园具有典型的地质学研究价值,主要体现在整个火山熔岩堰塞湖形成过程的完整性上。这种价值远远超过园区内的火山、熔岩台地、熔岩隧道、湖泊、瀑布、湿地等任何一部分所单独包含的地质学价值,是所有这些部分地质学价值的综合体现,对研究新生代火山运动具有重要意义。园区内的古渤海国上京龙泉府遗址是全国唯一保存完整的唐代渤海国古城遗址,是研究渤海国历史和唐代历史的重要见证。另外,公园独特的风景审美价值、动植物研究价值和生物多样性保护价值更是不可估量的。

（19）江西龙虎山世界地质公园　位于江西省鹰潭市西南郊16千米处,面积996.63平方千米,包括龙虎山、龟峰、象山等3个园区,是一处以丹霞地貌景观为主,兼有火山岩地貌、层型剖面、沉积构造、断裂构造、多级夷平面等地质遗迹,融自然生态和人文景观于一体,集科学研究价值和美学观赏价值于一身的综合性地质公园。公园内的丹霞地貌景观典型、奇特稀有,形成过程系统、完整,幼年期、壮年期和老年期丹霞地貌都有发育。保存有方山石寨、赤壁丹崖、峰林、峰丛、石梁、石墙、石柱、石峰、洞穴等丹霞地貌类型23种之多。龙虎山地质公园大地构造位置属于欧亚大陆板块东南边部,扬子板块与华夏板块结合带东段,武夷山北北东向隆起带北西侧,北海－绍兴近东西向古缝合带从公园通过,受其影响,区内基底构造、盖层乃至中新生代盆地均承袭了这一近东西向总体方向。中新生代盆地受北北东向构造及其伴生的北西向断裂的控制十分明显,新生代以来,北北东向构造特别是婺源—宁都—安远断裂带对本区地质地貌的形成与发展有着重要影响。地层区划属华南地层大区东南地层分区之武夷山小区。出露地层主要有：中元古代铁沙街岩组、周潭岩组；新元古代万源岩组、洪山组；中生代水北组、漳平组、如意亭组、梧溪组、打鼓顶组、鹅湖岭组、石溪组、冷水坞组、茅店组、周田组、河口组、塘边组和新生代第四纪地层,其中河口组、塘边组是公园丹霞地貌的造景地层。岩浆岩较为发育,发育有中奥陶世、晚志留世、晚三叠世、晚侏罗世和晚白垩世等不同时代的侵入岩。另外,还出露有较大面积的晚侏罗世中酸性火山岩,主要分布于龙虎山园区南部的应天山景区和天门山景区,形成火山岩地貌景观。公园的人文景观和历史文化遗迹极为丰富,文化底蕴深厚。2600多年前的"古越族"崖墓群堪称"中华之最",至今仍是个"千古之谜";1900多年前张道陵在此创立的正一派道教,与北方孔子的儒教可相媲美,素有"南张北孔"之说,对中国历史文化具有深刻的影响。公园自然生态环境良好,生物种类多样,并有多种珍稀、濒危动植物。

图1-7-24 龙虎山世界地质公园

(20)四川自贡世界地质公园 位于四川省南部历史文化名城自贡市境内,地学内涵极为深广,特别是在以恐龙化石为主体的极其丰富的古脊椎动物化石、典型的侏罗纪地层剖面、完整的井矿盐遗迹等方面,都具有全国和世界意义的科学价值,是一座具有世界意义的自然历史宝库。地质公园由大山铺恐龙化石群遗迹园区、荣县青龙山恐龙化石群遗迹园区和自贡盐业科技园区组成,总面积56.6平方千米,以闻名中外的中侏罗世恐龙化石群遗迹为主体。中侏罗世产出的恐龙化石数量丰富,种类众多,埋藏集中,保存完整,在世界上绝无仅有。这里产出了一大批世界级恐龙化石珍品,几乎涵盖了侏罗纪时期所有陆生脊椎动物门类。自贡大山铺恐龙化石群是1.6亿年前的中侏罗世恐龙及其他脊椎动物化石的遗址。在已发掘的2800平方米范围内共发现200多个个体的上万件骨骼化石,其中有恐龙及鱼类、两栖类、龟鳖类、鳄类、翼龙类、似哺乳爬行类等18个属21个种,20个种为新种。在恐龙化石中有长达20米的食植物性长颈蜥脚龙、有保存完整的短颈蜥角龙,有凶猛的食肉恐龙,也有仅1.4米长的鸟脚龙,而且有目前世界上时代最早,保存完整的原始性剑龙及其伴生的中国首次在侏罗纪地层中发现的翼龙,有生活在河湖中的蛇颈龙等。由于化石埋藏集中、数量多、门类全、保存好,且由于其产出时代为中侏罗世,从而也填补了恐龙演化史上这一时期恐龙化石材料匮乏的空白,因此是世界上最重要的恐龙化石遗址之一,有重大的科学价值。近2000年的井盐生产历史铸就了辉煌的盐业文化。这里是世界上第1口超千米深井的诞生地,是凿井、制盐10项世界领先技术的发明地。"自贡井盐深钻汲制技艺"入选2006年中国非物质文化遗产名录。园内保存有众多绚丽多彩的人文景观和历史遗迹。古建筑类型众多,保存完好,多处被列为全国重点文物保护单位。展现800年彩灯历史的自贡彩灯博物馆荟萃了中国灯文化的精髓。

(21)陕西秦岭终南山世界地质公园 位于秦岭中段,公园面积1074.85平方千米,主要地质遗迹分布面积为890平方千米,分为骊山裂谷地垒构造园区、玉山岛弧型花岗岩峰岭地貌园区、翠华山山崩地貌园区、冰晶顶韧性剪切带与构造混合岩化园区、南太白板块碰撞缝合带与第四纪冰川园区等5个各具特色主题的园区。为构造地貌类地质公园,最具特色的地质遗迹为造山带地貌与裂谷盆地盆山地质遗迹和第四纪地质遗迹。是秦岭造山带地质特征得天独厚的展现,主要造山带地质遗迹包括由板块俯冲碰撞造山与陆内造山多期构造作用形成的各类多样地层、岩石、地质构造遗迹等,集中分布在玉山、冰晶顶、南太白园区。翠华山发育有全新世以来形成的规模属于世界第3位的山崩遗迹,山崩临空面、崩塌堆积、堰塞坝、堰塞湖、崩塌洞穴等山崩地貌类型齐全,形态完整。太白山是中国大陆东部最高的山峰(3767米),发育有距今10万年~1万年、被命名为太白冰期的第四纪冰川遗迹,其冰蚀地貌、冰碛地貌、冰缘地貌等冰川景观、地貌保存完好,对研究中国乃至东亚第四纪古气候演变和古冰川作用具有重要意义。1963年中国科学院在公园内发现蓝田猿人以及剑齿虎、剑齿象、猎豹、水鹿、丽牛等38种动物化石(蓝田公王岭古脊椎动物化石群)。秦岭北缘新生代山前大断裂为渭河裂谷断壁,它起始于新生代之初,一直活动至今,断面近于直立,沿山前断裂分布有丰富的地热资源。渭河新生代地堑盆地内受次级断裂控制的黄土台塬地貌——横岭塬、白鹿塬、少陵塬、神禾塬呈平行斜列,皆为东翘西倾,从终南山北望呈有规律的波浪起伏地貌。骊山新生代地垒型断块构造——骊山是渭河地堑中的地垒型断块,北侧断裂陡峭,断块北翘南俯,因而其北侧山势拔地而起,景观壮丽。

(22)内蒙古阿拉善沙漠世界地质公园 位于内蒙古自治区最西部的阿拉善盟境内,其特殊的地理位置、地质构造、生态环境和气候条件形成了以沙漠、戈壁为主的地质景观,全面反映了中国西北地区风力地质作用形成的各种典型的地质遗迹,是目前中国、也是世界上唯一系统而完整展示风力地质作用过程和以沙漠地质遗迹为主体的世界地质公园。总面积630.37平方千米,由巴丹吉林、腾格里和居延3个园区及其所属的10个景区组成。巴丹吉林园区以高大沙山、鸣沙、沙漠湖泊和典型的风蚀地貌为主,包括巴丹吉林沙漠、曼德拉山岩画、额日布盖峡谷和海森楚鲁风蚀地貌4个景区。腾格里园区以多样的沙丘,沙漠湖泊和峡谷景观为主,包括月亮湖、通湖和敖伦布拉格峡谷3个景区。居延园区以戈壁景观、胡杨林和古城遗址为主,包括胡杨林、居延海和黑城文化遗存3个景区。公园内地质遗迹类型丰富,自然景观优美神奇,人文历史悠久独特,是研究沙漠形成、发展、演化的天然博物馆,更是保护人类生态环境的教科书。

图1-7-25 阿拉善沙漠世界地质公园海森楚鲁风蚀地貌

(23)广西乐业—凤山世界地质公园 位于广西西北部云贵高原向广西盆地过渡的斜坡地带,由百色市乐业大石围天坑群国家地质公园和凤山岩溶国家地质公园组成,总面积930平方千米。公园的典型块状岩溶区内发育有两大地下河系统,形成了成熟的高峰丛地貌,拥有全球最大的天坑群、最集中分布的洞穴大厅群、天窗群、最大跨度的天生桥、典型洞穴沉积物、最完整的早期大熊猫小种头骨化石以及独特天坑生态环境保留的动植物多样性,具有重要的科学研究意义以及极高的美学观赏价值。特殊的地质背景为当地人民提供了良好的生存环境,多民族融合留下了独特的少数民族民俗文化,具有非常好的开展地质遗迹保护和发展旅游事业的条件。公园园区内旅游开发目前主要集中于大石围和三门海一带,主要景点有大石围天坑、布柳河沿岸风光及天生桥、穿洞天坑、黄猄洞天坑、罗妹洞、三门海地下河天窗群、鸳鸯洞、穿龙岩等。在乐业除了大石围天坑外,还发现有白洞、神木、苏家、邓家坨、甲蒙、盖帽、黄猄洞、风岩、穿洞等其他27个大小天坑,在世界上绝无仅有,为世界最大的天坑群,展现了中国西南典型而成熟的岩溶高峰丛地貌发育演化历史、亚热带天坑动植物的多样性和独特的少数民族风情及兰花之乡和大熊猫化石等等,构成乐业世界地质公园丰富多彩的旅游资源。

图1-7-26　乐业—凤山世界地质公园　　　　图1-7-27　宁德世界地质公园白云山瀑布岩

(24)福建宁德世界地质公园　是以白水洋、白云山和太姥山3个景区为核心,地貌景观独特、地质遗迹多样,总面积2660平方千米,核心区面积383平方千米。位于浙闽中生代火山断陷带中段闽东火山断拗带的东北端,北东向福安—南靖断裂带的北端。在漫长的地质演化历程中,经历了复杂的地质作用,尤其是晚侏罗世—早白垩世强烈的构造岩浆活动,形成了公园内广泛分布的英安质—流纹质火山岩、侵入岩以及以脆性断裂为主的多种多样断裂构造,并发育了丰富的既有科学研究价值又有旅游观赏价值的地质、地貌景观。集晚中生代花岗岩、火山岩地质遗迹、独具特色山岳、峡谷、海洋地貌景观、丰富的河床侵蚀地貌、优美的水体景观、良好的生态环境和源远流长的人文景观于一体,是一处地质遗迹极具科学性、稀有性、观赏性的地质公园。

(25)安徽天柱山世界地质公园　位于安徽省安庆市潜山县境内,总面积约413.14平方千米,分南北2区,北部为天柱山花岗岩峰林与峰丛相间地貌园区,南部为超高压变质带科学考察园区。以全球范围内规模最大、剥露最深、出露最好、超高压矿物和岩石组合最为丰富的大别山超高压变质带经典地段享誉世界;以郯庐断裂带上最美的花岗岩地貌闻名于世,尤以崩塌堆垒地貌独特典型,被专家誉为中国"天柱山型"的杰出代表。此外,还以产出丰富的古新世哺乳类动物化石瞩目海内外,被公认为"亚洲哺乳类动物发源地之一"。公园内举世闻名的超高压变质带郯庐断裂带、独具特色的花岗岩地貌、丰富多彩的水文地质、产出多样的古新世哺乳动物化石等,极具典型性、稀有性与自然完整性,这些地质遗迹详细记录了华北、扬子两大板块俯冲、碰撞的演化过程,集中反映了20亿年以来天柱山地区地质演化历史。天柱山花岗岩在漫长的地质和自然风化作用下逐渐演变成"峰雄、石奇、崖险、岭秀、洞幽"的奇特地貌,而丰富的水资源也使得这里的水文地质遗迹多姿多彩,炼丹湖、九井瀑布、潜河等景点秀丽壮观。

图1-7-28　天柱山世界地质公园　　　　图1-7-29　香港世界地质公园酸性火山岩多角节理岩柱

(26)香港世界地质公园 位于新界东部及东北部一带,分为新界东北沉积岩和西贡东部火山岩两大园区,共八大景区。公园占地49.85公顷,是全球面积最小的世界地质公园。地质公园以世界罕见的酸性六角火山岩柱群、多样的海岸侵蚀地貌和完整的多个时代的沉积地层为主要特色,展现了5.2万亿年~2.5亿年前的古生代期间通过沉积作用形成沉积环境的一段地质历史,极具典型性和稀有性,其中火山岩柱为含硅质较高的酸性流纹质火山岩,所占范围为100平方千米(部分是海域),平均直径1.2米,不论就规模和岩石特征皆堪称世界罕见,更特别的是该处的火山岩同时展现凝灰岩和熔岩的特征,对其是如何形成的,地质学家至今仍看法不一,极具科学研究价值。此外,海岸作用在此形成了多种侵蚀和沉积地貌,其中的化石对于了解古老的古生代环境、地理、气候及生物进化提供了线索。

(27)江西三清山世界地质公园 位于江西省上饶市境内,总面积为229.5平方千米。是中国东南部的一座以中生代花岗岩和元古代—古生代地层为主组成的具有丰富地质遗迹与独特地质地貌现象的自然地理区域。位处扬子与华夏古板块结合带和欧亚大陆板块东南部与太平洋板块活动地带,记录了地球10亿年演化发展历史,遗存有沉积学、地层学、古生物学、岩石学、大地构造学、地球动力学、地貌学等多学科价值的珍贵地质遗迹;保存了具有2亿多年演化更替历史的珍稀生物群落,是一个原生态的生物乐园;拥有类型齐全、特征典型、分布集中的花岗岩微地貌现象,花岗岩地貌与生态、气象的巧妙融合并以奇特的景观形式,是花岗岩地质地貌学的一座天然博物馆、也是世界花岗岩山岳峰林景观的典型代表;1000多年人与自然共同发展的历史,又给公园留下了丰富的文化遗产,特别是其中按照中国道学"天人合一"思想创建的古建筑遗址景观,被誉为中国道教古建筑的露天博物馆。三清山是由早白垩世形成的超酸高硅、低钙、富钾、"A型"花岗岩所组成的山体,花岗岩微地貌类型多样、发育系统、保存完整,峰峦、峰墙、峰丛、石林、峰柱、石锥、峡谷、崖壁以及丰富的造型石等微地貌标型齐全、特征典型,且保存完整,这种特有微地貌集群称"三清山式"花岗岩地貌组合。

图1-7-30 三清山世界地质公园

(28)北京延庆世界地质公园 位于北京市延庆县,地处华北平原与内蒙古高原的过渡地带,是著名的燕山运动命名地之一。公园面积620.38平方千米,包括千家店、龙庆峡、古崖居、八达岭4个园区,是以前寒武纪海相碳酸盐岩为物质基础,以中生代燕山运动地质遗迹为核心,集构造、沉积、古生物、岩浆活动及北方岩溶地貌为一体的综合性地质公园。公园经历了亿万年沧海桑田的变迁,形成了丰富多彩的地质遗迹。有距今约18.5亿年~8亿间形成的数千米厚的碳酸盐岩,层面上留下了类型繁多、形态复杂的波痕;有地质历史中形成的独特的角度不整合面;有燕山运动多期次的岩浆活动形成的多种侵入岩、喷发岩及其各种接触关系;还有燕山运动过程中形成的规模宏大的山前断裂、近乎直立的岩层、巨大的红石湾穹窿、六道河背斜、壮观的单斜构造等。另外,生活于燕山运动时期的植物和大量的恐龙在地质公园内保存下了众多硅化木化石和大量恐龙足迹化石,不仅有较常见的食肉型兽脚类恐龙,而且还有相邻地区没有发现的植食型的蜥脚类、甲龙类和鸟脚类恐龙足迹,成为地质公园中独特而珍贵的地质遗迹。自新生代以来,燕山运动造成密集的节理和断层将出露地表的中晚元古代海相碳酸盐岩分割裁剪,岩溶作用塑造了美轮美奂的喀斯特地貌,成为北方岩溶的典型地区之一。早在4万年~5万年前,这里就有人类生息,出土有大量新旧石器,有多处文化遗存。古崖居是古人利用燕山期花岗岩体中3组节理凿石筑室,为后人留下的千古之谜。战国时期这里属北燕领地,燕长城遗址现在依稀可见。明清时期修建的八达岭长城,已经成为世界文化遗产。古老的长城也与地质息息相关,它建于燕山运动晚期形成的八达岭杂岩体之上,成为地质遗迹与历史文化完美结合的典范。

(29)湖北神农架世界地质公园　位于湖北省神农架林区的西南部,是典型的构造地貌生态综合型地质公园,总面积1022.72平方千米,由5个园区组成,分别为神农顶园区、官门山园区、天燕园区、大九湖园区和老君山园区。其中神农顶园区展示了壮丽的山岳地貌及典型地质剖面;官门山园区以其独特的地质博物馆和丰富的峡谷地貌景观为主;天燕园区主要地质景观是峡谷与岩溶地貌发育;大九湖园区以发育冰川地貌和高山草甸为特色;老君山园区发育断裂构造与水体景观。公园记载着20亿年以来地壳沧海桑田变迁的历史,保存有中元古代十分完整的层序地层——神农架群;有代表着罗迪尼亚超大陆裂解事件的辉绿岩墙;有新元古代早期冰期事件的见证——南沱冰碛岩;有分布广泛的叠层石化石群;有在长期地质作用下雕琢形成的山体地貌、构造地貌、流水地貌、岩溶地貌、冰川地貌等地质景观近200处,是天然的地质博物馆。公园所在的神农架林区,1990年加入联合国教科文组织"人和生物圈计划"世界生物圈保护区网,公园生物多样性丰富,公园内高等植物3239种,森林植被茂密,植物资源丰富,植被覆盖率高达96%。神农架世界地质公园有脊椎动物493种,其中,哺乳类75种,鸟类308种,爬行类40种,两栖类23种,鱼类47种。神农架重点保护珍稀濒危种类动物有川金丝猴、金钱豹、黑熊、猕猴等兽类;金雕、白鹳、红腹角雉、白冠长尾雉、红角鸮等鸟类。神农架在全球193个生物地理省中,代表了中纬度地区最具典型意义的、保存完好的生态系统。公园于2013年9月成功入选联合国教科文组织世界地质公园网络名录。

(30)昆仑山世界地质公园　位于青海格尔木市,公园面积1403平方千米,由纳赤台景区、西大滩景区、瑶池景区3个风格各异的景区组成,以闻名中外的地震遗迹,冰川地貌为主旋律,辅以历史悠久神秘莫测的道教文化景观和昆仑神话,兼有高原风光和珍贵独特的高原生态系统,是一个集科学研究、科学普及、登山探险、观光游览和休闲度假于一体,科学内涵丰富、地方特色浓郁、文化气息浓厚、极具观赏价值的综合性自然公园。公园记录着近300万年的地质变迁历程,它以独特的演化史形成了全球最丰富、最广博、最珍贵的地质遗产。园区内峰峦叠嶂、沟壑纵横、悬崖壁立、峡谷幽深、河流湍急,自然生态结构复杂,自然景观古朴原始,科学研究价值极高,部分地质遗迹属国内稀有、国际罕见。尤其是2001年昆仑山口西8.1级大地震遗留的地震裂缝,是迄今为止国内震级最大、保存最完整的地震遗迹,被国际地质学界公认为研究地球喜马拉雅造山运动和强地震机理的天然课堂。目前,园区内主要地质遗迹分布面积达350平方千米,布局地质遗迹、人文景观、自然景观等景点38处。

图 1-7-31　昆仑山世界地质公园

图 1-7-32　苍山世界地质公园

（31）大理苍山世界地质公园　位于云南大理市、漾濞县和洱源县接壤地带，总面积519.9平方千米。苍山由19峰和18溪组成，是一座有着显著特征和独特地质奇观并潜在特殊地质科学价值体系的标志性山脉，是中国乃至东南亚地质、地理、生物、气候的重要过渡区域，是区域分带的标志地、"大理岩"和"大理冰期"的命名地、变质岩博物馆、垂直生态景观的展示地，其丰富的地质遗迹资源，对于岩石学、沉积学、构造学、地貌学以及地球历史等地质科学发展具有重要的科学研究价值，被誉为是一部孕育了20多亿年的"天然地质史书"。苍山蕴藏着大量色彩绚丽、图案美妙的大理石矿，也有仍然完整保存的距今1万多年前的第四纪末次冰期的遗迹。苍山有种子植物170科755属2330种，有一级保护植物红豆杉，列入濒临灭绝的植物有黄杜鹃、白菊木、蓝果杜鹃、硫磺杜鹃、延龄草等10种；有鸟类170多种，国家保护动物16种，其中有一级保护动物云豹、羚牛。

二、中国国家地质公园

原地质矿产部先后于1987年、1995年颁布了《关于建立地质自然保护区的规定》及《地质遗迹保护管理规定》。自1985年建立第1个国家级地质自然保护区——"中上元古界地层剖面"（天津蓟县）后，地质遗迹保护区的建立得到较快的发展。国土资源部于2000年8月成立了国家地质遗迹保护（地质公园）领导小组，及国家地质遗迹（地质公园）评审委员会，制定了有关申报、评选办法。

中国国家地质公园是以具有国家级特殊地质科学意义、较高的美学观赏价值的地质遗迹为主体，并融合其他自然景观与人文景观而构成的一种独特的自然区域。由国家行政管理部门组织专家审定，由国土资源部正式批准授牌的地质公园。分别于2001年3月（11处）、2002年2月（33处）、2004年3月（41处）、2005年8月（53处）、2009年8月（44处）、2011年11月（36处）、2013年12月（22处）共批准建立国家地质公园240处。

表 1-7-6　中国国家地质公园一览（截止 2014 年 1 月）

序号	省市区	国家地质公园名称	批次	主要地质特征地质遗迹保护对象	主要人文景观
1	北京市	石花洞国家地质公园	2	石灰岩岩溶洞穴、各类石笋、石钟乳、北京人遗址	北京西郊大量人文遗址
2		延庆硅化木国家地质公园	2	原地埋藏的硅化木化石	延庆具有大量人文遗迹，如古崖居
3		十渡国家地质公园	3	峡谷、河流地貌	文物古迹
4		密云云蒙山国家地质公园	5	变质核杂岩构造、花岗岩地貌	密云水库
5		平谷黄松峪国家地质公园	5	砂岩峰丛峰林地貌、不整合面、底砾岩、山遗迹、喀斯特洞穴	革命战争遗迹
6	天津市	蓟县国家地质公园	2	中国北方中晚元古界标准剖面	长城黄崖关、古塔、庙宇
7	河北省	涞源白石山国家地质公园	2	白云岩、大理岩形成的石柱、峰林地貌、泉	古寺、古塔、长城、关隘
8		秦皇岛柳江国家地质公园	2	完成地层剖面、海滨沙滩、花岗岩峰丘、洞穴	长城、度假区
9		阜平天生桥国家地质公园	2	阜平群(28亿年~25亿年)地层产地	二战和国内革命战争遗址
10		赞皇嶂石岩国家地质公园	3	嶂石岩地貌命名地、元古界长城系砂岩层理与层面	古寺庙、古驿道、古碑刻、古军事工程、民俗文化
11		涞水野三坡国家地质公园	3	构造—冲蚀嶂谷地貌	明、清长城摩崖石刻
12		临城国家地质公园	4	喀斯特洞穴、嶂石岩地貌、地层单位标准剖面、典型滨浅海沉积	水库、龙山文化遗址、商周古城遗址、普利寺塔
13		武安国家地质公园	4	玄武岩溢流遗迹、溶洞景观、化石产地	古柏、国内革命战争遗址
14		兴隆国家地质公园	5	中新生代陆内造山带、蛇绿岩出露地、喀斯特洞穴	天文台、明长城、明代摩崖石刻
15		迁安—迁西国家地质公园	5	地层、地貌类遗迹、构造地质遗迹和古生物化石	东寨遗址
16		承德丹霞地貌国家地质公园	6	丹霞地貌、热河古生物群	清代皇家园林景观
17		邢台峡谷群国家地质公园	6	嶂石岩砂岩垄断性地貌	古建筑群、革命战争遗址
18	山西省	壶关太行山大峡谷国家地质公园	4	峡谷地貌、水体景观	人文遗产
19		宁武万年冰洞国家地质公园	4	冰洞、化石、二马营组命名剖面	石门悬棺
20		五台山国家地质公园	4	地层和重大地质事件命名地、第四纪冰川冰缘	佛教圣地、革命圣地
21		陵川王莽岭国家地质公园	5	构造地貌、岩溶群落	
22		大同火山群国家地质公园	5	第四纪火山群遗迹	
23		平顺天脊山国家地质公园	6	瀑布、溶喀斯特洞穴、寒武系剖面	民族风情
24		永和黄河蛇曲国家地质公园	6	河谷地貌	人文遗址
25		榆社古生物化石国家地质公园	7	标准地质剖面、古生物化石、黄土地貌、云竹湖湿地	古遗址、果园、寺院

续表

序号	省市区	国家地质公园名称	批次	主要地质特征地质遗迹保护对象	主要人文景观
26	内蒙古自治区	克什克腾国家地质公园	2	花岗岩石林、冰川遗迹、火山—温泉遗迹、沙漠	辽金文化遗址、岩画、蒙族风情
27		阿尔山国家地质公园	3	火山、温泉、地质地貌	战争遗址、蒙族风情
28		阿拉善沙漠国家地质公园	4	风力地质作用过程和地质遗迹	岩画、黑城文化遗存
29		二连浩特国家地质公园	5	晚白垩世恐龙化石群、地层遗迹和花岗岩石林	岩画、庙宇
30		宁城国家地质公园	5	古生物化石、第四纪冰川遗迹、花岗岩地貌	辽中京遗址、平冈遗址、法轮寺、大明塔
31		巴彦淖尔国家地质公园	6	风蚀地貌、奥陶统地层、花岗岩石林、恐龙化石	古城遗址、古墓、秦汉长城、岩画、教堂
32		鄂尔多斯国家地质公园	6	地层剖面、化石、风沙地貌	萨拉乌苏河套人遗址
33		清水河老牛湾国家地质公园	7	黄河峡谷、黄土地貌	古窑洞遗址、古长城
34		四子王国家地质公园	7	标准地层剖面、哺乳动物化石、花岗岩奇峰	神舟飞船着陆场
35	辽宁省	朝阳古生物化石国家地质公园	3	古生物化石、凤凰山地质构造	槐树洞、热水汤、古人类遗址
36		本溪国家地质公园	4	喀斯特、地层剖面、构造地质、火山遗迹	古人类遗址、高句丽遗址
37		大连冰峪国家地质公园	4	石英岩峰林地貌独特、冰川遗迹	圣水寺、庙宇
38		中国大连国家地质公园	4	构造剖面、三叶虫化石产地、海蚀地貌、沉积构造、韧性剪切带	
39		锦州古生物化石和花岗岩国家地质公园	7	古生物化石、花岗岩	宜州化石馆
40		葫芦岛龙潭大峡谷国家地质公园	7	潭、瀑、峡谷、花岗岩地貌	
41	吉林省	靖宇火山矿泉群国家地质公园	3	火山、温泉	近代人文景观
42		长白山火山国家地质公园	5	火山地质地貌、温泉	近代人文景观
43		乾安泥林国家地质公园	5	泥林景观、化石、标准地层剖面	古遗址
44		抚松国家地质公园	6	火山、温泉、喀斯特地貌	
45		四平国家地质公园	7	白垩纪流纹岩火山地貌、典型地质剖面	古遗址、水库
46	黑龙江	五大连池国家地质公园	1	火山岩地貌景观、温泉	民俗文化
47		嘉荫恐龙国家地质公园	2	恐龙化石发掘地、地层剖面、植物化石	中国最北部的自然景观
48		伊春花岗岩石林国家地质公园	3	花岗岩地貌、湿地	红松故乡
49		镜泊湖国家地质公园	4	近代火山群、火山堰塞湖	原始村落遗址、古城墙、古墓、古刹
50		兴凯湖国家地质公园	4	水体、湿地、湖岗、构造剥蚀、构造堆积、侵蚀等全部典型地质遗迹景观	古人类遗址、珍稀动植物以及龙王庙、王震纪念碑
51		伊春小兴安岭国家地质公园	5	构造峡谷、冰缘石海、花岗岩峰林地貌	古人类文化遗址及少数民族风情
52		凤凰山国家地质公园	6	花岗岩地貌、构造地貌	
53		山口国家地质公园	7	花岗岩构造地质地貌、山口湖	
54	上海市	崇明长江三角洲国家地质公园	4	沉积地貌、滩涂地貌	崇明学宫、寿安寺

续表

序号	省市区	国家地质公园名称	批次	主要地质特征地质遗迹保护对象	主要人文景观
55	江苏省	苏州太湖西山国家地质公园	3	花岗岩、湖泊地貌	江南刺绣
56		南京市六合国家地质公园	4	火山群、石柱林群、雨花石层群	古冶炼—采矿场
57		江宁汤山方山国家地质公园	5	汤山猿人洞、地质剖面、温泉、新近纪火山	石碑、古戏台、明文化村
58		连云港花果山国家地质公园	7	海蚀遗迹地貌、高压变质岩地貌、滑坡与崩塌等	
59	浙江省	常山国家地质公园	2	奥陶系达瑞威尔阶层型界线（GSSP）礁灰岩岩溶	太湖风景名胜
60		临海国家地质公园	2	白垩纪火山岩及风化成的洞穴、翼龙化石	桃渚军事古城、古城墙、古塔群、古庙宇
61		雁荡山国家地质公园	3	火山地质遗迹	寺庙、摩岩石刻
62		新昌硅化木国家地质公园	3	硅化木	寺院、石窟、岩雕
63	安徽省	黄山国家地质公园	2	花岗岩峰丛地貌	历代名人踪迹
64		齐云山国家地质公园	2	丹霞地貌、崖谷寨柱峰洞	方腊寨
65		淮南八公山国家地质公园	2	淮南生物群、寒武纪地层、喀斯特景观	肥水之战古战场、古寿州城、刘安墓
66		浮山国家地质公园	2	火山岩风化作用形成特有洞崖	古寺庙、摩岩石刻
67		祁门牯牛降国家地质公园	3	花岗岩峰丛、怪石、岩洞及水文地质遗迹	千年古村、根据地遗址
68		大别山（六安）国家地质公园	4	花岗岩地貌、变质岩地貌、丹霞地貌、构造地貌及火山岩地貌	古城堡、皋陶文化、革命老区
69		天柱山国家地质公园	4	超高压变质带、古脊椎动物化石产地、花岗岩地貌	古文化遗址、古寺庙
70		池州九华山国家地质公园	5	花岗岩地貌、大断裂带、第四纪冰川、喀斯特地质	古寺庙、雅文化景观
71		凤阳韭山国家地质公园	5	喀斯特地貌景观	古寺庙
72		广德太极洞国家地质公园	6	喀斯特地貌景观	古人文遗址
73		南陵丫山国家地质公园	6	喀斯特地貌景观、扬子地层区的命名剖面	古宗祠、古寺庙
74		灵璧磬云山国家地质公园	7	石灰岩地貌、沉积构造、典型岩石、地震足迹、古生物遗迹、地层剖面、构造形迹	宋代采石坑遗址、摩崖石刻、御安庙
75		繁昌马仁山国家地质公园	7	火山岩地貌，裂隙式火山通道遗迹、火山流纹岩和火山台地地貌	马仁古寺

续表

序号	省市区	国家地质公园名称	批次	主要地质特征地质遗迹保护对象	主要人文景观
76	福建省	漳州国家地质公园	1	滨海火山岩、玄武柱状节理群火山喷气口、海蚀地貌	沙滩、海滨休闲区、古炮台、寺庙
77		大金湖国家地质公园	2	湖上丹霞地貌	寺庙、古墓、岩棺
78		晋江深沪湾国家地质公园	3	海底森林、海蚀地貌、地质剖面	寺庙、安平桥、栈道、旧石器遗址
79		福鼎太姥山国家地质公园	3	火山、海蚀地貌、花岗岩石林	客家文化、古建筑、吴越古长城、民居
80		宁化天鹅洞群国家地质公园	3	喀斯特洞穴、化石、丹霞地貌	古人类遗迹、客家风情、革命遗迹
81		德化石牛山国家地质公园	4	火山地质地貌、潜火山岩地貌、地层命名地	石壶殿、古寺、古建筑、古遗址
82		屏南白水洋国家地质公园	4	火山岩类、火山岩地貌、水体景观、平底基岩河床	古建筑、古文化
83		永安桃源洞国家地质公园	4	丹霞地貌、喀斯特地貌、典型地层剖面	古文化遗址
84		连城冠豸山国家地质公园	5	丹霞地貌、喀斯特地貌	客家文化、古书坊、古村落、革命战争遗址
85		白云山国家地质公园	5	花岗岩地貌、火山岩地质地貌、河床侵蚀地貌	古寺庙、古建筑
86		平和灵通山国家地质公园	6	火山峰丛地貌	古人文景观
87		政和佛子山国家地质公园	6	火山碎屑岩地貌、流水地貌、地质灾害遗迹、重力崩塌地貌	人文史迹
88		清流温泉国家地质公园	7	温泉、喀斯特地貌、丹霞地貌、火山地质景观	
89		三明郊野国家地质公园	7	白垩纪破火山地质地貌、花岗岩地貌、喀斯特地质地貌	古人类遗址
90	江西省	庐山国家地质公园	1	断块山体、江南古老地层剖面、第四纪冰川遗迹	白鹿洞书院、世界不同风格建筑、中国近代史重大历史事件发生地
91		龙虎山国家地质公园	1	丹霞地貌景观	古代道教活动中心之一,悬棺群和古崖葬遗址
92		三清山国家地质公园	4	花岗岩峰林地貌	道教文化
93		武功山国家地质公园	4	构造地貌、花岗岩地貌、剥蚀地貌、流水地貌	古建筑、古文化遗址
94		石城国家地质公园	7	丹霞地貌、硅化带型瀑布温泉	客家文化

续表

序号	省市区	国家地质公园名称	批次	主要地质特征地质遗迹保护对象	主要人文景观
95	山东省	枣庄熊耳山国家地质公园	2	喀斯特地貌、洞穴、峡	古文化遗址、古战场
96		山旺国家地质公园	2	第三纪湖相沉积,脊椎、昆虫、鱼等多种化石	崇圣寺
97		东营黄河三角洲国家地质公园	3	河流三角洲地貌	胜利油田
98		长山列岛国家地质公园	4	海蚀、海积等地质遗迹景观	古村落、古墓群、古墩台
99		沂蒙山国家地质公园	4	地层命名地、恐龙足迹化石、溶洞、温泉	古文化、古寺庙、革命圣地
100		泰山国家地质公园	4	早寒武纪地质、寒武纪地层、构造地质	古建筑、摩崖石刻、彩塑、壁画
101		诸城恐龙国家地质公园	5	恐龙化石群	
102		青州国家地质公园	5	喀斯特地貌、典型地质剖面、构造形迹、地质灾害遗迹	
103		莱阳白垩纪国家地质公园	6	白垩纪地层剖面、恐龙化石群和莱阳古生物群	
104		沂源鲁山国家地质公园		喀斯特地貌、人头骨化石	古人类文化
105		昌乐火山国家地质公园	7	古火山地貌、古生物化石、蓝宝石资源	古遗迹
106	河南省	嵩山国家地质公园	1	地质构造剖面、3个前寒武纪角度不整合	华夏文化,文物、寺庙集中,少林寺、嵩阳书院
107		焦作云台山国家地质公园	2	丹崖赤壁、悬崖瀑布、水利工程、岩溶	竹林七贤居地、寺、塔、古树
108		内乡宝天幔国家地质公园	2	变质岩结构、构造	生物多样性
109		王屋山国家地质公园	3	地质构造和地层遗迹	小浪底大坝、中原文化
110		西峡伏牛山国家地质公园	3	恐龙蛋集中产地、喀斯特洞穴、花岗岩地貌	古文化、古迹遗址
111		嵖岈山国家地质公园	3	花岗岩地貌	历史名人、古军事要地
112		关山国家地质公园	4	滑塌峰林地貌、古老地层	历史文化遗迹、古建筑
113		黄河国家地质公园	4	第四纪黄土地层剖面	古人类文化遗址
114		洛宁神灵寨国家地质公园	4	花岗岩峰丛地貌、石瀑群	古文化遗址、古战场
115		洛阳黛眉山国家地质公园	4	峡谷方山地貌、水体景观、典型地质剖面	小浪底大坝、千唐志斋
116		信阳金刚台国家地质公园	4	火山地貌、流水地貌、典型的同源岩浆演化	商文化遗址、古建筑、崖刻碑碣、古墓葬
117		小秦岭国家地质公园	5	地质剖面、花岗岩地貌、峡谷地貌、水体景观	庙宇、石雕、碑刻、古采石场
118		红旗渠·林虑山国家地质公园	5	峡谷地貌、地质工程景观、水体景观	红旗渠
119		汝阳恐龙国家地质公园	6	恐龙化石群、花岗岩地貌、典型地层剖面	
120		尧山国家地质公园	6	花岗岩地貌、水体景观、温泉	佛泉寺、古文化

序号	省市区	国家地质公园名称	批次	主要地质特征地质遗迹保护对象	主要人文景观
121	湖北省	长江三峡(湖北、重庆)国家地质公园	3	河流、地层、喀斯特地貌	大量古文化遗存、三峡和葛洲坝水利枢纽
122		木兰山国家地质公园	4	大别高压超高压变质带	木兰故里、宗教名山、革命圣地
123		神农架国家地质公园	4	冰川地貌、侵蚀构造地貌、地质剖面、喀斯特地貌	中华栽培作物发祥地之一
124		郧县恐龙蛋化石群国家地质公园	4	恐龙蛋化石群、喀斯特洞穴峡谷地貌	古矿遗址
125		武当山国家地质公园	5	变质岩构造地貌	道教圣地,古建筑群
126		大别山(黄冈)国家地质公园	5	变质地层、构造地貌、花岗岩山岳地貌	多云寺、革命老区
127		五峰国家地质公园	6	喀斯特地貌、构造遗迹和地质剖面	土司王府、白溢古寨
128		咸宁九宫山—温泉国家地质公园	6	花岗岩地貌、沉积地貌、喀斯特地貌、温泉	闯王陵
129		恩施腾龙洞大峡谷国家地质公园	7	喀斯特地貌、溶洞、清江伏流、大峡谷石柱林、哺乳动物化石群	民族文化
130		长阳清江国家地质公园	7	长阳人化石群、地层、古生物、构造地质、峡谷、奥峰林、溶洞、温泉、瀑布、峰林	民族文化
131	湖南省	张家界国家地质公园	1	砂岩峰林地貌,柱、峰、塔锥上植物奇秀,附近有溶洞和脊椎动物化石产地	土家族民族风情
132		郴州飞天山国家地质公园	2	丹霞地貌、崖、天生瞧、洞、峡	寺庙、碑刻、悬棺
133		莨山国家地质公园	2	丹霞地貌	古代名人和战争遗址
134		凤凰国家地质公园	4	台地峡谷型喀斯特地貌、构造形迹	民族文化风情
135		古丈红石林国家地质公园	4	红石林喀斯特、峡谷、河流地貌	吊脚楼、民族风情
136		酒埠红国家地质公园	4	喀斯特地貌、古生物化石	红军东冲兵工厂、洪秀全纪念馆等
137		乌龙山国家地质公园	5	南方裸露型喀斯特地貌、火岩溶洞群、水体景观	里耶古城遗址
138		湄江国家地质公园	5	低山喀斯特地貌、崩塌堆积地貌、海洋生物化石	古建筑、摩崖石刻、碑刻
139		平江石牛寨国家地质公园	6	丹霞地貌	古庙宇、古战场、古栈道
140		浏阳大围山国家地质公园	6	第四纪冰川地质遗迹、花岗岩球状风化体及断层构造形迹	玉泉寺
141		通道万佛山国家地质公园	7	丹霞峰林地貌	民族文化
142		安化雪峰湖国家地质公园	7	喀斯特地貌、南华纪冰期的冰碛砾泥岩、水体地质遗迹	梅山文化、柘溪水库

续表

序号	省市区	国家地质公园名称	批次	主要地质特征地质遗迹保护对象	主要人文景观
143	广东省	丹霞山国家地质公园	2	丹霞地貌命名地、丹霞地貌	性文化、摩崖石刻、碑刻
144		湛江湖光岩国家地质公园	2	火山地貌、马尔湖	古代人文、名人碑刻
145		佛山西樵山国家地质公园	3	粗面质火山遗迹、明代采食遗迹、古文化遗址	佛家文化遗址
146		阳春凌霄岩国家地质公园	3	喀斯特地貌、地层及构造遗迹、古人类洞穴遗址	摩崖石刻、碑帖、民族风情
147		恩平地热国家地质公园	4	温泉、花岗岩及演化遗迹、石臼、节理、巨型石英脉体、构造破碎带及瀑布	古代采金遗址、石头村人文景观
148		封开国家地质公园	4	中酸性侵入岩、砂页岩峰林、喀斯特地貌、古人类及动物化石遗址	土著民族文化、金矿采矿遗址
149		深圳大鹏半岛国家地质公园	4	古火山遗迹及海岸地貌、古生物化石、褶皱、断层	大鹏所城
150		阳山国家地质公园	5	喀斯特地貌、花岗岩地貌、水体景观	摩崖石刻、韩愈文化
151	广西壮族自治区	资源国家地质公园	2	丹霞地貌	瑶族风情
152		百色乐业大石围天坑群国家地质公园	3	喀斯特地貌、天坑群、溶洞、地下暗河	少数民族风情
153		北海涠周岛火山国家地质公园	3	火山、海岸、古地震遗迹、古海洋风暴遗迹	天主教堂、圣母堂、三婆庙
154		凤山国家地质公园	4	喀斯特泉、大型溶洞群、天坑群、天窗群、天生桥、地下河	石刻、古井、古墓、古战场
155		鹿寨香桥喀斯特生态国家地质公园	4	亚热带喀斯特地貌	
156		大化七百弄国家地质公园	5	喀斯特高峰丛深洼地、洞穴、谷地	瑶族风情
157		桂平国家地质公园	5	丹霞、流水、花岗岩、砂岩峰丛地貌	古寺观
158		宜州水上石林国家地质公园	6	喀斯特地貌、流水地貌	历史遗迹
159		浦北五皇山国家地质公园	6	花岗岩石蛋地貌	红椎林保护林区
160		都安地下河国家地质公园	7	喀斯特地下河与喀斯特地貌遗迹、水体景观遗迹及古生物遗迹	民族文化
161		罗城国家地质公园	7	喀斯特地貌遗迹和水体景观遗迹、科马提岩地质剖面遗迹、宝坛锡矿床矿迹遗迹	旧石器古人类工具遗存、明三孔石桥、刘三姐传奇文化
162	海南省	海口石山火山群国家地质公园	3	火山、岩溶隧道	火山文化、田园风光

续表

序号	省市区	国家地质公园名称	批次	主要地质特征地质遗迹保护对象	主要人文景观
163	重庆市	武隆岩溶国家地质公园	3	喀斯特地貌、天生桥群、洞穴、天坑、地缝、峡谷	古崖新栈、吊脚楼、清代古墓
164		黔江小南海国家地质公园	3	地震灾害遗迹、喀斯特地貌	革命历史遗址
165		云阳龙缸国家地质公园	4	喀斯特地貌、流水地貌	土家风情
166		万盛国家地质公园	5	喀斯特石林地貌、中华震旦角石、倒斜壁峡谷	仿古栈道、浮桥、田园
167		綦江木化石—恐龙国家地质公园	5	木化石群、恐龙化石景观、丹霞地貌景观	万亩梯田
168		酉阳国家地质公园	6	岩溶峰丛峡谷地貌、地下岩溶洞穴	龚滩千年古镇、楠木庄山寨
169	四川省	自贡恐龙国家地质公园	1	恐龙发掘地、多种恐龙化石密集埋藏	世界最早的超千米盐井
170		龙门山国家地质公园	1	推覆构造、地层剖面、化石产地、冰川、花岗岩峰	大禹文化、寺庙
171		海螺沟国家地质公园	2	现代低海拔冰川、温泉	藏族风情
172		大渡河峡谷国家地质公园	2	大渡河峡谷、冰川地貌、玄武岩地貌	藏族风情
173		安县国家地质公园	2	成片硅质海绵形成生物礁	庙宇
174		九寨沟国家地质公园	3	"层湖叠瀑"景观	扎如寺、达吉寺
175		黄龙国家地质公园	3	以露天钙化景观为主的高寒喀斯特地貌、冰川	宗教寺庙、藏族风情、革命遗址
176		兴文石海国家地质公园	3	喀斯特地貌、古生物化石	苗族风情
177		华蓥山国家地质公园	4	喀斯特地貌、地质构造、地层剖面	石刻、革命历史遗址
178		江油国家地质公园	4	丹霞地貌、泥盆系标准纪地质剖面、喀斯特地貌	李白故里、道教佛教文化、古寺庙建筑、火药制造
179		射洪硅化木国家地质公园	4	硅化木化石群、峡谷地貌	青狮寨遗址、汉代墓群、躲人洞、庙宇
180		四姑娘山国家地质公园	4	山岳地貌、第四纪冰川	藏族风情、革命历史遗迹
181		大巴山国家地质公园	5	推覆褶皱构造、生物礁滩相深层碳酸盐岩沉积建造、喀斯特地貌	土家民俗风情、红军文化
182		光雾山—诺水河国家地质公园	5	喀斯特地貌、花岗岩地貌景观、水体景观	古道、革命遗址
183		青川地震遗迹国家地质公园	6	汶川特大地震遗址、喀斯特洞穴群	
184		绵竹清平—汉旺国家地质公园	6		

续表

序号	省市区	国家地质公园名称	批次	主要地质特征地质遗迹保护对象	主要人文景观
185	贵州省	关岭化石群国家地质公园	3	关岭古生物群、小凹地质走廊	布依族、苗族风情
186		兴义国家地质公园	3	贵州龙动物群化石、喀斯特地貌	古人类文化遗址，布依族、苗族风情
187		织金洞国家地质公园	3	喀斯特地貌、织金洞、峡谷	苗族风情
188		绥阳双河洞国家地质公园	3	喀斯特洞穴	公馆桥、金钟山寺
189		六盘水乌蒙山国家地质公园	4	喀斯特地貌、山原地貌、峡谷地貌、古生物化石	民族风情、夜郎文化、红色文化、古城文化
190		平塘国家地质公园	4	喀斯特地貌，峰林盆地，洼地，峰丛漏斗，洼地	民族风情
191		黔东南苗岭国家地质公园	5	古生物化石、喀斯特地貌、构造地貌	苗族、侗族民族风情文化
192		思南乌江喀斯特国家地质公园	5	喀斯特地貌、构造遗迹、峡谷地貌	古建筑、古村落、宗教、民俗
193		赤水丹霞国家地质公园	6	丹霞地质地貌	长征遗址、民族风情
194	云南省	石林国家地质公园	1	碳酸盐喀斯特峰丛地貌、溶洞	哈尼族民族风情、歌舞
195		澄江国家地质公园	1	古生物化石群	彝族、苗族风情
196		腾冲国家地质公园	2	近代火山地貌、温泉、生物多样性	古边城、少数民族风情
197		禄丰恐龙国家地质公园	3	古生物遗迹	古人类文化遗址、少数民族风情
198		玉龙黎明—老君山国家地质公园	3	高山丹霞地貌、冰川遗迹	民俗文化
199		大理苍山国家地质公园	4	冰川遗迹、高山侵蚀地貌、峡谷地貌、构造形迹	大理古城、崇圣寺三塔
200		丽江玉龙雪山国家地质公园	5	冰川遗迹、构造山地、断陷盆地、深切峡谷	民族文化
201		九乡峡谷洞穴国家地质公园	5	洞穴群、峡谷、钙化、洞穴瀑布、化石遗址	史前人类遗址、民族文化
202		罗平生物群国家地质公园	6	生物群古生物化石地质遗迹、锥形喀斯特地貌	布依族风情、鲁布革电站
203		泸西阿庐国家地质公园	6	喀斯特地貌、古生物化石	古人类遗址、阿庐文化、民族风情
204	西藏	易贡国家地质公园	2	现代冰川、巨型滑坡、堰塞湖	藏族风情、青藏高原南部风情
205		札达土林国家地质公园	4	新近系地层风化土林	古遗址、民族文化
206		羊八井国家地质公园	5	地热资源地、高原地质、冰川地质	民族风情

序号	省市区	国家地质公园名称	批次	主要地质特征地质遗迹保护对象	主要人文景观
207	陕西省	翠华山国家地质公园	1	地震引起的山体崩塌堆积	古代名人碑刻
208		黄河壶口瀑布国家地质公园	2	壶口瀑布	
209		洛川黄土国家地质公园	2	中国黄土标准剖面,黄土地貌	洛川会议、黄土风情、风情文化
210		延川黄河蛇曲国家地质公园	4	大型深切嵌入式蛇曲群、河谷阶地地貌	黄土风情、风情文化
211		商南金丝峡国家地质公园	5	喀斯特峡谷地貌、平移走滑断裂构造	
212		岚皋南宫山国家地质公园	5	木化石群、恐龙化石、丹霞地貌、火山峰林	佛教文化
213		柞水溶洞地国家地质公园	6	溶洞、峡谷、瀑布、地层剖面、古生物化石	凤凰古镇、徽派建筑民居
214		耀州照金丹霞国家地质公园	6	丹霞地貌、砾岩石质山峰	革命根据地旧址、香山寺佛教文化
215	甘肃省	敦煌雅丹国家地质公园	2	雅丹地貌、黑色戈壁滩	千佛洞石窟、月牙泉
216		刘家峡恐龙国家地质公园	2	恐龙化石和足印	刘家峡电站及水库
217		景泰黄河石石林国家地质公园	3	黄河石林、融合峰林、雅丹和丹霞等地貌特征	明长城、五佛寺
218		平凉崆峒山国家地质公园	3	丹霞地貌、斑马山	道教发源地、佛教圣地
219		和政古生物化石国家地质公园	5	古动物化石	民族民俗文化
220		天水麦积山国家地质公园	5	地质构造剖面、丹霞地貌、花岗岩地貌、峡谷地貌	麦积山石窟
221		张掖丹霞地质公园	6	窗棂状宫殿式丹霞命名地	丝路文化、昭武民俗风情
222		炳灵丹霞地貌地质公园	6	丹霞地貌	石窟、庙宇
223		宕昌官鹅沟国家地质公园	7	浊流沉积岩,地质构造,"岷山式"岩溶,滑坡,泥石流,崩塌	藏族风情
224		临潭冶力关国家地质公园	7	滑坡堰塞湖和喀斯特丹霞地貌	民族文化
225	青海省	尖扎坎布拉国家地质公园	2	丹霞地貌	宗教、藏族风情
226		互助嘉定国家地质公园	4	岩溶、冰川、丹霞、峡谷	北禅寺、天堂寺
227		久治年宝玉则国家地质公园	4	冰川地貌、山地地貌	藏传佛教文化、藏族民俗风情
228		昆仑山国家地质公园	4	大地震断裂带、现代冰川、泥火山型冰丘	古人类遗迹
229		贵德国家地质公园	5	丹霞地貌、黄河谷地地貌	黄河文化
230		青海湖国家地质公园	6	水体景观、流水地貌、沙漠地貌、构造形迹	民族文化
231		玛沁阿尼玛卿山国家地质公园	6	断裂、褶皱和风化沉积、冰川运动等地质遗迹	

续表

序号	省市区	国家地质公园名称	批次	主要地质特征地质遗迹保护对象	主要人文景观
232	宁夏	西吉火石寨国家地质公园	3	丹霞地貌、地史遗迹、水文景观	石窟
233		灵武国家地质公园	4	恐龙化石遗址、地层遗迹、水文地质遗迹	古人类活动遗迹、水洞沟古文化遗址
234	新疆	布尔津喀纳斯湖国家地质公园	3	冰川遗迹、流水地貌	蒙古族人图瓦文化、图鲁克岩画
235		奇台硅化木—恐龙国家地质公园	3	硅化木、恐龙化石、雅丹地貌	古遗址、古地貌
236		富蕴可可托海国家地质公园	4	花岗岩地貌、地震遗迹	采矿遗迹、岩画、哈萨克族古墓
237		天山天池国家地质公园	5	现代冰川、高山湖泊、U型谷、古冰川阶地、石林、地层剖面、古生物化石	西域民族风情、剑侠文化和名人文化
238		库车大峡谷国家地质公园	5	冰川、雅丹、库车地貌、火山岩峰丛、地质剖面	汉唐冶炼遗址、龟兹文化
239		吐鲁番火焰山国家地质公园	6	单斜、土林、峡谷、丹霞地貌、泉类	千佛洞、坎儿井
240		温宿盐丘国家地质公园	6	底劈构造、峡谷群、盐丘、丹霞、岩盐喀斯特地貌	民族文化

三、中国国家矿山公园

矿山公园是矿山地质环境治理恢复后,国家鼓励开发的以展示矿产地质遗迹和矿业生产过程中探、采、选、冶、加工等活动的遗迹、遗址和史迹等矿业遗迹景观为主体,体现矿业发展历史内涵,具备研究价值和教育功能,可供人们游览观赏、科学考察的特定的空间地域,矿山公园设置国家级矿山公园和省级矿山公园,其中国家矿山公园由国土资源部审定并公布。矿山公园的建设是矿山环境保护、治理和利用的一条创新途径,有强的应用推广价值。国土资源部分别于2005年9月(28处)、2010年4月(33处)、2013年1月(11处)共公布了72处国家矿山公园,其中29处已经开园。

表1-7-7 中国国家矿山公园一览

序号	省份	矿山公园名称/批次	矿山类型	主要矿业遗迹保护对象	主要人文景观	开园时间
1	北京市	平谷黄松峪国家矿山公园1	金矿	采金巷道、京东大溶洞京东石林峡、湖洞水景区	长城、古寺庙遗址遗迹	2006.1
2		首云国家矿山公园2	铁矿	露天矿坑、斜长环斑花岗岩地质遗迹、爱斐葡萄酒庄园	司马台和古北口长城、密云水库、云佛山滑雪场、云岫谷、白龙潭、黑龙潭	2012.9.19
3		怀柔圆金梦国家矿山公园2	金矿	露天采场、生产车间		建设中
4		史家营国家矿山公园3	煤矿	新兴枣园煤矿主园区、矿山修复区、井下时空隧道、采煤工艺体验区	瑞云寺等,生态恢复工程	

续表

序号	省份	矿山公园名称/批次	矿山类型	主要矿业遗迹保护对象	主要人文景观	开园时间
5	河北省	唐山开滦煤矿国家矿山公园1	煤矿1878	唐山矿1号井、特大型井巷工程遗迹、百年达道、采煤沉陷区治理工程、林西选煤厂	开滦老标识、冀东三枝花、抗震纪念碑、纪念馆	2009.9.23
6		任丘华北油田国家矿山公园1	石油	古潜山地质地貌、任四井、输油管道、储油罐、钻塔、岩芯、岩屑标本、古生物化石	白洋淀、水利枢纽、扁鹊祠、药王庙、牛氏三杰纪念塔、任丘大鼓、辛安庄音乐会	
7		武安西石门铁矿国家矿山公园1	铁矿	宋代炼铁炉遗址、红色砂岩构造的峰林、峰丛、灰岩中的三叶虫等化石、火山岩叠置遗迹	磁山文化发祥地、中国小米之乡	2011.11.13
8		迁西金厂峪国家矿山公园2	金矿			
9	山西省	大同晋华宫矿国家矿山公园1	煤矿1956	矿井、工业遗址、仰佛台、晋阳潭湖	云冈石窟、大同煤炭博物馆、石头村	2012.9.7
10		太原西山国家矿山公园2	煤矿1934	太原首座现代化矿井旧址、白家庄矿2号斜井、小南井、矿办大楼、十间房、石头窑、电厂、选煤厂、机电修理厂	昌旺林、日伪炮楼、慰安所旧址、高家河万人坑、晋祠、晋阳古城	
11	内蒙古	赤峰巴林石国家矿山公园1	巴林石	印石广场、金石甬道、文化墙浮雕、主碑石神	沙地草原景观、蒙古族风情	2008.8.28
12		满洲里市扎赉诺尔国家矿山公园1	煤矿1902	灵泉露天典型褶皱带、扎赉诺尔群煤层剖面、煤田F断层遗迹	呼伦贝尔大草原、扎赉诺尔人头骨化石、猛犸象化石、拓跋鲜卑古墓群	2008.8.30
13		林西大井国家矿山公园2	古铜矿	古矿坑、古冶炼遗址、林西组建组剖面、原生沉积构造、九佛山第四纪冰川遗迹、西拉沐沦大断裂和阶地	锅撑子山文化遗址、夏家店文化遗址、九佛山、金边堡	
14		额尔古纳国家矿山公园2	砂金	河谷冲积砂金矿床、硝眼、溜槽、马拉翻斗车、金刮子、金流、金缸子、砂钻、马佛熔炉	西山湿地、中俄界河、黑山头古城遗址、室韦俄罗斯民族乡	
15	辽宁省	阜新海州露天矿国家矿山公园1	煤矿1913	露天采坑、平盘边缘裸露断面、86站、蒸汽机车、电机车、铁轨、废弃电镐		2009.7.27
16	吉林省	白山板石国家矿山公园1	铁矿	喀斯特、断层崖地貌、松花石地貌、板岩构造地质、铁矿石开采遗迹采选工艺流程		2007.8.19
17		辽源国家矿山公园2	煤矿1911	泰信一坑、泰信采炭所、满洲炭矿株式会社西安矿业所	日伪时期死难矿工陈列馆、河本大佐旧居	
18		汪清满天星国家矿山公园3		矿冶遗址	朝鲜民俗风情	

续表

序号	省份	矿山公园名称/批次	矿山类型	主要矿业遗迹保护对象	主要人文景观	开园时间
19	黑龙江省	嘉荫乌拉嘎国家矿山公园1	金矿	大型斑岩型金矿、晚白垩纪恐龙埋葬群、硅化木群	原始森林生态景观、草原与沼泽湿地景观、鄂伦春族风情	2007.10.22
20		鸡西恒山国家矿山公园1	煤矿	小恒山煤矿一井采空塌陷区、立井矿业遗址	南山万亩人工林、红旗湖	2007.8.13
21		鹤岗市国家矿山公园1	煤矿 1924	新岭煤矿北露天坑遗址、益新煤矿	"东山万人坑""狼窝"、日本秘密地下工事	2009.8.28
22		大庆油田国家矿山公园2	石油	油田开发开采遗迹		
23		黑河罕达气国家矿山公园2	金矿	罕达气组早泥盆世地层		
24		大兴安岭呼玛国家矿山公园2	金矿		呼玛水运口岸	
25	江苏省	盱眙象山国家矿山公园1	石材	地层剖面、层间构造、断裂构造、开采平台、"S"型运石道路、开采断面、集料生产线设备、船运码头	摩崖石刻、石碑、魁星壁、老街访	2009.6.20
26		南京冶山矿山公园2	铁矿	露天开采坑、人工大峡谷、冶山矿洞、稀树山丘、窄轨铁路		
27	浙江省	遂昌金矿国家矿山公园1	金矿	黄岩坑古矿硐,宋明清等采矿遗址、金池、唐宋明金窟	上元茶楼、翠谷金溪、银坑山水库、揽金亭	2007.12.18
28		温岭长屿硐天国家矿山公园2	石材	古采石遗迹、双门硐、观夕硐、水云硐	崇国寺、野山	
29		宁波宁海伍山海滨石窟国家矿山公园2	石材	石窟群、硐窟、石宕、凿锛针、裁料、软桥、排水槽和古代工匠文字	海滨景观	2013.6.24
30	安徽省	淮北国家矿山公园1	煤矿 1958	矿业第一钻遗址、钻机、地下井巷、古生物化石遗迹、地层剖面、洞穴、塌陷区湿地	东湖公园、雕塑园、烈山历史文化	2011.5.28
31		铜陵铜官山国家矿山公园2	铜矿	旧铜采冶遗迹、废旧设施	铜官山	
32		淮南大通国家矿山公园2	煤矿 1903	井口、井架、煤矸石堆、成矿地质遗迹、矿业开发史籍	万人坑、秘密水牢、窑神庙	
33	福建省	福州寿山国家矿山公园1	寿山石	古矿硐,寿山、日溪、红寮、岭头和桂湖	温泉	2008.12
34		上杭紫金山国家矿山公园1	紫金	矿硐,地质奇观、矿石运输和地下生产场面,	金山湖、紫金山植物生态园	2011.11.26
35	江西省	景德镇高岭国家矿山公园1	高岭土	古尾矿堆、古矿残体、古采坑、古矿硐、古淘洗槽、运矿古道	古码头、接夫亭、古桥、古瓷器	2008.11.15
36		德兴国家矿山公园2	铜矿	钴矿冶炼遗址、露天开采场、巨型卡车		
37		萍乡安源国家矿山公园2	煤矿 1898	卢凤场井、王坑三湾运动矿业遗迹、三家冲铁化木化石矿产遗迹三丘田、大槽煤、砚子槽、冬瓜槽、猪屎槽、硬子槽	萍安铁路、盛公祠、八方井绞车房、古樟、路矿工人俱乐部、秋收起义军会议旧址	
38		瑞昌铜岭铜矿国家矿山公园3	铜矿	大型商周时期铜矿矿冶遗址	中国青铜文化的发源地	

续表

序号	省份	矿山公园名称/批次	矿山类型	主要矿业遗迹保护对象	主要人文景观	开园时间
39	山东省	沂蒙钻石国家矿山公园1	钻石	胜利1号金伯利岩管露天采矿坑、红旗1号矿坑、地质剖面		2010.8.19
40		临沂归来庄金矿国家矿山公园2	金矿	露天开采矿坑、井下巷道、全泥氰化尾矿处理新工艺、黄金选矿生产流程、采矿作业场景及设备	天下奇石一条街、天鹅湖、九龙柱广场、环矿园林、凤景山	
41		枣庄中兴煤矿国家矿山公园2	煤矿1978	枣庄煤矿办公大楼、东大井、南大井、北大井、机务处、电厂、东过车门、西过车门及探采矿工具、史籍	台枣铁路、老洋街、枣兴堂、电光楼、老火车站、国际洋行	
42		威海金洲国家矿山公园2	金矿	单脉硫化物石英脉型矿脉、找矿标志、地下采矿活动遗迹、古采坑、矿山地质灾害遗迹	平硐钟乳石	
43	河南省	南阳独山玉国家矿山公园1	独山玉	0号硐、通天探槽、ZK2钻孔、玉华洞	独山祖师宫、豫山寺、新石器时代玉器文物	2008.4.16
44		焦作缝山国家矿山公园2	古代煤矿	李封煤矿、当阳峪瓷窑遗址、宋代瓷窑遗址、盘古寺地层、李封发电厂	缝山公园、山阳城遗址、现代影视城、焦作路矿学堂	
45		新乡凤凰山国家矿山公园2	石灰石矿	矿山遗迹、潞王陵剖面、旧石灰窑	凤凰山、愚公泉、潞王陵	
46	湖北省	黄石国家矿山公园1	铁矿	大冶铁矿区、人工矿业大峡谷、大冶式矿床、铜绿山古铜矿遗址、东露天采场陡边坡、国产上游51蒸汽机车、苏制爬犁机、美50B重型矿用机车	毛主席巨型雕像、灵山古刹、千年银杏	2007.4.22
47		应城国家矿山公园2	膏矿盐矿	明清时期矿井遗迹、古代淋晒膏盐台架、熬制膏盐灶群	温泉、团山寺、团山天池、古码头	
48		潜江国家矿山公园3	油田	地质矿产遗迹		
49		宜昌樟村坪国家矿山公园3	磷矿	地质矿产遗迹、矿产采掘遗迹及矿产选、冶、加工等遗迹		
50	湖南省	郴州柿竹园国家矿山公园2	钨矿		千里山高山景观、金狮玲原始生态景观、奇石文化创意园	
51		宝山国家矿山公园2	铜矿	露天单体采空区、古隆洞、火爆采矿场、现代化竖井、石芽、石林、石钟乳、鹅管	桂阳东塔、古城郡	2012.9.13
52		湘潭锰矿国家矿山公园3	锰矿	地质矿产遗迹、矿产采掘遗迹及矿产选、冶、加工等遗迹	生态农业观光等	

续表

序号	省份	矿山公园名称/批次	矿山类型	主要矿业遗迹保护对象	主要人文景观	开园时间
53	广东省	深圳凤凰山国家矿山公园1	石材	芙蓉采石场与加工场遗址、辉绿岩地质剖面、矿业活动遗迹、辉绿岩矿业制品	凤凰山公园、甘露泉、香火堂、古墓	2009.6.18
54		韶关芙蓉山国家矿山公园1	煤矿石灰岩矿	采煤矿井、石灰岩露天开采石场、石炭系剖面、倒转背斜、海相生物化石、峰丛—洼地地貌	蓉山古刹、木兰园、芙蓉仙洞、芙蓉湖	2009.12
55		深圳鹏茜国家矿山公园1	大理石	典型喀斯特地貌、矿道	碧岭生态园、山海农场、马峦山度假村	
56		梅州五华白石嶂国家矿山公园2	钼矿	矿业遗迹、地下空间遗迹		
57		凡口国家矿山公园3	铅锌矿	地质矿产遗迹、矿产采掘遗迹及矿产选、冶、加工等遗迹		
58		大宝山国家矿山公园3	多金属	地质矿产遗迹、矿产采掘遗迹及矿产选、冶、加工等遗迹		
59	广西	合山国家矿山公园2	煤矿1905	合山组地层、采矿遗迹、坑口电站、煤矸石城	红水河、玉屏山、寨山、司烟山、龙王古建筑群、民俗文化	
60		全州雷公岭国家矿山公园2	锰矿	采坑、泥石流沟谷	八角寨丹霞地貌、民族文化	
61	重庆市	江合煤矿国家矿山公园2	煤矿1937	矿山巷、峒遗迹、窄轨铁路、丝绸制设计图、采矿工具、地下喀斯特水库		
62	四川省	丹巴白云母国家矿山公园1	白云母矿	采矿坑、矿洞遗址、云母纸、云母板、云母珍珠、粉车间、湖泊治理工程	藏族风情、古碉、藏式山寨、墨尔多山、中路新石器遗址	2009.11.6
63		乐山嘉阳国家矿山公园2	煤矿1937	抗战时期中英合资煤矿遗迹、窄轨蒸汽小火车、黄村井	桫椤树、英苏式建筑、芭蕉沟	2011.9.23
64	贵州省	万山汞矿国家矿山公园1	汞矿	地下长城、千佛洞、仙人洞、黑峒子、云南梯采空区、朱砂矿	苏联专家楼、博物馆、民族风情、炼丹炉具	2009.10.28
65	云南省	东川国家矿山公园2	铜矿	历代铜矿坑峒、土炼铜炉、古运铜铁索桥、现代矿山设施、铜渣质民居	金沙江、冰川地貌、彝族发祥地、泥石流沟、喀斯特洞穴	
66	陕西省	潼关小秦岭金矿国家矿山公园3	金矿	西潼峪金矿开采、生产等著名矿业遗迹	佛头崖风景区、秦岭云屏	
67	甘肃省	白银火焰山国家矿山公园1	铜矿	海相火山岩硫化物矿床典型地质剖面、露天矿山遗迹、古采遗迹、现代化矿业生产设备与设施	黄河石林、丝绸之路遗址、红军会宁会师遗址纪念建筑群	
68		金昌金矿国家矿山公园2	镍矿	露天矿老坑、龙首山西部斜坡道、井下巷道、尾矿库	废弃物生态修复工程	
69		玉门油田国家矿山公园3	油田	地质矿产遗迹		
70	青海省	格尔木察尔汗盐湖国家矿山公园1	盐矿	天然盐湖、钾肥工业生产基地、青藏铁路、盐桥公路、盐花	藏族风情、沙漠景观	2008.8.1
71	宁夏	石嘴山国家矿山公园2	煤矿1965	井口、井架、煤矸石堆、中华奇石山、星海湖		
72	新疆	富蕴可可托海稀有金属国家矿山公园3	稀有金属	伟晶岩型稀有金属矿矿业遗迹	民族文化遗址	

第八章　中国的地质环境与地质灾害

地质环境系指地球岩石圈和表层风化层地质体的组成、结构和各类地质作用与现象。地质环境是具有一定空间概念的客观实体,它包含地质体的物质组成、地质结构和地质作用的动力3种基本要素。地质环境上限是地表或岩石圈的表层,下限可达到地壳深部或至地幔(潘懋等,2003)。

人类的生存和发展与地质环境密不可分,它对人类的作用可分为地质资源开发和地质体的利用两大方面。地质资源开发如开采地下固体矿产、石油、地下水和土地资源的开发利用等。地质体的利用主要是指人类对地质体空间及其物、化特征对人类适宜性的利用,如修建房屋、筑路架桥、挖隧道和地质景观欣赏等活动。人类利用和依赖地质环境生存和发展,同时人类活动又不断地改变着地质环境的成分和结构特征。

地质环境与大气、水、生物甚至宇宙空间也有密切的关系,它与大气圈、水圈、生物及宇宙环境之间相互影响、相互作用,进行着频繁而剧烈的能量迁移和物质交换。

地质灾害是指自然或人为因素作用下导致地质环境或地质体发生变化,当这种变化达到一定程度,产生对人类生命财产、环境造成破坏和危害的一种地质现象。按地质灾害形成的速度可将其分为突发性地质灾害和缓变性地质灾害。前者如地震、火山喷发、崩塌、滑坡、泥石流、岩爆、瓦斯爆炸、坑道突水突泥等,即习惯上的狭义地质灾害;后者如水土流失、土地盐碱化、土地沙化和沙漠化、土地沼泽化、河湖海岸变迁、地下水污染等,这些又称环境地质灾害。

地质灾害的成因包含2种地质动力,即内动力地质作用和外动力地质作用。随着人类从事各类经济技术活动的日益加强,人为地质动力作用造成的地质灾害也日趋明显,已构成外动力地质灾害的重要组成部分。

第一节　中国地质环境特征

中国的地质环境复杂多样,不同的地质环境会造成不同的地质灾害,分区性特别明显,这与中国的地质构造背景、地理地貌轮廓等因素密切相关。

一、中国地质构造环境背景

经历次地壳运动形成的地质构造成为地质和地质环境的基础条件,它控制了地理、地貌、土壤、气象分布,从而又对生物生态区系起了重要的控制作用,中国的地质构造轮廓最突出的特点是南北分区、东西分带、交叉成网。

(1)南北分区　中国大陆从北到南有3条最显著的东西向地质界线,将中国分为北、中、南3个呈东西向伸展的地区。北面的一条称为阴山—天山纬向构造带,该带以北有准噶尔盆地和松辽盆地,是在古生代地槽褶皱系基础上发展起来的中、新生代地层沉积区。中间的一条称为秦岭—昆仑纬向构造带,它与阴山—天山带之间有塔里木盆地、陕甘宁盆地和华北平原,是以太古代变质岩为基底的沉降带,有巨厚的中、新生代地层。南面的一条西段叫雅鲁藏布江—印度河新生代板块缝合线,东段称南岭纬向构造带,与昆仑—秦岭带之间西有西藏以中、新生代巨厚沉积物组成的褶皱山系,东有扬子地块,是以元古代变质岩为基底的中、新生代地层沉积区。

(2)东西分带 中国大陆有3条最显著的北北东—近南北向界线,将中国大陆从东到西分为走向近南北的若干地带。最明显的是贺兰山—川滇构造带,该带之东为地质历史最悠久的地台区,之西则为活动强烈的地槽区。在该构造带以东还有2条显著的北北东向构造隆起带。西面的一条为大兴安岭—太行山—武陵山隆起带,与贺兰山—川滇构造带之间为呼伦贝尔—巴音和硕、陕甘宁、四川等中新生代沉积盆地组成的沉降带。最东一条为长白山—辽东半岛、山东半岛—东南沿海诸山脉组成的构造隆起带,也叫新华夏第一隆起带,该带以西有松辽、华北、江汉等一系列中新生代沉积盆地组成的沉降带;该带以东则为由黄海、东海、南海组成的近海盆地。在贺兰山—川滇构造带之西也被走向北东的阿尔金山分割为东西2部:阿尔金山与川滇带之间为中生代以来剧烈下沉又强烈褶皱隆起的地区;阿尔金山以西则为长期下沉区,如塔里木盆地。

(3)交叉成网 地质构造上南北分区、东西分带纵横交错的结构,使中国大陆构成了具有显著特征的经纬格局。其中最具界定性的地质构造带是东西向的秦岭—昆仑构造带和南北向的贺兰—川滇构造带,它们把中国大陆分割为4个特点不同的区域。①东北区,即华北地台区,基底最老,但新生代以来活动强烈,地层以深变质岩,古生代碎屑岩、碳酸盐和中、新生代碎屑岩为主。②东南区,即扬子地台区,相对而言为现代最稳定的地区,地层以浅变质岩、碳酸盐和中新生代碎屑岩为主。③西北区,即塔里木地块、柴达木地块区,为具有古老基底但盆地边缘是中、新生代强烈活动的地区,现代活动的强度大于华北区,地层主要是古生代火山碎屑岩、碳酸盐和中、新生代碎屑岩。④西南区,为中国最活动的地槽区,地层以中、新生代火山碎屑岩为主。每个区域又被次级构造分割为若干小区。除了走向近东西和近南北的构造外,北东和北西向构造十分发育,它们交织在一起,使中国的地质构造形成了十分复杂的构造网络。这种特殊的构造网络造就了纷繁复杂的不同地质环境,它们对区域性或局地性地质灾害的分布起着重要的制约作用。

二、中国自然地理环境特征

1.地貌轮廓的基本特征

中国位于亚洲东部,山川纵横,地貌万千,纵览全局其总体轮廓有如下3点显著特征和规律。

(1)大台阶 中国大陆西倚世界最高的高原,东濒全球最大的大洋,地势从西向东依次降低,形成3个台阶。①第一台阶,即青藏高原,平均海拔在4000米以上,北界为昆仑山,东界为横断山脉,高原上山岭宽谷并列,冰川湖泊众多。②第二台阶,位于第一台阶与大兴安岭—太行山—武陵山以西的地带,大体又分东、西两部分。东部包括内蒙古东部高原、黄土高原、四川盆地和云贵高原,为一宽600千米、长4000千米的北北东向狭长地带,海拔平均1000米~2000米;西部位于第一台阶以北,包括塔里木盆地、准噶尔盆地和内蒙高原的西部,除天山等山脉外一般海拔在2000米以下,地势平坦,沙漠戈壁广布,多内陆河流与湖泊。③第三台阶,在大兴安岭—太行山—武陵山以东至海滨,由平均海拔1000米以下的丘陵和200米以下的平原构成。这一狭长地带的主体是地势平缓的东北平原、华北平原、长江中下游平原及若干山间盆地。

(2)3条东西向界山 近东西向展布的3条纬向构造带也是中国地理区域的界山,其中规模最大的界山有:①阴山山脉,它是蒙古高原的南部边界,其东延部分是东北平原与华北平原的分界线;其向西延即为天山山脉,这是中国内陆水系与北冰洋水系的分水岭。②秦岭山脉,它是长江与黄河两大水系的分水岭,其向西延即为昆仑山脉,它是中国内陆水系与印度洋水系的分水岭。③南岭山脉,是长江与珠江两大水系的分水岭,向西南延至云南境内被走向南北的横断山脉所截断。

(3)河川定向展布　河川的展布有一定规律,往往主河道的方向大体反映了主构造的方向;支河道的方向则反映了次级别的方向。中国河流主要方向为近东西向,次为近南北向,再次为东北向和北西向,这与上述构造发育的特点是一致的。

2. 地表沉积物的变化

由于地貌和气候环境的变化,中国地表第四纪沉积物出现自北向南由沙漠、黄土、膨胀土、红土,到东南沿海的淤泥质软土的规律性变化。中国的沙漠呈一条南北宽600千米、东西长4000千米的弧形带分布于西北、华北和东北的部分地区,面积71万平方千米。其中,以新疆的塔克拉玛干沙漠面积最大,若连同戈壁,总面积达128万平方千米,占全国面积的13%(图1-8-4)。沙漠是在干旱气候和风的作用下形成的丰富的沙漠物质来源等自然条件下演变形成的。内陆盆地接受了由高山雨水、冰雪融水所带来的大量物质堆积,厚度一般可达200米~400米,最后竟达1800米(乌兰布和沙漠),这些沙质沉积物经风力吹扬翻动、再堆积,成为现在风沙的主要沙源。

中国的黄土分布在沙漠的外缘,西起昆仑山,东南到淮阳、秦岭山地,总体呈带状展布,大致可分为3段:青海湖和乌鞘岭以西为西段,大兴安岭和太行山以东为东段,两者之间的黄河中游地区为中段,此地区黄土分布最为集中,其覆盖面积约30万平方千米,平均海拔1000米,覆盖厚度约100米~200米。如此广泛而巨厚的黄土堆积构成了独特点黄土地貌,是世界上最大的黄土高原。黄土是在比较干旱的气候条件下产生的。阿拉善以西的广大沙漠、戈壁地区是黄土的重要补给区,强大的风力则是把细粒的黄土物质带到堆积地带的动力。另外,西北山岳冰川地区可能也是黄土物质来源之一。

膨胀土是胀缩性较大的一种粘性土,所含粘土矿物主要来源于基性火成岩、中酸性火山岩、泥岩、粘土岩页岩的风化物,多为残积、坡积成因,冲洪积成因者较少。所以此类土多形成于湿润的暖温带及亚热带。中国膨胀土主要分布在湖北、四川、云贵、广西、陕南、安徽等省和地区。

红土主要分布在南方各省区,其中以云贵、四川东部、两湖和两广北部等地区最为发育。通常产出在山间盆地、洼地和低山丘陵地带的顶部、缓坡及坡脚地段。红土是在气候湿热、雨量充沛的条件下,碳酸盐岩、玄武岩、页岩等岩石经强烈风化作用,由残积、坡积而形成的土层。其厚度受下伏基岩起伏的影响变化较大,一般在10米左右,个别地带可达20米~30米。

中国东部、东南沿海、河口三角洲及新淤滩地广泛分布着淤泥质软土,这种土是在静水或水流滞缓、富有机质缺氧的环境中沉积并经生物化学作用而形成的。其孔隙比大于1,天然含水量大于液限,一般呈软塑状态,是一种抗剪强度很低、压缩性很强的软弱土。这种土厚度一般较大,接近地表处有时有一"硬壳层"。在各大湖周边、东北三江平原、川西若尔盖草原、青藏高原等多年冰结区也零星分布有厚度不大的湖泊沼泽相的淤泥质软土。

三、中国水文地质条件的区域性特征

与大地构造、地形地貌、气候特征及地表表层沉积特征相适应,中国水文地质条件也有明显的区域性特征(张倬元等,1997)。首先是孔隙、裂隙、喀斯特等不同的含水介质的空间分布具有区域规律性,于是就有主要分布于东部冲积及沉降平原的孔隙含水层、主要分布于西部山区的裂隙含水层和广泛分布与西南滇黔桂的裸露在地表的喀斯特含水层。其次是降水由东南沿海到西北内陆由于大于2000毫米降至不足50毫米,从而产生了干旱、半干旱地区与东部湿润地区水文地质条件的显著差异。再由于东北兴安岭北部的高纬度地带和青藏高原的高寒地区,年平均气温低于−2℃而形成多年冻结层(多年冻土),于是就有多年冻结区地下水这一特有的水文地质条件。

1. 东部冲积平原和沉降平原水文地质条件特征

中国东部大河下游形成广阔的冲积平原,这里地表地形平坦,由于地壳下降,接受河流搬运来的泥沙沉积,地表形成了比较厚的冲积成因的表层松散沉积物。这些沉积物中的河床相沉积由砾石到各种粒径的砂组成,透水性大,接受大气降水和地表水的入渗补给,成为良好的含水层,积蓄有丰富的地下水。

冲积层较薄的南方冲积平原,冲积层为颗粒较粗的砂砾石组成,二元结构明显,由于补给条件好、含水层富水性好、地下水埋藏浅,水质为弱矿化淡水。冲积层较厚的松嫩平原由二元结构明显的漫滩及一二级阶地组成。整个第四纪沉积可分为3个含水组,第1含水组为潜水,第23含水组多为承压水。含水层或为砂砾石,或为砂,富水性及水质随含水层粒度由粗变细而由良好变为较差。

华北沉降平原的巨厚松散沉积物结构复杂,河北平原的水文地质特征可以作为这类沉降平原水文地质条件的代表。第四纪沉积厚度变化总趋势是由山前的200米~300米到中部的400米~600米,到滨海600米~700米,或更厚。在这巨厚沉积中有多个砾石—砂含水层,埋藏有丰富的地下水。岩性则由粗粒的砂卵石递变为粉细砂,地下淡水资源自山前至滨海也由多变少。从山前至滨海地下水埋深、水质均具有规律的变化。

2. 西北部干旱、半干旱区水文地质条件特征

西北部地区从黄土高原到塔里木、准噶尔等内陆盆地,地表广泛分布有第四纪松散沉积,但由于这一广大地区降水量有少到极少(<600毫米~<50毫米),而最大可能蒸发量由大到极大(>1000毫米~>3000毫米),所以降水对地下水的补给少,而蒸发形式的垂直排泄却很强,以致地下水相对贫乏,地下水位埋深较大,水的矿化度也高。

黄土高原地表黄土层厚几十米至几百米,黄土的透水性和给水性弱,但发育有垂直裂隙,垂直渗透系数比水平向渗透系数大50倍~100倍,能很好地接受大气降水的渗入,渗入水遇到水平方向的古土壤层或钙质结核层等隔水层即可将水蓄集起来而不易向侧向散流,形成潜水或上层滞水,隔水层以下可形成承压水或层间无压水。黄土就成为非均质各向异性的孔隙—裂隙含水层。被深切沟谷围绕的黄土塬和被沟谷强烈切割的黄土丘陵水文地质条件又有所不同,在黄土塬中多形成中间厚、四周薄的透镜状含水层,而黄土丘陵区地下水埋藏于沟谷和川地之中。

西北地区有多个完全封闭的内陆盆地,盆地堆积了巨厚的新生代至第四纪沉积,埋藏有松散沉积物孔隙水,并具有典型的从四周山区到盆地中心水文地质环状分带规律。地下水的补给主要来自高山区的融雪水及中山区的大气降水。山前倾斜平原由多个大型冲积扇连接而成,以千分之几的坡度向盆地中心倾斜,主要由厚度大、渗透性强的卵砾—砂砾组成,来自山区的地表径流至此即大量下渗补给地下水,地下水埋深往往很大,可深达数十米至百米。地下水以水平运动为主,循环交替强烈,故矿化度低,一般低于0.5克/升。山前倾斜平原前缘为冲洪积、冲湖积平原,主要由亚砂土、粉质粘土与砂砾石和各种砂层相间组成,形成了多层含水综合体。由于径流条件差,潜水埋藏很浅,一般都小于5米,形成绿洲带。在强烈蒸发作用下,水的矿化度由边缘向中心迅速增高,可由边缘的每升数克增至近中心的近30克/升。潜水层下埋藏有多层淡自流水,含水层由中粗砂及砂砾石组成向盆地中心逐渐尖灭而形成多个自流斜地。含水层层数多、厚度薄、水头高、水质好。盆地中心最低洼的地区为湖积平原,由湖泊粘土和淤泥质物组成,夹有多层盐层。在淤泥质粉沙及盐层中埋藏有盐卤水,埋藏极浅,水的矿化高达100克/升~300克/升。

沙漠地区有较厚的风成沙堆积,有集蓄地下水的良好条件,但因降水量极少,蒸发度极大,又缺乏补给来源,往往成为可透水而不含水的干岩层。倾斜平原如伸入沙漠腹地则可在沙漠之下形

成低矿化的自流水。在沙漠之下埋藏有古河道,其中也常含较丰富的淡水。沙漠腹地的风成沙丘之下如有不透水或弱透水层,则渗入的降水可在沙丘之下富集,又可得到因昼夜温差大二形成的凝结水补给,可以形成沙丘潜水。

3. 西南裸露喀斯特区水文地质条件特征

中国碳酸盐岩分布广泛,出露于地表的面积约91万平方千米,加上隐伏于不同深度的则分布面积可达340万平方千米。西南的云南东部、贵州、广西以及四川东南部和湖北西部碳酸盐岩约在30万平方千米~40万平方千米的大范围内裸露地表。这一地区又为亚热带湿热气候,丰沛的降水可直接渗入于裸露的碳酸盐岩之中补给地下水,故补给充沛,且二氧化碳含量高,非常有利于喀斯特发育。强烈喀斯特化的结果形成了独具特色的水文地质条件。

赋存并循环于喀斯特化岩层中的水为喀斯特水。由于介质的可溶性及对水介质的差异溶蚀,水在流动过程中不断扩展介质中空隙。但通道的溶蚀扩宽从一开始就是不均匀的,大的裂隙性导水通道能力强,单位时间输入的CO_2及溶解携走的$CaCO_3$多,故通道的扩展从一开始就处于优先地位。优先溶蚀扩展的通道又会吸收更多水流使水流分配更加不均匀,从而进一步加大溶蚀扩展的差异。这种喀斯特演化的正反馈过程必然导致溶蚀通道扩展的分异,即大的贯通性导水通道扩展超前,而小的细微裂隙的扩展滞后。畅通的大通道最终发展成为与局部地下水流动系统相适应的、规模很大的地下管道系统,而滞后的小裂隙则只能发育成溶蚀裂隙网络体系。喀斯特含水系统最终演化为管道—溶蚀裂隙网—细微裂隙、粒间空隙并存的强烈非均质的储集和传导地下水的系统。西南部裸露喀斯特正是这样一种高度管道化与强烈非均质的喀斯特含水体系。

溶蚀作用的不断发展,喀斯特水径流愈来愈畅,水力坡降不断变小,地下水位不断下降,埋深甚至可达数百米。由于垂直管道系统的存在,降水的入渗系数可高达80%,虽然气候湿润、降雨丰沛,但降水迅速转为地下径流,地表已难以形成径流而成为严重缺水的喀斯特干旱区。

4. 多年冻结区的水文地质条件特征

中国多年冻结区总面积约190万平方千米,约占全国总面积的1/5。大小兴安岭多年冻结分布的南界大体与平均气温0℃等值线及1月平均气温-24℃等值线相当,北部为连续多年冻结区,冻结层厚超过100米,南部为多年冻结与融区并存的岛状多年冻结区,冻结层厚数米至数十米。青藏高原一般海拔在4000米以上,年平均气温-3.5℃~-7℃,高原中部冻结层厚可达190米,向南及向北随着海拔降低而变薄。

根据液态水与多年冻结层的相关关系,多年冻结区有冻结层上水、冻结层间水和冻结层下水3种埋藏条件,冻结层上水以多年冻结层为隔水底板,温暖季节有自由表面,可接受大气降水补给,以径流或蒸发形式排泄,具潜水特征,寒冷季节由于上部水冻结形成季节冻结层,成为暂时性隔水顶板。冻结层间水不发生季节性的液—固相转换,一般以层状、透镜状、脉状或管状形式存在。冻结层下水多具承压性,含液态水且水温随深度加大而升高,它只能通过融区得到补给或进行排泄,故水量不丰。

5. 中西部山区水文地质条件特征

中国中西部广大山区具有类似的水文地质条件。这些地区一般山高谷深,谷陡坡峻,降水丰沛,但绝大部分降水迅速形成地表坡流,汇集于当地河流中,再以洪水的形式迅速排向下游,除可溶性碳酸盐岩层出露的地段外,入渗系数普遍很低,地下径流量很小。地下水储集空间主要是坚硬岩石中的裂隙,故能储集于地下的水量不丰,只有大的断层破碎带和可溶性岩夹层可以成为良好地含水层。

单个或同一方向的单组裂隙并不能构成连续的导水空间,只有不同方向裂隙相互交切构成一个导水裂隙网络,才能具有一定范围内传输地下水的功能,成为裂隙网络含水系统。由于岩性变化和构造应力分布不均,在整个岩体不能形成分布均匀的连通裂隙网络系统,而只有下列3种情况可以形成层状含水裂隙系统:①夹于塑性岩层中的脆性岩层由于变形时应力分布均匀可形成密集且在整个层内分布均匀的张裂隙;②岩石暴露于地表,在卸荷和风化作用下,各种裂隙普遍张开,形成在整个风化层内普遍连通的张性裂隙网络;③某些地区的玄武岩在冷凝过程中形成密集均匀而有规律的裂隙网络。多数情况下,构造裂隙含水系统在空间上呈脉状展布,以一些大的贯通性裂隙或断层作为主导水通道沟通不同级次的裂隙。导水断层起到贮水空间、集水廊道与导水通道的作用,裂隙水表现出明显的不均匀性。

裂隙水流只发生在组成导水网络的各裂隙通道内,通道以外没有水流。裂隙水的流场实际上是不连续的,渗流场的势除了裂隙中的若干点以外都是虚拟的。水流被限制在迂回曲折的网络中运行,其局部流向与整体流向往往不一致,有时甚至与整个流向正好相反。

四、中国自然地质现象的区域性分布规律

中国自然地质现象具有明显的区域性分布规律,表现在不同区域内有不同性质的自然地质现象,同一性质的自然地质现象在不同区域有不同的特点。

中国从东南沿海到内陆腹地,湿度分配显著变化,从而引起外动力地质作用营力发生变化。由于波浪、潮汐—地表水流—风等外力地质作用营力的不同,自然地质现象也随作用营力的变化而产生明显的变化。

西北新、甘、青、宁等省区的干旱区内广泛分布着沙漠,主导外动力地质作用是风的吹蚀和沉积,而特有的自然地质现象则为流动沙丘随风移动,对道路建设危害甚大,道路可被流动沙丘掩埋,交通工具的机械可被飞扬沙粒磨损。

沙漠南缘为半干旱黄土高原,主导外动力地质作用为水土流失。广泛覆于地表的黄土一般厚达百余米至200米,植被稀少,降雨比较集中且多暴雨,坡蚀、沟蚀相当强烈,水土流失极为严重,侵蚀模数高达数千吨/每平方千米。沟谷溯源侵蚀形成无数的冲沟,密度高达5千米/平方千米,成为黄土高原区独具特色的自然地质现象。冲沟下切深度数十米至百余米,两侧谷坡陡峭且均由垂直节理发育的黄土组成,故沿坡多发育有崩塌及滑坡。滑坡多为大型,往往有多期活动。崩塌规模一般为小型,但往往造成重大灾害。由于黄土粒间有可溶性胶结物,在下渗水流的溶蚀、侵蚀联合作用下就形成漏斗、竖井、陷穴等假喀斯特现象。这种自然地质现象也是黄土高原区所特有的。

中西部山区因近期构造运动上升强烈,河流急剧下切,形成高山峡谷地貌,河谷两侧多高达数百甚至近千米的基岩高陡谷坡最为常见的自然地质现象为大型至巨型基岩崩塌及滑坡,在大型活动断裂带两侧尤为密集。常见有由崩塌、滑坡形成的天然堆石坝及其堵江而造成的堰塞湖。泥石流也是这一地区常见的自然地质现象。

西南部石灰岩广泛出露于地表的地区,典型自然地质现象为喀斯特。在喀斯特十分发育并有溶蚀洼地、坡立谷、峰丛、峰林等特有形态;地下有发育的管道——溶蚀裂隙网络系统。东北高纬地带及青藏高原等多年冻结(土)区常见的自然地质现象有:与厚层地下冰有关的自然地质现象如热融滑坍、热融沉陷、热融湖(塘);与地下水有关的冰锥和冰丘以及与地表水有关的沼泽化湿地等。

冻结现象具有明显的纬度分带和垂直分带性。自北而南随纬度降低，多年冻结（土）层的厚度逐渐变薄，以至消失而转化为季节冻结带，到低纬亚热带季节性冻结带即消失。在多年冻结区内部，随纬度降低，由连续多年冻结转化为有岛状融区的多年冻结，再转化为岛状多年冻结。在青藏高原随海拔高度降低，冻结现象也有类似的变化。

第二节 地质灾害分类及分布

中国国土辽阔，地质环境复杂多变，地质灾害频繁发生，种类众多，发展趋势日益严重，已经成为中国经济持续稳定发展的重大制约因素之一。据不完全统计，每年自然灾害造成的经济损失达千亿元，其中地质灾害造成的损失约占1/4（250亿元）左右。为了更好地研究中国地质灾害的减灾防灾，我们按照不同地质作用的营力及其条件，将中国众多地质灾害归并为3大类型：内动力地质灾害、外动力地质灾害、人为活动导致的地质灾害（李四光著《中国地质学》扩编版，1999）。

一、中国地质灾害现状

地质灾害是一种由自然因素或人为活动引发的危害人民生命和财产安全的山体滑坡、崩塌、泥石流、地面塌陷、地裂缝、地面沉降等与地区作用有关的灾害。中国是世界上地质灾害最严重的国家之一。中国的地质灾害种类繁多，分布广泛，活动频繁，危害严重，每年因地质灾害造成的直接经济损失占自然灾害总损失的20%以上，直接影响了人民的生活，制约了社会的可持续发展。为了减少损失，查清中国地质灾害的发育分布规律，国土资源部从1999年开始，在地质灾害严重的县（市）陆续部署开展了县市地质灾害调查与区划工作。调查的重点是滑坡、崩塌、泥石流、地面沉降、地面塌陷和地裂缝等6种地质灾害类型。据调查数据显示，其中滑坡占灾害总数的51%、崩塌占17%、泥石流占8%、地面塌陷占5%、地裂缝占3%、不稳定斜坡占16%。可以看出，斜坡灾害（崩、滑、流、不稳定斜坡）是中国主要的地质灾害类型。因此，中国地质灾害的防治形势十分严峻，防治任务十分繁重。

国土资源部《全国地质灾害防治"十一五"规划》中指出，中国近23万处地质灾害隐患点威胁着3500多万人的安全，给灾害的防治工作带来了极大的不便。全国共发育有较大型崩塌3000多处、滑坡2000多处、泥石流2000多处，中小规模的崩塌、滑坡、泥石流则多达数十万处。全国有350多个县的上万个村庄、100余座大型工厂、55座大型矿山、3000多千米铁路线受崩塌、滑坡、泥石流的严重危害。除北京、天津、上海、河南、甘肃、宁夏、新疆以外的24省、区、市都发现岩溶塌陷灾害。全国岩溶塌陷总数近3000处，塌陷坑3万多个，塌陷面积300多平方千米。据不完全统计，在全国20个省、区内，共发生采空塌陷180处以上，塌陷面积大于1000多平方千米。全国共有上海、天津、江苏、浙江、陕西等16个省（区、市）的46个城市出现了地面沉降问题。地裂缝出现在陕西、河北、山东、广东、河南等17个省（区、市），共400多处、1000多条。据统计，20世纪年代末～90年代初每年因地质灾害造成300人～400人死亡，经济损失100多亿元，90年代中期以来每年造成1000人死亡，经济损失高达200多亿元。一些地区和县（市）的地质灾害已成为制约地方社会经济发展的重要因素，全国经济的可持续发展受到了严重影响。

表 1-8-1　近年来中国发生的地质灾害灾情

年份	发生数量/起	死亡/人	失踪/人	受伤/人	经济损失/亿元
2001	5793	788	120	936	35
2002	48 000	907	109	470	51
2003	13 832	743	125	3355	48.7
2004	13 555	734	124	280	40.9
2005	17 751	578	104	339	36.5
2006	102 804	663	111	453	43.2
2007	25 364	598	81	446	24.8
2008	26 580	656	101	841	32.7
2009	10 446	331	155	323	17.7
2010	30 670	2246	669	534	63.9
2011	15 664	245	32	138	40.1

资料来源:国土资源部国土资源公报。

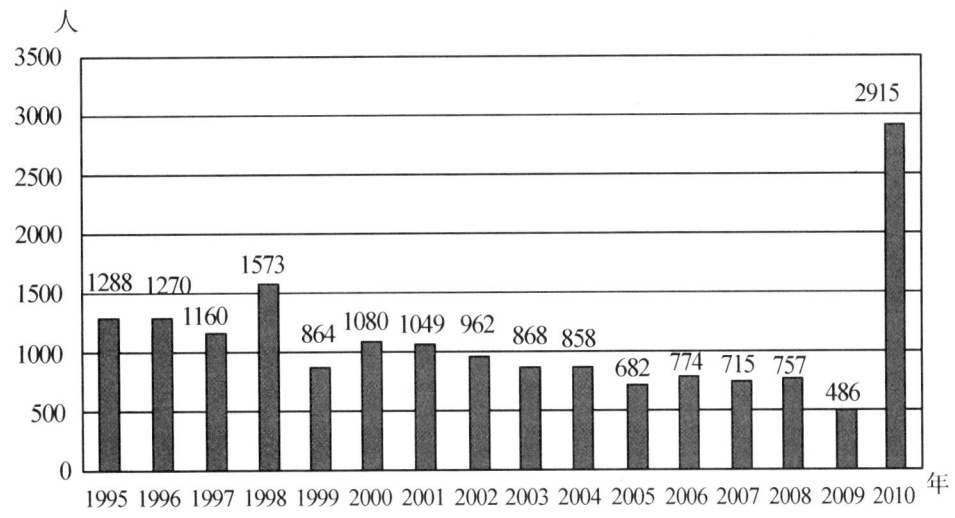

图 1-8-1　1995 年~2010 年中国地质灾害造成死亡/失踪人数对比

近几年,无论是地质灾害的发生次数,还是破坏程度较以前都有明显增加。2008 年的四川汶川地震、2010 年的舟曲泥石流灾害和玉树地震不仅摧毁了无数居民的美好家园,同时对中国的经济发展也造成了巨大的损失。据国土资源部公报显示,2010 年全国共发生各类地质灾害 30 670 起,造成人员伤亡 3449 人,造成直接经济损失 63.9 亿元,地质灾害发生数量、造成的死亡失踪人数和直接经济损失同比增长 189.9%、308.2%、235.9%;实际发生地质灾害中,滑坡 22 329 起、崩塌 5575 起、泥石流 1988 起、地面塌陷 499 起、地裂缝 238 起、地面沉降 41 起,其中造成人员伤亡的地质灾害 282 起。2011 年全国共发生各类地质灾害 15 664 起,其中滑坡 11 490 起、崩塌 2319 起、泥石流 1380 起、地面塌陷 360 起、地裂缝 86 起、地面沉降 29 起,造成人员伤亡的地质灾害 119 起,造成 245 人死亡、32 人失踪、138 人受伤,直接经济损失 40.1 亿元。

图 1-8-1 显示的总趋势是明显的。从 2001 年全国普遍推行群测群防工作体制和 2003 年开始实行全国地质灾害区域预警预报以来,虽然人类活动的范围和强度仍在发展,但全国突发性地质灾害造成人员死亡或失踪的总数量逐年呈下降趋势。1998 年中国南北方(长江流域和松花江流域)比较普遍的大雨和洪灾以后,发生地质灾害的地质物质储备相对减少,可能是 1999 年出现低谷的一个原因。2006 年多次超强台风暴雨登陆在中国广大地域引发群发型地质灾害具有点多分

散,单点灾害伤亡人数小,合计伤亡人数多的特点。据分析对比,中国因地质灾害年均致死人数与全国人口总数之比约为1:106,美国和加拿大的比率约为1:107,日本近于1:106。中国人口基数大,又处于基础工程建设的高速发展时期,因地质灾害造成的年平均致死人数约为美国的25倍。若按等量人口计算,两者的比例数仍高达5倍,说明中国地质环境的科学利用仍处于比较低的水平,防灾减灾工作的努力空间还是很大的。据1999年以来的以县(市)为单元的地质灾害调查,全国除上海外各省(区、市)均存在滑坡、崩塌、泥石流灾害,现已记录编目的泥石流、滑坡、崩塌灾害隐患点大约23万处,直接威胁人口达1359万人,受影响人口预计6795万人。其中,分布在四川、重庆、云南、贵州、江西、广西、广东、福建、陕西、湖南、山西、西藏、湖北、甘肃等省(区、市)者约占全国总数的75%。地面塌陷灾害包括岩溶塌陷和采空塌陷。岩溶塌陷灾害1万多处分布在24个省(自治区、直辖市)的300多个县(市),塌陷坑总数达4.5万多个,中南、西南地区最多,约占总数的70%。全国有20个省(区、市)发现采空塌陷面积超过1200平方千米,以黑龙江、山西、安徽和山东等省最为严重。另外,黄土分布地区局部出现湿陷性塌陷灾害。地面沉降灾害主要发生在中东部平原和山间盆地内,主要涉及上海、天津、北京、沧州、西安、太原、阜阳、亳州及珠江三角洲和苏锡常地区。到2010年全国有80多个城市存在地面沉降,其中存在灾害性地面沉降的城市50多个,沉降面积约5万平方千米,累计地面沉降量超过200毫米的地区达到7.9万平方千米。在长江三角洲和环渤海地区地面沉降范围已从城市扩展到农村,形成区域性地面沉降区。沿海的特大城市如上海市近10年来大规模高强度的城市建设等工程活动,特别是超高层建筑的深基坑降排水活动成为中心城区地面沉降的重要影响因素。地裂缝灾害主要分布在汾渭盆地、河北平原、大别山东北麓平原和长江三角洲中北部地区,形成4个地裂缝密集区,总数约2500多条。

中国地质灾害的特点主要表现在:

一是中国国土面积广袤、地质结构复杂,同时地质灾害点多面广,灾害防治形势严峻。地质灾害的发育分布及其危害程度与地质环境背景条件(包括地形地貌、地质构造格局和新构造运动的强度与方式、岩土体工程地质类型、水文地质条件等)、气象水文及植被条件、人类经济工程活动及其强度等有着极为密切的关系。中国地处环太平洋构造带和喜马拉雅构造带聚汇部位,太平洋板块的俯冲和印度板块向北对亚洲板块的碰撞使中国大陆承受着最主要的地球动力作用。在印度板块与亚洲板块的碰撞边界上产生了世界上最高的喜马拉雅山脉,并使青藏高原受压隆起,东部因太平洋板块俯冲造成了华北、东北地壳向东拉张,形成华北和松辽沉降大平原。这2种活动构造带汇聚和西升东降的地势反差,不仅形成了中国大地构造和地形的基本轮廓,同时也是形成中国地质灾害种类繁多的根本原因。东西向构造与北北东向构造的交叉,使中国在大地构造和地形(主要表现在山脉和盆地的走向上)上形成近东西向和近南北向的分区特点,从而使中国地质灾害的区域空间分布同样具有东西分区、南北分带、亚带成网的特点。从西向东,大体可以以贺兰山—六盘山—龙门山—哀牢山、大兴安岭—太行山—武陵山—雪峰山为界分为三大区。西区为高原山地,海拔高,切割深度大,地壳变动强烈,构造、地层复杂,气候干燥,风化强烈,岩石破碎,因而主要发育有地震、冻融、泥石流、沙漠化等地质灾害。中区为高原、平原过渡地带,地形陡峻,切割剧烈(相对切割深度为巨大),地层复杂,风化严重,活动断裂发育,因而主要发育地震、崩塌、泥石流、滑坡、水土流失、土地沙化、地面变形、黄土湿陷、矿井灾害等地质灾害。东区为平原及海岸和大陆架,地形起伏不大,气候潮湿且降雨量丰富,主要发育地震、地面变形、崩、滑、流、河湖灾害、海岸灾害、盐碱(渍)化、冷浸田等地质灾害。从北向南,阴山—天山、昆仑—秦岭、南岭等巨大山系横贯中国大陆,沿这些山系,崩、滑、流、水土流失等地质灾害严重。它们的相间地带(大河流域),土地沙化、盐碱化、黄土湿陷及水土流失、地面变形及崩、滑、流、岩溶塌陷等地质灾害严重。在新构造运动相对活跃的东南、西南及青藏高原地区，地震以及与之相关的地质灾害较为明显。中国位于亚洲大陆东部，濒临太平洋，季风气候显著，具有较明显的纬度和经度分带特征，加上疆域辽阔。地形复杂，具有多种多样的气候类型，因此如暴雨、洪水、干旱、冰雹、霜冻及温差等许多不良气候因素常常成为多种多样的地质灾害的诱发因素。在西北、华北和东北部分地区，气候干旱少雨，年内温差悬殊，风蚀作用剧烈，土地沙漠、沙漠化、风沙化、土地冻融等灾害发育严重。而在温暖湿润的东部、南部地区，尤其在西南山区，降雨多且集中，崩、滑、流灾害频繁发生。在东部平原地区，土地盐渍化、沼泽化、冷浸田等地质灾害广泛分布。

二是人类活动和社会经济条件对地质灾害的影响逐步加深。中国是世界上人口最多的国家，几千年来的人文活动，历史上连绵不断的战乱，特别是近几十年来经济的高速发展和人口的过速增长，对自然的索取也不断加重，对自然环境的干扰也愈来愈强烈。不合理的人类经济工程活动也使得地质灾害的发育日趋加剧。在东、中部地区，由于大量抽取地下水和大规模开采矿产资源（包括油气资源），导致地下水资源平衡条件破坏和岩土构造应力状态发生变化，诱发并加剧了地面沉降、地面塌陷、地裂缝、土地盐渍、沼泽化、崩、滑、流、矿山灾害等地质灾害的发育和危害。在西部地区，由于超量开发土地、草原、森林和水资源，加速了水土流失、土地沙化等灾害的发展，崩塌、滑坡、泥石流等灾害也随之增多。在所有的地质灾害中，除地震灾害外，崩、滑、流灾害是最为严重的，其以分布广、灾发性和破坏性强，具有隐蔽性及容易链状成灾为特点，每年都造成巨大的经济损失和人员伤亡。另外，土地沙（漠）化、地面沉降和水土流失等缓变型地质灾害发展迅速，危害愈来愈大，成为令人担忧的地质灾害。从"成灾"的角度看，中国地质灾害的区域变化具有比较明显的方向性，即从西向东、从北向南、从内陆到沿海地质灾害趋于严重。这是因为虽然不同类型、不同规模的地质灾害几乎覆盖了中国大陆的所有区域，但由于人类活动和社会经济条件的差异，使不同地区地质灾害的发育程度和破坏程度显著不同。东部和南部地区，人类活动频繁而又剧烈，区内人口稠密，城镇及大型工矿企业、骨干工程密布，因而，一方面一旦发生地质灾害则损失惨重，另一方面人类经济工程活动加剧了地质灾害的发生与发展。而西部北部地区，虽然地质灾害分布十分广泛，但大部分地区人口密度和经济发展程度低，所以危害和破坏程度相对较低。调查表明，凡是人口密集、工业发达地区在人类活动的影响下，地质灾害正由自然动力型向人为动力型发展，由点状向带状、树枝状、片状发展。人为引发的地质灾害问题在东部地区突出表现为过量开采地下水，存在大面积的地面沉降灾害隐患；在中西部地区主要表现为基础设施建设可能引发的滑坡、崩塌等灾害；对于矿产资源较丰富的地区，无节制地矿产资源开采导致大量的地面沉降、地裂缝等灾害；工程建设坡地山脚和破坏天然排水系统酿成滑坡和泥石流灾害等。中国经济建设活动正在由东向西、由南向北、由沿海到内地深入展开，将有更多的基础设施建设、能源开发、环境保护等项目在全国全面展开。一旦进行大规模的经济开发，必然会出现严重的地质灾害威胁，必须引起高度重视，关键是要处理好发展经济与保护地质环境的关系。

二、中国地质灾害的类型

中国地质灾害种类齐全，按致灾地质作用的性质和发生处所进行划分，常见地质灾害共有12类、48种（国土资源部地质环境管理司等，1998）。它们是：地壳活动灾害，如地震、火山喷发、断层错动等；斜坡岩土体运动灾害，如崩塌、滑坡、泥石流等；地面变形灾害，如地面塌陷、地面沉降、地面开裂（地裂缝）等；矿山与地下工程灾害，如煤层自燃、洞井塌方、冒顶、偏帮、鼓底、岩爆、高温、突水、瓦斯爆炸等；城市地质灾害，如建筑地基与基坑变形、垃圾堆积等；河、湖、水库灾害，如塌岸、淤积、渗漏、浸没、溃决等；海岸带灾害，如海平面升降、海水入侵、海岸侵蚀、海港淤积、风暴潮等；海洋地质灾害，如水下滑坡、潮流沙坝、浅层气害等；特殊岩土灾害，如黄土湿陷、膨胀土胀缩、冻土冻融、沙土液化、淤泥触变等；土地退化灾害，如水土流失、土地沙漠化、盐碱化、潜育化、沼泽化等；水土污染与地球化学异常灾害，如地下水质污染、农田土地污染、地方病等；水源枯竭灾害，如河水漏失、泉水干涸、地下含水层疏干（地下水位超常下降）等。

目前对地质灾害的灾种范围有多种不同的认识，大致可分为2类：

（1）把由地质作用引起或地质条件恶化导致的自然灾害都划归为地质灾害，主要包括地震、火山、崩塌、滑坡、泥石流、地面沉降、地裂缝、水土流失、土地荒漠化、海水入侵、部分洪水灾害、海岸侵蚀、地下水污染、地下水水位升降、地方病、矿井突水溃沙、岩爆、煤与瓦斯突出、煤层自燃、冻土冻融、水库淤积、水库及河湖塌岸、特殊岩土地质灾害、冷浸田等。

（2）仅限于以岩石圈自然地质作用为主导因素而形成的自然灾害，主要包括地震、火山崩塌、泥石流、地面塌陷、地面沉降、地裂缝、海水入侵、特殊土类灾害等十几种。

地质灾害类型划分是灾害地质学的一个重要的基本理论问题，地质灾害的分类应具有实用性、层次性、关联性等特性。按不同的原则，地质灾害有多种分类方案。

按空间分布状况分 可分为陆地地质灾害和海洋地质灾害2个系统。陆地地质灾害又分为地面地质灾害和地下地质灾害；海洋地质灾害又分为海底地质灾害和水体地质灾害。

按灾害的成因分 地质灾害可分为自然动力型、人为动为型及复合动力型（表1-8-2）。①自然动力型地质灾害可再分为内动力亚类、外动力亚类和内外动力复合亚类。②人为动力型地质灾害按人类活动的性质还可进一步细分为水利水电工程地质灾害、矿山工程地质灾害、城镇建设地质灾害、道路工程地质灾害、农业地质灾害、海岸港口工程地质灾害、核电工程地质灾害等。③复合功力型分为内外动力复合亚类、人为内动力复合亚类、人为外动力复合亚类以自然成因为主的地质灾害主要有火山、地震、泥石流、滑坡、崩塌、地裂缝、砂上液化、岩土膨胀、土壤冻融等；由人类活动诱发的地质灾害主要有水土流失、土地荒漠化、地面沉降、地面塌陷、坑道突水、溃沙等；崩塌、滑坡和地裂缝等地质灾害则既可由自然地质作用引起，也可由人类活动诱发。

按地质环境变化的速度分 按地质环境变化的速度可划分为突发生和渐进性地质灾害2类。前者主要有火山、地震、泥石流、滑坡、崩塌、岩溶塌陷等；后者主要有水土流失、地面沉降、土地荒漠化等。

表1-8-2 地质灾害成因类型划分表

类型	亚类	灾害举例
自然动力型	内动力亚类	地震火山地裂缝等
	外动力亚类	泥石流、滑坡、崩塌、岩岩塌陷荒漠化等
人为动力型	道路工程	滑坡、崩塌、荒漠化、黄土湿陷等
	水利水电工程	泥石流、滑坡、崩塌、岩溶塌陷、地面沉降、诱发地震等
	矿山工程	地面塌陷、坑道突水、泥石流、诱发地震、煤与瓦斯突出等
	城镇建设	地面沉降、地裂缝、地下水变异等
	农林牧活动	水土流失、荒漠化、与地质因素有关洪涝灾害等
	海岸港口工程	海底滑坡、岸边侵蚀、海水入侵等
自然与人为动力复合型	内外动人复合亚类	泥石流、滑坡、崩塌等
	内动力、人为复合亚类	岩爆、瓦斯爆炸、地裂缝、地面沉降等
	外动力、人为复合亚类	泥石流、滑坡、崩塌、水土流失、荒漠化等

1. 内动力地质灾害

（1）内动力地质灾害类型及其危害性 凡是由地壳运动导致的地质灾害作用为害人类者，统称为内动力地质灾害。中国境内内动力地质灾害按照成因机制和构造活动特征，主要可分为4类12种灾害（表1-8-3）。

表 1-8-3　中国内动力地质作用形成的地质灾害类型统计一览表

地质灾害类型	灾害发生与地壳运动的关系		目前研究和预测、预报水平		防治能力与情况	每年平均直接经济损失的估计	
	主要动力原因	地壳运动特征	危险区段圈定的可靠性	中、短期预报的可靠性		相对大小	估计值/亿元
地面升降或掀斜	地应力	缓慢	较可靠	较不可靠	避让	中等	
活动断裂的位移	地应力	较缓慢	可靠	较可靠	避让	中等－小	
构造地裂缝	地应力	较缓慢	可靠	较可靠	避让	中等	
高应力及能量集中 坑道变形及部分高边坡失稳	地应力	较缓慢	较可靠	较不可靠	可部分治理	中等	
钻孔变形套损	地应力	较缓慢	较可靠	较不可靠	可部分治理	中等	
坑道突水、突泥（部分）	地应力	突发	较可靠	较不可靠	可部分治理	中等－小	
坑道煤、瓦斯突出	地应力	突发	较可靠	不可靠	可部分治理	中等－小	1 亿元
岩爆	地应力	突发	较可靠	不可靠	可部分治理	中等－小	
地震	地应力	突发	较可靠	不可靠	避让	大	10 亿元
海啸（地震诱发的）		突发	较可靠	较不可靠	避让	小	
地下热害	地应力是部分原因	缓慢	较可靠	较不可靠	避让	小	
火山活动	岩浆活动	突发	目前多处于休眠状态		避让	小	

（2）内动力地质灾害的主要活动特征　如表 1-8-4 所示，中国各种内动力地质灾害与地壳运动特征的密切联系，其发展的趋势与周期性。活动构造体系对内动力地质灾害分布具有明显的控制性，如中国东部的新华夏系、西部的河西系与青藏歹字型构造体系，控制了主要灾害的分布。而在活动构造带附近则是大多数灾害集中分布点，并形成了不同种类的灾害构造带。同时随着时间进程，灾种的分布具有选择性、重叠性、迁移性、补偿性与同步性和分区性。

表 1-8-4　中国内动力地质灾害的各种活动特征统计一览表

地质灾害类型	灾害发生的地壳运动特征	主要动力原因	人类工程活动的影响	空间展布受现今活动构造带控制情况	时间发展上具有各级周期性活动特征					与地壳运动的关系
					几百年的周期性	几十年的周期性	几年的周期性	年周期性	月周期性	日周期性
地面升降或掀斜	长期缓慢活动	地应力	－	－	有			有	有	有	密切
活动断裂的位移	长期缓慢活动	地应力	－	受控		有		有	有	密切
构造地裂缝	长期缓慢活动	地应力	具有叠加影响	受控		有		有	有	密切
高应力与能量集中 坑道变形与部分高边坡失稳	较缓慢变形积累	地应力	人类工程诱发	受控			有			密切
矿产运移与采矿钻孔变形套损	较缓慢变形积累	地应力	人类工程诱发	受控						密切
部分坑道突水、突泥	突发活动	承压水与地应力	人类工程诱发	部分受控						
煤、瓦斯突出	突发活动	地应力	人类工程诱发	受控		有	有	有	有	密切
冲击地压	突发活动	地应力	人类工程诱发	受控		有		有	有	密切
地震	突发活动	地应力	－	受控	有	有		有	有	密切
水库诱发地震	突发活动	地应力	人类工程诱发	部分受控				有	有	
矿山诱发地震	突发活动	地应力	人类工程诱发	部分受控				有	有	

地质灾害类型	灾害发生的地壳运动特征	主要动力原因	人类工程活动的影响	空间展布受现今活动构造带控制情况	时间发展上具有各级周期性活动特征					与地壳运动的关系
					几百年的周期性	几十年的周期性	几年的周期性	年周期性	月周期性 日周期性	
注水诱发地震	突发活动	地应力	人类工程诱发	部分受控						
海啸	突发活动	—								
火山	突发活动	岩浆活动	—	受控	有	有	有			密切
地下热害	长期活动	与地应力 多种原因	人类工程诱发	受控						较密切

(3) 内动力地质灾害分区 根据内动力地质灾害的时空分布,主要构造体系的条块分割与其中的活动构造体系的控制作用,将中国分为3大灾害区、5大灾害构造带(图1-8-2)。

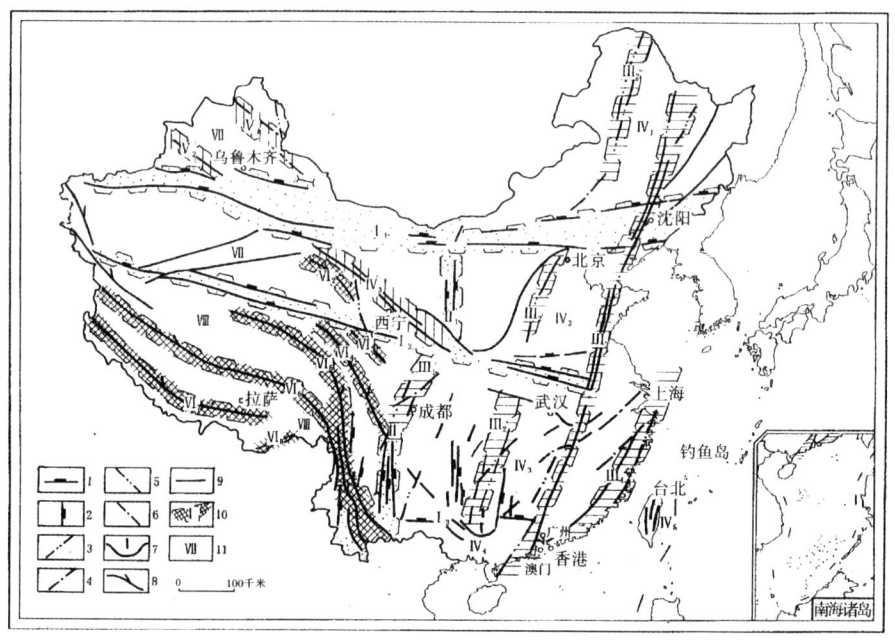

图1-8-2 中国内动力地质灾害分区略图

1. 纬向构造带;2. 经向构造带;3. 新华夏系构造带;4. 华夏构造带;5. 河西构造带;6. 西域系构造带;7. 山字型构造;8. 青藏歹字型构造带;9. 其他构造线;10. 主要灾害构造带展布范围及编号;11. 内动力地质灾害分区编号

纬向构造线(I) 如天山—阴山纬向构造线(I_1);昆仑—秦岭火山纬向构造线(I_2);南岭纬向构造线(I_3)。

经向构造带(II) 如银川—昆明经向地震构造带。

新华夏系构造带(III) 如东南沿海地震、地热构造带(III_1);长春—广州地震、瓦斯突出、冲击地压、钻孔套损、构造地裂缝、热害构造带(III_2);兴安岭—雪峰山煤瓦斯突出、构造地裂缝、火山、地震构造带(III_3)。

中国东部新华夏系控制的内动力灾害区(IV) 如东北钻孔套损灾害亚区(IV_1);华北地震灾害亚区(IV_2);华南煤瓦斯突出亚区(IV_3);南琼亚区(IV_4);台湾多种严重灾害亚区(IV_5)。

西域系构造带(V) 如东准噶尔构造带(V_1);天山—祁连山构造带(V_2)。

西域系、河西系控制的灾害区(VI)。

青藏歹字型构造带(VII) 如河西走廊南山—冷龙岭北缘断裂构造带(VII_1);柴达木北缘断

裂构造带(VII2);阿牙克木湖—冬给错纳湖断裂构造带(VII3);曲麻莱—康定地震断裂构造带(VII4);喀喇昆仑山—唐古拉山地震断裂构造带(VII5);冈底斯山地震构造带(VII6);喜马拉雅山地震构造带(VII7)。

中国西南反"S"型控制的强震发育隆升区(VIII)。

2. 外动力地质灾害

(1)外动力地质灾害　外动力地质灾害主要是指由外动力地质作用过程中形成的灾害,是由地表表层介质经受风化、剥蚀、搬运、沉积过程中形成的地质灾害。它们受控于地形地貌、气象气候、地表水和地下水活动、岩土冰川等介质条件、地表植被状况;同时也与内动力地质作用有一定的联系。中国外动力地质灾害多种多样,分布变化各异并形成规律分布,主要灾害大体可分为13类22种(表1-8-5)。

表1-8-5　中国外动力地质作用形成的地质灾害类型与现状统计一览表

地质灾害类型	灾害与主要的外动力地质作用		目前研究和预测、预报水平		防治能力与情况	每年平均直接经济损失的估计	
	主要作用过程	主要营力	危险区段圈定的可靠性	中、短期预报的可靠性		相对大小	估计值
山崩、滑坡、泥石流	搬运作用	重力与水	可靠	较可靠	避让与可部分治理	大	36亿元
水土流失	搬运作用	重力与水	可靠	较可靠	可部分治理和制止发生	大	96亿元
冲刷和堆积	侵蚀与沉积作用	流水	可靠	较可靠	可部分治理和制止发生	大	几十亿元
风沙与沙漠化	风化剥蚀作用	风与干旱	可靠	较可靠	可部分治理和制止发生	大	45亿元
土地盐渍化、沼泽化	潜水面升降作用为主	地下水	可靠	较可靠	可部分治理和制止发生	中等—小	>25亿元
冷浸田、管涌、浸没、渗漏	潜水作用为主	地下水	可靠	较可靠	可部分治理和制止发生	大	>30亿元
地面沉降	人类工程活动	地下水	可靠	较可靠	可部分治理和制止发生	中等—小	1亿元
地下海水入侵	人类工程活动	地下水	可靠	较可靠	可部分治理和制止发生	中等	8亿元
岩溶与塌陷	潜蚀作用与人类工程活动	地下水	可靠	较可靠	避让与治理	中等	40亿元
地下水污染	搬运作用与人类工程活动	地下水	可靠	较可靠	制止发生与治理	大—中等	
海岸变迁	侵蚀、搬运、沉积	海水	可靠	较可靠	可部分治理	大—中等	>8亿元
海洋地质灾害	侵蚀、搬运、沉积	海水	较可靠	较不可靠	较难治理	中等	
其他(如煤炭地下燃烧)	风化作用	氧化	较可靠	较可靠	可部分治理	大	>15亿元

（2）外动力地质灾害分区 中国地势西高东低，主要水系均由西往东流入大海。外动力地质作用的结果也是由西往东运动。气候因素则主要受纬度和地形的控制。根据以上主导因素的分布规律，配合局部因素的变化，可将中国外动力地质灾害类型划分为3大区15个亚区（图1-8-3）。

I. 中国西部高原、山地、风化、剥蚀、搬运区带

　　I_1. 青藏高原冻融、雪崩亚区

　　I_2. 藏南山地崩滑流、雪崩亚区

　　I_3. 昆仑山、天山雪崩、滑坡、泥石流亚区

　　I_4. 准噶尔、塔里木、阿拉善沙漠化亚区

II. 中国中部高原、山地侵蚀、搬运区带

　　II_1. 大兴安岭山地冻融亚区

　　II_2. 内蒙古高原沙漠化亚区

　　II_3. 黄土高原滑坡、湿陷、水土流失亚区

　　II_4. 秦岭川鄂山地崩滑流、水土流失亚区

　　II_5. 云贵高原塌陷、滑坡、水土流失亚区

　　II_6. 横断山地崩滑流亚区

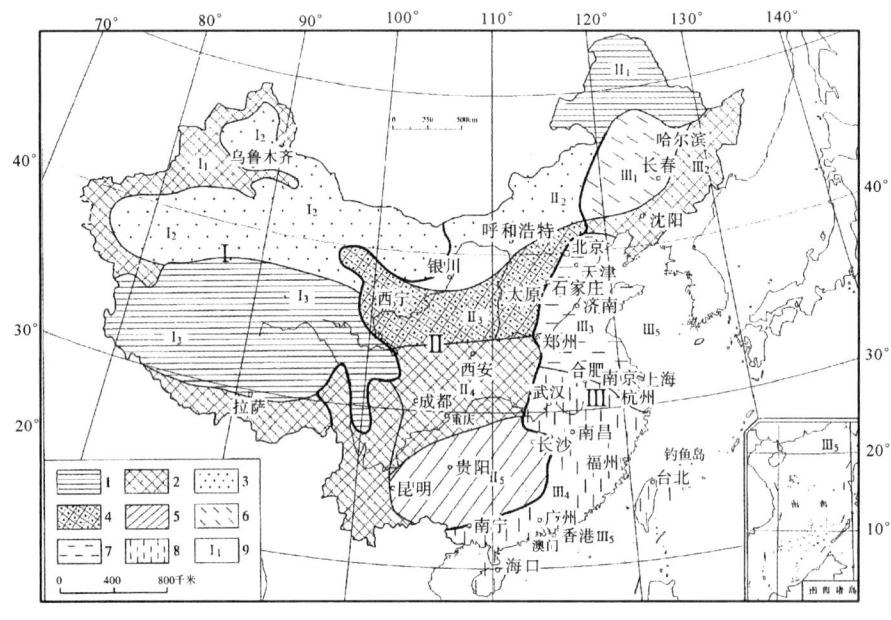

图1-8-3 中国外动力地质灾害类型分区图

1.冻融、冰川为主；2.崩塌、滑坡、泥石流为主；3.沙漠化为主；4.黄土湿陷、水土流失为主；5.岩溶、塌陷、为主；6.盐化为主；7.河湖淤积为主；8.滑坡、泥石流淤积为主；9.分区代号：I为一级分区代号，界限为粗线；II为二级分区代号，界限为细线

III. 中国东部丘陵、平原、海域、搬运、沉积区带

　　III_1. 松辽平原沙漠化、盐渍化、采矿塌陷亚区

　　III_2. 长白山、燕山山地泥石流、采矿塌陷亚区

　　III_3. 华北、苏北平原地面沉降、河湖淤积亚区

　　III_4. 大别山地、东南沿海丘陵、平原、滑坡、水土流失、河湖淤积、土地冷侵亚区

　　III_5. 海域沉积亚区

(3)外动力地质灾害的特征及其规律 ①空间上的东西向分带、南北向分区,是中国外动力地质灾害分区的基本特征,部分地区也反映了高原气候的垂直变化;②时间上的周期性规律。除了700年左右的长周期性活动规律外,还存在百年、几十年、十几年、几年周期性和季节性的活动规律;③外动力地质灾害的群发性和同步性;④外动力地质灾害的复发性和多发性;⑤外动力地质灾害的转化与次生灾害的形成,也是灾害发生发展的系列性特征之一;⑥部分外动力地质灾害在发展过程中,具有渐进性延伸性与收缩性、退缩性;⑦内外动力地质相互影响的相互影响,各种地质作用同在地球上发生发展,它们之间的相互作用和影响从没有间断过,长期进行着;⑧地质灾害有时往往由内、外动力地质作用和人为作用的共同作用结果。以上仅选择部分重要的特点进行讨论,实际上是未能全面叙述总结。

3. 人为活动与地质灾害

20世纪80年代以来,中国经济工程活动显著增加,对地质环境的干扰也愈来愈大,地质灾害的发展日趋加剧。目前由于中国人为活动对于各种地质灾害的影响日益扩大。现已逐渐过渡进入天然灾害人为促发阶段。即由人为活动为主导诱发的地质灾害,有愈演愈烈的趋势。根据中国的发展现状,大体可以将灾种分为3大类28种:

(1)人为活动与内动力地质灾害分类 人为活动诱发或导致的内动力地质灾害,以及它们导致的经济损失见下表(表1-8-6)。因为内动力地质灾害主要源于地壳运动,人类工程活动对地壳运动的影响很小,只有在某种灾害已经处于临界状态时,或者人工挖掘,导致诱发灾害。

表1-8-6 中国人类活动对内动力地质灾害影响的统计一览表

地质灾害的类型	人为活动的主导原因	灾害的特征	目前研究和测报水平		防治能力情况	每年平均直接经济损失	
			危险区圈定可靠性	中、短期预报可靠性		相对大小	估计值(亿元)
构造地裂缝	过理开采地下水的叠加原因等	缓慢	可靠	较可靠	进行合理的工程活动可以减轻灾害损失	小	0.4亿元
坑道形变及高边坡头稳	工程活动	缓慢	较可靠	较不可靠		中	
坑道突水、突泥	工程活动	突发	较可靠	较不可靠		中-小	3亿元
坑道煤、瓦斯突出	工程活动	突发	较可靠	较不可靠		小	0.1亿元
岩爆	工程活动	突发	较可靠	较不可靠		中-小	
矿震	工程活动	突发	较可靠	较不可靠		小	
诱发地震(水库、注水等)	工程活动	突发	较可靠	较不可靠		小	
地下热害	工程活动	缓慢	较可靠	较不可靠		小	

(2)不良介质(岩体、土体)条件造成的工程病害 中国由于在不良介质(岩体、土体)条件内进行工程开挖或施工,平均每年造成的直接经济损失达几十亿元(表1-8-7)。多数地区的失误均起因于宏观决策和操作失误,如不按规范、规程办事,工程选址前期缺少必要的工程地质调查、勘查和科学论证,以致造成不合理选址、不合理施工;以致工程不能如期建成,不能安全正常运行。

表 1-8-7　由于不良介质条件在中国造成的工程病害情况统计一览表

工程中的不良介质条件造成的工程病害		工程病害的特征和原因			目前研究和预测、预报水平	防治情况
		工程地质特征	力学特征	地基承载能力		
岩体	软弱夹层	容易形成滑脱面	软弱	弱	通过前期地质工作及地质工程勘察可以查清、进行有效的地基处理。出现病害主要是失误	可以有效地查清和防治,防治效益是很大的
	破裂面	容易发生位移	不连续面	不稳		
	破碎带中的破裂物质	强度低不均匀	弱、不均匀	不均匀		
	洞穴及不均匀块体	承载力弱不均匀	弱、不均匀	不均匀		
	不适宜工程的岩石	具有胀缩性等	变化	变化不定		
土体	淤泥类软土	疏松软弱	软弱	不稳	通过前期地质工作及地质工程勘察可以查清、进行有效的地基处理。出现病害主要是失误	可以有效地查清和防治,防治效益是很大的
	黄土类土(部分)	湿陷性	湿陷	不稳		
	红粘土	收缩性、不均匀	收缩	较不稳		
	膨胀土	膨胀性	胀缩	不稳		
	盐渍土	可变性	变化	不稳		
	冻土	可变性	变化	不稳		
	含水饱和的粉细沙	液化性	振动液化	振动失稳		

(3)人为活动与外动力地质灾害分类　外动力地质灾害主要都是地表附近自然营力的作用结果,包括冰、风、雨、雪、地表水、地下水、海水、重力等自然营力活动作用,以及物理化学、生物作用等,随着人类经济工程活动的日益扩大加剧,外动力地质灾害的剧烈程度,已经成倍增加。个别灾种甚至成 10 倍或者更大的数字增长。这就是所谓由自然动力型转向自然人为动力型的发展趋势(表 1-8-8)。

表 1-8-8　中国由于人为活动对地质灾害的影响统计一览表

人为地质灾害的类型	人为活动的主导原因	灾害的特征	目前研究和预测、预报水平		防治能力与情况	每年平均直接经济损失的估计	
			危险区圈定的可靠性	中、短期预报的可靠性		相对大小	估计值
地下水污染	排污	缓慢	可靠	较可靠	可以有效制止	大-中等	亿元以上
水土流失	破坏植被	缓慢	可靠	较可靠		大	96 亿元
风沙及沙漠化	破坏植被	缓慢	可靠	较可靠		大	45 亿元
冲刷和淤积	不合理工程	缓慢	可靠	较可靠		大	几十亿元
人工填土	人工堆积	缓慢	可靠	较可靠		中	
地面沉降	过量开采地下水	缓慢	可靠	较可靠		中等-小	1 亿元
山崩、滑坡、泥石流	不合理工程活动	缓慢	可靠	较可靠		大	36 亿元
塌陷	矿产开采,抽水振动等	缓慢	可靠	较可靠		中等	4 亿元

三、中国地质灾害的空间分布规律

由于中国地域辽阔,自然地理条件复杂,构造运动强烈,自然地质灾害种类繁多灾情十分严重。同时中国又是一个发展中国家经济发展对资源开发的依赖程度相对较高,大规模的资源开发和工程建设以及对地质环境保护重视不够,人为地诱发了很多地质灾害使中国成为世界上地质灾害最为严重的国家之一。

地质灾害是在地球各圈层的发展演化过程中由各种地质作用形成的灾害性事件。地质环境是地质灾害形成与发展的基础和条件。地质灾害的空间分布及其危害程度与地形地貌、地质构造格局、新构造运动的强度与方式、岩土体工程地质类型水文地质条件、气象水文及植被条件、人类工程活动的类型等有着极为密切的关系。受上述诸因素制约,中国地质灾害的区域分布具有东西分区、南北分带的特征,如华北、东北西北诸省,荒漠化作用强烈西南山区降雨多而集中崩塌、滑坡、泥石流灾害频繁发生;东部平原区地面沉降、地裂缝广泛发育;沿海诸省海水入浸、海岸侵蚀等强烈发育。

中国陆地地势变化很大,总体是西高东低,大地貌区划分为三级地势阶梯。第一阶梯平均海拔4000米以上为高原寒冷气候,寒冻作用普遍,融沉、泥流、雪崩等灾害发育。第二级阶梯一般海拔高度在1000米～2000米,在第一与第二级阶梯过渡地带,地形切割强烈,山地地质灾害如滑坡崩塌、泥石流、水土流失等分布广泛,灾度也高。东部广大平原、盆地区属于三级阶梯,地势最低,地形平缓,人口稠密,城市化程度高,由于大规模的生产建设,城市生产生活和农林灌溉用水量大,过量开采地下水造成地面沉降和海水入侵灾害;在矿山地区由于矿床开采、疏干排水注水等工程活动造成矿区地面塌陷、岩溶塌陷等灾害;兴修水利水电工程和水库蓄水等引起诱发地震灾害;河流上游不合理的开荒垦地造成水土流失而引发河、湖、水岸、港口等淤积灾害。因此,东部地区地质灾害的类型及其空间分布主要与人类大规模经济活动密切相关。

根据地质灾害宏观类别,结合地质、地理、气候及人类活动等环境因素,可将中国地质灾害划分为4大区域。

(1) 平原、丘陵地面沉降与塌陷地质灾害大区 位于山海关以南,太行山、武当山、大娄山一线以东,包括中国东部和东南部的广大地区。该区地处华北断块东南部、华南断块、台湾断块的上体部位;地貌上位于中国大地貌区划第三级地势阶梯,以平原、丘陵地貌类型为主;本区南部属热带和亚热带气候区温暖湿润,中北部地区以温带为主,气候温凉、半湿润至半干旱,降水充沛;平原地区发育较厚的第四纪冲积、洪积、湖积、海积松散堆积层,丘陵山区分布有古生代、中生代碳酸盐岩、碎屑岩和岩浆岩;新构造活动比较强烈发育有著名的郯城—庐江深大断裂,以及南海、黄海北东向地震构造带除台湾、福建沿海及华北地区地震活动强烈至较强烈外,其他地区较弱;区内矿产资源较丰富采矿业发达,大中城市分布密集人口密集,沿海开放城市工业发达、人类工程活动规模大、强度高,诱发了严重的城市地面沉降、矿山地面塌陷、岩溶塌陷、水库地震、上地荒漠化以及港口、水库、河道等淤积灾害,丘陵山区人为活动诱发的滑坡、崩塌、泥石流灾害较发育。总之,该区是以人类工程活动为主形成的地质灾害组合类型大区。

(2) 山地斜坡变形破坏地质灾害大区 包括长白山南段、阴山东段,长城以南,阿尼玛卿山、横断山北段一线以东,雅鲁藏布江以南的广大地区,属中国中部地区及青藏高原南部、东北部分地区。该区地处青藏断块、华南断块的结合部位,地貌上位于中国大地貌区划第二级地势阶梯,以山地和高原为主要地貌类型,海拔高程1000米～2000米,地形切割强烈,相对高差大。气候上跨越东部季风区、西北部干旱半干旱区;西南地区降水较丰沛,年均降水量800毫米～1200毫米,西北黄土高原年均降水量300毫米～700毫米,降水时空分配不均,集中在7月～9月,降雨强度大,多以暴雨形式出现；分布地层主要为不同时代的各类坚硬、半坚硬岩类和松散土状堆积；该区新构造运动强烈，活动断裂发育，如鲜水河、小江、安宁河、龙门山、六盘山等活动性深大断裂密布，构成中国南北向活动构造带，区内地震活跃，张度大、频度高，仅20世纪发生的7级以上强震就达23次之多，地震灾害严重；区内矿产、水力、森林、土地等资源丰富，是中国新兴工业区，人口密度较大，资源开发和农牧活动等经济活动活跃，由于不合理开发利用山地斜坡、森林植被等资源，使地质环境日趋恶化，导致泥石流、滑坡、崩塌、水土流失等山地地质灾害频繁发生，灾害损失十分严重。在本区内，由内动力和外动力地质作用引起的突发性地质灾害最为发育，以自然动力和人类活动相互叠加而形成的山地地质灾害广泛分布。

（3）内陆高原、盆地干旱、半干旱风沙地质灾害大区　　地处秦岭昆仑山一线以北，在大地构造上属于新疆断块并横跨华北断块及东北断块区，位于中国大地貌区划的第二阶梯部位，由高原、沙漠、戈壁及高大山系、盆地、平原等地貌类型组成，南部山系一般海拔1000米~3000米，东部平原、盆地一般海拔500米以下气候属内陆干旱、半干旱至温带气候，降水稀少；年均降水量差异较大，一般在50毫米~800毫米在本区的西部，活动性断裂发育，地震活动强烈；其余地区地震活动相对较弱。内陆高原、荒漠地区气候恶劣，风力吹扬作用强烈，沙质荒漠化灾害日趋严重，河套平原等地区土地盐碱化较发育；新疆、宁夏、内蒙古等地的煤田自燃灾害比较严重；天山、昆仑山山地则主要发育雪崩、滑坡、崩塌等地质灾害。总之，中国北部地区是以自然地质营力为主并叠加人为地质作用所形成的复合型地质灾害大区。

（4）青藏高原及大、小兴安岭北段地区冻融地质灾害大区　　位于青藏高原中北部及大、小兴安岭北段地区，大地构造上属于青藏断块和东北断块区。青藏高原为中国大地貌区划第一级地势阶梯上，平均海拔达5000米以上，属于中国的高海拔冻土区。东北大兴安岭、小兴安岭北段处于欧亚大陆高纬度冻土带的南缘，是中国的高纬度多年冻土地区，在青藏高原和大、小兴安岭地区广泛发育有连续多年冻土和岛状多年冻土，岛状冻土区由于气候季节变化和日温差变化，冰丘冻胀、融沉、融冻泥流、冰湖溃决泥流等地质灾害较为发育。青藏高原地壳抬升强烈，为印度洋板块和欧亚板块之间的碰撞结合带，活动性深大断裂发育，地震活动强烈，20世纪以来共发生7级以上强烈地震达10次之多。总之，本区主要是由自然地质营力形成的以冻融、地震灾害为主的地质灾害大区。

第三节　中国地质灾害防治状况及应急响应

一、中国地质灾害防治状况

全国地质灾害防治"十一五"规划得到较好的贯彻执行，地质灾害调查勘察、监测预警、治理工程共投入资金27.2亿元。地质灾害防治工作不断加强，取得了明显的防灾减灾效果（中国地质学会地质灾害研究分会，2011）。

（1）防灾减灾取得显著成效　　"十一五"期间共发生地质灾害196 258起。由于经济发展和人类工程活动加剧的影响，地质灾害发生起数比"十五"期间的99 584起增加了97.1%，因为地质灾害防治工作的加强，死亡失踪人口比"十五"期间的4332人只增加了29.5%（主要是舟曲山洪泥石流造成1765人死亡和失踪），直接经济损失比"十五"期间的212.1亿元下降了约14%。2006年以来全国共成功避让地质灾害3200多起,避免了近20万人的伤亡。

（2）地质灾害调查工作取得重要进展　"十一五"期间,国土资源部组织完成了31个省（自治区、直辖市）以地质灾害为主的区域环境地质调查评价工作。完成了山地丘陵区2020个县（市）的地质灾害调查与区划工作,基本摸清了中国突发性地质灾害的发育分布规律,为"十二五"地质灾害防治规划部署打下了良好基础。

（3）地质灾害监测网初步建立　在地质灾害调查基础上,在2020个县（市）初步建立了地质灾害群测群防工作体系,群测群防点达到10万多个。三峡库区滑坡崩塌专业监测网和上海、北京、天津的地面沉降专业监测网已初步建成并运行。长江三角洲和华北平原地面沉降专业监测网正在建设中。此外,在典型地区开展了突发性地质灾害专业监测预警试点示范工作。

（4）地质灾害预报预警全面展开　从2003年起,国土资源部与中国气象局合作开展了国家级地质灾害气象预报预警工作。目前,全国存在突发地质灾害的省（区、市）均已开展了省级地质灾害气象预报预警工作,1055个县（市）开展了类似工作。2003年以来,地质灾害预报预警工作取得了明显的防灾成效,全国共成功预报各类地质灾害2700余起,为避免人员伤亡和财产损失起到了积极作用。

（5）地质灾害防治规划和应急预案体系得到健全和完善　按照国务院的要求,参照《国家突发地质灾害应急预案》,国土资源部组织31个省（区、市）的国土资源主管部门编制了省级地质灾害防治规划和突发地质灾害应急预案,大部分地质灾害易发区的市、县也编制了相应的防治规划和应急预案。目前,初步形成了从国家到省、市、县的突发地质灾害应急预案体系。

（6）地质灾害治理工作得到加强　"十一五"期间共实施了约500项滑坡泥石流等突发性地质灾害治理避让工程。上海市地面沉降防治管理特别是地下水开采和回灌管理得到持续加强,年平均地面沉降量逐年下降,全市年平均地面沉降量由2005年的8.4毫米,减少到2009年的5.2毫米。

（7）地质灾害防治管理工作法制化得到加强　依据国家《地质灾害防治条例》和有关法规的要求,建立了地质灾害预报预警、地质灾害危险性评估、地质灾害防治工程勘查、设计、施工和监理资质管理、建设工程防灾"三同时"和矿山环境恢复保证金等制度;采取并实施了建立监测网络与预警信息系统、编制应急预案、制定年度防灾方案,开展群测群防等措施;确立并执行了汛期值班、险情巡查、灾情速报、应急处置等制度。各省（区、市）级政府也先后颁布了与地质灾害防治有关的地方性法规或规章。

二、中国重大地质灾害应急响应

地质灾害应急响应是一种涉及因素多、技术含量高、时间要求紧、工作任务重和社会影响大的危机事件管理行为,也是一种跨阶段（覆盖地质灾害调查、监测、治理和管理等多个阶段）、高要求（反映最新减灾理念和科技水平）、大集成（多方面人员、信息和装备的整合与协调行动）、快反应（具有抢险救灾性质或称地质灾害防治的"120"和"119"）和求实效（体现为防灾减灾效果）的非常规防灾减灾行动。

（1）应急响应对象　地质灾害应急响应的主要对象是崩塌、滑坡、泥石流和地面塌陷等具有突发性质者。重大地质灾害是指引起大量人员伤亡、严重经济损失或区域社会恐慌的岩土体移动事件,具体包括大型和特大型2类。大型地质灾害的灾情参数是指一次死亡10人及以上或直接经济损失大于100万元；险情参数是威胁人员100人以上或直接威胁财产超过1000万元。特大型地质灾害的灾情参数是指一次死亡30人及以上或直接经济损失大于1000万元；险情参数是威胁人员1000人以上或直接威胁财产超过10 000万元。

（2）应急响应类型与等级　地质灾害应急响应分为"险情应急"和"灾情应急"2种类型或二者的混合类型。产生威胁者称为"险情"，发生危害者称为"灾情"。重大地质灾害险情应急响应简称"险情应急"，是指地质体的运动态势具有发展演化成为重大地质灾害事件，从而造成重大危害的可能性或危险性，为避免发展成灾而采取的紧急转移人员、财产和工程控制的一系列行动。"险情应急"的研究重点是可能危害范围的推演和快速有效的工程控制方案选定。重大地质灾害灾情应急响应简称"灾情应急"，是指地质体的运动已经造成重大危害，并可能扩大或加剧这种危害的范围与程度，为搜救失踪或受伤人员、抢救财产、转移人员避免新的危害发生而采取的一系列紧急处置行动。"灾情应急"的研究重点是搜救或转移人员、监测预警和控制新的灾害隐患、灾害成因定性和选择评估安置场址的地质安全等。特大型地质灾害定为Ⅰ级响应，大型地质灾害定为Ⅱ级响应。Ⅰ级为国家级应急响应，Ⅱ级为部（省）级应急响应。

（3）应急响应组织体系　按照"统一领导，分工负责；分级管理，属地为主"的原则，重大地质灾害应急响应工作的组织体系与工作职责初步划分（图1-8-4）。

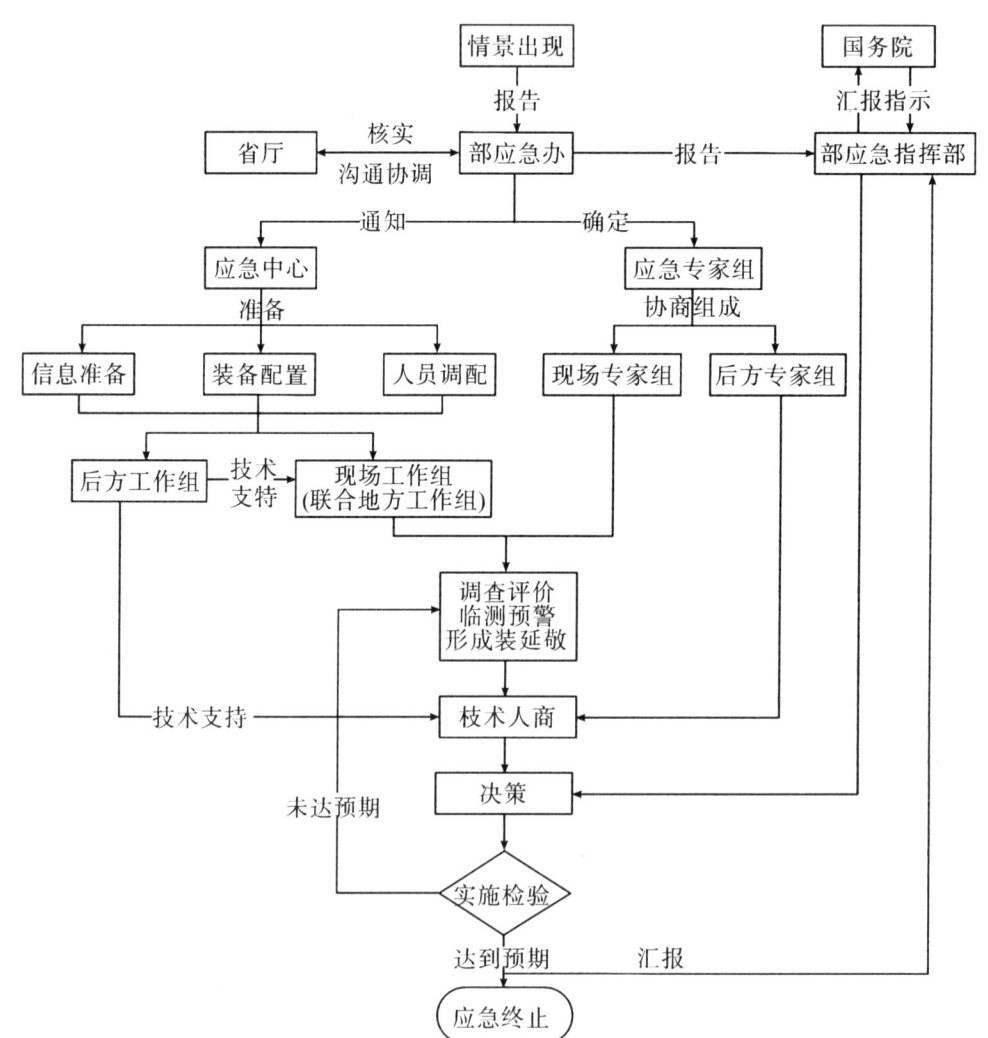

图1-8-4　重大地质灾害应急响应组织体系与工作职责

（4）应急工作阶段　根据多年经验和现有认识水平,初步把重大地质灾害应急响应的技术支撑工作程序划分为8个阶段,即响应启动、调查评价、监测预警、会商定性、防控论证、决策指挥、实施检验和总结完善(图1-8-5)。

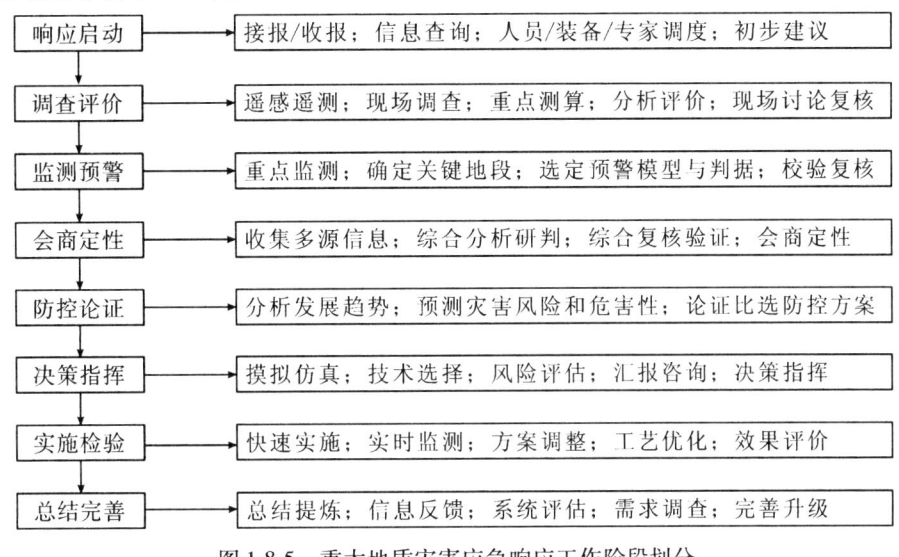

图1-8-5　重大地质灾害应急响应工作阶段划分

（5）应急工作平台　应急平台是技术装备系统的核心内容,也是支撑日常备灾的基础,它包括一个基础平台(网络体系、远程视频会商系统和应急信息系统),一个应用系统(应急值守、决策支持、预案管理、资源调度、信息处理分析及发布系统)和上下左右互联互通体系。

（6）技术路线与工作方法　按照概念设计思想,充分考虑基于定性分析的整体认识与判断,技术方法的适宜性与可靠性,整个工作突出系统性、整体性、可实现性、一定概化性、分层次性、分阶段性。在技术路线上整体架构,依据现有理论框架,整合集成成熟技术实现目标。重大滑坡灾害应急技术支撑具体包括地质环境信息获取、分析研判(地质模型建立、成因机理分析)、预测预警、模拟仿真、处置技术方案论证和风险评估与决策支持等6个步骤(图1-8-6)。

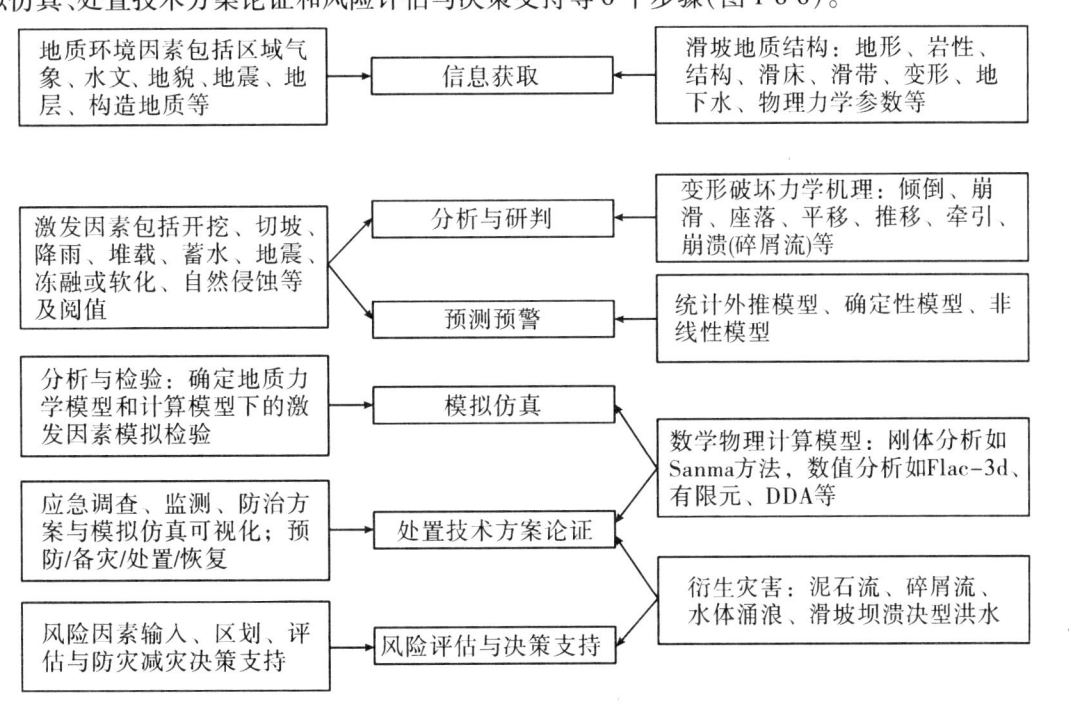

图1-8-6　重大滑坡灾害应急技术支撑研究技术路线

三、未来5年~10年中国地质灾害防治需求

中国地质灾害点多面广，地质灾害具有隐蔽性、突发性和破坏性，预报预警难度大，防范难度大，社会影响大。除了三峡库区和汶川地震区国家设置了地质灾害防治专项资金外，"十一五"期间全国面上地质灾害防治投资力度非常有限，造成历史欠账多，与安全国土和绿色家园建设的要求还有相当大的距离，防灾减灾工作总体上仍处于被动应对的阶段，未来5年~10年的地质灾害防治工作仍然面临严峻形势。

中国特定的地质环境条件决定了地质灾害呈现长期高发态势，中国地形地貌起伏变化大，岩土与地质构造复杂，具有极易发生地质灾害的物质条件。

据预测，21世纪前期全球气候变化背景下致使中国极端天气气候事件发生的频率、强度和区域分布变得更加复杂，中小尺度天气系统的暴雨不确定性因素加大，局地突发性强降水和台风等极端气候事件增多，地震均趋于活跃期，强降雨过程和地震引发地质灾害发生的概率加大，造成地质灾害的总体形势可能更加严重，未来5年~10年仍是地质灾害的高发期。山地丘陵区经济社会迅速发展，不合理的人类工程活动干扰破坏地质环境，难免导致或加剧地质灾害，使之呈不断上升趋势。中国中、西部地区地质环境脆弱，"十二五"期间大规模的基础设施建设对地质环境的影响仍然剧烈，劈山修路、切坡建房、造库蓄水等人为引发的滑坡、崩塌、泥石流地质灾害仍将保持增长趋势。东部地区随着城市化进程的加快，现代都市圈逐渐形成，水资源供需矛盾加剧，由于过量开采地下水和油气，造成的地面沉降和地裂缝灾害仍将呈上升趋势。全国各地采矿挖掘形成了许多地质灾害隐患，采矿活动引发的地面塌陷、地裂缝灾害在矿区和矿业城市普遍存在。

中国地质灾害点多面广，严重威胁人民群众的生命财产和国家级重大工程与城镇安全，防治任务十分繁重，许多灾害亟待治理。中国已发现的近24万地质灾害隐患点分布在三峡工程、南水北调工程、西电东送工程、西气东输工程、山区铁路干线、"五纵七横"国家公路主干线工程区和400多个城镇、100余个大型工厂、几百座大型矿山和数千个村庄所在地，严重威胁当地人民群众的生命财产安全，威胁国家重大工程的安全，需要治理的滑坡泥石流2.8万处，其中特大型地质灾害隐患点1800多个。

通过多年努力，地质灾害防治工作取得了很大进展，但仍远不能满足经济建设和社会发展对减灾防灾的需求，还有很多问题亟待解决：①地质灾害防治工作仍然缺乏全面系统的基础调查资料，调查数据得不到及时更新；②地质灾害监测体系薄弱，只有103个县（市）进行了监测预报预警系统建设试点，绝大部分地区仍主要局限于较低水平的群测群防，尚不能做到预警及时、反应迅速、转移快捷、避险有效。甘肃舟曲"8.8"山洪泥石流、四川绵竹"8.13"泥石流等特大灾害充分反映了加强基础防灾减灾体系建设的必要性；③许多重大地质灾害隐患点亟待采取工程措施进行治理；④中国地质灾害防治的经济基础薄弱，长期以来经费投入严重不足，历史欠账多，技术水平低；⑤社会公众防灾减灾知识、意识需要普及提高；⑥地质灾害防治工作管理队伍人员数量、水平远不能满足实际需求。

经济社会发展对防灾减灾提出了更高要求。《中共中央关于制定国民经济和社会发展第十二个五年规划的建议》（2010）和《中华人民共和国国民经济和社会发展第十二个五年规划纲要》（2011）明确提出了"加快建立地质灾害易发区调查评价体系、监测预警体系、防治体系、应急体系"的基本要求。这是贯彻落实"以人为本"的科学发展观，最大限度地减少或避免群死群伤事件，加快建设资源节约型、环境友好型社会，提高生态文明水平，实现可持续发展的重要举措，也是提高

地质灾害多发区人民群众生存与生活质量的必然要求。

总之,今后5年~10年中国地质灾害频发态势仍将持续,工程建设与运营和采矿积淀的环境地质隐患仍将不断出现,地质灾害防治工作本身存在调查制度不健全,地质灾害监测预警网络尚未形成,防治工程经费投入不足、不规范和科学技术支撑粗放等问题。

可以预见,中国地质环境利用的无序性与有组织的地质灾害减轻行动之交叉与矛盾,即战略层面的被动和战术意义上的主动将持续相当长一段时期,需要科学技术界在地质灾害防治工作领域做到:①更加主动地为人居环境的地质安全服务;②更加主动地为国家重大工程规划、建设与安全运营提供地质服务;③更加主动地为提高社会防灾减灾意识,推动各级政府建立合理利用地质环境的管理体制,完善工作机制,为和谐社会的建设与发展服务。

在中国经济社会快速发展,基础工程大规模建设的相当长时期内,减轻地质灾害的基本对策是,树立持续利用地质环境的科学观,从人类与地质环境和谐共存的愿望出发,变单纯地保护地质环境和被动地防治地质灾害为持续利用地质环境和主动进行地质灾害防治风险管理。把规范人类自身的行为融入顺应与改造自然过程之中,从而避免出现地质环境的不可持续利用现象和减轻地质灾害。奉行"以人为本,持续开发利用地质环境"的理念,倡导建立政府、科技界、工程企业界与公众社会"四位一体"的减灾战略"伙伴"关系,形成多方协作的联动机制,而科技界将是促进这种协作的重要桥梁与纽带。

(刘锡大)

第二篇

中国地质科学研究综述（上）

- 中国地质科学的发展历程
- 中国地质科学体系研究
- 中国地质科学调查与矿产勘查
- 中国地质科学基础研究

第一章　中国地质科学发展历程

第一节　中国地质科学发展简史

地质学发展史是人类在生产和探索奥秘的过程中，逐步认识地球的组成和结构、地球及其生物界演变的规律，特别是地壳和岩石圈运动规律，并为人类合理开发、利用和保护矿产资源保护环境服务的历史。人们对地球的认识源远流长。在曲折的历史发展过程中，原始朴素的地质知识逐渐形成了地质科学的知识体系。

《中国地质学学科发展史》（中国地质学会，2010）将中国地质学学科史划分为5个阶段：中国地质学的学科前史（19世纪中叶以前）；近代地质学在中国的孕育（19世纪中叶～20世纪初叶）；近代地质学学科在中国的初创（20世纪初～1949）；中国地质学学科的发展（1949～1978）；中国地质学学科的拓展与深化（1978至今）。

一、中国古代的地质矿物知识

中国历史悠久，我们先祖通过长期的生产活动，积累了丰富的地质矿物知识。远古时代人类通过石器的采集和制作，逐步了解了岩石、矿物的某些性质。在经受地震、火山、洪水的灾害并与之斗争的过程中，逐步认识了大自然中的地质现象和过程。最初，古代人类利用岩矿的物理性质，如硬度、解理等制造石器。中国的蓝田人、北京人所用石器大都由硬度较大的石英质矿物和岩石制成。早在石器时代，被利用的矿物岩石就有石英岩、石灰岩、水晶、燧石、蛋白石、赤铁矿、石墨、玛瑙、叶蜡石、滑石、绿松石、碧玉、软玉、硬玉、高岭土等几十种。旧石器晚期，出现于山顶洞文化时的钻孔石质饰物，表明人类对岩石、矿物的相对硬度有了一定认识。新石器时期，人类已利用天然宝石类矿物，如玛瑙、叶蜡石等作饰品。陶器的烧制，如仰韶期的彩陶，龙山期的黑陶，说明几千年前人类对粘土的性质又有了一定认识。大约在距今4000年前，即夏禹，中国进入铜器时代。从安阳、郑州等地发掘材料看，殷商已是青铜鼎盛时代。1939年安阳武宫村出土的大型青铜器"司母戊鼎"，重875千克，是世界上罕见的青铜文化的佳品。商、周是中国青铜器鼎盛时期，那时所用的铜矿石主要是自然铜和孔雀石。中国古代用铁的历史可追溯到商代，到公元前6世纪～前5世纪的春秋时期中国进入铁器时代，公元前5世纪～前3世纪的战国时代冶铁业已相当发达。

中国早期地学典籍记载了许多岩石和矿物知识。大约在公元前5世纪的春秋末年，出现了世界上最早的一部矿产地质文献——《山海经》，记述了金属矿物14种，产地170多处；记述了玉、石以及非金属矿物58种，产地270多处，并根据矿物的硬度、颜色、光泽、透明度、粗糙或平滑的程度、敲击声音等性质来识别，其中磁铁矿、赤铜矿、雄黄、文石、碧玉等10多种矿物的名称一直沿用至今。书中把矿物划分为金、玉、石、土4大类,这是世界上最早的一个矿物分类。

在《山海经》之后,《禹贡》《考工记》《管子》等书中也记述了许多地质矿物方面的知识。例如,约于战国成书的《禹贡》记述了多种金属矿物和非金属矿物。《考工记》载有水和地势的关系。《管子》写道:"山,上有赭者,其下有铁;上有铅者,其下有银;上有丹砂者,其下有黄金;上有慈石者,其下有铜金。此山之见荣者也。"(《地数篇》)论述了金属矿产的共生关系。这里的"见荣",即指矿苗的露头。铁矿表层高价氧化物呈赭色,铅和银常共生,均符合现代矿床学理论。

秦汉时期,人们开始开发和利用煤、石油及天然气和盐。秦统一中国后,出现了不少矿业世家,如由赵国迁至西蜀的卓氏(汉武帝时卓王孙的祖先)、山东(函谷关以东)的程郑由梁(即魏国)迁入宛(今南阳)等都是当时的矿冶业家族,他们"即山铸铁",富比王侯。还有世代在巴郡从事开采丹(朱砂,即汞矿)的巴寡妇清,秦始皇筑"怀清台",待以客礼。煤的发现很早,西汉初年已开始用煤作为炼铁的燃料,所炼的铁质量有了很大的提高。关于石油的最早文字记载,《汉书·地理志》中提到上郡高奴县"有洧水,可燃","燃"即燃字。中国石油开发最早的是延长油田。"石油"一词首见于北宋沈括所著《梦溪笔谈》。天然气井在古代称为火井,首见于《汉书》的鸿门火井位于现在陕西神木县。张华的《博物志》以及西晋常璩的《华阳国志·蜀志》中都记载了有关四川天然气的资料。四川自贡开凿盐井、以天然气煮卤的历史可追溯至秦孝王派李冰为蜀守时代(前265~前251),汉代杨雄的《蜀都赋》记述过古代四川人民早就开凿天然气井并用以煎煮井盐。中国古代油气、卤水开采中使用的机械冲击钻井技术至北宋时期已有完整的工艺方法,甚至能钻井达千米。

新发现和开采的矿产地一代比一代增多,到了唐朝,全国已有银、铜、铁、锡的冶炼场所168处,在唐中叶后期(公元9世纪初),铁的年产量曾达到103.5万千克。宋代的矿业生产超过了唐代的水平,明代的规模更大。在公元14世纪~15世纪之际,铁的年产量曾超过2000万千克。

在古代,矿物知识还大量地被记载在药物学著作中。现存最早的一部药物学著作《神农本草经》载有药物365种,其中矿物药有46种。以后历代都有发展,到北宋政和六年(1116)寇宗奭写的《本草衍义》中,收录的矿物、岩石和古生物化石已增至近百种,而且已经利用化学变化、晶形、解理、色泽来进行鉴定;北宋唐慎的《经史证类备急本草》记载了许多可作药物的矿物;而明代李时珍的《本草纲目》(1578),则是历代本草著作的集大成者,也是中国古代矿物知识的总结。该书中叙及的矿物、岩石、化石有200多种,按水部、土部、金石部分类,又将金石部细分为金类、玉类、石类、卤石类等,保存了不少可供研究参考的矿物学资料。在矿冶事业发展中,人们积累了丰富的找矿经验。南朝梁成书的《地镜图》中记载了"草茎赤秀,下有铅""草茎黄秀,下有铜""山有葱,下有银"。唐代段成式在《酉阳杂俎》也有类似记载,如"山上有葱,下有银;山上有薤,下有金"等,论述了金属矿床的指示植物和某些金属元素对植物生长的影响。杜绾在《云林石谱》中记载116种岩石矿物及其产地、采法、产状、品位和物理性质,是当时中国矿物学的代表作。

中国古代有关海陆变迁的描述,最早见于晋代葛洪所著的《神仙传》,其中载有"东海三为桑田"。《诗经·小雅·十月之交》则描述了"高岸为谷,低谷为陵"的地壳变动现象。在这以后,许多学者都曾对某些地质现象作过描绘、分析和论述。如唐代的颜真卿曾以高山上的岩石中有螺蚌壳存在,推论此山是海变过来的;宋代的沈括注意到太行山的"山崖之间,往往衔螺蚌壳及石子如鸟卵者,横亘石壁如带",并且指出:"此乃昔之海滨,今东距海已近千里。所谓大陆者,皆浊泥所湮耳。……其泥岁东流,皆为大陆之土,此理必然。"南宋朱熹也有类似认识。明代徐霞客则在他的游记中对中国西南石灰岩地区的100多个岩溶洞穴作了细致的描述,并对钟乳石、石笋等的成因作了较为科学的解释。当代科学史家、英国学者李约瑟评述《徐霞客游记》"像是一位20世纪的野外勘测家所写的考察记录。"

中国对于化石和地层的形成有许多科学的认识。唐代颜真卿、宋代沈括都把山崖中的螺蚌壳视为沧海桑田变化的见证。沈括在《梦溪笔谈》中，对"蛇蜃""石笋""螺蚌壳"等动、植物化石作了较为正确的解释。宋代朱熹明确指出，岩石"即旧日之土"，化石螺蚌壳"即水中之物"，他认为由于地壳变动"下者变而为高，柔者变而为刚"，对地层和化石形成给予了科学的解释。在杜绾所著的《云林石谱》中，除记述了鱼化石、石燕外，还提出化石是"岁久土凝"而成的论断。他还用"寒热相激"岩爆石飞的道理，科学地解释了"石燕遇雨则飞"的风化剥落现象。

对地质作用的认识，中国古代有丰富的记录。中国的大禹治水传说表明人类早就认识到流水具有重要的地质作用。《竹书纪年》记载的3800多年前的地震是现知世界最早的地震记录。公元132年张衡发明制造了世界第一台地震仪——候风地动仪。

古代学者一般持有整体地球观，并重视万物本原的探讨。在中国有"阴阳说"和"五行说"。"阴阳说"源于公元前11世纪的《周易》。"五行说"最早见于文字的是《尚书·洪范》。五行中的"金"是概括了金、银、铜、铁等金属的共同性质而抽象出来的。中国古代有盖天说、浑天说、宣夜说3种对地球观有影响的假说。浑天说在汉代得到很大发展。东汉张衡制造了浑天仪，所著《浑天仪图注》是浑天说的代表作。

综观中国古代的地质矿物知识，有许多方面在相当长的时期内，在当时世界上都处于领先的地位，为世人所称道。

表2-1-1 中国古代记载反映地学思想的文献资料

类别	书目	时间
山川类	《山经》《禹贡》	春秋战国时期
诸子类	《管子》《尸子》《荀子》《韩非子》	
本草类	《神农本草经》	
游记类	《穆天子传》	
其他	《周礼》《周易》《吕氏春秋》《逸周书》《秦地图》《古本竹书纪年》	
山川类	《史记·河渠书》《史记·货殖列传》	秦汉时期
诸子类	《淮南子》	
本草类	《计然万物录》	
地志类	《汉书·地理志》《汉中记》《越绝书》等	
其他	《尔雅》《世本》《长安图》等	
山川类	《水经》《水经注》	魏晋南北朝时期
本草类	《南方草木状》	
地志类	《十三州志》《洛阳记》《扬州记》《敦煌实录》等	
游记类	《佛国记》	
其他	《神仙传》《洛阳伽蓝记》等	

续表

类别	书目	时间
总志类	《括地志》《元和郡县志》《贞元十道录》	隋唐时期
方志类	《吴地记》《桂林风土记》《闽中记》等	
本草类	《新修本草》《海药本草》	
游记类	《大唐西域记》	
其他	《石药尔雅》《三辅黄图》等	
山川类	《梦溪笔谈》《河源志》	宋元时期
总志类	《元丰九域志》《太平寰宇记》《大元一统志》	
方志类	《吴郡志》《临安志》《桂海虞衡志》等	
本草类	《本草图经》《证类本草》《本草衍文》	
交流类	《西游录》《诸蕃志》《真腊风土记》《岛夷志略》	
其他	《云林石谱》《历代地理指掌图》等	
山川类	《徐霞客游记》《西域水道记》	明清时期
总志类	《大明一统志》《大清一统志》	
方志类	《顺天府志》《台湾府志》等	
本草类	《本草纲目》《晶珠本草》	
交流类	《瀛涯胜览》《星槎胜览》《西洋番国志》《天下郡国利病书》等	
其他	《素园石谱》《天工开物》等	

资料来源：中国地质学会. 中国地质学学科发展史[M]. 北京：中国科学技术出版社，2010.

二、西方近代地质学的引进

如前所述，中国古代在地质矿物方面曾经有过许多光辉的论述，但却并未能系统地形成一门科学——地质学。中国近代地质学是鸦片战争以后从西方引进的。

西方的地学思想与知识，在明末清初通过传教士开始传入中国，带来了那个时代西方对地球的新认识，如世界有几大洲几大洋、大地是球形乃至地球是绕日运行之类。中国人以惯用的"此乃中国古已有之"的态度接受了下来。但当时地质学作为一门科学在西方也尚未确立，称得上属于地质学范围的知识传来的不多，有的还杂有谬误，如1659年来华的比利时籍耶稣会教士南怀仁（Verbist, Ferdinadus, 1623~1688）在所著《坤舆图说》中介绍维苏威火山时，说它"昼夜出火，爆石弹射他方，至百里外"现象是描述出来了，但其实这不是燃烧生成的火，原因他就没讲清；接着说："后移一圣人遗蜕至本国，其害遂息。"还说罗马南边所产铁矿挖尽后，25年又会再生等等，更是信口开河了。但就这本书总体来看，书中对地球的重力、大气圈、地下水和地面水的关系、侵蚀作用和地震成因等等，都从科学的角度有所介绍，并已有了地层构造的模糊概念，反映了地质学在孕育时期所达到的水平（南怀仁，《坤舆图说》大东书局据道光二十一年木刻本影印《指海》第12集）。可是，此后由于清廷闭关锁国，特别是雍正（1723~1735）时放逐传教士，致使译事中断百余年，而此时在欧洲正是地质学兴起的"英雄时代"。中国社会对此一无所知，直到大门被迫打开，情况才有了变化。

最先承担起传播近代地质学于中国的是进入中国的西方传教士,他们为了开创传教新局面,有意识迎合国人"师夷长技"的愿望,将宗教和科学结合了起来。当时许多传教士都创办报刊,翻译西书,如英国传教士麦都思主编的《遐迩贯珍》于1853年8月在香港创刊,其主要内容为介绍时事政治、宗教礼仪,也刊登一些介绍科技文化知识的文章,其中包括地质学知识,如地层、地质构造、古生物演化以及与之有关的滑坡、泥石流、矿物等等;再如英国传教士伟烈亚力主编的《六合丛谈》于1857年1月在上海创刊,对地质知识介绍颇多,其中有《地球形势大率论》《水陆分界论》《察地略记》等。此外,美国传教士丁韪良1872年在上海创办的《中西见闻录》(后改名为《格致汇编》),曾分期连载英国地质学家包尔腾所著的《地学指略》一书,对地质知识作了较为全面的介绍。其他报刊如《中外杂志》(1862年创刊)、《中外新闻七日录》(1863年创刊)等,都介绍了一些地质学的知识。

较早传入中国的地理地质学专著为《地理全志》。此书由英国传教士慕维廉所著,1853年~1854年由上海墨海书馆出版,这是第1部用中文写成的涉及地质学内容的著作,它分为上下2编,上编主要论述世界各大洲的自然地理和人文地理,下编分别讲述地质论、地势论、水论、气论、光论、草木总论、生物总论、人类总论、地文论、地史论等内容。

大规模地引进西方地质学是19世纪后期洋务运动以后,洋务派为了解决举办军事工业所需的军费以及铁、铜、煤等原料和燃料的供应,逐渐将主要精力投入到兴办近代工矿企业。为此,他们十分重视翻译和介绍与之有关的矿物学、地质学著作,在上海江南制造总局和京师同文馆里所设立的翻译机构,聘请傅兰雅、玛高温等著名的外国传教士与华蘅芳、徐寿等一批聪明勤奋的中国学者合作,翻译出版了不少西方科技之作,其中属于地质学方面的有《金石识别》《地学浅释》《宝藏兴焉》《银矿指南》《相地探金石法》《开矿工程》等。《金石识别》的原本《矿物学手册》是美国耶鲁大学教授丹那为学生编写的教材。《地学浅释》是莱伊尔将他的地质学奠基之作《地质学原理》的第四卷抽出改编而成。这2部著作都是世界知名、传诵已久的基础读物,它们的中文版印出,标志着地质学作为一门科学,在中国已确立了它的地位。

最先用新法在中国进行地质调查工作的也是一些外国人。1863年~1864年美国人庞培勒从日本深入到中国长江流域、华北和西北等地区调查地质矿产,并著书阐述了中国的地貌特征,指出中国东部的山脉多取北东向,命名为"震旦走向";德国人李希霍芬于19世纪60年代~70年代先后7次考察中国地质地理,足迹遍及山东、辽宁、河北、山西、四川、浙江、江苏等14个省区,1875年出版了《中国》一书。此外,先后到过中国考察的地质学家还有法国的儒伯尔(1866~1867)、匈牙利的洛齐(1877~1879)、俄国的奥勃鲁契夫(1892~1894,1905,1906,1909)、瑞典的斯文赫定(1894~1895,1899~1901)、法国的勒克莱尔(1898)、俄国的柯兹洛夫(1899~1900,1907)、英国的雅克(1900)、美国的维里士(1903)、印度的勃朗(1907)、法国的戴普拉(1909~1911)等。他们对中国地质学的发展起了积极的作用。

引进西方地质学除上述途径之外,还采用了2个办法:一是向外国派遣留学生,直接去外国学习先进的科学技术;二是办新式的学校,在国内培养掌握新技术的人才。

从19世纪70年代开始,清政府接受了洋务派的建议,开始派遣留学生。最早的一批留学生1872年派往美国的30人。以后又派过3批,每批都是30人,其中学矿业的有16人,曾任直隶全省矿政调查局总勘矿师的邝荣光就是其中之一。以后还有被派往英国、日本的。到辛亥革命为止,出国学习地质的留学生主要有王宠佑留美,顾琅、章鸿钊留日,丁文江留英等。

至于中国自办的学校中,开设地质方面课程的除京师同文馆、上海同文馆、广州同文馆之外,还有1867年创办的福建船政学堂、1876年创办的上海格致书院。以后,广东、湖北、唐山、南京还先后办起了矿路学堂,鲁迅就是1902年南京矿路学堂的毕业生。

三、中国地质学的初创时期

中国近代地质工作是从1912年政府部门设立地质科开始的。1911年辛亥革命胜利,次年,中华民国南京临时政府在实业部矿务司下设置了地质科,章鸿钊任科长,这是中国第1次出现的管理地质事业的机构,中国的地质事业从此跨出了第一步。

章鸿钊的地质科长只做了几个月,当年4月政府迁北京,人事变化,机构改组,地质科仍予保留。在北洋政府工商部矿政司司长张轶欧邀请下,丁文江于1913年到北京担任该司地质科长。1913年改地质科为地质调查所,同时还成立了以培养地质人才为目的的地质研究所。

创业初期,困难很多。地质研究所没有房子,没有图书、仪器,便向北京大学借;没有教师,丁文江、章鸿钊和稍后从比利时取得地质学博士之后回国的翁文灏以及从德国学成回国的王烈,都成为这里的教师。研究所招收了30名学员,当年10月开始上课。开始,地质调查所和地质研究所的所长都由丁文江担任,1914年起地质调查所的所长就改由章鸿钊担任。地质研究所招收中学毕业生,学制3年。除地质课以外,还安排一些冶金、采矿方面的课程。1916年7月毕业时有学员22人,拿到毕业证书的只有18人。其中有10多人被分别地质调查所,再加章鸿钊、翁文灏也从地质研究所转到了地质调查所,从此地质调查所才真正开始开展工作。

地质调查所在河北、山东等省测制1:100万的地质图,并对一些矿山,如龙烟、鄂城、井陉铁矿,大同、吉安、峄县煤矿作了调查,提出了报告;对岩石、矿物、古生物的研究工作也开始着手,还派人对上海、天津港口的地质问题和安徽、甘肃的地震作了考察。他们当中的不少人,如叶良辅、谢家荣、王竹泉、李捷、李学清、刘季辰、朱庭祜、谭锡畴,后来都成了著名的地质学家,为中国的地质事业作出了重大贡献。

19世纪后半叶至20世纪初,中国正处在从闭关自守到被迫向西方开放的时期,当时出版的少量地质文献都是西方地学教材的译本。一些西方学者在中国进行了地质调查和探险,出版了关于中国地质的著作。如美国R.庞佩利著有《中国、蒙古与日本之地质研究》(1866);德国的F. von 李希霍芬著有《中国》,这是第一部较为系统地介绍中国地质的著作;美国的B.威利斯著有《中国的研究》。李希霍芬和威利斯的工作为以后中国地质的研究奠定了初步基础。此外,还有匈牙利L. von 洛茨、瑞典的斯文·海定、俄国的B. A. 奥布鲁切夫都曾考察研究过中国一些区域的地质情况。在1910年以前,中国学者编写的地质文献有虞和钦的《中国地质之构造》(1903)、鲁迅的《中国地质略论》(1903)和顾琅的《中国矿产志》(1906)等。

四、中国近代地质学的崛起

1919年以后,中国有关地质的机构、学校、学会先后诞生,新的矿藏不断地被发现,新的研究成果不断地出版,使中国地质界出现了前所未有的繁荣景象。

地质机构:地质调查所在这个时期有了较大的发展。除地质、矿床、古生物等研究室外,又增加了新生代研究室(1929)、沁园燃料研究室(1930)、土壤研究室(1930)和工程地质研究室(1947)。1935年地质调查所从北平迁往南京后,成立了北平分所,后又成立了西北分所(1943)。先后担任地质调查所所长的是丁文江(1913~1926)、翁文灏(1928~1937)、黄汲清(1937~1940)、尹赞勋(1940~1942)、李春昱(1942~1949)。20世纪20年代以后,某些省区也相继成立地质调查所。如河南(1923)、湖南(1927)、两广(1927)、江西(1928)、贵州(1935)、云南(1937)、四川

(1938)、西康(1939)、福建(1940)、宁夏(1943)、新疆(1944)、台湾(1946)、浙江(1949)地质调查所。由于经费困难,这些所工作做得不多。除了地质调查所,全国性的地质机构还有2个:一个是中央研究院地质研究所,成立于1928年,开始设在上海,1935年迁到南京,所长一直由李四光担任;还有一个是资源委员会矿产测勘处,成立于1940年,处长一直由谢家荣担任。同时,一些工矿和省也建立了地质工作部门。直到1948年中国专门从事地质工作的人员有200余人。

培养地质人才的学校:1909年北京京师大学堂曾在理科内设过地质学门,不久因学生过少而停办;1917年北京大学恢复一度停办的地质门并与采冶门合并成立地质学系,由王烈、何杰任教授。此后,南京东南大学(1921)、广东大学(1925)、清华大学(1932)、重庆大学(1935)、西北大学(1939)、台湾大学(1945)、山东大学(1945)、贵州大学(1945)、北洋大学(1945)也都设置地质系或地质组。北京大学地质系(1937)和西南联大地质系(1940)还增设过研究生院,招收研究生。

学会组织:成立于1922年1月的中国地质学会,是中国成立最早的学会之一。出席创立会的创立会员共26人,会上公推章鸿钊为会长,翁文灏、李四光为副会长。以后几乎每年都召开学术年会,还出版了2种期刊:《中国地质学会志》《地质论评》。1929年8月中国古生物学会也宣告成立。

1949年10月以前,中国地质事业发展十分缓慢。地质工作者是在逆境中前进的。由于地质学人自身的不堪落伍,他们在脚踏实地地工作中,取得了一些成绩,特别是那些需要设备资金较少,且能由个人或两三个人去完成的科研项目,如地层古生物学、构造地质学等方面。他们在军阀割据,战事频仍,社会不宁,经费短绌的艰苦条件下,为中国的区域地质、矿床、地层、古生物、构造地质、古人类学等方面作出了一些成就,有些成果受到当时国际地质学界的重视。他们之中,如赵亚曾、许德佑、陈康、马以思(女)在野外调查中,甚至献出了自己的生命。

在地层方面,作为地质基础的地层系统已经基本建立。孙云铸等对古生界海相地层研究富有成果,杨钟健对古脊椎动物、斯行健对古植物的研究已经开始,新生代的沉积和气候研究包括第四纪冰期问题也已提出。早期中国地质学以鉴定化石、建立各区地层系统和开展区域填图为首要任务。从20世纪20年代~50年代,孙云铸、许杰对早古生代地层及三叶虫、笔石等化石,李四光、赵亚曾、田奇㻽、俞建章、黄汲清对晚古生代地层及腹足类、蜓科、珊瑚等化石,尹赞勋、斯行健、潘钟祥等对地层及软体类和植物化石,杨钟健、裴文中对地层和脊椎动物及人类化石都进行了大量的研究工作,取得了显著成就。裴文中在周口店发现中国猿人头骨,更是震惊世界的成果,使得北京一时成为古人类研究中心之一。李四光、赵亚曾、喻德渊在长江中下游的工作,为中国南方地层划分奠定了基础,高振西等在蓟县等地的工作为中国北方中、新元古代地层划分提供了重要的资料。黄汲清对中国二叠纪地层作了全面、充分的研究,并联系世界情况,提出了精辟的见解。其他国家外籍学者中,美国的葛利普、法国的德日进、瑞典的安特生在中国地层、古生物和区域地质研究中也作出了重要贡献。

对中国地质构造的研究,李四光、黄汲清等都作出了重要贡献。李四光在20世纪20年代末的全球性地质构造论文已经预示了地质力学学说的萌芽。他用地球自转速度变化解释地表大规模构造运动的成因,这是中国学者首次对全球构造作出自己的解释;概括分析了东亚不同的构造型式和构造体系;在《中国地质学》(1939)专著中,进一步厘定了不同的构造体系及其形成机制,不仅综述了中国各地地层,而且从构造上提出了许多新的全球性的见解;在40年代正式提出地质力学的学科体系及学术观点。在20世纪20年代~30年代翁文灏、丁文江、李四光都对造山运动进行了研究,30年代赵亚曾、黄汲清在秦岭的工作可以看做造山带研究的开始。在30年代~40年代的战争时期,地质研究的范围扩展到西南和大西北。40年代黄汲清领导地质调查所编出了中国东部14幅1:100万地质图,是中华人民共和国成立后出版的全国地质图的基本依据,对中华人民共和国成立初期地矿事业的发展发挥了重大的作用。黄汲清发表的《中国主要地质构造单位》(1945),对中国地质构造在空间和时间上作了综合性研究,全面论述了中国的大地构造分区和构造发展史,提出多旋回造山观点,具有广泛的影响。

有关岩石矿物和矿床学的研究较为零散,较多的成果是矿床的研究和矿业的记载。早期有章鸿钊所著《石雅》(1921,1927)、翁文灏所著《中国矿产志略》(1919),其后有谢家荣所著《中国的矿床时代与矿产区域》(1937)等。谢家荣在30年代提出了中国特有煤岩类型,其煤岩学研究在当时处于国际先进地位。此外,叶良辅、喻德渊对宁镇山脉火成岩的研究,程裕淇、王恒升、李学清等对岩石学的研究,何作霖、王炳章等对矿物学的研究,谢家荣、王竹泉、李宪民对矿床学的研究,也都取得了有重要价值的成果。中国的石油及天然气地质学研究开始20世纪30年代,潘钟祥最早提出陆相生油的观点(1941)。石油地质勘探工作主要集中在甘肃和四川,玉门地区的工作除系统地石油地质勘探外,还包括了翁文灏领导的最早的地球物理探查工作。

在此期间,地质人员先后调查和发现的矿藏主要有陕北油矿(王竹泉、潘钟祥,1932)、老君庙油矿(孙健初等,1938)、新疆油田(黄汲清等,1942)、白云鄂博铁矿(丁道衡,1927)、白云鄂博稀有元素矿(何作霖,1935)、攀枝花磁铁矿(常隆庆,1935)、广西富(川)贺(县)钟(山)区的铀矿(南延宗,1943)、淮南八公山煤矿(谢家荣,1947)、灌县酒店坪铜矿(郭文魁,1947)、安徽凤台磷矿(矿产测勘处,1947)等矿产地。

总之,20世纪初叶~1949年间,随着"西学东渐"对中国社会的影响,中国近代地质学在顾琅、邝荣光、鲁迅、张轶欧、张相文以及著名地质学家章鸿钊、丁文江、翁文灏、李四光等人的推动下,地质学在中国的发展,以中央地质调查所等地质机构和北京大学地质系等地质教育机构的建立、中国地学会(1909)及中国地质学会(1922)等地质科学交流平台的构建,形成了中国近代地质学建立的三大支柱。尤其是中国地质教育的发展,为中国地质工作和地质学科的发展提供了一定的人才支持和智力保障。旧中国的高等地质教育在发展中国地质学科建设中有其特殊的重要贡献,它为新中国地质事业和高等地质教育事业的发展准备了一批骨干力量,奠定了一定的人才基础。

五、新中国地质科学的发展

1. 新中国地质科学的第1个发展期

中国地质学会在《中国地质学学科发展史》(2010)中总结指出,中华人民共和国成立前留给我们的基础很薄,当时全国仅十几个地质调查和研究机构,全部职工也不到800人,其中地质技术人员仅仅300人;留下的钻机只有十几台。全国已探明有储量的矿产只有18种,探明的储量为数更微。

1950年政务院决定在财政经济委员会和文化教育委员会的共同领导下,成立中国地质工作计划指导委员会,李四光任主任委员,尹赞勋、谢家荣任副主任委员,下设地质研究所、古生物研究所(属中国科学院)和地质勘探局(属财政经济委员会)。全国原有地质机构的地质人员在委员会统一组织下,绝大部分分赴各重点矿区工地进行地质调查勘探工作,一部分筹建地质院校,把分散的地质工作力量组织了起来。1952年国家设立了地质部,把地质工作纳入国家计划,担任全国地质计划指导委员会的主任委员和地质部部长的是国际著名地质学家李四光。除了地质部,当时燃料工业部下设的石油总局和煤炭总局以及水利、铁道、建筑等部门,也都组建了自己的地质队伍。1952年11月召开了全国地质工作会议,毛泽东题词"开发矿业"并发表重要讲话。中国科学院也相继建立地质研究所、古生物研究所和古脊椎动物研究室(后为古脊椎动物与古人类研究所)。各省市区的地质调查和地质勘察队伍也相继建立,形成了从中央到地方的各级地质事业管理机构、科研和地质调查队伍。1952年地质教育机构调整,成立北京地质学院和东北地质学院(1957年改名为长春地质学院),有关工业部门的院校也设有地质系或独立设院,各大区还创办了中等地质学校,连同综合大学的地质系,形成了多层次的培养地质人才的教育体系。地质勘查、科学研究和教育三位一体的建设方针,出现了地质工作大发展的局面,使新中国的地质勘查事业和地质科学研究成为全国捷报频传的最活跃领域。从1953年~1966年仅地质部所属院校毕业的大中专学生和研究生约7.5万人,全国形成了一支拥有近10万人的地质科技人员和近40万人的地质职工队伍,为地质科学的发展奠定了基础。在这一阶段,全国范围内有计划地1:20万地质调查制图带动了各地质学科的快速发展。大规模地区域调查积累了大量实际资料构成了这一阶段地质研究成果的坚实基础,成为新中国地质科学的第1个发展时期。

在第1个五年计划期间,围绕着国家156项重点建设项目,对鞍山、大冶、白云鄂博、宣化等铁矿,白银厂、铜官山、东川、中条山等铜矿,个旧锡矿,渭北和淮北煤田等10多个大型矿区进行重点勘探;1956年进而开展了全国范围的矿产普查。苏北、东海和南海珠江口、北部湾等处的石油普查,都是这期间开始的,并不断取得可喜进展。铁、煤、铜、铝、钨、钼、金、银等几十种矿产,都探明了许多储量。彭志忠于20世纪50年代就已测出了葡萄石的晶体结构。自那时中国不断发现新矿物,到20世纪末已达9余种。50年代~60年代在祁连山造山带开展的综合考察初步查明了构造—岩浆—成矿的基本格局。由徐克勤(1963)在华南开展的多期花岗岩石类型及成矿关系的研究取得了重要的成果。矿床学研究的学术思想活跃,对长江中下游等成矿带的研究导致矿床多种成因的认识,也形成了不同的成矿理论。

中华人民共和国成立后第1个10年所取得的地层、古生物的丰富素材使广大面积的区域地层系统得以建立,促进了海相生物地层的研究,完善了不同区域之间的地层对比。石油勘查的开展推动了盆地的研究和微体古生物学的发展,也促进了陆相地层的横向对比研究。特别是第1次全国地层会议的召开(1959),尹赞勋、赵金科、杨遵仪等有计划地推动了地层和古生物的总结工作,20世纪60年代初出版了《中国各断代地层总结》(1962)和《中国各门类化石》两套系列专著,同时制定了中国第1个地层工作规范。这些系统总结与同期的西方学术界相比,处于同一水平;而寒武系和第四系的研究成果,特别是第四纪黄土专著的出版,则更为突出。这个时期积累的丰富的区域地质资料引发了编制全国性地质图件的高潮。当时由于受前苏联的启发,特别重视大地构造的研究,因而一时形成构造学派林立的局面。其中以黄汲清的"多旋回说"(1945,1960)应用最广,张文佑的"块断说"(1959,1973)、张伯声的"镶嵌说"(1962)和陈国达的"地洼说"(1959)也各有新意。70年代尹赞勋和李春昱介绍和引进了板块构造学说。地质力学则在原有的基础和更高的层次上,进一步完善了其理论体系和研究方法,并在矿山、油田构造应用方面都取得了重要的成果,解决了一些实际问题。李四光、黄汲清、谢家荣先后根据构造和沉积理论,提出中国成油条件和油田分布规律,为油田的发现和开发作出了重要贡献。同时还编制了全国构造体系图。张文佑50年代以断裂构造体系为指导编制了第一幅1:400万中国大地构造图;在中国在黄汲清的指导下,任纪舜等结合板块构造观点编制了1:400万中国大地构造图;李春昱等以板块理论为指导编制了1:800万亚洲大地构造图等。

在应用地质学科方面,石油天然气的勘探为潘钟祥等(1941)提出的陆相生油理论提供了依据。20世纪50年代后期克拉玛依油田和大庆油田的发现肯定了陆相生油的基本认识。在勘探过程中大量应用了地球物理勘探方法,促进了应用地球物理的发展。此外,自60年代开始的近海大陆架油气资源调查促进了对陆架上沉积的了解,推动了海洋地质的发展。中国干旱地区的水资源问题一直受到特别关注。1958年编出了全国1:300万水文地质图。60年代为了农业水利化开展了大量调查研究,还进行了全国性的水文地质普查制图。十年动乱是地质科学受到严重影响,但在1972年以后有些地质研究已经恢复,如宁芜火山岩地区铁矿成因的研究。一些紧迫的工作如石油勘察和边远地区的综合考察收到的干扰也较小。全国1:400万地质图和1:500万亚洲地质图都是在70年代前、中期编制出版的。

新中国地质科学的第1个发展期大致可分为4个阶段:1949年~1952年是经济恢复、地质矿业新体制建立期;1953年~1957年确立经济建设引领地质学学科建设和地质学学科为经济建设服务的总体格局;1958年~1965年中国地质学学科发展的第1个繁荣期;1966年~1978年这一时期中国地质学在艰难中迂回行进。

1949年~1978年期间,中国以形成比较完整的地质科学体系。在中国地质资料整理的基础上,出版了大量地质科学教材、学术论文和专著,为培养地质人才和学术繁荣开创了良好条件。学科的发展,为解决国家的能源、资源、环境和工程建设,减轻地质灾害诸多领域的重大问题发挥了作用。这一时期地质工作和地震学科的发展成就主要由以下几个方面:

(1)大规模的区域地质调查带动了个地震学科的快速发展,所积累的大量实际资料构成这一阶段地质科学研究成果的坚实基础。这是一项具有战略意义的基础地质工作,为全国年代地层学建立了框架,为总结地质演化规律、寻找国民经济建设所急需的矿产资源提供了地质背景等打下了坚实基础,也是各分支学科的新理论和新技术方法形成的重要源泉之一。全国1:100万、1:400万等系列地质图件都是在这一时期编制出版的,1:500万《亚洲地质图》则是中国首次编制的洲际地质图。区域地质调查工作为基础学科(如普通地质学、矿物学、岩石学、沉积学、地层学、古生物学与地史学、构造地质学、区域地质学等)建设提供了丰富的资料,快速全面提升了这些二级学科的水平,多数学科已接近同期世界水平。

(2)大庆油田等陆相盆地油气田的发现,不仅使中国脱掉了"贫油"的帽子,石化工业成为中国的支柱产业,而且形成了完整的陆相盆地生油和成藏理论,总结完善了油气区的地质构造、沉积盆地分析、沉积相、储层地质学、复式断块油田和复式油气聚集区带控制规律分析等理论和方法,建立了陆相石油勘探开发的整套技术,在国际上产生重要影响。

(3)矿产资源的发现和开发是地质学科学技术发展的重要标志。探明储量的矿产由1949年的2种,到1966年增加到148种钨、铜、锑、菱镁矿、滑石等20多种矿产探明储量据世界前列,成为世界上资源比较丰富、矿种配套较为齐全的少数国家之一。铀矿的找矿突破,使中国发展核能工业有了资源保障。铀矿床学也从矿床雪中分离出来,成为一门独立的分支学科。能源与矿产资源勘察开发,带动了矿床地质学、煤地质学、石油与天然气地质学等应用学科的发展。

(4)区域性水文地质调查是查明全国地下水的分布和形成规律的基础工作,其成果对国土规划、农业规划、地下水开发规划以及干旱地区的地下水资源调查等起到重要作用。

(5)确保重大工程安全,减轻地质灾害,工程地质学发挥了基础性作用。中国地质构造复杂,地貌条件多变,地质灾害频发。中华人民共和国成立后大规模的基本建设全面展开,水利、铁路、工矿基地、新兴城市建设等复杂的工程地质问题和地质灾害治理、预报预防的重大科学问题,必须建立在地质学和工程地质学等相关学科综合研究基础上予以解决。众多重大工程成功的地质勘测和监测网络为国家基础建设提供了可靠的地质资料和技术保障。人类的工程活动对地球表层系统施加了强烈的干扰,重大工程建设与地质环境相互作用的过程受到高度关注,不仅促进了地质学与工程学的交融,工程地质学和工程地质力学迅速发展,并从中导出灾害地质学和环境地质学。地质学与地震学的结合,也在这个阶段形成有中国学术特色地震地质学。

(6)中国构造地质学说百花齐放,学术流派众多。1965年中国地质学会第1届构造地质学术会议,各大地构造学派的学术争鸣成为影响深远的学术佳话。多旋回构造说、地洼构造说、断块构造说、波浪镶嵌构造说和地质力学成为不同学者和学术流派依据中国地质特征阐述地壳构造格局及地壳运动的学说。

(7)技术方法类学科,如勘探地球物理学、勘察地球化学、同位素与放射性元素地球化学(地质测年技术)等,在追赶国际水平方面做出了巨大努力,学科的理论、方法和技术手段有了明显的提高。

2. 1978年改革开放以来是中国地质科学的大发展时期

中国地质科学与国际上的交流是在20世纪70年代后期开始恢复的。"文化大革命"结束以后,通过拨乱反正,落实知识分子政策,地质科学在经过短期的恢复后得到迅速发展。特别是吸收当代世界地质科学革命的成果,采取多种措施为科技创新搭建地质科学研究平台,如成立了一批不同类别、不同层次的国家重点开放实验室,引进和研发一批大型科学仪器设备和高精度测试技术装备,使地质科学的研究深度达到核幔边界,地球物理精确测定可达10^{-8}厘米级,地质测年范围达到几百年~40亿年,极大地拓展了地质科学认识和探索地球的能力。因此,不仅使中国地质科学获得了大发展,并且形成了中国特有的地质文化现象,从而在国际地质学界产生了许多有影响力的成果,标志着中国地质学研究对国际地质学领域的新贡献,标志着中国地质科学已从引进吸收开始步入学术创新的道路,并不断汇入国际地质学的知识殿堂。开展对外交流,逐步与国际接轨。各分支学科研究的深入和各分支学科之间的交叉碰撞,以至与地质相关学科间的交叉碰撞,产生了许多新的分支学科和交叉学科。地质学、地球物理学和地球化学各有侧重而又携手并进地研究固体地球,进而与其他相关学科,如地理科学、大气物理科学、生物科学、水文科学、土壤科学以及人文社会科学共同研究由生物圈、大气圈、水圈、岩石圈和人类圈组成的地球表层,逐步形成更为宏观的地球系统科学,为揭示地球的奥秘和解决当代世界出现的人口、资源和环境问题,营造人类的美好前景而发挥应有的作用。

改革开放以来,地质部和各工业部门的地质工作者奋战在祖国辽阔的地面、空中和海上,为祖国四个现代化建设提供了一个又一个矿产基地,一份又一份地质调查报告,还先后出版了《中国地层》《中国大地构造图》《中国构造体系图》《全国水文地质图》《西藏高原地质图》等重要成果。到1997年底世界上已知的矿产我们都已找到,其中153种已探明储量;稀土、钨、锡等20种矿产的探明储量,居世界前列。随着地质生产事业的发展,地质科研和地质教育事业,也都有了很大发展。科学研究机构除了20世纪50年代初期设置的中国科学院地质研究所和古生物研究所外,又设立了兰州地质研究所、贵阳地球化学研究所、长沙大地构造研究所等。地质部则于20世纪50年代末建立起地质科学院,下面分设若干研究所,各大区、省、市也都设有地质研究所。至于地质院校,1952年院系调整时,就在北京、长春开办了2所地质学院,以后又陆续在成都、西安、抚州、武汉等地开办了地质学院。北京大学、南京大学、中山大学、兰州大学、西北大学的地质系,也不断扩大规模,充实设备,加强力量。如今中国已拥有地质科技人员7万多,比50年代初扩大了230多倍。在此同时,地质工作的范围和地质科研的领域也不断扩大。

20世纪中后期出版的全国区域地层表和各区古生物图册是对长期积累的资料的较全面地整理。1979年第2次全国地层会议后,修订了《中国地层指南》(1982),出版了中国地层及对比系列专著,吸取了《国际地层指南》的先进概念。按15个断代的《中国地层典》于1999年全部出版。中国命名的乐平统(世)吴家坪阶、长兴阶成为二叠系上统(晚世)年代地层划分的标准单位进入国际地层表。按照《全国层型剖面及点》(GSSP)的工作方法,经过几代学者特别是陈旭、杨遵仪、盛金章、殷鸿福、金玉玕等的不懈努力,成功地使浙江常山黄泥塘剖面建立的中奥陶统达瑞威尔阶(1997)、浙江长兴煤山D剖面建立的二叠—三叠系印度阶(2001)、湖南花垣排碧附近的寒武系全球排碧阶和芙蓉统底界(2002)、广西来宾蓬莱滩剖面的二叠系乐平统吴家坪阶底界(2005)、浙江长兴的二叠系乐平统长兴阶底界(2005)、湖北宜昌王家湾确立了奥陶系赫南特阶(2006)、湖北宜昌市黄花场剖面的全球下奥陶统/中奥陶统界线(暨大坪阶底界)(2007)、湖南古丈县罗依溪镇寒武系古丈阶(2008)、广西柳州碰冲剖面建立的石炭系维宪阶(2009)、浙江江山县碓边村附近的碓边B剖面建立的寒武系江山阶(2010),取得国际上的认可,成为国际标准层型,中国也成为世界"金钉子"最多的国家。前寒武纪地质涉及地球形成的早期史和多方面的综合研究,在这方面加强了对外交流,提出了关于前寒武纪早期构造发展过程的观点。从60年代以来,元古宙各期化石的发现在一定程度上改变了对生物早期演化史的传统认识。老于38亿年的定年研究使中国原始古陆核的存在得到证实。从80年代起寒武纪研究开展了国际合作,增强了学术交流,在中国召开的有关寒武纪地址的国际会议近10次。

在古生物领域生命演化研究在国际学术界大放异彩。中国地层发育完整,类型多样,研究古生物具有得天独厚的优越条件,一系列标志性成果的取得确立了中国古生物学研究的国际地位。澄江动物群为代表的寒武纪生物大爆发,被誉为"20世纪最惊人的发现";凯里生物群、瓮安生物群等在前面人研究基础上又有重大发展,被认为在解决早期生物演化的科学问题方面有重要的科学意义。热河生物群不断发现鸟类与恐龙类化石,恐龙与鸟类的关系在科学界引发争议。从20世纪90年代初开始,随着一些保存完整的似鸟类恐龙和早期鸟类等重要化石的发现,填补了鸟类演化谱系的空白,随后一系列哺乳动物、翼龙类等化石的发现,把热河生物群的研究逐步推向了国际前沿。同时,热河生物群中最早的被子植物以及珍惜昆虫类和最早的哺乳动物化石都属于重大的科学发现。

第四纪与古气候、古环境、全球变化以及水文地质、工程地质都有密切关系。重要的研究成果一是黄土的深入研究;二是青藏高原的综合考察。自20世纪70年代以来,建立了与全球冰期气候变化相联系的理论模型,得到国际上的赞誉。第13届国际第四纪地质大会在中国召开(1991),刘东生当选为主席。

20世纪70年代也是沉积学革新和发展时期。70年代中期板块构造学说传入中国。到80年代初对与板块活动论相联系的中国构造轮廓及岩浆活动的时空分布都已有所了解。王鸿祯等编制了以沉积古地理和构造古地理为中心内容的多断代、多图种的《中国古地理图集》(1985)。90年代,刘宝珺等又编制了《中国南方岩相古地理图集》(1994)。

20世纪70年代又是古生物学科的重要创新时期。新概念包括"间断平衡说"和"系统分支学"等新灾变观的生物进化观点与"绝灭""复苏"和"爆发"等一系列认识。近年来中国有举世瞩目的2个生物群的重大发现,早寒武世的澄江生物群和早白垩世的热河生物圈的发现和研究。对其丰富内容的研究可能部分地改变我们对生物演化过程的认识。

板块构造学说的出现几乎影响了所有的地质学科分支。20世纪80年代前期,李春昱编出了《亚洲板块构造图》(1982)。各个构造学派也都推出了新一代的大地构造图或说明书,或多或少地吸取了板块构造学说的一些先进概念。张文佑以断块学说为主,吸收板块思想,编制了1:500万中国海陆大地构造图。1986年杨遵仪、程裕淇、王鸿祯合著《中国地质》,在系统论述地层和岩浆活动的基础上,以活动论板块观点和阶段论的观点解释了中国地质构造发展史。马宗晋(1994)将地质力学的一些概念、方法用于晚近期全球动力学的研究,对地质力学是一个有意义的发展。自80年代以来任纪舜等一直继承黄汲清多旋回说的学术思想,2000年完成了新一代1:500万中国大地构造图及说明书。现代地质构造学的特征之一是加强了韧性剪切带和大幅度走滑断层的研究,开展了显微构造和流变现象的研究。马杏垣将其命名为"解析构造学"(1981)并主持编制了《中国岩石圈动力学图集》(1989)。肖序常、李廷栋等组织了青藏高原的地质研究和国际协作交流。

在矿物学方面,彭志忠于20世纪80年代中期提出准晶态的分数维模型,是中国研究准晶态的第1人。董申保近年来在花岗岩的研究方面提出了深刻的认识。一些学者将岩浆岩的系列和组合研究与板块构造理论相结合,成为有用的大地构造标志,广泛应用于造山带古大陆边缘和碰撞带的研究。池际尚等(1988)在壳、幔岩石包体方面进行了有效的工作。80年代董申保、沈其韩等组织编制了全国1:400万变质图,带动了古老基底高压变质带的研究。特别是在大别—苏鲁超高压变质带得到了国际上的普遍关注,推动了地球化学和同位素地质学的发展。地球化学在油气勘探和造山带岩石圈演化方面,同位素地质学在准确定年和深层地质探索方面都起到了重要作用。80年代以来开展了区域成矿规律的研究。程裕淇等(1979)提出成矿系列的概念,涂光炽等(80年代)概括了中国的成矿作用类型和地球化学特征,翟裕生等(90年代)初步总结了中国的区域成矿特征。

在应用地质学方面,20世纪80年代~90年代由于学科交叉发展和新技术方法的出现,煤炭、石油、天然气盆地地质与地层、沉积和构造的基础研究联系起来,由此建立了陆相生油理论。煤成气、气源岩和气藏模式的研究使天然气地质学逐渐发展成为一个应用分支学科。水文地质和工程地质在80年代~90年代与环境问题发生了密切的联系。中国西南地区广泛分布的碳酸盐岩岩溶严重地制约着地区经济发展。90年代的岩溶研究取得了较系统的理论成果,提出了岩溶环境系统的概念(1998),使岩溶地质学发展成为水文地质学中的一个新的分支。

中国海洋地质工作起步较迟,但发展很快。刘光鼎主编出版了《中国海区及领域地质地球物理系列图》(1993)及专著(1992),汪品先(20世纪80年代)以微体古生物与沉积学相结合对中国海域环境进行了研究,推动了海洋地质学的发展。数学地质是以数学为工具,以建立模型为内容,以求解地质问题的新兴学科,从进行矿产资源的预测逐步拓宽应用于资源、灾害及环境各个领域,形成一个单独的体系。赵鹏大在这方面作出了重要贡献。还有一些新的分支学科如天体地质学和勘察地球化学等,欧阳自远、谢学锦都进行了卓有成效的研究。1996年在中国召开了第三十届国际地质大会,全面展示了中国学者在各个地球科学领域中取得的重要成果,引起国际上的重视。

从20世纪70年代以来,中国地质学者积极参加了国际合作对比计划和岩石圈计划的学术活动,在青藏地质和前寒武纪地质的研究方面取得了重要成果,推动了中国地质科学与国际地质科学共同前进。

(王仰之)

第二节　中国地质科学发展特点及主要成就

一、中国地质科学发展的特点

地质科学是人类在创造和发展自身美好生活过程中不断形成发展起来的一门学科,中国地质科学也取得了长足的发展。《中国地质学学科发展史》(中国地质学会,2010)对中国地质科学的发展特点进行了全面总结。

1. 中国地质科学主要是从西方引进而发展起来的

中国古代的人们对自然现象有不同程度的认识,特别是那些人们能直接感知的天象、地质象、地震象、气象、水象、海洋象、植物象、动物象和人体象都有所记载。就地质象而言,有山崩、地裂、地陷、地鸣、温泉、水沸、泉涌、火山、矿物、化石、溶洞等。至于同属于地质现象的地震，感知更多。但是，对于这些地质现象的理解却是朦胧的。即使像《山海经》《禹贡》《管子》《乐雅·释地》《吕氏春秋·有始览》《史记》《汉书》《后汉书》《通典》《通志》《文献通考》等著名的文献，以至沈括的《梦溪笔谈》、李时珍的《本草纲目》等很少涉及地质现象，即使有所记录，也只是就事论事，而不是就事论理。徐宏祖的《徐霞客游记》所记述的地质现象也只是岩溶洞穴而已，其余都是外动力地质作用那些看得见、摸得着的现象。中国古代产生了传统的地理学，并没有产生传统的地质学。

传统地质学产生于西方，是工业革命的产物。主要以考察地质现象为目的的旅行和探险，是从18世纪开始的。从零星的地质现象的描述记录和分析，到地层层序的建立，整整用了1个世纪的时间。在18世纪~19世纪之交出现水成论和火成论的争论，对经典地质学的形成和发展起着推动作用。直到19世纪中叶地质学方法论的突破，如莱伊尔的"均一性原理"，即地球自然过程和地质营力的"古今一致性"，建立在"一致论"基础上的将今论古的现实主义方法。人们依照自然规律的守常性对过去不同地质时代的事件进行归纳和对比，便取得了对地球普遍原理的认识，于是产生了静态地质学（如矿物学、结晶学、岩石学）、动态地质学（如冰川漂砾、侵蚀循环、地震等）和历史地质学（如古生物学、古地理学、构造古地理学等）。莱伊尔的《地质学原理》奠定了地质学学科的基础。

在西方工业化时代，中国正是明末清初时期。一直到清代末年，帝国主义列强用枪炮砸开了中国闭锁的大门，中国为了摆脱列强的羁绊，掀起了洋务运动和夭折的维新运动，保守的清庭也不得不考虑中国的自强。19世纪后半叶，尽管一批外国地质学家抱着不同的目的来中国进行地质考察，留下了一些考察报告和著作，但由于无研究地质的人才参与，更没有地质机构，当时对于中国地质学学科的创建无帮助。期间虽然翻译了一些地质著作，只能说是中国地质学学科处在孕育阶段。只是到了章鸿钊、丁文江、翁文灏等相继在国外学习地质并先后回国，着手在国内培养地质人才，建立地质调查机构，办好地质教育事业，组建中国地质学会，创办地质学术刊物，通过这些有效的工作才使地质学学科在中国逐步建立起来。

2. 中国地质学科的建立起步虽晚，但发展迅速

章鸿钊于1912年1月建议，丁文江于1913年秋创办地质研究所和地质调查所，前者为培养人才的机构，后者为从事地质调查的机构。地质研究所于1914年正式开课，经过3年培训，于1916年夏结业，毕业生中有13人进入地质调查所，使地质调查所得到充实，迅速开展地质调查工作。李四光于1920年秋从英国回来应聘到北京大学地质系任教，同时美国地质学家A. W. Grabau也应聘担任北京大学地质系教授，大大提高了地质系的教学质量。后来，东南大学、清华大学和中山大学先后创办了地学系和地质系，开始培养地质人才。1922年成立中国地质学会，1928年建立中央研究院地质研究所，1940年建立地质测勘处。《中国地质学会会志》于1922年创刊，为以西文为主的学术刊物，1936年创办中文学术刊物《地质论评》，各地质研究、调查机构也都办有各自的学术刊物。中国地质学学科的建立虽然比西方晚了1个多世纪，而一整套地质学学科体系都在短短的20年~30年的时间内已经完备。传统地质学的基本分支学科，如地层学、古生物学、矿物学、岩石学、构造地质学已在中国生根发芽，并迅速发展。

3. 中国地质学学科的发展较多地受到政治的干扰

中国社会多灾多难，中国的近现代史错综复杂，经历了辛亥革命、军阀混战、日本侵华、解放战争、思想改造、合作化运动、反右派斗争、人民公社和大跃进、反右倾、四清运动和文化大革命等各种政治的、军事的、思想的冲突。这些冲突使得以文化为特征的文学艺术和科学技术或多或少地受到干扰。

辛亥革命推翻帝制,建立民国,一批爱国知识分子抱着实业救国和科学救国的使命创立中国地质事业和地质科学,如章鸿钊、丁文江、翁文灏、李四光、黄汲清、谢家荣、赵亚曾、杨钟健等。日本侵华,东北沦陷,全民抗日,工厂、学校迁往西南,中国人民处在水深火热之中,这对中国的经济、社会、文化的发展有很大的影响。然而,中国地质学者仍然奋发图强,在地质科学上做出了很大的成绩。裴文中发现北京猿人头盖骨,李四光在英国讲学著成《中国地质学》,黄汲清在重庆的防空洞里写成了《中国主要地质单位》,潘钟祥、黄汲清等提出了陆相生油理论等等,一批地质人才从漂泊的西南联合大学和中央大学等高等学府被培养出来。1936年创刊的《地质论评》的刊名右上角缺失一块,左下角也不完整,表明中国东北沦陷和西南领土不完整的国耻在地质学人的心中痛楚和图强雪耻的决心。北京猿人头盖骨的丢失是这场战争对科学技术干扰的实证。

中华人民共和国成立前夕,中央研究院地质研究所、中央地质调查所和经济部矿产测勘所3大地质机构的地质人员采取各种办法,保护财产,迎接解放。虽做好准备,为新中国的经济建设贡献力量。同时,一批在国外工作和学习的地质学者纷纷回国效力。

中华人民共和国成立初,政治上一边倒,学习苏联,实行一部一院一校制,即一个政府部级机关设一个研究院、一所学院,科学技术也都学习苏联,苏联专家在部院帮助工作。这对于中国地质科学的发展既有利也有弊。"文革"使地质科学发展受到极大冲击。改革开放使地质科技人员的积极性勃然激发,地质科学技术突飞猛进地发展,中国地质科学水平得到前所未有的提高,地质部门为国家经济建设提供了足够的矿产资源和地质资料。但地质科学的发展仍落后于世界水平。

4. 中国地学科学的形成和发展具有明显的地域特征

在数、理、化、天、地、生6大学科中,地球科学的地域性是其最明显的特点。地质科学作为地球科学的重要组成部分,地域性也十分明显。

中国大地处在世界上最大的欧亚大陆的东部,世界上最大的太平洋西岸。在地质构造上,位于欧亚板块、印度板块、太平洋板块和菲律宾板块的中间位置,特提斯—喜马拉雅构造带和环太平洋构造带交接部位的内侧。组成中间大陆的克拉通,如塔里木克拉通、扬子克拉通和华北克拉通都是小型板块,其他地块的个体则更小。这些状况致使中国的克拉通并非像地球上其他克拉通那样稳定,其间的造山带也并非像世界上其他造山带那样活动。中国的这些地质特点是形成5大大地构造的基础。由上述克拉通和造山带的特点,加上地壳运动的多次性,中国成矿条件也与世界上其他地区有所不同。首先是中国矿产品种较多,但是那些稳定的克拉通和活动的造山带特有的矿产却缺少或者不富,超大型的矿产较少,而叠加成矿共生矿和伴生矿较多,海相和陆相成矿兼有。印支、燕山和喜马拉雅造山旋回的反复作用,使得中国中新生代成矿作用占有重要的地位。特别是喜马拉雅和青藏高原新生代持续至今的隆升作用,新生代以至近现代的成矿作用已引起地质学家的特别关注。

喜马拉雅山和青藏高原的形成是冈瓦纳大陆和欧亚大陆多次碰撞的结果。如果说大洋中脊是板块活动的一个重要标志,那么碰撞带是板块活动的一个重要结果。喜马拉雅山和青藏高原形成的动力过程和结果以及今后活动的趋势是当代地质界特别关心的重要问题,它是解剖地球内部、了解地球历史的窗口。

中国石灰岩分布广,并分布在热带、亚热带、温带和寒带几个不同的气候区,且经历了新生代气候和环境的复杂变化。因此,中国喀斯特(岩溶)过程十分复杂,喀斯特现象多样,海拔高度的差异更增加了喀斯特过程的复杂性和喀斯特现象的多样性。

中国处在地球上最典型的季风气候区,受到东亚季风和南亚季风的影响。东亚和南亚季风的形成历史都比较久远,东亚季风在欧亚大陆和太平洋的格局成型后就已形成,目前可以追索到上新世以至中新世,南亚季风起码在青藏高原达到2000米以上高度时就已形成。季风的形成和消长对西部沙漠、高原湖泊以及西北和华北地区的黄土—古土壤系列的形成,甚至对第四纪冰川的抑止作用,都有影响。

在中国西北和华北地区广泛分布风成黄土,黄土还零星分布在东北、华东和华中地区北部、西南的局部,以及黄海和东海北部的一些海岛,东海北部和黄海的陆架上还有风成砂。仅从黄土—古土壤系列反映的第四纪气候变化规律就已可大致恢复第四纪东西季风的大概面貌,假以第四纪海面变化和湖泊演变、沙漠进退以及冰川扩缩,可更精确地恢复第四纪的自然面貌。

二、中国地质科学的主要成就

改革开放以来,中国科学家在基础地质、矿产资源、地质灾害、全球气候变化等重大地学领域中取得了一大批创新性成果,为国民经济建设、社会发展及地球科学的进步作出了重要贡献。也使中国地质学家走出了国门、中国地质科学走向了世界。

1. 地质学主要分支学科已基本配套

原有基础的研究领域如地层、古生物、构造地质、岩石、矿物等,研究内容和范围已在不断扩大和深入,并不断应用新理论、新观点、新技术、新方法促进学科的更新和发展。若干新兴前沿领域如岩石圈结构和演化、大陆板块构造、地球内部物质研究等,得到了重点加强和扶持,为进一步发展打下了较好的基础。同时,中国已开展对南极科学考察,在南极建立了考察站;对中太平洋进行了地质资源综合考察研究。从而使中国地质科学走向全球有了良好的开端。

2. 地质科学基础理论研究取得一批重大成果,某些领域已达到国际先进水平

随着中国经济建设、社会发展的需求和科学技术自身发展的规律,中国地质科学蓬勃发展,并在若干领域的研究跻身于国际先进行列。从地域背景来看,中国具有的许多世界上独特的自然环境和资源条件有利于地球科学研究的发展。例如,青藏高原巨厚的地壳及其隆起对全球气候产生了显著的影响;东部滨太平洋成矿带和绵亘东西的中亚成矿带的地质演化和成矿条件颇具特色;黄土高原覆盖面积之大,黄河泥沙含量之高,举世闻名;中国还是板块内部地震活动性强的国家,历史地震资料丰富;中国诸多时代的地层比较完整,埋藏着独特的古生物群,是进行古生物、古人类与古环境研究的优越场所;中国有漫长的海岸线、辽阔的海域和陆架区,生态环境独特,矿产资源丰富,物理、化学、生物和地质过程复杂,为研究陆海相互作用和边缘海形成、演化及其动力学提供了理想场所。所有这些,都给中国地球科学的研究带来特色,形成优势,并产生了一批在国际上具有重大影响的研究成果。

中国大陆动力学和造山带构造演化研究获创新成果。在江苏省东海县实施的中国第1口全孔取心科学深钻工程,解决了大别—苏鲁超高压变质带地质演化等系列科学问题,提出了新的"陆—陆碰撞深俯冲剥蚀模式",揭开了地下深部面纱;总结了青藏高原隆升的大陆动力学机制,在青藏高原基底构造、地层格架、构造—岩浆序列、东特提斯形成演化、地体拼合和碰撞造山及对成矿的制约等方面取得新认识;重要造山带地球动力学研究取得系列新成果,初步建立了不同造山带的构造—岩浆演化格架;建立了中国及邻区岩石圈三维结构模型;新发现和厘定了一大批重要的岩浆岩体,获得海量的地球化学分析和同位素年龄数据,对研究构造—岩浆热事件及成矿作用提供了重要资料。

中国科学家关于陆相生油及区域大地构造的认识和地球物理勘探原理、方法的发展,使中国石油天然气勘探不断出现突破。在全国区域地质调查基础上,中国发现了171种矿产,其中159种矿产获得探明储量,直接为工业化提供了物质基础;在找矿实践中发展的诸如层控矿床等理论,又

赋予找矿以重要启示和推动。青藏高原、大别山、秦岭等一系列造山带与盆地的研究,对了解这些地区的地壳结构和其他自然条件,扩大能源和其他自然资源的远景,以及对国际岩石圈研究的发展,都起了重要作用。重建更新世以来不同时间尺度气候序列和古环境背景分析,以及控制中国东部环境的古季风变迁理论;澄江动物群、西峡恐龙蛋化石、中华孔子鸟化石的发现以及古人类与古文化研究,在国际上引起了强烈反响。还有,像空间大地测量网的建立和亚洲地质图、中国地质图、内生金属成矿图、第四纪地质图、古地理图、土地资源图、土地利用图的编制等在世界同类研究中都是引人注目的成就。例如,青藏高原和黄土高原的形成机制、过程和规律及其对亚洲东部地区自然环境影响的研究;陆相生油理论及据此找到的大油田;"多旋回""地洼""断块"等大地构造理论都得到应用;地质力学理论和方法被引入煤、油、气田和金属矿床以及地震预测的研究取得了一定进展;板块构造理论对煤、油、气田形成和后期改造作用的控制受到重视;层控成矿学说;10个地层界线层型剖面与点位、活动断层和地震地质研究;岩溶地质;岩体工程地质力学;新矿物研究;古被囊动物化石、"澄江动物群""淮南生物群""庙河(瓮安)生物群""关岭生物群"和辽西中生代原始鸟类的发现与研究;古脊椎动物与古人类的发现与研究等等。

建立了中国大陆成矿体系与矿床谱系,区域成矿理论自主创新世界领先。由全国40个单位、220多位专家历时4年完成的"中国成矿体系与区域成矿评价"项目,对包括固体金属矿产、非金属矿产和能源矿产在内的4640个矿床进行了全面研究,对中国矿产资源成矿规律进行了专题性、区域性和全国性不同层次的系统总结,统一了中国矿床成矿区图和成矿系列图的编制方法,重新划分了中国主要的成矿区带,提出具有中国特色的大陆成矿理论体系,同时对全国重要矿产资源潜力进行了评估,提出了优选靶区,不仅有效指导了找矿工作,也为全国地勘工作的部署提供了重要参考。由中国地质科学院地质研究所承担的"中国岩石圈三维结构"项目建立了中国岩石圈三维结构数据库和中国大陆18个代表性地区岩石圈岩石结构柱状剖面,总结出岩石圈构造单元划分的6条原则。项目编制的《中国岩石圈三维结构特征图集》和《中国及邻区岩石圈三维结构动态模型图》,为全面了解地下深度在400千米内的地质结构和物质组成提供了"透视"工具。整个项目不仅具有重要的理论意义,而且对提高中国乃至亚洲深部地质研究程度、预测油气资源和内生矿产形成条件以及地震产生机理等,都具有重要价值。

在南极、北极和世界"第三极"——青藏高原的研究取得了举世瞩目的科研成果。极地科学考察关系着全球变化和人类未来,也是一个国家综合国力、高科技水平在国际舞台上的展现和角逐,有着深远和重大的意义。自1984年中国政府组织首次南极考察至2014年,已成功完成了30次南极科学考察和3次北极科学考察,成为4大国际极地组织的正式成员国,不仅建立了南极长城站、中山站、昆仑站、泰山站,还在北极建成黄河站。青藏高原的研究取得了6个方面的科学进展,包括高原岩石圈结构和形成演化、隆起过程与环境变迁、东亚季风气候对高原隆升的响应、生物区系与人类对高原环境的适应、自然环境及其地域分异、资源和灾害及区域发展等。这些成果对促进青藏高原地区经济社会经济发展、基础设施以及生态环境建设发挥了重要作用。

地球系统科学与全球变化理论研究取得重要进展。中国的地球系统科学研究是从全球变化开始的,几乎与世界同时起步。从1987年陆续开展了中国的全球变化研究,包括以地质方法为主的"过去全球变化"(PAGES)研究项目,在国际全球变化研究计划中发挥了积极作用。国家自然科学基金委地学部于2002年提出21世纪初的地球科学战略重点,拟定了"以地球系统各圈层的相互作用为主线,从中国具有优势的前沿领域寻找主攻目标"的优先资助领域战略。近30年来中国地学在全球气候变化研究领域发挥了重大作用,并成为这一领域国际舞台上的主要角色之一。全球气候变化地质研究增强了中国碳减排国际谈判话语权。在古全球变化研究中,中国科学家运用黄土—古土壤序列、深海沉积、冰心记录、冰川沉积、风沙沉积、河—湖相沉积、盐湖、石笋、海岸景观以及树木年轮和历史文献等多种研究对象和研究方法,在探讨区域性及全球性的气候变化过程和机制方面取得了巨大的进展,建立了不同时间尺度、不同分辨率的气候演变模式,为发展地球系统科学和认识地球各圈层之间的相互作用作出了突出贡献,在国际学术界产生了重要影响。

中国地球深部探测进入国际大国行列。上天、入地、下海是人类向自然界挑战的3大壮举。被称为伸入地球内部"望远镜"的大陆科学钻探是继前苏联和德国之后第3个超过5000米的科学深钻,是全世界穿过造山带最深部位的科学深钻,该工程建成了亚洲第1个深部地质作用长期观测实验基地,也是亚洲第1个大陆科学钻探和地球物理遥测数据信息库,是亚洲第1个研究地幔物质的标本岩心馆和配套实验室,使中国超高压变质带和地幔物质研究达到国际领先水平,为中国从地学大国走向地学强国迈出了重要一步。继2006年《国务院关于加强地质工作的决定》明确开展"地壳探测工程"之后,2008年国家启动了地壳探测工程的培育性科学专项"深部探测技术与实验研究"(2008~2012),目前完成了6000千米的高分辨率的近垂直反射地震剖面,超过了中国过去50年的总和,使中国进入到深反射地震剖面超过万千米的大国行列。专项获得了一大批引起国内外地学界极大关注的科学发现和进展,大大缩小了中国与国际先进水平的差距,建立了适应中国特殊地壳结构的探测技术体系。同时,取得一系列重大深部科学发现和重要地质研究成果,为全面开展"地壳探测工程"奠定了坚实的基础。

此外,新构造研究地壳应力场监测助推了地震预测地质灾害监测;极地和月球地质研究跻身国际先进前列。

3. 基本具备了从空中、海洋、陆上开展地质科学研究能力及所必需的支撑结构和实验材料,包括仪器设备、新技术、试剂、实验室等设施

中国拥有生产和维修地质实验机械仪器厂家100多个,一般的常规地质科学技术和设备基本上能自给。当代的一些前沿技术如全球定位技术、激光测距技术、高温高压技术、COCORP技术、层析技术等已开始引进和应用。有些前沿技术设备在规模上还有一定优势,如中国拥有由全球定位技术、激光测距和甚长基线测量技术组成的现代大地测量网,高温高压实验室20多个,同位素质谱仪70多台,古地磁实验室30多个,其中许多仪器数量和质量已居世界前列。10年地质大调查,攻克了航空物探、深穿透地球化学、钻探、高精度遥感及多目标应用、低品位矿产资源开发利用等一系列国土资源调查探测和开发利用技术难题;自主研发了具国际领先水平的数字地质调查系统,建立了星—空—地立体调查技术体系。

中国地质科学研究经过60多年的大发展,取得了很大成绩,建成了一支各分支学科基本配套并能从空中、海洋、陆上开展地质科学调查研究的队伍及所必需的支撑结构,取得了一大批重大科研成果,为国民经济建设作出了不可磨灭的贡献。中国地质行业拥有技术人员约20万人,居世界第2,其中科研人员约2万人,仅次于美、俄居世界第3。一些成果,如青藏高原和黄土高原的形成机制、过程和规律及其对亚洲东部自然环境的影响、陆相生油理论及据此找到的大油田、层控成矿学说、一些地层界限层型剖面、活动断层和地震地质研究、岩溶地质、岩体工程地质力学、新矿物研究、古脊椎动物与古人类学等等,特别是过去的全球变化研究及秦岭、大别山及大陆动力学、澄江动物群与寒武纪地层学研究、西峡恐龙蛋与中华孔子鸟的发现、极地地质与大洋矿物勘察等,其学术水平达到了国际先进,受到国际地质学家的重视。

航空物探等重磁电物探技术处于世界领先水平。一系列自主研发的先进航磁探测仪器为地质大调查提供了高新技术支撑,航空重力、航空电磁、航空放射性测量系统与国际先进水平保持同步。航空物探多元数据综合解释系统实现了航空物探异常信息的可视化管理。瞬变电磁仪快速

实用的推断解释系统和引入高温超导技术,大大提高了勘探深度,为寻找深部隐伏矿及对其准确定位提供了高新技术手段。自主研制的大探测深度阵列式轻便电磁法技术系统,可满足复杂地理地质条件下多参量、大深度、多目标探测的需求。高精度井中质子磁力仪填补了中国高精度井中磁测仪器的空白。

地球化学勘查技术全方位创新应用。研制出适合各种特殊自然地理景观条件下的区域化探扫面及异常源追踪、查证技术,破解了多年来一直困扰特殊景观区区域地球化学调查和化探找矿的技术难题。通过厚覆盖区地球化学调查和评价方法技术研究,确定了全国多目标地球化学调查的基本技术方案,使地球化学调查的思路和技术从地质找矿逐步拓展延伸到土地利用安全、生态环境质量评价等领域。低密度地球化学填图技术引发国际广泛关注,在中国地球化学填图技术推动下,联合国教科文组织已在中国设立了国际地球化学填图中心。深穿透地球化学勘查技术创新发展成功助推隐伏矿勘查。

新型遥感技术直追国际前沿。遥感高(成像)光谱技术、干涉雷达技术、多光谱异常信息提取技术和仪器等,实现了新型遥感技术在矿产资源、土地资源、地质灾害等领域的创新应用拓展,极大地提高了地质调查效率与能力。

建立了具有国际先进水平的科学钻探技术体系。研发出系列地质钻探全液压动力头岩芯钻机,加快了中国地质钻探装备更新换代;初步建立了2000米以内地质钻探技术体系,提高了中国地质钻探技术整体水平;开发出陆地、浅海和滩涂地质调查取样钻探技术和装备,为特殊景观地区实施地质填图、化探采样和土地环境评估等工作提供了有效的技术手段;开展了天然气水合物钻探技术研究,使中国天然气水合物调查取得重大进展;中国定向对接井钻井技术在国际上处于主导地位;逐步建立了一支业务过硬的钻探技术研发队伍。

地质测试分析技术水平显著提高。首次提出了勘查地球化学样品76种元素的配套分析方法体系,为大力开展地球化学勘查提供了重要的技术支撑。开展了多目标地质调查中主要有机物、地下水有机污染物、能源有机地球化学实验测试技术方法研究,形成了一套相对快速、经济的地质样品有机污染物分析方法。建成了中国第1家硅同位素分析实验室,技术应用研究在国际上处于领先地位。现场分析新技术新方法及设备研发提高了地质工作效率。成功研发了一系列光谱分析、光导比色及流动注射分析等仪器,已被各地勘单位广泛应用于地球化学找矿和环境地质调查,还被拓展应用到贵金属材料和饰品的检测等领域,取得了显著的社会效益和经济效益。

矿产资源综合利用技术工艺不断提升。创新磁场筛选法(磁筛)技术,解决了细粒难选磁铁矿矿石的选矿难题;银铅锌铜多金属矿湿法提取分离新技术、滑石型难选钼矿选矿技术,以及浸染型钴银矿、含钴铜镍矿、含砷铜金矿、稀有多金属矿等复杂难利用矿综合利用新技术方法,提高了低品位矿产、复杂难利用矿产的资源回收率。

拓展了地球科学向深空研究的领域。"嫦娥1号"卫星成功发射标志中国深空探测地学研究进入一个新阶段。截至2010年2月获得经过各种校正后生成的各级数据产品约2.76TB。通过这些探测数据的处理、分析与研究,目前已取得阶段性的成果,例如,第1次实现了月球表面图像数据的100%覆盖,制作了全月球三维数字地形图,通过卫星微波辐射计得到全月球亮温图对月壤特性、月壤厚度以及月壤稀有气体的研究有重要的科学价值,以及编制完成中国第1张1/250万的月球虹湾幅地质图,利用离子探针测年方法为月球早期历史及演化提供了高精度的年代学证据等,填补了中国在月球探测领域的多项空白。此外,中国火星地质研究已经起步,目前已经在青藏高原研究盐湖地质环境与火星表面的环境和盐类矿物进行类比研究。

中国深海探测进入高潮。2006年1月20日执行中国第1次现代意义上环球大洋科考重大任务的"大洋1号",经过297天完成43 230海里的环球航行,标志着中国第1代海洋人于20世纪提出的"查清中国海、进军三大洋、登上南极洲"的宏伟目标最终得以实现。迄今,"大洋1号"先后执行了大洋矿产资源研究开发专项的7个远洋调查航次和大陆架勘察多个航次的调查任务。在2012年年初结束的环球大洋科考中,"大洋1号"发现现代硫化物热液成矿过程的"黑烟囱"11个,不仅提供了一个前景非常好的多金属硫化物研究调查区域,也极大地推动中国积极参与和引导对国际海底这一人类共同遗产的和平研究和利用。由于国际上对超慢速扩张洋中脊地区海底热液活动的研究程度的认识还很不足,中国的这些重大发现为国际大洋中脊和现代海底热液活动的研究翻开了崭新的一页。近年来,中国先后成功申请到西太平洋、西南印度洋2块矿区,2012年率先提交西太平洋富钴结壳矿区申请,相关方案得到了联合国技术专家组的一致通过。"矿区的成功申请让我们迈进了'深海采矿俱乐部'的大门,成为国际海底开发先驱投资者,但是我们真正在俱乐部中雄起还是经过了十年的磨炼。"(中国大洋协会,2012)

中国地学发展经过几代人的努力,从跟踪、引进、"跻身",目前正在进入"转型"阶段,正在从"原料输出型"向"深加工型"转变(汪品先,2012)。中国正在加快从地质大国进入地质强国的速度。

4. 结合国家战略需要,针对重大地质问题、重点领域科技攻关,并获显著突破

针对重大地质问题科技攻关、重点矿种和重点成矿区带地质问题研究获得显著突破,大力推进了成矿理论、找矿方法和勘查开发关键技术的自主创新。

2006年4月2日中国在四川宣汉县普光镇发现了迄今为止中国规模最大、丰度最高的特大型整装海相气田——普光气田,这是中国目前发现最大的5个2000亿立方米以上的大气田之一。普光气田地下埋深超过5000米,它的发现创新了海相碳酸盐岩储层预测手段,构建了适合该地区实际的油气评价方法体系,实现了勘探思路从钻探构造气藏向钻探构造—岩性气藏的重大转变,是深部海相碳酸盐岩地层油气勘探的巨大成果,实现了中国海相勘探理论和实践的重大突破。

中国在渤海湾滩海地区发现的储量规模达10亿吨的大油田——冀东南堡油田,是一个非常罕见的整装、优质、高效油田。南堡油田的发现是坚持东部陆相盆地富油凹陷理论,强化构造油气藏精细勘探的结果。其中运用到关键"四项技术"——三维地震勘探的精确描述技术、快速钻井与油层保护技术、定向井钻井技术和井筒储层及油气层评价技术。尤其是1997年在老探区老爷庙构造带主体部位,第2次实施三维地震勘探,带来的不仅是准确的信息描述,而且对所在区域找油有直接指导意义,结果一炮打响。

采集天然气水合物实物样品是公认的世界性难题。中国地质调查局从1999年开始组织实施高分辨率地震调查,继发现显示天然气水合物的地震综合异常信息之后,又系统部署了调查与评价工作,取得了天然气水合物赋存的一系列地球物理、地球化学、地质和生物等有力证据。2007年5月1日中国地质调查局在中国南海北部首次成功钻获天然气水合物实物样品,成为继美国、日本、印度之后,第4个通过国家级研发计划采到水合物实物样品的国家。此次采样的成功,标志着中国天然气水合物调查研究水平步入世界先进行列。

胶东地区黄金深部找矿连续获得重大突破。近年来,山东地质六队在著名的焦家金矿成矿带深部又相继发现2个特大型金矿。其中莱州寺庄金矿探明储量51.83吨,潜在价值近80亿元。莱州焦家金矿是"焦家式破碎带蚀变岩型"金矿理论的诞生地。寺庄金矿发现过程中探索总结的"蚀变岩分带控制矿体"的成矿规律,丰富了"焦家式"金矿的成矿模式。山东地质六队在胶东焦家金矿成矿带深部又发现一特大型金矿,探明储量103吨,其潜在经济价值200多亿元。这是胶东深部金矿勘查取得的又一重大突破,对指导同类型金矿床深部找矿工作具有极高的勘查与学术科研价值。(杨守仁)

第二章　中国地质科学体系研究

第一节　中国地质学学科概述

一、地质学的研究特点

地质学(geology)是关于地球的物质组成、内部构造、外部特征、各层圈之间的相互作用和演变历史的知识体系,是研究地球及其演变的一门自然科学。

地壳是一个极其复杂的研究对象,不但具有复杂的物质成分,不同的化学性质、物理性质和各式各样的结构方式,而且在漫长的时间和广大的空间内,又都受到了一系列物理作用、化学作用甚至生物作用等综合的地质作用影响,不断地发生着错综复杂的物理和化学变化。这些作用以及它们所呈现的各种地质现象之间存在着互相制约、互相联系、互相转化的关系。它们的发生、发展和演化的规律,除具有普遍的特点之外,还常有一定的时间变异性和区域特殊性,因而不同地区具有不同的地质特征,蕴藏着不同种类、成分和规模的矿产。

地质学的另一特点是把空间与时间统一起来研究。现在能观察到的地球历史发展记录,主要保存在表层岩石内,按时间顺序层层堆积的地层中。由不同时代岩浆凝结而成的火成岩体,以及由早先形成的岩层岩体演变而成的变质建造,不同时期留下的构造变形遗迹等,是了解地球历史的基本材料。由于经过长期复杂的变动,这些史料已变得凌乱和有缺失,这是地质学研究的难点。

地壳中除了保存着各种地质变化的遗迹之外,还有记载着生物的演化和同位素的蜕变等其他科学方面的珍贵史料,它是地球的一系列复杂运动的结果,而这种运动现在还在进行着。对于地表以下较大深度的地质现象和地质作用,目前还只能通过地球物理等探测技术来进行间接的推测和研究。

同物理、化学等基础科学比较,地质学研究具有较强的地域性、历史性和综合性。只有根据足够的实际资料,特别是根据足以充分说明空间和时间变化因素的丰富资料总结出来的地质学理论,才能有较广泛的适用性。

地质学的这些特点,决定了一般的地质研究必须通过一定比重的野外实际调查,配合相应的室内研究。野外调查和室内研究,构成一次观察、记录(包括制图)采样、初步综合、试验分析、总结提高以至复查验证的完整的地质研究过程。地质学研究在实质上都是对其研究对象的一次综合性调查研究过程。

随着生产和科学技术的发展,20世纪中叶以来地质学的研究中引入了大量的新技术、新方法,如不同的地球物理勘探方法、地球化学勘察方法、科学深钻技术、同位素地质方法、航空以及遥感地质方法、现代电子计算机技术、高温高压模拟试验等的采用。

物理、化学等基础科学新的成就的引用,地球物理、地球化学、数学地质、宇宙地质学等地质科学中边缘学科的进一步发展,推动了地质学的发展,同时使地质学的方法不断地革新。

二、地质学的学科体系

人类对地质的认识,首先是从被视为静止物体的矿物和岩石的研究开始的。通过保存在地层中的古生物化石的研究,提出了古生物学的理论与方法,并运用于划分地层,把历史的观念引入了地质学。

天文学的成果特别是科学的天体演化假说的提出,使人类对地球的现状和历史演变的认识提高到能够建立一个比较合乎逻辑的完整体系的程度。继天文学、生物学之后,物理学和化学的成果也为地质学的创立和发展提供了条件,使地质学发展成为自然科学的一大支柱。

早期的地质学以研究地壳表层某个地区的岩石为基础,矿物学、岩石学、地层学及古生物学、构造地质学、区域地质学都是在此基础上建立起来的。历史地质学则是概括这些地质实体的发展历史的综合性学科。地质学与物理学、化学结合而产生的地球物理学、地球化学是地球科学的重要支柱,也是推动地质学向现代科学水平发展的重要方面。

现代地质学把地球作为一次整体来研究,20世纪60年代出现的板块构造说就是吸收了地震研究、海洋地质调查和古地磁研究等方面的最新科学成果,较好地解释了全球构造问题。至20世纪80年代,地质学已发展成为包含有下列分支学科的理论体系。这些分支学科大体可分为2类:一类是探讨基本事实和原理的基础学科;一类是这些基础学科与生产或其他学科结合而形成的学科。

矿物学是研究矿物的化学成分、内部结构、形态、性质、成因、产状,共生组合、变化条件、用途以及它们之间的相互关系的学科。

岩石学是研究岩石的物质成分、结构、构造、形成条件、分布规律、成因、成矿关系以及岩石的演变历史和演变规律的学科。

矿床地质学是研究矿床的特征、成因、分布及其工业意义的学科。

地球化学是研究地球各圈层和各种地质体的化学组成、化学作用和化学演化,探讨化学元素及其同位素的分布、存在形式、共生组合、集中分散及迁移循环的规律的学科。

以地质作用及其留下的形迹为主要研究对象的学科包括下列各分支:

动力地质学是研究各种地质作用,包括引起这些作用的动力在地球各圈层活动的规律的学科。火山地质学、地震地质学、冰川地质学等均属这个学科中有特殊内容的分支。

构造地质学是研究地球岩石圈的构造变形,包括断裂、褶皱等各种构造形迹及不同类型构造单元的分布、形成、演化和发展,是从总体上研究地质体的构造在时间上及空间上的发展规律及成因和动力来源的学科。大地构造学也属于构造地质学范畴。

地球物理学是研究各种地球物理场和地球的物理性质、结构、形态及其中发生的各种物理过程的学科,是地质学与物理学之间的边缘科学。地球物理学在狭义上只研究地球的固体部分,又称固体地球物理学;广义的地球物理学还包括对水圈、大气圈的研究。

地质力学是运用力学原理研究地壳构造和地壳运动规律及其起因的学科。

以地质历史为主要研究对象的学科,包括下列分支:

古生物学是研究地球历史上的生物界及其进化过程的学科,主要是对保存在地层中的化石的研究。

地层学是研究成层岩石的时空分布规律,包括地层的层序和时代及其地理分布、地层的分类、对比以及它们之间的关系的学科。

历史地质学是研究地球发展历史和规律,包括地球上生物的进化历史、古沉积相的分析和古地理面貌的复原以及地壳地质构造和有关地质作用的演变等方面,是一门综合性的学科。

古地理学是研究地球历史上的海陆分布及其他自然地理特征与发展过程的学科。

地质年代学是研究地质历史时期的顺序及其延续的年代数据,地质年代表是其研究的最终成果。

综合一个地区的地质调查成果,研究阐明该地区地质的总体特征,探讨各种地质作用的相互关系的学科称为区域地质学。

此外,将地球及其他星球作为一个天体来研究,形成了行星地质学、天文地质学。对地球深部的研究,是刚刚开拓的新领域。

地质学为了开发利用地下资源及改善和利用地球环境,解决人类社会发展中的实际问题,形成了既有理论意义又有生产应用价值的下列各分支学科:

水文地质学是研究地下水的形成、分布和运动的规律,以合理开发地下水、防治地下水的危害,以及利用地下水的化学、物理特征找矿、预报地震和防治地方病、保护环境。

工程地质学是以调查研究和解决各类工程建设中的地质问题为任务,包括评价地基的地质条件,预测工程建设对地质环境的影响,选择最佳场所、路线,为工程设计提供可靠的地质依据。

环境地质学是研究地质环境质量和人类活动与地质环境的相互关系的学科。

灾害地质学是研究地质灾害的发生、分布规律、形成机制和对人类的影响及其预测预防的学科。

金属矿产地质学、非金属地质矿产学、石油地质学、煤地质学是把地质学基础理论用于研究这些矿产资源的成因、分布规律等的学科。这些学科具有很强的实用性,同时又有基础研究性质。

找矿勘探地质学是综合运用地质学理论和现有的找矿方法、手段寻找矿藏的学科。

矿山地质学是以解决矿山开发过程中遇到的地质问题为任务的学科。

还有些自成体系、自有理论、与地质学相辅相成,对地质学的发展有重要作用的技术学科,属于广义的地质学或地质科技的范畴。它们包括:运用物理的、化学的方法去取得野外地质资料的地球物理勘探和地球化学勘查;运用钻探或坑探的手段直接向地下取得地质样品的探矿工程;对各种地质样品进行实验测试的实验室技术;为地质调查提供地形底图并绘制地质图件的测绘学;能在远距离处取得地质资料的航空测量技术和遥感技术以及用于处理地质资料的数学方法和计算机技术等。

随着研究深度的增加,新的分支学科还在不断产生各个学科的联系愈来愈紧密,建立一个更加充实、完整的有关地球的知识体系,是发展的必然趋势。

三、人类活动

人类是在地球的发展过程中,生物进化达到高等阶段的产物。人的出现有赖于适宜的自然环境,包括地质水文、气候、生物等方面因素。它们互相依赖和制约,经过长期发展,达到了适于人类生存的相对稳定的生态平衡。如果其中任何一种因素发生重大变化,都将破坏这个平衡,而且有可能使环境不再有利于人类。

当人类的活动符合自然界的客观规律时,便可以得到利益,如凿井得水、开山取矿;相反则会蒙受损失,如过量灌溉导致土壤盐碱化。另一方面,自然界的突发事件或缓慢积累起来的重大变化,也可以给人类带来无法逃避的灾害。地质学正在积极研究人类活动引起的地质环境的变化和地质作用造成的对人的危害。

地质学是提高人类认识自然,增进与环境的协调和求得环境改善的科学。地球表层的生物和人类的大量活动,都与地质条件相关。在生产力还不发达的时期,人类活动对地质环境的影响较弱,灾害性地质作用给人类带来的损失也不如今日这样巨大。

在发达国家,矿业和以矿产品为基本原料的工业,一般要占到整个工业生产总值的60%左右;进行生产所使用的动力,几乎百分之百地取之于地球资源。20世纪80年代,人类从地下采出石油的数量,较半个世纪前增长100倍以上。砂石等非金属材料也成为重要的资源被大量开采,它们一年产出的数量,无论就重量或体积均超过了其他工业矿物原料年产量的总和。如此大量的开采,就使地质学不仅要找出新的矿产资源以维持社会庞大需求,而且还要担当起指导合理开发、保护矿产资源、防治环境恶化等重任。现代建设的发展,使人口密集、建筑集中,许多工程规模巨大,这对地质环境的依赖和对环境的影响超过人类史上的任何时期。在现代化的工程建设中,不仅要重视地质作用引起的突发事件,还要注意它的长期影响,比如泥沙淤积、地面缓慢升降等。这些都是地质学应该研究解决的问题。在现代化的社会中,社会的生产和生活组成一个息息相关的整体,电力、煤气、自来水的供应,一刻不可缺少,交通、电讯必须保持畅通,而地震破坏上述设施造成的后果,可以比地震本身直接造成的危害还要严重。不仅地震,其他如山崩、滑坡、泥石流、塌陷、地震海浪冲蚀等可能造成灾害的地质作用,都必须运用地质学去认识和提出防治意见。同时,人们还须遵循地质学的科学指导,避免因人类的活动而触发灾害,导致地质环境的恶化。因此,地质学与人类的关系不仅仅在于资源的取用,还在于与人类生存和生活环境的诸多方面直接相关。现在地质学已成为人类社会所普遍需要的科学,参照地质学知识制定矿产资源法、海洋法、水法、环境保护法等,就表现了这种密切的关系。

第二节 中国地质科学体系的建立

一、中国近代地质科学的发展成熟

中国古代地质思想早有萌芽。据古籍记载,大约4000年前后,我们祖先就发现了金、银、铜、铁、锡(铅),近3000年前就有关于矿产分布及形成特点的记载。不但对地球表面的矿物、岩石的成分、性质、用途和地震现象及化石特征有比较详细的描述,而且对地壳的构造运动现象和化石的成因有较正确的认识和解释,不乏朴素的唯物自然观。惜因封建制度长期统治,地质科学未能在中国产生。

1840年鸦片战争后,随着欧美列强的炮舰打开中国国门之际,一些外国学者先后来中国进行地质调查,输入了在西欧已经形成的近代地质学;中国的有识之士从此开始留学、办学堂、教地质、译名著、写文章,引进了近代地质学。19世纪下半叶,京师同文馆开设"金石"课,福建船政学堂把地质学列为课程之一,上海格致书院设有矿学、金类矿之地学、煤之地学。在广东水师学堂矿学堂、湖北铁路局矿学堂、天津北洋西学堂矿务科、南京江南陆师学堂矿路学堂和1906年由唐山铁路学堂扩充的唐山路矿学堂,地质学、矿物学、采矿学等课程都占有较大比重。1898年成立的京师大学堂、1902年开办的预备科所学课程有地质学、矿物学。1909年大学正科中的京师大学堂格致科设置地质学门(系),规定应修的课程主要有地质学、矿物学、岩石学、古生物学、晶象学、矿床学等。当时的中小学课程中,有的也开设地质学和矿物学,地质矿物教科书也陆续出版。根据资料记载,到1935年,全国18个出版社单位共出版地质矿物方面的著作115种。1914年~1916年,地质研究所开设的地质方面的课程有地质通论、普通矿物学、造岩矿物学、岩石学、构造地质学、古生物学、地史学、矿床学、地文学等。北京大学(前身京师大学堂)地质系在1917年~1937年开设过结晶学、矿物学、岩石学、矿床学、经济地质学、普通地质学、构造地质学、中国地质学、世界地质学、地史学、中国地层学、高等地层学、高等岩石学、普通古生物学、无脊椎古生物学、脊椎古生物学、中国标准化石、采矿学、地文学等。其他大学地质系也曾开设地质学方面的课程,如成立于1930年春的中央大学地质系,在1930年~1947年开设过岩石学、光性矿物学、矿物学、高等岩石学、矿床学、高等矿床学、沉积学、普通地质学、构造地质学、古生物学、地史学、大地构造学等。总之,中国在1863年~1949年间的高等学校地质课程设置表明,中国地质科学分类的特点是模仿、跟踪式的,中国地质科学正处于近代地质学或传统地质学阶段。孙荣圭(1984)指出,近代地质学的方法论是"将今论古"这一现实主义方法,具有一套知识体系或理论体系,这个体系包括3个主要支柱:静态地质学、动态地质学、历史地质学。上述课程均可归入这3大分支学科中。1909年中国地学会成立,地质学方面的内容在其学术活动中占有重要地位。中国人自绘的最早的地质图——《直隶地质图》、矿产分布图——《直隶矿产图》、化石图版——《直隶石层古迹》都在1910年发表在中国地学会学术期刊《地学杂志》上。中国地质事业从此揭开序幕。1911年辛亥革命推翻帝制,民国政府成立不久,设地质机构,办地质教育,成立科研机构。20世纪20年代开始中国地质学术团体和学术刊物也陆续出台,中国近代地质学在世界崛起。20世纪50年代后中国现代地质学初步形成。

中国地质学会的创立是中国地质学学科发展史上的一件大事,在该会会章中明确规定中国地质学会的宗旨为"促进地质学及其相关科学之进步"。随后,与其相关的学科,如古生物、地理、土壤、地球物理、矿冶工程等学会,在中华人民共和国成立前都已成立。在这种情况下,地质学的发展适应了中国经济社会的需要,中国地质学开展了系统的地质勘查工作,取得了一定的成就,促进了诸如古生物学、地层学、构造地质学、第四纪地质学、前寒武纪地质学、岩石学、矿物学、石油地质学等地质相关学科的创建与发展,中国近代地质学完成了其建立过程。

一个学科发展成熟的重要标志是其理论研究成为一种相对专业化的领域,有一支专业队伍,有相对独立的研究规范、方法,同时有雄厚的实验研究基础。中国20世纪初才引进了现代地质学,经20世纪20年代以前的必要准备工作之后,20世纪20年代~40年代已经有了以章鸿钊、丁文江、翁文灏等留学回国学者,叶良辅、谢家荣、王竹泉等地质研究所毕业生和孙云铸、赵亚曾、杨钟健等北京大学地质系毕业生组成的地质专业队伍。1950年以前中国地质科学只有地层古生物、矿物岩石矿床、构造地质学等基础学科首先得到发展。主要拥有如下一批中外闻名的科研成果。

(1)地层学和古生物学方面　葛利普、李四光、高振西等对震旦系,王鸿祯对前寒武系,孙云铸、许杰、尹赞勋对早古生代地层及三叶虫、笔石等化石,李四光、赵亚曾、田奇㻪、俞建章、黄汲清对晚古生代地层及腹足类、蜓类、珊瑚等化石,尹赞勋、许德佑、斯行健、潘钟祥等对中生代地层及软体动物和植物化石,杨钟健、裴文中对新生代地层及脊椎动物和人类化石都进行了系统的研究,学术成果在国际上占有一席之地。

(2) 岩石学和矿物学方面　谢家荣、李学清等对陨石，翁文灏、王绍文、李学清、何杰等对宝玉石，孟宪民、张更等对香花岭锡矿区矿物的研究，均达到较高的水平。翁文灏、谢家荣对岩浆岩分布、分期及其与成矿专属性，叶良辅、喻德渊对火成岩地质史，黄汲清论述岩浆活动与造山运动的关系，何作霖、王嘉荫对岩组学的研究，特别是李四光、舒文博对侵入体定量研究法的创新，一直被国内外所称道。叶良辅、黄汲清、尹赞勋、王恒升、王竹泉、程裕淇等，进行过火山地质学、火山地层学和岩类学等方面的研究。谢家荣对煤岩学的研究，提出了中国特有的煤岩类型，达到20世纪30年代国际同类研究的先进水平。孙健初、杨杰的区域岩石地层学工作，程裕淇、任泽雨的变质岩专题研究，提供了中国变质分带的实例。彭琪瑞、宋叔和、陈梦熊等对变质作用、岩性特征与地质时代都作过探讨，为矿产普查勘探提供了必要的地质基础资料。

(3) 构造地质学、大地构造学方面　20世纪20年代～30年代章鸿钊、翁文灏、丁文江、李四光都对造山运动进行了研究。翁文灏在对中国东部的地壳运动研究中发现了"燕山运动"，初步奠定了中国东部的造山运动分期与构造轮廓。丁文江将中国古生代以来发生的造山运动与欧洲的造山运动进行了研究对比。章鸿钊的研究将构造作用与地质动力联系起来。李四光提出"大陆车阀"假说，用地球自转速度变化解释地表大规模构造运动的成因，这是中国学者首次对全球构造作出自己的解释。李四光概括分析了东亚不同的构造型式和构造体系，在《中国地质学》专著中进一步厘定了不同的构造体系及其形成机制，在20世纪40年代正式提出地质力学的学科体系及学术观点。在同一年代，黄汲清对中国大地构造特征作了总结，提出多旋回造山观点，具有广泛的影响。构造地质学的发展与区域地质的研究密不可分，典型的例子有叶良辅(1920)的《北京西山地质志》，朱森、李捷、李毓尧(1931)的《宁镇山脉地质》，谭锡畴、李春昱(1935)的《四川西康地质志》等。

(4) 水文地质学与工程地质学方面　1949年之前，中国的水文、工程地质学还处于萌芽状态，谈不上理论研究。1926年章鸿钊对温泉作了汇总，并研究温泉分布与地质构造的关系。1929年谢家荣对南京"钟山地质与南京井水供给的关系"进行了研究。此后，朱庭祜、王钰、马振图、吴燕生等对南昌及豫北地下水、方鸿慈对济南等地的泉水、梁文郁对兰州的地下水、张增惠对北京地下水水化学性质都曾进行过调查研究。自觉地把地质学应用于工程活动的首推丁文江，早在20世纪20年代他就进行过建材的地质调查。其后，李学清等曾先后考察过长江三峡和四川龙溪河坝址。30年代林文英等勘查甘新、滇缅、川滇以及宝天等线路的工程地质条件，并著有专文，初步反映了区域工程地质评价和工程地质分区。40年代中后期，侯德封、陈梦熊、刘东生、姜达权等曾对三峡、广东翁江及台湾大甲溪等电站进行过正规的工程地质调查。此外，曾鼎乾等对大渡河水电站水坝和隧道、朱庭祜等对钱塘江河道疏浚工程、王超翔等对湖南资水东平峡筑坝区等等，都曾进行过工程地质考察研究。

(5) 矿床学方面　调查过250余处煤矿，对煤田地质特色、煤田分布规律、煤炭分类法、煤岩学都做研究；对石油、天然气和油页岩都进行了地质调查研究，潘钟祥(1941)和黄汲清等(1947)从陕北、四川和新疆的油田地质实际出发，得出了陆相沉积也能生油的创见。在深入分析了中国金属和非金属矿床的成因类型和分布规律后，翁文灏(1920)对南方内生金属矿床提出成矿带的新概念；谢家荣、孙健初等(1935)总结长江中下游铁矿调查成果，指出铁矿的形成主要与岩浆期后的过程有关，并划分了成矿阶段，进行了深入的矿相学研究，提出了全国铁矿的详细分类。谢家荣并进一步将造山、火山和成矿作用熔为一炉，认为中新生代是中国东部最重要的成矿时期，根据构造—

岩浆—成矿特征划分为11个成矿带,指出其时空范围。在有色金属方面也进行了许多调查研究。值得指出的是,在非金属矿床方面,20世纪40年代初谭锡畴、李春昱对自贡盐矿成因曾提出"渗滤说",后来,李悦言等认为属同生矿床,具有一定层位,为该地区新盐田的勘查提供了理论基础。

(6)岩溶地质学和地震地质学方面　丁文江、朱庭祜等在云、贵等地从事地质调查时,就注意到岩溶地质的描述。章鸿钊(1921,1927)在《石雅》中列有石钟乳、石龙、含水石等条目,搜集了许多不同地点的洞穴中有关上述条目的记载。高振西(1936)在《喀斯特地形论略》中提出了岩溶发育的成因、条件、区域分布规律及生态环境问题,为重要历史性文献。马希融(1930)解释了云南路南石林的成因及演化。此外,张文佑(1943)、王嘉荫(1946)也著有岩溶及其地质环境的专文。

20世纪20年代初,翁文灏调查甘肃大地震后发表几篇地震地质方面的论文,论述了中国地震区分布与地质构造的关系。常隆庆等(1933)对四川叠溪地震地质研究,李善邦和贾连亨(1937)对山东菏泽地震地质研究,蒋溶和陈国达(1936)对广西灵山,王竹泉等(1945)对河北滦县地震地质的研究都做出一定成绩。

(7)地球物理学方面　中国在1930年成立地震研究室,至1937年7月共记有2472次地震,中间未曾间断,将所有记录资料整理研究刊出地震专报3卷,在国际上颇具影响。1939年地震研究室改称为探矿研究室,抗战胜利后改称地球物理研究室。中国地球物理探矿早在1938年就有李善邦、秦馨菱对湖南水口山应用重力仪探测铅锌矿,1939年、1940年～1941年又先后在綦江、威宁、会理以及攀枝花等地应用磁法探测铁矿,都取得了较好效果。此外,刘庆龄等对地磁进行了研究,编制了中国第1幅地磁图,具有重要学术价值。

(8)区域地质、冰川地质、黄土地质、地文学等都开展了调查研究,取得了重要的成果。

综上所述,中国在1840年～1949年期间,地质科学经历了输入、引进、培养人员、室内外调查研究诸阶段,各分支学科迅速建立和发展起来,其理论研究成为相对专业化的领域,拥有一支精良的专业队伍,具有"将今论古"的"现实主义方法",也有一定的实验研究基础,所以,中国近代地质科学已经完全成熟了。

二、中国现代地质科学体系初步形成

20世纪是现代地质学的形成发展的世纪,区别于以前的发展阶段:在方法论上是综合性、整体性的辩证思维阶段。主要体现在:一是经济方法的理论化,在注重传统的观察、实验的同时,更注重了综合与分析、归纳与演绎、推断与假说等理论方法的综合运用,特别是假说方法已成为重要方法;二是"将今论古"和"将古论今"统一性方法论的采用,这是现实主义和历史主义的结合,它强调了地球发展中的量变与质变、渐变与激变的内在联系;三是各种现代科学研究方法的引进,既是地球科学摆脱了自身方法的局限性,又触发了地球科学研究的深刻变革。最初是各种基础科学和数学的研究方法的介入,使人们对地球内部构造和物质运动状态有了全新认识。近年来,各种非线性科学理论——信息论、系统论、控制论、突变论、协同论和混沌理论等导入,更使地球科学从经验性描述、观察的科学跨入理论科学的新高度(王维,1996)。

现代地质科学是由近代地质科学基础上发展起来的,时间上没有明显界限。中国学者在近代地质科学的发展中,已经开辟了现代地质科学的道路。李四光应用数学、力学于古生物学、岩石学和构造地质学的研究,使不同学科互相结合、交叉、渗透;李四光的"大陆车阀"说、黄汲清的多旋回观都超越区域地质构造研究,逐步走向全球规模的地质观;高振西的岩溶地质研究所提出的问题,用现代岩溶学的观点来衡量,十分精辟而具有指导意义。但是从总体上看,中国现代地质学体系是20世纪50年代以来逐步形成的。这时期,原有的分支学科进一步发展完善,同时,由于各分支学科的相互交叉渗透,数学、物理、化学等基础科学与地质学的结合,新技术新方法的采用,导致了一系列边缘学科的出现,地质学研究从定性到定量过渡,并向微观和宏观2个方向发展。

20世纪20年代初李四光、黄汲清等确立了现代地质学在中国的地位。中华人民共和国成立初期到60年代国民经济的大发展带动了地质学的应用分支学科和基础分支学科同步发展,石油地质、煤炭地质、放射性地质、水文及工程地质、找矿勘探、应用地球物理以及钻探与坑探工程等相继发展,在国民经济建设中发挥了重要作用。70年代板块构造学说的引进带动了中国地质学各学科从新定位和全面发展。改革开放以来,特别是80年代后期~90年代以来中国地质科学学科体系上突破传统地质学,出现了许多新的分支学科,开拓了新领域,先后出现了成因矿床学、构造岩石学、有机地球化学、生态古生物学、层序地层学、构造解析学等边缘学科。

地质学科的分支与综合从来都是相辅相成、同步共进的。20世纪80年代后期以来地质学科的发展逐渐出现以交叉与综合为主的趋势。从地质内部的学科融合及地质学与数理化科学的交叉,发展到地质学与天文学、农学、医学以至社会科学的交叉和联系。1982年召开了全国天文地质地震气象相互关系学术讨论会和第2届天地生相互关系学术讨论会,1989年又召开了第3次天地生学术讨论会。这些跨大学科的交流活动是人们大大开阔了眼界,深刻认识到地球浅部全层与表层系统与人类生存环境的密切关系,认识到地球星体及其个圈层是一个具有物质和能量交换的整体,同时与地外宇宙星系也构成一个有着物质和能量交换的开放的局系统。这些广泛的学科交叉和交流导致了环境地质学、旅游地质学、灾害地质学、农业地质学、天体地质学等高层次边缘学科的诞生和发展,同时也深化了人们对地球系统科学这一新概念的认识。地球系统科学强调从整体出发,着重研究地球在不同的演化阶段各个圈层相互响应的整体行为及其所反映的总体阶段特征。

在中国高等院校地质学系设置的专业目录中,除了传统学科专业(如古生物学及地层学、构造地质学、岩石矿物矿床学、地质学等专业)以外,出现了边缘学科专业(如地球化学、地球物理探矿、地球化学探矿、水文地质与工程地质、地质力学、遥感遥测地质、环境地质等专业或系),还出现了社会需求性很强的专业(如石油天然气地质、地震地质、矿山地质、农业地质、城市地质、旅游地质、医学地质等)。中国地质学会下属的许多专业委员会是组织有关学科的科学研究及学术交流的机构,从其名录也可见地质科学分类的梗概。20世纪60年代中期成立构造地质、探矿地质2个专业委员会,70年代末80年代初成立了水文地质、工程地质、岩溶地质、矿山地质、石油地质、煤田地质、第四纪冰川及第四纪地质、海洋地质、沉积地质、前寒武纪地质、岩石、地质力学、矿床地质、岩石测试、勘察地球化学、矿物学、区域地质及成矿、非金属矿产地质、矿产资源保护综合利用、勘察地球物理、地层古生物、遥感地质、数学地质等23个专业委员会,80年代中后期成立同位素地质、古地磁、环境地质、旅游地学与地质公园研究等6个专业委员会。孙荣圭(1980,1984)将现代地质科学分为4个基本部门或分支,即力学地质学、固体物理地质学、化学地质学、生物地质学。随着近年科学发展,非线性理论引进地质科学研究,出现了非史密斯地层学、地球系统学、大地球科学等提议。

《中国地质学学科发展史》把地质科学及其主要的分支学科表述为:

地球历史学科:古生物学、地层学、古地理学、第四纪地质学、前寒武纪地质学等;

地球物质学科:矿物学、岩石学、地球化学、矿床学、沉积学等;

地球动力学科:构造地质学和大地构造学、动力地质学、地震地质学、地貌学、海洋地质学等;

应用地质学科:石油与天然气地质学、煤地质学、铀地质学、工程地质学、水文地质学、环境地质学、灾害地质学、勘探地球物理学、勘查地球化学、遥感地质学、地热地质学、数学地质学等等。

(1)原有分支学科发展完善 矿物学、结晶学、岩石学、矿床学、构造地质学、古生物学、地层学及地史学、冰川地质学、水文地质学、工程地质学、岩溶地质学等等在稳定中发展,有的分得更细,如岩石学出现了岩浆岩石学、沉积岩石学、变质岩石学等,矿物学出现了晶体光学、成因矿物学、沉积矿物学、应用矿物学等,构造地质学出现了大地构造学、显微构造学等,古生物学出现无脊椎古生物学、脊椎古动物学、古植物学、孢子花粉学等,历史地质学又分出了第四纪地质学,矿床学又出现了宝(玉)石学、煤地质学、煤岩学、石油地质学、金属与非金属矿床学、成因矿床学、系列矿床学等。

(2)边缘学科大量涌现 数学、物理、化学、生物学与地质学相结合,出现了矿物物理学、矿物化学、应力矿物;岩石力学、岩石化学;地球动力学、地质力学;古地球物理学;地球化学;生物地层学、化学地层学、磁性地层学、地震地层学、定量地层学等。地质学各分支学科之间的结合产生了构造岩石学、化石岩石学;构造地球化学、宇宙地球化学、有机地球化学;古生态学、生物矿物学、古生物地理学,构造古地理学;前寒武纪地质学;生态地层学、事件地层学、同位素地层学、层序地层学等等。

(3)中国地质科学出现了新领域 如深部地质研究、海洋地质学、行星地质学、极地地质学、岩石圈地质研究、过去全球变化研究、人文地质研究、古磁学、地热学、数学地质和遥感地质学等。这些研究使中国地质科学从大陆向大洋、从浅部向深部、从地球向宇宙发展。

(4)应用地质学不断开拓 除水文、工程、岩溶地质学外,地震地质学、灾害地质学、农业地质学、城市地质学、生态环境地质学、勘查地球物理学、勘查地球化学、旅游地质学等都已在中国出现,并得到迅速发展。

(5)中国全球构造理论研究 通过大规模的各种比例尺的区域地质调查及矿产勘查工作,进行青藏高原的考察和许多地区(大兴安岭、川滇、南岭、东南沿海、长江中下游、青藏高原东缘的三江、华北地区、新疆等)的专题研究,使构造地质学特别是大地构造学得到较快发展,逐步形成了一些具有中国特色的大地构造理论。如李四光的地质力学理论、黄汲清的多旋回构造学说、张文佑的断块构造说、陈国达的地洼学说、张伯声的波浪状镶嵌构造说、马杏垣的萌地台、萌地槽、雏地台等概念(详后)。板块构造说也得到迅速反映,20世纪70年代初尹赞勋率先将板块构造说介绍给中国学者,李春昱、朱夏、傅承义等进一步评述了板块构造说,并首先在喜马拉雅山、秦岭、中朝地台北侧、新疆等地区研究中取得进展。李春昱等应用板块构造观点编制了《1:800万亚洲大地构造图》,朱夏等应用板块说对含油气盆地的形成与演化规律作了综合研究,在地震构造、成矿规律、岩石构造组合等方面的应用也得到一些新成果。国家地震局地质研究所编制的《1:800万亚洲地震构造图》,探讨了板块构造标志问题,对研究亚、欧大地构造发展演化和地震预测有较大意义。80年代以来中国学者注意了大陆构造与大洋构造的结合,浅部构造与深部构造的结合,大地构造与区域构造、微构造的结合,以及地质构造分析与地球物理资料的结合,已取得一些进展。在黄汲清指导下,由任纪舜、姜春发等新编了《中国大地构造图》(1:400万),并在图上第一次较详细地标绘了中国境内的板块缝,出版了《中国大地构造及其演化》专著,进行了新的概括,提出了大陆边缘活动带的概念,系统地划分了中国的构造旋回和构造单元,建立了中国大地构造模式。郭令智和王鸿祯对南方和全国古大陆边缘进行了系统研究总结,将推覆构造与板块俯冲作用进一步联系起来。杨遵仪、程裕淇、王鸿祯合著(1986)的《中国地质》在系统论述地层和岩浆活动的基础上,以活动论板块观点和阶段论的观点解释了中国地质构造发展史。

综上所述,可以说明中国现代地质科学体系已经初步形成。

三、中国地质学的学科地位

《中国地质学学科发展史》(中国地质学会,2010)从以下方面阐述了中国地质学的学科地位。

1. 中国地质学学科在国内其他学科中的地位

中国的地质学学科建立比较早,学术机构、学术团体的规模、活动和水平比较高,因此在学术界有较高的声誉。早期,中央地质调查所和中央研究院地质研究所拥有的高质量的地质科技人员取得了出色的研究成果,出版物在国内外广泛交流。中国地质学会是中国成立最早、历史最长、活动最多的自然科学学会之一。在20世纪前半叶,地质科学的分支学科地层古生物学和构造地质学的学科水平已为国内外公认。1920年～1930年北京猿人头盖骨的发现曾轰动全球。李四光在英国大学讲授中国地质学影响很大,黄汲清的《中国主要地质构造单位》对当时世界上的地槽学说是一个新的突破。

1927年11月南京政府决定成立中央研究院,该院组织条例确定:"中央研究院为中华民国最高科研机关。……先行成立理化实业研究所、社会科学研究所、地质研究所及观象台四研究机构。"1928年1月中央研究院地质研究所正式成立,其性质也是与中央地质调查所的区别,是"特别注重讨论地质学之重要理论"。从地质研究所是当时中央研究院仅有的4个研究机构之一,就可看出中国地质学科在中国自然科学学科当中有较高的地位。

1948年,前中央研究院建立院士制。通过科学家们的层层选拔,拟定了一个402人的名单,再由院士评议会审定,其中105人为院士候选人,最后由评议会进行选举,结果81人当选,其中数理组(含数学、物理、化学、天文、地学、技术科学)28人;生物组(含生物学、农学、医学、药学、人类学、心理学)23人;人文组(社会科学)28人。在数理组28名院士中,地质科学家有朱家骅、李四光、翁文灏、黄汲清、杨钟健、谢家荣6人,占21.4%。地学方面除这6位地质学家以外,只有气象学家、地理学家竺可桢。从中央研究院院士人数的比例,可从一个侧面反映当时中国地质学学科的地位。

中华人民共和国成立后,国务院决定设立中国科学院学部委员(院士),1957年曾增补过。当时设有数理学部、化学部、生物学地学部、技术科学部和社会科学部。后来生物学、地学部分立,为生物学部和地学部2个学部,继而社会科学部脱离中国科学院,归中宣部领导,接着成立中国社会科学院。地学部27位学部委员中,有19位是地质学家,占70.3%。可见地质学的学科地位是很高的。1980年又增选了一批学部委员。从1991年开始每2年增选一次学部委员,并开始遴选院士,中国科学院学部委员随之从1993年起改称院士。从地学部历次增选院士的数量来看,至2009年地学部院士总数有196人,地质学学科领域的院士有106名,占54.08%,超过半数,说明地质学学科地位仍较重要,但是,有下降的趋势,其他学科正在发展壮大。

2. 中国地质学学科发展孕育出一批相关学科

中国地质学学科初建时,除本学科以外,还兼有其他相关学科的功能,如测绘地质调查用的地形图、进行地震调查和土壤调查、做岩石的物性和化学分析等,后来发展了测量学和地图学、地球物理学和地球化学、土壤学等学科方向,或者这些研究依附在地质调查研究机构内。

20世纪20年代在农学院开讲地壤学,30年代初在中央地质调查所成立土壤研究室,先由地质学者兼作土壤调查,继由培养出土壤学者进行全国土壤调查和研究,做出了许多成果。在中国形成以服务农业为方向的土壤学和以土壤的发生和发育以及分布为目的的地学方向的土壤学,土壤工作者多数为中国地质学会会员。由于土壤科学的迅速发展,于1945年成立了中国土壤学会。中华人民共和国成立后,以前中央地质调查所土壤研究室为基础,成立了中国科学院土壤研究所。

中国的地球物理学学科的建立也是依附于地质学学科和地质科学研究机构,由于调查和研究地震、勘探矿产,一部分地质工作者和一部分物理工作者进行合作,首先在中央地质调查所建立鹫峰地震台和地震研究室,进行物性研究。后来又开展地磁观测,并不断扩大观测内容和观察范围。1947年成立中国地球物理学会。中华人民共和国成立后,成立了中国科学院地球物理研究所,还出版地球物理方面的学术期刊。这门学科逐渐成熟,从地质学学科中独立出来。

中国地球化学学科的建立和发展与中国地质学学科发展的关系更为密切,是确定无疑地从地质学学科分立出来的。地球化学研究的对象是地球的化学组成,通过组成地球的岩石和矿物,以及岩石矿物的前身——岩浆反映地球的化学组成。岩石和矿物是地质学研究的对象。从事地球化学研究的机构也是从地质科研机构分列出去的,地球化学科研人员原本就是地质科研人员,培养地球化学人才的高等院校大多将地球化学专业设置在地质系。1965年中国科学院地质研究所大部分从事矿物、岩石和地球化学的研究人员在贵阳成立了中国科学院地球化学研究所,1980年成立中国矿物岩石地球化学研究所。

中国的地层古生物学是地质学学科内形成最早、发展最快的分支学科之一。在20世纪20年代从事地层古生物研究的人员基本上集中在中央地质调查所、中央研究院地质研究所和北京大学地质系。1929年8月31日成立中国古生物学会,推孙云铸为会长,计荣森为书记,李四光、赵亚曾、王恭睦、杨钟健为评议员。从这个阵容和至今中国古生物学会,以及地层古生物研究机构和高等院校都充分说明地层古生物学是中国地质学学科的一个重要组成部分。

总之,地质科学内部与外部学科之间的交叉融合是当代地质科学发展的主流,学科的分支和专门化更深入、更细致,地质学科的分支与融合贯穿于整个发展过程。从整体而言。从20世纪初到70年代以前,以学科分支研究为主,发展趋势是愈分愈细,各分支学科都做了深入研究和资料积累。60年代"地学革命"以后,主要趋势是学科交融形成大量边缘学科,学科交叉导致全面的综合研究,从而构建了现代的地球系统科学。

(杨守仁)

第三章　中国地质科学调查与矿产勘查

中国的地质调查工作开始于19世纪后期,有一些外国地质学家来华进行调查与考察,其中较为著名的有美国人庞培莱(R. Pumpelly)、德国人李希霍芬(Richthofen)、俄国人奥勃鲁契夫(Obpyzeb)等,对中国地质调查工作起到了先导作用。在前清时期,中国没有地质机构,国家没有组织开展地质调查工作,直到1913年9月民国实业部地质科改称农商部地质调查所,规划和总管全国的地质调查工作,地质调查所开始培训人员并逐步开展地质调查工作。1942年10月民国资源委员会下设了矿产测勘处,由谢家荣任处长,从事矿产勘查工作,在中国西南地区、长江中下游等地区做了不少矿产调查工作。老一辈地质工作者在中华人民共和国成立以前工作条件十分困难的情况下,在地质调查与矿产勘查工作中做了大量开创性、奠基性工作,为以后的地质工作准备了条件。中国的地质调查与矿产勘查工作是在中华人民共和国成立以后才得到迅速的发展,并使中国成为世界上的地质大国、矿业大国。

第一节　中国区域地质科学调查

区域地质调查是地质科学这一自然科学门类中的基础学科,它以实践性为基础,为地质科学的研究提供基本资料和数据,为地质理论的形成创造条件。因此,区域地质调查具有不可替代性。其主要任务是运用地质学、地球物理、地球化学、遥感等方法,阐明各类地质体(如地层、岩体)的产状、分布、组分、时代、演化及相互间的关系,查明矿产资源的种类和分布。区域地质调查是地质工作的基础,是地质勘查的先行步骤。这项工作开展的程度标志着一个国家或地区的地质工作和研究程度的高低。地质图和调查报告是区域地质调查成果的主要组成部分,也是国民经济建设的基础性地质资料。在中国,区域地质调查过程中往往同时进行矿产普查。

区域地质调查通常是按统一的地形图国际分幅来进行的,也可根据需要在指定的区域进行。因此,俗称面积性调查。地质填图的比例尺大小反映区域地质调查工作的精度,一般比例尺越大,工作越详细。按比例尺的大小,区域地质调查可分为3类:①小比例尺区域地质调查,又称概略区域地质调查,比例尺为1:50万~1:100万。一般在地质工作程度很低的地区进行。主要任务是初步查明调查区域的地层、岩石、构造等基本特征,预测矿产远景,为较大比例尺的地质调查打下基础。②中比例尺区域地质调查,比例尺为1:25万、1:20万或1:10万。其中1:20万和1:25,万是中国目前主要的中比例尺区域地质调查,也是中国的基础地质工作,范围覆盖全国。全国性的各类地质图是在1:20万或1:25万地质图的基础上汇编而成的,更大比例尺的地质调查和专题调查也是根据中比例尺区域地质调查成果设计的。③大比例尺区域地质调查,比例尺1:5万~1:2.5万。主要任务是通过详细地质填图、矿产调查和综合研究,查明工作区的地质体的分布与特征,寻找可供开采的矿产,并为经济建设、国防建设和科学研究提供详细的地质矿产资料。

一、中华人民共和国成立前的区域地质调查

1949年以前,第1幅地质图《直隶地质图》是在1910年由留美回国的直隶省矿政调查局总勘

矿师邝荣光编制的。民国初年章鸿钊就测绘1∶100万地质图进行过全面规划,并于1924年完成了中国第1幅由谭锡畴主编的1∶100万的地质图《北京—济南幅》,1926年和1929年又先后完成2幅图,分别由王竹泉、李捷主编的《太原—榆林幅》和《南京—开封幅》。1936年专门成立了中国地质图编纂委员会,由地质调查所所长翁文灏兼任主任,黄汲清任副主任,计划在3年内继续完成8幅图,但因日本入侵未能实现。抗战胜利后,在黄汲清指导下,组织编制中国地质图比例尺1∶100万分幅图,共完成汉口、长沙、太原、南京、青岛、桂林、广州、北京、西安、上海、福州、重庆、昆明、天水等14幅,包括经改编的原3个图幅,在上述分幅图的基础上,又编制了中国第1张1∶300万的中国地质图和第1本《中国古地理图集》。上述图件在20世纪60年代初期全部印刷出版。

前地质调查所还进行了大量区域地质调查,并编制了不同比例尺的区域地质图件。如赵亚曾、黄汲清编制的秦岭地质图;谭锡畴、李春昱的四川西康地质图幅集;王竹泉编制的大青山地质图;谭锡畴、王恒升编制的嫩江流域地质图,以及王曰伦的正太路线地质图等。1931年~1936年地质调查所组织北大、清华、燕京3校学生和助教等进行北京西山和河北境内燕山和太行山部分地区的1∶25 000~1∶50 000的地调工作。抗战期间,在四川威远进行了1∶10 000填图,在甘肃全省有计划地开展了1∶20万的地质填图,先后完成岷县、成县、西固、临泽、高台、临夏、皋兰、酒泉、海原、天水、秦安、陇西、定西、平凉、靖远、景泰、武都等图幅,但未能出版。

二、1949年~1999年中国区域地质调查

中华人民共和国成立以后,区域地质调查作为地质工作的基础工作,得到各届地质工作主管部门的重视,进行了规划、计划及有力的组织实施,设立了专门的行政管理部门——区调处(局)来负责管理。中国地质科学院于1962年颁发了1∶100万和1∶50万以及1∶20和1∶10万《区域地质测量规范(草案)》;中国地质总局于1973年颁发了《1∶20万比例尺区域地质调查工作暂行规范》,1978年颁发了《1∶5万比例尺地质矿产调查暂行要求(试行稿)》;1983年中国地质矿产部颁发了《1∶5万区域地质调查工作要求(试行)》。中国地质调查局于2006年编制了《1∶50 000区域地质调查技术标准》。

中国按国际分幅进行的正规的区域地质调查工作开始于1955年。至20世纪80年代末中国大陆已全部完成1∶100万比例尺的调查。到2008年基本实现了全国陆域中比例尺(1∶20万和1∶25万)调查面积的全覆盖。完成1∶5万比例尺调查的面积占大陆总面积的22%。截止1997年底,全国(未统计台湾省)区调填图完成情况见表2-3-1,填图工作是按1∶100万、1∶20万和1∶5万比例尺进行,并做了大量的有效的区域地质调查组织管理工作及综合研究工作,保证了区调工作取得巨大成绩,为提高中国地质研究程度,满足经济建设与社会发展的各方面需要起到了重要作用。

表2-3-1　全国区域地质调查完成情况(截止1997年底)

	单位	1∶100万	1∶20万	1∶20修测	1∶25万	1∶5万
应测图幅	幅	62	1224		465	16 749
实测图幅	幅	58	1121	67.0	9	3705
国土面积(陆区)	万平方千米	960	960	960	960	960
应测面积	万平方千米	960	720.2		720.2	720.2
实测面积	万平方千米	942.8	691		5.68	159.3
实测面积占应测面积的百分比	%	98.2	95.9		0.8	22.1
实测面积占国土面积的百分比	%	98.2	72.0	7.0	0.6	16.6

1. 1∶100 万比例尺的区域地质调查(1953~1980)

100 万比例尺的区域地质调查起于 1953 年,至 1980 年基本结束,是先进行东部地区(1953~1961),后进行西部地区(1961~1975)和西藏地区(1975~1980),共累计完成 942.8 万平方千米(统计未包括台湾省),占全国面积的 98.2%,完成了全国 1∶100 万地质图、矿产分布图、大地构造图及内生金属矿床成矿规律图及其说明书的编制、出版。

2. 1∶20 万比例尺的区域地质调查(1955~1999)

全国除内蒙古、黑龙江、青海和西藏外,大多数省(区)已完成了 1∶20 万区调,共完成陆地面积 691 万平方千米,占全国可测面积 720.2 万平方千米的 95.9%,国土面积的 72%。1∶20 万比例的区域地质调查起自 1955 年,当时地质部决定开展 1∶20 万区调,在当年秋天首先在新疆组成中苏合作队,开展阿尔泰、柯坪和西昆仑等地的区调工作。1956 年又相继组织 3 个中苏合作队,分别在南岭、秦岭和大兴安岭地区进行 1∶20 万区调工作。4 个队的工作在 1958 年结束,共完成 22 个区调图幅,为全国全面铺开 1∶20 万区调工作准备了人才和技术条件。1958 年起,陆续在各省、区建立专业区调队,全面开展 1∶20 万区调工作,到 1980 年共完成 786 个图幅、472 万平方千米,占全国应测面积的 65%。1980 年以后除继续完成未测面积的填图工作外,一些省(如安徽、辽宁、陕西、湖北、新疆、山东、广东等)对早期完成的图幅进行修测再版。1995 年地质矿产部决定开展第 2 代填图计划,为与国际接轨,以 1∶25 万比例尺代替 1∶20 万比例尺作为国家基础地质调查工作的比例尺,原 1∶20 万区调图幅在修测、修编时按 1∶25 万比例尺进行。对已完成 1∶5 万区调地区开展片区总结,并以此为基础编制本区域的 1∶25 万区域地质图件。1998 年国土资源部决定开展新一轮全国 1∶25 万区域地质调查工作。

3. 1∶5 万比例尺的区域地质调查(1960~1999)

1∶5 万比例尺的正规区调工作起自 1960 年,1985 年后成为区调工作的重点,至 1997 年底已完成区调面积 159.3 万千米,占全国应测面积的 22.1%,其中完成了 50 多个重要的城市的 1∶5 万城市区域地质调查(占全国城市的 15%,约 76 812 平方千米)。1958 年起一些省、区地质队与地质院校合作,在北京西山、辽宁西部、山东沂蒙山区等地开展 1∶5 万地质填图工作,经过四五年时间共完成了 70 多个图幅、2 万多平方千米,但由于原始资料不够完整,未验收出版。1960 年广东、新疆、贵州等省、区按前苏联规范开展 1∶5 万区调试点,随后,陕西、安徽、山东、江苏等省也相继开展 1∶5 万区调,由安徽省 321 队 1965 年完成的铜陵幅于 1969 年正式出版,这是中国正式出版的第 1 个 1∶5 万图幅。1983 年 11 月地质矿产部在北京召开了全国 1∶5 万区域地质调查工作会议,总结了 20 多年来 1∶5 万区调工作的成绩和经验,明确了 1∶5 万区调工作与矿产普查的界线,研究制定了今后 1∶5 万区调工作的规划和措施。提出到 2000 年末,全国完成 1∶5 万区调面积 200 万平方千米的目标。会议之后各省、区、市地质矿产局普遍加强了 1∶5 万区调工作,1∶5 万区调成为全国区调工作的重点。1985 年后全国每年平均以完成 10 万平方千米区调面积的速度推进。在此期间,在成矿远景区全面部署 1∶5 万区调工作外,还有重点地部署了中心城市及其周围地区、经济发展区、沿海港口城市、经济特区及地质灾害地区的 1∶5 万区调,扩大为国民经济建设和社会发展的服务领域。如辽宁省地矿局开展大连地区 1∶5 万区调,组织了区调队、水文队、物化探队、综合地质队及遥感地质站共同参加此项工作,半年时间就编制了地质图、构造地质图、矿产地质图、水文工程地质图、物探化探异常图、灾害地质图、旅游地质图等 13 种图件,及时满足了大连地区城市规划建设的急需。1990 年后原地质矿产部决定 1∶5 万区调以地质填图为主要内容,原区调工作中矿产调查工作可在一些成矿远景区另作安排。因此,区调工作部署作了相应的调整。

4. 区域地质调查工作组织管理和综合研究

1949年以来,区调工作取得显著成绩,主要是广大区调工作者的努力与奉献,同时,在很大程度上得益于区调工作有效的组织管理和大量的综合研究。主要是:

(1)合理的规划部署。在地质矿产部领导下,区调管理部门采取从小比例尺到大比例尺分阶段、有侧重地渐进和从试点到推广进行部署,分阶段及时总结经验、研究及部署规划、计划,先后召开了6次区域地质调查会议:1957年4月全国第1次区域地质普查会议(北京);1962年7月南方区调工作会议(广州);1974年1∶5万区调工作座谈会(湘潭);1977年底区域地质普查工作会议(上海);1983年11月1∶5万区域地质调查工作会议(北京);1991年3月全国区域地质调查工作会议(兰州)。

(2)建立了区域地质调查专业队伍。各省、区、市(除上海市外)都建立专业区调队,有的综合地质队按任务的需要建立区域地质调查分队,另外,有关科研单位和院校亦承担区调工作,有精干的区域地质调查工作队伍。从事区域地质调查工作的职工最多时达到2万人左右,1997年底从事一线区域地质调查填图的分队约有200多个,技术人员约2100多人,另有18个院校及地质科研单位约300人承担区域地质填图工作。一般承担填图的区域地质调查分队相对来说都比较精干,一般10人左右。为提高区域地质调查队伍的业务素质,区域地质调查管理部门定期组织各种区域地质调查业务培训班,据不完全统计,"七五"以来已举办220余次,培训区域地质调查骨干达11 000人次。为了加强业务交流,1982年创办了《中国区域地质》杂志。

(3)及时制定区域地质调查工作各项标准。如制定了《区域地质工作技术要求(1∶5万)》《城市地区区域地质调查工作技术要求(1∶50 000)》《区域地质图图例》《区域地质调查质量监控标准》等。

(4)开展综合研究与专题研究。组织全国性地质图件的编制,如1∶5 000 000全国地质图、1∶500 000分省地质图的编制;1981年8月决定编写省区《区域地质志》,现已全部编写完成并出版。在此基础上,1991年出版《中国区域地质概论》;组织并完成省、区《区域矿产总结》的编写;配合区域地质调查工作,开展了一系列重大地质问题的专题研究;组织并完成全国地层清理工作,建立了《中国地层数据库》等。

(5)不断提高区域地质调查的技术方法。组织研究与推广火山岩区双重填图法;通过研究,提出沉积岩区、花岗岩区、变质岩区1∶5万区域地质填图方法指南,并推广应用;研究与推广计算机制图(Map GIS)技术。

(6)不断进行区域地质调查的质量监控。按照《区域地质调查质量监控标准》组织专家对填图工作从野外到室内进行检查,对完成的图幅进行严格的验收、评审,定期开展全国优秀图幅的展示、交流及评选。

三、新一轮国土资源大调查的区域地质调查

自1999年以来,国土资源部成功地组织实施了国土资源大调查、全国第2次土地调查、新疆"358"地质找矿、油气资源战略调查、危机矿山接替资源找矿、金土工程、大陆科学钻探、海洋地质保障工程、基础测绘等10多个重大专项,累计完成中央财政投入400多亿元,带动地方财政和社会资金投入3000多亿元,每年投入技术力量10多万人,采用"地质、物探、化探、遥感、钻探、测绘"等多种手段,通过"上天、入地、下海、攀峰、登极",对国土资源进行了多方位、多层次立体调查和探测,在土地资源、矿产资源、海洋资源、地质调查、地质灾害调查预警与防治、国土基础测绘等诸多

方面取得系列具有宏观意义的重大成果,为保障国民经济社会又好又快发展提供了坚实的国土资源支撑与服务。

新一轮国土资源大调查是在中国领域和管辖海域范围内,主要对土地资源、矿产资源、海洋资源等自然资源,开展基础性、公益性、战略性综合调查评价工作。旨在围绕填补和更新一批基础地质图件,查明土地后备资源,评价全国矿产资源潜力和重点区域矿产资源远景,评价干旱半干旱区地下水资源远景,评价重点地区地质环境、发展地质科学理论,开发新的探测分析技术和信息技术等战略目标,调查成果为国土资源管理和规划服务,为资源、环境和经济、社会的协调发展服务。分为:基础调查计划、土地资源监测调查工程、矿产资源调查评价工程、地质灾害预警工程、数字国土工程和资源调查与利用技术发展工程。实施周期为1999年~2010年,为期12年,2010年底全面完成。在土地资源、矿产资源、海洋资源、地质调查、地质灾害调查预警与防治、国土基础测绘等方面取得了重大成果。12年来,国土资源大调查每年组织全国300多家工作单位、3万多名技术人员,运用多种手段,对中国陆域、海域的资源和环境开展多方面、广角度、宽领域调查评价工作,共完成5000多个调查项目,发现了900余处矿产地,形成了10大后备资源勘查基地,显著提升了国内资源的保障能力;地质工作程度大幅提高,有力满足了经济社会发展对基础地质资料的需求;查清了全国耕地后备资源状况,摸清了全国土地资源家底,海洋资源环境调查和基础测绘调查取得了长足发展;初步查明了全国地质灾害现状,建立了群测群防区和气象重点地区预警预报体系,提高了防灾减灾能力。在缓解中国资源瓶颈约束、更新国土资源基础数据、减轻地质灾害损失、创新调查技术方法、提高信息化水平、服务国家宏观调控和经济社会发展、支撑国土资源管理等诸多方面取得显著成效(中国地质调查局基础调查部,2010)。

区域地质调查是"基础地质调查计划"中的一项重要内容,围绕填补和更新一批国家基础地质图件、建立国家基础地质数据采集与更新机制,解决资源、环境、重大工程建成和地球化学科学发展重大地质问题,为国民经济建设及社会发展提供基础地质数据为重要任务,重点开展了:①青藏高原和大兴安岭空白区1:25万区域地质调查;②重要地区的1:25万区域地质调查修测;③重点成矿带、重要经济区、重大地质问题区和重大工程建设区1:5万区域地质调查;④重要成矿带地质背景研究与系列图件编制;⑤6大区基础地质成果集成、系列图件编制和数据库建设;⑥城市地质调查试点;⑦全国区域地质志修编;⑧全国地质遗迹调查试点等工作。实现了中国陆域中比例尺区域全覆盖,成矿带大比例尺区域地质调查工作程度明显提高,更新了一批区域性基础地质图件,为地质找矿、国土规划和国家重大工程建设提供了有利的基础支撑,国土地质认识水平显著提高,初步建立了国家基础地质数据更新系统,区域地质调查基础性与先行性作用充分显现(中国地质调查局基础调查部,2010)。

1. 填补和更新了国家基础地质图件

大调查以来,共完成1:25万区域地质调查494万平方千米、1:5万区域地质调查30万平方千米,提交了1040幅国际分幅区域地质图(其中1:25万区域地质调查365幅、1:5万区域地质调查675幅),获得了重要的国家基础地质数据和原创性发现,为国土资源规划、资源勘查、地质灾害调查与防治、重大工程建设提供了有力支撑。

(1)工作程度显著提高 ①填补了青藏高原和大兴安岭中比例尺区域调查空白。从1999年到2005年调集了24个来自全国省(区)地质调查院、研究所、大专院校等单位的区域地质调查队伍,每年近千人奋战在世界屋脊,徒步进行了大规模拉网式区域地质调查,完成青藏高原空白区152万平方千米(110幅)的1:25万区域地质调查工作,也宣告了中国陆域中比例尺区域地质调查的全面覆盖,在中国地质史上树立了新的丰碑。②更新了陆域国土一半面积的中比例尺地质图件。针对20世纪70年代前完成的1∶20万区域地质调查,围绕重要成矿带、重大地质问题区开展了1∶25万区域地质调查修测,完成面积333万平方千米(240个图幅)。1∶25万区域地质调查(含实测和修测)共完成494万平方千米,占陆域国土面积的52%。③加强了重要成矿带1∶5万区域地质调查。2006年以来以重要成矿带为重点,兼顾重要经济区、重大工程建设区和重大地质问题区开展了1∶5万区域地质调查,完成面积30万平方千米,其中成矿带完成24万平方千米。全国累计完成213万平方千米,占全国陆域国土面积的22%。

(2)更新了一批区域性地质图 ①编制了6大区地质图。在区域地质调查基础上,组织开展了大区的基础地质调查成果集成和综合研究,编制了华北、东北、华东、中南、西南、西北六大区地质图,建立了区域地质调查数据库。编制出版了《中国西北部地质概论》《昆仑山及邻近区地质》《中国天山及邻区地质图及说明书》,编制了昆仑及邻区地质图、东北地区地质图、东南沿海中生代火山岩地质图、中南地区地质构造图、中南地区岩浆岩地质图等图件,为区域经济社会发展和地质调查工作提供了基础图件。②编制了成矿带系列地质图件。服务于地质找矿,开展了16个重要成矿带成矿地质背景综合研究,编制了东天山—北山、祁连、西南三江、大兴安岭、川滇黔、辽东—吉南、晋冀、武夷山、南岭、湘西鄂西等重要成矿带地质图,为地质矿产勘查评价提供了基础图件。

(3)初步建立国家区域地质数据更新系统 通过野外数据采集,形成了国际分幅1∶2.5万、1∶10万原始地质资料数据库,建立了1∶5万、1∶25万区域地质图成果数据库和不同层次的区域地质图空间数据库。构建了国家基础地质数据采集与更新体系。通过区域地质调查填图和综合研究,建立了野外填图、不同层次综合编图和数据库建设的战地图文更新系统。

2. 为地质找矿提供了有力支撑和引领

区域地质调查发现了一大批重要的成矿点和矿化线索,圈定了一批重要的远景区,解决了众多制约找矿突破的关键地质问题,查明了成矿带成矿背景,有力地支撑和引导了地质找矿工作。

(1)新发现一批矿点和找矿线索 通过填图新发现1280余处矿(化)点和矿化线索,有80余处转入后续矿产勘查。班公湖—怒江西段铁铜矿、冈底斯西段铁矿、西昆仑铁铜矿、东昆仑—阿尔金钒钛铁铜矿、二连—东乌旗铜铁矿、大兴安岭中段铜金矿、辽东—吉南金钼矿、南岭钨矿、福建宁德—闽清铅锌钼矿和大水坑萤石矿等有重要找矿发现。其中,尼雄特大型富磁铁矿铁资源量达数亿吨,新疆新源林场金矿、新疆塔什库尔干铁矿、库木库里湖砂砾岩型铜矿、大九坝斑岩型铜矿、阿尔金长沙沟钒钛磁铁矿、黑龙江黑河三道弯金矿、湖南临湘西冲钨矿、湖南城步平滩钨矿、福建顺昌南舟萤石矿等具大中型以上规模。通过国家公益性区域地质调查工作,为矿产资源远景调查提供了靶区,带动了新疆、内蒙古、黑龙江、青海、湖南、云南等省区矿产调查评价工作,拉动力商业性地质找矿工作。

(2)基本查明重要成矿带成矿地质背景 围绕解决制约找矿突破的关键地质问题,开展重要成矿带的成矿地质背景综合研究。编制了东天山—北山、祁连山、西南三江、辽东—吉南、武夷山、晋冀等8个重要成矿带的成矿地质背景系列图件。在前寒武纪铁矿、冈底斯岩浆弧铁铜矿、天山古生代裂谷火山岩铜多金属矿以及华夏与古亚洲构造叠加转换的成矿作用与成矿地质背景研究方面取得了重要进展,为地质找矿指明了方向。①在昆仑—阿尔金成矿带红柳沟—拉配泉蛇绿构造混杂岩带中划分出与铜、金矿化关系密切的南华纪裂谷型火山—碎屑岩建造,在阿南蛇绿构造混杂岩带中划分出大陆裂谷环境含钒钛磁铁矿基性—超基性层状岩体构造。②查明在太古宙克拉通的基础上裂解形成的辽吉裂谷的形成演化对区域成矿的控制作用。划分出裂谷演化早期的含 Pb、Cu、Co、U、Fe、B 的陆源砂泥质碎屑—火山碎屑岩沉积建造、裂谷演化中期富含 Pb、Zn、Ag、Au 的开阔海盆碳酸盐岩沉积建造、裂谷晚期收缩时期富含 Au、Ag 的泥质陆源碎屑沉积建造。③在长江中下游成矿带，通过对晚古生代含矿建造研究，在下扬子地区晚泥盆—中石炭世地层中划分出 12 层含铁质的岩性层，部分直接形成了铁矿层，揭示了铁矿的成矿地质背景，提出了新的找矿远景区。④在祁连成矿带建立了北祁连海相火山岩的沟—弧盆体系，查明北祁连大陆裂谷和弧后盆地拉张最为强烈的地区为成矿有利地段，提出古火山机构控制矿的认识。北祁连山自元古宙以来经历了大陆裂谷、板块构造和陆内造山 3 种构造体制。北祁连山古海底块状硫化物矿床的形成与拉张构造环境有关，不同类型铜多金属矿床产出的位置和特征与古火山机构和古海底构造裂隙系统关系密切，对指导区域找矿提供理论依据。⑤提出天山石炭—二叠纪大火成岩省新认识，为在东天山寻找与火山岩浆作用有关的矿产提供了新思路。认为天生造山带自早石炭世进入造山后陆内裂谷拉伸阶段，发生大规模岩浆事件，形成囊括了境内外天山造山带以及天山以北的准噶尔地区和天山以南塔里木板块的北缘的"天山（中亚）大火成岩省"，揭示了天山及其邻区（中亚地区）晚古生代初期的洋陆转化过程和石炭纪—早二叠世的大火成岩省活动，对中亚地区大—特大型矿床的形成具有重要意义。

(3) 圈定一批重要找矿远景区　通过区域地质调查，在昆仑—阿尔金成矿带圈定了塔什库尔干铁铜矿远景区（含 9 个亚区）、长沙沟铜镍金矿找矿远景区，重新厘定了黄羊岭锑汞矿、野马泉—肯德可克铁钴矿等找矿远景区，在班公湖—怒江西段圈定了 4 个铁铜矿远景区，在冈底斯西段圈定了 7 个铁矿远景区，在西南三江圈定了 12 个远景区，在大兴安岭成矿带圈定了得尔布干西南段银铅锌铜钼及金成矿远景区、根河—乌尔旗汉铜钼矿找矿远景区、多宝山铜金钼多金属矿远景区、阿尔山—博克图铁铜多金属远景区和西乌旗—霍林郭勒铜多金属找矿远景区，在南岭成矿带圈定了骑田岭、都庞岭—九嶷山、花山—连阳、乐昌—翁源、崇余犹—三南等钨锡铅锌找矿远景区，在湘西西成矿带圈定了神龙架—黄陵、鹤峰—龙山、张家界—铜仁、沅陵—怀化等铅锌锰多金属找矿远景区。编制了青藏高原 1∶50 万金属、非金属矿产图、成矿带划分图。划分出 3 个 I 级成矿域、8 个 II 级成矿省和 30 个 III 级成矿带。

3. 为国家重大建设提供了重要基础保障

(1) 国家重大工程建设的先行　紧密结合经济社会发展需求，主动服务国家重大工程建设，配合大理—瑞丽铁路、南水北调西线工程、三峡水利枢纽、青藏铁路及辽宁江石底核电站等重大工程建设开展了区域地质调查工作。填绘了大瑞铁路沿线 1∶2.5 万工程地质图、南水北调西线断裂构造图和环境地质条件与环境质量评价图，查明了工程建设区的地质灾害和环境地质背景，为重大工程建设提供了可靠的地质数据和科学依据。

(2) 城市可持续发展的保障　完成了北京、上海、杭州、广州、天津、南京 6 个城市地质调查试点。系统查明了城市的地下三维地质结构、工程地质条件、地质灾害等基本特征，获得了地球物理、地球化学、地面沉降、地下水开采等数据，建立了城市三维可视化的地学信息管理与应用系统，实现了个城市多源、海量、异构地学数据的集群化管理，成果应用于城市规划、地下空间利用、地质灾害监测与防治、地铁等生命线监测等方面，特别是为北京奥运会、上海世博会、南京火车站等重大工程规划与建设提供了重要支撑。试点工作带动了重庆、哈尔滨、合肥、苏州、厦门、佛山等城市自筹资金开展城市地质调查，开创了城市地质调查新局面。

(3) 国土规划的基础　围绕重要经济区国土主体功能区划，开展了经济区区域地质调查和综合研究。编制完成了长江三角洲第四纪地质图、基岩地质图，建立了环渤海第四纪三维地质结构，编制了环渤海经济区基岩地质图、活动断裂构造图。

4. 国土认识水平显著提高

(1) 青藏高原地质调查研究取得重大突破　青藏高原1∶25万区域地质调查发现数万件古生物化石,为区域地层划分对比、探讨南北大陆演化提供了重要基础资料。新发现和确认了一大批重要的岩浆岩,获得了大量的岩石年代学数据,查明了岩浆岩带的分布和时空演化规律,建立了青藏高原构造—岩浆事件序列。发现和厘定了龙木错、松多等10余条构造蛇绿带和高压超高压变质带以及重要的地质事件界面,为青藏高原构造格架建立提供了重要的资料。系统开展了青藏高原隆升和环境变化调查与研究,获得了新生代以来青藏高原隆升及植被、气候、湖泊等环境变化的重要数据。在青藏高原空白区1∶25万区域地质调查大量新成果的基础上,开展了青藏高原基础地质成果集成和综合研究,重新厘定了青藏高原地层、构造格架和岩浆演化序列,编制了青藏高原地质图、大地构造图、前寒武纪地质图、构造—岩浆岩地质图、新生代地质图、构造—研祥古地理系列图、第四纪地质与地貌图、矿产图、旅游资源图、区域重力系列图、区域航磁系列图、区域化探系列图件。建立了多碰撞、多期叠加的多岛弧盆演化模式,总结了高原隆升的大陆动力学机制,提出了中国自主的地质构造理论。

(2) 重要生物群调查研究取得重要进展　①罗平生物群发现。在云南罗平地区安尼期关岭组二段地层中发现了以海生鱼类为主的脊椎动物化石群落,伴有甲壳类、双壳类、腹足类、其他软体动物以及植物化石等(图2-3-1),生物门类多样,化石保存完整。为鱼龙演化研究和鱼类化石的生物分类提供了新资料。②确定了热河生物群珍稀化石的产出层位。在含珍稀化石的义县组中首次发现了陆相湖泊枕状熔岩夹层,获得激光微区 Ar-Ar 等时线年龄分别为1.261亿年、1.274亿年,证实含珍稀化石的沉积是在1.25亿年~1.27亿年之间,查清了中华龙鸟和孔子鸟的上下层位和时代关系,为鸟类的恐龙起源学说和演化提供了关键的新证据。③紫阳笔石生物群调查与紫阳中志留统底界层型剖面研究取得重要进展。找到了一条弓笔石保存完好、化石丰富的文洛克统底界连续剖面,在10米厚的精细剖面测量获45层古生物化石,其中笔石35层,包括 *C. insectus* 和 *C. centrifugus* 带化石,丰富了紫阳文洛克统笔石,对研究文洛克统底界层型剖面提供了有利的支撑。④1∶25万(安龙幅)区域地质调查划定了"关岭动物群"组合特点和产出层位。在法郎组瓦窑段发现了大量保存完好的精美的海百合和海生爬行动物化石,以多门类脊椎动物、无脊椎动物共同繁盛为特色的珍稀生物群,其化石保存之完美、类型之多样为世界罕见。⑤在甘孜—理塘结合带首次发现了海相侏罗纪化石。打破了对青藏高原边缘在印支期末就结束了海相沉积的传统认识,对松潘—甘孜造山带的形成演化有了全新的诠释。在西藏江达邓科青稞、四川石渠起坞乡杂尕热、四川木里县瓦厂地区等采获海相侏罗纪化石:*Pachythecopora* cf. *pachytheca* Deng、*Thecosmilia* cf. *shuanghuensis* Liao、*Cladocoropsis* cf. *hubridina* Dong、*Axosmilia* cf. *sinensis* Liao et Li、*Chaeteopsis* sp. *Eugyra* sp. 等为代表的侏罗纪古生物组合化石,证实了川西高原广泛分布有海相侏罗系。⑥东昆仑发现二叠纪冷水动物群。1∶25万鲸鱼湖区域地质调查在阿尔喀山牛心湖西首次发现了单通道冷水动物群化石——木孜塔格单通道蜓(*Monodiexodina muztagaensis* Sun)。冷水型单通道动物群在东昆仑地区的首次发现,改变了过去认为的冈瓦纳冷水型动物群不越过若拉冈日—金沙江缝合带的传统认识,对研究冈瓦纳古陆边缘的冈瓦纳—特提斯区的北界有重要价值。⑦内蒙古东乌旗发现华夏植物群化石组合。内蒙古1∶5万敖包特陶勒盖、拉名海尔罕等幅区域地质调查在贺根山蛇绿构造混杂岩带以北原中泥盆统塔尔巴格特组上部和下部发现丰富的早、中二叠世华夏植物群化石组合。二叠统地层所产生的植物化石鉴定出7属11种,分别为:*Cladophlebis* sp. 1(枝脉蕨未定种）、*Cladophlebis* sp. 2（枝脉蕨未定种）、*Pterophyllum daihoense* Kawsaki（大宝羽叶）、*Calamites suckowii* Brongniart（苏柯维芦木）、*Sphenopteris* sp.（楔羊齿未定种）、*Cladophlebis nystroemii* Halle（多叉枝脉蕨）、*Cladophlebis ozakii* Yabe et Oishi（少叉枝脉蕨）、*Emplectopteris triangularis* Halle（三角织羊齿）、*Lepidophylloides* sp.（鳞叶未定种）、*Mariopteris hallei*（Stockmans et Mathieu）（赫勒玛利羊齿）、*Cladophlebis manchuica*（*Kawasaki*）Gu et Zhi（东北枝脉蕨）。这些植物化石的总体面貌显示了早—中二叠世华夏植物群的特征。早—中二叠世华夏植物群的发现，揭示了西伯利亚板块在早—中二叠世之前可能已经与华北板块拼合，或者华北板块与西伯利亚板块拼合带应在贺根山蛇绿岩带以北，对兴蒙造山带和古亚洲洋演化的研究提供了重要的古生物学依据。

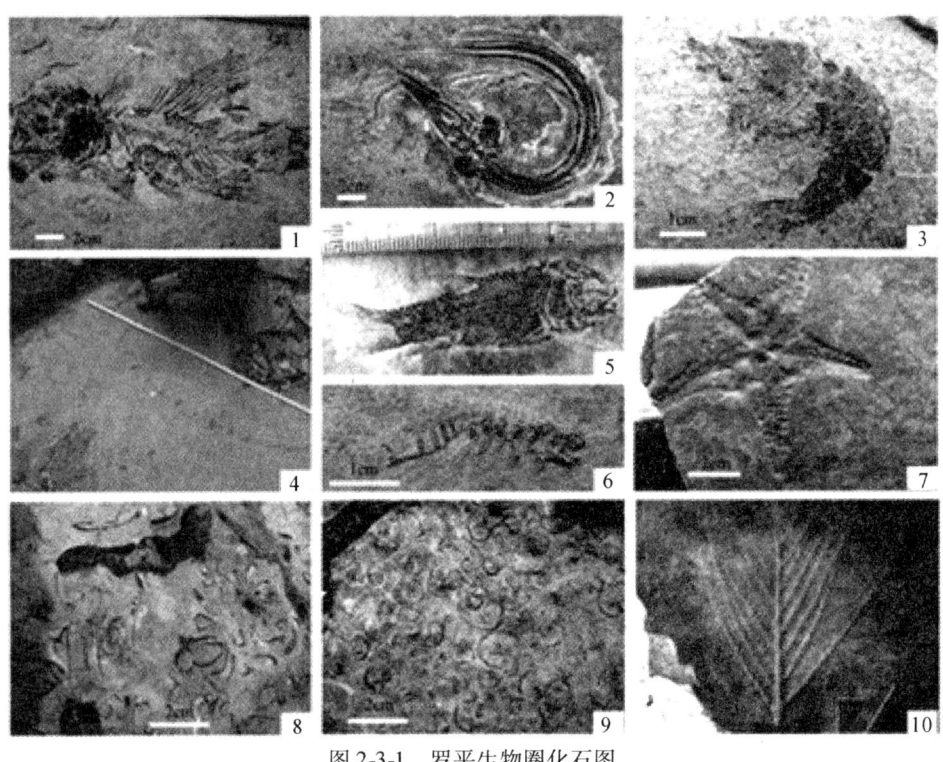

图2-3-1 罗平生物圈化石图

1. 全骨鱼类 2. 龙鱼类 3. 甲壳类 4. 爬行类 5. 直颚鱼类 6. 甲壳类 7. 海星
8. 双壳类 9. 腹足类 10. 植物

（3）"金钉子"剖面调查研究居世界前列 ①中国已获得的10颗"金钉子"，区域地质调查为"金钉子"剖面建立在地层研究方面奠定了重要基础。在层型界线研究方面，长兴、宜昌等"金钉子"剖面获得世界地层学委员会和国际地质科学联合会的批准，1∶50 000长兴县、煤山幅区域地质调查围绕二叠三叠系界线层型研究，进行了1∶10 000高精度填图，建立了牙形石序列，为中国第1个金钉子剖面的最终确立奠定了基础。区域地质调查填图中奥陶系层型剖面研究对黄花场"金钉子"的建立奠定了基础。通过三斗坪、火烧坪、贺家坪、都镇湾等幅1∶5万区域地质调查，对测区内中下奥陶统地层及界线进行了详细的生物地层、岩石地层、层序地层和化学地层研究，表明同样岩石类型、生物组合序列、层序序列及碳同位素异常在黄花场以北陈家河、王家湾等地得到验证。在后层型研究中，于黄花场"金钉子"剖面南津关组上部发现世界上最古老的海胆化石，这对研究棘皮动物的起源和演化具有重要意义。②贵州发现完整的南华系层型剖面。1∶5万大寨幅区域地质调查围绕"南华纪地层详细划分与研究"重大基础地质问题，发现了一条出露完整、顶底与内部地层界线清晰、划分标志明显、露头连续的南华系剖面,南华系剖面层型研究取得重要进展,为中国南华系研究提供了一个新的基地。

(4) 蛇绿岩带和高压变质带调查取得重要发现　①龙木错—双湖缝合带中早古生代蛇绿岩的发现。羌塘中部果干加年山和桃形湖地区发现完整的蛇绿岩组合,由变质橄榄岩、堆晶辉长岩、辉长岩岩墙群、玄武岩、硅质岩等组成。在果干加年山堆晶辉长岩中获得锆石 SHRIMP U-Pb 年龄分别为 4.38±0.11 亿年、4.32±0.07 亿年、4.61±0.07 亿年,在桃形湖堆晶辉长岩获得锆石 SHRIMP U-Pb 年龄分别为 4.67±0.04 亿年、4.60±0.08 亿年。证明羌塘中部古特提斯洋盆可能形成于早古生代。②龙木错—双湖缝合带中晚古生代蛇绿岩的发现。羌塘中部红脊山、角木日、雪水河、玛依岗日岸坡和北坡、纳若、恰格勒拉和双湖以东的才多茶卡等地发现二叠纪蛇绿岩,主要岩石类型有辉石橄榄岩、橄榄辉石岩、辉长辉绿岩、橄榄辉长辉绿岩、块状玄武岩、枕状玄武岩和放射虫硅质岩,经对蛇绿岩基性岩墙群和玄武岩锆石的 SHRIMP U-Pb 定年研究,时代为 2.70 亿年~2.80 亿年,为早二叠世,地球化学分析蛇绿岩为 SSZ 型,显示古特提斯洋演化可能从早古生代一直延续到三叠纪。③羌塘高压变质带的发现。蓝片岩带西起红脊山,向东经蓝岭、角木查尔日、纳若、恰格勒拉,到双湖以东的才多茶卡,断续分布长约 500 千米。获得了榴辉岩变质峰期年龄 2.43 亿年,折返年龄 2.20 亿年左右。估算蓝片岩的变质温度为 410℃~460℃,变质压力为 0.67×10^9 帕~0.75×10^9 帕。榴辉岩相变质作用温度不超过 500℃,压力为 1.56×10^9 帕~2.35×10^9 帕。羌塘高压变质岩年代学研究确定,龙木错—双湖板块缝合带最终碰撞闭合发生在晚三叠世早期,羌塘高岩变质带是冈瓦纳与欧亚大陆汇聚事件的主要记录。④新发现松多超高压变质带。榴辉岩带产于青藏高原拉萨地体中东部,位于拉萨北东方向,宽度 500 米~600 米,东西向延伸约 10 千米。利用 Grt-Omp-Phe 和 Grt-Omp 矿物组合对变质温—压估算,获得变质压力和温度分别为 2.58×10^9 帕~2.67×10^9 帕和 680℃~780℃,Sm-Nd 等时线年龄为 3.055±0.5 亿年,锆石 SHRIMP U-Pb 定年获得松多榴辉岩的变质年龄为 2.61±0.053 亿年,可能形成于早石炭—晚二叠世,表明拉萨地体的榴辉岩带可能是中国境内有一条高压、超高压变质岩带。⑤在阿尔金岩群新发现高压、超高压榴辉岩。1:25 万苏吾什杰幅区域地质调查新发现的高压、超高压岩石断续分布于八什瓦克石棉矿一带,东西延长 50 千米,包括石榴二辉橄榄岩、蚀变石榴辉长岩、榴辉岩,石榴二辉橄榄岩峰期变质矿物组合为石榴石 + 橄榄石 + 斜方辉石 + 单斜辉石 + 菱镁矿,压力 3.8×10^9 帕~5.1×10^9 帕,温度 880℃~970℃,岩片俯冲和折返时期在新元古末至早古生代早期,与区域上且末县格萨依沟—玉石沟高压、超高压岩带处于同一构造带,可能是超大陆形成块状汇聚阶段的产物。⑥发现了海南昌江—琼海蛇绿混杂岩带。沿昌江—琼海深大断裂发现了蛇绿混杂岩带,在变质基性岩中获得 SM-Nd 等时线年龄 3.33±0.12 亿年,揭示可能是古特提斯的东延伸部分,断裂带南北两侧分属印支和华夏地块。

(5) 前寒武纪构造事件研究取得突破性进展　①获得了一批高精度的变质岩同位素年龄数据。获得叠布斯格岩群锆石 SHRIMP U-Pb 年龄为 27.5 亿年和 26.9 亿年,应归入新太古代而非中太古代;双子山岩群变基性火山岩 Sm-Nd 等时线年龄分别为 26.96±1.85 亿年和 27.53±1.1 亿年,形成时代归属新太古代;吕梁岩群获得了 20.51 亿年和 20.99 亿年、23.6±0.95 亿年、23.51±0.51 亿年年龄,形成于古元古代;在秦岭造山带、祁连造山带发现了一些太古—元古的古老结晶基底和蛇绿混杂岩,获得了一批重要的同位素年龄数据,证实了华北板块西南缘和塔里木地块东南缘有大于 36 亿年的古老陆核存在,将北秦岭、祁连的地质构造演化历史向前追溯到古—始太古代;测得原归入中元古代的双桥山群和溪口群的锆石年龄集中于 8.20 亿年~8.40 亿年之间,原归为古元代的庐山星子杂岩中的斜长角闪岩锆石 SHRIMP U-Pb 法年龄为 7.96 亿年,均属新元古代,证实华南晋宁运动与全球性格林威尔造山作用及超大陆的形成不属于同一构造事件;在原云开群变质系中分别获得锆石 207Pb/206Pb 年龄 18.944±0.1736 亿年和 18.468±0.5858 亿年,并识别出了古老的不整合事件,将云开群重新厘定为下伏天堂山岩群和上覆云开岩群。在天堂山花岗质片麻岩中获得锆石年龄 27.019±0.1323 亿年,是云开地区及华夏古陆获得的最老年龄,直接证明了云开地区曾存在新太古代—早元古代的古老结晶基地。②华北地块识别出 3 条前寒武纪构造—岩浆岩带。华北地块北缘首次厘定出建平—承德—赤诚古元古代构造—岩浆岩带,筛分出古元古代 18.40 亿年~18.80 亿年弧岩浆岩带。在大青山地区筛分出古元古代造山带。在中条山—吕梁山地区识别出古元古代的岩浆弧或造山带。获得了太古代五台运动变质作用的年龄为 24.50 亿年~24.66 亿年,证实华北地块北缘存在相当于五台运动的造山事件。③华北前寒武纪变质基底研究程度提高。将原代表新太古代和中太古代之间的铁堡不整合重新修正为古元古代滹沱群与下伏新太古代阜新岩群之间的不整合。结合同位素测年资料,建立了华北典型地区前寒武纪变质层格架;从太行山太古代阜平岩群中解体出古元古代湾子岩群,将华北地块南缘太古代太华岩群上亚群重新厘定为古元古代,深化了华北地区前寒武纪变质基底研究程度。④鲁西前寒武纪地层年代学研究取得重大进展。地层年代学研究及早寒武纪侵入岩研究成果为中国地层年表的编制提供了重要依据。确定了泰山岩群的形成时代为 28.0 亿年~27.5 亿年,属新太古代早期。确定了荆山群和粉子山群的形成时代为古元古代晚期;鲁西地区早寒武纪结晶基底锆石 SHRIMP U-Pb 测年结果显示,新太古代发生 3 期岩浆侵入活动,每期岩浆侵入活动开始都有地幔岩浆侵入。早期构造岩浆活动主要形成 27.4 亿年~27.0 亿年的英云闪长质片麻岩、条带状英云闪长质片麻岩,中期构造岩浆活动主要形成 26.5 亿年~26.0 亿年的 TTG 质花岗岩,晚期构造岩浆活动从地幔岩浆侵入到地壳深熔大规模的钾质花岗岩形成 25.5 亿年~25.0 亿年的中基性—中酸性侵入岩,导致大规模陆壳裂解形成的张性裂隙侵入。⑤扬子陆块前寒武纪基底研究获得新进展。东川群黑山组凝灰岩获得锆石 SHRIMP U-Pb 年龄为 15.03±0.17 亿年;昆阳群黑山组富良棚段火山岩中获得 3 组年龄,分别是 18 亿年代表了基底年龄、10.32 亿年为成岩年龄、8.50 亿年为变质年龄;会理群凝灰岩中获得 SHRIMP U-Pb 锆石年龄,通安组二段为 12.70±0.95 亿年、8.61±0.34 亿年,通安组五段为 10.82±0.13 亿年,天宝山组火山熔岩为 10.36±0.12 亿年。为扬子陆块基底前寒武纪地层时空格架的建立提供了重要依据。

(6)中国东部中生代火山岩研究取得新认识 ①修订了中国东部中新生代火山岩年代格架。通过大量高精度锆石测年数据及新的生物地层学资料等,一致表明区域上原归为晚侏罗世的大面积火山岩时代为早白垩世早期(均<1.45 亿年~1.15 亿年)。②将中国东南部中生代火山活动划分为 5 个旋回。分别对应于 5 个大地构造演化阶段,印支运动与燕山运动的造山过程有相似的岩石学记录。提出中生代构造体制大转折发生于中侏罗世初(1.70 亿年),结束于晚侏罗世(1.50 亿年~1.43 亿年),说明整个中国东部具有统一的构造体制转折时限。

(7)第四纪调查与研究取得新进展 ①环渤海第四纪研究取得新进展。系统厘定了第四系及新近系的岩石地层单位,统一了环渤海地区第四纪地层层序,建立了环渤海地区第四纪地层序列;查明了晚更新世以来海岸带及滨海低平原的地层结构,以区域性事件层(海相层、洪泛层、晚更新世顶部硬粘土层、泥炭层等)为主要标志,结合 ^{14}C 精确测年,对区域地层结构进行了划分对比,建立了环渤海地区第四纪区域地层结构序列,为地下空间开发利用、重大工程建设、水文地质结构研究等提供了基础资料;对时间跨度小、沉积环境频繁变化的全新世进行了高分辨沉积学、微体生物学、年代学研究,查明了全新世以来地层结构和古河道、古湖泊的分布和海岸线、潮间带的位置和变化,从河流进积与海洋作用的海陆交互关系,恢复了环渤海全新世地质环境演变过程。②第四纪填图取得突破。在传统的第四纪浅表地质图上,填绘了第四纪三维地层结构,表示了较多的非正式岩石地层单位,丰富了图面内容,创新了第四纪填图图面表达方式,为拓展应用奠定了基础。

5. 方法技术得到跨越式发展

(1) 填图理论方法不断创新　①陆相火山岩区填图方法进一步完善。对火山岩区填图探索和总结出三位一体"火山构造—岩性岩相—火山地层"填图方法。以火山构造为重点,调查火山构造空间组合与相互关系及其与区域构造的关系,按火山构造单元研究火山地层,建立了火山岩区的地层层序和时空格架。采用航磁、重力、地震等地球物理学方法研究火山基底构造及其对火山的控制作用,建立火山构造模式和火山活动与演化规律。将火山岩区的"火山地层—岩相(岩性)"双重填图方法进一步法推进到"火山构造—火山地层—岩相(岩性)"三位一体填图方法。②发展了第四纪厚覆盖区填图理论和方法。将高分辨率层序地层学的理论与方法引入第四纪填图,应用"基准面旋回"理论,采用岩石地层、气候地层、年代地层、磁性地层等多重地层划分和对比方法,建立第四纪厚覆盖区地层格架。利用标准孔,通过古土壤、古暴露面及其所对比的剥蚀面和沉积界面的识别研究,解决了标准孔与一般钻孔的气候回旋等时对比问题,并对气候回旋内的地层进一步对比,编制剖面图和准瞬时岩相古地理图。③探索区域生态地质调查方法。应用第四纪地质学与土壤学理论,根据第四系成因类型与地特点以及母岩中间的关系,从地学角度建立土壤地质填图单位。调查"岩石—土壤—植物"系统中生态地球化学特征,查明土壤、水文以及植物的区域生态状况,编制土壤类型分布图。在土壤类型调查基础上,通过开展土壤地球化学与水文地质环境调查,对区域环境地质背景进行综合评价,拓展了地质调查的社会服务领域。

(2) 技术标准进一步完善　为进一步规范区域地质调查,针对当前区域地质调查工作的特点和需求,编制和修订了1:25万区域地质调查技术要求(DZ/T0246-2006)、数字填图技术要求、城市地质调查工作指南与系列标准、区域地质调查总则(1:5万)(DZ/T0001-91)、基岩区1:5万区域地质调查规范、第四纪区域地质调查技术要求,进一步明确了区域地质调查技术要求和工作程序等,为区域地质调查工作提供了技术保障。

(3) 数字填图技术居世界领先水平　研发了区域地质调查野外数据采集系统,实现地质填图从野外数据采集到图件编绘和地质图数据库建设的全流程数字化,广泛应用于当前区域地质调查工作,提升了区域地质调查工作的信息化和现代化水平。

第二节　中国地球物理、地球化学及遥感调查与勘查

一、中国区域物化探、遥感地质调查的发展历程

1. 地球物理勘查

区域地球物理调查是基础地质调查的重要组成部分,它借助先进的现代化仪器设备,运用物理学原理、方法和观测技术,以地球为主要调查研究对象,通过一定比例尺、一定观测精度的大范围、多参数(重力、磁性、电性和放射性等)、高精度探测和多学科(地质矿产、地球物理、地球化学等)综合研究,快速查明各种地球物理场的特征和分布规律,作出定性、定量的科学论断,进行岩性和构造填图,提供与找矿有关的物探异常以及其他地下浅部、深部待测目标物的信息。它的原理

与医学上的CT、B超和X光等基本一致。

中华人民共和国成立之前,原地质调查所进行过少量地震和地球物理工作。对1920年甘肃海原大地震、1933年的四川叠溪大地震、1954年的河北滦县大震都作过实地调查,并有报告发表。1930年成立地震研究室,由李善邦任主任,在北平西山鹫峰建立中国第一个地震台,至1937年7月共记录了2472次地震,出版地震专报3卷,在当时国际上颇具影响。后因抗战停止。1943年8月在重庆北碚又研制成一套水平摆式地震仪,进行记录。抗战胜利后,搬到南京,于1947年继续记录。地球物理勘查工作在1949年前的10多年中,丁毅、顾功叙、翁文波、李善邦、秦馨菱等曾在四川石油沟、甘肃玉门油矿作过测井、电法、重力、磁法工作;甘肃河西走廊、台湾西部平原、江苏太湖地区作过重力、磁法普查找油工作;安徽当涂,贵州水城,赫章,云南会泽、巧家,四川会理、攀枝花、綦江以及湖南水口山等地的铁、铜、铅锌、锡矿上做过磁法、电法工作,在个别矿区作过扭秤工作,取得了一定效果。

1949年10月之后,地球物理调查及勘查工作得到迅速的发展。第1批的地球物理勘查人员是由1950年在南京建立的地质探矿专修学校培养的。1952年国家分配80名大学物理系毕业生到地质部门从事物探工作,后来他们都成为中国地球物理勘查工作的主要技术领导。1952年8月地质部成立后,在地质矿产司下设置了物理探矿室,负责管理工作,后来扩展为物探局。物探工作一开始,主要是配合重点金属矿区大比例尺的找矿工作,自1955年开始有计划地开展面积性的区域物探工作,如航空磁测、航空放射性测量、地面重力测量,为区域性的普查找矿服务。同时开展了沉积盆地内的区域性石油物探工作,适应各种矿产及地质环境的物探方法被开发、应用,如地震法、重力法、磁法、电法、电磁法、放射性、地温法、井中物探法等,对找矿及探索地质问题都起到重要作用。

2. 地球化学勘查

区域化探是一项国家基础性、公益性的地质调查工作。中国化探工作起步于1951年秋,政务院财经委员会矿产测勘处化验室谢学锦、徐邦梁,在安徽月山地区进行了生物地球化学探矿的试验,发现了一种含铜的植物——海州香薷。同时也采取土壤、岩石及水系沉积物进行了一些化探试验工作。1952年初东北地质调查所组建由9人组成的中国第一个地球化学勘查队,队长为周树强,当年,在长春净月潭进行了4平方千米的地球化学探矿试验。1952年12月新成立的地质部在地质矿产司下设立了地球化学探矿筹备组,开展化探方法试验,并建立了分析实验室,1954年冬化探筹备组划归物探局领导。从1956年开始在1∶20万比例尺的区域地质调查图幅的测制过程中,开展了沿地质路线采样的区域化探工作(当时称为路线金属量测量)。1955年~1957年间,石油、天然气化探试验研究工作亦逐步开展,并应用于找矿。1981年5月地质部发布在全国开展水系沉积物测量的区域化探扫面的规划,并从1982年起逐步在全国范围内进行。近50年化探方法得到不断地开发与应用,如水系沉积物测量、岩石测量(原生晕找矿)方法、土壤测量方法、汞蒸气测量方法、油气化探方法、地电化学方法、金矿化探方法、地气测量方法、地球气化探方法等。中国的区域性化探工作、找金的化探方法和地球气化探方法目前在国际上处于领先地位。

3. 遥感地质调查

中国遥感地质工作起步于20世纪50年代中期航空摄影为基础的航空地质工作,60年代开始研制多波段摄影机和航空红外扫描仪等,并进行多次试验。1972年地质部航空物探大队和水文地质技术方法研究队合作,在广东省丰顺地热区进行了昼夜飞行的航空红外遥感方法试验。1973年以后随着遥感仪器及资料的引进以及遥感方法试验的扩大,到80年代各部门纷纷成立遥感中心、遥感研究所,并加强了国际的交往,使遥感技术在地质科学领域里得到日益广泛的应用,并取得显著效果。目前,遥感技术已在区域地质调查、矿产普查、能源资源调查、水文和工程地质调查、地震地质调查、环境地质、城市地质和海洋地质等方面得到普遍的应用。

二、中国区域物化探、遥感地质调查工作进展及主要成果

1. 1949年～1999年中国区域物化探、遥感地质调查工作进展及主要成果

从20世纪50年代末～80年代初,通过查证磁异常、放射性异常和从80年代中期开始的查证区域化探异常找到了大量的铁矿、铀矿和金矿。据统计,中国80%的铁矿是通过查证航磁异常发现的;已勘查的铀矿中,94.4%是由地面放射性方法、航空伽马能谱测量首先发现的。自20世纪80年代以来,几乎所有新发现的金矿床都是查证区域化探异常发现的。区域重力调查直接找矿成果不多,只在盐类矿床和个别铁矿床上有效。但区域重力调查可发现和圈定大量盆地、局部构造、岩体、断裂、古老地块,在间接找矿和矿产预测中起了重要作用。寻找能源矿产,50年代中期地质部将物探工作部署在原来不产油也未见油的地区,像松辽盆地、华北平原等大型沉积区,开展了大面积的石油物探概查,并提出了可能的含油构造,从而在50年代末及60年代初陆续发现了大庆、胜利等大型油田,实现了中国找油的重大突破。以后在其他地区寻找油气田无不是物探先行,进行大面积概查,对全区构造有整体了解后,从中圈出可能含油的局部构造,据此布孔后发现了油田。据此总结出油气勘查的成功经验是"区域预查、选区评价"和"局部构造普、详查"工作模式。

1949年以前到50年代初中期,物化探工作毫无例外地布置在已知矿区及其外围。找到了大量的盲矿和外围矿,为扩大已知矿区的规模作出了重要贡献:四川攀枝花、湖北大冶、内蒙古白云鄂博、山东莱芜、辽宁鞍本、河北冀东、邯邢等铁矿和湖南水口山铅锌矿、甘肃白银厂小铁山多金属矿等。评价古采点(老硐)、群众报矿和区域地质调查或普查中发现的矿点,也属于就矿找矿。由矿点、矿化点经物化探工作或物探化探配合地质工作升格为矿床,甚至是大型矿床的。例如西藏玉龙铜钼矿,新疆阿舍勒铜多金属矿,辽宁红透山铜(锌)矿,甘肃金川、吉林红旗岭、新疆喀拉通克铜镍矿,湖南黄沙坪、陕西八方山、甘肃西成铅锌矿,广西芒场锡多金属矿,吉林二道林子砷铜矿,甘肃崖湾锑矿,湖北银洞沟银金矿,黑龙江五星铂钯矿,重庆兴隆锶矿,黑龙江双鸭山、新疆蒙库铁矿,辽宁砖庙沟硼矿,广东低陂圹萤石矿,西藏羊八井地热田等。

区域性物探、化探、遥感调查工作自"六五"以来已纳入国家地质工作计划,截止1997年底已完成以下工作量(见表2-3-2):

表2-3-2　区域物化探遥感工作量完成情况

方法	比例尺	面积/平方千米	备注
区域重力	1:100万	347万	
	1:20万	282万	占计划可测面积607万平方千米的46.5%
区域化探	1:50万	118万	1:50万和1:20万完成数占计划可测面积650万平方千米的88.5%
	1:20万	457万	
航空物探	1:100万～1:25万	850万	陆域有效覆盖面积
		210万	海域有效覆盖面积
航空遥感	1:6万～1:1万	143万	陆域有效覆盖面积

物探、化探、遥感在矿产勘查工作中亦取得很好的找矿成果。"六五"到"八五"以来,地矿部门发现、检查、验证的物化探异常及见矿情况见表2-3-3,发现与扩大的各类矿产情况见表2-3-4。

表2-3-3 发现、检查、验证异常及见矿情况

时期	发现异常数	检查异常数	验证异常数	见矿数	见矿率/%
合计	72 986	25 646	5679	3224	10.3
"八五"期间	23 772	5357	1524	993	14.4
"七五"期间	27 038	9435	2078	1325	11.5
"六五"期间	22 176	10 854	2077	906	7.0

见矿率=(见矿数/检查数+验证数)×100

表2-3-4 发现与扩大的各类矿床情况

时期	合计	能源矿床	黑色金属矿床	有色金属矿床	贵金属矿床	稀有稀土矿床	非金属矿床
合计	817	28	30	227	489	14	29
"八五"期间	313		2	69	236	2	4
"七五"期间	309	14	7	70	205	9	4
"六五"期间	195	14	21	88	48	3	21

物探、化探、遥感调查不但在地质工作中的服务领域在不断扩大,如服务于基础地质和深部地质调查、矿产勘查和预测、水文、工程、环境地质调查等,并且在其他经济部门及社会发展方面都在不断地扩大服务范围,如林业、农业调查、环境污染与自然灾害调查、城市建设与规划、工程建设与规划、土地资源与规划和人类健康与生命科学研究等领域。

2. 新一轮国土资源大调查区域地球物理、地球化学调查进展与成果

(1)全国区域地球物理调查

中国地质调查局基础调查部在《国土资源大调查基础地质调查系列成果》(2010)中总结指出,地质大调查实施以来,围绕《新一轮国土资源大调查纲要》"要完成1:100万陆域航空磁测和重力调查;补充开展高精度综合航空物探、航空遥感、区域重力和区域地球化学调查"以及提高重要成矿区带和重要经济区的区域地球物理调查工作程度和更新一批区域地球物理调查基础图件,区域地球物理调查主要开展青藏高原1:100万航磁调查和区域重力调查、19个重要成矿区带和重要经济区1:5万与1:20万两个层次的航空物探调查和区域重力调查以及新方法、新技术的试点与推广,另外也开展了全国、重点地区和标准图幅的区域地球物理系列编图与综合研究。12年地质大调查从事区域地球物理调查的队伍30多家、技术人员1000多人,投入高精度重力仪等地面物探设备120多台套、航空物探设备近20台套,完成项目约140项(航空物探30项、地面物探110项)。

区域地球物理调查工作程度得到提高 获得了一大批重要的区域地球物理调查数据,更新了一批区域地球物理调查图件,提高了区域地球物理工作程度。完成了青藏高原1:100万航磁和区域重力调查,实现了全国大陆1:100万航磁和区域重力的覆盖。1:20万航磁调查完成冈底斯、西南三江等重要成矿区带和青藏铁路沿线等重点地区70万平方千米,工作程度提高7%;1:20区域重力调查完成西南三江、大兴安岭、天山—北山、秦岭、南岭、昆仑—阿尔金和湘西—鄂西等重要成矿区带139万平方千米,工作程度提高14%;1:5万航次调查完成大兴安岭、天山—北山、昆仑—阿

尔金等重要成矿区带25万平方千米,工作程度提高3%;1:5万航空放射性调查完成大兴安岭、天山—北山等重要成矿区带20万平方千米,工作程度提高2%。

表2-3-5　区域地球物理调查完成工作程度（单位：万平方千米）

工作内容	大调查前完成情况		大调查完成情况		地质完成情况		总计完成情况	
	面积	比例	面积	提高比例	面积	提高比例	面积	比例
1:100万航磁	826	89%	104	11%			930	100%
1:100万区重	700	84%	133	16%			833	100%
1:20万航磁	467	49%	70	7%			537	56%
1:20万区重	298	31%	139	14%			437	45%
1:5万航磁	295	30%	25	3%	50	6%	370	39%
1:5万航放	120	13%	20	2%	20	2%	160	17%

更新了一批区域地球物理调查图件　通过区域地球物理调查获得了海量的区域地球物理调查数据,编制了全国1:500万、六大区和青藏高原等重点地区1:50万～1:150万、800多幅1:5万～1:2.5万国际标准图幅航磁或重力系列图件,更新了一批区域地球物理调查图件,丰富了地球近地表的隐伏信息,提高了人类对地球的认识水平,为社会公众提供了一批公益性国土资源信息,为区域地质调查、资源潜力评价、矿产资源勘查、环境保护、基础测绘和重大工程建设等提供了一批多样化的区域地球物理调查图文资料。

解决了一批重大基础地质问题　①1:5万～1:100万区域地球物理调查有效地进行了一定深度范围内的岩性和构造调查与填图,共推断断裂构造2000多条、火山等构造100多个,圈定隐伏与半隐伏岩体（侵入岩体、蚀变岩等）近3000个、盆地100多个。编制了1:500万中国大陆及毗邻海域航磁推断断裂图、青藏铁路沿线与长江三角洲等重点地区以及100多个1:20万标准图幅的岩体或构造推断解释图。②1:100万航磁和区域重力调查获得了青藏高原迄今最完整的区域地球物理调查资料,对青藏高原基底、缝合带性质、断裂构造格架、构造单元划分等重大地质问题研究提出了一些新的见解和认识:认为青藏高原基底属于弱磁性,不存在大范围太古界强磁性结晶基底,青藏高原具有与塔里木盆地完全相同的区域磁场;首次发现雅鲁藏布江航磁双异常带,研究认为是南北2条巨型超基性岩和中酸性岩带的反映,与雅江缝合带有关,并提出新特提斯洋可能存在2次闭合成洋;认为西昆仑—阿尔金弧形异常带为塔里木盆地南部与青藏高原的边界,阿尔金断裂未深入可可西里—巴颜喀拉地块;发现了北北东向深源负异常带与浅源近东西向磁异常呈"立体桥式"结构,认为是地壳深部热流上升引起磁性层底部部分消磁作用的结果,与印度板块持续向北挤压有关;首次发现青藏高原存在一系列的NW、NE向断裂构造。③区域地球物理综合研究对扬子地台与华南造山带、松潘—甘孜造山带的边界提出了新的认识:研究认为扬子地台与华南造山带界线位于绍兴—江山—临川—赣州—韶关—北流一线,由北流—韶关、临川—赣州、江山—绍兴断裂组成,此线以东岩浆岩分布广泛,以西岩浆岩不很发育。这条界线世纪代表了一条晚古生代—早古生代裂谷带,于加里东期闭合,形成加里东褶皱带并与扬子陆块拼接;研究认为扬子地台与松潘—甘孜造山带的边界位于武都—文县—理县一线,而不是一般观点认为的龙门山断裂为界。

地质找矿先行性作用明显提高　区域地球物理调查提供了大量的找矿信息,深化了重要成矿区带地质背景的认识,有力地支撑和促进了后续地质找矿工作的开展,先行作用明显提高。①发现了一大批重磁等物探异常,有力支撑和促进了矿产勘查活动的开展。地质大调查期间,共发现物探异常10 466处、检查物探异常2340处、见矿物探异常554处,为矿产勘查提供了大量的找矿信息和线索。同时,随着物探异常的发现,地面异常查证和矿点检查等公益性和商业性后续地质找矿工作随之跟进,区域地球物理调查支撑和促进了后续矿产勘查活动的持续开展。②深化了重要成矿区带地质背景的认识,快速圈定和扩大了一批成矿远景区或找矿靶区,为全国铁矿等资源潜力评价提供了极其重要的基础资料。以发现的物探异常和推断的一定深度范围内的岩性与构造为主,结合地质矿产和化探等资料开展综合研究,加深了对物探异常、推断解释的岩体和构造与成矿关系的了解,深化了重点成矿带地质背景和地质规律的认识,新圈定新疆西天山阿吾拉勒铁矿找矿远景区和青藏祁漫塔格、普若岗日—雁石坪、芒拉—古尔木、土塔—那翁、冈底斯北缘和艾格日克亚克—库地等6条铁矿异常带,新提出了一批针对华北陆块和长江中下游重要成矿区深部第二空间找矿的宽缓重磁异常,为后续矿产调查工作的部署提供了依据,为全国铁矿等资源潜力评价提供了极其重要的基础资料。③以重磁等物探异常为线索,后续地质工作跟进开展异常查证和矿产勘查,发现了一大批大型铁铜矿床,先行性和指导性作用日益增强。发现了辽宁本溪大台沟特大型铁矿(30亿吨,预测近100万吨)、山东济宁大型铁矿(6亿吨,预测近50亿吨)、安徽泥河大型铁矿(1.2亿吨)、司马口—马城—长凝大型铁矿(10亿吨)、河北承德大型钒钛磁铁矿、河南舞阳大型铁矿和云南普朗大型铜矿(427万吨)等大型铁铜,并大幅扩大了西藏尼雄铁矿和新疆西天山阿吾拉勒铁矿的储量,区域地球物理调查在全国铁矿找矿和实现铁矿重大突破中发挥了极其重要作用。据不完全统计约有80%的铁矿的发现都基于航磁异常为线索找到的,区域地球物理调查先行性和指导性作用日显增强。④航空物探找矿效果和部分省合作航空物探等项目的示范作用,带动了地方航空物探工作的大力发展,促进了海域航空物探专项的开展。通过与内蒙古、黑龙江和新疆地方政府在重点成矿区带合作开展航空物探示范工作,引导和带动了内蒙古、新疆、黑龙江、青海、河北、山西、山东和辽宁等省区地方政府航空物探工作的大力发展,充分发挥了地方航空物探工作在地质找矿中的作用,据不完全统计,近三四年地方政府出资签订开展1∶5万航空物探协议面积约100万平方千米。通过开展南海南薇—北康海域1∶25万航磁勘查等海域航空物探项目,促进和推动了国家海洋"420专项"的开展。

  成果广泛应用于经济社会发展 ①开展了东南部地区水文环境航空物探勘查,获取了广东南部地区天然放射性环境辐射的数据,查清了广东南部地区的环境高辐射水平分布特征,发现一建筑工程建在奇高的放射性异常区内,经向国家环保局和广东省有关部门反映,推动了广东省房屋建筑工程放射性环境检测地方性法规的出台,为该地区放射性环境评价提供了基础资料,为大亚湾核电站放射性监测建立了本底参考。②为国家基础测绘、大瑞等铁路线、核电站选址、油气资源调查与评价、地震研究等解决社会发展提供了区域地球物理基础资料。例如,为国家测绘局提供了浙江、福建、江西、北京、天津、河北、山西、湖南、湖北、河南、山东、陕西、上海、江苏、安徽、贵州等16个省市的区域重力调查数据与成果,为国家重大基础测绘工程区域大地水准面精化提供了坚实可靠的不可或缺的基础资料。目前,大地水准面精化成果已在上述16个省市得到广泛应用,取得了良好的经济效益和社会效益。③为吉林省乾安地区开展了航空电磁法浅层地下水和水质调查,为该区农业规划提供了基础资料。根据航电3个频率的低背景场对应浅层淡水体、高背景场对应半咸水体、高强异常对应咸水体的特点,编制航电水资源(水质)普查成果图。根据航电高频的电磁响应的相对场强圈定了土壤的盐渍化程度及其分布,划分出盐碱土、重盐渍化土、轻盐渍化土和非盐渍化土 4 类土质。

区域地球物理调查方法技术继续保持国际先进 ①航次测量系统主要性能指标进一步提高，航次测量技术继续保持国际先进水平。研制和开发了新一代 HC-2000 核光泵磁力仪，提高了仪器的灵敏度、测量精度和采样率，仪器主要技术性能再上新台阶。全面实现了航次测量自动化采集和磁实时软补偿，大大提高了野外工作效率，明显提高了航次干扰场的补偿精度。采用了双星卫星导航定位技术，导航定位精度达到 10 米级。成功利用 DTM 设计飞行方案，提出了航高监控新方法，有效地降低了飞行高度。实现了大范围航次测量与地面磁日变网同步连续观测和逐点校正方法，编图质量可靠。航次测量国产仪器和调查技术保持国际先进水平。②实现了航空物探多参数、多目标、大跨度、全地域测量。引进了 IMPULSE 直升机频率域磁电综合测量系统、伽玛能谱测量系统和航空重力测量系统，研制了 Y-12 飞机航磁水平梯度测量系统、Y-12 飞机航空物探（磁、电磁、伽玛能谱）综合站测量系统、直升机航次测量系统，开发和组装了多套适合于不同地区、不同勘查目的的高精度航空物探测量系统，实现了中国航空物探多参数、多目标、大跨度、全地域测量。③区域重力电磁技术进步显著，定位精度和布格异常总精度大大提高。引进了一批 LCR 和 CG-5 型等高精度重力仪，延长了重力野外观测闭合时间，广泛应用了 GPS 高精度定位测量技术和 CQG2000 大地水准模型、区域大地水准精化模型，大大提高了重力观测精度、定位精度和工作效率，解决了西部高山山区区域重力调查的关键技术问题。中比例尺区域重力调查总精度从以往的 1.0 毫伽提高到 0.5 毫伽，平面定位精度从 50 米提高到 10 米，高程精度从 4 米提高到 1.6 米。④重磁勘探数据处理和解释方法技术显著提高。开发了航空物探处理系统 AirProbe、航空物探综合解释系统和区域重力数据库信息系统（RGIS2007），研究了综合利用总磁异常与磁场垂直梯度分离识别异常与快速确定磁源深度方法、直接用于起伏观测面上磁异常或垂直梯度反演地下场源物性磁化强度分布的拟 BP 方法、基于 MAPGIS 技术利用地物化遥等综合信息的矿产资源快速评价预测方法，大大提高了中国重磁资料处理能力和解释水平。⑤计算机制图技术全面推广应用，重磁编图技术进一步提高。开发了 MapGIS 下航空物探彩色成图软件和区域重力数据库信息系统（RGIS2007），广泛利用计算机数字制图、数据存储和电子印刷技术于重磁编图和制图工作，彻底改变了原来手工编绘作业的落后状况，提供了编图质量，大幅度缩短了编图、成图和成果提交的时间。⑥开展了区域地球物理调查新方法新技术的试点和试验，推进了新方法新技术的推广应用。开展了西部工作程度较低地区 1∶5 万电法快速扫面、长江中下游重点成矿区带 1∶5 万综合地球物理立体地质结构调查试点，以及国产固定翼 HDY-401 型三频航电航空物探（电/磁）综合站和国外引进的吊仓式直升机航电系统的试生产，为区域地球物理调查新方法、新参数的应用奠定了基础。

（2）全国区域化探

中国地质调查局在《国土资源大调查基础地质调查系列成果》（2010）中指出，全国区域化探计划实施 30 年期间，在中国矿产勘查工作中起着巨大的指导和推动作用。据统计，全国发现各类化探异常 6 万余处，通过异常检查和验证发现各类矿床 2087 处，极大地推动了中国贵金属与有色金属矿产资源的勘查和开发。

地质大调查实施以来，共开展区域化探工作项目 82 个，围绕提高重要成矿区带区域化探工作程度和基础图件的更新，着力加强大兴安岭、天山、昆仑—阿尔金、班公湖—怒江、冈底斯等国家重要成矿区带的区域化探工作，进行新方法、新技术的试点与推广，开展全国、重点地区、重要成矿带和标准图幅的区域地球化学系列图件的编制（中国地质调查局基础调查部，2010）。

获得了海量高精度的区域地球化学数据和重要地球化学图件,大幅度提高了国家重要成矿带区域化探工作程度 1999年~2010年共完成区域化探100.2万平方千米,工作程度提高10%,西南三江、大兴安岭、天山—北山、昆仑—阿尔金、班公湖—怒江和冈底斯等重要成矿区带区域化探工作程度大幅度提高。通过区域化探扫面,获得了海量的区域地球化学数据,编制了全国1:1200万、1:500万和六大区1:50万~1:150万、1:20万分图幅的39元素地球化学图及异常解释等系列图件,查明了各项元素的区域地球化学分布分配特征,为基础地质研究与资源潜力评价、矿产资源勘查等提供了重要的地球化学资料。

圈定了一批异常,提供重要找矿线索,深化了重要成矿区带地质背景的认识,有力地支撑后续地质找矿工作的突破 地质大调查10年来,加强在国家重要成矿区带区域化探的部署,加强对铜、铅、锌、钼、钨多金属矿产异常的查证力度,累计发现异常10 234处,检查异常3558处,验证1301处,见矿异常1215处。以化探异常为线索,矿产勘查各项后续地质找矿工作随之跟进,地质找矿取得重大突破。西藏大型驱龙铜矿、青海沱沱河大型铅锌银矿、四川刷经寺特大型金矿、新疆祁漫塔格和彩霞山大型铅锌矿、黑龙江争光大型金矿、内蒙古达莱大型有色金属矿产基地等,都是这一时期依据区域化探异常,通过后续地质工作取得的重大找矿成果。区域化探工作已成为地质找矿的重要手段之一,充分体现了其基础性和先行性作用。1999年以来见矿属显著增加,见矿率明显提高。发现矿床种类发生明显变化,发现的有色金属及其他矿产类的比例有了显著提高。据估计,90%以上的贵金属和有色金属矿产均是依据区域化探成果逐步发现的。此外,随着大兴安岭和西部空白区区域化探工作的逐步推进,通过区域地球化学、成矿环境和区域异常等分布规律研究,圈定了找矿靶区,在解决三江北段、祁漫塔格等重要成矿带展布与划分,圈定找矿靶区方面发挥重要作用。

丰富的区域地球化学信息成为区域地质填图与基础地质研究的重要依据 不同地质体与构造单元具有不同的元素地球化学分布分配特征。应用区域地球化学资料研究其区域地球化学分布规律,在岩体圈定、地层划分、区域地质构造研究等方面发挥重要作用。如通过昆仑山中段区域化探发现了常量元素与微量元素在元素组合和富集程度上呈现显著差异的两大地球化学区,反映了两大地质单元的地球化学特征,为深刻认识阿尔金—库牙克—阿什库勒3条断裂间的关系提供了重要地球化学依据。由此,通过区域化探获得的详细地球化学资料对岩体、地层和构造的反映,可以为区域地质填图提供重要信息和依据,尤其在森林沼泽区等覆盖较厚、基岩出露较差的地区更为重要。如通过1:20万小二沟幅区域化探获得的Fe、Mg、Si、K、Sb、Hg、U等元素地球化学分布规律研究,总结了地质单元地球化学信息,编制的该地区地球化学信息推断地质图,绝大部分推断结果得到野外验证,对浅覆盖区开展区域地质填图具有重要意义。

区域化探工作的推进极大地丰富和发展了地球化学勘查的理论、方法,推进了地球化学样品分析测试技术发展及标准化、规范化管理 ①特殊景观区的采样方法技术。在森林沼泽、干旱荒漠戈壁残山、高寒湖沼丘陵、干旱半干旱高寒山区和半干旱中低山丘陵等特殊景观区,选取合适的采样介质、采样部位和采样粒级,有效去除有机质和风成沙的干扰,使得区域化探获取的地球化学信息能够真实反映汇水域或下覆基岩的地球化学特征,为区域化探在矿产勘查与基础地质等方面的应用提供了技术保障。②分析测试精度与质量监控。采用电感耦合等离子体光谱法(ICP-OES)、X射线荧光光谱法(XPF)、等离子体质谱法(ICP-MS)等现代大型仪器为主体,选择最合理的分析配套方案,39种元素分析的检出限大大降低,真正实现了区域化探样品的高精度定量测试。

采用国家一级标准物质进行实验室内部分析准确度和精密度的质量监控,加大报出率、重复性检验、异常点的重复检验和监控图的绘制,实现实验室分析测试的内部质量监控,以密码插入标准控制洋,实行外部质量监控。在高精度的分析测试与严格的质量监控下,不同是实验室不同地区之间获得的地球化学图实现无缝拼接。高质量的地球化学数据为区域化探资料的应用与开发提供了重要保障。勘察地球化学方法技术的进步使得地球化学在矿产勘查、基础地质研究、农业和生命科学上的应用得到了广泛的认识和重视,为勘察地球化学学科建设、人才培养作出了巨大贡献。

(3) 全国多目标区域地球化学调查

中国地质调查局于1999年~2001年开始在广东、湖北、四川等省实施多目标区域地球化学调查试点工作。从2002年起,全国多目标地球化学调查工作正式启动。国土资源部先后与浙江、四川、湖南等18个省区采取部省政府间合作方式对多目标地球化学调查进行专项支持,调查工作扩大到全国31个省市区。

全国多目标区域地球化学调查工作分调查、评价和评估3个层次开展。①调查阶段:主要任务是掌握情况。全国共部署450万平方千米调查面积,截至2009年底已完成160万平方千米,覆盖中国东、中部平原盆地、湖泊湿地、近海滩涂、丘陵草原及黄土高原等主要农业区。全国投入科技人员500余人,采样人员10余万人,选定部级重点实验室23个,采用大型精密仪器测试地球化学样品60万件,分析3240万个元素指标。基本查明了中国土地有益和有害组分等54种元素指标组成、类型、含量、强度及其分布地区、范围和面积等,填补了中国长期以来各项土地元素指标的空白。②评价阶段:针对调查发现问题,按照长江流域、黄河流域、东北平原及沿海经济带等主要农业经济区域开展生态地球化学评价,对影响农业经济的肥力组分和重金属污染问题进行科学研究,旨在查清土地有益和有害组分成因来源、迁移转化、生态效应和变化趋势等,为土地质量评估通过科学依据。共采集各类样品12万件,分析各项指标数以百万计。③评估阶段:依据调查和评价结果,根据各省区具体情况,对土地质量进行应用性地球化学评估。共计安排省级土地评估项目13项、市县级20项。通过土地质量等级划分,发掘土地利用潜能,为土地绿色产能提供依据,因地制宜发展优势农业和生态农业,在农业区域规划和发展现代生态农业中发挥重要作用。取得的成果有(中国地质调查局基础调查部,2010):

首次系统地获得了中国中东部重要经济区土地54种元素指标高精度数据,全面查清了中国土地质量地球化学状况。调查显示中国土地质量总体状况是好的,达到土壤环境质量一二类标准占87%,氮、磷、钾、锰、硼、钼、铜、铁、锌、碘、硒等各种有益元素呈多样性分布特点,有利于因地制宜发展特色农业,提高土地利用价值和促进农业经济全面发展。同时发现系列生态地球化学问题,局部地区污染严重。南京某些流域镉、汞、铅、砷等重金属异常沿江分布,城市及周边地区汞、铅、等异常成普遍存在,部分城市放射性异常明显,湖泊有害元素富集,西南石灰岩发育地区由于砷、镉等元素在风化成土过程中发生了次生富集作用,土壤酸化存在生态风险。

依据土地有益元素优势特点,开发特色农业产品,科学合理施肥,提高土地利用价值,预期年增加经济效益达千亿元。江西省丰城发现富硒土地资源525平方千米,规划"中国生态硒谷",开发闲置土地1万公顷(15万亩),拉动商业投资5.5亿元,预计每年增收1.56亿元。海南发行全岛1/3面积(9500平方千米)天然富硒区,其中定安县以确定2010年0.33万公顷(5万亩)种植发展计划,预期可使该县农业年增收5亿元以上。四川成都经济区优质土地生产各种无公害农产品和富硒大米、小麦等,每年产生经济效益 40 亿元。辽宁发现盘锦大米富铁、碘、镁等微量元素,大大提高了经济价值,预期年增值 10 亿元。浙江富硒土壤面积高达 7654 平方千米,仅浙北 2200 平方千米开发生产富硒稻米,每年即可增加经济效益 8.25 亿元。依据有益元素丰缺状况,进行配方施肥,提高土地产出率。四川成都划分土地肥力等级,在缺硼、锌、锰、铁、铜、钼、硒等微量元素土地开展科学配方施肥,小麦、油菜、蔬菜等普遍增产 10%~20%,新增经济效益超过 10 亿元。江苏开展施硼试验,使缺硼地区特色农业产品牛蒡增产 8.4%。红富士苹果增产 9.5%,棉花最高增产超过 20%。山西依据玉米、豆类种植区营养元素分布状况,开展施锌、钼试验,玉米产量增加 6.37%~15.38%,豆类产量增加 7.64%~11.48%。

服务基础地质与矿产资源勘查。运用地球化学理论和方法,研究划分第四纪沉积相和成土母质,研究第四纪沉积环境,推断隐伏断裂等区域地质构造单元,为第四纪地质填图增添了大量新参数。在油气、地热等能源矿产及固体矿产方面新发现一大批异常,特别是与能源有关的异常,为资源潜力评价提供了基础资料,为能源矿产开发提供重要线索。

系统获得了中国主要农耕区土壤有机碳高精度数据,显示中国土壤碳库的巨大固碳潜力。系统、海量、高精度土壤实测碳数据,为中国准确获取土壤碳储量、深入研究土壤碳库空间分布特征、影响因素、碳地球化学循环规律、圈定中国土壤碳汇区奠定了重要的基础数据。调查结果显示,中国土壤有机碳储量空间分布不均,与各地区不同的土壤类型、成土母质、土地利用方式等密切相关。以募集加权平均推算,中国调查区 0 米~0.2 米的碳密度为 3186 吨/平方千米。0 米~1.0 米的碳密度为 11 646 吨/平方千米,0 米~1.8 米的碳密度为 15 339 吨/平方千米。其中,中国主要农耕区 1 厘米~30 厘米土壤平均碳密度为 4880 吨/平方千米,低于美国的 5030 吨/平方千米、欧盟的 7080 吨/平方千米,显示出巨大的固碳空间。

建立生态地球化学理论与方法技术体系。在 10 年实践中,形成多目标区域地球化学调查、区域生态地球化学评价、局部生态地球化学评价、土地质量地球化学评估与生态地球化学数据库建设要求等系列规范和技术要求。同时,以生态系统为基本单元,以元素成因来源、迁移途径、生态效应和预测预警为评价主线的一门具有原始创新的边缘学科正在形成,对缓解当前中国经济发展与生态环境恶化中间的尖锐矛盾具有重要的科学意义和实用价值。

第三节 中国水文地质、工程地质和环境地质科学调查

水文地质、工程地质和环境地质工作是调查研究地壳表层地下水的分布、运移情况及其规律,研究与工程建设有关的地质条件,研究地质环境对人类影响和人类活动可能引起的地质环境的变化,以及各类地质灾害的起因及防治。它们是地质工作的重要组成部分。

一、水文地质调查

1. 1949 年~1999 年水文地质调查

1949 年之前,只有少数地质工作者对地下水调查、水库坝址、公路工程等工程地质工作进行过少量工作,前中央地质调查所虽设有工程地质研究室,但工作甚少。1949 年后至 1952 年地质部成立时也仅在一个 26 人组成的小组,配合水电、铁路、化工等部门的工程建设,进行工程地质工作。1955 年地质部成立水文地质工程地质局,拥有了 1300 多人的专业地质队伍,水利、电力、铁道部门

也相继建立了水文地质工程地质队伍。从此水文地质工程地质事业得到迅速发展。从1956年开始,地质部有计划地在全国范围内开展大规模的区域水文地质普查工作。1973年为加快查清全国地下水资源,组建了基建工程兵水文地质普查部队,加强了全国区域水文地质普查工作。经过40多年的努力,已完成1:20万为主的全国水文地质调查和1:20万全国海岸带工程地质调查。在此基础上,开展了全国地下水资源分区评价,预测全国地下水天然资源总量为8700亿立方米/年,开采资源总量2940立方米/年。

为解决中国部分缺水地区人民群众的生产、生活用水,自20世纪60年代以来在黄淮海平原、关中平原等重要农牧区开展了1:5万~1:10万农牧业供水水文地质勘查,完成面积达130万平方千米在探明和开发地下水资源、促进农牧业发展和改善土壤盐碱化等方面取得了显著成绩。"九五"以来重点实施了"西北地区地下水资源特别计划",已经取得了重大突破,在新疆沙漠区、宁夏南部山区、陕西北部和内蒙古额济纳平原等严重缺水地区找到了可饮用地下水源,改善了这些地区人民的生活条件和生态环境,取得了良好的社会经济效益。

2. "十五"期间地下水资源调查评价

工作项目 "十五"期间,中国地质调查部门完成1:25万水文地质及其环境地质调查178.62万平方千米,1:10万水文地质调查8.115万平方千米,1:5万水文地质环境地质调查8.017万平方千米,1:25万水文地质监测2.08万平方千米,1:2.5万水文地质剖面1500千米,洞穴探测60多千米,浅地震勘察63千米,钻探6.05235万米,浅钻75.47万米,水准测量627千米,水土测试样21.0616万组,各类勘探井340眼,红层浅井5万余眼,物探2.5827万点,高程测量1609个,GPS测量395点,GPS标石埋设160座,GPS固定站4座,自动化监测系统8组,地裂缝自动监测站1组,分层标2组,基岩标1座,标房5座,地下水均衡试验场2个,开发示范工程34处,岩溶水动态监测点200多处,岩溶水动态自动化监测点6处,岩溶塌陷自动化监测站1个,成果图件344份,水文地质环境地质图数据库146幅,数据库17个,数据信息系统或管理系统6种,建立了地下水空间分析系统和各盆地(平原)三维可视化地质结构模型。

新一轮全国地下水资源评价 重新评价了中国的地下水资源量及其分布,摸清了全国地下水资源家底。全国地下水天然补给量多年平均为9235亿立方米。其中,矿化度小于1克/升的天然淡水资源8837亿立方米;地下淡水可开采资源3527亿立方米。全国地下微咸水天然资源277亿立方米,半咸水天然资源121亿立方米。总体上南方地区地下水资源丰富,北方地区地下水资源相对匮乏;山区地下水资源丰富,平原区的相对匮乏;不同类型地下水资源数量也各有差异。在全国地下水资源中,按面积统计,有63%的地下水资源可供直接饮用,12%为不宜饮用但可作为工农业供水水源,约8%的地下水资源不能直接利用,需经专门处理后才能利用。南方大部分地区地下水可供直接饮用,但部分平原地区的浅层地下水污染比较严重。北方地区的丘陵山区及山前平原水质较好,中部平较差,滨海地区水质最差。北方丘陵山区分布着与地方病有关的高氟水、高砷水、低碘水和高铁锰水等。约有7000多万人仍在饮用不符合饮用水标准的地下水。中华人民共和国成立以来,全国地下水开采量一直持续增长。地下水年开采量,从20世纪70年代的572亿立方米/年增至1999年的1116亿立方米/年。北方地区开采量占全国开采量的76%。地下水供水比例与用水结构发生变化。从用水结构来看,中国农业灌溉用地下水占地下水总用水量的比重最高,但目前呈递减趋势,工业用地下水的比重明显上升,生活用地下水的比重基本持平。全国有400多个城市开采利用地下水。在城市用水总量中,地下水平均占30%。地下水开采潜力是指在现状开采条件下可以扩大开采的地下水资源。地下淡水开采潜力约有70%。南方潜力较大,达86%;北方潜力较小,不足45%。

北方11个盆地(平原)地下水资源评价、信息系统建设和概念模型等方面　基本查明了中国北方11个大型盆地(平原)的地下水系统空间结构、地下水系统补径排条件和循环演化规律,初步建立了这些盆地(平原)的地质、水文地质概念模型,对地下水的形成、循环和演化规律,人类活动的影响以及环境效应等方面有了初步的认识,初步建立了华北平原、山西4个盆地和银川平原等的地下水三维数值模型。初步查清了各大盆地的资源量。除东北3大平原、山西6大盆地外,天然资源量为782.66亿立方米/年,可开采资源量为453.21亿立方米/年。圈定了一批开发的大中型地下水资源勘查远景地段。在鄂尔多斯盆地圈定了39处,塔里木盆地37处,河西走廊24处。在以往工作和最新调查成果的基础上,按照统一的标准,初步建成了华北平原、山西4个盆地、东北3大盆地(平原)和河西走廊等地下水空间信息系统。鄂尔多斯盆地地下水勘查项目,应用新技术、新方法及取得阶段性成果,将为大型盆地,尤其是深层地下水勘查提供示范作用。

西南岩溶地区地下水及其环境调查评价　查明西南岩溶石山地区有地下河3066条,富水构造180余处,地下水天然资源1808亿立方米,可开采资源765亿立方米,岩溶地下水已开采量92亿立方米,可有效开发利用资源511亿立方米。具有调蓄能力的岩溶表层带约24.5万平方千米,调蓄量247.4亿立方米/年。利用遥感技术首次全面查明了西南岩溶区石漠化分布特征,划分了石漠化的程度等级、研究了石漠化的成因、影响因素和发展演化趋势。完成了71幅1:25万图幅5878个图层的空间数据库建设,建立了西南岩溶区地下水与环境地质信息系统。并在环境分区的基础上,以岩溶流域为单元,对所有流域从大到小进行了系统划分,初步划定岩溶水系统4333个。查明了32个岩溶流域的区域水文地质条件和岩溶水资源资源特征,编制了流域地下水开发利用区划,提出了11个重要地下水开发工程方案,并因地制宜地兴建了多处不同类型的地下水开发示范工程和合理开发利用示范区。

严重缺水地区的找水勘探工作　"十五"期间,在西北、东北、西南的严重缺水地区共施工各类勘探井340余眼,红层浅井6万余眼,累计供水量约70万立方米/天,直接解决超过300万人口和205万头牲畜的饮水困难。掌握了西部严重缺水地区的水资源分布和现状,对西部地区3个地区(西北干旱区、西南红层区和西南岩溶区)划分了黄土高原区、内陆盆地山前平原区、山地高原区、红层盆地区和岩溶石山区5种缺水类型。选择典型地区开展了地下水资源勘查示范,探索出"划分类型,典型示范;总结经验,编制规划;辐射带动,逐步解决"的工作模式和"调查—示范—区划"的工作方法,并探索出严重缺水地区物探"找水"新方法、地下水资源开发利用新模式和取水工程新样板。

苏锡常地区浅层水资源和淮河流域平原区地下水水质调查　苏锡常地区浅层水天然资源量约为10.46亿立方米/年,微承压水可采资源量约为3.2亿立方米/年,为在禁采深层地下水的条件下寻找新水源提供了依据。淮河流域平原区水质调查表明,埋深小于20米的地下水质较差,污染较严重;埋深20米~50米的地下水质稍好;埋深大于50米的地下水质一般较好,大部分地区水质良好。

二、环境地质调查

区域环境地质调查是一项基础性、公益性地质调查与研究工作。它以一定比例尺的环境地质测绘填图为主要方式,对区内的基本环境地质条件、环境地质问题与地质灾害进行调查研究,并进行相应的分析与评价,为区域经济开发和环境保护提供依据。调查工作范围,根据实际需要可按国际图幅、自然单元、行政区划或经济开发区、工程建设区、环境保护区等范围确定。按工作程度可分为小比例尺(1:50万)、中比例尺(1:25万~1:10万)和大比例尺(1:5万~1:25万)区域环境地质调查。按目的与研究内容可分为综合性环境地质调查和专题性环境地质调查。

中国先后完成了长江三角洲、山西能源基地等13片经济区的水文工程地质综合评价和京津唐、长江三角洲等18片国土综合开发重点地区的水资源和环境地质评价预测。完成了"全国农业区划水资源规划"和"南水北调西线工程区域稳定性评价"。对北京等25个重点城市和8片重点经济区进行了地下水资源开发利用及供水对策论证,77个主要城市2000年水资源与环境地质进行了分析预测。"九五"以来,有计划地全面开展全国环境地质调查,完成了津、浙、湘、粤等省、市1:50万区域环境地质调查,开展了黄河中上游、金沙江等江河流域的区域环境工程地质普查。这些成果资料对国家宏观规划和决策提供了重要的科学依据。全国已在29个省(区、市)建立了地质环境监测总站和217个监测分站及22 000多个监测点,其中国家级监测点1422个,已形成较健全的全国地质环境监测系统。丰富了地质环境工作成果,为国家规划、建设部门广泛使用,取得了显著的经济、社会效益。

"十五"期间区域中国环境地质调查完成省级1:50万区域环境地质调查项目14个,面积470万平方千米。完成遥感解译面积470万平方千米,水、土样测试分析1679组。编制省级区域环境地质调查报告4份,全国1:50万区域环境地质报告1份,建立全国1:50万区域环境地质信息系统平台1个。已完成1:25万环境地质调查面积103.2万平方千米,1:25万遥感解译36.99万平方千米,1:10万遥感解译27.71万平方千米,1:5万遥感解译1.867万平方千米;完成1:5万~1:10万专项环境地质调查4.15万平方千米;水土样品分析测试15 237组,钻探16249米。完成"三北"荒漠化环境地质项目12个,完成1:25万重点地区荒漠化调查面积5万平方千米。取得了如下主要成果(中国地质调查局,2006):

(1)完成环京津地区环境地质调查,黄河源、东南沿海珠江三角洲、北部湾、海南岛等重要经济区1:25万环境地质调查,黄河中游黄土高原区水土流失及下游悬河地区环境地质调查;完成长江流域上游岷江等6个主要支流、中游主要水患区、下游长江三角洲地区环境地质调查工作。

(2)查明了黄河源区第四纪地层的空间分布、成因类型,建立了第四纪地层层序;查明了黄河源区的区域水文地质条件、近30年来的变化过程及其影响因素;查明了黄河中游黄土高原近20年来水土流失、水库淤积等主要环境地质问题的演化态势;查明了黄河下游悬河河道带生态地质环境条件、悬河稳定性及其潜在危害,提出了防洪减灾对策。在小浪底水库以下建立了沿岸黄河影响带地下水环境监测网络(观测剖面7条,观测孔42个),并对小浪底水库蓄水后下游沿岸黄河影响带地下水环境变化进行了实时监测。

(3)查明了首都地区及邻区地下水开采量35.10亿立方米/年,为北京市探明地下水应急供水水源地5处,应急开采量3亿立方米/年~4亿立方米/年。系统查明了京津环渤海地区地下水水位下降漏斗、地面沉降、海岸侵蚀与淤积、海水入侵等主要环境地质问题及其变化趋势。初步查明了首都地区地下水有机物污染的现状,对首都地区垃圾处置场地进行了选址和生态环境评价。环渤海地区地下水开采量170.08亿立方米/年,探明沿海主要城市地下水应急供水水源地17处,应急开采量2亿立方米/年~3亿立方米/年。

(4)基本查明东南沿海经济区区域地质环境条件、水资源、矿产资源、土地资源、生物资源和旅游地质资源开发利用现状以及存在的主要生态环境地质问题。基本查明东南沿海地区海岸环境特点、古海岸变迁规律和近现代海岸变迁规律。初步查明东南沿海地区海水入侵类型、方式和分布范围。基本查明东南沿海地区地面沉降分布范围。初步查明东南沿海经济区地下水水质污染状况和产生原因。初步建立了热带亚热带地区生态地质环境质量评价体系与评价方法，并对工作区进行了生态地质环境质量综合评价。

(5)查明了长江上游岷江、安宁河等主要支流生态环境演化的地质条件，建立了生态环境地质评价体系，查明了边坡变形、水土流失、水库淤积等主要环境地质问题分布现状及演化趋势，提出了流域生态地质环境综合开发与保护对策。查明了长江中游主要水患区地质环境条件和主要环境地质问题，建立了江汉—洞庭平原构造沉降监测网，获得了区域构造沉降速率数据。在长江三角洲(长江以南)地区建立了孔隙承压水三维地下水流模型，实现了整个地下水资源评价过程的可视化，研究建立了长江三角洲地区统一的地面沉降监测网络建设规划，并初步进行了实施。

(6)基本查清了新疆、内蒙古、青海、西藏4省(区)主要环境地质问题的分布、发育规律、形成条件，以及危害程度和发展趋势。查明4省(区)共有崩滑流灾害点5500处，土地沙漠化、盐渍化及水土流失面积200万平方千米。

(7)基本查明了中国北方的土地荒漠化的分布与演化趋势。初步查明：北方地区共有荒漠化土地达175.81万平方千米，其中，沙漠化土地面积58.76万平方千米，水蚀荒漠化土地面积达98.59万平方千米，土地盐渍化面积18.46万平方千米。塔里木盆地沙漠化速度达1.320平方千米/年。

(8)建立了全国1:50万环境地质调查信息系统平台。

2003年～2010年中国地质调查局组织10个地质调查队、4所院校的200多名科技人员，充分利用现代遥感技术，系统开展了全国区域地质环境遥感调查与监测，取得了一系列重要成果(中国地质调查局,2010)：

(1)系统查明了中国陆域现代冰川、海岸线、河流湖泊、湿地、荒漠化、石漠化、城市扩展等生态地质环境因子的状况及动态变化规律，首次获取一批陆域全覆盖的大型、整装、多期次、无缝遥感监测定量数据。结果表明,30多年来,中国生态地质环境总体趋于变好,但表现出由环境恶化到回转的阶段性变化；中国现代冰川呈持续退缩状态,长期发展严重影响中国水资源和生态环境的安全；中国海岸线长度持续减少,人工海岸线的比重陡增,对中国海岸带环境压力加大,潜在的生态环境问题突出；中国河流湖泊总体趋于稳定,但区域差异明显,分布不均,内蒙古、江苏等省区湖泊面积退缩最为明显,青海湖等大型湖泊变化对周边环境产生影响；中国天然湿地持续减少,生态系统的调节和服务功能下降,无法靠人工湿地增加来弥补,需加强监控和管护；中国荒漠化土地表现出从增加到减少的阶段性变化规律,荒漠化防治取得显著成效,但形势依然严峻；中国石漠化土地表现出从增加到减少的阶段性变化规律,石漠化程度得到抑制；中国松辽平原黑土面积减少和质量下降,直接威胁东北粮食基地的安全和可持续发展；中国城市化的规模效应"城市群",凸显资源环境约束下的区域地质环境问题。

(2)首次获取国家重点工程——三峡库区135米水位前和175米水位高质量航空遥感数据和环境变化监测成果,为三峡库区地质灾害治理、生态地质环境保护、库岸稳定性评价及工程建设等提供了重要的数据支持和决策支撑。

(3)系统分析了中国生态地质环境变化的影响因素,为生态地质环境形成、演化与发展及治理提供了理论支持。研究结果表明,中国生态地质环境变化主要受第四纪地质环境、气候条件和人类活动3大因素控制。其中,第四纪地质环境是控制中国生态环境变化的主导因素;气候条件是引发中国生态环境变化的动力来源,但受地质环境控制明显;人类活动是中我国生态环境变化的加速剂,城镇无限扩大、草地过度放牧、土地过度耕作与开发、重大工程建设等,均加速中国生态环境变化。

(4)成功建立了全国区域地质环境遥感调查与监测信息管理平台。首次建立了集1:5万、1:10万、1:25万、1:100万多比例尺,第四纪地质、地貌、现代冰川雪线、海岸线、湿地、荒漠化、石漠化、城市扩展等多因子,1975年MSS、2000年ETM、2007年CBERS三期数据为一体的全国区域地质环境遥感调查与监测信息管理平台,实现了全国遥感调查与监测影像数据、专题解译成果数据、综合科研成果数据的入库管理、查询、对比监测、统计分析等功能,为全国生态地质环境长期、动态、快速遥感调查与监测,以及成果的社会化服务奠定了基础。

三、工程地质调查

工程地质勘察调查是指为查明建设场地工程地质条件而进行的工程地质调查、测绘、钻探、物探、原位测试、室内试验以及综合性评价等工作。任务是研究各种对工程建设的经济合理性有直接影响的岩土工程地质问题,为建设项目的设计和施工提供所需地质资料和技术参数,并对有关技术经济指标作出评价。具体内容是:①查明建筑场地的岩土构造、分布规律及其物理力学性质,选择稳定可靠的岩土地基;②查明与场地稳定性有关的地质构造与不良地质作用,包括:断层、滑坡、泥石流及岩石风化程度等,并提供须采取的措施;③查明地下水埋藏条件、渗流流速和流向、水质和水位变化,为建筑结构防水和施工降低水位提供依据;④调查分析区域地震,作出小区域地震烈度划分;⑤预测工程建设后导致的环境地质变化及可能发生的工程地质问题,例如:地基变形和边坡失稳等,为选择有利的建筑地段、建筑结构类型和施工方法提供地质依据;⑥提供保证建筑物稳定和正常使用的措施建议。由于自然界的工程地质条件因地而异,建筑物的类型和性质也各不相同,因此在不同的情况下,工程地质勘察的任务侧重点也应因地因工程性质而有所不同。

中华人民共和国成立后,先后完成了包兰、宝成、集二、鹰厦、成昆、京广复线、京九等铁路的工程地质勘察工作,完成了三峡、三门峡、官厅、佛子岭、新安江、丹江口、二滩、葛洲坝等40多个大、中型水库坝址的工程地质勘察工作,完成了武汉、南京长江大桥等一批大桥的工程地质勘察,还进行了上海、天津、西安等城市地面沉降和北京、武汉、唐山等40多个城市的地质灾害的专门勘查和监测工作,又进行了岩溶石山区、黄土区地质环境调查与治理和进行长江黄蜡石等危坡治理等工程。

在开展水文地质工程地质勘查与科研工作过程中,先后编制了全国与分省的各类水文、工程、环境地质图件,如已编制出版了全国水文地质图、全国环境地质系列图件、全国岩溶地质图、中华人民共和国水文地质图集、全国第四纪地质图、各省(区)的水文地质图,亦编制了部分城市水文地质图件。

四、城市地质调查

城市地质调查主要是指在对城市及其周边地区或潜在城市化地区的特定空间范围内,综合考虑各种地质要素,研究其在自然和人为活动因素影响下所发生的各种变化对城市的影响,进而研究其对城市发展所提供的资源、所施加的约束条件及城市的发展对地质环境产生的反作用,为城市规划建设和管理决策服务。

中国与世界发达国家相比,城市地质调查工作起步较晚,但发展迅速。20 世纪 50 年代先后在北京、西安、包头、呼和浩特、保定、石家庄等城市进行了以水资源为重点的城市地质勘察。全国性的城市地质工作始于 1983 年所进行的对京、津、沪及各省会城市在内的 27 个城市的"中国 2000 年城市地下水资源及环境地质问题预测研究"。1984 年~1985 年在全国 30 多个中心城市开展了 1∶5 万区域地质调查工作。1989 年在 100 余座城市中开展了为城市规划建设和管理服务的综合勘察、地质论证、供水勘察、工程地质及环境地质勘察等方面的城市地质工作,并在北海、三亚、秦皇岛、汕头、石家庄、桂林等 38 个城市开展了城市规划决策服务的综合评价城市地质工作。针对当前高速发展的城市中存在的和未来城市可持续发展的资源、安全、环境质量和容量等问题,从 2003 年起中国地质调查局选择中国东部环渤海、长江三角洲、珠江三角洲 3 大城市群中北京、天津、上海、南京、杭州和广州 6 个代表性城市合作开展了城市地质调查试点项目,系统查明试点城市的地质、资源和环境状况,综合评价城市发展的资源保障能力和环境承载力;建立城市综合地质信息管理与服务系统,为城市可持续发展规划、城市建设与管理提供基础数据;在试点基础上总结城市地质调查方法体系,制订城市地质调查技术要点。于 2010 年基本完成。重点开展了三维地质结构调查与地下空间利用的适宜性评价;地质灾害调查与危害性评价;水土地球化学背景调查与地球化学环境质量评价;地质资源调查与评价;三维可视化地学数据管理与服务系统建设;研究与制定城市地质调查工作指南和技术标准。全国城市地质工作取得了以下成果(中国地质调查局基础调查部,2010):

(1)首次系统查明城市地下三维地质结构　应用钻探资料和地球物理资料,首次系统开展了城市地下三维地质调查,查明了各试点城市基岩、第四纪地质、工程地质、水文地质结构,评价了地下空间开发利用的适宜性,建立了地下共建地籍系统。上海市利用 30 万个钻孔资料,建立了河口三角洲平原沉积区长江、太湖和杭州湾相互作用形成的第四纪三维地质、工程、水文地质结构。北京市首次在平原区建立了基岩三维地质结构;山前平原区不同水系冲积扇组成的第四系三维地质结构、工程地质结构和水文地质结构。天津市建立了滨海平原区中心城区三维地质结构、工程地质结构和水文地质结构。杭州市建立了由钱塘江、苕溪和浦阳江等古河道入海形成的滨海第四纪三维地质结构、工程地质结构和水文地质结构。南京市建立了由长江、秦淮河和滁河 3 大流域堆积形成的内陆河谷盆地三维地质、工程和水文地质结构。广州市内建立了由内陆河谷和三角洲平原海陆交互相组成的三维地质结构。

(2)开展了各试点城市重点工程区精细调查　查明北京奥运会场馆区隐伏岩溶塌陷区,精确定位穿越场馆区活动断裂,调整场馆区建筑布局,确保场馆安全;在上海世博园建设中,查明精细三维地质结构,进行了场地稳定性、环境地球化学和地下空间开发适宜性评价,提交了世博园区地质环境综合评价报告;通过南京市火车南站地区的三维地质结构调查和地下空间利用的综合评价,提出了地下空间利用的建设性意见,在最终方案确定中起到关键作用;对广州新城亚运场馆建设工程区地质情况进行了评价,提交了地质报告,被直接用于广州有亚运场馆的规划与建设中。

(3)为城市规划与国土资源管理提供科学依据　①为城镇规划提供重要支撑。结合城市总体规划要求,对重点新城规划区进行了 1∶2.5 万和 1∶1 万专项地质调查,重点是以工程地质和与工程建设相关的水文地质为主,并结合规划特点进行了天然地基、建筑桩基工程建设适宜性评价。成果已被广泛应用于上海临港新城、嘉定新城、青浦新城、崇明陈家镇,北京顺义、亦庄新城,南京浦口新城和广州南沙等新城规划区中。②服务于土地利用规划。通过系统水土地球化学调查,查明了城市土壤、地下水环境地球化学背景及污染状况,进行水土地球化学环境质量评价,为土地资源规划、合理利用及城市功能合理布局提供了基础资料。上海市环境地球化学调查评价成果已应用于基本农田保护、农业规划和生态住宅建设等;将土壤环境地球化学指标引入农用地分等定级和基本农田划定等工作,并建立了基本农田质量动态监测网。以上海面临的主要环境地质问题为切入点,对上海市1999年~2020年城市总体规划的合理性进行了评估;并从土壤环境容量角度审视,反映了4种土地类型规划中存在的2个主要问题。基本查明了上海市后备土地资源状况,主要分布在长江口3岛(包括崇明岛北沿、崇明东滩—浅滩、横沙东滩—浅滩、长兴岛边滩等)、江中(主要包括扁担沙、瑞丰沙、九段沙、江亚南沙等沙洲)、长江口南岸(宝山边滩、浦东新区和南汇边滩,杭州湾北岸边滩)地区。开展了服务于南京城市总体规划的城乡建设用地适宜性评定,为新一轮南京城市总体规划修编的空间布局优化以及建设用地安排提供了基本依据。

(4) 为城市安全运营保驾护航 通过系统的地面沉降、地面塌陷等地质灾害的调查与评价,为城市安全服务,降低城市安全风险。①地面沉降研究成果运用于城市生命线工程中。上海在区域性地面沉降调查和监测的基础上,建立了地面沉降监测网络系统,同时对防汛墙、地铁、高架道路等重要生命线工程开展了重点监测工作。在2006年10月1日开始执行的《上海市地面沉降防治管理办法》中明确要求根据地面沉降监测数据控制地下水开采。②岩溶调查结果为城市防灾减灾规划提供了基础。广州依据岩溶调查结果修编了城市防灾减灾规划。杭州通过调查已划分出为15个岩溶发育带图,查明了地表和隐伏于第四纪地层之下的可溶岩的分布和特征、岩溶发育程度,进行了易发性分区与危险性评价,其成果已应用于编制地质灾害防治区划与制定防治措施。③环境地球化学调查评价结果为环境治理提供依据。杭州市半山工业区水体—大气—生物系统的环境污染程度及其周边粮食作物与蔬菜大面积氟和重金属元素含量超标情况的调查评价结果,为市政府开展半山工业区环境治理提供了重要的基础数据与科学依据。

(5) 首次系统开展了城市地下空间适宜性评价 在三维地质结构调查基础上,结合地质灾害和不良地质体的危害性评价,系统开展了城市地下空间开发适宜性评价。围绕上海地下空间开发中面临的典型地质问题对地下空间规划、开发的不利影响进行系统的分析和评价。根据影响地下空间开发的地质结构特征及可能产生的地质问题,分别针对基坑开挖和盾构掘进2种施工工艺进行了适宜性分区评价。结合《北京市城市总体规划(2004~2020)》进行六环以内地下空间的开发利用适宜性评价。在分析区与稳定性、岩土体稳定性、地下水、不良地质作用等影响北京地下空间开发利用的工程地质问题基础上,把平原区六环以内地下空间工程地质环境适宜性分为4个区。杭州市以《城市规划工程地质勘察》规范为标准,对地下空间开发的场地进行适宜性分类,将地下空间开发利用划分为适宜区、较适宜区、较差区和不适宜区4个区。在基本查明天津市中心城区工程建设的水文地质、工程地质、环境地质等条件的基础上,分析了区域性活动断裂、软土、液化土层对地下空间开发利用的影响。首次对中心城区60米以浅的4个地下空间进行开发利用工程地质适宜性评价。对地下空间开发利用可能出现的地质问题进行了综合分析,提出了防治对策及建议。成果已应用于《天津市地下空间综合利用规划》修订中。根据广州市地下空间资源的开发利用现状及趋势,按照浅层(0米~15米)、中层(15米~30米)、深层(大于30米)3个空间域,对广州中心城区—番禺区开展了地下空间资源质量分区评价。将中心城区—番禺区地下空间浅层、中层、深层3个空间域各自划分为地下空间开发了用适宜性优区、良区、中等区、差区、很差区等5个质量区。

（6）系统开展城市垃圾污染和选址调查 垃圾不合理堆放和填埋造成地下水和土壤污染等环境地质问题已严重制约了城市的可持续发展,北京、南京、杭州和广州等城市开展了城市垃圾现状与选址调查评价,查明了垃圾填埋场产生的淋滤液对土壤、地层、地下水和地表水水质的影响,提出了防治措施和建议。北京市依据相关法律、法规,结合城市总体规划,在野外调查的基础上,根据环境水文地质条件,采取层次分析法开展城市生活垃圾选址场地适宜性分区评价,划分出禁止填埋区、限制填埋区、适宜填埋区3类。在南京市规划方向区域内分出8处适宜填埋区和10处较适宜填埋区,并向有关部门作了推荐。广州市在查明垃圾处理场与堆放场点分布的基础上开展了垃圾处理场选址的优选区划,以地形地貌、断裂构造、岩土体特征、水文地质为主导因素,兼顾地下水水化学类型等因素,将广州市划分为地质环境良好区、地质环境较好区、地质环境一般区、地质环境较差区、地质环境差区等5类地质环境区和36个亚区。在此基础上结合城市建设布局,推荐作为垃圾填埋场址选用的适宜点1个、基本适宜点5个。

（7）提供了城市应急水源保障 天津市在前人资料和三维水文地质结构的基础上,通过分析评价,确定了8个应急水源地;上海市基本确定建设14个地下水应急水源地;杭州市确定了13个应急水源地;广州市开展了江村和帽峰山地区应急水源地调查与评价,基本查明了地下水埋藏条件、含水系统特征,评价了资源的可利用性和资源潜力。

（8）实现了城市地质信息集群化管理 利用现代信息技术,建立各城市区域地质、水文地质、工程地质、环境地质、地球物理、地球化学、钻孔、遥感、地震地质等多专业一体化城市地质信息管理、更新维护、检索查询系统,建立面向专业研究的基础平台。结合三维可视化技术,直观形象地展现地质、工程、水文等地下三维地质结构,在此基础上进行地下空间资源、地质灾害、地下水资源等分析评价和预测模拟,搭建城市规划、建设和管理的三维可视化决策平台。

（9）提出了城市可持续发展的对策与建议 ①北京市提出了保护地下水环境,保障城乡居民饮水安全建议;提出了活动断裂灾害预防对策、地面沉降防治对策、地裂缝灾害预防对策和砂土液化防治对策;提出了水资源环境保护对策、土壤环境保护对策、城市垃圾污染防治对策。②上海市提出了地面沉降对城市安全影响的宏观对策措施;边坡失稳、地基变形、砂土液化、岸带冲淤和浅层天然气等地质灾害防治对策与建议;地下空间规划开发地质环境问题防治对策与建议;水土污染防治、治理与生垃圾场选址对策与建议。③杭州市对影响城市规划建设的工程地质问题提出了对策与建议;提出了城市主要功能区地质环境保护的对策建议;提出了土地优化利用、水资源保护与利用、地下空间资源利用和地质遗迹资源保护开发建议。④天津市提出了地下水资源开发利用和保护对策、南水北调实施后地下水开采调整方案;提出了土地利用规划建议、地热资源可持续开发利用对策和地面沉降防治措施。

（10）建立了城市地质方法技术体系 通过试点调查建立了立体地质调查、综合研究与评价、数据库与信息系统建设、成果表达与应用等技术防范体系;编制了《城市地质调查工作指南》《城市地质调查遥感方法指南》《城市地质调查环境地球化学调查与评价》《城市地质数据库与信息系统建设指南》《城市地质调查钻探工作细则》《城市地质物探方法指南》,对城市区调、水工环地质以及灾害地质、地质资源、地球物理调查、钻探、遥感地质、数据库和成果三维可视化信息系统提出了统一的技术要求。完成了《城市地质调查工作方法总结》，探索了沿海、山前冲积扇、内陆河湖等不同类型城市地质调查方法和城市地球物理调查技术方法。研发出城市多源异构三维可视化地质信息管理系统。

五、农业地质调查

农业地质调查是1999年7月中国地质调查局成立以来，为贯彻温家宝总理关于"地质工作更加紧密地与国民经济与社会发展相结合，更加主动地为经济与社会发展服务"的指示，对传统地质工作进行战略性调整，由以地质找矿为中心转向资源与环境并重，由被动的供给驱动型转向主动的需求驱动型，从而实现地质工作根本转变采取的重大举措。

农业地质调查基于中国环境问题已经成为制约农业可持续发展的主要因素。初步调查表明，中国土壤地球化学状况不容乐观。主要存在2大方面问题：一是有害元素分布广泛，潜在危害极大；二是有益元素匮乏，普遍影响农作物品质。导致一些地区农作物有害元素超标，品种落后，市场效益低下。究其原因，一是来自地质作用，二是来自人为作用，三是2种因素的联合作用。中国加入WTO后，农产品进入国际竞争行列，发达国家制定的质量标准犹如"绿色壁垒"，已经对农业经济产生极大的影响。

农业地质调查主要采用区域地球化学调查方法。地球化学调查通过研究元素从岩石—土壤—水—农作物（养殖物）—人体的生态循环过程，进行农业地质环境评价，一方面研究元素"从哪里来的"，查明是地质作用来源，还是人类行为所致；另一方面研究元素"到哪里去了"，即研究元素迁移途径和影响机理。地球化学研究是地学范畴的问题，但是当大量重金属元素存在及被粮食、蔬菜、水产品等吸收，影响到农业土壤安全和绿色基地建立，即转化成农业与生态问题，当危及人类健康以至生命，又继而成为环境问题、医学问题或地方病问题等。农业地质调查已经涉及国计民生的方方面面。

农业地质调查与评价工作按以下4个层次进行：第1层次为区域地球化学调查，主要通过野外工作，取得数十种元素地球化学图，首先把握全局，划分有益元素分布区、有害元素分布区等；第2层次为区域生态地球化学评价，是在区域性调查基础上，对重要污染元素或有益元素分布、组成特征及影响机制等进行研究，对重要城集区及区域农业环境、土壤质量、农产品环境安全性等进行评价、评估，并进行防治对策研究，提出规划性建议；第3层次为局部生态地球化学评价，选择重要城市、农业经济区进行示范性调查评价，通过开展地质地球化学环境研究，对城市环境、重要农业名特优产品等进行地质地球化学特征研究，建立地质地球化学模式和评价标准，研究名优特产品地质地球化学条件，研究保持、繁殖和扩大途径；第4层次为总体综合评价，在区域和局部评价基础上，融合农学、生态学、环境学、医学等开展农业地质环境进行总体综合评价，进行农业生态地球化学环境区划及预测、预警和预报，研究生态效应及治理方案，研究优质高效农业及其发展战略，同时制定一整套合适的工作方法技术，包括综合技术合成、信息系统及成果表达转化方式等。

为进一步推动农业地质调查工作，国土资源部于2004年1月正式颁布了《农业地质调查规划要点》，提出的"覆盖中部农业主产区，重点安排东部经济区，优选西部农牧区"的农业地质调查规划方针和部署原则。农业地质调查分为前期准备阶段（1999~2001）、重点推广阶段（2002~2005）与全面实施阶段（2001~2010）。在前期准备阶段，中国地质调查局选择3个典型地区进行试点，即珠江三角洲（东部）、江汉平原（中部）和成都盆地（西部），取得了重要的成果。在重点推广阶段,2002年中国地质调查局选择浙江、湖南和四川3个省采取省、部合作方式推进农业地质调查工作。2003年~2004年按照"要点"部署原则,开始重点推广,先后安排了14个省(区市)开展工作,调查总面积为81.68万平方千米。2004年已部署了17个省区农业地质调查工作,面积达到82万平方千米,基本覆盖了中国主要农产区。在此基础上将重点对长江经济带、黄河经济带、沿海经济带、东北经济区(即"一带两域一区")等地区进行农业地质生态环境总体评价,研究制定评价标准和评价工作指南,进行区域性、局部性的各层次的评价研究工作。农业地质调查工作已经在各地区取得了丰硕的、有价值的成果,对农业区域规划和结构调整提供了重要科学依据,为发展优质、高产、高效、生态和安全农业,评价土壤环境质量方面提供了大量信息,对中国现代农业的发展起到极大促进作用。

农业地质调查取得了大量调查成果:①获得50多种元素和指标的高精度数据。这套数据系统地展示了中国重要地区地球化学元素的分布和组成特征,是一项原始性创新成果,具有重要理论意义和广泛应用价值,为地学、农学、环境学、生态学、生物学以至生命学等各学科领域建立了大信息量的、内涵丰富的研究平台。②发现一批可能对中国生态环境产生重大影响的异常以及大面积土壤重金属异常等,地质调查部门正在向有关方面发出生态地球化学预警,以期引起关注。③揭示了自工业化以来各种重金属分布现状及其发展趋势。从中国西部(成都盆地)、中部(江汉平原)至东部(珠江三角洲)地区,重金属污染呈逐渐加强的趋势,表现为分布面积增大,含量强度增高,元素种类增多。地球化学指标可以作为一种评价的依据,用以监控和评估工业化对环境的影响程度。④成为农业种植业区划和结构调整的科学依据。浙江省依据调查成果,对萧山地区农业因地施种,进行"北菜南移"。同时在浙北地区发现富硒土壤2200平方千米,发展富硒农产品。四川在成都地区依据地球化学图元素分布状况,趋利避害,实现无公害早熟梨、优质杏和蘑菇等种植。⑤为评估土地环境及综合治理、合理利用提供质量指标。地球化学资料表明,土地存在地球化学质量问题,并波及包括水体、大气及植被在内的整体生态环境。江苏省南京地区依据有益、有害元素分布特点,进行土地等级划分和质量分析,向省政府提出土地利用规划建议。⑥丰富了第四纪地质研究内容。元素地球化学组成及分布特征为第四系沉积分层、分区及沉积环境演化、变迁等研究提供了新参数、新信息,使这方面研究形成更多新的生长点。⑦取得系列地球化学基准值(第一环境)。系列基准值数据代表未受工业化影响的自然地质环境,将成为客观评价环境变化的尺度,具有永久性意义,同时也是研究基础地质、土壤类型及资源分布的未受干扰的信息。⑧为能源资源潜力评价提供资料。如某些地区评价地热、油气异常等,随着工作的广泛进行,预计这方面会取得更多的进展。⑨初步形成一套调查与评价技术方法和思路。具体制定了多目标区域地球化学调查规范,正在研究建立评价方法技术体系、评价指标体系和评价标准体系等。

六、地质灾害预警

近些年来,中国全面开展了地质灾害监测预警,在防灾减灾中发挥了重要作用。到2005年底已完成700个县市地质灾害调查与区划,初步建立了群测群防体系;开展了三峡工程、青藏铁路、南水北调等国家重大工程区地质灾害、区域地壳稳定性等专项调查评价;完成三峡库区地质灾害调查监测示范和预警系统建设,完成了全库区19个县(区)1:5万~1:10万地质灾害调查面积约5.5万平方千米;完成重大地质灾害治理示范工程42个;建立了长江三角洲、华北平原等地面沉降监测网络,基本实现了有效监控;全面查明了西南岩溶区石漠化分布特征,划分了石漠化的程度等级;开展了全国矿山地质环境调查,基本摸清了矿山地质环境现状。开展了全国汛期地质灾害气象预报预警工作,有效减少了地质灾害引发的人员伤亡和财产损失。2003年开始在中央电视台播出地质灾害气象预警预报,成功避让地质灾害3096起,安全转移人员129 924人,避免财产损失近20亿元。地质灾害调查资料成果为重大工程建设项目选址与灾害评估、编制各级地质灾害防治规划奠定坚实科学资料基础。"十五"期间取得的进展及主要成果(中国地质调查局,2006):

(1)县(市)地质灾害调查与防治 ①完成了700个县(市)的调查与区划工作,完成了规划目标的100%。并建立了县、乡、村三级责任制的群测群防、群专结合的监测预警体系,对重要地质灾害隐患点编制了"防灾预案",提出了县(市)地质灾害防治对策及建议。②查明了700个县(市)地质灾害发育现状和分布规律。共查出地质灾害点66 982处,其中滑坡40 853处,崩塌11 388处,泥石流8893处,地面塌陷4001处,地裂缝1847处;共发现地质灾害隐患点78 944处,其中滑坡39 826处、崩塌10 975处、泥石流8462处、不稳定斜坡19 681处,重大隐患点495处。③建立了700个调查县(市)县、乡、村三级责任制的群测群防、群专结合的监测预警体系。对重要地质灾害隐患点编制了"防灾预案",提出了县(市)地质灾害防治对策及建议。通过群测群防体系,全国成功避让地质灾害3096次,安全转移人口129 924人,避免直接经济损失近20亿元。④分别建立了700个县(市)的地质灾害调查与防治区划信息系统,并在资料汇总的基础上建立了全国地质灾害调查与监测数据库系统平台。⑤调查县(市)开展了地质灾害危险性区划,为县(市)级地质灾害防治、地质环境管理、国土综合整治与保护提供了重要依据;通过综合研究,在国家层面上划分出了调查县(市)地质灾害隐患点高发育、较高发育、中发育、低发育县(市)等。

(2)三峡库区地质环境综合调查评价及监测 ①完成工作项目3个,包括三峡库区地质灾害调查综合研究,智能监测示范和三峡工程库区滑坡灾害预警系统建设。完成了全库区19个县(区)1:5万~1:10万地质灾害调查面积约5.5万平方千米,为计划工作量的100%。项目成果已先后通过国家或部门验收。②建立了19个县(区)群测群防、群专结合的监测预警体系,在全库区初步建成了地质灾害专业监测预警系统,对三峡库区绝大多数地质灾害体实施实时监控,初步建成并运行三峡库区计算机常规通讯和应急通信系统。③登记地质灾害点5765处,地质环境调查点718处,收集资料435份。更为宝贵的是取得了三峡水库蓄水前的航空影像资料,为三峡库区地质灾害防治和移民工程建设提供了宝贵资料。④创建了区域地质灾害调查评价递进分析理论与方法,计算编制了三峡库区1:25万地质灾害"发育度""潜势度""危险度"和"危害度"区划图。⑤分县提交了三峡库区19个县(区)的地质灾害综合调查报告、地质灾害分布图(1:10万)、易发程度分区图(1:10万)、防治规划图(1:10万)、监测预警及防灾预案、信息系统建设报告和群测群防体系建设报告等。⑥提交长江三峡工程水库塌岸专题研究成果1套、滑坡崩塌等地质灾害监测技术规程1套、三峡工程库区重大滑坡勘查治理报告5套、三峡工程库区滑坡灾害预警系统建设报告及软件(PreMap1.0)各1套。⑦提出了川峡二江在瞿塘峡段东西贯通是本地区的重大地质事件,是三峡江段复杂斜坡形成的主因,为解释奉节、巴东和巫山等移民新城建设中遇到的复杂地质问题和工程利用的深入研究奠定了基础。

(3)汛期地质灾害调查评价与应急治理 完成地质灾害应急勘查治理项目34项,中国西部地质灾害区域调查评价项目1项,全国地质灾害风险评估项目1项。取得主要成果如下:①完成了每年汛期以省(区、市)为单元的地质灾害调查、核实、重大灾害隐患点监测与应急方案制订等工作;完成全国地质灾害汛期重要地质灾害隐患巡查4500处、重大地质灾害汛期应急调查153处,完成重大地质灾害汛期应急处置灾害点48个。②督促落实省（区、市）地质灾害隐患点防灾预案,推动了市县防灾预案制定和群测群防体系的建立。中国地质灾害防灾减灾工作近年取得明显成效,2001年～2004年全国共成功避让地质灾害2352起,避免了大量人员的伤亡和直接经济损失。从2003年开始实行了全国汛期地质灾害气象预警预报。③汛期地质灾害的应急处置在挽救生命、抢救财产、遏制灾害、减轻灾害损失、稳定社会秩序、安置灾民生活和恢复灾区生产等方面发挥了重要作用,产生了明显的成效。四川丹巴县城建设街后山滑坡,2005年2月通过监测发现滑坡变形加剧,根据采用全站仪等多种方法监测结果,到2月26日上午主滑方向的3个监测点及前缘部分监测点近4日累计位移量均超过82毫米,严重威胁丹巴县城主城区的安全,直接威胁的建筑84幢和城市公共设施,财产11 385万元,1067户居民、4558人生命财产安全。实施前缘堆载,上、中、下设置3排锚索加固工程和后缘防水工程3个单元组成的应急治理方案后,2005年3月31日日均位移量达6毫米,滑坡趋于稳定,居民生活恢复正常。

（4）地面沉降调查与监测

长江三角洲地区地面沉降调查与监测　完成项目1个。其余4个项目目前尚在实施中。完成地面沉降现状调查6000平方千米,地裂缝调查306平方千米,钻探4198米,浅地震勘察63千米,三维地震测量1平方千米,GPS测量395点,水准测量627千米,GPS标石埋设160座,GPS固定站4座,自动化监测系统建设8组,地裂缝自动监测站1组,分层标建设2组,基岩标建设1座,标房建设5座;浅层地下水调查12 000平方千米,水样564件,水文地质钻探1083米,开采示范工程8处;1∶25万土壤地球化学调查84 540平方千米,地球化学调查的各类样品分析测试141 955件。提交报告5份。取得的主要成果:①初步建成了长江三角洲地面沉降监测网络,其中长江三角洲（江苏域）地面沉降监测网由67个GPS一级监测点（江南33个、江北34个,其中分层标6组、基岩标12座、GPS标石49个）和201个GPS二级监测点（江南139个、江北62个）构成,能较好地满足地面沉降测量的需要。②初步查明了长江三角洲区域地面沉降的空间分布及变化规律。苏锡常地区、上海市实施地下水禁采和限采等措施后,初步遏制了长江三角洲地区地面沉降进一步加剧的趋势,减少了地面沉降可能造成的巨大经济损失。③基本查明了苏锡常地区地裂缝产生的地质背景与人类工程活动的关系,初步划分了地裂缝3种成因类型,圈定灾害潜在危险区范围,提出地裂缝灾害防治规划。④通过浅层地下水调查,基本查明了苏锡常地区浅层地下水水质分布规律,计算苏锡常地区浅层水天然资源量约为10.46亿立方米/年,微承压水可采资源量约为3.2亿立方米/年,为在禁采深层地下水的条件下寻找新水源提供了依据。采用新工艺、新方法施工的8个浅层地下水开发利用工程,起到了在弱富水性含水层地区开发浅层地下水资源、保护地下水水环境的示范作用。

华北平原地面沉降调查与监测　完成的主要工作量包括:1∶5万地面沉降地质调查6000平方千米,1∶10万重点区域地面沉降调查5100平方千米;1∶25万区域地面沉降地质调查2万平方千米;建设GPS监测墩94个;收集区内地面沉降水准测量成果1000点;Ⅰ等水准路线测量500千米;GPS基准站3座;分层标测量360组次;基岩标1座。GPS测量108点次,已测GPS观测墩48点次,物探剖面100千米的调查业已完成了60千米,InSAR地面沉降调查与监测已经取得了监测区的数据。取得成果:①完成了华北平原地面沉降监测网建设方案的设计;并建立区域GPS观测墩94座、GPS基准站3座、基岩标1座。②基本掌握了华北平原工作区地面沉降的现状,了解了地面沉降造成的直接损失,建设了华北平原地面沉降监测网的雏形,并取得了地面沉降监测第一手数据资料,为开展分析研究工作奠定了良好的基础。

西部(汾渭地区)地裂缝地面沉降调查与监测　完成的主要工作量:1:1万地面沉降与地裂缝调查450平方千米,1:5万地面沉降及地裂缝调查750平方千米,1:1万遥感调查200平方千米,地面沉降INSAR监测试验50平方千米,浅层地震12千米,人工槽探500立方米。

(5)西南岩溶石山地区地下水与环境地质调查完成西南岩溶石山地区区域环境地质综合调查项目8项。完成的主要实物工作量包括:岩溶石漠化地区1:25万石漠化TM图像解译面积74万平方千米,1:1万IKONOS遥感图像解译面积800平方千米,1:5万SPOT遥感图像水文地质填图解译面积1300平方千米,建立了岩溶塌陷自动化监测站1个,建立生态环境可持续发展模式1个,水微污染调查点22处,水、岩、土样分析260多件,以及大量的综合研究和数据库建设工作。完成调查研究报告5份及大量石漠化分布和环境地质方面的图集。取得的主要成果如下:①利用遥感技术首次全面查明了西南岩溶区石漠化分布现状和特征,划分了石漠化的程度等级,研究了石漠化的成因、影响因素和发展演化趋势。查明了岩石裸露率大于30%的石漠化面积为10.5万平方千米;岩石裸露率30%~50%的石漠化面积为7.55万平方千米,岩石裸露率大于70%的石漠化面积为2.89万平方千米,石漠化的年平均增长率为2.11%。调查区内石漠化面积达10.5万平方千米,占调查区面积的14.2%,其中,轻度石漠化面积为4.0万平方千米,中度石漠化面积为3.9万平方千米,重度石漠化面积为2.6万平方千米。石漠化主要发生在云南、贵州和广西3省区,总面积为8.8万平方千米,其中,贵州省石漠化面积为3.3万平方千米,云南省石漠化面积为2.8万平方千米,广西壮族自治区石漠化面积为2.7万平方千米。西南岩溶地区石漠化面积年均增长1650平方千米,年增长率为2%。②初步建立了西南岩溶区环境地质信息系统。通过空间分析,对目前国家和地方部门非常关心的石漠化、岩溶县、国家级贫困县、岩溶地貌、岩溶旱片等环境地质情况进行了系统的总结。在环境分区的基础上,以岩溶流域为单元,对所有流域从大到小进行了系统划分,初步划定岩溶水系统4333个,其中地下河系统1363个、岩溶泉系统1535个、集中排泄带系统645个、分散排泄系统790个。③采用能够反映岩溶管道裂隙系统中的水(气)压力及第四系孔隙水压力变化的传感仪器,建立了桂林柘木岩溶塌陷自动化临测站。通过模型的建立与分析,揭示了岩溶塌陷与环境变化的关系,并可进行岩溶塌陷的预测预报,使岩溶塌陷预测预报进入新的阶段。④建立了湖南湘西洛塔岩溶流域生态环境可持续发展模式:通过堵地下河管道使高洼成库,增加水资源的调蓄能力;以水资源开发为龙头,发展小水电、庭院经济和封山育林,进行流域综合治理,不但经济效益明显增加,森林也得到了恢复,这已成为西南岩溶石山生态环境综合治理的典型成功样板。

(6)地震地质灾害感应急监测　在2006年新疆伽师地震、2008年四川汶川地震、2010年玉树地震以及甘肃舟曲特大泥石流、关岭滑坡等地质灾害发生后,中国地质调查局充分发挥遥感快速、动态、客观的优势,部署了相关地质灾害遥感应急监测项目。通过这些积极探索,在中国建立起以四川汶川地震为典范的突发性灾害的快速调查机制。遥感快速调查的成果,也成为国家快速有效地指挥抢险救灾、评估灾情、降低灾害损失和灾后恢复治理与重建的基础资料和决策依据。①实现了对汶川地震灾区遥感数据的全覆盖。汶川地震发生后,中国地质调查局迅速作出部署,在第一时间调集了航空遥感专业飞机和技术力量,组织实施了航空遥感应急调查工作,快速获取了重灾区高清晰航空遥感灾情影像信息。同时,快速获取了IRS-P5、SPOT-5、福卫2号、IKONOS、QuickBird、WorldView等多种光学遥感数据和COSMO-SKYMED、TerraSARX等雷达遥感数据,实现了对汶川地震灾区84个受灾县(市)遥感数据的全覆盖。②获取了首张震后灾区航空遥感图像。2008年5月15日向国土资源部提交了北川、汶川、都江堰等3个重灾县的震后遥感影像解译图,标注了灾区的房屋倒塌、道路桥梁损毁、河流堵塞情况以及滑坡崩塌体分布情况。这批影像资料被国务院领导和抗震救灾前线总指挥部用于指挥抢险救灾,对明确受灾重点、调整救灾工作部署、摸清重要地段道路损毁、河道堵塞等情况提供了第一手资料,有力支撑了前线指挥决策;获取了都江堰—漩口—映秀—汶川—茂县等重灾区沿线第一批高清晰航空遥感彩色影像图,显示了都江堰至汶川的道路损毁以及北川堰塞湖分布情况,为抗震救灾指挥调整工作部署和防灾避险提供了重要依据,被抗震救灾前线指挥部的同志称赞为是对抗震救灾的"伟大贡献"。③采用新技术、新方法,及时准确地开展应急灾情调查,共查明地震引发的崩滑体6960个、泥石流266条、堰塞湖147个,灾害毁路1383段,潜在泥石流239条,受威胁村镇264个,泥石流、崩塌、滑坡对道路的潜在影响1732处,地震对生态环境破坏面积约为5777平方千米,并编写了相关的专题报告,为开展灾后重建等提供了重要科学决策依据。④据统计,利用这一机制,在汶川地震的抗震救灾期间,中国地质调查局先后向国务院及国家防汛抗旱总指挥部、水利部、武警总部、交通部、农业部、住房和城乡建设部、中央统战部等部委和四川、甘肃、陕西等省政府提供各类数据资料1611件。其中,8次向国家防汛抗旱总指挥部提供技术分析资料,3次向中国华能电力集团提供资料,帮助该集团受困于映秀镇太平驿水电站附近的百余名员工脱险。

第四节 中国海洋地质调查

海洋地质工作是地质工作的重要组成部分。海洋地质调查是海洋沉积、海洋地貌和海底构造调查的统称。调查的主要手段包括:海上定位、表层取样和柱状取样、测深、浅地层剖面测量、旁侧声纳扫描、水下电视和摄影、深潜装置观测、海底钻探、海洋重磁测量、海洋地震电缆测量和海底地热流测量等。海洋地质调查是开展海洋地貌、沉积和构造等的研究及勘测海底矿产资源最重要的基础性工作。中国管辖的海域专属经济区和大陆架约300万平方千米,相当中国陆地面积的近1/3。具有18 000多千米的大陆海岸线、6500多个大于500平方米的岛屿。此外,还有范围更为广阔的全人类的共同继承财产——国际海底区域和极地地区。这些广大区域的地质情况和丰富的矿产资源需要进行调查与开发。

中国的海洋地质调查工作始于20世纪50年代末,1958年~1960年国家科委组织各涉海部门进行了"中国近海综合调查及开发",其后开展的海洋地质调查工作大致分为3个阶段:第1阶段为20世纪60年代~70年代实施的全国近海海洋综合调查及地质地球物理调查;第2阶段为20世纪70年代~80年代开展的大陆架及邻近海域油气资源调查、海洋地质灾害和工程地质调查等;第3阶段为20世纪90年代以来开展的"八五"科技攻关项目、各种国家专项和国土资源大调查等一系列海洋地质—地球物理调查工作。这些工作的开展奠定了中国海洋基础地质工作的基础,取得了一系列成果(蓝先洪等,2010)。在近海和大陆架油气资源勘查、滨海砂矿调查、大洋多金属结核资源勘查、南极南大洋地质调查、北极北冰洋调查、基础性海洋地质—地球物理综合调查与编图以及海洋科学研究和高科技开发等方面取得了巨大进展,为中国地质矿产事业的发展和社会经济发展作出了重要贡献。

一、20世纪50年代末~60年代末中国海洋地质调查

这一时期,中国海洋地质工作者先后在渤海、东海海域,继而在黄海不同海域进行了各种地质地球物理方面的调查研究工作,分别采用了多种地质地球物理方法和手段,比较系统地采集了重力、磁力、热流、地震和测深等方面的数据,并进行了钻探和地质取样工作,取得了一大批地质、地球物理等方面的成果。

1956年在国家科委组织下编制了中国第1个12年(1957~1967)海洋科学远景发展规划,提出了中国海洋近海综合调查及其开发的设想,并于1958年~1960年组织了有60多个单位参加的第1次大规模全国近海海洋综合调查,编绘了中国第1套包括海底地形地貌和海底沉积等海洋地质内容的海洋图集。

1960年根据地质部海洋科学远景发展规划,在天津塘沽组建立了中国第1支海洋地质专业调查队伍,开展渤海地球物理勘探和盆地石油远景评价工作。1960年~1966年期间完成了3803千米的地震勘探,采集了1114个重力观测站资料,首次划分了渤海地质构造单元,编写了《渤海地质构造特征及含油气远景初步评价》等调查报告,发现了一批局部构造,提出了辽中背斜是含油气最有希望的地带;1959年地质部航空物探大队首次在渤海进行了1:100万航空测量;1960年~1965年中越合作进行了北部湾海洋综合调查;1961年~1966年中国科学院海洋研究所在渤海进行了地质观测、海底取样、钻探和区域地质、海底重力测量等1:100万总额和地质调查;1964年国家海洋局开展了北黄海海岸地貌、浅海沉积物等调查;1965年由地质部海洋地质研究所组织的"渤海会战"在全海区完成了地震概查和北部浅滩重力调查;1968年地质部第五物探大队在南黄海开始了地震调查和磁力调查,1969年开始了重力调查,陆续完成了全区1:100万重力、磁力和地质调查。

二、20世纪70年代~80年代中国海洋地质调查

20世纪70年代~80年代末,随着改革开放进程的不断深入和中国经济建设步伐的加快,中国海洋基础地质调查工作进入了一个新阶段。近海油气资源的不断发现和全方位的对外招标与合作,更是将中国海域的区域地质勘察工作推向了一个崭新的阶段。

1974年~1977年国家地质总局第一海洋地质调查大队在黄海和东海开展了以寻找油气资源为目的的海洋—地球物理调查,主要有:在东海西部、冲绳海槽海域开展的1:50万和1:100万海洋区域地质调查;在北海海域开展的地质综合调查;在南黄海西部等海域开展的1:50万~1:100万海洋区域地质调查等。

1980年~1986年开展的全国海岸带和海涂资源综合调查取得丰硕成果,为中国各种具体的规划、区域提供了基本依据,取得了显著的经济效益,促进了科学研究和海岸管理的发展。1981年~1983年上海海洋地质调查局在东海陆架盆地中6个凹陷及冲绳海槽盆地等海区开展了以地震为主的综合地球物理普查勘探(1:50万和1:100万)。

1983年以来上海海洋地质调查局在东海陆架盆地西湖凹陷先后开展了1:20万~1:50万比例尺区域工程地质调查,对海底及海底以下存在的各种类型的地质灾害进行了研究;在东海西湖凹陷和温东凹陷进行了1:10万~1:20万的地球化学调查。1983年~1989年上海海洋地质调查局依据以往调查资料编制完成了1:100万南通幅地质图、东海海底地形图和东海海底地貌图及1:50万青岛幅、南通幅、上海幅、宁波幅和温州幅的海底沉积物类型图。

中国科学院海洋研究所于1973年~1976年在东海进行了1:50万大陆架地形、地质和障碍物调查,1979年~1981年对东海大陆架和冲绳海槽进行地质、地球物理综合调查;国家海洋局第一海洋研究所1978年~1981年对黄海进行了1:100万沉积地貌调查,1985年与法国海洋勘探研究院合作在南海中部进行海洋地质地球物理综合调查;1984年~1988年江苏省物探队和上海地质矿产局在长江口区实施了全覆盖的1:5万~1:10万浅地层剖面测量。

1970年~1989年广州海洋地质调查局在南海北部湾盆地、珠江口盆地、北部陆坡区、南海中北部及台湾海峡等地区进行以油气资源调查为主的地质—地球物理调查;1977年~1981年地质矿产部南海地质调查指挥部综合研究大队在珠江口盆地北部(1:20万)和南海北部(1:100万)进行了地形地貌调查;1979年~1985年广州海洋地质调查局与美国哥伦比亚大学拉蒙特—多尔蒂地质观测所进行了2次合作,在南海中北部进行地质—地球物理科学调查。

1983年国家海洋局南海分局在南海中北部海域进行1:100万重力、磁力和水深调查;1987年国家海洋局第二海洋研究所与德国合作在南海中部进行综合海洋科学考察;1986年~1992年广州海洋地质调查局执行南海北部地质灾害及海底工程地质条件评价项目,在珠江口陆架区完成9幅1:20万地质地球物理调查,施工4个钻孔(ZQ1~ZQ4)。

中国科学院南海海洋研究所于1984年~1987年组织南沙综合科学考察,在南海南部开展了地质—地球物理综合调查;1987年国家海洋局第三研究所在福建沿海陆架进行了地质地貌调查;1987年地质矿产部第二海洋地质调查大队与青岛海洋地质研究所编制出版了1:200万《南海地质地球物理图集》;1989年编制出版了由刘光鼎主编的1:500万《中国海区及邻域地质地球物理系列图》。

1980年中国科学院海洋研究所等单位在渤海中部施工了Bc-1孔;1983年上海海洋地质调查局在长江口区施工了5个钻孔(J1~J5);1983年~1984年青岛海洋地质研究所在南黄海打孔2个(QC1、QC2);中国科学院海洋研究所在长江三角洲海域先后施工7口井,即Ch1~Ch5和Dc1、Dc2孔;国家海洋局第二海洋研究所在东海沿岸施工了6口井,即Ch1~Ch6。

这一时期,地质矿产部和中国海洋石油总公司先后在渤海、南黄海、东海、北部湾、珠江口、台湾西南海域和南沙海域进行油气普查,中国海洋石油总公司还与外国公司合作开展了油气勘查工作。通过工作发现评价了17个含油气盆地,面积114万平方千米,获得石油资源量245.6亿吨,天然气资源量8.43万亿立方米,在珠江口和东海陆架盆地首先取得油气突破,为国家提供了一批重要的油气勘探开发基地,其中许多已投入生产,如渤海湾、北部湾、东海平湖气田均已开采,投入开发的油气田已达25个,1996年年产石油已达1500万吨,天然气26.6亿立方米。原地矿部和原有色金属工业总公司进行了滨海砂矿的调查和勘查,已探明锆石、金红石、石英砂、钛铁矿、砂金等13种矿种,各类矿床191个,总资源量达1.6万亿吨,地质储量15亿吨,探明储量2500万吨(不含石英砂),取得了很大成绩。

在大洋矿产资源勘查方面,1983年5月~11月由国家海洋局进行了中国首次在太平洋北部洋底多金属结核的调查。1984年8月国家海洋局、地质矿产部、冶金部和中国有色金属工业总公司等7个部委联合向国务院呈交《关于加强大洋锰结核资源调查工作的请示》报告,拟于"七五"期间(1986~1990)进行大洋多金属结核资源调查开发研究。国务院批准了该项报告。

极地地质调查方面,1984年11月~1985年4月中国进行了首次南极科学考察,并在1985年2月在南极乔治王岛建成中国第1个科学考察站长城站,1988年2月在东南极建立第2个科学考察站中山站。同时进行了地质调查,测制了部分地区的地质图,采集了地质样品,开展地质科学研究,编制了南极地质图,取得了显著的地质成果,为人类和平利用南极作出了贡献。

基础性、区域性的海洋地质调查与编图方面,在中国海域范围内已进行了定量的基础性、区域性的海洋地质调查:已完成各种比例尺的综合地质地球物理调查180万平方千米;完成了海洋区域地质调查1:50万比例尺的6幅图、1:100万比例尺的3幅图;在珠江口盆地开展了大面积的海洋工程地质调查,完成了9幅半1:20万比例尺的图幅,共6.9万平方千米,在东海平湖—玉泉海域亦完成了1:20万海洋工程地质调查。先后编制完成了1:200万~1:500万的中国海域及邻区以及部分海域的地质、地球物理、油气盆地分布等图件。

三、20世纪90年代以来中国海洋地质调查

20世纪90年代以来陆续部署开展了"全国海盗资源综合调查及开发试点研究"以及"八五"国家科技攻关项目、"863"专项、国家"九五"和"十五"相关专项、国土资源大调查和国家"十一五"相关专项等一系列海洋地质地球物理调查工作,还与基础地质调查取得了部分海域1:25万、1:50万和1:100万海洋地质地球物理调查资料。

1985年12月~1986年4月由国家海洋局组织,地质矿产部、冶金部、有色金属工业总公司等单位参加,进行了中太平洋区的多金属结核的调查。之后至1990年,国家海洋局、地质矿产部又在中太平洋区进行多金属结核的调查工作,调查面积达200万平方千米。在历年来进行大洋调查的基础上,1990年8月中国政府向联合国提交了"中华人民共和国政府要求将中国大洋矿产资源研究开发协会登记为国际海底开发先驱投资者"的申请书,并在1991年4月在北京召开了由国家海洋局、地质矿产部、冶金部、中国有色金属工业总公司等单位组成的中国大洋矿产资源研究开发协会成立大会。此后,在中国大洋协会组织领导下大洋多金属结核调查工作得到了加强,经过对中太平洋CC区的勘查,在国际海底区域获得了15万平方千米的多金属结核开辟矿区,并在1999年3月得到国际海底管理局的批准,为中国获得了7.5万平方千米具有开采权的矿区。已初步获得4.2亿吨干结核量和1.1亿吨锰、98万吨钴、514万吨镍的资源量。中太平洋区钴结核的调查工作亦已正式起步,取得了初步成果。

1989年~1996年进行了全国海岛资源综合调查和海岛综合开发试验,调查的基本内容包括海岛的陆域、滩涂和海域3各区域的13个专业200多个基本要素的观测、取样。海岛资源调查对象是高潮时露出海面的面积等于或大于500平方米的岛屿的陆域和周围10米~20米等深线以内的海域。

1991年~1995年国家"八五"科技攻关项目开展了大陆架及邻近海域的勘查和资源评价工作(1:100万),编制了《大陆架及邻近海域基础环境图集》;1997年~2000年开展的国家"九五"专项在黄海、东海、台湾东海区和南海海区完成地质地球物理补充调查及多波束调查;1996年~1998年中国科学院海洋研究所与韩国汉城大学海洋研究所合作进行了黄海东部泥质区沉积动力学调查。

青岛海洋地质研究所于1993年完成"大连幅1:50万海洋区域地质地球物理系列图"的编制工作,"九五"期间青岛海洋地质研究所完成了"1:50万八滩镇幅海洋区域地质编图"和"南黄海地质地球物理综合研究"等基础地质工作;1995年~1998年与韩国资源研究所合作进行了"南黄海第四纪地质对比研究",在南黄海东侧打钻6孔。

广州海洋地质调查局1991年开始和有关单位合作对南沙及周边海域进行了综合科学考察,对南沙群岛海域进行了地球物理和地球化学调查;1997年编制完成了广州幅(南半幅)—海南岛幅的1:100万区域地质编图;2000年完成了1:100万汕头幅海洋区域地质补图调查与编图工作;1998年~2000年完成大亚湾工区1:10万海滩环境地质与在海地质调查。地质矿产部航空物探遥感中心于1993年~1996年在南海南部海域进行了1:100万航磁概查工作;深海钻探项目ODP184航次于1999年在南海进行了大洋钻探,在水深2000米~3000米的6个站位钻孔17口,孔深最深达海底以下850米,取得岩芯共计5500米。

2000年中国地质调查局启动的国土资源大调查项目,完成1:100万南通幅、永暑礁幅等图幅

的调查和黄海、东海海域 1∶100 万地质地球物理系列图编制;2001 年由青岛海洋地质研究所等单位执行的国家"十五"专项在黄海、东海做了部分地球物理综合调查工作;2002 年以来开展的生态环境地球化学调查在沿海省份同时开展了 5 米～10 米以浅的海域生态环境调查工作,并取得了大量基础性资料;2001 年～2006 年上海市地震局开展了长江口外海域及邻近海域高分辨率地震勘查。

2002 年以来中国地质调查局开展了"我国重点海岸带滨海环境地质调查与评价",主要完成了 1∶5 万的青岛市环境地质调查评价和中国海岸带地质研究形势图集的编制以及长江口滨外区沉积物本底调查与沉积动力研究、青岛地质环境质量评价和生态与经济可持续发展、珠江三角洲近岸海洋地质环境与地质灾害调查和山东半岛北部滨海环境地质调查与评价等调查与评价工作。

2003 年启动的由国家海洋局组织实施的"我国近海海洋综合调查与评价"专项,包括近海海洋综合调查、近海海洋综合评价和"数字海洋"信息基础框架 3 项基本内容,是新世纪中国海洋事业发展和摸清海洋"家底"的一项基础性工作。

中国海洋基础地质调查和研究正经历着从 20 世纪基础性、综合性调查向专题性和应用性调查的转变,海洋资源和海洋环境地质调查问题已成为新世纪海洋地质工作者关注的焦点。

四、新一轮国土资源大调查全国海洋地质调查

在国土资源大调查中,中国地质调查局优先开展了 1∶100 万海洋区域地质调查示范、重点海岸带环境地质调查与评价、海洋油气新区调查、近海海砂及相关资源潜力调查等 4 个方面的海洋基础地质工作,为保护开发中国的蓝色国土提供了基础支撑(中国地质调查局,2010)。

通过开展中国海域 1∶100 万海洋区域地质调查示范,完成了 1∶100 万永暑礁幅、南通幅海洋区域地质调查示范工作,总结了一套适合中国海域特点的技术方法,颁布了《1∶100 万海洋区域地质调查规范》;系统获取了调查区海量的实测资料,基本查明了海底地形、地貌、底质、地层、构造、岩浆岩、活动断层、地球物理场等特征;分析了区内潜在地质灾害类型;探讨了地质构造发展史;论述了表层沉积物类型、沉积作用和分布规律,揭示了晚更新世以来的地层、沉积环境、沉积物源和气候演变历史;进行了区域地层对比,研究了沉积间断,建立了综合地层柱状图;阐述了图幅内主要盆地的油气地质条件和资源远景、主要固体矿产资源的种类、成因及其潜在意义;完成了中国海域 1∶100 万空间重力异常图、布格重力异常图、磁力异常图、表层沉积物分布图、区域构造图等系列图件编制,为维护中国海洋权益,以及国民经济建设、海防建设、工程规划、海洋油气和其他矿产资源勘探,水文地质、工程地质、环境地质、灾害地质等调查,提供了最新的海洋地质基础资料和科学依据。

通过中国重点海岸带滨海环境地质调查与评价,查明了部分重点海岸带海底地形地貌、底质类型、岸线变迁、地质灾害、工程地质等基础地质环境数据;查明了部分重点海岸带海底表层沉积物重金属污染分布特征;近岸海底潜在的地质灾害类型、三角洲沉积、侵蚀、水土环境等新近变化情况调查取得进展,提出了对工程建设的危害性较大的区域分布;在三峡大坝截流前,系统获取了长江水下三角洲沉积物与沉积动力本底资料,为沿海重大工程建设提供了科学依据;工作流程和技术规范均已过关,为全面开展中国海岸带环境地质调查工作奠定了基础。

在海洋油气新区调查中,完成中国海域新生代油气资源新领域调查评价工作和南黄海盆地北部油气资源评价研究工作。东海陆架盆地西部坳陷带含油气远景调查评价项目仍在实施中。获得了南海北部深水区高质量的地震剖面,揭露了深水盆地深部地层的反射面貌,发现尖峰北盆地

和笔架盆地一带发育巨厚（超万米）中生代地层，为研究该区地质构造特征及盆地油气地质条件提供了重要基础资料。进行了南黄海盆地构造单元划分、地震层序、地层沉积相和油气生储盖组合分析；研究表明南黄海盆地北部是一个具有中等规模油气藏潜力的含油气盆地。在区内中新生界地层沉积特征、坳陷内构造格局和构造特征、油气成藏地质条件分析及盆地模拟和资源评价的基础上，进行了油气远景区划分。初步建立了东海陆架盆地西部各凹陷内的地震层序和地质属性。油气资源调查技术方法取得新突破，首次提出了"我国海域油气地球化学勘查方法技术方案"，为中国海域油气勘探增添了新的技术手段；首次发现了一批油气调查新目标，圈定了一批新的海洋油气资源远景区，为进一步开展油气资源调查指明了方向；开展了中国海域油气勘探开发数据库建设，按年度编制了《中国海域油气勘探开发形势图》，为国家有关部门开展海洋油气资源勘探开发决策和部署调整等，及时提供参考。

完成了中国近海海砂及相关资源潜力调查，系统总结了近海海砂资源调查的技术方法，制定了《中国近海海砂资源调查技术规范》，为全面开展我国近海海砂及相关资源潜力调查工作提供了技术支撑；基本查清了南海珠江口、东海舟山和黄海成山头等近海海砂资源潜力状况，估算海砂资源潜力；完成了中国近海海砂资源调查评价与勘查规划，建立海砂资源调查数据库和海砂资源信息管理系统，提出了海砂资源勘探开采规划建议，为有关部门的科学管理和决策提供了重要依据。

第五节　中国矿产资源勘查

矿产勘查就是找矿工作，寻找尚未发现的矿床就是矿产勘查工作的目的。矿产是一个经济范畴的概念，亦是一个具有社会历史性的概念。自然界，包括地球及地外星球上的元素、矿物、岩石（固体、液体、气体）凡是被当时的人类社会可利用，可维持人类的生存与发展社会经济的，即是当时的矿产。因此，矿产是随着社会的发展，科技的发展而逐渐增多和不断变化的。所以，人类社会为了生存与发展，找矿工作自古至今从未间断，并得到不断的完善和发展。可以说，矿产勘查是与人类共同产生，共同发展。

一、古代的找矿实践

在漫长的历史时期中，生活在华夏土地上的各代先辈们在找矿实践方面有卓越的成就。可以说，在明代中叶以前，中国找矿、采矿和冶炼方面处于世界前列，为人类的矿冶发展作出了历史性贡献。陕西西安半坡村新石器时代距今约7000年前已大量开发粘土、陶土等，生产陶器。夏代已有禹"以铜为兵""禹铸九鼎"之说，商代已广为开发铜、锡、铅、金、汞、高岭土、耐火粘土、宝玉石等矿产，瓷器发明，玉雕和石雕已较为繁荣。春秋战国时期已大量开采铁矿，湖北大冶铜绿山铁铜矿在春秋时代已有较大规模的古矿井。秦始皇筑长城，导致规模性非金属矿产及天然石材的勘查与开发。汉朝杨雄的《蜀都赋》记述了"蜀都之地，……铜梁金堂，火井龙湫"，说明当时已开凿天然气井。班固《汉书·地理志》记载"高奴有洧水，可燃"，为中国石油的最早记载。唐、宋时期开采金、银矿很盛。在这漫长的历史时期中，矿产勘查属于找矿人找矿阶段，主要是找出露于地表的矿产，在找矿实践中积累了经验，识别了一批有用的矿物、岩石、矿床，并掌握了初步的探矿、采矿、冶炼技术。北宋时期（960～1127）由唐慎微整理完成的《证类本草》医书中《玉石部》3卷，收入矿物、岩石类药物上品73种、中品87种、下品93种，并列出了大批金属、非金属矿产地，还总结了中国古代找矿、冶金、化工等方面的理论和知识。明朝李时珍的《本草纲目》、宋应星的《天工开物》等书中对矿物、岩石、矿产资源的利用都有较详细的论述。在找矿实践中，古人亦总结了一些成矿规律，如《管子·地数篇》、东晋张华的《博物志》和南朝梁《地镜图》等所记载。从近百年来的矿产勘查工作说明，中国东部、西南部地区以及中亚各国，目前很大部分勘查与开发的矿床都有古人过去采矿的老窿，亦就是说，都是古人发现过的。

二、中国近代的矿产勘查

前已论述，近代早期的地质调查工作主要开始于外国的地质学家，中国人自己撰写的有关地质矿产方面的著作有清代李榕的《自流井纪》（约1860），对石油蕴藏分布规律有如下描述："凡凿井，须审地中之岩，并锉初下为红岩，次瓦灰岩、次黄姜岩，见油"。华衡芳曾先后译出矿物学和地质学名著《金石识别》和《地学浅识》介绍给国人。在19世纪末，国内学堂开始设立地质学、矿物学等课程，在毕业学生中，如周树人（鲁迅）著有《中国地质略论》（1903），并与顾琅合著有《中国矿产志》（1905）。这是近代最早较为全面论述中国地质与矿产的著作。

辛亥革命成功后至1949年，前地质调查所进行了大量的地质矿产调查工作，初期以调查煤田与铁矿作为主要对象，后来亦进行了有色矿产、非金属矿产及油气的调查。煤矿调查涉及安徽、山东、江西、贵州、甘肃、陕西、热河、黑龙江、山西、江苏等地，其中以王竹泉调查的煤矿为最多。铁矿方面涉及辽宁的鞍山、河北宣化、长江中下游的大冶、广东云浮、湖南宁乡、西康冕宁泸沽等铁矿，尤其以四川攀枝花铁矿的发现具有特殊意义。1920年前后，翁文灏发表了《中国矿产志略》《中国矿床区域论》和《中国矿床生成之时代》；瑞典籍顾问丁格兰著有《中国铁矿志》（1924）；谢家荣、孙健初等著有《扬子江下游铁矿地质志》（1935），有较大影响。在有色金属方面对江西的钨矿、个旧的锡矿、东川的铜矿、湘西黔东一带的汞矿、湖南的铅、锌与锑矿都进行了不同程度的调查。谢家荣、程裕淇等著《湖南中部铅锌矿地质》，徐克勤、丁毅著有《江西南部钨矿地质志》等。非金属矿产方面，磷矿调查开展较早，20世纪20年代刘季辰等对江苏海洲沉积变质磷矿作过研究，1939年程裕淇、黄汲秋在云南昆阳发现寒武系底部的沉积磷矿。对四川盐矿也进行了较多的调查，谭锡畴、李春昱、李悦言等著有《四川盐产概论》与《四川盐矿志》。对广东、湖南的黄铁矿，安徽的明矾石矿，西康、河北、河南的石棉矿，贵州、山东的铝土矿都做过调查，特别在西康发现的石棉矿规模大，一直开采至今。石油方面，1921年翁文灏率谢家荣对甘肃的玉门石油作首次调查，并提出具有开采价值，后来在陕北、四川、新疆都进行了调查，王竹泉、潘钟祥著有《陕北油田地质》（1933），谭锡畴、李春昱著有《四川石油概况》（1933），1941年潘钟祥在美国发表的《中国陕北中生代、四川白垩系陆相生油》论文中，首次提出陆相地层生油论。1930年谢家荣著《石油》一书，是中国第1部石油地质学专著，1935年他编制出中国第1张全国油田及油页岩分布图，1937年发表《中国之石油储量》。1942年~1943年黄汲清与杨钟健、程裕淇、周宗浚等到新疆考察石油，提出"多期多层含油论"。

1942年10月矿产测勘处组成百余人队伍开展云、贵、川3省的水城观音山铁矿、攀枝花铁矿、东川铜矿、会理力马河铜镍矿、会理通安铜矿、黎溪等铜矿、天宝山铅锌矿、文山白钨矿、昭通褐煤、水城赫章煤田、昆明铝土矿等的矿产普查。抗战胜利后，先后在长江中下游及福建开展普查工作，发现了淮南八公山煤田、南京栖霞山铅锌矿、安徽凤台磷矿和福建樟浦东吴山三水型铝土矿等矿床。当时引进了几台金刚石岩芯钻机，开始了用钻探手段探矿。

前清末年到中华人民共和国成立前的多年中，中国矿产勘查处于初期阶段，建立了勘查机构，培养了一批地质人才，据统计实际从事地质工作的人员仅有299人，但做了大量的矿产调查工作，也开展了少量的普查工作,为后来的矿产勘查大发展准备了重要条件。

三、中华人民共和国成立以来的矿产勘查

1. 1949年~1999年矿产勘查

中华人民共和国成立后,矿产勘查工作得到蓬勃发展,1950年8月中央人民政府政务院决定成立以李四光为主任的中国地质工作计划指导委员会,负责统一规划与领导全国地质工作,当时面临恢复国民经济的艰巨任务,首先对铁矿、煤矿等重点矿山及其附近资源进行勘查,以满足老矿山恢复生产及扩大生产规模所需的资源。到1952年探明储量的矿种由1949年的2种(煤、石油)增加到10种。1952年8月根据经济发展的需要,中央人民政府决定成立地质部,进一步加强地质工作,有计划地在各省先后建立地质管理机构及地质队伍,建立全国与省的科研机构及实验室,各工业部门(煤炭、石油、冶金、有色、轻工、建材、化工、核工业)也先后建立地质队伍及管理机构。同时,随着教育系统的院系调整,建立了北京地质学院、长春地质学院等地质院校。

"一五"(1953~1957)期间,地质工作得到快速的发展,矿产勘查工作获得重大进展。为保证国民经济建设需要,矿产勘查工作主要保证重点矿产(铁、铜、煤等)、重点矿区,勘查完成了鞍山铁矿、白云鄂博铁矿、大冶铁矿、东川铜矿、铜官山铜矿、白银厂铜矿、西华山钨矿等矿区的勘探任务,探明了一定储量,与此同时,逐步加强了石油、天然气和其他矿产的普查工作。陆续发现了一大批新的矿种和新的矿产地。"一五"期间新发现与探明有储量的矿产有64种,大大超过了预定的19种的目标。

"二五"期间(1958~1962),矿产勘查工程虽受到左的思潮影响,有些地区不考虑地质条件,过分强调找矿、找煤,走了一些弯路,又加上自然灾害造成的困难,地质队伍及工作规模进行了压缩,但矿产勘查工作仍然取得了重要进展,又新发现了一大批矿产地,全国已发现各类矿点、矿床达10万个,累计探明有储量的矿产达到了97种,其中新增探明储量的矿产有23种。在三年调整时期(1963~1965),勘查工作总的是调整队伍,压缩规模,有目的地对石油、铬铁矿和攀西铁矿等重点项目进行勘查,取得了一批重要成果,发现了大庆等几个大油田和保证攀枝花钢铁基地建设所需的矿产资源,此时期新探明储量的矿产不多,仅有7种。

1966年~1978年虽然由于众所周知的原因,破坏了矿产勘查工作的正常秩序,但由于广大地质工作者的努力,矿产勘查工作还取得了一定进展,发现了一批新的矿产地,新增探明有储量的矿产有28种,使累计探明有储量的矿产达到了132种。

1979年~1997年间矿产勘查工作与全国地质工作一样,恢复到有组织有计划地进行。地矿部门确立了以地质找矿为中心的方针,根据国家经济建设对矿产资源的需求和各地区客观成矿地质条件的可能,从实际出发,按照"保证基础、加强普查、择优详查、对口勘探"的原则,合理部署矿产勘查工作,从"六五"(1980~1985)开始在国内广泛深入地开展了以推广新的找矿理论和思路,开拓新的找矿领域,突破新的矿床类型,采用新的技术方法为主要内容的第2轮矿产资源普查,并遵循"区域展开,重点突破"和区域地质调查、区域成矿规划与预测、物探化探、科学技术研究、普查勘探"五统一"原则,采用综合找矿方法,实行综合找矿、综合评价、综合勘探进行矿产勘查工作的部署。3个五年计划期间(1980~1995)取得了丰硕的地质找矿成果,15年中仅地矿部门新发现矿产地达到2726处,探明储量的矿产由132种增加到151种,有19种新增了探明储量。有46种矿产探明储量超过了前29种探明储量的总和。到1997年底已发现168种,探明储量的矿产有153种(表2-3-6、表2-3-7),使中国成为世界上矿种齐全、配套程度较好、总量丰富的少数几个国家之一。

表 2-3-6　1949 年～1997 年全国探明储量矿种增长情况表

年份	总计	能源矿产	黑色金属矿产	有色稀有稀土矿产	贵金属矿产	非金属矿产	其他水气矿产
1949	2	2					
1952	10	2	1	5	1	1	
1957	74	4	5	20	2	43	
1962	97	6	5	29	2	54	1
1965	104	6	5	30	3	59	1
1970	128	6	5	41	7	69	2
1975	131	6	5	41	7	70	2
1980	134	6	5	41	7	76	2
1985	137	6	5	41	7	76	2
1990	149	6	5	41	8	86	3
1994	151	7	5	41	8	87	3
1997	153	7	5	41	8	89	3

资料来源：朱训.地质科学与地矿产业[M].昆明：云南科技出版社，1997.

中华人民共和国成立以来，海洋矿产资源的勘查亦取得一定成绩，从事矿产勘查的物探、化探、遥感和探矿工程技术与方法取得很大进展，形成了比较齐全的勘查技术体系。在区域地球化学探矿方面，发展多元素、多方法分析技术，研制出不同景观区的有效方法和隐伏区深穿透地球化学探矿方法都具有国际领先水平。第 2 代航空物探技术系列、地面高精度策略和磁勘查系列总体上达到国际先进水平。高分辨率氦光泵磁力仪具有国际领先水平，并作为高技术产品输往美国。计算机制图系统和固体矿勘查评价自动化系统（KPX）等已用于地质制图和矿产勘查。到 1995 年底，全国已拥有物化探设备、遥感设备、钻机、坑探设备、测试设备等 14 类 102 352 台（套）。不断发展的矿产勘查技术方法，保证了矿产勘查工作顺利地进行。

表 2-3-7　中华人民共和国成立后到 1997 年各时期主要矿种新增储量情况表

矿种	单位	一五	二五	三年调整期	三五	四五	五五	六五	七五	八五	1996～1997
煤	亿吨	452.79	1582.29	452.29	2167.85	989.99	794.86	1495.29	1060	374.84	53.0
石油	亿吨	0.01	27.11	4.95	11.98	29.99	21.13	21.13	32.67	29.16	7.16
天然气	亿立方米						1196.54	3035.75	6895.03	1240.29	
铁矿石	亿吨	54.89	119.95	20.13	72.72	100.4	123.59	47.02	19.8	7.82	1.28
锰金属	万吨	10050.1	11218.3	4777.9	11752.7	5479.2	2787.7	33667.6	6340	3403	1255
铜金属	万吨	802.54	1142.99	395.22	1394.87	791.62	1517.55	577.03	310.7	602.75	35.31
铅锌矿	万吨	636.37	2064.03	1598.81	2753.99	966.76	1245.73	3460.69	1898	1401.59	85.26
铝土矿	万吨	8700	72700	8900	11800	8300	26839.6	45120.6	49286	32846	2239
金矿	吨	60.27	113.99	186.65	845.36	176.19	439.03	633.96	1446.33	1784.06	371.6
银矿	吨	2886.6	6893.4	10298.7	12541.1	6585.1	9600.94	22729.5	19663	32099	6352
硫铁矿	万吨	47.35	146751	29112	40814	34171	86935.21	43021	64175	43494	4844
磷矿	万吨	69334	180427	66134	221077	389199	516374.2	194804	149578	34425	3750

资料来源：宋瑞祥.1996 年中国矿产资源报告.北京：地质出版社，1996；全国矿产储量数据通报，1997，1998；地质勘查行业统计年报，1998；1998 年国土资源综合统计快速年报.

中国矿产勘查开发的体制从1949年以来是在国家计划经济条件下建立的,对于当时为恢复及发展经济,集中有限财力,集中为数不多的地质技术力量,加快矿产勘查,尽快为国家建设提供矿产资源是必要的,亦是可行的,在中国经济发展过程中发挥了重要的历史作用。这个体制的主要特点是:一是国家对矿产勘查与开发实行统一领导、统一计划,全部费用由中央财政拨款;二是地勘单位、矿山均是国有事业、企业单位;三是矿产勘查队伍及矿山企业分别隶属于地矿、石油、煤炭、冶金、有色、核工业、黄金、化工、轻工、建材等部门;四是矿产勘查成果一律上交国家,由国家无偿供给各有关矿业部门使用。

自1978年以来,矿产勘查与开发体制的改革不断深化。经历了1979年~1984年的起步阶段,在地勘单位内部重点抓了加强经济核算和建立岗位责任体制;探索了分配制度的改革和实行劳动组合等项措施,在管理体制方面,进行了地质、钻探分开的专业化改组,在发挥地勘工作综合服务功能,直接为经济建设服务方面开始起步。1985年~1991年的全面展开阶段,按照1984年10月制定的《关于经济体制改革的决定》精神,原地矿部把开拓地质市场作为改革的突破口,把市场机制引入地质勘查工作,使地勘单位走向社会,面向社会,扩大了地勘工作服务领域,开辟了地勘工作资金来源新渠道。1986年3月六届人大常委会通过的《中华人民共和国矿产资源法》明确规定了"国家对矿产资源实行有偿开采"和"矿床勘查报告及其他有价值的勘查资料,按照国务院规划实行有偿使用",从法律上肯定了矿产及矿产勘查工作成果商品化方向。1992年以来的体制改革深化发展阶段,按照中国经济体制改革以建立社会主义市场经济体制为目标,原地矿部开展了对地勘工作体制与矿产资源管理体制的深化改革,以建立适应社会主义市场经济要求的新的矿产资源勘查、开发新体制。在矿产资源管理方面,进一步明确矿产资源为国家所有,国务院代表国家行使对矿产资源的所有权,国务院矿产主管部门行使管理职能;实施了矿产资源勘查开发统一规划、协调与管理,实行矿产勘查区块登记制,采矿权审批归口由矿产资源主管部门负责,实行探矿权、采矿权有偿取得的依法转让制度;规定了国家允许外国公司、企业和其他经济组织以及个人依法投资勘查、开采矿产资源;实行征收矿产资源补偿费制度等,为形成矿产勘查、开发市场提供了条件。在地勘工作体制上实行了按不同性质分体运行的重大改革,商业性的地勘工作,如大部分矿产勘查、工程勘查等进入市场运转,由市场取得资金来源,地勘队伍逐步转为公司和企业;基础性、公益性、战略性地勘工作由国家财政提供资金,其成果提供国家及全社会使用,组成一支精干的地质队伍作为事业单位(即中国地质调查局)来承担国家的地质工作任务。这是一项重大的改革,在中国地质与矿业历史中具有根本性的变革。改革的最终完成,将建成适应于社会主义市场经济的崭新的地质、矿业新的体制,必将使中国矿产资源勘查与开发事业得到稳定的、健康的发展,出现欣欣向荣的局面,并将更好地满足国民经济发展对矿产资源日益增长的需求。（陈毓川）

2. 全国危机矿山接替资源找矿专项

矿产资源是人类生存与发展的物质基础,是矿业发展的前提和条件,是矿山生产的命脉。中国矿业提供了95%以上的一次性能源和80%以上的工业原料。中国正处于工业化进程中,人口增长和经济发展的双重需要,对矿产资源的消费与需求日渐强劲。以有色金属为例,1990年以来10种有色金属产量年增长率一直>10%,并连续6年位居世界第1位,而同期有限的矿产地质勘查工作转入新区和边远地区,矿山的地探工作严重削弱,综合预测研究缺失,可接续生产的资源基地匮乏,随着矿山可采资源的迅速消耗,有1/3矿山面临资源枯竭而关闭。2004年9月7日国务院召开常务会议,审议并原则通过国土资源部《全国危机矿山接替资源找矿规划纲要(2004~2010)》,

中国危机矿山接替资源找矿正式实施。旨在调查摸清危机矿山现状,开展大中型危机矿山接替资源勘查,拓展危机矿山的保有资源储量,延长服务年限,促进矿业振兴与可持续发展,提高矿山资源对经济社会可持续发展的保障能力(中国地质调查局,2010)。

(1)摸清了全国千余座大中型矿山资源家底 按照《规划纲要》要求,对煤、铁、铝、铜等30个矿种1010座大中型矿山开展了资源潜力现状调查。调查结果表明,开采年限不足15年的危机矿山有632座,占调查矿山的63%,有色金属、黑色金属及金等矿类(种)矿山危机程度相对较高。392座矿山具备开展危机矿山找矿工作的条件,约占危机矿山的62%。全面掌握了矿山的生产状况、探明资源储量,初步查明了矿山资源潜力家底,从而对开展危机矿山找矿工作,做到了"心中有数,有的放矢",为全面科学部署全国危机矿山找矿工作奠定了基础。同时,矿山资源潜力调查成果对科学部署矿山地质工作、制定矿业城镇发展规划、了解国内矿产品可供情况及制定相关政策措施等也具有重要的参考价值。

(2)找矿工作取得重大突破,新增一大批资源储量 在矿山资源潜力调查基础上,分期分批实施了230个危机矿山找矿项目和96个矿产预测项目和新技术新方法项目。找矿项目中,有色金属63项,煤炭45项,铀矿4项,黑色金属37项,金67项,磷矿及其他矿种14项。累计安排资金36亿元,其中中央财政补助资金20亿元,地方财政补助资金2.8亿元,企业匹配经费13.2亿元。累积安排坑探工作量37万米,钻探工作量249万米。230个勘查项目中48个取得突破性进展,探获资源储量达到大型或超大型矿床规模,76个取得重要进展,探获资源储量达到中型矿床规模,94个项目探获资源储量达到小型矿床规模。新增资源储量原煤53亿吨、铁矿石10.5亿吨、锰矿石1126万吨、铬铁矿54万吨、铜金属量327万吨、铅锌金属量849万吨、铝土矿1641万吨、钨金属量41万吨、锑金属33万吨、金669吨、银8541吨、磷矿石量2.7亿吨。其中,辽宁省阜新八道壕煤矿接替资源找矿项目新增煤炭资源量1.76亿吨,极大地缓解了阜矿集团煤矿资源接续的紧张状况。河北迁安首钢铁矿开展危机矿山接替资源找矿工作共计新增铁矿资源量2.43亿吨,潜在经济价值粗略估计为317亿元。

(3)有效缓解矿山危机,综合效益十分显著 危机矿山接替资源找矿发现的资源储量,地质控制程度较高,可全部为矿山企业直接开发利用。新增资源储量静态工业总产值达万亿元,潜在利润数千亿元。平均延长矿山开采年限17年,稳定职工就业60万余人,一大批老矿山重新焕发生机,社会经济效益显著。2006年5月,湖南省桂阳县宝山铅锌银矿因浅部已探明矿产资源基本开采完毕,矿产资源趋于枯竭,矿山处于停产半停产状况,累计亏损4000多万元。通过开展危机矿山接替资源找矿项目,共探获铜钼矿体35个,获得铜钼资源量808.4万吨;共探获铅锌银矿体25个,获得铅锌银矿资源量625.5万吨。经估算其潜在经济价值300多亿元,使宝山矿重新获得了新生。目前,已稳定就业员工2000余人,2010实现利税总额1.054亿元。计划今后开展相关工程将年采掘总量提高到80万吨,年产铅锌金属量4万吨,铜金属量5000吨,年工业总产值12亿元,利税总额6亿元,安置稳定就业人员4000余人。危机矿山找矿工作资金投入少,见效快。新增资源储量达到大型矿床规模的投入是一般矿产资源勘查项目发现大型矿床平均资金投入的23%,万米钻探工作量获得资源储量明显优于一般矿产资源勘查项目。资源储量的利用效益高,成本低。新发现的资源储量可以直接为矿山生产所利用,盘活了国有固定资产,盘活了老矿山的生产系统,不需要投入矿山基本建设费用,危机矿山找矿工作新增资源储量后,稳定了产能,保证了中国矿产品的持续稳定供应,促进了地方经济发展和社会和谐。同时,拉动了矿山企业投资,促进良性循环机制的建立。比如,首钢集团在同勘查单位开展长期合作的基础上,适时成立了地质研究单位,开展了老矿山深部及周边勘查,给企业带来了理念上的变革,主动围绕老矿山开展"矿下找矿、矿外找矿",积极探索矿区成矿规律,探索"开源"与"节流"并行的可持续发展资源战略。

(4)理论和方法技术不断创新　危机矿山接替资源找矿工作围绕找矿关键技术的研发和应用,开展了96个矿产预测和新技术新方法项目的研究。组织院士、专家精心指导,"会诊"解决找矿技术难点,取得突出效果。关键地球物理地球化学探测技术和大深度钻探等技术,在湖北大冶铁矿、河北迁安铁矿、云南个旧锡矿和江西山南铀矿等矿山的应用,极大提高了找矿效果。此外,针对矿山深部找矿难度大、探索性强的特点,结合危机矿山找矿工作的特点,总结创建了《成矿地质体研究、矿田构造研究、成矿流体标志研究》三位一体深部找矿预测方法;开发了危机矿山找矿项目资源储量估算三维可视化软件,实现对固体矿产资源勘查开发数据的有效存贮、管理、三维可视化分析及评价。通过危机矿山深、边部找矿工作,取得了许多新的发现和认识,丰富了成矿理论,加深了对深部矿床成矿规律的认识,对指导中东部地区深部找矿意义重大。在800米~1000米范围内探明了一批资源储量,证明了深部找矿潜力巨大。这些发现带动了矿床成矿理论的发展和深部勘查技术方法的进步,促进了中国固体矿产勘查向深部拓展。

3. 矿产资源调查评价工程

矿产资源调查评价工程是新一轮国土资源大调查"一项计划,五个工程"的重要组成部分,由中国地质调查局负责组织实施。突出重点矿种、重要成矿区带,以实现找矿突破、引导商业性矿产勘查开发、提高矿产资源保障能力为目标,瞄准油气、煤炭、铀、铁、铜、铝、钾盐、金、铅锌、锰、钨、锡等战略性矿种,聚焦全国16个重点成矿区带,按照"区域展开,重点突破"的原则,突出先行性和战略性。矿产资源调查评价工作旨在缓解资源供需矛盾,为矿业发展奠定基础,主要分3个层次:一是全国矿产资源潜力评价,摸清资源家底,为政府宏观决策提供依据;二是重要成矿区带矿产远景调查,提交新发现矿产地和勘查靶区,引导拉动商业性矿产勘查;三是大型矿产地前期勘查,实现找矿重大突破,带动区域找矿工作。1999年大调查启动,主要围绕东天山、三江中段、攀西、陕甘川、祁连山西段、郴州—邵阳、粤西—桂东、鄂豫陕、永梅会、德尔布干、阿尔金、东昆仑、阿拉善等重要成矿区带开展调查评价工作。2005年根据实际工作进展,调整为西南三江、雅鲁藏布江、天山、南岭、大兴安岭、阿尔泰、昆仑—阿尔金/北山、秦岭、川滇黔、晋冀、豫西、湘西—鄂西、辽东—吉南、长江中下游、武夷山等16个重点成矿区带。2009年在全面总结阶段性成果基础上,新增东昆仑、班公—怒江、钦杭结合带3个成矿带,将重点成矿区带扩充到19个。取得了一大批具有宏观影响的大成果(中国地质调查局,2010)。

(1)新发现大批矿产地,新增一批重要矿产资源量　12年来,围绕紧缺、巩固优势,矿产调查评价工作取得重大突破,新发现大批矿产地,新增一批重要矿产资源量。累计新发现矿产地900余处(表2-3-8),其中大型、特大型152处;铁锰等黑色金属70处,铜铅锌等有色金属370多处,金银贵金属250处。新发现矿(化)点1100多处、化探异常2.6万个、高精度磁探异常2400多个,揭示了中国铁、铜、铅、锌、铝、锰、钨、锡、金、银等重要矿产的巨大资源潜力。这些矿产地大都转入后续的勘查和开发,为商业性地质找矿工作降低了风险,提供了大量的勘查后备选区。新增资源量($333+334_1$):铁矿石50亿吨、铜矿3850万吨、铝土矿4.5亿吨、钾盐4.6亿吨、金矿1800吨、银矿8万吨、钨矿75万吨、锡矿260万吨、锰矿石1.8亿吨。后续商业性矿产勘查及时跟进,实现了在资源高消耗的情况下,重要矿产查明资源储量仍然保持较快增长的态势。

(2)能源矿产调查评价取得新发现　从油气资源看,松辽盆地外围的中生界与上古生界、西北银额盆地、柴达木盆地的石炭—二叠系和雪峰山地区的下古生界等四大陆域油气新区,已证实具有较大勘探远景,新圈定一批战略选区;完成中国油气资源区域评价战略研究,更新一批油气资源基础数据,建立全国油气资源分布及勘查工作程度空间数据库,提出了可供国家组织实施油气资源前期勘查的16个战略选区;海域新区油气资源评价圈定38个重要油气沉积盆地,新发现一批含油气构造。从煤炭资源看,新疆东部等煤炭资源整装勘查新增资源量超千亿吨,为今后煤炭资源普查和"西煤东运"工程提供了地质依据和资源量支撑;通过省部合作,新疆"358"项目取得重要进展。用了不到一年时间,组织近千人开展煤炭勘查会战,在淖毛湖、库木塔格—沙尔湖、大南湖—野马泉、伊拉湖—艾丁湖、三塘湖等5个预查区圈定15个可供进一步普查的煤炭赋存区,面积4650平方千米,探获煤炭资源量1927亿吨,其中,沙尔湖区钻孔见煤达210米之厚,单煤层最大厚度达151米,资源极为丰富。北方可地浸砂岩型铀矿发现了新疆吐哈和内蒙古鄂尔多斯、二连盆地等3个万吨级地浸砂岩型铀资源基地,准噶尔、海拉尔、松辽等盆地新发现了一批有利的成矿地段,大大改变了中国铀矿资源的区域分布格局。

(3)紧缺矿产实现找矿重大突破　铁、铜、铝、钾盐等国家紧缺矿产实现重大突破。未来20年,中国仍将处于工业化、城镇化、农业现代化快速发展阶段,资源需求将长时间保持高位态势。而中国铁矿石、矿山铜、钾盐对外依存度分别高达52%、71%、64%左右,成为经济社会发展的一大制约因素。通过12年的矿产资源调查评价工作,中国铁、铜、铝、钾盐等紧缺矿种实现重大突破,对维护中国的资源安全、经济安全具有重要意义。①铁矿调查评价取得重要进展,开创了铁矿勘查新局面。在华北陆块区、长江中下游地区开展深部找矿,发现并评价了安徽泥河、辽宁大台沟、河南练村、山东龙王庙、河北杜嵩坨等大型隐伏铁矿;西部冈底斯、西天山、西昆仑等成矿带新发现西藏尼雄、新疆阿吾拉勒、老井—赞坎等一批铁矿新区,进一步摸清了铁矿资源现状,为制定中国铁矿战略提供了基础支撑,铁矿所在地区正逐步发展成为中国新的铁矿石资源基地。②铜矿勘查成果丰硕,有望形成一批千万吨级铜矿基地。新发现西藏驱龙—甲玛、多龙,云南普朗、羊拉,新疆土屋—延东等大型—超大型铜矿床,新增铜资源量接近全国累计查明的一半。西藏冈底斯、滇西北、新疆东天山、班公湖—怒江等正在形成或有望形成国家级铜矿资源勘查开发基地,为近期形成规模产能奠定了资源基础。③从铝土矿看,在山西交口—汾西、河南济源—新安、桂西南、黔北等地区新增一批铝土矿资源量,为传统的铝土矿资源基地提供了资源保障。其中,山西交口—汾西新发现庞家庄、王润2处大型铝土矿,估算铝土矿资源量1.44亿吨;河南济源—新安新发现渑池礼庄寨和济源下冶矿区2处大型矿产地,提交资源量1.12亿吨;桂地区新发现宾阳王灵、横县马岭2处大型矿床,探获堆积型铝土矿资源量0.8亿吨,预测广西平果式岩溶堆积铝土矿总资源量达2.16亿吨;黔北务正道地区新发现大竹园、瓦厂坪2处大型铝土矿矿床,新增资源储量0.8亿吨。④钾盐生产基地逐步建立,正进入规模开发。已形成罗布泊的罗北钾盐生产基地,探获硫酸钾资源储量1.84亿吨,罗南新增0.3亿吨,累计达2亿吨以上。柴达木盆地古近系发现多层卤水含水层,最大总厚度694米,初步估算钾盐资源量2.14亿吨。西藏扎布耶盐湖地表卤水、晶间卤水及固体矿物中均含碳酸锂,总资源量达246万吨,居中国第1位,是世界3大百万吨级盐湖锂矿之一。同时,首创了适合当地的梯度太阳池低成本提锂新工艺,为西藏经济发展和中国能源(锂)安全发挥了重要作用。另外,在东疆形成钠硝石矿产勘查开发基地,探求硝酸钠资源量1.54亿吨,远景资源量达2.0亿吨。

(4)优势矿产开创找矿新局面 铅锌、钨锡、金银等优势矿产开创了找矿新局面。①铅锌矿评价成果显著,查明资源量大幅增长。新发现并评价了新疆乌拉根、彩霞山,西藏亚贵拉、拉屋、昂张、尤卡郎,青海东莫扎抓,陕西马元、旬北,甘肃代家庄,河南赤土店、冷水北沟,福建峰岩、八外洋,湖北冰洞山,湖南狮子山等大型特大型铅锌矿。新增资源总量8355万吨,资源潜力巨大。②钨锡矿调查评价进展喜人,国际优势地位进一步巩固。在南岭、祁连、东昆仑等地区新发现并评价了湖南白腊水、锡田,新疆白干湖,甘肃小柳沟等一批钨锡矿产地,新增钨矿资源量106万吨、锡矿资源量264万吨,进一步巩固了中国钨锡矿产资源在世界的优势地位。③贵金属调查评价形成新亮点,资源前景广阔。辽宁青城子外围、内蒙古朱拉扎嘎、青海大场、豫西、湖南唐浒坪及其外围、川滇、海南抱伦等地区贵金属资源调查评价取得重要进展,新增金矿资源量1830吨、银矿资源量85 165吨,显著提高了中国贵金属资源的保障程度。

(5)10大新的资源接替基地初显雏形 矿产资源调查评价工作发挥了基础性、公益性作用,引导和拉动了后续商业性矿产勘查跟进,形成了一批有宏观影响的重大成果,探明一批新的资源富集区和资源基地。10大新的资源接替基地初显雏形:①藏中铜矿基地,新发现驱龙、朱诺、山南、雄村、甲玛等一批大型、特大型铜金属矿床,以驱龙为中心沿雅鲁藏布江和拉萨河分布,查明资源储量超过2000万吨,有望形成50万吨产能的国家级铜业基地。②滇西北有色金属资源基地,相继发现了普朗、羊拉、白秧坪等一批大型、特大型矿床,其中,普朗铜矿436万吨,羊拉铜矿123万吨,白秧坪多金属矿铜37万吨、银4598吨、铅锌79万吨。预测全区远景资源量:铜矿1000万吨、铅锌2000万吨、银20 000吨。以普朗、羊拉为代表的滇西北国家有的金属资源基地对有效缓解资源约束、促进区域经济发展、维护社会稳定具有重大意义。③东天山有色金属资源基地,新发现矿产地23处,其中大型6处。土屋—延东斑岩铜矿465万吨、卡拉塔格块状硫化物铜矿100万吨、彩霞山铅锌矿348万吨已进入开发,有相继发现了玉西、吉源、沙泉子、宝源、宏源、红星山等铅锌矿,找矿潜力巨大。以往在黄山—镜儿泉含铜镍基性—超基性岩带已查明黄山东、黄山、图拉尔根大型铜镍矿3处,查明镍资源量116万吨。商业性勘查发现东戈壁钼矿40万吨。④罗布泊钾盐资源基地,罗布泊特大型钾盐矿共获液体资源量:氯化钾2.14亿吨、氯化钠18.43亿吨、氯化镁6.97亿吨、伴生硫酸镁8971万吨,4种矿产均达到大型规模,将改变中国钾盐供应格局。⑤北方可地浸砂岩型铀矿基地,新疆吐鲁番盆地十红滩铀矿、内蒙古鄂尔多斯盆地皂火壕铀矿和二连盆地赛汉高毕—巴彦乌拉铀矿等3处铀矿达大型规模,初步形成可地浸砂岩型铀矿基地。⑥新疆阿吾拉勒铁铜资源基地,包括松湖、雾岭、查岗诺尔、智博、敦德、备战6个主要铁矿,已初步控制铁矿石资源储量6.6亿吨,预测资源量20亿吨。⑦新疆乌拉根铅锌资源基地,乌拉尔根中新生代层控型铅锌矿探获资源量448万吨,远景资源量1000万吨以上,潜在经济价值1500亿元。萨热克砂砾岩型铜矿探获资源量50万吨,潜在经济价值250亿元。⑧西藏念青唐古拉山有色金属基地,新发现亚贵拉、拉屋、蒙亚阿、沙让、洞中松多、冲给错、野达松多等大中型矿产地17处,估算铅锌资源量900万吨,有望形成千万吨级铅锌多金属资源基地。⑨祁漫塔格有色金属基地,横跨新疆、青海,隶属东昆仑成矿带,已发现铁、铜、铅、锌、金、钨、钴等矿产,有望形成新的有色金属基地。新疆白干胡钨锡矿探获资源量20万吨,外围新发现的木孜鲁克、鸭子泉等矿产地前景可观;维宝铅锌61万吨,迪木那里克沉积变质型铁矿9736万吨。青海新发现卡尔却卡斑岩铜矿、虎头崖矽卡岩铅锌矿、四角羊—牛苦头多金属矿,探获铜铅锌资源量200万吨,远景资源量可达500万吨;尕林格矿区铁矿1.5亿吨。⑩青海大场金资源基地,在青海曲麻莱县发现大场超大型金矿及外围4个中型金矿,控制资源量150吨,预测远景超过300吨。东昆仑成矿带还发现沟里金矿61吨、五龙沟金矿40吨、瓦勒根金矿27吨,整个成矿带远景可达500吨。

(6) 一批老资源基地焕发青春　通过开发已有地质资料,利用先进的技术设备,在东部部分重点成矿区带开展的"攻深找盲"和老矿山"探底摸边"等工作,取得重大找矿突破,老资源基地进一步得到巩固,为中国矿业可持续发展奠定了基础。①北方老钢铁基地,在辽宁本溪、河北遵化、河南新蔡、山东单县、山西五台等地区开展隐伏铁矿找矿示范,取得重要新发现,新增铁矿资源量近50亿吨从而揭开了全国新一轮铁矿勘查高潮。本溪大台沟在航磁异常中心部位的1280米深处发现厚大铁矿体,随后完成钻探4万余米/22孔,所有钻孔均见到铁矿体,见矿深度均在1100米~1200米,资源量达30亿吨,国内规模最大铁矿,远景超过50亿吨。②长江中下游铁铜基地,庐枞地区发现埋深675米以下的泥河大型隐伏铁矿,湖北大冶铁矿在埋深700米以下新增资源量2678万吨,深部找矿潜力很大。③南岭钨锡资源基地,南岭地区是世界最重要的钨锡资源基地,拥有柿竹园、大厂、西华山等一批世界级超大型矿床。大调查实施以来新发现湘南骑田岭、锡田、大义山、大坳及荷花坪等一批大型、特大型锡矿床,新增资源量:锡182万吨、钨31万吨,其中,白腊水特大型锡矿42万吨、锡田矿区32万吨。④秦岭铅锌银资源基地,西秦岭新发现甘肃代家庄、陕西马元及旬北等大型铅锌矿床,新增资源量400多万吨,其中马元铅锌矿221万吨。东秦岭在豫西南地区新发现冷水北沟、百炉沟、赤土店、土地庙沟、核桃沟、上庄坪、板厂等大中型铅锌银矿产地17处,累计新增资源量1027万吨,潜在经济价值3117亿元。⑤武夷铅锌银资源基地,武夷成矿带成矿地质条件优越,资源丰富,已发现大中型矿产地188处。大调查以来,新发现江西梨子坑铅锌矿、淘锡坝锡矿、福建峰岩铅锌银矿、建瓯八外洋铅锌矿等大型矿产地,新增资源量300余万吨。目前均已开发利用。

(7) 探索地质找矿新机制,推进矿业勘查开发　在国土资源大调查期间的地质找矿改革发展大讨论过程中,国土资源系统、地勘行业形成了"两个共识":一是形成了"公益先行,基金衔接,商业跟进,整装勘查,加快突破"的地质找矿新机制基本思路框架;二是总结提炼出安徽"泥河"、河南"嵩县"和新疆"358项目"、青藏专项等机制创新的实践模式。随后,国土资源部提出了"三年有重大进展,五年有重大突破,八年重塑矿产勘查开发新格局"的"358"目标。国土资源部提出的地质找矿新机制,探索了"中央、地方、企业联动,公益性地质工作、商业性地质工作和地质勘查基金有机衔接,矿产勘查和开发结合,地质找矿、矿业权市场建设和地勘单位改革协调配合"的新路径。构建新机制的目的主要是为适应社会主义市场经济规律和地质工作规律,搭建多元投入、多方联动、统筹协调的制度平台,形成公益性地质工作引领拉动,商业性矿产勘查跟进拓展,地勘专业技术优势与矿业企业资金管理优势互补,统筹部署、协调推进、集团施工、快速评价的地质找矿新局面。在探索新机制过程中,中国地调局不断调整完善工作定位,突出基础先行,服务找矿功能得到进一步加强。在借鉴安徽"泥河"、河南"嵩县"等成功模式的基础上,开展全国统一的地质找矿行动计划,这是推进新机制落地的重要抓手,也是实现地质找矿快速突破的重要保障。国土资源大调查矿产资源调查评价工作的顺利结题,对推进新机制落地、实现"358"宏伟目标的意义不言而喻。公益性地质工作的先行作用发挥了极大的杠杆效应,撬动了上百亿的后续矿产勘查开发资金,成为商业性矿产勘查投资追逐的热点。

(8) 全国矿产资源潜力认识进一步深化　全国矿产资源潜力评价工作自2006年启动以来,在全国数以千计地质工作者的共同努力下,开展了卓有成效的工作:一是对中华人民共和国成立60

多年积累的地质调查、矿产勘查和综合研究成果及资料的充分利用,尤其是对区调原始资料进行了深度二次开发,系统编制主要成矿区带建造构造系列图件,为成矿预测和找矿部署提供依据。二是对中国重要矿产的资源潜力家底进行了全面评价,圈定了一批预测区。涉及矿种多(煤炭、铀、铁、铜、铝、铅、锌、金、钨、锑、稀土、钾、磷等)、地域覆盖广、资料应用全(涵盖不同时期、不同比例尺的地物化遥等基础数据,及勘查、科研成果)。三是全面建立了中国与矿产资源调查、评价相关的地学数据库系统。四是对中国大地构造、成矿地质背景、成矿规律等理论的研究和认识有进一步的深化和提升,对地球物理、地球化学、遥感、重砂等资料应用程度和水平有进一步提高,对矿产资源预测的理论和方法有创新。五是培养了大批掌握调查、研究、信息分析、矿产资源评价、数据库建设等多项技能的综合性地质矿产人才。全国矿产资源潜力评价工作证实,中国待查明矿产资源量巨大,总体资源查明率平均为36%。煤炭、铁、铜、铅锌、铝土矿、金、钾盐、钨、锑等预测资源量至少是查明资源储量的2倍~3倍;锰、镍、锡、钼、磷等预测资源量是查明资源储量的1倍以上。潜在矿产资源主要分布于老矿山深部及其外围和西部地区。青藏高原、西南三江、天山等将成为铜、铅锌等矿种未来主要的资源勘查开发基地;东部重要成矿带长江中下游、南岭、冀东等深部及外围潜力巨大,鞍山—本溪、攀枝花、冀东、闽南—粤东等是铁矿新增储量的重点地区;晋中—晋北、豫西—晋南、黔北—黔中、重庆南部等仍然是铝土矿新增储量的重点地区。

表2-3-8 新一轮国土资源大调查新增矿产地和资源量

矿产	新发现矿产地/个	新增资源量	矿产	新发现矿产地/个	新增资源量
铁	32	50亿吨	铅锌	191	8355万吨
铜	121	3851万吨	钨	17	106万吨
铝土矿	13	4.5亿吨	金	162	1830吨
锡	35	264万吨	煤炭	13	1300亿吨
银	90	8万吨	其他	179	
钾盐	8	4.6亿吨	合计	907	
锰	40	1.8亿吨			

4. 新疆"358"地质找矿

2008年7月11日,国土资源部与新疆维吾尔自治区人民政府签订了关于加强新疆公益性地质调查及重要矿产勘查合作协议。争取3年有好的眉目,5年出鼓舞人心的成果,8年有令国人为之振奋的重大成效。并举全国国土资源系统之力,加快新疆地质勘查进程,积极推进整装勘查,努力把新疆建设成中国重要战略资源接替基地。

"358"项目按照"统筹规划、科学部署、分工实施、整装勘查"的原则,以"三个成矿带、十大重点找矿远景区、十五处重要矿集区"为重点,突出国家和新疆维吾尔自治区急需的煤、铁、铜(镍)、铅锌、金、钨、锡、钾盐等优势矿种和具有大型—超大型找矿前景的重要成矿类型,紧紧围绕新疆重大经济建设项目的需要,加大力度,加快步伐,全面推进新疆的地质找矿工作。经过2年多的艰苦努力,取得了显著的找矿成效,基本实现了项目第1阶段(前3年)的目标,也为"公益先行,基金衔接,商业跟进,整装勘查,快速突破"的地质找矿机制提供了强有力的实践佐证。

2008年~2010年"358"项目共部署安排了中央和地方财政出资开展的项目708个,总经费达23亿元,引导社会资金投入达60亿元以上,拉动效应为1:3。第1阶段(前3年)目标基本实现:

(1)初步形成了5处大型矿产勘查开发基地。包括:准东煤田、阿吾拉勒铁矿带、赞坎—老并铁矿带、彩霞山铅锌矿带、乌拉根铅锌矿带。

（2）基本形成了11处大型—超大型矿集区。包括：东疆煤田、迪木拉里克铁矿、维宝铅锌矿、喀拉达坂铅锌铁矿、白干湖钨锡矿、土屋—延东铜矿、坡北铜镍矿、萨热克铜矿、哈腊苏铜矿、蒙西铜矿、白山—东戈壁钼矿。

（3）各矿种资源量目标基本实现。新增资源量：煤炭3357亿吨、铁矿石11亿吨、铅锌560万吨、钨（锡）26万吨、铜镍116万吨。

（4）基础地质工作程度稳步提高。到2009年末，完成1:5万区调25万平方千米（近2年完成3万平方千米），覆盖率达15.1%；完成1:5万航空磁测8个片区共15万平方千米，发现了大量有价值的航磁异常；完成1:20万区域化探4.27万平方千米。通过基础地质调查工作，新发现铁、铜、铅锌、钼、金等矿（化）点362处。新圈定磁异常1378处、激电异常85处、化探综合异常225处。

5. 油气资源战略调查专项

2010年启动油气资源战略调查，开展北方古生界、青藏地区等基础地质调查与战略选区调查，着力解决制约油气勘查的关键地质问题，加快油气勘查新发现。完成全国115个盆地石油天然气资源评价、42个盆地（群）煤炭资源评价、24个盆地油砂资源评价、47个盆地油页岩资源评价，进一步开拓中国油气勘探新地区、新领域，优选出21个新的油气远景区、44个新的油气有利勘探目标区、38个新的油气勘探接续区，进一步摸清中国油气资源家底，为国家油气资源后备接替区建设奠定了重要基础，为国家制定能源发展战略和政策、促进油气资源资源勘探开发、加强油气资源管理发挥重要作用。

6. 中央地质勘查基金

2006年中央地勘基金启动运行以来，先后在26个省（区）实施了188个风险勘查项目。累计投资18.43亿元，完成钻探工作量108万米，共发现大中型矿产地50处，其中，大型31处，中型19处，有20个矿种新增了一批资源量，取得了良好的找矿成果。

7. 找矿突破战略行动

2011年10月19日由国务院常务会议通过，12月8日国务院办公厅正式转发了国土资源部、发展改革委、科技部、财政部会同有关部门编制了《找矿突破战略行动纲要（2011～2020）》，以石油、天然气、铀、铁、铜、铝、钾盐等重要矿产为重点，开展主要含油气盆地、重点成矿区带地质找矿工作，力争用8年～10年的时间新建一批矿产勘查开发基地，重塑全国矿产勘查开发格局，为中国经济社会可持续发展提供有力支撑。找矿突破战略行动是一项全新的国家战略行动，是增强能源资源保障能力、保障中国经济社会可持续发展、全面建设小康社会重大战略举措。

主要任务：围绕实现找矿重大突破、提高资源保障能力的目标，根据地质找矿新机制的总体要求，按照地质工作规律，找矿突破战略行动部署3个方面的工作：一是加强基础地质调查与研究；二是以石油、天然气、铁、铜、铝、钾盐、铅、锌、金等为重点加强矿产勘查；三是依托大型骨干矿业集团，建设一批"关系全局、意义深远、带动性强"的综合利用示范基地。实施周期为2011年～2020年。

总体目标：用8年～10年时间，实现主要含油气盆地、重要矿产资源整装勘查区、老矿山深部和外围的找矿突破及重要成矿区带找矿远景区的找矿发现，形成一批能源资源战略接续区，建立重要矿产资源储备体系。结合国家主体功能区划、区域产业布局和重大基础设施建设，矿产资源利用结构形成"油气并举""大宗紧缺矿产和新兴材料资源并举""开源节流并举"格局，勘查开发形成"陆海并重""东西并重"的空间布局,推进资源产业向西部地区转移、矿产资源勘查开发向海域拓展,促进资源与环境协调发展和矿产资源可持续利用,为促进经济平稳较快发展提供有力的资源保障和产业支撑。同时,通过推进资源整合,实施整装勘查,提高资源规模化开发、集约化利用水平,形成一批具有国际竞争力的矿业集团。推进地勘单位改革发展,通过鼓励和支持地勘单位走探采一体化道路,增强地勘单位综合实力,发展一批具有活力的资源型企业。

总体部署:按照《纲要》确定的主要任务,找矿突破战略行动分四大战略领域部署实施:一是战略准备,加强基础地质调查、矿产远景调查和基础地质研究,拓展新的找矿战略目标区。二是战略展开,在已有能源和重要矿产资源生产基地外围和深部,增储扩产。老矿山深部和边部的探矿权优先配置给现有矿山企业。民营企业也可以利用此政策加强矿山深部和边部的勘查,延长矿山服务年限。三是战略突破,以石油、天然气、页岩气、铁、铜、铝、钾盐、铅、锌、金等为重点,将最具找矿突破条件的地区划为整装勘查区,统筹调动企业、地勘单位的资金与技术力量,实施整装勘查,构建新的资源基地。整装勘查区内的矿业权出让遵循"三优先"原则,即"敢于风险钻探的优先。探采一体化的优先、资本与技术相结合的优先"。四是科技支撑,加强地质找矿理论、方法技术创新,包括为矿业权人在勘查过程中提供各种技术服务,提高矿产勘查和资源节约与综合利用水平。

主要工作内容包括8项重要任务,即基础地质调查、油气资源调查、矿产远景调查、地质科技攻关、油气资源勘查、重要固体矿产勘查、老矿山找矿、矿产资源节约与综合利用等。

找矿突破战略行动不是传统的国家找矿计划和专项,而是一项社会行动,是对全国地质找矿工作的规划部署。其中,财政投入只是一小部分,主要用来开展基础地质调查工作;矿产勘查的投资主体是包括民营企业在内的各类企业。因此,找矿突破战略行动成功与否,关键是社会资金能否加大投入。民营企业参与找矿突破战略行动,可以自主组建勘查队伍、申请勘查资质,也可以与有资质的地勘单位合作,实现资本与技术的结合。

第四章 中国基础地质科学研究

基础地质通常指理论性较强、具有普遍应用价值、为开展其他地质工作打基础的一大类地质工作或地质科学的总称。它是一个范围广、多学科、多层次的综合性地质领域。

第一节 中国结晶矿物学研究

一、中国结晶矿物学研究概述

矿物学是地质学的一个分支。研究矿物的化学成分、晶体结构、形态、性质、时间空间上的分布规律、形成演化的历史和用途的学科。近些年来，随着科学和技术的发展，扩大了矿物的概念，它包括了宇宙空间及地球内层形成的自然矿物。因此，有人认为，矿物是自然过程中所产出的单质或化合物，矿物学则是研究这些产物及其变化的过程，所以它是研究整个自然界（即不仅是地壳）物质成分特性及其演化历史的科学。许多生产部门，如采矿、选冶、化工、建材、农药农肥、宝石以及某些尖端科学技术都离不开矿物原料。因此，矿物学研究不仅有理论意义，而且对矿物资源的开发和应用有重要的实际意义。

人类最初认识自然与利用自然实际上是从认识矿物与利用矿物开始的。矿物学是一门古老而近代又得到了迅速发展的学科。它在发展的过程中，曾经历过几次深刻的变革，其发展与变革都是与生产的发展以及新理论、新方法的引进密切相关。矿物学的发展可简要划分为以下4个阶段：第一，萌芽阶段：早在原始社会的石器时代，人们就开始利用矿物和岩石制作生产工具和装饰品。从奴隶社会到封建社会开始应用金属，并由铜器时代向铁器时代过渡，说明当时各种金属矿产已大量开采，矿冶事业得到发展。代表作有《山海经》《似金属论》《石头论》《管子·地数篇》《淮南子》《天工开物》《本草纲目》等，特点是据矿物定外表特征，对矿物作肉眼鉴定，往往矿物、矿石、岩石不分。第二，描述矿物学阶段：19世纪中叶在化学元素学说、原子—分子学说、组成化合物原子的配比定律和门捷列夫周期表的提出后，借助化学分析、偏光显微镜及晶体测角仪等方法开始系统的研究矿物，使矿物学得以迅速发展，形成了独立的学科。第三，从宏观研究进入到微观研究的新阶段：19世纪末（1895）伦琴发现了X射线后，1912年劳埃用晶体作为光栅发现了晶体对X射线的衍射现象，使人们获得了用实验方法研究晶体内部结构的重要手段，从而使矿物学从宏观研究跃进到微观研究新领域。20世纪20年代~40年代英国晶体学家布拉格父子（Bragg W. H., Bragg W. L.）和前苏联著名结晶学家别洛夫（Белов Н. В.）等人开辟了现代矿物学中的晶体化学方向，为矿物的晶体化学分类奠定了基础。本阶段矿物学进入到对矿物本质研究的新阶段，认识到矿物的化学成分、晶体结构、形态、物性及形成条件之间的关系是统一的。第四，现代矿物学阶段：20世纪50年代以来，由于物理学、化学中的一些近代理论如晶体场理论、配位场理论、分子轨道理论、能带理论被广泛应用于矿学研究；一系列电子光学和激光测试技术的引入；各种波谱手段的建立；矿物热力学性质数据测定新技术，特别是高位超高压等实验技术的实现；电子计算机技术的配合使用等等,促使矿物学发生了全面深刻的变化,导致矿物学的第四次变革,矿物学进入现代矿物学阶段。高精度、高速度、微区、微量分析测试手段和计算机的应用大大加深了对矿物本质认识的深度和广度,为矿物理论研究和具体应用提供了更为有利的基础,理论的纵深发展与生产开发还促进了矿物分支学科的发展。

矿物学首先是以地质作用中天然形成的单质和化合物(即天然矿物)为主要研究对象。春秋战国时代创作的《山海经》是世界上最早对矿物原料系统描述的著作。经过近2500年的发展,矿物学已成为现今岩石学、矿床学、地球化学、地球物理学最重要的基础学科,甚至也是地层学、构造地质学、找矿勘探学及采矿、选矿、冶金学和其他有关学科的基础。1949年以前,结晶矿物学的研究还是一个薄弱的学科,只有少数地质学家和矿物学家做了一些工作,如章鸿钊发表《石雅》(1921),详细论述了玉石、石、金,说明其矿物学特点。李学清(1926)研究寿山石和刚玉,王绍文(1930,1932~1933)研究黄玉、蓝晶石和墨晶以及正长石,张更(1941)研究自然锑和辉铜矿,张兆瑾(1950)研究自然铜和钙钨矿,王绍文(1930~1949)、南延宗(1934~1940)等曾先后著文介绍不同地区的各类矿物的分布及其特征。李学清先后发表了《江苏北部的石陨石》(1925)、《黄土之化学及矿物成分》(1928),是中国最早的陨石矿物学和沉积矿物学的研究成果。何作霖在中国矿物学发展中的重要贡献有:发现并研究白云鄂博铁矿中的稀土矿物,为后来开发利用中国稀土资源作出重要贡献;长期致力于光性矿物学的研究与教学,著有《光性矿物学》,是中国第1部完善的光性矿物学教材。他是中国岩组学的开拓者、世界上最早开展X射线岩组学研究者,发现了一种X射线岩组学照相机,发表有《用X光研究岩组之方法》(1947)、《X光材料鉴定术》(1947)等。池际尚是将岩组学方法运用于变质变形研究的第一人,她的博士论文《Wissahickon片岩的构造岩石学》将不同类型的S面的形成与褶皱发展的期次有机结合起来,提出了一个变形—组构的统一模型。孟宪民是中国著名矿床矿物学家,在1935年发表的《湖南临武香花岭锡矿地质》专著中研究了该矿床的51种矿物,为后来发现新矿物香花石奠定了基础。他将岩石学、矿物学的工作同矿床学研究相结合,深知矿物的准确鉴定是一切的基础,于1940年发表的《矿物鉴定的微化学方法》提出了55种元素的显微分析方法,在改进矿相学研究中起到重大作用。

中华人民共和国成立后特别是改革开放以来,矿物学得到迅速发展,新概念、新分支、新领域不断出现。1978年10月在贵阳召开了中国矿物岩石地球化学学会成立大会;1979年4月涂光炽在成都主持了首届矿物物理和矿物材料学术研讨会,并决定成立矿物物理和矿物材料专业委员会,出版了《矿物物理和矿物材料研究论文集》;1980年和1981年陈光远主持召开了2次全国矿物学会议:成都的成因矿物学会议和长沙的第一届全国矿物学会议。20世纪80年代初中国科学院地球化学研究所组建了矿物学研究室和中国第1个矿物物理学和矿物材料研究室,带动了全国矿物物理和矿物材料的发展,出版了《稀有元素矿物鉴定手册》《矿物X射线粉晶分析手册》《矿物红外光谱图谱》和《矿物物理概论》。1981年中国矿物岩石地球化学学会和地球化学研究所联合创办了《矿物学报》。与此同时在成都与贵阳举办了晶体场理论、矿物物理和分子轨道理论学习班,标志着中国矿物物理和矿物材料研究进入了发展阶段。1982年以量子理论为研究基础,以微束和谱学为研究方法,成因矿物、工艺矿物、和宝石矿物的量子矿物学获得了国家自然科学基金委员会的首批资助,1985年在中南矿业学院成立了中国第1个量子矿物研究室,并与地球化学研究所合作完成了红帘石、Mn黝帘石等量子矿物学系统研究。1990年第15届国际矿物学大会在北京召开,谢先德被选为国际矿物协会主席,使中国矿物学研究和发展进入新阶段。1995年在中山大学成立了中国矿物岩石地球化学学会工艺矿物学专业委员会,出版了《矿物物理和矿物材料研究新工艺》论文集,工艺矿物学研究从传统的冶金和选矿服务发展到与宝石合成、改色和矿物材料研究相结合的新工艺。1995年~2005年该专业委员会与矿物物理矿物结构专业委员会分别在贵阳、广州、深圳、昆明、泉州、绵阳和北京召开了多次有关的矿物物理、矿物材料和工艺矿物学和宝石学会议。在高等院校和中国科学院成立了有关的研究院和研究所,强力推动了中国矿物学特别是新矿物材料的发展。环境矿物学已成为国内外研究的热点。1994年4月中国地质学会矿物学专业委员会成立了环境矿物学分会,出版了一期环境矿物学专辑,2001年5月在北京大学召开了中国首届环境矿物学学术会议,提出矿物学环境属性概念与无机界天然自净化作用原理,反映了近年中国环境矿物学领域的最新成果。2004年中国矿物岩石地球化学学会成立了环境矿物学专业委员会。为了探讨星球起源和演化、地球深部物质组成以及特殊成因的矿物材料的科学意义,近年来通过陨石物质微观结构和矿物组合的观测分析,在天然冲击事件的温度、压力和动力学方面提出了新的参数;发现了若干个天然地幔高压矿物相和组合,为固体物质的冲击变形和相变以及地球深部的物质组成研究提供了重要资料,使中国在地球深部物质组成研究和冲击变质领域的研究水平处于国际前沿。通过透射电镜微分析技术为熔融脉中的纳米级矿物晶体的结构以及这些矿物的关系提供了可靠的数据。静态高压实验学及冲击物理学的综合分析,拓宽和深化了冲击变质学的研究领域,丰富了研究内容,为地幔矿物学的研究提供了新的依据(彭明生等,2009)。

在改革开放40年中,中国矿物学研究的成果见证了几乎从定性到定量、宏观到微观的飞跃发展。矿物学的研究对象除了传统的矿物,也扩展到从天上的陨石、月岩,到地下深处的地幔物质,试图从对矿物的研究来探讨地壳、地球和天体演化,这样就衍生出宇宙矿物学、地幔矿物学、高温高压矿物学。矿物学的研究方法除了显微镜、X射线衍射外,发展到采用光谱学、波普学、显微成分和结构方法。矿物学研究的理论除了与地质、找矿和成因相结合,更重视采用固体物理和量子力学方法研究矿物内部的电子结构和化学键,从而衍生出矿物物理学、量子矿物学,这些也正是量子矿物的精髓所在。从矿物的应用来看,除了提取金属,每一个矿物实际上是具有独特性能的一种材料,矿物作为宝石早已众所周知,其他非金属矿物也广为各行业所应用,从而衍生出宝石矿物学、矿物材料学、环境矿物学、医药矿物学、人体矿物学、农业矿物学等。在过去40年中,中国在找矿矿物学、成因矿物学、新矿物和结构矿物学、工艺矿物学、天体矿物学、矿物物理学、量子物理学、矿物材料等领域取得了丰硕成果,特别是天体矿物学、矿物物理、量子矿物学、矿物材料等领域的研究更是白手起家,方兴未艾。近几年纳米矿物学、环境矿物学、生物矿物学的交叉学科研究正蓬勃发展,这些可能代表21世纪未来矿物学的新方向。

(杨守仁)

二、中国矿物X射线晶体结构分析

此项研究始于1956年彭志忠立项并首次完成《葡萄石的晶体结构》(1957)之时。当时他冲破经典的布拉格分类体系,提出葡萄石的结构类型是介于层状和架状之间的一种"架层状"结构,被大量计算所验证,引起国际结晶学界的重视。1958年彭志忠测定了中国的新发现矿物香花石的晶体形态。1959年他领导建立了中国第1个矿物晶体结构分析室。1960年研究了复杂的包头矿的结构。1962年他又指导马晶生测定了星叶石的晶体结构,发现了一种新型的硅氧骨干。这项重要成果一直被国外许多论著所引用。同年,他又完成了塔菲石的晶体结构分析。1966年他领导的实验室又测定了硼镁石、索伦石、钡闪叶石和斜方闪叶石等20多种矿物的晶体结构,使中国矿物晶体结构的研究水平处于世界前列。到20世纪80年代后期，中国又陆续对黄河矿、道马矿、纤钡锂石、水碳硼石、河池矿、芙蓉铀矿、青河矿、沂蒙矿等一大批新矿物的晶体结构进行了测定分析。这些研究与发现，彭志忠所领导的实验室约占全国完成总数的70%，所获的重要科研成果有：新发现了几种新型硅氧骨干，发现了塔菲石的八层最紧密堆积、星叶石的多型现象和硅钛铈钇矿族的特殊同质多象现象、氟—稀土碳酸盐的二级（甚至多级）超结构、高铁橄榄石结构中缺席的有序—无序现象、多种阳离子和阴离子的有序化形式、索伦石结构中与硅酸根相结合的氢，以及河池矿结构中的"反剪裁"现象等。在晶体形态学方面提出了不少晶体测角的资料，测定长石中稀少复杂的双晶，探索了岩浆岩与变质岩中斜长石双晶形成的规律。

改革开放后，矿物晶体结构研究的一个新动向是偏离理想矿物结构的研究。天然矿物的晶体往往偏离理想的结果，出现晶体缺陷、空位、杂质、位错、堆垛层错等。扫描电镜、高分辨率透射电镜、隧道显微镜等新技术的引进打开了1微米以下的矿物超微领域，增强了人们对超微世界的认知，可以说是20世纪人类认识自然的一大进展。1985年因应国际冶金界提出具五次对称的骤冷凝聚Al-Mg合金，彭志忠不失时机地开展了准晶态研究，研究了5次对称轴和准晶态这一世界性新课题，从而推导出一系列新点群和新单形，提出了20面体原理、黄金中值原理及分数维模型，成功地推导出4种准晶格，提出准晶体具有微粒分数维结构的观点，被全国第1届准晶体会议上确认，是对物质结构认识的一个突破。并对五方晶系、十方晶系准晶进行研究。这些成果在当时国际矿物学界处于领先地位；马喆生等（1988）发现了晶体中2类无公度调制现象；施倪承（1992）对八方和十二方准晶的研究等。同时叶大年（1988）提出拓扑体积可加性及地球圈层氧平均体积守恒性。同时进行了超微结构、超微双晶的研究。

矿物形态学方面，研究矿物单体的宏观形态。20世纪60年代出现陈光远等对北京密云沙厂区域变质岩中的斜长石研究及后来（1982）对动力变质带板状磁铁矿双晶的深入研究。80年代～90年代，王文魁在晶体形貌研究方面做了系统工作，建立了中国地质大学（武汉）矿物晶体生长和形貌实验室，编著《矿物晶体微形貌学概论》（1984）、《晶体测量学简明教程》（1992）等，在国际矿物学界有一定影响。在将晶体形貌特征与形成环境联系方面做了开创性工作，如利用石英环带最大韵律数为参数在胶东金矿区进行了矿物学填图。

此外，在矿物晶体化学方面，20世纪80年代以来中国已发现波状棱型羟基纤蛇纹石，首次用高分辨率电镜拍摄了大直径（700埃~1600埃）纤维横断面的晶格象，研究了其晶格像的各种堆垛形式。罗谷风等（1987）首次在地球上发现了斜方辉石的新结构类型。沈今川等（1987）首次精确测定出了氟碳铈钡矿的二级超结构。

（刘本立、杨守仁）

三、中国晶体光学研究

晶体光学主要研究可见光通过透明晶体所产生的一些光学现象及其规律的一门科学。不同的晶体其光学性质不相同，因此，晶体光学是研究鉴定透明矿物的重要方法。目前，晶体光学的应用范围已不局限于矿物、岩石方面，在玻璃、陶瓷、药品、盐类、化肥、铸石及建筑材料等生产和科研部门，也广泛地应用晶体光学原理和方法进行研究鉴定，而且日益引起人们地重视。1961年Franken首次发现了水晶激光倍频现象。这一现象的发现，不仅标志着非线性光学的诞生，而且强有力地促进了非线性光学晶体材料的迅速发展。随着非线性光学的深入研究和新型材料的不断发展，使得非线性光学晶体材料在信息通讯、激光二极管、图像处理、光信号处理及光计算等众多领域都具有极为重要的作用和巨大的潜在应用,这些研究与应用对非线性光学晶体又提出了更多更高的物理化学性能要求,同时许多应用也还在层出不穷地发展中,正是由于非线性光学晶体有着如此广阔的应用前景以及这些应用可能带来的光电子技术领域的重大突破,所以寻找与合成性能优异的新型非线性光学晶体一直是一个非常重要的课题,成为该领域人们关注的热点之一。20世纪50年代以来中国在晶体光学原理的探索与方法的改进方面有了重要进展,特别是结构光性矿物学的建立,金属矿物光性鉴定的系统化,矿物旋光性偏光图的数理解释,矿物颜色的数字化及计算方法的改进,对折光率、反射率、矿物结构状态的光性测定,以及晶体光学仪器设备的设计和制造等都取得了突出成绩。

随着20世纪末全球信息化浪潮的迅猛发展和光电子技术的广泛应用,国内外对光电功能晶体尤其是非线性光学晶体的市场需求剧增。90年代初期外加高压电场极化铁电晶体实验的成功,促进了非线性光子晶体的全面发展。一方面,主要研究领域从单一的一维周期极化铌酸锂非线性光子晶体,逐渐向多样化的超晶格结构发展;另一方面,研究人员在该类晶体上进行再加工,制作出了光波导。中国在非线性光学晶体尤其是无机晶体的学术研究和产业化2个方面都具有国际性的影响,特别是在可见、紫外波段非线性光学晶体的研究方面一直处于领先水平,受到世界瞩目。中国在非线性晶体领域最主要的成就是:①发明了掺镁 $LiNbO_3$ 晶体,通过掺杂使得 $LiNbO_3$ 的抗损伤阈值提高了2个数量级以上,大大开拓了铌酸锂晶体的应用领域;②在硼酸盐系列中发现并研制出 BBO、LBO、CBO、KBBF 等一系列性能优异的紫外非线性光学晶体,开创了紫外激光倍频的新纪元,使得人类不断向固体紫外激光的极限推进;③首次在国际上用溶剂法生长出可实际应用的 KTP 大单晶,并实现产业化,使 KTP 晶体在全世界得到普遍的应用,促进了激光技术的发展;④主导了周期、准周期极化人工微结构非线性光学晶体材料的研究和实验验证,开拓了非线性光学晶体的新领域。中国多种非线性光学晶体的生长技术居国际先进水平,国外已有的所有晶体生长方法中国都有,几乎所有重要的非线性光学晶体都已生长出来,一些重要晶体满足了国内重大工程需求,一批高技术晶体已成为商品,在国际上享有盛誉(常新安等,2007)。目前,对有机非线性光学晶体的研究主要集中在二阶非线性光学有机晶体的研究和开发方面(李亮等,2011)。

(张英军)

四、中国矿物物理学与矿物谱学研究

矿物物理学的出现标志着矿物学发展的一个崭新阶段。它应用固体物理和量子化学理论,以及近代物理和化学领域的新实验技术来研究矿物,探讨矿物结构、组成、物理性能、化学性能和成因的本质联系。矿物物理学始于20世纪50年代末60年代初,进行了矿物压电性的测试,运用物理化学的方法研究了碳酸盐的溶解度及其成因联系。70年代穆斯堡尔谱开始用于地质科学,如应育浦等(1977)《穆斯堡尔效应在矿物学中的应用》,对于辉石、角闪石等铁镁矿物中铁价态研究起到重要的作用。90年代出现如陈丰等(1995)《矿物物理学概论》等系统性的论著。自60年代后期由中国科学院引进多种矿物物理学方法起,迄今中国矿物学的研究方法和内容已从常规进入到现代化阶段,如利用最新测试手段研究某些矿物的化学键、有序无序、占位度、配位状态等取得成果。应用透射电镜和电子衍射研究微小矿物,应用离子减压电镜研究矿物相的位错等也有所进展。利用高分辨率电镜已能拍摄出晶格。迄今红外光谱、穆斯堡尔谱、电子显微镜、电子探针等方法已在许多院校和科学院应用,得到了发展,并在应用顺磁共振、核磁共振、吸收光谱、阴极发光谱等方面也取得了良好成绩。诸如林传易的锂磷石的光吸收谱和穆斯堡尔谱研究、彭明生的锡石紫外吸收谱和绿柱石极化拉曼谱研究、郭九皋等的硅酸盐矿物魔角样旋核磁共振研究、吴功保的金伯利岩中铬铁矿穆斯堡尔谱研究、应育浦的Fe-Ti石榴石穆斯堡尔谱研究、朱自尊的碱性角闪石石棉红外拉曼谱研究、郭立鹤的镁铝榴石红外谱研究、蔡学成等关于叶蜡石多型和铁染色作用的谱学研究、徐惠芳和罗谷风关于长周期超晶格正长石选区电子衍射与高分辨率透射电镜研究、张惠芬和谢先德关于金红石、叶蜡石的综合谱学研究等。近年高压矿物物理学主要研究高压下矿物的相变、物性和熔融等方面的问题,郭九皋等(1990)对高压下矿物挥发份的作用研究后,在湖南金刚石中发现具有不同形式的氢。陈敬中(1992)提出"准晶纳米微粒多维结构模型"。利用扫描隧道显微镜获得辉银矿、辉钼矿和方铅矿的原子级分辨率的表面结构图像(施倪承等,1992)。张汝藩(1994)对"矿物微晶形态的扫描电镜研究"作了总结。20世纪80年代以来有关论著不断推出,是中国本学科大发展时期,代表性论著有:《矿物物理学》(王裕先,1985)、《金属矿物的旋转性研究》(徐国风,1985)、《结构光性矿物学》(叶大年,1988)、《矿物红外光谱学》(闻辂,1989)、《硼酸盐矿物物理学》(谢先德、查福标,1993)、《量子矿物学概论》(李高山、李英堂,1994)、《矿物物理学概论》(陈丰等,1995)等。近年引进的激光拉曼光谱已成为研究流体包裹体、微粒包裹物的重要手段,如徐佩苍等(1997)《地学中的喇曼光谱学》。陈光远、邵伟、孙岱生等(1989)将矿物穆斯堡尔谱、顺磁共振、核磁共振谱、热光性、热电性、红外光谱、载流子参数等矿物物理学的理论和方法应用于胶东金矿矿物标型研究,解决了花岗岩类成矿性与众多金矿床的成因、找矿评价与定位预测等关键问题。总之,上述研究都使矿物谱学、矿物化学键理论、矿物性能与矿物组分、结构间联系的研究有所突破,为各种地质现象的解析和矿物的应用提供了科学依据。矿物物理的研究标志着中国矿物学研究已深入到电子、核子的层次。

在矿物物理研究工作中,建立了大量矿物的系列反射光谱曲线,进行了金刚石的紫外—红外吸收光谱测定,建立了区分Ⅰ型和Ⅱ型金刚石的方法;系统测定了稀土元素和Mn^{2+}、Cr^{3+}在矿物等价和不等价置换时发光光谱分裂程度。利用穆斯堡尔谱研究了海绿石中Fe^{3+}四级矩分裂值与Fe^{2+}-Al类质同象置换的关系,Fe、Mn和Ti等原子在钡铁钛石及金沙江石中不同晶格中的分配,低温下莱河矿穆斯堡尔谱的塞曼分裂以及它在室温至液氮温度间所具有的磁性相变过程。用电子顺磁共振研究了一些矿物(方镁石、方解石、白云石、金红石)中微量杂质(Mn^{2+}、Fe^{3+}、V^{2+}等)的存在形式、占位或分布状态,不同成因的磷灰石、方解石等矿物的电子—空穴中心。矿物红外光谱研究方面,出版了中国第1部《矿物红外光谱图集》,开展了某些矿物系列和矿物族的定性鉴定、基因存在形式、类质同象置换、离子有序—无序、离子占位度等红外光谱研究。另外还进行了大量人体结石和骨骼的红外测试,为结石的形成机理、骨骼生长过程和有关疾病的治疗提供了有价值的参考资料

近年来,中国在各种谱学方法、微束方法和同步辐射在矿物学研究中的应用以及金刚石与其他宝石矿物材料的研究取得重要进展(彭明生等,2009)。

(1)矿物谱学方面。穆斯堡尔谱研究表明在高压的Fe-O键有愈来愈强的共价性,而且可以研究矿物中Fe的混合价态和占位如Fe^{2+}和Fe^{3+}在莱河矿、角闪石晶体中占位,电子吸收谱研究过渡族金属离子在矿物质的化学键和赋存状态,如红帘石中的处于Cs对称下的M(3)位置中,电子空隙中心如方钠石和青金石中S的价态变化,宝石矿物的呈色机理如金刚石(N,Ni,Co)、红宝石、祖母绿、金绿宝石和硬玉(Cr)、绿松石、孔雀石、蓝铜矿(Cu)。这些研究不仅提供了矿床成因的微观

标型,而且为宝石的合成和优化处理提供了新数据。震动谱学(红外光谱和喇曼光谱)不仅是物相鉴定的重要方法,而且在研究矿物结构中的缺陷和氢在结构中的赋呈状态等方面取得了许多新的成果,例如,对无水矿物金刚石、石榴子石、辉石、长石等结构中的氢赋呈状态研究。利用群论方法可以预测振动谱的数目,在同一张喇曼光谱谱图中可以区别光致发光峰和喇曼光谱峰。例如,根据群论金刚石有一个本征喇曼光谱位于552纳米,而光致发光峰637则为缺陷峰。金刚石为共价键,无红外光谱,然而因为氮以各种赋呈状态与碳结合,则金刚石红外光谱的特征成为它的分类依据。同时确定了金刚石中的主要含氢化学态:C-H键、N-H键、-OH、H_2O分子及H_2分子。核磁共振谱特别是固体高分辨魔角旋转核磁共振技术(MAS NMR)引入矿物学领域后,它能反映核的配位数、聚合度、次近邻和次次近邻核的影响以及键长、键角等结构的变化。在中国采用MAS NMR谱学对硅酸盐矿物进行了广泛的研究。例如,研究长石中Si、Al的有序度,高岭土、蒙脱石和硅藻土中的氢状态。如弄清硅藻土($SiO_2 \cdot Nh_2O$)中水的存在状态、特性及其在灼烧过程中的行为,对制定硅藻土的加工工艺有重要意义。魔角自旋核磁共振(MAS NNR)研究表明,硅藻土中的活泼水与周围骨架产生弱的静电结合,因而易脱失、易回收。450℃之前脱失的是活泼水,550℃脱失的是一些粘土矿物的结构水,900℃之后测得的氢谱则属于回吸的活泼水和残存于硅藻微孔结构内的表面吸附水。结合红外光谱研究,弄清了脱水—吸水整个过程的机制。对高岭石—莫来石热转变及蒙脱石酸活化过程中的微结构演化进行了深入细致研究,首次提出了高岭石的热稳定性主要决定于其随机缺陷密度,变高岭石的活性主要来源于亚稳定的五配位和四配位铝。同时揭示了高岭石的随机缺陷密度对合成莫来石的微结构与Al/Si原子比有重要影响。

(2)同步辐射矿物学方面。自1993年以来,在中国工艺矿物、宝石矿物、矿物物理、环境矿物和矿物材料会议上发表了有关矿物的X射线吸收光谱(精细结构谱EXAFS和近边结构谱XANES)和同步辐射X光形貌像。例如,采用同步辐射X射线吸收光谱研究了矿物和玻璃材料中的Si、Ai、Na和Mg的成键、氧化态、配位和局部结构。首次证明了在$Na_2O-SiO_2-P_2O_5$的玻璃体系中存在八面体配位的Si,突破了Zachatisen(1932)提出并沿引至今的"玻璃体系中的Si必需为四面体配位"的理论,也突破了传统的玻璃结构模型;在$CaAlSi_2O_6-NaAiSi_3O_8$玻璃体系中的Al在高压下可由四面体配位变成八面体配位。对这些硅酸盐玻璃体系中Si、Al的配位与局部结构的研究,对类似成分的光导纤维玻璃的结构研究具有重要意义。近年来同步辐射X形貌也在中国应用于宝石矿物材料中晶体缺陷的研究。在北京高能研究所的支持下,不但成功获得金刚石的同步辐射X射线白色光形貌,也获得同步辐射X射线单色光形貌。同步辐射X射线单色光形貌对塑性变形造成的晶格畸形非常灵敏,通过摇摆曲线的特征可以判断塑性变形程度,并在摇摆曲线不同的峰位可拍摄到金刚石中各个不同取向部位(滑移系或孪晶)的形貌像及它们之间的取向差。同步辐射作为新一代X射线光源,冲破了金刚石对顶(DAC)技术应用的限制,使研究高温高压下物质晶体结构、相变及其地球科学领域的应用取得了许多新的成果,例如,硅酸盐超钙钛矿的实验研究、铁的高温高压相变及熔融曲线、SiO_2超斯石英相变、橄榄岩尖晶石相—超尖晶石相转变压力的精确测定等。同步辐射X射线吸收光谱(XAS)也已应用于环境矿物学研究中。例如,以矿物为载体的环境催化剂的研究、固—液界面的微观机制研究、毒性痕量元素在矿物质赋存状态的研究、核废料的矿物处置研究等。在超稳定Y型沸石为载体的Ni-Mo催化剂中,XANES研究证明了Al和Na在不同沸石中的配位状态,其结构中不仅有四面体配位的Al,而且还有八面体配位Al,揭示了超稳定Y型沸石为载体的Ni-Mo硫化物催化剂的本质。

(3)透射电子显微镜(TEM)和矿物微结构方面。1981年在中国首次引进JEM200CX高分辨透射电镜后,郭可信先后发现5重对称和20面体准晶。自此TEM用来研究矿物、材料,特别是在纳米矿物和材料的微结构取得了丰硕成果。例如,黑硼锡镁矿孪晶的电子衍射分析;矿物中的位错花样及成因动力学机理初探、氟碳钙铈矿6R、3R多型及其微孪晶结构,三方晶系直氟碳钙铈矿在中国的发现及其透射电镜研究,石英位错的会聚束电子衍射研究,糜棱岩中石英道芬双晶畴的透射电镜观察。黄土中强磁性矿物——磁铁矿和磁赤铁矿透射电子显微镜观察,发现原生磁铁矿具有风成碎屑颗粒物形貌和表面特征,部分原生微米粒级碎屑磁铁矿在成壤过程中风化成5纳米~20纳米磁赤铁矿,并保持风成碎屑磁铁矿的假象形态。部分绿泥石风化形成的磁铁矿或磁赤铁矿含有少量的磷和硫,具生物成因标志,表明微生物可能对绿泥石的风化及超顺磁颗粒形成起到一定作用。此外,利用透射电子显微镜,结合能谱和选区电子衍射对北京市大气细颗粒物的形貌、集聚特征进行了研究。克服了超硬矿物金刚石的制样困难,获得了金刚石的晶格条纹像和原子像。电子能量损失谱(EELS)能够提供有关样品中除氢以外的所有元素的含量、氧化态、配位、结晶度以及化学键合类型。HRTEM与EELS结合的研究则能从纳米尺度上提供关于矿物反应的微结构和微化学信息。例如,可以作为放射性废料寄主相的烧绿石,其中Ce的氧化态为Ce^{3+}和Ce^{4+},Ce^{4+}的M4和M5边具有较高的能量损失,M4与M5边之间以及它们之后的弱峰之间的强度比可用于Ce^{3+}与Ce^{4+}的定量分析。内蒙古所产烧绿石颗粒未蚀变区得到的EELS光谱则显示为Ce^{4+}、Ba及其他稀土元素。这表明在烧绿石蚀变期间Ce的氧化导致了稀土元素、U及a衰变产物Pb的损失。此外,Fe-L3边的EELS特征也能提供关于含Fe的闪石、辉石及其他硅酸盐矿物中Fe的氧化态的定量信息。例如应用这一方法直接测定了相互连生的一对闪石和辉石中Fe氧化态的定量值,其中,闪石的$Fe^{3+}/\sum Fe$原子数之比为0.65,明显不同于按间接计算方法得出的比值0.5。

(4)金刚石与其他宝石矿物材料的合成与优化研究。20世纪80年代初期有关宝石研究方面的文章还比较少,到90年代中期有关研究的论文逐渐增多。到目前为止,有关宝石成色机理、改色实验及优化处理等方面的研究已取得了不少成果,对中国的蓝宝石、海蓝宝石、黄玉等进行了一系列的优化处理,对淡黄色金刚石进行了退色处理,褐色金刚石进行了辐照处理,并有了专著,如《宝石优化处理与现代测试技术》(彭明生,1995)等。这些宝石处理工艺流程的设计依赖着对宝石矿物材料颜色的本质研究。许多学者利用谱学方法对中国东部沿海各省产出的蓝宝石呈色机理进行了系统研究,并对山东昌乐蓝宝石的呈色机理进行了重点研究,对广东台山黄玉中的羟基研究认为黄玉的颜色主要是由于附加离子OH^-代替F^-引起的结果成色。桂林地质研究院在"863"项目支持下在中国首次完成了祖母绿、红蓝宝石的合成。天然金刚石的研究主要涉及金刚石中的包裹体、杂质化学态、晶体缺陷、晶体优化技术及深部意义等。

五、中国成因矿物学与找矿矿物学研究

成因矿物学主要研究矿物的发生发展、形成和变化的条件和过程,即矿物发生史;矿物形态、成分、性质、产状的内在联系及其对介质的依赖关系,反映介质状态和条件的宏观标志和微观标志,即矿物的标型性;矿物和矿物组合的平衡共生及其时空分布规律;矿物的成因分类,主要根据不同成因的同一矿物种或族具有的化学成分特点,并结合其形态、性质等标型,对该种或族的矿物进行成因分类,建立体系。成因矿物学思想由前苏联学者B.И.维尔纳茨基于1890年~1911年提出。中华人民共和国成立后,随着地质普查勘探工作的大规模展开,中国在成因矿物学研究方面得以兴起和发展。20世纪50年代初陈光远由苏联将成因矿物学引入中国,并在他的指导下培养了一批青年科学家,从事矿床的成因矿物学研究。陈光远与其学生于1963年提出闪石、绿泥石、黑云母、石榴子石等矿物的成因分类和"成因矿物族"的概念。1960年北京地质学院结晶矿物教研室创立了成因矿物研究组,多年来把矿物标型引入矿物学分类,提出成因矿物族的研究方向,开展了角闪石、绿泥石、黑云母、石榴子石等成因矿物族的研究,提出了成因矿物图表,有些至今仍具有实用价值。60年代的稀有稀土找矿热、70年代的铁铜找矿热和80年代的有色金属和贵金属找矿热分别带来了相应的稀有稀土矿物、铁铜矿物和有色与贵金属矿物成因矿物学研究的高潮,运用成因矿物学的手段解决了国家急需的铁、铬等矿种的找矿问题。矿床矿物方面,钨锡矿床的原生带、铅锌多金属矿床氧化带的矿物组合、黄铁矿型矿石的变质转化;热液矿床矿物垂直分带及其在找矿勘探中的应用都有深入研究。有论文报道矿床原生带和氧化带的矿物,分别进行了同位素定年,揭示了它们中间的年代学间隔。

1980年召开了全国第1届成因矿物学学术会议,提出微观成因矿物学与宏观成因矿物学的结合是成因矿物学发展的生长点。20世纪80年代是成因矿床学、找矿矿物学知识大推进的时期。先后召开了5次全国性矿床矿物学、成因矿物学与找矿矿物学学术会议,促进了学科知识的普及与提高。10年中组织过4次全国性成因矿床学找矿矿物学短训班。各大专院校纷纷开始了成因矿物学、找矿矿物学课程,培养了一批硕士、博士研究生。成因矿物学、找矿矿物学成果广泛应用于铁、铬、铅、镍、铂、金、银、铜、锌、稀土、放射性元素和金刚石等10几种矿产的找矿和勘探。在面向生产实际的同时,在理论和方法上得到提高。在矿物标型理论、成因矿物族、矿物成因形态、矿物的热电性、热光性研究方法等方面都取得较大进展。90年代成因矿物学持续发展,在学科理论和方法上进入国际先进行列,建立金矿找矿标志,出版了《全国金矿床矿床矿物成因矿物学会议论文集》(1984)、《中国金矿床成因矿物学和找矿矿物学论文选集》(1987)、《胶东金矿成因矿物学与找矿》(陈光远等,1989)、《胶东乳山金矿田成因矿物学》(李胜荣、陈光远、邵伟、孙岱生,1996)。陈光远、孙岱生等(1987,1988,1989,1990,1995)结合国内外研究,系统总结了中国古代找矿矿物史料,论述了矿物系统发生史,提出了矿物族的分类方法,共同总结提出矿物标型的普遍性、特殊性、相应性、变化性、继承性和分带性等6条普遍规律完善了矿物标型理论。针对不同地质条件开展了系统的成因矿物学研究,成因矿物学的人工实验也有了新的进展,矿物学的填图参数进一步增加,从矿床矿物学填图发展为区域矿物学填图。1996年第30届国际地质大会上提交的《中国胶东金矿矿物学填图图册》(英文版)受到国际同行的普遍关注。

中国科学院系统的研究单位进行了各种类型金属、非金属矿床的矿物学研究,并发现了许多新矿物:黄河矿、包头矿、钡铁钛矿、氟碳铈钡矿、中华铈矿、道马矿、顾家石、水碳硼石、章氏硼镁石、多水氯硼钙石、锌赤铁矾、锌叶绿矾、水钙榴石、锡铁山石、金沙江石等轴碲锑钯矿以及铂族新矿物变种。确定了铋碲钯矿、铋碲铂钯矿、六方碲钯矿、莱河矿、黄河矿(与物理所合作)、白云鄂博矿、锌赤铁矿的晶体结构。研究岩石中某些特定的矿物如抚顺地区变质岩中辉石、闪石、黑云母等与莱河矿的共生矿物组合的研究,提出莱河矿生成的物理—化学条件;根据豫西及鞍山变质岩中多硅白云母及伴生矿物的研究,划分了该区地层的变质相系;通过东部玄武岩中包体的辉石、橄榄石、尖晶石等矿物研究,提出包体形成的温度与压力条件;与铂族有关的基性超基性岩中辉石的研究,计算了含铂岩体的结晶温度,并解释岩体中的不同矿化类型。此外,对白云鄂博矿床碱性辉石和角闪石的形成条件、宁芜铁矿中的磷灰石、各种岩石中的锆石等进行的研究,提出了它们的形成条件和有关成矿溶液性质的意见。对金属硫化物、硫盐类矿物、铂族元素矿物、氧化带矿物、粘土矿物、金矿物等进行了大量研究,并对它们的形成条件得出合理的解释。在进行区域矿物、矿床矿物、氧化带矿物研究的基础上,出版一批专著和文章,如《内蒙矿物志》《凤城矿物志》《江西南部内生钨铍矿床矿物学》《富贺钟矿物志》《阿尔泰伟晶岩矿物学研究》《硼酸盐矿物》《西北地区硫化物矿床氧化带研究》《中国的铂族矿物》《铂族元素矿物鉴定手册》《稀土元素矿物鉴定手册》等。在矿物化学方面出版了《稀有元素矿物化学》《稀土元素矿物化学》《放射性元素矿物化学》和一批有关中国粘土矿物、硫化物矿床、硅岩型沉积变质铀矿氧化带矿物等的研究报告。

陈光远等的《成因矿物学与找矿矿物学》著作是中国成因矿床学研究的突出代表。该著作全面反映了现代成因矿物学与找矿矿物学的内容,建立了较完善的理论体系,阐明了成因矿物学与找矿矿物学的内在联系,并系统提出了二者的思想方法和工作方法。对成因矿物学与找矿矿物学作了重要的补充、创新和发展:①从8个方面(矿物区域分布、矿床矿物分带、矿物标型、矿物共生组合、矿物形成作用、矿物产状和复成因性、矿物找矿标志、找矿方法)系统整理了中国浩瀚古籍中成因矿物学与找矿矿物学的史料和学术思想,理清了该学科的发展历史;②开辟了矿物系统发生史研究的新领域,提出按不同层次和不同时空,分别研究矿物自然历史的方法,把矿物成因演化同地球历史的发展相结合;③提出了成因矿物族的概念。传统矿物学分类是晶体化学分类,而成因矿物族则把矿物成因、矿物标型、矿物晶体化学有机地结合起来进行分类,从而提高了矿物学在成岩成矿研究中的作用;④总结了矿物标型的普遍规律,从哲学高度提出矿物标型的六性:普遍性、特殊性、变化性、相应性、继承性和分带性,为矿物标型的研究指出了方向,使该研究的应用进入一个新的历史阶段;⑤从8个方面提出找矿矿物学的系统内容;⑥把一系列新技术、新方法和相关学科引入成因矿物学与找矿矿物学的研究中,使研究的内容不断更新,如他领导的科研集体在中国首次将天然热发光、热电性引进矿床成因找矿和矿物学填图的研究中,大大丰富了该学科的内容,促进了微观成因矿物学的发展;⑦发展了矿物学填图,提出矿物学填图的发展史、理论基础、分类、方法、步骤、比例尺及实例,促进了矿物学研究在基础地质理论与找矿勘探中的应用;⑧发展了成因矿物学与找矿矿物学研究的方法论,提出并阐明了理论与实际、野外与室内、宏观与微观、常规方法与现代方法、成岩成矿实验与地质观察相结合的5结合方法。这些方法是唯物辩证法在成因矿物学与找矿矿物学中的具体体现,不仅适用于矿物学的研究,对地质学其他学科的研究亦可借鉴。

目前,成因矿物学的应用领域正在向海洋、石油、环境、宝玉石、全球变化及界线事件等方面延伸。中国地质大学在陈光远带头下,不但开设了成因矿物学与找矿矿物学的课程,在这一领域科学研究方面,在理论上、方法上、应用上都保持发展势头,居国际先进水平,某些方面处于国际领先地位。

(刘本立、杨守仁)

六、中国高压矿物学与陨石矿物学研究

中国早在夏禹八年(距今4100年)就记载了当年陨落在山西夏县附近的铁陨石雨。直至1948年,查出确有实据的陨石事件达400多次。关于陨石、陨石雨、陨石坑的记载,都是在世界上最早的。如《梦溪笔谈》对宋英宗治平元年(1064)陨落在常州—宜兴,至今仍匿藏在润金山寺的铁陨石所作详细而科学的记载,比欧洲早七八百年。李学清(1923~1925)对苏北的石陨石、谢家荣(1932)对甘肃洮河县的石陨石的成分和结构进行了详细的研究,而江西东部发现的石陨石,经谢

家荣研究后认为其性质和甘肃、苏北的标本大不相同。1990年4月在北京天文馆举行中国陨石首次大联展,共收集到中国境内陨石事件80余次,展出了近50次陨石事件的标本。欧阳自远、侯渭等对吉林陨石雨(1976年3月8日15时)进行了20多年的深入研究,系统鉴定出41种矿物,据此进一步研究,将太阳星云凝聚过程划分为6个阶段。通过橄榄石、辉石、白磷钙石等的裂变径迹测年和包裹体测温,阐明了吉林陨石母体演化的热历史,为检验和完善太阳星云演化模式提供了重要依据。近年来,王道德等对66个普通球粒陨石进行了26个元素的仪器中子活化分析,给出了普通球粒陨石不同岩石类型26个元素的平均含量,这对了解其丰度有重要参考价值。对吉林陨石雨及其所含矿物进行研究,已鉴定出41种矿物,并根据结构特征,划分矿物组合。中国海洋工作者从赤道太平洋数千米深的洋底第一个获得了具有"达尔文玻璃陨石"结构的标准微玻璃陨石,受到国际上极高评价。

现代微束分析技术的迅猛发展促进了地幔超高压矿物学和冲击变质领域的研究。谢先德以研究冲击石英的微结构为基础,1991年起对天然受强烈冲击陨石开展了深入地微观和超微矿物学研究,发表论文30多篇,提出"动态高压矿物学"这一矿物学的新发展方向。1989年江苏寺巷口陨落了一个受强烈冲击变质的低铁球粒陨石,其冲击时部分融熔脉体中发现具氯磷灰石成分的新相。该相成为重结晶的多晶集合体产出,与林伍德石、镁铁榴石、镁方铁矿等共存于冲击脉体之内。它是球粒陨石中的氯磷灰石经动态高压发生固态转变而形成的高压矿物多型。此外,还发现了林伍德石和镁铁榴石多晶集合体和从冲击产生的硅酸盐熔体中结晶的镁铁/镁铝榴石及镁方铁矿微晶组合等2种高压矿物组合,压力可达23×10^9帕~25×10^9帕,温度2000℃。它们是天然产出的地幔超高压矿物组合的代表。除此之外,在苏鲁—大别山区超高压变质带内也找到柯石英、金刚石、富铝棉石、羟黄玉等超高压变质矿物,获得了陆壳岩石深俯冲的信息。地幔矿物学研究主要通过对东部新生代玄武岩中地幔岩和深源包体的矿物学和地球化学研究,探讨上地幔物质成分和分带、流变学参数、古地温等特征。还有一些实验研究,诸如谢洪森等的高压含水体系中的地幔矿物与水相互作用实验;熊大和等的高温高压条件下橄榄岩因加TiH_2而"酸化"转变为榴辉岩的实验研究。张流等研制了一套高温高压条件下岩石相变及物理性质综合研究试验系统,为研究地幔岩石的物理性质及作用过程提供了新手段。

自2001年开始,中国地质大学X射线实验室与中国地质科学院地质研究所合作进行了地幔物质的矿物学研究,2005年起合作进行的国家自然科学基金项目"核幔物质晶体化学剂矿物学研究",在总结国内外学者高压晶体学研究成果基础上提出了一些新观点:①压力对晶体的影响不仅表现在晶胞体积及配位多面体的压缩率上,而且表现在它对原子核级外层电子构型的影响上;②在硅酸盐矿物中压力促使硅的离子半径增大及氧离子半径的缩小,导致硅酸盐矿物中的硅氧多面体的配位数增大,从而使高压相变成为可能;③压力导致离子键化合物中阳离子的金属性增强,即助长了该类原子的核外电子云远离原子核的倾向。在压力极端增高的情况下会使电子云完全脱离原子核从而使核间距离异常地靠近,形成所谓的超密度态,这种物态只有在白矮星天体上才出现。通过采用XPD技术对西藏罗布莎铬铁矿中的地幔矿物研究,发现该区域的地幔矿物均是以包裹体形式存在;发现了金刚石、柯石英、碳硅石、方铁矿、硅尖晶石及桂金红石等高压矿物及种类极其丰富的金属矿物及金属互化物。其中铁族元素,Fe-Si及Fe-C系列已进行了较深入研究;发现了若干新的矿物种属,已向国际新矿物及矿物命名委员会申报了5种新矿物。上述绝大多数金属及金属互化物矿物与铬铁矿之间不存在共结晶关系,故认为它们是来自核幔边界或地球外核并由地幔羽带到浅部的捕虏晶,且该晶体是由晶质铬铁矿的熔浆捕虏而来的。

"十一五"期间,中国深部矿物学研究方面也取得了重要进展。在一个经过宇宙撞击的陨石中发现了2个斜方晶系超尖晶石结构的矿物——$CaFe_2O_4$(CF结构)和$CaTi_2O_4$(CT结构),它们是在宇宙撞击事件所形成的高温高压条件下形成的。研究人员应用激光加热和金刚石压砧超高压技术模拟了它们的形成条件。当温度为2000℃、压力$>12.5\times10^9$帕时,铬铁矿可转变成CF结构型高密度相;而当压力$>20\times10^9$帕则可转变成CT结构型高密度相。由于在地幔中存在这种温压条件,因此,该发现对于了解地幔物质组成具有重要意义。在秦岭首次发现了超高压指示性矿物微粒金刚石,确定秦岭超高压变质作用时代为早古生代,在阿尔金榴辉岩中发现超高压变质作用证据,从而确立了沿中央造山带从阿尔金—柴北缘到秦岭,再到苏鲁大别是一个巨型的超高压变质带。中国西部"柴北缘"早古生代含柯石英超高压变质带和中部"东秦岭"早古生代含金刚石超高压变质带的重要发现及地体边界背景和精确定年,确立了横贯中国中部长约4000千米的2个世代的"巨型超高压变质带",被国际同行认同。

(刘本立)

七、中国应力矿物学研究

应力矿物是指在变质岩中与剪应力作用有关而形成的一些矿物。中国应力矿物学研究是王嘉荫首先倡导的,他把应力矿物研究与地壳运动和地应力作用联系起来,创造性地发展了应力矿物学。他的《北京西山的硬绿泥石带》(1951)一文就是将硬绿泥石矿物作为一种地应力条件的标志,并把变质矿物的野外分布与区域构造联系起来,在世界上首次提出了新华夏系的活动在北京西山表现为应力矿物带。王嘉荫著《应力矿物问题》(1964)、《应力矿物概论》(1978)是中国在此领域的代表著作。1978年~1988年中国运用矿物应力形变探讨地壳构造和地壳运动规律以及矿产资源的分布等,均取得了可喜的成果。如通过石英的岩组分析,结合其他力学方法,在寻找南岭钨、锡、稀有元素矿床方面获得了良好的效果。

(杨守仁)

八、中国系统矿物学研究

系统矿物学是关于已发现全部矿物种的分类体系和矿物种特征的系统性综合研究。拟解决的关键性科技问题是建立合理的矿物种分类体系,对所有矿物种进行系统的分类,并对体系中的矿物种进行客观的、准确的、全面地描述。系统矿物学的研究工作既应具有长期不断的连续性,又有鲜明的阶段性,也就是说,随着新矿物种的不断发现和矿物新资料、新数据、新内容的不断扩展和修正,要适时开展系统矿物学研究,同时,为了及时地反映现状和总结成果,必须定期进行矿物学研究资料全面的分析和综合。

中国系统矿物学的研究工作起步较早,自20世纪50年代始中国老一辈矿物学家陆续发表了一系列关于系统矿物学的代表性专著,80年代中国系统矿物学研究水平达到了一个前所未有的高峰,潘兆橹主编并多次再版《结晶学与矿物学》教材;1982年王濮等完成的具有划时代意义的《系统矿物学(上中下)》正式出版,按照矿物结构体系,收集国内系统的矿物学资料,是一部极具参考价值的著作;1984年《中国矿物志》编著计划由中国地质学会矿物学专业委员会制定完成,并陆续编著出版第1卷和第2卷。此外,在粘土矿物、铌钽、铀、金、盐类等方面都有了系统研究,还出版了多种有关专著。但由于种种原因,此后的20余年中国系统矿物学研究工作一直停滞不前,这种状况严重制约着中国矿物学水平乃至整个国家科技水平的整体提升。

中国地质学家全面系统地研究了矿物的分类命名、化学成分、晶体结构、物化性质、鉴定特征、成因产状和主要用途等。研究了云母系列、长石系列、辉石系列、角闪石系列、石榴石系列、蛇纹石系列、黑钨矿系列、硫锇铑矿系列、磁铁矿系列、自然金银系列等。对南岭、西藏等地区不同类型花岗岩中黑云母的化学成分、微量元素、物理性质、类型、多型等的大量研究,为探讨花岗岩的物质来源、演化规律及其与各种矿化的关系等提供了有用的信息。对西藏和华南花岗岩中长石类矿物结构状态和有序度的分析,促进了此二地区花岗岩形成时的物理化学条件的研究。对中国不同成因类型的辉石提出了其成分受岩石成分和结晶时物理化学条件所控制的见解。利用变质岩内辉石、角闪石、石榴石、绿泥石等矿物划分变质相带,确定变质相温度、压力等,已在冀东、鞍本等地获得了重要进展。在对中国北方白云岩型纤蛇纹石的研究中,首次发现了正纤蛇纹石集合体;四川石棉县石棉矿床中已发现纤蛇纹石与水镁石共生。

"十一五期间",受国家科技基础性工作专项经费资助,以中国地质科学院矿产资源研究所蔡剑辉为首的科研团队出色完成"中国矿物志—硫化物和硫盐矿物卷"项目工作,编著出版《中国矿物志》第3卷"硫化物及硫盐矿物卷",全面收集、系统整理了2009年前经国际矿物学协会新矿物及矿物分类、命名专业委员会批准通过的所有硫化物(包括碲化物和硒化物)和硫盐矿物种的研究资料,以及中华人民共和国成立以来的硫化物和硫盐矿物研究成果,并建成"中国硫化物和硫盐矿物数据库"。该项目的实施再次拉开了中国系统矿物学研究的新序幕,是一项推进《中国矿物志》编著计划的实施进程、系统建设中国矿物学研究成果数据库的实质性成果,对于认真梳理总结、充分提升和利用中国矿物学研究成果,稳定基础矿物学研究方向和队伍,全面提高中国矿物学及相关学科研究的新起点,具有重要的科学意义。

目前,正在进行的国土资源部公益性行业科研专项经费项目"我国矿物种及系统矿物学研究",到2011年底已初步完成编研的技术方案、分类体系、收录矿物种的拟定;收集和整理3000余矿物种国内外研究资料;完成《黄铁矿》和《绿柱石》编研范本的制作;完成300余种矿物的初稿;开展了8个典型矿物代表性产地的地质考察和采样工作。为全面集成系统矿物学研究新成果,高效实现矿物信息资源的社会共享奠定了良好的基础。在黄色石英岩研究方面,已完成文献资料的收集、整理和分析,并赴云南省龙陵县和安徽六安市霍山县进行了展野外考察和采样。在生物—硅化仿生新矿物材料应用研究方面,已基本完成生物硅矿物骨修复材料的制备。公开发表高质量的学术论文15篇(其中SCI收录的论文12篇、EI收录的论文1篇),申请发明专利4项,并发现新矿物——冀承矿。

(张英军)

九、中国矿物合成和晶体生长研究

早在20世纪50年代后期即已开始,迄今已能合成人工矿物或人造矿物100多种,其中有工业价值的为水晶、金刚石、红宝石、蓝宝石、萤石、云母、沸石、晶质铀矿等。另外,还有硅酸盐矿物辉石、角闪石、橄榄石,硼酸盐矿物遂安石、小藤石(镁硼石)、硼镁石,以及硫化物闪锌矿、黄铁矿、黄铜矿等。在高温高压条件下进行的矿物相平衡试验也取得了显著的成绩,如为模拟铁在地幔中的地球化学过程,就研究了$FeO-Fe_2O_3-SiO_2-H_2O$体系的高压相关系,在35kb、1240℃范围内合成了正铁辉石、铁橄榄石,同时发现了水在地幔矿物形成过程中对系统氧化—还原环境的控制作用。对汾岩铁矿床形成的物理化学条件和围岩蚀变,特别是对矽卡岩化和钠长石化的形成条件及其与成矿作用关系的实验表明,钠长石化、辉石硬石膏化均可作为火山岩铁矿的找矿标志。对铌、钽、锡等呈络合物迁移形式的实验表明，KHF$_2$等能防止铌钽的氟化物络合物水解。在250℃的实验中，还提示了铌钽的迁移量与钾的迁移量成正比，于是地质学家们认为氟化物和碱交代作用均可作为铌钽矿床的找矿标志。中国科学技术大学合肥微尺度物质科学国家实验室（2006）在模拟生物矿化合成碳酸钙矿物材料的研究获重要进展，研究结果表明，具有特定功能团的聚合物对无机晶体的生长具有显著的调控作用，完全有可能运用仿生合成方法制备出结构更加复杂和独特的纳米结构材料，对模拟具有优良性能的碳酸钙生物矿物如贝壳和珍珠的形成及如何实现人工合成此类矿物等研究具有一定的参考价值。

（张英军）

十、中国新矿物研究

矿物是在地球地壳及其相邻层圈和宇宙中天然形成的，绝大多数为无机晶质的元素化合物，也包括一些为数极少的有机和非晶质的化合物。矿物特性主要由其化学组成与结晶性质所决定，若发现一种矿物在这2个方面或其中之一与已知矿物迥然不同，即为新矿物，并命以新名。当发现新矿物时，按照国际共识，首先需要提交国际矿物学会新矿物及矿物命名委员会审查批准。新矿物的发现不仅是矿物学研究工作的一个重要方面和矿物学领域一项重要的创新性成果，标志着矿物学研究水平，而且对地质科学的发展和矿产资源的开发和利用有着重要的理论意义和实际意义。

自1949年以来，随着地质事业的蓬勃发展，在中国矿物学领域中新矿物的发现从无到有。1958年黄蕴慧等首次发现了一个新矿物——香花石。1959年彭志忠在北京地质学院（现中国地质大学）创建了中国第一个用于结晶矿物学研究的X射线衍射实验室，并一举完成了葡萄石、星叶石及钡铁钛石等10全种晶体结构的测定工作，为尔后的新矿物发现中晶体结构的测试提供了技术条件。随后於祖相、彭志忠、涂光炽等又陆续发现了一批新矿物，取得了突破性进展。如同其他学科一样，中国新矿物研究在20世纪80年代迎来了蓬勃发展的大好形势。1979年成立了中国新矿物及矿物命名委员会，并于1981年5月加入国际矿物学会新矿物及矿物命名委员会，标志着中国新矿物研究已进入一个崭新阶段。截至2010年6月中国共发现116种新矿物（表2-4-1）。其中，存有争议或虽未通过仍应作为新矿物的有2种（兴中矿和孟宪民石），还有10种是国外学者在中国发现的。在这项研究中，中国地质科学院矿床研究所、地质研究所、综合研究所，中国科学院地质研究所、地球化学研究所，中国地质大学X光实验室等单位都取得了出色的成果（王濮，2010）。

图2-4-1 香花石

图2-4-2 张培善石

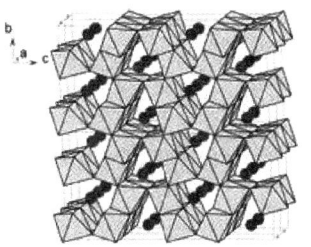
图2-4-3 谢氏超晶石晶体结构

表 2-4-1　中国发现的新矿物（1958～2010.6）

序号	中文名称	英文名称	化学式	发现者	发现地	发表刊物
1	香花石	Hsianghualite	$Ca_3Li_2(BeSiO_4)_3F_2$	黄蕴慧、杜绍华等	湖南临武香花岭	地质月刊 1958(7)
2	钡铁钛石	Bafertsite	$BaFe_2[Ti(Si_2O_7)]O(OH)_2$	张培善等	包头白云鄂博矿床	地质记录 1959(12)
3	包头矿	Baotite	$Ba_4[(Ti,Nb,Fe)_4(Si_4O_{12})O_{16}]Cl$	谢苗诺夫、洪文兴	包头白云鄂博矿床	地质科学 1960(1)
4	黄河矿	Huanghoite	$BaCe[CO_3]_2F$	谢苗诺夫、张培善	内蒙古黄河附近	中国科学 1961(8)
5	顾家石	Gugiaite	$CaBe[Si_2O_7]$	彭其瑞、曹荣龙等	辽宁凤凰县顾家村	中国科学 1962(7)
6	锌赤铁矾	Zincobotryogen	$(Zn,Mg,Mn)Fe[SO_4]_2(OH)\cdot 7H_2O$	涂光炽、李锡林等	青海柴达木北缘某铅锌矿氧化带	地质学报 1964(1)
7	锌叶绿矾	Zincocopiapite	$ZnFe_4[SO_4]_6(OH)_2\cdot 18H_2O$	涂光炽、李锡林等	青海柴达木北缘某铅锌矿氧化带	地质学报 1964(1)
8	锂铍石	Liberite	$Li[BeSiO_4]$	赵春林	湖南香花岭	地质学报 1964(3)
9	章氏硼镁石	Hungchaoite	$Mg[B_4O_5](OH)_4\cdot 7H_2O$	曲一华、谢先德等	西藏某内陆盐湖	中国科学 1964(3)
10	水碳硼石	Carlunite	$MgCa_2[CO_3]_2[B(OH)_4]_{12}\cdot 4H_2O$	谢先德等	西藏、青海	中国科学 1964(5)
11	索伦石	Snolunite	$Ca_2[Si_2O_5(OH)_2]\cdot H_2O$	黄蕴慧	内蒙古某地	地质评论 1965(1)
12	多水氯硼钙石	Hydrochlorborite	$Ca_4B_8O_{15}Cl\cdot 22H_2O$	钱自强、陈树珍等	北方某油田	地质学报 1965(2)
13	硅镁钡石	Magbasite	$KBa(Al,Sc)(Mg,Fe)_6Si_6O_{20}F_2$	谢苗诺夫等	包头白云鄂博矿	全苏科学院报告 1965(3)
14	氟碳铈钡矿	Cebaite-(Ce)	$Ba_3(Ce,La)_2(CO_3)_5F_2$	中国科学院地球化学所	白云鄂博东矿区	地球化学 1972(1)
15	褐铈铌矿-β	Fergusonite-(Ce)	$(CeLaNd)NbO_4$	郭其悌、王一先等	包头白云鄂博复合带	地球化学 1973(2)
16	水星叶石	Hydroastrophyllite	$(H_3O,K,Ca)_3(Fe,Mn,\square)_7(Ti,Nb)_2(Si,\square)_8(O,OH,F)_{31}$	武汉地质学院X光室	四川一碱性花岗伟晶岩	地质科学 1974(1)
17	红石矿	Hongshiite	$CuPt$	於祖相、林树人等	河北凤宁红石的红区	地质学报 1974(2)
18	伊逊矿	Yixunite	Pt_3In	於祖相	河北伊逊河	地质学报 1974(2)
19	道马矿	Daomanite	$(Cu,Pt)_2AsS_2$	於祖相、林树人等	河北滦平三道、铁马村	地质学报 1974(2)
20	兴中矿	Xingzhongite	$(Ir,Cu,Ru)_3S_4$	於祖相		地质学报 1974(2)

续表

序号	中文名称	英文名称	化学式	发现者	发现地	发表刊物
21	六方碲锑钯镍矿	Hexatestibio penickelite	$(Ni, Pd)(Te, Sb)$	於祖相、林树人等	西南地区硫化镍矿	地质学报 1974(2)
22	碲锑钯矿	Testibiopalladite	$PbSbTe$	中国科学院地球化学所	东北地区W岩体	地球化学 1974(3)
23	纤钡锂石	Balipholite	$BaMg_2LiAl_3[Si_2O_6]_2(OH,F)_8$	武汉地质学院X光室等	湖南临武香花岭地区	地质科学 1975(1)
24	芙蓉铀矿	Furongite	$Al_2(UO_2)[PO_4]_2(OH)_2 \cdot 8H_2O$	湖南230所、305队等	湖南芙蓉县	地质学报 1976(2)
25	莱河矿	Laihunite	$Fe^{2+}Fe_3^{2+}[SiO_4]_2$	中科院地球化学所等	辽宁鞍山莱河村	地球化学 1976(2)
26	南岭石	Nanlingite	$CaMg_4(AsO_3)_2F_4$	顾雄飞、丁奎首等	湖南南岭地区	地球化学 1976(2)
27	长白矿	Changbaiite	$PbNb_2O_6$	通化地质大队等	吉林通化县岗山	地质学报 1978(1)
28	湘江铀矿	Xiangjiangite	$(Fe,Al)(UO_2)_4[PO_4]_2(SO_2)_2(OH) \cdot 22H_2O$	湖南203所等	湖南某地	地质科学 1978(2)
29	斜方钛铀矿	Orthobrannerite	$UUTi_4O_{12}(O,OH)_7$	北京铀矿地质研究所等	云南、四川	地质学报 1978(3)
30	峨眉矿	Omeiite	$(Os,Ru)As_2$	任迎新等	四川某铂矿	地质学报 1978(2)
31	蓟县矿	Jixianite	$Pb(W,Fe^{3+})_2(O,OH)_7$	刘建邑	天津蓟县	地质学报 1979(1)
32	硫砷钌矿	Ruarsite	$RuAsS$	地质科学院地质所等	西藏北部	科学通报 1979(7)
33	安多矿	Anduoite	$RuAs_2$	地质科学院地质所等	西藏某地天然砂矿	科学通报 1979(15)
34	斜蓝硒铜矿	Clinochalcomenite	$CuSeO_3 \cdot 2H_2O$	雒克定、魏均等	甘肃某铀矿	科学通报 1980(2)
35	斜铜泡石	Clinotyrolite	$Ca_2Cu_9[(As,S)O_4](O,OH)_{10} \cdot H_2O$	马喆生、钱荣耀等	云南东川、汤丹铜矿等	地质学报 1980(2)
36	金沙江石	Jinshajiangite	$(Na,K)_5(Ba,Ca)_4(Fe^{2+},Mn)_{15}Ti(Fe^{3+},Nb,Zr)_8si_{15}$	洪文兴、傅平秋	四川会理路枯村	矿物学报 1981(1)
37	汞铅矿	Leadamalgam	$HgPb_2$	陈克樵、杨慧芳等	内蒙古小南山	地质评论 1981(2)
38	兴安石	Hingganite	$(Y,Ce)BeSiO_4(OH)$	丁孝石、白鹤等	黑龙江大兴安岭地区	地质评论 1981(5)
39	中华铈矿	Zhonghua cerite-(Ce)	$Ba_2Ce(CO_3)_3F$	张培善、陶克捷	白云鄂博西矿区	地质科学 1981(2)
40	自然铬	Chromium	Cr	岳树勤等	四川丹巴	科学通报 1981(15)

续表

序号	中文名称	英文名称	化学式	发现者	发现地	发表刊物
41	四方铜金矿	Tetraauricuprite	CuAu	陈克樵、虞庭高等	新疆玛纳斯萨尔达拉	地质科学1982(1)
42	锡铁山石	Xitieshanite	$Fe^{3+}[SO_4]Cl \cdot 6H_2O$	李锡林、周景良等	青海柴达木盆地锡铁山	矿物学报1982(4)
43	大青山矿	Daqingshanite	$(Sr, Ca, Ba)_3(Ce, La, Pr, Nd)(PO_4)(CO_3)_{3x}(OH, F)x$	任英忱、西门露露等	白云鄂博西矿（大青山）	矿物学报1982(3)
44	锡林郭勒矿	Xilingolite	$Pb_3Bi_2S_6$	洪慧第、王相文等	内蒙古东乌旗朝不楞矿	岩石矿物及测试1982(4)
45	丹巴矿	Danbaite	$CuZn_2$	岳树勤等	四川丹巴	科学通报1982(22)
46	钕易解石	Aeschynite-(Nd)	$(Nd, Ce, Ca, Th)(Ti, Nb)_2(O, OH)_6$	张培善、陶克捷	白云鄂博铁铌稀土矿床	地质科学1982(4)
47	铋细晶石	Natrobistantite	$(Na, Cs)Bi(Ta, Nb, Sb)_4O_{12}$	A. B. 瓦罗中等	新疆阿尔泰山伟晶岩区	矿物学杂志1983(2)
48	钕褐铌矿-β	Fergusonite-(Nd)	$(Nd, Ce)NbO_4$	孙未君、马凤俊等	白云鄂博西矿区	地质科学1983(1)
49	青河石	Qingheiite	$Na_2Na(Mn, Mg, Fe^{2+})_6(Al, Fe)[PO_4]_6$	虞庭高、马喆生等	新疆青河西北部	矿物学报1983(3)
50	桐柏矿	Tongbaite	Cr_3C_2	陈克樵、田培学等	河南桐柏刘庄	自然杂志1983(6)
51	沂蒙矿	Yimengite	$K(Cr^{3+}, Ti, Fe^{2+})_6(Al, Fe)[PO_4]_6$	董振信等	山东蒙阴	科学通报1983(15)
52	滦河矿	Luanheite	Ag_3Hg	邵殿信等	河北某矿	矿物学报1984(2)
53	围山矿	Weishanite	$(Au, Ag)_{1.2}Hg_{0.8}$	李玉衡、欧阳三等	河南桐柏围山城	矿物学报1984(2)
54	赣南矿	Gananite	BiF_3	成隆才、胡宗绍等	江西赣县赖坑钨矿区	岩石矿物及测试1984(2)
55	古北矿	Gupeiite	Fe_3Si	於祖相	河北北部燕山地区滦河潮河等水系	岩石矿物及测试1984(3)
56	喜峰矿	Xifengite	Fe_5Si_3	於祖相		岩石矿物及测试1984(3)
57	黑硼锡镁石	Magnesiohulsite	$(Mg, Fe^{2+})_2(Fe^{3+}, Sn, Mg)[BO_3]O_2$	杨光明、彭志忠等	湖南常宁大义山七里坪	矿物学报1985(2)
58	骑田岭矿	Qitianlingite	$(Fe, Mn)_2(Nb, Ta)_2WO_{10}$	杨光明、汪苏等	湖南南部骑田岭	矿物学报1985(3)
59	额尔齐斯石	Ertixiite	$Na_2Si_4O_9$	张如柏、杜崇良等	新疆富云阿尔泰山地区	地球化学1985(2)
60	腾冲铀矿	Tengchongite	$Ca(UO_2)_6[MoO_4]_2O_5$	陈璋如等	云南腾冲	科学通报1986(13)
61	柴达木石	Chaidamuite	$ZnFe^{3+}(SO_4)_2(OH) \cdot 4H_2O$	李万茂、陈国英等	柴达木盆地北缘锡铁山	矿物学报1986(2)

续表

序号	中文名称	英文名称	化学式	发现者	发现地	发表刊物
62	钓鱼岛石	Diaoyudaoite	$NaAl_{11}O_{17}$	申顺喜、陈丽蓉等	钓鱼岛附近海底	矿物学报1986(3)
63	张衡矿	Zhanghengite	$CuZn$	王奎仁	安徽亳县陨石中	矿物学报1986(3)
64	氟碳钙钕矿	Parisite-(Nd)	$Ca(Nd,Ce,La)_2(CO_3)_3F_2$	张培善、陶克捷	白云鄂博铁铌稀土矿	白云鄂博矿物.科学出版社,1986
65	二连石	Erlianite	$Fe^{2+}_{24}Fe_3+3Al[SO4]_{12} \cdot 8H_5O$	冯显灿、杨瑞迎等	内蒙古哈尔哈达矿区	Mineralogical Magazinc,1986(50)
66	扎布耶石	Zabuyelite	$Li_2[CO_3]$	郑锦屏、刘文高	西藏阿里扎布耶盐湖	地质论评1987(3)
67	锌绿钾铁矾	Zincovoltaite	$K_2Zn_5Fe^{3+}3Al[SO_4]_{12} \cdot 18H_2O$	李万茂、陈国英等	青海柴达木北缘锡铁山	矿物学报1987(4)
68	南平石	Nanpingite	$CsAlO_2 \square AlSi_3O_{10}(OH)_2$	杨岳清、倪云祥等	福建南平伟晶岩中	岩石矿物学杂志1988(1)
69	安康矿	Ankangite	$Ba(Ti,V,Cr)_8O_{16}$	熊明、马喆生、彭志忠	陕西安康石梯重晶石矿	科学通报1988(18)
70	孟宪民石	Mengxianminite	$(Ca,Na)_4(Mg,Fe,Zn)_5Sn_4Al_{16}O_{41}$	黄蕴慧	湖南香花岭	香花岭岩石矿床与矿物.北京科技出版社,1988
71	西盟石	Ximengite	$Bi[PO_4] \cdot 0.5H_2O$	施加辛	云南昆明西南西盟锡矿	矿物学报1989(1)
72	赤路矿	Chiluite	$Bi_6Te_2Mo_2O_{21}$	杨秀珍、李德忍等	福建福安赤路钼矿	矿物学报1989(1)
73	镁尼日利亚石-2N1S	Magnesionigerite-2N1S	$(Mg,Ti^{2+})_{\Sigma 4}(AlO_{10}Sn_2)_{\Sigma 12}O_{22}(OH)_2$	陈敬中、杨光明等	湖南安化白钨矿区	矿物学报1989(1)
74	镁尼日利亚石-6N6S	Magnesionigerite-6N6S	$(Mg,Ti^{2+})_{\Sigma 18}(AlO_9Sn_2)_{\Sigma 48}O_{90}(OH)_6$			矿物学报1989(1)
75	盈江铀矿	Yingjiangite	$K_2Ca(U2)_2[PO_4]_4(OH)_6 \cdot 6H_2O$	陈璋如、黄裕柱等	云南盈江铜壁关村	矿物学报1990(2)
76	绿泥间蜡石	Lunijianlaite	$Li_{0.5}Al_{3.5}[Si_{3.5}O_{10}](OH)_5$	孙祐华、彭秀文等	浙江青田某叶蜡石矿	矿物学报1990(4)
77	李时珍石	Lishizhenite	$ZnFe3^{2+}2[SO_4]_4 \cdot 14H_2O$	李万茂、陈国荣	青海大柴达镇锡铁山	矿物学报1990(4)
78	建水矿	Jianshuiite	$(Mg,Mn,Ca)Mn_4+3O_7 \cdot 3H_2O$	严桂英、张尚华等	云南建水芦寨矿区	矿物学报1992(1)
79	珲春矿	Hunchunite	Au_2Pb	吴尚全、秩翼、宋群	吉林珲春河砂金矿	矿物学报1992(4)
80	硒锑矿	Hntimonselite	Sb_2Se_3	陈露明、李德忍等	贵州504多金属矿	矿物学报1993(1)
81	祁连山矿	Qilianshanite	$NaHCO_3 \cdot H_3BO_3 \cdot 2H_2O$	罗世清、卢建安等	青海居红图硼矿	矿物学报1993(2)
82	沅江矿	Yuanjiangite	$AuSn$	陈立昌、唐翠青等	湖南沅陵沅江矿中游	岩石矿物学杂志1994(3)

续表

序号	中文名称	英文名称	化学式	发现者	发现地	发表刊物
83	平谷矿	Pingguite	$Bi_6^{3+}Te_2^{4+}O_{13}$	孙志富、雒克定等	北京平谷杨家洼	矿物学报1994(4)
84	袁复礼石	Yuanfuliite	$(Mg, Fe^{2+})(Fe^{3+}, Al^{3+}, Mg, Ti^{4+}, Fe^{2+})[BO_3]O$	黄作良、王濮	辽宁宽甸砖庙硼矿	岩石矿物学杂志1994(4)
85	双峰矿	Shuangfengite	$IrTe_2$	於祖相	河北北部滦河流域高台村附近	矿物学报1994(4)
86	马营矿	Mayingite	$IrBiTe$	於祖相		矿物学报1995(1)
87	高台矿	Gaotaiite	Ir_3Te_8	於祖相		矿物学报1995(1)
88	承德矿	Chengdeite	Ir_3Fe	於祖相		地质学报1995(3)
89	马兰矿	Malanite	$Cu(Pt, Ir)_2S_4$	於祖相	河北双蜂村	地质学报1996(4)
90	铬铋矿	Chrombismite	$Bi_{16}CrO_{27}$	周新春、炎金才等	陕西商南驾鹿金矿	矿物学报1996(4)
91	长城矿	Changchengite	$IrBiS$	於祖相	河北燕山	地质学报1997(4)
92	大庙矿	Damiaoite	$PtIn_2$	於祖相	河北滦平	地质学报1997(4)
93	氟铁云母	Fluorannite	$Fe^{2+}3AlSi_3O_{10}F_2$	沈敢富、陆琦、徐金莎	江苏苏州市西郊	岩石矿物学杂志2000(4)
94	铊明矾	Lann=muchangite	$TlAl(SO_4)_2 \cdot 12H_2O$	陈代演、王冠鑫等	贵州兴仁回龙镇雄黄洞	矿物学报2001(3)
95	湖北石	Hubeite	$Ca_2Mn_2+Fe_3+[Si_4O_{12}(OH)] \cdot 2H_2O$	F. C. Hawthone 等	湖北大冶冯家山	Mineralogical Record 2002(33)
96	氟尼伯石	Fluoronyboite	$NaNa_2(Al_2Mg_3)(Si_7Al)O_{22}F_2$	R. Oberti、M. Boiocchi 等	江苏东海苏鲁地区	Mineralogical Magazine 2003(15)
97	涂氏矿	Tuite	$Ca_3(PO_4)_2$	Xie Xiande、Minetti 等	湖北随州大堰坡	European Journal of Mineralogy 2003(15)
98	碲锌石	Zincospiroffite	$Zn_2Te_3O_8$	Zhang Peihuad 等	河北崇礼中山沟金矿	Canadian Mineralogist 2004(42)
99	牦牛坪矿	Moniupingite-(Ce)	$(REE, Ca)_4(Fe^{3+}, Ti, Fe^{2+}, \square)(Ti, Fe_3+, fe^{2+}, Nb)_4(Si_4O_{22})$	沈敢富、相光明等	四川冕宁牦牛坪稀土矿	沉积于特提斯2005(1~2)
100	罗布莎矿	Luobushaite	$Fe_{0.84}Si_2$	白文吉、施倪承等	西藏山南地区罗布莎村	地质学报2006(10)
101	丁道衡矿	Dingdaohengite	$Ce_4Fe^{2+}(Ti, Fe^{2+})_2Ti_2si4_{022}$	徐金莎、杨光明等	白云鄂博铌稀土矿	America Mineralogist 2008(5~6)
102	张培善石	Zhangpeishanite	$BaFCl$	Hidehiko Shinmazaki 等		Enr. J. Mineral 2008(20)
103	谢氏超晶石	xieite	$FeCr_2O_4$	陈鸣等	湖北随州陨石中	科学通报2008(17)

续表

序号	中文名称	英文名称	化学式	发现者	发现地	发表刊物
104	曲松矿	Qudongite	WC	方青松、白文吉等	西藏山南地区罗布莎村	American Mineralogist 2009(2~3)
105	雅鲁矿	Yaluite	$(Cr_4Pe_4Ni)_9C_4$	施倪承、白文吉等		地质学报 2009(1)
106	藏布矿	Zangbuite	$TiFeSi_2$	李国武、方青松等		Canadian Mineralogist 2009(5)
107	李四光矿	Lisiguangite	$CuPtBiS3$	於祖相	河北滦平三道沟铜矿	地质学报 2009(2)
108	那曲矿	Naquite	FeSi	施倪承、李国武等	西藏山南地区罗布莎村	Miineralogical Magazine 2010(3)
109	林芝矿	Linzhite	$FeSi_2$	李国武、施倪承等		Miineralogical Magazine 2010(3)
110	汉江石	Hanjiangite	$Ba_2(Ca,Mg)(V^{3+},Al)(Si_6O_{10})(OH,F)_2O(CO_3)_2$	刘家军、李国武等	陕西安康石梯重晶石矿	American Mineralogist 2010(4)
111	氟钡镁脆云母	Fluorokinoshitalite	$BaMg_3Al_2Si_2O_{10}F_2$	Ritsuro Miyawaki 等		Miineralogical Magazine 2010(3)
112	氟高铁金云母	Fluoroterafaniphiogopita	$KMg_3Fe^{3+}Si_3O_{10}F_2$	Ritsuro Miyawaki 等		Miineralogical Magazine 2010(3)
113	氟镁鳞石		$KMg_{2.5}Si_4O_{10}F_2$	Ritsuro Miyawaki		
114	氟韭闪石		$Na(Ca,Na)(Mg_3Al_2)(Si_6Al_2)_8O_{22}F$			
115	硫碲铁银矿		$Ag_9FeTe_2S_4$	Xiangping Gu		
116	欧特恩矿	Ottensite	$Na_3(Sb_2O_3)_3(SbS_3) \cdot 3H_2O$	Jiri Sejkora		

资源来源：王濮．在中国发现的新矿物∥中国地质学会地质史专业委员会第 22 届学术年会论文汇编 [C], 2010.

在中国发现的新矿物具有以下特点：

(1) 在不同时期发现的矿物种数如表 2-4-2 所示。如从不同时期发现的矿物种数的变化看,有逐年上升的趋势。

表 2-4-2 中国在不同时期发现的矿物种数

年代	20世纪50年代	20世纪60年代	20世纪70年代	20世纪80年代	20世纪90年代	2000~2010.6	合计
种数	2	11	18	42	19	24	116

(2) 截止 2010 年 6 月,中国发现的新矿物种数为 116 种,仅占届时全部矿物总数 4498 种（初步统计）的 2.57%。如与发现矿物种较多的国家,如俄罗斯、美国、英国、加拿大等国相比,中国还有很大差距。

(3) 目前中国发现的新矿物,在硅酸盐类矿物中最多；在氧化物类、自然元素及其互化物类、碳、硅、氮、磷化物类、硫、硒化物类和碲化物类中发现的数量次之。

(4)在中国发现的116种矿物中,有10种是国外学者发现的,其中20世纪60年代有1种、80年代有1种、2000年~2010年6月有8种,这说明中国地质科学国际交流的发展在进入21世纪以来有明显增强。从这些矿物的产地来看,有5种产自内蒙古白云鄂博铁矿床,2种产自苏鲁超高压带,1种产自贵州晴隆锑矿,1种产自新疆阿尔泰伟晶岩,1种产自湖北大冶铁矿床。说明新矿物产于中国的特殊矿床或地质研究的热点地区。

(杨守仁)

十一、中国包裹体矿物学研究

矿物包裹体在研究碳酸盐岩的成岩作用,恢复盆地的热演化历史,指示油气生成、运移、聚集方面取得了很大进展。矿物包裹体是盆地流体的原始样品,记录地质历史中盆地流体的很多信息,有效地测定各期矿物流体包裹体的均一温度,是直接了解盆地热流体活动的重要数据;系统测定种类流体包裹体的初溶温度和冰点温度能判断流体的矿化类型和矿化程度;流体包裹体的p-V-T-x研究是探讨流体温度、压力的依据。矿物包裹体的研究始于19世纪50年代英国H. C. Sorby提出利用矿物的变质变化中的气液包裹体可以测定成矿的温度。1933年美国W. H. 纽豪斯用均一法测定密西西比河型铅锌矿中闪锌矿的形成温度。1960年成立国际成矿溶液包体委员会。

中国包裹体的研究始于20世纪60年代,李兆麟、何知礼的工作起到了推动作用。李兆麟(1964)发表《我国南部某些不同类型矿床石英中包裹体均化温度测定研究》;何知礼(1965)发表《用矿物包体进行地质测温的方法》。1977年何知礼提出将这一新兴学科称作"包体矿物学"。中国地质科学研究院矿床研究所、南京大学、冶金工业部北京地质研究所等单位先后对压电石英、绿柱石和贵州万山汞矿进行了研究,并取得相应的成果,如万山汞矿的形成温度为92℃~133℃,1965年冶金工业部北京地质研究所用爆裂法测出云南个旧锡矿5个不同成矿期锡石的形成温度。核工业部徐国庆、中国科技大学李秉伦等在包体研究方面也做了不少有意义的工作。1977年召开的"全国首届包体及成岩成矿实验学术会议"对促进包体研究的发展起到积极作用。在包体研究的新技术、新方法方面,单晶中子衍射、自动化热重仪、视觉显微光度计反射率网、矿石薄片红外线研究、盐类矿物的水浸和酸浸法、矿物固态包裹体的超声提取法和气液裹体的测定等都得到广泛的开展。

改革开放以来包裹体矿物学有了很大发展。李秉伦、谢奕汉(1983,1989)应用包裹体研究查明宁武玢岩铁矿的形成条件。李兆麟、李秉伦开展的矿物包裹体研究成矿动力学信息,施继锡、侯增谦等在邮寄包裹体研究方面,夏林圻、李院生关于熔融包体,何知礼、徐久华关于幔源包裹体的研究等都有了显著的进展。1977年中国矿物岩石地球化学学会成立了矿物包裹体与成岩成矿专业委员会,1987年以后矿物包裹体与成岩成矿分立为2个专业委员会,1994年何知礼等发起成立亚洲太平洋国际包裹体学会,主要研究方向包括:多种成岩成矿物化条件的研究;温压地球化学找矿的研究;包裹体测试设备的改进;包裹体本身的实验研究。1982年何知礼著《包裹体矿物学》,1988年李兆麟著《试验地球化学》,1990年卢焕章著《包裹体地球化学》,2004年著《流体包裹体》,刘斌、沈昆1999年著《流体包裹体热力学》和《流体包裹体热力学参数软件及算例》,有关包裹体的研究论文也大量发表,尤其是在矿体方面,油气包裹体也有不少研究。近年在利用包裹体水盐体系相平衡资料求解物化参数、包裹体的Rb-Sr、U-Pb、Sm-Nd同位素研究和定年也都有一定的进展。

1. 单矿物中熔体包裹体研究

熔体包裹体是矿物在生长过程中捕获的原始岩浆,能有效保留大量主矿物结晶和周围岩浆介质的物理化学信息,是岩浆演化和成矿过程的良好指示剂。近年来随着测试技术的快速发展,特别是激光剥蚀等离子体质谱仪的应用,使得分析单矿物中熔体包裹体的化学成分成为可能。熔体包裹体的赋存状态、均一化研究和测试技术以及由此所揭示的岩浆演化过程和成矿作用是目前微区研究领域的重要课题和研究热点(郭伶俐等,2009)。

熔体包裹体赋存的主要矿物广泛,主要是玄武质安山岩中的长石和辉石、矽卡岩中的石榴子石、流纹岩中的石英、玄武岩中的橄榄石、安山岩中的闪石,少量异常包裹体见于铬铁矿中。熔体包裹体的形态在矿物晶体生长的不同阶段往往表现出很大的变化。由于熔体的不可塑性,主矿物留给的空间基本就是包裹体的形态,赵劲松(2003)指出这一过程近似等容体系,熔体包裹体的形态没有固定性,多为多相包裹体,以熔体相为主,少见气相和液相,不同主矿物中的熔体包裹体赋存特点也不同。

熔体包裹体均一化研究是测试分析前的重要步骤,目前利用的是高温显微均一法,它是唯一能够使包裹体恢复到被捕获时的初始状态的试验方法。李霓等(2007)曾使用 Leitzl350 对长白山天池 3 期火山喷发岩中的熔体包裹体进行高温热台均一研究,得出包裹体的大小、是否含子矿物、升温速率和升温次数等与其所测均一温度密切相关。在加热过程中还要遵循一定的规则,要考虑在加热过程中包裹体壁的重结晶,在包裹体内玻璃未软化前加热温度增加较快,越到后期加热速度越慢。夏林圻(2002)曾总结出酸性火山岩熔体包裹体均一化试验的总时间不应少于 8 小时 ~ 12 小时,中型火山熔体包裹体加热试验的总时间可控制在 4 小时 ~ 8 小时,基性火山岩总时间应缩短至 2 小时 ~ 4 小时,而超基性火山岩中应小于 2 小时。均一性的包裹体才能进一步采取测试技术分析其初始成分并获得它的捕获温度。夏林圻(2002)指出采样时一定要选择没有泄露、密封性好且挥发分不饱和的熔体包裹体。如果岩浆在捕获时已经饱和或过饱和和挥发分,即此时岩浆中的挥发流体与岩浆呈一种不混溶状态,这样的样品很难均一,即使均一了也没用直接的岩石学意义,不能代表主矿物的最低结晶温度。

对熔体包裹体的地质指示意义的研究。熔体包裹体特别是其中赋存的金属元素的特点能够指示矿床的成因(赵劲松,2003)、矿质来源(李兆麟等,2000)、成矿温压及深度等信息(陈勇等,2006)。接触交代型矿床的熔体包裹体出现的明显两相不混熔现象和矿床形式的物理化学条件是岩浆矽卡岩成因的直接证据(赵劲松,2003)。赵斌等(1995)对中国几个典型的矽卡岩矿床进行研究,发现大多数矽卡岩石榴子石中普遍存在熔体包裹体,并且均一温度变化范围大,在 380℃ ~ 1300℃ 温度范围内都可见到,说明矽卡岩中石榴子石是从矽卡岩岩浆缓慢结晶而成,进而矿床是岩浆矽卡岩成因。对于汽水热液矿床,熔体包裹体和早期岩浆汽水热液中的流体包裹体共存就是成矿元素出溶过程的反演。Yang 等(2002)曾对位于西太平洋 Manus 弧后盆地的 Pacmanus 汽水热液域进行研究,发现熔体包裹体在一定程度上记录了从岩浆分馏中释放的岩浆流体与各类型矿床特别是 VMS 型矿床的密切关系。熔体包裹体中矿质元素随岩石孔隙度和火山岩成分不同而变化。另外,熔体包裹体本身的出现还能对矿物质的来源提供参考依据。常海亮等(2007)经对西华山黑钨矿—石英脉绿柱石中熔体包裹体的成分研究发现,岩浆成矿热液并不是单一的,在岩浆分异的晚期富 SiO_2 的残余熔体也有产生黑钨矿—石英脉的可能性。这种残余熔体是花岗质岩浆通过结晶分异作用形成的一种与水质流体不混容残余熔融体,富含 SO_2、Al_2O_3 和挥发分,使岩浆和热液得以长期共存,在绿柱石、黄玉等矿物中产生与流体包裹体共存的熔体包裹体。韧性剪切带中熔体包裹体的存在打破了韧性剪切带型金矿流体性质为热液的传统观点。李兆麟等(2000,2001)在河台韧性剪切带、新疆乔尔山和粤西河台韧性剪切带矿床含金石英脉中首次发现了熔体包裹体,从而推断成矿流体为熔体溶液,金矿的形成过程曾经历过高温硅酸盐熔体的作用阶段,该熔体属熔体—溶液性质。熔体包裹体中金属元素特征更能反映直接的或间接的成矿环境。常海亮(2007)在黑钨矿—石英脉中发现熔体包裹体和不混熔包裹体,根据两者的共存可以获得有关矿脉充填时的压力,为勘探找矿深度提供依据。另外,熔体结晶过程中压力的变化是结晶环境压力曲线上的一点,用激光拉曼等离子质谱仪能够根据包裹体中气体含量和成分估算它被捕获时的压力,为熔体形成压力区间提供数据参考(陈勇,2006)。而对于接触交代型矿床,赵劲松等(2003)对长江中下游大冶到城门山一带的18个熔体包裹体进行研究,发现其主要成分接近辉石的硅酸盐相和石榴子石的碳酸盐相,由硅酸盐和碳酸盐两相的粘度等物理参数的不同还可以对矿床的空间分布作出预测。碳酸盐的粘度较小,和粘度相对较大的岩体接触时受比重的限制必然会影响接触面的构造特征,而中酸性岩浆的浅成—中浅成位深度在大的范围内限制了矿体的空间位置。

近年来,围绕超高压岩石中多相固体包裹体的形成时间、演化过程及其所反映的俯冲带超高压变质熔/流体的组成和性质,进行了大量的研究工作。超高压岩石中多相固体包裹体的发现,为理解峰期超高压变质流体的组成和演化提供了重要制约,同时也为研究俯冲板片—地幔楔界面的熔/流体交代作用提供了新的途径。

2. 流体包裹体矿物研究

流体包裹体是地质时代中形成各种矿物、岩石、矿床时被留在其中的地质流体的样品,从中可以得出各种矿床和岩石的形成条件及石油天然气的贮藏、迁移、演化资料。流体包裹体研究是目前地球科学研究中最活跃的领域之一,包裹体从最初应用于岩矿地质研究,逐渐渗透到油气地质领域;测试对象和参数的提取从最初简单的测温,到单个包裹体成分、群体包裹体的同位素、色谱、色质分析等等(孙贺等,2009)。

流体包裹体显微测温方法　以显微热台、冷热台及爆裂仪为代表的流体包裹体显微测温技术已成熟。传统的流体包裹体低温分析技术是以显微冷冻测温测定无机盐体系为主,目前已发展到应用低温原位拉曼光谱技术对包裹体中的阳离子和阴离子进行定量—半定量分析。油气包裹体原位低温分析技术也取得了较大突破,对不同成分油气包裹体低温下的相变过程取得了一定认识,据此对油气包裹体进行分类,推测其主要成分,为油气包裹体计算提供基础参数。

流体包裹体的成分分析技术　随着流体包裹体研究的快速发展,各种先进的分析方法和技术应运而生,新的分析方法和技术不断涌现,呈现了非常活跃的发展势头。流体包裹体研究的成分分析按其取样方式及分析后数据代表性可分为群体包裹体成分分析和单个流体包裹体成分分析。群体包裹体成分分析的对象是通过压碎或热爆裂萃取法获得成群包裹体爆裂后释放出来的混合流体。这种方法的优点是获取样品的量较大,可以达到多数仪器的检出限。随着现代分析技术的迅猛发展,现在已经有多种仪器可以用来做单个流体包裹体的定量和半定量分析。其分析方法按照实验方法可分为非破坏性和破坏性分析2种。其中非破坏性分析的代表有激光拉曼光谱(LRS)、傅里叶变换红外显微光谱(FTIR)、同步辐射X射线荧光分析(SRXRF)、核微探针(PIXE和PIGE)及X射线吸收近边结构分析(XANE);而破坏性分析技术则以激光剥蚀电感耦合等离子体质谱仪(LA-ICP-MS)为代表。LA-ICP-MS近年来成为流体包裹体研究的一个流行技术,并且还在不断快速的发展中,特别是这种方法对于流体包裹体中的重元素分析十分灵敏,但由于它是一种破坏性的分析方法,从而在某种程度上限制了它的应用。

变质岩中流体包裹体研究的应用　流体包裹体由于能提供有关成岩流体的直接信息,现已广泛应用到各地学领域。变质岩中的流体包裹体研究正方兴未艾,在研究有关变质作用期间流体的化学组成、来源、运移过程以及流体岩石相互作用等方面发挥了不可替代的作用。近些年来国内外学者在变质岩中包裹体捕获后的变化、变质流体的来源及活动方式示踪、变质成因流体包裹体的 H_2O 的选择性渗漏和扩散研究、变质岩中脉体的成因研究等方面取得了丰硕的成果。例如,沈昆(1995,1998)研究表明,山东沂水麻岩—花岗岩穹窿中心出露大片紫苏花岗岩和麻粒岩,其中常见深熔脉体和伟晶岩脉。脉体中含丰富的 $CO_2·H_2O$ 包体,紫苏花岗岩和麻粒岩含高密度 CO_2 包体,周围片麻岩—花岗岩中以含 H_2O 包体为主。深熔脉体与围岩包裹体类型和丰度的明显差异说明深熔作用期间有富 $CO_2·H_2O$ 流体参与。这样的熔体再稍经冷却结晶就会形成脉体,而触发局部深熔作用的少量流体以包裹体和含水矿物的形式贮存于脉体中和脉体周围。由于深熔作用需要较高的温压条件,且熔体脉体形成较为迅速,可以认为脉体内的包裹体能够代表高压变质流体的物理化学环境,但其组成只能代表成脉残余流体的组成。

流体包裹体在矿床学研究中的应用 流体包裹体研究很早就被应用到矿床学研究中,并且由于能够提供直接的成矿流体的基本信息,现已经成了矿床学研究中一个不可或缺的工具。中国学者在这一领域取得了大量成果。流体包裹体在热液矿床的形成过程中扮演着至关重要的角色,对于确定成矿温压条件、推断成矿和剥蚀深度、分析成矿流体成分、反映成矿体系环境(pH 和 Eh)、判别成矿物质来源、厘定成矿时代及划分矿床类型等矿床学研究有重要意义。范建国等(2000)以 Rb-Sr 同位素为例探讨了流体包裹体同位素在成矿流体来源及确定成矿年代方面的意义。李胜荣(1991)对矿床不同部位的流体包裹体的分布特征进行了分析研究,指出了金矿床石英流体包裹体找矿特征标型。徐九华等(2001)对四川冕宁牦牛坪稀土矿床流体包裹体研究中发现含锶和轻稀土的子矿物。在确定成矿温压条件方面,辛洪波等(2007)通过对谢家沟金矿流体包裹体的冷热台研究得出包裹体均一温度为 270℃~330℃,即代表成矿温度,又根据测得的包裹体冰点温度计算出成矿压力为 $3.1×10^8$ 帕,反映该矿床形成于中低温、较高压力的成矿环境中。在推断成矿和剥蚀深度方面,王晓勇等(2010)利用静岩压力梯度对内蒙古额尔古纳市虎拉林金成矿流体包裹体的成矿深度进行了计算,结果大致介于 3.07 千米~4.30 千米之间,平均为 3.35 千米,表明了矿质是在中等深度成矿环境下沉淀就位的,属中等深度矿床。孙丰月等(2000)根据 Sibson 等的断裂带流体垂直分带模式,分段拟合压力与深度关系,用于计算成矿深度,测得流体压力 $<40×10^6$ 帕时,用静水压力梯度来计算,即用压力除以静水压力梯度($10×10^6$ 帕/千米);测得流体压力为 $40×10^6$ 帕~$220×10^6$ 帕时,$y=0.0868/(1/x+0.00388)+2$;测得流体压力为 $220×10^6$ 帕~$370×10^6$ 帕时,$y=11+e(x-221.95)/79.075$;测得流体压力 $>370×10^6$ 帕时,$y=0.0331385x+419898$。以上公式中,y 和 x 分别代表成矿深度(千米)和所测得的压力值(10^6 帕)。王建新等(2010)利用上述公式对吉林板庙子金矿床流体包裹体进行了计算,得出该矿床形成深度约为 6.03 千米~7.00 千米,证实了通过流体包裹体压力分段计算成矿深度方法的可靠性。张树明等(2009)通过流体包裹体计算获得邹家山铀矿床-130 米标高获得的成矿深度为 110 米~1420 米,平均为 553 米,206 米标高获得的成矿深度为 4 米~200 米,平均为 65 米。而目前邹家山矿床地表标高约在 340 米~410 米之间,即-130 米标高实际位置应该是在离地表深度约 470 米~540 米,206 米标高实际位置在离地表深度约 130 米~200 米。将目前不同标高的实际深度与上述估算的成矿时不同标高均值深度对比,就可以获得该标高矿体形成后上覆岩石遭受的剥蚀厚度为 65 米~150 米。表明邹家山矿床形成后该区遭受了一定程度的剥蚀,其剥蚀程度小于相山矿田北部的沙洲铀矿床,向下还有一定的找矿潜力。在流体成分分析方面,杨言辰等(2010)对黑龙江磨石山铜多金属矿床流体包裹体进行了激光拉曼光谱研究,显示液相中的 H_2O 峰及 CO_2 峰较强,证实了其主要成分为 H_2O、CO_2,成矿流体属于 $NaCl-H_2O-CO_2$ 体系流体。在成矿环境方面,吴柏林等(2007)通过吐哈盆地十红滩矿床、伊犁盆地512矿床及鄂尔多斯盆地东胜矿床流体包裹体成分进行研究后,按照有关碱金属离子以及卤素离子的公式测算出3个矿床各后生蚀变阶段流体的pH及相应的Eh值发现,铀矿化阶段流体的pH性质为中性(或弱酸—弱碱),Eh为还原(或强还原)环境,而氧化蚀变带流体是氧化碱性的,漂白剂绿色蚀变的流体性质是还原性的。由氧化带过渡到铀矿化带,pH及Eh值均急剧降低,由氧化性环境转变为还原性环境是铀矿化受层间氧化带控制的主要地球化学机理。在判断矿物质来源方面,宋建潮等(2009)对万宝源斑岩型钼石英矿流体包裹体H、O同位素进行了分析,结果表明,石英流体包裹体中$\delta^{18}O$值在9.8‰~11.5‰之间;δD值在-80‰~-86‰之间,与西藏甲岗雪山钼多金属矿所测$\delta^{18}O$数值8.9‰~10.1‰,δD值-75‰~-95‰变化范围相当,且变化范围均较小,反映两者有着相一致的来源。在$\delta D - \delta^{18}O$关系图上,样品值均落于原生岩浆水的右下方,且紧邻原生岩浆水,同时落于雨水热液的范畴之中,反映成矿热液的来源以岩浆水为主,后期加入了一定量的天水热液。黄铁矿是研究成矿流体稀有气体同位素的组成、进行成矿物质来源分析的理想寄主矿物。朱赖民等(2009)对华北地块南缘东秦岭钼矿带钼矿床黄铁矿流体包裹体进行的研究表明,$^3He/^4He$比值在1.38~3.64之间,$^{40}Ar/^{36}Ar$比重为295.68~346.39,指示成矿六流体系由不同性质和组成的2个端元流体混合而成:与地壳混合成因斑岩体同源的高温深源流体及富含地壳放射成因He但具有空气Ar同位素组成特征的低温大气降水。在成矿年代的厘定方面,目前流体包裹体同位素定年法较为成熟的主要是针对石英流体包裹体所进行的Rb-Sr法和$^{40}Ar-^{39}Ar$法。石英流体包裹体Rb-Sr同位素定年是先将石英包裹体中的流体淋滤出来,然后再测定期中的Rb-Sr同位素组成来确定成矿年龄。目前提取包裹体流体的方法主要是用压碎法或高温法使石英中的包裹体破裂,然后用酸来淋滤成矿流体。但李华芹等(1992)研究表明,石英中的Rb、Sr主要(或全部)是赋存在流体包裹体中,其与流体包裹体的Rb-Sr年龄是一样的,因此也可以直接将石英全溶,测定其中Rb-Sr同位素组成来定年。毛光周等(2008)便采用了直接测定全溶石英Rb-Sr来定年的方法测定了金山金矿含金石英脉型矿石的石英流体包裹体的Rb-Sr等时线年龄,试图弄清金山金矿的成矿时代。结果显示,含金石英脉型矿体的形成年龄为3.79±0.49亿年,结合前人的定年工作认为金山金矿的成矿作用是多期次的,并且在各期内部还有可能是多次脉动式成矿,但金山金矿主要的成矿时代是在晋宁期和海西期,其中晋宁期是蚀变岩型金矿体形成的主要时期,而海西期则是含金石英脉型金矿体形成的主要时期。石英流体包裹体$^{40}Ar-^{39}Ar$同位素定年方法较多,近年来最为流行的是激光探针$^{40}Ar-^{39}Ar$定年技术。于介江等(2010)采用单颗粒全熔法(SCTE)对延边海沟金矿床石英流体包裹体进行了$^{40}Ar-^{39}Ar$激光探针定年,计算得等时线年龄为1.70±0.38亿年和1.65±0.52亿年。结合已有同位素年代学研究成果,进一步确定海沟金矿床主要成矿期发生在早侏罗世晚期,成矿作用与中生代库拉板块向亚洲板块俯冲,特别是由此引发的华北板块东缘与兴蒙造山带东段的强烈拼贴并诱发的岩石圈加厚、减薄作用密切相关。在矿床类型划分方面,前人对不同矿床类型的包裹体特征进行了深入研究,取得了大量成果,如芮宗瑶等(2003)就总结出斑岩铜(钼)矿床的流体包裹体主要具有以下特征:①根据流体包裹体在垂直剖面上的分布,将流体包裹体组合分成4种:斑岩体上部组合,即以气体包裹体、气液包裹体和多相包裹体为主,有时亦能见到含CO_2包裹体;斑岩体中部组合,即以气液包裹体和多相包裹体为主,气相包裹体和CO_2包裹体大大减少;斑岩体下部组合,即以气液包裹体和多相包裹体为主。②流体包裹体均一温度的上限随着侵位高度的降低而下降。③气液包裹体的盐度$\omega(NaCl_{eq})$为2%~23%,多相包裹体为30%~64%。④流体包裹体的沸腾特征特别明显,许多情况下沸腾包裹体分布空间与工业矿体部位十分吻合。⑤根据稳定同位素研究结果,早期成矿流体以岩浆水为主,晚期流体以天水为主。早期成矿流的挥发相跨2个阶段:岩浆期(700℃~950℃)和岩浆后期的临界—超临界流体相(420℃~700℃)。挥发相成分主要为岩浆水、HCl、HF、CO_2、P_2O_5、NaCl、KCl、SO_2、CO、CH_4 和 B 等。李红超等(2010)通过多河南新县大银尖钼矿床主成矿期矿化石英脉流体包裹体岩相学观察和显微测温,将捕获的流体包裹体分为4类:富液相的两相水溶液包裹体、富气相的两相水溶液包裹体、含子矿物三相水溶液包裹体和含 CO 的三相水溶液包裹体。

流体包裹体在成油研究中的应用　随着中国经济的飞速发展,能源需求量持续扩大,目前中国已经成为世界第2大能源消耗国。因此,迫切需要我们能提出新的方法和手段来寻找石油和天然气。而利用油气包裹体找石油和天然气是一门新的技术,并且在美国、加拿大、中国和澳大利亚已经取得了很大的成果。流体包裹体的显微测温技术已经成功地被应用到石油勘探中。流体包裹体在油气地质及勘探中的应用研究日益广泛和深入。应用流体包裹体的研究可以获得流体的温度、期次以及来源于不同成岩矿物的空隙流体的组成,并以此来推断石油运移的时间及运移时的温压条件。近些年来,流体包裹体的显微测温数据被用来更完整地重建成油区的热历史,并取得很好的效果。油气包裹体在成油过程研究中的应用主要包括2个方面:根据包裹体的显微测温数据以及计算的捕获温度、捕获压力等资料,研究盆地烃源岩和储层的热演化历史,为油气勘探评价提供基础资料;根据各类烃包裹体的观测分析资料,剖析油气生成—运移—聚集的成藏信息,直接为油气普查勘探提供科学依据。前者一般以测定盐水包裹体均一温度、冰点温度为重点,后者以研究油气包裹体产出和分布特征为重点(刘德汉等,2007,2008)。

总体来说,中国的流体包裹体研究与国际上仍有差距,主要体现在对包裹体基础理论、变质岩和沉积岩中的包裹体、计算机软件的开发等方面。

十二、中国应用矿物学研究

应用矿物学是近年来异常活跃的矿物学分支,这项工作也是中国矿物学工作中一个很重要的方面,它涉及工业矿物与岩石、矿物加工与选矿、矿产综合利用、冶金矿物、土壤、生物成矿等许多领域。近年来国内相继召开了许多应用矿物学及有关的学术会议,如1986年11月在南京召开的全国非金属矿测试技术、加工工艺及应用研究学术讨论会,是国内规模最大、内容最丰富的非金属应用矿物学学术会议,主要涉及膨润土、高岭土、地开石粘土、凹凸棒时粘土、海泡石粘土、蓝晶石族矿物、硅灰石、透辉石、叶蜡石、沸石、钠长石等工业矿物特性、加工工艺、测试技术和开发应用研究。近年中国应用矿物学研究主要贡献有:①为地质、选矿、冶金等工作提供了大量矿物学数据。②在解决一些重要矿床的勘探、综合评价与综合利用方面,矿物学研究起了关键性作用。如对内蒙古白云鄂博稀有稀土矿床、四川攀枝花钒钛磁铁矿床、甘肃金川铜、镍、铂多金属矿床、江西大余西华山钨—重稀土金属矿床、广西栗木铌钽矿床和浙江沸石矿床等的研究就是明证。③利用矿物、矿物共生组合、标型矿物和矿物标型特征,以及重砂和人工重砂矿物的研究,发现和重新评价了一些矿床。如南岭许多钨锡矿床,由铌、钽、稀土金属的发现,从而大大提高了矿床的工业价值,延长了矿山的寿命。在区域地质调查工作中,由于通过重砂发现了稀有元素矿物,从而找到了广东博罗铌钽矿、湖南江华褐钇铌矿等特大型稀有金属矿床。利用云母线,在江西找到了大型隐伏脉状黑钨矿床。利用标型矿物组合,进行岩石分带,在发现和勘探斑岩型钨钼矿床、斑岩型铜钼矿床、斑岩型金矿床的过程中起了很大作用。利用铬镁铝榴石、铬透辉石和镁钛铁矿共生组合,给原生金刚石矿床的找寻提供了找矿标志。④在开展与选矿工艺有关的矿石物质成分、矿物物理性质的工作中积累了大量资料,为选矿工艺的实践和理论研究打下了基础。⑤医学矿物学方面,研究了各种结石并探讨它们的形成机理。

1. 工艺矿物学研究

工艺矿物学是一门应用矿物学,是以工业固体原料及其产物的矿物学特征和加工时矿物组成形状为研究目标的边缘性学科。在合理开发和利用矿产资源中,工艺矿物学的作用越来越为人们所重视。从国内外工艺矿物学的发展历史看,工艺矿物学的作用可以贯穿于矿产资源的勘探、开发利用的全过程。随着今后越来越多的低品位的、复杂的多金属矿和二次原料(包括尾矿和废渣)的合理利用,要想使有用矿物的富集和金属提取的技术高度发展,只有靠选冶专家和工艺矿物学专家之间进行创造性的合作才有可能实现。

中国工艺矿物学研究起始于20世纪50年代,到80年代得到快速发展。20世纪80年代以来,随着量子理论在矿物学中的应用、矿物谱学及微束分析技术的应用,人们能够有效地查明有用组分的成分、结构、键性及其与工艺性能中间的关系,从而改进选冶工艺,提高经济技术指标,并解决废料利用和环境保护问题。此外,由于魔角自旋核磁共振的运用,深化了长石、粘土矿物、硅藻土等各种矿物材料的基础研究,改善矿物材料的性能,推进了高新技术的发展。20世纪90年代以来工艺矿物学的发展呈现2个特点:①先进基础理论与先进测试手段的应用使工艺矿物学从宏观深入到微观。近年来,同步辐射X射线吸收光谱对硅酸盐结构的研究,可查明Al-O键的键长键角及其与矿物的密度、粘度、扩散系数中间的关系,为进一步利用打下基础;②工艺矿物学与其他学科相结合,找出为国民经济服务的新机遇,找到学科发展的新方向。目前,中国工艺矿物学研究大部分都为配合选矿工艺研究而工作,主要表现在2个方面(聂轶苗等,2011):通过对原矿的工艺矿物学研究,了解概况的矿物组成、粒度及含量等,确定该矿是否具有可选性以及理论的选矿指标,或者是通过查清选矿流程产品的物种组成情况,为达到更好地选矿指标奠定基础;通过工艺矿物学研究,可以得到一些难选矿石难选的原因所在,或者分析最终产品选矿指标不达标的原因,从而对症下药。

中国的工艺矿物学在过去10年中的重大进展,主要表现在以下几方面(彭明生等,2012):①矿物加工和冶金工艺矿物学的发展与应用;初步建立了矿物—生物浸矿机制和各类微生物冶金的制约因素,为生物选矿和冶金过程中工艺矿物学奠定了新的理论基础。②新的分析技术的发展及其应用使工艺矿物学开始从定性走向定量;探测和揭示了微生物在分子水平上与矿物表面相互作用和能量转换。这些研究将有助于了解微生物矿产开采和微生物选矿和冶金的控制因素的机制,为建立一个新的选冶工艺矿物学打下了深厚基础。③将矿物的晶体化学、矿物物理学、量子矿物学与工艺矿物学紧密结合,使这门应用学科不仅在选、冶、加工工艺等提取其中的某种有用元素,而且也促进了新兴的矿物材料和技术的发展。

总之,在未来新的分析技术发展中,将被更广泛地用于研究矿物质,矿物—水界面和矿物—微生物界面不仅在新型的工艺矿物学发展中取得了好的成果,而且在环境矿物学也有广泛的应用前景。

(张英军)

2. 矿物材料学研究

矿物材料学是矿物学与材料科学相结合的新分支。是研究矿物材料的组成与结构、加工与制备、性能和使用效能以及矿物原料性质与特点等五要素及其相互关系很规律的一门学科(汪灵,2008)。20世纪80年代初中国开始出现岩石矿物材料、矿物岩石材料、矿物材料、矿物功能材料、纳米矿物材料、生物矿物材料、特种矿物材料等术语,并逐步形成了矿物材料学这一新兴边缘学科。为适应国际经济建设和改革开放的需要,中国许多大专院校和科研单位近年来都建立了矿物材料的专门研究机构,如应用矿物学、矿物原材料、粘土矿物材料等(廖立兵等,2012)。

(1)矿物功能材料研究

矿物功能材料的应用基础理论研究的焦点主要集中在矿物材料所具有的各种光电效应、磁化、绝缘、辐射、吸收、透射和反射等基本特性的研究,其主要研究内容包括矿物功能材料性能与其化学成分和结构之间的相互关系;发生在矿物材料内部的电子、原子或分子级别上的物理化学作用,以及在特殊条件下所产生的特殊性质,从而使其具有吸收、隐身、辐射密封、隔热密封、绝缘、核废料处理、光导、声光电磁热力的转化、传输及贮存、图像显示、增透性等各方面的特殊功效;为研究设计具有特殊功能的新型材料及其加工方法提供正确的选材原则和理论依据。随着高新技术的发展,此类研究成果在各个领域得到了日益广泛的应用,且新的应用领域还在不断扩大。矿物功能材料的应用可以是矿物的单晶体,如自然金、金刚石等;也可以是高岭土、石英多晶粉末体、涂层;或者是玻璃、陶瓷体,甚至是薄膜体。例如,用作硅太阳电池的增透膜的金刚石薄膜,由于其透光性非常好,从225纳米~2微米的波长范围内都有很高的透光性,这样的宽度波段的透光性是其他光学材料所不具有的。金刚石薄膜的电阻率 $>10^{10}$ 欧姆·米,热导率好,热膨胀系数极小,化学稳定性好,因而,金刚石薄膜是一种绝缘性强、耐热冲击及抗辐射能力极强的特佳性能材料,将它作硅太阳电池的增透膜具有难以比拟的优越性能。

光功能矿物材料 近年来光功能材料的研究在光致变色、光催化、偏振和发光材料等方面取得重要进展。廖尚宜等(2005)发现紫色方钠石是很好的光致变色材料,其变色效应应是色心所引起,对寻找天然光致变色矿物材料有指导意义。鲁安怀(2003)对天然含钒金红石光催化性能进行了研究。温淑瑶等(2010)和马敏立(2005)分别证明阳光和紫外线下 TiO_2/膨润土对十二烷苯磺酸钠(SDBS)有明显降解效果,石英、水晶、冰洲石等矿物具有偏振性能。吴闻迪等(2009)利用石英晶体和偏振棱镜的组合设计了一种用于内腔拉曼黄光激光器590纳米谱线提取的石英晶体旋光滤波器。严晖等(2003)利用石英晶体透光特性,采用监控法镀制高精度光学薄膜。戚巽骏等(2007)利用水晶制作了二维水晶光学低通滤波器。贾朋等(2008)为了降低生产成本,采用力求减少使用冰洲石的改进工艺制备了一种新型的90°分束偏光棱镜。吴福全(2006)制备了冰洲石—玻璃组合e光超高透偏光棱镜。杜鹏等(2010)制备了萤石基矿物发光材料。李殿超等(2001)以方解石为原料制备出矿物发光材料 $CaS:Mn^{2+}$。

电学功能矿物材料 主要包括导电、绝缘和热电功能矿物材料3类。利用石墨优良的导电性和高温性能,张金章等(2010)合成了石墨—氧化锡—活性炭复合锂离子电池负极材料。洪泉等(2010)考察了纯化处理前后天然微晶石墨组成、结构及电化学性能的变化,探讨纯化处理后的天然微晶石墨用作锂离子电池负极材料的可能性。另外,一些非金属矿物经表面处理后也有较好的导电性能,例如杨丽梅(2001)用化学镀的方法制备了导电云母粉。白云母类矿物具有优良的电绝缘强度、耐电晕、耐热和力学性能,能被广泛用于电子、电工绝缘材料。张小伟等(2010)研究了粒度组成对云母纸抗张强度和击穿强度的影响,获得了较好的粒度配比参数。Wang等(2011)和罗柯等(2010)发现微晶白云母具有优良的绝缘性能,对提高绝缘灌注胶的电阻率和抗压强度具有明显作用,为研制新型微晶白云母绝缘灌注胶提供了科学依据。电气石是发现最早的具有热释电效应的晶体,能产生负离子和远红外辐射,在环境保护和人体保健等方面具有重要的应用价值。董颖等(2005)提高测试不同成分、不同粒径电气石粉体的Zeta电位,发现电气石族矿物电位高低顺序为:锂电气石>镁电气石>铁电气石,且电气石粒径越小Zeta电位越大。张丹等(2008)和Zhao

等(2008)研究了铁—镁电气石结构中铁价态变化对其热释电性能的影响,认为热处理提高铁—镁电气石热释电系数的原因主要是Fe^{2+}的氧化,其次是Fe^{3+}占位的变化。

声学功能矿物材料 一些非金属矿物,如温石棉、纤维海泡石、凹凸棒石等具有纤维和多孔结构,膨胀蛭石、膨胀珍珠岩、硅藻土等具有多孔结构和质轻等特性,具有良好的吸声功能,以及隔热、难燃、耐腐蚀、防蛀和耐候性好等特点,常用来制备高性能吸声材料。近年来,中国声学功能矿物材料的研究与应用主要集中于吸音防噪方面。仲新华等(2006)、余海燕等(2006)分别研究了水泥基膨胀珍珠岩吸声材料的制备、结构与性能。刘庆丰等(2008)利用分散性良好的水镁石纤维做增强剂,以硫铝酸盐水泥和膨胀珍珠岩为主要原料,辅以引气剂、减水剂等添加材剂,制备了具有致密、均匀、细微的相互贯通孔结构的多孔吸声材料。金雪莉等(2009)以陶粒、膨胀珍珠岩为骨料制备了适用于隧道环境的无机颗粒吸声材料。张继香等(2010)利用煤矸石为主要原料,加入发泡剂和其他外加剂,采用凝胶铸模成型工艺制备了高频吸声性能优越的多孔吸声材料。

(2)矿物结构材料研究

矿物聚合材料 近年来,有关矿物聚合材料的研究较为活跃,热点集中在矿物原料类型与性质以及制备工艺对材料结构与性能的影响及聚合反应机理。对于矿物材料主要集中在硅酸盐固体废弃物上,包括粉煤灰、高炉矿渣、脱硫灰渣、非水溶性钾矿提钾残渣、金属尾矿等,尤以针对粉煤灰和高炉矿渣的研究最多。研究发现,粉煤灰和高炉矿渣富含玻璃相,化学活性较高,作为矿物聚合材料原料具有显著优势。以粉煤灰或高炉矿渣为主要原料制备的矿物聚合材料通常具有较高的抗压强度和良好的耐酸碱性(苏玉柱等,2006),并对Cu^{2+}、Zn^{2+}、Pb^{2+}、Cd^{2+}、Ni^{2+}和Cr^{3+}有很好的固化效果(徐建忠等,2006)。研究认为,粉煤灰较高的CaO含量和超细微颗粒的存在对制品强度的提高具有积极意义;粉煤灰中玻璃体与絮凝状基体相的紧密结合是制品具有较高强度的结构基础;高炉渣中的玻璃相在强碱作用下发生溶解,首先形成Si、Al低聚体,最终形成结晶体,从而赋予聚合材料较高的强度和对重金属强的固化能力。以单一碱为激发剂时,矿物聚合材料的强度关系为:$KOH > Ca(OH)_2 > NaOH$;当激发剂为组合碱时,$KOH/Ca(OH)_2 = NaOH//Ca(OH)_2 = 2:3$时,制品的抗折强度最高(张汉卿,2009)。NaOH/钠水玻璃或KOH/钾水玻璃先混合,然后与固相混合,形成的材料强度最大(Xu Hua等,2001)。实验发现,温度越高,聚合物强度越高;材料强度随固化时间的延长而发展,其规律符合抛物线关系。铝硅酸盐聚合反应一般在室温至约60℃下即可进行,24小时脱膜(马鸿文,2002)。在聚合机理方面,研究了Si-O-Si或Al-O-Si的键合特点以及Si和Al配位特征(聂轶苗,2006)。矿物聚合材料的工程化应用也迈出了可喜的步伐,建设了30万吨/年~50万吨/年矿物聚合材料生产线,产品用于重载道路(10吨~50吨车通过频率为3.5辆/分钟)、工业建筑(厂房、设备基础)和储水池顶盖(5000立方米)等结构工程,其强度、抗断裂、抗磨、耐久性等性能均符合设计要求(倪文等,2005)。

矿物摩擦材料 矿物摩擦材料可分为增摩材料和减摩材料2类。增摩材料包括石棉、海泡石、水镁石、重晶石、硅灰石、萤石、赤铁矿、钛铁矿、铬铁矿、长石、锆石、石英、刚玉、金红石、蛭石、沸石、高岭土、硅藻土、白云石、方解石、冰晶石等。近10多年来,由于石棉及其制品的使用受到严格限制,对其作为摩阻增强材料的应用研究几近停止,而对坡缕石、海泡石、蛭石、高岭石、硅灰石等矿物作为摩阻增强材料的研究较为活跃(陶伟,2008;蒋兴言,2009),重点研究了这些矿物的有机插层或表面改性工艺以及与其他原料的优化配比及复合工艺,但成果的产业化水平环比较低,且未形成有约束力的技术规范。石墨、滑石和辉钼矿(MoS_2)等具有较低的硬度和剪切强度,具有降低摩擦系数和摩擦副磨损量的作用,作为减摩材料已得到广泛应用。在石墨和MoS_2纳米化以及摩擦性能评价等方面取得了新进展;采用湿法化学研磨成功制备了具有良好分散性能和较低摩擦系数的纳米石墨(侯越峰等,2005;黄海栋,2006);以聚乙烯吡咯烷酮(PVP)、二烷基二硫代磷酸吡啶盐(PyDDP)为修饰剂,通过液相分散法制备了具有良好减摩抗磨性能的 MoS_2 纳米微粒(朱红等,2006)。以蛇纹石为代表的应用基础研究及工程化应用取得了引人瞩目的成就:①系统评价了蛇纹石对金属摩擦副的减摩—修复性能,证实了蛇纹石可以明显降低摩擦副的摩擦系数和磨损量,并对摩擦副具有一定修复作用(陈文刚,2006,2008);②研究了蛇纹石对金属摩擦副减摩—修复的机理(陈文刚,2006;张博等,2009;张保森等,2009;齐效文等,2007;李生华等,2005;高玉周等,2005,2006);③在铁路内燃机车、汽车发动机、矿山机械等工业设备上广泛开展了工程化应用试验,证实蛇纹石减摩—修复材料具有提高发动机功率、降低尾气有害物质排放、延长设备使用寿命等显著作用(朱红等,2006;于鹤龙等,2009);④以提高蛇纹石粉体在润滑介质中的分散及悬浮稳定性为目的,系统开展了蛇纹石表明改性工艺研究(李桂金等,2008;高飞等,2010)。

矿物复合材料　在矿物增强聚合物复合材料方面,以提高矿物填料与聚合物基体强度和分散性为目标,重点研究了蒙脱石、高岭石、金云母、白云母、蛭石等层状结构硅酸盐矿物插层与表面改性(王毅等,2003;江曙,2006;林浩,2009;冯威,2008;王莹,2003;许涛,2003;牛艳萍,2005;唐华伟,2007;李宏鹏,2007)、硅灰石、透闪石等纤维状矿物的表面改性工艺(刘晓丽,2007;李珍等,2005),在插层—改性剂类型选择、插层—改性工艺优化、改性产物表面性质评价以及改性填料对复合材料性能影响等方面取得了重要进展。

(3)纳米矿物材料

近年来,纳米科学技术逐步应用于矿物材料研究中,把矿物材料的基础研究、加工制备技术与方法和应用效果推向了一个新的阶段,形成了矿物材料研究新方向——纳米矿物材料研究方向,并成为目前最活跃、最有生命力的研究热点之一。

纳米通道结构型矿物材料　彭通江、马国华等(2006,2007,2009)利用水热法人工合成了纤蛇纹石结构纳米管,并对其生长机理和掺杂后的结构进行了研究,利用超声化学法在纳米管中进行了半导体量子线组装。类延达等(2009)、杨树颜等(2009)、黄志方等(2008)、曹艳霞等(2010)、陈卫丰等(2010)以埃洛石为填料提高橡胶的力学性能;乔梅英等(2008)利用埃洛石为载体制备了纳米氧化镍—埃洛石复合材料,其在气体传感器、锂离子电池负极材料以及高效催化剂方面有潜在的应用前景。张大斌等(2010)用共混法制备了坡缕石/PBT、坡缕石/酚醛树脂复合材料。彭传书等(2006)利用坡缕石粉末负载 TiO_2 为催化剂对染料废水进行光催化氧化,与纯 TiO_2 粉末相比具有更高的光催化活性等。

纳米层状单元体叠置结构型矿物材料　杨勇辉等(2011)利用氧化法制备了石墨烯,实现了对石墨的剥离;吕岩等(2010)利用电弧法制备了具有发达、开放的介孔结构和优异电性能的石墨烯材料;马文石等(2010)采用液相氧化法制备了氧化石墨,并通过水合肼还原氧化石墨制备了石墨烯;杜庆来等(2010)利用热剥离法制备了具有很好电容性的石墨烯。李素芳等(2010)研究了石墨烯对红外光的吸收和散射性能。吴小琴等(2010)利用溶胶固定化工艺合成了石墨烯负载 Pt 纳米颗粒的 Pt/石墨烯催化剂,一定条件下不但对 CO 氧化有较好的催化发光性能,还对乙醚、无水甲醇和甲苯等有不同程度的催化氧化发光活性。张晓艳等(2009)成功制备并研究了 TiO_2/石墨烯纳米复合材料,对比纯的 TiO_2 纳米材料其光解水产氢活性明显提高等。周丽春等(2004)采用超音速气流粉碎机对 MoS_2 粉体进行了粉碎,制备了纳米 MoS_2;宋旭春等(2004)采用沉淀法合成了具有无机类富勒烯结构的纳米 MoS_2;陈云霞等(2002)利用浸涂—热解法在玻璃基底表面制备了纳米

MoS_2 薄膜,初步探讨了薄膜的摩擦磨损机制;胡献国等(2004)对超细润滑级 MoS_2 颗粒形态的控制进行了初步研究;沃恒洲等(2004)对普通 MoS_2 和纳米 MoS_2 对比研究得出纳米 MoS_2 添加剂的极压、抗磨和减摩性能优于普通 MoS 添加剂;田言等(2007)研究了表面修饰的纳米 MoS_2,且讨论了其极压性能。刘钦甫等(2006)研究发现,与白碳黑/橡胶复合材料相比,纳米高岭土/橡胶复合材料弹性、拉伸性能和热稳定性较好,撕裂强度和定伸应力稍差;孙红娟等(2007,2008,2011)利用纳米改型—有机插层等方法对蒙脱石进行了剥分,制备了有机—蒙脱石复合材料和柱撑蒙脱石;漆宗能等(2002)对蒙脱石钠化改型、有机改性,利用插层聚合法、聚合物插层法等不同方法制备出聚酰胺/蒙脱石、热塑性聚酯/蒙脱石、聚丙烯/蒙脱石、PS/蒙脱石等不同的聚合物/蒙脱石纳米复合材料,讨论了纳米复合材料的结构、性能及其应用;肖诚斌等(2006)采用聚合物熔融插层法制备了氯丁橡胶/蒙脱石纳米复合材料,提高了橡胶的力学性能;王磊等(2008)采用溶液插层法制备了聚乳酸/蒙脱石纳米复合材料,改善了复合物的热稳定性能;陆昶等(2010)采用原位插层法制备了SMA/蒙脱石纳米复合材料增容 PA6/ABS 共混体系,蒙脱石起到了增溶剂的作用,提高了体系的力学性能;张泽朋等(2010)以聚乙烯醇为碳源,在水体系中通过溶液插层法直接与未进行有机改性的蒙脱石进行插层反应,制备了聚乙烯醇/蒙脱石插层复合材料,再经碳化和纳米化处理制得炭/蒙脱石纳米复合材料。孙金梅等(2007,2009)基于含蛭石晶层层状硅酸盐矿物电荷在有机化及纳米化处理中的重要意义,对其层电荷大小、表征方法及其有机化、纳米化等进行了研究;张泽朋等(2007)用溶液插层法和在乳液体系中采用原位插层聚合法制备了氯丁橡胶/蛭石纳米复合材料。刘文霞等(2010)利用熔融插层法制备聚苯乙烯/蛭石纳米复合材料,提高了材料的力学性能和阻燃性能;何珺(2009)首次利用原位聚合法制备了剥离型聚乳酸/蛭石纳米复合材料,层状纳米蛭石聚乳酸的结晶度降低,球晶粒径大大降低,其纳米复合材料的力学性能大大提高;张坤等(2009)采用微波辅助原位聚合法制备了聚乳酸/蛭石(PLA/VMT)纳米复合材料,在反应时间很短的情况下,蛭石即可以纳米尺寸分布在 PLA 中。

纳米相复合型矿物材料　张辉等(2002)、李明海等(2003)在乙醇介质中制备了 SiO_2 光子晶体;段涛等(2008)研究了热处理温度对蛋白石晶体(SiO_2 颗粒堆积)的影响;冀志宏等(2010)、陈友俊等(2010)、涂圣义等(2008)、李宇杰等(2010)利用 SiO_2 和聚苯乙烯微球做模版制备了各种蛋白石结构的光子晶体等。

3. 环境矿物学研究

环境矿物学基于矿物学与地球化学、土壤学及环境科学等多学科的相关理论和方法,研究矿物与环境的相互作用,探讨环境变化规律及其矿物学标志,阐明环境污染的矿物学机制,为环境变化预测、环境质量评价和环境治理提供矿物学信息。环境矿物学主要研究领域包括环境矿物材料、水体环境矿物、土壤环境矿物、大气环境矿物以及生态环境矿物。所涉及的研究内容包括矿物的微观结构、离子交换、化学活性、矿物矿化作用、矿物氧化还原、矿物过滤作用及沉淀转化等。在环境污染治理、监测、保护人体健康、地质灾害防治、放射性废物处置、古环境重建等方面得到广泛应用。作为一门新兴边缘学科,环境矿物学的产生和发展是现代矿物学理论和方法的发展与人类对自身生存环境的日益关注以及解决人类面临的环境问题所要求的多学科综合研究的产物。

中国学者较早提出开展环境矿物学研究,1991 年谢先德在全国第四届矿物岩石地球化学学术讨论会上首先发表了《环境矿物学——矿物学发展的新趋势》的文章。1999 年 4 月中国环境矿物学分会的成立标志着国内环境矿物学的研究进入了新阶段。2001 年 5 月中国首届环境矿物学学术会议在北京大学召开。国家自然科学基金委员会在"九五"早期就率先支持开展环境矿物学研究,近年来资助项目逐渐增多、强度加大;同时也得到国际有关部委主管部门的支持,取得了一大批具有较高理论水平和明显社会、经济效益的成果。所涉及的领域主要包括:利用天然矿物处理工业废水污染物、以工业废弃物为原料制造轻质保温材料、矿物粉尘对人体的危害、矿物材料在垃圾填埋场中的应用、地下水与土壤污染的矿物防治方法、开发绿色建材和研制抗菌陶瓷、微量元素与矿物表面反应以及现代矿物学新技术和新方法在环境矿物学研究中的应用等。中国环境矿物学研究从一开始就有一个较高的起点。中国学者侧重于应用研究和应用基础研究,特别是应用研究;研究对象有污染环境的矿物、治理环境污染的矿物、反映环境变化的矿物以及矿物的表面性质及元素在矿物—水界面的反应机理等。

近年来环境矿物学在土壤污染治理、污水治理、大气污染治理和环境矿物界面与微生物相互关系作用等方面的应用取得了许多研究成果。特别在环境矿物材料以及无机界矿物天然自净化作用原理研究方面,发掘与有机界生物方法相当的无机界矿物有效防治环境污染的天然自净化功能,系统提出环境矿物材料净化污染物多种基本功能,提出继物理法和化学法尤其生物法之后的第四类环境污染防治方法——矿物法,发展了环境污染治理与环境质量修复新理论与新技术,为高附加值利用矿物提供了新途径。中国环境矿物学的迅猛发展,表现出中国在该学科领域发展几乎与国外同步进行,充分反映出这一新兴学科在中国的长足发展现状与巨大发展前景。以环境矿物学领域研究为主的鲁安怀担任首席科学家的国家"973"项目"若干生命活动中矿化作用的环境响应机制研究"于2007年获得批准立项,彰显了"小学科"也能解决"大问题"的巨大生命力,使得中国环境矿物学方向研究与人才培养步入新的发展阶段。

中国环境矿物学在环境污染治理方面的应用研究进展主要表现在以下方面(戴瑞等,2009;郑水林,2008):

(1)水污染治理 经过选矿提纯、表面或界面处理、复合、改型等加工后的硅藻土、膨润土、沸石、海泡石、凹凸棒石、绿泥石、高岭土、云母、蛭石、电气石等非金属矿物材料具有良好的处理工业废水(无机重金属离子及有机物污染)和城市生活污水的功能,部分已得到工业化应用(表2-4-3)。①水中重金属离子的处理。蒙脱石、海泡石、高岭土和伊利石等粘土矿物具有比表面积和离子交换容量大、孔隙率高、吸附性能强等特性,对废水中 Hg^{2+}、Cd^{2+}、Pb^{2+}、Cr^{3+}、As^{3+}、Ni^{2+} 等重金属离子的吸附处理有着特殊的功效。研究表明,若蒙脱石与聚合氯化铝交联处理废水中 Hg^{2+}、Cd^{2+} 和 Cr^{3+},可进一步改善去除效果,提高固液分离速度,使低浓度废水中 Hg^{2+} 等重金属离子的去除率达93.1%(李虎杰等,1998)。杨友强等(2009)以蒙脱石为主要原料制备出一种自来水处理用的新型复合絮凝剂。海泡石经改性后其网状孔径变大,表面更多的酸基暴漏,这些羟基和水分子可与重金属离子络合,或重金属离子与改性海泡石中可交换的阳离子发生离子交换反应。用 $NH_4Fe(SO_4)_2$ 改性后的海泡石对 Cr^{6+} 的去除效果很好,pH在3~6之间,Cr^{6+} 浓度在35毫克/升以内,加入2.5克改性海泡石,室温静态吸附12小时,去除率可达99.5%(杨阴平等,2003)。詹旭等(2005)用高岭土去除含锰废水中的锰离子,去除率超过90%。祝凌燕等(2010)研究了沸石、方解石、钾长石、钙基和钠基膨润土对水体中 Pb^{2+} 的吸附固定效果。蛭石作为吸附剂对废水中的 Pb^{2+} 有较好的吸附性,当溶液pH6.0、吸附时间30分钟,蛭石对浓度为10毫克/升~60毫克/升 Pb^{2+} 的吸附率超过99%,最大吸附容量为87.82毫克/升(刘勇等,2005)。磷灰石对 Pb^{2+} 有较好吸附性,Pb^{2+}、Cu^{2+} 和 Zn^{2+} 的吸附容量分别为138毫摩/千克、114毫摩/千克和83.2毫摩/千克。若3种金属同时存在,则吸附量分别降低15.2%、48.3%、75.6%(Xinde Cao 等,2004)。实验表明,在适宜的实验条件下,硅质磷块岩对镉离子的去除率可达98%(胥焕岩等,2003)。Xu Yanhuan(2002)

将沸石进行了铝改性,结果表明其对 As(V) 有较强的吸附能力,特别适合用来去除低浓度 As(V) 废水,而且 40 毫摩/升的 NaOH 溶液可将使用后的沸石有效再生,但磷酸盐的共存对吸附有较大影响。高乃云(2002)通过氧化铁涂层石英砂和未涂层石英砂除砷过滤实验证明,涂铁后比表面积是原砂的 13.35 倍,且除砷效果显著,去除率可达 95% 以上。②水中有机污染物的处理。由于天然粘土矿物存在大量可交换的亲水性无机阳离子,使实际粘土表面常存在一层薄的水膜,因而不能有效地吸附疏水性有机污染物。这时需要对粘土矿物进行有机物改性,通常采用有机阳离子,通过离子交换,把粘土矿物中原先存在的无机阳离子置换出来,使其成为疏水性有机粘土,这样增加了粘土矿物中有机质含量,增强了去除疏水性有机污染物的能力。天然膨润土中由于表面硅氧结构具有极强的亲水性和层间大量可交换性阳离子的水解,使其表面通常存在一层薄的水膜,而不能有效地吸附疏水性有机污染物。将天然膨润土钠化后再进行无机聚合,能大幅提高膨润土对有机污染物的脱色去污能力,用它处理印染废水,COD 去除率可达 85% 以上(陈天虎等,1996)。软锰矿去除苯酚的实验研究认为,软锰矿对苯酚有很好的去除效果,在最佳条件下适量的软锰矿可除去 80% 以上的苯酚(郑红等,1998)。锰矿砂对苯酚也有较强的吸附作用,去除率可达 80% 以上,仅催化降解就占 6% 左右,降解产物为对—苯醌。锰矿砂对对氯苯酚、对氨苯酚、对氨二酚均有催化氧化作用(郑红等,1999)。徐慧平等(1993)研究结果表明,$\gamma\text{-}MnO_2$ 催化适用于直接红、活性红、还原黄等多种印染废水,其脱色率可达 90% 以上。③水中无机污染物的处理。利用海泡石与氯化镁等无机物在适当条件下反应而研制成的新型复合吸附剂经过 1% 的 HCl 改性后能较好的吸附废水中的磷,去除率在 98% 以上(黄瑾晖等,1998)。将沸石进行铝改性后,其对 As^{5+} 有较高的吸附能力,特别适合用来去除低浓度含 As^{5+} 废水,而且 40 毫摩/升的 NaOH 溶液可使使用后的沸石有效的再生(商平等,2008)。胡涛等(2006)研究结果表明,热改性凹凸棒石粘土对含氟量高达 100 毫克/升的废水都有较好地处理能力,氟离子去除率可达 93.68% 以上,处理后的废水符合国家许可排放标准。栾兆坤等(1998)利用表面包裹了氧化铝层的凹凸棒时粘土吸附剂进行了除氟动态柱吸附效能实验,其氟去除率可到 95% 以上,累计氟吸附容量可达 10.5 毫克/克,对吸附饱和后的吸附剂再生后仍具有较高的吸附性能。刘桂荣等(2001)采用柱撑蒙脱石吸附水中硫酸根离子,发现柱撑蒙脱石具有很强的吸附硫酸根离子的能力,且 pH 在 4~5 范围时,硫酸根离子去除效果最好。吕昌银等(2003)用稀土镧制备了镧型阳离子交换树脂,用于水中静态除氟,除氟容量 4.08 毫克/克,除氟有效率 97.80%。除了治理废水,非金属矿物还可以改造水质。西沙群岛饮用水就是用当地含沸石的火山角砾岩处理后,排除海水中的有机质,降低矿化度,减少氨离子和硝酸根,成为标准饮用水的(潘兆橹,1993)。中国某些干旱、半干旱地区地下氟含量偏高,导致"斑釉病""氟骨病"地方病发生。浙江地矿厅专家将缙云沸石经加工破碎、装柱、活化、水洗、明矾溶液处理后,在除氟器内处理义乌徐村氟含量高达 22 毫克/升的井水,除氟效果明显,水质达国家饮用水标准(蔡惠兰等,1992)。

表 2-4-3 1998 年以来部分硅藻土污水处理剂的应用实例

年份	项目名称	规模(吨/天)	类型
1998	云南澄江禄充	2000	生活污水
1998	云南宜良明丰造纸厂	1000	造纸废水
1998	贵州六盘水老鹰山煤矿	8000	煤矿废水

续表

年份	项目名称	规模（吨/天）	类型
2000	云南瑞丽市造纸厂	1000	造纸黑液废水
2001	内蒙古呼和浩特	10 000	城市污水
2001	四川攀枝花广铁学院	1300	生活污水
2002	广东清远	20 000	城市污水
2003	江苏海门	10 000	城市污水
2003	广东广州大田山	300	垃圾渗滤液
2003	重庆永川	1000	城市污水
2003	广东增城今日漂染厂	10 000	印染废水
2004	浙江温州经济开发区	10 000	工业废水
2004	江苏常熟鸽球印染公司	10 000	印染废水
2004	云南大理	5000	城市废水
2006	温州生态园污水处理工程	1000	城市污水
2006	佛山高明第二污水处理工程	20 000	城市污水
2006	张家界污水处理工程	10 000	城市污水
2007	洛阳定鼎门污水处理工程	10 000	城市污水
2007	新疆昌吉污水处理工程	5000	城市污水
2007	栾川污水处理工程	10 000	城市污水
2007	山西风陵渡污水处理工程	20 000	城市污水

资料来源：郑水林．非金属矿物环境污染治理与生态修复材料应用研究进展[J]．中国非金属矿工业导刊，2008（2）：3-7．

（2）大气污染治理　大气污染物按其存在状态可分为气溶胶污染物和气态污染物两大类。其中气态污染物在一定的条件下可转化为气溶胶态污染物，气态污染物包括了以二氧化硫为主的含硫化合物、以氧化氮和二氧化氮为主的含氮化合物、碳的氧化物、碳氢化合物及卤素化合物。①工业废气治理。工业废气是中国大气污染的主要来源，据资料介绍（杨飞华等，2005），中国目前每生产1吨水泥熟料要排放1吨CO_2、0.74千克SO_2、130千克粉尘；每生产1吨石灰排放1.18吨CO_2。沸石、凹凸棒石、海泡石、蛭石、蒙脱石、多空SiO、活性MgO、活性AlO、白云石、硅藻土等具有吸附性、过滤性、絮凝性、离子交换性及中和性等性能，对其改性、改型或复合处理，可用于处理工业与生活中排放的废气。邢泳（2003）进行了海泡石净化油烟及活化废酸的研究。任建莉等（2007）用天然沸石、膨润土和蛭石及其化学改性物质作为吸附剂在小型固定床试验台上开展了脱除气态功的研究。②燃煤污染治理。中国大气污染的显著特征就是煤烟型。煤炭燃烧释放出烟气、粉尘、SO_2、CO、CO_2等一次污染物以及产生硫酸、硫酸盐类等二次污染物，造成酸雨污染，严重污染环境。治理燃煤污染，使用的固硫剂是一些含钙、镁、铝、铁、硅和钠的物相，由于在高温下形成的硫酸盐易分解，降低了固硫率。可以通过研究某些高温下形成疏松孔道结构的环境矿物材料作为固硫添加剂，营造燃煤内部氧化气氛，有效地阻止硫酸盐分解。膨润土在高温下失去层间水，形成疏松孔道结构，吸附硫化反应产物硫酸盐，同时激活自身层间固硫离子如钙、镁等，有利于促进固硫反应。蛭石尾矿具有良好的固硫效果，其固硫活性因燃烧温度而异，在950℃和1050℃时膨胀性能好、活性强。蛭石尾砂在型煤燃烧过程中膨胀产生的疏松结构,不仅能提高燃煤固硫效率,还能为煤中碳质成分的充分燃烧创造条件,降低煤炭因不完全燃烧而形成的碳质飞灰,明显减少烟尘污染(陈从喜等,2002)。将蛭石的吸附性和膨胀性与碳酸钙等配合使用,可提高燃煤固硫效果(耿曼等,2006)。③城市空气治理。城市空气污染主要来源于汽车尾气的排放,其中包括 NOx、金属排放物(如 Pb 等)的排放,随着现代大中城市之无铅汽油的使用,由汽车排放的铅金属阳离子的危害大为减少,同时三元催化油的使用使得汽油燃烧的 NOx 排放量显著减少。以青石为主体的三元催化剂载体得到了广泛的应用。青石为环状结构含铝硅酸盐,其四面体中存在着[AlO_4]对[SiO_4]的置换以及配位多面体中金属阳离子的类质同象置换,活性强,同时具有极好的高温热稳定性。利用低白度滑石研制出新型多微孔陶瓷专用微细粉,对尾气净化率达到98%以上,并且使用效果不会随时间下降,这为根治汽车尾气的工作找到了一种良好的方法(翟斌,2005)。由于汽车排放气体有害成分主要为 NOx,国外近来利用高温热稳定性好同时吸附能力强的海泡石制作高效汽车尾气净化器,国外用粘土矿物制成汽车排气管、过滤器,主要是充分利用粘土矿物的吸附性。用粘土矿物代替活性炭还可降低卷烟中含有的焦油、自由基、尼古丁等对人体的危害(杨飞华等,2005)。④室内空气污染治理。现代人正进入以室内空气污染为标志的第三污染时期。因此,室内空气污染及治理是当前的热门研究课题,也是普通百姓关注的重要话题。对于甲醛、氨等室内有害物质,以沸石、坡缕石、海泡石、膨润土、累托石等粘土矿物为载体的载银无机抗菌剂可以起到良好的作用效果。目前开发的以多孔结构粘土矿物为载体的无机抗菌剂已成功应用于室内空气净化,并对病菌及其分泌物毒素均有较强的杀灭和降解作用。中国矿业大学(北京)研发的硅藻精土/纳米二氧化钛复合型室内空气污染治理材料,以平均孔径几十纳米、分布规则的天然硅藻土为载体负载适量的光催化组分纳米二氧化钛;由于硅藻土颗粒的天然纳米孔较大,分布规则且贯通,适量负载纳米二氧化钛后孔道变小但未被完全遮盖,仍可贯通光线,因此,在太阳光和日光灯下也有较好的光催化作用。经中国建筑材料环境监测中心监测,硅藻土负载纳米二氧化钛复合材料对甲醛的降解性能优良,24 小时的甲醛去除率可达到80%(郑水林,2008)。北京市建筑材料科学研究院开发的以纤维状坡缕石、海泡石、沸石制作的环保型特种多功能纸不仅具有难燃、阻燃效果,而且能有效地吸附室内空气中的氮氧化物和有害极性气体。

(3)固体废弃物的治理　固体污染物主要是指工业生产和城市居民日常生活排放的废弃物,包括各类炉渣、煤矸石、粉煤灰、赤泥、尾矿以及生活垃圾等。①固废的二次资源化。除了城市生活垃圾以外,工业废渣如炉渣、粉煤灰、冶金渣、煤矸石、尾矿、赤泥等的矿物组成绝大部分是非金属矿物,对于此类污染物的治理主要是使其二次资源化。例如煤矸石,其成分与粘土相似,可用以生产砖瓦、水泥、轻骨料、砌筑砂浆;含碳量很低的煤矸石可用于生产陶瓷、耐火材料等。研究表明,以煤矸石、高岭石、膨润土为主要原料可合成沸石,用以代替传统洗涤剂中的三聚磷酸钠以减少环境污染,成为洗涤剂发展的趋势(杨赞中等,1999)。有些"废物"可直接用于治理其他污染物,以达到"以废治废"的目的。如铬渣中含有的 6 价铬被称为 5 大剧毒之一,极易造成环境污染,用煤矸石可对其进行还原治理。煤矸石中的固定碳可作为 6 价铬的还原剂,而其中所含的硫和挥发分可形成良好的还原环境,铝、硅、铁等酸性氧化物又能在熔烧过程中作燃料,为解毒后的 3 价铬创造了生成稳定矿物的条件,遏制 6 价铬的形成。解毒后的煤矸石铬渣可制成煤矸石铬砖、轻质骨料,还可制作水泥的混合料等(李思悦,2004)。很多学者(周乃武,2006;王铁军,2008;尹国勋等,2008;陈磊等,2009)分别利用炉渣、粉煤灰、冶金渣、煤矸石、尾矿、赤泥及生活垃圾等废弃物制备出土壤固化剂、复合型防渗层和新型陶粒产品等。②垃圾填埋场防渗。在目前技术条件下,中国城市生活垃圾的处理主要采用填埋法,垃圾填埋场的建造中最关键的技术是防止垃圾物、重金属离子以及有害有机物质渗入地下水中产生二次污水下渗,从而污染地下水水源。因此,对垃圾填埋场进行防渗滤处理是十分必要的。膨润土因其良好的流变性、保水性、离子交换性、耐久性、无二次污染等特性及相对低廉的生产成本使其成为垃圾填埋场防渗滤的优选材料。用膨润土毯作垃圾填埋场防渗层的部分工程实例有:上海嘉定工业垃圾填埋场(1万平方米)、北京门头沟市政固体废料填埋场(4.5万平方米)、香港 WENT 市政固体废料综合处理厂(30万平方米)等。鲁安怀等的研究成果显示(鲁安怀,2005),利用改性蒙脱石作为垃圾填埋场防渗衬层建造材料,能有效地阻止垃圾渗滤液中有机污染物在衬层中的迁移与渗漏,还不散失其粘性以防止所建衬层的断裂,并能堵塞地下溶洞,而适用于具有较强的地应力地质特征与喀斯特地貌特征的地区城市垃圾卫生填埋场中防渗衬层的建造工程。通过一次性低成本有机化改性工艺获得新型防渗矿物材料,巨大优势在于同时实现防止水体与无机物和有机物渗漏。提出直接利用中国资源量巨大的天然钙基膨润土与工业纯长碳链季铵盐有机阳离子(HDTMA)进行离子交换反应,革新了传统工艺中只能利用工业产品钠基蒙脱石与试剂纯长碳链季铵盐有机阳离子进行离子交换反应而制备有机粘土技术,降低了有机粘土的制备成本。可替代进口防渗材料,用于生活垃圾和危险废物填埋场衬层建造工程。

(4) 土壤污染治理　一些层状、架状结构矿物和铁、锰、铝氧化物及氢氧化物具有孔道特性和化学吸附性,尤其是铁、锰变价元素的氧化物及氢氧化物往往表现出一定的氧化—还原性,因此成为土壤环境中吸附重金属污染物的有效物质。杨秀红等(2006)研究了凹凸棒石对铜污染土壤的修复效果。刘秀珍等(2007)、律琳琳等(2009)、廖立兵等(2012)分别用膨润土、沸石、硅藻土、海泡石等对镉污染土壤进行了修复研究。谢正苗等(2009)研究了膨润土对受 Pb 和 Zn 复合污染的绍兴某矿区土壤的修复效果。林云青等(2009)认为在铜、锌、镉污染红壤中添加凹凸棒石和钠基蒙脱石能显著增加黑麦草两茬的地上部分生物量(鲜重)。

(5) 放射性废物处置　核污染环境放射性核素主要为 ^{89}Sr、^{90}Sr、^{137}Cs、^{131}I、^{14}C、^{239}Pu 等。以沸水、凹凸棒石等矿物为吸附介质能够很好地防止核素在处置场中的迁移。王金明等(2008)研究了不同环境条件下(浓度、温度、pH)凹凸棒石对模拟核素 Cs^+ 的吸附性能及其平衡吸附时间。易发成等(2006)用热活化高岭土、新疆沸石、改性凹凸棒石粘土为基质材料制成的富铝碱矿渣粘土矿物胶凝材料吸附放射性核素体 Sr^{2+}、Cs^+。近年来人们还试验通过高温熔化沸石,让其与放射性废渣反应固化成化学性质较稳定的陶瓷、玻璃体系的物质,使放射性元素长久固定在沸石的晶格内,达到控制污染的目的(葛学贵等,2001)。鲁安怀(2005)研究认为,长石类矿物中硅氧四面体在三维空间作架状连接,可以形成较大的空隙与孔道。常见的钾长石晶体中孔径长为 0.550 纳米,孔径宽为 0.385 纳米。实验研究发现,水分子能够进入其中,与水分子大小相当的典型高放射性核素原子半径,比起长石类矿物孔道中存在的 K、Na、Ca 还要小。既然水分子与碱金属离子能够进入长石类矿物孔道,大小相当而活性更强的放射性核素无疑更容易进入长石类矿物孔道。正是凝灰岩与花岗岩中长石类矿物发育有良好的孔道结构,可使核素进入孔道,能够有效阻滞核素迁移而成为天然屏障。

(6) 在治理土地沙漠化方面的应用　土地沙漠化已成为一个世界性的问题,要防止沙漠化,就得从改良土壤做起。一些粘土矿物材料能吸附比自身重量大得多的水分,具有独特的水土保持功能。例如,膨润土水化后,体积迅速膨胀至凝胶体,渗透率大大降低,而且膨润土具有良好的抗冻性、压缩性、固节性,对沙土的稳定性、密实性、自保水性、永久性等,具有明显的效果,所有这些特性使其成为沙漠化治理的理想材料之一,而且将植被种子与水、膨润土搅拌后,可提高种子在沙性土壤中的出芽率和成活率,改善沙漠化地区的生态环境(张俊红,2006)。朱红等(2006)利用膨润土、杭锦2号土矿物纤维,采用水溶液聚合法分别与丙烯酰胺-Co-丙烯酸组成共聚型吸水树脂。对2种环境矿物材料的添加比例对吸水树脂各项性能的影响进行了研究,同时探讨了其对干旱区植物生长的影响,得到了添加比例为15%杭锦2号土,膨润土比例为10%的吸水树脂具有最佳吸水性能,并且对植物生长最有益。这种树脂的吸水和蓄水量为其本身重量的400倍左右,可被制成大小约为13毫米的颗粒,然后混合在表层的土壤中。由于有极大的吸水能力,可吸取天然的降水或露珠,在吸水后成为具有很大弹性的凝胶块,能在土壤中一直保持块状形式,成了土壤的极好湿润剂,使细沙土壤不会发生板结现象,也不会形成治水层。利用它的这些性质来治理沙漠化的土壤,具有深远意义。

第二节 中国岩石学研究

一、中国岩石学发展概述

岩石是在地质作用下由一种或多种矿物有规律地组成的集合体。它构成地球上层部分(地壳和上地幔)的基础。按其成因可分为岩浆岩、沉积岩和变质岩。研究岩石的科学称为岩石学,作为一门独立的学科开始出现于18世纪末,迄今有200多年的发展历史,其研究内容目前可归纳为岩石的物质成分、结构、构造、形成原因、时空分布与成矿的关系、演变历史和规律,其研究成果广泛用于生产、科研和生活各个领域。岩石学可概括分为岩浆岩岩石学、沉积岩岩石学、变质岩岩石学和工艺岩石学。

在古代,岩石和矿物统称为"石"。最早有关矿物岩石性状的记载是中国的《山海经》和古希腊泰奥弗拉斯托斯的《石头论》。《山海经》是公元前约400年战国初期的著作,书中记载了多种矿物和岩石。由于地壳中的岩石主要是结晶岩,因此岩石学发展的初期要研究的是火成岩,到了19世纪中叶才开始系统地研究变质岩,而沉积岩直到20世纪初才引起人们的注意,可是它的发展却十分迅速,到20世纪30年代就已发展成了一门独具风格、内容丰富的学科。

18世纪后半叶~19世纪初德国地质学家维尔纳为首的弗莱堡学派倡导水成说,认为所有岩石都是浑沌水的沉淀物。最早沉积花岗岩和片麻岩,其次为片岩、大理岩等,后期为页岩、砂岩、砾岩等。英国自然科学家赫顿于1788年提出了火成说,认为在地下热的影响下,形成的熔融物可经火山活动形成火山岩,或在深部结晶形成花岗质岩石。1830年英国自然科学家莱伊尔提出岩石的成因分类,分为水成岩类、火山岩类、深成岩类和变质岩类,深成岩类包括花岗岩和片麻岩类。从"水火之争"到莱伊尔以多种成因观点代替单一成因观点的岩石分类,是岩石学孕育阶段的主要标志。现代的显微岩石学是英国地质学家索比把偏光显微镜运用于砂岩、石灰岩和粘板岩的观察而开始的。德国齐克尔在1866年《描述岩石学教科书》对岩石的许多亚类作详细阐述。齐克尔1873年出版的《矿物和岩石在显微镜下特征》和罗森布施的《岩相学主要矿物在显微镜下结构》奠定了显微岩石学的基础。

19世纪末~20世纪早期是岩石化学的形成时期。美国的克拉克和德国的奥桑都是这方面的创始人。克拉克与华盛顿等人合作研究并发表了《火成岩平均成分》《地壳成分》等重要著作,创造了CIPW岩石化学计算法;挪威岩石学家福格特用矿渣作材料进行高温熔融实验,说明硅酸盐中的共熔关系,确定矿物的结晶顺序并把它运用于天然岩石;美国岩石学家鲍温在1928年发表《火成岩的演化》,提出了钙碱性岩浆中矿物析出的反应系列及其原理,习称"鲍温反应原理",奠定了岩浆分异作用理论基础。在变质岩岩石学方面,挪威地球化学家戈尔德施密特和芬兰岩石学家埃斯克拉将物理化学中的相律运用于岩石学,创立了变质相的概念。偏光显微镜的出现和使用是岩石学研究中一个突破性的转折点,它为岩石学的研究打开了微观领域的闸门,为岩石的分类和描述提供了许多重要的依据。1889年俄国的费德洛夫发明了旋转台,这为从三维方向高精度研究造岩矿物和岩组学提供了手段。1895年X射线的发现又为矿物学的研究开辟了新天地,特别是对矿物的内部结构、微细矿物的测试等方面发挥着独特的作用,为岩石的成因和演化规律提供了一些极其重要的线索。

第二次世界大战结束以后,特别是20世纪50年代以来,通过国际性多学科地学研究活动的开展,板块学说兴起并不断发展,作为地质学科分支的岩石学进入了新的发展时期。X光及电子显微技术的发展使岩石、矿物内部结构研究进入微区领域;微量分析技术如光谱、X光荧光分析等的发展使稀土和微量元素定量成为可能,为某些成岩作用过程的研究提供了定量依据;质谱分析可以测定岩石和矿物中同位素组成,不仅提供了有关成岩作用的时间信息,对示踪岩浆演化、岩浆起源、岩石变质等原岩及其形成过程也都提供重要信息;高温高压实验,能测定的压力达到数百亿帕,约合深度600千米以下,可以模拟上地幔某些岩石的形成。上述新技术、新方法的应用为地壳早期岩石、洋底和深部地幔岩石的研究积累了大量资料,推动了现代岩石学理论的完善化。地震研究使过去的一元或二元原始岩浆论转变为受大地构造环境控制而形成的多元岩浆的观点,洋中脊、裂谷带、活动大陆边缘和陆内环境都有不同的岩浆组合。关于岩浆演化除了岩浆分异作用、岩浆同化作用之外,岩浆混合的观点也日益受到重视。板块构造理论对沉积岩岩石学也有显著影响,现代沉积岩石学理论认为:大型沉积盆地和它们的沉积中心与板块运动有关,板块的相互作用和板块构造环境是沉积盆地演化和各种沉积相形成分布的关键。用现代沉积作用和水动力学环境的实验模拟资料来解决古沉积环境问题,是沉积岩石学研究的生长点。变质相和变质相系的研究初步奠定了变质作用和大地构造的联系,而地幔与地壳的相互作用而产生的热流是区域变质的根本原因。20世纪80年代以来变质作用的温度—压力—时间轨迹的研究揭示了变质作用历史与地壳构造演化之间的关系。目前,由于多种近代测试分析方法的完善和应用,使矿物的研究更是向着微量、微区、高速度、高精度的新阶段迅速向前发展。矿物有序—无序的研究、矿物用作地质温压计的探讨、矿物稳定同位素的测定,都直接或间接地为地壳中和壳下物质存在的状态、岩浆的形成和演化等带来了令人信服的凭据。目前,岩石学的研究正沿着矿物学、岩石化学、地球化学、区域岩石学、岩类学、岩理学、实验岩石学和工艺岩石学等多方面彼此联系、相互推进的方向向前发展。

中国现代岩石学的研究是与现代地质学的引入同步的。中华人民共和国成立前,中国从事岩石学工作的人很少,他们在十分困难的条件下,努力进行了若干方面的研究,也发表过一些有价值的研究成果,但从总的情况看,工作很零星,研究还不深入,不少工作处于启蒙阶段。

中华人民共和国成立后,由于社会主义建设的需要,地质事业得到蓬勃发展,有关院校和科研单位大力培养岩石学研究和鉴定人才,人员已从中华人民共和国成立前的数十人增长到千人以上。实验室从无到有逐步筹建并扩大,作为地质学重要基础之一的岩石学工作相应得到加强和发展。20世纪50年代后期在地质部统一规划下,大规模开展了全国性的1/20万区域地质调查和普查工作,岩浆岩和变质岩的研究工作进一步得到了系统发展。工艺岩石学也随着工业的发展而建立了初步基础。中华人民共和国成立以来岩石学研究的特点是研究地区和研究领域不断扩大,有的门类已发展成为独立的学科,如火山学和工艺岩石学、陨石岩石学等;区域性和专题性的岩石学研究水平不断提高,少数已达到或接近国际先进水平;岩石学研究的室内外方法和技术已有巨大改进和发展。

(杨守仁)

二、中国岩浆岩岩石学研究

由岩浆在地下或地表冷凝而成的岩石称为岩浆岩。按其化学成分可分为超基性岩、基性岩、中性岩、酸性岩和碱性岩等类别。按其冷凝部位区分为侵入岩和喷出岩或火山岩。岩浆岩石学研究岩浆和岩浆岩的地质、物理、化学特征、成因及资源环境效应的科学,是岩石学的一个重要分支。

1. 1910年前中国岩浆岩的记载

中国古代早有"火山"一词,《大荒西经》中说:"昆仑之丘,其外有炎火之山,投物辄燃"。郭璞注:"今去扶南东万里,耆薄国,东复五千里许有火山国,其上虽霖雨,火常然"。这是中国古代有关火山的最早记载。东北长白山的白头山,关于它的喷发活动,史书上曾有4次记载。黑龙江五大连池火山、江苏吴江县城外火山、云南腾冲的打鹰山火山都被真实传神载明于古籍。1840年后,许多外国学者来华调查中也记述了五大连池火山、山东玄武岩、南京方山玄武岩、云南腾冲打鹰山火山等。

2. 1910年~1949年中国岩浆岩岩石学研究

对于花岗岩的研究是从花岗岩与矿产的联系开始的。翁文灏的《中国矿产区域论》(1920)将华南与成矿有关的燕山期花岗岩划分为与铁铜矿有关的偏中性花岗岩和与锡钨矿有关的偏酸性花岗岩两大类,前者以长江中下游为代表,后者以南岭为代表。谢家荣曾分别称之为扬子式和香港式。1925年以后较系统的岩浆岩石学研究渐多。如叶良辅(1925)对与接触变质铁矿有关的闪长岩的岩相学和山西临汾方沸石正长斑岩的研究(其中《山西临汾县方沸石正长斑岩》是中国最早的一篇碱性火成岩著作),李学清(1925)对四川会理橄榄岩和南京钟山浅成中酸性岩的研究,叶良辅、何作霖(1928)关于湖北大冶鄂城、阳新一带的火成岩,黄汲清、朱森(1928)对"羊坊花岗岩与鬐髻山层之接触"研究,喻德渊(1933)关于苏州花岗岩,杨杰、陈国达(1935)对山东荣成市马鞍山正长岩的研究等。现代地质学开创时期,较完整的火成岩石学著作应推叶良辅、喻德渊的《南京镇江间之火成岩地质史》(1934),研究了该区侏罗白垩纪象山组沉积以来的岩浆活动,作了74个湿法化学全分析并都计算了CIPW和Niggli值,运用Harker成分变异图解来研究辉长闪长岩体从中心到边沿、从早期中酸性侵入体到晚期脉岩等岩浆成分的变化;建立岩浆循环(旋回)的概念,把区域岩浆活动区分为5期,引用地震地质新资料将岩浆活动与地球内部圈层结构相联系。该专著无论从资料的完整性和科学理论水平方面都是一流的,为中国早期的一部区域岩石学的经典著作。何作霖(1936)对北京西山的花岗岩及其变质作用研究后认为那里存在钾系和钠系2套花岗岩,它们对围岩的热液蚀变十分明显。20世纪二三十年代翁文灏、谢家荣等均曾探讨过中国岩浆活动的分期问题。翁文灏1926年~1929年连续发表《中国东部的地壳运动》(1926)、《中国东部中生代以来的地壳运动与岩浆活动》(1927)、《中国东部中生代造山运动》(1929)等系列论文,主要论述了燕山运动的存在,并将其分为2期,识别出2期不同性质的构造运动和岩浆活动,早期集中于华北、华中多中酸性花岗闪长岩体,伴随热液型铁矿;晚期("南岭期")表现为华南大规模花岗岩伴生钨锡等多金属矿床。这些人士奠定了研究中国东部中生代岩浆活动和金属矿床分布规律的基础。40年代后较多的学者注意研究一些岩体的侵入年代。德日进(1939~1940)阐述中国的花岗岩化作用,认为它的时代从天山到燕山逐步变新,即花岗岩化的向东迁移,他还认为花岗岩化是大陆活动之主要标志,从而得出结论,东亚是亚洲大陆最活动地区。王竹泉(1947)研究了山西紫金山碱性正长岩,提出它们的分异次序。此外,还有巴博尔(1923)对济南侵入岩、新常富(1947)对山西的碱性岩、杨杰(1948)关于北京西山中生代侵入岩与火山活动和黄懿(1949)关于苏州花岗岩和汉南杂岩的研究等。1945年黄汲清在他的《中国主要地质构造单元》一书中论述了火成岩与造山运动的关系,指出了加里东花岗岩、华力西花岗岩以及燕山旋回花岗岩的存在和分布范围,可以认为是当时中国花岗岩时代和分布的讨论总结。对花岗岩的岩石化学、岩体构造(包括节理和流线等)有不少学者进行了研究。李四光在《研究火成岩侵入体的新方法的建议》(1924)中提出以等量线表示岩体化学成分的变化,创造了一种新的岩浆岩侵入体研究方法,叫做氧化物等值线法。这个建议为岩体的研究从定性到定量、从个别点、线到面的研究开拓了方向。舒文博在《河南武安红山火成岩侵入体的研究》(1924)中用氧化钙等氧化物等量线图说明岩石的同化作用。王恒升(1926)采用此法研究湖北大冶磁铁矿床有关的侵入岩岩石学。

关于火山活动的研究首推章鸿钊(1910)的留日毕业论文,文中明确指出,浙江有流纹岩、粗面岩等新火山岩。1920年~1937年火山岩研究主要在东部某些地区,对中、新生代陆相火山岩做过一些研究工作,古生代和更老的海相火山岩研究很少,仅局限于西部的少数地区。东部地区以北京西山、江苏宁镇山脉以及河北和山西北部工作较多,主要的有王恒升(1928)对北京西山的妙峰山、髻髻山火山岩和宣化古火山研究,揭示它们的地质和岩石学特点;王炳章《热河北票之火山岩研究》(1929),尹赞勋(1933)对大同的第四纪火山,王绍文(1934)报道了山东烟台一带的玄武岩,高平(1935)对浙东中生代火山岩研究,程裕淇、陈恺(1935)对安徽庐江和南京附近中生代火山岩的研究,杨杰(《中国东北部几个近期火山》,1936)和尹赞勋(《中国近期火山》,1937)对中国近期火山的研究,赵家骧(1938)对北京西山双泉组中火山岩报道等。1937年~1949年中国西南和西北地区做过一些古生代和前寒武纪海相火山岩的研究工作,如程裕淇等(1939)西康道孚古生代晚期火山岩及其变质的研究,程裕淇(1941)对西康道孚古生代晚期海底喷发岩研究说明其次序是由中性到基性,程裕淇、任泽雨(1942)对西康东部中泥盆世前火山岩的发现,赵家骧《中国西南部二叠纪玄武岩成因及时代之检讨》(1942)等,都为以后的深入研究奠定了基础。彭琪瑞(1944)和朱夏(1945)对西康前震旦纪富林杂岩研究,说明由超基性岩到花岗岩、一系列侵入岩的产出以及它们和以流纹岩为主的喷发岩的生成关系;李树勋(1946)对甘肃中性、基性火山岩的研究;宋叔和(1946)对甘肃白银厂火山岩和新疆天山火山岩研究等。此外,黑龙江德都、吉林蒙江、广东海南岛以及台湾海岸山等地都进行过新生代玄武岩的研究。稍后,中国东部火山岩的研究又有了新的进展,如程裕淇和沈永和(1948)对南京方山新近纪玄武岩的岩石学、岩相学特征和岩浆活动的自然历史的研究,是一部记述火山岩的重要著作;颜沧波(1949)对台湾新竹草岭碱性玄武岩作了初步调查;杨杰(1949)对北京西山火山活动的研究等。

总之,这一时期是中国岩浆岩研究的开创阶段,偏重于一般性的区域性的岩石描述,以岩相学为主要方向,以岩浆分异结晶作用理论为指导来解释结晶岩石。但研究工作仅限于少数地区和少数岩体,且大部偏重于一般的地质观察、显微镜研究和少量岩石化学分析。对花岗岩类的系列、组合、造岩矿物、副矿物、微量元素、同位素地质等以及实验研究等方面几乎没有涉及。

3. 1949年以来中国岩浆岩岩石学研究

1949年~1966年,随着全国性的地质普查勘探工作,特别是区域地质调查工作大规模展开,极大地促进了岩浆岩岩石学的研究。例如,在甘肃、青海和西藏地质局的支持下,中国科学院、北京地质学院涂光炽、李璞、池际尚等领导的祁连山科学考察队查明了祁连山造山带的构造—岩浆—成矿的基础构造格局,为祁连山金属成矿带的矿产资源勘查奠定了基础。中国的岩浆岩研究在弄清构造岩浆旋回、岩浆活动与大地构造和矿产的关系方面取得了显著的成果;与大型矿区和成矿带的矿产勘探工作紧密结合,是这一时期岩浆岩岩石学研究的又一显著特征;同位素测年和示踪技术是岩浆岩岩石学发展的重要支柱之一。李璞在这一时期领导建立了中国第1个同位素地质与地球化学实验室,带动了后来中国同位素与地球化学的迅速发展。作为岩浆岩岩石学的又一支柱和向工业的延拓,苏良赫在这一时期开创了中国实验岩石学和工艺岩石学方向。

改革开放后,岩浆岩石学产生了新的飞跃,逐步与国际接轨,并经历了有模仿跟踪到从中国实际出发进行理论创新的过程,衍生出许多新的生长点。岩石物理化学理论和方法已系统地应用于岩浆岩石学,池际尚、苏良赫以及邓晋福(1987)等对此作出了重要贡献;实验岩石学也有一定的发展。中国科学院地球化学研究所赵斌、谢鸿森等自行设计制造的大腔体超高温高压实验装置,能够进行硅酸盐体系相平衡的研究,为实验岩石学的开展创造了条件。

岩浆地质方面,由于板块理论的引入,岩浆系列、组合及其构造环境方面研究日益加强。岩浆物理、岩浆动力学的研究已经兴起。动态地研究构造—岩浆间的相互作用,重建构造岩浆事件的时空格局,已得到较充分的发展。在岩浆传输过程流体的力学、火山喷发动力学、岩石流变学等方面已经有不少有意义的工作。正如董申保指出,岩浆岩的研究"已从20世纪早期纯描述的岩相学研究走向一个完善的地质环境沿革为背景,以近代测试为手段并给予重熔实验为依据的综合研究方向"。由于中国大陆及边缘海地质构造、岩浆作用与成矿的复杂性与多样性,岩浆岩的地质研究取得了一批重要成果。从事中国东部中新生代濒太平洋岩浆岩与成矿的如徐克勤、王德滋对华南花岗岩的研究;常印佛、翟裕生对扬子中下游的岩浆与成矿规律的研究;邓晋福对中国大陆的根柱构造的研究和他多次强调的中国东部岩石圈减薄;莫柱荪对东岸沿海花岗岩的研究;邱家骧、李兆乃和周新民对中国东部火山活动的研究等。从事秦岭—大别山造山带构造岩浆研究的如张本仁、张国伟、丛柏林;从事青藏、"三江"造山带岩浆与成矿研究的如张旗、邓万明、莫宣学等;从事昆仑—祁连、天山以及兴蒙造山带火山岩、蛇绿岩研究的有肖序常、何国琦、张旗、夏林圻和穆克敏等。中国濒太平洋的岩浆作用与成矿同美洲西部的濒太平洋带相比既有共同性,也有重大差别,此一认识对于全面阐明太平洋板块的运动学与动力学是十分重要的。陆壳增生是地球科学中的最重要的问题之一。中国北方以 εNd 的正值为特征的巨大古生代花岗岩带的发现,为显生宙的地壳增生过程中有大量地幔物质的引入提供了重要依据。西藏北部、南部及东缘许多地区高钾火山岩的发现,揭示了印度与欧亚板块的碰撞和碰撞后的过程。通过火成岩的时空分布,提出了高原北缘地块对于青藏高原主动俯冲的可能性。此外,在"三江"及西部许多造山带中,在俯冲碰撞过程结束后,才有"安第斯"型的弧火山岩和斑岩等岩浆活动,并伴随有经济价值的矿床,可称"滞后型"弧火山活动,反映了大陆构造—岩浆—成矿的复杂性。所有这些新发现、新资料都说明了中国岩浆岩石学正在不断创新、走向成熟。

随着大陆动力学的兴起,形成了深部地球物质与深部过程的研究方向,将岩浆岩及其所携带的壳幔岩石包体作为探测地球深部的"探针"研究壳幔物质组成、物理状态及深部过程。池际尚(1988)主编《中国东部新生代玄武岩及上地幔研究(附金伯利岩)》在国内外影响强烈;刘若新、鄂莫岚、邓晋福、路凤香等也相继出版专著,对各种幔源包体进行了研究,对于中国大陆下的上地幔特征和动力学都积累了丰富的资料和新的认识,形成了地幔岩石学新的分支学科。中国地幔岩石的研究是从新生代玄武岩中的地幔捕虏体及高压巨晶开始的。20世纪80年代以来深化了东部如河北汉诺坝、广东麒麟等地的包体研究,并扩大到西部如甘肃礼县、湖南宁远及滇西。提供了东部各典型地区的上地幔岩石剖面,并建立起中国东部新生代上地幔组成、结构及热状态的总体框架,已发表了许多论文和专著。90年代发展为东部的岩石圈四维填图和动态的综合的深部作用过程的研究。金振民(1994)用实验论证在塑性变形条件下橄榄岩部分熔融的熔体拓扑结构对上地幔流变强度、深部物质的波速、导电率等岩石物理性质有明显的制约,同时对元素的溶解度也有中介的影响。这些对于了解大陆地幔的熔融作用及完善大陆动力学模式、开展深部地球物理的研究具有十分重要的意义。近年来地幔温压计研究也有一定进展,马鸿文综合了1990年以前的温压计,从中筛选出较合理的温压计;徐义刚(1993)研制了适用于地幔的地质温压计;支霞臣(1996)运用质子探针测定橄榄岩中的含Ca量,选用了2种二辉石温压计和压力计计算了扬子大块东段的岩石圈地幔的热状态。金刚石的找矿查明华北和扬子在古生代时岩石圈地幔的厚度都超过200千米,如以中国东部古生代岩石圈地幔与南非Kapvaal克拉通相比,可以看出中国东部中新生代的岩石圈根受到侵蚀和减薄,被热的、亏损程度低等所代替,这就控制了中国东部中新生代的岩浆作用成矿作用。

在20世纪80年代末期,对区域岩石学作出了初步的总结。对几个重要的岩浆岩石类型都作了大量的总结性工作,并在成因上进行了一些解释。这些资料为深入研究岩浆岩奠定了比较巩固的基础。与此同时,对几个岩浆岩的重要类型和重点地区,包括与花岗质岩石有关的各种成因类型;与基性岩、超基性岩有关的岩石类型诸如细碧岩套、堆积杂岩体、蛇绿岩套以及金伯利岩、科马提岩;与大陆边缘的火山岩系包括熔结凝灰岩等都开展了专题研究,并在下列几个地区取得了重要成果,主要有中国华南、华北和秦巴地区的花岗岩、大陆边缘的中生代火山岩、东部的玄武岩、西南二叠纪的裂谷玄武岩及铁镁—超铁镁杂岩体、三江地区的火山岩系、甘肃的细碧—角斑岩系和新疆东准噶尔的蛇绿岩套等。这些地区的岩石学研究的特点是密切地与矿床成因探讨联系起来,对矿床成因理论的发展作出了贡献。

花岗质岩石在中国分布广泛,从前寒武纪太古代至喜马拉雅期、从特提斯—喜马拉雅区到滨太平洋区都有花岗岩系列分布。关于花岗岩和有关岩类的研究,1956年以前对东部地区个别岩体如北京西山、江西西华山、富贺钟等花岗岩的系统研究较多,20世纪50年代后半期,随着1:20万区调工作在南岭、秦岭、大兴安岭、天山等地及其邻区的开展,逐渐由个别岩体研究扩展到区域花岗岩类岩石的研究。其中尤以南岭地区花岗岩研究较为突出,并取得较好的研究成果。1959年广东地质局编的《南岭侵入岩》,对该区中生代以来花岗岩类的地质、岩石、岩石化学、造岩矿物等特征作了对比和论述。这一著作对提高区域地质调查工作中花岗岩岩石学研究水平曾起过积极作用。1957年~1962年南京大学先后发现了赣南的加里东花岗岩和皖南的雪峰期花岗岩,20世纪60年代初期起发表了《华南多旋回的花岗岩的侵入时代、岩性特征、分布规律及成矿专属性探讨》等论文,全面论证花岗岩类的多旋回发展特点,同时强调花岗岩化成因观点。池际尚等(1963)的燕山西段南口花岗岩的研究,在1:5万地质填图的基础上进行了系统的岩相学、矿物学(包括主要矿物的化学组分的测定)和岩石化学组分(包括部分微量元素)等方面的工作,并通过不同的岩石图解反映出其侵位条件和形成时的岩浆分异状况,特别是在岩浆分异作用下对围岩的同化混染作用作了较详尽的分析,划分出各种混染和分异类型以及它们在结晶过程中所起的作用,首次划分一个大型岩浆岩体的不同期次,并探讨了其微量元素地球化学特征和成矿专属性。与此同时,徐克勤开展了华南多旋回花岗岩的研究为后来深入成因系列和成矿专属性研究打下基础。这时期,中国科学院贵阳地球化学研究所(1964)报道了中国测定的第一批同位素年龄数据,并肯定了华西花岗岩的存在。随后冶金部地质研究所、地质部地质研究所、中国科学院地球化学研究所、南京大学地质系等单位陆续发表了大量岩浆岩年龄数据,为研究花岗岩的时代提供了依据。与此同时,有关单位先后发现了姑婆山、苏州、栗木、博罗、广海等含稀土铌钽的花岗岩新类型,促进了华南花岗岩的研究。20世纪70年代末起,随着1∶20万区域地质调查的大部分完成和花岗岩有关的许多有色、稀有金属矿山的勘探开发以及新实验手段的应用,积累了丰富的实际资料,区域性花岗岩类岩石学的综合研究得到了加强,不少省区有关地质部门进行了地区或全省的岩浆岩总结,有的还编制了全省的岩浆岩分布图,湖南省地质局和冶金地质研究所对湖南岩浆岩的总结、湖北冶金地质勘探公司中南研究所对鄂东南岩浆岩的总结、地质部天津地质矿产研究所对华北地台中生代中性侵入岩的专题研究等。同时国际上新兴的板块构造理论和重熔假说的影响,以及尖端测试技术特别是同位素测试技术的引入,引起以地球化学为主要研究方向的建立,花岗岩研究在中国出现了空前蓬勃发展景象,人们按重熔假说重新分析花岗岩的形成和演化。1972年中国科学院贵阳地球化学研究所在《南岭及其邻区花岗岩同位素年代学研究》一文中论证了长江中下游和南岭2种不同类型花岗岩,1979年又出版《华南花岗岩的地球化学》一书,根据大量数据,运用数学地质和热力学的理论和方法对花岗岩的成因(曾提出2种成因系列)和其他理论问题进行了较深入探讨和分析。地质部宜昌地质矿产研究所莫柱荪等的《南岭花岗岩的地质学》(1980)以大量区域地质调查资料和同位素年龄数据为基础,对南岭花岗岩的时代进行了比较详细地划分和论证,并探讨了南岭花岗岩的成因和演化以及花岗岩与成矿的关系,提出了成矿模式。南京大学地质系在以往工作基础上,进一步总结提出《中国东南部花岗岩类的时代分布、岩石演化、成因类型和成矿关系的研究》(1980)一文,将花岗岩类与大地构造联系,分成改造型和同熔型2个类型。前者是地槽沉积物花岗岩化的产物;后者是在板块交接带或深断裂带内,由上地幔派生的岩浆与上部地壳重熔混染而形成的产物。中国科学院和地质部有关单位对西藏南部地区的花岗岩类进行了较详细的研究,在花岗岩的岩石学特征、区域的时代分布、成因等方面都获得了大量资料,取得了一些进展。徐克勤等(1986)在前人大量研究的基础上,将花岗岩类分为3个成因系列:陆壳改造型、同熔型和幔源型,并在岩石化学和地球化学特征的基础上,结合构造位置、花岗岩的源区、物质来源和成矿关系等作了总体成因的推理,在国内获得广泛的关注。王德滋等(1996)在中国东部中生代花岗岩的研究中提出了由改造型发展成为S型的深成—火山杂岩体、中生代火山岩系中的橄榄粗玄武岩系、富钾钙碱性岩系和富钾钙碱性岩系的同熔型花岗岩等。这一研究强调了中国大陆边缘的花岗岩成因类型和一般的岛弧型花岗岩的不同之处以及它们可能形成的大地构造环境。20世纪80年代以来,S-型花岗岩、I-型花岗岩、A-型花岗岩以及M-型花岗岩及其与大地构造环境在花岗岩研究中受到普遍的重视,其中A-型花岗岩的研究成为它们中的一个重要方面。中国的A-型花岗岩有着不同的类型和多种地质意义,主要有中生代晚期的含晶洞花岗岩分布于东南沿海(周洵若等,1992;许保良等,1994;赵广涛等,1997)以及小兴安岭、张广才岭(李之彤等,1991),海西期A-型花岗岩成弧形分布于新疆准噶尔—内蒙古—大兴安岭延至俄罗斯及蒙古(洪大卫等,1991),喜山期A-型花岗岩分布于云南哀牢—金江带(涂光炽等,1986)以及前寒武纪中、新元古代的环斑花岗岩(张本仁等,1994;郁建华等,1994)。在这些类型中,它们的具体类型在地球化学组分上往往表现不同,形成的地质环境从碰撞后到裂谷型亦各异。这方面的研究为国际所关注。以地球化学元素特别是同位素地球化学的应用为主体的花岗岩的研究在近代中国花岗岩研究中具有一定的代表性。其中张理刚等(1995)对中国东部的岩石特别是花岗岩做了较多铅同位素研究,并搜集了大量的其他同位素的材料,从基底岩石同位素地球化学入手与地壳的构造相对应,提出了一个"花岗岩类岩石构造同位素地球化学分类"。2001年1月~2003年12月中国地质调查局基础调查部的基础地质综合研究项目"中国花岗岩重大地质问题研究"取得了以下创新成果：①初步建立了5个典型花岗岩带重点区段花岗岩浆—构造事件时序格架；②获得了一批高精度地球化学、同位素地球化学—测试数据,特别是(52个)高精度锆石SHRIMP年龄,对解决一些重要的重点地质问题提供了新的证据；③在秦岭—昆仑造山带发现了世界罕见的造山型环斑花岗岩带,确定了后碰撞构造环境,为研究全球环斑花岗岩类型及成因提供了基地；④在东昆仑造山带发现并确认了岩浆底侵的世界上第3个地表露头,为全球研究岩浆底侵和壳幔相互作用提供了良好野外实验室；⑤论证了超大陆演化与地壳生长的关系,提出了新的阶段性大陆地壳生长模式和地幔来源物质成矿域的概念；⑥提出和应用结构要素组合概念,将燕山造山带演化划分为5个造山幕,不同造山幕具有不同结构要素组合。这不仅为深入研究上述5个具全球构造意义的造山带和花岗岩带形成演化奠定了基础,对造山带花岗岩填图理论和方法提出了一些新认识和建议,而且也使中国花岗岩地质调查研究工作从偏重于岩性描述,开始步入构造研究新阶段。

关于基性超基性岩的研究,中华人民共和国成立前仅在几个地区如河北、西藏、新疆、东北、四川、宁夏进行,由中外地质学家发现了一些基性、超基性岩体,对个别地区的玄武岩及其中的超基性岩包裹体曾发表过几篇论文。从1950年起随着对铬、镍、钴、铂和金刚石普查找矿的开展,对东北、内蒙古、西藏和祁连山等地区的基性超基性岩体及其含矿性进行了大量研究工作。特别是1957年以来中国地质科学院地质研究所和中国科学院地质研究所牵头组织对内蒙古、新疆准噶尔、祁连山、西藏曲松和东巧的超基性岩带及燕山基性岩带等展开了比较深入的研究,取得了重要成果,在岩石学、岩石化学、岩相学、矿相学、地球化学、岩组学、矿田构造学等方面均有独到的见解,并掌握了含矿性的标志。20世纪50年代以来,上述单位先后开展了与硫化铜镍矿床有关的基性超基性岩的研究和山东以至中国西南地区金伯利岩的研究。对西南地区含钒钛磁铁矿的基性超基性岩的岩石学、矿物学等方面的研究也取得一定进展。在研究中,王恒升、白文吉(1975,1978)等先后提出超基性岩的矿物定量分类、命名及岩石化学计算方法,并以此为依据进一步探讨了成矿专属性问题。刘若新(1962)、王述平(1962)、傅德彬等(1963)、张弛等(1975)、方华等(1985)、崔军文(1986)、师占义等(1986)、彭礼贵(1987)和刘朝基等(1988)等在超基性岩方面也作出了重要贡献。70年代末~80年代为执行中国科学院"地壳上地幔计划"(后来为"岩石圈计划"),中国科学院地质研究所、地球化学研究所系统地进行了东部基性、超基性岩及深源包体的研究,主要是中、新生代的深源岩石(玄武岩、金伯利岩、超镁铁岩总体、镁绿岩等)的研究。通过这些研究工作得出的基本的认识是：中国东部继中生代活动陆缘的钙碱性岩浆活动之后,新生代初则转化为张裂的大陆边缘的玄武岩浆活动阶段,其中尤以中新世和更新世的喷发活动最为强烈,而且主要活动于与张裂运动有关的裂谷带、断陷盆地和断裂带；东部新生代火山岩以玄武岩质熔岩及火山碎屑岩为主；查明个别地点的拉斑玄武岩含有少量超镁铁岩包体,而碱性系列岩石普遍含有超镁铁岩包体及高压巨晶；超镁铁岩包体是大陆包体的特征,分为上地幔橄榄岩、上地幔分凝体和堆晶(积)岩3大类；通过对东北一些地区第三纪玄武岩中含镁铁岩包体的研究,认为该区上地幔曾发生塑性流变作用、伴随熔融的地幔上隆作用、熔融岩浆发生和分离结晶作用的局部地幔交代作用；对苏皖鲁3省玄武类岩石的高温高压相榴辉岩类岩石及石榴石二辉橄榄岩体研究表明,位于超镁铁岩中的榴辉岩较片麻岩中榴辉岩更富铁而贫钠,属陆壳物质。

火山岩的研究方面有明显进展。中华人民共和国成立后,全国地质系统对火山岩的研究都十分重视,投入了较多的人力,故有了很大的发展,特别是20世纪70年代末进展更为明显。1949年后火山地质学的研究从以火山地层学研究为主的传统方法,发展为以地层学同火山岩相学和火山构造学相结合的方向。从过去区域地质调查中的综合柱状图,开始改变为按火山口区分别建立几个火山岩地层剖面。火山旋回、古生物组合和同位素年龄三者结合划分地层组、段的方法也受到重视。火山岩的区域岩石学和岩理学研究,在广度和深度上都有较大发展。1956年~1964年对浙闽中生代火山沉积岩系、大兴安岭第四纪火山岩、贵州二叠纪玄武岩和中国东部新生代玄武岩类岩石化学、火山和火山沉积作用等,许多地质学家从不同角度进行了较深入研究。1972年~1975年由华东地质科学研究所、中国地质科学院地质矿产研究所、中国科学院地质研究所、武汉地质学院、南京大学地质系等17个单位参加的宁芜地区中生代火山岩及其找矿关系的研究,对该区火山旋回、古火山机制、火山岩岩石学、矿物学和地球化学特征及其成矿关系问题作了较全面的解析,为研究区域成矿规律、进行矿产预测提供了依据。1975年以来火山岩自然共生组合和岩浆系列的综合研究受到了重视。如东南沿海中生代火山岩的研究,侧重于钙碱性系列安山岭—英安岩—流纹岩组合和熔结凝灰岩形成机理的研究。东部大陆内侧同深断裂有关的中新生代火山岩的研究,多半侧重于火山旋回和岩浆演化、火山系列组合的分带性以及岩石学和岩石化学特征的研究。对西南、西北、华北等地区的火山岩,从岩石学、岩石化学、火山地质等方面也做了大量工作。1980年11月中国地质学会岩石专业委员会在杭州召开了火山岩及火山岩分类命名学术交流会,对火山岩的分类命名及火山地质和火山作用进行了研讨。1983年李兆鼐等在大量新类型的岩类学资料的基础上,结合专题研究成果,提出了全国统一的火山岩分类命名方案和相应的鉴定手册,以及数据处理和自动化成图的计算机程序。这不仅为建立中国火山岩数据库提供了条件,而且为大区域火山岩资料的综合整理和对比创造了有利条件。对中国东部新生代玄武岩及其深源包体的研究表明,它们具有3种基本组合:一是拉斑玄武岩和碱性玄武岩复合组合;二是富钾碱性玄武岩—响岩组合;三是富钠碱性橄榄玄武岩—霞石碧玄岩组合。其中仅富钠碱性玄武岩含深源包体,后者的来源深度较大,一般到达尖晶石辉石橄榄岩相,有的达到石榴石二辉橄榄岩相。通过岩石学、矿物学、同位素及微量元素工作,提出中国东部新生代玄武岩的形成和演化模式及其与板块构造的关系。吴利仁等认为中国东部地区是一个新生代火山岩复合区,并存着钙碱性系列、拉斑玄武岩系列、含标准Hy紫苏辉石分子橄榄玄武岩系列、钠质碱性系列、钾质碱性系列。东部地区依常州—岳阳古断裂划分为南北2区,北区新生代火山岩系的形成与活动明显地受地幔底辟和古深断裂复活所形成的复式裂谷系构造的控制;南区则明显地受古深断裂和板块消减作用的控制。根据各类火山岩岩浆活动的次序和微量元素稀土元素丰度的变化规律,提出了"岩浆生成的正向过程及逆向过程"的概念。20世纪80年代来一系列研究成果表明,火山岩的系列、组合和火山建造的研究是研究区域成矿规律并进行成矿预测的重要依据。这时期,中国火山岩的研究不但涌现出了一批属于典型火山岩地区或与火山作用有关的典型矿床的研究成果,而且有不同规模地区性、大区域性的综合研究成果;反映火山作用特点的火山构造、火山岩相研究工作已广泛开展;对于酸性—中酸性火山岩地区分布广泛的熔结凝灰岩提出了多种成因观点;对火山碎屑流成因的熔结凝灰岩已由定名识别进入相成因与相模式研究。近年,中国火山学会刘若新等联合中国地质大学等单位,从环境保护和减灾的角度对长白山、五大连池等休眠火山进行了火山学、火山喷发动力学、火山物质岩石学与地球化学等方面的研究,获得显著进展。还有一些学者从壳幔之间、岩石圈—软流圈之间物质能量交换角度研究了更长时间尺度的环境效应。长期以来被忽视的火山岩与花岗岩关系的研究,已经引起重视。各种新技术新方法都得到应用和推广。

蛇绿岩作为一种特殊的岩石组合久已受到重视,赫斯(1955)建议将蛇纹岩、基性火山岩和燧石岩的组合归结为 Steinmann 三位一体;1972 年彭罗斯会议将蛇绿岩定义为一种可与洋壳对比的特殊镁铁质至超镁铁质岩石组合。国内最早报道的蛇绿岩是常承法等(1973)指出的沿雅鲁藏布江和班公湖—东巧一带分布的蛇绿岩。而最早专题论述蛇绿岩的是肖序常等的《台湾东部蛇绿岩》(1977),是中国第一部蛇绿岩专著。这些论著开始了以活动论的观点研究蛇绿岩,因而引起国际地质界的普遍关注。1980 年 ~ 1982 年开展的中法喜马拉雅考察和 1985 年 ~ 1986 年中英青藏高原地质考察,大大推动了中国蛇绿岩及相关领域的研究。中国蛇绿岩分布之广、时代跨度之大、类型之复杂是世界各国所少见的。20 世纪 80 年代以来涌现出一系列有影响的专著,王希斌的《西藏蛇绿岩》(1987)系统总结了雅鲁藏布江和班公湖怒江—带蛇绿岩的特征。此后西准噶尔、天山、内蒙古、秦岭、横断山等地均报道有蛇绿岩。研究认为,中国是由小的板块拼合而成,蛇绿岩自然是板块边界最好的标志。由于构造的复杂性,中国的蛇绿岩现场环境是多样的,包括岛屿、弧前、弧后及陆间洋盆等;大多以蛇绿混杂岩的形式出现,混杂岩的基质主要由变质沉积岩组成,而蛇绿岩则是混杂岩中的块体;是时代的,古老的造山带受后来构造作用的叠加和改造也越强烈,造山带中的蛇绿岩也越易于受到构造的再造,所以中国的中生代蛇绿岩较之古生代的蛇绿岩保存相对完整。

(杨守仁)

图 2-4-4 蛇绿岩一种—枕状熔岩

图 2-4-5 蛇绿岩套

4. 中国近年火成岩岩石学研究

近 30 多年来,国际火山岩研究的重大进展主要反映在对现代大洋及岛弧区、大陆边缘活动带、大陆内部活化断陷盆地和裂谷系中生代及中生代之后的火山岩和火山作用研究方面。利用火山岩研究数据反演诱发火山作用的深部地球动力学过程,探索地球不同圈层(壳—幔—核)相互作用对于火山岩形成的贡献,进而重塑不同地质历史时期中板块构造体制与火山岩浆作用的关系,乃是 20 世纪 70 年代 ~ 90 年代世界火山岩石学界研究的主流趋势。这些研究也从一个侧面极大地丰富了现代板块构造理论,促进了它的发展和成熟(中国地质学会岩石专业委会员,2011)。

自 20 世纪 90 年代以来,随着大陆动力学研究的兴起,国际火山岩石学界除了继续致力于现代大洋、岛弧、大陆边缘活动带和大陆内部裂谷系的研究外,开始更为关注大陆内部地质历史时期中一些重大火山事件、大裂谷火山岩省或大火成岩省的研究,认为它们往往是地质历史时期中曾经存在过的超级联合大陆裂解事件的前奏或响应,并相继提出地幔柱—超级地幔柱假说来解释它们的成因。20 世纪末 ~ 21 世纪初这种新的全球构造观——"地幔柱构造"的提出,在很大程度上是全球火山岩研究和全球 P - 波地震层析研究联合的产物。它应当是板块构造理论的延伸和发展,对大陆地质和大陆动力学研究以至地球动力学研究的进一步深化起着推动作用。Ernst 等(2005)总结提出了当代国际大火成岩省(LIP)研究的四大前缘领域,①对地球历史中曾经产生或出现过的大火成岩省和大火成岩省群加以鉴别和特征化,包括单个事件(包括喷出和侵入事件)的大小、熔体产生的速率、使得岩浆在地壳中侵位和分布的输送系统的几何形态、地幔源区的地球化学性质和位置、与大规模成矿事件的关系;②确定地球上大火成岩省在时间上(从太古宙至现代)和空间上(指对古大陆恢复、重建之后的状况)的分布,对大火成岩省活动和超大陆裂解、新生地壳诞生、气候变化和生物灭绝、地球磁场反转的频率变化间的关系进行评估;③调查研究和检验有关大火成岩省成因的地幔柱和非地幔柱假说;④将地球上大火成岩省的特点、成因和分布与缺乏板块构造的金星、火星、水星和月球上的大火成岩省进行对比,以便更好地了解行星内部地幔中的对流作用(中国地质学会岩石专业委员会,2011)。

(1)新元古代末期大陆裂谷火山作用与Rodinia超级联合大陆裂解

自20世纪90年代以来,随着Grenville造山事件全球性概念的建立,McMenamin等(1990)首先提出Rodinia超级联合大陆的概念以来,这个推测在新元古代早期形成的超级联合大陆正在被众多地质学家(Hoffman,1991;Li,Z. X.等,1997;Dalziel等,2000;Pisarevsky等,2003;陆松年等,2003)从不同角度进行的研究所认可,对其具体组成的复原正在不断地进行探索。联系到震旦纪—南华纪冰碛岩和寒武系底部的含磷沉积在中国华南、华北、西北、中亚及西伯利亚的广泛分布,确实暗示着在元古代末期应当存在有一个包括中亚—东亚在内的Rodinia联合古陆。许多中外地质学家除致力于Rodinia古大陆的重建研究,也将注意力投向了对该大陆解体事件的探索。对于新元古代末期在中亚—东亚(包括中国中西部和华南)、澳大利亚、北美、非洲南部和南极分布的新元古代裂谷盆地和裂谷岩浆(火山岩、岩墙群)事件的研究(夏林圻等,1995,1996,1998,1999,2001,2002;夏祖春等,1995,1996,1999;徐学义等,2001,2002;王剑,2000;王剑等,2001,2003;李献华等,2001,2002;Li,Z. X.等,1995,1996,1999;Fetter等,1995;Park等,1995)可以作为代表,新元古代广泛发育的裂谷火山事件的研究对于查明Rodinia古陆的裂解及古亚洲洋的开启可以提供重要的约束,同时对于探索这一时期诸多超大型矿床(如中国金川的超大型镍矿床等)形成的地质背景也具有重要的指向性意义。有的学者(Li,Z. X.等,2001,2002)甚至已经提出用地幔柱、超级地幔柱假说来解释新元古代末大陆裂谷岩浆活动和Rodinia古大陆裂解的地球动力学机制。但是,目前对于这套新元古代末期裂谷火山岩系的研究只是处于起步阶段,特别是有关中国中西部新元古代裂谷火山岩系的分布范围、确切性质和精确时限尚存在许多疑点和不确定性,应当进一步研究查明。

(2)中亚石炭纪—早二叠世大规模裂谷火山事件的深部地球动力学背景及其与古特提斯裂解和晚古生代中亚大规模成矿事件的关系

以天山为中心的中亚地区石炭纪—早二叠世大规模裂谷火山事件的综合确定和提出(夏林圻等,2002,2004,2006;Xia,L. Q.等,2003,2004,2005),是近年来亚洲区域火山岩研究的一项重大进展。初步估算,这套在古亚洲洋闭合之后发生的大规模裂谷火山事件的产物,即裂谷火山岩系的分布范围至少有150万平方千米,连同与其同期侵位的层状基性—超基性岩和大范围花岗岩可以统称为"天山(中亚)大火成岩省"。该大规模裂谷火山事件似乎不应当简单地归之为由于古亚洲洋闭合—碰撞造山—地壳增厚—岩石圈拆沉诱发软流圈上涌—减压熔融而产生的被动式碰撞后裂谷火山事件,它可能有着更为深刻的全球动力学背景。

过去很长的时间内,对于天山及邻区广泛分布的石炭纪火山岩系的产出环境,一直有不同的认识:①一部分学者将它们当作是岛弧火山岩系(成守德等,1986;Coleman,1989;马瑞士等,1993,1997;Gao Jun等,1998;卢华复等,2001;赵振华等,2001)或活动陆缘火山岩系(李锦轶等,2006),从而得出中亚古生代洋盆在石炭纪时仍未闭合的看法;②另一部分人则提出西天山产于伊犁陆块之上的石炭纪火山岩盆地是发育于大陆裂谷环境(肖序常等,1992;车自成等,1996);中天山在石炭纪时也应当是大陆裂谷环境(车自成等,1996;陈丹玲等,2001);天山东段北部博格达地区则应当是石炭纪陆内裂谷(顾连兴等,2000)或裂陷槽(肖序常等,1992,2001)、坳拉谷(何国琦等,1994),顾连兴等(2001)进一步提出博格达石炭纪裂谷的形成是与古亚洲洋在石炭纪时向东南准噶尔—吐鲁番—哈密陆块斜向俯冲引起的弧后撕裂有关;天山东段南部觉罗塔格地区为石炭纪岛弧—弧间盆地(马瑞士等,1993,1997)或石炭纪裂陷槽(肖序常等,2001);王方正等(2002)报道他们在天山以北的准噶尔盆地腹地陆梁隆起区也发现了具大陆裂谷特点的石炭纪双峰式火山岩系。即便是持后一种认识(裂谷或裂陷槽)的学者,也只是认为天山及其相邻地区的晚古生代陆内伸展裂陷作用应当是始自于晚石炭世(李锦轶等,1999;肖序常等;2001),至于造成这种伸展裂陷作用的成因机制则还没有完全解决。

近年来,随着天山大规模石炭纪—早二叠世裂谷火山事件的确定和天山(中亚)大火成岩省的提出,相关研究工作已经开始,但仍处于初始阶段,诸如:①该大火成岩省内裂谷火山岩系的区域时空喷发序列;②裂谷火山作用开始和结束的间的精确定年;③各火山喷发幕的规模、特点和性质;④与表层火山事件同期的深成侵位事件(层状基性—超基性岩、花岗岩)对于大火成岩省的贡献;⑤地壳、岩石圈地幔和软流圈地幔(地幔柱)等不同圈层在大火成岩省形成中的作用;⑥大火成岩省与大规模成矿作用的内在联系等重要问题还只是刚刚被涉及,其本质内涵尚未查明。因此,有必要对中亚大火成岩省及其成矿地质背景意义开展更进一步深入系统的研究。

(3)中—新生代东亚火山作用与岩石圈巨量减薄

20个世纪80年代是中国新生代火山岩研究的鼎盛时期,研究内容涉及岩浆的起源、演化等基础性问题;90年代以来火山岩的研究工作主要包括以下3个方面:①中国启动了活动火山的研究计划,开展了包括火山岩在内的多学科对全新世以来活动火山的综合探索;②岩浆活动与壳幔相互作用,特别是围绕华北岩石圈减薄开展的中新生代火山岩的研究;③二叠—三叠纪峨眉山大火成岩省火山岩的研究。

20世纪末,国际岩石圈计划研究中的一个重要成果是确认了中国东部大陆岩石圈地幔自显生宙以来曾发生过巨厚减薄,其依据是古生代金伯利岩与新生代玄武岩及其捕虏体的对比研究得出。近些年围绕与华北岩石圈减薄有关的中新生代火山岩研究取得重要进展。Zhang等(2002,2003,2004)和张宏福等(2004)对辽西阜新碱锅含地幔橄榄岩捕虏体碱性玄武岩(1.055亿年)和碱锅附近的乌拉哈达离高镁玄武安山岩(1.42亿年)、山东临沂方城含地幔橄榄石及辉石岩捕虏体的玄武岩(1.25亿年),以及汤艳杰等(2004)对太行山地区繁峙—应县、鹤壁、左权、昔阳—平定的含地幔橄榄岩捕虏体中、新生代玄武质岩石,开展了较系统的年代学与岩石地球化学研究,提供了岩浆上升过程中熔体与地幔橄榄岩的反应关系,从岩浆上升对岩石圈地幔的熔蚀作用讨论岩石圈的减薄过程。杨岳衡等(2006)开展了碱锅、方城、昌乐—临朐地区中新生代玄武岩的Hf同位素研究,结果显示Hf同位素与Nd同位素具有很好的相关性,并且具有更好的岩浆源区示踪效果。Gao等(2004)通过对辽西晚侏罗世高镁中酸性火山岩研究认为,下地壳与岩石圈地幔的拆沉作用导致华北岩石圈的减薄。Xu等(2004)对汉诺坝、阳原、繁峙、大同和丰镇地区的新生代玄武岩及其捕虏体的研究发现,重力梯度带以西地区的新生代岩石圈经历了逐渐减薄的过程,这与东部新生代岩石圈的增生过程形成鲜明对比,显示了华北地区岩石圈演化的时空不均一性。张辉煌等(2006)对华北东部晚中生代—新生代伊通—大屯拉班玄武岩—碱性玄武岩,根据地幔动态熔融模型计算获得的玄武岩最终形成深度由约50千米变深至110千米,推测该区晚白垩世以来岩石圈厚度逐渐增厚。岩石圈在板内岩浆作用中所担当的不同角色:第三纪时,岩石圈并没有在物质上直接参与岩浆作用,但岩石圈对上涌软流圈起到了机械阻挡作用;而在晚白垩世岩浆作用中,岩石圈的间接和直接作用都得到了体现。张文慧等(2006)对华北西部内蒙古集宁地区4个新生代玄武岩剖面进行了K-Ar年代学及岩石地球化学的系统研究,主要喷发期在晚渐新世至中新世,可分为3个喷发旋迴:3300万年、2280万年~2210万年和1220万年~940万年。玄武岩由拉斑玄武岩和碱性玄武岩组成。3个喷发旋迴的共同特点:每一旋迴底部拉斑玄武岩,向上变为碱性玄武岩,提出集宁地区在这一时期曾发生过岩石圈减薄,可能是软流圈热物质上涌,对岩石圈产生底蚀作用的结果。

根据火山岩年代学和岩石地球化学研究认为,天池火山经历了早更新世粗面玄武岩造盾(200万年~120万年)、中—晚更新世粗面岩造锥(约100万年~几万年)和全新世碱流质岩浆爆破喷发,岩浆转型的时间:早更新世晚期(约100万年)粗面玄武岩向粗安岩、粗面岩演化,晚更新世(约10万年)粗面岩向碱流岩演化。进一步揭开了天池火山之下存在地幔岩浆房与地壳岩浆房的奥秘,由于来自地幔粗面玄武质岩浆持续向地壳岩浆补给,所以天池火山是一座长寿命的火山,第四纪时期地幔岩浆与地壳岩浆的岩浆喷发活动此起彼伏。岩浆的结晶分异作用和混合作用是天池火山岩浆演化的2个最重要过程,前者形成天池火山双峰式火山岩分布特征,后者成为天池火山喷发的触发机制(樊祺诚等,2006)。镜泊湖10余座全新世火山的喷发时代距今约5000年(张招崇等,2000;樊祺诚等,2005),火山岩包括粗面玄武岩、碧玄岩和响岩质碱玄岩3种不同的火山岩类型,是一套富钾火山岩,推测高度的地幔化学非均一性导致岩浆的多样性。根据北部湾周边的雷琼、涠洲岛火山岩中砂岩捕虏体的热释光、光释光年龄和射气岩浆激浪堆积中贝壳^{14}C年龄测定(樊祺诚等,2004,2006),从年代学上确定了琼北雷虎岭、马鞍岭火山喷发为距今约1万年左右的全新世,涠洲岛火山最新喷发距今约3万年左右。雷虎岭和马鞍岭火山岩分属橄榄拉斑玄武岩和石英拉斑玄武岩,它们都是来自地幔源区经历了不同程度结晶分异的岩浆,橄榄拉斑玄武岩是相对原始的地幔岩浆,它经历约10%的橄榄石分离结晶形成石英拉斑玄武岩。涠洲岛早晚2期火山岩分别为碱性橄榄玄武岩和碧玄岩。

(4)新生代印度—亚洲大陆碰撞与高原隆升的火山作用响应

自20世纪70年代以来,从相继进行的青藏高原科学考察和中法、中美国际合作研究开始,直至21世纪的中国1:25万青藏高原空白区地质填图工作,已经基本查明,随着新特提斯洋盆的闭合,印度大陆向北漂移与欧亚大陆碰撞以来,在该碰撞带的北部发生了强烈的火山活动,自南向北,从冈底斯→羌塘→可可西里—昆仑直至祁连山西北的玉门和塔里木盆地北缘的广大区域内程度不同地分布着新生代(65百万年到现代)火山岩。虽然中外学者已从不同角度发表了许多论文讨论这些新生代火山岩的特点和成因(金成伟,1981;Coulon等,1986;Arnaud等1992;邓万明,1989,1993,1998;邓万明等,1996,1998;张双全,1996;董国臣,2002;莫宣学等,2003,2004;罗照华等,2001,2003;杨经绥等,2002;Lin Ding等,2003),但迄今为止对于这些新生代火山岩尚没有总体性的归纳和总结,而且对它们的成因也存在着①地幔柱;②初始裂谷;③板内俯冲和碰撞构造派生的走滑断裂控制;④以及印度向亚洲大陆俯冲、碰撞诱发的软流圈地幔流的侧向挤出,并在其前进方向形成一系列软流圈上隆诱发火山活动等多种认识。

(5)大火成岩省和地幔柱

大火成岩省(LIPs)通常指的是在较短的时间内以镁铁质成分为主的喷出岩和侵入岩在地壳内的巨量侵位,与洋中脊海底扩张和消减作用有关的大规模岩浆事件不属于大火成岩省的范畴。国际地学界通过多年的研究,目前认为大火成岩省包括有大陆溢流玄武岩、火山裂谷边缘、大洋台地、大洋盆地溢流玄武岩、海岭、洋岛和海山链。此外,某些大火成岩省也可以主要由长英质岩石组成。大陆溢流玄武岩通常是与火山裂谷边缘相伴。大多数 LIPs 是在小于 10 Myr 的时间内侵位,其主体岩浆作用在小于 1 Myr 的时间内完成;但是,某些情况下,大火成岩省的岩浆活动可以持续几千万年。通常认为 LIPs 的形成与地幔柱活动有关(Xia L.Q. 等,2003,2004;Xu Y.G. 等,2001,2004),但某些情况下,一些研究者还提出用非地幔柱模式来解释大火成岩省的成因。通常,大陆大火成岩省至少在其喷发序列中显示有岩石圈(包括地壳和岩石圈地幔)卷入的成分证据。大量的研究表明,在大火成岩省的形成中,除了来自深部地幔的地幔柱物质外,岩石圈地幔也起着重要的作用。到 20 世纪末,亚洲地区已被国际地学界公认分布有 4 个大火成岩省,它们是俄罗斯的 Siberian 暗色岩(2.48 亿年~2.53 亿年)、中国的峨眉山溢流玄武岩(2.51 亿年~2.53 亿年)、印度的 Deccan 暗色岩(0.63 亿年~0.69 亿年)和印度的 Panjal 火山岩(P2/P3)。除了印度的 Panjal 火山岩由于自然地理条件的制约,研究程度极低之外,Siberian 和 Deccan 暗色岩都已经进行了大量研究。亚洲地区除了上述 4 个大火成岩省之外,天山大火成岩省在 21 世纪初已被识别和正式提出(夏林圻等,2002,2004,2006;Xia,L.Q. 等,2003,2004,2005),也已经开始引起国际地学界的重视。

二叠纪是全球大火成岩省(LIP)的高峰期之一,中国的峨眉山玄武岩是全球二叠纪 3 个大陆溢流玄武岩省之一。张招崇等(2002)在丽江地区发现了峨眉大火成岩省中具有原始岩浆的特点的苦橄岩(MgO-22%),同时计算了苦橄岩的液相线温度和熔融时的深度分别为 1600℃ 和 135 千米,为峨眉山玄武岩为地幔柱成因提供了有力证据。Xu 等(2001)将峨眉山玄武岩划分为高 Ti 型(Ti/Y>500)和低 Ti 型(Ti/Y<500)2 类,认为高 Ti 型是由地幔石榴石橄榄岩稳定区 1.5% 部分熔融产生,低 Ti 型是在尖晶石—石榴石橄榄岩过渡带地幔源区 16% 部分熔融产生。He 等(2003)研究发现,峨眉山大火成岩省喷发前岩石圈存在千米级的隆升,为 ELIP 的地幔柱成因提供了新的证据。攀西地区存在着一系列的镁铁—超镁铁质岩体,已经证明这些层状岩体的形成时代(2.56 亿年~2.58 亿年,Zhou 等,2002)和峨眉山玄武岩(2.51 亿年~2.53 亿年,Lo 等,2002)同期,因而认为层状岩体也与峨眉山玄武岩一样均是大火成岩省的重要组成部分,在成因上均与地幔柱有关(如 Chung & Jahn,1995)。中国的峨眉山玄武岩虽然研究程度相对偏低,但近年来已经引起中外地学界的关注,研究工作投入开始大量增加。对于 Siberian、Deccan 和峨眉山这 3 个大火成岩省,已发表了许多论文,相继讨论了大火成岩省形成与地幔柱活动、大火成岩省活动与二叠纪/三叠纪、白垩纪/古近纪界限上的生物灭绝事件及大火成岩省活动与超大型 Cu-Ni 硫化物矿床和 V-Ti 磁铁矿矿床成矿作用间的关系。

(6)花岗岩与地球动力学环境

花岗岩是大陆造山带的主要组成部分之一,了解造山带的构造演化就需要研究花岗岩的成因(王德滋等,2003)。近 30 年来,花岗岩研究大体上经历了 3 个里程碑:一是 1974 年 Chappell 和 White 以成岩物质来源为依据,将花岗岩划分为 I 型和 S 型,引发了一股花岗岩的研究热潮;二是 1979 年 Pitcher 将花岗岩的形成与构造环境联系起来,提出花岗岩的构造环境分类,后又进一步作了补充,这是花岗岩研究的第 2 个里程碑;三是 1989 年美国以 Phinney 为首的一些固体地球科学家提出的一个跨世纪的大陆动力学计划,将壳幔作用引入花岗岩的形成机制,标志着花岗岩研究的第 3 个里程碑的开始(王德滋等,2003)。花岗岩的物质来源或源岩性质、构造环境或背景、成因机制与构造运动的关系,构成了现代花岗岩研究的 3 个基本问题。

在威尔逊造山旋回过程中,有 3 个可能的构造环境形成花岗岩,一是大陆地壳裂解和大洋形成过程中产生的非造山花岗岩类;二是大洋开始闭合时沿大陆边缘形成岩浆弧内的钙碱性花岗岩类;三是碰撞加厚和/或造山带伸展滑塌过程中陆壳间产生的花岗岩类。中国研究者把花岗岩成因类型与不同的构造环境结合起来,发表了许多重要成果(王德滋等,1999,2003;洪大卫,1995;董申保等,2001;林广春等,2003;许文良等,2001,2003;马昌前等,2003;等等)。王德滋等(1999)把岩浆作用、构造作用和构造环境结合起来,提出了5种构造—岩浆组合类型:①俯冲(B型俯冲)消减型,包括与蛇绿岩套有成因联系的幔源型花岗岩(M型)以及与岛弧和活动大陆边缘有关的I型花岗岩类;②碰撞型(A型俯冲),主要是过铝质S型花岗岩;③陆缘伸展减薄型,包括双峰式火山岩与后造山A型花岗岩;④陆内断裂拗陷(类裂谷)型,出现I型和A型花岗岩;⑤裂谷型,主要是板内A型花岗岩。

I型和S型花岗岩为造山花岗岩,可简称为O型花岗岩。I型花岗岩是科迪勒拉型山系形成和后造山抬升过程中的产物,其花岗岩源区可能为下地壳和上地幔物质混合成因,岩石化学特点是钠含量相对较高,K/(K+Na)比值较低,钙含量也比较高,过铝比值一般<1.10。S型花岗岩是大陆碰撞的产物,一般来源于上地壳物质。A型花岗岩则为非造山花岗岩,属偏铝类型,大多数含SiO_2量高,碱量也高。Defant等(1990)又厘定出一种新的火成岩——埃达克岩,张旗等(2001,2002)将埃达克岩的研究引入国内,并提出了O型和C型埃达克岩的分类方案,2种类型的埃达克岩具有不同的岩石成因(朱弟成等,2002;罗照华等,2002)。众所周知,花岗岩类成分的变化主要是由于不同的源岩成分、不同的熔融条件、基性和酸性组分之间的化学和物理反应、地壳混染造成的。英云闪长质到花岗质钙碱性岩浆是大陆壳成分在780℃时脱水熔融形成的,而镁铁质地壳源岩在水不饱和条件下部分熔融需要超过1100℃的温度。大陆碰撞带压力—温度—时间(P-T-t)轨迹的计算表明,在大陆地壳内超过780℃的温度需要特殊的构造环境,如缓慢的剥蚀和长时间的加热。这就导致许多研究者提出,来自地幔的热加入到地壳。如玄武质岩浆底垫于花岗质地壳之下,不但向地壳提供了幔源物质,而且还提供了热能。地震探测、岩石探针和同位素示踪可以确定这种底侵作用的存在(金振民等,1996)。基性岩浆的底垫作用足以使其上部的地壳发生大规模的部分熔融形成花岗质岩浆。同时,基性岩浆随时可以注入上部部分熔融形成的花岗质岩浆中,并形成暗色微粒包体,这也是幔源物质加入到地壳的直接证据(徐夕生等,1999)。因为大多数微粒包体是由幔源的基性岩浆与地壳部分熔融的酸性岩浆混合形成(周新民等,1992;马昌前等,1992;许文良,1999,2003;吴才来等,2004)。可见,造山带花岗岩无论是在热源方面还是在物质组成方面,都存在着地幔的贡献。

高温高压实验表明,地幔橄榄岩的部分熔融不能产生花岗质岩浆,只能形成玄武质岩浆;而玄武质岩石的部分熔融可产生英云闪长质—奥长花岗质—花岗闪长质的岩浆组合;英云闪长质—奥长花岗质岩石的部分熔融可产生花岗质岩浆(Johannes等,1996)。同时,压力不同,玄武质岩石部分熔融形成花岗质岩浆后,源区的残留物不同。一般来说,在较低的压力($\leq 1.0 \times 10^6$帕)下,残留麻粒岩相的矿物组合;在较高的压力($\leq 1.5 \times 10^6$帕)下,残留榴辉岩相的矿物组合(许文良等,2002,2003;马昌前等,2004)。岩浆液相线多元矿物饱和实验也表明,在1.5×10^6帕的压力条件下,英云闪长岩—奥长花岗岩岩浆与榴辉岩相矿物组合平衡,证明其源岩是玄武质的,而不是地幔橄榄岩。在深度为75千米~85千米时,大洋板块的部分熔融可形成埃达克质岩浆(张旗等,2002)。Adakite岩石类型有石英闪长岩、石英二长闪长岩、石英二长岩、角闪花岗岩、二长花岗岩,岩石中普遍含有角闪石,属I型花岗岩。因此,埃达克质花岗岩是俯冲板片部分融熔和壳幔岩浆混合形成的(苏建平等,2004)。

此外,许多地球动力学环境并不是以单一的花岗岩类型为特征,而是具有几种类型花岗岩的组合,某些情况下,它们具有很好的空间分带性(Barbarin,1999)。首先必须对花岗岩类进行正确定名和准确定年,并与构造地质资料相结合来进行构造环境解释;而经过仔细研究的花岗岩类可成功应用于地球动力学标志。当前,对花岗岩的特征有如下基本认识:①花岗岩基本上是经过地壳重熔,在广泛的温压条件下由多种地质作用相互制约而形成的,大体上可用重熔实验来模拟;②花岗岩实际上可能是一种地壳来源和地幔来源之间的连续谱系,由于不同来源的混合程度有别及经历的过程不尽相同,造成了花岗岩类岩石的多样性;③导致地壳熔融形成花岗岩浆的过程中,地幔提供的热能起了十分重要的作用;④由于热流传递机理不完全相同,花岗岩可以分为以热流传导体制为主的超变质作用型(混合花岗岩)和以热流对流体制为主的深熔型(花岗岩)2种类型,在一定条件下它们之间也可以相互转化;⑤H_2O及其他挥发份对花岗岩浆的物理性质和状态、化学性质有重要影响,因而也对花岗岩浆的形成起重要的控制作用;⑥花岗岩的形成同它所处的构造环境有密切的联系。

(7)铁镁—超铁镁岩与蛇绿岩

由于日益增多的地球物理和实验资料的增加,20世纪末期,对于地球结构已有较充分的认识。地球是垂向分层的,地表0千米~100千米地段为硬的岩石,100千米~250千米基本上为软流圈,100千米~400千米区间为上地幔,400千米~700千米为过渡带,700千米~2400千米为下地幔,2900千米~5000千米为液态的外地核。上地幔是由橄榄岩组成的,过渡带推断是由Mg_2SiO_4成分的b-尖晶石和g-尖晶石组成的。超镁铁质的岩石橄榄岩常常以玄武岩、金伯利岩等火山岩包体状态出现在地表,并大规模地以蛇绿岩的地幔岩形式出露于地表,给20世纪的岩石学创造了研究深部地幔岩的机会。实验表明原始地幔岩的局部熔化可以产生玄武岩,而残余物为地幔橄榄岩。玄武岩包体、金伯利岩包体、蛇绿岩地幔岩以及榴辉岩—石榴石二辉橄榄岩研究表明,它们形成深度都在上地幔范围内。实验得出的过渡带和下地幔超高压矿物,如g-尖晶石到$MgSiO_3$-钙钛矿都没有在地球上发现。只有在少数金伯利岩金刚石中发现四方石榴石、镁方铁矿等,被推断产生于下地幔。在下地幔上部的温压条件下,g-橄榄石分解为$MgSiO_3$组分的钙钛矿+方镁石MgO。由$MgSiO_3$可以分解成方镁石和斯石英。

迄今,地球科学家尚不知下地幔是由什么成分组成的,即令是MgO、FeO、SiO_2、Al_2O_3、Cr_2O_3、CaO等这些矿物来自下地幔,根据实验它们只能被推断来自下地幔上部或过渡带,真正下地幔的物质是什么?这一重要物质有待去探索发现。在西藏蛇绿岩套的地幔橄榄岩的豆荚状铬铁矿中,发现一个由60种~70种矿物组成的地幔矿物群,其中包含有硅尖晶石[Mg,Fe,Ca,Na]$_2$[(Si,Al)$_3O_8$]、方镁石(MgO)、方铁矿、Al_2O_3、Cr_2O_3、Fe_2O_3、硅金红石(Ti,Si)O_2、自由SiO_2、Si_xFe_y等矿物。实验表明方镁石和方铁矿在压力极高(相当于3900千米深度)时仍保持稳定(谢鸿森,1983);在大于15百万帕(相当于大于400千米深度)和1000℃温度下,$MaAl_2O_4$尖晶石才分解成刚玉和方镁石(Liu,1980),由此可见,西藏蛇绿岩的地幔活动深度可达过渡带和下地幔上部(白文吉、杨经绥等,2003)。

蛇绿岩形成环境的探索尚没有重要结果,大多数人认为形成于洋中脊的蛇绿岩基本俯冲殆尽,所残存的蛇绿岩多为弧后盆地的产物。以蛇绿岩的火山岩地球化学特征为鉴别标志,进行探索蛇绿岩形成地理位置的方法还在普遍应用,因为迄今尚没确定新的标志。

在蛇绿岩的地幔岩内发现下地幔条件下生成的超高压矿物组合,表明地球的大洋地幔活动来自很深部位。一部分实验表明这些超高压矿物可能来自核—幔边界。核—幔边界的化学反应提出了地幔活动的热动力。地球物理资料显示,在地幔深部乃至核—幔边界存在俯冲板片。而热地幔柱、金伯利岩、玄武岩,可能还有蛇绿岩地幔岩反映出地幔柱的深部作用使地球产生表层的板块运动。俯冲和地幔柱为共轭的运动。

板块构造理论和地幔柱学说是当今全球构造理论体系的主要内容，前者用以解释地球上90%以上岩浆活动的分布规律、不同块体离散—拼合以及造山带的形成；后者则可以解释板内大规模岩浆活动和岩石圈变形—裂解。重建板块运动史和厘清地幔柱事件及其动力学本质是地球科学研究最根本的任务之一，也是当今国际地学界最热点的领域。板块运动和地幔柱活动是2种相互独立的地幔对流系统的体现，在不同的时间尺度上均会产生大量的性质迥异的铁镁质岩浆活动。例如，在威尔逊循环的不同阶段形成的岩浆具有不同岩石组合和性质，具地幔柱成因的大火成岩省和板内岩浆也有各自独特的性质。这些岩浆活动在记录地球演化历史的同时，还保留了不同时代地核，地幔，岩石圈相互作用的信息。又例如，板块运动的历史实际上就是超大陆形成、裂解，和多个超大陆之间的不断更替。各超大陆的形成与裂解和大火成岩省或一系列铁镁质岩浆活动有直接或间接的联系。同样重要的是，一些铁镁质岩浆中含有地壳和地幔包体，为深部岩石圈提供了直接的样品；铁镁质岩石的剩磁可以用来研究岩浆结晶是的地磁场强度，从而为地核的演化提供制约；大规模的铁镁质岩浆活动因释放巨量气体而改变全球环境，影响生物的演化甚至导致生物灭绝；铁镁质岩浆与铜、镍、钛、铂、钯、银、金等中国紧缺矿产关系密切。综上所述，系统地研究不同时代的铁镁质岩浆（包括侵入体）不仅可以帮助恢复岩浆产出构造背景，重建板块运动历史，也能在成矿理论，全球变化和生命灾变等国际前沿领域提供重要的基础资料。

三、中国沉积岩石学研究

沉积岩石学是岩石学分支学科。是研究沉积物及沉积岩的岩石学，特别着重研究沉积（物）岩的成分、结构、构造以及沉积物及岩石的形成作用、分布规律及其演化过程。

沉积岩石学是研究沉积岩（包括沉积矿产）的特征、生成及其时空展布规律的地质科学之一。沉积岩中最大量地储存着地球发展的信息，而地壳表面的自然环境又是人类赖以生存发展的重要条件，沉积岩石学研究有着重要的意义。中国从石器时代开始，在长期的生产和生活的历史过程中，积累了极其丰富的有关沉积岩和沉积矿产的知识。在中国大量古籍中，诸如《山海经》《史记·河渠书》《汉书·地理志》《后汉书·地理志》《后汉书·郡国志》《梦溪笔谈》《天工开物》《徐霞客游记》等著作中，都载有珍贵的沉积岩资料。但是这只是朴素的认识，尚未形成系统的科学。

1. 1949年前的中国沉积岩石学

沉积岩石学作为一门独立的地质学科出现于19世纪后半叶，但是，在20世纪50年代以前，发展相当缓慢，研究方法基本上未摆脱描述和资料统计的低级阶段。在中国，现代沉积岩石学开始于20世纪20年代，主要是围绕砂金、膏盐、煤及耐火材料等的调查同时进行的，可以说是处于萌芽时期，虽然煤和石油方面做了不少工作，但有关的沉积岩石学方面成果却不多见。从1922年~1949年的28年间从事沉积岩石学研究的一共才108人，只发表133篇有关沉积岩的文章，而专著则几乎是零。这时期主要偏重碳酸盐岩的研究，如翁文灏、李学清（1926）的《中国北部前寒武系大理岩中含镁量》，李学清（1927）的华北寒武系竹叶状灰岩的研究，谢家荣（1930）的《煤岩学研究之新方法》《北票煤之煤岩学初步研究》，王竹泉（1933）的磁县烟煤显微镜下之结构及其焦性关系的研究，谢家荣（1933）对中国无烟煤之显微镜研究，阮维周（1936~1939）的山东临朐山旺村硅藻土研究，李悦言、陈秉范（1939）对四川北部沥青石研究，阮维周（1940）的《四川二叠纪石灰岩之缝合线构造》，边兆祥（1940）的《云南开远南桥附近之石灰岩》，叶连俊（1945）的《燧石之成因及其沉积环境》等论文。

然而,现代沉积的研究受到较多的重视。翁文灏对中国沉积地质学方面的贡献有:《中国北方河流冲积及其地质意义——华北侵蚀及冲积现象的定量研究》(1931)根据前人在黄河、渭河、南北运河、子牙河、永定河等流域的测定数据,估算了这些河流的平均流量和含沙率及华北地区的侵蚀作用。对规划北方各流域的治理和环境保护都有参考价值。此外,巴尔博《桑干河峡谷沉积》(1925)、桑志华等关于天津近代海水沉积及其下的淡水沉积(1927)、德日进《中国之大陆沉积》(1936~1937)、马溶之的《北平尘土之研究》(1934)、《中国黄土之生成》(1944)等,生物化学堆积方面如朱庭祜《广东西沙岛海鸟粪之积储》(1929)、马廷英《珊瑚礁建造所需的时间》(1937)及其有关的古气候方面的系列论文,以及阮维周《山东临朐山旺村之矽藻土》(1937)、叶连俊《燧石之成因及其沉积环境》(1945)等,均已是先打中国沉积学的萌芽时期的代表作。

沉积岩石学的早期著作有赵景德评价克伦宾、佩蒂约翰的《水成岩岩石学》(1944),阮维周《水成岩之分类——矿物定量值分类法》(1947),这些反映了20世纪40年代时期西方沉积岩石学引进中国的过程。

2. 20世纪50年代以来的中国沉积岩石学

现代科学意义上的沉积学发展历史只是近50年的事情。1949年后沉积岩石学随着石油、煤炭、各种金属与非金属矿产的大规模普查勘探与开发,得到了迅速发展,沉积岩研究的队伍也逐渐壮大。20世纪50年代围绕油气和铁锰等急需的沉积矿产资源的调查,积累起大量的实际资料,有的并已上升到理论高度。如50年代初刘鸿允的《中国古地理图》出版,对沉积学的开创有重要意义。50年代后期侯德封、潘钟祥和袁见齐等研究和讨论了陆相生油和找钾问题,在理论上提出了新见解。60年代初期叶连俊等发表了《陆源汲取成矿论》以及对沉积建造的研究,在普查找矿工作中起了有益的作用。到了60年代对于碳酸盐岩、粘土岩和沉积岩总体分类、命名都有了一些方案;对侏罗纪碎屑沉积岩,根据沉积物的颜色探讨沉积过程的物理化学条件;对沉积岩的结构、构造和沉积气候变化以及沉积岩的分层方法等进行了探讨。

20世纪70年代是中国沉积研究蓬勃发展的时期,一方面运用沉积岩石学的理论和方法继续推进沉积矿产的研究,刘宝珺等对红层型铜矿以及碳酸盐岩型铅锌矿床的研究,提出沉积期后分异作用与成矿作用的理论。能源与盆地关系密切,这时期关于盆地的研究已经深入,李思田关于霍林河盆地、俞桂英关于华北石炭纪煤系等研究都是成功的实例。另一方面是大力引进国外沉积学的新成就,在工作中加以应用和发展,在岩相、沉积环境和沉积建造等方面进行总结提高,出现具有中国特色的沉积学理论和方法,出现不少新的分支学科,代表性的著作如何启祥的《沉积岩和沉积矿床》(1978)。60年代中期~70年代以来中国在沉积相、沉积环境和沉积模式方面的研究日益扩展和深入,并编制了多种类和不同比例尺的岩相古地理图。由于三角洲沉积、潮汐沉积、浊流沉积等深沉积、风暴流沉积,以及浅海碳酸盐岩台地相和生物礁相等的现代和古代沉积研究的逐步发展,有力地推动了岩相古地理研究工作的进一步深入。沉积建造的研究也引起了较多的注意;泥质岩、硅质岩和各类岩石形成机理的研究迈出了新的步伐。

近30年以来,随着改革开放中国沉积学获得了前所未有的快速发展,并进入国际沉积学界。1979年召开了第一次全国性沉积学学术会议,成立了中国矿物岩石地球化学学会沉积学会和中国地质学会沉积地质专业委员会。1988年在中国召开了国际沉积矿产学术会议。2001年在武汉召开了第一届中国沉积学大会,到2010年已召开了9届全国性古地理学与沉积学学术会议。《沉积学报》(1983)、《古地理学报》(1999)、《沉积与特提斯地质》等学术期刊也相继创刊。20世纪80年代初中国地质科学院和武汉地质学院在系统研究总结区域地质、地层古生物、岩相古地理、大地构造等丰富成果的基础上,以全球构造"活动论"和历史发展"阶段论"的观点,1985年王鸿祯主编出版《中国古地理图集》及专著,提高了岩相古地理和沉积学的研究水平。刘宝珺等还编纂了《岩相古地理基础及研究方法》(1985)专著,推动了沉积学的发展。这期间,中国沉积学研究领域更加扩大,沉积作用、成岩作用、沉积盆地分析、沉积矿床的成矿模式、有机地球化学、海洋沉积学、沉积模拟实验和沉积矿物的人工合成等得到深入发展。

沉积岩石学方面。20世纪70年代初引进了国外福克(1965,1974)等人的碳酸盐岩新分类和沉积模式,极大地改变了传统的对碳酸盐岩成因的认识。1983年10月在成都召开的全国成岩作用学术讨论会,交流了海南、西沙群岛现代碳酸盐岩沉积物成岩作用的研究成果,推动了碳酸盐岩成岩作用的深入研究。普遍开展了碳酸盐岩成岩环境与成岩序列的研究,并与孔隙的演化密切结合,从胶结物或沉积物的粒度大小、形状、排列及世代分析,结合矿物的有序度、微量元素、同位素特征等来讨论白云岩化的成因。这些成果推广于四川盆地、华北地区的碳酸盐岩储集层的成岩环境和成岩序列的分析,取得了比较显著的成绩。出于油气资源勘探的需要,普遍重视碎屑沉积和碎屑岩的粒度分布、孔隙类型及成岩作用的研究。采用扫描电镜研究砂岩的成岩作用等,在指相矿物方面,如何镜宇等(1982)对渤海湾地区第三纪沉积相的研究发现黄骅盆地北部古近纪的海绿石;研究河流相三角洲沙体的非均质性及其与油田注水动态关系,提高了石油的采收率,效果显著。粘土岩和粘土矿物的研究对于沉积环境的恢复、有关资源的开发关系密切,20世纪80年代以来有了许多新的发现:扬子地台的黑色页岩受到关注,范德廉(1987)、张爱云(1987)先后论述它们的地球化学特征,集中反映了这种特殊的沉积环境下的岩石组合;河北震旦系中发现的沉积海泡石粘土被认为是世界首例;华北地区石炭—二叠纪煤系地层硬质高岭石和其他一些地区的砂岩中都发现了地开石,提高了对硬质高岭石的成岩作用、有机质作用和有序化过程的认识。沉积岩中伊利石结晶度与成岩作用的关系可以用于碳氢保存程度的预测,近年来已在一些油田开始应用。改革开放以来,重视了钾盐矿床的找矿,张瑞锡等在研究南方红层盆地中提出岩溶角砾岩并讨论其成因。80年代中期开始引进风暴岩(孔祥化等,1986)、磷质风暴岩(刘宝珺,1987)。

沉积相与沉积环境方面。要深化认识一些沉积矿产资源,包括煤、油气及其他金属、非金属矿床的形成和分布规律,就不能不了解有关的沉积岩的沉积相和古沉积环境。20世纪50年代末就已经对岩相及环境的成因标志如碎屑粒度、层理、矿物成分、古生物等的作用进行了了解,并已广泛应用于一些油田的岩相古地理的研究。70年代后期起普遍引进国外成功的理论和方法,沉积相与沉积环境的研究进入了飞跃发展的时期。中国南方特别是西南地区碳酸盐岩分布极广,时间跨度大,从新元古代至中生代是主要的含矿层位及储集层,在"六五""七五"国家攻关项目中对南方碳酸盐岩研究取得了一定的成果,提出了具有中国特色的海相沉积模式。如油气方面,关士聪等"中国新元古代至三叠纪海陆分布、变迁及海域沉积相图"提出中国海域沉积环境的综合模式;吴崇筠总结了中国东部含油盆地的湖泊相和三角洲相,都是很有意义的成果。其他沉积相方面的成果如:以浅水台地与深水盆地相交替的陆棚碳酸盐岩模式(曾允孚,1986);单因素分析综合作图法(冯增昭,1982)碳酸盐与陆源碎屑混合沉积模式等,极大地补充了国外引进模式的不足。碳酸盐岩中的生物礁以其潜在的油气储集体而受到广泛重视,其中川东、鄂西二叠纪海绵礁内产出工业油气藏,而广西南丹大厂泥盆纪层孔虫珊瑚礁则蕴藏着多金属矿床。华南碳酸盐岩的研究是多学科交叉研究的典型事例。生物礁的深入研究涉及礁体的结构、构造,生物群落、生态、生长发育等,这就要求古生物学与生物学的结合鉴定。90年代中国地质大学余素玉出版《化石碳酸盐》专著应用甚广;而采用地震的方法探索、寻找潜在油气藏则是地球物理与地质学的结合,已广泛应用于油气田的勘探。

沉积建造和沉积大地构造方面。沉积建造研究已经有200年以上的历史。它是研究沉积地层在水平和垂直方向上岩石共生和变化的一门分支学科。一般认为,沉积建造是指一定大地构造和古气候背景下的岩石共生。19世纪中叶,地槽学说的发展认识到前造山期发育前复理石沉积建造;造山期发育复理石建造;后造山期发育磨拉石建造。自板块学说引进以来,人们开始探索新的建造分析方法,孟祥化(1996)发表《沉积盆地与建造层序》专著,提出按照板块不同的环境,建立不同的盆地类型与不同建造类型分布的关系。

现代沉积方面。因其与环境科学的发展关系极大,已成为沉积岩石学中的前沿领域。中国科学院地质地球物理研究所沙庆安对现代生物礁环境及现代碳酸盐沉积的研究、海洋研究所及南海海洋研究所对海洋沉积环境的研究、南京地理研究所对现代湖泊沉积环境的研究、兰州地质研究所对新疆及西北地区现代沉积环境的研究、青海盐湖研究所对西北地区盐湖沉积的研究等都取得了丰硕的成果。严钦尚、张国栋对现代长江和现代海岸沉积的研究也富有创见。对西北地区的黄土、青藏古里雅冰帽的冰心、火山口(玛珥)湖沉积和岩溶石笋等高分辨率的地质记录研究,采用了先进的 AMS ^{14}C 测年技术,已经使中国在这方面走向世界。

中国沉积岩石学界国内外学术交流很活跃。如1979年中国成立了全国沉积学会,并在沉积学会主持下,在北京召开了第1届全国沉积学学术讨论会,地质学家们对沉积岩分类、沉积矿物、沉积相、沉积环境、沉积建造、沉积矿床的形成条件和分布规律、现代沉积、有机地球化学等进行了广泛探讨。又如,1980年9月在西安召开了全国碎屑岩沉积相标志和相模式学术讨论会,着重交流了河流相、三角洲相、浊流相、湖相方面的研究成果,对其分类、形成机理、分布规律、研究方法等进行了多方面的讨论;同年10月在庆阳召开了全国第1届碳酸盐岩学术讨论会,研讨了碳酸盐岩的岩相古地理、碳酸盐岩中白云岩化作用及胶结、储集、成岩作用等岩石学问题。1981年10月在景德镇召开了全国第1届粘土岩学术讨论会,对粘土矿物的分类和命名,粘土矿床的形成和分布规律,粘土的实验技术和研究方法等进行了探讨。1983年10月在南宁召开了全国首次浊流沉积学术讨论会,会议表明浊流沉积不仅在中国各个地质时代都有,而且大多数省区均有分布,浊流或其他重力流与石油、铁、锰、铅、锌、金等矿产的关系,也逐渐为人们所认识,特别是在全国各主要油田发现了有浊流沉积的储油层,更为油气资源的普查勘探开辟新的领域。黔西南的微粒浸染型金矿部分可能产于晚二叠世至早三叠世火山碎屑浊积岩内。80年代以来中国沉积学家的国际交流也甚频繁。如1982年第1次走出国门出席在加拿大召开的国际第11届沉积学会议,又如1988年在北京召开的国际沉积矿产学术会议,1996年积极参加在北京召开的第30届国际地质大会等等。学术组织的成立,频繁的学术交流,有力地推动了学术交流,促进中国沉积学研究的发展。同时,一些科学家先后在国际沉积学家协会等组织任职,反映了中国沉积岩石学研究已在国际上受到重视。

中国沉积学的代表论著。1961年北京石油学院矿物岩石教研室编写出版了《沉积岩石学》(1961),这是中国第1本沉积学教材。成都地质学院也编写出版了自己的《沉积岩石学》(1962)。20世纪七八十年代,还有高水平的沉积学研究的学术专著和教材问世。如何起祥著《沉积岩和沉积矿床》(1978),刘宝珺主编《沉积岩石学》(1980),华东石油学院矿物岩石教研室主编《沉积岩石学》(上、下册)(1982),曾允孚、夏文杰主编《沉积岩石学》(1986),何镜宇、孟祥化主编《沉积岩和沉积相模式及建造》(1987),方邺森、任磊夫主编《沉积岩石学教程》(1987)和冯增昭编著《碳酸盐岩岩相古地理学》(1989),80年代值得提到的还有吴崇筠等著《中国含油气盆地沉积学》,曾允孚著《关于华南泥盆纪盆地岩相古地理研究》等。90年代以来有冯增昭等著《华北地台早古生代岩相古地理》(1990)、《鄂尔多斯地区早古生代岩相古地理》(1991)、《中国沉积学》(1994),冯增昭等著《中国南方二叠纪岩相古地理》(1997)、《中国南方早中三叠世岩相古地理》(1997)、冯增昭等著《中国南方石炭纪岩相古地理》(1998)、《中国西北地区寒武纪和奥陶纪石炭纪岩相古地理》(2000)、《中国南方寒武纪和奥陶纪石炭纪岩相古地理》(2001),此外,杨雅秀《中国粘土矿物》(1994),王英华等《化石岩石学》(1990),顾家裕等主编《层序地层学在油气勘探开发中的应用》(1997)等。

(张秀莲)

四、中国变质岩石学研究

变质岩石学在中国地学界是一个相对薄弱、发展也较晚的分支学科。其在中国的发展历程大体可分3个时期。

1. 中国变质岩研究的初创时期(1955年前)

变质岩和花岗岩都是前寒武纪结晶基底的重要组成,因此,从有现代地质学起就已开始有变质岩石学研究。1949年以前,中国变质岩石学的研究相对薄弱,即使有一些变质岩方面的著述,也是偏重于变质地层学方向的。1924年~1926年翁文灏关于华北前寒武纪大理岩的研究可能是中国最早的变质岩文献,他当时发现前寒武纪大理岩比显生宙大理岩更加富镁,这一结论至今仍然被证明是正确的。山西五台山被誉为中国前寒武纪和变质岩研究的摇篮,该区的地质调查始于1871年的德国人李希霍芬和1904年的美国人维理斯等人,他们分出了太古界的泰山系和桑干片麻岩以及元古界的五台系和滹沱系等,但由于缺乏区域填图和构造研究,他们的划分是概念化的。正如白瑾所说,真正对五台山区地层单元进行了系统划分的还是中国的老一代地质学家,如孙健初(1930)、杨杰(1936~1937)和王曰伦(1951~1953)等,特别是杨杰,他初步澄清了维理斯在五台系层序上的混乱,在其后的研究中虽几经易辙,在大的地层单元划分上至今仍不失其先导作用(白瑾,1986)。程裕淇早期在《地质评论》发表的《水成岩之接触变质》(1936)主要介绍了A. Harker(1932)发表的《变质作用》专著;1941年~1945年发表过一些四川西康一带变质岩方面的著作,如《西康道孚附近古生代晚期喷出岩及其变质》(1941)、《关于西康丹巴附近的递进区域变质带》(1945)等,对早古生代火山—沉积岩系中连续的渐近的区域变质带的划分,堪称中国最早期的变质岩石学研究中最为杰出的代表。他对该区绿泥石带、黑云母带、铁铝榴石带、十字石带、蓝晶石带和矽线石带(包括部分混合岩带)的详细划分,提供了中国最初的按近代变质相原理从事变质岩研究的典型范例。

1945年后,变质岩学研究具有明显的与矿产勘查密切结合的趋势。彭琪瑞《西康田湾附近之进度变质》(1946),至今这些著作还是研究川西地质必读的参考资料。宋叔和《甘肃皋兰杂岩之初步研究》(1948)和《甘肃皋兰白银厂火山岩系及其变质》(1949)以细致的地质观察结合高水平的显微镜下研究为特色,往往能够在变质岩中识别残余的火山岩结构,借以恢复原岩的类型,为白银厂及西部同类矿床的找矿、勘探都提供了极好的岩石学标志。此外,在初创时期,还可以举出如:陈孟熊(1948)《甘肃中部皋兰系变质岩之初步观察》,王嘉荫(1951)关于北京西山硬绿泥石带的分布受NNE方向构造控制的论文,莫柱荪(1951)关于花岗岩化与花岗岩成因问题的研究以及沈永和(1955)关于辽宁临江泥质岩的接触变质等等都可以说是这一时期的代表性佳作。另外,此一时期变质构造的研究也已经引入,如何作霖《山西五台结晶片岩之岩组研究及其在构造上之意义》(1946),王嘉荫《衡阳花岗闪长岩中石英脉之岩组分析》(1946)便是代表作。总之,这一时期变质岩研究的特点是从个别研究者在个别点上的工作为主。

2. 系统的区域地质填图相结合的变质岩研究时期(1955~1978)

中华人民共和国成立后,由于国家建设对矿产资源的急需,围绕铜铁等矿产资源的普查和勘探,对与之有关的变质岩系也做了大量的工作,极大地刺激了变质岩学的研究。特别是20世纪50年代后期到60年代初,国家投资进行了大规模的区域地质测量(多数为1∶20万),许多变质岩分布区进过详细调查,大都建立起岩石地层单元或岩石构造单元,积累起丰富的岩石资料,为深入研究奠定了基础。原北京地质学院、长春地质学院等地质院校与各省市的地质队伍一起,对中国东部广大地区进行了广泛、系统的区域地质填图,许多过去几乎是空白区的变质岩发育区,从此开始有了第一批宝贵的资料积累。1955年马杏垣率领原北京地质学院师生49人,在五台山区开展1∶20万地质填图的基础上,对该区地质构造特征和地层划分进行了重新厘定。1957年马杏垣等出版的《五台山区区域地质构造基本特征》著作为该区以后的地质调查工作奠定了基础,其地层划分方案为1959年的全国地层会议所采纳。这一时期对变质岩区和岩石研究的工作方法进行了总结,如原北京地质学院《变质岩区野外工作方法的几点体会》和《区域地质测量与找矿工作的构造研究》(1960),长春地质学院《前震旦纪变质岩区几个基本问题和工作方法》(1960),以及程裕淇等《变质岩的一些基本问题和工作方法》(1961)等等。这些论著对于统一中国变质岩的分类命名、普及变质岩原理、提高工作水平起了推动作用。不仅如此,在这些论著以及内部出版的众多区调报告中,我们可以找到中国变质岩发育区大量的珍贵的第一手资料。例如山东,当时在池际尚领导下,原北京地质学院师生和山东地矿厅合作,在山东中西部完成了14幅1∶20万的地质填图,对泰山组进行了详细研究,从中识别出新泰雁领关组和山草峪火山沉积变质岩系,揭示了胶东与鲁西在地质结构上的明显差异,在鲁西寒武系之下还有一层晚前寒武系的土门组,它不整合于泰山群变质基底之上,深化了对郯庐断裂带的认识,首次发现了郯庐大断裂构造的存在。这些设计资料成为日后研究山东省区域地质的基础。在北京地区,陈光远、王仁民研究密云铁矿成因,王仁民等在前人研究的基础上发现密云群麻粒岩中的多相变质作用,其论文《密云前震旦系的多期变质作用》1963年11月在北京地质学院召开的中国第1届矿物岩石地球化学专业学术会议上宣读,该会议论文集1964年出版。与此同时,在董申保领导下,长春地质学院师生对东北和胶东地区也进行了详细的研究,提出了变质建造的概念,强调混合演化作用及其与成矿的关系,深入论述花岗岩的成因等,培养了一批年轻的地质学家和矿床地质学家。1964年贺同兴等编著的《变质岩石学》作为高等学校试用教材出版,在国内使用甚广。1960年在程裕淇、王曰伦的领导下首次对中国前寒武纪地层进行总结性研究,编制出1∶300万中国前寒武纪地质图及矿产图。此外,在这一时期公开发表的变质岩论文还有程裕淇等《中国东北部辽宁山东等省前震旦纪鞍山式条带状铁矿中富矿的成因问题》(1957)、孙鼐《花岗岩的起源问题》(1957)、刘之远《中国沉积变质岩类型的磷灰岩》(1957)、黄懿等《论大冶式铁矿》(1957)、李璞等《集宁地区变质岩系的划分及其变质相探讨》(1964)、董申保等《辽东半岛混合岩化成矿作用》(1972)以及程裕淇、沈其韩等《山东雁翎关一带泰山群变质岩系的初步研究》(1977)等,这些也都是在区域地质测量和找矿工作的基础上,侧重于变质岩成因和成矿作用方面的研究总结。

在20世纪60年代初,华北地台北缘的一些变质岩区如集宁、密云的高级变质岩,在实际地质资料、变质矿物的共生组合分析,对变质的物化条件、原岩建造等都有详细的工作。秦岭东段前震旦纪变质岩系、湖北随县基性岩的变质等均已涉及造山带的变质作用;对泰山混合岩、江西武功山混合岩、云开大山混合岩的研究涉及了花岗岩成因的根本问题。对鞍山市富铁矿中热液蚀变所起的作用、鄂东某矿区矽卡岩的分带和形成过程的研究,特别是涉及变质与成矿作用的问题。后来,池际尚编著出版了《构造岩岩组学》(1978)和《费德洛夫法》(1982),在她的影响下,岩组学方法在《嵩山构造变形》、石油地质勘查及核工业部的研究院所都得到广泛应用,而《费德洛夫法》则一直是高校教材。

3. 中国变质岩研究的突飞猛进时期(1978年以来)

中国各类变质岩出露齐全,为变质地质学的发展提供了得天独厚的野外实验室。20世纪80年代以来,通过大范围的1:5万区域地质调查,加深了对区域变质岩的认识。许多早前寒武纪变质岩分布区内的片麻岩,过去均划归表壳岩,按地层处理。1:5万区域地质调查发现75%~80%的片麻岩属于变质的深成岩体,而真正的表壳岩仅占15%~20%。变质岩构造研究得到加强,从而对古老变质体的演化有了更新的认识。同位素定年技术不断改进,一些重点地区如冀东、中条山、五台、太行都建立起前寒武纪地质时间年代表。1988年在长春召开了"变质作用与地壳演化"国际讨论会,1993年美国变质构造学杂志出版了中国地质学研究专辑,使中国变质地质研究走进国际学术舞台。近年来,前寒武纪高级变质岩、造山带变质作用、超高压变质、很低级变质作用、变质作用与成矿等许多方面都有高水平研究成果涌现。随着观测、实验和计算方法的发展,热力学数据的积累以及数值模拟理论和方法的不断完善,使得变质岩石学得到了突飞猛进的发展。如变质作用p-T-t轨迹理论的提出改进了人们对变质作用过程的认识,正演和反演不同变质过程的p-T-t轨迹成为变质岩石学研究的核心内容。超高压与超高温变质岩石的发现,大大地拓宽了变质作用的研究范围(Zhang Y F,2008)。利用内部一致性热力学数据库,进行变质相平衡的定量研究,开辟了定量研究变质作用的新阶段(魏春景等,2003)。SHRIMP、LA-ICP-MS和电子探针等可以精确测定变质锆石和独居石的形成年龄,确定不同变质作用,甚至不同阶段的时代(Wan Y S,Song B,Liu D Y,2006)。利用多种方法开展变质流体,尤其是俯冲带流体研究,以阐述洋壳俯冲过程中的元素演化与成矿以及相关的地震和岩浆作用机理等(Bebout G E,2007)。麻粒岩相变质及相关深熔作用的研究为探讨中下地壳的流变学行为与构造演化提供了窗口(Zhao等,2003)。从理论方面讲,变质岩岩石学近年来有了长足的发展,不论是以前变质级、变质带、变质相、变质相系概念的提出和理论的发展,还是近年来有关变质作用的p-T-t轨迹与区域岩石学研究、变质流体与岩石的相互作用研究和高压、超高压变质作用研究这三大前沿课题的提出和发展,都标志着变质地质学具有强大的生命力和广阔的发展前景,以及在解决固体地球科学问题尤其是大陆动力学探索中的不可替代的作用(游旭东,2011;魏春景,2012)。

中国变质地质图的编制　1983年在北京召开的国际前寒武纪构造学术会议,对于提高中国变质地区填图起着推动作用。响应1967年哥本哈根会议关于编制变质图的倡议并原则上按其方案要求,1980年起,在程裕淇、董申保领导下,组织全国各省市变质岩石学工作者数百人,历时7年,终于在1986年出版了1:400万中国变质地质图及其相关专著《中国变质作用及其与地壳演化的关系》。它划分出10个变质地质单元,对其岩石组合、原岩建造、变质作用期次和时代、变质作用类型和相关岩浆活动等都有详细论述,将变质作用分为4大类8个类型,最后并总结了变质作用与大地构造环境以及与地壳演化的关系。这是中国第1次完整的变质岩和变质作用的总结,在中国变质岩研究史上是一个具有里程碑性质的重要成果,受到国际地质学界的广泛关注。同时,四川、云南、河北、青海和山西等省也先后出版了1:50万~1:200万变质图及说明书,还有的省市将变质图并入地质志中出版,这些资料也都各具特色。

前寒武纪高级变质岩研究　首先是集中于冀东地区,由众多地质院校和研究单位参与的铁矿会战带动了对周围麻粒岩地体的研究,于是有几本关于冀东早前寒武纪地质与变质铁矿研究方面的专著(孙大中等,1984;钱祥麟等,1985;张贻侠等,1986)相继问世。接着对冀西北、内蒙古和豫北等地区也进行了一定的研究(赵宗溥等,1993;高凡等,1990;卢良兆等,1996;孙枢等,1985)。分别从麻粒岩形成条件和地壳演化的角度对中国前寒武纪结晶基底的研究成果进行了概括。中国前寒武纪变质岩分布零散、种类齐全、构造复杂、研究难度较大,上述论著凝聚了中国广大前寒武纪研究人员的心血,反映了中国该领域巨大的研究进展,对于分析地球早期历史具有重大意义。主要研究成果表现为:①在相对变质较深的中国太古代岩系之中识别出一批绿岩带,如山东西部新泰雁翎关、河南鲁山舞阳绿岩带等。程裕淇等(1982)、王仁民等(1985)、李树勋等(1986)、沈保丰等(1995)在这方面作出了贡献。②确定了一批TTG杂岩区分出部分花岗岩类,它们代表了陆壳重熔的产物,为分析地壳演化提供信息。③获得了一批重要的可靠的同位素年代学资料,刘敦一等(1994,1998)用热离子发射质谱计分别对迁安铬云母石英岩和鞍山花岗糜棱岩中的单颗粒锆石,获得35.5亿年~38.5亿年和38亿年的年龄结果,提供了中国古老陆核物质存在的证据。④麻粒岩、孔兹岩等高级变质岩得到了系统研究。目前在冀西北、恒山等地发现变压压力1.0×10^6帕以上的高压麻粒岩类。中国麻粒岩以中、低压型为主,但近年来在华北古陆块北缘和南缘均发现有狭窄的高压麻粒岩带的存在,同时结合TTG型灰色片麻岩的成因和分布,从而引发了对太古代板块构造运动的探索(王仁民等,1991,1994,1998;翟明国等,1992,1996)。对南极的高级变质岩研究取得重要成果。20世纪90年代以来地质学家逐步认识到变质作用是一个动态过程,一些总结性著作已经问世。沈其韩等《中国早前寒武纪麻粒岩》(1992)总结了中国各个主要麻粒岩变质地区的地质和岩石特征,包括流体在麻粒岩相变质中的作用;卢良兆等《中国北方早前寒武纪孔兹岩系》(1996)研究中国北部(含湖北黄陵)出露的孔兹岩系区域地质、岩石组合,探讨了孔兹岩系的成因类型、大地构造背景和地球动力学过程;翟明国等《华北太古代克拉通麻粒岩与下部地壳》(英文版)(1996)以冀西北、晋北和内蒙古边界地区太古界麻粒岩的岩石学、地球化学、构造学和同位素年代学为研究对象,运用板块构造观点解析怀安陆块与恒山陆块间的拼合问题。

对造山带变质作用的研究　近30年来,中国学者对秦巴、大别、祁连、喜马拉雅、川西、三江、武夷和新疆阿尔泰等造山带均进行了很多研究。研究比较深入的是秦岭地区,地矿部和国家自然科学基金委员会在该区组织了重大攻关项目,取得了一批有价值的综合性成果并出版了论文集。如游振东等(1992)《造山带核部杂岩变质过程与构造解析》运用pTt轨迹和形变分析相结合的现代变质岩研究手段,论述了北秦岭从晋宁期到加里东期的叠加变质和地壳升降过程;王仁民等(1991)提出北秦岭从中元古代到早古生代存在拉张变质作用和低压变质的特征,利用角闪石的环带构造做出了二郎坪群逆时针的pTt轨迹。此外,如对大别杂岩和红安群(周汉文,1993)、喜马拉雅(刘国惠,1990)、北祁连(吴汉泉,1982)、三江地区(张儒媛等,1989)以及新疆阿尔泰(庄育勋,1988)等造山带变质作用特征均做过一些工作。这些研究的特点可概括为(王鸿祯等,2002):①造山带多发育于陆块之间,与碰撞构造关系密切;②普遍存在递增变质带,构成热穹窿或热轴;③以不同类型的区域热流变质为主,但常有其他类型的叠加,显示多旋回变质的特点;④常伴随不同规模的花岗岩浆活动和混合岩化现象;⑤随着山体的隆升,构造体制从挤压变为伸展,发育多种类型的糜棱岩带或强应变带。20世纪80年代后期以来,与造山带有关的变质作用获得国际上的普遍关注。1993年国际《变质地质学杂志》出版了《中国的变质作用》专刊,发表了董申保、卢良兆等中国学者的论文共10篇,主要反映大陆前寒武纪克拉通之间的各个造山带的变质作用,记录了亚洲大陆拼合过程中的变质与变形以及克拉通块体的后继运动。在造山带变质地质的研究中已广泛运用 p-T-t 轨迹以揭示造山作用过程的地球动力学。石耀霖（1987）成功地进行了逆冲推复地体区域变质的 p-T-t 轨迹的二维热模拟，近年他已将此项技术运用于青藏等地区。90 年代初运用岩石中的矿物成分环带，借助于 A.Spear 微分热力学的方法，反演了豫西秦岭群两期变质作用的 p-T-t 轨迹。1990 年岩石学专业委员会在天津召开关于 p-T-t 轨迹研讨会，讨论如何正确运用变质 p-T-t 轨迹等问题。进入 21 世纪以来，利用综合数值模拟方法很多学者有效地模拟了大型洋—陆俯冲带和陆—陆碰撞型造山带中的结构域构造演化过程。例如，Peacock（2003）通过数值模拟发现俯冲板片所遵循的 p-T-t 轨迹取决于俯冲板片的年龄、俯冲板片的速度与持续时间、岩石在俯冲带上的位置、地幔楔对流的活力。形成年龄越小的洋壳俯冲时的地热梯度越高。小于 5000 万年～10 万年的洋壳俯冲时的地热梯度很高，发生热俯冲，俯冲板片在约 50 千米深处发生深熔，形成埃达克质岩浆；而老于 5000 万年的洋壳会发生冷俯冲，俯冲板片在超过 90 千米～100 千米深处脱水，引起地幔楔熔融，形成广泛的钙碱性弧岩浆活动，俯冲板片本身不发生部分熔融。魏春景（2011）总结反演变质作用的 p-T-t 轨迹包括 3 种方法：传统地质温压计方法、吉布斯/微分热力学方法和变质相图方法。总结了不同中压型变质带和超高压型地体中岩石 p-T-t 轨迹的繁衍模拟结果，发现岩石在构造埋藏阶段应出现明显热效应，发生一系列递增变质作用，几乎同时达到压力与温度峰值，岩石折返过程以等温降压型（ITD）为主，这与一维热模拟结果很不相同，而与二维热模拟和综合数值模拟结果更为接近。

　　变质平衡的定量研究　研究变质岩石中的矿物组合与变质条件及全岩成分之间的相互关系是变质岩石学研究的核心内容，称为变质相平衡研究。自 20 世纪 90 年代后期以来，随着内恰性热力学数据库的发展，岩石学家们开始依据热力学资料，利用各种计算软件定量 p-T-X 空间内的相平衡关系，也称为第 3 代相图。利用这些相图可以定量模拟复杂岩石体系中矿物组合、矿物化学成分与变质作用中的各种强度和广度变量之间的关系，从而可以更好地确定岩石的 p-T 条件与 p-T-t 轨迹。变质相平衡的定量研究是 90 年代以来岩石学中的最新进展，开辟了定量研究变质作用的新阶段。第 3 代变质相图研究最有代表性的是用 THERMOCALC 程序计算各种相图，包括：①p-T 投影图（岩石成因格子），表示所选定的模式体系中适用于所有全岩成分的不变点和单变线，包括 p-T-X 空间内的全部信息。Wei 等（2003，2004）、Wei 和 Powell（2003，2004，2006）研究了基性岩和泥质岩在各种模式体系中的岩石成因格子。Yang 和 Powell（2006）报道了可用于超高压榴辉岩和白片岩的岩石成因格子。②共生图解，表示在固定 p、T 条件下，体系中的矿物组合、矿物固溶体成分与全岩成分之间的关系。③p-T、T-X 和 p-X 视剖面图，表示对特定全岩成分的相平衡关系。Wei 等（2008，2009，2010）用石榴石等值线方法，很好地解释了北祁连造山带的高压泥质片岩和低温榴辉岩、西南天山超高压带的泥质片岩和西大别超高压榴辉岩等的变质作用演化，得到令人满意的结果。

　　高压—超高压变质作用研究　中国中部有一个横贯东西的超高压变质带被杨建军等称为大别—苏鲁含柯石英榴辉岩省（Yang Smith，1989），向西可延至秦岭以至祁连，向东可延至胶南、胶东，规模巨大，且往往伴有蓝闪石片岩带，近年来已引起了中外地质学家们的广泛关注，掀起了一浪高过一浪的研究热潮。中国学者从 20 世纪 80 年代以来在大别—苏鲁变质带中相继发现了柯石英、金刚石等超高压变质矿物，同时在超高压变质岩石学、地球化学和构造学等方面都有所创见。超高压变质作用的研究，突出地表现为标志性矿物的发现。先后在榴辉岩中发现了柯石英（许志琴,1987;王小民、刘忠光,1989;Okay、徐树桐,1989;Hirajima、从柏林,1991)、金刚石(徐树桐等,1991)、镁十字石(Enami、臧启家,1988)、尼泊闪石和透长石(Yang,Smith,1989)以及自然金(张树业等,1991)等。这些发现使该榴辉石形成的压力条件愈来愈高,但它们只是一些透镜体,孤立地出现于片麻岩、花岗岩或大理岩之中,而围岩的形成压力并不高,这更加激发了人们的研究兴趣。1995年国际榴辉岩野外会议在大别山召开,1998年国际科学钻探计划在青岛召开学术会议,为中国实施大陆科学钻探工程选址。以苏鲁超高压变质带及深部地质构造为科学目标,由中国地质科学研究院许志琴为首席科学家的中国大陆科学钻探被批准列为国家重大科学工程项目,于2001年6月25日在江苏东海县科钻1井开钻,历时5年,钻井深度5185米,是全球大陆科学钻探中深度最大的全取心钻井。钻孔的岩石资料以及伴随的地球化学、地球物理等全套资料已陆续发表。同时,深入研究大陆的深俯冲作用被列为"国家重点基础研究发展规划项目",开展了多学科交叉、融合的深入研究工作。这些研究计划的实施,对变质岩石学乃至大陆动力学的发展具有深远影响。

近年来超高压变质研究正向着深度和广度2方面迈进。在深度上联系到碰撞造山作用,认识到板块俯冲的深度可以达到地幔200千米(Ye等,2000),在广度上超高压研究重点有向西移的趋势。张立飞等在天山的超高压变质带的系统工作,利用白云岩变成菱镁矿+文石的反应推断大陆沉积物深俯冲150千米,提出变质禁区的新认识,有广泛的国际影响。北京大学"变质作用与造山带演化"课题组通过详细的地质学、岩石学、矿物学和地球化学研究,在中国西部的西南天山和柴北缘发现了一系列超高压变质岩石,又确定了2条超高压变质带。与东部苏鲁—大别陆壳俯冲超高压变质带不同的是西南天山和柴北缘的一些超高压榴辉岩是由洋壳深俯冲作用形成的,因此对于丰富和完善超高压变质作用类型、探讨由洋壳俯冲到陆壳碰撞过程等都具有重要意义(Zhang等,2002,2003;Lu等,2008)。新疆西南天山榴辉岩带是继Alps之后,又一例洋壳深俯冲超高压变质带,引起了国际学术界的关注。在柴北缘石榴橄榄岩中首次发现了金刚石包体和大量辉石、金红石和钠质闪石的出溶片晶等特征结构,证明了柴北缘石榴橄榄岩的形成深度大于200千米;在都兰地区发现了大洋蛇绿岩型地幔橄榄岩和由堆晶长岩及上覆玄武岩变质形成的榴辉岩,结合地球化学研究确定了其原岩属于洋壳,并在由辉长岩变质的榴辉岩中发现了柯石英残留,从而证明了柴北缘都兰一带的榴辉岩代表了俯冲的洋壳并经历了超高压变质作用;确定了柴北缘洋壳开始俯冲的时代大约为4.6亿年,大陆俯冲碰撞的时代为4.2亿年~4.3亿年,提出了柴北缘—北祁连高压—超高压变质带由洋壳俯冲到陆壳深俯冲的演化模式(Song等,2004,2005,2006)。高压—超高压岩石的折返机制和过程一直备受关注,Wang和Cong(2000)把超高压岩石的折返归纳为受浮力驱动和构造驱动2种机制。超高压岩石的折返过程也包括2个阶段:从地幔到下部地壳的快速折返阶段(3厘米/年~5厘米/年)和从下部地壳到地表的慢速折返阶段(1厘米/年~2厘米/年)。第1个阶段主要受地壳与地幔之间浮力差的驱动;第2个阶段则受到同构造和后构造伸展和剥蚀作用的控制。Wei等(2009)研究表明在固相线以下超高压泥质和长英质岩石的折返过程的变质作用演化可分为2个阶段:早期段以纤柱石和硬柱石等脱水为主,为流体存在条件,会导致矿物组合及矿物成分发生一系列变化;晚期阶段为流体缺失条件,除了发生硬玉向钠长石的固态转变反应外,有利于保存早期的高压—超高压特征。

在变质岩成因方面,中国学者也有突出表现。吴春明近年来所进行的关于变质作用温压计的新探索,特别是泥质岩变质压力计方面的成果已被国际权威教科书所引用。

撞击变质作用也是一种极端条件下的变质作用,是地外天体陨击地球所引发的瞬时高温和动态高压所导致的变质作用。世界上目前已经确定的陨石坑大致170多个,中国学者经过数十年努力,目前已确认的陨石坑有2个,一是海南白沙,王道经1992年发现,陨击作用发生于70万年,坑径3800米;另一个是辽宁岫岩,陈鸣2007年报道,陨击作用年龄5万年,坑径1800米。与辽宁冶金地质404队合作,在陨石坑中心实施科学钻探,终孔深度307米,获得比较系统的地层。混合岩作用是大陆地壳岩石在深部高温部分熔融的产物,是一种介于岩浆作用与变质作用之间的变质作用因而也是一种极端的变质作用。以往在解释混合岩化现象时往往注意其交代作用的形迹,以致交代成因说一度盛行。晚近的地质岩石学研究主张熔融作用是混合岩化的主要机制(Sawyer and Brown 2008)。这一点已经被许多混合岩的包体中出现熔体残余以及花岗岩熔融实验所证实。但是,部分熔融的天然标本则尚未见报道。

(王仁民)

五、中国工艺岩石学研究

工业岩石学也称工艺岩石学,是从20世纪五六十年代前发展起来的一门应用型学科。目前人们更多地趋向于采用"矿物材料学"代替"工艺岩石学"。本学科的特点是把地质学和材料科学有机地结合在一起,着重解决工业生产中的实际技术问题,带动理论研究。其研究对象为工业矿物岩石、硅酸盐材料及其他无机非金属材料。研究内容涉及水泥、玻璃、陶瓷、耐火材料、建筑材料、晶体生长、非金属矿物、工业固体废物处理等许多行业的生产领域。研究方法上,强调工业制品的组分、结构构造特征及其对性能的影响,并以此为基础制定材料生产的工艺。该学科在欧美有较长的研究历史,而中国却起步很晚。20世纪50年代苏良赫结合中国工业建设需求,对炼铁的炉渣做了研究,并用于水泥生产,先后发表了十多篇论文,如《平炉格子砖腐蚀作用的矿物学研究》(1956)、《平炉喷火口及炉顶高钴砖腐蚀作用的工艺岩石学研究》(1958)、《高炉含氟炉渣的工艺岩石学研究》(1959)等,由此开始引起国内外重视。60年代~70年代以苏良赫为代表的北京地质学院工艺岩石学科研集体对高炉热风炉、转炉炉衬耐火材料的损坏机理进行的研究,使北京首钢转炉炉龄从几十炉提高到1000多炉,在国内外产生很大影响。代表作有《高炉热风炉耐火砖腐蚀作用的岩石学研究》(1962)、《氧气转炉钢渣的相分析与炉龄的提高》(1976)、《岩石学与钢铁工业》(1978)等。这时期,中国科学院地质研究所对铸石和沸石水泥工业的研究也产生了较大的社会影响,取得了很好的经济效益。70年代~80年代在应用相图解释工艺岩石中矿物结晶顺序、矿物反应机理、耐火材料损毁机理以及结晶釉工艺、建筑陶瓷的低温快烧技术等方面的研究,取得了一批新的重要成果。这时期是工艺岩石学发展的黄金时代,中国硅酸盐学会于80年代初期成立了工艺岩石学专业委员会,武汉地质学院北京研究生部[现今中国地质大学(北京)]建立了国内唯一的工艺岩石研究室。80年代中期翁润生的第1本《工艺岩石学》教材(60年代诸培南曾编写了专著《工艺岩石学》,但未引起注意)。同时,在教学、科研和生产领域都取得了一批丰硕的科研成果,培养了一批工艺岩石学的骨干。90年代以来工艺岩石学的研究内容迅速拓宽到整个矿物岩石材料领域。

(杨守仁)

第三节 中国地球化学研究

一、中国地球化学研究概述

地球化学是研究地球以至部分天体的化学组成、化学作用及其空间分布与时间演化的科学。它是一门脱胎于地质学和化学的边缘科学,现在已发展成为与地质学、地球物理学和大地测量学相并列的固体地球科学的4大支柱学科之一。它的研究范围也从地球扩展到月球和太阳系的其他天体。地球化学的理论和方法对矿产的寻找、评价和开发,农业发展和环境科学等有重要意义。地球科学基础理论的一些重大研究成果,如界限事件、洋底扩张、岩石圈演化等均与地球化学的研究有关。

地球化学产生于20世纪,但地球化学的萌芽思想却源远流长。2500年前中国的《山海经》中就描述了70多种金属和非金属矿物及其产地;西周时期中国就对地球物质状态进行了分类,"五行"说把自然物质分为"水、火、木、金、土"。距今1500年前的"地镜图"中:"草茎赤秀,下有铅;草茎黄秀,下有铜……"。亚里士多德将地球物质运动看成是四元素(火、气、土、水)与四性(热、冷、干、湿)的结合和变化转换等。

中国是历史悠久的世界文明古国,祖先在开发矿业中早就萌发了朴素的地球化学思想。20世纪初~20世纪中叶正是国外地球化学形成时期,中国的地球化学却未得到应有的发展。1924年李四光和舒文博分别发表《火成侵入体地质调查之新方法》和《豫北洪山侵入体地质调查结果》论文,以SiO_2、CaO、MgO等火成岩主要氧化物含量作等量线图,用以研究侵入体的岩石化学与矿物成分之间的某些关系,并认为这有助于解释侵入体的形成历史。这些工作标志着近代中国地球化学思想的萌芽。金耀华和阮维周的《等碳线所示之四川可能产油区》(1940)利用香溪煤系的含碳率[固定碳/(固定碳+挥发分)]数据处理成等碳线图,根据美国经验认为含碳率=55%~60%是主要油气田标志,结果圈定隆昌和荣昌为油气远景区。这是油气化学探测的萌芽。李悦言的《四川盐矿之地球化学性》(1942)根据黄海久和久大工业公司对四川岩盐和卤水的化学分析资料,结合其所产出的地层层位,分析了这一中生代岩盐/卤水盆地的演化,指出川康边境的花岗岩离盆地不远,推测是盐湖碱质的来源,是开沉积地球化学的先河。原福建协和大学王肇馨和林文聪《福建温泉水之分析及研究》(1940)可谓中国温泉地球化学的先驱,计荣森在评述该文时写道:"我国温泉虽多,然曾经如此详细分析与研究者,尚属创见。"

总体来说,中国地球化学在1949年前基本上是一个空白领域。20世纪50年代以来由于涂光炽、李璞、谢学锦和於崇文等人的努力,已经形成具有中国特色的地球化学学科。新中国对矿产资源的需求促进了地球化学学科的发展。早在50年代初,由于钢铁工业急需锰矿,侯德封、叶连俊等应用锰的地球化学知识扩大了湘潭锰矿的储量。嗣后又用地球化学方法先后在华北、华中、华南各大区找到了锰矿,并作出成矿远景评价。前后3年时间就解决了中国锰矿资源问题,是地球化学学科服务于国民经济的良好范例。50年代中期,为了独立自主地发展中国原子能工业和核武器,国家急需铀矿资源。60年代对中国东部许多铀矿床进行了调查研究,发现中国铀矿以火山岩型和花岗岩型铀矿为主,极大不同于国外以古砾岩型和不整合脉型为主的情况,解决了铀矿、稀有金属、稀土元素的找矿远景问题,为两弹一星提供了资源保障,也为和平利用核能奠定了基础。60年代初中国地质学会第32届学术年会上司幼东宣读了《关于铍矿化交代作用的选择性问题》的论文,从物理化学和化学角度详细论证了铍的主要矿化交代作用,选择钠长石化和云英岩化作用2个阶段的新观点。李璞宣读的《内蒙古和南岭地区某些伟晶岩和花岗岩的钾氩法绝对年龄测定》及陈毓蔚关于内蒙古伟晶岩的锆石、褐帘石的U-Pb法测定年,都是中国自己建立的实验室首次报道的成果。此外,对花岗岩中稀有元素矿物如钶铁矿、磷钇矿、褐钇矿等与花岗岩岩石化学间的分布规律,锗的结晶化学及其地球化学等进行了研究。中国西北陆相沉积中地球化学元素演变,提出气候变迁与元素集散在时间上的分布规律。70年代末,谢学锦组织领导了全国性的区域地球化学填图,全面掌握各类元素地球化学异常,为找矿远景预测提供了良好的基础。

改革开放后,中国地球化学发展迅速,各种地球化学实验室相继建立,人才培养不断加强,科研队伍日益壮大,研究成果丰硕。地球化学与相邻学科的交叉融合,逐渐形成了不同发展程度的带有中国特色的约20多个分支学科,有些分支学科如矿床地球化学、环境地球化学、有机地球化学、气体地球化学、元素地球化学等赶上了国际发展水平,少数分支学科和领域如层控矿床地球化学、成矿作用动力学、区域地球化学、稀土元素地球化学、勘查地球化学和陨石学研究等则达到国际先进水平。

中国地球化学学科的发展从无到有,从小到大,前后不过50多年的时间,当前研究水平处于国际同行的中等水平,个别领域已迈入国际先进行列,发展速度是比较快的。根据国家经济需要在锰矿、磷矿、铀矿、铁矿、金矿、稀有、稀土、钨矿、锡矿及石油、天然气等方面开展了地球化学研究;在克山病、大骨节病等地方病病因研究和防治以及环境污染和评价方面,地球化学取得了引人注目的成就。在结合中国国情创立有特色的学科体系的过程中,许多分支学科如矿床地球化学、区域地球化学、有机地球化学、构造地球化学、环境地球化学、陨石学、同位素地球化学和第四纪地球化学等的发展都联系了中国地壳和地幔的地质、地球化学特征,建立适合中国的地球化学模型,查明中国的地球化学规律,发展新的地球化学理论,解决中国的实际问题。而与国际水平明显的差距主要表现在基础研究薄弱,缺乏必要的基础研究手段和先进的设备。

二、中国理论地球化学研究

理论地球化学是研究地球的化学组成、化学作用和化学演化的科学,它是地质学与化学、物理学相结合而产生和发展起来的边缘学科。从事地球化学学科的基本理论和方法论的研究,是建立地球化学学科理论体系的基础。传统的地球化学是以分析化学为基本手段,根据晶体化学和热力学基本理论发展起来的。近几十年来,量子力学、热力学、动力学、非线性科学的发展,使一些新的理论、概念引入地球化学学科。于是量子化学与地球物质结构的研究相结合形成了量子地球化学;热力学与地学系统的状态变化的研究相结合产生了地球化学热力学;动力学理论引入地球化学过程的研究,发展成为地球化学动力学。於崇文认为:量子地球化学、地球化学热力学、地球化学动力学构成了现代地球化学的理论基础,合称为理论地球化学。

传统的地质成矿理论中是将成矿作用和成岩作用一一对应起来。20世纪60年代初涂光炽在研究西秦岭的铀矿时,提出了"沉积再造"的新概念,从而在传统的沉积、岩浆和变质成矿作用之外,揭示了一种新的成矿作用。80年代在研究层控矿床地球化学时,他又将其发展成为"沉积改造"理论,并指出不少金矿床、铀矿床和其他一些金属矿床是经过改造作用而形成的。这一理论将矿床分类由三分法拓展为四分法,即沉积型、岩浆型、变质型和改造型。70年代末於崇文提出了"成矿作用与时—空结构"的理论观点。80年代初他将非线性科学中的耗散结构理论和动力系统分析应用于地球化学,进而又提出了一个新的地球化学理论体系和方法论,将地球化学的研究对象从传统的化学元素的原子拓宽为地球化学系统,并由地球化学系统的物质、地球化学作用、地球化学过程和地球化学场4部分所构成,其中以地球化学系统的物质为基础,而以地球化学作用的动力学为核心。同时,他将这一理论体系和方法论应用于南岭地区区域地球化学研究和个旧锡—多金属成矿区内生成矿作用的动力学体系研究,分别出版了《南岭地区区域地球化学》(於崇文等,1987)等2部专著。80年代中期他又在地球化学动力学中提出和发展了"成矿作用动力学"新的分支领域,并首次系统地提出其理论体系和方法论,通过对安徽铜陵层控矽卡岩型铜矿床、江西德兴斑岩型铜矿床(田)、江西银山火山—次火山型多金属矿床的成矿作用动力学研究,揭示了成矿作用的本质,即成矿作用的驱动力、进行的速率和机制及其时间演化与空间展布(成矿作用及其时空结构),从而使矿床成因和成矿规律研究由静态上升到动态,从定性走向定量,深化了矿床成因理论,提出了新的成矿分带理论和地球化学场时空结构的自组织临界性等新理论,完成了《热液成矿作用动力学》(於崇文等,1993)和《成矿作用动力学》(於崇文等,1998)。由于以上研究,开辟了矿床学新领域,发展了矿床地球化学和理论地球化学。

(刘本立、杨守仁)

1. 陨石学与天体化学研究

陨石学是通过对各类型陨石矿物学、岩石学、化学组成、同位素组成和同位素年代学等的研究,讨论其母体(小行星、月球、火星)的物质组成和演化,并构建整个太阳系的历史。同时,陨石还记录了太阳和银河系宇宙射线的辐射历史,保存了太阳系形成之前不同恒星来源的尘埃物资。陨石学是空间科学和天体化学的基本组成部分,而后者是一门交叉学科,所涉及的其他领域有天体物理、天文学、生物学、矿物学、岩石学和地球化学等。天体化学研究元素和核素的起源,元素的宇宙丰度、宇宙物质的元素组成和同位素组成及其变异、天体形成的物理化学条件及在空间、时间的分布、变化规律。

自20世纪60年代以来,由于分析技术的提高,天体化学取得了巨大发展。1976年3月8日中国吉林省吉林地区降落了陨石雨,以其分布之广、重量之大、数量之多为世人罕见。从此,中国对陨石、月岩等进行了大量的研究工作。1980年中国矿物岩石地球化学学会陨石学及天体化学专业委员会成立,促进和带动了中国在天体化学和陨石学领域的发展,推动了该领域的学术交流以及其他学术团体间的合作。中国科学院贵阳地球化学研究所此后组织了2次天体化学研究方面的大协作,其一为吉林陨石雨的多学科综合研究,其二为阿波罗—17高钛月海玄武岩物质组成及其成因的综合研究。其成果集中反映在《吉林陨石雨论文集》(中国科学院地球化学研究所等,1979)一书中。20世纪80年代该所又与联邦德国马普物理所和化学所以及美国加利福尼亚大学洛杉矶分校合作研究吉林和其他陨石,发表了一系列高水平的论文。①太阳系小天体(陨石、宇宙尘)方面,对吉林陨石的研究创造了中国陨石学与天体化学形成与发展的新开端,建立了吉林陨石的形成与演化模式,提供了研究太阳星云凝聚过程的新论据,开辟了小天体宇宙线照射历史研究的新领域,可能为前生命期有机质的化学演化和生命起源提供重要信息。鉴定出41种矿物包括自然铜、不同结构类型的铬铁矿—尖晶石变种、白色高硅包体等,依据其体系统完整的复杂矿物组合和球粒结构类型提出了太阳星云凝聚的过程及其演化模式。②月岩和比较行星地质学。1978年美国政府赠送月岩样品,中国学者用0.5克样开展了系统的岩石学矿物学研究,查明其来源于月海玄武岩。在比较行星学方面主要进展是查明行星大气的化学组成、行星表层特征对比、类行星的形成环境、类行星的地质演化。③地球物质演化的能源、地球非均一组成与非均变演化。基于长期的研究,欧阳自远提出"地球非均一组成与非均变演化"的地球观,认为地球早期的星云域内,原行星吸积了不同成分的星子,构成了不均一的原始地球模式丰度,用以解释古陆核的形成,根据地球内部热演化的阶段性指出16亿年~18亿年前后地球的发展极不相同,较好地说明了18亿年~20亿年以来板块构造发育的过程。

从20世纪90年代开始中国学者开展了深空探测领域特别是月球与行星探测的科学规划制订以及工程科学目标、探测任务与有效载荷的论证和制订的研究工作。经过10多年的论证,从2004年开始中国正式启动了月球探测工程,为中国月球科学与天体化学提供了新的发展机遇。自陨石学及天体化学专业委员会成立以来,与中国空间科学学会月球科学与比较行星学专业委员会合作召开了多届全国性学术会议,涉及的内容包括非南极陨石和南极陨石以及探月工程等。在中国矿物岩石地球化学、空间科学学会的组织和领导下,通过专业委员会组织的一系列学术交流,促进了陨石学及天体化学交叉学科的快速发展和提升。欧阳自远、王道德等在陨石学和天体化学的研究方面取得了重要成就。

(刘本立)

2. 元素地球化学研究

元素地球化学是研究地壳中或地表各类岩石、矿物、矿石及各种地质体中化学元素的组成、含量、分布及时空变化的学科,也是研究各种化学元素地球化学行为的主要学科。它是地球化学领域最古老的分支学科。根据化学元素在地质体中含量的多少主要分为常量元素地球化学、微量元素地球化学、稀土元素地球化学等类型。从岩石等天然样品中化学元素含量与组合出发,研究各个元素在地球各部分以及宇宙天体中的分布、迁移与演化。在矿产资源研究中,元素地球化学发挥了重要作用,微量元素地球化学研究提供了成岩、成矿作用的地球化学指示剂,并为成岩、成矿作用的定量模型奠定了基础。

有关元素地球化学的知识在中国远古时期即已开始积累。但在1949年前发展非常缓慢,1949年后随着工农业生产和国防现代化才迅速发展起来。1963年出版了《中国铌、钽、稀土矿床、矿物及地球化学》和《中国锂、铍矿床、矿物及地球化学》2本专著,总结了中国稀有和稀土元素地球化学的研究成果。此后南京大学地质系和中国科学院地球化学研究所都发表了华南花岗岩中微量元素的地球化学研究成果。1984年刘英俊等编著的《元素地球化学》是本分支学科的一本比较系统的专著。

(1)地壳中化学元素分布的研究　早在1963年黎彤、饶纪龙就发表了《中国岩浆岩类的平均化学成分》《中国主要岩浆岩种类的平均化学成分》等研究成果。1965年他们用分区法计算了地壳元素的丰度,既考虑到了海洋地壳的化学成分,也反映了不同构造单元的元素分析特点,黎彤又作了进一步修改和补充。1985年黎彤发表《大洋地壳和大陆地壳的元素丰度》一书,提出了洋壳和陆壳的主要元素以及用地球化学指标研究构造等的新见解。1990年黎彤、倪守斌出版《地球和地壳的化学元素丰度》,总结中国元素地球化学研究的新发展。

(2)成岩成矿作用地球化学的研究　对中国分布广泛的岩浆岩及其与矿床形成的关系进行了深入的地球化学探索。揭示了基性岩中铬、镍等元素的球化学行为及其含矿性的地球化学标志,中性侵入岩与铁、铜、钴等矿床在地球化学方面的密切关系。研究最多、成就最大的是酸性岩浆作用的地球化学,特别是华南不同时代花岗岩的地球化学演化。在微量元素方面、火山作用地球化学方面、热液作用地球化学方面、风化壳地球化学方面和沉积矿床有关的地球化学方面都取得丰硕的成果。目前已广泛使用 Fe、Mn、Sr、Ba、B、Ga、Rb、Co、Ni、V 及 Sr/Ba、Fe/Mn、V/Ni、Fe^{3+}/Fe^{2+} 等含量和比值来判断海相与陆相、氧化与还原、水体深度、盐度等沉积特征。

(3)微量元素地球化学研究　除继续研究常量元素外,微量元素地球化学更引起学者研究兴趣,促进了微量元素地球化学得到迅猛发展和广泛应用。作为地球化学领域的一个重要分支学科,微量元素地球化学研究微量元素在地球及其子系统中的分布、化学作用及化学演化,它根据系统的特征和微量元素的特性,阐明其在地球系统中的分布、分配、在自然体系中的性状、在自然界的迁移和演化的历史。微量元素地球化学经历了2个主要发展时期:在20世纪60年代以前,主要通过元素的原子、离子半径、电荷、极化性质、电负性等特性,研究微量元素在地球各系统及不同矿物、岩石中的分配和分布,即从微观角度来认识微量元素的分布及其在自然界的结合规律;自20世纪70年代起,从定性走向定量、从微观向宏观方向发展,进入了建立定量理论模型阶段。中国的微量元素地球化学研究以稀有、稀土、分散、放射性元素、贵金属等为主攻对象。在研究中,对微量元素的地球化学分类、存在形式及分配、在成岩成矿作用中的地球化学行为等都提出了有价值的见解。特别是对不同成因类型的铝土矿、磁铁矿、钨矿、锡石、黄铁矿、黄铜矿、方铅矿、闪锌矿等矿物中的微量元素地球化学，以及内蒙古白云鄂博铌—稀土—铁矿床、新疆阿尔泰地区内生矿床、甘肃黄铁矿型铜矿床、长江中下游铁铜矿床、赣南—粤北有色金属矿床、华南不同时代花岗岩等的微量元素地球化学研究获得了重要进展。在此基础上，出版了综合性学术专著《元素地球化学》（刘英俊等，1984），个别元素如稀有元素、稀土元素、铀、金、铂、铁、钨等元素都有专著出版。为适应元素地球化学的教学需要，还出版了教材《元素地球化学导论》（刘英俊等，1987）、《元素地球化学》（牟堡磊，1999）。微量元素地球化学的核心是"示踪"，微量元素可作为地质地球化学过程的示踪剂，在解决当代地球科学的基础理论问题如天体、地球、生命和元素的起源，为人类提供充足的资源和良好生存环境等方面发挥着重要作用。

（郅惇、杨守仁）

3. 同位素地球化学研究

同位素地球化学是利用元素的稳定和不稳定同位素及其在丰度上的变化进行地球及其地质现象研究，甚至扩大到太阳系的其他星体及其相关现象的研究。本学科研究领域主要包括同位素地质年代学和稳定同位素地球化学2个方面。中国同位素地质年代学研究始于20世纪50年代末期，至今在全国约有50多个同位素地质年龄测定实验室，测定方法包括U-Th-Pb法、K-Ar法、Rb-Sr法、^{14}C法、铀系法、热释光法、裂变径迹法、^{40}Ar-^{39}Ar法、Sm–Nd法等。已积累8000多个年龄数据，其中80%是K-Ar法数据，其次是Rb-Sr法数据和U–Pb法数据分别占8%和5%。这些年龄数据对确定中国古老地层时代、岩体侵入时代、矿体与地层和岩体之间先后次序等有重要价值。

20世纪60年代初即发表了一批岩石的K-Ar体积法年代学数据。至今对氧、氢、硫、碳、铅、锂、钕等稳定同位素地球化学已有不同程度的研究，分别在矿床成因、火山岩和侵入岩、大气降水、地层对比、石油油源分类及陨石的成因和演化等方面取得了大量重要研究成果。如《稳定同位素在地质科学中的应用》（1984）和张理刚等的《东亚岩石圈块体地质——基底岩石同位素化学及动力学》（1994）。郑永飞（1994）运用同位素增量计算法研究了自然界常见的金属氧化物、无水硅酸盐在0℃～1200℃范围内氧同位素理论分馏方程，给出了OH^-与含水硅酸盐矿物之间$\delta^{18}O$理论分馏方程。蒋少涌等（1994）将$\delta^{11}B$与$\delta^{13}Si$相结合研究海相喷流沉积块状硫化物矿床取得一些新认识。对黄土作了碳氧同位素的系统观测，为探讨近15万年以来的古气候演变提供了新的依据。稳定同位素分析方法的研究是稳定同位素地球化学的重要组成部分，地矿部矿床地质研究所同位素地质研究室在《稳定同位素分析方法研究进展》（1992）一书中总结了中国80年代～90年代初期在稳定同位素分析方法和标样研制方面的新进展。

改革开放以来，同位素地球化学与地质科学紧密结合，利用放射性同位素定年，为地球科学提供了精确地时间坐标；提出同位素和微迹元素示踪理论，借以追踪过去的地质构造环境，示踪地壳和地幔的形成与演化，成为地球物质科学中的支柱学科。先后召开了多届全国同位素地质年代学学术会议。重要的研究成果有：发现中朝克拉通内存在老于38亿年古老陆核；南方崆岭群中测得28亿年的年龄；诸广山、云开混合岩中发现了25亿年左右的残留锆石，闽北建瓯群则获得22亿年Sm-Nd年龄，说明华南也应有古元古代甚至太古宙的基底；对于一些年代不清或长期争议的变质单元如舞台群下部、中条涑水杂岩、陕南鱼洞子群、秦岭群、宽坪群、陶湾群、四堡群、冷家溪群、粤西云开群、海南抱板群等均已测出可信度高的年龄。此外，还界定了一些显生宙的地层界限，尤其是围绕黄土所开展的第四纪同位素年代学，在国际上有重要的影响。"七五""八五"期间，中国一些重要地区如青藏、秦岭、大别等组织了多学科的攻关项目，促进了同位素地球化学的发展，提供了详细的地质事件年表。大别—苏鲁超高压带进行了详细的同位素定年,除了 Sm-Nd、Ar-Ar 等方法外,锆石的 U-Pb 体系定年得到广泛应用。丸山茂德、简平、刘敦一还作了锆石 SHRIMP 测定。大致来说,碰撞造山年龄即超高压变质的时限可能有 3 期:晋宁期(8.75 亿年)、加里东期(3.35 亿年~4.24 亿年)、印支期(平均 2.1 亿年)。近年来,详细研究了大别山和苏鲁超高压榴辉岩中石榴子石、绿辉石的 $\delta^{18}O$、多硅白云母中的氢(H)的同位素组成,不仅为超高压变质提供了温度范围,而且根据其中仍保存着的原岩与大气降水进行 H、O 同位素交换特征,因而提出了超高压榴辉岩在地幔深处停留时间很短,以至它们的 H、O 同位素系都来不及调整的科学论断,深化了对这一超高压变质带的地球动力学演化的认识。

据中国地质学会同位素地质专业委员会(2011)总结,"十一五"期间,同位素分析和定年技术及应用研究取得重要进展。这些研究工作应用先进的仪器设备,开展微区原位同位素、高灵敏度同位素、复杂样品同位素等测试技术研究,建立和完善了几种关键性的同位素测试新技术新方法,如激光 $^{40}Ar/^{39}Ar$ 定年技术方法、ESR 测年技术方法、^{36}Cl 和 ^{137}Cs 定年方法体系研究和 Re-Os 和 Pt-Os 同位素定年方法体系,开展了高压白云母中过剩氩成因研究、褐帘石离子探针(SHRIMP)微区原位 U-Th-Pb 年龄测定方法研究、激光烧蚀等离子体质谱[LA-(MC)-ICPMS]锆石微区 U-Pb 定年和 Hf 同位素分析方法研究、激光多接收离子体质谱(LA-MC-ICPMS)和离子探针微区原位稳定同位素分析方法研究、MC-ICPMS 过渡族元素同位素测定技术方法研究。特别是二次离子探针质谱(SHRIMP)引进,将微区同位素测年推向新的水平,提高了中国的同位素测试水平和为地质科研和地质调查服务的能力。建立了鞍山、黄陵、胶东、太行山、辽北等地早期寒武纪构造年代格架;获得了 Jack Hill 地区世界上第 3 粒最老锆石年龄(43.3 亿年),在该锆石边部存在 37 亿年增生边,表明西澳(43.3 亿年)与 37 亿年陆壳物质之间存在联系等一系列重要的成果。Re-Os 和 Pt-Os 同位素系统示踪及定年应用方法研究取得了重要进展,所建立的分析方法得到了广泛的应用。特别是在科技部基础性工作专项资助下,国家地质实验测试中心 Re-Os 地质年代学研究小组成功研制了 2 个国际上首例辉钼矿 Re-Os 年龄国家一级标准物质,为国内外 Re-Os 年龄实验室建立了科学数据比对的共同尺度,起到了消除国内外实验室之间的系统误差和检验新研究流程正确性的作用。中国科学院、中国科技大学等单位以及美国和日本等实验室,均采用该标准物质作为实验室监控样。同样受科技部基础性工作项目专项资助,该小组正在研制的符合国家一级标准物质要求和国际定值规则的首个铜镍硫化物和海山富钴结壳的 Re、Os 含量及 Os 同位素比值的标准物质工作也取得了重要的进展。金属矿床精确定年技术方法及地质应用研究、年轻沉积物同位素定年、同位素示踪方法研究、锆石的阴极发光标型特征及其成因的研究也都取得了重要进展。多接收器等离子体质谱(MC-ICPMS)是 20 世纪末发展起来的同位素高精度测试新技术,近些年来,中国科学院、国土资源部、高等院校等科研和教学部门先后建立了 MC-ICPMS 实验室,并取得了一批较高水平的研究成果,特别是在非传统稳定同位素和锆石原位 Hf 同位素分析方面。国土资源部同位素地质重点实验室 2006 年引进 MC-ICPMS 仪器以来,在非传统稳定同位素研究方面取得的一些重要进展,突出表现在:①在国内率先建立了 Fe、Cu、Zn、Mg 等同位素的高精度测定方法和与之配套的样品纯化技术,并初步研制了这些同位素体系的标准物质,从而为中国科技工作者在该国际前沿领域开展高水平研究奠定了必要的基础;②开展了 Fe、Cu、Zn、Mg 等同位素的质量分馏研究,丰富和发展了非传统稳定同位素质量分馏理论,为这些新同位素体系在地学中的应用奠定了必要的理论基础;③开展了前寒武纪条带状铁建造的铁同位素地球化学研究,为运用过渡族元素同位素对金属矿床成矿作用的直接示踪提供了范例,从而开辟了中国金属矿床成矿作用研究的新途径;④开展了湖泊、海洋沉积物和悬浮物的过渡族元素同位素研究,为环境与全球变化研究提供新手段。中国地质科学院矿产资源研究所同位素实验室系统地开展了硅同位素地球化学研究。在国家自然科学基金委员会、国土资源部和中国地质调查局的大力支持下,开展了"地球表面圈层硅同位素地球化学循环研究""同位素测试新技术的地质应用研究"和"硅同位素与原子量测定"等研究项目,加深和拓宽研究领域,进一步完善硅同位素地球化学学科体系。其研究成果主要表现在:准确标定 NBS-28 等国际与国家硅同位素参考物质的硅同位素绝对比值与硅的原子量;改进的硅同位素测试方法得到国际同行的承认;研制与标定了国家一级硅同位素标准物质。在水圈、生物圈硅同位素地球化学循环的新的、交叉学科的研究方面取得重要突破。一些重要研究成果为研究河流的侵蚀沉积作用和环境影响提供有力证据,并为地球表面圈层的硅同位素地球化学循环研究提供重要资料。该研究小组还与长江委水文局合作,依托地质调查项目"长江流域侵蚀、沉积作用与环境的同位素研究",开展了"长江水的化学与同位素演化及其环境意义"的研究。项目组在长江干流和支流系采样,对水及水中悬浮物进行了矿物学、地球化学与同位素地质学综合研究,获得了许多新的发现。这些发现为了解长江流域的气候与水文变化、三峡工程对河水化学与同位素组成变化的影响,以及水圈的硅循环的研究提供了极为珍贵的资料,奠定了良好的基础,填补了国内外有关研究的空白,受到国内外同行的关注。该研究小组还在地调局的支持下,开展了"激光探针微区稳定同位素分析方法及地质应用研究"。成功地建立了一套激光探针微区氧、硅同位素分析系统,其中包含对激光熔样装置的研制和纯化系统的改进。利用这一分析系统,研究人员从样品准备、试剂纯化、装样和预处理、激光制样、气体提取与纯化、质谱测量等各个环节进行反复摸索,建立了激光氧、硅同位素分析方法。激光氧同位素分析方法的样品含 O_2 量可低至 7 微摩尔(相当于 200 微克 O_2),分析精度约为 0.2‰;激光硅同位素分析所用的样品含 Si 量可低至 5 微摩尔(相当于 140 微克 Si),分析精度优于 0.2‰。所建立的氧、硅同位素分析方法的精度均达到了国际同类研究的先进水平。与此同时,项目组研制了石英玻璃和锰铝石榴石 2 个激光氧、硅同位素分析工作标准物质,填补了国内有关领域的空白,为激光同位素分析在国内地质领域的应用和推广奠定了基础。项目组对伟晶岩、辉长岩、地幔包体等难熔矿物进行了氧、硅同位素分析,初步探索了该技术在地质方面的应用。这些成果,填补了国内在有关领域的空白,为激光同位素分析技术在国内的发展铺平了道路,为硅、氧同位素的地球化学的进一步发展创造了条件。该实验室研发建立了 LA-MC-ICPMS 锆石微区 U-Pb 定年和 Hf 同位素分析方法,分析精度达到国际同类实验室先进水平,为确定成岩成矿年龄、示踪锆石及寄主岩石的形成演化提供了有力支撑。在国内首次建立了高精度微区原位 B 同位素分析方法,分析结果与文献报道值或 P-TIMS 获得的结果一致,分析精度达到国际先进水平,为利用硼同位素精细刻画成岩成矿过程奠定了坚实基础。研究建立了高精度 Cu、Zn、Li 同位素分析方法和配套样品纯化分离技术,分析结果与报道值完全一致,分析精度达到国际先进水平。在国内首次建立了硝酸盐氮氧同位素和氧同位素非质量分馏分析方法,$\delta^{15}N$、$\delta^{18}O$ 和 $\triangle^{17}O$ 的分析精度分别为 0.18‰、0.13‰和 0.06‰。首次在新疆吐哈内陆盆地的硝酸盐矿床中发现了显著的氧同位素非质量分馏效应,为硝酸盐的大气气溶胶沉降成因提供了可靠证据。国家地质实验测试中心自 2006 年开始,利用新引进的 MAT253 气体同位素质谱仪,开拓了环境地球化学单体同位素分析测试技术研究的新领域。近年来,先后开展了连续流稳定同位素气体质谱测试技术及其在地学研究中的应用、生物标志化合物单体同位素分析、单分子稳定同位素分析在地学研究中的应用、大陆科学钻探孔区地下深部流体及微生物研究(国家自然科学基金重大项目)、科学深钻的地下微生物及地下流体研究(国家 973 子课题)等,获得的初步研究成果包括:建立了 EA-

IRMS分析沉积物、土壤和植物等样品有机碳、氮同位素方法;GBII-IRMS分析水中氢氧同位素的方法;GC-C-IRMS分析天然气中低碳烷烃碳稳定同位素的分析方法。其中,EA-IRMS分析沉积物、土壤和植物等样品中碳氮同位素和GBII-IRMS分析普通水中氢氧同位素的测试水平达到国内外同类实验室的水平。同时,在开展生物标志化合物单体碳同位素前处理方法的研究中也取得了初步研究成果。这些实验测试方法体系的建立与完善将为生态环境地球化学交叉学科的研究提供坚实的实验测试平台。

(刘本立、杨守仁)

4. 有机地球化学研究

有机地球化学研究自然界产出的有机质的组成、结构、性质、空间分布、在地球历史中的演化规律以及它们参与地质作用对元素分散富集的影响。生命起源的研究是有机地球化学的重要内容之一,包括2个方面:一是对生命前期有机物质演化及前寒武纪古老岩石中生命痕迹的探索;二是根据天体演化规律,进行地球上早期生命及生命起源机制的模拟实验。有机地球化学建立的一套生油指标为油气的寻找和评价提供了重要手段。

中国唐朝颜真卿载有"山上有葱,下有银;山上有韭,下有金;山上有姜,下有铜锡;山上有宝玉,木旁枝皆下垂",可说是生物地球化学的萌芽。但是,有机地球化学的研究工作是20世纪60年代才迅速发展起来的。当时石油工业部、地质部采用氯仿沥青A、沥青A的族组成和分素分析等有机地球化学指标广泛研究了中国各石油区、各地层(震旦系至新近系)的生油岩。1963年,中国科学院地质研究所沉积研究室则采用氯仿沥青A、有机元素和腐殖酸等项指标,开展了沉积磷矿和煤层中锗的有机地球化学研究。此后,围绕着陆相生油理论,中国科学院兰州地质研究所等开展了中国某些浅水湖泊现代沉积物的有机地球化学研究,1979年出版了《青海湖综合考察报告》。60年代末～70年代初,中国科学院贵阳地球化学研究所筹建了中国第1个较完整的有机地球化学研究室,先后采用气相色谱、红外、顺磁共振、裂解色谱、色谱—质谱及高温高压模拟实验等技术,在引进和扩大各项有机地球化学指标,以及在石油演化、碳酸盐岩生油、吉林陨石有机质等研究方面取得了重要进展,对中国有机地球化学的发展起了推动作用。迄今为止,中国除了开展石油、煤的有机地球化学研究外,地质历史上和现代的沉积物的有机地球化学研究,金属、非金属矿床的有机地球化学研究亦已开展起来,并且均获得重要成果。

改革开放以来,在傅家谟等的努力下,成立了全国性的学术组织,召开了12届全国性的有机地球化学学术会议和国际会议,出版了一系列高水平的有机地球化学、石油地球化学专著,在油气勘探评价中发挥明显的效益。1980年~1981年和1984年~1987年中国科学院地球化学研究所有机地球化学实验室得到联合国开发计划署的资助,通过与英国布里斯托大学合作研究,在分子有机地球化学研究领域中取得较大的进展。中国科学院兰州地质所逐步完善了原有的实验室,研究生油岩中有机丰度、性质、类型、结构及其特殊成分,着重于陆相油气的生成及演化,进行油源对比及油气评价。地球化学研究所还进行生油的模拟实验。地质研究所根据"分子化石",提出了沉积盆地有机地球化学环境分析方法。出现了一些新的研究领域,如分子有机地球化学、煤成烃地球化学、陆相生油理论、层控矿床有机地球化学等。因此,有机地球化学已经成为最具活力的分支学科,在能源地质研究中占有重要地位。以煤成气地球化学为例,中国煤成气的研究已有30年,探明的煤成气的储量从开始时仅占气层气的9%至21世纪初的40%,与油型气一起构成中国天然气的主要部分。戴金星等20世纪90年代以来对煤成气地球化学研究发现:成熟阶段的煤成气普遍是湿气,含重烃最高达34%,大多数5%～20%;煤成气富含汞蒸气;碳同位素的研究可用于查明煤成甲烷和其源岩成熟度的关系;煤成气中$C_{5\sim8}$轻烃单体系列同位素组成,可用于鉴别煤成气与油型气。

目前对于有机地球化学的研究主要集中在石油勘探领域,用来判别有机沉积相以及识别评价油气储层。油气地球化学研究已经由早期的以烃源岩评价为主的单一研究,发展到现今的以烃源岩和油气源研究为基础、流体包裹体和油藏地球化学研究相结合的综合研究。同时,有机地球化学也开始逐渐应用于研究非海相沉积生物标志物和环境有机污染的研究。

中国科学院广州地球化学研究所有机地球化学国家重点实验室多年来在石油天然气与分子有机地球化学领域和环境地球化学领域取得了一批高水平研究成果,分子有机地球化学领域在国际上占有一席之地。近年来,在地质体中发现了数十种新生物标志化合物,研究了它们的地球化学意义,为生油母质来源、沉积环境、有机质成熟度等的评价,提供了新指标。在塔里木盆地、四川盆地、鄂尔多斯盆地、准噶尔盆地、东濮盆地、华北中新生代盆地等其他含油盆地做了大量卓有成效的工作,取得了一系列研究成果,为发展中国油气勘探和油气成因理论作出了重要贡献。代表性研究成果有:"煤成烃地球化学"研究系统总结了中国煤成烃理论,提出了煤成油气的综合判识方法,建立了煤成烃的成烃模式,对中国煤成烃评价与勘探起到推动作用。"地质体分子标志物的研究"的创新性内容为:在地质体中发现了羊毛甾烷、含硫羊毛甾烷、丛粒藻烷、未知卟啉等新生物标志物;开展一系列新的分子标志物的地球化学应用研究,首次综合应用多项生物标志物指标,划分中国湖相原油和沉积物的沉积环境;提出了高硫未成熟油的非干酪根成因理论及其证据;将生物标志物的概念和理论拓展到环境地球化学领域,鉴定出追踪各种污染源的分子标志物。这些研究成果深化了中国陆相生油理论,应用于石油勘探中在辽河油田经济效益达 2000 万元、江汉油田未成熟油储量增加 1000 万吨。近年来还开展一些新的研究领域,如成藏动力学、成藏年代学、油气田开采地球化学及生物地球化学研究,并取得了一些初步研究成果。

中国有机地球化学经过近 30 多年的不断发展,已经从油气勘探领域拓展到了煤、生物、环境和气候几大主要研究领域,为中国国民经济发展和社会进步作出了重要贡献,充分显示了其强大的生命力。第 12 届全国有机地球化学学术会议在深部烃类流体性质研究、致密砂岩气和页岩气成藏、持久性有机污染物生化特征等方面取得了突出进展,进一步明确了学科发展方向。今后一段时期,高有机质丰度沉积物形成和空间展布的分析和预测技术,发展地球化学与地质一体化研究模型,有机、无机相互作用及烃类矿床的次生蚀变和改造作用,各种成因天然气的生成机理、资源潜力和分布预测,以及环境、煤、生物地球化学将成为中国未来有机地球化学的研究重点。

(郅惇)

5. 实验地球化学研究

实验地球化学的主要任务是借助于高温高压新技术和新设备,对地球内部和壳层所经历的化学作用进行实验研究,以探求它们的化学组成、化学反应的方向和各种物理化学条件,为地球的化学演化及矿产资源的寻找提供理论依据。20 世纪 60 年代以来,中国在矿物、岩石、矿床的形成条件方面做了大量工作。例如,在成岩作用地球化学模拟实验方面,为探讨花岗岩类岩石的形成机理,进行了南岭花岗岩、变质岩熔化实验。在内生成矿作用的地球化学模拟实验方面,进行了铌钽氟络合物的气热溶液中的迁移形式和迁移能力实验、长江中下游火山岩地区铁矿模拟实验、鞍山式铁矿模拟实验。在外生成矿作用的地球化学模拟实验方面,为解决中国海南岛石碌铁矿的成因问题,已在高温高压条件利用海水和蒸馏水对细碧岩和玄武岩进行淋滤实验,从而证明了海水对铁有较大的溶解能力。另一方面则在常温常压条件下,以不同的温度的酸性溶液对该区的细碧岩进行了溶蚀实验,据此推断石碌铁矿为海底火山沉积成因。特别引人注目的是,随着实验地球化学的发展,出现了新的成矿理论。例如,通过对中国岩浆岩中有色金属、稀有金属、贵金属、非金属矿床,太平洋深海沉积物及陨石形成的物理化学条件的系统研究,李兆麟总结和提出了"粒间溶液成矿"的新理论。在1985年出版的《华南钨矿》专著中,运用此新理论阐述了华南钨矿床的形成机制。在胶东金矿、个旧锡矿、粤东锡矿等的研究中,也运用此理论解释了成矿溶液来源,并得到了国内外矿床学家的高度评价。此外,地质学家们通过包裹体的研究,在探讨地球化学作用系统的温度、压力、介质浓度和成分,地球化学作用过程的热力学参数,成岩成矿的物质来源、地质地球化学作用过程、矿物共生组合、矿床成因、地球化学找矿等方面都取得了重要进展。迄今,矿物中包裹体的研究已发展成地球化学的一个分支——热压地球化学。

(郅惇)

三、中国地质地球化学研究

1. 构造地球化学研究

构造地球化学的定义各家不一,杨国清(1990)认为,它是运用构造地质学和地球化学的基本原理和方法研究元素在各种构造环境中的分配和迁移、分散和富集的特征、规律及其过程和动力学机制的一门边缘学科。它的发展历史可划分为3个阶段:

酝酿创建阶段(20世纪50年代末到70代中期) 20世纪50年代末开始,陈国达就注意到了构造活动与物质运动之间的密切关系,并提出了将构造地质学和地球化学研究结合起来的设想。1961年在他倡导与主持下,中国科学院中南大地构造与地球化学研究室(中国科学院长沙大地构造研究所的前身)建立了。这时期具有代表性的主要研究成果大部分记载在陈国达及其合作者们先后发表的一系列关于构造地球化学思想的论著中。其他学者也在60年代后期从不同角度先后发表了一系列文章,探讨构造地球化学问题。这样,从思想、理论,到方法以及地质找矿实践上,为创立构造地球化学这一新学科做了准备,奠定了基础。

学科建设阶段(20世纪70年代中期到1983年) 这时期,探讨构造地球化学问题的论著骤增,为学科建设作出了贡献。陈国达等多次讲授《构造地球化学》,中国科学院地球化学研究所等单位先后筹建了构造地球化学(成矿)高温高压模拟实验,率先开展了构造地球化学实验研究工作。1983年,由长沙大地构造研究所倡议,为了促进本学科发展,11月在长沙召开了全国第1届构造地球化学座谈会,与会代表广泛进行学术交流,决定成立全国构造地球化学专业组,这标志构造地球化学这门学科的诞生。

全面发展阶段(1983年至今) 构造地球化学从理论研究、实验研究、方法研究,到应用研究,在中国全面铺开,取得了丰厚的研究成果。现在中国构造地球化学研究工作的内容覆盖大地构造、区域构造、矿田矿床构造和微观构造各个领域,研究方法上综合构造地质、地球化学方法和实验模拟,应用范围日益扩大,涉及找矿勘探、工程地质、环境地质、地震预报和灾害防治等方面,因而已发展成为一门新的地球化学分支学科。

目前,国内构造地球化学研究已初步形成了一些研究思路和方法,其理论体系已具备了一定的基本原理、研究内容和实验条件。主要包括2个方面:一是从构造角度探索地球物质的地球化学行为;二是从地球化学角度研究构造性质及其分布。中国学者不同程度地通过两个方面研究的有机结合,阐明矿床的形成、分布机理和规律,建立找矿模式。韩润生、马德云等将矿田地质力学和地球化学结合起来,不仅强调构造带中元素的地球化学行为,而且也注重研究构造本身的时空演化,划分构造期和控矿构造型式、分析其力学性质转变,模拟构造应力场,在隐伏矿定位预测中已经取得了进展。吴学益、张连昌、钱建平等从成矿系统、大型构造与超大型矿床、力学耦合和成矿构造动力学、新科学理论的注入、研究内容、实验模拟和应用、元素的构造地球化学性质研究、构造成矿作用研究(构造应力场、地球物理场、地球化学场)、构造地球化学的应用研究等诸方面对构造地球化学学科的前沿问题进行了展望。孙岩等强调运用耗散结构理论研究断裂构造作用过程中的力学—化学耦合以及构造岩的分异耗散顺序。许多学者从不同级别构造地球化学理论、构造岩、构造流体、构造成矿作用、构造地球化学实验模拟等方面进行了研究，并将构造地球化学应用于成矿动力学研究中，特别是刘德良等在郯庐断裂南段韧性剪切糜棱岩中及纳米级颗粒，开辟了断裂构造地球化学研究的新领域，其深入研究有助于推动微构造地球化学的发展。方维萱等结合含金脆—韧性剪切带发育的微构造和显微构造，在有流体参与的脆—韧性构造变形过程中有显著的物质调整、新生矿物及化学元素的变化，从构造—矿物—地球化学尺度上进行研究，深层次地揭示构造变形过程中物质调整与变化。通过研究构造变形过程中矿物成分的变化规律，有助于认识成晕过程及元素富集成矿规律。这是构造地球化学研究的新方向。因此，未来构造地球化学研究主要集中在以下4方面：以耗散结构理论建立构造地球化学模型，解决构造地球化学基础理论问题；以矿田地质力学为基础的矿田构造地球化学研究解决矿田范围的隐伏矿定位预测问题；注意高温—高压成岩成矿实验的实验构造地球化学研究剪切带构造地球化学耦合相关关系、三位构造应力场模拟实验解决构造——成矿动力学问题；模糊数学、神经网络等新理论引入，构造地球化学与其他学科、技术方法的交融以及构造地球化学动力学研究。

（刘本立、杨守仁）

2. 变质作用地球化学研究

以往的变质作用研究多集中于矿物学和岩石学方面。20世纪80年代以来元素地球化学的方法如运用变质岩的常量元素、微量元素和同位素以恢复深变质岩的源岩和判断它们的生成的构造环境的工作逐渐多了起来。至90年代，国外这方面方法已多达120余种。许多图表被广泛使用。但有些原岩恢复结果常常出现矛盾，这与深变质作用(尤其麻粒岩相变质)对活动元素的影响有关。王凯怡(1986)、江博明(1989)先后指出，冀东迁西地区麻粒岩相岩石大离子亲石元素(K、Ru、U、Th)有不同程度的亏损，但冀东水厂、内蒙古阴山等则不亏损或很少亏损，麻粒岩相条件下其他元素也可以发生变化，这就给源岩恢复的工作带来困难。据现有资料，华北克拉通的高级区变质岩的源岩主要是拉斑玄武岩、长英质火山岩及火山碎屑岩、硬砂岩、半泥质岩和碳酸盐岩等表壳岩系和基性长英质侵入体等(孙大中，1984；钱祥麟，1985；周世泰，1987；伍家善，1989；王仁民，1994)。孙大中(1989)指出，这些岩石的变质产物比世界上其他古老克拉通同类型岩石相对富钾和其他大离子亲石元素，并认为这是华北卡拉特地壳成熟度高的表现之一。近年来开展的大别—苏鲁超高压变质带的研究，涉及深俯冲作用的地球化学。据江博明(2000)Sm-Nd同位素失踪研究，大别山和欧洲加里东造山带的超高压变质岩具有负的 $\varepsilon Nd(T)$ 值，说明属于大陆来源，也就是说这些镁铁、超镁铁岩石有长期居留于陆壳的历史；而所有的阿尔卑斯、海西和泛非带上的高压和超高压岩石普遍存在正的 $\varepsilon Nd(T)$ 值（ = 变质的初始 $^{143}Nd/^{144}Nd$ 比值），说明是洋壳俯冲受榴辉岩相变质，而后在大陆碰撞过程中构造折返于造山带的。此外，H、O、C同位素的研究也证明了大别、苏鲁超高压变质岩的源岩属于路桥的岩石，是一个新的贡献。

3. 低温地球化学研究

低温地球化学是研究自然界中200℃以下，包括常温和零摄氏度以下元素被萃取、活化、运移并富集成矿的地球化学行为，即研究低温(<200℃)条件下的地质作用、化学作用、化学演化的一门科学。作为地球化学的一个新分支学科，起步很晚。20世纪80年代涂光炽在主持"中国层控矿床地球化学"项目时就已开始低温地球化学研究，随后在"改造矿床"和一系列金、银、铂族元素等

贵金属、稀土元素、铀矿和某些非金属成矿作用地球化学研究中,均涉及了低温地球化学领域,为系统研究打下了基础。他提出了中国西南大面积低温热液成矿域的概念,探讨了这一成矿域的形成机制和地质背景。1991年~1997年间低温地球化学列入国家自然科学基金资助的重点项目进行深入研究。中国科学院地球化学研究所和广州地球化学研究所的30多位学者,经过4年研究,在建立和完善低温地球化学实验研究体系、总结中国若干低温矿床和矿化层位的地球化学特点;研究金、银、铂族、稀土和某些分散元素的低温地球化学行为及某些非金属的低温成矿作用;分析成岩、埋藏变质的低级变质作用中成矿元素的迁移、富集过程;建立开放体系中水—岩相互作用模型等方面取得了新进展,出版了《低温地球化学》(涂光炽等,1998)专著。这一项目的研究肯定了低温成矿作用的重要性,指出了湘西、黔西南、川南、滇东、桂西北是中国重要的低温金属及非金属矿床密集区,阐明了低温条件下若干分散元素成矿的可能性,证实了硅化作用的普遍性以及自然金在低温条件下完全可以活化迁移等,这些成果极大地丰富了低温地球化学的内容,并把中国地球化学研究推向一个崭新的高度。近年来,涂光炽强调煤、石油、天然气、金属矿床、非金属矿床、盐类矿床等在形成机制上是有联系的。煤成气、煤成油、盐类矿床与金属矿床、某些天然气与汞的联系、油气与低温热液矿床的联系等现象,都揭示着这种有机联系。　　　　　　　　　　(杨守仁)

4. 流体作用地球化学研究

地质流体普遍存在于地球的各个圈层,在地球演化的物理和化学系统中它是能量传输的载体。20世纪90年代以来得到高度重视,是当今地球科学的主攻方向之一,被列为优先研究的领域。鄂莫岚、杜乐天、邓晋福、刘若新等对地幔流体作了系统研究,特别是杜乐天创立的幔汁假说(1987)以来,这方面的研究正在继续深入。臧启家(1993)在进行中国东部地幔岩中流体包裹体的研究中发现几种高密度不混流体包裹体。这些流体包裹体在上地幔中的分布是有规律的,而且不同深度的地幔岩中的流体体系有重要差别。这一发现对于探讨地幔流体,特别是气体成分在上地幔中的分布规律与垂向分层性有极重要的意义。板块俯冲带流体作用的研究是活跃的课题之一。在秦岭—大别碰撞带超高压变质岩的研究中,张泽明、韩郁菁(1996)研究榴辉岩及其围岩中的包裹体,发现不仅有气液包裹体而且有熔融包裹体。熔融包裹体具有与寄生矿物相似的Si-O网络,气液包裹体中除了含H_2O之外还有CO_2,榴辉岩相阶段的原生液相包裹体中含Na^+达3.0摩尔/升,属于$NaCl-H_2O$体系,流体的Br/Cl、I/Cl的比值远高于海水,暗示其深源特征。一些火山区泉水中气体地球化学研究取得了一些重要资料。戴金星(1992,1994)研究了五大连池、长白山天池及云南腾冲火山3个火山区泉水中天然气和碳、氧同位素成分,查明五大连池火山区冷泉含CO_2达84%~99.4%,$\delta^{13}C$和$^3He/^4He$的测量均认为有来自地幔的气体。王先彬(1993)报道腾冲火山区温泉气体中$\delta^{13}C$和$^3He/^4He$并强调温泉中能不断测定出CH_4,因而必有深部岩浆房的CH的补给。上官志冠(1997)研究长白山天池区泉水逸出气体及C、H、O、He、Ar、Ne等的同位素组成证明具有幔源气体组分。而且近年来多次取样测试结果,天池火山区泉水的气体含量及同位素成分具有不同程度的脉动式变化,其中逸出H_2含量变化最大而稀有气体也有逐渐增加趋势。可见天池火山区深部气源区仍处于不稳定的状态。有关海底热水沉积的研究中国起步较晚,1988年中德合作进行了马里亚纳海槽的热水活动调查,对所采的硅质"烟囱"样品系统地从产状、矿物和化学成分进行了研究,探讨其成因。1992年中国首次独立组织开展了冲绳海槽的热水沉积调查,查明作为弧后盆地,冲绳海槽热水沉积富集的元素组合是:Pb、Au、Ag、Hg等的异常可作为热水效应的地球化学标志。

近年,中国学者在地热流体地球化学研究方面取得了显著的进展,概括起来主要体现在如下5

个学科方面(赵慈平,2011)。①在火山学方面,赵慈平等(2006)系统测量了腾冲火山区温泉逸出气的化学和氦碳同位素组成,提出了相对地热梯度的新概念,揭示了最上部地壳的温度场特征,发现了3个高相对地热梯度异常区。赵慈平(2008)在腾冲火山区进行了氦同位素填图,揭示了幔源挥发分释放的时空分布特征,发现了3个幔源挥发分强释放区和3个高相对地热梯度异常区的重合,认为腾冲火山区存在3个壳内岩浆囊。上官志冠等(2008)研究了中国休眠火山区岩浆气体的地球化学特征,认为CO_2是中国休眠火山区源自岩浆的主要气体组分,其体积含量在80%~99%间变化,微量气体中CH_4和He是源自地幔岩浆的最重要组分,长白山天池火山并没有马上喷发的危险,并研究了中国火山区温泉逸出含碳气体的同位素组成及其动力学分馏。②在地热学方面,邓紫娟(2009)研究了热海地热田温泉水和自由气体的化学和同位素组成,认为热储流体由深层富Cl水、富CO_2蒸气和大气降水等3个端员混合而成,地热储流体和温泉水有明显的地幔水贡献,组成地热流体主要组成部分的大气降水年龄在10年~36年,碳同位素在TDC和CO_2间的分馏可以忽略不计,深部热储中CO_2的$\delta^{13}C$值为-2‰~0‰(PDB),CO_2是幔源的。综合运用Na-k、SiO_2、CO_2-CH_4等地热温标,提出了热海地热田热储的概念模型,将热储分为不同深度的2层:浅层热储位于地下250米~320米处,温度220℃~230℃,热储水循环很快;深层热储深度超过660米~785米,温度270℃~280℃,更深部热储流体的温度高达400℃~450℃。杜建国等(2005)也讨论了热海地热田的地热变化、含碳组分来源和热储温度,认为CO_2可能来源于地幔/岩浆,但CH_4和He是多来源的,HCO_3^-和CO_3^{2-}主要源自无机CO_2,而其他离子主要源于流体循环其中的岩石,在CO_2和HCO_3^-(液)以及CO_3^{2-}(液)间、溶解离子碳(DIC)和钙华间的碳同位素分馏没有达到平衡,热泉水中的HCO_3^-(液)和CO_3^{2-}(液)不存在碳同位素分馏,地热储温度为69℃~450℃,并随时间有起伏变化,其最佳估计是250℃~300℃。上官志冠等(2005)研究了1993年~2003年间发生在热海地热田的20次水热爆炸活动后发现,水热爆炸发展呈爆炸能级逐渐显著升高的3个阶段,爆炸活动随时间逐渐增强,产生爆炸的气体补给源区是逐渐从浅向深变化的,将来有可能发生较大的水热爆炸活动,建议认真考虑这种灾害对游客安全的影响。赵慈平等(2004)提出了热海热田水热爆炸的概念模型,将水热爆炸分为4类:人工钻孔活动触发的井喷;高温热水爆炸喷发;高温蒸汽爆炸喷发;持续或间歇性喷泉,这是水热爆炸和正常温泉的过渡类型,在不同深度存在3层热储层,热田下的岩浆囊是热储和水热爆炸的能量来源,这些水热爆炸与地震活动无关,是正常的地热能对流释放通道遇堵产生的现象,不是热海热田下岩浆囊活动增强的前兆。③在环境地学方面,张国平等(2008)评估了热海和瑞滇热田温泉水中As和Sb对环境的可能影响,结果显示,热泉水中As和Sb的含量范围分别在43.6微克/升~687微克/升和0.38微克/升~23.8微克/升之间,热泉水中的As以As为主,占了总砷的91%,地热流体中的As和Sb少部分被固定在泉华中,而大部分则释放到环境中,从而进入地下水和下游的田地,对当地居民的健康造成威胁。赵珂等(2005a,2005b)调查了云南主要断裂带38个温泉的CO_2排气情况,通过分析地质背景、环境条件、水化学、碳氦同位素组成资料,讨论了云南地区CO_2的来源,估计了云南地区CO_2的排放量,提出温泉的深源CO_2释放模型,计算了38个温泉的CO_2排放量,最小0.0017吨/年,最大1034吨/年,平均103.57吨/年。运用这38个温泉的资料构建了云南地区温泉CO_2排放强度的评估指标体系,并估计这38个温泉的CO_2排放强度。并根据新生代构造单元划分和主要深断裂分布,将云南地区700个温泉划分成若干排放强度类型,估计这700个温泉的总CO_2排放量高达6万吨/年。④大地构造学方面,通过氦同位素填图,赵慈平(2008)认为整个腾冲火山区现今幔源挥发分释放强度的空间分布图像就是腾冲火山区软流圈上涌区空间范围和上涌强度的直接反映,这一上涌区长

100千米、宽50千米。沈立成等(2007)展示了中国西南氦同位素组成的空间变化图像并讨论了其大地构造意义,认为西藏的中部和北部属强挤压的地壳增生构造背景,而滇西南(尤其是腾冲地区)属于伸展构造背景,是最强的地幔排气区和最剧烈的印欧板块碰撞区,滇中地区(小江断裂带)是印欧板块碰撞带的最东缘,在川西地区鲜水河断裂带部分切穿整个岩石圈并深达上地幔。为了获得西藏碰撞造山带的深部信息并制约印—亚大陆碰撞期间的造山过程,侯增谦和李振清(2004)系统研究了藏南温泉氦释放的同位素地球化学特征,定义了2类氦同位素变化域,发现幔源氦域与壳源氦域在东西方向上以89°E为界,南北方向上分别跨越雅鲁藏布江缝合带;提出印度大陆板块总体呈斜向向北俯冲,但以89°E为界,东西两侧板片的俯冲方式不同。在89°E以西向北北东方向缓角度俯冲的板片可能已越过雅鲁藏布江缝合带到达班公—怒江缝合带,而在89°E以东可能由于俯冲板片沿亚东—谷露裂谷发生断裂,板片俯冲角度变陡,整体上未跨过雅鲁藏布江缝合带。李振清等(2005)则从另一个角度探讨了藏南上地壳内的地震亮点和低速高导层的性质,认为该低速高导层为硅酸盐岩浆熔体,而不是以水为主的流体,这为部分熔融层的存在提供了佐证。进一步讨论了这些部分熔融层对热泉流体系的驱动热机作用,并根据热泉分布和热泉流体的温度场限定了这些部分熔融层的空间分布范围。⑤在地震学方面,杜建国等(2006)探讨了川西地区温泉气体的来源和地震活动之间的关系,认为鲜水河断裂带(XFZ)和龙门山断裂带(LFZ)的温泉氦气部分来自地幔,并有地壳氦和大气氦的混合,而安宁河断裂带(AFZ)温泉氦气主要来自地壳并有地幔氦和大气氦的混合。除了汶川外,温泉逸出气中的CO_2绝大部分来自上地幔。而汶川于2008年5月12日发生了8.0级大地震,认为位于断裂带较活动区段的温泉有更高的温度,构造活动越活跃的地区,其温泉逸出气的$\delta^{13}C$和$^3He/^4He$比值越高,地震发生的频率越大;局部地热异常是由于深部流体的向上运移造成的,深部流体的向上运移有利于通过地震释放地球内部能量。研究成果说明,He和CO_2这样的温泉气体是地震和构造活动的地球化学指标。

(刘本立)

四、中国应用地球化学研究

1. 区域地球化学研究

区域地球化学基本任务是研究一定地区某些地质体和圈层的化学组成、化学作用和化学演化,以及元素、同位素的循环、再分配、富集和分散的规律。为解决区域各类基础地质问题、区域成矿规律和找矿问题以及区域地球化学分区与环境评价等服务。区域地球化学揭示的元素在空间分布的不均匀性,为划分元素地球化学省和成矿远景区提供了依据。

中国区域地球化学研究从20世纪70年代开展以来,已获明显进展。例如,涂光炽根据中国东部地壳和地幔的特点分布,总结了中国铀矿的分布特点,指出中国铀矿不同于外国的矿床类型、成矿时代和成矿机制,矿床类型以火山岩型和花岗岩型铀矿为主,成矿时代则多生成于中、新生代。於崇文等在成矿作用时空结构的理论和动力学思想的指导下,于1983年~1987年对南岭地区进行了区域地球化学研究,在粤北地区圈定21个成矿远景区。张本仁等20世纪80年代中期以来,以历史地球化学的观点及构造运动与地球化学运动相互制约和转化的思想,对秦巴地区区域岩石圈构造与成矿规律进行了地球化学研究,揭示这一造山带构造发展、岩石圈演化及地球化学分区。各自出版了专著《南岭地区区域地球化学》(於崇文等,1987)、《秦巴岩石圈构造与成矿规律地球化学研究》(张本仁等,1994),都是国内新涌现的杰出成果。

近年来,区域性地球化学的研究内容与范围在不断深入和扩大。诸如区域性沉积岩、变质岩和岩浆岩地球化学研究;成矿省、区和带的地球化学研究;地下水区域地球化学研究;前寒武纪区域地球化学研究;区域性地壳与地幔组成和演化的地球化学研究;区域或造山带构造的地球化学研究;区域勘查地球化学研究;区域环境地球化学研究等。除上述单目标专题研究外,还开展了一些综合性的研究,如中国南岭和秦岭地区区域地球化学研究,内容包括区域地壳和上地幔组成,沉积岩、火山岩和花岗岩类,成矿带与矿床,区域构造发展历史,区域成矿规律和成矿远景预测等的地球化学研究。中国已进入在大范围内开展区域地质调查及水系沉积物地球化学测量的重要阶段,开展各种类型和层次的区域地球化学研究,无疑对提高这些调查的质量与水平将会起重要的作用。

中国是开展区域地球化学勘查最早的国家之一。1978 年谢学锦为首的化探专家们建议开展全国性区域地球化学勘查工作,经批准,纳入全国基础性地质调查中长期规划和年度计划。2001 年全国区域地球化学系列图编制项目正式启动,到 2005 年全面完成并获巨大成功:①首次汇集了全国 28 个省(区、市)的 1∶20 万和 1∶50 万区域化探 39 种元素和氧化物的测试数据,共计数据点 142 万个,近 5540 万个数据,涉及 1∶20 万图幅 1299 个,1∶50 万图幅 18 个。在国内第 1 次用海量数据编制出了 39 种元素全国系列地球化学图件,填补了中国高精度地球化学图的空白。这项开拓性的工作对于提高中国区域地球化学勘查与研究水平具有十分重要意义。该项成果的取得为在全国范围内研究区域地球化学分布规律、生态环境、基础地质和找矿远景规划提供了重要的基础资料。②针对全国 650 万余平方千米海量地球化学数据中存在的省、图幅、分析单位和年代及方法技术等存在系统偏差,采用多元地学数据管理与分析系统 GeoExpl 进行处理,形成了一套完整的全国区域地球化学数据汇集、整理、建库、系列编图的方法技术和流程。③研制开发了基于客户/服务器、GIS 和大型数据库(MS SQL Sever)的全国区域地球化学数据管理信息系统,首次将汇集的数据建立了全国区域地球化学数据库,总数据量近 1GB。④首次采用以原始分析数据为数据源,编制了 39 种元素及氧化物的全国地球化学系列图(1∶500 万)及图集(1∶1200 万)。编制的地球化学图充分展示了中国不同地质背景反映的地球化学规律,对矿产资源调查评价宏观决策、全国基础地质研究、地质环境评价以及地球化学数据的公益性社会化服务具有重要意义。⑤发现异常 5 万多处,经查 2900 多处异常见矿,找到金、银、铜、铅、锌、锡、钨、钼等金属矿产地 700 多处,其中大、中型矿床 70 多处;展示了包括有益元素氮、磷、钾、硼、锰和有害元素镉、汞、铅、砷等中国与环境有关的元素分布状态,对中国农业、城市、环境保护及地方病研究意义重大,拓展了地球化学的应用领域,显示了中国重要矿产地的分布。

中国地质科学院地球物理地球化学勘查研究所组织实施的计划项目"多目标区域地球化学调查与评价",截止 2010 年底已完成 160 万平方千米的多目标区域地球化学调查,经对调查资料初步分析证实,国家土地质量地球化学状况总体安全,并在服务于土地质量评估、提升农产品价值等应用中取得长足进展。该计划项目国家级成果集成也取得显著进展,先后启动了海南、广东、福建等 15 省及海河流域、松花江流域、长江三角洲、两湖地区共 22 部多目标区域地球化学图集的编制和出版工作,已有 11 个省和一个流域完成图集的编制工作。这是中国首次有计划、有步骤、大规模公开出版多目标区域地球化学调查图集的相关成果,将广泛应用于国土规划、基础地质、资源勘查、土地质量评估、新农村建设、科学施肥、全球变化等多个研究领域,是国家制定各种规划的重要依据,极大地提升了地球化学解决经济社会发展中遇到的重大科学问题和现实问题的能力。

2010 年 8 月,青岛海洋地质研究所承担的"沿海经济带多目标区域地球化学系列图编制"项目完成,该项目全面收集了中国近岸海域沉积物地球化学测量数据资料,对数据进行了系统整理;首次系统编制了中国近海海域和 4 大经济区近海海域多目标区域地球化学系列图集,完成各类图件共计4006幅,研制了具有自主知识产权的图集管理软件;总结了近岸海域沉积物地球化学分布特征,分析了控制和影响元素分布规律的主要因素,并运用了综合指数法、尼梅罗指数法对中国近海海域及4大经济区生态地球化学进行了综合评价,通过对比研究指出了海域生态地球化学异常区。为近海海域区域生态地球化学评价提供了基础图件和资料,为国家海洋资源开发和利用提供了科学依据。

(杨守仁)

2. 矿床地球化学研究

矿床地球化学是研究矿床的化学组成、化学作用和化学演化的学科。着重探讨成矿的时间、物理化学条件、矿质来源和机理等问题。综合元素地球化学、同位素地球化学、勘查地球化学和实验地球化学等分支学科的研究方法和成果,为矿产的寻找、评价、开发利用服务。

1949年后中国地质找矿事业迅猛发展,为矿床地球化学和勘查地球化学的发展创造了良好的条件。20世纪50年代初应发展钢铁工业急需,侯德封、叶连俊等对湘潭锰矿进行研究,应用锰的地球化学知识扩大了锰矿的储量。嗣后又用地球化学方法,先后在华北、华中、华南和西南各大区都找到了锰矿,并作出了成矿远景评价。前后3年时间就解决了中国的锰矿资源问题。60年代为了打破西方国家的核封锁发展中国的原子能工业和核武器,在东部地区对许多铀矿床进行了调查研究,结果发现,中国铀矿床的矿床类型和成矿时代与世界上一些主要产铀国家不同。60年代以后又加强了对稀有金属矿床和稀土元素矿床的地球化学研究。这些研究大大丰富了放射性元素、稀有金属元素和稀土元素地球化学的内容,也提高了矿床地球化学的水平。70年代在铁矿会战中对铁矿的地质地球化学进行研究,研究查明了中国各类铁矿床的发育状况,也发现了中国前寒武纪条带状铁矿的成矿时代是太古宙,其中的富铁矿石主要有沉积成因和后期大气降水热液改造成因。涂光炽提出中国地质环境不利于形成和保存在太古宇—下元古界贫铁矿基础上发育风化壳型富铁矿的看法。80年代在找金矿中提高了对金矿床地球化学的认识。在天然气的寻找中,中国地球化学工作者发现了四川中坝、陕甘宁胜利井、河南文留和南海崖13-1等为典型煤系有机质气所形成的气田。

近年来,中国科学院地球化学研究所矿床地球化学国家重点实验室在华南中生代高温与低温成矿关系、广西大厂矿田锡多金属矿床成因、桂东北地区主要金属矿床类型、成矿时代及其地质背景、铁苦橄质岩浆与Fe-Ti-V和Cu-Ni-PGE成矿作用、金川矿床成因认识、峨眉山大火成岩省岩浆储运系统及Ni-Cu-PGE矿床找矿前景分析、布什维尔德层状铬铁岩成岩和成矿的动力学模型、云南会泽超大型铅锌矿床坑道物化测量及隐伏矿定位预测、云南保山地块核桃坪与芦子园铅锌多金属矿床成矿作用初探、滇东南老君山成矿区钨成矿作用、金沙江—红河富碱侵入岩铜、金成矿作用、纳米地球化学领域探索、表生、低温条件下的吸附成矿作用、钼同位素在地质中的应用、临沧超大型Ge矿床Ge同位素地球化学、辉锑矿中单个流体包裹体成分的LA-ICP-MS分析、铂族元素,Re-Os同位素分析、LA-ICP-MS测定硅酸盐矿物主微量元素研究进展、物探技术实验室的设计构想、华北中生代以来基性岩墙群研究意义和进展、贵州及周缘新元古代—古生代黑色页岩的地质和地球化学特征、三都—丹寨成矿带卡林型金矿床地球化学特征及成矿作用等中国重要成矿区带成矿作用和成矿预测、理论地球化学和地球化学实验技术及方法等领域取得的重要研究成果。

矿床地球化学学科的发展,目前出现了一些对整个学科起带动作用的新生长点:①矿床形成的多成因论,即指某一类型矿床的形成,在成矿物质来源,成矿作用和成矿过程等方面不是单一的,而是多成因的。这一认识已引起国内外矿床地球化学界公认,过去认为成因比较单一的矿床类型有可能是多成因的,如铜镍化物矿床、矽卡岩与矽卡岩矿床及花岗岩的成矿作用等。②金属矿床、非金属矿床、盐类矿床、煤、石油、天然气等矿产资源之间存在着有机联系。长期以来，地学界对金属矿床、非金属矿床、煤、石油、天然气等矿产资源分别是由不同部门、按不同专业分别进行研究的(除油气外)，很少考虑它们之间还存在什么内在的有机联系。这种分割处理的局面在中国表现更为突出，事实上它们之间的地质特征、研究方法的确有明显差别。但现在从不同角度进行研究，发现在金属矿床、非金属矿床、盐类矿床、煤、石油、天然气等矿产资源之间相互存在着有机联系。随着时间的推移、研究工作的深化，更多的、非表面的联系将会不断被发现。③成矿作用具有演化的特点，总的演化趋势是由简单到复杂，即在地质历史早期，成矿作用本身及所涉及元素与成矿物质较简单、较少，随着时间的推移就变得愈加复杂和多样化。矿床地球化学之所以能不断发展，其根本原因是，一方面矿床地球化学与寻找国民经济建设中所必需的矿产资源紧密相关，如成矿元素共生组合、矿化与蚀变分带和成矿元素的赋存状态研究等；另一方面是矿床地球化学可以促进地球科学的发展，在理论上有重要意义。

当前，中国正在进行的超大型矿床、低温地球化学和热水沉积成矿作用等研究，必将使矿床地球化学朝着更为宽广和更加深入的方向发展。

（杨守仁）

3. 环境地球化学研究

环境地球化学是研究环境中化学物质（天然和人为释放的）迁移转化规律及其与环境质量和人类健康关系的学科。环境地球化学不仅研究现代环境化学组成的变化与生物体、人体化学组成和人类健康的联系，且在更广阔的地质背景上研究宇宙元素、地球元素、海洋元素和生命元素之间的关系，研究生命过程的地球化学演化等问题。从地球环境的整体性和相互依存性出发，以地质地球化学理论为基础，针对环境污染特点和全球环境变化问题，综合研究化学元素在地—水—气—生物各圈层间的地球化学过程，揭示自然作用和人类活动干扰下地球化学环境系统的变化规律，为资源开发利用、生态环境保护及人类健康服务。

环境地球化学是20世纪60年代兴起的一个新的研究领域，其发展经历了3个阶段：

环境地球化学与健康研究阶段 这时期研究工作的基本特征是以生物地球化学的思想作指导，把生物地球化学中关于地球化学环境与植物、动物健康关系的研究进一步延伸到地球化学环境与人体健康关系研究方面来。这一时期的研究积累了相当丰富的观察资料，报道了许多种类的地方疾病与土壤类型、地貌、植被、饮水硬度及环境中常量和微量元素含量水平之间的相关性。其中关于中国克山病、大骨节病与地球化学环境关系的研究是这一时期最具影响的重大研究活动。

环境地球化学与污染研究阶段 这一时期不仅研究天然产出的化学元素在环境中的地球化学行为及其与植物、动物和人体健康的关系，更着重研究人为活动释放的元素的地球化学行为及其影响；不仅研究碳、氮、硫、磷等生命支撑元素，还研究人为释放入环境中的各种重金属和毒性化合物。

环境地球化学与全球环境变化研究阶段 对局部地区性的环境污染问题的研究和治理取得重大进展的同时，一些更具深远影响的环境问题又已出现在人类面前，比如 CO_2 温室气体引起全球气温变化，可能导致全球降雨量、植被、物种等一系列的变化。环境问题已不只是一时的环境污染，将是关系人类生存环境的全球性环境变化问题。

20世纪60年代末，地质部门已经开始对克山病、大骨节病和地方性氟中毒与地下水的关系进行研究。1972年刘东生等提出环境地球化学这一研究方向，并多次撰文论述地球化学环境演化与人体健康和疾病的关系，建立了这一学科方向的理论基础。1964年筹建中国科学院地球化学研究所时，曾按照侯德封提出的地质环境与地方病的关系问题，安排了医学地质研究工作，即从医学与地质学,主要是与地球化学共同探索地方病的病因。1968年地球化学研究所在刘东生的指导及参与下,进行了地方病分布与病因的研究,探讨地质环境中元素与生态之间的关系,特别是与人类健康之间的平衡和环境质量之间的关系。与医学界、生物学界及地学界其他单位一起,进行了黑龙江、陕西、云南等地的克山病、大骨节病、甲状腺肿、地方性氟病,太行山地区食道癌,江苏胃癌及区域性"鬼剃头"病因的环境地球化学研究。在克山病、大骨节病等地方病分布及病因的调查基础上,中国科学院地球化学研究所提出克山病和大骨节病呈东北—西南向的带状区域分布规律性及其与环境因素之间的关系的认识,初步提出黑龙江、云南等省克山病分布的环境质量模型。在钼、硒、镁等微量元素与克山病病因关系的研究工作中,进行了钼的生物地球化学工作,开展了施放钼酸铵肥料提高作物中钼含量以预防克山病的研究。与医学单位合作进行了微量元素拮抗关系的分析以及心肌病人心肌细胞超微结构的研究。在地方性氟病的环境地球化学调查中,对比了病区分布与区域地球化学特点的关系,提出了包钢地区氟的积累、南方燃煤氟的释放与发病关系的看法,提出地方性氟病的地球化学成因类型,促进了地方性氟病的预防。通过太行山地区食道癌的环境地球化学研究,包括对该区的土壤、水、粮食、人发、血液中多种微量元素的研究,提出了评价食道癌高发区疾病与环境关系的综合指标。对贵州兴义发现的"鬼剃头"病区的考察表明,该病是地质环境中铊通过食物链而富集造成中毒的症状。此外,还进行了江苏胃癌与云南个旧锡矿肺癌的环境地球化学调查。刘东生将中国地方氟病的地球化学背景划分为2类地球化学环境和4个环境地球化学区域。1989年《中华人民共和国地方病与环境地图集》的出版是中国20年来地方病研究的一项重大成果。

30多年来,中国环境地球化学家和医学工作者密切合作,开展了几种主要地方病的环境病因和病区环境地质行为的研究,取得了重要成果。郑宝山在大骨节病等地方病的研究中,证明自由基能引起软骨细胞损害、心肌中某些酶的活性下降、出现血管微循环障碍。但正常机体内也存在自由基的清除防御系统,如维生素E、维生素C、β-胡萝卜素和硒等,它们能及时清除自由基,保护机体不受损伤。在阐明环境中致病物质与疾病关系问题上,环境地球化学发挥了重要作用。中国科学院地球化学研究所环境地球化学国家重点实验室自1992年开放以来,在地质环境与人体健康关系研究方面,建立了中国克山病分布的环境质量模型;发现和推广了卤碱防治克山病及水质改良方法;阐明了中国地质环境氟富集的区域格局、土壤活性氟—燃煤氟释放与地方性氟病的关系;评价了食管癌高发区水质特征。实验室突出的研究进展主要体现在As的环境行为及其健康效应、克山病发病的Se结合态影响及Se-N协同机理、稀土元素的生态和人体生物学效应等领域。

中国科学院地球化学研究所20世纪70年代初开始了区域性环境污染状况的调查和环境污染规律及改善环境质量的研究。主要工作有:参加了作为北京供水水源的官厅水库水系和贵阳市南明河水污染源的调查,包括重金属、有机物、放射性污染调查;北京西郊环境污染与环境质量的调查;北京东南郊镉、铅、铜等重金属的分布与迁移的研究;对京津渤地区区域环境质量研究以及风沙烟尘污染、河口海湾的净化特征、大气颗粒物的来源进行了研究。此外还在1978年进行了中国第1次对珠峰地区环境本底值的调查,对冰、雪、水、生物、土壤等样品进行了包括铜、铅、锌等30余种元素和化学组成的分析。中国科学院地球化学研究所环境地球化学国家重点实验室对地质环境与环境质量关系进行了大量研究工作,建立了北京西郊环境质量模型;评价了官厅水库、贵阳南明河等水域的污染负荷;揭示了全国环境污染的趋势和环境氟污染容量;完成了北京—天津—渤海湾区域环境的综合研究;提出了污染评价、环境质量变异及区域环境原理和方法;完成了西南地区资源环境考察并提出了中国实施城乡环境一体化建设的战略构想。中国科学院广州地球化学研究所有机地球化学国家重点实验室瞄准环境中毒害有机污染物这一国际环境前沿研究领域和热点问题,建立和完善了微量毒害有机污染物的系统分离分析方法、质量控制/质量(QA/QC)保证体系,在分析方法和数据质量上与国际接轨。并发挥自身的学科优势,大力开展了水、空气、土壤、沉积物这些与人体健康相关的领域进行研究,取得了重要成果。

进入21世纪以来,中国环境地球化学研究空前活跃,研究更广泛、更深入地扩展到以往很少触及的若干分支学科领域,例如喀斯特环境的地球化学问题、环境中微量有机物的地球化学、与全球气候变化有关的地球化学研究等;对Hg、Tl、V、Sb等重金属的研究取得若干重要新发现,把传统的重金属环境地球化学研究推向了一个新的高度;C、H、O、S、N稳定同位素以及Fe、Cu、Zn、Tl、B、Sn、Hg、Se、Cl、Li、Ca、Mg、Cr、Cd等非传统稳定同位素已日益广泛应用于示踪大气圈、水圈、土壤圈、生物圈、岩石圈中的地球化学过程,揭示了若干新现象和新规律,推进了环境地球化学的发展,为环境污染防治提供了科学依据。

4. 勘查地球化学研究

勘查地球化学是20世纪30年代兴起的地学最年轻的分支学科之一。它是地学与化学相结合的产物,即用化学方法找矿,是地学的一个重要分支和国际地学的前沿。一直处于世界领先地位的中国区域化探、区域地球化学填图和在金矿勘查中所取得的巨大成果,以及近年来开展并引起世界进一步关注的多目标生态地球化学调查与评价(检测内容从39元素发展到54元素、76元素和多目标),成为勘查地球化学和分析化学应用领域最重要的成就。

1952年8月国家地质部成立,提出地质工作大转变、大发展方针,开始了以地质找矿和国家建设为中心的地质勘查和研究工作,此时中国的勘查地球化学研究和地质实验测试工作也同时起步。在以后的种种变革中,作为"经济建设先行"的地质工作,随着国家计划及需求的变化而定位和发展,但总的侧重于工业建设领域。1979年形成"以地质—找矿为中心"的大方针,大体延续到20世纪末期。1978年谢学锦在20世纪50年代研究矿床原生晕、60年代开始研究地球化学填图理论与方法的基础上,提出区域化探全国扫面计划,1979年得到地质部的批准予以实施,并组织了地质系统的全国各省中心实验室的集体攻关,系统地研究了分析方法、标准物质和质量监控方法,从此开始了全国范围内的1:5万、1:20万区域地球化学填图。勘查地球化学围绕国家"六五""七五"等建设任务和项目开展了一系列的工作。20世纪80年代中期~90年代末期,随着国家计划经济体制向社会主义市场经济体制的转变,市场经济的"两种资源、两个市场"和以资源保障为主的地质工作转向资源和环境保障并重的定位,地质勘探队伍属地化,使得各项工作出现短暂的停滞。人口、资源、环境成为当今人类社会稳定发展面临的三大难题。全球地球化学填图、欧洲地球化学填图等计划的提出是勘查地球化学任务历史性转变的里程碑。进行国家层面的多目标地球化学填图势在必行。从1999年开始国土资源部启动了国土资源大调查项目,中国开始了54元素的多目标地球化学填图和76元素的生态地球化学调查与评价,整个地质工作走向了新的发展时期,给勘查地球化学和地质实验测试技术带来了新的机遇和发展。中国勘查地球化学经历了中华人民共和国成立初期的初创期、60年代~70年代中期的孕育发展期、70年代中期~80年代中期的最活跃的现代化发展期、80年代中期~90年代中末期的探索和相对停滞期、90年代~21世纪现阶段全新的重要快速发展期。

谢学锦指导的全国水系沉积物地球化学测量和他所建立的地球化学块体理论与方法对中国勘查地球化学作出了重要贡献。20世纪80年代起,运用"地气"所携带的金属物质微粒作为矿产勘查的手段,可称"地气法"测量。胶东、川北、安徽等地区区域性地气法测量实验结果表明,测区内的大型矿床在地气异常中都有反映,同时,还发现了一些新的异常。这就是说覆盖区的区域稀网度地气测量,有可能成为寻找隐伏和深部矿床的有效方法,可称为"深穿透地球化学测量",有很好地推广前景。

区域地球化学填图　持续进行了 20 多年的中国区域化学填图已覆盖约 640 万平方千米的国土面积,获得了海量的元素地球化学数据,建立了中国区域化学勘查数据库,编制了 39 种元素的全国地球化学图和图集,在资源和环境方面发挥了巨大作用。揭示了中国水系沉积物元素地球化学分布特征与规律,取得了地壳表层元素地球化学背景值,为地学研究提供了丰富的资料,为基础地质研究提供了重要依据;已发现地球化学异常 5 万多处,经查 2900 多处异常见矿,找到金、银、铜、铅、锌、锡、钨、钼等金属矿产地 700 多处,其中大、中型矿床 70 多处;展示了中国与环境有关的元素分布状态,包括有益元素氮、磷、钾、硼、锰和有害元素镉、汞、铅、砷等,对中国农业、城市、环境保护及地方病研究意义重大,拓展了地球化学的应用领域。与此同时,中国区域地球化学勘查的关键技术也取得了重大突破,一是成功解决了中国特殊地理景观区工作方法技术,包括干旱、半干旱荒漠区、岩溶区、高寒山区、高寒湖沼区、森林沼泽区等;二是建立了 39 种元素的微量、痕量测试方法技术体系,极大地提高了样品分析灵敏度、精确度、准确度;三是发展了区域地球化学勘查综合技术和地质实验测试技术;四是通过地球化学勘查的实践和研究丰富了地球化学勘查理论。这些技术和理论总体上均居国际领先水平。

多目标区域地球化学填图及多目标生态地球化学调查与评价　多目标区域地球化学调查是继区域化探全国扫面计划之后勘查地球化学的又一项重要进展。自 20 世纪 80 年代后期以来,中国在平原地区开展了以环境、农业为主要目标的土壤地球化学调查方法研究和试点填图。1999 年多目标地球化学填图列入地质大调查计划,调查比例尺为 1:25 万,按 1 个样/平方千米、1 个组合样/4 平方千米的方式采集 0 厘米~20 厘米和 150 厘米~200 厘米 2 层样品,采用严格的测试质量监控体系和以现代化大型精密仪器测定为主体的测试方法,测定包括有益与有害组分在内的 54 项指标,获得了大量的元素高质量高精度数据信息和原创性的重要成果。在及时总结其成果和克服其传承 1:20 万化探以元素总量为重点的缺陷,在 54 元素多目标的基础上发展到被地学界称为"地球基因工程"的多目标生态地球化学调查与评价,并得到各级地方政府的积极响应。中国首次全面展开的面积性生态地球化学调查历时 8 年,累计完成调查面积 106 万平方千米,系统调查并评价了区域性碳、氮、磷、钾、硼、钼、铁、锌、锰等有益组分,为农业规划和耕作结构调整提供基础数据;成功调查评价了镉、汞、铅、砷等有害元素对工农业生产和人类居住环境的影响,追踪了受其影响的生物链循环,污染粮食、蔬菜及水产品等路径、痕迹,提出了相应的防范、治理建议。全面提升了生态地球化学的调查、测试、数据分析及应用水平。通过对重金属元素和有机氯农药在土壤、地表水分布特征研究,阐述土壤重金属元素污染现状和赋存状态,借助地球化学特征法、参考元素法、多元统计法、人工神经网络法等多种技术方法,对污染物成因及其发展态势进行分析,对缓变型地球化学灾害产生的条件与途径进行讨论,取得一批有价值的研究成果;结合农学、环境学及生态学等学科的研究方法和技术,揭示污染物在不同介质中迁移转化途径和规律,研究污染成分对农作物、动物和人类健康影响效应;结合各地区实际情况进行生态地球化学评价,指导绿色农业基地、农产品适宜性及种植结构调整等;应用多目标区域地球化学调查的海量数据信息,开展土地质量地球化学评价、评估和监控试点研究,一些地区结合生态住宅评价,取得成功经验;系统研究评价不同景观区、不同流域、不同土壤类型、不同土地利用类型以及不同行政区土壤地球化学基准值,进行综合研究对比,探究了土壤中元素的丰缺和异常。对土壤、水、农作物和人发样品进行了系统采样分析,研究地方病高发区地球化学环境特征,对查明地方病致病因素、污染物来源,提出了可供借鉴的防范和治理建议。选择大型工矿企业等重金属高异常区,在吸收国际通用方法的基础上,总结出利用地质、土壤、地表水、植被和流行病调查等资料进行生态地球化学评估系统方法和流程。提出了生态地球化学评价的先进技术和方法,评价思路以地球化学循环为理论基础,系统提出了由成因来源、迁移转化、生态效应,到预警预报的一整套评价技术路线。开展了元素天然赋存状态、生物分析、有机分析等项研究。

第四节　中国构造地质学研究

构造地质学是地质学分支学科之一,主要研究组成岩石圈的各种地质体的构造现象、组合型式及其形成和发育规律。一般根据其研究对象和研究内容的差异,将构造地质学区分为狭义构造地质学和广义构造地质学。前者主要是对小区域或中、小尺度地质体的各种构造变形、变位现象,如褶皱、断裂、面理、线理等构造现象进行识别、描述和成因分析。具体研究内容包括:各种构造的几何学形态、产状、规模、组合及其空间关系和发展过程;各种构造的发生条件和形成机制;并进而探讨产生这些构造的构造运动方向、方式、强度和动力学过程。而广义构造地质学的研究对象大到岩石圈的结构及地壳的巨大单元,如岩石圈板块、大陆和大洋、山脉和盆地等的形成和发展;小到岩石内部组构的细微变化,乃至矿物晶格位错不同空间尺度的构造现象。

200多年的地质科学形成与发展的历史进程中(He Q X.,2003),构造地质学观点始终处于争论的核心。第1次地学革命为唯物的均变论和现实主义原理战胜唯心的灾变论和神创论,其争论就是围绕地球成因的构造过程是缓慢还是突变过程展开的,确定了"将今论古"的唯物主义理念。这些争论不断推动着地球科学的发展。随后,以"槽台学说"(1859年美国霍尔首先提出)为代表的固定论、垂直运动论学派与以"大陆漂移学说"(1910年泰勒提出,有人认为是1877年俄国贝汉诺夫首先提出,1912年德国魏格纳正式建立)为主题的活动论、水平运动论学派论争,开启了活动论与固定论、水平论与垂直论论争,也使得均变论与灾变论、膨胀说与收缩说、脉动说的长期论争达到顶峰。随着1928年霍姆斯提出的地幔物质对流假说和20世纪50年代建立的古地磁理论使得水平运动说占据上风。20世纪六七十年代全球范围的海洋地质和海洋地球物理调查先后发现了大洋中脊系统、海底磁条带异常、转换断层,随后,由赫斯等提出了海地扩张学说。1968年前后诸多证据促使大陆漂移学说再度兴起,并与海地扩张学说的完美结合直接导致了第1个真正称得上全球地学理论——板块构造理论的诞生,引起一场影响深刻的第2次地学革命,它改变了固体地球科学几乎每一个分支学科原有的发展轨迹。中国李春昱等(1975,1984)、郭令智等(1981,1983)、张国伟等(1987)、施央申和杨树锋(1988)先后运用板块学说、地体学说解释了中国大地构造演化。但是,板块构造本质上主要是植根于海底构造研究的基础上的,而且主要描述和说明浅部圈层的几何学、运动学问题,对于深部圈层动力机制没有足够说服力。20世纪80年代的地学探索中发现大陆地质具有其独特性,大陆岩石圈与大洋岩石圈组成、厚度和流变强度有明显差异。大陆岩石圈板块和大洋岩石圈板块不同,具有明显的流变性,大陆地质构造的多样性和复杂性不完全符合已有板块构造理论模式。因此,国内学者都开始向构造地质学和大地构造学未来发展方向——超越板块构造发展,并提出将大陆岩石圈流变学研究作为大陆构造地质和大陆造山带研究的新起点(金振民等,2004;郭安林等,2004)。以1990年美国自然科学基金委发表《大陆动力学》白皮书为标志,正式提出了大陆动力学问题。现今GPS获得的大地测量成果也揭示了现今大陆内部块体变形的复杂性,其弥散性、非均质性、非同步性、块体间和块体上下的脱耦性等复杂过程难以用板块理论全面解释,这也是大陆内部资源分布复杂性、多样性的原因。因此,大陆动力学及其资源、能源和环境效应是随社会发挥着应运而生的重大科学目标,已成为当代地球科学最令人瞩目的前沿研究领域之一。与此板块构造同时发展的热点假说被认为是静态地幔柱理论的起点。后来随着层析成像技术经过80年代的快速发展,90年代分辨率也大幅提高,推动了全球地幔柱理论的诞生。21世纪最初10年来人们逐步意识到夏威夷岛链和板块运动的矛盾,提出了动态地幔柱理论,地幔柱理论走向了和板块构造理论和谐统一的共存发展与融合的趋势(李三忠等,2010)。

构造地质学的初期研究多停留在构造要素的描述阶段,观察也多限于地壳面浅部定性的几何形态研究,但积累了丰富的地质构造资料,为构造地质学的迅速发展奠定了坚实基础。进入20世纪以来的构造地质学才开始从形态构造学的束缚中摆脱出来,逐步进入成因构造学和实验构造学的研究,从定性观察转入定量研究,从地壳浅部进入深部研究,从脆性、塑性领域步入流变学领域的研究,从单纯几何学研究步入运动学、动力学领域,使构造地质学的研究领域进一步拓宽,研究内容更加广泛深入,研究手段和方法也更加多样。特别是20世纪60年代板块学说的兴起,促使构造地质学进入了一个新的发展阶段,成为近代构造地质学发展的一个重要里程碑。近一二十年随着各种新技术、新方法的广泛应用,随着各学科的相互渗透和相互结合,构造地质学把大陆构造与海洋构造、区域构造与全球构造、深层构造与表层构造、定性分析与定量分析结合了起来,解决了一些全球性重大的构造问题。这样就使构造地质学研究进入了一个新的发展阶段(郑宇等,2010)。

一、中国区域地质学与大地构造学研究

区域地质学是地质学的一个综合性分支科学,其主要任务是在区域地层、岩石、构造、地球物理和地球化学研究的基础上,运用地质学的理论和方法,研究和阐明研究区的地质构造及其演化的总体特征,探讨各种地质作用之间的内在联系,为矿产资源勘查、成矿规律分析、地质环境评价及有关经济建设提供综合性基础地质资料。大地构造学是在区域地质研究基础上,研究地球外部固体层圈——地壳和上地幔顶部的组成、结构、演化和动力学的科学,即主要研究地球上的大型地质单元,如大陆、海洋、盆地、山脉等的物质组成、结构特征、空间展布、相互关系、成因类型、演化历史和动力学过程。大地构造学是地学中一门高度综合性的学科,其发展不仅取决于该学科自身的进步,还有赖于地学各学科的发展;它以地学各学科的研究为基础,又从宏观上影响(在某种意义上也可以说是指导)地学各学科的发展。李四光(1965)把构造的研究内容概括为2个方面:建造和改造。建造代表形成,是地壳运动的物质基础,也是地壳发展演化的物质反映;改造代表形变,是地壳运动的结果或具体表现。大地构造学的研究方法主要是历史分析法与动力分析法相结合。由于不同作者研究的侧重点不同,而形成了不同的大地构造学派。

1. 中国区域地质学与大地构造学的发展

中国大地构造学的研究工作始于20世纪初,其发展大体可分为以下3个阶段。

(1)启蒙阶段(1911年以前)

中国近代的区域地质调查是从19世纪中叶开始的,当时,中国沦为半封建半殖民地国家。正是在这样的历史条件下,西方的一些学者怀着各自的目的,到中国进行地质调查,主要进行个别路线地质调查和局部地区的地质研究。美国人R.庞培勒于1862年~1865年先后考察了东北、华北和长江中下游一带,并专门调查了北京西山的煤矿,著有《中国、蒙古及日本之地质研究》一书,注意到了中国东部的主要构造线为 NE-SW 走向,命名为"震旦方向"(Pumpelly,1866)。德国人李希霍芬于 19 世纪六七十年代 2 次来中国进行地质考察,著《中国》一书,并在所附"中国北方构造图"上划出一条从兴安岭经太行山东麓直达宜昌附近的走向 NNE 的构造线,称"兴安构造线"(Rechthofen,1877,1882,1912)。美国人维理士等撰写了《中国研究》一书,对中国东部一些地区的主要构造阶段或构造旋回作过划分。葛利普(1924,1928)著有《中国地史》一书,提出华夏古陆等古地理—古构造单元。他们对中国区域地层和构造虽提出过一些认识,但毕竟是一些零星片断的资料和概念。1903 年周树人(鲁迅)著《中国地质略论》一书,这是中国最早用近代自然科学理论研究中国地质的著作,在中国地质学史上占有重要地位。书中指出,要提倡中国人自己从事中国的地质研究。1910 年邝荣光出版 1∶250 万《直隶省地质图》、《直隶省矿产图》,这是中国人自己制作的最早的地质图件。同年章鸿钊在系统野外考察基础上撰写《中国杭州府邻区地质》,自此之后开始了中国自己的地质调查和区域地质工作。

(2)奠基阶段(1912~1949)

中国地质科学事业实际上开始于 1912 年,民国政府工商部下设地质调查所和地质研究所,在矿产资源调查和地质填图基础上,出版了一系列区域大地构造研究专著和地质图件,为中国大地构造学的研究奠定了基础。1922 年 1 月 27 日中国地质学会的成立标志着中国地质科学发展的一个里程碑。丁文江 1914 年完成《调查正太铁路附近地质矿务报告书》并附有区域地质图。翁文灏 1914 年编著《地质学讲义》,1919 年编出了第 1 张中国地质图。20 世纪 20 年代初翁文灏注意到中国东部的晚中生代造山运动异常强烈,命名"燕山运动"。谢家荣补充了燕山运动的内容,把它划分为 5 个造山幕。叶良辅 1920 年编著中国第 1 部区域地质专著《北京西山地质志》,而后又出版了江苏宁镇山脉、秦岭、广西、西康等地区的一系列区域地质论著和图件。赵亚曾在研究四川彭县地质构造时,发现飞来峰。李四光先后发表《地球表现形象变迁之主因》(1926)、《古生代以后大陆上海水进退的规程》(1928)、《东亚一些典型构造型式及其对大陆运动问题的意见》(1929),概括了不同类型构造的特殊本质,建立了构造体系的概念,为地质力学奠定了基础;20 世纪 30 年代确定了阴山、秦岭、南岭 3 个巨型纬向构造带,以及东亚地区华夏和新华夏构造体系、淮阳山字型构造等;1939 年出版英文版专著《中国地质学》,这是一部综合性专著,不仅从时间上论述了中国各时代的地质发展情况,而且从构造组合和动力学模型方面分析了中国的地质构造,并借以探求地壳运动起因,提出"大陆车阀"自动控制地球自转速度的假说;1945 年著有《地质力学之基础与方法》,以力学观点研究构造形迹的发生、发展及组合的规律,建立了构造体系的概念,倡导和创建了地质学和力学相结合的边缘学科——地质力学,开辟了中国大地构造学研究的新途径。李四光很注意造山运动问题,在此期间,他和他的同事们先后提出和命名了一系列造山运动,如怀远运动(O_1-O_2)、柳江运动(D_3-C_1)、淮南运动(C_1-C_2)、昆明运动(C_2-C_3)、东吴运动(P_1-P_2)、金子运动、淮阳运动(T_2-T_3)、南象运动(T_3-J_1)、宁镇运动(J_3-K_1)等。丁文江在研究广西地质时提出了广西运动。朱士在研究云南中部大地构造特征和前寒武纪地质时,提出澄江运动和晋宁运动。1929 年~1931 年黄汲清在秦岭、四川开展地质调查,发表《秦岭山及四川地质研究》;1938 年发现四川圣灯山气田并领导和参加威远 1∶10 000 地质图和天然气地质普查工作;1942 年~1943 年率队进行新疆石油地质调查,完成《新疆油田地质调查报告》,提出"陆相生油论"及"多期多层生储油论";1945 年出版《中国主要地质构造单位》专著,首次系统地论述了中国及邻区的大地构造单元划分及演化特征,提出中国有 3 个占优势的主要构造形式,即古亚洲式、太平洋式和特提斯—喜马拉雅式,多旋回的造山运动是中国大地构造的特征。

(3) 发展阶段(1950年至今)

中华人民共和国成立后,大规模引用前苏联的大地构造理论,构造层的划分和深断裂概念使大地构造学得到较快的发展。青藏地质考察、祁连山区域地质中的构造演化研究、大区域地球物理勘探的应用、巨大的郯庐断裂带的发现和证实、同位素地质及年代的测定、石油及煤田和区域水文工程地质、矿田矿区构造的研究等,均对中国区域大地构造研究起了重要的推动作用。这时期,中国地质科学研究在各方面都不断取得重要成果,特别是中国大地构造学在基础理论研究方面取得了长足的进步。地质科学研究在"百花齐放,百家争鸣"方针指引下,在探索中国大地构造发展规律中,总结和提出了具有不同风格的大地构造学说,逐步形成了中国自己的具有不同风格和不同学术思想的大地构造学派。①李四光的地质力学学说。1945年出版了《地质力学之基础与方法》一书,正式建立了一个新的大地构造学说——地质力学。中华人民共和国成立后,这一学术观点得到进一步发展。李四光发表《旋卷构造及其他有关中国西北部大地构造体系复合问题》(1955)、《地质力学概论》(1962)和《天文、地质、古生物资料摘要》(1970),特别是《地质力学概论》这一总结性著作的发表,不仅使地质力学的理论和方法进一步系统化,而且使其创立的地质力学学说更趋完善和成熟。通过野外调查和室内的实验研究,新建立了经向构造体系、河西构造体系和古河西构造体系、华夏式构造体系及各种大、中、小型扭动和旋转构造新类型。开展了地应力测量及模拟实验方面的工作,对各种扭动构造型式的构造体系,结合模拟实验初步进行了构造应力场的分析。②黄汲清的多旋回构造学说。1945年黄汲清的《中国主要地质构造单位》的出版,标志着多旋回构造学说的诞生。中华人民共和国成立后,在黄汲清指导下编制出了《中华人民共和国1:300万大地构造图》和专著《中国大地构造基本特征》(1960),对中国区域大地构造进行了系统全面地总结,认为中国大地构造基本特征是多旋回构造异常明显。板块构造学说传入中国后,黄汲清结合槽台学说、多旋回学说,提出板块多旋回开合运动和手风琴式运动的概念,于1987年出版的专著《中国及邻区特提斯海的演化》中提出了南北2个主缝合带之间存在一个互换构造域的观点,从而进一步把多旋回构造运动理论与板块构造学说有机地结合起来。③张文佑的断块学说。20世纪50年代中,张文佑引用深断裂概念研究中国大地构造特征及成矿条件,认为断块运动在中国及世界的构造及演化中占有非常重要的地位;他划分出中国不同层次的断裂构造,建立了中国区域断裂体系,研究它们之间相互关系和组合规律,进而创立了断裂体系和断块大地构造学说,并主编出版了中国第1张1:400万彩色《中国大地构造图》(1959)和《中国大地构造纲要》(1959),1984年主编出版的《中国及邻区海陆大地构造图》和《断块构造导论》全面系统地论述了断块构造学说理论和方法,从而进一步丰富了大地构造学理论。④张伯声的波浪镶嵌构造说。1962年发表《镶嵌的地壳》提出了镶嵌的地壳概念,1965年他的《从镶嵌构造观点说明中国大地构造的基本特征》一文系统阐述了这一学术观点,认为地壳构造是呈规律的镶嵌状,而其运动则是波浪式的。地壳块体的规律性镶嵌和镶嵌地壳波浪状运动的规律丰富了大地构造学的理论。⑤陈国达的地壳动"定"转化递进律——地洼学说。1956年陈国达发表的《中国地台活化区的实例并着重讨论华夏古陆问题》一文是该学说的萌芽,1959年正式提出了动"定"转化递进律,标志着该学说的诞生,1960年出版的《地台活化及找矿意义》为该学说的经典著作。后来著有《地洼学说概论》《地洼学说的理论结构和发展纲要》(1991)对此进行了总结。地洼学强调大地构造类型的多样性和地壳演化的多阶段性、递进性。地洼学说提出地壳发展规律遵从"动'定'转化递进律",从而丰富和发展了大地构造学的理论。在上述形势下,由马杏垣领导的北京地质学院区域地质教研室全面总结了中国区域大地构造特征,以槽台学说为基础,充分吸收了中国各学派的优点,于1963

年出版了《中国区域地质》一书,后来发表《嵩山构造变形—构造解析、重力构造》(1981)及《解析构造学》(1981),成为解析构造学学派的倡导者(吴凤鸣,2008)。

20世纪60年代国际固体地球科学孕育出了岩石圈板块学说并得以迅猛发展,促使地质科学产生重大变革。1971年尹赞勋最早把板块构造学引入中国并于1978年发表《板块构造学说的发生与发展》一文;随后李春昱三论板块构造,活跃了学术研究;1979年美国板块构造代表团访华,使引进工作达到高潮。板块构造学说的引进使一批地质工作者用板块构造观点对中国现今构造问题进行了深入研究,最先据此学说予以分析的是地震地质学及震源机制基础上的中国现今构造引力场特征,并对中、新生代构造分析及断裂系的形成都有较好的解释。李春昱于70年代初就领导研究组解释了区域地质中长期争论的问题,首次在中国发现混杂堆积,并用板块构造学说系统解释了秦岭、祁连山的构造发展史,指出塔里木—中朝地块以北古生代板块缝合带的存在。在对青藏高原长期综合性考察讨论的基础上,中国地质科学院和中国科学院于1979年和1980年分别举行了青藏高原科学讨论会,指出莫霍面在冈底斯区埋深最大,青藏高原受到不均衡作用,因而区域性布格重力偏高。任纪舜等1980年出版了《中国大地构造及其演化》,并在1:400万中国大地构造图上,详细标绘了中国各时代的板块缝合带。肖序常、常承法提出南亚次大陆和青藏区的板块碰撞缝合线是雅江带和北侧的斑公湖—怒江带。郭令智等对西太平洋与亚洲大陆间的沟、弧及弧后盆地进行了研究,分析了中国东南地区自晚前寒武纪以来的板块构造演化规律。朱夏(1980)运用板块学说对中国石油地质进行了研究,通过分析盆地成因提出中国存在2个世代、2种体制的含油盆地:古生代为槽台体制含油盆地;中新生代为板块体制含油盆地。王鸿祯以活动论观点讨论了中国东部大地构造分区(1981)和中国地壳构造发展的主要阶段(1982),从历史构造的观点出发,力求将时代因素与构造氮源和要素结合起来。马杏垣(1979)对板块学说的力源进行了初步探讨,认为重力对所有类型的构造都起有一定的控制作用。稍后,他将板块学说的思路引入中国前寒武纪地质的研究中,编制出《中国前寒武纪1:400万构造格架图》。李春昱以板块构造观点编制的1:800万《亚洲大地构造图及说明书》(1982)可以堪称是这一阶段板块构造研究的总结。板块构造学说的引入对中国区域大地构造研究的另一影响是使中国已有的大地构造学说受到重要启发,吸取了板块构造学说的先进内容,丰富和发展了各自的观点。中国地质科学院地质力学研究所在1976年及1978年分别编制出版了1:400万中国构造体系图和文字说明——中国主要构造体系,同时编制了除了西藏和台湾省外各省市区的1:100万或1:50万的构造体系图。中国地质科学院地质研究所以黄汲清为首的研究集体吸收板块构造的新成就进一步发展了多旋回观点,指出地壳构造的多旋回发展,不仅指构造运动,还包括与之紧密相关的沉积作用、岩浆作用、变质作用和成矿作用以及板块构造作用的多旋回性。他们新编了1:400万中国大地构造图(1979),并在图上第1次较详细地标绘了中国境内的板块缝合线,出版了《中国大地构造及其演化》(1980),进行了新的理论概括。中国科学院地质研究所以张文佑为首的研究集体进一步研究了中国和全球断裂体系,建立了X、I、Y、S、V型体系和岩石圈断块、地壳断块、基底断块和盖层断块4个等级。从断裂体系和断块构造观点看,板块被认为是岩石圈断块,是断块构造的一种特殊形式(1978,1980)。由张文佑主编的1:500万《中国及邻区海陆大地构造图》(1981)对海陆构造演化关系进行了系统的分析研究。陈国达在板块构造学说的启发下,进一步总结了中国大地构造特点与规律(1975),编制出版了1:400万《中国大地构造图》(1978)和专著《中国大地构造概要》(1978)。张伯声此时也使波浪状镶嵌构造说更加系统化,并用此观点编制了1:1000万《中国大地构造图》(1977)和专著《中国地壳的波浪状镶嵌构造》(1980)。

改革开放到20世纪末,中国区域大地构造研究很好地与国际接轨,得到了很大的发展,大致可以分为80年代以岩石圈研究为重点和90年代以大陆动力学研究为重点的2个阶段。

20世纪80年代岩石圈研究 80年代实施国际岩石圈计划,中国围绕这一计划也开展了多方面的工作。首先参与了全球地学断面(GGT)计划,1989年第28届国际地质大会上展示出的50条地学断面中,中国占11条;1991年GGT在国际大地测量、地球物理联合会第2次大会上展出6条断面中中国占2条(亚东—格尔木断面和响水—满都拉断面)。到20世纪末,中国已完成18条地学断面,遍及中国各地区。其中具有代表性的是格尔木—额济纳旗地学断面、响水—满都拉地学断面和满洲里—绥芬河地学断面等。这些地学断面的成果大大丰富了中国岩石圈研究内容,提高了研究质量,也使中国GGT研究位居世界前列。此外,还选择了典型地区对岩石圈进行了深入研究。国家自然科学基金"七五"期间设置了"滇川西部特提斯带岩石圈构造演化"重大项目,地质矿产部"七五"期间实施了"秦巴地区重大基础地质问题及主要成矿规律研究"重大攻关课题等。在此期间还开展了一批有关岩石圈的基础研究和综合性研究成果,重要的有马杏垣主编的1:400万《中国及邻区海域岩石圈动力学图及说明》《中国岩石圈动力学纲要》(1987)和《中国岩石圈动力学图集》(1989);丁国瑜等(1991)《中国岩石圈动力学概论》;国家地震局(1988)《中国大陆深部构造的研究与进展》;刘光鼎等编制的《中国海区及邻区地质—地球物理系列图》(1992)等。它们从大陆到海洋、从地表到深部阐述了中国岩石圈的基本特征,得到了一些规律性认识。为了及时将上述成果用于教学中,1985年有杨森楠、杨巍然主编出版了《中国区域大地构造学》。杨遵义、程裕淇、王鸿祯用英文在英国和用中文在中国出版了《中国地质》(1986,1989)。

20世纪90年代大陆动力学研究 从90年代开始固体地球科学将大陆动力学作为跨世纪的研究目标,美国制定了《1990年~2020年大陆动力学计划》,使大陆构造及动力学的研究进入高潮。中国广大地质工作者也全方位地投入这一研究,研究状态可以概括为4个方面(王鸿祯等,2002):

造山带研究。代表岩石圈热学和力学变化最强烈的造山带自然成为研究重点,国家自然科学基金设立了"八五"重大项目"秦岭造山带岩石圈结构、演化及成矿背景",组织了地质学、地球化学、地球物理学科联合攻关,取得了一批新认识;原地质矿产部也安排了"八五"重大基础项目"昆仑—秦岭—大别造山带构造特征及形成机制""燕山地区中新生代陆内造山作用研究"等专题。在较长时间的地质实践中,通过大量地表地质、地球化学和地球物理的综合研究提出了秦岭山脉是典型复合型造山带,据其现今结构构造具有流变学分层的"立交桥"式三维结构几何学模型的认识(张国伟等,1996)。在新疆国家305攻关项目的实施过程中,对阿尔泰造山带、天山造山带等做了大量工作,取得了很大进展。

青藏高原研究。号称地球第三极的青藏高原已经成为国际研究大陆动力学最热门地区。20世纪80年代以来,分别与美国、法国、德国等进行了合作研究。1992年启动的国家攀登计划"青藏高原形成演化、环境变化与生态系统研究"是一个包括大陆动力学在内的综合研究;原地质矿产部也设立了"八五"重大基础项目"青藏高原岩石圈结构、隆升及其对大陆变形影响""青藏高原的后造山期变形和隆升机制"和"九五"重大基础项目"青藏高原的地质记录及机制"等研究,均取得重要的研究成果和进展。有关形成机制问题,王成善(1998)将90年代以前的认识归纳为3类:双倍地壳模式、推土机模式、地壳侧向向东挤出模式。90年代以来多数学者强调高原隆升的分块断性、多阶段性、多因素控制的特点。提出的模式有Spencer(1996)的"跨塌褶皱模式"、Willett等(1994)的"亚洲大陆以缓倾长距向高原俯冲模式"、许志琴等(1999)的"腹地地幔底辟及周缘陆内俯冲模式"、潘裕生(1999)的"叠加压扁热动力模式"等。有关隆升过程,许多学者分别从不同角度研究青藏高原隆升历史:Kazuo 等(1992)、Hamson 等(1992)根据孟加拉扇沉积物研究,认为喜马拉雅脉动性隆升从 0.2 亿年前开始;钟大赉等(1996)根据构造热事件提出高原隆升分为 4 个阶段;崔之久等(1996)利用古岩溶夷平面重建,提出高原经历了 3 次隆升和 2 次夷平;吴浩若等(1996)通过黄土高原黄土—古土壤系列分析,提出青藏高原从晚中新世以来至少有 5 个隆升阶段;肖序常等(1998)综合有关资料半定量地给出了不同阶段的隆升速率。上述青藏高原隆升的种种机制虽然有较大差别,但都承认自南面印度板块的俯冲与挤压是青藏高原隆升的基本动因。在大陆碰撞后,印度板块继续以 5 厘米/年速度往北俯冲至青藏高原之下,据 GPS 测量资料,目前印度仍以(20.5±2)毫米/年速度下插到西藏之下(Bilham 等,1997),喜马拉雅山现代仍在上升,且珠穆朗玛峰是隆升最快的地区。近 30 年来的精确水准测量成果有力地证明珠穆朗玛峰的隆升速率为 37 毫米/年,往北为 4 毫米/年~15 毫米/年,至拉萨(冈底斯)区为 9 毫米/年~10 毫米/年,更北的喀喇昆仑—昆仑山区为 6 毫米/年~9 毫米/年、北阿尔金山区为 5.1 毫米/年。

中国东部中、新生代构造盆地和构造岩浆带研究。中国东部中新生代断裂构造、盆地构造和岩浆活动非常醒目,并成为大陆动力学研究的重要内容。原地质矿产部设置了"八五"重大基础项目"中国东部濒太平洋地区地质构造、岩浆演化及成矿作用",通过研究划分了 14 种火山岩组合和 9 种侵入岩组合,指出白云母/白云母花岗岩类是陆内俯冲的岩石记录,岩石圈根的形成及其随后的去根作用是中新生代以来东部大陆"活化"的深部原因。原地质矿产部还设立了"八五"重大基础项目"中国东部环太平洋带中新生代盆地演化及地球动力学背景",计算了中国东部伸展盆地的岩石圈拉伸系数和软流圈顶面隆起高度,揭示了中国东部盆地深部控制因素;对 7 个代表性盆地沉积史、热史、岩石圈伸展及软流圈隆起状况等进行了动态模拟。中国东部中新生代的盆地、岩浆活动、构造、成矿等均反映岩石圈的伸展减薄。这是大陆动力学中一个值得关注的问题。邓晋福等(1986)提出"大陆根—柱构造"是研究大陆动力学的钥匙。高山等(1999,2000)从地球化学角度论证了中国东部中新生代发生过岩石圈的拆沉作用。

大陆与大洋边界关系研究。大陆动力学虽然是以大陆作为一个整体系统进行研究,但大陆和大洋是相互依存、相互转化的,故二者边界关系的研究也是大陆动力学研究的内容。滕吉文等(1994)对东南陆缘地带的岩石圈结构进行了专门研究,得出地壳和上地幔均为成层结构,地壳厚度变化较大,显示由大陆型地壳向海洋型地壳过渡的典型特征。边缘海与岛弧、海沟构成大陆和大洋之间的沟弧盆体系,它直接反映了大陆和大洋之间的关系。通过地壳结构探测及岩石拖网,初步认为冲绳海槽是在大陆型地壳基础上张裂形成的边缘海,它与琉球岛弧和琉球海沟构成了西太平洋的一条沟弧盆体系。南海深海盆与南海北部边缘的地壳性质不同,北部边缘东、西两端的深部地壳结构特征有较大差异,反映其形成演化过程不同。姚伯初等(1994)发现作为被动大陆边缘的南海北部陆缘区地壳结构非常独特:从陆架、陆坡到深海平原地壳厚度不断成阶梯状减薄,有 4 级阶梯,反映发生过 4 次幕式拉张。近年来,中国应用自行开发的合成孔径剖面(SAP)技术、扩展排列剖面(ESP)技术、海底地震仪(OBS)观测技术和地震层析成像技术,初步探测出东海陆架与海槽的地壳深部结构以及太平洋板块在东海之下的俯冲状态(金翔龙,2000)。中国台湾学者对台湾构造进行了深入研究,认为台湾是一个具有地槽和岛弧双重地质背景的岛屿,与太平洋西岸的其他俯冲岛弧活动带不同,它是岛弧碰撞活动带,因此,1995 年在台北专门召开了"台湾活动碰撞"国际学术讨论会;毕庆昌 1997 年出版的《欧亚区域地质全书》对台湾地质构造作了系统介绍。陈雅芳等(1995)应用奥伊勒原理对弧陆碰撞路径及速率进行模拟,得出北吕宋板块和南中国板块间相对运动的奥伊勒极位于8.1°N、118°E,运动方向为NW340.4°,速率为6.2厘米/年,所得结果与Semo(1977,1993)之菲律宾板块相对于欧亚板块的运动速率7.0厘米/年和方向NW330°不完全相同,说明菲律宾板块与北吕宋板块之间还有相对运动。而海沟以北的北吕宋板块和菲律宾板块之间无板块边界,所以其相对运动为板块的变形所代替,根据计算在台湾东南海域附近的变形量约有70千米~90千米。

在20世纪90年代还出现了一批有关中国大陆构造的综合成果,其中有代表性的是任纪舜等完成的新一代《中国及邻区大地构造图(1:500万)》及《中国大陆构造研究》(1998,1999),着重从空间上总结了大陆构造特点及形成机制。王鸿祯、莫宣学(1995)侧重从时间上总结中国大陆演化规律。在此期间,中国有关大陆构造与动力学的学术讨论接连召开,1989年由国家地震局、中国地质大学联合发起在武汉召开了"大陆构造及成矿作用"学术讨论会,1992年出版了会议论文集《中国大陆构造》;构造专业委员会于1994年和1995年分别召开了"大陆构造"学术讨论会,1996年以英文出版了会议论文集《中国大陆构造》;1996年在北京召开了第30届国际地质大会,其主旋律也是大陆地质及大陆动力学。在国家自然科学基金委员会资助下,中国地质大学1998年在武汉召开了"中央造山带国际学术讨论会"等。

2. 近年来中国区域地质研究

2003年颁发的《国务院关于加强地质工作的决定》迅速推动了全国地质工作的大发展,因此"十一五"(2006~2010)期间的区域地质调查和综合研究工作同样得到了全面提升(中国地质学会区域地质及成矿专业委员会,2011)。

(1)西部地质研究程度大提升 对于世界"第三极"青藏高原,经过1999年~2006年1:25万地质大调查,全面完成了152万平方千米的调查任务,获得了110幅1:25万地质图、矿产图等一系列丰富的地质、矿产实际资料。在此基础上开展了青藏高原整体的一系列综合研究。目前"青藏高原地质构造与大陆动力学丛书"(6本)及相应附图(1:300万青藏高原地质图、大地构造图、隆升阶段图)已经出版问世;更深入、系统、全面地青藏高原大调查成果总汇的巨著和相应的1:150万青藏高原系列图件陆续公开于世。这些系统性的系列成果深刻揭示了世界瞩目的青藏高原多方面地质、矿产特征。从而不仅显著提高了青藏高原的研究程度,同时为丰富世界地质科学理论提供了宝贵的"第三极"翔实资料,为世界地质科学的发展作出了重要贡献。对于与中亚相邻的新疆地区,在"十五"(2001~2005)期间与中亚各国合作编制"古地理图集"的基础上,"十一五"开展了全新疆地质及成矿规律的系统综合研究,编制了全疆和天山、阿尔泰一系列地质、成矿图件。从而详尽阐明了新疆地区地质发展演化历程和相应的各种矿产成矿作用的时、空规律,把地质作用与成矿作用有机融合为一体。这不仅大大加深了对全疆地质、矿产特征规律性的认识,同时为矿产预测和找矿工作部署提供了可靠的科学依据。青藏高原和新疆区域地质研究程度的提高,显示了中国西部研究程度的大提升,也表明了全国区域地质研究的迅速发展。

(2)东部海区地质调查大发展 在中国300多万平方千米的海区内,开展了以1:100万为主的全面海洋地质调查,并同时进行了系统的综合研究,编制了相应的系列图件。通过不同方法的地球物理探测查明了海底地质特征和深部岩石圈结构。南海:利用地震面波资料和层析成像解析,揭示了岩石圈400千年深度内的结构特征,即在10千米深度区,显示了台湾岛为中—新生代造山带,其周边是深复理石沉积;而南海为新生代小洋盘,海水深3500米~4400米,其下的地壳厚度

4千米~5千米,所以在10千米深度区已经到达莫霍面,局部地带属于岩石圈地幔(即洋壳)。在50千米(岩石圈下部)和60千米(软流圈顶部)深度的平面图上,显示了北西向速度等值线切割了近南北向速度等值线,表明了近南北向构造形成在先(可能是晚中生代时期),而北西向构造形成较晚。这种构造现象直至300千米及400千米深度仍然存在,表明新生代早期发生的"神狐运动"的动力源来自软流圈的活动。此次运动为北西—南东方向的拉张作用,从而形成了一系列NE向的断裂和地堑构造,并开始接受新生代巨厚的沉积,为南海油气田的形成奠定了良好的物质基础。根据重力反演结果表明,各盆地的沉积中心都是莫霍面向上的隆起区,与盆地形成了镜像关系,显示了地壳经历过强烈的拉张减薄作用。在北西—南东向拉张力作用下,由于地壳伸展减薄和深部熔浆物质上涌,导致沿断裂带形成了从晚中新世(N)到第四纪的海底火山喷发,从而形成了南海大量火山岛和海山。东海:根据重力和磁法探测结果,无论是重力异常或是磁力异常,都显示了区域构造方向以北东—北北东向为主,并在一些地区被北西向断裂切割。表明在东海大陆架内曾先后有来自北西—南东向的动力源和来自北东—南西向的动力源2个地史发展阶段。前者可能是菲律宾板块向中国东部大陆俯冲(中侏罗世—早白垩世为高峰期)所致;后者则应该是中国东部软流圈物质上涌(以晚白垩世—古近纪为主,直至新近纪—更新世仍有显著活动)而导致的地壳拉张破裂和力的转换与剪切作用。由于2个不同地史阶段的2种动力源的作用,打造了东海海域复杂的构造面貌:大区域(一级构造盆地)以北东—北北东向为主,而小区域(次级构造,如隆起、坳陷等)则以北西或近东西向为主。查明了南海、东海以及黄海和渤海湾等海底地质特征和深部结构特征,对于中国开发利用海区矿产资源(尤其是油气及水合物)无疑提供了极为重要的基础地质资料,奠定了可靠的开发基础。

(3)中—新元古代研究的新突破　近年来,对华北陆块和扬子陆块的中—新元古界地层进行了区域性的对比研究。其中华北陆块蓟县剖面新元古界的青白口系下马岭组,依据SHRIMP锆石U-Pb测年数据13.70亿年~13.20亿年,修改为中元古界。江南古陆原定为中元古界的各类浅变质岩系梵净山群、双桥山群等等,根据最新的SHRIMP锆石U-Pb数据,普遍都小于10亿年,因此都需要将原划归中元古界的群、组重新厘定为新元古界(见下述划分对比表)。这一新的突破对进一步深入研究华北陆块和扬子陆块的地质发展历史及其构造特征具有重要意义。

(4)百万分之一全国地质编图提高了全国地质研究程度　通过2008年完成的第2代国际分幅1:100万地质图编制工作,进一步提高了全国地质研究程度。这是中国第2次按国际分幅编制的1:100万地质图(第1次于1961年~1965年编制48幅,内部出版),全国陆地共64幅。国际分幅1:100万地质图是国际统一和相互交流的图件,其数据库是国际统一的数据库"One Geology"的组成部分。"One Geology计划"(即同一个地质计划)是由英国地质调查局于2006年2月提出的。2008年8月6日"One Geology计划"在挪威奥斯陆召开的第33届国际地质大会上正式启动,并进行了专题成果展示和研讨,标志着全球数字地质图共享系统的初步建成。目前已有联合国教科文组织(UNESCO)、世界地质图委员会(CGMW)、地学信息管理和应用委员会(CGI-IUGS)、国际地质科学联合会(IUGS)、全球对地观测组织(GEO)、国际岩石圈计划(ILP)、东亚东南亚地学信息协调委员会(CCOP)、欧盟国家地质调查联盟(EuroGeoSurveys)等11个国际组织和117个国家参与到"One Geology计划"项目中。中国地质调查局最初作为东亚和东南亚地学信息协调委员会(CCOP)成员加入了该计划,2008年8月在第33届国际地质大会上中国以独立成员的身份加入了该计划,中国地质调查局代表中国参加了这一计划,标志着中国1:100万国际分幅地质图及其相应的数据库已经成为全球1:100万国际分幅地质图的组成部分。通过编制64幅1:100万地质图,对全国从太古界到第四系的地层进行了系统的划分对比,岩浆岩进行了统一的分类和分期,区域构造进行了统一分区等等,从而使全国地质研究程度进一步统一提升。

(5)国际合作凸显了解决重大地质矿产问题的重要作用

自2002年以来由中国倡议开展的中国、俄罗斯、蒙古、哈萨克斯坦和韩国合作编制"1:250万亚洲中部及邻区地质图系"的工作,到2010年已经取得了阶段性的重要成果:

首次编制了世界首份1:250万洲际性的地质图系。编图范围为:北起北冰洋岸、南到海南岛,西起乌拉尔山脉—里海—阿拉伯海、东到日本海—菲律宾西部,编图面积约3400万平方千米(占全亚洲陆地面积4400万平方千米的约77%)。编图内容包括同比例尺(1:250万)的地理图、地质图、大地构造图、非能源矿产(固体矿产)成矿规律图和能源矿产(石油、天然气、煤)成矿规律图。这是迄今世界首份1:250万4种专业图件组成的一套图系,在2008年第33届国际地质大会的展览中受到广泛的高度赞誉。

首次对编图区内的地层、岩浆岩、断裂系统、构造特征及其发展演化历史等基础地质问题,由5国地质学家共同进行了全面系统地综合集成研究。各图内容的时、空规律清晰明显,是迄今为止世界首套完整的洲际性大型挂图图系。

通过5国合作首次解决了跨国界的长期存在的一些重大的疑难地质问题。如:①对于中元古界底界的地质年代时限,长期存在18亿年还是16亿年的争论,通过5国联合对中国长城系底界(18亿年)和俄罗斯里菲系底界(16亿年)的综合研究,认为中国的依据充分。从而首次在国际编图项目中采用了中国以18亿年为中元古界底界的地层划分方案。②对大兴安岭中生代火山岩"构造域"的归属,中国长期误认为属于"太平洋构造域"范畴。经与蒙古合作研究确认了大兴安岭火山岩带是蒙古—鄂霍次克中生代构造—岩浆带向东的延伸部分,而不属于"太平洋构造域"。这对在本区寻找大矿有重要意义。③对朝鲜半岛的"京畿地块"的归属,长期众说纷纭。经与韩国合作进行对比研究,确认"京畿地块"是中国大别—苏鲁造山带向东(朝鲜半岛)的延伸部分。④确认了"古中国陆块群"是一个独立存在的古陆块。该陆块群包括中朝、塔里木、扬子、华夏陆块,以及中亚地区曾经与塔里木陆块相连的图兰陆块。它位于"劳亚古陆"和"冈瓦纳古陆"之间。"古中国陆块群"与劳亚古陆和冈瓦纳古陆相比,其规模较小、基底年龄也较年轻(可能小于380万年),因此承受动力作用时的稳定程度较差,这是古中国陆块群活动性大、构造—岩浆—成矿作用复杂多样的总根源。同时由于它的特殊位置而构成了古亚洲洋与特提斯洋的"分水岭"。⑤确认了古亚洲洋区是陆壳双向增生的典型地区:位于西伯利亚陆块和中(国)朝(鲜)—塔里木陆块之间的古亚洲洋,通过5国编图的综合研究,确认了其如下发展演化规律和特点:在西伯利亚陆块南缘,从新元古代后期到石炭纪,由北往南先后经历了早寒武世、晚奥陶—早志留世、晚志留—早泥盆世和晚泥盆—早石炭世4次活动陆缘增生俯冲带;在中朝陆块北缘,中元古代形成了被动陆缘坳陷带;寒武纪—早奥陶世发生了活动陆缘增生俯冲带;晚二叠世(至早三叠世早期)西拉木伦双向俯冲碰撞带使中朝陆块与西伯利亚陆块拼合,结束了古亚洲洋的发展演化史。其残留海水形成了蒙古—鄂霍次克洋,至中侏罗世后期闭合,海水进入现今的鄂霍次克海(太平洋的边缘海之一);碰撞期后的晚侏罗—早白垩世时期,地壳固结张裂,产生了蒙古—鄂霍次克裂谷系,形成了晚侏罗—早白垩世双峰式火山岩类;从古亚洲洋上述发展演化进程中清楚看出,本区在古生代阶段是活动陆缘侧向增生与垂向增生有规律的交替互进,垂向增生的岩浆作用直接来自上地幔。所以在古亚洲洋区域内虽然岩浆活动很强烈、岩浆岩分布很广泛,但是却缺少陆壳重熔型的S型花岗岩,表明本区是陆壳双向增生的典型地区。正是由于此,打造了以蒙古国为"中心"的古亚洲成矿带蕴藏有十分丰富的有色金属、贵重金属、稀有金属和铀矿资源。⑥确认了侏罗纪以来,中国大陆深部经受了来自4个不同方向的动力系统挤压作用的影响:北面受西伯利亚陆块由北向南挤压;南面受印度洋底扩张由南向北挤压;西面印度板块由南向北碰撞、向北和向东挤压;东面太平洋板块向日本列岛俯冲、由东向西挤压。由于4个不同方向的动力挤压作用,在中国东部及东亚大陆边缘约150千米~300千米的深部形成了东西宽约4000千米、南北长约12 000千米的巨大软流圈。深部四周的挤压力同时推动了软流圈物质上涌,由此导致了中国东部岩石圈被熔融、拆沉、地幔柱上升、形成上老下新的岩石圈地幔、高速体与低速体互相交错的"蘑菇云状"岩石圈以及岩石圈减薄等等一系列岩石圈剧变特征。正是由于岩石圈结构的多种变化打造了浅层强烈的构造—岩浆活动、复杂的成矿作用、一系列的裂谷盆地的形成和火山喷发等等地质作用。所以说,中国东部侏罗纪以来各种重要的地质事件的动力源主要来自软流圈物质的上涌。而软流圈物质上涌的动力系统则来自4个不同方向,太平洋板块向西太平洋岸俯冲的动力只是4个方向中的东部(挤压)力源。由此明确了中国东部中—新生代复杂多样的构造—岩浆—成矿作用等等重要地质事件,不是传统上认为的"太平洋板块俯冲"的结果,而是软流圈物质上涌导致的结果,太平洋板块的俯冲作用只是起到了其中的"东部挤压力"的作用。⑦此外,通过编制1∶250万亚洲中部邻区非能源矿产成矿规律图和能源矿产成矿规律图,收集到了编图区内境外的非能源矿产(固体矿产)近70个矿种的4000多个大中型矿床资料和能源矿产的700多个油气田与500多个煤田资料。这些极宝贵的矿产资料对中国实施"走出去"开发矿业,具有巨大的潜在经济意义。

二、中国显微构造地质学研究

显微构造地质学是以研究"显微构造"为核心的构造地质学新领域,主要是借助显微镜及其他细微分析方法(X-射线、扫描电镜和透射电镜)研究变形岩石的显微特征,从而获得关于岩石变形的多方面信息。通过对变形岩石的组构型式及对称性分析,恢复其变形时的运动学特征并推测其应力作用方式;从岩石变形的脆性和韧性机制来推究变形时的温度、围压以及流体作用条件,从而估计变形时的深度或层次;根据某些特征的显微构造,如方解石e双晶的发育程度、石英的细粒化程度和位错密度等,结合实验所得的参数来估计变形时的古应力值及应变量。显微构造地质学是借助显微镜及其他细微分析方法研究各种尺度的构造的学科,已经成为构造地质学的一个分支,是认识地质构造的运动学和动力学不可缺少的方面。

1. 中国早期的岩组分析研究(20世纪30年代~50年代)

奥地利学者B. Sander(1930)最早发现岩石中组构要素的对称性可以反映运动的对称性,开创了测定矿物光性要素的空间分布推测构造运动对称特征的方法。中国学者何作霖、李四光、王嘉荫等人都从不同角度研究和倡导显微构造的研究,使中国成为显微构造研究起步较早的国家之一。20世纪30年代初,何作霖最早将Sander的学说介绍到中国并命名为"岩组学",出版了中国第1部《光性矿物学》(1930)专著,1947年又亲自创制了中国第一台X-射线组构测量仪,他在岩石组构学方面发现过几种新的组构类型,是世界上最早开展"X-射线岩组学"的研究者之一。王嘉荫1943年用岩组学方法测定了中国某岩石的第1张岩组图,并且追踪A. Harker的应力作用思路发展了应力矿物概念,指出鉴定矿物的变性特征可以推测构造活动的力学性质。F. J. Turner和池际尚最先确定了白云石和方解石的变形双晶与应力方位的关系。早期的显微构造研究不光注重某些矿物局部范围的组构变化和矿物晶形变化,也注重对区域构造的解释。20世纪50年代,王嘉荫积极支持李四光倡导研究的地质力学,深入到应力矿物学这个新领域,王嘉荫1964年发表《应力矿物问题》。他把应力矿物的研究,广泛地与地壳运动和地应力作用联系起来研究。这是一个创举,这不仅对矿物学的研究有重大影响和作用,而且在微观方面,为研究由于地壳运动而产生的各种岩石、矿物的变形和相变现象,也指出了新的方向。他的《北京西山的硬绿泥石带》(1951)应该视为具有重大意义的突破的文章,他把硬绿泥石这种在封闭压力下形成的矿物作为一种应力条件的标志,并把变质矿物的野外分布与区域地质联系起来,第1次提出了新华夏系的活动在北京西山表现为应力矿物带,成为从构造变质矿物角度探讨区域地质构造问题的带头人。十多年后由日本学者都城秋惠(1965)完善化,他的高压低温和低压高温"双变质带"理论为板块构造学说提供了依据,成为重大科研成果,得到广泛传播。王嘉荫提出的北京西山的硬绿泥石带虽然不具有板块构造意义,但是用变质矿物带表示构造带的思想却早于都城秋惠。中国早期的显微构造研究不仅用于解释矿物的应力变形、光性特征改变,同时也用于解释区域构造带的形成。

2. 显微构造研究的综合归纳阶段(20世纪60年代~70年代)

20世纪60年代初期,中国地质工作转入以找矿勘探为中心的地质大发展阶段,处于起步阶段的显微构造与组构分析是费时费力的方法,又具多解性,显微构造与组构分析方法一时不能在生产中见效而难以得到施展的机会,研究工作只限于何作霖、王嘉荫、池际尚、李四光等少数学者所在的研究所或院校。显微构造的研究范围受限,研究水平大致处于综合归纳阶段。这一时期的学术著作有:《应力矿物问题》(王嘉荫,1964)、《山西五台石英云母片岩中石英脉岩小褶皱的岩组分析》(何作霖等,1965a)、《在封闭压力下实验变形白云岩的显微构造及其解释》(何作霖,1965b)、《密云北石城新华夏系断裂带的初步研究》(王嘉荫、玄孝千,1973)、《破裂带中几个问题》(王嘉荫,1974)、《怀来歪头山断裂带岩矿构造特征和问题》(王嘉荫,1976)。可惜的是,中国起带动作用的显微构造学术大师何作霖(1967)、李四光(1971)、王嘉荫(1976)先后离世,使中国显微构造与组构学遭受重大损失。此后,整理出版的已故学者遗著有:《岩组分析论文集》(王嘉荫等,1977)、《显微镜下结构面的鉴定》(王嘉荫,1977)、《应力矿物概论》(王嘉荫,1978)、《岩组学》(何作霖译,1981)。上述学术著作反映了中国当时显微构造与组构研究的水平。

3. 显微构造与组构研究(20世纪80年代以来)

改革开放后,随着地质工作的发展和国际交往的带动,显微构造与组构在中国得到较快速的发展。许多高校地质系开设了相关课程,在矿业开发、工程地质、环境与灾害地质等方面也得到有成效的应用。改革开放初期,在显微构造领域,以往积累了很多问题要解决。从科研院所、高等学校到地质队,都有很多人在探讨显微构造与组构。迫切要求规范方法,澄清概念,提高水平。1978年刘瑞珣出版了《应力矿物概念》一书,尔后中国很多学者广泛开展了显微构造研究。1981年由钱祥麟、袁奎荣、张保民和孙岩等人发起,在北京大学召开了全国第1届显微构造与组构学术讨论会,并在中国地质学会构造专业委员会内成立了显微构造与组构专业组,对全国显微构造与组构研究有巨大的推动作用。显微构造与组构专业组成立后又召开了4次学术会议,有大量的介绍国外动态的文章和著作问世:《当前国外显微构造研究中值得重视的几个问题》(肖庆辉,1982)、《糜棱岩的显微构造和成因(评述)》(肖庆辉,1984)、《地壳变形与显微构造》(许志琴,1984)、《变质岩的晶质塑性和固态流变》(林传勇、土兰斌译,1985)、《关于糜棱岩的韧性变相概念有重要意义》(郑亚东,1982)、《岩石有限应变测量及韧性剪切带》(郑亚东、常志忠,1985)。澄清了一些概念,广泛使用了X-射线和电子显微镜方法,结合区域构造研究发展了显微构造与组构。近年来,中国的显微构造和组构研究取得了迅速的发展,一批中青年学者在显微构造领域成长起来。随着科学技术的发展,变形岩石的显微构造和组构研究又有了新的进展,主要是采用了冶金物理学和材料科学的最新成果,将位错理论和高电压透射电子显微镜技术引进到变形岩石显微构造研究领域,使得晶体物质的变形研究大大深入一步。同时,显微构造与组构的研究把从微观领域中观察到的许多变形图像和变形规律成功地用于宏观构造分析,进一步充实了野外构造地质工作方法。这时期代表作有宋鸿林的《应变测量及其地质意义》(1981)、何绍勋的《变形岩石的应变分析》(1982)、许志琴的《地壳变形与显微构造》(1984)、吴番尧的《岩组学导论》(1986)、何永年等的《构造岩石学基础》(1988)、刘瑞珣《显微构造地质学》(1988)等。这一阶段显微构造与组构所关注的代表性的领域有:①韧性剪切带和韧性变形问题;②构造岩、糜棱岩问题;③古应力计、岩石流变性和地幔岩问题;④在假玄武岩玻璃研究方面也有很大进展。

在运用摩尔圆进行应变测量方面,中国学者作出了重要贡献。由奥地利学者摩尔(Otto Mohr,1982)建立的摩尔圆对岩石中的应力分析、应变分析和有限应变分析大有帮助,但它只适用共轴应变(纯剪切),不适用于非共轴应变(简单剪切)。而大量的剪切带都是非共轴应变,或是含有非共轴与共轴的混合应变,又称一般剪切应变。为解决一般剪切应变的定量测量,有人提出了极摩尔圆方法(De Paor,1981,1983)。这一方法要求找到变形前与剪切带垂直的线状标志和它变性后的方位和长度,而且不考虑体积损失,这个条件的限定太苛刻,实用起来比较困难。张进江和郑亚东(1997)拓宽了极摩尔圆的应用领域,提出了在假设没有体积变化的前提下,只要求变形前可测任意方向的两条线状标志及其变形后长度和方位,就可以利用极摩尔圆进行应变分析。此后,李海等(2000)又将有体积变化的条件考虑进去,促使摩尔圆方法进一步扩大适用范围,对显微构造的定量化具有推动作用。进行古应力分析,对许多断层和地区测得了一批位错密度和古差应力值。丁原辰(1991)发现凯塞效应具有抹录不净现象,说明岩石能记录多次应力作用。

中国显微构造在相关学科领域已经利用并获得突出成效。例如,对工程地基稳定性评价方面,已在三峡工程、核电站基地选址、大型机场跑道地基加固、大型铝厂地下活动断层鉴定、裂缝型油气藏、古建筑地质病害防治、山地与砜体旅游景点安全评价等,都进行了显微构造鉴定工作,并获得令人鼓舞的成果。

三、构造地质学(狭义)研究

构造地质学的诞生是从研究露头尺度的构造现象开始,地质路线调查和地质制图为其主要手段,而构造地质的研究则是地质制图的主要基础。地质构造的研究包括构造的几何学、运动学和动力学研究以及构造发育、演化的历史分析。

20世纪最早研究中国构造的是国际友人的工作,如R.庞培勒、F.V.李希霍芬、A.W.葛利普、B.维里士、B,A.奥勃鲁切夫、J.C.勃朗、T.德普拉等。中国系统研究构造地质由翁文灏1922年在第12届国际地质大会(比利时)发表的《云南东部的构造地质》拉开序幕。已查到的最早文章是1925年王竹泉的《山西地质构造纲要》,文中附有"山西构造地质图",是中国最早的构造地质图;1925年翁文灏发表《惠氏大陆漂移说》一文,系统介绍了魏格纳(旧称惠氏)的大陆漂移说;1925年叶良辅和谢家荣合写《扬子江流域巫山以下之地质构造及地文史》。此后,李四光发表了一些东亚乃至全球性地质构造论文(1926)、《东亚某些特殊构造类型及其与大陆运动问题的关系》(英国《地质杂志》,1929)、《构造类型和地球运动的探讨》(英国《地质杂志》,1931)。翁文灏的《中国东部中生代以来地壳运动及岩浆活动》(1927)提出中国东部强烈的构造活动不在加里东和海西期,而在燕山期;提出燕山运动,还提出中国东部大多数是逆断层和逆掩断层,纠正了李希霍芬、奥布鲁切夫等人认为的主要是正断层及垂直活动的意见。谭锡畴的《岩石裂痕构造及其他相似构造之研究》(1927)以岩石力学实验为基础,是中国第 1 篇小构造方面的文章。此外,谢家荣的《北京西山地质构造概说》(1937)、陈恺和熊永先的《北京西山之逆掩断层》(1935)等都是这一时期构造地质研究的重要成果。以上学者在中国构造地质学方面各辟新径,带动了后人,但他们自己的成名多半不在或不仅仅在构造地质学方面。王竹泉成为煤田地质学家,谭锡畴和谢家荣是著名的矿床学家,叶良辅最专长地形学,翁文灏和李四光可以说是全面的地质大师。构造地质学的早期发展说明各学科是相互渗透的,中国早期地质学家们都是基础广泛而且雄厚,才得以在各学科间自由转移。

中华人民共和国成立后,中国构造地质学的发展大体经历了 2 个阶段:从对单个构造的形态及其形成机制的研究到应用于对区域构造的全方位、多尺度、多层次、多体制和多世代的综合研究。

1. 20 世纪 70 年代及前期

这一时期,中国构造地质学发展薄弱,主要是在区域路线地质调查或地质制图基础上对构造形态的几何学描述性研究。老一辈构造地质学家李四光、张寿常、张文佑、马杏垣、吴磊伯等十分重视对构造地质学的基础理论和实践应用研究,以野外详细地质调查、固体力学和模拟实验为基础,强调对构造形迹的力学分析,建立构造体系和构造型式,进而研究地壳运动问题。

从第一个五年计划开始,中国地质工作转入以找矿勘探为中心的地质大发展阶段,在这个阶段,构造地质学研究得到生产任务的带动,构造地质学研究迅速发展起来。北京地质学院聘请前苏联帕夫林诺夫来华协助进行构造地质学学科建设,向全国各高校构造地质学骨干讲授了"构造地质学及地质制图学"。马万钧等也相继引进了多部前苏联的构造地质学著作,极大地推动了中国构造地质学的建设。中国自编的构造地质学也相继出版,如张寿常的《构造地质学》(1954)、北京地质学院的《构造地质学》(马杏垣等,1963)和成都地质学院的《构造地质学及地质制图学》(徐开礼等,1961)等。

中国构造地质学家在引进"国外小构造研究"的同时,在张文佑和马杏垣等倡导下,一批中华人民共和国成立后成长起来的年轻构造学者在北京西山掀起了一次对小型构造研究的高潮,不仅发表了《北京西山的窗棱构造简记》(马杏垣,1964)、《北京西山的香肠构造》(马杏垣,1965)等对构造现象的专门研究文章,而且还发表了如《北京西山野溪一带不协调箱状褶曲的研究》(马宗晋等,1965)、《北京西山谷积山箱状背斜倾伏端构造研究》(宋鸿林,1966)等构造分析的论文。另一方面,在张文佑领导下,中国科学院地质研究所以岩石力学实验为基础的断裂构造研究也获得很大进展,开展了一系列物理和光弹模拟实验,出版了《构造地质问题》(1965)论文集,其中如《锯齿状断裂的力学形成机制》(张文佑等)、《节理力学性质的判别及其分期配套的初步研究》(马宗晋、邓启东)、《几种构造变形体的光弹模拟实验》(马瑾等)等论文以及《旋卷构造及其他有关中国西北部大地构造体系复合问题》(李四光,1955)、《湖南长沙岳麓山上泥盆纪岳麓山砂岩组的香肠构造》(刘如琦,1963)等,在对国内构造形成机制的研究上产生了重要影响。

然而,正当中国构造地质学的基础研究与国际水平靠拢之际,"文化大革命"又迫使这项研究停顿下来,进一步拉大了与先进国家的差距。在此期间,板块构造理论的兴起与传播,对中国构造地质产生了一定影响,使构造地质的研究得以复苏,发表了一些文章,如叶洪《喜马拉雅弧形山系及其邻近地区现代构造应力场分析》(1975)、阚荣举等《我国西南地区现代构造应力场与现代构造运动的探讨》(1977)、邓启东等《中国构造应力场特征及其与板块运动的关系》(1979)、张裕明等《中国东部新生代构造应力场变化之探讨》(1979)等。此时也出版了一些有影响的著作,如武汉地质学院《地质构造形迹图册》(1978)、《嵩山构造变形——重力构造、构造解析》(马杏垣,1981)等。

与此同时,西方一些近代构造地质的新概念、新方法也从不同途径引入。不仅翻译了一批专著和教材,而且一批主要为引进性的专著也陆续出版,如《国外变质岩区域构造研究方法》(地质矿产部情报研究所,1981)等。

2. 20世纪80年代以来

20世纪80年代以前,中国中小型构造研究虽然取得一些进展,但基本上属传统构造学研究范围。自从板块构造学出现,构造地质学结构发生了深刻变化,诞生了现代构造地质学。同时,构造地质学科与国际的学术交流日益频繁,大量的新概念、新学说和新方法的引进,中国一批中青年学者展开了大量构造地质学的专题科研,以及新一轮全国1:5万区域地质调查的展开,极大地促进了中国构造地质学科的发展,使中国构造地质的实践和理论研究进入了一个崭新的繁荣阶段。在这一阶段构造地质学所关注的代表性领域和研究成果有:

(1)褶皱几何学和叠加褶皱的方位分析问题 褶皱几何学是构造地质学中一个古典的研究领域,经过前人长期的研究,已经相当成熟和完善了,但是随着新手段和新方法的采用,对它的研究也在不断深入和发展。几何分析包括形态分析和方位分析2个方面。国际上Ramsay(1967)关于褶皱的形态和叠加褶皱的分析和Turner等(1963)关于构造的面和线的方位分析是20世纪60年代有代表性的专著。何绍勋(1979)、毛健全(1981)等将赤平极射投影方法全面地引入构造地质研究中,用简便方法解决了构造要素及应力状态等问题的测算,对褶皱构造的研究也提供了新的有效的研究手段。中国学者关于褶皱几何学和叠加褶皱的方位分析的研究成果,如刘如琦《复合褶皱的赤平投影的分析方法》(1976)、汤加富等《变质岩构造形迹图册》(1987)、白谨等《五台山早前寒武纪地质》(1986)、徐朝雷《中浅变质岩区填图方法(1990):五台山区构造—地层法填图研究》,使对复杂构造区的构造几何学和运动学以及构造世代的分析取得了显著的进展。大巴山西北缘地区发育规模巨大、特征明显的叠加褶皱构造,一直以来受到地质学家的关注(乐光禹等,1996,1998;田作基,1994;黄继钧,2000;张国伟等,2001;董树文等,2005,2006;张忠义等,2009)。同时,在天山、祁连山和龙门山等相邻的前陆盆地的活动构造与含油气圈闭研究中,应用断层相关褶皱的理论与方法取得了重要进展。断层相关褶皱的基本研究方法经历了由二维剖面与平面分析向全三维空间分析的转变,由几何学、运动学模型向力学模型的转变,实验模拟技术与数值模拟技术在断层相关褶皱理论模型的建立与检验中发挥了重要作用。断层相关褶皱的理论和方法在工程地质、地震灾害预报与油气勘探开发等领域获得了广泛的应用。

(2)定量分析和物质平衡原理在构造分析中的应用问题 构造分析从定性到定量,是近代构造地质学的重大进展。中国学者在有限应变测量、韧性剪切带和平衡剖面方面的研究都取得了重要成果。郑亚东、常志忠编著的《岩石有限应变测量及韧性剪切带》(1985)是中国第1部系统说明应变测量理论和方法的。徐嘉炜关于《郯庐断裂南段深层次的塑性变形特征及区域应变场》(1985)研究有效地将应变测量法用来解决区域构造地质和构造变形机制问题。傅昭仁等(1990)和宋鸿林等(1998)在北京西山利用变形鲕、退色斑、石英和白云石粒的有限应变测量,查明了区域应变强度的系统变化与区域构造—热状态的密切联系,成功地解释了北京西山固态流变构造的成因机制。曾佐勋等(1999)利用方向轮法分别获得界面两侧岩石的应变差,进而获取2种岩石的粘度比,据此在北京西山和川西北地区进行了应变测量,获得初步成功。

韧性剪切带研究中,利用糜棱岩中的石英丝带、长石碎斑系、S/C面理间的夹角等的有限应变测量来确定韧性剪切带的应变程度与位移距离,何绍勋等(1996)利用变形砾石和石英、糜棱岩中的 S/C 面理间的夹角等测定了河台、新洲等金矿区的韧性剪切带中的应变分布及其与金矿的关系。在运用极摩尔圆和运动学涡度进行应变测量方面，中国学者作出了很大贡献。如张进江、郑亚东(1995)《运动学涡度、极摩尔圆、及其在一般剪切带定量分析中的应用》、Zhang J et al. (1997)《Polar Mohr constructions for strain analysis in general shear zone》、Li H et al. (2000)《Polar Mohr diagram method and application in calculating the shear displacements of general shear zones with volume loss》。

平衡剖面定量分析方法可用以估算造山带的水平缩短量或伸展区的地壳的水平伸长量。已成为区域构造定量研究的必要手段，成为衡量地质剖面及其解释是否正确的可靠标志，在石油普查与勘探中普遍采用，取得了重大进展和良好效果。邓起东(1999)《乌鲁木齐山前拗陷逆断裂褶皱带及其形成机制》是利用平衡剖面法研究山前逆冲断裂背斜带的水平缩短量和应变速率等特征的良好实例。

隆升与沉降幅度和速度的研究，大规模的隆升与沉降是中国中新生代以来的显著特征，定量测定气速率对资源环境分析有重要意义。在这方面开展了大量工作。朱照宇(1992)、陈俊勇(1995)、王文颖(1995)等根据构造—地貌分析和重复水准测量研究了青藏地区的隆升幅度和速度。应绍奋等于1986年编制了中国现代地壳垂直形变速率图。丁国瑜等(1991)根据新近纪夷平面变形抬升幅度及断褶带两侧断裂逆冲速率的资料，大体估算了中国西部各地体和断褶带的新构造形迹及隆升速率。闵隆瑞等(1995)总结了中国大陆第四纪新构造运动的幅度和速率。此外，尚有一些局部地区地质体隆升的定量研究，如陈江峰(1995)、王人镜等(1999)、吴珍汉等(2000)的研究。从第四纪初至今，平原盆地视构造沉降速率随时间而愈来愈大，呈指数增长，若扣除沉积物压实等方面的影响，也存在1个~2个数量级的差别(张人权等，1998；杨巍然等，1997)。

(3) 力学分析研究　为了解现今地壳应力活动规律，精确测定应力大小和方向是十分必要的。20世纪60年代中期地质力学研究所建立了地应力测量实验室，到80年代中期已形成应力解除、空心包体、水压致裂、压磁、钻孔崩落、震源机制解法、声发射的一系列测量地应力的方法。中国学者，如曾秋生(1990)、孙叶等(1995)对现代应力场的基本特点，对一些区域性的现代应力场的特点及其与周边大陆动力学关系都有很好的讨论。万天丰的《古构造应力场》(1988)及《中国东部中新生代板内变形构造应力场及其应用》(1993)是古构造应力场研究的代表性成果。20世纪70年代以来，活动构造与地震的密切关系是中国学者对构造变形的力学分析和构造应力场的研究得到了迅速发展并取得了可喜的成果。如全国地震机制解的分析和全国地震危险区划工作等，对中国现代应力场的特点及其与周边大陆动力学的关系有很多的讨论。马杏垣(1989)主编的《中国岩石圈动力学图集》是中国岩石圈动力学研究的接触的综合性成果。1983年~1987年出版了《中国活动断层图集》，90年代先后出版了中国活动断裂专辑、1:5万活动构造带地质图和活动断裂研究文集多册。

(4) 构造体制、体系研究　中国构造地质学界注重对不同体制下构造变形场的研究，其中逆冲推覆构造、伸展构造的研究备受关注。自1983年大同会议介绍和推广逆冲推覆和滑覆构造后，中国在这一领域取得了丰硕成果。朱志澄(1989，1991)出版了《逆冲推覆构造》一书，不仅系统介绍了国外的研究现状，而且总结了中国近年来对许多地区逆冲推覆构造的研究成果。中蒙边界的特大型推覆构造，推覆距离可长达120千米以上，堪称世界大型推覆构造之一(郑亚东，1990)。王建平等《大青山及邻区逆冲推覆构造形成机制的探讨》(1986)、叶俊林和向树元《河北赤城岩浆岩区逆冲推覆构造特征及其形成机制》(1989)、朱绅玉《内蒙古色尔腾山—大青山地区推覆构造》

(1997)、吴正文等《秦岭造山带的推覆构造格局》(1991)、刘文灿等《北淮阳地区中生代推覆构造》(1999)、蔡学林等《武当山推覆构造的形成与演化》(1998)、刘天林和李涛《兴隆矿区外围推覆构造及煤田预测》(1992)、张长厚等《河南省西峡—淅川—内乡一带燕山期冲断推覆构造研究》(1994)和《燕山板内造山带中生代逆冲推覆构造及其与前陆褶冲带的对比研究》(1997)、刘正宏等《大青山逆冲推覆体系含义及地质特征》(2001)、勾永东《川西甘孜—雀儿山地区推覆构造的厘定》(2001)、郭华等《燕山板内造山带逆冲推覆构造格局》(2002)、张长厚等《辽西地区燕山板内造山带东段中生代逆冲推覆构造》(2002)、杜菊民等《内蒙古中部大青山地区推覆构造系统及与断层相关的褶皱》(2004)、汪劲草等《中国阿尔泰造山带大型逆冲推覆构造》(2005)、陈沐龙等《海南岛西部燕山期逆冲推覆构造特征》(2009)等研究成果,不仅突破了经典的造山带前陆的逆冲推覆构造模式,而且对中国中生代板内造山作用和逆冲推覆构造的形成机制具有重要意义。福建省地矿局闽西地质大队在系统收集和研究前人工作的基础上,结合近年来深部找矿的成果,通过对福建省区域地质构造演化、岩石圈三维结构及基本特征、推覆构造的特点、组合型式、形成时代、推覆方向、推覆距离等研究,结合区域构造演化特征,探讨了推覆构造的形成机制;同时系统研究了推覆构造对内、外生矿产的控制作用,总结了近年来以推覆构造为指导所取得的找矿成果,对福建地区下部深部找矿工作具有重要的指导意义。该成果被中国地质学会评选为2010年十大地质科技进展之一。目前,逆冲推覆构造的主要新研究进展包括以下4个方面:①创立新型逆冲推覆构造几何体系,其主要构造要素为台阶式逆冲断层,强调断裂与褶皱的相互关联性,可划分为断裂与褶皱2个分支系统。②发展平衡构造剖面的研究方法,用于计算造山缩短量并检验构造解释。③发现韧性推覆产生糜棱岩、混合岩、花岗岩三位一体的成岩作用和对金矿床的控制作用;浅表推覆构造对油气藏的控制作用;浅表台阶式逆冲断层对金属矿藏的控制作用,这种控矿作用常具有系统性和层控性特点。④建立褶皱冲断带增生楔力学模式,用以预测地壳的形变,并解释造山带陆壳的增生和生长。近年来造山带逆冲推覆构造研究新进展为:①前陆褶皱冲断带逆冲断层及其相关褶皱的几何学特征分析已趋定量化,对其组合类型与演化时序有了更全面的认识,且对前陆褶皱冲断带的发展演化模式取得了新的共识,即遵循临界库仑楔模式;②平衡剖面技术在前陆褶皱冲断带的应用已从二维平衡与复原演进到三维平衡与复原,且日渐计算机化;③对造山带内带结晶基底逆冲推覆构造的主要类型(C型与F型逆冲岩席)及其特征已有较深的理解;④对前陆褶皱冲断带与结晶基底逆冲构造的相互关系及其形成演化模式有了新认识。

伸展构造的研究在中国直到20世纪80年代才得到重视,马杏垣(1982,1983)的《论伸展构造》开启了伸展构造研究的高潮。20世纪末有少量论文发表,如马杏垣等《中国新生代的伸展构造》(1988)、宋鸿林等《剥离断层、板块内近水平的剪切带与伸展构造》(1987)和郑亚东等《云蒙山热隆引起的滑覆—推覆构造》(1988)等研究成果,在1991年北京召开的伸展构造会议上得到推广。此后,大量有关伸展构造和变质核杂岩的研究成果陆续发表。如郑亚东《内蒙古亚干变质核杂岩与伸展拆离断层》(1993)、张长厚等《苏北—鲁东南高压、超高压变质带剥离过程中伸展构造作用》(1998)、索书田等《大别—苏鲁超高压—高压变质带伸展构造格架及其动力学意义》(2001)等。上述研究成果不仅为正确认识区域构造和揭示复杂构造区多期伸缩交替的构造演化史开拓了新局面,而且在基本理论方面补充和丰富了以北美科迪勒拉新生代变质核杂岩为模式的认识。

走滑构造的研究也取得了很大进展。如徐嘉炜等经过对郯庐断裂带近40年的研究,对其几何学、运动学和动力学及其对中国以至东亚地区中、新生代构造演化的意义作了精辟论述。后经万天丰(1996)和王小凤(1996)等的研究,对郯庐断裂带的形成、演化及详细的构造特征有了进一步的认识。其他如对哀牢山断裂带的走滑性质的厘定、对阿尔金山断裂的研究、对秦岭—大别山造山带中生代走滑构造的认识等都取得了显著的成果。

(5)构造过程及形成机制研究　突破构造静态和形态分析,进行构造过程和形成机制的动态研究是现代构造学的显著特点。构造过程和形成机制的研究有2条途径:一为构造变质学与岩石学、矿物学、同位素年代学、沉积学等结合研究已恢复构造过程;一为进行构造模拟重现和验证构造过程。近年来在拉张构造方面的研究主要包括不同时期裂谷和盆地的形成和演化,提出了薄皮构造、拆离构造、逆冲推覆构造、鳄鱼构造、韧性剪切带、构造楔、变质核杂岩等多种伸展构造以及薄皮板构造等新概念和新思路(吴淦国等,2001)。在此基础上提出了俯冲造山、碰撞造山、增生造山、裂谷成盆、伸展造盆造山等造山造盆假说,这些都有可能成为今后构造地质理论的基础,推动地质学的快速发展(郑宇等,2010)。

中国学者对盆地构造过程和形成机制进行了大量研究,如葛肖虹等(1995)对吐鲁番—哈密背驮式盆地的演化过程作了细致的描述,邓启东等(1999)对乌鲁木齐山前坳陷逆断裂—褶皱带的形成过程进行了定量研究,卢华复等(1999)对库东新生代构造的演化过程作了很好的研究,谭筱虹(1999)对滇西三江地区新生代构造盆地的特征及形成机制进行了研究。近年来许多学者对苏北盆地基底、深部构造、形成机制、盆地与下扬子区构造演化之间的关系等进行了深入研究(王巍等,1999;陈铭祥等,2001;陈安定等,2001;杨琦等,2003;佘晓宇等,2004;吴根耀等,2004)。靳久强等(1999)、赵文智等(2000)、陈文礼(2003)、李永林等(2003)、姚亚明等(2003)、袁政文(2003)、蔡佳等(2008)等对焉耆盆地博湖坳陷形成过程及动力学机制进行了研究。对造山带的构造演化过程和形成机制也做了大量工作。王清晨等(1992)、张泽明等(1995)、简平等(1997)、徐备等(2000)分别按自己的观点描述了大别高压超高压变质带俯冲和折返过程。王国灿等(1998)对大别造山带核部的罗田顶托式穹窿的演化过程进行了深入研究。在研究构造演化过程中,构造事件及其持续时间的精确定年是一关键问题,杨巍然(1996)系统地提出了构造年代学的概念、理论体系和研究方法,《大别造山带构造年代学》(杨巍然等,2000)是运用它们解决实际问题的实例。

构造过程和形成机制研究的另一途径视构造模拟。在力学分析的基础上进行构造物理模拟在中国一直受到重视,20世纪80年代以来又有很大的发展。李旭东(1981)、王成金(1984)、钟嘉猷(1985)、曾佐勋(1990)等均做了一定的工作,同时还出版了一些综合性的论著,如张文佑等《构造物理模拟实验图册》(1985)、王成金等《全球构造应力场理论与应用》(1994)、钟嘉猷《实验构造地质学及其应用》(1998)。单家增等(2004)根据地质资料分析和构造物理模拟实验研究表明,营口—佟二堡断裂带在新生代经历了早期的拉张应力和后期右行剪应力的复合作用。赵仕俊等(2010)提出了剖面伸展/挤压、平面伸展/挤压、平面剪切、伸展挤压剪切4种基本的地质构造物理模拟实验模型,讨论了地质构造物理模拟实验模型的相似性问题,指出了一般地质构造变形均可用这4种基本模型进行模拟。特别值得提出的是地质力学研究所运用构造模拟研究油气运移取得可喜成果,如申淑敏等(1998)、黄庆华等(2000)。由于计算机的高速发展,使得数学模拟飞速发展并日趋成熟。中国在这方面起步稍晚,但发展迅猛,北京大学、中国科技大学、石油大学、中国地质大学、吉林大学、中国地震局地质研究所、石油规划研究院、地质力学研究所等单位都有良好的从事构造数学模拟的条件和人才,并开展了多方面的研究工作,取得了长足发展。如林畅松等(1997)通过对中国东部中新生代裂陷盆地的热背景模拟,取得了一些有益的认识。　　　　　　(张臣)

四、近年来中国构造地质学研究

"十一五"期间,中国地质学会构造地质学与地球动力学专业委员会于2008年组织召开了第四届全国构造大会,并分别于2008年(中国科学院地质与地球物理研究所,北京)、2009年(西北大学,西安)、2010年(广州地球化学研究所,广州)和2011年(南京大学,南京)组织召开了4届全国构造地质与地球动力学学术研讨会(构造论坛),对于近年中国构造地质学与地球动力学领域获得的新进展和重要成就进行了交流,并对中国构造地质学领域近年拟待解决的重大科学问题进行了探讨和总结。研究方向集中在华北克拉通破坏、华南大地构造及演变、中亚造山过程与燕辽构造带、青藏高原隆升与构造—岩浆作用及成矿效应、中央造山带与大陆深俯冲、盆山耦合与油气开发、构造成矿与矿产资源、活动构造、地震与自然灾害等方面。近年来的主要进展有以下几方面(中国地质学会构造地质学与地球动力学专业委员会,2011):

(1)大陆动力学研究向纵深发展　板块构造理论框架建立之后,国际上先后实施的"地球动力学计划""国际岩石圈对比计划",掀起了研究和识别大陆上的混杂岩、蓝片岩、蛇绿岩、古裂谷和古岛弧的高潮,并据此进行了古板块再造,使板块构造基本理论在大陆地质构造演化研究中的应用得到进一步加深。同时也发现,源于大洋岩石圈研究的板块构造基本理论所不能解释的众多大陆地质构造现象。正是由于所遇到的越来越多的令人费解的问题,在过去十多年来固体地球科学基础理论研究的焦点又集中在阐明大陆地质特征、形成与演化过程方面。20世纪80年代末以来许多国家或国际组织先后提出并实施的固体地球科学研究计划当中,大陆动力学成为其中重要的科学研究目标之一。中国开展大陆动力学相关研究几乎与国际同步。20世纪90年代初,中国地学界对开展中国大陆动力学研究问题展开了热烈讨论,并将大陆动力学作为优先研究领域列入国家"九五"有关基础研究的战略规划之中。为推动中国大陆动力学研究,科学技术部设立了大陆科学钻探、现代地壳运动观测网等重大科学工程和青藏高原形成演化及其环境、资源效应、大陆深俯冲作用等国家重点基础研究发展计划项目;中国科学院、国土资源部和中国地震局等部门也针对大陆动力学问题部署了相关的大型观测、调查和研究项目,特别是近年来,国土资源部组织了中国大陆深部探测工程(东海大陆钻探和汶川地震钻探工程,许志琴等,2006,2009,2010),并启动了相关的技术和试验研究。国家自然科学基金也陆续设立了大批与大陆动力学有关的重大和重点研究项目。国家自然科学基金委地球科学部在"十五"发展战略中将大陆动力学正式列为7个优先发展领域之一,并在"十一五"发展战略中进一步延伸为地球深部过程与大陆动力学(姚玉鹏、张进江,2011)。汶川强震发生后,国家自然科学基金委员会组织了一批紧急启动的基金项目,2008年下半年迅速启动了与中国台湾地区科学家就台湾强震与大陆汶川强震进行对比研究的两岸合作研究项目及汶川大地震孕育、发生的动力学及致灾机理研究重大研究项目。汶川地震断裂带科学钻探工程于2008年11月6日启动,瞄准地震断裂发震机理,并为未来开展科学预报、预警提供基础数据和科学依据。与此同时,克拉通破坏重大研究计划的实施,将中国东部地区中新生代岩石圈演化研究推向了国际地球科学的最前沿(丁佳,2011)。

(2)构造、地表过程和气候之间耦合关系研究得以深入　造山带的隆升受构造作用主导,构造作用通过地表隆升和地势增加影响局部气候特征(如地形降雨),甚至改变大尺度的气候格局。然而近年来的研究表明,构造与气候之间并非单向关系,气候因素(主要为降雨和冰川作用)通过地表剥蚀,在剥蚀区产生应力集中和均衡作用进而诱发并维持构造抬升。气候—构造响应过程为深部岩石的剥露及地貌演化等提供了新的机制,成为当前国际地球科学研究的前沿和热点。美国自然科学基金委地球科学部将"构造、气候和地表系统的动态相互作用"列为当前构造地质学科的四大主题研究领域之一,而欧洲也正在实施一项大型科研计划——Thermo-Europe,开展以阿尔卑斯山脉为主体的欧洲山带气候—构造响应为中心的多国合作研究,以探索气候与构造动态相互作用下的地表过程。近年来中国学者也十分关注气候—构造耦合作用对造山带隆升剥露及地貌发展演化的作用,特别是对诸如青藏高原东西构造结、喜马拉雅造山带等一些抬升剥露和地貌演化十分迅速的地区开展了卓有成效的探索(李勇等,2005;郑德文等,2006;石许华等,2008;王猛等,2008;陈建军等,2008;刘静等,2010;Wang An等,2010;王岸等,2010)。关于气候—构造响应的时间和空间尺度以及响应阈值等方面目前还在探索当中,取得的分歧甚至多于共识。通过岩石剥露研究(Thie等,2004;Grujic等,2006)获得的气候—构造响应发生的时间尺度一般为百万年级别;雅鲁藏布江下游河谷地貌分析表明响应时间尺度在0.65亿年~4.20亿年之间(陈建军等,2008a),现代降雨资料与剥蚀速率的比对分析表明气候—构造可以在数十年尺度上甚至季节尺度上响应(王猛等,2008;Bettinelli等,2008)。地表剥蚀作用构成气候—构造响应的纽带,河流切蚀作用作为地表剥蚀作用基本方式之一,因而对检验和分析气候—构造响应具有重要意义。当前对河道下蚀速率(程绍平等,2004;赵希涛等,2007;杨达源等,2008)以及河道地貌响应(陈彦杰等,2006;陈建军等,2008a,2008b;Wang等,2009)方面已经开展了广泛研究,特别是在河流动力方面,提出了具有广泛实用性的基岩河道切蚀动力模型(DL模型)(陈彦杰等,2006),将地表剥蚀作用与河谷地貌及降雨条件联系起来,有效进行定量化分析,成为地表作用过程和地貌分析的重要工具。这方面的研究重要进展之一为青藏高原新构造及晚新生代古大湖研究。中国地质调查局1∶150万青藏高原新构造与地质灾害图项目通过编图和系统研究,阐明了青藏高原形成与构造变形的关系。获得了青藏高原最主要的构造变形期发生在上新世晚期早更新世的可靠证据。证实西昆仑地区西域砾岩的沉积时代为300万年~100万年。西域砾岩属于快速堆积的山麓冲洪积扇相沉积,它的出现与区域同时期的构造变形密切相关。高原西北缘的磷灰石裂变径迹分析及其热历史模拟揭示了区域地貌陡坡带上新世以来的快速冷却剥蚀,特别是300万年~100万年以来的快速冷却剥蚀,剥蚀深度达5千米以上,这进一步说明了西域砾岩的物质来源,同时暗示:陡坡带的形成是青藏高原抬升的重要过程。通过河流研究高原构造地貌的演化是近期国际地学研究的热点和亮点。这项研究通过克里雅河构造地貌的分析证实:现今克里雅河的历史始于110万年;前克里雅河流域地貌演化的起源不超过上新世阿图什组沉积期。这是人类第1次完整地认识一条河流及其水系地貌的发育历史。早更新世至中更新世早期塔里木盆地应当存在一个大湖。在黄河源扎陵湖、鄂陵湖地区发现高出现今湖面335米的湖相地层。青藏高原主体可能在中更新世早期前后才抬升进入冰冻圈。这项系列成果对于区域环境变化的研究和减灾工作都有重要意义(赵越等,2008)。

(3)区域构造与应用构造研究进展显著　中国地质科学院地质研究所的专家在西藏罗布莎蛇绿岩型铬铁矿中发现超高压地幔矿物群,开启了在地表研究深部地幔的窗口。从罗布莎蛇绿岩型铬铁矿中发现了呈斯石英假象的柯石英,从锇铱矿中发现了原位金刚石包体,从橄榄岩中发现了罗布莎矿、曲松矿、雅鲁矿、藏布矿一组地幔新矿物。同时,在俄罗斯极地乌拉尔铬铁矿中也发现了金刚石等地幔深部矿物组合,证实了特殊的地表岩石具有保存深部地幔矿物的可能性(杨经绥等,2007)。南秦岭从甘肃的康县、徽县到陕西的略阳、勉县、留坝、城固、洋县、石泉、汉阴、旬阳一带,广泛分布一条由白水江群、三河口群和人河坝群组成的志留系岩带,该带岩石类型多变,构造类型复杂,时代不明。通过研究在变质哑地层中发现众多微体化石,为重新厘定地层时代提供了重要依据,使南秦岭的地层时代有了比较清晰的轮廓(王宗起等,2009)。结合近年来深部找矿的成果,通过对福建省区域地质构造演化、岩石圈三维结构及基本特征、推覆构造的特点、组合型式、形成时代推覆方向、推覆距离等研究,结合区域构造演化特征,探讨了推覆构造的形成机制;同时系统研究了推覆构造对内、外生矿产的控制作用,总结了近年来以推覆构造为指导所取得的找矿成果,对福建地区下部深部找矿工作具有重要的指导意义(福建省地矿局闽西地质大队,2010)。通过对青藏高原的壳幔结构及物质状态的综合研究,发现高原深部物质流动受深大断裂控制,且流动方式存在多样性。研究推断印度板块经历过板片拆离以及高角度向低角度俯冲的转变,发现青藏高原中下地壳存在大尺度规律分布的异常低速区及两条巨大的中下地壳低阻异常带,提出了东西马拉雅构造结地区岩石圈"双地壳流 + 边界剪切"变形的新模式,提出了软流圈驱动的藏东逃逸与四川盆地相互作用的新模型(白登海等,2010)。在"十一五"期间实施的"全国煤体资源潜力评价"项目中,以板块构造和地球动力学为指导,深入开展构造控煤作用的研究。结合大地构造单元和赋煤单元特征,划分了全国赋煤构造单元;建立了控煤构造样式分类系统,对找煤预测和煤炭资源开发起到重要指导作用(曹代勇等,2010)。最大有效力矩准则自 2004 年发表 6 年来,不断受到国内外同行的注意,SCI 引证累计 17 次。"十一五"期间,结合科研项目与生产实践,深化、拓宽了准则的内涵和和意义的认识:①结合柴达木与塔里木盆地的油气勘探实践,提出石油部门总结的"两断夹一隆"模式实际上为最大有效力矩准则控制下的大型共轭膝褶带;②挑战流行 30 余年挤出构造的滑移理论,指出挤出构造中的大型走滑断层并不沿塑性力学的滑移线,而是沿最大有效力矩方向;③原创提出测定运动学涡度的伸展褶劈理或 C'法,深化韧性剪切带领域的研究;④提出最大有效力矩准则中的 54.7°或 109.4°为一尺度和材料不变量,适用于加载速率快于材料粘性松弛速率的应变局部化的大应变变形域。

第五节　中国古生物学研究

古生物学是研究地质时代中的生物及其发展的科学。古生物学全面地研究了古代生物的形态、分类、生活方式、生存条件和地史分布等,还阐明了生物进化发展的基本途径和规律。古生物学是生命科学和地球科学汇合的交叉科学。既是生命科学中唯一具有历史科学性质的时间尺度的一个独特分支,研究生命起源、发展历史、生物宏观进化模型、节奏与作用机制等历史生物学的重要基础和组成部分;又是地球科学的一个分支,研究保存在地层中的生物遗体、遗迹、化石,用以确定地层的顺序、时代,了解地壳发展的历史,推断地质史上水陆分布、气候变迁和沉积矿产形成与分布的规律。

根据研究的不同对象,古生物学分为古植物学和古动物学 2 大分支。随着近代生产发展的需要和科学研究的深化,古植物学分出了古孢粉学和古藻类学;古动物学分出了古无脊椎动物学和古脊椎动物学;古人类学既是人类学的分支学科,又是古脊椎动物学的分支学科;根据个体微小的动植物化石或大生物体微小部分的研究,又形成了微体古生物的分支学科,在理论和实践上显示出重要的意义。传统古生物学偏重于对古生物化石的分类描述。在描述古生物学资料积累的基础上,近代研究逐渐向生物学方向转变,称为近代古生物学或理论古生物学(Paleobiology)。目前发展水平已形成的分科大致如下:①进化理论:如综合理论即现代达尔文主义、间断平衡论;②系统学与分类学:包括综合分类学派、分支系统学派、数量分类学派等;③形态学:特别是功能形态学和建造形态学;④古生态学及古遗迹学;⑤古病理学。古生物学与地质学、化学、物理学、数学、遗传学等结合,又形成下列学科:①生物地层学和生态地层学;②古生物地理学;③数理古生物学;④古生物化学;⑤分子古生物学;⑥生物矿物学;⑦化石岩石学;⑧古仿生学。其中古生物化学、分子古生物学及生物矿物学也被视为现代古生物学的一部分。

一、中国古生物学研究概述

在近代古生物学传入中国的早期,不同国家的外国古生物学者怀着不同目的来华考察,同时中国去外国学习的古生物学者回国工作,成为中国近代古生物学的传播者和开创者。中国古生物学的研究可以追溯19世纪中叶。1846年比国科宁克(L. de Koninck)发表了《中国古生代腕足类两种》和英国福尔克纳与考特利在《Fauna Antiqua Sivalensis》书中记述了中国西藏早中更新世的象类、犀类与马,是合乎古生物命名法则系统描述中国化石的最早文献。进入20世纪20年代以后,中国古生物学研究有了真正的发展。在中国古生物学史上,20年代突出的有4件大事:一是李四光受聘回国任北京大学教授;二是美国葛利普(A. W. Grabau)应聘来华;三是北大地质学系设立古生物学门(1930年改称古生物学组),逐步形成了中国地质古生物人才的教育基地和研究基地,培养了60多名中国第1代地质古生物学者;四是地质调查所设立古生物学研究室(1922)、中央研究院地质研究所设立古生物室(1928)、北京地质调查所新生代研究室(1929),研究范围已达20多个门类,专业研究队伍20多人。1922年成立的中国地质学会,26名创始会员中有不少古生物学家、地层学家。1929年又成立了中国古生物学会。先后创办了很多重要的出版物。中国地质学会的挂靠单位——中央地质调查所于1922年创办了英文年刊《中国地质学会志》,1936年创办了中文双月刊《地质论评》,该所又有不定期的《地质专报》《地质汇报》(用中文或英文出版)等,该所编辑出版的不定期专著《中国古生物志》以英文(少量德文等)为正文,加中文摘要,分甲(植物)、乙(无脊椎动物)、丙(脊椎动物)、丁(人类考古)4种出版,20多年间共出了140多册,在国内外影响很大,体现中国古生物学与国际接轨,达到国际先进水平。此外,中央研究院地质研究所等单位也有不少刊物,如《西文集刊》《专刊》等等,共同构成当时地质古生物科研成果的百花园。20世纪30年代中国古生物学人才辈出,取得了重要的系统性研究成果,蜚声世界。

中华人民共和国成立前的30年,中国古生物学无论在理论上和实践上都有了相当的进展,这在世界地质界闻名的《中国古生物志》的120多本专著中有明显反映。古无脊椎动物学专著在数量上居于首位,依次是古脊椎动物学、古植物学和古人类学。古无脊椎动物学研究的20多个门类中,对中国地质古生物作出杰出贡献的葛利普的《中国北部奥陶纪动物化石》(1922)是中国最早期的专著之一;孙云铸的《中国北部寒武纪动物化石》(1923)是中国学者撰写的第1本古生物专著,并出版了中国学者第1本《古生物志》(1924);中国地质古生物学开拓者、奠基者之一李四光的《中国北部之蜓科》(1927)根据蜓类内部显微构造进行分类,用以划分了石炭纪、二叠纪地层,得到国际同行公认,并在1931年获得英国伯明翰大学博士学位;赵亚曾的《中国长身贝科化石》(1927~1928)提出长身贝科的新分类,得到当时国际同行的重视和采用;尹赞勋的《中国北部本溪系及太原系之腹足类化石》(1932)、《中国北部本溪系及太原之头足类化石》(1933),乐森璕的《广西北部栖霞层新发现之珊瑚化石》,黄汲清的《中国南部晚二叠世腕足类》(1932~1933),俞建章的《中国早石炭世珊瑚化石》(1933),许杰的《长江下游笔石》(1934),田奇㻪的《湖南泥盆纪的腕足类化石》(1938),也都受到国内外古生物学界的重视。这些著述对古无脊椎动物学的发展和古生代生物地层的研究奠定了较好的基础。中国古脊椎动物学奠基人杨钟健的《中国北部之啮齿动物化石》(1927)是中国学者发表的第1本古脊椎动物专著。1929年裴文中对北京周口店"北京猿人"第1个完整头骨的发现、遗址的发掘及其以后的研究,标志着中国对新生代哺乳动物、第三纪与第四纪地质以及古人类研究取得了显著进展,北京周口店也成为当时亚洲地区古脊椎动物与古人类研究者注意的一个中心。中国古植物学先驱周赞衡的《山东白垩纪之植物化石》(1923),是中国古植物学第1篇论文;中国古植物学奠基人之一斯行健早期发表的古植物学专著《中国里阿斯植物化石》(1931),得到国内外同行的称赞。徐仁等也作过不少古植物化石研究工作,经过大量研究后了解:二叠纪的华夏植物群(大羽羊齿植物群)主要分布于中国东部,同时出现的有新疆北部和东北部的安加拉植物群、青藏高原南部的冈瓦纳植物群(舌羊齿植物群),这是一项重大成就。

  中华人民共和国成立后,中国古生物学进入了蓬勃发展的新时期。首先是人才的培养和队伍的壮大。除了北京大学、南京大学、中山大学、西北大学、兰州大学等综合性大学和合肥工业大学、贵州工业大学、昆明工业大学等工科院校设有地质学科外,地质部(现国土资源部)、冶金工业部、核工业部等先后创办了北京、长春、成都、西安、河北、桂林、抚州等地质学院,石油、煤炭、化工、建材等系统的院校也有地质系科,上述院校中相当多的都设置过古生物地层专业,古生物地层专业人才由旧中国时期的30多人扩展到三四千人以上。古生物地层的专业研究机构也相继成立。1950年中国科学院集中了1922年成立的中央地质调查所古生物室、1928年1月成立的中央研究院地质研究所古生物室和1929年成立的中国地质调查所新生代研究室的古生物研究技术人员,于1951年5月7日成立中国科学院古生物研究所(现南京地质古生物研究所),1953年成立中国科学院古生物脊椎动物研究室,1957年更名为古脊椎动物研究所,1960年更名为古脊椎动物与古人类研究所。1951年成立的中国科学院地质研究所(现为地质与地球物理研究所)也有实力较强的古生物地层研究室。20世纪60年代前后中国科学院兰州地质研究所建立了古生物研究室;中国科学院地理研究所、海洋研究所、南海海洋研究所、地球化学研究所,也先后有专人研究孢子花粉与介形类化石;1962年中国科学院植物研究所建立了古植物研究室。研究的化石领域增至60个门类,其中基础好进展快居于国际先进行列的有10多个门类。中国科学院古生物学研究人员增至300多人,比1949年以前增长了约15倍。先后创办了10多种学术期刊,其中1957年创刊的《古脊椎动物学报》,是世界上最早出版的古脊椎动物学专业学报。产业部门科研机构中,古生物地层研究力量最强的首推地质部(今国土资源部)系统,它不仅有中国地质科学院地质研究所,而且有位于沈阳、天津、南京、宜昌、成都、西安的6大行政区地质矿产研究所,这些所都有古生物地层研究室。另外,遍布全国的地质队(特别是区域地质调查队)也有相应的古生物地层研究人员。此外,石油、煤炭、冶金、化工、建材、核工业等系统相关的地质所、队等也有一定数量的古生物地层研究人员。在中国科学院支持下,在南京成立了现代古生物学和地层学国家重点实验室,使中国的地层和古生物学研究得到长足的发展。

  具有60多年历史的《中国古生物志》,1949年以后出版了50多册,还出版了区域古生物志22册,代表着中国古生物研究的学术水平,在国际古生物学界享有较高的声誉。1954年～1957年出版的《中国标准化石》5个分册,1960年～1974年出版的扬子区、西北区、华南区、西南区标准化石和中国脊椎动物化石等7本手册,促进了地质普查勘探工作的发展,开拓了化石图谱编写的道路。1962年～1968年由南京地质古生物所主编的《中国各门类化石》丛书15种17册,描述了从寒武纪直到新生代动植物化石8758种,共706万字,附图版1524幅,阐述了各门类化石的基本构造、系统分类、演化分异,讨论了各地质时代的生物群性质、生物地理分区,对中国区域地质测量寻找沉积矿产、培养古生物专业人才都起了重要作用。它集中反映了这个时期中国古生物学的成果和水平,体现了中国古生物学界联合研究的重大成就。这时期还对一些边远地区如珠穆朗玛峰、横断山区和秦岭等地的综合科学考察和地质调查,出版了相应的古生物专著。20 世纪 50 年代～70 年代是中国古生物学和生物地层资料积累急剧增加的时期,也是按门类和断代大量记述和系统整理的时期,研究的门类、地域及时代范围迅速扩展,涉及的重要新门类有牙形石、放射虫、竹节石、昆虫等。积累了大量地点及层位准确的化石资料,从而对各断代和大区的生物地层和生物群的基本特征有了一定的了解。

20 世纪 70 年代后期以来,中国古生物学进入了快速发展时期。在改革开放的新条件下,中国古生物学界逐步恢复了与西方学术交流和合作研究,引进了新理论、新概念和新方法,为古生物学和生物地层学的发展带来了新的生机。一是加深了门类和区域性古生物学研究,出现总结性的全球对比与理论研究并举、逐步与国际接轨的新局面;二是多学科交叉、渗透,在一些研究方向上逐步形成了一些优势,取得了一批重要研究成果。古生物学研究的内容既发挥了传统的化石分类描述、划分对比地层、确定地层年代的优势,又有 1/4 有基础的门类跨入了古生态、古气候、古环境和各地质时期生物地理区系的基础研究领域,少数门类研究对预测沉积矿产的经济古生物学作了尝试。近年来,一批又一批国外学者络绎不绝地前来中国参观考察,开展合作研究。中国已成为当代国际古生物研究的热点地区,成为世界古生物学家的"圣地"。改革开放以来,中国古生物学界在国际学术界的地位日益提高,许多古生物学者在国际学术组织中担任主席、副主席、执行委员、选举委员以及一些重要的国际学术刊物的编委等重要职务。就古生物学研究规模、研究门类的众多、研究领域的深广、研究成果的质量水平、国际学术交流和合作的规模、担负国际学术组织职务的众多而言,南京地质古生物研究所被视为当代世界几个古生物专业研究中心之一。古脊椎动物与古人类研究所是世界上第 2 个历史悠久、研究古脊椎动物进化史、古人类学、旧石器时代考古和第四纪地质学科的综合研究所。

中国地质学会地层古生物专业委员会(2011)总结并指出,近年来中国古生物学取得了巨大成就,积累了丰富的资料。这些成果中包括若干重大的发现,为解决生物进化等理论问题打下了坚实的基础。就重要生物群的发现而言,依时代先后,有桑树鞍生物群(18 亿年～14 亿年)、下花园生物群(14 亿年～12 亿年)、赵家山生物群(10.5 亿年～9 亿年)、龙凤山生物群(9 亿年～8.5 亿年)、淮南生物群(8.5 亿年～7 亿年)、高家山生物群(6.5 亿年～6 亿年)、庙河生物群及瓮安生物群(5.60 亿年)、澄江动物群(5.30 亿年)、凯里动物群(5.20 亿年)、关岭生物群(2.30 亿年)、热河生物群(1.40 亿年左右)。特别是近 20 年来,中国古生物学家在地球早期生命起源与演化、澄江动物群和"寒武纪大爆发"、最古老的脊索动物、鸟类的起源、被子植物的起源、二叠—三叠纪之交的生物大灭绝、全球年代地层系统和界线层型等研究领域内做出了一系列具有重大国际影响的原创性成果,在国际古生物界引起强烈反响,例如:

生命起源与早期演化是当今科学界最为关注的前沿领域之一,广泛涉及地球科学及生命科学的许多重大疑难问题。"澄江动物群"是世界上已知最古老、最具多样性的动物群,它蕴含着揭开生命早期演化与"寒武纪大爆发"奥秘的大量信息和重大线索。这次大爆发是生物演化进程中规模最宏大、分类等级最高、影响最深远的适应辐射事件,不仅无脊椎动物门级代表几乎都已诞生,更为惊喜的还出现了高等脊索动物(Chen Junyuan 等,1995,1999;Shu Degan 等,1996,1999,2001)。

在地史时期生物起源、辐射、灭绝与复苏的研究方面,由戎嘉余主持的国家"973"项目在古生物学和同位素地球化学等资料综合分析研究基础上,提出了古生代和中生代之交(距今 2.5 亿年)的生物大灭绝是爆发性的,动摇了过去分期灭绝的观点。这一研究成果在 2000 年 7 月发表于《科学》杂志。他们提出超级大灭绝发生的原因可能受大规模火山喷发、地外物体撞击等突发因素驱动,这对解释地球生命超级大灭绝和对人类全面地认识地球生命演化历史具有重要意义(戎嘉余、方宗杰等,2004)。

近几年在贵州关岭地区发现保存非常完好的三叠纪古生物化石。关岭生物群堪称世界上独一无二的晚三叠世化石库,其化石保存之完美、类型之多样、数量之多,是世界少有的。对这个珍稀生物群的综合研究不仅为创新海生爬行动物、海百合和软骨鱼等化石的分类、演化、古生态和古生物地理分区的理论提供了丰富的素材,而且对于解决与此有关的重大问题、建立中国甚至全球拉丁阶和卡尼阶界线层型剖面、发展生物超常规保存及埋藏环境理论都具有重要意义(汪啸风,2004)。

中国的辽西地区是研究热河生物群的经典地区,保存了一座世界罕见的中生代化石宝库。这里不仅化石数量丰富,而且保存十分完整,特别是以保存了许多生物的软体组织特征而闻名于世。如,在恐龙、鸟类、翼龙和哺乳动物的化石中发现了羽毛、毛状物和毛发,许多生物化石都有软组织结构如皮肤印痕、软骨结构、角质喙等,大量化石还保存了胃的残余物,包括动物的骨骼、鳞片、植物的种子等等。这些化石的发现改写了鸟类的进化史,填补了鸟类演化的空白,动摇了始祖鸟作为鸟类的始祖的地位,中国的鸟化石材料是认识早期鸟类的基础,是鸟类起源和早期进化历史研究的灯塔。特别是具有"原始羽毛"的绒羽状结构标本中华龙鸟的发现,引发了"鸟龙,龙鸟"的起源争论,为鸟类起源于小型兽脚类恐龙的学说提供了直接证据。另外,在兽类和被子植物的起源与早期演化、访花昆虫与被子植物协同演化等方面也取得了一系列重要成果,对于解决中国陆相侏罗—白垩系的界线,探讨东亚中、新生代古气候和古环境变迁,以及现代气候、环境演化趋势的研究,都具有重要的科学意义(Chen Peiji 等,1998;Hou Lianhai 等,1999;Ji Qiang 等,1998,1999.2001,2002,2004;Xu Xin 等,1999,2000,2002,2003;Zhou Zhonghe 等,2002,2003;北京大学数字地球博物馆,2006)。另外,最近中国学者还在甘肃发现了目前世界上发现的最古老的今鸟类化石"甘肃鸟"(尤海鲁等,2006)。

通过近期开展的青藏高原地区 1/25 万地质调查工作,一批重要的古生物化石被发现,青藏高原的地层系统得到了进一步修订和完善。如在昆仑山发现了南部大陆板块的冈瓦纳型单通道蜓科动物群化石;在羌塘新发现南部大陆板块冈瓦纳和北部大陆板块华夏混生植物群化石等。

近年来,许多促进进化生物学进展的研究成果都来自中国,许多重要的化石发现不仅填补了空白领域,更重要的是,以中国发现的化石材料为基础,近年来推导出许多假说与理论、衍生出新的研究热点与问题,使中国古生物学在国际上的影响力不断攀升。为此,2010 年 1 月国际知名生物科学综合期刊英国《皇家学会学报 B 辑》首次推出中国古生物专辑——"中国古生物学进展",这也是《皇家学会学报》首次推出的古生物方面的专辑,发表了基于中国化石材料的 20 篇古生物学论文,研究的化石类群包括了植物、无脊椎动物和脊椎动物当中的许多类群,在地质世代上贯穿整个显生宙,报道了不同生物类群当中的 10 个新属种,其中包括一些能够为理解某些类群早期演化提供关键信息的重要属种,像已知最早的鳌齿鱼类、最早的真兽类和最原始的完全缺失牙齿的鸟类,涉及形态学、分类学、系统学、形态功能分析、古生态学、生物地理学和生物地层学等许多不同研究方向,其中一些研究澄清了某些类群长期以来存在的一些争论,一些研究报道了重要的新属种,为特定类群的演化研究提供了关键信息,另外一些研究发现了某些研究方向存在的新问题。这些论文代表了近年来飞速发展的中国古生物学取得的巨大成就中的一部分,有助于进一步扩大中国古生物学在世界上的影响。

根据上述重大事件,中国古生物学研究历史可分为史前时期(1846年前)、形态描述时期(1846~1949)、学科交叉渗透时期(1949年至今)。为便于叙述学科发展,现按古生物学主要分支学科介绍之。

二、中国无脊椎古生物学研究

1. 1846年~1920年

以外国人为主研究中国化石,内容以形态描述为主。研究成果首推德国李希霍芬(F. von Richthofen)的《中国》第4卷(1883)和美国华可脱(C. D. Walcott)在美国国家自然科学博物馆馆刊第29卷~30卷(1906)发表的论著,此外,还有英、法、俄、意、日、美、德等国学者发表的零星论文,描述报道了珊瑚、腕足类、头足类和三叶虫等化石。

2. 1920年~1949年

以中国学者为主研究,内容以形态描述及生物地层学为主。《用图解鉴定蜓蜗的方法》(李四光,1923)是中国首篇无脊椎古生物学论文。1923年孙云铸的《中国北部寒武纪动物群》开创了国人研究古生物撰有专著的纪录。此后直到1937年是中国古生物学研究的繁荣时期,10余年中,有孙云铸(三叶虫、腕足类、笔石、头足类、棘皮动物)、李四光(蜓类)、陈旭(蜓)、计荣森(古杯类、珊瑚、叶肢介)、俞建章(海绵、头足类)、丁道衡(古杯类、珊瑚、腕足类)、朱森(珊瑚、腕足类)、乐森璕、黄汲清(珊瑚、腕足类)、马廷英(珊瑚)、赵亚曾(腕足类、瓣鳃类)、张鸣韶(腕足类)、尹赞勋(菊石、腹足类、瓣鳃类)、秉志(腹足类、昆虫)、田奇㻛(腕足类、头足类、海百合)、盛莘夫(三叶虫)、袁复礼(笔石)、张席褆(笔石)、许杰(腹足类、笔石)的论著近90篇(部),其中李四光的《中国北部之蜓科》(1927)、《蜓科分类之标准及二叠纪之七新属》(1934)和赵亚曾的《中国长身贝科化石》(上下册)(1927,1928)是国际公认的名著,使中国在该领域研究中处于国际领先水平。这时期,值得指出一些外国学者对中国古生物研究也作出很有价值的贡献,如葛利普担任北大教授和前地质调查所古生物研究室主任时,在珊瑚、腕足类、软体动物、三叶虫及其他节肢动物、笔石等都有丰硕的研究成果;俄德诺(N. H. Odhner)对软体动物和史德伦(V. Van Straelen)对淡水虾蛄类化石也有研究。1938年~1949年,因日军侵华和内战,国人仅在蜓、层孔虫、四射珊瑚、六射珊瑚、腕足类、三叶虫、软体动物、棘皮动物和笔石9门类有约37篇(部)论著发表,工作地区仅限西南和西北诸省区,在门类上也有所扩展。如王钰(1938)和卢衍豪(1940~1948)对三叶虫,王鸿祯(1944,1947,1950)对珊瑚,杨遵仪(1948)对腕足类,许德佑(1940)、顾知微(1948)对双壳类,盛金章(1949)对蜓类的研究都取得了成果。王鸿祯(1950)对四射珊瑚提出了研究方法、全面系统分类和演化阶段,引起国际上的注意,产生了一定影响。此外孙云铸等(1948)、穆恩之(1949)、计荣森(1943)等还分别发现和研究了海百合、海林檎、海蕾和海胆类化石,在一定程度上补充了空白门类。外国学者也仅有研究滇西北的蜓和台湾的腕足类各1篇论文。

3. 1949年以来学科交叉渗透、全面发展时期

(1)这时期有了专业研究、教学机构 成立于1951年的中国科学院南京地质古生物研究所和地矿部地质科学院地质研究所、各大区地矿研究所、各省的地质研究所的古生物研究室;成立于1952年的北京、长春、成都地质学院的古生物学教研室,北京大学、南京大学和北京地质学院设立古生物及地层学专业培养专门人才。改革开放以来,中国古生物学会会员竟达2700多人,成为当今世界各国古生物学会会员最多的学会。此外,也有了专业刊物:《古生物学报》《微体古生物学报》和《中国古生物志》等。

(2)学术活动频繁 积极组织开展不同层次、多种形式的学术交流活动,仅中国古生物学会截至 2009 年就召开了 25 次学术年会;重视并积极参加国际间合作研究与学术交流。例如国际笔石会议等,特别是 2006 年成功举办了第 2 届国际古生物学大会,参加人数达 800 余人,学术交流层次之高,函盖领域之广,被誉为国际古生物学界的奥林匹克大会,受到各国学者的赞誉和高度评价。

(3)学术论著极多,研究领域不断拓宽 编辑出版了《中国标准化石》无脊椎古生物学共 3 册(1955～1957)、区域性标准化石手册共 5 册(1962～1964)、《古生物小丛书》共 15 册(1959～1989)、《中国各门类化石》共 17 册(1962～1980)、《各大区古生物图册》共 23 册(1974～1983)等工具书性质的著作。对一些重点地区作了综合研究,填补了空白地区,加强了薄弱地区,都出版了相应的古生物学研究专著。如《辽东太子河流域地层》(1954)、《祁连山古生物志》共 5 册(1960～1962)、《青藏高原地质文集》共 21 册(1982～1991)、《珠穆朗玛峰地区科学考察报告》无脊椎古生物学共 3 册(1976)、《西藏古生物》(1980～1982)、《新疆塔里木盆地西部晚白垩世至早第三纪腹足类、海胆和腕足类》(1991)、《云南中生代化石》(1976～1977)以及《西藏阿里古生物》(杨遵仪等,1990)等专辑。20 世纪 80 年代还出版了川西、藏东和秦岭、大巴山等关键地区一系列地层古生物专著。在区域性研究中,大多结合地层划分、岩相古地理、地层界线及有关事件地层的研究,如寒武系底界梅树村期小壳化石的研究(钱逸,1980;蒋志文,1980)、《广西南宁六景间泥盆纪郁江腕足动物》(王钰等,1986)、《华南二叠—三叠系界线地层及动物群》(杨遵仪等,1987)、《川北陕南二叠—三叠纪生物地层及事件地层学研究》(李子舜等,1989)、《浙江西部寒武纪三叶虫动物群》(卢衍豪等,1989)、《陕甘宁盆地中生代地层古生物》(中国地质科学院地质研究所,1980)、《西南地区寒武纪三叶虫动物群》(张文堂等,1980)、《辽宁西部中生代地层古生物》(王五力等,1989)、《山西中南部晚新生代地层和古生物群》(黄宝玉,1991)、《内蒙古—东北地槽区古生代生物地层及古地理》(南润善等,1992)、《中国小壳化石分类学与生物地层》(钱逸,1999)、《中国古特提斯生物及地质变迁》(八尾昭、江崎洋一、郝维城等,1999)、《哲斯腕足动物群》(王成文等,2003)、《中国遗迹化石》(杨式溥等,2004)、《南沙海区百余万年来的放射虫组合及古海洋学事件》(王汝建,2007)等。90 年代地层古生物研究地区遍及全国大陆和海域及不同的断代,重要成果有青藏高原及其周边的系列专著,还有以门类为主的林宝玉等《皱纹珊瑚与异形珊瑚》(1995)等。此外,戎嘉余、陈旭、殷鸿福、童金南等分别对地史上的转折期生物集群绝灭与复苏进行了研究,提出了新的见解。

填补了一些门类研究空白。例如放射虫、虫颚、几丁虫、六射珊瑚等门类的研究。近年中国软躯体化石群的研究特别引起国际古生物学界的重视。被誉为"20 世纪最惊人的科学发现之一"的云南澄江早寒武世早期的澄江动物群[如刘永钰著《澄江古生物群》(2000)],震旦纪庙河生物群[如丁莲芳等著《震旦纪庙河生物群》(1996)、尹崇玉等著《震旦(伊迪卡拉)纪早期磷酸盐化生物群——瓮安生物群特征及其环境演化》(2007)],山东临朐县山旺中新世山旺生物群,贵州凯里县台江中寒武世早期的凯里动物群,贵州关岭三叠纪的关岭动物群[见汪啸风等著《关岭生物群——探索 2 亿年前海洋生物世界奥秘的窗口》(2004)、王尚彦著《关岭生物群生态环境研究》(2005)等],河北热河侏罗纪的热河生物群[见张弥曼主编《热河生物群》(2001)、季强等著《中国辽西中生代热河生物群》(2004)等],河南淮南 9 亿年～7 亿年前淮南动物群,陈孝、张森、王传尚著《华南地区奥陶纪几丁虫》(2009)等。这些动物群对多细胞生物起源、演化的研究有重大意义。

引进先进理论,采用新技术、新方法对基础理论进行研究,特别是计算机和扫描电镜和统计方法的应用提高了研究的精度和水平,发表了不少具有多学科交叉渗透的理论性著述。《中国古生代四射珊瑚分类、演化及生物古地理》(王鸿祯,1989)是这方面代表性专著,对古生代珊瑚的分类、生物古地理等方面取得了一些新的认识和成果。此外,还有《理论古生物学文集》(戎嘉余等,1990)、《古遗迹学》(杨式溥,1990)、《古生物学研究的新理论新假说》(穆西南等,1993)、《生物大灭绝与复苏——来自华南古生代和三叠纪的证据(上下卷)》(戎嘉余、方宗杰,2004)、《生物的起源、辐射与多样性演变——华夏化石记录的启示》(戎嘉余等,2006)等等。

系统古生物学研究空前发展。除卢衍豪(1981,1989)做了全面总结外,1989年以来的主要还有:多孔动物门、四射珊瑚、床板珊瑚、六射珊瑚、腕足类、头足类、双壳类、三叶虫、昆虫、棘皮动物、笔石、放射虫、几丁虫等门类的大量成果问世。尤为突出的是,全球科学家联手系统总结重要门类的古生物学。一是联合重编《无脊椎古生物学论丛》:从1997年就已开始由戎嘉余、金玉玕和孙东立为主要作者的6部《腕足动物论丛》已全部出版,其中2部于2006年和2007年问世。周祖仁为主要作者之一的《石炭纪和二叠纪菊石超科》论丛也已于2009年出版。此外,彭善池和朱学剑与Hughes和Parha等于2009年发表了印度Parahio与Zankar流域的寒武纪三叶虫专刊。二是开展了中国宏体无脊椎古动物的重要门类的志书编研工作。其中有周志毅和曾勇毅主编出版的英文专著《中国三叶虫实录》将前人记述的中国古生代1677个属,厘定为1317个有效属。此著提供了中国三叶虫化石的最全面的信息。还有,方宗杰等出版的专著《首次在中国命名、描述和发表的种级以上分类单元的双壳类》(1927~2007)第1次将20世纪70年来首次在中国命名、描述和发表的种级以上分类单元的双壳类对外介绍。戎嘉余等完成的英文巨著《中国腕足动物属志》收集了以中国材料为模式标本和模式种所建立的600多属化石腕足动物。

(杨守仁)

三、中国脊椎古生物学研究

1. 1846年~1910年

中国现代脊椎古生物学研究始于1846年,但是由外国学者包办代替的。1870年西方学者发表第1篇有关中国古脊柱动物论文。1868年~1872年德国李希霍芬在华考察中采集了一批脊椎动物化石。1898年~1899年匈牙利洛齐出版的巨著《贝拉·斯欣义侯爵东亚旅行的科学成果》中描述了中国哺乳类化石。1911年以前外国学者来华收集不完整的哺乳类牙齿化石,约发表论文10余篇。1916年~1930年美国中亚考察团首次在内蒙古、新疆、四川等地发现大量脊椎动物化石产地,成果载于《中亚的自然历史》。1922年~1946年法国德日进在华采集并研究了大量脊椎动物化石,发表论著达120余篇。1927年~1935年中瑞科考队对中国西北综合考察,发现了二齿兽类爬行类化石,研究成果远胜过中亚考察团。此外,瑞典安特生、奥国师丹斯基和布林对中国脊椎动物化石和古人类学研究,都作出了贡献。

2. 1910年~1949年

1914年丁文江在云南发现泥盆纪鱼类,揭开了国人研究中国古脊椎动物的历史。有了《中国古生物志》丙种、丁种作为研究的园地。1929年地质调查所古生物室下设立新生代研究室,成为中国古脊椎动物学、古人类学、史前考古及第四纪地质的研究中心,在20世纪50年代几经改名,成为今天的中国科学院古脊椎动物与古人类研究所。这期间,中国人对脊椎动物化石的发现和研究成果曾经轰动国际学术界。鱼类除丁文江发现,1937年计荣森、叶连俊在湖南长沙跳马涧发现、由计氏研究命名的中华沟鳞鱼。爬行类有1922年谭锡畴在山东蒙阴宁家沟发现恐龙;1929年谭氏在陕西神木发现中国第1个恐龙足印化石;1930年前后袁复礼在新疆天山二叠、三叠纪红层中首次发现二齿兽类和水龙兽;1938年卞美年、王存义在云南禄丰红层中发现禄丰蜥龙动物群。哺乳类有1927年杨钟健发表《中国北部之啮齿动物化石》,是第1本由中国人完成的古脊椎动物研究的著作。30年代初杨钟健对周口店第四纪哺乳类的研究,1935年～1936年对山东山旺中新世脊椎动物化石的发现与研究,1930年～1938年先后在华南红层中发现始新世哺乳类。在1937年以后的战争时期,对脊椎动物研究的贡献以爬行动物化石为主,20世纪40年代前后在四川、云南等地发现大量恐龙和其他爬行类化石,尤以禄丰龙及卞氏兽的发现意义重大。20世纪20年代～40年代中国学者完成古脊椎动物著作100余种,这时期为中国古脊椎动物学发展的光辉时期。

3.1949年以来

中国古脊椎动物研究得到迅速的进展。1953年成立中国科学院古脊椎动物研究室(1957年改名研究所),同时在全国一些大学、博物馆等机构也开始培养古脊椎动物学的专业人员或建立研究队伍,并面向全国开展系统的规划、调查和研究。1957年《古脊椎动物学报》(季刊)出版。这是当时世界上唯一的专门刊载古脊椎动物学术论文的刊物。1959年～1960年的中苏古生物考察是中华人民共和国成立后中国开展的第1次大型的古脊椎动物学的国际合作项目。1979年出版了《中国脊椎动物化石增订版》,1992年又出版了《中国爬行动物及其近亲》系统专著。从化石门类说,有志留—泥盆纪的盔甲鱼类和总鳍鱼类、三叠纪的鱼龙类、早白垩世的恐龙类和鸟类、侏罗—白垩纪的哺乳类等化石。其中引起国际巨大关注的是早白垩世的热河动物群。冀北、辽西含多层火山岩盆地中保存了大量极为完好的鸟类、恐龙类和哺乳类化石,堪称一个生物化石宝库。下白垩统义县组和九佛堂组下部包含了5个脊椎动物化石组合,对爬行类与鸟类之间的演化关系具有重大的意义。这时期的研究成果主要有以下几个方面。

(1)古鱼类学研究　虽然起步较晚,但经过半个多世纪几代人的不懈努力,成为世界瞩目的活跃的研究中心,推动了国际学术界对脊椎动物起源与早期演化的探索。刘东生、王鸿祯等在云南发现了十几个泥盆纪鱼类化石地点。乐森璕1953年在四川江油发现了中国第1个节甲类化石。20世纪60年代以来,潘江、张国瑞、刘玉海、刘时藩、王俊卿和王士涛等系统研究了中国早期脊椎动物化石,受到世界同行极大重视。中国早期脊椎动物化石特别丰富,到目前为止,从华南到宁夏、新疆,从早志留世至晚泥盆世的海相与非海相地层内均有发现,尤以晚志留世到早泥盆世最多,迄今,已经记述了包括无颌类、胴甲类、节甲类、肉鳍类、棘鱼类、软骨鱼类和辐鳍鱼类近130属。志留纪可建立4个组合,泥盆纪可建立7个组合。张弥曼关于云南早泥盆世总鳍鱼类杨氏鱼的研究,引起中外广泛的注意。王念忠从事的早期脊椎动物微体化石研究也有不少成就。现今中国已成为早期脊椎动物化石的研究中心。对古生代末中生代初古鳕类及全骨鱼类和中生代晚期的原始真骨鱼类的研究,在中国古鱼类研究中尤占重要地位。新生代鱼类的研究也取得了明显的成绩。近年来,更有惊人的发现,如1999年11月4日《Nature》发表舒德干等《华南早寒武世脊椎动物》,报道了中国发现世界上最古老的两大脊椎动物——昆明鱼和海口鱼,这就把脊椎动物的起源向前推了5000万年。11月5日～6日《Science》等均对这一重大发现作了报道。

(2)两栖类方面　以迷齿两栖类化石最引人注目。1958年许耐首次报道中国发现的山西武乡三叠纪迷齿两栖类零星骨片化石。1962年孙艾玲研究报道了云南禄丰晚三叠世的大头龙类,1966年、1973年、1978年、1979年杨钟健研究报道了新疆吐鲁番早三叠世、新疆三叠纪初期、新疆阜康晚三叠世和河南济源晚二叠世等迷齿两栖类化石,1983年、1984年先后在新疆克拉美丽、四川自贡大山铺发现了中侏罗世的迷齿两栖类化石。董枝明(1985)认为后者是当时发现的全球地质时代最晚的一件保存完好的迷齿两栖类化石,对该动物的分类、地理分布和绝灭等问题的研究有重要科学价值。近年来,随着中国北方中生代地层中两栖类和有鳞类化石的大量涌现,古两栖类和古有鳞类研究出现了蓬勃发展的态势。其中引人注目的是以三燕丽蟾、天义初螈为代表的中生代滑体两栖类的发现和研究填补了中国空白,也吸引了国际学者的关注;中国最古老无尾类和有尾类化石的相继发现,将滑体两栖类在中国的演化历史大大提前,促进了相关生物地理和生物地层研究的发展,也为滑体两栖类基群的系统发育研究提供了重要素材,并进而产生了新的假说;世界最早冠群有尾两栖类在中国的发现,表明东北是现代有尾类早期演化的重要舞台;晚古生代—早中生代的迷齿类化石(包括离片椎类和石炭蜥类)为迷齿类的洲际对比和古地理分布提供了化石实证,可帮助揭示迷齿类在中国的分布、迁徙以及演化模式;对中国中生代古有鳞类的研究引发了关于有鳞类分类、起源与早期演化,以及系统发育问题深入探讨。

(3)爬行动物方面 20世纪50年代~60年代杨钟健做了大量爬行动物的研究工作,研究领域包括爬行动物的重要门类特别是侏罗—白垩纪的恐龙类(1957,1959)、青岛龙鹦鹉嘴龙、马门溪龙等,1956年杨钟健研究发现命名了山西榆社银交泥掌大羊坡中三叠世地层的前棱蜥类化石。1959年~1960年中苏古生物考察队在内蒙古、甘肃、宁夏、青海采集的大量中生代晚期爬行动物。1962年周明镇在广东南雄盆地的古新世地层也采得爬行动物化石。1963年~1964年新疆吐鲁番盆地和准噶尔盆地采集到一批二兽类化石,1986年程政武在新疆吉木萨尔发现水龙兽化石。20世纪60年代~70年代经孙爱玲,80年代经李锦玲研究认为中国的水龙兽各种之间有密切的亲缘关系,它们作为一个整体可能与南非的水龙兽成姐妹群关系。自1936年杨钟健首次在中国发现肯氏兽类化石后,1955年~1956年、1958年~1959年、1963年先后在山西武乡、宁武和新疆发现大量爬行动物化石,其中以肯氏兽类最为丰富。迄今,山西、陕西和内蒙古的肯氏兽类化石有3属11种,发表了《中国的肯氏兽类》(孙爱玲,1963)和多篇论文(孙爱玲,1978;程政武,1980;李锦玲,1980)。中生代巨型恐龙的不断发现引起学术界的极大注意。其中四川的侏罗纪马门溪龙和山东的侏罗纪(或白垩纪)青岛龙已是世界闻名。此外,四川自贡市郊大山铺的侏罗系中发现了一处恐龙化石埋藏层,恐龙种属和个体之多创世界纪录,包括大量的蜥脚类、肉食龙类、剑龙类和鸟脚类等,这方面研究由杨钟健带头。至于恐龙蛋化石则更是中国的特产。1993年以来在河南西峡盆地晚白垩世地层发现恐龙蛋,其数量、蛋体之大都使中外为之震惊,目前正从分子生物学水平上进行研究。中国恐龙蛋有30多个类型,由赵资奎带头,通过光学显微镜和扫描电镜研究其微细结构后归结为4类。中国恐龙化石地点遍布于20多个省区,层位遍及中生代。这方面的论著颇丰,如方晓思、卢立伍等著《河南西峡白垩纪蛋化石》(1998)、张弥曼主编《热河生物群》(2001)、汪啸风、陈孝红等著《关岭生物群——探索两亿年前海洋生物世界奥秘的窗口》(2004)、季强等著《中国辽西中生代热河生物群》(2004)、王尚彦著《关岭生物群生态环境研究》(2005)、彭光照等著《自贡地区侏罗纪恐龙动物群》(2005)、吕君昌等著《中国的翼龙类化石》(2006)、王德有和冯进城等著《中国河南恐龙蛋和恐龙化石》(2008)、王全伟等著《四川盆地中生代恐龙动物群古环境重建》(2008)等。

(4)在鸟类化石方面 已知晓鸵鸟蛋的分布范围大为扩展,迄今全国已有14个以上省区发现了早白垩世至第四纪的大批鸟类化石。叶祥奎对"中国第一鸟"山东山旺中新世鸟类的研究引人注目。1987年以来中国辽西中生代原始鸟类及带毛的恐龙的大量发现和研究,更是轰动了国内外学术界,周忠和(1992~1998)、侯连海(1993~1997)、季强等(1996~1999,2004)、陈丕基等(1998)、董枝明(1993)、张福成等(1998)都作出了贡献。中国在以热河生物群为代表的陆相早白垩世地层鸟类的研究方面近年来取得了一系列突破性的进展。迄今报道的30多个鸟类属种代表了始祖鸟化石之后鸟类早期演化的几个最为重要的发展阶段,不仅代表了鸟类最早的一次大规模的辐射事件,而且对于研究鸟类飞行的起源和早期演变过程,以及鸟类重要结构特征的演化均具有十分重要的价值。已有的研究还证明，中国早白垩世的鸟类包括了已知反鸟类、今鸟类最原始的代表，它们和更为基干的鸟类的共同出现显示东北地区还为恢复早期鸟类的习性、食性、个体发育的过程等提供了独一无二的资料。

(5) 在哺乳类方面 哺乳类动物的早期分化一直是学界研究的热点。1957年后在云南禄丰的禄丰蜥龙动物群中发现原始哺乳类化石，对研究哺乳类起源有重要意义，明确了新生代各个阶段的代表性动物的特征，并应用于洲际对比。近年来中国相关研究中不仅有重要的新发展，而且对认识哺乳类动物的早期系统发育提供了可靠的证据。在生态习性研究方面，首次报道了以恐龙为食的中生代哺乳动物，改变了人们长期以来对中生代哺乳动物在生态及取食习性方面的认识。中生代空中滑翔和水生哺乳动物的发现大大拓展了对早期哺乳类生态空间的理解。在关键特征的演化方面，从2001年首次报道骨化麦氏软骨（ossified Meckel's cartilage）以来，完善了对于哺乳动物中耳的起源和发育过程的认识。同时，也依据现代发育学的成果，对哺乳动物身体结构的发育过程进行了探讨。在新生代早期哺乳动物学研究方面，一些新的发现和研究进一步支持了东亚地区是啮齿类和兔形类起源和演化中心的观点，并且在真灵长类的早期演化和古地理分布方面也有显著进展。古近纪古新世哺乳类在新疆吐鲁番盆地发现有原恐角兽化石，在华南红层中还有重要发现。这些发现大大丰富了世界古近纪古哺乳类的内容，填补了中国陆相地层年表的空白。早始新世哺乳类有湖南衡阳原古马，江西新余冠齿兽，山东昌乐、临朐的始祖獏和犀獏等。中始新世哺乳类的研究在内蒙古已有突破。晚始新世哺乳类研究最重要的收获之一是河南卢氏动物群的发现和研究。渐新世动物的研究在山西、内蒙古、陕西、甘肃、宁夏、新疆等地已有进展。新近纪中新世哺乳类有南京方山洞玄观组的安琪马，以及在江苏泗洪、河北磁县、陕西临潼、河北张北、河南洛阳发现的哺乳类等。原始无角犀类的存在和大量有角犀类的发现是中国中中新世哺乳类组合的一个特征。晚中新世哺乳类以内蒙古通古尔动物群为最著名，陕西、宁夏、甘肃、湖北、云南等地亦有之。上新世哺乳类以华北红土中的"三趾马动物群"为最著名，蓝田亦有此类动物群的新发现。近30年来，中国北方不少地区已发现有三趾马及三趾马动物群的成员与真马或其他以前认为是早更新世的哺乳类共存的现象。南方上新世哺乳类的研究在西藏获得了有意义的成果，云南禄丰煤层中发现了腊玛古猿动物群。在陕西勉县杨家湾则发现了世界罕见的"汉江中国乳齿象"，其身长约4.5米，高2.5米，一对门齿长0.85米，时代属上新世。近年来开展了广泛的野外调查，发现了数以百计的新近纪化石地点，特别是最近的发现证明甘肃临夏盆地是欧亚大陆晚新生代地层最全、哺乳动物化石数量和内涵最丰富的地区。厘定了一些主要哺乳动物类群的系统分类和发育关系，进一步认识了新近纪哺乳动物的演替序列和转换过程以及生态特征和迁徙扩散途径。对青藏高原腹地和周边地区哺乳动物化石和生物地层的研究表明，中国东、西部新近纪哺乳动物的组成以及沉积物的特征存在明显差别，中国的古地貌和气候环境自新近纪开始已发生强烈分异。这为探索高原隆起过程及其对古环境地貌、古气候格局、古动物地理所产生的影响提供了实证。中国更新世哺乳类的研究与古人类及其文化的研究有着密切关系，如北京周口店、云南元谋、陕西蓝田公王岭、辽宁营口金牛山、河北阳原泥河湾、河北迁安、山东峄峪的哺乳动物群，以及桂、粤、鄂、浙等地洞穴堆积中的"大熊猫——剑齿象动物群"等。非洞穴堆积的更新世哺乳类见于云南、四川等地。在天津蓟县白涧乡则发现了一具距今约180万年前的亚热带腊玛象化石。近10年来的著作如邓涛、薛祥煦著《中国的真马化石及其生活环境》(1999)、邱占祥等著《甘肃东乡龙担早更新世哺乳动物群》(2004)、邱占祥和王伴月著《中国的巨犀化石》(2007)是代表作。

近10多年来，中国古脊椎动物学的研究进入了一个快速发展的时期。一批中青年人才迅速崛起,成为该领域的中坚力量,一些学者甚至已经跻身其分支领域国际上最为活跃研究者的行列。例如,中国学者仅在 Nature、Science 和 PNAS 就发表了近百篇相关的论文。学科在国内外的影响力也得到了进一步的加强。

（杨守仁）

四、中国古人类学研究

人类是不断演变发展的,但是,人类起源与演化是科学界尚未解决的一项基础性研究课题。在过去的数十年里,在中国发现包括直立人、早期智人、晚期智人在内的丰富古人类化石及其相关古文化遗存。这些材料对于探讨人类起源与演化具有重要的科学价值,学者开展了相关研究并取得了可喜的科研成果。目前,一般认为南方古猿是人类最早的代表,并且由纤细型南方古猿进化为后来的人类。南方古猿之后的人类统称人属,它的发展历史通常被分为早期猿人、晚期猿人、早期智人和晚期智人4个阶段。中国已发现了后3个阶段的人类化石。

(1) 古猿研究　1956年汪泰茂、林文善在云南开远小龙潭发现5枚古猿牙齿化石。1965年西蒙斯和皮尔比姆将其归入腊玛古猿属,认为是人科成员。1957年、1980年、1982年又在同一地点发现了8枚牙齿和带12枚牙齿的上颌骨,也被定为开远腊马古猿化石,它的时代为中新世晚期。1976年中国科学院古脊椎动物与古人类研究所和云南省博物馆联队在云南禄丰县石灰坝中新最晚期的褐煤层中发现了2个古猿下颌骨和100多枚牙齿化石,经吴汝康等研究,被分别定为禄丰腊玛古猿和云南西瓦古猿。1978年、1980年及以后又发现了包括头骨在内的大量古猿化石,1987年吴汝康修订了禄丰古猿化石的分类,重新命名为禄丰古猿禄丰种,认为禄丰古猿是非洲大猿和人科成员的共同祖先。张兴永(1981)和郑良(1987)坚持认为禄丰古猿化石分属腊玛古猿和西瓦古猿,而腊玛古猿是最早的人科成员。1987年张兴永等根据云南元谋县小河村蝴蝶梁子发现的古猿化石,命名为蝴蝶腊玛古猿。1990年他们进而建立了中国古猿新属,将上述3个地点发现的"腊玛古猿"视为该属的3个种,认为中国古猿很可能是人类的祖先。

(2) 猿人研究　中国古人类研究始于20世纪20年代。1921年、1923年安特生、师丹斯基等发现北京猿人遗址,发现了2颗人牙化石,1927年底步达生将其正式命名为北京中国猿人(60年代中,改称北京直立人),认为其时代是早更新世。1929年12月2日裴文中发现了第1个北京猿人完整头盖骨,同时辨认出石器,揭开了人类学研究史上重要一页。1931年步达生发表《中国猿人北京种头盖骨之研究》《中国猿人用火之证据》,详细报道上述发现,并论证北京猿人已经会用火;裴文中发表《周口店洞穴堆积中国猿人层内石英器及他种石器之发现》,开中国猿人石器研究之先河。此后,许多对北京猿人石器进行分类和综合研究的论著问世。裴文中、张森水《中国猿人石器研究》(1985)是对石器的特点、文化发展的阶段性以及在旧石器文化中的地位等进行探讨的代表。1978年~1982年经综合研究,用铀系法、裂变轨迹、热发光等方法测定,认为北京猿人的时代是中更新世中、晚期,人类活动时期为距今27万年~45万年。吴汝康等(1985)《北京猿人遗址综合研究》是这时期研究的代表作。猿人化石还在陕西蓝田、云南元谋、安徽和县等地被发现。1963年、1964年黄万波等和黄慰文等分别在陕西蓝田县陈家窝和公王岭发现猿人化石,吴汝康将其命名为蓝田直立人。蓝田直立人的时代据伴生的脊椎动物化石研究和同位素及古地磁测定,公王岭头骨化石为早更新世晚期,距今约115万年~110万年;陈家窝下颌骨化石为中更新世早期,距今65万年。1965年钱方等在云南元谋县上那蚌发现2颗猿人牙齿化石,经胡承志(1973)研究,命名为元谋直立人。"元谋人"的时代由于确切层位不明分歧较大,被认为是早更新世至中更新世,距今73万年、100万年、170万年。

(3)早期智人研究 早期智人化石以丁村人、长阳人、马坝人为代表。1954年中国科学院古脊椎动物与古人类研究所和山西文物管委会联队,由贾兰坡负责,在山西襄汾到丁村附近发掘发现了3枚人牙化石,经吴汝康(1958)研究认为属早期智人类型,与现代蒙古人种有较密切关系。丁村人时代为晚更新世,距今约10万年。经贾兰坡(1958)初步研究,认为1956年在长阳发现的人类化石具现代人性质,且有一定原始性,地质时代为晚更新世,铀子系法测定为距今19.6万年。1958年广东曲江县马坝乡农民在当地狮子岩石灰岩溶洞堆积土层中发现的人类头骨、齿化石,经吴汝康、彭如策研究认为也属早期智人,时代为晚更新世早期,同位素测定为距今约12万年。此外,中国学者还在河北和山西交界的许家窑发现了包括顶骨、枕骨、颞骨和牙齿等20余件化石,在陕西大荔发现了一件完整的头骨,在辽宁金牛山发现了包括头骨、脊椎骨、肋骨、髋骨和肢骨等50余件化石,在广西崇左发现了下颌骨,在河南许昌灵井山出土了头骨,在湖北郧西黄龙洞发现了牙齿等。

(4)晚期智人研究 晚期智人化石发现得更多,著名的有广西柳江、内蒙古河套、北京周口店山顶洞和四川资阳等人类化石。1922年桑志华和德日进采自内蒙古伊克昭盟乌审旗的萨拉乌苏河流域的湖相沉积中的一枚人牙化石,步达生研究后认为是小孩的左上外侧门齿,代表"河套人"。1956年、1960年和1978年~1979年,内蒙古文化局和中国科学院兰州沙漠研究所又发现大量"河套人"化石。研究表明,"河套人"属晚期智人类型,时代为晚更新世中至晚期,1983年原思训等用铀子系法测定为距今3.7万年~3.5万年左右。1930年发现周口店第一地点之上有个"山顶洞",1933年~1934年裴文中在此发掘发现一些人类化石,1939年魏敦瑞发表了初步研究报告。1960年、1961年吴新智据模型研究山顶洞人的形态。裴文中根据伴生的文化遗物及动物化石认为其时代为晚更新世,属旧石器时代末期,同位素数据有2种:距今1.8万年~1万年和距今2.3万年~1.8万年。1951年在四川资阳县黄鳝溪发现的化石中有人类化石,经吴汝康研究认为属晚期智人的早期类型,时代可能为晚更新世。1958年广西柳江县新兴农场工人在通天岩石灰岩溶洞中发现了人类化石,经吴汝康研究认为属晚期智人类型,时代为晚更新世,铀子系法测定为距今6.7万年,代表正在形成中的蒙古人种的一种早期类型。吴汝康、吴新智、张森水的《中国远古人类》(1989)系统总结了中国学者远古人类研究成果。

(5)中国石器时代文化研究 从20世纪20年代最早发现旧石器至今,已有20多个省区发现了旧石器。研究表明,中国的旧石器文化可分为早、中、晚3期,地质时代上相当于早更新世晚期至中更新世、晚更新世早期和晚更新世晚期,代表猿人阶段、早期智人阶段和晚期智人阶段的文化。早期旧石器比较原始,制作技术简单,晚期旧石器的制作技术大有提高,出现了钻孔、磨制、染色等新技术,还出现了骨器。中国新石器时代的研究始于20世纪初,目前已发掘遗址约7000余处。新石器的特点是细器和陶器共存。不同地区有着不同的新石器文化序列,它们各有不同的来源和发展关系。比较有代表性的文化类型有河姆渡文化、仰韶文化、大汶口文化和龙山文化等。

(6)中国古人类生活环境的研究 周明镇《从脊椎动物化石上可能看出的中国化石人类生活的自然环境》(1955)、裴文中《中国原始人类的生活环境》(1960)就是代表。中国古人类学家对人类起源、进化的研究相当活跃,吴汝康与张兴永等都作出了突出的贡献。贾兰坡(1974)认为亚洲南部是人类起源中心,张兴永等(1981,1983,1987)则认为在滇中高原。相反,当代大多数古人类学者认为人类起源于非洲,发生在第三纪(吴新智,1999)。吴汝康、吴新智、张森水主编的《中国远古人类》(1989)被认为是当前古人类学研究的总结,该书全面系统地论述了中国的古猿类、古人类和旧石器文化以及第四纪哺乳动物等方面的实际材料和有关的理论问题,还对中国古人类学研究史及年代学进展作了扼要的论述。吴新智(1990,1999)对中国人类化石的综合研究,总结出11项中国更新世人类的共同形态特征,将中国人类进化归纳为"连续进化附带杂交"的模式,这是对现代人起源争论中关于东亚现代人来源的一项重要贡献。

(7)中国古人类学重大研究进展　近10多年来,中国学者围绕国际古人类学的热点问题,在与古人类起源与演化相关的多方面开展了研究,取得了一系列重大进展(高星、刘武,2010):

南京直立人化石的发现与系列研究　1993年在南京汤山葫芦洞发现了2具人类头骨化石——"南京1号"头骨和"南京2号"头骨。南京人化石是继周口店之后,在中国发现并经过细致研究的最重要的直立人化石。从南京人发现到2002年间,吕遵谔和吴汝康、吴新智等先后组织完成了2部关于南京人化石综合性研究的专著,对南京人化石形态特征进行了细致描述和对比,对南京人1号头骨进行了复原,并对南京人年代、环境、动物群等进行了研究。近几年,国内学者对南京人类头骨化石作了更深入的研究,涉及内容包括:①对"南京2号"头骨的进行复位、复原和重新鉴定,对"南京1号"头骨作颅容量计算;②对"南京1号"头骨作更广泛的比较,对比标本包括周口店直立人头骨、印尼Sangiran 17直立人头骨、肯尼亚KNMER 3733头骨和东非Bodo头骨;③对"南京1号"头骨的适应性特征——鼻梁高耸进行了论证;④对"南京1号"头骨表面病理现象进行了研究。

中国直立人和早期智人化石特征及演化　在直立人演化方面,开展了中国直立人化石特征的变异研究,发现南京直立人面颅兼具周口店直立人和印尼直立人头骨的形态,还有与中国大多数化石人类显然不同的高耸鼻梁。围绕中国直立人与非洲直立人的关系,开展了中国古人类与东非及南非古人类化石的对比研究,发现一些被认为是局限于亚洲直立人的独有特征在非洲直立人头骨上也有表现,从而对"亚洲直立人具有特化的衍生性状"的看法提出否定的证据;发现东亚这个边缘地区现代人群的面颅测量性特征可追溯到以"南京1号"头骨为代表的远古人类,支持人类演化的"中心和边缘"假说,即在边缘地区,人群的地区性形态特征出现较早;认为直立人某些成员在至少100万年间脑颅形态保持稳定。基于这些研究以及南京直立人高耸的鼻梁特征,对更新世中期中国与欧洲古人类之间基因交流的可能性进行了讨论。在古病理方面,对蓝田直立人和"南京1号"头骨表面病变现象进行了研究。对古老型智人化石研究也取得了重要进展,其中提取自大荔人颅骨的测量数据表明,大荔人既有与中国中更新世人相近而与欧洲同期人差异较大的性状,也有情况相反的特征,有的数据已经进入现代人的范围。这项研究表明大荔人属于中国古人类进化链中的一员,并且提供了中国古人类与欧洲古人类之间基因交流的形态证据。

更新世晚期人类化石的重要发现和现代人群的形成与分化　在中国更新世晚期人类演化及现代中国人群形成与分化研究方面,分别在周口店田园洞、湖北郧西黄龙洞、河南许昌灵井、广西崇左木榄洞等地开展了连续发掘,发现了一些古人类化石和大量古人类活动证据。在田园洞出土可能属于同一个体的30余件距今4万年前的人类骨骼,发现其中具有一些与欧洲尼安德特人接近而与现代人不同的特征;在湖北黄龙洞发现了7枚距今14万年~10万年前人类牙齿化石;在河南许昌灵井遗址发现了距今约10万年的人类头盖骨化石;在广西崇左发现了距今11万年的向早期现代人转化的过渡类型人类下颌骨化石。这些系列人类化石发现对于论证更新世晚期以来现代类型的人类在东亚大陆的形成过程具有重要的意义。迄今已经对其中的部分人类化石和相关材料开展了多方面的研究。如对田园洞人类化石、动物群及埋藏环境、古人类食物构成,对黄龙洞的发现和现代人群的古人类牙齿形态特征、牙齿磨耗与使用痕迹,以及古人类用火遗存、石器、动物群与环境方面的研究。对原先发现的人类化石用新的技术手段进行新的研究并取得突破。开展了山顶洞人与现代华北人头骨非测量特征对比,柳江人头骨形态、身体大小与形状、骨盆复原、相对脑量、CT扫描与脑形态等研究。在这些研究的基础上,论证了中国更新世晚期人类体质特征的演化程度及变异、在现代人群形成与分化上的作用等。此外,对中国北方地区近1万年来古代人群头骨特征开展了系统研究,提出了区域人群亲缘关系和头骨特征微观演化的新观点。

类人猿研究 在类人猿演化方面,组织了对古猿、巨猿牙齿微观结构、釉质发育、食物结构、健康状况、生命历史、生存环境等方面的研究,出版了《蝴蝶古猿产地研究》(祁国琴、董为,2006)和《禄丰古猿——人科早期成员》(徐庆华、陆庆五,2008)等专著。这些研究对于了解中新世晚期以来古人类及其尽情的生活环境具有重要的价值。

古人类行为与技术研究 中国旧石器考古学者在更新世人类技术、文化发展与行为模式、石器功能分析以及动物考古学等领域取得了一系列重要发现和研究成果。在泥河湾盆地、三峡库区、丹江口库区、百色盆地、宁夏、浙江、新疆等地区新发现一些重要的遗址和材料,填补了远古人类遗存分布的空白,进一步建立起中国乃至东亚古人类200万年来演化的时空框架和文化、技术发展脉络。对广西百色盆地手斧和宁夏水洞沟遗址石叶遗存等的发掘和研究,揭示了远古人类东西方、南北方迁徙移动和文化交流的过程和动因,在中国境内的古人类遗存和欧亚大陆西部的古文化间建立起有机的联系。对周口店、虎头梁等遗址的石器微痕分析提取了远古人类石器功能的信息,阐释了先民们资源开发的能力、方式和智能发展水平。对河南许昌灵井遗址和贵州马鞍山遗址的动物考古学研究揭示了史前人类的猎食行为和对遗址及其周边资源的利用方式。在古人类用火能力及其发展方面开展新的研究并取得新的认识:对黄龙洞古人类用火的检验研究在国内首次采用了元素含量分析、燃烧植物微观结构分析及地层高温事件检验3种方法,确认了燃烧的发生,同时结合古人类化石发现及其他生存活动信息提出古人类有意识地用火行为。对水洞沟遗址第12地点古人类的用火研究则是一个多学科交叉的案例,涉及烧石的形态、岩性、来源分析,实验模拟,古生态—古环境研究、水质化学检测分析和民族学资料对比研究等。该项研究首次在中国旧石器时代遗存中确认和论证先民复杂、间接用火的行为,并结合其他资料提出人类对火的驾驭和利用能力是不断发展、不断加强的。来自以色列Gesher Benot Ya'aqvo遗址和北京周口店遗址的考古材料表明,至少在80万年~70万年前的直立人演化中期,古人类已能控制用火、保存火种。来自湖北黄龙洞的材料表明,距今10万年前的早期智人能在洞穴深处有效地用火来熟食和取暖。近3万年前的水洞沟第2地点大量火塘遗迹表明当时人类对火高度依赖,对火的控制能力增强,但还是停留在简单、直接用火的模式。而距今1.1万年前的水洞沟第12地点的烧石及其反映的先民用火方式与功用则表明古人类对火的控制和利用能力发生了飞跃,由简单的直接用火而转入复杂的间接用火,用火方式由火与受热对象的直接接触而变为通过烧石间接传导热能;受热对象不再局限于有形的固体,而是包括无形的、难以掌控的液体,并因此促成了盛器的发明、利用;火的功能在熟食、取暖、照明、防身等之外又增加了改善水质,将原本不可生活的环境变得利于生存。

演化理论研究 针对国际学术界在现代人起源研究领域的争论和近年发表的中国现代人6万年前源自非洲的遗传学研究成果,开展了系列相关的理论研究。通过对一些国内外人类化石、旧石器资料的对比、古环境的证据和遗传学研究数据的多学科综合分析,进一步论证支持了现代人多地区进化和中国古人类"连续进化附带杂交"、中国人主要起源于当地的学说。通过对中国旧石器文化遗存的系统梳理,对旧石器时代早期文化发展缓慢和晚期出现技术突变从人群属性、环境、原料和文化的继承与创新特点方面进行了剖析,提出"综合行为模式",指出中国乃至东亚更新世主体人群在很长的演化时期内由于环境相对稳定、人口稀少而地域广大、生存竞争压力相对较小等因素在适应生存方面形成了高频迁徙性、务实简便性、机动灵活性以及保持传统与进取创新相交织的特点,并从文化发展的连续性角度支持中国现代人本土起源的论断。提出"扬子技术"及其源流的假说,论证了中国古人类生存方式的多样性和技术上的因地制宜、机动灵活性;通过"东谷坨石核"概念界定和引申,探讨了华北旧石器文化的自源性发展和细石器传统本土起源的可能性。

(杨守仁)

五、中国古植物学研究

1. 古植物学研究概述

中国是世界上最早正确认识植物化石的国家。北宋沈括1080年在《梦溪笔谈》21卷载曰"竹笋一林,凡数百茎,根干相连,悉化为石",就是明证。但中国植物化石首次以近代古生物学方法研究描述的文献当推美国J.纽贝利1866年发表的《1862~1865年期间在中国、蒙古和日本的地质研究》一书之附录部分"中国含煤地层化石植物的描述"。20世纪30年代以前,几乎有关中国植物化石的研究全部由外国学者越俎代庖。1923年周赞衡的《山东白垩纪之植物化石》,首次确认了中国白垩系的存在,并开始了少数国人研究中国古植物学的时代。随后,斯行健、潘钟祥等也陆续发表了一些著作。潘钟祥(1936)《陕北中生代植物化石》和胡先骕等(1940)《中国山东中新世植物群》2本专著引起了人们重视。徐仁也发表了重要论文(1946,1948)。

1949年前是中国古植物学研究的起始时期,中国古植物学者不过二三人,且无专门研究机构。1950年~1979年是中国古植物学快速发展时期,1951年5月7日成立的中国科学院古生物研究所建立了中国最早的古植物研究机构古植物组,1953年增设了中国第1个孢子花粉实验室。1961年中国科学院植物研究所也建立了古植物研究室。中国地质科学院亦拥有比较雄厚的古植物和孢粉研究力量。老一辈的古植物学家斯行健、徐仁、李星学亲自组织领导中国古植物学研究。斯行健、李星学主要汇集整理、编撰了3部中国植物化石专著:《中国中生代植物》(1963)、《中国古生代植物》(1974)和《中国新生代植物》(1978),系统总结了中国古植物的研究成果,出版了《中国上泥盆纪植物化石》(斯行健,1952)、《陕北中生代延长层植物群》(斯行健,1956)、《内蒙古清水河及山西河曲晚古生代植物群》(斯行健遗著,1989)、《中国晚三叠世宝鼎植物群》(徐仁等,1979)和《华北月门沟植物化石》(李星学,1963)、《孢子花粉分析》(宋子琛等,1965)等大量著作。各大专院校及石油、煤炭等部门也有一批知名学者,如米家榕、陈芬、杨关秀、田宝霖、叶美娜等从事古植物研究。1978年中国植物学会的古植物专业委员会在昆明成立。

1980年以来是中国古植物学的繁荣时期,一些弱项或空白领域如煤核、硅化木、颗石藻的研究迅速发展,研究的内容和范围也不限于属种分类描述和国内问题的论述,并涉及全球性问题。1981年南京地质古生物研究所出版了《中国古植物学文献目录》,集1980年前发表的国内外有关文献于一册,同时也引进了先进的学术观点和扫描电镜等方法手段。随着学科发展,1983年中国古植物学会在西安成立,此后参加了国际古生物学会,中国学者走上国际舞台,承办相关的国际会议,2000年第6届国际古植物学大会及第10届国际孢粉学大会在中国召开,开展了大量的国际合作(李星学,1991,2000),中国古植物学研究成果受到国际关注。改革开放以来,中国对各个地质时期的植物群都做出了研究成果。耿宝印(1986)、蔡重阳等(1995,1996)先后发现和描述了现知时代最早的早志留世陆生或半水生维管植物。耿宝印(1985)、郝守刚(1991)在云南发现了丰富的早泥盆世维管植物群。石炭纪古植物研究也取得重要成就是纳缪尔期植物群的系列研究(李星学等,1995)。二叠纪大羽羊齿类植物得到进一步研究(李星学,1980,1995)。华夏植物群、安加拉植物群与冈瓦纳植物群在中国的分布与分界也得到了进一步论证（李星学等,1996）。此外,新疆、内蒙古及东北有关石炭纪—二叠纪安加拉植物群的研究报道（窦亚伟,1985;黄本宏,1995）、冈瓦纳二叠纪植物群在藏南的发现（徐仁等,1990;李星学等,1995）以及煤核研究（田宝霖等,1980,1995）都是中国古植物研究中取得的成就。

2. 高等植物研究

自泥盆纪至第四纪均进行了大量研究工作。早在1952年斯行健就发表了《中国上泥盆纪植物化石》。1966年徐仁重新采集研究了云南曲靖的早、中泥盆世植物,首次报道了工蕨。20世纪70年代以来李星学等对云南翠峰山下泥盆统标准剖面进行了详细研究,同时全面论述了中国泥盆纪植物的地理分布和各时期的组合面貌。1988年郝守刚发现于云南文山古木乡纸厂村西山坡的早泥盆世西根期的始叶蕨,引起了国际古植物学界的普遍关注。早、中石炭世植物在中国分布颇广,1951年斯行健再度描述了湖南测水组的植物后,又陆续研究了陕西、宁夏、江西、甘肃、青海等地纳谬尔期和威斯发期植物群。石炭纪的安加拉植物群在中国东北北部、新疆准噶尔盆地均有发现。华南二叠纪华夏植物群特别是大羽羊齿的研究已有重要进展。二叠纪的安加拉植物群的产地和种属都多于石炭纪的。西藏南部的定日、定结一带,中国学者发现了以舌羊齿为代表的舌羊齿植物群,意义重大。早三叠世植物被发现于海南省东部岭文群（九曲江组）中。中三叠世植物已在内蒙古准格尔旗二马营组被发现,并记述了长江中下游拉丁期的陆生植物。在对华北、西北、华南的晚三叠世植物进行了深入研究后,已辨认出当时存在两大植物分区,即北区（如延长群）和南区（如安源群）。对华北和西北分布广泛的侏罗纪含煤地层植物化石的研究,20世纪60年代以来已有重要进展。对晚侏罗世和早白垩世植物组合的划分,以及晚白垩世植物的研究,在吉林、辽宁、黑龙江、内蒙古、西藏、广西等均有发现并获重要成果。此外,对中生代植物的形态、解剖、分类、演化,以及古地理、古气候、植物群序列和分区等的研究亦多有进展,如斯行健、徐仁、朱家柟、周志炎、陈芬、米家榕等都有论著问世。对新生代植物的研究成果颇丰,《中国新生代植物》（1978）与《中国古生代植物》（1974）、《中国中生代植物》（1963）齐名,可视为中国古植物研究的阶段总结。1984年中国在湖北新洲首次发现了第三纪被子植物橄榄木化石,特别引人注意。

3. 低等植物研究

先后填补和发现了前寒武纪叠层石和藻类、轮藻、钙藻、硅藻、真菌、沟鞭藻（包括刺球类）、疑源类等门类的研究。例如,梁玉左等建立了中国北方震旦"亚界"的叠层石组合序列,中国科学院南京地质古生物研究所和植物研究所均在鞍山群中找到了微生物和细菌,王水等研究了四川、青海、江苏、甘肃等地泥盆纪和中、新生代的轮藻,王振等研究了江汉盆地白垩纪和古近纪、陕西耀县等地三叠纪的轮藻。许多学者还研究了四川三叠纪、西藏奥陶纪至始新世的钙藻,以及山东山旺中新世硅藻和陕西蓝田第四纪硅藻。中国科学院南京地质古生物研究所和胜利油田、大港油田等单位对渤海沿岸古近纪沟鞭藻及疑源类进行了研究。有的学者还对寄生在裸松藻类中的几种真菌化石和西藏伦坡拉盆地第三纪小盾座亚科的真菌化石进行了研究。

4. 近10多年来中国古植物学研究取得了显著的进展和重大成果

（1）早期陆生维管植物　中国早期陆生维管植物起源和演化的研究已经接近国际研究水平,正朝着植物多样性演变与环境变化、陆地生态系统和揭示全球古植物地理的研究方向发展。具体研究成果:①新疆志留纪普里道利世晚期植物群,已正式报道5种植物,植物个体小,结构简单,是典型的早期陆生维管植物。根据植物类型和化石丰度,该植物群不但是世界上保存最好的植物群之一,而且早期陆生维管植物主要类型均已出现,揭开了早期陆生维管植物多样性演变的早期特征。②云南文山早泥盆世中期坡松冲植物群,迄今已描述的种类达20多个属(其中地方性分子多达75%),显示了陆生维管植物登陆后,组织和器官强烈辐射演化。该植物群以丰富的、形态明显分异的工蕨类植物为特征,植物体更复杂,出现了进化的器官和组织。坡松冲植物群中众多地方性分子可能是由于不同古植物地理区的长期隔离和独特而造成的,代表早期陆生维管植物演化分异中心之一。代表作如《The Posongchong floral assemblages of southeastern Yunnan, China-diversity and disparity in Early Devonian plant assemblages》(Hao Shougang, Gensel P G, 2001)。③云南曲靖地区早泥盆世晚期徐家冲植物群,该植物群主要含有多种植物类型,属于早泥盆世的东北冈瓦那古植物地理区。该植物群在演化上继承了坡松冲植物群的特征,但同样具有自己独特的地方性特征;相比之下,徐家冲植物群的组成相对简单,而坡松冲植物群具有丰富的、高度分异的地方性分子。④云南中泥盆世晚期西冲植物群,该植物群以石松类为主,无论在属种还是在植物结构的多样性上均显示出较高的水平。根据西冲植物群植物体大小和解剖特征,可分辨出2个生态系统:小型树状植物系统和地面植物系统。西冲植物群以地方分子发育和三枝蕨类植物繁盛为特征,与世界同期植物群存在较大的差异,是一个地方性植物群。⑤长江中下游地区晚泥盆世晚期五通植物群,该植物群石松植物十分繁盛,有节类植物形态分异高,前裸子植物少见。根据总体特征,可以分辨出3个生态系统:树状森林植物系统、灌木植物系统和地面植物系统。五通植物群与世界同期植物群相比既具有一定的相比性,又具有自己的特征,包括许多具有强烈地方色彩的植物。

(2)华夏植物群 中国是晚古生代华夏植物群的主要分布区和发祥地。一般认为早石炭世晚期即纳缪尔期至二叠纪末的植物群为典型的华夏植物群;此前的早石炭世植物群称为前华夏植物群。1883年德国学者Schenk对Richthofen采自湖南的二叠纪大羽羊齿类化石标本进行记述,标志着对华夏植物群研究的开始。1927年瑞典古植物学家Halle发表《山西中部古生代植物化石》,标志了对华夏植物群研究的一个新阶段,陆续诞生了一些研究专著。李星学所著《华北月门沟群植物化石》(1963)和斯行健遗著《内蒙古清水河及山西河曲晚古生代植物群》代表了中国学者系统研究华夏植物群的开端,此后产生了一系列中国古植物群同行对中国不同地区的华夏植物群的综合研究,直至近年来杨关秀等著《中国豫西二叠纪华夏植物群—禹州植物群》(2006)。通过多年的研究积累,对华夏植物群的研究和认识不断深化,涉及包括植物群的组分、整体面貌、代表类群、组合演替序列、古地理区系、古气候和古生态环境、起源、演替和衰亡等,并提出了前华夏植物群的概念;关注该植物群演替与晚古生代冰期盛衰演替的响应;对代表和特色类群以及煤核植物群等开展系统分类研究。除上述著作外,代表作有《Fossil floras of China though the geological ages》(Li Xingxue, 1995),《中国化石植物志·第一卷——中国煤核植物》(王士俊,孙克勤,崔金钟等,2009)。

(3)中生代植物 ①真蕨植物:中生代是真蕨植物辐射演化的重大转折期。对中生代真蕨植物的器官和原位孢子微细的深入研究使其达到自然分类和生殖器官分类结合阶段,对典型类群的化石记录、地质地理分布、多样性演化等的探究,提高了对地史时期真蕨植物起源和辐射演化的认识。②银杏植物:在辽西早白垩世早期发现的银杏化石填补了银杏属演化进程中的一个缺失链环,并相继发现银杏种子、具花粉球果、叶、胚珠器官以及角质层超微结构等。对银杏目植物的分类、化石记录、地史分布演化趋势以及微观结构等有了全面而深入的认识。③苏铁类植物:在三叠系和侏罗系发现了保存有解剖构造的苏铁类型茎干、叶、木化石以及本内苏铁花化石等。对本内苏铁类部分叶化石的化石记录、地质地理分布、多样性辐射演化的认识也不断深化。对已灭绝松柏类掌鳞杉科植物角质层研究较为深入。④《中国木化石》(张武、李勇、郑少林等,2006)和《中国武汉被子植物化石木群》(齐国凡、杨家驹、徐瑞瑚、胡道华,2005)的出版为探究地史时期木化石的演化和古地理与古气候提供了重要证据。⑤深入研究中生代植物化石的气孔参数和古大气 CO_2 的关系,初步重建了侏罗纪、白垩纪和古近纪银杏表皮气孔参数和古大气 CO_2 浓度变化趋势。代表著作如《化石植物气孔与碳同位素的分析及应用》(孙柏年、闫德飞、解三平等,2009)。

(4)新生代植物 利用新生代被子植物定量重建晚白垩世以来陆地气候环境变化格局与过程以及古大气 CO_2 浓度;定量研究中国乃至亚洲第一条反映陆地上古近纪至新近纪气候变化定量曲线,对揭示植物演化及其环境演变过程和规律具有重大理论指导意义。有关早期被子植物及被子植物起源研究自20世纪90年代后期开始取得重要进展。以"古果属"为代表的若干早期被子植物化石的相继发现与报道,推动了被子植物起源及早期演化的研究。代表作如《Cenozoic Plants from China (Fossil Plants of China, Vol. 3)》(Writing Group of Cenozoic Plants of China,1978),《中国晚白垩世至新生代植物区系发展演变》(陶君容,2000),《辽西早期被子植物与伴生植物群》(孙革、郑少林、迪尔切等,2001),《Vegetation succession and climate changing in China, Vol. 1:The Late Cenozoic Plants and Climate in Yunnan Province,China》(Li C S,Yi T M,Yao Y F,et al.,2008),《世纪飞跃:辉煌的中国古生物学》(沙金庚,2009)。

5. 孢粉研究

中国孢粉学研究的发展大致可以分为3个不同的时期:

(1)第1时期可谓探索积累期(1949~1979) 由于中国幅员辽阔,从寒武纪至第四纪,海相、非海相到陆相,地层发育齐全。为适应经济建设,开发矿业,孢粉学研究得到了迅猛的发展。孢粉学开始在石油和煤炭勘探,地质、海洋和冶金调查等方面得到广泛的应用。为适应工程、水文地质勘查和泥炭形成时代、植被演化、黄土成因、考古、古气候,特别是冰川、冰期等课题的研究,中国第四纪孢粉的研究工作得到了迅猛发展。与此同时,一些基础性研究,如现代孢粉形态、植被与花粉的传播,以及空气花粉等得以开展。中国首次涉及孢粉的论文是1931年谢家荣的《中国煤的植物组织与植物群及其地层意义》,嗣后,丁骕的《花粉分析方法及其运用》也曾作介绍,徐仁曾在国外作过研究并发表几篇涉及化石孢子的文章。20世纪50年代初期徐仁组建孢粉研究室,编写《孢粉分析讲义》,为地质部训练班讲授孢粉学。至50年代后期,徐仁、周和仪应用孢粉研究确定地层时代带头,随后,石油、煤炭的勘探和地面工作大规模开展,孢粉学研究取得了很大进展,学术水平不断得到提高。例如,邢裕盛等研究了蓟县震旦纪微古植物,严富华研究了滇东、鄂西震旦纪的古孢子,欧阳舒等研究了西南陡山沱组、灯影组和下寒武统、昆阳群某些层段和辽宁鞍山群、辽河群的微古植物或微体化石,高联达等相继研究了贵州、广西、云南等地泥盆纪的孢子组合。甘肃、山西石炭纪孢粉组合,湖南、浙江二叠纪孢粉组合等,都有研究成果。对中生代孢粉的研究亦有重要进展,如欧阳舒等研究的云南卡以头层的一个早三叠世孢粉组合,其属种之丰富为世界同期沉积所罕见。华北石千峰群、鄂西香溪群、中国早中侏罗世南北植物地理分区和侏罗—白垩系分界,均因对其中孢粉的成功研究,而解决了许多重要地质问题。新生代孢粉的研究与地质生产事业发生着密切关系,如马俊荣等的《江汉盆地白垩纪—第三纪孢子花粉化石》(1976),石油工业部石油勘探开发规划院和中国科学院南京地质古生物研究所合编的《渤海沿岸地区早第三纪孢粉》(1978)等著作。

(2)第2时期以中国孢粉学会的成立为标志,可视为成熟思考期(1980~1999) 1979年中国孢粉学会成立后,一些综合性研究和区域性总结工作得以开展,与其他相关学科的联系开始日益增强。期间,中国不少专家学者走出国门,参与国际合作或进修;众多来自中国的孢粉学研究成果,引起愈来愈多国际学术界的重视,直到2000年第10届国际孢粉学大会在南京成功召开。研究成果如中国科学院地质研究所的《第四纪孢粉分析与古环境》(1984),孙湘君等的《江西古新世孢子花粉研究》(1980),青海石油管理局勘探开发研究院和中国科学院南京地质古生物研究所合编的《柴达木盆地第三纪孢粉学研究》(1985),宋之琛等的《广东三水盆地白垩纪—早第三纪孢粉组合》(1986)等著作。一些综合性研究业已开展,如利用孢粉资料探讨华夏与安加拉2个植物群的关系(欧阳舒等,1999)、对中国石炭系孢粉组合带序列的建立(朱怀诚,2001)、有关中国晚三叠世植物地理分区(高玉珂,1998)、白垩纪被子植物花粉的宏演化(张一夏,1999)、中国新近纪孢粉植物区系和古气候(Wang,1994)等.

(3)第3时期为国际融合期(2000至今) 随着大批留学生学成回国和众多学者不断加强国际合作,中国研究工作已基本与国际接轨,同时孢粉工作者开始介入许多国家重大科研项目,与相关学科结合更加紧密,并取得大量具有创新性的研究成果。这时期的著作如王开发的《花粉的功能与应用》(2004),王萍莉、溥发鼎的《壳斗科植物花粉形态及生物地理》(2004),王宪增的《解读花粉》(2005),乔秉善《中国气传花粉和植物彩色图谱》(2005),周山富、杨方之的《孢粉地质学》(2007),周山富、周荔青、王伟铭等的《江苏白垩系及其被子植物花粉和演化》(2009)等。并对不同孢粉植物区系之间孢粉序列进行综合对比(Wang,2006)、中国现生被子植物花粉的化石记录(Song等,2004)、中国旱生被子植物花粉的地史分布(王伟铭等,2006)、拟千屈菜粉类及其演化(周山高等,2005)、蒿属的起源与演化(Wang,2004)等方面做了大量工作。部分研究还与全球性气候事件如东亚季风山形成与发展相关联(Sun and Wang,2005;宋之琛等,2008;王伟铭等,2009)。

总之,尽管中国的孢粉学研究起步比西方发达国家晚了20多年,但是60年来,经过中国科学院、高等院校、地质、石油和煤炭等部门几代人的努力,无论从研究人员人数和规模,还是研究成果的水平,都处于国际前列,部分研究领域已跻入国际先进行列。

(杨守仁)

六、中国微体古生物学研究

1. 1924年~1949年时期

古生物中形体微小,必须借助放大镜、显微镜甚至电子显微镜进行研究,称微体古生物或微体化石。中国微体古生物研究开始于20世纪初,葛利普(1926)报道了志留纪的介形虫。1949年前,中国只有极少数古生物学家从事过少数类别的微体化石研究。如李四光、陈旭从1924年~1942年对䗴类和小有孔虫的研究,乐森璕1932年关于二叠纪苔藓虫化石的报道,卢衍豪1944年~1945年对新疆库车古近系和新近系及云南中泥盆统轮藻化石的研究和徐仁在20世纪40年代对孢子花粉的研究等,为中国微体古生物的研究开辟了道路,其中有些成果如李四光的䗴类系统研究,在20世纪30年代就已蜚声中外,赢得国内外同行的高度评价。

2. 1949年~1965年时期

这一时期,主要是在过去传统的地层古生物研究工作基础上,对古生代的几类微体化石进行了比较系统的研究,如主要成果有石炭—二叠纪䗴类(陈旭、盛金章、张遴信等),奥陶纪、泥盆纪至二叠纪介形类(侯祐堂、陈德琼、施从广等),奥陶纪至二叠纪苔藓动物(杨敬之、陆麟黄等),中泥盆世轮藻的研究(王水、张善祯)。1958年~1965年为适应在中新生代地层中找矿的需要,微体古生物的研究重点转向中新生代介形类、轮藻以及小有孔虫。主要成果有辽东及鄂西奥陶纪、泥盆纪的介形类(侯祐堂,1953,1955),西北及东北侏罗纪、白垩纪淡水介形虫(侯祐堂,1958),四川泥盆纪轮藻(王水等,1956),松辽平原早白垩世介形虫(聂恰耶娃、刘宗云等,1959),柴达木盆地甘森地区介形类化石(黄宝仁,1964),鄂尔多斯盆地上三叠统及中侏罗统介形类(钟小春,1964),青海柴达木盆地第三纪轮藻(王水,1961),甘肃酒泉盆地中新生代轮藻(王水,1965),四川南部三叠纪嘉陵江灰岩有孔虫(何炎,1959),江苏东部第四纪有孔虫的研究(何炎等,1965)等。牙形石的研究始于20世纪50年代后期,《南京龙潭二叠纪孤峰组牙形类化石》(金玉玕,1960)属中国首篇成果。此外,1962年先后出版了《中国的苔藓虫》(杨敬之等)、《中国的䗴类》(盛金章)和《中国的介形类化石》(侯祐堂等)3部综合性专著;蓟县中、新元古代微古植物(邢裕盛等,1965)、滇东、鄂西震旦纪古孢子(严富华,1965)、甘肃、山西石炭纪孢粉组合(高联达,1962、1976)、浙江长兴二叠纪孢粉组合(欧阳舒,1962,1964)和甘肃酒泉第三系孢粉组合(宋之琛,1958)以及中国北方中元古代的叠层石组合序列、叠层石或围岩中的微古植物(主要有蓝藻等)的研究(梁玉左,1962;曹瑞骥,1964)等。

3. 1966年~1975年时期

微体古生物的研究进展不大。值得提到的有四川二叠纪和广西、云南早中泥盆世的牙形石作了系统报道(王成源,1974,1975);珠穆朗玛峰地区三叠纪牙形石研究(王成源,1976);中国东部、中部几个半咸水有孔虫动物群的研究,并分析了其生活环境,讨论了岩相古地理问题(汪品先等,1974~1975),使有孔虫化石的研究从分类描述提高到理论性问题的探讨阶段;《珠穆朗玛峰地区的苔藓虫化石》(杨敬之等,1975)一文为报道中国三叠纪苔藓虫的首篇成果,四川二叠纪钙藻的描述(张遴信等,1974),陕西蓝田第四系硅藻(李家英等,1966,1978)。还出版了《松辽平原白垩纪—第三纪介形虫化石》专著(郝诒纯等,1974)及珠穆朗玛峰地区的钙藻(王玉净,1976)、放射虫(盛金章,1976)和中新生代有孔虫(何炎、章炳高,1976)等研究著作。

4. 1976年以来

随着改革开放,微体古生物研究蓬勃发展,研究成果很丰富,概括为以下几方面:

(1)研究区域的扩大 研究不仅遍及中国大陆各地,而且扩展到香港、台湾以至南海、冲绳海槽等。如《中国介形类化石》第2卷(侯祐堂和勾韵娴,2007)、《中国介形类化石》第3卷——古生代介形类丽足介目恩托莫介超科和豆石介目(王尚启,2009)。

(2)记述区域性动、植物群的成果 过去研究较多的门类如介形类、有孔虫、䗴类及轮藻等是如此;牙形石发展很快,记述了珠穆朗玛峰地区三叠纪、渤海沿岸地区寒武纪及奥陶纪、湖北、江苏奥陶纪、贵州志留纪、广西泥盆纪、山西石炭纪、新疆石炭纪及二叠纪和滇、黔、桂、川、藏、青、陕、甘、湘、鄂、赣、苏、浙、皖、黑等省区的二叠—三叠纪牙形石动物群,划分了盆地、台地、台缘相区各自的牙形石带(王志浩等,1990;杨守仁等,1986,1999)。

(3)研究领域的拓宽 除分类学及传统地层学基础研究外,研究内容已涉及动、植物群的演化趋势、自然分类、古生态、古气候、古环境以及生物地理区系等理论性问题的探讨,还有少量以微体化石分布规律为依据,探讨大地构造分区和板块运动理论。例如,䗴类系统分类的研究(张遴信等,1979;周祖仁等,1994);渤海、东海及南海北部等地的钙质超微化石、沟鞭藻、有孔虫和介形类以及西藏、新疆等地区中新生代钙质超微化石和介形虫等研究(郝诒纯、茅绍智等,1984,1986);对南海、东海、第四纪表层沉积中以及长江口和钱塘江的有孔虫、介形虫的研究(汪品先等,1982,1993),出版专著《东海底质中的有孔虫和介形虫》(1988);西藏二叠纪䗴类的动物地理区系与板块构造关系的研究(王玉净,1986);渤海沿岸第四纪有孔虫化石群及其古地理的研究(王乃文,1978);海南岛中新生代淡水介形虫和古气候关系的研究(耿良玉,1979);早白垩世非海相介形虫动物地理区系的划分(叶春辉,1979);晚白垩世孔轮藻科和轮藻科系统分类的研究以及三叠纪某些轮藻化石起源与演化的研究(王振,1978;王振等,1979);新疆晚二叠世和三叠纪轮藻化石兼论古生代末期到中生代早期轮藻植物群的演变的研究(卢辉楠等,1984);从晚白垩世轮藻化石的发现论黔中红层的划分及相关的构造运动的研究(王振等,1985);南海北部晚第四纪硅藻及其古气候、古地理的研究(王开发等,1989);冲绳海槽全新世钙质超微植物组合及气候分期的研究(徐钰林等,1987);陆相沟鞭藻的起源和演化及其生油意义的研究(茅绍智等,1990);中国沟鞭藻类化石(何承全等,2009)。东海海底泥炭层盘星藻组合的发现与晚更新世晚期的海面变化的研究(王开发等,1981)。对牙形石在生物分带和地层划分中的应用研究主要有安泰庠(1984,1994)对华北及邻区寒武纪和奥陶纪牙形石的研究;牙形石生物地理(王成源,1998);王志浩(1991)、王成源等(1991)、沈建伟(1995)对泥盆纪、石炭—二叠纪牙形石的研究。放射虫的研究主要有对珠穆朗玛峰地区三叠系和南京晚二叠世以及滇西南晚二叠世至早三叠世放射虫研究(盛金章,1977,1986);对广西钦州地区古生代硅质岩放射虫带研究(吴浩若、王玉静,1986,1994);滇西二叠、三叠纪放射虫研究(冯庆来,1993);西藏南部雅鲁藏布蛇绿岩带下鲁硅岩中的侏罗、白垩纪放射虫化石及其地质意义的研究(吴浩若,1988);南沙海区百余万年来的放射虫组合及古海洋学事件研究(王汝建,2007)等。

(4)填补空白类别、加强和发展薄弱的类别　如有孔虫(非蜓有孔虫、浮游有孔虫)、放射虫、几丁虫、侏罗纪层孔虫、高肌虫、小壳动物、深海介形类、牙形石、古脊椎微体化石、钙质超微化石、钙藻、疑源类与沟鞭藻、硅藻、植硅石、石炭—二叠纪轮藻等。如尹磊明著《中国疑源类化石》(2006)。

(5)新技术新方法的采用　这是引起学科变革和发展的极重要措施。扫描电镜已较广泛应用于多类微体化石的研究,特别是在介形类壳壁和高肌虫壁的超微构造及钙质超微化石的研究中取得了突出的成果,如侯祐堂、赵宇虹(1986)关于中国中、新生代介形类壳面纹饰和毛孔的分类研究,莫·康垂维孜、赵宇虹(1989)关于介形类内模眼窦及其他微细结构的研究;霍世诚、陈苓、舒德干(1987)关于高肌虫壳质成分和显微构造的研究及其地球化学特征的探讨。数理统计和计算机技术,尤其是微机的使用已在蜓类、新生代浮游有孔虫、孢粉分析和介形类的个别分类单元的研究以及数据库和定量研究系统的建立方面发挥了重要作用,开始实现了个别类别的自动化鉴定,如徐涵秋(1987)关于微型电子计算机在蜓类化石鉴定中的应用;姜钦华(1993,1994)关于计算机应用于孢粉学研究;汪品先、王律江(1987,1988)应用转换函数法、多样性分析法等新技术新方法研究南黄海、东海的有孔虫、介形类的分布规律及其与古温度,耿良玉(1979)应用数理统计方法研究海南岛中新生代淡水介形类与古气候的关系。数字图像处理技术已对有孔虫鉴定中的某些疑难问题提供了一定的解决途径,如邝生爱、聂泽同、宋志敏(1985)的数字图像处理在微体古生物方面的应用。质谱技术的不断改进已使某些微体化石,特别是有孔虫壳体氧、碳同位素值的测定应用于中国古海洋学的研究;电子探针技术已经比较有效地应用于某些类别的微体化石壳体微量元素的分析,为研究古环境因素提供科学依据。

(6)其他　随着对外开放政策的贯彻执行,微体古生物学界的国际学术交流与合作也日趋活跃,与欧、美、澳以及日本等亚洲等地区国家的同行都有密切联系,开展了许多合作研究,如深海钻探计划、全球变化等项目。总之,微体古生物学科在与其他学科交叉渗透中,在与其他国家交流合作研究中,得到空前发展。

(杨守仁)

七、中国古生态学研究

古生态学是研究地质历史时期生物之间以及生物和其生活环境之间相互作用的一门学科,属于古生物学的一个分支。它的研究范围大体可分为狭义古生态学(包括个体、种群、群落古生态学)、埋藏学和遗迹学3大方面。

狭义的古生态学研究在中国可追索到很早,任何一位有成就的古生物学专家都或多或少涉及古生态学的研究,例如,马廷英在20世纪30年代就致力于珊瑚生长节律和古气候的研究,发表了大量著作,提出年生长量、季节性生长和生长率与赤道位置及海水温度有密切关系,其观点比1963年美国学者威尔斯(J. W. Wells)的"古生物钟"还早30年。20世纪50年代~60年代,为中国古生态学概念的引进和建立阶段,在此期间先后引进和翻译了多种古生态学方面的书籍,并在高等院校中开设了"古生态学"课程。进入80年代以来,中国古生态学的研究无论从深度、广度以及论文数量等方面来看都发展很快,并参加或举办了一系列的全国性和国际古生态会议,这些都极大地推动了中国古生态学的研究。

1. 遗迹化石

据胡斌、龚一鸣、齐永安(2012)研究,中国遗迹化石研究的历程可概括为3个阶段:零星遗迹化石研究阶段(1929~1978)、系统遗迹化石研究阶段(1978~2004)和创新遗迹化石研究阶段(2004年以来)。

(1)零星遗迹化石研究阶段(1929~1978)　中国研究遗迹化石历史很早,例如,杨钟健(1929)的脊椎动物足迹,尹赞勋(1933)的三叶虫爬迹等。1978年以前,中国的遗迹化石研究总体上处于零星研究阶段,对大多数遗迹化石不了解、不认识。最早的遗迹化石报道仅涉及脊椎动物足迹(杨钟健,1929,1943,1960)、二叶石(尹赞勋,1932,1984;熊永先,1944)和粪化石(尹赞勋,1945;刘宪亭,1953;周明镇,1955;高福清,1962),研究的内容仅涉及简单的属种描述、形态功能和造迹生物分析。

(2)系统遗迹化石研究阶段(1978~2004)　自1978年杨遵仪在苏州古生物学会议上介绍了国际遗迹化石研究现状之后,中国对不同地区、不同沉积相的地层中的遗迹化石开展了研究。西方遗迹学概念逐渐引入中国,并第1次将遗迹化石的内容写进大学古生物学的教科书,出版了10部以遗迹化石或生物遗迹为主题的研究专著或教材;发表了数百篇遗迹化石研究论文和科学普及文章。杨式溥对许多地区不同时代地层研究后,出版《古遗迹学》(1990),介绍了遗迹化石的概念,并对新元古界—震旦/寒武系界线、古生代Cruziana及浊流、复理石相中的遗迹化石进行了分析;吴贤涛开展了对中国前寒武纪遗迹化石的研究,并著有《痕迹化石入门》(1986);杨式溥著有《古生态学原理与方法》(1993),并且总结了《遗迹化石的古环境和古地理意义》(1999),晋慧娟、李育慈、方国庆著《中国古代深海沉积和遗迹化石群落》(2003)。尤其是杨式溥、张建平、杨美芳编著《中国遗迹化石》(2004),集成了中国系统遗迹化石研究阶段的主要成就,较系统地概括和总结了21世纪以前中国遗迹学、地层古生物学和沉积地质学工作者在跟踪国际遗迹学研究方面所取得的主要成绩和进展。在这一阶段,中国遗迹化石研究主要聚焦以下6方面:前寒武纪与寒武纪之交遗迹化石研究;海相遗迹化石及其古环境和古生态意义研究;陆相遗迹化石及其与能源形成环境关系研究;前寒武纪遗迹化石与后生动物的起源及演化研究;拓扑遗迹分析;遗迹化石在浊流、风暴事件和层序地层研究中的应用。

(3)创新遗迹化石研究阶段(2004年以来)　遗迹化石研究阶段除系统遗迹化石研究阶段的一些研究方向继续得到发展和深化外,创新遗迹化石研究阶段的主要标志是基于资料积累、学科交叉和国家需求,开拓、形成了一些有特色和发展前景的新的研究方向和研究领域,如复杂遗迹化石的地球生物学研究;遗迹化石模拟和可视化研究。中国科学院南京地质古生物研究所赵方臣等

(2012)在国际学术期刊《三古》(Palaeogeography，Palaeoclimatology，Palaeoecology)发表了寒武纪澄江动物群区域埋藏学和古生态学最新研究成果。

2. 门类古生态学和群落古生态学

目前有关古生物门类古生态特征的讨论大都散布在许多独立的古生物学论文中，专门的文章还不多，如，张仁杰(1990)关于中国石炭纪海相双壳类及生活习性，陈均远(1988)和王义刚(1988)分别对奥陶纪和三叠纪头足类水深学、海平面位置年代学以及门类古生态和群落进行了讨论。群落的研究也逐步开展起来，并主要用于沉积环境的解释，例如，刘家润和张永辂(1987)对滇东中泥盆世某珊瑚群落的研究，Wang Yu等(1987)首次用群落、群落群和群落进化的内容提出中国阿什及尔—爱菲尔期动物群资料，王尚启(1988)对中国南方晚古生代某些介形类组合进行了沉积环境方面的讨论。对生物礁的研究也很热门，这主要是礁体往往与石油及多种金属矿产有关，例如，范嘉松等对二叠纪生物礁的研究。1992年陈源仁出版《生态地层学原理》，系统介绍了生态地层学的概念、内容和当前国际研究现状，论述了古生物群落多方面特征，并介绍了群落分析的室内外工作方法。具体如何用于地层划分和对比，今后还需要进一步在实践中检验。（马学平）

八、中国古生物地理学研究

古生物地理学是研究古代动植物群的空间分布及其演变史的一门学科，它包括古生物的地理区系及其形成因素，古生物的地理起源、迁移与扩散及孑遗与绝灭等。该学科的研究在大地构造、古生态环境以及进化论等方面具有重要的意义。

中国的古生物地理研究主要是近30多年来才陆续开展起来，在此之前只有零星的研究，例如，马廷英在20世纪40年代研究珊瑚的基础上，详细探讨了寒武纪至第四纪各大陆古气候、古地理及其变迁，以及各大陆的相对位置和漂移程序，这在当时大陆漂移学说处于低潮时期坚持自己的观点尤其难能可贵；孙云铸(1963)提出了生物地理区的问题，并探讨了中国古生代在生物地理上的归属。20世纪70年代及80年代初期的研究主要属生态的生物地理学的范畴，例如，卢衍豪等(1974，1976)从生物—环境控制论角度对中国寒武—奥陶纪古生物地理进行了系统的阐述，1983年出版的《中国古生物地理区系》收集了不同门类的专家对显生宙各个时期的中国古生物地理研究的成果，是一部重要的参考书，其中包括有穆恩之的生态分异说对奥陶纪古生物地理的探讨；王鸿祯和何心一、杨式溥、李星学和姚兆奇、陈丕基和沈炎彬基本从分类古生物地理角度分别对中国志留纪四射珊瑚、早石炭世腕足动物、东亚石炭纪和二叠纪植物、中国侏罗、白垩纪叶肢介地理分区进行了研究。殷鸿福等(1988)《中国古生物地理学》是该研究领域的一部重要著作，本书介绍了现代生物地理特征，阐述了古生物地理研究的理论和方法，并对中国各个地质时代以世为单位进行了古生物地理的讨论，最后讨论了中国古生物地理区系与板块活动及气候带的关系。王鸿祯等(1989)对全球各地区各断代的主要珊瑚群进行了时空分布的综合分析，并运用计算机自动成图的先进手段，根据古气候、古地磁和古构造等因素作出了中国及全球古生物地理和大陆再造图。中国科学院南京地质古生物研究所黄冰等(2012)在国际学术期刊《三古》发表了奥陶纪末大灭绝后残存—复苏早期全球腕足动物古地理最新研究成果。该研究基于已发表的资料及掌握的最新数据的整理，建立了全球腕足动物志留纪初鲁丹早期(残存期)和鲁丹晚期(复苏早期)共计29个产地408个出现信息数据集。运用聚类分析(CA)和非度量性多元标度变换(NMDS)，对奥陶纪末大灭绝后残存期及复苏早期腕足动物进行定量古生物地理研究，发现了该时期全球腕足动物具有沿纬度分带倾向的古生物地理分布格局。对鲁丹早、晚期腕足动物数据的频率分析表明，多数灭绝前的世界性分子在灭绝后的残存期(鲁丹早期)仅在一处发现,表明其收缩了分布范围以躲避灾难。待鲁丹晚期环境好转,腕足动物多样性增高,同时有更多的分子不再局限于一个产地或古板块,而扩散到更多区域,显示出生物群面貌有所好转的迹象,生物"复苏期"开始。今后的工作重点应加强上述综合研究,以求恢复地质历史中中国各古板块的古地理位置。 （马学平）

九、中国生物成岩成矿作用研究

随着微体、超微体古生物的深入研究,发现许多金属和非金属矿的成因都与生物有关,而且有许多生物礁控矿床的含矿丰度都优于其他控矿条件。因为沉积矿床与层型层控矿床的形成都是与生物及其衍生的各种有机质有密切的关系的,矿层的形成总是经过生物浓集、化学富化和物理再富集这样一个相当复杂过程的。1949年以来,中国对生物成岩成矿作用的研究工作已有许多明显进展。在生物矿物学方面,中国科学院地质研究所对生物化石钙质结构的分类和进化研究后,提出钙质生物硬体结构有按几何形态发展的趋势。对抚顺煤田中独特的保存完好的琥珀也进行了详细研究。在生物成岩作用方面,中国主要加强了对钙藻、非钙藻、硅藻等微体生物化石的研究。比较系统的工作有对四川二叠纪钙藻及对西藏奥陶纪至始新世的钙藻研究等。非钙藻类的研究主要是在南京大学和中科院南京地质古生物研究所进行的,地质学家们在处理江苏古近纪泥岩时,获得了保存完好的绿藻和蓝藻。硅藻的研究如山东山旺第三纪硅藻的重新研究和陕西蓝田第四纪硅藻的研究等。

生物礁与礁油气藏的密切关系为越来越多的中外学者所认识。中国虽远在1700年前的三国时代对南海现代珊瑚礁已有由生物形成的认识,然而作为用现代科学认识生物礁及1972年王治华等完成了全国第1份正式向国家提交的生物礁科研成果:"黔西南紫云、望谟一带上二叠统生物礁相石油地质调查研究报告"之后,在广大地质工作者的共同努力下,经过20多年的研究,截至目前发现生物礁的分布时代从震旦纪、整个古生代至三叠纪、第三纪海相地层,在地区上遍及中国南方各省及陕西、甘肃和新疆各省区。礁群之富、类型之盛、产礁层位之多,极其丰富多彩,而各时代礁露头中,又很多富含沥青,其中尤以震旦纪、泥盆纪、二叠纪更为突出,说明它们都是古礁油藏。例如,1976年银玉光、陈劲人、刘岭山等科学地论证了建南气田为礁气藏,1986年果然在川东找到了多个上二叠统的礁气藏,并成为川东主要生产层位之一。山东东营盆地古近系发现高产平方王礁油藏之后,1979年钱凯发表《华东北部下第三系礁灰岩的发现及其石油地质意义》一文,阐述了对华北寻找同类型礁油藏的广阔前景。1988年果然在渤海湾找到了JZ20-2同类型的礁油藏。20世纪70年代初曾鼎乾曾推断南海北部大陆架必蕴藏有与南海坡岸相同类型的中新统礁油气藏,并同属于东南亚中新世造礁区。结果1985年~1987年连续在东沙隆起上找到4个礁藏,其中流花11-1礁油藏地质储量达2亿吨,现已投产。曾鼎乾等(1988)出版《中国各地质历史时期生物礁》,对中国生物礁进行了总结。

由上可见,中国对生物礁与礁油气藏的研究已取得显著成效。由于川东礁体中常伴生有各种有色金属,也为各有关部门所重视。

李钟模研究扬子地台晚震旦世陡山沱期的沉积磷块岩结果表明,所有巨富磷矿都分布在藻礁中,生物成因、生物礁控矿床特征十分显著。他在研究中朝地台晚石炭世本溪期的硫铁矿时发现,所谓的团块状黄铁矿,实际上是由硫细菌菌落群组成的。在自形—半自形的黄铁矿中,有时仍可见到环状菌落的包裹体,表明黄铁矿的形成以生物沉积作用为主,属生物成因矿床。

迄今已知,中国对生物在硅藻土、硫、白垩、生物灰岩、煤、油页岩、石膏、石盐、钾盐,以及铁、锰、铀、钒、铜、锡、铅、锌、钴、镍、钼等矿床形成方面的研究,也已获得许多重要成果。 （杨守仁）

第六节 中国地层学研究

一、中国地层学研究概述

地层学是地质科学中奠基性的基础学科。狭义的地层学是研究地壳的层状或似层状岩石(或岩石体)的顺序和时代的科学。包括生物地层学和岩石地层学。广义的地层学是研究构成地壳的所有层状或似层状岩石体固有的特征和属性,并据此将它们划分为不同的类型和级别的单位,进而建立它们之间的空间关系和时间顺序的一门基础地质学科。20世纪60年代以前生物地层学是地层划分对比最重要的手段,60年代以后开始出现了更多的地层划分对比方法,例如,通过海平面变化(层序地层学)、古地磁极性(磁性地层学)、稳定同位素(化学地层学)、地质事件(事件地层学)、同位素测年,从不同角度对地层进行划分,可与生物地层学的结果相互验证。60年代国际地层委员会提出的全球界线层型概念,仍然是以高精度、高水平的系统古生物和生物地层学研究为主要途径,以其他地层划分对比手段为辅助手段,最终构成全球统一的地质年代表。70年代以来采用有广泛对比意义的单一物种在连续地层剖面中的首现,即全球以界线层型剖面和点位划分地层。全球界线层型剖面和点位被形象地称为"金钉子"。

地层学的初始概念可追溯到17世纪后期斯泰诺(N. Steno,1669)提出的地层叠覆律和18世纪末斯密士(W. Smith,1796)提出的化石对比律以及赫屯(J. Hutton,1795)提出地层接触关系的不整合概念。经历1900年以前的奠基阶段、1901年~1960年的发展阶段,进入1961年至今的现代阶段。从20世纪60年代地学革命以来,地层学在概念、方法和研究内容方面都发生了重要的变革,形成了许多分支学科、新的研究方向,它与沉积学、古生物学和构造地质学的结合和交叉渗透,与地球化学和地质年代学的相互联系,成为当代地质科学的重要基础之一。

中国地层学研究始于1840年,是新中国建立以前少数几个有研究基础的学科之一。可以区分为3个阶段:

1840年~1919年是西欧与北美地层学早期理论概念影响阶段,由少数外国学者越俎代庖,做了一些地层工作,其中李希霍芬(1877~1912)论述了中国地层的主要特征,提出了"震旦系"这一著名的地层术语。

1920年~1949年仍未脱离欧美的影响,但是由中国学者为主研究中国地层学阶段。以前中央地质调查所、北京大学地质系、中央研究院地质研究所等研究、教学机构为中心,以生物地层学为主,并结合岩石地层学研究,确定了华北、华中、东南和西南各纪地层的大致分布,并进行了划分和对比。由于李四光、葛利普的大力倡导和悉心教育,从寒武系到第四系几乎都已有了从事研究的专家,在不少断代已开始了生物地层的生物带研究,也出现了全国性以至国际性的断代地层总结。在抗日战争期间,在极端艰苦的条件下,地层工作在南方(特别是西南半壁)仍能不断深入,同时也开始了向中国西部主要是西北部扩展。其中葛利普的2卷本《中国地质学》(1922~1928)总结了当时中国各时代地层发育和分布基本特点。李四光1939年在英国出版了《中国地质学》,系统总结了中国各时代的地层和古地理轮廓,还与俞建章建立了代表中国东部各地区的56个区域地层表。孙云铸1943年提出了中国古生代地层时代划分的3项原则:沉积旋回、地壳运动和生物群组合,从而把古生代划分为8个纪。

从中华人民共和国成立至今,是中国地层研究蓬勃发展阶段。由于大规模开展矿产、能源的普查勘探,促使地层学迅速发展。中国科学院对生物地层的研究全面展开,并陆续开展了地层学原理、理论和地层规范、岩石地层学、磁性地层学、年代地层学、定量地层学、地震地层学及碳酸盐岩地层热释光性等多学科、多方法的综合研究。又可进一步划分为:

1949年~1959年这10年间,是向东欧的统一地层学学习阶段,建立了中国前寒武系的地层单位,在南、北方都分出了太古界、元古界和震旦系3套地层。在研究方法上,开始应用同位素年龄的测定、疑源类和藻类研究、地球化学、古地磁等方法。1959年召开了第1届全国地层会议,通过了中国第1个地层规范草案,为了使中国地层规范化,决定计划出版总数为44册的《中国地层典》。从20世纪50年代起,中国科学院组织了跨系统、跨单位、多学科的地层学考察。1950年2月王钰、卢衍豪等参加辽东太子河流域煤田地质调查,根据沉积、构造、古生物的综合研究结果,确立了太子河流域震旦系、寒武系、奥陶系、石炭系、二叠系、侏罗系、白垩系的地层序列,特别是重新划分了寒武系、奥陶系,并开拓了沉积相与生物相区的探讨工作。50年代后半期,中国科学院组成祁连山地质队首次对祁连山进行了综合考察。在地层学方面,系统测量了地层剖面,并在大量地质资料的基础上进行了地层划分与对比,初步建立了祁连山前寒武系—第三系的地层层序,为研究祁连山地质、寻找矿产资源提供了地层基础。1956年~1958年对全国的区域地层进行了全面、系统的总结,编辑出版《中国区域地层表》《中国区域地层表补编》。这是中国首次出版地层学方面系统性的专著,对地质普查勘探、科研和教学起了重要作用,为此后地层表的编制作了示范。

1959年~1979年的20年间,是统一地层学盛行和后期的反思与寻找误区阶段。通过20世纪六七十年代中国科学院组织的青藏科学考察以及1975年中国登山队再次从北坡登上珠穆朗玛峰时进行的科学考察,建立了第1条长达40余千米的珠峰北坡地质剖面,并得到了第1批同位素年代的数据,首次确定珠峰峰顶的地层时代为奥陶纪,在珠峰北部石炭—二叠系地层中首次发现了冈瓦纳相的冰海相沉积及伴生的动物群,从而证明冈瓦纳沉积的分布越过了喜马拉雅山,山北部应属冈瓦纳大陆的一部分。通过大量的地层剖面观测,还建立了西藏地区寒武系—第三系的地层层序。这些成果对探讨珠峰和喜马拉雅山的隆起,探索青藏高原的形成与演化,提供了地层学依据。1966年~1971年为解决云南含铜砂岩和全国最大钾盐矿的层位、对比和时代问题,南京地质古生物所、古脊椎动物与古人类所与云南省冶金地质勘探公司、云南省地质局联合成立云南中生代红色地层研究队,测量了43条地层剖面,1975年出版了《云南中生代红层》专著,打破了传统上把红层视作亚层的观点,建立了以丰富的陆相生物群为主的生物地层序列与化石组合序列。1966年中国科学院南京地质古生物研究所、兰州地质研究所与四川石油局合作,调查研究西南地区碳酸盐岩震旦系、寒武系及奥陶系。1970年~1972年间组成了中国科学院、石油化工部、国家地质总局西南地质综合大队,专题考察西南地区震旦系—三叠系碳酸盐岩地层,研究了8个系的地层分区、划分和对比,总结了生物群特征、生物相和沉积相的变化。1979年发表的《西南地区碳酸盐岩地层》,综合了10年来系统研究的成果。1979年召开了第2届全国地层会议,通过的《中国地层指南》基本上接受了《国际地层指南》(H. D. Hedberg,1976)的多重地层划分的概念。

20世纪80年代以来,中国地层学在开放条件下,恢复和发展了国际协作和交流,地层研究的范围拓宽,并与相邻学科交叉,出现了新的分支学科,呈百花竞放之势。如生态地层学、地震地层学、层序地层学和事件地层学等得到迅速发展。围绕对地质时间的认识,地层学取得了从岩石地层学、生物地层学和旋回地层学3次里程碑性的重大进展。以生物地层学为基础并与放射性同位素定年技术相结合建立的、以百万年为计时单位的地质年代表既创造了地层学的辉煌,也在一定程度上降低了地质学对精确数字定年的不懈追求和为人类社会服务的功能。80年代以来,中国学者曾主持国际二叠系地层分会和有关的界线工作组。中国地层学研究逐渐跟上现代地层学的发展步伐,积极开展全球标准层型剖面和点位(GSSP)(俗称"金钉子")的研究。1997年~2010年先后获得10枚"金钉子"落户中国,取得了举世瞩目的成绩。2000年5月在北京举行了第3届全国地层会议,对第2届地层会议以来20年间的研究成果又作了全面总结,出版了《中国地层典》14卷、《中国地层指南及中国地层指南说明书》和《中国区域年代地(地质年代)表说明书》,为广大地层工作者提供了进行地层划分与对比的重要依据。2013年11月第4届全国地层会议,回顾了第3届地层会议以来的研究进展:修编并推广《中国地层指南及中国地层指南说明书(修订版)》;首次在中国组织全国系统的地层建阶研究;开创性地从多重地层角度编制了彩色"中国地层表";在同位素年代地层定年技术上取得长足进步;启动了"典型地层剖面保护"工程;建立健全组织机构,加强了人才培养和国际交流合作。多重地层划分特别是高分辨率陆相旋回地层、ESR(电子自旋共振)测年地层事件地层等研究取得了很多新的成果。这些成果促进了中国地层学研究尽快与国际接轨,大大提高了中国地层学研究的国际地位。另外,随1:25万填图扫面工作的基本完成和重要区段1:5万填图和1:25万地质图修编工作的开展,作为中国地质调查工作的技术支撑重要方面,地层学研究与地质调查紧密结合,把解决地质调查中遇到的重要地层问题放在工作的首位,针对地质调查、地质填图、科研和矿产资源勘探与开发中遇到的重大或区域性关键地层问题,开展地层学综合研究,解决重要地层区关键地质体的时代归属、不同地层单位的对比和地层形成的背景和相关环境等与地质调查密切相关的地层问题。

(杨守仁)

二、中国岩石地层学研究

岩石地层学是根据地层的岩石特征来划分对比地层的地层学基本分支学科。岩石地层学与生物地层学、年代地层学构成地层学3大支柱性分支学科。岩石地层单位是指以含某种岩石类型为主,或几种岩石类型联合,或者具有其他明显一致岩石特征而统一起来的岩石体;它的地理延展完全受其特殊的岩性特征的连续性或延伸的控制;有群、组和段3个级别地层单位。岩石地层单位是根据物理界面划分的,是区域性的地层单位。

1. 1949年前

中国岩石地层学研究从1840年~1949年记述了许多区域地层,如北京西山(叶良辅,1920)、长江峡东(李四光,1924)、江苏(刘季辰等,1924)、湖北(谢家荣等,1924)、宁镇山脉(李毓尧等,1931)、秦岭及四川(赵亚曾等,1931)、中国北部(高振西等,1934)、绥远及察哈尔西南部(孙健初,1934)、四川西康(谭锡畴等,1935)、江西西部(高平等,1940)、甘肃中南部(叶连俊等,1944)等省区地质志、地层研究。还有断代的论述和总结,如葛利普的震旦系(1922)、孙云铸的下古生界(1926)、尹赞勋的志留系(1949)、田奇㻪的泥盆系(1938)、俞建章的丰宁系(1937)和王鸿祯的前寒武系(1948)等。但是,1949年前的地层工作不规范、不统一,而且大半个中国的地层工作是空白区,古老岩层极少有人研究,陆相地层所知很少。

中国建立自己的断代地层系统开始于1916年的北京西山地质填图。中国前寒武纪岩石和地层非常发育,出露范围几占地表露头1/3,保存了从38亿年~5.5亿年较完整的地层古生物记录,蕴藏着丰富的矿产资源。19世纪后期西方学者来华考察,涉及很多前寒武纪地层。葛利普(1922)发表了关于震旦系的重要论文。李四光、赵亚曾(1924)最早研究了三峡地区的震旦系,其后高振西(1934)研究了蓟县中、新元古界剖面,这2项成果是20世纪前期南北前寒武系研究的经典之作。关于前震旦纪古老基底岩系的研究,20世纪30年代有赵亚曾、黄汲清(1931)对秦岭群,谭锡畴、李春昱(1931,1935)对川康变质基底的研究;40年代冯景兰、张伯声(1941,1945)对泰山杂岩和嵩山变质杂岩的研究和程裕淇对康定杂岩的研究。这一时期还出现了黄汲清(1948)、王鸿祯

(1948)对中国前寒武系的概括综述。

关于显生宙地层的研究,1920年李四光、赵亚曾(1924,1926)在三峡地区,赵亚曾、黄汲清(1929)在秦岭地区,谭锡畴、王竹泉、李捷、刘季辰等20世纪20年代在华北和江苏地区开展的正规的1:50万地质填图,都建立了较全的区域地层系统。20年代后期~30年代前期,乐森璕、冯景兰在两广地区,30年代初李四光、朱森等在宁镇山脉,40年代初赵金科、张文佑等在广西地区,都建立了区域地层系统。葛利普(1922,1924)的两卷《中国之地层(中国地质史)》巨著不但对中国地层作了全面总结,也对亚洲绝大部分地层作了全面论述。1939年出现了中国最早的区域地层表,即由俞建章编制。黄汲清主持编制的14幅1:100万地质图实际上起了对区域地层的总结作用。中华人民共和国成立之前,中国的地层研究成果在几次国际地质大会上都得到反映,因此20世纪前半期中国地质和地层古生物工作者虽然人数不多,但取得的成果水平已经具备较好的基础,在国际上取得了令人瞩目的地位。

2. 1949年以来

1949年后,随着大规模的地质普查勘探工作的开展,地层工作取得长足进展。

(1) 1959年、1979年、2000年、2013年先后召开了4届全国地层会议,总结了中国地层学研究的4个阶段性成果。第1届全国地层会议会后经过整理和一定的扩展,于1962年发布了《地层规范草案及地层规范草案说明书》,出版了《全国地层委员会学术报告汇编——总论》和分卷断代地层总结。第2届全国地层会议后出版了《中国地层指南及中国地层指南说明书》(1982)。第3届全国地层会议后出版了《中国地层指南及中国地层指南说明书(修订版)》(2001)、《中国区域年代地层(地质年代)表说明书》(2002)。

(2) 前寒武系地层的研究受到重视 1951年王曰伦等研究了五台山前寒武系,重新划分了"五台系"和"滹沱系"。1962年中国地质科学院地质研究所在《中国的前寒武系》书中将它们分别改称为"五台群"和"滹沱群"。在1959年全国地质编图会上展示了中国第1幅前寒武纪地质图。1961年召开的前寒武纪现场会上,程裕淇(1963)提出了变质岩分类、命名方案和工作方法,马杏垣、董申保分别提出了前寒武纪大地构造特征和变质建造的概念。20世纪70年代末,在"五台群"内发现了2个不整合面,长春地质学院等将"五台群"一分为三。游振东等(1958~1961)首次建立泰山群,将它自下而上分为万山庄、太平顶、雁翎关和山草峪4个岩组,嗣后,程裕淇等(1962~1963)详细研究后,1977年、1982年著述肯定了泰山群时代为太古宙(生成时代大于25亿年)和内部层位关系。不过目前多数人将泰山群从下而上划分为雁翎关组、山草峪组和柳杭组(沈其韩等,1992)。鞍山群、辽河群以前被搞得很混乱。20世纪50年代李春昱、程裕淇、罗耀星做了工作,1959年程裕淇等提出鞍山群,用以指不整合于判甲炉组之下地层。1963年冯树勋等将判甲炉组归为辽河群,指出辽河群不整合于鞍山群之上,时代为元古宙。同年,程裕淇等对比分析了鞍、本一带的鞍山群,划分为3个岩组,给出了鞍山群的K-Ar年龄数据为16.03亿年~23.6亿年。目前近于一致认为鞍山群在鞍本地区可分为5个岩性组,时代为太古宙,略超过31亿年(尹赞勋,1979)。阜平群经20世纪60年代的工作,1965年保定会议商定可将"阜平群"五分建组。1982年将阜平群二分为2个亚群,认为原岩形成于27亿年~29亿年,变质及变形始于27亿年前,终于25.6亿年前(刘敦一等,1984;伍家善等,1989)。震旦系自李四光、高振西等工作以来,长期争议。经多年研究讨论,1982年7月在北京召开的晚前寒武纪地层分类命名会议,议决"震旦系"限用于长江峡东剖面为代表的一段晚前寒武纪地层,其下界暂用莲沱组底界,其顶界即寒武系底界;其内部二分,2统分界暂置陡山沱组底界。蓟县的剖面与三峡的不同。1959年程裕淇等在《中国的前寒武系》中提出以不同符号代表各自地层系统,以示区别。从1958年起,地质部和中国科学院引进了同位素测年方法,王日伦(1962)根据同位素年龄资料提出了南北"震旦系"不相当而是上下关系的正确论点。1962年成立的华北地质研究所(天津地质矿产研究所)首先对蓟县(中、新元古界)剖面运用叠层石、微古植物、沉积岩石化学及同位素测年等多种方法作了综合研究,澄清了青白口群的时代归属。20世纪70年代对寒武纪地质较多地采用了多种方法的综合研究。1973年程裕淇等对华北和东北的下前寒武系作了总结,归纳为3套地层系列,年龄底界分别为25亿年~23亿年、20亿年和17亿年~18亿年。1972年召开了前寒武纪地层座谈会,提出了以25亿年为界划分太古宙和元古宙的标准。1975年召开了震旦系讨论会,提出了中国上前寒武系的四分方案,保留南方的震旦系,北方蓟县剖面的"震旦系"划分为青白口系、蓟县系、长城系,南北4个系统称"震旦亚界",均属中、上元古界。1982年7月北京会议上决定:"震旦系"和"震旦亚界"不能并存,应废弃后者。目前蓟县剖面自上而下三分为青白口系、蓟县系、长城系已被沿用,代表中元古界。至此,先寒武纪地层顺序最老的一套为泰山群、鞍山群和阜平群及桑干群,其后是五台群、辽河群,再后是滹沱群,最后是震旦系。但是,迄今滹沱群与长城系、蓟县系等的关系问题尚有争议。从80年代初期开始是寒武纪地质学研究的繁荣阶段。1982年程裕淇、孙大中等对中国的下寒武系作了总结。1983年在北京和天津召开了2次国际前寒武纪地壳演化讨论会,探讨了基底构造变质特征和大陆间的地层对比和古冰川、地球化学问题。由杨遵仪、程裕淇、王鸿祯(1986)在英国出版的《中国地质学》以较大的篇幅对前寒武纪地质作了系统论述。90年代以来还出现了白瑾(1993,1996)的《中国前寒武纪地壳演化》、赵宗溥(1993)的《中朝准地台前寒武纪地壳演化》等。前寒武纪年代划分和同位素地质年代学取得了突破性进展。王鸿祯自1980年即在太古宙之下采用冥古代(宙),其后上限定在38亿年~39亿年,并提出了代、系划分和命名代号的意见(1990,2000)。中国第3次全国地层会议提出的地质年代前寒武纪部分反映了自己的特色。

(3)古生界　1949年后,古生界研究的深度、广度都有明显进展,逐步填补了中、西部的研究空白。20世纪70年代后半叶,编制出版了除台湾、西藏以外的省、市、自治区地层表。1981年起出版了《中国地层》14卷断代系列书,建立了中国统一的地层分类和各地区的地层划分对比系统。至此,中国各主要沉积区的古生界发育层序和古生物序列已基本建立。在综合研究基础上,建立了诸如地层分区、古地理分区以及"生物—环境控制论(卢衍豪等,1974)"、"生态分异论"(穆恩之,1974;1983)等理论概念性的观念。中国下古生界研究经几代学者努力成绩斐然。张文堂(1988)、盛莘夫(1980)及陈旭、戎嘉余、汪啸风等(1995)都曾为IUGS出版的断代专著撰写了中国以及东亚地区的地层总结。穆恩之等(1986)曾在美国地质学会特刊上发表长文,对中国志留系进行了对比总结。王钰等(1986)、侯鸿飞等(1985)对泥盆系,吴望始等(1987)、王成源等(1987)对石炭系,金玉玕等(1997)、杨遵仪等(1987)对二叠系都做了重要工作。

(4)中、新生界　中国基本是陆相中、新生界,海相地层仅分布于边陲地区,所以海相中、新生界研究很少。1949年后随全国性的区域地质调查和填图工作以及重要煤田、油气田的普查勘探、青藏综合考察等工作开展,海相岩石地层研究有显著进展,陆相地层研究基本消灭空白研究区,如松辽平原、鄂尔多斯盆地、四川盆地和青藏高原的中生界,新疆北部、西天山、藏南及其他地区中、新生界都深入地作过调查研究,提出了划分对比方案。这些成果反映于全国地层会议学术报告汇编及《中国地层》系列书中。南京地质古生物研究所(2000)总结了20年来显生宙地层研究的进展,对古近系和新近系研究作了迄今最全面的综述。

20世纪80年代开始,在程裕淇领导下,编辑出版全国各省、市、自治区《区域地质志》及其图件,地层、沉积岩占据显著地位,标志中国地层学研究工作的重大进展和成就。

(杨守仁)

三、中国生物地层学研究

生物地层学是运用生物进化的不可逆性和阶段性来研究地层的学科,其目的是研究地层的相对时代,基本方法就是根据地层中所含化石进行地层划分和对比。生物地层学的方法,不仅对小范围内的地层对比行之有效,而且对大区域间乃至洲际间的地层对比和全球年代地层系统的创建具有重要意义,对沉积相和古地理的研究也有指导意义。中国生物地层学研究大致分为1949年前、1949年后2个阶段:

1. 1949年前

古生物与地层的紧密关系可以追溯到北宋时期,沈括最早提出"沧海桑田"思想(1083～1093),是"生物地层学"的最早雏形。1920年叶良辅《北京西山地质志》出版,是国人研究中国生物地层学的开端。20世纪20年代葛利普在北京大学讲授《地层学》,以他的传世名著《地层学原理》为规程。20世纪30年代生物地层学得到明显进展,孙云铸(1926,1935)对寒武系、奥陶系和志留系,徐杰(1932,1937)对奥陶系、志留系,尹赞勋(1948)对志留系,田奇㻪(1936,1938)对泥盆系和石炭系,俞建章(1931)对石炭系,黄汲清(1932)对二叠系,杨钟健(1934,1935)对新生界都作了系统的论述和大区性总结。20世纪40年代孙云铸在昆明西南联大讲授地层学,则以中国地层为主。但是,应当说欧美地层学早期理论概念有着深刻的影响。

2. 1949年以来

20世纪50年代,中国处于向东欧的统一地层学学习阶段,生物地层工作使许多空白地区有了基本了解,对了解较好的东部地区大大提高了研究程度;前寒武系开始应用孢粉鉴定、藻类研究;古生界下部有了重要发现和修正;古生界上部也在原有基础上取得很大进步,尤其是对含煤地层的划分对比达到相当细致的程度;对海相三叠系的研究有很大进展;对陆相地层的研究获得很丰富的材料。1959年第1届全国地层会议后出版的《全国地层会议学术报告汇编》断代系列书,尹赞勋等所编的《中国区域地层表》(1956,1958)以及1959年的《中国地层名词汇编》,中国第1部地层规范在1960年出版,都是这阶段的主要成果。20世纪60年代～70年代,中国地层学处于统一地层学盛行和反思与寻找误区阶段。70年代前期的西南石油大会战和1966年以来对西藏的持续综合研究取得了宝贵的成果。从70年代中期开始,在全国组织了以大区为范围整理编制区域地层表的工作,按划分的小区详细查证、全面论述了地层特征和化石内容,形成一套极为详尽的地层古生物系统资料,具有多方面的应用价值,区域地层表工作有很大进展。1979年第2届全国地层会议后出版的《中国地层》新一轮断代系列专著,系统总结近20年的地层工作成果,这是建立在几十年来大力开展的区域地层研究基础上,吸取了地层分区、沉积古地理和生物地层研究成果的断代地层专著,基本上补足了边远地区的地层系统。南京地质古生物研究所编著的《中国各纪地层对比表及说明书》(1982)和《中国各系界线研究》(1983;英文版,1984),以丰富和详细的生物地层研究为特色,还设有专论陆相和植物群的卷篇,可以说全面总结了这方面的研究成果,对地层界线问题也进行了全面讨论,多有新见。制订了体现现代地层学的《中国地层指南》(尹赞勋、张守信,1981),出版了《理论地层学——现代地层学概念》(张守信,1989)。门类生物地层学和区域生物地层学的专著和论文则不胜枚举。例如,《广西及邻区泥盆纪生物地层》(白顺良等,1992)、《南祁连山三叠系》(杨遵仪等,1983)、《华北及邻区牙形石》(安泰庠等,1983)、《宁夏陆相泥盆系及其生物群》(潘江等,1987)、《中国南部早古生代牙形石》(安泰庠等,1987)、《下扬子地区牙形刺》(王成源,1993)、《西秦岭石炭纪、二叠纪生物地层及沉积环境》(曾学鲁等,1996)、《Conodont sequences of the Permian-Triassic boundary strata at Meishan Section, South China》(Zhang Kexin, Ding Meihua, Lai

Xulong, et al., 1996)、《Chapter 4, Cambrian Period》(Peng Shangchi, Babcock L E., 2008)。迄今各地质时代的各门类化石带都基本建立。作为中国生物地层学研究的奠基人之一,杨遵仪和同事们对北祁连山、南祁连山、贵州中部、青藏高原和华南等地的地层学研究,奠定了这些地区的古生物学和地层学研究的基础,并为这些地区的综合地质研究和地质勘探提供了重要的依据。20 世纪 80 年代以来,积极开展全球标准层型剖面和点位(GSSP)(俗称"金钉子")的研究,中国地层学取得了举世瞩目的成绩。2000 年召开了第 3 届全国地层会议,通过《中国地层指南》修订版(2001),并出版了《中国地层指南及中国地层指南说明书(修订版)》(2001)、《中国区域年代地层(地质年代)表说明书》(2002)。中国学者研究建立的寒武系"古丈阶"(2008)、"江山阶"(2011)、"芙蓉统(排碧阶)"(2003),奥陶系"大坪阶"(2007)、"达瑞威尔阶"(1997)、"赫南特阶"(2006),石炭系"维宪阶"(2008)、二叠系"乐平统"(2005)、"长兴阶"(2006)三叠系底界(2001)等 10 枚"金钉子"已落户中国,成为国际地层划分对比的标准。北京大学古生物学和地层学国家重点学科在杨遵仪、郝诒纯、王鸿祯等领导下,围绕古生物学及地层学中一些具有重要科学意义的学科前缘和热点问题开展了卓有成效的研究工作,取得了多方面的综合研究成果。以生物地层为主线,采用多学科结合、多种技术手段应用、与国内外各界学者全面合作、共同奋斗的方法,最终使得全球二叠系—三叠系界线层型剖面和点(GSSP)这一地史上分量最重的"金钉子"确立在中国浙江长兴煤山;通过深入细致的多学科综合研究,还提出了详细的上二叠统以牙形石为代表的多门类生物化石分带和多种地质事件的相关序列,可作为牙形石分带的候选国际标准;通过对中国南方下三叠统以生物地层为基础的多学科手段综合研究,在早三叠世年代地层学方面取得重要进展,不仅建立了中国海相下三叠统年代地层系统,而且为竞争国际下三叠统阶间界线层型奠定了良好的基础。

(杨守仁)

四、中国年代地层学研究

年代地层学是讨论岩层的时代及其时间关系的地层学基本分支之一,也是用测定地球岩层的年龄和时间顺序来解释地质历史的地层学分支。年代地层单位指一个特定的地质时间间隔内形成的岩层体。它是具有完整的级别体系,被分为宇、界、系、统、阶、时带 6 级,宇、界、系、统诸级适用于全球,阶一般只适用于一个或少数几个大区域,时带属地方性的单位。中国年代地层学研究始于 1920 年,但直到 1959 年,阶的概念在一般中国学者中尚未树立或不受重视,第 1 届全国地层会议上曾经提出中国正面临着一个建阶问题,从那时起,特别是在 20 世纪 70 年代后半期,建阶越来越多,出现了一系列阶名。但阶名大都是直接由岩石地层单位的组名移植过来,没有做认真的划分时带的繁重工作,就把一个研究稍详的组原封不动地拿来当作一个阶使用,因而中国年代地层研究质量不高或名称混乱。年代地层是根据等时面建立的全球性年代地层标准划分的,生物地层单位、地磁反向单位以及放射性年龄等都是帮助确定时间界面的。中国生物地层学研究程度在 20 世纪 80~90 年代已达到很高的水平,各门类化石带都已基本建立,这是建阶的主要基础。中国的地质年代学研究从 20 世纪 60 年代就已开始,80 年代地矿部中国同位素地质年表工作组推出中国第 1 个同位素地质年表(1987),此表包括 108 个数据和 78 个基点,内容充实,资料新颖,对于全球地质年代学是一重大贡献。1990 年王鸿祯等在 1989 年第 29 届国际地质学大会通过的"全球地层表""地质时代表"和中国同位素地质年表的基础上,编制了"国际地层时代对比表"。据顾道源等(1993)"全球地层表与中国地层表"统计,中国震旦系至白垩系共有 80 个阶(含待名阶)。实际上,截至 1990 年中国震旦系至二叠系已有 108 个区域性阶名(张守信,1993)。中国地磁反向的研究也已开始,如 20 世纪 80 年代张正坤等对华北二叠、三叠系界线,李华梅等对四川广元上寺二叠、三叠系界线剖面,刘东生、安芷生等(1992)对黄土研究,但这方面刚起步不久,成果不多。在建阶工作中,中国学者已经和正在总结经验,避免概念上的误用,审慎地达到建阶的目标。　　（杨守仁）

五、中国生态地层学研究

生态地层学以生物的群落分析为基础,研究地层中化石群落的时空分布及演替规律,用于划分对比地层和恢复古环境,为盆地分析、沉积演化和矿产预测服务的学科。基本方法是通过沉积现象、地球化学证据所反映的生境型得出海平面变化特征,结合生物地层、年代地层进行生态地层对比和环境分析。导源于古生态学,由德国 O. A. 辛德武夫于 1950 年提出。它以群落生态作为研究基础,从群落及其生态系的角度研究地层体,识别生态群落,解释周围环境,探讨群落及其生态系的时空分布、演替规律,以利于提高地层对比的精度。1978 年戎嘉余首先向国人介绍这一理论。1983 年金玉玕、张宁系统评述了生态地层学的含义、分类单元及实践;杨式溥、黄志勋分别就生态地层学、生态地层学作了综合介绍。1984 年陈源仁从群落古生态的角度对生态地层学作了评述。王钰等(1987)、穆恩之(1983)、穆恩之等(1986)、戎嘉余(1984,1986,1988)、戎嘉余等(1984,1987)、Johnson 等(1985)及刘家润、张永辂(1987)等,对中国奥陶纪至泥盆纪生态地层及群落分析做了大量开创性的研究工作。陈源仁(1992)发表《生态地层学原理》专著,系统介绍了该学科概念、内容、现状和方法,为高校有关课程提供了有一定深度的教材。北京大学古生物学和地层学国家重点学科在杨遵仪、郝诒纯、王鸿祯等领导下,在中国南方二叠纪、三叠纪地层学研究实践中,成功应用和发展了生态地层学的理论和方法,并将生态地层学的研究成果应用到露头层序地层研究中,取得了良好的效果。在区域生态地层学方面,中国学者做了大量工作。牛志军等(1999)对湖北建始—巴东地区上二叠统大隆组进行了生态地层学研究;林明月、殷鸿福(1991)对黔西南长兴期生态地层进行了初步研究;赖旭龙、殷鸿福等(1992)研究了秦岭三叠纪古海盆的生态地层、生物古地理特征及其演化;肖传桃等(1995)对中扬子地区二叠纪生态地层学及古地理特征进行了研究;王建坡(2005)研究了羌塘盆地东部中晚侏罗世生态地层;田云涛等(2007)分析了桂西南柳桥地区上二叠统大隆组层状硅质岩成因和沉积环境;何刚(2007)研究了中下扬子地区二叠纪古气候古环境;陈立德(2009)对湖北建始黄岩及邻区二叠系大隆组生态地层进行了研究;李慧(2009)从湖北兴山大峡口(HXD)剖面生物序列、生物群落、沉积现象、碳同位素地层等方面分析和总结出该地区早三叠世海洋环境的变化特征;文海霞等(2010)对黔南平塘上二叠统大隆组硅质岩成因及沉积环境进行了探讨等。　　（杨守仁）

六、中国地震地层学研究

地震地层学是把地层学和沉积学特别是岩性、岩相的研究成果,运用到地震解释工作中,把地震资料中蕴藏的地层和沉积特征的信息充分利用起来,做出系统解释的方法。地震地层学是以反射地震资料为基础,进行地层划分对比、判断沉积环境、预测岩性岩相的地层学分支学科。主要用于各种沉积矿产,特别是油气资源的调查勘探。

地震地层学形成于 20 世纪 70 年代后期,1977 年 AAPG 第 26 集发表地震地层学论文集是重要标志。地震使反射面所反映的地层界面,经过大量分析,基本上代表了等时面,即年代地层界面。所以,以地震波反映为手段,根据地震反射面划分对比地层,于是出现了地层学新的分支学科——地震地层学。地震地层学的诞生,在油、气勘探中起了很大作用。中国地震地层学研究在油、气勘探中积累了大量资料和经验。1979 年底在潜江凹陷北部开展了地震地层学的研究工作,对覆盖成网的潜北地区的地震资料进行普查分析,发现了沉积物源和古水流方向在地震剖面上的显示——前积结构。用地震资料解释的水流方向与过去用钻井资料推测的古水流方向一致。根据地震波组所反映的地层之间的削蚀、顶超、上超、下超4种接触关系,用地震地层学方法划分了地震层序。总结了潜北地区地震剖面上的非构造异常的5种表现特征及相应的非构造圈闭模式,发现非构造圈闭31个,面积16平方千米。提供钻探的地学101井(即浩32井)获得工业油流。1980年江汉石油管理局地质调查处与研究单位共同承担了南海莺歌海盆地"阿科"工区的地震资料整理和油气资源评价,共解释地震剖面19 545千米。在盆地东部以12 000千米地震资料为主,结合3口探井进行了地震地层学研究,为该区的油气资源评价提供了生油层、储集层的分布特征、沉积模式和岩相古地理特征等基础地质数据,作为对外招标的基本地质依据;对该区的地震层序划分提出了意见,指出了某些特殊岩体的地震相特征及其在确定岩相时的作用,综合了地震地层学解释和钻井成果,对该区自古近纪至今的沉积模式和岩相古地理作了完整的论述。这是中国首次运用地震地层学方法进行油气资源评价工作。1978年以后,胜利油田开始加强地震地层学的研究,并结合其他地质信息,进行合理解释,在非背斜油气藏的勘探中收到显著效果。首先选择在梁23井区进行地震地层学的研究,在梁家楼古河道勘探中取得成效。部署了9条横穿河道的数字连井测线,作了常规处理和特殊处理2种剖面的对比。在研究梁家楼古河道砂体的过程中,根据T4反射波的特点进一步修改了原河道砂体分布图,提出6口新的井位,基本按照预定的深度打到了砂层,油气显示良好。其中梁23井见到了15.5米砂岩层,获得2层厚14.8米油层,日产原油238吨,进一步证实了河道砂分布范围。地震地层学研究在梁23井的成功,拓宽了济阳坳陷非背斜油气藏的勘探领域。将地震地层学的研究对象逐步扩大到冲积扇、浊积扇、水下扇等沉积岩砂体,在单家寺冲积扇、义东冲积扇、车西冲积扇研究中都取得了较好效果。

近10多年来,中国已积累了大量的陆相地震地层学的经验。但是地震剖面的分辨率较低,一个地震反射所能识别的地层厚度不大,所以,它的应用有待进一步改进技术、提高分辨率。张万选等著《陆相断陷盆地区域地震地层学研究》(1988)和《陆相地震地层学》(1993)以典型盆地的分析为例,对中国东部陆相断陷盆地区域地震地层学研究方法作了系统探讨,对地震相分析方法、地震层序划分原则、速度—岩性解释方法、地震相模式、地震相向沉积相的转换等基本问题均有独到见解。赵月霞(2003)运用地震地层学的方法,对南黄海近6000千米的高分辨率地震剖面进行对比追踪。张进(2004)对黄河口现代海洋沉积高分辨率地震地层学研究,表明黄河口地区在第四纪构造持续下降和多次海面升降的背景下,中更新世以来表现出海陆交互出现的地层序列。韩强(2006)对长岭断陷地震地层学与勘探目标分析,利用整体、动态、综合的含油气盆地分析方法和油气运移的倒汇水模式,天然气自生成后至今主要运移聚集在5个有利区带;通过正演模型、测井解释、地震属性、反演及AVO等综合分析,发现火山岩总体具有较高的速度和中等—强的反射振幅背景,含气后速度明显降低,并出现强振幅、低频、强吸收、眼球状效应等异常,高产气井往往钻在火山口附近的小断裂上,且出现低波组抗和远偏移距振幅大于近偏移距振幅的AVO响应。这些特征成为该区地震气层预测及高产钻探目标选择的重要依据。潘大伟(2011)对曹妃甸浅海地区进行了高分辨率地震地层学研究,较为详细地将研究区曹妃甸浅海地区中更新世以来的地层进行了划分,共划分出10个地震反射界面,进一步对其第四纪的沉积环境进行了分析研究,确定了各地层的底界,典型的地震相单元,发现典型的地层不均匀沉积现象,并研究第四纪研究区海平面升降,初步建立研究区第四纪以来的沉积演化模式,最终恢复曹妃甸地区第四纪的沉积环境。(杨守仁)

七、中国磁性地层学研究

磁性地层学是地层学的一个新分支,它主要通过岩石原生剩余磁性特征的研究来解决地层的划分与对比问题。国际上已编订了磁性地层极性单位和通用的地磁极性年代表。磁性地层学中划分对比地层常用的方法有3种：以地磁长期变化为依据；利用古地磁平均方向；利用磁性反转来对比岩层时代。利用古地磁的反转和长期变化曾经使一些难于确定的矿层和岩体的时代得到解决。

中国在磁性地层学方面研究起步较晚，但也取得可喜的成果。1971年安芷生首先将古地磁磁性地层学方法引入中国的第四纪研究，他作为国内最早开展第四纪磁性地层学的研究者之一，进行了午城黄土、洛川黄土剖面和华北平原的磁性地层学研究，与刘东生一起建立了黄土序列中的较精确的B/M界限，与李华梅、王俊达一起在中国科学院地球化学研究所建立了中国第一个专注于第四纪研究的古地磁实验室；1985年通过磁性地层学方法，进一步测定并修正了蓝田猿人年龄（陈家窝蓝田猿人年龄为65万年，主岭蓝田猿人为115万年）。1981年马醒华与麦克尔欣尼（M. W. McElhinny）等合作对四川峨眉山区上二叠统峨眉玄武岩和宣威组的工作，后来，李华梅、王俊达等（1989）与瑞士学者合作对四川广元上寺二叠、三叠系界线剖面的古地磁研究，张正坤与美国学者合作对四川广元、合川的二叠、三叠系界线剖面的古磁学研究，都发表了各自的成果。特别应指出的，刘东生等（1983，1984）和王永焱等（1984）对陕西洛川黄土和云南元谋盆地元谋组的古地磁研究，为世界地质学界所瞩目。近年来，中国学者在磁性地层学方面做了大量工作，推动了磁性地层学的发展和应用。如湖北"郧县人"化石地层的磁性地层学初步研究（阎桂林，1993）、许家窑组及许家窑文化层年代问题的磁性地层学证据（樊行昭等，2002）、太原西山上二叠统陆相地层的磁组构学研究（刘育燕等，2003）、皖南风尘堆积—土壤序列的磁性地层学研究及其古环境意义（乔彦松等，2003）、长江中游砂山的磁组构特征及古气候环境意义（张玉芬等，2008）、甘肃灵台新近纪红粘土磁组构特征的沉积学意义（弓虎军等，2007）、陕西蓝田公王岭黄土古土壤序列的磁组构特征及其古环境意义（谢久兵等，2007）、北京山前冲洪积缓倾斜平原晚新生代沉积物磁性地层学研究（栾英波等，2008）、匼河遗址6054地点黄土—古土壤剖面磁性地层学的年代研究（刘平等，2008）、基于磁组构特征的江汉平原全新世古洪水事件（张玉芬等，2009）、盐源地区峨眉山玄武岩的磁性地层学研究（郑连弟等，2010）、黄河源地区磁组构特征及其地质意义（韩建恩等，2011）、河南西南部典型白垩纪剖面的岩石磁组构特征及其构造意义（李震宇等，2011）、柴达木盆地大浪滩ZK02孔磁性地层学研究（秦永鹏等，2011）等等。

（杨守仁）

八、中国化学地层学研究

化学地层学是地层学与地球化学结合产生的一个地层学新分支学科。它是研究地层中化学元素（常量、微量、稀土元素，稳定同位素，有机化学元素）在时间域和空间域的演变规律，进而探讨元素在时间演化及空间分布的化学历史。换句话说，化学地层学是以地层体为对象、以地球化学为主要内容研究地层单元中元素在时间上（化学阶段）、空间上（化学域）演化、展布特征。这个学科在20世纪70年末期一经诞生，立即受到国内外学者重视。

中国1979年由陈晋镳在《蓟县震旦亚界研究》一文中首次提出。1982年黄汲清也认为化学地层应发挥其作用。1990年在贵阳召开的区域填图多重地层划分会议中也提出了选择重点地区对化学地层学、磁性地层学的应用进行试点研究要求。中国一般采用等离子光谱法（ICP）分析10多种氧化物、20多种微量元素、包括Y在内的15种稀土元素。白顺良等（1994，1995）首次提供了完整的泥盆系和下石炭统地球化学成果，并将地球化学资料精确地与生物地层学资料进行对比；根据完整的地球化学资料，他们发现了米兰柯维奇旋回（周期为10万年、140万年），并计算出中、上泥盆统各阶及各牙形石带的年限；提出了许多创新性的思想。这是泥盆系化学地层学首次尝试的出色成果,可能作为全世界地层对比的范例。秦正永等(1986,1987,1989)、马云平(1988)、刘益丰等(1989)对内蒙古、湖北、山西、冀北、北疆等地区前寒武系化学地层研究,秦正永(1985)还提出了化学地层学的基本模式及某些概念与术语。对中国若干重要地层界线研究中,应用化学地层学出了不少研究成果,例如,前寒武—寒武系界线、寒武—奥陶系界、泥盆系弗拉斯阶—法门阶界线、泥盆—石炭系界线、二叠—三叠系界线、三叠—侏罗系界线、白垩系、白垩—第三系界线、新生界以及地层不整合等,有陈锦石(1991)、白顺良等(1990)、张景华等(1983)、孙亦因等(1984)、徐道一等(1985,1989)、柴之芳等(1986)、周瑶琪等(1989)、杨遵仪等(1991)以及周磊等(1989)等的论著。这些成果引起国内外学术界高度重视。

(杨守仁)

九、中国层序地层学研究

层序地层学是20世纪80年代发展起来的一门新学科和新技术(纪友亮,2005)。萌胎于1977年,经10年孕育,1987年维尔等(P. R. Vail)提出了"层序地层学"这一新概念,1988年瓦冈奈尔(J. C. Wagoner)主编了SEPM层序地层学特刊,维尔等主编的《层序地层学工作手册》和《层序地层学基础》2部专著问世,从而宣告一门新的地层学分支学科——层序地层学的诞生。层序地层学是根据地震、钻井及露头资料,以海水进退所形成的等时面为准,结合有关的沉积环境及岩相古地理解释,对地层层序格架进行综合解释的科学。主要目的是恢复地层演化过程及空间分布格局,即是为以地层不连续面为界面的、成因上有联系的并具有旋回性的地层,建立一个年代地层学框架(空间分布格局)。在其发展过程中逐渐形成了一套相对独立的理论法体系。它的出现代表了地学领域里的一场新的革命,是一种划分、对比和分析沉积岩系的新方法,其理论指导的地层研究极大地改变了人们对底层形成过程和盆地建造控制作用的认识,其模式分析对地层格架的建立和数字模拟研究提供了一个强有力的手段,使地层学的研究前进了一大步(杨国臣等,2009)。实践表明,层序地层学确实是能综合应用地球物理(地震和测井)地层学、生物(年代)地层学、沉积学、区域构造地质学、海洋学、冰川学、石油地质学等多学科资料,进行沉积盆地分析的强有力工具之一。

中国对层序地层学的研究虽然起步不久,但作为地球科学研究前沿之一,层序地层学的理论和实践给地质学的研究带来理论和思维上的飞跃,因此近年来备受地质学界的青睐,层序地层学理论得到了飞速发展,并在石油、煤矿等矿产领域获得了应用,取得了极大的经济效益。1986年刘宝珺将GSGP计划带到国内,介绍了国外在层序地层学方面的研究成果,在当时他领导的中国南方岩相古地理项目中进行了应用,较早地开始了中国的层序地层学的应用和研究。1990年开始研究的内容由介绍有关层序地层学关键定义逐渐转入层序地层学的应用探讨,主要表现为从一般性的介绍到大量实践成果的出现,开始将层序地层学理论应用在构造环境和盆地、克拉通边缘碳酸盐岩地层和露头地层和沉积环境、沉积相分析中,并在油气勘探领域的实践中逐渐加强。例如,乔秀夫等(1991)对内蒙古渣尔泰群层序地层及构造环境的探讨;徐怀大(1991)论述层序地层学理论用于中国断陷盆地分析中的问题;刘宝珺、许效松、徐强等(1991)在西部大型盆地动力学的研究中论述了盆山转换、盆山耦合与层序地层的关系;李思田(1992)提出了完全不同于国外海相层序地层模式的陆相层序地层学,他把相和沉积体系放到整体地层格架内,按等时界面划分,识别并对比层序界面、划分层序,提出了盆地充填系列和构造层序;魏魁生、徐怀大(1993)对华北箕状断陷盆层序地层学及其油气赋集所做了工作;李群、孙家振(1993)对伊通地堑岔路河断陷层序地层学与地震相进行了分析;解习农、李思田(1993)论述了层序地层学分析及填充史。

1994年以来,中国层序地层学进入了成熟发展时期,各个方面研究成果大量涌现,全方位地发展与国际研究接近同步。期间代表作有:朱筱敏著《层序地层学》(2000)、刘招君等著《陆相层序地层学导论与应用》(2002)、吴因业和顾家裕等著《油气层序地层学》(2002)、邓宏文等《高分辨率层序地层学原理及应用》(2002)、宋万超等《层序地层学概念、原理、方法及应用》(2003)、纪友亮著《层序地层学》(2005)等。

目前,层序地层学的理论研究已从早期的被动大陆边缘盆地向前陆盆地和陆相盆地发展,在地质年代上已涉及古生代以来的整个时期,在岩性上包括碎屑岩、碳酸盐岩及混积岩层序,产生了成岩—层序地层学和胶结物层序地层学的概念。层序地层学理论作为一种新思维,在寻找和预测非构造圈闭和隐蔽油气藏的勘探开发中发挥着越来越重要的作用。定性的地质描述、宏观地质现象的追索、测井及地震地层的对比分析是层序地层学研究的主要方法,但定量化分析和微观测试的应用也已成为精细、准确、高分辨率层序地层研究的更高要求。

(1) 层序地层学理论体系研究　中国层序地层学理论体系研究和探讨逐渐扩展和加深。创新性成果有:葛铭等(1995)关于长山期最大海泛事件及洲际模式研究;殷鸿福、童金南(1995)关于层序地层界面与年代地层界线的关系的探讨等,都反映了中国地质学界对层序地层学研究的较高的理论水平。特别是中国国际层型剖面的研究令世界关注,已取得了10个"金钉子"。王训练、苏文博(1999,2002)提出了选择全球界限层型剖面点的一个重要参考标准,并从综合地层学的观点讨论了确定全球界线层型剖面点的步骤和方法。此外,梅冥相等(1996)、秦玉娟等(1997)、周瑶琪等(1997)、王鸿祯等(1998)、郑荣才等(2000)还对地层旋回记录、旋回周期成因、海平面变化定量研究、间断面时间定量等理论问题进行了探讨研究,并取得一定的研究成果。在基本理论研究方面已在以下几方面取得了进展:对露头的细致地层序地层分析;对碳酸盐岩及沉积层的层序地层分析;对高频旋回的地面及地下分析;对海平面的认识和精确计算;沉积层序的计算机模拟;近海湖盆和内陆盆地中的应用。

(2) 陆相层序地层学研究　中国学者在陆相层序地层学领域的研究处于领先地位。近年来,中国已积累了大量的陆相地震地层学的经验以及陆相沉积学的经验,为开展陆相地层分布区的层序地层学研究提供了扎实基础资料。陆相沉积体系层序地层学研究早期被翻译到中国(刘茂强,1995),李思田、林畅松等(1995)和徐怀大(1997)开始探讨了大型陆相断陷盆地层序地层学研究方法。顾家裕(1995)建立了陆相坳陷盆地地层层序模式及陆相断陷盆地中陡坡型和缓坡型2类地层层序模式,为油气勘探提供了有用的理论指导。由于陆相沉积物可容纳空间变化与海平面升降没有内在直接联系,陆相层序地层学并未形成统一的模式,但随着新技术、新方法的不断应用,陆相湖泊、沙漠遗迹河流相的层序地层学研究不断深入并取得一些新认识(顾家裕,1995;胡受权,2000;程守田等,2000;方石等,2000;王多云,1994)。王东坡(1994)研究了松辽盆地的白垩纪湖相沉积的层序地层,并对海陆相层序的可比性进行了有益的探索和总结,把此项研究纳入全球沉积地质计划的第1个试点项目全球海相白垩纪地层的对比。徐怀大、顾家裕(1996)研究了松辽盆地的层序地层特征,为塔里木盆地的油气勘探提供了有用的证据。至于松辽盆地、渤海湾、鄂尔多斯、四川、柴达木、准噶尔、吐哈、中国南方及海域诸盆地的地层层序的研究更是硕果累累(苗爱生等,2008)。中国学者把有关海相地层的沉积相序列和不整合面所指示的相对海平面变化概念与同期海相地层中相构型组合变化及组合特征相联系的研究方法,较为成功地应用于基准面变化与同期陆相地层中相构型组合及变化过程分析,并以此说明冲积扇、河流、三角洲或扇三角洲、湖泊和湖底扇等沉积体系中各类砂体的时空展布和演化规律(徐怀大,1997;余素玉等,1993)。扬弃地运用经典序地层学理论,系统研究了伸展背景下的断陷湖盆、坳陷湖盆和河流相层序地层,提出了相应的陆相层序地层模式(魏魁生等,1996;邓洪文等,1999;顾家裕,1995)等等。众多的研究成果和文献资料已初步证明层序地层学理论应用于陆相地层研究,可有效地提高地层对比及砂体几何形态、展布规律的描述精度,从而提高各类储集砂体的预测成功率。目前,国内盆地层序地层学研究的主要进展:①研究区涉及面广,几乎所有类型陆相盆地都做过不同程度的研究,提示了陆相层序发育特点的多样性;②在生产中广泛应用,取得了一定的实际效果,成为地层岩性油气藏勘探方法体系的重要组成部分;③层序地层发育特征与成因研究相结合,改变了层序地层学观点引入中国初期直接应用被动大陆边缘层序模式解释陆相层序成因的做法;④地震解释新技术在层序地层学研究中的应用,提高了层序地层学的工业制图水平和预测能力;⑤区域层序与高频层序地层学研究相结合,可以满足不同阶段勘探开发对储层预测的需求。

(3)海相层序地层学研究　在层序地层与盆地分析方面,刘宝珺、许效松、许强等(1991)在中国西部大型盆地动力学的研究中提出了盆山转换、盆山耦合的观点,受到国内外关注;目前盆山耦合及盆山转换成为揭示盆地和造山带之间相互作用关系及大陆动力学探索的热门和前沿思想生长点。他们在研究西部的大型盆地中,以盆山系统为整体目标,以全球构造活动论和沉积—构造地质学、对比沉积学、层序地层学为指导,选择不同性质的盆地进行分析,从各种充填堆积物的式样、序列中寻找已经消失了的古动力学和古构造环境指标、恢复各盆地的相对位置。该领域的研究已发展成为具有中国特色的地质创新。陈洪德、许效松等在研究中国南方海相地层过程中,从界面的成因分析入手,以盆山转换和海平面与构造活动叠加效应为指导思路,把被动大陆边缘和活动大陆边缘由盆地成生、发展转为前陆盆地过程中的成层界面分成4种,其成果将层序界面的成因研究与盆地演化阶段紧密结合,扩展和丰富了层序地层学理论。层序充填动力学研究方面,陈洪德(2000)从地球系统科学观点出发,以层序—盆地—地球系统科学理论为指导,从层序界面与地质事件、层序级别与盆地充填格架、层序发育与盆地构造活动、层序充填过程与盆地演化史4各方面对右江盆地进行了初步的层序充填动力学研究,表明以地球系统科学为依托的层序充填动力学在盆地分析中具有强大的生命力。特别是王鸿祯主持的"八五"国家重大基础研究项目"中国古大陆及其边缘层序地层和海平面变化研究",随后又以国家"九五"攀登专项作为项目的延伸和扩展立项实施,自此一项新的具有世界水平的地学科研项目开始在中国实施,其成果为国内外所瞩目。通过对中国各古大陆及其边缘层序地层与海平面变化和扬子、中朝、塔里木3大陆台,冈瓦纳大陆北缘及中国南海和东海的层序地层系统研究,建立了中国中元古代至第四纪16亿年完整的多级别沉积层序序列、层序地层年代格架与海平面变化曲线,论证了各时期跨越大陆内部与边缘不同级别的沉积层序与沉积体系的时空分布及其与海平面变化、构造运动、物源补给的相互作用,以及沉积古地理演变;根据古地磁、生物—沉积—构造古地理及全球古大陆再造研究成果,提出了"泛大陆旋回"的创新性认识,建立了完整的层序地层级别体系,提出了各级沉积层序的最佳时限、识别标准及其可能的地内、天文控制因素;对不同构造—古地理条件下多类型沉积层序的深入研究,形成了以露头层序地层和事件地层为核心的综合地层学系统理论与研究方法,以及优化年代地层界线的新思路。提出了最佳自然界线的概念和岩石地层、层序地层、年代地层三重地层分类系统的设想以及运用层序地层及事件地层的自然界面优化年代地层界线的思路和改进现行全球界线层型及点的步骤和方法;建立了不同沉积条件下地震事件的识别标志与地震液化沉积序列模式和地震活动幕与新元古代泛大陆裂解之间的联系。发现中朝古大陆中、新元古代地震事件明显集中于2个时期,分别与新元古代泛大陆形成与裂解期相对应;提出了依据地球演化自然节律优化和完善地层年代表的新思路以及建立新一代地层年表的雏型。

(4)区域层序地层研究　中国这方面的研究成果不断增加,涉及范围逐渐扩大,从盆地、大陆边缘,到造山带等。解习农等(1994)对内陆表海、台槽、凹陷深部断陷等地层展开了层序地层研究,探讨了层序划分的意义,并研究沉积体系及层序地层的特征。刘本培和李儒峰(1994)、杜远生和龚一鸣(1994)、陈代钊和陈其英(1994)在黔南的地层层序、海平面变化等做了一些主要工作。一些学者陆续将古生物组合、碳同位素特征等与层序地层研究相结合,用以厘定层序界面,研究区域层序的划分。重要的研究成果主要有:郝诒纯等(2000)在南海北部莺琼盆地新近纪所做的工作,揭示了该地区海平面变化规律;李儒峰、刘本培(1996)根据碳同位素特征研究了黔南 Triticites 带旋面变化是这一时期区域地层研究的重点;杜远生、龚一鸣(1996)对华南板块泥盆纪地层及海平面变化进行了论述;童金南和殷鸿福(1997)、覃建雄和曾允孚(1999)对下扬子区海相三叠系、二叠系进行了层序地层研究;史晓颖、陈建强(1997,1999)研究对比了华北地台东部寒武系以及中朝地台奥陶系地层序列。王成善、寿建峰(1999)发表了中国南方二叠纪层序地层划分与对比的研究成果。上述工作为区域性地质研究奠定了基础,具有重要的地质意义。张海清等(1997)、魏魁生等(1996)、彭阳等(2000)、葛铭等(1995)还对区域性海相碳酸盐岩层序地层进行了探索研究。赵宏等(2010)建立了华北板块南缘安徽青白口纪—早奥陶世层序地层与格架。夏军等(2007)建立了藏南洛扎地区侏罗纪—早白垩世地层格架,讨论了当前1:25万、1:5万区调填图过程中岩石地层单位内基本层序调查应从静态的代表性基本层序描述转变为动态的基本层序变化规律的调查,阐明了基本层序变化规律与层序地层的关系。赵宏等(2010)通过三级层序的划分,建立了华北地台南缘青白口纪—早古生代奥陶纪早期层序地层格架,探讨了各岩石地层单位的变化规律。张友等(2006)对柴达木盆地西部上干柴沟组上段进行了高分辨率层序地层学研究。赵俊兴等(2003,2007)对鄂尔多斯盆地中部延安地区中侏罗统延安组高分辨率层序地层和鄂尔多斯盆地侏罗系层序地层与盆地充填演化耦合关进行了分析研究。赵霞等(2007)、张永旺等(2008)、刘长利等(2010)分别研究了准噶尔盆地石南地区清水河组一段、松南海坨子—大布苏地区泉四段—姚家组、苏北盆地海安凹陷泰州组层序地层及沉积特征。

(5)层序地层与矿产控制作用研究　国际上这方面的研究工作比较少见。中国层序地层与控矿的研究由于研究难度较大,基本保持一个较低的发展水平,但是仍然在逐步发展,并且日益受到重视。许效松、乔秀夫、彭勇民等做了大量的探索性研究工作。例如,乔秀夫、章雨旭对内蒙古腮林忽洞群综合地层和白云鄂博矿床赋矿微晶丘所做的研究;彭勇民、李金高等发表的关于西藏甲玛铜多金属矿区上侏罗统—白垩系层序地层与成矿的研究成果等。

(6)油气层序地层学研究　中国在油气勘探领域应用层序地层学取得了很好的成果,特别是由于油气地质的推动,快速地发展了层序地层学。无论是盆地分析、圈闭的成因解释,还是勘探开发的各个阶段以及油藏描述、数值模拟和动态管理领域,都直接或间接地应用到层序地层学的理论。区域上讲,从松辽盆地、渤海湾、鄂尔多斯、四川、柴达木、准噶尔、吐哈盆地以及南方海域诸盆地,层序地层的研究应用不断加强。随着各油气田勘探研究的不断深入,层序地层学理论作为一种新思维,在指导隐蔽油气藏的勘探开发中,发挥着越来越重要的作用。归纳前人在油气田勘探阶段高分辨率层序地层学的研究成果可以看出,低频高级次基准面旋回可较好地应用于盆地勘探阶段地层组段的划分、区域地层的对比、盆地古地貌分析、中小比例尺等时岩相古地理的编图、生储盖组合分析、有利勘探目标的优选和评价,进而确定有利的开发区块、预测评价油气层等地质研究工作。同时,在开发方面,通过对层序中储集层的非均质性、油气的排出效率有关问题的研究,可用于油藏预测和开发。在油气开发过程中利用高分辨率层序地层学原理划分不同级次的基准面旋回和所建立相应高时间精度的层序地层格架,不仅可以满足高时间精度的小层砂体和单砂体的等时追踪对比以及等时大比例尺沉积微相图的编制,更重要的是可以进行储集砂体时空展布规律的三位预测和定量评价,这为进一步深层次的油田地质开发提供了可靠的地质模型。在这方面,许多学者已经进行了深入分析研究(彭军等,2002,2003),并提出了一套在油气田开发中利用基准面旋回和可容纳空间与沉积物供给量比值的变化对储层进行划分评价的理论依据,以及对储层物性、非均质性和剩余油分布研究的科学方法。越来越多的学者将这一成功的全球性理论应用到含油气盆地的勘探开发中,并先后在西北、南海取得了勘探突破。雷清亮、徐怀大(1994)应用层序地层学评价鄂尔多斯盆地奥陶系碳酸盐岩油气聚集带;樊太亮等(1997)应用层序地层学研究了塔里木盆地北部古生界地层并预测油气聚集规律;魏魁生、梁建设等(2001)运用层序地层学的原理和方法指出了琼东南盆地隐蔽圈闭勘探目标——陆架坡折附近的低位楔和斜坡扇等,以及开发阶段;赵长勋、黄金柱等(2001)提出有关高频层序中静态储层流动单元的地质、测井和地震资料综合解释思路等研究成果;张尚峰等(2002)以泌阳凹陷双河油田为例,应用高分辨率层序地层学对储层流动单元层次性进行了定性研究;吴胜和等(1999)在研究吐哈盆地温吉桑—米登油田中侏罗统三间房组辫状河三角洲储层时,认为应用高分辨率陷层序地层学所建立的高分辨率时间地层单元格架为进一步研究储层流动单元及渗流屏障的时空展布奠定了基础,并提出了一套研究流动单元的新思路。孟阳等(2002)从构造坡折带层序边界在层序发育中的沉积学、地史学和石油地质学意义出发,通过分析层序界面上下的隐蔽圈闭的发育机理,探讨了隐蔽油气藏的沉积的动力学条件;通过解剖层序边界上下的隐蔽油气藏的内部结构,从储层流动单元层次上研究了油藏内部的油水层分布规律,得出"在构造坡折带高分辨率层序地层边界是有利的隐蔽油气聚集带"这一结论。近年来,众多学者综合采用层序地层学、沉积学、地震地层学、储层地质学等的最新理论和方法,运用地震、测井、录井、岩心等分析资料,分别对建立了研究区地层的层序地层格架,确定了沉积体系分布的范围和沉积体系的类型,归纳了研究区在构造控制下的层序、沉积发育和油气成藏模式,分析和预测了有利勘探区带。如塔里木盆地塔中地区志留系(张雷,2007)、鄂尔多斯盆地西南缘延安组(丁晓琪等,2008)、塔里木盆地阿克库勒地区白垩系(王改云等,2010)、黄骅坳陷中区沙河街组(严德天等,2009)、南堡凹陷古近系东营组(吴铁壮,2006;姜华,2009)、准噶尔盆地滴南凸起二叠系梧桐沟组(石新朴,2010)、大安沿江地区葡萄花油层高分辨率层序地层及成藏模式(李婷婷,2011)、三肇凹陷东部葡萄花油层高分辨率层序地层及成藏规律(丛琳,2011)等等。还有许多学者在油藏描述、油藏数值模拟(许广明等,1999)中尝试应用了高分辨率层序地层学原理,也取得了显著的成果。其中,申本科等(2003)认为油藏描述技术未来的发展方向是:进一步发展及应用高分辨率层序地层学,应用井间地震技术和四维地震技术监测油藏开采动态等。曹树春(2001)认为应用高分辨率层序地层学、结构单元及流动单元分析的三位一体理论是储层油藏精细描述的新思路。

(7)含煤岩系层序地层学研究 中国学者在含煤岩系层序地层学研究虽然只有短短10余年时间,但是已经取得令人瞩目的研究成果(邵龙义等,2009)。中国学者针对近海型煤系层序地层分析的原理方法进行了大量实例研究(李思田等,1992;邵龙义等,1993;李增学,1993;陈世悦等,1994),对聚煤模式有了进一步的认识,提出了幕式聚煤作用(邵龙义等,1992;郝黎明等,2000a;Yang Ren Chao等,2006)、盆控型泥炭沼泽体系(山西煤田地质局,1992)、海侵过程成煤(李宝芳等,1999)、海侵事件成煤(李增学等,1996,2001)以及海相层滞后时段聚煤(邵龙义等,2003,2008)等理论。对陆相含煤盆地层序地层学亦进行了尝试性研究(吴恩业,1996;杨明慧等,1998;鲁静等,2006,2009)。例如,吴恩业(1995)对吐哈盆地侏罗系煤系地层所做的层序地层研究;龚绍礼、张春晓(1999)分析了华南二叠纪盆地层序地层特征及聚煤规律等;杜振川等(2001)运用高分辨率层序地层学原理对百色盆地古近纪和河北石炭—二叠纪的含煤岩系研究后认为,内陆表海盆地成煤演化及其沉积作用与基准面变化密切相关,聚煤作用的发育同样要受到基准面变化的严格控制,形成旋回结构十分清晰地含煤层序,其层序特征同样取决于可容纳的空间多少及新增可容纳空间的变化速度。李增学等(2001)利用高分辨率层序地层学理论研究了淮南煤田二叠系后,提出了聚煤盆地高分辨率层序地层界面识别、层序级次划分的基本原则。张素梅(2004)和柳汉丰(2006)运用高分辨率层序地层学理论和方法,充分收集和整理钻孔岩心、测井曲线资料,分别对黄河北煤田和汶宁煤田的石炭—二叠系含煤地层进行了系统的成因相组合分析和沉积体系划分。刘爱华等(2008)对准噶尔盆地中拐地区下侏罗统层序地层特征与聚煤控制因素进行了分析。高迪等(2009)运用层序地层学有关理论和方法分析了浑江煤田石炭系—二叠系含煤岩系的层序,探讨了聚煤作用的控制因素。

(8)新技术、新方法在层序地层学中的应用　新技术、新方法(包括地震、测井、计算机模拟、中子技术、宇宙核素等)的应用随着国民经济的发展逐步得到加强,从应用的程度和水平都充分地反映了这方面特征,从而推动了层序地层学研究向更深和更高层次发展。重要的研究有:王多云(1994)尝试使用微机软件系统定量研究目标层序的沉积相和沉积体系;钱峥、吕成远(1995)将自然伽玛能谱测井应用在沉积环境及层序地层学研究中;阮同军(1996)实现了用计算机三维模拟硅质碎屑岩沉积层层序;林畅松(1998)、胡受权(1998)等发表了层序地层和海平面变化的计算机模拟的研究成果;郑小武、袁士义等(2001)将三维可视化技术应用在层序地层分析中。

(9)青藏高原层序地层及造山带层序地层研究　除1993年中德合作研究和1995年中英合作研究的部分成果外,1996年以后中国学者的重大成果主要有:史晓颖等(1996,1998,2001)对喜马拉雅地区中生代及古近纪所进行的层序地层和海平面变化研究。彭勇民等(2000)、李金高和王全海等(2001)、董国臣和莫宣学(2003)、李勇和王成善等(1999,2001,2002)、陈守建等(2006)在西藏地区所做的大量有关层序地层分析与沉积充填演化方面的工作等。

(10)成岩层序地层和化学层序地层、构造层序地层研究　这方面的发展对于丰富层序地层学的内涵具有重大的作用,但是发展不平衡,在国内研究仅是一个交叉新学科的开始,还有许多工作需要进一步探索和发展。这一方面的研究起始于1996年之后,颜佳新、陈北岳(1997)利用古氧相分析研究了鄂湘桂地区栖霞组层序地层和海平面变化,贾振远、蔡仲贤(1997)针对不整合面上区域性的微观成岩标志探讨了成岩地层学与层序地层学间的密切联系。李国蓉和曾允孚(2004)、刘辰生(2006)、姜向强和朱筱敏等(2009)、崔金栋等(2011)分别对以广西十万大山地区下—中泥盆统白云岩、塔中围斜区石炭系东河砂岩段、克百地区三叠系储层、塔中地区石炭系生屑灰岩段,进行了成岩层序地层学研究。邓宏文等(2008)对陆相断陷盆地的构造层序地层进行了分析,汪泽成等(2000)、孙转等(2011)分别对鄂尔多斯含油气区、南海琼东南盆地新生代进行了构造层序地层研究,严金泉等(2006)分析了东秦岭—大别造山带南缘印支期以来构造层序耦合特征,柯光明和郑荣才等(2006)、曾洪扬和陈洪德等(2009)、范昱和陈洪德等(2010)耿旗(2011)分别对苏北盆地古近纪、川西前陆盆地晚三叠世、云南兰坪盆地古近系、四川盆地萎缩衰亡阶段的构造层序地层及岩相古地理特征进行了分析研究。

(11)层序地层岩相古地理编图　层序地层岩相古地理编图就是将岩相古地理研究和编图与层序地层学的研究紧密结合,利用层序地层界面和其他关键界面,以体系域、层序或等时界面为编图单元编制等时或瞬时岩相古地理图。这种新的编图方法不仅能极大地减少有传统的压缩法和优势相编图法所造成的模糊失真现象,而且能提高对沉积、构造演化规律的认识和预测水平。这方面国内的研究不多。1993年开始许效松、牟传龙、林明在露头层序地层基础上,在华南泥盆纪古地理进行了层序岩相古地理编图工作。徐强和朱同兴等(2001)、侯中健和陈洪德等(2001)、徐强和刘宝珺(2004)、戴朝成和郑荣才(2008)在层序岩相古地理编图方面也做了许多工作。

(杨守仁)

十、中国旋回地层学研究

旋回地层学是对地层记录的(准)周期性旋回变化进行识别、描述、对比和成因解释,并将其应用于地质年代学以提高年代地层框架的精度和分辨率,实现地层高精度划分与对比的一门地层学分支学科。旋回地层学在过去30余年得到了迅猛发展。"旋回层"一词作为非正式岩性单位最早出现在1976年版的国际地层指南中(Hedberg,1976)。第2版的国际地层指南将古气候变化列为可用于校正年代地层界线的潜在工具,但将碳酸钙含量和稳定同位素旋回归入化学地层学的范畴(Salvador,1994)。旋回地层学一词最早可能由A. G. Fischer在意大利Perugia和法国Digne举办的全球沉积地质大会上正式提出(Fischer,1988)。他们指出旋回地层学的任务就是研究沉积地层中具有时间周期的沉积旋回和其他旋回变化,并将其应用于地质年代学以提高地层年代框架的精度(吴怀春等,2011)。

中国学者已经注意到天文旋回方法应用于地层学研究的巨大潜力,并在不同时期对旋回地层学的研究进展及其年代地层学意义进行了总结(陈代钊,2000;李前裕和汪品先,2005;徐道一,2005;徐道一等,2006;汪品先,2006;李前裕等,2007;龚一鸣等,2008)。对不同时代的地层开展了卓有成效的旋回地层学研究,取得的成果主要体现在:①建立了新近纪以来中国南海海洋沉积的天文年代标尺(Tian等,2002,2008;田军等,2005a,2005b),探讨了南海地区的东亚季风演化、上层海水结构变化的地球轨道参数驱动机制(田军等,2004,2005c;Tian等,2006);②对中国北方多个黄土剖面的粒度参数进行天文调谐(Ding等,1994,2002;Lu等,1999),确定出晚新生代亚洲内陆的古气候干湿变化由地球轨道参数控制的太阳辐射变化控制(鹿化煜等,2009);③对广西上古生界上泥盆统弗拉阶—法门阶的多个盆地相和斜坡相剖面实现天文年代定年,确定出弗拉阶—法门阶之交生物灭绝事件的持续时间为450千年(Gong等,2001;Chen and Tucker,2003;龚一鸣等,2004),并在中国华南二叠、三叠系界线之交识别出显著的米兰科维奇旋回记录(童金南和殷鸿福,1999;Yang and Lehrmann,2003;陈建业等;2007;郭刚等,2007;彭兴芳等,2007);④在新疆吐哈盆地侏罗纪(姚益民等,2003)、鄂尔多斯盆地晚三叠世(张小会和赵重远,2002)、松辽盆地晚白垩世(Wu等;2007,2009;程日辉等,2008;吴怀春等,2008)、东营凹陷沙河街组和明化镇组(姚益民等,2007;徐道一等,2008)等河流相和湖相地层中识别出米兰科维奇旋回,并进行建立陆相天文年代标尺的尝试(Wu等,2009)。

松辽盆地陆相白垩系旋回地层学研究及高精度对比。作为地球表层系统的一部分,陆相地层必然也受到地球表层系统重大地质事件的影响与控制(王成善,2006;王成善等,2008)。松辽盆地是世界上最大的白垩纪湖相盆地之一,发育了完整的白垩纪地层。中国大陆钻探松科1井的主要科学目标之一就是研究松辽盆地对全球古气候、古环境和重大地质事件的响应,从而更好地理解白垩纪时期的温室气候及重大地质事件的关系以及地球系统的全球变化(王成善等,2008;Wang等,2009)。松科1井(南井与北井)连续钻取了上白垩统的泉头组三段至明水组的岩心(Wang等,2009),而最近由国际大陆钻探计划(ICDP)批准的SK-Ⅲ钻探项目将获得火石岭组至泉头组的连续岩心,有望从松辽盆地获得世界上最为连续、完整的陆相白垩系岩心记录。基于放射性同位素年代学和磁性地层学研究所提供的绝对年龄框架,开展详细的旋回地层学研究有可能为松辽盆地提供具有绝对年代学意义的天文年代标尺,从而实现与海相地层在4百万年级别上的高精度对比。

中国华南乐平世—中三叠世高分辨率旋回地层学研究。中国华南数个二叠、三叠系剖面上的火山灰层为获得高精度绝对年龄提供了绝佳条件。最近,Shen等(2010)系统总结了瓜德鲁普期—长兴期的年代学数据,确定出吴家坪阶底部年龄约为2.59亿年,长兴阶与吴家坪阶的界线年龄约为2.54亿年。众多学者对华南乐平世—早三叠世地层开展了初步的旋回地层学研究,揭示出良好的米兰科维奇旋回。童金南和殷鸿福(1999)对浙江长兴煤山剖面早三叠世殷坑组与和龙山组下部的岩性特征进行了尝试性的旋回地层学研究。彭兴芳等(2007)和陈建业等(2007)分别对广西东攀深水相的二叠系—三叠系界线剖面的地球化学指标和岩石磁学参数进行频谱分析,确定出沉积旋回由地球轨道参数控制。Yang and Lehrmann(2003)对贵州南盘江盆地早三叠世Olenekian期碳酸盐岩台地内部及边缘相的地层进行了旋回地层学研究,识别出偏心率、斜率和岁差的旋回信号,并对地层的沉积持续时间作出了估计。郭刚等(2007)对安徽巢湖早三叠世印度期殷坑组的磁化率剖面进行频谱分析和小波分析,识别出米兰科维奇旋回,并估计出印度期的持续时间约为0.011亿年。这些研究为解释华南乐平世—早三叠世地层旋回的古气候变化成因解释提供了重要证据,也为进一步开展旋回地层学研究提供了良好的研究基础。中国华南乐平世—中三叠世地层沉积连续,拥有3个全球层型剖面和点(GSSP),是研究二叠纪/三叠纪之交生物绝灭事件和生态复苏的理想地区(Yin等,2001;Jin等,2006a,2006b)。因此,对二叠系乐平统—中三叠统开展进一步的旋回地层学研究,并结合已有的放射性同位素年代学、生物地层学和磁性地层学成果,建立乐平世—中三叠世的连续天文年代标尺,对确定生物灭绝过程、灭绝速度和生态复苏,以及成因解释等具有重要意义。同时,将为确定国际地质年代表乐平世—中三叠世各期的界线年龄提供重要参考。

作为一门正在发展中的学科,旋回地层学的研究方法和相关术语有待进一步规范,地球轨道参数与地球表层系统之间的耦合关系也需要更进一步的认识,但旋回地层学研究为人类在万年尺度上认识和理解地球系统科学提供了前所未有的机遇。国际地层委员会即将完成国际地质年代表中显生宙建阶的工作,而旋回地层学研究有可能是下一步的研究重点,即在阶划分的基础上进行更进一步的划分,精确确定各阶的持续时间和界线年龄。相信随着天文解决方案的不断完善,地球轨道参数的计算将会更加精确,在不久的将来有可能实现整个显生宙地质年代表的天文调谐。

十一、中国事件地层学研究

事件地层学是研究利用地质事件及其地质记录来对比地层和确定地层界线的学科。根据事件地层学的观点,地层构架是由一系列缓慢渐变过程和短暂的突变或灾变事件组成,而突变或灾变事件在地层研究中有特殊意义,地层界线本质上应反映突变。因此,事件地层学与以渐变论和均变论为基础的传统地层学有显著区别。关于地史中事件的研究,可追溯到大约200年前(居维叶,1796,1812,1834)。但事件地层学的名称是艾格(D. V. Ager)1973年提出的。1979年~1980年阿尔瓦雷兹等将K-E界线粘土层的铱异常解释为外星撞击事件的结果。从此,这一灾变论事件的概念迅速扩展,事件地层学终于成为地层学的独立分支。

中国学者很注意地层学的这一新趋势,介绍其内容的论著很多,如吴瑞棠(1986)、齐文同(1990)等。王鸿祯(1979,1980)多次总结地质构造和生物界发展的阶段性,杨遵仪、徐桂荣(1984)介绍了国外的生物大类灭绝假说。许靖华、何启祥、孙枢等(1980,1982,1986)探讨了白垩纪末和前寒武纪末的大绝灭现象。殷鸿福(1984)分析了二叠纪末的生物群交替。张勤文等(1984)认为震旦—寒武系界线上存在重要突变(灾变)事件,并可能有全球性意义,同时认为,该界线可能与巨型陨石撞击有关。徐道一(1985)、李子舜等(1986)研究了中国二叠系和白垩系顶部界线地层并发现铱异常,为小行星和彗星撞击说提供了进一步的证据。陈旭(1984)认为奥陶—志留系界线存在冰川—海退事件导致扬子盆地隔绝;戎嘉余(1984)进而认为上述事件有重要年代地层学意义,Hirmantian动物群的地层顶界是划分奥陶—志留系界线的一个重要标志。白顺良等(1990)将稳定同位素异常点作为地质事件的记录,并成功地应用于长距离的地层对比。殷鸿福等(1984,1989)、李子舜等(1986,1989)、杨遵仪等(1987,1991)对华南二叠—三叠系界线附近地质事件进行了大量研究,认为界线上发生了灾变性事件,并认为二叠—三叠系之交生物大规模绝灭事件主要与火山爆发事件有关。刘本培等(1986)使用事件概念探讨了侏罗—白垩系界线取得进展。值得指出的是,地质事件表现出一定的周期性,徐道一等(1983)的《天文地质学概论》就是对地外(天文)事件研究的成果;白顺良等(1990)从华南泥盆系研究中发现了米兰柯维奇周期及其与地层界线的划分对比的关系。此外,风暴事件(刘宝珺等,1986;刘光华,1987)、缺氧事件(姚伦淇,1988)、气候阶跃事件(刘东生等,1982)、构造事件(王鸿祯,1979,1980)等研究工作也取得明显进展。杨遵仪是中国事件地层学研究的开拓者和领导者,作为国际地质对比计划第203项目和第272项目的负责人之一,自1978年开始组织和领导国内有关单位的研究人员对古生代与中生代之交的生物绝灭事件及其成因,二叠与三叠系界线及其上、下地层中的生物群演化和变革进行了广泛的研究。并根据生物的演化阶段及事件地层学原理提出了古生界和中生界的界线标志,这一研究成果和所取得的进展在1988年北京召开的第203项目国际讨论会上得到了充分肯定和高度评价,无论在研究的深度、广度、方法或是所取得的成果和进展方面都达到了国际先进水平,在事件地层学研究和多学科的相互交叉和渗透方面树立了榜样,推动了地层学和古生物学研究的进展。

近年来,北京大学在二叠系—三叠系界线地质学研究中,对古、中生代之交的重大地质转折事件,从古生物学和地层学到地球化学和天文地质学等各个方面都进行了系统研究和探索,尤其在国家自然科学基金重点项目"古、中生代之交泛大陆聚散、古全球变化与生物演化"的支持下,对包括古、中生代之交泛大陆的聚散过程和机制,古地理、古海洋和古气候再造,全球变化中各地质事件的纪录和在上述背景下生物界的绝灭与复苏等诸方面进行了系统分析和总结。在高分辨地层学、全球古大陆再造、突变期全球变化、生物演化和地球动力学等方面取得了一系列重要成果,极大地深化了对这一地球演化突变期地质过程的研究和认识,使中国在这一时期地球演化历史方面的研究居于国际领先水平。这方面的研究成果也为中国最终取得全球二叠系—三叠系界线层型(即"金钉子")起到重要作用。将古生物学、地层学、沉积学、古生态学、沉积—构造古地理学研究与地球动力学相结合,把沉积体的时空分布、盆地形成演化、生物群的空间分区与纵向演替、岩浆活动等作为地球表层地质作用对深部过程的响应和相互作用的结果,认识地球层圈相互作用和地球动力学的历史发展,形成了"全球构造活动论和地质发展阶段论"的地球演化观。对地球史上若干重大突变事件,如大陆的聚散过程和P/T、F/F/生物集群绝灭及可能的成因也开展了有新意的研究和探讨。

中国青藏高原泛非—早古生代造山事件研究取得重大进展,在申扎地区发现了较为完整的寒武纪地层和奥陶系与寒武系之间的"泛非运动"角度不整合。这是迄今为止青藏高原南部发现的唯一确切的寒武纪地层,不但进一步丰富和健全了青藏高原的地层系统,而且也是在青藏高原和周边发现的唯一的下奥陶统与寒武系"泛非运动"角度不整合界面。通过对申扎"泛非运动"界面的研究,可以准确界定"泛非运动"的时限及其动力学过程,也是研究"泛非运动"之前冈瓦纳大陆北缘沉积作用不可替代的标本,对青藏高原构造演化研究具有重要、深远的意义(李才等,2010)。

(杨守仁)

十二、中国综合地层学研究

综合地层学是运用不同的地层学方法综合分析,对地层进行划分对比的研究方法。19 世纪初,人类运用古生物化石研究地层建立的地层学及生物地层学,其后一直是在地层研究中占据主导地位。由于生物分布受沉积相控制,不均匀,造成了一些诸如"哑"地层等研究死角。这样促进了其他研究方法的引入,随着这一趋势新的地层学的分支不断涌现,如磁性地层学、化学地层学、事件地层学、层序地层学等等。进入 20 世纪七八十年代界线层型的研究,对地层划分对比的精度要求越来越高,加之各个地层学研究方法的局限性,使单一的研究方法往往难以解决许多地层问题,综合地层学应运而生。这一学科的诞生以美国学者 Robert L. Brenner 和 Timothy R. Mchargue 的《Integrative Stratigraphy-Concepts and Applications》一书的出版为标志。

中国在 20 世纪 80 年代以前,地层学完全以生物地层学为主。随着研究的深入,特别是事件地层学的引入,使这一研究发生了变化,一些学者开始尝试使用综合的方法解决地层中一些疑难问题。北京大学白顺良在泥盆纪地层研究中采用了生物、沉积学、地球化学、稳定同位素、地球物理学等方法进行综合研究,对泥盆系的若干条界线进行了详细富有成果的研究,先后发表了数篇相关文章,1995 年出版的《Events of Devonian》是对这一研究的全面总结。中国地质大学(武汉)殷鸿福在研究二叠系—三叠系界线时运用这一方法对这一界线进行了全面的研究,取得了很好的成果。北京大学在"九五""国家第 2 代地质填图计划"中的造山带非史密斯地层区 1∶25 万区域地质调查和专题科研任务中,主持完成了中国地质调查局重大项目"1∶25 万冬给措纳湖幅区域地质调查与东昆仑造山带非史密斯地层区 1∶25 万区域地质填图方法研究"(1996~2000),进一步深化了造山带地层空间结构规律和成因特征研究,突破了一批关键性的疑难地层问题,使造山带地层学在研究理论、方法和指导思想上得到丰富和发展。其主要成果"造山带混杂岩区构造岩片四维裂拼复原方法"被中国地质调查局主编的《1∶25 万区域地质调查技术要求》《青藏高原艰险区 1∶25 万区域地质调查技术要求》和《青藏高原区域地质调查野外工作手册》引用,在西部开展的造山带区 40 多个地质填图项目广泛采用。近年来,在高分辨率生物地层学、高分辨率事件地层学和高分辨旋回地层学等方面均取得了重要进展。例如,在二叠纪牙形石生物地层学、二叠系—三叠系之交的事件地层学、广西上泥盆统和下扬子地区下三叠统碳酸盐岩旋回地层等研究中,均取得了较常规地层学手段高得多的分辨率。这种高精度地质时间标准的取得对于进一步揭示地质演化突变期灾变事件的过程和成因机制、地球环境演变和生物发展相互影响的精细过程和耦合机理及其与当代全球变化和生物多样性发展的对比研究,具有十分重要的科学意义。

综合地层学以新的理论模式和研究思想,全面的开发和挖掘地层中的信息,它集成当代地层学各分支之大成,综合分析和研究地层各物质属性之间的关系和各地层学分支之间的关系,最终阐明地质发展史、演化史。对建立全球年代地层系统、提高地层研究的分辨率、实现地层的多重划分和对比有着极其重要的作用(汪凯明等,2008)。综合地层学是充分发掘地层中的各类地质信息,沉积学、物理学、化学、生物学等方面的信息,进行全面综合分析,以求精确、合理的地层划分和对比。这一研究方法在沉积相较发育的地区及不同相区的对比中的作用尤为明显,是地层学研究发展的一个趋势。

(白志强)

第七节 中国历史地质学研究

历史地质学是研究地球的发展历史及其规律性的科学。其基本任务是调查研究岩层或岩体在时间上的分布规律,各地质历史时期的古地理环境、地质构造、岩浆活动、变质作用的产生、发展及演化历史,矿产的形成及分布规律等。

一、前寒武纪地质研究

前寒武纪是指自地球生成、有地质记录(~46亿年)起到寒武纪之前(~5.42亿年)、包含了40亿年的这段漫长历史,约占地球演化历史的7/8。由于这一时期地壳的组成、构造活动和成矿特点以及生命形式等方面都与显生宙有显著差异,因而形成了具有特色的前寒武纪地质学分支学科。前寒武纪地质学虽然已有近百年的研究历史,但由于前寒武纪地质条件的复杂性及研究目标和方法的不断更新,前寒武纪地质学在不断地发展前进、始终不衰,成为现代地质科学中最活跃的分支学科之一。

前寒武纪地质学是探讨早期大陆地壳的成因、性质、演化过程和大陆动力学及其演化模式的特定学科,它包括的基础性研究方面很广,如前寒武纪变质地层、沉积及火山喷发环境和特征、前寒武纪褶皱构造与变形、前寒武纪TTG岩系和古老花岗岩片麻岩系岩石学和地球化学特征及其演化、前寒武纪区域变质作用及p-T-t轨迹、前寒武纪超大陆的汇聚与裂解、前寒武纪成矿作用特征、前寒武纪地球化学和同位素年代学等等。前寒武纪陆壳基底的展布、地质构造特征、地层的含矿性等等都直接或间接地制约着显生宙大地构造分区和它们的演化特点以及矿产的形成与演化等,因此它在全球地球科学研究中占有十分重要的位置(沈其韩,2005)。

中国是世界上前寒武纪地层分布较广泛的国家之一,前寒武纪地层出露总面积67.4万平方千米,约占全国各断代地层出露总面积的7.8%(程裕淇,1994)。中国保存了从38亿年~5.42亿年期间较完整的岩石、地层和生物形成与演化的历史记录,并蕴藏了丰富的矿产资源,显示出许多独特的地质条件,成为探索地壳早期地质演化的重要窗口。因此,前寒武纪地质研究不仅具有重要的理论意义,同时还具有重要的社会经济意义。

中国前寒武纪地质的研究已有上百年的研究历史。早在19世纪后期,西方地质学者来华考察,著有关于中国前寒武纪地质文献。20世纪20年代中国地质学会成立之后,开始有中国地质学家的文献问世。如翁文灏对中国前寒武系大理岩含镁量的研究,李四光、赵亚曾对三峡震旦系的研究。高振西等(1934)对蓟县"震旦系"的研究,是对中国中、新元古界研究的经典之作。对太古宙古老基底岩系的研究,首推20世纪30年代初赵亚曾、黄汲清对秦岭群的研究(Zhao & Huang,1931),40年代晚期黄汲清、王鸿祯和高振西(Wang & Kao,1948)对中国前寒武系作了系统概述。黄汲清(1945)在《中国主要地质构造单位》一书中提出了前寒武纪旋回的概念,并划分了中国前寒武纪地块单位,从而为前寒武纪大地构造的研究奠定了基础。

中华人民共和国成立后,随着地质普查勘探工作快速发展,对前寒武纪地层有了较广泛的研究。20世纪50年代~60年代是中国前寒武纪地质学从地质学科中分出和初步发展阶段,1959年以来除各省区地矿部门的区调队外,全国各地质科研究院所也投入相当力量,发表了大量的论文和报告。1956年地质部地质矿产研究所成立了前寒武纪地质及变质岩研究室,并在1959年全国地质编图会上展示了中国第1张前寒武纪地质图。1962年地质部华北地质研究所(1978年改称天津地质矿产研究所)成立后,在王曰伦等带领下,对蓟县中、新元古界剖面运用地层学、岩石化学、叠层石、微古植物及同位素测年等多种方法进行综合性研究,建立了著名的蓟县剖面。20世纪70年代中国前寒武纪地质研究从整体上说已由岩性描述和划分过渡到初步采用多种方法进行综合性研究的阶段。除了一般岩石地层学工作外,还采用了同位素测年、古地磁、地球化学、微古生物、古构造、古地理等多学科手段,取得了突出的成果。1979年前寒武纪地质专业委员会筹备成立,王曰伦被推选为专业委员会主任委员。70年代末以来是中国前寒武纪地质研究的繁荣发展阶段,进入到运用多学科先进的方法、技术进行综合性研究,深入研究和探讨地壳发展及演化。1983年9月在北京香山召开的"国际前寒武纪地壳演化讨论会",标志着中国前寒武纪地质研究进入到一个新阶段。同年还在天津组织召开了"国际晚前寒武纪地质讨论会"。这2次国际会议是中国前寒武纪地质研究的一个重要里程碑。通过会议交流使我们了解了国际前寒武纪地质研究发展的总趋势,开阔了思路,宣传了中国前寒武纪地质研究的成就,对其后中国太古宙绿岩带、片麻岩成因的深入研究,以及变质岩区的地质填图起到了重要的推动作用。中国老一辈地质学家程裕淇、王鸿祯、董申保、沈其韩、孙大中、张秋生、白瑾、刘鸿允、沈保丰、陆松年等相继出版了一批有影响的前寒武纪专著。

进入21世纪,国内外对元古宙地质的研究取得了长足的进展,中国地质学家在国际地学刊物上发表的科学论文显著增多,大大提高了中国地学研究在国际上的地位。突出表现在超大陆研究已成为当前全球构造和前寒武纪地质研究的热点。近几年,高精度同位素测年技术对中国的前寒武纪地质研究起到了重要的技术支撑作用。百年前寒武纪地质研究历程充分证明了前寒武纪学科的生命力。

1. 太古宙和古元古代地质研究

1951年王曰伦率队研究山西的"五台系",纠正了维里士地层划分中的某些混乱,重新建立了地层层序。1957年马杏垣等又对该区古老地层和构造进行了较全面地研究,重塑了地质发展史,这些都为该区前寒武纪地质研究奠定了基础。20世纪50年代末,各地质院校在辽宁、河北、山东等地区进行了大范围的地质调查研究,1959年全国地层会议对地层研究工作做了总结。1957年~1961年程裕淇等拟定和完成了常见的区域变质岩石分类表,提出了划分区域性混合岩和边缘带混合岩的依据。李璞等对集宁附近麻粒岩相变质岩进行了研究。董申保等结合在辽东等地的区域地质调查,提出了变质建造的含义、划分依据和混合岩化作用成因分类等方面的新见解。20世纪60年代地质学家们从成因矿物学的角度对辽宁鞍本、北京密云、河北迁安和崇礼等铁矿区的造岩矿物和造矿矿物作系统研究,对山东泰安雁翎关、泰山及山西代县峨口岩体进行了专题性岩石学研究,并在中国东部前寒武纪大地构造研究和运用变质岩构造分析方法建立变质岩构造序列的研究等方面取得了重要进展。20世纪70年代中国太古宙和古元古代地层主要分布区的1∶20万区域地质调查基本完成。20世纪80年代以来中国对太古宙和古元古代地质研究出现了新的高潮,在地层、构造、岩石、矿物、同位素年龄、生物演化等领域都取得了重大进展。

地层方面,通过程裕淇等在20世纪60年代、70年代和80年代3次地层总结,可以大致了解前寒武纪地层学的发展概况。在1961年召开的华北前寒武系现场会上,程裕淇等提出了变质岩分类和命名方案,会后补充出版了《变质岩的一些基本问题和工作方法》。1973年程裕淇等在全国前寒武纪地层主要分布区已基本完成1:20万区调工作的基础上,对华北和东北的下前寒武系(太古界及古元古界)作了进一步论述与总结,对全国5个地区(东北南部,山东地区,内蒙古南部至燕山地区,太行山、五台山、吕梁山地区及秦岭东段)的前震旦纪岩层分别加以论述,并归纳出3套地层序列,时代分别为25亿年~23亿年、20亿年、17亿年~18亿年。1982年程裕淇等对中国的下前寒武系作了总结,对8个地区(东北南部,胶东及鲁东南,山东中西部,濮阳地区,阴山—燕山,五台山、太行山和吕梁山,秦岭东段及西北地区)的3套地层划分为太古界(阜平群、鞍山群、泰山群、太华群)、下元古界下部(五台群、二道沟群、双山子群等)和下元古界上部(滹沱群、马家店群等),并初步阐述了早前寒武系的演化特征。杨遵仪、程裕淇、王鸿祯(1989)合著的《中国地质学》以很大的篇幅对全国前寒武纪地质(包括太古界、元古界、全境古老变质岩及中国地壳发展阶段、特征等)进行了系统精辟的论述,是对中国前寒武纪地质的全面概括与提高。对前寒武纪地质时代划分问题,长期以来一直存在着争论。1989年结合国内实际提出了新的分案,采用国际统一的术语,将前寒武纪划分为太古宙和元古宙两大时间单元,元古宙采纳三分意见。古(早)、中元古代界线年龄为18亿年,与国际方案不同,但有条件争取使之成为全球地层表进一步修订的标准。中、新(晚)元古代界线年龄为10亿年。王鸿祯、李光岑(1990)提出了太古宙2条新的年龄界线38.50亿年和31亿,赵宗溥(1993)和王启超(1996)提出了大于36亿年、32亿年和30亿年~28亿年3条界线。第3次全国地层会议(2000)后出版的《中国地层指南》修订本(2001)中所附的《中国区域年代地层(地质时代)表》和《中国区域年代地层(地质时代)表说明书》(2002)对太古宙(宇)和元古宙(宇)及其划分作了统一的界定。

在构造方面,一种观点是根据萌地槽、萌地台、雏地槽、雏地台概念,将太古宙和古元古代分为4个构造演化阶段;另一种观点认为中朝地台是由几个不同时代的陆核拼凑、增生而形成的。也有按板块构造理论来解释中朝地台形成过程的。马杏垣研究嵩山的前寒武纪地层,强调重力滑动对构造形成的重要性,1981年在嵩山召开的前寒武纪构造讨论会上对这些问题进行了认真讨论。中国学者提出了在高级变质区开展地质构造工作的基本思路,已开始使中国中高级变质岩区的地质结构发生重大变化(杨振升,1993)。由于人们对变质岩的复杂褶皱和叠加褶曲有了新认识,使某些地段的铁矿储量获得增加。

在岩石方面,对变质岩、混合岩的研究工作已大范围开展,既重视变质岩的原岩恢复,也重视区分正副变质岩,并提出了有关变质岩原岩恢复的新图表。有人进一步研究原岩建造,进行火山—沉积旋回的划分。在辽宁、内蒙古、河北、河南、山西等地发现了一些岩石化学成分属于"科马提岩"的岩石,调查研究了中国蛇绿岩带,从成因机理上提出了混合岩化发育过程的见解。对麻粒岩地体的研究也颇有成绩(吴昌华,1993)。

在矿物方面,已从单个矿物的研究进入矿物系列的研究,并利用某些矿物来测定地质温度和压力,用电镜扫描研究锆石的成因以及矿物包裹体,都取得了重要成果。地球化学研究表明,华北太古宙岩石有普遍含钾高的趋势,其平均化学成分和南非、西澳大利亚、加拿大、北大西洋陆核相差较大,而和原苏联某些陆核相近。此外,微量元素地球化学、同位素地球化学,特别是在氧、铅、锶等元素地球化学研究方面,亦取得了有意义的成果。

在同位素测年方面,1957年以来中国已积累了大量可靠的同位素地质年代学资料。所用方法有钾—氩法、铷—锶法、铅—铅法、铀—铅法、钐—钕法等。江博明等(1988)对泰山杂岩、刘敦一等(1990)对冀东迁安地区太古宇都进行了较系统的年代学研究。孙大中等(1991)对中条山元古活动带使用了6种测年法进行比较研究后建立了一个新的年代—成矿—构造格架,并厘定了其重大事件的时代,指出其时限在全球少有。同时还提出以火成岩的年代—地球化学作为岩石圈探针的新方法建立年代地壳结构模式,从而为年代学研究深部地质开辟了新途径。发现了铀—铅同位素年龄为38亿年的锆石(刘敦一,1991),为在中国寻找和发现更古老的始太古代地壳提供了重要线索。王鸿祯(1999)将太古宇底界置38.5亿年,顶界置25亿年,内部以36亿年、32亿年、28亿年为界四分;元古宇顶界置5.4亿年,内部以18亿年、10亿年为界三分。这个方案表明,中国前寒武纪地质年代学的水平居于国际前列。基于年代学资料,有人提出了中国华北太古宇和古元古界的岩石出露区的主要地史事件及陆壳生长和演化的见解。

在古生物方面,在生物门类、代表属种、生物群落、生态特征及生物演化等方面都取得了一系列重要成果。从20世纪60年代起,首先有梁玉左、曹瑞骥和邢裕盛分别对蓟县上前寒武系的叠层石和微古植物进行研究。70年代以后叠层石和微古植物的研究在人员、地区上都有很大发展;在宏观藻类和后生动物(如蠕形动物)方面也有些重要的发现(杜汝霖,1999)。80年代以来对各门类生物发现和研究无论在广度和深度上都有更大的发展,并从形态描述和地层意义研究上,进入到广泛采用先进技术(如扫描电镜等)使微观和宏观结合,从而进入对系统分类、古生态特征、生物群落和演化事件等进行深入研究的阶段。在生物群研究上,有杜汝霖、田立富(1986)对龙凤山生物群的研究,陈孟莪、郑文武(1986)对淮南生物群的研究,邢裕盛等(1985)对西陵峡生物群的研究,以及张录易(1986)对高家山生物群的研究等。前2个生物群时代早于埃迪卡拉生物群,后2个生物群大致与埃迪卡拉生物群同期,但有中国区域特色。真核生物和宏观生物的出现是里程碑式的演化事件。中国正是在这2大事件上取得了最快的进展与突破。邢裕盛等著《中国晚前寒武纪古生物》(1986)是中国前寒武纪古生物研究的第1个综合性系统总结。进入90年代以来,中国前寒武纪古生物研究继续取得重大的突破,在理论研究上更加成熟与系统化,同时还开展了分子生物学的研究。1993年朱士兴发现天津蓟县元古宙团山子组宏观藻类化石是一项新的突破,它把宏观藻类出现的时间又向前推到17亿年以前(朱士兴、陈辉能,1996),并被认为"是最令人信服的元古宙的宏观真核生物"(Comments of Science,1996)。另一项突破集中在新元古代陡山沱组研究上。研究证实,陡山沱期是后生植物大辐射、繁荣发展的重要时期(丁莲芳,1996)。

2. 中、新元古代地质研究

中、新元古代分界为10亿年,新元古代与古生代分界大约5.4亿年。在地层研究方面已如上述。1989年中国地层委员会召开"中国元古时期地层分类命名会议",通过重要决议,使中国在前寒武纪地层分类上与1988年国际前寒武纪地层分会第八届会议提出的新的元古宙划分建议接轨。刘鸿允(1995)对震旦纪的地层、古生物、冰川活动、同位素测年、沉积岩、岩浆岩、构造地质、古地理和矿产等研究成果进行了全面总结。在地球化学、古地磁方面的成果也很重要。基于大量有机地球化学资料,提出了有关沉积地球化学的总结性论文。在蓟县、长江峡东剖面、燕山、四川等地,根据主要元素及微量元素划分地层,探讨沉积岩层的地球化学特征。在有机地球化学研究工作中,提出了中元古界生油的可能性。在内蒙古白云鄂博群下部16亿年的黑色页岩和暗灰色灰岩中分析出12种氨基酸,为探索生命演化积累了资料。在古地磁方面,在全国12个以上的省、区进行古地磁研究工作基础上,提出了"古地磁对比标志层"的概念,并对"南北衔接"、地层对比以及华北、扬子2地块在元古宙时的相对位置和漂移动向等进行了探讨。人们认为自太古宙陆核形成之后,至8.5亿年在中国发育形成了华北—塔里木大陆区、扬子大陆区和西藏大陆区,此三大陆区都经历了从活动至稳定的发展过程和陆壳不断"增生"的扩大过程,但前者一般由古元古界构成基底,中、新元古界形成似盖层,只有柴达木似盖层形成较晚。扬子大陆区的上扬子地台部分,由中元古界构成基底,新元古界下部具有似盖层的特征,震旦系构成真正的盖层。上扬子地台外围和下扬子地区以前震旦系构成基底,震旦系开始了盖层沉积。西藏大陆区的经历与扬子大陆区大体相似。岩矿方面研究表明,在晚前寒武纪时在秦岭、华北等地尚有花岗岩、闪长岩等侵入。在晚前寒武纪地层中形成或储藏的矿产资源,现知有铁、锰、铜、铀、硼、菱镁矿、玉石、石墨、磷、膏盐、石油、天然气等。

(杨守仁)

3. 近年来中国前寒武纪地质学研究

进入21世纪,随着同位素测年技术的提高和微区测年设备的引进,大大促进了中国前寒武纪地质研究的发展,取得了许多令人瞩目的新成果和新进展(中国地质学会前寒武纪地质专业委员会,2011)。

(1) 前寒武纪地层学及年代格架研究

地球早期地壳物质的寻找 地球的形成及早期演化是地球科学中最富挑战性的前沿研究课题之一,地球上≥38亿年岩石的分布极为局限,仅在格陵兰、南极、北美和中国鞍山地区发现。最近几年随着锆石微区测年技术的应用,中国在最古老岩石和锆石寻找和研究方面取得了十分重要的进展。自20世纪鞍山和冀东地区发现38亿年的锆石以来(Liu等,1992),相继在西藏普兰和北秦岭西段发现了41亿年的碎屑锆石(多吉等,2007;王洪亮等,2007,第五春荣等,2010)。同时许多地区也发现了>34亿年的锆石年龄信息,如信阳地区(Zheng等,2004)、焦作地区(Gao等,2006;万喻生等,2009)、宜昌地区(柳小明等,2005,2006)、华夏地区(于津海等,2007;万喻生等,2009)、新疆阿克塔什塔格地区(李惠明等,2001)等。29亿年~33亿年的锆石年龄信息则分布更为广泛。尽管这些古老年龄信息多来自于碎屑锆石,但为研究中国早期地壳演化提供了重要的物质基础。近几年鞍山地区的研究又取得新进展,确立了从38亿年~25亿年的一系列岩石组合:38亿年奥长花岗岩—石英闪长岩,36亿年~38亿年奥长花岗岩和黑云母片岩,33亿年的陈台沟表壳岩和陈台沟花岗岩,30亿年~31亿年的立山奥长花岗岩、东山花岗岩和铁架山花岗岩及表壳岩,25亿年的鞍山群表壳岩和齐达山花岗岩等(Wan等,2005;刘敦一等,2007;万渝生等,2007,2009);建立了鞍山地区古太古代—新太古代的年代格架。尽管这些岩石露头面积较小,但提供了不可多得的早期地壳演化信息,对中国乃至世界的地球早期历史研究具有重要意义。

华北太古宙经典地区研究 ①鲁西地区独特的前寒武纪年代格架。鲁西泰山杂岩是华北克拉通基底的一部分,但鲁西地区前寒武纪物质组成与构造热事件与华北克拉通上其他前寒武纪地区相比有明显差异。泰山岩群中出露有中国唯一得到了国内外地学界公认的科马提岩,柳杭岩组中的变质枕状熔岩也是目前认可的中国最老的基性火山岩。近几年在国土资源大调查项目、国家自然科学基金项目和泰山风景区管理委员会等的支持下,研究工作取得了重要进展,新获得的一大批锆石U-Pb测年资料(杜利林等,2003;Lu等,2006;沈其韩等,2007;王世进等,2008;王伟等,2009),为建立泰山地区早前寒武纪年代格架提供了重要的年代学约束。泰山岩群形成年龄大约在27.70亿年~27亿年,26.4亿年左右曾发生过一次变质作用;新太古代发生3期岩浆侵入活动,早期构造岩浆活动主要形成27.40亿年~27亿年的英云闪长质片麻岩;中期主要形成26.50亿年~26亿年的TTG质花岗片麻岩;晚期构造岩浆活动最强烈,形成大量25.80亿年~24.80亿年的弱变形的花岗岩和石英闪长岩。并从玉皇顶花岗岩中获得了大于30亿年的锆石年龄信息,其中最大继承性岩浆锆石年龄为37.28±0.13亿年(天津地质矿产研究所,2007)。此外,还利用TIMS测年技术测定了泰山地区红门辉绿岩墙中的斜锆石,获得其准确形成时代为16.211±0.088亿年(Lu等,2008)。上述年龄数据为鲁西地区早前寒武纪岩浆侵入活动、区域构造变质作用过程和新太古代地壳增生过程的研究提供了重要的年代学制约,同时也为华北克拉通新太古代陆壳增生拼合过程的研究有重要启示。②阜平—五台—恒山早前寒武纪新格局。太行山—五台山—恒山地区发育中国最好的新太古代—古元古代地壳剖面,是最近几年国际早前寒武纪地质研究的热点地区,国内外地质学家围绕阜平杂岩与五台-恒山杂岩的相互关系、早前寒武纪构造格架与拼合过程、阜平岩群与弯子群的时代归属等重大地质问题展开了岩石学、构造地质学、变质作用、地球化学和同位素年代学等方面的广泛研究。新一轮区域地质调查已否定了五台岩群与阜平杂岩之间的角度不整合关系,近几年获得的大量年代学资料(Zhai等,2005;Zhao等,2005,2006;Wilde等,2005;Li等,2007;Kusky等,2003,2007)证实了五台群属新太古代的认识,也支持区域地质调查得出的五台群内部各亚群之间皆为构造接触的结论。万喻生等(2010)对高凡亚群的研究表明,高凡亚群可能形成于新太古代五台花岗—绿岩带之后,为华北克拉通古元古代(21.4亿年~24.7亿年)最古老的地层之一。这一认识冲击了五台群地层格架的传统观点,打开了五台山地区前寒武纪研究的新思路。该地区虽存在古太古代的年龄信息(沈保丰等,2005),但尚无锆石年代学证据;阜平岩群及其相伴的变质深成岩主体形成于新元古代,上部甚至是古元古代的产物(吴昌华等,2000;Zhao等,2002;程裕淇等,2004),阜平岩群传统的地层格架受到了强烈挑战。③冀东太古宙地质新认识。冀东地区自刘敦一等(1992)发现存在38亿年的地壳物质残留以来,人们一直试图证实冀东地区古中太古代地质体的存在,部分地调单位和学者目前仍将迁西岩群置于中太古代。但目前除曹庄地区存在古中太古宙的残留外,几乎所有的变质深成岩的测年数据均介于25.50亿年~24.50亿年之间(Geng等,2006)。由此证实冀东地区太古宙陆壳的生长主要集中在新太古代晚期,遵化岩群与迁西岩群并非是新老关系,很可能是形成构造背景或构造层次上的差异。Li等(2010)对侵入曹庄杂岩中的基性—超基性岩脉和正长岩脉研究表明,冀东地区在新太古代末期存在一次克拉通化事件。

华北古元古代地层研究 中国地质学家一直试图填补中国地质年代表古元古代25亿年~23亿年的空白。万喻生等(2010)通过对原五台岩群高凡岩群的石英岩锆石年代学研究表明,高凡群最大可能是形成于21.4亿年~24.7亿年之间,为五台新太古代花岗—绿岩带之后的产物,有可能是华北克拉通古元古代最古老的地层之一。针对晋冀蒙地区的孔兹岩岩系时代归属,许多学者相继开展了岩石的年代学工作(吴昌华等,1997,2006;Zhao等,2002;Wan等,2006,2008;Xia等,2006;董春燕等,2007,2009),大量的新资料支持该孔兹岩带属古元古代的认识,这些岩石单位涉及桑干杂岩、集宁岩群的上部、乌拉山岩群、界河口岩群、贺兰山岩群和千里山群等。越来越多的地质学家相信从晋冀蒙交界地区向西延伸至贺兰山一带的孔兹岩系是一古元古代的造山带。辽河群(集安群、老岭群)及其相伴的辽吉花岗岩的年代学及同位素地球化学研究则将辽河群的形成时代限定在21.7亿年~18.5亿年之间(Li等,2006,2007;Luo等,2004,2008;Wan等,2006;路孝平等,2004;Lu等,2006)。

华北中元古代地层研究 自高振西等(Kao等,1934)建立华北中、新元古界地层剖面以来,中国地质学家一直沿用长城系(18亿年~16亿年)、蓟县系(14亿年~10亿年)和青白口系(10亿年~8亿年)的地层划分方案。长城系的底界没有直接年龄控制,多依据吕梁运动的变质年龄、中元古代早期的基性岩墙群、大庙斜长岩、密云环斑花岗岩等的形成时代以及常州沟组碎屑锆石年龄推断。在团山子组和大红峪组火山岩中曾获得较好的锆石年龄(陆松年和李惠民,1991;李怀坤等,1995;Lu等,2008)。最近几年通过对燕辽裂陷带中上元古界剖面的精细研究,新获得了一批高精度的年龄数据,华北中元古界几个关键层位取得实质性进展。如高林志等(2007,2008)和Su等

(2008)从青白口系下马岭组的斑脱岩中获得了13.66亿年~13.80亿年的锆石SHRIMP U-Pb年龄;李怀坤等(2009)从侵入下马岭组的基性岩床中获得了13.20亿年的斜锆石SHRIMP U-Pb年龄。这些高精度年龄数据对青白口系底界的年龄乃至中国新元古界地质年表提出了挑战。苏文博等(2010)从铁岭组凝灰岩夹层中获得了14.40亿年的锆石U-Pb年龄;李怀坤等(2010)在北京延庆高于庄组发现凝灰岩,并获得高精度的锆石U-Pb年龄15.59±0.12亿年和15.60±0.05亿年。该年龄不仅限定了高于庄组的形成时代,而且将高于庄组与大红峪组界线年龄进一步限定为16亿年左右,有可能将中国习用的"蓟县系"底界下拉到高于庄组底界。目前多个研究小组对长城系底界时限的研究也获得新突破,有可能将长城系的底界限制在16.80亿年~16.50亿年之间。上述研究进展为华北中元古代地层格架的重新建立提供了重要的年代学制约,对整个华北克拉通中、新元古代地层地质演化史的认识有重要地质意义。

华南新元古代地层研究　　近几年许多学者对中国南华系和震旦系开展了地层学和年代学研究工作,取得了显著进展。青白口系、南华系和震旦系的底界分别限定在10亿年、7.80亿年和6.35亿年(王剑,2005;Zhang等,2008;高林志等,2008,2010),同时还基本限定了南华纪2次冰期的时限(Zhou等,2004;尹崇玉等,2003,2006)。三峡地区的震旦系作为中国与国际埃迪卡拉系相当的层型剖面,引起了国内外学者的广泛关注,2005年中外学者在国际重要刊物上发表了多篇三峡地区锆石SHRIMP和TIMS U-Pb年龄数据的论文,将陡山沱组沉积年龄锁定在6.35亿年~5.51亿年之间(Yin等,2005;Condon等,2005),使中国陡山沱组成为国际上第1个具有可靠同位素年龄限制的埃迪卡拉系地层剖面。华南新元古代8.20亿年和7.60亿年的2次构造热事件引起了广泛关注(郑永飞等,2007;高林志等,2008,2010)。2010年11月在长沙召开的"江南古陆元古宙地层野外现场考察与专题讨论会"上,结合近几年地质调查和研究进展围绕8.20亿年构造热事件的性质和意义进行了深入探讨,初步认定冷家溪及其时代大致相当的地层不是形成于中元古代,而是新元古代(青白口系下部);板溪群及其相当层位是界于7.80亿年~8.20亿年之间的一套轻微变质地层;8.20亿年的构造界面不仅是2套地层之间的重要分界面,而且是造山过程中动力学机制从挤压向伸展转换的时限。

同位素年代学促进了华南变质基底的研究　　随着高精度年代学资料的积累,华南一些前寒武纪地层单位被赋予了新的时代涵义。如闽北原古元古代麻源群被厘定为新元古代产物(Wan等,2007);南秦岭的武当群和耀岭河群也被证实属新元古代南华纪产物(李怀坤等,2003;凌文黎等,2007);云开地块的前寒武纪变质岩被证实是早古生代的变质岩(Wan等,2010);扬子陆块西缘的康定杂岩(康定群)时代归属前人亦有争议,最近的SHRIMP测年证实了形成于新元古代的认识(杜利林等,2007)。新近发表的一系列锆石U-Pb年龄数据显示,在华南地壳岩石中发现了越来越多的太古宙至古元古代的同位素年龄信息(Xu等,2005;Zhang等,2006a,2006b;于津海等,2007;郑永飞等,2007),最大的年龄信息达到38亿年(Zhang等,2006a),大量新的年龄信息和Hf同位素研究结果不仅揭示了华南古老地壳物质的存在,而且证实华南可能存在古老的太古宙陆壳基底,在古元古代时期发生克拉通化达到相对稳定,但新元古代Rodinia超大陆汇聚与裂解事件对华南的变质基底的改造十分强烈,目前华南保存较好的中元古代地层仅分布于神农架等几个孤岛。

(2)前寒武纪构造演化研究

古元古代构造格架与演化研究受到空前重视　　华北克拉通若干经典地区的地质研究取得重

要进展,为重溯华北早前寒武纪构造格架奠定了科学基础。自20世纪90年代在晋冀蒙相邻地区发现高压麻粒岩以来,华北北部高压麻粒岩带的研究取得重要突破(翟明国等,1992,1995;Li等,2000;Zhao等,2000,2001;郭敬辉等,1993,1999;Guo等,2002,2005)。以此为契机,带动了华北克拉通的前寒武纪构造演化的研究。近10年来在国内外学术刊物上发表了大量文献,研究重点聚焦于新太古代—古元古代构造格局、吕梁运动构造—热事件的性质、时限等重要地质问题(Zhai等,2005;2010;翟明国等,2009;Zhao等,2005,2006,2007;Wilde等,2005;Li等,2007;Kusky等,2003,2007;Santosh等,2009,2010)。随着Penrose会议(2002)和"前寒武纪年代学及地壳演化国际讨论会"(2007)在中国召开,国内外学者从岩石圈结构以及造山带结构角度对阜平—五台—恒山地区的前寒武纪地质演化进行了深入探讨。建立在华北主要前寒武纪经典地区变质作用研究,特别是阜平—五台—恒山—宣化地区高压麻粒岩的变质作用和高精度年代学研究的基础上,以赵国春等为代表的一批地质学家提出了一个华北克拉通古元古代的造山模式(Zhao等,2001,2005;赵国春等,2002),并将该期拼合造山事件与全球Columbia超大陆的汇聚事件相对应。虽然该模式及与之相关的一些观点还面临许多尚未解决的问题,但对华北克拉通古元古代地壳演化的研究起到了重要的推动作用,冲击了华北克拉通古元古代地壳演化的传统思维,促使前寒武纪地学工作者对一些传统认识进行反思和重新研究。

晚前寒武纪超大陆研究 自20世纪90年代初提出中元古代末罗迪尼亚(Rodinia)超大陆假说以来,国际上有关该超大陆的古构造复原、格林威尔及与其时代大致相当的造山运动在全球的分布及特征、超大陆裂解的表现形式等一系列问题取得重要突破。这一国际研究动态引起了国内地学界的高度关注。1999年中国地学工作者开始参与IGCP440"罗迪尼亚汇聚与破裂"国际地质对比计划。经过几年的努力,中国晚前寒武纪超大陆研究取得了实质性进展,已经证实中国在8.2亿年前后存在广泛的Rodinia超大陆汇聚和裂解事件的地质记录,这些地质记录遍布扬子地块、华夏地块、塔里木地块周边、中国中部造山系及华北地块周边等广大地区(陆松年等,2002,2003,2004;Lu等,2008a;Li X H等,2008;Li Z X等,2002,2003,2007;Zhang等,2006;Xu等,2005;郑永飞等,2007,Zhou等,2006;Chen等,2006;Zhou J B等,2007;林文黎等,2007;Yu等,2008)。关于中国古大陆在新元古代全球构造中的位置也有诸多文章问世(Li等,1996;王鸿桢等,2002;陆松年等,2003,2004),但是对中国古大陆在新元古代全球构造中的位置的认识上却存在明显分歧。概括起来大致有2种截然不同的观点:其一,认为新元古代早期中国几个主要陆块包括塔里木、柴达木、华北、扬子和华夏已汇聚或相对邻近并组成统一的中国古大陆。嗣后经历了显生宙多期造山运动的叠加和改造,最终形成现在的大地构造轮廓。另一种观点认为,新元古代除扬子与华夏汇聚成为华南古陆外,塔里木、华北和华南并未相聚或相邻。不同作者依据不同证据讨论了这几个陆块在罗迪尼亚和冈瓦纳大陆中的位置。尽管在对中国古陆块的相对位置的认识上还有较大的分歧,但总的来看它们与东冈瓦纳、劳伦和西伯利亚相邻。因此,应重点关注如下2方面:一是中国古大陆各块体之间的相对位置,在新元古代它们是否曾经相聚?其二是中国古大陆各块体与罗迪尼亚超大陆的关系。

太古宙构造体制的探索和研究 地球早期大陆地壳的形成与演化一直是前寒武纪地质学研究的热点问题。在过去的20年中,地球早期演化历史研究主要涉及2个方面的问题:古大陆的增生与克拉通化过程;板块构造起始过程。太古宙是否存在板块构造机制存在广泛争议,一些地质学家认为新太古代地球已经存在板块机制和洋—陆转换,板块机制存在的证据来自27亿年高镁深成岩、古大陆新太古代末期的变质事件和大规模的地壳增生,以及在刚性大陆块体之上形成的古元古代初期巨型放射状岩墙群等。但大多数地质学家相信,26亿年以前没有板块构造,而是以花岗—绿岩带为代表,地热梯度高,除一些似是而非的岩石学特征外,缺少现代板块构造的蛇绿岩、岩浆弧、增生楔和前陆盆地等。构造形式上以片麻岩穹窿和绿岩带的向斜构造为特征(即以垂向增生为主,穹窿侧向挤压。缺少平卧褶皱和叠加褶皱变形,缺少高压低温变质作用)。20亿年出现了板块构造的裂解和汇聚,真正现代形式的板块构造开始于8亿年(Hamilton,1998;Stern,2007;Condie ed. 2008)。美国地质学家R. J. Stern曾应邀在中国科学通报上发表专栏文章《板块构造启动的时间和机制:理论和经验探索》(Stern,2007),他认为地球构造形式是逐步演化的,早期存在着太古代型构造活动,在古元古代约19亿年时开始出现一种与板块构造类似的构造类型,在新元古代才开始出现具有现代风格的板块构造,因为这时地球已经冷却到了一定程度,板块构造可以持续不断地进行。前寒武纪地质学家都承认板块构造已主导了古元古代的地壳运动和壳幔相互作用,有关古元古代全球超大陆汇聚(Columbia超大陆旋回)已有不少学者进行了论述(Hoffman,1988;Rogers,2002;Condie,2002;Zhao等,2002),华北克拉通也被认为是Columbia超大陆的组成部分(陆松年等,2002;赵国春等,2002;Wilde等,2002)。国内学者也一直在关注太古宙板块构造方面的探索,早在20世纪80年代~90年代,老一辈地质学家们就从绿岩带的分布及太古宙末期偏碱性岩浆活动论述了板块构造存在的可能性(白瑾等,1996;伍家善等,1998)。此后,Li等(2002)试图从冀东豆荚状铬铁矿论述太古宙陆块内部存在古洋壳的可能性;张旗等(2004)、简平等(2005)和Wang等(2009)则对华北新太古代的赞岐岩套(sanukite)进行了探索。毫无疑问,在华北克拉通上寻找太古宙板块构造的痕迹是中国前寒武纪地质学未来一个阶段必须面对的问题。

(3)早期生命演化研究

中元古代早期长城系多细胞生物取得进展 继在长城系上部高于庄组发现螺旋形带状化石(孙淑芬等,2006)、中部团山子组发现大量以褐藻为主的叶状化石,以及常州沟组有争议的"Chuaria-Tawuia"状碳质压密体之后(Lamba等,2007),最近几年的研究又先后在串岭沟组和高于庄组发现了新的化石层位和种类,从而使长城系每个组中都发现了碳质压密体和碳质宏观化石,长城系已成为一个研究地球多细胞生物起源和早期演化的时代最老的化石库。

震旦系生物研究取得重要突破 近几年,中外学者先后在陡山沱组中发现了一些最早的动物化石证据,曾在国际上产生重大影响。例如,在贵州瓮安陡山沱组上磷块岩(大约5.8亿年前)中发现的动物胚胎化石、原始海绵动物化石和两侧对称动物化石。中国科学家2007年在三峡地区陡山沱组底部发现的"滞育卵囊中动物胚胎"化石(Yin L M等,2007;Xiao等,2007),将动物的起源时间提前到6.32亿年以前(动物的化石记录前推了5千万年),即动物在新元古代晚期"雪球地球"事件结束之后就已经出现了。中国科学家与美国学者合作(McFadden F A等,2008),通过对采自三峡地区九龙湾剖面完整的陡山沱组样品进行了高分辨的碳和硫的同位素和大型疑源类化石的研究分析,揭示埃迪卡拉时期海洋脉冲式的氧化与大型疑源类化石出现、多样化和灭绝之间的关系。明确的年龄和丰富的早期动物化石记录使三峡地区成为研究埃迪卡拉时期古海洋环境与生物演化的理想地区,吸引了包括美国、日本、德国、加拿大、澳大利亚等多国学者前来考察和工作。

(4)前寒武纪变质作用研究

自20世纪90年代以来,华北北部高压麻粒岩带的研究取得重要进展,许多学者探索了华北北部和及恒山—太行山地区高压麻粒岩及其他高压变质泥质岩变质作用的p-T-t轨迹(翟明国等,1992,1995;Wang等,1997;Li等,2000;Zhao等,2001;郭敬辉等,1993,1999;Guo等,2002,2005),并依据变质反应和变质矿物组合探讨存在退变榴辉岩的可能性。多数学者将高压麻粒岩解释为陆陆碰撞的结果,由此带动了华北克拉通古元古代构造格架的研究。

近几年,对孔兹岩系的年代学研究和超高温变质作用的研究也取得重要进展。针对孔兹岩及相关岩系开展年代学研究的同时,超高温变质作用再次引起了国内外学者的广泛关注(郭敬辉等,2006;刘守偈等,2007,2009)。在内蒙古的孔兹岩带中早有报道含假蓝宝石的变质矿物组合,表明孔兹岩系发生了超高温变质作用,Santosh 等(2006,2007)通过对超高温变质岩的年代学研究(锆石和独居石),认为超高温变质作用是鄂尔多斯古陆块与阴山古陆块在古元古代晚期拼合造山作用的产物。为此中国科学院岩石圈演化国家重点实验室在 2010 年 5 月组织了"早前寒武纪地壳演化讨论会暨超高温变质作用野外现场交流会",组织有关专家学者赴内蒙古武川县东坡村和集宁土贵山两地现场考察典型超高温麻粒岩岩石组合。

高压麻粒岩与超高温变质作用共同存在于古元古代造山带中,充分反映了古元古代造山作用的复杂性。华北克拉通古元古代构造带中多期不同性质的岩浆作用和沉积建造预示着所发生的古元古代构造热事件要比想象的复杂得多。

二、古生代地质研究

古生代包括寒武纪、奥陶纪、志留纪、泥盆纪、石炭纪、二叠纪。中国古生代地质工作一直处于领先地位,研究成果甚多,在 1949 年以来,研究的广度和深度上都有重要突破。

1. 古生代早期地质研究

地层古生物方面,寒武纪生物群近来新发现颇多。在寒武系底部三叶虫化石层之下,发现了含多门类的具小壳动物化石的小壳动物群,它的存在对寒武系底界之确定有重大意义;在下寒武统筇竹寺组发现"澄江动物群",对研究中国与北美的生物古地理有重要意义;中寒武世的凯里动物群的发现,对研究某些类别生物进化有重要价值。研究表明,长江三峡、四川峨眉山、云南晋宁的寒武系底界剖面非常良好,可作为世界寒武系—前寒武系界线的候选层型剖面。奥陶纪动物群明显分为笔石相和介壳相,而长江三峡地区属混合相,动物门类齐全,易于和各地区对比,上寒武统与下奥陶统又连续,似可作为国际奥陶系底界候选层型剖面。吉林浑江大阳岔剖面曾被 1985 年卡尔加里会议确定为国际寒武—奥陶系界线候选层型剖面。近年对奥陶系顶底、赫尔南贝动物群的研究为志留系与奥陶系界线划分提供了重要依据。寒武系古丈阶、芙蓉统(暨排碧阶)2 个"金钉子"(全球界线层型剖面和点位,GSSP)分别于 2008 年、2003 年在中国确立;奥陶系大坪阶、达瑞威尔阶、赫南特阶 3 个"金钉子"分别于 2007 年、1997 年、2006 年在中国确立,表明中国近年来在古生代早期生物地层学领域取得最重大的进展。志留纪动物群也分笔石相和介壳相,长江三峡地区特别发育。经深入研究,特别是牙形石的研究,认为过去分别归入中、上志留统的罗惹坪组、纱帽组统统应划入下志留统。构造地质研究确认,古生代早期曾发生著名的加里东运动,包括所有发生在古生代早期的褶皱运动,如奥陶纪后期的太康运动、志留纪后期的广西运动等。从构造格局看古生代早期时扬子板块和华北板块为分散的板块,其地壳构造发展的主要特征是分散的大陆板块的拼合和陆壳面积的增生。各板块的相对位置和它们相对地球两极及赤道的位置,也发生了重要变化。志留纪末期,小型的古祁连海洋发生了封闭,使柴达木板块与中朝板块拼合在一起。在岩浆活动方面,古生代早期初期在北祁连山、北山及贺兰山有基性超基性岩、变质火山岩形成,后期在南岭、内蒙古北部、天山等地有黑云母花岗岩、花岗闪长岩等侵入,与它们有关的矿产为铬、铂、铜、镍、铁、金等。在古生代早期地层中形成或储存的矿产则有铁、锰、铜、钼、钒、汞、稀有金属、磷、膏盐、煤、石油等。

2. 古生代晚期地质研究

地层古生物方面，泥盆纪地层以广西最发育，生物群异常丰富，可区分为介壳相的象州型和菊石相的南丹型。经过生物地层学的深入综合研究，将郁江组划归下泥盆统，列于四排组之下。1988年在爱尔兰会议上，广西桂林南边村泥盆系—石炭系界线剖面被推荐为国际泥盆系—石炭系界线副层型剖面。石炭系在过去习惯于分3个统，近10多年来根据古生物、沉积旋回、古地理和年代时间值诸因素，采用了二分法。二叠系，华北以陆相或海陆交互相沉积为主，华南则以海相沉积为主。1959年以来已建立起中国二叠系的分层标准，除有孔虫（含䗴类）化石带早已建立外，又陆续建立了菊石、腕足类、珊瑚的化石带，20世纪70年代中叶以来，牙形石带空白也已填补；二叠—三叠系界线的研究有突破性进展，浙江长兴煤山、西藏聂拉木色龙西山、四川广元上寺、新疆大龙口4个剖面是典型剖面。1985年以来，浙江长兴煤山剖面一直被推荐为国际二叠—三叠系界线候选层型剖面。石炭系维宪阶、二叠系乐平统（暨吴家坪阶）、长兴阶3个"金钉子"分别于2008年、2005年、2005年在中国确立，表明中国近年来在古生代晚期生物地层学领域取得最重大的进展。构造地质方面研究表明，古生代晚期曾发生海西运动，其特征主要是分散的巨型大陆板块向着形成统一的联合古陆的方向发展，至海西末期，联合古陆主体基本形成。岩矿及矿产方面研究表明，海西期真正的洋壳和岛弧带沉积类型仅见于台湾省的大南澳群下部，以巨厚的基性为主的火山岩、硅质岩、碎屑岩和碳酸盐岩透镜体为代表。阿尔泰、准噶尔、天山、祁连山、昆仑山、大小兴安岭、东北北部、内蒙古北部、滇西、川滇、台湾等地区在海西期有基性、超基性岩、酸性岩浆侵入，以及有铬、镍、铁、铜、铅、锌、钒钛磁铁矿、稀有元素、稀土元素、云母、金云母、水晶、菱镁矿、石棉等矿产的形成。在古生代晚期地层中形成或储集的矿产有铁、锰、铜、镍、铝、钨、锡、铅、锌、锑、金、铀、黄铁矿、磷、膏盐、石灰岩、白云岩、耐火粘土、煤、石油、天然气等，矿床以沉积型、层控型为主。

（杨守仁）

三、中、新生代地质研究

中生代包括三叠纪、侏罗纪、白垩纪。新生代包括古近纪、新近纪、第四纪。

1. 中生代地质研究

地层古生物方面，1949年以前工作仅限中国东部，对菊石、双壳类、腕足类和植物化石有相当程度的研究。1949年以来大化石研究得到极大加强，某些空白门类尤其是微体化石得到填补，区域也扩展到中、西部及边远地区，因此，中生界的分布得以查清，研究程度大为提高。三叠纪的海相和陆相地层在中国均有大面积出露。海相三叠系主要分布于昆仑山脉和秦岭以南，尤以西藏、青海和青、川、甘3省交界处三角地带最发育。秦岭以南和康滇古陆以东地区，地台型海相三叠系亦甚发育，为中国三叠系生物地层研究最详细的地区。位于中国浙江长兴的煤山D剖面是已知最完整的二叠系—三叠系界线剖面之一，2001年3月被国际地科联确立为全球二叠系—三叠系界线"金钉子"。陆相三叠系在北方（华北、西北）分布甚为广泛，尤以陕甘宁地区最发育。海相侏罗系分布于西藏、青海南部、新疆西南部、滇西、两广沿海、台湾、东北乌苏里江下游等地，跨越世界3个主要生物地理区。陆相侏罗系亦十分发育，特别是在不少盆地内具有长期的连续沉积，不仅跨统，甚至跨系。在西部地区和东部沿海还分布着一些海陆交互相的侏罗系。海相白垩系主要分布于西藏、新疆西南部和台湾。陆相白垩系散布在许多地区。三叠纪的牙形石和六射珊瑚、侏罗纪的菊石、晚白垩世的被子植物、中生代的孢子花粉和中生代的鸟类化石等空白早已填补。三叠系嘉陵江组以往被划入中三叠统,现在被确定属下三叠统。"法郎组"一直被归入中三叠统安尼阶,杨守仁等(1995)、Yang(1995)根据牙形石研究确定为上三叠统卡尼阶。过去的石千峰群被细分为上二叠统顶部的孙家沟组(改称狭义石千峰组)、下三叠统的刘家沟组、和尚沟组和中三叠统的二马营组。过去的"侏罗系"香溪煤系现在细分为上三叠统的马鞍塘组、小塘子组和须家河组以及下侏罗统的白田坝组。最大的争论在所谓"热河群"(包括义县组至阜新组),它的时代葛利普早先定为白垩纪,后来有人又把它改为晚侏罗世。20世纪80年代2种主张并存,但是黄汲清(1982)认为将义县组到建昌组划入晚侏罗世,把九佛堂组和阜新组划入早白垩世较好。从现有资料出发,白垩系三分,下统以志丹群、热河群、建德群为代表,中统以桦山群、永康群为代表,上统以王氏群、衢江群为代表。白垩系底界的同位素年龄置于1.37亿年~1.35亿年,下、中统分界置于1.08亿年~1.05亿年,中、上统分界置于0.88亿年~0.85亿年。构造地质方面研究表明,中生代地壳曾发生著名的三叠纪的印支运动、侏罗—白垩纪的燕山运动。将地壳运动、岩浆活动、成矿作用结合进行研究,获得最丰富的成果。印支期在南岭、海南岛、川西、长江下游、滇西、藏北、秦岭、南祁连山等地有黑云母花岗岩、石英闪长岩、基性、超基性岩等侵入,其同位素年龄1.90亿年~2.30亿年。有关的矿产或矿化作用有铁、铜、镍、钨、锡及多金属、稀有金属、石棉、云母等。前期燕山运动使岩层发生褶皱,在东北北部、内蒙古北部、秦岭、滇西、西藏和整个中国东部地区有大规模的花岗岩类、花岗闪长岩、基性、超基性岩等侵入以及铬、铁、镍、铜、钛、钒、锡、钨、钼、铋、铅、锌、金、铂、铍、萤石、水晶、叶蜡石、明矾石、石棉等矿产形成,其同位素年龄约1.10亿年~1.60亿年。白垩纪末、古近纪初的晚期发生燕山运动。在频繁剧烈的地壳运动影响下,中国东部形成了一系列间列的隆起带和坳陷带,并在中国东部及滇西、西藏、喀喇昆仑山等广大地区发生了花岗岩、闪长岩、二长岩、基性超基性岩、火山岩等岩浆活动,以及钨、锡、钼、铜、铅、锌、汞、锑、金、水晶、萤石、明矾石、叶蜡石、重晶石等矿产的形成,其同位素年龄约0.7亿年~1亿年。

2. 新生代地质研究

古近纪、新近纪的地层古生物研究成果累累。20世纪20年代初~30年代初,山西保德层、山东古近纪地层、山西西部陕西北部上新世与黄土期间地质、中国人类化石及新生代地质、中国北方和广西新生代的淡水软体动物、南满古近纪初期的植物化石、中国北部新生代的哺乳动物,1937年~1946年晋东南、甘肃西部的古近纪、新近纪哺乳动物都进行了一定研究。1949年以来成就是查明了古、新近纪生物的地质地理分布,加强了研究的薄弱门类,填补了研究的空白门类。中国古、新近系分布很广泛,主要为陆相沉积,海相沉积仅见于西藏南部、新疆南部和台湾省。古新统以广东南雄罗佛寨群为代表,始新统在河南比较发育,渐新统在内蒙古四子王旗的额尔登敖包一带发育良好,中新统在青海民和盆地、山东临朐山旺、内蒙古二连通古等地发育较好,上新统在陕西蓝田坝河、山西静乐贺风村有良好出露。中国古新统长期处于空白状态。陆相古新统及其所含动物群的发现是1959年以来地层学工作的一件大事,是世界古、新近系研究史上举世瞩目的重要突破,它们出露于广东南雄、安徽宣城、山东平邑、内蒙古四子王旗、新疆吐鲁番等地,在这些地区出露白垩系—新近系的良好的连续剖面。古植物方面,古新世植物发现于新疆阿勒泰,始新世植物在中国分布甚广,并具明显的气候分带性。川西理塘此期植物群有桉树出现,颇引人兴趣。渐新世植物在中国发现不多。中新世植物群是中国分布最广、内容最丰富和研究程度较高的植物群,如著称于世的山东临朐山旺植物群和20世纪70年代发现于浙江临海的类似植物群。上新世植物的分布也较零散,仅在云南腾冲和吉林敦化有少许发现。滇西横断山区和青藏高原的古、新近纪植物,从始新世到上新世都有发现。如西藏南木林中新世植物群和希夏邦马峰北麓上新世高山栎等和川西上新世植物的研究。低等植物的研究1949年前几乎是空白,1949年以来江汉盆地、青海西宁与民和盆地、湖南洞庭地区和衡阳盆地、广东南雄盆地、安徽东部及浙江杭嘉湖地区古近纪的轮藻,渤海湾沿岸古近纪沟鞭藻及疑源类,南海北部莺歌海盆地新近纪颗石藻、新疆塔里木盆地古、新近纪颗石藻的研究进展很快,此外,西藏古、新近纪钙藻,江苏古近纪绿藻和蓝藻,新疆准噶尔盆地南缘古近纪沟鞭藻,山东山旺云南宜良中新世的硅藻的发现和研究,都对古、新近系的划分对比和矿产资源的勘探发挥积极作用。50多年来孢粉地层学的研究有很大进展,主要含油气盆地已建立了详细的孢粉组合序列,其中重要的有甘肃酒泉、渤海湾地区、安徽、江汉盆地、北部湾地区、江苏地区、抚顺、清江盆地、云南、三水盆地、柴达木盆地、塔里木盆地、松花江南部、江西、东海陆架和西藏等古、新近纪孢粉及其地层研究。古动物方面,就无脊椎动物化石而言,填补空白或加强了的门类有昆虫、腹足类、苔藓虫、棘皮动物、叶肢介、蜘蛛等,1962年起《中国各门类化石》、各大区的古生物图册,全面总结全国古生物的属种,加上有关专题研究成果,如松辽平原古、新近纪介形类,渤海湾沿岸地区古近纪腹足类、介形类和新生代有孔虫,西藏古、新近纪海相双壳类,抚顺煤田始新世昆虫,山东山旺中新世的昆虫和蜘蛛化石,华南非海相白垩纪和古近纪腹足类,华北泥河湾组和广西百色盆地的新生代非海相双壳类,塔里木盆地古近纪腹足类、海胆、腕足类化石,塔里木盆地的有孔虫、介形类,等等,对古、新近系划分对比起了很大作用。古脊椎动物研究也有很大进展,如吉林桦甸新生代的鱼群、新生代的鸟类,新疆吐鲁番盆地、华南红层中的古近纪古新世哺乳类,湖南衡阳、江西新余、山西昌乐、临朐早始新世哺乳类,内蒙古中始新世哺乳类,河南卢氏晚始新世哺乳类,山东、内蒙古、陕西、甘肃、宁夏、新疆等地渐新世哺乳类,南京方山洞、江苏泗洪、河北磁县、陕西临潼、河北张北、河南洛阳中新世的哺乳类,内蒙古、陕西、宁夏、甘肃、湖北、云南等地晚中新世哺乳类,华北、华南和陕西的上新世哺乳类。原始无角犀类的存在和大量有角犀类的发现是中国中中新世哺乳类组合的一个特征,晚中新世哺乳类以内蒙古通古尔动物群最有名,上新世哺乳类以华北红土中的"三趾马动物群"最著名,南方上新世哺乳类的研究在西藏获得了有意义的成果。在陕西勉县杨家湾上新世汉江中国乳齿象的发现则是世界罕见的。构造地质方面有明显进展。构造地质研究扩展到对海域、乃至全球构造进行探讨;对中国东部环太平洋带构造、岩浆演化认识有所深化,探讨了东部及西南部的裂陷运动,对含油气、煤盆地的形成和发展进行了研究。研究表明,古近纪初,现今世界"屋脊"还在海面以下,大约从始新世晚期开始的早期喜马拉雅运动使特提斯海域处于封闭消失阶段。中新世晚期开始的晚期喜马拉雅运动导致青藏高原整体加速隆升,在环太平洋带也出现了台湾海槽的褶皱升起。直到今日,喜马拉雅山地区仍在缓慢上升。中国东部受燕山运动影响所形成的一系列断陷盆地,至喜马拉雅运动时期得以加固、成型;南海大规模扩张,渤海、黄海及东海等则大面积沉降。岩浆活动及成矿作用伴随构造运动而出现,如沿断裂带的玄武岩喷溢,出现了大规模的玄武岩带。在西藏、台湾等地还有超基性岩、石英闪长岩、花岗岩等侵入,以及铬、金、铅、锌等矿产形成,同位素年龄约0.2亿年~0.5亿年。至于形成或储藏于新生代地层中的矿产则极丰富。

(杨守仁)

第八节 中国第四纪地质学研究

第四纪地质学是研究地球的最新地质年代——第四纪各种地质作用和地质现象、生物界演化、人类起源和发展、解决与国民经济建设和人类生存有关的各种地质问题的科学。它与地层学、古生物学、古人类学、沉积学、矿床学等各门地质科学和生态学、冰川学、土质学、冻土学、地貌学、地文学、岩溶学、陆地水文学等有密切关系,可为生物演化、人类起源与发展、地层划分对比、环境保护、健康卫生、农林生产、国防建设、开发矿业、工程建筑、交通运输、城市规划、国土整治、地震预报、文物考古、气象、水利和土壤等服务。

第四纪科学承袭了地球科学的许多传统学科,又和现代科学的许多领域紧密相连,从各圈层相互作用到全球变化,是从地质学、生物学、天文学等自然科学到人类学和社会可持续发展,当今人类社会面临的资源、环境、灾害等许多问题无不与第四纪科学相关。第四纪科学是地球科学中最活跃的研究领域之一(刘嘉麒、韩家懋,2003)。

一、中国第四纪地质学研究概述

第四纪地质学在欧洲主要是研究阿尔卑斯及斯堪的纳维亚冰川遗迹的基础上发展起来的。在中国,从19世纪末开始,一些外国学者对广泛分布在黄河流域的巨厚黄土进行了观察。19世纪后期李希霍芬和奥勃鲁切夫对黄土、20世纪初期维里士等对华北的地文期、安特生对新石器时代考古、德日进对古脊椎动物和旧石器以及 D. 步达生和 F. 魏敦瑞等对古人类化石与新生代地层、G. B. 巴尔博和 B. 布林等对自然地理的研究,都对中国第四纪研究的发展作出了一定贡献。中国第四纪地质学研究从20世纪20年代开始,成果可观。1929年新生代研究室的成立和周口店猿人头盖骨的发现大大促进了第四纪研究。巴尔博(1929)、杨钟健等将中国的第四系分为马兰黄土、三门系和三趾马红土,步达生、德日进、杨钟健等对第四系作了初步总结。中华人民共和国成立前有2项工作对后来第四纪研究具有重要意义:一是建立了第四纪沉积成因类型,进行了时空系统对比,为进一步研究打下了坚实基础;二是提出了第四纪时期古气候波动概念。李四光对中国东部冰川问题的提出具有重要的启发意义。

第四纪地质一直是地质界特殊关注的问题。1949年以后,中国科学院地质研究所于1954年成立了全国最早的第四纪地质研究室;1957年成立了以李四光为主任委员,侯德封、杨钟健为副主任委员的中国第四纪研究委员会;1966年中国科学院地质研究所第四纪室的部分人员迁贵阳,在中国科学院地球化学研究所成立第四纪研究室;1978年中国科学院地质研究所的一部分第四纪研究科研人员转入国家地震局;1983年在西安建立黄土与第四纪地质研究室。经中国科学院地质研究所、古脊椎动物与古人类研究所、中国地质科学院和高等院校等单位的深入研究,尤其配合新技术新方法的应用,中国第四纪地质研究取得了举世瞩目的成就。20世纪50年代~90年代中国第四纪研究进行了以下几方面工作:第四纪地层和地层表的研究;以黄土为中心的第四纪沉积物的研究;古脊椎动物和古人类、古文化的研究;第四纪地质图的编制、新构造运动、海岸线变迁与海平面变化、海砂矿、地层划分和年龄测定技术系统的建立等。1955年~1958年中国科学院地质研究所第四纪研究室在刘东生领导下,搜集有关第四纪沉积物成因类型、岩性、地质时代和厚度等资料进行研究,编制了1:400万中国第四纪地质图。50年代末期~70年代丁国瑜等进行了新构造的研究,特别是研究了华北地区的现代构造运动,为预测地震提供了重要信息。在60年代和以后除了继续进行黄土研究外,还开展了中国南方湖盆沉积、中国海海洋沉积、成昆铁路含盐地层对钢轨的破坏、新疆干旱地区沉积物中盐类对工程破坏机理、焦枝铁路土质对铁路建设的影响、黄河河口尾闾摆动规律、华北平原第四纪沉积结构与地下水关系的研究等。张宗祜等还编出了多幅区域性第四纪地质图。60年代~70年代刘东生等与中国登山活动一起分别对希夏邦马峰(1964)、珠穆朗玛峰(1966~1968)及位于新疆境内的托木尔峰(1977~1978)进行了多学科综合考察,取得了丰富的科学成果,对高原第四纪冰雪活动与冰川活动、第四纪气候变迁、古风化壳以及旧石器等都作了较深入研究。

20世纪80年代以来,中国经济建设突飞猛进,经济文化的对外开放有力地推动了全国第四纪地层研究工作的迅速发展。1984年中国第四纪研究委员会全新世分委员会首次召开了中国全新世地层年表讨论会议,1986年中国地质学会第四纪冰川及第四纪地质专业委员会召开了中国第四纪下限讨论会议,1987年中国地质科学院首次编成1:250万《中华人民共和国及其毗邻海区第四纪地质图》,中国海洋第四纪地质勘探工作初步完成,1991年第13届国际第四纪联合大会(INQUA)在北京召开,全国各省市自治区的地质志陆续出版,致使第四纪新的研究成果不断涌现。通过第四纪科学新技术、新方法的引用及国际学术交流的日益活跃,使中国第四纪科学的研究水平不断提高,全国各地第四纪研究成果不断涌现和各省市地质志的完成,对此及时进行了总结,编撰了新的《中国地层典》。张宗祜等编制了《中华人民共和国及毗邻海区第四纪地质图及说明书》,全面总结了中国第四纪地质的研究成果。科学技术的进步,新方法的引进,为推进中国第四纪研究起了重要作用。例如,应用同位素、古地磁、热释光等方法推动了第四纪沉积物年代的研究;用松散土体结构薄片研究,对第四纪地质和土壤学研究提供了新方法;用电子显微镜研究黄土微结构为黄土工程力学性质的研究提供了新途径;鸵鸟蛋显微结构观察和蜗牛化石等的研究,为了解当时的气候与环境,提供了重要的信息;用示踪原子方法、卫星照片解释风成地质过程,提供了新的手段。中国科学院最早应用了 ^{14}C、热释光、古地磁、氧同位素、矿物、地球化学标志、孢粉、动物化石等综合手段和技术研究第四纪的古环境。中国第四纪研究水平已跻身于世界前列。

目前,第四纪地质学研究的内容发生了深刻变化,以全球环境与气候变化为代表的古代与现代环境地质学研究以及第四纪地质年代学已经成为第四纪地质学研究的重要内容。以全球气候和环境变化研究为目标的第四纪冰川学、第四纪火山、第四纪黄土等沉积物和生物遗存研究、山地与干旱半干旱环境是中国第四纪地质学研究的重要内容,其科学目的是探讨环境演变的动态过程与发展趋势。由于第四纪地质学研究内容的变化和拓展,许多第四纪地质学转向从事全球变化研究。因此,现在更多地称之为全球变化科学,以全球气候与环境变化为研究内容。

二、中国第四纪地层研究

中国第四纪地层研究始于20世纪初期丁文江(1923)对三门系地层时代问题的探讨。其后杨钟健(1929,1933)、裴文中(1931,1939)对周口店洞穴堆积物、北京猿人及其共生的脊椎动物化石和杨钟健等对黄土、红土地层的研究,以及李四光(1933,1936)对中国东部冰川遗迹的研究都有新的进展。

中华人民共和国成立后,中国科学院成立古生物研究所(1957年改称古脊椎动物与古人类研究所),将中国哺乳动物群划分为2个大区及若干动物群,作为第四系划分的重要标志。中国科学院地质研究所及地质部水文地质工程地质研究所等单位采用第四系研究的最新技术方法,使中国黄土地层学发展到崭新阶段。刘东生于1959年提出新黄土和老黄土的概念,接着又提出一套黄土地层划分方案,即从下至上分为午城黄土、离石黄土、马兰黄土和全新世黄土(1962),这种分层沿用至今,为中国第四系的研究打下了基础。70年代中后期地球化学研究所开展了黄土磁性地层的研究,将黄土的气候地层学与深海的第四纪沉积氧同位素曲线成功地进行了对比,将中国黄土地层学的研究提高到世界水平。20世纪80年代以来,第四纪地层科学的研究水平不断提高,取得了丰硕成果。地质矿产部石油海洋地质局、国家海洋局及中国科学院海洋地质研究所等单位陆续开展了海洋地质勘探。1979年建立了黄海陆架晚第四纪冰期气候地层序列。1980年建立了渤海地区晚第四纪冰期气候地层序列,同年完成了南海北部大陆坡和深海平原上更新统的勘查和生物地层学研究。1981年完成了冲绳海槽第四纪地层研究及晚更新世以来的冰期气候地层划分。1984年建立了东海外陆架区第四纪地层序列,同年完成了西沙群岛珊瑚礁区晚第四纪地层序列的研究。1986年研究了东海外陆架区第四纪地层,这些都使中国海域第四纪地层研究进入了崭新的阶段。台湾岛为中国第1大岛,由88个大小岛屿组成,地质研究虽已有近百年历史,但第四纪地层的研究开展较晚,近年来根据古地磁及生物地层、年代地层学研究资料,地层划分多有新的重要变更。全国陆区及海域第四纪地层包括岩石地层、冰碛地层、海相地层、土状地层、洞穴地层、生物地层等,大量地层资料基本齐备,各种类型的第四纪沉积物几乎都建立了地层层序和划分方案;周慕林等(1988)撰写了《中国的第四系》;张宗祜等(1990)编制了中国第四纪地质图,并对第四纪地层进行了划分;杨子赓等(1996)领导的国际地质对比计划"IGCP296"项目中国工作组对中国的第四系作了全面总结,并与国际第四系进行了较详尽的对比;刘嘉麒等(2003)综述了中国第四纪沉积类型及第四系的划分,并与国际第四系划分进行了对比,指出中国第四纪沉积物分布广泛,种类繁多,以陆相沉积为主。按其成因主要有风成黄土堆积、河—湖相沉积、冲—洪积堆积、冰川堆积、洞穴堆积、风化壳残积(红土)、火山堆积和海相沉积等。各种沉积物都有很好地剖面,尤其是黄土和河—湖相沉积更为连续完整。

(1)中国第四纪地层底界研究　中华人民共和国成立后,全国开展了地质矿产普查勘探和水文地质工程地质综合测绘工作,大量涉及第四纪地层。1952年苏联第四纪地层划分的气候四分法传入中国,即晚第四纪 Q_1 包括恭兹冰期和民德冰期;中第四纪 Q_2 包括民德/里斯间冰期和里斯冰期;早第四纪 Q_3 包括里斯/武木间冰期和武木冰期;现代 Q_4 由冰后期组成。1960年成立了中国第四纪冰川研究工作中心联络组,指导解决全国地质队在工作中遇到的冰川地质问题,"四分法"符号在国内广为流行。据全国各地大量地质钻探岩心资料,建立了各地区井下岩石地层组。随着经济建设的迅速发展,在原来空白地区也陆续建立了新的岩石地层组。中国第四系划分采取传统的四分法,已在第2次全国地层会议上被采纳。北京顺义县附近钻孔中,下更新统夏垫组下部的有孔虫化石群组合可同意大利卡布里阶的标准有孔虫组合对比。古地磁测定表明,夏垫组底界为松山期与高斯期的分界,距今240万年~250万年。陆相第四系以洛川黄土剖面为代表,古地磁测定表明午城黄土底界大约在松山期底界,相当于240万年左右。丁仲礼等(1994)对西峰黄土剖面粒度进行了高分辨率分析,用谱分析方法确定了250万年以来的气候周期,并与太平洋深海氧同位素曲线进行了对比。在国内外古人类学研究基础上,人属在距今250万年前首次出现在世界上。所以根据古生物学、古人类学、古地磁学以及气候地层学等研究,将第四纪与新近纪界限置于距今约250万年处是适宜的。刘嘉麒等(2003)按照中国第四纪地层发育的实际情况,认为第四系的底界应置于松山—高斯极性转换界线(M/G,260万年前后)。尽管如此,第四纪与新近纪的界线问题至今未取得一致意见,有置于距今180万年左右的,还有置于距今160万年处的,更有置于350万年处的。第四纪作为地质年代和地层单位的地位和底界问题,自18世纪提出以来,在国际学术界中就一直存在不同的观点;尤其是2004年部分权威学者和国际组织提出取消第四纪的方案,引发了激烈的国际大辩论。直到2009年第四纪在地质年代中的正式地位及其底界划分方案,才最终获得了国际地科联的官方批准:确认第四系是系一级年代地层单位,位置在新近系之上;厘定了第四系的概念,也就是把第四系的底界(亦即新近系—第四系界线)下移到格拉斯阶底界,由位于意大利西西里岛的 Monte San Nicola "金钉子"定义,年龄值约为259万年;重新定义更新统的概念,更新统的底界也下移到格拉斯阶之底,格拉斯阶(原属于新近系上新统)划归更新统。回顾第四纪最初命名到正式地位确定的过程,特别强调了中国科学家立足于黄土等地质记录的研究工作,积极地参加了这场讨论,对于第四纪在地质学中的地位确立作出了重要贡献。

(2)在第四纪生物地层学方面　根据残留种和现生种的多寡进行生物分析,建立了第四纪地层系统。现已确定属于早更新世的哺乳动物主要有(北方)灵台动物群、泥河湾动物群、临猗动物群、西侯度动物群、阳郭动物群、三门动物群、(南方)元谋动物群、临城动物群,其特点是含有较多的进化种属,兼有少数上新世的残留种属;中更新世的哺乳动物主要有(北方)公王岭动物群、周口店动物群、(南方)和县动物群、万县盐井沟动物群、大荔动物群等,其中上新世的残留种已基本消失。晚更新世主要有(北方)许家窑动物群、丁村动物群、萨拉乌苏动物群、峙峪动物群、迁安动物群、蓝田涝池河动物群、小南海动物群、山顶洞动物群、(南方)长阳动物群、柳江动物群、神仙洞动物群、凤凰山动物群等,其中有较多的现生种。

(3)利用其他方法研究第四纪地层　在岩石地层学方面,发现了上新世至第四纪初期的河湖相地层有连续过渡关系,自下而上颗粒变粗的现象十分普遍。在1966年~1968年珠峰地区综合考察中,完成了《第四纪地质》报告,发现几个较完整、较典型的第四纪地层剖面,初步建立了本区的第四纪地层层序。在气候地层学方面,利用古气候标志划分对比地层,在冰川地区和非冰川地区均已广为发展。国内外学者曾从不同角度对中国黄土地层进行气候地层学研究,探讨了250万年以来东亚季风变迁历史及其对全球气候变化的响应过程(陈骏等,1999;谭红兵等,2002;饶文波等,2003)。童国榜等(1998)及覃嘉铭、袁道先等(2004)探讨了贵州都匀七星洞石笋剖面晚更新世高分辨率的气候地层学等等。在磁性地层学方面,对西北黄土、华北平原和苏北平原的钻孔岩心、泥河湾湖泊相沉积、晚新生代的火山堆积物、东海陆架沉积物等都进行了古地磁研究,并推算出了元谋人、蓝田人、北京人等的大致年龄。开展了黄土剖面的磁性地层柱、湖泊沉积古地磁柱、沉积物的古地磁年龄、新生代玄武岩古地磁考古地磁学和陨石的研究。建立了反映200万年以来的中国黄土剖面磁性地层柱,确定了泥河湾湖相层沉积起始和盆地封闭以及湖相层中旧石器的古地磁年龄与磁性地层界线;对第四纪古人类化石层位进行了剩磁测定;进行了南京地区新生代玄武岩地磁研究,根据所发现地磁场倒转的极性时间不同,进行了玄武岩分期;在总结第四纪古人类化石层位古地磁学研究基础上,参照朝鲜、日本的第四纪古地磁资料,指出东南亚更新世有过整体的北向移动,当时处于比现在更南的位置;对大同火山岩古地磁学研究,发现黑山剖面10万年左右曾有短暂的反向极性,并测出金山剖面和黑山剖面上部的玄武岩的同时性。在同位素年代地层学方面,用放射性同位素法测定第四系年代的工作进展很快,其中以^{14}C法测年成果最多,并为环境变迁的研究提供了大量可靠数据。此外,根据中国得天独厚的材料,考古地层学亦已建立起来。

(杨守仁)

三、中国第四纪古生物、古人类和旧石器时代考古研究

在古生物方面,1926年~1936年许杰、秉志研究广西、华北第四纪淡水腹足类,1928年~1941年杨钟健、裴文中等研究中国古人类和旧石器时代文化及周口店第四纪哺乳类,1934年卞美年研究周口店第四纪鱼类、两栖类、爬行类,都获得了重大成就。第四纪微体化石的研究亦得到迅速发展。

在古人类和旧石器文化遗存方面,20世纪20年代发现北京人、河套人化石,30年代发现山顶洞人化石,在此前后发现共存的哺乳类化石和旧石器时代文化遗存。1949年以来在云南元谋、四川资阳、山西丁村、陕西大荔、湖北长阳、大冶、郧城、安徽和县和许家窑、广东马坝、广西柳江、黔西观音洞、陕西蓝田、

北京东胡林、辽宁营口金牛山和南京汤山等地都发现了属于北京猿人系列的化石或更老的地点。此后，在四川巫山、安徽繁昌县的洞穴堆积中发现了与早更新世脊椎动物共生的石器和可能出现的人类化石。因此人们预测这些石器及化石的地质时代可能距今200万年甚至更老。由此导致1998年由古脊椎动物与古人类研究所发起在青藏高原周边地区寻找古人类的研究和考察。此外，云南等地发现了古猿，特别是腊玛古猿，都具有重大科学意义。这些古人类及古文化的研究成果在《古人类论文集》（中国科学院古脊椎动物与古人类研究所,1978）、《元谋人》（周国兴,1984）、《北京猿人遗址综合研究》（吴汝康等,1985）、《中国远古人类》（吴汝康、吴新智、张森水,1989）等专著中得以总结。第四纪哺乳类的研究与古人类及其文化的研究有着密切联系，已如上述。中国东部沿海平原大量钻孔岩心的研究，普遍发现海相地层。这些海相层中含有大量第四纪海相软体动物、有孔虫与海相介形类等，有时贝壳成层出现。这些化石研究获得丰硕成果，不但对东部沿海平原第四纪地层划分对比，而且对古地理的演变，古气候变化，新构造运动判别等都作出了贡献。例如，过去认为只有全新世有海侵，现今由海相化石揭示更新统存在多层海相层，说明更新世也有不只一次海侵。

（杨守仁）

四、中国第四纪孢子花粉研究

孢子和花粉由于其个体小、易于保存而成为第四纪植被发展史和第四纪古气候、古环境研究的重要手段之一（王开发等,1988）。由于和工程、水文地质勘查和泥炭形成时代、植被演化、黄土成因、考古、古气候，特别是中国冰川和冰期等课题有密切关系。随着孢粉分析、鉴定和^{14}C测年技术的改进以及数值分析方法的发展，第四纪孢粉学在近些年来取得了长足的进步。中国孢粉学起始于20世纪50年代，主要进行陆地和陆架浅海沉积物的研究，直到90年代才有深海孢粉学成果问世。华北第四纪孢粉资料比较系统，如三门峡、蓝田、北京周口店等地早、中更新世孢粉组合的研究。长江下游第四纪孢粉的研究证明该区当时曾有4个温暖和寒冷的交替期，与中国的4次间冰期和冰期大致可以对比。有人根据孢粉资料探讨了第四纪气候及其变迁。青藏地区上新世和第四纪孢粉分析表明，喜马拉雅山区自上新世以来约升高2000米～3000米，帕里等地区自早更新世以来也有不同程度的强烈抬升。20世纪80年代早期侧重第四纪下限的研究，比较广泛地认定距今250万年作为第四系底界。80年代后期第四纪孢粉研究对第四纪晚期，特别是10万年以来植被和古气候变化趋势特别重视，并取得了明显成果，如云南、南黄海以及西藏等地晚更新世以来环境变迁的理论性较强的综合性论著。此外，近年来有人将第四纪孢粉研究与植硅石分析有机地结合起来，应用于中国的环境考古研究和探索中国稻作农业起源及其环境背景。

（杨守仁）

五、中国海洋第四纪地质研究

1949年以前仅有少数人进行过海岸线升降问题的讨论。中华人民共和国成立后，中国科学院先后成立了海洋研究所（青岛）和南海海洋研究所（广州）。20世纪60年代中期，地质矿产部先后成立了海洋地质局及其下属的第一、第二海洋地质调查大队。1972年后国家海洋局成立了其下属的第一、第二、第三海洋研究所。这样才对中国海岸线及古海洋学问题大规模地进行综合性调查研究，包括：海岸线变迁；海平面升降变化；海洋微体古生物与古生态学；晚更新世以来的海进与海退旋回；海底地形与地貌；珊瑚礁与海洋环境；中国及其邻近海域大陆架的起源和演化等。中国古海洋环境研究逐渐地与国际接轨，在某些研究领域如大陆架的起源和演化的重大理论研究中还有创新。70年代～80年代中国科学院地质研究所还进行了中国大陆架海底和海岸沉积物、地层、地貌、海平面变化与海岸线变迁、海岸砂矿的研究，特别是几万年来的海平面变化和海岸线变迁的研究。从20世纪80年代以来中国就对深海研究十分重视。90年代以来,中国加入了国际大洋钻探组织(ODP)。1999年已开始了第1个由汪品先院士任首席科学家的深海钻探和古海洋学研究,从而得以把中国大陆与大洋深海的第四纪地质研究直接联系在一起。

中国华北地区及东部沿海大量钻孔岩心中海相地层研究表明,该区第四纪以来发生过多次海侵。根据同位素年代测定结果,有距今约226万年的渤海海侵;距今约25万年~19万年的海兴海侵,这次海侵可能只限于黄骅、海兴一带以东地区,比渤海海侵可能遍及京汉线以东广大地区的范围大为缩小;距今16.3万年~15.6万年、13.1万年~11.8万年、10.8万年~9万年、8.5万年~7万年的4次小范围海侵,合称黄骅海侵,比海兴海侵要小,可能只限于黄骅及其附近临海地区;距今6.5万年~5.35万年的白洋淀海侵,其规模仅次于渤海海进,遍布于白洋淀以东广大地区;距今3.9~万年2.3万年的沧州海侵,范围大致限于津浦线以东地区;距今约1.5万年~0.6万年的天津海侵,规模比沧州海侵小,可能只限天津以东地区。据报道,福建长乐有相当天津海侵的海侵,被称为长乐海侵。黄海和东海大陆架,在距今2万年~1.5万年海面逐渐下降,形成4条贝壳堤。从大陆架地貌、大陆沉积物、泥炭、三角洲沉积相、^{14}C同位素年龄测定等方面,已进一步查明东海、黄海海面在末次冰期晚玉木期曾下降至150米~162米。

(杨守仁)

六、中国黄土研究

中国黄土研究开始于20世纪20年代。黄土研究起步较早,进展亦快,从黄土的颗粒、矿物成分、地球化学等特征看,黄土的大气堆积成因说已得公认,并得到了大约250万年以来的气候变化曲线。中国科学院第四纪研究所把黄土研究一直作为主要对象,在刘东生和他领导下的吴子荣、王克鲁、文启忠、郑洪汉等对黄土进行了深入系统的分布、层序划分、物质成分、结构与构造、黄土成因与演化的研究,在50年代~60年代黄河中游黄土宏观调查和室内综合研究基础上,刘东生等完成了《黄河中游黄土》(1964)、《中国的黄土堆积》(1965)及《黄土的物质成分与结构》(1966)3部专著,对黄土的分布、成因、地层划分、物质成分与结构等进行了详细论述,为水土保持、工程建设、在黄土高原寻找水源提供了重要依据。例如,把黄土分为近沙漠的砂黄土带、黄土带、粘黄土带。砂黄土带的黄土结构粗而疏松,是黄土高原最重要的侵蚀区,是黄河下游粗泥沙淤积物的主要来源,是危害黄河的关键地带,从而是降低黄河泥沙含量,使水质变清,减轻黄河泛滥灾害的重点地区。所确定的黄土层中的两层粉砂层是黄土高原最重要的地下水层位,分布广而稳定,是陕西找地下水的标志。张宗祜等在同一时期也对黄土进行了大量研究。70年代中期以来黄土研究方面在已往工作的基础上,又开展了古地磁地层学、土壤地层学、矿物地层学、热释光年代学、^{14}C年代学及黄土中主元素、稀土元素、微量元素的地球化学等研究。70年代~80年代选择了陕西洛川黑木沟坡头村典型剖面,运用各种新技术手段,深入开展黄土—古土壤序列的多学科综合研究,刘东生等完成了《黄土与环境》(1985)专著,建立了中国黄土—古土壤序列与全球冰期与间冰期气候波动变化相联系的理论模型,提高了对中国黄土堆积过程古气候环境的认识。与此同时,国内其他学者对中国黄土研究也取得十分出色的成就。如张宗祜的《中国黄土及黄土状岩石》(1959)、《中国黄土》(1989)等,王永焱的《中国黄土》(1980)、《黄土与第四纪地质》(1982)、《中国黄土研究的新进展》(1985)亦先后出版,编出了《中国黄土高原地貌类型(1:50万)与说明书》,从各个不同方面全面论证了中国黄土的特征,丰富了中国黄土科学内容。

自20世纪90年代以来,各生产、教学、科研单位同步于国际第四纪研究的新趋向和国际地圈与生物圈计划等行动的实施,中国的黄土基础研究集中于古气候与古环境方面。安芷生、丁仲礼对古季风,沈承德、韩家懋对同位素,郭正堂、陈发虎及方小敏等对大气环流及青藏高原对黄土的影响问题进行了探讨。研究表明,覆盖整个第四纪250万年以来的黄土沉积主要分布于黄土高原的中部及关中盆地,其中尤以洛川、西峰、宝鸡、西安、渭南5个地区的黄土最为完整、连续。这些地区的黄土剖面由几十层黄土层和几十层古土壤层互层所组成,其中黄土层呈淡棕红色,大部分土壤有明显的发生层次,并含有成土过程产生的新生体,如碳酸盐结核、粘粒胶膜、铁锰胶膜等。据此可对黄土沉积的黄土层—古土壤旋回作出一定程度的气候解释。已知黄土沉积至少记录了110个左右的气候变化阶段。迄今,已对上述5个剖面的磁化率值变化作了高密度的测量,同时对宝鸡剖面的粒度变化以10厘米为间隔作了测量。在此基础上,利用宝鸡剖面的粒度变化和古地磁极性柱,建立了一条中国黄土所记录的气候变化的时间标尺,时间标尺与气候变化曲线相合,即成为气候变化的时间序列,采用频谱的分析手段,对宝鸡粒度变化的时间序列进行了分解,得到以下3个主要特征:①在整个第四纪的250万年间,黄土所记录的气候变化均具有十分明显的地球轨道变化所产生的特征周期。②在第四纪的不同时段,气候变化的主导周期各有不同,距今250万～160万年,气候周期的成分较复杂,它们有地球轨道偏心率变化的40万、1万年周期,地轴倾斜度变化的4.1万年周期,岁差变化的2.3万、1.9万年周期,此外还有5.5万年附近的气候周期;距今160万～80万年,气候变化以4.1万年周期为主;距今80万年至今,气候变化的周期以10万年为主。③在过去250万年间,存在2个气候主导周期变化的转型事件,分别发生在160万年和80万年附近。由此可知,地球轨道变化是控制黄土—古土壤沉积旋回的主导因素。

黄土研究取得的主要进展有:①确定第四纪的起始年龄是240万年;②根据古地磁的研究,中国黄土开始发展于上新世末至第四纪初,离石黄土和午城黄土的地层界线大致位于布容正极性世与松山倒极性世的界线;③根据黄土的物质组成、结构构造、哺乳与软体动物化石,认为黄土是干冷草原环境下发育的风尘沉积,主要是冰期干冷气候条件下的产物,间冰期黄土的发生频率和规模远不如冰期;④建立了240万年的黄土—古土壤的时序及所反映的气候演变史,黄土地层中迭复出现的黄土—古土壤的旋回性基本上可与全球第四纪冰期/间冰期气候波动及深海沉积物中氧同位素记录的气候旋回对比,72万年来至少出现8次大的干冷与温湿的气候交替;⑤阐明了中国黄土的时空分布与青藏高原隆起有关,西风环流有主要作用,现代的黄土高原主要与蒙古气旋和西风带有关;⑥近1万年以来在黄土区、平原区和海岸都有代表不同气候期的堆积记录,反映出环境气候带北移和气候带波动周期平均变化的规律。近年来,利用沉积学、古地磁学、同位素年代学、微生物学及构造地貌学等学科,结合区域地层对比,对中国西北地区黄土及第四纪地层和晚新生代构造变形特征进行了较为广泛、系统和深入的多学科综合分析研究。认为在更新世地质事件及发生年龄、典型风成黄土及形成下限、新疆西域砾岩时代归属、西北地区第四纪下限、黄土地层中的微生物及地质意义和新构造演化性质等第四纪地质的前沿领域取得了重要进展。 (杨守仁)

七、中国第四纪冰川地质研究

冰川地质学又称古冰川学,以鉴定古代冰川的遗迹为基础,研究古冰川的发育规律和特征、冰期和间冰期的气候变迁,进而了解它的地质作用和影响的科学。根据对古冰川遗迹的研究证明,地球历史中曾发生过多次大冰期。由于第四纪冰川遗迹较多,保存较好,因此第四纪冰川是目前冰川地质学的主要研究内容。

1.李四光对第四纪冰川地质的研究

中国第四纪冰川地质工作,始于20世纪20年代初期,李四光是这门学科的开创者。他早在

1922年5月就发表了《华北挽近冰川作用的遗迹》一文。1923年他在中国地质学会第二次年会上,出示几块在大同及太行山发现的带有条纹的漂砾,疑是第四纪冰川遗物。10年之后,李四光又在长江中下游特别是庐山、黄山等处,找到了大批冰川的停积物,发表了《安徽黄山之第四纪冰川现象》和《冰期之庐山》(1947)等论著,阐明自己的观点。冰期的划分及其第四纪划分中的作用一直有不同的看法,李四光(1937)研究庐山冰期,分出4个冰期。随后,黄汲清等也曾著文,对中国西北地区的第四纪冰川进行研究和报道。

《冰期之庐山》一书是李四光研究中国第四纪冰川的代表作。他根据庐山地区的冰碛物、冰蚀地貌及各种冰溜遗迹,划分出鄱阳、大姑、庐山3次冰期和2次间冰期。鄱阳冰期是中国第四纪冰期中较老的一次冰期,首先为李四光在庐山鄱阳湖畔发现此期残留的冰碛物,故名。这期冰碛物在中国东部多有发现,由冰川遗迹表明它是大规模的山麓冰川。大姑冰期是中国第四纪冰期中继鄱阳冰期后的一次规模较大的山麓冰川,命名地点在庐山鄱阳湖边大姑山一带。大姑冰期遗迹较广泛地散布于全国各地,由于经受了其后间冰期湿热化作用的影响,本期冰碛物多具有网纹红土化特征。庐山冰期在庐山海拔800米以上,冰川的规模较小,是庐山地区最晚的一次冰川活动。

此外,中国还有大理冰期,它是比庐山冰期更晚的一次冰期,为云南大理点苍山海拔3000米以上地区所分布的一套冰蚀地貌以及冰碛和冰碛地貌。近年来,已证实大理冰期时的寒冷气候在中国东部也存在,秦岭主峰太白山顶上也存在这期冰川遗迹(表2-4-4)。

表2-4-4 中国的冰期与欧洲阿尔卑斯山的冰期对比表

中国	欧洲阿尔卑斯地区
大理冰期	玉木冰期
庐山—大理间冰期	里斯—玉木间冰期
庐山冰期	里斯冰期
大姑—庐山间冰期	民德—里斯间冰期
大姑冰期	民德冰期
鄱阳—大姑间冰期	群智—民德间冰期
鄱阳冰期	群智冰期

1949年以后,全国各地做了大量的地质、地理考察工作,在更广泛的区域发现了第四纪冰川遗迹。各地所划分的冰期、间冰期大致也能和上述分期进行对比。孙殿卿(1957,1961)概述了中国东部的冰川遗迹。

2. 对中国东部第四纪冰川的争执

当李四光在中国发现第四纪冰川发表这方面的论文之后,引起了地质界的极大重视:有人持不同观点,认为李四光发现的不是冰川漂砾,而是泥石流之属。最早持这种观点的是瑞典学者安特生(J. G. Anderson),随之有美国人巴尔博(G. B. Barbour)、法国人德日进(C. P. Teilhard)、瑞典人那林(E. Norin)等。他们大都在19世纪末20世纪初在中国作过调查,一向以所谓亚洲与中国地质素有研究而闻名于世。甚至有的是冰川专家。但他们都一概没有找到过中国内地的第四纪冰川的遗迹。1933年中华民国政府还以重金礼聘巴尔博、德日进、那林等人登上庐山,就冰川问题和李四光展开辩论。在实际视察中,许多人对这里的奇特地形表示惊讶,那林私下告诉李四光说:"假如这些现象在我家乡发现,这没有问题是冰川造成的"。巴尔博、德日进仍持反对观点,他们以未发现冰期生物群化石,断定没有第四纪冰川的存在。他们认为庐山地区的泥砾堆积是岩石杂块在潮湿情况下缓慢流动的产物,纯属融冻泥流之类。

20世纪80年代,经过大量的实地考察和室内分析工作,在施雅风、崔之久和李吉均等撰写的《中国东部第四纪冰川与环境问题》一书中,对中国东部第四纪冰川得到以下基本认识:①确认在中国东部有确切证据的古冰川遗迹仅在陕西太白山、吉林与朝鲜接壤的长白山、台湾的雪山和玉山等,而在庐山及中国东部海拔2000米以下的山地在第四纪期间从来没有发生过冰川。②"泥砾"是"混杂堆积"的一种,某些疑似的古冰川地形完全可以用其他非冰川成因予以解释,所谓的冰川沉积多数情况下是季风气候条件下的古泥石流堆积。③中国东部第四纪环境发生过很大变化。第四纪冰期中中国北方多年冻土南界向南扩展约10°,到达长城一线,中国东部地区年平均温度降低10℃~12℃。喜冷动物群如猛犸与披毛犀则向南分布得更远,到达长江口一带。海平面下降约140米,古海岸远离现代海岸达600千米。由于冬季风加强,气候以干冷为主,不利于冰川发育。④根据过去几十年的资料,中、晚更新世中国西部山地发生过3次~5次冰期,但不存在统一的大冰盖。因为青藏高原非常年轻,只是在80万年之后才抬升到海拔3000米以上,进入冰冻圈发育冰川(李吉均等,2004)。

近年来,随着多种可对冰川地形进行直接定年的测年技术的发展与应用,中国第四纪冰川研究取得了新进展,较为突出的是获得了大量与地貌地层关系相符的年代学资料、建立了冰川演化若干典型范例以及进一步确立了青藏高原构造隆升与冰川发育的耦合关系。中国第四纪冰川演化序列与海洋氧同位素阶段比较经历了2000年、2002年2次立案与改进。赵井东、施雅风等(2011)基于近年来新测得的年代学数据、已建立的冰川演化序列以及青藏高原隆升与冰川发育的耦合关系等新的研究资料,提出了中国冰期与海洋氧同位素阶段比较的2011年改进方案,包括近百万年冰川变化的15个特征时段及其对应时间与中国冰期名称等信息。(王仰之)

八、中国第四纪气候研究

古气候学是研究地质历史时期的气候状况及变化规律的学科。近年来,因全球气候变暖及气候反常,使人类生命财产受到极大影响,古气候研究被推到当代地质科学之前沿,成为国际地学界及许多国家发展地质科学的主攻方向之一。当前古气候研究必须预测人类活动对气候变化的影响并预测未来全球气候变化,所以古气候分析成为预测未来气候的钥匙。在漫长的地质历史中,离人类最近、时间最短的第四纪气候变化是预测未来气候最可靠的基础。冰川进退是气候变化的重要指示物,第四纪气候显著特点是出现冰期、间冰期交替。

关于第四纪气候的变迁,欧洲有不少人做了大量工作,特别是在阿尔卑斯地区和西北欧地区。目前普遍认为在那里有5个冰期和4个间冰期,还有1个冰后期,最后一次冰期又细分为2个或3个冰段。李四光根据江西庐山的冰碛物和冰蚀地貌,划分出鄱阳、大姑和庐山3个冰期,以后又有人将在云南研究确定的大理冰期和龙川冰期列入。有人将北京地区相应划出若干冰期。据徐钦琦研究(1989,1991),在过去的180万年内至少发生了7次生物的进化事件:①丁氏鼢鼠首次出现在距今约180万年;②中国鬣狗首次出现于距今约140万年;③丽牛末次出现在距今约90万年;④丁氏鼢鼠末次出现在距今约62万年;⑤中国鬣狗末次出现于距今约24万年;⑥原始牛首次出现于距今约12.7万年;⑦更新世末绝灭事件,发生在距今约1.1万年。其中①③⑥事件大体上是全球性同时发生的。这些生物的进化事件乃是环境变迁(主要指全球性的温度变化)的直接函数,换言之,说明第四纪的气温除了呈现反复的频繁的波动外,还呈现出逐渐下降的趋势。据龚高法等(1983)资料,近6000多年中国的野象南迁了13个纬度,指示了此间气候趋冷情形。林景星(1977,1979)根据华北平原第四纪有孔虫动物群的研究,确定该区第四纪存在6次海进海退现象,并与北京地区冰期、间冰期对比后,认为含有孔虫的海侵层代表温暖气候,这样,就有6次温暖期与6次寒冷期交替出现。周慕林等(1982)分成了5个冰期、4个间冰期和现在的冰后期。古生物—古生态环境也是气候变化的重要指示物。苍树溪等(1986)根据渤海中部一钻孔研究,将该孔岩心划分为7个海相层和介于其间的陆相层,认为共发生7次海侵,间冰期高海面形成了海侵海相层,冰期低海面形成了海退陆相层。据此,他们划出第四纪有7次温暖期和其间的寒冷期交替。林景星(1980)据福建沿海指温有孔虫研究揭示了福建全新世的气候变化,认为自晚更新世以来,气候越来越暖和,早全新世为转暖期,中全新世为温暖期,晚全新世为更暖期,但是晚全新世的气候根据周昆叙等对华北和沪浙地区近1万年来的孢粉分析资料,显示比中全新世稍凉。深海沉积物、海滩岩与黄土沉积物、湖泊沉积物分别代表海洋与陆地的第四纪沉积物,都被用来研究第四纪气候变化的材料。海滩岩是热带气候的一个重要标志。中国现代海滩岩分布于南海诸岛,限于17°N以南地区。更新世至全新世海滩岩却分布很广,最北可达江苏连云港。根据海滩岩的综合研究,杨守仁等(1995,1996)将全新世气候分为3大阶段8个暖期和8个冷期:升温阶段(9600~6600)、高温阶段(6600~2400)和降温阶段(2400年至今),暖期和冷期,在此不再赘述。赵希涛、王绍鸿(1992)根据江苏建湖县庆丰剖面的全新世地层剖面研究,认为全新世年均温度变化的趋势与海面变化趋势基本同步,他们将当时气候划分为7个温暖期和6个寒冷期。

测定氧稳定同位素比值恢复古水温的方法在赤道太平洋V28-238孔深海沉积物研究中得到成功应用,为第四纪气候变化研究提供了较完整的记录,是古气候研究的一大突破,但国内在这方面的工作刚刚起步。周明镇(1962)根据哺乳动物论证了更新世的气候,黄镇国等、杨怀仁等、赵希涛等对海平面变化的研究,竺可桢根据中国历史文献、考古和气象资料,对中国5000年来的气候变化作了精辟的总结,都对第四纪气候研究作出了重要贡献。陈发虎等(2007)通过多年的研究发现,末次冰期季风气候具有千年尺度的快速变化特征,变化幅度介于南北极之间;获得了黄土高原西部地区黄土地层的可靠年代,建立了区域标准剖面和黄土—古土壤序列,发现不同于中国东部洛川标准黄土剖面的新特点,建立了最近150万年气候变化序列;发现中国阿拉善高原现代十分干旱的腾格里沙漠、巴丹吉林沙漠等夏季风边缘区曾经存在巨大古湖泊,^{14}C年代在距今年2万年~4万年间,并存在多次波动。(杨守仁)

九、中国新构造运动与火山研究

"新构造运动"术语是20世纪20年代末提出来的。1948年真正成为一门独立的学科,并从阿尔卑斯旋回中分出来。新构造运动主要指新近纪至第四纪期间造成地壳形变或新构造运动形迹的构造运动。而由这些构造运动造成的地壳形变或活动形迹叫做新构造。在时间界限上,有人只将发生于第四纪时期内的构造运动称为新构造运动,这里暂从此见。

中国早在公元前1831年就有了此领域的记载,至今已有3800多年的历史。帝发七年泰山震,在《竹书纪年》有所记载。火山记载较晚。对隆起、下降、地裂的记载更晚,如公元155年7月(永兴三年)载有河东地裂。总之,对升降运动认识很早。但专门性广泛性开展此项研究工作还是1949年以后,尤其是1956年全国第1次新构造运动座谈会以后,在全国各地更加重视了新构造运动的研究,据不完全统计,新构造及其有关文章达数百篇之多。从事此项工作的有大地测量、地球物理、地震地质、地貌及第四纪地质、工程地质、航空地质等专业的有关教学、科研和生产人员。李四光通过几十年的研究,在总结大量前人资料的基础上,提出了"挽近构造运动"和"近代地壳运动"等术语,从地质力学的观点出发研究新构造运动规律,在地震地质工作领域中开展了"活动构造带"的研究,对预报地震收到了良好效果,并大大推进了新构造运动的研究。中国为了交流研究成果,召开了不少与新构造运动有关的会议。科学家们从地质力学、板块构造、地洼构造、镶嵌构造、多旋回构造等观点出发,对中国新构造运动的性质、特征及其演化提出了不同的看法。对现今构造应力场的看法,分歧较大,尤其对中国东部地区的新华夏系构造,各抒己见。黄汲清对新构造运动(可追溯到河西走廊的研究)深入研究后指出,第四纪运动往往是第三纪或更老的运动的继续,新构造运动不是一种特殊的地壳运动。1956年他根据中国的实际资料,把新构造运动划分为大面积的升降运动、升降运动与大断裂伴生、翘起及断裂运动、拱曲运动和拗折、褶皱及冲断运动等5大类型。嗣后,南京大学(1961)还提出大规模的升降运动、断块运动和褶皱运动;孙肇春(1959)曾提出火山活动和地震活动;还有人提出断块运动与断块构造、拱拗运动与拱拗构造、褶皱运动与褶皱构造等3种配套类型(任镇寰,1983);易明初(1993)在前人意见基础上,提出较系统、完整的新构造运动和新构造类型分类。在新构造运动研究中,青藏高原隆起受到中外学者格外重视。对西藏高原隆起形成时期有多种看法:一是高原形成始于更新世初,随即迅速上升,现在仍在继续;二是上升始于中新世末或上新世初,在更新世达到顶峰;三是隆起基本上是从渐新世开始的,上新世开始强烈运动。肖序常(1998)认为隆升过程可分3大阶段,即晚白垩世—始新世慢速隆升、渐新世—上新世中速隆升、全新世以来快速隆升,并根据近年来收集的地质、地球物理资料,特别是地球物理测深资料,提出青藏高原多期、多层次、多因素的隆升机制。丁国瑜(1989)认为上新世末到第四纪初是中国现今活动断裂形成和复活的一个非常重要的时期,大多数断层表现走滑运动形式,断层活动具有不均衡性和不连续性,活动程度在时空上有显著的变化,古地震事件常发生在一个特殊的时期内。并指出,研究断层、断层带以及不稳定区的活动特征和活动状态是未来科研工作的重要课题。近来出版的《新构造运动及渭延裂谷构造》(易明初,1993)、《现今地壳运动问题》(马宗晋、杜品仁,1995)等反映新构造运动研究的著作颇有代表性。

中国火山活动研究表明,与地震活动关系密切。中国第四纪火山(岩)主要分布在东部沿海各省、横断山脉南端的腾冲、青藏高原北缘中、西段以及冈底斯山北侧。从时代而论,早更新世火山(岩)除西北地区外,均有出露,且在层位上多属上部。中更新世火山(岩)在火山(岩)分布区亦均有出露,但以东部地区出露较多。晚更新世火山(岩)出露广泛,且有多次喷发。全新世火山(岩)在火山(岩)分布区亦常有出露,有的地区在人类文明时代到来之后尚有活动,如中国西昆仑地区1951年曾发生过火山活动。从地质构造而论,中国第四纪火山(岩)主要发育于地壳深大断裂及其边缘、山脉与平原交界差异运动显著、新构造运动强烈的地区。无论是从地层学,还是从岩石化学、同位素年代学、古地磁学等方面研究,第四纪火山(岩)研究都有显著进展。

(杨守仁)

十、中国第四纪湖泊研究

中国第四纪期间湖泊广布,其分布面积远比现在要大得多。作为主要的第四纪沉积类型,中国湖泊沉积分布广泛,它们不仅具有延续时间长,沉积连续,厚度大,出露剖面良好等特点,而且含有丰富的动植物化石和人类活动遗迹,是研究中国第四纪地质历史、环境变迁和人类演化进程的良好地质载体。

中国第四纪湖泊的研究开始于19世纪初。从20世纪20年代至40年代,杨钟健、金叔初、秉志和巴博尔、德日进、桑志华、汤道平、罗学宾、奥吐卡和卞美年等中外学者对山西、陕西、河北和云南等地的第四纪河湖相沉积进行了地层和古生物方面的工作,发现了著名的泥河湾动物群(真马—长鼻三趾马动物群)、萨拉乌苏动物群(赤鹿—最后鬣狗动物群)和元谋动物群,并据此建立了著名的泥河湾组、萨拉乌苏组和元谋组,后来,这几个地层单元分别成为中国北方早更新世、晚更新世和南方早更新世的标准地层。《中国北方新生界》《桑干河盆地沉积之地质研究》(桑志华、德日进,1927)、《山西河南间第三纪末及第四纪地层研究》(桑志华、德日进、翁文灏,1927,英文)、《三门系之历史的检讨》(杨钟健,1936)及《云南元谋盆地地质》等是这一时期的代表作,这些著作至今仍是第四纪湖泊研究的重要参考文献。

20世纪50年代~70年代,随着大规模国民经济建设的开展,第四纪地质研究其中也包括第四纪湖泊的研究受到了极大的重视,并得到迅速发展。50年代末期贾福海主持的三门峡库区三门系湖相地层的研究,70年代曹家欣主持的太焦铁路沿线太谷组湖相地层的研究等,都是紧密配合国家基本建设进行的,这些研究为国家的大型工程建设提供了重要的基础资料,也大大地丰富了中国第四纪湖泊研究的内容。在此期间,在全国范围内广泛开展的第四纪地质调查、水文地质和工程地质调查、地震地质调查等,不仅加深了我们对广大空白地区第四纪湖相地层的了解,而且也加深了我们对地下埋藏的第四纪湖积地层的了解。在这一时期,老一代的地质地理学家杨钟健、裴文中、周明镇、贾兰坡、刘东生、周廷儒、王乃梁等为中国第四纪湖泊的研究作出了重要贡献。通过科学家的共同努力,在全国各地的第四纪湖泊沉积中发现了极其丰富的哺乳动物化石、古人类化石和文化遗存,为编写中国各大区的区域第四纪地层表和编制中国第四纪地质图(1:250万),提供了可靠的依据。20世纪70年代,在著名的泥河湾盆地、元谋盆地和山西中南部盆地相继开展了多学科的综合研究,在古湖泊形成的构造背景、古湖泊地貌、湖积地层的划分与对比、磁性地层、绝对年龄测定、湖积物的岩矿组分、地球化学特征、沉积结构、软体动物、介形虫、有孔虫、孢粉、哺乳动物化石和古人类等方面都取得了丰硕的成果,这些成果集中反映在《泥河湾研究论文选编》(卫奇、谢飞,1989)、《泥河湾层的研究》(陈茅南等,1988)、和《泥河湾盆地新生代古地理研究》(周廷儒,1991)、《元谋第四纪地质与古人类》(钱方等,1991)《山西中南部晚新生代地层与古生物群》(黄宝玉等,1991)、《中国西部第四纪冰川和环境》(中国第四纪冰川与环境研究中心、中国第四纪研究委员会,1991)、《山西地堑系新生代沉积和构造地貌研究》(王乃梁等,1996)等专著中,标志着中国第四纪湖相地层的研究已经达到一个新的高度。

从20世纪80年代开始,随着国际上全球变化研究的开展,第四纪湖泊作为古环境变迁的主要信息库之一,受到了人们愈来愈广泛的重视。围绕国际间全球变化合作计划的实施,中国第四纪湖泊研究的重点转向古环境研究,开始注意从湖泊沉积物中提取古代环境变化的信息。人们一方面继续在泥河湾、湛江和元谋等地,对第四纪湖相地层剖面进行了更加深入的年代学和地层学研究,试图建立中国北方、南方和西南地区比较完整的第四纪湖相标准剖面。另一方面,则采用粒度的谱分析、微体古生物壳体的痕量元素分析、孢粉分析的数理统计、植硅石分析、10Ba分析、稳定同位素分析等一系列新方法和AMS、ESR等测年新技术,通过湖积剖面中沉积物的高密度采样和高精度分析,建立能反映第四纪气候变化特点的湖泊演化时间序列,这一序列不仅可以与黄土—古土壤序列进行对比,而且可以与深海岩芯及冰岩芯进行对比。

近年来,现代湖泊的研究逐渐成为第四纪湖泊研究的新热点,随着湖底采样技术的改进和测年精度的提高,从青海湖、艾丁湖、柴窝堡湖、巴里坤湖、岱海、黄旗海、洱海、昆明湖等现代湖泊的湖底沉积物中,人们正在取得最近1万多年以来,千年尺度、百年尺度、甚至十年尺度的气候变化信息和重大地质事件(如古地磁漂移事件、冰筏事件等)的记录。

随着全球变化研究的深入,未来中国第四纪湖泊研究的任务将十分艰巨,一方面我们要建立得到国际公认的第四纪湖相地层的层型剖面;另一方面,我们要加深对湖积剖面的年代学、气候地层学和旋回地层学研究,不断完善不同时间尺度的第四纪气候变化序列,与国际全球变化研究接轨。

(夏正楷)

浙江象山花岙岛上的熔结凝灰岩

陕西岚皋南宫山地质公园金顶火山岩/吴成基 摄

五大连池火山熔岩形成的翻花石/吴成基 摄

香港世界地质公园新界沉积岩园区/吴成基 摄

褶皱

冰川国家地质公园的大型逆冲断层

断层三角面

华山北麓山前断裂/吴成基 摄

石香肠构造　　　　　　　　　　　　　　新疆西准噶尔晚泥盆世砂岩中的球形风化

新疆西准噶尔介壳灰岩的腕足类化石

内蒙古阿斯哈图花岗岩石林

陕西凤县通天河森林公园花岗岩石臼/吴成基 摄

广西阳朔月亮山石灰岩大石拱

陕西甘泉雨岔大峡谷/郎根栋 摄

陕西靖边波浪谷/郎根栋 摄

陕西洛川黄土地质公园黄土柱/吴成基 摄

天山一号冰川

腾冲火山国家地质公园/岳冬菊 摄　　　　　　　　　　　　　大连滨海国家地质公园

台湾野柳地质公园/张科利 摄　　　　　　　　　　　　陕西柞水溶洞国家地质公园/吴成基 摄

湖北黄石国家矿山公园/党安荣 摄　　　　　　　　　　　　四川牦牛坪稀土矿山

（图片除署名外均由作者提供）

"十二五"国家重点图书出版规划项目
陕西出版资金资助项目

中国地学通鉴
地质卷（下）

主编 杨守仁 李凤棠 张 臣

陕西师范大学出版总社

目 录

第二篇 中国地质科学研究综述(下)

第五章 中国经济地质学研究 …………… 550
第一节 中国矿产地质研究 …… 550
第二节 中国宝玉石矿产地质研究 …………… 568
第三节 中国能源矿产地质研究 …………… 570

第六章 中国应用地质学研究 …………… 592
第一节 中国工程地质学研究 …… 592
第二节 中国水文地质学研究 …… 597
第三节 中国岩溶地质学研究 …… 600
第四节 中国地震地质学研究 …… 608
第五节 中国灾害地质学研究 …… 612
第六节 中国农业地质学研究 …… 621
第七节 中国城市地质学研究 …… 627

第七章 中国地质科学新领域研究 ……… 634
第一节 中国深部地质研究 ……… 634
第二节 中国海洋地质学研究 …… 637
第三节 中国行星地质学研究 …… 641
第四节 中国极地地质研究 ……… 642
第五节 中国岩石圈地质研究 …… 645
第六节 中国环境地质学研究 …… 652

第八章 中国地质应用技术研究 ………… 657
第一节 中国探矿工程研究 ……… 657
第二节 中国勘查地球物理学研究 …………… 663
第三节 中国勘查地球化学研究 …………… 670
第四节 中国遥感地质研究 ……… 674
第五节 中国地质填图研究 ……… 678
第六节 中国地质实验技术研究 …………… 683
第七节 中国地质信息与计算机应用研究 …………………… 693

第九章 中国地质科学的国际合作与交流 …………………… 706

第十章 中国地质科学展望 …………… 709
第一节 国际地球科学发展态势 …………………… 709
第二节 中国地质科学发展战略 …………………… 714
第三节 中国地质科学近期发展的重点 …………………… 717

第三篇　中国区域地质

- 第一章　中国地质构造区划 …………… 723
  - 第一节　地台区 …………………… 723
  - 第二节　造山区 …………………… 726
  - 第三节　边缘海盆区 ……………… 729
- 第二章　中国区域地层特征 …………… 731
  - 第一节　前寒武纪地层特征 ……… 731
  - 第二节　古生代地层特征 ………… 733
  - 第三节　中生代地层特征 ………… 738
  - 第四节　新生代地层特征 ………… 742
- 第三章　中国区域岩浆岩发育特征 …… 745
- 第四章　中国大陆岩石圈结构特征 …… 749

第四篇　中国地质科学信息要览

- 第一章　中国地质机构和科研单位 …… 753
  - 第一节　中国地质管理机构概况 …………………… 753
  - 第二节　中国地质科研单位概况 …………………… 754
  - 第三节　中国地质科学研究单位名录 …………………… 758
- 第二章　中国地质科学学术期刊 ……… 799
- 第三章　中国地质专业普通高校 ……… 817
  - 第一节　中国高等地质院校概况 …………………… 817
  - 第二节　中国普通高校地质科学专业设置 …………………… 818
- 第四章　中国地质科学家 ……………… 826
- 第五章　中国地质科学大事记 ………… 886
- 第六章　中国地质科学主要文献 ……… 927

第二篇

中国地质科学研究综述(下)

- 中国经济地质学研究
- 中国应用地质学研究
- 中国地质科学新领域研究
- 中国地质应用技术研究
- 中国地质科学的国际合作与交流
- 中国地质科学展望

第五章 中国经济地质学研究

第一节 中国矿产地质学研究

自然界中有利用价值的矿物和岩石统称矿产。矿产大多数为自然固态(金属、非金属、铀和煤等),少数为液态(石油、地下水等)和气态(天然气等)。矿床地质就是地质学中研究矿产的重要分支之一,其研究的矿产,从地质意义上讲,它是地质作用的产物,它的形成是严格地服从于某一地区或地带的独具特点的地质发展中的成矿作用,因此能具某一类型特征和时、空分布的规律。从有利用价值意义上讲,即从经济意义上讲,它具有商品性质,与一个国家的现代化是息息相关的。

一、中国古代对矿床的认识

中国是世界上最早发现、开采、使用有色金属的国家之一,我们祖先在几千年的找矿采矿实践中积累了矿产产出规律的认识和地质找矿的经验。甘肃马家窑出土的青铜刀年代为公元前2750年,湖北大冶铜绿山的采矿冶炼遗址规模宏大留存完整,至迟始于西周末年。在成书于公元前180年前的《管子·地数》中就有"上有丹砂者,下有黄金。上有慈石者,下有铜金。上有陵石者,下有铜锡赤铜。上有赭者,下有铁。"的记载,指出元素共生和矿床分带现象以及砂金产于水潦汇集之处。《山海经》中经常出现在山的"阴""阳"处分别产出不同矿产的记述,如"荆山(湖北南漳县),其阴多铁,其阳多赤金,……漳水出焉,而东南流注于睢,其中多黄金","符禺之山(陕西华县),其阳多铜,其阴多铁","泰冒之山(陕西肤施),其阳多金,其阴多铁",这不仅指矿产的共生(伴生)关系,还可能包含有原生矿(出露在高处)与次生堆积矿(堆积在凹地或低处),或垂直分带(分布在地表的"阳"与隐伏在其下的"阴")的矿床特点的意思。《本草纲目》载有"阴平铅(指甘肃文县所产的含白铅矿氧化矿石)出剑川(四川剑阁),是铜、铁苗";"比(砒)乃锡之苗",指出伴生毒砂的锡矿床氧化带的砷华(砒霜)为其找矿标志。找到矿以后,往往是就地采冶铸,这在中国古代已具有高超技术,1973年在湖北大冶铜绿山铜矿发现的古矿冶遗址就是一个完整的实例。可以说,地质学和矿山地质学是人类从漫长的矿业活动中,经过长期积累、总结、验证、提高而逐步形成、发展的。

二、中国现代矿床地质学奠基性研究

在国外,较系统的矿床地质学理论大致建立于19世纪中叶至20世纪之间。中国古代对矿床的认识虽早,但未能发展成矿床学。20世纪初,中国早期留学生到工业先进国家学习地质矿业,带回了较系统的矿床学理论知识。1916年地质调查所接纳了地质研究所的毕业生,矿床学才开始进行研究。1929年何杰为北京大学地质系讲授了经济地质学。1949年前中国仅在《中国地质学会志》和《地质评论》上发表有关矿床地质的论文就达200余篇,涉及矿产数十种,其中以云南东川铜矿、湖南水口山铅锌矿、云南个旧锡矿、大冶铁矿和赣南钨矿以及华北地区的煤矿等研究比较深入,对这些矿产开发起了明显的推动作用;其他刊物如《地质汇报》《地质专报》、中央研究院地质研究所《中文集刊》《西文集刊》《丛刊》等刊载有关矿床方面的论著也达近百篇(册)。这个时期矿床学研究是与地质基础学科如地层古生物、构造地质学、岩石学研究同时开展的,因此,有可能在旧

中国提出有关区域成矿规律的初步认识。

(1) 翁文灏对矿床地质理论的贡献　翁文灏先后发表了《中国矿产志略》(1919)、《中国矿产区域论》(1920)和《中国矿床生成之时代》(1930)等经典著作,全面论述了当时已知的中国各种矿产的成因类型与分布规律;首次应用地热分带理论指出华南内生金属矿床之带状分布十分明显,从闽粤沿海经赣湘至贵州存在锡钨钼带、锌铅铜带、锑带和汞带;认为华南锡带、锡钨钼带、锌铅铜带、汞带与偏酸性花岗岩有关,长江下游的铁铜与偏中性的石英闪长岩或花岗闪长岩有关,实际上提出了岩浆岩成矿专属性的见解;首次在中国提出成矿系列的概念。翁文灏对成矿规律的论述,对后人在这方面工作大有影响。

(2) 谢家荣对矿床地质理论的贡献　在谢家荣400余种著述中,大多为矿床地质的内容,涉及10多个矿种,包括成矿特征、找矿方向、成矿理论以及矿相学、陨石学诸方面。《中国铁矿之分类》(1923)是中国关于金属矿床分类的早期论文;他把中国东部的燕山花岗岩分为4期,每期都有它专属的内生金属矿床,并认为长江下游的铁铜矿床属第3期(扬子期),南岭的钨锡矿床属第4期(香港期)。他与孙健初等合著《扬子江下游铁矿地质志》(1935),对该区铁矿进行了详细的论述,并提出了系统的分类。这是继1924年瑞典丁格兰《中国铁矿志》之后出版的有关铁矿床的重要著作。进一步探讨了中国成矿时代和成矿区域,指出水成矿床有7类,火成矿床有5类,并按地理位置划分16个矿产区域。1936年他论述了中国的铜铅锌矿,划分出7个类型;还提出中国南方的5个锡矿带,它们都是南北走向,但整个矿带则是东西走向(南岭走向)。

(3) 其他学者对内生金属矿床理论的贡献　四川攀枝花铁矿的发现具有重要意义。1935年常隆庆去攀枝花外围考察,嗣后,袁复礼、苏良赫和任泽雨(1938),常隆庆和刘之祥(1940),汤克成和姚开瑞(1940),李善邦和秦馨菱(1941)都对攀枝花铁矿床作了详细调查。1943年郭文魁、业治铮等以平板仪测了该矿区地质图,估计了储量,并论证该矿床的岩浆分异成因。郑厚怀(1936)对若干内生金属矿床成因学研究后,划分出接触交代型、高温热液型、晚期热液型、次生富集型等矿床类型。在20世纪30年代,孟宪民、陈恺等详细研究了云南个旧锡矿床,讨论了锡矿的矿物组成和地层、构造运动以及岩浆活动的关系。孟宪民(1937)将中国的锡矿区划分成南岭带和沿海带。冯景兰(1947)研究了四川、西康的铜矿,论述了它们的次生富集特征;并在研究云南的矿产分布规律时曾提出9个造矿时期和12个矿产区域的见解。朱熙人(1935)研究中国铜矿成因,划分出6种矿床类型,他和袁复礼、郭令智合著《云南矿产志》,对云南的成矿时代和矿产分布进行了论述。南延宗(1936)研究湖南金船塘的金属矿床时,说明了它们的矿物和成矿特征以及它们与中生代花岗岩的密切关系。钨是中国特产,高平、徐克勤、丁毅曾作过详细调查。1943年徐克勤、丁毅比较深入地研究了江西钨矿地质,对赣南地区的地层、构造和火成岩特点以及它们对钨矿的关系进行论述,并提出了钨矿床分类:正常伟晶岩脉矿床;伟晶与汽化过渡期矿床及汽化矿床;汽化与高温热液过渡期矿床;深成石英脉矿床;晚期高温热液或初期中温热液矿床;砂矿。并详细描述了各钨矿产区的特点。田奇㻪、黄懿与朱夏、刘国昌先后对湘西黔东的汞矿进行了研究,田奇㻪首先对汞矿作了分类,黄懿、朱夏(1945)根据构造关系、矿化次序等方面的考虑,提出了和田奇㻪不同的分类方案。

(4) 其他学者对非金属矿床的研究　1913年~1949年作过调查的非金属矿产有磷矿、黄铁矿、食盐、石膏、芒硝、重晶石、砷矿、明矾石、石棉、云母、滑石、石墨、金刚石、玉石、萤石、高岭土和耐火粘土等10多种。20世纪30年代叶良辅、李璜、张更对浙江平阳矾石矿床进行过详细研究,认为该矿床是中生代流纹岩和流纹凝灰岩遭受明矾石化的结果。1935年程裕淇和陈恺研究了性质相似的安徽庐江矾石矿床。在抗日战争后期,谢家荣论述了西南地区铝土矿和震旦纪磷块岩的地理分布,认为铝土矿产出于下石炭统底部,有"红土"型和红壤化型2种类型,附有一张小比例尺的古地理图表示铝土矿和磷矿的大致分布和可能发现新矿床的地带。这是中国人用古地理图法预测矿产的首次尝试。米士详细研究了云南昆明附近的铝土矿地层剖面,对铝土矿的地质时代和沉积方式有精辟的论述,并认为 C_1、C_2、C_3、C_4 4 个时期都有铝土矿层,它们属浅水型和海陆交替型而不是风化型。在盐类矿床方面,朱庭祜、袁见齐等都提出了各种假说。李悦言对四川的盐城地质进行长期研究,划分出潟湖相和内陆湖相 2 大类型。他的研究否定了前人所谓"淋滤过饱和说",为以后在该区发现新盐田提供了理论根据。

三、中国现代矿床地质学蓬勃发展

新中国成立后,为了保证经济建设对矿产资源的迫切需求,矿产地质勘查工作大发展,矿床学也取得了多方面的主要进展。

第一个五年计划期间,地质部等有关部门组织勘探了一批重点矿床,提交了矿山建设所需要的储量。谢家荣、程裕淇、孟宪民、冯景兰、侯德封、叶连俊等根据中国已有的矿山地质资料,初步总结了中国铁、锰、铜、铅、锌等矿产的成矿条件和分布情况,提出了找矿方向,对普查勘探工作部署起到指导作用。随着一些重点矿区勘探工作的深入,地质资料日趋丰富,从而对一些重要矿床的地质特征和成矿条件及成因等作了综合分析,如程裕淇关于鞍山式铁矿,郭文魁、郭宗山关于铜官山一带铜矿,宋叔和关于白银厂一带铜矿,程裕淇、黄懿、裴荣富关于大冶铁矿,徐克勤、苗树屏等关于华南钨矿的著述等。李璞等研究了全国超基性岩特征和铬矿勘察问题,涂光炽等对祁连山地质发展史和成矿作用进行了研究,司幼东、郭承基等研究了内蒙古地区稀有和分散元素成矿特征。

1958 年全国第 1 次矿床会议上对中国已知的铁、铜、锰、铅、锌、钨和铀矿等矿床类型、成因和分布规律作了较系统总结,其中《中国已知铁矿类型的特征、分布与生成的地质条件及今后普查方向》《中国铅锌矿的工业类型及其发展方向》《中国铀矿工业类型》《中国铜矿床的工业类型、分布规律及找矿方向》《中国锰矿床》《中国钨矿床类型及其分布规律》以及岩浆岩成矿专属性等文章具有导向意义。这一时期矿床学发展的主要特点是岩浆热液成矿理论起了主导作用。尤其是中小型侵入体有关的矽卡岩矿床和气成热液矿床得到广泛重视。广大地质工作者初步掌握了现代矿床的研究方法,做了大量的矿床地质基础工作,培养了大批年轻的矿产地质人才。

1958 年~1977 年尽管中国地质工作经过了曲折的发展道路,矿床地质勘查和矿床研究还是取得了一定的成果。20 年的勘查表明,中国矿产资源比较丰富,矿床类型众多。开采矿山和勘探矿床数目日益增多,为矿床学研究提供了广阔空间,在相当一段时间内学术思想活跃,研究内容拓展,形成或初步形成了不少分支学科和新的研究方向。例如,花岗岩与成矿、火山与成矿、沉积成矿、变质成矿、同生和层控矿床、多成因矿床、矿田构造等。地矿、冶金、有色等部门和院校研究所的专家、学者对中国近百个代表性矿床进行了系统总结,出版了多种专报。在此基础上,进行了矿床模式和成矿模式的综合研究。

(1)矿床类型的研究 1952 年以来矿床地质研究工作得到了加强。中国学者提出并发表了一批水平较高的矿床地质论文。重要的有程裕淇(1957)关于鞍山式铁矿,郭文魁、郭宗山(1957)关于铜官山铜矿,宋叔和等(1955,1957)关于白银厂铜矿,黄懿、裴荣富等(1957)关于大冶铁矿,王植等(1957)关于中条山铜矿等,侯德封、叶连俊等(1953)探讨了中国锰矿成因类型,李璞、涂光炽等(1963)对祁连山地质发展史和成矿作用进行了研究。这些研究成果在理论和实践上都有一定价值。1958 年以来,综合整理了大理矿产普查勘探资料,结合专题研究成果,先后对铁、铜、钨、锡、铋、钼、铀、铅、锌、铂、金、铝、铬、镍、煤、石油、磷、硫、明矾石、云母、金刚石、硼、水晶等 20 多种矿产进行了较系统的深入研究和总结,提出了比较适合中国地质情况的矿床类型。从地层、构造、岩相古地理、岩浆活动、变质作用、含矿建造直至物质组成等方面探讨和阐明了这些矿床类型的成矿远景和找矿方向,并建立了成矿规律和矿产预测这门科学。比较突出的例子有:涂光炽(1988)列出了中国 9 种改造成矿作用形成的改造矿床类型;王秀璋等(1992)以为中国金矿床,包括太古宙绿岩带型、卡林型、变质碎屑岩型等许多金矿在内均属改造矿床类型,足见改造成矿的普遍性。世界上迄今拥有250种矿产中国都已找到,已探明储量者达153种。同时,新发现30多种特大型矿,还发现了斑岩型钨、钼矿,斑岩型铅锌矿,斑岩型银矿,砂岩型银铜矿及火山岩型银矿等少见的矿床类型。鄂西含碳岩系中的银矿化近年也业已证实。

(2)区域成矿规律的研究　20世纪50年代末,地质部地质研究所编出了全国1:100万分幅矿产图,在此基础上编制出1:300万全国内生金属成矿规律图,并于1964年由郭文魁等编写出版了《我国主要矿产成矿条件的基本特征》一书。1959年张炳熹等对湘、赣、闽、浙等省矿产的成矿规律进行了研究,取得了较好的成果。一些地质学家根据中国主要金属矿床的成矿条件、地球化学特征等,对成矿规律提出了许多新的认识和见解。20世纪70年代中期召开了几次全国火山岩及有关矿产科技工作会议,并在宁芜地区组织了有几十个单位、几百名科研人员参加的火山岩铁矿研究,深入探讨了火山岩区矿床的形成机理,由陈毓川、李文达等总结和提出了"玢岩铁矿"成矿模式。1975年程裕淇、陈毓川等提出了关于铁矿床的"矿床成矿系列"概念,1979年进一步综合概括提出所有矿床的3大类21个成矿系列,经过近20年研究后提出了新方案,将全国矿产(固体燃料和油气除外)划分为4大成矿系列组合、32个成矿系列类型、234个成矿系列。从而突破了区域成矿规律分析中往往只从单一矿种、单一矿床类型进行分析的研究方法。20世纪80年代初为适应矿产普查勘探工作的进一步开展,编出了《1:400万中国内生金属找矿规律图》,反映了中国内生金属矿产的分布规律和主要特征。这对进行国际地质、成矿规律对比,丰富成矿理论,指导找矿,具有积极的推动作用。1981年~1985年中国地质科学院等单位在对南岭攻关项目的研究中,提出了层控矿床的分类方案,总结出5种成矿模式,划分出3个成矿区、14个成矿带,总结了南岭地区钨、锡多金属矿床的控矿构造特征、矿产预测的标志和条件,划出若干重要成矿远景区、预测段;总结了花岗岩与有关矿产的形成关系,建立了五大成矿系列和重要成矿区的区域成矿模式与典型矿床的成矿模式。研究总结了西昌—滇中地区花岗岩的形成、演化与区域成矿关系,建立了该区地壳结构模式和区域构造演化特征,查明了不同时期的控矿构造和铁、铜等矿床在空间上的分布规律,划出了7个构造成矿带,总结了铁、铜等矿产的区域成矿特征,提出了成矿远景区和找矿方向。其他如东南沿海、长江中下游、中朝地台北缘、西准噶尔等地区的区域成矿规律研究也取得了进展。

(3)矿床成因理论的研究　中国矿床成因的研究工作获得迅速发展,其中许多课题已与国际矿床学界并驾齐驱,有的则处于领先地位。20世纪50年代岩浆热液成矿说起了主导作用,对许多矿床的成因都用它来解释,并且找到了一些大型、特大型矿床。热液成矿作用涵盖了多个矿床,中国学者作了多方面的探索。胡受奚等交代蚀变作用与成矿,冯钟燕等对矽卡岩和热液型矿床,赵一鸣等矽卡岩矿床,芮宗瑶、任启江等对斑岩型矿床,都有描述。海底热水(喷流)沉积作用对形成SEDEX型矿床起到关键作用。这类矿床在中元古代和泥盆纪均很发育,矿床成带分布,常形成大型、超大型矿床。祁思敬、韩发、陈先沛等分别研究了南秦岭和华南的热水沉积成矿作用,发表了有关专著和论文。50年代末~60年代初孟宪民等统计了中国铁、铜、铅、锌、锑、汞和锡等矿床储量,发现层状矿床的储量占大部分,许多矿床赋存层位具有明显区域性分布的特点,于是,他在1963年认为这些矿床都是与围岩同时沉积后经再分泌形成的"同生矿床"。他对大量的碳酸盐岩地层中的铅、锌、汞、锑矿床和以铜矿与某些层位中的火山沉积矿床给以同生成因解释,提出了"顺层找矿"观点。在实践中,同生论得到了越来越多矿床学者的支持。同生论与岩浆热液论之争论构成这一时期中国矿床学史的重要特点。50年代~60年代王恒升等研究含铬、镍超基性岩,讨论了中国超基性岩的成矿专属性,1962年提出了岩浆晚期铬铁矿浆熔离富集成矿的看法。60年代~70年代王述平对铬铁矿的成因类型探讨中,提出了深部找铬铁矿问题。1963年涂光炽、李文达等分别对祁连山和长江下游金属矿床氧化带特征及其成因作了深入细致研究。70年代~80年代国内外矿床界的热门话题之一是层控(层状)矿床,除了召开一些专门学术会议外,还出版了系列专著。孟宪民是中国层控矿床理论的奠基者。谢家荣、周圣生等对此都有重要论述。主要的则是在80年代有涂光炽主编的《中国层控矿床地球化学》3

大卷,对17个矿种250个矿床地球化学工作的系统总结。朱上庆、郑明华等的《层控矿床地质学》(1988)、《层控矿床及找矿》(1992)、《层控矿床学》(1991)以及曾允孚等的《南岭泥盆系层控矿床》(1987)等著作,深入分析了层控矿床的地质和成因。层控矿床学说将几百年来矿床学上的水成—火成、内生—外生、同生—后生的激烈对立和争论在一定程度上统一起来了,促进了矿床形成理论和矿床地球化学学科的纵深发展,也给找矿勘探工作带来了新的方向、前提和标志。70年代以来人们对"内生矿床"提出了新看法,如对汞矿提出了"沉积再造"含矿层的看法,对湖南花垣铅锌矿提出了生物化学沉积成矿(藻礁相沉积环境成矿)的看法等等。西南地区的砂岩铜矿也被认为在沉积时分散的有用组分在沉积期后分异作用的产物。长期以来矿床单一成因的观点统治着矿床学界的思维。1974年涂光炽提出矿床的多成因包括成矿物质的多源性、多种成矿作用的参加、多阶段成矿作用和多种含矿溶液的改造。多成因矿床成因模式大致有:叠加成矿(如白云鄂博铁矿)、活化或再造成矿(如关门山铅锌矿)、沉积改造成矿(如砂岩铜矿、某些铀矿、大西湾菱铁矿等)和催化成矿。1991年涂氏曾运用铜同位素及矿物学、元素含量等因素,论证了华北大湾、八家子等矽卡岩矿床的成矿物质至少部分来自岩浆岩侵入的围岩地层。1995年他进而指出:同一类型矿床(如铜镍硫化物矿床和矽卡岩矿床)也可以有不同的物质来源、成矿介质和成因,简言之,即可以具多成因。有的学者根据中国主要铁矿和有色金属矿床的大量实际资料和硫同位素数据提出了渗透热卤水成矿说。对云南金顶铅锌矿床、海南石碌铁矿床都曾以这种成矿理论进行解释。50年代谢家荣强调了火山作用在某些矿床成矿中的作用;宋叔和等深入研究了白银厂含铜黄铁矿床的成因,论述了细碧角斑岩系与铜、多金属成矿的关系;70年代由17个单位联合组成的长江中下游火山岩铁矿研究组在宁芜和庐枞地区陆相火山岩区的铁矿床进行详细研究后提出"玢岩铁矿"的概念,并对其岩浆演化、围岩蚀变、矿床构造和成矿分带特征进行了研究,建立了玢岩铁矿的成矿模式,是中国火山岩区成矿模式研究的重要成果。在研究火山作用与铁矿成矿关系的过程中,提出了矿浆成矿说,如宁芜地区的梅山和姑山、云南大勐龙曼养和大红山铁矿就属于这种成因。80年代湖北大冶式铁矿也发现了矿浆成矿的证据。石准立、翟裕生等在鄂东大冶式铁矿发现了矿浆成矿的证据。以某些学者提出了浅成条件下岩浆分熔作用形成矿浆的观点。苏良赫等曾对宁芜铁矿的矿浆成矿作用、吴延昌和赵斌对铜陵地区的岩浆型矽卡岩及其成矿作了成矿实验研究。为了查明中国Cr、Ni资源问题,王恒升、王述平、白文吉、鲍佩声等系统研究了中国基性、超基性岩浆的成矿作用,汤中立等发现和深入研究了金川Cu-Ni矿床,提出了深部熔离、矿浆上侵贯入和多次贯入的矿床成矿模式。

(4)沉积矿床成矿理论研究 随着中国大规模开采、普查勘探,沉积矿床研究有了很大进展。1963年叶连俊在总结中国铁、锰、磷、铝等外生矿床特征的基础上,对溶液搬运或化学分异提出了异议。他认为外生成矿作用应分为大陆和海洋两大阶段。在大陆阶段,岩层通过风化形成很不相同的风化壳,这些陆源风化物对后来的成矿作用以及矿种起控制作用。海洋阶段是风化壳产物在海侵初期被淹没于海水之下,在局限海盆或泻湖底部的新物理化学条件下开始海解或汲取;大量溶出物质以重碳酸络合物等形式存在,逐渐积累和富集于海盆底的水中,以至达到过饱和程度,形成海相沉积矿床,它们代表特殊的沉积相并在岩相系列中占据一定的空间位置。这就是"外生矿床陆源汲取成矿论"。1959年~1961年袁见齐等对中国陆相盐类沉积的形成机理,含盐盆地的形成历史以及成盐物源等,均依据中国地质实际资料提出了新的碎屑岩类(陆相)的成矿理论。1984年袁义军在多年的实际工作中感到传统的成岩成矿理论对许多地质现象都难以解释,于是提出了成岩成矿作用中的"喷发—堆积"或"喷发—沉积"的见解,简称"喷发—(堆)沉积理论"。

(5)花岗岩成矿研究 中国花岗岩分布广、类型多,有关的矿床丰富。20世纪60年代后,花岗岩与成矿作用研究有了很大进展。1963年徐克勤等发表《华南多旋回花岗岩类的侵入时代、岩性特征、分布规律及其成矿专属性》一文,除了已认识到的燕山期花岗岩外,还分别划分出加里东期和海西期花岗岩,并提出了各期花岗岩的成矿特点。1963年谢家荣、程裕淇等向国内介绍了花岗岩由沉积岩经花岗岩化形成的观点,谢家荣进而将成矿物质来源分为:地面来源、地壳表层来源、再熔化硅铝层混合岩浆来源和硅镁层来源,从而在依据矿源进行矿床类型划分方面起到了先导作用。70年代以来中国学者较集中地讨论了花岗岩的类型划分及不同类型花岗岩的成矿作用。闻广等(1963,1983)曾论述过花岗岩成矿专属性。1973年涂光炽提出了花岗岩类多因演化观点和"断裂重熔"形成花岗岩质岩浆的学说。莫柱荪(1962,1995)提出"断裂变质作用"概念用以解释两广地区某些断裂带中的花岗岩化、混合岩化现象;并提出云开隆起区的地质发展史,主要表现为陆壳物质的变质—重熔—侵入活动,河台金矿、银岩斑岩钨矿等都是混合岩化花岗岩在地壳浅部演化的结果。

(6)矿田构造和成矿预测研究 矿田构造控制矿床的产出位置和矿化分布特征,对找矿勘探有实际指导意义。1964年江西地质矿产人员利用钨矿矿化类型的分带和矿化围绕岩体分布的规律和控矿构造研究,发现隐伏矿床,打开了钨矿找矿的新局面。对个旧锡矿、大厂锡矿、湘西黔东汞矿和冀东变质铁矿等,也分别总结了矿区成矿规律,包括构造控矿规律,在深部预测中有很大进展。在区域和矿区的成矿规律研究中,地质力学理论与方法被广泛应用,如对赣南钨矿、豫西多金属矿、粤北铀矿等的成矿预测,都收到良好效果。矿田构造研究对矿产预测有积极作用,为使这方面研究更好开展,陈国达(1978)著有《成矿构造研究法》一书。杨开庆(1982)在地质力学构造体系控矿理论基础上提出"动力成岩成矿"学说,翟裕生(1981)提出将成矿构造研究与矿床成因研究相结合的学术思想,主编了《矿田构造学概论》(1984)和《矿构造学》教材(1993)。曾庆丰、谭忠福、石准立、赵寅震、林新多、池三川、宋鸿林、吴学益等先后发表了有关矿田构造的研究成果。

四、20世纪八九十年代中国矿床学研究进展

20世纪80年代以来,板块构造理论广为传播,地质科学迅猛发展,出现了系统化和全球化趋势,也促进了地球科学包括矿床学的中外交流和研究水平的提高。70年代～80年代板块构造学说的兴起带动了矿床学研究,发展了板块构造背景与矿床的时空分布规律研究,这对中国的区域成矿规律研究有明显的促进。与此同时,在典型矿床深入研究的基础上,中国学者又提出成矿系列观点和研究方法,并在全国范围内推广,深化了对矿床类型的对比和综合研究,进而发展到对成矿系统动力学的研究。在此时期,与国际上的矿产勘查重点和矿床地质研究热点相呼应。中国的金矿地质和超大型矿床形成条件研究也受到广泛重视。对海洋中的金属结核、结壳和热水成矿作用也开始研究。由于中国矿床地球化学的发展,对于成矿理论的一些基本问题如成矿物质来源、成矿作用过程、成矿作用的动力学等进行了广泛探索,且获得一批有意义的成果。

(1)成矿作用研究 认识了一些新的成矿作用。涂光炽在20世纪60年代初提出了"沉积再造"的新概念,80年代末～90年代初又将其发展成为"改造成矿作用",从而在传统的沉积、岩浆和变质成矿作用之外,揭示了一种新的成矿作用。1995年涂光炽在介绍热水沉积成矿作用时指出,热水沉积矿床的形成实际上包含了内生与外生2种成矿作用。涂光炽还介绍低温热液成矿作用,认为它已提到了议事日程,因为积累的大量气液包裹体测温数据、低温条件下的成矿实验,以及野外、镜下对矿床蚀变岩石、矿石的各种观察、研究都说明在250℃以下的热液在一定条件下有很强的搬运元素的能力,完全可以形成低温热液矿床。如卡林金矿,部分陆相火山岩型和部分浅变质碎屑岩型金矿都形成于低温领域。中国北部高寒冻土带的砂金,现在已有不少学者从野外观察及实验角度论证了金呈化学搬运的可能,而搬运条件恰好是十分低温的近于0℃的水介质。前已述及的独立银矿床,如银硫盐矿物型、银(铜)砂岩型,甚至火山岩型银矿也多是低温热液产物。众多的非金属矿种,如果是热液矿床的话,相当大的部分落入低温矿床,如中国东部产于火山岩、花岗岩和变质岩中的脉状萤石矿床,产于陆相火山岩中的明矾石矿、叶蜡石矿、沸石矿、膨润土矿、重晶石脉等,南部产出的水晶矿、冰洲石矿几乎无例外地在低温条件下生成。现在看来,砂岩型矿床(包括 Cu、Cu-Mo、Mo、Pb-Zn、Cu-Ag、U、U-V 等矿床)、含碳岩系中的若干类型矿床(如 Au、Au-W-

Ag、Au-Ag、Ag-V 矿床)、不整合脉型铀矿、碳硅泥岩型铀矿及一些火山岩型铀矿等矿床都应归入低温热液矿床。

(2) 成矿物质来源多样化的见解被普遍接受　谢家荣在 1962 年《论矿床的分类》中抛弃了原有的以单一玄武岩浆为矿质来源的矿床分类,而把矿质的多种来源作为最基本的因素,提出了新的矿床成因分类。其矿质来源包括地面来源、地壳表层来源、硅铝层再熔化混合岩浆来源、硅镁层玄武岩岩浆来源 4 大类。上述新的成矿作用的认识导致了矿质来源多样化的理解。如改造成矿作用的矿质来源主要是大陆壳,包括赋存矿床的地质体。热水沉积成矿作用的矿质来源是洋壳及其上的沉积盖层。古老基底也可以作为后期成矿物质的来源,这方面,涂光炽在讨论华南元古宇基底对成矿的贡献时列举了 2 个可能,并提供了实例。他还认为包括下地壳和上地幔在内的地球深部也是成矿物质的重要来源。与基性—超基性岩浆有关的矿床及海底热水沉积矿床的成矿物质一般被认为至少部分来源于地球深部。

(3) 成矿热液新认识　由于稳定同位素方法的发展,通过氢、氧同位素研究,可以查明成矿热液的来源。中国对各类矿床做了很多氢、氧同位素分析,其中各类热液矿床的资料表明,成矿热液是多来源的,有岩浆水、变质水、海水、大气降水和建造水等不同成因的水。几乎所有的热液矿床的成矿作用都有大气水参与。因此,受热的大气水是成矿热液的一个重要来源。

(4) 超大型矿床的探寻与研究　超大型矿床因其巨大储量和罕见而具有重大经济价值和科学研究意义,寻找超大型矿床已成为许多国家和勘查部门的找矿目标。近年来,超大型矿床是国内地质界和矿业界的热门话题之一。凡是国家确认的大型金属与非金属矿床储量 5 倍以上的矿床方可称为超大型矿床。因为超大型矿床的发现与开拓可以带来巨大经济与社会效益;一个现代化国家重要矿业的开发与工业基地的建立必须依托于一批超大型矿床;超大型矿床的研究还可以推动固体地球科学的发展,所以备受世人关注。中国在 20 世纪 50 年代~60 年代发现了大批超大型矿床,如白云鄂博 Fe-Nb-REE 矿床、兰坪金顶 Pb-Zn 矿床、金川 Cu-Ni 矿床、柿竹园 W 多金属矿床、攀枝花 Fe 矿床等;70 年代以来又发现一批超大型矿床,如玉龙 Cu-Mo 矿床等;近年发现的几个超大型矿床有四川石棉县独立碲矿床、湖北宜昌透辉石矿床。涂光炽自 80 年代起倡导和组织了"找寻超大型矿床的基础研究"(国家科学攀登计划),探讨了中国超大型矿床的时空分布规律,剖析了白云鄂博稀土 – 铌 – 铁矿、柿竹园钨 – 锡 – 多金属矿、大厂和金顶等多金属矿的形成机制,提出了同生构造、挥发分、碱金属、有机质、热水沉积等是关键控矿因素,并初步总结分析了多数超大型矿床之所以产在大陆边缘构造地带的原因。1992 年秋国家科委批准的攀登计划 A 列入了"与寻找超大型矿床有关的基础研究"项目,推动了中国探寻与研究超大型矿床的工作。涂光炽、裴荣富、翟裕生等发表了有关超大型矿床地质和成因的论述。中国具有探寻超大型矿床的有利因素:已拥有一批超大型矿床,可提供经验与理论;地质与成矿条件多种多样,全球 3 大成矿带(环太平洋带、地中海—南亚带、中亚—蒙古—兴安岭带)均经过中国,已找到的矿种与矿床类型较齐备;邻国已找到若干重要超大型矿床,其中不少距国境线甚近,地质背景与中国相似,找矿方法与理论可供借鉴;中国西部地质工作程度低,找矿潜力较大;深部隐伏矿有一定前景等。例如,在滇黔桂和川甘陕 2 个三角区成矿带、云南哀牢山金矿带、中西秦岭成矿带、阿尔泰和天山、西准噶尔成矿区已显示潜在的金矿资源远景区。

(5) 大地构造学与找矿　中国大地构造学各种学派都很重视大地构造的发展和演化与矿产的密切关系,并形成了各自的大地构造成矿或控矿学说。例如,20 世纪 60 年代初郭文魁等领导编制的全国区域成矿规律图,张炳熹等主持并参加的对华南湘、赣、闽、浙 4 省内生金属成矿规律研究。60 年代以来全国大多数省市地质局和地质科研单位编制了不同范围、不同比例尺的成矿规律图(1:100 万、1:50 万等),以指导普查找矿工作。在这些研究中多采用黄汲清的多旋回构造理论和李四光的地质力学构造体系,陈国达和张文佑的断块构造说、地洼成矿说也被重视引用。板块成矿论兴起后,李春昱(1981)、郭令智(1981)等强调要运用板块观点研究中国的成矿规律。李春昱结合中国地质构造情况提出了按板块缝合线划分中国四大成矿域的观点,郭令智进一步主张研究地体及其对成矿的控制。王鸿祯等关于大地构造活动论和演化阶段论的学说,马杏垣等对中国大陆动力学特征及境内地学大断面的研究等等,对区域成矿研究均有较大影响。杨遵仪、程裕淇、王鸿祯(1986)的《中国地质学》和程裕淇的《中国区域地质概论》较全面地总结了中国区域地质调研成果,是研究中国区域成矿背景和环境的基础性文献。

(6)区域成矿研究 20世纪80年代以来,对成矿区带的研究广泛开展矿产勘查和区域地质成矿研究的基础上,中国新发现或进一步确定了一些新的成矿区域,如三江成矿域、西南大面积低温热液成矿域、古亚洲或中亚成矿域等。还运用新技术、新方法和新理论对中国的重要成矿区带进行了不同比例尺的成矿规律和成矿预测研究,其中比较重要的有:原地质矿产部、中国科学院、国家自然科学基金委员会及有关地质行业组织的对秦巴地区、南岭、长江中下游、华北地台北缘、三江等地的区域成矿规律研究,并取得巨大成果;新疆"305"项目取得重要进展,编制了自治区及邻区成矿规律图,对阿尔泰山及天山等区域的地质演化与成矿特征有了突飞猛进的认识。中国大多数省市区地质矿产局都编著有相应的区域地质志和成矿规律图,完成了各自的区域矿产总结。这些工作使对中国区域成矿的认识提高到一个新的水平。有关成矿规律的研究论文反映在各类地质矿床刊物中。完成了一批区域成矿研究的著作和图集,全国性的例如:《中国内生金属成矿图及说明书》(郭文魁等,1987)、《中国矿产资源图及说明书》(宋叔和,1992)、《中国黑色有色金属矿产图集》(刘兰笙等,1996)、《中国地壳演化与矿产分布图集》(蒋志,1996)、《中国主要成矿区带矿产资源远景评价》(陈毓川等,1999)、《中国铜矿床》(黄崇轲,2001)、《中国金矿床成矿预测的理论与方法》(沈远超等,2001)等。区域性的如:《华北陆块北缘及其邻区有色金属矿床地质》(芮宗瑶等,1994)、《中国新疆古生代地壳演化及成矿》(何国琦等,1994)、《西北海相火山岩地区块状硫化物矿床》(邬介人等,1994)、《秦巴岩石圈构造及成矿规律地球化学研究》(张本仁等,1994)、《秦岭泥盆系铅锌成矿带》(祁思敬等,1993)、《秦巴金属矿产成矿概论》(耿树方等,1994)、《胶东绿岩带金矿地质地球化学》(杨敏之等,1996)、《中国东部金矿地质学及地球化学》(胡受奚等,1998)、《长江中下游铜铁成矿带》(常印佛等,1991)、《长江中下游地区铁铜(金)成矿规律》(翟裕生等,1992)、《南岭地区有色稀有多金属矿床控矿条件、成矿机理、分布规律及成矿预测研究》(张宏良等,1987)、《南岭地区与中生代花岗岩类有关的有色及稀有金属矿床地质》(陈毓川等,1989)、《华南元古宙基底演化和成矿》(涂光炽等,1993)、《滇西特提斯的演化及主要金属矿床成矿作用》(罗君烈等,1994)、《华夏地块韧性剪切带金矿地质》(王鹤年等,1992)、《赣南红山—锡坑迳地区铜锡矿地质及预测》(周济元等,2000)、《滇中大美厂式铜矿成矿作用构造物理过程研究》(李志伟等,2001)等等。在区域成矿研究方面逐步形成了一些学术观点,如"构造体系成矿""全球构造演化控制区域成矿""构造—成岩—成矿""区域成矿系统""边界、转换、耦合、叠加成矿"等,为进一步的研究打下了基础。代表性的著作有《区域成矿学》(翟裕生等,1999)等。

(7)成矿系列研究 在矿床研究中,人们注意到一个地区中不同矿床类型间的共生、伴生关系。将具有成因联系的一套矿床组合成为成矿系列。1979年程裕淇等从地史演化和构造、岩浆、沉积、变质等各种成矿作用出发,综合概括了3大类19个矿床成矿系列,每个系列都有其独特的地质成矿条件。成矿系列观点突破了矿床学中只从单一矿床成因类型进行研究的局限性,并将矿床类型间的内在联系与区域成矿背景和演化相结合,无疑是矿床学学术思想和研究方法的一个进步,对普查勘探工作广泛的影响。翟裕生等(1980,1987,1992)研究了长江中下游、南岭等成矿区带特征和主要成矿系列,提出了成矿系列结构概念,包括分带性、阶段性、过渡性、重叠性、互补性等结构型式,以表示一个成矿系列内部各矿床类型间的时、空、物质和成因联系。陈毓川、章崇真、夏宏远等研究了南岭与花岗岩有关的有色和稀有金属成矿系列,边效曾、沈永和、陶维屏等发表了有关成矿系列的著作。翟裕生等(1996)的《成矿系列研究》一书较系统地论述了成矿系列研究的理论基础。陈毓川等(1998)以中国的区域成矿研究为基础,发表了《中国矿床成矿系列初论》。一些省区地质矿产局也以成矿系列观点总结了所在区域的成矿规律。近年来,随着系统科学观点向地质科学的渗透,在矿床学研究中也开始重视成矿系统分析。李人澍于 1996 年发表《成矿系统分析的理论与实践》专著,於崇文(1994,1998,2000)从复杂性科学的角度探讨了成矿系统的动力学特征。关广岳等对成矿系统也发表了著述。翟裕生(1998)论述了古大陆边缘的构造演化和成矿系统(以华北陆块为例),并构建了区域成矿系统的理论与方法框架(1999,20001,2002)。侯增谦(1998)等运用成矿系统观念分析了西南三江地区的成矿规律。成矿系统研究是矿床系类研究的深入和拓宽,可带动成矿动力学的研究,是矿床学研究的一个前缘领域。

(8)金矿地质学研究 20 世纪 70 年代以来,与全球矿床勘查重点相一致,中国重点加强了金矿地质勘查和科学研究,金矿储量和黄金产量有了大幅度增长。通过许多地勘部门的金矿勘查和多学科的金矿科技攻关,不仅发现了众多有价值的新类型金矿(蚀变岩型、微细浸染型、斑岩型、红土风化型等),开拓了新的黄金资源基地(如滇黔桂三角地带等),而且解决了生产和理论研究中的许多重大问题,与此相适应的是有关金矿的学术论著也大量问世。韦永福等(1994)《中国金矿床》一书较系统地总结了中国金矿的成矿背景、矿床类型和时空分布特征。1996 年出版的《中国金矿床研究新进展》(3 卷本)集中反映了中国科学院系统黄金科技研究成果,其中,关于中国岩金主要类型划分、沉积和层控矿床、低洼构造域金矿形成、超大型金矿成矿条件等都有较高的理论水平。中国武警部队黄金指挥部对中国的黄金勘查和地质研究做了大量工作,编制了中国黄金矿产图集,出版了《中国黄金地质丛书》。对东坪、东闯、哈德门沟等多个重要金矿床作了深入研究。胡受奚等对中国东部地区金矿床地质和地球化学、沈保丰等对华北绿岩型金矿均作过深系统研究。谢学锦等对中国大型金矿的地质背景和化探找金方法有系统探索,包括深穿透方法在寻找盲矿中的有效运用。蔡新平等在金矿预测中取得成效。20 世纪 90 年代,陈光远、杨敏之、罗镇宽、石准立、李兆鼎、徐国风、吕古贤、孔庆存、王秀璋、栾世伟、郑明华、姚凤良、刘连登、赵伦山、孙培基等都发表了金矿研究论述。丰富的金矿地质研究成果表明,中国有较大的金矿资源潜力,金矿分布广,主要为中生代成矿,伴生金占较大比重,这些都与中国的复杂地质背景有关。

综上所述,近半个世纪以来,中国矿床学理论的研究进展,突破了矿床的单一成因、单一类型、单一物质来源、单一矿床的认识,总结了矿床形成的多种成因和多阶段特征;突破了过去"内生成矿"与"外生成矿"之间不可逾越的认识,出现了外生—内生富集叠加的大量"过渡类型"(或"混合类型")矿床,提出了水源、热源、物质来源"三源成矿"的新论点,动摇了过去单一的"残余岩浆热液"理论,从而提高了中国矿床学的研究水平。

五、21 世纪以来中国矿产地质学科的进展

1. 矿产地质资源基础理论研究

(1)基础研究取得重大进展,系列图件展示最新成果

中国成矿体系综合研究 通过建立中国成矿体系,指导全国矿产资源潜力评价。陈毓川与王登红组织全国 40 个单位 220 余位专家,综合研究了 4640 个不同类型矿床,厘定了中国从太古宇至第四纪各地质年代的 24 个矿床成矿系列类型、38 个矿床成矿系列组、214 个矿床成矿系列、434 个矿床成矿亚系列、978 个矿床式,完善了成矿系列理论;建立区域地质、地球物理、地球化学、遥感地质、矿产等多元成矿信息提取分析子系统和矿产资源信息综合子系统,形成由 2 大模块组成的区域矿产综合评价系统(MARS);运用先进理论和技术方法,指导全国重要矿产资源潜力评价,圈定 213 个预测远景区,提出了优选靶区,有效指导了找矿实践,为全国地勘工作部署提供了科学依据。

中国东部中生代多阶段成矿的过程与背景研究 通过系统的高精度同位素年龄填图,确定中国东部中生代成矿作用爆发式地出现于 3 个峰期:晚三叠世、中晚侏罗世—早白垩世和白垩纪中期,厘定它们分别形成于华北与华南板块碰撞后、古太平洋板块斜向俯冲的大陆边缘弧后伸展岩

浆带和大陆岩石圈伸展环境。三期成矿作用的巨量金属分别主要堆积于东西向局部伸展构造、NE向与EW向构造交互部位和火山—断陷盆地。这一成果得到国内外广泛关注和广泛引用,其中岩石圈伸展与成矿模型被写入国际教科书。有关成果被国际同行誉为为板内成矿新理论形成奠定了重要基础,对找矿勘查具有很好地指导意义。

系列矿产资源图件简明扼要展示了最新研究成果　目前已公开出版1:500万比例尺 Fe、Cu、Pb-Zn、W-Sn 矿产资源图4张和 Hg-Sb 矿产资源图(1:1000万)1张,其增加矿产一览表阐明了各矿床的名称、地理位置、矿石平均品位、矿床类型、规模、开发情况和矿床概述,概括了矿床产出地质特征,反映了中国近50年来各地质部门,经过地质勘探和普查评价所获得铁、铜、铅锌、钨锡、汞锑、金、银、稀有稀土等矿产资源,并经批准的资源储量、质量、经济技术条件与有关矿床地质情况。还编制完成中俄蒙阿尔泰成矿带1:100万成矿规律图;基本完成1:2500万世界海洋地质构造背景图及世界海洋矿产资源图。

(2)勘查和实验技术方法创新及应用成果

矿产勘查三维预测信息平台开发及应用示范　三维软件平台继续完善,改善三维可视化效果、增加 Micromine 数据兼容功能、开始进行黄沙坪地区三维地质模型建模工作。解决大规模等高线模型三维重建技术,利用色彩的浓淡、明暗和冷暖对比来建立地貌立体感,具有同时显示地貌质量、数量和立体效应等功能,色彩作为决定彩色地貌晕渲表现力的重要因素,具有艺术性和信息载体的双重特性。根据 DEM 数据的高程范围,自动采用合适的设色模式,生成相应的专业彩色地貌晕渲图,使用金字塔技术,实现大规模地形数据的快速显示;使用图形透明显示技术,实现在晕渲图上叠加其他的二维空间信息,达到增加数字高程模型表达的信息量,大幅度提高地图的使用价值和使用范围;解决高仿真物探、化探数据晕渲图自动制图技术,利用分层设色与数据内插技术,实现高仿真物探、化探数据晕渲图的生成。提供给地质工作者一幅"显而易见"的彩色异常图。

"高温高压流体和流动反应原位观测装置、方法和整合技术"完成　为探测地球深部资源,探索极端条件下物质性质,张荣华20多年来不断创新发明仪器和反应装置,完成"高温高压流体和流动反应原位观测装置、方法和整合技术"。高温高压原位直测在国际界有2大方向:化学传感器、有窗口反应腔。该项目获得包括6项国家发明专利和2项实用新型专利,以高温高压原位直测的两大方向为核心,解决了高温高压过程中无法连续原位检测的技术难题,推动探测地球深部资源方法技术发展,已用于深海异常条件下化学参数快速探测,在南海3100米深海投放测量。实验发现气体迁移金属,认识资源分布新机制。创造高温高压新数据,促进科学发现:国际上首次发表 Zr/ZrO_2 传感器纳米膜材料等论文在国际分析化学刊物(影响因子5.7)发表。发明研制的仪器优于美欧国家同类研制水平,实现极端条件原位探测、地球深部、高温高压反应原位过程监测,有利于国家尖端技术发展,潜在的科技远景巨大。

长江中下游成矿带及典型矿集区深部结构探测实验获得可喜进展　使用反射地震为主导的现代地球物理探测技术,揭示庐—枞火山岩铁铜矿集区三维结构,基本实现矿集区深度3000米~5000米的"透明化"。吕庆田团队在深部探测专项资助下,对长江中下游成矿带和庐—枞中生代火山岩矿集区的深部结构进行了综合探测,发现上地幔低速体,提出了岩石圈拆沉与底侵模式,庐—枞矿集区上地壳先后经历早期强烈挤压变形和后期伸展构造变形,形成断块结构;揭示了火山岩层基底复杂结构,存在不同时期地层断块和岩片,为盆地沉积盖层之下寻找铜陵式矿床提供了新线索,结合剖面地球化学分析,预测了成矿远景区。探测实验为中国东部开辟第2找矿空间、实现地质找矿重大突破提供有效技术支撑。

硅同位素地球化学研究获得实质性新进展　改进的硅同位素测试方法得到国际同行的承认,相关论文《Analytic Method for Silicon Isotope Determinations》作为一章被收入国外出版的《Handbook of Stable Isotope Analytic Techniques》;准确标定了 NBS-28 等国际与国家硅同位素参考物质的硅同位素绝对比值与硅的原子量;在国际上率先研究水稻、竹子等植物由外部吸收硅和在体内沉淀硅时的硅同位素动力学分馏,建立其相关模式,发展了硅同位素研究的基本理论;研究硅在河流中的变化与在植物中的行为,在探讨地球表面圈层间的硅循环等方面取得重大进展;进一步完善"硅同位素地球化学"学科体系,开拓稳定同位素研究新领域,推动相关学科的发展。国际同位素与原子量委员会技术报告认为专著《Silicon Isotope Geochemistry》是"硅同位素内容最广博的文献"。国际知名地球化学家 Hoefs 在其《稳定同位素地球化学》专著中引用有关资料。确定的 NBS-28、IRMM-017、IRMM-018 和 NBS-990 等硅同位素参考物质的硅同位素组成相互关系得到国际原子量与同位素丰度委员会(CIAAW)承认(中国地质学会矿床专业委员会,2011)。

(3)矿产资源与国家经济发展研究

揭示了能源及重要矿产资源需求与经济社会发展的若干重要规律:人均能源与重要矿产资源需求"S"形规律,资源消费强度倒"U"形顶点漂移规律,资源需求波次递进规律。以这些规律为指导,系统论证中国矿产资源供需趋势和全球资源格局,率先做出资源短缺将上升为制约经济发展首要瓶颈的论断,提出"立足国内资源安全、最大限度分享境外资源"为核心的中国资源安全战略思想,对树立全民资源危机意识、转变地质矿产工作被动局面起到重要推动作用,对《中国可持续发展的矿产资源战略研究》、《国家十年战略物资储备规划》、《全球主要能源与矿产资源总体规划研究》、《国家地质保障工程》、《国家能源"十一五"规划》编制起到科学支撑作用。系列成果为国务院 12 个部委提供了有力支持,并被社会广泛应用(中国地质学会矿床专业委员会,2011)。

2. 非金属矿产地质学研究

(1)中国非金属矿地质发展情况

现代非金属矿床学的研究在中国起步较晚,20 世纪 20 年代初章鸿钊先生的《石雅》是中国最早的现代非金属矿床学方面的论著。新中国成立后随着经济的发展,经过几代人的努力,非金属矿产地质才得到了大规模的发展。中国是一个非金属矿大国,世界上所发现的非金属矿在中国大多已找到,其中萤石、滑石、石墨、重晶石、硅灰石、膨润土、伊利石、菱镁矿等 20 多种矿产的探明储量位居世界前列。高岭土、硅藻土、海泡石、凹凸棒石等矿产储量前景十分可观。石材资源分布广、储量大、花色品种繁多,开发前景广阔。中国非金属矿勘查主要经过以下几个阶段时期(中国地质学会,2011)。

20 世纪 50 年代~70 年代非金属矿勘查积累期　此期间基础资料较少,有少量成矿规律研究总结,主要是利用老一辈地质学家创立的非金属矿产成矿理论,在较大面积区域内寻求和勘查国家和地方急需的各种非金属矿产,解决了当时经济发展急需的非金属矿资源,积累了众多勘查资料。

20 世纪 80 年代~90 年代非金属矿勘查发展期　随着各种比例尺区调、矿调的完成,对成矿理论与勘查技术的初步总结与开拓性的探索,以及地质勘查成果的积累,发现与探明的非金属矿资源呈现前所未有的快速增长。找到勘查的矿种已达百余种,矿产地数千处,勘查了一大批超大型和重要非金属矿。在此期间发现和勘查的新矿种达到 20 多种,同时新的含矿层位、矿床成因类型和缺矿地区的急缺资源得以陆续发现与开发。

20 世纪 90 年代末以来非金属矿勘查逐步恢复期　90 年代末以来随着地勘业的萎缩,地质市场下滑,国家对地勘资金投入不足,尤其用于非金属矿地质勘查工作的费用相对来说越来越少。近几年随着中国经济发展迅速,各项基本建设快速发展,资源问题成为制约中国国民经济发展的瓶颈,资源后备不足日益显现出来,国家调整了对地勘单位的有关政策,非金属找矿工作也取得较好的成绩。但总体而言大型的、稀缺的、急需的非金属矿产还有待进一步的突破。

(2)中国非金属矿开发利用情况

中国矿产品的开发在国民经济发展中具有重要地位,70% 以上的农业生产资料来自矿产资源,80%以上的工业原料来自矿产,95%的能源依赖于矿业提供。作为3大矿产之一的非金属矿产是各工业部门的不可缺少的原材料,在传统的冶金、轻工、石化、机械、纺织等行业,甚至材料科学、微电子科学等高科技领域都将得到广泛的应用。

新中国成立以来,非金属矿工业有了很大的进步与发展,非金属矿产业现已成为国家的支柱产业。据不完全统计,中国现有非金属矿山12 000多个,加工制品企业6.5万个,合计7.7万个,从业人员850多万人,拥有固定资产原值2000多亿元,创利税200多亿元。近10年中国非金属矿发展十分迅速,其年产值增长率25%以上,年开采量40亿吨~50亿吨。非金属矿采选业和制品业工业总产值8700亿元,约占全国矿产品相关工业产值的14%,从矿业经济方面看,中国非金属矿行业对国民经济的贡献已超过金属矿。近年来,中国非金属矿工业的发展,不仅为国民经济持续、快速发展提供了重要物质保证,还扩大了出口创汇。产品及制品出口销往世界五大洲130多个国家和地区,出口非金属矿产品品种已有100多种。中国的石墨、萤石、重晶石、硅灰石、石材等产品在国际市场上占有较大的份额,在国际市场上起到举足轻重的作用。中国非金属矿产主要出口到东南亚地区,其次是欧洲和北美地区。对东南亚地区我们具有地理位置优势和资源优势,市场基础较好,是未来出口的重点目标市场;欧洲和北美地区中国除具有资源优势外,还有劳动力成本低、产品价格低的优势。不足之处在于中国非金属矿工业的技术装备水平差,产品质量、规格品种、配套化、系列化等方面与国外相比存在较大差距(中国地质学会,2011)。

(3)中国非金属矿开发利用进展

目前非金属矿开发利用进展主要体现在新材料方面,如精细陶瓷、光导纤维、激光材料、复合材料、超细和纳米材料等;同时随着科学技术和社会的发展,在节能、环保、生态等方面有了新的发展;另外,用于传统工业中的非金属矿种范围在不断扩大,同一非金属矿种的应用领域在不断拓宽。

中国非金属矿工业经过半个多世纪的发展,特别是改革开放30多来得到迅猛发展,非金属矿的开发利用与世界先进水平的差距逐步缩短,已拥有比较成熟的加工高纯石墨、石英、硅藻土、高岭土、膨润土、云母制品、重质碳酸钙等生产技术;能生产各类超细粉碎与精细分级技术装备,一些设备的性能及工艺技术接近或达到国际先进水平;能生产汽车、机电、环保等行业所需的石墨密封材料、石墨导电涂料、石墨润滑材料、摩擦材料、防火隔热材料、催化、吸附与过滤材料、分子筛、防辐射、高硬、高耐磨材料等。但是,目前中国非金属开发利用与国外先进水平相比还存在生产规模小,非金属矿粗级产品比重大,深加工程度不高,在提纯技术、超细技术、表面改性技术、复合材料、功能材料等方面还有较大差距(中国地质学会,2011)。

3. 矿山深部找矿研究

矿山地质学是地质学的分支之一。主要是研究矿床开发过程中的地质理论和技术方法,以及与矿山建设和矿山生产有关的矿产资源经济的理论与方法的学科。矿山地质学是地质科学与矿冶工程之间的边缘学科。矿山地质学与一些相邻学科(专业)也有密切关系,例如,为了研究矿床的开采条件和选矿条件,不仅要运用矿床学、矿山工程地质学、水文地质学,还要掌握岩石学、矿相学、工艺矿物学、采矿学、选矿学和冶炼等方面的知识。为了搞好矿区和矿床的经济评价,充分合理的综合回收利用矿产资源和矿山环境保护,还必须熟悉矿业经济和环境地质科学。可以说,矿山地质学是地学中一门综合性强和应用面广的边缘学科。矿山地质学是随着近代采掘业兴起而逐渐发展的新兴学科,作为一门独立的学科出现较晚,直至20世纪三四十年代才有矿山地质学专著出版,今天,矿山地质学已发展为地质学的一个重要学科。

矿产资源是人类生存与发展的物质基础,是矿业发展的前提和条件,是矿山生产的命脉。中国矿业提供了95%以上的一次性能源和80%以上的工业原料。中国正处于工业化进程中,人口增长和经济发展的双重需要,对矿产资源的消费与需求日渐强劲。以有色金属为例,1990年以来10

种有色金属产量年增长率一直>10%，并连续6年位居世界第一位，而同期有限的矿产地质勘查工作转入新区和边远地区，矿山的地探工作严重削弱，综合预测研究缺失，可接续生产的资源基地匮乏，随着矿山可采资源的迅速消耗，有1/3矿山面临资源枯竭而关闭。为了促进矿山的持续发展，2004年9月6日国务院正式通过了找矿规划纲要，对大中型矿山的找矿工作进行了系统规划和全面部署，2006年1月2日国务院在颁布的"关于加强地质工作的决定"中特别强调："做好矿山地质工作"，对推动中国矿山地质和矿山找矿工作，促进矿业持续发展具有里程碑意义。

中国金属矿山的大规模机械化开采始于新中国诞生之后，矿山经过几十年的生产，积累了大量地质、矿床的数据、图件、资料与信息，解剖并检验了地质勘查阶段对矿床成矿条件、控制因素和赋存规律的认识。通过矿山地质探矿与生产探矿，或探到了地质勘查阶段漏掉的隐伏矿体，或发现了周边新类型、新成矿系列的矿化，或新出现的地质现象，对已有地质认识产生了这样那样的问题与疑问。矿山处于有利的成矿地质环境，前期地质勘查的成功经验与失败的教训在矿山生产矿床解剖中得到了检验，这些宝贵的认识，为进一步找矿预测奠定了基础。通过国家的有力推动及必要的项目安排和矿山找矿工作的开展，予以深部找矿研究，综合分析成矿条件，深化成矿规律认识，提高预测勘查命中率，将获得事半功倍的找矿效果。据调研，有约1/2的矿山具有找矿前景，部分矿山有望或正在或已经取得了找矿突破（中国地质学会矿山地质委员会，2011）。

(1) 矿山深部找矿的科学依据

矿床成矿规律与成矿理论及找矿预测理论是指导矿山新一轮找矿的理论基础。如姜齐节（1976）的热卤水成矿理论、季克俭（1989）的三元热液成矿理论、梅友松（1991）的同位成矿理论、陈毓川（1993）的矿床成矿系列理论、赵鹏大（1995）的相似类比理论、翟裕生（1997）的成矿系统理论等，还有那些针对特定类型矿床的诸多成矿理论的产生，以及国内外关于矿床模式研究成果的问世，推动了中国成矿规律研究水平，提高了矿床研究的深度，扩大了找矿视野，指导了矿产预测与矿山找矿。

中国多数有色金属矿山勘查深度受到勘查技术与装备限制，仅达到地表之下500米~800米，开采深度多不超过700米，对于矿山深部找矿（地表之下1000米~2000米）存在着极为有利的巨大空间。据矿床成矿规律研究，与基性超基性岩有关的铜镍硫化物矿床埋深可达2000米~2700米。金川铜镍矿床含矿岩体至少形成于10千米深处，被后期地壳运动推向浅部，目前延深控制已达1000米，岩体并未尖灭，深部仍有未勘探控制的矿体存在（李文元等，2007）。与花岗岩作用有关的石英脉型钨矿的形成深度可达4千米~8千米（芮宗瑶，2003），南岭地区产在围岩中的脉体（工业矿化）垂深超过1200米~1400米，深入到岩体中的脉体垂深也可达到250米~500米。其成矿岩体埋深因矿区而异，有些已出露地表（西华山），有些深埋地下（归美山、画眉坳>800米），有些成矿岩体深埋在千米之下（锯板坑>1300米）。与韧性剪切带有关的金矿床初始富集层可深达4千米~6千米（张洪涛等，1994），与太古代片麻岩有关的脉型金矿床的矿化深度可达5千米以下。产在太古宙绿岩带中的块状硫化物矿床在1.3千米处仍有富而厚大的矿体产出（红透山）。蚀变岩型金矿，在焦家矿带寺庄矿区深部又发现了埋深超过1千米的超大型金矿。与斑岩有关的矿床形成于0.5千米~10千米，如北美斑岩铜矿、云南澜沧老厂火山—斑岩型铅锌银矿床矿体延深至1600米。与岩浆热液有关的夕卡岩型铁铜矿床，钨、锡、铋、钼矿床形成深度超过斑岩型矿床，在2千米~10千米。

大量的同位素研究表明，矿石里的许多流体物质来自深源，如C、H、He等，许多矿床的金属，如Pb、S、Sn、W、Mo、Be、Nb、Ta、Au（如小秦岭）也来自地幔或深部岩浆热液。从地球化学动力学实验证明，深部成矿作用对于金属来源、迁移和矿石堆积起了关键作用（张荣华，2006）。频繁的地壳运动和大规模的流体活动导致了金属（或围岩蚀变）的分带性、成矿的系列性、多期次性、套叠性、脉动性等特点。矿山深部找矿更多的是以已知矿床成矿规律为依据，寻找那些与浅部为同一成矿系统的矿产,部分可能是另一成矿空间或不同成矿系统的矿产。上述矿床成矿理论与成矿规律研究,为开展深部找矿提供了依据,拓宽了思路。

(2)矿山深部找矿思路与成就

应用现代成矿预测理论,冲破传统认识,建立新的成矿模式 青海锡铁山铅锌矿山的找矿是在对大的区域构造带、成矿带可形成的矿床规模重新定位,扩大了找矿思维空间。应用现代成矿理论确定矿床成因——为喷流沉积型(SEDEX)矿床。对已知矿床成矿规律、主控矿构造重新分析,研究矿体产出特征及隐伏矿体滑移方向、重新厘定赋矿地层层序等。应用系统论、多维思维方法与大比例尺成矿预测技巧,建立创新型找矿预测模式(邓吉牛,2005)。采用遥感、高精度电磁测深、地球化学探矿等现代技术方法,在商业性勘查机制的推动下,经短短几年的快速评价、验证,获得找矿的重大突破,新增金属量已达超大型规模。应用类似的勘查运作方式,找矿思路与技术,相继在云南会泽、内蒙古获各琦(霍各乞)、云南博卡、甘肃金川等,取得了颇具影响的找矿重大突破。

矿区成矿地质规律与成矿系列研究,推动矿山找矿的进展 内生金属矿床的成矿作用多与岩浆活动有关,岩浆活动的多期性与成矿的多阶段性,在同一个成矿系统内可形成多个不同产出方式、不同矿化组合的系列矿床。辽宁青城子铅锌矿历经数百年开采,几十年的勘查,从追索已知矿体或矿带开始,扩大了矿山两翼和深部的矿量。沿着断裂脉型矿体追索,发现了二道沟中型矿床。又通过成矿地质条件类比研究,发现了大东沟中型矿床。再根据地表断裂构造、脉岩等找矿线索,相继发现了深部大理岩夹片岩、变砾岩中的南山中型矿床,在已闭坑的弯道沟坑下找到了喜鹊沟中型矿床。接着根据已知榛子沟矿床赋存特点,相继发现了甸南和大地2个矿床。既有赋存在层间剥离带中榛子沟式矿床,又有大理岩与变砾岩互层中羽毛状断裂的南山式矿床,还有本山式裂隙脉状矿床。20世纪八九十年代,辽宁地勘队伍对青城子矿田成矿地质条件进行综合研究,并借鉴国内外发现成矿系列中新类型矿床的找矿经验,在外围分别发现了高家堡子大型银矿床、桃园大型金矿床、小佟家堡子超大型金矿床。2002年(杨德江,2005)又在高家铺子—小佟家堡子金银矿带的东延部位的弯地沟深部取得找矿的重大突破。应用类似的成矿、找矿思路,辽宁八家子矿区取得了铁矿和钼矿找矿的重要突破。杨家杖子—八家子构造岩浆带位于山海关台拱与辽西台陷隆坳交接部位,是一条重要的钼—多金属成矿带,产出有著名的杨家杖子钼矿床和八家子银多金属矿床;矿区又处于鞍山式铁矿成矿带的西延,存在铁矿成矿的有利条件和地质找矿信息。对八家子铅锌矿床深部开展铜银找矿工作的同时,对矿床周边的早期有色地质和冶金地质队伍提交的物探、化探异常重新评价,大胆布设钻孔验证,发现了大屯铁矿和松棚沟钼矿,为矿山企业的持续发展提供了新资源。

应用现代成矿理论和统计预测方法,建立多级控矿模型 安徽省铜陵铜山铜矿为斑岩型与夕卡岩型复合矿床。通过接替资源勘查项目,对凤凰山药园山、相思树预测区开展了成矿系列、矿体分布与侧伏规律研究,应用非线性动力学成矿概念、灰色系统理论、分形、混沌理论,模糊数学等统计预测方法,地质、物探、化探、遥感相结合,建立了多级控矿模型,在铜山深部前山南矿段进行了钻探与坑探验证,探获2层铜矿体,累计厚度53米,含Cu 1.1%、Au 6克/吨的富厚矿体,铜金属量(333类)15万吨,并在矿体中发现了共生钼矿体,钼品位0.107%,钼矿体厚5.4米,铁矿石量2000万吨(彭省临,2006;王建青,2008)。湖北封山铜金矿田也为斑岩型与夕卡岩型复合矿床。舒广龙等(2007)通过对岩体深部形态重新厘定,认为矿田侵入体具有"二层结构",李家沟与鸡笼湾岩脉(体)—断裂发育地段,均为成矿有利地段,建立了封山矿田斑岩成矿体系结构模型。对斑岩体分布的层次性、各类型(斑岩型铜钼矿、夕卡岩型铜金矿、热液脉型多金属矿、卡林型金矿)矿床蚀变分带与地球化学分带进行研究,用地物化综合方法进行定位预测(包括1:1万地质填图、EF-4大地电磁测深,土壤与构造地球化学测量等)。经工程验证,于封山岩体南7线异常ZKC07110直孔,穿越上层矿厚19.74米,金品位4.68克/吨,下层矿厚16米,金品位4.58克/吨。通过对系统的成矿分析，突破原有模式的束缚，获得找矿突破。铜陵铜官山铜矿开发始于唐代，20世纪90年代已停止勘探工作，目前笔山和白家山仍在小规模开采。吕才玉等（2007）研究认为，罗家村矿段深部成矿条件优越，在铜官山岩体北西侧与栖霞灰岩接触带有可能形成"白家山式"矿体，再向深部岩体覆盖的下面可能探到含铜磁铁矿体——小铜官山、老山等矿体在深部的延续，再向西北方向探索，在黄龙组、船山组含矿层的褶曲与层间滑脱部位，存在找到类似"冬瓜山式"层控夕卡岩型矿体的条件。铜陵矿田找矿前景广阔。

成矿与控矿构造研究是矿山深部找矿获得成功的关键　成矿与控矿构造研究是矿山深部找矿的关键与核心问题之一。矿床的空间定位受区域性构造的影响，不同成因矿床受控于不同构造体系，主要矿体的三维空间变化受矿田构造的制约。辽宁红透山铜矿产于清原花岗—绿岩带内的古火山沉积盆地中，矿体产状与地层片麻理一致，具有层控特征，属于太古宙VMS型矿床。历经40余年的开采和地质探矿，主矿体垂直掘进深度已达1337米。1984年开始二轮找矿，20多年来矿山地质人员一直坚持控矿构造性质及矿体（矿柱）垂深变化的潜心研究，不断深化对矿体赋存规律的认识，紧紧把握矿体的复杂变化趋势，连续17年获得新增地质储量累计1315.35万吨，延长矿山服务年限30年。2005年~2006年在国土资源部主持的矿山找矿示范项目"辽宁省抚顺红透山铜锌矿接替资源勘查"的实施，综合各类成矿信息及深部矿体三维空间产出特点与构造性质的关系，成功地探获了在-587米中段被F8断层错失的3号主矿体。新增矿石量300多万吨，可延长矿山服务年限8年。1986年后辽宁有色地勘局在本区及外围的地球物理与地球化学普查工作获得了一批综合找矿信息，提出铜锌找矿预测区4处。矿山于20世纪80年代委托桂林矿产地质研究院和中南工大在矿区开展了瞬变电磁法与双频激电法测量，在矿区7.5平方千米范围，发现了果园、南山、黄泥坑、小河背、小西堡等5处TEM异常区。果园异常区经过钻探和坑道验证，发现了厚大铜锌矿体，其余异常尚待验证，找矿前景可观。

打破原有找矿模式，第二富集带"攻深找盲"获重大突破　山东焦家金矿带深部—第二富集带的"攻深找盲"工作中，打破原有找矿模式，在距焦家金矿南2.5千米的寺庄矿区深部，越过100米~250米垂深的无矿间隔，新发现一个特大型金矿（控制及推断的经济资源量51.83吨），在焦家成矿带深部终于取得找矿的重大突破。山东寺庄金矿的找矿工作开始于20世纪60年代，山东地勘六院于2002年~2006年对焦家矿带开展深部找矿工作，探获的寺庄深部特大型金矿床产于玲珑花岗岩与围岩—早寒武世变质岩的内接触带上，焦家断裂下盘，与焦家主断裂平行的1组缓倾裂隙及与主断裂大角度相交至反倾的1组陡倾裂隙，为2组主要控矿裂隙。建立了焦家式金矿新的成矿模式（宋明春等，2010）。按照这一成矿模式，在前人认为的"断向形"无矿地段，恰恰是有矿的，且未遭受剥蚀，金矿资源潜力巨大，并提出三仓断裂与焦家断裂之间的大型伸展构造下凹部位，是今后找矿的重点地段（宋明春等，2010）。开创了胶东主要金矿成矿带深部找矿的新局面。湖北大冶铁矿在矿山深部找矿中，探查到了赋存于矿区的第3个凹部（台阶）的富厚矿体，位于矿区中部14-19-1线，标高-600米~-1000米，于龙洞矿段的ZK11-10孔，尖山林矿段的15-13线钻孔，发现2号矿体深部延伸至-900米并向南东侧伏；在狮子山矿段26-30线钻孔，发现5号矿体延伸至-700米以下并向北西侧伏，形成第3台阶两侧对称成矿的态势。矿山深部找矿新增铁矿资源量2304万吨，铜资源金属量10.3万吨。根据矿区矿体侧伏规律，认为矿区16-26线，接触带-800米~1200米标高地段，是深部第3台阶隐伏矿找矿的有利部位，对下一步深部找矿战略部署有重大意义。

开展深部矿床定位预测，引进先进的物化探手段，获得巨大找矿成果　云南个旧锡矿自2004年开展危机矿山接替资源勘查后，通过综合信息成矿预测研究，筛选出一批有极高找矿远景的靶区。3年来新增有色金属量56万吨，其中锡14万吨，铜30万吨，创云锡地质找矿新增储量记录。并形成了以花岗岩成矿理论为基础的花岗岩成矿模式和勘查模式，初步确定出矿区还存在印支期海底基性火山—沉积和海底沉积—喷流矿床系列。在大箐、高峰山、驼峰山、白龙井和大白岩的勘查取得较大突破,在马吃水、阿西寨、西凹、东凹的勘查取得重大进展。如对老厂矿床深部接触构造体系的深入研究,在竹叶山矿段北东深部、期北山和白龙井隐伏花岗岩凸起周边深部,已控制和推断多处铜锡资源,金属量15万吨;大白岩探获资源量,金属Cu 7.69万吨、WO_3 9992吨、Au 1.6吨、Ag 1.15吨;芦塘坝探获资源量,Sn 12万吨。根据地质、物探、化探找矿信息和控矿构造研究取得深部找矿成果的矿山很多,如云南大姚六苴铜矿的小河—石门坎深部,通过沉积盆地控矿体系研究,验证钻孔见矿率达85%,新增富铜矿资源达中型规模。

已知矿床与深部预测区段精细对比研究,获得找矿重大突破 广西大厂锡多金属矿床铜坑矿区,在广西南丹铜坑锡矿接替资源勘查项目的推动下,215地质队通过矿区成矿条件综合研究,已知矿床与深部预测区段精细对比,突破了前人认为的96号矿体变化大规模小、往北变小变贫的观点,进行了加深探索,对铜坑深部的锡锌矿、长坡和长坡—巴力深部锌矿、黑水沟—大树脚锌铜矿等预测区进行坑探与钻探结合的工程验证。2005年在矿区北部95号矿体下部发现了96号厚大锌铜矿体,取得深部找矿重大突破。矿体平均品位Zn 5.92%、Cu 0.22%、Ag 25.61克/吨,矿体平均厚度8.74米,最厚达32.8米,探获矿石量3320万吨、锌金属量161.7万吨、铜7.3万吨、银1112吨(刘湘平,2007)。预计可延长矿山服务年限超过9年。山西支家地铅锌银矿床依据正在开采矿体的成矿地质特征研究,总结成矿规律,精确预测深部成矿地段,发现了与构造有关的矿脉(在构造交汇部位发现了新1号矿体,在与主断裂反倾向断裂中发现了6号、11号矿脉)、石英斑岩体与凝灰角砾岩接触部位的8号矿脉、石英斑岩岩枝中的2号矿脉、石英斑岩体中浸染状矿体以及隐爆角砾岩筒中的4号矿体。估算新增333万吨资源量,金属量Ag 885吨、Pb+Zn 10.5吨,可延长矿山服务年限15年。

矿化多样性和成矿叠加性研究,开拓找矿思路,发现共生矿产 老一代矿床地质学家对南岭各种类型钨矿床成矿地质条件、矿化富集规律及找矿标志建立了著名的"五层楼"成矿模式,推动了中国钨矿找矿勘查进程。同时,对钨矿区成矿的叠加性和矿化的多样性颇有研究,认为花岗岩的多次浸入,多期成矿,矿化元素组合丰富,具有多阶段成矿演化规律,因岩体侵位、演化、相关构造及围岩条件的差异,可形成2层或多层矿化,多种形态、多种成因类型的矿床(体)。如广东锯板坑钨锡铋钼铜多金属矿床、江西西华山钨钼铍铌钽矿床、柿竹园钨锡铋钼铍矿床等。广东瑶岭钨矿具有"五层楼"成矿规律的受节理裂隙控制的石英脉型钨矿是正在开采的矿体,通过钨的矿化多样性与成矿叠加性研究,2004年发现了受接触带构造控制的夕卡岩型白钨矿化,矿石含WO_3 0.006%~0.97%,平均0.43%(63件样品)。不久又在中深部岩体中发现了构造蚀变岩型白钨矿化带,控制长度>85米,6件样品含WO_3 0.11%~0.77%,平均0.34%。这2类白钨矿化均达到工业指标要求,可成为矿山接续资源的矿化新类型。新增资源量WO_3 2.13万吨,延长矿山服务年限30年(有色地调中心,2008)。湖南瑶岗仙钨矿田的黑钨矿发现于1914年,白钨矿(徐克勤)发现于1947年,是南岭最著名的白钨矿黑钨矿共生矿床。在深部接续资源找矿勘查中,在钨矿的"五层楼"成矿模式、钨矿化多样性与成矿叠加性成矿规律的指导下,探寻花岗岩中深部隐伏矿脉的延深和寻找新类型矿床,通过坑探与钻探验证,于老区和杨梅岭深部控制了一大批矿脉,其中501号矿脉(1975年发现)延长达900米,垂深200米,真厚度0.45米~1.55米,WO_3品位0.110%~1.334%;501号支8矿脉延长达970米,垂深280米,真厚度0.35米~1.2米,WO_3品位0.223%~3.406%。同时在大根垄ZK2001孔钨矿脉中有铜铅锌硫化物叠加矿化,在杨梅岭18中段新发现3条钨钼矿脉,厚度0.2米~0.4米,Mo品位0.4%~0.7%,WO_3品位0.1%~0.8%。认为铜铅锌矿化、钨钼矿体、黑钨矿体、白钨矿体的形成是在同一稳定的成矿热活动中心的支配下,多期次、多阶段成矿作用,使其呈现出"矿化空间上有重叠,矿化组合上渐变分带"的特点,具有典型的同位成矿特征。累计新增资源量WO_3 3.1万吨、Mo 1100吨,延长矿山服务年限20年以上(有色地调中心,2008)。无论是矿山深部和周边均具有令人振奋的找矿前景。

总之,矿山深部找矿取得成功的思路各有千秋,但最重要之点是深入研究本矿区成矿地质条件和成矿作用的主导因素,透彻剖析本区的成矿控制条件和找矿标志,应用切合本区实际的成矿理论与有利的找矿信息,建立本区的找矿模型,圈定找矿靶区,制定适用于本区的勘查方案,筛选有效的技术方法手段。在工程验证过程中,密切关注勘探施工效果与异常解译,特别要重视那些与预测相左的地质现象和新情况,及时修订找矿思路与勘查方案,不断深化和完善对矿床成矿规律的认识,勇于实践,善于探索,敢于创新,是取得矿山找矿突破的重要保证。由于成矿作用的复杂性,矿山找矿没有可举一反三的精确模式,更多的是个案的处理,找矿信息的集成,勘查思路的创新(中国地质学会矿山地质委员会,2011)。

4. 矿产地质资源保护综合利用研究

长期以来,地质大调查矿产综合利用项目各承担单位依据中国国情、矿情,结合国际矿产资源利用趋势,主要进行了低品位矿产、复杂共伴生难利用矿(呆滞矿产)、非金属矿、矿业固体废弃物(尾矿等)等二次资源的合理利用技术研究,为合理评价矿产资源、扩大中国矿产资源可利用储量、充分合理利用矿产资源、改善矿业开发生态环境和人民生活环境、促进地质工作的大发展作出了重要贡献。地质调查项目的实施,使承担单位技术与装备得到加强,科研队伍得到了很大锻炼,科技创新能力及在矿产综合利用领域的竞争力显著提高,一大批技术成果对低品位矿产资源的开发,复杂共伴生难利用呆滞矿产的盘活,非金属矿的高效深加工利用及尾矿等矿业二次资源的全面调查和再利用,维护民族团结和少数民族地区的和谐发展起到了积极的推动作用,产生了较好的社会效益、环境效益,同时一批技术成果形成了专利技术(中国地质学会矿产资源综合利用专业委员会,2011)。

(1)低品位矿产、复杂难利用矿产开发利用技术和提高资源回收率的技术研究获得突破,为大大增加矿产的可利用储量、缓解资源紧张、提高资源价值作出贡献。低品位碳酸锰矿制备高纯材料技术及产业化研究依靠科技创新,解决中国锰资源利用率低、电解金属锰产品质量不高的技术问题,为占中国锰资源储量97%的贫锰矿的利用、提高中国电解金属锰的国际市场竞争力提供技术支撑。西部铜铅锌复杂多金属矿高效选冶新技术研究等地调项目,提高了资源利用率,解决了一批长期呆滞矿的利用技术难题,为有效利用同类矿产资源提供科学依据和有效利用途径,也为地质找矿扩大找矿范围、开拓地质找矿新领域提供了充分的科学依据。西部钛资源深度利用技术为四川攀枝花、新疆巴楚、河北承德等地区的钒钛磁铁矿资源提供了开发利用工艺技术,将使50多亿吨呆滞的低贫钒钛铁矿资源得到开发利用,对提高资源利用率和促进中国铁、钛、钒产业的发展发挥了积极的支撑作用。"中国西部拉拉铜金老矿山延长寿命关键技术研究"项目是科技部下达的国际合作项目。该项目由中国地质科学院矿产综合利用研究所承担,与德国弗莱堡大学合作研究完成,在矿床成因和找矿方向等方面取得了创新性研究成果:①通过对矿区辉长岩的深入研究得出岩石类型为碱性岩系列,与矿区含矿围岩细碧角斑质火山岩是同源异相产物,为次火山岩,深部找矿潜力很大。这一认识的形成改变了传统的找矿思路,充分体现了国际合作开拓科研思路的作用,提高了中国火山岩地区深部找矿自主创新能力,为发现新的矿产资源,解决资源瓶颈问题,储备了新的成矿理论和方法技术。同时也解决了几十年来辉长岩成因的理论难题。②通过对成矿流体的系统研究,首次将海相火山岩型矿床成矿流体划分为5个演化世代,发现铜矿在熔流体、气流体、液流体和含 NaCl 子矿物高盐度流体等多世代、低压、不混熔流体环境中形成,与火山活动有关。这一研究成果达到国际先进水平。③项目根据 S、O、Pb 稳定同位素和稀土配分、矿物组分以及控矿构造等方面的研究成果,进一步指出成矿物源主要来自上地幔,成矿作用受火山机制控制,矿体围绕火山口分布;总结了确定火山口位置的5条标志,对矿区外围找矿具有重要指导意义。④项目通过工艺矿物学和综合利用研究,估算了伴生组分铁矿、金矿和低品位铜矿资源量,其中铁矿石9714万吨、金矿15.72吨、铜矿53.31万吨,扩大了矿山资源量规模。特别是低品位铜矿资源量估算,不但为拉拉铜矿建立新的低品位铜选厂,延长矿山寿命提供了资源保障,还为广大危机矿山的生存与发展指明了出路,具有较好的经济效益和社会效益。中国宁乡式鲕状赤铁矿资源储量达37.2亿吨,占全国沉积型铁矿探明储量的73.5%,因品位低、含磷高、选冶效果差而成为呆矿,是世界选矿界公认的难选矿石。在国土资源大调查项目支持下,鄂西宁乡式铁矿利用工艺技术研究采用脱泥—阴离子脱磷—阳离子脱硅浮选工艺和强磁—解胶脱磷工艺,为实现该资源的合理开发利用提供一条新的技术途径。该成果入选中国地质调查局"2010年度地质调查十大进展",这是矿产综合利用类成果首次入选。攀西地区浸染型铜多金属矿分离新技术研究采用铜钼混合浮选—选钴—选铁—铜钼分离工艺流程获得了合格铜精矿、铁精矿、钴精矿,研制了EM-H08-2铜矿物有效抑制剂,有望使四川会理、西藏索达等地区资源储量1200多万吨的铜多金属难处理矿资源得到有效利用。

(2)调研掌握了中国重要共伴生矿产的综合利用现状、主要矿山的尾矿堆存利用状况和资源化潜力,总结分析了当前矿产综合利用的技术进展、重要经验和存在问题,提出了一套尾矿评价方法,研发了一批有较强实用性的尾矿再利用及尾矿资源化技术、矿山环境治理中的矿物材料应用技术。目前,中国处于工业化、城市化加速阶段,资源供需矛盾突出,生态环境压力大,如果继续沿用粗放型经济增长方式,矿产资源不但将难以为继,环境也将不堪重负。中国矿山中共、伴生矿产的综合利用水平较低,资源浪费严重,废弃物、尾矿等减量化、无害化、资源化程度低,矿山固体废弃物的排放已成为土地占用和环境污染的主要因素之一。已影响中国建设节约型环境友好型社会目标的实现。矿产综合利用有利于在现有资源储量中增加可用储量,提高资源保障程度,减轻环境污染的压力,有利可持续发展。一些环境矿物材料的开发可以为环境治理与保护作出新贡献。"西部重要共、伴生矿产综合利用调查评价研究"以西部具代表性的10余种重要共伴生矿产为调查研究对象,对典型矿山的资源储量、矿石特点、采选冶工艺流程及综合利用新技术、新设备等进行调查研究。客观反映了西部重要共伴生矿产综合利用现状,充分反映了近年矿产综合利用工艺、装备水平迅速提高的事实,总结了相关的技术进展,典型经验,和存在问题。并经过分析研究提出了进一步提高矿产综合利用水平对策建议,为西部各类共、伴生矿产开发企业加强综合利用工作提供借鉴,为各级矿业行政管理部门加强综合利用的管理和决策提供了重要的基础依据,也为矿产勘查单位进行综合勘查、综合评价提供了有益的参考信息。"重要固体矿产尾矿资源调查与综合利用研究"调研了主要大型矿山尾矿,为国内尾矿资源利用评价提供可靠依据。全面分析了大宗矿产尾矿堆存量、性质,总结了尾矿分类及相关的尾矿利用技术进展、典型经验和存在问题,并结合国民经济发展趋势及对矿产品的需求,建立了尾矿堆存量预测数学模型,通过对国内尾矿资源利用现状的客观的评价及测算,认为目前中国尾矿资源利用率不足2%,提出了进一步提高尾矿综合利用水平的对策建议,为尾矿资源开发利用和保护决策提供依据。

(3)锻炼和发展了矿产综合利用公益性科研队伍,提高了科研水平,增强了为地质调查综合勘查、综合评价、综合开发、综合利用服务的能力,涌现出一批在国内有影响的综合利用科技人员和科技成果。"十一五"期间,地质调查矿产综合利用任务主要承担单位进行了大量矿产资源可利用性评价、矿产开发利用研究工作,中国地质学会矿产资源保护综合利用专业委员会作为承担单位之一,就进行矿产资源可利用性评价、矿产开发利用研究23项;涌现出一批优秀人才。地调综合利用任务主要承担单位购买地质野战军装备453台,价值3561.94万元,科研装备水平和手段得到大大加强,增强了为地质调查综合勘查、综合评价、综合开发、综合利用服务的能力。根据承担地调任务的经验积累和锻炼,还参与了国家矿产资源规划、科研和工程项目编制和立项论证工作,参加了科技部"十五""十一五"规划研究、中国固体矿产资源技术政策研究,国土资源部"十一五"规划研究(矿产资源节约与综合利用部分)、中国地质调查局科技中长期发展规划纲要,承担了科技部"固体矿产资源技术政策研究"、中国工程院重大咨询项目"中国可持续发展矿产资源战略研究""资源节约与环境友好型社会重大战略研究"等多项重大研究课题。

（刘本立　杨守仁）

第二节　中国宝玉石矿产地质研究

一、中国宝玉石矿产地质研究概述

"宝玉石矿产"是指纯天然的具有美术工艺价值的珍贵非金属矿产，包括金刚石、宝石、玉石、雕刻石和古生物。中国是世界上已知最早的真玉器出产地。浙江余姚县河姆渡遗址考古发掘证实，至少在距今5000年前即新石器时代早期，已能采用玉石材料工具和佩饰器。文献记载中国最早发现金刚石是清道光年间（1820～1850），湘西农民在沅水流域淘金时曾先后在桃源、常德、黔阳一带发现金刚石。同时，山东沂沭河中下游的郯城地区也陆续发现金刚石。1940年胡伯素对沅水一带的金刚石曾作过概略的地质调查。对宝玉石矿产地质研究工作首推1921年章鸿钊，他在《石雅》中详细论述了国人传统珍用的玉石、石、金，并说明其矿物学特点。李学清（1926～1929）对中国的寿山石和河北的刚玉以及河南的独山玉，翁文灏和王绍文（1930）对中国北部、中部和内蒙古的黄玉，王绍文（1923,1932,1933）对山西繁峙黄玉、蓝晶石及蔷薇石英、绥远大青山蓝晶石、中国之宝石等，卢祖荫（1920）对石榴子石之光学，叶良辅（1931）对浙江青田县之印章石即青田石，南延宗（1936）对福建永泰明矾石、莆田县叶蜡石等都有研究。

但是，中国宝玉石矿产地质工作是在1949年以后才得到发展起来的。1953年以来先后在山东、湖南、贵州、广西、江苏、辽宁等省、区普查金刚石，在新疆对和田玉进行地质调查，都取得了突破性进展。20世纪50年代后期在湖南沅水流域发现金刚石砂矿。60年代中期在山东沂蒙山区找到金刚石原生矿床。70年代～80年代初在辽南发现了更大的宝石级金刚石为主的矿床。70年代初玛瑙、岫岩玉、软玉等获得了一定储量。70年代后期至80年代中国中高档宝玉石地质工作有了重要突破。1980年地质部先后在南阳、昆明召开全国首次宝玉石地质学习交流会、工作座谈会，根据各种宝玉石的成矿地质条件，结合中国地质构造特征，初步划分出了翡翠、祖母绿、红宝石和蓝宝石、金绿宝石、欧泊、青金石、木变石等中高档宝玉石的找矿远景区。中国科学院贵阳地球化学研究所、中国地质科学院等单位亦将宝玉石的科学研究列入各自的科研计划。1983年6月中国矿物岩石地球化学学会在贵阳召开了全国宝石矿物学术会议，同年10月中国第1个地方性的宝玉石学会——南阳宝玉石学会成立，1986年7月地质矿产部建立地质宝石矿物公司宝石研究所。1987年9月中国矿物岩石地球化学学会在贵阳召开了第2届矿物物理、矿物材料和宝石矿物学学术会议，建立了宝石矿物学专业委员会，这是中国的国家级的宝玉石学术机构。随着宝玉石资源的开发利用，有关宝玉石的科学研究工作也得以蓬勃发展，取得了许多重要成果。1991年1月22日中国宝玉石协会在北京成立，宋瑞祥任会长。至1994年底，全国探查有正式报告的宝石矿区12处，玉石矿区8处，宝石主要分布在山东、湖南、江苏、福建、海南、河北、吉林、新疆、云南等省区，玉石主要分布在新疆、河南、辽宁、内蒙古、广东、北京等省、市。截至2010年底，中国仅软玉矿床已知的矿带、矿床或矿点就有20多处，分布于新疆、青海、甘肃、陕西、西藏、四川、贵州、广西、福建、江西、江苏、河南、辽宁、吉林、黑龙江、台湾等10多个省、区。中国被誉为"玉石之国"，其高超的玉雕工艺被誉为"东方艺术"。

二、中国宝玉石矿物岩石学和矿床地质学研究

对金刚石、刚玉质宝石、锆石质宝石、橄榄石质宝石、石榴子石质宝石、绿柱石质宝石、绿松石、和田玉、台湾玉、岫岩玉、南阳玉、琥珀等的研究有一系列新进展。在寿山石、青田石的研究方面，

除已确定其矿物成分为叶蜡石外,还含有高岭石、地开石、伊利石、水铝石等矿物。贵阳地球化学研究所等单位运用化学分析、X射线粉晶衍射、穆斯堡尔谱、红外及可见吸收光谱等手段,开展了新疆含铬翠榴石、川西三江铬钙铅榴石等宝石的矿物学、矿床学研究,获得重要成果。对花岗伟晶岩型矿床的海蓝宝石、碧玺、托帕石、紫锂辉石等宝石矿物的成因和富集规律的研究,则为这些宝石的找矿工作创造了有利条件。对蓝宝石、玛瑙、绿松石、南阳石、寿山石、琥珀等的美术工艺特性的研究,进一步为这些宝玉石矿产的加工、利用提供了科学依据。

宝玉石成矿地质条件及找矿方向研究表明,中国宝玉石矿床按成因可分为内生矿床、外生矿床和变质矿床3大类,内生矿床分为岩浆型、花岗伟晶型、接触交代型、气化—高温热液型、热液型5个类型矿床,外生矿床分为砂矿型、风化型、化学沉积型、生物化学沉积型4个类型矿床,变质矿床又分为接触变质型、区域变质型矿床2个类型。在大地构造上,中国宝玉石矿床主要分布于阿尔泰成矿带、天山成矿带、昆仑山北缘成矿带、祁连山—秦岭成矿带、阴山成矿带、胶东成矿带、闽浙成矿带、桂东南成矿带、南岭成矿带、川滇南北向成矿带、哀牢山成矿带等。

运用矿物物理成果研究宝玉石获得了长足进步。20世纪70年代后期至80年代,中国学者特别是贵阳地球化学研究所运用多种谱学手段,对蓝宝石、红宝石、绿宝石、紫牙乌、橄榄石、翡翠、台湾玉、岫岩玉、青金石、绿松石、寿山石等进行了测试和研究,并围绕宝石矿物学中重大课题之一的宝石颜色进行了广泛的探索。其他如对月长石的扫描电镜观察、琥珀的红外光谱研究等,都显示出了较高的学术水平。

迄今研究知道,中国软玉矿床的成因类型以软玉形成的母岩不同可分为碳酸盐岩蚀变型和超基性岩蚀变型2大类;以软玉形成的地质地貌环境不同可分为原生矿床和砂矿床2类,砂矿又可细分为坡积型、洪积型、冲积型等。

三、中国改善天然宝玉石质量的研究

为了改善天然宝玉石质量和提高其经济、社会效益,许多宝玉石的加工、生产和使用部门以及科研机构均积极开展了天然宝玉石的物理处理、化学处理、辐照处理方面的研究工作。例如,对岫岩玉染色机理的研究就获得了较理想的结果。海蓝宝石、玛瑙、水晶等的改色,水晶、玛瑙、芙蓉石、岫岩玉和人工合成锆石晶体的辐照着色,黄玉、锆石、绿柱石、电气石等矿物宝石的染色研究,均有重要进展。同时,还注意了染色试剂、溶剂、染料的选用,染色方法、热处理和辐照着色机理的研究,以及宝玉石染色之后的保色、固色技术的探讨等。

四、中国真、假宝玉石的科学鉴别研究

由于人工处理宝玉石、代用宝玉石、人造宝玉石、仿制宝玉石艺术品的问世,以假乱真的现象有增无减,以致真、假宝玉石的鉴别日益重要起来。中国有关部门、科研机构正在积极开展鉴别真、假宝玉石的研究工作。迄今除采用一般的光学、化学分析仪器外,并已注意采用鉴别真、假宝玉石的专用仪器,以及电子探针、透射和扫描电镜、穆斯堡尔谱、红外光谱、热发光等现代化的仪器设备。

五、中国宝玉石学出版物

中国古籍《禹贡》《山海经》《云林石谱》和《本草纲目》等,近代著作《石雅》等,现代各种矿物学都有宝玉石的记载。1996年崔云昊统计,中国(含台港澳地区)1950年~1976年出版的宝玉石类书籍只有4部,1976年~1995年出版了105部宝玉石学图书,到如今有关著作与日俱增。如仲维卓的《人工水晶》(1983)、郭永存的《金刚石的人工合成与应用》(1984)、栾秉璈的《宝石》(1985)、杨汉臣等的《新疆宝石和玉石》(1985)、栾秉璈的《中国宝石和玉石》(1989)、周国平的《宝石学》(1989)、周乐光《工艺矿物学》(1990)、王顺金等的《宝石与玉石鉴别加工与选购》(1991)、李

兆聪的《宝玉石鉴定法》(1991)、邓燕华的《宝玉石矿床》(1991)、经和贞和刘承钧的《人造石英的晶体技术》(1992)、赵松龄和陈康德的《宝玉石鉴赏指南》(1992)、董振信的《天然宝石》(1993)、王福泉的《宝石及宝石评价》(1993)、唐延龄等的《中国和阗玉》(1994)、吴瑞华等的《天然宝石的改善及鉴定方法》(1994)、张险峰等的《宝玉石鉴定加工应用技术数据手册》(1994)、赵永魁和张加勉的《中国玉石雕刻工艺技术》(1994)、董振信的《宝玉石鉴定指南》(1995)、李娅莉等的《宝石学基础教程》(1995)、周佩玲的《有机宝石与投资指南》(1995)、彭明生的《宝石优化与现代测试技术》(1995)、包德清(1995)的《实用宝石加工工艺学》、何雪梅的《宝石的人工合成与鉴定》(1996)、张蓓莉的《系统宝石学》(第二版)(1996)、王寒竹的《玉石鉴赏与商贸指南》(1997)、台湾学者赖泰安的《宝石内含物鉴定学》(1997)、那志良的《古玉鉴裁》(1997)、钱宪和与谭立平主编的《中国古玉鉴:制作方法及矿物鉴定》(1998)、王实总的《中国宝玉石资源大全》(1999)、袁心强的《翡翠宝石学》(1999)等。21世纪以来代表作有:赵永魁与张家勉的《中国玉石雕刻工艺技术》(2002)、韩宗珠等的《宝石学与宝石鉴定》(2003)、杨伯达等的《中国和阗玉玉文化研究文萃》(2004)、袁心强的《翡翠宝石学》(2004)、古方主编的《中国出土玉器全集》(2005)、廖宗廷等的《宝石学概论》(2005)、吴瑞华等的《钻石学教程》(2005)、常丽华等的《透明矿物薄片鉴定手册》(2006)、崔文元和吴国忠的《珠宝玉石学GAC教程》(2006)、方宗珪的《寿山石的品鉴和收藏》(2006)、李娅莉等的《宝石学教程》(2006)、刘光华的《中国矿物精品与产地指南》(2006)、刘瑞等的《宝石学基础》(2007)、钱振峰的《白玉品鉴与投资》(2007)、王时麒等的《中国岫岩玉》(2007)、周乐光主编《工艺矿物学》(2007)、叶恩忠的《中国四大名石石种鉴赏》(2007)、黄志良主编的《磷灰石矿物材料》(2008)、常洪述等的《宝玉石矿床地质》(2009)、廖宗廷和周祖翼的《宝石学概论》(2009)、余晓艳编著《有色宝石学教程》(2009)、袁心强著《应用翡翠宝石学》(2009)、玉石学国际学术研讨会论文集编委会的《玉石学国际学术研讨会论文集》(2011)等。中国现有珠宝玉石类期刊有10多种:《宝玉和宝石学杂志》《中国宝石》《中国宝玉石》《超硬材料工程》《中国黄金珠宝》《芭莎珠宝》《宝藏》《时尚珠宝》《中国珠宝首饰》《全国宝玉石周刊》《深圳珠宝》《新财富珠宝周刊》《凤凰周刊·珠宝》等。

(杨守仁)

第三节　中国能源矿产地质学研究

一、中国煤田地质学研究

煤田地质学是研究煤、煤层、含煤岩系、煤盆地以及煤中共伴生矿产的物质成分、成因、性质及其分布规律,并为煤炭资源的找寻、评价和开发提供理论支撑的应用型基础学科,也称煤地质学。它的研究领域从原始泥炭沼泽和古、今泥炭类比开始,经过埋藏、成岩作用(煤化作用)、表生作用对有机质聚集影响,到保存为可开采或者作为煤层气源岩和储集层的煤层等地质过程的各个方面。煤地质学的主要分支学科包括泥炭地质学、煤古植物学、煤岩学和煤相学、煤化学、煤的分类学与工艺学、煤的有机地球化学与微量元素地球化学、含煤岩系的地层学(包括层序地层学)和沉积学、成煤古地理学、煤盆地分析或煤田构造学、煤层气地质学、瓦斯地质学等。其中,煤岩学和煤相学、煤化学、瓦斯地质学、煤层气地质学、煤矿(或矿井)地质学和煤田勘探地质学是煤地质学的主要分支;而煤的地球化学、煤系古生物学和地层学(包括煤系层序地层学)、煤系沉积学、煤田构造学等是地质学的相关分支学科在煤地质学中应用。

煤炭是中国主要能源,新中国成立以来,煤炭在一次性能源生产和消费结构中的比例占70%以上;原煤年产量已从1949年的3243万吨增加到2012年的36.6亿吨。中国是世界最大煤炭生产和消费国家。预计未来50年煤炭在中国能源消费中的比例会有所降低,但仍在50%以上,不过,其数量不会降低;预计到 2020 年国内煤炭需求仍会维持在 30 亿吨以上。因此,作为中国煤炭资源找寻、勘查、评价和煤矿开采地质保障系统的理论基础,煤田地质学对于保证国家的能源安全具有现实意义。长期以来,煤田地质学在中国经济发展中一直发挥着重要作用。

1. 中国煤田地质学的发展

中国煤资源非常丰富,不仅 1450 多个县赋存着煤资源,而且是世界用煤最早的国家。文字记载以前,有辽宁新乐古文化遗址中出土的煤制品,用料与抚顺煤田的"精煤"相同,其时代距今约 6400 余年,属新石器时代。见于文字记载的有公元前 5 世纪~公元前 3 世纪战国时代的《山海经》,其中称煤为石涅,并载有几处煤产地。汉代,公元前 205 世纪~公元前 25 年间,用煤已达较高水平,对煤的物理、化学、工艺性质的了解颇为深刻,如魏晋称煤为"石炭""燃石""石墨",是对煤能燃烧、染手的认识,"黑石脂""焦石"显然是指煤含有沥青质和结焦性能。在宋、元已普遍用煤,可见认识煤这种资源已早于西方若干世纪。明代宋应星在《天工开物》(1637)中对煤的块度与地理分布以及煤质、用途都已有扼要总结,书中还有采煤图,绘出采掘、通风、排气、支护、提升等,可见采矿技术之高。

煤田地质学是一门古老的学科,它的萌发和发展与人类对化石能源的需求密切相关。中国的煤田地质学与中国煤炭工业和煤田地质勘查事业的形成与发展阶段是一致的,其进程大体可分为 4 个阶段(中国煤炭学会煤田地质专业委员会,2011)。

(1)萌发阶段(1840~1949) 中国利用煤炭的历史十分悠久,但是,煤田地质学和其他地质学分支学科一样,其理论体系是从西方引进的。近、现代煤田地质研究始于 1840 年鸦片战争后,欧美和日本殖民者、探险者和地质采矿业的学者,以不同目的进入中国的不同地区进行煤田地质调查。中国学者的煤田地质研究和调查始于清末的洋务运动。丁文江 1911 年~1916 年先后到浙江长兴和广德、云南富源与宣威、河南、山东枣庄,翁文灏 1915 年赴内蒙古等地进行煤田地质调查。他们还兴办了教育培养地质人才,建立研究及调查机构,1916 年首批国内毕业生谢家荣、王竹泉等在北京西山地质调查时,将 2 套煤系分别定为石炭纪和侏罗纪。1920 年后北京大学等高校陆续有地质系毕业生充实到地质队伍,在全国展开广泛地质调查,其间大多遇到含煤地层。因此,煤系的时代及其划分与对比、煤系中古生物化石、煤系的岩性及含煤情况以及煤系分布与成因等必然引起学者们关注与研究。据现有资料,1920 年~1949 年间由国人进行的除西藏、台湾外,各省煤田地质调查项目约 500 项,撰写煤田地质报告、论文 250 余件,参加地质人员 700 人次。中国老一辈地质学家几乎都从事过煤田地质调查,丁文江 1933 年发表了有关中国石炭纪和二叠纪的论文,系统总结了石炭、二叠纪含煤地层划分依据及其对比。王竹泉长期在山西进行地质调查,有《山西煤矿志》及大同等煤田的地质论文。谢家荣于 1946 年根据华北古生代地层顺序,预测淮南八公山奥陶纪灰岩之下应有二叠纪隐伏煤田,经钻探见 24 层煤,总厚 38.90 米,开创了煤田预测成功之先例。在实际调查基础上,学者们估算了中国煤炭资源量。1921 年丁文江、翁文灏著《中国矿业纪要》(第 1 卷)中论述了中国东、中部 23 个省部分煤田煤厚 1 米以上、埋深 1000 米以浅的煤炭储量为 234.5 亿吨。1926 年翁文灏、谢家荣绘制了中国煤田略图,并在《中国矿业纪要》(第 2 卷)中阐述了煤田分布概貌,划分出 6 个大区,指出煤炭资源北多南少。1929 年翁文灏在世界动力大会上宣布中国煤炭资源为 2654.5 亿吨。1946 年中国地质调查所估算为 2400 亿吨~2600 亿吨。1949 年初《中国矿业纪要》发表为 4500 亿吨。中国是世界煤炭资源丰富国家为世人公认。该阶段的显著特征是,以含煤地层的划分和地质年代鉴别入手,描述各个矿点的煤层层数、厚度、煤质、煤炭资源概况、开采现状等基本煤田地质特征。这些调查虽然比较粗略,但基本上反映了中国煤田的梗概。就学科发展水平上来看,总体上表现为煤矿点地质资料的积累,缺乏系统总结。谢家荣(1932)是从事中国煤岩学研究的先驱,他于 1929 年在德国普鲁士地质调查所访问期间,在 W Gothan 和 R Pononie 的指导和帮助下,对大约 100 个煤样进行了煤岩学和煤古植物学研究,首先采用偏光显微镜研究中国各类煤,这些煤样分别采自 19 个省的石炭纪至新近纪煤田,煤种从褐煤到无烟煤。这是中国学者涉及煤田地质学核心内容的早期基础研究。他于1933年发表《煤岩学研究的新方法》、1933年发表《江西乐平煤》指出它主要是由树皮组成的特殊煤种而闻名于世。中国许多地质工作者对中国各省的煤田和煤矿进行了程度不同的调查研究,已基本掌握了各省区含煤地层时代、岩性特征、含煤性及大致分布,指出晚古生代煤系为海陆交替性煤系。重要的成果如孙健初对西北煤田、何春荪对甘肃煤田地质特色的研究;高平、夏湘蓉等将江西煤田划分为几个条带;黄汲清将新疆煤田划归为准噶尔盆地、天山等大煤田区;刘国昌、王作宾、赵宗溥等详述了开滦煤田的地质构造型式,做出新煤田预测等;翁文灏、谢家荣和侯德封还分别研究了中国煤田分布规律,绘制了中国煤田分布图;翁文灏和金开英(1926)提出煤炭分类法等等。

(2) 奠基阶段(1949~1966)　新中国成立后,国民经济对煤炭资源的需求推动了煤田地质事业的迅猛发展。煤田勘查队伍从无到有,从小到大,国家建立了专门的煤田地质教学机构和科学研究机构,各省市区先后建立了能从事地质、钻探、物探、化验等门类齐全的近百个煤田地质勘探队伍。1957年~1960年在华北、东北、内蒙古等新生代地层下发现了肥城、兖州、丰沛、邢台、铁法、霍林河、伊敏河等一系列隐伏大煤田。20世纪60年代为扭转北煤南运,加强了华南地区煤田普查、勘探工作。1964年开始在六盘水、徐淮、湘赣、豫西、霍林河、邯郸、伊敏河等10多个煤田进行勘探会战,到1975年底全国煤炭储量(找煤、普查、详查、精查储量之和)达5648亿吨,1976年全国煤田勘探职工达7.8万人,开动钻机669台。在煤田勘探的同时,于50年代初在北京地质学院、北京矿业学院建立了煤田地质勘探专业,1956年首届本科毕业生毕业,并在淮南、焦作、西安、山东等地矿业学院成立煤田地质系,到60年代每年都有250余名大学毕业生充实到生产、科研、教学战线。1956年建成了煤田地质研究所(现煤炭科学院西安地质勘探分院),科研工作在前苏联煤田地质理论、方法指导下对许多煤田的煤系从事相—旋回分析、聚煤环境和煤层赋存规律研究,按地槽地台学说对煤田成因类型进行了探讨。在煤变质方面,前苏联深成变质作用无法解释中国东、中部大面积无烟煤分布的现实,王竹泉于1959年提出中生代大规模岩浆热作用叠加深成变质的观点。当时遭众人非议,现已得到公认。在煤岩学方面,中国科学院煤化学研究所、地质科学院矿产研究所及高校开展了煤显微组分与类型研究。冶金系统把煤岩学应用于选煤、煤可选性预测、炼焦煤配比等方面。1956年煤炭部、冶金部、中国科学院共同提出《中国煤(以焦煤为主)分类》方案,参照前苏联煤分类法把中国煤分为10个大类24小类,该方案从1958年开始一直使用到1985年。1958年初地质科学院在前苏联专家指导下完成了中国首次煤田预测,经计算中国煤炭资源量约15 000亿吨,随后出版了1∶300万中国煤田分布图和煤质分布图。经10余年研究,基本上掌握了中国晚古生代及某些中、新生代煤系分布、岩性与岩相特征、聚煤环境、煤层赋存情况、煤质分布的时空规律。对煤田普查勘探起到了指导作用,并写出不少有价值的科研成果,作为内部资料刊行。这一时期是中国煤田地质事业发展最为迅速时期,无论煤田勘探还是煤田地质理论都取得了巨大成就。这一时期指导煤田地质研究的学术思想是槽台学说,该学说以历史—构造分析法为研究手段,强调不同大地构造单元和不同大地构造发展阶段对煤盆地的控制作用,注重对含煤建造和煤盆地的构造成因分类,进而解释煤盆地的时空分布规律、沉积建造与成煤的关系,对当时煤田地质学的发展起了积极推动作用。同时,中国煤田地质工作者引进和学习前苏联的煤田地质理论和研究方法(如相—旋回分析法),应用大规模的煤田勘查实践,于1958年~1959年完成第1次全国煤田预测,对中国煤田地质特征开展了全面总结,完成和出版了中国第1部煤田地质学理论专著《中国煤田地质学》(北京矿业学院地质系等,1961)。这标志着中国在含煤地层划分与对比、沉积岩相和古地理分析、煤田分布规律、煤种分布与变质作用等为主要研究内容的煤田地质学研究方面取得了系统性成果,为煤田地质学的健康发展奠定了坚实的基础。

(3) 独立自主发展阶段(1966~1980)　这一阶段的煤田勘查与相应研究工作是中国特定历史阶段的产物,主要是重点矿区的煤田勘探"会战"和为贯彻"扭转北煤南运"方针的南方9省(区)找煤和相应煤田地质科学工作。在学术思想方面,地质力学取代槽台学说成为中国煤田地质研究的指导理论。1973年~1980年国家组织煤炭科学研究院地质勘探分院、各省区煤田勘察部门和有关高校近500名地质科研和技术人员进行第2次全国煤田预测,提出了(古)构造—(含煤)建造—后期改造为主线的构造控煤预测思路。这次预测摸清了全国各省区及各煤田的煤炭资源远景,为制定中国煤炭工业发展规划、编制煤田地质勘查规划以及指明普查找煤方向,提供了科学依据。同时,以煤田预测成果为基础,对中国煤田地质特征进行了新一轮总结,组织编写了第2部煤田地质学理论专著。新的《中国煤田地质学》(杨起、韩德馨,1979,1980)根据20多年来丰富多彩的煤田地质资料,以李四光创立的地质力学理论为指导,系统地总结了中国的成煤理论和聚煤规律,阐述了地质构造是控制含煤建造的主导因素,构造体系控制聚煤盆地的形成与演化,不同级别和序次构造对聚煤带、煤盆地形成的控制作用以及后期改造与煤系分布、保存的关系等理论问题;在聚煤古地理和古构造以及煤化学、瓦斯、煤岩体的导热性能与地温场的研究方面都取得了新的进展。

(4)改革开放拓展发展阶段(1980以来) 20世纪70年代末以来,中国煤田地质学大踏步前进。先后引进航测、遥感、物探、钻探等先进技术装备,地勘速度、精度大幅度提高。从1978年始对山西、豫西、兖州、神木等地开展会战,到1996年底中国保有储量为10 024亿吨,扣除可靠性差的找煤阶段取得4011亿吨远景储量,实际保留储量为6013亿吨(普查、详查、精查储量之和)。1980年~1996年分别由地质矿产部和煤炭部门进行了3次煤田预测,总资源量约为5.0万亿吨。1985年煤炭部、冶金部提出《中国煤炭分类》,将中国煤分为17类,其中褐煤2类、烟煤12类、无烟煤3类。煤田地质领域除煤、煤层、煤系和煤田的成因、性质和分布规律外,为减少燃煤污染,20世纪80年代开展了煤中有毒微量元素及砷、氟、氯等的研究,同时煤层气、煤成气、煤成油的研究也取得很大进展。煤炭科学院西安分院于1973年创办《煤田地质与勘探》、中国煤田地质局于1989年主办《中国煤田地质》,加上不定期发行的《国外煤田地质》、各省办的《煤田地质》及各院校办的刊物,每年发表煤田地质文献均在数百篇。同时出版了一批具有很高学术价值的煤田地质专著,突出的有:杨起、韩德馨(1979)主编《中国煤田地质学》、王竹泉(1980)主编《华南晚二叠世煤田形成条件及分布规律》、李思田主编《断陷盆地分析与煤聚积规律》(1988)和《含能源盆地沉积体系》(1996)、杨起主编《煤地质学进展》(1987)和《中国煤变质作用》(1996)、韩德馨主编《中国煤岩学》(1996)和《中国煤炭工业百科全书:地质卷》(1996)、童玉明(1994)著《中国成煤大地构造》等。此外,1994年出版了《中国煤炭资源丛书》(7册),如《中国煤盆地构造》(莽东等)。还有一批区域性煤田地质、沉积环境与聚煤规律、煤质特征等方面的论著。

随着改革开放的深入,中国煤田地质界的学术思想空前活跃,中国地质学家创立的地质力学、地洼学说、多旋回理论、断块学说等大地构造理论在煤田地质领域内广泛实践;同时,板块构造学说逐渐成为中国煤田地质界的主流,指导了1992年~1997年完成的第3次全国煤田预测。在新的历史时期,中国煤田地质工作者运用活动论、阶段论和盆山耦合理论,深入剖析主要煤盆地(或煤田)含煤岩系的沉积体系与层序地层学,在主要聚煤期的成煤植物与古气候和古地理、聚煤作用、聚煤模式、聚煤盆地演化,煤岩学与煤的变质作用,控煤构造,煤炭资源潜力等研究方面取得了新的进展,逐步深化了对中国煤田地质特征的认识(李思田等,1992;毛毕节等,1999;张泓等;1998;尚冠雄,1997;中国煤田地质局,1996;韩德馨;1996;杨起等,1996;曹代勇;1998;王桂梁等;2007;李小彦等,2008),具有中国特色的煤田地质理论体系逐渐趋于完善、成熟,煤田勘查技术体系已经达到世界先进水平。

进入21世纪,随着国民经济快速发展对煤炭需求的高速增长,煤炭资源地质勘查以前所未有的广度和速度展开,煤田地质研究开始了一个新的历史发展时期。由于地球科学和地质过程是一个统一的整体,随着当代地学科学的不断发展,新理论、新方法和新的观测、探测技术的引进和应用,煤田地质学本身不仅出现了新的生长点,而且与其他地学分支或相关工程学分支互相交叉、渗透、融会贯通,形成了一些新的边缘研究领域。主要表现是:中国学者在引进、消化美国煤层气地质理论的同时,结合中国煤地质实践,初步形成了中国煤层气地质理论(张新民等,2002),拓展了煤田地质学的研究领域;洁净煤技术和煤基材料利用中的煤地质基础研究(陈鹏,2007;任德贻等,2006;唐书恒,2006)成为新的研究热点;煤矿安全、高效开采的地质保障系统(董书宁、张群,2007)成为煤田地质学与煤矿采掘工程相结合的边缘研究领域。在三维三分量地震勘探技术、AVO反演技术研究方面进行了大量探索,促使了三维地震勘探技术在全国的全面推广应用,初步建立起了独具中国特色的煤矿采区高分辨率三维地震勘探为主的地质构造探测体系,找到了一套影响煤矿综合机械化开采技术应用的地质体精细探测的有效途径。

目前,中国已具有一支门类较齐全、经验较丰富煤田地质研究和教学队伍,包括煤炭科学研究总院所属科研院所、中国矿业大学、中国地质大学等传统高校,涉及煤田构造、煤系地层(包括层序地层)和沉积、煤岩、煤化学、煤层气与瓦斯地质、煤矿水文地质与工程地质、煤矿环境地质、煤田地球物理与勘查技术等诸多学科。这支队伍中有一批长期从事煤田地质研究和科技开发的专门人才,有较好的研究积累和丰富的研究经验,传统高校加强或恢复了煤田地质教学科研机构,研究生教育和博士后流动站(工作站)研究制度比较完善。

2.20世纪中国煤田地质学主要研究成果

(1)研究煤和含煤岩系的分布和形成规律,进行煤田预测 1949年以来煤炭部系统、地矿部系统等合作先后3次进行全国范围内的煤田预测工作,并按大区和省区范围进行煤盆地研究,特别是在1980年进行第3次全国煤田预测时,综合研究煤层、含煤岩系、煤田地质构造和煤质变化规律,编制了一整套煤田预测图件及有关研究报告。在先期预测的基础上布置勘探工作,20世纪50年代中期在淮北平原下和豫东平原下相继发现了隐伏煤田,取得经验后,相继在山东、吉林、辽宁以及太行山东麓等地区发现隐伏煤田。80年代煤炭部系统发现了一批全掩盖式的特大型褐煤煤田,如内蒙古东胜煤田和霍林河煤田等。在南方缺煤省、区的工作也取得了进展。在江南红色地层、火山岩覆盖下和逆掩推覆体下找到了一些新煤田,如湖南涟邵,广东曲仁、连阳,江西丰城、赣南,福建永安、大田、邵武,广西百色、红茂,江苏吴县、东山等煤田,缓解了缺煤问题。煤炭部组织完成了由毛节华主编的《全国煤炭资源预测与评价》(1997),还编制了1:250万的《中国煤田地质图》等一整套图件;地矿部组织完成了全国性煤资源远景调查,其成果《中国煤炭资源丛书》(1996~1997)由岳希新任总主编,包括《中国煤炭资源总论》《中国的含煤地层》《中国煤盆地构造》《中国主要聚煤期沉积环境与聚煤规律》《中国煤的煤岩、煤质特征及变质规律》《中国煤炭远景预测》和《中国煤炭资源形势分析及合理开发利用》共7册,并编制了1:250万的《中国煤田地质图》和《中国煤田预测图》。这些系统成果起到了从数量上和质量上进一步了解全国煤资源远景,从资源整体上研究煤田分布和聚煤规律,从应用发展上探讨各类煤的合理开发利用途径的作用。通过远景调查发现了一批新的煤田和煤盆地,对于在新地区寻找隐伏煤田和优质煤具有指导意义。

(2)开展煤系地层的划分对比、煤层沉积环境、构造背景和变质作用等研究 杨起、韩德馨著《中国煤田地质学》(1979)出版,标志着中国煤地质学的工作和研究的水平。《河南禹县晚古生代煤系沉积环境与聚煤特点》(杨起等,1987)和《太原西山含煤地层沉积环境》(煤炭科学研究院地质勘探分院、山西省煤田地质勘探公司,1987),这些研究在中国煤系和煤层的研究方面起到了一定的先导作用。之后,相继出现了对华北、鄂尔多斯盆地、平朔矿区、新疆等地晚古生代煤系沉积环境与聚煤规律的研究,取得了较高水平的成果。王双明主编的《鄂尔多斯盆地聚煤规律及煤炭资源评价》(1996)对鄂尔多斯盆地的形成、演化过程和聚煤规律进行了系统分析和全面论述,统一了盆地内含煤地层的划分和煤层对比。尚冠雄主编的《华北地台晚古生代煤地质学研究》(1997)将华北地台作为一个盆地整体加以观察对比、分析、研究,把地层学、古生物学、沉积学、岩相古地理学、构造学、煤质学以及含煤盆地大地构造等学科的研究思路和研究成果有机地交叉渗透。《高分辨层序地层学在近海和陆相煤盆地中的应用》(李宝芳等,1996)以河东煤田和吐哈煤田为例,分别对石炭、二叠纪的近海煤系和侏罗纪陆相煤系进行了层序地层划分,得出在海侵体系域(TST)和高位体系域(HST)聚煤规律不同的结论。突出的研究成果还有杨起等(1980,1988,1992)和杨起(1996)的中国煤变质问题研究；李思田(1988)的中国东部几个聚煤盆地形成演化和煤富集规律的研究、华北石炭、二叠纪煤变质作用特征与地质因素探讨；张爱云、周义平、戴恒贵的黑色页岩建造地球化学特征、煤中高岭石粘土岩的形成机理及在煤层对比中的意义以及腐植煤显微组分分类及命名、豫西滑动构造对煤层赋存和矿井开采技术条件的影响等。

(3)建立起普查、勘探和评价煤的研究方法和技术方法　主要有航测、电法、地震及钻探等手段交叉进行，彼此验证；全国已建立煤化学所、南方及北方煤炭测试中心；围绕《中国煤炭分类》的一套煤质分析测定方法已建立起来，并有了国家标准，使煤质管理有了科学依据。

(4)煤油气成因联系研究　20世纪50年代末荷兰发现了与石炭纪煤系有关的特大型气田，前苏联20世纪60年代对年轻地台中生代煤系的成气潜力、生气强度做了研究，随后大洋洲、美洲和亚洲都相继在含煤盆地中发现了大型气田。据估计，全球大气田和天然气储量有70%～80%来自含煤岩系。中国是世界上煤资源最丰富的国家之一，具有探寻煤成气(腐殖型有机物在成煤过程中所产生的天然气的总和)资源的良好条件。朱夏著《论中国含油气盆地构造》(1980)为找寻油气指明了方向。在1981年～1985年的"六五"重点科技攻关列入"煤成气的开发研究"项目后，揭开中国煤成气成因研究的序幕。此后，陆续发现了一批煤成气田和含气构造，如吐鲁番—哈密盆地鄂部弧形构造上找到了一批与侏罗纪煤系有关的油气田。在煤成气判别及其形成机制的研究上也取得了重要成果，突出的有：戴金星、裴锡古、戚厚发主编的《中国天然气地质学》(1992)。吐—哈盆地的一批油气田发现推动了煤成油的形成环境、成烃机制以及特种煤和富氢煤显微组分的热模拟产物特征与生物标志物组成的研究。这方面代表作有：傅家谟、刘德汉、盛国英主编的《煤成烃地球化学》(1990)，张新民、张遂安、钟玲文等的《中国的煤层甲烷》(1991)，黄第藩、华阿新、王铁冠等译编的《煤成油地球化学新进展》(1992)，黄第藩、秦匡宗、王铁冠等的《煤成油形成和成烃机理》(1995)，张鹏飞等主编的《吐哈盆地含煤沉积与煤成油》(1997)，金奎励、王宜林主编的《新疆准噶尔侏罗纪煤成油》(1997)，叶建平、秦勇、林大扬主编的《煤成气资源》(1998)，袁志祥等著《鄂尔多斯盆地北部天然气地质》(2000)，张子敏等著《中国煤层瓦斯分布特征》(1998)，赵明鹏著《阜新煤田王营井田煤层气藏生储运特征研究》(2000)，贾承造著《特提斯北缘盆地群构造地质与天然气》(2001)，张占文等《辽河盆地天然气地质》(2002)等。自20世纪80年代以来，中国的煤层气勘探取得了突破性进展。在沁水盆地南部获得了可观的煤层气地质储量；河东煤田的煤层气勘探也取得了重大进展。煤层气地质学研究取得了明显进展：①煤储层岩石物理研究取得重要进展；②提出了煤层气藏的概念并依据中国的煤层气地质条件识别出几种主要煤层气藏类型；③深化了对煤层气藏封闭保存条件的认识，充分认识到煤层气耗散对煤层气封闭保存的重要影响；④对高煤阶煤层气藏研究有了突破性进展，突破了无烟煤勘探煤层气的禁区，获得了可观的煤层气地质储量；⑤强化了低煤阶煤层气藏的研究；⑥深化了对煤层气藏不均一性的认识，初步揭示了煤层气藏不均一性的产生原因及其分布规律。

3. 近年中国煤田地质学研究

"十一五"以来，中国煤田地质学研究进一步深入，取得了一系列研究进展(中国煤炭学会煤田地质专业委员会，2011)。

(1)初步建立了成煤系统理论　随着国际能源需求的增长，世界主要产煤国家都在致力于不同地质时段、不同聚煤区和不同沉积盆地的聚煤规律研究。在煤田地质基础的理论研究方面，美国学者P. D. Warwick等提出了成煤系统(也称煤系统或含煤系统)的概念。按照R C Milici等的意见，成煤系统是指形成史相同或相近的几个煤层或煤层群。划分或定义成煤系统的标志主要有：①古泥炭堆积的原始特征；②煤系的地层格架；③主要地层组的煤层丰度；④与古泥炭堆积的地质和古气候条件相关的煤中硫含量及其差异性；⑤煤的变质程度或煤级。煤是原始泥炭经历一系列既复杂而又互相关联的地质过程的产物。一般来说，煤层可用其煤级(褐煤到无烟煤)、厚度、空间展布、几何形态、煤岩与煤化学特征、生成生物气与热成因气以及液态烃的潜力等特征来描述。成煤系统分析与建立成煤系统模型不仅将煤的形成、煤质及其环境效应和煤作为烃源岩认识水平提高到一个新的境界,也为煤炭资源和煤层气资源评价提供了系统理论基础。成煤系统理论一方面把煤地质学的各个分支学科置于统一的系统研究框架之下,从而弥补了煤田地质学家通常仅对有限的煤地质领域(如含煤岩系的地层学和沉积学)感兴趣,系统性和完整性不足的缺陷;另一方面,成煤系统分析方法也是组织、集成煤盆地(煤田)各种地质信息的工具。新近完成的 Appalachian 煤盆地成煤系统研究是一个成功的范例,相关学术思想与研究思路已经引起国内煤田地质界的关注。

(2) 深层煤矿床赋存规律与探测体系　　受资源地质条件的限制,中国的大型骨干煤矿区主要位于秦岭以北、贺兰山—六盘山以东的华北和东北地区。经过 50 多年的大规模开发,一些大型煤矿区的浅部煤炭资源已经枯竭。据预测,到 2020 年 40% 的国有重点煤矿和 60% 国有地方煤矿将因浅部煤炭资源枯竭而面临关闭之虞。如何解决未来的煤炭供应缺口、保证国家能源安全是煤炭工业面临的一个严重挑战,其中,煤田地质学首当其冲。深部和浅部煤炭资源赋存规律、勘查和开采环境存在重大差异。为此,国家科学技术部组织相关专家经 3 轮详细论证,于 2006 年实施了国家重点基础研究发展计划("973"计划)项目"深部煤炭资源赋存规律、开采技术条件与精细探测基础研究"(虎维岳、何满潮,2008)。这项研究主要围绕深部煤矿床形成演化与赋存规律,深部高应力场、高地温场、高承压水体和瓦斯渗流场特征及其多场综合效应或成灾机制与评价,深部煤岩体的流体来源、运移赋存规律和多相介质的耦合作用,深层煤矿床关键地质体和多相介质的地球物理响应与综合勘查理论等关键科学问题,对华北东部深层煤矿床的赋存与分布、开采地质条件(应力、地温、岩溶水、瓦斯)和快速、探测体系进行综合研究。这是中国煤田地质学结合国家目标的重大研究命题。

(3) 煤层气(煤矿瓦斯)赋存与富集机理　　美国是率先开展煤层气地质研究和勘探开发成功的国家。美国的煤层气理论体系最初是建立在 San Juan、Black Warrior、Powder River 等落基山前陆盆地相对简单的煤地质条件和特定环境基础之上的。中国煤盆地的地质背景远比美国复杂。基于成煤条件的多样性、成煤时代的多期性、构造的复杂性和改造的多幕性和不均一性,使得中国已经勘探的主要煤储层具有低压、低渗、不饱和、构造煤发育和高煤级煤层气的特点。美国的煤层气地质理论并不完全适用于中国。国家重点基础研究发展计划("973"计划)项目"中国煤层气成藏机制及经济开采基础研究",已于 2008 年完成煤层气地质理论以及勘探开发试验的初步总结工作,取得了丰硕的研究成果,其主要进展有:①通过典型盆地或煤田的煤层气成藏动力学系统及其成藏机制(叶建平等,2002;张泓等,2005;秦勇等,2005)的研究,深化了对煤层气富集规律及其控制因素复杂性的理解,指导了煤层气开发有利区块优选;②提出了煤层气富集单元概念,建立了煤层气富集单元序列(张新民、韩宝山等,2005),在完善煤层气资源分类系统的基础上,提出了煤层气可采资源量计算方法;经估算,全国煤层气技术可采资源量为 139 亿立方米。瓦斯地质和煤层气地质是一个问题的 2 个方面,它们均以煤层中自生自储的甲烷气体及其相关地质问题作为自己的研究对象。不过,瓦斯地质是结合煤矿的采掘工程,从保障煤矿安全生产角度研究煤层瓦斯赋存、涌出和煤与瓦斯突出自然规律的。正在实施的国家自然科学基金重点项目"煤矿瓦斯构造控制机理研究"和国家 973 计划"预防煤矿瓦斯动力灾害的基础研究"项目,在特定地质条件下瓦斯的赋存、运移规律,煤与瓦斯突出机理,煤层瓦斯含量、瓦斯涌出量和瓦斯突出危险性的预测,瓦斯富集区与瓦斯突出危险区的地球物理方法辨识体系等方面,都取得了重要进展。传统的瓦斯地质研究属灾害地质学范畴。近年来,由于对洁净能源的需求以及煤层气地质和瓦斯地质的协同研究,人们对煤矿瓦斯的认识已经发生了由灾害到资源的转化;有关建立煤层气地面与煤矿井下一体化预测和抽采系统、煤矿井下煤—气共采体系等问题,已引起相关政府部门、科研机构和学者的高度重视。

(4) 煤基材料利用中的基础地质研究 在国家社会经济高速发展和能源需求不断攀升的大背景下，也促进了煤的工艺学和地球化学的迅猛发展。从中国煤炭转化技术发展现状未来需求分析，煤液化和气化已成为煤化学和煤工艺学的研究重点。陈鹏（2007）针对不同种类煤的特性，分析了煤对各种转化利用的适应性，阐明了煤性质与分类对焦化、燃烧、气化、液化及对环境影响的指导作用，进而论述了煤分类学在煤利用工程中的应用。近年启动的国家"973"项目"大规模煤炭直接液化的基础研究"，在油煤浆化学、物理变化机理及多峰值流变特性的变化规律，低变质煤初始热解脱氧化学反应机理和定向反应调控，煤分级控制加氢液化的反应基础——多相复杂反应网络集总反应动力学，高压多相体系的反应工程学，煤液化残渣及其高沸点重有机物的物理化学及反应特性等关键科学问题的研究方面，均取得了进展。由于煤炭在开发、加工、利用过程中会释放出大量的有害物质，对人类健康和环境造成程度不等的影响，国家加强了对洁净煤地质和洁净煤利用的研究支持，主要是从地球化学角度研究煤中硫及微量元素、潜在有害微量元素的分布规律、赋存状态、富集机理及其在煤炭洗选、燃烧、淋滤过程中的迁移规律与环境效应（任德贻等，2006；唐书恒等，2006），为煤炭的加工利用方向提供了资源保证。

(5) 煤田综合勘查体系与煤矿开采地质保障系统 煤矿三维地震勘探发展迅速，除完成常规的构造及解释外，煤田地震地层学、煤层的精细描述技术也取得了积极进展，三维三分量地震勘探技术在裂隙、应力和瓦斯地质评价和预测方面提供了更多的地质信息。为了快速、准确地查明煤炭资源和煤矿开采地质条件，改变以钻探为主的勘查模式，充分发挥各类勘探手段的技术特长，优化综合勘探方法，建立多手段立体交叉式勘探技术体系，已经成为煤田地质界的共同认识。高产、高效、大型现代化煤矿要求预先查明开采前方的地质体的精细变化，煤矿开采中的瓦斯、水、火、顶板、煤尘等5大灾害都与煤矿开采地质条件有关。因此，建立煤矿地质保障系统，已经成为煤炭高产、高效、安全生产的关键环节。近年来，在煤矿突水机理和陷落柱发育规律以及保水采煤技术、华北型煤田岩溶水防治技术体系、煤层底板含水层注浆改造可靠性保障技术和水情自动监测等方面都取得了重要进展，解放了一批受水害威胁的煤炭资源。矿井直流电法、矿井音频电穿透、矿井无线电波透视、槽波地震、瑞雷波地震、井下二维和三维地震、矿井地质雷达为煤矿地质体的精细探测方面作出了积极贡献，并成为煤矿地质保障系统中综合探测技术的有机部分。

煤田地质勘探是一项庞大的系统工程。计算机技术已广泛应用于煤田地质勘查的各个领域，力图实现数据资源共享和传输全过程的信息化。以"3S"技术系统为平台，更新和升级了《全国煤炭地质工作程度数据库》，研发并建立了全国煤炭资源地质主流程信息系统，开发地质信息三维可视化技术，建立了勘探区高分辨率地质模型。同时，信息技术正在向矿井地质多元信息集成分析与预报方向发展。实现煤矿高效安全开采过程中的动态地质保障，是以煤矿生产动态过程中所揭露的实际资料为约束，通过大量矿井多元地质信息的重新处理和精细解释，进行未采区地质条件的实时、动态预报。以工作面的小构造预测为目的，在矿井地质多元信息（地质、钻探、物探、采掘）提取、处理的基础上，实现三维地震属性信息与矿井地质动态信息相互融合。

最近，国家规划了13个大型煤炭工业基地，重点建设10个千万吨级的现代化露天煤矿、10个千万吨级的安全高效现代化矿井；形成6个~8个亿吨级和8个~10个5000万吨级的大型煤炭企业集团。超大型现代化煤矿的建设和生产要求以先进的地质理论为指导，运用"3S"和计算机信息等现代技术，充分利用各种探测手段提供的地质信息，建立勘探区高分辨率地质模型，强化水文地质、小型地质体和小构造、煤层瓦斯的研究，实现对矿井开采地质条件的综合评价和量化预测，建立高效集约化矿井全方位地质技术服务体系，这就为煤田地质学的创新和拓展研究领域提供了新机遇。

（杨守仁）

二、中国油页岩地质研究

油页岩又称油母页岩，是地质历史上低等植物、动物沉积在海、湖底部，因地壳变动被压在地下,在隔绝空气的环境里受厌氧细菌作用和分解而逐渐形成的。油页岩可提炼石油,颇受重视。中国油页岩地质研究成果有:1944年黄汲清的《新疆省地质略述:煤、油、油页岩》,1948年陈国达对广东茂名油页岩矿作了首次勘查后写出《广东茂名油页岩的查勘及开发》(1949)。1949年以来中国曾在东北、华南、西北等地区开展大规模的油页岩地质勘探工作,探明储量获得了明显增长。迄今已知,全国油页岩资源蕴藏量估计在4300亿吨以上,折合成页岩油近250亿吨,约居世界第4位。在地理上则分布于22个以上的省、区,其中探明储量较多的为吉林、广东、辽宁、云南等地。形成油页岩的地质时代主要是中生代和新生代,尤以侏罗纪、第三纪为主。含油页岩的岩层主要由页岩、砂质页岩、砂岩,甚至砂砾岩组成,常与煤系地层共生。油页岩矿石则主要是含油的页岩、砂质页岩,但也有沥青质页岩、含油煤等。

近几年来,中石油西北地质研究所、西安地质矿产研究所和中国地质大学等合作对西北部民勤盆地、六盘山盆地、索洪盆地和鄂尔多斯盆地的油页岩资源进行了勘查,初步研究结果表明,该地区预测油页岩资源量高达$3.1×10^{12}$吨,其中鄂尔多斯盆地(陕西铜川等地区)资源量是主体(占99%),生成年代为三叠纪,埋深位于地下300米,层厚4米~36米,含油率1.5%~13.7%,该地区探明的油页岩储量为1.5亿吨。沈阳地质调查中心对东北部11个盆地的侏罗纪油页岩资源进行了初步勘查,结果表明,其油页岩埋深500米~3500米,总厚度达102米,含油率为0.76%~8.01%(平均3.34%)。成都地质矿产研究所先后与四川大学及中国科学院地质研究所等合作对西藏羌塘盆地北区胜利河—长蛇山油页岩及羌塘盆地南区毕洛措等地区的油页岩进行了勘探,结果表明,羌塘盆地油页岩是中国少有的海相油页岩,主要生成于白垩纪和侏罗纪,毕洛措油页岩的探明储量为9000万吨,胜利河油页岩探明储量则高达10亿吨,含油率为3.5%~16.3%。中国一些大学开展了油页岩的开发利用及技术装备研究工作,如中国石油大学(北京)、东北电力大学、大连理工大学、西安建筑工程大学、辽宁石油化工大学、东北大学等。吉林大学成立了油页岩实验中心,建立了油页岩资源数据库,主要研究内容有中国油页岩的资源评价、成矿规律、地质及地球化学性质、油页岩的水力开采、油页岩的超临界水抽提、页岩灰的利用等。由于油页岩研究和产业发展的需要,先后出版了多部专著,如刘招君等(2009)的《中国油页岩》、钱家麟等(2008)《油页岩——石油的补充能源》、施国泉等(2009)《油页岩和页岩油》、张家强等(2009)《中国发展油页岩产业的可行性》、王红岩等(2010)《油页岩资源及开发工艺技术》、曹祖宾等(2011)《油页岩干馏工艺与工程》等。

(杨守仁)

三、中国石油天然气地质学研究

1. 中国石油天然气地质学是从国外引进的

中国是世界上最早发现和利用石油天然气的国家之一。在古代,如宋代沈括对于石油、清代李榕对于天然气都曾经作过实地考察和研究,提出了许多富有创造性见解。早在2000多年前我们的先人就在陕北发现了石油,12世纪在四川钻成了气井。但是,石油天然气地质学作为一门学科则是外国人创建的,中国的石油和天然气地质学也是从外国引进的。中国最早用新法开采的几个油田,如台湾的出磺坑油田(1878)、陕北的延长油田(1907)、新疆的独山子油田(1936),也都是引进外国设备、技术和专家进行工作的。

中国最早在本国土地上作石油地质调查者当推谢家荣,他1920年曾去玉门对当地的石油地质作过调查,并著有《甘肃玉门油矿调查报告》。此后,中国地质学家先后调查了四川、新疆、贵州、浙江、甘肃以及西康等地,取得了一系列成果,如赵亚曾、谭锡畴与李春昱(1933)、陆贯一(1935)、潘钟祥(1936)、黄汲清(1938)、谢家荣(1945,1946)等对四川的石油地质调查;黄汲清、翁文波、杨钟健、卞美年、程裕淇、周宗浚(1943)对新疆油田的调查;张人鉴(1928)、孙健初与美国地质学家于1937年对河西走廊的调查;乐森璕(1929)对贵阳的泡木冲石油矿调查等。调查结果为我们留下了一批十分珍贵的历史文献,如《陕北油田地质》(王竹泉、潘钟祥,1933)、《四川石油概论》(谭锡畴、李春昱,1933)、《中国西北部甘肃和青海地质考察报告》(孙健初等,1938)、《论中国陕北和四川白垩系非海相生油》(潘钟祥,1941)、《新疆油田地质调查报告》(黄汲清等,1943)等。这期间,最重要的成果是在甘肃玉门发现了老君庙油田(孙健初,1939),建成了中国第1个石油生产基地。在20世纪上半叶,中国石油地质学重要的论著有:《石油概论》(张炳昌,1919)、《石油》(谢家荣,1930)、《石油地质矿床要论》(黄承钰,1939)、《国防与矿产》(李春昱,1944)、《中国油矿纪要》(严爽,1948)、《中国石油资源》(翁文波,1948)等。

2. 陆相地层中也能形成有工业开采价值的油田

外国很多油田都是在海相地层中形成的。自古生代末期海西运动后,海水逐渐退出中国大陆,中、新生代以来,以河、湖为主的陆相沉积广泛发育,形成了众多的大小内陆沉积盆地,而海相沉积相对缺乏。20世纪初延长油田出油以后,美国美孚石油公司的地质师克拉普(F. G. Clapp)和富勒(M. L. Feller)到陕北一带作了调查;随后,美国斯坦福大学地质学教授布莱克维尔德(E. Blackwelder)等也到中国作过石油地质调查。他们都认为中国"没有储存有工业开采价值的石油的可能性",其理由就在于中国缺乏能够形成油田的海相地层。于是"陆相贫油论""中国贫油论",便开始在中国广为流传。

1930年赵亚曾、黄汲清以及瑞士地质学家海姆(A. Heim)共同合作调查并发表了《秦岭山及四川之地质研究》,文中以构造地质学的观点,论述了四川石油、特别是天然气生成的问题;1923年~1933年王竹泉、潘钟祥4次调查了陕北石油地质以后,发现了永坪油田,发表了《陕北石油地质》(1933),提出了陆相生油的初步概念;而谢家荣的《石油》(1934)一书则比较系统地阐述了石油的有机和无机生成说,介绍了背斜储油论的基本观点,还提出石油生成富集于海相、浅海相、海陆交替相、海湾及三角洲沉积理论。1941年潘钟祥在美国发表《中国陕北中生代和四川白垩纪地层陆相生油》一文,提出"石油不仅来自海相地层,也能够来自淡水沉积物",这是中国人最早提出的"陆相生油"论点;1981年他主编《石油地质学》一书,进一步论述"陆相生油"观点;1943年黄汲清、杨钟健、程裕淇、周宗浚、卞美年、翁文波等赴新疆独山子等地进行石油地质调查之后,于1947年发表的《新疆油田地质调查报告》中也提出了陆相侏罗纪地层生油的观点。自此,以"陆相生油"为核心的中国石油地质理论开始建立,并在实践中得到发展。此后,王尚文(1949)、高振西(1950)、张文佑(1952,1954,1958)、侯德封(1955,1959)、田在艺(1960)以及兰州地质研究所(1960)、石油科学研究院(1961)等,都先后提出或论述过陆相生油。"陆相生油"理论的提出为在中国陆相盆地中找到大量石油提供了依据。40年代中期,中国地质工作者在玉门油田所开展的古生物研究工作,又为证实"陆相地层"生油提供了新的佐证。从1955年开始在新疆准噶尔盆地找到了克拉玛依油田,并陆续在酒泉、柴达木、塔里木、四川、鄂尔多斯等盆地找到了油气田,这一切充分展示了陆相地层的含油气远景。

20世纪50年代中期,中国石油勘探根据陆相生油理论,进行了找油重点战略东移。至50年代末松辽盆地发现了特大型油田——大庆油田,原油产自白垩系陆相储层,油源岩也由陆相湖泊沉积物形成,厚度达1000米以上,油田规模约1000平方千米。大庆油田从规模开发以后,年产量稳定在5000万吨达几十年。这一重大突破不仅是勘探实践上的重大进展,更重要的是对石油地质学的极大丰富和完善。大庆油田的发现雄辩地证明了陆相油气藏的形成不仅是可能的,而且可以存在很大规模的油气聚集,形成大中型乃至特大型油田。这不仅甩掉了"中国贫油"的帽子,而且表明了依靠对陆相地层的研究可以发展中国的石油工业。60年代以后中国相继开发了渤海湾(包括大港与辽河油田)、江汉、南襄、苏北、北部湾、二连等油气盆地和地区,它们都是在陆相含油气盆地中形成的油气藏。尽管陆相盆地的石油地质条件相对海相盆地要复杂得多,但油气储量是丰富的。例如,在渤海湾盆地发现的一系列陆相油田,具有大中型规模,有的单井日产量可达千吨以上。陆相石油地质研究在短时期内从勘探实践到确立理论取得如此明显而巨大的进展,的确使世界石油地质界的一部分科学家难以理解和接受。直到1966年仍有一些国外著名地质学家发表文章,认为中国人在渤海湾地区取得的巨大成就和"陆相生油论"是"不可能的,是耸人听闻的说法"。60年代后期~70年代,世界陆相盆地中又有一重大发现,人们在澳大利亚的吉普斯兰盆地和库珀盆地找到了一系列由陆相沉积所形成的大中型油气田。随着中国、澳大利亚等国石油地质专家对一些陆相盆地的深入了解和研究,陆相成油理论已被越来越多的石油地质学家、地球化学家所接受。美国、澳大利亚和德国的一些著名学者也发表了不少关于陆相生油的论述。当然,不容置疑的是中国石油地质学家、地球化学家对陆相生油及油气藏形成理论作出的极其卓越的贡献。加拿大多伦多大学地质系主任A.D.马洛尔在了解了中国陆相含油气盆地的情况后,著文说"中国油气藏普遍形成于陆相沉积。作为陆相沉积盆地专家,我从那里(中国)学到了许多有关盆地的知识。"70年代以后先后在湖北江汉盆地、陕甘宁地区以及苏北和豫西南等地区发现了一批油气田,1975年河北任丘古潜油田的发现开拓了石油勘探的新领域。陆相石油地质理论也经历了从背斜油田、断块油田到复式油气聚集带等不同的认识论发展阶段。

陆相石油地质理论是石油地质学的重要组成部分,它的不断发展和完善,将提高石油地质学的整体水平。陆相石油地质理论也将不断吸收海相石油地质的理论,以促进世界石油与天然气勘探的发展。

3. 新中国石油勘探实践及理论上的发展

新中国成立也使石油工业获得新生。一些地质学家对中国油气资源前景进行更进一步的探讨,对油气资源勘探方向也有了进一步认识。从沉积环境来讲,王尚文(1949)明确提出了玉门油田生油层是湖相沉积;高振西(1950)指出"凡湖相白垩纪地层分布之区,……均应为探寻石油之对象"。从地质构造来讲,潘钟祥(1951)提出"盆地对于中国石油生成之重要性"的"盆地说";李春昱(1951)从区域地质变性特征提出了陕甘绥宁地区和华北是找油方向。李四光(1954)则运用地质力学观点论述了中国油气前景,提出了石油远景3个区域;黄汲清(1954,1956)通过对鄂尔多斯地台西沿的大地构造研究,提出了六盘山褶皱带与鄂尔多斯地台轻褶皱带等找油方向,并根据大地构造研究提出了14个勘探重点地区。谢家荣(1954,1956)认为"产油地带大都在从前地槽的边缘,或内陆大盆地的陆相沉积中",并依据大地构造、沉积厚度等将中国含油区分为3类。翁文波(1954)研究了世界油田按油层年代分类,说明"我国应有丰富的油藏",在前苏联专家建议下,与谢家荣、黄汲清、邱振馨等编制了1张1:300万中国油气远景分区图,将中国大陆按油气藏希望大小划分为5级。基于上述认识,在恢复玉门油田生产的同时,石油勘探重点首先是在西北地区和四川盆地等逐步展开的,特别是自1955年起地质部地质普查的重点转为石油普查。同年,在原燃料工业部石油管理总局基础上成立了石油工业部。这样,以西北为重点地区开展了较大规模的石油勘探。1955年10月在准噶尔盆地西北边缘发现了克拉玛依油田;继而又先后在柴达木盆地发现了油田,在准噶尔盆地西北边缘的白碱滩、百口泉、乌尔禾等地区相继获工业油流,证明了克拉玛依油田是一个陆相大油田;在四川盆地川中地区发现了蓬莱、南充等油田。通过西北地区的勘探实践,石油与地质部门对主要沉积盆地区域地质和石油地质条件进行了初步总结,包括新疆准噶尔盆地(1958,1959)、甘肃西部酒泉盆地(1958,1959)、青海柴达木盆地(1958,1959)、鄂尔多斯盆地(1958,1959)以及四川盆地(1958,1959)。此外,还有华北平原(1959)、华东地区(1959)和贵州地区等。在对勘探成果进行总结的基础上,对中国石油地质也进行了地质理论的探讨。重点是围绕中国陆相沉积生油问题和复杂地质条件下成藏问题。潘钟祥(1957)系统地研究了中国西北部10个盆地的陆相生油地层,并引证了国外陆相油气田实例,分析了陆相沉积在有机质含量转化为石油条件等方面同海相沉积是一样的,从而指出了"从新疆克拉玛依、独山子油田以及青海柴达木盆地油田之发现,可以充分证明陆相不仅能生油而且是大量的"。谢家荣(1957)在总结50年代中前期勘探成果时对"西北、华北及华南的3个油气省"分别提出了进一步勘探方向和部署意见,并明确指出"从沉积分异或含油层的再沉积的观点来解说生油层的成因,则陆相生油的学说在理论上是没有什么困难的"。以田在艺为代表的一批石油地质学家对西北地区陆相地层生油和找油的基础理论问题进行了初步总结,指出"陆相沉积岩系也同海相一样,石油、天然气是会在其中生成的。""陆相沉积不仅具有生油的原始物质——有机质,而且也具备了有机物转化成石油的地质环境,以及参加这个转化过程中的其他因素。"在侯德封指导下,中国科学院兰州地质研究所黄汝昌、黄第藩等于1958年对西北地区陆相生油进行了总结,出版了中国系统论述陆相生油理论的第1部巨著《中国西北地区陆相油气田的基本地质条件及其分布规律》(1960),提出了内陆潮湿坳陷说,认为"形成陆相油气田的基本地质条件是内陆潮湿坳陷",其基本论点包括了构造、岩相和气候3种因素。翁文波(1959)代表石油科学研究院对新中国成立10年来的石油地质研究进行了总结,包括关于含油远景、油气省的划分、构造的研究、储油层的研究、石油天然气的化学性质研究等,解决了中国究竟有没有油的问题。

在松辽盆地,20世纪50年代初期染料工业部组织了多次以油页岩调查为主的地质调查(1953~1954),随后地质部和石油部先后组织队伍进行石油地质勘探(1955~1957),当发现松辽盆地具有良好石油地质条件后,立即加大勘探力度(1957~1959),终于在1959年9月26日在松辽盆地中部松基三井喷出了工业油流,发现了大庆油田;9月27日在扶余Ⅲ号构造也获得工业油流,发现了扶余油田。接着,按照中央指示,集中力量组织会战,在不到一年的时间内就探明了大庆油田的储量,证实了大庆油田是一个世界级特大油田,为中国石油工业快速发展提供了丰厚的物质基础。大庆油田开发建设之后,按照国家部署,石油勘探重点不失时机地转移到华北平原,开展了渤海湾盆地石油会战,先后发现和开发建设了胜利油田(1961~1966)、大港油田(1963~1968)、辽河油田(1965~1970)等。70年代又发现了华北古潜山油田(1975)。这样,渤海湾盆地陆地不分先后建成4个石油生产基地,为全国原油年产量1978年超过1亿吨提供了储量基础。

20世纪60年代~70年代中国石油工业高速发展,从1960年~1978年全国累计探明石油地质储量有5.9亿吨上升到68.1亿吨,增长了11.5倍;石油产量由521.3万吨升到1.04亿吨,增长近20倍。同时,中国石油地质学得到了新的发展:①陆相生油理论研究。以岩石地球化学分析资料为基础,建立了陆相生油层的评价标准。大庆油田石油生成的基本条件可以概括为"生油母质的富集是石油生成的先决条件,稳定的还原环境是有机质发生转化的必要条件,而有机质转化成石油必须依赖压力和温度的因素"(胡见义,1961)。同时,初步总结了中国陆相地层共有二叠系、三叠系、侏罗系、白垩系、第三系和第四系6个层系发育有生油层,并对各主要沉积盆地确定了主要生油层系(石油科学研究院,1961)。石油科学院在翁文波的主持下进一步研究了"深水坳陷"作用,强调长期的深坳陷有利于生油层的形成,盆地深坳陷的特征和分布对油气的分布起着主要的控制作用(1961~1964)。朱夏(1960)也指出陆相沉积生油是中国石油地质的最大特征之一,长期坳陷无疑是油气生成的必要条件。此外,以中国科学院兰州地质研究所为主于1961年对青海湖现代沉积进行了全面调查,在第四纪沉积物中发现有沥青的形成,并论证了在近代陆相沉积中有烃类新生作用存在,强调了潮湿气候对于一个巨大内陆水体形成是十分重要的条件(1964,1974)。②油区构造与盆地研究。在对含油气盆地研究方面,朱夏作出过突出贡献,60年代他提出运动体制的变化是形成含油气盆地的重要条件,而地壳的运动体制是随着地质历史的向前发展而改变的(1965)。70年代又将运动体制的分析概括为历史演化、全球联系、深部根源和动力作用方式等方面,为最终建立一个进行盆地系统研究的动态模拟程序奠定了基础(1978,1979,1981,1982)。地质部在关士聪主持下,于1965年编制了全国石油地质图集,并总结了中国东部新生代盆地的演化特点,划分了断陷型和坳陷型,指出2种类型盆地的结合和转化。③油气藏形成与分布规律研究。自60年代以来,特别是大庆油田发现之后,对陆相沉积条件下油气藏形成与分布规律的研究与认识进一步丰富了中国石油地质学的内容。60年代随着中国东部石油勘探获得重大突破,首先是总结了以大庆油田为代表的大型坳陷盆地油气藏形成条件和分布规律,概括为:生油区控制了油气分布的大致范围;深坳陷及其周围含油最丰富;盆地发育的多旋回性形成了多套生储盖组合;有利的储集相带与大型构造圈闭相结合是形成大油田的条件;凹陷、斜坡、隆起的不同构造部位形成不同类型的油气藏;不同层位、不同类型的油气藏在平面上往往重叠连片分布(胡朝元,1962;钟其权,1974)。张文昭(1964)则将陆相油气藏形成的基本条件归纳为"生、储、盖、圈、古、运、保"7个要素。自60年代初期开始加大了渤海湾盆地的石油勘探力度,对以断块为主的断陷型盆地油气藏形成与分布规律有了认识:一个油田常常是由不同层系、不同类型的油藏按照一定的序列有规律地组合在一起而形成的,纵向上相互叠加、横向上含油连片,从而使断块油田的概念逐步发展为复式油气聚集带的概念。后来,又发现一个断陷往往是箕状凹陷,在其从陡侧到缓坡,特定类型的油气聚集带呈有规律的展布。70年代中期"新生古储"油气藏——古潜山油田的发现进一步拓展了渤海湾盆地油气勘探领域,也进一步发展了复式油气藏成藏理论,成为中国石油地质学的重要组成部分(李德生,1980;阎敦实,1980;胡见义,1981)。

石油勘探的实践,也促进了石油理论的发展。1954年李四光根据他所创建的地质力学,提出了构造体系控制含油气盆地内油气的生、移、聚、散等一整套找油理论和方法,并指出中国东部新华夏体系的3个沉降带是有利的含油地区;与此同时,黄汲清则认为大型陆相盆地的含油建造,是在地壳发展的不同构造旋回中形成的,产生了中、新生代盆地多层成油的特点;以后,侯德封提出了"内陆潮湿坳陷"形成大油田的看法;张文佑则从断块构造出发,提出"定凹探边""定凹隆起"的重要性。此外,谢家荣、李春昱、陈国达、张伯声、朱夏等也先后从构造角度,预测过中国的油气远景。中国找油找气的领域十分广阔,中国石油天然气地质学将在实践中进一步发展和完善。

20世纪80年代~90年代中国石油地质学的成就可归纳为6个方面的新进展(王鸿祯等,2002):

(1)含油区构造及盆地研究 板块构造学说传入中国以后,促进了中国油气区大地构造研究。朱夏(1986)吸收板块构造理论,认为控制中国沉积盆地发展的构造体制,在古生代是受地槽构造体制控制,属克拉通盆地性质,而中、新生代盆地则受板块构造体制的控制。最早是罗立志(1975)应用板块构造理论探讨了四川新的油气资源。张恺等(1979,1981)则系统地探讨了中国大陆板块的演化及其与含油气盆地的关系。李德生(1981)将中国盆地简单分为3类:东部含油气盆地——拉张盆地、中部含油气盆地——过渡型盆地、西部含油气盆地——挤压型盆地。王尚文等(1983)依据中国板块演化的特点,提出了东部属于扩张型大陆边缘活动带、西部则形成聚敛型大陆边缘活动带、中部属过渡性质。朱夏(1983)则分为古生代原型盆地(又分为5类)和中生代原型盆地(又分为7类)。田在艺(1996)按照构造环境将沉积盆地划分为裂陷盆地(又细分为5类)、聚敛盆地(又细分为9类)、走滑断裂盆地、克拉通盆地4大类盆地。金之均(2001)将中国沉积盆地简化为3种类型:前陆盆地、裂谷盆地和克拉通盆地。近些年来,沉积盆地成因成为国内外的研究热点。由于注意了盆山关系、盆地原型和成盆动力学机制的研究,使人们对盆地性质和成烃、成藏条件有了更深入的认识。用走滑构造和伸展构造模式及克拉通与前陆盆地叠合、复合模式解释盆地的形成和演化,进一步认识了构造对油气藏形成与分布的控制作用(贾承造,1993;赵文智等,1999;金之均,2000;…)。

(2)陆相生油理论研究的新进展 由于有机地球化学在石油地质领域中应用,促进了石油有机地球化学的兴起和发展,并据此逐步揭示了包括陆相生油在内的生油机制,推动了中国陆相生油理论的发展。20世纪70年代末期以来,中国在石油地质学、有机地球化学和有机岩石学的结合点上进行了大量的实验工作和理论探索,1982年~2000年先后8次召开了全国有机地球化学学术会议,发表论文超过千篇,油田研究院(所)对中国各主要沉积盆地的烃源岩评价进行了系统总结(杨万里,1989)。石油、地质部门的许多研究机构及中国科学院兰州地质所、贵阳地球化学研究所等单位都做了大量工作,有许多新见解。例如,傅家漠等(1995)研究并提出了中国石油演化的机理与石油演化阶段,又在《干酪根地球化学》著作中提出了干酪根热演化成烃模式。黄第藩等对陆相生油理论做了系统研究,先后完成了陆相生油关于《中国陆相油气生成》(1982)、《陆相有机质演化和成烃机理》(1984)、《陆相油气生成和成烃机理》(1991)、《煤成油的形成和成烃机理》

(1995)等研究成果。王铁冠(1995)提出了低成熟油"低温早熟"成因机制和生烃模式。程克明等(1995)对烃源岩地球化学进行了系统总结,特别是煤成烃研究,促进了吐哈油田的开发。陆相生油研究的新进展主要表现在以下5个方面:①陆相烃源岩形成地质条件、类型、有机组分及其丰度、烃源岩演化及成烃模式;②油源对比,基于生物标志和同位素的分馏规律研究,对石油及天然气与可能源岩之间有机母源输入成分之间的亲缘关系进行比较,以判识和追溯石油天然气的可能来源;③未熟—低熟油的认识,这方面进展不仅对蒂索的生油模式提出了疑义,进一步丰富了生烃机理研究,而且扩大了找油领域;④煤成烃研究获得重大进展,为西北一些盆地侏罗系找油的突破提供了理论基础,该理论是中国陆相生油理论的主要特色和重要组成部分;⑤烃源岩评价,包括生油量的定量评价以及区域地质—地球化学条件综合研究与评价。油气聚集理论是石油地质学研究的关键问题,中国石油地质学中的油气聚集理论是紧紧伴随着近60年油气勘探实践而逐步形成的。这一理论主要包含2个方面:①陆相坳陷盆地油气聚集理论:根据对大庆油田形成条件分析,胡朝元等(1962,1982)将《生油区控制油气田分布——中国东部陆相盆地进行区域勘探的有效理论》概括为"源控论"。②复式油气聚集的区带理论。针对渤海湾盆地多断陷、多段块、多含油气层系和多种油气类型的特点,李德生(1980,1997)、胡见义(1981,1986)、阎敦实(1980)、李国玉(1996)、张文昭(1997)等许多学者总结了断陷盆地油气藏形成条件和分布规律。

(3)天然气地质学研究 发端于1979年戴金星提出的"成煤作用中形成的天然气和石油",经过20多年的勘探实践和理论探索,形成了中国天然气地质学的理论框架。宝茨(1988)、陈荣书(1986)率先编著了《天然气地质学》。戴金星(1989)著述了《天然气地质学概论》,并主编了《中国天然气地质学》(1993)。在1997年在北京召开的第15届世界石油大会前后,为展示中国石油科技成就,出版了一批石油地质图书。王涛(1997)主编的《中国天然气地质理论基础与实践》概括总结了中国天然气地质理论。经过几十年的努力,中国天然气地质学作为一门应用科学已从石油地质学分离出来,并以其理论指导了天然气勘探和天然气工业的发展。概括起来,中国天然气地质学主要涵盖了以下5个问题:天然气生成与分布的地质条件;天然气地球化学包括天然气成因机理、天然气成因类型及其判识、气源对比以及天然气稳定同位素地球化学等;气源岩包括有机岩石学、有机地球化学特征以及各类气源岩生烃潜力和成烃演化模式等;天然气成藏机制包括储层类型与评价、天然气盖层条件以及天然气运移、聚集及成藏机制与成藏模式;天然气气田形成条件和分布规律。在上述领域中国学者论述颇多,并形成了中国特色。煤成烃(气)(戴金星、傅家谟,1990)、天然气成因(徐永昌,1994)、天然气源岩(程克明,1977)、天然气运聚动平衡与成藏模式(郝石生等,1994;张义刚,1991)、天然气聚集区带的划分(戴金星,1997)等都有建树。

(4)沉积相与储层评价研究 中国陆相沉积储层的评价研究是中国石油地质学的重要组成部分。针对陆相沉积的多物源、窄相带、岩性岩相变化快和在时间上与空间上多迁移变化的特点,学者们系统地总结了陆相沉积体系相模式、相结合序列;研究了储层成岩作用和成岩演化序列;突出了次生孔隙发育规律的研究。在这方面裘怿楠(1980,1982,1987)、吴宗筠与薛叔浩(1988,1992)、赵澄林(1988)、田在艺等(1997)均有专著总结。

(5)油气资源评价和中国油气远景 自1981年开始原石油工业部组织全国23个石油研究院(所)和石油勘探局等开展了全国油气资源评价,从基础研究入手,在统一研究大纲和计划安排下,历时5年完成了全国第1次大规模油气资源评价工作,并出版了系列专题研究成果,包括含油气盆地构造(1989)、烃源岩评价(1989)、沉积相(1989)、煤成气(1987)、油聚气与分布(1991)及油气资源评价方法(1988)。之后,经过5年技术准备,自1991年~1994年底又进行了全国第2次油气资源评价,广泛地使用了盆地模拟技术,针对各油田实际情况引进和研制、开发了40余种方法,包括地质评价、资源量估算和经济评价3个方面。油气资源评价既促进了石油地质理论的发展,也证实了中国油气发展潜力是巨大的。

(6)油气藏形成与分布规律研究及中国(或分区)石油地质特征的总结 胡朝元(1982)将60

年代总结的"生油区控制油气田分布"的基本规律概括为"源控论"。国外的"含油气系统"的思维方法和研究方法被中国石油地质界所接受,并应用于实际区域油气评价。实际上,早在1963年胡朝元在总结松辽盆地油气田分布规律时就提出了"成油系统"概念,只是由于不能公开发表而没有广泛传播。由于物理模拟和油藏数字模拟的发展以及同位素分析和包裹体分析研究的应用,使研究油气藏成藏过程特别是成藏关键时刻的确定成为可能,进而对油气田成藏定量模式研究获得了重大突破式进展(金之均,2001)。20年来对中国石油地质进行系统总结的论著陆续出版,如1985年~1995年由翟光明主编出版了《中国石油地质志》共16卷,对全国各油气区石油地质条件进行了系统地总结。1991年胡见义、黄第藩等编著了《中国陆相地质理论基础》,总结了中国陆相含油气盆地的地质条件和油气藏形成与分布规律。邱中建、龚再升(1999)主编出版了《中国油气勘探》(4册),高瑞祺、赵政璋(2001)主编出版了《中国油气新区勘探》(7册),既包括勘探历程、成果和经验总结,也概括了石油地质理论的发展。

4. 近年来中国油气地质学研究

近年来,中国油气地质结合国家经济建设对能源资源的需求,开展了许多研究工作,取得了显著的进展(中国地质学会石油地质专业委员会,2011)。

(1)发展和完善了中国海相油气藏成藏理论　随着塔里木盆地塔河、轮南和和田河、普光、元坝等一批油气田的发现和探明,促进了中国海相油气藏成藏理论的发展,深化了中国海相油气藏成藏控制因素和规律的认识:①古隆起及古斜坡控制油气运移、聚集与成藏。塔里木盆地是古生代克拉通盆地和中新生代前陆盆地的叠合盆地,环古生代大型克拉通生油坳陷的古隆起、古斜坡是油气聚集成藏的有利部位,沙雅、卡塔克和巴楚3个古隆起及其斜坡都已发现了一批大中型油气田。四川盆地威远气田、鄂尔多斯中部大气田属于典型的古隆起控。②古岩溶及礁滩相储集体提供了有利储集空间。多期构造运动、多次抬升剥蚀造成了寒武系、奥陶系等碳酸盐岩地层遭受了多期岩溶作用,形成了广泛分布的岩溶缝洞储集体,如塔河—轮南油田。川东北普光气田长兴组—飞仙关组储层为礁滩相沉积。③长期的低地温背景是长期生烃、多期成藏的重要条件。塔里木盆地长期处于低地温背景,寒武系—奥陶系烃源岩油气生成、演化的速度远低于一般含油气盆地,从而在塔里木盆地长期的地质演化历史中,形成了从坳陷—斜坡—隆起与其埋藏史相对应的不同成熟度并具有相当规模的油气生成格局,为多期成藏提供了资源保障。四川盆地由于地温梯度相对塔里木较高,普遍经历了油气转换过程,且主要以天然气为主。④成藏封闭系统的演化控制了成藏特征。塔里木盆地古生界有规模的油气聚集始于海西早期,而海西晚期及喜马拉雅晚期分别是早、晚期最重要的成藏期,前者的油气规模及油气性质决定于早期成藏封闭系统的演化,后者则与中新生界巨厚沉积及盆地整体封闭系统的形成有关。早期封闭系统的演化形成了重质海相原生油藏;晚期封闭系统的重建则是轻质油气藏尤其是天然气藏形成的重要条件。⑤提出了"源—盖控烃选区、斜坡枢纽控聚选带"的勘探思路。由于中国海相盆地经历了后期多期构造活动改造,盖层的保存条件是首选评价指标。除古隆起之外,斜坡、枢纽也是油气聚集的主要位置。

(2)在盆山耦合关系及中国陆内前陆盆地勘探与地质认识方面取得显著进展　中国前陆盆地的构造背景、形成演化有其自身的特殊性,中国学者称之为陆内前陆盆地。近几年,以盆山系统深部结构的分析为重点的造山带—陆内前陆盆地耦合关系的研究取得了重要进展,就天山及其两侧的塔里木、准噶尔盆地而言,塔里木、准噶尔盆地是2个刚性块体,岩石圈整体性好,具有较高的地震波速度、较高的介质密度以及较高的电导率,在双向挤压的应力环境下变形相对较小,天山为地震波速度相对较低、地壳及地幔顶部的密度较低、电阻率值较高的柔性块体,地壳缩短主要发生在这里。复杂的构造背景及演化历史导致中国主要发育有叠加型、改造型、早衰型和新生型4种类型的前陆盆地,在此基础上确立了中西部前陆盆地下部"近源自生"和上部"远源它生"2大成藏体系,上部远源它生成藏体系比下部近源自生成藏体系更具高效性;受4类前陆盆地演化控制有相应的4种油气聚集模式。

（3）隐蔽油气藏成藏理论和研究思路得到进一步的丰富和发展　提出一系列新的认识或概念。在东部断陷盆地形成的断坡控砂、复式输导和相势控藏等为核心的隐蔽油气藏成藏理论的基础上，又针对西部的地层油气藏，提出了富油气凹陷"满凹含油""三面控藏"和"构造—层序成藏组合"等认识或概念，使得隐蔽油气藏成藏理论得到进一步充实，尤其是"满凹含油"观点的提出，认为在凹陷的任何一个部位并不都是可以发现油气藏，而是更强调勘探理念的变化。树立"满凹含油"的观点，以凹陷为整体进行"饱和"勘探，寻找多种类型油气藏，使勘探领域有了明显扩展，使勘探领域跳出了"二级构造带"范围，实现下凹勘探，勘探范围不仅包括已有的正向二级构造带，也包括广大的斜坡区和凹陷的低部位；而"构造—层序成藏组合"提出的应在三级层序地层格架内编制包括等时格架内的沉积微相图、有效烃源岩分布图、主目的层顶面构造图与分层段勘探程度图等四类工业化图件，对岩性地层有利靶区和目标进行综合评价，提供了隐蔽油气藏勘探的工作思路和方法。

（4）在以中国南方、中西部海相盆地为主的叠合盆地油气勘探与地质理论方面取得了重大突破　一是提出了高—过成熟烃源岩"接力生烃"的概念，建立了"叠合盆地多期构造叠加控制的多元生烃和多期生烃"新模式，为定量评价和预测大型气田的勘探潜力奠定了基础。通过在川东北系统研究，明确区内普光气田成气母质主要为高演化Ⅱ型有机质，普光天然气属原油裂解气成因，沥青裂解可能为叠合盆地深层天然气的重要来源。这一认识的突破大大增加了塔里木、四川、鄂尔多斯盆地大面积海相层系的天然气资源潜力。二是建立了深层碳酸盐岩"三元控储"模式，为深层碳酸盐岩优质储层的预测奠定了基础。海相深层碳酸盐岩的储集性能受相互关联的3大因素控制，首先是沉积—成岩环境控制礁滩和同生白云岩的发育，进而控制了初始埋藏阶段孔隙的分布；构造应力—地层流体压力的耦合控制岩石的破裂行为和裂隙分布，进而控制了通过裂缝的流体流动；通过初始孔隙和构造裂缝注入储层的流体导致溶蚀作用，形成多期次的粒间溶蚀孔、鲕粒内溶孔、鲕模孔和溶洞等孔隙类型。三是建立了川东北深层"复合控藏"模式，海相深层碳酸盐岩天然气藏的形成主要经历了原油聚集、油气藏的化学改造和流体调整等复杂的物理—化学过程3个阶段，成藏主要受控于生油高峰期的古构造与储层岩相变化控制古油藏的分布，古油藏形成后的构造运动控制古油藏的化学改造和流体调整，喜山期构造与岩相变化共同控制天然气的富集和分布，即为"复合控藏"。

（5）在天然气基础理论研究和方面取得了重要进展　主要表现在：一是初步建立了高效天然气藏形成的地质理论框架，以气灶有效性、成藏过程有效性和成藏要素组合有效性为核心内容的研究进展，开始了天然气地质学研究的新阶段。二是发展了凝析气藏相变理论，以凝析气藏复杂相变过程中固体析出规律的发现和气—液—固复杂相变理论的完善及其在指导凝析气藏开发上的实际应用为核心，发展了凝析气藏开采的基础理论和技术方法。三是总结出中国大中型气田的形成分布特点：①大型沉积盆地是大中型天然气田（藏）发育的主要地区；②陆相煤系生气中心及周缘是大中型天然气田发育区；③多元成烃控制了海相层系大中型天然气田的分布；④古隆起控制油气早期聚集与晚期成藏；⑤优质盖层与保存环境是形成大中型天然气田的关键；⑥晚期成藏是大中型天然气田形成保存的有利条件；⑦碳酸盐岩溶蚀、孔隙型储集体或大型砂体控制了大型天然气田的形成；⑧不整合面、通源断层是大中型天然气藏运聚的主要路径；⑨大圈闭与生储盖匹配是大中型天然气田形成的关键。

（6）勘探的配套技术方法也取得显著进展　如以高精度三维地震采集—处理技术、三维资料大连片处理技术、储层地震描述技术和井筒工程配套技术为核心的隐蔽油气藏勘探的技术系列，以三维地震联片处理技术、碳酸盐岩储层预测技术、超深层复杂地层钻井技术、测井解释与评价技术、碳酸盐岩储层酸压改造技术为主的碳酸盐岩古岩溶缝洞型油藏勘探的方法技术系列，保障了东部断陷盆地、西部叠合盆地油气藏的发现和探明；而拥有自主知识产权的GeoEastV1.0数据处理解释一体化软件和成套测井装备EILog-100测井系统，为勘探工作提供了有效的技术支持，提高了工作效率、增加了勘探成功率。

(王仰之)

四、天然气水合物的研究

天然气水合物是一种白色固体结晶物质，外形像冰，有极强的燃烧力，可作为上等能源，俗称为"可燃冰"。天然气水合物由水分子和燃气分子构成，外层是水分子格架，核心是燃气分子。燃气分子可以是低烃分子、二氧化碳或硫化氢，但绝大多数是低烃类的甲烷分子（CH_4），所以天然气水合物往往称之为甲烷水合物。据理论计算，1立方米的天然气水合物可释放出164立方米的甲烷气和0.8立方米的水。这种固体水合物只能存在于一定的温度和压力条件下，一般要求温度低于0℃～10℃，压力高于10百万帕，一旦温度升高或压力降低，甲烷气则会逸出，固体水合物便趋于崩解。

天然气水合物往往分布于深水的海底沉积物中或寒冷的永冻土中。埋藏在海底沉积物中的天然气水合物要求该处海底的水深大于300米～500米，依赖巨厚水层的压力来维持其固体状态。但它只可存在于海底之下500米或1000米的范围以内，再往深处则由于地热升温其固体状态易遭破坏。储藏在寒冷永冻土中的天然气水合物大多分布在四季冰封的极圈范围以内。煤、石油以及与石油有关的天然气（高烃天然气）等含碳能源是地质时代生物遗体演变而成的，因此被称为化石燃料。从含碳量估算，全球天然气水合物中的含碳总量大约是地球上全部化石燃料的2倍。据最保守的统计，全世界海底天然气水合物中贮存的甲烷总量约为1.8×10^8亿立方米，约合11万亿吨（11×10^{12}吨）。如此巨大的矿物能源是人类未来动力的希望。

中国在20世纪80年代末即开始关注天然气水合物的研究。90年代以来国家海洋局、原地质矿产部、中国科学院、石油部门以及有关高校，对国外天然气水合物的勘查研究进行了技术追踪和信息资料的分析研究。国家海洋局、国土资源部所属研究单位的海洋地质专家对中国的天然气水合物进行了初步的研究。1997年中国地质科学院矿床所吴必豪等完成了"西太平洋气体水合物找矿前景与方法的调研"课题，认为西太平洋边缘海域包括东海和南海，具备天然气水合物的成藏条件和找矿前景。之后，中国地质调查局广州海洋地质调查中心重新检查了南海北部陆坡区近3万千米的地震剖面，青岛海洋地质研究所检查了东海陆坡区126专项实施的地震剖面，发现多处具有天然气水合物矿藏的地震标志——BSR。俄罗斯专家在对中国东海进行海水气体地球化学的系统调查时，曾在冲绳海槽中段的西部陆坡和钓鱼岛附近海域发现多处甲烷气体异常，台湾海洋大学也在冲绳海槽南端发现了BSR。1999年春，以中国科学家为主的ODP184航次在南海实施钻探，岩心分析显示有天然气水合物存在的氯异常。1999年10月，中国地质调查局广州海洋地质调查中心首次在南海西沙海域开展天然气水合物前期调查，在3条共130千米的地震剖面上识别出BSR。这是一个重大突破，说明中国海域也可能有天然气水合物分布。2001年2月27日～3月1日在北京香山召开了主题为"天然气水合物研究现状及中国的对策"的香山科学会议第160次学术讨论会，对天然气水合物研究的方方面面进行了充分交流与讨论，有力地推动了中国天然气水合物的研究与发展。近年来在国家有关重大项目"863""973"中也开展了一些前沿性研究工作，但总体上仍处于起步阶段。2002年国土资源部启动海域天然气水合物调查，同步部署陆域永久冻土区天然气水合物的相关调查研究工作。2004年由中国地质调查局负责组织开展资源远景调查和钻探技术研发，编制出中国第1份冻土区天然气水合物稳定带分布图，并圈定了有利区带。自2002年开始，广州海洋地质调查局共动用调查船4艘，组织25个航次，在南海北部陆坡区开展了高分辨率多道地震调查、地形地貌调查、岩石学及生物学标志调查、海底热流测量、烃类地球化学异常探测、浅层岩心取样、天然气水合物钻探等工作，并集中在南海北部陆坡西沙海槽、神狐、东沙及琼东南等4个海域，有重点、分层次地开展了天然气水合物资源调查与评价工作，获得4大成果：发现了南海北部陆坡天然气水合物有利区，在西沙海槽、东沙、神狐及琼东南等海域发现了天然气水合物存在的深—浅—表层地球物理、地球化学、地质和生物等多层次、多信息异常；评价了南海北部陆坡天然气水合物资源潜力,初步圈定了其异常分布范围,预测了含天然气水合物层的厚度和水合物资源远景,评价了这一区域天然气水合物资源潜力;确定了东沙、神狐2个天然气水合物重点目标,圈定了南海北部陆坡天然气水合物远景最有利的目标区,为实施水合物钻探验证提供了目标靶区;证实了中国南海存在天然气水合物资源,于2007年4月~6月在神狐海域实施了钻探工程,成功获取了水合物实物样品,实现了专项调查评价重大突破,使中国成为继美国、日本、印度之后的第4个通过国家级研发计划在海底钻探获得天然气水合物实物样品的国家,是在南海海域首次获取水合物实物样品的国家。

根据中国海域的具体地质特征和天然气水合物的生成条件,以及地震剖面上的拟海底反射层(BSR)标志,初步认为,中国海域东海陆坡带的冲绳海槽、台湾东北和台湾东南海域,南海北部陆坡(水深>400米)和西沙海槽、南沙海槽等均有天然气水合物产出的地质条件,是天然气水合物可能的分布区。近年来,中国在天然气水合物的基本认识和在中国的分布方面取得进展,认为中国天然气水合物主要分布在南海北部、南海的西沙、东沙和神狐海域、东海冲绳海槽、青藏高原羌塘盆地永久冻土带。据预测其资源量为:在南海已有资料的4个研究区(南海北部陆坡区、南海西沙海槽、南海东沙群岛和南海神狐海域),仅I与II级异常区天然气水合物含天然气的资源量就大于100亿油当量;东海冲绳海槽天然气水合物资源量为24.13×10^{12}立方米;青藏高原冻土带水合物天然气资源1.2×10^{11}立方米~2.4×10^{14}立方米。

2008年1月由中国地质科学院矿产资源研究所、勘探技术研究所和青海煤炭地质局105勘探队共同承担了"祁连山冻土区天然气水合物DK-1科学钻探试验孔"项目,正式拉开了科学考察木里地区"可燃冰"的序幕。当钻进到133.5米~135.5米区段时,在其细砂岩夹层的孔隙和裂隙中不断冒出气泡,干净的岩心表面下段冒出水滴,岩芯点火能直接燃烧,岩芯放进水里还能不断冒泡,此外在裂隙面上发现白色碳酸盐矿物。基于这些现象,结合这一深度位于天然气水合物稳定带内,他们初步认为这是天然气水合物所致。11月14日~15日经中国地质大学专家现场鉴定,所取岩芯中的可燃物就是天然气水合物。2009年5月31日DK-2孔开钻,在97.47米处见到气体异常;在144.40米~152.0米间发现第1个含天然气水合物岩芯段;在156.3米~192米、217.5米~298.82米间发现多个含天然气水合物异常标志层(泥岩、油页岩裂隙面),6月24日和25日分别发现水合物晶体,共采集23个水合物或疑似水合物样品,经送样检测于7月1日发现甲烷水合物。这一成功钻获,证明中国冻土区存在丰富的天然气水合物资源,对认识天然气水合物成藏规律、寻找新能源具有重大意义,同时也再次证明了中国天然气水合物的调查与研究处于国际领先水平。

开展相关的基础性研究,发展相关的技术方法,做好理论和技术知识储备;查明中国天然气水合物的分布和资源潜力,了解中国资源家底;着手研究天然气水合物影响全球气候和造成海底灾害的环境效应等重要工作,对于制定国家未来能源战略具有重要意义。

五、中国铀矿地质学研究

铀矿是原子能的原料。自20世纪40年代开始,铀矿勘查在世界各地展开,起步最早的是美国。60年代核电站投入商业运转后,由于很多国家制定了庞大的核电计划,导致70年代兴起全球找铀高潮,目前已知的大型铀矿床大多数是这一时期发现的,满足了核电发展的需要。80年代以来由于核电速度放慢,铀矿勘查工作有所收缩。

新中国成立前,对中国铀资源开发只有个别地质工作者在调查、研究其他矿产时有所涉及。1934年张定钊利用分光方法分析赣南钨锡矿石时,鉴定出有铀元素存在。1938年张更从广西花岗岩体的冲积沙内选出含放射性元素的独居石、钍石。1943年江西地质调查所南延宗和吴磊伯在广西钟山县黄羌坪调查钨锡矿时,发现了晶质铀矿、"脂铅铀矿"和磷钙铀矿。1948年何杰在广西钟山县花山村岩体中发现了次生铀矿物。此外,20世纪40年代前苏联地质人员曾在伊犁盆地进行过铀矿调查,发现了铀矿化。日本占领东北期间在辽宁海城县发现了铀矿化并进行了少量开采。

中国铀矿地质学研究是20世纪50年代起步的,1955年正式组建铀矿地质专业队伍。自此,中国铀矿床找矿勘探工作正式展开。1958年正式向国家提交了第1批工业铀储量,到1960年已提交了8个开采基地,给中国铀矿地质工作的发展奠定了良好基础。1960年起,中国铀矿地质工作走上完全靠自己的发展道路,铀矿床学也从矿床学中分离出来而成为一门独立的学科。1963年在北京香山召开首次铀矿床会议,总结交流有关中国铀矿床的地质特点和分布规律。20世纪70年代在诸广山地区铀矿普查勘探会战基础上提交了数字很大的工业铀储量,并加深了对中国铀矿成矿规律的认识,突出的成果是对中国火山岩型铀矿床的认识趋于成熟,并因而发现了芙蓉铀矿、湘江铀矿。此外,在滇西地区第三系含铀煤和砂砾岩中发现了一批铀矿床,使滇西成为中国砂岩型铀矿的重要产地之一。截至1984年底发现了数以万计的放射性异常点、带和数以千计的铀矿化点,探明了183个铀矿床。中国大陆已有22个省、区探明有铀矿储量,其中江西、广东、湖南、广西4省、区是主要的铀矿资源基地。随着铀矿勘探实践的逐步深入,铀矿成矿理论研究也逐步发展起来。1972年杜乐天提出了花岗岩型成矿的热水侵出说;1979年周维勋提出了表生汲取多途径淀积成矿模式;1980年刘义发提出了自变质表生成因观点;陈肇博提出了对热水溶液成矿作用具有普遍意义的双混合成矿模式。对于大量铀矿床研究表明,多数矿床并非一次形成,据此,涂光炽(1965)提出了沉积再造成矿的观点,后来发展成为复成因成矿说。上述这些假说和观点,丰富了铀成矿的理论,促进了铀成矿作用的研究和找矿工作。

20世纪80年代对中国铀矿床地质进行了系统总结,主要著作有:《火山岩与铀矿化》(北京铀矿地质研究所,1979)、《花岗岩型铀矿论文集》(杜乐天等,1982)、《中国花岗岩型铀矿床地质特征》(王从周等,1985)、《碳硅泥岩型铀矿床文集》(张待时等,1982)、《中国铀矿物》(魏思华,1979)等。90年代以来,核电站建设、卫星发射等核能和平利用领域扩展,使核燃料生产又出现回升趋势。铀矿床理论也随之有了新进展,突出表现是一批综合性更强的论著出版,如《铀成矿原理》(罗朝文、王剑峰,1990)、《中国铀矿构造与成矿演化》(刘德长等,1991)、《铀成矿预测学》(王有翔、张万林,1992)、《烃碱流体地球化学原理:重论热液作用和岩浆作用》(杜乐天,1996)等。姚振凯等(1998)依据陈国达"多因复成矿床"成矿原理对中国铀矿床进行了系统研究,编著了《多因复成铀矿床及其成矿演化》。

铀矿床按照产出的地质背景和含矿的岩体时代,可划分出10多种类型,其中花岗岩型铀矿、火山岩型铀矿、含铀煤型、砂岩型铀矿和碳硅泥岩型铀矿是目前已知的最重要的类型。迄今已对铀矿化的分布和成矿机制取得了一定认识:一是铀矿化的空间分布与铀元素的地球化学场密切相关,高丰度的铀矿场区经常是各种不同类型铀矿床同时出现的地区;二是铀矿化是地壳长期演化的产物,一个区域的地质发展史和地壳结构特征是决定该地区产铀远景的前提;三是壳层和切穿壳层的区域性深断裂对铀矿田和矿床的定位起着重要的作用;四是多期后生作用和多种成矿作用的叠加是影响铀矿富集的重要因素。在成矿理论和成矿模式上,取得了以下进展:①花岗岩型方面,冲破了传统的残余岩浆热液说,提出了几种不同的模式:"热液浸取说"认为铀的成矿是由于岩浆残余热液上升过程中浸取富铀围岩中的铀元素而富集的结果;"表生浸取模式"认为富铀岩体经风化后,铀被地表水溶解、渗透到深部,加热后沿断裂破碎带上升富集成矿;"地下水下降淋积模式"认为地表水溶解富铀岩体中铀元素,在下降过程中于氧化还原界面附近富积成矿。②在火山岩型方面,提出了"双混合成因模式",试图将板块构造运动与热液铀矿床的生成联系起来,并认为成矿溶液和铀元素都具有"混合"性质,即成矿溶液中的水主要是大气圈水,而决定成矿溶液的矿化剂则主要来源于深熔作用。既来源于遭受深熔作用的地层,也来源于热液循环过程中所通过的富铀地层和岩体。③在砂岩型方面,提出了在成矿前、成矿过程中矿化地区的地壳稳定程度以及成矿后在区内有无岩浆活动,是决定矿化好坏的重要因素。据此概念,将中国砂岩型铀矿床划分为4种类型,并认为介于稳定区和半稳定区以及成矿后的岩浆活动区是较大的远景区。这是对中国砂岩型铀矿床从区域地质角度进行评价预测的首次尝试。④在碳硅泥岩型方面,提出了同生富铀地层经表生或热液改造而沿层间破碎带或其他构造裂隙成矿的层控模式。在铀矿床地质和地球化学方面,刘兴忠、金景福、杜皋天等有系统著述。

铀矿床学的发展促进了铀资源的勘探。经过几十年的努力,找到了数万个铀矿点和若干座铀矿床。中国是一个铀资源十分丰富的国家,但勘探程度不高,经济可采的铀资源量还会迅猛增长。中国核电站起步较晚,1994年中国第一座核电站秦山核电站投入商业运行。随后大亚湾核电站投入运营,使中国核电站有了一席之地,并展示了光辉前景。

(杨守仁)

六、中国地热学研究

地热学是一门既古老、又年轻的学科,它主要研究全球热场分布,岩石层热动态,地壳、上地幔热结构,地球内部热状态、热历史,以及相关的诸多实际应用问题,如地热资源的开发利用、矿区及工程建设地区深部地温预测、矿山热害防治、油田区古地温研究等。"地热学"一词首先于1849年由德人Naumann提出,目前已发展成一门独立的科学。

1. 中国古代和近期对地热的记述

地球内热的外涉现象称地热显示。最强烈的地热显示莫过于火山,而最大量的地热显示则是温泉。因此,在中国古代文献中,活火山的报道鲜见,而且对正在喷发的火山及喷后的产物是相见而不相识。相反,中国古代关于温泉的报道则屡见不鲜。

(1)中国对温泉的记载 始见于《山海经》,书中称地下热水为"汤谷""温水"。以后自两汉魏晋南北朝以来有关温泉之文献甚多,唐初徐坚的《初学记》(700)则对唐代以前有关温泉的文献作了系统的整理,有人认为徐坚的贡献不下于清初陈梦雷编撰古今图书集成。宋明以来对温泉的著录更多。宋胡仔在《苕溪渔隐丛话》后集卷26中说:"汤泉多作硫磺气,浴之则袭人肌肤。惟新安黄山是朱砂泉,春时水即微红色,可煮茗。长安骊山是矾石泉,不甚作气也。朱砂泉虽红而不热,当是雄黄耳。有砒石处亦有汤泉,浴之有毒。"无疑是对温泉作了初步分类。元朝初年周密在《齐东野语》中论述了温泉之成因,观察到了温泉与硫磺等有密切关系。明代李时珍在《本草纲目》中便引胡仔的渔丛话,将温泉分为5类:硫磺泉、朱砂泉、矾石泉、雄黄泉和砒石泉。这是中国温泉研究中的第1个化学分类。1840年鸦片战争后,外国学者也注意中国温泉的分布。1908年田北湖撰《温泉略志》,记录了温泉140余处。1919年苏荦撰《论中国火山脉》附各省温泉表,载因火山所成温泉74处。1939年陈炎冰著《中国温泉考》,所记温泉达584处。中国学者章鸿钊、徐仁等辑《中国温泉辑要》,从1926年到1949年共得温泉611处。1951年章氏逝世,遗稿交地质出版社出版,该社编辑又增补361处,共为972处(实为958处)。

(2)中国对活火山的记载 中国活火山虽不多,但那里的热泉活动精彩纷呈。明末徐宏祖在《徐霞客游记》和清初郁永河在《采硫日记》中分别记述了云南腾冲硫磺塘和台湾大屯北投的热泉活动的情况。

2. 当代中国的地热研究

中国对地热的系统研究始于20世纪70年代初,当时由于世界上出现石油短缺所导致的能源危机,李四光提出要大力开发地热,并在天津召开动员大会。50年代末李四光在地质部、地质科学院地质力学研究所组建起中国第1个地热研究组,并派人去苏联学习地热。与此同时,张文佑在中国科学院地质研究所构造地质研究室内亦组建起地热组,旨在研究地热与大地构造之间的关系。但当时由于缺乏测试岩石热物理性质的仪器设备,始终未能取得中国实测的大地热流数据。有鉴于此,70年代初重新组建起来的中国科学院地质研究所地热研究组,一方面把精力放在高精度测温仪器的研制上,另一方面致力于岩石热物理性质测试实验室的筹建,经过数年努力,终于在

70年代中期研制出中国第1台自行设计并组装的地热-1型热导仪及井温测量仪,满足了大地热流测试工作的需要。中国地热研究取得如下成就:

(1)大地热流测量工作 这项工作是理论地热学的基础。大地热流测试需要2个基本参数:一是地温梯度,二是岩石热导率。地温梯度在陆地上只能通过钻井地温测量来进行,同时还需在相应测温井段获取足够量的岩石样品在实验室内进行岩石热导率测定,经过计算及必要的各项校正(如地形、地下水活动等),才能得到高质量的大地热流值。地热资源的分布与整个区域的热背景及深部热结构有很大关系;另外,作为全面反映某一地区热背景的大地热流值,又是一个在地表能直接观测到的指示地球内热的唯一物理量,历来为地球物理学界及相关地球科学(如大地构造、岩矿、地球化学)界所重视。中国科学院地质研究所地热组在大量钻孔测温及岩石热导率测定的基础上,于1979年在《地震学报》发表了中国第1批大地热流数据25个,填补了中国大陆热流数据的空白。在随后的将近20年中,不同单位和作者在华北、东北、汾渭、攀西、秦岭、青藏、云南三江、东南沿海以及松辽、渤海湾、塔里木、四川、鄂尔多斯、柴达木等大中型含油气盆地取得了一大批热流数据。受国际热流委员会的委托,中国科学院地质研究所地热室在1988年和1990年曾2次对中国大陆地区大地热流数据进行汇编并作了统计分析。第2次(1990)汇编的366个数据已纳入《全球热流数据汇编》之中。截至1995年底中国共有大陆地区大地热流数据681个,并利用ARC/INFO地理信息系统于1996年编制了1:600万《中国大陆地区大地热流分布图》及《中国大陆地区20°×20°经纬度网格平均热流值图》各1幅,1:1200万《大地热流密度图》已收入1996年地质出版社出版的国际岩石圈委员会201号出版物《中国地球物理图集》(袁学诚主编)。上述图件显示,中国大地热流具有"东高西低""南高北低"的变化趋势,平均值为$(65.2±6.4)×10^9$瓦/平方米,这是由于中新生代以来,中国东部受太平洋板块的强烈影响,西部受南来印度板块的推挤作用。中国海洋热流测试工作起步较晚。80年代初原地质矿产南海地质调查指挥部与美国哥伦比亚大学拉蒙特—多赫蒂地质观象台合作,在南海海域测试了一批热流数据。日本东京大学地震研究所上田诚也的研究组在冲绳海槽附近亦进行过热流测量。原地矿部海洋地质调查局(上海)等单位在东海陆架区及渤海湾地区石油探井中亦曾作过热流测试,得到一批数据。

(2)地热资源前景研究 这项工作主要是从温泉调查和开发利用入手的。经过20多年的工作,估计全国"地热学温泉"达3000多个,其中一半是在青藏高原和横断山区,并在那里分布着大部分高温水热对流系统;另一个高温带则是台湾省。闽粤地区虽温泉数量不少,但缺乏高温热田。通过北京大学地质学系、地质矿产部水文地质工程地质研究所和地质力学研究所、地质矿产部有关省地矿局的共同努力,对水热型热资源前景和地质背景已有所了解,出版的重要专著有:《西藏地热》(佟伟等,1981)、《腾冲地热》(佟伟等,1989)、《横断山区温泉志》(佟伟等,1994)和《华北地热》(陈墨香,1988)等。为了开发西藏地热资源,西藏地矿局于1976年成立了西藏地热地质队。目前羊八井热田开发了浅层热储,并于1977年建成羊八井地热电站,经过30多年的开发建设,目前电站总装机容量已达2.5万千瓦。中、低温地热资源的非电直接利用主要集中在华北及东南沿海一带。华北地区除广大农村在冬季进行温室大棚蔬菜栽培、种植外,地热供暖是很有前景的一项工作,天津、塘沽地区已建起较具规模的城市地热供暖系统。近年来国外(特别是美国)热泵技术发展很快,国内最近已有一些单位如中国科技大学、清华大学、天津大学等开始从事这方面的工作。东南沿海地区如广东、福建、海南等主要利用中、低温地下热水进行水产养殖和夏季空调制冷,不少地区已取得可观的社会经济效益。据国际地热协会(IGA)1995年统计,中国地热直接利用的热能当量居世界之首。在大量实际工作积累和调研的基础上,汪集暘等(1994)编著《中国地热系统——形成特点和潜力评价》一书。1993年开始勘探深层热储,1994年钻入深度为2006米,测得温度高达328.9℃,单井生产能力可达1万千瓦。中国除对水热型地热田进行研究外,石油部门和中国科学院地质所开始关注莺歌海地区的地压地热资源。

(3) 油田地热研究　地热是油气形成、演化最基本的控制条件之一。因此，地热研究是油气资源评价与预测的一种行之有效的方法。在油气田通过地温、古地温、大地热流、热演化史等方面的系统观测并结合其他油气地质条件的研究，在油气形成理论和油气资源评价和预测方面均有重要意义。这几年来石油勘测部门与中国科学院地质研究所和南京大学地球科学系分别合作，在某些油田做过一些盆地热演化史和石油成熟度的研究工作，并取得一定的成果(陈墨香，1988)。

(4) 矿山地热研究　矿山地热是20世纪70年代集中开展的一项工作。70年代以前的矿井设计全然未考虑地热因素，而煤田地质勘探中也无地温测量的要求，矿山地热研究基本空白。70年代以后某些煤矿矿井内高温问题严重，才引起了人们注意。为此，在1975年进行了一次全国性的煤矿地温调查，在此基础上找出问题并制定相应的对策，以防患于未然。同时，将全国所有已出现热害危险的矿区或煤田勘探区进行地温类型的划分，根据不同情况预测深部地温或制定出相应的地质——工程防治措施。在煤炭部门组织下，科研和生产部门合作，进行矿山地热问题的探索性研究，并取得丰硕的成果。现在看来，矿山地温场属于地壳浅部的温度问题，实质上是源自深部的大地热流在浅部的再分配问题。矿山地热研究的代表性著作有《矿山地热概论》和修改后的《矿山地热和热害治理》(邓孝，1991)。

(5) 热水成岩成矿研究　目前发现许多矿床与地热活动密切相关，如放射性铀矿床，热泉型金矿和"超低温"的汞、锑矿床。因此，近年来地球表层的热状态和热水成岩成矿作用以及热田中的水热蚀变特别受到地球科学家的重视。北京大学地质学系正在与有关单位合作进行这方面的研究工作，并初步取得一些成果(佟伟等，1981，1989)。

(6) 深部地热研究　中国深部地热研究是20世纪80年代开始的，最早的工作集中在青藏和攀西古裂谷地区。由于攀枝花地区赋存着大型钒钛磁铁矿，这种类型的矿床与古裂谷有密切关系，为此要求弄清该地区的热背景及深部热结构；青藏高原是世界屋脊又是印度和欧亚板块陆—陆相撞之处，地质结构和地热条件极其复杂，因此在80年代初中、法合作研究时就将地热作为一项重要工作内容。研究表明，青藏高原地壳上地幔具有异常加热型热结构，而北部稳定板块属于常规增温型热结构。攀西古裂谷地区深部热流相对较高，占地表热流的61%，地表热流和岩石放射性生热率之间存在很好的线性关系，并据此确定为中国第1个、世界上第37个"热流省"。同时，华北地区深部地热研究随着油田地热工作的深入而开展起来。研究显示，华北地区的诸多含油气盆地如辽河、济阳、黄骅、冀中等不单在地热上是"热盆"，而且大部分热量(一般大于50%，最高可达62%)来自地幔。与此相反，西部的一些盆地如塔里木、准噶尔、柴达木等在地热上为"冷盆"，且大部热量来自地壳的放射性生热。进入90年代，在积累和分析大量实际资料的基础上，中国科学院地质研究所地热室的研究人员正式提出，中国大陆岩石圈东部为"冷壳热幔"，而西部为"热壳冷幔"的热结构。这不但具有很大的理论意义和学术价值，而且对许多实际问题如油气的形成和演化、金属和非金属矿产资源的探寻都有指导意义。

总之，自20世纪90年代以来，整个地球科学都面临深刻的变革，作为研究地球内热科学的地学，将面临怎样的任务？进一步发展的方向是什么？无疑是中国的地热工作者值得仔细思考的问题。

(廖志杰)

第六章 中国应用地质学研究

将地质科学的基本理论和基本方法应用于国民经济建设和人民生活中,以解决与之有关的各种地质问题的科学总称为应用地质学。

第一节 中国工程地质学研究

工程地质学是研究与各种工程建设有关的地质问题的科学。人类进行建筑,总与地球分不开,建筑地点的地质条件,直接影响到建筑物的安全。随着建筑事业的发展,建筑物对地基的地质条件要求越来越高,于是工程地质这门学科也就应运而生。从世界范围来看,工程地质学成为一门独立的学科已是 20 世纪 30 年代的事,而在中国则还要晚些,但属于工程地质范围工作的开展,在中国还是很早的,如举世闻名的古代 4 大工程——长城、大运河、灵渠、都江堰,不仅凝聚着中华民族的智慧,也体现了中国工程地质方面的知识和经验。公元前 250 年在修建四川都江堰灌溉工程时就巧妙地利用了地形地貌条件,并根据河流侵蚀、沉积规律制定了"深掏滩、低作堰"的治理法则,还应用当时最先进的方法,按照岩体构造特点,成功地开凿出宝瓶口引水源,将岷江水引入川西平原广大农田,造福人民。举世闻名的长城,在地形上充分利用了山脊分水岭,选择坚硬岩石作为地基,显示了它的宏伟与坚固。大运河则是沿着低洼的平原、盆地,连接河湖洼地修建的,大大减少了挖方量,形成贯穿南北的大动脉。许多古老的桥梁、宫殿、寺院、宝塔以及亭台楼榭的修建也都考虑了地下水和地震条件,选择了优良的地基,并根据需要采取了合适的加固措施。因此,保证了这类建筑物很多都能逾千年而依然稳定屹立。

一、中国工程地质学的萌芽阶段

中国自觉地把地质学知识应用于工程活动的首推丁文江,他早在 1921 年就开展对建筑石料的调查,发表了《北京马路石料之研究》一文。其后,李学清等先后考察过长江三峡和四川龙溪河坝址地质。1933 年根据孙中山先生实业计划设立的北方大港筹备委员会,在筹备建港过程中,就在北方大港港址进行了工程地质钻探。对于大型水利工程的工程地质勘查工作,如 20 世纪 30 年代萨凡奇扬子江三峡计划初步报告提出后,中央地质调查所即派叶连俊去美国垦务局参加设计,并从 1946 年 10 月开始,先后派侯德封、陈梦熊、姜达权、刘秉俊、边效曾对长江三峡、广东瀚江及台湾大甲溪等水电工程进行过工程地质调查,张兴仁等,对坝区漏水问题、洞穴问题、地震与山崩问题及库区地质问题都进行了初步研究。此外,李学清、熊永先对四川龙溪河电厂坝址地质的调查(1937),曾鼎乾、顾知微对四川大渡河水电站水坝和隧道的工程地质调查(1945),朱庭祜、盛莘夫对钱塘江河道疏浚工程的勘察(1946),以及王超翔、边效曾对湖南资水东坪峡筑坝区地质、姜达权对广东瀚江水力发电厂坝址地质、台湾大甲溪火电站,都曾经做过工程地质调查研究。

道路工程地质奠基人林文英 1933 年春毕业于南京中央大学地质系,随后进入全国经济委员会公路处,从事工程地质工作,先后到过西南、西北和长江下游的 10 多个省区,还调查了滇缅、川滇、中印等公路沿线地质,总结发表了《公路地质学之初步研究》和《中国公路地质概论》(1938),初步反映了区域工程地质评价和工程地质分区。他结合中国自然条件,按公路工程地质要求,将全国划分为 12 个区。中国 1940 年与 1942 年先后成立了公路研究实验室和水利实验处土工室,由此开始了对土的定量评价。1947 年中央地质调查所为此还专门成立了工程地质研究室,研究与工程有关的地质问题。同时,也出版了若干工程地质方面的理论著作,如茅以升的《土压新论》、郭文魁的《石灰岩与水坝坝基》等。某些大学从40年代开始讲授了这方面的课程,孙鼐所著的《工程地质学》,就是在这种情况下产生的。

总的说来,1949年前,工程建筑规模小,数量少,全国从事工程地质工作者不足10人,中国工程地质学尚处于萌芽阶段。

二、中国工程地质学蓬勃发展阶段

1949年后,随着大规模社会主义经济建设的发展,工程地质工作和有关的高等教育得到了蓬勃发展。20世纪50年代工程地质工作主要集中于水利水电工程、铁路工程、公路工程、工业民用建筑等方面;1952年院系调整,成立了北京和长春2所地质学院,设立有水文地质和工程地质专业,开始培养这方面人才。新中国成立初期,一些老的地质学家为铁路的修建和水利水电工程建设担负起工程地质勘察的任务。主要是利用基础地质知识查明建筑地区的工程地质条件,能够作出正确的工程地质定性评价。1952年成立了地质部,其下设有水文地质工程地质局,起着领导专业工作的作用。类似的机构也在其他部门如原水利水电部、铁道部、建设部、冶金部等建立起来。50年代中国开始了大规模的基本建设,水利、铁路、城市和工矿基地建设提出了大量工程地质勘察任务和许多复杂的工程地质问题,如淮海上游的佛子岭水库、梅山水库、板桥水库(谷德振、戴广秀等)、黄河三门峡水库(贾福海、夏其发等)、湖北汉江丹江口水库(胡海涛、何鑑荣)、宝成铁路(陈梦熊、乔作轼等)、武汉长江大桥(谷德振等)、黄土地区重型厂房基地(常士骠等),由基础地质和矿产地质领域转到工程地质战线的地质技术骨干带领50年代新毕业的大学生很好地完成了上述任务。50年代中期为配合长江流域规划,编制了中国第1张区域工程地质图——长江流域工程地质分区图(谷德振、张勇等)。1952年在各地质院校和大学建立的水文地质工程地质系、1956年建立的科研机构、地质部水文地质工程地质局、各工业部门的勘察设计院组成了中国开展工程地质勘查和研究工作的骨架,这是新中国成立后工程地质发展的最初阶段。50年代中期开始的长江三峡水利枢纽工程地质勘察历时近半个世纪,经历了从坝区选择、坝段选择、坝址选择等多个步骤,为工程的规划、初涉要点、初步设计、技术设计、施工等阶段提供了地质依据。特别是50年代末~60年代初投入的人力和工作量最多,全国大多数有关院校和科研单位均派出专家参加科研大会战,开展了三斗坪坝区风化壳工程地质特征研究、南津关坝区岩溶工程地质条件研究、2个坝区的坝基和绕坝渗漏电模拟实验研究和有关计算、三峡地区新构造运动和地壳稳定性研究、库区工程地质问题研究等。1959年开始了西部地区南水北调考察,由中国科学院和黄河水利委员会牵头组织,是在中国西部工作条件艰苦、区域地质研究程度很低的条件下开展的区域工程地质调查任务。1959年~1961年中国科学院西部地区南水北调综合考察队下设工程地质分队,最后编制了《西部地区南水北调工程地质考察报告》。60年代初很多单位都组织力量,对前一段工作进行总结。1964年开展了大规模的"三线"建设,基本建设重点向中西部转移,以山区工程建设为主,因而对高边坡、地下工程进行了大量的工程地质工作。根据国家关于加速西南地区铁路网建设的要求,1964年以来地质部调集全国十几个省的水文地质工程地质大队进行了成昆铁路工程地质勘察大会战,成立了8个工程地质队,人数3000多人,乔作轼、戴广秀、刘广润、袁道先、刘克等担任技术领导工作。成昆铁路和成襄铁路在选线、设计、施工阶段地质工作者一直与设计、施工人员密切配合,不仅保证了工程的顺利实施,也通过工程实践验证了地质预测,提高了工作水平。在道路方面如青藏公路、成昆铁路、襄渝铁路、湘黔铁路等的修建过程中,在水利方面如官厅、佛子岭、刘家峡、新安江等水库和三峡工程等水利枢纽以及一些矿山、地下工程和一些新兴城市的建设过程中,经常遇到塌方、滑坡、泥石流、隧道涌水、地基变形与稳定等复杂的工程地质问题,这些问题的解决,不仅保证了工程建设的顺利完成,也锻炼了工程地质人员解决问题的能力,加速了工程地质学在中国发展的进程。这一时期所研究的工程地质问题主要由以下几个方面:

(1) 区域形成地质问题研究 在20世纪50年代末期,为了满足远景规划的需要编制了1:300万和1:400万全国工程地质图,编制了长江流域工程地质分区图等流域规划性图件,还进行了西部地区南水北调的勘察工作,积累了一定的工程地质资料。中国是新构造运动比较强烈和多地震国家,根据建设的需要先后在长江三峡地区、四川西昌地区、辽宁海城地区、河北唐山地区等进行了地壳区域稳定性与工程建设关系的研究。例如,在三峡水利枢纽外围地区数千平方千米范围内专门进行了以研究区域稳定性为主要内容的中比例尺工程地质测绘,近年来又进行了个别断层活动性的专题研究,开始应用李四光提倡的地应力测量法研究地壳稳定性。70年代以来为配合青藏铁路选线,对沿线地区的冻土、盐渍土的工程地质性质进行了专门调查和研究。

(2) 边坡稳定性和边坡变形的研究 中国是一个多山的国家,山体边坡的变形是工程建设中最常见的问题之一,在山区修建水库、电站、铁路、公路和工厂等而大量开挖山坡,可以造成新滑坡或导致老滑坡的复活,崩塌、泥石流等也很常见。宝成铁路和成昆铁路都有物理地质现象的"博物馆"之称,但由于查明了地质条件,采取了相应的处理措施,保证了铁路的正常运转。陕西省在水土流失严重的陕北黄土地区进行了为水土保持服务的工程地质勘察研究工作,把发展当地农业生产与减少黄泥沙紧密结合起来,在水土保持规划、防止坝地盐碱化、滑塌土地利用等方面提供了地质资料,取得了较好的效果。

(3) 地下建筑的工程地质问题 对水利、铁道和国防建设中的地下建筑物的稳定性评价问题进行了大量勘察研究工作,在围岩岩体的工程地质分类、岩体强度的定量评价和声波探测等新技术的应用方面都有较大的进展。在地下硐室的涌水量预测和突然涌水的预报方面,襄渝铁路大巴山越岭隧洞提供了经验,在这项工程中除了进行岩溶发育和分布一般规律的研究外,专门开展了施工阶段的地质工作,利用隧洞施工时超前小孔中射水的数据结合其他方面的资料进行涌水量预测取得了满意的结果。

(4) 地面沉降和地面塌陷研究 沿海城市在大量开采地下水等人为活动影响下,出现了地面沉降问题。上海市地面沉降勘察研究查明了地质结构、水文地质条件,地下水开采量、水位与沉降量的定量关系,沉降机理。同时利用人工回灌措施控制地面沉降。利用地下含水介质温度比较固定的特点,试验成功了冬灌夏用和夏灌冬用,提高了地下水源的利用价值。南方岩溶地区矿山排水或城市供水时地下水位下降常引起地面塌陷,查清岩溶发育规律,合理规划厂址和合理选择水源地可以有效地防止地面塌陷。

1978年以来,各方面的建设蓬勃发展,工程地质在已往基础上取得了重大发展。勘察质量提高,新的勘察规范制定,向着工程领域拓展,承担勘测、工程处理的系统列工作。新型、巨型工程向工程地质勘察提出了新的要求。科学研究工作取得丰硕成果,创立了自己的新的理论,引入有关科学的新理论、新方法;学术活动频繁。教育方面,许多学校增设了工程地质专业,提高教学质量,大量培养研究生,编写系列教材,并形成了中国工程地质学的理论体系,具有中国特色。环境工程地质学和地质灾害研究迅速发展。凡此推动使得中国工程地质学不断前进,走进国际先进行列。核电站的建设、大江大河的治理、海洋开发与工程建设、地下空间的利用等为工程地质学提出了许多新的课题,为发展中国海洋工程地质及环境工程地质奠定了一定基础,科研工作取得了丰硕成果。矿山工程地质工作也有了很大进展。同时,许多学校增设了工程地质专业,大量培养研究生,编写教材。例如,《中国工程地质学的发展》(谷德振,1994)《中国工程地质学》(张咸恭,1999)、《工程地质基础》(许兆义、王连俊、杨成永,2003);《工程地质数值法》(何满潮,2006)《地质工程学》(尚岳全等,2006)、《工程地质学》(吴继敏,2006)《工程地质学》(时伟,2007)《工程地质学基础》(唐辉明,2008)、《水利工程地质学原理》(左建、郭成久等,2009)等等。学术上代表著作:《南水北调西线工程岩石力学与工程地质探索》(王学潮、伍法权,2007)、《矿山工程地质学》(李前、张志呈,2008)、《国家重大工程建设地质灾害危险性评估理论和实践》(小贝苏,2008)、《天津平原水利工程地质环境概论》(袁宏利等,2008)等。

三、中国工程地质学的分支学科

中国工程地质学是一门年轻的、迅速发展的学科,实践中逐渐形成一些分支学科:

(1)区域工程地质学 进行区域工程地质特征评价、区域稳定评价及区域工程地质改造,编制了《1:1000万工程地质图》。区域稳定性的研究与地震地质的紧密结合是中国研究工作的特点,其方法是利用人造卫星影像和航空相片进行判读,配合地质分析法,确定活动构造体系,探索活动断层发展史以及构造应力场的演化等。刘国昌的《区域稳定工程地质》(1993)提出了区域稳定工程地质研究应包括:地壳结构和组成、地壳的动力条件、现代地应力场、现代地壳升降活动、现代断层活动、地震活动、火山活动、区域性山体稳定与地表沉降变形、区域稳定性工程地质评价理论和方法研究等。一些在三峡和二滩等巨型水利水电工程和苏南、大亚湾等核电站的工程地质勘察中,区域地壳稳定性成为重要因素,这方面的研究取得巨大进展。对断层发育情况、活动性,地壳升性速度、地应力状况、地球物理特征值以及区域地震危险性分析等进行全面研究。基于这些因素的分析和定量指标,进行了区域地壳稳定性评价和稳定性分区,分为稳定区、基本稳定区,次稳定区和不稳定区几个等级。并把稳定区视为"安全岛",是适于进行这类工程建筑的区域。这也是具有中国特色的研究项目。

(2)动力工程地质学 研究边坡稳定问题,提出滑坡推力计算方法。在岩质边坡中采用岩体结构实体比例投影等分析办法,取得了良好成效;对泥石流运动规律的研究,已经达到一定的水平。

(3)土质学、土力学 集中力量研究一些特殊土类。在土的微观结构方面开展了广泛研究,取得较大进展。对黄土的研究除一般的地质方法外,突出研究它的湿陷性,提出了湿陷起始的概念,并总结了一套抗湿陷的加固处理方法;对膨胀土、膨胀岩的研究投入了不少力量,主要研究膨胀机理、力学性质及鉴定标准;在冻土研究方面有一定进展,提出了一些新观点、新见解和新方法,完成了《1:400万中国冻土分布图》及东北地区与青藏公路沿线综合冻土图。海洋土与陆相土的区别在于其中Na^+、Mg^{2+}氯化物含量较高,并具有絮凝蜂窝状结构,南海土中石英含量较少而硅质和钙质沉淀物较多,因而其工程地质性质有所不同;对膨胀土的分布范围、判别方法、土的干容重对膨胀性的影响等方面取得了新的认识。西北内陆盆地的盐渍土、黄土和华南的红土、沿海地区的淤泥软土的研究均取得了大量成果。用静力载荷试验、旁压试验、微型载荷试验等测试手段研究花岗岩风化壳残积土的地基承载力,扰动小,取得的数据可靠,对东南沿海广泛分布有这种土的地区高层建筑经济效益显著。近年来提出发展"土体微结构力学"作为土体工程地质研究的新领域。

(4)岩体工程地质力学的建立与岩体力学研究 对各种不同性质岩石展开了不同测试方法,对若干岩石力学理论问题如山岩压力、强度理论、岩石断裂力学和岩体稳定分析等问题,进行了广泛的探索,取得了有意义的成果。与土力学相比,岩体力学直到20世纪60年代还是知之甚少。在治淮工程、武汉和南京长江大桥以及三峡工程等一系列工程地质勘察中发现,岩体中的裂隙发育情况不同对岩体的力学性质与行为影响很大,而岩体的变形破坏实际上是受其中的软弱结构面的控制,包括层面、断层面、裂隙、片理、劈理等,也称不连续面,使岩体成为非均质、各向异性的不联系介质,结构面之间的岩石体称为结构体。总体上来说,岩体就是由结构面和结构体组合而成的。结构面按其延续的长短可以分级,但其形成则受岩石成因和后期地质构造变动的控制,因而其分布规律和形状、宽度等可以通过地质力学加以分析。这样他们就把地质力学与岩石力学结合起来对岩体结构加以分析,创立了一门新的分支学科:岩体工程地质力学。20世纪70年代谷德振等提出"岩体工程地质力学"概念,它以地质历史的发展过程——建造与构造,并运用地质力学观点研究了岩体的工程地质特性及力学的成因问题,它包括了岩体结构的解析和表征、岩体结构的力学特性和效应、工程岩体变形破坏机制的分析、工程岩体稳定性的预测评价等一系列问题,初步建立了工程地质力学的理论体系与研究方法。80年代岩体工程地质力学进一步发展,产生了"岩体结构力学"新概念,它主要研究地质模型的力学效应,即把地质模型转化为力学模型,在此基础上进一步将力学模型与岩体变形破坏机制有关要素转为定量的数学语言表达,进行岩体稳定性分析的力学分析,作为工程设计的依据。把岩体结构分为块状结构、镶嵌结构、碎裂结构、层状结构、层状碎裂结构、散体结构等类型。不同结构类型的岩体其力学性质和变形破坏规律也不同。中国在软弱、破碎岩体的研究方面也取得较大进展,例如,断层岩的分类及其物理力学特性和稳定性评价的研究;泥化夹层的物质与结构特征及其力学性质的研究;膨胀岩的膨胀机理和处理措施的研究等。

(5)工程地质勘测　工作内容包括测绘、勘探、试验及长期观测。测绘是调查工程建筑地区的地质环境,从地层、岩性、构造、地下水、地貌、各种物理地质现象及建筑材料入手;勘探如钻探、触探、坑槽探、硐探、物探,都已得到广泛应用;试验如大型三轴试验、直接剪切试验;长期观测如变形观测、边坡稳定观测、洞室变形观测、活动断裂位移观测等,都取得了一定进展。1992年开始实施的长江西陵峡链子崖重大地质灾害防治工程是在详细的工程地质勘察和研究基础上实施的参与改造自然的项目,在理论上完善了以"灾害地质体"改造为核心的地质工程理论体系,在技术上采用了预应力工程、CAD技术、全自动实时监测系统等高新技术,在100多米高的二叠纪灰岩危岩绝壁上成功地穿越宽达5米的2条裂缝带,安装了3000千牛顿级大吨位超深度(62.5米)预应力锚索,并实现了全自动化的实时监测预报。海洋工程地质勘察是中国起步较晚的新领域,20世纪80年代地质矿产部广州海洋地质局在联合国开发署的援助下,开展了珠江口外6幅比例尺1∶20万的海洋工程地质图的图幅联测,引进了国外海洋物探和海底工程地质取样等仪器设备,通过实施项目掌握了海洋工程地质勘察和制图技术。1989年12月上旬在广州由中国地质矿产部与联合国技术合作发展部联合召开了"发展中国家石油开发中的海洋工程地质勘察会议",出版了大会论文汇编。

(6)环境工程地质学　20世纪20世纪80年代以来,环境问题日益严重,为了合理利用和保护地质环境,中国开展了环境工程地质的研究。几十年来在一些重点地区和大型工程地区开展了许多研究工作,以工程建筑所引起的闪生地质环境研究为主,包括对人类生存和生产造成损失和威胁的各种地质灾害,诸如地面沉降、地面塌陷、地裂缝、滑坡、崩塌、泥石流、水库诱发地震、沙漠化、水土流失等。

新中国成立以来,工程地质学研究的代表性成就有:①区域地壳稳定性理论和成套方法;②环境工程地质相互作用理论和动态分析系统;③地质灾害预测预报、系统分析与整治方案制订和设计;④以岩体结构为基本概念、结构控制论为核心的岩体工程地质力学分支学科体系;⑤特殊岩土(如黄土、膨胀土、膨胀岩、软岩、软弱夹层与泥化夹层等)的特性研究、评判与分析;⑥以时效变形为中心的浅表动力地质作用机理与效应研究;⑦岩体变形监测原理、应力量测与分析、岩体稳定性块体理论及计算分析等;⑧"地质工程"新概念、基本理论、超前预报、地质工程设计与岩体强化处置研究;⑨大型水利水电工程的地质勘测原理、内容与成套技术方法;⑩工程地质应用基础理论(工程地质力学、工程地质系统分析原理、综合集成原理)研究和新技术(地震CT)应用等。中国的"结构控制论""地质过程机制分析—定理评价"及"系统工程地质学"等理论及学术思想体系在国内外具有较大影响,高边坡稳定性、地下开挖的地面地质效应、崩塌地质灾害预测及土体工程地质特性等研究走在国际前沿。因此,无论是在地质理论还是实践水平上,中国都处于世界先进水平之列。

中国工程地质的实践,积累了大量资料和一定的实际经验,学科进入独立发展阶段,各建设部门制定自己的勘察规范,以山区工程建设为主对工程地质提出更高的要求,岩土测试技术提高,定量评价有所发展。改革开放以来,各方面的建设蓬勃发展,工程地质在已往基础上取得了重大发展。勘察质量提高,新的勘察规范制定,向着工程领域拓展,承担勘测、工程处理的系统列工作。新型、巨型工程向工程地质勘察提出了新的要求。科学研究工作取得丰硕成果,创立了自己的新的理论,引入有关科学的新理论、新方法;学术活动频繁。

(王仰之)

第二节 中国水文地质学研究

水文地质学是研究地下水的科学,它研究地下水的形成、分布和埋藏规律、物理性质和化学成分、运动规律、动态变化等,同时还研究在不同条件下,如何以最经济合理的方法利用地下水,有效地和地下水的灾害进行斗争。

一、中国早期对地下水的开发利用

我们祖先开发利用地下水已有几千年的历史。利用地下水最早的方式是凿井,中国最早开凿的水井,从考古发掘资料看,是浙江余姚河姆渡的一口水井,距今约有5700年的历史。1973年在河北藁城县台西村发现距今3500年的商代水井。至于有关地下水的记载则在《山海经》《水经注》《齐民要术》《梦溪笔谈》《农政全书》《天工开物》等古籍中都可见到。古代四川人民凿井汲取卤水煮盐,新疆人民开凿坎儿井灌溉农田,还有利用温泉的水沐浴以治疗疾病,对地下水的开发利用,都起到了独特的作用。

随着城市人口的增长,用水量也越来越大。这些城市,本来用的都是河、湖水,后来就逐渐开凿深井,开采地下水。在上海,1921年已有深井22口;在天津,据1930年调查,单是英租界内就有自流井8口。这些水井的出水量一般都比较稳定,水质也比较好,因此各个城市取用地下水作为水源的单位就越来越多。水文地质学就这样逐渐在中国发展起来了。

1929年谢家荣对南京地下水的调查是中国水文地质学发展史上的大事,调查后发表的《钟山地质与南京市井水供给之关系》一文是中国早期重要的水文地质文献。他根据南京地质条件,指出开发深层地下水的有利地段,为解决南京饮水供给问题提了一个很好的方案。此外,西安、兰州等内地城市的地下水源,当时也曾由傅健、梁文郁等作过调查

开发地下水作为农田灌溉用水,早在20世纪30年代就开展过工作。如1933年朱庭祜、王钰、马振图、吴燕生等曾调查过南昌附近及河南安阳、林县、淇县、浚县一带的地下水;1934年李书农就调查过河北太行山以东地区的地下水,并制订了开凿自流井进行灌溉的计划。

二、中国水文地质发展进程

新中国成立后,从事水文地质工作的各种机构陆续出现。1956年地质部建立了水文地质工程地质研究室,以后扩建;1964年和1976年先后建立了专门从事水文地质工程地质技术方法研究和岩溶地质研究的专门机构。到20世纪80年代末,水文地质专业技术人员已增至1万余人。水文地质学的发展,大致经历了4个阶段:

第1阶段(20世纪50年代)区域水文地质学的开创时期　主要是学习苏联的经验,在广大地区开展了水文地质普查和专门性工作,如矿区水文地质;北京、西安、包头等城市和工矿企业供水水源勘察等。区域性水文地质调查是掌握全国地下水的分布和形成规律最重要的基础性工作,自1956年开始用了大约15年时间对全国1/3的面积进行了1:20万及更小比例尺的调查。进行工作的地区主要包括华北地区、西北和东北的平原区、南方的部分地区。1959年~1961年为配合沙漠地区综合考察,进行了沙漠地区水文调查和少量勘探工作。自1956年开始的区域水文地质调查中的重要地区的野外工作均由中国第1代水文地质学家亲自带队,例如陈梦熊、孙鸿冰、阎锡屿、李宝兴等在西北干旱地区的工作。从1956年起的10年间,水文地质工程地质区域性规律的研究占了重要地位;在大量野外跟着综合研究基础上于1959年编制出版了1:400万的中国潜水区划图和说明书。

第2阶段(20世纪60年代)农业水文地质学的开创时期　为适应国家加速农业发展的形势要

求,开展了大量为农业服务的水文地质工程勘察工作,主要是农田供水水文地质勘察、土壤改良水文地质勘察、农田水利工程勘察3个方面的工作。特别是1960年以后专业水文地质勘察队伍与群众打井队伍、水利工程施工队伍相结合,参加到轰轰烈烈的农田水利建设运动中去,进行了北方17省、市、区为重点的抗旱找水及指导群众抗旱打井工作,并对石家庄、郑州、洛阳、济南、太原、西宁、银川、双鸭山等50多个严重缺水工业城市进行了供水勘察工作,提供了一批可供开采的水源地,收集了大量施工中积累的地质资料,并针对施工过程中出现的地质问题及时进行指导,加快了勘查步伐。在提交的成果方面,除编制一般的综合水文地质图外,开始编制了《农田灌溉水文地质图》《地下水开发利用条件图》《地下水开发利用规划图》等直接指导地下水开发利用的图件。在一批大中城市和部分井灌区开始建立地下水观测站网,进行地下水动态和均衡的研究。还对上海等城市地面沉降等问题进行了勘察和研究,同时继续进行水文地质普查和区划。60年代中期区域水文地质调查在河南、山东、河北、江苏等省首现编制出版了以省为单位的1:50万~1:100万水文地质图;60年代后期~70年代初期出版了河西走廊、柴达木盆地、四川盆地等自然单元的小比例尺水文地质图件。第1部公开出版的系统阐述中国干旱区地下水分布和形成的专著为《治沙研究(第6号)》(李宝兴、赵运昌等,1964)。60年代中期地质部水文地质局组织编制出版了彩色的《黄淮海平原水文地质图系》和《松辽平原水文地质图系》(比例尺均为1:100万),为中国首批跨省按自然单元编制的小比例尺水文地质图系。50年代末期以来开始进行并完成了中国固体矿床水文地质类型划分的研究,分别对金属矿床和煤田制定了水文地质勘探规程,较早地形成了一套比较完整的工作方法和程序。对于涌水量大的岩溶矿床常需要进行专门性的水文地质勘探试验研究,主要采用的方法是大型孔群大降深抽水试验。

第3阶段(20世纪70年代)环境水文地质学的开创时期　对中国北方主要干旱缺水和土壤盐碱化的农牧业地区,继续开展农业水文地质勘察;同时,在广西北部、广东雷琼地区等南方一些干旱缺水地区也进行了农业水文地质勘察工作。城市供水工作除对北方的北京、西安、沧州、锦州、沈阳、济南、辽阳、鞍山、辽源及延安等缺水城市外,南方的遵义、安顺、武昌、岳阳、郴州、柳州、徐州、连云港、苏州、宁波、温州等城市也进行了供水勘察。70年代以来在研究人为活动影响下出现的水文地质工程地质问题方面开展了大量研究工作,诸如1972年~1976年完成的"河北平原(重点鱼龙港地区)地下水资源评价和合理开发利用研究"、大中城市地下水资源的开发和保护(包括防治地下水位、水质恶化、地面沉降、水质污染等问题的综合性研究)。同时进一步开展综合性研究工作,编制了全国水文地质图集和中国岩溶图册等。

第4阶段(20世纪80年代以来)水资源水文地质学和信息水文地质学的开创时期　根据"四化"建设需要,强调以重要城市的规划、建设、经济区、国土整治区综合评价和国家重点建设项目勘察为主,对寻找岩溶水、黄土地下水、红层地下水、控制地面沉降、平原区合理开采地下水等方面,都取得了新的进展,而电子计算机、遥感等新技术的应用,大大加快了水文地质学发展进程。截止1995年中国用了40年时间完成了全国陆地(除台湾省外)第1轮调查,基本比例尺为1:20万,个别高寒和沙漠地区采用比例尺1:50万或1:100万,其中1983年~1995年完成了条件最为艰难的西南、西北和黑龙江的雪山、草地、森林、沙漠等,面积为290万平方千米。在积累了大量资料的基础上,通过总额和分析研究产生了一批小比例尺的水文地质编图重要成果,例如,1979年出版的《中华人民共和国水文地质图集》、1988年出版的《中国水文地质图(1:400万)》、1992年出版的《中国岩溶水文地质图(1:400万)》等。"八五"期间编制的《中国温泉分布图(1:600万)及说明书》收入"中国温泉名录"中的≥25℃的温泉总数达2796处。在农业水文地质方面,自1960年以来在全国主要农牧区(特别是北方)累计完成了比例尺1:5万~1:10万的农牧业水文地质普查面积130万平方千米,其任务包括为井灌规划和土壤改良提供水文地质依据,为牧区和缺水山区寻找人畜饮用水水源。在勘查工作基础上进行了多项主要为发展农业服务的专题研究,比较重要的有黄淮海平原旱涝盐碱等自然灾害综合治理研究、河南商丘地区水资源与人工调蓄研究、河套平原和银川平原关于水盐平衡和盐土治理研究、河西走廊地下水合理开发利用研究等。在城市供水水文地质方面,累计对1000多处大中型水源地进行了勘探,对水文地质条件复杂者还进行了专题研究。至90年代中期已开采的900处地下水水源地实际开采量3055万立方米/天,折合115亿立方米/天,对保证城市和工矿基地正常运转起了重要作用。全国储委专门立项组织各省专家总结经验,并于1993年出版了《地下水水源地勘查和评价》(殷昌平等)。在矿床水文地质方面,进行了固体矿产水文地质勘探类型划分、大水矿床涌水量预测和治理方法等研究(辛奎德、王锐、张振国、余霈、刘启仁、叶贵钧等)。80年代中期地矿、煤炭、冶金等部门的专家协作完成了"中国北方岩溶地下水资源及大水矿区岩溶水预测、利用与管理的研究",对缓解北方某些地区的工农业用水紧缺状况、对水害进行了科学治理有重要价值。在地下水资源计算和评价方面,中国地质学会于1978年在北京召开"首届地下水和资源评价学术会议",并于1982年出版了《地下水资源评价理论与方法研究——首届地下水资源评价学术会议论文选编》。1985年10月中国地质学会水文地质专业文员会和中国建筑学会工程勘察委员会联合在山东泰安召开了"全国水资源学术会议",1989年6月在河北正定又召开了"第2届全国地下水资源评价与管理学术讨论会暨第四届全国渗流力学学术讨论会",对学科的发展都起到了推动作用。张宏仁等编译的《地下水水力学的发展》(1992)在向国内同行介绍非稳定流理论的发展等问题起了很好的作用。在分省、分自然单元计算的基础上,地质矿产部门在1985年完成了全国地下水天然资源和开采资源数据的汇总,全国地下水天然资源为8700亿立方米/年。陈墨香等(1994)对全国主要沉积盆地的地热资源进行了估算,包括10个盆地面积70万平方千米,积存资源;水量628 500亿立方米,热能 7361×10^{18} 焦耳;可采资源4917亿立方米,热能量(标准煤)18.54亿吨。"六五"和"七五"期间进行的黄淮海地下水资源研究、"八五"和"九五"期间进行的西北干旱区地下水资源研究都取得了新进展,并和水利部门进行的地表水资源研究相互配合,对地表水和地下水合理开发逐步取得共识。90年代初地质矿产部和国家计委(国土司)共同组织了对中国重点地区和重要城市地下水资源保证程度的论证。"七五"期间中国科学院组织的"黄土高原地区综合治理开发考察系列研究"和"八五"期间国家科学技术委员会组织的"黄河治理与水资源开发利用"都是多学科的攻关项目,水文地质学家作出了应有的贡献。在地下水开发利用大量实践经验的基础上出现了一批总结性著作,如《中国蓄水构造类型》(钱学博,1990)、《中国地下水资源开发利用》(王兆馨,1992)等。在一批城市开展地下水管理模型研究的基础上出现了地下水管理问题的著作,如《地下水管理》(林学钰、廖资生,1995)和《地下水资源管理》(尹承怀等,2001)等。

三、中国水文地质学的巨大成就

通过几十年的生产实践,水文地质学在中国已发展成为一门综合性的学科,在各个方面都取得了巨大的成就。

在区域水文地质方面,除由各省、区地质局承担任务外,一度还组建基建工程兵水文地质普查队,在边远地区开展水文地质普查工作。如今许多省、区的水文地质图都已完成,《中华人民共和国水文地质图集》及其说明书也已出版。在此基础上评价出全国地下水天然资源每年有8700亿立方米,全国地下水开采资源每年有2900亿立方米。

在环境水文地质方面,进行了一系列调查研究和防治工作,使城市地下水的污染得到了缓和。发现了一些特殊的地方病,如大骨节病、克山病等,往往和饮用特异化学成分的地下水有关,从而可以通过水文地质途径设法予以防治。

在矿区水文地质方面,通过对岩溶充水矿床的勘探和科研工作,制订了中国矿区水文、工程地质规范。在一些矿区进行了大规模的抽水试验,用电子计算机和电网络模拟,预测矿坑涌水量,取得了较好成果。

在水文地质技术方法方面,各种物探方法都因地制宜地得到了采用,除电法外,还采用了放射性法、激光极化法、磁法、地震法、声波测井和井下电视—无线电波透视等。煤炭部和农机部门研制了若干新型仪器进行地下水源勘探,效果良好。

在水文地球化学方面,特别是利用放射性水文地球化学找矿圈定远景区及研究铀矿床的成因和预测,有了很大进展。还提出了"古地下水成矿模式""地下水多期、多阶段活动成矿论"和"冷热水混合成矿论"等新见解。

"十一五"期间中国水文地质工作进展主要体现在以下几个方面(中国地质学会水文地质专业委员会,2011):

(1)全国地下水污染调查评价　开展了全国主要平原(华北平原、长三角、珠三角、淮河、下辽河平原)以地下水有机污染调查为主的调查工作。查清了全国主要平原地下水系统中各含水岩组的地下水水质、地下水污染状况及有机污染组分,进行地下水防污染性分类与评价。如此大面积的开展地下水污染调查,在世界上也是不多见的。

(2)初步建立了全国地下水动态自动监测系统　在全国北方主要平原(盆地)地下水资源及其环境问题调查评价项目工作的基础上,"十一五"期间,继续开展地下水动态调查评价工作,优化了水位、水量、水质监测网,初步建立了全国地下水动态自动监测系统。根据地下水动态变化资料,计算评价不同时段的地下水资源量及其环境地质问题的变化趋势,为国家及各级政府管理、保护提供依据。

(3)全国地方病高发区地下水资源调查及示范工程取得明显成效　中国地方病区与水质有关的主要是高氟、高砷、低碘与苦咸水等,严重影响着人民群众的身体健康。高氟水主要分布在华北、西北、东北和黄淮海平原地区。目前全国农村有6300多万人饮用含氟量超过生活饮用标准的水。长期饮用轻者形成氟斑牙,重者造成骨质疏松、骨变形,甚至瘫痪,丧失劳动力。高砷水分布于内蒙古、山西、新疆、宁夏和吉林等地,受影响人口约200万,长期饮用砷超标水,造成砷中毒,可导致皮肤癌和多种内脏器官癌变。苦咸水主要分布在北方和东部沿海地区,农村饮用苦咸水的人口有3800多万,长期饮用导致胃肠功能紊乱,免疫力低下。

(王仰之)

第三节　中国岩溶地质学研究

一、中国岩溶地质研究概况

岩溶也称喀斯特,是指水对可溶性岩石(碳酸盐岩、石膏、岩盐等)进行以化学溶蚀作用为主和流水机械侵蚀(冲蚀、潜蚀和坍陷等)的综合地质作用以及由此产生的一系列地质现象。岩溶地质学是岩溶学和地质学之间的边缘学科。中国岩溶(喀斯特)地区面积大,按含可溶性地层分布面积统计达346.3万平方千米,占国土面积1/3以上。其中碳酸盐岩的分布很广,总面积约250万平方千米,尤以云南、贵州、四川、广西、湖南、湖北和广东7省、区的联片出露岩溶区面积约54万平方千米,占陆地国土面积5.6%,是世界上联片分布面积最大的岩溶区。中国岩溶区不但面积大、分布相对集中,而且岩溶地质背景与岩溶地貌非常典型和有代表性,是在国际上具有地域优势的研究领域(袁道先等,1993)。岩溶地区的一些大环境问题,如旱涝、森林退化、地面塌陷、矿井突水突泥、地下水污染以及旅游景物的损坏等,往往可以在更大的范围和更长的时间影响着人类赖以生存的最基本条件。所以,对岩溶的研究不但可建立地表环境变化和地质作用过程的理论,而且可发展常温常压地球化学,与国民经济建设有密切关系。岩溶研究在中国地质学研究领域占有重要而突出的地位。由中国牵头连续承担IGCP299、IGCP379和IGCP448等3个国际地质对比项目即能说明中国岩溶学在地质学研究中的重要性。

中国岩溶调查研究具有悠久的历史。秦朝以前对岩溶现象的认识多具神秘色彩。公元前3

世纪至公元 10 世纪中叶在广西修灵渠长 30 千米,沟通湘、漓两江分水岭。这期间开发利用很多岩溶泉,如趵突泉、晋祠泉等,石钟乳等也作为药材利用。公元 10 世纪中叶～19 世纪中叶宋朝沈括《梦溪笔谈》等论著研究了石钟乳成因。1636 年～1641 年《徐霞客游记》描述了南方地区地表及地下岩溶景观,并进行了分类,也探索了一些岩溶水流的形成、储存与径流特征。可以说,《徐霞客游记》是世界上最早的一部岩溶巨著,它比欧洲最早的岩溶著作早 150 年。19 世纪中叶～1949 年岩溶研究没有得到应有的重视,只是对岩溶地貌特征与发育作了一些研究,探讨地质构造对岩溶发育的影响,研究古洞穴中的动物化石与文化层,对少量矿区、水利工程进行有关水文地质、工程地质条件的调查。如杨钟健等(1935)的喀斯特发展史研究,马希融(1936)调查云南石林的喀斯特并写出《云南石林地形学上的初步观察》,高振西(1936)对滇、黔喀斯特的调查及写出《喀斯特地形略论》等。值得提到的还有方鸿慈研究济南城地下水,认为泉水来自奥陶纪石灰岩。这一论断比北洋大学教师巴尔博的冲积层含水论更为合理。

1949 年以来,由于经济建设和国防建设的需要,岩溶地质工作和岩溶研究获得迅速发展。这时期进行了岩溶形成条件和发育规律的研究。为各项工农业建设不断深入探讨有关水文地质、工程地质条件;开始引用先进技术,为定性研究转入定量研究创造条件;建立了专门性研究机构,开展了国内外学术交流。从 1961 年以来召开了 7 次全国性的会议,出版了会议论文集、专集。1976 年中国地质科学院在桂林建立了岩溶地质研究所,大力展开了岩溶学的研究工作。中国科学院地质研究所岩溶地质出版了《中国岩溶研究》(1978)专著。为了加强组织国内外岩溶地质研究的学术交流和科技咨询,中国地质学会将原水文地质工程地质专业委员会改建为水文地质、工程地质、岩溶地质 3 个专业委员会。后者出版了《岩溶学词典》(1988);1982 年与岩溶地质研究所合办了《中国岩溶》(季刊);还与地矿部、岩溶地质研究所联合筹备,于 1988 年广西桂林召开了国际水文地质学家协会(IAH)第 21 届大会,出版了大会论文选辑 3 册(1988,1988,1989)。

近年来,中国岩溶研究对于促进地质学的发展起到了重要作用。20 世纪 80 年代～90 年代通过岩石圈、水圈、大气圈、生物圈 4 大圈层在岩溶动力系统相互作用研究,推动了地球系统科学的深入研究,并揭示地质过程中不仅具有长时间尺度,也存在几月、几天等短的时间尺度;通过岩溶作用与碳循环的关系研究,不但开辟了全球碳循环的研究途径,而且找到了全球部分遗失的碳汇;古岩溶与深部岩溶动力学的交叉研究,为碳酸盐区油气储存空间研究提供了科学依据。20 世纪 90 年代以来,岩溶地下河管道水的评价研究深化了水文地质研究理论,大量表层岩溶水研究的创新成果丰富了水文地质学的内容;利用洞穴石笋和地表钙华恢复地质古环境研究,不但提高了地质古环境的年代分辨率,而且找到了与气候变化相对应的重要地质记录。20 世纪末到 21 世纪初岩溶生态学和石漠化综合治理研究,不但拓宽了地质学与生态学交叉研究领域,而且使地质学为生态环境治理发挥了重要作用;岩溶水和岩溶塌陷的自动化监测技术和研究成果,为岩溶水的有效开发利用和岩溶塌陷的预报提供了技术支撑。

岩溶研究在中国地学领域一直占有重要地位。目前,中国的岩溶研究居国际领先水平,不但在中国的地质学领域发挥了重要作用,而且从全球角度广泛开展研究,在国际地质学领域占有一席之地,联合国教科文组织的国际岩溶研究中心已建立在中国桂林。近年来的岩溶研究领域不断扩大。20 世纪岩溶研究以岩溶地质地貌与岩溶水文为主。20 世纪末以来岩溶研究不但深入到岩溶动力学、岩溶生态学、全球变化研究领域,而且迅速扩展与延伸到岩溶地区资源开发与环境治理的各个方面。中国的岩溶研究队伍也由之不断壮大,由原地矿部的岩溶地质研究所、中国科学院的地质研究所和南京大学、中国地质大学、贵州师范大学等几个单位增加到上百个科研院所、大专院校与其他企事业单位重视岩溶研究工作,目前岩溶研究队伍已经超过了 1 万人。说明当前的岩溶学正蓬勃发展。

二、中国岩溶区域研究

1949年以来,在中国碳酸盐岩分布区均测制了岩石地层剖面并应用于岩溶发育研究。在中国大部分岩溶区已完成区域水文地质调查与制图,基于此,已编成或出版145幅1:20万的水文地质图。地质部水文地质工程地质研究所编制了中国南方岩溶水文地质图(1:360万)及各省、区水文地质图作为《中华人民共和国水文地质图集》于1979年出版。据南方5省、区调查,在30万平方千米面积内发现了2836条暗河,总长13 919千米,流量1482立方米/秒;北方许多岩溶泉也曾深入研究过。岩溶区划研究得到各方面的重视。人们根据不同气候条件和不同大地构造特征等因素,将中国岩溶区域进行了划分。1979年张寿越等在《中国岩溶研究》中依据气候带、大地构造单元及岩溶地貌景观将中国岩溶区划为4个岩溶地区、8个岩溶区及14个岩溶亚区。1982年任美锷则按气候条件对中国岩溶划分为热带、亚热带、温带3大类型及高寒地区和干旱地区岩溶。1986年卢耀如在《中国岩溶——景观、类型、规律》图册中据出露、营力及景观对中国岩溶作了划分。1979年地质部水文地质工程地质研究所把中国南方岩溶划分为溶蚀、侵蚀溶蚀、溶蚀侵蚀、构造溶蚀和溶蚀构造5种成因类型,并对广西桂林和都安、湖南洛塔、贵州独山和普定、山西娘子关等不同类型岩溶区域采取多学科、多部门会战方式进行研究,取得了成果。据袁道先(1999)研究,从全球来看,中国岩溶除了面积大、资源环境问题多以外,其大陆部分有以下特点:元古代到三叠纪的坚硬碳酸盐岩;多期次的构造旋回;新生代强烈上升;大部分地区未受末次冰期大陆冰盖的刨蚀破坏;季风地区水热配套较好,比地中海型气候更有利于岩溶发育。因此,中国被誉为世界上历史记录最长的"岩溶档案馆",对全球变化有巨大潜力。南方亚热带岩溶、北方半干旱—干旱岩溶和青藏高原高山岩溶为3大优势类型,而东北部的温带湿润区岩溶以及南海新生代碳酸盐岩的热带岩溶也具有特色。

三、中国岩溶学理论研究

基于中国的地质背景,从岩溶发育的水文地质观点出发,应用了碳酸盐岩石学、沉积学、构造地质学、同位素地质学、地球化学、地貌学等地学领域及化学、流体力学、水文学等非地学领域多学科相结合并互相渗透所进行的研究,使中国的岩溶学研究具有特色,岩溶地质研究跨入世界先进行列。表现在:第一,在溶蚀理论方面,运用沉积学的理论和方法,结合溶蚀试验及长期观测,从宏观及微观对岩溶层组类型,不同温度、压力下,各类天然水与不同类型碳酸盐类岩石作用过程及孔洞的发育,溶蚀作用模式、速度等加以研究;第二,岩溶水文地质学与岩溶水文学的研究;第三,岩溶发育地质构造背景的研究;第四,岩溶形态及其形成与演化的研究;第五,岩溶发育历史、洞穴学与洞穴年代学的研究;第六,岩溶矿床成因的研究;第七,区域岩溶工程地质条件的研究;第八,生物作用对岩溶发育的影响的研究,这个研究在中国尚未很好开展。重要成果体现在以下著作中:《洛塔岩溶及其水资源评价与利用的研究》(洛塔岩溶地质研究组,1984)、《基岩裂隙水、岩溶水介质及水动力特征》(崔光中,1987)、《广西地苏地下河系》(广西地矿局,1989)、《中国喀斯特发育规律典型研究——贵州普定南部地区喀斯特水文资料评价及其开发利用》(俞锦标等,1990)、《山西岩溶大泉的研究》(韩行瑞等,1988)、《岩溶地下水系统的研究——以太原地区为例》(赵永贵等,1990)和《中国岩溶学》(袁道先,1994)。

四、中国岩溶研究的部分应用及测试技术问题

岩溶研究应用很广,例如,石油和天然气的岩溶储集层及其古水文地质的应用;水库水坝的渗漏问题;矿井岩溶突水防治;铁道公路选线、施工及坍塌防治问题;工农业用水水资源评价及利用等等,都取得了突破性进展。传为佳话的是大巴山隧道施工中成功地作出了岩溶涌水的预报。洞穴调查及岩溶研究测试技术中电法勘探仍被广泛应用,其他如无线电波透视、地质雷达、钻井摄影

与电视、伽玛辐射、地震勘探、声波探测、遥感技术等已不同程度地应用于岩溶调查。洞穴技术已被引进，有待普及。岩溶水示踪技术除使用萤光示踪剂、NaCl及漂浮物外，还应用了石松孢子、放射性同位素及离子示踪剂。洞穴堆积物年代测定方面应用了 ^{14}C、铀系、热发光、古地磁、裂变径迹及ESR等方法，还应用碳、氧稳定同位素确定古温度。岩溶地质模拟已发展为非常温常压状态下的溶蚀试验，同时配合电子显微镜及电子探针进行微定研究。在一些典型岩溶区建立了水位、水量观测站，在广西桂林建立了水文地质试验场，有的地区还开展了洞穴观测及暴雨效应观测。代表性著作有：《矿井岩溶水防治》（李金凯等，1990）、《我国岩溶煤矿床的突水及防治》（李金凯等，1988）、《我国岩溶充水矿床的基本水文地质特征及岩溶水的防治与利用》（刘启仁，1988）、《我国喀斯特地下水示踪概况》（梅正星，1988）、《电磁波层析成像在岩溶探测中的应用和发展》（刘立振等，1988）、《应用线性体在太行山完满断块山区寻找岩溶裂隙水》（刘光尧等，1988）、《门限自回归模型在预测岩溶泉水流量中的应用》（戴爱德等，1988）、《应用航片研究江西宁都青塘盆地覆盖型岩溶》（方起东，1988）、《航片判释裂隙——岩溶水的找水实践》（刘光尧，1983）。　　（杨守仁）

五、近年来中国岩溶地质学研究

近年来，中国岩溶地质研究取得了大量创新性研究成果（蒋忠诚等，2010）。

（1）岩溶动力学研究　20世纪末，以袁道先（2008）为首的研究群体通过建立岩溶动力学重点实验室，吸引了国内外岩溶学者开展岩溶动力系统及其运行规律的研究，逐渐形成了岩溶动力学基本理论。进而通过深入研究岩溶动力系统的结构、功能和运行机制，不但深化了岩溶学理论，而且促进了岩溶地区全球变化和岩溶生态学研究，并使国际地质对比项目IGCP299"地质、气候、水文与岩溶形成"（1991~1995）、IGCP379"岩溶作用与碳循环"（1995~1999）和IGCP448"全球岩溶生态系统对比"（2000~2004）顺利完成，取得了丰富的研究成果，有力地推动了国际岩溶学科的发展，得到了联合国教科文组织的高度评价。在此基础上，为在全球范围内进一步对岩溶动力系统进行研究，解决与岩溶有关的各种环境和资源问题，从而消除岩溶地区的贫困，促进社会和经济的可持续发展，维护世界和平，中国IGCP全国委员会于2003年12月向IGCP科学委员会提出了在桂林建立一个有UNESCO支持的国际岩溶研究中心的建议，获得了一致支持。2006年中国地质科学院通过国土资源部向UNESCO正式提出建立国际岩溶研究中心的申请，最终经UNESCO第177届执行局会议和第34届大会审议获得批准。2008年2月11日中国政府与联合国教科文组织在巴黎签署协议，正式将国际岩溶研究中心设在中国桂林。国际岩溶研究中心成为中国第1个由联合国授权设立的地学研究中心，也是联合国设立的第1个以地质学研究为中心的国际研究中心。2006年以来岩溶动力学研究的主要进展是，通过运用高分辨率的自动化监测仪器对岩溶水文（水位、流量）、水的物理化学指标（水温、pH、导电率、HCO_3^-等）和土壤空气 CO_2 进行连续监测，不但揭示了岩溶作用的过程迅速变化规律，而且发现岩溶作用不仅是水—岩相互作用，而是水—岩—气耦合作用（刘再华，2007；李林立等，2007），如在夏季洪水期间，管道水不但存在雨水对水化学成分的稀释作用，还存在因土壤空气 CO_2 高而使岩溶作用加强，以至于管道水的SIc高于裂隙水。此外，植被对岩溶作用的影响研究也取得了新进展，研究发现，植被演替初期地表岩石雨水溶蚀占重要地位，以后植被发挥的作用越来越大，树下地面径流和土下溶蚀比例增加，演替后期地表岩石雨水溶蚀占的比例越来越小，土壤下的岩石溶蚀率随植被正向演替大大增加（邓新辉等，2007）。

（2）西南岩溶地区地下水与环境地质调查　1999年以来中国地质调查局一直将西南岩溶地区作为重点地区开展地下水与环境地质调查工作。近年来，不仅查明了整个区域不同石漠化程度的分布面积与趋势，而且对岩溶流域进行了划分（裴建国，2008）。在此基础上，对重点地区逐步开展了1:5万水文地质调查。区域上对整个西南岩溶地区的地下水资源进行了调查论证，提出流域地下水开发区划和重点水资源的开发工程方案，还以MAPGIS和ARCINFO为平台建立了具有输入、编辑、查询、空间分析、输出等多项功能的西南岩溶石山区地下水与环境地质信息系统。还开展了岩溶地下水监测和环境敏感性评价,获得了50个水文地质观测站的水位、水量、气象、水化学指标等观测资料和动态变化特征;开展了城乡结合部位地下河水污染的典型调查研究,如广西柳州市城乡结合部鸡喇地下河的污染调查,发现存在工业和农业复合污染问题,有机物对岩溶地下水的污染较为普遍,且这一过程已经持续很长时间。在1:5万水文地质调查的基础上,选择不同岩溶地质环境类型区,因地制宜,采取暗河截流和钻井等多种方式开展了岩溶地下水开发利用示范,解决了40万多人的饮水问题,取得了明显的社会效应与经济效益。近年来完成的重要岩溶水开发工程有广西忻城县福六浪溶洼成库工程、贵州上坝地下河堵洞成库工程、云南泸西皮家寨岩溶大泉束流壅水工程、湖南吉首大龙洞地下河水成库工程等,这些均是开发难度较大的重要水利工程。通过地质调查,不但查明了成库条件和科学确定了坝址施工工程方案,而且确保了有效施工,降低了工程成本。如广西忻城福六浪溶洼成库工程投资200多万元进行地质调查和勘探,查明了地下岩溶通道空间结构,实施了地下河溶洞堵截和坝体周边防渗工程,建成了地表—地下联合水库,蓄水量达1300万立方米,可解决1万多人饮用水、1330多公顷耕地的灌溉问题。云南泸西皮家寨岩溶大泉束流壅水地质工程仅投资100多万元,不但解决了泉口下游533.12公顷耕地的排涝问题,还解决了泸西盆地东部1400公顷耕地灌溉和1.5万人的生活用水问题,取代了运转多年的17座提水泵站(王宇,2008)。2010年3月~5月,为了抗击西南地区发生的特大旱灾,国家很多部门组织了抗旱行动。国土资源部则结合自己的专业优势,调集了全国17个省区的1万多名技术人员,组织了西南抗旱找水打井应急行动,共完成勘探钻孔1703眼,钻探总进尺23万余米;成井2348眼,出水36万立方米/天,解决了520万人的饮水问题。西南岩溶地区是抗旱的重点地区,由于有前期1:5万水文地质调查成果依据和新技术得到了利用,岩溶地区的成井率由原来的30%左右提高到87%,打井找水在抗旱中发挥了重要作用。2010年4月广西大石山区人畜饮水工程建设大会战在30个县(市区)启动,计划投入国家与地方联合的专用资金,用2年时间,通过岩溶地区县域岩溶水开发调查和规划,实施打井、堵截地下河、修水柜等多种类型的水资源开发工程,解决了大石山区逾120万人饮水困难,恢复改善10万公顷以上耕地灌溉条件。该项行动2010年率先在桂西北最缺水的凤山、乐业、巴马、南丹等县取得突破。

(3)西南岩溶石漠化综合防治研究 西南岩溶石漠化是当前岩溶地区最严重的生态环境问题,石漠化总面积11.35万平方千米,导致生态环境脆弱,地表调蓄水分的能力降低,人畜饮水困难、旱涝灾害频繁,水土流失严重,土地质量下降,进而使该地区的经济、生态环境和文化的发展均十分落后,现有国家贫困县137个,成为中国"了老少边山穷"集中分布地区。西南岩溶石漠化的综合治理从"十五"开始列入国家目标,2011年设立了国家"十二五"科技支撑计划重大课题"喀斯特高原峡谷石漠化综合治理技术与示范"研究项目,中国对西南喀斯特地区石漠化综合治理工程的全面展开,喀斯特地区可持续发展能力评价将继续是评估石漠化治理工程效益的重要手段。近年来石漠化综合治理研究主要进展包括2个方面:一是治理对策研究。在西南8省岩溶县和石漠化严重县有关情况和面积进行统计分析的基础上,划分出石漠化综合治理8个大区,同时结合该地区国家重点扶贫县和生态区位的重要性,确定了100个治理试点县。一些岩溶专家参加了国家发展改革委员会组织的"西南岩溶石漠化综合治理规划大纲"的编写,确定了石漠化综合治理的目标、措施、内容和实施方案等。该规划大纲于2008年4月得到国务院批准,目前正在进行试点县的石漠化治理工程。二是石漠化治理技术与模式研究。主要技术包括物种选择、植被恢复、岩溶水开发、生态产业培植、土地整理、土壤改良、水土保持、节水灌溉和保水、洼地避涝种植、养殖业发展、沼气能源开发、生态移民等方面(蒋忠诚等,2008),有些技术已逐渐形成技术规程;建立了许多石漠化治理模式,如峰丛洼地复合立体生态农业模式、山区农林牧复合发展模式、林灌草综合发展模式、庭院经济模式、科研单位+公司+基地+农户的运作模式等,为推进石漠化的综合治理提供了技术支撑(熊康宁等,2006;蒋忠诚等,2007)。在国家科技支撑计划和各部门、各地政府的支持下,建立和完善了一批石漠化治理示范区,如广西平果果化、马山弄拉和环江古周峰丛洼地示范区、贵州花江岩溶峡谷和普定马官岩溶高原示范区、重庆南川岩溶曹谷示范区、云南泸西小江断陷盆地示范区等,在解决干旱缺水、生态脆弱、居民贫困等方面取得了显著成效,成为石漠化综合治理的新样板。2003年启动的"珠治"试点工程是岩溶地区以之水为龙头的山、水、田、林、路综合治理典型工程,几年来已在贵州的关岭、晴隆、兴义、兴仁,云南的富源,广西的隆林等县取得了显著成效。

(4)岩溶地区可持续发展能力评价　自1996年起有关岩溶地区可持续发展能力评价的相关研究呈快速增长趋势,相关研究存在以下特点:①可持续发展能力研究有岩溶地区、省(自治区)、县(市)、乡镇、示范区、小流域、社区等不同单元尺度,但缺少以行政村为单元尺度的评价研究,不利于将政府所实施的新农村规划建设与生态恢复的衔接;②研究目的多样,主要有现状描述、原因解释、效益监测、预测预警和为区域规划提供依据等,但以现状描述和效益监测目的为主;③研究者在构建可持续发展能力评价指标时一般在城乡二元结构的模式指导下进行,在代表社会、经济等发展指标时缺乏机会均等等原则的指导。

(5)岩溶水土流失与生态安全科学考察和生态学研究　水利部、中国科学院和中国工程院联合发起于2005年7月启动"中国水土流失与生态安全综合科学考察"活动,其中西南石漠化区为考察的7大水土流失区之一,2005年7月~2007年12月完成了西南岩溶石漠化问题最严重的贵州、广西和云南东部地区的科学考察,总面积55.3万平方千米。通过考察研究,系统总结了西南岩溶石漠化区自然条件与社会经济情况,分析总结了考察区各县的石漠化和水土流失特点、面积、程度、危害和发展趋势以及水土流失防治成功的模式与经验,提出了当前水土保持存在的问题。还将滇黔桂岩溶区划分为6个水土保持区,提出了西南石漠化区水土流失综合防治的对策以及各区水土保持工作的重点、目标任务、主要措施和成本(蒋忠诚等,2010)。"十一五"在西南岩溶生态领域实施了"973"项目"西南喀斯特山地石漠化与适应性生态系统调控"(2006~2010)、3个国家科技支撑及计划重大课题和一批重要研究项目。研究揭示,岩溶地质、地貌条件对岩溶地区的资源、环境和社会经济具有制约作用,如广西,森林覆盖率与碳酸盐岩出露面积的比例呈负相关,灌丛、草地覆盖率与碳酸盐岩出露面积的比例呈正相关;峰丛洼地县的人均生产总值与农民收入等经济指标低于峰林平原县(曹建华等,2005,2006)。根据地质、地貌条件反映岩溶生态系统的脆弱性(李阳兵等,2006)。岩溶土壤营养元素研究已进入到分析元素形态及其生态意义方面,研究显示,岩溶区农田、林地石灰土中Zn元素相对活泼的离子交换态、碳酸盐结合态、腐殖酸结合态的含量均比非岩溶区对应的要低,而相对稳定的铁锰氧化物结合态、强有机结合态的含量均比非岩溶区相对应的要高。而且岩溶地球化学环境的特殊性对植物中砷等元素具有显著的影响(李小方等,2006;谢运球等,2006)。贵州花江的研究表明,石漠化的发生导致土壤质量下降,植被恢复可使土壤质量逐步提高(李阳兵等,2006)。广西环江古周峰丛洼地的研究结果显示,土壤各养分具有随着海拔高度增加而增大的特征(张伟等,2008)。张信宝等(2007)、曹建华等(2008)的研究分别发现了岩溶地区水土流失过程的特殊性和现行的水土流失强度分级标准对西南岩溶区不适宜,提出了岩溶区新的水土流失标准。在西南岩溶山区的名优特果树和药材品种的选择与栽培方面开展了大量研究(李先琨等,2005),根据不同地质条件下岩溶区域特点,选择了许多适宜的优良新品种,除金银花、苦丁茶、花椒、木豆之外,又成功发展了火龙果、无核黄皮、大果枇杷、早熟桃、日本板栗、南方优质梨(李洁维等,2006)和苏木、岩黄连等(吕仕洪等,2006)。并通过栽培试验与示范,促进了岩溶山区经济与生态的综合发展。同时,开展岩溶区植物的地质适宜性研究,提高了特色经济作物的栽培与管理技术(王宇,2008;李洁维等,2006;李涛等,2006)。

(6)岩溶作用与全球碳循环研究　全球CO_2的源汇不平衡是当前世界碳循环研究的重点内容之一。20世纪90年代以来,通过岩溶作用与全球碳循环研究,揭示了溶蚀作用回收的大气CO_2含量占全球碳循环遗漏汇的1/3,引起了全球碳循环研究对岩溶作用的关注(袁道先等,2003)。刘再华等(2007)基于广西和贵州10余年野外观测数据,经过理论计算探讨了全球水循环中溶解无机碳形式对全球碳循环的贡献,发现全球水循环产生的 CO_2 汇每年高达约 8 亿吨,约占人类活动排放 CO_2 源的 10.1%,占遗失碳汇的 28.6%。该碳汇是由水对 CO_2 的溶解吸收形成的,并随着碳酸盐岩的溶解及水生植物光合作用对溶解 CO_2 消耗的增加而显著增加。这部分碳汇中每年有 5.2 亿吨通过海上降水和陆地河流进入海洋,有约 1.6 亿吨再次释放进入大气,还有约 1.2 亿吨储存在陆地水生生态系统中,净碳汇是 6.4 亿吨。随着全球变暖导致的全球水循环加强、大气中 CO_2 和碳酸盐粉尘的增加以及陆地植被的增加,未来由全球水循环形成的 CO_2 汇也可能增加。总之,全球水循环、碳酸盐(岩)的风化溶解和水生植物的光合作用三者共同构成了对大气 CO_2 的调节。这些物理、化学和生物作用过程共同提出了一个负的气候反馈机制,降低了大气 CO_2 增加对气候的影响。该研究为寻找遗失的碳汇提出了一个新的方向,相关成果发表在 2007 年 10 月出版的《科学通报》上,并于 2008 年 1 月 31 日入选由中国科学技术部基础研究管理中心和中国科学技术协会学术部共同组织评选的 2007 年度"中国基础研究十大新闻"。此外,一些学者还对暴雨后岩溶碳汇动态变化、岩溶土壤有机碳汇量和土地利用方式对岩溶碳汇的影响进行了探索性研究。

(7)利用岩溶沉积物记录重建古环境研究　洞穴碳酸钙沉积层(石笋、钟乳石等)与黄土、树轮(微层)明显和组分构造有序,更能保存有系统的、连续的同位素、微量元素组成以及年龄信息,从而成为综合研究气候与生态环境变化的理想载体(崔景伟等,2008)。中国洞穴碳酸钙古气候记录研究始于 20 世纪 80 年代中期。近几年来国内在利用石笋开展古气候环境重建的研究已成为地学的热点领域,很多大学和科研院所均开展了比较深入的研究,并为全球变化对比作出了较大贡献,显示了洞穴石笋在过去全球变化研究方面的巨大潜力。据不完全统计,仅发表在中文期刊中有关利用洞穴石笋研究气候变化方面的文章从 2000 年 ~2006 年已有 280 余篇,而发表在国外期刊的文章达 80 余篇之多,特别是汪永进(2005,2007)和袁道先等(2004)在 Science 和 Nature 期刊上发表的论文,在国际上影响较大,为古气候环境重建作出了重要贡献。如对贵州董哥洞石笋记录的过去 16 万年以来低纬度的降水和亚洲季风变迁历史与末次间冰期亚洲季风发育的时代、持续和转换进行了深入研究;借助于葫芦洞石笋对中国东部末次冰期内季风降水的演化进行了研究,并对 Heinrich 事件的准确性定年进行了标定,修改了 Greenland 冰芯的年代尺度;而对湖北神农架石笋对过去 26 万年 ~13 万年期间 MIS7 和 MIS6 阶段记录的降水和亚洲季风变迁、季风降水主要受太阳辐射的控制等进行了深入研究。借助于北京石花洞石笋,利用石笋的纹层形态、厚度及其灰度和微量元素变化等进行了石笋年层年代学和古气候重建。借助于湖北清江和尚洞石笋,利用石笋的 $\delta^{18}O$ 值重建了长江中游地区全新世(8 千年)以来的季风降水变化,并对降水量进行了估算,认为全新世气候适宜期降水量比现今多 8%,比早全新世降水量多 3%。通过洞穴滴水——现代碳酸盐沉积的监测对洞穴石笋相应外界环境变化机理的研究,提出洞穴滴水的氧同位素变化基本继承了大气降水的 $\delta^{18}O$ 值的变化,受亚洲季风气候的影响;现代洞穴碳酸盐沉积的监测表明,$\delta^{13}C$ 值较为直接地响应了土壤 CO_2 的 $\delta^{13}C$ 值变化,即反映了地表植被(C3/C4)的类型以及生物量的变化特征(张美良等,2008)。

(8)岩溶地下水资源研究和评价　由于西南岩溶地区含水介质的多重性和高度复杂性,岩溶地下河系统水资源的评价与预测一直是需要解决的重点与难点。2005 年以来,在国际地质对比计划项目 IGCP513"岩溶含水层与水资源全球研究"和国土资源大调查"西南岩溶地区地下水与环境地质调查"等项目资助下,开展了西南岩溶地区地下河水资源定量评价的深入研究。在利用"3S"等现代技术充分把握西南岩溶地区水文地质条件的基础上,分析传统的流域水文模型应用于西南地下河水评价的局限性,并根据岩溶地下河和地表水的分布、变化等多方面的相似性,通过将岩溶地下河和地表岩溶带概化,对分布式水文模型地下水径流模块进行改造,并成功运用于西南岩溶地下河水资源评价(贾晓青等,2008)。在模拟孔隙、裂隙的双重介质到模拟孔隙、裂隙及管道流的三重介质也取得了新进展,如利用 SWMM 模型模拟以管道为主的岩溶峰丛洼地系统降雨径流过程。南方表层岩溶水资源研究是中国 20 世纪末发展起来的新领域,近年来除了利用自动化仪器开展表层岩溶水动态监测,取得了不同环境表层岩溶水连续系列的资料外,还开展了表层岩溶水的类型划分、生态环境调蓄表层岩溶水的功能和利用神经网络模型等技术方法定量评价表层岩溶水资源等方面的研究(柳大伟等,2007)。引进瑞士产自动化荧光光度计作为野外示踪自动监测仪于南方地下水示踪试验,其精度和分辨率在国内所做示踪试验是罕见的,解决了传统示踪试验所用示踪剂用量大、运输不便和检测精度低等问题,从而推动了国内岩溶地下水示踪试验研究。在岩溶含水层脆弱性评价方面引进"二元法"整合了繁杂的影响因子(章程等,2007)。

(9)碳酸盐岩油气田古岩溶研究 近年来在国家"973"项目和油田部门的科技项目资助下,将古岩溶的形成机制及其与油气聚集关系作为研究重点与突破口,对鄂尔多斯盆地、渤海湾盆地、塔里木盆地地下古生界碳酸盐岩中发育的古岩溶进行了研究。通过研究识别出鄂尔多斯盆地奥陶系多种多样的古岩溶成因类型:将古岩溶作用分为表生和埋藏2大时期,其中表生期古岩溶包括早表生期层间岩溶和裸露期风化壳岩溶2种类型;埋藏期古岩溶包括压释水岩溶和热水岩溶2种类型。揭示了古岩溶地貌形态对天然储集的控制作用:①岩溶坡地处于地下水强径流带,岩溶作用最强烈,是天然气富集的最有利区;②岩溶坡地与岩溶盆地的接触部位为水动力转换带,岩溶作用强烈,为岩溶储层的有利分布带;③岩溶坡地中的溶丘、岩溶盆地中的残丘地带主力气层保存完整,层状岩溶比较发育,是天然气富集的有利地区;④岩溶沟槽两侧上方斜坡(相邻沟槽之间的溶丘)岩溶作用最为强烈,溶蚀空洞空间较大,是高产气井的有利分布区;⑤沟槽是风化壳岩溶储层与古地貌成藏圈闭形成的重要因素,沟槽网络的发育控制了气藏的分布和天然气的富集区带(夏日元等,2006)。建立了几个盆地的古岩溶发育模式及其对油气藏的控制机制,如塔里木盆地轮南潜山古岩溶发育结构模式有5种类型:构造断垒带与古岩溶高地叠合模式、古岩溶斜坡模式、构造断垒带与古岩溶谷地叠合模式、构造断垒带与古岩溶高地叠合模式以及古岩溶谷地模式(刘静江等,2008);鄂尔多斯盆地古岩溶系统经历了早期"层状岩溶"、中期"膏溶"和晚期"断裂系统岩溶"3个发育演化阶段,同时存在埋藏型压释水岩溶,具有"水平渗流""侧向渗流—对流循环""纵向对流循环"3种发育模式,早期为烃类改善运移通道,中期改造储存空间,晚期对储集体形成封闭;黄骅坳陷奥陶系古岩溶经历了2个演化阶段,具有7种发育模式:第1阶段为加里东晚期—海西早期,发育了向斜翼部侵蚀洼地排泄型和向斜轴部山间洼地排泄型古岩溶;第2阶段为印支—燕山早期,具有溶丘洼地裸露型和断陷盆地浅埋藏型两类古岩溶;第3阶段为燕山晚期—喜马拉雅期,发育了倾斜垒式断块压释水岩溶、深埋褶皱凸起压释水岩溶和深大断裂带高位掀斜断块热水岩溶。

(10)中国南方喀斯特(云贵渝)申报世界自然遗产成功 "中国南方喀斯特"是中国政府向联合国教科文组织世界遗产委员会提出的首次申报成功的喀斯特区世界自然遗产项目。中国岩溶专家对此做了大量研究工作,揭示了中国南方喀斯特在国际上的4大特点:古老坚硬的碳酸盐岩、新生代大幅度间隙性抬升、水热配套的季风气候、未受末次冰期大陆冰盖的刨蚀。中国南方喀斯特是世界上同类喀斯特的模式地,并形成了特殊而又美丽的地貌景观,满足世界遗产评价标准的具有超乎寻常的自然现象或非同寻常的自然美和美学价值;反映地球演化历史主要阶段的杰出范例,包括生命的记录,重要的、正在进行的地貌演化,重要的地貌形态或自然地理特征。申报书还例证了大陆型热带—亚热带喀斯特森林生态系统发育与演化过程,有潜力满足世界遗产标准的反映生态系统和动植物群落正在进行的重要的生态和生物演化过程的杰出范例。所选3个各自代表中国南方喀斯特3种相互配套的主要类型与历史;石林代表较老的岩溶高原,荔波代表峰丛、峰林岩溶,武隆代表峡谷式岩溶。"中国南方喀斯特"于2007年6月27日第31届世界遗产委员会大会审议正式列入世界自然遗产清单,第1批遗产地由石林喀斯特(云南)、荔波喀斯特(贵州)和武隆喀斯特(重庆)组成,总面积146 016公顷,其中核心区7588公顷,缓冲区8428公顷。

(11)岩溶塌陷的监测预警 近年来,随着新技术的发展,特别是光电传感技术的应用,岩溶土洞(塌陷)预警监测已取得可喜的进展(张丽芬等,2007)。主要包括:21世纪初开发利用美国Micro_10X数据自动采集系统在桂林柘木建立了中国第1个岩溶塌陷监测站,监测站共安装了16支孔隙水压力传感器,每隔10分钟测量1次。通过自动监测系统对岩溶管道裂隙系统中的水(气)压力变化这一引发土洞(塌陷)的触发因素进行了实时监测,建立了基于岩溶土洞(塌陷)触发因素实时监测的技术方法:当检测结果满足由实验获得的岩溶土洞(塌陷)临界条件时,认为监测区将形成土洞(塌陷)。该技术目前已被推广到广州市地下工程拓展诱发塌陷的监测预警研究中。2005年~2006年在建设中的高速公路上进行了地质雷达、高密度电法、浅层地震等不同方法进行岩溶土洞(塌陷)预警的试验研究,并对不同方法圈定的土洞进行开挖检验,结构表明,地质雷达可以快速有效地探测出跨度1米以上、埋深5米以上的土洞,这使塌陷预警成为可能。2006年12月利用时域反射(TDR)同轴电缆监测技术在桂林某高速公路建立了线性工程岩溶土洞(塌陷)监测站,监测路段场100米,布置2层共8条同轴电缆,检测周期为路基施工阶段每日1次,土石方完成后每月1次,同时布置岩溶水位和降雨量实时监测,成功地监测了岩溶土洞(塌陷)发生的过程。目前在隧道工程、高坡边坡变形、大桥施工监测、堆石坝混凝土面板随机裂缝监测、滑坡地质灾害监测的基础上,利用光纤传感技术在长宽个2米、高3米的室内模型进行岩溶塌陷试验,已可以及时监测到不同位置土层的位移,圈定土洞发育位置和影响范围(蒋小珍等,2006)。

第四节 中国地震地质学研究

一、地震地质学研究概述

地震地质学是运用地质学的理论和方法研究地震成因、地震活动规律的学科。它是地质学和固体地球物理学之间的一门边缘学科,主要任务是确定发生地震的地质构造条件,查明强烈地震带的分布规律和每个地震带可能达到的烈度和地震发生频率,划分地震危险地带和地区。要完成这个任务就必须把构造地质工作和地震工作紧密地结合起来,还要和物探工作、地形变测量工作、室内实验和构造应力场模拟等密切地配合。地震地质学在地震预报、减轻地震灾害及研究地球动力学方面有重要的现实意义及理论意义。

中国的地震地质工作早在20世纪20年代初就已开始。1920年宁夏海原大地震死人20万,震惊全国,当时的地质调查所所长翁文灏亲自率队到地震区调查后,发表几篇地震地质论文,这是中国地质学家第1次科学地进行地震地质调查。30年代他又研究云南洱海大地震,也有重要分析。1930年北京地质调查所在北京西山鹫峰寺建造了中国第1个自办的用现代仪器观测的地震台——鹫峰地震观测台。1938年常隆庆考察1933年的四川叠溪地震,李善邦和贾连亨考查山东菏泽地震。1947年王竹泉调查河北滦县地震。1950年中国科学院成立并组建了地球物理研究所,使中国的地震科学研究开始了新生。20世纪50年代编制了《中国地震区域划分图》,使地震地质工作逐步发展起来。1965年地质部建立地震地质大队,开始运用地质力学方法和构造体系观点研究地震。1966年邢台地震后,中国的地震研究蓬勃发展。当年成立了中国科学院昆明地球物理研究所,主要任务是研究川、滇、贵、藏的地震活动性和西南建设中重要工矿区的地震烈度。1970年在昆明地球所基础上成立了西南地震大队,1971年分为昆明地震大队和成都地震大队,并于1976年分别改为云南省地震局和四川省地震局。其他地震活动较强烈的一些省份如山西、广东、新疆、福建等也相继成立了地震研究和管理机构。每一省局都下设了地震地质队(室)。为了协调和领导全国的地震研究和地震监测工作,1971年成立了国家地震局,局属地质所和地壳应力所都主要从事地震地质研究工作。1979年中国第1份地震地质学专业性杂志《地震地质》创刊。

随着人类社会面对自然灾害的脆弱性越来越被重视,对地震等地质灾害的研究在地质学研究中所占地位也越来越重要,这已经成为地质学发展的清晰走向。2006年国务院发布的《关于加强地质工作的决定》中,把地质灾害放到了重要的位置。国家自然科学基金委员会长期持续地支持地震相关地质过程的研究。从"十五"计划开始,把"大陆动力学"列入了7个优先发展领域之一,并资助了一批重点项目。到"十一五"期间,该领域延续为"地球深部过程与大陆动力学",近年来列入了"中国南北向地震带深部机理和浅部表现""古老构造带及其再活化"和"岩石圈三维结构与变形过程"等重点资助方向。针对华北地区的深部过程及现今地壳活跃活动,在2007年启动了"华北克拉通破坏"国家自然科学基金重大研究计划,对华北地块的深部过程机理及浅部和地表效应进行了专题研究。汶川地震发生后,国际自然科学基金委员会紧急启动了一批主任基金资助项目,主要针对地震发生之后急需的一些内容,包括收集地震带断层的活动情况的野外考察及数据资料的处理、地震造成的次生地质灾害评估与对策等,一方面力图为抗震救灾服务,另一方面为后期深入研究深部构造和地震发生机制及时收集宝贵的资料。经过2年的酝酿与筹备,国家自然科学基金委员会在2008年4月底专门组织召开了关于贺兰山—川滇南北地震带研究的战略研讨会,通过讨论与争鸣,在南北构造带的定义、结构与属性、形成历史、形成机制及中国大陆东西部的差异演化和南北构造带的大陆动力学等6各方面凝聚了一系列的科学问题,为今后的基金资助和科学研究工作提供了思路和参考。

二、中国活断层研究

活断层亦称活动断裂,是地质历史上最新活动的产物,它与灾害尤其是地震灾害有着密切的联系,因此一直是地球科学研究中一个重要领域。活动断裂研究的时间尺度已由几十万、几百万年发展到10万年左右,尤其是1万年左右的尺度,使其研究结果与地震危险性和工程安全评价结合得更加紧密。

在中国地质工作的早期(20世纪20年代~40年代),地质界一些老前辈就已开始注意到活断层的描述。大规模研究工作则是从1966年邢台地震之后开始的。70年代以前为区域性调查阶段,其主要成果体现为《中国活动构造和强震震中分布图》(1∶300万,1976)和《中国活动断裂》(1982)一书。80年代初期开始进行活动断裂的综合专题研究工作,先后在新疆富蕴断裂带、鲜水河断裂带、鄂尔多斯周边活动断裂系、阿尔金断裂带开展工作,并出版了相应的专著。80年代中晚期开始对主要活动断裂带进行大比例尺地质填图,1989年出版了中国第1份活动断裂带1∶5万地质图——《海源活动断裂带地质图》。90年代以来,中国活断层研究在理论上已经系统化,研究方法更加科学化,在评价方法上已由宏观定性评价发展到宏、微观结合的半定量评价。主要表现在活动断层活动时间的厘定、活断层的分段、活断层的活动量和强震重复间隔的研究上。比如,未定评定断层活动性,李起彤(1991)提出了活断层活动度和危险度概念,对其含义及其划分标准提出了初步认识。国家活动断层研究中心继"十五"期间在国家发展与改革委员会资助下完成了包括北京、天津、上海等20余个省会城市/计划单列市的活动断层探测与地震危险性评价工作以来,目前在国家财政部和科技部的资助下,国家活动断层研究中心会同相关省地震局、北京大学、地科院等单位科技人员一起正在开展"我国地震重点监视防御区活动断层地震危险性评价"和"中国地震活断层探察——华北构造区"等项目,通过活动断层鉴定与大比例尺条带状填图,确定未来发生地表破裂型地震的潜在震源位置、震级上限和发震危险性,以扩大和提升中国地震构造研究在国际上的地位和影响。

对中国地震构造的研究取得的进展迅速,也提炼出许多有价值的规律性认识。概括起来主要有以下4个方面:①提出了中国强震发生的地震地质标志,即大地构造边界带、新构造差异运动带、活动断裂带、断陷盆地带、地壳厚度变异带等;②提出了强震发生的构造部位的标志,即断裂带端点、拐点、交点、闭锁点、网络结点;③总结了中国地震发生的孕育模式和发展过程,诸如震源组合模式、膨胀—蠕动模式,以及结合各种前兆、震时和震后地震效应提出的海城和唐山地震孕育和发展的阶段性;④总结了许多地震预报新方法,包括构造类比法、构造追踪法,以及地震迁移、地震填空、地震重复率等方法。这些认识和地震预报方法的运用,反映了中国地震构造研究的进展。但是,在地震构造研究中未知数还很多,特别是将地震地质方法用于地震预报还处于较低水平。

中国有的学者在研究活动构造的同时,已把眼光放在了全球构造,他们从中国东西部活动构造的巨大差别与北半球另3个有类似构造面貌的地区(伊朗—阿富汗—巴基斯坦区、东地中海区和北美区)进行了对比研究,发现其中共同性是以一条经向中轴构造带为界,西半区为强烈活动的造山带,强震密集,东半区为古老大陆基底,现代构造变形与地震均较弱,他们称之为经向构造东西两侧的反对称性。并与存在南北半球的反对称性和大西洋半球与太平洋半球的反对称性,合称为全球活动构造的3大反对称性现象。

中国在活动构造研究成果应用于地震预报方面也开展了多方面的研究,在总结国际上适用于板缘地震的各种概率预报模型的基础上,提出了适合中国大陆板内地震模型的修改上的强震复发概率计算模型。20世纪最后20年中国地震地质工作取得了许多新的进展,尤其是在活动构造定量研究和地震危险性评估及大地震孕育和发生的深浅构造条件研究方面取得了很大的成绩。一方面,通过1:5万活动构造地质填图或专项研究工作,在构造几何、断裂分段、同震位移、滑动速率、大地震和重复周期等方面取得了活动构造的各种定量资料,然后通过概率性和确定性分析对地震危险性进行评价,目前得到详细研究的活动构造带已达数十条,并已在中国重点监视防御区地震危险性评价中加以应用。另一方面,近年来对拉张区和挤压区一些大地震区的深部构造进行了深地震反射和其他地球物理方法探测,有的震区还进行了浅层和超浅层地震反射探测,并与地表地震地质工作结合起来,取得了很好的研究结果,如邢台、三河—平谷、延庆盆地、临汾盆地和北天山山前地区,综合地震地质和深部构造资料,对这些地区的大地震发生条件获得了新的认识(邓启东,1999)。"青藏铁路活动断裂调查与监测"根据大型探槽观测和热释光测年资料,发现西大滩断裂东段最早古地震发生于距今5万年前,晚更新世发生过4次强烈古地震,全新世发生过5次强烈古地震事件;西大滩断裂西段最早古地震发生于约1万年前,全新世共发生4次强烈古地震事件,最近一期古地震发生于距今1000年前。库赛湖断裂自5000年以来(全新世晚期)共发生3次强烈古地震事件,最近一期强烈地震为2001年11月14日发生的昆仑山口西8.1级地震。完成15点GPS测量标志的布设任务,建立青藏铁路唐古拉—拉萨段和拉萨地块中部的地壳形变与活动断裂GPS监测局域网;完成首期GPS测量任务,取得高精度的观测数据。完成昆仑山地区InSAR遥感资料处理任务,获得昆仑山8.1级地震前地壳变形的高精度遥感观测资料。对西大滩180米孔和安多120米孔进行了水压致裂法地应力测量;在西大滩钻孔完成了地应力、地形变、地温、地下水位、气温监测仪器的安装和调试;实现了数据自动传输和对监测设备的远程控制,在昆仑山地区建立了中国第1个现代化的全自动地应力综合监测站,实现了地应力测量从定点定时、人工操作、一次性测量向无人值守的全自动实时监测的技术突破。应用三维数值模拟技术,定量计算分析了移动冰丘对输油管道与桥墩的拱曲变形和破坏作用,发现移动冰丘能够产生高达15×10^6帕~20×10^6帕的冻胀应力,导致冰丘和冻土发生永久性的塑性变形,导致输油管道和桥墩等工程设施变形和破坏。

三、中国古地震研究

古地震亦称史前地震,是相对于历史地震而言的。据目前的认识,大地震复发周期在多数地区为几千年尺度,而世界上绝大部分地区的地震历史记录都不长,即使像中国这样具有古老文化和悠久历史的国家,较完整的地震记录也只有几百年或近千年的历史,而且仅局限于当时文化比较发达的东部地区,这就给研究地震活动和大震重复规律带来了困难。为了延长地震记录的历史,人们开始重视史前地震的研究。通过地层中保留的史前地震遗迹(古地震沟槽、构造楔、古断塞塘、古断层崩积楔、古喷沙现象等)来鉴别和确定古地震事件,并测定该事件发生的年代。如果在一个剖面上有若干次古地震事件,则可由此估计出该地大震复发周期。

中国对古地震的研究可追溯到20世纪50年代~60年代,但很零星。迅速开展工作则是从70年代开始,先后在鄂尔多斯周边、京津唐地区、郯庐断裂带、新疆富蕴断裂带、阿尔金断裂带、鲜水河断裂带和红河断裂带上开挖古地震剖面。20世纪80年代以来中国学者掀起了古地震研究的高潮,他们在不同地区不同性质的断裂带上通过多种方法揭示了古地震事件,在贺兰山山前洪积扇的活动断裂断层崖上,通过断层崖地形剖面上的坡折点、上升盘冲沟的裂点及阶地发育特征以及跨断裂探槽剖面中崩积楔标志识别出了该断裂在全新世期间的4次地震事件(最后一次为1739年平罗大震);在海原断裂带上,采用大型组合探槽和三维探槽,详细地研究了不同地质体沿走滑断层在三维空间所产生不同变形与位移;在天山与祁连山山前逆冲断裂上,也根据断层崖断层穿越的不同层位及逆断层崩积楔总结出了各自的古地震序列。

经过多年积累,中国学者已建立起一套较为可靠的古地震识别标志,包括变形标志、沉积标志、地貌标志和与古地震相关的其他间接现象的4标志。

近年来,又将古地震研究从一个地点、一个断裂带的研究推进到一个地震区区域古地震的研究。古地震学的研究成果大大扩充了人们对一个地震构造带或一个地震构造区内大地震复发习性的了解。研究表明,在板内复杂的块体结构与断层组合条件下以相近时间间隔发生所谓特征地震可能只占少数情况,更多的是表现为准周期复发或大地震丛集发生的形式。

根据现有古地震剖面资料,活动断裂带上大震复发周期的长短差别很大,一般来说,构造活动强烈地区的周期要短些,如中国西部地区大约为1000年~3000年(海原断裂带为1000年,红河断裂带为1500年,新疆可可托海—二台断裂带为3000年左右),而中国东部地区大约为3000年~5000年(秦岭北麓断裂带为2000年~4000年,郯庐断裂带为3000年~4000年,延庆盆地北缘断层为5000年)。

四、中国地震区划研究

在目前地震学家还无法精确地预报未来某一强震发生的时间、地点和震级的情况下,地震区划则是为抗震决策提供有效依据的一门学科。

中国地震区划工作主要包括以下内容:潜在震源区的确定及其地震危险性评价,场地条件和衰减规律研究。其成果则主要表现为地震区划图。中国地震地质工作者曾于1957年、1977年和1990年分别编制了3版中国地震烈度区划图。

1957年李善邦和徐煜坚主持编制了1:500万《中国地震区划图》,编图时采用了2条基本原则:①历史上发生过的地震将来还可能再次发生;②在同一地质构造条件下可能发生同样强度的地震。该图没有时间概念,高烈度区面积过大。

1972年~1977年由国家地震局组织十几个单位编制了1:300万中国地震烈度区划图。该图表示了未来百年内中国境内不同强度地震危险区划分图和各个地区可能遭受的最大烈度分布图。

1990年版1:400万中国地震烈度区划图已编制完成,这一区划图考虑了已发生大震的减震作用;参考古地震间隔判定大震重复时间;给出了不同发震断层在未来100年内发震概率;等等。其中,地震危险性概率分析的引入显然与前2版地震烈度区划图有重大区别。

(梁海华)

第五节 中国灾害地质学研究

一、中国灾害地质学研究概述

灾害地质学是研究地质灾害形成、发育规律并对其进行监测、预报、防治和救援的科学。自然的和人为的作用都可能导致地质环境或地质体发生变化,当这种变化达到一定程度,其产生的后果给人类和社会造成危害时称为地质灾害。按地质灾害形成的速度可将其分为突发性地质灾害和缓变性地质灾害。前者如地震、火山喷发、崩塌、滑坡、泥石流、岩爆、瓦斯爆炸、坑道突水突泥等,即习惯上的狭义地质灾害;后者如水土流失、土地盐碱化、土地沙化和沙漠化、土地沼泽化、河湖海岸变迁、地下水污染等,又称环境地质灾害。地质灾害的成因包含2种地质动力,即内动力地质作用和外动力地质作用。随着人类从事各类经济技术活动的日益加强,人为地质动力作用造成的地质灾害也日趋明显,已构成外动力地质灾害的重要组成部分。

中国的国土辽阔,自然地理、地质构造、地形地貌与气候条件甚为复杂,地质灾害种类繁多,分布广泛,灾害严重。据不完全统计,每年自然灾害造成的经济损失达千亿元,其中地质灾害造成的损失约占1/4左右。

中国的历代县志有不少关于地质灾害的记载。1917年1月24日安徽霍山县发生6.25级地震,当时的徐家汇观测台派人到现场调查并编制了等震线图和写了报告,这是中国至今所知的最早的一份较为翔实的地质灾害调查报告。但真正重视和有计划地开展灾害地质研究是1949年以后的事。新中国成立以来这方面的研究工作可分为2个阶段。

第1阶段(20世纪50年代初~80年代末) 地质灾害主要被作为水文地质、工程地质和环境地质问题来研究。这一时期的主要工作有:包括地质灾害内容的全国1:20万~1:50万水文地质普查和全国以省、市、自治区为单元的水文地质区划和工程地质区划;"八五"期间中国的地质灾害调查工作全面开展,重点反映在滑坡、崩塌、泥石流、地面沉降、岩溶塌陷、土壤侵蚀、土地沙漠化、矿区灾害等。以三峡为中心的长江中上游两岸和西南、西北地区崩塌、滑坡、泥石流与山区斜坡稳定性调查研究;上海经济区、黄淮海平原等地区和100多个城市的地质环境评价;上海、天津等部分沿海城市的地面沉降勘查和海水入侵研究;川藏公路、成昆和宝成铁路沿线地质灾害调查;长江流域环境地质图系(1:100万)编制等。与此同时,各省、市、自治区逐步建立了监测站网。80年代西安矿业学院杨梅忠开展对煤矿区地质灾害问题开展研究,并从内外力型地质灾害链入手分析其成因,随后在地质灾害链、灾害群、灾害系统及灾害效应的理论与实践上开展研究。

第2阶段(20世纪80年代末至今) 是中国地质灾害监测、预报和防治工作进展迅速并取得显著成绩的时期。1989年中国地质灾害研究会以及各专业委员会和地方分会相继成立,1990年该研究会的刊物《地质灾害与防治》正式创刊。1999年3月国土资源部颁发了《地质灾害防治管理办法》,2004年3月国务院正式实施《地质灾害防治条例》。期间,很多省、市、自治区立项开展了地质灾害调查,并编制了单类或综合类的地质灾害分布图,全国性的地质灾害危险性分布图和区域图也正在编制中。从2000年开始就对全国700个地质灾害严重的县市开展了地质灾害调查与区划工作,目前已完成545个县市的调查工作。被调查县市面积达108万平方千米,共查出地质灾害隐患点约5万4千处,建立了群测群防隐患点4万多处及县、乡、村三级责任制的群测群防、群专结合的监测体系。这些成果已成为各级政府制定防灾减灾、经济建设布局以及地质环境监督管理工作的重要依据。通过地质灾害调查和预警系统的建立,使地质灾害预报成功率大大提高,2002年成功地预报了703次地质灾害,避免了19 000多人的伤亡。为了确保东部地区社会经济的可持续发展,以城市为重点开展了天津、北京、苏锡常、上海、杭嘉湖等地区的地面沉降调查和监测预警系统的建设,进一步查清了这些地区地面沉降状况,完成了长江三角洲地下水资源与地质灾害调查评价,针对因超采地下水而引起的地面沉降,提出了该区地面沉降监测网络建设方案。初步完成了长江三角洲地区地面沉降为主的环境地质调查,评估了上海市20世纪60年代以来地面沉降造成的经济损失,获得了近年来由于城市高层建筑群的建设加剧地面沉降的数据,初步查明了苏锡常地区地面沉降的范围和地裂缝分布特征。并结合三角洲地区社会经济发展,编制了全区地面沉降监测规划方案,同时,在苏锡常地区进行了浅层水合理开发利用试验,为下一阶段监测预警工程的实施和地质环境的合理保护提供了充分的地质依据。开展了华北平原区地面沉降初步调查,为下一步开展监测网的建设和灾害控制提供了基础。为了查清中国矿产资源开采中的环境地质问题,以省为单元开展了黑龙江等12个省份的矿山地质环境调查与评估,并结合西部大开发,开展了西北地区不同类型矿产开发环境地质研究、晋陕蒙能源基地矿山地质环境调查。获取了与矿业活动相关的地面变形、水土流失、水环境变化、土地沙漠化、固体废弃物占用土地以及崩塌、滑坡和泥石流等次生地质灾害等地质资料。中国自然灾害风险评估研究得到广泛而迅速的发展,比较系统深入地开展了地震灾害风行评估。水利、农林、气象部门和专家分别对一些区域性洪水灾害、森林灾害、台风灾害等进行了风险分析或灾情预测评估,编制了风险图,提出了灾情评估或风险评价的方法和技术。建设用地地质灾害危险评估完成了"西气东输"等国家重大项目的地灾评估等。

20世纪90年代以来,学者们对中国地质灾害的类型、特征、影响因素、分布状况和区域发展规律等进行了深入研究,提出了许多新理论、新观点。特别是定量化方法,如灰色系统模型、遗传算法、元胞自动机和BP神经元等大量用来对地质灾害的研究和治理,为地质灾害研究的发展提供了有力依据。同时,人们把混沌(分形)论、耗散结构论、协同论、突变论等学科理论引入地质灾害的研究,开始从系统是如何组织、如何演化及演化的机理等方面寻找答案。同时在地质灾害预报方面,引入了非线性理论,如非线性动力学模型(神经网络法)、加卸载相应比理论、协同预测模型、分形分维预报理论、时间序列预报理论、突变理论预报模型、细胞自动机模型等。这些灾害预报方法都是将地质灾害体看成是一个开放的系统,通过系统论原理研究系统与外界以及系统内部的发生、发展过程,进而预报灾害的发生。中国在GIS的工作起步较晚,但很快应用于地质灾害方面的研究。如潘耀忠、史培军(1997)提出了应用GIS技术划分不同空间尺度下基本单元,解决了区域自然灾害研究中以自然单元为基础的数据与以行政单元数据相匹配的问题。向喜琼、黄润秋(2000)提出了基于GIS的地质灾害风险评价、管理的总体思路和具体步骤;唐川等(2000)利用GIS的叠加分析功能编制了云南省地震诱发滑坡危险性预测图;黄润秋等(2001)对长江三峡库区的新滩—巴东库段的地质灾害进行了研究,并利用信息量法模型与GIS结合进行了危险性区划;武强、陈佩佩等(2002)将GIS与人工神经网络结合,对山西榆次地区地裂缝灾害进行了研究,并建立了地裂缝危险性评价系统。目前,"3S"技术在数据采集与更新、空间检索与查询、信息的时空分析与可视和信息共享与输出等方面表现了其强大的应用优势,能够充分解决地质灾害系统多层次与相互关联性、动态开放性、社会经济性和非线性叠加等地质灾害系统存在意义上的复杂性问题,同时也为系统演化复杂性问题的解决提供了基础。此外,"3S"技术在灾害发生速率的动态模拟计算、灾害的风险性评价、灾害的时空预测预警、灾害的辅助决策以及灾害的形态虚拟现实技术等方面应用研究的进展和突破,再加上相关学科理论及技术的发展,为地质灾害系统复杂性问题的解决提供了良好条件。

总之,中国在地质灾害研究方面取得了很大进展,主要体现在:①通过大规模的调查研究,基本查清了中国地质灾害的总体发育分布规律,对地质灾害的形成演化机制有了较清楚的认识,且在某些方面走在世界前列;②开始进行全国性的"县市地质灾害调查",以县为单位逐步调查全国地质灾害情况,并建立相应的管理信息系统和以"群测群防"为主的监测预警系统,其中,三峡库区地质灾害监测预警信息系统建设相对最为完善;③在地质灾害评估和地质灾害防治监测技术方面取得了长足进步,对地质灾害的描述也逐步从定性向定量、从线性向非线性方向发展;④新技术、新方法在地质灾害研究特别是在监测预警和防治技术中的应用取得了一定进展(奚晓青、杨新宝,2007)。

二、中国地震灾害研究

强烈地震发生时,地面产生的剧烈振动并形成灾害性的破坏,这种破坏可以是直接的,也可以是间接的,由此产生的灾害统称为地震灾害。地震灾害研究是一门交叉综合学科,涉及构造地质学、社会学、灾害学、公共管理和危机管理等众多领域,必须在多学科综合的框架下,研究"地震—地震灾害—地震灾害应对"这个链条上的各个环节。直接地震灾害是指由于强烈地面振动及形成的地面变形引起建筑物倒塌和损坏,造成人身伤亡及大量社会物质的损失。例如,1976年7月28日河北唐山7.8级地震,使唐山市变成一片废墟,共死亡24.2万人,造成经济损失达100多亿元;2008年5月12日四川汶川8.0级地震,至2010年9月统计,共死亡6.9万人,失踪1.79万多人,造成经济损失达1.1万亿元。间接地震灾害是指地震诱发的其他灾害,如滑坡、泥石流、河堤决口、海啸、火灾、瘟疫、有毒气体和核泄漏、传播地震谣言产生的不良社会影响等。间接地震灾害造成的损失和影响往往超过直接地震灾害。

中国是世界上最大的一个大陆地震区,地震强度大、频度高、分布广、震源浅,因而造成的灾害特别严重。中国历史上有记载的地震4000多次,造成人员伤亡的有346次,死亡人数达230余万人,地震每年造成的经济损失约10亿元~20亿元,死亡人数2000人~3000人左右。地震灾害是中国自然灾害的众灾之首,对震后灾情时空分布的快速认识以及紧急应对的研究具有重要的理论和实践意义,也是目前灾害应对领域与政府工作的热点。

国家地震局负责地震的科研、监测和预报。中国已逐步建成全国地震台网,中国地震台网中心有完备的地震数据管理与服务系统。中国已经出版的与地震灾害有关的图件有:1978年国家地震局出版的1:600万《中国地震震中分布图》和1:600万《中国历史地震烈度分布图》;1990年国家地震局出版的1:400万《中国地震烈度区划图》(该图是继1956年和1977年版后的第三代地震烈度区划图);1992年朱海之等编的1:1800万《中国地震及诱发灾害类型分布图》等。同时,国家地震局震害防御司等先后进行了"中国地震灾害损失预测""未来地震损失评估方法"等研究。通过这些工作,建立地震灾害评估指标体系,基本完善了评估内容,初步形成了比较系统地灾害评估理论和方法,并在地震监测、预报、防震减灾和工程抗震设计中发挥了重要作用。地震灾害定量化的研究结果表明,随着社会经济的发展和人口城市化的加快,地震造成的灾害将越来越严重。减轻地震灾害的研究出现了一些新的趋势:从研究地震危险性向研究地震危害性的过渡;从研究工程灾害向研究社会灾害的过渡以及发展了以社区为中心的减灾体系。经过长期不懈地努力,中国减轻地震灾害工作已取得了初步成效,尤其是近20年来减轻地震灾害工作已经取得了系统发展,在地震监测、预报、损失评估;防灾、抗灾、救灾;安置、恢复、保险、援助、立法、教育;规划、指挥等4个方面取得了可喜进步。进入21世纪后,中国减轻地震灾害工作又有了新的进展,如防灾减灾应急系统的建立、地震灾害防御对策的国际化、地震灾害防御策略的法规化、防震减灾三大工作体系的确立及首都圈放防震减灾示范区系统工程的建成等,都说明中国对减轻地震灾害工作十分重视,也说明中国减轻地震灾害的现状。近年来,随着遥感技术的发展,尤其是高分辨率民用遥感卫星的成功发射和应用,使得利用遥感技术进行地震震害预测成为可能。

为了逐步实现中国的地震灾害系统工程,政府投资在北京周围建成了高科技防震减灾系统工程。这项被称为"首都圈防震减灾系统工程"的区域包括北京、天津以及河北省的张家口、唐山、石家庄等8个地级市,工程采用高科技重点强化地震监测预报、地震应急、救灾决策指挥等防震减灾技术系统,健全与完善工程抗震设防、地震应急预案的功能。中国有很多学者致力于地震灾害系统工程的研究,如马宗晋等研究了中国的地震减灾系统工程(1990,1991,2005);聂高众等(1998)

将中国的减灾系统工程与国际类似的工作进行了对比分析,并提出了合理的建议;庄灿涛(2001)就国家防震减灾中心技术系统的建立进行了研究;吕春来等(2001)研究了中国城市防震减灾系统;邢庆祝等(2003)研究了地质灾害现状及建立减轻地质灾害系统工程;徐平(2004)研究了北京市防震减灾示范区系统工程;洪小勇(2004)以漳州市为例阐述了建立城市防震减灾系统对城市工业建设的重要性;高晓红等(2004)研究了基于 GIS 的城市防震减灾体系工程;裴宗广等(2005)就生命线系统工程进行了震害预测研究;李志强(2005)研究了数字城市和防震减灾信息管理系统;盛家伦等(2005)对地震应急指挥系统的关键技术和设计进行了研究等。

三、中国山崩、滑坡、泥石流等灾害研究

山崩、滑坡、泥石流是在内外营力和人为作用的影响下发育于山区的重力破坏性灾害。中国是一个多山的国家,山地、高原、丘陵占国土面积的 69%;河流纵横、沟谷广布、雨水集中。这种自然环境在大气、地震及人类活动影响下极易产生崩塌、滑坡、泥石流等山地灾害。中国的云、贵、陕、川是这些灾害的多发区,对城市、交通、农田的破坏十分严重。例如,2010 年 8 月 8 日在甘肃舟曲县因暴雨引发山洪,导致突发的泥石流沿白龙江冲进县城,造成死亡 1469 人,失踪 298 人,并造成巨大的财产损失。在综合分析全国这类灾害的基础上,中国科学院山地研究所于 1989 年编制了 1∶1200 万《中国(陆上)滑坡发育区划略图》,1990 年编制了 1∶600 万《中国泥石流灾害分布及危险区划图》,对防止这类灾害增强了预见性。

中国对崩塌、滑坡、泥石流灾害的系统研究和治理是 20 世纪 50 年代开始的。中国学者在滑坡、崩塌和泥石流灾害形成条件、灾害监测预警和灾害治理技术方面已构成了具有中国特色的理论和技术体系,研究水平在同领域中占有一定国际地位,在很大程度上达到了国家减灾需求。20 世纪 50 年代由于铁路、公路建设向西部山区延伸,铁路、公路勘察和设计部门率先开展了滑坡和泥石流等山地灾害防治技术研究。20 世纪 50 年代末、60 年代初铁道部在兰州和成都分别成立铁道科学研究院西北研究所和西南研究所,分别以铁路沿线的滑坡和泥石流为主要研究内容,服务于铁路建设。同时,中国科学院在兰州和成都分别成立了兰州冰川冻土研究所和成都山地灾害与环境研究所,分别设有泥石流研究室和泥石流滑坡研究室,以泥石流和滑坡等山地灾害为主要研究方向,从学科发展层面开展系统研究。此后,林业科研院校从水土保持角度出发,开展泥石流和滑坡山地灾害生物防治技术研究。经过几十年的不懈努力,中国的、滑坡泥石流研究取得了重要进展。据不完全统计,全国累计发表泥石流和滑坡等山地灾害的研究论文 3000 余篇,出版《中国泥石流》(中国科学院水利部成都山地灾害与环境研究所,2000)、《中国泥石流研究》(康志成等,2004)、《中国泥石流灾害与防治》(康志成等,1996)、《滑坡学与滑坡防治技术》(徐峻岭、王恭先等,2004)、《中国典型灾难性滑坡》(黄润秋等,2008)等研究著作 30 余部,涵盖了泥石流和滑坡等灾害研究的各个领域,在泥石流启动机理、运动力学、区域预测和临灾预报等的研究上已赶上或超过国际先进水平。在世纪之交,国务院作出西部大开发的决策,将治理水土流失、退耕还林还草与生态建设置于重要地位,国土资源部发布并实施《全国地质灾害防治"十一五"规划》,滑坡和泥石流灾害的研究更是取得丰硕成果。

滑坡和泥石流的关键防治技术研究。中国在建设中防治了数以千计的滑坡崩塌和泥石流灾害,结合中国国情研究开发了一系列有效的防治办法,主要包括常规措施和工程措施,常规措施主要有斜坡表层植被固土、喷射混凝土砂浆或砌石护坡等;工程措施主要有锚杆加固、抗滑桩等。作为国际上倡导和推广的减灾防灾有效途径之一,滑坡和泥石流风险评估和管理技术方法的研究成为滑坡和泥石流灾害研究的热点。滑坡和泥石流防治主要以工程措施为主,即在滑坡和泥石流的形成、流体和堆积区内,相应采取蓄水、引水工程,拦挡、支护工程,排导、引渡工程,停淤工程及护坡工程等,以控制滑坡和泥石流的发生和危害,具体包括跨越工程、穿过工程、防护工程、排导工程和拦挡工程等。这些工程措施通常适用于泥石流规模大、暴发频率低、松散固体物质补给及水动

力条件相对集中、保护对象重要、防治标准高、见效快和急切需要防护等情况。防治滑坡和泥石流的生物措施包括林业措施、农业措施和牧业措施等,通常在同一流域内随地形、坡度、土层厚度及其他条件的变化而因地制宜加以布置。一般将乔木、灌木和草本等植物进行科学配置,充分发挥其滞留降水、保持水土和调节径流等功能,从而达到预防和避免滑坡与泥石流发生或减小规模、减轻危害程度的目的。生物措施一般需要在泥石流沟的全流域实施,在宜林荒坡上更需采取该措施。常常采取工程措施和生物措施相结合的方式防治滑坡和泥石流。

滑坡和泥石流风险评估研究。其难点问题涉及评估流程的各个环节,其中,比较关键的难点问题主要集中于滑坡编录和基础数据获取与更新,危险性分析评价、易损性评价和损失评估技术等方面。付宏平(2008)在陇海铁路宝天段的某山体滑坡变形观测中,利用了GPS定位技术进行山体滑坡变形测量,认为长期观测的滑坡监测网,宜设置固定观测墩或强制归心装置,以减少测量误差的产生;基准网应定期复测,检验其稳定性。柴俏梁、汪雄解(2008)在浙江省龙丽高速公路龙游段的滑坡中提出了抗滑桩支档+排降水+卸载+锚索相结合的综合治理方案。并且通过实践证明,采用的这种方法基本达到了根治的目的。马宏伟等(2008)针对水电站工程右岸发生的大型滑坡体,通过对坡减载、坡面截水、排水、坡面挂网、喷锚支护、抗滑桩支挡等多种施工处理方法,有效保证了坡体稳定,保证了该水电站工程的安全使用。朱干章等(2007)介绍了GPS在滑坡监测中数据处理的2种常用方法,分析了某滑坡监测实例,得出了在滑坡GPS检测中单基线法优于网平差法的结论。刘晓辉等(2004)在分析百丈水库大坝历次滑坡及处理情况后,提出应从大坝的筑坝土料性质进行分析,采用级配好、抗剪强度大的优质土料换填滑坡土体土料的办法来对大坝进行处理。亢会明等(2004)分析了重庆气矿位于一滑坡体上的某井场的具体情况和治理原则,提出了采用框架式抗滑桩并铺以地表防、排水的综合治理方案。颜廷舟、刘玉山等(2006)通过对大庆至广州高速公路湖北省麻城至浠水段沿线的滑坡危险性评估实例,提出边坡危险性评估必须要切合实际、科学,预测评估技术要灵活应用,并且建议在评估中进行定量分析。曹岚宇等(2008)对改扩建工程20省道浦江县马岭至浦阳段滑坡进行稳定性因素分析,说明了这些影响因素与边坡稳定性的关系,并且提出在边坡灾害评估中对散层厚度太大,下伏页岩、泥岩等软弱岩体,尤其是地形坡度较缓的区段应加强调查。谢全敏等(2006)主要针对滑坡次生灾害破坏损失评估进行研究,提出并且建立了滑坡次生灾害破坏损失的模型,以及故障树分析法和事件树分析法相结合的因果图方法。在谢全敏另一篇文献中,运用了系统分析的方法,建立了滑坡灾害破坏损失综合评价指标体系,并在此基础上运用模糊数学理论,建立了滑坡灾害破坏损失多级综合模糊评价模型。张军等(2008)通过分析滑坡灾害损失评估的研究现状,并且以三峡库区巫山县烟花厂滑坡灾害体实例进行了多源地理空间数据的滑坡灾害损失快速评估方法试验,验证了多源地理数据滑坡灾害损失评估方法应用于滑坡灾害后的可行性及合理性。王念秦等(2002)通过对黄土滑坡调查、勘察、设计和施工的全过程研究,引入经济学的理论计算建立了滑坡整治工程的经济效益评估模式。计会凤(2005)等通过研究灾害损失评估数据库和模型的建立方法,确定了适合模型的数据组织结构、属性信息及编码。并且利用GIS的数据分析方法,对滑坡体可能威胁的人数和地物财产直接经济损失进行快速评估。

崩塌滑坡地质灾害监测预报。20世纪70年代以前中国的崩塌滑坡地质灾害监测预报研究主要局限于对灾害分布规律、形成机理、趋势预测等方面的分析,基本属于水文地质工程地质学科的范畴。20世纪70年代特别是改革开放以后,随着中国以交通、能源、水利、城市为重点的基础设施建设的快速发展,滑坡、崩塌与泥石流等崩塌滑坡地质灾害问题日益突出。为了减少崩塌滑坡地质灾害造成的社会经济损失,国土资源、铁路、水利水电、矿山、公路、城建等系统和高等院校、科研部门开展了广泛、深入的研究,在崩塌滑坡地质灾害的基础理论、勘察技术、评估技术、监测预报技术以及崩塌滑坡地质灾害预防整治技术等方面,取得了一系列的研究成果。1995年由国土资源部组织了中国地质环境监测院等多家单位成立"崩塌滑坡地质灾害监测预报与防治技术方法研究"

课题组进行联合攻关,课题研究内容涉及崩塌滑坡地质灾害形成及演化过程、监测与预报方法技术、防治理论与技术、信息处理等方面。进入21世纪,中国先后建立了巫山崩塌滑坡地质灾害监测预警示范站、四川雅安崩塌滑坡地质灾害预警示范区、江西重点崩塌滑坡地质灾害防治区监测预警示范区等多个示范区、贵州公路滑坡自动监测示范站。监测技术有了巨大进步。监测系统的总体结构随着高新技术的发展已经具有一定的数字化、自动化和网络化功能。近年来许多学者分别在遥感工程地质应用、数字滑坡、"3S"技术在滑坡灾害调查、监测和预警方面的应用进行了探索和深入研究(卓宝熙,2002;王志华,2007;张继贤,2005;蒋卫国等,2006)。"十一五"国家科技支撑计划重点项目"重大地质灾害监测预警与应急救灾关键技术研究"中尤为强调利用遥感、GIS技术开展滑坡灾害早期识别、监测预警和滑坡灾害风险评估管理研究。随着遥感技术的发展及新的对地观测系统投入运营,不管是机载、星载或地面传感器都极大地提高了滑坡灾害研究所需的全天候、实时的数据获取能力,而且InSAR、DInSAR、LIDAR等高分辨率卫星影像等在滑坡灾害研究中得到应用,这些技术不仅增强了滑坡研究地形模拟和可视化能力,而且使滑坡灾害风险探测、识别、监测和预警的手段多样化(石菊松等,2007)。

四、中国水土流失灾害研究

中国水土流失面积已达150万平方千米,约占全国面积的1/6,每年流失土壤50亿吨。国际上规定,土壤侵蚀模数超过10 000吨/(年·平方千米)者为灾害性水土流失。中国西北黄土地区超过此数的区域有5万平方千米,长江流域坡地坡度大于200者皆属于灾害性水土流失区。另外,覆盖厚度对土壤侵蚀成灾也极有影响。如西北黄土地区土层厚度达数十米至数百米,水土流失结果是肥力降低;而长江上游土层极薄,仅数十厘米至数米,水土流失结果将耕地石化,失去耕作条件。长江上游由于坡地水土流失带来的经济损失每年达25亿元,四川省耕地石化面积累计已达77.8万公顷。贵州、云南也大量出现了这种灾害。国务院继1982年发布《水土保持工作条例》后,又于1993年发布了《水土保持法》。中国许多地区在治理水土流失方面做了大量工作,见到了成效,但另一方面,不合理的开垦、乱采滥伐植被森林,导致生态环境恶化,水土流失面积有扩大的趋势。

近半个多世纪以来,中国水土保持研究取得了可喜的成就。在水土保持学科体系建设、水土流失规律与土壤侵蚀机理、水土保持动态监测与效益评价、以小流域为单元的水土流失综合治理与试验示范等方面取得了较大进展(笪志祥等,2009)。①建立了具有中国特色的水土保持科学技术体系:针对中国国情和水土保持生态环境建设的需要,将水土保持学科的基础理论与应用技术研究紧密结合,主要在流域治理、荒漠化防治、林业生态工程3个方向开展了科学研究工作。②土壤侵蚀定位观测、动态研究与预测预报取得重要进展:通过大量径流小区、坡面、小流域等尺度水土保持监测与试验,结合黄河中游、长江中上游等地区的水土保持科学考察以及全国和重点地区水土流失遥感普查,初步摸清了中国土壤侵蚀类型和分布规律,较为深入地揭示了土壤侵蚀的机理与发展变化趋势,建立了不同区域土壤侵蚀的影响因子与土壤侵蚀量的关系,初步提出了坡面侵蚀预报模型。在基础支撑系统建设方面,初步建立了国家水土保持基础数据库。③探索出一系列水土保持生态环境建设体系:例如,黄土高原地区"全部降水就地入渗拦蓄"为核心的小流域建设技术体系;在南方山丘区"蓄排结合,以用为主"的体系;在东北漫岗区的水土资源有效合理利用,并于发展旱地农业相结合的水土保持技术体系;在荒漠化地区林草植被建设为主体,以防风固沙为主要内容的水土保持技术体系等。④在灾害形成条件、灾害监测预警、灾害治理技术方面,形成了具有中国特色的水土保持技术体系。

五、沙化和沙漠化灾害研究

风沙与造成土地沙化和沙漠化密切相关。土地沙化是自然的和人为的因素共同作用的结果,其过程以耕地风蚀作用和草场风积作用为主。土地沙漠化以地表覆盖沙层厚度在10厘米以上为标准。中国华北、西北、东北地区沙化土地面积约有17.6万平方千米,还有潜在沙化面积15.6万平方千米。据初步统计,从20世纪50年代到70年代末沙化土地平均每年扩展约1500平方千米。受沙化的人口3500万,耕地400万公顷,草场500万公顷。中国土地沙漠化也主要分布于"三北"的干旱、半干旱和半湿润地区,沙漠化土地面积约17.6万平方千米,潜在沙漠化土地有15.8万平方千米。受沙漠化影响的人口达5000余万,农田400万公顷,草场500万公顷。据初步估计,中国因风沙灾害每年造成的损失约15亿元。"三北"防护林的建设对风沙的侵蚀起到一定的防护作用,但总的趋势是中国土地沙化和沙漠化仍在发展。

中国沙漠化研究始于20世纪50年代初,为了治理东北平原西北部的风沙危害,在彰武县章古台地区进行了樟子松引种实验和农田防护林网建设研究和实践。50年代末中国科学院治沙队(原兰州沙漠研究所)在开展大规模科学考察的同时,对沙区自然条件与环境、风沙运动规律、农田草场防风固沙、沙区水土资源合理开发利用等方面开展了比较系统的研究,围绕穿越腾格里沙漠的包兰铁路沙坡头段的防沙工程,开展了防风固沙试验研究和防护体系的建设。1977年联合国荒漠化大会之后,原中国科学院兰州沙漠研究所组织了北方沙漠化的综合研究,到20世纪90年代后期初步形成了沙漠化科学的理论框架和研究方法,取得了一批研究成果;沙漠化研究队伍已初具规模;建立了一批定位研究示范试验站,带动了不同生物气候区沙漠化的防治;开展了广泛国际合作交流,一些研究成果已被国际同行认可和应用。进入21世纪石漠化研究又进入到了一个新的发展时期。以"国家重点基础研究发展规划"("973")"中国北方沙漠化过程及其治理研究"项目(2000~2005)为主,联合国家基金委员会重大和面上项目及部门沙漠化防治工程,紧紧围绕中国北方沙漠化过程及其防治的基础理论和工程实践中的问题开展了多学科综合研究,取得了一批创新性成果,完善了中国沙漠化学科的理论体系和方法论,提升了科学水平,推动了学科的发展,研究成果的推广也产生了较好的生态、社会和经济效益;并使中国沙漠化科学在国际同类领域中占有重要的地位(王涛,2009)。

六、中国地质灾害的评估与减灾

1. 地质灾害的评估与减灾概况

地质灾害评估是减轻地质灾害的一项极其重要的工作,具体来说分两种情况,一是对最新发生的地质灾害的评估与减灾;二是对未来地质灾害的评估与减灾。

(1)对最新发生的地质灾害的评估与减灾

突发性地质灾害发生后,救灾部门最需要的就是对这次灾害尽快作出评估。评估的内容包括:①灾害发生的时间;②灾害发生的地点;③灾害发生的类型、影响范围和规模;④灾害造成的损失(人、财物及其他);⑤灾害发生的原因;⑥可能诱发的次生灾害与衍生灾害等。

为准确作出评估,要动用一切可能的方法进行调查,这些方法包括:①迅速到现场考察,包括航空考察和拍摄;②现代通讯工具;③台网监测;④卫星影像资料;⑤文献资料等。在综合分析的基础上,编制灾害平面分布图及反映灾害类型、频度、强度等的相关图件。

救灾部门要根据评估的结果,迅速地开展救灾工作,对不同的灾情地区派出救灾人员,运送救灾物资等应急措施,使灾害的损失尽可能降低。

(2)对未来地质灾害的评估与减灾

对未来地质灾害的评估是在危险区灾害预测研究基础上对灾害造成的损失进行预评估。这个工作分以下2个步骤。

地质灾害预测　某种地质灾害总是发生在特定的地质、地貌区,这是有一定规律的,地质灾害预测是在综合前人研究的基础上对确定的危险区可能发生的灾害作出判定,包括地质灾害的类型、灾害的强度、频度、范围、重点地区等。不同的地质灾害有不同的预测方法,总的看地质灾害预测分为静态灾害预测和动态灾害预测两类。静态灾害预测主要依据有地质构造、地形地貌、土质条件、地下水位等对灾害的影响及水、火、毒等因素可能产生的次生灾害;动态灾害预测主要依据有各种宏观前兆和微观前兆的分布和特征,同时考虑气象等因素的影响。

地质灾害损失的评估 地质灾害损失评估主要包括人员伤亡和经济损失两个方面,其次还有社会影响和减灾效益的预估等。人员伤亡的评估主要参照因素有:灾害的类型、灾害的强度、人口密度、建筑物类型和质量,同时还要考虑灾害发生的时间(白天、夜间、季节等)、居民对灾害发生的警觉程度、灾害发生前有无前兆和预报等多种因素。经济损失的评估主要取决于3个因素。一是地质灾害的类型和强度;二是建筑物的工程结构特征,包括工程结构的易损性、各种工程结构的分布状况和数量;三是社会经济发展情况,如企业集中程度、企业净产值、资产储备量、人均收入等方面。评估灾情时,要特别注意生命线工程、有害物质贮藏容器等特殊工程类型遭到损坏时可能对人员伤亡和经济造成的损失。

应当指出的是,对未来地质灾害预测和损失的预评估包含了许多不确定性,它只能给出一个最好的估计值加上估计的误差范围。尽管有它的不足之处,但它对制定国土规划和社会经济发展计划以及制定应急救灾计划、实施救灾行动、减轻地质灾害损失等都是十分有用的。

2. 中国地质灾害评价现状

中国地质灾害评价尤其是滑坡灾害评价的发展历程大致可分为以下几个阶段(黄润秋等,2004):

(1) 20世纪80年代中后期之前,主要是针对大型工程建设(如三峡水库)进行的地质环境质量评价或地质灾害易发性评价。评价多在广泛的野外调查基础上进行,以定性评价为主,同时也有的引入信息量法、综合评判法等定量方法,单元的划分、数据的获取和结果的图示表达主要由手工完成。

(2) 20世纪80年代中后期至90年代中期,中国地质灾害区域评价领域的研究基本处于停滞状态,文献资料检索足以证明这一点。

(3) 到20世纪90年代中后期,随着高等院校与科研院所将地理信息系统技术全面引入滑坡区域评价,这一研究领域又受到国内工程地质界的广泛关注。近年来地质灾害风险研究得到广泛关注。张梁等、(1998,2000,2002)、张业成等(1995)、罗元华等(1998)、柳源、金晓媚等(1998)对地质灾害属性特征、风险构成、易损性及其在灾害风险评价中的地位进行了研究,殷坤龙等(2005,2010)、晏同珍等(2000)对滑坡灾害危险性和斜坡不稳定性的空间预测与区划进行了系统研究,先后提出了定量评价的信息分析模型、多因素回归分析模型、判别分析模型等,并对秦巴山区和三峡库区滑坡灾害进行了危险性分析与区划;刘希林(1995,2000)等提出了判断泥石流危险性程度和评估泥石流泛滥堆积范围的统计模型,并对云南和四川省泥石流灾害风险进行了评估;胡瑞林等(1999)初步提出了地质灾害评价的计算机预测系统与应用方法。这些研究取得的成果不但丰富了地质灾害研究的内容。而且有的已为减灾管理发挥了作用。"重点地区地质灾害风险评估示范"项目收集整理分析了地质灾害危险性评估报告727份,进行了数据统计和整理,建立了数据库;收集国内外地质灾害风险评估文献46份,综合研究了国内外地质灾害风险评估与区划技术,初步拟定了地质灾害风险评估目标与要求,编写了《国内外地质灾害风险评估综合研究报告》初稿;选定了浙江省衢州市衢江区北部的5个乡镇开展示范评估工作,野外调查面积约340平方千米。

七、中国地质灾害的监测、预报和防治

人类自创生之日起,就是在开发资源,利用环境,与各种自然灾害,包括地质灾害作斗争中谋求生存和发展,并在与自然灾害的斗争中总结了一套减轻灾害的措施,包括地质灾害的监测、预报和防治,防治又包括防灾、抗灾、救灾和灾后援建等不同的阶段,它们相互衔接,是需要统筹安排的一个系统工程。

地质灾害的监测 地质条件的变异有一个渐变到急变的过程,通过各种手段的监测提供数据和信息,可以得到地质灾害发生的前兆,从而进行示警和预报,及时提出应急的减灾对策。新中国成立60多年来,负责地质灾害的工作部门,均已建成单类的监测系统,现正逐步向着空地结合、机动和固定相结合的立体监测系统方向发展。今后要实现技术改造,建设各灾种统一的高技术监测系统,促进多学科交叉,推进地学大系统的科学发展,其意义更为深远。中国地质灾害监测网逐步建立。三峡库区滑坡崩塌专业监测网和上海市、北京市地面沉降专业监测网已建成运行,长江三角洲和华北平原地面沉降专业监测网正在建设中,全国已有700多个县(市)建立了地质灾害群测群防网,群测群防监测点达8.9万多个。近年来开展了"中俄界河塌岸地质灾害遥感动态监测",运用遥感和多种信息源,开展了黑龙江中游抚远—嘉荫段塌岸动态监测。查清了中俄界河黑龙江中游抚远—嘉荫段,长600千米沿江两侧江岸变迁状况,以及护岸工程设施分布现状。编制中俄界河(嘉荫—抚远)塌岸地质灾害与护岸工程设施分布遥感解译图(1:10万);中俄界河(萝北—抚远)塌岸地质灾害演变遥感解译图(1:2.5万);中俄界河(嘉荫—抚远)陆地卫星遥感正射影像地图(1:10万);中俄界河(萝北—抚远)SPOT-5卫星遥感正射影像图(1:2.5万)。"江西重点地质灾害易发区监测预警示范"总结了1998年以来县(市)地质灾害调查成果,并对地质灾害及其影响因素进行了初步相关分析,初步确定了江西省地质灾害预警预报判据。以MAPGIS为平台建立了江西省地质灾害空间数据库和属性数据库,以MAPGIS为平台建立了江西省基础地质(1:20万)、水文地质(1:20万)、工程地质(1:20万)空间数据库。"西气东输工程重点地段地质灾害监测预警示范"完成1:5万地质环境调查。此次调查工程发现了管线附近对管道安全有影响的灾害点7处:延水关—马家河之间,DE336桩附近;DE337桩附近的地表变形较强烈,有多处地裂缝;董家寺滑坡;寒砂石水库滑坡;李家岔村附近崩塌滑坡;王家湾附近的冲蚀洞;DD025处基岩崩塌。完成了地质灾害监测预警示范工程地质灾害监测预警系统建设。"长江上游(宜昌—江津)地质灾害遥感动态监测示范"建立以滑坡为主的各类地质灾害的遥感解译标志,经重点灾害现场验证后完成了秭归县3个重点区地质灾害的遥感解译工作。总计解译出330处地质灾害体。在人机交互解译的基础上,利用数字滑坡技术,从三维角度对工作区滑坡进行解译。如峡口镇的粮管所滑坡,在正射影像图上,可以初步判定滑坡的大致边界及滑动方向。然后,在ERDAS软件VirtualGIS模块下,生成三维图像,从不同角度对滑坡进行观测,进而从更精准地确定滑坡边界,并对不同滑坡体进行分析判断,再利用地形线判定滑坡的滑动方向,经野外验证后,进一步修正解译滑坡界线,最后完成滑坡的解译工作。

地质灾害的预报 地质灾害预报是制订减灾规划和实施减灾措施的先决条件,预报愈准确,提前预报的时间愈超前,防御灾害的应急措施愈充分,灾害损失愈小。目前各类地质灾害预报都有一定经验和理论基础,有些地质灾害预报提出了长、中、短相结合,取得了一定的实效,但总的预报水平都还比较低,以地震预报为例,多年来预报成功率徘徊在20%~30%,特别是如唐山大地震、汶川大地震没有准确预报,造成了很大损失。地质灾害预报水平的提高有待于预报理论的提高和监测能力、内容和分析方法的改善。从2003年起国土资源部与中国气象局合作开展了国家级地质灾害气象预报预警,目前,国家级、省级和市(县)级的地质灾害气象预报预警信息都在各级电视台及时发布,信号覆盖了全国。此外,还采用电话、传真、手机短信等多种方式及时将防灾信息发送至基层防灾责任单位和有关人员,以便迅速采取相应的防灾措施。四川雅安地质灾害预警示范区建设进行了区域地质灾害危险性评价、编制危险性评价图系、研制了诱发区域滑坡发生降雨临界模型;研制开发了地质灾害监测信息系统,对单体滑坡的各项监测数据进行管理和信息处理;研制开发了峡口滑坡监测数据库管理系统和三维可视化管理系统;研制开发了基于卫星的监测数据实时传输系统,并在峡口安装了2套的实时传输设备。峡口滑坡远程监测系统应用北斗卫星导航系统将自动采集的峡口滑坡监测数据(包括降雨量、水位、水温和裂缝位移)实时传输到北京的监测中心,做进一步分析处理,以实现滑坡灾害预警信息发布;研制开发了和实时传输设备配套的雨量计、地下水水位、水温、裂缝位移的自动采集设备;开发了基于区域监测网、危险性评价结果和次日气象降雨预报的地质灾害预报预系统。在 2005 年汛期开展了的地质灾害预报预警系统日常运行。基于 WEBGIS 开发了示范区地质灾害预警预报工作平台,能够系统管理地质环境图层、地质灾害敏感性图、降雨量监测信息,并能够处理预报降雨量的分布数据。

地质灾害的防灾 地质灾害的防灾包括 2 个方面:一是建筑规划和工程选址时要充分注意防灾,避开潜在的灾害。特别是一些生命性工程,关系到国计民生的重大工程和新兴城镇的建设要按有关规范选址,避让地质灾害的危险区。二是在提高全民防灾意识的指导下,人和物的避防性减灾措施,要在充分调查的基础上,对可能发生的地质灾害的人居地进行避防性搬迁,这是具有很大减灾潜力的社会性措施,这项工作已在中国中、西部多山地区逐步展开,初步取得成效。如"典型地质灾害防治示范工程"开展了陕西省延安市宝塔区、四川省丹巴县、云南省新平县地质灾害详细调查工作。取得成果主要有:通过对不同工作方法与手段的对比初步建立了详细调查的技术路线方法;根据实际工作进一步修改了《滑坡崩塌泥石流详细调查规范》;通过大比例尺的调查,更新了地质灾害分布图;进一步完善了群测群防的监测网络体系,并根据对灾害体的新认识调整了监测网点布置方案;增强了对调查区地质灾害机理及分布、发育规律的认识,为进一步防灾减灾工作提供了坚实可靠的基础。

地质灾害的抗灾 地质灾害的抗灾通常是指在灾害威胁下对固定资产所采取的工程性措施。如对建筑物的抗震加固,在泥石流多发的沟谷建防堵墙,在地面下沉区注水或实施地下工程等。据统计资料研究,在一般情况下抗灾的工程投入,可取得 10 倍的减灾效益。

地质灾害的救灾 救灾是灾情发生后最紧迫的减灾措施,抢救的速度和时间与减灾的效果直接有关。救灾过程中从指挥运筹到队伍组织,从物资供应到维护生命线工程,从抢救伤员到维护社会安定,构成了一个严密的系统,所以救灾是一个极其复杂的全社会的准军事化紧急行动。一个地区应根据本区的灾害类型,特点和发展趋势,制定综合救灾预案,有备无患,一旦有灾就会取得最有效的救灾效能。

灾后援建 一次重大灾害发生后必然造成社会和家庭结构的破坏,尽快恢复生产和社会生活正常化也是一个重要的减灾措施。灾后要在政府和救灾部门的统一领导和指挥下积极自救,并接受国内外的援助,在安排好灾民生活的基础上重建家园。2008 年四川省汶川地震发生后,在中央政府的统一安排下,全国各省、市、自治区分片负责对重灾区的援建,使救灾工作在较短时间内取得实效,为中国今后的重大救灾工作积累了很好的经验。

地质灾害的监测、预报、防灾、抗灾、救灾到援建是减灾过程的必要组成阶段,要根据中国的国情、科学水平和经济发展状况把它们有机地、统一地安排好,其中一项重要的工作是建立地方和全国统一的信息系统,及时获得对地质灾害的总体认识,制定减灾的对策,这将大大有利于提高对地质灾害减灾的效能。

(刘锡大)

第六节 中国农业地质学研究

一、中国农业地质研究概述

农业地质学是研究与农业生产有关的地质问题的科学。19 世纪中叶法鲁和李希霍芬最早提出"农业地质"一词,认为土壤由岩石碎屑演化而来。

20 世纪 80 年代李正积在《农业地质背景系统概论》(1986)中提出了"农业地质背景即农、林、牧、副、渔业等密切相关的地质体和地质营力作用的特殊综合"。冯群耀在《大农业地质学》

(1991)中提出了"大农业地质学是以地质学理论为基础,结合农林等学科相关理论,研究大农业相关问题的边缘学科"。两者都强调了农业地质背景、矿物岩石及其地球化学成分同农业的关系。邵时雄、侯春堂等著的《果林农业生态地质研究》(1995)从水文地球化学、第四纪地质环境等研究与农业生态系统的关系,标志着农业地质背景研究要向农业生态地质战略转移。张宗祜(1997)提出了"农业生态地质是一门研究人—农业生产—地质环境整个系统的结构、功能及其相互作用的学科"。邵时雄、侯春堂等(1999)和姜建军、侯春堂(2001,2003)编著了中国农业地学研究新进展,系统总结了中国农业地学研究的最新进展和发展趋势。侯春堂等(2002)的《农业发展的"总后勤部"》《农业生态地质其实就在我们身边》介绍了农业生态地质研究的新成果。成管文(2004)在《农业地质理论及其研究内容再探》中认为"农业地质是一门以地质学、地球化学、土壤学、植物营养学、生态学、生物工程学、环境工程学、管理学和信息技术等众多学科的理论为基础,以国土资源和生态地球化学调查结果为依据,以国家或行业颁布的有关质量标准、技术规范、工作细则为准绳,以现代分析测试手段、信息技术、综合评价与管理决策系统为支撑,并以国家或区域数字地图绘制和区域国土资源宏观决策为目标,以国土资源综合利用、农业产业结构优化、农产品产量质量和食品安全持续提高、生态环境动态监测为目的,以更加主动地和全面地为社会经济发展服务为宗旨的多学科交叉的边缘学科"。姚华军(2007)在《我国农业地质工作发展战略思考》中对农业地质工作的概念和服务领域进行了思考,认为"农业地质工作是我国地质工作的重要组成部分,是以土壤、浅层地下水及水体中元素为研究对象,以区域地球化学勘查技术为主要手段,以农、林、牧、副、渔业等广义农业地质环境为主要目标的基础性地质调查与评价工作,是现代地质工作主动服务于现代农业的创新之举,也是地质调查与科学研究有机结合的成功尝试"。随着国内农业地质研究的发展,国内对农业地质的理解分为有广义的农业地质和狭义的农业地质,广义的农业地质概念遵从"农业地质就是服务于农业的地质学",只要地质工作能够有效的服务于"三农",即服务于农业、服务于农村、服务于农民,那么就应该纳入农业地学范畴。狭义的农业地质是多目标生态地球化学调查。正是因为国内不同学者对农业地质概念理解的不同,在2006年出版的《地球科学大辞典》首次权威的对农业地质进行了完整定义:"农业地质学是地质科学与农业科学相结合衍生的边缘学科""在中国20世纪80年代前,主要集中在为农业服务的区域地质、区域水文地质、农药化肥矿产勘查等传统地质领域。80年代发展以地层、岩石和地貌等农业背景条件为对象的农业地质研究,探讨特产农作物的不同地质背景及其与某些地球化学元素的关系,以及增产途径。90年代为建设可持续发展的农业经济和良好的生态环境,逐渐形成了生态农业地质学",在《地球科学大辞典》中同时还对农业地质的研究方向进行阐述。至此,农业地质有了共同的术语和研究基础。

中国人口众多,长期以来经济不发达,处于农业国状态。1949年以来农业得到了空前发展,但今后农业现代化的任务仍很艰巨,粮食生产前景不容乐观,地质科学要和其他科学一起,为解决中国因人口增长带来的粮食问题而努力。在解决粮食问题上,不仅要为解决农业生产的水、肥、土问题,而且要为国土资源综合区划和评价,指导农作物、果树、林木、植被、鱼畜类和植(动)物土特产、药材等的优化布局、优质高产、解决水土保持、低劣田的改良和旱洪灾害治理等问题,提供科学依据。农业地质最早起始于农业土壤和农业供水等领域。20世纪前40年其主要研究农业经营和农学中所遇到的地质问题;20世纪50年代后随着全球人口、资源、环境问题的日益突出,农业地质逐渐列入环境地质或地质生态范畴;70年代地质科学向农业的拓展和应用逐步在中国兴起,主要集中在为农业服务的区域地质、区域水文地质、农药农肥矿产勘查等传统地质领域;80年代发展为以地层、岩石和地貌等农业背景条件为研究对象的农业地质系统研究,探讨特产农作物的不同地质背景及其与某些地球化学元素的关系以及增产途径;90年代随着中国建设可持续发展农业、农村经济及良好生态环境的新要求,国内逐渐地开展了适宜种植的调查研究;直至在世纪之交开展了大区域的农业地质环境调查与评价工作,地质与农业才真正走上了紧密结合的道路。当前,农业地质学这门新的学科在中国已逐渐形成。其研究方向主要有 3 个：①研究开发或改良各种适宜地质环境的农作物；②研究农业生产活动对地质环境产生的影响及对策；③评价区域农业生态地质条件，揭示各种名、特、优农林生物产品的最佳生态地质环境以及为发展区域农林产品，对地球表生带进行的最佳改造和利用。

20 世纪 60 年代以来，地质学在解决灌溉用水、农田改造、农业地质灾害、地热开发和寻找氮、磷、钾矿藏等方面，取得了显著成就，促进了农业的发展。近年中国开展了大区域的农业地质环境调查与评价工作，取得了一定的经济、社会和生态效益。为了促进现代农业的科学快速发展，必须全面了解农业发展的基础——土地，土地质量取决于土壤中有益有害元素的丰度，而土壤正是由岩石碎屑经地质作用所形成，区域土壤的形成及成分决定于所依托的背景岩石地质环境体系。因此，拓展地质学在农业领域的应用，运用地质学方法理论和新一轮国土资源大调查成果为现代农业服务，近年来愈来愈受关注，地学与农学的结合将大力促进传统农业向现代农业转化。农业地质学为全球地质科学和农业科学结合并推进其向纵深发展发挥了重大作用。

二、地质学在中国农业上的拓展及应用

农业、农村和农民问题是关系中国改革开放和现代化建设全局，关系全面建设小康社会能否实现的重大问题。近年来，化肥、农药、废弃物等对中国农村的土壤以及地下水的污染日益引起人们的关注。中国地质工作者始终重视并在积极探索地质工作如何为农业发展服务的问题。1986 年地质部门开始在浙江杭嘉湖平原进行农业地球化学调查试点；1996 年以来陆续完成萧山、安吉农业地质调查，对农业种植基地土壤重金属分布进行研究，为农业土壤质量评价及农业结构调整提供了重要的基础资料。中国加入世贸组织后，农业面临严峻的挑战，农业经济结构调整迫在眉睫。借鉴中国在国际地学界居于领先地位的勘查地球化学理论与实践经验，国土资源部于 2001 年启动了"覆盖中部农业主产区，重点安排东部经济区，优选西部农牧区"的全国农业地质调查项目，把传统的勘查地球化学方法延拓、扩大到关系国计民生的农业领域（麻志周，2007）。

（1）为农业区划和规划提供决策依据　农业地质学应用地球系统科学理论与方法，结合现代可持续农业、农村经济建设的强大需求，综合研究农业生态地质环境，在解决农业生态系统的平衡、调查作物种植比例和农业区域合理布局、农村城镇建设布局等方面显现了较强的指导性。2002 年至今中国在浙江省开展了全国区域性农业地质环境调查及评价的试点工作。该项工作以区域地球化学野外调查为主，根据地球化学元素在土壤及浅层水中的分布情况，划分出有益元素分布区和有害元素分布区；通过开展区域地球化学评价，主要研究重要元素对农业环境影响，研究种植适宜性、土壤环境安全及治理等；同时进行特种经济作物专项调查，研究名优特农产品地质地球化学条件。通过对重点地区、重大农业地质环境问题调查、评价和研究，以及开展与效益农业、名优特农产品相关农业地质环境专题调查与研究，提出了改善农业地质环境质量的对策和措施，为农业结构战略性调整、农业区划和规划提供了决策依据，切实保障了农村经济快速、健康和可持续发展。

（2）优化农业结构，使农民增收、农业增效　提高农产品品质是效益农业的前提，而解决农产品的宜种性问题是提高农产品品质、优化农业结构的基础。地质工作正是通过查清农业生态地质环境的重要因子——土壤各种营养元素及土壤环境质量状况这一途径，揭示特色农产品特在何处、优在哪里的奥秘，并查明其所赋存的地质环境的变化情况，为保持农产品的特殊生长环境提供科学依据。例如，萧山萝卜以汁多质脆而闻名，曾每年出口日本等国家，但 1997 年萝卜出现烂心现象。通过地质工作发现，土壤缺乏 B 元素是萝卜烂心的根本原因，后经补 B 等措施解决了这一问题；全国许多地方都种有牡丹，但唯独洛阳牡丹花朵硕大、花色艳丽、花型典雅，千百年来一直是个不解之谜。通过开展"伊洛河流域（洛阳市）生态地球化学调查"，结果发现牡丹种植区的土壤中 Ca、Mg、Fe、Mn、Cu、Zn、B、Mu、V、Go、Ni 等微量元素的含量较高，特别是 Mn、Cu、Zn、Mu 元素的含量明显高出其他地区的土壤,其中 Mn 的有效含量异常丰富。专家分析,上述元素能有效促进植物细胞的生长和叶绿素、糖类、酶类的合成及花蕾的形成。全国区域性农业地质环境调查试点浙江省通过调查工作,已经圈出 2.4 万平方千米"绿色土地",划定 2200 平方千米的"富 Se 优质农田"。据此,目前浙江省农业种植结构得到了合理调整,农产品正在陆续冲出"绿色壁垒"——农业经济呈现出大幅度的跨越发展。在萧山区农业地质调查为当地的都市型农业发展、促进农民增收和推进农业结构调整提供了科学依据,使该区的农业现代化进程得以加快。

(3)农业地质与名特优农产品的相关性 1980 年李正积率先在四川棉区进行了农业地质背景调查,发现该地区棉花最佳种植背景区是侏罗系地层,根据调查结果,四川省调整了农业布局,在种植面积减少的情况下,平均产量却增加了 500 千克/公顷,取得了巨大的经济效益(李凤玲,2006)。随后在全国进行了数百种名优特产品的农业地质调查与评价工作,内容涉及广西沙田柚、山东肥城桃、云南烟草、河北行唐大枣和四川涪陵榨菜等百余种名特优农产品(冯群耀,2001;曹洪松,1995;曾群望,1994;栾文楼等,2007;路玉林等,2006;李正积等,1994)。已有的研究结果表明,在排除种子、气候、栽培管理技术等因素外,名特优农产品的特殊品质受当地特定的生态地质因素控制,表现出了与地质环境之间显著的相关性(李正积,1996;李丹奴,2003)。因此,开展农业地质环境质量调查研究,探明特定区域范围内的农业地质背景及其矿质元素的迁移、转化和富存规律,并根据查明的名特优农产品的农业地质背景与特定的土壤地球化学特征因地制宜、合理规划农业布局,是实现农产品优质高效生产的前提和关键(刘杨等,2010)。

三、中国农灌水源研究

农业水文地质学研究一方面要为农田提供灌溉水源进行水文地质研究;另一方面要为沼泽地和盐碱地的土壤改良,防治次生土壤盐碱化等问题进行水文地质论证。中国陆地面积一半以上的干旱、半干旱地区,1/3 的耕地和 2/3 的牧区,水源不足,亟待解决。1949 年以后农业水文地质工作才逐步开展起来。1955 年地质部召开区域水文地质调查会议。1958 年地质部局长会议决定在干旱地区进行水文地质调查,在半干旱地区进行地下水勘察。基于此,在 20 世纪 50 年代后期编制出版了中国 1∶300 万的全国水文地质图。1960 年地质部要求省地质局参加抗旱,大力开展地下水勘查工作;在北方各省市勘探开发地下水工作会议上,进一步明确水文地质工作必须为农业服务。20 世纪 60 年代初期编出了大区域的小比例尺图件,如 1∶100 万的松辽平原及黄淮海平原水文地质图,其中包括潜水埋藏深度图、农田供水水文地质图和土壤改良水文地质图等。1973 年讨论修改了《农田供水水文地质基本要求》(草案)。1974 年组建了 3 个水文地质工作普查指挥部 12 个大队,加快了水文地质普查工作。1976 年中国科学院、水电部、国家地质总局联合召开北方 17 个省、市、自治区地下水资源开发利用十年科技规划会议,修订了十年规划,建立了规划协调小组。到 1985 年底,完成了 1∶50 万、1∶20 万区域水文地质普查 922 万平方千米,占陆地面积的 96.1%,出版了高质量著作《中华人民共和国水文地质图集》(1979)。通过这些工作,对全国地下水资源的状况有了比较全面和正确的认识,为合理开发这些资源取得了必要的资料,为农牧业地区用水开辟了水源。1985 年底地下水有 80% 用于农田灌溉。据北方 17 个省、市统计,共打 220 多万眼井,井灌面积 1133 多万公顷,地下水的年开采量约 400 亿立方米。干旱缺水的状况得到改善。南方岩溶地区岩溶水也得到了开发利用,对治理岩溶灾害也取得了必要资料。

四、土壤改良与防治盐碱化试验

中国可耕地中有相当大面积的盐碱土。这种耕地的农作物产量很低,甚至无法种植。盐碱土是干旱气候条件下的产物,一般是在地下水位埋藏较浅,径流条件迟缓,水质较差的情况下,由于强烈的蒸发作用,大量盐分积聚在土壤层内形成的。但不适当的大水漫灌,使地下水位大幅度上升,也可导致土壤次生盐碱化与沼泽化,造成严重危害。1958 年~1961 年间华北部分地区不适当地大规模引黄灌溉,修建平原水库后有蓄无排等,使盐碱地猛增,就是一个惨痛的教训。在南方一些地区广布的冷浸田,由于地下水位过高、水温过低,形成有毒的还原物质,导致水稻坐苑、枯黄,大大危害农业生产。因此,需要通过水文地质研究去认识地下水的活动规律及其与地表水的关系,方能制定正确的治理措施。29世纪50年代~60年代中国开始在天津等地开展滨海盐土种稻改良试验和引黄灌溉、种稻改碱等农业措施为主的改良;70年代盐渍土改良进入工程与农业措施相结合的综合治理发展阶段。在黄淮海平原建立了12个试验区后又在松嫩—三江平原等地相继建立了中低产田治理与综合发展试验区,开展了"六五"至"九五"攻关研究,取得了重大成果,使中国盐碱地综合治理技术已走在世界前列。通过治理,华北平原土壤盐碱化已有所改善。在此基础上,又相应提出了适应黄淮海地区防治盐碱化的方案:采取以开采浅层地下水为主,以排为基础,正确处理排、灌、蓄、补的关系。20世纪70年代中期各个部门据此共同对黑龙港地区进行综合治理,取得了显著的成果。珠江三角洲地区地下水位过高,为了改造冷浸田,采取排水措施,地下水位降低50厘米~60厘米,粮食亩产增加1/3~1/5。中国北方地下咸水分布较广,经试验证明:微咸水可以直接用于农田灌溉,大量开采后还能自然淡化。如河北束鹿地区大量利用微咸水,使咸水界线退缩15千米~20千米;河南虞城县利用矿化度3克/升~5克/升的地下咸水灌溉,粮食增了产,现灌溉面积已发展到十几万亩。通过合理灌溉、抽咸补淡等试验,总结了10种咸水利用的方法。试验证明,对地下咸水进行改造利用,可为蓄存淡水创造条件,还可扩大地下水源,防止土壤盐碱化。

五、中国农业矿产资源研究

农业矿产资源研究指发展农业生产必需的矿产资源的研究。1949年以前就已经对中国江苏锦屏、云南昆阳、安徽凤台等磷矿作过一些地质调查。1949年~1957年通过地质调查,发现了贵州开阳、湖北襄阳等一批大型磷矿产地和柴达木含钾卤水及光卤石沉积。1958年~1978年燃化部和国家地质局把农业矿产资源作为普查勘探工作的重点。经调查研究发现了四川绵阳、湖南浏阳等大型磷矿和罕见的大型含钾盐湖——青海察尔汗盐湖以及云南勐野井中型钾盐矿床。至1985年在已探明储量中,磷矿、岩盐居世界前列。20世纪50年代末以来中国对磷等20多种矿产进行了较系统深入研究,提出了比较适合中国地质情况的矿床类型,从各方面探讨和阐明了这些矿床类型的成矿远景和找矿方向,并建立了成矿规律和矿产预测这门学科。同期也开展了钾盐研究工作,初步总结出了碎屑岩系内盐类矿床成矿理论,特别是袁见齐对钾盐的成矿规律的新见解,指导了东部中新生代盆地的找钾工作。郑直等在开展潜江地区找钾工作中,总结了油盐兼探、石油找矿中兼找钾盐的工作方法,并发现了钾芒硝的矿层。中国在西藏、青海、内蒙古、新疆盐湖的调查研究中,发现了富钾盐湖等,已初步掌握其分布规律,形成的地质条件,地球化学、水化学条件,湖水沉积作用、成矿作用等特征,并建立了盐湖成矿模式。20世纪80年代以来一些单位对四川盆地富钾卤水的成分、水文地球化学特征以及综合评价和利用进行了研究。

六、近年来中国农业地质学研究

近年来中国农业地质得以壮大发展,得益于国土资源部职责的明确。2008年7月10日国务院办公厅以国办发[2008]71号文印发了《国土资源部主要职责内设机构和人员编制规定》,第11条明确规定国土资源部"承担城市地质、农业地质、旅游地质的勘查、评价工作",首次把农业地质纳入了国土资源部职责范围。期间,农业地质成果不断涌现,主要进展如下(中国地质学会农业地质学专业委员会,2011):

(1)统一标准化了农业地质名词术语 一门新兴学科的发展,首先面临的是学科定义以及内涵和外延的确定,只有从事该学科研究的研究人员在统一的概念框架下进行研究,才能更好更快地推进本学科的快速发展。"十一五"期间一项重大的成果是规范了农业地质名称术语110余条,在《地球科学大辞典》中对农业地质概念发展以及研究方向都作了详细阐述,标志着中国农业地质学科有了共同的语言,必将推进中国农业地质的快速发展。

(2)中国农业地学网再次改版,凸显交流平台作用 作为中国农业地学发展的一个主要宣传网站,中国农业地学网(http://www.caeg.org)是由中国地质学会农业地学专业委员会主办的学术性网站,旨在宣传农业地学学科发展,宣传农业地学最新动态,为广大立志于开拓农业地学领域的各界人士提供学术交流的平台。中国农业地学网的部分内容为农业地学专业委员会学会内部的工作动态,介绍学会概况,发布学会通知和工作计划,刊载学会最新动态。网站的核心内容为农业地学信息的发布与交流。通过发布农业地学相关的最新动态,展示农业地学的最新成果,宣传农业地学科普知识,供各界人士交流。网站现已刊载有千余篇文稿,涉及人口、资源、环境、新技术新方法、新理论、农业地学术语等与农业地学相关的多方面内容。目前,农业地学专业委员会对该网站进行了全面更新和改版,使之能更好地促进中国农业地质学科的发展。

(3)水土地质环境调查评价获得重大进展 水、土是陆地生态系统中最基本的要素和介质,是人类赖以生存和发展不可替代的物质基础,始终与人类息息相关。水、土作为人类生存攸关的环境要素,构成了动态的、开放的、复杂的水土地质环境系统。水土地质环境已成为地球科学中关于陆地生态系统、地球表层系统的重大科学问题,受到地球科学家、社会公众和政府的高度重视,特别是在全球气候变化成为世界共同议题的背景下,水土地质环境更是备受关注。李瑞敏等(2007)在《农业地质地球化学评价方法研究——土地生态安全之地学探索》一书中以地质学、第四纪地质学、环境学等专业理论为基础,运用系统论的思想论述了地质作用过程和人类活动对土壤中元素分布分配的控制规律和区域变化规律;以植物生理学和植物营养学为基础,论述了从土壤→地下水(包括土壤水)→植物体的元素循环理论,奠定了土壤中元素对人体健康影响的理论基础;利用多目标地球化学数据和有关土壤、地下水、植物及人体健康领域各自独立的研究成果,发现了土壤—籽实间元素含量的"带状"响应新规律,运用黑箱方法构建了土壤元素与人类健康的响应关系模型,建立了适用于东部平原盆地区的农业地质地球化学评价方法,提出了土地生态安全评价的新概念、新思路和工作程序,促进了地质学、地球化学、环境学、生态学以及元素毒理学等学科交融。2010年侯春堂、刘晓端、王轶等出版的《华北平原水土地质环境图集》,以揭示潜水和土壤两大介质构成的水土地质环境现状与演化为主线,从研究单介质的整体性、空间异质性和时间动态性入手,首次利用潜水、土壤最新的多达34项环境元素、生命元素调查数据及现代数据处理技术,梳理和科学表达华北平原水土地质环境现状、演化方向和趋势以及影响经济社会可持续发展等科学问题的新认识,揭示了在全球气候变化和人类活动双重驱动下,华北平原水土地质环境将趋于干化、潜水碱化和土壤酸化,土地盐渍化等水土地质环境问题将具有向不同方向演化的总体规律。

(4)水土地质环境监测预警获得重要成果 中国地质环境监测院从2005年开始先期在浙江杭嘉湖平原启动了浅表层水土环境监测工作,2008年扩展到华北平原的保定—沧州示范区(代表北方地区),2009年又启动了苏锡常水土地质环境监测示范区(代表南方地区),同时启动的黄淮海平原水土地质环境监测预警示范也拓展到河南驻马店、江苏连云港地区。这些示范区的水土地质环境监测技术方法研究为全面推进中国水土地质环境监测工作提供技术支撑。另外,中国地质调查局于2008年启动了黄淮海平原水土系统地球化学环境风险评估工作,也以河北保定—沧州、河南驻马店、江苏连云港为风险评估典型研究区。目前北京、天津、浙江也启动了水土地质环境监测工作。

(5)中国农业生态地球化学调查获得海量原始数据及重要成果 从1999年开始中国地质调查局组织广东、湖北、四川3省分别在珠江三角洲、江汉平原、成都平原等地区开展了农业生态地球化学调查试点,在1999年~2001年期间共完成调查面积约3.17万平方千米。2002年~2006年中国地质调查局根据国土资源部《农业地质调查规划要点》总体规划,在国土资源大调查专项支持下实施省部合作农业地质环境调查,涉及浙江、四川、湖南、安徽、北京、福建、江苏、河南、吉林、江西、内蒙古、重庆、辽宁、湖北、山东、上海、海南、河北、山西、广东、天津、黑龙江等22省(区、市),累计完成调查面积103.01万平方千米。2005年~2008年在"全国土壤现状调查及污染防治"专项支持下继续开展此项工作,涉及陕西、重庆、上海、江苏、安徽、河南、湖北、海南、山西等省(市),累计完成调查面积28.82万平方千米。截至2008年底共计完成调查面积160万平方千米,涉及中国大陆31个省(区、市),覆盖了长江流域、黄河流域、东北平原、沿海地带以及西部重要经济区的广大平原盆地、湖泊湿地、近海滩涂、低山丘陵及黄土高原等。工作方法以土壤地球化学测量为主,这里也包括了近岸海域沉积物地球化学测量和湖泊沉积物地球化学测量,并辅以水地球化学测量。

(6)全国地下水监测网络的完善 经过50多年的长期努力,中国地质环境监测已经形成了由1个国家级监测院(中国地质环境监测院)、31个省级地质环境监测总站(院、中心)和217个市(地)级地质环境监测分站组成的国家、省(区、市)、市(地)三级地质环境监测工作体系;国土资源部通过50年历史的地下水监测工作,建立了全国地下水监测网络,系统监控全国地下水水位和水质变化,掌握了中国地下水环境区域现状,积累了宝贵的长序列地下水监测数据。这些地下水环境和土壤环境基础数据为农业地质工作能更好地服务"三农"打下了坚实的基础,为促进农业地质理论的逐步完善提供了坚实的数据基础。

(杨守仁)

第七节 中国城市地质学研究

一、中国城市地质学研究概述

城市地质学是地质学的一门较新的应用性分支学科,是涉及主要人口密集区的应用地质学领域。该学科是那些有助城市管理和发展的地球科学分支学科的综合,包括部分工程地质学、环境地质学及土地管理学。除了传统地质学科如地层学、构造地质学外,岩土工程学和水文地质学等在城市地质学中也有重要作用。城市地质工作的基本任务是调查研究和解决与城市建设及发展有关的各种资源、环境等地质问题。

中国城市地质工作是在20世纪50年代的找水、供水开始的。以北京为代表的历史文化大都市和以包头为代表的新型工业化城市供水水源地勘查、地下水开采以及在这个基础上开展的地下水动态监测工作标志着新中国的城市地质工作的开始。从20世纪50年代起,开展了1∶20万区域地质调查,同时对全国各大中城市陆续进行了基础地质、水文地质、工程地质、军事地质、矿产地质、能源地质等方面的勘察,编制出大量地质报告和有关的地质图件。对于大城市,一般进行的是1∶5万的地质勘察,其规划区则为1∶1万;中小城市为1∶1万、1∶2.5万、1∶5万;并组织力量进行了工业城市的供水勘探。20世纪50年代后期,各省成立了省级地质局,北京、成都等城市还建立了市级地局及其相关的地质队伍,全面统管和负责城市地质工作。60年代~70年代为满足大规模的城市建设和经济发展的需要,开展了各种比例尺的区域性和专门性的水文地质、工程地质、环境地质调查、评价工作。天津、上海在地面沉降的勘察、治理、防治方面取得重大进展,与此同时全国各地相继建立地下水动态监测站。60年代随着航空地质事业的发展,对全国一些大中城市进行了航空摄影测量和航空地质调查,并编制了相应的图件。至1966年全国已有300多个城市进行了总体规划勘察,城市水文地质和工程地质、矿产地质及编图工作。从60年代后期随着中国一些城市及其周围强烈地震的发生,国家加强了城市地震地质工作,进行了地震的观测、预报和预防。从60年代后期~70年代城市地热地质工作也得到发展,北京、天津等大城市加强了地热资源的勘察和开发利用。

20世纪80年代随着中国改革开放和经济的蓬勃发展,极大地促进了全国城市地质工作,中国城市地质工作获得了空前的发展。除进行为城市或经济开发区建设服务的专门性的水文地质、工程地质勘察外,以城市为中心的水工环地质综合调查研究也全面展开,先后完成了80多个城市地下水集中供水水源地的评价以及京、津、沪等75个主要城市的水资源预测。工作区域从单个城市到国土综合开发区、大江大河流域,先后完成了长江、黄河流域的环境地质调查和编图工作。为了适应经济特区及沿海14个港口城市对地质资料的需要,1984年地质矿产部决定在厦门、深圳试编可公开出版的1∶20万、1∶5万地质图件,要求各相关地矿局编制所属特区及沿海港口城市的地质图件;1984年~1985年对30多个重要经济区和中心城市(含沿海港口城市)及南宁、桂林、峨眉等旅游城市和地区相继开展1∶5万区域地质调查,深入了解这些城市的基础地质条件;对27个大中城市(主要是省会城市)的地下水资源和城市环境地质问题进行了研究和预测,指出城市环境地质问题主要有地下水环境污染、地面沉降、地裂缝、岩溶塌陷等;1986年出版了《中国2000年城市地下水资源及环境地质问题预测研究》报告,同年地质矿产部区域地质矿产地质司组织编制了《城市地区1∶5万区域地质调查的理论和方法》。1986年7月地矿部和建设部在北京联合召开了"首届全国城市地质工作会议",会议指出中国城市地质工作正进入一个新时期,今后城市地质工作的主要任务是:①城市区域地质调查;②城市工程地质条件评价;③城市地质资源,主要是地下水资源、建材资源、地势资源、旅游地质的勘察、开发利用和保护;④城市环境地质灾害的评价和预测,加强防范,避害趋利,提出科学的整治方案。这次会议促进了中国城市地质工作的大发展。1986年12月第1届全国城市地质学术讨论会在北京举行,主要探讨城市地质的理论与工作方法,同时成立了中国地质学会城市地质研究会。1987年4月召开了地质为城建服务交流会;7月召开了城市地质系列图及其应用研讨会;11月中国地质学会城市地质研究会和四川省地质学会联合在成都召开了全国城市地质理论与方法研讨会,这次会议是中国城市地质学发展史上的里程碑,明确指出:城市地质学必将发展成为完善的独立的介于地质学、城市学、环境地质学和软科学之间的边缘科学。1986年~1990年地质矿产部"七五"重点科技攻关项目"沿海重点城市及经济特区环境地质研究"涉及5个课题24个专题,研究地区包括秦皇岛、南通、宁波、湛江和闽南三角经济开发区,内容包括区域地壳稳定性、软土地基、江海岸稳定性、地下水资源、地下水污染、地面沉降等。1989年中国在100余座城市中开展了为城市规划、建设和管理服务的综合勘查、地质论证、供水勘查、工程地质及环境地质勘查等方面的工作。在北海、三亚、秦皇岛、汕头、石家庄、桂林等38个城市开展了为城市规划决策服务的综合评价工作。于1988年、1995年分别出版了文集《中国沿海洼地的城市地质学》《中国浙江省宁波市的环境和城市地质学城市规划主题图编撰中的原则和方法》。1990年地质矿产部环境司主编了《沿海主要城市水资源及地质环境评价》报告,对丹东、上海、青岛、厦门、珠海、北海等21个城市的水资源及地质环境进行了评价;1992年国家计划委员会和地质矿产部环境司共同出版了《中国重点城市和地区地下水资源开发利用现状及供水对策图集》,包含了北京等25个重点城市和以山西为中心的能源基地等8个重点地区的图幅。90年代以来随着可持续发展理论的深入和计算机的广泛应用,中国城市地质工作越来越多地考虑社会、经济、环境等因素,地下水资源研究从地下水资源评价提高到建立城市地下水资源管理模型。1999年国土资源大调查项目正式启动,城市地质调查作为其中一项重要任务,选择了北京、上海、杭州等城市作为新一轮地质调查的试点城市,编制新一轮地质调查指南。围绕地下水可持续利用、地面沉降、城市垃圾的处置等主题开展了首都地区、长江三角洲地区、环渤海地区的地下水资源和环境地质调查评价;围绕土壤环境质量、农产品安全开展了珠江三角洲、江汉平原、成都平原、长春经济区、浙江生态地球化学调查。应用"3S"技术进行基础地质、环境地质调查,建立GIS平台上的地质信息空间数据库和信息系统,也已成为新一轮国土资源调查城市地质新的主流工作模式。与此同时,中国地质调查局从1999年启动了广州、武汉、成都的城市地球化学填图试点工作。

进入21世纪,中国地质调查局以南京地矿所为基础成立了城市地质研究中心,中国的城市地质研究得到进一步强化。边坡失稳、地下水污染、土壤污染等城市地质环境问题分析与评价仍是城市地质学的研究焦点,城市地质如何与城市规划结合起来是城市地质学的热点问题。城市三维地质建模、城市地质灾害风险管理等则是城市地质学的前沿问题。在中国地质调查局的推动下,城市地质调查方法、城市地质立体填图技术等方面的研究逐渐兴起。在其他城市地质学领域,城市活动断层探测和评价、城市地下空间开发中的岩土工程问题、地下水资源评价、地下水和土壤污染监测、空间信息技术应用、三维地质建模等方面的研究逐渐兴起。2000年中国地质调查局组织开展了矿山地质环境调查,其中包括了部分矿山城市的环境地质问题的调查。2001年3月国土资源部组织了"全国地质环境与城市规划研讨会",主要对如何科学合理利用城市地质环境、城市环境地质问题、城市环境保护与城市可持续发展等主题进行了深入探讨。中国地质学会在青岛召开了中国城市地质研究成果交流会,并完成《中国城市地质》专著的编写。2001年底"中国大城市活动断层探测与地震危险性评价"项目启动,计划用10年左右时间对人口100万以上、存在活断层且地震危险性大的大城市分阶段进行活断层探测,查明活断层的准确空间位置、规模、活动性和地震危险性,并提出针对性的防范对策和工程措施。2006年3月河南省安阳市的城市规划区活断层探测项目完成,并在安阳500千伏变压站工程选址中得到初步应用。2002年10月21日～24日"东部城市集中区立体填图试点工作研讨会"在南京召开,标志着中国新一轮城市地质调查工作拉开序幕,并出版了《我国东部城市集中区城市立体地质调查理论与方法文集》。计算机技术在地质调查、地质填图方面的应用越来越广泛深入,三维地质建模技术成为研究的热门领域。2004年4月24日国土资源部与上海市共同签署了"上海市三维城市地质调查项目",上海城市地质调查紧密围绕上海市城市发展规划和建设急需,针对城市地下三维地质结构与空间资源、地质灾害与空间安全、地表水土体环境质量以及城市发展环境承载力方面开展调查与评价,为上海规划、建设提供基础数据和可视化决策平台。随后北京、天津、广州、杭州、南京等城市陆续签约开展试点工作,目前哈尔滨、合肥、苏州等城市的城市地质工作也已经启动。空间信息技术已成为城市地质工作的主流技术。2005年广东省顺德市建立了城市地质勘察信息系统,该系统由数据编辑、工程勘查成果管理、查询系统、数据维护、系统管理维护5个子系统组成。2005年8月北京大学地质信息系统实验室完成了辽宁省鞍山市地质灾害评价与预警系统的开发,利用GIS对该市的泥石流、岩溶塌陷灾害进行了评价与预警。2005年12月天津经济技术开发区西区综合地质评价系统通过验收。随着城市化地下空间开发的兴起,城市工程地质环境问题越来越受到关注。2006年初举办了"城市地质环境与工程"学术讨论会,探讨了城市工程建设中遇到的地质环境问题,如边坡稳定性、建筑地基安全、地下工程施工中的塌陷和突水问题等。当前,"数字城市"作为"数字地球"的重要组成部分,已成为社会和政府关注的焦点。同时,中国制定了城市灾害防治计划和防治目标以及地质环境保护规划,完成了北京、天津、上海等重要城市的环境地质综合勘查评价,计划在2010年前完成100座重要城市的地质环境保护规划工作。

2005年6月《中国城市地质》出版,这是中国第1部有关城市研究的专著,全书分别从中国城市地质概论、中国城市地质专论和中国特大城市地质研究3个方面,紧密结合中国实际的城市地质条件,全面阐述了城市地质的各类问题;《中国城市地质》切实反映了中国城市地质研究的现状和今后发展趋势,成为指导中国城市地质工作的指南。为展示高水平的创新成果,培养高级研究人才,促进中国城市地质科学理论及技术方法的进步,2006年北京市地质矿产勘查开发局创办中国第1份面向城市的地质期刊《城市地质》,该刊涵盖的学科领域有基础理论、资源地质、环境地质、工程地质、地质灾害、技术方法及建议等与城市建设相关的地质问题。

二、城市供水勘探

在中国,水资源已成为城市建设规划、工农业生产布局及国土整治规划的制约条件之一。近十几年来,中国城市发展很快,城市年用水量将不断增加。因此中国水资源能否满足今后城市与工业发展需要,是摆在面前的一个严峻问题。

为解决城市供水问题,早在20世纪50年代国家组织力量对北京、包头、西安、太原等工业城市进行供水勘探。50年代后期编制出版了第一幅1∶30万《中国水文地质图》和一些各类水文地质、工程地质等图件。60年代以来在全国一批大中城市全面开展了水文地质工作,全国城市供水状况有了明显的改善。1965年4月在北京召开了第1届全国水文地质工作地质学术会议,总结交流了新中国成立以来所取得的成果。70年代初期各省陆续开展了区域地下水资源评价工作,曾先后几次对全国地下水资源进行了计算和统计。到1983年基本上查清了中国大部分地区的区域水文地质条件和地下水资源的分布概况。70年代末各省先后建立了环境水文地质站,在40多个城市开展了地下水污染调查和监测工作;至80年代初全国已完成100多个城市供水勘探。目前中国区域水文地质调查累计完成760万平方千米,全国已建立16 000多个地下水和环境地质监测站(点),基本形成了监测网络。在地矿部门的帮助下,全国许多大中城市找到了丰富的地下水水源。如长春在白垩纪"红层"中探明了大型水源地。在开发利用地下水资源,缓解城市水荒和改善工业水污染地区居民的生活用水方面,成绩显著。

三、城市地面沉降研究

城市地面沉降属人类活动引起的环境地质问题。地面沉降主要发生在人口高度密集和工业发达地区,给国民经济建设带来严重威胁,因此,地面沉降等地面变形地质灾害的研究日益受到重视。

中国是地面沉降比较严重的国家,地面沉降地域的分布在中国具有明显地带性,主要分布在以下几类地区:①长江下游三角洲平原区,如上海、苏州、无锡地区等;②河北平原,如沧州等地;③环渤海地区,如天津等地;④东南沿海平原,如宁波、嘉兴、湛江等地;⑤河谷平原和山间盆地,如西安、太原等地。中国地面沉降历史大体可分为3个阶段:开始阶段,从20世纪20年代初到50年代中期,沉降范围和速度都不大,发展也较缓慢;发展阶段,从50年代后期到70年代中期,一些城市和华北平原等灌区开始发生广泛的地面沉降活动;急剧发展阶段,70年代中期以后,发生地面沉降的城市约有70个。至今,中国城市的30%发生了地面沉降,大部分集中在沿海地区。其中上海地面沉降历史较长,沉降量也最大;上海自1921年开始发现地面沉降,至1965年累计最大沉降量已达2.63米。

中国对地面沉降研究最早始于上海,在20世纪50年代后期上海、天津等城市开展地面沉降问题的研究与监测工作。60年代初上海地矿局在市区展开大量勘察研究,查明了地下水的过量开采是引起地面沉降的主要原因,并提出相应的防治措施,如上海市自1965年开始通过控制地下水开采量,合理调整开采层次和进行人工回灌等方法,至60年代末基本上控制了上海市区的地面沉降。70年代初在地面沉降机理和防治方面取得了突破性进展。80年代以后地面沉降问题引起广泛重视,继上海、天津之后,在宁波、常州、西安、沈阳等城市相继开展研究。1980年中国地质学会水文地质专业委员会在上海召开了全国地面沉降会议,总结了控制城市地面沉降研究工作的经验和教训,肯定上海所取得的研究成果。1988年5月地矿部水文司主持在天津召开了中国城市地面沉降工程地质问题研讨会。1990年4月中国地质灾害研究会在天津市召开了全国地面变形地质灾害防治学术讨论会,认为当前中国地面沉降研究工作应抓好几件事:①大力开展科普、宣传教育工作;②尽快制定"地下水资源管理条件"及控制地面沉降、塌陷的暂行办法和有关规范,加强政府的监督管理;③进一步弄清地面沉降的形成机理,并在此基础上建立数据库和地下水资源管理模型。这次会议上还成立了中国地质灾害研究会地面变形专业委员会,对交流经验、统一认识、加强协作、提高中国地面变形地质灾害的研究起到明显推动作用。1990年8月在荷兰举行的第6届国际工程地质大会,凌泽民、胡瑞林在《中国一些沿海城市环境地质主要问题》一文中着重论述了上海、天津、宁波、湛江等城市的地面沉降问题。晏同珍等采用动力学和数学方法,根据西安、宁波2城市地面沉降积累的资料进行了地面沉降周期趋势预报研究。目前中国地面沉降研究已达到较高的水平,主要表现在:地面沉降研究范围扩大,在研究方法上开展量化评价和预测,成因研究方面开始重视海面上升、地壳区域变形以及构造因素的多重叠加作用的影响,强调了环境效益综合性。

近年来开展的"长江三角洲地区地面沉降调查与监测"项目,建成了长江三角洲地区地面沉降监测网络,GPS 监测网络和地下水动态监测网络已覆盖全区,由城市精密水准监测网和地下不同深度的基岩标、分层标在重要城市及地面沉降严重地区构成的立体自动化监测系统已经初具雏形。根据《长江三角洲地区地面沉降监测网建设与监测技术要求》,按统一技术标准有效实施了地面沉降监测,并首次编制了长江三角洲地区年度沉降分布图,基本掌握区域性地面沉降分布规律。首次开展了区域地面沉降控制剖面联合测量;在前期工作基础上,各承担单位项目组通过协调进一步明确了区域成果编制的技术要求。"华北平原地面沉降调查与监测"项目多次与国内外从事 InSAR 技术研究多年的相关研究部门进行了充分的业务交流,并对数据处理部分工作进行了合作事宜的洽谈,完成了近 20 万字的地面沉降相关资料翻译整理工作,确定了应用 InSAR 技术进行地面沉降监测的区域,完成了 Earthview-INSAR 解算软件购买。目前已掌握欧空局 ERS11992 年~2000 年 26 景数据,对沧州 10 000 平方千米内 InSAR 数据进行了解译,取得初步解算结果。已经完成了华北平原地面沉降经济损失评估报告初稿的编写。并得出初步结论:①地面沉降快速发展时期是损失的关键积累时期。各地区的损失发生起始期:天津、河北邯郸为 20 世纪 60 年代,北京 70 年代初,河北其他地区为 70 年代末 80 年代初。②地面沉降的危害随着时间的推移影响范围越来越广。华北平原三地的直接损失与间接损失比为:北京 1:1.24;天津 1:10.9;河北 1:7.7。上海地区地面沉降直接损失 144.5 亿元,间接损失 2753.69 亿元,总损失 2898.22 亿元,直接损失与间接损失比为 1:19;由此可以发现,随着损失数额的不断增大,间接损失在总损失中所占的份额越来越大,这说明地面沉降后期地沉灾害已经越来越广泛地造成各个方面的影响。在所有的损失项目中,由于地面安全高程的广泛丧失增加的潮灾、涝灾损失最为严重。华北平原的潮灾、涝灾占总损失的 74.5%,上海更是高达 89.78%。初步查明了在华北平原 5 万平方千米的重点调查范围内,大于 1000 毫米的沉降面积达 8635 平方千米,大于 500 毫米的沉降面积达 30 080 平方千米;北京地区主要沉降中心为东八里庄—大郊亭、通州区、朝阳区来广营、昌平沙河—八仙庄、顺义平各庄、大兴区,最大累计沉降量分别为 0.75 米、0.487 米、0.608 米、0.798 米、0.41 米、0.791 米;天津地区主要沉降中心为塘沽、汉沽、市区、武清,中心最大累计沉降量分别为 3.187 米、3.065 米、2.913 米、2.898 米;河北地区主要沉降中心为沧州、泊头、任丘、河间、献县、冀枣衡、饶阳、唐海、廊坊,最大累计沉降量分别为 2.457 米、0.84 米、1.23 米、1.28 米、0.834 米、1.214 米、0.72 米、0.851 米、0.48 米;山东德州沉降区,最大累计沉降量达 0.936 米。本项目调查和监测结果显示,华北平原不同区域的沉降中心仍在不断发展,并且有连成一片的趋势。

四、城市环境地质学研究

城市环境地质学是环境地质学的一个分支学科,是应用地质学原理、方法和地质资料对城市地区、城市密集区、城市群地区进行规划、管理和治理的一门学科。其主要内容为城市建筑环境、地基的稳定性调查与区域稳定性评价、供水条件的调查、地质灾害的预防和处理、建筑材料矿产的圈定、废物排放与水土污染等问题及其处置,以及与城市地质环境有关的其他问题的研究。

中国城市环境地质起步较早,于 20 世纪 60 年代开始,主要针对北方一些缺水城市开展了城市环境地质工作,重点为这些城市寻找地下水。从 80 年代中国地质、环境工作者开始了全国性城市环境地质工作。1984 年对 21 个沿海开放城市的水资源和地质环境进行了评价。80 年代后期有关部门对秦皇岛市、南通市、宁波市、湛江市和闽南金三角经济开发区进行了环境地质研究攻关。20 世纪末~21 世纪初中国对城市地质资源的调查有了进一步的发展,开展了新一轮国土资源大调查,加强了土地资源的调查力度,在北京地区实施了"首都地区国土资源与环境调查计划"项目,对北京经济区的城市地质资源与环境进行了详细调查。在浙江、四川成都等地开展了多目标地球化学填图工作,对城市地区的环境状况进行了调查。

近年来中国城市地质学研究也主要集中在城市地质环境方面。例如,刘广润(2001)认为要加强地质环境评价方法的研究;徐争启等(2006)认为城市环境地质研究应与地球化学、地球物理相结合,重视城市环境地质安全问题,并把研究领域拓展到城市群。从对西南地区(韩文峰等,2003)、珠江三角洲(支兵发,2005)、浙江(叶兴永等,2001)、苏锡常地区(陈国栋,2004)城市化进程中的地质环境问题和天津(王家兵,2004)、武汉(张勇等,2003)、广州(彭卫平等,2005)、徐州(熊彩霞,2003)等城市的地质环境情况的归纳分析来看,东南沿海的地面沉降严重,西南地区的崩塌、滑坡、泥石流灾害比较严重,珠江三角洲的水土污染和软土地基比较严重。实践证明,城市发展一定要考虑地质条件,加强地质环境评价和灾害风险分析。

在城市地质环境评价方面,城市工程地质环境评价、地下水资源脆弱性评价等单项地质环境评价比较多,综合性评价研究较少。关于人类活动对地质环境的影响方面研究不多。灾害风险综合考虑了自然因素和经济因素,能够更直接地为决策服务,具有广阔的发展前景。成都地质矿产研究所和成都理工大学共同完成的"西南地区城市地质环境风险性分区评价方法研究"项目,初步建立城市地质灾害易发性和易损性评价指标体系。从20世纪末以来东部地区主要城市开展了环境地质调查和环境脆弱性评价,编制了城市垃圾填埋场选址适宜性评价图、土地利用评价图、滑坡危险性评价图、地下水脆弱性评价图、城市建设场地评价图等。浙江台州、温州开展了城市水土污染、地质灾害和固体废弃物处置场地调查等环境地质调查工作。南昌完成了土壤环境质量评价图、城市建设用地适宜性评价图、地下水污染现状图的编制,九江完成了城市建设用地适宜性评价图、地下水脆弱性评价图的编制。2005年浙江、江西、海南、云南、四川、黑龙江、甘肃的主要城市环境地质问题调查评价工作启动。目前全国正在重点查清330个地级以上城市、三大城市群和巨型城市的环境地问题及其成因,进行社会、经济影响和损失评估,编制环境地质系列图件,建立数据库和评价系统,推出防治对策和建议。

目前中国城市在建设发展中所出现的大量地质环境问题和地质灾害主要是不了解城市地质环境条件、没有充分考虑城市地质环境状况基础上土地利用规划的不合理所造成的。日益突出的城市地质环境的不合理利用、地质资源的不合理开发问题直接影响和制约了城市的建设和发展。由此,开展城市土地利用的地质环境适宜性研究与评价势在必行。近年来中国学者相继对城市规划与土地利用中进行了地质环境质量研究与评价,取得了一定的成果(谭建民、韩会卿,2005)。李显忠、方鸿琪(1991)对南京市土地利用的定量分析;张宗一、寇秉厚(1982)对杭州市规划用地的适宜性评价;林碧华、马晓轩(1996)对广州市区地基工程地质分类及其高层建筑的适宜性分析研究;贾家麟、李晓军(1992)对南通市城市工程地质环境质量的灰色预测与城市规划适宜性研究;谭周地(1987)提出工程地质环境稳定性评价理论;杨闽中、方鸿琪(1989)提出城市工程地质环境预测评价理论;王思敬(1995)提出了工程地环境系统分析评价理论。杜东菊(1988)对秦皇岛市工程地质环境稳定性进行了综合评价;彭建兵(1991)对厦门市海沧开发区进行了工程产地稳定性评价;地质矿产部(1991)组织专家对深圳市区域地壳稳定性进行了综合评价;贾水刚等(1995)对青岛市工程地质稳定性进行了评价,李相然相继对城市规划和土地利用中的工程地质研究进行了探讨。在探讨城市地质环境系统与人类活动作用理论方面,倪万魁等(1996)运用系统工程原理综合分析了城市地质环境系统特征、系统目标确定以及系统环境和结构,并建立了相应的优化原理,对地质环境的优化利用进行了新的探索。黄波(1997)研究了基于GIS的常规土地适宜性评价模型(LSEM),并利用专家系统中确信度概念对其进行了改进;周爱国、蔡鹤生在其编著的《地质环境质量评价理论与应用》(1998)中,对城市地质环境质量评价的基本概念、基本原理和常用评价方法进行了详细论述,并建立了相应的指标体系,提出了一整套评价方法,结合实例介绍了常用的评价模型,提出了一些可行的创新性的评价数学模型,对定权方法进行了深入研究,还详细阐述了地质环境质量评价制图的内容和方法,已在新一轮国土资源大调查、地质环境评价中得到广泛应用。贾永刚等(1999)将地质环境—工程建筑纳入一个大系统进行研究,在明确系统目标和系统环境因素基础上,建立了重型与高层建筑用地、普通建筑用地适宜性层次结构分析模型,确定了各评价指标评分标准,利用层次分析法进行了指标权重分析;戴福初等(2000)以 GIS 为支撑工具对城市地质环境空间数据库的建立方法、城市建设用地类型的初步划分及城市建设用地与地质环境的协调性评价模型作了分析;赵涛等(2000)根据城市居住用地的评价特点,采用递阶模糊评价模型对城市居住用地进行适宜性评价;李相然等(2000)在建立了基于城市工程环境质量评价指标体系的基础上,提出了城市工程地质环境质量评价的方法;程吉宏等(2002)提出在区域开展生态适宜性评价指标的基础上,采用绘制分区位势图的方法,将地学上的区域理论引入了环境适宜性的评价理论,以期实现区域环境影响评价中土地使用的生态适宜性分析对区域规划布局的指导作用。

目前在全国新一轮城市规划中要求城市地质工作为其提供全面的地质资料信息,并且随着人民生活水平的提高,对城市地质资源和环境质量的要求也日益提高。为此,从 2004 年开始在地质大调查中部署了"全国主要城市环境地质调查评价",计划逐步完成全国 300 多个地级以上城市的调查评价工作。2005 年 1 月武汉城市圈(含 8 个城市,面积约 61 347 平方千米)的地质环境评价项目启动,最终将提出与武汉城市圈发展和建设有关的地质资源的优化配置与合理利用、地质灾害防治、地质环境保护等方面的对策建议。到 2010 年全国主要城市环境地质调查评价项目共完成了包括浙江、云南、四川、甘肃、黑龙江、福建、河南、江西、海南、贵州、湖南、吉林、山西、安徽、广西等在内的 15 个省市区 196 个地级及以上城市 1∶5 万地质调查,面积共 12.2 万平方千米,完成 1∶5 万地质监测 5.74 万平方千米、1∶5 万遥感解译 3.84 平方千米、1∶2.5 万地质调查 1762 平方千米等工作,编制系列图件 2100 多张,建立城市地质环境空间数据库 188 个,为 177 个城市的规划、建设、管理及汶川灾区灾后重建提供了地质依据。通过调查,项目初步查明了 196 个城市的地下水污染、地下水资源衰减、特殊土分布、土壤污染、海岸线变迁等环境地质问题现状,分析了其变化趋势。其中,65 个城市存在 154 处地下水降落漏斗;129 个城市存在地下水污染;65 个城市存在土壤污染,共 369 处;56 个城市存在特殊土工程问题,共 278 处。同时查明 152 个城市地质灾害特征与发展趋势。其中,包括崩塌、滑坡、泥石流、边坡失稳等在内的突发性地质灾害共 5140 处,分布在 87 个城市;地面沉降 109 处,分布在 28 个城市;地裂缝 83 处,分布在 19 个城市;地面塌陷 685 处,分布在 55 个城市;岸坡失稳及海岸侵蚀淤积危害 159 处,分布在 36 个城市。根据目前调查的 152 个城市各类环境地质问题危害与造成的损失总体情况,不完全估计结果显示,各类环境地质问题造成经济损失共计 18 799 亿元。针对城市规划、城市建设与管理,为 78 个城市地质灾害防治、49 个城市地下水保护与污染治理、13 个城市地下热水开发利用、17 个城市建筑地基适宜性利用提出了合理的对策建议;为 75 个城市论证了后备地下水资源 208 处,为 17 个城市未来垃圾的填埋处置初选了 26 个场地;从环境地质的角度,为 35 个城市规划建设与管理建设提出了建议。此外,还编制了中国主要城市环境地质图集,各类图件共 2168 张。2010 年新开新疆、西藏、宁夏、青海、内蒙古、辽宁、陕西、山东、河北、广东、重庆、江苏、湖北等 13 个省市主要城市环境地质调查评价工作项目。

(李凤棠)

第七章 中国地质科学新领域研究

第一节 中国深部地质研究

深部地质主要是研究地球内部构造、壳幔结构、深层次构造活动和地球动力源等重大课题。主要手段是深部地球测深、大地电磁测深、重力和磁力的测量及大地热流的研究,深钻计划、包裹体的研究及出露于地表的下部地壳乃至地幔以及近垂直的陆壳地震反射剖面的研究等等。

一、深部地质研究进展

1950 年初在几乎是空白的基础上,南京地质探矿专修学校安排了 30 多名新生学习地球物理勘查。同年,翁文波和顾功叙分别主持燃料工业部主办的和中国科学院与中央重工业部合办的 2 个物探训练班。1952 年北京、长春成立的地质学院中均设置有地球物理勘探系。发展至今,从事地球物理工作的人员及其配备的仪器不断完善,成为中国深部地质研究的一支主力军。1953 年杨光庆等在中国开始了航空磁测工作。1957 年地质部航空物探大队通过磁异常研究发现了华北地区著名的郯城—庐江深大断裂带、大同—吴旗深大断裂带等,并揭开了松辽平原和塔里木盆地的深部构造。1958 年中国科学院地球物理研究所与石油部和地质部协作,开始在柴达木盆地用低频地震勘探仪探测深部基岩面。1960 年在甘肃景泰地区发现在 20 千米~30 千米深处存在高速夹层。1970 年在河北元氏至山东济南的剖面上进行了较详细的地震测深工作,初步测定了那里的地壳结构。1978 年中国在四川盆地完成了一口深达 7000 米以上的深钻;同年,丛柏林等系统研究和报道了中国东部幔源玄武岩包体的研究成果。1979 年中国科学院地质研究所搜集和出版了中国第 1 批大地热流数据。1980 年殷秀华等论证了中国大陆区域重力场特征;同年,何永年等总结了他们对中国东部的超镁铁质岩捕虏体的变形研究结果。1981 年刘若新对中国华北地区的超镁铁质岩捕虏体进行了研究。冯锐等(1981,1985)利用医疗技术上的 CT 方法的强有力影响,研究和测定了中国地壳厚度和结构及上地幔的密度分布。刘福田等(1982,1984,1989)利用天然地震的震相数据得到了华北、滇西乃至全国的地壳和上地幔三维速度结构。1980 年~1982 年中法联合开展了喜马拉雅地质构造和地壳、上地幔演化的多学科综合研究,结果表明,令世人瞩目的这条造山带在现今的高原区的地壳厚 50 千米~70 千米,岩石圈厚 120 千米~140 千米。高原的地壳结构在剖面内反映为层块镶叠,上层的推覆构造、中间层的透镜体构造及底层的高温塑性变形特征明显。各层之间发育有滑脱面和组合冲断带。金沙江—红河一带应为本区板块的主分界带。1985 年徐文耀报道了中国地磁场的三维结构及其长期变化特征;同年秋季,中美合作进行南海地质调查,为发展南海油气资源勘探和 1988 年开展的深海钻探提供了井位。1986 年宋仲和等著文《中国大陆和边缘海的上地幔 P 波速度结构》;同年,曲克信等根据 1981 年~1984 年间的 7000 多条 P 波资料并利用正交投影法重建了华北地区地壳和上地幔的三维地震波速结构,应用数字图像处理技术获得了不同深度(14 千米~75 千米)上水平切面的速度分布图像。1987 年马杏垣主编的《中国岩石圈动力学图集》出版,以大陆岩石圈结构、新构造变动和地震为主题内容,是国内外地球科学史上的首例,被国际岩石圈计划负责委员会推为范例和蓝本。

进入 21 世纪以来,深部矿已成为中国矿产勘查的重要对象,从而标志着矿产勘查进入了一个新的阶段。由于深部矿相对浅部矿具有埋深大、矿化信息弱、综合地质研究程度低的特点,使传统成矿理论的指导作用和勘查技术方法应用的有效性受到较大的影响,造成深部矿勘查的难度加大。为了减少深部矿勘查的盲目性和风险性,重视和加强了深部找矿地质成矿理论和技术方法的研究,并取得了一定进展。研究表明,成矿系统、第二矿化富集带、矿床成矿深度厘定、矿床深部成矿特征、矿田深部构造以及深部找矿前景的定量评价等研究内容已成为当前中国深部找矿工作中地质成矿理论研究的热点,大深度物探技术和深穿透的化探新方法、高分辨率航卫遥感技术以及大深度的钻探技术等方法的研制和应用已成为深部找矿技术的发展方向。

近年来中国在地壳结构、物质组成与构造演化等诸多方面,包括大陆科学钻探、深地震反射剖面探测、大地电磁观测、重力数据处理、中下地壳水—岩反应实验、深部探测关键仪器(如万米科学钻机)研制等深部探测研究领域取得重要进展。"地壳探测工程"是中国科学家历时6年构思、策划的重大科学计划,而中国"深部探测技术与实验研究专项"(2008~2012)是"地壳探测工程"的培育性研究计划,其启动标志着中国"入地"计划拉开序幕。目前该专题取得了一系列重大突破与重要成果,探测技术方法与装备体系渐趋完善,为全面实施中国地壳探测工程奠定了坚实基础。通过技术创新与进步,初步建立了岩石圈深部探测技术方法体系。地球深部物性探测技术渐趋成熟,建立了阵列式、大陆电磁参数标准网高精度观测方法和精细、规范化的数据处理及反演技术,达到世界先进水准;发展了区域重磁异常精细处理、异常多尺度分离、构造信息提取与增强和三维物性成像反演技术;用于透明地壳研究的低纬度或变纬度化极、基于优化滤波思想的位场分离、位场三维相关成像和三维反演技术均取得了重要的实用化进展。地球精细结构探测技术集成实验全面进步,初步建立起适应中国大陆地质背景和条件的深部探测技术体系。地下物质成分探测技术新发展,发展了高精度地壳全元素(81个指标,含地壳78个元素)分析系统,居世界领先地位;建立了覆盖全国的地球化学基准网,为了解过去、预测未来提供了具有全球意义的参照标尺。形成矿集区立体探测技术体系,初步实现矿集区深度3000米~5000米的"透明化",为拓展深部资源奠定了技术基础。地壳应力测量和监测技术日趋成熟,完成深孔压磁应力解除系统、压磁应力监测系统试制和性能测试工作。地球三维结构和动力学模拟技术能力得到提升,建立了深部探测数值模拟平台,这不仅是中国规模最大、也是世界上少有的岩石圈动力学模拟平台。专项还取得了重要科学发现和重要研究进展。发现鄂尔多斯岩石圈具有异常的导电性结构,这可能为研究华北克拉通演化机理提供重要依据。青藏高原深部地壳结构研究获重大发现,在藏南实现了世界上首次跨越喀喇昆仑和自喜马拉雅带跨越雅鲁藏布缝合带进入冈底斯带的深地震反射剖面;青藏高原腹地拉萨—羌塘剖面的精细处理结果获得重要发现,为青藏高原动力学研究提供了新证据;青藏高原东北缘及西秦岭造山带地壳变形成像,揭示出岩石圈变形的细节和隆升的深部动力学过程。华北深地震反射剖面获得地壳和上地幔顶部的精细结构,揭示了板块汇聚、大陆地壳增生的深部过程。华南复杂地区(松潘—龙门山—四川盆地)深地震反射剖面实验,为揭示复杂地貌单元下地壳和地幔的精细结构与深部构造提供了精细资料。揭示大型矿集区三维精细结构和成矿动力学过程,为长江中下游成矿带开辟第二找矿空间、实现找矿突破提供有效技术支撑,在南岭成矿带于都—赣县矿集区发现一批重磁电异常;中国目前最深的资源科学钻探在南岭开钻,发现了深部矿化线索。首次发现中国楚雄—兰坪盆地白垩纪/古新纪(K/T)界面铱异常,可能提供小行星撞击地球、造成恐龙灭绝的重要证据。雅鲁藏布江缝合带发现含特殊深地幔矿物的超基性岩群,预示了寻找铬铁矿的良好前景。实现了全球、区域、局部尺度的三维地球模拟的跨越。中国大陆地壳演化研究取得新进展,华南中生代构造应力场演化研究结果深化了对华南大陆中生代陆内造山过程的认识,为陆内造山作用的研究提供了全新思路。

二、地质长剖面研究

从1986年起,中国的深部地球物理工作开始有计划地开展和国际岩石圈计划相联系的穿越中国各主要大地构造单元的深部地球物理综合剖面的调查。由地质矿产部负责的这些地学大断面共完成12条，截止1988年这些剖面长度总和超过4.3万千米，每1000平方千米的面平均布置测线长度约4.5千米，这方面的工作已赶上先进国家。其中的多数成果已见诸报道，如1989年袁学诚等据川西阿尔太—台湾中部长约2200千米的华南大断面的东段结果指出了华南板块岩石圈构造与地球物理的特征；吴功建等（1991）报道了南起恒河平原、北达柴达木盆地的剖面中青藏高原亚东—格尔木长约1400千米的地学断面的综合地球物理调查结果。1988年江志恒发表了中国新的重力基本网；同年，耿乃光等综述了国内学者在高压实验条件下研究岩石状态参数的进展。为了解地球深部物质结构、状态和作用过程的高温高压实验研究还有待进一步实施和加强。1989年宋仲和用RayLeigh面波频散研究了中国大陆及相邻地区的S波三维速度结构；同年，刘福田等公布了中国大陆及其邻近地区的地震层析图像。1991年10月中国地质科学院和美国康乃尔大学签署协议，联合在喜马拉雅和西藏高原进行地震反射剖面试验。这一计划被命名为INDEPTH。该剖面北起西藏康马县的萨马达，南到西藏帕里，长约100千米，大致南北走向，赵津（1993）报道了初步的工作结果；马宝林等（1993）对中国华北地区深层次构造岩的基本特征和层次划分进行了分析，探讨了地壳深层次和地幔上部的变形地质作用特点。1992年安振昌等发表《中国地区MAGSAT卫星标量和矢量磁异常图》和《中国及邻近地区卫星磁异常的球冠和分析》；陈培善总结了自1898年在上海徐家汇建立第1台观象台以来已发展到400多台的中国地震台网观测报告；王子潮等报道了在地壳温度压力条件下岩石变形网络的实验研究结果，在室温800℃和常压1×10^9帕及应变速率在10^{-5}/秒~10^{-7}/秒条件下，通过大理岩、石英岩和花岗岩的变形实验，探讨了地壳岩石变形网络的类型、影响因素、演化规律和形成机制。从矿物学和构造地质学等多角度出发，丛柏林等开展了从安徽大别山到山东威海的起源深度可能达100千米的含柯石英榴辉岩带的研究。钱祥麟等致力于在中国华北新太古宙麻粒岩相巨带中建立起一条下地壳剖面，以阐明地壳深部的变质作用、火成作用、变形作用、地球化学和岩石成分及组成等地质作用特点。刘光鼎组织的"油储地球物理"研究的展开和进行使深部地质作用研究与国民经济建设更加紧密结合。

不难看出，1949年以来尤其是改革开放以来，中国地学家在深成地质作用研究方面，包括深部地球物理、高温高压实验和各种地质作用，已取得长足的进展，并逐渐和国际学术动态一致，部分成果已超过了国际先进水平。某些研究内容（如超深钻和深钻及高温高压实验）、某些研究手段（如超大型精密仪器和快速处理的计算机等）以及某些研究方法（如近垂直地震反射剖面研究、大陆地壳的出露剖面的确认和研究以及地震层析影像技术）尚需加强和更新。

三、深部地质研究揭示了中国及邻区岩石圈三维结构特征

在"十五"期间开展"中国岩石圈三维结构"的基础上，2006年~2010年陆续出版了《中国岩石圈三维结构》丛书（共11本），系统总结和阐述了中国及邻区岩石圈三维结构的一系列特征（中国地质学会区域地质及成矿专业委员会，2011）。

中国西部与东部的岩石圈和软流圈结构存在很大差异，西部地区：岩石圈与软流圈"层状结构"明显，岩石圈厚（130千米~200千米），软流圈薄（40千米~100千米），反映了板块碰撞汇聚环境；东部地区：岩石圈与软流圈呈"块体镶嵌结构"，岩石圈薄（50千米~85千米），而软流圈很厚（200千米~300千米），反映了软流圈物质上涌和岩石圈拉张减薄的特点。同时，东部地区的地壳与岩石圈地幔之间普遍存在"上老下新"的年龄结构特点。

根据地震面波层析成像反演结果，在东亚至西北太平洋地区深度70千米~250千米地段存在着一个巨型的低速异常带，东西宽2500千米~4000千米，南北长12 000千米。由于该巨型低速带的活动导致了软流圈物质上涌和形成了"东亚造山带"。

在青藏高原腹部，下地壳和岩石圈地幔发生局部熔融，上地壳被局部熔融的下地壳和岩石圈地幔顶托，以"液压机"的方式整体抬升，从而形成了平坦的高原。在华北地区，则是软流圈物质上升破坏了岩石圈地幔，形成了新生地幔与古老残留地幔并存的"蘑菇云状岩石圈地幔"结构。

中生代以来，中国东部发生的岩石圈巨变不是太平洋板块向中国大陆俯冲造成的，而是软流圈物质上涌的结果。在中国大陆，除了东北吉辽地区受太平洋板块向大陆俯冲的影响（地震震源深度达400千米）外，其他地区没有发现太平洋板块俯冲的证据。

中国大陆当今的构造动力源，主要是西部由于印度洋扩张导致印度板块向北推挤碰撞和东部东亚—西太平洋软流圈物质上涌构成的二元动力系统。这2个动力系统的分界线就是贺兰山—六盘山—龙门山南北地震带。南北地震带以西总体处在挤压环境中，以东处在拉张环境中。正是由于应力场由挤压转变成拉张而产生的剪切应力，导致了南北地震带多次的强烈地震。汶川大地震就是实例。

通过对中国大陆"切片"的层析成像解析，获得了岩石圈分层的总体结构基本特征，可以初步概括出以下层圈结构模型：①上—中地壳，在上—中地壳与下地壳之间有一较明显地滑移剪切面。其深度在中国东部一般为15千米~20千米，而西部则约17千米~25千米或更深。此滑移剪切面是浅源地震、韧性剪切带、逆掩（或逆冲）断裂带以及铲形断裂带等多发地带，可以认为是浅层构造作用的"发源地"。②下地壳，在下地壳与岩石圈地幔之间的莫霍界面，虽然基本连续，但是起伏不平。莫霍界面的深度，中国东部为30千米~45千米，西部则为45千米~76千米（青藏）。③莫霍界面，莫霍界面之下的岩石圈地幔，是下地壳与上地幔软流圈之间的"过渡带"。此"过渡带"是壳—幔物质交换的主要地带，带内既有（下）地壳的高速硬块体，也有上地幔软流圈的熔融物质，形成了软硬镶嵌的物质结构。由于此带壳—幔物质交换频繁、软硬物质犬牙交错、结构复杂，由此成为岩石圈中最活跃的层圈：该层圈是中深源地震、大型走滑断裂带、壳—幔混熔型岩浆作用等等的"发源地"。而且由于其物质结构的复杂性，导致其下部和与软流圈接触的底界面呈现出凹凸起伏明显的"蘑菇云状结构"特征。岩石圈底界面的深度，在中国东部为50千米~85千米，西部则达到120千米~200千米（青藏）。在岩石圈地幔底界面之下为熔融物质的软流圈。在软流圈内常有岩石圈块体被熔融的残留体（高速块体），还有少量的低速流体（乃至气体）。以上粗略的层圈结构模型，对于认识和理解浅层各种地质作用和成矿作用特征具有重要的应用意义。

根据岩石圈物质组成、地球物理场特征和动力学性质，将中国大陆及海域划分出了5种岩石圈类型：克拉通型（塔里木、鄂尔多斯等）、造山带型（天山、祁连山、喜马拉雅山等）、裂谷型（松辽平原、华北平原等）、岛弧型（台湾岛）和洋壳型（南海中央海盆）。

根据上述多方面特征，以贺兰山—龙门山南北向构造带（也是地震带）为界，将中国岩石圈划分为2个一级单元，6个二级单元和19个三级单元。西部一级单元"中亚岩石圈构造域"，包括2个二级单元：西域岩石圈块体和青藏岩石圈块体。每个二级单元中又各有3个三级单元。东部一级单元"东亚岩石圈构造域"，包括4个二级单元：兴安吉黑岩石圈块体、华北岩石圈块体、华南岩石圈块体和南海岩石圈块体。这4个二级单元中共有13个三级单元"分块体"。这些不同级别的单元块体、分块体，均以不同规模和不同性质的断裂带为界互相分隔。

（叶发广）

第二节 中国海洋地质学研究

海洋地质学是研究被海水覆盖的地壳包括海床、海底及海岸的地貌、海底表层沉积物、岩石、地质构造、地质历史以及各种海洋地质作用和海底矿产的科学。它是地质学的一部分，又与海洋学有密切联系，是地质学与海洋学的边缘科学，为人类开发资源、维护海洋权益和保护环境服务的科学。

一、中国海洋地质学的发展

中国东部海域总面积为472万多平方千米，极大部分是资源丰富的大陆架（水深不超过200

米),使中国成为世界上拥有最宽广的大陆架国家之一。尽管海洋在国民经济中占有很重要的地位,但在很长时期内,中国却一直没有对海洋地质学进行研究。在1949年前,仅有少数地质学家零星地做点海洋地质方面的工作。如丁文江于1919年发表《芜湖下游长江河口地质》启开研究之先河;马廷英曾在南海作过造礁珊瑚的标本采集和研究;吴尚时、曾昭璇曾对南海一带的地形地貌进行过研究;林观得、陈国达、胡伦积等则对中国海岸线的成因类型等进行过调查和分析。1947年朱庭祜对西沙群岛的地质调查、1948年李四光用地质力学观点对新华夏海(包括日本海、渤海、黄海、东海、南海)及邻区的地质构造特征的研究,是这个时期最为重要的成果。

1949年后,为适应中国国民经济发展需要,海洋地质调查研究工作才得到较大的发展。1956年国家科学技术委员会组织李四光、竺可桢、童第周、赵九章等编制了12年(1956~1967)海洋科学远景发展规划,其总任务是"中国近海综合调查及其开发",下分4个课题,其中包括了近海地质调查。1957年7月中国科学院、水产部、山东大学和海军联合在渤海、渤海海峡和黄海北部进行了多船同步观测,在该海域的水文、地质、生物、化学特征取得了一些资料,建立了初步认识。1958年国家科学技术委员会组织了大规模的"中国近海综合调查"。1963年国家制定了"海洋科学十年长远规划",在此前后相继实施了"中国海岸带综合调查"(1960~1964);"渤、黄、东海陆架地质地球物理综合调查"(1975~1980,1984~1985);"南海地质地球物理综合调查"(1973~1985);"沿海主要岛屿调查"(1974~1976);"珠江口盆地海洋工程地质调查"(1986~1991);"大陆架及邻近海域勘查与资源远景评价"(1991~1995);"南沙群岛及周边海域综合科学考察"(1991起);863计划海洋领域820主题"海洋探查与资源开发技术"(1996起);"我国专属经济区和大陆架勘测"(1996起)等。1958年国家科委成立了海洋专业组,赵九章任组长,专业组下设海洋地质组、海岸河口组等10个分组,负责组织全国海洋综合调查,中国科学院、水产部、交通部、中央气象局、海军等单位和沿海省、市的研究所、高等院校共60多个单位参加,出动调查船只30多艘,从1958年9月开始工作,到1960年12月结束,共获得14 000多个站位资料。调查范围包括了中国近海的全部海区,共取得各种资料报表92 000多份,图表30 000多幅,样品1000多件,编出了整套报告的图集,其中包括有海底地形、海底沉积等海洋地质内容。1960年海洋专业组又组织各有关单位开展中国海岸带即沿海陆地10千米~15千米宽、水下10米~15米深的水陆衔接地带综合调查,调查内容有海洋地质、海洋水文、海洋化学等,岸边陆地部分则主要有地质构造、地貌特征、现代沉积、工程地质、地球物理场等。1964年地质部在南京建立了海洋地质研究所,由业治铮主持。随后,又在这支队伍的基础上,成立了上海海洋地质调查局、广州海洋地质调查指挥部和青岛海洋地质研究所。1965年3月石油工业部在天津市塘沽成立海洋石油勘探指挥部,负责开展渤海地质—地球物理调查。1978年国家科委组织制订了《全国1978~1985年海洋综合调查和基础理论研究规划》。规划的总目标是"查清中国海,进军三大洋,登上南极洲"。经过各有关部门的努力,如今中国已经建立起一支相当数量和水平的海洋地质专业调查研究队和相应的机构,装备了一批比较先进的调查仪器,拥有数量可观的调查船队。中国于1984年首次派出了南极考察队,现已在南极建立了长城站、中山站和昆仑站3个科研基地,还于1999年首次派出了北极科学考察队到北极进行考察。"向阳红16号"和"海洋4号"多次到东、中太平洋进行海底铁锰结核调查,圈出了数万平方千米的富钴结壳区。中国还多次与美国、法国、德国和前苏联等国家联合进行海洋沉积、热液硫矿床等方面的调查研究。在中国科学家的积极要求和推动下,中国已成为国家大洋钻探计划(ODP)成员国之一。经ODP评委会批准,ODP第184航次与1999年2月~4月由目前世界上最大的科学考察钻探船"JOIDESRESOLUTION"号在南海进行钻探,共在南海6个深水站位实施钻孔7口,其中最深钻入海底下5850米,取得了高质量的连续岩心共计5500米,取心率达95%。此计划顺利完成使中国一跃进入深海地学研究的国际前沿。

20世纪80年代以来,中国先后组织了西沙群岛、南沙群岛等海域的综合考察,获得了非常丰富的成果。在西沙群岛钻井3口,最深井超过800米,其沉积历史可追溯到前第四纪。在南沙群岛永暑礁上打井2口,"南永1井"和"南永2井"钻进深度分别达152米和413米,研究该区自中新世以来尤其是整个第四纪的地质演化和环境变迁。研究了南沙群岛及其邻近海域的海底沉积特征、古海洋古地理、构造格局及其演化等,对该群岛的珊瑚礁发育有了较深刻的认识。目前,已基本查明了海陆架沉积物的分布格局及形成机制,并发现了海底新矿物钓鱼石;建立了浅海沉积物化学元素丰度表;提出了沉积物地球化学模式;对晚更新世以来海平面变化及古环境演化有进一步的认识。近年来,中国学者开始利用地球化学方法揭示珊瑚生长记录的环境信息。进行了大陆边缘岩石圈结构与构造演化研究,证明冲绳海槽火山岩是地幔物源,确立黄海是一隆一坳,东海则是三隆三坳。东海存在3个沉降中心,具有含油气远景;东海至菲律宾海间开展岩石圈、地热与海底电磁(与日本合作)的调查,提出东海大陆边缘经历了板块聚敛—增生—地幔上拱—地壳裂陷拉张的构造发展模式。冲绳海槽是一个典型的正在发育的弧后拉张盆地。对南海的地球物理、地质构造和油气资源作了大量的调查研究获得了重要成果。

中国在海洋地质灾害方面也做了大量工作。中国海区处于几个板块交汇处,冲绳海槽、马尼拉海沟为太平洋板块之俯冲带,地震强度大、频度高,呈带状分布。该区地震属板缘地震,其他海域或陆缘区属板内地震,时空方面分布不均匀。在时间上有一定周期,空间上则有从北至南、从西至东减小变弱的趋势。初步统计,2000年~2008年中国大于4.7级的地震有2000多次、大于6.0级的376次、大于等于7级的6次、大于等于8.0级的5次。地震还经常造成海啸,对地震环境影响最大的是新构造运动,相对而言以杭州湾为界,北方较强烈。此外,中国还对海平面上升、陆地升降对沿海地区造成的影响、海底软土层稳定性、活动潮流沙脊、滑塌与沉降、古河道等进行了研究。

中国是世界主要海洋国家之一,拥有18 000多千米的海岸线,12海里领海权的海域面积37万平方千米,连同专属经济区和大陆架管辖海域面积近300万平方千米。面积500平方米以上的岛屿6500多个,20米以内的浅海区15万多平方千米,海涂2.17万平方千米。改革开放以来国家增加了对海洋地质调查和研究的投入,取得了一批高水平的成果,有上百个项目获得国家和省部级的奖励,相继完成了"大陆架及邻近海域勘查和资源评价"、南极科学考察、海岸带和海涂与海岛资源综合调查等重大项目,并在海洋石油勘探、工程地质和灾害地质研究、深潜技术等领域取得显著进展。从而也使中国海洋地质和海洋矿产业得到迅速发展,正在发展成为国民经济的支柱产业。

二、丰富的海洋矿产资源开发使海洋矿业迅速崛起

海洋是一个宝库,海洋内部所蕴藏的资源比大陆更丰富,这些资源不外生物资源和矿产资源。在矿产资源中,以能源资源的煤、石油、天然气、放射性铀钍为主。沿海重砂矿物如锆、钛、铈、镧、金以及轻矿物,如金刚石、玻璃砂以及钾、钠、溴、碘元素,深海锰结核中含有不少铜、钴、镍、铅、锌、铁等。大陆架及其外缘间有磷灰岩之赋存,有时有自生铁矿。

对中国海洋矿产资源的调查,成效最显著的是石油和天然气的勘探。这项工作始于20世纪60年代,开始主要在渤海湾内进行,采用的方法有航磁、地震和重力等地球物理概查、普查,随后便扩大到整个中国海域,而且也进行了钻探。发现中国管辖海域内有51个沉积盆地,总面积177.8万平方千米,其中边远海区有35个,面积78.5万平方千米,油气资源量为310.7亿吨。石油和天然气的资源量分别占全国总量的20%和30%。在中国近海海域发现17个含油沉积盆地,总面积达114万平方千米,获得石油资源量245.6亿吨、天然气资源量约8.43万亿立方米。在中国近海共发现101个含油气构造和具有商业开采价值的油气田38个,其中超亿吨的大油田5个、超千亿立方米的大气田1个。从1966年12月第一口海上石油探井——海1井开钻以后,已在海上打井800口,其中很多井都见到了油气显示,喷出了工业油气流,从而发现了渤海、南黄海、东海、珠江口、北部湾、莺歌海等6个盆地,展示了中国海洋石油资源的广阔前景。自80年代初期开始,吸引了许多外国石油公司来华投标,掀起了勘探开发中国海地油气资源的热潮。

中国海岸有一半以上为砂质海岸,海滨砂矿资源十分丰富。近几十年来砂矿的勘察也获得了颇好的效益。目前共发现各类砂矿床(点)约191个,其中大型矿床35个、中型矿床51个,总资源量可达1.6万亿吨,面积达3000多平方千米。已发现的海滨砂矿有金、金刚石、锡石、锆石、独居石、磷钇石、金红石、钛铁矿、锐钛矿、铌钽铁矿、磁铁矿、磷灰石和石英砂等,约20余种。这些砂矿主要分布在广东、山东、福建等省。

1983年以来国家海洋局、地质矿产部和国土资源部及中国大洋协会先后在东太平洋和中太平洋盆地的CC区和CP区进行了10多个航次的调查,在30万平方千米的申请区范围内确认了具有商业价值的多金属结核量约20亿吨,最终获得7.5万平方千米拥有勘探开发权的多金属结核矿区。

三、海洋国土探测获得丰硕成果

自20世纪50年代末开展海洋地质工作以来,中国先后进行了相当比例尺1∶50万～1∶100万、1∶200万和1∶350万以及局部海区1∶10万、1∶20万和1∶5万的调查,主要是小比例尺包括航磁、海洋重力、磁力、地震、声呐浮标测深和现代沉积作用在内的综合地质—地球物理调查面积约180万平方千米。区域地质调查已完成1∶50万图幅6幅、1∶100万图幅3幅、1∶20万共6.9万平方千米的海洋工程地质调查9幅半。完成有代表性的图件有:1∶300万中国海区及邻域地质图、1∶200万中国海域重力异常图、1∶250万中国及毗邻海区第四纪地质图、1∶500万中国海区及邻域地质地球物理系列图、1∶200万中国海域油气盆地构造图、1∶200万南海地质地球物理图集、东海石油地质图集、南沙群岛及附近海域1∶25万影像图和1∶25万影响海图、1∶200万黄海幅、南海幅基础环境系列图、1∶100万东海地质图、地貌图和沉积物类型图以及《渤海、黄海、东海海洋图集》等。

四、海洋地质基础研究取得重大进展

多年来,中国海洋地质学在极地地质、大样地质、中国边缘海地质、海岸带地质、河口三角洲地质研究方面取得了一系列研究成果,极大地丰富了海洋地质科学的基础理论,出版了一系列基础图件和理论著作。经过几代人的努力,中国的海洋地质科学研究自成体系,为发展海洋地质事业作出了重要贡献。在某些学科中,中国的海洋地质工作者的水平已进入国际先进行列。特别是改革开放以来,发现并证实了38个海洋油气田,已有25个油气田投入生产;中国海洋科学家发现并命名了海底新矿物——钓鱼岛石;在陆架沉积地球化学研究上提出了"元素亲陆性"和"元素的粒度控制律"等理论;年轻的古海洋学综合应用了地震地层学、古生物学和稳定同位素地球化学等学科的研究成果来恢复中生代以来的古海洋环境,已成为海洋地质学领域中解决重大基础理论问题的一门重要学科。先后出版了《渤海地质》(中国科学海洋研究所,1985)、《黄海地质》(秦蕴珊等,1989)、《黄海第四纪地质》(郑光膺,1991)、《东海地质》(秦蕴珊等,1987)、《东海海洋地质》(金翔龙,1992)、《中国海区及邻域地质地球物理特征》(刘光鼎,1992)、《黄河三角洲沉积地学》(成国栋等,1997)、《太平洋中部多金属结核及其形成环境》(许东禹等,1994)、《南海晚第四纪古海洋学研究》(汪品光,1992)、《中国浅海沉积物地球化学》(赵一阳等,1992)、《南海北部地质灾害及海底工程地质条件评价》(冯志强等,1996)、《南海西部石油开发区工程地质调查与评价》《冲绳海槽地热》(李乃胜,1995)、《中国海洋沉积地质学》(何启详,2006)、《东海地质与矿产》(杨文达等,2010)、《中国海洋环境地质学》(刘锡清等,2007)等一大批著作,大大丰富了世界海洋地质科学的理论宝库。

五、在国际海洋地学的前沿有所作为

中国海洋地质工作者在边缘海的形成与演化、特提斯海的演化、陆架黄土沉积、海底多金属结核和热液硫化物矿床、大洋地质、极地地质、海平面变化、厄尔尼诺现象、西太平洋暖池等全球变化

领域的研究都做出了应有的成就。现在，国际海洋科学合作组织中都有中国代表，在国际海洋地质科学的重大合作项目中也都有中国参加。特别是自 20 世纪 80 年代初国际科学界所组织的"国际全球变化研究计划"和"大洋钻探计划"来自中国科学院和高校以及地质矿产部的科学家负责或参与其中的工作。此外，还有"国际岩石圈计划"和"国际地质对比计划"等也都与海洋地质科学密切相关。这些项目的实施及其研究成果将代表当代世界海洋地质科学的最高水平和最新成果。

（王仰之）

第三节 中国行星地质学研究

行星地质学又称为天体地质学、宇宙地质学、行星地球科学，是研究太阳系中的行星和它们的卫星、小行星和彗星，并包括降落到地球上的宇宙物质（陨石等）等固体物质的性质、起源和历史。它运用研究地球性质、起源和历史的地质学原理、方法和技术对太阳系及其他星体进行类比，又通过对其他行星的研究和从太阳系整体的角度出发来检验和补充对地球的研究。通过无人或载人飞船，可直接获取星体样品及其整体地质景观（如火山爆发、海洋与陆地的分布、构造痕迹和撞击坑等）。中国地质学家主要是从研究降落在地球上的宇宙物质着手，主要研究固体的陨石和灰尘。

一、吉林陨石雨研究

1976 年 3 月 8 日 15 时吉林降落世界罕见的巨大陨石雨。之后，中国科学院立即组织有关力量对吉林陨石进行了多学科现场综合考察和系统研究。吉林陨石雨分布面积近 500 平方千米，是世界上规模最大的陨石雨。其收集陨石样 2700 千克，其中吉林 1 号陨石重 1170 千克，是世界上近 3000 次收集的样品中最大的陨石。已鉴定出 41 种矿物，是世界上数千块陨石中鉴定出矿物最多的陨石；并发现了可能是原生的烷烃、芳烃、类异戊二烯烷烃、氨基酸、卟啉、色素和可裂解的聚合有机物。非地球污染的氨基酸为生命的非地球起源说提供了新的线索。元素的同位素明显异常为可能的星球大爆炸提供了依据；而某些元素的异常富集（如铱和金）成为区别和鉴定地外物质与地球本身的"指纹"。至今，在国内外已发表有关吉林陨石雨研究的文章约 200 篇。其研究和成果促进了中国天文学—地学—空间科学—物理—化学等学科的相互渗透和交叉发展。可以说，也正是这次陨石雨的降落揭开了中国地学家行星地质研究的帷幕。1977 年中国科学院贵阳地化所出版专著《月质学研究进展》，全面地探讨了地球的卫星——月球的岩石研究特点，为地球的起源和演化提供了一定的依据。

二、宇宙尘研究

1982 年，炎金才报道了中国太古宙宇宙尘的研究结果。分布于华南和华北的太古宙鞍山群、霍丘群、建平群等均有大量星外物质的降落沉积。1983 年置地球于星际空间的范畴考虑，如何国琦著科普读物《地球是怎样演变的》。1984 年肖小月等著《宇宙尘的抽查化学成分研究》。同年，在中国西藏岗巴的白垩系—第三系界面的 3 处不同位置的粘土层中都发现有铱等元素的异常富集，并发现有冲击熔融形成的球粒，而上、下地层中均无。此项研究表明，6500 万年前的全球生物灭绝事件（海上浮游生物、藻类、巨型恐龙等的消亡）更可能是一颗较大的彗星与地球相撞的结果。而浙江长兴、四川广元的二叠系—三叠系剖面经仔细研究也发现类似于西藏岗巴的白垩系—第三系界面处的铱异常及碳、氧同位素组成的突变。这些发现为地球的外因所致的灾变说提供了依据。1985 年欧阳自远报道了中国曾在沿海的海底沉积物中收集到消融型陨石球粒。1986 年傅承义报道了在辽宁花岗岩中发现微粒磁性铁质小球，并经系统鉴定被证实为地外物质——宇宙尘。同一类型的宇宙尘分布于自太古宙到新近纪 24 亿年～0.10 亿年的各种（变质）花岗岩中。研究结果表明,宇宙尘的形态、结构和构造现象十分丰富;化学成分特征与铁陨石相近;铱、金等地外物质的"指纹"元素明显富集。

三、一些推测

1986年陈书田等翻译出版了美国特拉华大学地质系 Billy Glass 博士出版的《行星地质学导论》,该书全面、系统地介绍了行星地质学的研究内容、方法、手段和国外研究成果,是一本不可多得的高质量教科书。1987年刘南编著《行星地球概观》从星球之间相互作用的角度探讨了地球的主要是地理学范畴的各种现象,对地质学家也具有重要的参考作用。如潮汐现象、地球昼夜变化等。1987年陈衍景根据广泛分布于太古宙霍丘群、建平群、胶东群中的大量宇宙尘及其撞击消融成因等,推测新太古宙华北板块遭受过陨石冲击;并进一步推断23亿年左右全球地质环境的灾变是由大的地外天体撞击所致。1987年张昀提出,40亿年前地球上生命记录的缺乏,可能原因是地球俘获月球或地球遭受星体撞击而产生灾难性热事件所致。中国有学者曾推测香港的地形和地貌特征系由地外物质撞击所致;并推测无锡太湖的类似成因。1992年刘长泰报道了超高压实验下陨石有关的状态参数。可以说,行星地质学在众多国家中尚处初期阶段,包括中国。但人类社会的可持续发展除了依托地球外,还必须考虑其他星体及它们对地球自身的作用。中国学者尚无法获得直接取自地外星体的新鲜样品。行星地质学是地学的前缘学科,是充满生命力的21世纪地学重大研究主题之一,是我们尚需重视的一门科学。

(叶发广)

第四节 中国极地地质研究

一、极地地质研究概述

南极与北极地区作为水圈、大气圈的冷源,对人类的生存环境及全球变化起着重要作用,因此极地研究日益受到重视。1986年7月和1989年7~8月董枝明2次到加拿大北极地区考察,采集了许多动植物化石,并在第2次考察中发现了恐龙化石。这是中国科学家第1次进入北极圈的科学考察。自1992年开始,中国地质科学院先后应邀参加了英国挪威和德国的北极地质参考队。1993年3月10日中国科协批准成立了"中国北极科学考察组"。4月8日筹备组负责人位梦年率3人先遣小组进入北极地区。中国组织的首次北极科学考察队于1999年7月1日乘"雪龙"号科学考察船从上海出发,穿过日本海、宗谷海峡、鄂霍次克海、白令海,2次跨入北极圈,到达楚科奇海、加拿大海盆和多年海冰区,历时71天,安全航行14 180海里,航时1238小时,于1999年9月9日返回上海港。中国首次北极科学考察圆满完成现场科学考察计划任务,获得了大批极其珍贵的样品、数据和资料。此后,中国分别于2003年、2008年、2010年和2012年又开展了4次北极科学考察。

南极洲有1400万平方千米面积,95%以上的地区常年被雪覆盖,是世界上最冷的大陆。南极洲四周被大西洋和太平洋环绕,是地球上唯一未开发的大陆。南极洲以其特有的自然条件和丰富的资源吸引着世界各国的科学家。目前世界上已有38个国家参加了《南极条约》、在南极地区建立了200多个夏季考察站,其中20个国家建立了45个全年考察站。其中也包括中国在南极所建的站点。

从1984年~2014年中国科考队员在没有装备世界一流科考船的情况下,成功完成30次南极科学考察,建立了长城、中山、昆仑、泰山4个科学考察站,取得一系列世界瞩目的科考成果,使中国成为南极条约协商国组织、国际南极研究科学委员会、国家南极局局长理事会的成员国,在国际极地事务中,拥有了参与权、发言权,甚至决策权。

二、准备和建站阶段

中国南极科学考察活动始于1980年,当年派出了中国科学院地理研究所的地质地貌学家张青松和国家海洋局第二海洋研究所的海洋物理学家董兆乾去南极澳大利亚的考察站进行科学考察。

1981年5月成立了国家南极考察委员会,1983年6月成为《南极条约》签字国,并相继参加了南极条约的多次会议,同时成为《南极条约》协商国。

1984年11月中国首次独立派遣南极考察队赴南极洲和南大洋进行科学考察;1985年2月在南极半岛设得兰群岛乔治王岛建成中国长城考察站。1986年7月中国又加入了南极研究科学委员会。

1989年2月在东南极普里斯湾又建成中国第2个常年考察站中山站。同年10月中国专门从事极地科学研究的机构——中国极地研究所在上海成立。由南极2个科学考察站建成到极地研究所的成立,标志着中国的南极考察事业已从准备和建站阶段跨入了科学考察和研究阶段。

2004年7月28日中国北极黄河站建成并投入使用,这是中国开展南极考察20年后,在地球的另一极又建立野外考察平台,极大地提高了中国的极地科考能力。

2009年1月27日中国昆仑站建成,是南极内陆冰盖最高点上的科学考察站,建设规模为558.56平方米,配备发电、水处理、交通和通讯等配套设施,可满足24名科考人员生活和工作。该站可开展深冰芯钻探、天文学观测、冰下山脉地质钻探等科学观测计划。

2014年2月8日南极泰山站建成,这是中国在南极建设的第4个科学考察站,位于中山站和昆仑站之间的伊丽莎白公主地。

三、极地地质研究进展

地质科学是南极考察的前沿科学,中国学者在岩石学、岩石化学、地球化学等方面取得大量考察成果。在《南极研究》等刊物中发表了数百篇有关的论文,并相继出版了多种极地地质学研究成果专著。

1981年11月~1982年1月中国第1个到南极从事地质地球化学野外地质科学考察工作者王声远,参加了夏季新西兰南极考察团,先后在南极大陆的横断山"干谷"和罗斯岛地区进行了1个多月的地质地球化学野外考察,对各种岩类及地质现象进行观察与描述,取得了十分珍贵的地质资料,他采集了37块各类岩石样品,进行了系统的岩石学和地球化学多学科、多方法的研究后,取得的研究成果。

1985年1月中国第1次南极洲考察队在乔治王岛上开展了地质学科的考察,并在长城站周围地区发现了玛瑙、翡翠等矿石。首次出版了《南极科学考察文集——南极维斯特福尔德丘陵区晚第四纪地质和地貌》(1985)一书,该书是中国第1部关于南极第四纪地质和地貌研究的专著。文集中共17篇论文,它们分别从不同方面揭示了该地区第四纪地质、地貌、古冰川、古地磁、岩石和自然环境的特征及其演化历史。在该地区和整个南极东部过去还缺乏这方面的系统研究。

1985年11月中国第2次南极考察队在乔治王岛中国长城站进行了为期4个多月的考察。主要是对地质、地貌和地球物理学领域开展全面综合性科学考察,考察范围集中在菲尔德斯半岛及邻区。通过地质考察绘制了1:1.5万地质图,新建5个火山地层段,研究并确定了火山岩相和构造;划分了矿化蚀变类型;调查了含水层的数量和层位;采集了植物化石等标本1000多块。对该区新生代火山作用阶段、特点和演化规律,岛弧构造背景,古气候的急剧转变,以及古火山—地热系统与成矿关系提出了新见解。

1986年11月在贵阳召开了"南极地质地球化学学术讨论会"。这次会议是对中国第1批关于南极地质地球化学综合性研究成果的系统检阅。会上交流论文20篇,研究内容包括南极横断山脉和罗斯岛地区的岩浆、火山岩、变质岩、沉积岩、土壤和水样的矿物成分、化学成分、矿物包裹体、矿物物理测试、同位素、地质年代表、微量元素等领域的探索。

1988年郑祥身博士论文《西南极长城站地区新生代火山岩地质、岩石学特征及岩浆的生成和演化》用大量实际考察资料和现代地学理论,先进的研究方法,详细论证了该地区的岩石性质、岩石系列,提出分散结晶作用控制下岩浆分二阶段演化的过程和板块作用下岩浆的生成模式。同年3月随着中国对南极洲科学考察的深入,国家南极考察委员会主办的综合性学术期刊《南极研究》创刊。11月中国女地质学家在对南极腹地文森峰进行登山探险科学考察中,首次发现了较大规模的含铁岩系及很有远景的铁矿,这一发现填补了文森峰地区地质学研究的空白。

1989年在2次赴外国考察站参与地质调查的基础上,李华梅等人完成了南极大陆的横断山"干谷"和罗斯岛地区的样品测试,进行了岩相学、矿物学、主微量元素岩石化学、同位素地球化学、同位素年代学、古地磁学等多学科综合研究,取得一批成果,出版了中国第1部关于南极地质研究的专著《南极横断山和罗斯岛地区地质地球化学》。

1991年6月《南极研究》集中刊载了5篇论文,全面系统地总结了中国科学院地质所自1984年以来几次南极地质考察和研究成果。同年9月第6届国际南极地球科学讨论会在日本召开,来自中国、美国等20多个国家约200多名科学家与会。从会议论文看,探讨岩石圈结构、大地构造及其演变、矿产资源等仍然是南极地学研究的重点。中国科学家李华梅、赵越、任留东、陈廷愚和郑祥身在大会宣读和展示的学术论文显示了中国10年来在南极地学研究方面的雄厚实力。

1992年7月金庆民等的专著《南极菲尔德斯半岛火山作用及岩浆演化》,系统地论述了菲尔德斯半岛新生代火山地质特征,着重介绍了岛弧火山岩岩石学、地球化学及矿物学特征,对火山活动的时空演化规律与岩浆演化机理进行了深入地探讨,提出了研究区高铝玄武岩的二阶段成因模式。

1993年5月由国家南极考察委员会和地质科学院地质研究所承担,中国科学院南京地质古生物研究所和中国地质科学院有关专家参加编制的中国首幅"南极地质图"完成。编制南极地质图在中国尚属首次,该图突出了南极研究的新资料、新进展,充分反映了南极当前地质研究程度和中国地质工作者10多年来在南极的研究成果,该图对推动南极地质研究,促进国际合作与交流均有重要意义。

2002年8月《中国地质学会80周年学术文集》刊载中国科学院院士李廷栋《南极地质构造及其演化》论文,综合论述了南极大陆地质构造轮廓、地壳结构和构造演化,反映了中国学者对南极地质研究的新进展。

第24次南极科学考察中,中国首台"南极巡天望远镜"成功登上海拔4000多米的南极"冰盖之巅",安装在昆仑站,目前已可以通过卫星进行远程遥控,实现全自动、连续监测银河系内的上亿颗恒星,并能够用来搜寻太阳系外行星。现在,冰架热水钻机、海冰漂移浮标、极端环境无人无线冰雪智能观测系统及机器人等高技术的研发和应用,使中国在极地地质、冰川、生物、海洋、大气、空间物理、天文、人体医学等领域的研究取得重要进展,开辟了南极深冰芯钻探、天文观测、冰下山脉探测等极地研究新领域,一批具有国际先进水平的研究成果相继发表在国际科学期刊上,如关于南极冰盖起源与早期演化的研究结果,就在国际顶级科学杂志《Nature》上发表。

2009年第25次南极科学考察中,中国在南极内陆冰盖的最高点冰穹A地区,建立了中国第1个南极内陆考察站——昆仑站。这是在南极大陆海拔4000米以上建立的唯一考察站,其他任何国家没有考察队到达过这里。在被称之为"人类不可接近之极"的冰穹A(南极冰盖最高点)地区建立了GPS卫星跟踪站,这也是全球首个在极其寒冷的环境中建立的GPS卫星跟踪站。

PANDA计划是首个由中国极地科学家牵头组织的大型国际合作考察与研究计划,已取得了一系列有国际影响力的科学成果:冰芯记录取得东南极冰盖存在小冰期的明显证据,重建过去2680年内该地区火山沉积记录;完成格罗夫山地质构造、古气候环境变化等多学科综合调查,发现和回收南极陨石1618块,使中国陨石保有数量跃居世界第2;通过古气候变化研究揭示东南极冰盖表面升降历史;实时监测了全球性污染物汞在海洋边界层大气中的浓度及其形态特征,并结合数值模式研究揭示了极地"汞雨"形成的大气化学机制。

2014年第30次南极科学考察中,建成了第4个南极考察站——泰山站。成功实现了中国极地科考的首次环南极大陆航行,获得了大约80G的完整环南极海域科学鱼探仪调查声学数据,121个站位的水深、温度数据,大量宝贵的海水化学和大气化学样品数据;在格罗夫山发现陨石样品583块,使中国拥有南极陨石总数达到12 035块;完成了南极半岛调查的6个断面33个站点和普里兹湾调查2个断面14个站点及罗斯海总长度300千米的地球物理测线调查,开展了南极磷虾、油气等主要资源潜力考察与评估,填补了南大洋断面大纵深综合观测的空白。

正因为中国科学家在南极科考中的卓越表现,中国现在在国际极地事务尤其是南极的影响力显著提高。如中国提议设立格罗夫山哈丁山特别保护区,获得第31届南极条约协商会议通过,成为《南极条约》第168号特别保护区,将中国参与对南极的治理落到了实处。 (李凤棠)

第五节　中国岩石圈地质研究

20世纪80年代地质学研究的前沿领域——"国际岩石圈计划"是在"国际地球物理年""国际上地幔计划"和"国际地球动力学计划"之后的又一个新的国际合作研究计划。岩石圈地质研究主要研究大陆岩石圈、大洋岩石圈及其洋陆过渡带的结构、构造、物质组成、构造演化及其相互作用。进入90年代岩石圈研究已由以往探测岩石圈的结构、物质组成、构造演化转移到研究岩石圈的演化和动力学上,从建立区域性岩石圈模式转移到通过地质、地球物理、地球化学、大陆超深钻及空间大地测量等的综合研究,以建立全球岩石圈的结构、物质组成、成因和演化模型,特别是大陆的动力学模型。其目的是寻找能源和矿产资源、预报地质灾害和进行地质环境保护评价。中国所处的亚洲大陆是目前地球上最后形成的一块大陆,被公认为是世界上研究大陆动力学的最佳场所。

一、中国大陆岩石圈动力学研究

20世纪80年代以来,中国学者围绕大陆岩石圈动力学展开了对典型造山带、岩石圈大断面、现代地壳运动等领域的研究。1980年在黄汲清指导下,由任纪舜、姜春发等新编了《中国大地构造图》并出版了《中国大地构造及其演化》专著,并在1∶400万中国大地构造图上,详细标绘了中国各时代的板块缝合带,系统地划分了中国的构造旋回和构造单元,建立了中国大地构造演化模式;李春昱等(1982)用板块构造思想全面论述了亚洲构造;王鸿祯等(1985)用活动论与阶段论相结合的思想描绘、表述了中国的古地理、古构造和大地构造的发展历程;1987年马杏垣等出版了《中国岩石圈动力学纲要,1∶400万中国及邻区海域岩石圈动力学图说明书》,描绘和阐述了中国的地震构造、深部构造和地球动力学过程;郭令智等对南方不同类型大陆边缘——主动大陆边缘和被动大陆边缘进行研究,对地体拼贴和沟—弧—盆体系提出了新的看法,将华南大地构造格架从西北向东南由老到新划分为5个构造带:东安—雪峰期江南古岛弧褶皱系;加里东期武夷—云开古岛弧褶皱系;海西印支期中国东南沿海台湾古岛弧褶皱系;燕山期浙闽粤沿海山弧系;喜马拉雅期台湾岛弧。王鸿祯(1990)对全国古大陆边缘进行了系统研究总结,根据物探新资料,在对南海、东海海域进行区域构造分析基础上,提出南海形成于2期不同方向的扩张,东海是现代的沟—弧—盆体系中的弧后盆地。这一时期还出版了大量区域性和专题性论著:如左国朝等(1990)、唐克东等(1992)、何国琦等(1994)对天山—兴安带的研究;许志琴等(1988)、姜春发等(1992)、张国伟等(1996)、夏林圻等(1998)对昆仑—祁连—秦岭带的研究;常承发等(1973)、肖序常等(1988)、陈炳蔚等(1991)、钟大赉等(1998)对青藏—滇西带的研究;崔盛芹等(1983)、任纪舜等(1990)、邓晋福等(1996)、路风香等(2000)对中国东部环太平洋带的研究,曾融生等(1973)、滕吉文等(1974)、冯锐(1985)、吴功键等(1991)、袁学诚等(1996)对深部构造的研究等,深化和推动了大陆岩石圈动力学的研究。

二、青藏高原地质构造研究

1978年国家地质总局成立了高原地质研究所,配合西藏地质矿产局编制出版了1:150万西藏地质图。1980年~1982年由地质矿产部、中国科学院与法国国家科学研究中心合作开展了"喜马拉雅山地质构造和地壳上地幔的形成和演化"的研究,对西藏高原的地质特征和板块构造发展规律的认识获得了重大成果。证实了雅鲁藏布江缝合带及邻区具有沟—弧—盆构造演化的历史,为探讨冈瓦纳大陆北缘的形成演化提供了新的依据。常承法(1973)、肖序常(1988)对青藏高原板块碰撞缝合线进行了研究,提出喜马拉雅和青藏高原板块构造模式。即由3条缝合带将青藏高原板块划分成4部分:塔里木—华南板块南部大陆边缘—巴彦克拉和右江褶皱带;龙木错—玉树—澜沧江缝合带;羌塘—保山复合陆块;班公湖—怒江缝合带;拉萨—腾冲陆块;雅鲁藏布江缝合带;印度板块北部大陆边缘。林宝玉《西藏中南部雅鲁藏布江两侧早二叠世地层和珊瑚动物群》(1984)、王乃文《青藏高原古生物地理与板块构造的探讨》(1984),杨遵仪《西藏阿里古生物》(1990)、郭铁鹰等《西藏阿里地质》(1991)的研究,在藏北拉萨等地块分别发现了冈瓦纳相地层古生物。这一发现进一步确定了青藏高原与印度板块活动的关系。20世纪90年代INDEPTH项目对印度大陆插入喜马拉雅之下的证实(Zhao Wenjin等,1993)以及孙鸿烈等《青藏高原形成演化与发展》(1998)一书的出版,揭示了青藏高原隆升具有多阶段、非均匀、不等速的过程及特点。

近年来对高原北缘壳幔结构与动力学过程研究取得了重要进展:①首次将小波变换理论与方法引进地震宽角反射/折射资料处理与解释中,将地震信号的分辨率由传统的1/2~1/4波长提高到优于1/6波长,并由此发现了天山造山带壳幔间多薄层过渡现象,提出了不同构造环境下幔壳过渡带的结构特点;②建立了天山造山带地球动力学"层间插入消减"模型及天山的构造分段模式;③提出了准噶尔盆地基底结构与属性的新认识;④发现了塔里木盆地特殊的地壳结构,提出了塔里木盆地东西分块的追赶模式,获得了相应的深部构造依据;⑤建立了塔里木、阿尔金造山带和柴达木盆地的盆山接触关系以及中国西北部地球动力学模型。

高原中西部壳幔结构与动力学过程研究取得成果有:①完成了樟木—双湖剖面宽频带流动台站观测,观测时间为13个月,获得高质量的观测数据约600GB。②ANTILOPE-I和ANTILOPE-II S波接收函数分别给出了青藏高原西部和中部岩石圈底界面的分布形态(Zhao等,2009),清楚地展现了印度岩石圈地幔向青藏高原之下俯冲的图像,但2条剖面所反映的俯冲深度、角度不同。沿2条剖面的莫霍面是很清楚的,在高原之下,深度都在50千米~80千米之间变化,由南向北加深。在穿过青藏高原与塔里木的边界时莫霍面突然变浅,深度减小了20千米。类似的莫霍面错断在高原北缘和东缘也被观测到(Wittlinger等,2004;Zhu and Helmberger,1998;Zhang等,2008)。高原和相邻盆地地壳厚度的明显不同清楚地定义了青藏高原和欧亚构造块体的边界,表明碰撞期后这些盆地在高原地壳变形中起着挤入作用。莫霍面之下的负震相定义了岩石圈和软流圈之间的界面(LAB)。在西线(ANTILOPE-I),印度岩石圈地幔已经抵达塔里木(37°N),LAB在剖面南部近于平直,深度约100千米。向北变深,在接近高原北部边界(35°N)附近深度约200千米。再向北,另一支LAB震相被观测到,在塔里木盆地之下其深度约130千米,是盆地岩石圈的底。在中线(ANTILOPE-II),印度岩石圈地幔的前锋抵达班公—怒江(33°N)附近。LAB由南部的100千米向北逐渐变深,到高原中部其深度可达200千米,并保持平直直到34°N。再向北,它似乎下沉到更大的深度。跟西线类似,在该剖面的北部观测到了LAB的较浅的另一分支,深度约110千米。它是西藏岩石圈的底。以往在穿过青藏高原主要部分的数条剖面上观测到了俯冲的印度和亚洲的岩石圈(Kumar等,2005;2007;Zhang等,2008)。将观测到的LAB解释成为印度的、西藏的和亚洲的岩石圈地幔的底。在青藏高原的东南部以及高原西部的绝大部分地区,正在俯冲的印度岩石圈地幔已经被观测到。结合 INDEPTH 的研究结果,给出了印度大陆岩石圈地幔向欧亚大陆俯冲的位置。印度和西藏岩石圈地幔之间的边界与地表的主要缝合线的位置不完全一致,表明这些缝合线应当是地壳尺度的。从地表看,西藏和欧亚块体之间的边界由塔里木、柴达木和四川盆地限定,也得到了在这些边界处所观测到的莫霍面的错断的证据。Kind 等(2002)观测到了欧亚岩石圈地幔向南俯冲,厚的西藏岩石圈地幔(150 千米)结束在龙门山断裂之下,在四川盆地之下突然从 150 千米减薄为 100 千米(Zhang 等,2008)。印度岩石圈地幔向北俯冲于青藏高原的主要部分,而在西构造结地区,欧亚板块的俯冲占据了主导地位(Kumar 等,2005)。③ ANTILOPE-I、ANTILOPE-II 和 INDEOTH 剖面 P 波接收函数(Zhao 等,2009)分别给出了沿 3 条剖面 P 波接收函数的地幔部分。标志着地幔过渡带的顶和底的 410 千米和 660 千米间断面通常被普遍认为是矿物的相变面,它们的深度变化反映了地幔温度的反向变化(Helffrich,2000)。在不考虑其他因素的情况下,在过渡带内横向温度的增加会导致 410 千米间断面的下降和 660 千米间断面的抬升,反之亦然。因此,地幔过渡带的厚度是一个敏感的地幔温度计。3 条剖面中 410 千米和 660 千米间断面似乎保持平行。对于 ANTILOPE-I 来说,410 千米和 660 千米间断面近于水平展布;但对于 ANTILOPE-II 和 INDE-PTH 剖面,在高原的北部之下它们明显地下降了约 20 千米;再向北,ANTILOPE-II 的 410 千米和 660 千米间断面有变浅的趋势。不同的观测结果表明,在青藏高原之下的地幔过渡带并不存在明显的温度变化,构造变形限制在上地幔范围内。地幔间断面的明显下沉可能起因于较慢的上地幔。发现印度和西藏岩石圈地幔在空间上的分离与地幔间断面的行为方式之间存在很好的关系。地幔间断面的下沉与西藏岩石圈地幔的位置有关,意味着西藏岩石圈地幔的速度比印度岩石圈地幔明显偏低,因此较热。在青藏高原的东北部,暖的西藏岩石圈相对软弱,因而,在印度—亚洲大陆碰撞的背景下趋向于变形。这部分岩石圈起源于印度和亚洲大陆接触之前众多的增生带或岛弧型的构造块体(Allegrè 等,1984)。④ANTILOPE-I 和 ANTILOPE-II 地震各向异性研究得到了高原中、西部各向异性的大小和方向,再结合 Sino-French、Hi-Climb、INDEPTH、MIT-China + Namche-Barwa 等研究结果综合分析发现,各向异性的大小具有由南向北、由西向东逐渐增大的趋势(Zhao 等,2009),与高原北部 Sn 波的缺失区域相对应。剪切波分裂揭示了地幔中地震各向异性的程度(McNamara 等,1994;Sandvol 等,1997;Huang 等,2000;Wang 等,2008;Fu 等,2008)。向北的地面运动主导了高原的西部和南部,而高原北部则强烈地变形、挤压,并向东部逃逸(Gan 等,2007)。⑤印度和西藏岩石圈地幔不同的地震特性也可以解释不同的成像结果之间的差异性。这些差异可能取决于解释方法对地球结构的敏感程度(Li 等,2008)。面波具有较高的径向分辨率,但速度异常可能遭受地震波长距离传播而带来的污染;体波具有较高的横向分辨率,但得到的结果可能被研究区外的异常所偏离。由于西藏岩石圈地幔具有较低的地震波速度,某些成像研究难以发现它;走时成像通常被高速的印度岩石圈淹没。在高原北部,低速的西藏岩石圈在一定程度上被忽视了。结果,高原北部岩石圈地幔的对流逃逸模型被提了出来,并成为支持青藏高原最流行的动力学机制之一(Houseman 等,1981,Molnar 等,1993)。

高原活动构造及地貌演化研究成果:①首次提出"正地形"和"负地形"的概念来描述高原不同地区的地貌形态,概括了与高原生长和消减过程相对应的地形特征演化模式。②对高原腹地平坦的地势提出新的解释:在高原抬升和构造活动向外围扩展过程中,高原腹地地形起伏由于削高填低的剥蚀作用而降低,不是下地壳流动等内营力的结果;平坦的地势起伏形成于抬升之后,高海拔浅表过程的产物,不代表抬升前的类"夷平面"。③对国际上流行的下地壳流动模式提出质疑。该模式用中下地壳物质从高原中部向边缘部位重力蠕变流动的拱抬而发生向南东方向的倾斜式抬升,来解释高原东缘缓降的高原边界。由于建立该模式的中心假设之一是在抬升之前存在一个区域上从高原内外流分界线到南中国海,延伸数千千米的低海拔残留面。详细地分析和论证了高原东缘不存在这一残留面,从而在基本假设上挑战其合理性。

三、兴蒙北疆及邻区岩石圈构造研究

1984年~1986年由中国地质科学院组织有关省局和高等院校对华北板块北侧（内蒙古中部地区）早古生代地质构造发展史和成矿规律进行研究。20世纪90年代随着国家自然科学基金重大项目"中国兴蒙—北疆及邻区古生代岩石圈的形成和演化研究"课题的研究，出版了一系列有关中国北方板块构造专著：《狼山—白云鄂博裂谷系》（1992，王辑）、《华北地台北缘早古生代大陆边缘演化》（胡晓，1990）、《中国华夏与安加拉古陆间的板块构造》（王荃，1991）、《北山板块构造及成矿规律》（左国朝，1990）、《中朝板块北缘中段地壳演化》（邵济安，1991）、《中朝板块北侧褶皱带构造演化及成矿规律》（唐克东，1992）、《中国新疆古生代地壳演化及矿产》（何国琦等，1994），从而对兴蒙—北疆古生代岩石圈构造演化史获得了一些规律性的认识和演化模式的讨论。何国琦等以地壳成熟度理论为指导，提出兴蒙北疆造山带为陆间型褶皱带，并根据对阿尔泰造山带的研究，提出陆间型褶皱带发展过程中的陆壳、拉张解体阶段的拉张型过渡壳、洋壳、汇聚阶段的挤压型过渡壳和新陆壳五阶段演化模式，从陆缘演化的角度补充了板块构造模式的不足。为开展深部构造探测，以研究地球内部构造、壳幔结构、深层构造活动及地球动力源等重大问题。根据深部地球测深、大地电磁测深和重力、磁力测量，已编制出版1:100万全国重力布格异常图、全国地壳厚度图及华北北部地壳结构图。中国大量的地震反射、地震宽角反射和折射波法的深部地壳与地幔的人工源地震探测剖面，为地壳与地幔的深部结构、物质组成及空间展布提供了精确的资料。

四、全球地学断面计划的进展

全球地学断面计划（GGT）是国际岩石圈计划的一个重点项目。GGT计划的重点是沿断面线范围内的地质，地球物理、地球化学的资料综合到一张图上，以得到一个解释性的地壳断面，从而反映断面地壳的起源和演化。在第28届国际地质大会上展出的50条GGT中，中国有11条。其中国家地震局编制6条：东乌珠穆沁旗—丹东断面；满都拉—响水断面；阿拉善—上海断面；门源—宁德断面；赤峰—随县断面；遮放—宾川—江川—马龙断面。地矿部编制5条：灵璧—奉贤断面；亚东—格尔木断面；黑水—台湾断面；广州—巴拉望断面；东海断面。特别是满都拉—响水断面，断面的中部是华北地台，两端都是陆缘。取得了对华北地台基底性质，北部陆缘、南部陆缘和华北盆岭型裂谷的新认识。亚东—格尔木断面取得了对青藏高原板块的构造分区，地壳结构构造及其演化，地壳抬升和力学机制的新认识，东海断面取得了对华南地壳厚度和上地幔不均一、华南构造格局和演化的新认识。

五、近年来大陆地壳和地幔研究

近年来中国大陆地壳和地幔构造与动力学研究取得了重大进展（中国地质学会大陆地壳与地幔研究分会，2011）。

（1）新全球构造观：板下整个地幔运动——研究大陆岩石圈板块运动的根本 板块运动指岩石圈板块在软流圈上的运动。新的研究表明，研究板块构造只考虑岩石圈尺度及岩石圈动力学已远远不够。全球地震层析新资料为我们提供了一个板下构造及整个地幔运动的地球物理证据。研究表明，岩石圈板片可以从地球表面俯冲到核幔边界（2900千米深度，压力135百万帕），超地幔柱也可以从核幔边界直接上涌到地壳表层，并导致大量热点的产生。同时，全球范围内地幔中地震波高速异常和低速异常的连续出现，表明物质可以从上到下或者从下往上穿过410千米~660千米（13百万帕~22百万帕）深度的地幔转换带。这一发现进一步证实了转换带边界并不能阻止大规模物质从上地幔进入下地幔或从下地幔进入上地幔。因此，研究板块运动力必须考虑整个地幔的动力学背景。大陆板块汇聚边界的俯冲板片，特别是大陆板块汇聚边界的地幔构造的显示，为我们研究大陆板块汇聚边界的深部状态提供了更多的思考。研究揭示，岩石圈板片可以俯冲到

地幔深部,一部分成为拆沉的"化石"残片,一部分在碰撞的过程中又折返上来,折返上来的板片保存了大量地幔动力学的信息,包括超高压变质作用、超高压矿物相的转换、超高压矿物流变学、流体及熔融作用、壳—幔作用及地幔中的物质循环等。因此,我们可以通过地球物理以外的各种地质手段来研究超高压变质带,发现超深地幔矿物及超深俯冲的证据,探究汇聚板块边界的地幔动力学。岩石圈的超深俯冲、超地幔柱及整个地幔对流的新模型(Maruyama 等,2007)是对传统板块构造理论有关对流、俯冲及驱动力基本模型的挑战。核幔边界既是高速深俯冲异常板片的"埋葬之地",又是低速异常体和超地幔柱的发源之地。这一新的观点给人们一个启示:板下全地幔运动是研究岩石圈板块运动的根本,这是固体地球科学发展中一个十分重要的发现,给予人们考虑大陆构造与动力学研究的全新思路(许志琴,2005)。

(2)大陆深俯冲动力学——当前大陆构造与动力学研究的热点 目前在全球大陆碰撞造山带板块会聚边界上已发现20余条超高压变质带(Liou 等,2000;Chopin,2003),这是地球科学发展史和造山带研究史上的一个重大进展。高压—超高压变质带记录了洋壳/陆壳深俯冲、碰撞造山及折返的历史全过程,揭示了低密度的陆壳物质,只要其流变强度足够大就可以俯冲到100千米以下的地幔深度,然后又快速拆返回地壳。超高压变质带的发现成为了解板块俯冲、碰撞,造山带的缩短、加厚,以及俯冲深根的形成机制等造山过程动力学必不可少的研究对象,为造山带和造山动力学研究提出了富有挑战性的前沿科学问题。2007 年在法国和德国召开了有 400 名科学家参加的国际第 2 次俯冲动力学大会,在深入开展大陆俯冲带的塑性流变、大陆俯冲带的地震层析成像和俯冲通道、大陆俯冲带的板片拆偶作用、变质反应对俯冲动力学的影响、大陆俯冲带上部的大陆地壳的变形及动力学熔融和混合岩化过程、大陆俯冲带和上部板片之间相互作用的热—岩石—力学模拟,揭示板块会聚过程以及大陆深俯冲与折返作用方面取得了共识。许多研究者强调:超高压变质岩石是研究大陆造山带的形成与演化、壳幔相互作用以及地球动力学等方面最直接的样品和天然实验室(Carswell 等,1990;Maruyama 等,1996;Liou 等,1998)。通过世界上最典型大陆造山带中高压、超高压变质岩、岩浆岩以及地幔橄榄岩的研究,可以系统地揭示大陆造山带的物质组成、原岩类型和形成环境,重塑陆壳岩石深俯冲过程中的物理(PT 条件)和化学(矿物、全岩和流体成分)变化,探索超高压极端条件下的流体成分、性状和元素地球化学行为,研究全球物质分异与转换过程,建立大陆俯冲带变质化学地球动力学模型。

(3)大陆物质的挤出——揭示大陆地壳内部新的运动机制 陆—陆碰撞可以产生大规模的地壳变形,而人们对地壳深部(中下地壳)的变形行为知之甚少。一个建筑在地质学、流变学、物理学以及实验岩石学和模拟实验综合研究基础上的大陆地壳内部的新的运动机制——深部地壳物质像牙膏一样的"垂向挤出"和受走滑断裂作用控制的"侧向挤出"得到科学家共识。随之,中下地壳隧道流的新概念的提出,对于认识浅部地壳行为以及深部和浅部作用的耦合提供了新的思考。隧道流意旨在上下 2 个近乎刚性的板片地壳之间存在着一层流动强度极低或许发生了部分熔融的岩层,此层岩石的韧性大变形犹如"隧道"中流动的流体。由于在侧向上存在静岩压力的变化梯度,这些粘性"流体"从高原内部向其边缘流动(Batchlor,2000;Turcotte 和 Schubert,2002)。近年来隧道流的概念已被广泛地应用在地质动力过程中,包括:①软流圈逆流研究;②大陆伸展机制研究;③大陆高原形成及演化过程,包括伸展和挤压作用研究;④大型陆-陆碰撞造山作用的构造研究;⑤大型热碰撞造山的变质过程研究;⑥静岩超压状态下的俯冲带流体动态分析;⑦有膏盐层存在的被动陆缘附近的变形现象。引起隧道中弱化流动过程的原因最有可能是部分熔融作用。2004 年 12 月在伯灵顿召开了由伦敦地质学会主办的"大陆碰撞带中—下地壳的隧道流、挤出和折返"大会,着重讨论了喜马拉雅—西藏碰撞系新生代地壳隧道流问题。有关新喜马拉雅中地壳岩石的隧道流或韧性剪切挤出方面的证据(Grujic 等,1996,2002;Searle 和 Szulc,2005)以及与之相关的模型(Beaumont 等,2001,2004,2006;Godin et al.,2006;Jamieson 等,2004,2006)已经得到了充分地阐述和研究。McKenzie 等还提出了大陆下地壳流动的新理论来解释地形特征与浅部地质构造的脱耦现象。喜马拉雅隧道流是否能够普遍运用,以及应用于其他山脉,尚需要进一步研究证明。另外,老的造山带中的实例却仍旧很少。隧道流在陆—陆碰撞过程模式建立方面的应用正在逐步细化,但仍存在一些问题和矛盾。

(4)大陆岩石圈流变学——大陆构造与动力学研究的理论基础　流变学是研究组成地球的岩石和矿物力学性质和变形行为的科学(Ranali,1995;Kohlstedt 等,1995;Ji and Xia,2002)。地球各层圈的构造变形归根到底是多矿物岩石的变形,要了解地球各层圈的变形及其形成的构造,首先必须深刻理解多矿物岩石在各种物理条件(温度、围压、差应力、应变速率、应变方式等)和化学环境(主要是氧逸度和水含量)中的流变学行为。流变学作为大陆动力学的理论基础,其研究的重要性在国际上已被越来越多的地质和地球物理学家认识和重视。大陆岩石圈流变学的研究,运用现代材料学、地球物理学和地球化学的新理论和新方法,利用目前国际上最高灵敏度和准确度的高温高压实验和分析测试系统,采用大应变简单剪切高温高压岩石变形实验、电镜内高温变形台的同步观察,并与野外地质详细观察、理论分析、物理模拟和计算机数值模拟有机结合,集中研究多矿物复合岩石在不同物理条件、化学环境中的流变学行为、变形机理、显微构造和物理性质,探索地球各层圈流变结构,深刻理解大陆岩石圈构造变形的动力学过程,是当前一项重要的基础工作,在中国与国际流变学研究仍存在很大差距的今天,应尤为关注。

(5)复合造山带及其动力学——大陆构造与动力学研究的重心　地质学家通过对大陆造山带的解剖,认识到造山形变不限于会聚板块边缘的狭长地带内,而可以扩展到板内,达数百乃至上千千米的活动域。地球上许多造山带都是构筑在长期活动带(>3亿年)之上,是长期活动的复合造山带。例如,发育在太平洋东岸、美洲大陆西海岸宽近1000千米、长度超过10 000千米的科迪勒拉造山带就是2亿年之前经历长期活动的复合造山带。目前对地球上绝大部分复合造山带的长期活动性和"长寿"原因并不清楚,复合造山过程和复合造山动力学机制已不能用简单的"碰撞造山"的理论来予以说明。近年来大陆造山带地球物理研究揭示了造山带岩石圈的物理状态具有流变学分层结构,壳内、幔内的低速高导层,古造山带无山根,莫霍面呈水平状,软流圈的巨大起伏,岩石圈地幔的减薄,地壳、地幔的非均一性与各向异性等特征。为此,造山动力学的假说与推断应运而生,如地幔对流、软流圈上侵构造、拆沉作用、底侵作用、下地壳的水平流变、大陆壳的重力驱张、地壳和上地幔的耦合与解耦关系等,并且提出地壳的非均匀性和流变性的多样性,使人们认识到造山带形成力源的复杂性和多源性。由此可见,造山带的研究已经摆脱了传统构造地质学和经典板块构造观念的束缚。研究现状和趋势表明,全球造山带的研究正面临一个新的起点,表现为由单一造山带向复合造山带研究的转向,由造山带浅部结构向深部结构综合研究的转向,以及由造山带的造山类型划分和造山作用描述的研究向造山过程、变形机制和造山动力学研究的聚焦。复合造山和复合造山动力学的研究已成为大陆动力学理论创新的重要阵地。

(6)现代大陆变形动力学——精确追踪重大灾害事件的地球反应　一系列的大陆构造过程,包括造山运动的变形、沉积盆地的形成、矿产资源的富集、地震活动和火山喷发等已经被观察和描述,板块构造理论的发展为解释大陆结构、造山带的起源和地震与火山分布提供了构架,但是引起大陆变形相关的地球深部过程仍然无从知晓。最近10年来,对地壳运动在任何时间范围内进行直接测量已经成为可能,对于感知的地壳运动已经可以及时地进行大陆变形的测量,互联遥测地震仪网络现在可以对与地震有关的快速运动(分秒级别)进行实时监测和分析,GPS大地测量法、钻孔应变和卫星雷达干涉测量法可以精确地测量时间更长(小时到年)的运动,这些运动使应力重新分配到板块边缘及其内部。目前地质年代学新技术使得大跨度时间(涉及地震和火山喷发循环,造山运动和大陆演变)测量更为精确。许多科学家正在千方百计利用新的科学技术和探索新的途径来提高对地震、火山等地质灾害预警能力,提升对地球内部的认知程度。21世纪初,美国提出Earthscope综合研究计划,把研究重点放在大陆板块边界的深部结构与动力学过程。Earthscope成为精确追踪构造事件的地球反应的重要手段,通过Earthscope计划进行现代大陆变形的精确测量,揭示地震和火山发生的动力学机制,提升对地球内部的认知程度,并通过新的观测技术来确定大陆变形的动力学特征,尤其是对大陆板块边界的动力学成因解释,以期建立新的理论。其内容包括:①USAray(美国地震台阵):大陆范围内的便携式地震台阵将以高分辨率绘制大陆结构和底层地幔的地图;②PBO(板块边界观测站):全球卫星定位系统(GPS)接收器和应变器的固定阵列,绘制不断发生的变形地图,其分辨率达1毫米级或更高(超过区域基线);③InSAR(合成孔径雷达):遥感技术将提供广泛地理区域的空间连续应变测量,其分辨率达厘米级;④SAFOD(加利福尼亚州圣安德列斯断层深部观测):通过圣安德列斯断层的钻孔,测量查明引起断层滑动、地震和地壳变形的地表条件。Earthscope将为在人类的时空范围内测量发生的板块运动提供一次解释地壳运动发生的原因和影响的机遇。因此,EarthScope成为精确追踪构造事件的地球反应的重要手段,为在大陆构造与动力学方面取得重大进展开启了大门。

(7)地幔物质和地幔动力学——固体地球科学研究的新领域　长期以来,人们主要通过金伯利岩、钾镁煌斑岩及其金刚石包体、玄武岩中橄榄岩包体,以及榴辉岩—石榴石二辉橄榄岩等来研究和探索自然界的深部地幔矿物。人们从金伯利岩金刚石极少数包体中发现少量深部地幔信息(Haggerty,1994)。其次利用天体化学和比较行星学的方法,通过对陨石特别是含有许多超高压矿物的石陨石的研究,与地幔相对比,深入了解地球深部物质的组成和存在方式。利用高温高压实验及地球物理方法,推测出深部地球物质的组成、存在方式、物理化学条件、物质循环甚至动力学演化方式。中国学者在蛇绿岩铬铁矿中发现金刚石(白文吉等,2000)和柯石英地幔超高压矿物(Yang等,2007),推测它们来自大于300千米深度的地幔深部。研究还表明,极地乌拉尔蛇绿岩铬铁矿中也存在一个可以与罗布莎对比的深部地幔矿物群(杨经绥等,2007)。罗布莎和乌拉尔中的超高温、超高压矿物可能来自深部地幔,被包裹在铬铁矿中,通过地幔柱的上升被带到浅部地幔。当前国际上对地幔柱的研究与日俱进,其中一个很大的原因,不仅仅是人们在地球上发现越来越多的地幔柱存在的证据。地幔柱所表现的地幔动力学与大陆深俯冲所表现的大陆动力学是地球动力学的2大体系,它们发生在地球的不同构造部位,地震层析显示岩石圈可以俯冲到地球的核幔边界,超地幔柱则可以产自核幔边界,将深部的物质运移到浅部,是两者的共同作用造成了地球物质的大循环,制约了地球的起源和演化,促成了地球上板块增生和消亡,造就了我们今天所见的地球。

(8)全球大陆科学钻探整合计划——探测大陆构造与动力学新手段　大陆科学钻探实施40多年来,使得人类在了解和认识大陆的板块运动、地壳应力和地震、火山过程、深部资源、生命起源以及全球变化等诸多方面获得了巨大的成功,所取得的举世瞩目的成绩使人们越来越认识到,为了人类的生存和发展,通过科学钻探直接观察地球,了解地球内部组成、结构、构造和动力学,了解与地质环境、灾害有关的信息,以便充分开发和利用地下资源,有效地保护资源和减轻地质灾害,是一条重要的和极为有效的科学途径。国际大陆科学钻探计划(ICDP)于1996年在全球开始实施,中国为3大发起国(德、美、中)之一。目前,正在实施的国际大陆科学钻探项目有20余项,主要研究领域包括板块构造、火山与地震活动、全球环境与气候变化、陨石撞击与灾变事件、地热与流体系统和大陆与地幔动力学等。目前大陆科学钻探已在全球形成宏伟的整合计划,并与国际大洋科学钻探联手,意味着一个探测地球的新时代的来临。中国大陆科学钻探工程是当前实施的全球大陆科学钻探计划20个项目中最大也是最深(5000米)的科钻井,它位于世界著名的中国中央超高压变质带东部的连云港市东海县,以解决板块会聚边界的大陆深俯冲及地幔动力学为科学目标,受到国际地学界高度瞩目。最近又开展了青海湖环境科学钻探、柴达木环境资源科学钻探以及松辽盆地白垩纪气候变化科学钻探,国家"汶川地震断裂带科学钻探"项目实施,彰显了中国科学钻探事业方兴未艾,而且是中国大陆首次实施的汶川地震断裂带科学钻探,也是世界上最快回应大地震的科学钻探,受到国内外科学家的高度重视。国际大陆科学钻探中国委员会(ICDP-CHINA)根据中国大陆地质关键问题,特别是结合当前中国经济发展与社会需求,提出了中国大陆科学钻探工程10年长期规划的研究主题:复合沉积盆地和油气资源、矿床成因、大型活动断裂与地震灾害、湖泊、冰川与气候、会聚板块边界与超高压变质带、地史时期的生物灭绝与环境变化等。已完成的5158米的中国大陆科学深井将建成中国大陆科学钻探东海长期观测站,并计划和地面的地震台阵系统结合。

(9)大陆构造与动力学新理论体系的建立和服务于人类需求　固体地球科学创新性研究不仅为了发展大陆地壳和地幔动力学新理论、新方法和新技术,也为了服务于社会需求,为矿产资源、能源、灾害和环境的评价和基础关键问题提供科学依据。在国家中长期科学发展规划中,明确提出了中国矿产资源(能源)领域的科技发展目标,紧缺战略矿产资源的寻找是其中的核心任务之一。因此在不同尺度上,以地球科学系统观、整体观为指导思想,开展大陆动力学演化与资源和能源形成过程、分布规律和评价的综合研究,解决资源和能源发现和利用中的关键科学问题,特别关注地震灾害给人类带来的严重灾难,更加重视活动断裂带以及地震形成机理的研究,回应中国科学技术发展、国民经济建设和社会迫切需求。

第六节　中国环境地质学研究

环境地质学是环境科学与地质学之间的边缘学科。环境地质学系研究人类活动和地质环境相互关系的科学,是应用地质科学、环境科学以及其他相关学科的理论和方法研究地质环境的基本特性、功能和演化规律及其与人类活动之间的相互作用、相互制约的关系的一门学科。是在分析地质环境组成要素的特征和变化规律基础上,研究人类活动与地质环境的相互关系,揭示环境地质问题的发生、发展和演化趋势,全面评价地质环境质量,提出地质环境合理开发、利用和保护的对策和方法,为实现人类社会、经济的可持续发展提供科学依据。其内容包括:①由地质因素(如火山爆发、地震、山崩、泥石流等)引起的环境问题,以及地壳表面化学元素分布异常引起的地方病。②由人类活动(如化学污染、大型工程和资源开发、城市化等)引起的环境地质问题。环境地质学的研究方法有地球化学和矿物学方法、系统分析方法、地质制图方法等。环境地质学作为一门新兴的应用学科,具有很强的区域性、综合性和预测性,在基础理论和研究方法上带有地学、生态学、物理学和化学等学科相互渗透、融合的特色,但它仍然以地质学作为学科基础。

环境地质学是20世纪60年代初期出现的。中国学者从70年代以后对环境地质开始有所讨论,胡海涛等(1986)认为,环境地质学主要是研究地质作用、地球物质与人类活动之间的相互关系和影响,也可以说主要是研究人类工程—经济活动与地质环境之间的相互作用和影响,从而达到合理利用和保护地质环境之目的。张宗祜(1991)认为,环境地质应当是研究人类技术活动与地质环境相互作用影响的学科。陈梦熊(1998)认为,环境地质学是一门综合性很强应用地质学范畴的一门分支学科,以研究人-地关系为主,介于地质科学与环境科学之间的一门边缘学科或综合性学科。王瑞久等(1998)认为,环境地质学的研究对象分为2个方面:地球自身变化对人类的影响,包括火山、地震、海啸等方面和地球受人类活动引起的影响,二者可以概括为一句话,研究人类与地质环境之间相互作用的2个领域。其研究目的是保护人类的健康和安全,保护人类的环境质量,以及促进土地及其资源的合理利用。毛同夏(1991)认为,环境地质学是环境科学领域的一个重要部分,指出环境地质学是应用地质学的理论与方法,研究地质环境的基本特性、功能和演变规律,研究人类活动与地质环境之间的相互作用、相互制约的关系,解决人类开发利用自然环境遇到和可能引发的地质问题,探索在发展社会经济的活动中,合理利用与保护地质环境的途径。综上所述,对环境地质学涵义有如下几点共同的认识:环境地质学是地质科学中一门新兴的应用学科,是环境科学的重要组成部分;环境地质学是应用地质学理论与方法研究地质环境的基本特征、功能和自身演变规律的学科;环境地质学侧重研究人类工程技术经济活动与地质环境相互作用、相互影响、相互制约的关系;环境地质学着力为人类合理开发利用地质矿产资源和保护人类生存的地质环境,在可持续发展战略中作出贡献。可见环境地质学已经成国际地质学界认同为地质科学中一支应用学科,并且已经成为环境和环境保护方面一项不可忽视的研究领域。

一、中国环境地质学的发展

中国环境地质学是在水文地质、工程地质工作基础上发展起来的。中国已在环境地质研究方面开展了大量工作,取得了许多重要成果。中国地质学会1987年3月正式成立了环境地质专业委员会并召开了全国第1届环境地质学术交流会议。自20世纪80年代中期开始,中国专门性或与环境地质有关的调查研究工作得到广泛开展,取得了丰硕成果。在人才培养方面,许多高等院校的相关专业纷纷调整专业方向,注重培养环境地质理论研究和工程实践的人才。

20世纪50年代后期对上海地面沉降开始监测工作,60年代针对中国局部地区的严重污染,进行必要调查,提出许多防治措施;开展了对上海地面沉降的勘察研究,查明了地面沉降的主要原因是过量开采地下水引起的、提出了压缩地下水开采量,调整开采层次,人工回灌等有效防治措施,至70年代基本控制了上海市区的地面沉降。1973年中国召开第1次全国环境保护会议,审议通过了"全面规划、合理布局、综合利用、化害为利、依靠群众、大家动手、保护环境、造福人民"的环境保护工作方针和中国第1个环境保护文件《关于保护和改善环境的若干规定》,推动了环境科学研究在中国各地区、各部门的开展,进一步促进了环境地质工作的迅速发展。先后开展了一些水系、城市、海洋污染的多学科的综合调查和环境质量评价研究;同时进行环境地球化学、环境水文地质、环境工程地质等方面的研究;对地方病、肿瘤等疾病及其与环境因素的关系进行了有成效的探讨;1973年科学出版社出版了《环境地质与健康》集刊。1974年中国第1个环境地质研究机构——中国科学院地球化学研究所环境地球化学研究室成立。

随着国民经济建设的发展,环境地质研究越来越受到社会广泛重视。地矿部1986年成立了环境地质中心,1989年该中心正式命名为环境地质研究所。1991年该所开始由地质出版社出版《地矿部环境地质研究所所刊》(不定期)。1986年~1990年地质矿产部"七五"重点科技攻关项目开展"沿海重点建设城市及经济特区环境地质研究",其研究内容相当广泛,并选择秦皇岛等5个沿海城市进行深入研究。与此同时,由地质矿产部地质环境司主持了沿海主要城市水资源及地质环境评价。1987年环境地质的全国性学术团体中国地质学会环境地质专业委员会在北京成立。1988年由科学出版社出版《中国环境地质研究》,即第1届学术讨论会论文集,基本反映了中国环境地质在各个领域的最新成就,包括区域环境地质评价,矿山环境地质、城市环境地质、地质自然保护和环境水文地球化学、地方病环境地质,环境地质制图及新技术新方法在环境地质中的应用等等。1989年5月在辽宁丹东召开第2届学术讨论会,对东北三省与内蒙古的主要环境地质问题进行讨论,同时成立环境地质专业委员会东北分会;同年9月在河北正定就环境地质的定义与内涵进行了专门讨论。同年11月完成"东北经济区环境地质专题论证"。1989年10月地质矿产部将原水文地质工程地质指挥部更名为中国水文地质工程地质勘查院,主要从事水文地质、工程地质、环境地质勘查、监测、评价和研究。该院编辑出版《环境地质研究》集刊(不定期),该刊目前是中国唯一的环境地质专业集刊。

从20世纪80年代末至今,中国数百个城市都开展了环境地质初步研究,编制了一系列图件,为城市发展提供决策规划依据,另外在国土规划、农业区划、经济开发区等领域,环境地质都参与了这方面工作。如编制了长江流域环境地质图系,三峡水库的生态论证,上海市、天津市、常州市等地面沉降的控制,北方许多缺水城市的水源评价,西安地裂缝的研究都取得了很好的成效,还有长江三峡两岸危崖、滑坡的监测预报等,都具有世界先进水平,环境地质工作在中国经济建设中发挥了重要作用。总之,近年来中国在环境地质学领域在以下几方面取得较大进展:①水资源开发引起的环境地质问题的重视和防治措施;②地质灾害防治工作;③城市环境地质研究与实践;④土壤侵蚀与沙漠化防治;⑤地质环境演化趋势基础研究;⑥环境地质研究仪器设备、人员、经费等得到加强和提高。

二、近年来中国环境地质学研究

1. 地质环境监测

近年来,地质环境监测与预警预报工作取得了明显进展,在地质环境保护与地质灾害防治中发挥了重要支撑作用,为经济社会发展作出了积极贡献(中国地质学会环境地质专业委员会,2011)。

(1)地质环境监测法规制度建设 2009年国土资源部发布《矿山地质环境保护规定》,起草了《地质环境监测管理办法》部门法规,现已进入审批阶段。制订了地质灾害月报制度和速报制度、全国矿山地质环境统计报表制度等。起草了《国家级地下水监测井建设标准》《地质灾害灾情统计标准》等地质环境监测预警技术标准与规程规范。全国31个省(区、市)共颁布了40余项与地质环境监测预警相关的地方性法规或条例。

(2)地质环境监测工作队伍体系建设 通过50多年的努力,基本形成了由1个国家级监测院、31个省级监测总站(院、中心)、233个地(市)级监测分站和166个县级监测分站组成的全国地质环境监测工作队伍体系;目前全国共有地质环境监测从业人员4907人。

(3)地质环境监测预警网络建设 在地下水监测网点完善建设方面,有效运行的国家级监测井数量由2005年以前不足1000个增加到2000个,1000余个实现了自动化监测,900多个监测井的动态信息实现网上发布。目前,全国有效运行的各级各类地下水监测点16 000多个,监测控制面积约110万平方千米,初步形成以大中城市为中心,以平原(盆地)区为主的地下水监测网络。通过北京平原区、山东济南岩溶泉域、新疆乌鲁木齐河流域等3个国家级地下水监测示范区建设,在监测网的优化调整,监测孔保护设施的设计与施工,自动化监测仪与信息自动传输设备的选型、安装、测试,监测数据信息的储存、管理、分析与发布等方面探索形成了一套适合中国国情的技术方法体系,为即将启动的"国家地下水监测工程"奠定了坚实的技术基础。在地质灾害监测预警网络建设方面,全国已在2020个县(市)建立了群测群防监测点10万多处,初步形成了县、乡、村、监测人四级地质灾害群测群防网络体系;与三峡工程同步,建立了库区地质灾害专业监测网,在四川雅安、重庆巫山、云南哀牢山等建立了8个不同类型的国家级地质灾害监测预警示范区。2003年以来汛期地质灾害气象预警预报工作从全国和30个省(区、市),陆续推进到223个市(地、州)、1035个县(市、区)。在长江三角洲、华北平原和汾渭盆地3个重点地区开展地面沉降与地裂缝调查,掌握了其基本特征和规律,初步建立了空中遥感、地面GPS和水准测量、地下基岩标和分层标等立体监测网络体系。开展光纤传感、GPS和INSAR等高新技术应用于地质灾害监测的研究与示范,并逐步走向实际应用,缩小了中国与国际领先水平的差距。针对中国国情,研发出多种小型、简易、高效的地质灾害群测群防监测预警装置,在全国推广20万套,获得国际滑坡防治专家肯定,技术在国际推广。其他领域监测方面,在湖南冷水江、山西阳城、黑龙江七台河等地开展了国家级矿山地质环境监测示范区建设。在黄淮海平原、长江三角洲等地区开展了水土地质环境监测示范区建设。

(4)地质环境监测信息化建设 近年来建立了国家级、省级和示范区地下水监测数据库、地质灾害监测数据库、矿山地质环境调查数据库等专业数据库和信息管理系统。开发了地质灾害气象预警预报系统、地质灾害调查野外数据采集系统、地下水监测信息采集与处理服务系统、地质环境数据处理与综合分析系统等应用系统。地质灾害远程会商与应急指挥系统已在四川、湖北、浙江、福建等省份及三峡库区得到了应用和实战演示,取得了良好效果。2000年以来相继开通了与国际互联网专线连接的中国地质环境信息网、中国地下水信息网以及河北、山西、山东、湖北、重庆、广西、贵州等省(区)的省级地质环境信息网,向社会公开发布地质环境与地质灾害信息。

(5)地质环境监测预警成效　基于地下水监测数据,每年编制发布全国主要城市和地区地下水水情通报,基本反映了中国地下水水位、水质、地下水降落漏斗的总体变化情况;从2005年开始每年编辑出版《中国地质环境监测地下水水位年鉴》;依托中国地质环境信息网每年向社会公开发布包括830个国家级监测点在内的共900余个地下水监测点动态信息,为政府及有关部门实施地下水资源环境宏观管理与地面沉降地裂缝防治等提供了决策依据,为社会公众提供地下水信息服务。近年来地下水监测工作在应急抗旱找水工作中发挥了重要的作用,以地下水监测数据为主要基础,编制了应急抗旱地下水水位动态等系列图件,为抗旱找水提供了重要的基础支撑。地质灾害监测预警是最近10年最重大的成果之一,从2001年~2005年完成了全国616个突发性、频发性的县市地质灾害与防治工程区划,调查面积182万平方千米,占山区、丘陵面积的1/3,为防灾减灾特别是群测群防提供了重要科学依据;从2002年开始开展了1:50万分省环境地质调查,着重对地质灾害的分布、类型、规模和主要诱发因素进行调查,并开始着手编制第2代环境地质图集;首创汛期降雨地质灾害预报预警,从2003年起国土资源部与中国气象局在汛期在中央电视台每晚气象预报节目中发布地质灾害预警;为三峡库区120万移民安全和工程施工地质灾害防治需要开展了1:10万、55 000平方千米地质灾害调查,发现地质灾害点6200余处,并对近百个大灾害体进行实时监测与预警。这些成果为各级政府部门编制地质灾害防治规划、分析预测地质灾害趋势、制定年度防灾预案、应急抢险救灾等提供了重要支撑,在防灾减灾中发挥了重要作用。实践证明,地质灾害气象预报预警与地质灾害调查、巡查和群测群防相结合,取得了良好的防灾避险效益。2003年~2010年成功避让地质灾害5413起,避免人员伤亡29.58万人,避免直接经济损失38.2亿元。长江三角洲地面沉降调查与监测成果被上海市、江苏省人民政府制定地面沉降灾害防治的法规、行政措施时所采用。2008年以来相继发生汶川和玉树地震、舟曲山洪泥石流、贵州关岭滑坡等多起重特大地质灾害,国家和有关省区水工环队伍迅速启动应急调查监测,为抢险救灾、评估灾情和灾后重建提供了重要基础资料和决策依据。

2.环境地质综合调查评价

"十一五"期间环境地质综合调查面向经济建设主战场,主动服务意识和能力不断提升。完成全国1:50万环境地质调查,基本查明了中国主要环境地质问题的分布以及危害程度,进行了地质灾害的多发区、易发区的分区,获得了区域环境地质基础资料,为国土资源宏观规划管理提供了技术资料。开展了环渤海、东南沿海等沿海地区环境地质调查,基本查明了区域地壳稳定性、海岸侵蚀和淤积、地面沉降等地质灾害状况,并对重点港口和城市主要环境地质问题进行了专项调查,为制定该地区社会经济和城市发展规划提供地质依据。地面沉降调查与防治是地质调查重要课题,从1999年以来先后实施了长江三角洲、华北平原、汾渭盆地、东南沿海及台湾沿海平原等地区的地面沉降现状调查、监测网的建设。对中国地面沉降调查、监测与防治起到了积极重要的作用。开展了长江、黄河等大江大河流域环境地质调查,初步查明上游源区生态地质环境变化状况和中下游地区主要环境地质问题,为中国大江大河源区生态环境治理和中下游地区水患和地质灾害治理提供基础资料。开展了新一轮重要经济区环境地质调查,查明长江三角洲、珠江三角洲、闽江三角洲、瓯江三角洲、南渡江三角洲主要是过量开采地下水和城市化快速发展,兴建大量的基础设施,鳞次栉比的高层建筑、深基坑、高架路、地铁工程、越江隧道对地面沉降的影响加大;特别是动荷载引发的许多新的环境地质问题;沿海诸多三角洲河口的海水入侵含水层一种是不合理开采地下水引起的,另一种是引海水入内地高位养殖所致。完成330个地级以上城市的环境地质调查与评价,基本摸清这些城市地质灾害和环境地质问题的发育分布状况,对造成的危害和经济损失进行了评估,提出了地质灾害防治和地质环境保护措施,为城市规划、建设和管理提供技术支撑。完成上海、北京等6个城市的城市地质调查试点,成果直接应用于城市规划与管理、土地与地下空间利用、重大工程安全运营。上海城市地质调查初步实现地质资料信息服务集群化产业化,成果纳入政府决策主流程,引起国内外广泛关注。以黔桂滇为重点开展了西南地区8省市区的地下水与石漠化调查与综合整治,为遏制石漠化的扩张以及辖区内2500万人口的脱贫致富提供了科学依据。在云南小江流域、贵州大小井流域、广西清江流域以岩溶流域为单位,采用"引、蓄、挖、截"等方式,开发利用岩溶地下水,在相关省区取得了一批有针对性、示范意义的开发方式,解决了4万人饮水困难,为当地经济发展、减缓石漠化作出了贡献。首次(2002)系统全面地对全国矿山地质环境摸底调查,弄清了矿山现状,初步查明了主要环境地质问题,分析了潜在危害,为合理开发矿产资源,保护矿山环境,实现矿山整治、生态恢复与重建,并未矿山地质环境监测管理提供了科学依据。

3. 与全球气候变化有关的调查研究

近年来,国土资源部积极推进应对全球气候变化和节能减排工作,部署开展了地热和浅层地温能调查评价、二氧化碳地质储存调查评价与工程示范、地质碳汇研究、全球气候变化地质记录研究等工作,并取得初步成果(中国地质学会环境地质专业委员会,2011)。

(1)地热和浅层地温能调查评价 完成了北京市和天津市的浅层地温能调查评价试点,编制完成《浅层地温能勘查评价规范(试行)》;完成了西藏、山东和安徽等省(区)的常规地热资源现状调查试点,编制了《全国地热资源现状调查评价技术要求》;采取部省合作方式,完成了关中盆地大型地热田的地热资源勘查评价试点,有效推动了地热资源开发利用,组织修订了《地热资源地质勘察规范》。

(2)二氧化碳地质储存调查评价与工程示范 初步评估全国二氧化碳地质储存潜力,并与企业合作,启动二氧化碳地质储存示范工程。企业结合自身需求,加大二氧化碳地质储存技术的开发与应用。大庆、胜利等油田开展了二氧化碳提高石油采收率的现场实验,中联煤层气公司实施了二氧化碳提高煤层气采收率试验,神华集团启动了10万吨/年二氧化碳捕获与储存示范项目,均取得较好的效果。

(3)地质碳汇研究 开展了岩溶作用与碳循环的研究,开展了18个地点的岩溶动力条件监测,建立了岩溶地区碳循环源汇通量的评价模型,初步揭示了岩溶动力系统中碳循环的运行机制。完成了160万平方千米土壤地球化学调查,覆盖了不同气候带、地理景观区、土壤类型和土地利用类型等,获得了中国主要农耕区土壤中有机碳的高精度数据,为计算土壤碳库、开展土壤固碳潜力评价、科学筛选土壤碳源汇变化的监测网络奠定了基础。

(4)全球气候变化地质记录研究 地质学家在石笋、黄土、湖泊沉积以及青藏高原冰芯研究领域的研究揭示了第四纪全球古气候环境变化过程。西南地区长时间尺度石笋记录古气候研究,阐明了气候变化主要受太阳辐射量变化的控制。通过黄土、湖泊、海陆交互相沉积等环境演变记录载体,探讨第四纪气候演变规律。青藏高原和内蒙古湖泊堆积研究初步揭示了青藏高原一系列冷暖古气候变化事件等。国土资源部应对全球气候变化工作得到国务院领导的充分肯定,调查研究成果为中国参与全球气候变化国际谈判提供了基础资料,为国家编制《应对全球气候变化规划》和《可再生能源发展规划》提供了重要支持。

(李凤棠)

第八章 中国地质应用技术研究

第一节 中国探矿工程研究

探矿工程是钻探工程、坑探工程(勘探掘进工程)、探矿机械与安全技术的总称。利用钻机和钻杆、钻头在岩层中钻孔,取出岩矿样品以满足地质勘查与其他建设工程需要的全部钻探工作,称为钻探工程,简称钻探。坑探工程是选用合适的工具和机械设备进行剥土、凿岩、放炮等工程技术活动,揭开地表浮土、风化层或进入岩矿层内部直接观察研究各种岩矿体和地质现象,采集样品。探矿工程是地质工程多工种合成作战的重要方面军,是地质、矿产普查勘探、工程地质勘查、验证地质认识以及地球物理勘探直接取得地下实物资料的唯一技术方法,也是各种工程基础、隧涵洞、环境保护和地质灾害防治等工程施工的重要技术方法,同时钻孔(井)、坑道为获取地下地质体信息、探测深部地壳、开采矿产资源、建设地下实验室或观测站等提供通道。

一、1949 年前的探矿工程研究

中国坑道掘进与采矿冶金的历史可追溯到 3000 年前,如湖北大冶铜绿山发掘的古坑道遗址。约在 2200 多年前中国就已凿井取卤,从井中开发天然气。中国在公元前 16 世纪就有"井"字甲骨文。据史书记载,公元前 67 年在临邛、蒲江就凿井 20 口;到东汉时,四川有 16 县凿了井;公元 280 年江阳县(今自流井)彝族人梅泽开的盐井竟深达 200 尺;公元 589 年自流井开凿的另一盐井,井深已超过 25 丈。到唐、宋时期,中国的人工冲击钻进技术已相当成熟。唐、宋以来的许多著作曾多次提到的"陵井",不但深而宽,而且井身结构相当合理;公元 11 世纪中国四川等地开始钻凿小眼井,称为"卓筒井",此井口径碗口大,深达几十丈,更有超过 1000 米,这是世界钻井史上的创举。1809 年新疆独山子油田钻凿;1900 年钻凿云南铅锌银矿。到清光绪 28 年(1902)在焦作、安徽大通钻探煤矿;光绪 33 年(1907)陕北延长官厂开始钻凿石油,中国开始有机械岩心钻探工作。从 1900 年到 1949 年中国曾作过钻探施工的有河南、山东、广东、安徽、辽宁、台湾等 10 多个省,有煤、铁、铜、磷等约 30 种矿种,全国钻探总进尺约 17 万米,并进行过若干工程地质钻探。各种型号钻机总共有 100 多台,但是没有中国自行设计制造的探矿工程设备。

二、1949 年后的钻探工程研究

1949 年筹建了钻探队,不久在北京门头沟耿王坟首钻煤田,钻达 500 米的设计孔深,取得了地质资料。1950 年相继在南京、淮南、铜官山、大同和白云鄂博钻探铅、煤、铜、铁等矿产。1952 年地质部组建、扩建的 6 个大型综合勘探队,年底共开动 54 台钻机。燃料工业部、重工业部、水电部和铁道部等也陆续开始了钻探工作。1953 年地质部 6 个重点勘探队开动的钻机达 100 多台。其他数十个拥有 4 台~10 台钻机的大、中型勘探队相继建立并投入工作。1956 年地质部 404 队王国骥机组在广西泗顶厂铅锌矿创造了连续 2 个月进尺超千米的新纪录,并总结了硬质合金钻进的经验。1957 年为了加强探矿工程理论的研究,在地质部和冶金工业部分别建立了勘探技术研究所和

勘探技术研究室,探矿工程学科正式列入12年远景规划,从此开始了有明确探矿工程课题的科研工作。这时期是探矿工程大发展时期,钻探技术不断提高,不仅钻探勘探的矿种近60种,并在国家大型工程建设项目中作出了贡献,如武汉长江大桥、三门峡水电工程、长江三峡水力枢纽工程的钻探。1957年末钻探工程已广泛应用于固体矿产、油气矿藏、水利水电工程、水文地质、建筑工程、农业灌溉及国防工程等各个领域。1963年中国研制出人造金刚石,开始用冷压浸渍法制造天然金刚石表镶钻头。同年,四川施工中国第1口水平井"磨3井",在南充施工"270号构造井",采用"一井三底"成功。1964年中国地质学会探矿工程专业委员会成立。1966年以后在金刚石钻探新技术的研究中,如人造金刚石钻头、绳索取心钻进、高速钻机和配套的管材、工具等,取得了重大进展。1978年后金刚石钻探新技术已基本上达到世界20世纪70年代初的水平。全国拥有钻机12500台,已有十几个工业和基本建设部门使用钻探工程,每年开动钻机达5000台~6000台,工作地区遍及全国,并已从陆上发展到海洋。

1967年大港油田长筒取心创145.42米纪录,渤海"海1井"获工业油流。1975年西藏羊八井钻探第1口热水井温度达150℃左右,嗣后,钻成温度最高的"ZK4002井"达329.8℃、井深2006米。1978年四川梓潼"关基1井"创井深7175米纪录。1979年南海"珠5井"见工业油流,为南海油气开发揭开序幕。1982年青海柴达木盆地大浪滩盐湖进行钻探。1983年在微山湖钻探水下煤田,在钾盐钻探创2503.86米纪录。1984年新疆塔里木盆地"沙参2井"发现工业油流;在东海钻成"天外天1井",创井深5001米和水深110米纪录。1986年"多工艺空气钻进"列为国家重点科技攻关项目,成果在"八五"期间被列为国家重点推广项目。1989年新疆地矿局联合全国同行创办《西部探矿工程》杂志。1991年在青藏高原7000米海拔进行冰帽钻探取心,研究古气候环境与冰川;刘广志等编著的《金刚石钻探手册》出版。1992年天津市为观测地面沉降施工深为1088米的基岩标钻孔;山东龙口市渤海海域由上海第一海洋地质大队实施海底煤炭钻探;首次"中国大陆科学钻探(CCDS)研讨会"召开,翌年成立CCDS研究中心。1997年中国南海施工"西江24-5"大位移井,创井深8062米利裸眼井段5032米纪录。1998年中国地质大学与中国科学院合作在内蒙古岱海湖底进行科学钻探取样,研究气候环境变化。1999年中国大陆科学钻探正式列为国家重大工程,并在江苏东海县境内施工深度为1028.68米的先导孔;由中国专家主持在南海实施大洋钻探。据统计,1949年~1999年全国共完成地质钻探工作量约3亿米,石油天然气井也在3亿米左右,为勘探开发矿产、能源、水资源和国民经济建设作出了重要历史性贡献。中国钻探技术已跻身于世界先进之林,并已涉足世界市场,先后在20多个国家进行钻探、打井与工程钻探施工。

大陆科学深钻是当代地球科学具有划时代意义的大型科学工程,也是解决当前人类面临的资源、灾害、环境三大问题的重要途径之一。中国大陆科学钻探工程(CCDS)被列为"九五"国家重大科学工程项目,"CCSD-1"井通过卫星确定井口坐标后,于2001年4月18日在江苏省东海县安峰镇毛北村北侧破土动工,2005年3月现场钻探施工结束,钻井深度为5158米。中国大陆科学钻探工程是继前苏联和德国之后第3个超过5000米的科学深钻,也是全世界穿过造山带最深部位的科学深钻,建成了亚洲第1个深部地质作用长期观测实验基地,也是亚洲第1个大陆科学钻探和地球物理遥测数据信息库,亚洲第1个研究地幔物质的标本岩心馆和配套实验室,使中国超高压变质带和地幔物质研究达到国际领先水平。地学研究成果包括:①已经建立5千米岩性剖面,揭示了50多种类型超高压变质岩石;榴辉岩的厚度累计超过1000米;在原金红石矿体下又发现了400米厚达工业品位的新的金红石矿体;主孔和卫星孔岩心中揭示地幔岩620米。②主孔5千米和区域3800平方千米内不同岩性的锆石中普遍发现柯石英和超高压矿物包体的组合,证明苏鲁地区曾发生大陆地壳三维空间巨量物质(15000立方千米)深俯冲至100千米以下地幔中的壮观地质事件。

③采用克隆技术,分别在529米、730米、1080米、1179米、1930米和2026米的岩心样品中发现大量极端条件(高温、高压、厌氧和贫营养)形成的地下微生物。并培养成功来自深部的微生物活体。④在中国大陆科学钻探工程主孔的石榴石橄榄岩矿物样品中,发现具有奇特球形外貌来自深地幔的合金和金属氧化物,开拓了地幔矿物学和动力学的研究领域。⑤记录到了2004年12月26日4100千米之遥的印尼苏门答腊9.3级特大地震引起的深部地下流体异常。

三、1949年后的坑探工程研究

第一个五年计划期间,坑探方面从纯手工作业开始逐步进入半机械化作业。先后研制了多种半机械化打眼机,提升运输也改用了铁质手摇辘轳、挑杆提升、有轨运矿车、手推车等工具,同时积极改善通风排水的条件。在坑探工程半机械化的发展过程中,根据中国地形切割剧烈、交通不便、断面很小等特点,研究适合国情的机械化方向。动力风、电、内燃并举,设备小型轻便为主。1964年前后冶金部门率先研制成功摆锤式电动凿岩机。随后,地质部勘探技术研究所研制成功离心锤式电动凿岩机以及内燃凿岩机。此外,自动水泵、潜水泵、各种类型的浅井提升机、通风机等设备的应用,使坑探生产开始向机械化方向发展。1966年以后工作暂时受到挫折。1978年以后坑探工程基本上已实现了凿岩机械化,平均机掘台月进尺150米~200米。迄今全国拥有和使用坑探工程的除地质矿产部系统外,尚有冶金、煤炭、核工业、建材、化工、水电、铁道、交通等部门,先后普查勘探了50多个矿种,在提交工业储量、特别是高级储量,验证其他勘探手段的可靠性,采取大样进行加工试验和测量有关隧道、坝基等工程的岩石力学性质等方面都作出了重要贡献。

四、探矿机械与安全技术研究

从1953年在张家口建立探矿机械厂开始,中国陆续建成了一批生产钻机及其他探矿工程设备的工厂、设计室和研究所。在一些探矿机械厂内,设立坑探设备制造车间,合肥、浙江探矿机械厂扩建为坑探设备专业制造厂。钻探设备经历了20世纪50年代的引进、仿制,进入60年代开始自行设计制造液压钻机,70年代以后进入以研制高速金刚石钻进为主的新阶段,80年代初岩心钻、水文水井钻、工程地质钻、砂矿钻、海洋钻探装备、大口径施工钻已形成6大系列的产品。现今,中国的金刚石钻头已向国外出口。坑探设备方面,先后研制成功了电动凿岩机、内燃凿岩机、内燃通风机、内燃装运机、电动潜水泵、浅井提升机、10米和50米取样钻、液压凿岩台车、装岩机、梭式矿车、内燃牵引车、新型钎头、小型液压锻钎机和磨钎机等10多种产品,并研制成功了柴油机尾气净化催化剂。坑探综合机械化程度达30%。由于实现了"三线",即中深、短浅坑道和浅井机械化作业线,"两钻",即坑道钻、取样钻,"一机",即挖槽机。所以坑探工程技术有很大的提高,既能打水平巷道,也能施工300米~500米深的斜井、200米内竖井工程。

钻进工艺和坑探掘进工艺经过实践和研究不断得到完善。如研究和制造出多种具有特色、适用于各种钻进方法的取心工具共6类52种,保证了钻进取心质量;在泥浆制造工艺、新型处理剂、堵漏材料等的研究方面不断提高,为发展金刚石钻探和石油钻探,顺利钻穿复杂地层,减少事故发生率,提高钻孔质量,创造了重要条件;对凿岩爆破的工具、方法及有关参数、提升、运输、通风、支护等方法和工艺,都进行了大量研究和总结,大大加快了掘进速度和质量。

五、近年来中国探矿工程技术研究

2006年~2010年全国固体矿产勘查投入从128亿元增长到300亿元,其中2/3以上的投资来自社会投入。中国地质勘查的年度钻探工作量由860万米增长到现在的近3000万米。

表 2-8-1　2000 年～2010 年中国勘探投入及钻探工作量统计

年度	勘查投入/亿元			坑深/万米	钻探/万米			新发现大中型矿产地
	小计	非油气	油气		小计	非油气	油气	
2000	207	14	193		423	76	347	131
2001	222	26	196	12.5	281	102	179	198
2002	222	34	188	9.5	308	137	171	245
2003	260	33	227	15.5	503	170	333	228
2004	313	42	271	14	637	300	337	253
2005	344	64	280	39.7	855	472	383	177
2006	495	85	410	27.4	1140	741	399	237
2007	622	122	500	41.5	1366	927	439	256
2008	736	247	489	96.2	2013	1565	448	257
2009	765	303	462		固体1800(2400)	1800(2400)		
2010		331.81			2286(3000)	2286(3000)		

从表中统计分析,2010 年中国非油气矿产勘查投入达 331.81 亿元,相当于 2000 年的 23.7 倍多。从工作量来看,2010 年非油气钻探工作量达 2286 万米,是 2000 年的 30 倍多。近几年钻探工作量的投入增长超过了货币投入增长。

2005 年国务院"关于加强地质工作的决定"的颁布,为地质工作开辟了新的篇章。汶川地震断裂带科学钻探工程顺利实施;研究开发出系列地质钻探全液压动力头岩心钻机,加快了中国地质钻探装备的更新换代;初步建立起 2000 米以内地质钻探技术体系,提高了中国地质钻探技术整体水平;开发出陆地、浅海和滩涂地质调查取样钻探技术和装备,为特殊景观地区实施地质填图、化探采样和土地环境评估等领域提供了有效的技术手段;开展了天然气水合物勘探开发钻探技术研究,在高原冻土区成功钻获天然气水合物样品,使中国天然气水合物勘探取得重大突破;实现对接井的重大技术突破,标志着中国定向对接井钻井技术在国际上处于领先地位;逐步建立一支业务过硬的钻探技术研发队伍及施工队伍(中国地质学会探矿工程专业委员会,2011)。

(1)汶川地震断裂带科学钻探工程进展顺利　汶川地震断裂带科学钻探工程将为地震研究提供岩心和测井资料,为在地层深部进行科学实验和长期监测提供通道条件。①在已完成的 WFSD-1、WFSD-3-P 孔的钻井施工过程中,解决了破碎岩层的取心难题、钻孔缩径卡钻问题,保证了钻探施工安全顺利进行,并以高的采心率(WFSD-1、WFSD-3-P 孔分别为 94.3%、95.1%)获取了原状性好的岩心,为地学研究提供了高质量的样品。②探索出一套适合于地震断裂带复杂地层条件的长孔段小间隙下套管固井工艺,成功地完成了破碎扩径带和断层泥缩径带的下套管、固井施工,为整个钻探项目获得成功奠定了基础。③中国地质装备总公司研制成功了 KZ3000 型科学钻探深部取心钻探设备,用于汶川地震断裂带科学钻探 2 号孔、4 号孔的大直径连续取心钻探,新研制钻机为一套顶驱/转盘组合式钻机,顶驱高转速,满足 150 毫米口径金刚石取心钻进 3000 米,转盘大扭矩,满足多级井身结构的扩孔钻进需要。KZ3000 型钻机在大直径深部取心钻探设备方面进行了一次成功的全新探索和实践。配套器具以及复杂岩层钻进施工工艺,可用于 3000 米左右的科学钻探、地热钻探以及煤层气和浅层石油钻探。

(2)《地质岩心钻探规程》(DZ/T 0227-2010)正式发布实施　《地质岩心钻探规程》(DZ/T0227-2010)作为国土资源行业技术标准于 2010 年 11 月 11 日发布,2010 年 12 月 31 日实施。地质岩心钻探技术涉及地矿、冶金、煤炭、有色、核工业、化工、建材等各工业部门,是资源勘查最主要、最直接的技术手段,具有不可替代的重要作用。钻探规程是钻探施工应遵循的准则,是实现探矿工程现代化管理的重要基础。《地质岩心钻探规程》(DZ/T0227-2010)包括钻探工程设计、钻探方法、钻探设备、冲洗液与护壁堵漏、钻孔轨迹测量、孔内事故预防和处理、工程质量、生产(安全)管理等19章和2个附录,具有很强的实用性。《规程》全面规范了地质钻探设计、施工技术及管理工作,对提升钻探工程标准化、产业化水平,提高矿产资源评价质量和效率具有重要意义。《规程》强调按照设计进行施工的原则。首次统一了钻孔公称口径,为钻探方法转换及钻具标准的修订奠定了基础。进一步充实了金刚石钻进、绳索取心钻进内容;新增了冲击回转钻进、定向钻进、空气反循环钻进等技术规定;在安全生产和健康环保方面借鉴了国家相关标准和石油钻井先进技术成果,体现了社会发展和技术进步趋势。

(3)天然气水合物钻探取得突破性进展　中国地质科学院勘探技术研究所针对天然气水合物的特性,开发了保温保压取样钻具和快速冷冻取样器。在海拔4200米的青海省祁连山脉木里高原冻土区进行了中国第1口"祁连山冻土区天然气水合物DK-1科学钻探实验孔"钻探施工,并成功钻获了天然气水合物样品。

(4)2000米地质岩心钻探关键技术与装备研制成功　在地质大调查项目、科技部"863"项目和危机矿山专项项目的支持下,完成了2000米全液压岩心钻机及配套设备的研究,包括2000米全液压动力头岩心钻机、配套泥浆泵、高精度钻探参数检测系统、钻井液固控系统、深孔用绳索取心钻杆、绳索取心液动潜孔锤钻具、不提钻换钻头钻具以及长寿命金刚石钻头,完成了2000米岩心钻探设备、器具配套集成研究和应用示范,标志着中国2000米地质岩心钻探技术体系已基本形成。①采用2000米全液压地质岩心钻机、配套设备及工艺器具,在山东省乳山金青顶金矿区完成了终孔深度达2212.80米(N级口径,Φ76毫米)示范孔的工程施工。②新开发的XJY-850无缝合金钢管材,管材机械性能达到国际先进水平,几何精度明显提高。标志着高强度绳索取心钻杆研究取得了重大进展,将结束中国2000米以深钻孔绳索取心钻杆依赖进口的局面。③超高胎体双层水口金刚石钻头硬岩最长使用寿命超过110米。

(5)新型钻探装备研制水平极大提高　①系列全液压动力头钻机。地表全液压岩心钻机完成了300米、600米、1000米、1500米和2000米系列全液压地质岩心钻机的研制,全液压岩心钻机研制成功替代了部分立轴式钻机和进口设备,成为当前岩心勘探的主流新机型。目前已经形成300米~2000米的系列化产品,在地矿、冶金、煤炭、有色、核工业、武警黄金等行业推广应用。为中国地质钻探装备的更新换代提供了现代化产品,并出口澳大利亚、俄罗斯、吉尔吉斯斯坦、蒙古等国。全液压动力头式岩心钻机在煤矿和其他金属矿坑道取心钻探施工中已经全面推广,规格齐全,深度75米~1000米、口径Φ75毫米~Φ153毫米,质量稳定、性能可靠。不同机型既适用于硬质合金钻进、复合片钻进、金刚石钻进和绳索取心钻进等取心钻进工艺,也可适用于牙轮钻头钻进、潜孔锤冲击—回转钻进等不取心钻进工艺;既可用于坑道地质勘探,也可用于高精度瓦斯抽放、锚固支护孔、旋喷注浆等施工作业,甚至也可用于井下探放水、探煤层厚度、煤层注水等各类工程定向钻孔的施工。②全液压车装动力头水井钻机。由勘探所研制的SDC-1000型全液压车装动力头水井钻机,可用于煤层气抽采井快速钻孔、浅层油气井、抢险救援井以及勘探孔、物探孔、地热井、水井等深度1000米以内不同孔径钻孔的施工,带动了国内相关领域装备研发的发展,为水文水井、煤层气等资源的勘探开发提供了现代化的高效钻探技术装备。③浅层、浅海及滩涂取样钻机。满足地质填图和化探技术的采样需要,充分发挥地质钻探技术的支撑作用,完成了浅层的取心和取样技术的研究和应用。中国地质科学院探矿工艺研究所研制了便携式地质刻槽取样机;北京探矿工程研究所研发了TGQ勘查取样机,勘探所研发了DR系列全液压取样钻机。其中探工所研制的TGQ系列轻便取样钻机先后出口非洲加蓬、尼日利亚和安哥拉等国,共出口80台套。由勘探所研制的浅海及滩涂取样钻机,为沼泽、滩涂、水域等复杂地区进行地取心钻探、原位测试、科学探险、考察、工程地质勘探提供了专业的现代化钻探装备。

（6）高精度定向对接井钻井技术　北京探矿工程研究所具有自主知识产权的"慧磁"定向钻进高精度中靶系统研制成功。"慧磁"定向钻进高精度中靶系统在土耳其贝帕扎里天然碱矿采集卤钻井工程、江西九二盐矿 C307-C308 井组等 20 多井组中成功应用，实践证明，该系统克服了传统 MWD 产生累计误差的固有缺陷，营造人工磁场，克服天然磁场的干扰；可获知 MWD 惯性偏差，提供预纠偏指导；距离靶点越近，测量精度越高。实现了地下导航高精度定向对接连通，这是对接井施工技术的重大突破，标志着中国定向对接井钻井技术在国际上处于主导地位。该系统可应用于煤层气 U 形井组对接、水溶采矿井组的对接中靶、地质勘探井的避障钻进、蒸汽辅助重力采油平行井控制、通风井与巷道的对接、超深非开挖铺管工程等领域，该系统的开发成功，打破了国外公司的技术垄断，提升了中国定向钻进整体技术水平，为中国的水平定向钻进技术向海外工程市场开拓提供了高科技元素。

（7）用国产装备创国内小径绳索取心钻探 2706.68 米孔深记录　由安徽省地质矿产勘查局 313 地质队承担的安徽省重点科技攻关项目——"深部矿体勘探钻探技术方法研究"，与中国地质装备总公司、无锡钻探工具厂、唐山金石超硬材料有限公司等单位合作，研制的 FYD-2200 型分体塔式全液压动力头钻机及高强度绳索取心钻杆，应用于安徽霍邱周集铁矿深部找矿项目 ZK1725 孔中试验，在钻孔涌水、漏水、坍塌等复杂地层条件下钻进，于 2010 年 6 月 28 日终孔，终孔口径 φ77 毫米，终孔深度 2706.68 米，创国内小口径岩心钻探最深记录。为该区域深部找矿理论研究提出了新课题，对下步深部找矿提供了技术及装备支持具有重要意义。

（8）绳索取心液动锤钻具　北京探矿工程研究所研制开发的 SYZX 系列绳索取心液动锤钻具，在简化结构、提高工作寿命和可靠性方面取得突破，可大幅度提高钻进效率和回次进尺，改善岩心采取率和钻孔质量。自 2008 年以来该系列钻具在国内地质岩心钻探领域迅速普及应用并取得良好效果，累积进尺近百万米，最大应用深度超过 2200 米。使中国在该领域的应用技术处于国际领先水平。

（9）新型金刚石钻头系列　北京探矿工程研究所采用新型镶齿式金刚石钻头的二次镶嵌式工艺，提高了中国孕镶金刚石钻头的制造水平。研制的 PDC 黑冰复合片钻头，与常规合金钻头相比，在煤田地质钻探中钻探效率提高 3 倍，钻头寿命提高数 10 倍，成本降低 70%；采用复合式金刚石钻头，利用巴拉斯（三角聚晶）和金刚石孕镶层的复合作用（巴拉斯的犁作作用和高耐磨性，孕镶层的磨削作用和自锐特性），可以适应硬、脆的地层，取得了好效果。

（10）新型冲洗液技术　通过多年来地调项目的实施，冲洗液技术研究取得了丰硕的成果，完成了 5 种新型冲洗液处理剂的研制和 5 种新型冲洗液体系的研究：5 种新型冲洗液处理剂：高效润滑剂（GLUB）、非分散高温聚合物稀释剂、高效护壁剂、KL 植物胶及接枝淀粉共聚物；5 种新型冲洗液体系：PHP-GSP 无固相冲洗液体系、GSP 低固相冲洗液体系、生物聚合物无固相冲洗液体系、低摩阻抗盐侵冲洗液体系及 KL 植物胶型环保冲洗液体系；开展了新型堵漏技术的研究及地质调查钻探泥浆数据库研究。以上成果为复杂及特殊地质条件下开展钻探施工，应对复杂工程地质问题、提高钻井效率、保证钻孔安全，提供了强有力的技术支撑。

（11）地质灾害监测防治钻探技术　中国地质科学院探矿工艺研究店开展的地质灾害监测防治钻探技术研究促进了钻探技术的进步与创新开拓了钻探技术应用领域，为地质灾害调查防治提供了强有力的技术手段。潜孔锤取心跟管钻进技术将潜孔锤钻进和普通取心钻进技术结合，研究出一项滑坡地质勘查全新的岩心钻探技术，解决了缺水地区钻探难题。在地质灾害应急处置快速治理技术方面针对复杂地层预应力锚索快速施工、高强度预应力混凝土结构抗滑桩、小直径钻孔组合抗滑桩等技术的研究，研制成功了大直径长孔段潜孔锤跟管钻具。成功应用于重庆武隆鸡尾山铁矿乡山体滑坡救援抢险生命通道钻孔施工、云南省曲靖市马龙县旧县镇下袜度村水井施工以及三峡库区、丹巴滑坡抢险地质灾害边坡治理工程。

（12）人才培养以及体制改革方面取得的成绩和发展　经过多年的努力，逐步建立一支业务过硬的钻探技术研发队伍。同时以中国地质调查局所属的3个钻探技术研究所为依托，充分发挥专业协会和高校作用，平均每年举办3期~4期钻探技术培训班，5年累计培训探矿工程一线技术人员数千人。先进钻探技术应用面和应用水平不断提高，以金刚石绳索取心为代表的先进钻探技术应用深度记录不断被刷新，目前最深应用记录已接近3000米。新一代全液压动力头地质岩心钻机已被越来越多的地勘队伍接受并掌握，大大提高了钻探生产效率。

（杨守仁）

第二节　中国勘查地球物理研究

勘查地球物理亦称地球物理勘查（以下简称物探），这是在地面上、洋面上、空中以及地下的钻井和坑道中用仪器观测与地下地质情况有关的各种物理量，经过研究分析，用以解决地质问题和找矿，是20世纪才兴起的一门科学。在它的发展初期，主要用于找矿，以后不断扩大其应用领域，形成了一套独特的方法和手段，并建立了自己的理论。按其所用的物理量的不同，物探可以分为地磁、地电、重力、地震、地温以及放射性方法6大类，每个大类又依物理基础派生出许多勘查方法。现已成为地质调查与找矿不可缺少的组成部分。

一、中国勘查地球物理学发展

从20世纪30年代~1949年前，丁毅、顾功叙、翁文波、李善邦、秦馨菱等曾在四川、甘肃、台湾、江苏、安徽、贵州、云南和湖南等地用测井、电法、重力、磁法找矿，在个别矿区作过扭秤工作。当时的工作规模很小，方法很简单，主要是试验性质的。

中国物探工作是在1949年以后才得到发展的。首先是着手培养物探人员，如建立南京地质探矿专修学校。其次是建立物探机构：1952年地质部地矿司下设物探室，1954年改为部直属物探处，1955年扩建为物探局，兼作勘查地球化学工作，局按大区陆续组建专业物探大队。1957年物探局成立了物探研究所和仪器修造所，后者在1958年扩建成北京地质仪器厂。从1952年中苏合作进行石油物探起，到1958年地质部石油物探工作已遍及松辽平原、三江平原、内蒙古海拉尔盆地、整个华北平原、江汉平原、江苏平原及安徽、浙江、江西诸省的平原及小盆地，1960年油气普查扩大到渤海等海域。与此同时，物探工作还扩大到水文地质、工程地质等非找矿领域，并得到相应发展。改革开放促进了中国物探工作和研究的发展。20世纪80年代中期，在地矿、石油、煤炭等近20个部门及各省、市、自治区，已有一支包括勘查、科研、教学和仪器制造各方面在内的物探专业队伍。有9所地质院校设有物探专业，有2个专业物探研究所分别从事综合物探及石油物探研究工作，有4个地质仪器厂及有关研究所、院校及综合物探队，从事物探仪器的设计和制造工作。中国物探的科研迅速发展。

（1）区域物探　区域物探是带有战略意义的基础地质工作。在中国已进行的主要有航空磁测、区域重力测量和深部综合地球物理调查。自1953年杨光庆等在内蒙古开展航空磁测以后，中国航空物探迅速发展起来。到1985年底除台湾省及其周围岛屿、南海南部、西藏西部外，全国已完成陆地、海域航测纯覆盖面积达996万平方千米（海域120万平方千米）。在一些主要成矿远景区还进行了1∶5万航空电磁测量及放射性能谱测量达25万平方千米。现已编制了东北、泛华北及华南地区第一代1∶100万航空磁力图。1978年开始在全国按统一技术要求，系统开展了区域重力测量。全国1∶10万~1∶100万重力调查的纯覆盖面积至1985年底已达598万平方千米，并已完成大部分地区重力一级基点网与若干格值标定场的建立。第1代1∶400万和1∶100万重力图早已编制完成。已有17个省、自治区编制了1∶5万或1∶100万重、磁图件。中国的深部地球物理工作是1949年以后开始的。大陆人工地震测深剖面调查迄今已完成3万多千米，工作部门有国家地震局、中国科学院及地质矿产部等。除人工地震外,也还采用了天然地震、大地电磁测深、地磁差分、地热流、重力、区域物性研究(含古地磁)等方法。1986年起有计划地开展和国际岩石圈计划相联系的穿越中国各主要大地构造单元的深部地球物理调查剖面工作。通过上述工作,对中国范围内的地壳结构和构造、重要断裂带等,获得了大量新资料,对认识中国的基础地质情况、找矿和地震预报等工作起了积极作用。

(2)矿产物探 寻找矿产资源、特别是深伏地下的各种矿藏,曾是中国物探工作的主要任务。20世纪50年代物探工作主要是围绕已知矿山及其附近地区开展,50年代中后期开始转向大面积普查,发现了一些重要矿床。60年代以来由于综合物探的加强,因而无论是直接找矿还是间接找矿的效果均颇良好。据统计,仅航磁就圈定了局部异常达2万多处,发现金属矿床250处左右,其中大中型矿床占41%,出版了《航空磁测与地面物探异常见矿实例》3集。运用综合物探和物化探相结合的方法,对60多个矿种进行工作,已找到多处盲矿体或隐伏颇深的矿体。约80%以上的磁铁矿矿床是根据物探资料发现或扩大的,其他金属矿床特别是金属硫化物矿床的找矿效果也甚明显。在新疆用重、磁方法发现和圈定了许多超基性岩体,1962年在一个被第四纪覆盖的全隐伏岩体上布钻打到了中国第1个中型冶金级铬铁矿床。根据新疆总结出来的方法,1966年~1969年间在西藏又收到了显著效果,找到15个矿体,提交了1个大型和2个中型铬矿基地。在非金属矿方面,因地制宜合理地选用物探方法,在许多地区也收到良好效果。

物探在评价含油气盆地起了先行作用。1949年~1958年前后在松辽盆地发现了大同长垣构造带,继而用地震反射法肯定了高台子构造,经钻井检查(松基三井),国庆10周年前夕喷出了原油,大庆油田由此发现。1959年~1966年间石油物探在中国整个东部全面展开,在华北东营、黄骅,湖北江汉平原都发现了石油。在此期间,在大量石油物探工作基础上,初步总结形成了一套针对中国陆相沉积盆地的物探工作方法。1966年~1976年间地质部第六物探大队在黄绪德等组织下,1967年~1972年开发和推广了地震多次叠加技术,应用它使所有探区的地震反射资料的面貌和勘探深度取得了质的变化。同时,电脑在地震勘探及测井、重磁资料的处理中日益发挥作用,提高了物探工作质量和水平。1976年以来中国物探工作全部实现了地震勘探仪器的数字记录及电子计算机资料处理,掌握了在计算机上实现自动作图、人机联作、成果的彩色显示等技术。由于结合了地层地震学、岩性地震学的概念,地震勘探已成功地运用于发现岩性油藏、古潜山油藏等复杂类型油气藏。勘探的深度、分辨能力也有了明显的提高。不少地区开始成功地运用垂直地震剖面和虚速度测井方法追踪油层边界和直接指示地下烃类物质的聚集地。三维地震勘探的应用,使复杂油气田的面貌得到清晰的描述,从而节省了钻探工作量。多道遥测地震仪和可控震源的应用,使地震勘探得以深入高山、沙漠地区,并且在许多地方,如川东北、克拉玛依,取得逆掩断层下的地质构造资料。

煤田物探工作始于1954年在河南平顶山对煤田进行了测井,使钻孔见煤总厚度增加16%。初期测井方法主要有视电阻率梯度和电位以及自然电位法,配合以井壁取心。1955年发展了激发极化测井和电流测井。1958年又推广应用了放射性伽马测井和伽马—伽马测井。在一些煤田水文地质条件复杂的矿区,还开展了包括扩散法、提捞法、注入法在内的水文测井工作。地质部还组建地面煤田物探队,主要进行中、短距离的电测深工作。1981年开始一面总结多年积累的物探资料,编写煤田物探远景调查报告。一方面调查深部隐伏煤田,地震方法有了更多的应用,借助高濒地震技术直接获得了煤层反射波,利用高分辨率地震技术,解决了地质详查中难以解决的小断距断层问题,提高了地质成果的质量,有利于建井工作。另一方面在煤田测井中开始采用数字技术,同时引入了声波测井、地震倾角测定等新方法新技术,为研究煤质、煤层顶底板的机械强度和钻孔间煤层的产状和构造等揭开了序幕。此外,利用频率测深地面物探方法,在玄武岩覆盖下寻找煤系地层。以上煤田物探工作都取得了地质矿产成果。

(3)水文物探、工程物探和地热物探 1950年顾功叙首先在北京西郊石景山用电阻率法找基岩水。1954年后水文物探迅速发展。20世纪50年代为城市供水、农牧业用水开展了物探工作。60年代地质部、水电部和许多工业部门相继建立了水文物探专业队伍。70年代初采用电测方法找出古河道和淡水沙体，提高了打井抗旱的质量。陕西地质局物探队赵大运在西北黄土地区首先提出采用时间域激发极化法找水获得成功，推广开展了北方黄土地区调查地下水源的工作。70年代后期研究确认甚低频法和天然声频电场法在岩溶地区探测地下水有效，并在岩溶水井中推广了井下超声成像技术，可以清晰地绘制钻孔中灰岩溶蚀现象，确定井下裂隙和溶洞位置。80年代在京、津、冀、鲁、豫、皖、苏5省2市的平原地区开展了大面积的水文电测深编图和综合研究工作，编制了黄淮海平原水文物探综合图系及专报。有关部门在太原盆地等6大盆地、河西走廊、成都平原和苏州、无锡、常州等地区，开展了综合研究与编图和电测深面积测量。在扫面编图工作中已总结出冲洪积扇、古河道、隐伏岩溶3种富水构造类型的电法模型。第四纪水文测井主要采用电阻率、自电和γ-测井3种方法，可用于划分含水层、隔水层和咸淡水分界。解释得出的第四纪钻孔柱状图用以研究第四纪沉积层水平相变和垂直旋回规律。70年代后期和80年代初期开展了弱富水的火成岩、变质岩和沉积岩（灰岩除外）3大岩系山区裂隙水找水方法研究。井下流速测井仪可为岩溶和各种基岩水井确定含水裂隙和出水位置。

中国工程物探始于1950年北京官厅水库坝址勘察。1954年才较广泛而系统地开展起来。区域工程物探主要服务于城市规划、重大工程建设项目的选址、构造稳定性评价、地震烈度小区划、区域岩土力学性质分区等。1983年以来，中国有近40个城市进行了1∶5万的区域航磁、地面重力和电测深面积测量，为广东大亚湾、浙江秦山等8个核电站的选址区域构造评价进行了航磁、重力、电法及地震勘探工作。在海洋及内陆水域工程物探、灾害地质勘察和考古物探都做了许多工作，取得了明显效果。

地热物探从20世纪70年代初才开始。在以下3种类型地热田上都开展了工作并取得了成效。①滇藏新构造活动区高温地热田；②中生代花岗岩中温地热田；③京津古潜山低温地热田。

二、近年来中国勘探地球物理技术研究

中国勘查地球物理技术70年的发展历程表明，走的是一条中国式研发之路，具有"引进—仿制—研发—创新"4个阶段特点的历史过程，已形成一整套比较完善、适于区域地质调查、矿产资源调查、工程与环境地质调查等领域的技术体系，成为中国地质调查与找矿的关键技术。特别是自1999年国家启动新一轮国土资源大调查以来，根据中国地质调查局下达的科研任务和统一部署，开展了数十项勘查地球物理方法技术（简称物探）和系列物探仪器设备的研发项目的研究，取得了具有突破性和创新性研究成果，为实现地质找矿突破和物探技术进步作出新的贡献。至此，物探技术发展进入了一个以自主创新、研发为主，优选引进的崭新阶段。其特征是自主创新能力大幅提升，对地质找矿技术发展的支撑引领作用明显增强，国际影响力进一步提高，为早日跻身于创新性物探强国行列奠定了坚实的基础（中国地质学会勘探地球物理专业委员会，2011）。

1. 物探新方法新技术的研究与试验水平

针对隐伏矿勘查，通过新方法新技术的研究与试验，取得了一批高水平的快速、轻便、大探测深度的实用物探技术成果。

（1）快速、轻便、大探测深度实用电法技术研究。针对新型IGGETEM-20瞬变电磁仪，开展了较深入研究，进行了多项技术改进。如改进的三维瞬变电磁场正演算法能方便地进行复杂模型的正演模拟计算；提出第一道采样时间，既要考虑发射线圈过渡过程，还要考虑接收线圈的延迟；采用改进的二维小波变换方法，引入异常指数（α），提出分离正常场和纯异常场的方法；对时域电磁偏移成像和一些瞬变电磁数据处理方法进行了改进和完善等。并研发了实用、快速的推断解释软件系统。在金属矿勘查、煤田勘查、水工环地质勘查等方面取得了很好的地质效果和经济效益，显示了瞬变电磁法良好的潜力和应用前景。

（2）分布式被动源电磁法的方法技术的改进，提高了起伏地形条件下分布式被动源电磁法二维数据反演解释效果。将小波技术引入分布式被动源电磁法数据处理。在内蒙古北山地区通过分布式被动源电磁法测量，取得了异常验证见矿的实用效果。

（3）新疆土屋矿区寻找深部矿勘查方法技术研究。在完成时/频域激发极化法、可控源音频大地电磁测深法、瞬变电磁法、复电阻率测深法、岩屑地球化学测量、金属活动态地球化学测量等方法试验工作基础上，提出激发极化法为本区浅部（<350米）有效的找矿勘探方法。配合可控源音频大地电磁测深法，可控制800米~1000米以上的含矿岩体的空间形态。结合金属活动态铁锰相Au、Zn、Co等元素分析，以及电提取Cu、Au异常，可用于类似东天山地区土屋铜矿的找矿勘查方法技术组合。依据上述成果，发现3处有意义的异常。

（4）大探测深度阵列电磁法方法技术研究。在矿区内开展了一个排列的无线遥测与有线遥测阵列仪器对比试验，表明在复杂多金属矿区2套仪器系统工作具有良好的一致性及复现性。开展的同测点张量与标量观测结果对比表明，中浅部（1000米内）利用TM极化模式，能够得到区内电性的横向变化及测点纵向电性的相对变化，并具有较高的电性横向分辨力。如通过内蒙古陈家杖子多金属矿区试验，确定了区内的赋矿远景空间及含矿有利部位，经钻探验证，在310米~350米的深部找到了厚近40米的金矿体，最高品位达25克/吨，平均品位5克/吨，并在400米~700米间还发现了多个薄层金矿体，实现了该区的找矿突破。

（5）综合物探方法在资源勘查中的应用研究。围绕综合解释技术、电（磁）法空间定位技术及地形影响等研究，以及电磁法资料处理与定量反演技术改进，解决了地形影响大、资料解释困难等问题，提高了综合解释能力。主要针对目前国内外的前沿或难点课题，开展复杂条件下二三维数据处理、解释与探测技术研究并取得了多项具有自主产权、创新性的研究成果。即研制出起伏地形CSAMT法二维正、反演技术，起伏地形相位二维正演和自动反演技术，井—地三维电阻率/极化率人机交互反演方法技术，CSAMT法和高密度电阻率法地形影响规律及校正方法技术选择与对比，定回线磁性源瞬变电磁三维异常特征反演技术，瞬变电磁三维有限差分人机交互反演方法技术与电法体积数据三维展示技术，干扰条件下电法探测与解释方法技术，散射波数值模拟与成像技术等。这些成果与理论方法的研究，具有较高的学术水平和实用价值。对今后物探仪器采集技术的改进、资料处理与解释水平的提高，将起到重要作用。结合当前中国找矿重点区域、重点成矿区带、危机矿山的矿产资源勘查需要，开展方法技术深入研究，提出了适合研究区的有效方法技术组合和工作方案，具有现实指导意义。

（6）矿区深部找矿物探工作方法与解释技术研究。完成了压制CSAMT、TEM法电磁干扰的数据处理技术研究与程序编制，以及TEM法大回线装置背景场和异常场特征规律研究。改进完善了起伏地形下TEM有限元法2.5维正反演和有限差分法正演方法技术。实现了地垒和地堑地形下的高阻、低阻模型的正演计算。成功研制了实用的地—井TEM数据处理和解释方法技术软件，并在野外方法试验工作中取得较好的效果。重磁三维反演技术研究为重、磁数据处理提供了三维、可视化、人机交互处理解释平台。获得"重磁异常体三维可视化交互反演软件"和"重磁三维物性反演软件"两项软件著作权，两款软件不需要任何第三方商业软件支持，具有完全自主知识产权。通过电法工作站与重磁三维反演技术的进一步完善，使其具备较强的实用性，反演效果有明显提高。从2003年~2009年在全国大范围内推广电法工作站软件153套。应用结果表明，系统多项功能稳定，多种电法方法数据处理与反演解释功能令人满意。数字矿床模型研究方面，完成铜、金矿类型的划分和有关专家知识系统（库）的规范化、数字化，实现了矿床类型推理人工智能算法。

（7）可控源音频大地电磁技术研究。开展了复杂条件下CSAMT二、三维数据处理、解释技术研究，取得了多项具有自主产权、创新性的成果。如起伏地形CSAMT二维正、反演技术研究等。

（8）瞬变电磁法解释研究。针对定回线源瞬变电磁三维异常特征反演进行了系统地研究，取得了创新性的研究成果。其主要内容如下：①首次实现了定回线源瞬变电磁三维异常特征反演，获得组成地下三维体的导电单元的电阻率及其分布;②应用 MATLAB 和 FORTRAN 语言,编制了相应的定回线源瞬变电磁三维异常特征反演可视化程序;③在进行定回线源瞬变电磁三维异常特征反演过程中,根据瞬变电磁法对良性导电异常体反应灵敏的特点,采用后向差分近似代替微分形成 Jacobian 矩阵与奇异值分解方法计算 Jacobian 矩阵的广义逆运算,以及必要的处理,最终获得地下异常体参数;④采用异常场分离技术,从测量的总场数据中获得三维反演所需的异常场数据;⑤分析定回线源装置不同模型的异常场,总结出地下三维异常体参数对三维异常场特征的影响,为选取异常场特征数据开展定回线源瞬变电磁三维异常特征反演提供理论依据;⑥应用 MATLAB 和 FORTRAN 语言,对现有三维有限差分正演程序进行改进,增加了可视化输入输出模块;⑦通过 FDTD 正演数值计算结果与解释解和澳大利亚 encom 公司的商业软件 EM Vision2.1 计算结果进行对比,说明了三维正演计算方法和编制的三维正演程序的正确性和可靠性。

（9）对金属矿地震各个环节,包括理论研究、模型试验、数据采集与处理、资料解释及综合研究的方法技术作了全面系统的研究,提出了一整套适用于金属矿地震勘查的方法技术系列,并取得了显著的找矿效果。针对金属矿地震地形、地质、地球物理特点提出反射波法和散射波法相结合、高分辨率反射波法和折射波层析成像法相结合以及宽频采集处理技术。在几个已知矿区进行矿田构造探测和矿体的空间定位研究中,取得了突破性的进展。

（10）在物探资料处理解释方面,将现有重、磁、电数据处理和解释方法进行对比、优选并集成在 GIS 系统中,形成了多元地学空间数据管理与分析系统。该系统性能稳定可靠,具有集地学空间数据管理、数据转换与整合、数据分析与综合为一体的特点,可供推广应用。在航空数据处理软件方面,使用统一的 GIS 软件平台,集成了现有航空物探全部数据处理和解释软件,形成了具有自主知识产权的实用化系统。

2. 物探新方法新技术的示范、完善与推广效果显著

优选近几年来国内物化探单位最新研制的多项优秀成果,包括电法勘探工作站系统、阵列电磁法方法技术系统、普查型幅相仪方法技术系统、瞬变电磁方法技术系统等等,以推介会议、培训班讲课、讲座、推优推广会、现场演示、野外实验等多种形式,向全国各个省区及相关行业基层单位进行推广,使基层地勘单位技术人员及时掌握最新科研成果,为地质调查和经济发展起到了技术支撑和引领作用。

（1）重磁电一体化解释系统——"电法勘探工作站",不断升级与完善。目前"电法工作站系统 WEM2.5 版",已包括常规电阻率/激电法、阵列大地电磁法、磁性源瞬变电磁法、高密度电法和幅相激电法 5 种方法,共计 20 个方法功能模块,是集数据处理解释、图件显示与打印和成果多途径输出为一体的多功能电法勘探工作站系统,可应用于矿产勘查、水文调查、工程检测等电法资料的处理解释。"电法工作站系统研究"是较大型的软件工程项目。目前工作站已成为一个不需要第三方商业软件支持的多功能电法工作站。该软件系统具有实用、快速、操作方便等特点,已在全国 130 多家单位进行了推广应用,接受培训技术人员 150 多人。

（2）2007 年中国地质科学院地球物理地球化学勘查研究所举办了"重磁三维反演技术软件推广应用培训班",来自局系统成都、南京、西安地调中心、航遥中心、发展中心、青岛海洋所,以及部分省（区）地矿、有色、核工业、冶金系统地勘科研单位、地质调查院共 40 个单位 57 人参加了培训。推广应用培训班上,利用重磁三维反演解释系统对实测数据进行了演示处理,并对处理结果进行分析和讨论,针对目前重磁数据处理解释中一些常见问题和难点进行了交流,与野外调查专家和同仁进行了良好的互动、交流。该次培训准备的 50 套重磁三维反演解释系统软件发放一空。

（3）对 10 余年来阵列电磁法技术的研究与应用进行了全面总结,编写培训教材。该技术的不断深入研究和推广应用,为中国复杂地形地质条件下的资源勘查提供了实用的探测新技术手段。大量的应用实践表明,该方法技术具有先进性和实用性,有必要向各地勘单位进行阵列电磁法的方法原理、硬软件设计、数据采集、数据处理、资料解释及应用效果等技术推广,以解决地勘单位实

际工作中遇到的技术难题。

(4)通过举办"全国电法及电磁法勘探正反演软件推优会",推选出中国地质大学(武汉)、桂林工学院的2个软件作为高密度电法的优秀软件;中国石油大学(北京)、成都理工大学的2个软件作为大地电磁的优秀软件。将这些适合中国地质勘探条件较为成熟的软件,向全国地勘行业基层单位进行推广,有助于提高物探勘查的综合解释水平。

(5)2006年举办了全国性幅相仪方法技术及应用学习班,使一线技术人员掌握了方法技术特点及仪器操作方法,推广销售仪器9台。通过在内蒙古、江西、北京、山西、辽宁、河南、河北和福建等省区近20个不同地区、不同矿种上的野外试验和推广应用,发现矿致异常10多处,经验证有3处分别见到硫化物型钼矿、金矿和锌银矿,取得了良好的应用效果。幅相仪的推广应用,结束了中国不能用国产仪器测量激电绝对相位的历史,幅相仪发现弱异常的能力强,显示出广阔的应用前景。

(6)物探多参数互约束反演技术是在WINDOWS/NT4.0/2000/XP软件环境下,成功开发出"重磁异常体三维人机交互约束反演""多参数交互约束反演"和"磁性源瞬变电磁一维人机交互正反演"三套"代码关联、功能独立"的应用软件和一个"专用动态数据库"。

(7)地下物探勘查技术日益完善。针对东部危机矿山勘查需要,围绕外围、深部目标,重点开发了井中物探和坑中物探,为危机矿山资源评价工作的推进打下了较坚实的基础。通过开展了实用的地—井三分量瞬变电磁探测和解释方法技术研究与试验,在战略性矿产预查和普查中推广以井中激电、地—井TEM和井—地大功率充电法为主的地下物探方法。通过金属矿地下物探技术方法示范,在新疆小热泉子铜矿区和青海昆仑山肯德可克金矿区的地—井TEM等方法分别发现了孔旁与孔底下方的盲主矿体,找矿效果突出。

3. 系列物探仪器研发呈现自主创新局面

(1)自主研制的大探测深度高分辨率多功能阵列式轻便电磁法系统,由硬件系统(大功率多功能发射系统、中/小功率发射系统、多功能接收系统)和软件系统(数据处理和解释系统)组成,实现了天然场电磁法(AMT)与人工场电磁法(TDIP、FDIP、SIP、CSTAMT)的阵列式融合探测,并开发出实用数据处理及地形条件下的反演解释技术,提高了电磁法探测深度与空间分辨能力,可满足复杂地理地质条件下多参量、大深度、多目标探测的技术需要。适用于金属矿、地下水、地热、油气藏等资源勘查和研究,为国土资源大调查提供了先进实用的方法技术手段。该系统发射功率大,测量精度高,观测方式先进,勘探深度大,系统性能总体上达国际先进水平,填补了中国深部找矿多功能电法测量技术空白。

(2)研制成功的FX-1型幅相仪是国内首台测量激发激化绝对相位,具有轻便、快速、高效的特点,实现了一机多参数。一次观测同时获取时频两域的多种激电参数,也是首次使用GPS同步,填补了激电法(仪)一项空白,整机达到了国际先进水平,在多个矿区试验取得较好的勘查效果,为进行地面电法快速扫面提供了好的仪器设备,为特别困难地区的矿产勘查提供了一种有效的方法技术手段。轻便高效的激电仪与国外仪器(如GDP-32)相比居领先地位。

(3)SQ-3C双频道轻便型微机激电仪,属中国首创的新型频率域激发极化法仪器,具有抗干扰能力强,受电流变化影响小,观测速度快、工作效率高,轻便、灵活的优点。SQ-3C型双频率激电仪具有自主知识产权,并已达到国际领先水平。"十五"期间被中国地调局推荐为国土资源调查电法示范项目。

(4)高温超导磁强计为中国原创性新成果,具有重要的应用价值,使中国在这一领域居世界领先水平。在新型IGGETEM-2O瞬变电磁仪研制中引入高温超导技术,成功研制出三分量高温超导磁强计探头,并研发出配套的数据处理和定量解释系统。该系统已在地球物理勘查中取得实用化的成果。成果表明,使用高温超导磁强计比传统的感应线圈做传感器,其探测深度和精度大为提高,充分显示出高温超导磁强计的优势。

(5) IGGETEM 瞬变电磁系统可实现重叠回线、大定源、偶极等多种装置的测量。该系统主要特点：①高密度、高分辨率、大动态范围的快速采样；②发射机实现了发射电流下降沿的可控性，提高了测量精度；③可实现重叠回线、大定源、偶极等多种装置的测量；④整机的工艺水平较高，仪器性能稳定、可靠。

(6) DZQ48/24/12 高分辨地震仪，主要特点：①采用高精度△∑24 位 A/D 转换器，48 道采样时最高采样间隔达 31.25 微秒，国际领先；单道最高采样间隔达 10 微秒；②在软件中设有各种数字滤波器（高、低、带通滤波器），其截频点可根据需要人为设置；@超高亮度、高分辨率液晶显示器，在阳光下图示清晰可见；④全新的外型结构设计，视角合理；⑤支持覆盖测量，配置覆盖开关或覆盖电缆可以方便野外反射测量；⑥内置仪器检测系统，自检采集、数据处理、自检报告自动生成输出；⑦检波器及大线现场通断测试、全波形噪声监视；⑧支持多种处理软件。

(7) JW-5D 型地下电磁波 CT 系统，采取井—地、地—井及跨孔工作方式联合勘查，更有利于提高电磁波 CT 的空间分辨率，提高了实用水平。系统的主要技术指标为：井中发射机输出脉冲功率为 10 瓦，地面大功率发射机输出脉冲功率为 100 瓦；工作频率：扫频范围为 0.1×10^6 赫兹～32.0×10^6 赫兹，扫频间隔为 0.1×10^6 赫兹～9.9×10^6 赫兹；接收机测量范围为 0.2 微秒～30×10^6 伏；测量误差为 ±3 分贝；井下仪密封性能，耐压为 15×10^6 帕；井下仪工作温度 5℃～40℃。

(8) 成功研制我国首台轻便小口径井中高精度质子磁力仪，缩小了与国外先进国家的差距。井中仪器直径 45 毫米，下井深度 1000 米，测量精度优于 ±5nT。野外试验表明，仪器的长时稳定性、测量重复性均达到设计指标要求。为中国开展中弱磁性地区井中高精度磁测方法技术研究提供了技术支撑。研制成功高精度井中三分量磁力仪，使中国井中三分量磁测技术已处于世界先进水平。

(9) 研究开发出具有自主知识产权的中国第 1 台高精度电子重力仪，分辨率可达 5μGal，性能指标达到国际 CG-3 技术水平。为形成重力仪器的国产品牌打下了坚实的基础。

(10) 成功研制出具有自主知识产权的高灵敏度多元素 Y422 型 X 射线荧光测井仪，可在 1500 米井深条件下实现矿层多元素定性与定量测定。在四川会理县拉拉铜矿区开展的野外测井工作，实现了铜、铁元素的定量测井和分层解释，取得了较好的地质找矿效果。

(11) FPXRF 手提式高灵敏度 X 射线荧光仪。此仪器的检出限，灵敏度达到国外同类先进产品的水平，实现了野外现场一次测量多元素（8 种以上）分析技术。对某些元素（如铜、锌、砷）的分析优于国外产品。

(12) 航空物探仪器与解释技术飞速发展。国土资源大调查实施以来，中国航空物探通过关键技术的不断引入，自主研发能力明显提升。主要表现在以下几个方面：①航磁测量核心技术不断深化，保持国际领先地位。成功研制出 HC-2000 航空氦光泵磁力仪，总体技术指标达到同类仪器国际先进水平。自行成功研制了 DSC1 数字磁补偿与数据收录系统以及航磁全轴梯度测量系统，使中国航磁全轴梯度测量技术已实现实用化。②中国最新研制的 HDY-401 型（固定翼飞机）三频航空电磁系统和引进的直升飞机频率域大吊舱航空电磁系统，用于基础地质、矿产资源和水资源调查，获得较好的地质效果。③中国正在开展时间域固定翼航空电磁勘查系统的研究及相应的数据处理和解释技术研究进展加快，成效显著。通过自主研发的半谐振可控沿发射技术，突破了大磁矩发射技术难题，成功研制出可以实现最大峰值磁矩约 520 000 平方米的发射系统样机，试制出的三分量接收探头，等效接收面积可达约 10 000 平方米，为中国航空电磁测量系统 500 米的大勘探深度条件下，实现高灵敏度、大动态范围内信号接收提供了基础条件，为最终实现中国大勘探深度航空电磁测量系统产业化铺平了道路。④航空物探方法手段不断扩充，与国际保持同步发展。成功引进并集成了 GT-1A 航空重力测量系统，填补了这项空白；引进吊舱式直升机频率域电磁系统，并完成了硬软件消化吸收、配套设备开发集成；整合了中国完整的航空伽玛能谱系统，达到国际先进水平。⑤航空物探软件功能不断增强，研制、集成了具有自主版权的航空物探软件系统——"空中探针"1.0版,结束了依赖进口国外专业软件的局面。建立了基于MAPGIS平台的航空物探(磁)异常管理信息系统,实现了航空物探异常信息的可视化管理。

总之,作为先进的地质勘查手段—勘查地球物理技术的发展,在新时期地质科技工作大好形势下如鱼得水,以技术创新为其特征开创了新的局面。勘查地球物理技术的理论不断完善,方法适应性越来越强,应用领域越来越广,资料处理精细化、解释自动化、软件集成化越来越明显,仪器系统则朝着数字化、智能化、多功能化、集成化、网络化方向发展。

(1)物探方法技术试验研究取得突破性进展。其特点是多项应用研发成果具有自主产权、技术含金量高、实用化程度高,并获得了广泛推广应用,整体技术水平已达到国际先进水平。如,成功研制的新型瞬变电磁系统(IGGETEM-20型),匹配了三分量高温超导磁强计接收探头,大大提高了勘探深度。其技术指标、工艺结构性能等大大提高,实现了密集采样和多通道采样,提高了勘测精细程度。大探测深度阵列式多功能轻便电磁测量系统,实现了阵列式天然场和人工源电磁混合测量(勘深可达1000米~2000米),发展为多通道、GPS同步、高分辨率观测系统。深入研究复杂条件下电法二三维数据处理、解释技术,取得了多项具有自主产权、创新性的成果。重磁三维反演技术为重、磁数据处理提供了可视化、人机交互处理解释平台,有效地实现了起伏地形条件下重磁三维形态和三维物性反演,获得了地质场源三维精细成像。成功研制了大功率(100瓦)无线电波法地面发射机,有效获得"地—井"观测数据,为确定钻孔见矿体的走向与倾向提供了技术手段。

(2)物探仪器研发呈现自主创新的新格局,形成以现代高新技术为核心的系列产品,达到或超过世界先进水平。一是新型电磁仪器获得技术突破。研制出了实用化的高温超导磁强计,大大提高了勘探深度,居世界领先水平。高频无磁杜瓦填补了国内空白。在瞬变电磁技术研究中成功研制出三分量高温超导磁强计探头,并研发出配套的数据处理和定量解释技术,形成了高温超导瞬变电磁系统。阵列多功能智能化电磁法测量系统已发展成为天然场与人工场相结合的电磁法综合探测系统,可满足复杂地理地质条件下多参量、大深度、多目标探测的需求。频率域激发极化普查型幅相仪,实现了大量数据的存储和实时处理,并可实时显示供电电流曲线和测量电压曲线。大深度高分辨电磁测量技术与多功能电法仪器研制,提高了电磁法探测深度与空间分辨能力。二是研究出中国第1台高精度电子重力仪,性能指标达到国际先进技术水平。研制的高精度井中质子磁力仪和井中三分量磁力仪,填补了中国高精度井中磁测仪器的空白,使中国井中三分量磁测技术处于世界先进水平。

(杨守仁)

第三节 中国勘查地球化学研究

一、中国勘查地球化学的发展

勘查地球化学的前身是地球化学勘查(简称"化探"),它是以地球化学理论为基础,通过系统地测量和研究地球岩石圈、水圈、气圈、生物圈中各种化学元素的分布、分配及其含量变化来了解地质情况、指导找矿的科学。化探方法主要有:水系沉积物测量、岩石测量(原生晕找矿)法、汞蒸气测量法、油气化探法——△C方法、金矿化探法、地电化学法。近20年来化探已发展成为一门有理论、有方法的学科。它的研究成果不仅对矿产资源的普查勘探,也对岩石学、地层学、构造地质学、矿床学以及农牧业、环境保护、地方病防治等都很有价值。

在中国,利用化学元素在地壳中的共生关系进行找矿的思想,可追溯到2000多年前,已如前述。1924年李四光、舒文博以二氧化碳、氧化钙、氧化镁的分析数据作出等量线图,研究河北和湖北的侵入体。1951年谢学锦、徐邦梁在安徽安庆月山进行了首次化探试验,发现了铜矿指示植物——海州香薷。同时他们也采取土壤、岩石及水系沉积物进行了一些试验。1955年~1957年间,石油、天然气化探试验研究工作逐步开展。1956年开始在南岭、秦岭和大兴安岭地区开展沿地质路线采样的区域化探工作(当时称"路线金属量测量")。1957年地质部在物探研究所成立化探研究室,谢学锦任技术负责人。1958年~1965年间化探研究室集中力量,加强了矿床原生晕找矿方法、水系沉积物方法和水化学方法、开发汞蒸气及汞矿床化探方法、稀有元素矿床化探方法及分析方法、水平电极撒样装置的光谱半定量分析方法及某些特征元素的比色分析方法等方面的研究,都取得了一定的效果,并及时推广。20世纪50年代后期开展的原生晕研究,特别是三度空间几何模式和组分分带特征的研究,和前苏联在这一领域的研究当时同处于世界领先地位。但是它的迅速发展是从1972年开始的,特别是区域化探工作的加强,使化探的方法技术发生深刻的变革,找矿效果日益显著,从而得到了各方的重视。1975年、1977年分别在福州、黄山召开2次全国区域化探经验交流会。1977年开始用电子计算机重新整理已累积的巨量资料,使其最大限度发挥地质找矿信息。1978年地质部根据谢学锦建议提出了"区域化探全国扫面规划",1979年冶金部也提出了类似的区域化探计划,从此着手对区域化探的野外工作方法、分析方法、质量监控、成图及解释推断方法进行全面革新与研究,大大推动全国化探工作前进。从1979年开始截至1990年止已完成区域化探全国可扫面积62%,由地质矿产部组织编制了秦巴、长江中下游、华北地台北缘、桐柏—大别山等地区跨省重点片33种元素的1∶50万地球化学图及说明书,为固体矿产普查及基础地质研究工作提供了丰富的地球化学资料。华北地台北缘1∶50万地球化学及其说明书,提供了该区全域各地层单元、岩浆岩单元以及二三级构造单元的33种元素的基本地球化学特征参数,划分出32个地球化学成矿远景区,提出了供今后找矿的43个重要区段,142处具一定规模的多元素组合异常,确定了主要成矿元素富集的"三角域""巨型环""巨型带"各一个,重新划分了区内断裂系统,提出了华北地台北界西段南移的新见解。河北青龙幅和山海关幅1∶20万区域地球化学资料应用于农业与环境问题的研究等。全国化探扫面增强了找矿效率和效果,而且为农业、渔业、畜牧业、医疗卫生、环境科学、基础地质和理论地球化学等各个领域提供了重要的基础资料。1980年中国地质学会成立了勘查地球化学专业委员会,并在浙江莫干山召开了全国第1届勘查地球化学学术讨论会,1982年、1986年分别在昆明、桂林召开了全国第2、第3届勘查地球化学学术讨论会。1981年在湖北黄石举行了汞蒸气测量专题讨论会。这些会议对交流学术成果、推进今后研究都起到积极作用。截至1982年已有近百个不同类型矿床,包括铅锌多金属矿、矽卡岩铜矿、斑岩铜矿、铜镍矿、汞矿、金矿、铁矿等进行了原生晕研究,已对全国百余个矿床,包括铜矿、铅—锌矿、钨矿、锡矿、钼矿、汞矿、锑矿、金—银矿、铀矿、铁矿、铌—钽矿及油气田进行汞蒸气测量实验,均取得良好效果,在被厚层冲积物及风积物所掩盖的矿床上方也获得清晰的汞异常。如甘肃白银厂小铁山多金属矿区、上海张堰地区的试验情况。自1966年~1985年间经化探发现的矿产地总数为325处,其中经勘探查明为工业矿床的有158处,其中包括大型矿床35处,中型矿床68处,小型矿床55处。

(刘本立、杨守仁)

二、近年来中国勘查地球化学方法技术研究

中国勘查地球化学方法技术根据国家社会经济发展的需要,开展了一系列研究工作,取得了许多重要进展(中国地质学会勘查地球专业委员会,2011)。

(1)特殊景观区化探方法技术基本完善 通过"青藏高原地球化学勘查技术及资源潜力评价方法研究""新疆西天山、阿尔泰山干旱荒漠景观区化探方法研究"等项目的实施,通过羌塘高原、冈底斯东段、西天山、阿尔金山和北祁连西段等特殊景观区的研究工作,基本查明了研究区风积物、碱性障特征及其对区域元素分布的影响和干扰特点,分别确定了相应景观区的最佳采样物质,根据研究区景观地球化学特征,分别提出了相应景观区有效排除干扰、提高找矿效果的区域化探扫面方法技术,形成了具有中国特色的区域化探方法技术系列,有力的支撑了全国化探扫面工作的开展。已在西藏、新疆、青海等地1∶20万化探扫面中推广应用,完成103幅化探扫面,确立了祁曼塔格成矿带的存在,拓展了西南三江成矿带的范围;找到一批有影响的矿产地,如青海沱沱河超大型铅锌多金属矿田、风火山大型砂岩型铜矿床,新疆彩霞山、白干湖超大型钨锡矿床、维宝大型铅锌矿床。

(2) 多目标地球化学调查技术体系日臻完善　通过"沿海经济带区域生态地球化学评价""中国东部典型地区土壤污染与生态环境安全的地球化学预警研究""城市环境地球化学调查异常查证方法技术研究""中国农业生态地球化学评价体系研究与成果集成""松花江流域生态系统区域生态地球化学评价"等项目的实施,逐步形成了平原、河流、湖泊、典型经济区多目标地球化学调查与评价的方法技术体系,以土壤(浅海/湖底沉积物)地球化学填图为基础,向上拓宽到地表水、大气、植物,向下延伸到地下水、岩石,其实质是对地球表层整个生态系统进行地球化学填图。测试54种元素或指标的高精度的海量地球化学数据和资料,发现可能对经济社会发展产生重大影响的一系列地球化学问题,形成可供多方面利用的系列区域地球化学图,为国土资源规划、第四纪地质研究、资源潜力评价(油气、地热、固体矿产等)与生态环境评价(土地、农业和环保)提供技术支撑。寻找并发现可能影响经济社会发展和人类生存的重大生态环境地球化学问题,并寻求解决办法,为国民经济和人类社会的可持续发展提供地球化学调控方法。对全国多目标地球化学调查工作起到了强力支撑。将勘查地球化学服务拓展到了农业、环境、土地质量评价等领域。

(3) 启动了资源潜力地球化学评价方法技术研究　依托危机矿山专项和有关化探方法技术研究项目,通过研究冈底斯成矿带东段、大兴安岭成矿带中南段、长江中下游成矿带区域地球化学异常分布规律,典型铜铅多金属矿床地球化学特征,制定出铜铅锌资源量地球化学评价方法技术,为区域化探资料的开发利用提供了新的方法技术。并开展了省域铜矿资源潜力地球化学评价和冈底斯成矿带东段、大兴安岭成矿带中南段、长江中下游成矿带铜铅锌资源潜力地球化学评价,取得了令人鼓舞的成果。

(4) 化探样品测试新技术推动了化探技术的进步　通过"勘查地球化学样品中76元素测试方法技术和痕量监控系统"的开发、优化、筛选和建立了实用的和可推广,基本上形成了勘查地球化学样品中76元素配套测试方法(Re和Te除外)和质量监控系统,编写了可供地质大调查采用的推荐分析方法技术规程。通过持续研究,优化和发展了测试金、银、铜等12种元素的20多种野外快速分析方法,完成了智能化新型原子荧光光度计的研制任务,研制了新一代塞曼测汞仪,在单灯单一光路结构下实现了双波长工作方式,并进一步减小了重量,简化了操作程序,基本满足了野外现场分析使用的需求。化探样品测试新技术推动了化探技术的进步,大大提高了样品分析的能力、质量和速度,对区域化探、多目标调查技术、深穿透化探技术的发展和能力的提高起到了重要的促进作用。

(5) 76种元素编图工作保持国际领先　通过"我国西南4省区76种元素区域化探图编制试点研究""我国南部地区76种元素地球化学图编制"项目的实施,充分利用了中国区域化探扫面保存的副样,创新了全国性地球化学图编制的思路,解决了国家、大区域编图的新技术,解决了极难分析元素Re和Te等的分析技术,拓宽了地球化学调查为矿产资源勘查的能力和水平,使得中国地球化学调查及编图水平居于国际领先地位。

(6) 原生晕研究有新突破　在原生晕基础上,建立了构造叠加晕法:在构造蚀变带中有选择性地采取蚀变及矿化叠加样品,强化了异常或找矿信息,提取出更优化的找盲矿信息,提高工作效率和找矿效果。创新和提高了原生晕解释水平,不仅对用原生晕理论不能解释而认为杂乱无章的原生晕轴向"反常""反分带"等异常现象作出了合理解释,而且将"前、尾晕共存""反分带"和"地化参数轴向转折"等无规律的反常现象变成了判别深部有盲矿存在的重要标志。应用构造叠加晕模型对40多个危机大中型金矿区深部及外围盲矿预测,共提出了盲矿预测靶位400余个,预测金金属量超过400吨。截至2010年河南秦岭金矿、山东新城金矿、陕西太白金矿、辽宁凤城白云金矿等矿山对部分预测靶位进行验证,已获金金属量228.75吨。在原有地球化学勘查指标基础上,筛选出用于斑岩型块状硫化物型 Cu 多金属矿勘查的分散元素、稀土元素、常量化学组分等地球化学新指标;以成矿地球化学环境及异常结构规律为基础,提出了隐伏斑岩型块状硫化物型 Cu 多金属矿预测定位的方法技术;建立了城门山"多位一体"铜多金属矿床地质、地球化学立体模型和铜矿深部(-500 米~-1000 米)Cu、Mo、Zn 资源量预测方法技术。

(7)制修定了一系列化探规程,直接服务于化探勘查工作　通过实施"固体矿产异常查证技术要求""厚覆盖区多目标地球化学调查和评价方法技术研究""厚覆盖区土壤系列地球化学标准物质研制""地质矿产类标准物质研制及保存技术规程""局部生态地球化学评价技术要求""区域生态农业技术规程与保障体系研究""生态地球化学预警技术要求"等项目,相继完成了相应规范的起草或修订并通过认定,为规范有关的化探工作发挥了重要作用。

(8)深穿透地球化学在理论和方法上取得了新进展　通过"覆盖区深穿透地球化学调查的理论与方法研究""新疆东天山荒漠戈壁覆盖区深穿透地球化学调查与研究"等项目的实施,发现了来自地下深部的纳米尺度铜微粒迁移的证据,研制了高灵敏度和高精度活动态多元素分析方法,提出了深穿透地球化学异常形成的多营力迁移理论,荒漠戈壁区深穿透地球化学调查理论与方法研究取得重大进展,不同调查阶段获得稳定的和可追索的地球化学模式,表明从采样理论到方法技术是可靠的。参加了"国际深穿透地球化学研究计划",中国的活动态方法效果最为显著,国际深穿透地球化学对比研究表明了中国居于领先地位。

(9)重新启动了油气地球化学调查评价方法技术研究　依托青藏高原油气调查和陆上天然气水合物研究项目,重启了油气化探方法技术研究工作。发现青藏高原油气化探的主要干扰因素是烃源岩、地球化学景观、土壤岩性、土壤碳酸盐含量和石膏层。分区校正和碳酸盐非线性校正可以抑制这些干扰。初步提出了盆地评价不同阶段的地球化学调查方法技术:盆地早期评价,主要为评价有利的油气聚集区带提供地球化学资料,可以采用 1 点/36 平方千米的采样密度进行区域油气地球化学勘查。盆地评价阶段,可以采用 1 点/平方千米的采样密度工作,优选油气富集区块。油气化探测试以土壤酸解烃和稠环芳烃为主要指标,土壤△C 为次要指标,土壤热释汞为辅助指标。可以采用地球化学场结构能系数评价区块油气破坏程度。通过青海木里天然气水合物化探方法技术研究,证实了天然气水合物地球化学调查的有效性,发现酸解烃、顶空 CH_4 和土壤碳酸盐是主要指标,蚀变碳酸盐和微生物是次要指标,热释光和磁化率是辅助指标。井中酸解烃甲烷、丙烷、重烃指标富集层位与已发现天然气水合物层位一致。表明地球化学勘查是寻找陆上永冻土分布区天然气水合物的有效方法。

(10)地电化学方法技术持续得到改进　物化探研究所和桂林理工大学通过多渠道资金支持,持续不断的在地电化学方法技术研究及应用方面进行着不懈的努力。更新了地电化学理论基础,认识到地表覆盖层内存在的电活动态物质是多成因的,电化学异常信息只是为综合分析深部矿体存在的可能性提供重要的推断依据;二者之间不存在必然性的联系。在矿体各部分的矿物间都存在着电位差,会自然形成一个微观原电池,该原电池在电解液(地下水)的作用下,矿体自然产生电化学溶解,溶解的成矿离子,在区域、局部天然电场或人工电场作用下,由深部向地表进行电化学迁移,在地表覆盖层遇到地球化学障(地表理化条件的巨变),进而储存地表覆盖层内。这种地表信息可以通过电提取方法手段被富集和提取。进而确立了"偶极子"供电方式为地电化学方法的技术发展方向,使小比例尺地电化学勘查成为可能。研制出新型元素提取器,以固体材料作为提取物的载体,避开了液式提取器存在的提取液的野外配制、运输、保存等种种麻烦以及不同测点间因接收液渗透率差异所造成的载体量非一致性等问题。为了统一勘查中各测量点之间的提取时间,增加了元素提取器的时控功能,研制出具有防水功能的时控仪;可以按照预先设置进行供电自动控制,使每个勘查点电提取时间一致。初步形成了可以推广的地电化学提取设备及其方法技术。

(11)启动了 1:5 万化探和浅钻化探方法技术研究　设置了"森林沼泽景观异常查证方法技术

研究""重要成矿区带区域化探资料开发与利用及1:5万化探方法技术研究""大兴安岭中北段区域化探方法技术研究"等项目,启动了不同景观区1:5万化探方法技术研究工作。设置了"应用机动浅钻的地球化学勘查方法技术"项目,开始了化探与钻探有机结合的专题研究工作。通过黑吉蒙3省区和晋冀辽3省有关研究区的试点研究工作,初步确定了森林沼泽区中低山、低山丘陵2类亚景观和半干旱山地亚景观条件下的1:5万化探方法技术。已在相关省区1:5万化探工作进行了推广试点,找到了一批有前景的矿产地,部分已经发展为成型的矿床,如黑龙江争光大型金矿床、应城子中型金矿床、下嘎来奥伊河中型铅锌矿床、碧水中型铅锌矿床,内蒙古太平沟中型钼矿床。浅钻化探试验工作取得了令人鼓舞的成果,在内蒙古花敖包特银铅锌矿区及其外围的试验,发现了测区南部覆盖层之下的银铅锌矿化;在安徽杨柳圩试验区,圈定出20米覆盖层之下的找矿远景地段。目前已经初步形成了5米、10米、30米、50米的浅钻机具系列,为覆盖厚度50米以浅的地区开展化探工作提供出可以使用的有效取样工具。

(12)贵金属和铀资源化探取得良好进展　武警黄金部门在"十一五"期间在全国16个省、自治区内共开展了55项1:10万-1:1万不同比例尺的地球化学找矿工作,面积29 548平方千米,其中,扫面面积28 689平方千米。共圈定各类异常4373个,其中,金异常493个;组合异常471个;提供找矿远景区47处;查证异常304个。发现金矿(化)点46处,多金属矿化点41处,目前已形成小型金矿床2处、中型2处,多金属矿床小型1处、中小型1处。"十一五"期间铀资源地球化学勘探技术方面得到了长足进展,特别是分量化探技术在铀资源勘查研究与应用中取得了理论、方法技术、应用等3方面重要研究成果,申报了3项国家发明专利,丰富和发展了铀矿化探理论和方法。研究详细阐述了分量化探的理论基础,发展了一整套从野外样品采集、样品处理、试样制备、室内分量提取、分析测试、质量监控、数据处理、图件制作到异常评价解释的勘查铀资源的分量化探方法,创新研制成功铀分量特效提取剂。进一步拓展了分量化探方法的应用范围,将分量化探从地表探测热液型铀矿进一步拓展到"深部找矿第二空间",实现了分量化探从地表探测砂岩型铀矿、到地表探测热液型铀矿、再到探测"深部找铀第二空间"的三级跳,探索"三维立体多元"攻深找盲元素地球化学示踪技术方法体系。上述研究取得较好的地质找矿效果。

第四节　中国遥感地质研究

遥感地质学是应用遥感技术来研究地质体的物性和运动状态的一门新学科。它的理论基础是建立在物理学的电磁辐射与地质体相互作用的机理基础之上,而技术方法则是通过多波(光)谱、多平台、多时相、多向成像、多向极化、多级增强处理等技术手段,来收集、分析、处理遥感数据资料,获取更多波谱的、空间的、时间的地学信息。其研究对象是地球表面和表层的地质体、地质现象的电磁辐射各种特性。查明识别对象的物质性质和运动状态,在此基础上为地质工作服务。研究内容主要有:①各类地质体的电磁辐射的特性及其测试、分析、应用;②遥感数据资料的地学信息提取原理与方法研究;③遥感资料的地质解释与编图;④遥感技术在地质各个领域的具体应用与应用实效评估。研究方法,除地学有关分析方法外,还包括地物波谱测试、数理统计相关分析、模拟试验、模式识别与视觉效应等方法。

中国遥感事业起初是遥感仪器的研制与引进。如中国第1台DP-1地物摄谱仪(1961年)、第1台航空红外(8微米~14微米)扫描仪(1965年)先后试制成功,1972年购进第1台RMKA8.5/23航空摄影机。1971年开始实施称为"7112工程"的中国研制气象卫星计划。然而作为遥感科学的开始,不同于过去以摄影技术的标志,却是1972年7月23日美国第1号"地球资源技术卫星"(简写ERTS-1,即现在陆地卫星Landsat的前身)的升空入轨。

一、中国遥感地质学的发展

遥感地质学在中国的起步始于20世纪70年代后期至80年代初。中国遥感地质学随遥感技术的发展不断进步。

（1）与地质有关的遥感机构的建立 1981年3月经国务院批准正式成立国家遥感中心，为国家科委下属专门机构，以协调全国各部门遥感技术力量。其下属研究发展部、技术培训部与资料服务部，分设在中国科学院遥感所、北京大学与国家测绘研究所内。地矿部遥感中心（1979.5）、中国科学院遥感研究所（1980.8）、水电部遥感中心（1980.8）、石油遥感研究所（1982.4）、中国卫星地面站（1986.12）、国土局中国土地遥感中心（1987.9）等机构相继成立。使中国地质、冶金、石油、煤炭、水电等许多行业部门相继都建成进行地学研究的遥感中心，壮大了遥感地质的技术力量。

（2）遥感地学的教育与普及推广 20世纪60年代末开始的以卫星遥感为标志的技术，从70年代初即在中国得到迅速发展与普及。1975年初地矿部委托北京大学地质地理系在有关单位支持下，举办第1期航空地质学习班。其后石油、水电等部门也与北大地质地理系合办卫星及航空遥感学习班。培训了大量有专业经验的技术人员。武汉、长春、成都地质学院及北京大学地质系分别开设遥感地质的有关课程。浙江大学地质系还成立了遥感地质专业。学科代表著作有：《遥感图像地质解译教程》（朱亮璧等，1981）、《遥感地质学》（陈华慧主编，1984）、《遥感概论》（马霭乃，1984）、《遥感地质学》（朱亮璧，1994）、《遥感图像目视地质解译教程》（张樵英，1986）。

（3）遥感仪器设备的研制与引进 1977年中国科学院长春光机所研制成功航空多光谱照相机，20世纪80年代末上海光机所研制的细分多光谱成像仪。1979年中国科学院电子所研制成功机载合成孔径侧视雷达。以及1979年1月引进美国陆地卫星地面接收站的协议签订。石油遥感中心1980年6月引进I2S101计算机及后来引进更先进计算机技术系统。使中国遥感地学的技术设置日益先进。

（4）遥感技术在地学各个领域的应用 在中国地质、冶金、煤炭、石油、核工业、黄金、地震、水电、铁道、国土、测绘等部门都开展遥感地质工作，取得丰硕成果，许多研究成果已跻身世界遥感技术的先进行列。如：

区域地质研究 中国1：20万与1：5万区域地质调查工作规范规定，区域地质调查工作中必须使用遥感资料。黑白航空相片及美国陆地卫星MSS/TM相片得到广泛使用。各省地质部门都已完成全省MSS/TM地质解译编图工作。对新疆、青藏高原、秦岭、太行山、南岭许多地区地段，都进行过遥感地质研究。

矿产资源遥感地质研究 是中国遥感地质进行较多较深入的一项。像新疆305项目对全疆矿产资源遥感工作，塔里木盆地及其周邻地区油气地质研究，长江中下游、南岭香花岭、内蒙古东部大兴安岭的多金属矿及金矿地质研究，冀东、哈密、海南岛的铁矿地质研究，燕山北部铀矿床的遥感地质研究等。至于局部矿体、矿区的遥感地质图像解释、分析，靶区优选工作就更多了。

环境地质、灾害地质、水文和工程地质遥感研究 如对长江三峡库区SAR遥感地质调查，南水北调的遥感选线，陕北黄土的土壤侵蚀分析，神木、府谷煤能源基地的环境地质调查，南岭铁道隧道工程地质研究，黄河三角洲伸展的遥感动态分析，对唐山地震、甘肃和三峡滑坡遥感地质灾害调查等。

国土资源、城市规划的遥感调查 北京、上海、广州、武汉、岳阳等大中城市为城市规划开展的航空遥感调查，如1983年北京开展以彩色红外航片为主的多种片种航空飞行摄影面积达980平方千米。调查范围包括城市地基稳定性与地质构造研究，北京冰川、泥石流等城市地质环境等。此外还包括北京的长城、北京市热场调查等共41个课题。还有如山西太原地区农业自然条件的卫星遥感、内蒙古草场、洞庭湖淤积、新疆博斯腾湖的芦苇资源遥感调查等。

遥感技术在地学各个领域的应用有大量论著，代表性的有：《遥感地质学》（陈华慧，1984）、

《遥感技术及地质应用研究》(庄培仁,1986)、《遥感图像的计算机处理和模式识别》(郭德方,1987)、《遥感图像数字处理原理与应用》(李铁芳,1987)、《遥感大辞典》(陈述彭,1990)、《遥感地学分析》(陈述彭、赵时英,1990)、《中国典型地物波谱及其特征分析》(童庆禧,1990)、《宇航遥感物理基础》(孙星和,1990)、《遥感找矿的原理方法》(刘燕君,1991)、《遥感图像数字处理》(丰茂森,1992)、《地质勘察图像分析与综合》(王润生等,1992)、《遥感图像目视解译远离与方法》(濮静娟,1992)、《航空航天遥感技术地学应用研究》(张雍,1993)、《遥感地质学》(朱亮璞,1994)、《资源遥感纲要》(郑威主,1995)、《城市遥感》(孙天纵、周坚华,1995)、《遥感地质模型、资源与环境》(刘占声,1995)等。

遥感地质学作为地学一个新的分支,尽管在理论上、技术上还不十分成熟,但它的技术特长和在地质领域所起的作用,是其他地学学科所无法代替的。进入21世纪之后,遥感技术和遥感地质在中国地学工作中发挥着更大的作用,已经并将继续为国家作出更多的贡献。　　　　(朱亮璞)

二、近年来中国遥感地质学研究

经过长期努力,遥感地质勘查技术抓住机遇、高速发展,在地质矿产调查、国土资源调查与评价,生态地质、环境、灾害调查与评价,航空遥感技术研究,军事应用,基础地学研究等领域取得了一系列重要成果,为国民经济建设和社会发展作出了重大贡献。近年来中国遥感地质学研究取得的主要进展包括(中国地质学会遥感地质专业委员会,2011):

(1)建立了较完善的多光谱遥感异常提取技术体系　开展多光谱遥感异常提取方法研究,并在西部重要成矿区带,如天山—北山、昆仑山、冈底斯山开展大面积遥感异常扫面工作。在数百景ETM/TM、ASTER数据试验研究的基础上,建立了适合中国西部干旱半干旱地区遥感异常提取的方法技术体系——"去干扰—主成分分析—异常筛选"技术。该方法在辐射校正、大气校正、干扰信息去除、光谱角方法应用、异常筛选技术等方面取得重要进展;适用于植被覆盖度小于50%的区域;在中国重要成矿带战略性矿产资源调查和全国矿产资源潜力评价等工作中得到了推广应用。完成青藏铁路沿线、新疆西昆仑区域1:5万矿产资源遥感调查29万平方千米,圈定找矿远景区114个,找矿靶区473个,遥感异常点4233处,新发现小型矿床2处,矿点、矿化点41处。

(2)已初步建立起了高光谱矿物识别与填图技术体系　开展了成像(高)光谱矿物识别技术方法研究。在研究矿物光谱特征参量稳定性、敏感性以及变异规律的基础上,建立和扩充了"类—族—种—亚种(变种)"的矿物识别分层谱系和20余种矿物的光谱识别规则。利用HyMap机载高光谱数据在新疆东天山地区识别了高铝绢云母、低铝绢云母、高岭石、蛇纹石、透闪石、方解石、绿泥石、绿帘石等蚀变矿物种类分布及其含量分布。并逐步拓展到矿山环境、行星探测等领域开展相应的定量化探测技术研究与应用。编写了《高光谱遥感矿物填图工作方法指南》,为高光谱遥感技术在地质领域的工程化应用奠定了基础。高光谱在矿山环境污染监测、青藏高原与三江地区资源勘查、柴达木盆地油气资源勘查、行星探测等取得令人满意的应用效果。

(3)初步建立了境外多层次的遥感地质矿产勘查技术体系　研发了具有创新性的典型成矿类型蚀变矿物或蚀变矿物组合信息提取技术,取得了具有重要应用价值的成果,初步建立了境外多层次的遥感地质矿产勘查技术体系,明确了服务对象,基于"863"计划重点项目课题研发了多种具有创新性的针对典型成矿类型的蚀变矿物或蚀变矿物组合信息提取技术,初步建立了少地面地质矿产资料的基于遥感示矿信息的重要矿产资源潜力评价模型。在国土资源部、中国地质调查局的领导下,组织了全国各省遥感地质调查队伍和高等院校等共同攻关实施全球地质矿产与资源环境卫星遥感"一张图"工程中,已完成了非洲、南美洲等洲层面的遥感综合调查与评价,圈定了重要成矿带,并提出了优势矿产国家,结合航磁与化探异常互证,经部分地面物探和钻探验证,最后圈定出了具有重要应价值的遥感找矿远景和遥感找矿靶区。

(4)建立了较完善的地表形变InSAR监测技术体系　已建立了较完善的区域性地表形变

InSAR监测技术体系与工作方法,为中国地面沉降调查与监测提供了一种低成本、高效率、短周期、高精度、大区域覆盖的遥感技术手段。研究成果已广泛应用于中国华北平原、长江三角洲、汾渭谷地等主要地区区域性地面沉降调查与监测,累计监测范围超过了30万平方千米,属中国首次利用InSAR技术开展大范围区域性地面沉降调查与监测。同时,首次应用中分辨率(ENVISAT数据)和高分辨率InSAR技术监测高速铁路沿线地面沉降,并在京津城际高速铁路全线中取得成功应用。此外,将InSAR技术成功应用于城市地裂缝、地震形变场、油田地面变形、水库变形以及煤矿开采沉陷等多尺度、多形式的灾害性地表形变场探测与监测中,取得了良好的社会效益,为地质灾害监测技术的进步起到了积极作用。

(5)创建了"数字滑坡"技术,并逐步形成了地质灾害遥感应急监测技术体系 该项技术使我国滑坡遥感应用前期的信息获取、处理、存贮和显示信息的方式发生了根本变化,能更准确的定性、定量地认识滑坡,方便、快捷地传输及交流滑坡信息,改善滑坡理论研究及灾害防治、灾情预测工作。依托该项技术,逐步形成了地质灾害遥感应急监测技术体系,特别是在近几年的地灾应急快速响应中发挥了重要的作用,汶川"5.12"特大地震发生后,第一时间获取了影像数据,及时准确地解译了房屋倒塌、道路损毁、堰塞湖、滑坡、崩塌、泥石流等灾情灾害情况。为国务院和抗震救灾部门及时掌握灾情、部署救灾工作赢得了宝贵时间,成为科技抗震救灾的典范。还先后开展了西藏帕里河、四川宣汉天台乡、山西临汾、重庆武隆、青海玉树、贵州关岭、舟曲特大泥石流等近10次突发地质灾害遥感应急调查工作,为抢险救灾、灾后重建、保护环境、切实维护民生提供了有力保障。

(6)建立了矿产资源开发多目标遥感调查与监测技术体系 2006年以来,开展了矿产资源开发多目标遥感调查与监测技术研究与应用,形成了相应的遥感调查与监测技术体系。开展了全国30个省市(自治区)、16个重要成矿区带、163个国家重点矿区、6.2万个矿山的矿产资源规划执行情况、矿山开发状况、矿山环境遥感调查与监测工作,查明违规开采矿山1.8万多个、矿山地质灾害6800余处、地质灾害隐患区120多处。矿山监测成果纳入全国"一张图",成为矿山秩序监管和执法的重要手段。

(7)机载POS系统技术方法研究与应用 机载POS系统可以实时获取移动物体的空间位置和三轴姿态信息,将POS系统和航摄仪集成在一起,可直接获得航空摄影过程中每张相片的外方位元素,大大减少乃至无需地面控制,直接进行航空影像的空间地理定位。经过近3年的实验研究,掌握了系统集成安装、数据获取、数据预处理和产品制作等各环节的关键技术方法,设计开发了数据处理软件。机载POS系统直接地理定位技术已经应用到实际生产实践中,在"黔西滇东岩溶石山地区航空遥感勘查""汶川地震航空遥感应急调查"和"三峡库区高精度航空摄影"等项目中都发挥重要作用。实践表明,利用机载POS系统直接地理定位技术开展航空遥感调查工作,能够满足1:1万正射影像制图的精度要求,地面控制工作量减少了90%,总体工作效率提高了3倍。

(8)初步构建了国产卫星数据应用评估系统的基本框架和星载高光谱地质应用系统总体框架与技术体系 通过承担资源卫星02C星、国家高分专项中1米/4米星、2米/8米星等高空间分辨率卫星等型号星的应用需求分析、指标论证等研究工作过程中,初步建立了集地表、大气、传感器等成像全过程模拟模型与验证评价技术体系,初步构建了国产卫星数据应用评估系统的基本框架。通过承担星载高光谱数据地面应用系统、基于北斗导航卫星与遥感卫星的野外地质调查服务与管理系统等研建研究过程中,初步建立了宽幅高光谱地质应用系统总体框架与技术体系,集成星载高光谱数据处理分析与典型应用软件模块,基本建立了星载高光谱成像数据地质应用示范系统,开展地面典型应用示范,为星载高光谱成像数据定量化应用与推广打下坚实的基础。

(9)遥感环境地质调查、监测技术能力显著提高,服务社会能力显著增强 首次获取陆域全覆盖多期次、无缝整装遥感监测定量数据,系统查明了中国陆域现代冰川、海岸线、河流湖泊、湿地等生态地质环境因子的状况及动态变化规律,为生态地质环境形成、演化与发展及治理提供了理论支持。开展了长江中上游(江津—宜昌段)两期1∶5万航空遥感地质调查工作,为三峡库区生态地质环境变化遥感调查与库岸稳定性评价提供了信息源。完成了喜马拉雅山地区、川东、长江三峡库区、青藏铁路沿线等地的生态地质环境调查和地质灾害遥感调查工作,为区域减灾防灾工作提供了基础资料与决策依据。

第五节 中国地质填图研究

地质填图是在野外实地观察研究的基础上,按一定的图例和比例尺将各种地质体和地质现象填绘在地形底图上而构成地质图的工作过程。它是区域地质调查的一项基本工作,也是研究区域地质矿产情况和进行基础地质研究的一种重要方法。

一、中国第1次地质填图高潮

中国地质填图的先驱者是从本世纪初开始工作的。邝荣光(1909)编制的直隶地质图比例尺约为1∶250万,图上有6个地层单位:太古代火成石;甘布连纪灰石、粗石;炭精纪沙石、粗石;朱利士纪沙石、泥板石;近今代火石、粗面石、黄土。丁文江(1914)填制的井陉煤田地质图和(1914)填制的滇东路线地质图,开创了中国人野外地质填图之先例。1913年~1916年章鸿钊、翁文灏领导地质研究所师生在京西、直隶、山东、安徽、江西等地,结合调查煤、铁矿产,进行1∶5万~1∶20万地质填图,经1916年~1919年的进一步充实、修正后在《地质汇报》上发表。据《地质汇报》(1919~1922)4年发表的地质图统计,矿产地质图占2/3,纯地质图只占1/5,说明中国的地质填图一开始就与生产实际相结合。其中以叶良辅1920年填制的北京西山地质图为优,研究程度比较高。章鸿钊1912年曾在《中华地质调查私议》中提出编制1∶100万地质图的设想。中国地质学家开拓性的工作,填补了中国东部的地质空白,从而使章鸿钊这一设想得以实现。1924年谭锡畴调查、编制《北京—济南幅》,附地质构造及地层剖面图,于1926年出版;1926年李捷调查、编制《南京—开封幅》;王竹泉调查、编制《太原—榆林幅》于1928年出版。这2幅图是中国地质学家15年劳动的结晶,为中国地质填图工作的开展奠定了基础。20世纪30年代中国已经有了自己的成熟的地质学家,在中国地质调查所的领导下,形成中国第1次地质填图的高潮。其地质调查的详细程度和研究程度都大为提高,完成了一批水平较高的地质图。李四光、喻德渊(1933)江西庐山地质图(1∶5万);吴燕生、王钰等(1934)河南安阳、汤阳、林、淇、濬5县地质图(1∶10万),扬子江流域地质图(1∶300万);孙建初(1934)绥远及察哈尔西部地质志附图(1∶23.5万),谭锡畴、李春昱(1935)四川西康地质志附图(1∶200万),四川自流井、贡井盐场油田地质图(1∶2万),李春昱(1935)四川万县达县间地质图(1∶20万),巴勒加、李春昱(1935)四川涪陵彭永一带地质图(1∶20万),徐克勤、丁毅(1937)赣南地质图(1∶300万),高平(1939)江西省地质矿产图表。1936年中国地质图编纂委员会成立,翁文灏为主任,黄汲清为副主任,李四光、谢家荣、尹赞勋、田奇㻪、孙建初、王曰伦、潘钟祥为委员,计划3年内完成怀宁南昌幅、上海杭县幅、长安洛阳幅、长沙万县幅、桂林湘潭幅,贵阳昆明幅、成都巴县幅、西安酒泉幅共8幅1∶100万地质图。此项计划由于日军侵华而被耽搁10年。

二、中国第2次地质填图高潮及区域地质志编撰

1952年地质部成立,加强了对地质工作的统一领导,全面规划了中国地质矿产资源调查和地质科学研究工作。1949年~1957年以1∶100万区域地质编图和编测地质图为主,并进行了1∶20万地质填图试点工作。20世纪50年代初在黄汲清指导下,汉口幅、长沙幅、太原幅、南京幅、青岛幅、桂林幅、广州幅、北京幅、西安幅、上海幅、福州幅、重庆幅、昆明幅、天水幅共14幅1∶100万地质图出版。同时,中央地质调查所编制出版了1∶300万中国地质图。20世纪50年代初,中央地质部组建

了4个区域地质测量队(十三队、大兴安岭队、秦岭队、南岭队),按计划分幅进行1:20万地质填图的试点工作。通过这一时期工作,基本掌握了1:20万地质填图方法,培养了技术骨干,为全国范围内开展1:20万地质填图工作奠定了基础。1958年~1980年1:20万地质填图工作在全国普遍展开,并在个别省、区开展了1:5万地质填图试点工作。1957年各省陆续成立区域地质测量队,至此,1:20万地质填图工作在全国普遍展开,从而形成了中国第2次地质填图高潮。经过20多年的艰苦努力,全国累计完成1:20万地质图786幅,面积472万平方千米。东部覆盖面积大,填图面积约占全国面积的58%,西部边远地区,特别是青海、西藏等地区一般只进行1:50万~1:100万地质填图。全国累计完成1:100万地质图40余幅,同时各大区编制了1:100万~1:200万的地质图,包括中南(1963)的1:200万地质图,华北(1971)的1:50万地质图,东北(1978)的1:100万地质图,青藏(1980)的1:50万地质图,南海北部(1980)的1:100万地质图。与此同时,各省陆续编制1:50万地质图。1968年出版了1:200万中国地质图,1973年出版了1:400万中国地质图,1975年出版了1:500万亚洲地质图,使中国地质制图达到了新的水平。经过对大量实际地质资料进行综合整理,分析研究,提高了基础地质研究程度,取得了对许多基础地质问题的新认识。解决了不少地层时代和层序划分上长期未能解决的重大问题。在花岗岩的成因、演化及成矿专属性方面取得了新的认识。1981年以后区调工作逐渐转移到以1:5万填图为重点,同时各省区开始编写《区域地质志》和《区域矿产总结》。1980年在北京召开了第1次全国区调工作会议,在改革开放总方针指引下,出现了一个生气勃勃的新局面。1986年西藏地质局完成全区1:100万地质填图,1988年江苏地质局与上海海洋地质局合作完成南通幅。至1997年底全国累计完成1:100万地质填图面积942.8万平方千米,共计58个图幅,占国土面积98.2%,几乎全部完成了1:100万地质填图工作。1:20万区域地质调查,至1997年底累计完成全国陆地地质填图面积691万平方千米,约占可测国土总面积的72%。1:5万区域地质调查,至1997年底全国已累计完成陆地地质填图面积159.3万平方千米,约占可测国土陆地总面积的16.6%。与此同时,地质矿产部组织了1:5万地质填图方法研究,《方法指南》编写组出版了《花岗岩区单元超单元填图法》《沉积岩区岩石地层单位填图方法》《变质岩区构造地(岩)层填图法》。分省地质志的编写是20世纪80年代的一项系统工程,10年中已完成30个省市的区域地质志的编写,这套资料凝聚了中国地质工作者40年来的辛勤劳动和智慧的结晶,为中国矿产资源勘查、成矿规律分析、地质环境评价和基础地质研究提供了极为宝贵的系统基础地质资料。

(张臣)

三、近年来中国地质制图的新技术、新方法和新成果

地质图的编制是一项科学集成度很高、要求非常严格的系统工程。地质制图的技术方法,随着科学技术的发展在不断改进、创新。当前,主要应用计算机和相应的各种制图软件来制作数字地质图,并实现可视化,最后通过各种打印设备输出地质图。地质图在中国的地质工作中占有重要的位置,地矿部门的领导、前辈和专家,都把编制各种地质图作为地质工作的3大成果之一(3大成果指:①地质工作的调查报告、研究论文等文字成果;②找矿及获取的矿产储量;③地质调查和编制的各种地质图件)。因此,地质图是对一个时代一个地区的地质科研成果的记录,也表达了地质专家对该地区地质现象认识的结果,为后来人提供了丰富、实在的资料信息,对进一步开展该地区的经济开发、地质研究打下了坚实基础。

编制地质图的技术方法近30年来取得突飞猛进的发展,也就是在20世纪80代前后基本上是处于手工编绘的方法,中国的地质制图达到国际先进水平。之后,逐步开始应用计算机制图的新技术,并建设地质图的空间数据库。在这一阶段,中国的地质制图事业一直紧跟世界先进的技术,在"十一五"期间通过各种编图项目和国际合作编图项目,中国的地质制图又步入了国际先进水平。中国地质制图取得的主要成果和进展如下(中国地质学会地质制图专业委员会,2011):

(1)完成了1:100万地质图空间数据库建设 全国1:100万地质图空间数据库是2003年启

动,2008年通过验收,由涉及中国陆地的64个国际分幅组成,基于MapGIS平台的关系数据库,以每一国际分幅为一个文件,地理底图和地质要素分别存储,统一调用叠加。1:100万地质图空间数据库的地理底图部分,是在国家测绘局基础地理信息中心提供的2002年版全国1:100万全要素数据的基础上,进行取舍和更新,主要对居民地的行政级别、名称、驻地等进行更新,增加了新建成的主要铁路、高速公路等交通要素,对省级行政界线,根据2004年出版的1:100万《中华人民共和国行政区域界线标准画法图集》,进行逐条的更新,因此,1:100万地质图空间数据库的地理底图现势性好,内容齐全,精度可靠,同时,也可以作为编制其他专题图件的地理底图。1:100万地质图空间数据库的地质内容,以地质矿产部1:50万地质图数据库为基础(该数据库在1999年完成),充分吸收了1:5万、1:25万区域地质调查资料和专题研究成果,按1:100万的要求,进行修改补充。地层的划分以年代地层为主,一般表示到统,辅以岩石地层的表示方法,侵入岩以岩性加年代的表示方法。为了更确切反映第四纪地质体的形成过程和外动力条件,除表示地质年代外,还表示了成因类型。对断裂的性质和规模都有比较详细的划分。每一国际分幅地质图都建立了元数据。在1:100万地质图空间数据库建库过程中,开发了数据库检查的程序,可以自动检查各类要素的编码、色标号、地质代号等正确与否。数据入库之后,还开发了1:100万地质图空间数据库管理系统,可以按国际分幅单个或多个检索,可以按经纬度、任意多边形检索,可以按地理、地质要素内容任意检索等,还可以自动生成图例。由于快捷、方便的用户接口,该数据库建成后,受到广大用户的欢迎,而且,该数据库还在不断的更新、维护。

(2)国际合作编图方兴未艾　随着中国的改革开放政策,中国与周边国家的合作编图,以及多国的国际合作编图积极展开,取得一系列成果,下面重点介绍1:250万亚洲中部及邻区地质图系和1:500万国际亚洲地质图的编制。①1:250万亚洲中部及邻区地质图系的编制。2002年10月在北京召开了中国、俄罗斯、哈萨克斯坦和蒙古国的编图项目第1次工作会议,2003年韩国也参加本项目,由5国共同完成亚洲中部及邻区地质图系的编制。1:250万亚洲中部及邻区地质图系主要包括:地理底图、地质图、大地构造图、固体矿产成矿规律图和能源矿产成矿规律图。2008年中国负责的1:250万亚洲中部及邻区地质图和能源矿产成矿规律图的中英文版正式印刷出版,并制作了上述2种图的中、英文浏览光盘。俄罗斯负责亚洲中部及邻区地质图系中的1:250万亚洲中部及邻区大地构造图和固体矿产成矿规律图,其编图过程和中国负责的3个图相同,目前,大地构造图和固体矿产成矿规律图已经由俄罗斯印刷英文版,中方将翻译成中文出版,不久即可与读者见面。1:250万亚洲中部及邻区地质图系是多国合作编图的成果,从开始编制地理底图到最终完成地质图系的编制、出版,合作长达六七年。②1:500万国际亚洲地质图的编制。1:500万国际亚洲地质图是在世界地质图委员会(CGMW)指导下,由中国地质调查局负责组织实施的一项大型国际合作编图项目。1:500万国际亚洲地质图自2005年启动以来,经过地理底图编制、制定标准、采集数据,目前正在进行数据整合和实现图面表达,已经完成了编稿图和相应的空间数据库。1:500万国际亚洲地质图是在ArcGIS平台上运行,地理底图是在MapGIS平台上编制和建库,定稿后通过E00格式转换到ArcGIS平台上,实现和地质内容套合。在1:500万"国际亚洲地质图"编制过程中,在技术方法上进行不断创新,如:在多方参与且使用不同GIS软件编图的情况下(1:500万亚洲地质图的源数据是由亚洲国家分别提供,使用的软件不尽相同),颜色、花纹、线型不能保证在不同GIS平台上正确转换,但是,通过中方设计的属性项与Style库的匹配,保证了图元显示的统一,起到了属性驱动制图的效果。采用这一技术避免了不同编者花费大量时间为不同地质要素设计不同颜色、花纹、线型,而只需关注地质属性的录入。又如,1:500万国际亚洲地质图的图面注记,是地质图的一个重要内容,地质制图专家在该图的属性字段中,专门设计了"Label"字段用于地质体的图面标注,"Label"字段是按照编图规则,根据不同地质属性字段的值计算得到,可以控制标注的位置(水平,不同角度的控制、散列注记等)、字体、大小、颜色,还可以避让等,这一技术方法大大提高了地质制图的水平。

(3)海域地质编图取得一系列成果 中国的海域北起辽东湾,南到曾母暗沙,东自冲绳海槽,西至北部湾,面积约450万平方千米,其中管辖海域约300万平方千米。近年来中国对海域的开发利用十分重视,加强了对海洋地质的基础调查,完成了中国管辖海域的1:100万地质地球物理系列图,包括布格重力异常图、空间重力异常图、磁力异常图、表层沉积物分布图和区域构造图。编图时海陆兼顾,分2幅进行,即"中国东部海区及邻域地质地球物理系列图"和"中国南部海区及邻域地质地球物理系列图",这是中国首次编制的中国海域地质地球物理系列图,并建设了相应的空间数据库。按照国际分幅进行1:100万区域海洋地质调查尚在起步阶段,现在已经完成1:100万南通幅和1:100万永暑礁幅区域地质调查,这是良好的开端,填补了中国海域1:100万区域地质调查的空白。开展了中国海陆1:500万地质地球物理系列图编制,完成了1:500万中国海陆空间重力异常图、布格重力异常图、磁力($\triangle T$)异常图、莫霍面深度图、地震层析成像图、地质图、大地构造图和构造格架演化图,共8种图件。在系列编图的过程中,进行了GIS的空间数据库建设工作,采用统一的地理底图,统一的技术路线,统一图层的分层设计,各图在统一设计下独立建库。

(4)水文地质编图走向世界 水文地质编图是在地质图件中占有重要位置,近年来编制了一系列水文地质图,编图范围有全国性的、区域性的水文地质图件,最有代表性的是亚洲地下水资源与环境地质系列图,而且建设了空间数据库。1:800万亚洲地下水资源及环境地质系列图是在亚洲地下水资源及环境地质综合研究基础上,全面分析了国际国内近年来地下水资源与环境地质方面的编图模式,用编制系列图的系统概念,研究制定适合亚洲特点的编图内容和编图方法,用简洁的图形语言反映亚洲地下水资源与环境地质时空特征分布规律,并应用GIS技术,建设了空间数据库。1:800万亚洲地下水资源及环境地质系列图,主要包括下列图件:1:800万亚洲水文地质图;1:800万亚洲地下水资源图;1:800万亚洲地下水环境背景图;1:800万亚洲地热分布图。亚洲地下水资源及环境地质系列图在图面表达上与国际接轨,同时,体现出亚洲地下水资源与环境特点。为中国及亚洲各国的自然资源开发,特别是水资源的开发、规划,地质环境保护和防灾减灾,提供科学依据。

(5)地质信息表达新趋势 地质信息的表达经历了从纸质地质图到数字地质图,从数字地质图进入了基于GIS技术的地质图空间数据库,现在从2D的数字地质图开始步入3D地质模型时代,这是地质信息表达的重大突破,发展的新趋势。地质填图是地质工作的一项重要的基础性工作,其成果被广泛地应用于国土资源管理、国民经济建设等领域。地质填图工作的程度和水平是衡量一个国家地质工作的水平的重要标志之一。中国的地质填图工作不仅从手工记录的方法进入到数字填图,现在已逐渐开始采用了3D填图的新技术,建立3D地质模型。与2D地质图相比,3D地质模型有以下特点:①能真实反映某地区的地质现象。采用3D地质建模技术,可以真实地表达地层、构造、岩石的等地质体的真实位置、几何形态,以及地质体之间的空间关系;②直观易懂,应用广泛。采用了3D地质建模技术,不仅可以有效表达地质科技人员对地质现象的认识,而且,可以大大提高非地质专业人员对地质现象的认识和理解,因为直观,可以广泛普及地质知识,扩大了应用范围,在科研、教学、生产领域将发挥重要作用。③动态显示,可操作性强。3D地质建模是基于计算机系统的模型,是动态显示,旋转不同角度观察某一地区地质现象,可清楚看到地质体的形态和相互关系。可以根据用户需要选择不同方向切出相应的地质剖面等,还可以进行多源信息的集成。总之,3D地质建模技术是发展趋势,现在刚开始使用,随着计算机技术的不断发展和地质科技人员的不断努力,必将逐渐走向成熟。

(6)OneGeology计划打开了数据共享的"窗口" "OneGeology"计划翻译成中文为"同一个地质"计划,其目的是建立一个包含多个国际组织和国家的地质调查机构参与的全球数字地质图共享系统。该计划是英国地质调查局于2006年提出、发起的,创建一种动态的全球范围的地质图数据库,使地质图数据在互联网上可以获取的国际合作计划,使不同国家间地质图数据能够共享和整合。为了配合该计划的实施,中国地质调查局已决定参与此项工作,以1:100万地质图空间数据库为基础,应用 WebGIS 技术和 WebService 等技术,进行先行性研究,实现 1∶100 万数字地质图的共享,目前已取得初步成果。OneGeology 计划是一个世界范围内的地质图信息服务框架,目的是以门户网站的形式整合各个参与国家的地质图数据,提供信息的浏览、查询、获取与服务,满足用户对地质信息的需求。人们可以通过网络浏览器方便快捷地获取世界各国的小比例尺地质图数据信息,将地质信息服务提升到一个新的水平。中国参与该计划,把中国的 1∶100 万地质图空间数据库向世界展示,中国不仅是一个世界地质大国,逐步迈入世界地质强国。同时,我们可以通过互联网,获取其他 OneGeology 计划参与国的地质图信息,促进了各国之间的交流合作,为深化解决某一地区,特别是跨国地区的重大基础地质问题,提供了基础地质数据。

(7) 数字高程模型 DEM 在地质制图中的应用　在以往的地质制图中,不论是纸质的还是数字的都是平面的,近年来在地质图的图面表达上,逐渐开始引入数字高程模型 DEM,从而提高图面的立体效果。DEM 建立的第一步是获取地形数据,比例尺较大的 DEM 数据是保密的,因此,我们主要用美国太空总署(NASA)和国防部国家测绘局(NIMA)联合测量的 SRTM 数据。该数据每 1 度经纬网格为一个文件。中国境内的为 SRTM3 文件,分辨率为 90 米。DEM 数据开始应用到中国区域地质系列地质图的编图中,在使用 DEM 数据时,要解决不同地球椭球体之间的转换,不同投影之间的转换,DEM 数据与矢量的地理数据之间的套合等一系列关键技术,现在已经在海南省、福建省、湖南省、安徽省等开始使用 DEM。DEM 在 MapGIS 平台上只是作为一个图层存在,在需要的时候可以开启 MSI 文件进行添加,不需要时关闭 MSI 文件,比较灵活方便。DEM 数据在地质制图中的应用,不仅可以增加图件的立体感,而且可以进行一系列的分析,提取坡向、坡度、等高线等信息,在防灾、减灾方面也起到积极作用。

(8) 地质图的颜色设计有了重大突破　地质图图面复杂,使用的颜色、花纹符号、线型非常之多。在 20 世纪 70 年代时,1∶500 万亚洲地质图印刷时设计了 33 个颜色,然后,随着设计水平的提高,再加上计算机制图的兴起和印刷技术的发展,地质图的设色大大减少,如"中国地质图集"只设计了 8 个色,1∶500 万"亚欧地质图"仅用 6 个色,现在印刷地质图通常只用 4 个色就能完成,如最近出版的 1∶250 万《亚洲中部及邻区地质图》(中英文版)、1∶250 万《亚洲中部及邻区能源矿产成矿规律图》(中英文版)等都只设计了 4 个基本色,并在印刷中得到实现。中国地质图的设色习惯与欧美国家差别较大,特别是岩体的用色,我们用不同的颜色、花纹,区分岩体的性质和时代,例如,酸性喷发岩类一般用不同的红色来区分时代,而欧美国家岩体的设色基本与地层一致,仅用花纹、代号与地层进行区分。因此,中国出版的地质图颜色比较鲜艳、丰富。世界地质图委员会(CGMW)在 2008 年、2010 年发布的 CMYK 色标,面色是 CMY 三色色标,地层只划分到"统",只适用小于 1∶100 万的地质图。中国 1∶50 万的地质图,地层的划分精度一般到"阶",岩体的划分精度也要随地层划分,所以用色要多得多。因此,我们认为地质图的面色应用 CMYK 四色设计,可以大大增加选色的范围,同样可用四色印刷机一次印刷完成。

(9) 地质图实现数字印刷模式　地质图的印刷已发展到数字印刷的时代,数字印刷是一个从信息输入一直到印刷,完全在一个数字化系统的控制下进行,将印前、印刷、印后融为一体,数字印刷周期短,印前准备阶段完全自动化,大大提高印刷速度和质量。地质制图的图面设计必须配合数字印刷的要求,尽量采用四色设色,在印刷时用四色印刷机可以一次印完,提高地质图的印刷质量。在印前采用数码打样,印刷时采用数字的 CTP 制版、印刷,因此,中国的地质图印刷与国外的先进技术是同步的。地质图的印前技术发展很快,借助互联网,实现了远程打样模式,是基于高精度显示器、色彩管理技术实现打样,也就是屏幕打样、数码打样与远程打样的完美结合。现在已开始实行远程制版,可以满足异地客户的制版需求,更加体现了高速快捷、高质量和低成本。印刷包装迈入印刷环保时代,淘汰落后印刷工艺,开始步入绿色印刷,在印刷的各个环节所使用的材料是环保无污染。

近年来,全国各地、各部门更新和编制了一系列地质图件,并建设了相应的空间数据库。中国的地质制图与GIS取得快速发展。从1999年开始实施的地质大调查10年计划,在"十一五"期间,完成了全国1:25万国际分幅100余幅、1:5万的野外区域地质调查开始并采用数字填图,并分别建立了数据库。现在很多图幅都在进行系统总结、综合集成、成果出版。以化探扫面的成果为基础,编制的多目标主要成矿元素地球化学块体图等;中石油、中石化编制的一系列世界、中国的有关油气的图件;固体矿产方面编制了1:500万前寒武纪、古生代、中生代、新生代矿床成矿系列图;环境地质、煤田地质、地球物理等都编制了一系列图件。总之,现在难以统计"十一五"期间中国共编制多少种图,这足以说明中国的地质编图、地质制图迎来了大发展。

第六节　中国地质实验技术研究

一、实验测试研究概述

在地质工作中,需要运用物理的、化学的以及其他手段对地质勘查和科研工作中采集的样品进行化学分析和岩矿鉴定。这些工作是野外工作的继续,是描述地质现象或进行定量的地质解释所不可或缺的。由于它使用仪器装备在实验室中进行,故通称实验测试工作。

地质实验测试工作是地质科学研究和地质调查工作的重要技术手段之一。其产生的数据是地质科学研究、矿产资源及地质环境评价的重要基础,是发展地质勘查事业和地质科学研究的重要技术支撑。世界著名地质学家、中国首任地质部长李四光先生曾在1953年全国地质化验工作会议上说:"地质、测量、化验三足鼎立,三分天下有其一",精辟地阐明了地质实验工作的作用和地位。地质科学的发展历史已充分证明地质实验测试技术的发展对地质科学发展的重要支撑作用,也必将证明现代地质科学研究的创新和突破将越来越依赖地质实验测试技术的创新和突破。现代地球科学研究领域的不断拓宽对地质实验测试工作的需求日益增强,迫切要求地质实验测试技术不断地创新和发展,以适应现代地球科学研究日益增长的需求。

地质工作的战略转变需要先进的技术作为支撑,需要多种现代技术的集成,需要多"兵种"、多技术、多手段对重大地质问题进行攻关。地质分析测试技术的发展必须适应地质工作的根本转变,以地球科学发展的需求为导向,以现代分析科学的飞速发展为依托,成为新历史条件下地球科学研究的重要技术支撑。国内外地质分析的发展方向正逐步适应地质工作的这种根本转变。

1949年前地质实验测试工作十分薄弱。全国仅南京、北京、兰州等市及少数省的地质单位内设有实验室,总计不足10个。一般一个实验室只有二三人。如成立于1930年的前实业部地质调查所沁园燃料试验室,不仅作各种燃料分析,还担任全所各种岩矿等样品的分析化验,化验人员也不过三五人。

新中国地质实验测试技术工作可追溯到建国初期的1952年。其发展可分为几个阶段(中国地质学会岩矿测试技术专业委员会,2011):

(1)初创时期(1952~1960)　新中国成立后,全国原有的化验技术人员不过20人,技术装备也十分简陋,很不适应新中国建设的需要。当时的实验测试仪器设备主要为引进为主。1954年各化验室成立了方法研究组。从岩矿分析专业来看,采用的技术在50年代已接近国际上同行业的先进水平。各实验室研究完成的分析方法,有些编入了1959年编辑出版的《矿物原料分析》一书中。这一阶段的研究工作主要针对完成当时勘查和开发的铁矿、铜矿、锰矿等方面的分析任务,以经典的化学分析方法为主。

(2)调整、提高时期(1961~1970)　1963年地质部实验管理处组织力量对地质部门发现的115个重点矿区存在的实验技术问题进行了调查排队,初步确定分析方法、鉴定方法、物质组成研究、选冶试验和矿产综合利用等方面共有70个课题。1964年地质部在济南召开全国实验工作会时,在会上经讨论,确定选择其中急需解决的18个课题作为第一批任务。这可说是第一次实验测试科技发展规划。由于地质科学研究的需要,在60年代地质研究所首先建立了同位素年龄测定实验室,为以后发展同位素地质年龄测定打下了基础。50年代末60年代初研究完成的稀有元素分析方法多数发表在1964年全国测试基地年会报告集中。其中包括了稀土元素分量测定、铂、钯、硒、碲、铌、钽、镓、铟等稀有元素分析方法。为解决金矿勘查评价中的测试问题,张家口中心实验室承担并完成金矿K值试验,河南实验室等完成的氢醌容量法,为金矿的评价起到了很好的作用。河南实验室完成的化学—光谱法用于化探找金开始取得了成效。60年代后期,由于"文化大革命"的影响,使不少实验室不能正常工作,但地质部门还是完成了200多个矿区矿石物质组成研究和选冶试验工作,满足了当时的矿产评价工作。

(3) 恢复、整顿时期(1971~1980) 1972年7月国家计委地质局(即原地质部)在北京召开了全国地质实验工作会议,会议讨论了加强实验测试技术研究,制订地质实验工作管理制度等。会后,实验管理处提出了"地质实验十年技术装备和科研工作设想要点",在此基础上经过讨论制订了1973年~1977年科技发展规划。确定了新产品试制、物质组成研究、选冶试验和技术方法等多个科研项目,如高精度原子吸收光谱仪、原子荧光光谱仪、光栅光谱仪等的研制;物相分析方法、价态元素分析、特种元素(指铂族和稀土元素)分析、微区微粒分析、催化极谱法、矿物物理方法研究;复杂矿区物质组成赋存状态研究、钒钛磷铁矿、低品位磷矿、硫化铜矿等的综合利用研究。研究工作取得了不少成绩,为使研制成功在实际工作中行之有效的方法能普及推广,实验管理处组织力量对原出版的《矿物原料分析》一书进行修编,更名为《岩石矿物分析》第2版。将新研制成功的一些实用分析方法编入该书中,提供广大岩矿分析工作者应用。针对当要开展1:20万区域化探工作缺少许多微量元素的分析方法,再加仪器设备陈旧落后的状况,开始组织对国外有关实验测试的信息进行调研。

(4) 地质实验测试技术大发展时期(1981~1990) 在"六五""七五"期间,将不少实验测试项目列入部科技项目计划中。并积极向国家申请专项外汇购置先进的测试仪器装备,1983开始成功的引进了一大批大型精密测试仪器,包括等离子光量计,X射线荧光光谱仪,质谱仪,气相色谱仪,离子色谱仪,石墨炉原子吸收光谱,红外光谱,电子探针以及某些物化性能测试设备。先进仪器设备的引进推动了实验测试技术的研究,围绕当时1:20万区域化探扫面工作和非金属矿产的评价和开发利用,建立了大量可靠、适用的实验测试方法。实验测试技术和测试能力大幅提高,据统计,获得国家奖励的成果19项,获部、省级一二等奖励的成果66项,三四等奖的成果439项。这些成绩和成果,说明地质实验测试水平已达到或接近国际同行业先进水平。截至1985年,全国地质部门的实验人员总共2万多人,各类实验室共500多个,形成一个各有专业分工,大中小型实验室相结合的体系,1985年测试样品已超过600万件,工作量比1981年成倍增长,是1953年测试样品的75倍,因此,促使各实验室加强了技术方法的研究。中国地质科学院等有关科研部门,也把这方面的课题作为重要研究项目。各单位还陆续引进了诸如电子探针、扫描、透射电子显微镜、质谱仪、古地磁仪等设备;充实或新建了古地磁、同位素地质、高温高压或成岩成矿、矿物微观测试等实验室或研究室。当前,矿物的X射线结构分析、微区分析,已普遍地开展。X光荧光光谱和等离子体直读光谱等痕量多元素测定技术,在大、中型实验室中广泛应用。地质队实验室的技术装备也有了很大改善。由于仪器设备的改善、技术方法研究的加强,同位素年龄实验室、稳定同位素实验室、物化探实验室、能源矿产实验室、海洋地质实验室、岩土力学实验室、水质分析实验室等专业实验室的技术水平在此时期均有较大的提高,满足了地质科研和各自专业的需要。这个时期是地质实验测试技术发展的辉煌时期。

(5) 地质实验工作的转轨期(1991~2000) 在"八五"前期,不少实验室在开展找矿矿物学研究、非金属矿开发应用方面、大型仪器设备技术改造方面均取得了好的进展。但是,进入20世纪90年代后,国际国内的地质矿产行业,逐步进入低谷期,对地质实验测试技术的研究工作造成了极大的不利影响。尽管如此,"八五""九五"期间,各地质实验室仍进一步完善和提高痕量多元素分析技术、同位素地质年龄测试技术,在地质实验室内形成了以 ICP-MS、ICP-AES、XRF 技术为主的痕量多元素分析配套方法,同时开始注重有机分析在地学中的应用研究。"九五"末在国家科技部支持下,建立了北京离子探针中心,为开展现代微区微束分析创造了有利条件。根据国家的要求,制订了"九五"发展地质矿产勘查关键技术,有关实验测试技术部分主要是开发研究矿业生物工程技术;发展无污染提金技术,开发研究超微粉体工业技术;开发研究柱撑粘土及其应用技术;发展 ICP-MS 分析技术;发展岩石矿物的现代显微分析与分布分析技术。

(6)地质实验测试技术发展的黄金时期(2001以来) 新世纪依始,顺应国家经济建设和社会可持续发展对地质工作需求的变化,国家对地质工作做了重大调整。地球系统科学研究是传统的地学研究领域极大地拓宽,这给地质实验测试工作创造了广阔的发展空间和难得的发展机遇;国家科技体制改的进一步深化和"科技兴地"战略的实施,为我们提供了发展的坚实保障;国家对资源环境的重视,制定、发布了《关于加强地质工作的决定》等一系列重要决定,从政策、经费等多方面加强了对地质工作的支持力度,可以说,我们又迎来了地质实验测试工作大发展的又一个"春天"。2001 年以来地质野战军装备规划的落实,地质调查专项实施,国家对科研事业单位各项优惠政策的出台,在设备、人才、经费、政策等方面极大地促进了地质实验测试研究工作的发展,近年来取得的一系列研究成果充分说明了这点。

二、岩矿分析方法的研究

20 世纪 50 年代初学习苏联的一些分析方法,并在实际工作中不断地加以改善和发展,很快建立了各种岩石矿物主要成分及伴生的有益有害元素的分析方法。1959 年出版的《矿物原料分析》与 1974 年出版的《岩石矿物分析》代表了当时中国岩矿分析工作的水平。60 年代初地质部地质科学院和南京、张家口、西安等省地质局中心实验室及冶金部北京地质研究所、有色金属研究院、中国科学院、地质研究所等单位开展了岩矿矿物中的稀有元素分析方法的研究,使中国地学领域的稀有元素分析水平有了很大提高。铂族元素分析是化学分析的难题,地质部门从 60 年代初就开始系统深入研究,发展了多种分析测定方法。1962 年林玉南提出的用双十二烷基二硫代乙酰二胺比色法测定铂,后来还扩大试剂应用于连续比色法测定铂、钯。经多年研究,1974 年林氏在地质部峨嵋矿产综合利用研究所试验成功"硫锑试金法",把铂属 6 种元素富集于毫克量级的金属珠中,最后进行光谱测定。该方法流程短、灵敏度高、分析速度快,已在全国广泛使用。痕量元素分析从 70 年代末起发展起来,广泛研究了不同原理的分析方法,如光度法、电化学法、光谱、火焰光度、原子吸收、X 光荧光、等离子体直读光谱,以及原子荧光、质谱、中子活化等技术。各种元素基本上都有 2 种以上的可靠分析方法。许多痕量可测定到纳克/克级。痕量稀土元素分析已经得到了较好的解决。痕量非金属元素分析也取得了很大进展。从 60 年代起随着地质找矿和地质科研工作的深入,开展了单矿物主成分和痕量元素分析方法的试验和研究,建立了百余种稀有元素矿物、金属及非金属矿物、硅酸盐矿物的微量和半微量化学分析方法,还进行了大量光度法、原子吸收法、溶剂萃取、离子交换、纸上层析等针对具体矿物对象的分析研究工作,主成分分析研究中的取样量最低达到 1 毫克以下。

三、岩矿鉴定及测试技术研究

20 世纪 50 年代~60 年代对矿物岩石的观察研究主要是以矿物晶体光学测试技术为基础。60 年代中期,为深入研究一些重要地质现象和成矿规律以及加强矿产综合评价与综合利用,开始注意发展新的矿物物理测试技术。70 年代以来在非金属矿物性和工艺性能研究方面,对蓝石棉进行了光学性质、机械性质、热学性质、过滤性能以及其他物理性能和化学性质的试验研究,正确评价了中国各地蓝石棉矿产的质量。由于对粘土矿物进行了红外吸收光谱、X 射线衍射和差热分析,开展了阳离子交换量、脱色力、吸蓝量、膨胀倍、胶质价、湿压强度、干压强度、热湿拉强度、比表面、透气性、造浆率、白度和可塑性等方法的试验,对评价凹凸棒石、海泡石、膨润土、沸石、高岭土起了重要作用。为了使这些资源尽快开发利用,还在实验室试验研究的基础上,与有关厂矿结合开展扩大性试验,促进了地方工业的发展,有明显的社会、经济效益。中国不少地质实验室除了开展技术方法的研究外,还结合实际工作需要,与有关工厂结合开展实验仪器的研制,其中比较突出的是成都地质学院研制成功的紫外影像仪及紫外光电鉴定仪;中国地质科学院矿床研究所研制出的MF-1型中频介电分离仪。一些实验室研制出的可控硅自动磁力锤等。

四、岩矿分析标准样品

不同的分析对象,应用相应的标准样品,作为标准。它是岩矿测试工作中质量管理和进行方法研究的重要依据。中国各地地质实验室协同攻关,研制出了几十种标准样品。例如,由地矿部西安地矿所和陕西、甘肃地质实验室负责,有地矿部、冶金部系统近20个单位参与协作的首批岩矿分析测试标样——铬铁矿超基性岩标准样品4个,已于1979年研制成功,引起国际瞩目。1983年国家计量局确定了这4个标准样品为国家一级标准物质。中国第1批地球化学水系沉积物标准样品,由地矿部物探所、测试所负责,有地矿部、冶金部、核工业部、中科院等系统的40多个单位参加研制,共定值44个元素,填补了中国痕量多元素标准样品的空白,及时满足了大规模化探扫面质量监控的需要。国际上公认这一批标准样品在方法上一致,数据处理上更客观。中国首批24种矿物电子探针定量分析用标准样品由地矿部矿床所、测试所、中国地质博物馆负责,有10多个单位共同协作,已于1983年研制成功,填补了微区分析标样的空白。此外,冶金部还有4个金银标准样品,核工业部有9个铀矿石标准样品和7个铀、钍、镭标准样品,化工部有3个磷矿石标准样品,等等。在由加拿大地质调查局实验室主持、12个国家32个实验室参加的铁建造岩国际标样(FeR1-4)的分析工作中,湖北省地质局实验室报出的分析数据质量等级名列第2位,项目和数量居首位。

(杨守仁)

五、近年来中国岩矿分析与测试技术研究

2006年9月在北京召开了由中国地质调查局和国际地质分析家协会联合主办,国家地质实验测试中心承办的第6届国际会议(Geoanalysis 2006),主题为"资源与环境材料的现代分析技术",针对环境和地球化学研究中的分析技术、微区和原位分析技术、同位素地球化学和同位素地质年代学、数据质量控制与标准物质、勘查地球化学和地球化学填图中的分析技术、现场分析技术及仪器、样品制备技术、绿色实验室和分析技术等8个专题进行了充分的交流和研讨。Geoanalysis 2006国际会议进一步体现了近几届国际地质分析大会所表现出的地质分析领域的发展紧密围绕现代地球科学发展需求的特点,充分体现了地质实验测试技术从单纯资源分析向资源环境物料分析并重的发展趋势,体现了地质实验测试技术从传统的无机分析向有机分析、形态分析,从宏观的整体分析向微观的微区原位分析,从单纯元素分析向同位素分析,从单元素化学分析向以大型分析仪器为主的多元素同时分析,从实验室内分析向野外现场分析的拓展。适应现代分析测试仪器发展的绿色样品制备技术和方法、海量分析数据的自动化处理也成为当今地质分析研究的热点。质量控制、地质实验测试方法标准和相关技术规范的研究和制(修)订、标准物质的研制、功能强大、自动化程度高的专业化地质分析仪器及其辅助装置的研发也越来越引起国际地质分析界的重视。这些已成为当今全球地质实验测试技术发展的新趋势和新方向。

地质分析测试技术的发展必须适应地质工作的根本转变,以地球科学发展的需求为导向,以现代分析科学的飞速发展为依托,使之成为新历史条件下地球科学研究的重要技术支撑。国内外地质分析的发展方向正逐步适应地质工作的这种根本转变,这也是当今中国地质实验测试工作发展的大方向和总趋势。

近年来,国内地质实验测试技术的发展顺应国际地质实验测试技术发展的大趋势和国家地质工作重大调整对地质实验测试工作的需求导向,特别是结合新一轮地质大调查和重大地质工程项目的开展以及地质"野战军"装备规划实施,大型科学仪器的引进,极大地带动实验测试技术的应用方法研究,使分析测试新技术的推广和普及上了一个新台阶(中国地质学会岩矿测试技术专业委员会,2011)。

1. 无机元素分析技术

无机实验测试技术的发展主要体现在 XRF、ICP-AES、ICP-MS 等现代大型多元素分析测试仪器的引进和普及,极大地推动了痕量、超痕量元素新技术新方法研究和针对不同地质调查目标的元素分析组合配套技术研究成果的应用推广,并取得了较大的进展。"十五"期间,在中国地质调查局的支持下,国家地质实验测试中心、中国地质科学院物化探研究所和一些属地化实验室开展了针对勘探地球化学样品中76元素测定的"勘探地球化学样品中76元素测试方法技术和质量监控系统的研究"、针对多目标地质调查(54个组分)的"区域地球化学勘查样品分析方法"研究和"痕量、超痕量元素新技术新方法在地质调查中的开发应用"等配套测试方法的研究。研究工作所取得的成果,保证了多目标地球化学填图工作的顺利开展和"超低密度地球化学填图"项目的实施。"十五"期间建立的以 XRF、ICP-AES、ICP-MS 等现代大型多元素分析技术为支撑技术,如锍镍试金 ICP-MS 测定地质样品中铂组元素分析方法;封闭压力酸溶 ICP-MS 直接测定47个痕量元素分析方法;碱熔沉淀 ICP-MS 测定稀土等25个元素分析方法、砷、锑、铋、硒、碲、锗、汞的 AFS 和 ICP-MS 分析方法;封闭压力酸溶 ICP-AES 测定地质样品中硼、砷、硫方法;ICP-MS 测定地质样品中溴、碘、砷、硒;高频红外测硫仪和离子色谱法测定地质样品中阴、阳离子等分析新方法进一步得到了推广与广泛应用,并在应用中得到了进一步完善。在扩大测定元素范围的同时,提高了分析准确度和精密度,简化了分析流程,极大地提高了工作效率。目前,中国有21个省市自治区开展了多目标生态地球化学调查,涉及中国260万平方千米,已完成的土壤和沉积物定量分析样品超过200万件。这些项目的研究成果为地球化学调查工作提供了重要的技术支持,并在应用中得到进一步完善。

配合生态环境地球化学调查与评价项目对生物样品分析的要求,国家地质实验测试中心和其他地质实验室开展了针对生态环境地球化学样品分析方法体系的研究,并取得了一些重要研究成果。针对"全国地下水水质调查和污染评价"项目对一些重要元素分析的要求,一些地质实验室应用 ICP-AES、ICP-MS 和高分辨连续光源原子吸收光谱等现代多元素分析测试技术与传统化学分析方法相结合,开展了水样中一些重要金属、非金属元素的分析方法研究,并取得了一些研究成果。国家地质实验测试中心还利用近年来新引进的偏振激发 X 射线荧光光谱仪开展了地质样品分析应用研究,在国内率先将该技术应用于地质样品分析和流体(卤水)样品中主量元素的测定,并对偏振激发 X 射线荧光光谱空间分布特点进行了研究。

无机元素分析技术的进展还反映在地质样品微区痕量原位元素分析技术的应用研究和进展。国家地质实验测试中心自2006年引进激光烧蚀—高分辨等离子体质谱(LA-HRICPMS)以来,进行一系列分析方法研究工作,开展了各种矿物剥蚀效率的研究,并对原有标配剥蚀池进行了改造;建立了多元素原位微区定量分析方法,并探讨了影响测定的各种可能因素;建立了基体归一校正方法,使测定可以不必事先通过其他仪器测定内标元素,并已很好地应用于锆石中微量元素的分析。该技术在矿物微区痕量元素定量分析中已初步显示出了广阔的应用前景。

2. 元素形态分析测试技术

近年来,国内地质实验室元素化学形态分析的研究和应用工作的主要方向和领域之一是围绕目前国内开展的多目标生态地球化学调查,开展土壤样品中 Cu、Pb、Zn、Mn、Co、Ni、Cr、Cd、As、Sb、Hg、Se 等12种元素的顺序提取、相态分析方法的研究和完善。顺序提取共分为(水溶态)、离子交换态、碳酸盐结合态、弱有机结合态、铁锰氧化物结合态、强有机结合态和残余态共7个相的相态提取和分析方法研究,这部分任务主要由安徽岩矿测试中心、武汉综合岩矿测试中心、南京综合岩矿测试中心等属地化单位承担。建立的方法已开展了多次比对,并广泛应用于多目标地球化学调查,完成了数以万件计的样品分析任务,在生态地球化学调查与评价中发挥了极为重要的作用。其特点是,研究的新方法将 ICP-AES 和 ICP-MS 等高灵敏度、高精密度的现代多元素同时分析技术与传统化学分析技术相结合,极大地提高了方法的灵敏度,扩展了测定元素的范围,提高了分析效率。与技术方法研究相配套,中国地质科学院物化探研究所研制了 6 个有效态国家一级标准物质(GBW07412-07417)。国家地质实验测试中心在国家科研基础条件平台项目的支持下,研制了 3 个土壤和沉积物(黄土、湖底沉积物和人口密集区土壤样品各 1 个)中 13 各微量元素顺序提取标准物质,按中国的 7 态定值,并与 Tessier 的 5 步和欧盟 BCR 分步提取流程进行了比较,该研究成果被批准为国家一级标准物质。该系列标准物质的研制填补了国内形态分析没有标准物质的空白,研究水平处于国内领先、部分指标达到国际领先水平。中国地质调查局使用该系列国家标准物质,组织了 3 个年度的形态分析比对试验,显著提高了参加实验室土壤(沉积物)形态分析的技术能力和数据可比性,同时验证和统一了生态地球化学评价样品形态分析方法,为管理部门客观、公正、科学合理地分析评价实验室的技术能力提供了技术依据。本系列标准物质的研制,为建立土壤和沉积物中重金属顺序提取形态分析技术体系和质量监控体系奠定了坚实的基础,为制定相应标准规范提供了基础数据和编制依据。顺序提取—相态分析方法和研制的标准物质在地质实验室得到了广泛普及和应用。在生态地球化学调查评价样品分析中,近 30 个实验室使用该分析方法和系列标准物质完成了 2 万余件样品的测试,保证了数据质量,为当前全国正在开展的生态地球化学调查与评价项目的开展提供了可靠的技术支撑。

近年来,国内地学界在元素化学形态分析的研究和应用工作的另一主要方向和领域是围绕生态地球化学研究,开展重金属有机化合物形态分析方法研究。该研究旨在获取重金属元素在土壤、水、生物体内的形态分布、转化和迁移的信息,并进一步为其生物有效性和毒理性研究提供基础信息,为重金属污染的控制与修复、地方病的防治和改善人类生存质量提供科学指南。2006 年以来,在上级部门的支持下,挂靠在国家地质实验测试中心的中国地质科学院生态地球化学重点开放实验室系统开展了元素形态分析方法研究。研究人员以先进的气相色谱(GC)、高效液相色谱(HPLC)等分析技术与高灵敏度、高精密度、高分析效率的电感耦合等离子体质谱(ICP-MS)技术联用,建立了包括元素价态、金属有机化合物、生物可利用有效态的形态分析体系,并取得了初步研究成果。开展了碘的形态分析方法研究,建立了环境样品中碘的形态分析方法,为碘在环境中存在的形态及其相互转化,以及生物有效性或毒理性研究提供了实用的分析技术;开展了汞的形态分析方法,建立了碱消解-HPLC-ICP-MS 测定生物样品中的甲基汞与乙基汞的方法;开展的 As、Sn、Pb 等金属有机化合物分析方法研究,以及溴的形态分析以及有关镉超积累植物的形态分析等研究工作是现代分析化学研究的前沿领域,在研究工作的中,注重广泛开展国际合作,国家地质实验测试中心,与美国佛罗里达大学、佛罗里达国际大学和比利时根特大学、美国地质调查局等国际知名大学和研究机构建立了长期开展学术交流和合作研究的关系,充分体现了开放、联合的合作研究和资源共享的机制。

3. 有机地球化学实验测试技术

地质实验测试技术从传统的单纯无机分析发展为无机分析和有机分析并重,多方位、多技术、多手段为矿产资源、农业和生态环境等领域的研究和调查提供基础数据是近年来地质实验测试技术发展的最突出的特点。近年来,环境有机地球化学和能源有机地球化学实验测试技术的研究和应用取得了显著的成果。

(1)环境有机地球化学实验测试技术　近年来在"地质野战军装备计划"的大力支持下,地质实验室引进了吹扫—捕集进样系统、快速溶剂萃取、圆盘萃取、气相色谱、高效液相色谱、气相色谱/质谱、超高速液相色谱等现代先进有机分析设备,保证了有机分析测试技术发展所需的硬件设备,推动了有机地球化学实验测试技术的研究和应用,并取得了显著的成果。环境有机地球化学研究的重点主要集中于围绕"全国地下水水质调查和污染评价""全国土地污染现状调查"和"大陆科学钻探工程"等国家重大项目,开展了有机地球化学实验测试技术研究工作。针对"全国地下水水质调查和污染评价"项目中要求的87项必测和选测的有机污染物分析项目,开展了地下水中挥发性苯系物、卤代烃和有机氯农药、苯并(a)芘等必测组分测定方法的系统研究,建立了大口径毛细管柱气相色谱法测定水中15种有机磷农药、顶空气相色谱测定地层水中的苯系物和水中石油类有机污染物的定性分析等分析测试方法。并结合地下水水质检测中有机污染物分析的质量异议问题开展研究工作。研究成果在行业内迅速推广应用,满足了完成全国地下水调查、全国地下水监测的高灵敏、高准确度的大批量检测任务的急需;针对多目标地球化学调查与评价中主要有机污染物分析的需求,建立了高效液相色谱—荧光—紫外串联测定土壤中16种特定多环芳烃和水、土壤样品中挥发性卤代烃、苯系物、有机氯农药、有机磷农药、酚类化合物等有机污染物分析方法,对所建分析方法进行了应用考查、比对及有效性评价,形成一套相对快速、经济的地质样品中有机污染物分析方法,已在多目标地球化学调查、土壤质量调查中得到推广和应用;开展了多氯联苯、邻苯二甲酸酯类等环境激素类有机污染分析方法研究,满足当前环境、生态地球化学调查需要;开展了海洋沉积物中吸附态轻烃的气相色谱分析研究;结合中国大陆科学钻探工程开展了中国大陆科学钻探工程主孔0~2000米超高压变质岩中有机质的检出及成因研究和大陆深钻超高压变质岩中可溶有机质提取等研究;还开展了天然气气体水合物检测技术、微区分析新技术"激光微裂解—气相色谱—有机质谱测定煤中有机物"等前沿新技术、新方法研究。

有机实验测试技术研究工作突出的特点之一是研究起点高,研究工作广泛采用了新技术。国家地质实验测试中心在围绕地质调查专项的要求和有机分析测试技术的最新发展,在地质系统率先引进了先进的有机实验测试仪器设备,建立了基于当今先进样品提取、净化、分析等有机检测新技术的分析方法,以满足地质调查样品快速、环保、灵敏、高通量的分析要求,力争与国际水平接轨。

吹扫—捕集/气相色谱—质谱法是目前国际上最灵敏的水中挥发性有机物的分析方法。针对地下水中挥发性有机物含量一般为痕量到超痕量水平,分析过程极易挥发损失和相互交叉污染等特点,紧跟当前挥发性有机物检测的发展方向,将吹扫—捕集/气相色谱—质谱法引进到地下水挥发性有机物的测定,避免了样品采集、保存和检测过程的污染和挥发损失,以及常规顶空、直接进样分析法低灵敏度、易损失、易污染的缺点,使得地下水中挥发性有机物分析指标达到国际先进水平。

固相萃取技术是近年来用于大体积液体样品富集和净化的样品处理新技术,具有简单、快速、污染小、适用于批量样品的分析等优点,可以避免传统、常规的液—液萃取技术劳动强度大、分析效率低、有机溶剂用量大、易造成二次污染等问题。针对地下水中挥发性有机物含量低,样品分析前需要大体积富集的特点,积极研究和开发固相萃取新技术,确保检测方法灵敏、准确、高效。目前研究开发的"圆盘固相萃取—气相色谱测定水中16种有机氯农药""圆盘固相萃取法—气相色谱测定水中13种有机磷农药""固相萃取—高效液相色谱测定水中有机酚""圆盘萃取—气相色谱/质谱测定水介质中多氯联苯"和具有中国自主知识产权的"502树脂固相萃取水中多氯联苯"等系列分析方法,大大提高了样品分析效率和分析准确度,减少了大量有机溶剂对环境造成的污染,满足地下水中主要半挥发性有机污染物检测的急切需要,其技术指标达到国内先进水平。土壤、底泥等复杂基质中痕量有机污染物分析是目前有机污染物分析的又一难点。积极探索、研究现代微波萃取、加速溶剂萃取等固相提取新技术,并结合固相萃取、凝胶色谱净化新技术,使得土壤、底泥等复杂基质中有机污染物的分析效率成倍提高、有机试剂用量大幅降低,分析方法更加灵敏、准确,避免了常规索氏抽提分析流程长、使用大量有机溶剂的缺点。建立的"微波萃取—气相色谱/质谱测定土壤样品中多氯联苯""加速溶剂萃取—气相色谱/质谱测定土壤样品中多氯联苯""加速溶剂萃取—气相色谱/质谱测定土壤样品中邻苯二甲酸酯""加速溶剂萃取—气相色谱/质谱测定土壤样品中有机氯农药残留量"等系列分析方法,其技术指标先进,已经在多目标生态地球化学调查、土地质量调查中发挥了积极作用。

随着有机物污染检测技术的发展,寻求有机污染物高灵敏检测的新技术也是有机污染检测发展的方向。针对多氯联苯中高氯代化合物常规检测灵敏度低和地下水样品中有机氯农药有机污染物需要大体积富集、浓缩给样品采集、运输、提取等带来的问题,研究和开发了"气相色谱/质谱/负化学电离源测定多氯联苯"和"大体积进样高灵敏度检测地下水样品中有机氯农药残留量"的检测新技术,大大提高了多氯联苯、高氯代化合物、有机氯农药的分析灵敏度;提出了电子轰击源与负化学电离源联合定量测定多氯联苯检测的新方法,弥补了常规电子轰击源定量分析的不足,使多氯联苯检测更加灵敏、准确。同时大体积进样高灵敏度检测新方法大大减少样品富集倍数和有机试剂使用量,分析方法更加简单、环保,为减少样品采集量探索一条新路。

研究工作的另一个特点是,坚持以国家需求为导向,坚持以重大科技项目带动学科的发展,注重以任务推进队伍建设,研究成果具有鲜明的实用性。近年来围绕"全国地下水水质调查和污染评价"专项、地质大调查项目"多目标地球化学调查"、国家重大地质工程"中国大陆科学钻探工程"、国家"973"项目"首都北京及周边地区大气、水、土环境污染机理与调控原理"、中国地质大调查项目"地下水监测数据综合处理"、海洋"126"专项"西沙海槽区天然气水合物地球化学异常识别研究"等国家重大项目的需求,依托国家自然科学基金重大项目、国家重点研究发展规划(973)项目、国土资源部自由探索项目、国土资源部地质大调查等项目,开展研究工作,促进了环境有机地球化学学科的发展。研究工作注重与队伍建设和能力建设相结合。"十一五"以前地矿系统只有国家地质实验测试中心一家机构健全、具有较强分析测试能力的环境有机地球化学分析实验室。"十一五"期间针对地质科研和地质调查的需求,已有近20家地质实验室组建了有机分析实验室,到目前为止,已有11家地质实验室通过考核和现场评审,获得了承担地下水样品有机污染物分析的资质,具备了开展相应分析测试的能力,在地矿部门从无到有,初步形成了一支从事环境有机地球化学分析的实验测试队伍。自2006年以来,这些实验室已完成"珠三角""长三角""环渤海"等地区地下水水质调查和污染评价项目和地下水监测项目的4000多组样品,37个有机污染物组分的测定任务,支持了国家相关重大科技项目的开展。

实验测试标准化工作滞后是当前地质实验测试工作存在的突出问题之一。有机实验测试技术的发展在起步阶段就重视到这个问题。为使有机实验测试技术方法的标准化具有统一的分析测试质量管理,规范试验操作行为,保证数据质量,便于数据比对,为地质调查工作和环境质量评价提供可靠数据,近年来,国家地质实验测试中心先后在"地质调查技术标准研制、修订与升级""地质调查实验测试方法系列标准研制与修订"等地质调查项目的支持下,开展了"水介质中有机污染物—挥发性卤代烃分析方法""地下水中有机氯农药分析方法"等行业标准的研制,极大地促进行业有机分析测试技术的标准化建设。

(2)能源有机地球化学实验测试技术 近年来,部、局、院的油气项目逐年迅猛增加,已达到每年数亿元经费的规模,但与之不相适应的是国土资源部系统至今还没有一个开展油气地球化学研究的分析实验室。因此,建成国土资源部系统第1个油气地球化学分析试验室已列入国家地质实验测试中心"十一五"科技发展规划的重要目标之一。在上级部门的支持和研究人员的共同努力下,这个目标已初步实现。近几年来,研究工作取得了初步成绩,已形成了常规油气地球化学的分析测试能力,包括烃源岩总有机碳(TOC)分析,Rock-Eval分析,氯仿沥青"A"分析,以及烃源岩抽提物和原油的石油族组分分析,饱和烃气相色谱分析,饱和烃气相色谱-质谱分析,芳烃气相色谱分析,芳烃气相色谱—质谱分析,单分子饱和烃的碳同位素比值分析。在新技术方法的应用与开发方面,通过引进加速溶剂萃取技术(ASE)改进了氯仿沥青"A"的抽提与定量分析技术;通过对石油族组分分析的棒薄层色谱技术(TLC-FID)的系统研究,修正并充实了该技术的层析条件和定量依据;通过对中压液相色谱技术(MPLC)在石油族组分分离制备上的应用研究,实现了对于饱和烃、芳烃馏分制备的仪器化。随着地质"野战军"专备规划的落实,在能源有机地球化学实验测试的能力还会进一步加强。与此同时,在中国地质调查局的支持下,开展了"油页岩含油率分析标准物质研制"项目研究。完成了5个样品的采集、加工制备、力度检验和细碎。5个样品基本代表了中国典型矿区或矿床。农安油页岩矿区以规模大著称,桦甸油页岩译稿含油率为特点,茂名油页岩以南方生物成因为典型代表。样品含油率梯度分布合理,基本涵盖了中国目前已发现油页岩矿石的低、中、高品位含量,可满足实际工作需要。

(3)野外现场分析测试技术　利用现代分析测试技术的新进展,开展野外现场分析技术研究,为地学科研和矿产勘查提供及时、可靠、乃至决策性的现场测试数据支持,是地质实验测试技术发展的重要方向之一。国家地质实验测试中心将其列为地质实验测试技术中心长期发展战略目标之一,也是未来发展的重点研究领域和方向。近年来,地质科研、地质调查野外现场分析技术有了长足的发展。大陆科学钻探工程的开展,有力地带动了现场分析技术的发展,特别是科学钻探现场流体分析技术达到目前国际水平,为及时获得地下流体地球化学信息作出了重要贡献。国家地质实验测试中心先后承担了流体地球化学实验室建设(原计委国家重点工程)、大陆科学钻探孔区地下深部流体与微生物研究(自然基金重大项目课题)、科学深钻的地下微生物与地下流体研究(国家973项目课题)、多功能车载野外实验分析装备研制等多项国家级工程或科研项目(国家863目标导向类课题),开展了大量现场分析研究工作。在大陆科学钻探工程中,国家地质实验测试中心负责的流体地球化学实验室配备了GC、HPLC和小型气体质谱仪等多种现代分析设备,对钻井过程中泥浆的气体和离子组成进行了不间断测量和实时气体数据跟踪,得到了CCSD 5158米主孔气体(H_2、He、CH_4、O_2、N_2、Ar和CO_2)和泥浆中阴阳离子(Cl^-、SO_4^{2-}、F^-、NO_3^-、K^+、Ca^{2+}、Mg^{2+})的完整剖面,为钻井过程决策和相关项目的科学研究提供了大量有价值数据:通过H_2的异常升高为钻头磨损提供实时指示;捕获了苏门答腊、昆仑山西口等8级以上大地震造成的CCSD流体异常数据,发现了地震与流体异常的相关性;对He异常中的幔源成分进行了解析,证实了存在幔源流体的贡献;对H_2、CO_2的大异常进行了现场实验研究,证实由泥浆分解产生的CO_2和H_2与来自地下的流体并存是4820~4930井段极高异常的原因;甲烷异常与晶洞具有极好相关。"十一五"期间开展的以国家地质实验测试中心为牵头单位,中国地质科学院物化探研究所、勘探技术研究所、北京探矿工程研究所参加的国家"863"项目"多功能车载野外实验分析装备"课题的主要目标是面向西部偏远覆盖区的矿产勘查,集浅钻取样、制样和现场分析于一体。该课题强调快速性、经济性和有效性,划分为钻探取样、贱金属分析、贵金属分析、气体分析、车载集成等若干模块,并按模块相对独立地开展工作;这也为研究成果的扩展应用打下了好的基础,比如,气体分析可独立应用于科学钻探现场,贱金属、贵金属可应用于钻探现场等等。项目已取得了预期的研究成果。项目研究目标的实现极大地推动野外现场实验测试技术的跨越式发展。

(4)无污染或低污染的"绿色"分析技术和样品制备技术方法　无污染或低污染的"绿色"分析技术和样品制备技术方法的开发也成为当今国内地质实验测试技术发展的一大发展趋势。国家地质实验测试中心在国内率先开展了样品粒度与分析测试中最低样品消耗量间关系的研究,对涉及不同类型地质样品的粒度、样品代表性和最小取样量的应用基础理论进行了探讨,并取得了初步成果。证明了当样品粒度<30微米时,取样量减小到2毫克仍能保证试样的代表性,使样品溶解的总用酸量减小到0.5毫升,较常规方法酸的消耗量降低了100倍,并大大减小了溶样时间,提高了分析效率。这种前瞻性的应用基础理论研究的突破,不仅将降低分析成本,提高分析效率,而且还将极大地减小分析试剂对环境的二次污染,这项研究的突破将成为分析化学中的一次重要

的理论和实践的创新。国家地质实验测试中心还结合地下水、土壤中有机污染物调查,开展了固相萃取、加速溶剂萃取等低污染样品处理技术的研究,并取得了进展。

(5)实验室基础性工作和科研条件平台建设　围绕现代分析测试技术产生的海量数据,实验室信息管理系统(LIMS)和实验测试质量控制与标准物质的研制也越来越引起重视。在"十五"国家地质实验测试中心、中国地质调查局宜昌地质矿产研究所和武汉综合岩矿测试中心开展 LIMS 的研究并获得重要进展的基础上,国家地质实验测试中心和中国地质调查局宜昌地质矿产研究所对研究成果进行了进一步的完善。中国地质调查局宜昌地质矿产研究所的研究成果进入推广阶段,在地调局的支持下,开始在全国地质实验室推广。利用现代化计算机和信息技术,实现海量实验数据的储存、管理和共享,完善实验室质量控制体系仍将是今后地质实验测试工作重要环节和研究热点。科技条件平台建设的另一重要成果是中国地质科学院北京离子探针中心的科技人员在国内外首次攻克了基于软件测控大型离子探针质谱仪远程共享系统(SROS)的操作技术,实现了在 Internet 公共网络环境下,以远程实时操作实验为目的的大型科学仪器的远程共享。自 2005 年 9 月以来,已实现北京离子探针中心与国内外多个著名大学和研究机构间 SHRIMP II 的单向控制和双向互控。该成果为国家科技基础条件平台建设,特别是大型仪器设备的远程共享开创了成功的先河,起到了示范作用,受到科技界广泛的赞誉和高度评价。中国地质科学院北京离子探针中心 SHRIMP II 离子探针质谱仪的远程共享成果不仅使中国在国际同位素地质研究中占有重要的一席之地,而且也将促进实验科学研究观念和方式的变革,具有重要的科学意义。"十一五"期间,国内地质实验室重视地质试验测试技术的标准化研究工作,在国家科研院所基础性专项和地质调查项目的支持下,制修订了一系列地质试验测试方法标准,研制了一批地质标准物质,制定了一些重要的地质实验测试技术标准和规范,这些标准和规范在地质科研和地质调查中发挥了重要作用。

(6)科学仪器设备的研发　国家重视具有自主知识产权,先进、适用的专业化地质分析仪器及相关辅助设备研发,这也将成为今后地质分析研究的重要领域。

地质分析测试仪器的研制可追溯到 20 世纪 70 年代。从 2001 年起国家地质实验测试中心连续 3 次通过竞标主持了国家"十五"重大科技攻关项目"科学仪器的研制与开发"中的"科学仪器支撑装置和系统的研制与开发"(2001~2003)、"样品自动化前处理仪器设备的研制与开发"(2004~2005)和"十一五"国家科技支撑计划重大项目"科学仪器设备研制与开发"中第一课题"高稳定度光源的研制与开发"(2006~2008 年)。其中"十五"的第一二 2 个课题已分别于 2004 年 2 月和 2007 年 6 月通过验收,研发成果获得相关专家和科技部的好评。

随着现代地球化学、农业和环境地质学的发展以及多目标地质调查工作的需求,一些常规和大型的分析测试仪器在地质系统得到了广泛的应用。针对这种形势,近些来,科学仪器研发的重点聚焦以与大型分析测试仪器项配套应用的样品前处理装置和部分中小型专用仪器设备的研发工作,取得了一些进展。一方面,在样品自动化前处理装置的研发工作中,结合当前国内外技术的发展方向,进行了绿色低污染溶剂萃取技术;样品分析测试中的在线分离、消解等多功能模块化预处理技术;复杂样品中目标化合物的提取及富集技术;样品溶液自动化比例进样及处理技术方面仪器设备的研发。首先,在绿色低污染溶剂萃取技术方面,先后研制成功了顶空、吹扫捕集无溶剂萃取装置;全自动多路加温加压快速溶剂萃取仪;光纤控温微波萃取装置;小型在线 ASE 仪和六路并联全自动快速溶剂萃取装置等设备,在这些装置中的高压、高温萃取池;压紧式密封和完全独立的上下双截止阀设计;小型在线 ASE 仪与气相色谱在线联用设计;光纤控温及微量可燃性气体控制保护等关键技术都具有自主知识产权。其次,在样品的分离、富集技术和溶液自动化处理技术方面,研制了亚临界、超临界流体萃取装置;凝胶渗析萃取装置;带有分离、富集、萃取等样品预处理功能模块的全自动顺序注射在线四道样品/试剂引入装置等设备,这些设备中的阀体的自动控温设计;低脉动泵和可调波长紫外检测器设计;时间模式馏分收集设计等技术都具有创新性,得到了课题验收专家的认可。另一方面,结合地调项目,研发了元素有机形态分离及检测设备和自动在线预处理水质分析装置。利用元素有机形态分离及检测设备,进行了地球化学土壤、底泥样品中 As 元素形态的最佳提取试剂配比、提取条件和测试方法研究,同时进行了地下水、地表水、生物体液及组织中 As 元素形态的检测试验探讨,取得了较满意的检测效果。目前,国家地质实验测试中心与北京吉天仪器有限公司联合研发的专门用于生态环境地质调查中重要有毒有害元素 As、Hg、Sn、Pb、Se、Cd 形态分析 AS-10 型元素形态分析仪已进入应用研究阶段,并将于 2008 年通过鉴定,进入分析仪器市场,将在地下水污染调查中发挥重要作用。

在自动在线预处理水质分析装置的应用研究中,通过不同模块的功能组合,使其能自动完成消解、加热、蒸馏、萃取、分离等工作,能够对饮用水、地表水、污水、工业废水的氰化物、挥发酚、总磷、阴离子表面活性剂进行在线处理和检测,此项技术和装置的推广应用,可以大大的提高分析速度、准确度和精度,减少样品和试剂的消耗,减少不同水平分析测试人员手工操作带来的误差和环境污染。

除此之外,"十五"期间,成都理工大学研制开发了便携式现场 X 荧光分析仪,该仪器在引进美国新产品电致冷 Si-PIN 探测器的基础上,研究开发了 2048 多道分析器,高、低压电源和系统控制、采谱程序和分析方法软件。该仪器首次在同类型仪器中使用功能完整的基体校正模式,为进行基体复杂的地质、矿物样品分析打下了基础。

特别值得一提的是中国地质调查局南京地质矿产研究所研制的便携式近红外矿物分析仪的成功研制为硅酸盐单矿物、含羟基硅酸盐矿物、硫酸盐矿物和碳酸盐矿物的野外现场分析提供了准确、简便、适用的手段,并已得到推广应用,取得了较好的经济效益和社会效益。

这些成果的取得都不同程度地抓住了分析测试仪器、装置的研发与升级改造技术研究的关键:①重视对关键技术的攻关;②充分利用现代电子技术、计算机自动控制技术和精密加工等技术实现分析测试仪器的自动化、智能化和标准化;③注重建立产、学、研相结合的分析仪器使用、升级改造、研制三位一体的科学仪器的新研发机制,开发拥有自己特色、优势、及知识产权的科学仪器、装置,以充分发挥和挖掘现有资源的潜力;④与企业结合,推动研发成果的产业化。这些经验也为今后分析测试仪器、装置的研发与升级改造创造了经验。

第七节　中国地质信息与计算机应用研究

一、中国数学地质与地学信息应用研究的发展

20 世纪 50 年代以来,随着科学技术、测试技术、电子计算机技术的发展,在地质学研究领域与找矿实践中积累了大量的观测数据,急需处理与检索,以获得地质学研究与找矿的有用信息,指导地质学研究与找矿实践。地质工作者开始从比较复杂的数学理论与方法为工具,以计算机技术为手段,对地质数据进行处理与分析;建立数学模型,模拟地质过程,以便识别、解决地质问题。由于地质学和数学的紧密结合与发展,在地质学领域中逐渐形成了一门新的"数学地质"学科。它是数学与地质的边缘学科,它的出现是地质学由定性描述阶段向定量化方向发展的重要标志。1968 年

在布拉格召开的第 23 届国际地质大会上成立了国际数学地质协会(IAMG),已经出版了 3 种有权威性的数学地质期刊。

数学地质是以数学为工具,以计算机为手段,以建立模型为内容,以解决地质问题为目的一门新兴交叉学科。从 20 世纪 50 年代末数学地质开始应用于地质勘探与基础地质的某些领域以来,中国数学地质研究者始终紧盯国家地质勘探中的实际问题来不断发展数学地质方法,深入探索数学地质理论,拓宽数学地质应用领域,为中国地质学的发展作出了重要贡献。当今,现代数学地质理论与地学信息技术技术相结合,已将数学地质带进了一个全新的时代。中国数学地质与地学信息研究者紧绕中国面临的矿产资源、地质环境和地质灾害等重大科学难题进行了积极的探索与实践,有力推动了中国以至全球矿产资源、地质环境、地质灾害的定量化研究水平,提高了对资源、环境、灾害的预测、评价、预防能力。

中国从 20 世纪 50 年代末开始在地质勘探和基础地质的应用了单变量及早期多变量的统计分析工作,并应用于概率模型模拟地质勘探过程。20 世纪 70 年代后期中国数学地质开始蓬勃发展,在地矿、冶金、有色、黄金、石油、煤炭、核工业、化工、建材等部门实际开展了各具特色的矿产勘查与勘探、资源预测与评价的研究工作。如从 1980 年开始在全国范围结合二轮区划工作开展 Pt、Cu、Fe 及石灰岩 4 种矿产的非总和式资源总量预测工作,大大推动了数学地质理论和方法在矿产预测工作的应用,极大丰富了矿床统计预测的理论和方法,扩大了数学地质的影响力。1981 年成立了数学地质专业委员会,几乎每年都交替举行全国性或全国性的数学地质学术讨论会,编辑出版了数学地质系列丛书,使数学地质在中国的发展充满了活力与生机。随着地质科学进一步向定量化、精确化、可视化和动态化发展,向数学地质提出了新的要求,同时也为数学地质提供了广阔的应用舞台。GIS 技术、非线性地质学、神经网络、模糊推断法、数字矿床三维模拟等技术与方法的引入,地、物、化、遥综合信息的连接、综合与合成,人工智能及专家系统的应用,让数学地质广泛地应用于资源、灾害、环境定量预测及评价。

20 世纪 80 年代初期开始在中国一些地质部门先后建立了专业性的数据库,到 80 年代末期数学地质数据库方向已经开展了大量的工作,一些较大的数据库相继建成并投入运行,如化探数据库系统、石油地质数据库、石油资源数据库等,为中国地质学研究与找矿靶区的确定发挥了重要作用,90 年代以来数据库与地质信息系统及地质专家系统密切结合,发挥出更大的作用。

地质学是非确定模型的学科,它有专家系统应用和发展的广阔领域。20 世纪 80 年代之后,中国数学地质学者开始注意专家系统与人工智能在地质学中应用,并有少数数学地质研究机构开展地质专家系统研究,在 80 年代末期至 90 年代初期,出现了一批功能强、效果好的地质专家系统。

进入 21 世纪,中国经济继续保持高速发展,矿产资源短缺与地质环境恶化日趋严重。国家相继启动了"危机矿山接替资源找矿计划""全国 25 种重要矿种的资源潜力评价""矿山地质环境监测"等项目。解决中国目前的资源、环境与地质灾害问题是摆在地质研究者的一道难题。中国数学地质工作者紧绕这些难题开展了大量的理论探讨和方法实践。2007 年第 12 届国际数学地质大会在北京召开,大会以"数学地质—地学信息与资源—环境—灾害评价"为主题。这是国际数学地质大会首次在中国召开,所有主题也由中国学者提出,这是中国地学界通过长期努力和竞争的结果,这标志着中国在该学术领域的研究水平得到了国际学术界的认可。

二、矿产资源定量预测与评价

矿产资源定量评价预测是数学地质学科最为活跃、研究队伍最大的一个方向。为解决中国现代化建设的资源问题,矿产资源定量评价预测工作有了长足的进展,取得了一系列的具有中国特色重要成果,评价预测的方法全面、系统,评价预测工作几乎涉及中国所有矿种和地区。

1. 矿产资源定量预测与评价理论

目前对成矿预测还没有一个通用的定义,一般认为成矿预测是分析和研究一定地质单元(大到全球、地槽、地台、小到具体矿区)的地质背景和成矿历史及矿床空间分布规律所采用的合理的预测方法,为进一步普查找矿指明成矿远景区。在进行成矿远景区预测半个世纪以来,在找矿工作取得众多成效的情况下,人们也一直爱探索改进和完善传统的预测理论和方法。由于矿床类型的多样性,矿床成因的复杂性,控矿因素的隐蔽性和找矿信息的多解性,成矿预测具有很大的难度。赵鹏大认为成矿预测的主要任务是要回答:①在研究区是否有工业价值的矿床存在?②如果存在,其规模大小如何?③下一步最佳找矿方向的建议。赵鹏大又把这3个问题归结为:①成矿远景预测;②经济价值预测;③找矿方向预测,由于这3个问题反映出成矿预测的不确定性,因此,成矿预测被认为是"在不确定条件下制定最优决策"的工作。由于其不确定性,所以是寻求正面结果概率最大、负面结果概率最小的双概率表征。在这个目标和需求的驱使下,地质学家开始寻求成矿预测过程客观化、预测结果最优化、预测精度定量化的各种数学方法和途径。

中国矿产资源定量评价方法至20世纪90年代以来突破性进展。赵鹏大是中国矿产资源定量评价的先驱,根据矿床是地质作用的一种特殊异常 特性和评价工作的阶段性提出了"地质异常"致矿理论和实践了"三联式"5P地质异常定量评价方法。王世称从地物化遥矿产资料信息综合出发,独创了综合信息矿产资源评价体系。

(1) 地质异常成矿预测理论 "地质异常理论"是由赵鹏大提出的,其主要内容是:地质异常是在成分结构、构造或成因序次上与周围环境有明显差异的地质体或地质组合。如果用一个数值(或数值区间)作为阈值来表示背景场的话,凡超过或低于该阈值的场就是地质异常。地质异常成矿预测以"求异"作为寻求新矿床的出发点,不同尺度的地质异常对不同等级的矿产资源域(体)具有对应控制关系,即全球性地质异常控制洲际成矿域的分布,区域地质异常控制成矿省的分布,局部地质异常控制矿田、矿床和矿体的分布,查明这种对应控制关系是地质异常矿体定位的前提。地质异常作为一个具有时空结构的物质实体,在存在意义上,它表现为不连续性和突变性、不均一性和多样性、随机性和不确定性、等级性和相对性以及不规则性和自相似性等复杂性特征;在演化意义上,它可视为在远离平衡态的开放系统中,由非线性动力学机制形成的具有非平衡结构的复杂性地质体组合。这表明非线性科学在揭示地质异常特征和成因机制,并最终回答在相似的地质背景下为什么会出现有矿和无矿、大矿和小矿、富矿和贫矿、优矿和劣矿这一长期困扰科学家的本质问题方面具有关键性作用。

地质异常预测是在"地质异常致矿"思路的指导下,运用多学科找矿信息,以非线性和高新信息处理技术为手段,以研究和定量圈定不同类型,不同尺度的致矿地质异常为基本途径,逐渐逼近工业矿体的在一种具有创新性的定量预测方法。该方法试图将控矿地质异常信息研究与致矿异常信息研究相结合,显式地质异常信息研究和隐式地质异常信息研究相结合,深部地质异常信息研究与浅部地质异常研究相结合,直接找矿信息(地球化学信息)研究和间接找矿信息(地球物理信息和遥感信息)相结合;通过信息提取、信息关联、信息转换和信息综合等一系列信息处理过程,浓缩合成各类致矿信息;最终应用综合致矿信息定量标度致矿地质异常单元,通过对致矿地质异常单元的圈定和评价,达到圈定找矿地段的目的,赵鹏大最终把地质异常矿体定位预测归纳为"5P"地段的圈定,即成矿可能地段、找矿可行地段、找矿有利地段、矿产资源潜在地段和矿体远景地段。图 2-8-1 为地质异常矿体定位方法流程图。

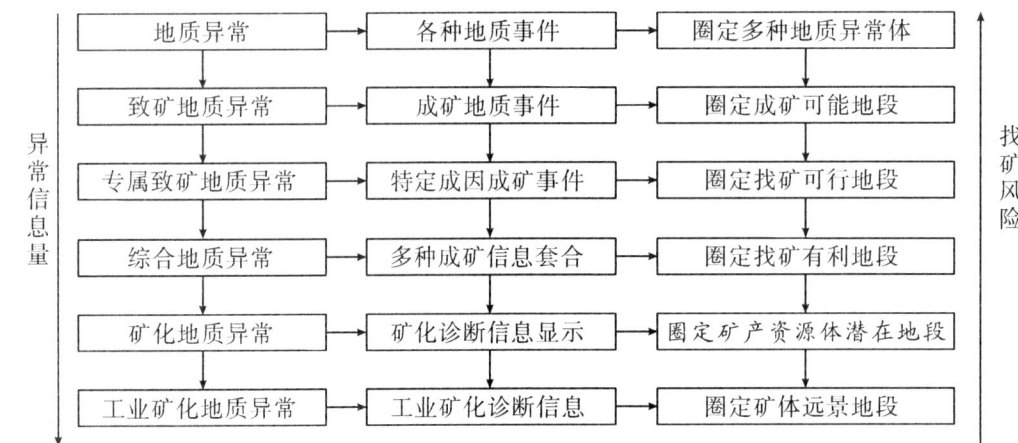

图 2-8-1　地质异常矿体定位方法流程(引自赵鹏大,1999)

该理论自提出以来,广泛地应用于资源预测领域,取得良好的效果。吕新彪(1998)等运用地质异常理论和方法,对长江中下游地区沉积、构造和岩浆岩异常的类型及特征进行了定性和定量分析,结果表明地质异常及其控矿特征,对实现基础地质研究成果的定量化和矿产定量预测有重要现实意义;陈永清(1999)、徐金方(1999)等应用地质异常单元对鲁西铜石金矿田矿产资源潜在地段进行了圈定,减少了矿区矿产勘查的不确定性,提高了成矿预测的精度和效率。肖斌(2000)等对庄金矿床的 $\omega(Au)/\omega(Ag)$ 异常进行地质统计学研究,利用指示克立格法研究 $\omega(Au)/\omega(Ag)$ 的分布规律,查明 Au 的赋存部位,并对该区今后工作提出建议。赵鹏大(2002)等针对资源勘查难度增加的实际问题,提出了油气地质异常的新概念,阐述了各类油气地质异常及其成因,并提出了非传统油气异常定量研究思路和方法。汤军(2002)用地质异常分析理论的复杂系数和组合熵数值计算方法,对实际探测的测井数据进行新方法探索式计算。曹瑜等(2003)提出了在一种 GIS 环境下变量自动提取与地质异常的圈定方法,使地质异常成矿预测变得更加方便、有效。张寿庭(2007)在地质异常致矿理论的指导下,提出了"多目标矿产预测评价"新理念,并以滇西北地区喜马拉雅期富碱斑岩相关矿产预测评价为例,较系统地开展了区域多目标矿产预测评价的理论探索与方法实践。

总之,地质异常矿体定位预测是一种有序性很强的定量成矿预测理论,它易于实现成矿预测的自动化。在成矿预测中,查明不同尺度、不同类型的地质异常与不同级别找矿地段的关系是成矿预测的基础、找矿的前提、选靶的依据。此外,地质异常矿体定位理论和方法都处于探索和发展阶段,随着非线性科学和高新信息处理技术不断完善其理论和发展,提高成矿预测的精度和自动化、智能化是其需要继续探索的课题。

(2)"三联式"成矿预测理论　20 世纪 90 年代中国的成矿预测工作主要是基于"求异理论"。进入 21 世纪随着信息技术的发展,地质调查及矿产勘查已全面进入数字化、定量化的阶段。中国学者在这个时间段内数字找矿理论与方法有了新的突破。池顺都(2001)探讨了研究矿床时间谱系的 GIS 途径,并指出定性的成矿学分析与定量的 GIS 途径相结合的必要性。赵鹏大等(2001)提出了成矿多样性与矿床谱系的概念,认为矿床谱系在时间、空间及成因上与成矿多样性密切相关,在评价与预测新类型矿床中起着极其重要的作用。赵鹏大(2002)通过对"地质异常""成矿多样性"与"矿床谱系"等问题的研究,认为这些问题不是孤立的,而是密切相关的,结合这三者,提出了一种新的成矿预测的新理论或新思路,称之为"三联式"成矿预测及资源评价理论。2003 年赵鹏大等又对"三联式"成矿预测理论进行了进一步完善,并介绍了"三联式"成矿预测中的地质异常动态演化解析思路和"5P"靶区逐步逼近法。"三联式"成矿预测以圈定各类地质异常为基础,以识别、揭示、提取和圈定新型的、隐式的和深层次的成矿地质信息——各种类型和尺度的致矿地质异常及与其相匹配的物探、化探、遥感矿致异常为主要内容。"三联式"成矿预测以分析成矿多样性为目标,不仅以预测和发现已知矿床类型和矿产资源为目的,而且将可能利用的非传统矿产资源纳入分析内容。不同地区成矿多样性分析还是比较评价不同地区含矿丰度的重要指标,是确定主要勘查对象、进行综合勘查、综合评价和综合利用的主要依据。"三联式"成矿预测以研究区域矿床谱系为依据,把作为预测对象的矿床放到预测地区的地质成矿时空及成因演化系统中去考察,而不是孤立地、静止地、无序地预测各类矿产资源。矿床谱系是区域成矿有序性、成套性和规律性的反映,根据不同地区矿床产出的有序度、成套度可以评价研究区的资源潜力。其预测流程可概示于图2-8-2。

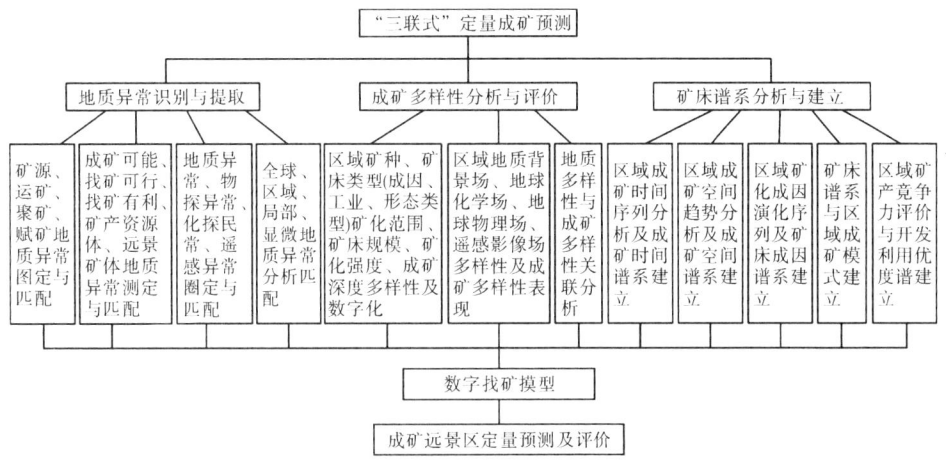

图 2-8-2 "三联式"矿产定量预测技术流程(引自赵鹏大,2002)

张寿庭等(2003)在"求异"和"创新"思维指导下,把地质异常、成矿多样性及成矿谱系的联合分析研究作为矿产预测评价的切入点,初步构建了从求异到求序的"三联式"多目标矿产预测评价的理论框架与方法基础,并进一步探讨了多目标矿产预测评价中"综合预测、系统勘查、优化评价"基本准则的深刻内涵。2004年孙华山等依据"三联式"资源预测理论对滇西北喜山期富碱斑岩区域矿产成矿多样性进行了研究。李满银等(2007)在三江南段展开了有色金属和贵金属矿床成矿多样性研究,对成矿区和成矿期进行了划分,其研究结果对指导三江南段找矿具有重要意义。张寿庭等(2007)以滇西北地区喜马拉雅期富碱斑岩相关矿产预测评价为例,在"三联式"成矿预测理论指导下,较系统地开展了区域多目标矿产预测评价的理论探索与法实践。研究认为,在区域多目标矿产预测评价中的关键问题是致矿地质异常解析、成矿多样性及其与地质多样性的关联分析、成矿谱系建立以及多目标矿产(矿床)定量预测评价模型研究。

(3)综合信息成矿预测理论　综合信息矿产预测是在王世称领导下,经多年研究提出的矿产资源评价方法,其主要内容是应用能够反映矿床形成、分布规律和控矿因素的地质、地球物理、地球化学、遥感地质等一系列方法所获得的有关信息,对矿产资源体所作的预测工作。通过合理地进行地质、物探、化探、遥感等综合信息解译,揭示成矿规律,用间接成矿信息代替直接成矿信息,建立综合信息找矿模型进行矿产预测。综合信息找矿模型是在成矿模式研究的基础上,以地质休或含矿体为单元,全面分析矿床地质、物探、化探等综合信息特征,通过直接找矿信息和间接找矿信息的关联,用系统论思维与计算机技术进行信息之间的转换规律研究,从统计观点建立综合信息找矿模式。综合信息成矿预测强调通过综合信息解译和编制矿产预测图,提取控矿信息,排除单一信息资料的多解性;从具体控矿条件出发,建立实用的找矿模型去预测找矿靶区;强调以地质体为单元,定性研究与定量分析相结合,通过直接找矿信息与间接找矿信息相关联和合理转换,达到矿产预测的目的。叶育鑫等指出,综合信息矿产预测是配套使用矿床(体)靶区定量预测的综合测量数据,即大比例尺精测剖面的地质测量、高精度地磁和重力测量、电法测量、岩石地球化学和构造地球化探测量、矿化综合测试微量信息(如红外光谱、热发光、包体全分析等),使得综合成矿信息能进行系统全面的定量提取,也进一步给出了地质、化探定性,物探正反演空间精确定位的关系。综合信息成矿预测以成矿模式为基础,以计算机技术为开发工具,以各种数学模型及地理信息系统(GIS)为手段,以各种测试分析技术为前提,全面分析地质、物探、化探、遥感信息资料、综合信息特征,通过直接找矿信息和间接找矿信息的关联,充分挖掘所蕴含的成矿信息,进而实现矿产资源立体化预测,提高矿产预测的科学性、有效性。综合信息预测侧重于定位预测,因此能够提供优先勘探靶区,以便于及时开展靶区查证工作,尤其是综合信息矿产预测在开展隐伏矿或难识别矿产资源预测中的优势,把成矿预测工作从定性推向定量。经过20余年的发展,综合信息矿产预测已成为一个包括多个预测方法在内的、具有较强普适能力的矿产预测方法体系。同国内外同类研究相比,在预测理论、预测方法和工作方法方面的研究占有较大的优势,已达到国际先进水平,有些研究则处于领先地位。在国内其学术思想具有较大的影响,对中国的矿产预测的发展起到巨大的推动作用,现正广泛地服务于当前的找矿工作。

2. 矿产资源潜力预测与评价方法

为了解决矿产资源短缺问题,对陆地近地表未查明矿产资源潜力的区位、数量和质量的评价已成为当前非常迫切的任务。基于中国地质工作的实际情况,中国学者在充分吸收国内外最新的成矿理论和矿产勘查技术及资源评价方法的基础上,经过长期的实践、探索,提出了一系列新的矿产资源潜力技术方法,具有代表性的有叶天竺提出的"固体矿产矿床模型综合地质信息预测技术"、肖克炎等建立的"资源总量预测技术方法框架"、谢学锦创立的"地球化学块体理论方法"资源潜力评价方法、成秋明提出的"非线性成矿预测理论与方法"、陈建平等开展的"基于三维立体模型的隐伏矿体预测"技术,为中国新一轮矿产资源评价工作提供了必要的技术支持。

(1)固体矿产矿床模型综合地质信息预测技术　矿床模型综合地质信息预测技术体系是由叶天竺创立的,它是以地球动力学、成矿动力学、成矿系列理论为指导,深入开展区域地质构造研究,最大限度地分析地质构造的成矿信息,以各级成矿区带为单元,划分主要矿产的矿床预测类型,建立矿床模型,总结区域成矿系列。全面利用物探、化探、遥感等资料所显示的地质找矿信息,运用体现地质成矿规律内涵的预测技术,全面、全过程应用空间数据库及GIS技术,在圈定成矿预测区的基础上估计潜在资源量。固体矿产矿床模型综合地质信息预测方法是在地球动力学理论、成矿动力学理论、矿床成矿系列理论基础上建立起来的,它强调对研究区成矿地质背景条件的研究,在实施预测之前,需要研究成矿作用与地质作用的关系,分析矿产形成和成矿地质环境,深入分析和提取成矿地质构造信息,研究和总结成矿地质构造形成演化规律;物探、化探、遥感等多元信息研究工作,主要由两部分组成,一是应用物探、化探、遥感资料进行地质构造推断解释,进一步丰富和深化成矿地质构造背景的研究内容;二是在成矿规律研究过程中结合成矿特征的分析研究充分应用物探、化探、遥感等综合异常资料,建立找矿模式,在矿产预测过程中通过物探、化探、遥感、自然重砂等局部异常的分析研究直接确定为找矿信息,提供矿产预测依据。在此基础上,研究区域成矿规律,确定不同矿床类型的预测要素,建立预测模型。依据GIS软件,对未知区进行类比预测,圈定预测区、预测矿床数、估算资源量。该方法的核心思路是立足于中国地质工作及资料水平的实际情况,通过深入研究模型区成矿特征以及控制成矿的地质要素全面解析统一技术标准下获取的区调、区域物探、区域化探资料、精细研究地质构造、矿产、物探、区域化探资料,精细研究地质构造、矿产、物探、化探、遥感、自然重砂等信息,通过编制各类区域专题图件的途径,对预测区进行关联,并实现类比预测,解决信息不对称问题。通过模型区地质构造、矿产、物探、化探、遥感等信息的精细研究,归纳预测要素建立预测模型,采用定性和定量相结合的途径,运用 GIS 技术以及数学方法进行数据定量化处理,解决知识驱动与数据驱动不协调的问题。

(2) 资源总量预测技术方法　为了国家矿产资源战略性勘查和宏观战略需要,国家决定从 2006 年开始,在 3 年～5 年时间内完成全国 25 种重要矿种的资源潜力评价。该项目和以往国内、国际矿产资源评价相比具有一定的特色,主要体现在:①公益性评价与战略性勘查相结合;②统一的评价地质模型;③一致的技术标准和预测评价方法;④新的成矿构造动力学背景编图;⑤统一的多元成矿信息提取和分析方法。为了解决矿产资源评价的技术和方法问题,以肖克炎为代表的矿产资源总量预测组对全国一轮区划、二轮区划、总量预测以及国内外现阶段资源评价方法进行了研究和总结,提出了最新的资源总量预测的技术方法框架。

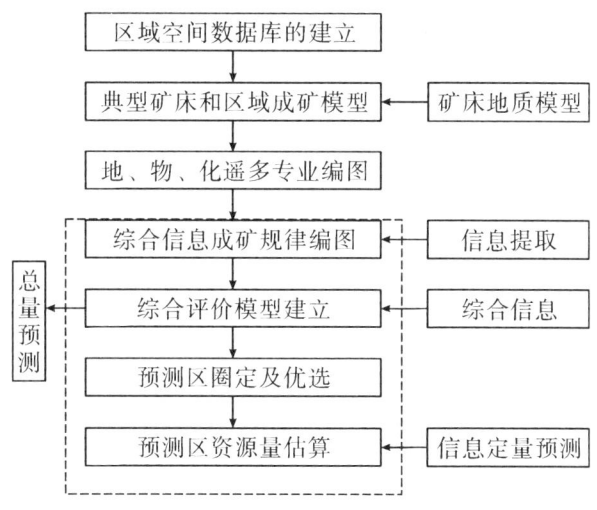

图 2-8-3　资源总量预测技术流程(据肖克炎,2007)

全国资源潜力预测是采用叶天竺等提出的"矿床模型综合地质信息预测方法"作为评价的技术方法。该方法体系的核心是:以矿床地质模型为指导,以地球动力学构造建造成矿预测分析为基础,全面系统地分析地质找矿勘查所获取的地、物、化、遥、矿产等信息,使用 GIS 矿产资源定量预测方法,科学地开展未发现矿产资源潜力评价。评价方法体系首先以地质矿床模型为基础,因为矿床模型是经济地质学的核心部分,也是各类地质、矿产专家们的共同语言;地质矿产勘查获取的各种综合信息是进行区域资源潜力评价的数据基础,如何充分利用这些勘查信息,最大限度地挖掘找矿信息是开展资源评价的重要研究任务;运用现代计算机 GIS 空间数据分析技术进行矿产资源潜力定量评价,快速灵活地进行空间数据查询、管理和资源定量分析是当前矿产资源评价的趋势。据此,全国重要矿产资源潜力预测的基本工作流程如下:①划分矿床类型,并确定预测要素;②确定该类型矿床的预测范围;③确定预测区地质构造特征分区;④典型矿床研究;⑤建立区域成矿模型;⑥区域关联,编制专题图件——综合成矿规律总结;⑦预测要素类比关联——建立区域评价模型;⑧定位预测——圈定预测区范围;⑨数理计算——靶区优选;⑩定量预测——估算矿床数、资源量。其技术流程如图 2-8-3 所示。

总量预测主要涉及预测评价程序中的评价模型的建立、预测区圈定、靶区优选和资源总量估算等内容。总量预测过程主要包括：①综合研究预测工作区内的同类型已知矿床地质特征、成矿地质环境、成矿机制及地质矿床模型，与全国标准模型进行对比，编制综合信息成矿规律图；②以区域综合信息编图成果为基础，对矿床综合方法找矿模型进行信息转换，建立区域综合信息评价模型；③采用定性与定量结合的方法进行对比关联，划分预测评价要素的类型（必要因素、重要因素和次要因素变量），总结圈定不同级别预测区的标志组合，进行预测区优选；④估计矿床数，确定定量指标，估算资源量。

（3）基于地球化学块体理论的矿产资源潜力评价　谢学锦于1997年提出了地球化学块体的概念。其基本思路是地壳内存在宽阔的套合地球化学模式谱系，这些宽阔的地球化学模式表明地球中存在着特别富含各种金属的巨大的地球化学块体。在这些地球化学块体中，由于成矿元素供应量巨大，因而可能在其后漫长、多地质过程中，逐步在块体中地质条件有利的场所富集形成矿床密集区或超聚集成巨型矿床。地球化学块体分析就是基于这种思路，采用逐步聚集方法研究元素的套合模式，追踪成矿与元素浓集轨迹，筛选异常，圈定可供进一步勘查的找矿靶区。其理论方法主要包括地球化学块体圈定和地球化学块体分析。地球化学圈定通过区域地球化学扫面数据的重新整理，按不同尺度的元素平均值，逐步聚集的方法来实现。地球化学块体分析主要分析比较各种体内总金属的变化规律，计算成矿率，确定可能形成的矿床规模；分析地球化学的地质特征；应用追踪成矿元素聚集过程的技术方法，圈定可供勘查的最优靶区；最后按不同元素编绘地球化学块体资源量预测图，以简化的地质、构造、相应矿种为主的矿产为底图，将地球化学块体界线绘在图上，并在块体内表明面积、预测深度、金属总量、成矿率、预测资源量及已勘探或开采的储量。地球化学块体理论经过多年的理论与探索与实践，现已逐渐完善，在矿产潜力评价领域成为一种非常重要的技术手段。刘大文（2002）详细论述了地球化学块体的理论的内涵以及研究意义，并指出了地球化学块体法在资源潜力评价方面的前景；同年，刘大文、谢学锦等人又以山东金资源潜力预测为实例，详细介绍了利用地球化学块体法进行金资源潜力评价的技术流程。周晓东等（2003）研究了中国西南三江地区的地质构造背景和演化作用。利用地球化学块体理论的方法和技术确定了银的地球化学块体的下限和含量级次，对三江地区银元素的地球化学块体进行了划分。根据已知区（中国东部）的银矿探明储量与地球化学块体的关系，计算了成矿率并应用到三江地区，成功地预测了西南三江地区的银矿资源潜力。刘大文、谢学锦（2005）详细介绍了根据地球化学块体的概念，利用中国区域化探扫面的成果对中国锡资源潜力评价的方法技术，给出了金属供应量、地球化学块体成矿率、资源量和潜在资源量的计算公式，并引入了校正系数来修正根据水系沉积物计算的地球化学块体中的金属供应量，最后对中国锡潜在资源量进行了估算。随后，基于地球化学块体理论的资源评价方法日趋成熟，被大量用于资源潜力评价工作，取得了良好的效果，现今其方法仍在资源潜力评价工作中发挥着重要的作用。

（4）基于非线性理论的成矿预测技术　非线性理论和复杂性理论被誉为21世纪科学研究的核心内容。国内外大量的研究成果表明，将现代非线性理论和复杂性理论特别是混沌理论、分形/多重分形理论、自组织临界性等理论引入成矿作用动力学、矿床学和矿产勘查和评价学，对揭示矿床形成的复杂过程、成矿物质的富集规律、成矿信息的获取具有非常重要的意义。近年来中国学者在此领域也积极进行了探索，提出了许多具有创新性的理论与方法，并逐渐完善为一套新的成矿预测与评价方法体系，为中国的矿产勘查发挥着越积极的作用。成秋明（2000，2001）认为勘查地球化学和地球物理场的局部奇异性可用多重分形模型进行刻画，开展利用非线性理论中的多重分形来进行地球化学异常研究,并以加拿大北部 Nova Scotia 省西南部地区 1948 个地表湖泊沉积物样品中砷元素的奇异性分布和异常识别为实例,取得了良好的效果,与传统统计方法相比,多重分形方法不仅能够度量场的空间统计性质,而且可以刻划局部异常的奇异性规律。在此之后,成秋明等又对基于多重分析、自相似性理论的异常提取就行了深入探讨,对方法进一步进行了完善。2003 年成秋明讨论了建立非线性矿床模型对难识别的非常规矿产资源评价的可能性,对非线性成矿系统进行了详细解释,认为深入研究非线性成矿系统、元素赋存和富集奇异性规律、致矿异常的内在广义自相似性,是揭示非常规包括微细、低贫组分成矿机理的重要方面,也是研究成矿地质异常识别标志和识别方法的地质前提,是指导地、物、化、遥异常识别的依据。随后,成秋明(2004)研究了广义相似性在成矿预测中的应用,通过在特征空间中(如频率空间)识别空间模式的广义自相似性,将空间混合模式进行分解或异常的识别,不仅能对不同深度地质体引起的各向同性的异常进行分离,而且也能对更加一般化的地质过程引起的各向异性的异常进行分离。2006 年成秋明对多重分形奇异性—广义自相似性—分形谱系模型与方法进行了总结,初步形成了基于以上 3 种理论的非线性成矿预测体系,并以体系为基础所开发了专用地学非线性空间信息 GeoDAS GIS 技术。2007 年成秋明在研究分形/多重分形理论、混沌理论、自组织临界理论和模型,并用于揭示矿床形成的复杂过程、成矿物质的富集规律和成矿信息的非线性提取的基础上,提出了新的非线性矿产资源定量评价理论和方法。该理论包括 3 个方面的命题:①局部奇异性原理——定量表征成矿物质富集和聚集的时空分布规律;②广义自相似性理论——定量表征成矿的外在多样性和内在相似性及尺度独立性;③自组织临界性和多重分形谱系——定量描述成矿的"基因"关系及模拟成矿"序次"系统。非线性—复杂性理论应用于成矿学和矿产资源研究领域属地学前沿研究领域,虽然其理论体系还有待完善,但目前已显示出良好的应用潜力,是未来成矿预测的重点发展方向之一。

(5)隐伏矿体三维立体预测方法 进入 20 世纪 80 年代以来,隐伏矿和深部矿的找寻已经成为许多地区找矿的主要对象,因而大比例尺(通常大于 1∶10 000)成矿预测的作用更加突出。但这方面的技术方法国内还不多见,矿区大比例尺的资源预测需要从二维平面预测发展为三维空间立体预测。近几年来,随着计算机图形学技术和数据库技术的迅猛发展和成熟,应用计算机三维可视化技术和地质统计学储量估算方法进行隐伏矿体的三维立体预测是近几年来矿产勘查领域的一大亮点。隐伏矿体三维预测就是以成熟的三维勘查软件为工具,以大量地质、物探等资料为基础,在对地质体三维数据的获取与可视化的基础上、通过使用三维可视化技术直观地展示地下地质体、矿体的空间形态、分布特征和相互关系。在此基础上,建立矿区数字矿床模型,展开成矿预测研究。随着中国实施"危机矿山接替资源"勘查项目实施以来,隐伏矿体三维立体预测方法得到了广泛的运用。在三维立体预测的初期,中国学者主要侧重于通过商业的三维地质软件进行地质体的三维再现,具有代表性的有王雷(2006),利用 Surpac Vision 三维可视化软件实现了大姚铜矿小河—石门坎矿段的三维可视化,为该区的找矿工作提供了参考。张新宇等(2006)以西岔金矿为例,应用计算机图形学方法在 VC. net 环境下利用 Open GL 图形库函数开发了普通克里格法的可视化储量计算模块,对矿体进行可视化建模和储量计算。刘晓玮等(2007)以广西大厂某矿区为研究对象,应用 Surpac 构建了矿体的三维模型,为矿山合理开发利用资源提供科学依据。卢晋敏等(2007)通过对应用 Surpac 软件创建三维矿山模型的方法进行分析研究,提出了建立三维矿山模型及应用的流程和方法,建立了大黑山钼矿三维矿体模型,可为今后从事三维矿山模型、开发和应用提供参考和借鉴。但这些研究还只停留在三维地质体可视化上,离真正的三维预测研究还有一定距离。2007 年陈建平在进行云南个旧锡矿资源隐伏矿体预测时,提出了一种"基于三维可视化技术的隐伏矿体预测"方法,该方法把三维可视化技术与基于地、物、化、遥的传统综合信息成矿预测结合起来,进行了个旧锡矿隐伏矿体的预测研究。该方法主要是应用矿区地质找矿、勘查和开采过程中积累的大量数据,建立研究区地质、构造、钻孔、矿体的空间三维模型,在此基础上进行地质体元素插值,进而开展研究区深部隐伏矿体的三维定位、定量和定概率的"三定"预测。其具体流程如下:①前期已有地质研究资料和矿区生产资料的收集与整理:对研究区地质背景和矿床成因类型进行总结,根据已有的地质工作和相关研究确定在研究区地质环境形成的矿床类型,对矿区的地质、构造、物探、化探、钻孔数据建立矢量化数据库;②借鉴基于三维 GIS 的成矿预测方法建立研究区的找矿模型:系统建立大比例尺成矿控制条件的描述性模型,列出相关的地质、地球物理、地球化学、遥感等可利用的找矿标志为三维立体找矿预测提供找矿变量的选取依据;③)使用合适的三维地质建模软件建立研究区三位地质模型;④建立三维可视化预测模型;⑤三维成矿信息的统计预测:根据量化后的三维可视化预测模型,对立方体单元所包含的数据急性统计处理,应用统计方法进行找矿信息量、找矿有利度计算,三维物化探数据异常的圈定,进而确定找矿靶区、重点工作区和成矿有利区。研究固体矿产资源的三维定量预测方法对成矿预测理论的发展具有重要的理论意义,三维可视化预测模型找矿方法能够实现三维隐伏矿体定位、定量和定概率的新方法。它将传统的二维找矿拓展到三维找矿的定量化预期与评价,为当前寻找隐伏矿床的研究领域提供了新思路,具有广阔的应用前景。

(6)地质统计学在资源潜力评价中的运用 地质统计学从 20 世纪 60 年代末开始走入中国,前人做了重要的引入工作。通过侯景儒等译著的《矿业地质统计学》系统地介绍了地质统计学的基础理论,并研究了在矿业开发中的应用和实施的方法。20 世纪 80 年代初期在中国一些数学地质研究机构相继开展了地质统计学方法、理论的研究工作,当时偏重于矿床品位估值与储量计算,近年来数学地质学家逐渐认识到地质统计学是地质空间数据分析有效方法,广泛用于物化探数据处理、矿产资源定量评价预测工作中,圈定评价异常,取得良好的效果。王仁铎和胡光道(1988)编著了《线性地质统计学》,介绍地质统计学最常用的线性方法;侯景儒等编著了《非参数及多元地质统计学的理论分析及其应用》,作为专题研究结果为地质统计学在中国向更深更广的方向发展奠定基础;从 1990 年至今已经有若干博士论文对油气储层建模(李云省,1994;尹艳树,2006)。在前人引进和铺垫的基础上,各个行业的研究人员也开始从各个方面介绍和研究地质统计学。侯景儒(1989)介绍了对数正态克里格法的理论;边少锋(2000)从数学分析角度解释了克里格法实际上是一种用旋转曲面生成的基函数进行函数逼近的方法,并理论证明了选择协方差函数的 2 条准则:①Gauss 函数应用具有较小的支撑区间;②Gauss 函数的参数可比照 B 样条函数确定。肖斌等(2001a)介绍了时空域中单元克里格法和多元指示克里格法的基本理论。肖斌等(2001b)介绍了泛克里格法产生的条件和克里格方程的组成。余先川等(2003)介绍了非参数地质统计学的基本解决思想和多元信息在地质统计学中的应用。李庆谋(2005)考虑到克里格方法是一种低通滤波器,无法重建原始信号中的高频、局部与弱信号,开发了多维分形克里格方法,在定义了时空信号的度量尺度与测度后,实现了能够保留系统中更多的高频信息的多维分形插值,将克里格方法与多维分形方法有机的结合起来产生的多维分形克里格方法具有克里格方法和多维分形插值的共同优点。余先川(2003)介绍了地质统计学中诸如区域化变量、平稳性假设等一些基本概念。同时,研究人员还进行了地质统计学工具的研发。侯景儒等(1982~1994)研制开发了系列软件,包括二维三维普通克里格法程序系统和指示克里格系统和协同克里格系统;黄金指挥部李维明等 1986 年汉化加拿大的 GLS 和 RCS 整合成为 CGES(V2.4),并于 1991 年通过国家计委组织的评审鉴定；中国地质矿产部信息研究院李裕伟等（1988～1991）完成了《固体矿产勘查评价自动化系统》（KPX）的1.0版本和2.0版本；由中国石油天然气总公司科技发展部委托、西安石油学院承办的项目克里金绘图系统（KMS）（1990）得到验收，并提供了用户手册和测试计划；孙洪泉等（1997）开发了《实用地质统计学程序集》。地质统计学在矿业领域的应用最早，虽然国内以克里格法作为资源储量估算方法提交的地质报告只有十几份，但地质工作者们在应用地质统计学进行矿床研究和资源评价的过程中一直积累着经验。黄竞先（1994）将泛克里格法和指示克里格法引入化探数据的分析，利用泛克里格法处理研究区数据，给出被测元素的估计值、趋势值和涨落值，为评估元素区域背景和异常物性提供了有用信息，同时用指示克里格法有效处理了含有人们感兴趣的高特异值的数据，给出了高于某指定数值的数据的概率估计，为下一步找矿提供参考依据。肖斌（2001a，2001b）将各种克里格法应用于山东归来庄金矿，充分利用已知信息，结合不同地质历史时期的成矿作用，根据各变量的时空变异特点，从对数据的地质统计学处理中提取成果信息，探索本地区的找矿远景及提出下一步工作建议。

3. 矿产资源预测与评价软件的开发

近年来，中国地质调查局相继开发出一系列矿产资源评价应用软件，并推广应用于矿产资源调查评价工作中，主要有物探重磁电数据处理和资料解释软件、区域地球化学数据管理信息系统（GEOMDIS2005）、多元地学空间数据管理与分析系统（GeoExpl）、遥感图像数据处理系统（RSMAP）、遥感信息提取辅助图像处理系统（RSIE）、地质编图应用软件、矿产资源综合信息评价系统（MRAS2.0）、金属矿产资源快速评价系统（MORPAS3.0）等。这些资源评价软件涵盖了数据处理、综合及预测评价等资源评价的全过程，提供有力的地物化遥数据处理、信息提取和综合的软件工具，为矿产预测和矿产资源潜力评价工作开辟了信息技术途径，有效地促进了矿产预测方法技术的发展。

在三维地质体模拟与可视化研究方面开展了大量的有益探索。近年来国家自然科学基金委员会大力支持地学可视化研究，先后资助了"复杂地质体的三维建模和图形显示技术""油储地球物理理论与三维地质图像成图方法""地学时空信息动态模拟及可视化研究与应用"和"基于剖面的三维拓扑地质建模研究"等项目。从1990年开始北京航空航天大学计算机图形学研究室就开始致力于与地质勘探开发应用相关的计算机图形学、计算几何以及可视化方面的研究，并开发了多套成熟的软件3D-Drid系列。1996年中国地质科学院地球物理研究所与胜利石油管理局在国家自然科学基金重点项目"复杂地质体"中，开始追踪研究GOCAD。长春科技大学在阿波罗公司的TITAN GIS上开发了GeoTrans-GIS三维GIS，主要用于建立中国乃至全球岩石圈结构模型的三维信息。石油大学开发的RDMS、南京大学与胜利油田合作开发的SL GRAPH都是用于三维石油勘探数据可视化。中国地质大学开发的三维可视化地学信息系统（Geo View）可实现三维地学信息管理、处理、计算分析和决策支持。但目前中国尚未开发出融数据管理、信息可视化、交互操作和地质分析于一体的三维地学模拟与可视化实用软件。

三、环境与地质灾害监测与评估

中国是世界上地质灾害最严重的国家之一，地质灾害的发生，具有区域空间上的规律性和时间上的突发性特点。在过去的近20年时间内，造成百人以上死亡的重大地质灾害事件在中国几乎年年发生。据中国地质环境监测院不完全统计，1995年～2005年滑坡、崩塌、泥石流、岩溶地面塌陷等突发性地质灾害，共造成10 499人死亡和失踪、65 356人受伤、575亿元财产损失，平均每年死亡和失踪1167人，财产损失64亿元。2008年5.12汶川大地震产生的次生地质灾害带来的损失甚至超过了地震本身形成的危害。

环境与地质灾害监测与评价一直是数学地质应用的两大主题之一。近年来随着 GIS、RS、GPS、三维可视化等高新技术的引入,给环境与地质灾害监测提供了巨大的技术支持,使地质环境的动态监测、地质灾害预警成为可能。纵观中国近几年来数学地质在环境与地质灾害方面的应用研究,概括起来主要在如下几个方面取得了较大进展:①基于 3S 技术的地质灾害预警;②遥感地质环境信息定量化提取;③地质体三维模型技术。

1. 基于"3S"技术的地质灾害预警

3S 技术大量引入到环境与地质灾害的调查与评估中来,使得"3S"技术在地质灾害监测、预警研究方面正得到快速发展,以 GIS 软件为技术平台,以 RS、GPS 适时监测数据为基础,通过各类数学评价模型进行的地质灾害的预警系统研究正逐步成为地质灾害应用研究的发展方向之一。中国自 2003 年国家级地质灾害预警预报启动以来,诸多学者在此领域进行了探讨。林鸿州等(2006)通过分析台风诱发坡地地质灾害的降雨特性,探讨了降雨预警基准在防灾减灾工作上应用的条件与限制。陈平(2006)介绍了在 GIS 技术支持下构建湖南省地质灾害气象预警系统的总体结构与功能特征,提出湖南地质灾害预警系统包括 4 个方面的内容:①基于 GIS 的地质灾害数据库管理系统;②GIS 支持下的气象信息数据库管理系统;③基于 GIS 实现的地质灾害气象预警预报模型;④辅助办公自动化系统;并在此基础上,建立了基于日雨量的预警分析子系统、基于小时雨量的预警分析子系统和辅助办公自动化子系统,从而实现了快速、高效的省级地质灾害气象预警。张春山等(2006)以黄河上游地区为例,对灾害风险评价的主要影响要素和指标体系进行了探讨,作者提出采用灰色关联分析方法分别计算求得各关联因子的关联度和关联序,在此基础上,按各因素的关联度占所有因素的关联度之和的比重作为权值的方法,来避免人为夸大各因子之间的作用。丛威青等(2007)在研究辽宁省鞍山市岫岩县斜坡类地质灾害危险性区划时,总结一套基于不确定性推理开展斜坡类地质灾害危险性区划的方法体系。金江军等(2007)介绍了基于"3S"技术地质灾害评价与预警流程,设计了深圳市地质灾害评价与预警系统的总体结构。霍张丽等(2007)针对滑坡发生系统的复杂性和不确定性,用模糊数学方法从地层岩性、地质构造、地形地貌、地下水和降雨 5 个方面,分 2 个层次 9 个因素建立了滑坡稳定性评价的模糊综合评判模型。

中国地质灾害预警系统还处于起步阶段,还有许多地方有待完善,如根据海量的多元测量数据,怎么建立精确的预测预报模型,提高预报的准确性,还需要学者们进一步研究。

2. 遥感地质环境信息定量提取

遥感应用经历了从定性判读解译进行资源调查和评价,逐步发展到定量的动态监测阶段。采用传统的判读方法已不能满足环境监测的快速要求,所以发展到计算机与地理信息系统结合阶段。计算机应用需要量化的数据,更需要定量化的数据以确定环境要素的定量参数和指标。这是遥感从定性到定量、从静态到动态、从目视解译到计算机分析发展的必然趋势。因此对遥感信息的定量化要求是这种发展的必然结果,定量化遥感是遥感深化的重要标志。

遥感对地球表面目标进行探测,是利用装载在遥感平台上的遥感器接收来自目标的反射或辐射。因此,从本质上说,遥感是一个信息流和信息交换的过程。来自地表的电磁波信息流,经过遥感信息的获取、处理和分析,成为人们所能利用的有效信息。遥感信息具有空间和波谱两重主要特性,这些特性在物体的相互作用、传输、记录、再现的过程中经受着各种方面的影响,产生着各种畸变,遥感信息定量化就是在遥感信息流的每一个环节中探求其变化原因,纠正各种畸变,恢复地表信息的真实特征。遥感定量化就是通过实验的或物理的模型将遥感信息与地学参量联系起来,定量地反演或推算某些地学或生物学的参量。例如,植被的生物量、叶面积指数、农田蒸散量、森林积蓄量、土地利用面积、积雪厚度、海洋上的风速和风向、海面温度、海洋叶绿素含量、水体泥沙含量,等等。涉及环境地质参数主要有水体泥沙量、土壤侵蚀量、植被的生物量等。近年来,中国学者就遥感地质环境信息定量化提取的研究比较多,效果也比较明显。周斌等(2000)以贵州省(原)安顺市为例,介绍了基于 RS 的水土流失定量评价模型的组成、各参数因子的算式算法。卜兆宏等(2003)介绍了水土流失定量遥感方法研究所取得的新进展及其在太湖流域的应用结果;周为锋等(2005)利用遥感数据,获取水土流失的植被和土地利用信息,收集降雨资料和土壤数据,在通用土壤流失方程的框架基础上建立区域土壤侵蚀模型,对密云水库上游2001年和2002年土壤侵蚀量进行了定量估算;张鹏等(2007)针对MODIS监测的2006年3月中国新疆区域发生的一次沙尘活动,基于卫星红外窗区3通道(8.5微米、11微米和12微米)方法,自动识别并同步物理反演了沙尘大气的光学厚度、粒子有效半径和垂直气柱沙尘总量,同时利用后向轨迹方法模拟计算了4种高度的气团轨迹。张春桂等(2008)在分析MODIS数据对海洋水体反射光谱特征的基础上,选用合适的探测波段构成悬浮泥沙遥感参数,并根据2003年～2004年福建近岸海域海洋监控区内9个站点的海洋水色数据建立悬浮泥沙浓度遥感定量反演模。

遥感信息定量化已引起地质环境学科和技术领域的高度关注,正在向实现这一目标前进。随着高空间、高光谱、高时间、高辐射分辨率、宽视场多角度以及偏振卫星传感器的研制与发射,形成了卫星种类较齐全的综合对地观测体系,加之多种正演与反演模型的提出,遥感必将为环境地质的研究发挥越来越大的作用。

3. 地质体三维模型技术

各种地下数据逐步丰富,地下信息利用愈发频繁。但地下信息的表达、发布和利用程度却赶不上信息增长的速度。改变传统二维的、专业的地下信息表达和利用形式,通过直观、三维的地下信息表达、发布和利用手段提高地下信息的利用范围与深度迫在眉睫。因此地质体三维模型成为地学工作者研究的重点和热点,在地质工程、地质灾害预警与防治矿山管理等方面得到了广泛的应用。各级部门、科研机构和高等院校开展的相关科研课题和工程建设越来越多。

地质体三维模型可分为表面模型和实体模型2大类。Fisher等人提出了基于NURBS曲面的表面模型,并利用该模型对地质对象进行三维建模,这种模型能够较好地刻画矿体的表面变化特征。同时,其他表面模型如基于TIN、规则格网等的三维表面模型也得到了研究和应用。表面模型通常能够较好模拟地质体的边界,但不能表达地质体的内部属性,而且不规则体的表面缝合十分复杂。实体模型是20世纪90年代发展起来的一种新的三维模型,其典型代表为三维体元(长方体、四面体、棱柱等)模型。

目前国内利用三维模型进行地质灾害的调查研究已比较广泛。马俊生等(2003)对滑坡可视化技术进行了探讨,提出了滑坡的三维地质模型和数字地面模型的构建和可视化方法。徐运河等(2003)针对矿体的不规则性,提出采用线框构模法来构造三维(3D)形体。该方法应用非常广泛,可用于范围小、特殊的矿体,如形状像透镜、马铃薯等矿体。文中利用OpenGL图形库实现地矿3D模型的可视化技术,从而方便地生成高真实感的三维图形。谭德宝等(2005)提出了一种通过已知的滑坡区地形数据,结合地质工作人员提供的剖面图,可以重建该区域的地下不同岩层属性及滑动面等与地质灾害紧密相关的地质结构的建模方法。模型采用了基于三棱柱体体元的建模方法。实验结果证明该方法能较好地解决基于层状地质结构的三维仿真,能有效地将采样所获得的各种空间数据相融合,实现滑坡区域的真三维模拟,为地质灾害区域的防治提供可视化手段。胡卓玮等(2007)以苏锡常地区为研究示范区探讨了地下水及其赋存地质体的空间数据建模与数据库存储技术,基于OpenGL图形库实现了地下水、地质体、相关地表信息、等水位线、地下水流向等的三维可视化,设计并实现了基于纵断面快速生成算法的可视化空间分析功能。

虽然地质体三维模型技术在国内得到蓬勃发展,但仍有很不完善的地方。跟国外相比,国内目前有关地质体三维模型的研究还停留在特定的专业领域的应用上,所开发的系统和软件目的是应用在特定领域内的特定工作上。无论是从地质体三维模型结构、数据组织方式和建模策略与方法,还是软件的功能与稳定性都不具有通用性。因此,地质体三维模型及其相关理论与方法要从更高、更通用的层次进行研究。

(徐振邦 刘楚雄)

第九章　中国地质科学的国际合作与交流

中外地质界的合作和交往可追溯到1920年前后。1949年以后主要限于与苏联和东欧国家交往。1976年中国在国际地质科学联合会（简称地科联）中的合法席位得到恢复，从此中国登上了地学国际多边交往的舞台，对外科技交流有了很大的发展，现在与世界上90多个国家和地区、30多个国际地质科学组织建立了学术联系。中国向发达国家派出留学生，派遣科技人员出国进修、接受培训或参加合作研究和专业考察，1979年~1985年共计派出了123批516人次。通过国际合作，也引进了先进技术和设备，引进人才和资金，有力地促进了中国地质事业发展。中国地质学家参与了当代最重要的国际合作研究活动，如岩石圈计划、全球变化计划、国际地质对比计划、国际减灾十年计划等等，并在中国成立了相应的各个委员会。1996年第30届国际地质大会在北京召开是国际合作研究活动的集中表现。中国有许多地质学家担任国际学术组织的重要职务，仅古生物学方面担任国际组织中主席、副主席、委员或秘书、理事的学者超过30人。1987年在中国科学院系统的地质、地球化学家中，在国际地学组织中担任工作职务或被国外科学团体聘为名誉性成员的学者达43人。国际科技合作，相互考察访问，参加学术会议和交换书籍、资料、标本等有不断增加的趋势。

由联合国教科文组织、国际地科联共同创建的国际地质对比计划（IGCP）给中国学者打开了了解世界的一扇窗，也架起了世界地质学家了解中国的一座桥。近年来，中国地质学家通过IGCP计划，全面渗透到国际地学研究的前沿，已在界限地层与有关古生物研究、全球变化、环境地质与地质灾害研究等方面取得了累累硕果，对遥感技术、信息技术、同位素测年技术等在地学中的应用，地球化学填图、甚低级变质作用、陨击事件与特殊颗粒物、生态地层学、事件地层学等新学科、新领域的开拓发展，在地质时代与岩石地层层序的世界范围对比和比较分析上作出了杰出的贡献，得到了国际地质科学界的高度评价。

近年来，中国地质科学家在国际组织任职越来越普遍。一些老地质学家不仅在国际学术界确立了学术地位，同时在国际组织中兼任很多职务。比如，中国地质科学院的谢学锦院士，1988年至今任国际地科联全球地球化学填图工作组指导委员会委员、分析技术委员会主席；赵鹏大任国际数学地质学协会执委委员。2004年8月在意大利举行的第32届国际地质大会期间，国际地质科学联合会进行领导机构换届选举，中国代表张宏仁当选为新一届主席。更加可喜的是，一批中青年科技骨干成长起来，并在国际学术组织中担任了一定的职务。如中国地质科学院矿产资源研究所的毛景文，从2003年起一直担任国际矿床地质学会的理事。

中国的地质科学正以积极的姿态，主动参与国际地学事务，不断向世界迈进。

1996年中国举办了第30届国际地质大会。此后，中国地质学会、中国地质科学院、中国科学院等主持或承办的国际学术会议越来越多，层次越来越高。2004年中国将"国际行星地球年"的议案提交到联合国大会，并且在重大联合项目中担任了重要角色。2005年8月第8届国际矿床地质会议在中国召开。这是矿床地质研究领域首次在欧洲以外的地区召开的最高学术会议，是国际矿床地质会议全球化进程中的重要里程碑。

在国际合作编图中，与国际地学组织、各国地学机构的联系交流更加紧密。2001年新疆地矿局参加了由哈萨克斯坦负责的中亚5国、俄罗斯和阿塞拜疆等8国合作编制中亚地区古地理图集的项目。该图集对中亚地区找矿、特别是对油气和其他沉积矿产的找矿，具有重要的指导作用。

在"十五"期间中国与俄罗斯、蒙古等国合作的编图工作在多家单位同时展开。其中,有与世界地质图委员会北欧亚分会、南亚分会、中东分会、海底分会合作的1:500万国际亚洲地质图编制项目。从2003年开始中国、俄罗斯、蒙古、哈萨克斯坦和韩国共同开展了由中方提出的1:250万亚洲中部及邻区地质图系的编制工作,这是迄今世界首套洲际性如此大的比例尺地质图系。

跨国界、区域性和全球范围的地学合作成为影响各有关国家科学发展方向和进程的重要因素。中国地质科学家积极参与国际地学组织的各项活动,开展形式多样的全球地学合作。中国与美国、加拿大、德国、法国合作的"中国大陆科学钻探钻孔地质与深部地下微生物研究",实现了多重科学目标,发现了在极端条件下生存的微生物和地下深部的流体异常及其与强地震发生之间的相关性。中国与联合国教科文组织和国际地质科学联合会合作的《岩溶含水层与水资源研究》,建立了以水文和岩溶生态系统为指标的环境评价体系。中国与德国合作的"南海北部陆坡甲烷和天然气水合物分布、形成及其对环境的影响研究",首次发现了南海天然气水合物气体"冷泉"喷溢形成的巨型碳酸盐岩,证实了该工作海域陆坡浅表层存在天然气水合物。积极参与CCOP地学信息领域的工作,目前已经完成了国际标准拟定、采集、整理、提交发布和多语言地学文献词典翻译审校,以及数据库软件测试、试用与意见反馈、汉化等工作,受到国际组织及参与国的高度肯定。20世纪90年代初,在德国牵头实施的国际大陆科学钻探计划中,中、德、美3国在1996年2月正式签署备忘录,成为首批成员国。

服务于国家目标,解决社会经济发展中的关键资源瓶颈问题,中国科学家在基础地质、矿产资源、地质灾害、全球气候变化等重大地学领域扎实努力,卓有成效地作出了自己应有的贡献。

进入新世纪以来,中国在地质科学稳步、持续发展的同时,也更加融入国际地学大家庭,国际合作更加深入广泛,各种层次的多边、双边地学合作如火如荼。

中国科学家对国际地学计划(IGCP)作出了巨大贡献。国际地学计划(IGCP),是联合国教科文组织(UNESCO)的5大科学计划之一,亦是联合国系统唯一的国际地学计划,得到150多个国家和地区的数千名地球科学家的普遍认可与关注。截至2012年IGCP已批准实施了300余个项目,其中254个区域性与全球性的地球科学研究项目已先后完成。IGCP40年来已经执行了近300个项目,中国科学家参加了123个项目,其中中国科学家发起并领导的项目19个,共同发起、领导的项目32个,中国主办了120个IGCP研讨会,平均每年2个~3个。中国政府对IGCP的项目资助,推动了IGCP的发展,被IGCP科学执行局总结为"中国政府支持模式"和"欧洲区域合作模式"2个成功模式之一。从2008年起中国政府每年资助IGCP20000美元,这对美国政府撤出资助后面临发展与生存挑战的IGCP予以极大的支持和声援,得到了联合国教科文组织与国际地科联的高度评价和国际地学家的广泛赞誉。

为国际地质科学联合会提供强大的支持。1996年中国成功组织承办第30届国际地质大会,办成规模最大的地质大会,得到国际地科联和所有与会者的一致称赞。1997年~2008年国际地质科学联合会机关刊物《地质幕》编辑部迁址中国,由中方提供办公和人力资源支持,张宏仁和杨振宇先后担任编辑部主编,刊物水准均得到地科联和国际同行的赞许。自1976年以来中国不仅及时交纳国际地质科学联合会的年度会费,而且多次组织和资助国际地质科学联合会召开执委会会议,积极参与地科联及各专业委员会组织的学术交流活动以及各类全球和区域性地学研究。迄今为止经国际地层委员会投票通过、国际地质科学联合会批准,有10颗"金钉子"(全球界线层型剖面和点位,GSSP)落户中国,是世界上发现"金钉子"最多的国家(全世界共64颗),这标志着中国地学领域综合研究实力居世界前列。

中国在地质遗迹保护和地质公园建设领域走在世界前列。地质公园的自然遗迹模式有效缓解了发展中的人类与自然环境之间的激烈冲突,体现了一种可持续的发展理念。2002年2月联合国教科文组织地学部建立世界地质公园网络(GGN)。截至2008年底该网络共有56个成员,分布在18个国家,其中中国有28家地质公园先后进入GGN名单,是最多的国家。2000年以来,中国已经建立了180余个国家地质公园,在有效地保护地质遗迹、促进当地经济发展和地学科学普及方面作出了巨大贡献,成为世界地质公园发展和建设的典范。联合国教科文组织拟推广中国地质公园建设模式,邀请中国政府派专家支援非洲地质公园建设。

中国正在对世界地球科学发展作出更大贡献。第34届国际地质大会期间,中国地质代表团团长、国土资源部部长徐绍史在布里斯班会见了以里卡迪主席为首的国际地质科学联合会执委会全体成员,双方签署协议,决定将国际地质科学联合会常设秘书处迁址北京。秘书处是国际地质科学联合会的核心运作中心,设在中国表明了国际地质科学联合会及国际地学界对中国的高度认同,给中国地学界予强烈鞭策和鼓舞,更为中国对世界地质科学发展和进步作出更大贡献提供了机会。同时,在本届国际地质科学联合会和国际地质大会理事会会议上,中国地质科学院副院长董树文当选国际地质科学联合会司库。执行委员会主席、秘书长、司库组成执行局,是国际地质科学联合会的核心领导层。这是自1976年在国际地质科学联合会合法会员席位正式恢复以来,继张炳熙、刘敦一和张宏仁之后第4位担任国际地质科学联合会执委会成员的中国科学家。

当前,全球经济面临严峻挑战,矿业发展和地质科学发展也面临大调整。从战略层面,全球进入到新一轮工业化发展的阶段,继中国、印度、南非等新兴经济体国家快速发展之后,东南亚、中东、北非和南美等国家群正在步入工业化快速发展的新阶段,约30亿人口工业化、城镇化进程需要巨量的能源和矿产资源以支撑。也就是说,在未来相当长一段时期,全球能源和矿产资源需求仍将持续上升。这种新的发展趋势预示了全球地质科学将会持续发展。34届国际地质大会的主题定为"为明天提供资源"。进入新世纪以来,31届、32届、33届连续3届国际地质大会均以环境保护、可持续发展为主题,这折射出后工业化的地质科学发展的特征不同。

(杨守仁)

第十章　中国地质科学展望

第一节　国际地球科学发展态势

从20世纪后期到21世纪初,地球科学从学科纵向深入发展转到了学科交叉、横向发展时代,从固体地球科学转向了行星地球的地球系统科学时代;从增加地球知识、侧重于资源开发的时代转向了增进地球认识、为人类社会、经济可持续发展服务的时代;科学研究的时空尺度在扩大,局地、区域、全球的认识彼此联系;高新技术在分析测试、观测监测、计算机模拟中得到了日益广泛的应用,"上天、入地、下海、探极",地球科学作为大科学研究的舞台愈加宽阔。

一、20世纪80年代以来地球科学研究的主要变化

20世纪80年代以来,地球科学有了更加迅猛的发展。上天(空间探测、航空航天遥感)、入地(大陆科学深钻、地震层析成像技术、深部找矿)、下海(大规模海洋观测、深海钻探与大洋钻探)、探极(南、北极与青藏高原科学考察)给人们认识我们所居住的地球提出了许多问题,也给地球科学的发展带来了新的机遇。地球科学正受到人类社会前所未有的重视。地球科学研究主要发生了以下变化:

(1)思维方式的变化——整体性研究思想　在传统地学以学科分化研究为主的基础上,当代地球科学的宏观发展趋势更强调"系统论"思想,即把地球作为宇宙中太阳系的一个行星来认识,研究整个地球的结构、演化过程和动力学;视地球为地核、地幔、地壳以及岩石圈、大气圈、水圈、生物圈、人类圈各部分组成并相互作用的一个整体系统,提出了"地球系统科学",这是一种高度综合的整体化研究思路。

(2)研究对象的变化——展望全球与预测未来　由于系统论的哲学基础和"整体性研究"方法的出现,以及复杂系统理论和非线性科学的发展,地学研究对象的时空尺度相对地变大了。对地球上发生的各种自然现象的认识,逐步由各个时段的研究串联起来,既面向过去,也面对未来,从其过去的历史、现在的状态推向未来可能趋势的预测,形成一条"了解地球系统的过去、现今和未来的行为"的时间链。在空间方面,由过去侧重于局地现象的认识,转向对该现象区域性、全球性的表现、影响、过程与动力学机制的模拟研究。地球科学的思维和方法论正在从局部观向整体观拓展,由线性思维走向复杂性思维,从注重分析转变为分析与综合集成相结合,研究者的视野越来越宽阔。

(3)研究内容的变化——为社会发展服务　地学研究从自然现象的物理过程、化学过程扩展到生物过程,特别是人类活动对地球环境与气候的影响和反馈,以及人与自然关系(人地关系)的协调。近几十年来,一些全球性重大问题如人口剧增、资源过度消耗、环境污染、生态破坏、南北差距扩大等日益突出,严重阻碍着经济的发展和人民生活质量的提高,继而威胁着全人类的未来生存和发展。于是在过去以学科为导向的研究的同时,出现了以问题为导向的跨学科研究。研究重点、学科结构也发生了变化,如地质学研究已从"找矿型"向"社会型"转变。

(4)研究形式的变化——多学科的综合性研究　现代科学技术的发展史是各个学科不断相互

交叉、渗透并产生新学科的历史。而科学上的重大突破,新的生长点乃至新学科的产生,常常在相邻学科彼此交叉和相互渗透的过程中形成。特别是地学中"以问题为导向"的研究更体现了这一点。比如,对于气候变化的最新认识表明,气候变化不仅仅是由大气层的内部热力、动力过程而产生,还包括了大气圈、水圈、冰雪圈和岩石圈所构成的地球气候系统中各圈层相互作用的结果,而且与生物圈、人类活动有很大关系。因此,气候系统动力学与气候预测的研究将涉及大气科学、海洋科学、地理学(如冰川、沙漠学)、水文学、地球化学、生态学等地学各分支学科,同时与物理学、化学、生物学、计算数学等也有密切关系。

(5)组织形式的变化——国际化与合作研究　由于地球科学大尺度、综合性的特点,一些重大的地球科学研究的突破已不是个别的科学团体、个别的国家可以实现的,它必须要联合多个分支学科、多个科学团体,甚至多个国家共同攻关,因此出现了地球科学新的组织形式,这就是建立国际性研究计划。在这方面,已有以全球环境变化为对象的"世界气候研究计划""国际地圈生物圈计划""全球环境变化的人文因素研究计划""国家生物多样性计划"以及研究岩石圈物理过程的"国际岩石圈计划"和"国际减灾十年计划"等。世界上还有50多个国家专门成立了负责组织与实施全球变化研究的国家委员会或领导机构。近年来,中国科学院先后建立的一些联合研究中心,如水问题研究中心、区域持续发展研究中心、灾害问题研究中心等也是这种跨研究所的多部门联合研究组织形式的具体体现。

(6)信息交流的变化——地球信息科学的诞生　首先,信息(交流)已与物质(迁移)、能量(交换)一道成为地学现象过程研究的主要问题之一。数据与信息系统的建设和地球信息系统的开发已被各个国家计划视为必不可少的支撑条件、能力建设和现代研究手段。其次,地球信息科学这一新概念的出现,标志着在地学范围内形成了由测绘学、摄影测量与遥感、地图学、地理信息系统、计算机图像图形学、卫星定位技术、专家系统技术及现代通讯技术等有机结合的又一跨学科优先研究领域。地球科学发展中所涉及的上述2个方面,目的是用各种现代方法获取、存贮、处理、显示、传播和应用与地理和空间分布有关的地学数据,包括提示地球信息传输机理,建立地球信息管理系统和分析模型,如动态基本信息因子确定、分类体系与数据形式的规范化和标准化、图形与图像动态数据自动采集与开发、遥感地学动态分析模型、知识库和专家系统等。这方面的信息虽多为数据信息,但也给地学研究提出了许多新问题、新挑战与发展机遇。

(7)方法手段的变化——高新技术的应用　高新技术特别是空间技术的应用,已能三度空间、动态地探测地球环境的结构和运动形态,使地球科学的理论研究以丰富的实测资料为基础。如现代海洋研究手段,包括设备先进的调查船、海洋遥感卫星、浮标观测系统、深潜探测技术、高性能大容量计算机和先进的实验室等。同时,地球科学对于科技进步与现代设备的依靠程度也愈来愈高。在探测方面,航空航天遥感、超深钻技术、深潜技术、地球层析成像、全球数字地震台网和全球定位系统等共同构成了向海、陆、空和地下深部进行全面探测的技术体系。在模拟与实验方面,现在已经具备了利用高温高压(包括超高温、超高压)大腔体设备、同步辐射技术、精密测定技术、模拟分析方法及计算机技术等全面描述和研究地球介质的物理、化学性质及条件的能力。在测试与分析方面,正在向由电脑控制的高灵敏度、高分辨率、自动化仪器分析的技术方面发展。纳米地质学、纳米矿物学也是得益于隧道扫描技术设备的发展而发展的。在数据计算与信息处理方面的发展尤为引人注目,大型计算机设备都是首先运用到大气科学研究中;GPS、RS、DIS一体化使地球上许多现象的定量、定点、实时研究或建立全球模型成为可能;特别是自动化、数字化处理数据的能力,使地学信息网络迅速发展,实现全球资源共享。这些方法手段的变化,不仅使地学研究取得第一性资料的质量、效率大大提高,为认识和解释地学问题提供了更多事实依据,而且会因此而促使一些新思想和新理论的诞生。

二、21世纪初期地球科学研究的主要趋向

21世纪地球科学将会得到更加突飞猛进的发展,行星地球演化和变化的基本过程和规律将会在更广泛的空间尺度和时间尺度上被揭示和阐明。地球科学研究的主要趋向、热点与重点问题是:

(1)突出地球系统科学,关注全球变化与地球各圈层相互作用及其变化的研究,以及人类活动引发的重大环境变化研究　地球系统观、地球系统科学是地球科学研究的主导方向。全球变化研究充分体现了跨学科、跨部门、国际化、全球化和日益重视在高层次上综合集成的大科学研究特点。地球各圈层相互作用的研究包括了气圈、水圈、冰冻圈、生物圈、岩石圈、地壳、地幔、地核相互作用的物理过程、化学过程、生物过程以及人地关系、人类与环境相互影响、相互作用的研究。

(2)突出地球演化的动力过程研究,地球内部深层过程与岩石圈动力学、气候系统动力学与气候预测、生态系统动力学与生态环境的保护和建设　1974年美国著名的第四纪地质学家FRFlint将19世纪的达尔文进化论与20世纪60年代出现的海底扩张—板块构造学说以及预测将会出现"气候变迁理论"统称为关于地球动力学3个方面的科学,即"生物圈动力学理论""岩石圈动力学理论"和"大气圈动力学理论"。生物圈动力学理论是通过生物与其化石祖先的延续关系,重建古气候、古环境,提示其进化史;岩石圈动力学理论乃是地质时代中岩石圈演变、洋陆更迭的历史进程,是通过板块的形成、运动和消亡来认识的。这2项基本理论都是通过进行的过程去认识问题、总结规律的,把地球视为一个具有长期演化历史的、活动的、发展和变化的地球内部各种因子之间以及地球与外部各种因子之间相互作用的行星,这是发展地球科学基本理论的必由之路。对于探索"大气圈动力学理论"也必然要采用这样的科学观点。

(3)突出地球信息科学,关注数字地球、3S(GIS、DIS和GPS)一体化和地球科学定量化的研究趋势　在地球系统科学与全球变化研究的方法论中,是以观测监测采集数据、分析评价和解释判断、概念化并建立数值模型、进行验证、改善模型并提供预报这样的循环方式进行的,这也就是提供数据、评价整理数据、建立模型、验证模型、提供分析结果的数据信息流动、处理、加工过程,每一环节都与数据信息系统密不可分。当前,地球科学数据的规范化整理与信息资源的共建共享已经成为潮流。数据信息系统与地球信息科学的发展也带来地球科学研究观念的改变。例如,数据信息作为科研基础的时代转向数据信息作为科学驱动力的时代;以遥感、地理信息系统和全球卫星定位技术作为重要的高科技已经进入科学普及时代;地球科学研究方法论的改进使地球科学研究进入综合模型时代。

(4)突出地球管理科学,关注减灾、环境保护治理、资源合理开发利用以及碳循环、水资源、食物与纤维、能源战略等问题　地球科学及其各分支学科的目标,是在人类增加对地球认识的基础上,维持其足够的资源供给及其持续利用,减轻自然灾害造成的损失,保护与改善环境,促进生态系统良性循环,协调人与自然关系,从整体上为经济和社会的发展、提高人类生活质量、增强科学能力做出重大贡献。因此,控制人类活动的规模、程度,从人地关系的角度审视环境的变化,为社会与自然的协调发展提出科学建议,促使人类在减缓和适应全球变化方面尽快采取相应的措施,从而保护地球的可居住性,实现可持续发展。

(5)突出地球科学跨学科研究进展与创新,关注经济社会发展对地球科学的影响与需求、地球科学在自然科学内部与其他学科的交叉融合以及高新技术在地球科学中的应用。

2004年由国际地质科学联合会与联合国科教文组织共同发起的"2006国际行星地球年"拟动员全球地学家面对日益严重的资源环境问题,全面推进世界地球科学的发展,并且遴选出9个科学主题,基本上反映国际当前的地学发展前沿与趋势:

(1) 地下水——迈向可持续利用：新的勘探和开发技术以及对天然水储层动力学的详细了解。

(2) 灾害——减少危险，增加了解：对各种地质灾害进行精确评估和发布危险。

(3) 地球和健康——建设一个安全的环境：环境地球化学。

(4) 气候——"岩石记录"：对珍贵的记录着过去变化的岩石进行保护，以免开发对它带来彻底毁坏。

(5) 资源——可持续发展的动力：合理利用资源以及寻找新的更清洁能源。

(6) 巨型城市——更深、更安全的建筑：从高空发展转向地下。

(7) 地球深处——从壳到核：镍铁质的核和幔组成的引擎驱动作用。

(8) 海洋——时间的深渊：科学探索海洋是了解地球如何运转的关键。

(9) 土壤——微薄的棕色生命线：生命支持系统的演变。

2009年中国地质学会的专家通过对国际地质研究信息的分析，提出当前世界地学呈现8大热点领域：

(1) 大地质计划　所谓"大地质计划"，是由世界各国地质调查局参加，使地质图数据可以在互联网上很容易获取的国际合作计划。该计划是英国地质调查局于2006年2月发起的。"大地质计划"的主要目的，是想解密不被公众使用的保存在各个国家（地区）地质调查机构中的地质图数据，使它们可在网络上使用；通过不同国家（地区）间（特别是发展中国家间）情况的交流，所有参与国家可以从中获利；通过开发一种新的计算机语言，使不同国家间地质数据能够共享和整合。"大地质计划"提出后，得到全球地学组织和地学家的支持和响应，目前，已有94个国家（地区）参加了该计划。"大地质计划"已经取得了初步成果：提出了操作手册1.0版本、2.0版本；欧洲网站建设已经启动，对意大利、瑞士和法国网站上公开发布的地图进行了登记、处理，已经实现了分布式服务器上的可视化，并在服务器上进行了一致性测试。在2008年8月举办的第33届国际地质大会上，各国地学家就"大地质计划"课题最终形成了一个"指导小组会议纪要"。中国地质调查局现已直接加入"大地质计划"。开展"大地质计划"国际合作，将扩大中国地质调查局在亚洲乃至世界地学界的影响，掌握在国际地学界的话语权，培养国际合作研究人才，提升中国地质调查局综合实力。

(2) 地球早期生命演化及生物多样性　达尔文在提出自然选择决定物种起源的理论时，坦率地承认在演化证据方面有重大缺陷，所希望出现在化石记录中的许多中间环节并没有发现。当代地质学家在不断探索发现中演绎出很多对生命演化的新解释。分析当前古生物学科的国际现状和发展趋势可以看出，未来数年，古生物研究领域的几个重要问题仍然是：地球早期生命及重要地质时期的生命演化；古生物的集群灭绝与复苏；全球地质事件和生物事件；生物演化的模式；新理论、新假说的深化以及全球层型的研究和国际统一年代地层系统的完善等。

(3) 过去、现在及未来气候变化中的人为因素　与全球气候变化有关的当代地球科学热点领域包括以下几个方面：气候变化的地质记录；气候变化的预测预报；气候变化与人类活动的关系；气候变化的外空间因素；如何快速减少大气中二氧化碳的排放。科学家指出，在过去65万年间，二氧化碳和温度有着密切的联系。人类活动所释放的二氧化碳已经增加了大气中二氧化碳的浓度，超出该时期应有的浓度，而这会导致气候和海平面的极端波动。从地质学的方面看，在21世纪末确实存在地球气候转暖的风险。

(4) 全球地质灾害态势及防治趋势　随着全球气候的变暖，地壳活动进入一个相对活跃期，再加上重大工程开工建设等人类活动的影响，世界各国正在遭受前所未有的地质灾害威胁。崩塌、滑坡、泥石流等突发性地质灾害日益增加。地质灾害研究已经成为当代地球科学的热点领域。在这个领域，出现了6个热点话题：地质灾害调查检测新技术和新方法；地质灾害监测预警；地质灾害风险管理；重大地质灾害应急系统；把地质灾害风险性评估纳入城市规划管理和地质灾害国际合作。2005年1月由联合国发起在日本神户通过了"2005年~2025年兵库行动框架"，由165个成员国讨论通过，是目前在全球范围内减少灾难性自然灾害最重要的文件之一，其基本观点是，国际社会应该承担起保护市民避免遭受灾害的威胁。"兵库行动框架"提出后，意大利、中国、日本等国家已经进行了相关的工作。

(5) 水、人类健康和环境的关系　目前，世界上许多国家和地区的人民都面临着淡水和可饮用水源的危机。地下水资源作为一种最大、最可靠的淡水资源，对维持饮用、保障工业和农业的供水安全具有重大意义。然而，随着世界人口的增长，土地使用类型的改变及工业化的快速发展，地下水受到了很多破坏。把水（包括地下水）、健康、环境三者融合为一体加以探讨，已经成为世界各国科学家关注和改善民生的重大热点问题。目前，欧洲21个国家通过了水资源与公共卫生协议，包括保护水资源，尤其是在跨国界地区。

(6) 非能源固体矿床研究　矿床研究仍为重点。乌拉尔地区最近几年发现的一种特殊类型金—铂矿床，这种矿床以金—铂—碲共生为特点，该类型矿床在其他国家也存在；海洋固体矿床获得重视。在北纬13°~17°大西洋中脊新发现阿卅兹、可拉斯诺夫等3个热水矿田，科学家报道了对它们热液流体活动的取样观察分析结果，并对其地质背景、矿物成分和资源潜力进行了分析。俄罗斯展示了编制的全球海洋成矿图（非化石燃料矿产及可燃冰），估算海洋具有1000亿吨结核与结壳，1.46亿吨块状硫化物，80亿吨五氧化二磷，锰、镍、钴等资源估计都将超过陆地上的总量；中国科学家主导的1:2500万世界大型超大型矿床成矿图的编图和研究成果，首次构建了全球成矿体系；氧化铁铜金矿型矿床研究逐渐升温；跨国跨洲际区域性研究方兴未艾。

(7) 世界能源多元化及其竞争趋势　过去几十年中，世界经济发展的能源动力主要依靠石油。在20世纪60年代新油田勘探的比率已经达到顶峰，科学家预测在不久的将来石油生产将达到顶峰，但世界能源缺口仍然很大。各国学者高度关注目前世界能源需求的增长和可持续发展的能源、能源多样化、传统和非传统能源及其潜力、影响和价值等话题。已经有150年历史的传统型能源矿产仍唱主角。新油藏和新气藏发现的比率分别在20世纪60年代和70年代早期达到最高峰。目前已经发现约6.5万亿桶的石油储量，产出石油约1.1万亿桶，在目前的技术条件下还有大约1.2万亿桶可以开采。这些可采石油资源主要分布于中东地区，在前苏联地区也有很可观的储量。非传统型能源矿产研究比重增加。非传统油主要来自4个方面，一是超重质油和沥青，大约有5万亿桶的地质储量；第2种是油页岩，地质储量约3万亿桶；第3种是生物性油，目前产量是150万桶/天；非传统天然气主要包括致密砂岩气、页岩气、煤层气、天然气水合物。技术的提高和费用的降低使得这些非传统天然气的勘探潜力明显增大。目前最主要的是煤层气。煤层气在美国的天然气产量中已占据10%的份额。虽然目前还没有很好的技术能够使天然水合物成为当今世界能源供应的重要组成部分，但是在未来，天然水合物具有很大的发展空间。地热能源是一种来自地球内部的天然性热量。目前已经在90个国家（地区）发现有地热资源，其中72个国家（地区）已经开发，地热年发电量达到80万亿千瓦。可再生型能源和清洁能源是未来能源的重要一族，如水力发电、核能、生物型燃料、太阳能、风能、地热能等。世界各国已经在尽力尝试用生物性燃料来代替汽油和柴油。

(8) 比较行星学及撞击构造研究　德国、西班牙、意大利、俄罗斯、葡萄牙、哈萨克斯坦和南非的多位科学家已经在比较行星学方面取得了新的研究成果。对火星和金星的地质学研究也有新进展。科学家总结了火星上的低地和其他平原火山台地的地貌和地形特征，确定火星上的撞击陨石坑有熔岩分布，其形成年龄为150万年~2亿年。火星的水相问题得到进一步研究。有科学家提出，火山或火星旋转轴向的变化使气候发生改变，有可能导致积累的雪和冰，在气温回升后融化成水。他们猜想火星历史中可能存在湖泊和热泉。金星上冠状和珠网状物的最新调查结果表明，冠状是最大的火山构造，具有火山断层放射状结构。来自英国、美国、意大利、澳大利亚、德国、俄罗斯和瑞士的多位科学家还对气体和尘埃进行了研究，认为星球形成分为2个阶段：第1阶段是气相状态转变成固态粒子；第2阶段是固态粒子聚集形成星球。日本"赫夜号"月球探测计划，使用14种科学仪器研究了月球的化学和矿物成分、月球表面的大地构造演化、整个月球的重力和磁力区域分布以及研究月球的形成和演化。有科学家认为月球上不可能产生颗粒巨大的矿物的伟晶岩。撞击构造是一个地学界流行的话题。有科学家认为现在已经知道撞击陨石坑可以产生4种高压复合矿物。

第二节　中国地质科学发展战略

一、中国地质科学发展现状的基本估计

自1909年至今中国地质工作经历了100多年历史，地质科学研究的历程也有80多年，已经取得了很大的成绩，特别是1949年以来中国不仅进行了大规模综合研究和大量的专题研究，而且围绕一系列国民经济建设问题有组织有计划地进行了大量科研工作。通过引进和吸收国外先进科学技术和设备，通过国际合作和学术交流、组织培训班、学习班、研讨会等形式，提高了中国地质科学技术队伍素质，填补了许多科学技术空白。但是，由于种种原因，中国与国际地质科学的先进水平相比差距还很大。近20年来，中国很少创造出国际上承认并得到传播的重大的地质学新理论、新概念，中国在地质学交叉学科方面的创新不多；科研中的新技术、新方法几乎都是从国外引进的；重大科学领域如海洋地质、极地地质、行星地质很薄弱或刚刚起步等等。中国地质科学的学术水平在国际范围来看，总体上处于中等地位，个别领域处于国际前列（国家自然科学基金委员会，1991）。

二、中国地质科学发展形势与任务

随着中国改革开放的扩大与发展，中国地质科学面临的形势更加严峻，任务更加艰巨。首先，国民经济建设对地质科学提出了更高要求。国民经济的发展，需要更多的矿产资源、能源资源和地下水资源，而矿产和能源资源的寻找和开发难度增大；国民经济愈发展，保护地质环境变得愈突出，地质科学要为保护环境和预测灾害作贡献；中国粮食生产前景不容乐观，地质科学要为农业现代化、解决中国粮食问题贡献自己的力量。其次，中国地质科学正处在传统地质学向现代地质学的转变时期，许多新的研究领域需要开拓，一些新的思维需要建立，中国建立现代地质科学体系的任务非常繁重。再次，从国际地质科学环境来说，当前国际上多极化、国际化、合作化和整体化的趋势给中国发展地质科学带来了良好机遇，但在以财力、智力和尖端技术以及科技管理和科研体制为主要内容的综合国力竞争中，在中国特定历史条件下，发展地质科学又面临更加艰巨的任务。中国遇到了不少长期不容乐观、相互影响和叠加的制约因素。人力资源问题，地质科技队伍结构不合理，人员素质与发达国家相比有较大差距；地质工作、地质科研和基础研究的投入偏低；技术及其设施基本状况是部分先进与总体落后并存；区域地质调查程度偏低；现代地质科学基本体系尚在建立之中；地质理论储备不足等等。2010年完成的"地质工作发展战略研究"课题对全球和中国地质工作态势进行了宏观判断，深刻分析了全球地质工作和中国地质工作的现状与态势，提出了全球地质工作正处于大变革时期，地质工作进入到宽需求驱动的时代；中国地质工作仍然处于

资源环境并重发展阶段,地质工作体制改革处于过程之中,新的体制尚未建立。这些基本判断为重新定位中国地质工作和制定发展战略提供了科学依据。

2009年2月21日发布的《21世纪中国地球科学发展战略报告》提出,21世纪中国地球科学的发展,将为保护人类生存和发展的地球环境,为解决社会可持续发展面临的资源、环境、生态以及灾害等问题提供科学支撑,以解决国家重大战略需求和社会需求为己任,中国地球科学研究将围绕8个重大科学问题展开,力争到2020年达到国际先进水平,并将在地球科学研究的多个领域跻身国际前列。

由中国地质科学院和中国地质调查局承担的"地质工作发展战略研究"课题于2010年完成,课题提出了"科学保障资源供给"和"科学保护国土环境"的理念;系统提出了支撑引领国土资源可持续发展的地质工作发展战略,提出了2020年建立地质工作新体制、2030年实现地学强国和2050年建成地质强国的战略目标,设计了未来地质工作6大核心任务:地质调查的"双保障、三并重"战略、地质科技"两大体系、五深领域"引领战略、地质教育"创新"发展战略、地质信息"社会化"战略、"国家保障到市场保障"的商业性地质工作发展战略和地质工作统筹部署战略,使宏观战略落地,具有指导性和可操作性,为中国地质工作发展方向确定了目标任务和重点领域。其中,"地质调查发展战略研究"专题分析了国内外地质调查现状与发展趋势,提出了实现资源与环境双保障的地质调查"三并重(举)"战略布局,即"资源环境并重、陆域海洋并重、国内国外并举"。"地质科技发展战略研究"专题分析了国内外工业化发展过程,百年来地质科学体系结构发生了深刻的变化,提出了"地质科技支撑、引领国土资源可持续发展"的战略,即地质科技支撑"大地质"的地球系统科学体系和支撑"大资源"的能源资源材料替代体系。拓展、深化"五深"(深陆、深海、深空、深时、深蓝)等研究领域的战略布局。"地质教育、地质学科和地质人才发展战略研究"专题论述了地质人才、学科和教育发展的战略思想,提出了"人才一流、学科先进、地质教育强国"3项目标,建设以创新能力为核心的地质人才培养体系,以地球系统科学为基础的地质学科体系等2个体系,实施"杰出创新型地质人才培养""地质学科平台建设""学术地质师资队伍建设""国家级地学实习基础建设"4项计划,落实7项措施的总体战略。"地质工作信息化与资料社会化服务发展战略研究"专题分析了中国经济社会发展对地质工作信息化和资料社会化服务的需求,提出了推进地质资料信息的智能快速获取和全面公开共享,实现地质工作数字化、网络化、智能化和地质资料信息服务集群化产业化的战略目标和任务。"商业性地质工作发展战略研究"专题结合新形势、新要求,分析了未来中国商业性地质工作的发展趋势,提出了实现从矿产资源"国家保障体制"到"企业(市场)保障机制"的战略转变的战略构想。"地质工作管理体制和运行机制研究"专题对地质工作体制和机制实践中存在的现实问题进行梳理分析,对国外地质工作体制机制进行了研究借鉴,提出了系统设计、系统推进适应社会主义市场经济体制的地质工作新体制和新机制的构建思路。

三、确定中国地质科学发展战略的原则思考

地质科学发展战略必须根据中国国情、国家的近、中、长期发展战略,国家对地质科学的需求,国际地质科学的发展趋势以及中国地质科学现状来确定,中国国情的一个重要特点是人口多,资源不足,资金短缺。国家的近期战略目标是国民生产总值到2000年要比1980年翻两番,人民生活达到小康水平;到2020年有可能进入持续的现代经济高速增长阶段;远期战略目标是到2050年,人均国民生产总值达到每年4000美元~5000美元,但是现代经济发展的主要任务尚未完成,中国还不能真正摆脱落后状态,进入先进国家的行列。因此,地质科学将面临4个方面的严峻现实:①国家对地质科学拓宽服务领域,推动国民经济建设的发展的要求将日益增长;②资金不足的状况将长期存在;③到2000年中国地质科学总体状况仍然是部分先进与大部分落后并存的局面;④到

2000年中国整个科学技术水平仍然偏低,必然制约地质科学的发展。基于以上的国情和严峻的现实,结合国际地质科学发展趋势,制定中国地质科学发展战略应遵循的战略原则是:①有限目标是制定中国地质科学发展战略的基点和指导思想;②"扬长创新"建立中国自己的研究方向是制定中国地质科学发展战略的基本策略;③建立和发展能充分说明中国地质特点的地质科学理论体系是地质科学战略的基本目标;④利用和发挥中国地质条件的优势是建立和发展地质理论的有效途径;⑤在中国典型地质区(带)内建立研究基地或理论基地,是创立和发展中国地质科学理论体系的捷径和突破口(国家自然科学基金委员会,1991)。

四、中国地质科学发展战略与目标

根据中国特定历史条件,中国地质科学要在总体上赶上世界先进水平,可能需要很长时间。与国民经济发展的长、中、近期战略目标相应,中国地质科学也要分三步走。从现在起,经过60年的长期持续努力,争取到21世纪中叶,中国地质科学总体上赶上世界先进水平,这就是我们的长期战略目标。中期战略目标应当是,集中力量,重点突破,争取到2020年在大陆地质研究领域上赶上或接近世界先进水平,并以此带动整个地质科学的发展和繁荣。近期战略是为实现中、长期战略目标服务,为实现上述不同时期的战略目标打好坚实的基础,积累力量、创造条件。所以,今后10年是决定性的关键时期,是实现中国地质科学总体战略目标的重要阶段。中国地质科学近期发展战略应该是重点调整式发展战略,其基本思想是着眼于解脱制约中国地质科学发展的关键性的带全局影响的薄弱环节,达到五大调整:把全面赶超发展战略调整到有限战略目标上;把有限资金、技术和智力从分散使用调整集中用到优先开拓重大领域体系、相关领域体系和支持领域体系上;把地质科学由以往偏重于解决矿产资源问题(矿产型)调整拓宽到参与解决中国当前面临的各种重大社会经济问题(社会型);把基础地质理论中以模仿为主的研究调整到创立和发展能充分说明中国地质实际的地质理论体系的方向上;把当今的"遍地开花""游击式"的科研调整到在理论基地上进行持久深入探索和创造性研究上。通过这五大调整,争取在一定时间内,使中国部分地质科学领域跻身于世界先进行列,并通过它带动或触发中国整个地质科学全面发展(国家自然科学基金委员会,1991)。

五、中国地质科学近期发展战略目标

根据确定中国地质科学近期发展战略的原则思考和重点调整式发展战略的基本思想,中国地质科学近期发展战略的目标应该是:以中国的地质条件为本,通过优先研究代表当代地质科学前沿,并与中国国民经济建设紧密相关的重大地质科学问题,争取到2000年为建立能充分说明中国地质特点的地质科学理论体系选准生长点和确立学术方向或框架,以不断增强中国地质科学在解决经济建设和社会发展中所面临的重大地质问题的能力,并在国际地质科学领域中占有相应的学术位置,为发展世界地质科学理论作出贡献。另外,还应争取在2000年初步建立起学科配套,围绕战略重点领域开展研究的现代地质学体系;同时,造就一批学术造诣深、在国际地质科学界有一定影响的地质学家和一批有较高理论和科技水平的中青年学术带头人,形成一支结构合理,素质高的精干的科学研究队伍(国家自然科学基金委员会,1991)。

《国家自然科学基金"十二五"发展规划》指出,未来5年充分发挥中国的地域特色和优势,针对中国社会发展面临的资源、环境和减轻自然灾害等方面的需求,推动各学科的创新型研究和新兴领域的发展。保持中国优势学科和领域的国际地位,促进中国相对薄弱但属国际主流的领域,鼓励学科之间的交叉集成和渗透融合,加强前沿性、基础性分支学科的发展,扶持与实验、观测、数据集成和模拟密切相关的分支学科的发展,重视地球科学与其他学科的交叉。

《国土资源"十二五"科学和技术发展规划》提出的主要发展目标：①推广和应用一批土地资源、矿产资源、地质环境相关领域勘查技术方法，国土资源管理科技水平达到国际先进；②研制和引进一批地质找矿和地质灾害防治关键技术和仪器装备，地质找矿技术和地质灾害防治技术取得重大突破；③建立和发展一批重点实验室、野外科研基地、工程技术中心，攻克一批重要地学理论，国土资源科技自主创新能力明显增强；④培养和引进一批高层次创新型人才、青年科技创新人才，国土资源科技创新队伍不断壮大。

（杨守仁）

第三节　中国地质科学近期发展的重点

中国地质科学近期发展战略的关键在于要选准优先开拓领域、相关领域和支持领域。应采取集中主攻方向、瞄准目标、突出重点的战略部署，防止面面俱到的安排。根据确定中国地质科学近期发展战略的原则思考和重点调整式发展战略的基本思想，中国地质科学近期发展战略的重点是要发展3个体系，按3个层次的战略重点安排，即优先开拓重大领域体系、发展相关领域体系和扶持支持领域体系。这3个体系密切相关，以优先开拓领域为核心，相关领域、支持领域为基础，共同组成一个多层次主体交叉的网络结构（国家自然科学基金委员会，1991）。《国土资源"十二五"科学和技术发展规划》要求坚持把科技创新作为事业发展的重要支撑，不断加强土地资源管理、地质找矿突破、资源节约与综合利用、地灾防治、地质环境保护、应对全球变化等领域的科技创新，强化基础地学、土地科学理论研究，积极探索前沿科技。

一、优先开拓研究的重大领域体系

优先开拓研究的重大领域体系是指在发展中国地质科学方面的具有战略地位的重大地质科学问题。通过对它的优先研究和不断深入探索，可望形成中国自己独立的研究能力，并在将来发展成为中国的优势领域，发展中国自己的学术思想或学术流派。

《21世纪中国地球科学发展战略报告》总结出对地球科学分支和交叉学科发展及支持中国经济社会可持续发展具有重大意义的8个重大科学问题。这8个问题分别是：行星地球的物理、化学、生物过程及其协同演化；海洋的物理和生物地球化学过程及其资源环境效应；陆面地表过程、资源环境、人类活动与可持续发展；天气、气候系统和空间天气的变化与趋势预测；全球变化与地球系统科学；矿产资源和能源的形成机制、勘查新技术与可利用性；水资源与可持续发展；自然灾害与防治等。

"地质工作发展战略研究"课题（2010）提出了地壳探测科学工程、国家立体填图试点计划、国土利用安全工程等工程或计划，部分纳入了"国土资源十二五发展计划"。《国土资源"十二五"科学和技术发展规划》提出：①开展基础地学学科建设、重大基础地质问题研究和土地基础科学理论研究，发展地球系统科学。稳定发展地层、古生物、构造、矿物、岩石学等传统基础地质学科。逐步恢复各时代、各门类古生物基础研究，建立化石鉴定体系，完善区域地层系统，解决地质调查中地层时代确定问题。培养一批岩石学人才，提高岩石、矿物鉴定技能。开展系列古生物化石图册、各类岩石学志、构造形迹、要素图册等基础地质读本和指南编撰。开展全球性的地层层型剖面、经典古生物化石群落、地层单位、超高压变质带、超强地震遗址、特殊地质景观和露头以及独特的青藏高原、黄土、岩溶等经典研究。开展全国与洲际性以及大区域地质系列图件编制。开展重要类型矿床、矿种经典研究，矿物系统研究与实验矿物研究，研究矿物物理、化学新性能，开拓开发矿物新材料。推动地球科学各学科之间的交叉研究，加强地球科学和其他自然科学、技术科学的交叉，加强地球科学和社会科学的交叉研究,发展系统地球科学等新兴学科。②瞄准中国重大资源与环境问题,以解决中国及亚洲大陆重大地质关键科学问题的调查和综合研究为基础,开展大陆地壳和地幔结构、组成与动力学研究,发展大陆动力学。开展青藏高原基础地质、岩溶动力系统与碳循环、中国陆块聚散过程与成矿作用动力学演化、重要生物群演化、年代地层格架及重要地区地层对比、早前寒武纪基础地质等重大基础研究。开展矿集区、整装勘查区、重大工程建设区、城市群、灾害易发区、区域含水单元、重点海岸带、海洋矿集区等重点地区三维地质填图技术研究。③推广一批地质找矿理论和方法技术,开展整装勘查区和重要成矿区带固体矿产和油气地质找矿综合研究,支撑找矿突破战略行动目标的实现。开展勘查技术装备研制,推动深部金属矿探测和新能源勘查科技创新,提高我国地质调查和资源发现能力。④开展重要难利用金属矿产和非金属矿综合开发技术研究,加强尾矿资源开发利用技术研究,提高资源开发利用综合效益。⑤开展地质灾害防治和地质环境保护技术方法研究,构筑地质灾害调查评价、监测预警、防治和应急响应技术体系。开展全球气候变化地质响应研究、二氧化碳地质储存技术研究、地热资源勘查开发利用关键技术研究,加强主要自然灾害及其土地利用风险评价研究,提高应对全球气候变化的能力。⑥推动深部探测技术与实验研究、大陆深部科学观测、深海资源探测科技、极地与探月等研究,取得一批独创性的重大基础研究成果,抢占未来科技竞争制高点。

《国家自然科学基金"十二五"发展规划》在能源、资源、环境、海洋等领域,提出中国地学基础研究将优先发展大陆形成演化与地球动力学、矿产资源与化石能源的形成机制与探测理论等11个方向。

在地球科学领域,加强前沿性、基础性分支学科的发展,扶持与实验、观测、数据集成和模拟密切相关的分支学科的发展,重视与其他学科的交叉研究。

在环境科学领域,将继续加强环境地学等优势学科,不断完善土壤环境学等传统学科,重点支持气候变化影响与适应、水土气污染环境污染机理与区域环境过程、灾害风险与减灾等重大前沿问题的研究,加强数据共享机制与观测体系建设。

在海洋科学领域,将加强海洋地质与地球物理学等优势学科,扶持极地海洋学等薄弱和交叉学科;加强对海洋共享航次及海洋观测、调查仪器设备的支持;重点支持海陆相互作用、海底深部过程等重大前沿问题研究。

在能源科学领域,将重点支持节能减排领域的若干基础研究、煤的清洁高效综合利用、碳捕获与封存领域的基础研究,重视能源与地球科学等学科的综合交叉研究。

根据《国家自然科学基金"十二五"发展规划》的总体部署,地球科学优先发展领域为:

(1)行星地球环境演化与生命过程。主要研究方向为重要化石门类古生物学、生物宏演化和高分辨率综合地层学,关键全球变化时期的环境背景,极端环境下的生命特征,地质微生物学、生物标志物及其环境效应,生物地球化学过程与地球表面环境的演化。

(2)大陆形成演化与地球动力学。主要研究方向为壳—幔的结构、组成及相互作用,大陆的形成、演化与陆内地质过程,大陆碰撞过程与造山带动力学,大洋板块与大陆边缘的相互作用,地球深部过程与表层过程的耦合关系。

(3)矿产资源、化石能源的形成机制与探测理论。主要研究方向为大陆地质与成矿作用,成矿模型、成矿系统与成矿机理,盆地动力学与成藏作用,区域地下水循环和环境地质演化,深部大型矿床(藏)含矿信息探测与提取。

(4)全球环境变化与地球圈层相互作用。主要研究方向为亚洲季风—干旱环境系统与全球环境变化,区域水循环(含冰冻圈)与气候变化,海平面和海陆过渡带变化的动力学及趋势,生物圈的关键过程及与其他圈层的互馈、元素生物地球化学循环与地球系统,全球环境变化的自然和人类因素,地球系统模拟的关键科学问题。

(5)人类活动对环境影响的机理。主要研究方向为地球工程与全球变化,资源利用的环境效应,重大地质灾害和大规模人类工程活动对环境影响的机理,区域环境过程与调控,自然过程与人类活动相互作用,区域可持续发展。

(6)陆地表层系统变化过程与机理。主要研究方向为陆地表层关键自然要素相互作用与界面过程,物质迁移转化过程,自然与人文要素的耦合过程,系统综合研究的理论和方法等

(7)水土资源演变与调控。主要研究方向为土壤过程与演变,土壤质量与资源效应,区域水资源的形成机制,区域水、土资源耦合与可持续利用。

(8)海洋过程及其资源和环境效应。主要研究方向为西太平洋的多尺度过程与高低纬相互作用,我国近海的海陆相互作用,海洋微生物与生物地球化学循环,海底资源的成矿成藏理论。

(9)地球观测与信息提取的新途径和新技术。主要研究方向为对地观测的新原理和新方法,深部探测和浅层观测的新理论和新技术,微量、微区与高精度和高灵敏度的实验测试分析技术,空间大地测量的理论、方法与技术及其地学应用地球深部过程、表层环境和宇宙过程示踪的新途径,地球系统基础信息采集和应用的理论与技术,观测数据的同化、融合和共享应用理论。

(10)中国典型地区区域圈层相互作用与资源环境效应。主要研究方向为多板块汇聚和青藏高原形成的深部动力学过程和机制及其资源效应,高原生长(范围和高度)时空变迁及其对海陆气相互作用和亚洲季风干旱环境系统的影响,青藏高原区域圈层(岩石圈、大气圈、水圈和生物圈等)相互作用的过程和发展趋势,西太平洋俯冲与东亚岩石圈演化及其对环境的影响作用。

工程与材料科学优先发展领域包括:

(1)资源高效开采与环境的相互作用规律。主要研究方向:深部裂隙岩体工程力学特性,煤层气与煤共采理论与方法,深部钻井的基础理论,提高煤炭、石油、天然气采收率的物理化学基础理论,资源开采中的重大灾害形成机理及控制,矿区生态保护与复垦的基础理论与方法。

(2)二氧化碳捕获与封存。主要研究方向:能源动力系统中燃烧前、纯氧燃烧、燃烧后捕获二氧化碳的理论与方法,低能耗捕获二氧化碳的革新技术与方法等。

跨科学部优先发展领域包括:

(1)行星探测、演化过程和环境影响与地外生命研究。通过以嫦娥工程获取的探测数据为基础,综合分析和整理国外已有的月球探测成果,力图形成月球起源和演化模型的整体性和规律性认识,建立月球起源和演化的概念性模型,获得具有原创性的科学研究成果,其目的是为人类认知宇宙提供太阳系各层次天体的物质成分、生命早期的化学演化、行星与太阳系的形成与演化各阶段的过程与年龄的科学依据,同时满足人类拓展生存与发展空间、推动经济和科学技术可持续发展的社会需求。核心科学问题:月球化学不均一性分布及其起因;外动力构造及其与月球演化的关系;月球内部结构与质量分布的不均一性;太阳系的早期演化历史;生命存在的极端环境和条件探究;火星上是否存在生命的探索;小行星以及彗星的联系;小行星和彗星与地球生命的起源、小行星和彗星撞击地球诱发环境突变和生物灭绝的联系等。

(2)重大灾害事件的机理与减灾。地球各个圈层处于不断的运动和变化之中,这种变化不但提供人类赖以生存发展的资源、能源和适宜的生态环境,也会产生危及人类社会的自然灾害。同时,不合理的人类活动干预地球系统的自然过程,会对自然灾害起到诱发和加剧作用。中国是一个自然灾害频繁的发展中国家,灾种多、分布广、频次高、灾情综合复杂,对中国经济建设和社会发展有重大影响的自然灾害主要包括气象灾害、地震灾害、地质灾害、海洋灾害、生态灾害等。随着社会发展水平的迅速提高,各种自然灾害对社会的影响程度也不断加大,社会面对自然灾害的脆弱性已成为备受关注的问题。对重大灾害事件的特征和发生发展规律进行准确描述和刻画,深刻理解致灾机理及其与人类活动的互馈,对重大灾害过程进行模拟和预测,有效预防和控制自然灾

害,最大限度地减轻灾害损失,对保证中国经济社会可持续发展有着重要意义。核心科学问题:灾害发生的机理与预测理论;灾害孕育和发生的环境因素;减轻自然灾害的对策与工程措施;对自然灾害的有效监测、数据处理和模拟机制;建立和完善对各类灾害的评估、预警和应急能力。

(3)全球变化与地球系统。伴随臭氧洞的产生、人口膨胀与资源短缺、生态破坏与环境污染、全球气候变暖和极端天气事件频发,人类社会经济发展与生存环境问题之间的矛盾日益突出。全球变化和人为活动对陆地生态系统格局、重要生态过程及其功能产生重大影响,特别是化石燃料燃烧以及工业生产过程向大气圈排放化学物质,改变着大气的化学组分,而如何通过技术创新、制度创新、产业转型和新能源开发等多种手段,尽可能地减少煤炭、石油等高碳能源消耗以及温室气体排放,以实现适应全球变化的经济社会协调发展,已成为重大的科学挑战。全球变化研究也日益成为当代面对社会可持续发展需求的重大前沿研究领域之一。全球变化的同时性、人类活动影响气候变化以及将地球作为一个整体系统进行研究等认识已得到广泛接受,地球系统科学的理念应运而生,即研究与各子系统相互作用联系的地球整体系统的变化规律、动力学机制和发展趋势,以适应和管理地球系统变化。核心科学问题:亚洲季风干旱环境系统的变化特点与趋势;区域水系统(含冰冻圈)循环及其对气候变化的影响与响应;海平面与海陆过渡带变化的动力学机制及趋势;生态系统对气候变化的适应过程、机制和预测;全球变暖的自然和人类因素以及地球系统管理;地球系统模拟的关键技术及科学问题。

二、重点发展的相关领域体系

发展相关领域体系,是有目的、有计划地重点发展一些基础地质学科的前沿领域,鼓励他们创新,提倡学科间相互交叉。其中矿床学、矿物学、地球化学、生物地层学、岩石学、沉积学、第四纪地质学、水文和工程地质学、构造地质学、动力地质学以及前寒武纪地质学等等的前沿领域以及这些学科之间的交叉,构成了当代地质科学的基础。这些学科迅速发展,才能增强地质科学在解决经济建设和社会发展所面临的地质难题的能力,使整个地质科学稳步前进。在相关领域体系中,应重点发展下列具有导向性的学科领域:

(1)社会大脑型学科或领域 是指开发目前仍存在于地质学家头脑中的待开发的先进科学思维、新的科学苗头,包括一些所谓极端的学术思想,通过实践得到发展。

(2)先进和同步型学科或领域 是指重点支持基本上处在与国际同步或具有国际先进水平的中国一些优势学科或领域,让其尽快在国际上取得优势,最大限度地形成我们自己的地质理论体系。

(3)潜在前景型学科或领域 是指国外今后 5 年~10 年将重点研究并可能取得突破而在中国已有一定基础的学科或领域,进一步研究对发展有中国特色的地质理论体系有一定借鉴意义。

(4)薄弱型学科或领域 是指中国当前处在比较落后状态但又具有导向性质的学科或领域,如不重点发展,并使尽快步入世界先进行列,将在一定程度上制约中国地质科学理论体系的建立。

三、重点扶持的支持领域体系

支持领域体系是指对发展中国地质科学理论的基础背景领域,进行以积累和整理已有的基本资料和基本数据为目的的基础研究的领域体系,是新突破的出发点和基础。为了发展和提高中国地质理论水平,应对已广泛进行的地质工作所积累的资料和数据,在新的理论思维指导下进行综合研究和分析,开发二次信息,为发展更高层次的地质理论提供高质量的素材。

应重点扶持的支持领域有图、库、典、史 4 大基本建设,譬如,编制新一代的中国地质图和大地构造图及亚洲地质图等,建立、充实和发展各种地质科学数据库,全面编制中国地层典,编制中国地质学史。

董树文、陈宣华、史静等在《国际地质科学发展动向》(2005)中详细分析了中国地质科学发展的支撑条件建设：

(1)地表观测技术和方法　"3S"技术的使用不仅提高了地球科学众多领域的研究效率、精度和研究水平，也为新的研究领域的开辟创造力条件。地球观测系统(EOS)和卫星大地测量、大陆和大洋科学钻探技术的发展，拓宽了人类的视野，为地质科学理论的创新提供了新的机遇。基于网络的GIS-WebGIS是地球信息系统的新发展。高光谱分辨率遥感可以在电磁波谱的可见光、近红外、中红外和热红外波段范围内获取许多非常窄的光谱连续的成像数据的技术。微波遥感器如微波辐射计、微波散射计、雷达高度计、合成孔径雷达(SAR)等应用于研究人类活动对全球影响、探测非常事件、保卫国家安全的主导性遥感手段，其应用包括探矿、海洋、冰雪、大气、测绘、农业、灾害监测等方面。激光雷达技术(激光阵列距离扫描仪)已在大气遥感和大气测量、测绘和海洋研究等许多领域发挥了重要作用。偏振探测技术在大气探测、地球资源调查、海洋监测和军事应用等领域起着重要作用。干涉合成孔径雷达测量技术(INSAR)是一项新的空间对地观测技术，它与全球定位系统(GPS)、甚长基线干涉测量技术(VLBI)和卫星激光测距(SLR)等空间技术一起，将构成卫星大地测量技术的主体。

(2)深部探测技术与方法　百年来地质学家从来就没有放弃对地下的探索，超深钻直接取得了12千米深的岩石样品和连续岩石柱状，并发现流体和矿化。各种地球物理探测手段把人类的视野延伸到地壳和地幔，甚至地核。但是，对地球的直接了解仅属皮毛，间接地了解精度难以满足要求，而且探测技术制约向深度发展。20世界70年代美国COCORP计划的实施大大推进了深部探测进程，开辟了反射地震深部探测的新方法。欧洲先后实施了大陆地壳的深部地震反射探测，法国(CROP)、德国(DECOPE)、英国(BIRPS)、瑞士(NRP20)等国都制定了相应计划，长期实施。欧洲各国联合实施了"欧洲探测计划"，通过横过阿尔卑斯造山带深地震反射剖面，建立了碰撞造山理论和薄皮构造理论。俄罗斯乌拉尔造山带实施的反射地震探测计划首次发现了保留山根的古生代造山带，丰富了山根动力学理论。加拿大1984年～2003年岩石圈探测计划证实了30亿年前就发生与板块构造有关的作用，对古老岩石圈板块碰撞和新地壳形成过程进行重大修正，使加拿大的地球科学研究走到世界的前列。澳大利亚实施国家四维地球动力学探测计划(1992～2000)在研究岩石圈结构的同时，开展了成矿带地壳精细结构探测，为研究成矿理论和资源评价提供了强大的技术支撑。

(3)国家级地质科学研究实验室　重点建设加速期质谱仪(AMS)和相应的地质应用实验体系，改进整体和微量物质成分和结构的实验室分析技术，在地质科学研究中引进扫描探针显微镜(包括扫描隧道微镜和原子力显微镜等)，建立一套高标准高水平的地质年代学实验室(从离子探针质谱SHRIMP II到低温热年代学和地下水定年技术)。建议开展高温高压下实验岩石学、实验矿物学和实验地球化学的研究和国家级实验室平台的建设，提供中国对于地质过程研究的自主创新能力。北京离子探针中心、西安加速器质谱中心和广州、上海、北京、长春等质谱中心的建设，为地质学在内的科学研究提供了良好的平台，将极大地促进中国地质科学的发展。

(4)天然地质实验室　地质过程的研究需要大量的野外观测。天然地质实验室包括2种：一种是地质作用的产物，另一种是正在进行的地质作用过程。青藏高原、中国东部燕山内陆造山带、中央造山带是中国地质科学重大问题研究的十分好的天然实验室。

(5)地质科学发展的社会基础　良好的社会环境是地质科学发展的基础。社会对地质科学的促进作用体现在2个方面：一是广大民众和领导层对地质科学思想认识的重视，在树立和落实科学发展观、构建和谐社会中，地质科学成为其不可缺少的知识体系的重要部分；二是以研究为基础的教育，为地质科学的发展注入了永远新鲜的血液。要加强地质科学研究机构的教育功能。

(杨守仁)

第三篇

中国区域地质

- 中国地质构造区划
- 中国区域地层特征
- 中国区域岩浆岩发育特征
- 中国大陆岩石圈结构特征

中国位于亚洲东南部,地处欧亚板块、太平洋板块和印度板块的交汇地带。中国大陆大部分属欧亚板块,青藏高原南部的喜马拉雅构造带属印度板块,台湾东海岸台东山脉则属菲律宾板块。现分如下诸点略述中国地质构造的基本特点。

第一章　中国地质构造区划

中国是世界上地质构造最复杂的大陆之一。中国约自早中元古代随着古陆壳的逐渐形成,于中晚元古代开始了陆洋开合的板块运动。中晚元古代时已有代表古洋壳残迹的蛇绿岩带出现,同时也有较多的碰撞造山型花岗岩带形成,故宜以此时作为古板块划分的开端。而古板块活动的主要活动时期为古生代,这一时期古中国陆块裂解为大小不等的碎块,成为多岛洋环境,蛇绿岩带分布甚广。经先后碰撞造山形成了板块与微板块镶嵌的古构造结构。根据现有资料在程裕淇等(1994)对晋宁期以来中国板块构造所作的划分的基础上,将拼合于四堡—加里东期的华南板块,划分为扬子、华夏2个古板块,将塔里木—华北板块划分为塔里木、华北2个板块。这样包括西伯利亚古板块的一部分,计有5个古板块。在古板块的陆缘地带,分布着成群出现的碎块,有的为具有板块特征,但规模较小的微板块,计有准噶尔—伊犁、佳木斯—松嫩、柴达木—祁连等微板块—地块群。这些古板块、微板块于三叠纪时先后拼贴,成为巨大的欧亚板块的组成部分。

欧亚板块南面与冈底斯—印度板块(肖序常等,2000)相接,其间为羌北、昌都、羌南、冈底斯微板块、地块群,对于这两大板块的界线存在不同的认识,根据现有资料,以班公错—怒江结合带为宜。欧亚板块的东侧以日本—台湾—菲律宾岛弧带与西太平洋毕鸟夫带与太平洋板块相接,东南缘以台东纵谷结合带与菲律宾海板块相连。它们的相互作用,控制了中国现今的构造格局。

中国大陆的构造格架,是在欧亚板块、太平洋板块和印度板块长期相互作用过程中建造起来的。中国大陆的大部分属欧亚板块、青藏高原南部的喜马拉雅褶皱区和冈底斯褶皱系属印度板块、台湾东海岸台东山脉属菲律宾板块。根据中国地质构造及其发育特征,中国大陆可以划分为3种不同类型的地质构造区:地台区、造山区和边缘海盆区。

第一节　地台区

包括吕梁运动形成的华北地台和经历晋宁运动形成的塔里木地台和扬子地台,它们构成中国大陆的3个核心。基底多为复杂的变质岩系,盖层为中晚元古代和显生宙稳定类型沉积。

一、华北地台

包括阴山—燕山以南,秦岭—大别山以北,贺兰山以东以及渤海、黄海北部广大地区。北与乌拉尔—蒙古褶皱带东段接界,南与秦岭褶皱带相邻,东南部与扬子地台相连,向西过贺兰山与阿拉善地块相接。若包括朝鲜北部广大地区,则称中朝地台。这是中国最古老的一个地台,形成于18亿年前的吕梁运动,有3套建造系列:太古宇和下元古界构成的基底岩系,中、上元古界和古生界构成的盖层岩系,叠加在不同时代岩层之上的中新生代盆地沉积岩系(表3-1-1)。

基底岩系包括4套变质岩群,代表了地台演化的4个阶段。最老1套变质岩群出露于地台北缘,以冀东迁西群为代表,形成于30亿年以前,属早、中太古代;第2套变质岩群见于地台南北边缘、太行山、鲁西等地,以太行山北段阜平岩群和鲁西泰山岩群为代表,变质终止年代约在距今26亿年前,属晚太古代早期;第3套变质岩群出露于地台中、北部及东部,以五台、太行山五台群和燕山地区双山子群为代表,变质终止年龄在距今25亿年前后,时代为早元古代早期;第4套变质岩群广泛分布于地台中部和周边,以五台山区滹沱群和辽东半岛辽河群及榆树砬子群为代表,形成于距今18.5亿年以前,属早元古代晚期。

表 3-1-1　华北地台构造发展简表

地质年代及构造运动				主要地质事件	构造发育阶段
新生代	第四纪 新近纪 古近纪	2.448 百万年	喜马拉雅运动	玄武岩喷发,冰川作用 形成华北盆地、汾渭地堑 大陆裂谷作用,玄武岩喷发	盆地发育阶段
中生代	白垩纪 侏罗纪	66	燕山运动	太平洋板块俯冲,滨太平洋东北向隆起带、沉降带及火山岩带形成	
	三叠纪		印支运动	分异为隆起带和沉降带	
古生代	二叠记 石炭纪	250±	华力西运动	海陆交互相含煤沉积	地台发展阶段
	泥盆纪 志留纪	362±	加里东运动	全区隆升	
	奥陶纪 寒武纪	493±		全区沉降,陆表海相碳酸盐岩、碎屑岩	
元古宙	震旦纪	570	少林运动	大部分地区隆升为陆,胶辽地区海相沉积	
	青白口纪	850	蓟县运动		
	蓟县纪 长城纪	1000±	芹峪运动	浅海、滨海相碎屑岩、硅镁质碳酸盐岩 北南边缘及太行山—燕山发生裂谷作用	
太古宙	滹沱期	1850±	吕梁运动	第2次克拉通化,形成华北地台	基底形成阶段
	五台期	2500±	五台运动	2次裂谷作用,局部混合岩化,花岗岩侵入 绿片岩相—角闪岩相变质作用	
	阜平期	2600±	阜平运动	第1次克拉通化,形成华北古陆核	
	迁西期	3000±	迁西运动	高角闪岩相—麻粒岩相变质作用 最早表壳岩出现	

华北早前寒武纪变质岩198个测年数据出现29亿年和27亿年2个峰位,说明华北地台陆壳可能主要形成于晚太古代(张宗清,1998)。辽东半岛鞍山市白家坟奥长花岗岩锆石U-Pb一致线年龄38.04±0.05亿年(刘敦一,1991),为目前中国大陆所获最古老的岩石年龄。

盖层岩系代表了地台发育阶段的沉积,包括2套沉积岩系。第1套岩系为中、上元古界,为浅海相碎屑岩及镁质碳酸盐岩,厚数千至万余米;第2套岩系包括古生界和下三叠统、寒武系和奥陶系为浅海相碳酸盐岩和碎屑岩,中石炭统—下二叠统为海陆交互相煤系地层,二叠统—下三叠统为陆相红色碎屑岩系。

中新生代为盆地发育阶段,以陆相盆地型沉积为主。鄂尔多斯盆地广泛分布着三叠纪—白垩纪陆相沉积,其上覆以第四纪黄土堆积;华北平原和汾渭地堑发育有很厚的新生代沉积;东部滨海地区和燕山地区分布有晚中生代中酸性侵入岩及火山岩,构成滨太平洋岩浆岩带的组成部分。

二、塔里木地台

夹持于天山、西昆仑山和阿尔金山之间,由若干隆起带和坳陷带所组成。北邻天山褶皱系,南接秦祁昆仑褶皱系,向东过阿拉善地块与华北地台断续相连。地台形成于距今8.50亿年前后的晋宁运动。第三纪晚期以来,随着青藏高原和天山的急剧隆升,地台大部分相对沉降,形成中国最大的内陆盆地,堆积了巨厚的新生代沉积。同华北地台一样,塔里木地台也经历了基底形成、地台发育和盆地发育3个发展阶段,形成3大套建造系列。

前震旦系构成地台的基底,主要出露于地台周边山系中,以天山南麓库鲁克塔格和柯坪地区为代表,由4套变质岩系组成:太古宙达格拉格布拉克群片麻岩和结晶片岩;早元古代兴地塔格群片岩、石英岩、大理岩;中元古代扬吉布拉克群片岩夹石英岩、大理岩;晚元古代的浅变质碎屑岩、硅镁质碳酸盐岩。

震旦系和古生界构成地台的盖层岩系。震旦系为浅海、滨海相碎屑岩、碳酸盐岩夹火山岩、冰碛岩;寒武系、奥陶系主要为海相碳酸盐岩,寒武系底部有含磷砂页岩;志留系、泥盆系主要为浅海—滨海相碎屑岩;石炭系、二叠系以海相碳酸盐岩、碎屑岩为主,局部于下二叠统夹玄武岩。

中新生代为地台的盆地发育阶段,多为陆相盆地沉积。中生界主要分布于盆地边缘,为山间盆地或山前坳陷型河湖相砂泥质岩。三叠系为河湖相沉积;下中侏罗统以含煤建造为特征,上侏罗统出现红色碎屑岩系;白垩系多河湖相砂页岩,西部有白垩系海相灰岩。新生界主要为陆相砂泥质岩,西昆仑山山前有巨厚磨拉石堆积;西部有海相古近系。

震旦系—第三系已发现多层储油层系。盆地周边分布有元古宙和古生代为主的中酸性侵入岩和基性、超基性岩。

三、扬子地台

位于秦岭—大别山之南,龙门山—哀牢山以东,雪峰山—怀玉山以北广大地区,向东延展到黄海南部。

地台形成于元古宙晚期的晋宁运动,具有3层结构,形成3套建造序列:前震旦纪变质基底建造序列,震旦纪—中三叠世沉积盖层建造序列,晚三叠世—第四纪上叠盆地建造序列。地台边缘出露元古宙、古生代和中生代侵入岩(表3-1-2)。

表3-1-2　扬子地台3套建造序列

Ⅲ 上叠盆地建造序列	第三系:红色岩建造,含石膏、岩盐层　中侏罗统—白垩系:磨拉石建造,红色碎屑岩建造　上三叠统—下侏罗统:含煤砂页岩建造
Ⅱ 沉积盖层建造序列	泥盆系—中三叠统:碳酸盐岩、碎屑岩建造,上二叠统夹煤系及火山岩　上震旦统—志留系:碳酸盐岩建造,笔石页岩建造,砂岩建造　下震旦统:陆相磨拉石建造,冰碛岩建造
	～～～～～～晋宁运动～～～～～～
Ⅰ 变质基底建造序列	青白口系(马槽园群):碳酸盐岩建造,砂页岩建造夹火山岩建造,复理石建造 长城系—蓟县系(昆阳群):陆源碳酸盐岩建造,碎屑岩建造,夹火山岩建造 上太古界—下元古界(东冲河群—水月寺群):黑云斜长变粒岩,黑云斜长片麻岩、斜长角闪岩、夹片岩、大理岩

前震旦纪变质基底建造序列由2套变质岩系组成:西部以昆阳群为代表,为陆源碎屑岩、碳酸盐建造;东部以四堡群、板溪群为代表,为火山碎屑岩、硬砂岩及复理石、类复理石建造。鄂西黄陵背斜崆岭群获锆石 U-Pb 年龄 28.5±0.15 亿年,桂北摩天岭岩体锆石 U-Pb 年龄 28.6 亿年,四堡群镁铁—镁铁质岩的 Sm-Nd 等时年龄 24.12±0.97 亿年,都说明本区存在更老的基底岩石。这些岩系多处被晋宁期及更老的花岗岩类贯入,形成变质杂岩。

盖层为典型的稳定类型沉积,分3套建造系列:①下震旦统陆相磨拉石建造和冰碛岩建造,部分地区夹中酸性火山岩;②上震旦统—志留系碳酸盐建造、笔石页岩建造和砂页岩建造;③泥盆系—中三叠统碳酸盐岩和碎屑岩建造,上二叠统夹含煤岩系和火山岩系。

晚三叠世—第四纪上叠盆地建造序列,主要为陆相盆地型沉积。上三叠统—下侏罗统为含煤砂页岩;中三叠统—白垩系多磨拉石及红色碎屑岩沉积,长江中下游夹中基性火山岩系;第三系多为含膏盐的红色岩系。

第二节 造山区

这是介于地台之间的一些造山带、造山系,多发育有巨厚的活动类型沉积、岩浆岩带和蛇绿岩带,具有强烈的构造变形和普遍的变质作用,并常夹持诸多前寒武纪地块。

一、天山—兴安造山区

是介于西伯利亚地台与塔里木地台、华北地台之间的一个巨型造山区,是乌拉尔—蒙古构造域的组成部分之一。由一系列褶皱断裂系和穿插其中的小型地块组成弧形构造带,有大量华力西期花岗岩、基性—超基性岩和蛇绿岩带贯穿其中。已知最老的岩层出露在区域东部,以老爷岭地块麻山群及黑龙江群为代表,主要为片麻岩、结晶片岩,时代暂归晚太古—元古宙,大兴安岭北部前寒武系 K-Ar 法所测年龄为9.4亿年、9.5亿年。以广泛发育古生代沉积岩、岩浆岩建造为特征,构成中国最重要的古生代构造岩浆岩带。天山—兴安造山区由3个造山系和夹持其中的"中间地块"所组成。

北带的阿尔泰—额尔古纳造山系,包括阿尔泰山和大兴安岭北段额尔古纳地区,为一加里东期造山系。元古宙片麻岩、结晶片岩系构成其基底;盖层包括下古生界的中级变质的砂泥质岩、碳酸盐岩及复理石沉积和上古生界海相碳酸盐岩、碎屑岩夹陆相沉积;侏罗系和白垩系主要为上叠盆地型磨拉石沉积、含煤岩系及火山—沉积岩系;有一系列古生代及燕山期花岗岩贯穿其中。

中带的准噶尔—兴安造山系,基本为一华力西期造山系。基底由上太古界—下元古界深变质岩系和中、上元古界中、浅变质岩系组成。盖层由古生代岩系组成,寒武—奥陶系多深海相砂泥质岩、硅质岩、碳酸盐岩夹中性火山岩;志留—泥盆系主要为活动类型沉积火山岩系,上泥盆统出现磨拉石沉积;石炭—二叠系为陆相、海陆交互相沉积。中新生代为上叠盆地沉积,上侏罗—下白垩统为沉积—火山岩系夹煤层;上白垩统为砂泥质岩、红色碎屑岩、含油岩系。新生界主要为河湖相沉积,古近系夹煤系地层。

南带的中天山—西拉木伦造山系,为加里东—华力西造山系。基底由下元古界片麻岩、结晶片岩和中、上元古界中浅变质岩系组成。盖层由2套岩系组成:震旦系和下古生界为海相碎屑岩、碳酸盐岩及火山岩系;上古生界泥盆系—下石炭统为浅海相火山—沉积岩系,上石炭统—下二叠统为陆相火山岩及磨拉石沉积。中新生界为上叠盆地型沉积,中生界主要为陆相碎屑岩、含煤岩系及红色岩系;新生界主要为河湖相沉积。

天山—兴安造山区发育有前寒武纪、加里东期、华力西期及燕山期中酸性侵入岩,华力西期基性、超基性岩及蛇绿岩,组成规模不等的构造岩浆岩带。

二、秦岭—祁连—昆仑造山区

是介于塔里木地台、华北地台与青藏—川滇造山区、扬子地台之间的一个复杂造山区。主体由一系列古生代为主的褶皱系、逆冲断裂带、走滑断裂带和蛇绿岩带组成,包括有若干前寒武纪地块,有大量古生代为主的花岗岩类和基性、超基性岩类的岩体、岩带贯穿其中,形成横亘中国中部的一条重要的地质分界带。它由几条造山系与中间地块组成,即昆仑造山系、柴达木地块、祁连造山系、秦岭造山系和大别—苏鲁造山系。

昆仑山是一个经历多期构造变动的复杂造山系,主体由前震旦纪、震旦纪和早古生代变质岩系和晚古生代沉积岩系的紧密褶皱和断裂带组成。西昆仑及阿尔金造山带以发育巨厚早古生代沉积岩及火山—沉积岩系为特征,晚泥盆世磨拉石沉积不整合覆于其上。东昆仑造山带出露中、晚元古代变质岩系和古生代火山—沉积岩系,有古生代、中生代花岗岩类岩体穿插其中。

柴达木可能是由塔里木地台分离出来的一个中间地块,被巨厚新生代沉积覆盖;基底为前长城纪变质岩系,盖层包括中、晚元古代及早古生代稳定类型海相沉积和上泥盆统—石炭系陆相及海陆交互相沉积;中生界为山间盆地型沉积。

祁连山造山系是一加里东期造山系,由3套建造序列组成(表3-1-3):基底建造序列由元古代2套变质岩系所组成;沟—弧—盆系建造序列基本上为震旦纪和早古生代火山—沉积岩系,在北祁连发育有典型蛇绿岩混杂堆积和蓝闪石片岩带;盖层建造序列包括晚古生代陆相磨拉石沉积和海陆交互相含煤沉积、中生代陆相碎屑岩及含煤岩系、新生代碎屑岩和磨拉石沉积。

表3-1-3　祁连造山系建造序列

Ⅲ 盖层建造序列	新生界:杂色砂泥质岩(E),碎屑岩、磨拉石建造(N_2-Q_1),冰碛岩及河湖相沉积　上侏罗统—白垩系:红色、杂色碎屑岩,夹膏盐层　三叠系—下、中侏罗统:含煤碎屑岩系,南祁连中下三叠统海相沉积　上古生界:陆相磨拉石建造(D_{2-3}),海相、海陆交互相碎屑岩,碳酸盐岩及含煤岩系
Ⅱ 沟—弧—盆系建造序列	加里东运动 上奥陶统—下志留统:碎屑岩—碳酸盐岩建造,火山碎屑复理石建造 中寒武统—奥陶系:蛇绿岩建造(北祁连),陆源碎屑复理石建造(南祁连) 震旦系:海相碳酸盐岩—火山岩—陆源碎屑岩建造,冰碛岩
Ⅰ 基底建造序列	晋宁运动 中—上元古界:复理石建造,硅镁质碳酸盐岩建造,碳酸盐岩—类复理石建造 下元古界:变质结晶岩系

秦岭是一个复合型造山系,以商丹断裂为界,北秦岭为加里东期造山带,以元古宇及下古生界变质岩系为主,以大规模推覆构造为特征。南秦岭为印支期造山系,以古生代碳酸盐岩、砂页岩及三叠纪复理石建造为主,以多层次滑脱构造为特征。在大巴山、大洪山地区,有大量晋宁期为主的辉长岩、辉绿岩体成群分布。

大别—苏鲁造山系为秦岭造山系之东延部分,主要由太古宙、元古宙变质岩系组成,以发现多处含柯石英、硬玉、金刚石的榴辉岩和规模巨大之超高压变质带而著称。

三、青藏—川滇造山区

属特提斯—喜马拉雅构造域的东段,由一系列中新生代为主的褶皱系、推覆构造群、蛇绿混杂岩带和构造岩浆岩带组成，包卷有若干前寒武纪微型地块。以可可西里—金沙江缝合带和雅鲁藏布江缝合带为界，可以分出3个造山系，自北而南依次为巴颜喀拉造山系、唐古拉造山系、喜马拉雅造山系。

巴颜喀拉造山系，是在二叠纪—三叠纪沟弧盆系基础上发展起来的印支期造山系，基底属扬子型，可进一步划分为羌圹—思茅造山带和松潘—甘孜造山带。

唐古拉造山系，为一燕山期造山系，主要由晚古生代、中生代岩层的褶皱、逆冲断裂带、蛇绿混杂岩带和花岗岩带组成，念青唐古拉山一带出露前寒武纪及早古生代地层；多处发现石炭纪—早二叠世冰海相沉积和冷水型动物群；三叠系岩相变化大，主体为复理石沉积。可进一步划分为唐古拉造山带和冈底斯造山带，二者之间为班公—怒江缝合带。

喜马拉雅造山系，是印度地台北缘一个新生代造山系，其主体为前寒武纪—中生代岩层组成的几个褶皱—推覆构造带，北缘以雅鲁藏布缝合带为界与冈底斯造山带相邻。高喜马拉雅造山带是一个大型推覆构造带，主要为前寒武纪变质岩系和古生代、中生代盖层沉积，有喜马拉雅期含电气石花岗岩贯穿其中。北喜马拉雅主要是由中生代岩层组成的造山带。一些由古生代地层和岩体组成的穹隆构造沿东西方向断续出露，康马穹隆岩体Rb-Sr等时年龄4.87亿年，锆石U-Pb等时年龄5.20亿年。在雅鲁藏布江缝合带发育有很宽的蛇绿混杂岩带和典型的枕状玄武岩（图3-1-1）。

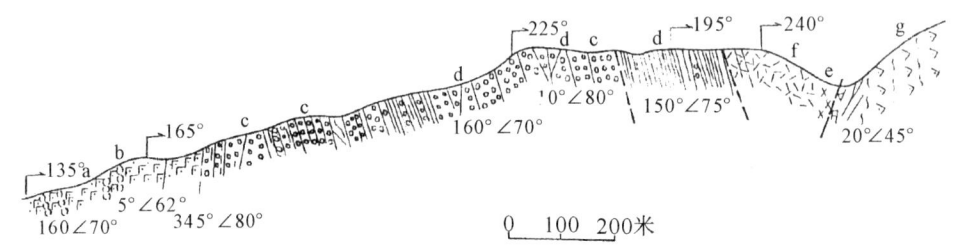

图3-1-1　日喀则得儿乡南蛇绿岩石套剖面图（据王希斌、曹佑功，1983）

a.杏仁状玄武岩；b.熔岩流及产状；c.枕状熔岩及产状；d.席状岩床、岩墙及产状；e.辉长岩；f.石英闪长岩；
g.蛇纹石化方辉橄榄岩夹少量纯橄岩

四、滨太平洋造山区

滨太平洋造山区是巨大的环太平洋构造域的组成部分，它基本上是一个中新生代的造山区，具有较厚的中新生代活动类型沉积，强烈的褶皱变形和岩浆活动，可划分3个造山系：乌苏里—锡霍特造山系、华南造山系和台湾造山系。

乌苏里—锡霍特造山系，主要由晚古生代和中生代岩层褶皱及印支—燕山期花岗岩类组成，局部出露元古宙变质岩系。那丹哈达造山带是在华力西褶皱基础上的早燕山期造山带，石炭二叠系和上三叠—中侏罗统为巨厚活动类型沉积，上侏罗统为海陆交互相含煤岩系，白垩系为陆相沉积—火山岩系。延边造山带主要由石炭二叠纪活动类型沉积和华力西期花岗岩类组成，侏罗白垩系为陆相沉积—火山岩系。

华南造山系，主体为一加里东期造山系，受尔后多期构造运动和岩浆活动强烈影响，呈现多期构造叠加的复杂构造格局。可以划分为3套建造序列（表3-1-4）：基底建造序列由早、中元古代变质岩系和晚元古—早古生代变质火山岩系及复理石、类复理石沉积组成。盖层建造序列为中泥盆统—中三叠统浅海相、海陆交互相沉积，伴以中酸性侵入岩。盆地建造序列主要为上三叠统—第三系盆地型沉积及沉积—火山岩系，有大规模花岗岩类穿插其中。

表 3-1-4　华南造山系建造序列

Ⅲ 陆相盆地建造序列	新生界:第四纪冰碛,第三纪盆地型河湖相
	上侏罗统—白垩系:陆相盆地火山—沉积岩系
	上三叠统—中侏罗统:海陆交互相含煤碎屑岩、砂泥质岩建造,夹火山岩
Ⅱ 沉积盖层建造序列	二叠系—中三叠统:碳酸盐岩建造,含煤碎屑岩建造
	石炭系:浅海相碳酸盐岩建造,海陆交互相砂泥岩建造,夹煤系
	中—上泥盆统:陆相碎屑岩
	～～～～～～～～～加里东运动～～～～～～～～～
Ⅰ 基底建造序列	上元古界—下古生界:细碧角斑岩建造(Pt_3),陆源碎屑岩建造,复理石建造
	中元古界:浅变质碎屑岩建造,碳酸盐岩建造,细碧角斑岩建造
	下元古界:变粒岩,斜长片麻岩,黑云片岩,夹斜长角闪岩理石建造

台湾造山系,为一喜马拉雅期造山系,以发育巨厚古近系、新近系沉积为特征。台西造山带主要为厚达万米的古近纪、新近纪复理石沉积夹煤系,其上不整合覆以上新统—更新统泥质岩。中央山脉东侧大南澳群含石炭二叠纪化石,为岛内最老地层。台东造山带主要为新近纪—早更新世复理石、岛弧火山岩和蛇绿混杂岩。

第三节　边缘海盆区

包括渤海、黄海、东海和南海。它们具有不同构造基底,但都是从古近纪或晚白垩世开始发展起来的沉降盆地,充填有巨厚的新生代沉积(表1-3-5)。

一、渤海湾盆地

渤海湾盆地包括下辽河盆地、华北盆地和渤海湾盆地,可划分为若干隆起、坳陷等次一级构造单元。主要充填始新世—渐新世和新近纪沉积。

渤海湾盆地石油普查始于1956年,经历了20多年的陆地和海域石油勘探发现了近100个油气田。先后成立了胜利、辽河、华北、大港、中原、渤海、冀东7大石油公司。

二、东海陆架盆地

东海陆架盆地包含几个隆起和次一级盆地。通过对盆地全区大量地震剖面和重磁资料的解释与分析,以地层分布和盆地结构特征为原则,强调"早期南北分块、晚期东西分带"的观点,将盆地自西向东划分为:①西部坳陷带,包括长江坳陷、台北坳陷、彭佳屿坳陷;②中央隆起带,包括虎皮礁隆起、海礁隆起、渔山隆起和福州隆起;③东部坳陷带,又称浙东坳陷。这一划分方案体现了盆地内新生代沉积地层的分布及厚度变化、地质结构、构造演化等方面的特征,这对于认识全盆结构、对比东西差异及区域油气勘探都具有指导意义(索艳慧等,2010)。盆地充填分3个阶段:断陷阶段(K_2-E_2)、坳陷阶段(E_3-N_1),区域沉降阶段(N_2-Q)。晚白垩世到第四纪陆相或海陆交互相沉积总厚度达6000米~14 000米。

三、南海盆地

南海盆地主要包括莺歌海盆地、琼东南盆地、珠江口盆地、台西南盆地、万安北盆地、中央海盆、万安西盆地、礼乐滩盆地和曾母盆地。古近系主要为河湖相含油沉积;新近系为浅海—深海相沉积。

表 3-1-5　渤海湾盆地建造序列

地层 界	地层 系	地层 统	地层 组	地层符号	地质厚度/米	岩性特征	构造运动接触关系	含油情况
古生界	寒武系	上统	凤山组	∈	403~978	上部为灰黑色中、厚层泥质条炭岩夹竹叶状炭岩,中部薄层泥质条带灰岩、竹叶状灰炭、粉砂质页岩及紫红色页岩,下部紫红色薄层泥岩、白云岩、燧石条薄灰岩,底部见含砾石砂岩及赤铁矿结核	蓟县运动	工业油流
		上统	长山组					
		上统	崮山组					
		中统	张夏组					
		中统	徐庄组					
		下统	毛庄组					
		下统	馒头组					
		下统	府君山组					
上元古界	青白口系		景儿峪组	Eg	330~748	上部为泥灰岩、白云质灰岩,中部为灰绿、紫红色灰岩、海绿石砂岩,下部为粉细砂岩及底砾岩		油显示
			龙山组					
			下马岭组					
	蓟县系	上线	铁岭组	Zj	4830	上部以灰色白云质灰岩为主,夹叠层石及燧石结核,下部以砾砾石条带白云岩为主,夹叠层石白云岩、碎屑白云岩,底部为砖红色砂泥质白云岩及角砾岩		工业油流
		上线	洪水庄组					
		下线	雾迷山组					
		下线	杨庄组					
	长城系	上线	高于庄组	Zc	1990~2240	上部以灰色白云岩、燧石条带白云岩为主,夹页岩、碎屑白云岩,具紫色长石质石英砂岩,下部为深灰色泥质白云岩、叠层石白云岩、泥灰岩、页岩、石英砂岩及底砾岩	吕梁运动	工业油流
		上线	大红峪组					
		下线	团山子组					
		下线	串岭沟组					
		下线	常州沟组					
下元古界				Pt	>5000	变质岩及火山变质岩		
太古界				Ar	>1500	片岩、片麻岩及含铁石英岩大理岩,下部为混合岩化片麻岩		工业油流

第二章 中国区域地层特征

中国大陆及其毗邻海域分布有各地质时代、各种类型的地层，许多地层发育良好，层序完整，化石丰富。

第一节 前寒武纪地层特征

中国前寒武系一般划分为早前寒武系、晚前寒武系两部分。它们主要出露于华北地台、塔里木地台、扬子地台，其次见于一些造山系，出露面积671 000平方千米，占全国陆地面积7.8%（沈永和，1994）。

一、早前寒武系

主要出露于华北地台，包括太古宇与下元古界。近年来在塔里木地台北缘、扬子地台北缘以及东北佳木斯地块等地，都发现早前寒武系线索，获一批古老年龄数据，如新疆达格拉格布拉克群32.63亿年（Sm-Nd）、鄂西崆岭群28.91亿年（U-Pb）、黑龙江鸡西麻山群25.39亿年（周庆仁，1994）。

表3-2-1 中国北方早前寒武纪地层简表

层序	代表性岩群	主要岩石组合	时代相当的岩群	变质相
上覆岩层	长城系			
	1850百万年 吕梁运动			
下元古界	滹沱系	变质砾岩、石英岩、千枚岩、板岩、结晶白云岩、大理岩、少量玄武岩	兴地塔格群、龙首山群、二道凹群、朱杖子群、辽河群及榆树砬子群、中条群及担山石群、嵩山群、粉子山群	低绿片岩相
	2500百万年 五台运动			
上太古界上部	五台岩群	角闪片岩、斜长角闪岩、结晶片岩、变粒岩、长石石英岩夹大理岩、磁铁石英岩	阿拉善群、色尔腾山群、双山子群、吕梁群、绛县群	绿片岩相—低角闪岩相
	2600百万年 阜平运动			
上太古界下部	阜平岩群	黑云（角闪）斜长片麻岩、二辉麻粒岩、黑云二长片麻岩、斜长角闪岩、各类浅粒岩、变粒岩、大理岩夹磁铁石英岩	乌拉山岩群、单塔子岩群、上鞍山岩群、夹皮沟岩群、涞水岩群、登封岩群、泰山岩群、胶东岩群、霍丘岩群	角闪岩相
	3000百万年 迁西运动			
中下太古界	迁西岩群	二辉斜长麻粒岩、紫苏麻粒岩、紫苏黑云斜长麻岩、斜长角闪岩、夹浅粒岩、变粒岩、磁铁石英岩	集宁岩群、下鞍山岩群、龙岗岩群	角闪岩相—麻粒岩相

中国北方早前寒武系可以划分为4套变质岩群（表3-2-1），为中国主要含铁岩群。

第1套以冀东迁西岩群为代表，时代为早中太古代，主要为角闪岩相—麻粒岩相深变质岩群，以含紫苏麻粒岩为特征。迁西岩群斜长角闪岩Sm-Nd等时线年龄35.15±1.15亿年，鞍山市白家坟奥长花岗岩锆石U-Pb年龄38.04±0.05亿年（伍家善等，1998），为中国目前获得的最老年龄数据。

第2套以太行山阜平岩群为代表,时代为晚太古代早期。为一套角闪岩相变质岩群,含较多的绿岩带,已获得多年龄数据,变质终结年龄约26.0亿年。

第3套变质岩群主要出露在五台山、吕梁山、阴山等地区,以五台山的五台岩群为代表,为一套绿片岩相—低角闪岩相变质岩群,时代范围26.0亿年~25.0亿年,属晚太古代晚期。

第4套以太行—五台山区滹沱群为代表,时代为早元古代,主要分布于华北地台北缘及南缘,塔里木地台北缘亦见出露。变质程度达绿片岩相,时限25.0亿年~18.50亿年。

二、晚前寒武系

指中—晚元古代地层,除华北、塔里木、扬子3个地台区外,亦广泛出露于秦祁昆仑造山区、华南造山系等。近年来,在各地区陆续发现或厘定出一些晚前寒武纪地层,如祁连山镜铁山群,黑龙江的黑龙江群、马家街群及黄松群,川西恰斯群等。中国晚前寒武系可分为3种类型。

华北型:主要分布于华北地台、北山、天山等地,为稳定型沉积(表3-2-2)。以燕山蓟县剖面为代表,厚万余米,长城系为海进序列岩系,夹火山岩及铁矿层;蓟县系为海进—海退序列岩系,开始出现褐藻植物组织;青白口系为海退序列岩系,褐藻已相当丰富。华北型震旦系见于胶东与辽东半岛,为稳定型碎屑岩、碳酸盐岩系。

表3-2-2 中国北方晚前寒武纪地层划分对比简表

层序		主要岩性组合	阴山	冀东辽西	豫西	胶东	辽东
上覆地层				寒武系	寒武系	白垩系	
		—570百万年—			罗圈组	香夼组 南庄组	金县群	兴民村组 崔家屯组 马家屯组 十三里台组 营城子组
新元古界	震旦系 上统	灰岩、泥灰岩、夹砂岩、页岩				蓬莱群		
		—700百万年—			董家组		五行山群	甘井子组 南关岭组 长岭子组
	震旦系 下统	石英砂岩、页岩、粉屑灰岩、白云岩			黄连垛组	辅子夼组 豹山口组		
		—850百万年—					红河群	桥头组
	青白口系	砂岩、页岩、微晶灰岩、砾岩		景儿峪组 长龙山组 下马岭组	洛峪群 汝阳群			南芬组 钓鱼台组
		—1000百万年—						永宁组
中元古界	蓟县系	白云岩、白云质灰岩、砂岩、页岩	什那干群	铁岭组 洪水庄组 雾迷山组 杨庄组				
		—1400百万年—						
	长城系	砂岩、页岩、石英砂岩、石英砂岩、砾岩、上部夹灰岩、火山岩	查尔泰群	高于庄组 大红峪组 团山子组 串岭沟组 常州沟组	熊耳群			
		—1850百万年—						
下伏岩层			滹沱群	色尔腾山岩群	太古宇	嵩山群	胶东群	辽河群

扬子型:主要分布于扬子地台西北缘,塔里木盆地北缘及柴达木盆地等地,以川滇地区昆阳群和鄂西神农架群、马槽园群为代表(表3-2-3),主要为一套过渡类型碎屑岩、碳酸盐岩岩系,夹火山岩。本类型震旦系发育良好,以鄂西三峡地区为代表,下统主要为陆相碎屑岩及冰碛岩;上统为砂泥质岩、碳酸盐岩,含丰富藻类化石,上部出现红藻和多门类后生动物群。

江南型:分布于扬子地台东南缘,昆仑山、南秦岭、大洪山等地。以雪峰山区四堡群、板溪群为代表,前者为活动型沉积,后者主要为复理石、类复理石沉积。

表 3-2-3　中国南方晚前寒武系划分对比简表

层序		主要岩性组合	滇中	鄂西	桂北	湘中	赣东浙西	闽西
上覆地层		—570百万年—	寒武系	寒武系				
新元古界	震旦系 上统	碳酸盐岩为主，下部多炭质页岩，夹磷块岩	灯影组	灯影组	老堡组	留茶坡组	灯影组	黄连组
			陡山沱组	陡山沱组	陡山沱组	金家洞组	陡山沱组	南岩组
	震旦系 下统	—700百万年— 碎屑岩为主，夹冰碛岩，下部含火山岩	南沱组	南沱组	南沱组	洪江组	雷公坞组	丁屋岭组
			牛头山组	大塘坡组	富禄组	湘锰组	洋安组	
				古城组			下涯埠组	
			澄江组	莲沱组	长安组	江口组	志棠组	楼子坝群
	青白口系	—850百万年— 浅变质砂岩、页岩，夹基性及中酸性火山岩，以及大理岩		马槽园群	丹洲群	板溪群	上墅组	
							虹赤村组	
							骆家门组	
中元古界	蓟县系	—1000百万年— 碳酸盐岩与板岩、千枚岩、变质砂岩	昆阳群	神农架群	四堡群	冷家溪群	双溪坞群	麻源岩群
	长城系	—1400百万年— 变质砂岩、板岩、千枚岩互层夹中基性火山岩						
下伏岩层		—1850百万年—	大红山群	水月寺岩群				

第二节　古生代地层特征

中国古生界分布甚广，出露面积约 153 万平方千米，占地层出露面积的 17.7%（沈永和，1994）。下古生界以海相沉积为主，上古生界陆相地层明显增多。中国古生界可以划分出 10 个构造—地层区，自北而南依次为：准噶尔—兴安地层区、塔里木地层区、华北地层区、秦祁昆仑地层区、青藏—川滇地层区、扬子地层区、华南地层区、藏南—滇西地层区、乌苏里地层区、华夏地层区。

一、古生界构造—地层区

（1）准噶尔—兴安地层区　地域广阔，地层变化大，总体上以活动型沉积为主，多海相火山岩，在几个造山带分布有不同时代的蛇绿混杂岩。下古生界主要分布于区域南、北边缘，以天山、北山地区出露较好，层序较全，多活动型火山—沉积岩系，含各门类化石，内蒙古中部下寒武统温都尔庙群底部出现蛇绿岩，准噶尔、阿尔泰、大兴安岭志留系产 *Tuvaella* 动物群。上古生界沉积型相复杂，以准噶尔—北天山、大兴安岭东部发育最好，是一套海退为主岩层序列，不少层位夹陆相地层，上二叠统全部为陆相沉积（表 3-2-4）。

（2）塔里木地层区　古生界主要出露于地台边缘，海相为主，夹海陆交互相，地层三分性明显：寒武、奥陶系以浅海—半深海相碳酸盐岩为主，中奥陶统产南方常见的 *Sinoceras*，*Orthoceras* 等头足类化石；志留、泥盆系为浅海—滨海相砂页岩，上泥盆统为陆相；石炭、二叠系为海相、海陆交互相地层，石炭系为重要生油层并产煤，上二叠统为陆相，产安加拉植物群。

表 3-2-4　准噶尔—兴安地层区的上古生界（尚瑞钧等，1994）

地层系统		阿尔泰南锋	准噶尔-北天山	天山	北山	内蒙古中部 西	内蒙古中部 东	兴安岭东部	吉林中部	佳木斯
二叠系	上统	（未命名）	下仓房沟群（梧桐沟组／泉子街组）；上芨芨糟子群（红雁池组／芦草沟组／井井子沟组／乌拉泊组）	铁木里克组／哈米斯特组／晓山萨依组	红岩井组／方山口组	林西组	林西组	老龙头组／孙家坟组	一拉溪组／杨家沟组	城山组
二叠系	下统		下芨芨糟子群（塔什库拉组／石人子沟组）	乌郎群	骆驼沟组／金塔组／菊石滩组；红柳河组／双堡塘组	哲斯组；包特格组／三面井组	西乌旗昊家屯组／大石寨组／青风山组	柳条沟组／四甲山组；高家窝棚组	范什屯组／大河深组；寿山沟组	平阳镇组／二龙山组
石炭系	上统	喀喇额尔齐斯群	乌尔圈组／祁家沟组／石钱滩组／弧形梁组	康克林组／卡拉达坂组／阿依里河组	科古尔琴山组／东图津河组／石板山组	干泉群／芨芨台子组	阿木山组；本巴图组	酒局子组／家道沟组	依根组／石咀子组／磨盘山组	窝瓜地组／珍子山组／光庆组
石炭系	下统	红山咀组	吉木乃组／那仁喀拉组／姜巴斯套组／黑山头组	野云沟组／干沙河组	也列英俊组／阿克沙克组／琼喀拉峻组	红柳园组／白山组／绿条山组	敖木根呼都格组；乌兰呼都格组／朝吐沟组；沟呼都格组	白家店组／谢尔塔拉组／莫尔根河组／红水泉组	角高山组／余富屯组／通气沟组	鹿圈屯组／光庆组／北兴组
		库马斯组	和布克河组							
泥盆系	上统	忙代怡组	洪古勒楞组／朱鲁木特组	哈孜尔布拉克组	西屏山组	色日巴彦敖包组	对弧山组／上大民山组／下大民山组		七里嘎山组／老秃顶子组	
泥盆系	中统	阿勒泰组	纸房组／乌鲁苏巴苏斯组	额尔宾山组／阿拉塔格组	卧驼山组／依холm乌苏组		霍博山组／北矿组	王家街组	上黑台组／下黑台组	
泥盆系	下统	康布铁堡组／曼格尔组／乌图布拉克组	芒克鲁组	阿尔滕柯斯组	珠斯楞组／查干哈布组		乌奴耳组／骆驼山组	碱草甸子组／二道沟组	新中组	

（3）**华北地层区**　为标准陆表海稳定类型沉积，大部地区缺失上奥陶统—下石炭统，可分为 2 套地层序列：寒武奥陶系主要为浅海相碳酸盐岩，寒武系最低层位见于东北浑江及太子河地区，产小壳化石和痕迹化石，可与滇东梅树村组对比。石炭二叠系以陆相含煤岩系为主，夹海相石灰岩及火山岩，二叠系上部出现紫红色砂页岩，产华夏植物群。

（4）**秦祁昆仑地层区**　多活动型沉积。下古生界以浅变质碎屑岩、碳酸盐岩为主，夹火山岩，北祁连分布有典型的蛇绿岩套。在祁连山与柴达木，志留系多有缺失。上古生界岩相变化较大。北祁连以陆相、海陆交互相为主，泥盆系为磨拉石沉积，石炭二叠系为含煤岩系。昆仑山、秦岭上古生界以海相沉积为主，西昆仑山夹中基性火山岩。动物群多属南方型；植物群以华夏型为主，晚二叠世北祁连出现北方型安加拉植物群。

（5）**青藏—川滇地层区**　包括昆仑山以南，班公—怒江缝合带以北地区，以滇西保山和川西义敦地区层序较全（表 3-2-5），以稳定类型碎屑岩、碳酸盐岩为主，局部地区泥盆石炭系出现厚的沉积—火山岩系。生物群多属南方型，上二叠统产 *Gigantopteris*、*Sphenophyllum*、*Annularia* 等华夏植物群。

（6）**扬子地层区**　中国古生界发育最好的地区，也是若干地层建阶标准地区。下古生界多稳定型浅海相碳酸盐岩、砂页岩，下寒武统夹磷块岩，志留系以介壳相为主，部分为笔石页岩相。上古生界多海相石灰岩、砂页岩，部分地区夹硅质岩、火山岩。下泥盆统陆相砂岩中含 *Asiaspis*、*Kwangsilepsis* 等鱼化石，上二叠统夹煤系地层，含大羽羊齿为代表的华夏植物群；川滇黔一带广泛分布着晚二叠世的"峨眉山玄武岩"。

表 3-2-5 青藏—川滇地层区古生界对比表（范承钧等，1994）

地层系统		区分区	羌中南-保山陆块		羌北-思茅陆块				松潘-甘孜活动带	
			保山	羌中南-唐古拉	羌北-青南	昌都		思茅	义敦	巴颜喀拉
上古生界	二叠系	P_2	石佛洞组		乌丽群	夏牙村组 卡香达组 妥坝组	格绒纳组山群	沙木组		大石包组
			南庄河组						冈达概组	
		P_1	沙子坡组 永德组	兽骨群	开心岭群	交嘎组 莽错组	嘎金雪	禹功组	冰峰组	三道桥组
								吉东龙组	再浪组	东大河组
	石炭系	C_2	卧牛寺组	曲地组	龙木错群	里查组 骜曲组		石登群	顶坡组	朵海组
			丁家寨组	展金组					扎普组	岷河组
			石洞寺组	擦蒙组						
		C_1	门前铺组		杂多群	马查拉组			许池卡组	略阳组
			香山组			乌青纳组			巴乡岭组	益哇组
			清水沟组							
	泥盆系	D_3	大寨门组		拉竹龙组	冬拉群		南光组	塔利坡组	铁山群
		D_2	何元寨组	雅西尔群	雅西尔群	丁宗龙组		D_2	苍纳组	团布沟组
			马鹿塘组			海通组				冷堡子组
		D_1	沙坝脚组					龙别组	穷错组	岷堡组
			王家村组					大中寨组		
			向阳四组					保红组	格绒组	石坊群
下古生界	志留系	S_3	S_3					S_3	雍忍组	
		S_2	上仁和桥组		普尔错群			S_2	散则组	白龙江群
		S_1	下仁和桥组					S_1	格扎底组	
	奥陶系	O_3	弯腰树组		兽形湖组				物洛吃普组	宝塔组
			上蒲缥组							
		O_2	下蒲缥组							陈家坝组
			施甸组							
		O_1	老尖山组	他念他翁群	青泥洞群				溜然卡组	
			漫塘组							
			言菁组						帮归组	
	寒武系	ϵ_3	保山组						颂达沟组	
		ϵ_2	沙河厂组						额顶组	
			核桃坪组							
		ϵ_1	公养河群						ϵ_{1-2}	太阳顶组

(7) 华南地层区 位于扬子地台以南。下古生界为活动类型深水盆地型复理石、类复理石沉积和笔石页岩，普遍遭受变质，富含中国特有的动物化石，并混生有大西洋型及澳大利亚型动物群。上古生界沉积型相与生物群面貌同扬子地层区相似，石炭系、二叠系夹煤系地层。广西钦州一带泥盆系底部产 Monograptus uniformis、M. yukonensis 等早泥盆世早期笔石化石。

(8) 藏南—滇西地层区 包括班公—怒江缝合带与喜马拉雅山之间的地区，以喜马拉雅山北坡发育最好，层序最全。以稳定类型浅海相碳酸盐岩、砂页岩为主，上石炭统—二叠系含冈瓦纳相冰海沉积，产冷水型动物群和舌羊齿为代表的冈瓦纳型植物群。古生界含丰富的各门类化石，下泥盆统产 Neomonograptus himalayensis、Monograptus thomasi 等单笔石化石。

(9) 乌苏里地层区 包括那丹哈达岭和吉林延边地区。主要出露石炭二叠纪活动型沉积，在那丹哈达岭夹放射虫硅质岩和辉绿岩。生物群具南、北方共生的特点，延边二叠系既含 Chusenella，

Neoschwagerina、*Sumatrina*、*Waagenophyllum* 等南方暖水型生物,又混生有 *Spiriferella*、*Yakovlevia* 等北方冰水型生物。

（10）台湾地层区　有化石证据的古生界为大南澳变质岩系中的石炭二叠系,由各类片岩、片麻岩、结晶灰岩组成,结晶灰岩中发现保存不好的 *Neoschwagerina*（？）、*Parafusulina*（？）、*Waagenophyllum* 等二叠纪化石。

二、古生代各纪地层特征

1. 寒武系

中国寒武纪地层分布广泛,各地均有分布；发育完整,沉积类型多样,并含有丰富的生物群和多种矿产资源。中国寒武纪地层可划分为：①西伯利亚地层区：阿尔泰—准噶尔—兴安岭地层分区（陆缘区和陆棚—斜坡过渡区）；②塔里木地层区：北天山—北山地层分区（陆缘区）、库鲁克塔格—南天山地层分区（陆棚—斜坡过渡区）、塔里木盆地及周边地层分区（地台区）；③华北地层区：昆仑—祁连—北秦岭—蒙古地层分区（陆缘区）、华北周缘地层分区（陆棚—斜坡过渡区）、华北本部地层分区（地台区）；④华南地层区：川西及东南地层分区（陆缘区）、江南及南秦岭地层分区（陆棚—斜坡过渡区）、扬子地层分区（地台区）；⑤南亚掸泰地层区：藏南—滇西地层分区（地台区）；⑥海南地层分区：海南地层分区（陆缘区和陆棚—斜坡过渡区）。

2. 奥陶系

中国的奥陶系分布广泛,沉积类型多样,多门类的化石丰富。一般认为,中国奥陶纪至少由华北（中朝）、华南（扬子）、塔里木 3 个板块组成,还包括海南—印支板块、掸泰和西伯利亚百块的一部分（汪啸风,1992,1996；Chen et Rong,1992）。由于上述不同板块具有不同的生物古地理特点,并为深度或宽度各不相同的海洋所分开,按照中国奥陶纪板块或构造域分布特点,汪啸风等（1996）年将中国奥陶纪的地层划分为：①西伯利亚地层区：准噶尔地层分区、兴安地层分区；②塔里木地层区：天山—北天山地层分区、柯坪—库鲁克塔格—阿尔金地层分区、巴楚地层分区；③华北地层区：昆仑—祁连地层分区、鄂尔多斯地层分区、晋冀鲁豫地层分区；④华南地层区：东南地层分区、江南—南秦岭分区、扬子地层分区；⑤掸泰地层区和海南—印支地层区：藏南—滇西地层分区、三亚地层分区。

3. 志留系

中国志留系分布广泛,除了华北和东北大部、东南地区以及滇黔桂部分地区为古陆剥蚀区外,其他地区均有分布。沉积类型多样,既有稳定的地台沉积,也有活动的陆缘沉积及介于二者之间的过渡类型沉积。生物群类型也十分丰富,既有与欧洲、大洋洲相近的生物群,又有中国独有的生物群。因此,中国的志留系研究在全球占有重要地位,特别是扬子区志留系的兰多弗里统被认为是全球的对比标准之一。中国的志留系就其沉积情况而言可大致分为 3 种类型：笔石相（华南区的东南分区）、混合相即笔石相与介壳相的混合（准噶尔—兴安分区的兴安小区和华南区的东南分区以外的其他地区）、介壳相（准噶尔—兴安分区的兴安小区）。根据构造特征（主要是板块构造的不同）、生物群的类型和性质、沉积物的类型、志留纪地层层序及地质发展历史和地理分布等,将中国的志留系分为 6 个地层区：①西伯利亚—哈萨克斯坦板块陆缘地层区：准噶尔—兴安地层分区、西准噶尔—北天山地层分构；②塔里木地层区：南天山地层分区、塔中地层分区、西昆仑地层分区；③华南地层区：内蒙古—吉林地层分区、昆仑—祁连地层分区；④华南地层区：秦岭大巴山地层分区、藏东—川西地层分区、扬子地层分区、江南地层分区、东南地层分区；⑤西藏—滇西地层区：喜马拉雅地层分区、藏北地层分区、滇西地层分区；⑥海南地层区：五指山地层分区、三亚地层分区。

4. 泥盆系

泥盆系在中国分布广泛,除华北地区没有沉积外,其他各区均有展布,尤以华南地区最为发育。沉积相中海相和陆相、沉积类型中稳定类型和活动类型等皆有代表。生物群丰富,有陆生动植物和海生浮游及底栖生物,形成多彩的生态群落。同时,中国的泥盆系蕴藏着丰富的矿产资源,对国民经济大发展有着非常重要的意义。从沉积类型分析,中国泥盆系的分布受阴山—天山和秦岭—昆仑山两大纬向构造带控制,分割成3各大区:①北方区,大致沿北纬41°~42°的阴山—天山以北的广大地槽区展布,属地槽型浅海陆源碎屑和火山沉积建造;②中部区,即阴山—天山与秦岭—昆仑山之间的塔里木—中朝地台区,大部分为剥蚀区,而在2个地台之间的祁连山南、北坡和塔里木地台周缘发育有以陆相红色建造为主的沉积;③秦岭—昆仑山以南,以龙门山—大雪山为界,大致可分为东西两部分,西部主要为地槽型浅海让碳酸盐岩建造、复理石建造,局部遭受区域变质作用,东部即狭义的华南区,包括扬子准地台和华南褶皱带,以典型的地台型沉积为特征。从构造观点分析,泥盆纪时,中国由塔里木—中朝板块、华南地块以及一些微型板块:羌塘板块、掸泰板块(部分)、西藏板块等和它们之间的褶皱带:准噶尔—兴安、秦岭、金沙江—哀牢山等组成。根据构造性质、沉积类型、地层发育历史和古生物特征,中国泥盆系可分为4个地层区、14个地层分区:①准噶尔—兴安地层区:准噶尔—北山地层分区、内蒙古—兴安地层分区;②塔里木—华北地层区:南天山地层分区、塔里木地层分区、柴达木地层分区、祁连地层分区;③西藏—滇西地层区:羌塘地层分区、喜马拉雅地层分区、滇西地层分区;④华南地层区:甘孜地层分区、秦岭、龙门山地层分区、扬子地层分区、南华地层分区、东南地层分区。

5. 石炭系

中国石炭系的分布、区划和沉积类型受天山—阴山和昆仑—秦岭2大纬向构造带的控制。北部,天山—阴山以北为天山—兴安地槽区,或称中国北方槽区。主要为地槽型浅海碎屑沉积,夹有各类火山岩。生物地理上属安加拉生物区。中部,横贯中国中北部、呈东西向延展的北方古陆,东部为中朝古陆,西部为塔里木陆台。主要为海陆交互相含煤沉积和浅海相灰岩,属于华夏植物区系。南部,包括昆仑—秦岭区、三江、青藏、扬子区和珠江流域。东部即狭义的华南地台为正常浅海碳酸盐岩为主的沉积,西部则为活动类型的复杂类型沉积。西藏南部含有冰水沉积即冷水生物群,被认为属于冈瓦纳大陆的一部分。中国石炭系蕴藏有丰富的矿产,其中尤以煤、铁、锰、铝土矿、耐火粘土和石膏最发育,同时石炭系的白云岩和石灰岩也具有重要的工业价值。根据中国和邻区晚古生代海西期大地构造和古地理格局,中国石炭纪地层划分为4个地层区、11个地层分区:①准噶尔—兴安大区:准噶尔区、内蒙古—吉林区、兴安区;②华北—塔里木大区:塔里木区、祁连—贺兰山区、华北区;③华南—羌塘大区:羌塘—横断山区、华南区;④喜马拉雅大区:冈底斯区、藏南区、滇西区。地层区为一组大陆克拉通及其大陆边缘带,包括微大陆和褶皱带;地层分区分为2类,即稳定大陆克拉通及其边缘系统和活动类型的由褶皱带关联的微大陆或地块。地层小区之稳定台地和沉降带,也指规模更小的克拉通内部不同成因的海槽和陆盆、沉降带的稳定小地块等等。

6. 二叠系

中国二叠系发育完好,沉积类型多样,各门类生物化石丰富,顶、底界限清楚,尤其是华南地层区发育了较完整的海相二叠系内部各统与阶的界线剖面,如广西隆林龙桑剖面、广西来宾蓬莱滩剖面、贵州紫云羊场剖面、猴场剖面、浙江长兴剖面等,在研究中国乃至全球二叠系顶底界线及统、阶的划分与对比方面均有重要意义。

根据二叠纪构造古地理分异以及各地区沉积建造类型和生物区系特征,将二叠系划分为2种不同的古地理模式。金玉玕等(2001)认为,亚洲的小地块大致可分为两组,即华北、华南、塔里木、印支等地块的华夏大陆和中伊朗、羌塘、哈尔曼特、拉萨、滇缅等地块的基默里大陆。华夏大陆各地块是在二叠纪鄂中生代逐步叠加形成的,呈长弧形分布;相对位置较稳定的基默里大陆,早二叠世后期向北移动与华夏大陆碰撞,导致古特提斯洋的闭合,新特提斯海的产生。在二叠纪板块构造图上,中国各地块被分别归属于蒙古、黑龙江、哈萨克斯坦、塔里木、华北、华南、羌塘、拉萨、掸泰和印支板块,上述古地理模式基本上就是一级、二级地层区划的基础,二叠纪的构造活动主要包括在拉萨板块与羌塘板块之间新特提斯洋的扩张;华北板块和塔里木板块向北漂移,陆续与蒙古、黑龙江板块碰撞;华南板块向东、向西逐步与华北板块联合。在西伯利亚与蒙古、黑龙江板块之间,一直被广阔的鄂霍次克海隔开。另外,二叠纪板块配置方案中,环太平洋和特提斯的一系列小板块也被作为散布在太平洋中低纬度区的岛弧和碳酸盐岩台地,而不是集结在泛大陆边缘和构成海湾形古特提斯洋的地块群,甚至推测在太平洋和印度洋存在大型的稳定地块。此类古地理模式,提示在华南、华北、蒙古和黑龙江板块的太平洋一侧应当存在若干独立岛弧和碳酸盐岩台地。

二叠纪时,中国北方的华北地块、塔里木地块及北疆褶皱带以陆相沉积为主;南方的华南地块、西藏地块以浅海相碳酸盐岩沉积为主。大陆边缘深水沉积出现在藏南地块北缘、塔里木地块西北缘,在华北地块南缘也可能存在陆相斜坡区。华南地块边缘的南坪至永胜一带,钦州海槽和拗拉槽式的滇黔盆地也可能有大陆边缘深水沉积,阳新世—乐平世时陆相在拉张型克拉通内部盆地中广泛形成。此外,新疆北部和兴安岭北部二叠纪市出现了挤压型的陆相沉积盆地。同时,在稳定地块之间还有2条明显的活动带:华北活动带,自北山经内蒙古、兴安岭和吉林延伸至黑龙江东北隅;华西活动带,位于华南、塔里木、柴达木和康藏地块之间,由一系列海槽、火山岛弧和小地块组成,火山岛弧分别沿东昆仑山、宗务隆山、青海南山、雅砻江、金沙江和澜沧江发育。与岛弧有关的二叠纪岩石还分布在海南省昌江、台湾省东部和新疆南天山(金玉玕等,2000)。

据上述古地理模式、各地区沉积和生物群的区系特征,金玉玕等(2000)将中国二叠纪地层区划分为5个地层区:①北部边缘地层区:北疆地层分区、北山地层分区、内蒙古—松辽地层分区;②塔里木地层区:柯坪地层分区、塔西南地层分区、柴达木地层分区、南祁连地层分区;③华北地层区:北祁连地层分区、大青山地层分区、晋冀鲁地层分区、黄淮地层分区;④喜马拉雅地层区:滇西地层分区、喀喇昆仑地层分区、冈底斯地层分区、雅鲁藏布地层分区、藏南地层分区;⑤华南地层区:唐古拉横断山地层分区、秦康滇地层分区、扬子地层分区、江南地层分区、滨太平洋地层分区。

第三节　中生代地层特征

除南方三叠系和青藏高原、东南沿海侏罗、白垩系有海相地层外,大部分为陆相盆地型沉积,部分为沉积—火山岩系,煤系地层与红色岩系分布广泛,特别是下中侏罗统是中国北方、西北重要含煤地层。

一、三叠系

三叠系是中国地层分布最广、地层结构最为复杂、生物类群比较丰富的地质沉积体之一。三叠纪地层分异明显受控于板块构造和沉积古地理格局,大体上以昆仑山—祁连山—秦岭—大别山一线为界,南方以海相为主,生物群多属特提斯型;北方主要为陆相地层,多产北方型植物群。二叠纪晚期,北方区的华北—柴达木、塔里木板块与西伯利亚—蒙古板块已连接形成巨大的劳亚大陆的一部分——中国北方大陆,包括西北、华北和东北广大地域。该区域在三叠纪时期仅在一系列大小不等的内陆河湖盆地中保存沉积记录。其中,大型河湖盆地主要有华北西部的陕甘宁(鄂尔多斯)盆地和宁武—沁水盆地、西北地区的准噶尔盆地和塔里木盆地等。华北东部、东北地区以及西北的祁连山、天山等地主要是一些零星分布的小型山间盆地。唯华北地块南缘的陕西岐山—麟游一带下三叠统有海相夹层。此外,在黑龙江东部的完达山北段(那丹哈达岭)也有中晚三叠世海相地层,其中的生物群属热带、亚热带特提斯生物组合,古地磁和古构造研究表明它们是来自于特提斯区的外来地体,是中生代晚期才增生拼贴上来的。南方区除海南、云南、贵州等省部分地区下中三叠统为陆相或海陆交互相沉积外,全区主要为海相沉积。受印支运动影响,扬子和华夏块体在三叠纪逐步与北方区拼合,华南地区在中三叠世晚期大规模海退,浅海范围退缩到黔贵及龙门山前一隅,其后的晚三叠世则以海陆交互相含煤沉积或陆相沉积为特征。扬子地块西侧西藏—滇西地区由特提斯多岛洋中的一系列小地块体组成,三叠纪为海相沉积,直到三叠纪末期以后与扬子等地块拼合。

三叠纪中国大陆块体的构造分布决定了三叠纪地层区划的基本格局,沉积古地理分化是地层分区划分的主要因素。根据三叠纪构造古地理所产生的地层序列分布格局可将中国的三叠系划分为10个地层区、36个地层分区。北方大陆区虽然各个块体已连成一体,但各区地势分异比较明显,华北、准噶尔、塔里木分别是3个由古天山、古祁连山和古秦岭所分隔的内陆盆地聚集区,分属于3个地层区。不过,这3个地层区在当时较均一的古气候条件控制下,地层序列有明显的共性,即下、中三叠统为半干热气候条件下的红色碎屑沉积,中三叠统上部及上三叠统为温湿气候的深色含煤、含油页岩沉积。植物群和脊椎动物群既有共性又有明显的差别。东北和内蒙古地区的三叠系主要形成于一些零星分布的小型山间盆地中,尤其集中于滨太平洋地区,火山沉积物发育,与北方其他地区明显不同,这里单独化为一个地层区,黑龙江东部完达山区的三叠系系外来块体,为海相沉积物,与北方其他地区为不同地层区。南方海区三叠纪的地层主要根据当时各块体的分离状况来划分。扬子地块与华夏地块已连接成一体,且三叠纪地层序列呈现为下海上陆的基本形式,被划归同一个地层区。西藏—滇西地区依郭拉湖—金沙江结合线和雅鲁藏布江结合线为界划分为3个地层区。扬子、西藏地块与北方大陆之间的松潘—阿坝三角地区是一个构造复杂的综合体,包含有从深海洋盆到火山岛弧以及由大量微块体构造拼合的造山带沉积体,归为一个地层区。东南部海南和台湾所在的南海地块属于另一个不同的地层区。

地层区划分:①完达山地层区;②内蒙古—兴安地层区:鸡西—延吉地层分区、张广才岭—南楼山地层分区、松辽地层分区、内蒙古—大兴安岭地层分区;③北疆—北山地层区:阿尔泰地层分区、准噶尔地层分区、北天山地层分区、北山地层分区;④塔里木地层区:南天山地层分区、塔北地层分区、塔中地层分区、塔西南地层分区、塔东南地层分区;⑤华北地层区:吉南辽东地层分区、阴山—燕山地层分区、冀鲁皖地层分区、豫西—山西地层分区、鄂尔多斯地层分区、北祁连地层分区;⑥昆仑—秦岭地层区:喀喇昆仑地层分区、南祁连地层分区、东昆仑南坡—秦岭地层分区、可可西里—巴彦喀拉—马尔康地层分区、义敦地层分区;⑦西藏—滇西地层区:羌塘—昌都地层分区、滇西地层分区、冈底斯—念青唐古拉地层分区;⑧喜马拉雅地层区:北喜马拉雅地层分区、高喜马拉雅地层分区;⑨华南地层区:下扬子地层分区、上扬子地层分区、盐源—丽江地层分区、东南地层分区、右江地层分区;⑩南海地层区:台湾地层分区、海南地层分区。

二、侏罗系

中国侏罗系分布广泛,发育完全,沉积类型复杂,总的来说可以分为海相和非海相2大基本沉积类型,包括3种地层类型:海相型、内陆盆地型和火山盆地。海相侏罗系分属于两大沉积区:一是特提斯沉积区,主要分布在青藏高原中、南部,浅海—半深海相石灰岩、砂页岩为主,产多门类化石;另一个是西太平洋沉积区,在东南沿海为海相和海陆交互相下侏罗统;在黑龙江东部那丹哈达岭为海陆交互相中上侏罗统。

内陆盆地型侏罗系主要分布于准噶尔、吐鲁番、柴达木、鄂尔多斯、四川等大、中型内陆盆地和一些山间盆地中。昆仑山—秦岭以北以河湖相沉积为主,下中侏罗统为北方重要含煤地层,产富县植物群与延安植物群;昆仑山—秦岭以南,除下侏罗统含煤层外,以红色岩系为主,含盐类矿产。火山盆地型侏罗系主要分布东部滨太平洋地区的大兴安岭、东北东部、燕山、长江中下游、大别山北麓和东南沿海。下中侏罗统以河湖相为主,夹煤层和中基性火山岩;上统以红色岩系及火山岩为主,东北北部夹煤层。

从侏罗纪开始,中国构造古地理发展已由印支阶段进入燕山阶段。由于印支运动使巴彦喀拉褶皱带升起,古地中海北带海域封闭,印支运动以前的中国北方陆缘构造域、北部大陆及陆缘构造域以及南部大陆及陆缘构造域之间对接而完全结合在一起,构成一个完整的大陆型地块,成为古欧亚大陆的主体,其大陆东部由于古太平洋块的影响,形成以火山岩大面积分布为特征的中国东部(环太平洋)陆缘构造域;而大洋型地壳仅见于南方(冈瓦纳)大陆及陆缘构造域的青藏地区和台湾大纵谷以东(王鸿祯等,1985)。至于古构造方向,印支运动前各构造域内大致以东西向为主;但到燕山阶段,环太平洋陆缘构造域则逐渐转变为以北东—北北东向为主,其中仅为东西向的阴山—燕山带和秦岭—大别山带所分割。关于地层区划,人们早已注意到构造因素的控制作用,很明显,燕山阶段的构造域和构造方向是侏罗纪地层区划必不可少的重要因素之一。

侏罗纪古地理基本承袭了当时的古构造格局,大致以贺兰山—龙门山一线为界,中国东部盆地及山脉的走向多呈北东及北北东向,而西部则多为近东西向。同时,在太行山—武陵山一线以东的中国东部主要为小型的断陷盆地沉积区,而西部则为内陆开阔凹陷盆地沉积区(王鸿祯,1985)。以上2线也是侏罗纪地层区划的主干线或次级界线,而且侏罗系的展布方向与盆地和山脉的走向密切相关。在海域方面,青藏、滇西地区属古地中海的东段,从滨浅海到深海都有沉积。这时,中国东部黑龙江完达山地区处于锡霍特阿林—那单哈大海槽边缘,随着时间的推移,此地由边缘海盆变为近海盆地;台湾西部可能是与外海沟通的一个弧后盆地;广东一带早侏罗世也有指状海湾分布。它们都属于西太平洋的一部分。由于各地的海域不同,因而中国东西部海域的沉积相和生物组合带有较大的差异。

早侏罗世之中侏罗世,古昆仑山—古秦岭—古大别山一线一直为中国南北两个气候带的天然屏障。北带属温暖湿润气候带,生长着温凉—喜暖的以银杏植物为主的植物群落,而南带属热带、亚热带潮湿—半潮湿气候带,保存着以双扇蕨科和苏铁类植物为特色的植物群落。这一天然屏障既是中国侏罗纪南北植物地理区的分界线,也是这时期地层区划近东西向的主干线。中侏罗世晚期至晚侏罗世,气候有了明显的变化。除中国东北地区濒临海域,火山岩中夹含煤岩系,仍保存着温暖湿润的气候环境和西藏南部由于受古特提斯海海洋性气候的影响,仍属热带、亚热带气候外,其余中国广大地区的气候变得炎热干燥,红色岩层普遍出现。

根据地层区划原则,将中国侏罗系划分为7个地层区和30个地层分区:①西北地层区:准格尔地层分区、塔里木地层分区、昆仑地层分区、北山—阿拉善地层分区、祁连山地层分区、柴达木地层分区、鄂尔多斯盆地地层分区、山西—豫西地层分区、秦岭地层分区;②东北地层区:兴安地层分区、阴山—燕山地层分区、松辽地层分区、吉、辽东部地层分区、冀鲁皖地层分区;③完达山地层区:双鸭山地层分区、乌苏里地层分区;④青藏地层区、羌塘—唐古拉地层分区、冈底斯—念青唐古拉地层分区、喜马拉雅地层分区;⑤西南地层区:巴颜喀拉山地层分区、四川盆地地层分区、昌都—思茅地层分区、西昌—楚雄地层分区、禄丰—大方地层分区；⑥中南地层分区：鄂湘赣地层分区、十万大山地层分区、广东地层分区；⑦东南地层区、长江中下游地层分区、天目山—武夷山地层分区、雁荡山—戴云山地层分区。

三、白垩系

中国白垩纪时期主要处于滨太平洋和特提斯—喜马拉雅构造区控制之下，白垩系以陆相盆地、山间盆地沉积和火山、火山碎屑岩沉积广泛发育为显著特征。海相或海陆交互相白垩系，主要分布于西藏南部喜马拉雅山，塔里木及西昆仑山西部以及台湾东部等地。岩性以砂页岩和石灰岩为主，含各类海相化石。在雅鲁藏布江一带，有白垩纪的蛇绿岩和混杂堆积以及晚白垩世日喀则群复理石沉积，产有孔虫 *Orbitolina* 和菊石 *Hammites sp.* 等。台湾只见上白垩统，称碧候组，不整合于大南澳群变质岩系之上。内陆盆地型白垩系，分布于西部一些大、中型盆地和东部的松辽、江汉等盆地中，以河湖相暗色及红色碎屑岩为主，夹膏盐沉积，富含陆相生物化石。在一些盆地，白垩系为重要的生油和储油岩系。火山盆地型白垩系，主要分布在东部的大兴安岭、燕山、东南沿海等地一些中、小型盆地中，以红色碎屑岩、中基性及中酸性火山岩为主，局部含煤及石膏层。辽西地区下白垩统（有人主张为上侏罗统）含著名的热河生物群。在南方许多盆地的白垩系中发现恐龙蛋化石。沉积类型发育规律和化石群落的地理分布，均显示了东西—北西西向和北北东向的综合展布格局。基于上述基本特征，郝诒纯（2000）将中国白垩系划分为3个大区，即贺兰山—龙门山一线以东濒临太平洋的东部地区、西北内陆区和青藏高原区。

东部地区即李四光（1939）所称的新华夏构造体系发育区，大体相当于黄汲清等（1977，1980）所称的滨太平洋构造区，包括北北东走向的3条沉降带和隆起带，被东西向的构造带——阴山带、秦岭带和南岭带所分隔，构成了一系列大小不一的沉积盆地和山间盆地，这是中国白垩纪研究的良好区域。西沉降带的鄂尔多斯盆地和四川盆地是中生代发育形成的大型内陆盆地，白垩系继承性沉积在侏罗系之上。鄂尔多斯盆地的白垩系分布广泛，为一套内陆河湖相红色和杂色碎屑沉积；四川盆地的白垩系为一套干旱的内陆河湖相红色碎屑岩含膏盐沉积。西隆起带北段的大兴安岭白垩系，下统最为发育，由火山喷发岩、火山碎屑沉积岩及沉积岩组成，为重要含煤地层；上统仅零星出露，为河湖相红色、杂色碎屑沉积；中段太行山一带仅有下段火山岩和沉积岩的零星分布；南段云贵高原东缘的小型山间盆地只有上白垩统红色粗碎屑沉积岩零星出露。中沉降带的松辽平原白垩系发育齐全，下统下部为一套火山岩、火山碎屑岩和沉积岩含煤沉积；下统上部及上白垩统为大型湖湘碎屑、泥质沉积，是至关重要的含煤地层。华北平原的白垩系一般分布于新生代地层之下，仅在平原边缘有零星出露或在一些钻孔中见到。下统属小型盆地暗色湖湘碎屑沉积，夹火山碎屑岩；上统为红色粗碎屑沉积。江汉平原、衡阳盆地、南宁盆地和北部湾各盆地一般缺失下统下部；下统上部和上统广泛发育，为大中型盆地红色和湖湘碎屑沉积，是重要的含膏盐沉积地层。东西走向的阴山—燕山带广泛发育下白垩统火山—沉积岩群，东段燕山地区的热河群是其典型代表。上统以红色粗碎屑岩为主的山间盆地沉积，分布有限。秦岭—大别山带的白垩系主要分布于小型山间盆地内，下统出露于东西两端。太白山以西是较粗的碎屑沉积，下部以紫红色为主；上部以灰绿色为主，局部含镁。东段大别山北麓则为火山—沉积岩群，上统出露于两者之间的秦岭、伏牛山，为红色碎屑岩，同上覆古新统为连续沉积；下统普遍不发育。南岭带的白垩系也分布于山间盆地，上统以红色碎屑岩为主，与上覆古新统为连续沉积。中部隆起带的白垩系火山喷发岩最发育。东北三省东部张广才岭的长白山一带下统为火山岩与含煤地层；上统以火山岩为主。南段以武夷山为中心的苏浙闽赣山地，白垩系下统亦由火山喷发岩和以湖湘为主的正常沉积岩组成,上统为中小型盆地的河湖相沉积红色碎屑岩和火山岩。隆起带上的白垩系均出露于大小不一的火山—断陷盆地内,各盆地的岩性、岩相和厚度变化都比较显著,各统在不同盆地的发育程度及其分布方向也有差异。东沉降带的黄海,其白垩系与西邻的陆上隆起带基本相同,为陆相火山岩系和河湖相沉积的碎屑岩系。东海有陆相上白垩统和海相夹层存在。台湾海峡存在海相白垩系。南海靠近大陆的部分白垩系发育,与大陆区相似。

西北内陆区包括塔里木、准噶尔、吐鲁番、柴达木、巴丹吉林、腾格里等大、中型盆地以及分隔它们的阿尔金山、天山、阿尔泰山、祁连山等山脉。此区大体相当于黄汲清等(1977,1980)所称的古亚洲构造区的西段。白垩系发育良好,主要为内陆盆地的红色碎屑沉积。上统常为含膏盐沉积,主要出露于上述大中型盆地的周边和山前地带,在山间盆地内也有广泛出露,不过岩性变粗或地层发育不全。塔里木西南缘的白垩系为一套海相沉积,含多层膏盐层,动物化石为特提斯型。

青藏高原区包括昆仑山脉至喜马拉雅山脉之间的广大区域,大体相当于黄汲清(1977,1980)所称的特提斯—喜马拉雅构造区。这是中国海相白垩系发育区,大体沿山脉走向呈带状分布,由西向东渐夹陆相沉积,并再变成陆相为主,到云南西部仅偶见海相夹层。喜马拉雅山系一带的白垩系发育齐全,以正常陆棚碎屑岩、灰岩为主,属稳定型沉积。雅鲁藏布江一带的白垩系是一套由暗色碎屑岩、硅质岩、中基性火山岩组成的复理石沉积,属于不稳定类型。拉萨以北的西藏北部和青海南部的白垩系,上部以滨浅海碎屑沉积为主,夹陆相碎屑岩层,局部夹火山岩层,上部以红色陆相沉积岩为主。

白垩纪地层区划基本沿用了郝诒纯等(2000)的划分方案,划分为10个地层区、21个地层分区:①北疆地层区;②塔里木—天山地层区:中天山—北山地层分区、塔里木地层分区;③阿拉善—秦昆地层区:阿拉善地层分区、东昆仑—祁连地层分区、秦岭—大别地层分区;④昆仑—滇西地层区;⑤兴安—长白地层区:大兴安岭—燕山地层分区、松辽地层分区、张广才岭—南楼山地层分区、鸡西—延吉地层分区、那丹哈达岭地层分区;⑥晋冀鲁豫地层区:鄂尔多斯地层分区、山西地层分区、平原地层分区、辽鲁徐淮地层分区;⑦扬子地层区:康滇地层分区、上扬子地层分区、中扬子地层分区V、下扬子—渚广地层分区;⑧东南地层区:武夷山—云开地层分区、沿海地层分区;⑨西藏地层区:冈底斯—腾冲地层分区、喜马拉雅地层分区;⑩台湾地层区。

第四节 新生代地层特征

中国新生界出露广泛,约401万平方千米,占全国陆地地层出露面积的46.2%(沈永和,1994)。新生界主要分布于西部塔里木、准噶尔、柴达木、鄂尔多斯等大、中型内陆盆地,东部松辽、华北、江汉等坳(断)陷盆地,以及黄河、东海、南海等边缘海盆地。

一、古近、新近系

中国古近、新近系分布广泛,类型较多,陆相为主,局部地区有海相沉积。可划分为4种类型。①海相古近、新近系局限于喜马拉雅的北坡、塔里木盆地西南缘、雷州半岛、台湾及其周围岛以及边缘海盆地。喜马拉雅山北坡的古近系为海相碳酸盐岩及碎屑岩,含有孔虫、货币虫等。塔里木盆地西南缘古近系为海相或泻湖相含膏盐层的杂色碎屑岩,富含生物化石。台湾及其周围岛屿海相地层发育较全,古近系及中新统下部为变质砂泥质岩夹火山岩。新近系岩性变化较大,在东海岸为巨厚沉积—火山岩系夹混杂堆积;西海岸地区为灰岩、砂页岩夹煤层及玄武岩。东海陆架盆地始新—渐新统为陆架海和半封闭海湾沉积(李思田,1997)。南海渐新统上部为浅海相沉积,新近系为浅海—深海相沉积。②内陆盆地型古近、新近系分布于西北地区塔里木、柴达木、准噶尔及吐鲁番—哈密等大、中型盆地，主要为山麓相、河湖相红色碎屑岩，夹膏盐层。③近海平原盆地型古近、新近系，主要分布于东部华北、苏北、江汉等大、中型坳陷盆地，为河湖相含煤、油页岩沉积，夹玄武岩。④山间盆地型古近、新近系，主要分布于华南地区中、小型山间盆地或断陷盆地，古近系为含膏盐的红色岩系；新近系主要为含煤、油页岩地层。

古近系地层区划分3级：大区、区和地区。大区的划分主要依据沉积和化石类型所反映出的古气候特征，即古气候带划分。如广泛发育暗色沉积、煤系和相应生物群的东北—华北大区（包括阿尔泰区）；广泛发育红层与蒸发岩的华南—西北大区；以热带海相、滨海相地层为特征的雅鲁藏布—南海大区。但在大区界线走向上也适当考虑重要地层关系，有时也需要照顾自然地理状况和行政区划。由于沉积和化石类型具有过渡性，大区界线只是大致控制线，如红层和蒸发岩也见于华北—东北大区和南海—雅鲁藏布大区的某些邻界地区。

古近系地层区划分：①东北—华北大区：阿尔泰区（阿勒泰地区）、东北区（小兴安岭地区、松嫩平原地区、张广才岭北部地区、张广才岭南部地区、沈北地区、下辽河地区、辽东地区）、华北区（内蒙古中西部地区、河套地区、燕山太行山地区、华北平原地区、鲁西地区、鲁中鲁东地区、晋南地区、汾渭地区、豫西北地区、豫西南地区）；②华南—西北大区：北疆区（准噶尔地区、吐鲁番—哈密地区）、南疆区（喀什—莎车地区、拜城—库车地区）、祁连—贺兰区（柴达木地区、祁连山—河西走廊地区、六盘山—贺兰山地区、兰州—西宁地区）、青藏高原滇西区（羌塘—藏东地区、藏北地区、巴颜喀拉—川西地区、滇西地区）、西南区（四川盆地地区、贵州地区、滇东地区）、鄂苏皖区（江汉盆地边缘地区、江汉盆地地区、鄂西北地区、皖南地区、皖中—苏北地区、苏北盆地地区）、江南南岭区（湘东—湘中地区、粤北—赣南地区、赣中地区）、东海闽浙区（浙东地区、浙东坳陷地区）；③雅鲁藏布—南海大区：藏南藏中区（藏南地区、冈底斯南坡地区、藏中地区）、南海珠江区（右江地区、珠江地区、云开地区、珠江口盆地地区、雷琼地区、海南五指山地区、莺琼盆地地区）、台湾区（台北坳陷地区、北港—澎湖地区、西部山麓及滨海平原地区、雪山山脉北部地区、雪山山脉中南部地区、脊梁山脉地区）。

新近系地层区划分：①华北—东北大区：东北区（小兴安岭地区、松嫩平原地区、张广才岭地区、沈北地区、下辽河地区）、华北区（燕山—太行山地区、华北平原地区、鲁中鲁东地区、晋西地区、晋东地区、汾渭地区、豫西南地区）、内蒙古区（河套地区、内蒙古中西部地区、内蒙古东部地区）、鄂苏皖区（江汉边缘地区、江汉盆地地区、鄂西北地区、南京地区、徐淮地区、苏北盆地地区）；②西北大区：北疆区（准噶尔地区、吐鲁番—哈密地区）、南疆区（喀什—莎车地区、拜城—库车地区）、祁连贺兰区（柴达木地区、兰州—西宁地区、六盘山—贺兰山地区、祁连山—河西走廊地区）；③华南大区：西南区（四川盆地地区、贵州地区）、湘赣区（赣中地区）、东海闽浙区（浙东地区、浙福建地区、东坳陷地区）；④青藏—南海大区：青藏区（藏南地区、藏中地区、藏北地区、羌塘—藏东地区、巴颜喀拉—川西地区）、云南区（滇西地区、滇东地区）、南海珠江区（云开地区、珠江口盆地地区、雷州北部湾地区、琼西北地区、海南五指山地区、莺琼盆地地区、西沙地区）、台湾区（台北坳陷地区、北港—澎湖地区、西部山麓及滨海平原地区、雪山山脉北部地区、雪山山脉中南部地区、台湾东部地区）。

二、第四系

第四纪是地质发展历史中最年轻的一个时代，这时中国海陆分布的轮廓基本形成，大陆内部山川展布的格局已具雏形。但受青藏高原迅猛崛起和强烈的新构造运动及西北、东南季风的影响，第四纪时期发育了多种多样的沉积类型。第四纪地层的分布与岩性特征、地质构造、地貌和气候类型关系极为密切，故第四纪地层区划的依据首先是考虑地质构造、地貌、古气候和沉积物成因类型特点。生物群组合特征也是地层区区划的主要依据,但由于第四纪时限较短,生物演化特征不明显,目前仅小哺乳动物化石组合及部分脊椎动物化石能作为区划的主要依据。

中国第四系分布很广,具有明显的时代特征或属特殊的成因类型,反映了第四纪地形、气候的巨大变化,大部分属陆相沉积。中国第四系可以划分为7种主要类型(王乃文,1999),其地层划分对比见表3-2-6(王乃文,1999)。海相沉积分布于诸陆架海盆地,沿海诸岛屿,华北平原、苏北平原第四系均具多层海相沉积夹层。冲积、洪积主要分布于各大、中型内陆或山间盆地和江、河谷地,以及东部各大平原的山前地带。黄土堆积主要分布于鄂尔多斯、山西高原、甘肃东中部、河南西部,面积44万平方千米,厚度数十米到400米,最厚地区位于兰州、泾河中游、洛河中游等地。可划分为4个岩石地层组。沙漠堆积主要分布于塔里木盆地、准噶尔盆地、柴达木盆地及河西走廊等地,为戈壁砾石、沙漠砂等。冰川沉积见于全国各山系、山区。包括冰川堆积与冰水沉积。全国已发现具代表性冰川遗迹60余处。中国第四纪冰期可划分为5期,自老而新为:龙川冰期(350万年~270万年),鄱阳冰期(110万年~85万年),大姑冰期(75万年~55万年),庐山冰期(25万年~15万年),大理冰期(7万年~1万年)。

第四纪以来,中国西南部青藏高原大幅度的整体抬升,构成了中国西部最高一级阶梯,随之向东出现了中部次一级高原区和东部大平原和海域区,总之,第四纪以来中国大陆由西向东3大阶梯地形十分明显。以此作为依据,划分为4大地层区。同时,以昆仑山—秦岭一线为界,南北古气候和生物群组合有明显差异,故在3大阶梯的大区内又以东西山系为界划分为10个分区(周慕林等2000)。

表3-2-6 中国第四系划分对比简表(王乃文等,1999)

年代地层 \ 地区	青藏高原	西南地区		西北地区	黄土高原	东北地区		华北地区		东南地区		黄海
第四系	全新统	冰碛、冲积、湖积层 绒布德小冰期 冰碛层 亚里层	琏江组		风积层 化学沉积层 湖积层 冲积层		郭家店组		岐口组		青浦组		平山组
			大坡寨组				坦途组		高湾组夹第1海侵层		上海组		
			滥泥寨组				大土山组		杨家寺组		娄塘组		
	上更新统	绒布寺冰碛层 古土壤层 基龙寺冰碛层	广汉组	大青梁子组	新疆群	马兰黄土	顾乡屯组 哈尔滨组		欧庄组夹Ⅱ、Ⅲ、Ⅳ海侵层	马兰组 萨拉乌苏组丁村组	下蜀组	黄土状土 泥炭层 庐山冰碛岩	八所组 湖光岩火山岩	达山组
	中更新统	红色风化层 加布拉湖积层 聂聂维拉冰碛层	雅安砾石层		乌苏群	离石黄土上部	林甸组	荒山组	周口店组		白沙井组	网纹红土 大姑冰碛层 泥炭层	北海组	泰山组
						高石黄土下部								
	下更新统	帕里组 贡巴组	元谋组	昔格达组	西域组	午城黄土	白土山组		杨柳青组夹第Ⅴ海侵层 固安组实第Ⅵ海侵层		泪罗组	鄱阳冰碛层 九江砾石层	石岇岭火山岩 湛江组	三余组
新近系						红粘土层								

第三章　中国区域岩浆岩发育特征

中国岩浆岩分布广泛,期次、岩石类型多。岩浆岩出露总面积182万平方千米,占陆地面积的19%(沈永和,1994)。古生代和中生代中酸性侵入岩和火山岩分布尤为广泛。在地台区,以前寒武纪岩浆活动为主,岩石组合比较简单,分带性不明显;在造山带,岩浆活动强烈,建造组合复杂,分带性明显。可以把全国划分为6大构造岩浆岩区。

一、准噶尔—兴安构造岩浆岩区

为中国古生代岩浆活动最广泛、最强烈地区。岩浆活动始于晚太古代,盛于寒武奥陶纪和志留纪—早石炭世,东部叠加有中新生代岩浆活动。以额尔齐斯—得尔布干断裂带和中天山—西拉木伦为界,可以划分为北、中、南3带。北带主要为加里东期岩浆岩;中带以华力西期岩浆岩为主;南带兼具加里东期与华力西期岩浆岩。

晚太古代岩浆岩见于东北北部的佳木斯地块。元古宙岩浆岩则散见于北带和南带。在阿尔泰山和大兴安岭主要为晚元古代变质中基性火山岩,在老爷岭地区,零星分布有基性、超基性岩。

加里东期岩浆岩主要分布于北带,以细碧岩—辉绿岩、基性—超基性岩、闪长岩—花岗闪长岩、花岗岩为主。西准噶尔、内蒙古中部有早古生代蛇绿岩,在大、小兴安岭有斜长花岗岩和片麻状花岗岩被泥盆系沉积覆盖,在内蒙古白云鄂博一带有花岗岩、闪长岩侵入下中志留统,被上志留统所覆。

华力西期岩浆岩主要分布在中带,以海底喷发火山岩和中酸性侵入岩为主,以广泛发育基性—超基性岩和蛇绿岩为特征。岩浆岩可分2期:志留纪—早石炭世岩浆岩,分布于本带的北带;中石炭世—二叠纪岩浆岩展布于南带。从准噶尔经内蒙古到大兴安岭中段,广泛发育有志留纪—早石炭世火山岩,中酸性侵入岩和超基性岩,形成华力西早、中2期构造岩浆带;其南从北天山向东,经甘肃北山到大兴安岭南端,断续分布有中石炭世—二叠纪喷发岩、超基性岩和中酸性侵入岩,构成华力西晚期构造岩浆带。

在本区东段叠加了印支期、燕山期及喜马拉雅期侵入岩和火山岩。

二、塔里木—华北构造岩浆岩区

本区发育有各时代岩浆岩,以前长城纪岩浆岩为主,东部叠加有中生代岩浆岩。

太古宙岩浆岩:主要分布于华北地台。早期广泛出现以拉斑玄武岩为主的基性火山熔岩和火山碎屑岩,经强烈变质变为角闪岩相、麻粒岩相变质岩系,有些地区同花岗质岩石一起形成花岗绿岩带。晚期发生强烈混合岩化、花岗岩化作用,形成分布广泛的混合花岗岩、花岗岩和伟晶岩;有的岩体与变质岩火山岩系共同构成花岗绿岩带。在阜平群、五台群中广泛发育变质基性、中性及酸性火山岩。

元古宙岩浆岩:主要出露于华北地台,在塔里木地台边缘零星出露,可以划分为4期:吕梁期以中酸性侵入岩为主,以大量出露基性岩墙群和伟晶岩脉为特征,在下元古界变质岩系中夹火山岩。四堡期花岗岩类广泛出露于本区域南、北边缘,华北地台北缘分布有基性—超基性岩,火山岩则以燕山地区长城系大红峪组火山岩及豫西熊耳群火山岩系为代表。晋宁期有辉绿岩、花岗岩类零星分布。震旦纪主要为中基性及中酸性火山岩,分布于塔里木地台北缘地区。

古生代岩浆岩:分布零散,在塔里木地台与华北地台北缘,分布有加里东期、华力西期中酸性侵入岩,在燕山地区见华力西期基性—超基性岩。在塔里木地台北缘下寒武统及上二叠统中有火山岩。鲁西金伯利岩的云母 Rb—Sr 及钙钛矿 U-Pb 年龄 4.90 亿年~4.50 亿年(张瑞成等,1994),相当加里东期。

中生代岩浆岩:以燕山期侵入岩及火山岩分布最广,主要出露在华北地台。印支期侵入岩主要见于华北地台北缘,有基性岩、中酸性岩和碱性岩。燕山期以花岗岩类为主的侵入岩广泛分布于华北地台(图3-3-1),在燕山、辽吉及胶东地区侏罗白垩系中,广泛分布有中酸性为主的火山岩系。

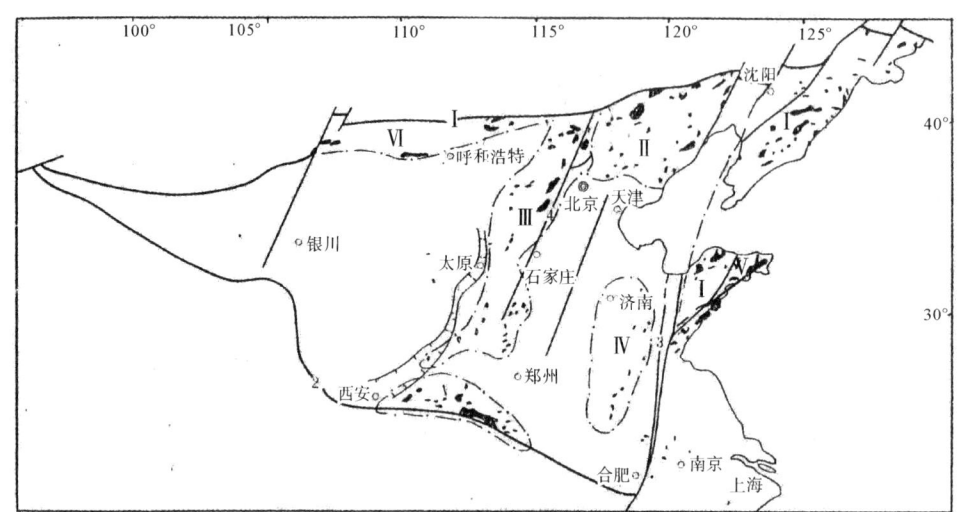

图3-3-1 华北地台燕山期侵入岩分布图(杨忠杰,1994)

Ⅰ.吉辽鲁东岩带;Ⅱ.燕辽岩带;Ⅲ.太行山岩带;Ⅳ.鲁淮岩带;Ⅴ.豫陕岩带;Ⅵ.华北陆块北缘西段岩带。1.华北陆块北缘断裂带;2.华北陆块南缘断裂带;3.郯城—庐江断裂带;4.太行山断裂带。带点断线为岩带界线;粗线为断裂带;黑色点、块为出露岩体

三、秦祁昆仑构造岩浆岩区

本区以古生代岩浆岩为主,部分地区出露前寒武纪花岗岩、花岗闪长岩和细碧角斑岩,并叠加有中新生代岩浆岩。

前寒武纪岩浆岩:包括大别山地区太古宙花岗岩石及变质火山岩;西昆仑、祁连山、北秦岭等地早元古代超基性岩、花岗岩及变质中基性火山岩;以及广泛分布于全区的中、晚元古代中基性、中酸性变质火山岩及混合花岗岩、花岗岩及基性—超基性岩。

加里东期岩浆岩:主要分布于祁连山、阿尔金山及昆仑山,以祁连山发育最好,分早、中、晚3期。早、中期有大量基性、中基性海底火山喷发岩、基性—超基性岩、花岗岩类及伟晶岩;晚期主要为火山岩、基性—超基性岩和斑状花岗岩,年龄多为3.6亿年~3.8亿年,个别达4.1亿年。在昆仑山、阿尔金山,下古生界夹多层中基性为主的火山岩,并零星分布基性、超基性岩。

华力西期岩浆岩:本期岩浆岩在本区分布甚广,尤以花岗岩类最为发育。花岗岩类主要分布于西昆仑、柴达木盆地南缘、北秦岭,早期以中酸性侵入岩为主,晚期多片麻状花岗岩。在阿尔金山、西昆仑山、东昆仑山均发现基性—超基性岩或蛇绿岩带。火山岩分布于西昆仑山北缘、柴达木盆地祁北边缘、南秦岭等地,时代包括中泥盆世、晚泥盆世、早石炭世、晚石炭世、早二叠世5期。

中生代岩浆岩:印支期花岗岩类分布于柴达木盆地周缘及南秦岭西段。燕山期花岗岩及火山岩广泛分布于区域东部,构成滨太平洋构造岩浆岩的一部分。

四、青藏—川滇构造岩浆岩区

这是一个以中新生代为主的构造岩浆岩区,局部出露元古宙及古生代岩浆岩。岩浆活动的主要特点是,自东北向西南岩浆活动时代有依次变新的趋势;发育有几条蛇绿岩带和岛弧火山—岩

浆岩带,以雅鲁藏布江蛇绿岩带及其北的冈底斯岛弧火山—岩浆岩带最为典型。

前寒武纪岩浆岩:喜马拉雅地区前震旦纪聂拉木群变质岩系中分布有变质基性—酸性火山岩(马冠卿等,1994);区域东部边缘元古代地层中夹有基性和中酸性火山岩,并有少量花岗岩及闪长岩。

古生代岩浆岩:侵入岩分布零散,北喜马拉雅以康马岩体为代表的加里东期花岗岩带,康马岩体 Rb—Sr 等时线年龄 4.87 亿年,U-Pb 等时线年龄 5.20 亿年及 5.58 亿年;滇西分布有华力西—印支期花岗岩类。火山岩有川西义敦、白玉一带志留系底部基性火山岩;冈底斯及三江地区石炭二叠纪中基性火山岩。

中生代岩浆岩:印支期中酸性侵入岩广泛分布于区域东部;金沙江沿岸、冈底斯及雅鲁藏布江等地三叠系都夹有多层中基性、中性火山岩。燕山期岩浆岩分布很广,自北而南可分为几条岩浆岩带:羌塘—唐古拉花岗岩带,班公—怒江蛇绿岩带,冈底斯火山岩—花岗岩带,雅鲁藏布江火山岩、蛇绿岩带。

新生代岩浆岩:主要分布于喜马拉雅地区,在青藏高原北部、东部亦多有分布,以酸性侵入岩及超基性岩为主,在西昆仑、可可西里、河西走廊、滇西等地,有古近纪、新近纪、第四纪火山岩。北喜马拉雅花岗岩带以富含电气石花岗岩为特征。

五、扬子构造岩浆岩区

本区岩浆岩分布广泛,期次多,以元古宙岩浆岩为主,并有晚太古代、古生代及中生代岩浆岩。

晚太古代—早元古代岩浆岩:出露于扬子地台北、西边缘,鄂西晚太古代东冲河岩群夹变质钙碱性火山岩;川西康定岩群夹变质中基性及中酸性火山岩(李兼海等,1994)。

中、晚元古代岩浆岩:四堡期早期主要为海底喷发类型的基性—酸性火山岩,在扬子地台西北缘与东南缘形成两条火山岩带;中晚期有基性—超基性岩及中酸性侵入岩,同位素年龄多在 10 亿年~14 亿年。晋宁期岩浆岩分布很广,早中期为中性—中基性火山岩,中晚期为基性—超基性岩及中酸性侵入岩,形成从超基性岩到花岗岩的侵入岩系列,同位素年龄多为 8.0 亿年~9.0 亿年。澄江期岩浆活动也比较普遍,早期有多期酸性或中酸性火山岩,局部夹基性火山岩;晚期多中酸性侵入岩,同位素年龄 8.0 亿年~6.50 亿年。

古生代岩浆岩:加里东期岩浆岩见于龙门山和川滇地区,龙门山志留系夹多层酸性火山岩;川滇地区有小型基性、超基性岩体,同位素年龄 4.02 亿年、4.18 亿年,攀枝花红格层状辉长岩 Rb—Sr 全岩等时年龄为 5.66 亿年。华力西期主要是川滇地区晚二叠世大规模玄武岩喷发,形成分布广泛的"峨眉山玄武岩"。在隆起区为陆相中心式喷发,多具碱性玄武岩特点;在坳陷区主要为海相中心式喷发,具偏钙碱性玄武岩特点。基性、超基性岩以辉石岩、橄榄岩、辉长岩为主,K-Ar 年龄 3.34 亿年~3.56 亿年;稍后有碱性岩侵入,西昌白草碱性岩体年龄 2.63 亿年。

中生代岩浆岩:印支期以花岗岩类为主,分布于龙门山、西昌—滇中一带,以斜长花岗岩、钾长花岗岩为主,局部为碱性花岗岩,同位素年龄 1.90 亿年~2.30 亿年。燕山期亦以花岗岩类为主,多分布于川滇地区,,康定、丹巴一带的花岗岩侵入三叠—侏罗系,年龄 1 亿年~1.4 亿年;旧花岗岩侵入中三叠统,同位素年龄 0.67 亿年~0.92 亿年。

六、滨太平洋构造岩浆岩区

本区是中生代后期开始发展起来的构造岩浆区,是巨大的环太平洋构造岩浆岩域的组成部分。根据岩浆活动特点可以划分为 3 个构造岩浆岩系:大陆内部构造岩浆岩系、大陆边缘构造岩浆岩系、岛弧构造岩浆岩系。

大陆内部构造岩浆岩系:大兴安岭—燕山区广泛分布有晚侏罗—早白垩世钙碱性陆相火山岩和中酸性侵入岩;燕山地区早、中侏罗世火山岩。在华北地台,零星分布有小型中酸性、碱性侵入体,五台山花岗岩年龄1.17亿年~2亿年。在东秦岭、大别山和山东半岛,广泛分布印支—燕山期中酸性侵入岩,有3个年龄组:1.9亿年~0.3亿年、1.47亿年~0.75亿年、0.91亿年~0.4亿年。

大陆边缘构造岩浆岩系:包括东南地区印支期、燕山期中酸性侵入岩、东南沿海晚侏罗世—早白垩世钙碱性中酸性火山岩(图3-3-2)。印支期以中酸性侵入岩为主,年龄2亿年~2.3亿年。燕山期有强烈火山喷发和岩浆侵入活动,浙闽粤沿海广布有晚侏罗—早白垩世钙碱性流纹岩、英安岩,华南普遍出现燕山期中酸性侵入岩。早期以黑云母花岗岩为主,年龄1.50亿年~1.90亿年;晚期岩性复杂,年龄0.80亿年~1.40亿年。在大陆内部带和大陆边缘带都发育有新生代火山岩,包括黑龙江五大连池、吉林长白山、山西大同、内蒙古汉诺坝以及雷州半岛—海南岛等地,以玄武岩为主。也有一些前寒武纪及古生代岩浆岩。

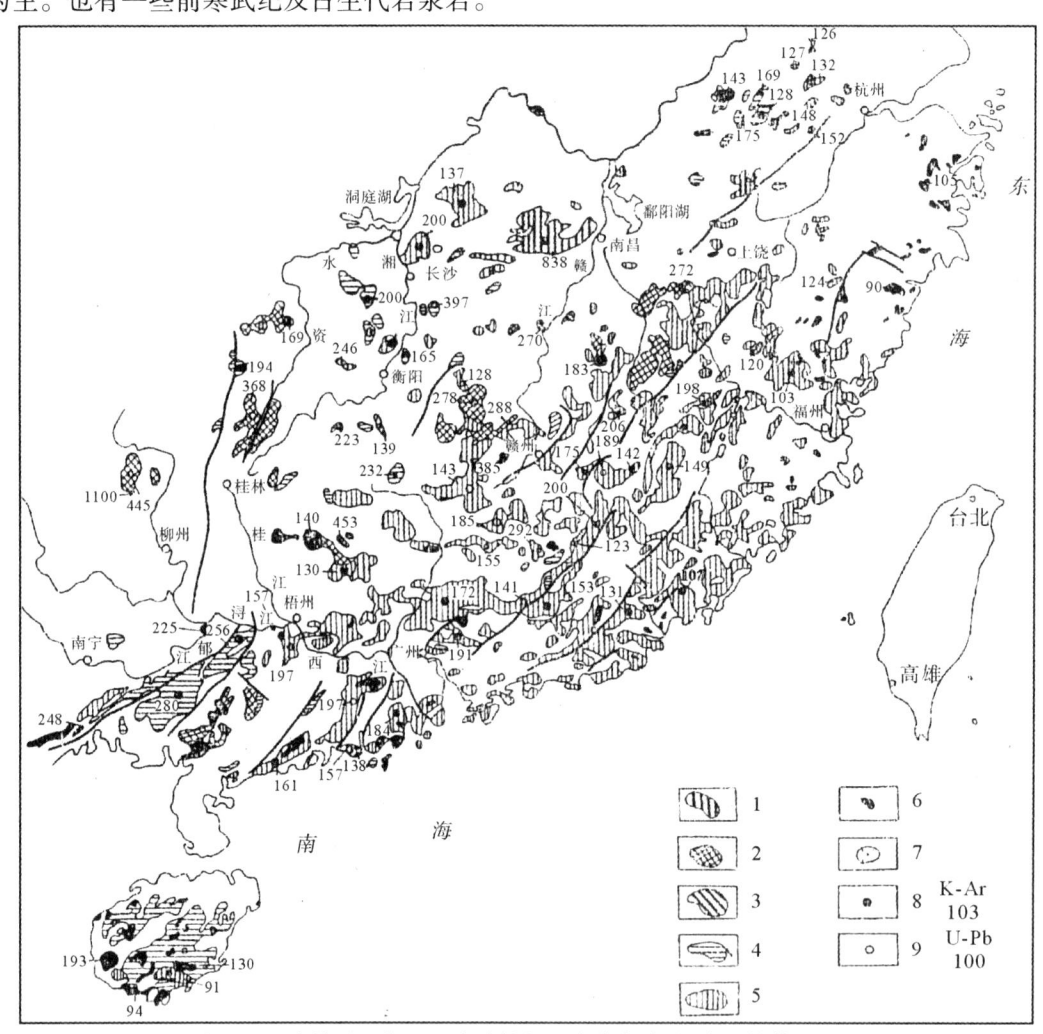

图3-3-2 南岭及毗邻地区中酸性侵入岩分布略图(李廷栋等,1982)

1.晚元古代晋宁期及澄江期侵入岩;2.加里东期侵入岩;3.华力西期侵入岩;4.印支期侵入岩;5.燕山早期侵入岩;6.燕山晚期侵入岩;7.喜马拉雅期侵入岩;8.K-Ar法同位素年龄测定数据(百万年);9.U-Pb法同位素年龄测定数据(百万年)

岛弧构造岩浆岩系:主要分布于台湾及其附近岛屿。中生代岩浆岩主要见于台湾岛的东部,包括辉长岩、辉绿岩及花岗岩类,其中伟晶岩及石英闪长岩年龄分别为0.33亿年、0.86亿年;晚白垩世夹安山岩。新生代岩浆岩分布较广,古近纪火山岩主要见于西部;新近纪火山岩多分布于东部;海岸山脉利吉组包括有蛇绿混杂岩。

第四章　中国大陆岩石圈结构特征

中国大陆岩石圈结构比较复杂,具有许多特点。中国大陆构造具有小陆块、多缝合带、软碰撞、多旋回缝合的特点,并受到古亚洲、特提斯、环太平洋三大动力学体系的作用。因此,中国及邻区大陆岩石圈经历了极为复杂的多层次镶叠式结构,以及多旋回分阶段的演化过程(任纪舜,1991)。

一、中国区域地球物理场特征

在东经105°左右,有一条南北向分界带(大体相当于鄂尔多斯盆地与四川盆地所在部位),把中国大陆区域地球物理场分为东、西两个场区。这个带是一条重力梯度带和地壳厚度陡变带,也是一条地震活动带和地质、地貌分界带。地质及地球物理特征显示,这个带可能是印度板块与太平洋板块同中国大陆相互作用的中和地带,或称峰带(图3-4-1)。

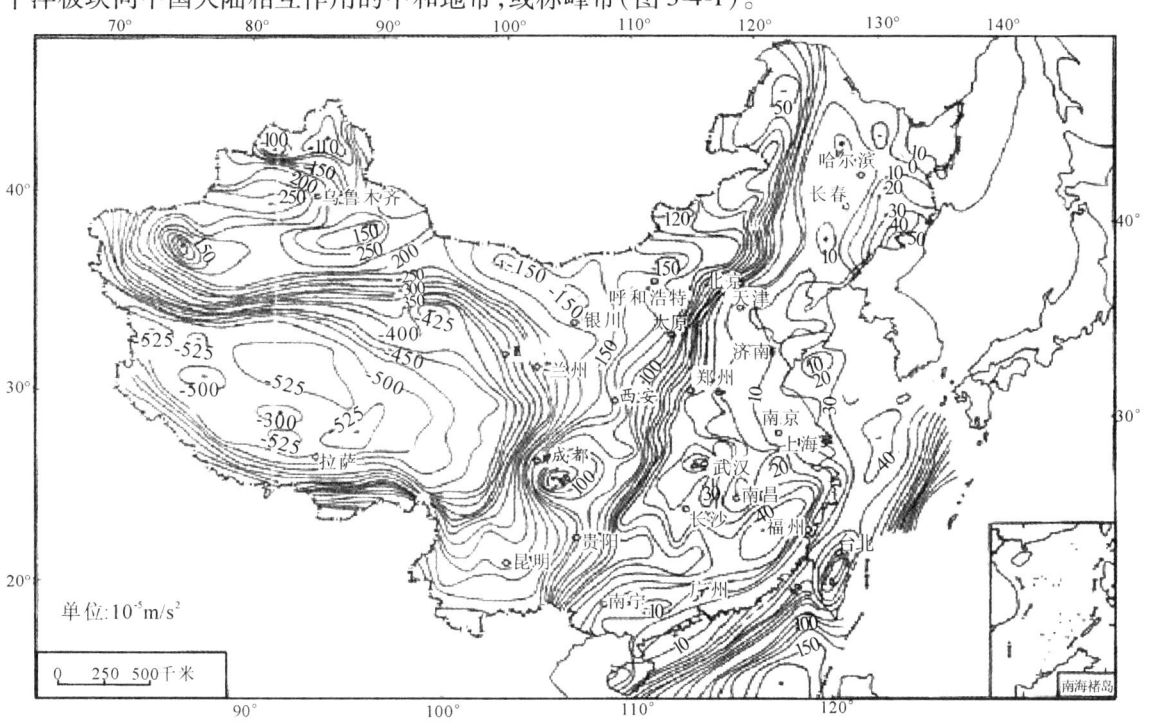

图3-4-1　中国1°×1°平均布格重力异常图(据殷秀华等,1987)

在这个带以东地区,区域重力场、磁力场、地壳等厚线方向及均衡重力异常走向均以北北东向为主,重力异常变化平缓,均衡异常位小,基本处于地壳均衡状态;从西向东,地壳厚度逐渐减薄,上地幔高导层埋深缓慢加深。本区存在3条北北东向重力梯度带:①大兴安岭—太行山—武陵山梯度带;②东海—南海海岸梯度带,规模较小;③琉球群岛—台湾—南沙群岛梯度带,规模较大。

西部地区区域重力场、磁力场、地壳等厚线延伸方向和均衡异常走向以北西西向为主,重力异常变化较大,均衡异常显著,地壳均衡程度较低。本区存在几条北西西向的重力梯度带,主要分布在青藏高原周边,以喜马拉雅山和西昆仑山—阿尔金山—祁连山最明显。本区布格重力值自北向南逐渐降低,均衡异常值则由北向南依次升高。

二、中国地壳结构特征

中国大陆岩石圈具有明显的层块结构,即纵向成层,横向分块,反映了岩石圈在纵、横方向上的不均一性。

中国大陆岩石圈分块性比较明显,至少可以划分为5大块体:准噶尔—兴安块体、塔里木块体、华北块体、青藏块体及华南块体。各个块体在地壳厚度与结构、地球物理场特征及地质组成等方面,都有明显差别。准噶尔—兴安块体、塔里木块体和华南块体比较稳定,速度分层清晰,具双层结构。华北块体和青藏块体比较活动,速度分层不尽清晰,高速层、低速层相间分布。

中国大陆岩石圈分层结构明显,地壳具3层或多层结构,各结构层物质组成、结构不同,其重力、磁性特征及速度分层亦不同。各块体地壳厚度、结构、地球物理特征也互有差异。华南地壳平均速度最高,达6.3千米/秒~6.4千米/秒,速度分层清晰,缺失低速层,地壳厚度30千米~45千米。华北地壳平均速度6.2千米/秒~6.3千米/秒,速度分层不清晰,局部有低速层,地壳平均厚度35千米~46千米。青藏地壳平均速度最低,为6.1千米/秒~6.3千米/秒,上地壳普遍存在低速层,部分地区地壳也出现低速层,地壳厚度一般60千米~70千米,最厚达80千米/秒。

三、中国地壳厚度分区

中国大陆可能是世界上地壳厚度变化最大的地区,青藏高原最厚地区可达80千米,南海最薄地区不到20千米。地壳厚度变化有一定规律,从青藏高原向东大体上呈阶梯式减薄。从中国地壳厚度分布图(图3-4-2)可以看出,在中国大陆存在4个地壳厚度缓变区和9条地壳厚度陡变带,二者相间相承或相辅而行。

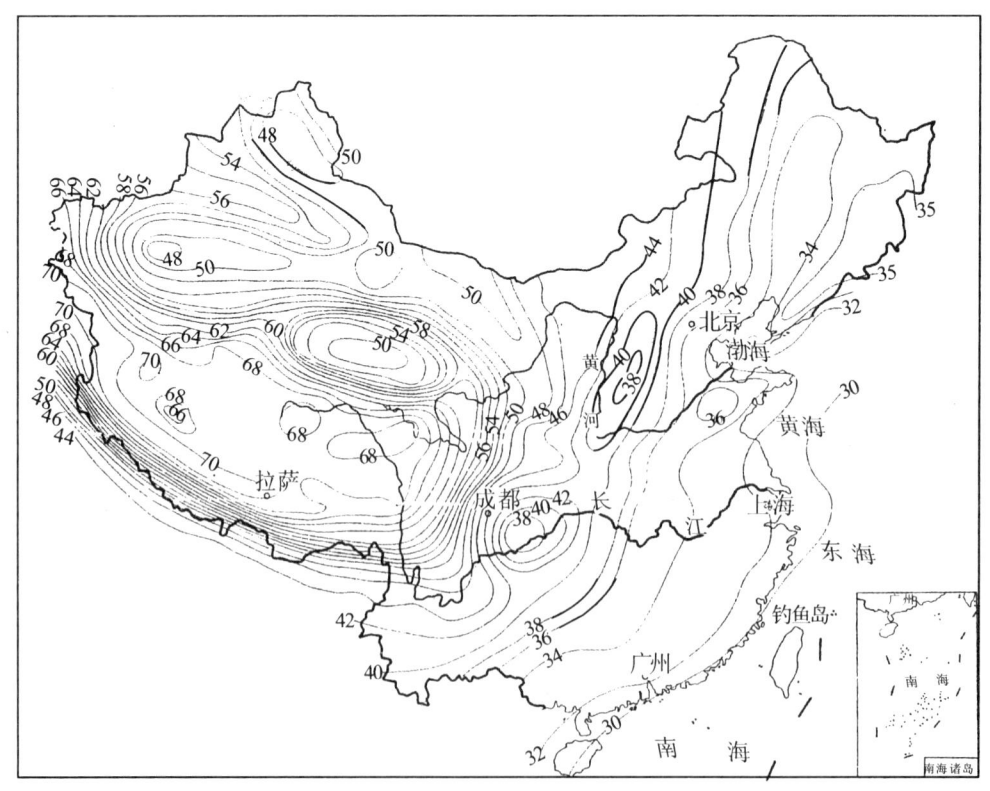

图3-4-2 中国地壳厚度分布图(单位:千米)

4个地壳厚度缓变区多具现代的高原、大中型盆地及平原相对应。4个地壳缓变区是：①甘新地壳厚度缓变区，包括准噶尔盆地、塔里木盆地、河西走廊与甘肃北山等地区，地壳厚度50千米左右；②青藏高原地壳厚度缓变区，包括喜马拉雅山与西昆仑山—阿尔金山—祁连山之间青藏高原内部广大地区，呈近东西向展布，地壳厚度70千米左右；③中部地壳厚度缓变区，包括海拉尔盆地、鄂尔多斯盆地、四川盆地和云贵高原，呈北北东向延展，地壳厚度38千米~40千米；④东部地壳厚度缓变区，包括松辽平原、华北平原、江汉平原及华南地区，亦呈北北东向延展，地壳厚度33千米~35千米。

9条地壳厚度陡变带多与高大山系相对应。9条地壳厚度陡变带是：①阿尔泰地壳厚度陡变带；②天山地壳厚度陡变带；③昆仑地壳厚度陡变带；④阿尔金—祁连地壳厚度陡变带；⑤喜马拉雅地壳厚度陡变带；⑥贺兰—龙门地壳厚度陡变带；⑦兴安—太行—雪峰地壳厚度陡变带；⑧东南沿海地壳厚度陡变带；⑨台东地壳厚度陡变带。

四、中国岩石圈厚度变化

中国大陆和各个块体岩石圈厚度变化较大，总的变化趋势是西厚东薄，南厚北薄。青藏高原岩石圈厚度120千米~140千米，且自南向北逐渐加厚。鄂尔多斯盆地—四川盆地，岩石圈厚度100千米~110千米。中国东部新生代拉张区，岩石圈减薄。东部海域岩石圈厚度只有60千米~70千米。松辽平原、华北平原一般为80千米，东、西部山区可达120千米。华南从沿海的80千米，向西递增到160千米，湖南中部达200千米。

第四篇

中国地质科学信息要览

- 中国地质机构和科研单位
- 中国地质科学学术期刊
- 中国地质专业普通高校
- 中国地质科学家
- 中国地质科学大事记
- 中国地质科学主要文献

第一章 中国地质机构和科研单位

第一节 中国地质管理机构概述

清朝光绪年间设置矿务机构(矿务局、矿务总局),其职责是开办矿务、购买机器、管理企业。1912年10月中华民国实业部矿务司设地质科,1913年6月改地质科为工商部地质调查所。1918年改名为中央地质调查所,负责全国地质矿产的调研工作,设有新生代(包括北京人的发掘)、地球物理(包括地震)、土壤、燃料等研究室和2个地区分所。1938年起相继成立了9个省级地质调查所,1941年成立西南矿产测勘处(后称矿产测勘处)。所以1949年前中国实际上尚无地质管理机构,只有地质调查研究机构。

1950年在中央地质调查所和矿产测勘处等单位基础上成立了全国地质工作计划指导委员会,1952年改组为中华人民共和国地质部,1982年5月4日易名中华人民共和国地质矿产部。从20世纪50年代初起,国务院其他有关部门也开展了与本部门有关的地质工作,渐次设立了自成系统的地质事业和管理机构。经1988年调整,地质矿产部的任务有所扩大,成为中国地质勘查工作的行业管理部门,其职能为对地质矿产资源进行综合管理;对勘探工作进行行业管理;对矿产资源的合理开发利用和保护进行监督管理;对地质环境进行监测、评价和监督管理。除了直接管理所属队伍的各项地质工作外,还对有关工业部门的地质工作进行统一规划和协调。至1988年,从事地质矿产资源地质勘查和管理的有冶金工业部、石油工业部、煤炭工业部、核工业部、化学工业部、国家建材局、轻工业部和有色金属总公司。当时,石油工业部、煤炭工业部、核工业部并入新成立的能源部,并分别改称为相应的总公司,但其业务及管理职能未变。现仍从事相应水文地质、工程地质或环境地质等工作的有铁道部、水利部、建设部、交通部、国家地震局和环保局;从事海洋地质工作的有国家海洋局,他们也有其地质管理机构。

一、地质矿产部

始建于1952年。前身是全国地质工作计划指导委员会(1950),初称中央人民政府地质部,以后先后改称中华人民共和国地质部(1954)、国家计划革命委员会地质局(1970)、国家地质总局(1975),1978年8月27日恢复地质部,1982年5月4日更名为中华人民共和国地质矿产部。地质矿产部机关主要业务司、局机构有:政策法规司、地质勘查业务管理司、财务司、人事劳动司、科技司、教育司、国际合作司、直属单位管理司、矿产开发管理司、矿产资源管理司、地质环境管理司、勘查科技司、矿产储量管理司等。此外,在京直属事业单位还有:石油地质海洋地质局、全国地质资料管理司、中国地质科学院、中国地质技术经济研究院、地质矿产信息研究院、水文工程环境地质勘查院、勘查技术研究院、地质出版社、中国地质矿产报社等。地质矿产部还直接领导中国地质大学、长春地质学院、成都地质学院等5所高等地质学院校和若干中等地质专科学校。直属职工队伍42万名,科学技术人员8.36万名(高级职称者占5743名)。全国地质图书馆馆藏图书约50万册(地方地质图书未计)。著名学者:李四光、程裕淇、马杏垣、张炳熹、许杰、孙云铸、黄汲清、董申葆、田奇㻪、谢家荣等。历任主任、部长:李四光、孙大光、朱训。重大工作成果:发现矿点20多万处,查明矿产地15 000多,发现新矿物160多种。在137个矿种探明储量中,有20种居世界前列。新疆塔里木盆地和海上的油气勘探取得了突破性进展。已基本上完成了全国的1:1 000 000地质调查及2/3领土的1:200 000地质调查及区域水文地质调查。航空磁测已覆盖全国90%以上的领土及近海海域。区域重力调查覆盖40%国土面积。在全国主要的成矿区带开展了新一代的1:200 000区域化学测量。

二、国土资源部

1998年3月10日,九届人大一次会议第三次全体会议表决通过关于国务院机构改革方案的决定。根据这个决定,由地质矿产部、国家土地管理局、国家海洋局和国家测绘局共同组建国土资源部。保留国家海洋局和国家测绘局作为国土资源部的部管国家局。按照机构改革方案的说明,新组建的国土资源部的主要职能是:土地资源、矿产资源、海洋资源等自然资源的规划、管理、保护与合理利用。在国务院机构改革方案中,国务院机构被分为4类:宏观调控部门,专业经济管理部门,教育科技文化、社会保障和资源管理部门,国家政务部门。国土资源部放在教育科技文化、社会保障和资源管理部门一类中,与教育科技文化、社会保障一起作为国民经济发展的基础保障部门,是中国经济发展的后劲所在。这充分突出了国土资源在国民经济中基础地位。

新建立的国土资源部将依照《中华人民共和国矿产资源法》《中华人民共和国土地管理法》《中华人民共和国海洋环境保护法》《中华人民共和国测绘法》等法律及法规,依法行政。并按照精简、统一、效能的原则,调整组织机构,把部政府职能切实转变到宏观调控、社会管理和公共服务方面来,完善中国的社会主义市场经济体制,建立符合中国市场经济要求的资源管理机制。

(杨守仁)

第二节　中国地质科学研究单位概况

一、中国地质科研单位概述

中国最早的地质科研单位是1913年6月在北京成立的中国地质调查所,丁文江任所长。因1927年后相继成立了省级地质调查所,故1941年将中国地质调查所改称中央地质调查所,以免与地方机构混淆。另外,1928年在上海成立了中央研究院地质研究所,李四光任所长,1933年研究所由上海迁南京,抗日战争期间先后迁江西庐山、广西桂林、四川重庆,抗日战争胜利后迁回南京。1949年后上述地质科研单位调整为下述新的地质科研单位。

二、中国科学院所属地质科研单位

当前中国科学院所属专门从事地质科研的单位主要有6个研究所和4个开放研究实验室。研究人员近2000名。

(1)中国科学院地质与地球物理研究所　1999年6月由原中国科学院地质研究所和地球物理研究所两所整合而成。中国科学院地质研究所1951年5月建立于南京,1954年迁至北京,前身为1928年1月在上海成立的中央研究院地质研究所、1913年在上海成立的工商部地质调查所和矿产测勘处的部分研究室。中国科学院地球物理研究所1950年4月在北京成立,其前身为1928年6月成立的中央研究院气象研究所。2004年将中国科学院武汉数学物理研究所的电离层研究室整体调整到所;整合原中国科学院兰州地质所,建立了中国科学院地质与地球物理研究所兰州油气资源研究中心。目前,研究所共设有地球深部结构与过程、岩石圈演化、青藏高原、工程地质与水资源、油气资源、固体矿产资源、新生代地质与环境、地磁与空间物理等8个研究室;建有岩石圈演化国家重点实验室和北京国家空间环境野外科学观测研究站,以及工程地质力学、矿产资源研究、地球深部研究、油气资源研究、兰州气体地球化学、新生代地质与环境等6个中国科学院重点实验室。另外在干旱区环境演化与全球变化、地球磁场与地球外核动力学、俯冲碰撞造山的岩石学过程、青藏高原东部隆升的深部结构与地表过程响应等研究方向上建成4个国家自然科学基金委创新研究群体。

(2)中国科学院南京地质古生物研究所 1951年5月建立于南京,原称中国科学院古生物研究所,1968年改为现名,前身为中央研究院地质研究所古生物室和中央地质调查所古生物室。现设有古脊椎动物学研究室、古植物学与孢粉学研究室、微体古生物学研究室、现代古生物学和地层学国家重点实验室、南京古生物博物馆、澄江古生物研究站等部门。是中国唯一从事古无脊椎动物学和古植物学研究的专业机构,也是亚洲最大的古生物学研究所。

(3)中国科学院古脊椎动物与古人类研究所 1957年5月建立于北京,前身为中央地质调查所新生代研究室(创建于1929年),后曾改称全国地质工作计划指导委员会新生代和脊椎动物化石研究室(1950)、中国科学院古脊椎动物研究室(1953)、中国科学院古脊椎动物研究所(1957),1959年改为现名。全所现设有3个研究室和1个研究中心,即古低等脊椎动物研究室、古哺乳动物研究室、古人类及旧石器研究室和周口店古人类研究中心,主要研究脊椎动物各门类起源、演化、分类和系统发育,建立和完善中国及全球年代地层系统,探讨生物与环境的协同演化关系;研究古人类体质特征、行为特点和旧石器技术与文化,探索人类的起源和进化,重建早期人类演化迁徙和文化发展的历史;开展周口店遗址的综合研究工作。

(4)中国科学院长沙矿产资源勘查中心 建于1961年,前身为中国科学院中南大地构造研究室,1978年改为中国科学院长沙大地构造研究所。2002年与广州地球化学研究所整合进入中国科学院知识创新基地,同时成立长沙矿产资源勘查中心,2009年成立了广州地球化学研究所长沙环境实验观测站。

(5)中国科学院地球化学研究所 1966年2月由中国科学院地质研究所部分研究室与贵阳化学研究所组建于贵阳。目前拥有环境地球化学国家重点实验室、矿床地球化学国家重点实验室和地球深部物质与流体作用地球化学研究室、月球与行星科学研究中心。主要在矿床地球化学、环境地球化学、地球深部物质与流体作用地球化学和天体化学等重点领域开展基础性、战略性和前瞻性研究,建立和完善地球化学研究方法和理论体系。

(6)中国科学院地球环境研究所 1999年由中国科学院黄土与第四纪地质国家重点实验室升格而成,其前身为1985年3月成立的中国科学院西安黄土与第四纪地质研究室。目前拥有古环境研究室、现代环境研究室、粉尘与环境研究室、加速器质谱中心、黄土与第四纪地质国家重点实验室。研究所开展中国大陆环境变化的历史、规律和趋势,环境变化的过程和机理,地球环境科学新技术和新方法研究。

(7)中国科学院广州地球化学研究所 1993年建立,前身为1987年成立的中国科学院地球化学研究所广州分部。目前拥有地球化学国家重点实验室等5个中国科学院重点实验室等,建有中国科学院珠江三角洲环境污染与控制研究中心、石油天然气与矿产资源研究中心及长沙矿产资源勘查中心等,有2个国家基金委创新群体和1个中国科学院创新团队。

三、中国地质科学院所属地质科研单位

中国地质科学院是国土资源部直接领导的全国地质科技综合科研单位,其前身是1956年成立的中华人民共和国地质部的几个研究所。1959年成立时原称地质部地质科学研究院,1975年改

用现名。目前,从事的地质研究领域包括基础地质、矿产地质、水文地质、工程地质、岩溶地质、环境地质、深部探测、物化探勘查技术、岩矿测试技术、矿产资源综合利用技术等,主要任务是通过创新研究,解决国民经济和社会发展中的重大地质科学技术问题,为国土资源规划、管理、保护与合理利用提供决策依据;为国土资源部参与国家宏观调控提供参谋和咨询;为地质调查和找矿突破提供科技支撑,培养高级地质科技人才,服务国民经济建设和社会发展,攀登地球科学高峰。现由院部和地质研究所、矿产资源研究所、地质力学研究所、水文地质环境地质研究所、地球物理地球化学勘查研究所、岩溶地质研究所、国家地质实验测试中心等8个单位组成。先后建立联合国教科文组织国际岩溶研究中心、国家现代地球物理勘查工程技术中心、大陆构造与动力学国家重点实验室、国家首批科技基础条件平台——北京离子探针中心,拥有14个国土资源部重点实验室、4个部级检测中心、15个国土资源部野外科学观测研究基地。

(1)中国地质科学院地质研究所　1956年4月成立于北京,其前身可追溯到1913年建立的中央地质调查所。主要从事国家基础性、公益性、战略性和前瞻性的地球科学研究和基础地质调查工作。现设有9个研究室、3个国土资源部及中国地质科学院重点实验室、2个中国地质调查局技术支撑机构。

(2)中国地质科学院矿产资源研究所　1956年成立于北京,原名矿物原料研究所,1978年更名为矿产地质研究所,2000年改为现名。主要开展区域成矿规律与矿产勘查新理论新方法研究、矿产资源潜力调查评价和成矿远景区划,以及重大资源科学问题研究。主要研究领域:成矿过程与成矿规律研究,盐湖综合资源调查评价与非金属、稀有金属研究,矿产资源调查评价与成矿远景区划,矿物学与矿物材料研究,海洋及非传统矿产(能源)资源研究,矿产资源战略与可持续发展研究。设3个职能处室、4个研究室、2个中国地质科学院重点开放实验室、1个战略研究中心和2个科研开发公司。

(3)中国地质科学院地质力学研究所　1956年创成于北京,原名地质力学研究室。主要从事基础地质、地应力与地壳稳定性、矿产与能源地质、第四纪地质与环境、地质灾害、新构造与活动构造、极地地质等方向研究。拥有国土资源部新构造运动与地质灾害重点实验室、国土资源部古地磁与古构造重建重点实验室和8个研究室。

(4)中国地质科学院水文地质环境地质研究所　1956年成立于北京,1965年迁至河北省石家庄市正定县。从事地下水资源调查评价、开发利用和水环境保护的理论与技术研究,重视环境地质和地质灾害研究工作,推动水工环学科创新体系建设;重点研究和解决国民经济建设中带普遍性、关键性、战略性、公益性和区域性的水工环基础理论和技术问题;在区域水循环、水文地球化学、同位素水文地质、黄土与全球变化、农业地质、城市地质、地下水微生态学等分支学科和专业编图方面作出了开创性贡献,为国土资源开发、整治、保护和合理利用提供科学依据。设有9个专业研究室、4个科研保障中心、1个水文地质环境地质调查部、1个地热研究中心。国土资源部地下水矿泉水及环境监测中心、国土资源部地下水科学与工程重点开放实验室、中国地质科学院国土环境地质研究中心设在所内。国际水文地质学家协会中国委员会、中国地质学会水文地质专业委员会、农业地质专业委员会均设在所内。

(5)中国地质科学院矿产综合利用研究所　前身为1953年建于北京的地质部地矿司技术加工室,1964年成立地质部矿产综合利用研究所,1970年迁至四川省峨眉县更名为峨眉矿产综合利用研究所,1992年迁至成都,1999年更为现名。主要从事矿产综合利用新技术、新方法、新工艺研究与开发,长期为业界提供选矿、冶金、地质勘查、岩矿鉴定和岩矿分析测试等各类科学研究。加挂有中国地质调查局金属矿物利用技术中心、国土资源部成都矿产资源利用评价中心。

(6)中国地质科学院岩溶地质研究所　1976年成立于桂林市。主要承担岩溶地质基础理论与应用研究工作,承担岩溶地质调查与评价工作。主要职责和任务是,立足西南8省(市、区),面向全国,承担基础性、战略性和前瞻性岩溶地质研究和调查评价工作;开展岩溶动力系统运行规律研究,发展现代岩溶学理论;承担岩溶矿产资源、洞穴资源调查评价及石漠化调查研究和治理工作;承担岩溶水文地质、灾害地质调查研究和监测评价工作;建设全国岩溶地质数据库,开展岩溶地质信息化社会服务;开展相关地质科学技术研究和国际交流与合作,为联合国教科文组织国际岩溶中心提供支撑;进行分析测试、地下水示踪等新技术、新方法的研究和推广应用;开展岩溶研究的科技开发、技术服务工作。设有岩溶动力学研究室、岩溶区域地质研究室、岩溶资源研究室、岩溶生态与石漠化研究室、岩溶工程与灾害研究室、岩溶景观与洞穴研究室、岩溶探测技术方法研究室、岩溶地质与资源环境测试中心、岩溶资料信息中心等9个技术业务部门及岩溶动力学国土资源部与广西壮族自治区重点实验室、岩溶生态系统与石漠化治理中国地质科学院重点实验室。2008年成立国际岩溶研究中心。

(7)中国地质科学院地球物理地球化学研究所 原名地质矿产部地球物理地球化学勘查研究所,1957年2月创建于北京,1969年迁至河北廊坊市。目前有6个职能管理部门、11个研究室、5个服务部分、1个市场开发与经营部门。1994年组建国家现代地质勘查工程技术研究中心。

(8)国家地质实验测试中心 前身是1952年建立的地质部北京实验室,1956年并入矿物原料研究所改称化学分析研究室,1978年成立地质矿产部岩矿测试技术研究所,2004年获得国土资源部产品质量监督检验中心资质。主要任务是:紧密结合中国地球科学研究和地质矿产资源评价的需要,开展分析测试新技术、新方法的研究;研究制备各种类型地质实验测试标准物质、制(修)定地质实验测试标准分析方法和相关技术规范;开展地质实验测试仪器及相关装置的自主研发与改造、升级技术研究;作为地矿部门权威的分析测试基地,承担部门、行业的疑难样品测试和仲裁分析任务,并面向社会提供分析测试服务;作为地矿部门分析测试新技术、新方法的应用推广和分析测试技术人员的培训基地,为部门和行业的基层实验室培训大量的分析测试骨干。中心以分析测试技术研究的优势为基础,将研究领域拓展至环境地球化学、能源地球化学及其他交叉学科的研究。

(9)中国地质科学院郑州矿产综合利用研究所 前身是始建于1953年的原地质部矿产加工技术试验室,1955年成为地质部矿物原料研究所的选矿加工技术研究室,1964年在该室基础上组建了地质部矿产综合利用研究所,1978年开始建设矿产综合利用中间试验研究基地——国家地质总局857基地,1984年中试基地建成定名为地矿部矿产综合利用研究所郑州分所,1986年建成地矿部郑州矿产综合利用研究所,1992年成立国家非金属矿资源综合利用工程技术研究中心,2000年更为现名。以扩大矿产储量,消除环境污染,合理开发利用我国的矿产资源,促进地质工作的大发展为己任,长期从事地质矿产的综合评价、综合利用研究,主要进行低品位矿产、复杂共生矿、尾矿等二次资源的合理利用技术研究,在保质保量完成国家项目同时,还重视科技创新,重视科技成果产业化,面向国内外承接贵金属、黑色金属、有色金属、非金属矿和二次资源的选矿、冶金、精深加工及物质组成研究任务,并提供先进、成熟的生产技术。

(10)中国地质科学院岩石圈研究中心 1986年成立于北京,1994年合并到地质研究所。研究方向和领域:大陆岩石圈深部结构探测与地球动力学研究;大陆变形带的精细结构与物理化学过程;地球内层层圈相互作用等。学科发展以地球物理学为先锋,与地球化学、地质学相结合为特色。

(11)中国地质科学院区域性地质研究所——沈阳、天津、西安、成都、宜昌、南京地质矿产研究所 均成立于1962年,原名分别为东北、华北、西北、西南、中南、华东地质科学研究所,1978年改为现名。

此外,1988年以后,中国的地质科学研究机构还分布于中国冶金工业部、中国能源部(原中国石油工业部、煤炭工业部、核工业部)、中国化学工业部、中国轻工业部、国家建材局(原中国建材工业部)、中国有色金属总公司、中国铁道部、中国交通部、中国水利部、中国建设部、国家地震局、国家环保局、国家海洋局所属的地质研究机构以及全国各高等院校中。例如,中国石油工业部石油勘探开发科学研究院(前身为1956年建立的石油地质研究所)及各大油田石油地质科学研究院、中国煤炭工业部西安煤炭地质研究院(1956)、国家地震局地质研究所(1970)和地震研究所(1977)、中国冶金工业部天津地质研究院(1972)、中国核工业部北京地质研究院(1958)、国家建材局地质研究所(1975)、中国有色金属工业总公司北京矿产地质研究所(1955)和桂林矿产地质研究院(1955)等。

(杨守仁)

第三节　中国地质科学研究单位名录

北京市

中国科学院地质与地球物理研究所　地址:北京市朝阳区北土城西路19号　邮政编码:100029　网址:http://www.igg.cas.cn/　电话:010-82998001　传真:010-62010846　E-mail:manager@ mail. iggcas. ac. cn

中国科学院地质与地球物理研究所岩石圈演化国家重点实验室　地址:北京市朝阳区北土城西路19号　邮政编码:100029　网址:http://www.sklable.ac.cn/　电话:010-82998240　E-mail:sklole@ mail. iggcas. ac. cn

中国科学院地质与地球物理研究所北京国家空间环境野外科学观测研究站　地址:北京市朝阳区北土城西路19号　邮政编码:100029　网址:http://space.iggcas.ac.cn/　E-mail:nbq@ mail. iggcas. ac. cn

中国科学院地质与地球物理研究所工程地质力学中国科学院重点实验室　地址:北京市朝阳区北土城西路19号　邮政编码:100029　网址:http://www.enggeo.org/cn/　电话:010-82998619　传真:010-62040574　E-mail:egml@ mail. igcas. ac. cn

中国科学院地质与地球物理研究所地球深部研究中国科学院重点实验室　地址:北京市朝阳区北土城西路19号　邮政编码:100029　网址:http://www.kl-edi.ac.cn/　电话:010-82998377　传真:010-82024251　E-mail:duanzhenhao@ yahoo. com　yxpan@ mail. iggcas. ac. cn

中国科学院地质与地球物理研究所油气资源研究中国科学院重点实验室　地址:北京市朝阳区北土城西路19号　邮政编码:100029　网址:http://oil.iggcas.ac.cn/　电话:010-82998140　传真:010-62010846　E-mail:tyhao@ mail. iggcas. ac. cn　chenjb@ mail. iggcas. ac. cn

中国科学院地质与地球物理研究所新生代地质与环境中国科学院重点实验室　地址:北京市朝阳区北土城西路19号　邮政编码:100029　网址:http://lcge.igcas.ac.cn/　电话:010-82998380　传真:010-62010846　E-mail:jlxiao@ mail. igcas. ac. cn　jmsun@ mail. iggcas. ac. cn

中国科学院青藏高原研究所　地址:北京市海淀区双清路18号北京2871信箱　邮政编码:100085　网址:http://www.itpcas.cas.cn/　电话:010-62849309/62849693　传真:010-62849071　E-mail:tdyao@ itpcas. ac. cn　ymma@ itpcas. ac. cn

中国科学院青藏高原环境变化与地表过程重点实验室　地址:北京市海淀区双清路18号北京2871信箱　邮政编码:100085　网址:http://www.tel.itpcas.ac.cn/　电话:010-62849309　传真:010-62849071　E-mail:tdyao@ itpcas. ac. cn　clyi@ itpcas. ac. cn

中国科学院青藏高原大陆碰撞与高原隆升重点实验室　地址:北京市海淀区双清路18号北京2871信箱　邮政编码:100085　网址:http://www.lcpu.itpcas.ac.cn/　电话:010-62849679　E-mail:dinglin@ itpcas. ac. cn　fangxm@ itpcas. ac. cn

中国科学院纳木错圈层相互作用综合观测研究站　地址:北京市海淀区双清路18号青藏高原研究所　邮政编码:100085　网址:http://www.namco.itpcas.ac.cn/　电话:010-62849681　E-mail:shichang. kang@ itpcas. ac. cn　namco@ itpcas. ac. cn

中国地质科学院地质研究所　地址:北京市西城区百万庄大街26号　邮政编码:100037　网址:http://igeo.cags.ac.cn/　电话:010-68999664　传真:010-68997803　E-mail:dzsbgs@ cags. ac. cn　geoinst@ cags. net. cn

中国地质科学院大陆动力学国土资源部重点实验室　地址:北京市西城区百万庄大街26号地质研究所　邮政编码:100037　网址:http://igeo.cags.ac.cn/　电话:010-68992873　传真:010-68997803　E-mail:yangjsui@ccsd.cn　liufulai@ccsd.cn

中国地质科学院同位素地质国土资源部重点实验室　地址：北京市西城区百万庄大街26号地质研究所　邮政编码：100037　网址：http://igeo.cags.ac.cn　电话：010-68990617　传真：010-68997803　E-mail：houzengqian@126.com

中国地质科学院地层与古生物重点开放实验室/深部探测与地球动力学重点开放实验室　地址：北京市西城区百万庄大街26号地质研究所　邮政编码：100037　网址：http://igeo.cags.ac.cn　电话：010-68999664　传真：010-68997803　E-mail：dzbgs@cags.ac.cn　geoinst@cags.net.cn

中国地质科学院岩石圈研究中心　地址：北京市西城区百万庄大街26号地质研究所　邮政编码：100037　网址：http://igeo.cags.ac.cn　电话：010-68999729　传真：010-68997803　E-mail：gaorui@cags.net.cn　taowangt@cags.net.cn

中国地质科学院地质力学研究所　地址：北京市海淀区民族学院南路11号　邮政编码：100081　网址：http://www.geomech.ac.cn　电话：010-68412303　传真：010-68422326　E-mail：cxlong@hotmail.com　gmkjch@cags.net.cn

中国地质科学院国土资源部新构造运动与地质灾害重点实验室　地址：北京市海淀区民族学院南路11号地质力学研究所　邮政编码：100081　网址：http://www.geomech.ac.cn　电话：010-68412303　传真：010-68422326　E-mail：cxlong@hotmail.com　shrwu@sohu.com

国家地质实验测试中心　地址：北京市西城区百万庄大街26号　邮政编码：100037　网址：http://nrcga.cags.ac.cn/　电话：010-68999557　传真：010-68998605　E-mail：ncga@cags.net.cn

中国地质科学院矿产资源研究所　地址：北京市西城区百万庄大街26号　邮政编码：100037　网址：http://imr.cags.ac.cn　电话：010-68999026　E-mail：fuquanyang@163.com　rahbit@yeah.net

中国地质科学院成矿作用与资源评价国土资源部重点实验室　地址：北京市西城区百万庄大街26号矿产资源研究所　邮政编码：100037　网址：http://imr.cags.ac.cn/labs/lab1/index.htm　电话：010-68999026　E-mail：jiangsihong1@163.com

中国地震局地质研究所　地址：北京市德胜门外祁家豁子　邮政编码：100029　网址：http://www.eq-igl.ac.cn/　电话/传真：010-62009001　E-mail：web@eq-igl.ac.cn

中国地震局地质研究所地震动力学国家重点实验室　地址：北京市德胜门外祁家豁子　邮政编码：100029　网址：http://www.eqlab.ac.cn/　电话：010-62009427　E-mail：lqz0902@sina.com

中国地震局地质研究所国家地震活断层研究中心　地址：北京市德胜门外祁家豁子　邮政编码：100029　网址：http://www.activetectonics.cn/　电话/传真：010-62009136　E-mail：xiweixu@vip.sina.com　ykran@263.net

中国地质调查局发展研究中心　地址：北京市西城区阜外大街45号　邮政编码：100037　网址：http://www.drc.cgs.gov.cn　电话：010-58584401　传真：010-58584400　E-mail：webmaster@mail.cgs.gov.cn

中国地质环境监测院　地址：北京市海淀区大慧寺20号　邮政编码：100081　网址：http://www.cigem.gov.cn/　电话：010-62173424　传真：022-84112988

核工业北京地质研究院（地质矿产研究所、遥感技术应用研究所、环境工程研究所、物化探研究所）　地址：北京市安外小关东里10号　邮政编码：100029　网址：http://www.briug.cn/　电话：010-64914829　传真：010-64917143　E-mail：HD9818@briug.cn

有色金属矿产地质调查中心/北京矿产地质研究院（北京地质调查所、新疆地质调查所、北京测绘院、南方地质调查所、北京资源勘查技术中心）　地址：北京市朝阳区安外北苑5号院四区　邮政编码：100012　网址：http://www.bigm.com.cn　http://www.cnncm.cn　电话：010-84922233　传真：010-84922384　E-mail：web@cnncm.com

中国石油天然气集团公司中国石油勘探开发研究院　地址：北京市海淀区学院路20号　邮政编码：100083　网址：http://riped.cnpc.com.cn/riped/　电话：010-83597787　E-mail：eip@petrochina.com.cn

中国石油化工股份有限公司石油勘探开发研究院　地址：北京市海淀区学院路31号　邮政编码：100083　网址：http://www.pepris.com/　E-mail：job@sinopec.com

北京市地质研究所　地址:北京市西城区德外黄寺大街24号院　邮政编码:100120　网址:http://www.bjsdys.com/　电话:010-51632206　E-mail:bjsdys2008@163.com

北京市地质调查研究院　地址:北京市昌平区沙河镇沙阳路11号　邮政编码:102206　网址:http://www.bjddy.cn/　电话:010-51529290　E-mail:ddy001@126.com

北京市地质工程勘察院(城市生态工程开发中心、水资源研究所、环境工程研究所、地热开发研究中心、地热工程研究所)　地址:北京市海淀区北洼路90号　邮政编码:100037　网址:http://www.bjdky.cn/　电话:010-68424943　传真:010-68428346　E-mail:bjdky@bjdky.com

北京市地质工程设计研究院　地址:北京市密云区园林东路1号　网址:http://www.bj101.cn/　电话:010-69041723　传真:010-69041772　E-mail:bj101@bj101.cn

北京大学地学研究中心/石油与天然气研究中心/岩石圈地质科学研究所/造山带与地壳演化教育部重点实验室　地址:北京市海淀区颐和园路5号东门逸夫二楼地球与空间科学学院　邮政编码:100871　网址:http://sess.pku.edu.cn/　电话:010-62751150　传真:010-62751159　E-mail:panmao@pku.edu.cn　lfzhang@pku.edu.cn　qmqin@pku.edu.cn

北京大学矿物岩石矿床学研究所　地址:北京市海淀区颐和园路5号逸夫二楼地球与空间科学学院　邮政编码:100871　网址:http://sess.pku.edu.cn/　电话:010-62754157/62755588　E-mail:yonglai@pku.edu.cn　chjwei@pku.edu.cn

北京大学史前生命与环境科学研究所　地址:北京市海淀区颐和园路5号逸夫二楼地球与空间科学学院　邮政编码:100871　网址:http://sess.pku.edu.cn/　电话:010-62754151　E-mail:ysun@pku.edu.cn　jbliu@pku.edu.cn

北京大学大陆动力学与资源工程研究所　地址:北京市海淀区颐和园路5号东门逸夫贰楼(新地学楼)地球与空间科学学院　邮政编码:100871　网址:http://sess.pku.edu.cn/　电话:010-62751150　传真:010-62751159　E-mail:zhjj@pku.edu.cn　gthou@pku.edu.cn

北京科技大学金属矿山高效开采与安全教育部重点实验室　地址:北京市海淀区学院路30号土木与环境工程学院　邮政编码:100083　网址:http://ces.ustb.edu.cn/　电话:010-62332951　传真:010-82381628　E-mail:wuaixiang@126.com　lch@ustb.edu.cn

中国石油大学(北京)油气资源与探测国家重点实验室　地址:北京市昌平区府学路18号地球科学学院　邮政编码:102249　网址:http://www.prplab.cn/　电话:010-89733952　传真:010-89731770　E-mail:prp@cup.edu.cn

中国石油大学(北京)地球探测与信息技术北京市重点实验室　地址:北京市昌平区府学路18号地球科学学院　邮政编码:102249　网址:http://department1.cup.edu.cn/　电话:010-89733074　E-mail:linchen@cup.edu.cn

中国石油大学(北京)油气资源与探测国家重点实验室/盆地与油藏研究中心/地质地球物理综合研究中心　地址:北京市昌平区府学路18号地球物理与信息工程学院　邮政编码:102249　网址:http://www.cup.edu.cn/gie/　电话:010-89733952　传真:010-89731770　E-mail:prp@cup.edu.cn

中国石油大学(北京)油气田开发工程研究所/油气井工程研究所/油气工程海外研究中心/油气工程教育部重点实验室　地址:北京市昌平区府学路18号石油工程学院　邮政编码:102249　网址:http://oil.cup.edu.cn/　电话:010-89733473　E-mail:tianyj@cup.edu.cn

中国地质大学(北京)地质调查研究院/青藏高原地质研究中心　地址:北京市海淀区学院路29号　邮政编码:100083　网址:http://dept.cugb.edu.cn/　电话:010-82322495　E-mail:tibet@cugb.edu.cn

中国地质大学地质过程与矿产资源国家重点实验室　地址:北京市海淀区学院路29号　邮政编码:100083　电话:010-86708689　E-mail:jpwang@cugb.edu.cn

中国地质大学教育部岩石圈构造深部过程及探测技术重点实验室　地址:北京市海淀区学院路29号　邮政编码:100083　网址:http://dept.cugb.edu.cn/ScienceWeb/　电话:010-82320204/82320947　E-mail:shanyongjin@263.net

中国地质大学(北京)沉积盆地研究所　地址:北京市海淀区学院路29号　邮政编码:100083　网址:http://dept. cugb. edu. cn/hyxy/ 电话:010-82322162 E-mail:fangnq@ cugb. edu. cn

中国地质大学地下信息探测技术与仪器教育部重点实验室 地址:北京市海淀区学院路29号 邮政编码:100083 网址:http://202. 204. 100. 225/geodetection/ E-mail:guo_lianghui@ 163. com wwb5130@ cugb. edu. cn

中国地质大学(北京)地学哲学研究所 地址:北京市海淀区学院路29号 邮政编码:100083 网址:http://dept. cugb. edu. cn/ScienceWeb/dxzx/ 电话:010-82321805 E-mail:dxzx@ cugb. edu. cn

中国地质大学(北京)地质超深钻探技术国家专业实验室 地址:北京市海淀区学院路29号 邮政编码:100083 网址:http://nlsd. cugb. edu. cn/ 电话/传真:010-82328581 E-mail:huyuanbiao@ 263. net

中国矿业大学(北京)深部岩土力学与地下工程国家重点实验室 地址:北京海淀区清华东路16号宝源大厦A2座 邮政编码:100083 网址:http://www. sklgdu. com/ 电话:010-62339819 传真:010-51733713 E-mail:gdue2008@ gmail. com

天津市

中国地质调查局天津地质调查中心/天津地质矿产研究所 地址:天津市河东区大直沽八号路4号 邮政编码:300170 网址:http://www. tianjin. cgs. gov. cn 电话:022-84112986 传真:022-84112988 E-mail:tjweb@ cgs. cn

天津地质调查研究院 地址:天津市南开区迎水道20号 邮政编码:300191 网址:http://www. tjigs. com/ E-mail:zhaozm@ mail. tjigs. com admin@ mail. tjigs. com

天津华北地质勘查总院 地址:天津市河东区广瑞西路67号 邮政编码:300170 网址:http://www. dkzy. cn/ 电话/传真:022-84236604 E-mail:dkzy@ dkzy. cn dky6604@ 126. com

天津华北地质勘查局核工业二四七大队/核工业天津工程勘察院 地址:天津市宝坻区火车站南1千米 邮政编码:301800 网址:http://www. tjhgy247. com/ 电话:022-29252995 传真:022-29253514 E-mail:kcy5168@ 163. com hk247sys@ 126. com

中钢集团天津地质研究院 地址:天津市河西区友谊路42号 邮政编码:300061 网址:http://tianjinrd. sinosteel. com/ 电话:022-28353819 传真:022-28357460 E-mail:tianjinrd@ sinosteel. com

中国科学院地质与地球物理研究所天津城市建设学院地质环境与岩土工程研究中心 地址:天津市津静公路26号天津城建学院建工楼 邮政编码:300384 网址:http://tmx. tjuci. edu. cn/ 电话:022-23085076

河北省

中国地质科学院水文地质环境地质研究所 地址:河北省正定县中山东路92号 邮政编码:050803 河北省石家庄市石岗大街406号(石家庄站) 邮政编码:050061 网址:http://www. iheg. org. cn 电话:0311-67598501 传真:0311-67598661 E-mail:shsric@ 163. com

中国地质调查局水文地质环境地质调查中心 地址:河北省保定市七一中路1305号 邮政编码:071051 网址:http://www. ffs. cgs. gov. cn 电话:0312-3107066 传真:0312-3107065 E-mail:cgsffs@ 188. com chenlj2006@ sohu. com

华北地质勘查局五一四地质大队 地址:河北省承德市双桥区南园东路 邮政编码:067000 网址:http://www. cd514. com/ 电话:0314-2150147 E-mail:cd514@ 163. com

华北地质勘查局五一九大队 地址:河北省保定市天鹅中路999号 邮政编码:071001 网址:http://www. bd519. com/ 电话:0312-7519023 传真:0312-3136271 E-mail:519zgb@ bd519. com

中国煤炭地质总局第一勘探局地质勘察院 地址:河北邯郸市滏河北大街137号 邮政编码:056004 网址:http://www. dyktj. com 电话:0310-7119337 传真:0310-7115640 E-mail:zmjbgs@ 163. com

中国煤炭地质总局一一九勘探队 地址:河北省邯郸市开发区科技路8号 邮政编码:056107 电话/传真:0310-8067118 E-mail:zm119bgx@ 163. com

中国煤炭地质总局一七三勘探队 地址:河北省涿州市建设路246号 邮政编码:072750 电话:0312-7120966 传真:0312-3852442 E-mail:zmjyqsbgs@ yahoo. cn

中化地质矿山总局地质研究院 地址:河北省涿州市范阳西路122号 邮政编码:072750 网址:http://www. hgdyy. com. cn/ 电话:0312-3682190 E-mail:postmaster@ hgdyy. com. cn

中化地质矿山总局河北地质勘查院(地质勘查分院、测绘分院)　地址:河北省石家庄市长安区勘院路18号　邮政编码:050031　网址:http://www.hebhk.cn/　电话:0311-85929022　传真:0311-85929018　E-mail:hebei@china-gmgb.com

中国煤炭地质总局水文地质工程地质环境地质勘察院　地址:河北省邯郸市滏河北大街154号　邮政编码:056004　网址:http://www.hshwater.com/　电话:0310-7678606　传真:0310-7023070　E-mail:hsh@hsh-water.com　zmshuiwen@163.com　qx1963@126.com

中国煤炭地质总局第三水文地质队　地址:河北省邯郸市邯山区水文路4号　邮政编码:056006　电话:0310-8348800　传真:0310-6091212　E-mail:swsdbgs@163.com

中国煤炭地质总局第四水文地质队/水文地质工程地质环境地质勘察院第四分院　地址:河北省邯郸市邯山区水文路2号　邮政编码:056001　网址:http://www.zmswsd.com/　电话/传真:0310-6093263　E-mail:swsdjh@163.com　zmswsdzgk@163.com

中国冶金地质总局第一地质勘查院　地址:河北省三河市燕郊冶金路49号　邮政编码:065201　网址:http://www.chinadky.com/　电话:010-61591188-8041　传真:010-61599302　E-mail:dydky@vip.sina.com　dydky@chinadky.com

中国冶金地质总局地球物理勘查院地质勘查院　地址:河北省保定市阳光北大街139号　邮政编码:071051　网址:http://geoexp.cn/　电话:0312-5905227　传真:0312-5905357　E-mail:wkyrjc@sina.com　surf@vip.sina.com　admin@geoexp.cn

河北省环境地质勘察院　地址:河北省石家庄市兴苑街58号　邮政编码:050021　网址:http://www.hegeoenv.com/　电话:0311-85814055　传真:0311-85824454　E-mail:chechen2002@163.com

燕山大学石油工程研究所　地址:河北省秦皇岛市海港区河北大街438号车辆与能源学院　邮政编码:066004　网址:http://vec.ysu.edu.cn/　电话:0335-8074682

山西省

中国冶金地质总局第三地质勘查院　地址:山西省太原市三桥街39号　邮政编码:030002　网址:http://www.geology.sx.cn/　电话:0351-3534127　传真:0351-3532979　E-mail:dkyywz@163.com　kcyj_geology@sina.com

山西省地质调查院/山西省地质科学研究所　地址:山西省太原市并州北路27号　邮政编码:030001　网址:http://www.sxdkj.com/　电话:0351-4172349　传真:0351-4041401　E-mail:juzhang@mail.sxdkj.com　sxsddy@sina.com

山西省地质环境监测中心　地址:山西省太原市和平南路151号　邮政编码:030024　网址:http://www.cigem.gov.cn/　电话:0351-6071249　传真:0351-6071245　E-mail:Hjjc652@163.com

中国有色水文地质中心/华北有色工程勘察院　地址:山西省石家庄市汇通路39号　网址:http://www.nceii.cn/　电话:0311-86013887　E-mail:shannon.cai@cjol.com

山西省地质矿产勘查开发局二一二地质队/山西省第四地质工程勘察院　地址:山西省长治市解放西街寺巷2号　邮政编码:046000　网址:http://www.sxdkj212.com/　电话:0355-3024512　E-mail:212kc2c@163.com　SSM110817@163.com

山西省地质矿产勘查开发局二一三地质队　地址:山西省临汾市广宣街26号　网址:http://www.sx213.com/　电话:0357-2089408　E-mail:sxdk213@163.com

山西省地质矿产勘查开发局二一四地质队/山西省第四地质工程勘察院　地址:山西省运城市禹都大道487号　邮政编码:044000　网址:http://www.sx214.com/　电话:0359-2298214　传真:0359-2298324　E-mail:sxdkj214@163.com

山西省地质矿产勘查开发局二一七地质队　地址:山西省大同市工农路79号　邮政编码:037008　网址:http://www.sxdt217.com/　电话:0352-5022721　传真:0352-5040795　E-mail:217@mail.sxdkj.com

山西省地质工程勘察院　地址:山西省太原市和平南路274号　邮政编码:030024　网址:http://www.sxdkj.com　电话:0351-6937424　传真:0351-6937273　E-mail:juzhang@mail.sxdkj.com

山西省煤炭地质水文勘查研究院　地址:山西省太原市坞城路95号　网址:http://www.sxmtdz.com/

电话:0351-7015381　　E-mail:zhangxiaofeng@ sxmtdz. com

山西省煤炭地质114勘查院　　地址:山西省长治市城西北路49号　　网址:http://www. sxmtdz. com/　　电话:0355-2612566　　E-mail:lixinmin@ sxmtdz. com

山西省煤炭地质115勘查院　　地址:山西省大同市矿区校南街　　网址:http://www. sxmtdz. com/　　电话:0352-4165000　　E-mail:wanggang@ sxmtdz. com

山西省煤炭地质资源环境调查院　　地址:山西省太原市师范街14号　　邮政编码:030006　　网址:http://www. sxmtdz. com/　　电话:0351-7580542　　E-mail:mayunli@ sxmtdz. com

山西省煤炭地质研究所　　地址:山西省太原市青年路东陵里2号　　网址:http://www. sxmtdz. com/　　电话:0351-4116615　　E-mail:sunfumin@ sxmtdz. com

山西省煤炭地质勘查研究院/山西华台煤田地质新技术中心　　地址:山西省太原市师范街14号　　邮政编码:030006　　网址:http://www. sxmtdz. com/　　电话:0351-7086782　　E-mail:zhangzhengxi@ sxmtdz. com

内蒙古自治区

中国核工业地质局二〇八地质大队　　地址:内蒙古包头市昆都仑区阿尔丁大街9号街坊(包头市128信箱)　　邮政编码:014010　　网址:http://www. cnnc208. com. cn/　　电话:0472-5306096　　传真:0472-5311334　　E-mail:cnnc208@ 163. com

内蒙古自治区地质调查院/内蒙古地质矿产研究所　　地址:内蒙古呼和浩特市金桥开发区世纪五路　　邮政编码:010020　　网址:http://www. nmddy. com/　　电话/传真:0471-3355884

内蒙古自治区地质环境监测院/内蒙古自治区环境地质研究所　　地址:内蒙古自治区呼和浩特市大学西街明珠巷19号　　网址:http://www. nmgdzhj. com/　　电话:0471-6688505　　传真:0471-6688505　　E-mail:yuanzhang@ web. com　　nmgdzhj@ 126. com

内蒙古第一地质矿产勘查开发院　　地址:内蒙古土左旗向阳路12号　　邮政编码:010100　　网址:http://dk1y. nmgmr. com. cn/　　电话/传真:0471-8117475　　E-mail:nmgdkyy@ 126. com

内蒙古第二地质矿产勘查开发院　　地址:内蒙古巴彦淖尔市临河区新华西街　　邮政编码:015000　　网址:http://dk2y. nmgmr. com. cn/　　电话/传真:0478-7988690　　E-mail:nmdikaneryuan@ 163. com

内蒙古第三地质矿产勘查开发院　　地址:内蒙古呼和浩特市回民区车站西街兴旺家园小区七号办公楼　　邮政编码:010050　　网址:http://dk3y. nmgmr. com. cn/　　电话/传真:0471-2257161　　E-mail:nmgdksanyuan@ 163. com

内蒙古第四地质矿产勘查开发院　　地址:内蒙古乌兰察布市集宁新区杜尔伯特街国土资源大厦　　邮政编码:012000　　网址:http://dk4y. nmgmr. com. cn/　　电话:0474-8308050　　传真:0474-8308051　　E-mail:nmgdksy@ 163. com

内蒙古第五地质矿产勘查开发院　　地址:内蒙古包头市昆区阿尔丁大街九小区86号　　邮政编码:014010　　网址:http://dk5y. nmgmr. com. cn/　　电话:0472-5328221　　E-mail:nmgdkwy@ 163. com

内蒙古第六地质矿产勘查开发院　　地址:内蒙古呼伦贝尔市海拉尔区学府路1号　　邮政编码:021008　　网址:http://www. nmgdk6y. com/　　电话/传真:0470-8577779　　E-mail:nmgdkly@ 163. com

内蒙古第八地质矿产勘查开发院　　地址:内蒙古乌海市滨河区学府街　　网址:http://dk8y. nmgmr. com. cn/　　电话:0473-6965601　　传真:0473-6965602　　E-mail:dikanbayuan@ 163. com

内蒙古第九地质矿产勘查开发院　　地址:内蒙古锡林浩特市锡林大街88号　　邮政编码:026000　　网址:http://www. nmg9. com　　电话:0479-6937666　　传真:0479-6937111　　E-mail:nmgdkjy@ 163. com

内蒙古第十地质矿产勘查开发院　　地址:内蒙古赤峰市新城区王府大街东段　　邮政编码:024005　　网址:http://dk10y. nmgmr. com. cn/　　电话/传真:0476-5952111　　E-mail:zhangbo2799@ 126. com

内蒙古赤峰地质矿产勘查开发院　　地址:内蒙古赤峰市新城区临潢大街与天义路交汇处　　邮政编码:024005　　网址:http://cky. nmgmr. com. cn/　　电话:0476-8831803　　传真:0476-8831846　　E-mail:nmgcfdky01@ 163. com

内蒙古自治区一一五地质矿产勘查开发院　　地址:内蒙古兴安盟乌兰浩特市新区盟党政大楼东侧　　邮政编码:137400　　网址:http://115y. nmgmr. com. cn/　　电话:0482-8523013　　传真:0482-8523115　　E-mail:

nmdk115@163.com

内蒙古第一水文地质工程地质勘察院　地址:内蒙古呼和浩特市金桥开发区阿拉坦大街东口　邮政编码:010020　网址:http://skyy.nmgmr.com.cn/　电话/传真:0471-3261599　E-mail:skyybgs@126.com

内蒙古第四水文地质工程地质勘察院　地址:内蒙古通辽市红胜大街59号　邮政编码:028000　网址:http://www.nmd4sky.com/　电话/传真:0475-8224783　E-mail:asdln6688@yahoo.com.cn

内蒙古国土资源勘查开发院　地址:内蒙古呼和浩特市大学西街明珠巷33号　邮政编码:010020　网址:http://www.nmggky.cn/　电话:0471-3385029　传真:0471-3385110　E-mail:nmggtzykckfy@sohu.com

内蒙古地质矿产勘查院　地址:内蒙古呼和浩特市赛罕区丰州路21号　邮政编码:010020　网址:http://www.nmggky.cn/　电话/传真:0471-4922921　E-mail:ianxudo_716@163.com

内蒙古地质测绘院　地址:内蒙古呼和浩特市回民区车站西街兴旺家园小区7号楼　邮政编码:010050　网址:http://chy.nmgmr.com.cn/　电话/传真:0471-2257161　E-mail:nmgdksanyuan@163.com

内蒙古矿产实验研究所　地址:内蒙古呼和浩特市玉泉区昭君路16号　邮政编码:010031　网址:http://www.nmgkc.com/　电话:0471-5685032　传真:0471-5685193　E-mail:nmgkys@126.com

内蒙古煤田地质局科研所/煤炭测试研究院　地址:内蒙古呼和浩特市新城区迎宾南路6号　邮政编码:010020　网址:http://www.nmmtdz.com.cn/　电话:0471-6291146　传真:0471-6291190　E-mail:775343858@qq.com

辽宁省

中国地质调查局沈阳地质调查中心/沈阳地质矿产研究所　地址:辽宁省沈阳市北陵大街25号　邮政编码:110032　网址:http://www.shenyang.cgs.gov.cn/　电话:024-86843110　传真:024-86843124　E-mail:syweb@cgs.gov.cn

中国核工业地质局二四0研究所　地址:辽宁省沈阳市皇姑区歧山东路4号邮政编码:110032　电话:024-62264279　传真:024-62264200　E-mail:240y@bog.com.cn

辽宁省地质矿产调查院　地址:辽宁省沈阳市北陵大街29号　邮政编码:110032　网址:http://www.lnddy.cn/　电话:024-86242317/86241365　E-mail:Lnddy@online.ln.cn

辽宁省地质环境监测总站　地址:辽宁省沈阳市北陵大街29号1门　邮政编码:110032　网址:http://www.cigem.gov.cn/　电话/传真:024-86232642　E-mail:wangying175@163.com

辽宁省第一水文地质工程地质大队/辽宁工程勘察设计院　地址:辽宁省锦州市凌河区人民街文昌里1号　邮政编码:121000　网址:http://www.lngksjy.com/　电话:0416-2611017　传真:0416-2611081　E-mail:yishui_1@126.com　lngksjy@126.com

辽宁水文地质工程地质勘察院/辽宁省第二水文地质工程地质大队　地址:辽宁省大连市甘井子区南关岭路8号　邮政编码:116037　网址:http://www.lnsgy.com/　电话:0411-86874638　传真:0411-86871357　E-mail:info@lnsgy.cn tlzhp@21cn.com

辽宁省第三地质大队　地址:辽宁省朝阳市长江路四段29号　邮政编码:122000　网址:http://www.lndzsd.com　电话:0421-3813364　传真:0421-3813697　E-mail:lndzsd@126.com

辽宁省第五地质大队　地址:辽宁省大石桥市哈大中路14号　邮政编码:115100　网址:http://www.lndzwd.com/　电话/传真:0417-5665201　E-mail:lndzwd@126.com

辽宁省第六地质大队/辽宁地质海上工程勘察院　地址:辽宁省大连普兰店市铁西办事处虎山社区　邮政编码:116200　网址:http://www.lndzld.com/　电话:0411-83191132　传真:0411-83191159　E-mail:lnhgy1234@vip.163.com

辽宁省第七地质大队　地址:辽宁省丹东市元宝区金山镇蛤蟆塘大街　邮政编码:118003　网址:http://www.lndzqd.com/　电话/传真:0415-4151381　E-mail:ldkcy777@163.com　E-mail:lndzbd@163.com

辽宁省第八地质大队　地址:辽宁省本溪市平山区东明路19号　邮政编码:117000　网址:http://www.ln8d.com/　电话:0414-2808396　传真:0414-2808393

辽宁省第十地质大队/地矿抚顺工程勘察院　地址:辽宁省抚顺市东洲区新太河南街15号　邮政编码:113007　网址:http://www.lngeo.gov.cn/　电话:0413-8301800　传真:0413-4461513　E-mail:sdbgs4461513@

163. com

辽宁省第十一地质大队/地矿葫芦岛工程勘察院　地址:辽宁省葫芦岛市龙湾新区海月路中段　邮政编码:125000　网址:http://www.hlddzsyd.com/　电话:0429-3113262　传真:0429-3118272　E-mail:hlddzsyd@vip.163.com

辽宁省地质勘查院　地址:辽宁省大连金州新区五一路10号　邮政编码:116100　网址:http://www.lndky.com/　电话:0411-87805531　传真:0411-87815109　E-mail:dkybgs@163.com

辽宁省矿产勘查院　地址:辽宁省沈阳市宁山中路42号羽丰大厦23楼　网址:http://www.lnkky.cn/　电话:024-86862035　传真:024-86862032　E-mail:lnkckcy@126.com　ad7777@21cn.com

辽宁地质工程勘察研究院　地址:辽宁省沈阳市北陵大街29号　邮政编码:110032　网址:http://shenyang09790.11467.com/　电话:024-86856539

辽宁省地质矿产研究院　地址:辽宁省沈阳市北陵大街29号　邮政编码:110032　网址:http://www.lngeo.gov.cn/　电话:024-86232736　E-mail:lndkjjzxx@163.com

辽宁省冶金地质勘查局地质勘查研究院　地址:辽宁省鞍山市铁东区鞍千路298号　邮政编码:114038　电话:0412-2216782　E-mail:jiangz1981@tom.com

东北煤田地质局一五五勘探队　地址:辽宁省锦州市凌河区石桥子文兴里38号　邮政编码:121000　网址:http://www.dm155.com/　电话:0416-2611206　传真:0416-4168773　E-mail:jinzhou155@163.com

辽宁省有色地质局辽宁有色勘察研究院　地址:辽宁省沈阳市沈河区北京街7号　邮政编码:110013　网址:http://www.lnsy.com/　电话:024-22715116　传真:024-22706439　E-mail:admin@lnsy.com

辽宁省化工地质勘查院　地址:辽宁省锦州市凌河区文兴里34号　邮政编码:121000　网址:http://www.lnhk.com/　电话:0416-2610222　传真:0416-4167875　E-mail:info@lnhk.com

东北大学地质资源与工程研究所　地址:辽宁省沈阳市和平区文化路3号巷11号东北大学265信箱　邮政编码:110004　网址:http://www.neu.edu.cn/zitu/　电话:024-83687692/83681461　传真:024-83672617　E-mail:dzwei@mail.neu.edu.cn

大连大学地质生态环境研究院　地址:辽宁省大连市经济技术开发区学府大街10号　邮政编码:116622　网址:http://202.199.159.242/　电话:0411-87402412　E-mail:dcwoo@eyou.com

辽宁工程技术大学采矿工程辽宁省重点实验室/矿物加工与利用辽宁省重点实验室/矿物加工与利用设计研究院/煤炭工程技术与灾害防治研究院　地址:辽宁省阜新市中华路47号　邮政编码:123000　网址:http://202.199.224.50/zhxy/　电话:0418-3350469　E-mail:kyzhw@263.net

吉林省

中化地质矿山总局吉林地质勘查院　地址:吉林省长春南关区幸福街1518号　网址:http://king3399.wanye68.com/　电话:0431-85385479　E-mail:zhjidk@126.com

吉林省地质环境监测总站　地址:吉林省长春市建设街2838号　邮政编码:130021　网址:http://www.cigem.gov.cn/　电话/传真:0431-5673133　E-mail:jldzhj@126.com　ccliuhua@126.com

吉林大学岩石圈研究所/能源地质研究所/油气与盆地研究所/青藏高原研究所/数字地质研究中心/变质动力学及地质流体开放研究实验室　地址:吉林省长春市建设街2199号　邮政编码:130061　网址:http://geo.jlu.edu.cn　电话:0431-88502278　传真:0431-88584422　E-mail:geology@jlu.edu.cn

吉林大学工程地质与岩土工程研究所/复杂条件钻进技术国土资源部开放研究重点实验室/地球信息探测仪器教育部重点实验室　地址:吉林省长春市西民主大街6号建设工程学院　邮政编码:130026　网址:http://const.jlu.edu.cn/　电话:0431-88502352　传真:0431-88502337　E-mail:syh@jlu.edu.cn

吉林大学古生物学与地层学研究中心/东北亚生物演化教育部重点实验室/中德古生物与地质联合实验室　地址:吉林省长春市西民主大街6号　邮政编码:130026　网址:http://palaeont.jlu.edu.cn　电话:0431-88502587/88502598　传真:0431-88502427　E-mail:palaeont@jlu.edu.cn

黑龙江省

黑龙江省科学院火山与矿泉研究所　地址:黑龙江省五大连池市五大连池镇迎宾西大街　网址:http://ivm.has.ac.cn/　电话:0456-7221524　传真:0456-722446　E-mail:hkydqyb@126.com　huoshansuo@has.

黑龙江省地质调查研究总院　　地址:黑龙江省哈尔滨市香坊区中山路65号　　邮政编码:150036　　网址:http://www.hljddy.com/　　电话:0451-55620520　　传真:0451-55620521　　E-mail:ddzy@hljdk.gov.cn　　ann2bad@vip.qq.com

黑龙江省地质调查研究总院齐齐哈尔分院　　地址:黑龙江省齐齐哈尔市龙沙区永安街德被胡同39号　　邮政编码:161005　　网址:http://www.hljgeos.cn/　　电话:0452-2446568　　传真:0452-2432041　　E-mail:sunbenliang-1@163.com

黑龙江省齐齐哈尔矿产勘查开发总院　　地址:黑龙江省齐齐哈尔市建华区中华西路185号　　邮政编码:161006　　网址:http://www.hljqk.com/　　电话:0452-2717906　　E-mail:qkyz@hljqk.com

黑龙江省地质科学研究所　　地址:黑龙江省哈尔滨市香坊区珠江路5-2号　　邮政编码:150036　　网址:http://www.hljig.com/　　电话/传真:0451-82319035　　E-mail:yanping63@163.com

黑龙江省第一地质勘察院　　地址:黑龙江省牡丹江市爱民区向阳街25号　　邮政编码:157000　　网址:http://www.hljdkyy.cn/　　电话:0453-6552391　　传真:0453-6523796　　E-mail:hljdkyy@163.com

黑龙江省第四地质勘察院　　地址:黑龙江省哈尔滨市香坊区民建巷9号　　网址:http://www.hljdksy.com/　　电话:0451-88104234　　E-mail:zhgjb@126.com

黑龙江省第五地质勘察院　　地址:黑龙江省黑河市　　网址:http://www.hljdkwy.com/　　电话:0456-8248726　　E-mail:liuguiyou2007@163.com

黑龙江省水文地质工程地质勘察院　　地址:黑龙江省哈尔滨市香坊区电碳街29号　　邮政编码:150030　　网址:http://skymien.com/　　电话/传真:0451-55171770　　E-mail:skyzgb@126.com　　info@skymien.com

黑龙江省九０四水文地质工程地质勘察院　　地址:黑龙江省哈尔滨市松北区中源大道2299号　　邮政编码:150027　　网址:http://www.h904kc.com/　　电话:0451-53643666　　传真:0451-87117555　　E-mail:904kc@vip.163.com

黑龙江省区域地质调查所　　地址:黑龙江省哈尔滨市南岗区延兴路72号　　邮政编码:150080　　网址:http://www.hljqds.com/　　电话:0451-86358959　　传真:0451-86359007　　E-mail:zongheban@qydz.com

黑龙江省地质矿产测试应用研究所　　地址:黑龙江省哈尔滨市香坊区新乡里街5号　　邮政编码:150036　　网址:http://www.hljscss.com/　　电话:0451-55662072　　传真:0451-55665035　　E-mail:emailtjb@163.com

黑龙江省煤田地质勘察设计研究院　　地址:黑龙江省哈尔滨市南岗区理治街33号　　邮政编码:150008　　网址:http://www.hljmd.com/　　电话/传真:0451-82729985　　E-mail:hmdy2005@163.com

黑龙江省有色金属地质勘查研究总院　　地址:黑龙江省哈尔滨市三大动力路538号　　邮政编码:150046　　网址:http://www.hlj-ysdkzy.com/　　电话:0451-82981787　　传真:0451-82938280

东北石油大学油气地质研究所/非常规油气成藏与开发省部共建国家重点实验室培育基地/油气藏形成机理与资源评价黑龙江省重点实验室　　地址:黑龙江省大庆市高新技术开发区发展路199号地球科学学院　　邮政编码:163318　　网址:http://www1.nepu.edu.cn/dky/　　电话:0459-6503483　　E-mail:ysj@dqpi.edu.cn　　dkyyushujie@163.com

东北石油大学石油与天然气研究中心(提高采收率研究所、油气田开发工程研究所、油气井工程研究所、油气储运研究所)/提高油气采收率教育部重点实验室/石油与天然气工程省级重点实验室　　地址:黑龙江省大庆市高新技术开发区发展路199号石油工程学院　　邮政编码:163318　　网址:http://www1.nepu.edu.cn/sygcxy/　　E-mail:sygcxyld@163.com　　sygcxydwsj@163.com.cn

上海市

上海市地质调查研究院　　地址:上海市灵石路930号　　邮政编码:200072　　网址:http://www.sigs.com.cn/　　电话:021-56616650　　E-mail:webmaster@sigs.com.cn

上海市岩土地质研究院　　地址:上海市灵石路930号　　邮政编码:200072　　网址:http://www.sh-ytdz.com/　　电话/传真:021-56065237　　E-mail:webmaster@sh-ytdz.com

同济大学城市工程地质与环境地质研究所　　地址:上海市四平路1239号　　邮政编码:200092　　网址:http://civileng.tongji.edu.cn/　　电话:021-65984281　　传真:021-65986968

同济大学海洋地质国家重点实验室　地址:上海市四平路1239号　邮政编码:200092　网址:http://mlab.tongji.edu.cn/　电话:021-65981018　传真:021-35014204　E-mail:mlab@tongji.edu.cn

江苏省

中国科学院南京地质古生物研究所　地址:江苏省南京市北京东路39号　邮政编码:210008　网址:http://www.nigpas.cas.cn/　电话:025-83282105　传真:025-83357026　E-mail:qunyang@nigpas.ac.cn　ngb@nigpas.ac.cn

中国科学院南京地质古生物研究所现代古生物学和地层学国家重点实验室　地址:江苏省南京市北京东路39号　邮政编码:210008　网址:http://159.226.74.1/web/index.asp电话/　传真:025-83282140　E-mail:yiwang@nigpas.ac.cn　fmxu@nigpas.ac.cn

中国地质调查局南京地质调查中心/南京地质矿产研究所　地址:江苏省南京市中山东路534号　邮政编码:210016　网址:http://www.nanjing.cgs.gov.cn/　电话:025-84600446　传真:025-84600446　E-mail:njnetcenter@mail.cgs.gov.cn

中化地质矿山总局江苏地质勘查院　地址:江苏省徐州市西郊卧牛山　邮政编码:221151　电话/传真:0516-85753162　E-mail:jiangsu@ccgmb.com

江苏省地质调查研究院(基础地质研究所、矿产地质研究所、环境地质研究所、测试研究所)　地址:江苏省南京市珠江路700号　邮政编码:210018　网址:http://www.jsgs.com.cn/　电话:025-84825745　E-mail:huajw888@126.com　ybk1963@126.com

江苏省地质矿产调查研究所/江苏省地矿生态环境研究中心　江苏省南京市珠江路700号28栋5楼　邮政编码:210018　网址:http://www.jsdk.cn/　电话:025-84815422　E-mail:jsdk@china.com

江苏省地质工程勘察院　地址:江苏省南京市安德门大街11号　邮政编码:210012　网址:http://www.jsgk.cn/　电话:025-52413300　传真:025-52413300　E-mail:jsgk@jsgk.cn

江苏南京地质工程勘察院/江苏省地矿局第一地质大队　地址:江苏省南京市中华门外油坊桥贾东村105号　邮政编码:210041　网址:http://www.njgky.com/　电话:025-52804162　传真:025-52807469　E-mail:njgky@vip.sina.com　dydzdd@vip.sina.com

江苏常州地质工程勘察院/江苏地勘局地质二队　地址:江苏省常州市外环路常柴桥西北块山水大厦　邮政编码:213022　网址:http://www.dz2d.com　电话:0519-5125086　传真:0519-5172801　E-mail:hxl1625@163.com

江苏省岩土工程勘察设计研究院/江苏省地质矿产局第三地质大队　地址:江苏省镇江市中山东路64号　邮政编码:212001　网址:http://www.jzgs.com.cn/　电话:0511-85025102　传真:0511-85028815　E-mail:jsdzsd@163.com　jszjgky@126.com

江苏苏州地质工程勘察院/江苏地勘局地质四队　地址:江苏省苏州市长江路559号　邮政编码:215129　网址:http://www.szgk.com/　电话:0512-66654599　传真:0512-66654596　E-mail:szgk@szgk.com　szgkhr@163.com

江苏省地质矿产局第五地质大队　地址:江苏省徐州市经济技术开发区金水路9号　邮政编码:221004　网址:http://www.jsdzwd.com/　电话:0516-87870780　传真:0516-87870770　E-mail:dzwd@jsdzwd.com

江苏省第二地质工程勘察院　地址:江苏省徐州市经济技术开发区金水路9号　邮政编码:221004　网址:http://www.jseky.com/　电话:0516-87773842　传真:0516-87773480　E-mail:jsek@jseky.com

江苏省地质工程勘察院/江苏省地质环境勘查院　地址:江苏省南京市安德门大街11号　邮政编码:210012　网址:http://jsgk.cn/　电话:025-52413300　E-mail:jsgk@jsgk.cn

江苏连云港地质工程勘察院/江苏省地矿局第六地质大队　地址:江苏省连云港市海州区新建中路70号　网址:http://www.js6d.com/　电话:0518-81176666　传真:0518-81176000　E-mail:js6d@js6d.com

江苏省核工业二七二地质大队/核工业南京建设集团　地址:江苏省南京市鼓楼区察哈尔路16号　邮政编码:210003　网址:http://www.hgynj.cn/　电话:025-83347326　传真:025-83347293　E-mail:hgynj@hgynj.cn

江苏省水文地质海洋地质勘查院　地址:江苏省淮安市大连路16号　邮政编码:223005　网址:http://

www.jskcy.com 电话:0517-83336895 E-mail:jssky@126.com skyszy606@163.com

江苏省地质勘查技术院(资源物探研究所、地质调查研究所、环境物探研究所、遥感低空探测研究所、工程物探分院、工程测绘分院、管线探测分院、工程勘察分院) 地址:江苏省南京市大石桥6号 邮政编码:210008 网址:http://www.jsdky.net/ 电话:025-83605474 E-mail:jsdkynet@163.com

江苏煤炭地质勘探二队 地址:江苏省徐州市煤建西路13号 邮政编码:221006 网址:http://www.jsdked.com/ 电话:0516-85723745 传真:0516-85728704 E-mail:smed85728704@163.com

江苏煤炭地质勘探三队 地址:江苏省常州市新堂北路119号 邮政编码:213017 网址:http://www.smdksd.com 电话:0519-85302774 E-mail:smsd85302774@163.com

江苏煤炭地质勘探研究所 地址:江苏省徐州市淮海西路245号 邮政编码:221006 网址:http://www.jscgb.com/ 电话:0516-85767567 E-mail:smdrszz@163.com zm_jsmtdzj@cnacg.com

南京大学内生金属矿床成矿机制研究国家重点实验室 地址:江苏省南京汉口路22号东南大楼地球科学系 邮政编码:210093 网址:http://icpms.nju.edu.cn/zh/ 电话:025-83596832/83594256 传真:025-83592393 E-mail:shyjiang@nju.edu.cn postgeo@nju.edu.cn

南京大学火成岩花岗岩成矿理论研究所/石油与天然气研究中心/地质流体研究所/地球环境计算工程研究所/核能地质与核环境工程研究中心 地址:江苏省南京汉口路22号东南大楼地球科学系 邮政编码:210093 网址:http://es.nju.edu.cn/ 电话:025-83592921 传真:025-83686016 E-mail:wsj@nju.edu.cn

河海大学地质工程与地质灾害研究所/水文地质与环境研究所 地址:江苏省南京市西康路1号科学馆 邮政编码:210098 网址:http://dxy.hhu.edu.cn/ 电话/传真:025-83787234 E-mail:dixue@hhu.edu.cn

中国矿业大学(徐州)深部煤炭资源开采教育部重点实验室 地址:江苏省徐州市大学路1号南湖校区 邮政编码:221116 网址:http://219.219.35.70:88/labindex.aspx 电话:0516-83590577 E-mail:xinqiufang@163.com

中国矿业大学(徐州)露天开采与边坡工程研究所/煤炭资源绿色开采研究所/资源规划与开采研究所/岩层控制研究所/矿山震动与冲击研究所/井下充填开采研究所 地址:江苏省徐州市大学路1号南湖校区矿业工程学院 邮政编码:221116 网址:http://cese.cumt.edu.cn/ 电话:0516-83590555 E-mail:lsxh2001@126.com nybgsys@cumt.edu.cn

中国矿业大学(徐州)煤层气资源与成藏过程教育部重点实验室 地址:江苏省徐州市解放南路中国矿业大学国家大学科技园2号楼3层 邮政编码:221008 网址:http://labcbm.cumt.edu.cn/ 电话:0516-83885357 E-mail:lamcbm@cumt.edu.cn weighcht@cumt.edu.cn

中国矿业大学(徐州)煤矿工程地质研究所/能源地质研究所/应用地球物理研究所/矿井水害防治与水资源研究所/地球信息科学研究所/煤层气开发技术研究所/资源开发与地质环境国际研究中心 地址:江苏省徐州市大学路1号南湖校区资源与地球科学学院 邮政编码:221116 网址:http://sres.cumt.edu.cn/ 电话:0516-83591012 E-mail:suiwanghua@cumt.edu.cn wsy@cumt.edu.cn

中国矿业大学(徐州)煤炭资源与安全开采国家重点实验室 地址:江苏省徐州市解放南路文昌校区 邮政编码:221008 网址:http://skl.cumt.edu.cn/ 电话/传真:0516-83885606

南京工业大学地质工程研究所 地址:江苏省南京市中山北路200号交通学院 邮政编码:210009 网址:http://trans.njut.edu.cn/ 电话:025-83587882 E-mail:gxchen@njut.edu.cn

南京师范大学环境地质研究所 地址:江苏省南京市栖霞区文苑路1号行远楼地理科学学院 邮政编码:210046 网址:http://dky.njnu.edu.cn/ 电话/传真:025-85891347 E-mail:09159@njnu.edu.cn

常州大学石油工程研究院/非常规油气资源研究所/新能源利用与节能减排研究所 地址:江苏省常州市钟楼区星园路石油工程学院 邮政编码:213016 网址:http://cpe.ccxu.edu.cn/ 电话:0519-8329064 E-mail:cpe@ccxu.edu.cn wsl@ccxu.edu.cn

浙江省

中国石油杭州地质研究院 地址:浙江省杭州市西溪路920号 邮政编码:310023 电话:0571-85224913 E-mail:lufg_hz@petrochina.com.cn

浙江省地质调查院(地质矿产研究所、地热中心、地球物理勘查研究所、矿产资源规划所、地质信息研究所、农业地质研究中心、地质遗迹调查评价中心、地质发展研究中心）　地址：浙江省杭州市萧山区萧金路508号　邮政编码：311203　网址：http://www.zjgs.cn/　电话：0571-82673114　传真：0571-82671181　E-mail：zjgs-syzxx@163.com

浙江省地质环境监测院　地址：浙江省杭州市西溪路118号　网址：http://www.zjdlr.gov.cn/　电话：0571-88877666　E-mail：yaohh@zjdlr.gov.cn

浙江省第十四地质大队　地址：浙江省杭州市学院路130号　邮政编码：310012　网址：http://www.zjdk.gov.cn/bbs9/　电话：0571-56770179　传真：0571-56770180　E-mail：qiany@zjdk.gov.cn

浙江省水文地质工程地质大队/浙江省工程勘察院　地址：浙江省宁波市宝善路206号　网址：http://www.zjswd.com/　电话：0574-87127575　传真：0574-87160422　E-mail：shuiwendui102@126.com

浙江省地质矿产研究所/浙江省非金属矿开发应用研究重点试验基地　地址：浙江省杭州市体育场路508号　邮政编码：310007　网址：http://www.zjigm.com/　电话：0571-85116209　传真：0571-85115846　E-mail：dzkcyjs@mail.hz.zj.cn

浙江省第三地质大队/核工业二六九大队　地址：浙江省金华市文苑街81号　邮政编码：321017　网址：http://www.zzdk.cn　电话：0579-83180707　传真：0579-82067400　E-mail：hgy269@163.com

浙江省第四地质大队　地址：浙江省绍兴市和畅堂25号　邮政编码：312000　网址：http://www.zjysdk.com/　电话：0575-88065111　传真：0575-88325183

浙江省第七地质大队　地址：浙江省杭州市湖墅南路356号　邮政编码：310005　丽水市三岩寺　邮政编码：323000　网址：http://www.zjdk.gov.cn/bbs10/　电话：0571-88636950　传真：0571-88636955

浙江省第九地质大队/浙江省核工业二六二大队　地址：浙江省湖州市环渚路666号浙北地质大楼　网址：http://www.zbdzw.com/　电话：0572-2115816　E-mail：wlgly@zbdzw.com　fxm@zbdzw.com

浙江省第十一地质大队　地址：浙江省温州市站前路199号　邮政编码：325006　网址：http://www.zjhuakun.com/　电话：0577-88419407　传真：0577-88412083　E-mail：zjhuakun@126.com

浙江有色地质环境研究院　地址：浙江省绍兴市人民中路160号浙江地勘大厦　邮政编码：312000　网址：http://www.zjysdk.com/　电话：0575-85224539　传真：0575-88907624　E-mail：115060921@qq.com

浙江有色地质矿产勘查院　地址：浙江省绍兴市人民中路160号浙江地勘大厦　邮政编码：312000　网址：http://www.zjysdk.com/　电话：0575-85090128　传真：0575-85122964

中化地质矿山总局浙江地质勘查院　地址：浙江省杭州市上城区中山中路115号　邮政编码：310002　网址：http://www.zhzjdz.com　电话：0571-87080028　传真：0571-87911585　E-mail：zhejiang@ccgmb.com　cug2000@gmail.com

浙江煤炭地质局勘探一队　地址：浙江省湖州市三天门　邮政编码：313004　网址：http://www.zmdyd.cn/　电话：0572-2358160　传真：0572-2358679

浙江煤炭地质局勘探二队/浙江省华厦工程勘察院　地址：浙江省金华市八一南街517号　http://www.mtdz.net/　电话：0579-82382013　E-mail：zhejiangshky@163.net

浙江大学含油气盆地构造教育部研究中心　地址：浙江省杭州市浙大路38号理学院地球科学系　邮政编码：310027　网址：http://www.basin.zju.edu.cn/　电话：0571-87952791　E-mail：wulei@zju.edu.cn

浙江大学地质与地球物理研究所/含油气盆地构造教育部研究中心　地址：浙江省杭州市浙大路38号理学院地球科学系　邮政编码：310027　网址：http://gs.zju.edu.cn/　电话：0571-87951394　E-mail：yjsy-ysf@zju.edu.cn

安徽省

安徽省地质调查院（基础地质调查所、矿产资源调查所、水文地质环境地质调查所、地球物理地球化学调查所、信息中心、农业地质调查中心、城市地质调查研究中心）　地址：安徽省合肥市宁国路19号　邮政编码：230001　网址：http://ags.org.cn/　电话：0551-4658501　传真：0551-4652201　E-mail：ahddybgs@ags.org.cn　ahddyzgb@ags.org.cn

安徽省地质实验研究所　地址：安徽省合肥市芜湖路239号　邮政编码：230001　网址：http://www.ahdss.com　电话：0551-2886520　传真：0551-2883999　E-mail：bgs@ahdss.com

安徽省地质环境监测总站(地质调查研究所、地下水环境调查监测室、地质灾害调查监测室、矿山地质环境调查评价室)　地址:安徽省蚌埠市治淮路570号　邮政编码:233000　网址:http://www.cigem.gov.cn/　电话:0552-3015278　传真:0552-3022299　E-mail:zzhbgsljq@sina.com

安徽省地质矿产勘查局321地质队(地质调查研究所、物化探研究所、测绘队、铜陵工程勘察院、铜陵地质环境研究所、铜陵工程地震研究所)　地址:安徽省铜陵市狮子山区321地质队　邮政编码:244033　网址:http://www.ahdk321.com/　电话:0562-6826201　E-mail:sxj321dzd@126.com

安徽省地质矿产勘查局322地质队(马鞍山测绘技术院、马鞍山地质工程勘察院、地质矿产调查研究所、地质灾害防治中心、物探研究所、应用测试研究所)　地址:安徽省马鞍山市江东大道1500号　邮政编码:243000　网址:http://www.ah322.cn/　电话:0555-2253788　传真:0555-2368322　E-mail:dzd322@126.com

安徽省地质矿产勘查局324地质队　地址:安徽省池州市东湖中路269号　邮政编码:247000　网址:http://www.ahdkj324.com/　电话:0566-2022835　E-mail:324dizhidui@163.com　wxq271@163.com

安徽省地质矿产勘查局325地质队(地质调查研究所、淮北工程勘察院、山水测绘院、地球物理勘查分院)　地址:安徽省淮北市高岳路13号　邮政编码:235037　网址:http://www.325dzd.com/　电话:0561-2115221　传真:0561-2115325　E-mail:325dzd@163.com

安徽省地质矿产勘查局326地质队　地址:安徽省安庆市菱湖南路21号　邮政编码:246003　网址:http://www.ah326.cn/　电话:0556-5547588　传真:0556-5591052　E-mail:ah326_dz@126.com　ah326_sj@126.com

安徽省地质矿产勘查局327地质队　地址:安徽省合肥市长江东路115号　网址:http://www.ahdk.com/　电话:0551-4412679　E-mail:ah327ldxx@163.com

安徽省地质矿产勘查局332地质队(黄山市地质调查院、黄山市地质环境监测院、物化探研究所、测试中心、黄山市工程勘察院、黄山市地质测绘院)　地址:安徽省黄山市屯溪区黄山东路140号　邮政编码:245000　网址:http://www.ah332.com/　电话:0559-2313090　E-mail:anhui332@sohu.com　tangdaohua0606@163.com

安徽省地质矿产勘查局311地质队(地质调查研究所、安庆测绘技术院、安庆工程勘察院)　地址:安徽省安庆市菱湖南路21号　网址:http://ah311.com/　电话:0556-5593336　传真:0556-5585081　E-mail:311dzd@163.com

安徽省地质矿产勘查局312地质队(地质调查研究所、矿产研究所)　地址:安徽省蚌埠市雪华路245号　邮政编码:233040　网址:http://www.ahdkj312.com/　电话:0552-3110403　E-mail:bb312@163.com　dld312@163.com

安徽省地质矿产勘查局313地质队　地址:安徽省六安市佛子岭路8号　邮政编码:237010　网址:http://www.ah313.gov.cn/　电话:0564-3315046　传真:0564-3327474　E-mail:313cdz@163.com

安徽省地矿局第一水文工程地质勘查院/安徽水文工程勘察研究院　地址:安徽省蚌埠市治淮路563号　邮政编码:233000　网址:http://www.ah-ys.com/　电话:0552-3012789　传真:0552-3014539　E-mail:ys-bgs@163.com

安徽地勘局第二水文工程地质勘查院(地质调查所、安徽二水测绘院、地质矿产所、安徽第二水文工程勘察院)　地址:安徽省芜湖市黄山东路山水大厦　邮政编码:241000　网址:http://www.ersh.cn/　电话/传真:0553-2863729　E-mail:ersh@mail.ersh.cn

安徽省煤田地质局第一勘探队　地址:安徽淮南谢家集区　邮政编码:232052　网址:http://www.driller.com.cn/　电话:0554-5676523　E-mail:zhulu30@163.com

安徽省煤田地质局第二勘探队　地址:安徽省芜湖市天门山东路　邮政编码:241001　网址:http://www.ahmd2.com/　电话:0553-5879430　传真:0553-5879954　E-mail:tongqingxiang123@sina.com　chenglu0921@sohu.com

安徽省煤田地质局第三勘探队　地址:安徽省宿州市北关勘探村　邮政编码:234000　网址:http://www.ahhd3000.com/　电话:0557-3028725　E-mail:ahzhangxin@126.com　21616459@qq.com

安徽省煤田地质局水文勘探队　地址:安徽省宿州市地质路4号　邮政编码:234000　网址:http://www.

wmswd. net. cn/　电话:0557-3311533　E-mail:wmswd@ vip. sina. com

安徽省煤田地质局勘查研究院　地址:安徽省合肥市高新技术产业开发区科学大道 6 号　邮政编码:230088　网址:http://www. ahmtkcy. cn/　电话:0551-5846017　传真:0551-5846020　E-mail:dizhibao@126. com

合肥工业大学地球科学研究所　地址:安徽省合肥市屯溪路 193 号资源与环境工程学院　邮政编码:230009　网址:http://www1. hfut. edu. cn/department/zihuan/　电话:0551-2901523/2901524　E-mail:czs12258@ mail. hf. ah. cn

中国科学技术大学壳幔物质与环境中国科学院重点实验室　地址:安徽省合肥市包河区金寨路 96 号东区行政管理楼地球和空间科学学院　邮政编码:230026　网址:http://cmme. ustc. edu. cn/lab. html　电话:0551-3601384　传真:0551-3603554　E-mail:yfzheng@ ustc. edu. cn

安徽理工大学矿山地质灾害防治安徽省重点实验室　地址:安徽省淮南市学院路地球与环境学院　邮政编码:232001　网址:http://star. aust. edu. cn/zyhjx/　电话:0554-6668430　E-mail:jpyan@ aust. edu. cn　zyhjx@ aust. edu. cn

安徽理工大学煤矿安全高效开采省部共建教育部重点实验室/矿山安全高效开采安徽省工程技术研究中心　地址:安徽省淮南市学院路能源与安全学院　邮政编码:232001　网址:http://star. aust. edu. cn/zyglx/　电话:0554-6633285　E-mail:xzhhua@ aust. edu. cn

安徽理工大学现代矿业工程安徽省重点实验室　地址:安徽省淮南市学院南路 78 号　邮政编码:232001　网址:http://star. aust. edu. cn/kyc/zdsys/　电话:0554-6668899　传真:0554-6668453　E-mail:mxzhang@ aust. edu. cn

安徽理工大学矿山地下工程教育部工程研究中心/煤矿深井建设技术国家工程实验室/矿山建设工程安徽省高校重点实验室　地址:安徽省淮南市舜耕中路 168 号土木建筑学院　邮政编码:232001　网址:http://scea. aust. edu. cn/　电话:0554-6668737　传真:0554-6668693　E-mail:tmx@ aust. edu. cn

安徽理工大学煤田矿井地质研究所　地址:安徽省淮南市学院路地球与环境学院　邮政编码:232001　网址:http://star. aust. edu. cn/zyhjx/　电话:0554-6668430　E-mail:jpyan@ aust. edu. cn　zyhjx@ aust. edu. cn

宿州学院安徽省矿井勘探工程技术研究中心　地址:安徽省宿州市汴河中路 55 号地理与环境科学系　邮政编码:234000　网址:http://www1. ahsztc. edu. cn/yuanxi/dlx/　电话:0557-3683182/2871038　E-mail:szxydhx@ 163. com

福建省

国家海洋局第三海洋研究所海洋与海岸地质环境开放实验室　地址:福建省厦门市大学路 178 号　邮政编码:361005　网址:http://www. tio. org. cn　电话:0592-2085831/2195201　传真:0592-2086646　E-mail:info@ tio. org. cn

中化地质矿山总局福建地质勘查院(福州地质工程勘察院、物探分院、测绘分院、地质勘查分院、地质环境勘查分院)　地址:福建省福州市晋安区火车站西凤路 68 号　邮政编码:350013　网址:http://www. fjhgdky. com/　电话:0591-87901534　传真:0591-87901542　E-mail:fujian@ ccgmb. com　283691795@ qq. com

中国冶金地质总局第二地质勘查院　地址:福建省福州市福州东街 115 号　邮政编码:350001　网址:htttp://www. chinaykej. com/　电话:0591-875554508　传真:0591-87530498　E-mail:user@ chinaykej. com　27253696@ qq. com

福建省地质调查研究院(区域地质调查研究所、矿产一所、矿产二所、环境物探所、地球化学所、地质遗迹评价中心)　地址:福建省福州市南平东路 815 号　邮政编码:350013　网址:http://www. fjddy. com/　电话:0591-88065012　传真:0591-88065111　E-mail:fjddyzzq@ fjddy. com　fjddy@ fjddy. com

福建省地质环境监测中心　地址:福建省福州市鼓楼区省府路 1 号 11 号楼　邮政编码:350001　网址:http://www. cigem. gov. cn/　电话/传真:0591-87554030　E-mail:fjjczx@ 163. com

福建省地质工程勘察院　地址:福建省福州市杨桥西路 145 号　邮政编码:350002　网址:http://www. fjdkj. gov. cn/　电话/传真:0591-83710326　E-mail:fjdky@ pub6. fzfj. cn

福建省地质测试研究中心　地址:福建省福州市鼓楼区洪山桥梁厝 97 号　邮政编码:350002　网址:http://www.fjdkj.gov.cn/　电话/传真:0591-83711183　E-mail:fjcszxb@ yahoo.com.cn

福建地矿建设大队　地址:福建省福州市杨桥西路145号福建地矿大厦　邮政编码:350002　网址:http://www.fjdkjt.com/　电话:0591-87643190　传真:0591-87643197　E-mail:fjdkjt@ fjjs.gov.cn

福建省闽北地质大队　地址:福建省邵武市溪北路68号　邮政编码:354000　网址:http://www.fjmbdz.com/　电话:0599-6527045　传真:0599-6523411　E-mail:fjmbdz@ tom.com　mbdz@ public.npptt.fj.cn

福建省闽东南地质大队(闽东南测绘院、泉州工程勘察院、闽南地质分队、矿产五分队)　地址:福建省泉州市丰泽区城东　邮政编码:362021　网址:http://www.mdndz.com　电话:0595-22684057　传真:0595-22687926　E-mail:mdndzd@ 163.com　fjmdnd@ pub2.qz.fj.cn

福建省闽西地质大队(厦门闽矿地质勘察院、厦门闽矿测绘院、三明地质工程勘察院、地质灾害调查院)　地址:福建省三明市三元区富兴路50号　邮政编码:365001　网址:http://www.mxdzdd.com/　电话:0598-8322166　传真:0598-8322181　E-mail:mxd@ mxdzdd.com　Fjmxddzb@ public.smptt.fj.cn

福建省闽南地质大队(福建省水文地质工程地质勘察研究院、福建省漳州水工环地质勘查测绘院、地质调查院、地质矿产部)　地址:福建省漳州市漳华路34号　邮政编码:363000　网址:http://www.fjdkj.gov.cn/　电话:0596-2678900　传真:0596-2676949　E-mail:mndzdd@ public.lyptt.fj.cn

福建省第二地质勘探大队　地址:福建省永安市东坡路568号　邮政编码:366000　网址:http://www.fjdzed.com/　电话:0598-3810051　传真:0598-3800869　E-mail:fjdzed@ vip.163.com

福建省第四地质大队　地址:福建省宁德市蕉城南路8号　邮政编码:352100　网址:http://www.fjdkj.gov.cn/　电话:0593-2878798　传真:0593-2820978　E-mail:dzsddy@ 163.com

福建省第八地质大队　地址:福建省龙岩市罗龙路12号闽西地矿大厦　邮政编码:364000　网址:http://www.dzbd.cn/　电话/传真:0597-2210813　E-mail:b813998@ Public.lyptt.fj.cn

福建省厦门地质工程勘察院(综合地质研究所、基础工程公司、测绘分院)　地址:福建省厦门市莲前西路192号　邮政编码:361008　网址:http://www.xmdzkc.com/　电话:0592-5982292/5197018　传真:0592-5193464　E-mail:xmdzgckc@ 163.com

福建省核工业二九四大队　地址:福建省福州市701信箱　邮政编码:350019　网址:http://www.hgy294.com/　电话:0591-87241662　E-mail:hwxx294@ 163.com

福建省核工业二九五大队　地址:福建省龙岩市中城保竹南路五号　邮政编码:364000　网址:http://www.fj295.com/　电话/传真:0597-2293260　E-mail:fjhgy295b@ sina.com

福州大学岩土工程与工程地质研究所　地址:福建省闽侯上街福州大学旗山校区环境与资源学院　邮政编码:350108　网址:www.fzu.edu.cn/h06/yts.htm　电话:0591-22866069　传真:0591-22866070　E-mail:fdjwb@ 126.com

龙岩学院南方不稳定煤层开采科学研究所　地址:福建省龙岩市东肖北路1号(东肖校区)凤凰北路1号(凤凰校区)资源工程学院　邮政编码:364000　网址:http://www.lyun.edu.cn/zhiyuanxi　E-mail:wcs@ ly-un.edu.cn　ZYXY@ lyun.edu.cn

江西省

中国核工业地质局二七0研究所　地址:江西省南昌县79号信箱(江西省南昌县莲西路508号)　网址:http://www.zh270.com/　电话:0791-5997008　E-mail:270x@ bog.com.cn

江西省地质调查研究院　地址:江西省南昌市迎宾北大道938号　邮政编码:330030　网址:http://www.jxddy.com　电话:0791-5232029　传真:0791-5240954　E-mail:yzxx@ jxddy.com　ddy@ jxdkj.gov.cn

江西省地质环境监测总站　地址:江西省南昌市高新区紫阳大道169号　邮政编码:330095　网址:http://www.jxdzhj.com/　电话:0791-8195779　传真:0791-8195308　E-mail:jxgky@ 126.com　hjzz@ jxdkj.gov.cn

江西省赣西地质调查大队/江西省地质科学研究所　地址:江西省南昌县向塘镇银河东路539号　邮政编码:330201　网址:http://www.jxgxd.cn/　电话:0791-5032589　传真:0791-5032944　E-mail:gxd@ jxdkj.gov.cn

江西省九0一地质大队/江西省地质钻探技术研究院(地质调查勘查院、地质工程勘察院)　地址:江西省萍乡市昭萍西路33号　邮政编码:337000　网址:http://www.jx901.com　电话:0799-6227227　传真:0799-6227091　E-mail:901d@jxdkj.gov.cn　dzzx901@yahoo.com.cn

江西省九〇二地质大队(地矿新余地质工程勘察院、江西省地球物理勘查技术院)　地址:江西省新余市仙来西大道198号　邮政编码:338000　网址:http://www.jx902.com/　电话/传真:0790-6442065　E-mail:902d@jxdkj.gov.cn　902zhy@163.com

江西省九一二地质大队(江西省天久地矿建设工程院、地勘院、工程勘察院、赣东地质勘察研究院、江西天久测绘院)　地址:江西省鹰潭市梅园大道16号　邮政编码:335001　网址:http://www.jxdk912.com　电话/传真:0701-6441440　E-mail:912d@jxdkj.gov.cn　xygan@tom.com

江西省九一五地质大队(地质矿产勘查院、钻探技术研究院、隧道工程技术研究院、地质灾害防治研究院、工程勘察院、江西南方测绘院、实验测试中心)　地址:江西省南昌市二七南路552号　邮政编码:330002　网址:http://www.jxdk915.com　电话:0791-7628606　传真:0791-6127519　E-mail:915d@jxdkj.gov.cn　915lxp@163.com

江西省九一六地质大队(地质矿产勘查开发院、庐山石材资源勘查研究所、赣北地质工程勘察院、江西地矿测绘赣北分院)　地址:江西省九江县庐山南路157号　邮政编码:332100　网址:http://www.jxdk916.com　电话:0792-6824209　传真:0792-6811343　E-mail:916d@jxdkj.gov.cn　jd916@publice.jj.jx.cn

江西省地矿局赣东北大队(测绘院、地质矿产勘查开发院、江汇地质工程勘察院)　地址:江西省上饶市带湖路56号　邮政编码:334000　网址:http://www.jxgdbd.com/　电话:0793-8260486　传真:0793-8269008　E-mail:gdbd@jxdkj.gov.cn　jdgdb@jxdkj.gov.cn

江西省地质矿产勘查开发局赣西北大队/九江地质工程勘察院(赣北地质矿产勘查开发院、岩土工程一分院、岩土工程二分院、地质灾害勘查分院、地质灾害治理分院、工程测绘分院、工程物探分院、水文工程分院、探矿分院)　地址:江西省九江市十里大道202号　邮政编码:332000　网址:http://www.jxgxbd.com　电话/传真:0792-8224525　E-mail:wjp71700@126.com　gxbd@jxdkj.gov.cn

江西省地质矿产勘查开发局赣南地质调查大队(赣南地质勘查院、赣南地质勘查院、地矿赣州地质工程勘察院、地矿赣州地质工程勘察院、赣南地质工程院、赣南测绘院)　地址:江西省赣州市章贡区红旗大道25号　邮政编码:341000　网址:http://www.jxgnd.com/　电话:0797-8208516　传真:0797-8222069　E-mail:gzgnchy@163.com　gnd@jxdkj.gov.cn

江西省地质矿产勘查开发局水文地质大队　地址:江西省南昌市高新区紫阳大道169号　邮政编码:330095　网址:http://www.swddj.cn　电话:0791-8195001　传真:0791-8195308　E-mail:jxgkyxcb@126.com

江西省煤田地质局江西煤田地质勘察研究院/江西煤炭地质工程院(基础地质所、勘查开发所、环境地质所、矿业开发中心、地球物理勘探中心)　地址:江西省南昌市青云谱区南莲路76号　邮政编码:330001　网址:http://www.jxsmtdky.com/　电话/传真:0791-5240615　E-mail:wang@jxsmtdky.com　jxsmtdky@jxsmtdky.com

江西省煤田地质局一九五地质队地质勘察研究院　地址:江西省丰城市剑邑大道164号　邮政编码:330001　网址:http://www.jxmt195.com/　电话:0795-6217281　E-mail:jx195@126.com

江西省煤田地质局二二三地质队　地址:江西省鹰潭市站江路36号　邮政编码:335000　网址:http://www.jxmt223.com/　电话:0701-6682111　E-mail:223dzd@163.com

江西省煤田地质局二二四地质队　地址:江西省分宜县城昌山南路231号　网址:http://www.jxmt224.com/　电话:0790-7030333　传真:0790-5811471　E-mail:jxmt224@126.com

江西省煤田地质局二二六地质队　地址:江西省萍乡市滨河东路516号　邮政编码:337000　网址:http://www.jxmt226.com/　电话/传真:0799-6333352　E-mail:jxmt226@126.com

江西省煤田地质局二二七地质队　地址:江西省吉安市青原区青原大道255号　邮政编码:343009　网址:http://www.jxmt227.com/　电话/传真:0796-8100213

江西省煤田地质勘察研究院/江西煤炭地质工程院　地址:江西省南昌市青云谱区南莲路76号　邮政编码:330001　网址:http://www.jxsmtdky.com/　电话/传真:0791-852405615　E-mail:jxsmtdky@jxsmtdky.com

江西省煤田地质局普查综合大队　地址:江西省南昌市南莲路76号　邮政编码:330001　网址:http://

www.jxmtzh.com/ 电话/传真:0791-5203892 E-mail:jxmtzhdd@163.com

江西省核工业地质局二六一大队(地质调查院、工业江西工程勘察院、江西省中核测绘院) 地址:江西省鹰潭市梅枫路4号 邮政编码:335000 网址:http://www.jxhg261.cn/ 电话/传真:0701-6441757 E-mail:dzxx261@163.com hegong261@163.com

江西省核工业地质局二六三大队 地址:江西省南昌市高新区昌东北大道9263号 邮政编码:330096 网址:http://www.jxhgy263.com/ 电话:0791-88312263 传真:0791-88158884 E-mail:webmaster@reyphon.com

江西省核工业地质局二六四大队(地调院、测绘院、勘察院) 地址:江西省赣州市经济技术开发区华坚路25号 邮政编码:341000 网址:http://www.hgy264.com/ 电话:0797-8223780 传真:0797-8068900 E-mail:xwzx264@163.com

江西省核工业地质局二六五大队/核工业鹰潭工程勘察院 地址:江西省鹰潭市梅园大道23号 邮政编码:335001 网址:http://www.hgy265.com/ 电话:0701-6431285 E-mail:hgy265@yeah.com 265gyhg@163.com

江西省核工业地质调查院/二六六大队(江西核工业工程地质勘察院、江西核工业测绘院) 地址:江西省南昌市庐山南大道286号 网址:http://www.jxhgyddy266.com/ 电话/传真:0791-3852624 E-mail:266bgsjx@sina.com whd266@126.com

江西省核工业地质局二六七大队(地质勘查院、地质环境院、工程勘察院) 地址:江西省九江市长虹大道276号 邮政编码:332000 网址:http://www.jxhgy267.cn/ 电话:0792-8158879 传真:0792-8158825 E-mail:267db@163.com jjdk267@163.com

江西有色地质勘查一队 地址:江西省鹰潭市南站路46号 邮政编码:335003 网址:http://www.jxysdzkcj.gov.cn/ 电话/传真:0701-6465300 E-mail:1d@jxysdzkcj.gov.cn

江西有色地质勘查二队 地址:江西省赣州市红旗大道72号 邮政编码:341000 网址:http://www.jxysdzkcj.gov.cn/ 电话/传真:0797-8222890 E-mail:jded@163.com

江西有色地质勘查三队 地址:江西省新余市竹山路88号 邮政编码:338000 网址:http://www.jxysdzkcj.gov.cn/ 电话/传真:0790-6441394 E-mail:huxg1029@126.com

江西有色地质勘查四队 地址:江西省景德镇市珠山区高岭大道69号 邮政编码:333001 网址:http://www.jxysdzkcj.gov.cn/ 电话/传真:0798-8481309 E-mail:jxjd2000@163.com

江西有色地质勘查五队 地址:江西省九江市长虹大道200号 邮政编码:332000 网址:http://www.jxysdzkcj.gov.cn/ 电话:0792-8551278 传真:0792-8220382 E-mail:jxjx555@126.com

江西有色地质探矿工程院 地址:江西省南昌市会展路29号 邮政编码:330038 网址:http://www.jxysdzkcj.gov.cn/ 电话:0791-6640215 传真:0791-6610503 E-mail:jxysgsxz@163.com

江西有色地质测试研究院 地址:江西省南昌市井冈山大道361号 邮政编码:330001 网址:http://www.jxysdzkcj.gov.cn/ 电话:0791-8457646 传真:0791-8451512 E-mail:jb@jxysdzkcj.gov.cn

东华理工大学沉积矿产地质研究所 地址:江西省抚州市学府路56号地球科学学院 网址:http://dcy.ecit.edu.cn/ 电话:0794-8250720 传真:0794-8258309 E-mail:liufujun14@163.com

东华理工大学地质资源经济与管理研究中心 地址:江西省抚州市学府路56号经济与管理学院 网址:http://lab.ecit.edu.cn/dzjjyjzx/ E-mail:kenaxiaoz@gmail.com

山东省

中国科学院海洋研究所海洋地质与环境重点实验室 地址:山东省青岛市南海路7号生物楼三楼 邮政编码:266071 网址:http://www.qdio.ac.cn/foundation4/ 电话:0532-82898913 E-mail:tgli@ms.qdio.ac.cn xyzhang@qdio.ac.cn

国家海洋局第一海洋研究所海洋沉积与环境地质国家海洋局重点实验室 地址:山东省青岛市高科园仙霞岭路6号 邮政编码:266061 网址:http://www.fio.org.cn/ 电话/传真:0532-88967491 E-mail:xfshi@fio.org.cn mxw@fio.org.cn

中国地质调查局青岛海洋地质研究所/海洋油气资源与环境地质国土资源部重点实验室/海岸带地质及

大陆架地质研究中心/中荷海岸带地质研究中心　　地址：山东省青岛市福州南路62号　　邮政编码：266071　　网址：http://www.qimg.cgs.gov.cn　　电话：0532-85725313　　传真：0532-85720553　　E-mail：qdwebmaster@cgs.gov.cn　qdsping@cgs.gov.cn

中国冶金地质总局山东正元地质勘查院　　地址：山东省济南市高新区颖秀路3366号　　邮政编码：250101　　网址：http://www.sdzydk.cn/　　电话/传真：0531-86415031　　E-mail：zydk@sdzydk.cn　sf0533@sohu.com

山东省地质调查院（地质所、矿产所、水文环境地质所、物化探所、信息遥感所）　　地址：山东省济南市建筑新村南路35号　　邮政编码：250013　　网址：http://www.sddy.gov.cn/　　电话：0531-86403690　　传真：0531-86560338　　E-mail：sdsddy@126.com

山东省地质环境监测总站　　地址：山东省济南市浆水泉路15号　　邮政编码：250014　　网址：http://www.sdgem.gov.cn/　　电话：0531-88932085　　E-mail：webmaster@sdgem.gov.cn

山东省地质科学实验研究院（地质矿产研究所、测试技术研究所、地质环境研究所、岩石矿物研究所、矿产应用研究所、资源评价与管理研究所、矿产开发管理研究所、土地资源研究中心、山东省金属矿产成矿地质过程与综合利用重点实验室、山东省矿产资源研究中心）　　地址：山东省济南市历山路52号　　邮政编码：250013　　网址：http://www.sddky.com/　　电话：0531-86556922　　E-mail：dky56922@163.com　sddkyoa@126.com

山东省第一地质矿产勘查院（地质矿产所、环境地质所、海洋地矿所、物化探所、莱芜地质勘查院、山东省经纬工程测绘院）　　地址：山东省济南市二环东路4739号　　邮政编码：250014　　网址：http://www.sddk01.com/　　电话：0531-88596300　　传真：0531-88953143　　E-mail：sddk01@163.com　qiaozengbao@163.com

山东省第三地质矿产勘查院（水文地质环境地质调查所、烟台地球物理应用技术研究所、钻探工程技术研究中心）　　地址：山东省烟台市莱山区宏川路43号　　邮政编码：264003　　http://www.sddksd.com　　电话：0535-2102266　　传真：0535-6884283　　E-mail：sanyuan@sddkj.com　iamyouth@163.com

山东省第四地质矿产勘查院地质矿产研究所　　地址：山东省维坊市向阳路228号　　邮政编码：261021　　网址：http://www.sddksy.com/　　电话：0536-8952921　　传真：0532-8954364　　E-mail：bgs@sddksy.com　dks@sddksy.com　zhb@sddksy.com

山东省第五地质矿产勘查院　　地址：山东省泰安市岱岳区开元路　　邮政编码：271000　　网址：http://www.sddkwy.com/　　电话：0538-8567300　　传真：0538-8414140　　E-mail：sddkj5@163.com

山东省第六地质矿产勘查院　　地址：山东省招远市泉山路166号　　邮政编码：265400　　威海市高新技术开发区抚顺路　　邮政编码：264209　　网址：http://www.sddkjly.com/　　电话：0535-8240894/0631-5624012　　E-mail：liuyuan@sddkj.com　lywhjd@126.com

山东省第七地质矿产勘查院　　地址：山东省临沂市蒙山大道97号　　邮政编码：276006　　网址：http://www.sddkqy.com　　电话/传真：0539-8363701　　E-mail：qiyuan@sddkj.com

山东省第八地质矿产勘查院　　地址：山东省日照市海滨五路35号　　邮政编码：276826　　网址：http://www.sddkby.com/　　电话：0633-2219211　　传真：0633-2219270　　E-mail：bayuan@sddkj.com

山东省鲁南地质工程勘察院　　地址：山东省兖州市建设东路272号　　邮政编码：272100　　网址：http://www.lunandizhi.cn　　电话/传真：0537-3413634　　E-mail：lnylijun@163.com　czl-567@163.com

中化地质矿山总局山东地质勘查院（资源环境所、环境研究所、地质矿产所、物探测绘院、山东省化工工程地质勘察院）　　地址山东省济南市历山路80号　　网址：http://www.sdhgdky.com/　　电话/传真：0531-86401548　　E-mail：sdhgdz@vip.163.com

山东省煤田地质局第一勘探队　　地址：山东省滕州市平行路268号　　邮政编码：277500　　网址：http://www.sdmtyd.com/　　电话/传真：0632-5618028　　E-mail：sdmtyd@126.com　Lmydwlb@126.com

山东省煤田地质局第二勘探队　　地址：山东省济宁市嘉祥中心西街3号　　邮政编码：272400　　网址：http://www.sdmted.com/　　电话：0537-6821154　　传真：0537-6821155　　E-mail：sdmted@czkx.com.cn

山东省煤田地质局第三勘探队　　地址：山东省泰安市岱岳区青春创业园创业路南首右侧（泰肥一级路北侧）　　邮政编码：271000　　网址：http://www.lmdzsd.com/　　电话/传真：0538-8560976　　E-mail：sdzgk@163.com

山东省煤田地质局第四勘探队　　地址：山东省潍坊市坊子区凤凰街88号　　邮政编码：261206　　网址：http://www.sdmtsd.com/　　电话：0536-7653385　　传真：0536-7662877　　E-mail：sdmtsd@163.com

山东省煤田地质局第五勘探队　地址:山东省泰安市天平湖畔迎宾大道219号　邮政编码:271000　网址:http://www.sdmtwd.com/　电话:0538-8573700　传真:0538-8573709　E-mail:wuduiyoujian@163.com

山东省煤田地质规划勘察研究院　地址:山东省泰安市长城路48号　邮政编码:271000　网址:http://www.sicgee.com/　电话:0538-8265347　传真:0538-8265334

中国海洋大学地质地球物理研究所/海底科学与探测技术教育部重点实验室　地址:山东省青岛市松岭路238号海洋地球科学学院　邮政编码:266100　网址:http://www2.ouc.edu.cn/earch/　电话:0532-66782488　传真:0532-66781877　E-mail:estuary@ouc.edu.cn　geology@ouc.edu.cn

中国海洋大学地震工程和地质工程研究所　地址:山东省青岛市崂山区松岭路238号工程学院　邮政编码:266100　网址:http://www2.ouc.edu.cn/gongcheng/bins/　电话:0532-66781550　E-mail:coce@ouc.edu.cn

中国石油大学(华东)　地址:山东省青岛市经济技术开发区长江西路66号石油工程学院　邮政编码:266555　网址:http://pe.upc.edu.cn/　电话:0532-86981936　E-mail:youcang@hdpu.edu.cn

中国石油大学(华东)油藏地质山东省重点实验室/隐蔽油气藏与剩余油山东省高校重点实验室　地址:山东省青岛经济技术开发区长江西路66号地球资源与信息学院　邮政编码:266555　电话:0532-86981878　网址:http://geori.upc.edu.cn/　E-mail:xyyin@hdpu.edu.cn　zyxbgs@hdpu.edu.cn

中国石油大学(华东)山东省海洋石油钻采装备工程技术研究中心　地址:山东省东营市东营区北一路739号机电工程学院　邮政编码:257061　网址:http://medwww.hdpu.edu.cn/　E-mail:jdkyb@upc.edu.cn

山东科技大学采矿工程研究院　地址:山东省泰安市虎山路254号　邮政编码:271019　网址:http://ckgcyjy.sdust.edu.cn/　电话:0538-3076505　传真:0538-6227512　E-mail:dustckgcyiy@163.con

山东科技大学矿山生产安全检测技术与设备教育部工程研究中心　地址:山东省青岛市经济技术开发区前湾港路579号资源与环境工程学院　邮政编码:266510　网址:http://cree.sdust.edu.cn/　电话:0532-86057038　E-mail:wjguo@sdust.edu.cn　zhxygy@sdust.edu.cn

山东科技大学沉积成矿作用与沉积矿产山东省重点实验室/山东省油气勘探开发工程技术研究中心/应用地质研究所/矿产资源评价研究所/油气盆地研究所　地址:山东省青岛市经济技术开发区前湾港路579号地质科学与工程学院　邮政编码:266510　网址:http://cgse.sdust.edu.cn/　电话:0532-86057219　E-mail:jcwei@sdust.edu.cn　dzxytwxx@126.com

山东科技大学矿物加工研究所　地址:山东省青岛市开发区前湾港路579号化学化工与环境学院　邮政编码:266510　网址:http://huagong.sdust.edu.cn/　电话:0532-86057101　E-mail:ln9269797@yahoo.cn

青岛理工大学山东省地质环境与效应工程技术研究中心　地址:山东省青岛市抚顺路11号科技楼1004室261信箱　邮政编码:266033　网址:http://geocenter.qtech.edu.cn/　电话/传真:0532-85071758　E-mail:keqianghe@163.com　xuchun_wang@263.net

鲁东大学海岸研究所　地址:山东省烟台市红旗中路186号地理与规划学院　邮政编码:264025　网址:http://www.geo.ldu.edu.cn/　电话:0535-6681043　E-mail:andingzhang@sina.com

河南省

中国地质科学院郑州矿产综合利用研究所　地址:河南省郑州市陇海路328号　邮政编码:450006　网址:http://www.imu.ac.cn/　电话:0371-68614942　传真:0371-68614942　E-mail:zzs-bgs@163.com　zzskjc@163.com

河南省地质调查院(发展研究中心、矿产地质调查中心、基础地质调查中心、城市与农业地质调查中心、水文与环境地质调查中心、旅游地质调查中心、西藏地质矿产调查中心、国外地质矿产调查中心、遥感所、金属矿产成矿地质过程与资源利用河南省重点实验室)　地址:河南省郑州市高新技术开发区科学大道81号　邮政编码:450001　网址:http://www.hnddy.com/　电话:0371-60131613　传真:0371-60131600　E-mail:chrb88@163.com　bcj@china.com.cn

河南省地质环境监测院　地址:河南省郑州市金水东路18号　邮政编码:450016　网址:http://www.hndzhj.gov.cn/　电话:0371-68108400　0371-68108396

河南省国土资源科学研究院矿产资源研究所/地质环境研究所　地址:河南省郑州市黄河路41号地质大

厦(西区) 邮政编码:450053 河南省郑州市金水东路18号(东区) 邮政编码:450016 网址:http://123.15.40.74:8081/ 电话:0371-63949977 传真:0371-68108375 E-mail:fengyzxx@163.com kyy63949977@163.com

河南省地质矿产勘查开发局第三地质调查队(信阳工程地质勘察院、地质矿产勘查院、资源利用调查分队、商城钼矿勘查开发研究院) 地址:河南省郑州市黄河路129号天一大厦22层/信阳市东方红大道527号 网址:http://www.hnddd.com/ddsd/info/shouye/ 电话:0371-60135903/0376-6795111 传真:0371-60135903/0376-6223946 E-mail:ddsdzzc@163.com ddsd-lb@Tom.com

河南省地质矿产勘查开发局第一地质勘查院(南阳地质调查院、南阳地调分院、内蒙地调分院、平顶山地调分院、新疆地调分院、物探分院) 地址:河南省南阳市文化路1096号 邮政编码:473003 网址:http://www.hndkyy.cn/ 电话:0377-63199501 传真:0377-63199500 E-mail:nydkyy@126.com

河南省地质矿产勘查开发局第二地质勘查院(地调分院、水文环境地质勘察院、河南省大地物探工程勘测院、许昌地质测绘院) 地址:河南省许昌市许继大道12号 邮政编码:461000 网址:http://www.hndkry.com/ 电话:0374-3324698 传真:0374-3360566 E-mail:fyl2871@263.net

河南省地质矿产勘查开发局第一地质工程院/河南省地质工程勘察院 地址:河南省驻马店市乐山路90号 邮政编码:463000 网址:http://www.dzygy.com/ 电话:0396-2619064 传真:0396-2623774 E-mail:dzygy@126.com

河南省地质矿产勘查开发局第二地质队 地址:河南省郑州市高新技术产业开发区科学大道81号 编码:450001 网址:http://www.hndzed.com/ 电话:0371-60131820 传真:0371-60131830

河南省地质矿产勘查开发局第十一地质队 地址:河南省商丘市凯旋南路2号 邮政编码:476000 网址:http://www.dz11.com.cn/ 电话:0370-2527300 传真:0370-2511850 E-mail:postmaster@dz11.cn dz11dzzc@163.com

河南省地质矿产勘查开发局第三地质探矿队 地址:河南省洛阳市关林南路74号 邮政编码:471023 网址:http://www.hnytgs.cn/ 电话:0379-65952757 传真:0379-65957140 E-mail:wangyanly@126.com

河南省地质矿产勘查开发局第四地质探矿队(地质调查院、钻探技术研究院、地质工程研究院、基础与爆破工程研究院) 地址:河南省郑州市高新技术产业开发区科学大道81号 邮政编码:450001 网址:http://www.hndtsd.com/ 电话:0371-60170899 传真:0371-60170883 E-mail:hndtsd@hndtsd.com

河南省地质矿产勘查开发局第一水文地质工程地质队/河南省水文地质工程地质勘察院 地址:河南省郑州市郑花路86号 邮政编码:450045 网址:http://www.hnsgy.com/ 电话:0371-60239800 传真:0371-60239801 E-mail:xxsgzg@public.xxptt.ha.cn

河南省地质矿产勘查开发局第二水文地质工程地质队/河南省郑州地质工程勘察院 地址:河南省郑州市南阳路56号 邮政编码:450053 网址:http://www.hnswed.com/ 电话:0371-63933982 E-mail:22889606@qq.com

河南省岩石矿物测试中心/国土资源部郑州矿产资源监督检测中心 地址:河南省郑州市金水路28号 邮政编码:450012 网址:http://www.hnykcs.com/ 电话:0371-63936530 E-mail:2784477@163.com

河南省有色金属地质勘查总院 地址:河南省郑州市二七区中原东路107号 邮政编码:450052 网址:http://hnyskky.com/ 电话:0371-67447814 E-mail:hnyskky@371.net hnyskky@126.com

河南有色金属地质矿产局第一地质大队(地质调查院、测绘队、钻探分队、工程勘察院、资源环境调查院) 地址:河南省郑州市金水东路16号 邮政编码:450012 网址:http://www.hnsyd.com/ 电话:0371-68109921 传真:0371-68109921 E-mail:hnsyd@163.com ysdk01@163.com lzf2371167@163.com

河南有色金属地质矿产局第二地质大队(地质勘察院、工程勘察院、资源环境勘察院、测绘院、物化探院、境外地质勘察院) 地址:河南省郑州市金水东路16号 邮政编码:450016 网址:http://www.hnysdzed.com/ 电话/传真:0371-68109682 E-mail:edbgs@126.com

河南有色金属地质矿产局第三地质大队(地质勘察院、工程勘察院、资源环境勘察院、测绘院、物化探院、境外地质勘察院) 地址:河南省郑州市金水东路16号 邮政编码:450016 网址:http://www.hnyssd.com/ 电话:0371-68108997 传真:0371-68109275 E-mail:sddzb@163.com

河南有色金属地质矿产局第四地质大队(地质勘察院、地质环境勘察院、测绘院、物理勘察院)　地址:河南省郑州市金水东路16号　邮政编码:450016　网址:http://www.hnysdzsd.com/　电话/传真:0371-69179203　E-mail:hnyssd@163.com

河南省有色金属地质矿产局第五地质大队(地质勘查院、物化探院、资源环境勘查院、境外勘查院、测绘院)　地址:河南省郑州市金水东路16号　邮政编码:450016　网址:http://www.hnyswd.com/　电话:0371-68109330　传真:0371-68109820　E-mail:hnwudui123@163.com

河南有色金属地质矿产局第六地质大队(洛阳地质勘查院、三门峡地质勘查院、水文工程环境地质勘查院、豫西岩矿测试中心、测绘院、工程勘察院、物化探院)　地址:河南省郑州市金水东路16号　邮政编码:450016　网址:http://www.hnysld.com/　电话:0371-69179612　传真:0371-69179611　E-mail:hnysld@163.com

河南有色金属地质矿产局第七地质大队(地质矿产勘查院、地球物理勘查院、环境资源工程院、境外地质勘查院)　地址:河南省郑州市郑东新区七里河南路35号　邮政编码:450016　网址:http://www.hnysqd.com　电话:0371-68089161　传真:0371-68089259　E-mail:dqdzdd@163.com

中化地质矿山总局河南地质勘查院(郑州地质工程勘察院、环境地质勘察院、地质测绘院)　地址:河南省郑州市金水区文化路76号　邮政编码:450011　网址:http://www.hgkc.cn/　电话:0371-60103102　传真:0371-60103105　E-mail:Henan@ccgmb.com

河南省煤田地质局一队(煤炭地质研究所、非煤地质研究所、物探岩土研究所)　地址:河南省新郑市烟厂街84号　邮政编码:451150　网址:http://www.hnmtyd.com/　电话:0371-62606164　传真:0371-62601856　E-mail:hnmtydwz@126.com　hnmtyd@tom.com

河南省煤炭地质勘察研究院(地质研究所、勘查所、物探所、煤质研究所、岩土工程所、测井站、地质测绘所、煤田地质监理事务所、新郑一分院、洛阳二分院、新乡三分院、平顶山四分院、郑州物探分院)　地址:河南省郑州市大学北路63号　邮政编码:450052　网址:http://www.hnmtdz.gov.cn/　电话/传真:0371-67978845　E-mail:mkydzs@163.com　bgs67978845@163.com

河南省煤田地质局资源环境调查中心(环境地质所、资源勘察所、城市地质所、灾害地质所、农业地质所、旅游地质所、物探所)　地址:河南省郑州市南阳路99号　邮政编码:450000　网址:http://www.hnmtdz.gov.cn/　电话/传真:0371-63733662　E-mail:wyl0727@126.com　Llq61@163.com

河南理工大学矿山开发设计研究所/岩层控制与特殊开采研究所/深井瓦斯抽采与围岩控制河南省工程实验室/煤与煤层气安全高效开采河南省高校工程技术研究中心　地址:河南省焦作市高新区世纪大道2001号能源科学与工程学院　邮政编码:454000　网址:http://sese.hpu.edu.cn/　电话:0391-3987901　E-mail:goupf@hpu.edu.cn

河南理工大学生物遗迹与成矿过程河南省重点实验室　地址:河南省焦作市高新区世纪大道2001号资源环境学院　邮政编码:454000　网址:http://218.196.240.62/zhxy/　电话:0391-3987961　E-mail:hub@hpu.edu.cn

华北水利水电学院岩土力学与结构工程河南省重点实验室　地址:河南省郑州市北环路36号土木与交通学院　邮政编码:450011　网址:http://www5.ncwu.edu.cn/tumu/　电话:0371-65790878　E-mail:tumu@ncwu.edu.cn

湖北省

中国地质调查局武汉地质调查中心/武汉地质矿产研究所(宜昌地质矿产研究所)　地址:湖北省武汉市东湖高新技术开发区光谷大道69号　邮政编码:430205　网址:http://www.yichang.cgs.gov.cn　电话:027-81381995　E-mail:ycbgs@cgs.gov.cn

中国地质环境监测院三峡地质灾害监测中心　地址:湖北省宜昌市　邮政编码:443000　网址:http://www.sxdzfz.gov.cn/　电话:0717-6447551　传真:0717-6447047　E-mail:qwliao@mail.sxdzfz.gov.cn

中国冶金地质总局中南局地质勘查院　地址:湖北省武汉市青山区和平大道1250号　邮政编码:430081　网址:http://www.csbcmgb.com.cn/　电话:027-86867321　传真:027-86883517　E-mail:zndzkcy@yahoo.com.cn

湖北省地质调查院(基础地质调查中心、矿产资源调查中心、发展研究中心、地质遥感站、鄂东南地矿所、恩施地矿所、咸宁地矿所、襄樊地矿所、鄂东北地矿所、宜昌地矿所、物化探所、实验测试所、测绘所、科研所)　地址:湖北省武汉市汉口古田五路9号　邮政编码:430034　网址:http://www.hubgs.com/　电话:027-85849190　传真:027-85428013　E-mail:547441181@qq.com　zgb_jsx@163.com　mayuan@hubgs.com

湖北省地质环境总站(原武汉水文地质工程地质大队)　地址:湖北省武汉市硚口区古田五路9号　邮政编码:430034　网址:http://www.hbgec.org/index.htm　电话:027-84631696　E-mail:g203@hbdk.gov.cn

湖北省地质科学研究所/湖北省地质工程勘察院　地址:湖北省武汉市解放大道684号　邮政编码:430022　网址:http://www.hbdk.gov.cn/　电话:027-85865705　E-mail:hbdkleader@hbdk.gov.cn　geosociety@hbdk.gov.cn

湖北省地质实验研究所　地址:湖北省武汉市汉口古田五路9号　邮政编码:430034　网址:http://www.hbgrl.com/　电话:027-83592591　传真:027-85832694　E-mail:whykcs@21cn.com

湖北省鄂东南地质大队(测绘院、黄石市地质环境评估所、环宇岩土工程勘察研究院、武汉地质工程勘察院上海分院)　地址:湖北省大冶市湖滨路9号　邮政编码:435100　网址:http://edongnan.com/　电话:0714-8726002　传真:0714-8726000　E-mail:g100@hbdk.gov.cn　poppy@163.com

湖北省宜昌地质勘探大队(鄂西地质矿产勘查开发院、探矿分队、鄂西地质工程勘察院、鄂西地质测绘队)　地址:湖北省宜昌市夷陵区罗河路特1号　邮政编码:443100　网址:http://www.hbycdk.com/　电话:0717-7822249　传真:0717-7822245　E-mail:g107@hbdk.gov.cn　dk101@hbycdk.com　dk000@hbycdk.com

湖北省第二地质大队(地质矿产勘查开发院)　地址:湖北省恩施市土桥大道10号　网址:http://www.hbdk.gov.cn/hbsdkkfj/　电话:0718-8247089　传真:0718-8222641　E-mail:Vip_he@126.com

湖北省第四地质大队(地质矿产勘察开发部、鄂南地质基础工程公司、鄂南地质工程勘察院、鄂南地质实验研究所)　地址:湖北省咸宁市银泉大道723号　邮政编码:437100　网址:http://4719092.71ab.com/　电话:0715-8136693　传真:0715-8136691　E-mail:dzsdrs@163.com

湖北省鄂西北地质矿产调查所(地质矿产勘查院、探矿工程队、襄樊地质工程勘察院、地质灾害防治中心、测绘队)　地址:湖北省襄樊市人民西路160号　邮政编码:441002　网址:http://www.exbdks.com/　电话:0710-3120888　传真:0710-3340445　E-mail:g105@hbdk.gov.cn

湖北省鄂东北地质大队(矿产勘查开发院、测绘院、楚鹏工程勘察设计院)　地址:湖北省孝感市建设路163号　邮政编码:432000　网址:http://www.hb-cpk.com/　电话:0712-2329099　传真:0712-2328048　E-mail:g106@hbdk.gov.cn　admin@hb-cpk.com

湖北省水文地质大队　地址:湖北省荆州市荆州区郢都路　邮政编码:434100　网址:http://www.hbdk.gov.cn/　电话:0716-8015624

湖北省冶金地质勘探队　地址:湖北省黄石市沿湖路673号　网址:http://www.hbdk.gov.cn/　电话:0714-6517663　E-mail:zhanghy1993@163.com

湖北省地球物理勘察技术研究院湖北省神龙地质工程勘察院　地址:湖北省武汉市经济技术开发区沌阳街联城路108号　编码:430056　网址:http://www.hbwht.com/　电话:027-84239257　传真:027-84239452　E-mail:sldk888@163.com

中化地质矿山总局湖北地质勘查院　地址:湖北省荆州市小北门外桔颂街25号　邮政编码:434020　电话:0716-8464104　传真:0716-8444921　E-mail:Hubei@ccgmb.com

湖北省煤炭地质勘查院　地址:湖北省武汉市武珞路473号　邮政编码:430070　网址:http://www.hb-mtdzkcy.com/index.php　电话:027-87831593　传真:027-87814815　E-mail:syp163@sohu.com

湖北煤炭地质一二五队　地址:湖北省宜昌市金龙路1号　政编码:443000　网址:http://www.hb125.com　电话:0717-6908125　传真:0717-6351131　E-mail:hb125@hb125.com

湖北省核工业地质调查院　地址:湖北省孝感市体育西路309号　邮政编码:432000　http://www.hb-hdz.cn/　电话:0712-2853890　传真:0712-2853845　Email:cyh65178992@sohu.com

湖北核工业岩土工程勘察设计院　地址:湖北省孝感市体育西路309号　邮政编码:432000　网址:http://www.herda.com.cn/　电话/传真:0712-2854212　Email:cyh65178992@sohu.com

中国地质大学(武汉)地质过程与矿产资源国家重点实验室　地址:湖北省武汉市洪山区鲁磨路388号　邮政编码:430074　网址:http://www.gpmr.cug.edu.cn/　电话:027-67883001　传真:027-67883002　E-mail:xllai@cug.edu.cn　dxb@cug.edu.cn

中国地质大学(武汉)生物地质与环境地质教育部重点实验室　地址:湖北省武汉市洪山区鲁磨路388号　邮政编码:430074　网址:http://www.bgeg.cug.edu.cn/　电话:027-67883452　传真:027-67883456　E-mail:jntong@cug.edu.cn

中国地质大学(武汉)岩石圈构造深部过程及探测技术教育部重点实验室/地球物质与区域资源和环境湖北省重点实验室/地球表层系统湖北省重点实验室/华中构造力学研究中心/区域地质调查研究所/青藏高原研究中心　地址:湖北省武汉市洪山区鲁磨路388号地球科学学院　邮政编码:430074　网址:http://dxy.cug.edu.cn/　电话:027-67883001　传真:027-67883002　E-mail:xllai@cug.edu.cn　dxb@cug.edu.cn

中国地质大学(武汉)构造与油气资源教育部重点实验室　地址:湖北省武汉市洪山区鲁磨路388号资源学院　邮政编码:430074　网址:http://petrolab.cug.edu.cn/　电话/传真:027-6784858　E-mail:petrolab@cug.edu.cn

中国地质大学(武汉)沉积盆地及沉积矿产研究所/数学地质遥感地质研究所　地址:湖北省武汉市洪山区鲁磨路388号资源学院　邮政编码:430074　网址:http://zyxy.cug.edu.cn/　电话:027-67883051　E-mail:xnxie@cug.edu.cn　zyb@cug.edu.cn

中国地质大学(武汉)教育部长江三峡库区地质灾害研究中心　地址:湖北省武汉市洪山区鲁磨路388号工程学院　邮政编码:430074　网址:http://www.tgrc.cug.edu.cn/　电话:027-67884006　E-mail:hmtang@cug.edu.cn

中国地质大学(武汉)城市地质工程技术研究中心/地质灾害治理研究所　地址:湖北省武汉市洪山区鲁磨路388号工程学院　邮政编码:430074　网址:http://gcxy.cug.edu.cn/　电话:027-67883124　E-mail:jianggs65@vip.sina.com

中国地质大学(武汉)环境工程研究院环境地质研究所　地址:湖北省武汉市洪山区鲁磨路388号环境学院　邮政编码:430074　网址:http://ses.cug.edu.cn/　电话:027-67883152　传真:027-87436235　E-mail:liang@cug.edu.cn　hjb@cug.edu.cn

中国地质大学(武汉)国家遥感中心地壳运动与深空探测部　地址:湖北省武汉市洪山区鲁磨路388号地球物理与空间信息学院　邮政编码:430074　网址:http://dkxy.cug.edu.cn/　电话/传真:027-67883251　E-mail:wtb@cug.edu.cn

长江大学油气资源与勘探技术教育部重点实验室/油气储层部级重点实验室/油气勘探开发研究所/沉积盆地研究中心　地址:湖北省荆州市南环路1号地球科学学院　邮政编码:434023　网址:http://dqkx.yangtzeu.edu.cn/　电话:0716-8060467　传真:0716-8069225　E-mail:rfpan@yahoo.com　xuxh6523@sina.com

三峡大学地质灾害防治研究院/三峡库区地质灾害教育部重点实验室/地质灾害防治湖北省工程技术研究中心/湖北省岩崩滑坡研究所　地址:湖北省宜昌市大学路8号　邮政编码:443002　网址:http://www1.ctgu.edu.cn/DZY/　电话:0717-6392634/6392022　E-mail:dzxk@ctgu.edu.cn

三峡大学湖北长江三峡滑坡国家野外科学观测研究站　地址:湖北省宜昌市大学路8号地质灾害防治研究院　邮政编码:443002　网址:http://210.42.38.150/ybs/　电话:0717-6792022　传真:0717-6395634　E-mail:Wangsq@ctgu.edu.cn

湖南省

中国科学院广州地球化学研究所长沙矿产资源勘查中心　地址:湖南省长沙市岳麓区桐梓坡路96号　邮政编码:410013　电话/传真:0731-88912637　E-mail:zhanggan@gig.ac.cn

中国核工业地质局二三０研究所　地址:湖南省长沙市320信箱　邮政编码:410011　电话:0731-5363230　传真:0731-5360876　E-mail:hgy230x@bog.com.cn　hgy230fat@sohu.com

湖南省国土资源规划院/湖南省地质研究所(地质勘查部、矿产资源规划部、地质环境评价部、国土资源基础研究部)　地址:湖南省长沙市芙蓉中路二段223号　网址:http://www.hngtghy.com/　电话:0731-85532673　传真:0731-85360460　E-mail:hngtghy@163.com　zhx418@163.com

湖南省地质调查研究院(基础地质分院、矿产地质分院、水工环地质分院、国土资源勘查评估中心、岩矿岩土测试中心)　地址:湖南省长沙市人民中路72号　邮政编码:410011　网址:http://www.hnsddy.com/　电话/传真:0731-85164315　E-mail:hnddy@126.com　273545893@qq.com

湖南省地质矿产勘察开发局湖南省地质勘察院　地址:湖南省长沙市人民路152号　邮政编码:410011　网址:http://www.hndk.hunan.gov.cn/　电话:0731-8516439/85160008　E-mail:hndkxf@163.com　hndkcs163.com

湖南省地质环境监测总站　地址:湖南省长沙市南大路下麻园湾40号　邮政编码:410007　网址:http://www.cigem.gov.cn/　电话/传真:0731-5161970　E-mail:xiaoyao-22852965@163.com　hndzhj@public.cs.hn.cn

湖南省地质矿产勘查开发局四0二队(矿产地质勘查院、水文地质勘查院、水文工程环境地质勘查院)　地址:湖南省长沙市雨花区体院路245号　邮政编码:410014　网址:http://www.hn402.com/　电话:0731-85596782　E-mail:hn402@sina.com　22151130@qq.com

湖南省地质矿产开发局四0三队　地址:湖南省石门县楚江镇澧阳东路4号　网址:http://www.hndk.hunan.gov.cn/　电话:0736-6530728　传真:0736-5152634　E-mail:weishangmin_403@163.com　dkrsk_403@163.com

湖南省地质矿产开发局四0五队　地址:湖南省吉首市人民南路4号　邮政编码:416007　网址:http://www.hnsdkj405.com/　电话:0743-8567268　传真:0743-8511014　E-mail:sujinping055@sina.com

湖南省地质矿产勘查开发局四0七队　地址:湖南省怀化市芷江路186号　邮政编码:418000　网址:http://www.hnsdkj407.com/　电话:0745-2221782　E-mail:dkj407@163.com　renjiaoke407@163.com

湖南省地质矿产勘查开发局四0八队/湖南省湘南工程勘察院　地址:湖南省郴州市七里大道188号　邮政编码:423000　网址:http://www.hndk408d.com/　电话:0735-2150543　E-mail:hndk498@163.com　lrk408d@yahoo.com.cn

湖南省地质矿产勘查开发局四0九队/湖南省地质勘探院(永州地质调查所、地质环境分院、测绘分院、地质勘查院永州岩土岩矿实验测试所)　地址:湖南省永州市冷水滩区零陵南路997号　邮政编码:425000　网址:http://www.hn409.com/　电话:0746-8450002　传真:0746-8450003　E-mail:cslin409@163.com　bgs8450002@yahoo.com.cn

湖南省地质矿产勘查开发局四一三队(地质调查院、地质勘察院、常德工程勘察院)　地址:湖南省常德市洞庭大道3538号　邮政编码:415000　网址:http://www.hndz413.com/　电话:0736-2566677　传真:0736-2566676　E-mail:dkj413@126.com　664177003@qq.com

湖南省地质矿产勘查开发局四一四队　地址:湖南省益阳市益阳大道(西)367号　邮政编码:413000　网址:http://www.hndk.hunan.gov.cn/　电话:0737-2615160　E-mail:lrk414@163.com

湖南省地质矿产勘查开发局四一六队(湖南省勘察测绘院、湖南省地质工程勘察院、地质矿产调查所)　地址:湖南省株洲市天元区黄河南路355号(西院)　邮政编码:412007　湖南省株洲市荷塘区向阳广场水文路168号(东院)　网址:http://www.hndk416.com/　电话:0731-22490706　传真:0731-22498705　E-mail:530798658@qq.com

湖南省地质矿产勘查开发局四一七队/湖南地质调查院衡阳所(地质矿产勘察院、湖南省城乡建设勘察院)　地址:湖南省衡阳市解放大道2号　邮政编码:421001　网址:http://www.hndk417.com/　电话:0734-8852365　传真:0734-8851151　E-mail:laohe4321@163.com　cgp00417@vip.sina.com

湖南省地质矿产勘查开发局四一八队/湖南省工程勘察院(地勘分院、工程勘察分院、测绘分院、湖南省湘中地质实验研究所、长沙分院、GIS中心)　地址:湖南省娄底市长青中街4号　邮政编码:417000　网址:http://www.hngckc.com/main.asp　电话:0738-8221001　传真:0738-8312956　E-mail:jzx418@163.com　418@hngckc.com

湖南省矿产测试利用研究所　地址:湖南省长沙市城南中路290号　邮政编码:410007　网址:http://www.hnkccs.com/　电话:0731-85168177　0731-85162940　E-mail:csslwz@163.com

湖南省勘测设计院(地环设计分院、测绘信息工程公司、水文地热勘查研究院、深圳分院、娄邵怀分院、试验检测中心） 地址：湖南省长沙市雨花区体院路245号 邮政编码：410001 网址：http://www.hnskcy.com/ 电话：0731-82904878 传真：0731-82904899 E-mail：chxg5341@126.com

湖南省有色地质勘查研究院（地球物理勘查分院、湖南省有色地质测试中心、地质勘查分院） 地址：湖南省长沙市劳动西路256号 网址：http://www.hnysdyy.com/ 电话：0731-82961025 传真：0731-82961012 E-mail：webmaster@hnysdyy.com

湖南省有色地质勘查局一总队 地址：湖南省郴州市七里大道76号 邮政编码：423000 网址：http://www.hnys001.cn/ 电话：0735-2166002 传真：0735-2152110 E-mail：hnys001@sohu.com

中化地质矿山总局湖南地质勘查院 地址：湖南省长沙市天心区青园路4号 邮政编码：410004 网址：http://www.zhhny.com/ 电话/传真：0731-85588972 E-mail：bgs5588972@sohu.com sguowen@126.com

湖南省煤炭地质勘查院（矿产地质技术部、水工环工程部、岩土工程部、矿山设计部、数字制图中心、物探测绘工程部） 地址：湖南省长沙市雨花区万家丽中路三段76号 邮政编码：410014 网址：http://4463595.71ab.com/ 电话：0731-85648634 传真：0731-85648632 E-mail：wang_junde@163.com

湖南省煤田地质局第一勘探队 地址：湖南省耒阳市五一中路153号 邮政编码：421800 网址：http://www.xkyd.net/ 电话/传真：0734-4332545 E-mail：893576046@qq.com

湖南省煤田地质局第二勘探队 地址：湖南省株洲市荷塘区新华东路1088号 邮政编码：412003 网址：http://www.mtdzj.com/ 电话/传真：0731-22496567

湖南省煤田地质局第三勘探队（矿山地质勘查院、永州市水工环地质技术有限公司、湖南基础工程公司） 地址：湖南省永州市冷水滩区珍珠路256号 邮政编码：425100 网址：http://www.mtdzj.com/ 电话：0746-8423179 传真：0746-8412471 E-mail：hnmksd@126.com

湖南省煤田地质局第五勘探队 地址：湖南省郴州市七里大道150号 邮政编码：423000 网址：http://www.mtdzj.com/ 电话/传真：0735-7519651 E-mail：1142183771@qq.com

湖南省煤田地质局第六勘探队（地勘院、测绘院） 地址：湖南省湘潭市砂子岭潭邵路72号 邮政编码：411100 网址：http://www.mtdzj.com/ 电话：0731-52317002 传真：0731-52314472 E-mail：css919@126.com

湖南省煤田地质局物探测量队（物探院、测绘工程公司、地质勘查分院） 地址：湖南省株洲市荷塘区新华东路700号 邮政编码：412003 网址：http://www.mtdzj.com/ 电话/传真：0731-22492010

湖南省核工业地质调查院（地质勘察部、地球物理勘察部、水工环部） 地址：湖南省长沙市雨花区韶山北路256号 邮政编码：412010 网址：http://www.hgddy.com/ 电话：0731-88188267 传真：0731-88188266 E-mail：ddybg@hnhgy.com.cn

湖南省核工业地质局三〇一大队 地址：湖南省长沙市雨花区中意一路977号 邮政编码：412000 网址：http://www.hgy301.com/ 电话：0731-82979968 传真：0731-82979967 E-mail：301@hgy301.com

湖南省核工业地质局三〇三大队 地址：湖南省长沙市中意二路509号 邮政编码：412000 网址：http://www.hgy303.com/ 电话：0731-88233303 传真：0731-88233683 E-mail：303@hgy303.com 303dd5471794@163.com

湖南省核工业地质局三〇四大队 地址：湖南省宁乡县玉潭镇一环北路123号 邮政编码：410600 网址：http://www.hnhgy304.com/ 电话：0731-82752006 传真：0731-82752304 E-mail：hnhgy304@126.com

湖南省核工业地质局三〇六大队 地址：湖南省衡阳市雁峰区光明路21号 邮政编码：421008 网址：http://www.hn306.com/ 电话：0734-8422529 传真：0734-8419411 E-mail：web@hy306.com

湖南省核工业地质局三一一大队 地址：湖南省岳阳县88号信箱 邮政编码：414100 网址：http://www.yy311.cn/ 电话：0730-7656025 传真：0730-7656089 E-mail：311_dadui@sina.com

中南大学勘查与基础工程研究所/地质研究所/有色资源与地质灾害探查湖南省重点实验室/有色金属成矿预测教育部重点实验室 地址：湖南省长沙市麓山南路932号地球科学与信息物理学院 邮政编码：410083 网址：http://gip.its.csu.edu.cn/ 电话：0731-88877091 传真：0731-88836783 E-mail：wwwwaa104@163.com ipge@mail.csu.edu.cn

长沙理工大学公路地质灾害研究所 地址：湖南省长沙市雨花区万家丽南路二段960号交通运输工程学

院　邮政编码:410004　网址:http://www.csust.edu.cn/pub/jyxy/　E-mail:zh2309471@yahoo.com.cn　jtxy@csust.edu.cn　电话:0731-85258575　传真:0731-85258375

湖南科技大学地质研究所　地址:湖南省湘潭市桃源路土木工程学院　邮政编码:411201　网址:http://dep2.hnust.cn:9080/tmxy/　电话:0731-58290749　E-mail:464397070@qq.com

湖南科技大学采矿工程研究所　地址:湖南省湘潭市桃源路能源与安全工程学院　邮政编码:411201　网址:http://dep.hnust.cn/power/　电话:0731-58290040

广东省

中国科学院南海海洋研究所边缘海地质重点实验室　地址:广东省广州市海珠区新港西路164号　邮政编码:510301　网址:http://www.scsio.cas.cn/　电话:020-84452227　传真:020-84451672　E-mail:zhsimd@scsio.ac.cn　hlm@scsio.ac.cn　kefuyu@scsio.ac.cn

广州地球化学边缘海地质中国科学院重点实验室　地址:广东省广州市天河区科华街511号研究所　邮政编码:510640　网址:http://www.msg.ac.cn/　电话:020-85290278　传真:020-85290278　E-mail:cdf@gig.ac.cn　jiagd@gig.ac.cn

广州地理研究所环境地质研究中心　地址:广东省广州市先烈中路100号大院　邮政编码:510070　网址:http://www.gig.gdas.ac.cn/　电话/传真:020-87685006　E-mail:hozhang@gdas.ac.cn

中国地质调查局广州海洋地质调查局(海洋区域地质调查所、海洋矿产地质调查所、海洋环境地质与工程地质调查所、海洋地质勘查技术方法所、海洋地质科学发展战略研究所、资料处理研究所、实验测试所、信息资料所)　地址:广东省广州市环市东路477号　邮政编码:510075　网址:http://www.gmgs.com.cn　电话:020-87755461　传真:020-87765102　E-mail:webmaster@hydz.cn

中国核工业地质局二九０研究所　地址:广东省韶关市29信箱　邮政编码:512026　电话:0751-8177237　传真:0751-8177270　E-mail:290x@bog.com.cn　290y@bog.com.cn

广东省地质调查院　地址:广东省广州市东风东路739号　邮政编码:510080　网址:http://www.ggs.gov.cn/　电话:020-87662150　传真:020-87693601　E-mail:gdddy02087600576@163.com　gdqlpj@qq.com

广东省地质环境监测总站　地址:广东省广州市五仙桥　网址:http://www.sdzhjjc.gov.cn/　电话:020-87705059　传真:020-87705059

广东省地质科学研究所　地址:广东省广州市东风东路739号地质大厦　邮政编码:510080　网址:http://www.gddkj.gov.cn/　电话:020-87663016　传真:020-87770204　E-mail:vipcmx126.com　gd703@163.com

广东省矿产应用研究所　地址:广东省韶关市芙蓉东路108号　邮政编码:512026　网址:http://www.gdkys.com/　电话:0751-8533177　传真:0751-8533906　E-mail:294486182@qq.com

广东省地质局珠海工程勘察院(地质调查所、测绘队)　地址:广东省珠海市香洲区梅华东路284号　邮政编码:519002　网址:http://www.zhkcy.com/　电话:0756-2263999　传真:0756-2263344　E-mail:zhgckcy@163.com　zky818@sohu.com

广东省工程勘察院/广东省地质局水文工程地质二大队(地质灾害防治研究所、广州分院、南沙分院、粤北分院、珠海分院、新方法研究所、实验与物探测试中心)　地址:广东省广州市广州大道北743号　邮政编码:510510　网址:http://www.gdsgky.com/　电话:020-87638813　传真:020-87647880　E-mail:gdsgky@126.com

广东省化工地质勘查院(地质勘查所、地质环境所、测绘分院)　地址:广东省广州市花都区云山大道24号宾馆新村二幢　网址:http://www.gdhky.com/　电话:020-86812419　传真:020-86830404　E-mail:gdhky@21cn.com　yhmhd@163.com

深圳市地质调查院(地质调查所、环境地质所)　地址:广东省深圳市罗湖区宝岗路7号　邮政编码:518023　网址:http://www.szdj.com.cn/dizhidiaocha/　电话:0755-82666427　传真:0755-82666388　E-mail:szddy2011@126.com

深圳市地质环境监测站　地址:广东省深圳市罗湖区宝岗路7号　邮政编码:518023　网址:http://www.szdj.com.cn/dizhihuanjing/　电话:0755-82666333　传真:0755-82666388　E-mail:szjcz2011@126.com

广东省地质勘查局七０三地质大队　地址:广东省惠州市惠城区鹅岭南路101号　邮政编码:516008

网址:http://www.gddz703.cn/　电话:0752-2275709　传真:0752-2275824　E-mail:gd703@163.com

广东省地质勘查局七○四地质大队/湛江地质工程勘察院(地质调查所、勘察院、测绘院)　地址:广东省湛江市椹川大道南18号　邮政编码:524018　网址:http://www.sclw.com　电话:0759-13828257704　E-mail:mlvss@163.com

广东省地质勘查局七○五地质大队/中山地质工程勘察院　地址:广东省韶关市北江路　网址:http://www.dk705.cn/　电话:0751-8250522　传真:0751-8222942

广东省地质勘查局七○六地质大队/韶关地质工程勘察院　地址:广东省韶关工业西芙蓉二路嘉兴楼　网址:http://www.sggk.com.cn/　电话:0751-8130719　传真:0751-8130728　E-mail:706rs@21cn.com

广东省地质勘查局七一九地质大队/肇庆地质工程勘察院　地址:广东省肇庆市梅庵路9号　邮政编码:526020　网址:http://www.gd719.com/　电话:0758-2859719　传真:0758-2824224　E-mail:gddk719@163.com　79106711@qq.com

广东省地质勘查局七二二地质大队　地址:广东省汕头市护堤路30号　邮政编码:515021　电话:0754-8224215　传真:0754-8224215　E-mail:stxqm@126.com

广东省地质勘查局七二三地质大队(矿产地质勘查研究所、水文工程地质环境地质勘查研究所、地质技术开发研究所、工程勘察院、测绘公司)　地址:广东省梅州市环市路平远路口地质大厦　邮政编码:514089　网址:http://www.gd723.com/　电话:0753-2130816　传真:0753-2201898　E-mail:723@gd723.com

广东省地质勘查局七五六地质大队　地址:广东省惠州市惠东县平山镇广汕路107号　邮政编码:516300　网址:http://www.wells756.com/　电话:0752-8876756　传真:0769-87186148　E-mail:rsk-zhang@yahoo.com.cn　z22516736@163.com

广东省地质勘查局七五七地质大队/江门地质工程勘察院　地址:广东省江门市河南中沙41号　邮政编码:529040　网址:http://www.757dz.com/　电话:0750-3892103　传真:0750-3813477　E-mail:jmdzdd@jm-swsf.com　li@757dz.com

广东省佛山地质局区域地质调查所/地质工程勘察院/地质测绘技术研究所/计算机制图中心　地址:广东省佛山市禅城区卫国路43号地质大厦　邮政编码:528000　网址:http://www.fsdzj.gov.cn/　电话:0757-83032816　传真:0757-83320333　E-mail:fsdzj@163.com

广东省地质勘查局水文工程地质一大队(地质调查所、地质灾害防治分队、地质测绘分队、地球物探分队)　地址:广东省湛江市赤坎区康宁路51号　邮政编码:524049　网址:http://www.E-water.com.cn/　电话:0759-3633808　传真:0759-3633809　E-mail:super2005@E-water.com.cn

广东省有色金属地质勘查局地质勘查研究院(粤东分院、粤西分院、粤北分院、物化测分院、水工环地质分院、地质实验测试中心)　地址:广东省广州市东风东路745号　邮政编码:510080　网址:http://www.gdysdy.com/　电话:020-87312082　传真:020-87312065　E-mail:gdysdyy@126.com

广东省有色金属地质勘查局地质工程中心(水工环地质调查研究所、地质灾害防治研究所、矿产勘查研究所、矿产地质研究所、矿山地质环境研究所)　地址:广东省广州市东风东路745号　邮政编码:510080　网址:http://www.ysdzzx.com/　电话:020-87312363　E-mail:gdjdjs@163.com

广东有色工程勘察设计院　地址:广东省广州市东风东路745号　邮政编码:510080　网址:http://www.gdyskc.cn/　电话:020-87312210　传真:020-87312235　E-mial:yskcsjy@gdcic.net　yskcsjy@126.com

广东省有色金属地质局九三一队　地址:广东省汕头市金平区金环路60号　邮政编码:515000　网址:http://www.gdys931.com/　电话:0754-83296931　传真:0754-88241044　E-mail:ysdk931@126.com

广东省有色金属地质局九三二队　地址:广东省韶关市新华北路38号　邮政编码:512026　网址:http://www.gdys932.com/　电话:0751-8760518　传真:0751-8774540　E-mail:ge932@126.com

广东省有色金属地质勘查局九三三队　地址:广东省肇庆市端州区明珠路26号　邮政编码:526000　网址:http://www.ysj933.com/　电话:0758-2783112　传真:0758-2785311　E-mail:ysj933d@163.com

广东省有色金属地质局九三五队　地址:广东省惠州市惠城区下角大中堂一号　邮政编码:516001　网址:http://www.gdys935.com/cn/　电话:0752-2224024　传真:0752-2661853　E-mail:leicome@gmail.com

广东省有色金属地质局九三八队　地址:广东省惠州市小金口金泉路65号　邮政编码:516000　网址:

http://www.gdys938.com/　电话:0752-2290938　E-mail:master@gdyS938.com　ys938rsk@163.com

广东省有色金属地质局九四０队(矿产地质所、环境地质所、分析测试所、物化探所、地灾防治所、测量分队)　地址:广东省清远市清城区横荷街38号　邮政编码:511520　网址:http://www.gds940.com/　电话:0763-3373725　E-mail:gdcltx@163.com　wongshimei@126.com

广东省核工业地质局二九一大队　地址:广东省韶关市乳源瑶族自治县鹰峰东路　网址:http://whhqq.b2b.hc360.com/　电话:0751-5362889　传真:0751-5361866

广东省核工业地质局二九二大队　地址:广东省河源市18号信箱邮政编码:517001　电话:0762-3391207　传真:0762-3391168　E-mail:hy292ldb@163.com

广东省核工业地质调查院　地址:广东省韶关市武江区芙蓉北路70号　邮政编码:512028　网址:http://www.gdhgy.org.cn　电话:0751-6100508　传真:0751-8731049　E-mail:ddy296@163.com

广东煤炭地质局勘查院　地址:广东省广州市越秀区东风西路140号东方金融大厦　邮政编码:510170　网址:http://www.ccggd.com/　电话:020-86326603　E-mail:104078449@qq.com

广东煤炭地质二０二勘探队　地址:广东省广州市花都区紫薇路豪景苑38-45号　邮政编码:510800　网址:http://www.ccggd.com/　电话:020-86891732　传真:020-86891293　E-mail:202rsk@163.com

广西壮族自治区

中国地质科学院岩溶地质研究所　地址:广西桂林市七星路50号　邮政编码:541004　网址:http://www.karst.ac.cn/　电话:0773-5812442　传真:0773-5813708　E-mail:rjc@karst.ac.cn

中国地质科学院联合国科教文组织国际岩溶研究中心　地址:广西桂林市七星路50号岩溶地质研究所　邮政编码:541004　网址:http://www.irck.edu.cn/　电话:0773-5837845　E-mail:luqian@karst.ac.cn　dxywan@karst.edu.cn

中国地质科学院岩溶动力学国土资源部/广西自治区重点实验室　地址:广西桂林市七星路50号岩溶地质研究所　邮政编码:541004　网址:http://www.karst.edu.cn/　电话:0773-5821590　传真:0773-5837845　E-mail:zliu@karst.edu.cn　jhcao@karst.edu.cn

中化地质矿山总局广西地质勘查院　地址:广西南宁市西乡塘区秀厢大道东段36号　邮政编号:530001　网址:http://www.gxdky.com/　电话:0771-2232868　传真:0771-2232916　E-mail:guangxi@china-gmgb.com

中国冶金地质总局中南局南宁地质调查所　地址:广西南宁市新竹路41号　邮政编号:530022　电话:0771-5880458　E-mail:ddnns@sina.cn

中国有色金属桂林矿产地质研究院(中国有色金属矿产地质调查中心桂林地质调查所、有色金属桂林矿产地质测试中心、广西环境保护技术开发中心、矿产地质研究所、资源环境研究所、地质灾害防治研究所、资源综合利用研究所所、成矿机理与矿物材料开发重点实验室)　地址:广西桂林市辅星路2号　邮政编号:541004　网址:http://rigm.ac.cn/　电话:0773-5839305　传真:0773-5813531　E-mail:mojiping@21cn.com　gczx2008@gmail.com

广西区域地质调查研究院　地址:广西桂林市象山区环城南二路6号　邮政编码:541003　网址:http://www.gxdkj.com/qydzdc.htm　电话/传真:0773-3602374　E-mail:gxqdybgs@gx163.net

广西地质勘查总院(综合勘查院、水工环地质勘查院、广西遥感中心)　地址:广西南宁市建政路一号　邮政编码:530023　网址:http://www.gxdkj.com/dzkczy.htm　电话:0771-5654719　传真:0771-5622001　E-mail:gxddy@163.net

广西地质环境监测总站　地址:广西桂林市环城南一路12号　邮政编码:541004　网址:http://www.gxdzhj.gov.cn/　电话:0773-5815473

广西地质矿产测试研究中心　地址:广西南宁市建政路一号　邮政编码:530023　网址:http://www.gxdkj.com/dzkczy.htm　电话/传真:0771-5624652　E-mail:gxdzsys@163.com

广西地质矿产勘查开发局第一地质队　地址:广西桂林市西城区金水路　邮政编码:541100　电话:0773-5592583　传真:0773-5591023　E-mail:lrj-5978@vip.163.com

广西地质矿产勘查开发局第四地质队　地址:广西南宁市五一西路20号　邮政编码:530031　电话:

0771-4986708　传真:0771-4985471　E-mail:Gxsd_888999@163.com

广西地质矿产勘查开发局第六地质队　地址:广西贵港市七里桥广西第六地质队　邮政编码:537100　电话:0775-4568601　传真:0775-4568126　E-mail:gxdldzd@vip.163.com

广西地质矿产勘查开发局第七地质队　地址:广西柳江县拉堡镇柳堡路3号　邮政编码:545100　电话:0772-7216370　传真:0772-7213306　E-mail:qdbgs@tom.com

广西地质矿产勘查开发局第二七一地质队　地址:广西桂林市临桂县榕山路44号　邮政编码:541100　电话:0773-5581398　传真:0773-6921011　E-mail:dizhidui271@tom.com.cn

广西地质矿产勘查开发局第二七二地质队　地址:广西南宁市江南区槎路262号　邮政编码:530031　电话/传真:0771-4889855　E-mail:gx272dui@163.com

桂林理工大学隐伏矿床研究所/地质调查研究所/矿产资源勘查与经济评价研究所/地质灾害勘察设计研究所/有色及贵金属隐伏矿床勘查教育部工程研究中心/地质工程中心广西高校重点实验室　地址:广西桂林市建干路12号地球科学学院　邮政编码:541004　网址:http://departs.glite.edu.cn/zhx/　电话:0773-5896341　传真:0773-5897019　E-mail:fzh@glite.edu.cn　dyz@glite.edu.cn　dxy@glite.edu.cn

海南省

海南省地质调查研究院/省遥感中心　地址:海南省海口市南沙路49号　邮政编码:570206　网址:http://geo.hainan.gov.cn/　电话:0898-66567278　E-mail:fuyingxian_2004@163.com

海南省地质调查院/省地质综合勘察院　地址:海南省海口市南沙路88号　邮政编码:570206　电话:0898-66823650　E-mail:hai6882@126.com　hngeo@public.hk.hi.cn

海南省环境地质勘察院/三亚水文地质工程地质勘察院　地址:海南省三亚市河东一路13号　邮政编码:572000　电话:0898-88272132　传真:0898-88282721　E-mail:Xiong885@163.com

海南省基础地质工程院　地址:海南省海口市南沙路88号　邮政编码:570206　电话:0898-66823815　E-mail:hndz66823815@163.com

海南省地质测试研究中心　地址:海南省海口市南沙路88号　邮政编码:570206　电话:0898-66872673　传真:0898-66804065　E-mail:hnglab@tom.com

海南省资源环境调查院　地址:海南省海口市南沙路49号　邮政编码:570206　电话:0898-66567229　传真:0898-6650319　E-mail:hndkjdcy@163.com

海南省水文地质工程地质勘察院　地址:海南省海口市红城湖路115号水工大厦　邮政编码:571100　网址:http://www.hnssgy.com/　电话:0898-65886339　传真:0898-65881108　E-mail:66823308@163.com　112473404@qq.com

海南省九三四地质大队　地址:海南省昌江黎族自治县地质路　邮政编码:572700　电话:0898-26673430　E-mail:hndikan@sina.com

海南省核工业地质工程勘察院　地址:海南省海口市凤翔西路26号　邮政编码:571100　电话:0898-65907584　传真:0898-65952178　E-mail:hnhg7584@sina.com

海南有色工程勘察设计院　地址:海南省海口市新华区金地路1号　邮政编码:570206　http://www.atobo.com.cn/　电话:0898-66819950　E-mail:geo@hainan.gov.cn

海南省地质环境监测总站　地址:海南省海口市红城湖路115号水工大厦　邮政编码:571100　网址:http://www.cigem.gov.cn/　电话:0898-66813165　传真:0898-66827446　E-mail:hujian168@263.net　mkh701003@yahoo.com.cn

重庆市

重庆市地质调查院　地址:重庆市北部新区春兰三路1号　邮政编码:401121　网址:http://www.cqdkj.com/　电话:023-63023899　E-mail:dkmaster@cqdkj.com　cqdkj@cqdkjc.com

重庆市地质灾害防治工程技术研究中心　地址:重庆市渝州路79号解放军后勤工程学院　邮政编码:400041　网址:http://www.cqdzfz.com/　电话:023-68756068　传真:023-68750581　E-mail:zyrwjl@263.net;cqdzzx@263.net

重庆市地质环境监测总站　地址:重庆市渝中区人和街华福巷30号科普大厦4楼　邮政编码:400015

电话:023-63651370　传真:023-63651419　E-mail:cqzz@ mail. sxdzfz. gov. cn

重庆地质矿产研究院(一所、三所、四所、六所、七所、八所、九所、测试中心、页岩气所、资源与环境研究所、遥感所、物探所)　地址:重庆市渝中区大坪长江二路177-9号　邮政编码:400042　网址:http://cqdky.com/　电话:023-88316363　传真:023-88316122　E-mail:dikuangyuan1953@ 163. com

重庆地质矿产研究院外生成矿与矿山环境重庆市重点实验室　地址:重庆市渝中区大坪长江二路177-9号　邮政编码:400042　网址:http://www. cklemme. com/　电话:023-88316075　传真:023-88316373　E-mail:dikuangyuan1953@ 163. com

重庆市地质矿产勘查开发局一〇七地质队(重庆江北地质工程勘察院、测绘院)　地址:重庆市渝北区渝航路四巷　邮政编码:401120　电话/传真:023-67822502　E-mail:dizhidui_107@ sina. com

重庆市地质矿产勘查开发局二〇五地质队(地质调查院、工程勘察院)　地址:重庆市永川区渝西支路19号　邮政编码:402160　电话:023-49862515　传真:023-49866405　E-mail:cq205bgs@ cq139. com

重庆市地质灾害防治工程勘查设计院　地址:重庆市北碚区劳动村10号　邮政编码:400700　电话:023-68282063　E-mail:cqdzsjy@ 163. com

重庆市地勘局二〇八水文地质工程地质队(重庆市地科工程勘察设计院、水工环地质调查院)　地址:重庆市北碚区劳动村10号　邮政编码:400700　电话:023-68282013　传真:023-68863853　E-mail:cq208dzd@ sina. com

重庆市地质矿产勘查开发局六〇七地质队　地址:重庆市巴南区南泉镇解放桥村12号　邮政编码:400056　网址:http://www. 607. com. cn/　电话:023-62848203　传真:023-62847135　E-mail:607bgs@ 607. com. cn　607@ 607. com. cn　607@ sina. com

重庆市地勘局川东南地质大队(勘察院、地调院、测绘院)　地址:重庆市沙坪坝区晒光坪81号　邮政编码:400038　电话:023-65731028　传真:023-65732459　E-mail:landier@ 126. com

重庆市地勘局南江水文地质工程地质队/南江地质工程勘察院(岩土设计分院、测绘分院、西藏分院、四川分院、南江地热勘探开发设计研究院)　地址:重庆市渝北区松树桥红石路98号　邮政编码:401147　网址:http://www. cqnj. com. cn/　电话:023-67615821　传真:023-86061388　E-mail:cqnanjiang@ 163. com　office@ cqnj. com. cn

重庆交通大学滑坡治理技术研究开发所　地址:重庆市南岸区学府大道66号河海学院　邮政编码:400074　网址:http://www2. cqjtu. edu. cn/hhxy/　电话:023-62652714　传真:023-62650204　E-mail:hhxl@ cquc. edu. cn　hhxy@ cqjtu. edu. cn

重庆三峡学院地质灾害研究所　地址:重庆市万州沙龙路二段780号建筑工程系　邮政编码:404000　网址:http://jgx. sanxiau. edu. cn/　电话:023-58102281

四川省

中国地质科学院探矿工艺研究所地质灾害防治工程研究开发中心　地址:四川省成都市一环路北二段1号　邮政编码:610081　网址:http://www. cgiet. com/　电话:028-83172893　传真:028-83179249　E-mail:zlz@ cgiet. com

中国地质科学院矿产综合利用研究所　地址:四川省成都市二环路南三段5号　邮政编码:610041　网址:http://www. imumr. cn　电话:028-85592163　传真:028-85594582　E-mail:zhslxw@ 263. net　zhsce@ vip. 163. com　zihuan@ imumr. cn

中国地质调查局成都地质调查中心/成都地质矿产研究所　地址:四川省成都市一环路北三段2号　邮政编码:610081　网址:http://www. chengdu. cgs. gov. cn　电话:028-83231706　传真:028-83231057　E-mail:cdcgs2011@ 163. com

四川省地质调查院(资源开发研究所、地球物理勘查评价所、岩矿测试所)　地址:四川成都市人民北路一段25号　邮政编码:610081　网址:www. scddy. sina. com. cn　电话:028-83230093　传真:028-83375534

四川省地质环境监测总站　地址:四川省成都市人民北路一段25号　邮政编码:610081　网址:http://www. sczz. gov. cn/　电话:028-83229726　E-mail:semc@ scemc. cn

四川省地质矿产勘查开发局地质矿产科学研究所　地址:四川省成都市人民北路一段1号　邮政编码:

610081　电话:028-8383231231

四川省地质矿产勘查开发局应用地球物理研究所　地址:四川省西昌市三岔口东路45号　邮政编码:615000　电话:0834-2164043

四川省地质矿产勘查开发局区域地质调查队(区域地质调查所、生态环境旅游资源调查所、岩矿测试中心、资源工程勘察院、四川地质公园与地质遗迹调查评价中心)　地址:四川省成都市双流县华阳街道通济桥下街198号　邮政编码:610213　网址:http://www.scqd.com/　电话:028-85642060　传真:028-85642076　E-mail:scqdmail@163.com

四川省地质矿产勘查开发局成都水文地质工程地质中心　地址:四川省成都市一环路北二段3号　邮政编码:610081　电话:028-83181555　E-mail:hdgszyd@163.com

四川省地质工程勘察院/四川省地质矿产勘查开发局成都水文地质工程地质队　地址:四川省成都市西青路119号　邮政编码:610072　网址:http://www.scsdky.com/　电话:028-87776115　传真:028-87768542　E-mail:rsk322@126.com　scdk@vip.sina.com

四川省地质矿产勘查开发局成都综合岩矿测试中心(测试所、矿产研究所、岩土和物料检测所)　地址:四川省成都市人民北路一段25号　邮政编码:610081　网址:http://www.dkcs.com.cn/　电话:028-83226097　传真:028-83221597　E-mail:ccxz123@vip163.com

四川省地质矿产勘查开发局物探队(物化探院、地质勘探院、地质环境评价中心、资源与环境研究所)　地址:四川省成都市金牛区西安路街道西安路枣子巷15号　邮政编码:610072　网址:http://www.scwtd.com/　电话/传真:028-87750686　E-mail:123143660@qq.com　duizhang@scwtd.com

四川省地质矿产勘查开发局化探队/德阳地质勘察院　地址:四川省德阳市天山南路2段79号　邮政编码:618000　网址:http://www.scshtd.com/　电话:0838-2508605　传真:0838-2511708　E-mail:htdbs@sina.com

四川省地质矿产勘查开发局一〇一地质工程队/四川省地质工程集团公司/地质矿产研究所　地址:四川省广汉市安阳路28号　网址:http://www.sc-101.cn/　http://www.scdzjt.cn　电话:0838-5223121　传真:0838-5252680　E-mail:CD101@163.com

四川省地质矿产勘查开发局一〇六地质队　地址:四川省成都市温江区柳城大道西段6号　邮政编码:611130　电话/传真:028-82724833　E-mail:scdzj-106@163.com

四川省地质矿产勘查开发局一〇八地质队(地调所、测绘院、矿产资源勘查院)　地址:四川省崇州市金带街199号　邮政编码:611230　网址:http://www.108dzd.com/　电话:028-82272562　传真:028-82277719　E-mail:scdk108@163.com

四川省地质矿产勘查开发局一〇九地质队(地质调查所、地质矿产所、蜀都地质工程勘察院、测绘院)　地址:四川省成都市龙泉驿区长柏路108号　邮政编码:610100　网址:http://www.sc109.com/　电话:028-84884083　传真:028-84854877　E-mail:109dzd@163.com　qibao@vip.163.com　qianqiandandan_413@163.com

四川省地质矿产勘查开发局一一三地质队/泸州地质勘察院(地质调查所、物探所、制图中心)　地址:四川省泸州市江阳区江阳南路21号　邮政编码:646000　网址:http://www.sc113.com/　电话:0830-3195124　传真:0830-3197661　E-mail:Scsdkj113dzd@mail.luzhou.net

四川省地质矿产勘查开发局二〇二地质队(宜宾地质工程勘察院、四川省地质工程集团公司二〇二分公司、宜宾地质调查院、宜宾地质矿产环境规划院、宜宾地矿检测中心)　地址:四川省宜宾市南岸叙府路18号　邮政编码:644002　网址:http://www.sc202.com/　电话:0831-2330085　传真:0831-2326062　E-mail:abbcjy202@sina.com　Y0560B@163.com

四川省地质矿产勘查开发局四〇二地质队/蜀西地质工程勘察院(地质调查所、资源环境规划院、物化探所、测绘公司)　地址:四川省成都郫县成灌西路45号　邮政编码:611730　网址:http://www.sc402.com/　电话:028-69507198　传真:028-87910622　E-mail:scsxpx@163.com　308870938@qq.com

四川省地质矿产勘查开发局四〇三地质队/峨眉山地质工程勘察院(地质调查所、物探所、测绘所)　地址:四川省峨眉山市兴隆街1号　邮政编码:614200　网址:http://www.sc403.com/　电话:0833-5060403　传

真:0833-5522825　E-mail:403dds@163.com　403dzdbgs@163.com

四川省地质矿产勘查开发局四0五地质队(资源调查所、工程地质勘察院、测绘院、地质调查院、环境工程院)　地址:四川省成都市都江堰市奎光路250号　邮政编码:611830　网址:http://www.sc405.com/　电话/传真:028-87285217　E-mail:djy405@vip.sohu.com　kcy888@sina.com

四川省地质矿产勘查开发局九0九水文地质工程地质队(工程勘察设计院、岩土监测中心、物探测绘所)　地址:四川省江油市江东路18号　邮政编码:621701　网址:http://sc909.com/　电话:0816-3306401　传真:0816-3305494　E-mail:sc909@sc909.com　twp@sc909.com

四川省地矿局九一五水文地质工程地质队(水工环院、勘察院、工程勘察院)　地址:四川省眉山市东坡区苏祠路132号　邮政编码:620010　网址:http://www.sc915.com/　电话/传真:028-38183918　E-mail:sc915@163.com

四川省地质矿产勘查开发局川西北地质队(地质调查研究所、地质矿产资源调查所、地质矿产勘查院、矿产资源勘查开发院)　地址:四川省绵阳市剑门路西段88号　邮政编码:621000　网址:http://www.cxbdz.com/　电话:0816-2363823　传真:0816-2361879　E-mail:chuanxbsky@126.com

四川省冶金地质勘查院(成都分院、601分院、昆明分院、拉萨分院、测试中心、信息中心、地质灾害工程分院、成都西南院冶金测量工程公司、物探分院)　地址:四川省成都市建设北路三段109号　邮政编码:610051　网址:http://www.simge.com.cn/　电话:028-83242101　传真:028-83252595　E-mail:scdzkcy@163.com　601dgb@163.com　cqm999@163.net　xxzx@simge.com.cn

四川省冶金地质勘查局成都地质调查所　地址:四川省成都市双流县彭镇交通路4号　邮政编码:610203　电话:028-85850120　028-85850217

四川省冶金地质勘查局水文工程大队　地址:四川省成都市郫县一里东街249号　邮政编码:610501　网址:http://www.scswd602.com/　电话:028-83081975　传真:028-86101363　E-mail:scjswd602@163.com

四川省冶金地质勘查局六0一大队(地质勘察院、地质院、测绘队、测试化验所)　地址:四川省攀枝花市大道南段754号　邮政编码:617027　网址:http://www.scyk601.com/　电话:0812-2260614　传真:0812-2260129　E-mail:pzh601dd@163.com　xiegejun2005@163.com

四川省冶金地质勘查局六0五大队(地质勘察院、地球物理地球化学勘察院、水工环地质工作部、四川冶金地质岩矿测试所)　地址:四川省彭山县凤鸣镇凤鸣北路377号　邮政编码:620860　网址:http://www.605gerd.com/　电话:0833-7628426　E-mail:admin@605gerd.com　Sc605zhujiaFu@hotmail.com

四川省冶金地质勘查局六0六大队　地址:四川省彭州市天彭镇新民西街19号　邮政编码:611930　网址:http://www.dk606.com/　电话:028-83708171　E-mail:yingxuE-1966@163.com

四川省煤田地质工程勘察设计研究院(地质工程所、岩土测绘所、瓦斯地质所、科源工程技术测试中心、煤田工程物探研究所)　地址:四川省成都市青华路38号　邮政编码:610072　网址:http://www.scmtdky.com/　电话:028-87315214　E-mail:scmtdky2007@126.com

四川省煤田地质局一三五队(地质勘察院、测绘院)　地址:四川省泸州市江阳西路20号　邮政编码:646000　网址:http://www.lz135.com/　电话:0830-3106097　传真:0830-3111482　E-mail:lz135@vip.163.com

四川省煤田地质局一三七队(地质矿产研究院、勘察公司、测绘公司)　地址:四川省达州市华蜀南路200号　邮政编码:636006　网址:http://www.dz137.com/　电话:0818-2677137　传真:0818-2658844　E-mail:137dzd@163.com　597599245@qq.com

四川省煤田地质局一四一队　地址:四川省德阳市汉江路116号　邮政编码:618000　网址:http://www.sc141.cn/　电话:0838-2828567　E-mail:sc141@126.com

四川省煤田测绘工程院地质工程所　地址:四川省成都市青华北二街4号　邮政编码:610072　网址:http://www.scmtchy.com/　电话/传真:028-87342210　E-mail:scmtchy@163.com

四川省煤田物探工程院(地震所、工程所、找矿所、矿业开发所、测井公司)　地址:四川省成都市青华路39号　邮政编码:610072　网址:http://www.scmtdz.gov.cn/　电话:028-87326444　E-mail:498654584@qq.com　scwtgs@vip.163.com

核工业西南地质调查院/四川省核工业地质调查院(测绘分院、新疆分院、地质灾害防治中心、地质信息技术中心)　地址:四川省成都市二环路东四段298号　邮政编码:610021　网址:http://www.scng.cn/　电话:028-66035881　传真:028-66035808　E-mail:hdrok@126.com。

四川省核工业地质局二八一大队　地址:四川省西昌市长安中路40号　邮政编码:615000　网址:http://www.schdz281.com/　电话:0834-3246208　传真:0834-3244650　E-mail:schdz281@163.com　123456@123.com

四川省核工业地质局二八二大队　地址:四川省德阳市天山南路二段95号邮政编码:618000　网址:http://www.he282.com/　电话:0838-3082608　传真:0838-2506274　E-mail:h282bgs@sina.com

四川省核工业地质局二八三大队　地址:四川省达州市通川区肖公庙路375号　邮政编码:635000　网址:http://www.ch283.cn/　电话:0818-2388857　传真:0818-2371632　E-mail:shd283@163.com

核工业西南工程勘察设计院　地址:四川省成都市二环路东四段298号　邮政编码:610061　网址:http://www.sccnnc.com/　电话:028-84540365　传真:028-84540362　E-mail:cnnc@vip.163.com

四川省矿产资源与环境可持续发展研究中心(四川省教育厅人文社会科学研究基地)　地址:四川省成都市成华区二仙桥东三路1号成都理工大学管理科学学院　邮政编码:610059　网址:http://www.kckcx.cdut.edu.cn/　电话:02884076697　E-mail:companyname@ourmail.com　kczyyj@163.com

成都理工大学油气藏地质及开发工程国家重点实验室　地址:四川省成都市成华区二仙桥东三路1号　邮政编码:610059　网址:http://www.sklg.cdut.edu.cn/　电话:028-84079071　E-mail:petrolab@cdut.edu.cn　lzy@cdut.edu.cn

成都理工大学地质灾害防治与地质环境保护国家/国土资源部/四川省重点实验室　地址:四川省成都市二仙桥东三路1号环境与土木工程学院　邮政编码:610059　网址:http://www.sklgp.com/　电话:028-84073193　E-mail:hrq@cdut.edu.cn　ltb@cdut.edu.cn

成都理工大学沉积地质研究院(资源与环境研究所、沉积盆地研究所、地层古生物研究所、中石化—成都理工大学海相沉积与储层研究联合实验室、青藏高原大陆动力学国土资源部重点开放实验室)　地址:四川省成都市二仙桥东三路1号　邮政编码:610059　网址:http://www.iosg.cdut.edu.cn/sys/　电话/传真:028-84078992　E-mail:zhaob@cdut.edu.cn　lixh@cdut.edu.cn

成都理工大学数学地质四川省重点实验室　地址:四川省成都市二仙桥东三路1号信息科学与技术学院　邮政编码:610059　网址:http://www.geomath.cdut.edu.cn/　电话/传真:028-84073610　E-mail:geomath2012@163.com

成都理工大学地球探测和信息技术省部共建教育部重点实验室　地址:四川省成都市二仙桥东三路1号　邮政编码:610059　网址:http://www.leeit.cdut.edu.cn/　电话:028-84079058　E-mail:hexl@cdut.edu.cn

成都理工大学地质调查研究院(地质调查中心、环境地质调查中心、地质矿产调查中心、遥感地质调查中心、地球化学勘查中心、地球物理勘查中心、岩矿鉴定与岩矿测试中心)　地址:四川省成都市二仙桥东三路1号　邮政编码:610059　网址:http://www.igs.cdut.edu.cn/　电话/传真:028-84073589　E-mail:ddy@cdut.edu.cn

成都理工大学生态环境地质研究所　地址:四川省成都市二仙桥东三路1号环境与土木工程学院　邮政编码:610059　网址:http://hgy.cdut.edu.cn/colloge/　电话:028-84077988　E-mail:ltb@geohp.com

成都理工大学深部构造研究所/数字国土与生态科学研究所/资源开发与评价研究所　地址:四川省成都市二仙桥东三路1号地球科学学院　邮政编码:610059　网址:http://www.ces.cdut.edu.cn/　E-mail:xuguanli09@cdut.cn

成都理工大学复杂油气藏地球物理研究所/地球物理软件研究所/空间信息技术研究所/深部地球物理研究所　地址:四川省成都市二仙桥东三路1号地球物理学院　邮政编码:610059　网址:http://www.cog.cdut.edu.cn/　电话:028-84078869　E-mail:wxb@cdut.edu.cn

成都理工大学非常规油气资源研究所/油气增产及提高采收率研究所　地址:四川省成都市二仙桥东三路1号能源学院　邮政编码:610059　网址:http://www.energy.cdut.edu.cn/　电话:028-84079005　E-mail:xgs@cdut.edu.cn　lihuab1111@163.com

西南科技大学非金属矿产地质及其开发利用四川省高校重点实验室　　地址:四川省绵阳市涪城区青龙大道中段59号环境与资源学院　邮政编码:621010　网址:http://www.hzxy.swust.edu.cn/　电话:0816-6084632　E-mail:wy@boxn.cn

西南石油大学油气藏地质及开发工程国家重点实验室/天然气开发教育部工程研究中心/中国石油天然气集团公司特殊气藏开发重点研究室/天然气开采四川省高校重点实验室　　地址:四川省成都市新都区新都大道8号石油工程学院　邮政编码:610500　网址:http://sgy.swpu.edu.cn/　电话/传真:028-83037007　E-mail:swpusygc@126.com

西南石油大学构造与盆地研究所/碳酸盐岩研究所/油气藏地质研究所/复杂地震—地质勘探技术联合研究所/天然气地质四川省高校重点实验　　地址:四川省成都市新都区新都大道8号资源与环境学院　邮政编码:610500　网址:http://zhy.swpu.edu.cn/　电话:028-83032057　E-mail:nchujun@sina.com　goowell@gmail.com

贵州省

贵州省地质调查院(基础地质调查部、水工环调查部、物化遥调查部、矿产地质调查评价部、综合研究室、地质信息中心)　　地址:贵州省贵阳市中华北路164号　邮政编码:550004　网址:http://gzddy.com/　电话:0851-3930069　传真:0851-3922738　E-mail:gzddybgs@163.com　gzddyhw@126.com

贵州省区域地质调查研究院/贵州地质矿产勘查开发局一〇八地质队　　地址:贵州省贵阳市南明区富源南路464号　邮政编码:550005　网址:http://www.gzdk.com/　电话:0851-3931600　传真:0851-3929049　E-mail:gzdk_108@126.com

贵州省地质环境监测院/贵州省环境地质研究所　　地址:贵州省贵阳市中华北路164号五矿大厦15层　邮政编码:550008　网址:http://www.gzdzhj.com/　电话/传真:0851-6828258　E-mail:Gzjczh@sina.com

贵州地质工程勘察院/贵州地质矿产勘查开发局十一地质队(基础调查部、社会勘探部、工程勘察部、地热开发部、岩土测试部)　　地址:贵州省贵阳市百花大道5号　邮政编码:550008　网址:http://www.gzdk111.com/　电话:0851-4842848　传真:0851-4842205　E-mail:aaa@gzdk111.com

贵州省第二地质工程勘察院/贵州地质矿产勘查开发局一一四地质队(物探工程部、水勘工程部、测量工程部、地热工程部、工勘工程部、探矿工程部、实验测试中心、图文信息中心)　　地址:贵州省遵义市红花岗区海尔大道　邮政编码:563000　网址:http://www.gzdk114.com/　电话/传真:0852-8428114　E-mail:gzdk114@163.com

贵州省地质矿产勘查开发局一〇一地质大队(测绘院、地质勘察院、地质环境评价中心)　　地址:贵州省凯里市红州路53号　邮政编码:556000　网址:http://www.gzdk101.cn/　电话:0855-8366101　传真:0855-8237074

贵州省地质矿产勘查开发局一〇二地质大队(地质勘查一院、地质勘查二院、测绘院、钻探工程施工部)　　地址:贵州省遵义市汇川区董公寺镇飞来石　邮政编码:563003　网址:http://www.gzdk102.com/　电话:0852-8631051　传真:0852-8631054　E-mail:102duiban@sina.com　gzdk102dzxx@163.com

贵州省地质矿产勘查开发局一〇三地质大队(地质勘查院、工程勘察院、测绘院、物探院、黔东地矿测试中心)　　地址:贵州省铜仁市共青路162号　邮政编码:554300　网址:http://www.gz103.cn/　电话:0856-5216333　传真:0856-5280316　E-mail:gzdk103@163.com

贵州省地质矿产勘查开发局一〇四地质大队　　地址:贵州省都匀市蟒山路5号　网址:http://www.gzdk104.com/　电话:0854-8222878　传真:0854-8251048　E-mail:gzdk104@yahoo.com.cn

贵州省地质矿产勘查开发局一〇五地质大队　　地址:贵州省贵阳市乌当区新添大道114号　邮政编码:550018　网址:http://www.gzdk105.com/　电话:0851-6846056　传真:0851-6849241　E-mail:gzdz105@sina.com

贵州省地质矿产勘查开发局一〇六地质大队(基础地质部、社会地质勘察部、测绘公司、水工环项目部、地质勘察项目部)　　地址:贵州省遵义市红花岗区海尔大道　邮政编码:563000　网址:http://www.gzdk106.com/　电话:0852-8423616　传真:0852-8421439　E-mail:gzdk106@163.com　zych106@163.com

贵州省地质矿产勘查开发局一一二地质大队　　地址:贵州省安顺市西秀区西水路57号　网址:http://

www.gzdk112.com/　电话:0853-3254506　E-mail:hongjiang002@21cn.com　ysong112@sina.com

贵州省地质矿产勘查开发局一一三地质大队(地质勘察院、矿产勘查院、煤炭勘察院、测试中心)　地址:贵州省六盘水市花渔洞　邮政编码:553001　网址:http://www.gzdk113.com/　电话:0858-8320757　E-mail:113dzd@163.com

贵州省地质矿产勘查开发局一一五地质大队　地址:贵州省清镇市北门桥　邮政编码:551400　网址:http://www.gzdk115.com/　电话:0851-2551909　传真:0851-2551501　E-mail:tqw115@163.com　master@gzdk115.com　kcy@gzdk115.com

贵州省地质矿产勘查开发局一一七地质大队(矿业发展部、地质技术勘察院、矿产开发部、钻探工程部、测量工程部)　地址:贵州省贵阳市乌当区新添大道北段165号　邮政编码:550018　网址:http://www.gzdk117.com/　电话:0851-6846032　E-mail:gzdk117@vip.163.com

贵州省煤田地质局地质勘察研究院　地址:贵州省贵阳市金阳区阳关大道112号　邮政编码:550008　网址:http://www.gzmtdzkcyjy.com/　电话/传真:0851-4808356　E-mail:gzsmtdzdky@vip.163.com

贵州省煤田地质局一一三队　地址:贵州省贵阳市金阳区阳关大道112号　邮政编码:550008　网址:http://www.gzmt113.com/　电话/传真:0851-4712787　E-mail:gzsmtdz113@vip.163.com

贵州省煤田地质局一四二队　地址:贵州省六枝特区朝阳路平寨镇　邮政编码:553400　网址:http://www.gzmt142.com/　电话:0858-81293396　传真:0858-5322372　E-mail:gzsmtdz142@VIP.163.com

贵州省煤田地质局一七四队　地址:贵州省织金县登高楼路1号　邮政编码:552100　网址:http://www.gzmt174.com/　电话:0857-7528923　传真:0857-7525080　E-mail:gzsmtdz174@vip.163.com

贵州省煤田地质局一五九队　地址:贵州省盘县城关镇一五九队　网址:http://www.gzmt159.com/　电话:0858-3221042　E-mail:gzsmtdz159@vip.163.com

贵州省煤田地质局水源队　地址:贵州省贵阳市金阳新区阳关大道112号　邮政编码:550008　网址:http://www.gzmtsyd.com/　电话:0851-4815065　E-mail:gzsmtdzsyd@vip.163.com

贵州大学喀斯特地质灾害与环境省部共建教育部重点实验室　地址:贵州省贵阳市贵工路6号蔡家关校区喀斯特实验楼资源与环境工程学院　邮政编码:550003　网址:http://kst.gzu.edu.cn　电话/传真:0851-4735885　E-mail:songjianbo7217@126.com　wwjcdut@163.com

贵州大学古生物与成矿研究所　地址:贵州省贵阳市贵工路6号蔡家关校区资源与环境工程学院　邮政编码:550003　网址:http://cree.gzu.edu.cn/　电话/传真:0851-4733001　E-mail:120426156@qq.com

云南省

中国冶金地质总局昆明地质勘查院　地址:云南省昆明市盘龙区龙泉路702号　邮政编码:650203　电话:0871-5213069　传真:0871-5150601　E-mail:kmyrlzyb@163.com

云南省地质调查院(地质科学研究所、水工环所、区调所、物化探所、矿产所)　地址:云南省昆明市人民东路王大桥　邮政编码:650216　网址:http://ddj.yndlr.gov.cn/　电话/传真:0871-8033469　E-mail:ynddybgs@163.com

云南省地质环境监测院(水文地质所、工程地质所、环境地质所、地质灾害预警中心)　地址:云南省昆明市人民东路延长线王大桥　邮政编码:650216　网址:http://www.ynge.cn/　电话/传真:0871-8899518

云南省地质矿产勘查院(地质科学研究所、物化探所、矿产所、快速评价所)　地址:云南省昆明市东风东路东风巷87号　邮政编码:650051　电话:0871-3162069　传真:0871-3162208　E-mail:kjc@yndkkcy.cn

云南省地质矿产勘查开发局第一地质大队　地址:云南省曲靖市廖廓北路　邮政编码:655000　电话:0874-3384875　E-mail:zxqhy2004@163.com

云南省地质矿产勘查开发局第五地质大队　地址:云南省思茅市思亭路北段　邮政编码:655000　电话:0879-2202305　E-mail:smglc2201962@sohu.com

云南省地矿局区域地质矿产调查大队　地址:云南省玉溪市凤凰路60号　邮政编码:653100　电话:0877-2030144　E-mail:ydyxglc@163.com

云南省地质矿产勘查开发局八一四队　地址:云南省富民县大营镇136号　邮政编码:650400　电话:0871-8830087　E-mail:dkj814@163.com

云南省地质矿产勘查开发局八二〇队　地址：云南省玉溪市开发区桂山路13号　邮政编码：653100　电话：0877-2065480　传真：0877-2067109　E-mail：zmw2139@163.com

云南省地质矿产勘查开发局滇南地质大队　地址：云南省开远市灵泉东路139号　邮政编码：661600　电话：0873-7225833　E-mail：yndndz@tom.com

云南省煤炭地质勘查院（物探所、测绘队、工程部、研发部）　地址：云南省昆明市东郊大石坝　邮政编码：650218　网址：http://www.ymdky.com/　电话：0871-6274416　传真：0871-7211272　E-mail：office@ymdky.com　ynmtdzkcy@hotmail.com

云南省一四三煤田地质勘探队　地址：云南省曲靖市交通路79号　邮政编码：655000　网址：http://www.yn143.com.cn/　电话/传真：0874-3380249　E-mail：yn143dzd@163.com

云南省一九八煤田地质勘探队　地址：云南省昆明市东郊小石坝　邮政编码：655000　网址：http://www.ynmtdzj.com/　电话/传真：0871-7330383　E-mail：ynsmtdzj-gov@163.com　yndz@mtkj.org

昆明理工大学矿产地质研究所/地质资源勘查研究所/旅游地质资源研究所/矿物科学与工程研究所/有色金属矿产地质调查中心西南地质调查所/矿业工程研究所/旅游地质资源研究所/成矿动力学与隐伏矿预测重点实验室　地址：云南省昆明市学府路293号国土资源工程学院　邮政编码：650093　网址：http://gzy.kmust.edu.cn/　电话：0871-5154456　传真：0871-5153408

西藏自治区

桂林矿产地质研究院西藏分院　地址：西藏拉萨市慈松塘东路72号　邮政编码：850000　电话：0891-6376351/0773-5839594　传真：0891-6330519/0773-5838331　E-mail：yls8788@sina.com

陕西省

中国科学院地球环境研究所　地址：陕西省西安市高新区沣惠南路10号　邮政编码：710075　网址：http://www.ieexa.cas.cn/　电话：029-88324369　传真：029-88320456　E-mail：director@ieecas.cn　liuyu@loess.llqg.ac.cn

中国科学院地球环境研究所黄土与第四纪地质国家重点实验室　地址：陕西省西安市高新区沣惠南路10号　邮政编码：710075　网址：http://www.llqg.ac.cn/　电话：029-88326488　传真：029-88320456　E-mail：cao@loess.llqg.ac.cn　director@ieecas.cn

中国地质调查局西安地质调查中心/西安地质矿产研究所　地址：陕西省西安市友谊东路438号　邮政编码：710054　网址：http://www.xian.cgs.gov.cn/　电话：029-87821907　传真：029-87821900　E-mail：xbdzbjb@163.com

中国冶金地质总局西北地质勘查院　地址：陕西省西安市长安南路491号金地大厦　邮政编码：710061　网址：http://www.cmgbxbj.com/　电话：029-85260634　E-mail：zyk-xbyt@vip.163.com　xbjzhangxin@163.com

陕西省地质调查院（基础地质项目部、矿产资源评价部、水工环项目部、遥感信息中心、物探工程技术部）　地址：陕西省西安市雁塔区吉祥路66号　邮政编码：710065　网址：http://www.sxsddy.com/　电话：029-86313962　传真：029-86313950　E-mail：sxsddwxp@163.com

陕西省区域地质矿产研究院（地质调查所、地质矿产勘探所、3S数据中心、资源环境工程研究所）　地址：陕西省咸阳市滨河路7号　邮政编码：712000　网址：http://www.sndky.com/　电话：029-33313352　传真：029-33313356　E-mail：sxqyy133@163.com

陕西工程勘察研究院　地址：陕西省西安市含光路中段19号　邮政编码：710065　网址：http://www.sxgky.com/　电话/传真：029-85221131　E-mail：sxgky@sxgky.com

陕西省地质矿产实验研究所　地址：陕西省西安市雁塔北路100号　邮政编码：710054　网址：http://www.sxgeotest.cn/　电话：029-87851443　传真：029-87851486　E-mail：syszhb@sina.com

西安地质矿产勘查开发院（地质调查所、第七工程勘探所、矿产开发部）　地址：陕西省西安市长安区杜陵西路56号　邮政编码：710100　网址：http://www.xadky.com　电话：029-85648732　传真：029-85648643　E-mail：xadky@126.com

陕西省地质环境监测总站　地址：陕西省西安市雁塔北路100号　邮政编码：710054　网址：http://sx.

cigem. gov. cn/　电话/传真:029-87851090　E-mail:zzshaanxi@ sina. com

陕西省地质矿产勘查开发局第一地质队　地址:陕西省安康市南环路中段　邮政编码:725000　网址:http://www. sxdzd. com/　电话:0915-3282171　E-mail:sxsdzyd@ vip. 163. com　sxdzydhr@ 163. com

陕西省地质矿产勘查开发局汉中地质大队(矿产勘探开发院、地质工程院)　地址:陕西省汉中市东塔北路　邮政编码:723000　网址:http://www. hzdzdd. cn/　电话:0916-2223446　E-mail:Hzdzddguan@ 163. com

陕西省地质矿产勘查开发局第三地质队/宝鸡工程勘察院　地址:陕西省宝鸡市陈仓区　邮政编码:721300　网址:http://www. sxdzsd. com/　电话:0917-6295890　E-mail:sxdzsd@ sxdzsd. com

陕西省地质矿产勘查开发局第六地质矿产勘查开发院　地址:陕西省西安市临潼区代王街办代仁路16号　邮政编码:710611　网址:http://www. sxdz6d. com/　电话:029-83931218　传真:029-83832470　E-mail:sxdz6d@ 163. com

陕西省地质矿产勘查开发局综合地质大队/陕西地矿第二工程勘察院(地质勘察所、地质勘察工程处、开源井队、新疆项目部、水工环勘察所、基础工程处、综合勘察处、测量分队)　地址:陕西省渭南市朝阳西路中段　邮政编码:714000　网址:http://www. sxqgs. com/　电话:0913-2054074　传真:0913-2072452　E-mail:zhdzdd@ sxqgs. com

中化地质矿山总局陕西地质勘查院　地址:陕西省汉中市汉台区劳动西路　邮政编码:723000　网址:http://www. zhsk881. com　电话:0916-2683330-810　传真:0916-2689089　E-mail:shanxi@ ccgmb. com

陕西省煤田地质局勘察研究院(测量所、煤田地质所、水文所)　地址:陕西省西安市碑林区建东街东段4号　邮政编码:710054　网址:http://www. smdzyjy. com/　电话:029-82260380　传真:029-82260297　E-mail:smdzyjy@ 163. com

陕西省煤田地质局一三一队地质勘察研究院　地址:陕西省韩城市金城区象山路　邮政编码:715400　网址:http://www. 131mt. com/　电话:0913-5212971　传真:0913-5259010　E-mail:SX131@ 163. com　dwzzb-131@ 126. com

陕西省煤田地质局一三九队地质勘察研究院　地址:陕西省渭南市站北路6号　邮政编码:714000　网址:http://www. sxmt139. com/　电话:0913-2154209　传真:0913-8105360　E-mail:cbs196911@ 163. com　xujiaxin@ sxmt139. com

陕西省煤田地质局一八五队(地质勘察研究院、地质灾害治理研究中心、地质勘探工程处、物探技术工程处、测绘中心)　地址:陕西省榆林市人民西路27号　网址:http://www. shanxi185. com/　电话:0912-3860185　传真:0912-3887045　E-mail:zzb185@ 126. com

陕西煤田地质局一八六队　地址:陕西省西安市太乙路279号　邮政编码:710054　网址:http://www. 186mt. com/　电话:029-82260018　E-mail:sx186zzb@ 126. com

陕西省煤田地质局一九四队地质勘察研究院　地址:陕西省铜川市延安路82号　邮政编码:727000　网址:http://www. 194dz. com. cn/ http://www. 194dz. cn　电话:0919-2683163　传真:0919-2681845　E-mail:194@ 194dz. com. cn

煤炭科学研究总院西安分院/中煤科工集团西安研究院(地质研究所、水文地质研究所、钻探技术研究所、地震勘测研究所、工程地质研究所、环境保护研究所)　地址:陕西省西安市高新区锦业一路82号/西安市雁塔北路52号　邮政编码:710077/710054　网址:http://www. xianccri. com/　电话:029-81778066　传真:029-81778301　E-mail:dizhensuo@ 163. com　gaowensh@ pub. xaoline. com

西北有色地质七一一总队(地质勘查分院、岩矿测试中心、工程测绘队)　地址:陕西省汉中市东一环路160号　邮政编码:723000　网址:http://www. dk711. com/　电话:0916-2590711　E-mail:jhk@ dk711. com

西北有色地质七一二总队　地址:陕西省咸阳市秦都区渭阳西路63号　邮政编码:712000　网址:http://www. nwme712. com. cn/　电话:0910-33313529　E-mail:xld712@ 126. com

西北有色地质勘查局七一七总队　地址:陕西省宝鸡市金台大道5号　网址:http://www. china717. com/　电话:0917-3411717　传真:0917-3415230　E-mail:rsk717@ 126. com

西北有色地质研究院(矿产研究所、选冶中心、测试中心、遥感中心)　地址:陕西省西安市西影路25号　邮政编码:710054　网址:http://www. xsdy. com/　电话:029-88138220　传真:029-85529429　E-mail:master@

xsdy. com　　dzkcs1@ xsdy. com　　mj@ xsdy. com

西北有色水文工程地质总队　地址:陕西省西安市雁塔中路78号　邮政编码:710054　网址:http://www.xbys.com.cn/　电话:029-85524634　E-mail:webmaster@ xbys. com. cn　xibeiys@ yeah. net

西北有色地质勘查局地质勘查院　地址:陕西省西安市雁塔中路78号　邮政编码:710054　网址:http://www. nwme. com. cn/　电话:029-85534234　传真:029-85536996　E-mail:master@ nwme. com. cn　renshi1958@ 126. com

中国核工业地质局二○三研究所　地址:咸阳市渭阳西路48号　邮政编码:712000　网址:http://www.203.com.cn/　电话:029-33579020　传真:029-33576931　E-mail:203x@ bog. com. cn

陕西省核工业二一一大队地质调查院　地址:陕西省西安市灞桥区纺渭路(西安市64号信箱)　邮政编码:710024　网址:http://www. hd211. com/　电话:029-82168951　E-mail:hgy211ddy@ 163. com　shfxcs@ 163. com

陕西省核工业地质局二一四大队　地址:陕西省城固县西环二路中段　邮政编码:723200　网址:http://www. h214. com/　电话:0916-7201017　E-mail:h214@ h214. com

陕西省核工业地质局二二四大队　地址:陕西省西安市灞桥区纺渭路(西安市542信箱)　邮政编码:710024　网址:http://www. shd224. com/　电话:029-82168171　传真:029-82169777　E-mail:xzb224@ 163. com　ddy224@ 163. com

陕西省核工业地质调查院/陕西核工业工程勘察院　地址:陕西省西安市西影路301号　邮政编码:710054　网址:http://www. sxnu-geo. com/　电话:029-88138991　E-mail:master@ sxnu-geo. com　hgyzhb@ 163. com

长安大学西部矿产资源与地质工程教育部重点实验室　地址:陕西省西安市雁塔路126号地质工程与测绘学院　邮政编码:710054　网址:http://dcxy. chd. edu. cn/　电话:029-82339021　传真:029-85585200　E-mail:dczhangq@ chd. edu. cn　dcliqc@ chd. edu. cn

长安大学水文地质工程地质研究所　地址:陕西省西安市雁塔路126号地质工程与测绘学院　邮政编码:710054　网址:http://dcxy. chd. edu. cn/　电话:029-82339023　传真:029-85585200　E-mail:chenzhixin1234@ 163. com　marunyong@ 163. com

长安大学环境地质研究所　地址:陕西省西安市雁塔路126号地质工程与测绘学院　邮政编码:710054　网址:http://dcxy. chd. edu. cn/　电话:029-82339050　传真:029-85585200　E-mail:zhangjun755911@ sohu. com　dicebgs@ chd. edu. cn

长安大学地质工程研究所　地址:陕西省西安市雁塔路126号地质工程与测绘学院　邮政编码:710054　网址:http://dcxy. chd. edu. cn/　电话:029-82339926　传真:029-85585200　E-mail:zhaofasuozfs@ sina. com　dcliqc@ chd. edu. cn

长安大学地质灾害防治研究所/黄土工程研究中心　地址:陕西省西安市雁塔路126号地质工程与测绘学院　邮政编码:71005　网址:http://dcxy. chd. edu. cn/　电话:029-82339012　传真:029-85585200　E-mail:dczhangq@ chd. edu. cn　dicebgs@ chd. edu. cn

长安大学区域地质调查研究院/造山带成矿研究所/构造研究所/鄂尔多斯盆地油气资源研究中心　地址:陕西省西安市雁塔路126号地球科学与资源学院　邮政编码:710054　网址:http://zyonline. chd. edu. cn/　电话:029-82334001/82339082　E-mail:wanglch@ chd. edu. cn　dzkcx@ chd. edu. cn

长安大学石油地质与工程研究所　地址:陕西省西安市雁塔路126号地球科学与资源学院　邮政编码:710054　网址:http://zyonline. chd. edu. cn/　电话:029-85585484　E-mail:lrx99@ 163. com　xaqzz@ 126. com

长安大学中俄国际工业矿物研究中心　地址:陕西省西安市雁塔路126号地球科学与资源学院　邮政编码:710054　网址:http://zyonline. chd. edu. cn/　电话:029-82339937　E-mail:ljchao@ chd. edu. cn

长安大学水环境地质研究所　地址:陕西省西安市雁塔路126号环境科学与工程学院　邮政编码:710054　网址:http://esec. chd. edu. cn/　电话:029-82339952　传真:029-85585485　E-mail:yhb1997@ chd. edu. cn　lyfphd@ 163. com

西北大学大陆动力学国家重点实验室　地址:陕西省西安市太白北路229号地质学系　邮政编码:

710069　网址:http://sklcd.nwu.edu.cn/　电话:029-88303435　传真:029-88303447　E-mail:dldlx@nwu.edu.cn

西北大学造山带地质研究所/早期生命研究所/新生代与环境研究所/含油气盆地研究所/石油与天然气研究中心/地质工程勘察研究院　地址:陕西省西安市太白北路229号地质学系　邮政编码:710069　网址:http://geology.nwu.edu.cn　电话:029-88302202　传真:029-88304789　E-mail:xiangh@nwu.edu.cn　caozhen@nwu.edu.cn

西安科技大学西部矿井开采及灾害防治教育部重点实验室/岩层控制陕西省重点实验室　地址:陕西省西安市雁塔路58号能源学院　邮政编码:710054　网址:http://202.200.48.16/nengyuan/　电话:029-85583143　E-mail:zhangjr@xust.edu.cn　lisg@xust.sn.cn

西安科技大学成矿预测与地质灾害防治研究所　地址:陕西省西安市雁塔路58号地质与环境学院　邮政编码:710054　网址:http://202.200.48.16/dihuan/　电话:029-85583051　传真:029-85583051　E-mail:kjc@xust.edu.cn

西安石油大学低渗透油气田勘探开发国家工程实验室/西部低渗-特低渗油田开发与治理教育部工程研究中心/油气藏工程研究所/采油气工程研究所/油气钻采与污染控制陕西省工程技术研究中心　地址:陕西省电子二路东段18号石油工程学院　邮政编码:710065　网址:http://sygc.xsyu.edu.cn/　E-mail:chenjbxu@126.com　ydl@xsyu.edu.cn

西安石油大学石油天然气地质研究所　地址:陕西省西安市电子二路东段18号油气资源学院　邮政编码:710065　网址:http://zygc.xsyu.edu.cn/　电话:029-88382783　E-mail:wufuli@263.net　lar9503@xsyu.edu.cn

西安石油大学油气成藏地质学陕西省重点实验室　地址:陕西省西安市电子二路东段18号油气资源学院　邮政编码:710065　网址:http://zygc.xsyu.edu.cn/　电话:029-88382678　E-mail:jzzhao@xsyu.edu.cn　wufulei@xsyu.edu.cn

甘肃省

中国科学院地质与地球物理研究所兰州油气资源研究中心(中国科学院兰州地质研究所)/油气资源研究中国科学院重点实验室　地址:甘肃省兰州市东岗西路382号　邮政编码:730000　网址:http://www.lig.ac.cn/　电话:0931-4960909　传真:0931-8278667　E-mail:ldky@lzb.ac.cn　csb@lzb.ac.cn

甘肃省地质调查院　地址:甘肃省兰州市红星巷123号地矿大厦　邮政编码:730000　网址:http://www.gsddy.cn/　电话:0931-8763573　E-mail:gsddy@public.lz.gs.cn　ljp1105@sina.com

甘肃工程地质研究院　地址:甘肃省兰州市红星巷123号地矿大厦　邮政编码:730000　网址:http://www.gsdkj.net/　电话:0931-8763407　E-mail:dkjbaoshe@vip.163.com

甘肃省地质矿产勘查开发局第一地质矿产勘查院/天水地质勘察院　地址:甘肃省天水市麦积区马跑泉路54号　邮政编码:741020　网址:http://www.gsyky.com.cn/　电话:0938-2511515　传真:0938-2511917　E-mail:yzb@gsyky.com.cn　zgb@gsyky.com.cn

甘肃省地质矿产勘查开发局第二地质矿产勘查院(地质勘查所、测绘院、地热研究所)　地址:甘肃省兰州市雁儿湾路399号　网址:http://www.geoeky.com/　电话:0931-8695880　E-mail:geoeky@geoeky.com

甘肃省地质矿产勘查开发局第三地质矿产勘查院(地质矿产勘查所、甘肃地质灾害防治工程勘查设计院、甘肃省中心实验室)　地址:甘肃省兰州市兰工坪路121号　邮政编码:730050　网址:http://www.gs-sky.com/　电话:0931-2757705　E-mail:gsskyoffice@sina.com　gseky@163.com

甘肃省地质矿产勘查开发局第四地质矿产勘查院/酒泉工程勘察院　地址:甘肃省酒泉市肃州区解放路52号　邮政编码:735000　网址:http://www.sky-gs.cn/　电话:0937-261483　传真:0937-2614835　E-mail:yzxx_sky_gs@163.com　sky_gs@163.com

甘肃省地质矿产勘查开发局水文地质工程地质勘察院/甘肃省地质工程勘察院　地址:甘肃省张掖市张火路203号　邮政编码:734000　网址:http://www.gssgy.com/　电话:0936-8217249　传真:0936-8215320　E-mail:zy8215320@public.lz.gs.cn

甘肃省地质环境监测院/甘肃省地质环境研究所　地址:甘肃省兰州市七里河区建兰新村120号　邮政编

码:730020　网址:http://www.gsigem.gov.cn　电话/传真:0931-8697689　E-mail:hjjcy@gsigem.gov.cn

甘肃煤炭地质勘查院(矿产资源勘查研究所、金属矿产勘查研究所、地球物理勘查研究所、水工环地质研究所)　地址:甘肃省兰州市城关区定西路241号旺盛大厦4楼　邮政编码:730000　网址:http://gsmtdzkcy.gotoip1.com/　电话/传真:0931-2183806　E-mail:dkckcy@sina.com

甘肃煤田地质研究所　地址:甘肃省兰州市天水南路335号　邮政编码:730000　网址:http://gsmtdz.gotoip1.com/dzs.htm　电话:0931-2183739　传真:0931-8720516　E-mail:gsmtdy@163.com

甘肃煤田地质局一三三队　地址:甘肃省白银市平川区一三三队　邮政编码:730913　网址:http://gsmtdz.gotoip1.com/133.htm　电话/传真:0943-6633772　E-mail:xzbgs133@163.com

甘肃煤田地质局一四九队　地址:甘肃省兰州市东岗东路1315号　邮政编码:730020　网址:http://gsmtdz.gotoip1.com/149.htm　电话:0931-2165582　E-mail:149d@163.com　dgb149@126.com

甘肃煤田地质局综合普查队(地球物理勘查院、数字化工程院)　地址:甘肃省天水市皂郊路6号　邮政编码:740012　网址:http://gsmtdz.gotoip1.com/zhpc.htm　电话:0938-8301112　E-mail:8301112@163.com

甘肃煤田地质局庆阳资源勘查院(地质勘查所、物探勘查所、探矿工程一所、探矿工程二所)　地址:甘肃省庆阳市长庆南路48号　邮政编码:745000　网址:http://gsmtdz.gotoip1.com/qykcy.htm　电话/传真:0934-8612650　E-mail:qyzykcy@163.com

甘肃有色工程勘察设计院　地址:甘肃省兰州市旧大路213号　邮政编码:730000　网址:http://www.gskc.com.cn/　电话:0931-8726150　E-mail:lhw_zhy@126.com

甘肃有色地质勘查局天水总队(探矿分队、物探分队、化探分队、地质研究所、甘肃有色地质测试中心)　地址:甘肃省天水市麦积区花牛路47号　邮政编码:741025　网址:http://www.gsysdkj.com/　电话:0938-4917683　传真:0938-2580126　E-mail:tszdbgs@126.com

甘肃有色地质勘查局四队　地址:甘肃省张掖市张火公路4千米处　邮政编码:734000　网址:http://www.gsyssd.cn/　电话:0936-8431863　E-mail:zy8432311@126.com

兰州大学地球系统科学研究所/地质科学研究所/古生物与地层研究所/石油天然气资源中心/地质调查研究中心　地址:甘肃省兰州市天水南路222号资源环境学院　邮政编码:730000　网址:http://geoscience.lzu.edu.cn/　电话:0931-8912627　传真:0931-8912449　E-mail:wangna@lzu.edu.cn　cees@lz.edu.cn

兰州大学西部环境教育部重点实验室/西部环境与气候变化研究院(地貌与第四纪地质研究所、新生代沉积与环境研究所、自然地理与环境变化研究所、气候变化与应对研究所、人类与自然耦合系统研究所、水资源与可持续发展研究所)/环境遥感与地质灾害研究中心　地址:甘肃省兰州市天水南路222号　邮政编码:730000　网址:http://wel.lzu.edu.cn/　电话:0931-8912329　传真:0931-8912330　Email:fhchen@lzu.edu.cn　welab@lzu.edu.cn

兰州大学地质工程研究所　地址:甘肃省兰州市天水南路222号土木工程与力学学院　邮政编码:730000　网址:http://gxy.lzu.edu.cn/　电话:0931-8914560　传真:0931-8914308　E-mail:yanzhx@lzu.edu.cn　liangsy@lzu.edu.cn

青海省

中国科学院青海盐湖研究所　地址:青海省西宁市新宁路18号　邮政编码:810008　网址:http://www.isl.cas.cn/　电话:0971-6303490/6318928　传真:0971-6306002　E-mail:szxx@isl.ac.cn　lif@isl.ac.cn　suggest@isl.ac.cn

青海省地质调查院(青海省地质矿产研究所、区域地质矿产调查所、矿产资源所、遥感中心)　地址:青海省西宁市南川西路107号　网址:http://www.qhsddy.cn/　电话:0971-6254877　传真:0971-6255870　E-mail:pant66@163.com　qhsddy@126.com

青海省地质环境监测总站　地址:青海省西宁市五四西路18号　邮政编码:810008　网址:http://www.cigem.gov.cn/　电话:0971-6301447　传真:0971-6303589　E-mail:hszz@public.xn.qh.cn

青海省有色地质勘查局地质矿产勘查院　地址:青海省西宁市建国路勤奋巷62号　邮政编码:810007　电话/传真:0971-8137219　E-mail:qhzzx@163.com

青海省有色地质勘查局八队　地址:青海省西宁市南川西路84号　邮政编码:810012　电话/传真:0971-

6250346　E-mail:qhysbd@163.com

青海省核工业地质局第一地质矿产勘查大队　地址:青海省西宁市青海生物科技产业园经三路38号　邮政编码:810016　网址:http://www.qhgsni.com/　电话/传真:0971-5316245

宁夏回族自治区

宁夏地质调查院(基础地质调查研究所、水文工程环境地质调查研究所、地球物理地球化学勘察研究所、矿产地质调查研究一二三所、遥感地质调查研究所、岩矿分析测试研究所、矿产开发利用研究所、探矿工程研究所)　地址:宁夏银川市西夏区北京西路199号　邮政编码:750011　网址:http://www.nxddy.com/　电话:0951-2035611　传真:0951-2035811　E-mail:cjh@nxddy.com　jsb@nxddy.com

宁夏地质工程勘察院/宁夏水文地质工程地质环境地质勘察院/宁夏水文地质工程地质环境地质研究所　地址:宁夏银川市西夏区丽子园北街235号　邮政编码:750011　网址:http://www.nxgky.com/　电话/传真:0951-3012110　E-mail:yqs@nxgky.com　11998910@sina.com.cn

宁夏有色金属地质调查院　地址:宁夏贺兰县居安街地质小区　邮政编码:070200　网址:http://xuyan.312green.com/　电话/传真:09518061493　E-mail:xuyan20087@126.com

宁夏核工业地质勘查院　地址:宁夏银川市西夏区贺兰山西路718号　邮政编码:750021　网址:http://www.nx217.com/　电话:0951-3851708　传真:0951-3851701　E-mail:bgs2021253@nxdkj.net.cn

宁夏回族自治区矿产地质调查院/宁夏煤炭资源勘查院(地质矿产勘查分院、测绘分院、地质矿产勘查分院、勘查分院)　地址:宁夏银川市西夏区朔方路90号　邮政编码:750021　网址:http://nxkdy.com/　电话:0921-2078087　传真:0951-2078799

宁夏煤田地质局第一勘查院　地址:宁夏银川市金凤区满城南街8号天骏大厦　邮政编码:750011　电话:0951-5661882　传真:0951-5661896　E-mail:diyikcy@sina.com

宁夏煤田地质局第一勘查院(地质所、物探所、测绘所、水环所)　地址:宁夏银川市金凤区通达北街48号　邮政编码:750011　电话:0951-3072829　传真:0951-3063847　E-mail:mnjdrkcy@163.com

宁夏煤田地质局矿井地质灾害治理研究院　地址:宁夏银川市高新技术开发区黄河东路创新园(尊园)39号　邮政编码:750002　电话/传真:0951-5677821　E-mail:nmjkyy@163.com

新疆维吾尔自治区

中国核工业地质局二一六大队　地址:新疆乌鲁木齐市84信箱　邮政编码:830011　电话:0991-3815400　E-mail:liuqinguan830227@yahoo.com.cn

新疆维吾尔自治区地质调查院　地址:新疆乌鲁木齐市克拉玛依西路2号　邮编:830000　网址:http://wulumuqi028720.11467.com/

新疆维吾尔自治区地质环境监测院　地址:新疆乌鲁木齐市克拉玛依西路2号深圳城十楼　邮政编码:830000　网址:http://www.cigem.gov.cn/　电话:0991-4816271　传真:0661-4831260　E-mail:xjdzhjjcy@vip.163.com

新疆矿产实验研究所/国土资源部乌鲁木齐矿产资源监督检测中心　地址:新疆乌鲁木齐市沙依巴克区友好北路33号　邮政编码:830000　网址:http://www.xjdk.net/cczzwebs/　电话/传真:0991-4816591　E-mail:jtk@xjkcsy.com

新疆地质矿产研究所　地址:新疆乌鲁木齐市拉玛依东街279号　邮政编码:830000　网址:http://www.xjdk.net/dzkcyjs/　电话:0991-4812160　传真:0991-4812135

新疆地质矿产勘查开发局第九地质大队　地址:新疆乌鲁木齐西山路67号/西虹西路1018号　邮政编码:830009　网址:http://www.xjdk9.cn/　电话:0991-8758005　传真:0991-8789815　E-mail:9dbgs_2007@163.com

新疆地质矿产勘查开发局第一水文工程地质大队　地址:新疆乌鲁木齐市南昌路76号　邮政编码:830091　电话:0991-4514078　传真:0991-4515575　E-mail:zhglbgsl@sohu.com

新疆地质矿产勘查开发局第一区域地质调查大队　地址:新疆乌鲁木齐市天津北路466号　网址:http://cache.baidu.com/　电话/传真:0991-6639873

新疆煤炭科学研究所　地址:新疆乌鲁木齐市沙依巴克区南昌路215号　邮政编码:830091　网址:http://www.xjmks.com/　电话:0991-4515154　E-mail:xj4512569@126.com

第二章 中国地质科学学术期刊

中国地质科学学术之核心期刊主要有：岩石学报、中国科学D辑（地球科学）、地质论评、地学前缘、地质学报、地球化学、地球科学、矿床地质、沉积学报、地质科学、中国地质、地球学报、现代地质、高校地质学报、吉林大学学报（地球科学版）、第四纪研究、地质通报、岩石矿物学杂志、地质与勘探、矿物学报、地层学杂志、地质科技情报、大地构造与成矿学、水文地质工程地质、矿物岩石地球化学通报、矿物岩石、物探与化探、古地理学报、新疆地质、地球与环境、海洋地质与第四纪地质、古脊椎动物学报、古生物学报、微体古生物学报等。

安徽地质 刊期：季刊 主管单位：安徽省地质矿产勘查开发局 主办单位：安徽省地质学会 主编：徐小磊 地址：安徽省合肥市屯溪路296号 邮政编码：230001 网址：http://ahdz.periodicals.net.cn 电话：0551-4653274 E-mail：ahdzxh@mail.hf.ah.cn 国内统一刊号：CN34-1111/P 国际标准刊号：ISSN11005-6157 国内邮发代号：自办发行 开本：大16开 定价：24元/期 创刊日期：1991-01-01 主要版块栏目有基础地质、矿产地质、水文工程环境地质、岩矿测试、勘探技术、数学地质、地学经济、国土资源、评论报道、学术论文质疑或答辩、科普之窗等。

宝石和宝石学杂志 刊期：季刊 主管单位：教育部 主办单位：中国地质大学（武汉） 主编：王亨君 地址：湖北省武汉市武昌洪山区鲁磨路388号 邮政编码：430074 网址：http://bsxzz.cug.edu.cn 电话：027-67885187 E-mail：bsx@cug.edu.cn bsx-journal@163.com 国内统一刊号：CN42-1438/P 国际标准刊号：ISSN1008-214X 国内邮发代号：38-67 国外发行代号：Q4098 开本：大16开 定价：20元/期 创刊日期：1999-01-01 现开辟的栏目有研究与探讨、珠宝检测、宝石资源、首饰设计、宝石改善、加工与制作、珠宝评估、珠宝营销、宝石实验室快讯、世界博览、专家论坛、行业聚焦、热门话题、宝石学教育、珠宝之窗等。

沉积学报 刊期：双月刊 主管单位：中国科学院 主办单位：沉积学会、中国科学院兰州油气资源研究中心 主编：刘宝珺 地址：甘肃省兰州市东岗西路382号 邮政编码：730000 网址：http://cjxb.chinajournal.net.cn/ 电话：0931-4960916 传真：0931-8278667 E-mail：cjxb@ns.lzb.ac.cn 国内统一刊号：CN62-1038/P 国际标准刊号：ISSN1000-0550 国内邮发代号：54-45 国外发行代号：Q832 开本：大16开 定价：50元/期 创刊日期：1983-01-01 内容包括沉积学、沉积矿产、地球化学以及相关分支学科、交叉学科的基础和应用基础研究的成果、沉积学研究的新方法、新理论的介绍等等。

沉积与特提斯地质（原《岩相古地理》《岩相古地理与特提斯地质》） 刊期：季刊 主管单位：国土资源部 主办单位：成都地质矿产研究所 主编：王剑 地址：四川省成都市一环路北三段2号 邮政编码：610081 网址：http://www.chengdu.cgs.gov.cn/ 电话：028-83234636 传真：028-83222657 E-mail：cdgeo@163.com 国内统一刊号：CN51-1593/P 国际标准刊号：ISSN1009-3850 国内邮发代号：自办发行 开本：大16开 定价：10元/期 创刊日期：1981-01-01 以沉积学（含岩相古地理）、区域地质调查、石油地质为特色，并以中国西部尤其是青藏高原及邻区为主要地区。刊载基础地质（包括地层、古生物、构造地质、岩石、矿物、区域地质等）、矿床地质、能源地质、环境地质（含生态地质、灾害地质）及地质信息等内容。

成都理工大学学报（自然科学版）（原《成都地质学院学报》） 刊期：双月刊 主管单位：四川省教育厅 主办单位：成都理工大学 主编：倪师军 地址：四川省成都市成华区二仙桥东三路1号 邮政编码：610059 电话：028-84078973 E-mail：xuebaoz@cdut.edu.cn 国内统一刊号：CN51-1634/N 国际标准刊号：ISSN1671-9727 国内邮发代号：62-24 开本：大16开 定价：10元/期 创刊日期：1960-02-01 主要报道地质与矿产、石油天然气地质与勘探、地质工程、数学与应用数学、化学与应用化学、地质物理学、材料科学与技术、计算机科学与技术、核科学与技术、环境科学等。

城市地质 刊期：季刊 主管单位：北京市地质矿产勘查开发局 主办单位：北京市地质矿产勘查开发局 主编：吕晓俭 地址：北京市海淀区西四环北路123号 邮政编码：100195 网址：http://www.bjdkj.gov.cn/dkjBackManager/cityGeo/ 电话：010-51560338 E-mail：dzxh@bjdkj.gov.cn 国内统一刊号：CN11-5519/P 国际标准刊号：ISSN1007-1903 国内邮发代号：自办发行 开本：大16开 定价：12元/期 创刊日期：

1989-01-01　主要介绍城市地质工作方法、技术、成果及经验,为广大城市地质工作者搭建一个成果展示、学术交流的平台,促进北京及全国城市地质科学理论及技术方法的进步。本刊涵盖的学科领域:基础理论、资源地质、环境地质、工程地质、地质灾害、技术方法及建议等与城市建设相关的地质问题。

城市与减灾　刊期:双月刊　主管单位:中国地震局　主办单位:北京市地震局　主编:吴卫民　地址:北京市西城区莲花池东路白云时代大厦东塔1910-1室　邮政编码:100080　网址:http://www.csyjzqikan.com　电话:010-82613822　E-mail:csyjzqikan@csyjzqikan.com　国内统一刊号:CN11-4652/P　国际标准刊号:ISSN1671-0495　国内邮发代号:82-860　开本:大16开　定价:8元/期　创刊日期:1998-01-01　结合城市规范建设、环境保护及城市管理等问题,宣传党和政府有关防灾减灾政策、法律和法规;介绍国内外减灾技术与方法;讨论、交流城市减灾工作经验和教训,普及防灾减灾科学知识,提高社会公众的减灾意识,达到提高城市抵御自然灾害能力的目的。

大地测量与地球动力学　刊期:双月刊　主管单位:中国地震局　主办单位:中国地震局地震研究所、地壳运动监测工程研究中心、中国地震局地壳应力研究所、中国地震局第一监测中心、中国地震局地球物理勘探中心、中国地震局第二监测中心、中国科学院测量与地球物理研究所、中国地震应急搜救中心　主编:姚运生　地址:湖北省武汉市武昌洪山侧路40号　邮政编码:430071　网址:http://www.jgg09.com/　电话:027-87864009　E-mail:jgg09@public.wh.hb.cn　jgg09@163.com　国际标准刊号:ISSN1671-5942　国内统一刊号:CN42-1655/P　国内邮发代号:38-194　国外发行代号:Q4096　开本:大16开　定价:10元/期　创刊日期:1981-01-01　刊物主要报导地球科学领域的新理论、新方法、新进展、新成果。栏目设置有:院士论坛、地壳形变、新构造运动、深部探测、地震预报、观测技术、学术讨论、科研简报、综述、水库地震等。

大地构造与成矿学　刊期:季刊　主管单位:中国科学院　主办单位:中国科学院广州地球化学研究所　主编:夏斌　地址:广东省广州市天河区科华街511号　邮政编码:510640　网址:http://www.ddgzyckx.com/　电话:020-85290272　E-mail:ddgz@gig.ac.cn　国内统一刊号:CN44-1595/P　国际标准刊号:ISSN1001-1552　国内邮发代号:82-297　国外发行代号:Q1731　开本:大16开　定价:50元/期　创刊日期:1977-01-01　刊登内容涉及构造地质学、大地构造学、成矿学、岩石矿物与地球化学、地球动力学、大陆边缘地质和石油地质等多个学科和领域。重点登载原创性和开拓性的学术论文,以及少量具有学科前瞻性、前沿性的研究评述。栏目主要有构造地质学研究、构造地质与成矿学研究、岩石大地构造与地球化学研究。

大地构造与成矿学(英文)　刊期:季刊　主管单位:中国科学院　主办单位:中国科学院广州地球化学研究所　主编:夏斌　地址:广东省广州市天河区科华街511号　邮政编码:510640　网址:http://www.gig.ac.cn/chu/djian.htm　电话:020-85290020　E-mail:geotec@gig.ac.cn　国内统一刊号:CN44-1594/P　国际标准刊号:ISSN1006-513X　开本:大16开　定价:15元/期　创刊日期:1990-01-01　刊登内容涉及构造地质学、大地构造学、成矿学、岩石矿物与地球化学、地球动力学、大陆边缘地质和石油地质等多个学科和领域。重点登载原创性和开拓性的学术论文,以及少量具有学科前瞻性、前沿性的研究评述。

大庆石油地质与开发　刊期:双月刊　主管单位:中国石油天然气集团公司　主办单位:大庆油田有限责任公司　主编:吴河勇　地址:黑龙江省大庆市让胡路区大庆石油管理局勘探开发研究院　邮政编码:163712　网址:http://www.daqingsk.com/　电话:0459-5595980　E-mail:dqsk@petrochina.com.cn　daqingsk@vip.163.com　国内统一刊号:CN23-1286/TE　国际标准刊号:ISSN1000-3754　国内邮发代号:14-105　国外发行代号:BM5637　定价:28元/期　开本:大16开　创刊日期:1982-01-01　设有石油地质、油藏工程、采油工程、三次采油、地球物理等主要栏目。

东北石油大学学报(大庆石油学院学报)　刊期:双月刊　主管单位:黑龙江省教育厅　主办单位:东北石油大学　主编:闫铁　地址:黑龙江省大庆市高新技术开发区东北石油大学　邮政编码:163318　网址:http://dqsy.cbpt.cnki.net/EditorC/WebPublication/　电话:0459-6503458　E-mail:xuebao@nepu.edu.cn　国内统一刊号:CN23-1297/TE　国际标准刊号:ISSN2095-4107　国内邮发代号:14-90　定价:8元/期　开本:大16开　创刊日期:1977-09-01　刊载油气地质与勘探、石油与天然气工程、油田化学工程、石油机械工程为主,以及经济管理、建筑科学、计算机与自动化工程、基础科学及其他方面的具有较高理论及应用价值的学术论文。

地层学杂志　刊期:季刊　主管单位:中国科学院　主办单位:全国地层委员会、中国科学院南京地质古生物研究所　主编:陈旭、沙金庚　地址:江苏省南京市北京东路39号　邮政编码:210008　网址:http://dcxzz.njgsws.com/　电话:025-83282149　E-mail:dicengxue@nigpas.ac.cn　国内统一刊号:CN32-1187/P　国际标准刊号:ISSN0253-4959　国内邮发代号:2-843　国外发行代号:Q79　定价:50元/期　开本:大16开　创刊日期:1966-01-01　地层学(含生物地层学、岩石地层学、磁性地层学、年代地层学、事件地层学、化学地层学、构造地层学、地震地层学、层序地层学、旋回地层学、生态地层学及定量地层学等)及与其相关的地质学、沉积学、古地理学、古生态学、古气候学研究的学术性期刊,主要刊载与上述学科有关的专门性论文、学术动态、报道、讨论、书刊和论文的评价、综述或译文,以及国内外工作方法和经验的介绍等。

地球化学　刊期:双月刊　主管单位:中国科学院广州地球化学研究所、中国矿物岩石地球化学学会　主编:傅家谟　地址:广东省广州市五山1131信箱　邮政编码:510640　网址:http://www.gig.ac.cn　电话:020-85290046　传真:020-85290703　E-mail:dqhx@gig.ac.cn　dqhx@tom.com　国内统一刊号:CN44-1398/P　国际标准刊号:ISSN0379-1726　国内邮发代号:2-813　开本:大16开　定价:32元/期　创刊日期:1972-01-01　主要报道近代地球化学,特别是其主要分支学科,如同位素地球化学、同位素地质年代学、矿床地球化学、有机地球化学、元素地球化学、环境地球化学、宇宙化学、海洋地球化学、实验地球化学、第四纪地球化学、构造地球化学及岩矿测试等方面的创造性、综合性科研成果和研究简报、最新地质科技信息研究动态和问题讨论等。

地球环境学报　刊期:双月刊　主管单位:中国科学院　主办单位:中国科学院地球环境研究所　主编:安芷生　地址:陕西省西安市高新区沣惠南路10号　邮政编码:710075　网址:http://jee.ieecas.cn/　电话:029-88324462　传真:029-88320456　E-mail:jee@ieecas.cn　国内统一刊号:CN61-1482/X　国际标准刊号:ISSN1674-9901　开本:大16开　定价:60元/期　创刊日期:2010-08-01　刊发世界范围内地球环境科学领域研究的新成就、新技术、新方法,涵盖环境地学、环境生物学、环境化学、环境水文学、环境监测与评价等相关学科,探讨地球环境科学理论与实践问题,促进地球环境科学发展,为解决人类面临的环境问题提供科学依据。

地球科学　刊期:双月刊　主管单位:教育部　主办单位:中国地质大学(武汉)　主编:赖旭龙　地址:湖北省武汉市武昌洪山区鲁磨路388号　邮政编码:430074　网址:http://www.earth-science.net/　电话/传真:027-67885075　E-mail:xbb@cug.edu.cn　国内统一刊号:CN42-1233/P　国际标准刊号:ISSN1000-2383　国内邮发代号:38-87　国外发行代号:BM6674　开本:大16开　定价:20元/期　创刊日期:1957-01-01　刊登内容主要包括:地层、古生物、岩石、矿物、构造、地球化学、应用地球物理、矿床地质、能源地质、找矿勘探、水文地质与工程地质、环境地质、灾害地质、探矿工程、数学地质与遥感地质、计算机应用及地学领域的边缘学科。

地球科学(英文版)　刊期:季刊　主管单位:教育部　主办单位:中国地质大学(武汉)　主编:赖旭龙　地址:湖北省武汉市武昌洪山区鲁磨路388号　邮政编码:430074　网址:http://www.earth-science.net/　电话/传真:027-67885075　E-mail:ejournal@cug.edu.cn　国内统一刊号:CN42-1788/P　国际标准刊号:ISSN1674-487X　国内邮发代号:38-354　国外发行代号:Q6027　开本:大16开　定价:30元/期　创刊日期:1990-01-01　刊登包括地层学、古生物学、岩石学、矿物学、构造地质学、地球化学、应用地球物理、地球资源科学、环境科学、岩土工程、地质力学、勘探和建设工程、数学地质、遥感技术、计算机科学和信息工程,其他相关的新理论、方法和发现,以及最近取得的成就在地球科学和及时的评论在选定的主题。

地球科学进展　刊期:月刊　主管单位:中国科学院　主办单位:中国科学院资源环境科学信息中心、国家自然科学基金委员会地球科学部、中国科学院资源环境科学与技术局　主编:程国栋　地址:甘肃省兰州市天水中路8号　邮政编码:730000　网址:http://www.adearth.ac.cn　电话:0931-4968256　传真:0931-8275743　E-mail:adearth@lzb.ac.cn　国内统一刊号:CN62-1091/P　国际标准刊号:ISSN1001-8166　国内邮发代号:54-86　开本:大16开　定价:65元/期　创刊日期:1986-01-01　开设的栏目有:院士论坛、发展战略论坛、IODP研究、学科发展与研究、研究论文、综述与评述、探索与争鸣、全球变化研究、可持续发展研究、生态学研究、新学科·新发展·新技术、基金项目管理与成果介绍、研究简报等。

地球科学与环境学报(原《西安地质学院学报》)　刊期:双月刊　主管单位:教育部　主办单位:长安大学　主编:刘建朝　地址:陕西省西安市南二环路中段长安大学杂志社　邮政编码:710064　网址:http://zzs.chd.edu.cn/dq/qkml.asp　电话:029-82334686　E-mail:dkyhxb@chd.edu.cn　国内统一刊号:CN61-1423/P　国际标准刊号:ISSN1672-6561　国内邮发代号:52-280　国外发行代号:Q4115　开本:大16开　定价:30元/期　创刊日期:1979-01-01　内容主要包括:基础地质、矿床地质、水文地质、工程地质、环境地质(含生态地质和灾害地质)、资源勘查、测绘工程、地理信息系统等及地学领域的边缘学科,重点反映"西部大开发"中资源勘查、生态地质环境保护和基础设施工程地质等重大地质科技问题。

地球物理学报 刊期:月刊 主管单位:中国科学院 主办单位:中国科学院地质与地球物理研究所 主编:刘光鼎 地址:北京9825信箱(朝阳区北土城西路19号) 邮政编码:100029 网址:http://www.geophy.cn 电话:010-82998105 E-mail:geophy@163bj.com actageop@mail.igcas.ac.cn 国内统一刊号:CN11-2074/P 国际标准刊号:ISSN0001-5733 国内邮发代号:2-571 国外发行代号:BM76 开本:大16开 定价:100元/期 创刊日期:1948-01-01 主要刊登固体地球物理、应用地球物理、空间地球物理和大气、海洋地球物理以及与地球物理密切相关的交叉学科的研究论文,重点报道创新性研究成果。

地球学报 刊期:双月刊 主管单位:国土资源部 主办单位:中国地质科学院 主编:董树文 地址:北京市西城区百万庄大街26号东楼317室 邮政编码:100037 网址:http://www.cagsbulletin.com/ 电话:010-68327396 传真:010-82998122 E-mail:diqiuxb@126.com dqxb@hotmail.com 国内统一刊号:CN11-3474/P 国际标准刊号:ISSN1006-3021 国内邮发代号:82-53 开本:大16开 定价:40元/期 创刊日期:1979-01-01 栏目设置包括综述与进展、争鸣与探讨、研究与调查、技术与方法、快报与短文、地质遗迹与地质公园、信息与动态等。力求及时快捷地反映地球科学领域内的新理论、新成果、新发现、新方法、新进展。刊登地球科学各分支学科及边缘学科基础研究和应用研究方面具有较高水平和重要意义的学术论文。

地球与环境(原《地质地球化学》) 刊期:季刊 主管单位:中国科学院 主办单位:中国科学院地球化学研究所 主编:欧阳自远 地址:贵州省贵阳市观水路46号 邮政编码:550002 网址:http://www.gyig.cas.cn/ http://159.226.100.54/ 电话0851-5891741 传真:0851-5891352 E-mail:dzdh@mail.gyig.ac.cn dqyhj@vip.skleg.cn 国内统一刊号:CN52-1139/P 国际标准刊号:ISSN1672-9250 国内邮发代号:66-26 开本:大16开 定价:25元/期 创刊日期:1973-01-01 以环境地学为主要学科方向,主要报道与人类生存环境密切相关的地球大气—植物—土壤—水—岩石圈层之间物质运移的地质地球化学过程,以及人类、生态系统和地球相互作用所产生的各种环境问题,包括环境地质学、环境地球化学、第四纪地质学、环境水文学、灾害地质学、环境监测与评价、环境与健康等,设有专题综述、研究成果、应用研究、实验研究、新理论新技术新方法、问题讨论等栏目。

第四纪研究 刊期:双月刊 主管单位:中国科学院 主办单位:中国科学院地质与地球物理研究所、中国第四纪研究委员会 主编:丁仲礼 地址:北京市朝阳区北土城西路19号 邮政编码:100029 网址:http://www.dsjyj.com.cn 电话:010-82998119 传真:010-82998122 E-mail:dsj@mail.igcas.ac.cn dsjs@mail.igcas.ac.cn 国内统一刊号:CN11-2708/P 国际标准刊号:ISSN1001-7410 国内邮发代号:82-428 国外发行代号:BM1150 开本:大16开 定价:60元/期 创刊日期:1958-01-01 主要报道第四纪研究新理论与技术、第四纪沉积与地层、第四纪沉积环境与古气候、第四纪资源(金属、非金属及自然资源)开发利用与管理、环境工程与应用第四纪、第四纪动植物演化与新发现、全球变化与人类环境相关性、天文周期与气候演化、第四纪新构造运动与地质事件(包括灾害性事件)与国土整治、国内外有关第四纪研究新趋势等。

地学前缘 刊期:双月刊 主管单位:教育部 主办单位:中国地质大学(北京)、北京大学 主编:翟裕生 地址:北京市学院路29号中国地质大学 邮政编码:100083 网址:http://www.cugb.edu.cn 电话:010-82322973 传真:010-82326368 E-mail:frontier@cugb.edu.cn 国内统一刊号:CN11-3370/P 国际标准刊号:ISSN1005-2321 国内邮发代号:82-919 开本:大16开 定价:50元/期 创刊日期:1994-01-01 每期选择一个对中国和世界具有广泛、重要影响的地质学科或专题为主题,由中、外地学家共同撰稿,反映该主题的前沿研究成果、发展态势、研究热点及与该主题相关的分支学科、边缘学科的研究现状,是集综述信息与前缘成果为一体的地学期刊。选择主题时考虑了主题的基础性、交叉渗透性和大跨度性,每期内容都经过专家宏观策划、精心审定,因此期刊深受国内外地学界、出版界人士的好评,逐步成为具有一定影响力的中国科技期刊。

地震地质 刊期:季刊 主管单位:中国地震局 主办单位:中国地震局地质研究所 主编:马瑾 地址:北京市德外祁家豁子 邮政编码:100029 网址:http://www.eq-igl.ac.cn/ 电话:010-62009049 E-mail:dzdz@ies.ac.cn 国内统一刊号:CN11-2192/P 国际标准刊号:ISSN0253-4967 国内邮发代号:82-809 开本:大16开 定价:20元/期 创刊日期:1979-01-01 报道地球科学前沿领域的最新研究成果,反映地球科学的基础与应用研究进展。重点反映构造地质与活动构造、地球内部物理、构造物理、地球动力学、地球化学、地质年代测定、地下流体、地震预报、工程地震学、减轻灾害等方面的最新研究动态。

地震学报 刊期:双月刊 主管单位:中国科学技术协会 主办单位:中国地震学会、中国地震局地球物

理研究所　主编:陈运泰　地址:北京海淀区民族学院南路5号　邮政编码:100081　网址:http://www.dizhenxb.org.cn/　电话:010-68729330　E-mail:dzxb@cea-igp.ac.cn　国内统一刊号:CN11-2021/P　国际标准刊号:ISSN0253-3782　国内邮发代号:自办发行　开本:大16开　定价:50元/期　/创刊日期:1979-01-01　以刊登地震科学方面具有创新性的研究成果和技术成就为主,也登载一些与地震有关的地球物理、地震地质、工程地震等科学领域的学术论文及研究简报;登载本学科不同学术观点的文章;登载与地震科学有关的评述文章;介绍地震科学及与其有关的重大学术问题的研究现状和进展;反映地震科学及其有关的科技工作动态。

地质调查与研究（原《国外前寒武纪地质》《前寒武纪研究进展》）　刊期:季刊　主管单位:国土资源部　主办单位:天津地质矿产研究所　主编:苗培森　地址:天津市河东区大直沽八号路4号　邮政编码:3001701　网址:http://qhwj.chinajournal.net.cn/　http://www.tianjin.cgs.gov.cn　电话:022-84112950　传真:022-24023488　E-mail:qhwjyjjz@163.com　tjlxinmiao@cgs.gov.cn　国内统一刊号:CN12-1264/P　国际标准刊号:ISSN1007-6956　国内邮发代号:自办发行　开本:大16开　定价:10元/期　创刊日期:1978-01-01　主要刊登内容:地质调查和研究的新认识、新成果、新进展,地区性、专业性焦点、难点问题讨论,新理论、新技术、新方法、新工艺的研究和引进。内容涉及基础地质、矿床地质、同位素地质年代、第四纪地质、水资源与环境、灾害地质、城市地质、农业地质、旅游地质、地球物理勘查、地球化学勘查、地质调查信息等领域,以及国民经济和社会发展对地质工作的需求等方面的文章,亦刊登国外相关领域的研究动态和成果。主要开设栏目:基础地质、矿产资源、水文地质、工程地质、环境地质、技术方法等。

地质科技情报　刊期:双月刊　主管单位:教育部　主办单位:中国地质大学（武汉）　主编:姚书振　地址:湖北省武汉市洪山区鲁磨路388号　邮政编码:430074　网址:http://dzkjqb.cug.edu.cn/　电话:027-67885048　传真:027-67884173　E-mail:kjqb@cug.edu.cn　国内统一刊号:CN42-1240/P　国际标准刊号:ISSN1000-7849　国内邮发代号:38-130　开本:大16开　定价:15元/期　创刊日期:1982-01-01　报道科技前沿领域最新研究成果,特别是国家重大科技攻关项目、自然科学基金项目成果。辟有基础地质、矿产地质、工程地质、材料科学、环境地质、技术方法等栏目。

地质科学　刊期:季刊　主管单位:中国科学院　主办单位:中国科学院地质与地球物理研究所　主编:肖文交　地址:北京德胜门外北京9825信箱　邮政编码:100029　网址:http://www.dzkx.org/　电话:010-82998109　传真:010-82998115　E-mail:dzkx@mail.igcas.ac.cn　国内统一刊号:CN11-1937/P　国际标准刊号:ISSN0563-5020　国内邮发代号:2-392　国外发行代号:Q77　开本:大16开　定价:70元/期　创刊日期:1958-01-01　反映地质学领域内具有较高水平的新理论、新成果、新发现、新方法、新进展,特别关注构造地质学、构造物理、地层与古生物、石油地质、岩石矿物矿床、地球化学、地质年代学等方面的最新理论、野外和实验成果,支持多学科交叉研究成果。

地质力学学报　刊期:季刊　主管单位:中国科学技术协会　主办单位:中国地质科学院地质力学研究所　主编:龙长兴　地址:北京市海淀区民族学院南路11号　邮政编码:100081　网址:http://journal.geomech.ac.cn/　电话:010-68422368　E-mail:dzlx@vip.163.com　dzlx@chinajournal.net.cn　国内统一刊号:CN11-3672/P　国际标准刊号:ISSN1006-6616　国内邮发代号:自办发行　开本:大16开　定价:25元/期　创刊日期:1995-01-01　主要报道地壳运动与大陆地质构造及其动力机制等方面的前沿动态和基础理论研究成果,同时关注矿产资源、地质灾害调查与防治、环境变迁规律等方面的应用科研成果。

地质论评　刊期:双月刊　主管单位:中国科学技术协会　主办单位:中国地质学会　主编:杨文采　地址:北京市阜外百万庄大街26号　邮政编码:100037　网址:http://www.geojournals.cn/georev/　电话:010-68999804　传真:010-68995305　E-mail:georeview@cags.net.cn　国内统一刊号:CN11-1952/P　国际标准刊号:ISSN0371-5736　国内邮发代号:2-382　定价:50元/期　开本:大16开　创刊日期:1936-03-01　反映中国地质学界在地质科学理论研究、基础研究和基本地质问题研究方面的最新成果。以论、评、述、报为特色。涉及地学和相关学科各领域,包括地层学、古生物学、地史学、构造地质学、大地构造学、矿物学、岩石学、地球化学、地球物理学、矿床地质学、水文地质学、工程地质学、环境地质学、区域地质学以及地质勘查的新理论和新技术等。

地质通报　刊期:月刊　主管单位:国土资源部　主办单位:中国地质调查局　主编:肖序常　地址:北京市西城区阜外大街45号院　邮政编码:100037　网址:http://www.drc.cgs.gov.cn/　电话:010-68326446　传

真:010-68325040　E-mail:dzhtb@263.net　国内统一刊号:CN11-4648/P　国际标准刊号:ISSN1671-2552　国内邮发代号:2-767　国外发行代号:M3684　开本:大16开　定价:20元/期　创刊日期:1982-01-01　辟有专题报告、基础地质、矿产资源、水文地质·环境地质、方法与应用、快报、学术讨论、特稿·专论、综述与进展、地学纵横、知识经纬、动态与信息、书评等栏目,内容涉及基础地质、经济地质、海洋地质、能源地质、生态环境地质、灾害地质、城市地质、农业地质、勘查地球物理、勘查地球化学、地质实验、探测技术、地质调查信息技术、科技政策、科技管理等专业领域。

地质学报　刊期:月刊　主管单位:中国科学技术协会　主办单位:中国地质学会　主编:陈毓川　地址:北京市阜外百万庄大街26号　邮政编码:100037　网址:http://www.geojournals.cn/　电话:010-68312410　传真:010-68995305　E-mail:dizhixuebao@163.com　国内统一刊号:CN11-1951/P　国际标准刊号:ISSN1000-9515　国内邮发代号:2-113　国外发行代号:Q78　开本:大16开　定价:50元/期　创刊日期:1922-01-01　反映地质学领域的理论研究和国民经济建设中遇到的地质学基本问题的研究成果,兼顾地质学方法和技术等,涉及地史学、地层学、古生物学、构造地质学、岩石学、矿物学、地球化学、矿床地质学、水文地质学、工程地质学、区域地质学以及地质勘探的理论、方法、技术等地质学的各个领域及其分支学科和边缘学科。

地质学报(英文版)　刊期:双月刊　主管单位:中国科学技术协会　主办单位:中国地质学会　主编:陈毓川　地址:北京市阜外百万庄大街26号　邮政编码:100037　网址:http://www.geojournals.cn/　电话:010-68999024　传真:010-68995305　E-mail:geoacta@163.com　geoacta@public3.bta.cn　国内统一刊号:CN11-2001/P　国际标准刊号:ISSN1000-9515　定价:50元/期　开本:大16开　创刊日期:1922-01-01　反映中国地质学界在地质科学的理论研究、基础研究和基本地质问题方面的最新、最重要成果,兼及新的方法和技术。涉及地学和相关学科各领域的研究,包括地层学、古生物学、地史学、构造地质学、大地构造学、矿物学、岩石学、地球化学、地球物理、矿床地质学、水文地质学、工程地质学、环境地质学、区域地质学以及地质勘查的新理论和新技术。

地质学刊(原《江苏地质》)　刊期:季刊　主管单位:江苏省国土资源厅　主办单位:江苏省地质调查研究院、江苏省地质学会　主编:夏鸣　地址:江苏省南京市珠江路700号　邮政编码:210018　网址:http://www.jsgs.com.cn/　电话:025-84820975　E-mail:4820975@jsmail.com.cn　国内统一刊号:CN32-1796/P　国际标准刊号:ISSN1674-3636　国内邮发代号:自办发行　开本:大16开　定价:20元/期　创刊日期:1977-01-01　主要刊登地质学以及边缘相关学科方面的研究论文和学术成果。报道内容涉及地学基础研究、环境保护、地质灾害防治、国土规划与整治、旅游地质、农业地质、遥感地质、工程勘察、岩土工程、矿产开发利用、地质经济、矿业管理、地勘新技术新工艺和新方法、计算机应用、地质机械与仪器研制、珠宝首饰加工与鉴定。主要栏目有基础地质、应用地质、地质研究与开发、地学动态等。

地质与勘探　刊期:双月刊　主管单位:中国钢铁工业协会　主办单位:中国冶金地质勘查工程总局、有色金属矿产地质调查中心、中国地质学会　主编:卢进　地址:北京市安外安贞里2区11楼　邮政编码:100029　网址:http://www.cqvip.com/qk/93079X/　电话:010-64435074　E-mail:dzykt@vip.sina.com　国内统一刊号:CN11-2043/P　国际标准刊号:ISSN0495-5331　国内邮发代号:82-504　开本:大16开　定价:45元/期　创刊日期:1957-01-01　刊载矿产资源成矿规律与找矿预测理论研究成果、勘查技术新方法与实践、岩石矿物研究、同位素地质、数学地质与遥感地质、钻探技术、矿产资源经济评价理论研究与实际运用、矿山环境、水文地质与工程地质等方面优秀成果和最新进展。

地质与资源　刊期:季刊　主管单位:国土资源部　主办单位:沈阳地质矿产研究所　主编:马德有　地址:辽宁省沈阳市黄河北大街1号友谊宾馆16楼　邮政编码:110034　网址:http://www.dzyzy.org　电话:024-62606109　E-mail:dzyzybjb@163.com　国内统一刊号:CN21-1458/P　国际标准刊号:ISSN1671-1947　国内邮发代号:自办发行　开本:大16开　定价:15元/期　创刊日期:1992-01-01　跟踪地质学世界前沿问题,全面反映地质调查工作的最新成果,同时充分报道国内外地质与资源研究领域的现状、水平、发展趋势。设置有区域地质调查、矿产资源评价、水文·工程·环境·生态地质、贵金属地质、综述、方法与应用、问题讨论、国外研究动态等栏目。

地质灾害与环境保护　刊期:季刊　主管单位:四川省教育厅　主办单位:成都理工大学、地质灾害防治与地质环境保护国家专业实验室　主编:王士天　地址:四川省成都市二仙桥东三路1号　邮政编码:610059　网址:http://dzhb.chinajournal.net.cn/　电话:028-84078481　E-mail:dzzh@cdut.edu.cn　国内统一刊号:

CN51-1467　国际标准刊号:ISSN1006-4362　国内邮发代号:62-140　开本:大16开　定价:15元/期　创刊日期:1990-09-01　主要刊登由地球内部动力和外动力以及不合理的人类工程活动引起的地质灾害,如滑坡、崩塌、泥石流、岩溶塌陷、地裂缝、地面沉降、土壤沙漠化、海水入侵等地质灾害方面的治理与环境保护方面的研究成果。

地质找矿论丛　刊期:季刊　主管单位:中钢集团天津地质研究院　主办单位:中钢集团天津地质研究院　主编:余和勇　地址:天津市河西区爱东道平房4号　邮政编码:300181　网址:http://tianjinrd.sinosteel.com/cbw.asp　电话:022-84283083　E-mail:luncong@yeah.net　国内统一刊号:CN12-1131/P　国际标准刊号:ISSN1001-1412　国内邮发代号:自办发行　开本:大16开　定价:20元/期　创刊日期:1986-01-01　报道的主要内容:固体矿产成矿理论、成矿预测、物质成分及综合利用、新技术和新方法的应用、水文地质与工程地质、环境地质、资源勘查工程、地质经济、矿业开发及可持续发展等。

地质装备(原《地学仪器》《中地装备》)　刊期:双月刊　主管单位:中国机械装备(集团)公司　主办单位:中国地质装备总公司、北京探矿工程研究所　主编:关键　地址:北京市朝阳区望京西园221号博泰大厦5层　邮政编码:100102　网址:http://www.cgeg.com.cn/　电话:010-64843951　传真:010-64789866　E-mail:dzzb@cgeg.com.cn　国内统一刊号:CN11-4410/TD　国际标准刊号:ISSN1009-282X　国内邮发代号:80-193　开本:大16开　定价:8元/期　创刊日期:2000-01-01　主要报道国内外地质装备行业(包括:地质机械、地质仪器、超硬材料及制品等)的最新科研成果和发展趋势;介绍新产品、新材料、新技术、新工艺;交流地质装备的使用和管理经验;刊登有关地质装备行业的政策法规及市场信息。

防灾减灾工程学报(原《地震学刊》)　刊期:双月刊　主管单位:江苏省地震局　主办单位:中国灾害防御协会、江苏省地震局　主编:欧进萍　地址:江苏省南京市卫岗3号　邮政编码:210014　网址:http://dzxk.chinajournal.net.cn/　电话:025-84285560　E-mail:jdpme@vip.sina.com　国内统一刊号:CN32-1695/P　国际标准刊号:ISSN1672-2132　国内邮发代号:自办发行　开本:大16开　定价:24元/期　创刊日期:1981-01-01　主要刊载以防御和减轻自然灾害为主的各类灾害的学术研究论文和应用性科研成果。内容包括:地震与地质灾害、气象灾害、爆炸与火灾、植物灾变以及其他对人类生存和社会发展造成危害的各类灾害。

福建地质　刊期:季刊　主管单位:福建省地质矿产勘查开发局　主办单位:福建省地质测绘院　主编:陈亨亮　地址:福建省福州市东门塔头路2号　邮政编码:350011　网址:http://www.fjdkj.gov.cn/　电话:0591-87336518　E-mail:fzdzxxzx@sina.com　fzdzxxzx@21cn.com　国内统一刊号:CN35-1080/P　国际标准刊号:ISSN1001-3970　国内邮发代号:自办发行　开本:16开　定价:7.5元/期　创刊日期:1982-01-01　主要刊登内容为基础地质(包括地层、岩石矿物、古生物、构造地质、区域地质)、矿产地质、工程地质、水文地质、地球物理、地球化学、环境地质、遥感地质等研究成果。

甘肃地质(原《甘肃地质学报》)　刊期:季刊　主管单位:甘肃省地质矿产勘查开发局　主办单位:甘肃省地质矿产勘查局、甘肃省地质学会　主编:候云生　地址:甘肃省兰州市红星巷123号　邮政编码:730000　网址:http://www.gsdkj.net/　电话:0931-8763280　E-mail:gsdz@chinajournal.net.cn　国内统一刊号:CN62-1103/P　国际标准刊号:ISSN1004-4116　国内邮发代号:自办发行　开本:16开　定价:5元/期　创刊日期:1983-01-01　主要报道地质科学及其相关领域的基础性、前瞻性和创新性研究成果,介绍地质大调查过程中重大课题的阶段成果。开辟有综合评述、基础地质、矿产地质、能源地质、岩石矿物、地球化学、环境地质、农业地质、项目动态、简讯、邻区地质、技术方法等多个学术栏目。拟推出国际资源信息栏目,介绍其有关资源类的最新信息。

高校地质学报　刊期:季刊　主管单位:教育部　主办单位:南京大学　主编:王汝成　地址:江苏省南京市栖霞区仙林大道163号　邮政编码:210023　网址:http://geology.nju.edu.cn/　电话:025-83594340　传真:025-83686016　E-mail:gxdzh@nju.edu.cn　国内统一刊号:CN32-1440/P　国际标准刊号:ISSN1006-7493　国内邮发代号:自办发行　开本:16开　定价:30元/期　创刊日期:1995-09-01　主要刊登岩石、矿物、矿床、地球化学、构造地质、地层学、古生物学、石油地质、水文及工程地质等各学科领域最新研究成果的优秀论文。

工程地质学报　刊期:双月刊　主管单位:中国科学院　主办单位:中国科学院地质与地球物理研究所　主编:王思敬　地址:北京德外祁家豁子(北京9825信箱)　邮政编码:100029　网址:http://www.gcdz.org/　电话:010-82998124　传真:010-82998121　E-mail:gcdz@mail.igcas.ac.cn　国内统一刊号:CN11-3249/P

国际标准刊号:ISSN1004-9665　国内邮发代号:82-296　开本:大16开　定价:25元/期　创刊日期:1993-01-01　主要介绍当前规划、设计和在建国家重点工程的工程地质和地质环境实例及其论证,讨论理论进展和方法创新,涉及地质科学、水文地质工程地质学、地球化学、应用地球物理学、物理学、数学、计算机科学、铁道、交通、公路、矿山、水利水电等方面的研究论文、简报、动态、进展和新技术、新方法。

古地理学报　刊期:双月刊　主管单位:教育部　主办单位:中国石油大学、中国矿物岩石地球化学学会　主编:冯增昭　地址:北京市学院路20号石油大学　邮政编码:100083　网址:hgkc.chinajournal.net.cn　电话:010-62396246　传真:010-62341089　E-mail:jpalaeo1999@163.com　国内统一刊号:CN11-4678/P　国际标准刊号:ISSN1671-1505　国内邮发代号:2-739　开本:大16开　定价:25元/期　创刊日期:1999-01-01　主要刊登国内外古地理学及其相关学科或相关学术领域的文章,以及以这些学科或学术领域的理论、观点和方法论述石油、天然气、煤炭、水、化工材料、建筑材料、其他金属与非金属矿产资源的预测、勘探、开发以及环境等方面的论文;主要栏目有岩相古地理学及沉积学、生物古地理学及古生态学、构造古地理学及古构造学、第四纪古地理学、人类历史时期古地理学、地球化学及沉积环境、古气候、古水文、古土壤、古岩溶、古今地理环境与人类文明、古地理及矿产资源、新技术及新方法等。

古脊椎动物学报　刊期:季刊　主管单位:中国科学院　主办单位:中国科学院古脊椎动物与古人类研究所　主编:张弥曼　地址:北京643信箱　邮政编码:100044　网址:http://www.ivpp.ac.cn　电话:010-68935180　E-mail:bjs@ivpp.ac.cn　国内统一刊号:CN11-1905/Q　国际标准刊号:ISSN1000-3118　国内邮发代号:自办发行　开本:大16开　定价:30元/期　创刊日期:1957-01-01　登载内容涵盖与古脊椎动物学有关的所有领域,诸如古脊椎动物各门类及人类起源与进化、系统分类、形态功能、同位素测年、生物地层与地质年代、古生态、古环境、古生物地理,脊椎动物化石收集及研究的有关方法,也包括对古脊椎动物学文献的再研究。主要栏目有研究论文、消息报道、学术动态、书刊评介、问题讨论、综述及方法介绍等。

古生物学报　刊期:季刊　主管单位:中国科学院　主办单位:中国古生物学会　主编:李星学　地址:江苏省南京市北京东路39号　邮政编码:210008　电话:025-83282215　网址:http://gswx.chinajournal.net.cn/　E-mail:gswxb@nigpas.ac.cn　国内统一刊号:CN32-1188/Q　国际标准刊号:ISSN0001-6616　国内邮发代号:2-310　开本:大16开　定价:40元/期　创刊日期:1953-05-01　描述、分析古生物和古生物群、与国内外相关古生物群进行对比,探讨古气候、古地理和古环境,为地层时代确立和找矿提供依据,特别注重反映我国古生物学新的重要成果和新进展;介绍讨论古生物学研究的新方法和新技术;报道国内外古生物学界学术活动的动态、介绍与评论古生物学的重要著作。

桂林理工大学学报　刊期:季刊　主管单位:桂林理工大学　主办单位:桂林理工大学　主编:张学洪　地址:广西桂林市建干路12号　邮政编码:541004　网址:http://departs.glut.edu.cn/kjcyc/jieshao/xb.htm　电话:0773-5896423　传真:0773-5892796　E-mail:xbz@glite.edu.cn　国内统一刊号:CN45-1375/N　国际标准刊号:ISSN1674-9057　国内邮发代号:48-7　开本:大16开　定价:10元/期　创刊日期:1981-02-01　主要刊登矿产地质、资源勘查、环境科学、土木工程、材料工程、应用化学、国土开发与测绘工程、电子与计算机应用等方面的最新科研成果,刊物以报道资源、环境与土木工程的科研成果为特色。

贵州地质　刊期:季刊　主管单位:贵州省地质矿产勘查开发局　主办单位:贵州省地质调查院、贵州省地质学会　主编:王尚彦　地址:贵州省贵阳市北京路203号　邮政编码:550004　网址:http://gzdz.periodicals.net.cn/　电话:0851-6856944　传真:0851-6825581　E-mail:gzdzbjb@163.com　国内统一刊号:CN52-1059/P　国际标准刊号:ISSN1000-5943　国内邮发代号:自办发行　开本:大16开　定价:10元/期　创刊日期:1984-01-01　荟萃了贵州地学进展和最新科研成果,涉及基础地质、矿床地质、环境地质、水文工程地质、地质灾害与防治、国地规划与整治、农业地质、旅游地质、遥感地质、地质矿产资源开发利用、地球化学、地球物理、勘查技术等地学多领域。

海相油气地质(原《南方油气地质》)　刊期:季刊　主管单位:中国石油集团　主办单位:中国石油集团杭州石油地质研究所(中国石油杭州地质研究院)　主编:熊湘华　地址:浙江省杭州市西溪路920号　邮政编码:310023　网址:http://hxyq.chinajournal.net.cn/　E-mail:mopg_hz@petrochina.com.cn　国内统一刊号:CN33-1328/P　国际标准刊号:ISSN1672-9854　国内邮发代号:自办发行　开本:大16开　定价:30元/期　创刊日期:1996-01-01　重点报道海相油气地质勘探理论、技术、方法的进展。主要栏目有海相论坛、盆地与构造、地层与沉积机理与模式、勘探实例、勘探与评价、技术与方法、讨论与探索。

海洋地质前沿(原《海洋地质动态》) 刊期:月刊 主管单位:国土资源部 主办单位:青岛海洋地质研究所 主编:张训华 地址:山东省青岛市福州南路62号 邮政编码:266071 网址:http://www.qimg.cgs.gov.cn/ 电话:0532-85755825 传真:0532-85720553 E-mail:HYDT@Chinajournal.net.cn 国内统一刊号:CN37-1118/P 国际标准刊号:ISSN1009-2722 国内邮发代号:自办发行 开本:16开 定价:10元/期 创刊日期:1982-08-01 主要刊登反映当今国内外海洋地质、海洋石油地质、海洋矿产资源、海洋地球物理、海洋地球化学、环境地质和灾害地质等学科的科技进展和发展趋势的学术论文;报道相关科学领域的最新研究成果、新技术方法、海洋地质调查研究和学术活动等信息。主要栏目有基础理论、调查开发、技术方法、文摘、简讯等。

海洋地质与第四纪地质 刊期:双月刊 主管单位:国土资源部 主办单位:青岛海洋地质研究所 主编:张训华 地址:山东省青岛市福州南路62号 邮政编码:266071 网址:http://www.qimg.cgs.gov.cn/ 电话:0532-85755823 传真:0532-85720553 E-mail:gwzhang@qd-public.sd.cninfo.net 国内统一刊号:CN37-1117/P 国际标准刊号:ISSN0256-1492 国内邮发代号:24-52 开本:大16开 定价:25元/期 创刊日期:1981-09-01 主要刊登海洋地质学及海陆第四纪地质学及各分支学科、边缘学科的具有前沿性、创造性和探索性的学术论文;侧重报道国家自然科学基金项目、国家重点和专项项目、以及国际合作项目的最新研究成果;突出中国海区、大洋海洋地质以及"三极"地区研究报道特色;注重海区与大陆、区域性与全球变化对比研究。主要栏目为:沉积与环境、地球化学与地球物理、古海洋与年代地质、油气与矿产、第四纪地质、综述与评述、技术方法、IODP快讯等。

化工矿产地质(原《化工地质》) 刊期:季刊 主管单位:中化地质矿山总局 主办单位:中化地质矿山总局地质研究院 主编:郝尔宏 地址:河北省涿州市范阳路72号 邮政编码:072754 网址:hgkc.chinajournal.net.cn 电话:0312-3682240 传真:0312-3682242 E-mail:hgkc@chinajournal.net.cn 国内统一刊号:CN13-1190/P 国际标准刊号:ISSN1006-5296 开本:大16开 定价:5元/期 创刊日期:1979-01-01 开辟矿山地质、应用地质、矿床、水文地质、工程地质、环境地质、勘探方法、探索、综述、矿产开发、选矿研究、社会经济等栏目。

华南地质与矿产 刊期:季刊 主管单位:国土资源部 主办单位:武汉地质矿产研究所 主编:潘仲芳 地址:湖北省武汉市东湖高新技术开发区光谷大道69号 邮政编码:430205 网址:http://www.yichang.cgs.gov.cn/ 电话:027-81381862 传真:027-81381999 E-mail:ftaian@163.com yingchunpang@163.com 国内统一刊号:CN42-1417/P 国际标准刊号:ISSN1007-3701 开本:大16开 定价:10元/期 创刊日期:1984-01-01 主要栏目包括基础地质、矿床地质、环境地质、同位素地质、水文地质与工程地质、灾害地质、农业地质、测试方法与技术、矿产品开发和利用,以及综合评述和动态报道等。

化石 刊期:季刊 主管单位:中国科学院 主办单位:中国科学院古脊椎动物与古人类研究所 主编:郭建崴 地址:北京市西外大街142号(北京643信箱) 邮政编码:100044 网址:http://www.ivpp.ac.cn/cbw/hs/hsjj/ 电话:010-88369368 E-mail:huashifossils@yahoo.com.cn 国内统一刊号:CN11-1596/K 国际标准刊号:ISSN1000-3185 国内邮发代号:2-811 开本:大16开 定价:12元/期 创刊日期:1973-01-01 以化石的介绍为中心,深入浅出地向公众普及地质学、古生物学、进化生物学、古人类学、史前考古学以及涉及古生态、古环境领域的其他学科的科学知识。

黄金 刊期:月刊 主管单位:中国黄金集团公司 主办单位:长春黄金研究院 主编:韦华南 地址:吉林省长春市南胡大路6760号 邮政编码:130012 网址:http://ccgri.com/gold 电话:0431-85529838 E-mail:journal@ccgri.com 国内统一刊号:CN22-1110/TF 国际标准刊号:ISSN1001-1277 国内邮发代号:12-47 国外发行代号:M3331 开本:大16开 定价:15元/期 创刊日期:1980-01-01 主要报道黄金及相关行业在经济管理、黄金市场、工业用金、黄金地质、采矿工程、机电与自动控制、选矿与冶炼、环保与分析等方面的科研成果和综合评述,以及新理论、新技术、新方法、新工艺、新设备、生产技术经验等内容。

吉林大学学报(地球科学版)(原《长春地质学院学报》《长春科技大学学报》) 刊期:双月刊 主管单位:教育部 主办单位:吉林大学 主编:林学钰 地址:吉林省长春市西民主大街938号 邮政编码:130026 网址:http://xuebao.jlu.edu.cn/dxb 电话:0431-88502374 E-mail:jdxbdxb@mail.jlu.edu.cn 国内统一刊号:CN22-1343/P 国际标准刊号:ISSN1671-5888 国内邮发代号:12-22 开本:大16开 定价:30元/期 创刊日期:1956-01-01 主要刊登地质学、地球物理学、水文地质、工程地质、环境地质、勘探工程、岩矿测试等学科领域中的最新科研成果。

吉林地质 刊期:季刊 主管单位:吉林省地质矿产勘查开发局 主办单位:吉林省地质矿产勘查开发局 主编:郭文秀 地址:吉林省长春市南昌路2号 邮政编码:130061 网址:http://118.145.16.223:81/Jweb_jldz/ 电话:0431-88522864 E-mail:jilindizhi@tom.com 国内统一刊号:CN22-1099/P 国际标准刊号:ISSN1001-2427 国内邮发代号:自办发行 开本:大16开 定价:20元/期 创刊日期:1982-01-08 栏目设置有基础地质、矿产开发、工程地质勘查与施工、灾害地质、旅游地质、水工环地质、农业地质、技术与方法、宝玉石、观赏石的介绍、研究与开发等。

矿产保护与利用 刊期:双月刊 主管单位:国土资源部 主办单位:中国地质科学院郑州矿产综合利用研究所 主编:冯安生 地址:河南省郑州市陇海西路328号 邮政编码:450006 网址:http://kcbh.chinajournal.net.cn 电话:0371-68632026 E-mail:kcbh@chinajournal.net.cn 国内统一刊号:CN41-1122/TD 国际标准刊号:ISSN1001-0076 国内邮发代号:自办发行 开本:大16开 定价:10元/期 创刊日期:1981-01-01 主要报道矿业管理研究和矿产资源综合利用、非金属矿深加工技术的最新研究成果。主要版块栏目有矿产资源管理、非金属矿开发利用、选冶工艺、综合评述、二次资源。

矿产勘查(原《有色金属矿产与勘查》《岩土工程界》) 刊期:双月刊 主管单位:中国有色金属工业协会 主办单位:有色金属矿产地质调查中心 主编:王京彬 地址:北京市安外北苑5号院4区有色地质大厦1104室 邮政编码:100012 网址:http://ytgcj.periodicals.net.cn/ 电话:010-84925664 E-mail:kckc@cnncm.com 国内统一刊号:CN11-5875/TD 国际标准刊号:ISSN1674-7801 国内邮发代号:2-656 开本:大16开 定价:30元/期 创刊日期:1985-01-08 开设有政策纵览、信息速递、单位风采、专家论坛、案例分析、勘查市场、境外矿产、矿床地质、勘查技术、水工环地质、探矿工程等栏目。

矿产与地质 刊期:双月刊 主管单位:中国有色金属工业协会 主办单位:桂林矿产地质研究院 主编:贾国相 地址:广西桂林市辅星路2号 邮政编码:541004 电话:0773-5893564 E-mail:kcydz@rigm.ac.cn 国内统一刊号:CN45-1174/TD 国际标准刊号:ISSN1001-5663 国内邮发代号:48-65 开本:大16开 定价:15元/期 创刊日期:1981-01-01 开辟有综述、矿床地质、环境保护与地质、矿物材料研究、地球化学及矿物学研究、油气化探、物化探找矿、技术方法及其他等栏目。

矿床地质 刊期:双月刊 主管单位:中国科学技术协会 主办单位:中国地质学会矿床地质专业委员会、中国地质科学院矿产资源研究所 主编:毛景文 地址:北京市西城区百万庄大街26号 邮政编码:100037 网址:http://www.kcdz.ac.cn/ 电话:010-68327284 E-mail:minerald@163.net 国内统一刊号:CN11-1965/P 国际标准刊号:ISSN0258-7106 国内邮发代号:82-459 开本:大16开 定价:80元/期 创刊日期:1982-01-01 主要报道矿床学领域的新观察、新发现和新认识,涵盖矿床地质(包括金属矿床、非金属矿床、海洋矿产)、矿床地球化学(包括流体包裹体、稳定同位素和放射性同位素及成矿模拟实验)、与矿床有关的岩石学和矿物学、构造演化与成矿作用、矿床学领域以及某研究方面或成矿区带的综合性研究成果;国内外的有关学术动态、消息等。

矿物学报 刊期:季刊 主管单位:中国科学院 主办单位:中国科学院地球化学研究所、中国矿物岩石地球化学学会 主编:胡瑞中 地址:贵州省贵阳市观水路46号 邮政编码:550002 电话/传真:0851-5891352 E-mail:kwxb@ms.gyig.ac.cn 国际标准刊号:ISSN1000-4734 国内统一刊号:CN52-1045/P 国内邮发代号:66-17 开本:大16开 定价:20元/期 创刊日期:1981-03-01 主要报道矿物学及其相关学科的高水平研究成果,内容包括矿物学与结晶学理论研究,新矿物的发现与研究,矿物学在地球科学、环境科学、材料科学中的应用,矿物合成、加工与利用,以及矿物学科学研究的现状综述和动态分析等。

矿物岩石 刊期:季刊 主管单位:四川省科学技术协会 主办单位:四川省矿物岩石地球化学学会、成都理工大学 主编:兰江华 地址:四川省成都市二仙桥东三路1号成都理工大学 邮政编码:610059 网址:http://www.cqvip.com/qk/94361X/index.shtml 电话:028-84078994 E-mail:Ljh@cdut.edu.cn 国内统一刊号:CN51-1143/TD 国际标准刊号:ISSN1001-6872 国内邮发代号:62-22 开本:大16开 定价:8元/期 创刊日期:1980-05-01 刊载矿物学、岩石学、矿床地质、地球化学方面的研究成果,介绍岩矿鉴定、分析测试的新技术、新方法等。设有矿物岩石、沉积学与石油天然气地质、油气田开发、新技术新方法、岩矿测度与环境、综述、简讯等栏目。

矿物岩石地球化学通报(原名《矿物岩石地球化学通讯》) 刊期:季刊 主管单位:中国科学技术协会

主办单位:中国矿物岩石地球化学学会、中国科学院地球化学研究所　主编:欧阳自远　地址:贵州省贵阳市观水路46号　邮政编码:550002　网址:http://www.bmpg.ac.cn/　电话:0851-5895823　E-mail:kydhtb@263.net　kydhtb@vip.skleg.cn　国内统一刊号:CN52-1102/P　国际标准刊号:ISSN1007-2802　国内邮发代号:自办发行　国外发行代号:DK520027　开本:大16开　定价:20元//期　创刊日期:1981-03-01　报道国内外有关矿物学、岩石学、地球化学和沉积学学科的最新研究成果,以及研究进展、动态的综合评述,兼顾报道学术活动信息和学会工作,并肩负起发现人才、培养人才的责任。主要栏目有研究成果、综述、地学论坛、学术动态、学会之声等。

矿业工程　刊期:双月刊　主管单位:中冶北方工程技术有限公司　主办单位:中冶北方工程技术有限公司、中国冶金矿山企业协会　主编:韩显良　地址:辽宁省鞍山市胜利南路35号　邮政编码:114009　网址:http://www.cnki.net/gwks　电话:0412-5537630　E-mail:kygczz@163.com　国内统一刊号:CN21-1478/TD　国际标准刊号:ISSN1671-8550　国内邮发代号:8-38　开本:大16开　定价:12元//期　创刊日期:1963-01-01

主要报道国内外有关地质、采矿、选矿、烧结、环保等领域的科研、生产、管理、信息等方面的先进技术。主要栏目有经济与管理、矿物开采、矿物加工、设备与维修、安全与环保、计算机应用、烧结球团、生产技术。

矿业工程研究　刊期:季刊　主管单位:湖南省教育厅　主办单位:湖南科技大学　主编:许中坚　地址:湖南省湘潭市湖南科技大学　邮政编码:411201　网址:http://kygcyj.hnust.edu.cn/　电话:0731-58290　E-mail:kygcyj@163.com354　国内统一刊号:CN43-1493/TD　国际标准刊号:ISSN1674-5876　国内邮发代号:自办发行　开本:大16开　定价:12元/期　创刊日期:1983-01-01　开辟的主要栏目有采矿科学与工程、矿山安全与灾害防治、矿山地质与勘探、矿物加工与利用、矿山机械与电气、矿山自动化与信息化、矿区环境保护与职业健康、矿业经济与企业管理等。

煤炭学报　刊期:月刊　主管单位:中国科学技术协会　主办单位:中国煤炭学会、煤炭科学研究总院　主编:胡省三　地址:北京和平里青年沟东路5号　邮政编码:100013　网址:http://www.mtxb.com.cn/　电话:010-84262930　传真:010-84262340　E-mail:mtxb@vip.163.com　mtxbgxm@126.com　国内统一刊号:CN11-2190/TD　国际标准刊号:ISSN0253-9993　国内邮发代号:自办发行　开本:大16开　定价:58元/期　创刊日期:1964-09-14　主要刊载煤田地质与勘探、矿井建设、煤矿开采、煤矿机电工程、矿山测量、煤矿安全、煤炭加工利用、煤矿环境保护、煤炭经济研究等方面的学术论文。

煤田地质与勘探　刊期:双月刊　主管单位:中煤科工集团　主办单位:中煤科工集团西安研究院　主编:王丽　地址:陕西省西安市高新区锦业一路82号　邮政编码:710077　网址:http://mtdz.jourserv.com/　电话:029-81778075　E-mail:ccrimtdzykt@vip.163.com　国内统一刊号:CN61-1155/P　国际标准刊号:ISSN1001-1986　国内邮发代号:52-14　开本:大16开　定价:20元//期　创刊日期:1973-01-01　致力于交流煤田地质方面的新发现、先进经验、技术革新和科学试验成果等,介绍国内外有关新技术及发展方向。主要栏目有煤田地质、矿井地质、煤层气、水文地质、工程地质、环境地质、煤田物探、探矿工程和综合信息等。

全球地质(英文版)(原《东北亚地学研究》)　刊期:半年刊　主管单位:教育部　主办单位:吉林大学东北亚国际地学研究与教学中心　主编:孙革　地址:吉林省长春市西民主大街938号　邮政编码:130026　网址:http://sjdz.jlu.edu.cn/　电话:0431-8502274　E-mail:sjdz@jlu.edu.cn　国内统一刊号:CN22-1371/P　国际标准刊号:ISSN1673-9736　开本:大16开　定价:40元/期　创刊日期:1998-01-01　主要报道全球地质的研究成果,在理论和应用地质学。它的目的是追踪科学前沿,以反映最新的发现,新理论,新成果。

陕西地质(原《陕西地质科技情报》《陕西地矿信息》)　刊期:半年刊　主管单位:陕西省地质矿产厅　主办单位:陕西省地质矿产勘查开发局　主编:齐文　地址:西安市雁塔路100号　邮政编码:710054　电话:029-84333084　国内统一刊号:CN61-1150/P　国际标准刊号:ISSN1001-6996　国内邮发代号:自办发行　开本:16开　定价:10元/期　创刊日期:1983-01-01　主要发表在陕学者对地质科学的研究成果,特别是对陕西境域地质情况的新认识,新见解。栏目设置有基础地质、矿床地质、农业地质、数学地质、工程施工、矿产开发利用、实验测试等。

世界地质　刊期:季刊　主管单位:教育部　主办单位:吉林大学东北亚国际地学研究与教学中心　主编:孙革　地址:吉林省长春市西民主大街938号　邮政编码:130026　网址:http://sjdz.jlu.edu.cn/　电话:0431-88502100　传真:0431-8502274　E-mail:sjdz@jlu.edu.cn　国内统一刊号:CN22-1111/P　国际标准刊号:ISSN1004-5589　国内邮发代号:12-127　开本:大16开　定价:10元/期　创刊日期:1982-01-01　主要报

道地球科学领域里的基础理论研究和应用研究成果,优先刊登前沿性、创新性和开拓性的研究成果。主要栏目包括基础地质、矿床、能源地质、水文、环境、工程地质、地球物理、工程技术和测试技术等。办刊宗旨是跟踪地学前沿,及时反映全球地学领域里的新发现、新理论和新成果,促进地球科学的发展。

世界核地质科学(原《国外铀金地质》) 刊期:季刊 主管单位:中国核工业集团公司 核工业北京地质研究院 主编:李子颖 地址:北京9818信箱 邮政编码:100029 网址:http://sjhdzkx.periodicals.net.cn/ 电话:010-64965429 E-mail:sjhdzkx@126.com 国内统一刊号:CN11-4914/TL 国际标准刊号:ISSN1672-0636 国内邮发代号:自办发行 国外发行代号:Q1994 开本:大16开 定价:8元/期 创刊日期:1962-01-01 主要栏目有核地质、遥感、物化探、核废处置、分析测试等。

石油地球物理勘探 刊期:双月刊 主管单位:中国石油天然气集团公司 主办单位:中国石油集团东方地球物理勘探有限公司 主编:钱荣钧 地址:河北省涿州市11号信箱 邮政编码:072751 网址:http://www.ogp-cn.com.cn/ 电话:0312-3739320 E-mail:ogpslx@sina.com 国内统一刊号:CN13-1095/TE 国际标准刊号:ISSN1000-7210 国内邮发代号:自办发行 开本:大16开 定价:50元/期 创刊日期:1966-01-01 主要报道石油地球物理勘探领域的新理论、新方法和新成果,具体包括:石油物探的基础理论研究新成果;石油物探的新方法;物探资料综合解释的新经验;油田地球物理勘探史例;对物探新技术的评述和发展方向的展望等。

石油勘探与开发 刊期:双月刊 主管单位:中国石油天然气集团公司 主办单位:中国石油天然气股份有限公司勘探开发研究院、中国石油集团科学技术研究院 主编:戴金星 地址:北京海淀区学院路20号主楼429室(北京市910信箱) 邮政编码:100083 电话:010-83593349 E-mail:skykeg@Petrochina.com.cn 国内统一刊号:CN11-2360/TE 国际标准刊号:ISSN1000-0747 国内邮发代号:82-155 开本:大16开 定价:80元/期 创刊日期:1974-01-01 报道中国与世界石油勘探地质、油气田开发、石油工程最新理论技术发展动态与研究成果。开辟油气勘探、油气田开发、石油工程、综合研究、学术讨论等栏目,鼓励创新和争鸣。

石油科技论坛 刊期:双月刊 主管单位:中国石油天然气集团公司 主办单位:石油工业出版社、中国石油华北油田分公司勘探开发研究院 主编:张镇 地址:北京市安定门外安华西里3区18号楼 邮政编码:100011 电话:010-64523721 传真:010-64222411 E-mail:sylt8065@sina.com 国内统一刊号:CN13-1052/G3 国际标准刊号:ISSN1002-302X 国内邮发代号:自办发行 开本:大16开 定价:20元/期 创刊日期:1982-01-01 主要栏目有发展战略、技术创新、科技管理、专家论坛、环球石油、成果推介等。

石油实验地质 刊期:双月刊 主管单位:中国石油化工集团公司 主办单位:中国石化石油勘探开发研究院、中国地质学会石油地质专业委员会 主编:叶德燎 地址:江苏省无锡市蠡湖大道路2060号 邮政编码:214126 网址:http://www.sysydz.net/ 电话:0510-68787204 传真:0510-68787113 E-mail:sysydz.syky@sinopec.com 国内统一刊号:CN32-1151/TE 国际标准刊号:ISSN1001-1612 国内邮发代号:自办发行 开本:大16开 定价:20元/期 创刊日期:1963-01-01 主要报道含油气沉积盆地的形成、演化机制及其对油气的控制;储集层研究;油气生成、运移、收藏及保存的地球化学规律;油田的形成和分布规律;石油地质实验测试的新技术新方法等。

石油物探 刊期:双月刊 主管单位:中国石化石油勘探开发研究院 主办单位:中国石化石油勘探开发研究院南京石油物探研究所 主编:管路平 地址:江苏省南京市卫岗21号 邮政编码:210014 网址:www.gpp.geophysics.cn 电话:025-84787611 E-mail:njsywt@163.net 国内统一刊号:CN32-1284/TE 国际标准刊号:ISSN1000-1441 国内邮发代号:自办发行 开本:大16开 定价:40元/期 创刊日期:1962-01-01 内容主要为国内地震、测井、电法、磁法和重力等地球物理勘探新理论、新技术和新成果,以地震勘探为主。栏目设有科技论文、勘探开发史例、经验交流、综合评述以及学术讨论等。

石油学报 刊期:双月刊 主管单位:中国科学技术协会 主办单位:中国石油学会、石油化工科学研究院 主编:赵宗举 地址:北京市西城区六铺炕街6号 邮政编码:100724 网址:http://www.syxb-cps.com.cn/ E-mail:syxb1@cnpc.com.cn 国内统一刊号:CN11-2128/TE 国际标准刊号:ISSN0253-2697 国内邮发代号:2-114 国外发行代号:BM193 开本:大16开 定价:150元/期 创刊日期:1980-01-01 重点报道中国石油和天然气领域具有原创性的基础研究和应用研究成果,反映重大课题研究的最新进展,推广新技术和新方法,促进国内外石油科技学术交流。主要刊登石油和天然气地质、地质勘探、资源评价、油气藏工程、油气田开发与开采、钻井和采油工程、油田化学、油气集输、石油机械等方面的论文。

石油与天然气地质　刊期:双月刊　主管单位:中国石油化工集团公司　主办单位:中国石油化工股份公司石油勘探开发研究院、中国地质学会石油地质专业委员会　主编:蔡立国　地址:北京市海淀区学院路31号　邮政编码:100083　网址:http://ogg.pepris.com/　电话:010-82312982　E-mail:ogg.syky@sinopec.com　国内统一刊号:CN11-4820/TE　国际标准刊号:ISSN0253-9985　国内邮发代号:82-287　开本:大16开　定价:25元/期　创刊日期:1980-01-01　记录中国石油与天然气地质领域的重大科研成果、反映本学科最新科技水平、促进国内外学术交流、提高石油与天然气地质研究和实践水平。主要栏目有专家论谈、油气地质、成藏机理、勘探开发、勘探实例、技术方法等。

四川地质学报　刊期:季刊　主管单位:四川省国土资源厅　主办单位:四川省地质学会　主编:曾令新　地址:四川省成都市人民北路一段25号　邮政编码:610081　网址:http://www.scky.org.cn/xuebao　电话:025-83224539　E-mail:scdh345@yahoo.com.cn　国内统一刊号:CN51-1273/P　国际标准刊号:ISSN1006-0995　国内邮发代号:自办发行　开本:大16开　定价:15元/期　创刊日期:1980-01-01　开辟有基础地质、矿产地质、水文地质、工程地质、环境地质、旅游地质和地质公园、农业地质、遥感地质、新技术新方法等栏目。

水文地质与工程地质　刊期:双月刊　主管单位:国土资源部　主办单位:中国地质环境监测院　主编:陈梦熊　地址:北京市海淀区大慧寺20号　邮政编码:100081　电话:010-62189102　传真:010-62173426　网址:http://swdg.chinajournal.net.cn/　E-mail:swgch@mail.cigem.gov.cn　国内统一刊号:CN11-2202/P　国际标准刊号:ISSN1000-3665　国内邮发代号:2-335　国外发行代号:OKK1013　开本:大16开　定价:20元/期　创刊日期:1957-01-01　及时反映国内外本专业发展的最新理论与技术方法,以及水工环与其他学科交叉和相互渗透的新动向。刊载水文、工程、环境地质(包括生态环境地质、农业地质)、地质灾害以及地质环境监测成果等专业文章,对长期野外工作中所取得的经验总结、观点、体会和建议等也予以密切的关注。

探矿工程(岩土钻掘工程)　刊期:月刊　主管单位:国土资源部　主办单位:中国地质调查局、中国地质科学院勘探技术研究所　主编:李艺　地址:北京市百万庄26号　邮政编码:100037　网址:http://www.tkgc.net/　电话/传真:010-68320471　E-mail:tkgc@cniet.com　国内统一刊号:CN11-5063/TD　国际标准刊号:ISSN1672-7428　国内邮发代号:2-333　开本:大16开　定价:10元/期　创刊日期:1957-01-01　主要栏目有钻探与钻井工程(固体矿产、油气、盐田、地热井、煤层气、水井、对接井等)、钻掘设备与器具、岩土工程、非开挖工程、地质灾害防治与环境保护工程、科学钻探工程、隧道与爆破工程、管理与安全工程等。

天然气地球科学　刊期:双月刊　主管单位:中国科学院　主办单位:中国科学院资源环境科学信息中心　主编:戴金星　地址:甘肃省兰州市天水中路8号　邮政编码:730000　网址:http://www.nggs.ac.cn　电话:0931-8277790　E-mail:geogas@lzb.ac.cn　国内统一刊号:CN62-1177/TE　国际标准刊号:ISSN1672-1926　国内邮发代号:54-128　开本:大16开　定价:30元/期　创刊日期:1990-01-01　主要刊登天然气地质学、天然气地球化学、天然气地球物理勘探和国内外典型气田实例分析方法和新成果。主要栏目有综述和评述、天然气地质学、天然气地球化学、天然气地球物理学研究等方面的文章,同时报道国内外有关天然气研究和开发方面的新理论、新技术、勘探、气田开发、非常规气研究、天然气与社会经济可持续发展等。

天然气工业　刊期:月刊　主管单位:中国石油天然气集团公司　主办单位:四川石油管理局、中国石油西南油气田公司、中国石油川庆钻探工程公司　主编:冉隆辉　地址:四川成都府青路一段3号　邮政编码:610051　网址:http://www.trqgy.cn/　电话:028-86012718　传真:028-86012712　E-mail:trqgy@trqgy.cn　国内统一刊号:CN51-1179/TE　国际标准刊号:ISSN1000-0976　国内邮发代号:62-14　国外发行代号:M944　开本:大16开　定价:40元/期　创刊日期:1981-01-01　主要栏目包括本期视点、大气田巡礼、地质勘探、开发工程、钻井工程、集输工程、加工利用、安全环保、经济管理、新能源。

天然气勘探与开发　刊期:季刊　主管单位:中国石油西南油气田公司　主办单位:中油西南油气田分公司勘探开发研究院　主编:杨跃明　地址:四川省成都市高新区天府大道北段12号中国石油大厦　邮政编码:610041　电话:028-86015441　E-mail:kjxxs.xn@petrochina.com.cn　国内统一刊号:CN51-1159/TE　国际标准刊号:ISSN1673-3177　国内邮发代号:自办发行　开本:大16开　定价:10元/期　创刊日期:1978-01-01　主要报道国内外有关天然气勘探与开发领域的科技新理论、新工艺、新技术,全面反映石油天然气领域的前沿成就。主要栏目设置有地质研究、开发试采、工程建设、地球物理勘探、经营管理等。

微体古生物学报　刊期:季刊　主管单位:中国科学院　主办单位:中国科学院南京地质古生物研究所

主编:穆西南　地址:江苏省南京市北京东路39号　邮政编码:210008　网址:http://wtgsw.njgsws.com/　电话:025-83282122　E-mail:micropal@nigpas.ac.cn　国内统一刊号:CN32-1189/Q　国际标准刊号:ISSN1000-0674　国内邮发代号:28-110　国外发行代号:Q750　开本:大16开　定价:30元/期　创刊日期:1984-01-01　主要刊登微体古生物学的最新研究论文,国内外学术研究动态和学术思想的讨论。介绍微体古生物学研究的新方法、新技术及重要古生物论著的简介和评述。

物探与化探　刊期:双月刊　主管单位:国土资源部　主办单位:国土资源航空物探遥感中心　主编:熊盛青　地址:北京市海淀区学院路31号遥感中心　邮政编码:100083　网址:http://www.wutanyuhuatan.com　电话:010-62060192　E-mail:whtbjb@sina.com　国内统一刊号:CN11-1906/P　国际标准刊号:ISSN1000-8918　国内邮发代号:2-334　开本:大16开　定价:35元/期　创刊日期:1979-02-01　主要刊载物探、化探技术在地质找矿和国民经济建设、生产、科研和教学中的新方法、新技术、新经验、新产品、新进展、新应用、新成果等。主要栏目有综述、资源勘查、区域地质调查、方法技术研究、计算技术与信息处理、简讯、生态环境地质调查、仪器设备。

物探装备(原《国外油气勘探》)　刊期:双月刊　主管单位:中国石油天然气集团公司　主办单位:东方地球物理公司　主编:陶知非　地址:河北省涿州市范阳西路189号11号信箱　邮政编码:072750　电话:0312-3820148　E-mail:wutan20148@vip.sina.com　国内统一刊号:CN13-1309/TE　国际标准刊号:ISSN1671-0657　国内邮发代号:自办发行　开本:大16开　定价:12元/期　创刊日期:1991-01-01　主要栏目有专题与综述、交流与探讨、IT与装备、重磁电技术、GPS技术等。

西安石油大学学报(自然科学版)　刊期:双月刊　主管单位:陕西省教育厅　主办单位:西安石油大学　主编:屈展　地址:陕西省西安市南郊电子二路18号　邮政编码:710065　网址:http://www.xsdxbzk.com/　电话:029-88382326　E-mail:xbzr@xsyu.edu.cn　国内统一刊号:CN61-1435/TE　国际标准刊号:ISSN1673-064X　国内邮发代号:52-31　开本:大16开　定价:16元/期　创刊日期:1959-01-01　主要报道石油地质、油气勘探与开发、勘探与矿场物理、石油机械设计与制造、计算机科学与应用、仪器仪表自动化与电子技术、化学工程、基础科学以及其他与石油专业有关的科技方面的论文。

西北地质(原《西北地质科技情报》《西北地质科学》)　刊期:季刊　主管单位:国土资源部　主办单位:西安地质矿产研究所、中国地质学会　主编:徐学义　地址:陕西省西安市友谊东路438号　邮政编码:710054　网址:http://www.xian.cgs.gov.cn/Northwestern-Geology/　电话:029-87821951　E-mail:xbdzbjb@163.com　国内统一刊号:CN61-1149/P　国际标准刊号:ISSN1009-6248　国内邮发代号:52-285　国外发行代号:Q2978　开本:大16开　定价:25元/期　创刊日期:1964-01-01　主要刊登有创新思路及首发性成果的科技论文,优先发表由国家、省部委重大科技项目及自然科学基金资助的重大科研成果。刊出的内容主要有关基础地质理论研究、能源及非能源矿产资源研究、地质环境及地质灾害调查研究、地质现代化新技术等方面的研究成果。

西部探矿工程　刊期:月刊　主管单位:新疆地质矿产勘查开发局　主办单位:新疆地质矿产研究所　主编:祁世军　地址:新疆乌鲁木齐市克拉玛依东街279号　邮政编码:830000　电话:0991-4818457　E-mail:xbtk@21cn.com　国内统一刊号:CN65-1124/TD　国际标准刊号:ISSN1004-5716　国内邮发代号:58-159　开本:大16开　定价:10元/期　创刊日期:1989-01-01　主要栏目有岩土工程、石油和矿业工程、地质工程、隧道工程、爆破工程、路桥和建筑工程、安全和管理工程等。

西南石油大学学报(自然科学版)　刊期:双月刊　主管单位:西南石油学院大学　主办单位:西南石油学院大学　主编:杜志敏　地址:四川省成都市新都区西南石油学院大学　邮政编码:610500　网址:http://www.swpuxb.com/　电话:028-83035158　E-mail:swpuxuebao@yahoo.com.cn　国内统一刊号:CN51-1718/C　国际标准刊号:ISSN1674-5086　国内邮发代号:自办发行　开本:大16开　定价:50元/期　创刊日期:1960-07-01　主要刊登石油专业领域中具有创造性或创新性的学术与技术论文、基础理论研究论文、前沿问题的讨论与争鸣,突出反映石油天然气工业中的新理论、新方法、新工艺、新技术,设有地质勘探、石油与天然气工程、油气化学工程与化工、石油机械工程、博导论评、探讨与争鸣等板块。

现代地质　刊期:双月刊　主管单位:教育部　主办单位:中国地质大学(北京)　主编:邓军　地址:北京市学院路29号　邮政编码:100083　网址:http://dept.cugb.edu.cn/ScienceWeb/qkzhx/022.html　电话:010-

82322463　E-mail:xddz@cugb.edu.cn　国内统一刊号:CN11-2035/P　国际标准刊号:ISSN1000-8527　国内邮发代号:18-119　开本:大16开　定价:40元/期　创刊日期:1987-01-01　主要报道地球科学各分支学科与边缘学科的最新研究成果和进展等,内容涵盖地层、古生物、岩石、矿物、矿床地质、构造地质、地球化学、找矿勘探、能源地质、数学地质、遥感地质、环境地质、工程地质、地球物理、探矿工程等诸多地学领域。

新疆地质　刊期:季刊　主管单位:新疆地质矿产勘察开发局　主办单位:新疆地质学会　主编:董连慧　地址:新疆乌鲁木齐市克拉玛依东街279号　邮政编码:830000　电话:0991-4856375　E-mail:xjdi@china-journal.net.cn　国内统一刊号:CN65-1092/P　国际标准刊号:ISSN1000-8845　国内邮发代号:自办发行　开本:大16开　定价:10元/期　创刊日期:1983-01-01　主要刊载新疆及邻区有关区域地质和矿产勘查的最新成果,开辟有综合评述、基础地质、矿产地质、油气地质、岩石矿物、地球化学、环境地质、地学博士论坛、技术方法、研究简报及人物介绍等栏目。

新疆石油地质　刊期:双月刊　主管单位:新疆石油学会　主办单位:新疆石油学会、新疆油田公司、塔里木油田公司、吐哈油田公司、中石化西北分公司　主编:李学义　地址:新疆克拉玛依市准噶尔路32号　邮政编码:834000　网址:http://xjsydz.paperopen.com/　电话:0990-6230361　E-mail:xjpg@petrochina.com.cn　国内统一刊号:CN65-1107/TE　国际标准刊号:ISSN1001-3873　国内邮发代号:58-46　开本:大16开　定价:35元/期　创刊日期:1980-01-01　主要介绍中国各含油气盆地的勘探、开发研究成果,同时也介绍全国各科研院所、大专院校在油气地质方面的研究成果,辟有油气勘探、油藏工程、应用技术、油气工程地质、讨论与争鸣、综述、国外油气地质、人物介绍、消息报道等栏目。

盐湖研究　刊期:季刊　主管单位:中国科学院　主办单位:中国科学院青海盐湖研究所　主编:张彭熹　地址:青海省西宁市新宁路18号　邮政编码:810008　网址:http://yhyj.chinajournal.net.cn　电话:0971-6306025　E-mail:wangcs@isl.ac.cn　editor@isl.ac.cn　国内统一刊号:CN63-1026/P　国际标准刊号:ISSN1008-858X　国内邮发代号:56-20　开本:大16开　定价:8元/期　创刊日期:1972-01-01　主要刊登内容:盐湖、地下卤水、油田水等资源方面的地球化学、水文地质、成盐元素的无机化学、溶液化学及盐卤分析化学等科学实验报告与论文;盐湖、地下卤水、油田水、海水、盐矿等资源开发利用的分离技术、采选矿技术,无机盐化工新产品、新技术、新方法、新工艺的科研成果,有所创新的阶段性研究成果及生产性技术改造;有关盐湖固体矿产和卤水资源为基础的无机材料研究和计算机技术在盐湖卤水等研究生产中的应用;综述、评论、专论、调研报告、简讯、动态等。

岩石力学与工程学报　刊期:月刊　主管单位:中国科学技术协会　主办单位:中国岩石力学与工程学会　主编:冯夏庭　地址:湖北省武汉市武昌小洪山岩土力学研究所　邮政编码:430071　网址:http://www.rockmech.org/　电话/传真:027-87869250　E-mail:rock@whrsm.ac.cn　国内统一刊号:CN42-1397/O3　国际标准刊号:ISSN1000-6915　国内邮发代号:38-315　国外发行代号:MO4526　开本:大16开　定价:40元/期　创刊日期:1982-10-01　反映中国岩石力学与工程的新成就、新理论、新方法、新经验、新动向,促进国内外学术交流,特别欢迎国家重大项目、国家自然科学基金项目及其他重要项目的研究成果。

岩石矿物学杂志　刊期:双月刊　主管单位:国土资源部　主办单位:中国地质学会岩石学专业委员会、矿物学专业委员会、中国地质科学院地质研究所　主编:侯增谦　地址:北京市阜外百万庄路26号　邮政编码:100037　网址:http://www.yskw.ac.cn/　电话:010-68328475　E-mail:yskwzazhi@sohu.com　yskw@chinajournal.net.cn　国际标准刊号:ISSN1000-6524　国内统一刊号:CN11-1966/P　国内邮发代号:82-52　开本:大16开　定价:25元/期　创刊日期:1982-01-01　主要报道岩石学、矿物学领域各分支学科的基础理论和应用研究成果,与岩石学、矿物学有关的边缘交叉学科的创造性和综合性研究成果,岩石和矿物鉴定的新方法、新技术和新仪器以及与岩石学和矿物学有关的最新地质科技信息、研究动态、研究简报、问题讨论、书刊简介、会议简讯等。目前主要栏目有:专题研究、问题讨论、综述与进展、方法与应用、学术争鸣、环境矿物学、宝玉石矿物学、综合资料、简讯等。

岩石学报　刊期:月刊　主管单位:中国科学院　主办单位:中国矿物岩石地球化学学会、中国科学院地质与地球物理研究所　主编:翟明国　地址:北京9825信箱/北京朝阳区北土城西路19号　邮政编码:100083　网址:http://www.ysxb.ac.cn/　电话:010-82998137　E-mail:ysxb@mail.iggcas.ac.cn　国内统一刊号:CN11-1922/P　国际标准刊号:ISSN1000-0569　国内邮发代号:2-575　开本:大16开　定价:200元/期　创刊日期:1985-02-01　主要报道有关岩石学基础理论的岩石学领域各学科包括岩浆岩石学、变质岩石学、沉积岩石学、岩石大地构造学、岩石同位素年代学和同位素地球化学、岩石成矿学、造岩矿物学等方面的重要基础理论和应用研究成果,同时也刊载综述性文章、问题讨论、学术动态以及书评等。

铀矿地质　刊期:双月刊　主管单位:中国核工业集团公司　主办单位:中国核学会铀矿地质学会　主编:张金带　地址:北京市9818信箱　邮政编码:100029　网址:http://ykdz.periodicals.net.cn/　电话:010-64965404　传真:010-64917143　E-mail:ykdz@chinajournal.net.cn　国内统一刊号:CN11-1971/TL　国际标准刊号:ISSN1000-0658　国内邮发代号:自办发行　开本:大16开　定价:8元/期　创刊日期:1962-01-01　主要登载铀矿地质领域内基础理论和应用研究的最新成果和阶段性成果,内容包括铀矿地质、普通物探及放射性物探、遥感技术方法、钻探技术、分析方法、环境地质、水文与工程地质、非金属及建材地质等。文章形式主要有研究论文、研究简报、综合评述、技术交流、科技开发与市场等。

油气地质与采收率　刊期:双月刊　主管单位:中国石油化工股份有限公司　主办单位:中国石化集团胜利石油管理局　主编:刘中云　地址:山东省东营市聊城路3号　邮政编码:257015　电话:0546-8715240　E-mail:pare@slof.com　pgre@vip.163.com　国内统一刊号:CN37-1359/TE　国际标准刊号:ISSN1009-9603　国内邮发代号:24-31　国外发行代号:BM1709　开本:大16开　定价:10元/期　创刊日期:1994-01-01　以提高油气采收率技术为主题,报道相关的学术理论、室内研究、现场应用等实用性技术论文。主要栏目有勘探开发总论、石油地质基础、油气成藏、勘探技术、油气藏工程、二次采油、三次采油、油气层改造与保护。

云南地质　刊期:季刊　主管单位:云南省地质矿产勘查开发局　主办单位:云南省地质矿产勘查院　主编:蒋志文　地址:云南省昆明市东风东路东风巷87号　邮政编码:650051　电话:0871-3110329　国内统一刊号:CN53-1041/P　国际标准刊号:ISSN1004-1885　国内邮发代号:自办发行　开本:大16开　定价:10元/期　创刊日期:1982-01-01　主要刊登该省地质学术论文、地质工作成果、地质勘探的技术方法和工作经验,以及地质工作管理、地质技术经济方面的理论性文章。主要栏目有理论研究、分析探讨、方法应用、资源地质、环境地质、工程地质、灾害地质、建议等。

中国地震　刊期:季刊　主管单位:中国地震局　主办单位:中国地震台网中心　主编:丁国瑜　地址:北京西城区三里河南横街5号　邮政编码:100045　网址:http://zgdz.eq-j.cn/　电话:010-68530277　传真:010-68530226　E-mail:erc_c_cea@sina.com　国内统一刊号:CN11-2008/P　国际标准刊号:ISSN1001-4683　国内邮发代号:自办发行　开本:大16开　定价:25元/期　创刊日期:1985-01-01　内容涉及地球科学的诸多领域,如地球物理学、地震地质学、地震工程学、地震预测与预防、历史地震研究、灾害学、地震社会学,甚至涉及环境与资源等内容。

中国地震研究(英文版)　刊期:双月刊　主管单位:中国地震局　主办单位:中国地震台网中心　主编:陈运泰　地址:北京市民族大学南路5号中国地震局地球物理研究所　邮政编码:100081　网址:http://www.equsci.org.cn/　电话:010-68729344　传真:010-68729330　E-mail:dzxbqks@126.com　equsci@126.com　国内统一刊号:CN11-2009/P　国际标准刊号:ISSN0891-4176　国内邮发代号:自办发行　开本:大16开　定价:70元/期　创刊日期:1988-01-01　内容主要为历史地震研究、地震预报、前兆研究、地震工程与工程振动、地震学、试验地震学、观测技术、地震仪器、中国地震工作的指导方针和政策、地震社会学和地震工作对策等。

中国地质　刊期:双月刊　主管单位:国土资源部　主办单位:中国地质调查局　主编:李廷栋　地址:北京市西城区阜外大街45号院　邮政编码:100037　网址:http://admin.chinajournal.net.cn/　电话:010-58584250/58584210　传真:010-58584254　E-mail:zhgdzh@vip.sina.com　wxueming@mail.cgs.gov.cn　国际标准刊号:ISSN1000-3657　国内统一刊号:CN11-1167/P　国内邮发代号:2-112　开本:大16开　定价:30元/期　创刊日期:1953-04-01　主要报道基础地质(包括地层、古生物、构造地质、岩石、矿物、区域地质等)、矿床地质、能源地质、海洋地质、水文地质、环境地质(含生态地质和灾害地质)、遥感地质、地球物理、地球化学、地质信息等研究成果。

中国地质灾害与防治学报　刊期:季刊　主管单位:国土资源部　主办单位:中国地质环境监测院　主编:张咸恭　地址:北京市海淀区大慧寺20号　邮政编码:100081　网址:http://zgdh.chinajournal.net.cn/　电话:010-62170025　传真:010-62189102　E-mail:zgdh@chinajournal.net.cn　zgdh@mail.cigem.gov.vn　国内统一刊号:CN11-2852/P　国际标准刊号:ISSN1003-8035　国内邮发代号:82-362　开本:大16开　定价:20

元/期 创刊日期:1991-04-01 主要登载有关自然和人类工程—经济活动诱发的崩塌、滑坡、泥石流、地面塌陷、地面沉降、地裂缝、地震、黄土湿陷、粘性土胀缩、冻土融陷、地下水污染、海水入侵、矿井突水、岩爆、瓦斯爆炸、水土流失、土地沙漠化、盐渍化等地质灾害的发生、发展机制、规律、监测、预报、地质灾害防治新技术、新方法以及地质环境保护等方面的科研成果或学术论文。

中国海上油气(原《中国海上油气地质》《中国海上油气工程》) 刊期:双月刊 主管单位:中国海洋石油总公司 主办单位:中海石油研究中心 主编:姜伟、张敏 地址:北京市东城区东直门外小街6号海油大厦20层 邮政编码:100027 电话:010-84522635 E-mail:coog@cnooc.com.cn 国内统一刊号:CN11-5339/TE 国际标准刊号:ISSN1673-1506 开本:大16开 定价:10元/期 创刊日期:1989-09-14 重点报道中国海洋石油和天然气科学的重大研究成果,主要栏目有油气勘探、油气田开发、钻采工程及海洋石油工程。

中国科学D辑:地球科学 刊期:月刊 主管单位:中国科学院 主办单位:中国科学院、国家自然科学基金委员会 主编:郑永飞 地址:北京市东黄城根北街16号 邮政编码:100717 网址:http://earth.scichina.com:8080/sciD/ 电话:010-64015883 传真:010-64016350 E-mail:geo@scichina.org 国内统一刊号:CN11-3756/N 国际标准刊号:ISSN1006-9267 国内邮发代号:80-206 开本:大16开 定价:138元/期 创刊日期:1950-08-01 报道地质学、地球化学、地球物理学、空间物理学/空间天气学、地理学、大气科学和海洋科学基础研究与应用方面具有创新性和高水平的最新研究成果。主要设有论文和评述两个栏目,并围绕公众感兴趣的热点科学问题,不定期推出特约评论、特约论文、动态和争鸣等栏目。

中国科学D辑:地球科学(英文版) 刊期:月刊 主管单位:中国科学院 主办单位:中国科学院、国家自然科学基金委员会 主编:孙枢 地址:北京市东黄城根北街16号 邮政编码:100717 网址:http://earth.scichina.com:8080/sciD/ 电话:010-64015883 传真:010-64016350 E-mail:geo@scichina.org 国内统一刊号:CN11-3753/N 国际标准刊号:ISSN1674-7313 国内邮发代号:80-207 开本:大16开 定价:120元/期 创刊日期:1952-10-01 报道地质学、地球化学、地球物理学、空间物理学/空间天气学、地理学、大气科学和海洋科学基础研究与应用方面具有创新性和高水平的最新研究成果。主要设有论文和评述两个栏目,并围绕公众感兴趣的热点科学问题,不定期推出特约评论、特约论文、动态和争鸣等栏目。

中国矿业(原《矿山技术》) 刊期:月刊 主管单位:国土资源部 主办单位:中国矿业联合会 主编:地址:北京市西直门外文兴街1号 邮政编码:100044 网址:http://www.chinamining.com.cn/ 电话:010-88374940 传真:010-88374941 E-mail:magazine@chinamining.org 国内统一刊号:CN11-3033/TD 国际标准刊号:ISSN1004-4051 国内邮发代号:2-566 开本:大16开 定价:15元/期 创刊日期:1992-01-01 重点报道中国矿业发展战略与矿产资源开发保护方针,反映矿业经济趋势与矿产品市场动态,展示矿业尖端应用技术与当代生产管理科学。设有矿业综述、地质找矿、矿产资源、矿床开采、矿山设备、矿物工程、采选技术、矿业纵横、国际矿业工程等栏目。

中国矿业大学学报 刊期:双月刊 主管单位:教育部 主办单位:中国矿业大学 主编:骆振福 地址:江苏省徐州市中国矿业大学内 邮政编码:221008 网址:http://xb.cumt.edu.cn/ 电话:0516-83995103 E-mail:journal@cumt.edu.cn 国内统一刊号:CN32-1152/TD 国际标准刊号:ISSN1000-1964 国内邮发代号:28-73 开本:大16开 定价:15元/期 创刊日期:1955-01-01 刊登有关煤田地质与勘探、矿山测量、矿井建设、工业与民用建筑、地下开采、露天开采、通风安全、煤化工、煤综合利用、工业电气化自动化、矿山机械、工业经济管理等学科的专业论文。

中国煤炭地质 刊期:月刊 主管单位:国家煤矿安全监察局 主办单位:中国煤田地质总局 主编:赵克荣 地址:河北省涿州市范阳路50号 邮政编码:072750 网址:http://www.ccgc.cn/ 电话:0312-3685217 E-mail:zhgmtdzh@163.com 国内统一刊号:CN13-1385/TD 国际标准刊号:ISSN1674-1803 国内邮发代号:自办发行 开本:大16开 定价:10元/期 创刊日期:1989-01-01 主要栏目有煤田地质、煤层气、瓦斯地质、矿井地质、数学地质、水文地质与工程地质、环境地质、地球物理勘探、非煤矿产、测绘与遥感、化验与测试、煤质分析、钻探、测量及经济地质等。

中国石油大学学报(自然科学版) 刊期:双月刊 主管单位:教育部国家煤矿安全监察局 主办单位:中国石油大学 主编:陈淑娴 地址:山东省东营市北二路271号 邮政编码:257061 网址:http://qks.upc.edu.cn/zr/totg.asp 电话:0546-8393941 E-mail:xhy7714@upc.edu.cn sygc@upc.edu.cn 国内统一刊号:

CN37-1441/TE　国际标准刊号:ISSN1673-5005　国内邮发代号:自办发行　开本:大16开　定价:10元/期　创刊日期:1959-01-01　主要报道中国石油大学教师和其他石油科技工作者的学术研究成果。主要栏目有石油地质与勘探、石油钻采工程、石油炼制与化工、石油机械工程、综述。

中国石油勘探(原《勘探家》)　刊期:季刊　主管单位:中国石油天然气集团公司　主办单位:石油工业出版社　主编:周家尧　地址:北京市朝阳区安外安华里2区1号楼　邮政编码:100011　电话:010-64523587　E-mail:cpe@263.net　国内统一刊号:CN11-5215/TE　国际标准刊号:ISSN1672-7703　国内邮发代号:自办发行　开本:大16开　定价:20元/期　创刊日期:1996-08-01　主要栏目有勘探战略、石油地质、勘探技术、海外油气勘探、论坛。

中国石油石化(原《中国石油》)　刊期:半月刊　主管单位:经济日报报业集团　主办单位:经济日报报业集团　主编:李凡　地址:北京市朝阳区北四环东路高原街甲2号文博大厦9层　邮政编码:100029　网址:http://www.chinacpc.com.cn/　http://www.zgsysh.com/　电话:010-64924402　传真:010-64810994　E-mail:zgsysh@21cn.com　国内统一刊号:CN11-4853/Z　国际标准刊号:ISSN1671-7708　国内邮发代号:2-660　开本:大16开　定价:12元/期　创刊日期:1998-01-01　以"大石油、大创意、大视角、大办度"为目标,深刻解析中国石油石化行业疑点、难点、重点、热点问题,权威发布石油石化大政方针,广泛传播石油石化业界动态,深入报道国内外业界重大事件,生动展现石油石化企业风采。

中国岩溶　刊期:季刊　主管单位:中国地质科学院　主办单位:中国地质科学院岩溶地质研究所　主编:蒋忠诚　地址:广西桂林市七星路50号　邮政编码:531004　网址:http://www.karstjournal.ac.cn/　电话:0773-5812949　传真:0773-5813708　E-mail:carso@tom.com　国内统一刊号:CN45-1157/P　国际标准刊号:ISSN1001-4810　国内邮发代号:48-19　国外发行代号:DK45011　开本:大16开　定价:7元/期　创刊日期:1982年　《中国岩溶》始终自觉面向国民经济建设,以资源与环境为报道主题,努力宣传报道我国岩溶科技研究的新成果、新认识,积极倡导学术争鸣,有力地促进了中国岩溶地区的社会经济建设和极大地丰富与完善了岩溶地质学的研究内容与研究方法。设置的栏目主要有:基础理论、水文工程地质、环境地质、生态地质、旅游地质等,是地质、地理、水电、建筑、农林、旅游、环境保护等部门科研和工程技术人员不可多得的一本权威性参考读物。

资源调查与环境　刊期:季刊　主管单位:国土资源部　主办单位:南京地质矿产研究所　主编:郭坤一　地址:江苏省南京市中山东路534号　邮政编码:210016　网址:http://hsdz.chinajournal.net.cn/　电话:025-84602261　E-mail:bjibu@cgs.cn　njqyongquan@163.com　国际标准刊号:ISSN 1671-4814　国内统一刊号:32-1640/N　国内邮发代号:自办发行　定价:10元/期　开本:大16开　创刊日期:1980-01-01　跟踪地质学世界前沿问题,全面反映地质调查工作的最新成果,同时充分报道国内外地质、资源和环境地质研究领域的现状、水平、发展趋势,面向广大从事地质科学研究、生产、教学及管理人员,为读者提供更大的信息量,为作者提供更广阔的论坛。设有区域基础地质、矿产资源、环境地质、旅游地质等栏目。

资源环境与工程　刊期:双月刊　主管单位:湖北省地质矿产勘查开发局　主办单位:湖北省地质调查院　主编:马光　地址:湖北省武汉市古田五路9号　邮政编码:430034　电话:027-83592400　E-mail:zyhjyghc@163.com　国际标准刊号:ISSN1671-1211　国内统一刊号:CN42-1736/X　国内邮发代号:38-332　开本:大16开　定价:10元/期　创刊日期:1978-01-01　主要刊登湖北地区地学以及边缘相关学科方面的研究论文和湖北地学界在省外和国内的学术成果,同时也报道省外、国外学者对湖北地矿业的研究成果。内容包括基础地质研究、环境保护、地质灾害防治、资源管理与地矿经济、旅游地质、农业地质、岩土工程与勘察、矿产开发利用、矿业新理论、新技术、新工艺和新方法等方面的论文。

资源与产业(原《矿产资源开发》)　刊期:双月刊　主管单位:教育部　主办单位:中国地质大学(北京)　主编:帅开业　地址:北京市学院路29号　邮政编码:100083　电话:010-82322841　E-mail:zycy@cugb.edn.cn　ziyu@chinajournal.net.cn　国内统一刊号:CN11-5426/TD　国际标准刊号:ISSN1673-2464　国内邮发代号:82-160　开本:大16开　定价:15元/期　创刊日期:1999-04-01　设有资源型城市可持续发展、资源管理、资源战略、资源开发、资源环境、资源调查、资源评价、资源产业、资源市场等主要栏目,涉及土地、矿产、海洋、水等自然资源的管理与研究。

(李凤棠)

第三章 中国地质专业普通高校

第一节 中国高等地质院校概况

1909年京师大学堂的格致科(理科)设地质学门,这是中国最早的地质教育机构。1912年5月3日京师大学堂易名北京大学,1913年5月北京大学地质学门首届2名学生毕业,取得学士学位,此后,北京大学地质学门因费用太多而暂时停办,于1913年9月成立的地质研究所就利用北京大学房屋、图书、仪器、标本及部分教师办学,培养地质人才,1916年7月21名学生中18名取得毕业证书。1917年秋季,北京大学地质学门恢复招生,1919年秋季改称地质学系。1927年以后,广州中山大学地质学系、东南大学(后改中央大学)地质学系、清华大学地学系相继成立。1937年抗日战争爆发后,北京大学南迁长沙,与清华大学、南开大学合组长沙临时大学,1938年迁昆明,更名为西南联合大学,设地质地理气象学系。1945年抗战胜利后组合西南联大的各校迁回原址。全国除北京大学、清华大学、中山大学和东南大学外,重庆大学、湖南大学、西北大学(西北联大)、西南联大等先后设立了地质学系或地学系地质学组。1945年后,又有台湾大学、北洋大学、山东大学、云南大学、贵州大学、东北大学、长春大学、浙江大学设置了地质学系(组)。到1949年,累计毕业生约700人。此外,北洋大学、武汉大学、广西大学、云南大学、唐山工学院等工科大学的采矿系或矿冶系也设矿山地质系范畴的课程。

1949年后,先后在南京、长春成立了地质专科学校。1952年,高教院系调整时,北京大学地质学系、清华大学地学系、天津大学地质学系和唐山铁道学院采矿系地质组等合并成立北京地质学院(后称中国地质大学)和东北地质学院(后称长春地质学院)。于是,逐渐形成了隶属于国家教育委员会(原高教部、教育部)的综合性大学地质学系(如北京大学、南京大学、西北大学、中山大学等),由地质矿产部(原地质部)领导的地质学院(如北京地质学院、长春地质学院、成都地质学院等)和石油、煤炭、冶金等有关工业部领导的工(矿)学院的地质学系和地质学专业(如桂林冶金地质学院等)以及中等地质专业学校(如北京地质学校、南京地质学校、宣化地质学校、西安地质学校、长沙地质学校和抚州地质学校等)。到20世纪80年代,全国已有中国地质大学、长春地质学院、成都地质学院、西安地质学院、河北地质学院、华东地质学院、桂林冶金地质学院等7所地质大学和学院;北京大学、南京大学、中国科技大学、西北大学、中山大学、同济大学、兰州大学、中国矿业大学、中国石油大学、中南工业大学、合肥工业大学、福州大学、青岛海洋大学、浙江大学、台湾大学、香港大学、大庆石油学院、焦作矿业大学、淮南矿业学院、江汉石油学院、湘潭矿业学院、西安矿业学院、西南石油学院、昆明工学院、贵州工学院、新疆石油学院、新疆工学院、阜新矿业学院、山西矿业学院、唐山铁道学院等59所高等院校设有地质学系、海洋地质学系或地质学专业,70多所地质学校和地质学专业点。年度在校生约达5万人,本科毕业生约6千人。此外,各院校还培养硕士、博士研究生。

(杨守仁)

第二节 中国普通高校地质科学专业设置

北京市

北京大学地球与空间科学学院地质学专业 地址：北京市海淀区颐和园路5号逸夫二楼 邮政编码：100871 网址：http://sess.pku.edu.cn/ 电话：010-62751150 传真：010-62751159 E-mail：panmao@pku.edu.cn lfzhang@pku.edu.cn

中国地质大学（北京）地球科学学院地质学专业、资源勘察工程（固体矿产）专业 地址：北京市海淀区学院路29号 邮政编码：100083 网址：http://dept.cugb.edu.cn/ 电话：010-82322109 E-mail：chenzhen@cugb.edu.cn

中国石油大学（北京）地球科学学院地质工程专业 地址：北京市昌平区府学路18号 邮政编码：102249 网址：http://www.cup.edu.cn/geosci/ 电话：010-89733074 E-mail：linchen@cup.edu.cn

中国石油大学（北京）石油工程学院石油工程专业 地址：北京市昌平区府学路18号 邮政编码：102249 网址：http://oil.cup.edu.cn/ 电话：010-89733473 E-mail：tianyj@cup.edu.cn

中国矿业大学（北京）资源与安全工程学院采矿工程专业 地址：北京市学院路丁11号 邮政编码：100083 网址：http://zyxy.cumtb.edu.cn/ 电话：010-62339060 E-mail：zyxy@cumtb.edu.cn

中国矿业大学（北京）地球科学与测绘工程学院采矿工程专业、地质工程专业 地址：北京市学院路丁11号 邮政编码：100083 网址：http://dcxy.cumtb.edu.cn/ 电话：010-62339300 E-mail：dcxy@cumtb.edu.cn

北京科技大学土木与环境工程学院矿物资源工程专业 地址：北京市海淀区学院路30号 邮政编码：100083 网址：http://ces.ustb.edu.cn/ 电话：010-62332951 传真：010-82381628 E-mail：wuaixiang@126.com hnl@ustb.edu.cn lch@ustb.edu.cn

北京科技大学冶金与生态工程学院冶金工程专业 地址：北京市海淀区学院路30号 邮政编码：100083 网址：http://metall.ustb.edu.cn/ 电话：010-62334015 传真：010-62332265 E-mail：xuegongban@metall.ustb.edu.cn hmz@metall.ustb.edu.cn

河北省

中国地质大学（北京）长城学院地质学专业、资源勘查工程专业 地址：河北省保定市南二环1698号 邮政编码：071000 网址：http://www.cuggw.com/ 电话：0312-2165166 传真：0312-2162666 E-mail：ccxyjiaowuchu@163.com ccxyzb@cuggw.edu.cn

东北大学秦皇岛分校资源与材料学院资源勘查工程专业、冶金工程专业 地址：河北省秦皇岛市经济技术开发区泰山路143号 邮政编码：066004 网址：http://www.neuq.edu.cn/ 电话：0335-8057908 传真：0335-8051795 E-mail：qxw@mail.neuq.edu.cn qxw@mail.neuq.edu.cn

燕山大学车辆与能源学院石油工程专业 地址：河北省秦皇岛市海港区河北大街438号 邮政编码：066004 网址：http://vec.ysu.edu.cn/ 电话：0335-8074682 E-mail：clynyban@ysu.edu.cn

华北理工大学矿业工程学院采矿工程专业、矿物加工工程专业、资源勘查工程专业、石油工程专业 地址：河北省唐山市新华西道46号 邮政编码：063009 网址：http://kuangye.heuu.edu.cn/ 电话：0315-2592148 E-mail：kuangye@heuu.edu.cn

华北科技学院安全工程学院采矿工程专业、地质工程专业 地址：北京东燕郊206信箱 邮政编码：101601 网址：http://safe.ncist.edu.cn/ 电话：010-61590332 E-mail：Yinshx03@126.com

防灾科技学院地震科学系地质学专业、资源勘探技术专业 地址：北京市东燕郊开发区学院街 邮政编码：101601 网址：http://www.fzxy.edu.cn/ 电话：010-61596234 E-mail：grg@ustc.edu.cn fz@fzxy.edu.cn bgs@fzxy.edu.cn

石家庄经济学院工程学院地质工程专业 地址：河北省石家庄市槐安东路136号 邮政编码：050031 网址：http://www2.sjzue.edu.cn/sjychx/ 电话：0311-87208287 E-mail：w_yt2052@163.com

山西省

太原理工大学矿业工程学院采矿工程专业、资源勘查工程专业　　地址:山西省太原市迎泽大街23号　邮政编码:030024　网址:http://tyut.kyxy.org/　电话:0351-6018893

山西大同大学工学院采矿工程专业、工程地质勘查专业　　地址:山西省大同市矿区新平旺　邮政编码:037003　网址:http://www.gongxueyuan.com/　E-mail:zlp345lpz@163.com

吕梁学院矿业工程系煤矿开采技术专业　　地址:山西省吕梁市离石区滨河北东路38号　网址:http://www.llhc.edu.cn/kygc/　电话:0358-2274306　E-mail:llxykygex@163.com

内蒙古自治区

内蒙古科技大学资源与安全工程学院采矿工程专业、矿物加工工程专业　　地址:内蒙古包头市昆都仑区阿尔丁大街7号　邮政编码:014010　网址:http://srse.imust.cn/　电话:0472-5951557　E-mail:yangduo@imust.cn

呼伦贝尔学院工程技术学院采矿工程专业　　地址:内蒙古呼伦贝尔市海拉尔区学府路63号　邮政编码:021008　网址:http://www.hlbrc.cn/dep/jzfy/gcfy/　E-mail:lonelybird_2003@163.com

内蒙古工业大学乌海学院、乌海职业技术学院矿业工程系采矿工程专业　　地址:内蒙古乌海市海勃湾区滨河新区学府街　邮政编码:016000　网址:http://www.whvtc.net/　电话:0473-2885769　E-mail:xyyuanzhang@163.com　xyshuji@163.com

辽宁省

东北大学资源与土木工程学院采矿工程专业、矿物加工工程专业、勘查技术与工程专业　　地址:辽宁省沈阳市和平区文化路3号巷11号　邮政编码:110004　网址:http://www.neu.edu.cn/zitu/　电话:024-83687693　传真:024-83672617　E-mail:ddztyb@mail.neu.edu.cn

辽宁石油化工大学石油天然气工程学院石油工程专业　　地址:辽宁省抚顺市望花区丹东路西段1号　邮政编码:113001　网址:http://cjxy.lnpu.edu.cn/　电话:0413-6863310　传真:0413-6861820　E-mail:chuyunwm@sohu.com

辽宁工程技术大学资源与环境工程学院采矿工程专业、地质工程专业、矿物加工工程专业、煤及煤层气工程专业　　地址:辽宁省阜新市中华路47号　邮政编码:123000　网址:http://202.199.224.50/zhxy/　电话:0418-3350469　E-mail:KYZHW@263.net

辽宁工程技术大学矿业技术学院采矿工程专业　　地址:辽宁省葫芦岛市龙湾南大街188号　邮政编码:125105　网址:http://www.lgdky.com/　电话:0429-5310568　E-mail:kyjsxy@126.com

吉林省

吉林大学地球科学学院地质学专业、资源勘查工程专业　　地址:吉林省长春市建设街2199号　邮政编码:130061　网址:http://geo.jlu.edu.cn　电话:0431-88502278　传真:0431-88584422　E-mail:geology@jlu.edu.cn

吉林大学环境与资源学院环境地质专业、水文地质专业　　地址:吉林省长春市西民主大街6号　邮政编码:130026　网址:http://cer.jlu.edu.cn/　电话:0431-88502608　E-mail:cer@jlu.edu.cn

吉林大学地球探测科学与技术学院勘查技术与工程(含应用地球物理、应用地球化学方向)专业、矿物资源工程专业　　地址:吉林省长春市西民主大街6号　邮政编码:130026　网址:http://gest.jlu.edu.cn/　电话:0431-8502426　传真:0431-8524544　E-mail:mailto:dtxy@jlu.edu.cn

吉林建筑工程大学测绘与勘查工程学院地质学专业、资源勘查工程专业　　地址:吉林省长春市新城大街5088号　邮政编码:130117　网址:http://www.jliae.edu.cn/cehuikancha/　电话:0431-85935340　E-mail:zhangwenchun@jliae.edu.cn

长春工程学院勘查与测绘工程学院地质学专业、资源勘查工程专业、勘查技术与工程专业　　地址:吉林省长春市同志街3066号　邮政编码:130021　网址:http://kcxy.ccit.edu.cn/　电话:0431-85573034　传真:0431-8557305

黑龙江省

东北石油大学(大庆石油大学)地球科学学院资源勘查工程(石油与天然气方向)专业、勘查技术与工程

专业　地址:大庆市高新技术开发区发展路199号　邮政编码:163318　网址:http://www1.nepu.edu.cn/dky/　电话:0459-6503483　E-mail:dkyyushujie@163.com　ssm@nepu.edu.cn

东北石油大学石油工程学院石油工程专业　地址:大庆市高新技术开发区发展路199号　邮政编码:163318　网址:http://www1.nepu.edu.cn/sygcxy/　电话:0459-6503489　E-mail:sygcxyld@163.com.cn　sygcxydwsj@163.com.cn

黑龙江科技大学矿业工程学院采矿工程专业、矿物加工专业、资源勘查专业　地址:黑龙江省哈尔滨市松北区浦源路2468号　邮政编码:150022　网址:http://kygc.usth.net.cn/　电话:0451-88036109　E-mail:83838@qq.com

黑龙江工业学院资源工程系采矿工程专业、煤矿开采技术专业　地址:黑龙江省鸡西市和平南大街99号　邮政编码:158100　网址:http://www.jxdx.net:6001/　电话:0467-2395731　E-mail:aqjxdx@163.com

上海市

同济大学土木工程学院地质工程专业　地址:上海市四平路1239号　邮政编码:200092　网址:http://civileng.tongji.edu.cn/　电话:021-65982217　传真:021-65986968　E-mail:gxl@tongji.edu.cn　lijianzh@tongji.edu.cn

同济大学海洋与地球科学学院地质学专业　地址:上海市四平路1239号　邮政编码:200092　网址:http://mgg.tongji.edu.cn/　电话:021-65981389　传真:021-65986278　E-mail:zjiank@online.sh.cn

江苏省

南京大学地球科学与工程学院地质工程专业　地址:江苏省南京汉口路22号东南大楼　邮政编码:210093　网址:http://es.nju.edu.cn/　电话:025-83592921　传真:025-83686016　E-mail:wsj@nju.edu.cn

南京大学金陵学院(独立)地质工程专业　地址:江苏省南京市浦口区学府路8号　邮政编码:210089　网址:http://jlxy.nju.edu.cn/　电话:025-58646684　E-mail:ndjlxy@nju.edu.cn

河海大学地球科学与工程学院地质工程专业　地址:江苏省南京市西康路1号科学馆　邮政编码:210098　网址:http://dxy.hhu.edu.cn/　电话:025-83787234　传真:025-83787234　E-mail:dixue@hhu.edu.cn

中国矿业大学(徐州)矿业工程学院采矿工程专业　地址:江苏省徐州市大学路1号南湖校区　邮政编码:221116　网址:http://cese.cumt.edu.cn/　电话:0516-83590555　E-mail:lsxh2001@126.com　nybgsys@cumt.edu.cn

中国矿业大学(徐州)资源与地球科学学院地质工程专业、煤及煤层气工程专业　地址:江苏省徐州市三环南路　邮政编码:221116　网址:http://sres.cumt.edu.cn/　电话:0516-83591012　E-mail:suiwanghua@cumt.edu.cn　wsy@cumt.edu.cn

南京工业大学交通学院勘查技术与工程专业、地质工程专业　地址:江苏省南京市中山北路200号　邮政编码:210009　网址:http://trans.njut.edu.cn/　电话:025-83587882　E-mail:gxchen@njut.edu.cn

常州大学石油工程学院油气储运工程专业、石油工程专业　地址:江苏省常州市钟楼区星园路　邮政编码:213016　网址:http://cpe.cczu.edu.cn/　电话:0519-8329064　E-mail:cpe@cczu.edu.cn

安徽省

合肥工业大学资源与环境工程学院资源勘查工程专业、勘查技术与工程专业　地址:安徽省合肥市屯溪路193号　邮政编码:230009　网址:http://www1.hfut.edu.cn/department/zihuan/　电话:0551-2901523　E-mail:czs12258@mail.hf.ah.cn

安徽理工大学地球与环境学院地质工程专业　地址:安徽省淮南市学院路　邮政编码:232001　网址:http://star.aust.edu.cn/zyhjx　电话:0554-6668430　E-mail:jpyan@aust.edu.cn　zyhjx@aust.edu.cn

安徽理工大学能源与安全学院采矿工程专业、安全工程专业　地址:安徽省淮南市学院路　邮政编码:232001　网址:http://star.aust.edu.cn/zyglx　电话:0554-6633285　E-mail:xzhhua@aust.edu.cn

安徽理工大学材料科学与工程学院矿物加工工程专业　地址:安徽省淮南市洞山安徽理工大学　邮政编码:232001　网址:http://star.aust.edu.cn/clx/　电话:0554-6668649　传真:0554-6668643　E-mail:clx@aust.edu.cn

安徽建筑工业学院土木工程学院地质工程专业、勘察技术与工程专业　地址：安徽省合肥市金寨南路856号　邮政编码：230022　网址：http://www.aiai.edu.cn/tmxy/　电话：0551-3828119　E-mail：dingkw@aiai.edu.cn

宿州学院地理与环境科学系地质工程专业　地址：安徽省宿州市汴河中路55号　邮政编码：234000　网址：http://www1.ahsztc.edu.cn/yuanxi/dlx/　电话：0557-3683182　E-mail：szxydhx@163.com

福建省

福州大学环境与资源学院勘查技术与工程专业　地址：福建省福州市福州大学新区学园路2号　邮政编码：350108　网址：http://er.fzu.edu.cn/　电话：0591-22866077　传真：0591-22866070　E-mail：er@fzu.edu.cn

福州大学紫金矿业学院勘查技术与工程专业、采矿工程专业、矿物加工工程专业　地址：福建省福州市福州大学新区学园路2号　邮政编码：350108　网址：http://zjxy.fzu.edu.cn/　电话：0591-22865212　传真：0591-22865213　E-mail：liuyu@fzu.edu.cn　zjky@fzu.edu.cn

福建工程学院土木工程系勘查技术与工程专业　地址：福建省福州市闽侯县上街镇学园路3号　邮政编码：350108　网址：http://civil.fjut.edu.cn/　电话：0591-22863253　E-mail：cxf0591@163.com

龙岩学院资源工程学院采矿工程专业、地质工程专业　地址：福建省龙岩市东肖北路1号东肖校区/凤凰北路1号（凤凰校区）　邮政编码：364000　网址：http://www.lyun.edu.cn/zhiyuanxi/　E-mail：wcs@lyun.edu.cn　ZYXY@lyun.edu.cn

江西省

江西理工大学资源与环境工程学院采矿工程专业、矿物加工工程专业、地质工程专业　地址：江西省赣州市红旗大道86号　邮政编码：341000　电话：0797-8312274　网址：http://218.87.136.37/college/zhxy/　E-mail：tmk@qq.com

江西理工大学应用科学学院（独立）采矿工程专业、矿物加工工程专业　地址：江西省赣州市客家大道156号　邮政编码：341000　网址：http://www.asc.jx.cn/　电话：0797-8312698　传真：0797-8312691　E-mail：xwf1983@163.com

东华理工大学（原华东地质大学）地球科学学院资源勘查工程专业　地址：江西省抚州市学府路56号　网址：http://dcy.ecit.edu.cn/　电话：0794-8250720　传真：0794-8258309　E-mail：liufujun14@163.com

东华理工大学长江学院（独立）资源勘查工程专业　地址：江西省抚州市学府路56号　邮政编码：344000　网址：http://ytc.ecit.edu.cn　电话：0794-8258326　传真：0794-8256455　E-mail：cjxyzsb@163.com

山东省

中国海洋大学海洋地球科学学院地质学专业、勘查技术与工程专业　地址：山东省青岛市松岭路238号　邮政编码：266100　网址：http://www2.ouc.edu.cn/earch/　电话：0532-66782488　传真：0532-66781877　E-mail：estuary@ouc.edu.cn　geology@ouc.edu.cn

中国石油大学（华东）地球资源与信息学院资源勘查工程专业、勘查技术与工程专业、地质学专业　地址：山东省青岛经济技术开发区长江西路66号　邮政编码：266555　网址：http://geori.upc.edu.cn/　电话：0532-86981878　E-mail：xyyin@hdpu.edu.cn　zyxbgs@hdpu.edu.cn

中国石油大学（华东）石油工程学院石油工程专业　地址：山东省青岛市经济技术开发区长江西路66号　邮政编码：266555　网址：http://pe.upc.edu.cn/　电话：0532-86981936　E-mail：youcang@hdpu.edu.cn

山东科技大学资源与环境工程学院采矿工程专业　地址：山东省青岛市经济技术开发区前湾港路579号　邮政编码：266510　网址：http://cree.sdust.edu.cn/　电话：0532-86057038/86057003　E-mail：wjguo@sdust.edu.cn　zhxygy@sdust.edu.cn

山东科技大学地质科学与工程学院地质工程专业、资源勘察工程专业、勘察技术与工程专业　地址：山东省青岛市经济技术开发区前湾港路579号　邮政编码：266510　网址：http://cgse.sdust.edu.cn/　电话：0532-86057219　E-mail：jcwei@sdust.edu.cn　dzxytwxx@126.com

山东科技大学泰山科技学院采矿工程专业、煤矿开采技术专业　地址：山东省泰安市岱宗大街223号　邮政编码：271019　网址：http://taxq.sdust.edu.cn/　电话：0538-8493020　E-mail：kjxyzsb@sdust.edu.cn

山东理工大学资源与环境工程学院勘查技术与工程专业、采矿工程专业　地址：山东省淄博市张店区张周路12号　邮政编码：255049　网址：http://ziyuan.sdut.edu.cn/　电话：0533-2781766　E-mail：yslb_3@163.com

河南省

河南理工大学能源科学与工程学院采矿工程专业、煤与煤层气工程专业　地址：河南省焦作市高新区世纪大道2001号　邮政编码：454000　网址：http://sese.hpu.edu.cn/　电话：0391-3987901　E-mail：goupf@hpu.edu.cn

河南理工大学资源环境学院地质工程专业、煤层气工程专业　地址：河南省焦作市高新区世纪大道2001号　邮政编码：454000　网址：http://218.196.240.62/zhxy/　电话：0391-3987961　E-mail：hub@hpu.edu.cn

河南理工大学万方科技学院（独立）地质工程专业、煤矿开采技术专业　地址：河南省焦作市解放中路142号　邮政编码：454000　网址：http://202.196.225.55/　电话：0391-3981688　E-mail：sm1@hpu.edu.cn

河南理工大学应用技术学院地质工程专业、采矿工程专业　地址：河南省焦作市解放中路142号　邮政编码：454000　网址：http://gzxy.hpu.edu.cn/　电话：0391-3981688　E-mail：hjs@hpu.edu.cn

华北水利水电学院资源与环境学院地质工程专业　地址：河南省郑州市北环路36号　邮政编码：450011　网址：http://210.43.130.137/　电话：0371-69127351　传真：0371-65790279

河南城建学院土木与材料工程系勘察技术工程专业　地址：河南省平顶山市新城区明月路　邮政编码：467036　网址：http://tmgc.hncj.edu.cn/　电话：0375-2089201　E-mail：tmbgs@hncj.edu.cn

河南工程学院安全工程学院采矿工程专业　地址：河南省新郑市龙湖中山北路1号　邮政编码：451191　网址：http://aqgc.haue.edu.cn/　电话/传真：0371-62509968

河南工程学院资源与环境工程学院资源勘查工程专业、工程地质勘查专业　地址：河南省新郑市龙湖中山北路1号　邮政编码：451191　网址：http://zyhj.haue.edu.cn/　电话：0371-62508218　E-mail：hngcxy@gmail.com

湖北省

武汉理工大学矿物资源工程专业、矿物加工工程专业　地址：湖北省武汉市洪山区珞狮路122号马房山校区西院　邮政编码：430070　网址：http://public.whut.edu.cn/zhxy/　电话：027-87212127　E-mail：zym126135@126.com　ly1218@whut.edu.cn

中国地质大学（武汉）地球科学学院地质学专业、地质学（地质调查）专业　地址：湖北省武汉市洪山区鲁磨路388号　邮政编码：430074　网址：http://dxy.cug.edu.cn/　电话：027-67883001　传真：027-67883002　E-mail：xllai@cug.edu.cn　dxb@cug.edu.cn

中国地质大学（武汉）工程学院地质工程（包括勘查技术与工程方向、岩土工程方向、地下建筑工程、港口航道、路桥工程地质方向）专业、矿业工程（安全工程方向）专业　地址：湖北省武汉市洪山区鲁磨路388号　邮政编码：430074　网址：http://gcxy.cug.edu.cn/　电话：027-67883124　E-mail：jianggs65@vip.sina.com

中国地质大学（武汉）江城学院（独立）地质学专业、勘查技术与工程专业、资源勘察工程专业　地址：湖北省武汉市江夏区纸坊熊廷弼街特8号　邮政编码：430200　网址：http://www.jccug.com/　电话：027-81820266　传真：027-81820303　E-mail：wangdh@jccug.com　lipx@jccug.com

长江大学地球科学学院资源勘查工程专业、地质学专业　地址：湖北省荆州市南环路1号　邮政编码：434023　网址：http://dqkx.yangtzeu.edu.cn/　电话：0716-8060467　传真：0716-8069225　E-mail：rfpan@yahoo.com　xuxh6523@sina.com

长江大学工程技术学院（独立）资源勘查工程专业、勘查技术与工程专业、石油工程专业、油气开采技术专业　地址：湖北省荆州市南环路199号　邮政编码：434020　网址：http://gcxy.yangtzeu.edu.cn/　电话：0716-8067580　E-mail：gcxy@yangtzeu.edu.cn

武汉科技大学资源与环境工程学院矿物加工工程专业、采矿工程专业　地址：湖北省武汉市青山区建设一路　邮政编码：430081　网址：http://cree.wust.edu.cn/　电话：027-86483758　E-mail：zym126135@126.com　cree@wust.edu.cn

武汉工程大学环境与城市建设学院资源勘查工程专业、矿物加工工程专业、采矿工程专业　地址：湖北省武汉市洪山区楚雄大街693号　邮政编码:430074　网址:http://ece.wit.edu.cn/　电话:027-87194698　传真:027-87194823　E-mail:hcyzxx@163.com　anonymous@163.com

湖南省

中南大学地球科学与信息物理学院地质工程(地质资源、勘察工程方向)专业　地址:湖南省长沙市麓山南路932号　邮政编码:410083　网址:http://gip.its.csu.edu.cn/　电话:0731-88836153　传真:0731-88836783　E-mail:wwwwaa104@163.com　ipge@mail.csu.edu.cn

湖南科技大学能源与安全工程学院采矿工程专业　地址:湖南省湘潭市桃源路　邮政编码:411201　网址:http://dep.hnust.cn/power/　电话:0731-58290040　E-mail:lr9853@yahoo.cn　hqwang1962@126.com

湖南科技大学土木工程学院勘查技术与工程专业　地址:湖南省湘潭市桃源路　邮政编码:411201　网址:http://dep2.hnust.cn:9080/tmxy/　电话:0731-58290749　E-mail:464397070@qq.com

湘潭大学能源工程学院采矿工程专业　地址:湖南省湘潭市　邮政编码:411100　网址:http://218.75.242.251:8031/　电话:0731-52372199　E-mail:yzhh@xtu.edu.cn　13507322160@139.com

南华大学核资源与核燃料工程学院矿物资源工程(矿物开采、矿物加工方向)专业、资源勘查工程专业　地址:湖南省衡阳市常胜西路28号　邮政编码:421001　网址:http://haxy.usc.edu.cn/　电话:0734-8281738　传真:0734-8282634

广东省

中山大学地球科学系地质学专业　地址:广东省广州市海珠区新港西路135号　邮政编码:510275　网址:http://gs.sysu.edu.cn/　电话:020-84111068　传真:020-84112390　E-mail:eeszzhuo@mail.sysu.edu.cn　eeszke@zsu.edu.cn

广西壮族自治区

广西大学资源与冶金学院矿物资源工程专业、采矿工程专业　地址:广西南宁市大学路100号　邮政编码:530004　网址:http://www2.gxu.edu.cn/zhxy/zy/　电话:0771-3232200　E-mail:gxdxcmh@sohu.com　biliping@gxu.edu.cn

桂林理工大学地球科学学院地质学专业、资源勘查工程专业、勘查技术与工程专业　地址:广西桂林市建干路12号　邮政编码:541004　网址:http://departs.glite.edu.cn/zhx/　电话:0773-5896341　传真:0773-5897019　E-mail:fzh@glite.edu.cn　dyz@glite.edu.cn　dxy@glite.edu.cn

桂林理工大学环境科学与工程学院水文地质与工程地质专业　地址:广西桂林市建干路12号　邮政编码:541004　网址:http://departs.glite.edu.cn/hjxy/　电话:0773-5896285　传真:0773-5895330　E-mail:wangdunqiu@glite.edu.cn　zenghonghu@glite.edu.cn

重庆市

重庆大学资源与环境科学学院采矿工程专业　地址:重庆市沙坪坝区沙正街174号　邮政编码:400030　网址:http://www.res.cqu.edu.cn/　电话:023-65102421

重庆交通大学河海学院地质工程专业　地址:重庆市南岸区学府大道66号　邮政编码:400074　网址:http://www2.cqjtu.edu.cn/hhxy/　电话:023-62652714　传真:023-62650204　E-mail:hhxl@cquc.edu.cn　hhxy@cqjtu.edu.cn

重庆科技学院石油与天然气学院地质学专业、石油工程专业、资源勘查工程专业、油气储运工程专业　地址:重庆市沙坪坝区虎溪大学城　邮政编码:401331　网址:http://222.180.188.198/xy/syxy/　电话/传真:023-65022047　E-mail:sy2047@163.com　qizhilin76@sina.com

四川省

西南交通大学土木工程学院地质工程专业　地址:四川成都二环路北一段111号九里校区　邮政编码:610031　网址:http://civil.swjtu.edu.cn/　电话:028-87600671　E-mail:swjtucq@sina.com　xuzhucn@gamil.com　swjtuztg@gmail.com

成都理工大学地球科学学院地质学专业、资源勘查工程专业　地址:四川省成都市二仙桥东三路1号　邮政编码:610059　网址:http://www.ces.net.cn/zh-cn　电话:028-84075175　传真:028-84078816　E-mail:limaozhong@cdut.cn　xuguanli09@cdut.cn

成都理工大学能源学院资源勘查工程(石油地质)专业、石油工程专业　地址:四川省成都市二仙桥东三路1号　邮政编码:610059　网址:http://www.energy.cdut.edu.cn/　电话:028-84079005　E-mail:xgs@cdut.edu.cn　lihuab1111@163.com

成都理工大学环境与土木工程学院地质工程专业、勘查技术与工程(工程地质)专业　地址:四川省成都市二仙桥东三路1号　邮政编码:610059　电话:028-84077988　网址:http://hgy.cdut.edu.cn/college/　E-mail:ltb@geohp.com　lihdd65@sohu.com

西南科技大学环境与资源学院地质工程专业、采矿工程专业　地址:四川省绵阳市涪城区青龙大道中段59号　邮政编码:621010　网址:http://www.hzxy.swust.edu.cn/　电话:0816-6084632　E-mail:wy@boxn.cn

西南石油大学石油工程学院石油工程专业、海洋油气工程专业　地址:四川省成都市新都区新都大道8号　邮政编码:610500　网址:http://sgy.swpu.edu.cn/　电话/传真:028-83037007　E-mail:swpusygc@126.com

西南石油大学地球科学与技术学院资源勘查工程专业、勘察技术与工程专业、地质学专业　地址:四川省成都市新都区新都大道8号　邮政编码:610500　网址:http://zhy.swpu.edu.cn/　电话:028-83032057　E-mail:nchujun@sina.com　goowell@gmail.com

宜宾学院矿业与安全工程学院采矿工程专业、煤矿开采技术专业　地址:四川省宜宾市五粮液大道酒圣路8号　邮政编码:644000　网址:http://dep.yibinu.cn/caikuang/　电话:0831-3547233　E-mail:lingcifeng@sohu.com　3048141@163.com

贵州省

贵州大学材料与冶金学院冶金工程专业　地址:贵州省贵阳市花溪区　邮政编码:550025　网址:http://mm.gzu.edu.cn/　电话/传真:0851-3627683　E-mail:mm.lywang@gzu.edu.cn

贵州大学矿业学院采矿工程专业、矿物加工工程专业、矿物资源工程专业　地址:贵州省贵阳市云岩区贵工路6号蔡家关　邮政编码:550003　网址:http://210.40.32.30/kyxy/　电话:0851-4730058　E-mail:qzhang@gzu.edu.cn　mee.hwang@gzu.edu.cn

贵州大学资源与环境工程学院资源勘查工程专业、勘察技术与工程(水文地质与环境地质)专业　地址:贵州省贵阳市贵工路6号蔡家关校区　邮政编码:550003　网址:http://cree.gzu.edu.cn/　电话/传真:0851-4733001　E-mail:120426156@qq.com

贵州师范大学材料与建筑工程学院冶金工程专业　地址:贵州省贵阳市白云区白云北路36号　邮政编码:550014　网址:http://sub.gznu.edu.cn/cjxy/　电话:0851-4351718　E-mail:cjzds@gznu.edu.cn　cjyzxx@gznu.edu.cn

毕节学院资源与安全工程学院采矿工程专业、煤矿开采技术专业　地址:贵州省毕节市学院路　邮政编码:551700　网址:http://zaxy.gzbjc.edu.cn/　电话:0857-8331852　E-mail:caikuangxi2008@163.com　zaxyyz2008@163.com

六盘水师范学院矿业学院采矿工程专业、煤矿开采技术专业　地址:贵州省六盘水市钟山区明湖路育才巷19号　邮政编码:553004　网址:http://www.lpssz.edu.cn/　电话:0858-860048　E-mail:lpszhw@163.com

云南省

云南大学资源环境与地球科学学院地质学专业　地址:云南省昆明市翠湖北路2号　邮政编码:650091　网址:http://www.srees.ynu.edu.cn/structur　电话:0871-5033733　E-mail:shchguo@ynu.edu.cn

昆明理工大学国土资源工程学院资源勘查工程专业、采矿工程专业　地址:云南省昆明市学府路　邮政编码:650093　网址:http://gzy.kmust.edu.cn/　电话:0871-5154456　传真:0871-5153408

昆明理工大学城市学院(高职)资源勘查工程(固体矿产勘查)专业　地址:云南省昆明市环城东路50号新迎校区　邮政编码:650051　网址:http://city.kmust.edu.cn/　电话:0871-5194108　E-mail:zsbb@kmust.edu.cn

西藏自治区

西藏大学工学院资源勘查和土木工程专业　地址:西藏拉萨市江苏路36号　邮政编码:850000　网址:http://gxy.utibet.edu.cn/　电话:0891-6981912　E-mail:gxy@utibet.edu.cn

西藏大学理学院地质学专业　地址：西藏拉萨市江苏路36号　邮政编码：850000　网址：http://lxy.utibet.edu.cn/　电话：0891-6322954　E-mail：ylxy@utibet.edu.cn

陕西省

长安大学地质工程与测绘学院地质工程专业、勘查技术与工程专业　地址：陕西省西安市雁塔路126号　邮政编码：710054　网址：http://dcxy.chd.edu.cn/　电话：029-82339021　传真：029-85585200　E-mail：dczhangq@chd.edu.cn　dicebgs@chd.edu.cn

长安大学地球科学与资源学院地质学专业、资源勘查工程专业、油气资源勘查专业　地址：陕西省西安市雁塔路126号　邮政编码：710054　网址：http://zyonline.chd.edu.cn/　电话：029-82339059　E-mail：zyxybgs@chd.edu.cn　xaqzz@126.com　dzkcx@chd.edu.cn

西北大学地质学系地质学专业、勘查技术与工程专业、资源勘查工程（石油地质）专业　地址：陕西省西安市太白北路229号　邮政编码：710069　网址：http://geology.nwu.edu.cn　电话：029-88302202　传真：029-88304789　E-mail：xiangh@nwu.edu.cn

延安大学能源与环境工程学院石油工程专业　地址：陕西省延安市杨家岭如新楼　邮政编码：716000　网址：http://nyxy.yau.edu.cn/　电话：0911-2330936　传真：0911-2330926　E-mail：nyxy0936@yahoo.com.cn

西安科技大学能源学院采矿工程专业　地址：陕西省西安市雁塔路58号　邮政编码：710054　网址：http://202.200.48.16/nengyuan　电话：029-85583143　E-mail：zhangjr@xust.edu.cn　lisg@xust.sn.cn

西安科技大学地质与环境学院地质工程专业、资源勘查工程专业　地址：陕西省西安市雁塔路58号　邮政编码：710054　网址：http://dhxy.xust.edu.cn/　电话：029–83858062　E–mail：icmse2015@hotmail.com

西安石油大学石油工程学院石油工程专业、海洋油气工程专业　地址：陕西省西安市电子二路东段18号　邮政编码：710065　网址：http://sygc.xsyu.edu.cn/　E-mail：chenjbxu@126.com　ydl@xsyu.edu.cn

西安石油大学油气资源学院资源勘查工程专业、勘查技术与工程专业、地质学专业　地址：陕西省西安市电子二路东段18号　邮政编码：710065　电话：029-88382783　网址：http://zygc.xsyu.edu.cn/　E-mail：jzzhao@xsyu.edu.cn　yyyang@xsyu.edu.cn

榆林学院能源工程学院石油工程专业　地址：陕西省榆林市崇文路7号　邮政编码：719000　网址：http://www.ylc.net.cn/　电话：0912-3896890　传真：0912-3891194　E-mail：ylxyrsc@ylc.net.cn　renshichu@ylc.net.cn

甘肃省

兰州大学资源环境学院地质学专业　地址：甘肃省兰州市天水南路222号　邮政编码：730000　网址：http://geoscience.lzu.edu.cn/　电话：0931-8912627　传真：0931-8912449　E-mail：wangna@lzu.edu.cn　cees@lz.edu.cn

兰州大学土木工程与力学学院地质工程专业　地址：甘肃省兰州市天水南路222号　邮政编码：730000　网址：http://gxy.lzu.edu.cn/　电话：0931-8914560　传真：0931-8914308　E-mail：sungp@lzu.edu.cn　zhanghuyuan@lzu.edu.cn

陇东学院能源工程学院石油工程专业、采矿工程专业　地址：甘肃省庆阳市西峰区兰州路　邮政编码：745000　网址：http://nygc.ldxy.edu.cn/　电话：0934-8658780

青海省

青海大学地质工程系资源勘查工程专业、地质工程专业　地址：青海省西宁市宁大路251号　邮政编码：810016　网址：http://210.27.177.201/dzx/

新疆维吾尔自治区

新疆大学地质与勘查工程学院资源勘查工程专业、勘查技术与工程专业、采矿工程专业　地址：新疆乌鲁木齐市延安路1230号南校区　邮政编码：830049　电话/传真：0991-8592355　网址：http://202.201.252.218/dkxy/　E-mail：dkxy@xju.edu.cn

新疆农业大学水利与土木工程学院水文地质与工程地质专业　地址：新疆乌鲁木齐市南昌路42号　邮政编码：830052　网址：http://wcc.xjau.edu.cn/　电话：0991-8762805　E-mail：xysllc@xjau.edu.cn

第四章　中国地质科学家

安泰庠(1932.6.5~1996.6.4)　男,生于吉林省敦化市,1956年毕业于北京地质学院。地层古生物学家、地质教育家,中国牙形动物学科的创建人。北京大学地质学系教授。1971年提出利用牙形石进行钻井海相地层的划分和对比方案,并应石油工业部要求,为华北油气田勘探和建设作出了贡献。他的研究为解决各大油田钻井地层难题提供了有效的技术手段。此后在北京大学举办了2期牙形石科学短训班,短训班的学员均成为中国研究牙形石的得力骨干。研究涉足古生物、生物地层、岩相古地理等诸多领域,研究过三叶虫化石和寒武纪、奥陶纪地层,对牙形石研究的造诣最深。发表论著近50篇部,代表作有《中国北部寒武纪牙形石研究》《中国南部早古生代牙形石》《中国寒武纪和奥陶纪牙形石生物地层研究进展》等。曾获国家教委科技进步一等奖等。

安芷生(1941.2.25~　)　男,出生于湖南芷江,籍贯安徽六安,1962年毕业于南京大学,1966年中国科学院地质地球化学研究所研究生毕业。中国科学院学部委员(院士)、第三世界科学院院士,第四纪地质学家。中国科学院西安分院院长、研究员、博士生导师,中国科学院地学部副主任、中国第四纪研究委员会副主任、陕西省科学技术协会副主席、国际第四纪研究联合会(INQUA)副主席、国际地圈—生物圈计划(IGBP)科学委员会副主席。主要研究领域包括黄土、第四纪地质与全球变化等。为确立中国黄土—古土壤序列及其与深海沉积序列的对比、重建黄土高原的气候历史、提出黄土的堆积演化模式及其与环境演变的关系,将黄土研究从定性描述提高到半定量分析及黄土与环境紧密结合研究的新阶段作出重要贡献。首先引入了第四纪磁性地层学,测定了蓝田猿人和澳洲沙漠化年代;最早指出中国240万年前发生的重大地质气候事件。重建了最近250万年、13万年和3万年中国北方气候变化的代用序列;从气候动力学角度,对控制中国中东部环境的古季风因素首次提出了较为系统的季风控制论,指出了东亚季风气候的不稳定性和突发事件的证据和规律。论述了青藏高原隆升与亚洲季风演化的关系,分别在Nature和《中国科学》上发表。发表论文120多篇,代表作有《黄土与环境》《最近13万年中国的古季风记录》《中国全新世气候适宜期东亚夏季风时空变迁》。曾获国家自然科学二等奖2项、三等奖1项,中国科学院自然科学一等奖3项、三等奖1项,获李四光地质科学奖、何梁何利基金科学与技术进步奖、陈嘉庚科学奖、美国沙漠研究所杰出国际科学家奖等。

秉志(1886.4.9~1965.2.21)　男,出生于河南省开封,1908年毕业于京师大学堂,1909年赴美国康乃尔大学农学院学习和研究昆虫学,1913年获学士学位,1918年获哲学博士学位,是第一位获得美国博士学位的中国学者。中央研究院院士、中国科学院学部委员(院士),动物学家、教育家,中国近代生物学的主要奠基人,中国动物学会的创始人。历任南京高等师范、东南大学、厦门大学、中央大学生物系主任、教授,同时担任中国科学社生物研究所和静生生物调查所所长兼研究员。在脊椎动物形态学、神经生理学、动物区系分类学、古生物学等领域进行了大量开拓性研究。1928年发表3部古生物志,对昆虫、软体动物、鱼类、龟类的化石进行了大量研究工作,其化石采自山东、热河、河南、内蒙古、周口店、山西、抚顺、浙江、新疆等地,包括上新世、渐新世、始新世、白垩纪等时期的标本。对中国白垩纪昆虫分类与分布的研究,证明中国具有极为丰富的中生代昆虫区系,并分析了与亚洲其他个别地区昆虫化石之间的关系,大大地充实了比较空白的中生代昆虫的研究,在学术上是重大的贡献。1929年、1930年又出版了2部有关中国北方田螺化石的古生物志。培养出一批不同分支领域的早期动物学家。发表近40篇学术论文中,代表著有《中国北部下白垩纪之昆虫化石》《中国北方田螺化石》《中国北部近代及第四纪淡水田螺化石》等。

常隆庆(1905.1.8~1979.7.21)　男,字兆宁,四川江安人,1930年毕业于北京大学地质系。著名地质学家、地质教育学家,攀西矿产资源的发现者。曾任实业部北京地质调查所土壤研究室调查员、重庆西部科学院地质部主任、四川地质调查所所长、西南地质调查所副所长、成都地质学院教授。主要从事地质矿产调查研究工作和教学工作。早年在陕南、冀北及黑龙江绥化、安达和北京芦沟桥一带进行土壤调查,完成了多篇调查报告,为这些地区的土壤研究奠定了坚实基础。20世纪30年代调查四川石油和天然气,确定了四川巴县石油沟气田第 1 口高产气井井位并打出天然气。1936 年前往西康宁属调查。1939 年底到会理、永仁考察,发现那拉箐煤矿。1940 年和刘之祥等 7 人共同调查宁属南部康滇边区的矿产资源。1941 年邀请李善邦、秦馨菱对攀枝花矿区进行了第 1 次地球物理勘探,进一步探查攀枝花钒钛磁铁矿的分布和储量。参加川滇红色地层研究,为中国西南中生代红层及煤系的时代划分对比研究奠定了基础。著述颇多,内容广泛,涉及地层、古生物、矿产、地质构造、土壤、地震、中国地质等方面,代表作有《云南永仁那拉箐煤田报告》《盐边盐源华坪永胜等县矿产调查报告》《川滇中生代红层与煤系的时代划分的初步意见》《川滇中生代红层与煤系的时代和对比》《中国主要矿产及成矿规律》《中国地层略论》《中国地质学》《古生物学讲义》等。曾荣获开滦煤矿奖金。

常印佛(1931.7.6~) 男,出生于江苏泰兴,1952 年毕业于清华大学地质系。中国科学院学部委员(院士)、中国工程院院士,矿床地质学家。安徽省国土资源厅教授、高级工程师,曾任中国地质学会理事、安徽省地质学会理事长、安徽省科协副主席、中国科学技术大学地球和空间科学学院院长、安徽省地质矿产局副局长、总工程师。长期从事矿产地质勘查和研究,对目前世界上不同成矿环境中的几个主要铜矿类型有着相当深入的了解和研究。发现了铜陵近东西向隐蔽基底断裂带,提出了一个有关陆内成矿带的构造背景、地质环境、成矿特征和富集规律的系统的理论认识,丰富了陆内成矿理论,指导了找矿预测。所提出的"层控(式)矽卡岩型"矿床的分类建议及相应的成矿模式,发展了矽卡岩成矿理论,指导了找矿实践。提出了安徽沿江地区第二轮普查和立体填图的建议,并获一批成果。在直接指导找矿方面,为铜陵有色冶炼基地的发展提供了丰富的后备资源。代表作有《关于层控式矽卡岩型矿床》和《长江中下游铜铁成矿带》。曾获国家科技进步奖特等奖、地矿部科技成果奖一等奖、何梁何利基金科学与技术进步奖等。

陈光远(1920.4.29~1999.11.6) 男,出生于南京市,1943 年毕业于西南联合大学地质地理气象系,1951 年获瑞典乌普萨拉大学副博士学位。地质学家、成因矿物学家,中国现代矿物学的奠基人之一、中国成因矿物学与找矿矿物学的开创者,俄罗斯科学院乌拉尔分院院士。先后在西南联合大学、北京大学、清华大学、中国地质大学(北京)任教,中国地质大学成因矿物研究室主任、教授、博士生导师,中国地质学会矿物学专业委员会副主任、成因矿物学与找矿矿物学专业委员会主任。长期从事结晶学、矿物学的教学与科研工作。在引进、推广、发展和建立成因矿物学的理论体系及地质生产应用方面做了大量的工作,使中国在该学科领域中达到了世界先进水平。对钨矿、富铁矿、铬矿、金矿等的矿床成因矿物学的研究,为矿山解决疑难问题及为找矿和远景评价作出了突出贡献。多次主持并参加国家部委的科研项目。为中国培养了大量的矿物学人才。著有教材 2 部、专著 9 部,重大科研报告 20 份,中外论文 130 余篇,代表作有《成因矿物学与找矿矿物学》等。获联合国发明创新科技之星奖 1 项,省部委级一等奖 3 项、二等奖 1 项、三等奖 2 项、特等奖 1 项,国家优秀科技图书奖等 3 项及李四光地质科学奖。

陈国达(1912.1.22~2004.4.8) 男,出生于广东新会,1934 年毕业于中山大学地质系,1935 年获国立北平研究院地质研究所硕士学位。中国科学院学部委员(院士),地质学家、大地构造学家、教育家,地洼学说、地洼成矿理论的创立者。曾任中山大学教授、中南矿冶学院副院长、中国科学院长沙大地构造研究所所长、研究员,中国地洼学会理事长、国际地洼构造与成矿研究总中心主席、国际地质科学联合会矿床成因协会矿床大地构造委员会副主席兼构造—岩浆活化(地洼)学组主席,国际刊物《大地构造与成矿学》主编。从事大地构造研究,于 1956 年创立地洼学说,突破 1859 年以来美澳学者创建的地槽—地台学说,为进一步认识地壳演化规律及找矿开辟了新思路。从 20 世纪 60 年代起这一学说被陆续介绍到十几个国家,推动了有关学科的深入发展。1991 年又提出了壳体(历史—因果论)大地构造学,即把岩石圈的演化与运动统一研究的学术思想。1957 年与杨遵仪、郝诒纯合编的《古生物学教程》是中国古生物学家编著的第 1 部高等院校古生物学教科书。代表作有《中国地台"活化区"的实例并兼论"华夏古陆"问题》《地壳的第三基本构造单元——地洼区》《地壳"动"定转化递进说——论地壳发展的一般规律》《地台活化说及其找矿意义》《地洼学说及其实践意义》《中国大地构造概要》《地洼学说文选》。曾获国家自然科学奖二等奖、国家科技进步二等奖。

陈骏(1954.11.7~) 男,出生于上海市,籍贯江苏扬州。1980 年毕业于南京大学,1982 年和 1985 年先后获该校硕士和博士学位,1988 年~1989 在英国帝国理工学院从事博士后研究工作。中国科学院院士,地球化学家。南京大学校长、教授、博士生导师,兼任中国矿物岩石地球化学学会副理事长、中国第四纪科学研究会副理事长、国务院学位委员会委员。长期从事表生地球化学和矿床地球化学研究。用矿物学和同位素地球化学方法揭示亚洲风尘潜在源区,发现中国黄土和北太平洋深海风尘沉积物质具二源性特征;通过对北方沙漠和黄土风化成壤过程中元素活动性研究,创建指示古季风气候变化的风尘地球化学指标,明确指出亚洲季风对大陆风化过程和全球变冷的重要影响;从1980年代开始围绕华南含锡花岗岩的物源性质、演化程度、成矿能力和找矿标志开展研究,系统揭示华南锡矿成矿地球化学过程,提出华南最重要原生锡矿三阶段成矿模式和锡石—硫化物矿床找矿模型。主持了包括国家基金委杰出青年基金、国家基金委创新研究群体科学基金、国家基金委重点基金、国家科技部"973项目"二级课题等多项科研任务并取得一系列研究成果,先后发表论文160多篇,出版专著4部。曾获国家自然科学奖二等奖和省部级一等奖等奖项。

陈梦熊(1917.10.12~2012.12.28) 男,出生于江苏南京,籍贯浙江上虞,1942年西南联合大学地质地理气象系毕业。中国科学院学部委员(院士),水文地质、环境地质学家。国土资源部科技咨询研究中心咨询委员、中国地质调查局高级咨询专家,曾任地矿部水文地质工程地质局主任工程师、副总工程师,地矿部科技顾问委员会委员、科技高级顾问、国土资源部咨询研究中心咨询委员。早期重点在甘肃青海调查研究地质矿产。参加地质编图,完成中国第一幅1/300万中国地质图〔担任西北部分〕和1/100万天水幅地质图。担任并完成宝成线新线全部工程地质勘测任务。主编出版了第1本主要以本国实际资料编写的《实用水文地质学》,组织、编制、出版了中国第一幅1/300万中国水文地质图,组织北方各省编制出版1/100万黄淮海平原和松辽平原的水文地质图系,开创了新的编图方法,建立了中小比例尺图系的典型模式。在柴达木盆地建立了青海省第1支水文地质队,完成冷湖地区2个图幅的水文地质普查任务。组织领导并完成全国区域水文地质普查,制定了水文地质图的编图方法和一系列规程规范,组织各省首次完成全国地下水资源的计算和评价。组建了中国人民解放军基建工程兵水文地质部队。承担边远地区最艰巨的190万平方千米的水文地质普查任务。与北京大学合作创办中国第1个遥感水文地质培训班,培养了第1批遥感水文地质技术人员,并编制了中国南方和北方地区遥感水文地质图像集。创立中国特色的《综合水文地质图编图方法和图例》,编制出版大量图幅、图系或图集。参加并完成国际水文计划(IHP)2项国际合作课题。《华北黄河平原地下水系统》为全球6大典型实例之一。水资源开发的负效应与管理课题中的地下水部分也在国际上获得高度评价。发表论文140余篇,代表作有《泛论甘肃中部之变质岩系》《祁连山东段之山系》《近年来我国铁路工程地质的发展》《实用水文地质学》《中国地下水资源与环境》《中国水文地质环境地质问题研究》《中国水文地质工程地质事业的发展与成就》《华北黄河平原地下水系统》等。获全国科学大会奖、国家科技进步二等奖、地矿部科技成果二三等奖、国际岩溶水文地质贡献奖、何梁何利基金地球科学奖等,德国地质学会授予2005年度"Leopold von Buch Medal"荣誉奖。

陈庆宣(1916.4.4~2005.10.2) 男,生于湖北黄陂,1941年毕业于西南联大地质地理气象系。中国科学院学部委员(院士),地质学家,地质力学家。历任中国科学院地质研究所研究员、中国科学院兰州地质研究室研究员、中国地质科学院地质力学研究所研究员、博士生导师,地质矿产部高级顾问。长期从事地质力学研究,在国际学术交流方面做了很多工作。从现象追寻本质,研究地壳运动所产生的各种地质现象发生和发展的规律,为地质力学在资源开发和重大工程建设方面的应用做了许多工作,在新构造、活动断裂、区域地壳稳定性和地质灾害研究等领域作了很大贡献。进行西南大三线地震地质调查、亲赴抗震救灾第一线(如邢台、唐山)调查,为掌握未来地震发展的动向提供了依据。提出开展区域地壳稳定性和地质灾害研究项目,被列为国际地质对比计划(IGCP)第250项。首次在实验构造方面研究了扭裂隙的形成条件和过程以及长期应力作用下岩石非弹性变形。研究了东西向构造带形成的力学机制及其发生的优先纬度。为中国西南地区地震地质、重大工程选址,北京、深圳等城市地壳稳定性评价作出重要贡献。发现铜官山外围铁帽,扩大了铜官山铜矿储量,为包钢找到优质耐火粘土。首次发现西康系中含三叠纪菊石化石的海相复理石沉积,确定了地层时代,发现酒泉盆地古近系火烧沟组与白杨河组间不整合,重新厘定了古近系、新近系地层,为该区石油远景评价打下基础首次发现祁连山震旦和海相三叠系,为该区区测找矿作出贡献。代表作有《地质力学研究现状》《论构造体系》《青海东部黄河上游地质》《东西构造带形成机制和有关问题的探讨》《地质力学及其应用》《区域地壳稳定性和地质灾害研究》等。

陈旭(1936.9.17~) 男,出生于江苏南京,籍贯浙江湖州,1959年毕业于北京地质学院地质调查及找矿系。中国科学院院士,古生物与地层学家。中国科学院南京地质古生物研究所研究员、国际奥陶系分会主席。长期从事中国奥陶纪和志留纪地层学及笔石动物群的古生物学研究。建立、完善了中国奥陶纪、志留纪及早泥盆世笔石带的划分和对比研究。系统研究了中国西南地区志留纪早期的笔石。研究了新疆奥陶纪的笔石,特别是系统地研究了中国奥陶纪末(赫南特期)及志留纪早期的笔石,论述了该时期全球最完整的笔石动物群。同时借助扫描电镜进行笔石孤立标本的研究,填补了中国在此领域中长期空白的状态。率先开展全球层型剖面和点位的研究,在浙江常山黄泥塘建立达瑞威尔阶的全球层型剖面和点位(GSSP)的研究被国际地科联批准,是第一个在中国确立的"金钉子剖面"。参加了以瑞典、美国科学家为主的上奥陶统底界的界线层型工作组,在新疆柯坪大湾沟建立上奥陶统全球辅助层型剖面。在中国宜昌王家湾建立了奥陶系最高的一个阶即赫南特阶的层型剖面和点位,为中国的奥陶系再获一个"金钉子剖面"。在扬子区奥陶系与志留系间建立了高分辨率的生物地层划分和对比框架,对该时期笔石动物群做了系统的分类学研究。从理论上阐述了大灭绝(主灭绝)与小灭绝的时限、特征、进程和制约笔石灭绝的物理因素和生物因素;并把笔石分异度的对比引申到生物地理学、定量地层学和统计学等交叉学科和方法学的范畴中。在古气候学的研究中,建立全球显生宙气候敏感沉积物数据库,编制了寒武纪至中新世共26幅全球气候纬向分带重建图,比较系统地阐述了显生宙气候带的演变。在华南大地构造格局的研究中,研究了穿越扬子到华南早古生代岩组、生物相的时空演变,并结合构造分析的方法对华南古生代板溪洋提出了质疑。还多次参加西南、江苏和新疆的石油与天然气资源开发的研究工作。领导中石化组织的大型油气开发前瞻性研究项目"中国海相地层研究",对中国各区块的海相地层进行划分与对比,以指导中国海相地层的油气开发。发表论著192篇(部),代表作有《中国的笔石》《中国志留系对比》《中国奥陶系对比》《陕南及川北志留纪笔石科的分类》等。获中国科学院自然科学奖一二等奖、李四光科技奖等。

陈旭(1898~1985) 男,原名衍权,字旦初,生于浙江省乐清县,1925年毕业于北京大学地质学系,1936年赴美国耶鲁大学进修,研究蜓类和腕足动物。地质古生物学家、地质教育家,中国蜓类学科的奠基人之一。南京大学教授,曾任中国科学院南京地质古生物研究所兼职研究员、中央大学地质系教授、重庆大学地质系教授。国内外知名的古生物学家,建立了不少新的属种,对蜓类的分带和分类作出了重要的贡献,获得了国际古生物学界的重视和同行们的赞赏。对三叠纪地层做了较深的研究,所著《福建之海相三叠系》奠定了福建海相三叠系研究的基础。曾先后参加《中国标准化石》(1955)和《辞海》的编写,对推动中国当时地质科学事业的发展起了积极的作用。先后发表《蜓科化石之研究》《黄龙灰岩及其动物群》《扬子江下游石炭纪及二叠纪灰岩中蜓科化石之分布与重要化石带》《二叠纪蜓科化石之研究》《广西黄龙灰岩及马平灰岩之蜓科》《湖南宜章梅田灰岩中之蜓科化石之一新种》《中国南部之蜓科Ⅰ》《中国南部之蜓科Ⅱ——中国二叠纪茅口灰岩的蜓科动物群》《中国石炭二叠纪标准蜓科化石层位的对比和分布》《华东栖霞灰岩蜓类组合特征和新属的发现》《中国石炭纪蜓类化石带》《广西宜山地区晚石炭世马平组蜓类》等蜓类论文和专著。

陈颙(1942.12.31~) 男,出生于重庆市,1965年毕业于中国科学技术大学地球物理学系。中国科学院院士、第三世界科学院院士,地球物理学家。一直从事地震学和实验岩石物理学研究及其环境、能源和减灾方面的潜在应用。发展了测量岩石变形的激光全息技术,研究了应力途径对岩石性质的影响。发现的岩石热开裂现象已被应用于核电站的安全性监测。20世纪90年代以来致力于地震预测和地震灾害研究。运用地震学、工程科学和经济学,首次编辑了"全球地震危险性图和全球地震灾害预测图",该图已被联合国等机构应用于减灾规划。发表论著百余篇(部),代表作有《岩石物理学》《分形几何学》等。获国家科技进步奖三等奖、何梁何利科技进步奖等。

陈毓川(1934.12.7~) 男,浙江省平湖县人,1954年毕业于南京大学地理系。1959年毕业于乌克兰顿涅茨理工大学。中国工程院院士,矿床地质专家。中国地质科学院科学技术委员会主任、研究员、博士生导师,曾任中国地质科学院矿床地质研究所所长、地质矿产部地矿司司长、中国地质化学院院长、地质调查局局长等。长期从事矿床地质、地球化学、区域成矿规律、成矿预测研究及矿产勘查工作。系统、深入研究广西大厂超大型锡多金属矿床、矿带地质,为指导找矿及总结成矿规律作出了贡献;深入研究宁芜、庐枞、南岭及全国区域成矿规律及找矿方向,提出宁芜玢岩铁矿成矿模式,在国内开拓区域矿床成矿模式研究领域,系统总结华南花岗岩有色、稀有矿床及陆相火山铁矿成矿规律,促进了全国火山岩区及花岗岩区的地质找矿工作;与程裕淇等研究提出矿床成矿系列概念,发展区域成矿理论,广泛应用于指导找矿;"六五"以来负责地矿部门固体矿产勘查工作,"七五"期间负责全国金矿找矿工作,取得突出成绩。负责并参与完成23项重大矿产资源研究、咨询项目,其中8项国家攻关项目,在锡、铁、金、铜、铅、锌等矿产区域成矿规律、矿床成矿模式矿床成矿系列研究领域作出了突出贡献。先后发表学术论文近百篇,出版专著20余部,代表作有《中国矿床成矿系列初论》《中国矿床成矿模式》《中国主要成矿区带矿产资源远景评价》等。获得国家科技进步奖特等奖1项、二等奖4项、三等奖1项、自然科学奖三等奖1项,地矿部科技成果奖一等奖1项,国土资源部科学技术奖一等奖1项,获李四光地质科技工作者奖、获光华工程科技奖。

陈运泰(1940.8.10~) 男,生于福建省厦门市,1962年毕业于北京大学地球物理学系,1966年中国科学院地球物理学所研究生毕业。中国科学院院士、第三世界科学院院士,地球物理学家。中国地震局地球物理学所所长、名誉所长,北京大学地球与空间科学学院名誉院长及教授,并任中国科学院研究生院、中国石油大学、浙江大学、青岛海洋大学兼职教授。从事地震波和震源理论的研究。改进和应用了哈斯克尔矩阵法。提出了测定中、小地震震源参数和介质品质因数的应用方法;应用和发展了静力学地震位错理论;在中国最早综合利用地震波、"零频"和重力资料求得中国的一些大地震的发震构造和破裂过程;提出了大地震震源过程中"质量迁移""阵前蠕动"等新观点。定量地分析论证了滑动弱化在地震不稳定性中所起的作用,震源区介质的流动性对地震自身的重复性及地震序列类型的控制作用,介质与应力的不均匀性对地震断层的不稳定扩展与地震辐射的控制作用。获取了一些高质量的近震源强地面运动的记录;在国际上最早用近震源地面加速度记录反演天然地震的矩张量并揭示了中小地震破裂过程的复杂性。发表论著150多篇(部),代表作有《地球物理学基础》《数字地震学》等。曾获获全国科学大会奖、国家自然科学奖三等奖、中国地震局科技进步奖一二等奖、国家科技进步奖三等奖、何梁何利科技进步奖等。

程国栋(1943.7.11~) 男,生于上海,1965年毕业于北京地质学院水文地质与工程地质专业,1984年~1986年在美国陆军寒区研究与工程实验室进修。中国科学院院士、冻土学家。中国科学院兰州分院院长、寒区旱区环境与工程所所长、冻土工程国家重点实验室主任、研究员、博士生导师,国际冻土协会主席、中国西部资源环境科学研究中心首席科学家。长期从事青藏高原冻土研究,完成青藏铁路东线工程地质调查,在热水煤矿论证富冰高温冻土路段应采用保护冻土原则修筑路堤,并提出有效措施。结合青藏公路改建,提出高含冰量冻土分布规律和识别标志。创造性地提出近地面厚度地下冰形成的重复分凝机制(程氏假说)和冻土三向地带性理论。前者解决了冻土学界长期悬念,被广泛应用于解释各种冰缘和寒区水文现象。后者指明冻土随纬度、海拔和干燥度变化。近年来从事冰冻圈与全球变化、西北水资源形成、变化及与社会协调发展研究,取得了一定成果。代表作有《冻土路基工程》等。获全国科学重大科技成果奖、国家科技进步一等奖、中国科学院重大科技成果奖、中国科学院重大科技成果一等奖、中国科学院科技成果奖一三等奖、中国科学院自然科学奖二等奖、甘肃省科技最高奖甘肃省科技功臣等。

程裕淇(1912.10.7~2002.1.2) 男,出生于浙江嘉善,1933年毕业于清华大学地学系,1938年获英国利物浦大学博士学位。中国科学院学部委员(院士),地质学家、变质岩石学家、矿床学家、前寒武纪地质学家、地质科技管理专家、地质科学史专家,中国变质岩石学研究的先驱。曾任地质部技术司总工程师、地质部地质矿产研究所变质岩及前寒武纪地质研究室主任、中国地质科学院副院长、名誉院长、研究员、地质部副部长、地质矿产部总工程师、中国地质学会理事长、伦敦地质学会荣誉会员、国际岩石圈委员会(ICL)中国委员会执行主席。主要从事变质岩和前寒武纪地质研究,在前寒武纪地质和铁矿等矿床学研究方面作出杰出贡献。首次对中国太古宙表壳岩和前寒武纪的岩浆岩和岩浆作用特征进行全面扼要的总结。发现川西丹巴递进变质带和昆明富磷矿(1939);提交的鞍山弓长岭铁矿的详细地质报告,所厘定的矿区变质含铁建造层序一直沿用至今,以后曾多次总结全国铁矿类型;在长期从事中国铁矿的研究和勘查过程中,提出铁矿成矿系列概念;提出混合岩系列和混合岩化成矿的观点,阐明中国各时代变质岩系、岩带特征,从而促进了变质地质学的发展。在变质岩深熔作用方面有开创性成果。重视中国地质学史的研究。代表作有《西康丹巴附近的渐进区域变质带》《变质岩的一些基本问题和工作方法》《中国的变质岩系及变质带》《山东太古代雁翎关变质火山沉积岩》《中国的前寒武系》《中国矿床的组成部分》《中国地质学》《当代中国的地质事业》等。曾获中国地质学会赵亚曾纪念奖、全国科学大会奖、国家自然科学一等奖、国家科技进步二等奖、何梁何利科技进步奖、地矿部科学技术奖一二等奖等。

池际尚(1917.6.25~1994.1.1) 女,出生于湖北安陆,1941年毕业于西南联合大学地质地理气象系,1947年和1949年获美国宾夕法尼亚州布仑茂学院硕士学位和博士学位,并在伯克利加州大学地质学系做博士后研究。中国科学院学部委员(院士),岩石学家、地质教育家。曾任清华大学地质学系副教授、北京地质学院教授、武汉地质学院副院长、中国地质大学教授。博士论文中讨论了当时国际热门的花岗岩化问题,提出了变形—组构的统一模型,改正了前人对变形结构面的一些传统观点,论证了变形结构面S2的成因,绘制了表现组构要素的构造图。关于大理岩变形实验及岩石流变学成为岩石圈流变学研究的重要方向,为中国构造岩石学与流变学发展作出了贡献。建立的化学反应式及其方法成为现代岩石学中岩石热力学研究的重要方法。编写的费德洛夫法讲义,引进了岩组学方法,并以相律、相图等新的岩石物理化学理论体系革新教学内容。领导开展燕山花岗岩专题研究,阐述岩浆分异作用、同化作用和成矿专属性。识别和圈出北京郊区八达岭燕山期花岗岩体单个侵入体,划分岩浆侵入期、次,提出旋迴、阶、期、次、岩体的5级划分方案,建立了侵入岩标准系列。证明"岩基"不是均一的地质体,而是依次侵入所形成的杂岩体。在地质图上应从一片红色改为多种颜色的小区镶嵌,具有时代和构造含义。在金伯利岩与金刚石研究方面,主持开展多学科交叉研究,专门成立研究组进行国内外对比,总结金刚石伴生矿物组合特征、金伯利岩和金刚石分布的地质构造特征、填图单位以及岩石特征,还提出了金伯利岩含金刚石性的 T. A 公式。并且指出,除岩筒之外,脉状产出的金伯利岩也可能含有高品位的金刚石。在寻找金刚石资源中,完成了中国第1批山东含矿金伯利岩的研究成果。发现了第2类含金刚石母岩——钾镁煌斑岩。代表作有《Wisshikcon 片岩与花岗岩化作用的构造岩石学》《燕山西段南口花岗岩》《岩浆岩岩石学》《费德洛夫法》《中国东部新生代玄武岩及上地幔研究》《中国原生金刚石成矿地质条件研究》等。曾获中国地质学会"马以思女士纪念奖金"、全国科学大会集体奖、地质矿产部科技成果一二等奖。

戴金星(1935.3.19~) 男,生于浙江省瑞安县,1961年毕业于南京大学地质系。中国科学院院士,天然气地质学家。石油工业部石油勘探开发科学研究院教授级高级工程师、天然气研究室主任,兼任浙江大学地球科学系主任、石油大学(北京)双聘院士、中国石油化工股份有限公司石油勘探开发研究院高级顾问。长期致力于石油、天然气地质研究。前期以含油气区构造研究为主,自20世纪70年代后期转向天然气地质研究。是"六五""七五""八五"和"九五"国家重点科技攻关项目天然气(含煤成气)研究的主要技术负责人。在中国率先倡导煤成气研究,提出了"煤系是良好的烃源岩",总结出了煤成烃模式、各类天然气鉴别标志、天然气成烃模式和大中型气田资源规律等煤成烃和天然气地质理论,开辟了天然气勘探新领域。科学地肯定了无机成因气的存在和形成气田的条件,评价了中国东部 CO_2 的有利地区。直接参与了长庆大气田等发现井的选定工作,为中国天然气地质学和天然气工业的迅速发展作出了贡献。发表论文200余篇、著作23部,代表作有《天然气地质学概论》《中国天然气地质学》《中国东部无机成因气及其气藏形成条件》《中国大中型天然气田形成条件与分布规律》《中国天然气的聚集区带》《Treatise of Natural Gas Geology and Geochemistry in China》《Conditions Governing the Formation of Abiogenic Gas and Gas Pools in Eastern China》《中国煤成大中型气田地质基础和主控因素》《我国煤系的气油地球化学特征、煤成气藏形成条件及资源评价》《中国大气田及其气源》。曾2次获国家科技进步一等奖、多次获部级科技进步一二等奖,2001年获何梁何利基金科学与技术进步奖。

邓起东(1938.2.23~) 男,出生于湖南双峰,1961年毕业于中南矿冶学院(现中南大学)地质系。中国科学院院士,构造地质学家和地震学家。中国地震局地质研究所研究员、博士研究生导师、中国地震局科学技术委员会副主任,曾任中国地震局地质研究所副所长。主要从事活动构造、地震地质、地球动力学和工程地震研究。主持完成了多项国家和中国地震局重点项目及中外地震和活动构造合作研究项目。对中国华北、山西、天山、阿尔泰山和青藏高原等不同地区的活动构造和大地震区地震构造有深入研究;对走滑、挤压和拉张等不同类型构造的几何学、运动学和形成机制有创造性发展;建立和发展了活动构造大比例尺填图技术,发展了古地震研究,领导了全国活动构造地质填图和研究工作,推进了定量活动构造学研究;系统编制了中国活动构造图,总结了中国活动构造和应力场特征,提出了新的运动学和动力学模式;主编完成中国第1份经国家批准使用的地震烈度区划图,成为全国抗震设防标准;完成了大量城市和大中型工程活动构造及地震安全性评价工作,为经济持续发展作出了重要贡献。发表论文230篇、专著13部,代表作有《海原活动断裂带》和《天山活动构造》等。曾获国家科技进步奖二等奖2项,国家地震局科技进步一二等奖5项、三等奖5项,获李四光地质科学奖。

丁道衡(1899.11~1956.2.21) 男,字仲良,贵州织金人,1926年毕业于北京大学地质系,1937年入柏林大学学习构造地质学,次年转入马堡大学研究无脊椎动物化石,获博士学位。地质学家、古生物学家、教育家和社会活动家,白云鄂博铁矿的发现者。历任北京大学地质系教授、武汉大学矿冶系教授、贵州大学矿冶系主任、重庆大学地质系主任,九三学社重庆分社第2届委员会副主任委员、中国地质学会重庆分会理事长。1927年~1930年参加中国和瑞典联合组织的西北科学考察团,主要担任天山西南部的地质考察工作,并负责地质矿产调查和古生物研究,认定白云鄂博是一个蕴藏丰富而有开采价值的大型铁矿,首次报道内蒙古大铁矿,对新中国成立后的包头钢铁基地建设和大西北开发作出重要贡献。留学德国期间,完成了古杯海绵、方锥珊瑚、十字珊瑚、波哈特贝、鹗头贝等的研究,更订了古杯分类,精确地解决了古生物学家们争论了90多年的问题。1939年秋参加"川康科学考察团",率先研究了西南地区铝土矿。为国家培养地质人才作出了卓越贡献。代表作有《新疆矿产志略》《蒙新探险生涯》《绥远白云鄂博铁矿报告》《古杯的更订》《关于有盖珊瑚的讨论》等。2005 年 6 月 10 日国际新矿物命名委员会同意将在白云鄂博发现的稀土元素命名为丁道衡矿 Ce,以示对这位先驱的缅怀。

丁国瑜(1931.9.18～) 男,出生于河北高阳,1952 年北京大学地质系毕业,1959 年获苏联莫斯科地质勘探学院副博士学位。中国科学院学部委员(院士)、第三世界科学院院士,第四纪地质学家、地震地质学家。中国地震局研究员,曾任国家地震局副局长、中国地震学会理事长、国际地质对比计划第 206 项目主席。长期从事新构造、活动构造、地震构造和地震危险性预测特别是活断层及其与地震关系的研究。在建立中国地震监测、分析预报系统方面做了大量开创性工作。参加了海南岛第四纪地质、火山、新构造的调查研究,广东新丰江 1960 年水库地震调查,黄淮海平原第四纪和新构造研究,中国在非洲援建的坦赞铁路沿线地震调查,进行了河北平原水系、河流坡降、新构造运动与地震关系的研究,参加了多次的地震现场考察,组织开展了新疆富蕴地震断裂带的研究。提出了中国地壳现代破裂网络与地震活动关系的模型,编制了首幅中国活断层滑动速率图和现代板内运动图,主编中国活断层图集。在活动构造、古地震、活断层习性、活断层分段的研究及其在重大工程地震危险性评价和地震预测中的应用作出了贡献。代表作有《第四纪沉积物颜色的测定方法及其应用》《中国北部第四纪盆地堆积》《我国地震活动与地壳现代破裂网络》《中国的活断层》《富蕴地震断裂带》《线性构造和地震活动》《中国活断层图集》《中国岩石圈动力学图集》和《中国岩石圈动力学概论》等。曾获国家自然科学三等奖、国家科技进步二三等奖、国家图书奖一等奖、省部级科技进步奖一等奖(4 次)。

丁文江(1887.4.13～1936.1.5) 男,字在君,江苏泰兴人,1911 年毕业于英国格拉斯哥大学,获动物学和地质学双学士学位。地质学家、地质教育家,中国地质事业的奠基人之一。1913 年任工商部矿政司地质科科长;与章鸿钊一起创办农商部地质研究所,培养地质人才,并任所长。1916 年创办了中国第 1 个地质机构——中国地质调查所并担任首任所长,领导了中国早期地质调查与科学研究工作;又在该调查所推动了中国新生代、地震、土壤、燃料等研究室的建立。1919 年向北京大学校长蔡元培建议聘请美国著名地质学家、古生物学家葛利普和当时在英国的李四光到该校任教,以培养急需的地质古生物人才。1922 年与葛利普、翁文灏商定出版《中国古生物志》,并负责编辑,同年出版了 3 部,直到 1936 年。1934 年任中央研究院总干事。非常重视野外地质调查,重视成果的出版和人才的培养。中国地质学会创始会员,1923 年任第二任会长。著有《扬子江芜湖以下的地质》等报告 20 多种,与地层古生物有关的著作有《中国之三叠系》《中国石炭系及其与密西西比系和宾夕法尼亚系的关系》《中国二叠系及其在二叠系划分中的意义》《云南马龙和曲靖地区寒武纪和志留系》《丁文江先生地质调查报告》等。

丁仲礼(1957.1～) 男,出生于浙江省嵊县,1982 年在浙江大学地质系,1988 年在中国科学院地质研究所获第四纪地质与古气候博士学位。中国科学院院士,第四纪地质学家。中国科学院副院长、研究员、博士生导师、第十一届全国人大常委,曾任中国科学院地质与地球物理研究所所长,兼任中国第四纪研究委员会副主任、联合国教科文组织国际地球科学年科学委员会委员、中国矿物岩石地球化学学会副主任。主要研究领域为第四纪地质学、古环境学、古全球变化,在第四纪地质特别是中国黄土研究方面作出贡献。参加及主持"八五""九五"国家自然科学基金重大项目、国家自然科学基金委员会创新研究群体科学基金、中国科学院知识创新项目、"973"项目等多项。利用中国北方的第四纪黄土、新近纪红粘土等风成沉积重建古气候演变历史及其与全球变化的关系,较为系统地研究了黄土与红粘土地层及年代框架,获得了一系列表征古气候变迁的记录,并分析了古气候记录的周期性、相位特征以及与全球气候变化的关系,提出全球冰量在第四纪时期的变化对东亚古气候变化的控制作用等新认识。在证明黄土高原古近纪、新近纪红粘土为风成成因上做了较系统的工作,并正在黄土沉积与沙漠演变、古气候长期演变与构造变动等方面做探索性的工作。对黄土高原的宝鸡、灵台、泾川等剖面作了土壤地层学的系统观察与对比,将中国黄土划分为 37 个土壤地层单位、110 个次级单位。在国际上首次从陆相第四纪沉积中建立 2.6 百万年以来的地球轨道时间标尺,构建了 2.6 百万年以来有区域代表性的黄土粒度"集成时间序列"。发现中国北方黄土剖面粒度所记录的偏北和西北向风力强度变化与米兰科维奇周期同相位,尤其是在 10 万年的偏心率周期上,即冰盛期时风力强度最大。第一作者发表论文 50 余篇。曾获第六届中国科学院青年科学家一等奖、中国科学院自然科学一等奖、中国青年科学家地球科学奖、首届黄汲清青年科技奖。

董申保(1917.9.17～2010.2.19) 男,出生于北京,籍贯江苏常州,1940 年毕业于北京大学地质系,1944 年获西南联合大学硕士学位,1951 年获法国巴黎大学和克来蒙菲朗大学博士学位。中国科学院学部委员(院士),地质学家、岩石学家、地质教育家。先后任北京大学地质学系副教授、教授,长春地质学院地质勘探系副主任、主任和长春地质学院院长助理、院长,北京大学地质学系教授。长期从事变质岩及花岗岩研究,提出"变质岩石组合""混合岩矿床"等假说和扬子北缘元古代的陆内板块俯冲;带领师生进行前寒武纪变质岩的1/20万区域地质调查,重点研究辽东半岛变质岩系和变质矿床;提出混合岩化成矿新理论;把变质矿床划分成前变质矿床、变质形成矿床和混合岩化矿床等类型,发展了变质矿床成因理论,具有很大指导意义;完成中国变质地质图重大科研项目;结合变质作用发生及发展期间大地构造环境,将中国的变质作用类型、变质相及变质相系、变质旋回以及变质地质单元等合理划分为5个主要类型和2个辅助类型;认为变质作用类型往往显示旋回性特征,论述中国大陆形成和演化历史;提出蓝闪石片岩可以分为蓝闪石—硬柱石片岩相和蓝闪石绿片岩相,中国的元古代高压变质岩带大部分属于蓝闪石片岩相型,形成于硅铝壳环境之上,与陆内A型俯冲有关;认为岩浆熔融过程的热量来自深部的地壳与地幔,以及由岩浆机理变化所产生的热量,花岗岩的成因受大地构造控制,热力学条件也起重要作用;地壳升温熔融可以形成混合岩带及混合花岗岩浆,并进一步形成真正的岩浆花岗岩,而地幔熔融则由于原岩中水活度低,可以直接形成碱性花岗岩(岩浆花岗岩)。培养了大批从事变质作用研究的优秀人才。代表作有《辽东半岛前寒武纪混合岩化成矿作用》《区域变质作用与成矿》《中国变质地质图(1/400万)及其说明书》《中国变质作用及其与地壳演化的关系》《变质作用类型划分初议》《变质作用类型、变质期次和变质旋回》及《变质地质学若干问题的探讨》《扬子克拉通的元古代蓝闪石片岩带及一些榴辉岩》等。曾获全国优秀图书一等奖、国家自然科学奖二等奖、教育部科技进步一等奖等。

多吉(1953.9.10 ~) 男,西藏加查县人,1978年毕业于成都地质学院区域地质调查与矿产开发专业。中国工程院院士,地质学专家、地热专家。西藏自治区地质矿产勘查开发局局长、总工程师。从事地热、矿产、水文、工程、环境地质勘查及科研工作,在西藏地热资源勘探与开发等领域取得了卓著的成就。参加完成西藏羊八井热田浅层热储资源勘查及评价工作。负责实施羊八井热田深部高温资源评价,提交110兆瓦发电装机容量。主持完成羊八井热田深部高温资源开发性勘查项目,负责实施完井的热田深井ZK4001孔,单井发电潜力达12.58兆瓦,是目前中国第一口地热高产井。主持完成的该热田深部高温热储形成机制研究,填补了中国高温地热成因机制领域的空白,建立了西藏羊八井高温地热系统模型,提出了变质核杂岩系中高温地热系统形成及热流体运移的新理论,确定了大陆非火山型高温热田新类型。参加完成了西藏重点地热田含铯硅华地质调查,参加编写《新型水热成矿——西藏铯硅华》专著,该成果获地矿部和国家科技进步二等奖。近年来负责开展西藏西部贵金属矿产的找矿工作,在黄金找矿取得了重大突破,并在岩金找矿获得了重大线索,现已求得岩金资源量大于50吨,为下步以热泉型岩金矿找矿方面奠定了良好的基础。代表作有《西藏重点含铯硅华区成矿地质条件及提取试验研究》和《西藏自治区当雄县羊八井地热田北区深部资源开发性勘探报告》等。曾获国家科技进步二等奖、地质矿产部科技成果二等奖、地质矿产部找矿二等奖。

冯景兰(1898.3.9 ~ 1976.9.29) 男,出生于河南唐河,1921年毕业于美国科罗拉多矿业学院,1923年获美国哥伦比亚大学地质学硕士学位。中国科学院学部委员(院士),矿床学家、地貌学家、地质教育家,中国最早进行现代矿床地质研究的学者之一,第一批研究生导师。曾任河南中州大学教授、北洋大学教授、清华大学地学系主任、西南联大地学系主任、云南大学工学院院长、北京地质学院教授。1927年~1948年曾在河北、粤北、桂北、陕北、川康滇做了大量的地质矿产调查和在广九铁路沿线、粤汉线广州至韶关段沿线、辽宁沈海铁路沿线做了地质矿产综合考察工作。开展了中国人在两广境内首次进行的现代地质调查,参加了黄河、长江、黑龙江的综合考察,江西、河南等地的地质矿产调查等工作。20世纪40年代参加川、康、滇3省铜矿勘探及滇缅铁路沿线矿产调查并对铜矿的成因类型和次生富集作用有深入研究。1949后调查了江西、河南、吉林、辽宁、甘肃等地等矿产地质,对金属矿床成因理论和区域成矿规律方面有独到研究。调查了北京平谷、密云等地的金矿、河北的涞源和兴隆、冀东、浙江、豫西、鄂东、赣北、辽宁丹东等地的矿床,提出了"封闭成矿"的概念。指导评价平顶山煤矿和河南巩县铝土矿,参加三门峡坝址建议书的编写工作。参加两广、陕北以及沈海铁路、陇海铁路沿线的地质调查,为这些地区以后的地质工作奠定了初步基础。1927年由他命名的"丹霞地形"已为地学界沿用。代表作有《宣龙式赤铁矿鲕状构造及肾状构造之成因》《川康滇铜矿表生富化的证据》《川康滇铜矿概要》《两广地质概要》《陕北地质概要》《矿床学原理》《关于成矿控制及成矿规律的几个重要问题的初步探讨》《黄河综合利用规划技术调查报告》等。

冯增昭(1926 ~) 男,生于河南省登封县,1952年毕业于清华大学地质系。沉积岩石学家、古地理学家、教育家。中国石油大学(北京)教授、博士生导师,曾任北京大学、西北大学、大庆石油学院及江汉石油学院兼职教授。培养了大量高级地质科技人才,桃李遍天下。创办学术期刊《古地理学报》,并任主编。长期从事沉积岩石学、古地理学研究,尤其是碳酸盐岩沉积学及岩相古地理学研究,成绩卓著。发表论著作120余篇(部),代表作有《沉积岩石学》《中国沉积学》等沉积学著作5部,有《华北地台早古生代岩相古地理》《中国南方寒武纪和奥陶纪岩相古地理》《中国寒武纪和奥陶纪岩相古地理》等岩相古地理著作14部,有《沉积岩成因》《碳酸盐岩分类文集》《地质历史中的碳酸盐相》等沉积学翻译著作6部,有《碳酸盐岩岩类学》《单因素分析多因素综合作图法——定量岩相古地理重建》等论文近100篇。曾获李四光地质科学奖、国家级教学成果二等奖、中国石油天然气总公司优秀教材特等奖及科技进步奖一等奖等省部级以上奖励12项。

傅承义(1909.10.7~2000.1.8) 男,生于福建闽侯。1933年毕业于清华大学物理系,1941年获加拿大麦吉尔大学硕士学位,1944年获美国加利福尼亚理工大学地球物理学博士学位。中国科学院学部委员(院士),地球物理学家、地震学家,中国地球物理科学的主要奠基人之一、国际地震波传播理论研究的先驱者之一。主要从事固体地球物理学、地震学和地球物理勘探研究。先后在北京地质学院、北京大学、中国科技大学负责建立了有关地球物理学教研室,并任中国科技大学地球及空间科学系主任。为推进中国地震学与地球物理学的研究起了重要作用。对地震体波、面波、首波、地震射线及地震成因的理论均有独特贡献。发表论文50余篇,代表作有《有关地震预报的几个问题》《关于地震发生的几点认识》《大陆漂移,海底扩张和板块构造》《地球十年》《地球物理学基础》等。1956年获国家自然科学奖三等奖、1978年获全国科学大会奖。

傅家谟(1933.7.14~2015.6.11) 男,生于上海市,湖南沅江人,1956年毕业于北京地质学院,1961年中国科学院地质研究所研究生毕业。中国科学院学部委员(院士),沉积学与有机地球化学家。中国科学院地球化学研究所研究员、副所长。在地球化学研究所负责创建了中国第1个先进的有机地球化学实验室。系统总结了海相碳酸盐岩油气生成演化理论及评价指标方法,丰富和发展了陆相生油理论,在中国陆相沉积物和陆相原油中首次发现葡萄藻烷、含硫有机物等20多种新生物标志物。在广泛进行中国东部和大陆架油气远景评价的研究中,提出碳酸盐岩有机质演化与成油机理、膏盐相沉积早期成油、未成熟原油、煤成烃等,丰富了石油成因理论。组建了广东省环境资源利用与保护实验室,重点开展环境中毒害有机化合物的生物地球化学与调控研究。负责和参加完成国家自然科学重大科研项目等30余项科研任务。发表论著400多篇部,代表作有《有机地球化学》等。获全国科学大会奖与科学院奖、获国家科技进步奖一二等奖、国家自然科学奖三等奖等国家级奖项7项,部委级奖项20项。

高振西(1907.7.7~1991.12.9) 男,出生于河南荥阳,1931年毕业于北京大学地质系。中国科学院学部委员(院士),地质学家、地质教育家、地质博物馆学家。曾任中国地质博物馆馆长、研究员。在北京大学求学时就开始探索和研究中国北方震旦纪地层。1931年在河北省蓟县(今属天津市)发现了震旦系剖面,与熊永先、高平建立了中国北方晚前寒武纪地层的基本格局。1959年全国地层会议将蓟县剖面确定为中国中、上元古界(代)标准剖面,为国内外地质学家广泛认同和引用。从事区域地质和矿产调查多年,足迹遍及福建、广西、湖北、南京、北京等地区,涉及锰、铁、金、煤、铝、银和瓷土等矿产资源,矿床成因、矿产储量,乃至开采经营等方面都有创见。1950年撰文论述白垩纪地层与石油问题、陆相生油论,并进而提出"凡白垩纪地层分布之处""均应为探索石油之对象",并据此预测"其最重要者则为太行山以东华北平原区"。20世纪40年代依据福建乃至中国东南海岸新生代升降之事实,对福建的农业灌溉、湿地利用和盐碱土种棉等农业开发前景提出了不少有远见的倡议。在北京、广西、福建等地区作过区域地质调查,对奠定这些地区的矿产资源地质基础多有建树。对福建二叠纪地层系统及其地质构造特征以及福建的山脉水系和海岸等也作了开拓性研究。早年奠定了河北蓟县中、上古界剖面岩石地层单位的基本格局,长期为中外地质学家所认同,并作为相应地层的标准剖面而被广泛引用。1954年领导全国性地质博物馆扩建工作,是创建全国地质科普组织和开展活动的带头人。代表作有《震旦系之意义在中国地质学上之变迁》《中国北部震旦纪地层的初步研究》《怀来盆地的生成与喜马拉雅造山运动》和《北京地区新构造的几种证据》《中国地质事业早期的重要人物》《中国地质事业创始70年》及《热烈祝贺中国地质学会成立60周年》等文章。

高山(1962.6~) 男,生于青海省西宁市,籍贯云南省石屏县,1982年毕业于西北大学地质系,1985年获中国地质大学(武汉)硕士学位,1989年于中国地质大学(武汉)获博士学位。中国科学院院士,地球化学家。中国地质大学(武汉)教授、博士生导师、国际大陆科学钻探计划科学顾问组成员。主要从事地球化学的研究,以中国东部为研究基地,结合全球对比,在大陆地壳结构和组成、壳幔交换作用以及微区分析研究方面取得了有国际影响的系统创新成果。首次获得了中国东部地壳63种元素的丰度值,揭示了中国东部下地壳独特的双层结构和中性的总体成分,明显不同于全球单层基性下地壳模型。发现与提出下地壳拆沉再循环这一地球动力学过程的关键证据。揭示了华北克拉通岩石圈地幔演化的时空不均一性。他的研究团队开拓了激光剥蚀等离子体质谱微区分析新方法并取得国际公认的成果和高水平数据。主持完成20余项国家级、省部级或国际合作项目或课题。发表70余篇学术论文,著有《秦巴岩石圈构造及成矿规模地球化学研究》等专著。曾多次获国家自然科学奖。

葛利普(1870~1946) 男,生于美国威斯康星州,逝于北平(今北京市)。1886年毕业于麻省理工学院地质系,1900年获哈佛大学博士学位。地质学家、地层古生物学家、教育家。任伦斯勒多科工学院教授、哥伦比亚大学教授。1920年以前主要从事北美地层古生物研究和哥伦比亚大学的教学工作。编著了2部《北美标准化石》巨著(1909-1910),附有北美地层的系统总结。1913年出版《地层学原理》,1920年~1921年出版2部《地质学教程》。1920年应聘来华,接受了地质调查所的古生物室主任和北京大学地质学系教授的双重任务,全力投入中国的古生物地层研究和教学工作。同瑞典的I.G.安德生积极协助丁文江筹划创刊《中国古生物志》,并在无脊椎古动物部分撰写了最早的2部(1922)。由于葛利普等的努力,使《中国古生物志》迅速进入国际先进行列。在地质调查所的古生物室,以他为核心聚集了一批从学于他和直接、间接受教于他的中国古生物地层学者,自1922年~1939年共发表古生物志30册,使中国古生物学研究居于世界前列。同时撰写了不少巨著,1924年、1928年出版《中国地质史》2卷,1926年发表亚洲古地理图36幅,1927年发表以亚洲为重点的新生代地层总结,1931年在《蒙古的二叠系》中应用地槽迁移解释了亚洲的构造发展。1940年《年代的节律——脉动论与极控论之下的地球史》应用他的全球构造理论来解释地球历史,将震旦纪及以后的地史分为21个脉动纪,编制出23幅全球古地理恢复图。中国古生物学研究发展迅速,葛利普功不可没。

谷德振(1914.8.13~1982.6.21) 男,出生于河南密县,1942年毕业于西南联合大学地质地理气象系。中国科学院学部委员(院士),地质学家、构造地质学家、工程地质学家、地质力学家,中国工程地质与水文地质奠基人之一。曾任长江三峡工程指挥部总工程师、中国科学院地质研究所研究员。长期从事水文地质、工程地质工作,曾指导国家水利水电、矿山、铁路、国防、建筑等重大地质工程项目,如治淮工程、长江大桥工程、引洮工程、南水北调工程、三峡工程、成昆(襄渝、湘黔)铁路、金川矿区及各类国防地下工程等1万多项,解决了一系列地质难题。在广泛实践的基础上,创建了具有中国特色的岩体工程地质力学理论与方法,创立了"岩体工程地质力学"新学科。提出了环境工程地质的概念。代表作有《中国喀斯特研究现状》《地质构造与工程建设》《从工程地质实践探讨地质力学发展》和《岩体工程地质力学基础》等。曾获"南京长江大桥新技术""葛洲坝二三江工程及其水电机组""成昆铁路建设"3项国家自然科学奖特等奖。

顾功叙(1908.6.25~1992.1.14) 男,生于浙江省嘉善县,1929年毕业于上海大同大学理科,1934年~1936年赴美国科罗拉多州矿业学院学习地球物理勘探,获硕士学位。地球物理学家,中国科学院学部委员(院士)。国家地震局地球物理研究所副所长、研究员。对中国地球物理勘探事业和石油等矿产资源发现及开发作出了重要贡献。1939年~1946年为云南、贵州的铜、铁、锡、铝、银、铅锌以及煤炭等多种矿产资源进行地球物理勘探,开创了中国地球物理勘探事业。新中国成立后,亲手为国家建设查明各种矿产而培养急需的地球物理勘探工作人才。在地质部任地球物理勘探局总工程师,指导金属矿、煤田、石油地区的地球物理普查工作,发现了不少国家建设中急需的新矿种和矿产基地,其中最大的是大庆油田的发现,他是主要参与者和领导者之一。代表作有《大庆油田发现过程中的地球科学工作》和《地球物理勘探基础》等。1982年获国家科技发明集体奖一等奖。

顾知微(1918.5.4~2011.3.19) 男,出生于江苏南京,1942年毕业于西南联合大学地质地理气象系。中国科学院学部委员(院士),地层古生物学家,中国双壳类(瓣鳃类)化石研究的学科带头人和非海相双壳类研究的主要奠基人之一。中国科学院南京地质古生物研究所研究员、研究室主任、博士生导师。早年研究海相泥盆纪和三叠纪地层古生物;参加豫西宜阳、洛阳、冀北峰峰和内蒙古石拐子等煤地质调查;进行了中、新生代非海相地层的古生物研究;研究了松辽盆地的形成、地层划分对比、古生物及沉积环境与生油的关系等方面,写出《简论松辽盆地白垩系的年代划分与生油关系》等报告,为大庆油田勘查开发提供依据,为大庆油田发现过程中的地球科学工作者之一;领导了中国瓣鳃类化石的系统整理和厘定工作;重视中国东部地区中生代地层古生物及地质演化的研究,是著名的"热河动物群"的命名者,也是相关地层的最早研究者之一;对中国侏罗系和白垩系进行系统总结;为解决非海相地层的对比问题,与黑龙江煤田地质科技人员合作考察研究黑龙江省东部含海相夹层和化石的龙爪沟群关键课题。建立了侏罗纪、白垩纪的四个双壳类序列及一些类型,指出亚洲古陆的中国地域是欧亚蚌类的起源地之一，确定中生代盆地，划分对比海相侏罗系和白垩系，探查煤、油等能源形成规律，论证岩浆活动暨印支、燕山2构造旋回及其与矿产形成的关系等。拓展了侏罗系和白垩系的综合研究并奠定了基础。运用地层划分对比原则，在中生代地层分布区寻找富铁矿及探查煤、油等取得成果。代表作有《中国的侏罗系和白垩系》《中国的瓣鳃类化石》《黑龙江省东部侏罗纪和白垩纪双壳类的初步研究》《黑龙江省东部中、上侏罗统与下白垩统化石》《中国黑龙江省东部下白垩统双壳类化石》《论我国非海相侏罗系与白垩系的分界和白垩系中事件》《浙皖中生代火山沉积地层的划分对比》《论中国非海相中生代地层及瓣鳃类化石的分布与发展》《松辽地区白垩纪双壳类化石（中国古生物志）》等。曾获国家自然科学奖一等奖和二等奖、黑龙江省科技进步奖二等奖等。

关士聪（1918.1.3~2004.4.5） 男，出生于广东南海市，1940年毕业于西南联合大学地质地理气象系。中国科学院学部委员（院士），石油地质学家。曾任地质部石油地质局副总工程师、总工程师，国土资源部科学技术高级咨询中心高级顾问、科学技术顾问委员会委员、高级工程师。长期从事石油地质研究和领导工作，在区域普查和矿田（包括煤、铁、有色金属、非金属等多种矿产）方面做了大量的工作。曾主持华北和西北一些煤田的普查和勘探，最早提出在中国开展煤成气研究的倡议者之一；主持六盘山盆地石油普查，参与制定全国油气战略部署和规划方案；大庆油田发现过程中的地球科学工作者之一；对松辽盆地石油地质、华北石油地质和与油气突破点的选择、江汉盆地石油普查突破点、苏北油田、华北任丘的震旦纪古潜山藏及塔里木盆地油气地质与勘探问题等一系列报告和汇报；参与主持和总结油气勘探和发现的新成果，编辑《石油地质文集》7册，为中国制定油气勘探部署和方针提供了丰富而翔实的地质依据。对中国煤、铁、有色金属、石油、天然气和一些盐类矿床普查，为区域地质研究等都作出一定的贡献。对中国陆相油田的发现、海相油田的工作方向，对有色金属矿产资源的评价，为一些钢铁资源（包括铁矿和煤矿）都提供了可靠的资料基础，特别是对内蒙古西部工业区工矿城市交通等方面，起到了指导建设的作用。发表论文百余篇，代表作有《内蒙古伊克昭盟卓子山区域地层系统》《大庆油田发现过程中的地球科学工作》《中国海域区划与地质构造》《中华人民共和国石油地质图集》《中国海陆变迁海域沉积相与油气（新元古代一三叠纪）》《中国中新生代陆相沉积盆地和油气》《中国和陆相盆地层地层对比》等。曾获国家自然科学奖一等奖、地矿部科技项目二等奖等。

郭承基（1917.1.21~1997.2.13） 男，出生于山西清徐，1943年毕业于北京大学地质系，1947年毕业于日本京都大学理学部地质矿物学教研室。中国科学院学部委员（院士），地球化学家、矿物学家。中国科学院地球化学研究所研究员、中国稀土学会副理事长，曾在原中国科学院地质研究所工作。长期从事地球化学研究，参与开拓中国稀有元素矿物、地球化学研究领域，为中国稀有元素矿产资源的普查、勘探、开发及综合利用作出了贡献。建立和拟定了稀有元素矿物化学全分析系统并被广泛应用。参与领导"白云鄂博矿床物质成分、地球化学及成矿规律的研究"，为矿山的合理开发及综合利用提供了依据。提出重要科学理论，如用云母类矿物划分花岗岩及花岗伟晶岩类型、地球化学作用的继承发展关系、离子分异与氧的作用、成矿作用的三多性（多来源、多阶段、多成因）、类质同相置换的有限性及分类多型演化等理论，影响并指导地质、地球化学领域的科学实践。发表论文20余篇，出版专著近10部，代表作有《稀土矿物化学》《稀有元素矿物化学》和《稀土地球化学演化》等。获全国科学大会奖、国家自然科学二等奖2项。

郭令智（1915.4.4~ ） 男，出生于湖北安陆，1938年毕业于中央大学地质系。中国科学院学部委员（院士），地质学家、地质教育家，中国板块构造和地体构造研究的重要开拓者之一。南京大学教授，曾任南京大学副校长、代校长、中国地质学会副理事长。长期从事大地构造学、特别是板块构造的研究。早年对四川、南沙、山西等地的地形地貌、工程地质研究作出贡献，尤其对南沙群岛珊瑚礁成因研究有开创性意义。曾与薛禹群等就三门峡水库的修建进行库区勘察，对南京长江大桥桥址进行勘察选址，还深入浙江、福建、广西、湖南、江西等省地质队进行有关板块构造理论的讲课，并先后为地质矿产部、冶金工业部、核工业部等有关单位的板块构造理论学习班讲课，为普及板块构造理论起了重要作用。在华南首次发现板块运动和俯冲碰撞所形成的江南元古代沟弧盆系，突破了板块构造限于晚显生宙的观念，为西太平洋成矿带的划分奠定了构造背景和依据。首次提出华南活动着大陆边缘不同地质时代的海沟—岛弧—弧后盆地所组成的复合体系的观点，建立了华南构造演化模式和格局，论证了板块俯冲边界自西北向东南跃迁的总趋势。得出华南成矿带和油气资源的分布规律，提出鉴别大陆边缘的8项标志，揭示中国陆内板块A型俯冲和前陆盆地形成机制。代表作有《中国大地构造问题》《板块构造基本问题》和《华南板块构造》。曾获全国科学大会奖、国家自然科学二三等奖、江苏省科技进步一等奖、国家教委科技进步奖二等奖2项、李四光地质科学荣誉奖、何梁何利基金会地球科学奖。

郭文魁(1915.6.18~1999.9.16) 男,出生于河南安阳,1937年毕业于北京大学地质系,1945年赴美留学。中国科学院学部委员(院士)、美国纽约科学院院士,地质学家、矿床学家。曾任地质部地质矿产研究所室主任、矿床地质研究所所长、地质研究所所长、名誉所长。长期从事区域地质与矿床地质调查研究工作。在滇东、川西一带进行地质填图,研究金属矿床。调查广西、湖南等省石油和煤田地质。总结了中国铜矿的工业类型和分布规律并编制了成矿规律图。对中国众多矿种、矿床、矿区,特别是长江中下游区域成矿进行了深入研究对中国内生金属矿产的成矿条件、分布规律和找矿方向作了精辟阐述,首次提出了中国南部"格架构造"的概念,提出中国内生与外生矿床形成的条件具有成矿的分带性和多矿种、多类型的特点,将中国金属成矿作用划分为三大成矿域和三大成矿旋回。将金属矿床分为岩体内、近接触带和远接触带的类型,提出金属矿床的综合原生分带与矿化过程中氧、硫分压交替消长的新见解,论证锡的地幔来源以及在氧化还原条件下的成矿,阐明岩浆后期渗浸作用、注侵作用与热液矿脉之关系。指导编制《1:300万中国有色金属成矿规律略图》和《1:100万中国成矿规律图》,主编《1:400万中国内生金属成矿图》。代表作有《Geology of Eastern Yunnan 滇东地质学》《云南易门铁矿地质》《叙昆铁路沿线宣威—威宁段西部矿产》和《中国内生金属成矿导论》等。获国家科技重大贡献奖、自然科学奖一等奖、国家科委自然科学奖一等奖和地质矿产部科技成果奖一等奖。

郭正堂(1964.4.8~) 男,出生于山西省应县,1983年毕业于北京大学地貌学与第四纪地质学专业,1985年在法国波尔多大学第四纪学院获硕士学位,1990年在法国玛丽—居里大学环境地质系获博士学位。中国科学院院士,新生代地质与环境学家。中国科学院科技大学副校长、教授、博士生导师,全球变化中国委员会古全球变化工作组组长、中国第四纪研究委员会副主任委员、黄土专业委员会主任。曾任中国科学院地球环境研究所所长、中国科学院地质与地球物理研究所新生代地质与环境研究室研究员,国际第四纪研究联合会(INQUA)古气候委员会副主席、国际地圈生物圈计划(IGBP)古全球变化(PAGES)科学指导委员会委员、"环球环境大断面(PEP-II)"国际项目共同负责人。长期从事新生代地质与古全球变化研究。基于系统的成因和地层学研究,把陆地风成堆积序列从800万年拓展到2200万年,对新生代大陆环境研究领域具有开拓意义;通过对新近纪风成红土的土壤学、沉积学和地球化学等研究,在亚洲大陆新生代环境变革历史与机制认识上取得突破;将古土壤学新理论和新思路系统运用于第四纪古土壤研究,丰富和深化了对东亚和全球间冰期气候行为与机制的认识。主持多项国家自然科学基金面上项目、国家"八五""九五"重大基金项目、"973"项目等。发表科研论文60余篇。曾获首届全球变化科学奖、黄汲清青年地质科技奖等奖项。

韩德馨(1918.9.6~2009.10.17) 男,出生于江苏如皋县,1942年毕业于西南联合大学地质地理气象系,1943年~1945年就读北京大学理科地质学部研究生,然后赴美国密歇根大学研究院学习。中国工程院院士、著名煤田地质学家、煤岩学家、地质教育家,新中国煤田地质事业奠基人之一。历任中国矿业学院煤田地质勘探教研室主任、副系主任、院学术委员会副主任,中国矿业大学教授、博士生导师。长期从事煤炭资源开发和煤田地质学基础理论的教学和研究工作。参加领导和创建中国第一个煤田地质学系。参加组织评审全国重要煤田的勘探报告及制定勘探规范初稿,参加重要煤矿设计论证、矿井开发及地质灾害防治工程。先后对煤中微量元素成因类型及迁移规律、煤矿瓦斯和煤成烃生成多阶段性以及特殊煤种和泥盆纪聚煤模式等进行开拓性研究。组织参与全国煤田预测以及华南9省构造控煤和找煤的研究。率先采用煤岩学、煤变质、沉积学及煤质分析等多学科理论,对煤系进行综合研究。代表作有《中国煤岩学》《中国煤田地质学》和《煤田地质学》等。曾获全国科学大会优秀科技成果奖、优秀科技图书奖、煤炭部优秀教材一等奖、煤炭工业部科技奖—"火箭奖"、国家教委高校优秀教材特等奖、李四光地质科学荣誉奖等。

郝诒纯(1920.9.1~2001.6.13) 女,出生于湖北咸宁,1943年毕业于西南联合大学地质地理气象学系,1946年清华大学地层古生物学研究生毕业。中国科学院学部委员(院士),地质学、地层古生物学家、地质教育家,中国开创钙质超微化石研究的专家之一。曾任中国地质大学教授、中国古生物学会副理事长、中国微体古生物学会理事长、九三学社副主席、全国妇联副主席。长期致力于生物地层学、古生物学和微体古生物学科研和教学。在松辽平原白垩纪—第三纪介形虫化石和塔里木盆地白垩纪—第三纪地层及有孔虫等方面的研究中取得成果,在中国首先倡导和应用微体古生物多门类综合研究,解决地层划分对比问题、推断古环境及其变化。主持完成《松辽平原白垩—第三纪介形虫》《西宁民河盆地中侏罗世—第三纪地层及介形虫、轮藻化石》《塔里木盆地西部晚白垩世—第三纪地层及有孔虫》《中国的白垩系》《有孔虫》等重要著作。开展微体古生物的古海洋学及海洋地质学研究,主持开展了中国海域的半深海、深海及边缘海盆地微体生物群及其地层学、古气候、古海洋学意义的研究,主持完成《冲绳海槽第四纪微体古生物群及其地质意义》《西沙北海槽第四纪微体生物群及其地质意义》和《南海珠江口盆地第三纪微体古生物及古海洋学研究》等专著。曾获国家科技进步三等奖、地矿部科技成果一二等奖、何梁何利科学进步奖、李四光地质科学荣誉奖、国家教委优秀教材特等奖等。

何作霖（1900.5.5～1967.11.17） 男，出生于河北蠡县，1926年毕业于北京大学地质系，1939年获奥地利茵斯布鲁克大学岩石矿物系博士学位。中国科学院学部委员（院士），矿物学家、岩石学家、地质教育学家，近代矿物学和岩石学奠基人之一、中国最早的光性矿物学家、中国岩组学的开拓者。中国科学院地质研究所特级研究员、矿物研究室主任，曾任北京大学及北京师范大学教授、北平临时大学地质系系主任、山东大学地矿系主任、山东大学教务长。专长光性矿物学、岩组学、X射线结晶学、稀有元素矿物学、工艺岩石学等研究。最先应用X光进行岩组学研究。20世纪30年代首次发现白云鄂博铁矿含有稀有金属和稀土矿物。对大冶闪长岩、北京周口店花岗岩的研究与叶良辅对江苏宁镇山脉火成岩的研究标志着中国现代岩石学的开始。从事镁质及耐火材料平炉底砖的技术和理论研究，对鞍钢的生产建设作出了一定的贡献。晚年曾设计变温盒，利用弗氏旋转台进行矿物折光率的双变法测定，并进行X光岩组学研究。在费德洛夫法、斜长石的测定、双变法测定折射率技术、焦点屏蔽技术和岩石磨片术方面的贡献，一直为后人称颂。发明了X射线岩组学照相机。著有《白云鄂博铁—氟—稀土和稀有元素研究总结报告》《封闭压力下的白云矿的岩组分析》《费氏旋转台使用说明》《光性矿物学》《薄片下矿物鉴定指南》《X线岩石组构分析》《结晶体构造学》《岩石制片术》等专著。

侯德封（1900.4.8～1980.2.24） 男，出生于河北高阳，1923年毕业于北京大学地质系。中国科学院学部委员（院士），区域地质学家、矿床学家、地球化学家，中国地球化学、铀矿地质和第四纪地质的开拓者和奠基人。中国科学院地质研究所所长、研究员，兼任地球化学研究所所长，曾任四川省地质调查所所长。主要从事矿产地质研究工作，在煤田地质、铁矿床及有色金属矿产研究方面作出贡献。多次组织领导大规模地质矿产调查，1950年组织和参加了新中国第1次大规模的东北地质矿产调查；组织和参加了湖南湘潭锰矿资源调查研究，在锰矿找矿方面基本上解决20世纪50年代中国所需的锰矿资源。对石油地质理论和调查实践作出了贡献，领导并参加了西北石油地质调查，支持陆相生油理论，成为把中国石油勘探基地由西向东进行战略转移的决策人之一，导致大庆油田和东部其他油田的发现。首先开创了中国稀有元素及稀土元素的调查研究工作，创建了中国第1个同位素地质年代学实验室，开拓了中国同位素地质年代和其他测试工作。领导了中国铀矿的调查，进行了铀矿地质学基本理论研究，提出核子地球化学理论（核子地质学），并用其研究了金属成矿问题。代表作有《从地层观点对中国锰铁等矿产的寻找提供几点意见》《目前我国石油地质工作中的基本的问题》《中国矿业纪要》《粒子地球化学》《金属成矿论》和《核转变能与地球物质的演化》。曾获全国科学大会奖、国家自然科学奖一等奖。

胡海涛（1923.10.21～1998.10.31） 男，四川省自贡市人，1946年毕业于中央大学地质系。中国工程院院士，工程地质与环境地质专家。历任地质部地质力学研究所研究员、研究室主任，地质矿产部环境地质中心研究员、总工程师，地质矿产部环境地质研究所研究员、名誉所长，兼地质矿产部地质灾害防治工程勘查设计院名誉院长。主持或参加过长江三峡、葛洲坝、大渡河、澜沧江漫湾、黄河黑山峡、青铜峡、小浪底等数十座水库坝址、水电站站址和工程地质鉴定，为中国若干大型水利水电建设作出了重要贡献。作为顾问专家在阿尔巴尼亚费尔泽电站坝址的工程地质鉴定中发挥了重要作用。20世纪50年代负责进行三峡工程坝区、坝段、比选工程地质勘察，提出《长江三峡水利工程枢纽初步设计要点阶段工程地质勘察报告》，推荐三斗坪坝址为三峡工程设计坝址。参与撰写《长江三峡工程地质地震论证报告》。60年代中期主持青藏铁路选线及站场供水的水文工程地质调查，成果获科学大会奖。80年代初负责广东核电站规划选址的区域稳定性研究；90年代主持并参与黄河大柳树坝址工程地质论证研究。学术上继承发展了李四光教授提出的"安全岛"学术思想，建立了区域地壳稳定性的理论和方法；提出了"地下水网络"学说。出版著作有《广东核电站规划选址区域稳定性分析与评价》等4部，发表学术论文《长江三峡美人沱坝区结晶岩风化壳的初步研究》等60余篇。曾获全国科学大会集体成果奖、地质矿产部科技成果奖三等奖、地质矿产部科技进步奖二等奖、宁夏回族自治区科技进步奖一等奖、李四光地质科学奖。

胡见义（1934.3.25～ ） 男，出生于北京市，1959年获原苏联莫斯科石油学院硕士学位。中国工程院院士，石油天然气地质与勘探专家。中国石油天然气总公司石油勘探开发科学研究院原副院长、总地质师、高级工程师。长期从事石油勘探和石油地质研究工作。研究总结和建立完善中国陆相油气藏理论与勘探。总结了松辽盆地大型陆相沉积盆地油气藏形成与分布规律。主持研究和制订了东营、沾化、临邑和车镇凹陷等10余个勘探项目的实施方案,为胜利油田新油田的发现和储量增长作出了贡献。通过对济阳坳陷的勘探实践,对中国东部古近纪箕状断陷油气形成与分布规律进行了理论探索,总结了复式油气聚集(区)带成藏模式。为"渤海湾盆地复式油气聚集(区)带勘探理论与实践——以济阳等坳陷复杂断块油田的勘探开发为例"项目主要完成人之一。20世纪70年代后期以来重点转向全国油气地质理论和油气勘探战略领域选择的研究。对中国陆相石油地质条件进行了系统分析和总结。系统研究和总结了陆相含油气盆地油气藏类型、形成和分布理论,进行了分区域的资源潜力分析。80年代参与了陕甘宁盆地"科学探索井"研究工作。90年代以来进行了国内和世界油气资源与预测研究,特别是主持进行东北亚地区油气地质基础和资源潜力研究,为实践"两种资源,两个市场"战略提供了科学依据。主持与研究完成了中国第1部《中国油气资源评价研究总报告》。发表论著80余部(篇),代表作有《松辽盆地陆相生油地球化学若干问题》《松辽盆地油气藏形成与分布九项规律》《中国陆相石油地质理论基础》《非构造油气藏》《石油地质学前缘》《中国东部陆相盆地地层岩性圈闭油气聚集(区)带的形成和远景评价》《东北亚古老克拉通盆地油气新领域和资源潜力》《中俄土天然气地质理论研究新进展》等。曾获全国科学大会个人突出贡献奖、国家科技进步奖特等奖和一等奖、石油工业部科技进步奖一等奖、中国石油天然气总公司重大科技成果奖多次,获中国科技基金会"孙越崎能源大奖"和"李四光地质科学奖"。

胡先骕(1894.4.20～1968.7.16)　男,生于江西省南昌新建县,1916年获美国柏克莱大学学士学位,1924年获美国哈佛大学硕士学位。植物分类学家。曾任南京高等师范学校、东南大学、北京大学、北京师范大学教授和中正大学校长,1922年参与组建中国科学社生物研究所并任植物部主任,1928年参与创建北平静生生物调查所任植物部主任,1932年任静生所(1949年改组为中国科学院植物分类研究所,1953年更名植物研究所)所长,1934年创建庐山森林植物园,当选为中国植物学会会长。对植物学、古植物学的研究有很深的造诣。1937年与加州大学古生学物家钱耐合作研究山东山旺新生代中新世古植物,证明距今1200万年前山东的植物同现代长江流域的植物具有相似性。不仅为中国古植物学研究打下了基础,而且也开拓了中国古植物学研究的新领域。1947年与郑万钧一起发现了震惊中外的世界珍奇活化石水杉,把四川万县的古植物标本命名为"水杉",这一发现引起全世界植物学家的震惊,特别是引起古植物学家的重视。代表作有《高等植物学》《中国种子植物属志》《经济植物学》《经济植物手册》《植物分类学简编》《中国山东中新世植物群》等。

黄汲清(1904.3.30～1995.3.22)　男,出生于四川仁寿,1928年毕业于北京大学地质系,1935年获瑞士浓霞台大学理学博士学位。中央研究院院士、中国科学院学部委员(院士)、苏联科学院外籍院士,构造地质学家、地层古生物学家和石油地质学家,中国区域地质调查的开拓者之一,也是中国区域地质编图事业的重要开拓者和中国历史大地构造学的奠基人。曾任西南军政委员会和地质调查所所长、全国地质工作计划指导委员会委员、西南地质局局长、全国矿产普查委员会主任、地质部石油局总工程师、地质部地质矿产研究所副所长兼大地构造研究室主任、中国地质科学院副院长及名誉院长、中国地质学会理事长。《中国主要地质构造单位》是首次中国及邻区大地构造的全面总结,被誉为亚洲构造研究史上有划时代意义的经典著作。提出中国二叠纪的三分方案,提出陆相生油论和多期多层生储油理论。创立并发展多旋回构造运动说,奠定了中国大地构造学的基础。主编首批14幅1:100万中国地质图及1:300万全国地质图,对全国矿产普查起了重要作用。20世纪50年代部署全国石油普查,提出华北、松辽、鄂尔多斯和四川盆地为重点普查区,特别强调塔里木盆地多层生储油的重要性,指导深处钻获工业油流,为大庆、胜利、大港、华北及辽河等油田的发现作出了重大贡献。发表论文250篇,专著20部,代表作有《中国主要地质构造单位》《黄汲清石油地质著作选集》《秦岭山及四川地质之研究》《中国南方二叠纪珊瑚化石》《中国南部二叠纪地层》《中国大地构造基本特征》《对中国大地构造基本轮廓的新认识》《中国大地构造基本轮廓》《中国及邻区特提斯海的演化》《新疆油田地质调查报告》《中国含油远景分区图》等。荣获全国优秀图书奖、国家自然科学奖一二等奖、陈嘉庚地球科学奖和1994年何梁何利基金科学与技术成就奖。

黄劭显(1914.7.1～1989.8.10)　男,山东墨县人,1940年毕业于西南联合大学地质地理气象学系。中国科学院学部委员(院士),地质学家、矿床学家,中国铀矿地质事业的创建人之一。中国核工业总公司第三研究所副所长、高级工程师、科学技术委员会主任。长期从事地质矿产、区域地质调查和铀矿床的普查勘探及其管理工作。在中国首次发现铬铁矿,填补了中国该矿种的空白,同时为中国普查与勘探铬铁矿培养了人才。3次到贺兰山区作区域地质调查,在没有地形图的情况下,步测做了1/20万的地质图。1955年起主要从事铀矿地质普查勘探和科研管理工作。在铀矿成矿方面提出了一系列新的看法,对发展铀矿成矿理论、铀矿普查找矿和为中国第一颗原子弹爆炸作出了重要贡献。代表作有《云南兰坪澜沧江东岸水银矿》《云南会泽县矿山厂及青海一带之地质矿产》《宁夏小松山铬铁矿之发现》《宁夏小松山铬铁矿及有关杂岩之初步研究》《宁夏汝箕沟煤田地质》《中国铀矿床》等。

霍世诚(1913~2000) 男,生于内蒙古蒙托县,1936年毕业于北京大学地质学系。古生物学家、教育家。西北大学地质系教授。主要从事古生物学、生物地层学和矿产地质的教学与研究。早在20世30年代后期就在山西、青海、甘肃等地进行过金矿、铜矿、铂矿和煤矿的调查和研究,并在甘肃永登一带的侏罗系中发现了有机质丰富的油页岩。1940年~1943年对川、滇、黔等地的汞矿、铅锌矿、煤矿、磷矿进行了研究,为早期磷矿研究奠定了基础。尔后,又在陕西梁山一带发现了与云南相同的含磷层位。50年代起在梁山地区做过大量基础地质工作,为以后梁山野外教学基地的教学、科研打下了良好的基础。古生物学研究方面,对笔石的研究方面成果卓著。首次利用数学方法对弓笔石的形态和演化规律进行了模拟研究,成功地开创性地应用数学到笔石研究中。还利用矩阵理论通过计算研究了我国下志留统的7个笔石带。对中国的寒武纪高肌虫化石更有深入研究。50余篇论著中,代表作有《陕西寒武纪磷块岩成因问题的初步探讨》《梁山区地史初步认识》《汉中梁山的几个地质问题》《汉中梁山志留纪的细网笔石》《萨克马尔谱系弓笔石的数学研究兼论其演化趋势》《中国志留纪含笔石地层》《陕西云南早寒武世的古介形虫》《关于我国的古介形虫》《中国南部寒武纪高肌虫》《中国寒武纪高肌虫》《寒武纪高肌虫的研究》《我国寒武纪高肌虫的个体发育》。曾获陕西省科协优秀论文二等奖、国家教委科技进步二等奖、陕西省高校科技成果一等奖。

计荣森(1907.12.27~1942.5.13) 男,生于北京,1930年毕业于北京大学地质学系。地质学家、古生物学家、地质科技文献信息专家。历任实业部地质调查所调查员、古生物研究室副主任,经济部中央地质调查所技正兼古生物学研究室副主任及无脊椎古生物组主任。主要科研重点是古生物学,而且擅长和精通珊瑚化石,短短10来年中发表了9种四射珊瑚论著,其中《中国威宁系之珊瑚化石》和《中国西南部湖南、云南、广西威宁系石灰岩的珊瑚化石》2部专著记述了许多新属新种,奠定了中国中石炭世珊瑚系统分类及生物地层学研究之基础。此外,《中国四川西北部水磨沟的拖鞋珊瑚及一新变种》《埃里克·那林博士在新疆采集的一些石炭纪及二叠纪珊瑚化石》《甘肃南山系上部的两个无隔壁珊瑚》《江西永新二叠系一些单体珊瑚》和《云南东南部二叠纪珊瑚》等论文也大大丰富了中国珊瑚古生物学宝库,《西康荥经的一个上三叠纪六射珊瑚》论著对于当时研究较薄弱的门类——六射珊瑚古生物学作出了较大贡献。对无脊椎动物的许多薄弱的、空白门类如古杯类、海绵、层孔虫、海蕾、腕足类、节足类等进行了开创性研究,有著作70余种(包括未出版的遗稿16种)。还致力于目录学工作,是中国地质科技文献信息研究的先驱者之一,编纂有《中国无脊椎化石书目》《中国地质文献目录》《中国地层系统名称》等重要工具书。曾获前北平研究院首届地质矿产奖金、中国地质学会纪念赵亚曾先生研究补助金、中央研究院丁文江纪念奖金等。

贾承造(1948.3.10~) 男,出生于甘肃兰州,籍贯河北蔚县,1975年毕业于新疆工学院地质系,1987年获南京大学构造地质与地球物理专业博士学位。中国科学院院士,石油地质与构造地质学家。中国石油天然气股份有限公司副总裁兼中国石油勘探开发研究院院长。长期从事石油地质与盆地构造理论研究,特别是对塔里木盆地构造地质与油气勘探理论研究,指导了油气勘探,取得了显著成果。长期从事塔里木盆地的地质科研与石油勘探工作,总结和发展了前陆冲断带煤成烃超高压大气田形成的地质理论和叠合复合盆地石油地质理论,推进了国家西气东输工程的主力气田——克拉2超高压大气田的发现和探明,并指导了中国中西部地区中、新生界前陆冲断带的地质研究和油气勘探,使石油勘探,特别是天然气勘探相继取得一系列重大突破。提出了塔里木盆地是由古生界克拉通盆地和中、新生界前陆盆地组成的叠合复合盆地,总结了塔里木盆地油气分布基本规律。提出了中国西部和中亚地区"特提斯构造带北缘盆地群富气理论",为天然气勘探实践所证实。提出中国中西部塔里木、准噶尔、四川、鄂尔多斯等盆地是以发育前陆冲断带和叠合复合含油气系统为特征的小型克拉通盆地的新认识,对油气勘探起到了指导作用。提出了21世纪初"中国陆上油气勘探战略",指出中国陆上油气勘探战略方向是岩性地层油气藏、前陆盆地冲断带、叠合盆地中下组合及老区深化勘探4个领域。组织领导了中国石油第3次油气资源评价。按照既与国际接轨,又与历史衔接的评价原则,建立了新的油气资源评价方法和评价体系,基本掌握了全国剩余油气资源量及其分布。发表论著100余篇部,代表作有《盆地构造演化与区域构造地质》《中国塔里木盆地构造特征与油气》《前陆冲断带油气勘探》《特提斯构造带北缘盆地群构造地质与天然气》《塔里木盆地及周边地层》《塔里木盆地板块构造与大陆动力学》《塔里木盆地中新生代构造特征与油气》和《21世纪初中国石油地质理论问题与陆上油气勘探战略》等。曾获国家科技进步奖一二三等奖各1项,省部级特等奖、一等奖、二等奖多项,获中国石油天然气集团公司铁人科技成就奖银奖,孙越崎科技教育基金"能源大奖"等。

贾福海(1914.8.23~2004.10.3) 男,出生于山西原平,1941年毕业于西南联合大学地质地理气象系。中国科学院学部委员(院士),水文地质与工程地质学家。曾任国土资源部科学技术高级咨询中心高级顾问、科学技术顾问委员会委员、高级工程师。长期从事地质、水文地质、工程地质工作。勘查了刘家峡—兰州段及包头—河曲段各梯级坝址及三门峡坝址和三峡坝址;在三门峡这一新中国成立后第1项大型水利水电工程中,担任坝址和水库的水利枢纽工程的水文地质和工程地质勘探工作,提供了详实可靠的地质勘探资料,先后发表了一系列文章并主编出版《黄河三门峡水利枢纽工程地质勘查报告》,对该地新生代地层的划分提出了独特的分层原则,对中国当时第四系地层的划分有重要的意义。主持研究调查并解决了3项重要的水文地质、工程地质问题,调查研究上海市地面沉降的原因并找出解决办法;参加长江三峡坝址最终报告的编写;主持天津城市供水勘察研究工作,解决了天津化纤厂上千万吨的日供水量问题。积极倡导地表水、地下水的综合利用,在把地表水转化为地下水方面提出了重要的见解,解决了全国很多玄武岩区的地下水问题。1960年~1963年对越南红河流域水利规划和地层划分作出了贡献。代表作有《对三门峡水库三门系的初步认识》和《论上海基底碳酸盐岩层储水的可能性,探索控制地面沉降的新措施》等。获地质部找矿一等奖。

贾兰坡(1908.11.25~2001.7.8) 男,出生于河北玉田,1929年毕业于北京汇文中学。中国科学院学部委员(院士)、美国科学院外籍院士、第三世界科学院院士,旧石器学、第四纪地质学家。中国科学院古脊椎动物与古人类研究所研究员,中国地质学会第四纪地质及冰川专业委员会副主任、中国考古学会副理事长、文化部国家文物委员会委员、美国人类起源研究所研究员。1931年入中央地质调查所新生代研究室并参加周口店北京人遗址发掘。1935年接替裴文中主持这一地区的发掘和整理,获得重要发现,研究成果受到国内外学术界高度重视。认为北京人能够使用火,在体质特征与石器制造方面显示出进步性质,因而不能说是最古老的,最古老的人类是原始文化,应该到早更新世泥河湾期的地层中去寻找。深入探讨北京人及其共生的各种动物化石之间的关系,提出北京人在周口店生活期间曾经历过冷暖更替的气候变迁。20世纪50年代以后先后组织参加了一系列著名古人类、古文化遗址的发掘。1979年与卫奇等认为许家窑文化在细石器技术传统上是"北京人"文化与峙峪文化的过渡桥梁;并对世界范围内细石器的两大传统以及细石器起源和分布等理论性问题做了探讨。1978年发表了《中国细石器的特征和它的起源与分布》,把中国的细石器研究向前推进了一大步,受到美国考古学者的支持。80年代提出的中国、东北亚及北美的细石器可能起源于华北的学说受到国内外学术界的瞩目。一生著作颇丰,国内外影响较大,代表作有《中国猿人》《山顶洞人》《从猿人脑发展到现代人》《中国标准化石(脊椎动物)》《西侯度》和《北京猿人发掘记》等。

金庆焕(1934.10.25~) 男,浙江省临海市人,1963年毕业于原苏联莫斯科大学获副博士学位。中国工程院院士,海洋地质、油气地质专家。广州海洋地质调查局教授级高级工程师。参与组织或主持10余项国家级海洋地质调查和研究项目,在石油地质、海洋地质科学研究和石油等矿勘查中取得重大成果,为中国南海北部、北部湾、珠江口盆地、南海南部的油气资源的勘查、评价和突破作出了重要贡献,并在太平洋多金属结核的研究等方面取得突出成果。在海洋油气地质方面,主持或参与主持北部湾地质构造和油气远景评价、南海北部海洋地质综合初查、珠江口盆地地质构造特征和油气远景评价、台湾海峡及围区中新生代地质构造特征油气地质、南沙海域万安盆地油气远景评价等一批重要地勘和科技报告。为油气远景评价和突破作出贡献,取得明显的经济效益。在海洋地质方面,主持或参与主持完成南海地质与油气资源、南海北部大陆架第三系、南海北部大陆架第三纪古生物图册和太平洋中部多金属结核及其形成环境等专著编写,其中后者对太平洋中部多金属结核形成的各种地质环境和赋存规律作了详细分析,为及时向联合国申请矿区提供了充分的科研依据,取得明显的社会效益。获国家科技进步奖一二等奖、地质矿产部地质找矿奖特等奖、地矿部科技成果一二三等奖、国土资源部科学技术一等奖、中国科学院科技成果一等奖2项、李四光地质奖。

金翔龙(1934.11.29~) 男,生于南京市,1956年毕业于北京地质学院。中国工程院院士,海洋地质学家,中国海底科学(海洋地质地球物理)学术带头人和学科奠基人之一。国家海洋局第二海洋研究所研究员、国家海洋局海底科学重点实验室主任。主要从事海底构造与海洋地球物理研究,对中国海底科学的创建和发展有开拓性贡献。长期致力于中国边缘海的海底勘查与研究,推动中国浅海油气勘探的起步,系统研究过中国渤海、黄海、东海和南海的海底构造格局、地壳性质与演化,对中国边缘海的形成演化模式等提出过重要论述,在国内外有重要影响,在维护构架海洋权益和加强海洋管理方面有重大贡献。在勘察与研究太平洋基础上,积极推进大洋多金属结核资源的勘探与开发,为中国进入大洋勘探开发的先进行列和在联合国争得太平洋的理想矿区作出过关键性贡献。发表论著近90篇部。获中国科学院科技进步奖一二等奖和科学奖二等奖各1项、国家海洋局科技奖一等奖2项、国家海洋局科技奖二等奖1项。

金玉玕(1937.12.26~2006.6.26) 男,出生于浙江东阳,1959年毕业于南京大学地质系古生物学专业。中国科学院院士,地层古生物学家,中国石炭纪和二叠纪地层研究的学术带头人。中国科学院南京地质古生物研究所研究员、第四研究室主任、国际古生物协会副主席。长期从事腕足动物化石和石炭纪、二叠纪地层研究。应邀承担了新编国际经典性古生物学论丛《腕足动物卷》长身贝目和穿孔贝目的总结研究,在国际腕足动物化石研究中发挥了积极的作用。提出新的国际二叠纪地层年代系统,代替沿用了150年的传统年代系统,被纳入新的"国际地层表"。经过长期研究,乐平统底界和长兴阶底界的全球界线层型("金钉子")最终在中国建立,使之成为上二叠统的国际标准。首先提出二叠纪大灭绝的两幕式模式和前乐平统事件。发表的浙江煤山等地古、中生界线剖面的系统同位素年龄资料,为研究大灭绝提供了精确的时间框架;2000年在美国《Science》杂志发表论文,以充实的数据阐明了生物在古、中生代界线附近爆发性灭绝过程。这2项成果进一步明确了大灭绝模式,排除了种种以生物和环境的长期变化为大灭绝直接诱因的假说。其研究成果被评为2000年度中国十大基础研究进展之一。在腕足动物系统古生物学方面发表了一系列论著,建立了许多具有重要系统演化、生物地层和古地理意义的新类群。发表学术论文100余篇,代表作有《中国的腕足动物化石》和《川西藏东地区古生物与地层》等。曾获国家自然科学二等奖、国家科技进步奖二等奖、中国科学院科技进步一二等奖。

金振民(1941.9~) 男,出生于浙江省温州市,1965年毕业于北京地质学院。中国科学院院士,构造地质学家。中国地质大学(武汉)地球科学学院教授、博士生导师,教育部岩石圈构造、深部过程及探测技术重点实验室学术委员会主任,兼任中国地质学会构造专业委员会显微构造专业委员会副主任,曾任国家重大科学工程项目——中国大陆科学钻探工程现场指挥部副总地质师。长期以来从事构造地质学教学和岩石流变学和地球动力学的科研工作。对岩石流变学上地幔动力学和高温高压岩石变形实验进行了比较系统研究,并做出了在国内外有一定影响的科学研究成果。发现初始玄武质熔体(3%~5%)不像静态实验那样只呈孤立状态赋存于橄榄石三连点位置,而且熔体还在应力驱动下沿橄榄石颗粒边界呈熔体薄膜分布,这种熔体分布形式会引起矿物边界湿润,连结力减弱,加速物质扩散和流动。建立超高压榴辉岩流变本构方程,为揭示大陆造山带深俯冲榴辉岩质板片拆沉机制提供约束。通过对中国东部11个地区天然地幔橄榄岩位错显微构造研究,揭示呈对数正态分布的橄榄石位错稳态亚颗粒直径是计算上地幔流动应力大小的最佳显微构造参数,发现了代表不同流动应力值的两类位错亚颗粒构造。对大别—苏鲁地区超高压岩石和中国大陆科学钻孔岩心系统地开展了物性研究,取得了新的成果。在控制氧分压条件下直接用上地幔四相矿物组成的橄榄岩的实验研究,成功地模拟了铬铁矿形成的机理。发表论文110余篇,曾获国家自然科学二等奖、国家科技进步二等奖、湖北省自然科学研究成果一等奖、湖北省科学技术二等奖、地质矿产部科学技术二等奖、湖北省教学科学研究成果一等奖1项、国家级教学研究成果二等奖。

金之钧(1957.9.29~) 男,出生于山东省胶南市,1981年毕业于山东科技大学区域地质调查与矿产普查专业,1986年获中国地质大学(武汉)石油系石油地质学硕士学位,1992年在莫斯科石油与天然气大学地质与地球物理系获石油地质副博士学位,2007年获俄罗斯联邦教育科学部博士学位。中国科学院院士,石油地质学家。中国石油化工股份有限公司副总地质师兼石油勘探开发研究院院长、教授。长期从事深层油气成藏机理、海相油气地质和资源评价理论研究与勘探实践,在海相层系油气勘探理论、油气成藏机理与资源评价、深部流体的油气成藏效应等方面取得了创新性成果。揭示了有机无机复合成烃和深部储层发育新机理,建立了断裂作用下"突发式"油气成藏模式,为深层油气勘探重大发现提供了重要理论依据。揭示了膏盐岩和泥岩在埋藏与抬升过程中的封闭—开启机理,建立了盖层、源岩评价新标准和勘探选区评价新方法,推动了海相油气勘探实践。建立了地质广义帕莱托油气资源评价新方法,较以往使用的统计方法更为优越。在国内外学术期刊发表第一二作者论文155篇,出版第一作者专著4部、译著1部、教材1部。曾获国家科技进步奖二等奖2项、省部级科技进步奖一等奖2项、技术创新奖一等奖1项等奖项。

康玉柱(1936.5.5~) 男,出生于辽宁省北宁市,1960年毕业于长春地质学院普查系。中国工程院院士,石油地质专家。中国石油化工集团公司科学技术咨询委员会专家,曾任地质部第一普查勘探大队分队长、地质部石油地质综合大队分队长、地矿部西北石油地质局副总工程师、地矿部塔北油气联合勘探指挥部指挥兼专家组组长、西北石油局高级咨询组组长、中国石化西部新区勘探指挥部专家组副组长。在国内40多个盆地进行过石油地质勘探、研究工作。20世纪70年代开展了塔里木盆地油气资源远景和分区评价研究，实现了中国古生代海相碳酸盐岩油气田重大突破；为塔里木盆地北部连续发现油气作出了贡献。1984年以地质力学理论为指导，在塔里木盆地主持实现了中国古生代海相油气田首次重大突破，成为中国油气勘探史上的重要里程碑，拉开了塔里木盆地找油大会战的序幕，在塔里木盆地主持发现10个油气田和中国第1个古生代的塔河大油田。"八五"和"九五"期间主持国家重点科技攻关项目和地矿部5个科研项目，全面系统研究评价了塔里木等盆地油气资源、油气成藏特征。1992年首次建立了中国古生代海相成油理论、丰富和发展了地质力学找油理论及初步形成了中国西北地区叠加盆地成油特征，总结了用地质力学理论找油的程序和方法。主编西北石油局油气勘探规划、设计20多份，科研报告20份，独编和主编科学技术专著10部、主笔科学技术专著4部，公开发表科学论文80份，代表作有《塔里木盆地古生代海相油气田》《中国主要构造体系与油气分布》《中国塔里木盆地塔河大油田》等。曾获地矿部个人特等奖、地矿部集体特等奖2次、省（部）级科技进步奖4项、新疆维吾尔自治区有突出贡献奖、李四光地质科学奖。

李春昱（1904.5.8～1988.8.6） 男，出生于河南汲县，1928年毕业于北京大学地质系，1937年获德国柏林大学博士学位。中国科学院学部委员（院士），区域地质学家、构造地质学家。曾任四川地质调查所所长、华北地质局总工程师、地质部北方总局总工程师、中国地质科学院地质研究所研究员。主要从事区域地质和地质构造研究。早年在河北开平盆地至浙闽沿海进行大量地质矿产调查，与谭锡畴在四川盆地和川西高原进行地质矿产调查，领导并参加四川地质工作，预测中梁山隐伏大煤田，后经证实，认为四川运动与燕山运动及国外同期构造运动可以对比，成为中生代末构造运动普遍性的证据之一。是继尹赞勋之后最早把板块学说引入中国的学者之一，1950年～1973年发表近50篇关于板块构造的论文，推动了中国板块构造理论的发展。20世纪60年代参加组织领导全国区域地质调查工作。70年代倡导并参加中国大陆板块构造研究，1973年与他人一起首次在中国发现肯定了古生代以来的板块构造运动的存在。提出并主持编制了1∶500万《亚洲地质图》和1∶800万《亚洲大地构造图》。领导亚洲大地构造研究，其成果博得国际上好评。代表作有《四川西康地质矿产志》《四川石油地质概论》《四川运动及其在中国之分布》《用板块构造学说对中国部分地区构造发展的初步分析》《我国北部边陲及邻区的板块构造与欧亚大陆的形成》《中国古生代造山运动》等。曾获国家自然科学奖一三等奖等。

李德生（1922.10.17～　） 男，出生于上海，籍贯江苏苏州，1945年毕业于中央大学地质系。中国科学院学部委员（院士）、第三世界科学院院士，石油地质学家。中国石油天然气集团公司北京石油勘探开发科学研究院总地质师、教授级高级工程师。长期从事石油勘探开发和地质研究工作。大庆油田发现过程中的地球科学工作者之一。参与编制完成大庆油田第1部开发方案——"萨尔图油田146平方千米面积的开发方案报告"。20世纪60年代中期和70年代参与创立了渤海湾油区复式油气聚集（区）带的理论并指导实践。对中国陆相生油理论、含油气盆地构造类型、陆相湖盆储层研究、古潜山油气藏以及裂隙性储层特征研究等方面都作出了重要贡献。代表作有《石油勘探地下地质学》《中国含油气盆地构造类型》《李德生石油地质论文集》和《中国石油天然气总公司院士文集李德生集》。获国家自然科学奖一等奖、国家科技进步特等奖2项。

李捷（1894.4.29～1977.1.30） 男，号月三，1916年毕业于农商部地质研究所。地质学家。曾任中央研究院地质研究所研究员、湖北省矿产调查队队长、河北建设厅厅长、地质部水文地质工程地质局总工程师、水利部勘测设计管理局地质总工程师、水电建设总局副总工程师等职。早年在华北、鄂北、豫南、陕南从事区域地质矿产调查，是周口店北京猿人发掘工作最早的主持人，1927年著有《周口店之化石层》等文。20世纪30年代先后在湖南、广西、贵州、湖北和江西等省进行地质矿产调查。为中国早期地质事业的发展作出了贡献。在《鄂西第四纪冰川初步研究》一文中划分了鄂西山区的冰期，至今仍被沿用。1949年以后主要从事水利电力建设中的工程地质工作，为国内众多水库、水坝、水电站的建设作出了贡献。主要著作有《直隶易、唐、蔚等县地质矿产》《秦岭中段南部地质》《广西罗城黄金寺附近地质》和《河南陕县三门峡第四纪冰川遗迹》等。

李曙光（1941～　） 男，生于陕西咸阳，1965年毕业于中国科技大学化学系地球化学专业。中国科学院院士，地球化学家。中国科技大学化学系地球化学专业教授。长期从事地球化学教学与研究工作。在超高压变质作用中同位素体系及变质年代学理论作出许多开拓性工作，为正确进行超高压变质定年作出了决定性的贡献。对华北和华南陆块的碰撞过程及秦岭—大别造山带演化进行了长期系统研究并取得重要成果。首次测定出大别山超高压岩石具有二次快速冷却的曲线,对多阶段快速抬升历史给出重要制约。结合测定南秦岭同碰撞花岗岩的年龄,查明俯冲陆壳不同构造单元的U-Pb同位素特征,提出了一套完整的超高压变质岩多阶段折返模型。应用趋势面分析成功预测出鞍本弓长岭矿床深部富矿体,并钻探验证成功。应用碳同位素证明弓长岭富磁铁矿石中的石墨为菱铁矿变质分解成因,据此提出该富铁矿床成因的新模型,为查明黑富矿成因及扩大富矿储量作出重要贡献。获何梁何利科技进步奖、国家自然科学奖二等奖、中国科学院科技奖二等奖等。

李四光(1889.10.26~1971.4.29) 男,蒙古族,出生于湖北黄冈,1907毕业于日本东京宏文学院普通科,1910年毕业于大阪高等工业学校舶用机关科造船机械,1919年和1927年分别获英国伯明翰大学硕士和博士学位,1947年获挪威奥斯陆大学哲学博士学位。中央研究院院士、中国科学院学部委员(院士)、苏联科学院外籍院士,地质学家、教育家和社会活动家。曾任北京大学地质学系教授、系主任,中央研究院地质研究所所长、武汉大学建设筹备委员会委员长、东北地质学院(后名长春地质学院,现为吉林大学地学部)首任院长,全国政协副主席、中国科学技术协会主席、世界科学工作者协会执行委员会副主席、中国科学院副院长、地质部部长、全国石油普查委员会主任、中国地质学会理事长、中国科学院原子核科学委员会主任、国务院原子能委员会副主任、国务院科学规划委员会副主任、国务院科教组组长等职务。发现第四纪冰川遗迹,其成果为第四纪地质、地理和气候等方面的研究奠定了基础,并对国家水文、工程等建设作出了贡献。创建古生物——蜓科分类标准,该标准准确划分了石炭、二叠纪地层,被国际古生物学界采用全面研究石炭、二叠纪海水进退规程及其与地球自转的关系。用力学的观点研究地壳的构造和运动规律,划分了中国及世界主要地区的构造体系,以探索地壳运动与矿产的分布规律,定名地质力学,并以地质力学理论指导找煤、石油、铀、地热等能源及防治自然灾害等,先后发现了大庆、胜利、大港、华北、江汉等油田,为中国石油工业建立了不朽功勋。20世纪60年代以后,投身地震预测、预报以及地热利用等工作。代表作有《地球表面形象变迁之主因》《冰期之庐山》《中国北部之蜓科》《中国地质学》《地质力学之基础与方法》《地质力学概论》和《天文、地质、古生物》等。曾获国家自然科学奖一二等奖。

李廷栋(1930.10.7~) 男,出生于河北栾城,1953年毕业于北京地质学院。中国科学院学部委员(院士),地质学家、大地构造学家。中国科学院学部主席团成员、国土资源部咨询研究中心和中国地质科学院研究员,曾任中国地质科学院院长、地质矿产部副总工程师。主要从事区域地质研究和地质编图。在大兴安岭北部填制1/100万地质图,填补了该区地质空白,总结了该区构造的多旋迴发展程式;在川西发现大量化石,重新厘定了地层层序和侵入岩期序,获得宝兴杂岩700兆年同位素年龄,修订了扬子地台西界;主持制定1/20万及1/100万区域地质调查规范,主持编制多种地质矿产图件;划分了中国大陆3种构造—地质区和10个构造—地层区,划分12期主要构造运动和地质演化五大阶段,论述中国地质的特点和矿产分布的条件;根据王鸿祯倡导的构造活动论和地质发展阶段论观点,把亚洲划分为6大自然地理区,总结了亚洲地势发育的4个条件和6种山体构造构式,总结了岩浆演化的规律;参加了青藏高原的地质构造研究,将地质与地球物理、地质立典性研究与区域综合研究相结合,论述了青藏高原岩石圈结构及其演化模式,指出青藏高原存在扬子、华夏和冈瓦纳3种类型基底,提出"陆内汇聚—地壳分层加厚—重力均衡调整"的青藏高原隆升模式,认为其大幅快速隆升开始于第四纪,将青藏高原隆升划分为俯冲隆升、汇聚隆升和均衡隆升3个阶段;主持了南极岩石圈结构国家科技攻关项目;开展立典式的精细地质调查研究,在泛非构造热事件、硅硼镁铝矿、区域地质、构造格架、火山岩时代和成因、生物地理及大陆再造等方面均取得若干创新科研成果。多次主持或参与了国家和部门的地质科技发展规划的讨论和制定,对国土地质调查和地质科技战略等提出许多建设性意见,对于中国地质科学技术的发展作出了重要贡献。代表作有《1/400万中华人民共和国地质图》《1/500万亚洲地质图》《中华人民共和国地质图集》及《1/200万中国矿产图》《1/500万亚欧地质图》《中国地质概要》《喜马拉雅岩石圈构造演化:总论》《1/500万南极地质图》等。曾获全国科学大会奖、国家自然科学一等奖、地矿部科技进步一等奖等。

李星学(1917.4.8~2010.10.31) 男,出生于湖南郴县,1942年毕业于重庆大学地质系。中国科学院学部委员(院士),古植物学家、地层学家,中国古植物学和陆相地层学重要开拓者和奠基人。中国科学院南京地质古生物研究所研究员,曾任南京地质古生物研究所研究室主任、所学术委员会主任等职。长期从事地质古生物研究工作,尤以研究古植物与非海相地层见长。20世纪50年代在华北和内蒙古等地开展地质调查、勘探工作;《华北月门沟群植物化石》和《中国晚古生代陆相地层》是早期研究的代表作。20世纪70年代以来对一些具有特殊意义的地层、植物化石和古生物地理进行了较深入的专题研究,取得突破性成就。其研究成果对中国及东亚陆相地层,特别是晚古生代含煤地层的划分、对比及分布规律的研究具有重大意义。对华夏植物群包括大羽羊齿类植物和东亚晚古生代的煤系研究,在国内外享有颇高的声誉。发表论文140多篇、专著11部,代表作有《华北月门沟群植物化石》《中国晚古生代陆相地层》《华南大羽羊齿类生殖器官的发现》《东亚华夏植物群的起源、演替与分布》《北祁连山东段纳谬尔期地层和生物群》《中国地质时期植物群》和《中国与邻区晚古生代植物地理区划》等。多次荣获国家自然科学奖、中国科学院重大科技成果奖和部省级科技进步奖,获中国古生物学会最高荣誉尹赞勋奖、国际古植物协会沙尼奖章。

李学清(1892.12.20~1977.5.1) 男,字宇洁,江苏吴江县震泽人,1916年农商部地质研究所毕业,1923年获美国密西根大学岩石学与矿物学硕士学位。地质学家、矿物学家、地质教育家,中国自己培养的第1批地质工作者之一,中国沉积岩研究的先驱,中国宝玉石矿物学研究的先驱之一。南京大学地质系教授,国立中央大学地质系教授、系主任。早年曾组织了四川地质考察。在沉积岩方面,1927年根据地质调查所馆藏的不同产地的竹叶状灰岩标本进行研究,写出《竹叶状灰岩之岩石学研究》一文。1928年发表的《黄土之化学及矿物成分的初步研究》是中国学者早期研究黄土的重要文献。1929年撰写《广东三水、高要、高明、鹤山、新会、台山、赤溪7县的地质矿产》一文。1936年为江宁县做地质调查并填绘地质图。曾对辽东大连和山东烟台、青岛等地进行过海滨沉积物的研究,并著有《青岛海滨砂的研究》一文,这是中国有关海滨沉积物较早的研究报告。1957年创建南京大学地质系沉积岩实验室,为开展沉积岩研究创造了有利条件,与孙鼐合写有关花岗岩成因问题的研究报告。1961年主持翻译了戴里所著《火成岩成因及地球深度》和文契尔所著《光性矿物学》两部经典著作,主编了《沉积岩石学》一书,被教育部列为全国试用教材。中国最早从事彩石科学研究的学者之一,认为浙江昌化所产的鸡血石,是流纹岩受后期蚀变而成,所谓"鸡血"是由于后期有辰砂沉淀于该岩石的裂隙中所致;又如福建所产的寿山石,其原岩为石英斑岩,因受风化蚀变而成。培养了一批卓有成就的地质学家。

李阳(1958.10.26~) 男,山东东平人,1982年毕业于华东石油学院勘探系石油地质专业,1999年获中国海洋大学(原青岛海洋大学)海洋地质专业硕士学位,2000年获中国科学院地质地球物理研究所地质学博士学位。中国工程院院士,油气田开发地质、油田开发专家。中国石油化工股份有限公司副总工程师、国家重大专项"大型油气田及煤层气开发"技术副总师、教授级高级工程师、博士生导师。长期从事复杂油藏开发基础理论和关键技术研究,在陆相高含水断块型老油田、海相碳酸盐岩缝洞型油藏、低渗透油田等复杂油藏开发领域作出突出贡献。提出了断块型油田高含水期剩余油富集规律的新认识,创建了以油藏地球物理及大幅度提高采收率为核心的断块型油田高含水期开发技术体系;提出了碳酸盐岩缝洞型油藏流体流动规律的新认识,创建了适应的储集体描述与建模及开发关键技术,为塔河油田上产及同类型油藏开发提供了基础理论和关键技术。出版专著4部,发表论文46篇。曾获李四光地质科学奖、孙越崎能源大奖、何梁何利产业创新奖、国家科技进步二等奖5项,获国家发明专利6项。

林学钰(1937.3.6~) 女,出生于上海,福建福州人,1957年毕业于长春地质学院水文地质及工程地质系,1980年~1982年在美国爱达荷大学和宾夕法尼亚州大学进修。中国科学院院士,水文地质和环境水文地质学家、地质教育家。吉林大学环境与资源学院教授、博士生导师、名誉院长,水资源与环境研究所所长,兼任北京师范大学水科学研究院教授和水环境模拟国家重点实验室学术委员会主席、吉林省科学技术协会名誉主席、全国博士后管理委员会第五届专家组成员、中国矿物岩石地球化学学会第6届理事会副理事长、中国科学院环境地球化学国家重点实验室第5届学术委员会副主任、国家自然科学奖评审专家、国际水文科学委员会委员、国际水文地质学家协会中国国家委员会顾问等职,曾任长春地质学院副院长、吉林大学环境与资源学院院长。早年从事地下水管理模型的理论与方法研究,使中国地下水管理工作进入系统化、模型化、定量化的新阶段。在区域和城市地下水资源评价、水流模拟、预报研究方面取得多项成果,并建立了中国最早的一批地下水水质模型。近年来在地下水污染机理和微生物治理地下水污染理论方面进行了系统研究。是中国最早从事环境水文地质和地下水资源管理研究的学者之一。完成国家自然科学基金项目、国际合作项目及部(省)级重点项目、科研生产项目50多项,现正主持国家自然科学基金、国家重点基础研究发展规划项目(973)以及省部级项目等多项。出版专著16部,发表论文140多篇,代表作有《松嫩盆地地下水资源与可持续发展研究》和《现代水文地质学》等。曾获获国家科技进步奖二等奖1项,三等奖3项,地矿部科技成果奖一等奖4项、二等奖2项,省部级三等奖9项以及国际优秀论文奖。

刘宝珺(1931.9.13~) 男,出生于天津,1953年毕业于北京地质学院,1956年该校岩石学专业研究生毕业。中国科学院学部委员(院士),地质学家、教育家。国土资源部成都地质矿产研究所名誉所长、研究员,山东科技大学地质科学与工程学院教授,曾任四川省科协主席、国土资源部成都地质矿产研究所所长、成都地质学院教授、西南科技大学城建学院院长、西南交通大学环境科学与工程学院院长。在沉积学、沉积环境盆地与板块运动、层控矿床、层序地层与事件地质、全球沉积地质、油气储集层的成岩作用与岩相古地理以及生物成矿作用等研究领域都获得了显著成就,并把中国沉积学研究推到了世界前沿。主持和组织了中国西部含油气盆地、矿产资源的可持续发展、南水北调西线工程的地质环境、中国南华纪至新近纪岩相古地理研究与编图等的研究,在塔里木油田、胜利油田、辽河油田、中原油田等的油气田的勘探开发研究中,做出了突出成果。致力于泥沙运动力学和沉积构造、岩相古地理和层控矿床学研究,将沉积成岩、岩相、构造的分析和物理化学热力学结合起来,提出"沉积期后分异作用与成矿作用"理论。提出了扬子地台陆缘寒武纪磷矿风暴岩沉积模式。主持了地矿部重点攻关项目"中国南方岩相古地理及沉积、层控矿床预测",编制中比例尺岩相古地理图。发表论著120多篇部,代表作有《沉积岩研究方法》《沉积相与古地理教程》《岩相古地理基础及方法》《中国南方古大陆沉积地壳演化与成矿》和《中国南方岩相古地理图集》《沉积岩石学》等。获李四光科学奖、地质斯潘迪亚罗夫奖等。

刘丛强(1955.9~) 男,生于贵州省遵义县,1982年毕业于南京大学地球科学系,1984年获中国科学院地球化学研究所矿床地球化学硕士学位,1991年获日本东京大学理学部化学系博士学位。中国科学院院士,地球化学家,国家攀登计划项目、国家"973"计划项目首席科学家。中国科学院地球化学研究所所长、研究员、博士生导师,环境地球化学国家重点实验室学术委员会主任、国家自然科学基金委员会副主任、中国矿物岩石地球化学学会理事长、贵州省科学技术协会副主席、国际地圈生物圈计划中国委员会(CNC-IGBP)委员。主要从事地表地球化学过程及其生态环境效应以及微量元素和同位素地球化学基础理论及应用研究,在喀斯特区域地表地球化学过程及其生态环境效应、微量元素和同位素地球化学基础理论和应用2个方向进行了系统研究并取得突出成就。研究揭示了喀斯特流域养分生物地球化学耦合作用机制和循环规律、流域化学侵蚀与地质和生态系统之间的关系、人为活动影响喀斯特流域养分自然生物地球化学循环的机制,并提出流域硫和氮循环影响碳循环及其温室气体源—汇效应的观点,有关研究丰富了传统表生地球化学理论。对地表和地球深部固体—流体体系稀土元素分配规律的研究,丰富并发展了稀土元素地球化学理论;在利用多种同位素与微量元素对地表和地球内部地球化学过程和物源示踪研究方面取得了特色突出的系列重要成果。发表中文期刊收录论文200余篇,英文SCI收录论文110余篇,合著专著5部,代表作有《生物地球化学过程与地表物质循环——西南喀斯特土壤—植被系统生源要素循环》《生物地球化学过程与地表物质循环——西南喀斯特流域侵蚀与生源要素循环》《地幔流体及其成矿作用——以四川冕宁稀土矿床为例》等。获国家地震局科技进步奖二等奖、贵州省科学技术进步一等奖2项、中国岩石矿物地球化学学会侯德封奖。

刘东生(1917.11.22~2008.3.6) 男,生于辽宁沈阳,籍贯天津,1942年毕业于西南联合大学(南开大学学籍)地质地理气象系,1949年南京大学(原中央大学)生物系肄业,1987年获澳大利亚国立大学名誉理学博士学位,1995年获香港岭南大学荣誉法学博士学位。中国科学院学部委员(院士)、第三世界科学院院士、欧亚科学院院士,地质学家、古生物学家、第四纪地质学、环境地质学家。中国科学院地质与地球物理研究所研究员,曾任中国科技馆馆长、中国第四纪研究委员会主任、国际第四纪研究联合会主席。早年师承杨钟健进行古脊椎动物学研究,在鱼类化石研究方面有独到的见解。对南京五通系中鱼化石、甘肃玉门下惠回铺系中的一个新种古鱼——鳕鱼、湖南临沣的鲈形鱼类、四川歌乐山哺乳动物群等进行了广泛的研究,填补了中国在这方面研究的空白。1954年开始从事黄土研究,对黄土高原进行了大量的野外考察和实验分析,完成了黄河中游黄土分布图、中国黄土分布图和3部专著,确立了重要突破的"新风成学说",突破了传统的第四纪4次冰期学说,使之成为研究全球环境演变的重大转折,奠基了环境变化的"多旋回学说";从古气候角度出发建立了国际上公认的洛川坡头黄土标准剖面,为试图解决黄土与深海沉积对比做出了关于海陆地层及古气候对比的工作;基于中国黄土解释了250万年以来的气候变化历史,使黄土、深海沉积和极地冰芯并列成为环境变迁研究的三大支柱,为全球气候变化研究作出了重要贡献。关于青藏高原隆起与东亚季风变化的研究,建立构造—气候科学学说之典范。1964年起参加和领导了希夏邦马峰、珠穆朗玛峰、托木尔峰、南迦巴瓦峰等高山科学考察。1969年以来推动中国环境地质学研究。发表的论文被SCI引用3000余次,代表作有《黄河中游黄土及黄土分布图》《中国的黄土堆积》《黄土的物质成分与结构》和《黄土与环境》等。曾获国家最高科学技术奖、国家自然科学一二等奖4项、中国科学院科技进步特等奖、中国科学院自然科学一等奖4项,以及马以思奖、竺可桢野外科学奖、陈嘉庚地球科学奖、李四光地质科学荣誉奖、何梁何利科学技术进步奖、"泰勒奖"(美国)、欧洲地球科学联合会"洪堡奖章"及中华绿色科技奖特别奖。

刘广润(1929.4.20~2007.6.21) 男,天津市宝坻区人,1952年毕业于南京矿专地质专业,1955年~1957年留学苏联水电科学院进修工程地质。中国工程院院士,著名工程地质专家。历任地质部三峡队、北江大队工程师和技术负责人、湖北省地矿局副总工程师、三峡省地矿局(筹)总工程师、三峡工程科研攻关地质与地震课题专家组长、湖北省地矿厅教授级高级工程师、华中科技大学教授、博士生导师。长期从事工程地质、灾害地质和环境地质等研究,在岩体工程地质划分、斜坡稳定性分析、地质灾害生成规律等方面,都有创造性理论建树。是20世纪五六十年代长江三峡工程地质勘查的技术负责人,三斗坪坝址的主要推荐者;八九十年代任三峡工程科技攻关"长江三峡工程重大地质与地震问题研究"课题专家组长,对长江三峡工程坝区地壳稳定性、水库岸坡稳定性、水库诱发地震等重大问题的研究取得多项突破性成果,在三峡坝址选定中起了关键性推荐作用,为三峡工程决策和优化设计提供了科学依据;在支援三线建设中,负责完成了成昆(北段)、襄渝(安巴)铁路干线的地质勘察,发现并成功处理了众多滑坡、泥石流危害;对长江沿岸的新滩滑坡作出过准确的中期预报和滑后通航安全判断,并指挥、指导完成了三峡库区及全国数百处崩塌、滑坡、泥石流、岩溶塌陷等地质灾害的防治工作;作为国家地质灾害防治基金项目专家组长,对全国数十处地质灾害防治工程进行了方案审定和技术咨询,取得显著成效。在工程地质及环境地质方面有丰富的实践经验和独到的理论建树。发表论文80余篇,主编和出版《长江三峡工程重大地质与地震问题研究》《山区铁路工程地质》《工程地质与环境地质概论》《岩土体工程地质分类标准(国标)》《武汉地区深基坑工程技术指南》等专著多部。曾获"有重大贡献的地质工作者"称号和李四光地质科学奖。

刘广志(1923.3.11~) 男,出生于北京,1947年国立西北工学院(北洋大学)矿冶工程系采矿专业毕业。中国工程院院士,地质学家、探矿工程专家,新中国地质部门探矿工程奠基人。历任玉门油矿局钻井工程师、地质勘探局钻探科科长、中国地质计划指导委员会钻探处工程师、地质部探矿工程司主任工程师、地质矿产部探矿工程司探矿工程装备工业公司总工程师、地质矿产部科技高级咨询中心顾问、教授级高级工程师,长期从事探矿工程,是中国涉足石油、地质、水文地质、工程地质等钻探、掘进工程专家,国内外有一定的知名度。新中国成立初期,奔波于白云鄂博、铜官山、攀枝花等大型矿山,组织多工种综合勘探,作出重要贡献。鉴于当时中国探矿工程落后局面,领导人造金刚石小口径钻探配套技术研究与应用;领导研究推广定向钻探、绳索取心钻探、空气钻探、反循环钻探、孔底动力机钻探5大技术,使中国钻探工程不仅居世界先进行列,还为一批老矿山探明了深部备用储量。创造性地为上海治理地面沉降、用小型钻探设备治理广西田东煤田严重喷气失火事故、钻成松辽盆地第1口油井等作出突出贡献。为促使中国地质学向地球深部发展的世界总趋势,最早倡议开展中国大陆科学钻探,科钻1井已于2005年6月胜利完工,井深5 118米全用金刚石取心钻探,居亚洲首位,获地球深部众多最新信息。发表论文200余篇,出版《科学钻探文集》和《金刚石钻探手册》等32部著作。曾获国家科技进步一等奖、部级科技进步一等奖。

刘嘉麒(1941.5.29~) 男,满族,出生于辽宁北宁,1965年毕业于长春地质学院地质系地球化学专业,1967年获长春地质学院地质系岩石学专业硕士学位,1981年获中国科技大学研究生院地质年代学专业硕士学位,1985年获中国科技大学研究生院暨中国科学院地质研究所地层古生物专业博士学位。中国科学院院士,火山地质与第四纪地质学家,中国火山和玛珥湖古气候研究领域的主要学术带头人。中国科学院地质与地球物理研究所研究员、中国第四纪科学研究会理事长、亚洲湖泊钻探科学指导委员会副主席、国际第四纪研究联合会地层学专业委员会副主席、国际第四纪研究联合会火山与火山灰年代学专业委员会常务委员、中国科普作家协会第五届理事会理事长、中国火山学会副理事长,曾任中国科学院地质研究所所长。长期从事火山地质学及第四纪地质学研究,在火山地质与第四纪环境地质等方面做了大量系统创新性工作。完成多项国家级和国际合作项目,对中国东北、西北、青藏高原和南、北极等地区进行过广泛地质环境调查,新发现多处火山,揭示了中国新生代火山活动规律与地质特征,推动了中国的火山研究,对中国新生代火山的活动规律的研究达到国际水平;开拓了中国玛珥湖高分辨率古气候研究的新领域;在渭南黄土剖面中建立了15万年高分辨率的时间标尺,为陆相沉积物提供了一个可对比的独立时标,发现黄土中游离温室气体高异常;参与了新疆和东北的资源探察和生态环境研究以及南、北极的科学考察,探讨了南极火山活动和气候变化的关系,在火山地质与第四纪环境地质等方面做了大量工作;努力探索第四纪沉积物定年中遇到的问题,主持建成新疆地理所第一个 ^{14}C 实验室,尝试湖泊沉积物中U-Th法定年。发表论著210余篇(部),代表作有《中国火山》《第四纪的主要气候事件》和《中国第四纪地质与环境》。获国家自然科学奖二等奖、国家科技进步奖二等奖、国家海洋局科技进步奖特等奖、中国科学院自然科学奖和科技进步奖一等奖6项及侯德封奖等。

刘天泉(1927.11.10~2000.3.28) 男,江西省萍乡县人,1950年考入湖南大学矿冶系,1957年波兰克拉科夫矿业学院采矿系毕业,1958年获波兰克拉科夫矿冶学院硕士学位。中国工程院院士,采矿专家。煤炭科学研究总院学术委员会主任、教授、博士生导师、北京开采所总工程师和学位委员会副主席,兼任国务院学委会采矿地质石油学科评议组成员、煤炭科学基金委员会主任、中国岩石力学与工程学会副理事长、煤矿开采损害技术鉴定委员会主任等职。主持完成100多项科研课题和工程指导项目。创立了完整的矿山岩体采动响应理论体系。从采动岩体变形空间分带论、采动地表变形空间形态论、采动地层结构论到采动地层质量评价论,形成了一整套认识、预测、防治、控制矿山采动岩体和地表变形与破坏的理论体系,创新了一整套矿山特殊开采技术体系,为矿山资源开发、开采和环境安全提供了切实可行的途径,在国内外处于领先地位。出版专著10多本,发表论文60多篇,研究报告40多个、工程咨询报告50多个、译著2本、译文20多篇。曾获国家级一等奖1项、二等奖1项,省部级特等奖1项、一等奖1项、二等奖6项、三等奖9项,获何梁何利科技进步奖。

刘宪亭(1921~2001) 男,生于河北省武清县,1946年毕业于北京辅仁大学生物学系。古生物学家,中国古鱼类研究的创始人之一。中国科学院古脊椎动物与古人类研究所研究员,曾任研究室主任。为中国鱼类化石研究作出了重要贡献。发表论著40余篇,代表作有《周口店第十四地点鱼化石》《华北的狼鳍鱼化石》《吐鲁番盆地晚二叠世鱼化石》《中国的弓鳍鱼类及其生物地层意义》《山西的陆相三叠系石千峰群和二马营群》等。曾获中国科学院自然科学三等奖等。

卢衍豪(1913.4.16~2000.2.20) 男,出生于福建永定,1937年毕业于北京大学地质系。中国科学院学部委员(院士),地质学家、地层学家、古生物学家。曾任中国科学院南京地质古生物研究所研究员、副所长、中国古生物学会理事长。1945年留学美国联邦地质调查所研究三叶虫,并在壳牌石油公司实验室学习微体古生物在石油开发中的应用。从20世纪30年代后期开始系统调查研究昆明附近早寒武世地层,建立了中国早寒武世地层的标准层系。50年代研究东北及华北地区寒武纪地层,建立了中国中、晚寒武世地层分层标准。首次对对中国寒武系、奥陶系各区域特征、划分对比、顶界和底界、沉积物和生物群分布与古地理环境,以及矿产等方面进行了全面论述,奠定了中国寒武纪、奥陶纪地层建阶、分带基础,作为亚洲、大洋洲、南极洲的标准分层和对比依据,已在世界上被广泛应用。70年代末期组织了寒武—奥陶系界线的专题研究,发表一系列论文和专著,通过多学科的综合研究,论述了寒武—奥陶系界线的划分与国际对比,为吉林浑江大阳岔寒武—奥陶系界线剖面被选为国际寒武—奥陶系界线候选层型打下了良好基础。1939年开始系统描述了大量三叶虫属种,对研究三叶虫的分类、演化及生物地理区系等方面积累了丰富的基础资料。发表有关三叶虫个体发育系统演化及分类的重要论文多篇,使中国三叶虫个体发育及系统演化方面的研究在世界上占有突出地位。创立"生物—环境控制论"学说,为解释世界寒武—奥陶纪动物群的分布规律提供了理论依据。运用分类、演化"生物—环境控制论"的观点,阐明了中国寒武纪磷矿、石煤、汞及伴生稀有元素等沉积矿产的生成条件、分布规律,还对介形虫、有孔虫及牙形石等微体古生物和轮藻化石进行研究。代表作有《中国的寒武系》《中国的三叶虫》《生物—环境控制论及其在寒武纪生物地层学上和古生物地理上的应用》《华中及西南奥陶纪三叶虫动物群》《浙江西部寒武纪三叶虫动物群》《中国寒武纪沉积矿产和生物环境控制论》等。曾获中央研究院丁文江奖、国家自然科学奖二三等奖、中国科学院自然科学一等奖及科技进步奖二等奖。

卢耀如(1931.5.1~) 男,福建省福州市人,1953年毕业于北京地质学院水文地质工程地质系。中国工程院院士,工程地质、水文地质与环境地质学家,著名岩溶地质专家。中国地质科学院研究员、同济大学教授、博士生导师。长期从事岩溶地质的科研和工程实践,结合工程建设的实践,系统研究岩溶发育规律及工程效应理论;长期致力于地质灾害防治,卓有成效;建立地质—生态环境的新理论,为岩溶山区可持续发展作出了贡献。建立了岩溶发育与工程环境效应系统理论,参与实践及指导水利水电、铁道、矿山及城镇工程勘测研究,如负责查明官厅水库渗漏塌陷;南津关坝区勘测研究,为三峡工程选坝址提供论据;指导长江、黄河和珠江等流域上水利水电枢纽,如乌江渡水电站及铁道长隧洞等许多大型工程勘测、研究与基础处理工作,取得一系列经济与社会效益。提出地质生态环境新认识,为西南地区脱贫与可持续发展作出贡献。积极研究地质灾害,为防灾兴利提供决策依据。曾为援外大型工程高级专家,并在欧美及港台地区讲学。发表论文90多篇,出版图书10部及图系1套,代表作有《中国南方喀斯特发育基本规律的初步研究》《中国岩溶——景观·类型·规律》《中国南方(岩溶为主)地区地质——生态环境图系》《长江全流域国土地质—生态环境有待进行综合治理》《岩溶水文地质环境演化与工程效应研究》。曾获全国科学大会奖、地质科技奖、全国优秀科技图书奖及李四光地质科学荣誉奖。

马瑾（1934.11.27~ ） 女，出生于江苏如皋，1956年毕业于北京地质学院普查勘探系，1962年获苏联科学院大地物理研究所构造物理学副博士学位。中国科学院院士，构造地质与构造物理学家。国家地震局地质研究所研究员、博士生导师、中国地震局构造物理开放实验室主任、中国地震学会构造物理专业委员会主任、国际岩石力学学会中国小组成员。在构造物理学这一新兴边缘学科的发展中进行了许多具有开拓和创新性的工作，从野外调查、实验模拟及理论分析等方面研究构造变形的物理机制及与此相关的实际问题。20世纪60年代研究褶皱构造应力场及其形成机制，并应用含油构造分析中，在中国实验构造地质学的发展中具有开拓性。1967年以来，从实验和理论方面对构造变形与地震活动的关系进行了系统的研究，包括在断层几何与失稳类型及前兆特征方面一系列有特色的研究工作，在断层力学性状和失稳条件与变形机制方面的实验研究等，其中许多工作在我国实验地震学和构造地质学的发展中具有开创性。提出了一些新观点，在地震预报实践中发挥了重要作用。结合地震需求又转向断裂形成机制研究，得到了断层几何与失稳类型及前兆特征的关系、断层物质类型与断层活动性状的关系以及环境因素的交叉影响等有价值的结果。围绕缝（断）块系统的变形与地震活动性开展了一系列研究，揭示了板内地震过程的一些特点，在地震预报实践中发挥了重要作用。领导建立了可研究地壳和上地幔物质物理力学性质、变形过程及其物理响应且在中国相关学科发挥着带头作用的中国地震局构造物理开放实验室。发表论著130余篇（部），代表作有《几种构造变形体的光弹性模拟实验研究》《构造物理学概论》和《从断层中心论向块体中心论转变——论活动块体在地震活动中的作用》等。获部级以上奖励的科研成果达10项。

马杏垣（1919.5.25~2001.1.22） 男，出生于吉林长春，1942年毕业于西南联合大学地质地理气象系，1948年获英国爱丁堡大学博士学位。中国科学院学部委员（院士），构造地质学家，地质教育家。曾任北京大学教授、北京地质学院副院长、国家地震局副局长兼地质研究所所长。长期从事区域地质、矿产地质调查和比较正规的地质填图。完成昆明附近1/5万地质填图、滇东北几个县地质矿产调查；完成燕山地区1/5万地质调查；完成山西五台山区1/20万区域地质测量和比较正规的地质填图；并在湖北、河南等地开展多幅1/20万区域地质填图。深入系统研究大陆断陷作用和伸展构造与地震活动的关系，提出裂谷是地球动力学活动的窗口，是强震的孕育地，开辟了地震成因研究的一个新途径。研究中国大地构造基本问题，中国前寒武纪构造演化，提出构造解析方法和解析构造学。研究岩石圈动力学和全球地学断面的编制，作为国际岩石圈计划中的全球地学断面计划，担任国家地震局系统6条地学断面主编，主持编制的"江苏响水—内蒙古满都拉"断面。代表作有《五台山区地质构造基本特征》《中国区域地质》《中国大地构造的几个基本问题》《地质构造形迹图册》《嵩山构造变形——重力构造、构造解析》《中国前寒武纪构造格架及研究方法》《中国及邻近海域岩石圈动力学图及说明书》《中国东部前寒武纪大地构造发展的样式》《变质岩构造工作方法》《解析构造学雏议》《1/400万中国大陆和邻近海域岩石圈动力学挂图》《中国岩石圈动力学纲要》《中国岩石圈动力学地图集》《全球断面计划，现今地球动力学研究及其应用》和《江苏响水至内蒙古满都拉地学断面及说明书》等。获全国科学大会奖、国家自然科学奖三等奖、国家地震局科技进步奖一等奖、国家图书奖一等奖。

马永生（1961.9.9~ ） 男，内蒙古土默特左旗人。1984年毕业于武汉地质学院地质系，1987年获中国地质大学地质系理学硕士学位，1990年获中国地质科学院沉积学博士学位。中国工程院院士，沉积学家、石油地质学家，石油与天然气勘探专家、中国石油化工集团公司第一层次学术技术带头人、中国海相领域油气地质综合评价研究早期组织者及中国海相领域最大的整装气田普光气田发现的主要组织者和决策者。中国石化集团公司科学技术委员会委员、教授级高级工程师、博士生导师、中国石化南方勘探开发分公司总地质师、中国石化勘探分公司学术委员会主任。从事沉积学、石油地质学研究和油气勘探工作，在海相碳酸盐岩油气勘探领域作出了突出贡献。深入塔里木和南方实地进行科学探索13年，在科学理论方面取得了开拓性的研究成果，成功指导勘探实践，突破了新中国成立50年来久攻不下的勘探禁区。主持完成了"中国古生界碳酸盐岩石油地质条件综合评价及有利区块选择"及"南方含油气盆地动态评价筛选"等重大科研项目，首次对中国古生界三大克拉通盆地油气地质条件进行了系统的研究和总结；完成"四川盆地宣汉—达县地区石炭—三叠系油气地质综合研究"科研项目，直接指导了普光气田和毛坝气藏的发现，取得了巨大的勘探效益。提出了深层超深层碳酸盐岩优质储层的发育机理与预测模式；阐述了复杂构造区油气复合控藏的新认识；提出了碳酸盐岩构造岩性油气藏勘探的新思路，对深层超深层碳酸盐岩油气勘探产生了重大影响。组织并参加了中国石化南方探区油气勘探工作，发现了普光特大型天然气田和多个大型含气构造，为国家重大工程"川气东送"提供了资源基础。第一作者出版专著5部、发表论文80余篇。获国家科技进步一等奖、省部级科技进步一等奖4项,获何梁何利科学与技术成就奖和李四光地质科学奖。

马在田(1930.10.4～2011.6.5) 男,生于辽宁省法库县,1957年毕业于苏联列宁格勒矿业学院,获地球物理勘探工程师学位。中国科学院学部委员(院士),地球物理学家。先后在石油工业部华北石油会战指挥部、胜利石油管理局、四川石油管理局和石油地球物理勘探局等单位工作,历任华北石油会战指挥部研究队队长、四川石油管理局地质调查处研究队队长、石油地球物理勘探局研究院方法室主任等职。20世纪60年代为华北石油的发现作出了重要贡献。华北石油勘探会战期间,提出了有别于发现大庆油田的"解放波形""突出标准地震反射层"的地震勘探方法,成为当时华北—渤海湾地区公认的地震勘探标志性成果。1970年代主持中国首个地震勘探数据处理软件系统的研发,打破了西方国家对中国石油勘探技术的封锁,对中国大规模地震勘探新技术研发和先进装备引进工作起到了促进作用。80年代初期瞄准当时勘探地球物理国际前沿问题,创造性地提出了高阶方程分裂偏移方法,不仅解决了当时地震成像的关键问题,研究成果被国内外石油工业界广泛应用,而且在勘探地球物理界为中国赢得了国际声誉。为同济大学海洋与地球科学学院的学科发展作出了贡献。代表作有《地震成像技术—有限差分法偏移》和《三维地震勘探》。获陈嘉庚地球科学奖、国家科技进步二等奖、上海市科技功臣等荣誉称号。

马宗晋(1933.1.4～) 男,出生于吉林长春,籍贯吉林省吉林市,1955年毕业于北京地质学院普查系,1961年中国科学院地质研究所研究生毕业。中国科学院学部委员(院士),构造地质学家、地震地质学家及减灾专家。中国地震局地质研究所名誉所长、研究员,国家减灾委员会专家委员会主任、国家科技部国家计委国家经贸委自然灾害综合研究组组长。从事地质构造、地震预报、地球动力学研究。1964年完成节理定性分期配套等小构造研究。探讨了川中和川南缝洞型油气藏的分布规律,研究了江苏沭阳地区出现的地裂缝。结合华北开始发生大地震,研究地震构造、地震与活动构造的密切关系,以及地震活动的分幕性,努力探索地震的成因和地震预报的可能性。提出长期、中期、短期、临震的渐进式预报思想,制定了年度会商、月会商和周会商的地震预报程序;提出了多级韵律性震史分析,在海城等地震强震的成功预报中发挥了指导和实际作用。提出震史学、震兆学和震因学的划分,把地震预报发展成一门综合性学科。系统阐述了中国约10年间所发生的地震。考察板块边缘地带,提出基于板块学说的"板条构造",并对俯冲板舌构造进行了精细描述。进行全球构造研究,形成了沿北半球北纬20℃～50℃之间存在一个纬向的大陆构造系统的观点。提出现今全球尺度的三大构造系统,论证了地球变动的韵律性和非对称性,提出以壳、幔、核细分层角差运动为基础的地球自转与热、重、流联合的动力模式构想,对全球构造动力模式进行了新的分析与综合,为灾害和矿产研究提供了部分基础。开启了综合减灾研究,完成全国重大自然灾害调查与对策研究,把减灾系统工程概括为10个重要的子系统:监测、预报、评估、防灾、抗灾、救灾、重建、保险、立法教育和规划指挥。全面系统地发掘、整编和统计研究全国灾情资料,并提出一系列对策,指导中国综合减灾能力和认识的普遍提高与加强。代表作有《节理的力学性质、分期、配套问题》《Seismotectonic feature of Eurasian seismic system》《Global seismotectonic systems and asymmetry》《鄂西中生代地质构造的力学分析》《中国的强震期与强震幕》《中国重大自然灾害及减灾对策(总论、分论和年表)》和《现今全球构造特征及其动力学解释》。获国家科技进步二三等奖、省部级科技进步奖一等奖6次、李四光地质科学奖。

孟宪民(1900.2.2～1969.2.18) 男,出生于江苏武进,1921年毕业于清华大学,1924年毕业于美国科罗拉多州立矿业学院,1927年获美国麻省理工学院硕士学位。中国科学院学部委员(院士),地质学家、矿床学家。曾任中央研究院地质研究所研究员、云南个旧锡探矿队长、清华大学地质系教授、地质部地质矿产司副司长、地质部矿物原料研究所副所长、中国地质科学院副院长。长期从事矿床地质研究,特别对有色金属、稀有金属矿床的矿物组成以及成矿理论有深入研究,擅长矿物微量化学分析鉴定,调查研究的范围遍及大半个中国,对若干重要矿山的矿区地质、矿床成因方面更有重大建树,作出了多方面的贡献。20世纪三四十年代对云南个旧锡矿的开发和东川铜矿的地质研究颇多建树。对湖南临武香花岭锡矿作过深入研究,领导并促成了新中国第一个新矿物——香花石的发现。最早在中国倡导使用微化学试验的矿物鉴定法。最早开始进行对矿床同生论和层控矿床的研究与推广应用工作,取得了一些明显的效果。代表作有《某些金属矿的找矿方向和方法的初步经验》《碳酸盐岩中的碳硅石》《矿床成因与找矿》《中国铜矿的分布情况及勘探方向》等。

莫宣学(1938.12～) 男,出生于广西融水,1960年毕业于北京地质学院(现中国地质大学)地质系。中国科学院院士,岩石学家。中国地质大学(北京)教授、The Society of Economic Geologists(经济地质学家学会)

副主席(主管亚洲地区)、Himalaya Geology 杂志 Editorial Advisory Board 成员,曾任中国地质大学研究生院院长、中国地质大学(北京)副校长。在岩浆热力学基础研究、青藏高原研究和"三江"特提斯成矿域岩浆作用与成矿关系研究三大领域取得了突出贡献。在岩浆热力学基础研究领域开展了创新性实验研究,首次提出计算任意压力下岩浆氧逸度的公式、含 Fe_2O_3 硅酸盐熔体密度预测模型及不同类型岩浆的 $P-T-\alpha SiO_2-fO_2$ 关系图解,为建立岩浆演化综合热力学模型发挥了关键作用。长期研究青藏高原构造—岩浆作用,应用"岩石探针"的思路与方法,在揭示印度—亚洲大陆碰撞时间、青藏高原巨厚陆壳成因与增厚机制、深部壳幔物质运移方面,取得了较系统的新成果。为了国家对矿产的急需,长期致力于金沙江—澜沧江—怒江特提斯成矿域岩浆作用与成矿关系的研究,提出"两套成矿系统、三大控矿要素"的理论概括及具体找矿方向,为开拓西南"三江"国家级矿产资源新基地作出了贡献。发表论文 156 篇(其中英文 55 篇)、专著 6 部、国际学术会议口头报告 15 次。曾获国家科技进步一二三等奖、地矿部科技成果二等奖、西藏自治区科技进步一等奖、湖北省自然科学一等奖、国土资源科技奖一等奖。

穆恩之(1917.9.30~1987.4.8) 男,出生于江苏丰县,1943 年西南联合大学地质地理气象系毕业。中国科学院学部委员(院士),地质学家、地层古生物学家。曾任中国科学院南京地质古生物研究所研究员、副所长、学术委员会主任,中国科学院南京分院副院长、国际笔石工作组主席。主要研究笔石动物和奥陶纪、志留纪地层,其次研究海百合、海蕾和海胆及泥盆纪、三叠纪、白垩纪地层,领导组织和参加了一系列重大科技项目。参加辽东太子河流域地层古生物研究,重新划分寒武系—奥陶系地层,奠定区域地层划分格局;参加祁连山综合地质考察,领导早古生代地层和笔石研究;提出编著《中国各门类化石》丛书,并主笔《中国的笔石》分册,对区域地质调查、寻找沉积矿产及地质普查勘探起了重要作用;领导组织了西南石油会战及海南岛石碌地区富铁会战中的地层、古生物考查研究,满足了国民经济建设急需,推动了学科发展,并取得许多地层古生物研究成果。20 世纪 80 年代以来领导并参加了各系界线的研究,三赴湖北宜昌地区进行野外考察,并亲自主持奥陶系—志留系界线研究,湖北宜昌的奥陶系—志留系剖面成为世界上最佳的剖面。全面推进了中国笔石学的研究,在笔石的分类、演化、生态、地质和地理分布等领域都作出了重要贡献。综合建立了中国的笔石带、寒武纪—志留纪的 5 个笔石动物群、中国笔石动物群的生物地理分区、亚区和生态地层类型,并提出了解释"太平洋动物群"和"大西洋动物群"形成原因的"生态分异"说"。代表作有《辽东太子河流域地层》《中国各门类化石》《中国的笔石》《中国的树形笔石》《华中区上奥陶统笔石》《中国的志留系》《西南地区下奥陶统的笔石》《华中区上奥陶统笔石》《笔石体的复杂化》《正笔石及正笔石式树形笔石的演化、分类和分布》和《中国各系界线地层及古生物》等。曾获全国科学大会奖、国家自然科学奖二三等奖、中国科学院自然科学奖一二等奖、中国科学院重大成果奖、中国科学院科技进步二等奖。

欧阳自远(1935.10.9~) 男,生于江西吉安,1956 年毕业于北京地质学院,1960 年中国科学院地质研究所矿床学研究生毕业。中国科学院学部委员(院士)、第三世界科学院院士、国际宇航科学院院士,天体化学家和地球化学家,中国月球探测工程首席科学家、中国天体化学领域的开创者。中国科学院地球化学研究所研究员、贵州省人大常委会副主任、贵州省科协主席、中国矿物岩石地球化学学会理事长、中国地质学会副理事长、中国空间科学学会副理事长、国际环境科学中国委员会副主席、国际岩石圈中国委员会、国际地圈生物圈对比计划中国委员会及国际空间研究中国委员会委员,曾任德国马普核物理研究所客座研究员、中国科学院地球化学研究所所长、中国科学院资源环境科学局局长。长期从事天体化学、陨石学、月球与深空探测、比较行星学和资源环境地球化学等研究,先后负责中国地下核试验选场与地质综合效应研究,吉林陨石雨的现场考察与系统研究。系统开展各类地外物质(陨石、宇宙尘、月岩)、比较行星学、天体化学与地球化学的研究。建立了铁陨石成因假说,吉林陨石的形成演化模式与多阶段宇宙线照射历史的理论;提出地球多阶段转变能的新的演化模式,地质体中宇宙尘的判断标志;补充并发展了太阳星云化学不均一性模式与理论;论证中国 K/T 界面撞击事件,提出并证实新生代以来 6 次巨型撞击诱发地球气候环境灾变的观点;论证组成地球原始物质的不均一性、地球两阶段形成与多阶段演化及对成矿与构造格局的制约,提出地球与类地行星的非均一组成与均变演化的理论框架。积极参与并指导中国月球探测的近期目标与长远规划的制订,具体设计国内首次月球探测的科学目标与载荷配置和第二三期月球探测的方案与科学目标,被誉为"嫦娥之父"之一。系统开展各类地外物质、月球科学、比较行星学和天体化学研究。获全国科学大会奖、国家自然科学奖和中国科学院自然科学奖等多个奖项。

潘钟祥(1906.8.12~1983.10.25) 男,字瑞生,生于河南汲县,1931 年毕业于北京大学地质学系,1943

年获堪萨斯大学硕士学位,1946年获明尼苏达大学博士学位。石油地质学家、地质教育家,中国石油地质学开创者之一、中国石油学会创始人之一。曾任中山大学教授、两广地质调查所所长、北京大学教授、北京地质学院教授等职。在推动中国石油地质学理论和石油工业的发展中做了大量工作,是中国早期石油地质调查、陕北油田的开拓者之一,发现了永坪油田,拟定了出油层延长层、延安层的地质时代;1935年去四川调查巴县与达县石油地质,发现了石油沟气田。1941年在美国石油地质学家协会会志上发表《中国陕北及四川白垩系石油的非海相成因》一文,最早提出中国陆相生油的观点。自20世纪50年代以来,结合中国石油勘探实际,提出了二次生油气、不整合面油藏及基岩(古潜山)油藏形成机制等,对提高中国石油地质科学水平,起了重要作用。研究三角洲沉积获突破性进展。发表论文数十篇,论著多部,编著的教材有《石油地质学原理》和《世界油气田地质学》等,发表了《中国西北部的陆相生油问题》《基岩油藏》《关于找油的某些石油地质问题》等重要论文。

裴荣富(1924.8.24~) 男,出生于河北省秦皇岛市,山东省聊城市人,1948年毕业于北京清华大学地学系。中国工程院院士,矿床地质与矿产勘查学专家。历任中国地质科学院矿产资源研究所研究员、所长、博士生导师、中国地质学会矿床专业委员会主任和矿产勘查专业委员会副主任、国际矿床成因协会主席兼协会大构造与矿床专业委员会副主席,中日、中美科技合作和世界大—超大型矿床成因图及全球成矿项目首席科学家。致力矿业工程勘查和科学研究,在国内外主持5项重大矿产勘查工程和30余项矿床地质勘探与矿山开采工程验证对比研究,创新地提出"双控论"和"合理域"固体矿产勘查模型,为指导地质工作做出充分科学论证,并被国际引证。近年来专攻特大型矿床成矿背景研究,提出"成矿偏在性"和"异常成矿"等新概念,为在全国开展找矿提供理论基础。与多国矿床学家合作执行了国家地质对比计划IGCP-354"岩石圈超巨量金属工业堆积"项目、中日合作ITIT和中美合作"天山—阴山深部构造与成矿"等项目,提出异常成矿作用与超巨量金属堆积新认识,成果达国际先进水平。进行世界大型超大型矿床成矿、全球成矿和大型矿集区深部精细结构与含矿信息综合研究。出版的专著和主持的矿产勘查报告达15部,发表科技论文130余篇。获国家级、部级科学技术进步奖多项和李四光地质科学最高奖,国际矿床成因协会特授终身荣誉称号。

裴文中(1904.1.19~1982.9.18) 男,出生于河北丰南,1927年毕业于北京大学地质系,1937年获法国巴黎大学博士学位。中国科学院学部委员(院士),史前考古学家、古生物学家,中国旧石器及第四纪哺乳动物学、古人类学奠基人,中国史前考古学、古人类学和第四纪地质学的创始人之一。曾任中国科学院古脊椎动物与古人类研究所研究员、自然博物馆馆长、中国考古学会副理事长、中国自然博物馆协会理事长、英国皇家人类学会名誉会员、联合国教科文组织史前学和史学协会常务理事、国际第四纪联合会名誉会员。1929年起主持周口店的发掘和研究,发现了中国猿人第1个头盖骨,成为世界古人类学研究中划时代的事件发现;1931年起确认石器、用火灰烬等的存在,为周口店古人类遗址提供了考古学重要依据;主持山顶洞人遗址发掘,获得大量极有价值的山顶洞人化石及其文化遗物。注重对古人类生存环境的研究,开环境考古学的先河。积极开展中石器和新石器时代的综合研究,为中国旧石器时代考古学的发展作出了重大贡献。对中国第四纪地质学方面包括建立三门系泥河湾组、周口店组、丁村组和萨拉乌苏组等中国新生代标准地层,探讨第三纪与第四纪界线,以及建立和研究第四纪哺乳动物群。首次把中国境内第四纪哺乳动物的地理分布划分为华北区、华南区、东北区和淮河区四大板块的理论,并提出每个古生物的分支在诞生、发展以至绝灭的过程中经历体型逐渐增大而后又趋于缩小的学说。代表作有《中国猿人史要》《周口店第一地点之食肉类化石》《周口店山顶洞之文化》《周口店山顶洞之动物群》《中国史前时期之研究》《石器与非石器之区别》《非人工之骨化石》和《中国猿人石器研究》等。获中国科学社金质奖章。

彭苏萍(1959.6.15~) 男,出生于江西省萍乡市,1982年毕业于淮南矿业学院,1988年获中国矿业大学煤田地质与勘探专业博士学位。中国工程院院士,矿山工程地质与工程物探专家。中国矿业大学(北京)煤炭资源与安全开采国家重点实验室主任、教育部长江学者特聘教授、博士生导师,曾任国家中长期科学和技术规划〈公共安全〉专题组副组长、国家能源专家咨询委员会委员、国家重大基础研究("973"计划)能源领域专家咨询组成员、国家煤炭工业技术委员会委员、国家"653工程"煤炭地质与测绘领域首席专家等。长期从事矿井地质和矿井工程物探工作,注重矿井地质中物探技术研究,在煤矿精细地质构造、灾害源探测技术与装备研究和工程应用上取得突出成绩。发现煤层砂岩顶板变薄尖灭带是顶板灾害易发区,建立了煤层顶板稳定性地质预测技术与方法。率先开展煤矿三维三分量地震勘探技术研究,建立了以野外采集评价技术、三维地震可视化解释与反演技术、纵横波联合解释技术为基础的煤矿高分辨三维地震勘探技术体系,首次达到700米深度勘探精度达到查明≥3米断层的技术水平,并在煤炭企业广泛推广应用。研制开发出具自主知识产权的矿井地质雷达和多波地震仪装备并在煤炭、交通和军事阵地探测中推广应用。牵头组建了煤炭系统第1个国家重点实验室。出版专著4本(其中1本由 Springer 出版)和100余篇论文。获国家科技进步二等奖2项、国家发明二等奖,省部级科技进步特等奖1项、一等奖4项、二等奖4项,军队科技进步二等奖1项,获国家软件版权6项、发明专利7项。

强祖基(1932.4.17~) 男,生于福建闽侯。1956年毕业于北京地质学院构造地质研究生,1961年获莫斯科大学副博士学位。构造地质学家。国家地震局地质研究所岩石动力学室主任、遥感及构造地质学室主任、研究员、博士生导师,中国科学院研究室院和北京大学兼职教授,曾任北京经济技术开发区—北京强郑自然灾害预测研究开发中心有限公司副董事长兼主任、总经理。在中国岩石圈动力学研究领域和利用卫星热红外遥感技术短临预测地震研究开发领域作出突出贡献。自1990年以来利用卫星热红外异常遥感技术对强震前地面升温异常现象进行了大量的研究分析,总结出与发震有直接关联的震兆特征,从而得到判别地震三要素:时间、震中位置和震级的方法。这是卫星遥感技术在地震短临预测领域中的重要应用。地震短临预测研究工作多年来一直得到联合国全球计划协调办公室(北京)的关注、支持和帮助。发表论文著百余篇部,代表作有《北京房山周口店太平山复式向斜构造裂隙特征》《1:400万中国岩石圈动力学图及纲要》《活动构造研究》《卫星热红外异常:临震前兆》《地球放气、热红外异常与地震活动》《地震与卫星热红外异常:气然说》《卫星热红外图像亮温异常:短临震兆》《信息时代与地震短临预报》等。获国家地震局科技进步一等奖等。

秦蕴珊(1933.6.1~) 男,出生于辽宁省沈阳市,籍贯山东莱州市,1956年毕业于北京地质学院。中国科学院院士,海洋地质学家,中国海洋沉积学研究的开拓者之一。中国科学院海洋研究所研究员,曾任中国科学院海洋研究所所长、中国海洋与湖沼学会理事长。创建和发展了中国海洋沉积学研究,不但从宏观上阐明了沉积物分布的空间格局,而且划分出2种不同时代和不同成因的内陆架和外陆架沉积,在中国最早提出和建立了中国大陆架的沉积模式,对中国陆架沉积的组成、物质来源及其空间分布进行了系统的调查研究,并编绘了第1幅较完整的中国海陆架沉积类型分布图;提出了中国陆架自末次盛冰期以来环境演变的泛大陆阶段、青年期陆架、壮年期陆架和现代陆架等4个不同的演化发展阶段;开展陆架区细颗粒物质的搬运和扩散研究,论证了黄河、长江等河流入海物质的影响范围与强度,率先阐明了黄河物质在黄、渤海的扩散范围与强度,发现了南黄海海底黄土的存在,阐明海底黄土沉积都是末次冰期时远源风成的产物;发现并研究了菲律宾深海区的"类黄土"陆源沉积,及风成性质,其研究受到国内外的广泛重视;对冲绳海槽的浊流沉积及岩浆活动的研究,提出了2类不同沉积类型的地理分带,为冲绳海槽沉积作用的研究提供了良好的基础;开展的中国海底灾害地质学和海底古河道、埋藏沙丘的研究,为海上石油平台的选址提供了可靠的科学依据。近年来,密切关注国家战略需求,为中国大陆架的划界提供战略咨询和科学依据。为中国海洋地质科学的建立和发展作出了重要贡献。发表学术论文60余篇,代表作有《中国陆棚海的地形及沉积类型的初步研究》《渤海海水中悬浮体的研究》《东海大陆架沉积分布特征的初步研究》《渤海地质》《东海地质》和《黄海地质》。获全国科学大会奖、国家科技进步奖,中国科学院重大科技成果奖、科技进步奖、自然科学奖,国家经委专业科技成果奖、山东省科技大会奖等。

秦馨菱(1915.10.17~2003.12.5) 男,生于山东安丘,1937年毕业于清华大学物理系。中国科学院学部委员(院士),地球物理学家,当代中国地球物理的开拓者之一。中国科技大学教授,曾任中国科学院地球物理研究所研究员、国家地震局地球物理研究所室主任、北京地质学院教授。1937年在湖南衡阳水口山铅锌矿区用扭秤探测金属矿体,发现了一些新矿体。在中国最早用磁法探明了攀枝花铁矿的规模与分布,并绘成矿区地形图,填了地质图。新中国成立后,又用磁法在中国东北、大冶、白云鄂博等处发现新矿体多处。1955年后领导研制磁化率仪、超声测井仪、大地电流仪等。1960年后研制成气象火箭用的五路双调频无线电遥测系统,并解决了气象火箭的定位问题。代表作有《湖南水口山铅锌矿区试用扭秤方法探测结果》《西康攀枝花钛铁矿勘探报告》《地震震级测定工作目前情况及建议之改进》《对地震测定的管窥之见》等。1957年获中国科学院科技发明二等奖。

邱冠周(1949.2.2~) 男,广东省梅州市人,1976年毕业于广东矿冶学院(广东工业大学前身)矿物工程系矿物加工专业,1981年获中南矿冶学院矿物工程系硕士学位,1987年9月获中南工业大学矿物加工工程专业博士学位。中国工程院院士,矿物工程学家。中南大学教授、博士生导师,曾任中南工业大学副校长、中南大学副校长。长期致力于中国低品位、复杂难处理金属矿产资源加工利用研究,在细粒及硫化矿物浮选分离和铁矿直接还原等方面取得显著成绩,特别是在低品位硫化矿的生物冶金方面作出突出贡献,被授予国家有突出贡献科技专家。承担过19项重大科技攻关项目,有15项科研成果通过省部级鉴定。发表论文206篇,被SCI等三大检索摘引86篇,出版5部专著。先后获得国家技术发明二等奖2项、国家科技进步一等奖1项、国家科技进步二等奖1项、中国高等学校十大科技进展2项等。

邱占祥(1936.3.10~) 男,出生于山东省青岛市,1960年莫斯科大学地质系毕业,1984年在德国美茵兹古堡大学获博士学位。中国科学院院士,古哺乳动物学家、地层学家,国家"九五"攀登计划专项"早期人类起源及环境背景的研究"项目首席科学家。中国科学院古脊椎动物与古人类研究所研究员、博士研究生导师,曾任所长。从事新生代地层和哺乳类化石研究。证明了古新统在中国的广泛存在,是20世纪70年代古生物界的重大突破之一。在山西榆社建立起中国第1个有丰富哺乳类化石和古地磁年龄的上新统完整剖面;在兰州盆地把原定为中中新世的咸水河组确定为早渐新世到中中新世的地层,发现了5个不同时代的哺乳动物化石层位;在临夏盆地近70个化石地点中发现了8个不同层位的哺乳动物群,确认了该盆地是欧亚大陆最大的晚新生代哺乳动物化石产地和最好的陆相晚新生代地层剖面。将中国新近系分出15个有代表性的哺乳动物群层位(NMU)和欧洲的17个哺乳动物带(MN)相对应,使该年代的生物与地层研究再次跻身国际前列。发表学术论文近百篇、专著3部,代表作有《中国的巨犀化石》《中国的三趾马化石》和《甘肃东乡龙担早更新世哺乳动物群》等。曾获全国科技大会奖、中国科学院自然科学一二等奖、中国科学院科技进步三等奖等。

邱中建(1933.6.9~) 男,出生于江苏南京市,四川省广安市人,1953年毕业于重庆大学地质系石油地质专业。中国工程院院士,石油地质专家,石油系统最早进入松辽盆地进行综合研究的人、大庆油田发现者之一。先后在大庆、胜利、四川、海洋石油和塔里木等油气田从事石油勘探、生产、研究及组织管理工作,历任地质技术员、地质师、勘探队(研究队)队长、研究室主任,四川气田副总地质师、石油勘探开发科学研究院总地质师、中国海洋石油总公司总地质师、石油工业部勘探司司长、中国石油天然气总公司勘探局局长、副总地质师、塔里木石油勘探开发指挥部指挥、中国石油天然气总公司副总经理兼石油勘探开发科学研究院院长、中国石油天然气集团公司咨询中心主任等职。领导地质研究队对松辽盆地进行石油地质综合研究,参与大庆油田发现井的技术论证及现场试油测试。参加山东胜利油田会战,发现并评价了胜坨大型油田;参加四川石油会战,成功评价了威远等大型气田并在泸州一带发现了一批气田;对渤海湾盆地进行研究,首次提出复式油气聚集区(带)的概念,对勘探进程产生重大影响。组织并参加海洋石油对外合作,首次运用国外油气资源评价方法及流程,对珠江口盆地、辽东湾进行评价,相继发现流花、惠州、绥中、锦州等一批大型和中型油气田。领导并组织了塔里木石油勘探开发,探明了塔中、牙哈等大型油气田并发现了克拉2等大型气田,奠定了西气东输项目的资源基础。领导并组织了塔里木"八五"油气资源攻关项目,成功组织修建了"死亡之海"沙漠公路。代表作有《松辽平原及周围地区综合研究总结报告》《加速渤海湾油气勘探的几点想法——复式油气集(区)带机理》《含油气盆地早期资源区域评价》《对塔里木油气勘探方向的探讨》《塔里木——21世纪天然气的新热点》《中国油气勘探》等。曾获国家自然科学奖一等奖、国家科技进步奖特等奖、国家科技进步奖一二等奖、国家"八五'科技攻关的十大成果之一。

任纪舜(1935.2.6~) 男,出生于陕西华阴,1955年毕业于西北大学地质系。中国科学院院士,构造地质学家。中国地质科学院地质研究所研究员、世界地质图委员会(CGMW)副主席,曾任IGCP224项中国工作组组长、IGCP321项国际工作组组长。20世纪50年代对中国东南地区进行调查研究,肯定了其属于早古生代(加里东)褶皱区的认识;60年代对滇西的调查研究,提出了广大的滇西三江地区属于印支褶皱区的见解;对中国南海曾一度存在前寒武纪古陆也作出了明确的推论。70年代参加了黄汲清领导的1:400万中国大地构造图的研究和编制。主持世界地质图委员会重大国际合作项目——国际亚洲地质图(1:500万)的编制和亚洲重大地质问题研究专项,探讨亚洲地质构造演化及其对资源环境的控制,特别是石油天然气资源的地质构造背景。确认中国东南部为加里东褶皱带,全面论证扬子准地台;发现滇西为印支褶皱带、南海原为前寒武纪地块,从而划定了中国南部的基本构造单元和从青藏高原经滇西到马来半岛这一世界上规模最大的印支造山带;在中国大地构造图上率先详细标绘了中国境内的板块缝合带;揭示了中国东部地壳—上地幔的立交桥式结构及其动力学背景,指出东亚显生宙构造演化主要体现为冈瓦纳大陆裂解、亚洲大陆增生,古亚洲、特提斯和滨太平洋三大构造域的形成;提出了中国大陆是由古中华陆块群、亲西伯利亚陆块群和亲冈瓦纳陆块群共同组成的复合大陆,确定中国复合大陆属冈瓦纳与劳亚两个巨型大陆之间的转换构造域,微陆块的软碰撞和多旋回缝合以及由此而产生的多旋回复合造山带、多旋回叠合盆地、多旋回成矿作用是中国大地构造演化的突出特征。代表作有《中国大地构造及其演化》《中国东部及邻区大陆岩石圈的构造演化与成矿》《1∶5000万中国及邻区大地构造图》和《从全球看中国大地构造》等。获国家自然科学奖一二等奖、部级科技奖多项。

戎嘉余（1941.12.7~） 男，出生于上海，浙江宁波人，1962年毕业于北京地质学院古生物专业，1966年中国科学院南京地质古生物研究所研究生毕业。中国科学院院士，地层古生物学家。中国科学院南京地质古生物研究所研究员、"973"项目首席科学家、国际志留系分会主席。长期致力于海洋无脊椎动物及其相关地层学、中国奥陶纪、志留纪和早泥盆世腕足动物序列的研究，揭示了中国相关时期腕足类群的多样性和特殊性。多次作全球全球奥陶纪末腕足动物群的全面总结。以奥陶纪化石为证据，探讨石燕类宏演化规律并将其起源时间提前600万年；选定背壳主基类型为依据，为扭月贝族创立了新的分类原则；应邀参加世界权威论著《无脊椎古生物学论丛》腕足动物3个目的编写，为相关研究作出了新的贡献。强调"群落生态和生物地理结合"的观点，在群落生态研究的基础上，对腕足类生物地理区系做定性和定量分析；提出"全球晚奥陶世三大生物地理域""中、晚志留世中澳生物地理区"等新观点，为国际同行所重视。深入研究腕足类，较早地确定了中国奥陶—志留系界线，率先与合作者提出志留纪地层对比新观点，为中国与国际标准的对比和区域地质普查填图，提供了可靠的方案。注重古生物学在地质学中的应用，以群落水深和群落取代信息最早研究华南晚奥陶世和志留纪海平面变化；首次提出华南海域晚奥陶世沉积—生物相和环境模式；最早记载中国前第四纪"岩岸"证据。重视古生物研究的前沿领域，主编国内第1本《理论古生物学文集》，经过5年多的科学实验，取得了一系列重要成果，使中国古生物学研究上升到一个新的水平。发表论著约200篇部，代表作有《广西南宁—六景间泥盆纪郁江期腕足动物》《中国志留、泥盆纪地层和群落生态》《广西泥盆纪郁江期腕足动物》《生物大灭绝与复苏》《中国志留纪古地理》《奥陶纪末腕足动物群与奥陶—志留系界线》等。曾获国家自然科学三等奖、中国科学院自然科学一等奖、何梁何利基金科学与技术进步奖。

沈其韩（1922.4.27~） 男，出生于江苏海门，1946年毕业于重庆大学地质系。中国科学院学部委员（院士），地质学家。国土资源部中国地质科学院地质研究所研究员，曾任中国科学院地质研究所技术员、地质部429地质队工程师、山西214地质队工程师及技术科副科长、地质部地质研究所工程师和技术科副科长、地质部地质研究所工程师、副主任工程师、研究员，地质研究所铁铜矿产研究队队长、所长。长期从事早前寒武纪地质、变质岩石学和早前寒武纪同位素年代学以及铁铜矿产等研究，在中国太古宙岩石特征和划分研究方面作出了重要贡献。20世纪50年代从事铁、铜详勘，在参与中苏合作进行前寒武纪地质研究期间，肯定了五台、繁峙一带寒武系与茶房石灰岩之间，以及与滹沱群之间均为不整合关系，查明了辽河群和鞍山群的不整合关系，较早利用钾—氩法开展了五台山和吕梁山前寒武纪地质的同位素年代学研究。60年代参与中国前寒武系首次总结和1∶300万前寒武纪地质图编制，致力于早前寒武纪地质、同位素地质年代学和变质岩区工作方法研究。70年代在青海、陕西进行铁、铜矿产调查；与刘国惠提出了混合花岗岩的识别标志和区分不同成因花岗质岩石的初步综合划分方案；参与山东新泰泰山群变质岩项目的研究，参与划分了火山旋回，首次发现了多层科马提岩，并提出泰山群主体相当于绿岩带的认识。80年代在冀东和内蒙古中南部对高级变质岩区的变质岩石学和重大地质事件进行了深入研究；主编《1∶400万中国变质地质图》和《中国变质作用及其演化》的总结，其创新成果具有里程碑意义；领导了对华北陆台早前寒武纪重大地质事件的深入研究，以丰富的同位素年代学资料确立了太古宙地质年代表并进行了阶段划分，多次发现中国最古老的花岗岩体和陆块；主持的中法合作项目"山东泰山前寒武纪地质研究"获得了一些新的重要成果。90年代领导了"华北地区早前寒武纪地质特征及构造演化模式"和"山东沂水汞丹山地块太古宙麻粒岩相带和地壳演化"的研究，在许多方面都取得了重要进展；系统总结了中国的太古宙地层。2000年以来对中国北方地球早期陆壳形成与演化及动力学模型和中国西北地区若干重点前寒武纪构造—岩石—地层单元的划分对比及年代格架进行深入研究，研究小组多次发现最古老的陆块。发表专著和研究报告（合著）15部、论文120余篇、勘探和科研报告等30份，代表作有《1/300万中国前寒武纪地质图》《中国早前寒武纪麻粒岩》《中国地层典·太古宇》和《山东沂水杂岩的组成与地质演化》《冀东迁安和滦县太古代铁硅质含矿建造的对比问题》等。获全国科学大会奖1项、国家自然科学奖二等奖1项、地质矿产部科技成果一等奖1项、二等奖3项等。

盛金章（1921.5.15~2007.1.7） 男，出生于江苏靖江，1946年毕业于重庆大学地质系。中国科学院学部委员（院士），地质学与地层古生物学家。中国科学院南京地质古生物研究所研究员、博士生导师。早年主要在华北及东北南部从事煤田地质调查与勘探，参加了河南平顶山煤田调查与勘探全过程。1956年以后潜心从事䗴类及二叠纪生物地层学研究，最早建立中国二叠纪䗴类化石带，以此为基础，解决了难以确切划分的二叠纪碳酸盐岩地层的划分和对比,为中国石炭系和二叠系的分统、建阶打下了良好的基础。特别是对晚二叠世蜓类的研究,不仅填补了国内的空白,还为国际间海相二叠系的对比提供了重要依据,对中国南方探寻二叠纪煤藏及含煤地层的对比,也有现实意义。与中外专家合作综合研究中国上二叠统"长兴阶"及海相二叠—三叠系界线地层,总结出"长兴阶"是世界上晚二叠世最年轻的地层单位,所含古纺锤蜓带是全球二叠系最高的蜓带,其研究成果为争取将以中国地名命名的"长兴阶"列入国际年代地层柱创造了条件,并成为国际古生物学界反映中国在蜓类学及二叠纪生物地层学研究方面的代表。建立了自己的蜓类分类系统,为中国地质古生物学界所采用。发表专著8部,论文约70篇,代表作有《广西、贵州及四川二叠纪的蜓类》《中国的二叠系》《辽宁太子河流域地层》《中国各门类化石》《特提斯中部及东部二叠系与三叠系分界》等。曾获国家自然科学二、三、四等奖、中国科学院科技进步奖二等奖、美国约瑟夫·库希曼奖等。

盛莘夫(1898.2.26~1991.3.22) 男,生于浙江奉化县,早年学农。地质学家、古生物学家、地层学家。历任浙江省实业厅地质调查办事处职员、杭州西湖博览会博物馆动物标本陈列室管理员、实业部地质调查所陈列馆主任、福建省地质土壤调查所矿藏课课长、浙江省建设厅技正、浙江省地质调查所副所长、中南地质局广西锰矿队工程师、上海水力发电勘测设计局新安江勘测大队副大队长兼总工程师、宜昌三峡工程地质队总工程师、地质部地质矿产研究所地层古生物研究室主任、研究员。早年对于浙江等省的区域地质、地层和矿产调查有重要贡献,新中国成立之初在新安江水库、长江三峡等水电建设的工程地质勘察中做出重要成绩。一生中大部分时间从事地层古生物学研究及组织领导工作,对于奥陶纪地层及三叶虫化石尤有精湛研究及独特建树。长年进行大量野外地质调查,收集标本,采集化石,遍及南方各省。在地层学研究上,对中国奥陶系有深刻研究,为解决地域质量测量中有关奥陶系地层划分对比问题作出很大贡献。先后发表论著50多种,代表作有《中国奥陶系划分与对比》《中国奥陶系对比表及说明书》《中国区域地层的划分原则的商讨》《浙江下奥陶纪之三叶虫化石》《浙江下奥陶纪之三叶虫化石在地质史上的价值》《钱塘江上游煤矿》《浙江省之地层》《浙江西北部地质》《福建古生代后期之海侵及其地壳运动初步报告》《浙江省乌溪江黄坛口建设水力发电的工程地质》《飞来峰石灰岩的研究》《浙江西南部地层分布与农业关系》等。

斯行健(1901.3.11~1964.7.19) 男,出生于浙江诸暨,1926年毕业于北京大学地质系,1931年获德国柏林大学哲学博士学位,后赴瑞典研究2年。中国科学院学部委员(院士),古植物学家、地层学家,中国古植物研究的先行者和开创者。曾任清华大学和北京大学教授、中央研究院地质研究所研究员、中国科学院南京地质古生物研究所所长、研究员。在诸多领域作了不同程度的开拓,奠定了中国古植物学和陆相地层研究的基础。填补了中国古植物研究的不少空白,不仅为确定中国存在晚泥盆世、早石炭世早期、晚石炭世早期和纳谬尔期的植物和陆相地层提供了依据,并且推进了区域基础地质的研究,还为煤炭、石油等矿产资源的勘探和区域地质调查提供了可靠的生物地层基础。率先指出了中国中生代植物群演替规律,并提出了中国中生代陆相地层的划分方案,为中国古植物学的发展作出了卓有成效的贡献。描述古植物3000多种,创立新种100多个,基本阐述了中国古植物群的面貌、时空分布和特征,总结了演替规律中的一些问题。对华夏植物群的研究尤为详尽,阐明了与世界其他植物群的关系。发表专著9部、编著2部、译著1部、学术论文约150篇和文集1部,代表作有《陕西、四川、贵州三省植物化石》《中国中生代植物》《中国里阿斯植物群》《陕北中生代延长层植物群》《鄂西香溪煤系植物化石》《中国古生代植物图鉴》和《内蒙古清水河地区及山西河曲晚古生代植物群》。曾获国家自然科学奖二等奖和三等奖。

石耀霖(1944.2.10~) 男,生于广西桂林,1966年毕业于中国科学技术大学物理系,1982年、1986年先后在美国伯克利加州大学获硕士、博士学位。中国科学院院士、第三世界科学院(发展中国家科学院)院士,固体地球物理学家。中国科学院研究生院教授。主要从事地球动力学基础研究。在地球动力学基础研究中将地质学、地震学及比较行星学有机联系起来,考虑变形、孔隙流体和热传递复杂耦合作用,从而在地球动力学定量化模拟中取得了突出成绩,开拓了地热构造学研究方向。在青藏高原和喜马拉雅研究中对区域地热特征形成机理,特别是印度板块俯冲剪切生热和藏北热松弛作用作了定量化解释。对大别—苏鲁古老超高压变质带和新西兰现今陆壳俯冲带进行了比较研究,指出二维模型局限性,提出了俯冲洋壳携低密度陆壳窄条俯冲到超高压变质深度的三维动力学模型,并探讨了压力—时间—温度(P-T-t)轨迹形成的控制条件。推动了20世纪80年代以来活跃的变质地质学的研究。代表作有《Generation of high pore pressure in accretionary prism: Inferences from the Barbados Subduction Complex》《Two-dimensional modeling of P-T-t paths of regional metamorphism in simple overthrust terrains》《Pore pressure generation in sedimentary basins: Overloading versus Aquathermal》

和《The standard error of the magnitud E-frequency bvalue》等。获中国科学院自然科学三等奖、李四光地质科学奖等。

舒德干(1946.2~) 男,出生于湖南湘潭市,籍贯湖北鄂州市,1970年毕业于北京大学地质地理系,1981年获西北大学硕士学位,1987年于中国地质大学(北京)获博士学位。中国科学院院士,地层古生物学家、教育家。西北大学教授、博士生导师。主要从事进化古生物学方面的教学和科研工作。对澄江动物群及寒武纪大爆发研究,并取得了系统性创新成果,发现了尖山海口虫、华夏鳗、西大动物、地大动物、北大动物、昆明鱼、海口鱼、钟健鱼、长江海鞘、古囊类、春光虫等一系列最原始的似半索动物、头索动物、"干群后口动物"、脊椎动物"第一鱼"、尾索动物、棘皮动物、栉水母等始祖型动物化石。在动物界演化成型这一进化生物学的主要命题研究领域作出了重要贡献。在澄江动物群较系统总结并厘定了中国高肌虫研究,首次发现了最古老的三叶虫软躯体构造化石;提出后口动物亚界演化成型和"三幕式寒武大爆发构建动物树"假说及"脊椎动物实证起源"新假说。发现了3个动物亚界的3阶段演化成型与三幕式寒武爆发过程的相关性。代表作有《Lower Cambrian vertebrates from south China》《An Early Cambrian tunicate from China》《脊椎动物实证起源》《A paleontological perspective of vertebrate origin》《最早期脊椎动物的镶嵌演化》《Reinterpretation of Yunnanozoon as the earliest known hemichordate》《A Pikaia-like chordate from the Lower Cambrian of China》《Apipiscid-like fossil from the Lower Cambrian of south China》《中国南部寒武纪高肌虫》等。曾获国家自然科学奖一等奖、长江学者成就奖一等奖、陕西省科学技术最高成就奖、尹赞勋地层古生物学成就奖等。

宋叔和(1915.7.14~2008.2.5) 男,出生于河北迁安,1938年毕业于清华大学地质地理气象学系。中国科学院学部委员(院士),地质学家、矿床地质学家、区域岩石及有色金属矿床学家。中国地质科学院矿产资源研究所所长、名誉所长、研究员。长期从事矿床地质研究工作。早期从事滇黔西部、祁连山、秦岭北部区域岩石地层及金属和非金属沉积矿床的调查研究,指出天山八道湾断陷盆地为早、中侏罗世有利聚煤地质环境,最早划分出早、中侏罗世的燃料煤和三叠纪炼焦煤。对辽宁的辽河群及其中的青城子铅锌矿和岫岩铅锌矿床进行了矿床评价和岩层层序研究。调查甘肃白银厂古矿点黄铁矿床的规模,首次确定原铁矿为铁帽,千枚岩围岩是变质火山岩,该矿床与世界著名的里奥庭托矿床相似。首次论证白银厂铜—多金属矿位于海相火山岩系中,属火山岩型铜矿床。经广泛进行地质和矿产调查研究和勘探研究,白银厂终于建设成为我国开发黄铁矿和多金属资源的大型矿产基地。倡议并领导了镜铁山矿区的勘察,确定了铁矿床的主矿体,载入中国矿床学史册。注重区域地质和成矿规律的研究,特别是较大区域乃至全球性的岩浆活动、构造演化和成矿作用关系的总结和对比研究。提出了岩浆岩的三分法,区分碱性、偏碱性(富钠和富钾)和钙碱性、系列;强调火山喷出—沉积岩包括大量凝灰质岩层,是有利的成矿环境。还提出了优地槽区的岩浆活动规律,强调普查勘探地质学是地质科学的一个分支科学。对中国矿床全面系统的总结,对进一步开发矿产资源具有重要的指导意义和参考价值。代表作有《甘肃皋兰白银厂黄铁矿》《甘肃皋兰杂岩初步研究》《甘肃皋兰县白银厂火山岩系及其变质》《中国矿产资源图及说明书》《中国矿床》《中国金属非金属和能源资源图集(1:500万)及说明书》和《火山岩型—铜多金属矿床知识模型》等。

孙大中(1932.6.20~1997.5.1) 男,出生于山东威海,1955年毕业于清华大学地质系、北京地质学院地勘系。中国科学院学部委员(院士),地质学家。历任合肥工业大学地质系地球化学实验室主任、地矿部天津地质矿产研究所研究员、中国科学院广州地球化学研究所副所长,中国地质学会前寒武纪地质专业委员会主任、太平洋科学协会中国委员会委员、国际地科联前寒武纪地层分会投票成员。长期从事前寒武纪地质、地球化学等研究。在对中条山前寒武纪地质和深部地质研究中,用综合年代学方法建立了新型的地壳年代构造格架,提出火成岩年代-地球化学作为岩石圈"探针"的新方法,建立了年代地壳结构模式,重新解剖了中条山前寒武纪重大地质事件和铜矿成矿历史,在理论上和方法上都有突破。对冀东的构造格架、地层划分、岩石演变和成矿规律进行总结,建立了较完整的冀东早前寒武纪地壳演化模式,对部分麻粒岩成因提出新观点。在对华北克拉通的研究中,提出太古宙地壳成熟度高,富大半径亲石元素和亏损高强场元素,以大面积底板垫托作用形成的高级变质区为主,指出元古界为垂直增长的网点位置的底板垫托模式,指出中国大陆地壳特别是华北克拉通的前寒武纪基底的地球化学性状、增长方式和主要增长时段等,其时空在全球的特殊性。有7部专著、约120篇中英文学术论文,代表作有《冀东早前寒武纪地质》和《中条山前寒武纪年代构造格架和地壳结构模式》等。获中国科学大会奖、国家自然科学二等奖和部级科技成果一二三等奖项共8次。

孙殿卿(1910.3.10~2007.6.10) 男,出生于黑龙江省哈尔滨市,1935年毕业于北京大学理学院地质系。

中国科学院学部委员(院士),地质力学家、第四纪冰川地质学家,中国第四纪冰川学的奠基人之一。曾任中国地质科学院地质力学研究所所长、名誉所长、研究员,中国地质科学院副院长等职。长期从事地质力学和第四纪冰川地质研究,协助李四光创建并发展了地质力学和中国第四纪冰川地质学,在地质力学理论体系的完善以及地质力学方法的科学化与系统化方面都起了重要作用。最早参与建立了广西区域地层系统和构造运动演化史的研究,系统填制了广西1:25万地质图,成为中国进行区域地质调查的开拓者之一。20世纪40年代厘定了一系列山字型、S型及反S型等典型构造型式,进一步完善了构造体系理论,为中国区域构造分析和研究开辟了一条新途径;发现广西西北部和桂林市以南的架桥岭东坡等地的第四纪冰川遗迹。20世纪50年代发现柴达木盆地大油苗及反S型控油构造体系,1956年指导并打出工业油流,确认了柴达木油气区。1960年发表《从构造体系观点探讨中国石油普查和勘探远景》,所指出的找油方向基本得到验证。60年代还与有关人员一起提出了北京西山隆恩寺的冰溜面等许多第四纪冰川作用的证据。提出中国第四纪可划分为6个亚冰期,第四纪的下限约在340万年左右,还建议用冰川气候学的观点来划分第四纪地层,进一步丰富、完善了中国第四纪冰川地质学研究体系。90年代仍带领并组织地质力学方法与实践的研究等重大科研项目,主编的《地质力学的方法与实践》系列专著,把地质力学理论体系、工作方法和实践应用研究推进到一个新的阶段。代表作有《全球构造体系纲要图》《中国地质力学(扩编版)》《从构造体系的观点探讨我国的石油普查和勘探的远景》《从地质力学看我国石油资源远景》。获中国地质学会赵亚曾先生研究补助金、国家自然科学一二等奖、李四光地质科学奖荣誉奖、国家图书奖等。

孙健初(1897.8.18~1952.11) 男,生于河南省濮阳县,1926年毕业于山西大学采矿系。地质学家、石油地质学家,中国石油地质的奠基人。农矿部地质调查所调查员、技佐、技正,甘肃油矿局探勘处处长,中国石油管理总局探勘处处长、西北财政经济委员会委员,并任中国地质工作计划指导委员会委员,兼任中国科学院专门委员。1930年~1933年先后3次到绥远及察哈尔作地质矿产调查,发表了《绥远及察哈尔西南部地质志》等20多篇论著。1934年和侯德封进行了历时5个月的黄河上游地质调查,撰写了《南山及黄河上游之地质》报告,后又撰写《黄河上游之地质与人生》论文。1935年调查祁连山地质,从青海穿越祁连山到达甘肃,是首次跨越祁连山的中国地质学家,发表了《祁连山一带地质史纲要》《甘肃及青海之金矿》和《青海湖》3篇重要论著。1937年与美国专家合作到甘肃玉门考察石油,1938年再次去玉门勘测石油并发现了玉门油田。1940年写成《修正甘肃玉门油田地质报告》,以玉门油田的地质为对象,开始探索石油生成、运移、储集的规律。1942年~1944年去美国考察油田,进修石油地质,写出《美国地质概况及其寻究石油之方法》和《发展中国油矿纲要》。1945年再去青海、甘肃进行石油地质调查。

孙龙德(1962.3.15~) 男,山东省寿光市人,1983年毕业于华东石油学院石油地质勘探专业,2000年获中国科学院地质学博士学位。中国工程院院士,天然气田开发工程与石油地质专家。中国石油天然气集团公司科技委员会副主任、中国石油天然气股份有限公司副总裁、中国石油学会副理事长、国家重大科技专项"大型油气田及煤层气开发"实施工作组副组长,曾先后在山东胜利油田、新疆塔里木油田工作。主要致力于油气田开发研究与工程实践,在复杂断块油田滚动勘探开发、深层海相砂岩油田高效开发、复杂天然气田高效开发及油气田系统配套工程等领域取得重要的科技成果。组织和主持了以克拉2、牙哈、英买力等气田为主的国家"西气东输"塔里木气源开发研究及工程建设,为凝析气田和异常高压气田开发理论技术的发展进步作出了贡献。发表学术论文40余篇。获何梁何利基金科学与技术奖、光华工程科技(青年)奖、国家科技进步一等奖2项、二等奖2项。

孙枢(1933.7.23~) 男,出生于江苏金坛,1953年毕业于南京大学地质系。中国科学院学部委员(院士)、第三世界科学院院士、国际欧亚科学院院士,地质学家、沉积学家。中国科学院地质与地球物理研究所研究员、中国科学院地学部主任,兼任10多个国内国际学术职务,曾任中国科学院地质所所长和国家自然科学基金委员会副主任。从事沉积学、沉积大地构造学研究和地质综合考察,是第1个发现豫西裂陷槽(拗拉槽)、提出中国地台张裂盆地的分类方案、论述早二叠世古特提斯洋中存在一个E-W向"岛群"带的学者。1953年~1956年从事锰矿、磷矿和石油沉积学研究,在湘潭发现大型原生沉积碳酸锰矿;1956年~1960年参加中苏合作黑龙江流域综合考察;1962年~1965年研究四川红色盆地西北缘泥盆系生物元素地球化学和磷酸盐岩,对磷矿成矿时代提出新观点,提出磷块岩和沉积磷酸盐岩新类型;20世纪70年代后期领导冀东富铁矿科研队和许昌富铁矿科研队,在古地理、古地貌、古气候和古风化作用研究的基础上,对河南地区古风化壳型富铁矿的前景作出评价,发现了中原古代气候意义的硅结层,并绘制了中原古代地貌图;70年代末研究沉积盆地分类和中国克拉通区张裂型盆地,首次提出豫陕中—晚元古代盆地是坳拉槽型盆地,在国内开拓沉积大地构造学研究,随后在国内积极推动岩石圈研究,在原地质研究所成立岩石圈演化重点实验室。80年代在中国最早研究潮汐与风暴碎屑沉积的古地理古构造环境系统研究;在国内最早研究浊流沉积及风景沉积,对"似浊积岩"的若干见解早于国际同行的研究;研究中国大地构造的有关问题,提出多岛海和弧后盆地大地构造模式,论述了东古特提斯洋。2000年以来参与中亚造山带构造演化研究,推动活动论古地理和二氧化碳地质埋存研究;担任"新一轮全国油气资源评价"首席专家和合作开展中国地质工作发展战略研究。长期主持或参与中国地球科学及资源环境科学发展战略研究,提出"从地学大国走向地学强国""从地质大国走向地质强国"以及"资源环境科学数据共享"等战略目标和措施建议。出版专著4部、主编文集7部,发表学术论文和其他文章200余篇、研究报告50余篇,代表作有《中国东北北部地质概况》《小兴安岭、完达山和张广才岭地质》《华北断块区南部前寒武纪地质演化》《寒武纪大爆发前的死劫难海洋》和《中国大地构造相图》等。曾获国家自然科学奖二等奖、中国科学院科技进步二等奖2项、何梁何利科学与技术进步奖。

孙云铸(1895.10.1～1979.1.6) 男,出生于江苏高邮,1920年毕业于北京大学地质系,1927年获德国哈勒大学地质系博士学位。中国科学院学部委员(院士),古生物学家、地质学家、地质教育家,中国古生物学与地层学领域的主要奠基人。历任北京大学地质系教授、中山大学地质学系教授、西南联大地质地理气象系主任、北京大学地质系主任、地质部教育司司长兼任地质部地质矿产研究所副所长、中国地质科学院副院长兼地层古生物研究室主任,曾任中国地质学会理事长、中国古生物学会首届会长、中国海洋湖沼学会第1任理事长、苏联古生物学会荣誉会员。主要研究三叶虫和下古生界尤其是寒武系,在三叶虫、头足类、笔石、海林檎、菊石、珊瑚等研究上取得重要成果。1924年出版《中国北方寒武纪动物化石》一书,是中国第1部大型古生物学专著;提出中国古生代地层时代划分3项原则;提出太平洋是早古生代生物的主要演化中心;研究了中国古生界各系间的界限、生物混合群的性质及生物地理分区等重要理论问题。对中国地质教育事业作出重要贡献,精心规划培养地质矿产方面以及外贸方面的人才。发表学术著作百余种,其主要著作涉及古生物学(24种)、地层学(16种)、古生物地理(3种)、大地构造(1种)、学科理论综述等(11种)等众多领域,代表作有《中国北方寒武纪动物化石》《中国中部和南部奥陶纪三叶虫》《中国北部上寒武纪之三叶虫化石》《壳灰统上部锯菊石类的口缘和住室》《湖南中部尖叶棱角石化石的发现》《山东内角石(新属)——中国最古之全壳亚目》《中国的含笔石地层》《中国奥陶纪与志留纪的笔石》《中国北部下奥陶纪笔石化石》《芒刺海林檎化石在中国的发现》《中国泥盆纪四射珊瑚研究》《滇西上寒武纪凤山期三叶虫群之发见》《广西二叠纪顶部菊石群及其在地层上的意义》《亚洲多房海林檎种的地层学与生物学地位》和《滇西一些奥陶纪与志留纪海林檎类的早期发现及其意义》等。

谭锡畴(1892.12.28～1952.6.4) 男,出生于河北省吴桥,1916年毕业于农商部地质研究所,1926年获美国威斯康星州立大学理学硕士学位,1927年获美国约翰·霍普金斯大学地质学硕士学位。地质学家、区域地质学家、矿业学家、地质教育家,中国第1批地质学家之一。历任农商部地质研究所调查员、北平研究院地质研究所研究员、北京师范大学教授、天津北洋大学教授、北京大学任教授、西南联合大学教授兼云南易门铁矿局局长、昆明师范学院博物系主任、西南地质调查所第二地质调查队队长、中国地质工作计划指导委员会委员和矿产地质勘探局局长。在中国许多省区从事过最早的区域地质矿产调查,尤其是山东白垩纪地层古生物调查(最早发现中国的恐龙化石)、四川西康地质矿产调查(中国最早穿过大巴山并对其地质构造进行研究的地质学家)具有开创性意义。主编中国最早的3幅1:100万地质图中的北京—济南幅、南京—开封幅。对资兴煤矿、易门铁矿等的开发经营有重大贡献。主要论著有《北京西山地质志》《山东蒙阴、莱芜等县的古生代以后的地层》《黑龙江省嫩江流域之地质》《西康东部地质矿产志略》《四川峨嵋山地质》《四川石油概论》《四川盐业概论》《云南易门安宁禄丰主要铁矿矿床述要》《世界工业矿产概论》等。

汤凤林(1933.2～) 男,生于辽宁省义县,1954年毕业于长春地质学院,1960年毕业于苏联斯维尔德洛夫斯克矿业学院探矿工程专业。俄罗斯自然科学院外籍正式院士、俄罗斯工程院外籍正式院士、国际矿产资源科学院院士,探矿工程专家。中国地质大学(武汉)超硬材料应用研究所所长、教授、博士生导师,教育部本科教学合格评价专家、教育部学位与研究生教育评价专家、科技部"973"项目评审组专家。主持完成中俄高校合作项目、湖北省、地矿部等研究项目多项。多次去俄罗斯、乌克兰等国讲学并进行科研合作交流,在独联体国家探矿工程界有一定影响和知名度,为中俄高校合作做出了自己的努力。在国内外杂志上公开发表论文70多篇,代表作有《АЛМАЗОСОДЕРЖАЩИЕ СВЕРХТВЕРДЫЕ МАТЕРИАЛЫ В БУРЕНИИ》(钻探用金刚石超硬材料,用俄文在俄罗斯出版)、《ПЛАНИРОВАНИЕ ЭКСПЕРИМЕНТА В ТЕХНОЛОГИИ БУРЕНИЯ СКВАЖИН》(钻探工艺实验设计,用俄文在俄罗斯出版)、《岩心钻探学》《微机在钻探工程中的应用》。获湖北省优秀教学成果二等奖、地矿部科技成果三等奖4项、俄罗斯自然科学院科学发明人纪念奖。

汤中立(1934.10.30~) 男,安徽省安庆市人,1956年毕业于北京地质学院。中国工程院院士,矿产勘查专家、矿床地质学家,中国镍矿工业和甘肃省金矿工业的开拓者之一。历任地质部甘肃省地质局祁连山地质队分队长、地矿部甘肃省地质局第六地质队工程师、甘肃省地质矿产局区调队地质大队总工程师、副总工程师、总工程师、高级工程师。主要致力于岩浆硫化物矿床和区域成矿等方面的研究。在陈鑫指导下,依据找矿线索,发现金川镍矿。评价了第1矿区特大型勘探基地。发现第2矿区深部厚大富矿体,致使其跃升为世界第3大铜镍矿。研究总结了金川矿床模式和中国镍矿成矿规律,提出了"深部熔离——一期或多期贯入成矿"理论,并建立了以甘肃金川、吉林红旗岭、新疆喀拉通克、河北铜硐子4个小岩体铜镍矿床为代表的深部熔离—贯入的组合成矿模式。该理论成果在国内外被广泛引用,使中国在岩浆硫化物矿床研究领域的科学研究水平跻身于世界前列,为金川镍工业的产生奠定了资源基础。先后承担"铜镍铂找矿攻关""中国大陆重要地质成矿时期大规模成矿作用及时空结构""中国西部镍钴铂族资源潜力及可持续开发利用""不同时期大规模成矿作用""中国超大型岩浆镍铂矿床成矿预测"等多项中国地质调查局、中国工程院和国家科委重大研究项目。出版专著5本、译著多部,撰著和发表论文数十篇,代表作有《山西繁峙滹沱河沿岸第四系地质与果树调查的关系》《中国镍矿床》《金川铜镍硫化物(含铂)矿床成矿模式及地质对比》《中国岩浆硫化物矿床的主要成矿机制》《中国硫化镍矿床类型及成矿模式》等。获国家科学技术进步二等奖2项、李四光地质科学奖1项、国土资源部科技进步一等奖1项、甘肃省科技进步一等奖1项。

田奇㻞(1899.2.13~1975.9.15) 男,土家族,出生于湖南张家界(原大庸县),1923年毕业于北京大学地质系。中国科学院学部委员(院士),区域地质学家、古生物学家、地层学家,中国泥盆纪研究的开创者和奠基人。曾任湖南省地质调查所所长、中央研究院地质研究所研究员、湖南大学冶系教授、地质部地质矿产司总工程师、全国矿产储量委员会副主任兼总工程师。长期从事区域地质、矿产地质调查、古生物学和地层学研究工作。1923年~1924年调查河北省和河南省的煤田地质,详测太原统剖面。1927年~1940年进行湖南省区域地质和矿产地质研究;领导了粤汉铁路株洲—宜章间400平方千米的1/50万区域地质调查和矿产调查;参与并主编《湖南长沙、湘潭、衡山、衡阳、邵阳、湘乡6县地质志》。20世纪50年代组织并参与中南及全国重点地区地质矿产勘察,主持制定了数十种地质矿产勘探规范,审批了大量的矿产储量勘探报告。作为核工业矿产资源调查领导小组成员,为中国核工业寻找急需的铀矿、稀有金属矿藏作出贡献。对中国南方晚古生代和早中生代海相地层和化石的研究,尤以对湖南泥盆系及其头足类化石的研究最为深入系统。为地层全面划分及对比、21个化石带的建立、古生物群分布与演化的研究奠定了基础。代表作有《南口震旦系之地层层序和古生物》《粤汉铁路线长坪段地质矿产报告》《沅陵行署矿产探查队报告书》《中国北部太原系海百合化石》《中国南部下三叠纪之头足类化石》《湖南泥盆纪之腕足类》《中国之泥盆纪》和《湖南的造山运动》等。

田在艺(1919.12.5~) 男,出生于陕西渭南,1945年毕业于中央大学理学院地质系。中国科学院院士,石油地质学家。中国石油天然气集团公司石油勘探开发科学研究院教授级高级工程师,曾任地质调查处总地质师、研究所所长、大庆油田勘探指挥部副指挥兼总地质师、吉林油田副指挥兼总地质师、石油勘探开发科学研究院副院长兼总地质师。先后在青海民和盆地、甘肃酒泉盆地、陕西彬县和陇东六盘山、鄂尔多斯盆地等地区进行石油地质调查,参加大庆石油会战、华北石油会战、江汉石油会战、华北石油会战。20世纪50年代对陆相生油研究总结了一套规律:构造是主导、沉积是基础、生油是关键、保存是条件。用这些规律指导找油起了很大作用。对于盆地更明确指出盆地长期下沉、沉积巨厚、封闭深水盆地、还原介质水域、湿润气候、湖泊相暗色泥岩是陆相生油的沉积条件、构造环境和沉积物质,完善和发展了陆相生油理论。60年代指出生、储、盖、运、圈、保有机匹配成油气地质条件是寻找油气田的基本地质因素。80年代组织领导全国第1次油气资源评价。90年代首次将成油气系统理论引入盆地分析。20世纪80年代以来对中国石油地质特征进行了全面、系统地研究与总结。在理论上阐述了"盆地成油论",发展了含油气盆地地质学;论述和划分了中国油气藏类型及分布模式;总结了中国大地构造和含油气区基本特征,评价了中国油气远景,指出了中国油气勘探2大领域:元古界与古生界海相沉积盆地、中新生界陆相沉积盆地。发表130余篇论文,代表作有《新疆石油地质概述》《新疆石油地质勘探工作总结》《中国陆相地层的生油和在陆相地层中找油》《中国地质演变与石油的关系》《中国石油地质构造特征与油气远景评价》《中国地壳构造发展与油气分布规律》《沉积盆地控制油气赋存的因素》和《中国含油气沉积盆地论》等。曾获国家自然科学奖一等奖、国家科技进步奖一等奖、李四光地质科学研究者奖,并多次获得石油工业部、中国石油天然气总公司科技进步奖励。

童庆禧(1935.10~) 男,生于湖北武汉市,1961年毕业于苏联敖德萨水文气象学院。中国科学院院士、国际欧亚科学院院士,遥感技术与应用专家。华南师范大学双聘院士、教授、博士生导师,曾任中国科学院遥感应用研究所所长、北京大学地球与空间科学学院遥感与地理信息系统研究所(空间信息科学与技术系)所长。在国内倡导和开展了高光谱遥感技术和应用研究,成为遥感技术的发展新方向之一,为中国遥感技术应用领域的最早开拓者之一。开展了高光谱或成像光谱超多波段大容量信息的高速处理、成像光谱信息定量化、以图像立方体为显示特征的可视化表达、地物光谱信息提取以及地物目标的识别和分类等方面的研究并取得了重要进展,受到国内外同行的关注。曾率科技小组携遥感飞机和中国自行研制的航空成像光谱仪赴澳大利亚、法国和日本等国开展合作研究,开创了以中国高技术支持与发达国家科技合作的先例。近年来倡导科技部国家遥感中心与英国合作的"高性能对地观测微小卫星"系统研制,并作为该项目专家组组长。2003年以来作为专家参加了国家中长期科技发展规划战略研究,在推进"对地观测系统"进入国家重大专项,航空遥感系统进入国家大科学工程发挥了重要作用。代表作有《中国典型地物波谱及其特征分析》《中国金矿研究新进展(第2卷在:金矿找矿新技术、新方法)》和《遥感信息机理研究》。曾获国家及省部级科技进步奖13项、中国科学院自然科学一等奖1项、中国科学院科技进步特等奖2项,2002年获国际光学工程学会(SPIE)"国际遥感科技成就奖"。

童晓光(1935.4.8~) 男,出生于浙江嵊州,1964年毕业于南京大学研究生毕业。中国工程院院士,石油地质和勘探专家。中国石油天然气勘探开发公司高级顾问、教授级高级工程师,曾任中国石油天然气勘探开发公司副总经理、总地质师,中国地质学会构造专业委员会副主任。一直从事石油勘探和石油地质研究工作,在辽河盆地、塔里木盆地,特别是开拓国外石油勘探做了开创性工作。参加过大庆、辽河、塔里木等盆地的石油勘探,渤海湾盆地、中国东部和全中国的石油地质研究。提出辽河坳陷西部斜坡各含油层系和各种油藏类型叠加连片含油观点,为辽河2次石油战略转移提供了科学依据。是兴隆台油田和曙光古潜山油田发现井的提出者之一。参与渤海湾盆地复式油气聚集区(带)理论的研究,建立和划分了复式油气聚集区和聚集带类型;参与了中国东部岩性地层油藏分布和潜力研究,促进了中国隐蔽油气藏勘探。按原型盆地的叠合对塔里木盆地进行了构造分类研究,是最早提出塔里木盆地具有叠合和复合特征的学者之一,对塔里木盆地石炭系油田的发现起了重要作用。为利用国外油气资源,在中国率先进行了利用国外油气资源的宏观研究和战略研究,指导国外20多个项目的勘探,对国外数百个项目进行评价,取得了重大成果。组织并参与对哈萨克斯坦阿克纠宾油气公司项目的评价,找到了大油气田,成为哈中管线的主要油源之一。组织并参与对苏丹穆格莱特盆地和迈卢特盆地石油地质研究和勘探。发表论文50多篇、专著7部,代表作有《油气勘探原理和方法》《21世纪和中国跨国油气勘探开发战略研究》《海外油田新项目评价技术与方法》和《世界石油勘探开发图集》等。曾获全国科学大会奖、国家科技进步特等奖、一等奖、二等奖及省(部)级奖励10项,并获孙越崎科技教育基金"能源大奖"、何梁何利基金科学与技术进步奖、李四光野外地质工作者奖。

涂光炽(1920.2.14~2007.7.31) 男,出生于北京,1944年毕业于西南联合大学地质地理气象学系,1949年在美国明尼苏达大学获博士学位。中国科学院学部委员(院士)、第三世界科学院院士、俄罗斯科学院院士,地质学家、矿床学家、地球化学家,中国科学院地球化学研究所和广州地球化学研究所的奠基人。中国科学院地球化学研究所研究员、所长、名誉所长。从事地学研究近70年,提出了一系列新理论、新观点,为地球科学的发展作出了卓越贡献。对祁连山及西北干旱地带进行了综合地质考察。从事华南花岗岩类有关矿床及铀矿地质研究,着重从事富铁矿床研究。研究层控矿床,侧重新疆北部及黄金地质。20世纪90年代开始研究超大型矿床、低温地球化学及分散元素成矿。代表作有《祁连山地质志》《华南花岗岩类的地球化学》《中国层控矿床地球化学》《中国矿床》等。曾获国家自然科学一二等奖、国家科学技术进步二等奖、竺可桢野外工作奖、国家黄金管理局一等奖、何梁何利基金科学与技术进步奖。

王成善(1951.11.2~) 男,出生于黑龙江省哈尔滨市,籍贯山东平度,1977年毕业于成都地质学院(现成都理工大学)地质学专业,1981年获该校地质学专业硕士学位。中国科学院院士,沉积学家。中国地质大学(北京)地球科学与资源学院教授、青藏高原地质研究中心主任、博士生导师,联合国教科文组织的国际地球科学计划(IGCP)463和555项目主席,国际大陆钻探计划(ICDP)"松辽盆地大陆科学钻探"首席科学家。曾任成都理工大学沉积地质研究所所长、成都理工大学副校长、校长。长期从事沉积学与大地构造研究,研究方向为沉积盆地分析、高原隆升机制以及大陆古海洋学。多年来在青藏高原隆升与演化机制、高原油气资源研究方面进行了系统深入的研究,具有独到的见解和成果;近年来积极进行大陆古海洋学研究,目前正在领导国际地质对比计划项目(IGCP463),开展白垩纪大洋富氧问题研究。在白垩纪古环境与古气候、构造隆升与沉积响应和含油气盆地分析等研究领域取得系统性创新成果。提出白垩纪大洋红层和富氧作用原创性观点,成为全球重大地质事件研究的前沿领域之一;在沉积盆地系统研究基础上,提出青藏高原中部—原西藏高原率先隆升新模式;系统揭示青藏高原含油气盆地类型,提出将羌塘盆地列为首选勘探目标,为推动该区成为中国油气勘查新领域作出重要贡献。近年来承担了科技部、国家自然科学基金、国家科技攻关与部级重大基础项目与课题。在国内外公开发表学术论文157篇,出版中英文专著18部。2012年被美国地质学会授予Fellow称号。曾获李四光地质科学奖、省部级科技成果一等奖1项、二等奖5项、三等奖2项等奖项。

王德滋(1927.6.27~) 男,出生于江苏泰兴,1950年毕业于南京大学地质系。中国科学院院士,岩石学家。南京大学地球科学系教授,《高校地质学报》主编,曾任南京大学副校长、地学院院长、中国地质学会副会长、中国矿物岩石地球化学学会岩浆岩专业委员会主任。长期从事火山岩与花岗岩研究。20世纪60年代进行华南加里东期与燕山期花岗岩对比研究,确认加里东期花岗岩在华南有广泛分布,与燕山期花岗岩有明显区别;在华南首次发现幔源型花岗岩,证实其为蛇绿岩套的浅色成员,是玄武岩浆结晶分异的产物;研究中国东南沿海的A型花岗岩,论证其为后造山型花岗岩,无例外地与拉张背景有关;将中国东部中生代火山岩系划分为橄榄安粗岩系与高钾钙碱性岩系,研究了二者的差别与成因;提出次火山花岗岩的概念,并以时、空、源一致性作为火山-侵入杂岩的判别标志;与合作者在华南发现S型火山岩并研究了它们与锡、铀的成矿关系。出版专著、教材、译著10部,发表论文100余篇,代表作有《光性矿物学》《火山岩岩石学》和《The Mesozoic Volcanic-Intrusive Complexes and their Metallogenic Relations in East China》。曾获国家自然科学奖二等奖、国家教委科技进步奖一二三等奖。

王恒升(1901.8.4~2003.9.21) 男,出生于河北定县,1925年毕业于北京大学地质系,1933年赴瑞士巴塞尔大学留学,1936年获瑞士苏黎世大学理学博士学位,1937年再到巴塞尔大学专攻费尔洛夫旋转台技术。中国科学院学部委员(院士),区域地质学家、岩石学家、矿物学家、矿床学家。曾任中央研究院地质研究所研究员、西南联大地质地理气象系教授、新疆地质调查所所长兼新疆贵金属矿务局局长、新疆工业厅工程师和技术总负责人、西北地质局总工程师、中国地质科学院地质研究所研究员兼任地质部铬矿指挥部总工程师。长期进行岩石矿床理论研究,调查了中国大多数省、市、自治区的地质矿产,参与和指导了煤矿、铁矿、铅锌矿、钼矿特别是铬矿的普查勘探;独立完成和与其他地质学家合著的吉林省穆林密山二县、黑龙江省嫩江流域、京粤铁道线、山东东部、辽宁葫芦岛和安徽南部九华山等地质矿产调查报告,都具有开创意义和实用价值;提出湖北大冶铁矿成矿理论;解决了角闪石晶体结构在高于900℃才能分解释放的疑难问题;发现中国中生代火山岩从基性到酸性的完整喷发序列;发现了新疆于田南部昆仑山中中国唯一的现代活火山;提出了岩浆液态重力分异学说;与人合作做出基性-超基性岩岩石化学计算和图解新方法。代表作有《大冶铁矿床》《宣化一带火山岩》《新疆迪化八道湾煤田》《新疆矿产资源》《煤炭中的正含水量与其年龄的关系》《阿尔卑斯山太辛褥区闪石岩岩石化学的研究》和《基性—超基性岩的岩石化学分类》《铬铁矿基性、超基性岩岩体类型及铬铁矿成矿规律》《中国铬铁矿床及成因》等。

王鸿祯(1916.11.17~2010.7.17) 男,出生于山东苍山,1939年毕业于北京大学地质系,1947年获英国剑桥大学哲学博士学位。中国科学院学部委员(院士),地质学家、古生物学家、大地构造学家、地质学史学家、地质教育家,中国地层古生物事业的开创者之一、历史大地构造学的奠基人之一、新中国地质教育事业的开拓者之一。中国地质大学教授,曾任北京大学教授兼北京大学秘书长、武汉地质学院院长。在古生物学、地层学、古地理学、前寒武纪地质学和历史大地构造学和地质学史等多个研究领域,取得了丰硕成果。在地层古生物和古地理方面,提出了四射珊瑚全新分类体系及其时空演化关系;提出了以年代地层和岩石地层为主的地层分类观点;提出了层序地层的分类级别体系及其与天文周期之间的可能联系。在大地构造学方面,提出了中国及全球构造发展阶段与构造格局重要演变、地球节律的普遍性和基底构造单元划分方案及大陆构造域名词体系,提出了以泛大陆为基础的大陆聚散周期,进行了全球古大陆再造研究,形成了全球构造活动论与历史发展阶段论相结合的地球史观。长期主持中国地质学史研究,提倡以学科发展史和学科思想史为主要研究内容,以求"以史为鉴,继往开来"。发表论文240余篇,出版专著、文集、图集和教材等20余部,代表作有《中国古地理图集》和《中国古生代珊瑚分类演化及生物古地理》《中国层序地层研究》《华南地区古大陆边缘构造史》《中国及邻亚洲地质构造发展的主要阶段》《区构造古地理和生物古地理》《从活动论观点论中国大地构造分区》《中国地壳构造发展的主要阶段》《历史大地构造学及其研究方法》《中国构造发展史》和《地史学教程》等。曾获国家自然科学一二等奖、国家教委高等学校教材特等奖、何梁何利基金科学与技术进步奖和李四光地质科学奖特别奖。

汪集旸（1935.10.11～　）　男，出生于江苏吴江，1956年毕业于北京地质学院水文与工程地质系，1962年7月在莫斯科地质勘探学院获苏联地质矿物学副博士学位。中国科学院院士、国际欧亚科学院院士，地热学家、水文地质学家。中国科学院地质与地球物理研究所研究员、中国科学院广州能源所特聘首席科学家、博士生导师、广东省新能源与可再生能源重点实验室学术委员会主任，曾任国际地热协会（IGA）主席团成员、水文同位素技术应用国家委员会主席、国土资源部岩溶动力学开发实验室学术委员会主任。长期从事地热理论和应用研究，在大地热流、深部地热、地热资源以及油田—矿山地热等方面取得创造性的成就，并建立起颇具特色的中国地热研究体系。曾承担国家重点基础科学前沿研究的"973"项目、国家科技攻关项目等。20世纪70年代开展大地热流和矿山地热研究工作，填补了中国这一领域的空白；20世纪80年代开展深部地热研究，恢复了华北盆地中新生代热演化史；在攀西古裂谷地区提出岩石圈热结构模式并确定出中国第1个"热流省"；提出在中国东南地区这类复杂的碰撞造山带，热流（q）生热率（A）线性相关律不成立的新观点；根据地质构造特点将中国岩石圈热结构划分为5种类型，其中藏南为"热"壳"冷"幔，华北盆地为"冷"壳"热"幔；指出中国大陆地区总的热背景并不高但具"东高西低""南高北低"的特点。在应用地热方面开创矿山地热工程科技领域，提出矿山地温类型划分及矿山热害防治的地质工程措施；提出中国地热资源形成分布的构造热背景；对东南沿海地区水热系统属性提出新看法，认为该区不可能赋存高温地热资源；提出中低温对流型地热系统成因模式并撰写出世界上第1部专著；指出中国大中型含油气盆地地热特征并从地热角度对油气资源潜力作出评价；首次将岩石圈热结构概念引入含油气盆地研究，指出东部"热"盆、西部"冷"盆产生的深部地热背景。20世纪90年代在系统总结中国理论及应用地热研究成果的基础上，编制出《中国大陆地区大地热流分布图》和《中国温泉及放热量分布图》（1∶600万），以及《中国莫氏面温度分布图》和《中国热岩石圈厚度图》（1∶1200万）等一系列图件。出版学术专著7部及学术论文百余篇，代表作有《中低温对流型地热系统》《Geothermics in China》《神奇的地热》和《地热利用技术》等。获中国科学院、国家部委奖励6项。

汪品先（1936.11.14～　）　男，出生于江苏苏州，1960年毕业于莫斯科大学地质系。中国科学院学部委员（院士），海洋地质学家、古植物学家、植物学家、孢粉学家，中国从生物学角度研究化石植物的首创人、深海"973"项目首席科学家。同济大学海洋与地球科学学院教授、海洋地质教育部重点实验室主任，曾任国际海洋研究科学委员会副主席、中国科学院地学部副主任、中国海洋研究委员会主席。长期从事中国海域古海洋学、海洋微体古生物学和中国环境宏观演化的研究，对中国海洋地质学的发展作出了创造性贡献。率先开展了微体化石埋藏学的研究，开拓和发展了古海洋学的研究。系统分析中国近海沉积中钙质微体化石的分布及其控制因素，发现南海在冰期旋回中对环境信号的放大效应、西太平洋边缘海对中国陆地环境演变的重大影响。奠定了中国化石植物生物学研究的基础，对东亚和北美植物间断分布的独到见解，科学地回答了140年来植物地理学中悬而未决的问题。通过化石植物的研究论证了青藏高原隆升的时代、原因和幅度。开创了中国古景观学研究的先河。主持国际深海科学钻探船首次在中国南海进行ODP184航次深海科学钻探，取得西太平洋区最佳的晚新生代环境演变纪录。代表作有《地质时期中国各主要地区植物景观》《十五万年来的南海》《我国近海沉积中钙质微体化石的分布及其古环境意义》等。曾获国家自然科学奖二四等奖、中国科学院科技进步奖一等奖、国家教委科技进步奖一等奖、何梁何利基金奖等重大奖励多项。

王思敬（1934.12.27～　）　男，安徽巢湖市人，出生于上海市，1963年毕业于前苏联莫斯科地质学院，获副博士学位。中国工程院院士，著名工程地质、环境地质和岩体力学专家。中国科学院地质研究所研究员、中国科学院工程地质力学重点实验室学术委员会主任，国际工程地质学与环境学会理事长、中国岩石力学与工程学会理事长、中国地质学会工程地质委员会主任、香港政府土木工程署斜坡安全国际高级专家组成员。致力于地质与力学、地质与工程相结合的研究，在发展岩体结构理论、创建工程地质力学领域中作出重要贡献，为若干国家重大工程的建设提供了科学依据。在工程岩体变形破坏机制研究的基础上，发展了岩石工程稳定性分析原理和方法；坚持理论研究与工程实践相结合，参加并指导了长江三峡、雅砻江二滩、黄河小浪底、红水河龙滩、金沙江向家坝和虎跳峡、广州抽水蓄能电站、金川镍矿开采、地下核爆炸与工程防护等重大工程的研究与论证，为解决关键的地质问题提供了依据。在国内最早进行了城市地质信息系统和可持续发展方面的理论研究和工程实践。在矿山及环境工程方面也作出了成就。为开拓工程地质力学和环境工程地质新领域,发展工程地质力学理论作出了贡献。发表论文150余篇,主要专著有《岩体工程地质力学基础》《坝基稳定性工程地质力学分析》《地下工程岩体稳定性分析》《区域发展战略规划的地质环境研究》等。获得国家及中国科学院奖多项,曾获东南亚岩土工程学会卓越贡献奖、里昂"市长奖章"等。

王铁冠(1937.12.4~) 男,出生于上海市,1956年毕业于北京石油地质学校,1965年毕业于北京石油学院勘探系,1983年赴美国在特拉华大学地质系任研究学者,1984年在俄勒冈州立大学海洋学院作访问教授、客座副研究员。中国科学院院士,石油地质学家。中国石油大学(北京)教授,曾任江汉石油学院教授。长期从事石油地质教学和科研工作,在石油地质基础研究和分子有机地球化学研究方面做了大量工作。对生物标志物形成、演化方面提出了4种类型生物标志物的成因演化模式,发现、鉴定和命名了3个新生物标志物系列(13α 正烷基—三环萜烷、甲基三环萜烷和甲基四环萜烷)。对低熟油气进行了系统研究,剖析低熟油的生源构成,建立综合判识标志,表征烃源岩生烃过程,确立了木栓质体等5种原始母质早期生烃机理和模式,建立了低熟油气成因的系统理论,及时推广低熟油理论,取得显著效益。提出了运用生物标志物组合确定沉积有机质生源构成百分比的方法,建立有机地球化学与煤岩学结合的煤系烃源岩研究方法,系统提出烃源岩的Ⅰ-Ⅲ型显微组分的非均质性组成,富氢组分"分期生油"的理论。率先建立了吐哈盆地煤系2期生烃模式,促进了煤成油理论的发展。探索分子标志物新参数,重建油田成藏历史,开拓油藏地球化学的新的科研方向。首次论证含硫非烃二苯并噻吩类作为新分子标志物示踪石油运移的机理,用以反演石油运移优势通道,展现油藏充注途径,运用流体包裹体测温,结合数值模拟确定油藏成藏期次与时间。在不同岩性油藏中,重建油田的成藏历史,预测烃源灶方位,确定有利勘探方向,产生显著经济效益。发表论著近200篇部,代表作有《生物标志物地球化学研究》《低熟油气的形成与分布》《烃源岩地球化学》和《煤成油的形成和成烃机理》等。获国家自然科学二等奖1项、多项部(省)级科技进步奖,并获中国石油天然气总公司"铁人科技成就奖"银奖、孙越崎科技教育基金"能源大奖"、李四光地质科学研究者奖。

王颖(1935~) 女,生于河南潢川,1956年南京大学地理系地貌学专业毕业,1961年北京大学地质地理系海岸地貌与沉积学专业副博士研究生毕业,2001年被加拿大Waterloo大学授予环境科学荣誉博士学位。中国科学院院士,自然地理学家、海洋地质学家。南京大学教授、博士生导师。一直从事海岸动力地貌与海岸带泥沙运动研究,在海岸海洋动力地貌领域作出了系统的、创造性的成就,并且在应用海岸海洋动力地貌学理论于中国海港建设上有重大贡献,是中国海岸动力地貌学方面最有贡献的科学家。主要研究方向为海岸海洋地貌与沉积学,专长于从海岸动力、地质地貌与沉积多学科结合的途径研究海岸海洋的成因、变化趋势与开发利用;在具有地域特点的淤泥质潮滩海岸、鼓丘海岸以及河海体系与大陆架沉积等方面有重要贡献,总结潮滩动力环境的沉积与生态模式,分析中、新生代泥沙粉砂岩沉积环境,把中国潮滩研究推向国际先进水平,从中国主要河流对大陆架的沉积作用深入到河海体系相互作用、沉积物搬运与陆源通量、黄海辐射沙脊群形成演变等研究,推动发展了具有学科交叉特点的海岸海洋科学,将海陆相互作用研究与全球变化相结合并应用于海岸工程建设之中。发表论文100多篇,代表作有《环境地质学》《祖国的海岸》《石英砂表面结构图集》(中英文版)、《海岸地貌学》《中国海洋地理》《海岸——通向海洋的虹桥》《海南潮汐汊道港湾海岸》《黄河三角洲发育演变及对渤、黄海的影响》《黄海陆架辐射沙脊群》《海岸海洋科学概论》等。

王钰(1907.10.5~1984.4.5) 男,出生于河北深泽,1933年毕业于北京大学地质系,1944年赴美学习研究腕足类化石。中国科学院学部委员(院士),地质学家、地层古生物学家。中国科学院南京地质古生物研究所研究员,兼任学术委员会委员和学术秘书、第三研究组组长、古无脊椎动物研究室主任。早期参加了许多地质和矿产调查,抗战期间在四川调查了油页岩、天然气和井盐等非金属矿产,以后还参加了川黔铁路和天成铁路的工程地质和勘探工作,1949年以后领队调查了辽宁省太子河流域的3个煤田以及河北蓟县锰矿等,对奥陶纪、志留纪和二叠纪部分三叶虫有较详细的研究,其中对扬子区下古生界的研究成果,成为中国南方早古生代地层分类与对比的奠基性工作。20世纪50年代起,系统研究中国的腕足类化石,在泥盆纪地层的综合研究方面也作出了贡献,奠定了中国腕足动物群和南方泥盆纪地层研究的基础。与国内外学者合作"中国志留纪、泥盆纪生物地理""晚奥陶世至中泥盆世腕足类群落生态"研究,与戎嘉余合著《广西南宁—六景间泥盆纪郁江期腕足类动物》。代表作有《四川蓬安县盐田及自然气》《美国衣阿华州上奥陶统Maquoketa组的腕足动物》《中国的泥盆系》《中国各门类化石》《中国的腕足动物化石》《华南泥盆纪生物地层》《黔南桂中中泥盆世北流期腕足动物》《中国南方泥盆纪地层研究的进展》《中国泥盆纪地层对比及说明书》《辽东太子河流域地层》等。

获中国科学院自然科学奖三等奖、中国科学院科技进步奖一等奖。

王曰伦（1903.1.23～1981.7.20） 男，出生于山东泰安，1927年毕业于山西大学工学院。中国科学院学部委员（院士），区域地质学家、地层学家。曾任中央地质调查所西北分所所长，地质部天津地质矿产研究所所长、名誉所长、研究员。研究领域十分广阔，在地质科学基础理论研究中，以前寒武纪地质研究造诣最深，同时，对区域地质、矿床地质、地层古生物、石油地质、煤田地质、第四纪地质等学科也有较深研究，且有独到见解。20世纪30年代在丁文江工作的基础上，在云南奠定了中国前寒武地层层序及其底界。1937年发现了黔东震旦系冰碛层，为地层对比找到可靠依据。50年代初改正和厘定了五台山区变质地层的层序，与贾兰坡共同发现了周口店猿人产地第四纪冰川遗迹，提出南、北方震旦系应为上下关系，首次把猿人文化与第四纪冰期、间冰期联系起来，使长期争论的问题由此取得一致意见。60年代组织、参加华北前寒武纪及第四纪地质研究，主编全国中、晚元古界对比划分专著。70年代则致力于铁矿资源调查研究，提出邯邢式铁矿的海相火山成矿学说，并倡导花岗岩的喷出成因理论，具有重要意义。发表论文、著作和报告百余篇，代表作有《中国海相火山-沉积成矿理论及相关地质问题》《对中国寒武纪以前古老沉积岩划分的意见》《周口店第四纪冰川现象的观察》和《全国震旦系对比线索》等。1982年获国家自然科学奖一等奖。

王竹泉（1891.4.9～1975.7.24） 男，生于河北省交河县，1916年毕业于农商部地质调查所，1930年获美国威斯康星大学地质系硕士学位，后转入麻省理工学院地质系深造。中国科学院学部委员（院士），区域地质学家、煤田地质学家，中国煤田地质学奠基人。曾任北京大学地质系教授、燃料工业部煤矿管理总局地质处主任工程师、煤炭工业部地质总局总工程师、煤炭工业部地质司总工程师。从事地质工作60年，研究领域广泛，特别在研究中国煤田地质形成与分布规律、地层叠覆原理方面有突出的成就。首先提出煤的接触变质规律，首次提出以重矿物为标志鉴定火成岩区的观点，在煤田地质理论上作出了积极贡献。发现陕北油田，在昌平发现新矿物并命名"西湖石"。对除西藏、新疆以外的全国各省的煤田进行系统调查研究，为大规模勘查奠定了基础。在地质界获得"山西王"美称。并且对其他矿产如铁、锰、铜、金、铝、磷矿和石油等也进行过广泛研究和探索。对华北、华东、东北、西南若干地区的地层、构造、地貌、矿产等研究都有重要成果。先后发表煤田地质论文80余篇，代表作有《山西地质构造纲要》《中国地质图（太原—榆林幅）说明书》《山西煤矿志》《河北磁县煤层的煤岩研究》《华南晚二叠世煤田形成条件及分布规律》《勘探陕北石油应注意的几个问题》等。曾获全国科学大会奖。

翁文波（1912.2.18～1994.11.18） 男，出生于浙江鄞县，1934年毕业于清华大学物理系，1939年获英国伦敦帝国大学哲学博士学位。中国科学院学部委员（院士），地球物理学家、石油地质学家，发现大庆油田的主要贡献者之一，中国石油测井、石油地球物理勘探技术、石油地球化学的创始人。曾任中国石油天然气总公司石油勘探开发科学研究院副院长、总工程师、研究员、博士生导师，中国地球物理学会理事长。主要从事石油地球物理勘探和天然地震、洪涝、干旱自然灾害预测预报研究，建立了一套适用于中国的石油地球物理勘探的理论和方法。20世纪40年代提出东北、华北等低变质区可望找到油气田的理论。60年代致力于天然地震灾害的预测预报研究，创立"预测论"理论应用于地震、洪涝、干旱等自然灾害预测。创建了中国第1个重力勘探队；开创了中国磁法、电法勘探的先河；在中国有史以来第1次成功地进行了电阻率测井和自然电位测井，测得了地层自然电位和视电阻率曲线，开创了中国使用测井技术勘探石油天然气的先河；在中国第1个开办了地球物理课程，培养了中国第1代地球物理人才；主持编制了中国最早、最系统的"中国含油远景区划图"，把松辽盆地列为中国最有远景的油气聚集区；参加大庆会战，指导大庆地球物理勘探部署，为大庆油田的发现作出了重要贡献；主持建立了中国第1个海洋地震队；信息预测理论的创新和实践应用对科学发展的重大贡献，创新性地提出"信息预测理论体系"，并指出21世纪有可能把预测作为一门独立的学问进行研究，完整和科学的"预测学"将是人类文化在信息时代的核心之一；倡导并领衔建立的中国地球物理学会天灾预测专业委员会，有力地推动了相关学科的交流和我国信息预测科学的发展。发表近百篇论文、报告和论著，代表作有《地球形态的发展》《纬度和地极的变化》《从煤炭定碳比看中国石油远景》《中国含油气藏希望的区域划分》《世界油气的规律》《中国石油资源》《地震的远期预报》和《预测论基础》。曾获国家自然科学奖一等奖。

翁文灏（1889.7.26～1971.1.27） 男，生于浙江省鄞县（今宁波市），逝于北京。1908年毕业于上海震旦学院，1912年获比利时鲁凡大学地质系博士学位。中国最早期的地质学家、地质教育家，中国近代科学事业的重要倡导者、组织者。曾任北洋政府地质调查所所长、清华大学代理校长等职位。对中国地质学教育、矿产开探、地震研究等多方面有杰出贡献，培养出中国第1代地质工作者，创建了新生代、地震、土壤、燃料等研究室，是第1个撰写中国矿产志、编成第1张全国地质图、第1位代表中国出席国际地质会议、第1位对中国煤炭按其化学成分进行分类的学者,首先提出了燕山运动在中国的存在及其在中国地质历史上的重要意义,主导发现及开采中国第1个油田玉门油田,出版中国首张地震区划图,主事建立第1个现代地震台北平西山地震台。代表作:矿床学方面有《中国矿产志略》《中国矿产区域论》《金属矿床分布之规律》《砷矿物在金属矿系列中的位置》《中国金属矿床生成之时代》等,地震地质学方面有《甘肃地震考》《中国一些地质构造对地震的影响》《中国地震区分布简说》等,构造地质学方面有《中国东部的地壳运动》《中国东部中生代以来的地壳运动与岩浆活动》《中国北部水平运动所成之构造》《中国东部中生代造山运动》等,历史地质学方面有《宜昌石龙辩》《中国之石器时代》《地质学上之生物进化观》《中国史前史》《扬子江中下游重要地层之比较》等,沉积学方面有《中国北方河流的沉积物及其地质意义:中国北方侵蚀与沉积现象之定量研究》,山志学方面有重要文章《中国山脉考》,石油地质学研究有《中国的燃料问题》《中国石油地质问题》等,煤田地质普查有《绥远土默特旗地质报告》《中国石炭之分类》《中国煤的分类与新命名法》和《以三角图解法表示煤的成分》。曾获英国伦敦地质学会名誉会员称号,先后获美国文艺与自然科学院、德国赫勒自然科学院、德国柏林工科大学、加拿大温哥华英属哥伦比亚大学等荣誉职务和学位。

武衡(1914.3.18～1999.1.15) 男,出生于江苏徐州,1934年入清华大学地质系。中国科学院学部委员(院士),地质学家、科学管理学家,中国南极科学考察事业、专利制度和发明事业的奠基者和组织者。曾任国家科学技术委员会副主任、中国科学院学部主席团名誉主席。长期从事科学技术事业的领导、组织与管理,对于中国科学院若干机构筹创、制度建立有很大贡献;对国家海洋局的设置、南极科学考察活动的开展,发明与专利制度的实施,以及若干大型的系统工具书、丛书的编纂等更有突出的贡献。20世纪40年代参加筹建延安自然科学院,进行陕、甘、宁等地矿产资源考察研究,50年代主持筹建、领导并开展东北地区的科研工作,为恢复和发展东北经济建设和科学技术事业作出了贡献。1955年后参与领导组建中国科学院学部,参与领导组织了3次全国科学技术长远规划的制订以及1962年全国科学技术工作会议和1978年全国科学大会。为创建中国科学研究机构管理制度、研究生制度、科学奖励制度、科技情报事业等作出卓越贡献。

吴汝康(1916.2.19～2006.8.31) 男,生于江苏武进县,1940年毕业于南京中央大学生物系,1949年在美国圣路易华盛顿大学获哲学博士学位。中国科学院学部委员(院士),人类学家,新中国人类古生物学的奠基人。中国科学院古脊椎动物与古人类研究所研究员,曾任副所长,曾当选国际人类学及民族学协会荣誉终身会员、国际史前史与原始史协会常设委员会委员、国际古人类学协会执行委员会委员、英国皇家人类学研究所荣誉学术委员、世界考古大会执行委员会东亚地区高级代表。从20世纪50年代起对近40多年来对中国发现的绝大多数人类化石进行了深入的研究,关于蓝田、周口店、和县的直立人、丁村、马坝、资阳与建平等处的智人化石的研究报告一直是研究中国古人类学者必读的参考文献。对系统地位长期悬而不决的重要化石灵长类、巨猿做了系统研究,发表了专著《巨猿下颌骨和牙齿化石》,被美国自然历史博物馆戴尔森提议与魏敦瑞的著作一起重印作为中国古人类学的经典著作。在对中国出土的大量化石进行研究以后提出它是禄丰古猿的雌性个体,是人类进化的旁支。提出了从猿到人的过渡是一个漫长的过程,人类的各项独有特征是在这个过程中在不同时间形成的;提出了从猿到人的过渡中存在人类体质发展的不平衡性。这些研究成果都受到国内外同行的高度重视。在推动中国现代人的体质人类学的工作中也有显著的成绩,与同事合编了重要的工具书,并进行这方面的研究,创建了"今人类学"。曾获国家自然科学奖三等奖、中国科学院科技进步三等奖、中国科学院自然科学奖一二等奖、何梁何利基金科学与技术成就奖等。

吴新智(1928.6.2～) 男,出生于安徽合肥,1953年毕业于上海医学院,1961年中国科学院研究生毕业。中国科学院院士,古人类学家。中国科学院古脊椎动物与古人类研究所研究员,曾任中国科学院古脊椎动物与古人类研究所副所长。开创并推动中国的灵长类解剖学和法医人类学研究,领导并参加发现郧西和淅川的直立人、丁村等处智人化石和古人类进化材料,对大荔、淅川、阿拉戈(法国)、柯布尔(澳大利亚)等地人类化石进行专门研究,综合研究中国古人类的发展规律。1984年与国外学者对"现代人的起源"提出"多地区进化"假说,成为国际上2大假说之一。主张现今的4大人种分别起源于中国、非洲等4个地区,他们在各自的地区相对独立地连续进化,互相间有一定程度的基因交流,使得全人类发展成一个多型种——智人。对中国古人类发展过程提出"连续进化附带杂交"假说,主张中国古人类连续进化为主,使得在经过了100多万年相对独立的进化后中国人还能保有与其他人群易于识别的形态特征;与其他地区人群的杂交是少量的,但足以使中国人与其他人群能维系在同一个物种内。发表80余篇学术论著,代表作有《陕西大荔的早期智人古老类型的一个保存完好的头骨》《中国汉族髋骨的性别差异和判断》《长臂猿解剖》《中国人类的进化》（英文）和《20 世纪的中国人类古生物学研究与展望》等。曾获国家科学技术进步二等奖、中国科学院自然科学奖一等奖、郭沫若中国历史学奖二等奖。

肖序常（1930.10.12 ~ ） 男，出生于贵州安顺，1952 年毕业于北京大学地质系。中国科学院学部委员（院士），构造地质学家。中国地质科学院地质研究所研究员。20 世纪 50 年代在白银厂完成矿区大比例尺填图，发现了小铁山金属矿床；与其他同行系统而详细地划分了构造单元，论述各构造单元特征及演化，总结中国大地构造演化的多旋迴性，以及印支运动与燕山运动的重要性。60 年代初从大地构造分析出发对世界主要含铬基性、超基性岩的构造特征做了初步总结，并对不同地质时期、不同大地构造阶段铬铁矿矿床的产出特征、成因规律、赋存状态及找矿标志做了比较详细的论述。70 年代进行实地考察研究，结合国际地质构造新理论、新方法，研究板块构造演化、蛇绿岩及有关成矿作用，在北祁连山建立了中国第 1 条蛇绿岩剖面，发现并深入研究了与其共生的蓝片岩高压变质带，提出并论证了祁连古沟—弧—盆构造格局。80 年代初期主持中法喜马拉雅地质构造的形成与演化合作研究项目，组织多学科进行地学考察，揭示喜马拉雅及邻区地壳上地幔的构造演化，进一步划分青藏高原构造作用，厘定了冈瓦那与欧亚大陆的界限，提出该区不存在浩瀚的特提斯大洋，主要具有一定规模的洋盆和微古陆相间的格局，以及对喜马拉雅—念冈地带唯一较典型的被动大陆边缘—沟、弧、盆活动大陆边缘特征的一系列认识。80 年代后期以来先后在内蒙古、新疆及青藏地区进行造山带构造演化研究，提出蛇绿岩的构造成因分类方案，论述了新疆阿克苏前寒武纪蓝片岩和西天山北缘高压变质带的时代、变质与变形期次、组合特征及构造意义，提出古亚洲复合变形缝合带、大陆古造山带岩石圈板块演化的不均衡性等。代表作有《1/300 万中国大地构造图》《中国大地构造基本特征》《含铬基性、超基性岩的地质构造特征》《内蒙地质构造新认识》《祁连古板块构造特征》《燕山地区超基性岩及铬矿地质构造特征》《中国蛇绿岩概论》《上地幔塑性变形及岩石圈板块动力学初析》《喜马拉雅岩石圈构造演化》《新疆北部及邻区大地构造演化》《中亚古复合巨型缝合带南缘构造演化》《中国西北地区新疆北部构造演化》和《青藏高原构造演化及隆升机制》等。获国家自然科学大会奖、李四光科学奖荣誉奖、何梁何利科技与技术进步奖。

谢家荣（1898.9.7 ~ 1966.8.14） 男，出生于上海，1916 年毕业于农商部地质研究所，1920 年获美国威斯康星大学硕士学位。中央研究院首届院士、中国科学院学部委员（院士），地质学家、矿床学家、地质教育家，中国矿相学的创始人、中国近代矿床学的开拓者之一、中国地质学会创始人之一、中国煤岩学和煤田地质学的先驱、中国石油地质的先驱、陆相生油论的倡导者之一。曾任地质部总工程师、地质研究所副所长、研究员。对中国煤岩学、矿相学、石油地质学、矿床学、经济地质学、区域地质学、地层古生物学、矿物学、岩石学、地震学和陨石学等进行过开拓性研究。在燃料及各种金属、非金属矿产成矿规律及找矿方法上论述颇丰。提出《中国的铅、锌、银矿床》以及与花岗岩侵入体有关的不同类型矿床，发现或指导发现了淮南八公山煤田、安徽凤台磷矿、福建漳浦铝土矿、南京栖霞山铅锌矿、白银厂铜矿等矿床。对华北、松辽、渤海、塔里木等石油蕴藏的预测得到证实。最早提出地质理论找矿，倡导综合勘查方法。从事地质工作 50 年，留下著述 400 多种，发表《矿床学大意》系列论文和《扬子江下游铁矿志》《中国的成矿时代和成矿区域》《从中国矿床的若干规律提供今后探矿方面的意见》《论矿床的分类》《地质历史中成矿作用的新生性、再生性和承继性》等矿床学名著，代表作有《煤地质的研究》《中国的煤田》《中国煤田类型及煤质变化问题》《甘肃玉门石油报告》《地质学》《煤岩学研究之新方法》《石油》《江南探油论》《中国的产油区和可能含油区》和《中国矿床学（总论）》。曾获国家自然科学奖一等奖。

谢学锦（1923.5.21 ~ ） 男，生于上海，1948 年重庆大学化学系毕业。中国科学院学部委员（院士），勘查地球化学家，中国勘查地球化学的开拓者和奠基人，当代中国最具权威和影响的勘查地球化学家、国际公认的地球化学勘查权威。地质矿产部地球物理地球化学勘查研究所研究员、名誉所长，国际地科联全球地球化学填图工作组指导委员会委员、分析技术委员会主席。早期对矿床原生晕进行了开拓性研究，参与发现了铜矿指示植物——海州香薷，与前苏联学者同时发现了金属矿床的原生晕分带特征。提出并全面部署和系统指导了中国的区域化探全国扫面计划，20 多年来完成了 600 余平方千米的采样分析和成图工作，据此发现百余个工业矿床，特别是金矿，并使中国的地球化学填图化探在若干方面处于世界领先地位。与人合著的《金的勘查地球化学理论与方法·战略与战术》是世界金矿地质的经典之作。主持的"环境地球化学监控网络与全国动态地球化学填图"项目为全球地球化学填图采样提供了典范。担任了国际地球化学填图项目指导委员会委员及分析技术委员会主席，推动国际地球化学填图的标准化，发表《国际地球化学填图中的某些战略与战术问题》《国际地球化学填图分析的要求》等论文,对国际地球化学填图方法的标准化起了重大影响。与10位各国科学家共同撰写的《全球地球化学数据库》一书已由联合国教科文组织出版。致力于探索中国隐伏巨型矿床的新理论、新方法、新战略及全球大陆环境地球化学监控的研究,主持国家攀登计划项目"寻找大型、特大型隐伏矿床的新战略和研究"取得重大突破,提出了地球化学块体的新理论和"迅速掌握全局,逐步缩小靶区"的一整套矿产勘查新战略。指挥全国76种元素的地球化学填图,了解化学元素周期表上76种元素在中国大陆表层的分布,为查清中国矿产资源和环境的监控与治理提供可靠的资料。在国内外发表学术论文百余篇,代表作有《区域化探》《地球化学块体——概念和方法学的发展》《全球地球化学填图》《深穿透地球化学进展》等。

谢先德(1934.10~) 男,江苏镇江人,1956年毕业于南京大学地质系,1959年获前苏联第聂伯罗彼得诺夫斯克矿业大学地质矿物学硕士学位。国际欧亚科学院院士、俄罗斯科学院外籍院士,地质学家、地质矿物学家,中国硼酸盐矿物学、动态高压矿物学、陨石冲击变质研究领域的开拓者。中国科学院广州地球化学研究所研究员、博士生导师、广东省科学技术协会名誉主席、广东省矿物物理与材料研究开发重点实验室主任、国际矿物协会主席,曾任中国科学院广州地球化学研究所所长、中国科学院广州分院院长、广东省科学院院长、广东省科学技术协会主席。研究方向为近代矿物学、天体矿物学、高温高压矿物学。水碳硼石、章氏硼镁石、锌赤铁矾、涂氏磷钙石、陈国达矿等8种新矿物的主要发现者之一,在中国首次地下核试验场的选定及爆后效应研究,以及中国首次地面成坑核试验的地质效应研究中作出重要贡献。在国内率先开展了天体矿物学和动态超高压矿物学的研究,先后对受人工超高压冲击矿物、地表陨石冲击坑矿物和在太空中遭受过撞击的陨石矿物进行了微观研究,取得了有国际影响的科研成果,丰富了动态高压矿物学和地幔矿物学的内容。还承担完成了"广东沿海地质环境与地质灾害""广东东江流域综合治理与开发""广东海平面上升及其影响与对策研究"和"广东沿海地质环境与灾害防治研究"等多项广东省重大科研项目。主笔或参加编写专著12部、译著1部,发表论文220余篇,代表作有《硼酸盐矿物》《Carboborit E-a new carbonate borate mineral》《中国宝玉石矿物物理学》《广东沿海地质环境与地质灾害》等。获国家自然科学奖2项、省部级科技成果奖12项、美国最佳论著奖1项、广东省科学技术突出贡献一等奖。

许杰(1901.1.29~1989.7.11) 男,出生于安徽广德,1925年毕业于北京大学地质系。中国科学院学部委员(院士),地层古生物学、地质学家,中国笔石古生物学与生物地层学的重要奠基人。曾任中央研究院研究员、安徽大学校长、安徽省副省长、地质部副部长、中国地质科学院第一任院长、地质矿产部顾问、地质矿产部科技委员会主任,中国地质学会代理事长。毕生研究古生代重要化石门类笔石及其地层,最早对于笔石的构造、系统分类、演化、生态及含笔石地层的划分对比进行全面研究。自1930年起先后研究了安徽、浙江、三峡、柴达木和新疆笔石,1934年发表的《长江下游之笔石化石》英文专著享誉当时的国际古生物学界。确立了中国南方含笔石地层划分对比的基础,总结了中国笔石科的演化和分类以及中国奥陶纪笔石动物群。此外,在腹足类、三叶虫古生物学方面有很多建树。对中国地质找矿、地质教育、地质实验、地质编图和水文地质工程都作出了重要贡献,领导组建了全国地质图书馆和地质博物馆,指导编辑大型工具书《地质辞典》。代表作有《许杰笔石论文集》《长江下游之笔石化石》《宜昌属及宜昌期动物群》《柴达木下奥陶系一个新笔石层》等。曾获国家科委一等奖、联邦德国地质最高科学奖——莱欧波尔德冯布赫奖等。

徐克勤(1907.3.15~2002.12.19) 男,出生于安徽巢县,1934年毕业于中央大学地学院地质系,1941年获美国明尼苏达大学硕士学位,1944年获美国明尼苏达大学博士学位。中国科学院学部委员(院士),地质学家、矿床学家。南京大学地球科学系教授、博士生导师、系主任、名誉系主任。长期从事很早就重视花岗岩类及其成矿作用的关系,以及华南钨、锡、铁、铜、金、硫铁矿矿床和南岭区域地质研究,对华南不同时代和不同成因系列的花岗岩类研究及喷流沉积与后期热液叠加改造类块状硫化物矿床的研究,取得重大成果,尤为花岗岩及白钨矿等金属矿床的研究见长。1943年所著《江西南部钨矿地质志》对赣南区域地质及造山运动、花岗岩类与钨矿关系、钨矿床特征等作了科学论述。1947年在湖南瑶岗仙发现中国第1个矽卡岩型白钨矿床,后经勘探证实为大型矿床,使中国钨矿总储量居世界之首,并为中国寻找同类矿床提供了范例。相继发现了铜陵新屋里铜矿(今名凤凰山铜矿)、当涂马山硫铁矿和南京岔路口硫铁矿。1954年首次肯定了攀枝花钒钛磁铁矿的矿床类型、产状及其重要经济价值,并建议立即进行大规模勘探,现攀枝花已成为西南地区最大的钢铁基地。1973年起对中国南部数十个铁铜硫铅锌等矿产进行考察和研究,提出华南产在海西—印支期断裂拗陷带中的矿床多系由沉积、后期热液叠加改造而成,提出华南花岗岩两个主要成因类型——同熔型和改造型,提出华南不同时代花岗岩类及成矿关系。代表作有《华南不同时代花岗岩类及其与成矿关系》《湖南钨铁锰矿矿区中矽卡岩型钙钨矿的发现》和《华南花岗岩类的成因系列和物质来源》。曾获全国科学大会奖、国家自然科学奖二三等奖、国家教委科技进步一等奖、江苏自然科学奖。

徐仁（1910.8.22～1992.11.8） 男，出生于安徽芜湖，1933年毕业于清华大学生物系，1946年获印度勒克瑙大学哲学博士学位。中国科学院学部委员（院士），古植物学家、植物学家、孢粉学家，中国古植物学的生物学派创始人、国际古植物学及孢粉学权威之一、中国古孢粉学研究创建人。曾任北京自然博物馆馆长、北京大学生物学系助教、云南大学生物学系副教授、印度古植物研究所教授、萨尼古植物学研究所代所长、北京大学地质学系和生物学系副教授、中国科学院古生物研究所研究员、地质部地矿司孢粉学实验室主任、地质部地质研究所孢粉学和古植物学研究室主任、地层学和古生物学研究室主任、中国科学院植物研究所研究员，中国孢粉学会理事长。是国际古植物学者中较早从事化石植物形态、结构、生殖和生态的综合生物学研究者之一。早期从事植物形态解剖学研究，在植物形态学和解剖学方面成绩突出。20世纪40年代就云南泥盆纪植物大化石和云南与湖南的微体化石进行了深入研究，根据化石木材研究了含煤地层的钙质结核中的煤核植物，并且研究了硅化木的木材解剖结构。1978年他安排研究生率先开展陆地植物起源和煤核植物解剖学的研究，抢占国际前沿。组织指导了中国南方中生代含煤地层及其植物群的研究。推论出中国古、中、新生代含煤岩系和中新生代含石油地层的地理分布规律，解决了晚三叠世—早侏罗世地层时代及对比问题。进行了古植物地理学和植物古生态学研究，主张东亚和北美植物区系中存在的许多相同的属应该是地质历史时期留下的原地子遗分子，而不是植物迁移的结果，解决了140年来植物地理学领域中悬而未决的问题，从而在生物进化的隔离分化理论上迈出了重要一步。以青藏高原综合考察的资料为依据，论证了青藏高原和喜马拉雅山隆起的时代、原因和抬升幅度，用板块学说解释了喜马拉雅地区古植物群落分布和演化的规律。先后创立了3个孢粉学实验室，培养了教学科研骨干。早在1958年就根据孢粉组合推断地层时代，20世纪60年代更根据孢粉组合探讨和恢复了周口店猿人化石层的古环境。代表作有《中国卷柏苗尖的解剖和发生》《希夏邦马峰高山栎化石层的发现及其在植物学和地质学上的意义》《吊丝球竹苗端的结构和生长》《中国晚三叠世宝鼎植物群》等。获国家自然科学奖二三等奖、中国科学院自然科学二等奖、中国科学院重大科技成果二等奖等。

许志琴（1941.8.14～ ） 女，出生于上海市，1964年毕业于北京大学地质地理系，1987年获法国蒙贝利耶大学构造地质博士学位。中国科学院院士、发展中国家科学院院士，构造地质学家，中国构造地质学领域中微观构造和宏观构造研究相结合的开拓人、中国大陆科学钻探事业的主要开拓人和实施者。中国地质科学院地质研究所研究员，"973"基础研究项目和国家自然科学基金重大项目首席科学家，曾任中国地质科学院副院长、地质研究所所长。首先将构造地质学的几何学、运动学、动力学及定量分析运用在青藏高原和中国造山带的研究中，厘定了中国60余条大型韧性剪切带，建立青藏高原及主要造山带的变形构造格架，提出划分青藏高原结构的新方案和青藏高原形成的深部动力学新模式；在中国造山带的造山过程和造山机制等方面提出一系列重要思想和理论。1987年她首次在中国大别山菖蒲榴辉岩中发现超高压变质矿物——柯石英的重要信息，为中国超高压变质带的研究作出开创性贡献。最早在中国实施"大陆动力学"计划，为建立了与国际接轨的"大陆动力学重点实验室"优秀科研团队作出重要贡献。首次在世界上规模最大的大别—苏鲁超高压变质带，领导实施中国地学界开创性的"中国大陆科学钻探工程"，开展多学科搭载和高科技会战的亚洲第一井5 000米的钻进。取得了当代地学科学前沿——超高压变质带深俯冲和折返动力学研究的重大突破，对于促进中国地球科学理论的发展和地下探测水平的提高，具有十分重要的科学意义和社会效益。在汶川大地震的灾难中，提出实施快速回应大地震的汶川地震断裂带科学钻探的计划，汶川地震钻探项目已经启动。出版专著8本，论文200多篇，代表作有《松潘—甘孜造山带的造山过程》和《中国主要大陆山链韧性剪切带及动力学》等。曾获国家科技进步奖二等奖、地质矿产部科技二等奖、国土资源部科技进步一二等奖、何梁何利科技进步奖。

薛禹群（1931.11.2～ ） 男，出生于江苏无锡，1952年毕业于唐山工学院，1957年长春地质学院研究生毕业。中国科学院院士，地质学家、水文地质学家。南京大学地球科学系水文地质研究室、环科所地下水资源及其保护研究室主任、教授、博士生导师，兼任中国地质学会水文地质专业委员会副主任。主要从事水文地质的教学和研究，专长于地下水中热量和物质运移、海水入侵淡水界面运移规律的数值模拟、水资源管理等前沿课题的研究。1986年建立了浙江国内第1个较完善的三维热量运移模型，用于上海储能。研究解决了山东地区抽取地下水过量导致咸水入侵的问题，揭示了海水入侵、咸水入侵规律，建立了潜水条件下的三维海水入侵模型、三维咸/卤水入侵模型,用于胶东海水入侵、咸水入侵防治;建立的国内第1个海水入侵潜水含水层的数值模型及所提对策应用于因过量开采地下水而造成海水迅速入侵的龙口市沿海地区后,使海水入侵速度由1989年的20平方千米减至现在的每年1平方千米~2平方千米,该模型克服了"降雨入渗和潜水面波动对入侵水质的影响"两个难题,在国际上被评价为"发展了潜水含水层条件下的海水入侵模型"。建立反映水岩间阳离子交换的三维水—岩作用模型。系统研究水量、水质模拟,其中多个含水层越流系统的水量模型、水质模型等7个模型属国内首先建立,为中国地下水资源评价、污染预测提供了有效方法和先进手段。同时提出了许多为求解这些模型的新算法,其中对数插值法、求解流速的新方法均属首创。发表论文百余篇,出版教材和专著7部,代表作有《水文地质学的数值法》《地下水动力学》《海水入侵咸淡水界面运移规律研究》《地下水动力学原理》等。多项研究成果获部省级以上奖励。

杨敬之(1912.6.4~)男,生于河北省曲阳县,1937年毕业于北京大学地质学系,1948年获美国俄亥俄州迈阿密大学地质系理学硕士学位。地质学家、地层古生物学家。中国科学院古生物研究所(后称地质古生物研究所,今称南京地质古生物研究所)研究员,曾兼任研究组长、研究室主任、所学术委员会委员、名誉委员。早年曾对四川、辽宁、黑龙江、山西、湖北等省的区域地质、地层、矿产地质有广泛、深入研究。长期从事古生物学、地层学研究,是中国苔藓虫、层孔虫古生物学和石炭纪地层学的主要权威。最早提出中国石炭系二分方案。把沉积学研究与古生物学、地层学研究有机结合,更好地解决了古生态、生物地理分区、演化等问题,提高地层划分对比精度,取得了很大成绩。第1届全国地层会议之后,中国科学院地质古生物研究所积极筹建沉积学研究室,他为此做了许多动员与组织工作,任室主任达20多年。多年来,该室研究范围遍及华北、华东、中南、西南、西北等大区,研究地层时代遍及震旦纪至古近纪,研究内容涉及碳酸盐岩、泥质岩、硅质岩、砂岩、铁、锰、磷等矿产及油气生储岩层的沉积环境、沉积相、沉积模式、古地理等。对该研究室的人才培养、实验室建设等方面都作出了较大贡献。参与编辑了《珠穆朗玛峰科学考察报告》古生物第一二三分册,其主撰的《中国的苔藓虫》《中国的层孔虫》《中国的石炭系》等为重要经典著作。获中国科学院科技进步奖特等奖。

杨起(1919.5.17~2010.11.21) 男,祖籍山东蓬莱,1943年毕业于昆明西南联合大学地质地理气象学系,1946年北京大学理科研究所地质学部研究生毕业。中国科学院学部委员(院士)、煤地质学家、地质教育家,新中国煤地质学和煤田地质教育事业的开拓者和奠基人之一。历任北京大学、北京地质学院(后称武汉地质学院、今中国地质大学)教授、博士生导师。早期调查八道湾矿区获得煤系地层、构造和含煤性等重要地质资料及其地质分析,对乌鲁木齐煤田进一步开发起了重要作用。负责组建中国第1个煤田地质及勘探专业。毕生致力于煤田地质的教学和科学研究,为新中国煤田地质发展和能源建设发挥了积极作用。主持编写专业教材,主讲煤地质学两门课程,领导筹建实验室,热心扶持中青年教师。带领专业师生开展大区域的煤田成因类型、含煤建造分布规律和我国各时代聚煤作用时空变化研究。从构造活动性和古地理环境多样性等方面分析,提出闽、粤、湘、赣4省煤田形成的控制因素等,以及如何研究煤田分布规律的意见,促进了煤地质工作进展。研究华北晚古生代区域性聚煤规律,阐明了构造体系对煤形成的控制、后期变形的改造和分割等规律性认识,为开展第2次全国煤田预测起到理论指导作用。率领完成河南禹县晚古生代煤系沉积环境与聚煤规律研究项目,提出了该区的聚煤模式、沉积体系以及地层时代缺失对成煤的影响,成为我国将沉积学引进煤地质领域,开展聚煤模式研究的范例。提出中国煤的多热源多阶段叠加变质,阐明了中国煤的特点并且被认为是本学科领域的创新理论。主持的研究工作已经扩展到煤岩学、煤化作用、煤系沉积学和煤的有机地球化学等领域,并且正在开展煤层的甲烷、煤、油、气关系,煤的污染源和环境保护等方面的地质理论和应用范围研究。代表作有《煤田地质学》《中国煤田地质学》《中国煤变质作用》《煤地质学进展》《华北石炭二叠纪煤变质特征和地质因素探讨》等。获全国优秀科技图书奖、煤炭部高等学校优秀教材一等奖、国家教委全国高等学校优秀教材特等奖、地质矿产部科技进步二等奖、地质矿产部科技成果一等奖、李四光地质科学奖、何梁何利基金科技进步奖。

杨文采(1942.10~) 男,生于广东省大埔,1964年毕业于北京地质学院物探系,1984年获加拿大McGill大学博士学位。中国科学院院士,地球物理学家,中国大陆科学钻探主要参与者。中国地质科学院地质研究所研究员,同济大学兼职教授、博士生导师。一直从事地球物理研究。以发展地球物理反演理论与方法为研究核心,并致力于将此理论应用于地壳上地幔研究、油气与矿产勘查及重大建设工程基础调查,取得了丰硕成果。在泛函分析的基础上建立了一个对各种勘探地球物理方法都适用的反演理论框架。改进了多种地震反演方法。以混沌理论、非线性地震反演方法,开拓了非线性地震反演的新方向。将该理论与方法应用于矿产勘察及建设工程基础调查。对大陆科学钻探主孔岩性构造进行了预测，为后续的岩心钻探结果基本证实。根据第一手资料提出了陆—陆深俯冲的几何模式，得出了陆—陆深俯冲的规模和造成壳、幔相互作用的定量概念。同时，发现中国东部岩石圈地幔内部存在全球罕见的水平层状反射体，改变了前人认为拉张区岩石圈地幔因缺乏反射为相对透明的看法。发表论著188篇部，代表作有《地球物理反演与地震层析成像》和《中国东部水平地幔反射：岩石圈减薄的证据》等。获ELSEVIER国际出版公司2003年~2007被引用最多的论文作者奖。

杨钟健（1897.6.1~1979.1.15） 男，出生于陕西华县，1923年毕业于北京大学地质系，1927年获德国慕尼黑大学哲学博士学位。中央研究院院士、中国科学院学部委员（院士），地质学家、古生物学家、第四纪地质学家、地质教育家。曾任北京大学、北京师范大学、西南联合大学、重庆大学的教授和西北大学教授、校长，中国科学院古脊椎动物与古人类研究所所长、研究员。一生研究了大量鱼类、两栖类、爬行类、鸟类及哺乳类化石，对中国生物地层学作出了重要贡献，在地质教育、科学博物馆事业及国际有关学术交流上均有很大贡献，是中国自然博物馆事业的积极倡导者、组织者。20世纪20年代发表的《中国北方啮齿类化石》（德文）是中国人撰写的第1部古脊椎动物学专著，从而在中国创立了这一学科，是中国第1位古脊椎动物学家；1928年负责北京周口店的发掘工作，为中国第四纪地质学研究奠定了基础；最早倡导"黄土风成说"；1937年以后在云南禄丰领导发掘工作，获大批恐龙及原始哺乳类化石。1949年后，与裴文中等筹建古脊椎动物研究室，为后来的中国科学院古脊椎动物与古人类研究所的建立奠定了基础。发表学术论著494篇，其中专著21部，代表作有《中国北方啮齿类化石》《记骨室文目》《周口店龙骨山哺乳类化石》《周口店第二第七第八地点之脊椎动物化石》《周口店第一地点之偶蹄类化石》《山西河南之哺乳类动物化石》《宁夏之新节结龙化石》《新疆奇台天山龙》《许氏禄丰龙》《巨型禄丰龙（新种）及许氏禄丰龙之新加材料》和《杨钟健文集》等。获1937年度"葛氏金质奖章"。

杨遵仪（1908.10.7~2009.9.17） 男，生于广东揭阳，1933年毕业于清华大学地学系，1939年获美国耶鲁大学研究院哲学博士学位。中国科学院学部委员（院士），地质学家、地层学家、古生物学家、地质教育家，中国古生物学、地层学奠基人。中国地质大学教授，历任中山大学教授、地质系主任，清华大学教授，北京地质学院教授、副总务长、专修科主任和水文系、石油系、普查系地质系主任。从事古生物学和地层学的教学和研究工作，是研究古生物门类最多、涉及地质时代甚广、学术建树颇丰的地层古生物学家，被誉为古生物地层的"活的教科书"。对界线层型和事件地层的研究居于国际领先地位。对无脊椎古生物的门类有深入研究，尤其是对腕足动物、软体动物、棘皮动物的研究造诣颇深。组织领导了对古生代与中生代之间生物绝灭事件的成因、二叠系与三叠系界线及其上下矿产形成规律的研究，并选择中国南方3个二叠—三叠系界线剖面作为国际候选层型，从而推动了这一研究的深入开展，成为中国第1个国际地质对比计划的组织领导人。讲授过古生物学、地层学、地史学、古生态学、生物地层学和古生物学专题讲座等多门课程，培养了大批优秀人才。建树丰硕，发表论著80多篇（部），代表作有《中国地质文献目录》《古生物学教程》《中国三叠系》《东特提斯二叠—三叠纪事件与西特提斯地层划分及对比》《环太平洋晚古生代、早中生代事件及其全球对比》和《中国地层》等。曾获地质矿产部科技进步奖一等奖、国家自然科学奖一二等奖、湖北省科技奖一等奖、何梁何利基金科学与技术进步奖、李四光地质科学荣誉奖、美国耶鲁大学的克罗斯奖等。

叶大年（1939.7.21~ ） 男，出生于香港，广东鹤山人，1962年毕业于北京地质学院岩矿专业，1966年中国科学院地质研究所研究生毕业。中国科学院学部委员（院士），矿物学家。中国科学院地质与地球物理研究所研究员。研究领域涉及矿物学、岩石学、地球化学、晶体化学、硅酸盐工学以及经济地理学。多年从事矿物光学性质与晶体结构之间的关系研究，发现许多定性和定量的规律，从而开拓了结构光性矿物学的新领域，并著有世界上第1部此领域的专著《结构光性矿物学》；从事铸石学研究，提出"适度过冷结晶"的理论和"余硅指数"的配料计算方法，以及微观结构和结晶程度的测定方法；结合矿物材料科学，在中国首先开展玄武岩岩浆在不平衡条件下的结晶作用研究，发现假高压效应；擅长矿物的X射线鉴定方法，解决了长石、辉石、石榴石等主要造岩矿物的X射线鉴定方法难题，推动了岩石学研究；1976年在河南大别山发现C类榴辉岩和3T型多硅白云母，并论证了它们在中国大地构造中的意义，这一发现对后来的超高压变质作用产生了深远的影响；致力于陶瓷矿物学和水泥矿物学应用技术研究，开展了沸石水泥研究；开展统计晶体化学和颗粒随机堆积的体积效应研究，发现地球圈层氧离子平均占有体积守恒定律、分子体积可加和性、多级随机堆积常数等等一系列新规律。近年来致力于"城市的对称分布和城市化趋势预测"研究。发表论文170余篇，代表作有《结构光性矿物学》《X-射线粉末法及其在岩石学中的应用》《造岩矿物概论》《岩矿实验室工作方法》《铸石》《铸石研究》《地理与对称》。曾获全国科学大会奖、国家科技进步三等奖、中国科学院自然科学二等奖等。

叶连俊(1913.7.19~2007.12.2) 男,出生于山东日照,1937年北京大学毕业,1945年赴美国联邦地质调查所进修,次年在美国垦务局丹佛实验中心进行研究工作。中国科学院学部委员(院士)、地质学家、沉积地质学家、沉积矿床学家,中国沉积地质学和沉积矿床学的奠基人之一。中国科学院地质与地球物理研究所研究员,曾任地学部常务副主任。1948年在中央地质调查所筹建中国第1个水文工程地质研究室工作,1951年在中国科学院地质研究所创建中国第1个沉积学研究室并任主任。从事沉积矿床的形成及展布规律方面的理论研究。早期在区域地质调查作出突出贡献;1939年~1944年对四川龙门山区、沿叙昆线北段进行地质调查;对云南北部的泥盆系及地质构造问题作了报道,并2次穿越秦岭,对该区域的地质、构造和铁、煤矿产等写出详细的调查报告;开展了六盘山区地质调查。20世纪50年代~60年代在石油、煤、磷、铝、锰、金以及放射性矿床方面从事研究工作。曾与侯德封等判断了地表高价氧化锰与深部碳酸锰之间的关系,为找到富碳酸锰矿床作出了贡献。开展中国磷块岩研究,系统论证了沉积成矿的"事件性"及多因素多阶段成矿过程,揭示了矿床随沉积相域分带而展布的规律。90年代开辟"生物成矿"研究,在生物成矿作用、成矿环境和地质背景及矿床的时空定位、成矿预测和成矿标志等方面提出了创新性见解。先后提出了"外生矿床陆源汲取成矿论""沉积矿床成矿时代的地史意义""沉积矿床物理富集成矿说""沉积矿床多因素多阶段成矿说"和"生物有机质成矿说"等新见解。在构造地质学、地层学、海洋地质学和地球化学等诸多领域也有研究。代表作有《甘肃中南部地质志》《中国锰矿床的沉积条件》《外生矿床陆源汲取成矿论》《华北地区震旦系、寒武系、奥陶系化学地史》《沉积矿床成矿时代的地史意义》《陆源汲取成矿论》《中国磷块岩》《沉积盆地分类》《华北地台沉积建造》等。曾获赵亚曾纪念奖、中国科学院科技进步奖一等奖及自然科学奖一等奖、国家自然科学奖二等奖等。

叶良辅(1894.8.1~1949.9.14) 男,字左之,出生于杭州市,1916年毕业于工商部地质研究所地质专业,1922年获美国哥伦比亚大学地质系理学硕士学位。地质学家、岩石学家、地貌学家、地学教育家,中国岩浆岩研究奠基人之一、中国地貌学开创者之一、中国地质学会创始人之一。曾任农商部地质调查所调查员兼任北京大学地质学系教授,中山大学地质系教授和系主任,中央研究院地质研究所研究员和代理所长,浙江大学史地系系主任、地理系主任、教授。一生致力于地质调查研究工作,对中国区域地质、矿产地质、火成岩石学、地貌学等方面的研究以及对地质学教育事业作出了重要贡献。1920年出版《北京西山地质志》,这是中国地质学家详尽解剖一个地区的区域地质的最早研究成果;对全国许多地区的地质矿产作过调查研究,其中较重要的是对火成岩和有关矿床的研究,发表了《中国接触变质铁矿地区的闪长岩类岩石学》《山西临汾县方沸石正长斑岩》《浙江平阳之明矾石》《浙江沿海之火成岩》《中国东南沿海区流纹岩及凝灰岩之矾石化及叶腊石化作用》《中国东南沿海火成岩之研究》《南京镇江间之火成岩地质史》《扬子江流域巫山以下地质构造与地文史》《山东海岸变迁之初步观察及青岛一带火成岩之研究》等著作;早年曾和谢家荣一起考察了长江中下游地质地貌,讨论了长江成因和长江流域地形变化历史,发表了《地形研究指要》和《瀚海盆地》等研究论文。其他著作有《浙江北部长兴煤田》《安徽南部铁矿之类别及成因》《湖北鄂城灵乡铁矿》和《研究浙江平阳矾矿之经过》等。曾受到中国地质学会的特别奖励。

业治铮(1918.3.10~2003.1.3) 男,出生于江苏南京,1941年毕业于中央大学,1948年获美国密苏里大学硕士学位。中国科学院学部委员(院士)、地质学家、沉积学家、海洋地质学家,新中国沉积地质和海洋地质奠基人之一、比较沉积学的倡导者、长春地学院创建人之一、中国地质教育事业的开拓者之一。历任中国科学院南京地质研究所副研究员、长春地质学院教授、地质部海洋地质研究所副所长、地质部南京地质矿产研究所所长、名誉所长、研究员。根据国家第1个五年计划需要,从事东北和甘肃阿干镇煤田地质、华北铝土矿及东北磷矿等沉积矿床研究,颇有创建,对中国工业基本建设发挥了重要作用。20世纪50年代初系统研究了华北区的铝土矿,在矿产预测和找矿标志方面发表了具有指导意义的见解。1956年发表了《华北铝土矿的特征与成因》,全面阐述了华北及东北南部铝土矿的分布,分析了铝土矿沉积与古地理的关系,从而得出矿产预测的宝贵结论。20世纪60年代初期致力于碳酸盐岩石学及沉积作用的研究,在国内首创碳酸盐岩结构成因分类,提出利用藻灰岩迭层构造识别沉积环境的原则和方法。60年代部署和组织海洋地质调查,领导和参与制定中国海地质事业的长期规划,为国家培养了第1支海洋地质专业队伍,积累了第1批海上地震调查资料和大量海岸地质调查成果。80年代初从事中国边缘海沉积学研究,三赴西沙群岛实地考察,总结了冲绳海槽晚更新世沉积物的沉积机制,指出其具有生物源、火山源和浊流作用的基本特点。在西沙生物礁沉积研究中,首次提出晚更新世风成生物砂屑石灰岩及古土壤层的沉积序列和相模式,填补了中国滨岸风砂沉积的空白。同时首次肯定中国南海末次冰期风成沉积物的存在,为古海洋学研究提供了重要信息。著有《云南巧家永善一带地质矿产》《东北地区的找磷方向与方法》《震旦纪藻碳酸盐岩石的沉积作用》等。曾获何梁何利基金科学与进步奖。

殷鸿福(1935.3.15~) 男,出生于浙江舟山市定海县,1956年毕业于北京地质学院地质勘探系,1961年北京地质学院地层古生物学研究生毕业。中国科学院院士,地质学家、地层古生物学家、地质教育家。中国地质大学(武汉)教授、博士生导师、教育部地球科学教学指导委员会主任,曾任中国地质大学(武汉)校长。20世纪60年代初在贵州开始从事三叠系地层学和古生物双壳类和腹足类的研究,并取得了高水平的成果,建立了贵州省三叠系生物地层框架,修改了原定为中三叠统拉丁期雷口坡(巴东)组时代为安尼期,并把嘉陵江组的时代定为早三叠世。以此为基点逐步形成了古生物学与地质学紧密结合的生物地质学研究体系,在门类古生物学(双壳类、腹足类)、理论古生物学、生物古地理学、古生态学、生态地层学、层序地层学、事件地层学、生物成矿学及历史构造学等研究领域均有深入研究并取得突出成果。推动了古生物学与地质学全面结合;系统介绍间断平衡论、新灾变论、事件地层学;提出地质演化突变观;对古、中生代之间绝灭和事件的研究产生广泛影响;发表中国首部生态地层学专著;创建生物成矿实验室并提出生物—有机质—有机流体生物成矿系统,在此基础上推动建立中国生物地质学学科体系。发表化石描述近300种,图版80多幅。系统总结中国及东亚的三叠系;首次提出国际二叠—三叠系界线新定义、界线事件的火山成因说等,确立中国浙江长兴为全球二叠系—三叠系界线层型(金钉子)。现从事地球表层系统的研究,特别是长江流域的研究。对特提斯多岛洋、非斯密斯地层、长江中游水患区环境地质等研究作出多方面贡献。发表科学著作30部、论文235篇,代表作有《扬子地台及其周缘东吴—印支期生态地层学》《中国古生物地理学》《古生态学教程》《古生物学教程》《地质演化突变观》等。曾获何梁何利科技进步奖、尹赞勋奖、李四光地质科学奖、全国野外工作突出贡献奖、国家自然科学奖二等奖、国家教委科技进步奖一二等奖、湖北省自然科学一等奖、地质矿产部科技进步二等奖5项、三等奖若干项和国土资源部科技进步奖一等奖。

尹赞勋(1902.2.23~1984.1.27) 男,出生于河北平乡,1923年从北京大学肄业,1931年获法国里昂大学理学博士学位。中国科学院学部委员(院士),地质学家、古生物学家,中国古生物学、古生态学和地层学的重要奠基人之一,中国地层规范的创始人,志留系研究的奠基人,无脊椎古生物学的开拓者,推动中国地球科学事业的优秀组织者和领导者之一。曾任中央地质调查所副所长、代所长,北京地质学院副院长兼教务长,中国科学院生物学地学部副主任、地学部主任,中国科学院地质研究所研究员。研究领域包括古生物许多门类、显生宙各个系地层及能源和矿产资源研究,以对志留系软体动物化石和笔石化石研究而著名。研究了四川峨眉山三叠纪介壳化石,中国北方石炭纪腹足类和头足类,以及中国古生代后期的菊石,这些研究成果都是中国早期的开创性工作。自1935年开始对志留纪地层和笔石开展了广泛研究,发表了多篇关于志留纪地层和笔石分类分带的论文。1949年发表的华南志留系方面的论文,更是对中国志留系研究的全面总结,是中国志留系研究的一个里程碑。主编第1部中国区域地层表和《中国地层词典》石炭系分册。是20世纪70年代初将板块构造学向国内作系统介绍的第1人。1972年开始连续发表论文,把板块构造学向国内做了系统的介绍,推动了中国板块构造学的研究。1976年发表了《从天文观测和生物节律论证古生物钟的可靠性》,为地质学和天文学的相互渗透和在中国开展天体地质学研究起了先导作用。1978年发表《论褶皱幕》,对中国的褶皱幕和褶皱旋回的划分提出了独特见解。对生物钟的研究,为古生物学与天文学的相互渗透以及阐明地球历史起到先导作用。获全国科学大会科研成果奖。1989年起中国古生物学会设置了"尹赞勋地层古生物学奖"。

於崇文(1924.2.15~) 男,宁波镇海人。1950年毕业于北京大学地质学系。中国科学院院士,地球化学家。中国地质大学教授、中国矿物岩石地球化学学会常务理事兼元素地球化学区域地球化学专业委员会主任委员。长期从事地球化学基础理论、理论地球化学、区域地球化学和数学地质研究,理论上颇多建树,如在区域地球化学方面,为发展中国的区域地球化学作出了开拓性贡献。先后开拓出5个创新的学术领域:在地质—地球化学中的多元分析方面,用多元统计分析研究多组分系统的数值和几何学特征,并用随机过程和随机场研究地质过程和地质学场过程和地质学场;在区域地球化学方面,用非平衡、不可逆过程热力学研究成岩、成矿过程,并以耗散结构理论为基础,提出区域地球化学理论;地球化学动力学和成矿作用非生性动力学方面,将矿床形成机制研究提高到非线动力学的水平,使矿床成因研究从定性走向定量、从静态上升到动态;成矿系统的复杂性方面,提出新的成矿理论和方法论"成矿动力系统在混沌边缘分形生长";在矿床成因和成矿规律研究方面,将常规矿床学提高到非线性和复杂性科学的层次;地质系统的复杂性方面,提出"地质作用的自组织临界过程动力学—地质系统在混池边缘分形生长"的地质科学新理论,将重大基础地质问题研究提高到非线性和复杂性科学的层次。代表作有《数学地质的方法与应用——地质与化探工作中的多元分析》《广东一六地区区域地球化学研究》《南岭地区区域地球化学》《云南个旧锡—多金属成矿区内生成矿作用的动力学体系》《热液成矿作用动力学》《扬子古陆周缘矿集区在混沌边缘》《成矿动力系统在混沌边缘分形生长——一种新的成矿理论和方法论》《矿床在混沌边缘分形生长》和《地质学系统的复杂性》等。曾获国家科学技术进步二等奖、地质矿产部科技成果一二等奖、地质矿产部科技成果三等奖、全国优秀科技图书二等奖、李四光科学奖等。

喻德渊(1903.1.29～1971.7.8) 男,出生于江西省萍乡市,1929年毕业于北京大学地质系。区域地质学家、岩石学家、地质教育家,新中国地质教育事业的主要开拓者之一。历任中国科学院地质研究所专任研究员、中国科学院北满地质矿产调查队队长、政务院财经委员会矿产地质勘探局副局长、东北地质专科学校副校长、长春地质学院院长、中国科学院—高等教育部长春地质研究室主任、中国科学院吉林分院副院长、地质部东北地质科学研究所所长等。致力于中国中、东部的岩浆岩岩石学、区域地质、矿产地质、震旦纪地层、第四纪冰川等调查研究,特别在岩浆岩、区域地质、矿产资源的调查研究方面做出了卓越成绩。在许多省区从事过最早的区域地质矿产调查研究工作,尤其是对南京镇江间火成岩地质、庐山—淮阳山脉地质和湘西—黔东金矿地质的调查研究具有开创性意义,1937年在冰碛层中发现金矿。在宁镇山脉、庐山、淮阳山脉以及鄂、赣、皖、湘、闽、黔等省开展了大量的地质调查研究工作,发现并组织开采鄂西的煤矿、湘西的金矿;发现不少优质矿区,如浮梁的窑里、祁门的张岭脚、鄱阳的马岭之釉石、苏州的阳山、浮梁高岭之高岭土。在黑龙江省的小兴安岭和完达山调查,使双鸭山煤田和嫩江煤田的勘探储量扩大了2倍多,并在外围发现了一个铁矿和元宝山煤田,确定了黑水弧形构造的存在,为东北工业生产的恢复和发展作出了贡献。筹建地质专科学校和东北地质学院,领导并建立了加强基础理论,吸收现代先进技术方法,为国民经济服务的教学体制和教学基地,培养了大批优秀人才,为中国地质教育事业作出了杰出的贡献。发表了大量的学术论文、专著和工作报告,代表性论著有《宁镇间之火成岩》《南京镇江间之火成岩地质史》《湘西黔东金矿地质》《中国大地构造与矿产分布》《庐山前寒武纪地层和岩浆岩石活动》《中国地质学》等。1938年获中国地质学会赵亚曾纪念奖。

俞建章(1899.1.12～1980.10.3) 男,出生于安徽和县,1924年毕业于北京大学地质系,1935年获英国布里斯托尔大学博士学位。中国科学院学部委员(院士),地质学家、地层古生物学家、地质教育家,中国珊瑚化石专家、鹦鹉螺类化石研究的奠基人。曾任中央研究院地质研究研究员,南京中央大学、重庆中央大学地质系教授,长春地质学院副院长、教授。从事古生物地层学研究,对晚古生代地层及四射珊瑚化石研究,特别是对石炭纪珊瑚及其地层的研究颇有建树。20世纪30年代建立中国下石炭统珊瑚的4个化石带,发表的《中国中部奥陶纪头足类化石》是中国论述华中西南区奥陶纪直角石类动物群的第一部专著;50年代初对湖北及贵州奥陶纪鹦鹉螺类、腹足类及三叶虫等化石做了研究;60年代创立了中珊瑚目;70年代在中国开展对异珊瑚的研究,在中国石炭纪及二叠纪珊瑚分类、珊瑚群特征、地理分区以及建立珊瑚带等方面取得重要研究成果。此外还对中国二叠纪海绵、侏罗纪菊石及奥陶纪腹足类等门类进行了研究。积极参加区域地质综合研究,成就卓越。代表作有《丰宁系之时代及其珊瑚化石之分带》《中国南部丰宁系珊瑚》《中国中部奥陶纪头足类化石》《中国下石炭统的异珊瑚》《石炭纪二叠纪珊瑚》《辽东半岛南部震旦纪地层》等。曾获1933年度的赵亚曾奖、国家自然科学基金奖、地质矿产部科技成果奖等。

袁道先(1933.8.24～) 男,出生于浙江诸暨,1952年毕业于南京地质探矿专科学校。中国科学院学部委员(院士),岩溶地质学家、水文地质学家。国土资源部岩溶地质研究所研究员、博士生导师,曾任国土资源部岩溶地质研究所所长。为中国的水文地质、工程地质、岩溶地质作出了重要贡献。20世纪50年代承接了拉萨第1座水电站的全部地质工作,还查勘了雅鲁藏布江和贵州乌江沿线的水能资源,以及黄河三门峡坝址的勘探工作。60年代～70年代提出岩溶地下水最基本的特征是含水介质不均匀性的概念,指导水文地质勘查工作。80年代建成岩溶水文地质试验场,进行水动力场、温度场、化学场的系统研究,建立了包气带地下水运动机制、调蓄功能的数学模型,为中国南方岩溶地区水资源评价提出新方法。总结中国区域岩溶的基本特征,进行全球岩溶对比。总结了中国开放系统和半开放半封闭系统岩溶发育的地球化学机制。用岩溶地球化学场及示踪技术验证趵突泉的补给途径。研究岩溶作用与全球碳循环的关系,以石笋信息研究全球变化,提出岩溶动力学。把地球系统科学引入岩溶学,提出了岩溶环境学。代表作有《中国岩溶学》《全球岩溶对比》《岩溶地区供水水文地质工作方法》《论岩溶水的不均匀性》《碳循环与岩溶地质环境》等。获国家科技成果二等奖、广西地质局找水奖。

袁复礼(1893.12.31～1987.5.22) 男,河北徐水县人,1915年在清华大学高等科学习,1915年～1920年先后在美国伯朗大学、哥伦比亚大学学习教育学、生物学、考古学和地质学,获硕士学位。地质学家、地貌第四纪地质学家、地质教育家,中国地貌学与第四纪地质学的先驱、中国地质学会的创始会员之一。历任农商部地质调查所技师、清华大学地学系教授兼系主任、西南联合大学地质地理气象系教授、北京地质学院教授、武汉地质学院北京研究生部教授。与安特生一起从事过"仰韶文化"的考古研究,获得了重要发现;在甘肃进行地质调查时,首次确定了中国具有早石炭世晚期地层,并采集到袁氏珊瑚等许多新化石种属,对中国石炭纪地层划分和古地理研究作出了重要贡献;参与并领导了由斯文赫定发起的"中国—瑞典西北科学考察团",在新疆吉木萨尔县三台大龙口首次发现了水龙兽、二齿兽和袁氏阔口龙等大量爬行动物化石,当时在世界上实属少见;在冀东完成了迁安、卢龙、滦县简测地形图,并在迁安铁矿进行过铁矿评价及圈定矿体的工作;参加了长江水利综合考察和三峡水利枢纽的选址工作;参加了黄河中、上游水利考察和三门峡、刘家峡的选址工作;曾为北京地铁选线献计献策。从事地质教育60多年,创办了清华大学地学系,培育了几代地质人才。重要论著有《甘肃平凉奥陶系笔石层》和《甘肃东部地质略记》等。获瑞典皇家科学院的"北极星奖章"。

袁见齐(1907.9.22～1991.10.28) 男,出生于浙江省诸暨市,上海奉贤人,1929年毕业于中央大学地质系。中国科学院学部委员(院士)、地质学家、矿床地质学家,中国盐类矿床研究的开拓者、陆相成钾理论与高山深盆成盐模式的建立者。历任中央大学讲师、云南大学讲师、盐务局技正、国立唐山工学院教授、北京地质学院副院长、中国地质大学北京研究生部教授、博士生导师。从事矿床和水文工程地质工作,专于矿床学,对盐类矿床造诣尤深,在中国较早研究勘查开发固体盐矿和盐湖资源。系统研究了云南和南京等地矿产资源,调查湘黔铁路沿线,新疆、青海、甘肃和宁夏等省区地质状况,著有《西北盐产调查实录》等,以盐矿地质研究建树尤丰,在中国首次提出"陆相成盐成钾"理论。为开发柴达木盆地,长期领导开展钾盐找矿和盐矿成因理论研究和教学,开展钾盐找矿和盐矿成因理论研究,提出"高山深盆的成盐模式"。代表作有《矿床学》《中国内陆盐湖钾盐沉积和若干问题》《中国碎屑岩系中钾盐矿床的形成条件》《高山深盆的成盐环境——一种新的成盐模式的剖析》《江汉盆地钾盐矿床的发现及研究》《西北盐产调查实录》和《钾盐矿床微机专家咨询系统》等。

乐森璕(1899.9.4～1989.2.12) 男,出生于贵州省贵阳市,1924年毕业于北京大学地质系,1936年获德国马堡大学哲学博士学位。中国科学院学部委员(院士)、地质学、地层古生物学家、地质教育家,中国珊瑚化石研究的奠基人之一。曾任北京大学地质系系主任、教授。毕生从事地质矿产调查、古生物学研究,为粤、黔、桂、浙、赣和海南岛等地的许多重要矿产资源的普查、勘探和开发奠定了基础,特别对西南地区开展煤、铁、铝、汞、铜、锰等矿产资源普查,为资源合理开发奠定了基础。在地层古生物学方面研究,尤其在珊瑚化石和泥盆纪生物地层的研究深入,著述颇多。对四射珊瑚特别是拖鞋珊瑚化石的研究尤为突出,完成大量属种的总结和厘定,提出分类学与系统演化方面的重要认识,发现了著名的乐氏江油鱼化石。在地质学、古生物学的教育和普及方面作出了重大贡献,50年代为北京大学恢复了地质系。代表作有《奉天直隶石炭纪管状珊瑚之一个新属》《扬子江下下游栖霞石灰岩之珊瑚化石》《中国南部广西中泥盆世四射珊瑚群》(德文)、《中国南部海相早泥盆世晚期及中泥盆世早期地层的划分》(德文)、《拖鞋珊瑚》和《珊瑚化石(四射珊瑚)》等。

岳希新(1911.9.29～1994.8.30) 男,出生于吉林省吉林市,1937年毕业于北京大学地质系。中国科学院学部委员(院士)、地质学家、矿床地质及矿产普查勘探学家。曾任地质矿产部地矿司总工程师、国土资源部咨询研究中心咨询委员。1937年～1938年与许德佑一起调查湖北西部和长江三峡地质,确定鄂西巴东系的时代为中三叠世早期。深入研究了三峡地区的"巫山石灰岩"内的蜓化石,将笼统称为石炭—二叠系的"巫山石灰岩"细分为中、上石炭统的黄龙灰岩、船山灰岩和下二叠统的栖霞灰岩。20世纪30年代末与黄汲清领导研究了四川中部威远、资中、自贡一带中生代地层及含油气构造。参加测制了十多幅1/5万地质图和很多剖面图,指出这些构造提供了储藏石油天然气的良好条件;三叠系雷口坡统与侏罗系自流井统存在角度不整合,是四川盆地曾发生印支运动的证据。在这项研究的基础上,在威远打了中国内地第1口油气深钻井,威远气田的气源至今长盛不衰。20世纪40年代初调查了四川大渡河上游大小金川流域的沙金矿,调查了新疆的铁矿、油田和煤田等。在50年代初调查了吉林通化七道沟铁矿,确定其为前寒武纪沉积变质型含锰富铁矿,该矿成为鞍山钢铁公司重要的富铁矿石原料基地。做了很多矿产普查勘探的领导与管理工作,主持并参与制定了10多种重要的地质工作规范和一些固体矿产储量规范,并对其中一些规范提出了重大修改意见和编写意见。长期领导中国煤田地质普查,对中国煤田地质普查勘探多次进行总结。代表作有《鄂西巴东系中之波纹石灰岩动物群》《四川威远背斜中部构造现象之研究》《四川威远三叠系与侏罗系间之不整合》《中朝陆台石炭—二叠纪含煤沉积》《谈谈南方煤田分布规律及找煤方向》《十年来中国煤田地质普查勘探成就》《1:250万中国煤田地质图》《中国煤炭资源》。获地矿部科技进步奖一等奖。

翟光明(1926.10.1~) 男,生于湖北省宜昌市,原籍安徽省泾县,1950年毕业于北京大学地质学系。中国工程院院士,石油地质学家、石油地质勘探专家。中国石油天然气集团公司咨询中心高级工程师,曾任石油工业部地质勘探司司长、总地质师,石油勘探开发研究院院长,中国石油天然气总公司咨询中心勘探部主任。长期从事石油地质研究和石油勘探实践。曾为老君庙油田到甘肃西部走廊作野外地质调查,到陕北四郎庙大队做地下地质工作。参加了大庆、胜利、大港、四川和辽河油田等石油勘探会战,相继发现一批新油田和扩大已有油气田的地质储量,是发现大庆油田有功科技人员之一,参加了胜利油田的发现,渤海湾盆地复式油气聚集(区)带理论和实践成果的主要完成者之一。率先运用的百分的录井方法和滴水识别油层的方法,很快就在全国石油界得到了推广运用。20世纪70年代完成了渤海湾复式油气区地质规律的研究及应用成果,80年代~90年代提出了盆地"三史"结合油气运移和聚集的综合分析理论,根据全国区域构造和沉积背景,提出全国科学探索井的勘探规划,实施的结果相继发现了吐哈油田、陕甘宁中部大气田和鄂尔多斯自喷油层、奥陶系第1个气区。领导了石油系统第2次油气资源评价,指导了全国油气勘探的开展,为塔里木盆地特别是库车前陆盆地天然气勘探的突破作出了贡献。近几年继续进行中国油气勘探的战略工作,完成中国工程院重要攻关项目"能源发展战略及'十一五'的重点咨询研究报告""中国可持续发展油气资源战略"的研究。2004年~2005年在国家发改委、国土资源部领导下组织有关部门完成全国新一轮油气资源评价。代表作有《渤海湾盆地油气聚集和分布规律》《华北盆地古潜山油藏》《中国石油地质志》《中国沉积盆地的分类和构造演化》《塔里木盆地岩性岩相古地理》等。曾获国家科技进步特等奖、国家科技进步二等奖、中国石油天然气总公司科技进步奖一等奖及重大科技成果一等奖、全国优秀图书一等奖等。

翟明国(1947.12~) 男,出生于河南济源,1976年毕业于西北大学地质系,1982年、1989年在中国科学院地质研究所先后获硕士、博士学位。中国科学院院士,前寒武纪地质与变质地质学家。中国科学院地质与地球物理研究所研究员、博士生导师,国际冈瓦纳研究会执行委员,《岩石学报》主编,担任9个国家与部门的重点实验室学术委员会副主任、委员,3所大学的兼职教授和美国圣路易斯大学环境科学中心学术顾问,曾任副所长、矿产资源重点实验室主任等。主要从事前寒武纪地质和变质地质学领域的研究,取得了系统的创新性成果。在华北克拉通发现古老高压麻粒岩—蜕变榴辉岩变质地体,对于理解地壳的早期形成和板块构造机制具有重要意义;对华北条带状铁建造的时代与构造环境的研究,在早前寒武纪的地质环境、大气和海洋的氧化状态和找矿方向方面提出新的看法;建立了华北早寒武世下地壳剖面,提出华北东部大部分下地壳在中生代被置换,并引发了大规模金矿成矿作用;通过对华北克拉通早前寒武纪重大事件的厘定,提出了华北早前寒武纪陆壳经历了由垂直到横向转变的三阶段构造模式。先后参加、主持过国家、中国科学院和国家基金委的多个重大、重点和面上的研究课题,主持和参加过中国与美国、英国、日本、俄罗斯、乌克兰、朝鲜和韩国等国的多个国际合作项目。发表论文190余篇,主编和参与写作专著(论文集)29部,科技报告9部。曾获中国科学院自然科学奖一等奖1项、二等奖2项。

翟裕生(1930.2.6~) 男,出生于河北大安,1952年毕业于北京大学地质系,1957年长春地质学院研究生毕业。中国科学院院士、俄罗斯工程院外籍院士、矿床学与区域成矿学家、地质教育家。中国地质大学教授,曾任中国地质大学(北京)校长。研究河北大庙斜长岩及钒钛磁铁矿矿床成因,填补了中国研究空白。参加江西找矿工作,参加并组织了湘、赣、闽、浙4省成矿规律研究,提出构造—成岩—成矿带概念,被认为是20世纪60年代区域成矿研究的重大成果。提出控矿构造研究与矿床成因研究相结合的新研究思路,是矿田构造研究的方向,对发展中国矿田构造学起了很大推动作用。长期探索长江中下游地区的金属成矿规律,建立了该区的铁—铜成矿系列模型。在深入研究南岭钨、锡矿床的基础上,提出了成矿系列结构的概念,发展了成矿系列理论。系统研究了东升庙等矿床的构造成矿作用,提出了同生构造的多级控矿和多阶段活动控矿模式。按地质时代论述了中国主要矿床的构造环境和时空分布特征,对地史时期的成矿演化有新认识。针对中国区域成矿特征,提出了"复合大陆成矿体系",论述了它的基本特征、研究思想和方法。提出"成矿系统及演化论",成为中国矿床研究的主要理论之一,将传统的矿床研究提高到地球系统科学的层次,提出地球系统—成矿系统—勘查系统的学术思想,体现了现代矿床学既扎根地球系统又服务矿产勘查的研究方向。对矿田构造学、金属矿床学、区域成矿学等均有研究,对矿床学科学史、矿床学思维方法及地质教育理论,均有见地。发表专著、教材2部和学术论文80篇,代表作有《不整合面对内生成矿的意义》《长江中下游铁铜(金)成矿规律》《成矿系列研究》《矿田构造学》《大型构造与超大型矿床》《长江中下游铜金矿床矿田构造》《区域成矿学》《区域成矿研究法》《古陆边缘成矿系统》等。获国家级科技奖3项和省部级科技、教育奖励16项。

张本仁(1929.5.28~) 男,生于安徽省怀远县,1952年毕业于南京大学本科,1956年北京地质学院矿物学研究生毕业。中国科学院院士,地球化学家。中国地质大学教授、博士生导师。概括出5个地球化学基本观点,分别赋予了主要方法论的意义。20世纪80年代对区域基岩勘查地球化学的探索,使中国在区域基岩勘查地球化学理论与解决区域地质和成矿问题的深度和广度上,处于国际该领域的前列;对区域地球化学理论与实践的开拓,开创了在同一区域将岩石圈地球化学研究与区域构造、岩石、成矿地球化学研究有机结合,以解决固体地球科学某些基础理论问题和矿产地质问题的先例。20世纪90年代致力于开拓应用地球化学理论和方法解决固体地球科学某些问题的探索。瞄向大陆动力学的造山带地球化学研究,这项研究大大深化了秦岭造山带岩石圈结构、演化及造山过程的认识,使秦岭造山带地球化学研究跨入国际的先进行列,部分成果处于领先地位。1997年以来进行大别造山带壳幔结构、演化及深部过程的地球化学研究。发表论著百余篇部,代表作有《地球化学》《勘查地球物理勘查地球化学文集》《陕西柞水—山阳成矿带区域地球化学》《秦巴区域地球化学文集》《秦巴岩石圈、构造及成矿规律地球化学研究》和《卢氏—灵宝地区区域地球化学研究》。曾获李四光地质科学奖1项、国家自然科学二三等奖各1项、教育部科技进步一等奖1项、地矿部科技成果二等奖2项。

张炳熹(1919.6.12~2000.7.17) 男,出生于北京,籍贯河南新旗,1940年毕业于北京大学地质系,1948年和1950年获美国哈佛大学硕士学位和博士学位。中国科学院学部委员(院士),地质学家、矿床学家、地质教育学家。曾任地质部科学技术司总工程师兼部科学技术顾问委员会主任、北京大学地质学系副教授、北京地质学院教授、国土资源部科学技术高级咨询中心主任、高级工程师,国际地质科学联合会副主席。具有渊博的地质基础理论知识,对矿床学有精深的造诣,并熟悉国内外地质矿产资源情况,对中国金属矿产特别是稀有金属、特种非金属矿产的普查勘探、地质科学研究和地质教育都作出了重要贡献。领导北京地质学院师生综合研究湘、赣、闽、浙4省地质特征及成矿规律;对滇西、滇缅铁路沿线弥渡至顺宁间、易门、安宁一带、玉溪、峨山、河西3县、大理至丽江的驿运沿线、武定、罗次一带、个旧锡矿等地区作了大量的野外地质矿产调查。长期负责地质矿产部若干重点科技攻关项目的业务指导和顾问工作,并及时提出有效的发展战略方面的建议。在为维护中国海洋矿产资源权益,为国内研究解决国际海域划界争端的办法,制订东海大陆架立法的原则等方面,从地质依据角度,提出了有充分说服力的见解,作出了有重要意义的贡献。代表作有《云南安宁易门间路线地质调查及铁矿调查》《湘、赣、闽、浙四省内生矿床成矿规律及对太平洋成矿带的新认识》《中国矿床学》《2000年的中国地质》《国土资源遥感》《当代地质科技动向》《中国地质工作发展战略》和《依靠科技进步,推动地质工作发展》等。

张伯声(1903.6.20~1994.4.4) 男,出生于河南荥阳,1926年毕业于清华学校,1928年获美国芝加哥大学化学系学士学位,又在芝加哥大学和斯坦福大学地质系研究部攻读地质学。中国科学院学部委员(院士),构造地质学家、地质教育家。曾任焦作工学院、交通大学、唐山工学院、河南大学和北洋工学院地质学和岩矿学教授,西北大学地质系主任、教授、副校长,西安地质学院教授、院长、名誉院长。1950年发现巩县小关铝土矿,正确评价并扩展平顶山大型优质烟煤矿;确定陕西四川界上"汉南花岗岩"的时代为前震旦纪;首次发现中国河南太古界与元古界间不整合面,并命名为嵩阳运动,提出了"黄土线"概念及对黄河河道发育历史的新看法;发现并论述了大量的"一边翘起、一边俯倾"的块断运动;20世纪60年代初期创立了"镶嵌构造学说",提出整个地壳是由一级套一级地壳块体同构造活动带镶嵌起来的构造原理;70年代中期将镶嵌构造学说发展为地壳波浪状镶嵌构造学说,该学说已被公认为中国5大地质学派之一;20世纪80年代~90年代初,他和学生们应用该学说的理论,无论在指导找矿或研究地震等方面均已取得了明显成绩。地质学术论著、译著等共90余篇(本)。曾全国科学大会科研项目奖、陕西省科技成果一等奖和地矿部科技成果二等奖。

张更(1896.12.6~1982.1.14) 男,出生于浙江省瑞安县,1928年毕业于中央大学地学系,1934年~1936年赴美国哈佛大学深造。石油地质学家、矿床学家,中国石油地质教育事业的创建人之一。历任广州两广地质调查所技师、南京中央研究院地质研究所研究员,中央大学教授、系主任、理学院院长,燃料工业部石油管理局陕北勘探大队总地质师、副大队长,西北石油管理局地质处处长,西北石油地质局副局长,北京石油学院地质系教授,华东石油学院勘探系教授、系主任,石油部石油勘探开发研究院总地质师等职。早年对江、浙、湘、皖等省进行大量野外地质研究,对中国早期矿床地质学进行了开创性研究。领导和参加中国西北地区的石油地质勘探工作。针对四川裂缝性气藏的特点,提出打分叉井的理论,在生产应用中效果显著。调查了大量金属和非金属矿床,对金属、非金属矿床学和石油地质学都有很深的研究。著有《南京雨花台砾石层》《浙江平阳明矾石矿》《安徽铜陵县铜官山之磁铁矿矿床》《湖南临武香花岭锡矿地质》《湖南江华的独居石》《锡矿与钨矿之成矿之先后问题》《陕北盆地》《略谈四川油气田》《石油地质学》《中外油气田地质学》等。

张国伟(1939.2.19~) 男,出生于河南南阳。1961年毕业于西北大学。中国科学院院士,构造地质学家、前寒武纪地质学家、教育家。西北大学地质学系教授、博士生导师、造山带地质研究所所长。主要从事构造地质与前寒武纪地质研究,在造山带与盆地、前寒武纪地质、大陆构造与大陆动力学等研究领域,取得了富有创造性的系统科学成就。长期进行秦岭多学科综合研究,提出秦岭造山带不同发展阶段不同构造体制的形成演化、三板块二缝合带及其从点、线接触到全面碰撞的造山细节过程、壳幔非耦合三维结构与造山动力学特征、盆山转换耦合关系等新观点,在造山带前沿研究中,通过地质、地球物理、地球化学等多学科的观测、研究,取得了突出的成果并被广泛引用。长期研究华北地块南部早期地壳形成与演化,总结出复杂深变质变形小型绿岩系和早期两类构造单元复合演化的独特特征,提出了系统研究的思路与方法,深化了早前寒武纪地质研究。广泛进行了秦岭等中央造山系与国内外主要代表性造山带的综合对比研究,提出中国大陆与造山带的多块体中小洋陆板块构造体制与动力学特征,探索大陆动力学,提高深化了造山带的理论与方法研究。发表论著250余篇部,代表作有《秦岭造山带形成及其演化》《秦岭造山带造山过程与岩石圈三维结构图丛》和《秦岭造山带与大陆动力学》等。曾获全国科学大会科学奖、国家自然科学二等奖、陕西省政府科技成果二等奖、地矿部科技成果二等奖、教育部科技进步一二等奖。

章鸿钊(1877.3.11~1951.9.6) 男,字演群,后改爱存,浙江吴兴人,1911年夏毕业于东京帝国大学地质系。地质学家、地质教育家、地质科学史专家,中国地质事业创始人之一、中国地质学会发起人之一、中国地质界一代宗师。历任中华民国临时政府(南京)实业部矿务司地质科科长、北洋政府农林部技正、农商部地质研究所所长、农商部地质调查所地质股股长、北京大学地质学系任教、北京女子高等师范学校博物系讲师、中央研究院地质研究所特约研究员、地质工作计划指导委员会顾问,中国地质学会首届会长。于1913年创办了中国第1个培养地质专门人才的高等学校研究所农商部地质研究所(地质讲习班),为中国培育了第1批地质学家,其中许多人成为中国早期地质工作的主力。1916年创办了中国第1个地质调查机构地质调查所。从近代地质科学角度研究了中国古籍中有关古生物、矿物、岩石和地质矿产等方面的知识。1926年就发表《从相对说检讨地质的同时》,说明地质学上的"空时"问题应如何处理,对地质科学的基础工作是具有指导意义的。后来又相继发表《从原子能推导地史晚期地理与地质同时变迁之源》和《造山运动于地史上象征同时之规范并其施于对比之效力》,正确地阐明了时间、空间联系的重要性。十分注意震旦运动问题,1936年撰文《中国中生代晚期以后地壳运动之动向与动期之检讨,并震旦方向之新认识》,详细阐述了中国的震旦运动。1947年又撰文《太平洋区域之地壳运动及其特殊构造之成因解》,根据震旦运动动向和主要火成岩特点,注意到太平洋西岸与东岸自侏罗纪后均可分为5期造山运动。这种看法,对太平洋区域地壳运动的认识是富有启发性的。在学术上最显著的成就是对中国地质学史、矿物学史的研究,先后发表了不少这方面的论著。有《三灵解》《石雅》《古矿录》等专著,开中国地质科学史研究之先河,具有广泛影响。

张弥曼(1936.4.17~) 女,出生于江苏南京,浙江嵊县人,1953年考入北京地质学院,1960年毕业于苏联莫斯科大学地质系,1982年获瑞典斯德哥尔摩大学博士学位。中国科学院学部委员(院士),古脊椎动物学家,中国古鱼类学的开拓者和奠基人。中国科学院古脊椎动物与古人类研究所研究员、博士研究生导师,曾任中国科学院古脊椎动物与古人类研究所所长、国际古生物学会主席。长期从事比较形态学、古鱼类学、中—新生代地层、古地理学、古生态学及生物进化论研究。20世纪60年代初期在东南沿海一带考查和研究中生代晚期的鱼类化石。1965年底~1966年在瑞典国家自然历史博物馆开始泥盆纪鱼类化石的研究。70年代中期调查、采集和研究了东北白垩纪中期及渤海沿岸地区新生代始新世以来的含油地层中的鱼类化石,对含油地层的时代和环境提出了与当时通行的观点不同的意见。总结了东部晚中生代以来鱼类区系的演替情况,指出了由各时期中国东部鱼类区系与世界其他地区鱼类区系的异同而引发的一系列动物地理学方面的问题。采用连续磨片及蜡制模型的方法,对中国特有的产自云南省早泥盆世的肉鳍鱼类杨氏鱼进行深入细致的研究。通过连续磨片对杨氏鱼脑颅、脑腔及血管、神经通道的复原而得到的详细结果不仅用传统的观察方法很难获得,甚至采用最新的用CT照影的方法也无法得到的信息。对杨氏鱼及另一种肉鳍鱼类,即属于肺鱼类的奇异鱼所做的形态解剖学方面的工作对于近十几年来肉鳍类的系统发育关系和四足动物起源方面的研究有较大的影响。对泥盆纪总鳍鱼类、肺鱼和陆生脊椎动物间关系研究的结果,对传统看法提出了疑问,受到国际同行的重视。在中新生代含油地层鱼化石研究中,探明了这一地质时期东亚鱼类区系演替规律,为探讨东亚真骨鱼类起源、演化和动物地理学提供了化石证据,提出对中国东部油田地层时代及沉积环境的看法,在学术上和实际应用上都有一定的价值。曾获国家自然科学二等奖、中国科学院自然科学一等奖、中国科学院重大成果一等奖和中国科学院科技进步二等奖、何梁何利基金科学与技术进步奖。

张彭熹(1931.2.5~) 男,生于天津市,1956年毕业于北京地质学院。中国科学院院士,盐湖地球化学家,中国盐湖地质研究的学术带头人。中国科学院青海盐湖研究所所长、研究员。长期致力于中国西北地质、特别是盐湖地质的科学研究与开发工作。对中国盐湖的分布、组成、类型、成盐模式、锂硼钾等的成矿及其演化规律提出了一套比较系统的见解。总结编绘了中国第1份专业水化学图《柴达木盆地1:50万盐湖水化学图》。多次组织并参加了全国盐湖——包括青海、甘肃、宁夏、内蒙古盐湖的综合考察和盐湖科学调查队工作,对推动中国盐湖事业作出了重要贡献。证实了中国是盐湖盐类资源十分丰富的国家,特别是卤水资源锂、硼、镁以及稀碱、碱土金属铷、铯、锶等均居世界前列,同时还摸清了中国盐湖资源的分布、类型、特征及形成规律;证实了中国是盐湖资源大国,尤其是西部盐湖资源,为西部开发及经济发展规划和盐湖化工的发展提供了资源依据;提出了"成盐演化、成矿规律"的见解,为寻找盐湖矿产指出了方向,提供了理论依据;证实了中国青藏高原一些盐湖是一种固、液并存的新类型矿床;通过盐湖第四纪古气候环境的研究,开拓了盐湖年代学、沉积学、矿物学、水化学、稳定同位素及低温地球化学等新领域的研究;创建了^{14}C、^{136}C盐类矿物铀系测年和包裹体物质成分盐酸胍法稳定同位素分析方法,提高了盐湖古环境、古气候研究水平;提出了古代异常钾盐蒸发岩的成因见解,补充和发展了内陆钾盐成因理论。积极参与、推动国际科技合作与交流。代表作有《青海湖冰后期古气候波动模式》《柴达木盆地盐湖》《野外地质素描法》《中国盐湖自然资源及其开发利用》《古代异常钾盐蒸发岩的成因》和《青海、甘肃两省盐湖矿产资源评价报告》等。获第七届李四光地质科学奖。

张文佑(1909.8.31~1985.2.11) 男,出生于河北唐山,1934年毕业于北京大学地质系,1945年~1947年赴英国伦敦大学和剑桥大学研究地质矿物,并考察西欧和北美地质构造。中国科学院学部委员(院士),地质学家、大地构造学家,断裂体系与断块大地构造学说的奠基者和创始人。曾任中国科学院地质研究所所长、研究员,中国科学院研究生院地学教学部主任兼构造地质研究室主任。1934年调查了安徽、江苏、浙江和浙赣铁路沿线地区的地质构造、矿产,并开始广西地质研究,发表了地质力学著作,为广西地质矿产工作奠定了基础。20世纪50年代以来广泛考察和研究了中国许多地区和海域的区域地质。1950年组织编制中国大地构造图。1974年首次系统提出断裂体系和断裂大地构造学说,此后又多次论述断裂体系、断裂内部和断块边界的力学机制、断块与板块的关系等观点,详细阐述了断块构造对于地震活动、油气资源、矿产形成分布、水文地质和工程地质等方面的控制作用。1980年系统阐述华北区地质构造的形成机制、形成过程及其发展历史。从

1978年开始组织领导,并出版一系列著作和图件,使断块构造理论得到进一步充实和发展。在应用构造研究于矿产地质勘查方面也取得了成就,如提出鲁中断裂带(后来称为郯庐断裂带),认为该断裂带上有原生金刚石,并在该断裂带上的山东和辽宁相继找到了中国最大的原生金刚石矿床。在石油地质方面,参加了将中国油气勘探基地由西部东移的战略决策,所提出的"定凹探边""定凹探隆"的建议为大庆和其他油田的开发作出了贡献,是大庆油田发现中的地球科学工作者的主要完成者之一。代表作有《1∶5万北平西山地质图》《广西山字型构造的雏形》《广西地质纲要》《广西地层纲要》《1∶400万中国大地构造图》《中国大地构造纲要》《华北断块区的形成与发展》《中国大地构造基本特征及其发展的初步探讨》《1∶500万中国及邻区海陆大地构造图》《断块构造导论》《中国及邻区海陆大地构造》等。获国家自然科学奖一二等奖。

张席禔(1898～1966) 男,生于河北省定县,1923年北京大学地质学系毕业后留学德国慕尼黑大学地质系,1926年转入维也纳大学学习古脊椎动物学,1928年获博士学位。地质学家、地层古生物学家、地质教育家。北京地质学院教授、副院长,曾任中山大学地质系教授、清华大学地质地理系教授兼系主任。长期从事地质古生物研究,尤其是古脊椎动物研究。1930年参加中美合组的"第三次中亚考察团",任中方代表团长。发表了有关榆社的剑齿虎、榆社的乳齿象、中国的纳玛象和蓝田中新世象类化石的论文。在生物地层学方面多有建树,1930年在内蒙古地区进行第三纪地层及古生物学研究。1933年首先发现连滩笔石页岩,并研究其中的志留纪笔石。20世纪30年代后期起对中国的中生代地层,尤其是三叠系研究颇多。是中国最早从事古生态学研究的古生物学家,早年研究象类咀嚼器功能形态,20世纪40年代研究脊椎动物脊柱各种类型的机械作用。研究过广西泥盆纪双壳类及腕足类、广西哺乳动物化石、周口店鱼化石,涉足包括古生代地层、滇西构造、东川地质发展史、桑干片麻岩的时代及奥陶、志留纪生物古地理等方面的研究。代表作有《古象咀嚼器的功能》《内蒙地质志》《内蒙古第三纪地层及其与欧美地层之比较》《广东郁南县连滩含笔石页岩的发现及其地质系统的比较》《两广之新生代地层》《山旺盆地古生态分析》等。

张宗祜(1926.2.19～2014.2.19) 男,出生于河北满城,1948年毕业于北京大学地质系,1955年获苏联莫斯科地质勘探学院研究生部副博士学位。中国科学院学部委员(院士)、中国工程院院士,水文地质学家、工程地质学家、第四纪地质学家。中国地质科学院水文地质工程地质研究所名誉所长、研究员。参加了国家十二年科学技术发展规划中水文地质工程地质方面的起草工作。主持多项国家科技重点攻关项目。对黄土的区域地质特征、工程地质性质及第四纪地质有较深入的研究。参加老君庙油矿区(即今玉门油田)进行石油地质调查、内蒙古伊克昭盟鄂托克旗进行天然碱湖的水文地质和水化学调查、山西太原西山石膏矿产调查、中国第1条全部自行勘测设计的包头至银川铁路的工程地质调查及甘肃东部、陕西北部和黄河中游等黄土高原地区调查。重点研究黄土的区域地质湿陷性和渗透性,滑坡、水土流失等物理地质现象,对黄土的岩性地层、古土壤、新构造运动和工程地质特性等进行系统研究,最早应用微结构研究方法进行黄土的显微结构分类,提出黄土的工程地质特性及其力学变形机制取决于黄土的微结构特点。合作利用遥控航模在水土流失严重地段进行定量观测研究,揭示了黄土的微结构与湿陷性的内在联系,提出判别黄土湿陷性的新方法。领导进行了中国唯一的黄土大型现场渗水实验,总结了黄土区现代侵蚀作用的垂直分带规律、主要侵蚀类型,以及侵蚀形态、发育的继承性规律。是很早提出黄土高原第四纪下限的年代为距今248万年左右的学者之一。代表作有《1/100万中国黄土工程地质图》《1/50万黄土高原地貌类型图》《中国黄土》《中华人民共和国水文地质图集》《中华人民共和国及其毗海区第四纪地质图(1/250万)》《亚洲水文地质图》和《中国第四纪地质》(英文版)。曾获国家自然科学奖一二等奖、国家科技进步奖二等奖、地质矿产部科技成果一二等奖、国土资源部科技成果奖一等奖、李四光地质科学奖荣誉奖、中国工程科学技术奖、何梁何利基金科学与技术奖地球科学奖。

赵金科(1906.6.10～1987.5.18) 男,出生于河北曲阳县,1932年毕业于北京大学地质系,1937年赴美国哥伦比亚大学研究古生物学。中国科学院学部委员(院士),地质学家、地层古生物学家,中国头足类学科的奠基人之一。曾任中央研究院地质研究所研究员,中国科学院南京地质古生物研究所所长、名誉所长、研究员。为中国的地质学和古生物学研究作出了重要贡献,在构造地质学、矿产地质学和工程地质学等领域卓有建树。20世纪30年代曾提出震旦纪地槽呈环状分布于极区泛大陆周围和内部的理论,受到国际地质界的重视;在广西西部开展区域地质调查,证实广西山字型构造的位置及形迹,为广西地层和构造地质研究的奠基人之一。从事头足类研究数十年,从泥盆纪至白垩纪均有成就。对中国早三叠世地层和菊石的分类、生态和时空分布进行了完整全面的研究,奠定了中国三叠系研究的基础;系统研究了晚二叠世分类和演化过程,以及华夏菊石动物群的发生、演变过程,取得突破性成就,为全球范围内二叠纪地层的划分、对比以及建立二叠系—三叠系界线层型提供了理论依据。晚年领导并参与了华南二叠系—三叠系界线层型的专题研究,为中国这一重要地层界线的研究奠定了坚实的基础。领导并参与对华南二叠系最高层位长兴阶及界线层型的专题研究。1949年以来参加考察宝成铁路的工程地质、广西南丹大厂金属矿产以及黔桂铁路沿线的几处煤田地质等。为地质系统培养了第1批地层古生物工作者。发表重要学术论著30余篇(部),代表作有《广西西部下三叠统菊石》《中国的头足类》《中国的三叠系》《华南的晚二叠世头足类》《中国南部的长兴阶和二叠系与三叠系之间的界线》《广西地质-地层概要》《1:200万广西地质图》等。曾获全国科学大会重大成果奖、国家自然科学奖二三等奖。

赵鹏大(1931.5.25~) 男,满族,出生于沈阳,籍贯辽宁清原,1952年毕业于北京大学地质系,1958年获苏联莫斯科地质勘探学院副博士学位。中国科学院学部委员(院士)、俄罗斯自然科学院外籍院士及国际高等学校科学院院士,数学地质学家、矿产普查勘探学家、地质教育家。中国地质大学教授、校长。系统研究了矿产勘查中数学模型的应用,建立了矿产资源定量预测理论及方法体系。首次提出区域勘探评价的概念,从大区域角度研究矿床的勘探程度、勘探经济及合理勘探程序。在云南个旧锡矿区提出系统的矿床地质及勘探方法,并首次利用数学模型模拟矿床勘探过程。对找矿勘探地质学的研究成果进行了全面系统的总结,提出了集理论找矿、综合找矿、立体找矿、定量找矿为一体的找矿新思路和新方法。首先提出应用数理统计研究矿床合理勘探手段及工程间距的途径和方法,并逐步建立起比较完整的矿体变异数学模型,为矿床勘探类型的定量划分提供了可靠准则和依据。率先开展矿产资源定量预测研究,提出的矿产资源总量预测,提出矿床统计预测的基本理论、准则、方法和体系。创立了矿床统计预测新学科,建立了数学地质学新体系,首次论证了地质体数学特征的内容和方法,系统阐述了地质异常的不同模式、不同尺度水平、成矿意义及其表示和研究方法,开辟了地质体深入研究的新领域和数学地质的新学科方向。承担了国家305科技攻关项目,发现了新疆北山地区两条铜镍硫化物远景成矿带和东准噶尔的一条金矿带。代表作有《矿产普查与勘探》《矿床勘查与评价》《宁芜地区铁矿床统计预测》《试论地质体数学特征》《铜陵幅(1/20万)矿产资源总量预测方法研究》《初论地质异常》《新疆丰蕴县喀拉通克成矿带铜、镍、金矿资源总量预测研究》《矿床统计预测》《地质异常成矿预测理论与实践》《非传统矿产资源概论》和《定量地学方法及应用》等。曾获国家自然科学基金三等奖、"七五"科技攻关重大成果奖、地矿部科技成果二等奖、教育部科技成果一等奖、国家教学成果二等奖、国际数学地质协会最高奖——克伦宾奖章。

赵亚曾(1899.2.4~1929.11.15) 男,河北蠡县人,1923年北京大学地质系毕业。区域地质学家、古生物学家、地层学家。任事业部地质调查所任调查员、技师、古生物学研究室主任。最先对中国长身贝类化石作了系统的研究,对腕足动物作过深入研究,发表了4部古生物志,其中的3部被国内外同行奉为有关石炭纪、二叠纪长身贝类和石燕类的经典之作。并致力于中国地层的研究和调查工作,多次亲往山东淄博煤田、辽宁本溪煤田、开滦煤矿、磁县煤矿、长江三峡、湖北西南部和浙江西部等地区进行旷野实地考察,又同黄汲清一起越秦岭、入四川、转云南测制地质图,采取化石标本,搜集可靠研究依据。经过实地调查,认为华北含海相化石的含煤地层可以划分为2部分,下部叫"本溪系"属中石炭统,上部叫"太原系"属上石炭统。较准确地阐明了峨眉山的地质构造和彭县白水河铜矿地区的地质构造情况。在大地构造学研究上,首先发现阿尔卑斯型的"飞来峰"地质构造,揭开龙门山深断裂的奥秘。代表作有《浙江西部之地质》《中国长身贝科化石》《中国石炭纪及二迭纪石燕化石》《秦岭山与四川地质之研究》等专著。获中华教育文化基金董事会一等科学研究奖励金。

赵文津(1931.2.1~) 男,北京市人,1952年毕业于北京清华大学物理系。中国工程院院士,地质勘探专家。历任中国地质科学院常务副院长、地矿部科学技术司副司长、中国地质学会地质科技管理研究会会长、中国地球物理学会原副理事长、国土资源部国际合作喜马拉雅山和青藏高原深剖面计划中方首席科学家、国土资源部探月科学家小组组长、中国地球物理学会中国大陆动力学专业委员会主任、研究员、勘探地球物理委员会顾问组组长。长期致力于矿产勘查、勘查技术发展及地壳深部探测的开创性工作,对矿产勘查和地壳深部探测的新技术新方法的发展及综合运用解决实际与理论问题作出了重要贡献。20世纪50年代先后在安徽南部找铜矿和四川西昌地区找矿有多项发现,特别是发现了钛、钒、铁矿多个巨型矿床。长期致力于矿产勘查、勘查技术发展及地壳深部探测的开创性工作,对矿产勘查和地壳深部探测的新技术新方法的发展及综合运用解决实际与理论问题作出了重要贡献。近20年主要从事深部调查和岩石圈研究,先后开展了喜马拉雅造山、青藏高原形成演化、深部构造岩浆活动与成矿、羌塘盆地构造与油气远景、月球内部结构构造与演化等课题研究。近年来对李四光在大庆油田发现的作用以及地质力学与当代地球动力学的关系做了许多工作,积极推动学习、继承和发展地质力学。主持了中法合作的"喜马拉雅和青藏高原地壳和上地幔研究";组织了4部门联合编制全国11条地学大断面计划,组织和推动了亚东—格尔木地学大断面研究,完成地学大断面数字化开发等;主持了"国际合作喜马拉雅与青藏高原深剖面调查与综合研究"(INDEPTH项目),取得的主要科学成果有10项。仅通过INDEPTH项目就发表论文80多篇,研究报告及专著5部。曾获国家自然科学二等奖、首届顾功叙地球物理科技发展奖、何梁何利科技进步奖、李四光科技奖荣誉奖。

赵文智(1958.8.1~) 男,河北昌黎人,1982年毕业于西北大学地质系石油与天然气地质专业,1984、2003年获中国石油勘探开发研究院硕士和博士学位。中国工程院院士,石油地质与油气勘探专家。中国石油勘探与生产分公司副总经理、中国石油勘探开发研究院院长、教授级高级工程师、博士生导师,兼任中国石油学会石油地质委员会主任、中国地质学会石油地质专业委员会副主任;IGCP(联合国教科文组织国际地质对比计划)中国国家委员会委员。长期从事油气成藏理论技术研究与勘探实践。在岩性油气藏、高—过成熟海相油气藏、含油气系统评价与油气战略等领域有较高造诣。完成多项国家和部级重大科技项目,研究提出"满凹含油""岩性油气藏大面积成藏"和有机质"接力成气"等新认识,在推动勘探从局部有限范围向凹陷区转化以及从传统的"液态窗"勘探向叠合盆地"多黄金带"勘探拓展中作出重要贡献,引领了中国油气勘探领域的重大转变,推动在多个盆地凹陷区发现数个大油气田。出版专著6部,发表论文100余篇。获国家科技进步一等奖1项、二等奖3项,部级科技进步一等奖5项,曾获李四光地质科学奖、孙越崎能源科技大奖和何梁何利科技创新奖等。

郑绵平(1934.11.17~) 男,生于福建省漳州市,1956年南京大学地质系毕业。中国工程院院士,中国盐湖科学及其矿业的奠基人和开拓者之一。中国地质科学院盐湖中心主任、国际盐湖学会执委,兼任西藏人民政府咨询委员。从事盐类矿床地质和盐湖综合资源及热水矿床研究达42年,对青藏高原盐湖资源进行深入的研究和预测,参与发现和评价具有重大经济价值的察尔汗钾盐湖,为缓解中国农用钾肥和丰富陆相成钾理论作出了贡献;找到、勘查、开发了扎仓茶卡等镁硼矿新类型。在扎布耶湖的综合研究中,发现了具耐寒性富β-胡萝卜素杜氏藻,提出"盐湖农业"和"地质生态"新概念;同时查明锂在盐湖微细沉积物中的赋存状态;发现了新矿物扎布耶石(Li_2O_3)和2种矿物新变种,解决了国内外长期未解决的难题,扩展了一种新的潜在沉积锂资源的巨大远景。提出高原盐湖硼、锂和铯主要来源于深部"岩浆—热水"的观点和"多级盐湖成矿"模式,受重力场和化学分异作用,Li、B、K、Cs、Rb(Ng)趋向"低阶湖"成矿。预测并发现地热区新类型铯硅华矿床,并开创了热水矿床研究新领域,并确定为易采易选的超大型铯矿床。提出盐湖学(Salinology)研究方向是研究盐湖体系的化学、物理与其环境和资源的性质及特点,并推进其工程化的一门边缘应用基础科学。并在该湖主持建立了世界海拔最高的盐湖科学观测和提锂试验基地,取得了低成本提取碳酸锂的技术突破,为中国重新占领锂盐国际市场提供关键的技术支持。代表作有《论西藏盐湖》《青藏高原盐湖》《热水成矿新类型——西藏铯硅华矿床》《西藏扎布耶盐湖嗜盐菌、藻的发现和地质生态雏议》《第四纪盐湖沉积与古气候》《盐湖学》。获国家科学技术进步奖一等奖和二等奖3项、部级科技进步奖一二等奖和省科技进步奖一等奖共5项、李四光地质科学研究奖、何梁何利基金科学与技术进步奖、中国工程科技光华奖。

钟大赉(1933.8.11~) 男,出生于山东青岛,江苏无锡人,1954年毕业于北京地质学院矿产勘查专业,1963年获苏联列宁格勒矿业学院副博士学位。中国科学院院士,构造地质学家、大陆动力学家。中国科学院地质与地球物理研究所研究员、博士生导师。长期从事构造地质领域的研究,致力于不同尺度构造研究的结合,深部构造与浅部构造、深部物质运动对地壳演化关系的研究。系统研究了中国西南古特提斯造山带,以多年大量的野外和室内工作中所获得的现代地质、地球化学、地球物理资料和定年与实验数据为支撑,首次系统地论证了中国西南地区的古特提斯的复杂发展史,所建立的古特提斯构造框架和演化模型,阐明了全球古特提斯发育最好地域的古板块演化规律。研究了新生代印度与亚洲大陆碰撞前缘变形的三维调节形式和多阶段运动过程,对哀牢山—红河断裂的系统地研究证明,已拼合的大陆块体可发生百千米级(板块尺度的)相对位移;在雅鲁藏布江大峡谷地区发现了地球上最年轻的下地壳地质体(高压麻粒岩),在巨厚地壳的高原,找到了观察深部地壳的窗口,为青藏高原及其周缘新生代地质构造格局和环境演变关系建立了时空框架。开展矿田构造和褶皱形成条件研究,在中国较早地运用中、小、微构造结合,研究矿田构造、断裂和褶皱形成的历史分析和力学分析,提出深层不均一控制浅层构造的形成,进一步发展断块构造理论。10余年来一直是国家基金重大项目、重点项目和科学院重大项目、国家攀登项目专题负责人。发表论文百余篇、专著3部,代表作有《滇川西部古特提斯造山带》《中国大地构造纲要》和《1:400万中国大地构造图》。曾获全国科学大会奖、国家自然科学奖二等奖2项、中国科学院自然科学奖一等奖。

周明镇(1918.11.9~1996.1.4) 男,出生于上海南汇,1943年毕业于重庆大学地质系,1948年获美国迈阿密大学、利哈伊密大学硕士学位,1950年获美国里海大学博士学位,1949年~1951年在美国普林斯顿大学从事博士后研究。中国科学院学部委员(院士),古脊椎动物学家、地层学家、第四纪地质学家、进化生物学家、博物馆学家,中国古哺乳动物学奠基人。中国科学院古脊椎动物与古人类研究所所长、研究员,曾任山东大学副教授,北京大学、南京大学、中国地质大学和中国科技大学教授以及北京自然博物馆馆长、国际古生物协会副主席、人类起源研究所(美国)研究员、中国自然科学博物馆协会理事长、中国兽类学会副理事长。作为中国古近纪地层与哺乳动物群研究的创建人,研究工作的主要领域是古哺乳动物学,尤其是长鼻目和河南卢氏中始新世哺乳动物群的研究,发现和研究了一直认为中国缺失的古新统地层和脊椎动物群,建立了包括不同层位的典型剖面和哺乳动物组合,在中国古近纪哺乳动物群和陆相地层的研究方面取得了重大突破进展。率领中苏古生物考察队考察、发掘内蒙古等地的许多脊椎动物化石地点。研究白垩纪和侏罗纪的哺乳类,以求了解哺乳类的起源,研究的蜀兽被认为是20世纪80年代关于哺乳类起源与早期分化研究方面最重要的发现之一。华南红层的研究是其又一重大贡献,在"陕西蓝田新世界"这一总题目下,负责研究了与蓝田人下颌骨一起发现的陈家窝哺乳动物群,概括研究了公王岭动物群。第四纪地质学和生物地层学是他早期研究工作的一个重要方面,1978年与李传夔合作完成关于江苏泗洪下草湾生物地层学的文章澄清了对所谓"淮河过渡区"的错误认识。在引进国外先进古生物学、地质学理论方面始终走在前列,他是介绍板块构造和分支系统学的先驱,曾组织人员编译了《分支系统学译文集》。还涉足系统生物学、历史动物地理学、古气候学等领域,在国际古生物学界享有很高的荣誉。发表学术论文100余篇、专刊5种,代表作有《广东南雄古新世哺乳动物群》《脊椎动物的进化》《人类的兴起》《生物史—动物的发展与人类起源》和《周明镇科学文集》等。曾获中国科学院自然科学一等奖,北美古脊椎动物学会授予最高的罗美尔—辛普生奖。

周卫健(1953.3~) 女,出生于贵州省贵阳市,籍贯河南南乐,1976年毕业于贵州大学外语系,1995年在西北大学地质系获博士学位。中国科学院院士,第四纪地质学家。中国科学院地球环境研究所黄土与第四纪地质国家重点实验室主任、中国第四纪科学研究会副理事长。主要从事宇宙成因核素(^{14}C、^{10}Be等)在地球环境科学中的应用研究。检出东亚季风新仙女木(YD)事件的地质证据并指出东亚YD事件百年尺度季风变率特征和全球寒冷性质;较早指出高低纬气候和海陆气相互作用以及古ENSO对YD季风降水突变事件的贡献;提出氧同位素阶段3南北半球夏季太阳辐射梯度对东亚季风的重要影响;根据中国黄土^{10}Be记录重建了晚更新世高分辨率地磁场强度和季风降水变化历史,拓展了黄土^{10}Be记录示踪环境变化的研究方向。率先建立液闪^{14}C小样品以及加速器微量样品装置,形成了大样品—小样品—微量样品的^{14}C制样序列,建立了不同类型样品前处理方法。她提出并主持建成了多核素分析的"西安加速器质谱中心"。曾获国家自然科学二三等奖、5项省部级一等奖和发明专利1项,获全国首届百篇优秀博士学位论文。

周赞衡(1893.1.14~1967.1.2) 男,出生于江苏奉贤县,1916年毕业于农商部地质研究所,1918年~1923年去瑞典学习,专攻中生代植物化石。地质学家、古植物学家,中国第1个研究古植物的学者、中国早期地质事业的开拓者和组织领导者之一。中国地质学会创始会员之一,前中央地质调查所古植物研究室的首任主任,新中国成立以后先后供职于中国地质工作计划指导委员会、中国科学院南京办事处(后称南京分院)和江苏省科学技术委员会。1923年回国后发表论文《山东白垩纪植物化石》,这是中国学者撰写的第1篇古植物学论文,首次利用植物化石确定了中国有白垩系地层的存在,并进一步认为蒙阴组属早白垩世,王氏组属晚白垩世;1924年发表《瑞典斯干尼亚(Scania)下里亚斯植物群》论文,为当时中国青年古生物学家首次研究北欧的古植物群。长期承担了《中国古生物志》及《中国地质学会志》的编辑、出版与发行工作,从而不得不放弃古植物学研究,对中国地质学会会刊《中国地质学会志》(后改名为《地质学报》)及《中国古生物志》《地质专报》《地质汇报》等的编辑出版工作作出了重要贡献。

周志炎(1933.1.11~) 男,出生于上海,籍贯浙江海宁,1954年毕业于南京大学地质系,1961年中国科学院南京地质古生物研究所研究生毕业,1980年~1982年在英国里丁大学等进修。中国科学院院士,古植物学家、地层古生物学家。中国科学院南京地质古生物研究所研究员。长期从事古植物学和相关地层学研究,以中生代裸子植物和蕨类化石的研究见长。早年参加《中国各纪地层》和《中国各门类化石》综合性论著的编写,主持东北、中南等地中生代含煤地层及古生物群的综合研究。系统研究和首次确认中国南方早侏罗世早期植物群,提出了中国中生代植物群进一步划分方案。在中国古植物学研究中率先应用扫描、透射电子显微镜和超薄切片等技术,研究植物化石的显微和超微结构,并应用分支系统学和顶枝学说等理论来探讨古植物的系统发育、整体重建和异时发育等理论问题,开拓了学科研究新领域。阐明满江红大孢子壁超微结构的方向性及其潜在分类意义,发现和研究了最古老的银杏和罗汉松科化石,在率先开展中国掌鳞杉科化石研究的基础上,对这类已灭绝的植物在中国的地质、地理分布,做了系统评述和总结。参与南极乔治王岛、菲尔德斯半岛晚白垩世及古近纪真蕨类和松柏类研究和中、新生代真蕨类和裸子植物化石的研究。近年重点开展银杏目及义马侏罗纪植物群的工作,找到了银杏演化的"缺失链环",研究银杏目植物的演化形式和规律,提出银杏目自然分类方案,并在古植物大孢子膜和叶角质层超微结构方面做了一些探索。关于中生代银杏目化石的系统研究被誉为在该领域具有里程碑意义的工作。发表论文90余篇、专著6部,代表作有《中国中生代陆相地层》《中生代银杏目植物的系统发育和进化趋向》《化石和现生银杏科植物大孢子膜比较超微结构》。曾获中国科学院自然科学奖一等奖1项、二等奖2项、科技进步三等奖1项,获印度萨尼百年纪念奖。

周忠和(1965.1~) 男,出生于江苏省江都市,1986年毕业于南京大学地质系古生物与地层学专业,1989年获中国科学院研究生院古鱼类学专业硕士学位,1999年获美国堪萨斯大学古鸟类学博士学位。中国科学院院士、美国科学院外籍院士、古鸟类专家、古生物学家,孔子鸟化石的发现者之一。中国科学院古脊椎动物与古人类研究所所长、研究员、中国古生物学会副理长、国际古生物学会副主席。主要研究方向为中生代鸟类、相关地层学以及热河生物群的综合研究。曾发现、并命名发表了若干中生代鸟类化石,是最早从事辽宁早期鸟类化石研究的学者之一。他和同事一起命名了20多种时代稍晚于始祖鸟的早期鸟类,系统研究了其形态、分类、飞行、分异和习性等,揭示了鸟类演化历史上第1次重要的演化辐射现象。提出了反鸟类起源于欧亚大陆的假说,并为支持鸟类飞行的树栖起源假说和鸟类起源于恐龙假说以及今鸟类湖滨环境起源假说和早成性胚胎发育在先的学说提供了可靠的论据。此外,基于对热河生物群的综合研究,提出了东亚地区是中生代若干重要生物类群的起源和辐射中心的假说。现在承担国家自然科学基金委员会创新研究群体科学基金和一项科技项目的子项目的负责人。在"Nature"和"Science"等国内外SCI刊物已发表论文28篇。曾获得国家自然科学二等奖2项、中国科学院自然科学一等奖、中国科学院杰出成就奖、首届中国出版政府奖等。

朱日祥(1955~) 男,生于山西大同,1978年毕业于山西大学物理系,1984年获中国科学院地球物理研究所硕士学位,1989年获中国科学院地质研究所博士学位。中国科学院院士、第三世界科学院院士,地球物理学家。中国科学院地质与地球物理研究所所长。长期从事地球物理学基础理论和实验研究。在极性转换期间地磁场形态学、地质时期地磁场古强度变化与地球深部过程的相关性以及沉积盆地古地磁定年等领域取得了系统性、创新性的成果。论证了地磁极性倒转频率与地磁场强度呈负相关性。在国内开辟了地质时期地磁场古强度研究新领域,将古地磁学的研究范畴拓展到认识地球内部过程。主持创建了集成岩石磁学、古地磁学和地磁场古强度研究的综合实验室,开拓了新的实验技术和方法,该实验室已成为岩石磁学与古地磁学领域国内外研究中心之一,提升了我国该研究领域在国际上的地位和影响。发表论著240余篇部,代表作有《Paleomagnetism of the Yuanmou Basin in southeastern Tibetan Plateau and its constraints on late Neogene sedimentation and tectonic rotation》《Studies on Paleomagnetism and Reversals of Geomagnetic Field in China》《电动力学教学辅导》《Teaching Guidance of Electrodynamics》等。获第三世界科学院地球科学奖、国家自然科学二等奖、何梁何利科学与技术进步奖、中国青年科学家奖、中国科学院自然科学一等奖、中国科学院青年科学家一等奖等。

朱森(1902.1.15～1943.7.6)　男,湖南郴县人,1928年毕业于北京大学地质系,1936年获美国哥伦比亚大学硕士学位。构造地质学家、地质教育家,中国近代构造地质学与小构造地质学研究的先驱。重庆大学地质系教授、系主任、中央大学地质系系主任。在上学期间就发表了处女作《湖南郴县瑶林之古生代地层及动物群》(英文)论文。早期从事地层古生物工作,对中国南方的晚古生代地层划分卓有建树。曾考察鄂北、豫南的秦岭东段、南京附近、安徽、南岭等地地质,取得很大成效,先后发表了10多篇重要著作。1929年发表《江苏西南部山脉之研究》论文,对下石炭统地层作了进一步的详细划分,创立了高骊山砂岩、和州石灰岩2个地层名称;1930年与李四光发表《栖霞灰岩及其相关地层》(英文)论文,对中、下石炭统地层作了进一步细分,创立了金陵石灰岩、黄龙石灰岩2个地层名称。1933年发表《金陵石灰岩之珊瑚和腕足类化石》专著,共记载了珊瑚化石3属8新种,腕足动物化石11属23种,其中有1新亚属——"始分喙石燕"和12个新种,此书堪称朱森在古生物学上的代表作。在构造地质学、大地构造学方面成就卓著,发表《记安徽南部海西运动幕》(英文)论文,创立了柳江运动、湘粤运动、艮口运动等地壳运动名称。1932年与李四光联名出版了《南京龙潭地区地质指南》专著,是研究该区地质之重要工具书。参加李四光领导下的对宁镇山脉地质研究的大项目,与李毓尧、李捷合著《宁镇山脉地质》,又提出了茅山运动、金子运动、南象运动3个地壳运动名称,为中国区域地质研究的经典著作。此后还发表了《嘉陵江观音峡天府煤矿区之地质观察》《地质与国防》《四川龙门山地质》等著述。

朱庭祜(1895.12.27～1984.5.4)　男,出生于上海市川沙县,1916年毕业于北京农商部地质研究所地质科训练班,1922年获美国威斯康星大学地质系硕士学位,1923年获美国明尼苏达大学地质系博士学位。地质学家、地质教育家,中国第一代地质学家之一、中国早期地质事业的开拓者之一、中国考察西沙群岛鸟粪资源之第1人、中国地质学会的创始人之一,最早发现井陉铁矿及云南昆阳磷灰岩矿。曾任北京地质调查所技士,中山大学、中央大学、杭州大学教授,两广地质调查所副所长,重庆盐业研究所研究员、贵州地质调查所所长、浙江地质调查所所长、浙江地质局总工程师等职。对中国盐矿地质多有研究。对新安江等大型水电站的水文、工程地质工作立过大功。在创办云南、贵州、浙江等省地质机构和在两广地质调查所的领导管理工作中成绩出色。早年曾先后在河北、浙江、云贵、两广、台湾等19个省市进行过地质调查、填图、找矿和研究工作,发现了河北省井陉铁矿、云南昆明磷矿、浙江遂昌金矿。参与填制的《北京西山地质图》及文字报告,是中国最早的正规地质图和报告。1928年登上西沙群岛进行鸟粪层调查研究,是中国较早从事这项工作的地质工作者。在20世纪30年代完成了河南、江西两省若干地区的地下水调查。参加了中国第1座自行设计、建造的浙江黄坛口水电站的坝址勘察工作和新安江水电站的选址调查,以及治淮工程等诸多水利工程的地质调查。长期从事地质教育,并培养了不少人才。主要论著有《河北井陉铁矿》《西沙群岛鸟粪》《浙江西北部地质》《河南安阳、林县、汤阴、湛县等地区的地下水》《自贡市盐层构造》和《浙江衢县黄坛口坝址附近地质勘探报告》等。

朱夏(1920.9.10～1990.11.25)　男,出生于上海,籍贯浙江嘉兴,1940年毕业于中央大学地质系,1947年～1949年赴瑞士联邦理工高校(E.T.H)地质研究所攻读构造地质学。中国科学院学部委员(院士),大地构造学、石油地质学家,新中国石油地质普查的开拓者之一、含油气盆地理论研究的创导人。曾任地质部地质研究所石油研究室主任、地质部石油地质局副总工程师、地质矿产部上海海洋地质调查局高级工程师。先后完成准噶尔盆地、柴达木盆地、松辽盆地、南方各省的石油地质普查任务,发现马海油田,参加大庆油田会战;主持华东各省地质图幅的验收与报告审定;对区域地质矿产进行广泛研究;率先介绍板块构造学说并运用于中国油气盆地的研究;参与筹建地矿部石油地质研究室;开展中国油气盆地形成发展动力机制的理论研究,指导勘探决策;对东海的油气勘探提出了重要建议。40余年坚持参加石油地质调查,对中国各主要沉积盆地和地区的石油地质情况和资源前景都进行过认真探讨,对油气盆地的大地构造特征与演化提出了许多新看法,如运动体制的变化是形成含油气盆地的首要条件,2个世代及2种运动机制的盆地及迭加作用等,从活动论构造历史观出发进行盆地原型并列迭加的T(构造环境)—S(地质作用)—M(油气响应)的系统分析,撰写许多重要论著,对指导中国油气田的找矿与发展作出重要贡献。发表学术著作和译著总计200余万字,代表作有《矿物原料概论》《中国的金》《煤地质学的理论问题》《中国中、新生代盆地构造和演化》《中国沉积盆地》《朱夏论中国含油气盆地构造》《朱夏诗词选集》。曾获全国科学大会奖、国家自然科学奖一等奖。

(杨守仁)

第五章　中国地质科学大事记

公元前 1831 年　《竹书纪年》载夏代帝发七年"泰山震",是中国最早的地震记录。

公元前 11 世纪　《周易·谦卦象辞》记载了"地道变盈而流谦"的地表形态变化的现象。

公元前 780 年　《诗经·小雅·十月之交》生动地记述了周幽王二年陕西一带地震引起山崩及地壳变化等现象:"烨烨震电,不宁不令,百川沸腾,山冢山卒崩。高岸为谷,深谷为陵"。

公元前 771 年　《易经》载"山附于地,剥上以厚下""地道变盈而流谦",是对剥蚀作用和沉积作用的最早认识;"山下出泉""地中有水",则是早期对地下水的论述。

公元前 5 世纪　《老子》载有"桑田变沧海,我为之添一筹;沧海变桑田,我又为之添一筹。今观海屋筹,忽已三千年矣!"表明老聃对海陆变迁现象已有所认识。《山海经·山经》记有金、玉、石、土等类矿物七八十种,产地 309 处,并注意到了某些矿物的共生现象。

公元前 4 世纪　《尚书·禹贡》载有中国各地的山川、土壤、生物和 12 种矿产及其产地。

公元前 3 世纪　《管子·地数》篇记叙了铁、铜、锡、铅等 7 种金属矿物的共生规律,作为找矿标志;《管子·地员》篇阐明植物生长与地形、土壤和水文的相互关系;《管子·度地》篇描述河流河曲形成、演变的过程。

公元前 250 年　《华阳国志·蜀志》最早记载中国开凿盐井和利用天然气煮盐的情形。

公元 1 世纪　世界上最早的一部药物书《神农本草经》中记载了药用矿物 46 种。

公元 54 年~92 年　东汉班固的《汉书·地理志》最早记载中国石油:"高奴有洧水,可燃"。《汉书·郊礼志》中对鸿门火井的描述是中国最早有关天然气的记录。

公元 76 年~88 年　杨孚在《异物志》中记载琥珀及其成因。

公元 79 年　王允撰《论衡》,对云雨、潮汐等自然地理现象均有精辟论述:"涛之起也,随月盛衰,大小满损不齐同",认为潮汐与月亮运行有关,同时解释了钱塘江涌潮的成因,大地构造动力来源。

132 年　东汉张衡创制的候风地动仪,实测陇西地震,开创了用仪器测震的历史。

276 年~324 年　郭璞在《尔雅注·释鸟》中记载三叶虫化石。

360 年前后　东晋葛洪撰《抱朴子》,列举矿物丹砂、雄黄、雌黄、云丹、石英、磁石、白矾等 20 多种;另一著作《神仙传》提出了"东海三变为桑田"的海陆变迁思想。

375 年左右　罗含在《湘中记》中记述石燕化石及其用途。

432 年~445 年　范晔撰《后汉书·地理志》引《异物志》:"涨海(即南海)崎头水浅,而多磁石。"把南海诸岛称作"磁石"。三国时万震在《南州异物志》中也有:"东北行,极大崎头,出涨海,中浅而多磁石。"康泰《扶南传》载:"涨海中倒珊瑚洲,洲底有盘石,珊瑚生其上也。"表明中国对南海诸岛形态和成因早有相当精确的认识。

502 年~557 年　隋朝梁有著《地境图》,记述利用地表植物找矿,提出铅、铜矿床的年指示植物。

515 年~527 年　北魏郦道元著《水经注》,记述火山、地震、温泉、岩溶和化石等。

771 年　唐朝颜真卿在《麻姑山仙坛记》中说:"高山中犹有螺蚌壳,或以为桑田所变",对地壳运动和化石本质已有比较正确的理解。

9 世纪　段成式提出金、银、铜、锡等多金属矿床的指示植物。

10 世纪　乐史在《太平寰宇记》中记述 124 种矿物性质及分布状况。

1041 年~1053 年　据《东坡志林》载,北宋庆历、皇祐年间,四川开始钻凿小口径的深井,名为卓筒井,深达几十丈。

1086 年~1093 年　北宋科学家沈括著《梦溪笔谈》,对海陆变迁、地貌成因、化石生成以及地图的测绘、石油的开发利用等,作了科学论述。

1118 年~1133 年　南宋杜绾著《云林石谱》,记载 116 种岩石、矿物、化石的产地、采法、产状、光泽、品评等,同时提出化石是"岁久土凝"而成的观点。是中国古代载石最完整、内容最丰富的第1部论石专著。

1170年前后　南宋朱熹在《朱子语类》中写道:"尝见高山有螺蚌壳,或生石中。此石即旧日之土,螺蚌即水中之物,下者却变而为高,柔者却变而为刚",正确地阐述了化石的性质及石化过程。

1175年~1177年　南宋范成大著《桂海虞衡志》中生动描绘了长江三峡、桂林等地30多个岩溶洞穴。

1270年　《朱子语类》刊行,其中载"常见高山有螺蚌壳,或生石中。此石即旧日之土,螺蚌即水中之物,下者却变而高,柔者变而为刚。"提出了有关化石来源、形成过程的见解。

1303年　《大元大一统志》成书,为元代官修的全国地理总志。其中卷542载"延川县西北八十里永平村有一井……",表明在此之前陕北地区开凿石油井采油。

1521年　四川嘉川(今乐山县)钻出世界上第1口油井,开创钻井取油的新时代。

1556年　秦可大撰写《地震记》,全面记述了关中大地震,提出防震措施。

1564年　沈启《吴江水考》载,沈启对湖水的侵蚀搬运作用作了观察,提出防止湖水侵蚀的方法。

1578年~1596年　明朝李时珍著《本草纲目》印行,书载作为药物使用的矿物、岩石和化石约200种,并对矿物和温泉作了分类。

17世纪　徐光启著《农政全书》,书中记述了当时民间习用的气试、火试、盆试等"审泉源法",论述了凿井择地之法。　地理学家孙兰著《柳庭舆地隅说》,精辟论述流水作用,提出解释各种地貌产生、发展的"变盈流谦"说。

1607年~1640年　徐霞客遍游华北、华东、东南沿海及西南各省,1642年形成《徐霞客游记》最早抄本。其中有对岩溶地貌的详细考察研究,对云南腾冲附近火山爆发及温泉、硫磺矿等方面的记载,以及对许多地区地貌、水文等的记述。

1637年　宋应星《天工开物》发表,在《作咸》《冶铸》《锤锻》《燔石》《五金》和《珠玉》诸卷中详载各种金属、非金属矿产性质、产地、用途和开发、冶炼工艺。

1821年　徐松著《西域水道记》,把新疆分成11个受水体(湖泊),以水道为纲,详细记载了各流域的地质、地貌、新构造运动、矿产、城市等,是中国历史上比较全面地叙述新疆地理地质的著作。

1846年　英国人福尔克纳和考特利描述了中国西藏的象类化石;比利时人柯兰发表《中国古生代腕足类两个种记述》一文。

1860年　德国人李希霍芬首次来华,后来又来几次,考察了14个省、区,行程1万千米,著有《中国》(1877~1912)。提出了黄土风成说,认真研究了中国地层。

1862年　美国庞培莱来华作地质考察,历时约4年,考察地区主要在华北和东北。

1866年　德国学者李希霍芬到陕西进行地质调查,将"五台系"和"泰山系"进行对比并将其划归太古界。

1872年　清政府开始派青年赴美留学;学地质矿业的首推邝荣光。

1873年　上海江南机器制造局翻译出版美国丹纳著《金石识别》,英国雷侠儿著《地学浅释》。这2本书均由美国玛高温口译,华蘅芳笔述。

1876年　榕著《自流井记》,记载有清代四川地区工人已初步掌握了地下岩层的分布规律,并找到了绿豆岩和黄姜岩两个标准层,表明中国已建立起最早的地下地质学。

1877年　匈牙利人洛齐在长江下游、秦岭和甘、川、滇等地作地质调查,历时3年。

1882年　丁宝桢等编《四川盐法志》中,对深井钻探技术介绍甚详,并有许多附图。

1889年　张之洞奏准于广东水师学堂内添设矿学堂,招生30名,聘请英人为教习。

1892年　俄国人奥布洛契夫来华作地质考察,先后4次,足迹遍及西北和华北,著有《中亚诸国北部与南山》,提出黄土成因。

1895年　瑞典人斯文赫定开始进行中亚考察。考察地区包括中国新疆、青海和西藏,历时2年。　盛宣怀在天津开办北洋西学堂,在头等学堂(相当于大学)设矿务学门,修业4年。

1898年　清政府颁布《铁路章程》,并设专门机构铁路矿务总局,总管其事。　日本石井八万次郎到台湾进行地质考察,编制了第1幅1:80万台湾岛地质矿产图及说明书,将全岛地层分为片麻岩系、结晶片岩系、粘板岩系、第三系和第四系6个单位。　李希霍芬在山东省进行地质考察,著有《山东的地质构造》。

1902年　清政府颁布《钦定京师大学堂章程》,规定大学预备科之习艺科者均有地质及矿产学、矿物、地质志构造等课程。

1903年　美国人威理士和勃朗克维德来华作地质调查,足迹遍及山东、河北、山西、陕西、四川、湖北和东北,著有《中国之研究》(1907~1913)。　8月,鲁迅以"索子"笔名在《浙江潮》杂志上发表《中国地质略论》论文。　同年,虞和钦发表《中国地质之构造》一文,这是中国学者撰写的第1篇有关中国地质的文章。

1904年　日俄战争爆发,日本对台湾北部煤田和中南部油矿资源进行了较全面的矿产和地质调查。

1905年　《大清矿务章程》公布,规定由农工商部总理全国矿务,各省设立矿政调查局,有些矿山还设有矿务督查员。

1906年　2月,清政府派梁询赴墨西哥参加第10次国际地质大会,这是中国第1次参加世界性的地质会议。　7月,顾琅和周树人(鲁迅)合编的《中国矿产志》由上海普及书局出版。

1907年　7月,陕北延长第1口油井钻成,日产油三四百斤。　日本在东北大连成立地质调查所,归旧伪南满铁道株式会社管辖。　意大利矿学化学博士薛尔惠在中国上海成立格致矿学化学所,专为中国化验各种矿质,评价矿产。　美国威理士在河北进行地质调查,将"震旦层系"上限限制在寒武系之下,称"震旦系"。张相文编《最新地质学教科书》,由上海文明书局出版。　10月6日,中国地学会在天津成立,首任会长张相文。　12月,王宠佑在美国《工程与矿业》杂志上发表《中国煤的生产》一文。

1909年　北京京师大学堂在格致科(理科)内设地质学门,聘德国梭尔格等任教,这是中国高等教育开办的第1个地质学门(系)。　日本福留喜之柱考察台湾后,编绘了1:20万台湾地质图,以照相版缩图出版。

1910年　2月,中国第1个地学专业刊物——《地学杂志》在天津创刊。由中国地学会主办,至1937年停办时,共出版181期,刊登文章1520余篇。　邝荣光在新创刊的《地学杂志》上发表《直隶省地质图》《直隶省矿产图》及《直隶省石层古蹟》,这是中国人自己制作的最早的地质图件。　夏,在日本东京帝国大学学习地质的章鸿钊回国度假,调查了杭州、临安和富阳一带地质,著成毕业论文《浙江杭属一带地质》,这是第1篇区域地质论文。　8月18日~25日,第11届国际地质大会在瑞典斯德哥尔摩举行,中国派驻柏林公使馆的外交官丁大民(谐音)参加。

1911年　4月,在英国格拉斯哥大学学习地质的丁文江学成回国。　6月,章鸿钊学成回国,任京师大学堂地质学讲师,他是中国人自己在高等学校教授地质学的第1人。美籍女地质学家麦美德用中文著述《地质学》一书印行。　日本出口雄三、细谷源四郎在台湾考察后合编1:30万台湾地形地质矿产图及说明书。　日本野田势次郎、山根新次在福建考察后,著有《支那地质调查报告书》。　1911年~1917年,野田势次郎在浙江考察后,编写了《浙江沿岸区域报告》及1:40万地质图。

1912年　1月,中华民国临时政府实业部矿务局设地质科,这是中国最早出现的地质管理机构,章鸿钊首任科长。　1月,实业部发出《调查地质咨文》(刊《地学杂志》第2期),咨商各省都督征调地质专门人才、地质参考品、各省舆图和矿山区域图说,并建议在南京设立地质讲习所。　1月,章鸿钊发表《中华地质调查私议》,痛陈中国地质调查之重要。　日本野田势次郎、松本十五郎、田井八方郎对湘东南地区、沅江流域和湘江流域进行路线地质调查。　中央农商部派梁津、陆钦颐到福建考察,著有《福建矿产志略》。

1913年　1月,地质科改由工商部矿政司管辖,科长丁文江。　5月,北京大学地质学门2名学生毕业后地质学门暂停招生。　6月,地质科改为地质调查所,工商部地质研究所在北京成立,丁文江任2所所长。招生30人,借用北京大学地质学门的设备办学。　8月7日~14日,第12届国际地质大会在加拿大多伦多举行,中国派广州的1名探矿工程师与会。　冬季,丁文江赴正太铁路沿线及云南、川黔边界作地质调查,著有《正太铁路沿线地质报告》,这是第1部用中文写的地质报告。并填有1:60万沿路地质图和1:10万井陉煤田地质图。

1914年　翁文灏在比利时鲁文大学地质系毕业,取得博士学位后回国,被聘为地质研究所专任教员。工商部与农林部合并为农商部,地质研究所、地质调查所同时改隶于农商部。　丁文江在黔西、滇东地区考察后将威宁地区的石炭纪地层命名威宁系。

1915年　地质研究所在北京、山东进行了7次野外实习。

1916年　《农商部地质研究所师弟修业记》编成,为地质研究所师生野外实习之成果,是中国第1部区域地质调查报告。　7月,地质研究所22名学员毕业,其中有叶良辅、谢家荣、李学清、刘季辰、赵汝钧等22人,大部分分配到地质调查所,地质调查工作逐步展开。学生毕业后,地质研究所结束。

1917年　1月24日,安徽霍山地震,震区延及山东、河南、浙江、江西、湖北和湖南等省,刘季辰前往调查。北京大学地质门(1919年称地质系)恢复招生,系主任何杰。　丁文江在鄂西进行地质调查,著《湖北宜昌罗诺平志留纪地层研究》及《湖北兴山、巴东涧中生界层》。

1919年 农商部地质调查所编印的不定期刊物《地质汇报》和《地质专报》先后创刊。 翁文灏著《中国矿产志略》,对矿产时代及矿产区域合作作了综合性论述。 10月,翁文灏编制了第1章中国地质全图——1∶600万中国地质约测图。 丁文江、叶良辅在江苏进行地质考察,著《扬子江下游地质》。

1920年 春,李四光应北京大学校长蔡元培之聘,由英国回国任北京大学教授;美国地质学家葛利普也应聘来华,任北京大学教授,兼地质调查所古生物研究室主任。 北京大学地质系二年级学生杨钟健等发起成立"北京大学地质研究会",这是中国第1个研究地质学的学术团体。 叶良辅《北京西山地质志》和翁文灏著《中国矿产区域论》发表。 12月16日,甘肃发生8.5级大地震。翁文灏、谢家荣等前往现场调查研究,著有《甘肃地震考》及《民国九年十二月甘肃及其他各省地震情形》等报告。 翁文灏发表《中国地史浅说》,论述了中国地史演变,探讨了中国海岸线的变迁等问题。

1921年 谢家荣译《中国铁矿志》印行。 章鸿钊著《石雅》出版,对古籍中有关矿物、岩石、"金石"、药物的665个名词逐一加以诠释。 丁文江、翁文灏编的第1次《中国矿业纪要》由地质调查所印行。 南京东南大学成立地质系,内设地理、气象、地质、矿物4个组。系主任为竺可桢。《北京大学地质研究会年刊》(后改为《北京大学地质学会会刊》)创刊,这是中国地质学方面较早的出版物之一。 1921年~1924年,谢家荣、袁复礼在宁夏地区进行地质调查,先后对固原寺子口红层做过调查,创立了"寺子口系"和"固原系"。

1922年 1月,地质调查所开始刊印《中国古生物志》,详细记录中国地层中所发现的各种化石。 1月27日,中国地质学会在北京成立,首任会长章鸿钊,翁文灏、李四光为副会长。该会编印的《中国地质学会志》同年创刊。 农商部地质调查所开始刊印《中国古生物志》,是中国地层中所发现的各种化石的详细记录。4月15日,中国地质学会举行常会,葛利普宣读论文《论震旦纪》,是对震旦系第1次全面的总结。 李四光在河南进行地质调查,对太行山东的石炭系作了划分。 8月10日~19日,第13届国际地质大会在布鲁塞尔举行,翁文灏代表中国政府参加。 葛利普《中国的震旦系》、李四光《华北挽近冰川作用的遗迹》等论文发表。 谭锡畴在山东早白垩世"蒙阴系"发现恐龙化石,这是国人首次发现恐龙化石。 1922年~1923年,美国自然历史博物馆中亚考察团在二连盆地考察第三系,采集了大量脊椎动物化石,所建新统阿山头组、伊尔丁曼组、沙拉木伦组及渐新乌兰戈组等地层名称,至今仍被采用。 1922年~1923年,谭锡畴在山东调查了山东省淄博、章丘、新泰、蒙阴、费县一带的古近系和莱阳一带的中生界及淄博博山煤田,著《山东中生代及第三纪地层》和《山东淄博、博山煤田地质》。 1922年~1923年,杨钟健、张席禔、卞美年在山东进行地质调查,共同创建了"官庄系""王氏系""青山系""莱阳系""蒙阴系"。 1922年~1923年,桑志华、德日进在内蒙古乌审旗沙拉乌苏地区最早发出河套人及河套文化,获得大量脊椎动物化石,命名沙拉乌苏建造。

1923年 1月6日,中国地质学会第1届年会在北京举行,收到论文27篇。 1月,周赞衡在山东省进行地质调查,发表《山东白垩纪之动物化石》,这是中国学者在古生物方面最早的著作。 6月15日,中国地质学会举行常会,欢迎法国地质学会副会长德日进教授,李四光宣读《䗴蜗鉴定法》一文,这是中国学者最早关于䗴科研究的论文。 秋,河南省地质调查所成立,它是第1个省级地质调查所。 谢家荣在《科学》杂志上发表《中国铁矿床之分类与其分布》。 翁文灏在《科学》杂志上发表《中国地震分布简说》一文,并绘制出第1幅《中国地震区分布图》,揭示了中国境内4类地震带的位置及其与大地构造、活动大断裂的密切关系,这是中国首张地震区划图,首次用地理空间的方式直观地表达了中国地震灾害的分布。 1923年~1924年,德日进在内蒙古东部林西县一带调查后,建立了林西系;到桌子山、磴口等地调查后,先后发现含有笔石的奥陶纪地层和渐新世哺乳动物化石。

1924年 1月5日~7日,第2届中国地质学会年会在北京举行,收到论文37篇。 中国第1幅百万分之一地质图——北京济南幅由谭锡畴编制完成。 农商部地质调查所建成化验室。 李四光考察湖北地区,发表《长江峡东地质及峡之历史》,纠正了前人错误,建立了新的地层系统。 夏,李四光的《研究火成岩侵入体的新方法的建议》和舒文博的《豫北红山侵入体地质调查结果》2文发表,提出用等含量线圈定矿体的位置,这是现代勘查地球化学中运用原生晕方法的最早尝试,标志着近代中国地球化学思想的兴起。 葛利普到北京地区南口进行地质调查,同年发表《中国地质史(第1卷)》。 巴尔博在河北省进行地质调查,写有《张家口附近地质志》。 李捷在山东省进行地质调查后写有《中国地质图南京开封幅1∶100万说明书》。孙云铸赴山东省对泰安大汶口之长清炒米店一带进行考察,著《中国北部寒武纪动物化石》(中国学者第1部古生物学专著)和《中国北部上寒武纪之三叶虫化石》。 刘季辰、赵汝钧首次对江苏全境进行区域地质调查,并对利过、凤凰山、牛首山等铁矿及宜兴煤矿、锦屏磷矿等进行了踏勘,著《江苏地质志》。 朱庭祜、孙海怀对浙江杭州、浙西部分地区进行地质调查,著有《调查浙江地质简报》,将荆山岭一带地层命名为"荆山层";飞来峰一带石炭—二叠纪灰岩称为"飞来峰层";将寒武纪、奥陶纪、志留纪地层命名为"印渚埠层";将部分泥盆纪及中下侏罗统命名为"倒水坞层"。 谢家荣、刘季辰著《湖北地质矿产概说》印行。 谢家荣编写的教科书《地质学(上编)》由商务印书馆出版。 东南大学(南京大学前身)地理系改名地学系,分地理、地质、气象3门。 国立广东大学(1925年更名为国立中山大学)设立矿物地质系(1928年改为地质学系)。

1925年 1月3日~5日,中国地质学会第3届年会在北京举行,年会收到论文19篇。 王宠佑捐款600元,作为按期定制"葛氏奖章"的基金。规定每2年1次,把奖章授予"对中国地质学或古生物学有重要研究与地质学全体有特大之贡献者"。 1月27日,翁文灏在北京天文台讲演,题为《惠氏大陆漂移说》,这是中国学者第1次介绍魏格纳的大陆漂移说。 10月7日,中国地质学会举行常会,赵亚曾宣读《中国北部太原系之时代》一文,为中国早期关于石炭纪地层研究的重要论文。 章鸿钊著《洛氏中国伊兰卷金石译证》由地质调查所印行。 朱庭祜负责组建云南地质调查所,成立了中国第1个地质机构并进行了地质及矿产的考察工作。

1926年 5月3日~5日,中国地质学会第4届年会在北京举行,收到论文29篇。 5月24日~31日,第14届国际地质大会在西班牙马德里举行,孙云铸参加,发表论文题为《中国之寒武、奥陶及志留纪》。 11月,第3届泛太平洋科学会议在日本东京举行,翁文灏等前往参加,提交《中国地壳运动》(翁文灏)、《中国北部古生代含煤地层之时代及其分布》(李四光)、《中国温泉之分布》(章鸿钊)等论文多篇。 12月,在中国地质学会与北京博物学会共同主持的欢迎出席泛太平洋科学会议代表的一次大会上,李四光发表《地球表面形象变迁的主因》论文,提出大陆车阀说,开地质力学之先河。 李四光著《中国北部之䗴科》一书写成(于1927年列为《中国古生物志》乙种第4号第1册,由地质调查所印行)。 中国百万分之一地质图——太原榆林幅由王竹泉等编制完成。翁文灏在《中国地质学会志》上发表《金属矿分布的几点规律》《砷矿在金属矿系列中的位置》等文,首次提出矿产区域论,说明锡钨锑汞分带的理由。 翁文灏在《地质汇报》上发表《中国煤炭分类》一文,提出不同类煤炭的定名和分类。

1927年 2月10日,中国矿冶工程学会在北京成立,该学会编辑的《矿冶》杂志创刊,出8卷后停刊。 2月12日~14日,中国地质学会第5届年会在北平举行,收到论文22篇,会长翁文灏发表题为"中国东部中生代以来之地壳活动及火山活动"演说,首次提出了"燕山运动"的概念。 翁文灏在北京地区考察,提出了以燕山运动代表侏罗纪末白垩纪初的不整合、火成活动和成矿作用,正式发表《中国东部中生代以来地壳活动及火山活动》,首次提出了"燕山运动"的概念。 3月,湖南省地质调查所成立。 李毓尧、刘基磐、田奇㻪、王晓青先后在湖南地质调查所主持工作,该所开展了长沙、湘潭泥盆系研究,测制调查取得1:15万~1:100万地质构造图,出版了调查报告。 5月,中国与瑞典联合组织"中瑞西北科学考察团",袁复礼、丁道衡等16名中国科学家参加,考察自1927年~1935年,足迹遍及内蒙古、宁夏、甘肃、青海、新疆等地,考察了地质、古生物、地貌、气象气候、冰川、水文、考古、土壤、植被等。 7月,丁道衡在白云鄂博发现铁矿。 9月,两广地质调查所成立。 12月5日,中国地质学会在北平举行会议,介绍周口店挖掘情况,李捷和瑞典学者步林先后作了《周口店之化石层》和《周口店化石层之挖掘》报告。黄汲清在北京地区进行考察,研究了军庄一带的寒武系和奥陶系,进行了较详细地划分与比较,奠定了西山早古生代地层工作的基础。 赵亚曾、刘季辰等在浙西15 000平方千米区域进行了1:50万路线地质调查,首创"千里岗砂岩"一名。 刘季辰等著《湖南水口山铅锌矿报告》印行。 李四光著《中国北部纺锤虫化石》、瑞典学者赫勒著《山西中部古生代植物化石》出版。

1928年 1月,中央研究院地质研究所在上海成立,所长李四光。 夏,地质调查所改隶国民政府农矿部。 10月,江西省地质调查所成立,卢其骏在江西的赣县、崇义、上犹的钨矿进行地质调查和矿产调查。中华矿学社在南京成立,《矿业周报》创刊,共出版440期。 中山大学(以前称广东大学)重新设置地质系。 杨曾威、李春昱、黄汲清、朱森等研究了北京杨家屯煤系的沉积特征,将杨家屯煤系分为上、中、下3层,分别与石盒子系、山西系、太原系和本溪系对比。 朱庭祜、张会若在广东的乳源、曲江、乐昌一带,张会若、朱翊声在英德、翁源一带,冯景兰、张会若在英德至韶关的铁路沿线,王镇屏到乐昌狗牙洞一带作路线地质矿产调查,写有调查报告。 丁文江受国民政府铁道部委托踏勘计划中的川广铁路线,后著《川广铁路线初勘报告》一文。 袁复礼首次在新疆发现二齿兽、水龙兽。 李捷、朱森在鄂陕交界处的武当山、大巴山地区进行地质考察,确定了该区的志留系、前震旦系"武当片岩"等地层。 赵亚曾著《中国长身贝科化石》印行,创立了新分类,得到当时国际同行的重视和采用。 杨钟健著《中国北部之啮齿动物化石》印行,这是中国人写的第1部专论骨化石的著作。 葛利普利用中国地质资料写的《中国地质史(上、下册)》由地质调查所出齐(上册于1924年印出),为建立中国地层系统奠定了基础。 谢家荣、张更在江苏钟山、汤山一带进行地质调查,著有《钟山地质与首都水井之关系》(中国早期水文地质方面的重要论著)和《南京汤山及附近地质》。 步林、杨钟健和裴文中在北京周口店地区发现人头骨骨片和2个碎牙床及数个碎牙齿。刘基磐著《湖南之锑业》印行。

1928年~1931年,E.诺林在新疆进行地质调查,著有《中天山东天山地质报告》。

1929年 丁文江在北京调查后提出将燕山运动划分为3幕,把印支运动当作燕山运动的一幕。 2月13日~14日,中国地质学会第6届年会在北平举行,收到论文21篇,丁文江发表《中国造山运动》的演讲。 丁文江组织领导西南地区地质地理调查。 中山大学、两广地质调查所组成地质调查团进入四川进行地质调查。 刘基磐等编的《湖南矿业纪要》印行。 赵亚曾、黄汲清、谭锡畴、李春昱在四川、秦岭进行地质调查,测有1∶20万和1∶30万地质图41幅,著《秦岭山及四川之地质研究》和《四川西康地质志》。 4月,农矿部地质调查所得洛克菲勒氏基金之助,成立新生代研究室,名誉主任丁文江、主任步达生、副主任杨钟健。从此中国有了研究新生代哺乳动物化石及古人类的专门机构。 7月30日~8月6日,第15届国际地质大会在南非比勒陀利亚举行,李毓尧代表中国参加。 8月31日,中国古生物学会在北京成立,首任会长孙云铸。 11月15日,赵亚曾在云南殉难,中国地质学会设立赵亚曾先生补助金,并于1932年起赠予。 12月2日,裴文中在北京周口店首次发现一个完整的中国猿人头盖骨化石,并确定其年代约为50万年。奠定了中国猿人在科学上的基础,并在附近发掘了相应的周口店动物群。 巴尔博在内蒙古研究了汉诺坝玄武岩层中所含的动植物化石,将其时代定为中新世。 中国百万分之一地质图——南京开封幅由李捷等编制完成。 由侯德封编的《中国矿业纪要》印行。 李四光在英国《地质学杂志》上发表论文《东亚一些构造型式及其对大陆运动问题的意义》,提出了构造体系概念,创造性地运用力学方法来解释东亚大地构造。 舒文博在浙江西部进行地质考察,写有《浙江西部之地质矿产》一文。 谭锡畴、王恒升在河北省部分地区进行地质考察,分别著有《直隶宣化、涿鹿、怀来3县地质矿产》和《直隶宣化一带古火山研究》。 燕春台、查字禄在赣南进行钨矿调查,著《赣南地质矿产调查报告》,编制1∶200万《江西赣南钨矿分布略图》。 谭锡畴、王恒升在黑龙江嫩江县进行地质调查,首次把嫩江县周围的黑色页岩命名为"嫩江页岩系"。 巴尔博、桑志华、德日进、皮维托等在河北省阳原县泥河湾附近发掘了一套三趾马—真马动物群,建立了"泥河湾层"(晚上新世)。 清华大学设地理系(1932年改名地学系),翁文灏任系主任,分地理、地质、气象3科。

20世纪20年代 高振西、高平、潘钟祥在天津对蓟县的上、中元古界和盘山花岗岩做过研究。 美国学者勃克、毛里士2次考察内蒙古哲斯敖包地区,采集了大量古生物化石,1927年在纽约出版《蒙古地质》。

20世纪20年代~30年代,何作霖在内蒙古进行地质调查,称内蒙古白云鄂博群为北方震旦系。 丁道衡在内蒙古地区的乌拉特中旗发现恐龙化石,肯定了白垩系的存在。 20世纪30年代初,丁文江、俞建章等在黔南地区进行地质调查,奠定了泥盆系和石炭系地层划分的基础。

1930年 春,南京中央大学(原东南大学)地学系扩展为地理(包括气象)和地质(包括矿物)2个系,李学清任地质系主任。 3月,北平研究院地质研究所成立,所长由农矿部地质调查所所长翁文灏兼任。 3月29日~31日,中国地质学会第7届年会在北平举行,收到论文21篇。 5月26日,《中华民国矿业法》公布。 9月,农矿部地质调查所地震研究室北平鹫峰山地震台建成,主持人李善邦。这是中国自己设立的第1个较为完善的地震台。《地震专报》同时创刊。 10月,农矿部地质调查所沁园燃料研究室成立,主任谢家荣,创办《燃料研究专报》刊物,1938年停刊。 农矿部地质调查所成立土壤研究室,出版《土壤专报》和《土壤特刊》等刊物。 11月,杜其堡编《地质矿物学大辞典》由商务印书馆出版,为中国最先出版的一部大型地质工具书。 俞建章著《中国中部奥陶纪头足类化石》、翁文灏著《锥指集》印行。 中外学者命名了"大理冰期",这是中国第四纪研究中第1个有真实根据的冰期命名。 谢家荣发表了2篇关于煤岩学研究论文。 袁复礼在新疆进行科学考察,于1956年发表了《新疆准噶尔东部地质报告》和《晚古生代与中生代动物化石》。 日本松下进在辽宁对太子河地区及大连地区的上元古界作了调查研究,并编制了1∶40万营口、凤城、大孤山、恒仁、奉天幅地质图及说明书。 1930年~1935年,李四光、朱森对江苏龙潭、栖霞一带的石炭纪和二叠纪地层和化石进行了详细研究和划分,著有《南京龙潭地质指南》。 东南大学地学系分为地质系和地理系。

1931年 年初,中央研究院南京北极阁地震台建成。 春,地质调查所谭锡畴、李春昱等在四川南部调查石油石盐地质,并在五通桥、河呷场、自流井等地测制地质图。后著有《四川石油概论》一文。 5月2日~4日,中国地质学会第8届年会在南京举行,收到论文23篇。 赵亚曾、黄汲清著《秦岭山及四川之地质研究》

出版,第1次较系统地划分出秦岭北坡的"旧寒武前纪秦岭系"和广义"秦岭地轴",秦岭南坡震旦—奥陶纪"柞水系"、志留纪"石瓮子灰岩"、泥盆纪"古道岭灰岩""疙瘩寺板岩"、石炭纪"略阳灰岩"、石炭二叠纪"镇安系"、二叠纪"草凉驿煤系"以及汉中梁山奥陶纪"直角石灰岩""艾家山页岩""汉南杂岩基"等地层、岩石和构造单位。 李毓尧、李捷、朱森等著《宁镇山脉地质》出版。

1932年 实业部地质调查所王竹泉、潘钟祥赴陕北进行调查地质,发现了永坪油田,并著有《陕北油田地质》。 秋,西部科学院地质研究所在重庆北碚成立,所长常隆庆。出版社了《重庆南川间地质志》《四川嘉陵江三峡地质志》《湛江铁矿志》《雷马峨屏调查记》等。 清华大学设立地质组,属地学系。 浙江省地质矿产调查所在杭州成立。 10月5日~9日,中国地质学会第9届年会在北平举行,收到论文38篇。 黄汲清在江苏进行地质调查,著《中国南部之二叠纪地层》,是中国南部二叠纪珊瑚和腕足类及地层研究的专著。

1933年 葛利普提出"脉动学说"。 实业部地质调查所与全国经济委员会公路处、中央大学地质系等单位合组四川地质调查团,并进行地质调查,著有《四川地质调查团报告书》。 7月30日~8月6日,第16届国际地质大会在美国华盛顿举行,丁文江等代表中国参加,会上提交论文8篇。 8月25日,四川岷江上游叠溪发生大地震,岷江壅塞成湖。常隆庆曾前往调查,并著有《四川叠溪地震调查记》。 11月11日~13日,中国地质学会第10届年会在北平举行,收到论文28篇,李四光作《扬子江流域之第四纪冰川期》的演讲。 裴文中发现"山顶洞人"。 杨钟健著《中国人类化石及新生代地质概论》、俞建章著《中国下石炭纪之珊瑚化石》、斯行健著《陕西四川贵州3省植物化石》和《中国中生代植物》、王晓青等著《湖南长沙、湘潭、衡山、邵阳、衡阳、湘乡等6县地质志》印行。 马廷英发表《古生代一些珊瑚生长的季候变化》一文。

1934年 3月,李四光与德日进、巴尔博、那林在庐山辩论第四纪冰川问题,随后发表《关于研究长江下游冰川问题材料》,提出"在更新世时,全球温度曾普遍下降,中国存在低温带,处于寒冷气候控制下"这一重要结论。 夏,陕北油矿探勘处成立,孙越崎任处长。 王竹泉、潘钟祥在陕西首先发现了陕北的侏罗纪和白垩纪化石,潘钟祥确立了白垩纪"保安系"。 叶良辅、喻德渊在江苏南京钟山、宁镇山脉和茅山山脉作了比较系统的调查研究,著《南京镇江间的火成岩地质史》。 许杰在江苏进行地质调查,著《扬子江下游之笔石化石》。 孙健初著《绥远及察哈尔西南部地质志》、裴文中著《周口店洞穴层采掘记》、高振西等著《华北震旦纪地层》、王景尊著《河南矿业报告》印行。

1935年 何作霖发现白云鄂博铁矿中含有丰富的稀有元素,并发表《中国绥远省白云鄂博的某些稀土元素矿》一文。 常隆庆在四川攀枝花地区发现大型磁铁矿。 2月14日~16日,中国地质学会第11届年会在北平举行,收到论文32篇,谢家荣发表《中国铁矿的分类》的演讲。 马廷英率队调查东沙群岛,开创中国海洋地质研究先河。 重庆大学建立地质系,系主任李唐泌。 9月,贵州省地质调查所成立,朱庭祜任所长。 何作霖发表《光性矿物学》专著。 市四雄一在台湾考察后主编《1:50万台湾地质矿产图》。 熊永先等在北京西山进行地质调查,并编制《北京西山地质图稿1:5万》。 周道隆等组成的地质矿产探测队对江西赣南14县39处钨矿进行矿产调查,编《赣南钨矿志》。 谢家荣著《扬子江下游铁矿志》、谭锡畴和李春昱著《四川西康地质志》、孟宪民和张更著《湖南水口山之铅锌矿床》、王晓青著《湖南锰矿志》、朱熙人著《中国铜矿概论》、南延宗著《中国银铅锌矿述略》、林文英著《甘肃公路地质调查报告》等发表。

1936年 1月5日,丁文江在湖南长沙去世。中国地质学会设立丁文江先生纪念奖金,每2年1次,发给研究地质有特殊贡献的中国人。 1月26日~29日,中国地质学会第12届年会在南京举行,讨论了葛利普提出的《用脉动学说来划分古生代系统》和张席禔提出的《中国之中生代地层》,对此谢家荣提出了《中国中生代末第三纪初之凿山运动火成岩活跃及与矿产造成之关系》一文。会议收到论文32篇。 春,晋绥兵工矿产测探局成立,负责人为阎锡珍、侯德封。 2月,中国地质学会主办的《地质论评》创刊。 3月27日,中国地质学会成立北平分会。 7月~10月,李四光考察黄山、庐山等地冰川,并发表《安徽黄山之第四纪冰川现象》。 夏,李四光再次上江西庐山调查冰川遗迹,在鄱阳湖畔的白石尖筹建了"第四纪冰川陈列馆",并将历次调查冰川之所得,撰写成《冰期之庐山》。 秋,地质调查所建立中国地质图编纂委员会,主任翁文灏,副主任黄汲清。负责编绘百万分之一中国地质图。 9月初,四川油矿探勘处成立。 9月,以黄汲清为首的南岭地质调查队赴南岭作地质调查。 翁文灏、金开英提出依据"加水燃率"的指标的煤分类法,将煤分为8大类,这是中国最早的煤炭分类法。 11月15日,贾兰波在周口店先后挖出两具猿人头盖骨,26日又挖出1具猿人头盖骨。 高平在浙江东部地区进行地质调查,著有《浙江东部之地质》一文。 何作霖在北京进行地质调查,著有《北京西山花岗岩侵入体》。 孙健初在甘肃祁连山第1次对祁连山东部的地层进行了详细划分,并对祁连山部分地区的煤铁矿产进行了描述。　杨杰在河北省的曲阳、行唐、平山一线至阜平、龙泉关到五台山进行地质调查,著有《山西五台山地质略述》,第1次从构造入手了解变质岩系。　1936年~1937年,谢家荣在北京做地质调查,著有《北平西山地质构造概说》。

1937年　2月20日~23日,中国地质学会第13届年会在北平举行,收到论文62篇,杨钟健发表《中国脊椎动物化石之新层》的演讲。　春,顾维均等组成中国煤油探矿公司筹备处,并派出西北地质矿产试探队前往甘肃永登、永昌、玉门和敦煌等处以及青海柴达木盆地进行石油地质勘查。　由中山大学编印的普及性地质刊物《大地》月刊创刊。　7月2日~29日,第17届国际地质大会在苏联莫斯科举行,翁文灏、黄汲清等6人参加,提交论文5篇。　李四光代表中国古生物学会出席在莫斯科召开的国际古生物协会会议。　8月1日,山东菏泽发生大地震,李善邦、贾连亨曾用通讯方式进行调查,并著有《山东菏泽地震述要》。　云南地质调查所成立,所长朱庭祜。　江西地质矿业调查所改名为江西地质调查所,尹赞勋任所长。徐克勤、丁毅在江西南部进行地质及矿产调查,著《江西南部钨矿地质志》,并绘制了1:30万地质图,成为对赣南钨矿论述较为详细、系统的一部专著。　丁文江著《云南个旧附近地质矿务报告》、俞建章著《中国南部平宁系珊瑚》、孟宪民等著《云南个旧锡矿地质述略》等印行。　马廷英著《造礁珊瑚的成长率及其与海水温度的关系》出版。

1938年　2月14日~16日,中国地质学会第14届年会在长沙举行,收到论文41篇,杨钟健发表《我们应有的忏悔和努力》的演讲。　2月,四川省地质调查所成立,所长李春昱。　秋,北京大学、清华大学和南开大学在昆明组成西南联合大学,北京大学地质系与清华大学地学系合组成地质地理气象学系,主任孙云铸。　9月,中国地质学会昆明分会成立。　10月,地质调查所黄汲清等赴四川威远进行地质调查,认为威远背斜构造甚适于储油,提出了在威远臭水河背斜上进行钻探的建议。　卞美年、王存义在云南禄丰县城郊下禄丰组红砂岩内发现完好的恐龙等动物群化石。　新疆独山子油田第1口探井出油。　12月,孙健初和严爽、靳锡庚等到甘肃嘉峪关外老君庙进行石油地质勘探,经过6个月的探查,肯定它是一个有开发价值的油田,发现了玉门油田。　高平、夏湘蓉、刘辉驷、陈国达等在江西做地质调查,编制了14幅1:20万区域地质图和地质矿产报告,涉及面积共4万余平方千米。　林文英著《中国公路地质概论》出版,这是中国第1部区域工程地质专著。　王晓青著《湖南锑矿志》、黄著勋著《广东全省地质矿产志》印行。　1938年~1941年,李四光、张文佑、赵金科、张更、孟宪民、斯行健、吴磊伯、马振图、孙殿卿、徐煜竖、吴燕生等在广西东部和西部做地质矿产调查,填制了东经106°以东1:25万广西地质图和分区地层表。

1939年　李四光在广东进行地质调查,著《中国地质学》(在伦敦用英文出版),这是中国第1部综合研究中国地质的专著,概括了地质调查成果。　四川巴县石油沟1号井钻完,喷出天然气。　程裕淇在云南昆阳发现磷矿,矿石中含胶磷24%~30%,地层层位为下寒武统底部和南方震旦系冰碛层以上。　中国地质学会加入国际古生物学会。　3月1日~3日,中国地质学会第15届年会在重庆举行,黄汲清发表《中国西南部之煤铁与石油》的演讲。　5月,甘肃老君庙钻探出油。　顾功叙在贵州水城县观音山铁矿上开展电法勘探。此后,此法扩展到滇黔铅锌矿区、铜矿等。　7月,西北联合大学改组为西北大学,原设地理系扩充为地质地理系,1947年地质与地理分别设系。　8月西康地质调查所在康定成立。

1940年　福建省建设厅地质土壤调查所在福建永安成立。　3月14日~16日,中国地质学会第16届年会在重庆举行,收到论文99篇,李四光发表《广西台地构造之轮廓》,是运用地质力学——构造体系的观点研究区域地质构造的著作。　翁文波、赵仁寿到玉门采用地球物理方法对油矿进行勘探,效果较好。　6月,叙昆铁路沿线探矿工程处成立,10月11日改组为资源委员会西南矿产测勘处,处长谢家荣。　西南联合大学地质系成立地质学会,并增设研究部,招收研究生。　中国西部科学院地质研究所重庆分所在四川的涪江、嘉陵江、岷江、大渡河等地区进行了地质调查,编制出1:50万地质图7幅、1:20万地质图28幅及重庆地区1:2.5万地质图。　赵金科调查广西地区,著有《广西地层发育史》。　朱熙人、袁见齐、郭令智著《云南矿产志》、高平和徐克勤著《江西西部地质志》印行。

1941年　由资源委员会西南矿产测勘处编印的《矿测通讯》创刊。　2月,由中央地质调查所编印的《地球物理专刊》创刊号出版。　3月8日~10日,中国地质学会第17届年会在重庆举行,尹赞勋发表《中国地质工作之新近发展》的演讲。　3月16日,甘肃油矿局成立,孙越崎任总经理,下设地质室。　潘钟祥在美国石油地质学家协会志上发表《中国陕北和四川白垩系地层的陆相生油》论文,提出陆相生油说。　11月,陕甘宁边区成立地矿学会,负责人武衡。　李陶著《四川省煤矿概说》、侯德封著《四川铁矿概略》印行。

1942年　春、冬,黄汲清、杨钟健、程裕淇、周宗浚、卞美年和翁文波赴新疆,对乌苏独山子油田、库车铜厂油田、温宿塔克拉克油田地质进行了详细调查,著有《新疆油田地质调查报告》,提出陆相生油论和多期多层含油论。该著于1947年正式出版。　3月16日~18日,中国地质学会为庆祝成立20周年,在重庆举行地质展览会,展出各种标本、图件。　3月20日~22日,中国地质学会第18届年会暨学会成立20周年纪念大会在重庆举行,会议收到论文124篇。　10月,资源委员会西南矿产测勘处扩大为全国性矿产测勘机构——资源委员会矿产测勘处,处长谢家荣。　西南联合大学地质系与云南政府合作成立云南省地质矿产调查所。

1943年　由清华大学地学会编辑、亚新地学社印行的《地学集刊》创刊。　春,中央地质调查所在兰州成立西北分所,所长王曰伦。　3月7日~9日,中国地质学会第19届年会在重庆举行,收到论文118篇,同时举办了地质展览会。　宁夏地质调查所成立。　四川圣灯山构造钻出天然气。　南延宗和吴磊伯在广西富(川)贺(县)钟(山)区发现磷酸铀矿、指状铅铀矿和沥青铀矿等3种含铀矿物。这是第1次在中国发现铀矿。　徐克勤、丁毅著《江西南部钨矿地质志》印行。　12月31日,新疆地质调查所在迪化(今乌鲁木齐)成立,所长王恒升。

1944年　4月1日~8日,中国地质学会第20届年会在贵阳举行,收到论文153篇,孙云铸发表《云南志留纪及泥盆纪地层》的演讲。　4月24日,许德佑、陈康、马以思在贵州晴隆调查地质时,被土匪枪杀。　冬,陈贲提出"侏罗纪生油论"。　何春荪在宁夏进行煤田地质调查,著有《甘肃东部煤田地质》。　黄劭显、杜恒俭在宁夏地区煤田地质调查,著有《宁夏汝箕沟煤田地质》。　李士林在宁夏进行地质矿产调查,编有《宁夏地质矿产事业》数册。　叶连俊、关士聪著《甘肃中南部地质志》、李悦言著《四川盐矿志》印行。

1945年　黄汲清在新疆、广西、广东进行地质调查,发表《中国主要地质构造单位》,对中国地质构造单位作了首次分析,第1次编制出了中国大地构造图,并提出多旋回构造运动说。　3月11日~13日,中国地质学会第21届年会在重庆举行,收到论文87篇,还举行了地质力学之基础与方法论讨论会及新疆地质问题座谈会。昆明分会也同时举行年会。　秋,日本投降、台湾光复后,台湾大学地质系由马廷英任系主任。　9月23日,河北滦县地震,波及河北、山东、辽宁和内蒙古地区,王竹泉、刘俨然、宋鸿年前往调查,著有《河北滦县地震》报告。

1946年　1月,察绥矿产调查所在张家口成立,所长李士林。　台湾省地质调查所在台北成立,所长毕庆昌。　中央地质调查所北平分所恢复。　3月20日,在华工作多年的地质古生物学家葛利普在北京病逝。　山东大学增设地质矿物系,何作霖任系主任。　贵州大学增设地质系,系主任乐森璕。　贵州地质调查所恢复。　6月1日,中国石油公司在上海成立,统管全国石油勘探、开发、炼制和运销工作。　10月27日~29日,中国地质学会地第22届年会在南京举行,章鸿钊宣读《太平洋区域之地壳运动与其特殊性构造之成因》论文。　中央地质调查所、中国地质学会由重庆迁回南京。　12月底,中央地质调查所侯德封、陈梦熊、刘东生、姜达权调查长江三峡工程地质。　20世纪40年代初,于锋首先在湖北、四川交界的利川市谋道溪(磨刀溪)发现了幸存的水杉巨树,王战等采集了模式样本,1946年胡先骕和郑万钧研究鉴定是亿万年前在地球上生存过的水杉。

1947年　中央地质调查所接受伪满地质调查所,在长春成立工作站,主任岳希新。　中央地质调查所成立工程地质研究室,研究工程地质及地下水,室主任叶连俊。　资源委员会矿产测勘处在安徽淮南八公山发现煤矿;在福建漳浦吴山发现三水型铝土矿;在安徽凤台发现磷矿。　李四光著《地质力学之基础与方法》由中华书局正式出版。　李四光著《冰期之庐山》印行。　孙健初发表《发展中国油矿计划纲要》论文,并附有"中国石油理想分布图"。　7月~8月,中国石油公司与美孚、德士古、亚细亚共同组成西北地质考察团,到玉门、酒泉、永昌、青土井等地区进行地质考察。　矿产测勘处郭文魁、杨博泉等随同英国石油专家宋迈田前往四川考察石油地质,认为四川好的储油构造极多,生油储油最可能为二叠系石灰岩。　11月18日,中国地质学会第23届年会在台北举行,收到论文113篇,谢家荣发表《古地理为探矿工作之指南》的演讲。　12月25日,中国古生物学会在南京举行大会。　资源委员会水力发电工程处钟佛鸥、张兴仁和中央地质调查所姜达权、刘秉俊、边效曾共同作长江三峡水电工程地质勘察。　冬,姜达权考察台湾浊水溪、大甲溪一些水电工程地质。刘国昌著《中国汞矿生成及分类》一文发表。　1947年~1948年,吴磊伯、李铭德等在李四光的指导下在浙江进行地质调查并填制《浙江诸暨枫桥火山岩区域地质图》,著有《浙江北部地质构造之轮廓》《杭州复向斜的构造发展史》《浙江北部混合岩 Appinite 之发现》和《浙江北部中生代火山岩发生之方式及其构造上之关系》;李星学著《浙江下白垩纪之植物化石》。

1948年　3月,朱家骅、李四光、翁文灏、黄汲清、杨钟健、谢家荣当选为中央研究院院士。　6月,《中国古生物学会讯》创刊。　8月25日~9月1日,第18届国际地质大会在英国伦敦举行,李四光、黄汲清等11人参加,提交论文8篇。　10月24日,中国地质学会第24届年会在南京举行,收到论文100篇,俞建章发表《古代生物在进化过程中之另一演变倾向》的演讲。　张更著《云南东南部东川矿区地质》印行。

1949年　年初,东北地质调查所在长春成立。　青海柴达木红柳泉区发现新油田。　中央地质调查所印行14幅百万分之一中国地质图。　8月19日,中央人民政府政务院财经委员会陈云、薄一波发布命令,将原中央地质调查所划归财经委员会计划局领导。　8月,浙江省地质调查所在杭州成立。　喻德渊著《湘西黔东金矿地质》印行。　12月,中国地质学会第25届年会分别在南京、北京举行,南京区年会12月18日~21日举行,宣读论文48篇;北京区年会12月25日~26日举行,宣读论文6篇,宣布题目19篇。　12月31日,毛泽东为莫斯科地质勘探学院学习的中国留学生题词"开发矿业"。　1949年~1950年,上海石油公司在上海进行了系统地质调查,认为上海基底为变质岩和火成岩。

1950年　1月15日,中国科学院接管的前中央研究院地质研究所,完成1:25万广西全省地质图,这是中国第1部面积最广、最完整的地质图。　3月17日,南京地质探矿专修学校开学典礼,校长谢家荣。　8月25日,中国地质工作计划指导委员会成立,在调整全国地质机构的基础上,促进了有计划地矿产勘探和地质调查工作。主任李四光,副主任尹赞勋、谢家荣。　9月1日,焦作工学院从河南迁至天津,改名为中国矿业学院,其前身是创办于1909年的焦作路矿学堂,是新中国成立初期国内唯一的矿业高等学院。　9月8日,矿产地质勘探局成立,局长谭锡畴。　9月,西北大学地质系在中国首次开设石油与天然气地质专业。　涂光炽在清华大学教授地球化学课程。　河南省人民政府聘请冯景兰、张伯声进行地质矿产调查,发现平顶山煤矿及巩县铝土矿,这是新中国成立后首次发现的两处大型矿床。《豫西地质矿产报告》为以后大规模开展河南地质工作打下了基础。　张伯声首次提出"嵩阳运动"。　王晓青对汨罗一带的第四纪进行了研究,首创"汨罗层"一名,又将湘东北震旦系划分为上、下二统。　北京大学、清华大学师生在密云、平谷地区进行了1:5万区域地质填图,并开展了全面调研。　11月27日,政务院财经委员会和文化教育委员会联合发出《关于地质工作及其领导关系的决定》,明确中国地质工作计划指导委员会为地质工作的统一领导机关,地质研究机构及古生物研究机构仍属中国科学院领导。　12月,中国地质学会第26届年会在北京、南京、广州和杭州同时举行,北京区总会年会在北大举行,宣读论文23篇,李四光宣读《受了歪曲的亚洲大陆》一文;南京区年会与中国古生物学会第2届年会联合举行,宣读论文46篇;广州区年会12月24日举行,宣读论文20篇;杭州区年会12月24日~25日举行,宣读论文14篇。

1951年　3月,政务院文化教育委员会组织西藏工作队,李璞等地质工作者随同中国人民解放军首次进入西藏,进行路线地质和矿产地质调查,历时10个月。　4月18日,政务院颁布《中华人民共和国矿业暂行条例》。　5月7日,中国科学院地质研究所和古生物研究所分别在北京和南京成立。同时,在北京设立中国地质工作计划指导委员会矿产地质勘探局。　9月6日,章鸿钊因肝癌不治,在南京逝世。　10月,东北地质专科学校在长春开办,校长李四光兼任,副校长喻德渊。　10月14日~15日,第1次全国地质会议在北京召开,讨论并拟定地质调查、矿产普查以及钻探、测绘、化验和物探等方面的工作计划及有关制度。　12月29日~31日,中国地质学会第27届年会在北京举行。　同年,全国300多名地质工作者组成了84个地质队,分赴全国从事地质调查工作。　苏联第十三航测大队在伊犁、库车和喀什地区进行1:20万地质测量区域地质调查,编写了"三大地质专报"。在苏联援助下,新疆一方面开发独山子油田,另一方面在准噶尔盆地和塔里木盆地开展石油普查,积极寻找新油田,并在喀什一带和富蕴县可可托海等地分别发现了铅、锌矿和稀有金属矿。二机部所属的五一九队还专门承担了勘查铀的任务。　谢学锦、徐邦梁在安徽安庆月山进行化探试验。　侯德封调查了磐石县石咀子铜矿,创立了石炭统磐石组。　马杏垣发现了平谷一带火山颈。刘元镇、王晓青和廖士范等分别对资兴"门口山系"和湘潭杨家桥侏罗纪煤系地层做了划分。　1951年~1955年,刘国昌对大兴安岭的泥盆系、石炭—二叠系进行了研究,创立了乌奴耳灰岩、石炭—二叠系高家窝棚灰岩、柳条沟灰岩、四甲山灰岩等地层名称。

1952年　8月7日,中央人民政府地质部成立,部长李四光,副部长何长工、刘杰、宋应。　8月25日,政务院通知撤销"中国地质工作计划指导委员会"。　北京地质学院成立,院长刘型。　秋季,地质部中南地质局在武汉成立,首任局长朱效成。　11月12日,东北地质学院成立,院长文士祯。　11月17日~12月8日,地质部在北京召开全国地质工作计划会议,政务院副总理兼财经委员会主任陈云到会作重要报告。　本年,地质部中南地质局在武汉成立,首任局长朱效成。《中国地质学会会志》与《地质论评》合并,更为现名《地质学报》。

1953年 1月,地质部第1次派出由宋应副部长率团赴苏访问,考察苏联国家地质事业管理经验。 1月20日~2月10日,地质部在北京召开全国地质人员学习会议,到会700余人,李四光部长和何长工副部长作报告,刘杰副部长作总结。 2月8日,中国地质学会第28届年会在北京举行。 3月,《古生物学报》创刊。 7月31日~8月14日,地质部在北京召开首次地质教育工作会议,讨论确定了地质教育工作的方针任务。 9月21日,周口店中国猿人化石产地陈列室正式开放。 11月20日,全国矿产储量委员会正式成立。 11月28日,中国科学院地震工作委员会成立。 年底,李四光应毛泽东、刘少奇、周恩来之约,去中南海谈中国石油问题,提出中国石油资源很有希望,问题在于要多做工作。 斯行健对宁夏中宁县烟筒山老君山砾岩中采获的 Leptophioeum rhombicum 进行了鉴定。 孟宪民在《地质学报》发表《中国铜矿的分布情况及勘探方向》论文。 张丽旭编制的1:30万台湾地质图出版。

1954年 1月,全国地质普查委员会成立,主任李四光,技术负责谢家荣、黄汲清。 2月11日~14日,中国地质学会第1次全国会员代表大会在北京举行,李四光作《漩涡状构造及其他有关西北大地构造体系的复合问题》的专题讲演。 3月15日~21日,中央人民政府燃料工业部石油管理总局召开全国石油勘探会议,初步估计了过去4年来中国石油勘探工作的成果,认为中国是一个石油资源蕴藏丰富的国家,必须进一步加强勘探工作,以满足国家对于石油产品的日益增长的需要,并为国家远期计划准备新的勘探区域。会议根据总的勘探方向,具体布置了1954年的勘探工作。 8月31日,《地质部接受群众报矿暂行办法》颁布。 9月29日,原地质部改名为中华人民共和国地质部。 12月,国务院决定,自1955年起,由地质部承担石油与天然气的普查和部分详查工作;燃料工业部承担细测和钻探开发工作;中国科学院承担科研工作。 卢衍豪据边兆祥、李星学在天景山所采 Symphysurus 等三叶虫对奥陶系进行了肯定。 关士聪对贺兰山、桌子山地区的奥陶系及石炭—二叠系做了详细划分。 潘江于南京龙潭原属下石炭统的五通系中首次发现胴甲鱼化石,肯定了五通系之时代属泥盆纪,扩大了泥盆纪地层在中国的分布范围。 孙云铸、杨钟健、斯行健等编著《中国标准化石》出版。

1955年 年初,燃料工业部召开的全国石油探勘会议上,强调了运用地质理论指导同探寻石油的重要性,地质部、中国科学院都派人参加了这次会议,共同协商研究,确定了任务分工。 2月5日~6日,中国地质学会第29届年会在北京举行。 2月10日~17日,国家地质部召开了中国有史以来第1次全国区域水文地质会议,成立了中国水文地质分区图编审委员会。会议决定编制全国区域水文地质图,以便合理开发利用地下水资源。这次会议对中国水文地质事业的发展起到了十分重要的作用。 2月22日~3月17日,国家地质部召开了第1次石油普查工作会议,确定按地区组织5个石油普查大队分赴新疆、四川、青海、鄂尔多斯地区及华北平原等广大地区进行工作,以便了解和掌握各地区石油地质的基本情况,发现和圈定可能储油的良好构造,以供详测和钻探。与此同时,将进行深入的科学研究,论证各地区的石油远景,评定含油地区的工业价值,国家建设强大的石油工业进一步奠定科学的基础。 4月17日~22日,第1届全国石油勘探会议在玉门油矿举行。 6月1日~10日,中国科学院举行学部成立大会,李四光、孙云铸、许杰等当选为生物地学部委员。 秋,北京大学重建地质系,与地理系合并称地质地理系,首届系主任为侯仁之。 10月31日,新疆准噶尔盆地西北缘黑油山地区第1口探井喷油,从而发现克拉玛依油田。 穆恩之发现了晚奥陶世地层的存在,并重新拟定了奥陶纪地层层序。 本年,地质部成立了水文地质工程地质局,到"一五"末期,全国已组成水文地质工程地质队251个,专业队伍近万人。地质部决定开展1:20万区域地质调查,于1955年秋天在新疆成立了"地质部中苏技术合作地质测量队",对阿尔泰、柯坪和西昆仑等地区进行1:20万区域地质调查。1956年又相继组成3个中苏合作队,分别在南岭、秦岭和大兴安岭地区进行1:20万区域地质调查。 李四光对贺兰山褶皱带及包括六盘山和贺兰山南段的陇西系巨型旋卷构造进行了研究,出版《旋卷构造及其他有关中国西北部大地构造体系复合问题》著作。 黄汲清在《鄂尔多斯地台西缘的大地构造轮廓和寻找石油之方向》一文中对贺兰山大地构造位置进行了厘定和分析。 刘鸿允《中国古地理图》、王嘉荫《火成岩》等著作出版。

1955年~1956年,前华东地质局221队在东经115°~117°、北纬40°~41°50′进行了外围普查,著有《河北宣化、延庆、涿鹿、昌平普查报告》等,其中对震旦系划分较细。

1956年 1月24日~2月4日,中国科学院、石油工业部和地质部联合在北京召开全国石油勘查会议。 1月,地质部在北京召开第2次石油普查工作会议,决定进一步扩大油气勘查的规模和范围,组成14个石油普查大队,新开辟了新疆塔里木、西藏黑河、贵州、华东、内蒙古二连和海南的油气资源勘查工作。 3月26

日,地质部、石油工业部和中国科学院联合组成全国石油地质委员会,主任李四光,副主任许杰、武衡、康世恩。

6月16日~18日,中国地质学会第30届年会在北京举行。 8月,中国地质学会编委会和中国科学院地质所编的《中国区域地层表(草案)》由科学出版社出版。 10月10日,成都地质学院成立。 12月,范文澜等主事的《中国地震资料年表》出版。 南京大学地质系建立地球化学专业。 陈国达首先论述中国东部地台活化现象,并发展成为地洼学说。地质科学院赵庆林、姜春发等最早进入内蒙古西部北山地区工作,提出了有下二叠统哲斯组及石炭系的存在。 刘鸿允撰写了《中国东北部地层的发育》一文,概括了该地层研究的状况。 内蒙古首先在大兴安岭地区开展1:20万区域地质调查工作。 秦岭区域地质测量大队成立,开始进行洛南、洛宁、栾川、鲁山、商南等5个1:20万图幅区域地质调查。 湖南省地质矿产局开始区域调查工作,至1977年完成了全省31个1:20万图幅区域地质调查任务。 陕西省地质矿产局区域地质调查队在陕南、关中、豫西、川北等地开展1:20万地质调查工作,先后完成30.5个图幅。 1956年~1958年,吴磊伯先后3次赴湖南进行地质构造研究,将"祁阳系"命名为"祁阳三字系",建立了"旋卷构造"和"大义山向"构造。 1956年~1958年,中国科学院地质研究所、兰州地质研究所、地质古生物研究所和北京地质学院等为主的祁连山队对祁连山地层、古生物、岩石、构造和矿产进行了全面调查,1956年全面系统地区域地质调查开始。 1956年~1958年,长春地质学院燕山队在东经116°~120°、北纬40°~40°40′进行了1:20万区域地质调查。同期北京地质学院20队在太行山进行了1:20万区域地质调查,这是该区第1份大面积区域地质资料。 1956~1960年,由中国科学院和苏联科学院分别组成黑龙江流域综合考察队,共同进行了黑龙江流域的综合考察。 1956年~1973年,广东省完成1:20万陆地区域地质调查。

1957年 年初,地质部作出了石油地质工作战略东移的决定,把找油的重点从西部向东部各盆地转移,加强了东部平原覆盖区的找油力量。 2月5日~10日,中国地质学会第2届全国会员代表大会在北京举行。 2月8日~24日,苏联地质保矿部部长安特罗波夫率团访华,并签订了《中华人民共和国地质部和苏联地质保矿部关于共同进行地质研究的议定书》。 2月,中国第四纪研究委员会成立。 4月1~9日,地质部在北京召开了全国第一次区调普查工作会议。 5月17日,刘少奇在中南海接见北京地质学院应届毕业生代表时说:"你们是建设时期的游击队、侦察兵、先锋队"。 地质部建立地球物理、地球化学勘查研究所。《古脊椎动物学报》创刊。 李毓英建立白云鄂博系,时代为元古代。 地质部物探局在安徽省内进行了1:5万~1:100万航空磁法测量。 中国科学院增补一批学部委员,其中生物地学部有王竹泉、冯景兰、傅承义。 1957年~1958年,河北省地质局张家口综合地质大队在东经114°55′~115°50′、北纬40°25′~45°以普查找矿为目的填制了1:5万地质图,著《宣化—赤诚区域普查报告》。 1957年~1959年,河北省地质局区调队在张家口进行了1:100万正规区域地质调查,填补了广大的地质空白。 1957年~1986年,区域地质工作完成了四川省80个1:20万图幅约56万平方千米的调查任务。

1958年 2月26日,周恩来在西陵峡实地考察了地质部三峡地质队勘察的2个坝区。 4月28日,毛泽东在广州听取地质部副部长刘景范工作汇报时指出,地质部要打破洋框框,发动群众报矿。 7月,《地质科学》杂志创刊。 9月10日~21日,第1届全国矿产会议在北京举行。 9月13日,青海冷湖地区地中4井喷出工业油流,从而发现冷湖油田。 黄蕴慧、彭志忠等发现新矿物香花石,这是中国首次发现的新矿物。同年,张文佑主编1:400万中国大地构造图及其说明书《中国大地构造纲要》出版。 中国科学技术大学成立地球化学系。 贵州省地质局区域地质测量大队成立,同时开展了贵州省1:20万区域地质调查。 赵金科、张文佑著《广西地质—地层概要》。 江苏石油部门编制了江苏地区1:50万岩盘地质图。 云南地质局区域地质调查队组建,相继开展了1:100万、1:20万区域地质矿产调查任务。 江西区域地质调查队开展了1:20万区域地质调查,最终完成了全省23个图幅的调查任务,确立了江西地层层序,建立了统一的地层系统和地层名称。 地质部第二普查大队对松辽平原进行了全面调查,建立了松辽平原中生界柱状剖面层序,基本沿用至今。 山东省地质局与北京地质学院、长春地质学院合组山东区域地质调查队,至1962年完成了1:20万区域地质调查。 北京矿业学院完成了北京西山1:5万区域地质测量。 湖南地质局413队在桃源一带首先发现原"板溪系"内部存在角度不整合,创名"武陵运动",将不整合面下的地层命名为"冷家溪群",之上称为"板溪群"。 1958年~1959年,广东省完成了1:50万广东省地质图件。 1958年~20世纪60年代初,北京地质学院和北京地质局共同开展了北京地区1:5万区域地质调查,完成了山区、半山区23个图幅的调查任务。北京地质学院根据调查成果编制了《北京的地质》,于1961年出版。

1959年 3月,地质部成立地质科学研究院,许杰兼任院长。 5月29日,苏联科学院主席团决定把卡尔平斯基金质奖章授予中国科学院副院长李四光,以表彰他在地质学方面的成就。 6月,中国铀矿地质综合研究中心在北京成立。 9月26日,松辽盆地松基3井喷出工业油流,成功发现并开发大庆油田,证实了中国学者提出的"陆相地层生油"理论。29日,地质部在吉林扶余构造钻获工业油流。 10月1日,全国地质博物馆在北京建成并开放。 11月12日~21日,第1届全国地层会议在北京举行,通过了第1个全国性地层规范(草案)。 黄汲清主编的1∶300万《中国地质图》出版,这是中国第1张全国地质图。 同年,中国开始对珠穆朗玛峰进行科学考察,完成了有关研究成果《科考报告》。 北京地质学院设立《古生态学》课程。 河南省地质局区域地质测量队成立,先后完成了13个1∶20万图幅的区域地质调查。截止1980年河南省基岩区第1轮1∶20万图幅区域地质调查全部完成。 罗绳武对贵州大地构造特征进行了总结。 湖北省区域地质矿产调查所成立(原名湖北省区域地质测量队),开展了1∶20万区域地质调查,1985年完成全省25个图幅的任务,1971年编制了1∶100万和1∶200万《湖北省地质图》《湖北省矿产图》及1∶100万《湖北省地貌图》,1973年又编制了1∶50万《湖北省地质图》《湖北省矿产图》《湖北省构造体系图》,1982年开始编制了《湖北省区域地质志》。 俞剑华等在南京幕府山原仓山灰岩下部首次发现了中、早寒武世三叶虫化石群。 黎盛斯在祁东炭山湾、湖南区调队季中年和王哲财等在耒阳1∶20万图幅工作中,于新田金陵水库获取了寒武纪三叶虫和奥陶纪笔石化石,由此湖南地区统称"龙山系"的一套前泥盆纪地层逐渐解体并建立了新的地层系统。 南岭区域地质测量大队编制出版了《南岭侵入岩》一书。 湖南地质局编制了第1代全省1∶50万地质图、矿产图、成矿规律图和大地构造图。 中国科学院浙西地层队的工作以及同年召开的浙西地层现场会,系统总结了浙西地层,建立了地层层序,成为现今古生代地层划分与对比的主要依据。 1959年~1965年,徐克勤等先后肯定了彭松苗、井冈山—诸广山、白马山等加里东期岩体的存在。 1959年~1979年,安徽省地质矿产局区域地质调查队完成了安徽省1∶20万区域地质调查任务。 20世纪50年代后期,区域地质调查工作开始从祁连山和柴达木起步,并于1960年~1963年出版了青海省第1套区域地质专著《祁连山地质志》。50年代末青海区域地质测量队成立,开始在北连山和中祁连山东段开展1∶20万区域地质调查工作。

1960年 2月29日,地质部渤海综合物探大队成立。 10月,地质部在北京召开北方7省1市勘探开发地下水工作会议,进一步明确水文地质工作必须为农业服务。黄汲清主编的1∶300万《中华人民共和国大地构造图》及《中国大地构造基本特征》问世。 中科院地质所、南古所与北京地质学院合著的《祁连山地质志》出版。陕西省区域地质调查队开始编制《秦岭地质志》(1960)、《东秦岭地层》(1967)、1∶50万秦岭地质图(1969)、西秦岭地质图(1973)。 湖南区域地质调查队季中年、陈心才等在吉首1∶20万区域地质调查中创立了过渡群的一套地层名称,即寒武系中统"敖溪组""花桥组",寒武系上统"车夫组""比条组"和"追屯组"。 河北省地质局区域地质测量大队首先在太行山开始了1∶20万正规区域地质调查。 辽宁省区域地质调查队自1960年开始开展了1∶20万地质调查,编制《辽宁省地质矿产概况》及1∶50万辽宁省地质图和黑色金属、有色金属、非金属矿产图,进行了1∶5万图幅区域地质调查和1∶20万图幅修编修测、1∶50万构造体系图编图、1∶50万侵入岩分布图编图、辽宁西部变质图编图、辽宁省侵入岩与矿产、辽宁西部中生代火山岩与矿产等研究。 江苏区域地质调查队自1960年开始用了20年时间对全区基岩出露地区系统地进行了1∶20万区域地质调查工作,截止1977年共完成9个图幅的调查,提交了8部1∶20万地质矿产调查报告,全部完成了基岩出露地区1∶20万区域地质调查任务。 吉林省20世纪60年代发现了海沟、小西南岔2个大型金矿和刺猬沟等一批中型矿床。 上海60年代进行了1∶20万水文地质调查,基本查清了地下水资源的数量、质量、分布以及地下水的补给和排泄规律,提出合理开发利用方案。对地面沉降进行了研究,查明了主导原因,提出了有效措施,基本控制了地面下沉。 60年代~70年代,甘肃发现了钨、铅锌、锑、石油、石棉等许多矿产地。 自1960年起宁夏区域地质测量队开展了1∶20万区域地质调查,至1964年完成了同心、海原、固原3个图幅的调查任务。 1960年~1961年,河北省保定综合地质大队在太行山北段的东团堡、龙门、紫荆关等进行了1∶5万综合普查,填制了同比例尺地质图。 1960年~1962年,广西地质局编制了第1代1∶50万广西地质图以及1∶100万一套地质图件和说明书及《广西壮族自治区地层表》。 1960年~1964年,广东省完成了广东1∶100万地质图件。

1961年 1月13日,地质部颁布《关于推广小口径钻进方法的几项规定》。 2月,全国喀斯特研究会议在南宁召开。 3月18日,国务院转发《关于保护古脊椎动物化石问题的报告》。 4月15日,石油部华北石油勘探处32120井队施工的位于山东济阳坳陷东营构造的华8井获工业油流,日产原油8.1吨,这是华北平原首次突破油关,是胜利油田的第1口发现井。 10月20日~11月4日,全国地质局(厅)长会议讨论了贯彻执行"调整、巩固、充实、提高"8字方针,制定了《地质队工作条例(草案)》。 南京大学地质系《地球化学》教材出版,这是中国第1本地球化学著作。 张祖圻著文介绍古生物化学。 中国科学院测出震旦系的十几种氨基酸。 河北省地质局区域地质测量大队编制了1:100万K-50(张家口)和J-50(北京)2幅地质图、大地构造图、矿产分布图和内生金属成矿规律图,第1次全面、系统地阐述了包括冀京津在内的广大区域地质构造和矿产特征。

1962年 1月27日,首都地质工作者集会纪念中国成立最早的自然科学学术团体——中国地质学会成立40周年。李四光作了有关北京附近冰川的报告,推断华北地区存在第四纪冰期。 4月,地质部在广州召开了全国区域地质测量和矿产普查工作会议。 5月8日,地质部发出《关于调整全国地方地质科学研究机构的通知》,决定撤销23个省区地质局所属科学研究所,合并组成6个大区地质科学研究所。 8月22日,几千名水文地质人员2年来踏勘南北重要农牧业区,查明了10万多平方千米面积的地下水分布详情,为华北平原的200多个县编制了农田灌溉水文地质图。 12月18日~25日,中国地质学会第3次会员代表大会暨第32届学术年会在北京举行,大会收到论文735篇。中国地质学会发出《地质工作支援农业倡议书》。 李四光发表《地质力学概论》,标志着地质力学的形成。 张伯声提出波浪状镶嵌构造说。 中国科学院南京地质古生物研究所主编《中国各门类化石》系列书开始出版。 胡世忠、江苏地质局第四地质队、江苏煤炭局175勘探队在无锡堰桥、苏州洞庭西山等地原属龙潭组下部砂质灰岩中相继发现Neomisellina化石群。 北京地质学院殷鸿福对贵州三叠系进行了研究。 内蒙古全区有计划地开展了1:20万区域地质调查。 安徽省地质研究所主编的1:50万大地构造图等一套地质图件及其说明书,1975年又根据区域地质调查成果重新编制了同比例尺地质图及说明书。 湖南省地质局编制了全省1:100万地质图。 1962年开始出版新疆地质矿产局的主要成果有:新疆1:100万地质图、新疆1:200万矿产图、新疆1:100万构造体系图、新疆1:200万大地构造图、新疆1:100万构造体系与铁铜磷地震分布规律图、新疆1:200万变质地质图、新疆区域地层表、新疆古生物图册等。 1962年~1964年,湖南区域地质调查队在1:20万攸县幅工作中,在"第三纪红层"中首次获得了大型脊椎动物、恐龙蛋等化石,将其分为白垩系和第三系。

1963年 2月26日,新华社报道,中国科学工作者在广东南雄县的"红色岩系"地层内,发掘出一批古脊椎动物的化石,有助于鉴定"红层"地质时代和研究脊椎动物系统演化。 8月6日,地质部发出关于讨论和试行《地质部计划工作条例(草案)》和《地质部贯彻执行国务院统计工作试行条例的若干规定(草案)》的指示。 9月10日~21日,地质部召开第1次全国矿产储量委员会工作会议。 10月11日~11月1日,地质部召开全国地质局长会议,制定了《关于地质队伍调整的初步方案》《关于1963年地质工作计划执行情况和1964年计划控制数字的说明》和《关于加强科学实验的一些问题》。 11月,第1届全国矿物、岩石、地球化学学术年会在北京召开。11月27日,毛泽东、刘少奇、朱德等中央领导接见学术年会全体代表。 程裕淇等著《变质岩的一些基本问题和工作方法》、李星学著《华北月门沟群植物化石》、杨式溥等著《古生态学教程》出版。

1964年 1月1日,毛泽东在怀仁堂接见地质部部长李四光,交谈了石油问题,李四光汇报了石油地质工作的新进展。 4月22日,中共中央、国务院同意国家经委《关于加强地质工作的报告》。 5月5日~16日,上海地面沉降地质会议在上海召开。 王嘉荫著《应力矿物问题》一文发表于《地质学报》,赵鹏大著《矿床勘探中框体地质研究的若干基本问题》一文在《中国地质》发表。 5月17日,新华社报道:去年,中国在新疆准噶尔盆地首次发现距今9000万年~1亿年前的翼龙类化石。这类古生物的化石在中国还是第1次发现,不仅为中国有关中生代爬行动物的地区和生物系统的研究填补了很大的一个空白,而且为揭开中国下白垩统地层的秘密提供了很好的材料。 12月11日,地质部海洋地质科学研究所在南京成立。 青海区域地质调查队年完成了首批1:20万区域地质调查报告。 湖南省地质局主编了1:100万衡阳幅一套地质图件。 吴望始重新厘定了早石炭世的4个珊瑚带,并新建梓门桥等3个珊瑚带。 1964年~1985年,出版了1:20万北京地质图和1:10万北京市地形地质图、北京地区构造体系图、北京市矿产分布图等综合性图件。

1965年 3月4日~13日,中国地质学会在北京召开第1届全国水文地质工程地质学术会议,并成立中国地质学会水文地质工程地质专业委员会。 3月22日~30日,第1届构造地质学术会议在北京召开,李四光任中国地质学会构造地质专业委员会主任。 9月,全国首次金矿地质会议在河北迁西召开。随后,地质部成立了黄金地质局。 12月17日,国务院批准发布地质部制定的《矿产资源保护试行条例》。 本年,地质部建立地震地质大队。 云南省完成了1:100万昆明幅、下关幅、普洱幅、凭祥幅地质图和说明书。

1966年 2月,中国科学院贵阳地球化学研究所成立,所长涂光炽。 第1届全国岩溶会议在桂林召开。 3月8日,河北邢台地区发生里氏6.7级地震,震中烈度9度左右。地质部、中国科学院等部门组织力量开展地震地质观察工作,开始地震预报研究。 4月28日,地质部颁布《1:20万比例尺区域地质测量工作暂行规定(草案)》。 6月22日,第二机械工业部、地质部发出《关于协同做好铀矿普查工作的联合通知》。 9月13日,大庆油田1202和1205钻井队只用了7个月零21天时间,在9月11日和12日分别突破了钻井6万米的大关,这项记录远远超过了苏联1965年公布的波良可夫斯基钻井队创造的全年钻井4万零816米的最高纪录。这2个钻井队平均月钻井速度达7850米,创造了世界钻井的最先进水平。 12月,中国在渤海建成海上钻井1号平台,海上第1口工业油气井开钻。 湖南区域地质调查队经过桑植幅1:20万区域地质调查工作证实了湘西北确无上志留统存在。 本年,地质部第五物探大队在辽东湾海区进行地震构造带详查工作,提交了《1966年下辽河地区浅滩重力构造报告》和《辽东湾地震工作报告》。 王钰、许汉奎在南京汤山、仑山的仑山灰岩中采获大量腕足类化石,进一步肯定了其时代属早奥陶世。 1966年~1968年,中国科学院组织的西藏科学考察队又着重在珠穆朗玛峰地区进行了第3次大规模的综合考察。全国23个科研单位、高等院校、产业部门和解放军科研系统的近30个学科的100多名科学工作者在西藏南部,包括吉隆、加加以东、亚东、江孜以西,雅鲁藏布江以南,方圆5万多平方千米,海拔最高达7000多米的珠穆朗玛峰地区进行了全面、系统的综合科学考察。考察的内容包括:地层、古生物、岩石、构造地质、第四纪地质与地貌、地球物理、自然地理、表生地球化学、土壤、植物生态、区系植物、鸟兽、昆虫、水生生物、冰川、气象、水文、天文大地测量、地面立体摄影测量、高山生理等,取得了很大成功,并在各方面取得一系列科研成果。1966年~1969年,广东省重编了1:50万广东地质图。

1967年 6月1日,地质部第五物探大队从塘沽迁上海,改称第一海洋地质调查大队,进行南黄海综合地质—地球物理调查及若干构造地震详查。 6月14日,石油工业部海洋勘探指挥部自制固定桩基钢平台,首次在天津歧口以东22千米的渤海钻成"海1井",在新近系试油,获日产原油35立方米、气1941立方米,成为中国第1口海上工业油气井。

1968年 1月17日,地质部呈国务院《关于加强西藏铬矿和石油地质工作的请示报告》。 8月3日,中国科学工作者在湖北省西部第1次发现了对研究人类进化问题有重大参考价值的200多颗巨猿齿化石。新中国成立以来,先后在广西发现过3个保存相当完整的巨猿下颌骨和1000多颗巨猿牙齿化石以及有关材料。 11月29日,中国自行设计、自行制造的第1台具有世界先进水平的深井石油钻机在油田试钻成功。 青海区域地质调查队开始了东昆仑山的地质调查工作,开展了青海南部玉树幅和温泉幅1:100万区域地质调查工作,并于60年代后期编制了第1代1:100万青海省地质图和青海省矿产图。

1969年 6月6日,地质部长李四光在国家科委海洋工作体制改革调查小组会议上发言:"海洋石油是我们的重点。但在找油时,还要注意开展综合性海洋地质调查工作。" 李四光著《天文·地质·古生物》完稿,1973年出版。 河北省煤炭管理局煤田勘探一队对开平煤田进行了地质测量,填制了1:5万地质图。

1970年 1月17日,全国地震地质工作会议在北京召开。 3月25日,地质部地震地质大队划归中国科学院领导。国家地震局成立。 6月2日,根据国务院关于建立中国海洋钻探队伍的指示,地质部在上海组建海洋钻探船及配套设备、仪器设计工程小组(代号为地质部六二七工程),担负中国海洋石油资源的勘查任务。 6月22日,中共中央和国务院决定将地质部并入国家计划革命委员会,改名为国家计划革命委员会地质局,简称国家计委地质局,对外称"中华人民共和国地质局"。 9月,国家计委地质局决定将地质部海洋地质科学研究所改名为第二海洋地质调查大队,开展南海北部湾海域以石油为主的海洋地质调查。 河北省地质局区域地质测量大队全面开始了河北省北部1:20万区域地质调查工作,于1979年全部完成。 20世纪70年代初,在李四光指导下北京市水文地质、工程地质大队开展了对北京地区地热资源的勘查。 20世纪70年代,青海省1:20万地质调查工作开始由北向南推行全省,先后完成了西秦岭、南祁连山东段、东昆仑山中东段、柴达木北缘、唐古拉山东段等1:20万区域地质调查工作,出版了一系列区域调查报告、地质专著和综合性图件。

1971年 1月27日,翁文灏在北京病逝。 4月29日,李四光在北京逝世。 9月11日,江苏石油勘探指挥所第六普查勘探大队3208井队在苏北溱潼凹陷戴南构造施工的20井,获日产原油14.5立方米,苏北找油首次突破出油关。 江西德兴、西藏江达玉龙发现特大型、大型铜矿。 湖南区域地质调查队在进行1:20万江永幅、道县幅区域地质调查时,确认了湖南境内有泥盆系下统的存在,创名为"源口组"。 1971年~

1972年,湖南区域地质调查队在进行芷江幅及浏阳幅1:20万区域地质调查工作中,先后发现在板溪群和冷家溪群中首次采获微古植物化石,并在长沙幅1:20万区域地质调查中发现冷家溪群中存在海底喷溢的火山熔岩。 1971年～1974年,甘肃编制了全省1:50万、1:100万地质图、矿产图及说明书。

1972年 1月21日,中国地质工作者在山东省发现一具恐龙化石,为鸭嘴龙科的新属、新种,从脚趾到头顶高达8米,从嘴至尾长近15米。是目前世界上发现的鸭嘴龙化石中最高大的一具。 2月23日,新华社报道,中国地质工作者在云南省首次发现了2颗猿人牙齿化石。这是继中国北方发现北京猿人和蓝田猿人化石之后,在猿人化石方面的又一重要发现。 3月25日,中国科学工作者在湖北大冶地区第1次采集到了远古人类的劳动工具——旧石器,这为研究古人类的历史提供了新资料。 7月,全国地质实验工作会议在北京召开。 尹赞勋发表《板块构造简介》《板块构造述评》等一系列文章,将板块构造说引进中国。 湖南区域地质调查队季中年、傅宠、蔡和气等完成了中华人民共和国地质图集(湖南部分)及说明书,同时编制了1:100万湖南省地质图。 严坤元编制了安徽省1:200万地质图。 广东省编制了全国地质图集(1:300万)中的广东省部分。

1973年 2月,18省市自治区农田供水水文地质工作座谈会在石家庄召开。 4月18～5月9日,国家计委地质局在苏州召开了有各省(区市)地质部门负责人和冶金部、燃化部、二机部、国家建委建材局代表参加的区域地质调查和矿产普查工作会议。 4月28日,原地质部"六二七工程"筹备组改建为中华人民共和国地质局海洋地质调查局,统一领导第一海洋地质调查大队(原地质部第五物探大队)、第二海洋地质调查大队(原地质部海洋地质科学研究所)、第三海洋地质调查大队(担负海上钻探)和海洋地质综合研究大队。 11月22日,海洋地质调查局成立。 《地球化学》和《煤田地质与勘探》杂志创刊。 李四光著《地震地质》出版;1977年出版姐妹篇《论地震》。

1974年 4月14日,黑龙江省肇源县发现了一具较完整的古代猛犸象骨架化石。在中国实属第1次发现较完整的猛犸象架化石,为研究松嫩平原一带第四纪晚期的地层、古生物、古气象、古地理等提供了新的实物根据。 5月3日,国务院、中央军委批准国家建委《关于组建水文地质工作普查部队的请示报告》。 5月15日,大港油田建成。大港油田是从1964年开始建设的。1965年底在第三系地层中发现了北大港油田,位于黄骅坳陷中部,以后又发现和开发了10个油气田,面积150.5平方千米。已探明石油可采储量9000多万吨。 5月19日～7月18日,中国自行设计改建的第一艘海洋钻探船"勘探1号"出海,在黄海南七凹陷首次试钻"黄海1井",钻探井深1544米。 6月7日,国务院批准国家计委地质局海洋地质调查局开展东海地质地球物理调查,面积约22万平方千米。 7月20日～30日,全国小口径钻进工作会议在许昌召开,确定小口径金刚石钻进为地质部门岩心钻探的发展方向。 8月15日～9月13日,由冶金部等单位联合组成赴藏调查组,对西藏铬矿资源远景等作综合调查。 9月29日,中国第2大油田胜利油田建成。从1964年开始建设,已探明石油可采储量近3.9亿吨。油田的主要出油层是第三系含油砂岩,以背斜构造油藏和断块油藏为主。 12月30日,中国自行设计建造的第1艘海洋地质勘探浮船"勘探1号"首次到较深的海区试钻获得成功。这是中国海上地质勘探事业的一个新发展。 卢衍豪创立"生物—环境控制论"。 湖南区域地质调查队对湘南地区的晚奥陶世地层建立了"天马山组""苏水冲组"及相应的5个笔石带,肯定了该区没有志留系的存在。 河北省第一区域地质调查大队完成邯郸市幅,后太行山区的1:20万区域地质调查结束。 何春荪主编的1:25万台湾地质图及缩编的1:50万台湾地质图出版。 1974年～1977年,广东省新编了1:50万广东省地质图件。 1974年～1983年,山东地质局编制了1:50万山东省构造体系图和前新近纪基岩地质图。

1975年 1月15日,国家计委地质局向国家计委报送《关于加强石油普查的报告》,建议加速石油普查工作,重点突破,发现油田。 5月22日,全国磷矿地质工作会议在武昌召开。 5月31日,国务院任命孙大光为国家计委地质局局长。 6月1日,新华社报道,中国科学工作者在中国登山队配合下,对珠穆朗玛峰地区进行了一次多学科的综合科学考察活动。考察的项目有测绘、地质、高山生理、大气物理等多种学科,还进行了本底污染和重水方面的考察研究,获得了丰富的特高海拔地区多种学科的第一手资料。经过对所得数据进行严密计算和综合,求得以青岛驻潮站黄海平均海水面为基准的珠穆朗玛峰海拔标程为8848.13米的准确数据。 6月26日,全国黄金地质工作座谈会在北京召开。 6月30日,河北省任丘地区发现古潜山油田。勘探查明油田总面积67平方千米,可采储量1.67亿吨。这是中国第1次在古生界地层找到的较大油田。 7月4日,藏北羊八井地区发现地热蒸气田。 8月,李春昱、王鸿祯、李廷栋主编的《1:500万亚洲地质图》出版,其说明书《亚洲地质》于1982年出版。 9月30日,国务院发出《关于调整国务院直属机构的通知》,决定"增设国家地质总局"。孙大光任局长。 10月,1:400万《中华人民共和国地质图》和1:400万《中华人民共和国构造体系图》,首次公开出版发行。 11月3日,中国制定了《富铁矿科研和找矿规划》。 12月3日,新华社报道,由中国科学院和有关部门近40个单位240多名科学工作者组成的考察队,对西藏高原的日喀则地区以及拉萨、山南、那曲、昌都部分地区,开展大规模、多学科的综合科学考察。考察项目包括地质、地球物理、地貌与第四纪、古脊椎动物与古人类、地热、冰川、泥石流与滑坡、自然地理、动物、植物、土壤、气候、农业、林业、畜牧业、草场、水利、经济等50多个学科。这项考察获得了大量的第一手资料,填补了青藏高原某些地区、某些学科研究的空白。 华北前寒武系座谈会提出"震旦地层"的划分对比方案,从上而下分为4个系级地层单位,把南北"震旦系"统称为"震旦亚界"。 1975年~1978年,在二连—萨拉木伦盆地采集了大量无脊椎动物化石,对古近系、新近系划分和动物群分带等方面有了新进展。 1975年~1977年,西安地质矿产研究所、第三石油普查勘察大队和陕西区域地质调查队共同撰写了《西北区区域地层表(陕西分册)》。 1975年~1980年,李家驹编制《内蒙古中部岩浆岩图》及说明书。 1975年~1980年,山东省地质局综合研究队编制了1:50万山东省地质图和矿产图。

1976年 1月17日,国家地质总局印发了《1976年~1985年地质工作十年规划(草案)》。 3月,中国地质科学院主编的《1:400万中华人民共和国地质图》出版。 4月23日,四川省石油管理局7002钻井队打成中国第1口6011米的超深井,第1次钻穿了四川盆地的全部沉积岩层,获得了深部地层含石油和天然气情况的可贵资料。这口超深井的钻探,还积累了战胜深部地层高温、高压和复杂地质情况等技术难关的经验。 5月,中国科学院青藏高原综合科学考察队对西藏北部高原进行了比较全面的多学科的综合科学考察,包括地质、地貌、盐湖、土壤、水文、植物、草场、动物、地热等专业,为青藏高原发展史的研究提供了大量第一手资料。时间共4个月。 6月26日,中国地质科学研究院改名为中国地质科学院。 7月25日,地质科学工作者采用古地磁方法首次测出1965年在云南元谋发现的"元谋人"的年龄为距今170万年左右,证明"元谋人"是中国迄今发现的最早的古人类。这样就把中国过去发现最早的猿人年代推前了100多万年,从而将祖国的历史开端推前到距今170万年以前。 8月16日~25日,国际地质科学联合会(IUGS)讨论通过了恢复中华人民共和国地质学会为正式会员国的决定。 中国地质学会随即派出以许杰为首的中国地质代表团赴澳大利亚悉尼出席第25届国际地质大会和地科联第五届理事会。 地矿部地质科学院及所属的各大区研究所、省局组织领导主编的各大区古生物图册(1976~1983)开始出版。 王治顺等编制的《1:400万中华人民共和国构造体系图》、卢衍豪的《中国奥陶纪的生物地层和动物古地理》出版。 北京地质矿产局组织了大规模的地震地质调查研究。 安徽省石油勘探处编制了《安徽省石油勘探图册》。 1976年~1982年,兰州地质研究所等单位对内蒙古西部北山地区、巴丹吉林沙漠北缘、巴音西别及贺兰山等地进行地质调查研究,对中、上元古界的划分、建立的地层名称以及泥盆系、二叠系提出了研究报告。 1976年~1980年,河南地质科学研究所编制了1:50万河南省基岩地质图、构造体系图以及太古界、中上元古界的专题研究。 1976年~1980年,陕西地质矿产局组织以陕西区域地质调查队为主编制了1:50万陕西地质图。

1977年 1月19日,华北冶金地质勘探公司找到中国北方第1个大型磷铁矿。 1月20日~22日,中国科学院、冶金部、国家地质总局联合在北京召开富铁矿地质会战座谈会。 2月28日~3月17日,国家地质总局在北京召开地质工作会议。 4月9日,中国建成第1座地下水封石洞油库。 6月,来自北京、南京、兰州、贵阳、长春的40多名科学工作者和中国登山运动员一起,对新疆托木尔峰及其周围地区的冰川、水文、地质、地层古生物、动物、植物、微生物等方面进行科学考察,获得可喜成果。 8月28日~10月,南海石油勘探指挥部"南海1号"自升式钻井船在第二海洋地质调查大队提供的北部湾涠西南构造打湾井1井,获日产原油50吨、天然气9490立方米,成为北部湾盆地第1口发现井。 9月27日~10月31日,全国自然科学学科规划会议在北京召开,制定了数学、物理学、化学、天文学、地质学、生物学等基础学科的发展规划和提出全国基础科学规划纲要(草案)。 12月27日~1978年1月26日,国家地质总局在上海同时召开区域地质矿产地质、铁矿地质、海洋地质调查等3个会议。 本年,经国务院批准,中国地质学会参加国际地科联地层分会中的6个分会和1个界线工作组织,即奥陶纪、志留纪、泥盆纪、石炭纪、白垩纪、第四纪地层分会和前寒武系—寒武系界线工作组。同时,参加国际对比计划中的时代准确性、北半球第四纪冰川、前寒武系—寒武系界线、上前寒武系及探矿5个项目。 中国科学院地质研究所编著《数学地质引论》、中国科学院贵阳地球化学研究所著《月质学研究新进展》、陈国达主编《1:400万中国大地构造图》出版。 广西编制了第2代1:50万广西壮族自治区地质图及说明书。 江苏省区域地质调查队从1977年开始用了约4年时间对1:20万区域地质调查成果、资料进行总结,编著了《江苏省及上海市区域地质志》。 湖南省区域地质调查队在涟源幅1:20万区域地质调查工作的基础上,证实了湘中、湘南一带铁矿属于早石炭世。 1977年~1979年,湖南地质研究所编制了全省1:50万地质图、矿产图、构造体系图及相应的说明书。 1977年~1980年,甘肃地质力学区测队编制了1:100万甘肃省构造体系与铁铜磷铬矿分布规律图等6套图件及其说明书。 1977年~1982年,甘肃区域地质调查队、甘肃地质力学区测队编写了古生代至前寒武纪各时代地层断代总结等11部。 1977年~1985年,云南区域地质调查队主编了1:50万云南地质图及说明书、1:50万云南省地球化学图及说明书、1:75万云南构造体系图及说明书、1:75万云南构造体系铁铜矿产图、1:75万云南省岩浆分布图、1:100万云南省地质图,参与编制了《中国构造体系图》《中国变质地质图》和三江区域地质志的云南部分。

1978年 3月18日~31日,全国科学大会在北京召开。国家地质总局系统有266项科研成果获得大会奖励,中国科学院及高等学校也有许多地质学类科研成果获奖。 4月,经国务院批准,抚州地质专科学校升格为抚州地质学院。 9月,第四纪冰川及第四纪地质学术会议在江西庐山举行。 10月15日~11月5日,国家地质总局在成都召开教育工作会议。 10月18日,第2届全国矿物岩石地球化学学术会议在贵阳召开,同时,中国矿物岩石地球化学学会在贵阳成立,理事长涂光炽。 10月27日~11月4日,第1届全国数学地质学术讨论会在杭州举行。 10月,第2届全国岩溶学术会议在桂林召开。 11月,经国务院批准,西安地质学校升格为西安地质学院,宣化地质学校升格为河北地质学院。 12月29日,江西德兴县发现一个特大型铜矿。 12月,桂林冶金地质学校升格为桂林冶金地质学院。 首届地下水资源评价学术会议在北京召开。 王嘉荫遗著《应力矿物概论》和石油化工部勘探开发规划研究院、中国科学院南京地质古生物研究所合著的渤海沿岸地区古生物系列图册出版。 武汉地质学院设立"数学地质"课程,由赵鹏大主讲。 贵州省完成了《西南地区古生物图册(贵州分册)》和《西南地区区域地层表(贵州分册)》。 安徽省地层表编写组以1:20万区域地质调查资料为基础,编制了安徽省地层表。安徽省煤田地质勘探公司主编了全省1:5万和1:20万区域煤田地质图及说明书。 《东北地区区域地层表(辽宁分册)》编制完成。 1978年~1981年,完成《内蒙古固阳含煤盆地中生代地层古生物》。 1978年~1981年,河南区域地质调查队编制了1:50万河南地质图及变质岩地质图。

1979年 1月4日~20日,国家地质总局在北京召开地质局长会议,决定将地质工作的重点转移到"以地质—找矿为中心"上来。 3月6日,国务院批准国家地质总局派人接任亚太经社会自然资源司司长工作和参加亚洲近海矿产资源联合勘测协调委员会(CCOP)。 3月13日~23日,第2届全国构造地质学术会议在北京召开,黄汲清任中国地质学会理事长及构造专业委员会主任。 3月26日~30日,中国地质学会第4次会员代表大会在北京举行。 4月1日,在中国贵州汪家寨煤矿首次发现距今2亿年的古生物化石"煤核",为植物研究和寻找煤矿提供了新资料。 5月19日~29日,中国震旦亚界科学讨论会在成都举行。 5月28日,国务院批准国家地质总局首次组团,分别出席在泰国曼谷和印度尼西亚万隆举行的第6届亚太经社会自然资源委员会(ESCAP)与第16届亚洲近海矿产资源勘测协调委员会(CCOP)会议。 6月19日,国家地质总局和联邦德国经济部在北京签订了《中华人民共和国国家地质总局和德意志联邦共和国经济部关于开展地质科学技术合作的协议》。 6月,地质部水文地质工程地质研究所编《中华人民共和国水文地质图集》出版。 7月19日,中国古生物学会被接纳为国际古生物协会的团体会员。 8月13日~22日,国家地质总局南海地质调查指挥部第四海洋地质调查大队"勘探2号"钻井平台,从"珠五井"中新统下部及渐新统上部7个油层中选择3层,分2次试油求得工业油流,日产原油289.31立方米。珠五井获得的地质成果是南海北部大陆架石油普查的重大突破,也是珠江口盆地的第1口发现井。 9月13日,新华社报道:中国已找到140多种矿产资源,成为目前世界上已知矿种比较齐全的少数国家之一。其中钨、锡、钼、锑、汞等矿产的储量,居于世界前列。 9月13日,全国人大常委会通过国务院设立地质部的议案,任命孙大光为地质部部长。 10月24日~30日,海洋地质第1届代表大会暨1979年年会,由中国地质学会和中国海洋学会联合在杭州举行。 10月29日~11月4日,第1届煤田地质学术会议由中国地质学会和中国煤炭学会联合在西安举行。 10月30日,中法两国合作研究喜马拉雅山地质构造和地壳上地幔的形成和演化在北京订约。 10月,《青藏高原地质图》编成,填补了学术空白。 11月10日~23日,第2届全国地层会议在北京举行,收到论文470篇。 11月23日~12月1日,第1届全国沉积学和有机地球化学学术会议在北京召开,收到论文及摘要450篇。 第1届全国孢粉学术讨论会在天津举行。 11月,中国地震学会成立。设有地震地质、地震前兆等5个专业委员会,编辑出版《地震学报》等刊物。 12月,黄汲清指导、中国地质科学院地质所编制《1:400万中国大地构造图》出版,其说明书《中国大地构造及其演化》于1980年出版;黄汉纯等主编的《1:400万中国构造体系与地震图》、张宗祜等编的《中华人民共和国水文地质图集》、中国科学院贵阳地球化学研究所著《华南花岗岩类的地球化学》和《全国同位素地质会议文集》问世。 广东省编制了1:50万广东省构造体系图。 1979年~1985年,云南区域地质调查队完成了全省1:20万区域地质调查工作,同时为国家提供了一批如兰坪县金顶铅锌矿、新平县大红山铁铜矿、晋宁县王家湾磷矿、滇西锡矿等矿产基地。 1979年~1984年,宁夏地质局编制了《宁夏构造体系图》《宁夏地层表》和地层断代总结。 20世纪70年代,浙江完成了1:20万区域水文地质调查。吉林发现了赤柏松大型铜镍矿床和通化石膏矿床。

1980年 1月15日,四川发现大煤田——筠连煤田,探明储量在24亿吨以上。 1月22日,陕西彬县发现大煤田,储量达90多亿吨,煤田面积1 170平方千米。 1月24日,中美两国《地学科学合作议定书》在北京签订。 1月27日,中国第1座大型地下水库在河北省南宫县初步建成,总蓄水量为4.8亿立方米。 1月28日,中国一个新的大型油气田——辽河油田建成投产,目前年产原油500万吨,天然气17亿立方米。它是全国主要油田之一。 2月21日,新华社报道,内蒙古新近发现一个大煤田,已探明储量146亿吨,远景储量超过360亿吨。 3月18日~22日,石油地质国际会议在北京举行。 3月30日,《人民日报》报道,甘肃华亭县境内发现大煤田,煤田面积达100余平方千米,储量达33亿吨。 4月10日~14日,地质部在北京召开了全国地质系统评功授奖大会。 4月11日,中国地质学会地质学史研究会在北京成立,首任会长夏湘蓉。 4月29日~5月8日,中国地质学会在杭州召开了全国第2届矿床会议。 5月12日,经国务院批准,地质部等8个部门联合颁布《群众报矿奖励办法》。 5月21日~30日,第1届全国勘查地球化学学术讨论会在浙江莫干山举行,收到论文207篇。 5月25日~31日,国际性的青藏高原科学讨论会在北京举行,包括中国在内的17个国家300名学者与会,广泛讨论了青藏高原的隆起及其对自然环境和人类活动的影响。 7月7日~17日,第26届国际地质大会在法国巴黎举行,黄汲清率中国地质代表团出席并宣读了28篇论文。 7月27日,在海南岛发现一个海拔高度在100米以上的古海蚀遗迹,为陆地上升、海平面下降的假说提供了证据。 9月,在西安召开了碎屑岩沉积相标志和相模式学术讨论会;在湖北宜昌召开了软弱岩石及软弱夹层工程地质特征学术讨论会;在河南登封召开了嵩山前寒武纪构造地质讨论会。 10月27日,全国非金属矿产地质工作会议在天津召开。会议公布,中国已发现非金属矿产地4300处,已探获储量的非金属矿产资源达80种。 10月,第1届全国碳酸盐岩学术讨论会在甘肃庆阳召开。 11月1日~10日,在山东潍坊举行了郯庐断裂学术讨论会。 11月14日~23日,地质部在北京召开全国成矿远景区划工作会议。 11月19日,国务院批准《关于参加国际岩石圈科研活动的请示报告》,由中国科协、中国地质学会组织国内有关单位的地质学家组成国际岩石圈计划中国全国委员会。 11月26日~12月5日,地质部全国区域地质调查工作会议在北京召开。 本年,中科院新增补一批学部委员,其中地学部有丁国瑜等64人。 本年,地质部高原地质研究所主编的中国第1幅《青藏高原地质图》(1:150万)、全国地层委员会编的《中国地层指南及中国地层指南说明书》、张伯声编著的《1:1000万中国大地构造图》及《中国地壳的波浪状镶嵌构造》、王曰伦等著《中国震旦亚界》、马荣斌等主编《遥感原理和工程地质判译》出版。 莫柱荪编著《南岭花岗岩地质学》,提出了花岗岩的成矿模式。 20世纪80年代,吉林发现了钠质膨润土、硅灰石、沸石等大型非金属矿床。云南地层古生物学会编著《云南地层典》。 上海发展了国内外闻名的地下含水层储能技术,发现中型铜矿1处,开创了厚层浮土掩盖区找矿工作的先例。 华东师范大学河口研究所将疏松沉积物统归为第四系;同济大学对第四纪地层层序进行了详细划分。

1981年 3月22日~5月13日,石油工业部海洋石油勘探局在渤中28-1-1井获日产原油137吨、天然气32万立方米,是渤中28-1油田的发现井。 3月30日~4月4日,第1届全国遥感地质学会议在北京举行。 4月16日,塞风在人民日报发表题为《我国石油资源的前景与普查勘探任务》的文章,明确提出开展第2轮石油普查勘探,向新领域、新地区、新类型和新深度进军。文章提出塔里木盆地和东海陆架盆地是寻找大油气田的主要对象。 4月27日~30日,中法2国地质和地球物理学家在巴黎召开学术讨论会,交流喜马拉雅山地区进行考察的研究成果。 5月26日~30日,全国煤层气学术会议在扬州召开。 6月29日~7月5日,第1届全国区域地质及成矿会议在云南昆明举行。 7月~10月,地质部南海地质调查指挥部第二海洋地质调查大队"海洋2号"调查船队台湾海峡首次进行地质调查,发现韩江凹陷、九龙江凹陷和晋江凹陷,并预测台湾浅滩南盆地有找油远景。 8月3日,地质部决定,在总结1:20万比例尺区调工作的基础上,以省、自治区为单位编写《中国区域地质志》,并向国内外公开发行。 9月24日,中国海洋地质工作者完成了100万平方千米近海石油地质调查,发现6个大型含油气盆地,海上油气资源前景广阔。 9月,中国核学会和中国地质学会联合召开的第1次全国应用核技术寻找地下水源学术讨论会在山东平阴县举行。 10月12日~21日,地质部和联合国亚太经社会联合在江西举办钨矿地质国际讨论会。 10月,第1届全国粘土学术讨论会在景德镇召开。 10月20日,李四光学术思想讨论会在湖北武昌举行,同时成立了中国第1个近代科学家研究会——湖北省李四光研究会。 11月6日~12日,第1届全国矿物学学术会议在湖南长沙举行。 本年,中国地质科学院等主编的《中国地层》系列专著出版。 湖南区域地质调查队在白沙镇1:5万区域地质调查中建立了下统"四洲山组"上统"天子地组"。 福建省地质局区域地质调查队编制了1:5万台湾省构造体系图及其说明书。 青海省编制了第2代1:100万青海省地质图及构造体系图。 贵州省完成1:20万区域地质调查,编制了1:50万区域地质图和1:50万贵州省地质图。

1982年 3月15日~8月7日,地质部海洋地质调查局"勘探2号"平台在东海钻探"龙井2号",终孔井深4227米,获得日产天然气14 009.6立方米,是中国在东海大陆架首次获得有重要油气价值的地质普查井。 3月,全国地层委员会召开"晚前寒武纪地层分类命名"会议,废除了"震旦亚界"一词,讨论了"震旦系"的涵义和适用范围。 5月4日,地质部改名为地质矿产部,部长孙大光。 7月20日~24日,国家科学技术委员会和地质矿产部联合召开全国第1次地热工作会议。提出发展地热工作总方针是:积极稳步,因地制宜,合理开发,综合利用。全国已勘探和正勘探的地热田(区)共40个,天然露头的温泉2600个,钻获的热水露头130多处。 7月,国家科委自然科学奖励委员会宣布获得国家自然科学奖项目。地学方面得奖的有28项。 8月25日~9月4日,中国地质学会成立60周年大会暨国际中、新生代地质讨论会在北戴河举行。 9月20日~28日,地矿部在北京召开全国煤田地质工作会议。 10月5日~9日,第1届地质学史学术年会在北京召开。 12月15日~26日,地质矿产部在北京召开石油地质工作会议,着重研究第2轮石油普查工作的部署和措施,以开创石油地质工作的新局面。 本年,李春昱等主编的《亚洲大地构造图》(1:800万)、丁国瑜等著《中国活动断裂》、涂光炽等编《矿物物理及矿物材料研究论文集》、中国科学院地球化学研究所编《有机地球化学》、中国科学院南京地质古生物所著《中国各纪地层对比表及说明书》出版。新疆地质矿产局开始区域地质志及其地质图件的编制,历时6年完成。安徽省地质矿产局323、324、326等地质队进行了1:5万区域地质调查,编著了《安徽地层志》。 湖南区域地质调查队杨彦均、侯东南、丁伟民等研究石门杨家坪时发现了早寒武世初期重要的小壳动物群。

1983年 1月,北京市、地质矿产部联合进行北京地区遥感调查(8301工程)。 3月30日,地矿部、中科院同法国国家科研中心合作研究项目"喜马拉雅山地质构造和地壳上地幔的形成和演化",经3年野外工作,达到预期目的,圆满结束。 4月29日,地质矿产部"勘探2号"钻井平台在东海"平湖1井"获得工业油气流。 4月~11月,地矿部海洋地质调查局"海洋1号"和"海洋3号"调查船在东海大陆架、冲绳海槽、琉球海沟进行地震、重力、磁测、测深等综合物探调查工作。至此,海洋地质调查局完成了东海海域1:100万综合地球物理概查任务。 6月,《中国古地理图集》出版,由表现地壳在地质历史中的地理发展和构造演变的一系列图件组成的。 9月4日~8日,国际前寒武纪地壳演化讨论会在北京举行。 9月13日~15日,国际晚前寒武纪地质讨论会在天津举行。 10月,在南宁召开全国首次浊流沉积学术讨论会。 11月1日~7日,全国变质岩原岩恢复学术讨论会在山东烟台举行。 11月5日~12日,全国1:5万区域地质调查工作会议在北京召开。 穆恩之明确提出并阐明"生态分异说",认为生物地理区是生态分异的结果。 11月19日~24日,第1届全国天文、地质、地震、气象相互关系学术讨论会在北京举行。 本年,张文佑主编《中国及邻区海陆大地构造图》及其说明书、古生物基础理论丛书编委会编《中国古地理区系》、徐道一等著《天文地质学概论》出版。 湖南区域地质调查队曾祥渊与地质博物馆潘江合作在湘西志留系中发现了最低层位的古脊椎动物——大庸鱼。湖南区域地质调查队程丽珠与南京地质古生物研究所蔡重阳合作完成了中国第1个产于泥盆系的古巴兰德木属的复原图。 辽宁省水文地质大队编著了《辽宁第四纪》。

1984年 1月24日,云南晋宁梅树村地质剖面被国际地科联地质对比计划前寒武系—寒武系界线工作组确认为国际前寒武系—寒武系界线层型候选剖面。 3月,地矿部海洋地质研究所完成1:200万《中国海域油气勘查形势图》及其说明书。 4月12日~19日,亚太经社会地区遥感地质应用讨论会在北京召开。 4月30日~5月7日,第3届矿床会议在成都举行,486人与会,论文1083篇。 6月5日~9日,地矿部、中国科学院和法国国家科研中心共同组织的喜马拉雅地质科学国际讨论会在成都举行。 8月4日~14日,第27

届国际地质大会在莫斯科举行,朱训、程裕淇率团参加,中国代表78人,提交360多篇论文。 9月22日,新疆塔里木北部沙参2井喷出"优质高产"油流,开辟了塔里木盆地找油的新领域。 10月25日,国际锡矿地质讨论会在南宁召开。 10月30日,国务院副总理万里主持国务院常务会议讨论《矿产资源法(草案)》。中国科学院南京地质古生物研究所在云南澄江发现了世界罕见的澄江动物群。 本年,张文佑著《断块构造导论》、许志琴著《地壳变形与显微构造》、涂光炽著《中国层控矿床地球化学》(第1卷)、刘英俊编《元素地球化学》、地矿部各省、市、自治区地矿局编制的分省(市、自治区)《区域地质志》开始出版。《微体古生物学报》创刊。 湖南省完成了《湖南省区域地质志》及其附图的编制工作,安徽省区域地质调查队编著完成《安徽省区域地质志》,内蒙古完成《内蒙古中、东部地区变质图》及说明书。 1984年~1985年,内蒙古完成"内蒙古区域变质作用及其有关矿产的研究"。

1985年 3月10日~13日,构造物理与地壳变形学术讨论会在北京举行。 4月,地矿部南海地质调查指挥部编1∶200万《南海地质—地球物理图集》通过专家评审验收,交付出版。 7月1日~6日,矿产普查与勘探第1次学术年会在北京举行。 8月22日,甘肃省人民政府和国务院地矿部决定,为表彰白银厂铜矿、镜铁山铁矿、金川镍矿普查勘探的地质工作者,在白银市、嘉峪关市、金昌市3地分别建立纪念碑各1座。 9月27日,中国地质古生物学家许杰出席联邦德国地质学会1985年年会,并接受了该会授予的最高科学奖——莱奥波尔德冯布赫奖。 10月6日~10日,全国岩相古地理学术讨论会在贵阳举行。 10月7日~12日,全国金矿地质工作经验交流会在北戴河召开。 10月11日~24日,"中国南方白垩系及含油气远景学术讨论会"在浙江召开。 10月26日~30日,第1届全国变质作用、交代作用和成矿关系学术讨论会在天津举行。 11月5日~16日,地质矿产部和联合国亚太经社会矿产资源开发中心共同组织钻探、取样、测井研讨会在无锡召开。 11月13日~18日,全国(中酸性)火山岩、次火山岩、与成矿作用学术会议在杭州举行。 12月21日~28日,地矿部在北戴河召开地质工作计划和教育工作会议。 王鸿祯主编《中国古地理图集》、张本仁主编《金属矿床勘查地球化学研究文集》、刘英俊等著《应用岩溶学及洞穴学》、刘东生等著《黄土与环境》出版。 辽宁地质矿产局完成《辽宁省区域地质志》。

1986年 1月,地矿部南海地质调查指挥部接受联合国开发计划署(UNDP)的经济技术援助,在珠江口盆地7万平方千米范围内,首次开展1∶20万比例尺区域性海洋工程地质调查。 3月19日,全国人大常委会通过《中华人民共和国矿产资源法》。 6月23日,第19届南极研究科学委员会(SCAR)会议在美国圣地亚哥举行,中国被接纳为该委员会正式成员国。同年,中国成为《南极矿产资源活动管理公约》签字国之一。 8月7日,中国南海第1个海上油田——北部湾涠10-3油田建成投产。 8月12日~23日,"中国北方白垩系及其含油气远景学术讨论会"在大庆召开。 9月3日,全国矿产资源开发管理会议在北京开幕。 9月30日,地矿部海洋地质调查局编制的1∶450万~1∶250万比例尺的《东海石油地质图集》出版。 9月,中国"海洋4号"科学考察船在南海试航,首次发现海底锰结核。 10月20日~24日,第3届国际工程地质大会在阿根廷布宜斯艾利斯举行。中国代表团23人出席,提交论文70篇,王思敬当选为国际工程地质协会(IAEG)亚洲副主席。 11月18日,国际遥感学术会议在北京举行。 11月,第2届全国天地生相互关系学术讨论会在北京召开。 12月3日~29日,"六五"地质科技重要成果学术交流会在北京举行,16个系统200多人参加,论文197篇。 本年,中国地质科学研究院和中国科学院地质研究所在南极长城站外围20平方千米填绘了大比例尺的地区地质图,这是有史以来第1幅由中国人实测的南极地质图。 徐克勤等《花岗岩和地震成矿关系论文集》、马杏垣主编《中国岩石圈动力学地图集》、董申保等《1∶400万中国变质地质图》《中国变质作用及其与地壳演化的关系》及杨遵仪、程裕淇、王鸿祯著《中国地质》出版。

1987年 1月9日~16日,地矿部全国地矿局长会议在北戴河召开。 6月18日,肩负着中国首航太平洋开展国际海底区域地质科学考察重任的地矿部"海洋4号"船圆满完成任务返回广州。"海洋4号"船是地矿部一艘地质地球物理综合调查船。它于1986年11月30日开始对中太平洋海盆的国际海底区域,进行以多金属结核(壳)为主要勘察目标的海底矿产资源的综合调查和大洋地质地球物理科学考察。这次航行历时201天,总航程达48 368.7千米(26 116.7海里),获得重力、磁力、水深、地震、地球物理剖面资料共96 844千米,海上调查站位104个,地质取样200次,共获得多金属结核(壳)608.8千克,海底泥样803.5千克,柱状样20.6米。这次大洋地质科技调查工作是地矿部继在南海珠江口盆地和东海陆架盆地油气勘查工作获得重大突破后新开辟的一个工作领域。 7月,地矿部批准将黑龙江省五大连池地质自然保护区升为国家级地质自然保护区。联合国教科文组织世界遗产委员会正式批准中国周口店北京人遗址、泰山、北京八达岭长城列入

"世界遗产名录"。 7月16日~20日,第1届全国环太平洋成矿带学术讨论会在长春举行。 8月24日~28日,中国主办的国际大陆岩石圈构造演化和动力学学术会议暨第3届全国构造地质学术会议在北京举行。 8月31日~9月4日,第11届国际石炭纪地层和地质大会在北京召开,代表402人(国外代表182人),选录论文国外211篇,国内244篇。会上,中国提出了广西桂林南边村和贵州睦化界线层型候选剖面;国际石炭纪地层分会决定石炭系分为两个系统,解决了争论100多年时间的问题;新的国际石炭系—二叠系界线工作组由中国吴望始任主席。 10月,国际第四纪早期脊椎动物学术讨论会在北京召开。 11月7日,中国地质大学成立。该校在北京、武汉分别办学。 张炳熹主编《当代地质科学动向》、杨遵仪等著《华南二叠—三叠系界线地层及动物群》、陈光远等著《成因矿物学与找矿矿物学》、何镜宇等著《沉积岩和沉积相模式及建造》、於崇文著《南岭地区区域地球化学》、刘英俊等著《勘探地球化学》、地矿部编《中国同位素地质年表》、黄汲清等著《中国及邻区特提斯海的演化》、马杏垣等主编《1:400万中国及邻近海域岩石圈动力学图》和杨怀仁著《第四纪地质》出版。云南省地质矿产局编制完成《云南省区域地质志》。

1988年 4月下旬,受中国科协委托,中国地质学会组织13位专家对《中长期科技发展纲要》(1990~2000至2020)进行讨论。对总体结构、中国科技中长期发展的战略目标、对策等方面提出建议,并希望将发展地层地球科学,加强地质工作列入纲领。 5月19日,新华社报道,中国地质学家在云南、贵州、广西交界地带发现10多个金矿床。这一地区将成为中国的第2个"金三角"。中国曾在陕西、四川、河南交界的秦岭、大巴山三角地带发现过一个"金三角"。 8月29日~9月2日,中国蓝片岩学术讨论会在武汉市举行。 9月6日~10日,国际元古代活动带地球化学和成矿作用(IGCP项目217项)在天津召开。 9月7日~10日,第1届亚洲海洋地质国际会议在上海举行。会议期间还穿插了联合国教科文组织政府间海洋委员会西太平洋工作会议与国际超微化石协会给追忆。 9月24日~30日,IGCP224项第3届国际学术讨论会,即亚欧东部前侏罗纪地质演化讨论会在北京市举行。 10月5日~10日,地矿部教育工作会议在辽宁大连召开。 10月8日,中国地质大学青年讲师陈敬中在世界上首次发现一种含锡、铅、镁、铁、锌、锰、钛、硅等多种元素的氧化物类的新矿物。该矿物已正式被国际矿物联合委员会以中国著名结晶矿物学家彭志忠名字命名为"彭志忠石-6H"。 10月10日~13日,全国事件地层学讨论会在武汉举行。 10月10日~14日,第21届国际水文地质学家协会会议在桂林召开。 12月2日~5日,地质矿产部南京地矿研究所金庆民在南极文森峰首次发现大型铁矿。 12月12日~17日,环太平洋中国南部区域地质成矿特征及矿产资源开发利用研讨会在南宁举行。 肖序常著《喜马拉雅岩石圈构造演化·总论》、殷鸿福主编《中国古生物地理学》、曾鼎乾著《中国各地质历史时期生物礁》、池际尚主编《中国东部新生代火山岩及上地幔研究》、尚瑞钧等著《秦巴花岗岩》、包茨著《天然气地质学》、欧阳自远著《天体化学》、刘瑞珣著《显微构造地质学》、焦淑琴等编《1:400万中国水文地质图》出版。宁夏完成《宁夏回族自治区区域地质志》。

1989年 1月4日~8日,全国地质灾害防治工作会议在北京召开,成立了中国地质灾害研究会,理事长朱训。 7月7日,第28届国际地质大会在美国华盛顿举行。大会理事会同意第30届国际地质大会1996年在中国北京举行。张炳熹再次当选为国际地质科学联合会副主席。 8月22日,国际地球物理勘探学术讨论会在北京开幕。 9月12日~16日,第4届全国矿床学术会议在青海西宁举行。 10月26日,李四光诞辰100周年纪念大会在北京举行。会前,举行了李四光铜像揭幕暨纪念馆开馆典礼。会上,给第1届李四光地质科学奖获得者刘铁铸等14人授奖。 11月20日,地矿部西藏地质矿产局在西藏当雄县羊应乡地热田又钻出1口高温热井,水温204℃为迄今中国陆地热井最高纪录。 11月28日~30日,第1届全国古海洋学术讨论会在上海举行。 11月30日~12月4日,第四届铜同位素地质年代学、同位素地球化学学术讨论会在杭州举行。 12月,中国科协所属14个全国学会联合举办的第3次全国天地生相互关系学术讨论会在北京召开。
吴汝康等著《中国远古人类》、王中刚等著《稀土元素地球化学》、张守信著《理论地层学》、吴瑞棠等著《现代地层学》和李子舜等著《川东陕南二叠—三叠纪生物地层及事件地层学研究》、周国平主编《宝石学》出版。

1990年 6月28日~7月3日,第十五届国际矿物学大会在北京隆重召开,收到论文摘要800余篇(国外390篇),为历届之最。 7月,青海可可西里综合科考队地质组在岗齐曲和西金乌兰湖发现一套蛇绿岩,属金沙江蛇绿岩带。表明,可可西里地区曾有过晚古生代的洋盆古特提斯洋。 9月25日~27日,第4届国际笔石大会在南京召开。 10月21日~25日,"全国减轻自然灾害研讨会"由中国地质学会等15个学会共同筹办,在北京召开。 10月25日~31日,第15届国际地质科学史学术讨论会在北京举行。 11月14日,地矿部塔北油田勘查联合指挥部在塔里木盆地北部阿克库勒地区达利亚构造上施工的沙22井,试获高产油气流,初喷日产原油1170立方米,天然气24万立方米,创造了塔里木盆地三叠系单井原油产量最高纪录。 11月19日~22日,全国城市地质灾害与对策学术讨论会在上海举行。 12月13日,中国地质大学与中科院化学研究所合作研究的利用扫描隧道显微镜(简称STM),直接在大气下观察辉银矿、辉钼矿、方铅矿的原子结构,获得原子级分辨率的表面结构图像,实现了STM技术用于矿物学研究的重大突破。其中辉银矿和辉钼矿STM图像的获得均属世界首次。 12月28日,由地质矿产部组织实施的新疆萨尔布拉克10万吨级低品位金矿堆浸科技攻关项目取得圆满成功,共上缴国库黄金11 199两。该项目规模之大在国内尚属首例,黄金浸出率、总回收率等多项技术指标达到国际先进水平。 本年,第1届古生物学名词审定委员会编《古生物学名词》、王鸿祯主编《国际地层时代对比表》和《中国及邻区构造古地理和生物古地理》、刘东生等主编《黄土·第四纪地质·全球变化》、戎嘉余等主编《理论古生物学文集》、卢焕章著《包裹体地球化学》、任国林主编《1∶400万中国工程地质图》、刘增乾等著《青藏高原地质构造与形成演化》、景才瑞等著《第四纪地质学概论》、王英华等编著《化石岩石学》出版。

1991年 1月22日,中国宝玉石协会在北京成立,会长宋瑞祥。 1月29日~2月3日,台湾海峡及邻区地质学术讨论会在福州举行。 3月9日,国家科学技术委员会批准国家有色金属及电子材料测试中心、国家电化和光谱研究分析中心、国家钢铁材料测试中心、中国上海分析测试中心、中国广州分析测试中心、国家环境分析测试中心、国家建筑材料测试中心、国家化学建材测试中心、国家色谱研究分析中心、国家地质实验测试中心等10个单位为首批国家分析测试中心。 4月10日,1949年以来中国最大的地学科研攻关项目"加速查明新疆矿产资源的地质、地球物理、地球化学综合研究"通过国家验收。 4月15日~20日,全国"七五"地质科技重要成果学术交流会在北京举行。 4月24日,中国大洋矿产资源研究开发协会在北京成立。 5月,"长江三峡工程重大科技问题研究"通过国家验收,认定"水库诱发地震研究"和"坝区及外围地壳稳定性研究"2项已达国际先进水平。 8月2日~9日,第13届国际第四纪研讨会(INQUA)大会在北京召开,刘东生当选为国际第四纪研究联合会主席。 8月19日,地矿部第2次全国区域地质调查工作会议在甘肃兰州市召开。 8月22日,3次赴南极考察的中国女地质学家金庆民关于南极地质的科研获重大突破,填补了中国关于南极火山岩和文森峰的研究空白。 8月27日~30日,国际硫化矿床专题学术讨论会在甘肃金昌举行。 8月30日~9月3日,第2届国际古生态大会在南京召开。 10月29日,中国地质教育协会在武汉成立。这是中国第1个跨部门、跨行业的教育协会。 1991年,中国科学院增选学部委员,地学部有马在田等35人。 中国西部地区的吐鲁番—哈密盆地和塔里木盆地吉拉克地区先后发现大型油田;陕甘宁盆地勘探出一个国内最大的世界级大气田。 杨遵仪等著《华南二叠—三叠纪过渡期地质事件》、刘鸿允著《中国震旦系》、杨华等著《青藏高原东部航磁特征及其与构造成矿带的关系》、汪集暘等著《中国大陆地区大地热流图说明》、邓孝主编《矿山地热与热害治理》、刘喜山等著《韧性剪切变形变质作用及找矿》、陈安泽等著《旅游地学概论》出版。

1992年 3月25日~27日,南海及其邻区特提斯演化及地体构造研究学术讨论会在广州举行。 4月15日~17日,第1次中国大陆科学钻探(CCSD)研讨会在北京召开。 7月,朱训著《找矿哲学概论》出版。 8月24日~9月3日,朱训率团赴日本京都参加第29届国际地质大会,中国申办第30届国际地质大会获得通过。 8月28日,国际地质科学联合会理事会改选,刘敦一当选为副主席。张弥曼当选为国际古生物协会主席,裴荣富当选为国际矿床成因协会主席,王思敬再次当选为国际发展地球科学家协会主席。 9月9日~12日,国际泥盆系及固体矿产与油气学术讨论会在桂林举行。 9月20日~24日,庆祝中国地质学会成立70周年暨当代地质科学进展与展望学术讨论会在北京举行。 10月19日,国务院颁发《关于表彰山东省地质矿产局第六地质队的决定》,授予该队"功勋卓著无私奉献的英雄地质队"荣誉称号。 11月16日,中国科学家发现了距今约1.35亿年的鸟类化石近20件,其中有7具保存完好的鸟类骨架。 本年,在中国举办的国际学术会议还有:国际叠层石讨论会、国际金矿流体包体研究与找矿学术讨论会。 陈国达等纂《中国地学大事典》、陈源仁著《生态地层学原理》、金庆民等著《南极菲尔德斯半岛火山作用及岩浆演化》、王秀璋主编《中国改造型金矿床地球化学》、王鹤年等著《华夏地块韧性剪切带型金矿地质》、石宝珩等主编《中国石油史研究》出版。

1993年 1月5日~9日,全国地矿工作会议在北京召开。 2月5日,由"勘探2号"施工的浙江嵊泗1井在嵊泗海底打出淡水,开拓了中国对长江三角洲海域勘探海底淡水资源的新领域。 2月9日~11日,中国地质学会第7次会员代表大会在北京召开。 4月10日,中国科学家首次在南京汤山溶洞发掘出早期人类头骨化石。这是继北京猿人、蓝田猿人、元谋猿人等之后,中国古人类研究的又一重大发现。 7月3日,河南南阳地区西峡盆地发现了世界罕见的恐龙蛋化石群。 9月4日~6日,第16届国际地球化学勘探学术讨论会在北京举行。 11月14日,陈廷愚等编制的《1:100万南极洲地质图》通过中国南极研究学术委员会主持的评审,这是中国首次编制的世界上最新的南极洲地质图。 12月3日,新华社报道,近年来,考古工作者和地质工作者们,在黄土高原沟壑区腹地的陕西省旬邑县,陆续发现出土了世界上迄今为止最大的古象化石等各类化石354件。有关专家称,这批化石的出土,已揭示了"黄土高坡"的远古之谜——1亿年前的黄土高原是浩瀚的汪洋大海;300万年前的黄土高原,是茂密的森林和气候湿润的大草原。 本年,中国科学院增选学部委员,地学部有王水等10人。 涂光炽等著《华南元古宙基底演化和成矿作用》、涂光炽主编《新疆北部固体地球科学新进展》、刘英俊著《元素地球化学导论》、陈毓川著《中国矿产成矿模式》、戴永定著《生物矿物学》、王道德著《中国陨石学导论》、中国大百科全书地质学编委会著《中国大百科全书·地质学》、穆西南主编《古生物研究的新理论新假说》、杨式溥著《古生态学:原理与方法》出版。

1994年 3月1日和3日,中国科学院古脊椎动物与古人类研究所三峡文物考察队最近在长江三峡淹没区发现旧石器化石点40余处;四川省文物考古研究所最近还在丰都县发现了面积约3.5万平方米的古墓群,这是三峡文物保护工作开展以来最大的一次考古新发现。 4月22日~23日,大陆构造学术讨论会在北京举行。 5月,中国第四纪地质与地球系统科学讨论会在郑州举行。 7月15日~18日,第6届国际盐湖学术讨论会在北京举行。 7月20日,《人民日报》报道,云南省考古人员最近在滇西腾冲县境内发现一处古代文化遗址群,初步认定为新石器时代晚期过渡到青铜器时代中期的村落遗迹,距今已4000年。 8月11日,中国科学院现代地球科学研究中心在京成立。 8月12日~18日,第9届国际矿床成因科学讨论会在北京举行。 夏,第1届全国宝玉石学术会议在成都召开。 8月21日~26日,第14届国际沉积学会在巴西举行,中国代表团8人组成。 8月28日~31日,国际地层、环境和资源学术讨论会在贵阳举行。在IGCP359项目和国际二叠—三叠系界线工作组会议上,投票通过浙江长兴煤山剖面为候选层型。 9月,中国洞穴研究会第1届学术年会在河南栾川召开。 11月,中国地质科学院地质所同位素地质研究室成功地建成了激光显微探针 $^{40}Ar/^{39}Ar$ 年代测定实验室。 本年,中国科学院学部委员改称院士;中国工程院成立,地质学方面当选的院士有张宗祜等5人。 宋叔和主编《中国矿床》(上中下)、张本仁等著《秦巴岩石圈、构造及成矿规律地球化学研究》、陶维屏著《中国非金属矿产成矿系列》、袁道先著《中国岩溶学》出版。

1995年 1月12日,中国科学院院士黄汲清、王鸿祯分别荣获"何梁何利基金优秀奖""何梁何利基金奖"。 4月19日~24日,寒武纪生命演化大突破、环境和矿产资源国际学术讨论会在南京召开。 5月,国家科委组织以大陆动力学及大陆科学钻探为主题的科学讨论会在北京举行。 6月7日~8日,变质地质学研究进展与展望学术讨论会在长春举行。 6月8日~13日,第3届全国地质制图学术讨论会在四川乐山举行。 6月27日~29日,地质科学与人类、生存、环境、自然灾害学术讨论会在河北正定举行。 8月28日~31日,国际二叠纪地层、环境和资源学术讨论会在贵阳召开。 9月20日~24日,全国稳定同位素地球化学学术讨论会在青岛举行。 11月1日~3日,第3届全国青年地质工作者学术讨论会在北京举行。 12月18日~21日,全国"八五"地质科技重要成果学术交流会在北京举行。 本年,中国科学院增选院士,地学部有刘昌明等10人;中国工程院增选院士,地质学方面有王思进等7人。 汪品光等著《十五万年来的南海》、孙立广等著《地球与环境科学导论》、马宗晋等著《现今地壳运动问题》、王鸿祯主编《中国地质科学发展的回顾》、李星学主编《中国地质时期植物群》、陈光远等著《胶东灵山沟金矿矿物学》、张玉泉等《横断山区花岗岩类地球化学》、陈丰等著《矿物物理学概论》、张伯声主编《中国波浪状镶嵌构造图(1:500万)》、潘江著《中国的世界文化与自然遗产》出版。

1996年 2月6日,中国发起的国际大陆科学钻探计划组织(ICDP)正式成立。 4月23日,国际北极科学委员会1996年区域委员会、委员会年会和委员会理事会会议在德国不莱梅港举行,会议通过中国为北极科学委员会的正式成员国。 4月25日~27日,中国大洋钻探学术方向研讨会在上海召开。 5月16日~18日,蛇绿岩与地球动力学研讨会在北京怀来举行。 6月21日~22日,分子演化与分子古生物学(跨学科)学术讨论会在南京召开。 8月4日~14日,第30届国际地质大会在北京举行,来自世界110多个国家和地区的近7000名地质学家和地质工作者参加了此次会议。大会前后,中外学者参加了野外地质考察。 11月4日~9日,中国地质学会地层古生物专业委员会与比利时地质调查所共同组织的国际石炭纪地层委员会杜内—维宪统工作组野外会议,在桂林和柳州举行。 11月,中国大型、超大型矿床的形成和勘查学术会议在北京举行。 景才瑞主编《李四光全集》(1卷~8卷)、袁道先等主编《岩溶与人类生存、环境、资源和灾害》、池际尚等著《中国原生金刚石成矿地质条件研究》、杜乐天等主编《中国铀矿地质研究成果荟萃》、李扬鉴等著《大陆层控构造导论》、康玉柱著《中国塔里木盆地石油地质文集》、李思田主编《含能源盆地沉积体系》、李明潮等主编《煤成气及其勘探开发》、刘本培著《西南天山构造格局与演化》、陈均远等《澄江动物群——寒武纪生命大爆炸的见证》和丁连芳等著《震旦纪庙河生物群》出版。

1997年 1月1日,国际地科联机关刊物《Episodes》由中国主办的协议正式生效。《Episodes》编辑部正式迁于中国北京,地矿部副部长张宏仁出任主编,侯鸿飞任经理主编。 1月24日,中国新星石油公司在人民大会堂宣告成立。 1月,在浙江常山黄泥塘剖面建立的中奥陶统达瑞威尔阶"金钉子"(全球界线层型剖面和点位,GSSP)得到国际地科联正式批准,成为中国(同时也是全球奥陶系)的第1个"金钉子"。 2月15日~3月20日,中国地质学会以通讯方式举行第八次会员代表大会,选举产生了第36届理事会理事。 4月26日~30日,国际岩溶作用与碳循环研讨会在广西荔浦举行。 5月20日,广州海洋地质调查局"海洋4号"从广州起航,开赴东太平洋国际海底区域中国多金属结核资源开辟区,执行为期近7个月的勘查任务。 7月1日,全国矿产资源委员会油办正式开始受理有关石油天然气(含煤层气)资源勘查开采项目申请,办理审批登记手续。 8月17日~20日,具有全球科学意义的大别—苏鲁地区大陆科学钻探选址国际研讨会在山东青岛市举行。 8月18日~27日,北祁连蛇绿岩及其构造背景野外研讨会在兰州召开。 9月17日~18日,中国变质作用与大陆动力学学术讨论会在北京大学举行。 9月20日,地矿部与常州市人民政府共同合作兴建的中华恐龙馆在江苏常州奠基。 10月15日,全国地质图书馆建馆80周年在北京举行。 11月,地史重大转折期的环境变化学术讨论会在北京召开,高分辨率地层学学术讨论会在湖北召开。 1997年,科学家在青藏高原钻取冰芯样品创多项世界之最。这些冰芯样品揭示青藏高原过去2万年的环境变化过程,为预测预报未来青藏高原环境与气候变化提供了丰富的资料。 中国科学院增选院士,地学部有马瑾等10人;中国工程院增选院士,地质学方面有陈毓川等5人。 陈毓川、张之一等主编《90年代地球科学的动向——第30届国际地质大会学术报道》、张炳熹等《岩石圈研究的现代方法》、顾家裕等著《层序地层学在油气勘探开发中的应用》、李作明等主编《香港古生物和地层》(上册)、夏正楷著《第四纪环境学》出版。

1998年 1月,经原地矿部初步勘查证实,北祁连山发现塞浦路斯富铜工业矿床。 1月10日,河北省张北—岗义发生6.2级地震,死亡49人,重伤362人,轻伤1100人,经济损失7.9亿元。 3月1日,《中华人民共和国防震减灾法》正式施行。 3月10日,全国人大决定,由地质矿产部、国家土地管理局、国家海洋局和国家测绘局共同组建国土资源部。 4月20日,中国地震局挂牌。 4月,在北京召开修编《中国年代地层表》专家讨论会,并发表讨论会纪要。嗣后,该地层表分别在《地层学杂志》及《地质论评》发表。 4月,国际大陆钻探计划专家委员会批准"中国大陆科学钻探工程"列为国际大陆钻探计划项目。 5月7日~9日,中国科协主办的第3届全国减轻自然灾害学术讨论会在北京举行。 8月20日~26日,第9届国际地质年代学、宇宙年代学与同位素地质学大会(ICGO)在北京举行,与会者有来自24个国家和地区的300多位学者,收到论文摘要328篇。 8月27日,新疆伽师发生6.6级地震,死亡3人,伤18人,经济损失1.3亿元。 9月18日~25日,第8届国际工程地质大会在加拿大温哥华举行。期间,在理事会议上,王思敬院士当选为第九届国际工程地质协会(IAEG)主席。 10月4日~14日,岩溶作用与碳循环国际讨论会在桂林举行。 11月19日,云南宁蒗发生6.2级地震,死亡6人,重伤231人,轻伤1743人,经济损失4.9亿元。 12月,《青藏高原研究丛书》出版,包括《青藏高原岩石圈结构演化与动力学》《青藏高原晚新生代隆升与环境变化》《青藏高原近代气候变化及对环境的影响》《青藏高原生态系统及优化利用模式》4本专著和《青藏高原形成演化与发展》,是一部体现多学科、大跨度、多交叉的系统工程的学术专著,很多成果在青藏高原研究领域有重要学术价值。 12月,中国科考队徒步穿越雅鲁藏布大峡谷考察获丰硕成果。 12月,设计深度1000米的CCSD预先导孔2号孔在东海县毛北开钻。 国土资源部决定,启动新一轮国土资源大调查工程,此工程覆盖全国,将历时12年,到2010年结束。 1998年,崔之久与韩建夫等首次找到台湾存在第四纪冰川作用的证据。 许靖华主编《1:400万中国大地构造相图》、李文范等主编《地球科学年表》、张子敏等《中国煤层瓦斯分布特征》、方晓思等《河南西峡白垩纪蛋化石》等专著出版。

1999年 3月2日,《地质灾害防治管理办法》发布施行,结束了地质灾害防治管理无章可循的局面。 4月8日,吉林发生7.0级深源地震。 4月26日,《地震震级规定》《工程场地地震安全性评价规范》《中国地震烈度表》3项地震国家标准由国家质量技术监督局颁布。 5月25日~29日,中国前寒武纪及早古生代地层讨论会在北京召开。　6月7日,中国地震预报评审委员会在北京成立。　6月,1028米深的CCSD预先导孔2号孔成功完钻。通过钻探和测井获得了极具科学研究价值的岩心样品和大量测井数据,并开展了多次地热测量。　7月,中国地质调查局经批准成立。　8月7日~10日,海峡两岸三地地质科学讨论会和世界华人地质科学讨论会同时在北京举行。　8月14日~27日,第三届海峡两岸地震科技研讨会在西安召开。　8月,第1批由中外探险家、岩溶地质专家组成的科考队发现,广西乐业天坑群为世界最大天坑群。　9月6日,中国冰川科学家在青藏高原执行国家"973"课题科学考察中,发现世界第3大冰原——中国普若岗日大冰原。　9月9日~11日,新中国地质科学50年——回顾与展望学术讨论会在北京举行,与会者有程裕祺等19位院士及150位专家学者。　10月25日~2000年1月15日,国际地层委员会三叠系分会国际二叠系—三叠系界线工作组就二叠系—三叠系界线的全球层型剖面和点(GSSP)进行通讯投票,正式通过将其确定在中国浙江长兴煤山剖面27C层之底 Hindeodus parvus 初现点上。　10月25日~29日,大陆构造及大陆变形暨第六届地质力学学术讨论会在北京举行。　10月26日,国土资源部、中国科学院、中国科协联合举办纪念李四光诞辰110周年大会,会上颁发李四光地质科学奖及《中国地质学》扩编版出版发行会。朱镕基总理对获奖者和《中国地质学》扩编版出版发行表示祝贺,温家宝副总理出席纪念大会并发表重要讲话。　11月4日,舒德干等在《Nature》发表《华南早寒武世脊椎动物》,报道了中国发现世界上最古老的2个脊椎动物——昆明鱼和海口鱼,这就把脊椎动物的起源向前推了5000万年。11月5日~6日《Science》等均对这一重大发现作了报道。

1999年,经国务院批准,国土资源部正式开始实施新一轮国土资源大调查。　中国科学院增选院士,地学部有吴荣生等10人;中国工程院增选院士,地质学方面有刘广润等4人。　陈毓川、赵逊、张之一等主编《第三十届国际地质大会论文集》(中文版)第1集~26集的大部分、王鸿祯主编《中国地质科学50年》和八尾昭、江崎洋一、郝维城等《中国古特提斯生物及地质变迁》、汪新文《地球科学概论》、籍传茂等著《地下水资源的可持续发展利用》、钱逸主编《中国小壳化石分类学与生物地层》出版。

2000年　1月15日,云南姚安发生6.5级地震,此前2小时,发生了5.9级地震。　4月22日~24日,第15届喜马拉雅—喀喇昆仑—西藏(HKT)学术讨论会在成都举行,与会包含16个国家的专家学者。　5月26日~31日,第3届全国地层会议在北京隆重举行。　6月24日~30日,第10届国际孢粉大会在南京召开。　7月22日~24日,"古生物分子国际研讨会"在武汉召开。　8月2日~4日,第2届世界华人地质科学讨论会在美国旧金山斯坦福大学举行。　8月6日~28日,第31届国际地质大会在巴西里约热内卢举行。中国有地质学家181人与会,提交了100多篇论文、100余份展讲图版。　12月20日~22日,全国"九五"地质科技重要成果学术交流会在北京举行。　2000年,区域地质调查工作继续重点部署在青藏高原、西南地区、西北地区、长江和黄河流域及东南沿海地区,围绕青藏高原、东北地区中比例尺空白区、重大地质问题分布区和重要经济区、重要成矿带安排了115个项目,其中新开1:5万区域地质调查项目14个(约35个图幅)、1:25万区域调查项目48个(约61个图幅)。2000年"九五"续作项目全部结束,其中9幅1:25万区域地质调查试点图幅均已完成报告编写工作,2001年3月将进行最终报告评审;近750幅1:5万区域调查项目大部分均已完成最终报告评审,转入报告出版编辑阶段;其余也已经完成野外验收工作。　《第三届全国地层会议论文集》《中国地层典》(15分册中的大部分)、王鸿祯等著《中国层序地层研究》、张炳熹主编《50年来中国地质科技进步与展望》、中国科学院南京地质古生物研究所《中国地层研究20年(1979~1999)》、肖序常和李廷栋主编《青藏高原的构造演化与隆升机制》、赵隆业《煤层地质基础》及朱克超、李扬、梁宏锋《多金属结核矿床分类及矿床特征》、宋传中《东秦岭地学断面的结构及动力学》、郝守刚等《生命的起源与演化——地球历史中的生命》、杨巍然等《大别造山带构造年代学》出版。

2001年　3月20日,《地质灾害防治工作规划纲要》出台,提出了今后15年地质灾害防治工作的总体部署、主要任务和主要措施。　3月,在浙江长兴煤山D剖面建立的二叠系—三叠系界线剖面之一,被国际地科联正式批准为全球二叠系—三叠系界线"金钉子"。　5月12日,国务院办公厅下发了《国务院办公厅转发国土资源部建设部关于加强地质灾害防治工作意见的通知》。　6月中旬,"中国8级大震研究及防震减灾学术讨论会"在甘肃兰州召开。　6月25日,中国大陆科学钻探工程CCSD-1井在江苏东海县安峰镇毛北村开钻,井深达5000米,历时5年。该井为目前世界第2、亚洲第1深井。　8月4日,位于江苏省东海县境内的中国第1口大陆科探井开钻。　10月10日~12日,"探索地球生命历史——过去15年的中国古生物研究国际研讨会"在北京召开。　10月17日,"黄汲清青年地质科学技术奖"基金管理委员会正式成立。　10月27日,云南永胜发生6.0级地震。　11月14日,昆仑山新疆、青海交界地区发生8.1级地震。该地区2000年发生过6.6级地震。 12月20日~22日,第3届海峡两岸三地地质科学研讨会在香港举行。 2001年,区域地质调查共安排150项,其中,1:25万填图以综合调查为主,1:5万填图以专项调查为主。主要在青藏高原、长江中游地区、东南沿海人口密集区及华北和东北地区进行地层古生物、区域岩石、区域构造、区域矿产等方面的工作,并在此期间进行了区域调查新技术、新方法的应用,对基础地质进行了综合研究。进行了航空遥感勘查、基础地质遥感调查、矿产资源遥感调查、生态环境遥感调查、区域过子摇杆综合调查等方面的工作。水文地质调查主要部署在西北干旱地区、西南喀斯特地区、松辽西部干旱地区和华北平原,在长江、黄河流域的上中下游、东南沿海地区和环渤海地区部署了区域环境地质调查。 舒德干等译《物种起源》、郝诒纯等《塔里木盆地西南地区海相白垩系—第三系界线》、张弥曼主编《热河生物群》、陈旭等主编《中国古生代气候演变》、张守信《中国地层名称》、冯增昭等《中国南方寒武纪奥陶纪岩相地理》、贾承造等《特提斯北缘盆地群构造地质与天然气》、毕思文《新概念地质力学》、王世称等《大型、超大型金矿床密集区综合信息预测》、牛树银等《地幔热柱多级演化及其成矿作用——以华北矿聚区》、刘全稳等《地球动力学与运动》、王尚彦和殷鸿福《滇东黔西陆相二叠纪—三叠纪界线地层研究》、魏柏林《东南沿海地震活动特征》、孙革等《辽宁早期被子植物与伴生植物群》出版。

2002年 1月,中国科学技术协会授予中国地质学会为"第3届中国科学技术协会先进学会"的光荣称号。第3届全国地层委员会"地层单位分类及地层名称审核分委员会"据委员会的要求起草的《中国各类地层单位名称申报审核程序》(草案)公布。 2月25日~28日,第四届亚洲湖泊钻探国际学术研讨会在昆明召开,这是亚洲湖泊钻探计划组织第1次在中国举办的国际研讨会。 4月19日,以反映地质构造变化为主题的侏罗纪硅化木国家地质公园在北京延庆县建成。据介绍,中国政府已批准建立44个国家级地质公园,已建立独立的地质遗迹保护区和地质公园86处。 5月22日,经过2年多勘探,在内蒙古伊克昭盟发现苏里格大气田,探明地质储量6025.27亿立方米,是中国现在规模最大的天然气田,也是中国第1个世界级储量的大气田。 5月22日~24日,第4届世界华人地质科学研讨会于南京举行。 10月15日~18日,中国地质学会成立80周年面向21世纪地质科学学术讨论会在北京举行。 10月18日,由中国石油化工公司和中国地质大学联合共建的"油气资源勘查研究中心"举行揭牌仪式。 2002年,区域地质调查共安排实施项目10项、工作内容167项,完成填土面积1:25万684 126平方千米、1:5万11 486平方千米。取得的重要成果有:青藏高原空白区区域地质调查与研究取得突破性进展;全球二叠三叠系界线层型金钉子剖面取得重大进展;城市立体地质调查取得了初步的成果;数字化填图进入实质性运行阶段;热河生物群及龙鸟等重要化石产地地质调查成果显著。区域遥感地质调查完成新疆东天山土屋—延东地区航空成像光谱3000平方千米、甘肃—内蒙古北山地区1:5万比例尺彩色红外航空遥感18 000平方千米,完成西藏羌塘地区1:25万区域调查空白区15个图幅遥感地质解释、甘肃祁连西段1:25万区域遥感地质调查2个图幅、淮河流域1:25万卫星遥感影像图镶嵌制作、上海市海岸带资源遥感调查与环境评价,完成吉林、湖南、内蒙古、云南、宁夏、贵州、台湾等8各省市区国土资源遥感综合调查以及安徽、陕西、河北3省国土资源遥感综合调查成果数据更新工作,建立了省级国土资源信息数据库。在大陆科学钻探(矿产资源评价工程)方面,固体矿产勘查新发现矿产地92处、矿产新增333+334,资源量分别为:铜600万吨、银9546万吨、优质锰4943矿石万吨、铅锌1181万吨、富铁矿8500万吨、金570吨、锡36万吨、钴4.5万吨、煤32 386万吨、钾盐4544万吨。雅鲁藏布江成矿区铜矿、西南三江云南段有色金属、广东粤北地区锡铅锌多金属、南岭地区的锡银铅锌矿产等的勘查工作取得了显著成效,并展示出巨大的成矿潜力。开展了华北平原、鄂尔多斯盆地、塔里木盆地、河西走廊、西南岩溶石山等重点地区的地下水资源调查和勘查评价。 全国地层委员会编著《中国区域年代地层(地质年代)表说明书》、芮行健《塔里木地块矿产资源》、陆松年主编《青藏高原北部前寒武纪地质初探》及王华、李忠、陆永潮主编《现代沉积学研究的若干思路与方法》、朱旺喜主编《矿物资源与西部大开发》、王士天《复杂环境中地质工程问题分析的理论与实践》、邓宏文等编著《高分辨率层序地层学原理及应用》、谯汉生等主编《中国东部深层石油地质》、张占文等《辽河盆地天然气地质》、曲力群等主编《工程地质》、吴启成等《辽河古生物化石珍品》、刘招君等《陆相层序地层学导论与应用》出版。

2003年 2月,国际地球科学联合会批准了由中美科学家组成的联合研究小组建立的位于湖南花垣排碧附近的全球排碧阶和芙蓉统底界标准层型剖面和点位的提案,以中国地名命名的"排碧阶"和"芙蓉统"2个全球年代地层单位及其底界的全球层型正式确立,这是寒武系内所确立的第1个"金钉子"。 7月30日~31日,创建地球科学领域世界一流大学战略研讨会在武汉举行。 8月21日~22日,全国地质灾害领域重大科学问题研讨会在北京举行,对未来5年~15年中国地质灾害防治领域科技发展的目标任务、战略部署、重大科技计划及部署方向进行了深入探讨与交流。 11月11日,国家地质对比计划(IGCP)30周年活动在北京举行,大会围绕地学界关注的前沿问题发表了演讲,并参观了北京周边的地质公园。 11月24日,国务院公布《地质灾害防治条例》,2004年3月1日起施行。 12月10日,第8次李四光地质科学颁奖大会在北京举行。

据新华网报道,中国首次在罗布泊进行环境科学钻探,深度达800米,首钻设在新疆若羌县境内台特玛湖附近;新疆将成为中国矿产资源接替区,在中国已发现的160个矿种中新疆就有120多种,其中白云母、铀硝石、陶土等多种珍稀矿产居中国首位。 2003年,中国主要断代地层建阶研究取得重要进展,围绕《中国区域年代地层(地质年代)表》中所建的102个阶,2003年已完成了涉及该表中32个阶、2个新建系和6个全球GSSP的界线层型的研究工作。其中,中国长兴阶以及下石炭统维宪阶的3条底界界线层型和上二叠统吴家坪阶已被国际地层委员会所属的相关分委员会或工作组确认为全球GSSP的首选候选剖面;下三叠统巢湖阶的底界界线层型剖面(国际上奥列尼克阶)也引起了国际地层学界关注。在辽西中生代热河生物群发现了"四翼"奔龙化石,有力支持了原始鸟类起源的假说;辽西发现了丰富的中侏罗世两栖类蝾螈化石,把该类群化石记录提前了1亿年;在凌源市中生代的义县组地层中发现了目前世界上已知最早的亚兽动物化石——"沙氏"中国袋兽,这一珍稀古生物化石的发现将亚兽(有袋类)的历史向前推进了至少1500万年,把亚兽肢体骨骼的化石记录向前推进了5000万年。 2003年,区域地质调查共安排实施项目10个、工作项目106个,部署了"青藏高原空白区基础地质调查与研究"、"国家基础地质图件更新"和"城市立体地质调查"3个计划项目,完成实物工作量1:25万区域调查填图面积409 785平方千米、1:25万区域调查修测面积306 455平方千米、1:5万区域调查填图面积4529平方千米,分别在区域岩石、地层古生物、区域构造、第四纪地质及新构造、区域矿产地质、旅游与环境资源等方面做出了成果,国家基础地质图件更新取得了一批重要进展、产生立体地质调查迈出新步伐、数字填图野外示范工作进展顺利。农业地质调查共部署浙江省、四川省成都经济区、山西省黄土高原盆地经济区、湖南省洞庭湖区、安徽省江淮流域、山东省黄河下游流域、福建省沿海经济带和吉林省农业地质调查8个实施项目以及重庆市沿江经济带、河南省伊洛河流域和江西南昌地区生态地球化学调查,工作内容项目20个,安排1:25万多目标区域化探181 155平方千米。水文地质调查完成了新一轮全国地下水资源评价,查明中国地下水天然补给资源量、可开采资源量,中国地下水天然资源量多年平均为9235亿立方米,其中地下淡水天然资源为8837亿立方米,地下微咸水天然资源为277亿立方米,地下半咸水天然资源为121亿立方米;全国地下淡水可开采资源多年平均为3527亿立方米;查明了从1984年以来地下水资源所发生的变化及其原因。环境地质调查重点开展了长江三角洲、珠江三角洲、环渤海及沿海等主要经济区以及长江、黄河等流域和西南岩溶石山、黄土高原等地质生态脆弱性调查工作,中国以省市区为单位的1:50万区域环境地质调查全面完成。在三峡工程库区和青藏铁路等国家重大工程建设区、滑坡崩塌泥石流灾害多发区、人口密集区、城市以及重要交通干线开展了地质灾害调查与预警系统建设。 2003年,新发现一批重要的含油气局部构造,具有良好的油气资源前景,提交第一批预选井位;南海深水海域首次发现巨厚中生代地层,沉积地层厚度超过万米,为下一步开展深水领域油气资源调查指明了勘探方向。发现天然气水合物新的实物标志——食用甲烷气的标志生物瓣鳃类生物活体,再次证明天然气水合物存在可能性。新发现矿产地77处(其中大中型32处),14种战略性固体矿产新增了资源量。南汀河地区已获铅锌资源量近300万吨;青海南部纳日贡玛一带发现铜铅锌多金属矿体40余条,初步估算银资源量2700吨、铅锌100万吨;雅鲁藏布江成矿带铜多金属调查初步控制铜资源量200多万吨,富铁1.2亿吨;估算东天山彩霞山成矿带铅锌资源量148万吨;秦岭地区的甘肃代家庄、陕西马元及旬北地区铅锌矿调查评价远景资源量可达400万吨;阿尔泰地区富蕴县哈腊苏发现长7千米的铜矿化带,圈出3条矿(化)体;闽中地区的建瓯八外洋、顺昌发现富厚铅锌矿体;江西九岭西部发现铜多金属矿床(点)10多处,罗城地区圈定2条长7千米、宽30米~100米的铜矿化带;豫西南地区发现铅锌银矿体5个,冷水北沟控制铅锌资源量123万吨、银972吨;海南保亭同安地区钻孔见铜矿(化)4层,显示较好的找矿前景。於崇文《地质系统的复杂性》(上下)、黄宗理主编《跨越新千年的地质科学:31届国际地质大会进展综述》、杨群主编《分子古生物学原理与方法》出版。

2004年 2月,联合国教科文组织IGCP执行局第32届理事会通过"世界岩溶研究中心(IRCK)"设在中国的提案,充分体现了中国岩溶研究水平在国际学术界的权威地位。 4月,中国正式加入国际综合大洋钻探计划这一迄今为止最为雄伟的地质计划。 6月16日,第1届中国探矿者年会在北京举行,对推动中国新时期地质事业的发展将有十分重要而深远的影响。 7月24日,新华社报道,中国科学家首次联合对南海北部可燃冰的海域进行了调查,首次发现了南海北部可燃冰"冰泉"喷溢形成的巨型碳酸盐岩,面积达430万平方千米,被认为是世界最大的自生碳酸盐岩区。 7月,中国地质调查局季强等在辽西热河生物群中又发现了一种长羽毛的虚骨龙类化石,命名为东方华夏龙。这一发现再次以确凿的证据向世人证明"鸟类是由小型兽脚类恐龙演变而来"的理论。在辽宁义县金刚山地区发现世界上第1枚含有胚胎的翼龙蛋化石。 11月6日~7日,"全球重大变化时期生物与环境协同演化学术研讨会"在武汉召开。 12月21日,中国大陆科学钻探工程科钻一井钻进到井深5000米,这意味着这一国家重大科学工程项目的原定钻井工程目标已经达到,是中国钻探技术史上的一座里程碑。 2004年,经过长达4年、30多种实验项目、共6万多次的分析,科学家在2004年公布了4年前中国首次大洋钻探的收获:取得了3200多万年的深海沉积记录;取得南海演变的沉积证据,发现到300多万年前南海沉积环境才出现强烈的南北差异;首次探讨了2000多万年以来气候周期性的演变,发现大洋碳循环的长周期等。 2004年,区域地质调查共安排计划项目10个,部署了"国家基础地质图件更新""青藏高原空白区基础地质调查与研究""城市地质调查"3项计划,在区域地层和古生物、区域构造、区域矿产、第四纪地质及新构造方面作出工作。青藏高原空白区域地质调查与研究成果显著,国家基础地质图件更新取得一批重要成果,城市地质调查试点稳步推进,数字填图技术推广工作顺利。农业地质调查共安排1个项目,工作项目17个,完成1∶25万多目标区域化探295 493平方千米,分别在浙江省、四川省成都经济区、山西省黄土高原盆地经济带、湖南省洞庭湖区、安徽省江淮流域、山东省黄河下游流域、福建省沿海经济带、吉林省、内蒙古、河南省黄淮平原经济区、江西省鄱阳湖及周边经济区、湖北省江汉流域经济区、海南岛、重庆市沿江经济带、江苏省、辽宁省辽河流域、江苏省南京及周边地区和广东珠江三角洲地区进行了农业地质调查,并取得成果。成功完成了长江上游(万州-宜昌段)1∶5万航空遥感摄影工作,完成航空摄影20 000平方千米;分别在西藏、内蒙古北山、豫西南、滇西北、长江上游、青藏高原等地区进行了区域遥感调查;在海南省、上海市做出综合遥感调查并进行信息系统建立工作,均取得成果。完成保级奥运会运动场馆专项城市地质调查、上海世博会会址专项城市地质调查已经启动,杭州市的城市立体地质调查已完成科研报告等成果。 戎嘉余、方宗杰主编《生物大灭绝与复苏:来自华南古生代和三叠纪的证据》(上下)、殷鸿福等《生物地质学》、杨式溥、张建平和杨美芳《中国遗迹化石》、陈均远《动物世界的黎明》、季强等《中国辽西中生代热河生物群》、王萍莉和溥发鼎《壳斗科植物花粉形态及生物地理》、汪啸风等《关岭生物群——探索两亿年前海洋生物世界奥秘的窗口》出版。

2005年 1月1日~3日,侏罗系界线和重大地质事件国际学术研讨会在南京召开。 2月5日,中国首份1∶100万海洋区域地质调查试点图幅——南沙永暑礁海域地质图问世。 3月8日,中国大陆科学钻探工程圆满完成钻探工作任务,钻探深度5158米,达到了项目设计的预期目标。 3月30日~4月1日,国际大陆科学钻探委员会在德国波斯坦举行"大陆钻探10年回顾与展望"国际研讨会,作为创始国之一的中国展示了中国大陆科学钻探工程项目近年来取得的最新成果。 4月16日~17日,中生代以来中国大陆板块作用过程学术研讨会在安徽合肥召开。 5月14日,国务院颁布实施《国家突发地质灾害应急预案》。 5月15日,在中国地质大学召开的青藏高原地球科学战略研讨会上,任纪舜提出"青藏高原不存在从古生代延续到三叠纪的(古特提斯)大洋海盆,不存在所谓的古特提斯或永久特提斯海"的观点。 5月20日,《地质灾害治理工程勘查、设计、施工单位资质管理办法》《地质灾害治理工程监理单位资质管理办法》和《地质灾害危险性评估单位资质管理办法》颁布实施。 6月20日~23日,中国地球科学促进会第五次年会暨中国边缘海与大陆边缘地质构造演化及其环境演变响应国际学术讨论会在广东清远召开。 8月18日,以"矿床研究:应对全球挑战"为主题的第8届国际矿床地质会议在北京中国地质大学举行,就15个分会议题和6个专题讨论进行了学术交流。 年底,中石油、中石化2大油田公司在新疆阿克苏地区发现了一系列更重大油气构造,共探明油气田(含油气构造)22个,分别分布在沙雅、新和、库车、拜城、温宿和乌什等地。 当年,广西来宾蓬莱滩南岸剖面被国际地科联正式批准为二叠系乐平统(暨吴家坪阶)"金钉子";浙江长兴煤山D剖面、C剖面被国际地科联正式批准分别为长兴阶的全球层型剖面、辅助层型剖面。 中国地质调查局地层古生物研究中心《中国各地质时代地层划分与对比》、马杏垣遗著《解析构造学》、徐桂荣等《生物与环境的协同演化》、齐国凡等《中国武汉被子植物化石木群》、董树文等《国际地质科学发展动向》、王尚彦《关岭生物群生态环境研究》、李国彪等《西藏南部古近纪微体古生物及盆地演化特征》出版。 2005年,中国第1个农业地质调查项目——浙江省农业地质调查工作全面完成,取得了一批领导重视、群众关注的阶段性成果。共完成调查面积4.36万平方千米,覆盖全省86.5%的耕地面积,采集样品6.6万件,获得原始数据126万个,基本摸清了浙江省农业用地的质量家底。覆盖全国陆域面积的国土资源遥感综合调查全面完成,取得覆盖土地资源、矿产资源、水资源、旅游资源、森林资源、地质灾害、地质构造与区域稳定性、生态环境等方面的丰硕成果,建立了省级国土资源遥感综合调查成果管理、服务系统。 1999年~2005年,中国地质调查局先后组织24个地质勘查、科研、院校上千人开展青藏高原区域地质调查工作,完成空白区1:25万区域地质调查共110个国际标准图幅,面积152万平方千米,实现了中国陆域中比例尺填图全覆盖,取得了青藏高原岩石、构造、地层、古生物等方面许多珍贵的新资料,获得了一批科学前沿问题的新认识,同时新发现10余条具有相当规模的铁、铜、硼等重要成矿带,引起了国内外的极大关注。

2006年 1月20日,《国务院关于加强地质工作的决定》发布。 4月3日,全国地质工作会议在北京召开,国务院总理温家宝就贯彻《国务院关于加强地质工作的决定》作出6点批示。 5月19日,新华社报道,河南省地质矿产局第十一地质队在商丘市发现了3处煤层,其中,在柘城发现的煤层预获煤资源量为12.43亿吨,为特大型煤田。在夏邑县和永城市各发现1处煤层,2处煤层深度都在1000米以内,以无烟煤为主。 6月,位于湖北宜昌市王家湾奥陶系赫南特阶"金钉子"得到国际地科联正式批准。 6月17日~21日,在北京成功举办"第2届国际古生物学大会",以"远古生命和现代研究途径"为主题的"第2届国际古生物学大会"在北京大学召开。 8月18日,中国白垩纪大陆科学钻探"松科1井"在松辽盆地的大庆油田南部油区开钻,该研究项目的实施被誉为中国地球科学史上的一个标志性事件。 9月19日~21日,第6届国际地质和环境材料分析大会在北京举行。 10月9日~13日,以"地下水的现状和未来"为主题的第34届国际水文地质大会在北京举行。 12月~2007年2月,联合中央组织部、建设部和教育部,开展全国农村地质灾害防治知识万村培训行动。 陈丰《20世纪科学革命和地球科学精览》、戎嘉余等《生命的起源、辐射与多样性演变:华夏化石纪录的启示》、曹瑞骥和袁训来《叠层石》、尹磊明《中国疑源类化石》、张武等《中国木化石》、孙跃武和刘鹏举《古生物学导论》出版。 2006年,在甘肃发现的玉门甘肃鸟是目前世界上发现的最古老今鸟类化石;在内蒙古宁城的道虎沟生物群发现的世界上最早的会游泳哺乳动物(獭形狸尾兽)化石,为研究中生代哺乳动物具有游泳和食鱼的生活习性,占领半水生的生态环境提供了最早的化石证据。发现与评价雅鲁藏布江、西南三江等成矿带的一批大型—超大型铜矿床,累计探明资源量2868万吨,其中,西藏驱龙矿区探明资源量790万吨,云南普朗矿区探明资源量437万吨,矿区及外围仍有很大找矿潜力,这两个矿床将成为中国新的国家级铜矿基地。历时8年的鄂尔多斯盆地地下水勘查项目,探明地下水可采资源量58亿立方米/年,目前开采量11亿立方米/年,开采潜力47亿立方米/年。 中国矿产资源开发遥感监测启动。应用遥感技术对晋陕蒙能源成矿带、川西南多金属成矿带等8大成矿带矿产开发进行遥感监测,获得大量实测数据。

2007年 2月12日,中国地质调查局宣布,历时7年的青藏高原拉网式调查中,新发现799处地质旅游景点,首次推出了青藏高原1:150万旅游图。 4月5日,中国科学院南京地质古生物所的科学家发现了迄今为止最早的动物休眠卵化石。这一发现提供了迄今为止最早的动物化石的可靠记录,将动物的起源时间提前到6.32亿年以前。与以"瓮安生物群"为代表的动物化石年代相比,将动物的化石记录前推了5000万年。 5月1日,中国在南海北部钻取"可燃冰"首次采样成功,成为继美国、日本、印度之后第4个通过国家级研发计划采集到实物样品的国家,证实了南海北部蕴藏有丰富的天然气水合物资源,标志着中国天然气水合物调查研究水平一举步入世界先进行列。 5月3日,中国石油天然气集团宣布,在渤海海滩地区发现储量规模达10.2亿吨的大油田——冀东南堡油田,位于河北省唐山市曹妃甸港区,地质上为渤海湾盆地黄骅坳陷北部下的南堡坳陷。 6月11日,内蒙古有色地质勘查局宣布,在呼伦贝尔草原巴尔虎左旗东南部的诺门罕盆地发现1处储量达205亿吨的特大型煤田,属高发热量、低灰、低硫优质褐煤,具有联合机械化开采条件。 6月13日,中国科学院古脊椎动物与古人类研究所专家经研究确认,在内蒙古自治区二连浩特市发现的1具巨型兽脚类化石是当今世界上最大的似鸟恐龙化石。 7月,由国土资源部宜昌地质矿产研究所牵头取得的黄花场全球中和下奥陶统暨奥陶系第3个阶的金钉子。这颗金钉子是奥陶系最后1颗,标志着全球奥陶系年代系统的最终建立。这也是世界第66枚、中国第7枚、宜昌第2枚金钉子,距今约4.72亿年。 8月26日~31日,第12届国际数学地质大会在北京举行,主题是"数学地质—地学信息与资源—环境—灾害评价",这是首次在中国召开。 2007年8月开始到2009年9月底,中国在全国范围内进行矿产资源储量利用调查和矿业权核查,核查矿种共28种,其中石油、天然气和铀矿的核查由国土资源部直接组织。 9月,中国首个沙漠国家地质公园——内蒙古阿拉善沙漠国家地质公园正式开园。 10月10日~15日,"2007年地质工程国际学术研讨会"在武汉举行,会议主题:矿产资源勘查与开发和地下深部科学钻探技术;地质灾害的预测与防治理论与技术;地下建筑工程技术。 11月8日,国土资源部披露,中国在鄂尔多斯地区新发现一大煤田,储量达200亿吨。 11月16日,中国石油天然气集团公司宣布,中国首台具有自主知识产权的12 000米特深井石油钻机研制成功。这台目前全球技术最先进的特深井陆地石油钻机,将把中国陆地和海洋深水油气田、大位移井及其他复杂油气田超深油气藏的勘探开发水平提高到一个新的层次。 11月23日,国务院批准《全国地质灾害防治"十一五"规划》。 12月4日,中国大陆科学钻探工程通过国家验收。 侯佑堂等《中国的介形虫化石:第2卷》、万晓樵等《西藏雅鲁藏布江缝合带地层》、高金汉等《辽宁本溪牛毛岭石炭纪—早二叠世早期腕足类物种多样性和沉积环境》、刘秀英等《西藏东部晚中生代植物》、尹崇玉等《震旦(伊迪卡拉)纪早期磷酸盐化生物群——瓮安生物群特征及其环境演化》、周山富和杨方之《孢粉地质学 Palynogeology》、张和《中国化石》出版。 2007年,中国地质调查局充分依靠现代勘查技术,加大深部铁矿勘查力度,在安徽庐枞地区新发现隐伏在地下700米左右的泥河大型铁矿,在辽宁桥头深部发现厚大铁矿体,初步预测远景资源量可达10亿吨。 全国范围内的"矿产资源潜力评价"与"全国矿产资源利用现状调查"专项启动,调查面覆盖全国31个省(区、市),包括石油、天然气、煤、铁、铜、铝等28种重要矿产,将于2010年完成。 中国第1个综合城市立体地质调查项目"上海城市地质调查"历经3载圆满完成,项目利用全上海市10万多个钻孔资料,全面查明上海空间地质结构,系统取得耕地、滩涂、水系等地球化学数据,是中国第1个面向城市可持续发展的地质科研成果。

2008年 1月22日,国家文物局宣布,在许昌灵井旧石器时代遗址发现了距今8万年~10万年的古人类头盖骨化石,被正式命名为"许昌人"。 1月24日,中国地质学会评选出2007年度10大找矿成果和10大科技成果,地质科技10大成果:内蒙古二连盆地发现最大的似鸟动物——"二连巨盗龙";湖北宜昌寒武系陡山陀组发现休眠卵化石;湖北宜昌黄花场剖面被确立为全球中/下奥陶统界线暨奥陶系第三个阶界线层型剖面(金钉子剖面);西藏罗布莎蛇绿岩型铬铁矿中发现超高压地幔矿物群;南极埃默里冰架-格罗夫综合地质调查研究;中国北方煤火探测与监测新技术研究;新疆伊犁盆地南缘可地浸砂岩型铀矿资源评价研究;新疆塔中Ⅰ号坡折带礁滩复合体大型油气田勘探理论与技术研究;华北前第三纪油气资源潜力评价理论与技术方法研究;鄂尔多斯盆地地下水勘查评价。地质找矿10大成果:冀东南堡油田地质勘查获重大突破;鄂尔多斯发现大牛地天然气田;南海北部陆坡钻探获取天然气水合物;甘肃省文县阳山发现超大型金矿;陕西省镇安县金龙山发现特大型金矿;内蒙古东胜地区铀矿勘查获得重大突破;云南昭通地区发现新的大型煤田;新疆乌恰县乌拉根发现超大型铅锌矿;湖北省黄石市大冶铁矿深部勘查获得突破;辽宁红透山铜矿深部找矿获得重大突破。

3月,国际地质科学联合会在摩洛哥举行执委会会议,通过和批准了由中国科学院南京地质古生物研究所彭善池领导的一个国际工作组提交的在中国湖南建立寒武系第七阶底界"金钉子"和以层型剖面所在地古丈县命名该阶的报告。 3月30日,国际地科联秘书长P. Bobrovsky签署了批准书,"古丈阶"及其底界"金钉子"正式在中国确立。 4月29日,国土资源部对贵州盘县、水城、织纳、黔北4个矿区煤炭国家规划矿区矿业权设置方案作出批复。至此,中国现有的45个煤炭国家规划矿区有42个矿区的矿业设置方案已编制完成并经过专家审查,34个矿区的矿业权设置方案通过国土资源部批复,这意味着中国从矿业权设立源头上加快了整治煤矿布局分散、分割资源的进程。 4月,国土资源部《2007年国土资源公报》发布,截至2007年初,全国已发现171种矿产,有查明资源储量的矿产159种。2007年地质调查和矿产勘查新发现大中型矿产地208处,石油新探明冀东南堡、大庆古龙、长庆姬塬等3个亿吨级大油田;天然气新探明吉林长岭、长庆神木、四川广安、塔里木大北、北方淞南等5处300亿立方米大气田。 5月7日,新华社报道,中国黄金资源量在1.5万吨~2万吨,探明储量排名世界第7。目前中国黄金保有储量达4634吨。2006年中国在滇黔桂、陕甘川等地区探明黄金储量超过650吨,2007年至今又陆续发现包括冈底斯熊村铜金矿、青海大场金矿、甘肃甘南地区阳山金矿、山东莱州市寺庄金矿、海南抱仑金矿等5座大型、特大型金矿。 5月7日,历时5年的"全国矿山地质环境调查综合研究与成果集成"完成。 5月12日,从在天津召开的亚洲地热资源直接利用国际研讨会上获悉,据估算,中国主要沉积盆地储存的地热能量为736亿亿千焦耳,相当于标准煤2500亿吨。全国地热可开采量为每年68亿立方米。中国地热资源开发利用已初具规模,年利用地热能为100亿千瓦时,并以每年10%的速度增长。全国已基本形成西藏羊八井为代表的地热发电、以天津和西安为代表的地热供暖、东南沿海为代表的疗养和以华北平原为代表的种植和养殖的开发利用格局。 5月12日14时28分,中国四川汶川遭遇8级地震。6万余人遇难,30余万人受伤。 5月~6月,举全国国土资源系统之力,从13个省(区、市)、中国地质调查局和中国地质大学的118个单位调配了1225名地质专家,组成108个地灾应急排查组,全面开展汶川地震灾区地灾隐患应急排查和调查评估工作。 7月16日,江西三清山国家地质公园被世界遗产委员会列入《世界遗产名录》。 7月28日,为加强地震调查评估和监测,国土资源部迅速启动了应急区野外科学考察工作,提出了地震地质科学研究工作计划和部署方案,初步确立了地震科学钻探选址。 8月1日,首条国际一流水准的高速铁路在京津两大城市间开通。 9月18日,汶川县城重大地质灾害防治工程启动。 10月6日,拉萨市当雄县发生6.6级地震。截至10月10日,地震已造成拉萨市6万多人受灾,10人死亡。 10月9日,中国地质调查局历时5年完成并通过专家评审的"华北平原地面沉降调查与监测综合研究"显示,目前,华北平原地面沉降所造成的直接经济损失达404.42亿元,间接经济损失2923.86亿元,累计损失达3328.28亿元。华北平原地面沉降以天津和河北损失最为严重。沉降主要发生在中部和滨海平原区,这些地面沉降中心地带呈串珠状并连片发展趋势。 10月13日~14日,海洋区域地质调查学术研讨会在山东青岛举行。中国将全面实施海域1∶100万海洋区域地质调查,并将在2015年完成;至2025年将逐步完成海岸带和重点海域的1∶25万海洋区域地质调查,试点开展沿岸经济发达区更大比例尺海洋区域地质调查工作。 11月,地质部门经过1年多的努力,在吐鲁番盆地发现1处预测资源量达230亿吨的特大型煤田。新发现的大煤田位于新疆吐鲁番地区鄯善县境内的沙尔湖。 12月15日,国际岩溶研究中心在中国地质科学院岩溶地质研究所成立,这是中国第一个由联合国授权设立的地学研究中心,也是联合国设立的第1个以地质为主的世界研究中心。

12月21日,中国地质学会评选出2008年度10大地质科技成果和10大地质找矿成果,10大地质科技成果:柴达木盆地发现罕见鱼化石;中国学者提出龟类起源的新证据;云南昆明发现反映动物集体行为特征的节肢动物化石;石炭系维宪阶和寒武系古丈阶全球界线层型剖面和点位在中国建立;天然后尖晶石超高压矿物的发现;铁、铜、锌等非传统稳定同位素地球化学研究取得突破性进展;青藏高原新构造及晚新生代古大湖研究;全国主要城市环境地质调查评价取得重大进展;危机矿山深部预测盲矿的新突破——构造叠加晕找矿法;中、俄、哈、蒙、韩合作编制的1∶250万"亚洲中部及邻区地质图系"。10大地质找矿成果:安徽省庐枞深部发现泥河大型铁矿;河南省唐河县周庵发现含铂族铜镍硫化物矿床;黑龙江省东宁县金厂发现超大型金矿;湖北省铜绿山铜铁矿深部找矿取得重大突破;湖北省宜昌磷矿深部勘查取得重大突破;内蒙古二连盆地中东部地区发现大型铀矿床;山西省灵丘县支家地铅锌银矿深部找矿取得重大突破;四川省攀枝花市宝鼎煤矿找矿取得重大突破;塔河油田奥陶系碳酸盐岩中发现大型油气田;准噶尔盆地发现第1个千亿方大气田——克拉美丽气田。 第3届全国地层委员会编《中国主要断代地层建阶研究报告(2001~2005)》、刘宝和主编《中国石油勘探开发百科全书》(综合卷、勘探卷、开发卷、工程卷)、罗惠麟等《云南东部早寒武世马龙动物群和关山动物群》、王德有等《中国河南恐龙蛋和恐龙化石》出版。 2008年~2009年,中国地质科学院矿产资源研究所和勘探技术研究所共同组织实施了"祁连山冻土区天然气水合物科学钻探工程",在祁连山冻土区相继组织实施了3口科学钻探井,取得重大突破,3口科钻井均成功钻获天然气水合物实物样品,经多种方法验证证实为天然气水合物。在世界上第1次在中低纬度高原冻土区发现天然气水合物,成为继加拿大和美国之后在陆域通过钻探获得天然气水合物样品的第3个国家。

2009年 年初,位于中国广西柳州的碰冲剖面目前经国际石炭纪地层委员会表决,以全票21票当选为国际石炭纪维宪阶"金钉子",这是全球石炭纪首个"阶"一级的"金钉子",也是中国科学家取得的第9颗(金钉子)。 3月6日,山东省莱州市焦家金矿深部钻探再现特大型金矿,共探求金矿资源储量矿石量29 204 524吨,金属量105.175吨,平均金品位3.60克/吨,矿床规模为超大型。 3月,国土资源部开始在全行业内组织开展"地质找矿改革发展大讨论"活动。这次大讨论活动,是国土资源部党组深入研究地质找矿面临的严峻形势,着眼长远战略发展需要作出的重大决策部署。 3月,国土资源部《2008年国土资源公报》,2008年新发现大中型矿产地209处,煤炭、天然气、铜矿等9种矿产勘查新增资源储量增幅较大。发现和证实15个亿吨级油气储量区,新增探明地质储量石油13.4亿吨、天然气6472亿立方米、原煤231.1亿吨。粗钢产量突破5亿吨,再创新高;黄金产量首次位居世界第一。 4月13日,国土资源部下发《国土资源部关于开展地质灾害群测群防"十有县"建设的通知》,部署开展地质灾害群测群防"十有县"建设。 8月12日,河北省滦南县马城发现特大型铁矿,保有铁矿资源量(332+333)10.4476亿吨,全铁平均品位34.98%。 12月19日,位于鄂尔多斯盆地的长庆油田生产油气当量首次突破3000万吨,达到3006.06万吨,标志着中国又一个年产3000万吨级大油气田诞生。至此,长庆油田跃升为中国目前仅次于大庆油田的第2大油气田。 Boucot A J、陈旭、Scotese C R等《显生宙全球古气候重建》、中国科学院地学部地球科学发展战略研究组《21世纪中国地球科学发展战略报告》、第2届古生物学名词审定委员会编《古生物学名词》、何承全等《中国沟鞭藻类化石》、沙金庚

《世纪飞跃——辉煌的中国古生物学:纪念中国古生物学会成立80周年》、孙柏年等著《化石植物气孔与碳同位素的分析及应用》、王士俊等《中国化石植物志(第1卷):中国煤核植物》、杜远生和童金南主编《古生物地史学概论》、周山富等《江苏白垩系及其被子植物花粉和演化》出版。 2009年,国家科技支撑计划重大项目"中西部大型矿产基地综合勘查技术与示范"的课题和中国黄金集团重点勘查项目的阶段性成果,通过3年多在西部地区东天山彩霞山铅锌矿和冈底斯甲玛铜多金属矿的调查研究,建立了"成矿动力学和成矿系列理论为指导的找矿模型和地质综合信息矿产资源潜力评价方法体系";对天山地区铅锌矿、巴仑台——星星峡等地沉积变质型铅锌矿等进行了查证;对彩霞山铅锌矿深部找矿提供了新的途径,实现新突破。对冈底斯墨竹工卡甲玛铜多金属矿示范区,经过近2年的勘查,也取得找矿突破;并提出在冈底斯矿集区找寻矽卡岩型、角岩型铜钼多金属矿床的重要意义,已提交331+332+333金属量铜金属量超过400万吨,钼金属量超过45万吨,伴生金属量83吨,铅锌金属量超过70万吨,伴生银金属量超过5000吨,已成为国内外少见矽卡岩型+角岩型超大型铜多金属矿床。

2010年 2月1日,中国地质学会公布2009年度"10大地质科技进展"和"10大地质找矿成果"分别为:鸟类起源研究取得重大进展、祁连山冻土区发现天然气水合物、大型气田天然气成藏机理与富集规律研究、矿产勘查中地球化学异常评价新指标及其应用研究、西藏冈底斯东段铜多金属资源评价与新方法技术研究、基于"北斗1号"卫星系统的地质灾害监测技术研究、新型节水钻探工艺与设备研究、鄂尔多斯盆地北部地浸砂岩型铀矿时空定位和成矿机理研究、华北平原地下水污染调查与评价研究、南秦岭主要构造岩带形成时代研究新进展;山东省莱州市焦家金矿深部再现特大型金矿、河北省滦南县马城发现特大型铁矿、南海珠江口盆地深水天然气勘探获得重大发现、四川盆地新场气田须家河组二段探明千亿方大型整装气藏、鄂尔多斯盆地华庆低渗透大型整装油田勘探新突破、新疆塔中隆起发现大型油气田、内蒙古东胜艾来五库沟——台吉召地区发现超大型煤田、新疆察布查尔县蒙其古尔铀矿床勘查取得重大突破、西藏墨竹工卡县甲玛探明铜金多金属矿床、河南省新安县郁山探明大型铝土矿床。 4月9日,国土资源部发布《2009年中国国土资源公报》,全年新发现大中型矿产地398处,创近10年来新高,主要矿产新增资源储量有不同程度增长。石油新增探明地质储量达11.2亿吨,是新中国成立以来第7次也是连续第4年年度探明地质储量超过10亿吨。天然气新增探明储量7234亿立方米,创历史新高。铁矿新增查明资源储量35.2亿吨。全国共批准建立国家地质公园138个,批准具备国家地质公园资格44个。中国共有22个地质公园经联合国教科文组织批准加入世界地质公园网络。 6月28日,贵州省关岭县岗乌镇大寨村因强降雨导致山体滑坡灾害,2个村民组37户99人被埋。 8月8日,甘肃省甘南藏族自治州舟曲县发生特大山洪泥石流灾害,造成1501人遇难、264人失踪。 8月18日,云南省怒江傈僳族自治州贡山独龙族怒族自治县普拉底乡突发特大泥石流灾害,造成29人死亡、63人失踪。 9月1日,云南省保山市隆阳区瓦马乡河东村大石房村民小组发生特大地质灾害,造成29人死亡,19人失踪。 9月15日,国务院常务会议部署加强中小河流治理和山洪地质灾害防治工作。 在辽宁早白垩世热河生物群中首次发现含胚胎的离龙类化石,提出了潜龙为卵胎生的新认识。 在青藏高原重大地质问题的研究上取得创新性认识和成果。系统编制了青藏高原及邻区1:150万地质—资源—环境系列图件,首次系统建立了177幅1:25万地质图空间数据库,实现了地、物、化、遥等数据的集群化管理和共享服务;提出了"多岛弧盆系构造理论",建立了"1个大洋、2个大陆边缘、3大多岛弧盆系"特提斯形成演化模式,创新性编制了17个时代的构造岩相古地理,重塑了特提斯洋演化、高原隆升过程及大陆动力学机制,为大陆碰撞理论的建立和区域成矿学的发展作出了贡献。 2010年,中国地质调查和矿产远景调查以铁、铜、铝、钾盐、金、铅、锌、铀等为主攻矿种,优选并部署全国47个重点勘查区,初步形成了5处大型矿产勘查开发基地和11处大型、超大型矿集区。新疆阿吾拉勒成矿带实现铁矿勘查快速突破,初步控制铁矿石资源量7.8亿吨,预测远景资源量在20亿吨以上;西藏山南矿集区,初步控制百万吨铜,形成大中型勘查开发基地3个;青海祁漫塔格尕林格铁矿、卡而却卡铜多金属矿、野马泉铁铜多金属矿新增铁资源量超亿吨,铜多金属矿50万吨;东昆仑新增金矿资源量超过50吨,累计控制金资源量300吨;新疆东疆地区新增煤炭资源量1275亿吨,提供了三塘湖、淖毛湖、库木塔格等一批可供进一步勘查的超大型煤田。中国地质调查局成都地调中心科研人员经过5年的艰苦拼搏,在羌塘盆地首次发现了晚三叠世前的古风化壳和一套晚侏罗世—早白垩世油页岩—膏盐地层。 2010年,在长江三角洲地区全面建成地面沉降监测与控制体系,初步建立地面沉降主动防治和科学管理的决策机制;在重庆巫山、奉节建立具有国际先进水平的地质灾害实时监测示范站,在东南沿海台风暴雨区、西南和西北山区建立群测群防预警示范区,标志着中国地质灾害监测预警能力达到新的水平。

2011年 1月19日,中国地质学会组织评选产生了2010年度全行业10大地质科技进展和10大地质找矿成果。10大地质科技进展为:汉江石——一种新结构类型的新矿物、青藏高原深部物资活动方式多样性机理研究、中国成矿体系综合研究取得实质重大进展、推覆构造研究在福建找矿中的运用取得突破、中国铀矿床研究取得重大进展、西天山造山带铁铜金矿资源评价与研究、裂缝性油气储层构成机理与评价猜测新技术、山东东营凹陷盐家深层砂砾岩油藏地质模型与勘探实践、核磁共振找水仪研制与开发、华北作物布局浇灌耗水与区域水资源承载力适应性研究。10大地质找矿成果是:甘肃省玛曲县格尔珂发现特大型金矿、山东省莱州市三山岛再获特大型金矿;辽宁省本溪市思山岭发现特大型铁矿、新疆和布克赛尔县白杨河地区发现特大型铀铍多金属矿床、安徽省南陵县姚家岭发现铜铅锌金银多金属特大型矿床、河北省涞源县杨家庄镇木吉村取得大型铜钼金矿床、湖北省远安县杨柳发现特大型磷矿、内蒙古锡林郭勒盟高力罕发现特大型煤田、山东省曹县发现大型优秀焦煤煤田、福建省武夷山市桃棋发现优秀石墨矿床。 8月,国际地质科学联合会执委会批准浙江江山县碓边村附近的碓边B剖面寒武系江山阶全球标准层型剖面和点位提案,至此,中国已拥有10颗"金钉子",成为世界上建立"金钉子"最多的国家,标志着中国地层研究实力已居世界前列。 8月,国土资源部发布了《2010中国国土资源公报》,2010年新发现大、中型矿产地202处,其中非油气矿产地172处。石油、天然气、煤、铁矿等主要矿产的新增资源储量继续保持增长。新探明2个亿吨级油田、6个300亿立方米以上气田。通过国土资源大调查,累计发现矿产地900余处,大型、特大型152处,铁、锰等黑色金属70处,铜铅锌等有色金属370处,金银贵金属250处。新发现矿(化)点1100多处,化探异常2.6万个,高精度磁探异常2400多个。新增矿产资源量煤炭1300亿吨,铁矿石50亿吨,铜3850万吨,铝土矿4.49亿吨,钾盐4.68亿吨。目前10大新的资源接替基地初显雏形,分别是藏中铜矿资源基地、滇西北有色金属资源基地、新疆东天山有色金属资源基地、新疆罗布泊钾盐资源基地、北方可地浸砂岩铀矿基地、新疆阿吾拉勒铁铜资源基地、新疆乌拉根铅锌资源基地、西藏念青唐古拉山有色金属资源基地、祁曼塔格有色金属资源基地、青海大场金矿资源基地。 11月,中国地质科学院地质研究所大陆构造与动力学国家重点实验室经批准建设,这是国土资源部首个国家重点实验室。 青藏高原地质理论实现创新,建立了多岛弧盆系构造理论和陆缘增生—大陆碰撞成矿理论,有效指导了区域地质找矿突破,先后发现冈底斯、念青唐古拉、班公湖—怒江三大巨型成矿带,发现了驱龙、甲玛、雄村等7个超大型铜多金属矿床和25个大型金属矿床。 中国钾盐成矿规律研究获得新认识,完善了钾盐成矿理论,指出了新的找矿方向,推动了陕北、塔里木、云南和青海的油钾兼探工作。 华南中生代构造变形与动力学研究取得积极进展,为华南大陆中生代陆内造山作用的研究提供了全新思路。 中国地质调查实现整装勘查区地质找矿重大突破。在湖南花垣—凤凰铅锌矿、西藏多龙铜矿、青海祁漫塔格铁铜矿、新疆西天山阿吾拉勒铁铜矿等整装勘查区实现了地质找矿重大突破,其他整装勘查区及省级重点区也取得较好进展。其中,湖南花垣—凤凰铅锌矿,2011年新发现的杨家寨矿段远景达300万吨,一举将花垣矿田提升为千万吨级世界级资源基地,远景超过2000万吨;西藏多龙铜矿估算铜资源量600万吨,伴生金260吨;新疆西天山阿吾拉勒铁铜矿整装勘查区新增铁矿石2.6亿吨;西昆仑塔什库尔干新发现了莫拉赫,其克尔克等铁矿,估算整装勘查区铁矿资源量约8亿吨;青海沟里地区探获金资源量93.57吨,远景150吨。 中国地质学会2011年度10大地质科技进展、10大地质找矿成果评选结果,10大地质科技进展是:提出冰期—间冰期印度夏季风动力学;大油气区成藏理论、物探技术创新与储量快速增长;时间域固定翼航空电磁勘查系统研发;长江三角洲地区地下水污染调查评价;山东省胶西北金矿集中区深部大型—超大型金矿找矿与成矿模式研究;中国钾盐找矿规律新认识和进展;全国铀矿资源潜力评价;埃迪卡拉纪早期"蓝田生物群";中国海相碳酸盐岩层系油气富集规律与分布预测;华南中生代构造变形序列与动力学分析。10大地质找矿成果是:西藏自治区山南地区泽当矿田铜多金属矿普查;云南省鹤庆北衙多金属矿详查(四期);内蒙古二连盆地努和廷铀矿床详查及外围评价;贵州省开阳磷矿洋水矿区东翼深部普查;鄂尔多斯盆地姬塬油田勘探新突破;川东北海相勘探元坝勘探子项目;内蒙古自治区东胜煤田车家渠—五连寨子—杭东地段煤炭普查;辽宁省辽阳市弓长岭铁矿接替资源勘查;安徽省金寨县沙坪沟斑岩型钼矿详查;"中电投几内亚共和国3650号矿区铝土矿勘探"项目。
10月19日,国务院召开常务会议,审议通过了国土资源部、国家发展改革委、科技部、财政部四部委提出的《找矿突破战略行动纲要(2011~2020)》,以石油、天然气、铀、铁、铜、铝、钾盐等重要矿产为重点,开展主要含油气盆地、重点成矿区带地质找矿工作,力争用8年~10年的时间新建一批矿产勘查开发基地,重塑全国矿产勘查开发格局,为中国经济社会可持续发展提供有力支撑。

2012年 1月6日,以中国地质科学院矿产资源研究所为依托单位、由张招崇教授任首席科学家的国家重点基础研究计划(973计划)"我国富铁矿形成机制与预测研究"项目启动会在北京举行。 1月11日,辽宁省瓦房店地区发现的一处大型金刚石矿,矿藏量保守估计约100万克拉(约合200千克),可开采30年以上。 1月11日,河南省地质调查院经过3年努力工作,在河南省栾川地区寻找到一处大型隐伏钼钨矿产地,资源量钼30.65万吨、钨12.54万吨。 1月12日,中国地质调查局天津地质调查中心组织专家对河南省地质调查院承担的"豫西陕县—新安—济源铝土矿远景调查"项目成果进行了验收,该项目提交大型铝土矿矿产地一处,铝土矿资源量达5000万吨。 1月上旬,由江西省地矿局九一六大队承担的江西省武宁县石门寺—苗尾矿段钨矿勘查项目通过评审,全区探获三氧化钨储量63万吨,共(伴)生铜金属量31万吨,钼金属量2.5万吨。由于该矿的三氧化钨储量已超过闻名的"世界钨都"赣南三氧化钨保有储量的总和,因此"世界钨都"形成迁都赣北的格局。 1月29日,国家发改委公布《"十二五"资源综合利用指导意见》和《大宗固体废物综合利用实施方案》,到2015年,矿产资源总回收率与共伴生矿产综合利用率提高到40%和45%。 1月30日,经过13天艰苦作业,第28次南极科考大洋队完成在南极半岛海域的多学科大洋综合考察,作业站点达46个。这是中国首次在南极半岛海域进行如此规模的大洋考察。 2月14日,中央、国务院在京举行国家科学技术奖励大会,"青藏高原地质理论创新与找矿重大突破"集成成果获国家科技进步特等奖。在该项目实施过程中,地质工作者发现了3条巨型成矿带和7个超大型、25个大型矿床,确立了青藏高原为中国重要的战略资源储备基地。 2月20日,国务院批复《全国地面沉降防治规划(2011~2020)》,标志着全国范围内的地面沉降防治提上议程。《规划》近期目标是,完成长三角、华北平原、汾渭盆地等主要地面沉降区和高速及重载铁路沿线等重大工程区的地面沉降调查,初步建立主要地面沉降区、重点城市和重大工程区的地面沉降监测网络。而远期目标则要求,完成全国地面沉降调查,基本掌握全国地面沉降的分布规律,建立全国地面沉降监测网络,实现对主要地面沉降区、重点城市和重大工程区的地面沉降的有效监控,通过实施重点地区水资源配置和地下水禁采配采、含水层恢复修复工程,地面沉降恶化趋势得到有效控制。 2月29日,中国黄金协会提供的最新统计数据显示,2011年中国黄金产量达到360.957吨,比上年增加20.081吨,增幅5.89%,再创历史新高,连续5年居世界第1。黄金产量排名前5位的省份依次为山东、河南、江西、福建、内蒙古,产量占全国总产量的59.90%。 3月1日,国土资源部发布全国页岩气资源潜力调查评价及有利区优选成果。成果显示:中国页岩气地质资源潜力为134万亿立方米,可采资源潜力为25万亿立方米。 3月16日,国家发改委、财政厅、国土资源厅、能源局联合发布《关于印发页岩气发展规划(2011~2015)的通知》。随后,国土资源部印发《关于加强页岩气资源勘查开采和监督管理有关工作的通知》,旨在加快推进和规范管理页岩气勘查开采,确保页岩气开发快而有序。 3月26日~28日,东亚东南亚地学计划协调委员会(CCOP)第58届指导委员会会议在南京成功召开。 3月30日,河南省地矿局第一地质勘查院承担的河南省桐柏县曹庄矿区天然碱矿普查项目顺利通过野外验收。经初步测算,该矿区天然碱矿资源量为7200万吨,芒硝矿资源量为1亿吨,均达特大型规模,其中天然碱矿资源量位居亚洲第1。 4月4日,英国《自然》杂志上刊登了一项来自中国的研究成果:中国科学家在中国东北部发现了体型最大的带羽毛的白垩纪恐龙化石——"华丽羽王龙"化石。化石的发现引发了外媒的高度关注,美国《纽约时报》《基督教科学箴言报》《国家地理》以及英国《每日邮报》等媒体均在显要位置对此进行了报道。 4月6日~13日,北京探矿工程研究所研制的TK系列深水随钻取样器搭载海洋石油708号深水工程勘察船,在中国南海番禺B块水深约200米、6级风、涌浪3米的条件下,高效率、高质量地完成了孔深10米(PY34-1-PL10-BH)全孔取样作业和孔深300米(PY34-1-CEP-BH)分段取样作业,一举打破中国海洋钻探船钻孔深度、取样深度2项纪录。 4月,国务院批复《全国地质灾害防治"十二五"规划》,随后,国土资源部地质灾害应急管理办公室向社会通报了《规划》确定的任务和工作部署。 4月,为深入贯彻落实《地质灾害防治条例》、国务院《关于加强地质灾害防治工作的决定》和国家"十二五"规划有关地质灾害防治的要求,中国地质调查局启动"重点地区岩溶塌陷调查"计划项目。这是中国第1次开展区域性岩溶塌陷调查工作,本着"先示范、后推广"的原则,未来4年间将先期在重点岩溶塌陷区——武汉地区、湘中地区、珠江三角洲地区以及桂中地区开展1:5万岩溶塌陷灾害调查示范,重点查明岩溶塌陷类型、发育背景、时空分布规律、主要控制因素、诱发(触发)因素和发育判据;针对不同地区岩溶发育特点、岩溶塌陷形成演化规律和大型工程等人类活动特征,开展岩溶塌陷风险管理区划,建立数据库和信息管理系统;形成我国岩溶塌陷调查评价和探测、监测与防治技术要求;初步建立岩溶塌陷地质灾害调查评价、监测预警和防治技术方法体系;实现为各级政府防灾减灾服务,为岩溶区重大工程建设的地质环境安全保障提供基础地质依据的目的。 5月4日,中海石油(中国)有限公司深圳分公司引入微生物地球化学勘探技术,并首次将其应用于深水盆地含油气评价。微生物地球化学勘探技术以轻烃微渗漏理论为基础,采用微生物学方法和地球化学方法分别检测微生物异常和吸附烃异常,预测下伏地层是否存在油气藏,并预测油气藏的属性,再与二维和三维地震勘探成果相结合,对油气的富集与微生物异常的分布做出合理的地质解释,对有利的圈闭和区带进行含油气评价,从而大幅提高油气勘探的成功率,并降低勘探成本。 5月9日,中国首座深水钻井平台"海洋石油981"在南海首钻成功,中国海洋石油深水战略迈出实质性步伐。 6月13日,由河南省地质调查院完成的"西藏尼龙玛地区战略性矿产远景调查报告"经河南省国土资源厅科技奖励委员会评审,探获铅锌资源量63.1万吨,达到大型规模,潜在经济价值100亿元。 6月14日,国土资源部调研组赴滇调研时了解到,云南省地质找矿行动又获重大突破。截至2011年年底,鹤庆县北衙多金属矿已探明黄金储量151.28吨,居全省黄金储量第1。该矿今年新增探明黄金资源储量35吨,有望跻身世界级巨型黄金矿床。 6月20日,湖南省地勘局与湖南辰州矿业公司签署战略合作协议2年来,取得了丰硕找矿成果,探获了2个大型钨矿和锑矿,探获了1个潜在经济价值巨大的中型金矿。 6月25日,国务院办公厅发布了《关于转发国土资源部等部门找矿突破战略行动纲要(2011~2020年)的通知》。 7月2日,历时2年半时间,中国首幅月球地质图——《1:250万虹湾幅月球地质图》近日由中国地质科学院地质研究所编制完成。 7月3日,中国地质科学院地质所姚培毅、闵隆瑞在河北阳原盆地开展野外地质调查工作时,在早更新世早期(距今约260万年前)地层中发现了双壳类无齿蚌(Anodonta sp.)化石,其内壁产有20余颗珍珠,最大的直径约为1.5毫米,均保持着较好的珍珠光泽。这是中国内地首次发现珍珠化石。 7月8日,广州海洋地质调查局的中国大型远洋科考船"海洋6号"在执行中国载人潜水器"蛟龙"号7000米级海试警戒与保障任务期间,首次对世界最深海沟——马里亚纳海沟南端的"挑战者深渊"进行了高精度多波束测量,填补了中国在这一领域的科研空白。 7月9日,河南地勘二院在内蒙古兴和县曹四夭发现一特大型钼矿床,经初步估算资源量在230万吨以上。 7月16日,新疆三塘湖煤田三塘湖勘查区石头梅区、条湖区、汉水泉区和库木苏区4个煤炭资源地质详查报告通过专家评审。根据勘查成果,4个勘查区共探明煤炭资源量247.4亿吨,预测资源量87.6亿吨。 7月20日,中国地质科学院地质研究所在鲁东、鲁西进行恐龙化石埋藏学地质调查时,沿山东沂沭裂谷带(诸城—莒南—临沭—郯城一线)发现极为壮观的早白垩世晚期(1亿年)恐龙足迹化石群,其规模中外罕见,堪称恐龙地质遗迹奇观。 7月20日,经过地质勘探部门历时3年的勘查,素有"塞外江南"美誉的新疆伊犁盆地目前探明煤炭资源量558亿吨,为当地实施优势资源转换战略,发展煤化工产业以及"疆电东送"战略的实施提供了良好的资源保障。 7月21日,由中核集团核工业北京地质研究院承担的中国铀矿第1科学深钻在江西相山地区正式开工。相山科学深钻开工建设后,对许多重大科技和找矿问题进行深入研究,例如大型热液型铀矿深部成矿机理、铀成矿的极限深度、深部构造和地质体及重要地质要素界面识别、深部铀矿化示踪等。 7月27日,青海省在沙漠地区寻找多金属矿获得突破:青海省第四矿产勘查院实施的格尔木市它温查汉西地区铁多金属矿勘查项目,截至目前已发现铁矿石资源量3127万吨,铜铅锌资源量18.2万吨。 8月2日,中国大洋矿产资源研究开发协会发布信息称,国际海底管理局理事会日前核准了大洋协会提出的多金属硫化物矿区申请,使大洋协会在西南印度洋国际海底区域获得了1万平方千米具有专属勘探权的多金属硫化物资源矿区,并在未来开发该资源时享有优先开采权。 8月3日,国土资源部召开全国"矿山复绿"行动部署现场会,计划用3年时间,集中开展矿山地质环境恢复治理工作,到2015年,使"三区两线"即重要自然保护区、景观区、居民居住区的周边,重要交通沿线、河流湖泊直观可视范围,周边范围内的矿山地质环境问题基本得到解决,全国矿山生态环境得到明显改善。 8月6日,由中科院院士、中国地质科学院地质研究所研究员任纪舜等主编的1:500万国际亚洲地质图,在澳大利亚布里斯班举行的第34届国际地质大会上首次展出。1:500万国际亚洲地质图既展示了大陆地质,又表现了海底地质,是一幅实现海陆一体化的数字化国际亚洲地质图。 8月10日,陕西省找矿突破行动在位于神木西北部的中鸡和中鸡南煤炭普查区,探明煤炭资源量42亿吨。不同以往找矿形式,此次是陕西省运用"公益先行、商业跟进、基金衔接、整装勘查、快速突破"新模式取得的可喜成果。 8月25日,中美科学家在北京宣布,经过几年的研究,发现了世界上最早的真兽类哺乳动物化石——中华侏罗兽,这一新属、新种化石的发现,将有胎盘类哺乳动物起源年代向前推进了3500万年,同时校正了现代基于DNA方法测定的哺乳动物演化时间。 8月28日,中国地质大学(北京)完成了全球首幅覆盖月球典型区域的构造纲要图——《1:250万虹湾幅月球构造纲要图》的编制。 8月29日,中国地质灾害防治工程行业协会成立大会暨第1届会员代表大会在北京召开。 9月中旬,宁夏煤田地质局第二工程处承钻的中国石油天然气总公司重点一级风险气探井莲54井顺利完钻,钻井深达4220米,创煤田地质行业钻探全国最深记录。 10月8日,新疆地矿局经过近2年的普查、详查,从和什托洛盖煤田探获的煤炭资源量又新增500亿吨左右,和什托洛盖煤田跃升为预测储量810亿吨级的特大型整装煤田。该煤田以长焰煤为主,局部为不粘煤,全煤层总厚近60米,是良好的工业动力、民用煤和气化用煤,可用作煤电、煤气、煤化工等行业,并且开采条件比较好、交通便利、水资源丰富,具备良好的进一步开发条件。 10月25日,国家地质公园网络中心正式在京成立,根据国土资源部工作部署,世界地质公园网络办公室也将挂靠该中心。中国地质科学院作为依托单位,将协助国土资源部管理全国的国家地质公园和世界地质公园。 10月26日,由中国地质环境监测院承担的全国地质遗迹资源区划与保护规划研究项目在地质遗迹分类、调查方法等方面取得了6项创新性成果,实现了中国地质遗迹调查工作在规范性、科学性及实用性等方面的新突破。 10月31日,新疆地矿局经过多年的地质找矿工作,已确定在若羌县境内的罗布泊坡北地区发现超大规模镍矿床,预计可提交200万吨镍金属资源量,伴生铜、钴、镍金属远景资源量为300万吨。这是自1996年在罗布泊发现大型钾盐矿床后,新疆地矿局在罗布泊地区的第2个重要发现,这里有望成为西北地区一个新的镍矿生产基地。 10月31日,新一期英国《皇家学会学报B》刊登报告说,中国研究人员在贵州省发现了一种飞鱼化石,它的时间可追溯到约2.4亿年前,是迄今已知最古老的飞鱼化石。 11月4日,国土资源部宣布,由中央地质勘查基金投资并组织实施的内蒙古中部大营地区铀矿勘查取得重大突破,发现国内目前最大规模的可地浸砂岩型铀矿床。连同此前的勘查成果,该地区累计控制铀资源量已经跻身世界级大矿行列。 11月25~27日,中俄蒙哈韩5国合作项目第10次工作会议在北京举行。从会议获悉,世界首套1∶250万北一中一东亚及邻区地质图系已经全部编制完成。

2013年 1月14日,中国地质学会2012年度10大地质科技进展、10大地质找矿成果揭晓。10大地质科技进展是:发现最古老的基干四足动物——奇异东生鱼、中国黄土古气候记录解释当前温暖期将持续至少4万年、滑脱构造理论指导福建缺煤区找矿实现重大突破、川东南彭水地区海相页岩气找矿实现战略性突破、碎屑岩层系大中型油气田富集规律与勘探关键技术集成、高成熟老探区富油凹陷二次勘探理论方法与关键技术集成、冀东铁矿勘查技术取得重大突破、热液型铀矿攻深找盲技术创新与找矿突破、黔东锰矿古天然气渗漏模式与深部找矿重大突破、全国地热资源调查评价取得重大突破。10大地质找矿成果是:成都气田马井什邡地区探获千亿立方米天然气、柴达木盆地昆北断阶带探获亿吨级油田、塔里木盆地哈拉哈塘6500米超深碳酸盐岩层发现特大型油田、鄂尔多斯延川建成首个煤层气气田、西藏北喜马拉雅成矿带扎西康探获超大型金属矿床、内蒙古浩尧尔忽洞探获近百吨金矿、广西德保县足荣扶晚发现特大型锰矿、河北省司家营铁矿再获8亿吨铁矿储量、辽宁省南票煤田深部普查探获亿吨级煤炭储量、河南省探明沿黄城市多处大型和超大型后备地下水源地。 1月上旬,由中国地质调查局组织、中国地质科学院水环所实施的国土资源大调查计划项目"华北平原地下水污染调查评价"成果通过评审。从2006年开始,项目历时5年,完成了华北平原1∶25万区域地下水污染调查144 608平方千米,1∶5万重点区地下水污染调查23 027.6平方千米,采集地下水样7451组。评价了华北平原地下水水质和污染状况,分析了地下水水质影响因素和污染来源,并基于地下水防污性能评价进行了地下水污染风险评价。 1月,在国土资源部公布的《国家重点保护古生物化石名录(首批)》中,罗平生物群有4种化石被列入其中,其中丁氏滇肿龙、利齿滇东龙、云贵中国龟龙被列为一级重点保护古生物化石,云南龙鱼被列为三级重点保护古生物化石。罗平古生物化石群于2011年以全国最高分入选第6批国家地质公园。《国家重点保护古生物化石名录(首批)》是根据《古生物化石保护条例》和《国家古生物化石分级标准》的要求和规定,结合中国古生物化石保护工作的具体情况而确定的。该名录共分3个保护级别,首批编录重点古生物化石400种,其中一级276种、二级110种、三级14种。 2月7日,中国地质科学院地质研究所在对天津蓟县中、新元古代剖面进行野外考察时,在铁岭子村附近的下马岭组地层中发现了大量原生菱铁矿。富含菱铁矿的层位出露于下马岭组下部,为一套碳质岩系,主要为粉砂岩和黑色页岩。粉砂岩、页岩中夹有铁结核层,三者常互层出现。这些铁结核表面呈褐红色,扁平椭球状,致密块状构造,多数直径在1厘米~15厘米间,少数可达30厘米左右,其最大扁平面平行于层面,围岩层理绕结核生长。将铁质结核初步定为菱铁矿结核。 2月17日,《自然科学》杂志上发表了中国地质科学院地质研究所吕君昌等人的研究成果。在河南省栾川县秋扒乡上白垩统秋扒组发现了目前已知个体最小的窃蛋龙类化石,命名为迷你豫龙(Yulong mini)。

2月,由中国地质科学院矿产资源研究所盐湖中心完成的"中国柴达木盆地资源环境科学钻探工程预研究成果"首次获得了柴达木盆地的一系列环境、气候信息,推动了相关成矿理论的研究。 3月4日,中国首例剑龙足迹化石日前在新疆克拉玛依魔鬼城景区附近被中外古生物学者发现。学者们推测,这批足迹应属于一个新物种——乌尔禾剑龙。 4月11日,第2届中深层地热资源高效开发与利用会议在京圆满闭幕。会议围绕国内外地热资源的开发现状,地热资源开发的优势、潜力及目前先进的地热发电技术等展开了讨论。 4月16日,从"深部探测专项2012年度成果汇报会"上获悉:中国深反射地震剖面总长达到11 000千米,首次超过1万千米,标志着中国跻身世界深部探测大国行列。据介绍,"深部探测专项"是中国目前实施的规模最大的地球深部探测计划,专项计划用20年时间,完成中国第1轮地球深部探测计划。2008年启动深部探测专项前,中国深反射地震剖面总长仅约5000千米,相当于美国的1/12。而过去5年中完成了6000千米"穿透地壳"的深反射地震剖面,超过了此前50年完成的总和,使中国深反射地震剖面总长达到11 000千米。 4月,由国土资源实物地质资料中心"全国地质钻孔基本信息清查"项目组组织编制的《全国整装勘查区地质钻孔分布图及钻孔目录》完成。该目录收集了国土资源部公布的71片非铀矿整装勘查区地质钻孔分布图及钻孔基本目录信息,涉及河北、内蒙古、重庆、西藏、青海、新疆等23个省(区、市),共计24册,含76980个钻孔信息。 4月,中国地调局天津中心编制完成了中蒙边界地区1∶100万地质图、构造图和矿产分布图,并将其顺利交至蒙古地质调查局。该成果在中蒙边界地区近百年地质矿产研究历史上首次实现了2国边界地区109个地层单位、111个侵入岩体、119条断裂的无缝对接,填补了2国边界地区1∶100万地层、构造、岩浆岩带和成矿区带划分与对比及系列地质图件接图的空白。 5月20日,设计井深为2800米的柴页1井正式开钻,这既是中国西北陆相侏罗系实施的第1口页岩气探井,也是由中国地调局油气资源调查中心负责实施的第1口页岩气探井,标志着该中心作为唯一一支国家公益性油气调查队伍的页岩气勘探与开发工作迈出了实质性步伐。 5月中旬,经过10年努力,日前新疆地质工作者在新源县境内发现一处特大型金矿——卡特巴阿苏金矿,中期可提交金资源量53吨,远景金资源量有望超百吨,潜在经济价值近200亿元。这也是新疆地矿局第一区调大队自1988年发现阿希特大型金矿后的又一新发现,该矿是西天山地区最大的金矿。 5月21日~24日,2013年全国整装勘查推进会在北京召开。会议透露,全国整装勘查工作进展顺利,专家对首批47片整装勘查区2012年实施情况评估后,评定46片为优良级。 5月28日,中国大洋第29航次科考队乘坐广州海洋地质调查局"海洋6号"船,从广州东江口海洋地质专用码头起航,奔赴太平洋,执行科学考察任务。 5月29日,"中国岩金勘探第1深钻"——山东莱州三山岛西岭金矿区ZK96-5孔终孔,终孔深度4006.17米,终孔口径75毫米。该孔设计孔深4000米,于2010年9月18日开钻,历时985天。创多项全国钻探新纪录。 5月29日,河南省地质博物馆的蒲含勇和日本北海道大学博物馆的小林快次等人在《PLOS ONE》杂志在线发表了基干镰刀龙类(Therizinosauria)一个新属新种——义县建昌龙(Jianchangosaurus yixianensis),并且对于古生物学家重新认识镰刀龙类的解剖学和演化提供重要的新的证据。 5月,由中国地调局青岛所承担的"东海陆架盆地南部中新生代盆地演化与地质构造特征研究"项目顺利通过了评审,取得了一系列创新性成果,为今后在该盆地实现找油新突破提供了翔实的基础资料。该项目历时4年之久,完成了130万平方千米的重磁资料处理与解释、16000千米的二维地震资料解释和760千米的地震资料攻关处理。 6月16日,黑龙江省重点项目——松岭区岔路口钼铅锌多金属矿勘查项目又获新进展,提交储量钼金属量176万吨,钼平均品位0.087%,低品位钼金属量70万吨,钼平均品位0.048%,钼金属量总计约246.6775万吨;铅金属量1万余吨,锌金属量14万吨;银金属量44吨,一跃成为世界级多金属矿床。 6月17日,中国地质学会与美国地质学会首次联合举办的以青藏高原地球科学为主题的地学会议在四川成都开幕。 6月27日,由中国地调局负责、中国地调局青岛所牵头承担的"大陆架科学钻探项目"(CGS-CSDP)结束了南黄海陆架区科学钻孔CSDP-01孔的海上钻探作业。该钻孔终孔至300.1米,顺利实现钻穿海底第四纪地层的预定目标。 7月1日,大营铀矿成矿规律与预测研究项目顺利通过专家组验收,树立了矿产勘查科研与生产紧密结合的典范。该项目是国土资源部中央地质勘查基金管理中心为大营铀矿勘查项目设立的专题研究项目。其主要目标是重点研究含矿层位的层序、建立标志层、研究目的层砂体的展布及层间氧化带发育特征,确定层间氧化带前锋线的空间位置,建立成矿模式和区域找矿模式,丰富中国可地浸砂岩型铀矿的找矿理论,指导该类型铀矿找矿工作。 7月8日,经古生物学家认真研究,河南省汝阳云梦山区发现的恐龙是中原地区首次发现的白垩纪长脖子蜥脚类恐龙,专家将这个新属种命名为汝阳云梦龙。 7月17日,中国铀矿第1科学深钻项目在江西相山铀矿大基地顺利终孔,钻探深度达2818.88米,突破了以往1200米的找矿深度,岩心采取率在99%以上。这是中国地质深钻工程中高效率、高质量、高科技的典范,填补了中国铀矿深部找矿的空白,达到国际先进水平。 7月18日,从广东省国土资源厅召开的找矿突破战略行动调研汇报会上获悉,经过近3年的努力,该省相继在武夷成矿带广东南段的紫金县、蕉岭县发现罕见巨型铷矿产地,2处矿产地估算铷资源量达360万吨以上。截至目前,全国19个矿产地共查明铷资源量185万吨,但大多数目前难以利用。 7月19日,国际海底管理局在牙买加首都金斯敦举行的第19届会议上,核准了中国大洋矿产资源研究开发协会于2012年提出的西太平洋富钴结壳矿区勘探申请。富钴结壳是位于海底山区岩石表面的富含钴、锰、镍、铜等元素的结壳状矿床,主要由铁锰氧化物构成,集中分布在水深800米至4000米之间的海山斜坡和顶部。此次获得专属勘探权的富钴结壳区,位于目前所知的富钴结壳资源分布最为富集的西太平洋海山区域,面积为3000平方千米。 7月,地处西天山阿吾拉勒成矿带东段的敦德铁矿,在探获铁资源量1.87亿吨,一举跻身大型铁矿行列的同时,金、锌等资源也获重大发现,其中金探获资源量达50吨,锌150万吨,双双成为特大型矿藏。 8月16日,中美两国科学家宣布,在中国辽宁首次发现被称为"中生代的啮齿类"的侏罗纪多瘤齿兽类哺乳动物。由中国地质科学院地质研究所、北京自然博物馆、美国卡内基自然历史博物馆、美国芝加哥大学的国际合作团队在国际著名学术杂志《科学》上报道了这件产自中国辽宁建昌1.6亿年前的具有完整齿列和骨骼的多瘤齿兽类哺乳动物化石。这一发现对于研究多瘤齿兽最早期的演化、食性分异、运动适应起源等具有重要的科学意义。 9月3日,2013年8月出版的国际《矿物学杂志》(Mineralogical Magazine,第77卷)公布了国际矿物学会2013年新批准新矿物,中国地质科学院大陆构造与动力学国家重点实验室地幔研究中心与国外研究人员合作发现的氮化硼(BN)矿物获批准,命名为青松矿(Qingsongite)。青松矿是为了纪念中国地质科学院地质研究所的方青松而命名的新矿物,他在罗布莎铬铁矿石中找到第1粒金刚石中作出了杰出贡献。 9月11日,中国科学院南京地质古生物研究所硕士研究生唐卿等人利用改良后的疑源类分析方法,在淮南地区新元古代刘老碑组页岩中获得了大量精美的有机质壁保存的微体化石。共鉴定出23个属种,其中包括3个新种和11种真核生物化石。通过全球对比,发现其中的带刺疑源类(Trachyhys-trichosphaeraaimika)只出现在大冰期之前的新元古代早期地层中,具有很好的地层学对比意义,因此可以作为新元古代早期地层的标准化石。 9月17日,科研人员在雅鲁藏布江缝合带西段普兰岩体中首次发现了同时存在的高铬型和高铝型铬铁矿。此前全球已发现的豆荚状铬铁矿中,同一岩体内一般只存一种类型的矿体,同一岩体内发现两种类型的铬铁矿体比较少见。这一发现对于普兰地区的找矿工作有启发和指导意义。 9月18日,科研人员在贵州省紫云县火花乡发现一条新的泥盆系—石炭系界线剖面。该剖面出露有连续的上泥盆统代化组、长顺页岩和下石炭统王佑组。 10月12日,武警黄金一支队在黑龙江省金厂铜金矿床发现一种新型载金矿物——硫镍钴矿,这一发现在世界范围内尚属首次,填补了黄金找矿领域的一项空白。金厂矿区位于黑龙江省东南部,是武警黄金部队特大型金矿勘查基地和重点科研基地。20世纪末,武警黄金一支队进入矿区,目前已探获具有工业价值的矿体23条,矿化体4条,探明黄金储量80多吨。专家研究结果表明,金厂铜金矿床深部仍有较好的找矿前景,矿床储量规模还可以进一步扩大。 10月,由中国地调局国家地质实验测试中心等5家地质实验室研制的8个系列39种地质类标准物质通过了全国标准物质管理委员会组织的国家一级标准物质终审。目前,地质类国家一级标准物质已达434种,在中国13类国家一级标准物质中排名第2,约占24%,仅次于环境类国家一级标准物质。据了解,中国拟研制地质矿产专业各类急需和典型标准物质约400种,以确保地质矿产资源测试结果的准确可靠和可比有效,提升地质实验测试技术工作水平和保障服务能力。 11月1日,中美古生物专家近日宣布,在广东南雄杨梅坑区域发现一批珍稀鸭嘴龙类恐龙足迹,其不同年龄段的恐龙足迹很可能揭示了远古恐龙的社会性行为。本次发现的恐龙足迹约10个,由5~6只恐龙留下,最大的足迹长达60厘米。鸭嘴龙是大型植食性恐龙,生活在白垩纪晚期,见证了恐龙时代的消亡。 11月1日,重庆市地勘局205地质队承担的大足区兴隆矿区锶矿延伸普查找矿取得突破性进展。目前,竣工钻孔11个,孔孔见矿。矿体厚度大,质量好,平均厚度4.45米,平均品位45.09%。经初步估算,预计可获锶矿资源量1015万吨(矿物量458万吨),其中333级资源量280万吨(矿物量137万吨),属特大型锶矿床。 11月22日,湖南省核工地质局三〇一大队在衡南县谭子山矿区探山岭矿段发现一处大型重晶石矿,储量达2778万吨,伴生铜金属资源量为7.58万吨,勘查结果已通过湖南省矿产资源储量评审中心评审。新发现的重晶石矿矿石平均品位为39.1%,可采系数为0.9,储量达到大型矿标准,在湖南省排名第2。伴生铜矿石平均品位为0.665%,储量在全省排名第4。 11月28日,甘肃省地矿局地调院通过2年多的勘查,在北山地区发现了孙家岭钪矿,这是甘肃省首次发现钪矿,也是该局继发现国宝山超大型铷矿、余石山大型铌钽金属矿床后,在地质找矿方面的又一重大突破。 12月17日,国土资源部在京举行新闻发布会,宣布中国海洋地质科技人员在广东沿海珠江口盆地东部海域首次钻获高纯度天然气水合物(又称"可燃冰")样品,并通过钻探获得可观的控制储量。 12月,青海省地质部门的最新勘查显示,位于青藏高原东部的青海省页岩气资源丰富,分布面积约45万平方千米,达到全省国土面积的2/3。青海晚古生代、中生代分布范围广、地层厚度大、有机质含量较高,可作为青海页岩气勘探研究的重要层系之一。

2014年　1月8日,国土资源部通报了全国油气资源动态评价成果,根据初步统计,2013年全国石油、天然气产量,创下历史新高水平。全年石油产量2.1亿吨,净增370万吨,同比增长1.8%,连续4年保持2亿吨以上;天然气产量1209亿立方米,其中常规天然气产量1177亿立方米,净增105亿立方米,同比增长9.8%,连续3年保持1000亿立方米以上;煤层气和页岩气分别超过30亿立方米和2亿立方米。全国油气当量3.2亿吨,净增1457万吨,同比增长4.6%。　1月9日,国土资源部公布第7批国家地质公园资格名单,批准恩施腾龙洞大峡谷等22处国家地质公园资格。　1月9日~10日,中国地质科学院在北京召开了2013年度科技成果汇报交流暨10大科技进展评选会,评选出中国地质科学院2013年度10大科技进展:《中国地层表及说明书》——中国地质历史"编年表"、西藏多龙矿集区发现超大型浅成低温热液型铜金矿床、亚洲中生代花岗岩图编制及新进展、全国重要矿产资源预测评价的理论与技术、中国辽宁首次发现侏罗纪多瘤齿兽类哺乳动物、阿拉善地块前中生代构造归属新认识、自主研发无人机航空磁/放综合测量系统、华北平原地下水演变机制与调控研究、岩溶峰丛洼地水土漏失研究及防治、铼—锇同位素分析技术为沉积岩测年开辟了新途径。

1月16日,"贵州省瓮安县白岩背斜磷矿整装勘查"项目通过评审,提交磷矿总资源/储量298 509万吨,新增资源量297 091.58万吨。储量排名亚洲第1,为磷矿大型矿床下限的60倍。　1月19日,中国地质学会2013年度10大地质科技进展、10大地质找矿成果评选揭晓。10大地质科技进展:最早的灵长类骨架及简鼻猴类的系统演化、莺歌海盆地高温高压天然气成藏规律与重大发现、自主研发无人机航空磁/放综合测量系统、中国烧绿石超族新矿物研究、深部探测技术与实验研究专项、相山大型铀矿田科学钻探深部成矿环境与铀多金属资源突破、中国石油致密油基础地质理论和关键技术研究与勘探重大突破、西藏多龙矿集区发现超大型浅成低温热液型铜金矿床、汶川地震地质灾害调查评价、华北平原地下水演变机制与调控研究。10大地质找矿成果分别是:安岳气田磨溪区块龙王庙组天然气勘探重大突破、贵州铜仁松桃锰矿整装勘查、山东苍山县兰陵矿区(古林—兰陵矿段)铁矿详查、内蒙古杭锦旗大营矿区铀矿普查、内蒙古包头市哈达门沟矿区柳坝沟矿段313号与314号脉岩金矿普查、江苏南京市栖霞山铅锌矿区虎爪山矿段深部详查、鄂尔多斯盆地西南缘发现多个亿吨级油田、吉林珲春市杨金沟钨矿勘探、湖南攸县兰村矿区深部煤炭详查、新疆和硕县可可乃克矿区1490米标高以浅锶矿详查报告。　1月24日,历时5年研究,中国重大基础研究计划(973计划)项目"南海天然气水合物富集规律与开采基础研究"通过验收,建立起中国南海天然气水合物基础研究系统理论。　1月28日,四川安岳气田磨溪区块特大整装气藏新增天然气探明储量通过国土资源部评审。根据报告,该区块探明天然气地质储量4363亿立方米,其中新增探明技术可采储量3054亿立方米,为中国目前发现的最大的单个、单层整装气藏。　2月12日,贵州北部地区钻探出国内埋藏最深的页岩气水平井,日产气量最高可达10.5万立方米。该井位于习水县境内,处下志留统龙马溪组下部泥页岩气层,完井斜深5451.66米,垂深4417.43米,水平段长1034.23米。初步证明了黔北地区深层下志留统龙马溪组下部为页岩气富集区,是继涪陵焦石坝之后发现的新页岩气勘探开发区块。　2月12日,国内最深页岩气井南页1HF井顺利完钻,该井是华东油气田一口在南页1井导眼井基础上开窗侧钻的水平预探井,完钻井深5820米,水平段长度1103米,水平位移1484米,是中国石化迄今为止第1口完钻深度超过5800米的页岩气水平井。　2月,为配合国家的三沙建市相关工作,中国地调局广海局决定2014年首次开展三沙幅1:25万海洋区域地质调查。　2月,国家973计划"超临界二氧化碳强化页岩气高效开发基础"项目正式启动。　3月13日,中国地调局地质科学研究院岩溶研究所组织实施的"重点地区岩溶塌陷调查"计划项目的研究结果显示,目前,中国塌陷坑总数超过4万个,岩溶塌陷集中分布在西南、华南、华中和华北地区,高危险区面积约60万平方千米。从全国发生的岩溶塌陷特点看,近年来岩溶塌陷有数量增多、影响扩大的趋势。　3月21日,国际科学界和联合国机构发起和组织的"未来地球计划"大型科学项目,推动学科交叉融合和科学为社会服务,"未来地球计划"中国委员会在北京正式成立。　3月24日,在重庆发现的中国首个大型页岩气田——涪陵页岩气田提前进入规模化商业开发,预计2014年底实现产能18亿立方米/年,2015年底将建成产能50亿立方米/年,为原计划的10倍。　3月31日,经过近1年的钻孔施工,在青海省共和盆地地下2230米处成功钻获温度高达153℃的干热岩。这是中国首次发现大规模可利用干热岩资源,是中国在能源领域和地热勘查方面取得的重大突破。　3月,中国大洋第30航次第3航段按计划完成西南印度洋洋中脊多金属硫化物勘探区中深钻调查任务,任务首次使用中深钻在硫化物区钻探作业,并取得硫化物合同区地表下的样品。　4月13日,松辽盆地资源与环境深部钻探工程(松科2井)开钻,设计井深6400米,为目前中国最深的科学钻井,预计2016年完成钻探取芯任务。4月16日,吉林白山市五道羊岔铁矿探明储量达1.88亿吨,是中国东北地区近年来首个新探明的大型铁矿床。4月29日,中国大洋矿产资源研究开发协会与国际海底管理局在京正式签订国际海底富钴结壳矿区勘探合同,标志着中国在西太平洋海底获得的面积3000平方千米的富钴结壳矿区已经完成所有法律程序。5月6日,由中国地质调查局油气资源调查中心承担设计、沈阳地质矿产研究所参与设计的"突参1井"在松辽西部外围——突泉盆地侏罗系获得石油新发现,并顺利取到含油岩芯。5月26日,由中国地调局郑州综合所依靠地调项目成果建立的中国重要矿产矿山数据库在郑州揭牌。该数据库以地调项目"全国重要矿山'三率'综合调查与评价"成果为基础,建设了煤炭、石油、天然气、铁、锰、铜、铅、锌、铝土矿、镍、钨、锡、锑、钼、稀土、金、磷、硫铁矿、钾盐、石墨、高铝矾土和萤石等矿产的16061个重要矿产矿山的数据库。6月7日,国务院办公厅印发《能源发展战略行动计划(2014~2020年)》。6月19日,"中国重点海域地应力观测及综合研究"海洋地质调查项目圆满完成了三沙石岛西科1A井深孔地应力现场测量。该井位于西沙宣德群岛永兴岛东北部的石岛东南侧,钻孔终孔深度1268.07米,其中套管安装深度1008.48米。本次实验也是中国远海海域第1次深孔地应力测量。6月30日,中国地质调查局召开了"丝绸之路经济带建设地质调查工作部署研讨会"。6月,经过20年的持续勘查评价,地处西南天山西部的新疆乌恰地区萨瓦亚尔顿金矿成为目前新疆发现的资源量最大的金矿。该矿共提交金属量127吨,潜在经济价值400亿元以上。萨瓦亚尔顿金矿地处世界著名的天山山脉"中亚金腰带"。7月17日,涪陵页岩气田焦石坝区块焦页1—焦页3井区五峰组—龙马溪组一段的探明地质储量通过评审,认定涪陵页岩气田是典型的优质海相页岩气,新增探明地质储量1067.5亿立方米,这标志着中国首个大型页岩气田正式诞生。7月29日,第8届国际天然气水合物大会在北京举行,中国地质调查局负责人表示,未来几年,中国地调局将继续加强海域和陆域冻土区天然气水合物资源调查评价,开展水合物成藏理论、探测技术、环境效应和试开采技术等研发,并计划于2015年在中国海域实施天然气水合物的钻探工程。8月,继在武夷成矿带广东南段的紫金县、蕉岭县发现2处罕见巨型铷矿矿床之后,广东省地矿部门在蕉岭县作壁坑又发现1处铷多金属矿床,经过3个钻孔的验证,已探明铷金属量约820吨,潜在经济价值达2290亿元。8月,《京津冀地区资源环境承载力调查评价研究》研究报告称,基于京津冀地区自西向东呈现山区—平原—海岸带的"厂字形"自然地理环境本底和资源环境承载现状,建议构建"一极、两翼、三屏"的"三生"(生产、生活、生态)空间格局。9月10日,中国科学院院古脊椎动物与古人类研究所研究人员对出土于辽宁建昌玲珑塔地区的6件化石标本进行了研究,并命名了神兽、仙兽2个新属的3个新种,首次全面地揭示了贼兽类的形态学特征。9月15日,由中国矿业联合会主办的2014年中国矿业循环经济暨绿色矿山建设大会正式确定了首批35家国家级绿色矿山单位名单。10月20日,丝绸之路经济带国家地学合作研讨会举行,国土资源部"中国—上海合作组织地学合作研究中心"正式成立。10月20日~23日,2014第16届国际矿业大会在天津召开,大会主题是"创新驱动·持续发展"。11月9日~11日,在山东济南召开首届中国地热资源年会上获悉,全国地热资源调查评价项目今年取得的重要进展。全国31个省会城市浅层地温能调查评价已完成,其开发利用总能量折合标准煤4.67亿吨。以浅层地温能开发利用能效率取35%计算,可节约标准煤1.63亿吨,约是中国目前实际能源消耗的10%,是目前建筑物供暖制冷消耗的1.42倍。11月,经过7年多的努力找矿,国家级整装勘查项目——柴达木盆地深层卤水钾盐资源勘查取得重大突破,在柴达木盆地西部发现大量深层钾盐资源,预测储量达25.95亿吨。这是继察尔汗盐湖之后,中国发现的又一大型钾盐资源分布区。11月,国土资源部中央地勘基金管理中心宣布,目前新发现的世界最大铀矿之一、中国最大的大营铀矿床规模进一步扩大,目前初步控制铀资源量达到大型矿产地规模,铀矿化带向西又推进了整整20千米。11月24日,新疆塔城地区苏九河钼矿详查报告显示,苏九河钼矿金属储量达57.3万吨,为特大型钼矿床,预计总经济价值达600亿元,这也是目前新疆发现的储量最大的钼矿。11月,贵州省开阳地区磷矿整装勘查项目新增磷矿资源量近5.5亿吨,其中品位在30%以上的富磷矿达3.5亿吨,标志着中国富磷矿找矿取得重大突破。2014年年底,中国地质调查局组织实施的1:100万区域地质调查完成全部外业调查任务,首次实现了中国管辖海域区域地质调查全覆盖,并初步查明海底综合地质要素,厘清38个主要沉积盆地分布范围和海洋固体矿产分布状况。

(王仰之、杨守仁)

第六章　中国地质科学主要文献

佚名. 山海经·山经. 前475年.
佚名. 尚书·禹贡. 前4世纪.
稷下. 管子. 前3世纪.
佚名. 山海经·海外经. 前2世纪.
班固. 汉书·地理志. 54~92.
杨孚. 异物志. 76~88.
刘歆. 山海经. 1世纪.
郭璞. 尔雅注. 276~324.
罗含. 湘中记. 375.
郦道元. 水经注. 515~527.
颜真卿. 麻姑仙坛记. 771.
乐史. 太平寰宇记. 987.
沈括. 梦溪笔谈. 1074~1095.
杜绾. 云林石谱. 1131~1133.
朱熹. 朱子语类. 1170.
范成大. 桂海虞衡志. 1175~1176.
秦可大. 地震记. 1556.
李时珍. 本草纲目. 1578~1596.
宋应星. 天工开物. 1637.
徐霞客(褚绍唐等整理). 徐霞客游记. 1642.
姚元之. 竹叶亭杂记. 18世纪.
吴其浚. 滇南矿厂图略. 1844~1845.
慕维廉(M. William). 地理全志. 上海:上海墨海书馆,1853~1854.
索子(鲁迅). 中国地质略论. 浙江潮,1903(8).
顾琅,鲁迅. 中国矿产志. 上海:普及书局,1906.
翁文灏. 中国矿产志略. 地质专报乙种1号,1919.
翁文灏. 中国矿产区域论. 地质汇报2号,1920.
叶良辅. 北京西山地质志. 地质专报甲种1号,1920.
孙云铸. 中国北部寒武纪动物群. 中国古生物志乙种1号4册,1924.
谢家荣. 地质学(上编). 上海:商务印书馆,1924.
李四光. 中国北部纺锤虫化石. 中国古生物志乙种4号1册,1927.
章鸿钊. 石雅. 地质专报乙种2号,1921(初刊)、1927(再刊).
杨钟健. 中国北部之啮齿类化石. 中国古生物志丙种5号,1928.
赵亚曾. 中国长身贝科化石(上下). 中国古生物志乙种5号2~3册,1928、1937.
谢家荣. 北票煤之煤岩学初步研究. 燃料研究专刊1号,1930.
谢家荣. 煤岩学研究之新方法. 燃料研究专刊2号,1930.
杜其堡. 地质矿物学大辞典. 上海:商务印书馆,1930.
黄汲清. 中国南部二叠纪地层. 地质专报甲种10号,1932.
杨钟健. 中国人类化石及新生代地质概论. 地质汇报乙种5号,1933.

何作霖.光性矿物学.上海:商务印书馆,1935.

谢家荣,程裕淇,孙健初.扬子江下游铁矿志.地质专报甲种13号,1935.

斯行健.中国中生代植物.中国古生物志甲种3号1册,1936.

马廷英.造礁珊瑚的成长率及其与海水温度的关系.中国古生物志乙种16号,1937.

裴文中.周口店山顶洞之化石.中国古生物志甲种9号,1938.

裴文中.周口店山顶洞动物群.中国古生物志丙种10号,1940.

章鸿钊.中国地质学发展小史.上海:商务印书馆,1941.

徐克勤,丁毅.江西南部钨矿地质志.地质专报甲种17号,1943.

黄汲清.中国主要地质构造单元.地质专报甲种20号,1945.

黄汲清,杨钟健,程裕淇,等.新疆油田地质调查报告.地质专报甲种21号,1947.

李四光.地质力学之基础与方法.上海:中华书局,1947.

李四光.冰期之庐山.中央研究院地质研究所专刊乙种2号,1947.

李四光.中国地质学.上海:正风出版社,1953.

黄汲清.中国主要地质构造单位.北京:地质出版社,1954.

章鸿钊.古矿录.北京:地质出版社,1954.

中国科学院南京地质古生物研究所,古脊椎动物与古人类研究所.中国标准化石.北京:地质出版社,1954~1957.

李四光.旋转构造及其他有关中国西北部大地构造体系复合问题.北京:科学出版社,1955.

刘鸿允.中国古地理图.北京:科学出版社,1955.

王嘉荫.火成岩(增订本).北京:地质出版社,1955.

章鸿钊.中国温泉辑要.北京:地质出版社,1956.

中国地质学编辑委员会,中国科学院地质研究所.中国区域地层表(草案).北京:科学出版社,1956.

中国地质学编辑委员会,中国科学院地质研究所.中国区域地层表(草案)补编.北京:科学出版社1956.

马杏垣.五台山区地质构造基本特征.北京:地质出版社,1957.

王曰伦.怎样划分地层.北京:地质出版社,1958.

张文佑.中国大地构造图(1:400万)及其说明书.北京:科学出版社,1958.

黄汲清.中国地质图(1:300万).北京:地质出版社,1959.

李璞.西藏东部地质矿产调查资料.北京:科学出版社,1959.

谭锡畴,李春昱.四川西康地质志.北京:科学出版社,1959.

王竹泉.王竹泉选集.北京:煤炭工业出版社,1959.

陈国达.地台活化学说及其找矿意义.北京:科学出版社,1960.

黄汲清.中国大地构造基本特征.北京:地质出版社,1960.

黄汲清.中华人民共和国大地构造图(1:300万).北京:地质出版社,1960.

黄汝昌,黄第藩,陈应泰,等.中国西北地区陆相油气田的形成及其分布规律.北京:科学出版社,1960.

全国地层委员会.地层规范草案及地层规范草案说明书.北京:科学出版社,1960

中国科学院南京地质古生物研究所,中国科学院地质研究所,北京地质学院,等.祁连山地质志(第1~4卷).北京:科学出版社,1960~1962.

北京矿业学院地质系,北京地质学院煤田地质教研室,煤炭科学研究院地质研究所.中国煤田地质学(1~3).北京:煤炭工业出版社,1961.

北京石油学院岩石教研室.沉积岩石学.北京:石油工业出版社,1961.

南京大学地质系.地球化学.北京:科学出版社,1961.

顾知微.全国地层会议学术报告汇编:中国的侏罗系和白垩系.北京:科学出版社,1962.

全国地层委员会.全国地层会议学术报告汇编:中国的前寒武系.北京:科学出版社,1962.

贾兰坡,王择义,王健,等.匼河——山西西南部旧石器时代初期文化遗址.北京:科学出版社,1962.

穆恩之.全国地层会议学术报告汇编:中国的志留系.北京:科学出版社,1962.

全国地层委员会.全国地层会议学术报告汇编:中国的奥陶系.北京:科学出版社,1962.

全国地层委员会. 全国地层会议学术报告汇编:中国的石炭系. 北京:科学出版社,1962.
全国地层委员会. 全国地层会议学术报告汇编:中国中生代陆相地层. 北京:科学出版社,1962.
全国地层委员会. 全国地层会议学术报告汇编(兰州现场会议). 北京:科学出版社,1962.
全国地层委员会. 全国地层会议学术报告汇编(山西现场会议). 北京:科学出版社,1962.
全国地层委员会. 全国地层会议学术报告汇编:中国的志留系. 北京:科学出版社,1962.
全国地层委员会. 全国地层会议学术报告汇编:中国晚古生代陆相地层. 北京:科学出版社,1962.
盛金章. 全国地层会议学术报告汇编:中国的二叠系. 北京:科学出版社,1962.
王钰,俞昌民. 全国地层会议学术报告汇编:中国的泥盆系. 北京:科学出版社,1962.
杨敬之. 全国地层会议学术报告汇编:中国的石炭系. 北京:科学出版社,1962.
中国科学院南京地质古生物研究所. 中国各门类化石. 北京:科学出版社,1962~1980.
赵金科. 全国地层会议学术报告汇编:中国的三叠系. 北京:科学出版社,1962.
程裕淇. 变质岩的一些基本问题和工作方法. 北京:中国工业出版社,1963.
李星学. 华北月门沟群植物化石. 北京:科学出版社,1963.
裴文中,周明镇,郑家坚. 中国的新生界. 北京:科学出版社,1963.
全国地层委员会. 全国地层会议学术报告汇编(黔南现场会议). 北京:科学出版社,1963.
全国地层委员会. 全国地层会议学术报告汇编(浙西现场会议). 北京:科学出版社,1963
王泽九. 中国地质科学院地质研究所地质丛刊甲种1号:嵩山区前寒武纪地质问题. 北京:工业出版社,1963.
李星学. 全国地层会议学术报告汇编:中国晚古生代陆相地层. 北京:科学出版社,1964.
刘东生. 第四纪地质问题. 北京:科学出版社,1964.
全国地层委员会. 全国地层会议学术报告汇编:中国的三叠系. 北京:科学出版社,1964.
全国地层委员会. 全国地层会议学术报告汇编:中国的寒武系. 北京:科学出版社,1964.
全国地层委员会. 全国地层会议学术报告汇编:中国的新生界. 北京:科学出版社,1964.
全国地层委员会. 全国地层会议学术报告汇编:中国的石炭系. 北京:科学出版社,1964.
全国地层委员会. 全国地层会议学术报告汇编(黔北现场会议). 北京:科学出版社,1964.
张文堂. 全国地层会议学术报告汇编:中国的奥陶系. 北京:科学出版社,1964.
陈国达,郭令智,张伯声,等. 中国大地构造问题. 北京:科学出版社,1965.
吴利仁. 若干地区碱性岩研究. 北京:科学出版社,1966.
尹赞勋. 中国地层典:石炭系. 北京:科学出版社,1966.
中国科学院地质研究所. 铸石. 北京:科学出版社,1972.
中国科学院院贵阳地球化学研究所. 南岭及其邻区花岗岩同位素年代学研究. 北京:科学出版社,1972.
李四光. 天文·地质·古生物. 北京:科学出版社,1973.
李四光. 地质力学概论. 北京:科学出版社,1973.
李四光. 地震地质. 北京:科学出版社,1973.
盛莘夫. 中国奥陶系的划分和对比. 北京:地质出版社,1974.
中国科学院西藏科学考察队. 珠穆朗玛峰地区科学考察报告1966/1968 地质. 北京:科学出版社,1974.
中南区区域地层表编写小组. 中南区区域地层表. 北京:地质出版社,1974.
李耀西,宋礼生,周志强,等. 大巴山西段早古生代地层志. 北京:地质出版社,1975.
卢衍豪. 华中及西南奥陶纪三叶虫动物群. 北京:科学出版社,1975.
亚洲地质编图组. 亚洲地质图. 北京:地图出版社,1975.
中国科学院地质研究所. 中国地震地质概论. 北京:科学出版社,1975.
中国科学院南京地质古生物研究所. 云南中生代红层. 北京:科学出版社,1975.
中国科学院西藏科学考察队. 珠穆朗玛峰地区科学考察报告1966/1968 现代冰川与地貌. 北京:科学出版社,1975.
王永炎. 黄土与第四纪地质. 西安:陕西人民出版社,1976.
中国地质科学院. 古生物图册(各分区). 北京:地质出版社,1976~1983.

陈国达,魏洲龄,薛佳谋. 中国大地构造概要. 北京:地质出版社,1977.
陈国达. 中国大地构造图(1:400万). 北京:地图出版社,1977.
贵州省地层古生物工作队. 西南区区域地层表·贵州省分册. 北京:地质出版社,1977.
国家地震局. 中国地震烈度区划图及其说明书. 北京:地震出版社,1977.
中国科学院地球化学研究所包裹体实验室. 矿物中的包裹体及其在地质上的应用. 北京:地质出版社,1977.
中国科学院贵阳地球化学研究所. 月质学研究进展. 北京:科学出版社,1977.
中国科学院地质研究所. 数学地质引论. 北京:地质出版社,1977.
安徽省区域地层表编写组. 华东区区域地层表·安徽省分册. 北京:地质出版社,1978.
陈国达. 成矿构造研究法. 北京:地质出版社,1978.
广东省区域地层表编写组. 华东区区域地层表·广东省分册. 北京:地质出版社,1978.
广西壮族自治区区域地层表编写组. 中南区区域地层表·广西壮族自治区分册. 北京:地质出版社,1978.
湖北省区域地层表编写组. 中南区区域地层表·湖北省分册. 北京:地质出版社,1978.
湖南省区域地层表编写组. 华东区区域地层表·湖南省分册. 北京:地质出版社,1978.
吉林省区域地层表编写组. 东北区区域地层表·吉林省分册. 北京:地质出版社,1978.
江苏省、上海市区域地层表编写组. 华东区区域地层表·江苏省、上海市分册. 北京:地质出版社,1978.
辽宁省区域地层表编写组. 东北区区域地层表·辽宁省分册. 北京:地质出版社,1978.
宁芜研究项目编写小组. 宁芜玢岩铁矿. 北京:地质出版社,1978.
山东省区域地层表编写组. 华东区区域地层表·山东省分册. 北京:地质出版社,1978.
四川省区域地层表编写组. 西南区区域地层表·四川省分册. 北京:地质出版社,1978.
石油化学工业部石油勘探开发规划研究院,中国科学院南京地质古生物研究所. 渤海沿岸地区早第三纪孢粉. 北京:科学出版社,1978.
苏良赫. 岩石学与钢铁工业. 北京:地质出版社,1978.
王嘉荫. 应力矿物概论. 北京:地质出版社,1978.
武汉地质学院区地教研室. 地质构造形迹图册. 北京:地质出版社,1978.
尹赞勋,张守信,谢翠华. 论褶皱幕. 北京:科学出版社,1978.
云南省区域地层表编写组. 西南区区域地层表·云南省分册. 北京:地质出版社,1978.
赵金科,梁希洛,郑灼官. 华南晚二叠世头足类. 北京:科学出版社,1978.
中国科学院古脊椎动物与古人类研究所. 古人类论文集. 北京:科学出版社,1978.
北京市区域地层表编写组. 华北区区域地层表·北京市分册. 北京:地质出版社,1979.
长春地质学院地勘系地质力学教研室. 构造形迹. 北京:地质出版社,1979.
福建省区域地层表编写组. 华东区区域地层表·福建省分册. 北京:地质出版社,1979.
河北省区域地层表编写组. 华北区区域地层表·河北省、北京市、天津市分册. 北京:地质出版社,1979.
河南省区域地层表编写组. 中南区区域地层表·河南省分册. 北京:地质出版社,1979.
黑龙江省区域地层表编写组. 东北区区域地层表·黑龙江省分册. 北京:地质出版社,1979.
吉林省地质科学研究所. 吉林省岩石结构图册. 长春:吉林人民出版社,1979.
吉林陨石雨论文集编辑组. 吉林陨石雨论文集. 北京:科学出版社,1979.
卢衍豪. 中国寒武纪沉积矿产与生物—环境控制论. 北京:地质出版社,1979.
孟祥化. 沉积建造及其共生矿床分析. 北京:地质出版社,1979.
山西省区域地层表编写组. 华北区区域地层表·山西省分册. 北京:地质出版社,1979
谢学锦. 区域化探. 北京:地质出版社,1979.
杨起,韩德馨. 中国煤田地质学(上):煤田地质基础理论. 北京:煤炭工业出版社,1979.
中国科学院地质研究所岩溶研究组. 中国岩溶研究. 北京:科学出版社,1979.
中国科学院古脊椎动物与古人类研究所. 中国脊椎动物化石. 北京:科学出版社,1979.
中国科学院地球化学研究所. 华南花岗岩类的地球化学. 北京:科学出版社,1979.
中国科学院南京地质古生物研究所. 西南地区碳酸盐岩生物地层. 北京:科学出版社,1979.

浙江省区域地层表编写组. 华东区区域地层表·浙江省分册. 北京:地质出版社,1979.

朱世兴,曹瑞骥,梁玉左,等. 蓟县震旦亚界叠层石的研究. 北京:地质出版社,1979.

孟祥化. 沉积建造及其共生矿床分析. 北京:地质出版社,1979.

曹荣龙,赵斌,曾易善,等. 成岩与成矿实验. 北京:地质出版社,1980.

陈晋镳,张惠民,朱士兴,等. 前寒武纪地质研究:中国震旦亚界. 天津:天津科学技术出版社,1980.

韩德馨,杨起. 中国煤田地质学(下):中国聚煤规律. 北京:煤炭工业出版社,1980.

黄汲清,任纪舜,姜春发,等. 中国大地构造及其演化. 北京:科学出版社,1980.

全国地层委员会. 中国地层指南及中国地层指南说明书. 北京:科学出版社,1980.

江西省区域地层表编写组. 中南区区域地层表·江西省分册. 北京:地质出版社,1980.

甘肃省区域地层表编写组. 西北区区域地层表·甘肃省分册. 北京:地质出版社,1980.

莫柱孙,叶伯丹. 岭南花岗岩的地质学. 北京:地质出版社,1980.

内蒙古自治区区域地层表编写组. 华北区区域地层表·内蒙古自治区分册. 北京:地质出版社,1980.

宁夏回族自治区区域地层表编写组. 西北区区域地层表·宁夏回族自治区分册. 北京:地质出版社,1980.

陕西省区域地层表编写组. 西北区区域地层表·陕西省分册. 北京:地质出版社,1980.

青海省区域地层表编写组. 西北区区域地层表·青海省分册. 北京:地质出版社,1980.

王鸿祯,刘本培. 地史学教程. 北京:地质出版社,1980.

王曰伦,赵自强,朱士兴,等. 中国震旦亚界. 北京:地质出版社,1980.

西藏自治区区域地层表编写组. 西南区区域地层表·西藏自治区分册. 北京:地质出版社,1980.

鲜思远. 华南泥盆纪南丹型地层及古生物. 贵阳:贵州人民出版社,1980.

殷继成,丁莲芳,何廷贵,等. 四川峨眉—甘洛地区震旦纪地层古生物及沉积环境. 成都:四川人民出版社,1980.

张伯声. 中国大地构造图(1:1000万). 北京:地质出版社,1980.

张伯声. 中国地壳的波浪状镶嵌构造. 北京:地质出版社,1980.

中国地质科学院地质研究所. 陕甘宁盆地中生代地层古生物. 北京:地质出版社,1980.

中国地质科学院天津地质矿产研究所. 中国震旦亚界. 天津:科技出版社,1980.

朱夏. 论中国含油气盆地构造. 北京:石油工业出版社,1980.

程裕淇. 中国地层2:中国的下前寒武纪. 北京:地质出版社,1981.

方鸿琪,王锺琦. 唐山强震区地震工程地质研究(全2册). 北京:地震出版社,1981.

马杏垣,索书田,游振东,等. 嵩山构造变形. 北京:地质出版社,1981.

潘钟祥. 石油地质学. 北京:地质出版社,1981.

佟伟,章铭陶,张知非,等. 西藏地热. 北京:科学出版社,1981.

全国地层委员会. 中国地层指南及中国地层指南说明书. 北京:科学出版社,1981.

王贤觉. 阿尔泰伟晶岩矿物研究. 北京:科学出版社,1981.

新疆维吾尔自治区区域地层表编写组. 西北区区域地层表·新疆维吾尔自治区分册. 北京:地质出版社,1981.

邢裕盛. 中国地层3:中国的上前寒武纪. 北京:地质出版社,1981.

翟裕生. 矿田构造与成矿. 北京:地质出版社,1981.

中国地质科学院. 中国地层1:中国地层概论. 北京:地质出版社,1981.

中国科学院青藏高原综合科学考察队. 西藏岩浆活动和变质作用. 北京:科学出版社,1981.

中国科学院青藏高原综合科学考察队. 青藏高原隆起的时代、幅度和形式问题. 北京:科学出版社,1981.

白顺良,金善燏,宁宗善,等. 广西及邻区泥盆纪生物地层. 北京:北京大学出版社,1982.

地矿部青藏高原地质文集编委会. 青藏高原地质文集(1~21). 北京:地质出版社,1982~1991.

丁国瑜. 中国活动断裂. 北京:地震出版社,1982.

国家地震局地震研究所,国家地震局地质研究所. 中国活动构造典型卫星影像集. 北京:地震出版社,1982.

赖才根. 中国地层5:中国的奥陶纪. 北京:地质出版社,1982.

李春昱,王荃,刘雪亚,等.亚洲大地构造图(1:800万).北京:地图出版社,1982.

路凤香.地幔岩石学.武汉:中国地质大学出版社,1982.

罗惠麟.云南东部震旦系.昆明:云南人民出版社,1982.

涂光炽,陈丰.矿物物理和矿物材料研究论文集.北京:科学出版社,1982.

王德滋,周新民.火山岩岩石学.北京:地质出版社,1982.

王永焱.黄土与第四纪地质.西安:陕西人民出版社,1982.

中国科学院南京地质古生物研究所.中国各纪地层对比表及说明书.北京:科学出版社,1982.

古生物基础理论丛书编委会.中国古地理区系.北京:科学出版社,1983.

黑龙江省东部中生代含煤地层研究队.黑龙江省东部中、上侏罗统与下白垩统化石.哈尔滨:黑龙江科学技术出版社,1983.

李炳元,王富葆,张青松,等.西藏第四纪地质.北京:科学出版社,1983.

刘兴诗.四川盆地的第四系.成都:四川科学技术出版社,1983.

王钟琦,谢君斐,石兆吉.地震工程地质导论.北京:地震出版社,1983.

徐道一,杨正宗,张勤文,孙亦田.天文地质学概论.北京:地质出版社,1983.

杨遵仪.南祁连山三叠系.北京:地质出版社,1983.

叶连俊.华北地台沉积建造.北京:科学出版社,1983.

赵鹏大,胡旺亮,李紫金.矿床统计预测.北京:地质出版社,1983.

中国科学院南京地质古生物研究所.中国各纪地层界线研究.北京:科学出版社,1983.

白顺良,蔺万筹.地质历史与板块构造.北京:地质出版社,1984.

地矿部江苏省及上海市地质矿产局.中华人民共和国地质矿产部地质专报一:区域地质(第1号):江苏省区域地质志.北京:地质出版社,1984.

地矿部江西省地质矿产局.中华人民共和国地质矿产部地质专报一:区域地质(第2号):江西省区域地质志.北京:地质出版社,1984.

高振家,朱诚顺,彭昌文,等.新疆前寒武纪地质.乌鲁木齐:新疆人民出版社,1984.

黄邦强,张朝文,金以钟.大地构造学基础及中国区域构造概要.北京:地质出版社,1984.

李云通.中国地层13:中国的第三纪.北京:地质出版社,1984.

廖士范.贵州西部沉积改造菱铁矿床的研究.北京:地质出版社,1984.

林宝玉,郭殿珩,汪啸风,等.中国地层6:中国的志留纪.北京:地质出版社,1984.

孙荣圭.地质科学史纲.北京:北京大学出版社,1984.

王濮,潘兆橹,翁玲宝,等.系统矿物学.北京:地质出版社,1984.

吴利仁.华东及邻区中、新生代火山岩.北京:科学出版社,1984.

喜马拉雅地质文集编辑委员会.喜马拉雅地质Ⅱ:中法合作喜马拉雅地质考察1981年成果之一.北京:地质出版社,1984.

许志琴.地壳变形与显微构造.北京:地质出版社,1984.

涂光炽.中国层控矿床地球化学(1~3).北京:科学出版社,1984,1987,1988.

翟裕生.矿田构造学概论.北京:冶金工业出版社,1984.

张文佑.断块构造导论.北京:科学出版社,1984.

赵治信.塔里木盆地西南缘石炭纪地层及其生物群.北京:地质出版社,1984.

中国科学院青藏高原综合科学考察队.西藏地层.北京:科学出版社,1984.

朱裕生,矿产资源评价方法导论.北京:地质出版社,1984.

地矿部广西壮族自治区地质矿产局.中华人民共和国地质矿产部地质专报一:区域地质(第3号):广西壮族自治区区域地质志.北京:地质出版社,1985.

地矿部福建省地质矿产局.中华人民共和国地质矿产部地质专报一:区域地质(第4号):福建省区域地质志.北京:地质出版社,1985.

地矿部辽宁省地质矿产局.中华人民共和国地质矿产部地质专报一:区域地质(第14号):辽宁省区域地质志.北京:地质出版社,1985.

高振家,王务严,彭昌文,等. 新疆震旦系. 乌鲁木齐:新疆人民出版社,1985.
高振家,王务严,彭昌文,等. 新疆阿克苏—乌什地区震旦系. 乌鲁木齐:新疆人民出版社,1985.
李钦仲,杨应章,贾金昌. 华北地台南缘陕西部分晚前寒武纪地层研究. 西安:西安交通大学出版社,1985.
刘宝珺,曾允孚. 岩相古地理基础及研究方法. 北京:地质出版社,1985.
刘东生. 黄土与环境. 北京:科学出版社,1985.
邱家骧. 岩浆岩岩石学. 北京:地质出版社,1985.
王鸿祯. 中国古地理图集. 北京:地图出版社,1985.
王思恩. 中国地层 11:中国的侏罗纪. 北京:地质出版社,1985.
吴汝康,任美锷,朱显谟,等. 北京猿人遗址综合研究. 北京:科学出版社,1985.
新疆维吾尔自治区地震局、高蕴地震断裂带. 北京:地震出版社,1985.
杨森楠,杨巍然. 中国区域大地构造学. 北京:地质出版社,1985.
张英骏. 应用岩溶学及洞穴学. 贵阳:贵州人民出版社,1985.
郑度,杨勤业,刘燕华. 中国的青藏高原. 北京:科学出版社,1985.
中国地质勘查技术院. 勘查地球物理地球化学文集(1~17). 北京:地质出版社,1985~1993.
中国地质矿产年鉴编辑部. 中国地质矿产年鉴. 北京:地质出版社,1985~1998.
中国科学院登山科学考察队. 天山托木尔峰地区的地质与古生物. 乌鲁木齐:新疆人民出版社,1985.
安太庠. 华北地区奥陶系研究进展. 北京:地质出版社,1986.
白瑾. 五台山区早前寒武纪地质. 天津:天津科技出版社,1986.
董申保. 中国变质地质图(1:400万)及其说明书. 北京:地质出版社,1986.
董申保. 中国变质作用及其与地壳演化的关系. 北京:地质出版社,1986.
杜定汉. 陕西秦巴地区泥盆系研究. 西安:西安交通大学出版社,1986.
高凌蔚,李涛. 豫西云盖山地区山西组二1煤层构造形变及厚度变化规律. 北京:地震出版社,1986.
郝诒纯,苏德英,余静贤,等. 中国地层 12:中国的白垩纪. 北京:地质出版社,1986.
黑龙江省东部中生代含煤地层研究队. 黑龙江省东部龙爪沟群的研究及其与鸡西群的对比. 哈尔滨:黑龙江科学技术出版社,1986.
李春昱,郭令智,朱夏,等. 板块构造基本问题. 北京:地震出版社,1986.
李东旭,周济元. 地质力学导论. 北京:地质出版社,1986.
李树勋,冀树楷,马志红,等. 五台山区变质沉积铁矿地质. 长春:吉林科学技术出版社,1986.
宋之琛. 广东三水盆地白垩纪—早第三纪孢粉组合. 北京:科学出版社,1986.
王鸿祯,杨巍然,刘本培. 华南地区古大陆边缘构造史. 武汉:武汉地质学院出版社,1986.
吴香尧. 岩组学导论. 重庆:重庆出版社,1986.
张伯声. 地壳波浪与镶嵌构造研究(第2集). 西安:陕西科学技术出版社,1986.
张家诚. 地学基本数据手册. 北京:海洋出版社,1986.
张文佑,钱祥麟,张抗,等. 中国及邻区海陆大地构造. 北京:科学出版社,1986.
中国科学院南京地质古生物研究所,石油工业部华北石油管理局第一勘探公司地质大队. 中国东部中、新生代古生物学和地层学. 合肥:安徽科学技术出版社,1986.
中国科学院新疆地理研究所. 天山山体演化. 北京:科学出版社,1986.
中国石油学会石油地质委员会. 国外浊积岩和扇三角洲研究. 北京:石油工业出版社,1986.
安太庠. 中国南部早古生代牙形石. 北京:北京大学出版社,1987.
陈光远,孙岱生,殷辉安. 成因矿物学与找矿矿物学. 重庆:重庆出版社,1987.
陈望和,倪明云. 河北第四纪地质. 北京:地质出版社,1987.
地矿部安徽省地质矿产局. 中华人民共和国地质矿产部地质专报一:区域地质(第5号):安徽省区域地质志. 北京:地质出版社,1987.
地矿部贵州省地质矿产局. 中华人民共和国地质矿产部地质专报一:区域地质(第7号):贵州省区域地质志. 北京:地质出版社,1987.
地矿部云南省地质矿产局. 中华人民共和国地质矿产部地质专报一:区域地质(第21号):云南省区域地

质志.北京:地质出版社,1987.

地矿部中国同位素地质年表工作组.中国同位素地质年表.北京:地质出版社,1987.

董振信.鲁中燕山期侵入杂岩与成矿.北京:地质出版社,1987.

杜定汉.陕西秦巴地区泥盆系研究.西安:交通大学出版社,1987.

鄂莫岚,赵大升.中国东部新生代玄武岩及深源岩石包体.北京:科学出版社,1987.

广西壮族自治区地质矿产局.广西泥盆纪沉积相古地理及矿产.南宁:广西人民出版社,1987.

胡绍祥,王详珍,刘福俊.普通地质学.徐州:中国矿业大学出版社,1987.

黄汲清,陈炳蔚.中国及邻区特提斯海的演化.北京:地质出版社,1987.

何镜宇,孟祥化.沉积岩和沉积相模式及建造.北京:地质出版社,1987.

李铨,冷坚.神农架上前寒武系.天津:天津科学技术出版社,1987.

林景仟.岩浆岩成因导论.北京:地质出版社,1987.

马杏垣.中国岩石圈动力学纲要.北京:地震出版社,1987.

马杏垣.中国及邻近海域岩石圈动力学图集.北京:地质出版社,1987.

煤成气地质研究编委会.煤成气地质研究.北京:石油工业出版社,1987.

煤炭科学研究院地质勘探分院,山西省煤田地质勘探公司.太原西山含煤地层沉积环境.北京:煤炭工业出版社,1987.

穆西南.古生物学研究的新技术新方法.北京:科学出版社,1987.

孙殿卿,黄庆华.隐伏矿床预测.北京:地质出版社,1987.

王希斌,鲍佩声,邓万明,等.西藏蛇绿岩.北京:地质出版社,1987.

翁世劼,孔庆寿,黄海.浙闽赣粤中生代晚期火山地质.北京:地质出版社,1987.

徐树桐.安徽省主要构造要素的变形和演化.北京:海洋出版社,1987.

严钦尚,许世远,陈友飞,等.长江三角洲现代沉积研究.上海:华东师范大学出版社,1987.

杨起.煤田地质学进展.北京:科学出版社,1987.

杨时惠,阙梅英.西昌—滇中地区磁铁矿特征及其矿床成因.重庆:重庆出版社,1987.

杨遵仪,殷鸿福,吴顺宝,等.华南二叠—三叠系界线地层及动物群.北京:地质出版社,1987.

於崇文,骆庭川,鲍征宇,等.南岭地区区域地球化学.北京:地质出版社,1987.

曾允孚,沈德麒,张锦泉,等.南岭泥盆系层控矿床.北京:地质出版社,1987.

张本仁.豫西卢氏—灵宝地区区域地球化学研究.北京:地质出版社,1987.

张宏良,裴荣富,熊成云,等.南岭地区有色稀有金属矿床控矿条件、成矿机理、分布规律及成矿预测.武汉:中国地质大学出版社,1987.

赵澄林,吴崇筠.油区岩相古地理.北京:石油工业出版社,1987.

中国地质科学院岩溶地质研究所.桂林岩溶地之二:桂林岩溶与碳酸盐岩.重庆:重庆出版社,1987.

中国地质科学院地质研究所.中国内生金属成矿图及说明书.北京:地图出版社,1987.

朱鸿,郑昭昌,何心一.阿拉善地块边缘古生代生物地层及构造演化.武汉:中国地质大学出版社,1987.

包茨.天然气地质学.北京:科学出版社,1988.

陈荣书.天然气地质学.武汉:中国地质大学出版社,1988.

陈钟惠.煤和含煤岩系的沉积环境.武汉:中国地质大学出版社,1988.

池际尚.中国东部新生代火山岩及上地幔的研究.武汉:中国地质大学出版社,1988.

池际尚.中国东部新生代玄武岩及上地幔研究(附金伯利岩).武汉:中国地质大学出版社,1988.

池三川.隐伏矿床(体)的寻找.武汉:中国地质大学出版社,1988.

崔广振.中国地质科学探索.北京:北京大学出版社,1988.

地质矿产部海洋地质综合研究大队.冲绳海槽第四纪微体生物群及其地质意义.北京:地质出版社,1988.

地质矿产部南岭项目构造专题组.南岭地区构造特征及控岩控矿构造研究.北京:地质出版社,1988.

地矿部广东省地质矿产局.中华人民共和国地质矿产部地质专报一:区域地质(第9号):广东省区域地质志.北京:地质出版社,1988.

地矿部湖南省地质矿产局.中华人民共和国地质矿产部地质专报一:区域地质(第8号):湖南省区域地质

志.北京:地质出版社,1988.

地矿部吉林省地质矿产局.中华人民共和国地质矿产部地质专报一:区域地质(第10号):吉林省区域地质志.北京:地质出版社,1988.

地矿部上海市地质矿产局.中华人民共和国地质矿产部地质专报一:区域地质(第6号):上海市区域地质志.北京:地质出版社,1988.

地矿部四川省地质矿产局.中华人民共和国地质矿产部地质专报一:区域地质(第23号):四川省区域地质志.北京:地质出版社,1988.

杜琦,赵玉明,卢秉刚,等.多宝山斑岩铜矿床.北京:地质出版社,1988.

范影年.西藏石炭系.重庆:重庆出版社,1988.

冯增昭.下扬子地区中下三叠统青龙群岩相古地理研究.昆明:云南科学技术出版社,1988.

关保德,耿午辰,戎治权,等.河南东秦岭北坡中—上元古界.郑州:河南科技出版社,1988.

国家地震局科技监测司.中国大陆深部构造的研究与进展.北京:地质出版社,1988.

国家地震局.鄂尔多斯周缘活动断裂系:中国活断层研究专辑.北京:地震出版社,1988.

侯鸿飞,王士涛.中国地层7:中国的泥盆纪.北京:地质出版社,1988.

李恩田.断陷盆地分析与煤聚积规律.北京:地质出版社,1988.

李国玉,吕鸿岗,陈秀茹,等.中国含油气盆地图集.北京:石油工业出版社,1988.

李佩娟,何元良.青海省柴达木盆地东北缘早、中侏罗世地层及植物群.南京:南京大学出版社,1988.

刘怀仁.峨眉山地学旅游.重庆:重庆出版社,1988.

刘儼然.西昌—滇中地区花岗岩类及其含矿特征.重庆:重庆出版社,1988.

穆克敏,李树勋.结晶岩岩石物理化学.北京:地质出版社,1988.

宁夏地质矿产局.宁夏地质.银川:宁夏人民出版社,1988.

欧阳自远.天体化学.北京:科学出版社,1988.

尚瑞钧,严阵.秦巴花岗岩.武汉:中国地质大学出版社,1988.

王仁民,游振东,富公勤.变质岩石学.北京:地质出版社,1988.

王汝植,徐星琪,赵裕亭.西昌—滇中地区沉积盖层及其地史演化.重庆:重庆出版社,1988.

王曰伦,孙忠和,任富根,石毅.中国海相火山—沉积成矿理论及相关地质问题.北京:地质出版社,1988.

王珍如,杨式溥.青岛北戴河现代潮间带底内动物及其遗迹.武汉:中国地质大学出版社,1988.

肖思云,张维吉,宋子季,等.北秦岭变质地层.西安:西安交通大学出版社,1988.

肖序常.喜马拉雅岩石圈构造演化总论.北京:地质出版社,1988.

殷鸿福,徐道一,吴瑞棠.地质演化突变观.武汉:中国地质大学出版社1988.

殷鸿福.中国古生物地理学.武汉:中国地质大学出版社,1988.

翟光明.中国石油地质志(1~13).北京:石油工业出版社,1988~1993.

曾鼎乾,刘炳温,黄蕴明.中国各地质历史时期生物礁.北京:石油工业出版社,1988.

张国伟.秦岭造山带的形成及其演化.西安:西北大学出版社,1988.

张万选.陆相断陷盆地区域地震地层学研究.北京:石油大学出版社,1988.

赵鹏大,李万亨.矿床勘查与评价.北京:地质出版社,1988.

赵自强,邢裕盛,丁启秀,等.湖北震旦系.武汉:中国地质大学出版社,1988.

中国地质大观编写组.中国地质大观.北京:地质出版社,1988.

中国地质科学院岩溶地质研究所.桂林岩溶与地质构造.重庆:重庆出版社,1988.

中原石油勘探局勘探开发研究院,中国科学院南京地质古生物研究所.东濮地区早第三纪轮藻.北京:石油工业出版社,1988.

中原石油勘探局勘探开发研究院,中国科学院南京地质古生物研究所.东濮地区早第三纪腹足类.北京:石油工业出版社,1988.

周名魁,刘儼然.西昌—滇中地质构造特征及地史演化.重庆:重庆出版社,1988.

周慕林.中国地层14:中国的第四系.北京:地质出版社,1988.

朱上庆,黄华盛,池三川,等.层控矿床地质学.北京:冶金工业出版社,1988.

陈毓川,裴荣富,张宏良,等.南岭地区与中生代花岗岩类有关的有色及稀有金属矿床地质.北京:地质出版社,1989.

地矿部浙江省地质矿产局.中华人民共和国地质矿产部地质专报一:区域地质(第11号):浙江省区域地质志.北京:地质出版社,1989.

地矿部陕西省地质矿产局.中华人民共和国地质矿产部地质专报一:区域地质(第13号):陕西省区域地质志.北京:地质出版社,1989.

地矿部河北省地质矿产局.中华人民共和国地质矿产部地质专报一:区域地质(第15号):河北省、北京市、天津市区域地质志.北京:地质出版社,1989.

地矿部河南省地质矿产局.中华人民共和国地质矿产部地质专报一:区域地质(第17号):河南省区域地质志.北京:地质出版社,1989.

地矿部山西省地质矿产局.中华人民共和国地质矿产部地质专报一:区域地质(第18号):山西省区域地质志.北京:地质出版社,1989.

地矿部甘肃省地质矿产局.中华人民共和国地质矿产部地质专报一:区域地质(第19号):甘肃省区域地质志.北京:地质出版社,1989.

丁保良,李耀西,汪迎平,等.浙闽赣地区非海相侏罗—白垩纪火山、沉积地层及生物群.南京:江苏科学技术出版社,1989.

杜杨松,王德滋,陈克荣.浙东南沿海中生代火生—侵入杂岩.北京:地质出版社,1989.

冯增昭.碳酸盐岩岩相古地理学.北京:石油工业出版社,1989.

郭光裕.脉状金矿床深部大比例尺统计预测初探.武汉:中国地质大学出版社,1989.

国家地震局地震研究所.中国主要活动断裂带卫星图像集.北京:科学出版社,1989.

国家地震局中国岩石圈动力学地图集编委会.中国岩石圈动力学地图集.北京:中国地图出版社,1989.

何锡麟.普通古生物学.徐州:中国矿业大学出版社,1989.

霍福臣.宁夏地质概论.北京:科学出版社,1989.

贾振远,李之琪.碳酸盐岩沉积相和沉积环境.武汉:中国地质大学出版社,1989.

江苏省地质矿产局.宁镇山脉地质志.南京:江苏科技出版社,1989.

邝国敦,赵明特,陶业斌.中国海相泥盆系标准剖面:广西六景泥盆系剖面.武汉:中国地质大学出版社,1989.

李德生.石油勘探地下地质学.北京:石油工业出版,1989.

李华梅.南极横断山和罗斯岛地区地质地球化学.北京:科学出版社,1989.

卢衍豪,林焕令.中国古生物志(第178册.新乙种第25号).北京:科学出版社,1989.

卢衍豪,林焕令.浙江西部寒武纪三叶虫动物群.北京:科学出版社,1989.

冉崇英.康滇地轴层控铜矿床的成矿机理.北京:地质出版社,1989.

苏广庆,范时清,陈绍谋.南海中北部沉积图集.北京:地质出版社,1989.

孙广忠.西北黄土的工程地质力学特性及地质工程问题研究.兰州:兰州大学出版社,1989.

唐天福,杨恒仁,蓝秀,等.新疆塔里木盆地西部白垩纪到早第三纪海相地层及含油性.北京:科学出版社,1989.

王楫,王保良,徐成海,等.内蒙古渣尔泰山群与白云鄂博群时代对比及含矿性.呼和浩特:内蒙古人民出版社,1989.

王琦,朱而勤.海洋沉积学.北京:科学出版社,1989.

王五力,郑少林,张立君,等.辽宁西部中生代地层古生物(1).北京:地质出版社,1989.

王英华,张秀莲,杨承运.华北地台早古生代碳酸盐岩岩石学.北京:地震出版社,1989.

吴汝康,吴新智,张森水.中国远古人类.北京:科学出版社,1989.

吴瑞棠,张守信.现代地层学.武汉:中国地质大学出版社,1989.

夏卫华,章锦统,冯志文,等.南岭花岗岩型稀有金属矿床地质.武汉:中国地质大学出版社,1989.

项礼文.中国地层4:中国的寒武纪.北京:地质出版社,1989.

谢仁海.大地构造学派概观.徐州:中国矿业大学出版社,1989.

徐钰林,万晓樵,苟宗海,等.西藏侏罗、白垩、第三纪生物地层.武汉:中国地质大学出版社,1989.

杨遵仪,程裕淇,王鸿祯.中国地质学.武汉:中国地质大学出版社,1989.

杨遵仪.中国地层10:中国的三叠纪.北京:地质出版社,1989.

叶连俊,陈其英,赵东旭,等.中国磷块岩.北京:科学出版社,1989.

詹立培.中国地层9:中国的二叠纪.北京:地质出版社,1989.

张抗.鄂尔多斯断块构造和资源.西安:陕西科学技术出版社,1989.

张明书,何起祥,业治铮,等.西沙生物礁碳酸盐沉积地质学研究.北京:科学出版社,1989.

张守信.理论地层学.北京:科学出版社,1989.

中国地质大学.勘探坑道掘进学.北京:地质出版社,1989.

中国科学技术协会学会工作部.天地生综合研究进展.北京:中国科学技术出版社,1989.

中国科学院青藏高原综合考察队.腾冲地热.北京:科学出版社,1989.

中原石油勘探局勘探开发研究院,中国科学院南京地质古生物研究所.东濮地区早第三纪孢粉组合.北京:石油工业出版社,1989.

中原石油勘探局勘探开发研究院,中国科学院南京地质古生物研究所.东濮地区早第三纪沟鞭藻及其他藻类.北京:石油工业出版社,1989.

中原石油勘探局勘探开发研究院,中国科学院南京地质古生物研究所.东濮地区早第三纪介形类.北京:石油工业出版社,1989.

安太庠,郑昭昌.鄂尔多斯盆地周缘的牙形石.北京:科学出版社,1990.

陈汉中.湖南省地质矿产资源开发战略形势研究.武汉:中国地质大学出版社,1990.

陈俊仁,黄成彦,林茂福,等.广东田洋火山湖第四纪地质.北京:地质出版社,1990.

地矿部湖北省地质矿产局.中华人民共和国地质矿产部地质专报一:区域地质(第20号):湖北省区域地质志.北京:地质出版社,1990.

地矿部宁夏回族自治区地质矿产局.中华人民共和国地质矿产部地质专报一:区域地质(第22号):宁夏回族自治区区域地质志.北京:地质出版社,1990.

范嘉松,齐敬文.广西隆林二叠纪生物礁.北京:地质出版社,1990.

冯本智.康滇地区前震旦纪地质与成矿.北京:地质出版社,1990.

冯增昭.华北地台早古生代岩相古地理.北京:地质出版社,1990.

傅家谟,刘德汉,盛国艳.煤成烃地球化学.北京:科学出版社,1990.

国家地震局.中国活断层研究专辑:海原活动断裂带.北京:地震出版社,1990.

国家地震局地质研究所,云南地震局.中国活断层研究专辑:滇西北地区活动断裂.北京:地震出版社,1990.

何远碧.西南地区晚古生代钙藻.成都:成都科技大学出版社,1990.

何锡麟,张玉瑾,朱梅丽,等.内蒙准格尔旗晚古生代含煤地层与生物群.徐州:中国矿业大学出版社,1990.

焦作矿业学院瓦斯地质研究室.瓦斯地质概论.北京:煤炭工业出版社,1990.

黎彤,倪守斌.地球和地壳的化学元素丰度.北京:地质出版社,1990.

刘宝珺.昆明盆地晚新生代地质与沉积演化.重庆:重庆出版社,1990.

刘东生.黄土·第四纪地质·全球变化.北京:科学出版社,1990.

刘增乾,徐宪,潘桂棠,等.青藏高原大地构造与形成演化.北京:地质出版社,1990.

刘志礼.化石藻类学导论.北京:高等教育出版社,1990.

马鸿文.西藏玉龙斑岩铜矿带花岗岩类与成矿.武汉:中国地质大学出版社,1990.

卢辉楠,罗其鑫.塔里木盆地轮藻化石.北京:科学技术文献出版社,1990.

潘桂棠,刘培生.青藏高原新生代构造演化.北京:地质出版社,1990.

彭格林,童玉明,隋静霞,等.中国南部第三纪洼型聚煤盆地的形成与演化.北京:科学出版社,1990.

钱建兴.氧同位素地质学及其原理.北京:海洋出版社,1990.

乔平定,李增钧.黄土地区工程地质.北京:中国水利电力出版社,1990.

瞿乐生,佘林青,吴斯江,等. 湖北省震旦纪岩相古地理. 武汉:中国地质大学出版社,1990.
戎嘉余,方宗杰. 理论古生物学文集. 北京:科学出版社,1990.
沙庆安,吴望始,傅家谟,等. 黔桂地区二叠系综合研究. 北京:科学出版社,1990.
佟正祥,陈继荣,钱永蓁,等. 四川盐边哇落地区石炭纪—早二叠世早期地层及古生物. 重庆:重庆出版社,1990.
王开发,蒋辉,张玉兰,等. 南海及沿岸地区第四纪孢粉藻类与环境. 上海:同济大学出版社,1990.
王鸿祯. 中国及邻区构造古地理和生物古地理. 武汉:中国地质大学出版社,1990.
王鸿祯,李光岑. 国际地层时代对比表. 北京:地质出版社,1990.
王世称,成秋明,范继璋. 金矿资源综合信息评价方法. 长春:吉林科学技术出版社,1990.
王思敬. 坝基岩体工程地质力学分析. 北京:科学出版社,1990.
王英华,张秀莲,迟元芩. 化石岩石学. 徐州:中国矿业大学出版社,1990.
王英华,张绍平,潘荣胜,等. 阴极发光技术在地质学中的应用. 北京:地质出版社,1990.
王增吉. 中国地层8:中国的石炭纪. 北京:地质出版社,1990.
王作勋,邬继易,吕喜朝,等. 天山多旋回构造演化及成矿. 北京:科学出版社,1990.
夏国治,程裕淇. 当代中国的地质事业. 北京:中国社会科学出版社,1990.
新疆地质矿产局地质矿产研究所,新疆地质矿产局第一区调大队. 新疆古生界. 乌鲁木齐:新疆人民出版社,1990.
信荃麟. 油藏描述与油藏模型. 北京:中国石油大学出版社,1990.
徐怀大,王世风,陈开远. 地震地层学解释基础. 武汉:中国地质大学出版社,1990.
杨国清. 构造地球化学. 南宁:广西师范大学出版社,1990.
杨遵仪,聂泽同. 西藏阿里古生物. 武汉:中国地质大学出版社,1990.
叶得泉,钟筱香. 中国北方含油气区白垩系. 北京:石油工业出版社,1990.
袁奎荣. 隐伏花岗岩预测及深部找矿. 北京:科学出版社,1990.
张锦泉,郑荣才. 上扬子西南缘泥盆纪构造格局与岩相古地理. 成都:成都科技大学出版社,1990.
张宗祜,周慕林,邵时雄,等. 中华人民共和国及其毗邻海区第四纪地质图及说明书(1:250万). 北京:中国地图出版社,1990.
赵海玲. 东南沿海地区晚第三纪—第四纪大陆裂谷型火山作用及深部作用过程. 武汉:中国地质大学出版社,1990.
赵鹏大. 地质勘探中的统计分析. 武汉:中国地质大学出版社,1990.
赵一鸣,林文蔚. 中国矽卡岩矿床. 北京:地质出版社,1990.
中国地质科学院. 喜马拉雅岩石圈构造演化. 北京:地质出版社,1990.
中国地质学会数学地质专业委员会. 中国数字地质2. 北京:地质出版社,1990.
周清杰,郑建京. 塔里木构造分析. 北京:科学出版社,1990.
周志毅,陈丕基. 塔里木生物地层和地质演化. 北京:科学出版社,1990.
常印佛,刘培湘,吴言昌. 长江中下游铜铁成矿带. 北京:地质出版社,1991.
陈庚保,张遴信,杨成芳,等. 云南石炭系顶界的研究及其蜓类化石. 昆明:云南科技出版社,1991.
陈华辉. 第四纪地质学. 北京:地质出版社,1991.
陈耀钦,陈培权,黄宇辉. 广东、海南石炭纪沉积岩相古地理及层控矿产预测. 武汉:中国地质大学出版社,1991.
地矿部青海省地质矿产局. 中华人民共和国地质矿产部地质专报一:区域地质(第24号):青海省区域地质志. 北京:地质出版社,1991.
地矿部内蒙古自治区地质矿产局. 中华人民共和国地质矿产部地质专报一:区域地质(第25号):北内蒙古自治区区域地质志. 北京:地质出版社,1991.
地矿部北京市地质矿产局. 中华人民共和国地质矿产部地质专报一:区域地质(第27号):北京市区域地质志. 北京:地质出版社,1991.
地矿部山东省地质矿产局. 中华人民共和国地质矿产部地质专报一:区域地质(第28号):山东省区域地

质志.北京:地质出版社,1991.

地矿部天津市地质矿产局.中华人民共和国地质矿产部地质专报一:区域地质(第29号):天津市区域地质志.北京:地质出版社,1991.

地矿部新疆维吾尔自治区地质矿产局.中华人民共和国地质矿产部地质专报一:区域地质(第32号):新疆维吾尔自治区区域地质志.北京:地质出版社,1991.

地质矿产部深圳市区域稳定性评价编写组.深圳市区域稳定性评价.北京:地质出版社,1991.

冯增昭,陈继新,张吉森.鄂尔多斯地区早古生代岩相古地理.北京:地质出版社,1991.

冯增昭,何幼斌,吴胜和,等.中下扬子地区二叠纪岩相古地理.北京:地质出版社,1991.

郭铁鹰,梁定益,张宜智,等.西藏阿里地质.武汉:中国地质大学出版社,1991.

郭希哲.中国地质灾害与防治.北京:地质出版社,1991.

国家自然科学基金委员会.地质科学.北京:科学出版社,1991.

何承全.新疆塔里木盆地西部晚白垩纪至早第三纪沟鞭藻及其他藻类.北京:科学出版社,1991.

胡伯良,江德昕,杨惠秋,等.新疆东部地区生油岩研究和油源对比.兰州:甘肃科学技术出版社,1991.

花如洪.内蒙古二连盆地早白垩世被子植物花粉.北京:地质出版社,1991.

活动断裂研究编辑部.活动断裂研究1.北京:地震出版社,1991.

贺高品,卢兆良,叶慧文,等.冀东和内蒙古东南部早前寒武纪变质作用演化.长春:吉林大学出版社,1991.

廖士范,梁同荣.中国铝土矿地质学.贵阳:贵州科学技术出版社,1991.

刘安洲.成矿信息论与大比例尺矿产靶区定量预测.长春:吉林大学出版社,1991.

刘焕杰,张瑜瑾,王洪伟.准格尔煤田含煤建造岩相古地理学研究.北京:地质出版社,1991.

刘鸿允.中国的震旦系.北京:科学出版社,1991.

刘印环,王建平,张海清,等.河南的寒武系和奥陶系.北京:地质出版社,1991.

梁名胜,张吉林.中国海陆第四纪对比研究.北京:科学出版社,1991.

龙家荣,甘修明,冯儒林,等.贵州二叠—三叠系界线研究.贵阳:贵州科技出版社,1991.

马宝林,温常庆.塔里木沉积岩形成演化与油气.北京:科学出版社,1991.

闵隆瑞.中国第四纪地质图组.北京:地质出版社,1991.

钱方,周国兴.元谋第四纪地质与古人类.北京:科学出版社,1991.

邱家骧.应用岩浆岩岩石学.武汉:中国地质大学出版社,1991.

邱家骧,廖群安,刘蒙华.五大连池—科洛—二克山富钾火山岩.武汉:中国地质大学出版社,1991.

山西矿业学院,大同矿务局.大同侏罗纪含煤地层沉积环境与聚煤特征.北京:科学出版社,1991.

谭应佳,王围灿,李舜贤.冀北平泉—承德—带太古宙地质及金矿找矿方向.武汉:中国地质大学出版社,1991.

汤加富,王希明,刘芳宇,等.武功山变质岩区构造变形与地质填图.武汉:中国地质大学出版社,1991.

唐伦和,狄恒恕.柴达木盆地轮藻化石.北京:科学技术文献出版社,1991.

滕吉文.塔里木地球物理场与油气.北京:科学出版社,1991.

涂光炽.金的经济地质学.北京:地质出版社,1991.

王成善.地体构造学:山脉形成和大陆生长.成都:四川科学技术出版社,1991.

王江海.大别杂岩的早期演化及混合岩成因机制.武汉:中国地质大学出版社,1991.

王荃,刘雪亚,李锦铁.中国华夏与安加拉古陆间的板块构造.北京:北京大学出版社,1991.

王思敬.工程地质学新进展.北京:北京科学出版社,1991.

王英华.中、下扬子区海相碳酸盐岩成岩作用研究.北京:科学技术文献出版社,1991.

王文介,黄金森,毛树珍,等.华南沿海和近海现代沉积.北京:科学出版社,1991.

伍家善,耿元生,沈其韩,等.华北陆台早前寒武纪重大地质事件.北京:地质出版社,1991.

夏林圻,夏祖春,任有祥,等.祁连、秦岭山系海相火山岩.武汉:中国地质大学出版社,1991.

肖庆辉,贾跃明,李晓波,等.中国地质科学近期发展战略思考.武汉:中国地质大学出版社,1991.

肖序常,汤庆耀.古中亚复合巨型缝合带南缘构造演化.北京:北京科学技术出版社,1991.

杨华,梁月明,王岚,等.青藏高原东部航磁特征及其与构造成矿带的关系.北京:地质出版社,1991.
杨巍然,杨森楠.造山带结构与演化的现代理论和研究方法.武汉:中国地质大学出版社,1991.
杨遵仪,吴顺宝,殷鸿福,等.华南二叠与三叠纪过渡期地质事件.北京:地质出版社,1991.
游振东,索书田,韩郁菁,等.造山带核部杂岩变质过程与构造解析:以东秦岭为例.武汉:中国地质大学出版社,1991.
俞广钧.金矿床地质学.重庆:重庆大学出版社,1991.
张寿广,万渝生,刘国惠,等.北秦岭宽坪群变质地质.北京:北京科学技术出版社,1991.
张一勇,詹家祯.新疆塔里木盆地西部晚白垩世至早第三纪孢粉.北京:科学出版社,1991.
赵师庆.实用煤岩学.北京:地质出版社,1991.
郑洪汉.中国北方晚更新世环境.重庆:重庆出版社,1991.
中国第四纪冰川与环境研究中心,中国第四纪研究委员会.中国西部第四纪冰川与环境.北京:科学出版社,1991.
中国矿物岩石地球化学学会.80年代中国矿物岩石学地球化学研究回顾.北京:地震出版社,1991.
中原石油勘探局.东濮凹陷及邻区构造特征与油气关系研究.北京:石油工业出版社,1991.
中原石油勘探局.东濮凹陷下第三系沉积相与成岩作用研究.北京:石油工业出版社,1991.
中原石油勘探局.东濮凹陷油气生成地球化学研究.北京:石油工业出版社,1991.
中国油气聚集与分布编委会.中国油气聚集与分布.北京:石油工业出版社,1991.
钟以章,蒋秀琴,陈爱萍.辽宁地质灾害.北京:地震出版社,1991.
周高志,康维国.鄂北蓝片岩带研究.北京:地质出版社,1991.
周廷儒,李华章,刘清泗,等.泥河湾盆地新生代古地理研究.北京:科学出版社,1991.
朱而勤.近代海洋地质学.青岛:青岛海洋大学出版社,1991.
朱上庆,郑明华.层控矿床学.北京:地质出版社,1991.
朱志澄.逆冲推覆构造.武汉:中国地质大学出版社,1991.
安三元,胡能高.北秦岭裂陷的形成与变质作用.西安:西北大学出版社,1992.
白瑾,王汝铮,郭进京.五台山早前寒武纪重大地质事件及其年代.北京:地质出版社,1992.
北京大学地质学系.岩石圈地质科学1993.北京:地震出版社,1992.
长江三峡工程重大地质与地震问题研究编写组.长江三峡工程重大地质与地震问题研究.北京:地质出版社,1992.
陈富斌.横断山系新构造研究.成都:成都地图出版社,1992.
陈国达.地洼学说的新进展.北京:科学出版社,1992.
陈国达,陈述彭,李希圣,张立汉.中国地学大事典.济南:山东科学技术出版社,1992.
陈磊.生态地层学原理.北京:地质出版社,1992.
陈茂勋.长江三峡地质地貌与崩塌滑坡考察指南.成都:成都科技大学出版社,1992.
陈源仁.生态地层学原理.北京:地质出版社,1992.
程保洲.山西晚古生代沉积环境与聚煤规律.太原:山西科学技术出版社,1992.
崔彬等.江西九—瑞地区铜金成矿系列.武汉:中国地质大学出版社,1992.
戴金星,裴锡古,戚厚发.中国天然气地质学(卷1).北京:石油工业出版社,1992.
邓学成,孙万和,权宝增.工程地质与水文地质.北京:中国水利水电出版社,1992.
邓燕华.宝(玉)石矿床.北京:北京工业大学出版社,1992.
丁蕴杰,夏国英,许寿永,等.中国石炭—二叠系界线.北京:地质出版社,1992.
杜汝霖.前寒武纪古生物学及地史学.北京:地质出版社,1992.
高士均.长江三峡地区地壳应力场与地震.北京:地震出版社,1992.
虢顺民,向宏发,计凤桔.云南小湾坝区断裂活动性与位移量研究.北京:地震出版社,1992.
国家地震局地质研究所.中国活断层研究专辑:西藏中部活动断层.北京:地震出版社,1992.
国家地震局,兰州地震研究所.中国活断层研究专辑:昌马活动断裂带.北京:地震出版社,1992.
国家地震局.中国活断层研究专辑:阿尔金活动断裂带.北京:地震出版社,1992.

何培元,段万倜,刑历生,等.庐山第四纪冰期与环境.北京:地震出版社,1992.
洪庆玉.沉积物重力流地质学.成都:成都科技大学出版社,1992.
洪庆玉.地能学说在地质地球化学研究中的应用.成都:成都科技大学出版社,1992.
蒋志.地质勘查效益理论.北京:冶金工业出版社,1992.
金庆民.南极菲尔德斯半岛火山作用及岩浆演化.南京:江苏科学技术出版社,1992.
兰玉琦,叶瑛.前寒武纪地质概论.杭州:浙江大学出版社,1992.
李方全,张伯崇,祁英男,等.中国三峡地区地下800米深部地应力测量.北京:地震出版社,1992.
李国雄,王正元,潘国恩,等.新疆柯坪地区晚震旦世至早二叠世沉积相.北京:地质出版社,1992.
李思田,程守田,杨世恭,等.鄂尔多斯盆地东北部层序地层及沉积体系分析.北京:地质出版社,1992.
李兆鼐,郑祥身,刘小汉,等.西南极乔治王岛菲尔德斯半岛火山岩.北京:科学出版社,1992.
李智民.鄂尔多斯盆地侏罗纪坳陷湖泊的淤浅机制和聚煤作用.北京:地质出版社,1992.
林景仟,谭东娟,迟效国,等.胶辽半岛中生代花岗岩.北京:科学出版社,1992.
刘辅臣,王燕.成矿规律和成矿预测学.武汉:中国地质大学出版社,1992.
刘若新.中国新生代火山岩年代学与地球化学.北京:地震出版社,1992.
吕华.中国石油天然气的勘查与发现.北京:地质出版社,1992.
马长信,刘贵荣,吕桂德,等.赣东北前震旦纪地质.北京:地质出版社,1992.
南润善,郭胜哲.内蒙古—东北地槽区古生代生物地层及古地理.北京:地震出版社,1992.
倪心垣,巴登珠,杨茂同.西藏上地幔橄榄岩及铬铁矿石结构构造图册.武汉:中国地质大学出版社,1992.
彭建兵,张骏,苏生瑞.渭河盆地活动断裂与地质灾害.西安:西北大学出版社,1992.
彭省临.湘南地洼型铅锌矿形成机制.长沙:中南工业大学出版社,1992.
邱树玉,梁玉左,曹瑞骥,等.晚前寒武纪叠层石及相关矿产.西安:西北大学出版社,1992.
沈其韩,徐惠芬,张宗清,等.中国早前寒武纪麻粒岩.北京:地质出版社,1992.
山西煤田地质局.山西晚古生代沉积环境与聚煤规律.太原:山西科学技术出版社,1992.
塔里木盆地震旦纪至二叠纪地层古生物编辑部.塔里木盆地震旦纪至二叠纪地层古生物(2):柯坪—巴楚地区分册.北京:石油工业出版社,1992.
唐天福,薛耀松,俞从流,等.新疆塔里木盆地西部晚白垩世至早第三纪海相沉积特征及沉积环境.北京:科学出版社,1992.
万静萍,马立祥.沉积学简明教程.武汉:中国地质大学出版社,1992.
王鹤年,张守韵,俞受鋆,等.华夏地块韧性剪切带型金矿地质.北京:科学出版社,1992.
王可南,姚培慧.中国铁矿床综论.北京:冶金工业出版社,1992.
王思敬.90年代的地质科学.北京:海洋出版社,1992.
王秀璋,程景平,张宝贵,等.中国改造型金矿床地球化学.北京:科学出版社,1992.
汪啸风,马大诠,蒋大海.海南岛地质(一):地层古生物.北京:地质出版社,1992.
武安斌,宋春辉,孙省利,等.甘肃省西成矿田中泥盆统沉积相古地理与控矿作用.兰州:兰州大学出版社,1992.
吴懋德,段锦荪,宋学良,等.云南昆阳群地质.昆明:云南科学技术出版社,1992.
夏林圻,夏祖春,张诚,等.相山中生代含铀火山杂岩岩石地球化学.北京:科学出版社,1992.
肖世禄,侯鸿飞,吴绍祖,等.新疆北部泥盆系研究.乌鲁木齐:新疆科技卫生出版社,1992.
肖序常,汤耀庆,冯益民,等.新疆北部及其邻区大地构造.北京:地质出版社,1992.
新疆地质矿产局第一地质大队.新疆吐鲁番—哈密聚煤盆地形成演化及聚煤规律.乌鲁木齐:新疆科技卫生出版社,1992.
新疆石油管理局南疆石油勘探公司,江汉石油管理局勘探开发研究院.塔里木盆地震旦纪至二叠纪地层古生物.北京:石油工业出版社,1992.
新疆石油管理局,中国科学院资源环境科学局.准噶尔盆地油气地质综合研究.兰州:甘肃科学技术出版社,1992.
许志琴,侯立玮,王宗秀,等.中国松潘—甘孜造山带的造山过程.北京:地质出版社,1992.

叶笃正. 地球科学进展、趋势、发展战略研究. 北京:气象出版社,1992.
业治铮,汪品先. 南海晚第四纪古海洋学研究. 青岛:青岛海洋大学出版社,1992.
殷鸿福,杨逢清,黄其胜,等. 秦岭及邻区三叠系. 北京:中国地质大学出版社,1992.
苑雪阁,王ász明. 现代和古代沉积中有机质的堆积和转化. 青岛:中国海洋大学出版社,1992.
曾佐勋,刘立林. 构造模拟. 武汉:中国地质大学出版社,1992.
翟裕生. 长江中下游地区铁铜(金)成矿规律. 北京:地质出版社,1992.
张贵义. 综合地质基础. 北京:地质出版社,1992.
张维,张孝林. 中国南方二叠纪生物礁与古生态. 北京:地质出版社,1992.
章振根,刘玉海,王天武,等. 南迦巴瓦峰地区地质. 北京:科学出版社,1992.
张仲英,刘瑞华,黄少辉. 华南第四纪滨海砂矿. 北京:地质出版社,1992.
赵鹏大,李紫金,胡光道. 重点成矿区三维立体矿床统计预测. 武汉:中国地质大学出版社,1992.
赵鹏大,周有武. 金矿化变异的数学地质研究. 武汉:中国地质大学出版社,1992.
赵一鸣,林文蔚,张德全,等. 交代成矿作用及其找矿意义. 北京:北京科学技术出版社,1992.
中国科学院南沙综合科学考察队. 南沙群岛永暑礁第四纪珊瑚礁地质. 北京:海洋出版社,1992.
中国矿物岩石地球化学学会. 80年代中国矿物岩石地球化学研究回顾. 北京:地震出版社,1982.
中国石油天然气的勘查与发现编辑部. 中国石油天然气的勘查与发现. 北京:地质出版社,1992.
钟石兰. 新疆塔里木盆地西部晚白垩世至早第三纪钙质超微化石. 北京:科学出版社,1992.
朱而勤. 山东半岛近岸带沉积动力过程. 青岛:青岛海洋大学出版社,1992.
朱上庆,池三川. 层控矿床及找矿. 北京:地质出版社,1992.
朱训. 地质找矿哲学概论. 北京:中国科学技术出版社,1992.
白瑾. 华北陆台北缘前寒武纪地质及铅锌成矿作用. 北京:地质出版社,1993.
白瑾,黄学光,戴凤岩,等. 中国前寒武纪地壳演化. 北京:地质出版社,1993.
白文吉,周美付,胡旭峰. 华北地块岩石圈构造演化与镁铁—超镁铁杂岩及矿化特征. 北京:地震出版社,1993.
陈毓川,黄民智,徐钰,等. 大厂锡矿地质. 北京:地质出版社,1993.
陈毓川,朱裕生. 中国矿床成矿模式. 北京:地质出版社,1993.
陈钟惠,张木生. 福建下二叠统童子岩组的沉积环境和聚煤规律. 武汉:中国地质大学出版社,1993.
陈钟惠,武法东,张守良,等. 华北晚古生代含煤岩系的沉积环境和聚煤规律. 武汉:中国地质大学出版社,1993.
岑博雄. 中条山胡篦型铜矿成矿规律及勘查模型系统. 武汉:中国地质大学出版社,1993.
成汉钧,叶俭,汪明渊. 大巴山早古生代地层. 西安:西北工业大学出版社,1993.
戴永定. 生物矿物学. 北京:石油工业出版社,1993.
地矿部黑龙江省地质矿产局. 中华人民共和国地质矿产部地质专报一:区域地质(第33号):黑龙江省区域地质志. 北京:地质出版社,1993.
地质矿产部前寒武纪地质编辑委员会. 前寒武纪地质. 北京:地质出版社,1993.
杜光树,冯孝良,陈福忠,等. 西藏金矿地质. 成都:西南交通大学出版社,1993.
冯增昭. 沉积岩石学. 北京:石油工业出版社,1993.
高振家,陈晋镳,陆松年. 新疆北部前寒武纪地质. 北京:地质出版社,1993.
龚一鸣,刘本培. 新疆北部泥盆纪火山沉积岩系的板块沉积学研究. 武汉:中国地质大学出版社,1993.
郭光裕,侯宗林,林卓虹,等. 热泉型金矿床成矿模式及成矿远景评价. 天津:天津科学技术出版社,1993.
国家地震局地质研究所,国家地震局兰州地震研究所. 中国活断层研究专辑:祁连山—河西走廊活动断裂系. 北京:地震出版社,1993.
国家地质灾害防治与地质环境保护专业实验室,成都理工学院工程地质研究所. 工程地质研究进展. 成都:西南交通大学出版社,1993.
韩郁菁. 变质作用p-T-t轨迹. 武汉:中国地质大学出版社,1993.
郝诒纯,茅绍智. 微体古生物学教程. 武汉:中国地质大学出版社,1993.

何代文.螺旋力与螺旋运动.广州:中山大学出版社,1993.

何明喜.盆地走滑变形研究与古构造分析.西安:西北大学出版社,1993.

侯景儒,郭光裕.矿床统计预测及地质统计学的理论与应用.北京:冶金工业出版社,1993.

胡海涛.黄河黑三峡河段大柳树坝址工程地质专题研究.北京:地震出版社,1993.

黄本宏.大兴安岭地区石炭、二叠纪植物群.北京:地质出版社,1993.

黄镇国,蔡福祥,韩中元,等.雷琼第四纪火山.北京:科学出版社,1993.

黄润秋.工程地质:传统与未来.成都:成都科技大学出版社,1993.

活动断裂研究编委会,邓起东.活动断裂研究.北京:地震出版社,1993.

姜衍文,吴智勇,王泽中.深海等深流沉积研究进展.西安:西北大学出版社,1993.

李继亮.东南大陆岩石圈结构与地质演化.北京:冶金工业出版社,1993.

李任伟.蒸发盐环境沉积岩有机质和生油研究.北京:海洋出版社,1993.

李先梓,严阵,卢欣祥,等.秦岭—大别山花岗岩.北京:地质出版社,1993.

李星学,吴秀元,沈光隆,等.北祁连山东段纳缪尔期地层和生物群.济南:山东科学技术出版社,1993.

李兆龙,杨敏之.胶东金矿床地质地球化学.天津:天津科学技术出版社,1993.

李兆鼐,王碧香.火山岩、火山作用及有关矿产.北京:地质出版社,1993.

刘宝珺.中国东部岩石圈结构与构造岩浆演化.北京:科学出版社,1993.

刘观亮,汪雄武,吕学森,等.大洪山钾镁煌斑岩.北京:地质出版社,1993.

刘国惠,郑长胜.秦岭造山带主要变质岩群及变质演化.北京:地质出版社,1993.

刘国钧.矿物学.北京:中国矿业大学出版社,1993.

刘茂强,杨丙中,邓俊国,等.伊通—舒兰地堑地质构造特征及其演化.北京:地质出版社,1993.

吕古贤,孔庆存.胶东玲珑—焦家式金矿地质.北京:科学出版社,1993.

马天林,王建平.新疆喀拉通克成矿带控矿构造.北京:地质出版社,1993.

马宗晋,叶洪,陈树岩.地球活动构造解说.北京:地震出版社,1993.

孟良义.花岗岩与成矿.北京:科学出版社,1993.

孟祥化.沉积盆地与建造层序.北京:地质出版社,1993.

孟祥化,葛铭.内源盆地沉积研究.北京:石油工业出版社,1993.

米家榕,张川波,孙春林,等.中国环太平洋带北段晚三叠世地层古生物及古地理.北京:科学出版社,1993.

缪长泉.新疆昆仑山和阿尔金山的前寒武系及叠层石.乌鲁木齐:新疆科技卫生出版社,1993.

莫宣学,路凤香,沈上越,等.三江特提斯火山作用与成矿.武汉:中国地质大学出版社,1993.

穆西南.古生物学研究的新理论新假说.北京:科学出版社,1993.

聂凤军,裴荣富,吴良士,等.内蒙古白乃庙地区岩浆活动与金属成矿作用.北京:北京科学技术出版社,1993.

庞雄奇,付广,万龙贵,等.盖层封油气性综合定量评价.北京:地质出版社,1993.

庞雄奇,陈章明,陈发景,等.含油气盆地史、热史、生留排烃史数值模拟研究与烃源岩定量评价.北京:地质出版社,1993.

蒲心纯,周浩达,王熙林,等.中国南方寒武纪岩相古地理与成矿作用.北京:地质出版社,1993.

祁思敬,李英,曾长仁,等.秦岭泥盆系铅锌成矿带.北京:地质出版社,1993.

邱家骧.秦巴碱性岩.北京:地质出版社,1993.

丘元禧,陈焕疆.云开大山及其邻区地质构造论文集.北京:地质出版社,1993.

冉崇英,刘卫华.康滇地轴铜矿床地球化学与矿床层楼结构机理.北京:科学出版社,1993.

任文忠.煤盆地分析原理和方法.北京:煤炭工业出版社,1993.

沈远超,金成伟.西淮噶尔地区岩浆活动与金矿化作用.北京:科学出版社,1993.

沈振枢,程果,乐昌硕,等.柴达木盆地第四纪含盐地层划分及沉积环境.北京:地质出版社,1993.

司月炜.地扩旋漂说.西安:陕西人民教育出版社,1993.

孙广忠.工程地质与地质工程.北京:地震出版社,1993.

孙肇才,张渝昌.中国油气盆地分析.北京:石油工业出版社,1993.
索书田,桑隆康,韩郁菁,等.大别山前寒武纪变质地体岩石学与构造学.武汉:中国地质大学出版社,1993.
谭应佳,王方正,赵温霞.太行山阜平隆起南部早前寒武纪地质.武汉:中国地质大学出版社,1993.
陶洪祥,何恢亚,王全庆,等.扬子板块北缘构造演化史.西安:西北大学出版社1993.
涂光炽.新疆北部固体地球科学新进展.北京:科学出版社,1993.
涂光炽,陈先沛,王秀璋.华南元古宙基底演化和成矿作用.北京:科学出版社,1993.
王道德.中国陨石学导论.北京:科学出版社,1993.
王江海,吴金平,肖丁文,等.地质过程中非平衡自组织导论.贵阳:贵州科学技术出版社,1993.
万天丰.中国东部中、新生代板内变形构造应力场及其应用.北京:地质出版社,1993.
王英华,周欣书,张秀莲,等.中国湖相碳酸盐岩.徐州:中国矿业大学出版社,1993.
王战,张维吉,李侠,等.东秦岭波浪状构造演化.西安:西北大学出版社,1993.
魏刚锋,李侠,张振飞,等.小秦岭西南部含铀花岗岩构造及金矿.西安:西北大学出版社,1993.
肖荣阁,陈卉泉,袁见齐.云南中新生代地质与矿产.北京:海洋出版社,1993.
新疆地质科学编委会.新疆地质科学.北京:地质出版社,1993.
新疆地质矿产局.新疆维吾尔自治区区域地质志.北京:地质出版社,1993.
许文良,袁朝,迟效国,等.华北地台中生代闪长质岩石及深源岩石包体.北京:地质出版社,1993.
严钦尚,许世远,陈友飞,等.苏北平原全新世沉积与地貌研究.上海:上海科学技术文献出版社,1993.
姚培慧.中国铁矿志.北京:冶金工业出版社,1993.
许兆义.包气带水文地质专论.北京:地震出版社,1993.
杨式溥.古生态学原理与方法.北京:地质出版社,1993.
叶伯丹,简平,许俊文,等.桐柏—大别造山带北坡苏家河地体拼接带及其构成和演化.武汉:中国地质大学出版社,1993.
叶连俊.生物成矿作用研究.北京:海洋出版社,1993.
於崇文.热液成矿作用动力学.武汉:中国地质大学出版社,1993.
岳文浙,业治铮,魏乃颐,等.长江中下游威宁期沉积地质与块状硫化物矿床.北京:地质出版社,1993.
曾允孚,刘文均,陈洪德.华南右江盆地沉积构造演化.北京:地质出版社,1993.
曾允孚,张锦泉,刘文均,等.中国南方泥盆纪岩相古地理与成矿作用.北京:地质出版社,1993.
翟裕生,林新多.矿田构造学.北京:地质出版社,1993.
张金亮,沈凤,赖志云,等.早期油藏地质研究及油藏表征.西安:西北大学出版社,1993.
张师本,沈后,曲新国.中国油气区第三系.北京:石油工业出版社,1993.
张韬.大型湖泊三角洲与聚煤作用.北京:地质出版社,1993.
张万选,张厚福,曾洪流,等.陆相地震地层学.北京:石油大学出版社,1993.
张瑛,李耀西,陈宏明,等.中国东南部石炭纪沉积地质及矿产.北京:地质出版社,1993.
张渝昌,秦德余,汤福生,等.江南—雪峰地区的层滑作用及多期复合构造.北京:地质出版社,1993.
赵永鑫.长江中下游地区接触带铁矿床形成机理.武汉:中国地质大学出版社,1993.
赵宗溥.中朝准地台前寒武纪地壳演化.北京:地质出版社,1993.
中国大百科全书编辑委员会.中国大百科全书·地质学.北京:中国大百科全书出版社,1993.
中国煤田地质总局.中国煤田地质勘探史.北京:煤炭工业出版社,1993.
中国水文地质工程地质勘查院.环境地质研究.北京:地震出版社,1993.
朱士兴.中国叠层石.天津:天津大学出版社,1993.
蔡长金,陆荣军,宋湘荣.中国矿物志.北京:冶金工业出版社,1994.
晁吉祥.煤田遥感地质学.北京:煤炭工业出版社,1994.
曹琼英,王富葆.苏州浅层第四系与工程地质条件研究.南京:南京大学出版社,1994.
曹志敏,罗鸿书.龙门山泥盆系铅锌矿床.成都:西南交通大学出版社,1994.
车自成,刘洪福,刘良,等.中天山造山带形成与演化.北京:地质出版社,1994.

陈宏明,吴祥和,张英.中国南方石炭纪岩相古地理与成矿作用.北京:地质出版社,1994.

陈学波.长江三峡工程坝区及外围深部构造特征研究.北京:地震出版社,1994.

陈扬杰,吕朋菊,王宇林.沉积矿床学.北京:煤炭工业出版社,1994.

陈源仁.下泥盆统的动态地层学和生态地层学.成都:成都科技大学出版社,1994.

程和琴,王宝灿.地层的不连续性及其研究.北京:海洋出版社,1994.

程裕淇.中国区域地质概论.北京:地质出版社,1994.

地矿部西藏自治区地质矿产局.中华人民共和国地质矿产部地质专报一:区域地质(第31号):西藏自治区区域地质志.北京:地质出版社,1994.

董振信.中国金伯利岩.北京:科学出版社,1994.

董振信.天然宝石.北京:地质出版社,1994.

冯增昭,金振奎,杨玉卿,等.滇黔桂地区二叠纪岩相古地理.北京:地质出版社,1994.

冯增昭.中国沉积学.北京:石油工业出版社,1994.

耿树方,严克明,周伟勤,等.秦巴金属矿产成矿概论.北京:地质出版社,1994.

国家地震局地质研究所.现今地球动力学研究及其应用.北京:地震出版社,1994.

何国琦,李茂松,刘德权,等.中国新疆古生代地壳演化及成矿.香港:香港文化教育出版社,1994.

何培元.长江干流第四纪沉积相与环境演变.北京:地震出版社,1994.

黄华芳,王金荣.柴达木盆地构造演化与油气赋存.兰州:兰州大学出版社,1994.

江纳言,贾蓉芬,王子玉,等.下扬子区二叠纪古地理和地球化学环境.北京:石油工业出版社,1994.

金伯禄,张希友.长白山火山地质研究.延吉:东北朝鲜民族教育出版社,1994.

金旭,杨宝俊.中国满洲里—绥芬河地学断面地球物理场及深部构造特征研究.北京:地震出版社,1994.

赖志云,张金亮.中生代断陷湖盆沉积学研究与沉积模拟实验.西安:西北大学出版社,1994.

李江海.恒山早前寒武纪地壳演化.西安:陕西科学技术出版社,1994.

李树勋,徐学纯,刘喜山,等.内蒙古乌拉山区早前寒武纪地质.北京:地质出版社,1994.

刘宝珺,许效松.中国南方岩相古地理图集(震旦纪—三叠纪):北京:科学出版社,1994.

鲁益钜,张道.全国国土综合开发重点地区水资源和地质环境评价.北京:地质出版社,1994.

罗君烈,杨友华,赵淮,等.滇西特提斯的演化及主要金属矿床成矿作用.北京:地质出版社,1994.

马昌前,杨坤光,唐仲华,等.花岗岩类岩浆动力学.武汉:中国地质大学出版社,1994.

潘别桐,黄润秋.工程地质数值法.北京:地质出版社,1994.

彭格林,张则有,伍大茂,等.厚层泥炭的形成与现代聚煤作用.长沙:中南工业大学出版社,1994.

钱光谟,曹代勇.煤田构造研究方法.北京:煤炭工业出版社,1994.

秦勇.中国高煤级煤的显微岩石学特征及结构演化.徐州:中国矿业大学出版社,1994.

芮宗瑶,施林道,方如恒,等.华北陆块北缘及其邻区有色金属矿床地质.北京:地质出版社,1994.

沈步明,沈远超.金属矿山地质数据库与地质统计学.北京:科学出版社,1994.

宋叔和,韩发,葛朝华.火山岩型铜多金属硫化物矿床VCPSD知识模型.北京:地质出版社,1994.

宋叔和.中国矿床(上中下).北京:地质出版社,1994.

谭东娟,林景仟.华北地台中生代钾质岩浆区.北京:地震出版社,1994.

陶维屏.中国非金属矿产成矿系列.北京:地质出版社,1994.

滕吉文.康滇构造带岩石圈物理与动力学.北京:科学出版社,1994.

童玉明.中国成煤大地构造.北京:科学出版社,1994.

王宝瑜,郎智君,李向东,等.中国天山西段地质剖面综合研究.北京:科学出版社,1994.

王季亮,李丙泽,周德兴,等.河北省中酸性岩体地质特征及其与成矿关系.北京:地质出版社,1994.

王奎仁,周友勤,孙立广,等.中国几个典型卡林型金矿床金的赋存状态研究.合肥:中国科学技术大学出版社,1994.

王魁元,赵彦明,曹秀兰,等.华北陆台北缘元古宙典型铅锌矿地质.北京:地质出版社,1994.

王思恩,张志诚,姚培毅,等.中国侏罗—白垩纪含煤地层与聚煤规律.北京:地质出版社,1994.

王廷印,王士政,王金荣,等.阿拉善地区古生代陆壳的形成和演化.兰州:兰州大学出版社,1994.

王仰之. 中国地质学简史. 北京:中国科学技术出版社,1994.

王之田,秦克章,张守林. 大型铜矿地质与找矿. 北京:冶金工业出版社,1994.

邬介人,任秉琛,黄玉春,等. 西北海相火山岩地区块状硫化物矿床. 武汉:中国地质大学出版社,1994.

吴俊. 中国煤成烃基本理论与实践. 北京:煤炭工业出版社,1994.

夏林圻,夏祖春,张诚,等. 北大巴山碱质基性—超基性潜火山杂岩岩石地球化学. 北京:地质出版社,1994.

向宏发. 隐伏断裂研究及其工程应用:以北京平原为例. 北京:地震出版社,1994.

徐强,刘宝君,许效松,等. 东秦岭南带沉积盆地演化及多金属成矿条件. 成都:西南交通大学社,1994.

许文良,孙德有,周燕,等. 满洲里—绥芬河地学断面岩浆作用和地壳结构. 北京:地质出版社,1994.

徐永昌. 天然气成因理论及应用. 北京:科学出版社,1994.

杨天奇,魏仪方,何高文. 中国陆相火山岩区特大型金矿床模型. 北京:冶金工业出版社,1994.

杨雅秀. 中国粘土矿物. 北京:地质出版社,1994.

袁道先. 中国岩溶学. 北京:地质出版社,1994.

张本仁. 秦巴岩石圈构造及成矿规律地球化学研究. 武汉:中国地质大学出版社,1994.

张均. 现代成矿分析的思路、途径、方法. 武汉:中国地质大学出版社,1994.

张维吉,孟宪恂,胡建民,等. 祁连—北秦岭造山带接合部位构造特征与造山过程. 西安:西北大学出版社,1994.

张宗清,刘敦一,付国民. 北秦岭变质地层同位素年代研究. 北京:地质出版社,1994.

赵一鸣,王大畏,张德全,等. 内蒙古东南部铜多金属成矿地质条件及找矿模式. 北京:地震出版社,1994.

周鼎武,赵重远,李银德,等. 鄂尔多斯盆地西南缘地质特征及其与秦岭造山带的关系. 北京:地质出版社,1994.

周济元. 深部地质与地球物理探测现状与发展. 北京:地质出版社,1994.

周世泰. 鞍山—本溪地区条带状铁矿地质. 北京:地质出版社,1994.

周珣若,任进. 长江中下游中生代花岗岩. 北京:地质出版社,1994.

周珣若,吴克隆. 漳州I-A型花岗岩. 北京:科学出版社,1994.

朱亮璞. 遥感地质学. 北京:地质出版社,1994.

朱士兴,邢盛裕,张鹏远,等. 华北地台中、上元古界生物地层序列. 北京:地质出版社,1994.

鲍亦冈,白志民,葛世炜,等. 北京燕山期火山地质及火山岩. 北京:地质出版社,1995.

蔡学林,石绍清,吴德超,等. 武当山推覆构造的形成与演化. 成都:成都科技大学出版社,1995.

陈克强,汤加富. 构造地层单位研究. 武汉:中国地质大学出版社,1995.

陈毓川,毛景文. 桂北地区矿床成矿系列和成矿历史演化轨迹. 南宁:广西科学技术出版社,1995.

戴金星,宋岩,戴春森,等. 中国东部无机成因气及其气藏形成条件. 北京:科学出版社,1995.

方润森,范建才. 云南西部中晚石炭世—早二叠世冈瓦纳相地层及古生物. 昆明:云南科学技术出版社,1995.

冯本智,周裕文,迟仕福,等. 新疆库鲁克塔格地区前震旦纪地质与贵重、有色金属矿床. 北京:地质出版社,1995.

郭颖,李智陵. 构造地质学简明教程. 武汉:中国地质大学出版社,1995.

何德长. 大兴安岭地区晚中生代成煤植物. 北京:煤炭工业出版社,1995.

何明喜,张育民,刘喜杰,等. 东秦岭河南部分新生代拉伸造山作用与盆岭伸展构造. 西安:西北大学出版社,1995.

何锡麟,朱梅丽,范炳恒,等. 山西太原东山晚古生代地层划分对比及古生物研究. 长春:吉林大学出版社,1995.

金性春,周祖翼,汪品先. 大洋钻探与中国地球科学. 上海:同济大学出版社,1995.

蓝琇,魏景明. 新疆塔里木盆地西部晚白垩世至早第三纪双壳类动物群. 北京:科学出版社,1995.

李才,程立人,胡克,等.西藏龙木错—双湖古特提斯缝合带研究.北京:地质出版社,1995.
李星学.中国地质时期植物群.广州:广东科技出版社,1995.
林景仟.火成岩岩类学与岩理学.北京:地质出版社,1995.
刘传正.环境工程地质学导论.北京:地质出版社,1995.
刘春华,常丽华,陈华.结晶岩组构成因分析.北京:地质出版社,1995.
刘光海.东准噶尔铜金矿成矿特征及综合评价方法.北京:地质出版社,1995.
鲁安怀.铬铝云母成因矿物学——兼论焦家式金矿床成因与找矿.北京:地质出版社,1995.
马宗晋,杜品仁.现今地壳运动问题.北京:地质出版社,1995.
马宗晋,杜品仁.地质力学的方法与实践.北京:地质出版社,1995.
茅绍智.河南早第三纪陆相沟鞭藻及其他浮游藻类与油气勘探.武汉:中国地质大学出版社,1995.
庞雄奇.排烃门限控油气理论与应用.北京:石油工业出版社,1995.
齐文同.近代地层学:原理和方法.北京:北京大学出版社,1995.
秦勇.碳酸盐岩有机岩石学.北京:科学出版社,1995.
任东,卢立伍,郭子光,等.北京与邻区侏罗—白垩纪动物群及其地层.北京:地震出版社,1995.
孙继源,冀树楷,真允庆,等.中条裂谷铜矿床.北京:地质出版社,1995.
宋叔和.中国矿床(第一二三四卷).北京:地质出版社,1995.
宋子齐,谭成仟.灰色理论油气储层评价.北京:石油工业出版社,1995.
汤耀庆,高俊,赵民,等.西南天山蛇绿岩和蓝片岩.北京:地质出版社,1995.
王鸿祯.中国地质学科发展的回顾.武汉:中国地质大学出版社,1995.
王奎仁,刘德良,杨晓勇.郯庐断裂带南段构造地球化学研究.合肥:中国科学技术大学出版社,1995.
王思敬,牛宏建.东秦岭—大别造山带大型推覆构造的物理机制及动力学过程.北京:地震出版社,1995.
王文介,钟晋梁,朱袁智.广东海岛地貌与第四纪地质.广州:广东科技出版社,1995.
王五力,郑少林,张立君,等.中国东北环太平洋带构造地层学.北京:地质出版社,1995.
熊兴武,侯蜀光,薛顺荣,等.滇中昆阳群因民组地层学与沉积古地理.武汉:中国地质大学出版社,1995.
阎积惠,康慧,陈怀亮.TM图像地质应用原理与方法.北京:冶金工业出版社,1995.
杨巍然,孙继源,纪克诚.大陆裂谷对比.武汉:中国地质大学出版社,1995.
姚敬劬,王六明,苏长国,等.扬子地台南缘及其邻区锰矿研究.北京:冶金工业出版社,1995.
姚培慧.中国锰矿志.北京:冶金工业出版社,1995.
殷鸿福,丁梅华,张克信,等.扬子区及其周缘东吴-印支期生态地层学.北京:科学出版社,1995.
云南省地质矿产局.云南岩相古地理图集.昆明:云南科技出版社,1995.
曾勇,何锡麟,朱美丽.华蓥山二叠纪腕足动物群与群落演替.徐州:中国矿业大学出版社,1995.
张伯声,王战.中国波浪状镶嵌构造图(1:500万).北京:地质出版社,1995.
张金亮,赵英,赖伟庆.河间油田砂岩油藏剩余油分布研究.西安:陕西科学技术出版社,1995.
张韬.中国主要聚煤期沉积环境与聚煤规律.北京:地质出版社,1995.
赵海玲.岩浆物理性质和流体动力学.北京:地震出版社,1995.
中国科学院青藏高原综合科学考察队.横断山区花岗岩类地球化学.北京:科学出版社,1995.
周显强,宋友贵,陈正乐,等.山东金翅岭金矿构造控矿特征.北京:地质出版社,1995.
鲍亦冈.全国地层多重划分对比研究:北京市岩石地层.武汉:中国地质大学出版社,1996.
曹代勇,关英斌,张杰林.沁水煤田东部构造特征研究.重庆:重庆大学出版社,1996.
陈公信,金经炜,吴细松,等.全国地层多重划分对比研究:湖北省岩石地层.武汉:中国地质大学出版社,1996.
陈毓川,叶庆同,冯京.阿舍勒铜锌成矿带成矿条件和成矿预测.北京:地质出版社,1996.
陈肇博.赛马碱性岩与成矿作用.北京:原子能出版社,1996.
程捷,田明中,曹伯勋,等.周口店新发现的第四纪哺乳动物群及其环境变迁研究.武汉:中国地质大学出版社,1996.

程裕淇. 中国地层典:奥陶纪. 北京:地质出版社,1996.

程裕淇,陈梦熊. 前地质调查所(1916~1950)的历史回顾. 北京:地质出版社,1996.

戴金星,裴锡古,戚厚发,等. 中国天然气地质学(卷2). 北京:石油工业出版社,1996.

符俊辉. 西北地区陆相侏罗纪地层的划分与对比. 西安:西北大学出版社,1996.

傅昭仁,蔡学林. 变质岩区构造地质学. 北京:地质出版社,1996.

顾家裕. 塔里木盆地沉积层序特征及其演化. 北京:石油工业出版社,1996.

顾其昌. 全国地层多重划分对比研究:宁夏回族自治区岩石地层. 武汉:中国地质大学出版社,1996.

贵州省地矿局区调院. 贵州地层典. 贵州:贵州科学技术出版社,1996.

龚琳,何毅特,陈天佑,等. 云南东川元古宙裂谷型铜矿. 北京:冶金工业出版社,1996.

顾家裕. 塔里木盆地沉积层序特征及其演化. 北京:石油工业出版社,1996.

韩德馨. 中国煤岩学. 徐州:中国矿业大学出版社,1996.

郝诒纯,徐钰林,许士策,等. 南海珠江口盆地第三纪微体古生物及古海洋学研究. 武汉:中国地质大学出版社,1996.

何登发,董大忠. 克拉通盆地分析. 北京:石油工业出版社,1996.

何登发,李德生. 塔里木盆地构造演化与油气聚集. 北京:地质出版社,1996.

何科昭,赵崇贺,何浩生,等. 滇西陆内裂谷与造山作用. 武汉:中国地质大学出版社,1996.

何锡麟,梁敦士,沈树忠,等. 中国江西二叠纪植物群研究. 徐州:中国矿业大学出版社,1996.

胡善亭,孙礼文. 东北煤田地质研究新进展. 北京:地质出版社,1996.

黄辉. 全国地层多重划分对比研究:台湾省岩石地层. 武汉:中国地质大学出版社,1996.

黄镇国,张伟强,陈俊鸿,等. 中国南方红色风化壳. 北京:海洋出版社,1996.

纪友亮,张世奇. 陆相断陷湖盆层序地层学. 北京:石油工业出版社,1996.

姜在兴. 层序地层学原理及应用. 北京:石油工业出版社,1996.

蒋志. 中国地壳演化与矿产分布图集. 北京:地质出版社,1996.

康玉柱. 中国塔里木盆地油气地质特征及资源评价. 北京:地质出版社,1996.

赖绍聪,邓晋福,赵海玲. 青藏高原北缘火山作用与构造演化. 西安:陕西科学技术出版社,1996.

乐昌硕,于炳松,田成,等. 新疆塔里木盆地北部层序地层及其沉积学研究. 北京:地质出版社,1996.

李国玉. 中国石油地质. 北京:石油工业出版社,1996.

李洪斌. 中国矿床发现史:物探化探卷. 北京:地质出版社,1996.

李罗照,李艺斌,有传桃,等. 塔里木盆地石炭—二叠纪生物地层. 北京:地质出版社,1996.

李声之. 全国地层多重划分对比研究:河北省岩石地层. 武汉:中国地质大学出版社,1996.

李铁锋,潘懋. 环境地学概论. 北京:中国环境科学出版社,1996.

李文国,李庆富,姜万德,等. 全国地层多重划分对比研究:内蒙古自治区岩石地层. 武汉:中国地质大学出版社,1996.

林茂炳. 龙门山中段地质. 成都:成都科技大学出版社,1996.

林茂炳,敬宗海. 四川龙门山造山带造山模式研究. 成都:成都科技大学出版社,1996.

林壬子,张金亮. 陆相储层沉积学进展. 北京:石油工业出版社,1996.

刘本培,王自强,张传恒,等. 西南天山构造格局与演化. 武汉:中国地质大学出版社,1996.

刘德权. 中国新疆矿床成矿系列. 北京:地质出版社,1996.

刘家远,袁奎荣,吴郭泉,等. 新疆东准噶尔富碱花岗岩类及其成矿作用. 长沙:中南大学出版社,1996.

刘顺生,谭凯旋. 开放体系成矿动力学. 北京:地震出版社,1996.

刘小宇,陈肇博. 大陆火山作用与铀成矿. 北京:原子能出版社,1996.

陆松年,杨春亮,蒋明媚,等. 前寒武纪大陆演化示踪. 北京:地质出版社,1996.

米家榕,孙春林,孙跃武,等. 冀北辽西早、中侏罗世植物古生态学及聚煤环境. 北京:地质出版社,1996.

南颐,周围强.全国地层多重划分对比研究:广东省岩石地层.武汉:中国地质大学出版社,1996.
乔秀夫,宋天锐,李海兵,等.辽东半岛南部震旦系—下寒武统成因地层.北京:科学出版社,1996.
邱家骧,陶奎元,赵俊磊,等.火山岩.北京:地质出版社,1996.
陕西省地震局.中国活断层研究专辑:秦岭北缘活动断裂带.北京:地震出版社,1996.
宋叔和.中国矿床(第5卷).北京:地质出版社,1996.
孙广忠.地质工程理论与实践.北京:地震出版社,1996.
孙鸿烈.青藏高原形成演化.上海:上海科学技术出版社,1996.
汤良杰.塔里木盆地演化和构造样式.北京:地质出版社,1996.
田树信.全国地层多重划分对比研究:天津市岩石地层.武汉:中国地质大学出版社,1996.
王根厚,周详,普布次仁.西藏他念他翁山链构造变形及其演化.北京:地质出版社,1996.
王广瑞.中国新疆北部及邻区构造—建造图说明书.武汉:中国地质大学出版社,1996.
王良忱,张金亮.沉积环境和沉积相.北京:石油工业出版社,1996.
魏魁生,徐怀大,雷怀玉,等.非海相层序地层学:以松辽盆地为例.北京:地质出版社,1996.
吴志亮,李峰.热水沉积成岩成矿作用.北京:地质出版社,1996.
夏国英,丁蕴杰,丁惠,等.中国石炭—二叠系界线层型研究.北京:地质出版社,1996.
夏林圻,夏祖春,徐学义.北祁连山海相火山岩岩石成因.北京:地质出版社,1996.
谢窦克,马荣生,张禹慎,等.华南大陆地壳生长过程与地幔柱构造.北京:地质出版社,1996.
谢家莹,陶奎元,尹家衡,等.中国东南大陆中生代火山地质及火山—侵入杂岩.北京:地质出版社,1996.
许志琴,崔军文,张建新.大陆山链变形构造动力学.北京:冶金工业出版社,1996.
许志琴,耿瑞伦,肖庆辉,等.中国大陆科学钻探先行研究.北京:冶金工业出版社,1996.
杨俊杰,裴锡古.中国天然气地质学(卷4):鄂尔多斯盆地.北京:石油工业出版社,1996.
杨敏之,吕古贤.胶东绿岩带金矿地质地球化学.北京:地质出版社,1996.
杨起,吴冲龙,汤达祯,等.中国煤变质作用.北京:煤炭工业出版社,1996.
杨树锋.南岭花岗岩岩石物理学与大地构造.北京:中国大百科全书出版社,1996.
杨子赓,林和茂.中国第四纪地层与国际对比.北京:地质出版社,1996.
姚培慧.中国铬矿志.北京:冶金工业出版社,1996.
叶连俊.生物有机质成矿作用.北京:海洋出版社,1996.
俞国华.全国地层多重划分对比研究:浙江省岩石地层.武汉:中国地质大学出版社,1996.
袁登维,梅应堂,秦兴黎,等.长江三峡工程坝区及外围地壳稳定性研究.武汉:中国地质大学出版社,1996.
袁奎荣,肖垂斌,陈儒庆,等.青海锡铁山隐伏铅锌矿床预测.长沙:中南工业大学出版社,1996.
翟光明.中国石油地质志1.北京:石油工业出版社,1996.
曾学鲁,朱伟元,何心一,等.西秦岭石炭纪、二叠纪生物地层及沉积环境.北京:地质出版社,1996.
曾学鲁,徐钰麟,魏真鑫,等.新疆塔里木盆地北部层序地层及其古生物学研究.北京:地质出版社,1996.
张伯声,王战.中国地壳的镶嵌构造与波浪运动.北京:地质出版社,1996.
张功成,蔡希源,周章保,等.裂陷盆地分析原理和方法.北京:石油工业出版社,1996.
张国伟,张本仁,袁学诚.秦岭造山带造山过程与岩石圈三维结构图丛(中英文版).北京:科学出版社,1996.
张金亮.砂岩油藏开发地质研究.西安:陕西科学技术出版社,1996.
张旗.蛇绿岩与地球动力学研究.北京:地质出版社,1996.
张增奇,刘明渭.全国地层多重划分对比研究:山东省岩石地层.武汉:中国地质大学出版社,1996.
张远志.全国地层多重划分对比研究:云南省岩石地层.武汉:中国地质大学出版社,1996.
张宗祜,张之一,施德鸿,等.黄土高原区域环境地质问题及治理.北京:科学出版社,1996.
赵春荆,彭玉琼,张允平,等.吉黑东部构造格架及地壳演化.沈阳:辽宁大学出版社,1996.

中国地层典编委会,沈其韩. 中国地层典:太古宇. 北京:地质出版社,1996.
中国地层典编委会,金文山. 中国地层典:古元古界. 北京:地质出版社,1996.
中国地层典编委会,邢裕盛. 中国地层典:新元古界. 北京:地质出版社,1996.
中国地层典编委会,汪啸风. 中国地层典:奥陶系. 北京:地质出版社,1996.
中国地质科学院地质研究所. 中国黑色有色金属矿产图集. 北京:地质出版社,1996.
中国地质矿产信息研究院. 走向21世纪的地学与矿产资源. 北京:地质出版社,1996.
中国煤田地质总局. 黔西川南滇东二叠纪含煤地层沉积环境与聚煤规律. 重庆:重庆大学出版社,1996.
中国煤田地质总局. 鄂尔多斯盆地聚煤规律及煤炭资源评价. 北京:煤炭工业出版社,1996.
周济元,张斌,张朝文,等. 东天山古大陆及其边缘银、铼、钼、金和铜矿地质. 北京:地质出版社,1996.
周显强,宋友贵,邓军,等. 青海都兰地区矿田构造与控矿特征. 北京:地质出版社,1996.
白瑾,余致信,颜耀阳,等. 中条山前寒武纪地质. 天津:天津科学技术出版社,1997.
陈晋镳,武铁山. 全国地层多重划分对比研究:华北区区域地层. 武汉:中国地质大学出版社,1997.
陈圣源,杨胜雄,朱可超,等. 东太平洋多金属结核矿床地质. 北京:地质出版社,1997.
陈义贤. 辽西及邻区中生代火山岩. 北京:地震出版社,1997.
陈哲夫,成守德,梁云海,等. 新疆开合构造与成矿. 乌鲁木齐:新疆科技卫生出版社,1997.
陈哲培. 全国地层多重划分对比研究:海南省岩石地层. 武汉:中国地质大学出版社,1997.
程裕淇. 华北地台早前寒武纪地质研究文集. 北京:地质出版社,1997.
戴金星. 天然气地质研究新进展. 北京:石油工业出版社,1997.
戴金星,宋岩,张厚福. 中国天然气的聚集区带. 北京:科学出版社,1997.
戴金星,王庭斌,宋岩,等. 中国大中型天然气田形成条件与分布规律. 北京:地质出版社,1997
董卫平. 全国地层多重划分对比研究:贵州省岩石地层. 武汉:中国地质大学出版社,1997.
董兆祥. 矿区环境地质问题的预测与防治. 北京:地质出版社,1997.
范成模,余致信. 中条山前寒武纪胡家峪—篦子沟型铜矿. 天津:天津科学技术出版社,1997.
冯增昭,杨玉卿,金振奎,等. 中国南方二叠纪岩相古地理. 北京:石油大学出版社,1997.
巩恩普. 中国石炭纪生物礁. 沈阳:东北大学出版社,1997.
顾家裕. 层序地层学在油气勘探开发中的应用. 北京:石油工业出版社,1997.
辜学达,刘啸虎. 全国地层多重划分对比研究:四川省岩石地层. 武汉:中国地质大学出版社,1997.
管海晏,王学佑,袁宏仕. 塔里木盆地遥感地质. 北京:地质出版社,1997.
何锡麟. 地史学简明教程. 北京:煤炭工业出版社,1997.
洪大卫. 岩石圈研究的现代方法. 北京:中国原子能出版社,1997.
侯宗林,薛友智,黄金水,等. 扬子地台周边锰矿. 北京:冶金工业出版社,1997.
胡见义,赵文智. 中国含油气系统的应用与进展. 北京:石油工业出版社,1997.
黄崇轲,朱裕生,张忠伟,等. 南岭银矿. 北京:地质出版社,1997.
黄永祥,杨慧宁,沈桂梅,陈永志. 海底沉积物类型及其地球化学环境对多金属结核形成与分布的控制作用. 武汉:中国地质大学出版社,1997.
纪万斌. 塌陷与灾害. 北京:地震出版社,1997.
金文山,孙大中. 华南大陆深部地壳结构及其演化. 北京:地质出版社,1997.
康玉柱,蔡希源. 中国西北地区油气地质特征及资源评价. 乌鲁木齐:新疆科技卫生出版社,1997.
李作明,陈金华,何国雄. 香港古生物和地层. 北京:科学出版社,1997.
李东津. 全国地层多重划分对比研究:吉林省岩石地层. 武汉:中国地质大学出版社,1997.
李兼海. 全国地层多重划分对比研究:福建省岩石地层. 武汉:中国地质大学出版社,1997.
李玉发,姜立富. 全国地层多重划分对比研究:安徽省岩石地层. 武汉:中国地质大学出版社,1997.
刘焕杰,桑树勋,施健,等. 成煤环境的比较沉积学研究. 徐州:中国矿业大学出版社,1997.
刘嘉麒,袁宝印. 中国第四纪地质与环境. 北京:海洋出版社,1997.

刘祥,向天元. 中国东北地区新生代火山和火山碎屑堆积物资源与灾害. 长春:吉林大学出版社,1997.

刘亚光. 全国地层多重划分对比研究:江西省岩石地层. 武汉:中国地质大学出版社,1997.

柳祖汉,岳文浙,杨绍芳,等. 湘南及辰溪晚二叠世生物礁. 昆明:云南科技出版社,1997.

陆志刚,陶奎元,谢家莹,等. 中国东南大陆火山地质及矿产. 北京:地质出版社,1997.

马建伟,奥和会. 秦岭金矿遥感地质. 北京:地质出版社,1997.

孟良义. 斑岩铜矿床的成矿模式和石英脉金矿床的成矿信息. 北京:海洋出版社,1997.

聂宝符,陈特固,梁美桃,等. 南沙群岛及其邻近礁区造礁珊瑚与环境变化关系. 北京:科学出版社,1997.

潘懋,李铁峰. 环境地质学. 北京:地震出版社,1997.

彭建兵,毛彦龙,杜冬菊,等. 黄河积石峡水电站水库滑坡工程地质研究. 西安:陕西科学技术出版社,1997.

邱家骧,曾广策. 拉脊山早古生代海相火山岩与成矿. 武汉:中国地质大学出版社,1997.

邱小平. 冀西北金矿集中区成矿特征. 北京:冶金工业出版社,1997.

曲关生. 全国地层多重划分对比研究:黑龙江省岩石地层. 武汉:中国地质大学出版社,1997.

尚冠雄. 华北地台晚古生代煤地质学研究. 太原:山西科学技术出版社,1997.

邵龙义. 湘中早石炭世沉积学及层序地层学. 徐州:中国矿业大学出版社,1997.

孙崇仁. 全国地层多重划分对比研究:青海省岩石地层. 武汉:中国地质大学出版社,1997.

孙镇城. 中国新生代咸化湖泊沉积环境与油气生成(英文版). 北京:石油工业出版社,1997.

谭永杰. 鄂尔多斯盆地南缘构造变形及其演化. 北京:煤炭工业出版社,1997.

童永生. 河南李官桥和山西垣曲盆地始新世中期小哺乳动物. 北京:科学出版社,1997.

王涛. 中国东部裂谷盆地油气藏地质. 北京:石油工业出版社,1997.

王友勤,苏养正,刘尔义,等. 全国地层多重划分对比研究:东北区区域地层. 武汉:中国地质大学出版社,1997.

伍家善,耿元生,沈其韩,等. 中朝古大陆太古宙地质特征及构造演化. 北京:地质出版社,1997.

吴崇筠. 中国含油气盆地沉积学(英文版). 北京:石油工业出版社,1997.

武铁山. 全国地层多重划分对比研究:山西省岩石地层. 武汉:中国地质大学出版社,1997.

吴诒,龚一鸣,杜远生. 华南泥盆纪层序地层及海平面变化. 武汉:中国地质大学出版社,1997.

吴珍汉. 旋转地球动力学. 北京:地质出版社,1997.

席文祥,裴放. 全国地层多重划分对比研究:河南省岩石地层. 武汉:中国地质大学出版社,1997.

夏代祥,刘世坤. 全国地层多重划分对比研究:西藏自治区岩石地层. 武汉:中国地质大学出版社,1997.

谢树成,殷鸿福. 生物—有机质—流体成矿系统. 武汉:中国地质大学出版社,1997.

许东禹. 中国近海地质. 北京:地质出版社,1997.

徐怀大,樊太亮. 新疆塔里木盆地层序地层特征. 武汉:中国地质大学出版社,1997.

许浚远. 依舒地堑构造演化. 武汉:武汉测绘科技大学出版社,1997.

徐学思. 全国地层多重划分对比研究:江苏省岩石地层. 武汉:中国地质大学出版社,1997.

许志琴,张建新,徐惠芬,等. 中国主要大陆山链韧性剪切带及动力学. 北京:地质出版社,1997.

杨文采. 地球物理反演的理论方法. 北京:地质出版社,1997.

杨欣德,李星云. 全国地层多重划分对比研究:辽宁省岩石地层. 武汉:中国地质大学出版社,1997.

杨雨. 全国地层多重划分对比研究:甘肃省岩石地层. 武汉:中国地质大学出版社,1997.

殷保安. 全国地层多重划分对比研究:广西壮族自治区岩石地层. 武汉:中国地质大学出版社,1997.

云南省风景园林学会地质地貌专业委员会. 中国路南石林喀斯特研究. 昆明:云南科技出版社,1997.

翟裕生. 大型构造与超大型矿床. 北京:地质出版社,1997.

张纯臣. 全国地层多重划分对比研究:湖南省岩石地层. 北京:中国地质大学出版社,1997.

张鹏飞,金奎励,吴涛,等. 吐哈盆地煤沼沉积环境和煤成油. 北京:煤炭工业出版社,1997.

张琴华,孙少华,秦清香. 新疆北部石炭纪岩相古地理、沉积建造及其含矿性. 长沙:中南工业大学出版

社,1997.

张渝昌.中国含油气盆地原型分析.南京:南京大学出版社,1997.

赵一鸣,张德全,徐志刚,等.大兴安岭及其邻区铜多金属矿床成矿规律与远景评价.北京:地震出版社,1997.

赵文津.地质科技管理要论.北京:冶金工业出版社,1997.

赵治信,雍天寿,贾承造,等.塔里木盆地地层.北京:石油工业出版社,1997.

赵志中,何培元.神农架第四纪冰期与环境.北京:地质出版社,1997.

中国煤田地质总局.华北地台晚古生代煤地质学研究.太原:山西科学技术出版社,1997.

朱裕生,李纯杰.成矿地质背景分析.北京:地质出版社,1997.

朱裕生,肖克炎,王全明.成矿预测方法.北京:地质出版社,1997.

朱裕生,金丕兴,方一平,等.金银矿预测.北京:地质出版社,1997.

毕思文.地球系统科学与可持续发展.北京:地质出版社,1998.

陈国达.亚洲陆海壳体大地构造.长沙:湖南教育出版社,1998.

陈晋镳,武铁山.全国地层多重划分对比研究:华北区区域地层.武汉:中国地质大学出版社,1998.

陈述彭.地球系统科学.北京:中国科学技术出版社,1998.

陈毓川,赵逊,张之一.第30届国际地质大会论文集(1~26).北京:地质出版社,1998~2000.

杜光树,姚鹏,潘凤雏,等.喷流成因夕卡岩与成矿.成都:四川科学技术出版社,1998.

都洵,张永康.全国地层多重划分对比研究:东南区区域地层.武汉:中国地质大学出版社,1998.

范国卿.东北南部石炭纪地层与生物群.北京:地震出版社,1998.

冯天驷.中国地质旅游资源.北京:地质出版社,1998.

顾忆,叶德燎.塔里木盆地北部油气成因与保存.北京:地质出版社,1998.

韩健.地震地质学基础.北京:地震出版社,1998.

何明跃,郭涛.山东昌乐蓝宝石矿物学及其改色.北京:地质出版社,1998.

胡明毅.中国海相油气区地质文集.北京:地质出版社,1998.

胡受奚,王鹤年,王德滋,等.中国东部金矿地质学及地球化学.北京:科学出版社,1998.

阙梅英,程敦模,张立生,等.兰坪—思茅盆地铜矿床.北京:地质出版社,1998.

李文范,宋正海.地球科学年表.北京:石油工业出版社,1998.

李彦芳,王文广.沉积岩和沉积相.北京:石油工业出版社,1998.

刘焕杰.山西南部煤层气地质.徐州:中国矿业大学出版社,1998.

刘广志.中国钻探科学技术史.北京:地质出版社,1998.

刘若新,魏海泉,李继泰,等.长白山天池火山近代喷发.北京:科学出版社,1998.

梁有彬.中国铂族元素矿床.北京:冶金工业出版社,1998.

马润华.全国地层多重划分对比研究:陕西省岩石地层.武汉:中国地质大学出版社,1998.

马俊孝.吉林中部古生代构造—岩浆活动与金银成矿作用.北京:地质出版社,1998.

孟良义.中国侵入型块状硫化物矿床.北京:海洋出版社,1998.

罗明高.定量储层地质学.北京:地质出版社,1998.

潘裕生,孔祥儒.青藏高原岩石圈结构演化与动力学.广州:广东科学技术出版社,1998.

欧阳自远.世纪之交矿物学岩石学地球化学的回顾与展望.北京:原子能出版社,1998.

任纪舜,杨巍然.中国东部岩石圈结构与构造岩浆演化.北京:原子能出版社,1998.

曲焕林,程莉蓉.人类生存的地质环境问题.北京:地质出版社,1998.

山西煤田地质局.20世纪山西煤田地质及勘查研究新进展.太原:山西科学技术出版社,1998.

施雅风,李吉均,李炳元.青藏高原晚新生代隆升与环境变化.广州:广东科学技术出版社,1998.

石宝珩.中国地质科学新探索.北京:石油工业出版社,1998.

石建省,李铮华,魏明建,等.黄土与古气候演化.北京:地质出版社,1998.

宋方敏,汪一鹏,俞维贤.小江活动断裂带:中国活断层研究专辑.北京:地震出版社,1998.
孙鸿烈,郑度.青藏高原形成演化与发展.广州:广东科学技术出版社,1998.
孙枢.地质环境系统研究1998.北京:海洋出版社,1998.
谭凯旋.砂岩铜矿地球化学和成矿动力学.北京:地震出版社,1998.
覃慕陶.南岭花岗岩型和火山岩型铀矿床.北京:地质出版社,1998.
王成善,陈洪德,寿建峰,等.中国南方海相二叠系层序地层与油气勘探.成都:四川科学技术出版社,1998.
王江海,颜文,常向阳.陆相热水沉积作用.北京:地质出版社,1998.
王京彬,秦克章,吴志亮,等.阿尔泰山南缘火山喷流沉积型铅锌矿床.北京:地质出版社,1998.
王奎仁,陈江峰,彭子成,等.亳县陨石研究.北京:科学出版社,1998.
王基.亚洲中部山地夷平面研究——以天山山系为例.北京:科学出版社,1998.
吴健民,刘肇昌,黎功举,等.扬子地块西缘铜矿床地质.武汉:中国地质大学出版社,1998.
陶奎元,高天钧,陆志刚,等.东南沿海火山岩基底构造及火山—侵入作用与成矿关系.北京:地质出版社,1998.
夏林圻,夏祖春,任有祥,等.祁连山及邻区火山作用与成矿.北京:地质出版社,1998.
徐嘉谟.金川矿山边坡岩体工程地质力学.北京:地震出版社,1998.
许靖华.中国大地构造相图(1:400万).北京:科学出版社,1998.
杨敏之.金矿床围岩蚀变带地带地球化学——以胶东金矿床为例.北京:地质出版社,1998.
姚敬劬,苏长国,彭三国,等.湘中湘南古构造成锰盆地及锰矿找矿.北京:冶金工业出版社,1998.
叶连俊.生物有机质成矿作用和成矿背景.北京:海洋出版社,1998.
於崇文,岑况,鲍征宇,等.成矿作用动力学.北京:地质出版社,1998.
曾广策.简明光性矿物学.武汉:中国地质大学出版社,1998.
张二朋,顾其长,郑文林.全国地层多重划分对比研究:西北区区域地层.武汉:中国地质大学出版社,1998.
张泓,李恒堂,熊存卫,等.中国西北侏罗纪含煤地层与聚煤规律.北京:地质出版社,1998.
张培善.中国稀土矿物学.北京:科学出版社,1998.
张梁,张业成,罗元华,等.地质灾害灾情评估理论与实践.北京:地质出版社,1998.
张一伟,张卫海,查明,等.勘探早期盆地分析与油气评价.北京:地质出版社,1998.
张子敏,林又玲,吕绍林,等.中国煤层瓦斯分布特征.北京:煤炭工业出版社,1998.
中国地层典编委会,林宝玉.中国地层典:志留系.北京:地质出版社,1998.
赵自强,丁启秀.全国地层多重划分对比研究:中南区区域地层.武汉:中国地质大学出版社,1998.
鲍佩声,王希斌,彭根永,等.中国铬铁矿床.北京:科学出版社,1999.
蔡爱莉.矿物学.北京:地质出版社,1999.
蔡土赐.全国地层多重划分对比研究:新疆维吾尔自治区岩石地层.武汉:中国地质大学出版社,1999.
陈毓川.当前矿产资源勘查评价的理论与方法.北京:地质出版社,1999.
陈毓川.中国主要成矿区带矿产资源远景评价.北京:地质出版社,1999.
崔军文.阿尔金断裂系.北京:地质出版社,1999.
高瑞琪.松辽盆地白垩纪石油地层孢粉学.北京:地质出版社,1999.
郝子文,饶荣标.全国地层多重划分对比研究:西南区区域地层.武汉:中国地质大学出版社,1999.
杜汝霖,胡华斌,刘志礼,等.冀西北长城系宣龙式铁矿生物成矿作用.北京:科学出版社,1999.
杜杨松,江云华,叶桂顺,等.浙西金鸡岩火山岩型金矿床.北京:地质出版社,1999.
范炳恒,何锡麟.华北地台晚古生代腕足动物群及其地层研究.徐州:中国矿业大学出版社,1999.
高合明.德兴斑岩铜矿床成矿作用动力学与成矿作用复杂性.北京:原子能出版社,1999.
高天钧,王振民.台湾海峡及其周边地区构造岩浆演化与成矿作用.北京:地质出版社,1999.

何登发,赵文智.中国西北地区沉积盆地动力学演化和含油气系统旋回.北京:石油工业出版社,1999.

侯奎,陈镇东,陈延成,等.中国元古代古生代的颗石藻.北京:海洋出版社,1999.

黄智龙,刘丛强,朱成明,等.云南老王寨金矿区煌斑岩成因及其与金矿化的关系.北京:地质出版社,1999.

籍传茂,王兆馨.地下水资源的可持续发展利用.北京:地质出版社,1999.

康玉柱.中国主要构造体系与油气分布.乌鲁木齐:新疆科技卫生出版社,1999.

廖士范.中国沉积改造金属矿床地质学.贵阳:贵州科学技术出版社,1999.

李福东,张汉文,宋治杰,等.鄂拉山地区热水成矿模式.西安:西安交通大学出版社,1999.

李锦轶,牛宝贵,宋彪,等.长白山北段地壳的形成与演化.北京:地质出版社,1999.

李清河,郭守年,吕敬徽,等.鄂尔多斯西缘与西南缘深部结构与构造.北京:地震出版社,1999.

李相然.滨海城市环境工程地质.西安:陕西科学技术出版社,1999.

柳贺昌,林文达.滇东北铅锌银矿床规律研究.昆明:云南大学出版社,1999.

刘嘉麒.中国火山.北京:科学出版社,1999.

罗惠麟,胡世学,陈良忠,等.昆明地区早寒武世澄江动物群.昆明:云南科技出版社,1999.

罗立民.河湖沉积体系三维高分辨率层序地层学.北京:地质出版社,1999.

罗照华.太行山造山带岩浆活动及其造山过程反演.北京:地质出版社,1999.

毛毕节,许惠龙.中国煤炭资源预测与评价.北京:科学出版社,1999.

秦毅苏,朱延华,曹树林,等.黄河流域地下水资源合理开发利用.郑州:黄河水利出版社,1999.

丘元禧,张渝昌,马文璞,等.雪峰山的构造性质与演化.北京:地质出版社,1999.

任纪舜,王作勋,陈炳蔚,等.从全球看中国大地构造——中国及邻区大地构造图简要说明.北京:地质出版社,1999.

申立新.平泉—宁城中生代盆地的地质演化.北京:煤炭工业出版社,1999.

宋之琛,郑亚惠,李曼英,等.中国孢粉化石(第1卷:晚白垩世和第三纪孢粉).北京:科学出版社,1999.

索书田,毕先梅,周汉文.极低级变质作用.北京:地质出版社,1999.

王成善,刘志飞,李祥辉,等.西藏日喀则弧前盆地与雅鲁藏布江缝合带.北京:地质出版社,1999.

王汉卿.中国纬向带褶皱构造研究.北京:地震出版社,1999.

王鸿祯.中国地质科学50年.武汉:中国地质大学出版社,1999.

王京彬,李博泉,张积斌,等.额尔齐斯聚矿带金铜成矿条件及找矿预测.北京:冶金工业出版社,1999.

汪新文.地球科学概论.北京:地质出版社,1999.

王乃文.地层学.北京:地质出版社,1999.

王战,孟庆任.黄骅坳陷地区地质构造演化与油气分布.北京:科学出版社,1999.

邬介人,于浦生,贾群子,等.海相火山沉积岩区铁—铜—硫成矿系列及铁—铜型矿床.北京:地质出版社,1999.

吴因业.湖盆沉积学研究进展.北京:石油工业出版社,1999.

谢先德.中国宝玉石矿物物理学.广州:广东科技出版社,1999.

杨宝俊.在地学断面域内用地震学方法研究大陆地壳.北京:地质出版社,1999.

杨文采.后板块地球内部物理学导论.北京:地质出版社,1999.

杨主恩.扫描电镜与微观地质研究.北京:学苑出版社,1999.

姚培毅.青藏高原北部生物古地理.北京:地质出版社,1999.

殷鸿福,张文淮,张志坚,等.生物成矿系统论.武汉:中国地质大学出版社,1999.

殷鸿福.寻找恐龙的伙伴.桂林:广西师范大学出版社,1999.

于学政,邓晋福,罗照华,等.青藏高原隆升与东昆仑地区金矿遥感地质研究.北京:地质出版社,1999.

曾从盛,陈居成,吴幼恭,等.闽东南沿海老红砂岩研究.北京:地质出版社,1999.

张功成,徐宏,王同和.中国含油气盆地构造.北京:石油工业出版社,1999.

张厚福,方朝亮,高先志,等. 石油地质学. 北京:石油工业出版社,1999.

张志澄. 构造地质学. 武汉:中国地质大学出版社,1999.

张宗祜,邵时雄,陈云. 中国北方晚更新世以来地质环境演化与未来生存环境变化趋势预测. 北京:地质出版社,1999.

赵文智,何登发. 石油地质综合研究导论. 北京:石油工业出版社,1999.

中国地层典编委会,陈晋镳. 中国地层典:中元古界. 北京:地质出版社,1999.

中国地层典编委会,项礼文. 中国地层典:寒武系. 北京:地质出版社,1999.

中国地层典编委会,郑家坚. 中国地层典:第三系. 北京:地质出版社,1999.

中国地震局科技发展司. 活动断裂研究理论与应用7. 北京:地震出版社,1999.

中国地质学编委会. 中国地质(扩编版). 北京:地质出版社,1999.

中国煤田地质总局. 华南二叠纪含煤盆地特征及聚煤规律. 南昌:江西科学技术出版社,1999.

周洪瑞,王自强,崔新省,等. 华北地台南部中新元古界层序地层研究. 北京:地质出版社,1999.

朱同兴,黄志英,惠兰,等. 上扬子台地晚二叠世生物礁相地质. 北京:地质出版社,1999

朱训. 中国矿情. 北京:科学出版社,1999.

卓宝熙. 工程地质遥感图像典型图谱. 北京:科学出版社,1999.

白文吉,周美付,RoblnsonPT,等. 西藏罗布莎豆荚状铬铁矿、金刚石及伴生矿物成因. 北京:地震出版社,2000.

陈世悦,徐凤根,刘焕杰. 华北晚古生代层序地层与聚煤规律. 北京:石油大学出版社,2000.

陈毓川,赵逊,张之一,等. 世纪之交的地球科学——重大地学领域进展. 北京:地质出版社,2000.

程裕淇. 大地中的宝藏:中国矿产资源. 广州:暨南大学出版社,2000.

崔盛芹,李锦蓉,孙家树,等. 华北陆块北缘构造运动序列及区域构造格局. 北京:地质出版社,2000.

戴金星,钟宁宁,刘德汉,等. 中国煤成大中型气田地质基础和主控因素. 北京:石油工业出版社,2000.

邓起东,冯先岳,张培震,等. 天山活动构造:中国活断层研究专辑. 北京:地震出版社,2000.

第3届全国地层会议论文集编委会. 第3届全国地层会议论文集. 北京:地质出版社,2000.

高振家,陈克强,魏家庸. 中国岩石地层辞典. 武汉:中国地质大学出版社,2000.

冯增昭,张家强,王国力,等. 中国西北地区寒武纪和奥陶纪岩相古地理. 北京:石油大学出版社,2000.

郝守刚,马学平,董熙平. 生命的起源与演化——地球历史中的生命. 北京:高等教育出版社、施普林格出版社,2000.

侯俊胜. 煤层气储层测井评价方法及其应用. 北京:冶金工业出版社,2000.

胡望水,刘学锋,潘仁芳,等. 正反转构造与油气聚集. 北京:石油工业出版社,2000.

黄蕴慧,岳树勤,秦淑英,等. 中国矿物志(第1卷):自然元素单质及其互化物矿物. 北京:地质出版社,2000.

黄志龙,姜振学. 吐哈盆地油气成藏机制与定量评价. 北京:石油工业出版社,2000.

姜春发,王宗起,李锦轶,等. 中央造山带开合构造. 北京:地质出版社,2000.

金文山,李双保,管爱莲. 北京地区早前寒武纪结晶基底. 北京:地质出版社,2000.

康竹林. 中国大中型气田概论. 北京:石油工业出版社,2000.

矿产资源综合利用手册编委会. 矿产资源综合利用手册. 北京:科学出版社,2000.

李朝阳,徐贵忠,胡瑞忠,等. 中国铜矿主要类型特征及其成矿远景. 北京:地质出版社,2000.

李峰,甫为民. 滇西红层铜矿地质. 昆明:云南大学出版社,2000.

李剑. 中国重点含气盆地气源特征与资源丰度. 徐州:中国矿业大学出版社,2000.

李丕龙,姜在兴,马在平. 东营凹陷储集体与油气分布. 北京:石油工业出版社,2000.

李向民. 甘肃白银矿田东部矿床成矿和找矿模式. 北京:地质出版社,2000.

李兆麟,孙晓明,杨荣勇. 南天山东段韧性剪切带金矿床地质地球化学. 广州:中山大学出版社,2000.

梁祥济. 中国矽卡岩和矽卡岩矿床形成机理的实验研究. 北京:学苑出版社,2000.

刘传正. 地质灾害勘查指南. 北京:地质出版社,2000.

刘春原. 工程地质学. 北京:中国建材工业出版社,2000.

刘若新. 中国的活火山. 北京:地震出版社,2000.

刘永钰. 澄江古生物群. 昆明:云南教育出版社,2000.

柳祖汉,杨孟达,刘新华,等. 湖南晚古生代生物礁. 北京:煤炭工业出版社,2000.

马宝林. 天然气形成的地质基础条件. 北京:科学出版社,2000.

马新华,华爱刚,李景明,等. 含盐油气盆地. 北京:石油工业出版社,2000.

乔秀夫,高林志,彭阳. 古郯庐带新元古界. 北京:地质出版社,2000.

沈其韩,沈昆,耿元生,等. 山东沂水杂岩的组成与地质演化. 北京:地质出版社,2000.

宋传中. 东秦岭地学断面的结构及动力学. 合肥:中国科技大学出版社,2000.

宋岩,魏国齐,洪峰,等. 天然气地质研究及应用. 北京:石油工业出版社,2000.

宋之琛,尚玉珂. 中国孢粉化石(第2卷:中生代孢粉). 北京:科学出版社,2000.

孙枢. 地质环境系统研究1999. 北京:海洋出版社,2000.

唐锡仁,杨文衡. 中国科学技术史(地学卷). 北京:科学出版社,2000.

涂光炽. 中国超大型矿床(Ⅰ). 北京:科学出版社,2000.

王剑. 华南新元古代裂谷盆地演化. 北京:地质出版社,2000.

王联魁,黄智龙. Li-F花岗岩液态分离与实验. 北京:科学出版社,2000.

王民,周玉文,王存娟. 水文学与供水水文地质学. 北京:中国建筑工业出版社,2000.

王小凤,李中坚,陈柏林. 郯庐断裂带. 北京:地质出版社,2000.

王义昭,李兴林,段丽兰,等. 三江地区南段大地构造与成矿. 北京:地质出版社,2000.

肖序常,李廷栋. 青藏高原的构造演化与隆升机制. 广州:广东科技出版社,2000.

谢鸣谦. 拼贴板块构造及其驱动机理. 北京:科学出版社,2000.

许惠平,孙运生,周云轩,等. 中国大陆岩石圈地学断面地理信息系统的设计与实现. 北京:地质出版社,2000.

许文年,李丽艳. 地质缺陷对坝基及滑坡稳定性影响的研究. 北京:中国水利水电出版社,2000.

徐永昌,傅家谟,郑建京. 天然气成因及大中型气田形成的地学基础. 北京:科学出版社,2000.

亚鲁斯,钱伯斯,穆龙新,陈亮. 随机建模和地质统计学:原理、方法和实例研究. 北京:石油工业出版社,2000.

杨孟达. 煤矿地质学. 北京:煤炭工业出版社,2000.

杨巍然,王灿,简平. 大别造山带构造年代学. 武汉:中国地质大学出版社,2000.

袁志祥,李良,惠宽洋,等. 鄂尔多斯盆地北部天然气地质. 成都:四川大学出版社,2000.

张方礼,尹方泉,郭建华,等. 辽河大洼油田火山岩储层研究. 武汉:中国地质大学出版社,2000.

张光亚. 塔里木古生代克拉通盆地形成演化与油气. 北京:地质出版社,2000.

张明书,刘守全,陈民本. 中国海岸带晚第四纪事件地质学. 北京:地质出版社,2000.

张武文,胡春元,刘秉正. 地学概论. 北京:中国林业出版社,2000.

张咸恭,王思敬,张倬元,等. 中国工程地质学. 北京:科学出版社,2000.

张宗祜,沈照理,薛禹群,等. 华北平原地下水环境演化. 北京:地质出版社,2000.

赵令湖. 乌拉山脉金矿田成因矿物学. 武汉:中国地质大学出版社,2000.

赵隆业. 煤层地质基础. 北京:地震出版社,2000.

赵明鹏. 阜新煤田王营井田煤层气藏生储运特征研究. 北京:地质出版社,2000.

赵鹏大,马连杰. 数字地球与全球战略:21世纪谁主沉浮. 武汉:中国地质大学出版社,2000.

赵文智,靳久强. 中国西北地区侏罗纪原型盆地形成与演化. 北京:地质出版社,2000.

赵正璋. 青藏高原海相烃源层的油气生成. 北京:科学出版社,2000.

赵治信,张桂芝,肖继南. 新疆古生代地层及牙形石. 北京:石油工业出版社,2000.

中国地层典编委会,侯鸿飞.中国地层典:泥盆系.北京:地质出版社,2000.
中国地层典编委会,金玉玕.中国地层典:石炭系.北京:地质出版社,2000.
中国地层典编委会,雷振民.中国地层典:二叠系.北京:地质出版社,2000.
中国地层典编委会,杨遵仪.中国地层典:三叠系.北京:地质出版社,2000.
中国地层典编委会,王思恩.中国地层典:侏罗系.北京:地质出版社,2000.
中国地层典编委会,苏德英.中国地层典:白垩系.北京:地质出版社,2000.
中国地层典编委会,闵隆瑞.中国地层典:第四系.北京:地质出版社,2000.
中国科学院南京地质古生物研究所.中国地层研究20年(1979~1999).合肥:中国科技大学出版社,2000.
中国地质学会工程地质专业委员会.中国工程地质50年.北京:地震出版社,2000.
周济元.赣南红山—锡坑迳地区铜锡矿地质及预测.北京:地质出版社,2000.
周涛发,袁峰,岳书仓,等.新疆诺尔特地区岩浆活动与成矿作用.北京:地质出版社,2000.
周瑶琪.地层间断面的时间结构研究.北京:地质出版社,2000.
朱大奎,王颖,陈方.环境地质学.北京:高等教育出版社,2000.
朱克超,李扬,梁宏锋.多金属结核矿床分类及矿床特征.北京:地质出版社,2000.
朱筱敏.层序地层学.北京:石油大学出版社,2000.
庄建民,黄泉祯,邓奉忠,等.福建省前寒武纪变质岩岩石地层单位划分研究.厦门:厦门大学出版社,2000.
鲍亦冈,刘振锋,王世发,等.北京地质百年研究.北京:地质出版社,2001.
毕思文.数字地球.北京:地质出版社,2001.
毕思文.新概念地质力学.北京:地质出版社,2001.
蔡希源.中国油气区反转构造.北京:石油工业出版社,2001.
曹代勇,王延斌,唐跃刚,等.渤海湾盆地深层烃源岩生烃条件研究.北京:地质出版社,2001.
陈崇希,裴顺平.地下水开采—地面沉降数值模拟及防治对策研究.武汉:中国地质大学出版社,2001.
陈亚宁.新亚欧大陆桥新疆段环境地质灾害研究.北京:地质出版社,2001.
陈毓川,李兆鼐,毋瑞身.中国金矿床及其成矿规律.北京:地质出版社,2001.
池秋鄂,龚福华.层序地层学基础与应用.北京:石油工业出版社,2001.
戴金星,戚厚发,王少昌,等.我国煤系的气油地球化学特征、煤成气藏形成条件及资源评价.北京:石油工业出版社,2001.
窦立荣.油气藏地质学概论.石油工业出版社,2001.
冯增昭,彭永民,全振奎,等.中国南方寒武纪和奥陶纪岩相古地理.北京:地质出版社,2001.
符晓,舒文培,易荣龙,等.四川盆地西部天然气资源与勘探开发.武汉:中国地质大学出版社,2001.
高瑞祺,赵政璋.中国油气新区勘探(第1卷):塔里木盆地库车坳陷大气田勘探.北京:石油工业出版社,2001.
高瑞祺,赵政璋.中国油气新区勘探(第2卷):中国陆上天然气勘察新领域.北京:石油工业出版社,2001.
高瑞祺,赵政璋.中国油气新区勘探(第3卷):渤海湾盆地隐蔽油气藏勘探.北京:石油工业出版社,2001.
高瑞祺,赵政璋.中国油气新区勘探(第4卷):中国西北地区侏罗系油气分布.北京:石油工业出版社,2001.
高瑞祺,赵政璋.中国油气新区勘探(第5卷):中国南方海相油气地质及勘探前景.北京:石油工业出版社,2001.
高瑞祺,赵政璋.中国油气新区勘探(第6卷):青藏高原石油地质.北京:石油工业出版社,2001.
高瑞祺,赵政璋.中国油气新区勘探(第7卷):中国煤层气勘探.北京:石油工业出版社,2001.
虢顺民,计凤桔,向宏发,等.红河活动断裂带:中国活断层研究专辑.北京:海洋出版社,2001.
郭令智.华南板块构造.北京:地质出版社,2001.

郝诒纯,郭宪璞,叶留生,等.塔里木盆地西南地区海相白垩系—第三系界线.北京:地质出版社,2001.

何炎,胡兰英.广东雷州半岛上新世有孔虫.合肥:中国科学技术大学出版社,2001.

胡望水,周延军,刘学峰,等.正反转构造综合分析原理和方法.北京:石油工业出版社,2001.

黄崇轲,白冶,朱裕生.中国铜矿床(上下).北京:地质出版社,2001.

黄润秋,王士天,张倬元,等.中国西南地壳浅表层动力学过程及其工程环境效应研究.成都:四川大学出版社,2001.

贾承造.特提斯北缘盆地群构造地质与天然气.北京:石油工业出版社,2001.

蒋炳南,康玉柱.新疆塔里木盆地油气分布规律及勘探靶区评价研究.乌鲁木齐:新疆科技卫生出版社,2001.

姜常义,吴文奎,穆艳梅,等.南天山东段显生宙构造演化.北京:地质出版社,2001.

康玉柱.中国新疆地区油气地质特征及资源评价.乌鲁木齐:新疆科技卫生出版社,2001.

李德伦,王恩林.构造地质学.长春:吉林大学出版社,2001.

李隽蓬,谢强.土木工程地质.成都:西南交通大学出版社,2001.

李丕龙.压扭性盆地勘探理论及方法文集.北京:石油工业出版社,2001.

李文阳,马新华,赵庆波.中国煤层气地质评价与勘探技术新进展.徐州:中国矿业大学出版社,2001.

李志伟,侯蜀光.滇中大美厂式铜矿成矿作用构造物理过程研究.昆明:云南科技出版社,2001.

刘全稳,赵金洲,陈景山.地球动力学与运动.北京:地质出版社,2001.

刘喜山.变质地质学.长春:吉林大学出版社,2001.

卢演俦,高维明,陈国星,等.新构造与环境.北京:地震出版社,2001.

马立祥.烃类聚集系统的层次分析思路及其应用.武汉:中国地质大学出版社,2001.

马宗晋.青藏高原岩石圈现今变动与动力学.北京:地震出版社,2001.

米家榕,金建华,高联达,等.辽东太子河流域早石炭世植物古生态与古环境.北京:地质出版社,2001.

牛树银,孙爱群,邵振国,等.地幔热柱多级演化及其成矿作用以华北矿聚区为例.北京:地震出版社,2001.

彭建兵,毛彦龙,范文,等.区域稳定动力学研究.北京:科学出版社,2001.

庞雄奇,Lan Lerche,王雅春,等.煤系源岩排烃门限理论研究与应用.北京:石油工业出版社,2001.

彭苏萍,邵龙义,曹代勇,等.塔里木盆地巴楚—阿瓦提地区碳酸盐岩储层研究.北京:地质出版社,2001.

齐永安,胡斌,张国成.遗迹学在沉积环境分析和层序地层学研究中的应用.徐州:中国矿业大学出版社,2001.

秦勇,朱炎铭,范炳恒,等.沉积有机质二次生烃理论及其应用.北京:地质出版社,2001.

邱中建,龚再升.中国油气新区勘探(第2卷):西部油气区.北京:石油工业出版社,2001.

全国地层委员会.中国地层指南及中国地层指南说明书(修订版).北京:地质出版社,2001.

桑树勋,秦勇.陆相盆地煤层气地质.徐州:中国矿业大学出版社,2001.

沈远超,刘铁兵,曾庆栋,等.中国金矿床成矿预测的理论与方法.北京:科学出版社,2001.

苏现波,林晓英.煤层气地质学与勘探开发.北京:科学出版社,2001.

苏文博.上扬子地台东南缘奥陶纪层序地层及海平面变化研究.北京:地质出版社,2001.

唐辉明,晏鄂川,胡新丽,等.工程地质数值模拟的理论与方法.武汉:中国地质大学出版社,2001.

王宝瑜,张梓歆,戎嘉余,等.新疆南天山志留纪—早泥盆世地层与动物群.合肥:中国科学技术大学出版社,2001.

王成善,伊海生,李勇,等.西藏羌塘盆地地质演化与油气远景评价.北京:地质出版社,2001.

王立全,李定谋,管坪,等.云南德钦鲁春锌铜矿评价.北京:地质出版社,2001.

王璞珺.事件沉积:导论·实例·应用.长春:吉林科学技术出版社,2001.

王尚彦,殷鸿福.滇东黔西陆相二叠纪—三叠纪界线地层研究.武汉:中国地质大学出版社,2001.

王世称,杨毅恒,严光生,等.大型超大型金矿床密集区综合信息预测.北京:地质出版社,2001.

王永春.伊通地堑含油气系统与油气成藏.北京:石油工业出版社,2001.

王裕宜,詹钱登,严璧玉,等.泥石流体结构和流变特性.长沙:湖南科学技术出版社,2001.

魏柏林.东南沿海地震活动特征.北京:地震出版社,2001.

吴基文,琚宜文.皖南地区二叠纪含煤地层沉积环境与聚煤规律.徐州:中国矿业大学出版社,2001.

吴金才.层序地层学勘探实践.武汉:中国地质大学出版社,2001.

吴珍汉,吴中海,江万,等.中国大陆及邻区新生代构造—地貌演化过程与机理.北京:地质出版社,2001.

夏林圻,夏祖春,徐学义,等.北祁连山构造—火山岩浆—成矿动力学.北京:中国大地出版社,2001.

王永勤.中国固体燃料非金属矿产图集.北京:地质出版社,2001.

徐邦栋.滑坡分析与防治.北京:中国铁道出版社,2001.

徐乃忠.采动离层充填减沉理论与实践.北京:煤炭工业出版社,2001.

薛爱民,金维浚.合肥盆地油气地质及其与大别造山带构造耦合.北京:石油工业出版社,2001.

阎同生,杨遵仪.河北抚宁、曲阳晚古生代地层及植物群.北京:地质出版社,2001.

杨方之,周荔青,郭念发,等.江苏黄桥二氧化碳气田.北京:石油工业出版社,2001.

叶叔华.现代地壳运动与地球动力学研究.北京:地震出版社,2001.

于庆文,李长安,古凤宝,等.青藏高原东北缘新生代隆升—沉积—气候演化及其耦合.武汉:中国地质大学出版社,2001.

翟世奎,陈丽蓉,张海启,等.冲绳海槽的岩浆作用与海底热液活动.北京:海洋出版社,2001.

张贵义,曹家泉,王志军,等.陇东黄土工程地质.西安:陕西科学技术出版社,2001.

张国伟,张本仁,袁学诚,等.秦岭造山带与大陆动力学.北京:科学出版社,2001.

张建国.工程地质与水文地质.北京:中国水利水电出版社,2001.

张克信,殷鸿福,朱云海,等.造山带混杂岩区地质填图理论、方法与实践.武汉:中国地质大学出版社,2001.

张弥曼.热河生物群.上海:上海科学技术出版社,2001.

张守信.中国地层名称.北京:科学出版社,2001.

张翼飞,段锦荪,张罡,等.滇西蛇绿岩带地质构造演化与澜沧江板块缝合线研究.昆明:云南科学技术出版社,2001.

张永波,张礼中,周小元,等.地质灾害信息系统的设计与开发.北京:地质出版社,2001.

赵鹏大.矿产勘查理论与方法.武汉:中国地质大学出版社,2001.

赵文津.喜马拉雅山及雅鲁藏布江缝合带深部结构与构造研究.北京:地质出版社,2001.

甄维胜,吕新华,胡望水,等.复杂断块油田非均质油藏精细描述.北京:石油工业出版社,2001.

中国地质科学院生物环境地球化学研究中心.地球化学环境:农业—健康.北京:地质出版社,2001.

中国矿床发现史编辑部.中国矿床发现史:综合卷.北京:地质出版社,2001.

中国煤田地质总局,程爱国.中国聚煤作用系统分析.徐州:中国矿业大学出版社,2001.

中国石油学会石油地质专业委员会.中国含油气系统的应用与进展(第2辑).北京:石油工业出版社,2001.

周毅.塔里木盆地各纪地层.北京:科学出版社,2001.

朱家格,金建华,高联达.辽东太子河流域早石炭世植物古生态与古环境.北京:地质出版社,2001.

陈梦熊,马凤山.中国地下水资源与环境.北京:地震出版社,2002.

崔盛芹,李锦蓉,吴珍汉,等.燕山地区中新生代陆内造山作用.北京:地质出版社,2002.

邓宏文,王红亮,祝永军,等.高分辨率层序地层学原理及应用.北京:地质出版社,2002.

郭光裕,林卓虹.脉状金矿床深部大比例统计预测理论与应用.北京:冶金工业出版社,2002.

国家自然科学基金委员会地球科学部.21世纪初地球科学战略重点.北京:中国科学技术出版社,2002.

国土资源部环境司.走进国家地质公园(一二).北京:地质出版社,2002.

侯祐堂.中国介形类化石(第1卷).北京:科学出版社,2002.

胡茂焱,刘大军,刘秀华. 地质灾害与治理技术. 武汉:中国地质大学出版社,2002.
湖南省国土资源厅,湖南省地质学会. 湖南地学新进展. 长沙:湖南科学技术出版社,2002.
黄珹. 中国地壳运动全球背景研究. 上海:上海科技教育出版社,2002.
黄崇轲,朱裕生. 中国银矿床及其时空分布. 北京:地震出版社,2002.
黄润秋. 地质灾害过程模拟和过程控制研究. 北京:科学出版社,2002.
谯汉生,方朝亮,牛嘉玉,等. 中国东部深层石油地质. 北京:石油工业出版社,2002.
李景明,魏国齐,曾宪斌,等. 中国大中型气田富集区带. 北京:地质出版社,2002.
李烈荣. 中国地质遗迹资源及其管理. 北京:中国大地出版社,2002.
李娅莉,薛秦芳. 宝石学基础教程. 北京:地质出版社,2002.
李昭淑. 陕西省泥石流灾害与防治. 西安:西安地图出版社,2002.
刘家远,钱建平,程志平,等. 新疆东准噶尔陆相火山作用与金铜成矿. 北京:地质出版社,2002.
刘招君,董清水,王嗣敏,等. 陆相层序地层学导论与应用. 北京:石油工业出版社,2002.
娄华君,马兆同,王炳山. 星体撞击构造形迹研究. 北京:地震出版社,2002.
陆松年. 青藏高原北部前寒武纪地质初探. 北京:地质出版社,2002.
骆辉,余克忍,陈志宏,等. 五台山地区条带状铁建造金矿地质及成矿预测. 北京:地质出版社,2002.
毛凤鸣. 复杂小断块油藏储层综合评价配套技术与应用. 北京:石油工业出版社,2002.
穆恩之,李积玉,葛梅钰,等. 中国笔石. 北京:科学出版社,2002.
聂凤军,江思宏,白大明,等. 北山地区金属矿床成矿规律及找矿方向. 北京:地质出版社,2002.
欧阳成甫,陈大克,钱建平,等. 广西平桂地区构造地质特征及含矿岩系研究. 南宁:广西科学技术出版社,2002.
潘懋,李铁锋. 灾害地质学. 北京:北京大学出版社,2002.
濮声荣. 陕西水利工程地质实践. 西安:陕西科学技术出版社,2002.
秦大河. 中国西部环境演变评估. 北京:科学出版社,2002.
全国地层委员会. 中国区域年代地层(地质年代)表说明书. 北京:地质出版社,2002.
邱爱金,郭令智,郑大瑜,等. 大陆构造作用对相山富大铀矿形成的制约. 北京:地质出版社,2002.
任纪舜,肖藜薇. 中国大陆含油气区大地构造. 北京:石油工业出版社,2002.
芮行健. 塔里木地块矿产资源. 北京:地质出版社,2002.
荣启宏. 东营凹陷西南部油气勘探与开发. 北京:石油工业出版社,2002.
曲力群,李忠,苗喜德. 工程地质. 北京:中国铁道出版社,2002.
万天丰. 中国及其邻区区域大地构造学. 北京:高等教育出版社,2002.
王德滋,周新民. 中国东南部晚中生代花岗质火山—侵入杂岩成因与地壳演化. 北京:科学出版社,2002.
王安建,王高尚. 矿产资源与国家经济发展. 北京:地震出版社,2002.
王涛. 花岗岩定位机制研究方法:花岗岩研究的思维与方法. 北京:地质出版社,2002.
王士天. 复杂环境中地质工程问题分析的理论与实践. 成都:四川大学出版社,2002.
汪啸风,陈孝红,张仁杰,等. 长江三峡地区珍贵地质遗迹保护和太古宙—中生代多重地层划分与海平面升降变化. 北京:地质出版社,2002.
吴因业,顾家裕. 油气层序地层学. 北京:石油工业出版社,2002.
吴基文,琚宜文. 皖南地区二叠纪含煤地层学环境与聚煤规律. 北京:中国矿业大学出版社,2002.
吴启成. 辽宁古生物化石珍品. 北京:地质出版社,2002.
吴诒,龚一鸣. 华南泥盆纪层序地层及海平面变化. 武汉:中国地质大学出版社,2002.
肖克炎. 阿舍勒铜锌矿床及三维定位预测. 北京:地质出版社,2002.
肖庆辉,邓晋福. 花岗岩研究的地球化学方法——以华南花岗岩为例:花岗岩研究的思维与方法. 北京:地质出版社,2002.
肖盛燮,陈洪凯,耿大玉,等. 库岸地质灾害治理与交通建设开发一体化模式. 北京:地质出版社,2002.

熊康宁. 喀斯特石漠化的遥感:GIS 典型研究/以贵州省为例. 北京:地质出版社,2002.

许才军. 青藏高原地壳运动模型与构造应力场. 北京:测绘出版社,2002.

薛叔浩,刘雯林,薛良清,等. 湖盆沉积地质与油气勘探. 北京:石油工业出版社,2002.

杨建民,黄蕴慧,秦淑英. 晋北金伯利岩钾镁煌斑岩研究. 北京:地质出版社,2002.

姚檀栋. 青藏高原中部冰冻圈动态特征. 北京:地质出版社,2002.

叶得泉,黄清华,张莹,等. 松辽盆地白垩纪介形类生物地层学. 北京:石油工业出版社,2002.

袁道先. 中国岩溶动力系统. 北京:地质出版社,2002.

袁金良,赵元龙,李越,等. 黔东南早、中寒武世凯里组三叶虫动物群. 上海:上海科学技术出版社,2002.

岳文浙,毕仲其,焦世鼎,等. 苏皖沿江中生代陆盆层序地层研究. 北京:地质出版社,2002.

张炳熹. 50年来中国地质科学技术进步与展望. 北京:地质出版社,2002.

张金亮. 油藏地质与油藏表征. 西安:西安地图出版社,2002.

张荣华. 长江中下游典型火山岩水—岩相互作用. 北京:中国大地出版社,2002.

张均,吕新彪,杨逢清,等. 川西北金矿地质和成矿预测. 武汉:中国地质大学出版社,2002.

张新民,庄景,张遂安,等. 中国煤层气地质与资源评价. 北京:科学出版社,2002.

张有学,尹安. 地球的结构、演化和动力学. 北京:高等教育出版社,2002.

张占文. 辽河盆地天然气地质. 北京:地质出版社,2002.

赵文智,张光亚,何海清. 中国海相石油地质与叠合含油气盆地. 北京:地质出版社,2002.

Zhao Xiwen. 中国古气候(The Paleoclimate of China). 北京:地质出版社,2002.

周鼎武. 区域地质综合研究的方法与实践. 北京:科学出版社,2002.

朱大岗,曲亚军,孟宪刚,等. 辽宁阜新地区金及多金属矿构造控矿分析与资源评价. 北京:地震出版社,2002.

朱旺喜. 矿物资源与西部大开发. 北京:冶金工业出版社,2002.

朱裕生,肖克炎,冯京,等. 阿舍勒铜锌矿床及三维定位预测. 北京:地质出版社,2002.

毕思文,黄润秋. 地球系统力学. 北京:地质出版社,2003.

蔡汝青. 地质矿产调查. 北京:中国建筑工业出版社,2003.

曹宏著. 现代油藏描述新方法. 北京:石油工业出版社,2003.

陈柏林,吴淦国,叶得金,等. 北山南带韧性剪切带构造与金矿成矿动力学. 北京:地震出版社,2003.

陈远荣,贾国相,徐庆鸿. 气体集成快速定位预测隐伏矿的新技术研究. 北京:地质出版社,2003.

陈梦熊. 中国水文地质工程地质事业的发展与成就:从事地质工作60年的回顾与思考. 北京:地震出版社,2003.

陈伟海. 奉节天坑地缝岩溶景观及世界自然遗产价值研究. 北京:地质出版社,2003.

陈毓川,叶庆同,王京彬,等. 中国新疆阿尔泰成矿带矿床地质、成矿规律与技术经济评价. 北京:地质出版社,2003.

陈毓川,王京彬. 中国新疆阿尔泰山地质与矿产论文集. 北京:地质出版社,2003.

程胜利,劳子强,张翼. 嵩山地质博览. 北京:地质出版社,2003.

程裕淇,常印佛,徐慧芬,等. 大别造山带1:50万地质图及说明书. 北京:地质出版社,2003.

崔可锐. 西天山的构造变形. 合肥:合肥工业大学出版社,2003.

操应长,姜在兴. 沉积学实验方法和技术. 北京:石油工业出版社,2003.

邓胜徽,姚益民,叶得泉,等. 中国北方侏罗系I地层总述. 北京:石油工业出版社,2003.

戴金星,陈践发,钟宁宁,等. 中国大气田及其气源. 北京:科学出版社,2003.

党玉琪,胡勇,余辉龙,等. 柴达木盆地北缘石油地质. 北京:地质出版社,2003.

丁振举,姚书振,刘从强,等. 碧口地块古海底热水喷流沉积及其成矿作用地球化学示踪. 北京:地质出版社,2003.

方朝亮,蒋有路,黄志龙,等. 典型油气藏地质特征与成因模式. 北京:石油工业出版社,2003.

范永香,阳正熙.成矿规律与成矿预测.徐州:中国矿业大学出版社,2003.
高岩,赵秀歧,张玮,等.塔里木盆地层序地层特征与非构造圈闭勘探.北京:石油工业出版社,2003.
葛晓光.南黄淮新生界底部含水层沉积特征和工程性质.合肥:合肥工业大学出版社,2003.
国土资源部地质环境司,国土资源部宣传教育中心.中国地质灾害与防治.北京:地质出版社,2003.
郭彦如.查干断陷湖盆层序地层框架中的含油气系统.北京:地质出版社,2003.
郭友钊,余钦范,李磊,等.岩石物性块体及其地质应用.北京:地质出版社,2003.
焦贵浩,王同和,郭绪杰,等.二连裂谷构造演化与油气.北京:石油工业出版社,2003.
谯汉生,方朝亮,牛嘉玉,等.东北地区深层石油地质(第2卷).北京:石油工业出版社,2003.
贾国相,陈远荣,姚锦琪.我国特殊景观区油气综合化探技术.北京:石油工业出版社,2003.
晋慧娟,李育慈,方国庆.中国古代深海沉积和遗迹化石群落.北京:科学出版社,2003.
姜在兴.沉积学.北京:石油工业出版社,2003.
韩晓雷.工程地质学原理.北京:机械工业出版社,2003.
韩吟文,马振东.地球化学.北京:地质出版社,2003.
韩宗珠,翟世奎,赵广涛.宝石学与宝石鉴定.青岛:中国海洋大学出版社,2003.
何自新.鄂尔多斯盆地演化与油气.北京:石油工业出版社,2003.
侯读杰,张林晔.实用油气地球化学图鉴.北京:石油工业出版社,2003.
侯增谦,韩发,夏林圻,等.现代与古代海底热水成矿作用.北京:地质出版社,2003.
侯增谦,杨岳清,王海军,等.三江义敦岛弧碰撞造山过程与成矿系统.北京:地质出版社,2003.
胡明安,庄新国,赵颖弘.广西高龙卡林型金矿的成矿与找矿.武汉:中国地质大学出版社,2003.
黄第藩,张大江,王培荣,等.中国未成熟石油成因机制和成藏条件.北京:石油工业出版社,2003.
黄玉昆,邹和平,张珂.岭南地质与矿产.广州:广东人民出版社,2003.
黄宗理,董树文,张洪涛,等.跨越新千年的地质科学:31届国际地质大会进展综述.北京:地质出版社,2003.
李超岭,于庆文,张克信,等.数字区域地质调查基本理论与技术方法.北京:地质出版社,2003.
李存贵.低渗透储层三维地质模型和剩余油分布预测.北京:石油工业出版社,2003.
李东旭.旋扭构造动力学理论、方法及应用.北京:地质出版社,2003.
李国玉.世界石油地质.北京:石油工业出版社,2003.
李乃胜,石学法,赵松龄,等.崂山地质与古冰川研究.北京:海洋出版社,2003.
李丕龙,李学田,宋明冰,等.合肥盆地石油地质与地球物理特征研究及进展.北京:地质出版社,2003.
李丕龙.陆相断陷盆地油气成藏组合.北京:地质出版社,2003.
李丕龙.陆相断陷盆地层序地层学应用.北京:地质出版社,2003.
李丕龙.陆相断陷盆地构造演化与构造样式.北京:地质出版社,2003.
李丕龙.陆相断陷盆地油气生成与资源评价.北京:地质出版社,2003.
李丕龙.陆相断陷盆地沉积体系与油气分布.北京:地质出版社,2003.
李廷栋.地质科学探索.石家庄:河北教育出版社,2003.
李文阳,王慎言,赵庆波.中国煤层气勘探与开发.徐州:中国矿业大学出版社,2003.
李祥根.中国新构造运动概论.北京:地震出版社,2003.
李晓清,汪泽成,程有义.拉分盆地分析与含油气性以潍北盆地为例.东营:石油大学出版社,2003.
李兆鼐,权恒,李之彤,等.中国东部中、新生代火成岩及其深部过程.北京:地质出版社,2003.
刘成虎.华北盆地构造特征与构造样式.北京:石油工业出版社,2003.
刘宝明,张汉泉,夏斌.南沙海域断裂演化特征及其与南海海盆的演化关系.南京:南京师范大学出版社,2003.
刘伯元.中国非金属矿开发与应用(Apabi电子图书).北京:冶金工业出版社,2003.
刘成东,李建红,梁良,等.赣中地区金成矿地质条件分析.北京:地质出版社,2003.

刘成斋.泥岩裂缝预测理论与实践.合肥:中国科学技术大学出版社,2003.
刘树臣,张丽君,谭永杰,等.当代地质调查工作发展态势及我国对策.北京:地质出版社,2003.
刘顺生,李志纯,谭凯旋,等.中国阿尔泰造山带的变形变质及流体作用.北京:地质出版社,2003.
刘希林,莫多闻.泥石流风险评价.成都:四川科学技术出版社,2003.
卢华复,贾承造.库车—柯坪再生前陆冲断带构造.北京:科学出版社,2003.
陆景冈,唐根年,俞益武,等.旅游地质学.北京:中国环境科学出版社,2003.
陆松年,李怀坤,陈志宏,等.秦岭中—新元古代地质演化及对Rodinia超级大陆事件的响应.北京:地质出版社,2003.
卢新卫,马东升.湘中区域古流体及锡矿山锑矿成矿作用模拟.北京:地质出版社,2003.
卢耀如.地质—生态环境与可持续发展.南京:河海大学出版社,2003.
马丽芳.中国地质图集.北京:地质出版社,2003.
马寅生.黄河上游新构造活动与地质灾害风险评价.北京:地质出版社,2003.
马寅生,张美良,魏子新,等.陆相盆地高精度层序地层学—隐蔽油气藏勘探基础、方法与实践:基础理论篇.北京:地质出版社,2003.
马宗晋,杜品仁,洪汉净.地球构造与动力学.广州:广东科技出版社,2003.
毛景文,张招崇,杨建民,等.北祁连山西段铜金铁钨多金属矿床成矿系列和找矿评价.北京:地质出版社,2003.
孟祥化.沉积盆地与建造层序.北京:地质出版社,2003.
闵隆瑞,迟振卿.河北阳原盆地西部第四纪地质.北京:地质出版社,2003.
牟永光.三维复杂介质地震物理模拟.北京:石油工业出版社,2003.
穆龙新,贾爱林.扇三角洲沉积储层模式及预测方法研究.北京:石油工业出版社,2003.
潘保芝,薛林福,李舟波,等.裂缝性火成岩储层测井评价方法与应用.北京:石油工业出版社,2003.
潘桂棠,徐强,侯增谦,等.中国西南特提斯造山带形成演化与成矿系统.北京:地质出版社,2003.
庞雄奇.地质过程定量模拟.北京:石油工业出版社,2003.
庞雄奇,金之钧,姜振学,等.油气成藏定量模式.北京:石油工业出版社,2003.
庞雄奇,曾溅辉,金之钧,等.油气成藏机理研究图集.北京:石油工业出版社,2003.
裴荣富,梅燕雄.金属成矿省演化与成矿年代学——以华北地台北缘及其北侧金属成矿省为例.北京:地质出版社,2003.
彭存仓,谭河清.孤东地区第三系成油气体系研究.北京:中国石化出版社,2003.
钱家忠,汪家权.中国北方型裂隙岩溶水模拟及水环境质量评价.合肥:合肥工业大学出版社,2003.
曲寿利,王鑫.国内外物探技术现状与展望.北京:石油工业出版社,2003.
石宝珩.石油地质论文辑录.北京:地质出版社,2003.
山西省国土资源厅.山西地质遗迹.北京:中国大地出版社,2003.
宋书君.复杂断块群四维应力场模型及油藏预测.北京:石油工业出版社,2003.
宋万超,刘波,宋新民,等.层序地层学概念、原理、方法及应用.北京:石油工业网出版社,2003.
苏爱军.湖北省三峡库区滑坡防治地质勘察与治理工程技术规定.武汉:中国地质大学出版社,2003.
隋少强,张义杰,曹思远.储层特征研究与预测——以胜利油田义和庄区块为例.北京:地质出版社,2003.
孙海田,李纯杰,吴海,等.西昆仑金属成矿省概论.北京:地质出版社,2003.
孙家齐.工程地质.武汉:武汉理工大学出版社,2003.
孙肇才.板内形变与晚期成藏.北京:地质出版社,2003.
唐川,朱静.云南滑坡泥石流研究.北京:商务印书馆,2003.
谭凯旋,谢焱石,杨建明.构造成矿作用非线性动力学.北京:地质出版社,2003.
谭凯旋,王清良,伍衡山,等.溶浸采矿热力学和动力学.长沙:中南大学出版社,2003.
谭河清.济阳坳陷垦东凸起油藏地球化学研究.北京:中国石化出版社,2003.

汤加富,周存亭,侯明金,等.大别山及邻区地质构造特征与形成演化地幔差速环流与陆内多期造山.北京:地质出版社,2003.

涂光炽.成矿与找矿.石家庄:河北教育出版社,2003.

万军伟,刘存富,晁念英,等.同位素水文学理论与实践.武汉:中国地质大学出版社,2003.

王成文,张松梅.哲斯腕足动物群.北京:地质出版社,2003.

王大锐,张抗.云南地区新生代盆地含油气性.北京:地质出版社,2003.

王贵玲,刘花台,刘志明,等.华北平原地下水潜力调查及评价方法研究.北京:地质出版社,2003.

王建平.西藏东部特提斯地质.北京:科学出版社,2003.

王联魁,沙联塈,徐新文,等.论花岗岩建造与系列(以华南河台地区和粤西地区的花岗岩为例):兼论花岗岩三级成因分类.广州:广东科技出版社,2003.

王世称,刘玉强,伊丕厚,等.山东省金矿床及金矿床密集区综合信息成矿预测.北京:地质出版社,2003.

王涛.中国深盆气田.北京:石油工业出版社,2003.

王屿涛.准噶尔盆地油气形成与分布论文集.北京:石油工业出版社,2003.

王毅民,高玉淑,韩慧明,等.实用地质分析标准物质手册(汉英对照).北京:地质出版社,2003.

王端平,金强,戴俊生,等.基岩潜山油气藏储集空间分布规律和评价方法.北京:地质出版社,2003.

吴泰然,何国琦.普通地质学.北京:北京大学出版社,2003.

吴珍汉,叶培盛,胡道功,等.青藏高原腹地的地壳变形与构造地貌形成演化过程.北京:地质出版社,2003.

武强,姜振泉,李云龙.山西断陷盆地地裂缝灾害研究.北京:地质出版社,2003.

西安地质矿产研究所.西北地质调查.西安:西安地图出版社,2003.

咸阳市城乡建设规划局,咸阳市勘察测绘院.咸阳城市工程地质图集.北京:地质出版社,2003.

谢丛娇.石油开发地质学.武汉:中国地质大学出版社,2003.

谢富仁,陈群策,崔效锋,等.中国大陆地壳应力环境研究.北京:地质出版社,2003.

谢先德,朱宇照,谭慕陶,等.广东沿海地质环境与地质灾害.广州:广东科学技术出版社,2003.

修申成,姚益民,陶明华,等.中国北方侏罗系 VI 华北地层区.北京:石油工业出版社,2003.

许坤,杨建国,陶明华,等.中国北方侏罗系 VII 东北地层区.北京:石油工业出版社,2003.

许兆义,王连俊,杨成永.工程地质基础.北京:中国铁道出版社,2003.

徐同台,王行信,张有瑜.中国含油气盆地粘土矿物.北京:石油工业出版社,2003.

徐彬彬,何明德.贵州煤田地质.徐州:中国矿业大学出版社,2003.

杨宝俊,张梅生,王璞君,等.中国油气区地质:地球物理解析(上卷).北京:科学出版社,2003.

杨庚,钱祥麟,郭华.塔里木北缘库车陆内挠曲盆地构造演化与油气远景评价.北京:地质出版社,2003.

杨群.分子古生物学原理与方法.北京:科学出版社,2003.

杨文采,徐纪人,程振炎,等.苏鲁大别造山带地球物理与壳幔作用.北京:地质出版社,2003.

杨世瑜,王瑞雪.矿床遥感地质问题.昆明:云南大学出版社,2003.

叶得泉,黄清华,刘振文,等.海拉尔盆地白垩纪介形类.北京:石油工业出版社,2003.

业渝光.地质年代学理论与实践.北京:地质出版社,2003.

易明初.新构造活动与区域地壳稳定性.北京:地震出版社,2003.

殷鸿福.中华人民共和国区域地质调查报告1:25万冬给措纳湖幅地质图.武汉:中国地质大学出版社,2003.

於崇文.地质系统的复杂性.北京:地质出版社,2003.

于学政,金玉声,杨日玉.藏东遥感地质与矿产资源.北京:地质出版社,2003.

袁效奇,傅智雁,王喜富,等.中国北方侏罗系 V 鄂尔多斯地层区.北京:石油工业出版社,2003.

曾贻善.实验地球化学.北京:北京大学出版社,2003.

张春生.碎屑岩沉积模拟技术.北京:石油工业出版社,2003.

张光辉,费宇红,陈宗宇,等.海河平原地下水演变与对策.北京:科学出版社,2003.

张京俊,贾砺明,陈平,等.山西省矿床成矿系列特征及成矿模式.北京:煤炭工业出版社,2003.

张善文.多样性潜山成因、成藏与勘探:以济阳坳陷为例.北京:石油工业出版社,2003.

张师本,倪寓南,龚福华,等.塔里木盆地周缘地层考察指南.北京:石油工业出版社,2003.

张一伟.油气藏形成与勘探:石油大学石油天然气成藏机理教育部重点验室科研成果文集.北京:石油工业出版社,2003.

张振利,田立富.藏南吉隆沟地层与萨嘎段雅鲁藏布江蛇绿岩混杂岩带特征研究.北京:学苑出版社,2003.

张宗清,袁忠信,唐索寒,等.白云鄂博矿床年龄和地球化学.北京:地质出版社,2003.

赵靖舟.前陆盆地天然气成藏理论及应用.北京:石油工业出版社,2003.

赵澄林,陈纯芳,李汉成,等.渤海湾早第三纪油区岩相古地理及储层.北京:石油工业出版社,2003.

赵国隆,刘广志,李常茂.勘探工程技术.上海:上海科学技术出版社,2003.

赵敬松,唐洪明,雷卞军.矿物岩石薄片研究基础.北京:石油工业出版社,2003.

赵树栋.华北油田开发实践与认识.北京:石油工业出版社,2003.

赵文金,万晓樵.西藏特提斯演化晚期生物古海洋事件.北京:地质出版社,2003.

赵文智.中国含油气系统基本特征与评价方法.北京:科学出版社,2003.

赵温霞.周口店地质及野外地质工作方法与高新技术应用.武汉:中国地质大学出版社,2003.

赵应成,魏东涛,马志强,等.中国北方侏罗系Ⅳ 祁连地层区.北京:石油工业出版社,2003.

赵振华,匡耀求,朱照宇,等.珠江三角洲资源环境与可持续发展.广州:广东科学技术出版社,2003.

赵振华,涂光炽.中国超大型矿床(Ⅱ).北京:科学出版社,2003.

钟筱春,赵传本,杨时中,等.中国北方侏罗系Ⅱ古环境与油气.北京:石油工业出版社,2003.

中国地质调查局.严重缺水地区地下水勘查论文集.北京:地质出版社,2003.

中国地质调查局.20世纪末中国各省区域地质调查进展.北京:地质出版社,2003.

中国地质调查局.20世纪末中国区域地质调查工作方法新进展.北京:地质出版社,2003.

中国地质调查局.20世纪末中国区域地质调查与研究进展.北京:地质出版社,2003.

中国地质调查局发展研究中心.21世纪初地质调查挑战与机遇.北京:中国地质调查局发展研究中心,2003.

中国地质学会.21世纪初中国地质工作改革与发展.北京:地质出版社,2003.

浙江省地质矿产志编纂委员会.浙江省地质矿产志.北京:方志出版社,2003.

周怀阳,王春生,倪建宇,等.现有深海采矿环境影响实验方法和结果评价.北京:海洋出版社,2003.

周继彬,曾佐勋,李志勇.构造地质学软件包StrucKit的设计与开发.北京:中国地质大学出版社,2003.

周新源,胡煜昭,刘胜,钟端.塔里木盆地喀什凹陷北部露头区油气地质.北京:石油工业出版社,2003.

朱筱敏,顾家裕,贾进华.塔里木盆地重点层系储盖层评价.北京:石油工业出版社,2003.

朱训.中华人民共和国地质矿产史(1949~2000).北京:地质出版社,2003.

朱训.朱训论文选·地学哲学卷.北京:中国大地出版社,2003.

蔡进功.泥质沉积物和泥岩中有机黏土复合体.北京:科学出版社,2004.

陈发景,汪新文,陈昭年,等.伸展断陷盆地分析.北京:地质出版社,2004.

陈骏.地球化学.北京:科学出版社,2004.

陈国达,彭省临,戴塔根.云南铜多金属壳体大地构造成矿学.长沙:中南大学出版社,2004.

陈家良,邵震杰,秦勇.能源地质学.徐州:中国矿业大学出版社,2004.

陈建强,周洪瑞,王训练.沉积学及古地理学教程.北京:地质出版社,2004.

陈琦,刘永祥.地质学概论.长春:吉林大学出版社,2004.

陈天虎,徐晓春,岳书仓.苏皖凹凸棒石黏土纳米矿物学及地球化学.北京:科学出版社,2004.

陈伟海.重庆武隆岩溶地质公园地质遗迹特征形成与评价.北京:地质出版社,2004.

陈业全,李宝刚,刘春晓.塔中地区火山岩预测的综合地球物理方法.东营:石油大学出版社,2004.
程利伟.中国地质博物馆.北京:地质出版社,2004.
程裕淇,常印佛,徐惠芬,等.大别—苏鲁造山带地质图(1:500 000)及说明书.北京:地质出版社,2004.
崔克信.中国西南区域古地理及其演化图集.北京:地震出版社,2004.
戴传固,王尚彦,边申武,等.造山带构造分析原理、方法及实践:以南昆仑造山带西段为例.北京:地质出版社,2004.
邓晋福,罗照华,苏尚国,等.岩石成因、构造环境与成矿作用.北京:地质出版社,2004.
丁仁杰,朱丽霞,李克昌,等.三峡重庆库区地震、地质灾害监测与防治技术研究.北京:中国科学技术出版社,2004.
范德廉,张焘,叶杰,等.中国的黑色岩系及其有关矿床.北京:科学出版社,2004.
范时清.海洋地质学.北京:海洋出版社,2004.
冯学仕,王尚彦.贵州省区域矿床成矿系列与成矿规律.北京:地质出版社,2004.
冯增昭,彭勇民,金振奎,等.中国寒武纪和奥陶纪岩相古地理.北京:石油工业出版社,2004.
费祥俊,舒安平.泥石流运动机理与灾害防治.北京:清华大学出版社,2004.
甘甫平,王润生.遥感岩矿信息提取基础与技术方法研究.北京:地质出版社,2004.
高德利.复杂地质条件下深井超深井钻井技术.北京:石油工业出版社,2004.
高瑞祺,赵文智,孔凡仙.青年勘探家论渤海盆地石油地质.北京:石油工业出版社,2004.
郭华,李明,夏斌,等.查干诺尔盆地构造演化及铀成矿条件分析.北京:地质出版社,2004.
郭玉贵,王红霞.黄海及邻区震旦纪—三叠纪构造古地理及深部构造重磁研究.北京:地质出版社,2004.
龚再升,李思田.南海北部大陆边缘盆地油气成藏动力学研究.北京:科学出版社,2004.
关德范,王国力,张金功,等.成盆成烃成藏理论思维:从盆地到油气藏.北京:石油工业出版社,2004.
国土资源部地质环境司.中国世界地质公园.北京:中国环境科学出版社,2004.
韩文峰.黄河黑山峡河段开发重大工程地质问题研究.北京:科学出版社,2004.
郝立波,戚长谋.地球化学原理.北京:地质出版社,2004.
何国琦.中国新疆及邻区大地构造图.北京:地质出版社,2004.
何自新,贺静.鄂尔多斯盆地中生界储层图册.北京:石油工业出版社,2004.
何自新,杨奕华.鄂尔多斯盆地奥陶系储层图册.北京:石油工业出版社,2004.
何自新,南珺祥.鄂尔多斯盆地上古生界储层图册.北京:石油工业出版社,2004.
何自新,杨华,袁效奇.鄂尔多斯盆地地质剖面图集.北京:石油工业出版社,2004.
洪汉烈,闵新民.量子化学方法研究矿物的表面化学.武汉:中国地质大学出版社,2004.
侯洪斌,牟泽辉,朱宏权,等.鄂尔多斯盆地北部上古生界天然气成藏条件与勘探方向.北京:石油工业出版社,2004.
火恩杰,刘昌森,章振铨,等.上海市隐伏断裂及其活动性研究.北京:地震出版社,2004.
胡受奚,叶瑛,方长泉.交代蚀变岩岩石学及其找矿意义.北京:地质出版社,2004.
黄定华.普通地质学.北京:高等教育出版社,2004.
黄智龙,陈进,韩润生,等.云南会泽超大型铅锌矿床地球化学及成因——兼论峨眉山玄武岩与铅锌成矿的关系.北京:地质出版社,2004.
季汉成,赵澄林,谢庆宾.现代沉积(第2版).北京:石油工业出版社,2004.
季强,陈文,王五力,等.中国辽西中生代热河生物群.北京:地质出版社,2004.
金永铎,董高翔.非金属矿石物化性能测试和成分分析方法手册.北京:科学出版社,2004.
贾承造,王良忱,魏国齐.塔里木盆地板块构造与大陆动力学.北京:石油工业出版社,2004.
贾承造,魏国齐.塔里木盆地中新生代构造特征与油气.北京:石油工业出版社,2004.
贾承造,张师本,吴绍祖,等.塔里木盆地及周边地层.北京:科学出版社,2004.
贾承造.松辽盆地深层天然气勘探研讨会报告集.北京:石油工业出版社,2004.

姜宝良.埋藏型冲洪积扇区供水水文地质勘察研究.北京:中国大地出版社,2004.

蒋先艺,刘贤功,宋葵.复杂构造模型正演模拟.北京:石油工业出版社,2004.

焦作市国土资源局,河南省地质调查院.中国云台山世界地质公园规划与建设.北京:中国大地出版社,2004.

谯汉生,于兴河.裂谷盆地石油地质.北京:石油工业出版社,2004.

赖锡安,黄立人,徐菊生,等.中国大陆现今地壳运动.北京:地震出版社,2004.

李伯虎,李洁.大庆油田精细地质研究与应用技术.北京:石油工业出版社,2004.

李春昱.李春昱板块构造论文选集.北京:地质出版社,2004.

李华芹,陈富文.中国新疆区域成矿作用年代学.北京:地质出版社,2004.

李家彪,高抒.中国边缘海海盆演化与资源效应.北京:海洋出版社,2004.

李俊建,沈保丰,翟安民,等.冀东地区金矿地质.北京:地质出版社,2004.

李明诚.石油与天然气运移.北京:石油工业出版社,2004.

李丕龙,庞雄奇.陆相断陷盆地隐蔽油气藏形成.北京:石油工业出版社,2004.

李丕龙,庞雄奇.隐蔽油气藏形成机理与勘探实践.北京:石油工业出版社,2004.

李思田,解习农,王华,等.沉积盆地分析基础与应用.北京:高等教育出版社,2004.

李兆鼐,毋瑞身,林宝钦,等.中国火山岩地区金矿床.北京:地质出版社,2004.

李志昌,路远发,黄圭成.放射性同位素地质学方法与进展.武汉:中国地质大学出版社,2004.

梁狄刚,陈建平,张宝民,等.塔里木盆地库车坳陷陆相油气的生成.北京:石油工业出版社,2004.

刘丛强,黄智龙,许成,等.地幔流体及其成矿作用:以四川冕宁稀土矿床为例.北京:地质出版社,2004.

刘红军,张秀华.工程地质学.哈尔滨:东北林业大学出版社,2004.

刘建明,陈建平,顾雪祥.矿床学理论与实践.北京:科学出版社,2004.

刘俊民.工程地质及水文地质.北京:中国农业出版社,2004.

刘家铎,张成江.扬子地台西南缘成矿规律及找矿方向.北京:地质出版社,2004.

刘玉强,李洪喜,黄太岭,等.山东省金、铁、煤矿床成矿系列及成矿预测.北京:地质出版社,2004.

卢良兆,林强,刘招君.成因岩石学.长春:吉林大学出版社,2004.

卢焕章,范宏瑞,倪培,等.流体包裹体.北京:科学出版社,2004.

鹿心社,叶冬松.全国省级矿产资源总体规划.北京:地质出版社,2004.

卢欣祥,尉向东,董有,等.小秦岭—熊耳山地区金矿特征与地幔流体.北京:地质出版社,2004.

吕古贤,王方正,刘瑞.超高压变质的构造附加压力与形成深度.北京:科学出版社,2004.

马力,陈焕疆,甘克文,等.中国南方大地构造和海相油气地质(上下).北京:地质出版社,2004.

马杏垣.解析构造学.北京:地质出版社,2004.

马寅生.燕山东段—下辽河盆地中新生代盆岭构造及应力场演化.北京:地质出版社,2004.

孟令顺,傅维洲.地质学研究中的地球物理基础.长春:吉林大学出版社,2004.

孟祥化,葛铭.中朝板块层序·事件·演化:天文周期的沉积响应和意义.北京:科学出版社,2004.

孟祥振,赵梅芳.宝石学与宝石鉴定.上海:上海大学出版社,2004.

莫杰.海洋地学前沿.北京:海洋出版社,2004.

潘元林,李思田.大型陆相断陷盆地层序地层与隐蔽油气藏研究:以济阳坳陷为例.北京:石油工业出版社,2004.

彭华.世界地质公园中国红石公园丹霞山.北京:地质出版社,2004.

彭省临,刘亮明.大型矿山接替资源勘查技术与示范研究.北京:地质出版社,2004.

邱占祥,邓涛,王伴月.甘肃东乡龙担早更新世哺乳动物群.北京:科学出版社,2004.

戎嘉余,方宗杰.生物大灭绝与复苏:来自华南古生代和三叠纪的证据(上下).合肥:中国科学技术大学出版社,2004.

盛绍基,戚文玲,杨祥,等.元素现场快速分析方法的研究及应用.武汉:中国地质大学出版社,2004.

时华星,宋明水,徐春华,等.煤型气地质综合研究思路与方法.北京:地质出版社,2004.

石铨曾,尉向东,李明立,等.河南省东秦岭山脉北缘的推覆构造及伸展拆离构造.北京:地质出版社,2004.

石玉章.地质学基础.北京:中国石油大学出版社,2004.

孙培善.城市地质工作概论.北京:地质出版社,2004.

孙广忠,孙毅.地质工程学原理.北京:地质出版社,2004.

孙梦茹,周建林,崔文富,等.胜坨油田精细地质研究.北京:中国石化出版社,2004.

康玉柱.中国主要盆地油气分布规律及勘探经验.乌鲁木齐:新疆科学技术出版社,2004.

滕吉文,张中杰,白武明,等.岩石圈物理学.北京:科学出版社,2004.

天津市地质矿产局.天津市地质环境图集.北京:地质出版社,2004.

涂光炽,高振敏,胡瑞忠,等.分散元素地球化学及成矿机制.北京:地质出版社,2004.

万天丰.中国大地构造学纲要.北京:地质出版社,2004.

王家生.北戴河地质认识实习指导书.武汉:中国地质大学出版社,2004.

王剑,谭富文,李亚林,等.青藏高原重点沉积盆地油气资源潜力分析.北京:地质出版社,2004.

王思敬,黄鼎成.中国工程地质世纪成就.北京:地质出版社,2004.

王五力,张宏,张立军,等.土城子阶、义县阶标准地层剖面及其地层古生物、构造—火山作用.北京:地质出版社,2004.

王伟男,童茂松,陈国华,等.泥质砂岩的物理性质及其测井应用.北京:石油工业出版社,2004.

王小凤,陈宣华,陈正乐,等.阿尔金地区成矿地质条件与远景预测.北京:地质出版社,2004.

王杏生.大陆漂移的动力本源:揭示自然规律,破解地学之谜.武汉:中国地质大学出版社,2004.

王玉华,侯启军,孙德君,等.柴达木盆地北缘地区中新生代地层油气生成与资源评价.北京:科学出版社,2004

王允诚,孔金祥,季海平,等.气藏地质.北京:石油工业出版社,2004.

王允鹏,陈铁男,孔令斌,等.中国国家地质公园·五大连池.北京:中国地图出版社,2004.

王永江,王润生,姜晓玮.西天山吐拉苏盆地与火山岩有关的金矿遥感找矿研究.北京:地质出版社,2004.

汪啸风,陈孝红.关岭生物群——探索两亿年前海洋生物世界奥秘的窗口.北京:地质出版社,2004.

文志刚,米立军,唐友军,等.渤海海域中西部地区天然气地球化学.武汉:中国地质大学出版社,2004.

伍友佳.石油矿场地质学.北京:石油工业出版社,2004.

夏真,林进清,郑志昌,等.深圳大鹏湾海洋地质环境综合评价.北京:地质出版社,2004.

谢丛姣,蔡尔范,关振良.石油开发地质学.武汉:中国地质大学出版社,2004.

谢渊,王剑,刘家译,等.鄂尔多斯盆地东南部延长组湖盆致密砂岩储层层序地层与油气勘探.北京:地质出版社,2004.

肖序常,刘训,高锐.新疆南部地壳结构和构造演化.北京:商务印书馆,2004.

肖序常,刘训,高锐.中国新疆天山—塔里木—昆仑山地学断面1:100万.北京:地质出版社,2004.

徐峻岭,王恭先,刘光代,等.滑坡学与滑坡防治技术.北京:中国铁道出版社,2004.

徐论勋.晋西兴县奥陶系石油地质综合研究.北京:石油工业出版社,2004.

许光泉,凌标灿.新生界底部含水层特征研究及其数据库模拟系统.北京:煤炭工业出版社,2004.

许效松,刘宝珺,牟传龙,等.中国中西部海相盆地分析与油气资源.北京:地质出版社,2004.

燕长海.东秦岭铅锌银成矿系统内部结构.北京:地质出版社,2004.

杨计申,李彦坡.海河流域平原区堤防工程地质研究.郑州:黄河水利出版社,2004.

杨连生.水利水电工程地质.武汉:武汉大学出版社,2004.

杨明桂,王发宁,曾勇,等.江西北部金属成矿地质.北京:中国大地出版社,2004.

杨式溥,张建平,杨美芳.中国遗迹化石.北京:科学出版社,2004.

杨子赓.海洋地质学.济南:山东教育出版社,2004.

姚超,焦贵浩,王同和,等. 中国含油气构造样式. 北京:石油工业出版社,2004.

叶家瑜,江宝林. 区域地球化学勘查样品分析方法. 北京:地质出版社,2004.

叶天竺. 固体矿产预测评价方法技术. 北京:中国大地出版社,2004.

伊海生,林金辉. 藏北高原新生代高钾钙碱性系列火山岩与壳—幔相互作用. 北京:地质出版社,2004.

殷坤龙. 滑坡灾害预测预报. 武汉:中国地质大学出版社,2004.

应凤祥,罗平,何东博,等. 中国含油气盆地碎屑岩储集层成岩作用与成岩数值模拟. 北京:石油工业出版社,2004.

袁心强. 翡翠宝石学. 北京:中国地质大学出版社,2004.

臧秀平. 工程地质. 北京:高等教育出版社,2004.

曾佐勋,赖旭龙,胡以铿,等. 陕甘川邻接区复合造山带与成矿. 武汉:中国地质大学出版社,2004.

翟裕生,彭润民,向运川,等. 区域成矿研究法. 北京:中国大地出版社,2004.

翟淳. 桐柏麻粒岩相带及深成作用. 广州:广东科技出版社,2004.

张本琪,张洪山,康仁华,等. 车镇凹陷层序地层与石油地质. 北京:石油工业出版社,2004.

张金亮,常象春. 石油地质学. 北京:石油工业出版社,2004.

张师本,黄智斌,朱怀诚,等. 塔里木盆地覆盖区显生宙地层. 北京:石油工业出版社,2004.

张水昌,梁狄刚,张宝民,等. 塔里木盆地海相油气的生成. 北京:石油工业出版社,2004.

张卫,覃小群,易连兴,等. 滇黔桂湘岩溶水资源开发利用. 武汉:中国地质大学出版社,2004.

张行. 古生物与古环境. 敦煌:敦煌文艺出版社,2004.

张祖培,刘宝昌. 碎岩工程学. 北京:地质出版社,2004.

章至洁. 水文地质学基础. 徐州:中国矿业大学出版社,2004.

张宗祜,李烈荣. 中国地下水资源与环境图集. 北京:地图出版社,2004.

张中杰,高锐,吕庆田,等. 中国大陆地球深部结构与动力学研究:庆贺腾吉文院士从事地球物理研究50周年. 北京:科学出版社,2004.

赵鹏大. 定量地学方法及应用. 北京:高等教育出版社,2004.

赵一鸣,吴良士,白鸽,等. 中国主要金属矿床成矿规律. 北京:地质出版社,2004.

赵文智,刘文汇. 天然气地质与气藏经济开发理论基础. 北京:地质出版社,2004.

郑度,姚檀栋. 青藏高原隆升与环境效应. 北京:科学出版社,2004.

邹才能,池英柳,李明,薛叔浩. 陆相层序地层学分析技术. 北京:石油工业出版社,2004.

中国科学院地质与地球物理研究所工程地质力学重点实验室. 工程地质力学研究,2004. 北京:地质出版社,2004.

周玉琦,易荣龙,舒文培. 中国石油与天然气资源. 武汉:中国地质大学出版社,2004.

周玉琦,周荔青,郭念发. 中国东部新生代盆地油气地质. 北京:石油工业出版社,2004.

朱大岗,孟宪刚. 西藏纳木错地区第四纪环境演变. 北京:地质出版社,2004.

朱英. 中国及邻区大地构造和深部构造纲要:全国1∶100万航磁异常图的初步解释. 北京:地质出版社,2004.

左建,温庆博. 工程地质及水文地质. 北京:中国水利水电出版社,2004.

左建,郭成久. 水利工程地质. 北京:中国水利水电出版社,2004.

蔡乾忠. 中国海域油气地质学. 北京:海洋出版社,2005.

曹成润,刘志宏. 含油气盆地构造分析原理及方法. 长春:吉林大学出版社,2005.

操应长. 断陷湖盆层序地层学. 地质出版社,2005.

崔学军,曾佐勋,杨巍然,等. 赣江断裂与郯庐断裂接合关系及其成矿作用. 武汉:中国地质大学出版社,2005.

程捷,张秋营,张西娟,等. 吐鲁番盆地新生代环境演变. 北京:地震出版社,2005.

陈洪江. 土木工程地质. 北京:中国建材工业出版社,2005.

陈建平. 合肥盆地中新生代构造演化与油气地质特征. 北京:地质出版社,2005.

陈岳龙,杨忠芳,赵志丹. 同位素地质年代学与地球化学. 北京:地质出版社,2005.

陈昭年. 石油与天然气地质学. 北京:地质出版社,2005.

程裕淇,杨崇辉,万渝生,等. 太行山中北段早前寒武纪地质和深熔作用对地壳岩石的改造. 北京:地质出版社,2005.

戴金星,刘德良,曹高社,等. 华北盆地南缘寒武系烃源岩. 北京:石油工业出版社,2005.

董连慧,沙德铭. 西天山地区晚古生代浅成低温热液金矿床. 北京:地质出版社,2005.

董树文,陈宣华,史静,等. 国际地质科学发展动向. 北京:地质出版社,2005.

戴塔根,龚铃兰,张起钻. 应用地球化学. 长沙:中南大学出版社,2005.

戴自希,盛继福,白冶,等. 世界铅锌资源的分布与潜力. 北京:地震出版社,2005.

地质力学专业委员会与第四纪地质专业委员会. 青藏高原地质过程与环境灾害效应文集. 北京:地震出版社,2005.

冯钟燕教授纪念文集编辑委员会. 冯钟燕教授纪念文集. 北京:海洋出版社,2005.

冯增昭,鲍志东,吴茂柄,等. 塔里木地区寒武纪和奥陶纪岩相古地理. 北京:地质出版社,2005.

付孝悦,张修富. 西藏高原石油地质. 北京:石油工业出版社,2005.

葛良胜. 滇西北富碱岩体与金矿成矿. 北京:地震出版社,2005.

郝家璋. 地球驻波膨胀说与板块学说的论争. 北京:中国大地出版社,2005.

贺可强,王滨,杜汝霖. 中国北方岩溶塌陷. 北京:地质出版社,2005.

洪广言. 中国科学院稀土研究50年. 北京:科学出版社,2005.

胡广韬,杨文远. 工程地质学. 北京:地质出版社,2005.

胡茂焱. 地质灾害与治理技术. 武汉:中国地质大学出版社,2005.

纪友亮. 层序地层学. 上海:同济大学出版社,2005.

贾承造. 21世纪初中国石油地质理论问题与陆上油气勘探战略. 北京:石油工业出版社,2005.

贾国相,黄书俊,栾继琛,等. 无机与有机地球化学勘查技术方法研究与应用. 北京:冶金工业出版社,2005.

贾宝华,彭求和,唐晓珊,等. 湘东北前寒武纪地质与成矿. 北京:地质出版社,2005.

姜福芝,王玉往. 海相火山岩与金属矿床. 北京:冶金工业出版社,2005.

江新胜,潘忠习. 中国白垩纪沙漠及气候. 北京:地质出版社,2005.

江苏省地质学会. 地球科学与社会可持续发展. 武汉:中国地质大学出版社,2005.

琚宜文,姜波,王桂梁,等. 构造煤结构及储层物性. 徐州:中国矿业大学出版社,2005.

康永尚,沈金松,谌卓恒. 现代数学地质. 北京:石油工业出版社,2005.

郎东升,姜道华,王国民,等. 松辽盆地深层火成岩识别手册. 北京:石油工业出版社,2005.

李广诚,司富安,白晓民,等. 中国堤防工程地质. 北京:中国水利水电出版社,2005.

李明,侯连华,邹才能,等. 岩性地层油气藏地球物理勘探技术与应用. 北京:石油工业出版社,2005.

李阳. 流动单元研究的原理和方法. 北京:地质出版社,2005.

李愿军. 能动构造及其时间标度. 武汉:武汉大学出版社,2005.

廖宗廷,周祖翼,马婷婷,等. 宝石学概论. 上海:同济大学出版社,2005.

林培英. 晶体光学与造岩矿物. 北京:地质出版社,2005.

林学钰,廖资生,赵勇胜,等. 现代水文地质学. 北京:地质出版社,2005.

刘池洋. 盆地多种能源矿产共存富集成藏(矿)研究进展. 北京:科学出版社,2005.

刘德权,唐延龄,周汝洪. 中国新疆铜矿床和镍矿床. 北京:地质出版社,2005.

路凤香,吴其反. 中国东部典型地区下部岩石圈组成、结构和层圈相互作用. 武汉:中国地质大学出版社,2005.

罗志立,李景明,刘树根. 中国板块构造和含油气盆地分析. 北京:石油工业出版社,2005.

吕古贤,张志斌,李晓波.澜沧江构造带拆沉作用与铜多金属成矿.北京:原子能出版社,2005.

吕君昌.中国南方窃蛋类化石.北京:地质出版社,2005.

马鸿文.工业矿物与岩石.北京:化学工业出版社,2005.

马丽娟.东营凹陷古近系隐蔽圈闭识别及成藏动力学模式.武汉:中国地质大学出版社,2005.

毛景文,李晓峰,张荣华,等.深部流体成矿系统.北京:中国大地出版社,2005.

牟书令.塔里木盆地油气勘探研讨会报告集.北京:石油工业出版社,2005.

聂凤军,江思宏,白大明,等.中天山及邻区金属矿床成矿规律和找矿方向.北京:地质出版社,2005.

努纳,邓东升.水文地质学引论.合肥:中国科学技术大学出版社,2005.

彭光照,叶勇,高玉辉,等.自贡地区侏罗纪恐龙动物群.成都:四川人民出版社,2005.

潘彤,孙丰月,李智民,等.青海省东昆仑钴矿成矿系列研究.北京:地质出版社,2005.

彭勇民,刘家铎,罗建宁.昌都盆地三叠纪层序地层与沉积演化.北京:地质出版社,2005.

齐国凡,杨家驹,徐瑞珊,胡道华.中国武汉被子植物化石木群.北京:科学出版社,2005.

钱桂华,郭念发.中国东部深部地质与成矿作用.北京:石油工业出版社,2005.

钱会,马致远.水文地球化学.北京:地质出版社,2005.

青海省地质学会.青藏高原东北部地质研究:青海省地质学会成立40周年文集.北京:地质出版社,2005.

沙金庚,王启飞,卢辉楠.羌塘盆地微体古生物.北京:科学出版社,2005.

沈安江,徐坤,杨建国,等.东北油气区石炭二叠系划分对比、古环境研究及油气远景评价.北京:石油工业出版社,2005.

沈上越,李珍.矿物岩石材料工艺学.武汉:中国地质大学出版社,2005.

施俊法,姚华军,李友枝,等.信息找矿战略与勘查百例.北京:地质出版社,2005.

宋春青,邱维理,张振青.地质学基础.北京:高等教育出版社,2005.

宋岩,张新民.煤层气成藏机制及经济开采理论基础.北京:科学技术出版社,2005.

寿建峰,张惠良,斯春松,等.砂岩动力成岩作用.北京:石油工业出版社,2005.

苏生瑞,王贵荣,黄强兵.地质实习教程.北京:人民交通出版社,2005.

孙建库,朱仕军,沈昭国.碳酸盐岩储层地震横向预测.北京:石油工业出版社,2005.

孙万禄.中国煤层气盆地.北京:地质出版社,2005.

唐延龄,梅厚钧,潘克跃,等.中国新疆非金属矿床.北京:地质出版社,2005.

汤中立,钱壮志,任秉琛,等.中国古生代成矿作用.北京:地质出版社,2005.

万力,曹文炳,胡伏生,等.生态水文地质学.北京:地质出版社,2005.

汪啸风,陈孝红.中国各地质时代地层划分与对比.北京:地质出版社,2005.

王成金,梁一鸿,王义强.现代地质力学.长春:长春出版社,2005.

王成善,李祥辉.沉积盆地分析原理与方法.北京:高等教育出版社,2005.

王登红,陈毓川,徐钰,等.中国新生代成矿作用.北京:地质出版社,2005.

王君亭.山东莱州市新立金矿床成矿规律及成矿预测.北京:地质出版社,2005.

王来明,宋春明,王沛成.苏鲁超高压变质带的结构与演化.北京:地质出版社,2005.

王鸿祯.王鸿祯文集.北京:科学出版社,2005.

汪珊,张宏达,孙继朝,等.渤海湾黄骅裂谷盆地深层水形成演化.北京:地质出版社,2005.

王尚彦,张慧.贵州西部古—中生代地层及裂陷曹盆的演化.北京:地质出版社,2005.

王尚彦.关岭生物群生态环境研究.北京:地质出版社,2005.

王数,东野光亮.地质学与地貌学教程.北京:中国农业大学出版社,2005.

王学潮,陈书涛,张辉,等.南水北调西线工程地质条件研究.郑州:黄河水利出版社,2005.

吴良士,白鸽,袁忠信.矿物与岩石.北京:化学工业出版社,2005.

吴瑞华,白峰,卢琪.钻石学教程.北京:地质出版社,2005.

吴因业,邹才能,季汉成.中国层序地层学导论.北京:石油工业出版社,2005.

吴珍汉,胡道功,吴中海,等.青藏高原中段活动断层及诱发地质灾害.北京:地质出版社,2005.
吴珍汉,吴中海,胡道功,等.青藏铁路沿线活动断裂与地质灾害图集.北京:地震出版社,2005.
肖润,李胜荣,周肃,等.西藏改则地区金矿成矿规律和找矿方向研究.成都:四川科学技术出版社,2005.
解广轰.大庙斜长岩和密云环斑花岗岩的岩石学和地球化学.北京:科学出版社,2005.
薛良清,张光亚,赵孟军,等.中国中西部前陆盆地油气地质与勘探.北京:地质出版社,2005.
燕建设,庞振山,岳铮生,等.马超营断裂带构造特征及金矿成矿研究.郑州:黄河水利出版社,2005.
杨起,刘大锰,黄文辉,等.中国西北煤层气地质与资源综合评价.北京:地质出版社,2005.
杨瑞琰,马东升,鲍征宇.沉积盆地的成矿元素富集与成矿机制研究:以湘中盆地锡矿山锑矿床为例.武汉:中国地质大学出版社,2005.
阳友奎,周迎庆,姜瑞琪,等.坡面地质灾害柔性防护的理论与实践.北京:科学出版社,2005.
姚光庆,蔡忠贤.油气储层地质学原理与方法.武汉:中国地质大学出版社,2005.
殷坤龙,张桂荣,龚日祥,等.浙江省突发性地质灾害预警预报.武汉:中国地质大学出版社,2005.
翟光明,高维亮.中国石油地质学.北京:石油工业出版社,2005.
张本仁,傅家谟.地球化学进展.北京:化学工业出版社,2005.
张倬元,王士天,王兰生.工程地质分析原理.北京:地质出版社,2005.
张桂林,冯佐海,文鸿雁,等.基于3S技术数字化地质填图新方法.北京:国防工业出版社,2005.
张泓.鄂尔多斯煤盆地地质构造图1:500 000.北京:地质出版社,2005.
张洪涛,陈邦彦,张海启.我国近海地质与矿产资源.北京:海洋出版社,2005.
张九辰.地质学与民国社会.济南:山东教育出版社,2005.
张强勇,李术才,焦玉勇.岩体数值分析方法与地质力学模型试验原理及工程应用.北京:中国水利水电出版社,2005.
张书余.地质灾害气象预报基础.北京:气象出版社,2005.
张咸恭,王思敬,李智毅.工程地质学概论.北京:地震出版社,2005.
赵俊猛.天山造山带岩石圈结构与动力学.北京:地震出版社,2005.
赵太平,王建平,张忠慧,等.中国王屋山及邻区元古宙地质研究.北京:中国大地出版社,2005.
赵逊,马寅生,吴中海,等.云台山主要景观地学背景研究:云台地貌成因.北京:地质出版社,2005.
赵志中,何培元,钱方,等.庐山第四纪冰川研究的有关问题.北京:地质出版社,2005.
郑书彦,李占斌.滑坡侵蚀研究.郑州:黄河水利出版社,2005.
中国地质调查局.地质灾害调查与监测技术方法论文集.北京:中国大地出版社,2005.
中国地质调查局地层古生物研究中心.中国各地质时代地层划分与对比.北京:地质出版社,2005.
中国地质科学院矿产资源研究所.中国铁矿矿产资源图1:500万.北京:地质出版社,2005.
中国地质矿产经济学会青年分会.地质工作战略问题研究.北京:中国大地出版社,2005.
中国地质学会城市地质研究会.中国城市地质.北京:中国大地出版社,2005.
中国地质学会21世纪中国地质研究分会.2020年我国地质工作发展研究.北京:地质出版社,2005.
中国石化西部新区勘探指挥部,中国石化石油勘探开发研究院西部分院,中国地质学会石油地质专业委员会.中国西部油气地质.北京:石油工业出版社,2005.
中国石油学会石油地质专业委员会.中国含油气系统的应用与进展(第3辑).北京:石油工业出版社,2001.
周金城,王孝磊.实验及理论岩石学.北京:地质出版社,2005.
周涛发,岳书仓,袁峰.安徽月山矿田成岩成矿作用.北京:地质出版社,2005.
周瑶琪.二叠三叠系界线事件研究.北京:石油大学出版社,2005.
朱介寿,蔡学林,曹家敏,等.中国华南及东海地区岩石圈三维结构及演化.北京:地质出版社,2005.
朱同兴,周铭魁,冯心涛,等.西藏喜马拉雅北坡显生宙多重地层及盆地演化.北京:地质出版社,2005.
曹剑峰,迟宝明,王文科,等.专门水文地质学.北京:科学出版社,2006.

曹瑞骥,袁训来.叠层石 Stromatolites.合肥:中国科学技术大学出版社,2006.
晁念英,刘存富,万军伟,等.同位素水文学最新研究进展.武汉:中国地质大学出版社,2006.
常丽华,陈曼云,金巍,等.透明矿物薄片鉴定手册.北京:地质出版社,2006.
陈丰.20世纪科学革命和地球科学精览.贵阳:贵州科技出版社,2006.
陈骏.地质与地球化学研究进展——庆贺王德滋院士致力于地质科学60周年.南京:南京大学出版社,2006.
陈平.结晶矿物学.北京:化学工业出版社,2006.
陈毓川.矿床学研究面向国家重大需求新机遇与新挑战:第八届全国矿床会议论文集.北京:地质出版社,2006.
崔盛芹,马寅生,吴珍汉,等.燕山陆内造山带造山过程及动力机制.北京:地震出版社,2006.
崔树清,常兵民.石油地质基础.北京:石油工业出版社,2006.
崔文元,吴国忠.珠宝玉石学GAC教程.北京:地质出版社,2006.
戴俊生.构造地质学及大地构造.北京:石油工业出版社,2006.
戴启德.油田开发地质学.北京:中国石油大学出版社,2006.
戴维·R·奥尔德罗伊德,杨静.地球探赜索隐录:地质学思想史.上海:上海科技教育出版社,2006.
范雪春,郑国珍.福建第四纪哺乳动物化石考古发现与研究.北京:科学出版社,2006.
方大钧,沈忠悦,谈晓冬,等.塔里木盆地显生宙古地磁与板块运动学.杭州:浙江大学出版社,2006.
方克定,王泽九,夏宪民,等.2020年我国地质工作发展研究.北京:地质出版社,2006.
方少仙.石油天然气储层地质学.北京:中国石油大学出版社,2006.
方熠,赵鹏大.社会地质基本问题与可持续发展.武汉:中国地质大学出版社,2006.
方志雄.江汉盆地盐湖沉积充填模式.北京:石油工业出版社,2006.
冯秀丽.海洋工程地质专论.青岛:中国海洋大学出版社,2006.
冯增昭.冯增昭文集.北京:地质出版社,2006.
耿文辉,姚金炎,马文荣,等.中国东部中生代次火山岩型铜银多金属矿床.北京:冶金工业出版社,2006.
郭纯清,李文广.岩溶多重介质环境与岩溶地下水系统.北京:电子工业出版社,2006.
国土资源部地质环境司.中国国家地质公园建设工作指南.北京:中国大地出版社,2006.
国土资源部地质勘查司.加强地质工作重大问题研究.北京:中国大地出版社,2006.
郭旭升,施泽进,李国雄,等.复杂储层识别及预测.北京:地质出版社,2006.
郭召杰,陈正东,舒良树,等.中国西部中亚型造山带中新生代陆内造山过程与砂岩型铀矿成矿作用.北京:地质出版社,2006.
韩润生,陈进,曹智龙,等.构造成矿动力学及隐伏矿定位预测:以云南会泽超大型铅锌(银、锗)矿床为例.北京:科学出版社,2006.
韩跃新,印万忠,王泽红,等.矿物材料.北京:科学出版社,2006.
河北省地质矿产勘查开发局.河北省地质·矿产·环境.北京:地质出版社,2006.
何满湖.工程地质数值法.北京:科学出版社,2006.
何培玲,张婷.工程地质.北京:北京大学出版社,2006.
何启祥.中国海洋沉积地质学.北京:海洋出版社,2006.
胡霭琴,张国新,陈义兵,等.中国新疆地壳演化主要地质事件年代学和地球化学.北京:地质出版社,2006.
胡云中,任天祥,马振东,等.中国地球化学场及其与成矿关系.北京:地质出版社,2006.
蒋有录,查明.石油天然气地质与勘探.北京:石油工业出版社,2006.
蒋敬业.应用地球化学.北京:中国地质大学出版社,2006.
焦养泉,吴立群,杨生科,等.铀储层沉积学——砂岩型铀矿勘查与开发的基础.北京:地质出版社,2006.
金毓荪,隋新光.陆相油藏开发论.北京:石油工业出版社,2006.

鞠建华,戴传固.岩溶石漠化遥感监测与防护规划.北京:地质出版社,2006.
孔庆友,张天祯,于学峰,等.山东矿床.济南:山东科学技术出版社,2006.
李博泉,王京彬.中国新疆铅锌矿床.北京:地质出版社,2006.
李大伟.新构造运动与黄骅坳陷油气成藏.武汉:中国地质大学出版社,2006.
李惠,张国义,禹斌.金矿区深部盲矿预测的构造叠加晕模型及找矿效果.北京:地质出版社,2006.
李广诚,王思敬.工程地质决策概论.北京:科学出版社,2006.
李红阳,杨秋荣,李英杰.现代成矿理论.北京:地震出版社,2006.
李吉均.青藏高原隆升与亚洲环境演变:李吉均院士论文选集.北京:科学出版社,2006.
李景明,刘树根,李本亮,等.中国西部C-型前陆盆地形成演化与油气聚集.北京:石油工业出版社,2006.
李庆忠,张进.岩性油气田勘探:河道砂储集层的研究方法.青岛:中国海洋大学出版社,2006.
李廷栋,耿树方.中国西部及邻区地质图(1∶250万).北京:地质出版社,2006.
李文渊.祁连山岩浆作用有关金属硫化物矿床成矿与找矿.北京:地质出版社,2006.
李娅莉,薛秦芳,李立平,等.宝石学教程.武汉:中国地质大学出版社,2006.
李勇,周军,Densmore A.L.,等.青藏高原东缘大陆动力学过程与地质响应.北京:地质出版社,2006.
李永军.天水地区花岗岩类地质信息采集及集成研究.西安:陕西科学技术出版社,2006.
李玉辉.地质公园研究.北京:商务印书馆,2006.
李振宇,唐辉明,潘玉玲.地面核磁共振方法在地质工程中的应用.武汉:中国地质大学出版社,2006.
刘长礼.城市垃圾地质环境影响调查评价方法.北京:地质出版社,2006.
柳成志.地球科学概论.北京:石油工业出版社,2006.
柳成志,马凤荣.北戴河地区地质实习指导书.北京:石油工业出版社,2006.
刘光华.中国矿物精品与产地指南.香港:AAA国际矿业公司,2006.
刘吉余.油气田开发地质基础(第4版).北京:石油工业出版社,2006.
刘家远,单娜琳,钱建平,等.隐伏矿床预测的理论和方法.北京:冶金工业出版社,2006.
刘训,肖序常.中国新疆南部盆山构造格局的演化.北京:地质出版社,2006.
刘梦庚.中国贵金属稀有稀土金属矿产图集.北京:地质出版社,2006.
刘全稳.理论地质学导论.北京:地质出版社,2006.
刘锡清.中国海洋环境地质学.北京:海洋出版社,2006.
路凤香,张本仁,韩吟文,等.秦岭—大别—苏鲁地区岩石圈三维化学结构特征.北京:地质出版社,2006.
陆松年,于海峰,李怀坤,等.中国前寒武纪重大地质问题研究.北京:地质出版社,2006.
吕君昌,姬书安,袁崇喜,等.中国的翼龙类化石.北京:地质出版社,2006.
毛景文,胡瑞忠,陈毓川,等.大规模成矿作用与大型矿集区.北京:地质出版社,2006.
孟召平,苏永华.沉积岩体力学理论与方法.北京:科学出版社,2006.
牛贺才,于学元,许继峰,等.中国新疆阿尔泰晚古生代火山作用及成矿.北京:地质出版社,2006.
潘爱芳,马润勇,黎荣剑,等.鄂尔多斯盆地深部流体地球化学研究.北京:石油工业出版社,2006.
潘彤,罗才让,伊有昌,等.青海省金属矿产成矿规律及成矿预测.北京:地质出版社,2006.
潘兆橹.结晶学及矿物学.北京:地质出版社,2006.
庞振山,杜杨松,燕建设,等.河南省西部地区中生代花岗岩类地质特征及成因.郑州:黄河水利出版社,2006.
祁国琴,董为.蝴蝶古猿产地研究.北京:科学出版社,2006.
漆家福,夏义平,杨桥.油区构造解析.北京:石油工业出版社,2006.
乔秀夫,宋天锐,高林志等.地层中的地震记录(古地震).北京:地质出版社,2006.
秦善,王长秋.矿物学基础.北京:北京大学出版社,2006.
丘元禧.地质力学与板块构造学:比较·联系·前瞻.北京:地质出版社,2006.
邱瑞照,李廷栋,周肃,等.中国大陆岩石圈物质组成及演化.北京:地质出版社,2006.

任德贻,赵峰华,代世峰,等.煤的微量元素地球化学.北京:科学出版社,2006.

任纪舜.中国及邻区大地构造图.北京:地质出版社,2006.

尚岳全,王清,蒋军,等.地质工程学.北京:清华大学出版社,2006.

邵艳.工程地质.合肥:合肥工业大学出版社,2006.

沈保丰,翟安民,陈文明,等.中国前寒武纪成矿作用.北京:地质出版社,2006.

施雅风.中国第四纪冰川与环境变化.石家庄:河北科学技术出版社,2006.

孙建国.岩石物理学基础.北京:地质出版社,2006.

孙立广,谢周清,刘晓东,等.南极无冰区生态地质学.北京:科学出版社,2006.

孙跃武,刘鹏举.古生物学导论.北京:地质出版社,2006.

孙永壮.东营凹陷南斜坡地层油藏成藏规律研究.北京:中国石油大学出版社,2006.

孙永壮,吴时国.古潜山构造分析与储层裂缝预测:以济阳坳陷桩海地区为例.北京:中国地质大学出版社,2006.

宿文姬,李子生.工程地质学.广州:华南理工大学出版社,2006.

唐书恒,秦勇,姜尧发,等.中国洁净煤地质研究.北京:地质出版社,2006.

汤中立,姜常义,钱壮志.中国镍铜铂岩浆硫化物矿床与成矿预测.北京:地质出版社,2006.

童永生,王景文.山东昌乐五图盆地早始新世哺乳动物群.北京:科学出版社,2006.

万军伟,沈继方,王增银,晁念英.清江高坝洲水电站岩溶发育规律及其对工程的影响.武汉:中国地质大学出版社,2006.

王登红,李建康,赵芝,等.西南三江地区新生代大陆动力学过程与大规模成矿.北京:地质出版社,2006.

王家豪,王华,陈红汉,等.库车前陆盆地东部白垩系—古近系层序地层及其构造响应研究.北京:中国地质大学,2006.

王文学,常宝巨,王拴庄,等.河北省非金属矿产资源.北京:地质出版社,2006.

王有标,赵殿甲.中国新疆金矿床.北京:地质出版社,2006.

王中刚,朱笑青,毕华,等.中国新疆花岗岩.北京:地质出版社,2006.

卫平生,张虎权,陈启林.银根—额济纳旗盆地油气地质特征及勘探前景.北京:石油工业出版社,2006.

吴时国.海底构造学导论.北京:科学出版社,2006.

吴继敏.工程地质学.北京:高等教育出版社,2006.

武国辉.贵州地质遗迹资源.北京:冶金工业出版社,2006.

西安地质矿产研究所.西北地区矿产资源找矿潜力.北京:地质出版社,2006.

肖克炎,王勇毅,陈郑辉,等.中国矿产资源评价新技术与评价新模型.北京:地质出版社,2006.

解习农,李思田,刘晓峰,等.异常压力盆地流体动力学.武汉:中国地质大学出版社,2006.

邢志贵.辽河坳陷太古宇变质岩储层研究.北京:石油工业出版,2006.

徐惠芬,崔京钢,邱小平.阴极发光技术在岩石学和矿床学中的应用.北京:地质出版社,2006.

许志琴.青藏高原大陆动力学(1984~2006).北京:地质出版社,2006.

薛春纪,祁思敬,隗合明,等.基础矿床学.北京:地质出版社,2006.

杨关秀,谢建华,高岩,等.中国豫西二叠纪华夏植物群——禹州植物群.北京:地质出版社,2006.

杨克绳.中国含油气盆地结构和构造样式地震解释.北京:石油工业出版社,2006.

杨文采,徐纪人,程振炎.苏鲁大别造山带地球物理与壳幔作用.北京:地质出版社,2006.

阳正熙.矿产资源勘查学.北京:科学出版社,2006.

叶晓宾,何庆成,李善峰,等.华北平原地面沉降经济损失评估.北京:中国大地出版社,2006.

於崇文.矿床在混沌边缘分形生长(上下).合肥:安徽教育出版社,2006.

姚伯初,万玲,曾维军,等.中国南海海域岩石圈三维结构及演化.北京:地质出版社,2006.

姚凤良,孙丰月.矿床学教程.北京:地质出版社,2006.

姚光庆.油气储层地质原理与方法.武汉:中国地质大学出版社,2006.

翟文杰,高常波,钟以章.吉林白山地区构造活动性研究.北京:地震出版社,2006.
曾广策,朱云海,叶德隆.晶体光学及光性矿物学.武汉:中国地质大学出版社,2006.
张蓓莉.系统宝石学(第2版).北京:地质出版社,2006.
张达,高天钧,吴淦国,等.武夷—台湾走廊带成矿作用、深部过程与资源潜力.北京:地质出版社,2006.
张发旺,周骏业,申保宏,张光辉.干旱地区采煤条件下煤层顶板含水层再造与地下水资源保护.北京:地质出版社,2006.
张良臣,王京彬,刘德权,等.中国新疆优势金属矿产成矿规律.北京:地质出版社,2006.
张荣华,胡书敏,张雪彤,等.重要金属矿来源—迁移—堆积过程和化学动力学.北京:科学出版社,2006.
张守信.理论地层学与应用地层学:现代地层学概念.北京.高等教育出版社,2006.
张永刚,许卫平,王国力,等.中国东部陆相断陷盆地油气成藏组合体.北京:石油工业出版社,2006.
张宗贵,王润生,郭大海,等.成像光谱岩矿识别方法技术研究和影响因素分析.北京:地质出版社,2006.
张宗祜,张光辉,任福弘,等.区域地下水演化过程及其与相邻层圈的相互作用.北京:地质出版社,2006.
张宗清.秦岭造山带蛇绿岩、花岗岩和碎屑沉积岩同位素年代学和地球化学.北京:地质出版社,2006.
赵鹏大.矿产勘查理论与方法(附实习指导书).武汉:中国地质大学出版社,2006.
赵鹏大,吕新彪,欧阳建平,等.地学类创新人才培养方法和途径.武汉:中国地质大学出版社,2006.
赵文津,赵逊,蒋中惕,等.西藏羌塘盆地深部结构构造与含油气前景预测.北京:地质出版社,2006.
赵文智,邹才能,宋岩,等.石油地质理论与方法进展.北京:石油工业出版社,2006.
赵逊.云台地貌研究——中国云台山世界地质公园的地学基础.北京:地质出版社,2006.
赵振华,白正华,熊小林,等.中国新疆北部富碱火成岩及其成矿作用.北京:地质出版社,2006.
钟登华,李明超.水利水电工程地质三维建模与分析理论及实践.北京:中国水利水电出版社,2006.
中国地质大学北京研究生院.地球科学进展.北京:地质出版社,2006.
中国地质调查局,中国地质科学院岩溶地质研究所.中国西南地区岩溶地下水资源开发与利用.北京:地质出版社,2006.
中国地质科学院矿产资源研究所.中国汞锑矿矿产资源图1:1000万.北京:地质出版社,2006.
钟石兰,姜亮,李保华,等.东海陆架台北坳陷古近纪高分辨率生物地层及层序地层学.北京:石油工业出版社,2006.
周海民,董月霞.陆相断陷盆地层序地层学工作方法图集.北京:石油工业出版社,2006.
周荔青,刘池阳.深大断裂与中国东部新生代盆地油气资源分布.北京:石油工业出版社,2006.
邹天人,李庆昌.中国新疆稀有及稀土金属矿床.北京:地质出版社,2006.
白明,王勐,刘莹.工程地质基础实习实验教程.北京:清华大学出版社,2007.
白云峰.工程地质.郑州:郑州大学出版社,2007.
蔡勋育,麻建明,彭劲,等.第三纪残留盆地油气成藏动力学.北京:石油工业出版社,2007.
蔡子华.浙江省农业地质环境GIS设计与实现.北京:地质出版社,2007.
曹代勇,陈江峰,杜振川,等.煤炭地质勘查与评价.徐州:中国矿业大学出版社,2007.
陈飞.长江流域地质灾害及防治.武汉:长江出版社,2007.
陈恭洋.油气田地下地质学.北京:石油工业出版社,2007.
陈洪冶,李立志,李雪梅.矿床学.北京:地质出版社,2007.
陈建宏,古德生.矿业经济学.长沙:中南大学出版社,2007.
陈梦熊.中国地下水研究论文选集.北京:中国大地出版社,2007.
陈鹏.中国煤炭性质、分类和利用.北京:科学出版社,2007.
陈祥.工程地质及水文地质.北京:中国水利水电出版社,2007.
陈毓川,王登红,朱裕生,等.中国成矿体系与区域成矿评价.北京:地质出版社,2007.
陈毓川,刘德权,唐延龄,等.中国新疆战略性固体矿产大型矿集区研究.北京:地质出版社,2007.
陈振岩,陈永成,郭彦民,等.大民屯凹陷精细勘探实践与认识.北京:石油工业出版社,2007.

迟清华,鄢明才.应用地球化学元素丰度数据手册.北京:地质出版社,2007.
邓晋福,魏文博.中国华北地区岩石圈三维结构及演化.北京:地质出版社,2007.
邓启东.中国活动构造图(1:400万).北京:地震出版社,2007.
丁式江,廖香俊,冯亚生,等.海南岛东北部生态环境地质.北京:地质出版社,2007.
丁式江,傅杨荣,杨立强,等.海南乐东抱伦金矿地质及矿产预测.北京:地质出版社,2007.
董书宁,张群.安全高效煤矿地质保障技术及应用.北京:煤炭工业出版社,2007.
杜金虎,赵贤正,张以明,等.中国东部裂谷盆地地层岩性油气藏.北京:地质出版社,2007.
冯本智,兰心俨,周裕文.非金属矿产地质学.北京:地质出版社,2007.
冯明,张先,吴继伟.构造地质学.北京:地质出版社,2007.
傅雪海,秦勇.煤层气地质学.徐州:中国矿业大学出版社,2007.
符勇,姜振泉.地下水与油气成藏.徐州:中国矿业大学出版社,2007.
高浚,卢静文.矿相学.北京:地质出版社,2007.
龚一鸣,张克信.地层学基础与前沿.武汉:中国地质大学出版社,2007.
龚美菱.相态分析与地质找矿.北京:地质出版社,2007.
管守锐.岩浆岩及变质岩简明教程.北京:中国石油大学出版社,2007.
郭良,相石宝,赵松龄,等.冰期之崂山.上海:上海科学技术出版社,2007.
郭旭东.北京第四纪地质导论.重庆:重庆出版社,2007.
郭希哲,黄学斌,徐开祥,等.三峡工程库区崩滑地质灾害防治.北京:中国水利水电出版社,2007.
韩成满,王长水,李宗民,等.多宝山铜矿资源潜力.北京:地质出版社,2007.
韩同林,孟宏刚.火星地貌与地质.北京:地质出版社,2007.
郝太平.基础地质与矿产研究:地质工作实践与创新.北京:地质出版社,2007.
何明跃.新英汉矿物种名称.北京:地质出版社,2007.
侯祐堂,勾韵娴.中国介形类化石(第2卷).北京:科学出版社,2007.
胡华斌,毛景文,牛树银,等.鲁西平邑地区浅成热液金矿床成矿作用.北京:地震出版社,2007.
胡明,廖太平.构造地质学.北京:石油工业出版社,2007.
黄桂芝,吴强.复杂地质条件下过断层找矿理论及巷道布置.哈尔滨:哈尔滨工程大学出版社,2007.
黄润秋.降雨及水库诱发滑坡的评价与预测.北京:科学出版社,2007.
纪友亮,张立强.油气田地下地质学.上海:同济大学出版社,2007.
季克俭,吕凤翔.交代热液成矿学说:热液矿床成因的佐证.北京:地质出版社,2007.
贾承造.油砂资源状况与储量评估方法.北京:石油工业出版社,2007.
贾建称,王根厚.羌塘盆地东部中新生代沉积特征与动力学演化.北京:地质出版社,2007.
贾群子,杨忠堂,肖朝阳,等.祁连山铜金钨铅锌矿床成矿规律和成矿预测.北京:地质出版社,2007.
江元生,顾雪祥,勾永东,等.西藏冈底斯中段措勤地区中新生代构造岩浆演化.成都:电子科技大学出版社,2007.
蒋忠诚,李先琨,曾馥平.岩溶峰丛洼地生态重建.北京:地质出版社,2007.
金之钧,王清晨.中国典型叠合盆地油气形成富集与分布预测.北京:科学出版社,2007.
金之钧,胡文瑄,张刘平,等.深部流体活动及油气成藏效应.北京:科学出版社,2007.
金之钧,殷进垠.亚洲石油地质特征与油气分布规律.北京:中国石化出版社,2007.
雷群,赵庆波,李景明.煤层气勘探开发原理与实践.北京:石油工业出版社,2007.
李建康,王登红,张德会,等.川西伟晶岩型矿床的形成机制及大陆动力学背景.北京:原子能出版社,2007.
李培英,杜军,刘乐军,等.中国海岸带灾害地质特征及评价.北京:海洋出版社,2007.
李广诚,王思敬.工程地质决策概论.北京:科学出版社,2007.
李克.地震地质学.北京:地震出版社,2007.

李瑞敏,王钦,刘永生,等.中国主要环境地质问题.北京:地质出版社,2007.

李士先,刘长春,安郁宏,等.胶东金矿地质.北京:地质出版社,2007.

李同德.地质公园规划概论.北京:中国建筑工业出版社,2007.

李晓光,张凤莲,邹丙方,等.辽东湾北部滩海大型油气田形成条件与勘探实践.北京:石油工业出版社,2007.

李阳,刘建民.油藏开发地质学.北京:石油工业出版社,2007.

李增学.煤成(型)气地质学.北京:地质出版社,2007.

李忠,雷位冰,陈明.工程地质概论.北京:中国铁道出版社,2007.

林小云.中下扬子地区海相烃源岩评价及成藏条件.武汉:中国地质大学出版社,2007.

刘传正.长江三峡库区地质灾害成因与评价研究.北京:地质出版社,2007.

刘光祥,黄泽光,高长林,等.中国东部中央造山带两侧盆地与油气.北京:石油工业出版社,2007.

刘家铎,张成江.攀西地区金属成矿系统.北京:地质出版社,2007.

刘家铎,周文,李勇,等.青藏地区油气资源潜力分析与评价.北京:地质出版社,2007.

刘敬党,肖荣阁,王文武,等.辽东硼矿区域成矿模型.北京:地质出版社,2007.

刘洛夫,朱毅秀.滨里海盆地及中亚地区油气地质特征.北京:中国石化出版社,2007.

刘梦庚,汪东波,谢良珍,等.中国贵金属稀有稀土金属矿产图集.北京:地质出版社,2007.

刘瑞,张金英,秦宏宇.宝石学基础.北京:地质出版社,2007.

刘秀英,杨小菊,周志炎.西藏东部晚中生代植物.北京:地质出版社,2007.

刘文汇,郑建京,妥进才,等.塔里木盆地深层气.北京:科学出版社,2007.

刘再华.岩溶作用动力学与环境.北京:地质出版社,2007.

刘震,李潍连,梁全胜.地质思维科学与实践.北京:石油工业出版社,2007.

卢耀如,张凤娥.硫酸盐岩岩溶及硫酸盐岩与碳酸盐岩复合岩溶发育机理与工程效应研究.北京:高等教育出版社,2007.

罗群,姜振学,庞雄奇.断裂控藏机理与模式.北京:石油工业出版社,2007.

罗先熔,文美兰,欧阳菲,等.勘查地球化学.北京:冶金工业出版社,2007.

罗增智,肖松,王立新.古生物地史学.北京:地质出版社,2007.

马寅生,崔盛芹,施炜,等.中国东部—朝鲜半岛海陆构造格局及含油气盆地特征.北京:地质出版社,2007.

马永生.中国海相油气勘探.北京:地质出版社,2007.

马宗晋,杜品仁.地球的非对称性.合肥:安徽教育出版社,2007.

梅森,桑隆康.变质地质学.武汉:中国地质大学出版社.

孟祥金,董光裕,刘建先,等.江西冷水坑斑岩型铅锌银矿床.北京:地质出版社,2007.

毛昆明,张乃明,郑毅.土壤地质环境与农业资源利用.北京:中国农业科学技术出版社,2007.

穆桂松,陈淑兰,霍孟杰,等.河南地质旅游资源研究与开发.成都:西南财经大学出版社,2007.

南君亚,王中良.中国铀矿地质的先驱者:纪念矿床学家南延宗教授诞辰100周年.北京:地质出版社,2007.

倪兴华.地应力研究与应用.北京:煤炭工业出版社,2007.

聂凤军,江思宏,张义,等.中蒙边境中东段金属矿床成矿规律和找矿方向.北京:地质出版社,2007.

牛树根,孙爱群,宝德.地幔热柱与资源环境.北京:地质出版社,2007.

潘懋,李铁峰.环境地质学(修订本).北京:高等教育出版社,2007.

强子同.碳酸盐岩储层地质学.北京:中国石油大学出版社,2007.

邱占祥,王伴月.中国的巨犀化石.北京:科学出版社,2007.

尚浚,卢静文,彭晓蕾,等.矿相学.北京:地质出版社,2007.

邵济安,张履桥,牟保磊,等.大兴安岭的隆起与地球动力学背景.北京:地质出版社,2007.

时伟. 工程地质学. 北京:科学出版社,2007.

宋汉周. 大坝环境水文地质研究. 北京:中国水利水电出版社,2007.

宋岩,魏国齐,赵孟军,等. 中国中西部前陆盆地石油地质特征. 北京:科学出版社,2007.

宋岳,张怀军,李彦坡,等. 万家寨引黄入晋工程地质勘察与研究. 郑州:黄河水利出版社,2007.

孙建中,张镇洪. 松辽第四纪. 北京:中国评论学术出版社,2007.

孙升林,曹代勇,张群. 煤炭地质勘查与资源评价管理. 徐州:中国矿业大学出版社,2007.

孙肇才. 前陆类含油气盆地共性与案例分析. 地质出版社,2007.

唐洪明. 矿物岩石学. 北京:石油工业出版社,2007.

汤良杰,贾承造. 塔里木叠合盆地构造解析和应力场分析. 北京:科学出版社,2007.

陶晓风. 普通地质学. 北京:科学出版社,2007.

田明中,孙洪艳. 中国克什克腾世界地质公园花岗岩景观. 北京:地质出版社,2007.

童金南,殷鸿福. 古生物学. 北京:高等教育出版社,2007.

涂光炽. 地学思想史. 北京:地质出版社,2007.

万天丰. 中国大地构造纲要. 北京:地质出版社,2007.

万晓樵,孙立新,刘文灿,等. 西藏雅鲁藏布江缝合带地层. 北京:地质出版社,2007.

王达. 中国大陆科学钻探工程钻探技术论文选集. 北京:地质出版社,2007.

王登红,骆耀南,屈文俊,等. 中国西南铂族元素矿地质、地球化学与找矿. 北京:地质出版社,2007.

王福贞,马文存. 气相沉积应用技术. 北京:机械工业出版社,2007.

王桂梁,琚宜文,郑孟林,等. 中国北部能源盆地构造. 徐州:中国矿业大学出版社,2007.

王建力. 临夏盆地晚新生代沉积与环境演变. 重庆:西南师范大学出版社,2007.

王文介. 中国南海海岸地貌沉积研究. 广州:广东经济出版社,2007.

王洪亮. 中国天山及邻区地质图. 北京:地质出版社,2007.

王汝建. 南沙海区百余万年来的放射虫组合及古海洋学事件. 上海:同济大学出版社,2007.

王恒礼,毕孔彰,吕国平,等. 地学哲学与国土资源保障和储备学术会议论文集. 北京:中国大地出版社,2007.

王敏,孙晓明. 华南黑色岩系铂多金属矿床地质地球化学及成因. 北京:地质出版社,2007.

王时麒,赵朝洪,于光,等. 中国岫岩玉. 北京:科学出版社,2007.

汪新文. 中国东北地区中—新生代盆地构造演化与油气关系. 北京:地质出版社,2007.

王心源. 巢湖北山地质考察与区域地质旅游教程. 合肥:中国科学技术大学出版社,2007.

王学潮,伍法权. 南水北调西线工程岩石力学与工程地质探索. 北京:科学出版社,2007.

王允诚. 油气藏开发地质学. 北京:石油工业出版社,2007.

王志欣,金之钧. 西伯利亚地台及其边缘坳陷油气地质特征. 北京:中国石化出版社,2007.

吴冲龙. 地质信息技术导论. 北京:高等教育出版社,2007.

吴良士,白鸽,袁忠信. 矿产原料手册. 北京:化学工业出版社,2007.

夏林圻,夏祖春,徐学义,等. 天山岩浆作用. 北京:中国大地出版社,2007.

肖佳桃. 古生物学与地史学概论. 北京:石油工业出版社,2007.

谢家荣. 谢家荣文集. 北京:地质出版社,2007.

谢仁海,渠天祥,钱光谟. 构造地质学. 徐州:中国矿业大学出版社,2007.

熊德信,孙晓明,石贵勇. 云南哀牢山喜马拉雅期造山型金矿带矿床地球化学及成矿模式. 北京:地质出版社,2007.

熊铁. 长江上游滑坡泥石流监测预警系统技术. 武汉:长江出版社,2007.

徐克勤文集编辑委员会. 徐克勤文集. 北京:科学出版社,2007.

徐水师,彭苏萍,王虹桥,等. 煤层气勘探与开发利用技术. 徐州:中国矿业大学出版社,2007.

许志琴,杨经绥,李海兵,等. 造山的高原——青藏高原的地体拼合、碰撞造山及隆升机制. 北京:地质出版

社,2007.

燕长海,彭翼,曾宪友,等.东秦岭二郎坪群铜多金属成矿规律.北京:地质出版社,2007.

言会,李磊,谢勇,等.江西省区域岩石物性数据手册.北京:地质出版社,2007.

鄢毅,岳昌桐,毛郁,等.四川省主要城市环境地质问题与防治.成都:电子科技大学出版社,2007.

杨东来,张永波,王新春,等.地质体三维建模方法与技术指南.北京:地质出版社,2007.

杨建,彭仕雄.紫坪铺水利枢纽工程:重大工程地质问题研究.北京:中国水利水电出版社,2007.

杨树锋,陈汉林,程晓敢,等.祁连山北缘冲断带构造特征及油气前景评价.北京:科学出版社,2007.

杨小峰,刘长垠,张泰然,等.地球化学找矿方法.北京:地质出版社,2007.

杨遵仪.杨遵仪文选.北京:地质出版社,2007.

尹崇玉,柳永清,高林志,等.震旦(伊迪卡拉)纪早期磷酸盐化生物群.北京:地质出版社,2007.

尹福光,孙志明,万方,等.扬子陆块西缘构造演化及其资源效应.北京:地质出版社,2007.

殷坤龙,简文星,汪洋,等.三峡库区万州区近水平地层滑坡成因机制与防治工程研究.武汉:中国地质大学出版社,2007.

尹太举.高分辨率层序地层学在油田开发中的应用:以濮城油田为例.北京:石油工业出版社,2007.

於崇文.地质系统的复杂性(上下).北京:地质出版社,2007.

翟光明.中国油气勘探理论与实践.北京:石油工业出版社,2007.

张达,吴淦国,狄永军,等.武夷—台湾走廊带成矿作用、深部过程与资源潜力.北京:地质出版社,2007.

张德栋.煤矿实用地质.北京:化学工业出版社,2007.

张发明.多尺度三维地质结构几何模拟与工程应用.北京:科学出版社,2007.

张和.中国化石.武汉:中国地质大学出版社,2007.

张巨星,蔡国刚.辽河油田岩性地层油气藏勘探理论与实践.北京:石油工业出版社,2007.

张钦礼,王新民,刘保卫.矿产资源评估学.长沙:中南大学出版社,2007.

张尚锋,张昌民,李少华.高分辨率层序地层学理论与实践.北京:石油工业出版社,2007.

张小莉.渤海湾盆地临邑洼陷复杂岩性油气藏成藏规律及评价技术.北京:石油工业出版社,2007.

张雪婷.中华人民共和国青海省地质图.北京:地质出版社,2007.

张雪婷,杨生德.青海省板块构造研究:1:100万青海大地构造图说明书.北京:地质出版社,2007.

张永刚,蔡进功,许卫平,等.泥质烃源岩中有机质富集机制.北京:石油工业出版社,2007.

张元动.浙西北和赣东北奥陶纪和志留纪地层.合肥:中国科技大学出版社,2007.

张予敏.瓦斯地质规律与瓦斯预测.北京:煤炭工业出版社,2007.

张忠芮.工程地质学.北京:中国建筑工业出版社,2007.

张子戌,张子敏,王兆丰.瓦斯地质与瓦斯防治进展.北京:煤炭工业出版社,2007.

郑和荣,蔡立国,李铁军.天山南北前陆盆地演化及褶皱—冲断带构造样式.北京:地质出版社,2007.

郑海飞,郝瑞霞.普通地球化学.北京:北京大学出版社,2007.

赵澄林.油区岩相古地理.北京:中国石油大学出版社,2007.

赵文智,张光亚.被动大陆边缘演化与油气地质:以塔里木盆地西南地区为例.北京:石油工业出版社,2007.

中国科学技术协会.地质学学科发展报告2006~2007.北京:中国科学技术出版社,2007.

中国地质科学院矿产资源研究所.中国钨锡矿矿产资源图1:500万.北京:地质出版社,2007.

周国华,董岩翔,张建明,等.浙江省农业地质环境调查评价方法技术.北京:地质出版社,2007.

周江羽,王江海.青藏高原中东部古近纪盆地演化与高原早期构造隆升.北京:地质出版社,2007.

周乐光.工艺矿物学.北京:冶金工业出版社,2007.

周山富,杨方之.孢粉地质学.杭州:浙江大学出版社,2007.

周翔,刘玉英,王敏龙.地貌学及第四纪地质学基础.北京:地质出版社,2007.

周新民.南岭地区晚中生代花岗岩成因与岩石圈动力学演化.北京:科学出版社,2007.

朱大岗,孟宪刚,郑达兴,等.青藏高原河流湖泊生态地质环境遥感调查与研究.北京:地质出版社,2007.

朱伟林,张功成,杨少坤,等.南海北部大陆边缘盆地天然气地质.北京:石油工业出版社,2007.

朱筱敏.层序地层学.北京:中国石油大学出版社,2007.

朱裕生.中国主要成矿区(带)成矿地质特征及矿床成矿谱系.北京:地质出版社,2007.

朱自强,匡文龙,鲁光银.湖南地区地球动力学数值模拟及成矿作用特征研究.北京:地质出版社,2007.

左建.地质地貌学.北京:中国水利水电出版社,2007.

北京市地质矿产勘查开发局.北京地质工作50年.北京:中国大地出版社,2008.

北京市地质矿产勘查开发局,北京市水文地质工程地质大队.北京地下水.北京:中国大地出版社,2008.

北京市地质矿产勘查开发局,北京市地质研究所.北京地质灾害.北京:中国大地出版社,2008.

北京市地质矿产勘查开发局,北京市地质研究所.北京城市地质.北京:中国大地出版社,2008.

北京市地质矿产勘查开发局,北京市地质调查研究院.北京城市地质图集.北京:中国大地出版社,2008.

曹新志,孙华山,徐伯骏,等.隐伏矿床(体)找矿前景快速评价的有效方法与途径研究.武汉:中国地质大学出版社,2008.

白旭红.矿物岩石学.北京:石油工业出版社,2008.

陈川,张晓帆,孙宝生.大型矿集区识别与预测.北京:高等教育出版社,2008.

陈国达.陈国达全集.长沙:中南大学出版社,2008.

陈建平,唐菊兴,付小芳,等.西南三江中段成矿规律与成矿预测研究.北京:地质出版社,2008.

陈丽蓉.中国海沉积矿物学.北京:海洋出版社,2008.

陈南祥.水文地质学.北京:中国水利水电出版社,2008.

陈永清,陈建国,汪新庆,等.基于GIS矿产资源综合定量评价技术.北京:地质出版社,2008.

陈毓川,刘德权,唐延龄,等.中国天山矿产及成矿体系.北京:地质出版社,2008.

陈毓川.主攻深部 挺进西部 放眼世界:第九届全国矿床会议论文集.北京:地质出版社,2008.

陈廷愚.南极洲地质发展与冈瓦纳古陆演化.北京:商务印书馆,2008.

崔京浩.高拱坝地质力学模型试验方法与应用.北京:中国水利水电出版社,2008.

崔银亮.云南金平龙脖河铜矿成矿规律及综合信息研究.昆明:云南科技出版社,2008.

崔越超.中国非金属矿.北京:地质出版社,2008.

邓晋福,滕吉文,彭聪,等.中国地球物理场特征及深部地质与成矿.北京:地质出版社,2008.

邓学成.工程地质与水文地质.北京:中国水利水电出版社,2008.

邓运华.浅层油气藏形成机理:以渤海湾油区为例.北京:石油工业出版社,2008.

第三届全国地层委员会.中国主要断代地层建阶研究报告(2001~2005).2008.

董大忠,胡素云,关春林.地质信息处理技术与应用.北京:石油工业出版社,2008.

杜刚.内蒙古胜利煤田锗—煤矿床地质特征.北京:煤炭工业出版社,2008.

杜琦,马晓阳,韩成满,等.斑岩铜矿成因探讨.北京:地质出版社,2008.

方晓思,李佩贤,张志军,等.滇中侏罗纪红层.北京:地质出版社,2008.

冯济舟.贵州省地球化学图集.北京:地质出版社,2008.

贵州省地质矿产局.贵州省岩石地层.武汉:中国地质大学出版社,2008.

郭福生.浙江江山古生代沉积演化及其构造控制.北京:地质出版社,2008.

郭希哲,黄学斌,郭满长,等.三峡工程库区崩滑地质灾害防治图册.北京:中国水利水电出版社,2008.

郭远生,罗荣生.滇中砂岩铜矿地质.昆明:云南科技出版社,2008.

国家汶川地震专家委员会.汶川地震灾区地震—地质灾害图集.北京:中国地图出版社,2008.

耿元生,杨崇辉,王新社,等.扬子地台西缘变质基底演化.北京:地质出版社,2008.

何家雄,刘海龄,姚永坚,等.南海北部边缘盆地油气地质及资源前景.北京:石油工业出版社,2008.

河南省地质环境监测院.河南省地质灾害防治手册.郑州:黄河水利出版社,2008.

河南省国土资源厅.河南省水文地质工程地质环境地质工作发展史:1949~2005.郑州:黄河水利出版

社,2008.

虎维岳,何满朝.深部煤炭资源及开发地质条件研究现状与发展趋势.北京:煤炭工业出版社,2008.

贺菊瑞.皖赣相邻地区层控铜多金属矿床成矿系统及找矿预测.北京:地质出版社,2008.

何幼斌,王文广.沉积岩与沉积相.北京:石油工业出版社,2008.

侯增谦,王二七,莫宣学,等.青藏高原碰撞造山与成矿作用(上下).北京:地质出版社,2008.

胡红拴.南粤地学旅游胜览.北京:地质出版社,2008.

胡绍祥.矿山地质学.北京:中国矿业大学出版社,2008.

黄润秋,许向宁,唐川,等.地质环境评价与地质灾害管理.北京:科学出版社,2008.

黄润秋,许强.中国典型灾难性滑坡.北京:科学出版社,2008.

黄志良.磷灰石矿物材料.北京:化学工业出版社,2008.

贾承造,赵文智,邹才能,等.岩性地层油气藏地质理论与勘探技术.北京:石油工业出版社,2008.

蒋承欢.广西水成矿床与找矿.南宁:广西科学技术出版,2008.

蒋辉.环境地质学.北京:化学工业出版社,2008.

焦士兴,冯广平,刘艳菊,刘清珺.国家地质公园.北京:科学技术出版社,2008.

金翔龙.中国地质地球物理研究进展—庆贺刘光鼎院士80华诞.北京:海洋出版社,2008.

赖生华.沉积体系与砂体预测.北京:石油工业出版社,2008.

廖太平,胡明.重庆天府地区地质考察指南.北京:石油工业出版社,2008.

李大华,唐跃刚.中国西南地区煤中微量元素的分布和富集成因.北京:地质出版社,2008.

李家彪.东海区域地质.北京:海洋出版社,2008.

李捷.岩浆岩与变质岩简明教程.北京:石油工业出版社,2008.

李前,张志呈.矿山工程地质学.成都:四川科学技术出版社,2008.

李培英,徐兴永,赵松龄.海岸带黄土与古冰川遗迹.北京:海洋出版社,2008.

李荣社.昆仑山及邻区地质图.北京:地质出版社,2008.

李胜荣.结晶学与矿物学.北京:地质出版社,2008.

李伟,杨世瑜.旅游地质文化论纲.北京:冶金工业出版社,2008.

李小彦,崔永君,郑玉柱,等.陕甘宁盆地侏罗纪优质煤资源分类与评价.北京:地质出版社,2008.

李阳,石兴春.地质监督手册.北京:中国石化出版社,2008.

梁婷,陈毓川,王登红,等.广西大厂锡多金属矿床地质与地球化学.北京:地质出版社,2008.

刘斌.地壳构造流体.北京:科学出版社,2008.

刘宝和.中国石油勘探开发百科全书(综合卷、勘探卷、开发卷、工程卷).北京:石油工业出版社,2008.

刘成东.东昆仑造山带东段花岗岩岩浆混合作用.北京:地质出版社,2008.

刘传正.地质灾害勘查指南.北京:地质出版社,2008.

刘春华,李其光,宋中华,等.水文地质与电测找水技术.郑州:黄河水利出版社,2008.

刘广润,殷鸿福,陈国金.长江中游洪灾形成与防治的环境地质研究.武汉:中国地质大学出版社,2008.

刘增铁,任家琪,邬介人,等.青海铜矿.北京:地质出版社,2008.

鲁伟明.结晶学与岩相学.北京:化学工业出版社,2008.

卢双舫,张敏.油气地球化学.北京:石油工业出版社,2008.

吕炳全.海洋地质学概论.上海:同济大学出版社,2008.

吕文正,黄永祥,张国桢,等.太平洋多金属结核中国开辟区矿床地质.北京:海洋出版社,2008.

倪师军,张成江,李泽琴,等.地球化学原理与应用.北京:地质出版社,2008.

牛世璨,刘满杰,高玉生,等.万家寨水利枢纽工程地质勘察与研究.郑州:黄河水利出版社,2008.

牛树银.幔枝构造与资源环境.北京:地质出版社,2008.

牛一雄,潘和平,王文先,等.中国大陆科学钻探工程科钻一井变质岩测井技术.北京:科学出版社,2008.

欧阳哲生.丁文江文集.长沙:湖南教育出版社,2008.

潘和平,牛一雄,骆淼,等.中国大陆科学钻探主孔变质岩物性测井分析.武汉:中国地质大学出版社,2008.

彭真万,刘青宪,徐明.矿物学基础.北京:地质出版社,2008.

裴荣富,梅燕雄,毛景文,等.中国中生代成矿作用.北京:地质出版社,2008.

钱让清.岩石分类命名与工程应用.合肥:合肥工业大学出版社,2008.

钱家麟,尹亮,王剑秋,等.油页岩:石油的补充能源.北京:中国石化出版社,2008.

钱迈平,汪迎平,阎永奎.华北古陆东南缘新元古代生物群.北京:地质出版社,2008.

秦德先,黎应书.个旧锡铜多金属矿床地质研究.北京:科学出版社,2008.

任建业.海洋底构造导论.武汉:中国地质大学出版社,2008.

邵龙义,何志平,鲁静.环渤海湾西部石炭系—二叠系层序地层及聚煤作用研究.北京:地质出版社,2008.

沈安江,许坤,陆俊明.东北油气区石炭—二叠系研究及油气远景评价.北京:石油工业出版社,2008.

史长义,鄢明才,迟清华.中国花岗岩类化学元素丰度.北京:地质出版社,2008.

石建平.华北赋煤区南部济源煤田下冶区沉积环境分析及野外工作方法研究.郑州:黄河水利出版社,2008.

宋书君.东营凹陷沙三段岩性油气藏成藏理论及实践.北京:石油工业出版社,2008.

宋岩,柳少波,赵孟军,等.中国中西部前陆盆地油气分布规律及主控因素.北京:石油工业出版社,2008.

苏爱军,柯于义,刘红星,等.长江三峡工程库区:巫山新城区地质环境与移民建设利用对策.武汉:长江出版社,2008.

覃小锋,李江,李容森,等.云开地块北缘博白—岑溪造山带的形成与演化.北京:中国大地出版社,2008.

唐辉明.工程地质学基础.北京:化学工业出版社,2008.

唐民安.高分辨率层序地层学与河流相储层流动单元研究:以鄂尔多斯盆地大牛地气田为例.北京:地质出版社,2008.

田廷山.全国地质灾害防治规划研究.北京:地质出版社,2008.

王德有,冯进城.中国河南恐龙蛋和恐龙化石.北京:地质出版社,2008.

王德滋,谢磊.光性矿物学.北京:科学出版社,2008.

王根厚,王训练,余心起.综合地质学.北京:地质出版社,2008.

王洪德,高幼龙,张青,等.地质灾害监测预警关键技术方法研究与示范.北京:中国大地出版社,2008.

王华.层序地层学基本原理、方法与应用.武汉:中国地质大学出版社,2008.

王建平,白潮军,王跃峰,等.西藏盐湖矿产资源遥感成矿预测.北京:地质出版社,2008.

王铠元.西南三江及扬子西缘区构造岩矿综论续集.昆明:云南科学技术出版社,2008.

王平安.秦岭造山带区域矿床成矿系列、构造—成矿旋回与演化.北京:地质出版社,2008.

王璞珺,冯志强,陈树民,等.盆地火山岩.北京:科学出版社,2008.

王全伟,梁斌,阚泽忠,等.四川盆地中生代恐龙动物群古环境重建.北京:地质出版社,2008.

王万军,袁跃清,王金亮.高岭土的矿物学特征及插层复合物的制备技术.北京:地质出版社,2008.

王现国.水资源与水文地质工程地质环境地质研究.郑州:黄河水利出版社,2008.

王允诚.油气储层地质学.北京:地质出版社,2008.

王永贵,郭宏业,李健,等.柴达木盆地地下水资源及其环境问题调查评价.北京:地质出版社,2008.

王友勤.东北区区域地层.武汉:中国地质大学出版社,2008.

王宇.红层地下水勘查开发的理论及方法.北京:地质出版社,2008.

王章俊,李光岑,余鸿彰,等.简明英汉地质词典.北京:地质出版社,2008.

王招明,张丽娟,王振宇,等.塔里木盆地奥陶系碳酸盐岩岩石分类图册.北京:石油工业出版社,2008.

王泽九.中国主要断代地层建阶研究综合研究报告.北京:地质出版社,2008.

魏东岩.蒸发岩生物成因论.北京:地质出版社,2008.

魏国齐,李本亮,陈汉林,等.中国中西部前陆盆地构造特征研究.北京:石油工业出版社,2008.

魏国齐,钱凯,李剑.中国天然气地质学进展编年研究.北京:石油工业出版社,2008.
卫万顺,张宇辉.金矿床模型.北京:中国大地出版社,2008.
翁润生.矿物与岩石辞典.北京:化学工业出版社,2008.
巫建华,刘帅.大地构造学概论与中国大地构造学纲要.北京:地质出版社,2008.
吴冲龙.地质信息技术基础.北京:清华大学出版社,2008.
吴淦国,董连慧,薛春纪,等.新疆北部主要斑岩铜矿带.北京:地质出版社,2008.
吴时国,姚伯初.天然气水合物赋存的地质构造分析及资源评价.北京:科学出版社,2008.
巫锡勇,朱宝龙,罗健.黑色岩层的风化过程及其热力学分析.北京:科学出版社,2008.
吴因业,陈丽华.中国中西部前陆盆地油气储层层序地层学.北京:石油工业出版社,2008.
夏玉成,孙学阳,汤伏全.煤矿区构造控灾机理及地质环境承载能力研究.北京:科学出版社,2008.
肖荣阁,刘敬党,费红彩,等.岩石矿床地球化学.北京:地震出版社,2008.
肖序常,姜枚.中国西部岩石圈三维结构及演化.北京:地质出版社,2008.
小贠苏.国家重大工程建设地质灾害危险性评估理论和实践.北京:地质出版社,2008.
谢家荣.谢家荣文集(第4卷):石油地质学.北京:地质出版社,2008.
谢学锦,程志中,张立生,等.中国西南地区76种元素地球化学图集.北京:地质出版社,2008.
谢一敏,夏元友.滑坡灾害评价及其治理优化决策新方法.武汉:武汉理工大学出版社,2008.
许广明.地下流体渗流理论与数值模拟.北京:地质出版社,2008.
徐九华,谢玉玲,李建平,等.地质学(第4版).北京:冶金工业出版社,2008.
徐学义,何世平,王洪亮,等.中国西北部地质概论:秦岭祁连天山地区.北京:科学出版社,2008.
徐志刚,陈毓川,王登红,等.中国成矿区带划分方案.北京:地质出版社,2008.
薛果夫,满伟武.长江三峡水利枢纽工程地质勘察与研究(上下).武汉:中国地质大学出版社,2008.
杨昌明.开拓创新不断求索:地质矿产经济精华荟萃.武汉:中国地质大学出版社,2008.
杨建民,张玉君,薛春纪,等.中国天山铜矿带找矿靶区优选.北京:地质出版社,2008.
杨木壮,王明君,吕万军.南海西北陆坡天然气水合物成矿条件研究.北京:气象出版社,2008.
杨世瑜,李伟.滇西北旅游地质文化.北京:冶金工业出版社,2008.
杨维,张戈,张平.水文学与水文地质学.北京:机械工业出版社,2008.
杨湘奎,杨文,张烽龙,等.三江平原地下水资源潜力与生态环境地质调查评价.北京:地质出版社,2008.
杨振升,徐仲元,刘正宏,等.高级变质区地质调查与综合研究方法.北京:地质出版社,2008.
尹意求,李嘉兴,陈大经,等.新疆准噶尔盆地北缘金矿地质.北京:化学工业出版社,2008.
于兴河.碎屑岩系油气储层沉积学.北京:石油工业出版社,2008.
余际从,王果胜,汪安佑.未来10~15年我国地质科技人才培养研究.北京:地质出版社,2008.
虞震东.对地质学和地震学的思考.武汉:长江出版社,2008.
袁宏利,董民,贾国臣,等.天津平原水利工程地质环境概论.郑州:黄河水利出版社,2008.
翟裕生,彭润民,陈从喜,等.中国重要成矿系列的形成机制和结构特征.北京:地质出版社,2008.
张惠昌,钱鞠,蓝俊康,等.水文地质勘察.北京:中国水利水电出版社,2008.
张杰,张覃,龚美菱,等.贵州寒武纪早期磷块岩稀土元素特征.北京:冶金工业出版社,2008.
张金亮,谢俊.储层沉积相.北京:石油工业出版社,2008.
张珥.地球烙印——中国的地质公园.北京:化学工业出版社,2008.
张旗,王焰,熊小林,等.埃达克岩和花岗岩:挑战与机遇.北京:中国大地出版社,2008.
张琴.地质学基础.北京:石油工业出版社,2008.
张卫东.地质环境经济学.北京:地质出版社,2008.
张训华.中国海域构造地质学.北京:海洋出版社,2008.
张永波,杨钦,叶思源,等.地下水三维可视化系统开发与应用.北京:地质出版社,2008.
张作衡,王志良,左国朝,等.新疆西天山地质构造演化及铜金多金属矿床成矿环境.北京:地质出版

社,2008.

赵富海. 嵩山地质地貌. 北京:中国工人出版社,2008.
赵文智,刘文汇. 高效天然气藏形成分布与凝析低效气藏经济开发的基础研究. 北京:科学出版社,2008.
赵占银,董清水,宋立忠,等. 松辽盆地南部河流相岩性油藏形成机制. 北京:石油工业出版社,2008.
甄习春,朱中道,宋云力,等. 河南省水文地质与环境地质问题研究. 郑州:黄河水利出版社,2008.
中国地层典编委会. 中国地层典:三叠系. 北京:地质出版社,2008.
中国地层典编委会. 中国地层典:白垩系. 北京:地质出版社,2008.
中国地质环境监测院. 全国地质灾害防治规划研究. 北京:地质出版社,2008.
周济元,崔炳芳,肖惠良,等. 中国新疆库鲁克塔格—星星峡地区金、银和铜矿地质及预测. 北京:地质出版社,2008.
周祖翼,李春峰. 大陆边缘构造与地球动力学. 北京:科学出版社,2008.
朱金芳,谢志招,曲国胜,等. 闽南地区城市活动构造与地震. 北京:科学出版社,2008.
朱筱敏. 沉积岩石学. 北京:石油工业出版社,2008.
毕思文,耿杰哲. 地球系统科学. 武汉:中国地质大学出版社,2009.
蔡锦辉. 中南地区矿产资源特征与矿山开发环境地质问题. 武汉:中国地质大学出版社,2009.
常洪述,吕士英,陈平. 宝玉石矿床地质. 北京:中国大地出版社,2009.
常丽华,曹林,高福红. 火成岩鉴定手册. 北京:地质出版社,2009.
陈道公. 地球化学. 合肥:中国科学技术大学出版社,2009.
陈曼云,金巍,郑常青. 变质岩鉴定手册. 北京:地质出版社,2009.
陈晓慧,陆廷清. 峨眉山地区地质实习与考察指南. 北京:石油工业出版社,2009.
陈孝,张森,王传尚. 华南地区奥陶纪几丁虫. 北京:地质出版社,2009.
陈跃昆,廖宗廷,陈军. 滇西兰坪:思茅盆地 TSM 分析. 武汉:中国地质大学出版社,2009.
程裕淇. 中国地层典·总论. 北京:地质出版社,2009.
崔鹏,马力,周国兵,等. 地质气象灾害. 北京:气象出版社,2009.
董连慧,祁世军,成守德. 新疆地壳演化及优势矿产成矿规律研究. 武汉:中国地质大学出版社,2009.
董颖. 地质灾害风险评估理论与实践. 北京:地质出版社,2009.
杜汝霖,田立富,胡华斌,等. 新元古代青白口纪龙凤山生物群. 北京:科学出版社,2009.
杜远生,童金南. 古生物地史学概论. 武汉:中国地质大学出版社,2009.
杜远生,朱杰,徐亚军,等. 北祁连造山带加里东—早海西期沉积地质学研究. 武汉:中国地质大学出版社,2009.
方洪宾,赵福岳. 青藏高原第四纪地壳运动与沉积响应. 北京:地质出版社,2009.
方洪宾,赵福岳,姜琦刚,等. 松辽平原第四纪地质环境与黑土退化. 北京:地质出版社,2009.
丰成友,佘宏全,张德全,等. 闽粤赣邻接区主要金属矿床成矿规律及找矿评价. 北京:地质出版社,2009.
冯建之,岳静生,肖荣阁,等. 小秦岭深部金矿成矿规律与成矿预测. 北京:地质出版社,2009.
冯明,梁慧社,蔺心全,等. 大地构造与中国区域地质简明教程. 北京:地质出版社,2009.
冯文光. 煤层气藏工程. 北京:科学出版社,2009.
付秀清,王正东. 石油地质学. 北京:石油工业出版社,2009.
鄢建军,高长林,朱洪发. 宁苏杭地区野外石油地质培训指南. 北京:石油工业出版社,2009.
巩望旭. 地质测量 CAD. 北京:煤炭工业出版社,2009.
古生物学名词审定委员会. 古生物学名词. 北京:科学出版社,2009.
贵州省有色地质勘查局 50 年成果编委会. 贵州省贵金属、非金属矿产资源及地质环境与勘查技术. 北京:冶金工业出版社,2009.
郭宝炎,李岳胜. 古生物与地层学. 北京:石油工业出版社,2009.
郭纯青,方荣杰,代俊峰,等. 岩溶地区地下水与环境的特殊性研究. 北京:地质出版社,2009.

国土资源部地质环境司.全国地质环境监测能力建设.北京:地质出版社,2009.

关保国.地质勘查.北京:煤炭工业出版社,2009.

何承全,宋之琛,祝幼华.中国沟鞭藻类化石.北京:科学出版社,2009.

何家雄,祝有海,姚永坚,等.南海北部边缘盆地二氧化碳地质及资源化利用.北京:石油工业出版社,2009.

侯启军,冯志强,冯子辉,等.松辽盆地陆相石油地质学.北京:石油工业出版社,2009.

胡存智.中国地质勘查工作现状分析与发展规划研究.北京:地质出版社,2009.

胡朋.北山南带构造岩浆演化与金的成矿作用.北京:地质出版社,2009.

贺菊瑞.皖赣相邻地区层控多金属矿床成矿系统及找矿预测.北京:地质出版社,2009.

黄润秋.汶川地震地质灾害研究.北京:科学出版社,2009.

姜枚,王有学,钱辉,等.造山的高原.北京:地质出版社,2009.

姜尧发,孙宝玲,钱汉东.矿物岩石学.北京:地质出版社,2009.

焦大庆,张洪年,谢晓安,等.华北南部油气地质条件.北京:地质出版社,2009.

康玉柱,王宗秀.塔里木盆地构造体系控油作用研究.北京:中国大地出版社,2009.

李北平,徐智彬.煤矿地质分析与应用.重庆:重庆大学出版社,2009.

李世峰,金瞰昆,刘素娟.矿井地质与矿井水文地质.徐州:中国矿业大学出版社,2009.

李金都,周志芳.黄河下游近代河床变迁地质研究.郑州:黄河水利出版社,2009.

李文昌,赵志芳,卢映祥,等.云南省遥感地质应用.北京:地质出版社,2009.

李小林,龙作元,高忠咏,等.青海地质环境:青藏高原隆升与青海水文地质工程地质环境地质工作.北京:地质出版社,2009.

李增学.煤矿地质学.北京:煤炭工业出版社,2009.

李增学.煤地质学.北京:地质出版社,2009.

梁婷.广西大厂锡多金属矿床地质与地球化学.北京:地质出版社,2009.

廖宗廷,周祖翼.宝石学概论.上海:同济大学出版社,2009.

林承焰,李江南,董春梅.油藏仿真模型与剩余油预测.北京:石油工业出版社,2009.

刘传正.重大地质灾害防治理论与实践.北京:科学出版社,2009.

刘德良,沈修志,陈江峰,等.地球与类地行星构造地质学.北京:中国科技大学出版社,2009.

刘家润,吴俊奇,蔡元峰,等.江苏及若干邻区基础地质认识实习.南京:南京大学出版社,2009.

刘静,陈刚.油气田开发地质方法.北京:石油工业出版社,2009.

刘俊民,张忠学.工程地质与水文地质.北京:中国水利水电出版社,2009.

刘国生.合肥盆地东部对郯庐断裂带活动的沉积响应.合肥:合肥工业大学出版社,2009.

刘洪林.中国大众盆地煤层气资源.北京:石油工业出版社,2009.

刘拓,周光辉,但新球,等.中国岩溶石漠化:现状、成因与防治.北京:中国林业出版社,2009.

刘兴科,陈国山.矿山地质.北京:冶金工业出版社,2009.

刘晓煌,邓军,孙柏年,等.北祁连西段金佛寺岩体的成岩成矿作用研究.北京:地质出版社,2009.

刘招君,杨虎林,董清水,等.中国油页岩.北京:石油工业出版社,2009.

陆松年,于海峰,李怀坤,等.中央造山带(中—西部)前寒武纪地质.北京:地质出版社,2009.

陆廷清,陈晓慧,胡明.地质学基础.北京:石油工业出版社,2009.

罗刚,彭真万,赵展,等.晶体光学及光性矿物学.北京:地质出版社,2009.

罗国煜,倪宏革,时向东.工程地质.北京:北京大学出版社,2009.

罗惠麟,胡世学,侯蜀光,等.滇东南寒武纪地层及三叶虫动物群.昆明:云南科技出版社,2009.

罗梅,马代光.矿产资源勘查与开发.北京:地质出版社,2009.

罗照华,卢欣祥,陈必河,等.透岩浆流体成矿作用导论.北京:地质出版社,2009.

洛尼·格拉佩斯,陈国能,张献河,胡文烨.花岗岩成因:原地重熔与地壳演化.北京:中国地质大学出版

社,2009.

骆祖江,李会中,付延玲. 第四纪松散沉积层地下水渗流与地面沉降控制数值模拟. 北京:科学出版社,2009.

马力,崔鹏,周国兵. 地质气象灾害. 北京:气象出版社,2009.

马永生,陈洪德,王国力,等. 中国南方层序地层与古地理. 北京:科学出版社,2009.

马永生,陈洪德,王国力. 中国南方构造—层序岩相古地理图集:震旦纪—新近纪. 北京:科学出版社,2009.

孟祥金. 江西冷水坑斑岩型铅锌银矿床. 北京:地质出版社,2009.

莫宣学. 青藏高原新生代碰撞—后碰撞火成岩. 北京:地质出版社,2009.

穆龙新,赵国良,田中元等. 储层裂缝预测研究. 北京:石油工业出版社,2009.

宁伏龙. 大洋科学钻探:从 DSDP→ODP→IODP. 武汉:中国地质大学出版社,2009.

潘江. 中国早期脊椎动物及地层——潘江地质文选. 北京:中国大地出版社,2009.

彭真万,刘青宪,徐明. 矿物学基础. 北京:地质出版社,2009.

卿三惠. 西南铁路工程地质研究与实践. 北京:中国铁道出版社,2009.

曲淑琴,王雅春. 地层学概论. 北京:石油工业出版社,2009.

戎昆方,戎庆,刘志宇. 研究岩溶的新观点:以贵州独山南部、织金洞为例. 北京:地质出版社,2009.

邵飞,徐恒力. 水—岩相互作用及其与铀成矿关系研究:以相山矿田为例. 北京:地质出版社,2009.

单传祯,郑红. 采气地质. 成都 四川大学出版社,2009.

单玄龙,刘万洙,谢刚平,等. 中国南方沥青(油)砂地质特征与成藏规律. 北京:科学出版社,2009.

沈平平,廖新维. 二氧化碳地质埋存与提高石油采收率技术. 北京:石油工业出版社,2009.

深圳地质编写组. 深圳地质. 北京:地质出版社,2009.

施国泉. 油页岩和页岩油. 北京:中国石化出版社,2009.

宋和平,沈军,向志勇,等. 乌鲁木齐市活动断层探测与地震危险性评价. 北京:地震出版社,2009.

宋明春,徐军祥,王沛成,等. 山东省大地构造格局和地质构造演化. 北京:地质出版社,2009.

孙树浩. 中国川北甘南类卡林型金矿床. 北京:冶金工业出版社,2009.

谭京晶,任东. 中国中生代原鞘亚目甲虫化石. 北京:科学出版社,2009.

谭凯旋,谢焱石,周泉宇,等. 地球化学和成矿体系自组织. 哈尔滨:哈尔滨工程大学出版社,2009.

覃建雄. 西昌盆地层序成因动力学及其在油气勘探中的应用. 北京:地质出版社,2009.

汤凤林,段隆臣. 岩心钻探学. 武汉:中国地质大学出版社,2009.

田景春,谭先锋,孟万斌,等. 箕状断陷湖盆陡坡带层序地层格架内成岩演化研究:以东营箕状断陷湖盆北部陡坡带沙河街组为例. 北京:地质出版社,2009.

田景春,张翔,林小兵. 塔里木盆地志留系层序地层学及油气地质意义. 北京:地质出版社,2009.

田明中,程捷. 第四纪地质学与地貌学. 北京:地质出版社,2009.

涂建平. 矿床地下开采. 北京:化学工业出版社,2009.

万勇泉,陈宇达,李莉,等. 中南地区地质调查成果指南. 武汉:中国地质大学出版社,2009.

王剑,丁俊,王成善,等. 青藏高原油气资源战略选区调查与评价. 北京:地质出版社,2009.

王孔伟,周金龙,陈南祥. 工程地质及水文地质. 郑州:黄河水利出版社,2009.

王全伟. 川西地区侏罗纪海相地层. 北京:地质出版社,2009.

王尚启. 中国介形类化石(第3卷):古生代介形类丽足介目恩托莫介超科和豆石介目. 合肥:中国科学技术大学出版社,2009.

王悦田,林生华,吕文起,等. 辽河盆地西部凹陷地层及典型岩性图集. 北京:地质出版社,2009.

王增银,成建梅,王涛,等. 延河泉岩溶水系统:水资源管理决策支持系统研究. 武汉:中国地质大学出版社,2009.

王志荣,蔡迎春,孙文标. 典型瓦斯地质灾害与防治. 郑州:黄河水利出版社,2009.

魏孔明. 构造地质. 北京:煤炭工业出版社,2009.

魏启荣. 青藏东缘新生代高钾岩系及其深源包体的研究:以云南马关和六合地区为例. 武汉:中国地质大学出版社,2009.

吴冲龙,张善文,毛小平,等. 胶莱盆地原型与盆地动力学分析. 武汉:中国地质大学出版社,2009.

吴珍汉,胡道功,吴中海,等. 青藏铁路沿线活动断裂研究与应力应变综合监测. 北京:地震出版社,2009.

吴珍汉,吴中海,胡道功,等. 青藏高原新生代构造演化与隆升过程. 北京:地质出版社,2009.

肖庆辉,王涛,邓晋福,等. 中国典型造山带花岗岩与大陆地壳生长研究. 北京:地质出版社,2009.

谢平. 翻阅巢湖的历史:蓝藻、富营养化及地质演化. 北京:科学出版社,2009.

谢玉洪. 构造活动型盆地层序地层分析及天然气成藏模式:以莺歌海盆地为例. 北京:地质出版社,2009.

新疆维吾尔自治区地质矿产研究所. 新疆地壳演化及优势矿产成矿规律研究. 武汉:中国地质大学出版社,2009.

许德如,肖勇,夏斌,等. 海南石碌铁矿床成矿模式与找矿预测. 北京:地质出版社,2009.

徐传会,钱桂华,张建球. 滨里海盆地油气地质特征与成藏组合. 北京:石油工业出版社,2009.

许强,黄润秋,汤明高. 山区河道型水库塌岸研究. 北京:科学出版社,2009.

徐旭辉,高长林. 中国含油气盆地动态分析概论. 北京:石油工业出版社,2009.

燕长海,刘国印. 豫西南地区铅锌银成矿规律. 北京:地质出版社,2009.

杨宝俊,张梅生,王璞珺. 中国油气区地质:地球物理解析(中卷). 北京:科学出版社,2009.

杨华,田景春,王峰,等. 鄂尔多斯盆地三叠纪延长组沉积期湖盆边界与底形及事件沉积研究. 北京:地质出版社,2009.

杨计申,李德群,边建峰,等. 南水北调中线工程特殊性岩土地质环境与环境地质概论. 郑州:黄河水利出版社,2009.

杨坤光,袁晏明. 地质学基础. 武汉:中国地质大学出版社,2009.

杨梅珍,刘艳荣,陆建培. 矿石学实验. 武汉:中国地质大学出版社,2009.

杨勇. 龙门山地裂山崩:5.12汶川大地震地质遗迹和地质次生灾害. 北京:科学出版社,2009.

杨永波,杨锋杰. 山东沂沭断裂带构造演化与成矿作用. 北京:地质出版社,2009.

要惠芳,王秀兰. 沁水盆地南部煤层气储层地质特征. 北京:煤炭工业出版社,2009.

页岩气地质与勘探开发实践丛书编委会. 北美地区页岩气勘探开发新进展. 北京:石油工业出版社,2009.

尹观,倪师军. 同位素地球化学. 北京:地质出版社,2009.

於崇文,彭年. 南岭地区区域成矿分带性:复杂成矿系统中的时空同步化. 北京:地质出版社,2009.

余晓艳. 有色宝石学教程. 北京:地质出版社,2009.

于兴河. 油气储层地质学基础. 北京:石油工业出版社,2009.

袁心强. 应用翡翠宝石学. 武汉:中国地质大学出版社 2009

曾勇. 古生物地层学. 徐州:中国矿业大学出版社,2009.

章夫. 造山运动:造出一个天府之国. 成都:时代出版社,2009.

张光辉,聂振龙,申建梅,等. 区域地下水功能可持续性评价理论与方法研究. 北京:地质出版社,2009.

张洪涛. 当代地球科学发展趋势:第33届国际地质大会热点聚焦. 北京:地质出版社,2009.

张厚福,柳广弟. 石油地质学(第4版). 北京:石油工业出版社,2009.

张军,姜波,赵本肖,等. 冀东南构造演化与煤层赋存规律. 徐州:中国矿业大学出版社,2009.

张君峰,许浩. 中西部地区典型低压油气藏形成机制. 北京:地质出版社,2009.

张抗. 中国和世界地缘油气. 北京:地质出版社,2009.

张善文,隋风贵,林会,等. 渤海湾盆地前古近系油气地质与远景评价. 北京:地质出版社,2009.

张万良,刘德长,李子颖,等. 相山铀矿田多源地学信息示范应用. 北京:地质出版社,2009.

张万益,聂凤军,江思宏,等. 内蒙古东乌珠穆沁旗岩浆活动与金属成矿作用. 北京:地质出版社,2009.

张以诚. 中国近代地质事业史话. 北京:中国大地出版社,2009.

章雨旭,杨占峰,张绮玲,等.白云鄂博矿床及北京西山微晶丘地质、地球化学研究.北京:地质出版社,2009.
张兆吉,费宇红.华北平原地下水可持续利用图集.北京:中国地图出版社,2009.
张兆吉,费宇红.华北平原地下水可持续利用调查评价.北京:地质出版社,2009.
张子敏.瓦斯地质学.徐州:中国矿业大学出版社,2009.
赵建刚,王娟鹏,孙舒东.结晶学与矿物学基础.武汉:中国地质大学出版社,2009.
赵翰卿.松辽湖盆精细储层沉积学研究.北京:石油工业出版社,2009.
赵贤正,张玮,邓志文,等.富油凹陷精细地震勘探技术.北京:石油工业出版社,2009.
赵贤正,金凤鸣.陆相断陷洼槽聚油理论与勘探实践:以冀中坳陷及二连盆地为例.北京:科学出版社,2009.
赵志中,王书兵,乔彦松,等.青藏高原东缘晚新生代地质与环境.北京:地质出版社,2009.
赵志中,王书兵.三门峡地区晚新生代地质与环境.北京:地质出版社,2009.
中国地层典总论组委会.中国地层典·总论.北京:地质出版社,2009.
中国地质科学院矿产资源研究所.1:25 000 000世界大型超大型矿床成矿图.北京:地质出版社,2009.
中国地质学会.2008~2009地质学学科发展研究报告.北京:中国科学技术出版社,2009.
钟昆明,薛顺荣,王世称.大型超大型金属矿床综合信息预测理论与实践.武汉:中国地质大学出版社,2009.
周仁元,赵得思,郝福江.区域地质的工作方法.北京:地质出版社,2009.
周涛发,袁峰,范裕,等.铜陵矿集区矿床学实践教程.北京:地质出版社,2009.
朱安庆,张永山,陆祖达,等.浙江省金属非金属矿床成矿系列和成矿区带研究.北京:地质出版社,2009.
朱如凯,郭宏利,高志勇,等.塔里木盆地北部地区中、新生界层序地层、沉积体系与储层特征.北京:地质出版社,2009.
朱松年,吴海.北秦岭造山带的构造开合.北京:中国大地出版社,2009.
朱伟林.中国近海新生代含油气盆地古湖泊学与烃源条件.北京:地质出版社,2009.
朱伟林,米立军,龚再升.渤海海域油气藏与勘探.北京:科学出版社,2009.
朱振明.地质岩石显微构造图册.郑州:河南科学技术出版社,2009.
邹才能,陶士振,方向.大油气区形成与分布.北京:科学出版社,2009.
左建,郭成久,温庆博,等.水利工程地质学原理.北京:中国水利水电出版社,2009.
白云来,王新民,刘化清,等.鄂尔多斯盆地西缘构造演化及与相邻盆地关系.北京:地质出版社,2010.
曹代勇,唐跃刚.地球科学与测绘技术进展.北京:地质出版社,2010.
曹剑峰,迟宝明,王文科,宫辉力.专门水文地质学(第3版).北京:科学出版社,2010.
陈宝国,其和日格,庄育勋,等.中国区域地质调查史大事记(1829~2005).北京:地质出版社,2010.
陈建平,潘彤,郝金华,等.青海"三江"北段铜多金属矿床成矿规律与成矿预测.北京:地质出版社,2010.
陈毓川,王登红,付小方.中国西部重要成矿区带矿产资源潜力评估.北京:地质出版社,2010.
陈毓川,王登红,李厚民,等.重要矿产预测类型划分方案.北京:地质出版社,2010.
陈毓川,王登红,陈郑辉,等.重要矿产和区域成矿规律研究技术要求.北京:地质出版社,2010.
陈岳龙,冷福荣.内蒙古区域成矿规律及矿带地球化学研究文集.北京:地质出版社,2010.
陈宗宇,齐继祥,张兆吉.北方典型盆地同位素水文地质学方法应用.北京:科学出版社,2010.
崔可锐.水文地质学基础.合肥:合肥工业大学出版社,2010.
邓军,陈玉民,刘钦,等.胶东三山岛断裂带金成矿系统与资源勘查.北京:地质出版社,2010.
第三届中国石油地质年会学术委员会.第三届中国石油地质年会论文集(2009北京).北京:石油工业出版社,2010.
丁保良,李耀西,汪迎平,等.浙江白垩系综合地层学研究与进展.北京:地质出版社,2010.
董伟霞,顾幸勇,包启富.长石矿物及其应用.北京:化学工业出版社,2010.

杜继稳.降雨型地质灾害预报预警以黄土高原和秦巴山区为例.北京:科学出版社,2010.
杜世通,宋建国,孙夕平.地震储层解释技术.北京:石油工业出版社,2010.
段汉明.地质美学.北京:科学出版社,2010.
段毅.中国西部盆地油藏地球化学.北京:科学出版社,2010.
冯文钊.数字地质填图技术实习教程.北京:地质出版社,2010.
冯志刚.铀矿山地质学.哈尔滨:哈尔滨工程大学出版社,2010.
高建国.云南澜沧江银铅锌多金属矿床综合成矿信息定量预测.北京:科学出版社,2010.
高庆华.地质系统整体观理论探索与应用:地质力学研究的进展.北京:气象出版社,2010.
高锐.岩石圈研究论文集.北京:地质出版社,2010.
高秀清,沈自力,尹会珍.工程地质与水文地质.郑州:黄河水利出版社,2010.
龚文平.准噶尔盆地南缘断褶带石油地质特征.北京:石油工业出版社,2010.
郭清海,马瑞,王焰新,等.盆—山地下水系统演化及其水资源—环境效应:以太原盆地为例.北京:科学出版社,2010.
国景星,王纪祥,张立强,等.油气田开发地质学.北京:中国石油大学出版社,2010.
国土资源部地质环境司.地质灾害防治这一年2009.北京:地质出版社,2010.
国土资源部广州海洋地质调查局.2009南海地质研究.北京:地质出版社,2010.
河南省煤炭工业管理局,河南理工大学.河南省瓦斯地质规律研究及煤矿瓦斯地质图编制.北京:地质出版社,2010.
何生,叶加仁,徐思煌,等.石油及天然气地质学.武汉:中国地质大学出版社,2010.
贺可强,侯新文,尹明泉,等.地质生态环境与经济协调发展及其空间数据库研究:以山东半岛城市群地区分析为例.北京:科学出版社,2010.
贺瑞霞.工程地质学.北京:中国电力出版社,2010.
黄思静.碳酸盐岩的成岩作用.北京:地质出版社,2010.
黄志义,杨仲元.工程地质与水文.北京:人民交通出版社,2010.
黄作良.宝石学.天津:天津大学出版社,2010.
贾跃明.走进地质博物馆.北京:科学技术出版社,2010.
姜宝玉,姚小刚,牛亚卓,等.辽宁西部侏罗系与白垩系概览.合肥:中国科技大学出版社,2010.
蒋裕强,陆廷清.石油与天然气地质概论.北京:石油工业出版社,2010.
赖绍聪,秦江锋.南秦岭勉略缝合带蛇绿岩与火山岩.北京:科学出版社,2010.
雷永良,李本亮,陈竹新,等.上扬子板块西部边界地区构造演化.北京:石油工业出版社,2010.
李昌年.简明岩石学.北京:中国地质大学出版社,2010.
李光斗.扬子地台西缘富碱斑岩铜金多金属矿床成矿条件及找矿前景.北京:地质出版社,2010.
李恒海,高仕,唐延龄,等.探索新疆地质矿产资源奥秘.北京:地质出版社,2010.
李恒海,邱瑞照.中亚5国矿产资源勘查开发指南.武汉:中国地质大学出版社,2010.
李红阳,王金芳,冯景志.阿尔泰大型—超大型矿床富集区成矿规律与地壳演化.北京:地质出版社,2010.
李丕龙,冯建辉,樊太亮,等.塔里木盆地构造沉积与成藏.北京:地质出版社,2010.
李丕龙,冯建辉,陆永潮,等.准噶尔盆地构造沉积与成藏.北京:地质出版社,2010.
李松林,赖晓玲.青藏高原东北缘和南北构造带中段地壳结构研究.北京:地震出版社,2010.
李廷栋,陈炳蔚,戴维声,等.青藏高原地质图系.广州:广东科学技术出版社,2010.
李卫东,楚福录.航空磁测在河北省地质找矿中的应用.北京:地质出版社,2010.
李喜安,宋焱勋,叶万军.黄土洞穴潜蚀工程地质.上海:同济大学出版社,2010.
李晓,邹云.工程地质勘察中的认识论方法.重庆:重庆大学出版社,2010.
李毅,徐文杰,杨勋,等.广西热水沉积矿床成矿作用及找矿评价.北京:地质出版社,2010.
李增学,魏久传,余继峰,等.海侵事件与海侵成煤机制研究.北京:地质出版社,2010.

李子颖.南岭贵东岩浆岩与铀成矿作用显微图册.北京:地质出版社,2010.

廖立兵,王丽娟,尹京武,等.矿物材料现代测试技术.北京:化学工业出版社,2010.

刘凤民,吴晓红,邓会娟,等.岩心扫描及应用.北京:地质出版社,2010.

刘显凡,孙传敏.矿物学简明教程.北京:地质出版社,2010.

刘宇平.青藏高原东部及邻区现代地壳运动GPS监测.北京:地质出版社,2010.

刘永顺,辛后田,周世军,等.阿尔金山东段拉配泉地区前寒武纪及古生代构造演化.北京:地质出版社,2010.

刘云忠,尤孝才.公益性地质工作经济学研究.武汉:中国地质大学出版社,2010.

龙凡.遥感信息技术在地下水源勘察中的应用研究:辽西地区水资源评价.沈阳:辽宁科学技术出版社,2010.

鲁静,邵龙义.鲁西南石炭系—二叠系深部煤炭资源赋存规律与资源预测.北京:地质出版社,2010.

卢静文,彭晓蕾.金属矿物显微镜鉴定手册.北京:地质出版社,2010.

卢书炜,杜凤军,任建德.中华人民共和国区域地质调查报告尼玛区幅(1:250 000).武汉:中国地质大学出版社,2010.

罗筠.公路工程地质.北京:人民交通出版社,2010.

罗小杰,马贵生.长江中下游堤防工程地质研究.武汉:中国地质大学出版社,2010.

吕建红,袁宝远.地质工程监测预警理论与方法.北京:科学出版社,2010.

马宏生,张国民.川滇地区强震孕育的深部动力环境研究.北京:中国水利水电出版社,2010.

毛先成,戴塔根.隐伏矿体立体定量预测.北京:地质出版社,2010.

梅廉夫,叶加仁,周江羽,黄耀琴.油气勘查与评价.武汉:中国地质大学出版社,2010.

孟召平,田永东,李国富.煤层气开发地质学理论与方法.北京:科学出版社,2010.

倪小明,苏现波,张小东.煤层气开发地质学.北京:化学工业出版社,2010.

潘安定,陈碧珊.柴达木盆地尕海湖晚第四纪古环境.北京:气象出版社,2010.

潘学标,郑大玮.地质灾害及其减灾技术.北京:化学工业出版社,2010.

庞尔成,施光海,梁眉龙,等.山西省代县金红石矿的矿物学及矿床成因研究.北京:地质出版社,2010.

齐甦.隧道地质超前预报技术与应用.北京:气象出版社,2010.

佘小年,傅鹤林,罗强,等.公路滑坡崩塌地质灾害预测与控制技术.北京:人民交通出版社,2010.

深圳市地质学会.粤港(深圳)地质科学与工程.武汉:中国地质大学出版社,2010.

深圳大鹏半岛国家地质公园管理处,深圳市地质局,深圳市地质局学会.深圳大鹏半岛国家地质公园古火山地质遗迹调查研究.武汉:中国地质大学出版社,2010.

沈自力,尹会珍.工程地质与水文地质.郑州:黄河水利出版社,2010.

施斌,王宝军,周国云.环境地质学中的GIS.北京:科学出版社,2010.

舒良树.普通地质学.北京:地质出版社,2010.

宋岩,苏现波,赵孟军,等.中国煤层气成藏地质.北京:科学出版社,2010.

汤良杰,贾承造.库车前陆褶皱—冲断带盐相关构造与油气聚集.北京:科学出版社,2010.

唐永成,曹静平,支利庚.皖东南区域地质矿产评价.北京:地质出版社,2010.

田山岗,刘崇礼,尚冠雄,等.固体矿产资源储量分类的理论、承续与接轨.北京:地质出版社,2010.

万波,廖旭,翟文杰,等.大连市活断层探测与地震危险性评价.大连:大连出版社,2010.

王得楷,胡杰.地质灾害预防.兰州:兰州大学出版社,2010.

王宝德,牛树银,孙爱群,等.深部矿源与幔枝构造成矿.北京:地质出版社,2010.

王建国.中国矿业城市地质灾害防治理论与技术.北京:煤炭工业出版社,2010.

王金琪.中国油气地质特征:小陆拼合、外促压张.北京:地质出版社,2010.

王现国.河南省小秦岭矿区地质灾害研究.北京:中国地质大学出版社,2010.

王永栋,付碧宏,谢小平,等.四川盆地陆相三叠系与侏罗系(汉英对照).合肥:中国科学技术大学出版

社,2010.

王战.地学哲学的理论与实践.北京:地震出版社,2010.

王招明,杨海军,王振宇,等.塔里木盆地塔中地区奥陶系礁滩体储层地质特征.北京:石油工业出版社,2010.

魏子新,翟刚毅,严学新,等.上海城市地质图集.北京:地质出版社,2010.

伍光英,冯艳芳,张万益,等.全国地质勘查进展与成果(2006~2009).北京:地质出版社,2010.

肖长来,梁秀娟,王彪.水文地质学.北京:清华大学出版社,2010.

肖序常.青藏高原的碰撞造山作用及效应.北京:地质出版社,2010.

肖序常,何国琦,徐新,等.中国新疆地壳结构与地质演化.北京:地质出版社,2010.

熊琦华,王志章,吴胜和,等.现代油藏地质学理论与技术篇.北京:科学出版社,2010.

熊章强,周竹生,张大洲.地震勘探.长沙:中南大学出版社,2010.

徐瑞春,杨火平,柳景华.清江水布垭水利枢纽工程地质研究.武汉:中国地质大学出版社,2010.

徐瑞春.清江隔河岩水利枢纽工程与地质.武汉:中国地质大学出版社,2010.

徐瑞春,周建军.红层与大坝(第2版).武汉:中国地质大学出版社,2010.

许述礼.结构地质与水电工程.北京:中国电力出版社,2010.

徐水师,曹代勇,王佟,等.中国煤田地质学的理论与实践.北京:煤炭工业出版社,2010.

徐夕生,邱捡生.火成岩岩石学.北京:科学出版社,2010.

严光生,邱瑞照.中国斑岩铜矿砂岩铜矿资源潜力定量评价.北京:地质出版社,2010.

杨富全.中国新疆北部与西部邻区地质矿产对比研究.北京:地质出版社,2010.

杨建锋,张翠光.中国地质环境变化与对策研究.北京:地质出版社,2010.

杨文达,崔征科,张异彪.东海地质与矿产.北京:海洋出版社,2010.

杨永国.数学地质.徐州:中国矿业大学出版社,2010.

杨主恩.中国新疆阿尔泰—准噶尔—天山地学断面.北京:地质出版社,2010.

杨周华,汪承林,刘嘉玮.石材地质学基础.郑州:黄河水利出版社,2010.

易顺民,梁池生.广东省地质灾害及防治.北京:科学出版社,2010.

叶天竺.成矿地质背景研究技术要求.北京:地质出版社,2010.

阴家润.西藏侏罗纪菊石.北京:地质出版社,2010.

殷坤龙,张桂荣,陈丽霞,等.滑坡灾害风险分析.北京:科学出版社,2010.

殷作如,邹友峰,邓智毅,等.开滦矿区岩层与地表移动规律及参数.北京:地质出版社,2010.

虞震东.对地质学和地震学的思考(第2版).武汉:长江出版社,2010.

于兴河.地质学.北京:高等教育出版社,2010.

岳来群,姚永坚,李永铁,等.中国西北地区二叠纪岩相古地理.北京:地震出版社,2010.

翟裕生.翟裕生文集.北京:地质出版社,2010.

张宝仁,寸珪.黄金矿山地质学.北京:地质出版社,2010.

张德栋,陈继福.煤矿实用地质.北京:化学工业出版社,2010.

张树明.北京西山地区中生代岩浆作用、变质作用及其对华北东部岩石圈厚度变化的约束.北京:地质出版社,2010.

张永双,曲永新,赵希涛,等.青藏高原东南缘第四纪工程地质概论.北京:地质出版社,2010.

张照志.新疆阿勒泰矿业特区建设研究与探索.北京:地质出版社,2010.

赵得思.构造地质学.哈尔滨:哈尔滨工程大学出版社,2010.

赵俊猛,陈新发,刘训.中国新疆额敏—哈密地学断面.北京:科学出版社,2010.

赵俊猛,金之钧,刘训.中国西北部拜城—大柴旦地学断面.北京:科学出版社,2010.

赵鹏大,宋国奇,吴冲龙,等.临清坳陷东部油气地质异常研究与资源综合评价.武汉:中国地质大学出版社,2010.

赵鹏大,吴冲龙,郭彤楼,等.中国南方下古生界油气地质异常分析与评价.北京:科学出版社,2010.

赵松龄.中国东部低海拔型古冰川遗迹.北京:海洋出版社,2010.

赵元艺.西藏第四纪泉水活动与铯的成矿效应.北京:地质出版社,2010.

郑荣才,文华国,李凤杰.高分辨率层序地层学.北京:地质出版社,2010.

中国地热资源图编辑部.中国地热资源图1∶5 000 000.北京:地质出版社,2010.

中国地质调查局发展研究中心.全国地质勘查进展与成果2006~2009.北京:地质出版社,2010.

中国地质学会21世纪中国地质研究会.中国地质工作发展规律研究.北京:地质出版社,2010.

中国科学技术协会.2009~2010古生物学学科发展报告.北京:中国科学技术出版社,2010.

中国科学技术协会.中国地质学学科史.北京:中国科学技术出版社,2010.

中国石油管道公司.油气管道地质灾害风险管理技术.北京:石油工业出版社,2010.

钟建廷.入字形构造与找矿.昆明:云南科技出版社,2010.

仲立刚,朱树银,王文学,等.河北省太行山中段金银矿成矿规律与找矿方向.北京:地震出版社,2010.

周江羽,王家豪,杨香华,等.含油气盆地沉积学.武汉:中国地质大学出版社,2010.

周维勋.铀成矿理论与成矿作用探索:周维勋铀矿地质文集.北京:原子能出版社,2010.

朱东晖,崔宝宪,贺建委.地质找矿技术经济管理研究.北京:地质出版社,2010.

朱同兴,董瀚.中华人民共和国区域地质调查报告:吐错幅(1∶250 000).武汉:中国地质大学出版社,2010.

朱同兴,李宗亮.中华人民共和国区域地质调查报告:江爱达日那幅(1∶250 000).武汉:中国地质大学出版社,2010.

边秋娟,王勤燕,赵珊茸.结晶学及矿物学(第2版).北京:高等教育出版社,2011.

蔡熊飞,陈斌,王莉,等.精品化石图册.武汉:中国地质大学出版社,2011.

柴炽章,孟广魁,马贵仁,等.银川市活动断层探测与地震危险性评价.北京:科学出版社,2011.

车自成,罗金海,刘良.中国及其邻区区域大地构造学(第2版).北京:科学出版社,2011.

陈洪凯,唐红梅,王林峰,等.地质灾害理论与控制.北京:科学出版社,2011.

陈金刚.高煤级煤储层渗透率的构造:采动控制效应与作用机理.郑州:黄河水利出版社,2011.

陈宁生.泥石流勘查技术.北京:科学出版社,2011.

陈祥军,李忠.工程地质学基础.北京:中国水利水电出版社,2011.

陈祥军,王景春.地质灾害防治.北京:中国建筑工业出版社,2011.

崔树清,孙新铭,刘春芳.石油钻井地质.北京:石油工业出版社,2011.

戴春山.中国海域含油气盆地群和早期评价技术.北京:海洋出版社,2011.

戴俊生,李理.油区构造分析.北京:中国石油大学出版社,2011.

丁文龙.油气田开发地质基础.北京:石油工业出版社,2011.

方世明,李江风.地质遗产保护与开发.武汉:中国地质大学出版社,2011.

冯启言,严家平.环境地质学.徐州:中国矿业大学出版社,2011.

付建明.南岭锡矿.武汉:中国地质大学出版社,2011.

付小方,侯立玮,李海兵,等.5·12汶川大地震同震断裂及地震地质灾害.北京:科学出版社,2011.

刚文哲,林壬子.应用油气地球化学.北京:石油工业出版社,2011.

高庆华.地质力学的发展与矿产预测.北京:地质出版社,2011.

高兆奎,丁振举,宋史刚,等.祁连造山带与花岗岩有关的钨钼多金属成矿系统.武汉:中国地质大学出版社,2011.

高宗军,郭健斌,魏久传,王敏.水文地质学.徐州:中国矿业大学出版社,2011.

葛信立,王新军,翟加文,潘国营.岩溶水充水矿区水文地质条件探查技术研究.徐州:中国矿业大学出版社,2011.

国土资源部地质灾害应急技术指挥中心.2010年度全国重大地质灾害事件与应急避险典型案例.北京:地

质出版社,2011.

郝蜀民,陈召佑,李良.鄂尔多斯大牛地气田致密砂岩气成藏理论与勘探实践.北京:石油工业出版社,2011.

何发亮,张玉川.隧道施工地质灾害与不良地质体及其预报.成都:西南交通大学出版社,2011.

何文渊,邬光辉,刘胜,等.塔里木盆地西部构造演化特征及油气勘探方向.北京:石油工业出版社,2011.

黄文辉,曾溅辉.环境地质学.北京:石油工业出版社,2011.

贾承造.中国石油地质学特征:岩性地层油气藏前陆冲带油气藏和深部油气藏的地质学特征与勘探实例(英文版).杭州:浙江大学出版社,2011.

贾永刚,单红仙,杨秀娟,等.黄河口沉积物动力学与地质灾害.北京:科学出版社,2011.

康玉柱.柴达木盆地构造体系控油作用研究.北京:地质出版社,2011.

康玉柱,孙红军,康志宏,等.中国古生代海相油气地质学.北京:地质出版社,2011.

郎咸民,许治国.矿山地质与灾害防治.北京:中国劳动社会保障出版社,2011.

李波,杨世瑜.旅游地质景观类型与区划.北京:冶金工业出版社,2011.

李建民.开滦矿区深部复杂地质条件安全开采技术.北京:煤炭工业出版社,2011.

李先福,尹小鹏,吴燕玲,等.国家矿山公园大冶铁矿地质矿产遗迹特征.武汉:中国地质大学出版社,2011.

李娅莉,薛亲芳,李立平,等.宝石学教程(第2版).武汉:中国地质大学出版社,2011.

廖明光.油气地质与勘探概论.北京:石油工业出版社,2011.

辽宁省国土资源厅.中国水文地质工程地质环境地质工作发展史(辽宁卷).沈阳:辽宁科学技术出版社,2011.

林畅松,于炳松,刘景彦,等.叠合盆地层序地层与构造古地理:以塔里木盆地为例.北京:科学出版社,2011.

刘春芳,郝景波.油气藏地质分析.北京:石油工业出版社,2011.

刘飞,万力,胡伏生.城市环境地质学.北京:知识产权出版社,2011.

刘绍平,汤军,许晓宏.数学地质方法及应用.北京:石油工业出版社,2011.

刘松玉,汪东云,张忠苗,何若全.工程地质.重庆:重庆大学出版社,2011.

刘文白,蒋建平.工程地质与水文地质.北京:人民交通出版社,2011.

刘兆昌,李广贺,朱琨.供水水文地质(第4版).北京:中国建筑工业出版社,2011.

马鸿文.工业矿物与岩石.北京:化学工业出版社,2011.

毛先成,邹艳红,陈进,等.隐伏矿体三维可视化预测.长沙:中南大学出版社,2011.

门玉明.地质灾害治理工程设计.北京:冶金工业出版社,2011.

宁夏国土资源厅.宁夏水文地质、工程地质、环境地质工作发展史.银川:宁夏人民出版社,2011.

彭秀红,张江苏.甘肃大水金矿床成矿规律与成矿模式.北京:科学出版社,2011.

秦江锋,赖绍聪.秦岭造山带晚三叠世花岗岩成因与深部动力学.北京:科学出版社,2011.

秦善.结构矿物学.北京:北京大学出版社,2011.

丘元禧.地质力学文集.北京:地质出版社,2011.

曲永贵,王永胜,段建祥.中华人民共和国区域地质调查报告:多巴区幅(1:250 000).北京:中国地质大学出版社,2011.

冉启全,王拥军,孙圆辉,等.火山岩气藏储层表征技术.北京:科学出版社,2011.

尚玉河.云贵晚三叠世孢粉植物群.北京:科学出版社,2011.

盛海洋.工程地质与水文.北京:科学出版社,2011.

石振明,孔宪立.工程地质学(第2版).北京:中国建筑工业出版社,2011.

苏俊.煤层气勘探开发方法与技术.北京:石油工业出版社,2011.

孙革,张立珺,周长付,等.30亿年来的辽宁古生物.上海:上海科技教育出版社,2011.

孙新铭,樊宏伟.准噶尔盆地南缘西部地区野外地质实习指导书.北京:石油工业出版社,2011.

孙振泽.地质灾害——观测·预防·营救.北京:地质出版社,2011.

汤达祯,王生维.煤储层物性控制机理及有利储层预测方法.北京:科学出版社,2011.

唐辉明.工程地质学基础.北京:化学工业出版社,2011.

万天丰.中国大地构造:数据、地图与演化(英文版).北京:高等教育出版社,2011.

王文.我国地质工作管理体制和运行机制研究.北京:地质出版社,2011.

王晓华.供水水文地质学.武汉:武汉理工大学出版社,2011.

吴凤鸣.大地构造学发展简史史料汇编.北京:石油工业出版社,2011.

吴红应.石油地质基础.北京:中国劳动社会保障出版社,2011.

吴泰然,何国琦.普通地质学(第2版).北京:北京大学出版社,2011.

吴烨.环境地质.北京:科学出版社,2011.

武强,徐华.虚拟地质建模与可视化.北京:科学出版社,2011.

徐可强.滨里海盆地东缘中区块油气成藏特征和勘探实践.北京:石油工业出版社,2011.

徐茂泉,陈友飞.海洋地质学(第2版).厦门:厦门大学出版社,2011.

许兆义.工程地质基础(第2版).北京:中国铁道出版社,2011.

杨保全,魏继红,侯玉宾.地质工程测试技术方法及工程应用.南京:河海大学出版社,2011.

杨建国,任有祥,王小红,等.甘肃北山花牛山金银多金属矿田:成矿规律与找矿预测.北京:地质出版社,2011.

杨建国,谢春林.北山地区基本构造格局及优势矿产资源潜力.北京:地质出版社,2011.

杨巨初,陈友良,张成江.铀矿地质与勘察简明教程.北京:地质出版社,2011.

易武,孟召平,易庆林.三峡库区滑坡预测理论与方法.北京:科学出版社,2011.

叶良辅,章鸿钊.中国地质学史二种.上海:上海书店出版社,2011.

页岩气地质与勘探开发实践丛书编委会.中国页岩气地质研究进展.北京:石油工业出版社,2011.

尹福光,孙志明.松潘—阿坝造山带地质特征及其演化.北京:地质出版社,2011.

袁明生,梁世君,徐永昌,等.低熟气及我国的低熟气区:吐哈油气区.北京:科学出版社,2011.

曾志刚.海底热液地质学.北京:科学出版社,2011.

张昌民,穆龙新,宋新民等.油气田开发地质理论与实践.北京:石油工业出版社,2011.

张金亮,谢俊,等.油田开发地质学.北京:石油工业出版社,2011.

张林森.延长油田中生界石油地质特征与高效勘探.北京:石油工业出版社,2011.

张森琦,郭建强.中国二氧化碳地质储存地质基础及场地地质评价.北京:地质出版社,2011.

张万良.华南铀矿保存因素探索.北京:地质出版社,2011.

张燕.金属矿产地质学.北京:冶金工业出版社,2011.

张永刚,贺振华,陈洪德,等.中国典型海相礁滩储层.北京:科学出版社,2011.

赵重远,靳久强.含油气盆地地质学.北京:石油工业出版社,2011.

赵俊明.周口店野外实践教学基地经典地质现象图册.武汉:中国地质大学出版社,2011.

赵庆波,孙粉锦,李五忠.煤层气勘探开发地质理论与实践.北京:石油工业出版社,2011.

中国地质环境检测院.中国典型县(市)地质灾害易发程度分布图集:华北东北卷.北京:科学出版社,2011.

中国地质环境检测院.中国典型县(市)地质灾害易发程度分布图集:华东地区卷.北京:科学出版社,2011.

中国地质环境监测院.中国典型县(市)地质灾害易发程度分布图集:华中华南卷.北京:科学出版社,2011.

中国地质环境监测院.中国典型县(市)地质灾害易发程度分布图集:西南地区卷.北京:科学出版社,2011.

中国地质环境监测院. 中国典型县(市)地质灾害易发程度分布图集:西北地区卷. 北京:科学出版社,2011.

周琦. 油气田开发地质基础. 北京:石油工业出版社,2011.

朱红涛. 层序地震地质综合解释实践教学实习指导书. 武汉:中国地质大学出版社,2011.

朱亮璞. 遥感地质学. 北京:地质出版社,2011.

卓宝熙. 工程地质遥感判释与应用(第2版). 北京:中国铁道出版社,2011.

蔡士赐. 新疆维吾尔自治区岩石地层. 武汉:中国地质大学出版社,2012.

曹代勇,李小明,占文峰,等. 大别山北麓杨山煤系高煤级煤的变形变质作用研究. 北京:地质出版社,2012.

陈新发,匡立春,查明,等. 火山岩形成、分布与储集作用:准噶尔盆地火山岩油气藏成藏机理与勘探实践. 北京:地质出版社,2012.

陈公信,金经纬. 湖北省岩石地层. 武汉:中国地质大学出版社,2012.

陈洪德,郭丹楼. 中上扬子叠合盆地沉积充填过程与物质分布规律. 北京:科学出版社,2012.

陈晋镰,武铁山. 全国地层多重划分对比研究(10):华北区区域地层. 武汉:中国地质大学出版社,2012

陈书平,赵淑霞. 煤矿地质学. 长春:东北师范大学出版社,2012.

陈树旺,Antonina A.,ZhuKovskaya,等. 铁岭地区生态地质研究. 北京:地质出版社,2012.

陈涛. 伊利石的微结构特征研究. 北京:科学出版社,2012.

陈天虎,谢巧勤,徐晓春. 中国黄土中的纳米矿物. 北京:科学出版社,2012.

陈希清,付建明. 南岭地区地球化学图集. 武汉:中国地质大学出版社,2012.

邓军,李文昌,符德贵,等. 西南三江南段新生代金成矿系统. 北京:地质出版社,2012.

邓平,舒良树. 南岭东段中—新生代盆—山动力学及其铀成矿作用. 北京:地质出版社,2012.

董树文,项怀顺,高锐,等. 长江中下游庐江—枞阳矿集区地壳结构探测与深部地质. 北京:地质出版社,2012.

杜海燕,郑卓. 广东地质新论. 北京:地质出版社,2012.

都洵,张永康. 全国地层多重划分对比研究(20):东北区区域地层. 武汉:中国地质大学出版社,2012.

都洵,张永康. 全国地层多重划分对比研究(30):东南区区域地层. 武汉:中国地质大学出版社,2012.

多吉,张金树,刘鸿飞,等. 冈底斯东段典型金属矿床地质特征及找矿潜力. 北京:地质出版社,2012.

恩布里(Ashton Embery),邓宏文,肖毅,王红亮. 实用层序地层学. 北京:石油工业出版社,2012.

方世明,李江风. 地质公园概论. 武汉:中国地质大学出版社,2012.

高莲凤,万晓樵. 西藏南部海相侏罗纪—白垩纪界线地层. 北京:地质出版社,2012.

耿全如,彭智敏,张璋,等. 班公湖—怒江成矿带及邻区特提斯演化与成矿地质背景. 北京:地质出版社,2012.

辜学达,刘啸虎. 四川省岩石地层. 武汉:中国地质大学出版社,2012.

关凤峻. 地质灾害防治这一年:2011. 北京:地质出版社,2012.

国土资源部中国地质调查局. 中华人民共和国多目标区域地球化学图集:吉林省中西部. 北京:地质出版社,2012.

国土资源部中国地质调查局. 中华人民共和国多目标区域地球化学图集:辽宁省辽河流域. 北京:地质出版社,2012.

国土资源部中国地质调查局. 中华人民共和国多目标区域地球化学图集:湖北省江汉流域经济区. 北京:地质出版社,2012.

国土资源部中国地质调查局. 中华人民共和国多目标区域地球化学图集:四川省成都经济区. 北京:地质出版社,2012.

郭旭升,郭彤楼. 普光、元坝碳酸盐岩台地边缘大气田勘探理论与实践. 北京:科学出版社,2012.

郝子文. 全国地层多重划分对比研究(50):西南区区域地层. 武汉:中国地质大学出版社,2012.

韩豫川,熊孝先,商朋强,等.中国钾盐矿成矿规律.北京:地质出版社,2012.
韩豫川,熊孝先,薛天星,等.中国磷矿成矿规律.北京:地质出版社,2012.
韩豫川,夏学惠,肖荣阁,等.中国磷矿床.北京:地质出版社,2012.
何登发,周路,吴晓智.准噶尔盆地古隆起形成演化与油气聚集.北京:石油工业出版社,2012.
何明喜.南华北多期复合叠合盆地与油气.北京:地质出版社,2012.
侯贵廷.华北基性岩墙群.北京:科学出版社,2012.
侯万荣,聂凤军,江思宏,等.岩浆活动与金的成矿作用.北京:地质出版社,2012.
胡平,方慧,钟清,等.青藏高原油气资源战略调查与评价中的非地震方法技术.北京:地质出版社,2012.
姜琦刚,李远华,邢宇,等.青藏高原湿地遥感调查及生态地质环境效应研究.北京:地质出版社,2012.
康玉柱.油气地质力学.北京:地质出版社,2012.
李超岭.数字地质调查技术理论研究与应用实践.北京:地质出版社,2012.
李德生.中国多旋回叠合含油气盆地构造学.北京:科学出版社,2012.
李贵中,孙粉锦,李五忠,陈振宏.西北地区低煤阶煤层气地质.北京:石油工业出版社,2012.
李广武.21世纪矿山地质学新进展.北京:冶金工业出版社,2012.
李洪奎.山东省大地构造相研究.北京:地质出版社,2012.
李厚民,陈毓川,李立兴,等.中国铁矿成矿规律.北京:地质出版社,2012.
李剑,胡国艺,谢增业,等.碳酸盐岩油气成藏机制.北京:石油工业出版社,2012.
李磊.被动陆缘深水扇沉积构型及主控因素分析:以珠江口盆地和尼日尔三角洲盆地为例.北京:石油工业出版社,2012.
李启涛.济阳坳陷前古近纪地层划分研究.北京:石油工业出版社,2012.
李文涛.深层油气成藏要素与富集规律——以济阳坳陷古近系为例.北京:石油工业出版社,2012.
李文渊,董福辰,张照伟,等.西北地区矿产资源成矿远景与找矿部署研究.北京:地质出版社,2012.
李艳霞.复杂构造区海相烃源灶变迁及成藏作用.北京:地质出版社,2012.
刘长礼,周爱国.城市地质环境评价理论方法.北京:地质出版社,2012.
刘成林,车长波,杨虎林,等.常规与非常规油气资源评价方法与应用.北京:地质出版社,2012.
刘光华,知纲.岩石与矿物.北京:地质出版社,2012.
刘之的,戴诗华.准噶尔盆地火山岩储层测井评价技术.北京:石油工业出版社,2012.
卢焕章,王中刚,陈文一,等.浊积岩型金矿地质.北京:科学出版社,2012.
卢进才.银额盆地及邻区石炭系—二叠系油气地质条件与资源前景.北京:地质出版社,2012.
毛景文,张作衡,裴荣富.中国矿床模型概论.北京:地质出版社,2012.
南颐,周国强.广东省岩石地层.武汉:中国地质大学出版社,2012.
潘懋,李铁锋.灾害地质学(第2版).北京:北京大学出版社,2012.
庞军刚,李文厚.三角洲相储层精细描述:以鄂尔多斯史家畔地区延长组为例.北京:石油工业出版社,2012.
彭建兵.西安地裂缝灾害.北京:科学出版社,2012.
钱俊锋,肖安成,杨树峰,等.塔里木盆地西北缘中、新生代构造特征及演化.杭州:浙江工商大学出版社,2012.
任殿星,田昌炳.多条件约束油藏地质建模.北京:石油工业出版社,2012.
任东,史宗冈,高太平,等.中国东北中生代昆虫化石珍品.北京:科学出版社,2012.
时国,田景春.南华北奥陶系层序地层格架内古岩溶研究.北京:地质出版社,2012.
史宇坤,杨湘宁,刘家润.贵州南部宗地地区早石炭世—早二叠世的䗴类.北京:科学出版社,2012.
宋惠珍,薛世峰,曾海容.构造应力场与有限单元法.东营:中国石油大学出版社,2012.
宋明水,向奎,徐国盛,等.准噶尔盆地车排子地区油气成藏规律.北京:地质出版社,2012.
宋岩,张新民,柳少波.中国煤层气地质与开发基础理论.北京:科学出版社,2012.

孙崇仁.青海省岩石地层.武汉:中国地质大学出版社,2012.
孙粉锦,王一兵,王勃,等.华北中高煤阶煤层气富集规律和有利区预测.徐州:中国矿业大学出版社,2012.
孙叶.地震地质与地震预报.北京:地质出版社,2012.
孙永军,安志宏,李晓琴,等.黄河流域生态地质环境遥感调查及规律性研究.北京:地质出版社,2012.
孙红月,吕庆.堆积层滑坡成因机理与防治.北京:科学出版社,2012.
孙越英,卢耀东.河南省铁矿成矿规律及深部找矿综合研究.郑州:黄河水利出版社,2012.
孙越英,王道颖.河南省豫北地区黏(铝)土矿床成矿规律综合研究.郑州:黄河水利出版社,2012.
陶奎元.中国雷琼·海口火山群·世界地质公园研究.南京:东南大学出版社,2012.
王瑞廷,王东升,代军治,等.秦岭造山带陕西段主要矿集区铅锌银铜金矿综合勘查技术研究.北京:地质出版社,2012.
王香增,曹金舟.相势共控论在延长油田的勘探实践.北京:地质出版社,2012.
汪啸风.嵌入岩层中的一颗"金钉子":全球中奥陶统暨大坪阶界线层型剖面的印记.北京:地质出版社,2012.
王招明,杨海军,王清华,等.塔中隆起海相碳酸盐岩特大型凝析气田地质理论与勘探技术.北京:科学出版社,2012.
王志华.滑坡遥感.北京:科学出版社,2012.
魏钦廉,肖玲.高分辨率层序分析与储层预测:以惠州凹陷古近系为例.北京:地质出版社,2012.
魏振岱.安徽省煤炭资源赋存规律与找煤预测.北京:地质出版社,2012.
伍光英,张万益,张翠光,等.全国矿产资源重大勘查成果集成:2006~2010年.北京:地质出版社,2012.
吴国忠.中国昆仑玉.北京:地质出版社,2012.
吴志宇,赵虹,李文厚,等.安塞油田中生界特低渗油藏地质特征与勘探实践.北京:石油工业出版社,2012.
夏庆龙,田立新,周心怀,等.渤海海域构造形成演化与变形机制.北京:石油工业出版社,2012.
夏庆龙,周心怀,李建平,等.渤海海域古近系层序沉积演化及储层分布规律.北京:石油工业出版社,2012.
夏庆龙,周心怀,薛永安,等.渤海海域油气藏形成分布与资源潜力.北京:石油工业出版社,2012.
谢文彦,孟卫工,李晓光,蔡国刚.辽河坳陷基岩油气藏.北京:石油工业出版社,2012.
许东青,聂风军.内蒙古苏莫查干敖包超大型萤石矿集区产出环境、地质特征和成矿机理.北京:地质出版社,2012.
徐桂荣,龚淑云,王永标,林明月.地球环境与生物创新进化.武汉:中国地质大学出版社,2012.
燕长海.帕米尔式铁矿床.北京:地质出版社,2012.
闫学义,黄树峰,秦克章,等.冈底斯东段走滑型陆缘铜多金属成矿系统理论与勘查应用.北京:地质出版社,2012.
杨富全,刘峰,柴凤梅,等.中国新疆阿尔泰铁矿床.北京:地质出版社,2012.
杨华,陈洪德,付金华.鄂尔多斯盆地晚三叠世沉积地质与油藏分布规律.北京:科学出版社,2012.
杨克明,庞雄奇.致密砂岩气藏形成机制与预测方法:以川西坳陷为例.北京:科学出版社,2012.
杨克明,朱宏权,叶军,张克银.川西致密砂岩气藏地质特征.北京:科学出版社,2012.
杨欣德,李星云.辽宁省岩石地层.武汉:中国地质大学出版社,2012.
杨主恩,张先康,汪一鹏,等.新疆阿尔泰—天山地学断面地质地球物理综合探测和研究.北京:地质出版社,2012.
易远元,唐海雄.海洋深水钻井浅层地质灾害识别技术及案例分析.北京:石油工业出版社,2012.
袁忠信,李建康,王登红,等.中国稀土矿床成矿规律.北京:地质出版社,2012.
岳建平,方露.城市地面沉降监控理论与技术.北京:科学出版社,2012.

张蓓莉,Dietmar Schwarz,陆太进.世界主要彩色宝石产地研究.北京:地质出版社,2012.
张纯臣.湖南省岩石地层.武汉:中国地质大学出版社,2012.
张大伟,李玉喜,张金川,等.全国页岩气资源潜力调查评价.北京:地质出版社,2012.
张福良.中国矿产资源开发整合研究.武汉:中国地质大学出版社,2012.
张国全,王勤生,俞跃平,等.浙东火山岩区银铅锌多金属成矿作用与成矿预测.武汉:中国地质大学出版社,2012.
张杰.贵州下寒武统含多金属元素黑色页岩系成因及应用矿物学研究.北京:冶金工业出版社,2012.
张路锁,曹代勇,张军,等.河北省煤田构造与构造控煤研究.北京:科学出版社,2012.
张以诚,刘昭民.中国近代矿业史纲要.北京:气象出版社,2012.
赵翰卿.大庆油田精细储层沉积学研究.北京:石油工业出版社,2012.
赵俊猛.青藏高原北缘地球动力学条件.北京:科学出版社,2012.
赵太平,张忠慧,周艳艳,等.中国嵩山前寒武纪地质.北京:地质出版社,2012.
赵文津.青藏高原深剖面研究20年回顾与展望.北京:地质出版社,2012.
赵贤正,金凤鸣.断陷斜坡油气藏形成分布与精细勘探.北京:科学出版社,2012.
赵小明,李长安,王孔伟,等.三峡库区宜昌—重庆段基础地质与地质灾害.武汉:中国地质大学出版社,2012.
赵一鸣,林文蔚.中国矽卡岩矿床.北京:地质出版社,2012.
赵越,刘建民.华北地块北缘中—东段金(银)多金属成矿规律与找矿方向.北京:地质出版社,2012.
赵自强,丁启秀.全国地层多重划分对比研究(40):中南区区域地层.武汉:中国地质大学出版社,2012.
中国地质调查局.国土资源地质大调查成果总结报告:1999-2010年.北京:地质出版社,2012.
中国21世纪议程管理中心,中国地质调查局水文地质环境地质调查中心等.中国二氧化碳地质封存选址指南研究.北京:地质出版社,2012.
中国科协学会学术部.板块汇聚地幔柱对云南区域成矿作用的重大影响.北京:中国科学技术出版社,2012.
邹才能.火山岩油气地质.北京:地质出版社,2012.
周琦.古天然气渗漏与锰矿成矿——以黔东地区南华纪"大塘坡式"锰矿为例.北京:地质出版社,2012.
周永章,王正海,侯卫生.数学地球科学.广州:中山大学出版社,2012.
朱东晖,李国平,郭保健,等.河南铝土矿.北京:地质出版社,2012.
朱红涛,keyu Liu,刘强虎,等.陆内克拉通盆地"溯源退积"层序构型形成机理的定量模拟.武汉:中国地质大学出版社,2012.
朱伟林,胡平,江文荣.南亚—东南亚含油气盆地.北京:科学出版社,2012.
朱永峰.矿床地球化学导论.北京:北京大学出版社,2012.
阿尔(Wayne M. Ahr).碳酸盐岩储层地质学:碳酸盐岩储层的识别、描述及表征.姚根顺,沈安江,郑剑锋,译.北京:石油工业出版社,2013.
陈安泽,浦庆余,张招崇,等.黄山花岗岩地貌景观研究.北京:科学出版社,2013.
陈程.油气田开发地质学.北京:地质出版社,2013.
陈新建,王勇智,宋飞,赵法锁.黄土滑坡灾害特征及防治对策.北京:冶金工业出版社,2013.
陈宇坤,赵国敏,阎成国,等.天津市活动断层探测与地震危险性评价.北京:地质出版社,2013.
程光华,翟刚毅,庄育勋,等.城市地质与城市可持续发展.北京:科学出版社,2013.
程光华,翟刚毅,庄育勋,等.中国城市地质调查技术方法.北京:科学出版社,2013.
邓运华,张功成,刘春成,等.中国近海2个油气带地质理论与勘探实践.北京:石油工业出版社,2013.
丁莉,张金震,唐志中.河南省桐柏县老湾金矿带成矿环境及成矿规律研究.武汉:中国地质大学出版社,2013.
丁仲礼.固体地球科学研究方法.北京:科学出版社,2013.

董卫平.贵州省岩石地层.武汉:中国地质大学出版社,2013.

范正国,黄旭钊,杨雪,等.晋冀北缘—辽西铁矿重要成矿带找矿靶区航磁优选.北京:地质出版社,2013.

方德庆.遥感地质学.北京:石油工业出版社,2013.

方少仙,侯方浩.碳酸盐岩成岩作用.北京:地质出版社,2013.

付小方,侯立玮,梁斌,李海兵.成都平原第四纪断裂及其活动性.北京:科学出版社,2013.

高庆华.矿产预测的地质力学理论方法与实践.北京:地质出版社,2013.

高正夏,龚友平,杨光中.钻探与掘探.北京:地质出版社,2013.

郜兆典,张中伟.广西风化矿床.北京:地质出版社,2013.

弓小平,赵同阳,刘艳宾,等.新疆西天山阿吾拉勒西段铁矿成矿预测研究.北京:地质出版社,2013.

谷天峰,王家鼎.地理信息系统在黄土工程地质中的应用.北京:地震出版社,2013.

韩建恩.黄河源晚新生代河湖相沉积与环境.北京:地质出版社,2013.

何明跃,吴淦国.矿物、岩石、矿石标本资源及矿床描述标准.北京:地质出版社,2013.

侯贵廷,潘文庆.裂缝地质建模及力学机制.北京:科学出版社,2013.

胡作维,黄思静.川东北地区三叠系飞仙关组白云岩的形成机制.北京:地质出版社,2013.

黄洁,赵志芳,范敏,等.西南三江流域第四纪地质环境遥感调查与稳定性评价.北京:测绘出版社,2013.

姜琦刚,贾大成,李远华,等.东北地区生态地质环境遥感监测.北京:地质出版社,2013.

匡立春,雷德文,唐勇,等.准噶尔盆地侏罗—白垩系沉积特征和岩性地层油气藏.北京:石油工业出版社,2013.

雷德文,唐勇,常秋生,等.准噶尔盆地西北缘二叠系储层成因类型及其主控因素.北京:石油工业出版社,2013.

李安波,周良辰,闾国年.地质信息系统.北京:科学出版社,2013.

李嘉,江媛,李奋生.稻城地区地质景观研究.北京:科学出版社,2013.

李金发.中国地质调查新方法新技术研发进展与成果.北京:科学出版社,2013.

李廷栋,潘桂棠,肖序常,等.青藏高原隆升的地质记录及机制.广州:广东科技出版社,2013.

李仰春.黑龙江鸡西盆地早白垩世层序地层与聚煤作用.北京:地质出版社,2013.

李永明.矿山深部找矿新论.北京:冶金工业出版社,2013.

林长进.福建省地质遗产保护与开发的研究.郑州:黄河水利出版社,2013.

刘德长.铀矿地质遥感与铀矿构造研究.北京:地质出版社,2013.

刘光鼎.中国金属矿的地质与地球物理勘查.北京:科学出版社,2013.

刘化清,李相博,陈启林,完颜容.鄂尔多斯盆地延长组若干石油地质问题分析.北京:科学出版社,2013.

刘金韬,张本静.唐山沿海主要环境地质灾害研究.北京:中国水利水电出版社,2013.

罗小杰.城市岩溶与地史滑坡研究.武汉:中国地质大学出版社,2013.

吕古贤,武际春,崔书学,等.胶东玲珑金矿田地质.北京:科学出版社,2013.

马学慧.中国泥炭地碳储量与碳排放.北京:中国林业出版社,2013.

毛凤鸣,梁兵,刘启东,等.高邮凹陷断层—岩性油气藏勘探技术与实践.北京:石油工业出版社,2013.

毛建仁,任纪舜.中国东南部及邻区中新生代岩浆作用与成矿.北京:地质出版社,2013.

孟令顺,杜晓娟.固体地球物理学:地球构造、重力学与地磁学.北京:地质出版社,2013.

牟中海.地震地层学.北京:石油工业出版社,2013.

牛嘉玉,蒋凌志,史卜庆,等.油气矿藏地质与评价.北京:科学出版社,2013.

牛耀龄.全球构造与地球动力学:岩石学与地球化学方法应用实例.北京:科学出版社,2013.

欧阳孝忠.岩溶地质.北京:中国水利水电出版社,2013.

潘桂棠,刘宇平,郑来林,等.青藏高原碰撞构造与效应.广州:广东科技出版社,2013.

邱瑞照,谭永杰,朱群,等.中国及邻区重要成矿带成矿规律对比研究.北京:地质出版社,2013.

任升莲.秦岭伏牛山构造带的变质:变形分析.合肥:合肥工业大学出版社,2013.

粟俊江,朱朝霞.水文地质分析与应用.武汉:中国地质大学出版社,2013.

宋国奇,朱光,周祖翼,等.郯庐断裂带演化对两侧盆地石油地质条件的控制和影响.北京:地质出版社,2013.

宋鸿林,张长厚,王根厚.构造地质学.北京:地质出版社,2013.

宋瑞祥.中国金刚石矿床专论——中国金刚石矿找矿与开发.北京:地质出版社,2013.

苏凯峰,王兴民,袁巧红,黄礼霞.河南省豫西地区金属矿山地质环境监测预警及恢复治理技术研究.武汉:中国地质大学出版社,2013.

孙鸿烈,李廷栋,周秀骥,郑度.20世纪中国知名科学家学术成就概览:地学卷·地质学分册(一、二).北京:科学出版社,2013.

孙卫志,冯建之,燕建设,于伟.小秦岭幔枝构造与深部找矿.北京:科学出版社,2013.

覃建雄,刘开榜.地质公园旅游开发与管理.北京:科学出版社,2013.

唐好生,司荣军,向中林,等.基于GIS技术的鲁西铜石地区金成矿预测.武汉:中国地质大学出版社,2013.

田海芹.扬沉作用与优势相编图.北京:地质出版社,2013.

童立强,刘春玲,聂洪峰.中国南方岩溶石山地区石漠化遥感调查与演变研究.北京:科学出版社,2013.

童立强,祁生文,安国英.喜马拉雅山地区重大地质灾害遥感调查研究.北京:科学出版社,2013.

王佟.中国煤炭地质综合勘查理论与技术新体系.北京:科学出版社,2013.

王建民.鄂尔多斯盆地东部奥陶系风化壳岩溶古地貌与储层特征.北京:石油工业出版社,2013.

王润福.山西地质发展史浅说.北京:地质出版社,2013.

王文,邓志奇,张润丽,等.中国地质调查发展研究报告.北京:地质出版社,2013.

汪新文.地球科学概论.北京:地质出版社,2013.

王兴民,苏凯峰,孙华山,李俊生.河南省嵩县东湾—槐树坪矿区成矿环境及金矿成矿规律研究.武汉:中国地质大学出版社,2013.

王绪龙,支东明,王屿涛,陈建平.准噶尔盆地烃源岩与油气地球化学.北京:石油工业出版社,2013.

王延涛,孙光吉,刘亚川.滑坡演化的地质过程分析及其应用.北京:冶金工业出版社,2013.

王自高.西南水利水电工程地质灾害问题与预防措施研究.北京:中国水利水电出版社,2013.

吴才来,董树文,郭祥焱,等.中国铜陵中酸性侵入岩.北京:地质出版社,2013.

吴良林.喀斯特山区资源环境脆弱性机制与安全评价研究——以桂西北喀斯特山区为例.北京:地质出版社,2013.

吴秀章.中国二氧化碳捕集与地质封存首次规模化探索.北京:科学出版社,2013.

夏林圻,夏祖春,李向民,马中平.中国中西部及邻区大陆板内火山作用.北京:科学出版社,2013.

肖龙.行星地质学.北京:地质出版社,2013.

谢雄标.区域矿产资源产业演化机理及可持续发展研究.武汉:中国地质大学出版社,2013.

许东禹.大洋矿产地质学.北京:海洋出版社,2013.

徐惠长.地质与环境保护.北京:地质出版社,2013.

徐友宁,张黎,乔冈,等.昨天、今天、明天——宁夏石嘴山采煤塌陷区地质环境的嬗变.北京:地质出版社,2013.

杨涛.地质遗迹资源保护与利用.北京:冶金工业出版社,2013.

杨雨.甘肃省岩石地层.武汉:中国地质大学出版社,2013.

杨则东,彭玉怀,杨佩明,等.淮河流域(安徽段)环境地质调查研究.北京:科学出版社,2013.

杨志强,高谦,王玉山,等.特大型镍矿工程地质与岩石力学.北京:科学出版社,2013.

殷跃平,张永双,王文沛,王军.汶川地震工程地质与地质灾害.北京:科学出版社,2013.

俞国华.浙江省岩石地层.武汉:中国地质大学出版社,2013.

于学政.青藏高原油气资源遥感地质解译与制图.北京:科学出版社,2013.

袁益让,韩玉笈.三维油气资源盆地数值模拟的理论和实际应用.北京:科学出版社,2013.

曾斌,项伟.典型地质环境问题区域灾变智能预测研究:以湖北省恩施地区为例.武汉:中国地质大学出版社,2013.

张大伟,乔德武.全国油气资源战略选区调查与评价.北京:地质出版社,2013.

张光亚,刘伟,杨海军,等.塔里木克拉通寒武纪—奥陶纪原型盆地与岩相古地理.北京:地质出版社,2013.

张普.黄土—古土壤同位素记录的若干问题讨论.北京:海洋出版社,2013.

张术根,姚翠霞,杨汉壮,等.粤北凡口式铅锌硫化物矿床关键成矿控制系统及成矿预测研究.长沙:中南大学出版社,2013.

张照志,南雪玲,张莹莹,等.中国新疆阿勒泰地区周边国家毗邻区矿产资源可利用性研究.北京:地质出版社,2013.

赵汀,赵逊,吴珍汉,等.三清山花岗岩地貌特征及成因.北京:地质出版社,2013.

赵红静.吐哈盆地台北凹陷天然气成因及气源对比.北京:石油工业出版社,2013.

赵文智,王红军,曹宏,等.中国中低丰度天然气资源大型化成藏理论与勘探开发技术.北京:科学出版社,2013.

甄习春.河南省地质灾害及防治研究(上下).郑州:黄河水利出版社,2013.

张树明.区域地质调查学.北京:地质出版社,2013.

张志远.云南省岩石地层.武汉:中国地质大学出版社,2013.

支东明,薛洌,王屹涛,等.准噶尔盆地煤层气资源及勘探潜力.北京:石油工业出版社,2013.

中国科学院南京地质古生物研究所.中国"金钉子":全球标准层型剖面和点位研究.杭州:浙江大学出版社,2013.

周立宏,蒲秀刚,肖敦清,等.箕状断陷斜坡区沉积储层与油气成藏:以渤海湾盆地为例.北京:石油工业出版社,2013.

邹才能.非常规油气地质(第2版).北京:地质出版社,2013.

邹国富.迪庆春都斑岩铜矿床成岩成矿模式研究.北京:地质出版社,2013.

周瑶琪,章大港,颜世永,等.地球动力系统及演化.北京:科学出版社,2013.

朱永峰,安芳,徐存元,等.新疆哈图及其周边金铜成矿规律和深部找矿预测.北京:地质出版社,2013.

陈鸣.岫岩陨石撞击坑发现及研究.北京:科学出版社,2014.

陈新发,匡立春,查明,等.火山岩油气成藏机理与勘探技术:以准噶尔盆地为例.北京:科学出版社,2014.

邓明雅,陶艳忠,许建,等.岩浆岩、变质岩微观特征实用图集.北京:中国石化出版社,2014.

付锁堂,袁剑英,汪立群,等.柴达木盆地油气地质成藏条件研究.北京:科学出版社,2014.

郭克毅,陈安泽.矿物鉴赏图典.北京:化学工业出版社,2014.

国土资源部油气资源战略研究中心.东北中—新生代盆地油气资源战略调查与选区.北京:地质出版社,2014.

韩豫川,熊先孝,曹烨,等.中国硫矿成矿规律.北京:地质出版社,2014.

何彬彬,陈翠华,陈建华,等.多源地质空间信息智能处理与区域矿产资源预测.北京:科学出版社,2014.

侯贵廷.渤海湾盆地地球动力学.北京:科学出版社,2014.

雷祥义.黄土地质灾害的形成机理与防治对策.北京:北京大学出版社,2014.

李沛刚,王登红,赵芝,等.贵州大竹园铝土矿矿床地质、地球化学与成矿规律.北京:科学出版社,2014.

李素梅,庞维奇,杨海军,等.中国叠合盆地油气来源与形成演化:以塔里木盆地为例.北京:科学出版社,2014.

李勇,廖前进,肖敦清,等.河流相层序地层学:以黄骅坳陷新近系为例.北京:科学出版社,2014.

李正祥,陈汉林,李献华,等.华南大地构造演化概论及野外勘查(英文版).北京:科学出版社,2014.

梁斌,朱兵,王全伟,等.成都平原第四纪地质与环境.北京:科学出版社,2014.

刘家铎,漆立新,田景春,李宗杰.塔里木盆地构造演化与沉积格架.北京:科学出版社,2014.

罗进雄,何幼斌.中上扬子地区二叠纪岩相古地理.北京:石油工业出版社,2014.

罗晓荣,周路,史基安,等.中国西部典型叠合盆地油气成藏动力学研究.北京:科学出版社,2014.
庞雄奇.油气藏调整改造与构造破坏烃量模拟.北京:科学出版社,2014.
庞雄奇.中国叠合盆地油气富集门限与勘探目标优选.北京:科学出版社,2014.
乔建平.大地震诱发滑坡分布规律及危险性评价方法研究.北京:科学出版社,2014.
秦克章,夏代祥,李光明,等.西藏驱龙斑岩—矽卡岩铜钼矿床.北京:科学出版社,2014.
宋嶽,高玉生,贾国臣,等.水利水电工程深埋长隧洞工程地质研究.北京:中国水利水电出版社,2014.
孙立广,刘晓东.南海岛屿生态地质学.上海:上海科学技术出版社,2014.
陶艳忠,蒋裕强,邓明雅,等.沉积岩微观特征实用图集.北京:中国石化出版社,2014.
汤达帧,刘大锰,唐书恒,李治平.煤层气开发过程储层动态地质效应.北京:科学出版社,2014.
田景春,张翔,王峰,等.南华北叠合盆地新元古界—中生界沉积、层序及生储盖特征研究.北京:科学出版社,2014.
田升平,韩豫川,熊先孝,等.中国重晶石矿成矿规律.北京:地质出版社,2014.
王吉平,商朋强,熊先孝,等.中国萤石成矿规律.北京:地质出版社,2014.
王劲松,周家喜,刘金海,等.黔东南从江宰便铀铅锌多金属成矿作用与找矿预测.北京:科学出版社,2014.
肖晖.沉积盆地构造热演化史研究及应用——以塔里木盆地东北缘孔雀河地区为例.北京:中国石化出版社,2014.
肖智勇,曾佐勋,Robert G. Storm. 月球表面哥白尼纪与水星表面柯伊伯纪地质活动对比研究.武汉:中国地质大学出版社,2014.
徐国盛,周东红,田立新,等.辽东湾地区油气成藏规律与勘探方向研究.北京:科学出版社,2014.
徐争启,倪师军,张成江,等.桂北摩天岭地区花岗岩体特征与铀成矿作用.北京:科学出版社,2014.
袁道先.西南岩溶石山地区重大环境地质问题及对策研究.北京:科学出版社,2014.
张功成,刘震.中国含油气裂谷盆地构造.北京:中国石油工业出版社,2014.
张光辉,费宇红,聂振龙,等.区域地下水演化与评价理论方法.北京:科学出版社,2014.
张永双,姚鑫,郭长宝,石菊松,青藏高原东部地震地质灾害成灾背景.北京:科学出版社,2014.
中华人民共和国国土资源部.中国矿产资源报告2014.北京:地质出版社,2014.
周金城,王孝磊,邱检生.江南造山带新元古代构造—岩浆演化.北京:科学出版社,2014.
朱如凯.中国海相沉积体系与储层分布.北京:科学出版社,2014.
朱伟林,李江海,崔旱云,等.全球构造演化与含油气盆地.北京:科学出版社,2014.
Falconer, H., Cautley, P. T. Fauna Antiqua Sivalensis. London. 1846~1849.
Pumpelly, R. Geological Research in China, Mongolia and Japan During the Years. 1862~1865.
Smithsonian. Contribution to Knowledge, 1866.
Richthofen, F. Von. China. Berlin Ergebnisse Eigener Reisen and Darauf Gegundate Studien Verlag von Dietrich Reimer. 1887~1912.
Loczy, L. Von. Das Wissenschaftliche Ergebniss der Reise des Rafen Bela Szechenyi Jinostasien. 1898~1899.
Willis, B. Research in China (1~3) Washington, Carnegie Inst. Publ. . 1907~1913.
The Central Asiatic Expeditions of the American Museum of Natural History. Natural History of Centrl Asia. 1916~1930.
Grabau, A. W. The Sinian System. Peking: Bull. Geol. Soc. China. 1922.
Grabau, A. W. Stratigraphy of China. Peking: The Geological Survey of China. 1922~1928.
Lee. J. S. The Geology of China. London: Murby and Co. . 1939.
Yang Zunyi, Cheng Yuqi, Wang Hongzhen. The Geology of China. Oxford: Clarendon Press. 1986.
Bai, S. L. et al. Devonian Events and Biostratigraphy of South China. Beijing: Peking University Press. 1994.
Bai, S. L. High Resolution Correlation, Milankovitch Cyclicity and Nickel Enent. Beijing: Peking University Press. 1995.

(李凤棠、杨守仁)

编　　后

《中国地学通鉴·地质卷》根据《中国地学通鉴》编委会制订的编写大纲撰写。全书共分四篇，第一篇是中国地质概况，下分八章；第二篇是中国地质科学研究综述，下分十章；第三篇是中国区域地质，下分四章；第四篇是中国地质科学信息要览，下分六章。全书由杨守仁等主编统稿、整合和定稿。

《中国地学通鉴·地质卷》的编写过程中得到了前辈王鸿祯、程裕淇、杨遵仪、董申保等中国科学院院士的鼓励和支持；还得到了中国科学院院士陈毓川、李廷栋和张弥曼等大力支持，陈毓川、李廷栋还在百忙中亲自撰写重要篇章；也得到了李希圣、潘云唐和孙关龙教授的大力支持，这里我们一并表示由衷的诚挚的感谢。《中国地学通鉴·地质卷》的写成，要由衷感谢与本卷主编们合作的24位学者同仁，他们在百忙中抽出时间参加本卷撰写，提供和制作珍贵照片，有的老学者还是抱病参加编写本卷的。《地质卷》的完成和出版，还要衷心感谢陕西师范大学出版总社的责任编辑郎根栋、卢文石，他们有胆识、有远见地组织出版这部书。

本书编者摘录了部分文献资料，甚至引用其中的有关内容，在此向原作者致以敬意。本书编者自知学识浅薄，书中疏漏甚至错误在所难免，恳望海内外广大读者和专家学者不惜指正。

作者

2015.12